DICTIONNAIRE ALLEMAND BILINGUE

© Librairie Générale Française, 2001.
ISBN : 978-2-253-08525-6 – 1ʳᵉ publication LGF

DICTIONNAIRE ALLEMAND BILINGUE

par
Annie Barré
*Université des Sciences
Humaines de Strasbourg*

Barbara Demmler
Traductrice

Jürgen Boelcke
Professeur à l'ESCP-EAP de Paris

Le Livre de Poche

Sommaire

Avant-propos V
Mode d'emploi VI
Prononciation VII
Abréviations et sigles VIII
Contexte de traduction IX
Registres de langue IX
La réforme de l'orthographe allemande X

DICTIONNAIRE

Allemand-Français 1
Français-Allemand 371

ANNEXES

Verbes forts et irréguliers 705
Monnaies et plaques d'immatriculation 709
Noms de pays 711
Noms géographiques 718

Avant-propos

Le présent *Dictionnaire* bilingue comporte environ 40 000 entrées également réparties entre la première partie de l'ouvrage (allemand-français) et la seconde (français-allemand). C'est dire qu'il peut rendre les mêmes services à des utilisateurs francophones et germanophones.

Il met l'accent sur la langue contemporaine dans ses différents registres d'emploi, qu'il s'agisse de l'écrit ou de l'oral. Il présente également les mots et expressions les plus courants des domaines spécialisés : vie économique, vie politique, gestion, technologies de large diffusion, etc.

Il permet donc à chaque utilisateur, quels que soient ses connaissances en allemand – ou en français –, ses activités (études, vie professionnelle, tourisme) ou ses centres d'intérêt, de trouver aisément une information pratique et directement utilisable.

La plupart des entrées comportent en effet des exemples simples permettant de retrouver les différentes acceptions des mots dans leur contexte. La construction est également indiquée de manière précise afin de permettre à l'utilisateur d'intégrer correctement le mot à son discours ou de repérer rapidement l'organisation de la phrase.

Prononciation : Les dimensions réduites de l'ouvrage ont conduit les auteurs à limiter les indications phonétiques aux mots dont la prononciation s'écarte des règles habituelles. On ne trouvera donc pas dans l'ouvrage une transcription phonétique systématique – qui d'ailleurs eût été superflue tant pour les francophones que pour les germanophones (voir page VII, la note sur la prononciation).

Mots « transparents » : Les considérations de place qui nous ont conduits à réduire au strict nécessaire la phonétique ont également amené les auteurs à faire l'économie d'un certain nombre de mots qui sont pratiquement les mêmes dans les deux langues.

Ont donc été écartés du présent *Dictionnaire* :
– la plupart des mots s'écrivant à l'identique en français et en allemand, et se prononçant selon les règles phonétiques de chaque langue. Les genres sont soumis aux règles suivantes :ɔʃə

Mythologie [mytolo'gi:] *f* mythologie [mitɔlɔʒi] *f*
→ **mythologisch** mythologique
Geologie [geolo'gi:] *f* géologie [ʒeɔlɔʒi] *f*

Solarium [zolarium] *n* solarium [sɔlaʀjɔm] *m*

– certains mots allemands très proches des mots français et que l'on peut aisément déduire à partir de quelques règles :

allemand	français	allemand	français
-är	**-aire**	**-atur** *f*	**-ature** *f*
muskulär	musculaire	Muskulatur *f*	musculature *f*
-ik *f*	**-ique** *f*	**-ismus** *m*	**-isme** *m*
Taktik *f*	tactique *f*	Terrorismus *m*	terrorisme *m*
→ taktisch	tactique	**-ist** *m* **-en -en**	**-iste** *m*
-tät *f*	**-té** *f*	Solist *m*	soliste *m*
Pietät *f*	piété *f*		

– certains substantifs ou verbes allemands dérivés du français à partir du modèle suivant :
politiser politisieren
→ politisation *f* Politisierung *f*

– des mots allemands que l'on trouve dans des composés :
Tennisplatz *m* ¨e : court *m* de tennis
Tennisschläger *m* - : raquette *f* (de tennis)
permettent de supprimer : Tennis *n* : tennis *m*

– des mots allemands composés dont on peut déduire la traduction de composés présents dans le *Dictionnaire* :
<u>**Gesellschafts**kapital</u> *n* : capital <u>social</u>
→ <u>Gesellschafts</u>anteil : part <u>sociale</u>

– certains substantifs ou adjectifs se déduisant du radical du verbe :

-bar	**-able**	**-ung** *f*	**-ation** *f*
<u>realisier</u>bar	<u>réalis</u>able	<u>Ab</u>wertung *f*	<u>déval</u>uation *f*
(<u>realisieren</u>)	(<u>réaliser</u>)	(<u>ab=werten</u>)	(<u>dévaluer</u>)

– certains substantifs allemands dérivés de l'adjectif selon les modèles suivants :
perfide heimtückisch, nieder**trächtig**
→ **perfidie** *f* Nieder**trächtigkeit** *f* (aussi Niedertracht *f*)
insignifiant bedeutungs**los**
→ insignifiance *f* Bedeutungs**losigkeit** *f*

Annexes : Le lecteur trouvera en annexe la liste des verbes forts et irréguliers en allemand, les noms des monnaies, les noms de pays et les principaux noms géographiques.

Mode d'emploi

Masculin **Täter**, pluriel – ; féminin **Täterin**, pluriel **-nen**   **Täterin** *mf* coupable *mf*, malfaiteur *m*

Changement de registre ou de nuance   **taub 1** sourd ; *(fam) sich ~ stellen* faire la sourde oreille **2** *~e Finger* doigts engourdis/morts

VII

Ne s'emploie jamais (ou rarement) au pluriel	**Tätigkeit** *f* ⌀ : *in ~ sein (personne)* être en activité *f*; *(machine)* fonctionner ♦ **-en** activité	
Pluriel	**Tor** *n* -e **1** porte *f*, portail *m (fig) vor den ~en der Stadt* à l'extérieur **2** *(sp)* but [byt] *m*; *(ski)* porte *f*	
Génitif	**Touristin** *m* -en, -en *f* -nen touriste *mf*	
Adjectif ou participe substantivé : **der Tote/ein Toter**	**Tote/r** mort *m* -e *f*; (fam) *wie ein ~ schlafen* dormir comme une souche	
Verbes forts ou irréguliers	**über = hängen** * : *sich (D) etw ~* se mettre qch sur les épaules	Pronom réfléchi au datif
Préposition mixte : indication du cas	**um-funktionieren** *(in A)* transformer (en)	
Autre préposition : pas d'indication du cas	**überhäufen** (mit) *(cadeaux)* couvrir (de) ; *(travail)* surcharger (de) ; *(reproches)* accabler (de)	
Verbe transitif et réfléchi	**umarmen** (sich) (s')étreindre, prendre dans ses bras, (s')embrasser	
Verbe seulement réfléchi	**ereignen sich** se passer, se produire	
Particule séparable	**um = biegen*** tordre, courber	
Auxiliaire **sein**, sinon **haben**	♦ <sein> *der Weg biegt hier um* le chemin tourne	
	gelée *f* **1** *~ blanche* (Rauh)reif *m* **2** gelée	Se lit : **Rauhreif** ou **Reif**

N.B. : La coupe des mots comportant les lettres ck entraîne une modification orthographique. Ainsi **backen**, coupé en fin de ligne, devient **bak-ken**. La nouvelle orthographe autorise la coupe -ck : **ba-cken**.

Prononciation

L'allemand, comme l'espagnol, par exemple, fait partie des langues phonétiques et ne présente, de ce fait, aucun problème majeur de prononciation. Contrairement à l'anglais, au portugais et au français, l'allemand se prononce, à quelques exceptions près, comme il s'écrit. Toutefois, quelques particularités peuvent induire en erreur même un germaniste chevronné. Voici une liste non exhaustive des pièges à éviter.

1. Si l'accent tonique de l'allemand est, en règle générale, placé sur la première syllabe, les mots d'origine latine s'accentuent sur l'avant-dernière syllabe :

Augúst : *août* et Áugust : *Auguste*
París : *la ville de Paris* et Páris : *Pâris*, héros de la mythologie grecque

2. Toutes les lettres sont prononcées.

3. Le **st-** et le **sp-** se prononcent **scht-** et **schp-**. Exemples : Stör : *esturgeon* [ʃtø:r] et Spott : *moquerie* [ʃpɔt]. Ce n'est que des Allemands du Nord que l'on dit : Sie stolpern ['stɔlpərn] über einen spitzen [spitsən] Stein [stain].

4. Le **w** se prononce comme le **v** français. Exemple : Wiese : *pré* ['vi:zə].

5. Le **v** se prononce comme le **f** français. Exemple : Verräter : *traître* [fɛr'rɛ:tər].

6. Les mots d'origine française et anglaise se prononcent et s'accentuent en règle générale comme dans leur langue d'origine. Exemple : sein Agrement [agre'mã:] überreichen *présenter ses lettres de créance* et zu einem Agreement [ə'gri:mənt] kommen *parvenir à un accord*.

Seuls le **h aspiré** et le **ch** peuvent présenter des difficultés pour un francophone. On dira ainsi der Hut : *le chapeau* [hu:t] et non pas [ut] et ich liebe dich [iç/diç] et non [iʃ/diʃ].

Le **ch** en lettre initiale devant un **e** ou un **i** est prononcé par certains Allemands comme un **k** : [ki:na] et [ke'mi:]. La prononciation normale est cependant **[ç]** ; [çi:na] et [çe'mi:].

Dans ce *Dictionnaire*, tous les mots qui posent un problème particulier de prononciation ont été transcrits.

Abréviations et sigles

(G)	génitif	*(subj)*	subjonctif
(D)	datif	[bo:t]	transcription phonétique
(A)	accusatif	ø	absence de pluriel
jd	jemand	*	verbe irrégulier (voir liste en annexe)
js	jemandes		
jm	jemandem	**1, 2, 3**	changement de sens
jn	jemanden	◆	– changement de construction
etw	etwas		– changement de nature (ex. : adj. ◆ subst.)
m	masculin		
f	féminin		
n	neutre		léger changement de sens ou changement de registre
pl	pluriel		

Contexte de traduction

(admi) administration
(agri) agriculture
(anat) anatomie
(archi) architecture
(art) arts
(astro) astrologie, astronomie
(av) aéronautique, espace
(bio) biologie
(chim) chimie
(cin) cinéma
(comm) commerce
(éco) économie
(élec) électricité, électronique
(ens) enseignement
(gram) grammaire
(hist) histoire
(inf) informatique
(jur) juridique
(mar) marine
(math) mathématiques
(météo) météorologie
(méd) médecine
(mil) militaire
(min) minéralogie, mines
(mus) musique
(photo) photographie
(phys) physique
(poés) poésie
(pol) politique
(psy) psychologie
(sp) sport
(tech) technique
(tél) télécommunication
(télé) télévision
(typo) typographie
(th) théâtre
(zool) zoologie

Verwendete Abkürzungen für Fach- und Sondersprachen

(admi) Verwaltung
(agri) Landwirtschaft
(anat) Anatomie
(archi) Architektur
(art) Künste
(astro) Astrologie, Astronomie
(av) Luft- und Raumfahrt
(bio) Biologie
(chim) Chemie
(cin) Filmkunst
(comm) Handel
(éco) Wirtschaft
(élec) Elektrizität, Elektronik
(ens) Unterrichtswesen
(gram) Grammatik
(hist) Geschichte
(inf) EDV
(jur) Rechtswesen
(mar) Schiffahrt
(math) Mathematik
(météo) Meteorologie
(méd) Medizin
(mil) Militär
(min) Mineralogie, Hüttenwesen
(mus) Musik
(photo) Photographie
(phys) Physik
(poés) Dichtkunst
(pol) Politik
(psy) Psychologie
(sp) Sport
(tech) Technologie
(tél) Telekommunikation
(télé) Fernsehen
(typo) Druckwesen
(th) Theater
(zool) Zoologie

Registres de langue

(fam > non fam) familier > non familier
(fig) figuré
(iro) ironique
(péj) péjoratif
(vulg) vulgaire

Sprachstil

(fam > non fam) umgangssprachlich > nicht umgangssprachlich
(fig) bildsprachlich
(iro) ironisch
(péj) abwertend
(vulg) vulgär

La réforme de l'orthographe allemande

Le débat passionnel autour de la nouvelle orthographe allemande est loin d'être clos. Des résistances, notamment celles d'un grand nombre d'intellectuels, des incertitudes sur son application, des projets de réformes de la réforme et des discussions sans fin n'ont pas permis de clarifier les positions quant à son utilité et à son introduction dans tous les domaines de la vie publique et privée. C'est à partir du 1er août 1998 que l'orthographe classique a été considérée comme obsolète dans toutes les écoles (sauf celles du Schleswig-Holstein). Au même titre que l'Allemagne et l'Autriche, le Liechtenstein et la Suisse ont participé aux travaux préparatoires relatifs à l'orthographe allemande. L'orthographe classique ne sera cependant pas tenue pour fausse jusqu'au 31 juillet 2005. En ce qui concerne l'usage privé, bien sûr, aucune orthographe ne peut être imposée d'en haut.

Les auteurs de ce *Dictionnaire*, sans vouloir intervenir dans la polémique, estiment de leur devoir d'avertir ses utilisateurs en leur indiquant dans les pages suivantes les grandes lignes et les règles de la nouvelle orthographe. De nombreux exemples illustreront les changements essentiels et permettront au lecteur de se familiariser avec les nouvelles règles appliquées dans la plupart des organes de presse, la vie publique et certaines maisons d'édition. D'autres changements interviendront certainement d'ici 2005, et la résistance d'un grand nombre d'auteurs contemporains est loin d'être à bout de souffle. Leurs romans, essais, articles, traités et poésies continueront à être publiés dans la langue de Goethe, certes déjà réformée en 1902, mais ô combien classique par rapport à la nouvelle orthographe que nous avons consignée dans les pages ci-dessous.

Paris, juillet 2001
Les auteurs

Quels sont les changements de cette réforme [1] ?

I.	Rattachement phonétique des mots (y compris l'orthographe des mots d'origine étrangère).
II.	Majuscules ou minuscules ?
III.	En un seul mot ou séparé ?
IV.	Coupure des mots.
V.	La virgule.

---

1. Voir également les sites Internet suivants *www.woche.de* (*Die Woche* était le premier hebdomadaire allemand à adopter la nouvelle orthographe) et *www.ids-mannheim.de/reform/*.

I. Rattachement phonétique des mots (y compris l'orthographe des mots d'origine étrangère).

I.1. Les mots rattachés à la même racine s'écrivent, sans exception, comme le mot auquel ils sont rattachés :

ancienne orthographe	nouvelle orthographe
Gemse (*chamois*)	Gämse (Gams)
Stengel (*tige*)	Stängel (Stange)
überschwenglich (*débordant*)	überschwänglich (Überschwang)
aufwendig (*coûteux*)	aufwändig (Aufwand)
numerieren (*numéroter*)	nummerieren (Nummer)
plazieren (*placer*)	platzieren (Platz)
Tolpatsch (*balourd*)	Tollpatsch (toll)

exceptions :

Eltern (*parents*)   Eltern (*malgré* alt)

I.2. β ou ss ?

β après une voyelle brève accentuée est remplacé par ss.

ancienne orthographe	nouvelle orthographe
das Faβ (*tonneau*)	Fass
der Biβ (*morsure*)	Biss
der Boβ (*patron*)	Boss
das Miβverständnis (*malentendu*)	Missverständnis
der Fluβ (*rivière*)	Fluss
der Haβ (*haine*)	Hass
er iβt (*il mange*)	er isst
daβ (*que*)	dass

I.3. Triplement des consonnes :

Les mots composés gardent leurs consonnes d'origine.

ancienne orthographe	nouvelle orthographe
die Schiffahrt (*de* Schiff *et* Fahrt = *navigation*)	Schifffahrt
die Ballettänzerin (*de* Ballett *et* Tänzerin = *danseuse de ballet*)	Balletttänzerin
die Teernte (*de* Tee *et* Ernte = *cueillette du thé*)	Teeernte
der Schwimmeister	Schwimmmeister

Pour éviter la collusion de plusieurs voyelles identiques, on peut également écrire :

Tee-Ei (*au lieu de* Teeei)
Hawaii-Inseln (*au lieu de* Hawaiiinseln)

au choix :

selbständig (*indépendant*) *ou* selbstständig

exceptions :

dennoch (*malgré* denn + noch)
Mittag (*malgré* Mitte + Tag)

I. 4. Les mots d'origine étrangère (Fremdwörter).

Certains mots d'origine étrangère peuvent dorénavant également être écrits avec une transcription phonétique allemande :

ancienne orthographe	nouvelle orthographe
Ketchup	Ketchup/Ketschup
Facette	Facette/Fassette
Thunfisch	Thunfisch/Tunfisch
Orthographie	Orthographie/Orthografie
Delphin	Delphin/Delfin
essentiell	essentiell/essenziell
Panther	Panther/Panter

La grande majorité des mots d'origine étrangère reste cependant inchangée. On continuera à écrire :

die Philosophie, die Rhetorik, die Apotheke, die Mathematik, das Theater, die Diskothek, etc.

II. Majuscules ou minuscules ?

On utilisera dorénavant davantage les majuscules.

II.1. Les *substantifs (noms)* + *prépositions* :

in Bezug auf (*en ce qui concerne*) ; sich in Acht nehmen (*prendre garde*) ; auf Grund (*en raison*).

II.2. Les *substantifs* + *verbes* :

Recht haben (*avoir raison*) ; Rad fahren (*faire du vélo*) ; Angst haben (*avoir peur*) ; Pleite gehen (*faire faillite*).

II.3. Les *adjectifs substantivés* + *participes* :

im Großen und Ganzen (*en gros*) ; auf dem Laufenden sein (*être au courant*) ; im Dunkeln tappen (*ne pas voir clair*) ; sich im Klaren sein (*être conscient*).

II.4. Les *moments de la journée* + *gestern, morgen*, etc. :

heute Mittag (*aujourd'hui à midi*) ; übermorgen Abend (*après-demain soir*) ; gestern Morgen (*hier matin*).

II.5. Les *langues* + *adjectifs* :

auf Französisch (*en français*) ; ein in/auf Englisch geschriebenes Fax (*une télécopie rédigée en anglais*).

II.6. Des groupes d'adjectifs qui désignent des êtres humains :

Jung und Alt (*les jeunes et les vieux*).

II.7. Des superlatifs introduits par aufs/auf das :

auf das Herzlichste (*le plus cordialement*).

II.8. Dans la langue épistolaire :

ancienne orthographe	nouvelle orthographe
ich liebe Dich	ich liebe dich
denkt an Eure Eltern	denkt an eure Eltern

mais inchangé, à cause d'une possible confusion (formes de politesse avec la 3e personne du pluriel) :

wir möchten Sie bitten ; wir haben Ihren Brief erhalten.

II.9. On écrira avec une minuscule ou majuscule les adjectifs dérivés d'un nom de personne :

ancienne orthographe	nouvelle orthographe
die Brechtschen Dramen	die brechtschen (Brecht'schen) Dramen
die Freudsche Psychoanalyse	die freudsche (Freud'sche) Psychoanalyse
die Grimmschen Märchen	die grimmschen (Grimm'schen) Märchen

II.10. On écrira avec une minuscule les adjectifs dans les concepts tels que :

die erste Hilfe (*les premiers secours*) ; die silberne Hochzeit (*les noces d'argent*) ; das schwarze Brett (*le panneau d'affichage*).
Mais :
der Heilige Vater (*le Saint Père*) ; der Pazifische Ozean ; der Regierende Bürgermeister (*l'actuel maire*) ; der Erste Mai ; der Heilige Abend (*la Veille de Noël*) ; der Erste Weltkrieg (*la première guerre mondiale*).

III En un seul mot ou séparé ?

Les mots composés sont plus souvent séparés. Ainsi disparaissent par exemple les nuances entre badengehen (fam. *prendre le bouillon*) et baden gehen (*aller se baigner*) ; schiefliegen (*se tromper*) et schief liegen (*être couché sur une pente*).

III.1. *Substantif (nom) + verbe* :

ancienne orthographe	nouvelle orthographe
kopfstehen (*être sur la tête*)	Kopf stehen
radfahren (*faire du vélo*)	Rad fahren
eislaufen (*patiner*)	Eis laufen
haltmachen (*s'arrêter, faire une pause*)	Halt machen

III.2. *Verbe + verbe* (verbes séparables/) :

ancienne orthographe	nouvelle orthographe
kennen/lernen (*faire connaissance*)	kennen lernen
fallen/lassen (*laisser tomber*)	fallen lassen
sitzen/bleiben (*rester assis*)	sitzen bleiben

III.3. Des composés avec un adjectif, lorsque le mot peut être mis au comparatif :

ancienne orthographe	nouvelle orthographe
gutgehen (bessergehen)	gut gehen (besser gehen)

III.4. *Participe + verbe* :

ancienne orthographe	nouvelle orthographe
gefangenhalten (*garder prisonnier*)	gefangen halten
verlorengehen (*se perdre*)	verloren gehen

III.5. Des composés avec sein :

ancienne orthographe	nouvelle orthographe
zusammensein (*être ensemble*)	zusammen sein
aufsein (*être debout, levé*)	auf sein
ansein (*être allumé*)	an sein

III.6. Des composés avec -viel(e), wenig(e)zu so-, wie-, zu-

ancienne orthographe	nouvelle orthographe
soviel (*tant*)	so viel
wieviel ? (*combien ?*)	wie viel ?
zuwenig (*trop peu*)	zu wenig

III.7. Des composés adverbes formés avec -wärts + verbe :

ancienne orthographe	nouvelle orthographe
vorwärtskommen (*avancer*)	vorwärts kommen
abwärtsgehen (*péricliter*)	abwärts gehen

III.8. Des composés avec irgend- sont tous écrits en un seul mot :

ancienne orthographe	nouvelle orthographe
irgendein (*n'importe quel*)	irgendein
irgendwer (*n'importe qui*)	irgendwer
irgend jemand (*n'importe lequel*)	irgendjemand
irgend etwas (*n'importe quoi*)	irgendetwas

III.9. Le trait d'union :

On peut utiliser le trait d'union pour faciliter la lisibilité des mots composés tels que :

ancienne orthographe	nouvelle orthographe
Genußsucht	Genuss-Sucht (*également* Genusssucht)
Midlivekrise	Midlive-Krise

Les indications chiffrées sont écrites avec un trait d'union :

ancienne orthographe	nouvelle orthographe
100prozentig	100-prozentig
3jährig	3-jährig
14tägig	14-tägig

IV. Coupure des mots.

IV.1. La coupure des mots a été largement simplifiée. Si l'on disait autrefois aux têtes blondes : « Trenne nie ein *st*, denn es tut ihm weh ! » (*Ne sépare jamais un st, car cela lui fait mal*), elles peuvent maintenant s'y donner à cœur joie...

ancienne orthographe	nouvelle orthographe
lu-stig	lus-tig
Kü-ste	Küs-te
We-ste	Wes-te
mei-stens	meis-tens

IV.2. Le ck qui, lorsqu'il était coupé, devenait k-k, reste tel quel :

ancienne orthographe	*nouvelle orthographe*
Zuk-ker	Zu-cker
trok-ken	tro-cken
Bäk-ker	Bä-cker

IV.3. Une seule voyelle au début d'un mot peut être coupée :

ancienne orthographe	*nouvelle orthographe*
Ufer (*inséparable*)	U-fer
Ener-gie	E-ner-gie

IV.4. Des mots étrangers qui devaient être coupés en fonction de leur étymologie peuvent dorénavant être coupés selon les règles de l'orthographe allemande :

ancienne orthographe	*nouvelle orthographe*
Päd-ago-gik	Pä-da-go-gik

IV.5. Des mots composés qu'on ne reconnaît plus en tant que tels peuvent également être coupés à la fin de chaque syllabe :

ancienne orthographe	*nouvelle orthographe*
dar-auf	dar-auf *ou* da-rauf
Hekt-ar	Hekt-ar *ou* Hek-tar

V. La virgule.

La ponctuation allemande est largement simplifiée et individualisée, et cela dans un souci de mieux structurer les énoncés.

V.1. La virgule devant *und* ou *oder* :

ancienne ponctuation	*nouvelle ponctuation*
virgule entre deux principales liées par *und* ou *oder*	la virgule est supprimée
War dies Wahnsinn, oder hatte es Methode?	War dies Wahnsinn oder hatte es Methode?
Sie spielte sanft die Flöte, und er genoβ ihre Musik.	Sie spielte sanft die Flöte und er genoβ ihre Musik.

V.2. Des virgules séparant des groupes d'infinitifs (*mitnehmen zu können*) ou de participes (*mit Studenten diskutierend*) ne sont plus nécessaires que si :

– les groupes sont introduits par des mots tels que *darüber, darauf, davon, dadurch*, etc.

Darüber, nicht an seinen Photoapparat gedacht zu haben, ärgerte er sich den ganzen Tag.

– un mot (*so, das*) se rapporte à la première partie de la phrase :

Mit seinen Studenten hart argumentierend und diskutierend, so begann er seinen Unterricht.

– elles rendent la structure de la phrase plus transparente :

Hier, um nicht unangenehm aufzufallen, würde ich meine Mütze abnehmen.

XVI

A

gestern (heute, morgen...) abend	gestern (heute, morgen) Abend
am Montag abend	am Montagabend
Abzeß	Abzess
abwärtsgehen	abwärts gehen
sich in acht nehmen (*prendre garde*)	sich in Acht nehmen
der achte	der Achte
8jährig	8-jährig
ein 8jähriger	ein 8-Jähriger
Adreßbuch	Adressbuch
Alkoholmißbrauch	Alkoholmissbrauch
alleinstehend	allein stehend
im allgemeinen	im Allgemeinen
allgemeingültig	allgemein gültig
allzuoft	allzu oft
für alt und jung	für Alt und Jung
andersdenkend	anders denkend
angepaßt	angepasst
angst machen	Angst machen
anläßlich	anlässlich
Anschluß	Anschluss
aufsehenerregend	Aufsehen erregend
aufsichtführend	Aufsicht führend
aufwärtsgehend	aufwärts gehend
aufwendig	aufwändig
Au-pair-Mädchen	Aupairmädchen
auseinanderbiegen	auseinander biegen
aufs äußerste	aufs Äußerste
außerstande	außer Stande

B

badengehen	baden gehen
Ballettänzerin	Ballettänzerin/ Ballett-Tänzerin
Ballokal	Balllokal/Ball--Lokal
bankrottgehen	Bankrott gehen
Baß	Bass
behende	behände
beieinandersein	beieinander sein
bekanntmachen	bekannt machen
im besonderen	im Besonderen
besorgniserregend	Besorgnis erregend
es ist das beste	es ist das Beste
bewußt	bewusst
in bezug auf	in Bezug auf
Biß	Biss
Blaß	blass
Börsentip	Börsentipp
Bouclé	Buklee
braungebrannt	braun gebrannt
Bravour	Bravur
breitgefächert	breit gefächert

Brennessel	Brennnessel/ Brenn-Nessel
Busineß	Business

C

Chansonnier	Chansonnier/Chansonier
Chicorée	Chicorée/ Schikoree
Corpus delicti	Corpus Delicti

D

dabeisein	dabei sein
dasein	da sein
daß	dass
datenverarbeitend	Daten verarbeitend
Dein/ Dir/ Dich (in einem Brief)	dein/ dir/ dich
des weiteren	des Weiteren
auf/ in deutsch	auf/ in Deutsch
deutschsprechend	Deutsch sprechend
am Dienstag abend	am Dienstagabend
dortbleiben	dort bleiben
jeder dritte	jeder Dritte
die dritte Welt	die Dritte Welt
Du (in einem Brief)	du
dünnbesiedelt	dünn besiedelt

E

ebensogut	ebenso gut
sein eigen nennen	sein Eigen nennen
einbleuen	einbläuen
das/ jeder einzelne	das/ jeder Einzelne
eisigkalt	eisig kalt
eislaufen	Eis laufen
engbefreundet	eng befreundet
Entschluß	Entschluss
erdölexportierend	Erdöl exportierend
Erlaß	Erlass
ernstgemeint	ernst gemeint
erpreßbar	erpressbar
der erste heute	der Erste heute
Erste Hilfe	erste Hilfe
eßbar	essbar
Euch, Eure (in einem Brief)	euch, eure
Expreß	Express

F

fahrenlassen	fahren lassen
fallenlassen	fallen lassen
feuerspeiend	Feuer speiend
Fitneß	Fitness
Fleischfressend	Fleisch fressend
im folgenden	im Folgenden

XVII

furchterregend	Furcht erregend	Imbiß	Imbiss
Fußballänderspiel	Fußballländerspiel/ Fußball-Länderspiel	Imbißstand	Imbissstand/ Imbiss-Stand
		im voraus	im Voraus
		irgend etwas	irgendetwas
G		irgend jemand	irgendjemand
		er ißt (*il mange*)	er isst
gefaßt	gefasst		
geheimhalten	geheim halten	**J**	
sich gehenlassen	sich gehen lassen		
		ja und amen sagen	ja und amen sagen/ Ja und Amen sagen
Gemse	Gämse		
Geographie	Geographie/ Geografie	4jährig, 5jährig, etc.	4-jährig, 5-jährig
		jedesmal	jedes Mal
nicht im geringsten	nicht im Geringsten	Joghurt	Joghurt/ Jogurt
getrenntschreiben	getrennt schreiben	Jumbo-Jet	Jumbojet
Gewinnummer	Gewinnnummer/ Gewinn-Nummer	jung und alt	Jung und Alt
gleich und gleich	Gleich und Gleich	**K**	
Glimmstengel	Glimmstängel		
Graphit	Graphit/ Grafit	kaltlächelnd	kalt lächelnd
Greuel	Gräuel	Känguruh	Känguru
Grizzlybär	Grizzlybär/Grislibär	Karamel	Karamell
groß und klein	Groß und Klein	2karätig	2-karätig
im großen und ganzen	im Großen und Ganzen	kennenlernen	kennen lernen
		Ketchup	Ketchup/ Ketschup
groß schreiben (*avec des majuscules*)	großschreiben	sich im klaren sein	sich im Klaren sein
		klarsehen	klar sehen
Guß	Guss	groß und klein	Groß und Klein
gutaussehend	gut aussehend	kleingeschrieben	klein geschrieben
gutbezahlt	gut bezahlt	das wäre das klügste	das wäre das Klügste
		Koloß	Koloss
H		krebserregend	Krebs erregend
		Kunststoffolie	Kunststofffolie/ Kunststoff-Folie
haltmachen	Halt machen		
hartgekocht	hart gekocht	Kuß	Kuss
Haß	Hass		
häßlich	hässlich	**L**	
du haßt (*tu hais*)	du hasst		
helleuchtend	hell leuchtend	langgestreckt	lang gestreckt
hellila	helllila	Lapsus linguae	Lapsus Linguae
auf das herzlichste	auf das Herzlichste	er läßt	er lässt
heute abend/ mittag/ nacht	heute Abend/ Mittag/ Nacht	auf dem laufenden	auf dem Laufenden
		laufenlassen	laufen lassen
hiersein	hier sein	auf dem laufenden sein	auf dem Laufenden sein
aufs höchste	aufs höchste/ Höchste	lederverarbeitend	Leder verarbeitend
die Hohe Schule	die hohe Schule	leerstehend	leer stehend
Hosteß	Hostess	leichtfallen	leicht fallen
einige hundert	einige Hundert	leichtverderblich	leicht verderblich
		leichtverständlich	leicht verständlich
I		als letzter fertig werden	als Letzter fertig werden
Ihr, Euch, etc. (*épistolaire*)	ihr, euch	bis ins letzte	bis ins Letzte
		zum letztenmal	zum letzten Mal
im allgemeinen, besonderen	im Allgemeinen, Besonderen	liebgewinnen	lieb gewinnen
		liegenlassen	liegen lassen

XVIII

M

2mal, 3mal, 4mal	2-mal, 3-mal, 4-mal
Malaise	Malaise/ Maläse
maßhalten	Maß halten
Meßstab	Messstab/ Mess-Stab
metallverarbeitend	Metall verarbeitend
millionenmal	Millionen Mal
mißachten	missachten
Mißverständnis	Missverständnis
mit Hilfe	mit Hilfe/ mithilfe
gestern, heute mittag	gestern, heute Mittag
morgen abend, nacht	morgen Abend, Nacht
heute morgen	heute Morgen
ich muß	ich muss
ein Muß	ein Muss
ich müßte	ich müsste

N

nachfolgendes	nach Folgendes
im nachhinein	im Nachhinein
Nachlaß	Nachlass
gestern nachmittag	gestern Nachmittag
als nächstes	als Nächstes
gestern nacht	gestern Nacht
nahebringen	nahe bringen
Narziß	Narziss
naß	nass
Negligé	Negligé/ Negligee
nein sagen	nein sagen/ Nein sagen
aufs neue	aufs Neue
nichtrostend	nichtrostend/ nicht rostend
notleidend	Not leidend
numerieren	nummerieren
Nuß	Nuss
Nußschokolade	Nussschokolade/ Nuss-Schokolade

O

obenstehend	oben stehend
des öfteren	des Öfteren
Orthographie	Orthographie/ Orthografie

P

Panther	Panther/ Panter
papierverarbeitend	Papier verarbeitend
Paragraph	Paragraph/ Paragraf
Paß	Pass
Phonograph	Phonograph/ Fonograf
Photo	Photo/ Foto
plazieren	platzieren
pleite gehen	Pleite gehen
potentiell	potentiell/ potenziell
privatversichert	privat versichert
probefahren	Probe fahren
Prozeß	Prozess

R

rad fahren	Rad fahren
Rassenhaß	Rassenhass
rauh	rau
recht haben	Recht haben
Reißverschluß	Reißverschluss
Roß	Ross
rotgestreift	rot gestreift
Rußland	Russland

S

Saxophon	Saxophon/ Saxofon
schattenspendend	Schatten spendend
Schiffahrt	Schifffahrt/ Schiff-Fahrt
schlechtgehen	schlecht gehen
schlechtgelaunt	schlecht gelaunt
Schlußstrich	Schlussstrich/ Schluss-Strich
Schnelläufer	Schnellläufer/ Schnell-Läufer
schnellebig	schnelllebig
er schoß	er schoss
Schrittempo	Schrittempo/ Schritt-Tempo
schuld haben	Schuld haben
Schuß	Schuss
schwarzgefärbt	schwarz gefärbt
die schwarzrotgoldene Fahne	die schwarz-rot-goldene Fahne
schwerverständlich	schwer verständlich
Schwimmeister	Schwimmmeister/ Schwimm-Meister
selbständig	selbständig/ selbstständig
selbsternannt	selbst ernannt
selbstverdient	selbst verdient
Sex-Appeal	Sexappeal
sitzenbleiben	sitzen bleiben
so daß	sodass/ so dass
soviel wie	so viel wie
es ist soweit	es ist so weit
Spaghetti	Spaghetti/ Spagetti
spazierengehen	spazieren gehen
Stengel	Stängel
Stenographie	Stenographie/ Stenografie
Stewardeß	Stewardess
Stilleben	Stillleben/ Still-Leben

Streß	Stress	Vibraphon	Vibraphon/ Vibrafon
2stündig	2-stündig	viel zuwenig	viel zu wenig
substantiell	substantiell/ substanziell	vielbefahren	viel befahren
		im voraus	im Voraus
		vorgestern abend, etc.	vorgestern Abend, etc.
T		im vorhinein	im Vorhinein
tabula rasa	Tabula rasa	vorwärtskommen	vorwärts kommen
einige tausend	einige tausend/ einige Tausend		
Tee-Ernte	Teeernte/ Tee-Ernte	**W**	
Thunfisch	Thunfisch/ Tunfisch	Waggon	Waggon/ Wagon
tiefbewegt	tief bewegt	weichgekocht	weich gekocht
Tip	Tipp	weißgekleidet	weiß gekleidet
im trüben fischen	im Trüben fischen	des weiteren	des Weiteren
		weitverbreitet	weit verbreitet
U		im wesentlichen	im Wesentlichen
		wieviel	wie viel
übelnehmen	übel nehmen	ihr wißt	ihr wisst
übermorgen abend	übermorgen Abend		
übrigbehalten	übrig behalten	**X, Y, Z**	
Ultima ratio	Ultima Ratio		
umfaßt	umfasst	zum x-tenmal	zum x-ten Mal
um so besser, mehr	umso besser, mehr	Zäheit	Zähheit
unangepaßt	unangepasst	zigtausend	zigtausend/ Zigtausend
unerläßlich	unerlässlich		
im unklaren	im Unklaren	sich zu eigen machen	sich zu Eigen machen
unrecht haben	Unrecht haben	zufriedenlassen	zufrieden lassen
unterderhand	unter der Hand	zugunsten	zugunsten/ zu Gunsten
unzähligemal	unzählige Mal		
		zu Hause	zu Hause/ zuhause
V		zur Zeit (augenblicklich)	zurzeit
veranlaßt	veranlasst	zusammensein	zusammen sein
verbleuen	verbläuen	Zuschuß	Zuschuss
du verfaßt	du verfasst	zuviel	zu viel
vergeßlich	vergesslich	zuwenig	zu wenig
Verschluß	Verschluss	jeder zweite	jeder Zweite

ALLEMAND-FRANÇAIS

A

A *n* **-s 1** *das ~ und O* le plus important *von ~ bis Z* du début à la fin **2** *(mus)* la *m*
Aal *m* **-e** anguille *f*
aalen sich : *(fam) sich in der Sonne ~* lézarder au soleil
Aas *n* **-e** charogne *f*
aasen : *mit etw ~* gaspiller qch
ab : *~ heute* à partir d'aujourd'hui ◆ *(D)* à partir de ◆ *~ und zu* de temps en temps ◆ *Hut ~ !* chapeau !
ab=ändern changer, modifier
ab=arbeiten : *etw ~* rattraper qch ◆ *sich ~* se tuer au travail
Abart *f* **-en** variété *f*, espèce *f*
abartig anormal
Abbau *m* ø **1** démontage *m* **2** *(minerais)* extraction *f* **3** réduction *f*, compression *f*, suppression *f ~ von sozialer Sicherheit* démantèlement *m* du système de protection sociale
ab=bauen 1 démonter ; démanteler **2** extraire **3** réduire, supprimer
ab=beizen décaper
ab=bekommen* 1 *etw ~* avoir sa part **2** *der Wagen hat etwas ~* la voiture a pris un coup **3** *den Deckel nicht ~* ne pas parvenir à enlever le couvercle
ab=berufen* révoquer
ab=bestellen décommander, résilier une commande
ab=bezahlen payer à crédit/à tempérament
ab=biegen* <sein> : *nach rechts ~* tourner à droite *vom Wege ~* s'écarter du chemin ◆ *(fig)* déjouer
Abbild *n* **-er** copie *f*, reproduction *f* ; *(fig)* reflet *m*
ab=bilden reproduire
Abbildung *f* **-en** illustration *f*
ab=binden* 1 *die Krawatte ~* dénouer/enlever/retirer sa cravate **2** *(méd)* ligaturer **3** *eine Sauce ~* lier une sauce
Abbitte *f* **-en** : *jm ~ leisten* demander pardon à qqn
ab=blasen* 1 *(fig/fam) einen Termin ~* annuler un rendez-vous **2** *die Jagd ~* sonner la fin de la chasse
ab=blättern <sein> s'écailler
ab=blenden se mettre en code
Abblendlicht *n* **-er** codes *mpl*, feux de croisement *mpl*
ab=blitzen <sein> : *bei jm mit etw ~* se faire éconduire ◆ *jn ~ lassen* envoyer promener qqn
ab=brausen arroser, doucher ◆ <sein> *(auto)* démarrer en trombe/sur les chapeaux de roues

ab=brechen* casser ; *(fig) den Kontakt zu jm ~* rompre le contact avec qqn ; *(fam) er hat sich beinahe einen abgebrochen* il s'est emmêlé les pinceaux ◆ <sein> **1** se casser **2** s'arrêter
ab=bremsen freiner, ralentir
ab=brennen* brûler ◆ <sein> *das Dorf ist völlig abgebrannt* le village a complètement brûlé/a été détruit par les flammes ◆ → **abgebrannt**
ab=bringen* : *jn von etw ~* détourner qqn de qch ; faire changer qqn d'avis à propos de qch
ab=bröckeln émietter ◆ <sein> s'émietter, s'effriter
Abbruch *m* ¨e **1** démolition *f* **2** arrêt *m*
ab=brummen : *(fam) eine Strafe ~* tirer une peine
Abbuchung *f* **-en** virement *m*
ab=bummeln : *die Überstunden ~* récupérer des heures (supplémentaires)
ab=bürsten brosser
ab=büßen : *eine Haftstrafe ~* purger une peine de prison
ABC *n* alphabet *m*
ab=checken : *auf einer Liste ~* cocher/vérifier sur une liste
ABC-Waffen *fpl* armes *fpl* atomiques, biologiques et chimiques
ab=dämpfen 1 *den Lärm (durch Isolierung) ~* isoler du bruit **2** *einen Sturz ~* amortir une chute
ab=danken démissionner, abdiquer
ab=decken 1 retirer une couverture ; *den Tisch ~* desservir la table **2** *mit Stroh ~* recouvrir de paille **3** *ein Defizit ~* combler un déficit
ab=dichten calfeutrer, colmater, boucher, rendre étanche
ab=drängen repousser, refouler
ab=drehen 1 retirer (en tournant), dévisser **2** fermer (en tournant) *das Wasser ~* couper l'eau **3** *einen Film ~* terminer un tournage **4** *(avion/bateau)* changer de cap ; *(auto/vent)* changer de direction
Abdruck *m* ¨e empreinte *f* ◆ -e impression *f*
ab=drucken : *etw ~* imprimer qch
ab=drücken 1 *jm die Luft ~* couper le souffle à qqn **2** *die Pistole ~* appuyer sur la gâchette/détente **3** *(fam) jn ~* *(non fam)* serrer qqn dans ses bras **4** *etw in Gips ~* prendre l'empreinte de qch dans du plâtre
ab=duschen doucher
ab=ebben <sein> diminuer, baisser, se calmer
Abend *m* **-e** soir *m*, soirée *f eines ~s* un soir *am ~* le soir, dans la soirée *heute ~*

Abendbrot

ce soir *gegen ~* vers le soir *zu ~ essen* dîner *guten ~!* bonsoir! *der Heilige ~* le soir de Noël
Abendbrot *n* dîner *m* (à base de tartines)
Abenddämmerung *f* crépuscule *m*
Abendland *n* ¨er Occident *m*
abendlich du soir; *(poét)* vespéral
abends le soir
Abenteuer *n* - aventure *f*
abenteuerlich aventureux, -euse; à rebondissements
aber 1 mais 2 *oder ~* ou alors ◆ *das ist ~ schön!* c'est vraiment beau/bien!, qu'est-ce que c'est beau!
Aberglaube *m* ø superstition *f*
abergläubisch superstitieux
ab-erkennen* : *jm ein Recht ~* dénier à qqn le droit de; *(jur)* déclarer qqn déchu d'un droit
Aberkennung *f* -en *(jur)* déchéance *f*
aber.malig/.mals à nouveau
aberwitzig : *ein ~es Unternehmen* une entreprise insensée
ab-fahren* <sein> partir, démarrer; *(fig) er ist auf diesen Vorschlag abgefahren* il a tout de suite adhéré au projet ◆ *1 den Müll ~* enlever les ordures *2 eine Strecke ~* parcourir une distance *3 (fam) meine Wochenkarte ist abgefahren* (non fam) ma carte hebdomadaire est arrivée à expiration; *die Reifen sind abgefahren* les pneus sont usés/lisses ◆ *(fam) ich habe ihn ~ lassen* je l'ai expédié vite fait, bien fait
Abfahrt *f* -en 1 départ *m* 2 descente *f*
Abfall *m* ¨e ordures *fpl*, déchets *mpl* ◆ ø 1 *(terrain)* pente *f*, déclivité *f* 2 *~ (von)* retrait *m* (de)
Abfalleimer *m* - poubelle *f*
ab-fallen* <sein> 1 *(fig) für dich fällt auch was ab* il y aura aussi quelque chose pour toi 2 *der Putz fällt ab* le crépi tombe 3 *von einer Religion ~* quitter/abandonner une religion 4 *das Gebirge fällt nach Westen ab* la pente de la montagne est orientée à l'ouest 5 être en baisse, diminuer
abfällig : *eine ~e Äußerung* une réflexion désobligeante
Abfallprodukt *m* -e résidu *m*
ab-fangen* 1 *etw ~* intercepter qch; *jn ~ (fam)* arriver à choper qqn 2 *einen Sturz ~* amortir une chute
ab-färben déteindre
ab-fassen rédiger
ab-fegen balayer
ab-fertigen : *einen Kunden ~* servir un client
Abfertigung *f* -en expédition *f*; *(bagages, voyageurs)* enregistrement *m*
ab-feuern tirer, faire feu
ab-finden* : *jn mit Geld ~* dédomma- ger qqn ◆ *sich mit etw ~* s'accommoder de qch, prendre son parti de qch
Abfindung *f* -en 1 dédommagement *m* 2 arrangement *m* accommodement *m*
ab-flachen aplatir; *(chemin)* aplanir, niveler ◆ <sein> *die Unterhaltung ist abgeflacht* la conversation est tombée
ab-flauen <sein> *(bruit)* diminuer; *(douleur)* s'apaiser, diminuer; *(vent)* tomber; *(comm)* baisser, fléchir
ab-fliegen* <sein> décoller
ab-fließen* <sein> s'écouler
Abflug *m* ¨e départ *m*, décollage *m*
Abfluß *m* ¨sse 1 écoulement *m* 2 *der ~ ist verstopft* le tuyau d'écoulement est bouché; *einer Kanalisation* égout *m*
Abfolge *f* -n suite *f*, ordre *m*
ab-fordern exiger
ab-fragen : *jn etw ~* faire réciter qch à qqn
ab-frieren* <sein> : *die Nase friert (mir) ab* j'ai le nez gelé
Abfuhr *f* -en enlèvement *m* ; *(fig/fam) jm eine ~ erteilen* envoyer balader qqn
ab-führen 1 *jn ~* emmener qqn, conduire qqn en prison 2 *die Steuern ~* s'acquitter de ses impôts
Abführmittel *n* - laxatif *m*
ab-füllen : *in Flaschen ~* mettre en bouteilles
ab-füttern 1 donner à manger (à), nourrir 2 *einen Mantel ~* doubler un manteau
Abgabe *f* ø remise *f*, dépôt *m* ◆ -n taxes *fpl*, contributions *fpl*, redevances *fpl*
abgabenfrei exonéré
abgabenpflichtig soumis à l'impôt
Abgang *m* ¨e 1 *(fig) sich (D) einen guten ~ verschaffen* bien s'en sortir 2 désistement *m*
Abgangszeugnis *n* -se attestation *f* (de fin d'études)
Abgas *n* -e gaz *m* de combustion, rejet *m* de gaz; *(auto)* gaz *m* d'échappement
ab-geben* 1 déposer 2 céder *etwas von seinem Kuchen ~* donner un morceau de son gâteau 3 *(sp)* faire une passe 4 *(chaleur)* dégager 5 *(fig) eine schlechte Figur ~* faire piètre figure ◆ *sich mit etw ~* s'adonner à qch; *gib dich nicht mit denen ab!* laisse (-les) tomber!
abgebrannt : *(fam) ich bin völlig ~* je suis complètement fauché → **ab-brennen**
abgebrüht *(fam)* blindé *ein ~er Typ* un dur à cuire
abgedroschen *(fam > non fam)* rebattu, rabâché *eine ~e Redewendung* une formule éculée, un poncif
abgegriffen usé; *(fig)* banal
ab-gehen* <sein> 1 *nach links ~* tourner/prendre à gauche 2 *von der Schule ~* quitter l'école 3 *von seiner Meinung ~*

changer d'avis **4** *vom Erlös gehen 20% ab* il y a 20% de la recette qui partent
abgekämpft exténué ; *(fam)* crevé, pompé, lessivé
abgeklärt serein, plein de sagesse ; *ein abgeklärtes Urteil* un jugement éclairé
abgelaufen *(délai)* écoulé ; *(passeport)* périmé
abgelegen loin de tout, isolé ; *eine ~e Gegend* une région écartée
abgeneigt : *einer* (D) *Sache gegenüber ~ sein* être hostile/défavorable à qch, ne pas aimer qch
Abgeordnete/r député m
Abgeordnetenhaus n ¨er chambre f des députés, assemblée f nationale
abgerissen : *~ aussehen* avoir l'air dépenaillé, avoir un air défait → **ab=reißen**
Abgesandte/r envoyé m, émissaire m
abgeschieden solitaire, retiré
Abgeschiedenheit f ø solitude f, isolement m
abgeschlafft : *(fam) ein total ~er Typ* un type qui se laisse complètement aller
abgeschmackt insipide, plat ; de mauvais goût
abgesehen : *davon ~* cela mis à part, abstraction faite de cela
abgestanden 1 *ein ~es Bier* une bière éventée ; *~e Luft* un air vicié **2** *(fig) ~e Phrasen* des formules éculées
abgestumpft : *(fig) ein ~er Mensch* un abruti
ab=gewinnen* : *(fig) einem Vorschlag etw ~* trouver bonne une proposition, an (D) *Geschmack ~* prendre goût à qch
ab=gewöhnen : *jm/sich* (D) *etw ~* se déshabituer de qch, perdre l'habitude/le goût de qch
Abglanz m ø reflet m
ab=gleiten* <sein> **1** *vom Beckenrand ~* tomber en glissant du bord de la piscine **2** *in Gedanken ~* sombrer dans ses pensées
abgöttisch idolâtre
ab=graben* : *(fig) jm das Wasser ~* couper à qqn l'herbe sous le pied
ab=grasen 1 *(fig) ein Thema ~* épuiser un sujet **2** *(fam) alle Läden ~* courir/faire les magasins
ab=grenzen : *den Garten ~* délimiter son jardin ; *(fig) eine Aufgabe ~* délimiter une tâche ◆ *sich ~* (gegen etw/von jm/qqn), prendre ses distances (par rapport à qch/qqn), se démarquer (de qch/qqn)
Abgrund m ¨e précipice m, abîme m
abgrundhäßlich : *ein ~es Kleid* une robe affreuse, une véritable horreur
abgrundtief : *~er Haß* une profonde haine ◆ *jn ~ verachten* mépriser profondément qqn
ab=gucken 1 *vom Banknachbarn ~* copier sur son voisin **2** *(fam) ich guck dir schon nichts ab* tu peux y aller, je ne regarde pas
Abguß m ¨sse moulage m
ab=halten* **1** *weit von sich ~* tenir loin de soi **2** *ein Kleinkind ~* faire faire pipi à un enfant **3** *jn von der Arbeit ~* empêcher qqn de travailler **4** *eine Versammlung ~* tenir une réunion
ab=handeln 1 *etw ~* négocier qch **2** *ein Thema ~* traiter un sujet
abhanden : *~ kommen* disparaître ; se volatiliser
Abhandlung f -en traité m, essai m
Abhang m ¨e pente f, versant m
ab=hängen* : *von jm/etw ~* dépendre de qqn/qch ◆ **1** *ein Bild ~* décrocher un tableau **2** *(fam) jn ~* semer qqn
abhängig dépendant
Abhängigkeit f -en dépendance f
ab=härten sich s'endurcir
ab=hauen* <sein> : *(fam) von zu Hause ~* se tirer ◆ *den Putz von der Wand ~* faire tomber le crépi
ab=heben* **1** *(tél)* décrocher **2** *Geld ~* retirer de l'argent **3** *(cartes)* couper **4** *(avion)* décoller ◆ *sich vom Hintergrund ~* se détacher du fond
ab=heften ranger dans un classeur, classer
ab=helfen* (D) remédier (à)
ab=hetzen sich *(fig)* courir, se surmener
Abhilfe f ø aide f
ab=holen : *etw ~* aller/venir retirer/chercher qch ; *jn ~* passer prendre qqn
ab=holzen déboiser
Abhöranlage f -n table f d'écoute
ab=horchen écouter, épier ; *(méd)* ausculter
ab=hören 1 *eine Aufnahme ~* écouter un enregistrement **2** *ein Telefongespräch ~* écouter une conversation téléphonique sur table d'écoute **3** *die Vokabeln ~* faire réciter le vocabulaire
Abhörgerät n -e stéthoscope m
Abitur / Abi n ø bac(calauréat) m
AbiturientIn m -en -e f -nen bachelier, -ère
ab=jagen 1 *jm die Beute ~* arracher à qqn son butin ; *jm ein Geschäft ~* enlever une affaire à qqn ◆ *sich ~ (fig)* se bousculer, courir, s'activer
Abk → **Abkürzung**
ab=kanzeln *(fam)* passer un savon à qqn ; *abgekanzelt werden* en prendre pour son grade
ab=kapseln circonscrire ◆ *sich von der Welt ~* se couper du monde
ab=kassieren encaisser ; faire passer à la caisse
ab=kaufen 1 *jm etw ~* (r)acheter qch à qqn **2** *(fam) das kaufe ich dir nicht ab !* tu ne me feras pas avaler/croire ça !

ab=kehren : *den Staub ~* balayer la poussière ♦ *sich von jm/etw ~* se détourner de qqn/qch
ab=klappern : *(fam) die ganze Stadt ~* ratisser toute la ville
ab=klären : *eine Frage ~* régler une question
Abklären *n* ø **1** clarification *f* **2** *(chim)* décantation *f*
ab=klemmen couper
ab=klingeln : *den Unterricht ~* sonner la fin des cours
ab=klingen* <sein> diminuer, s'affaiblir, s'assourdir
ab=klopfen 1 faire tomber *(en tapant, tapotant)* **2** *(méd)* percuter
ab=knabbern ronger
ab=knallen : *(fam) jn ~* descendre qqn
ab=knöpfen 1 déboutonner **2** *(fam) jm Geld ~* piquer de l'argent à qqn
ab=knutschen *(fam > non fam)* embrasser à pleine bouche
ab=kommandieren détacher, envoyer en service commandé
ab=kommen* <sein> **1** *vom Weg ~* s'écarter du chemin, s'égarer **2** *von einem Plan ~* changer de plan
Abkommen *n* - accord *m*, convention *f*
abkömmlich libre, disponible
ab=koppeln décrocher
ab=kratzen : *die Farbe ~* gratter la peinture ♦ <sein> *(fam) er kratzt bald ab* il va bientôt passer l'arme à gauche/casser sa pipe
ab=kriegen *(fam)* **1** *etw vom Kuchen ~* avoir un bout du gâteau ; *(fig)* avoir sa part du gâteau **2** *keinen Mann ~* ne pas arriver à se dégotter un mari **3** *er hat was abgekriegt* il en a pris pour son compte
ab=kühlen sich : *(fig) ihre Beziehungen haben sich abgekühlt* leurs relations se sont refroidies
ab=kürzen : *eine Versammlung ~* abréger/écourter une réunion *einen Weg ~* raccourcir un trajet
Abkürzung *f* -en **1** abrégement *m eine ~ nehmen* prendre un raccourci *m* **2** (Abk) abréviation *f*
ab=küssen couvrir de baisers
ab=laden décharger ; *(fam) wo soll ich dich ~ ?* je te dépose où ?
ab=lagern <sein> *(vin)* vieillir, prendre de la bouteille ; *(bois, tabac)* sécher ♦ *sich ~* se déposer
Ablagerung *f* -en *(géo)* dépôt *m*, sédimentation *f*
Ablaß *m* ø *(rel)* indulgence *f*
ab=lassen* **1** *Wasser ~* vider l'eau **2** *15% vom Preis ~* faire un rabais de 15 % *~* ? **3** *von einem Vorhaben ~* renoncer à un projet **2** *von seinem Opfer ~* cesser de s'acharner sur sa victime

Ablauf *m* ¨e **1** déroulement *m*, enchaînement *m* ; *der ~ der Ereignisse* le cours *m* des événements **2** *mit ~ der Frist* à expiration *f* du délai
ab=laufen* <sein> s'écouler ; *(contrat)* venir à expiration ; *(fig) es ist alles gut abgelaufen* tout s'est bien déroulé/passé
ab=lecken lécher
ab=legen 1 déposer ; *(fig) ein Geständnis ~* faire un aveu ; *einen Eid ~* prêter serment ; *ein Examen ~* passer un examen ; *Rechenschaft ~* rendre compte **2** *wollen Sie nicht Ihren Mantel ~ ?* puis-je vous prendre votre manteau/vous débarrasser de votre manteau ? ; *(fig) eine schlechte Gewohnheit ~* se débarrasser/se défaire d'une mauvaise habitude **3** *(mar)* larguer les amarres
Ableger *m* - bouture *f*
ab=lehnen refuser, rejeter
Ablehnung *f* -en refus *m* ; récusation *f*
ab=leisten faire, accomplir
ab=leiten 1 détourner, dévier **2** *etw ~ (aus/von)* déduire (de) **3** *(gram)* dériver
ab=lenken *(phys)* dévier, diffracter ; *(fig) jn ~* distraire qqn ; *den Verdacht ~* détourner/écarter les soupçons
Ablenkung *f* -en distraction *f* ; *(phys)* déviation *f*, diffraction *f*
ab=lesen* **1** *die Rede ~* lire son discours **2** *(compteur)* relever
ab=leugnen nier
ab=liefern livrer ; déposer
ab=lösen 1 *jn bei der Arbeit ~* prendre la relève de qqn **2** détacher *eine Briefmarke ~* décoller un timbre **3** *eine Hypothek ~* lever une hypothèque
ab=luchsen : *(fam) jm Geld ~* rafler de l'argent à qqn
ABM → **Arbeitsbeschaffungsmaßnahme**
ab=machen 1 *etw ~* enlever qch **2** *einen Termin ~* convenir d'un rendez-vous ; *abgemacht !* affaire conclue ! *die Sache unter sich* (D) *~* régler l'affaire entre soi
Abmachung *f* -en arrangement *m* ; convention *f*
ab=magern <sein> maigrir
Abmagerungskur *f* -en cure *f* d'amaigrissement
ab=melden 1 *ein Fahrzeug ~* déclarer la cession d'un véhicule, retirer un véhicule de la circulation **2** *eine Zeitung ~* résilier son abonnement à un journal ♦ *sich am Wohnort ~* déclarer son changement d'adresse ♦ *(fam) er ist bei mir abgemeldet* je l'ai rayé de mes tablettes
ab=messen* : *eine Strecke ~* mesurer une distance ; *(fig) einen Schaden ~* évaluer des dégâts
ab=mildern : *den Aufprall ~* atténuer le

ab=mühen sich se donner du mal
ab=murksen *(fam)* zigouiller
ab=nabeln couper le cordon ombilical
Abnahme *f* ø **1** décrochage *m*, enlèvement *m* **2** diminution *f* ~ *des Gewichts* perte *f* de poids **3** *eine Ware findet reißende* ~ on s'arrache une marchandise **4** ~ *eines Neubaus* réception *f* d'un bâtiment
ab=nehmen* 1 décrocher, enlever **2** *den Bart* ~ se faire faire la barbe **3** *10 Pfund* ~ perdre 5 kilos **4** *Äpfel* ~ cueillir des pommes **5** *jm die Arbeit* ~ décharger qqn d'un travail **6** *ein Examen* ~ faire passer un examen **7** *die Ware* ~ prendre livraison de la marchandise ; *(fig) das nehme ich dir nicht ab !* je ne te crois pas ! ◆ **1** *ich muß* ~ il faut que je maigrisse/que je perde du poids **2** diminuer
Abneigung *f* -en aversion *f*
ab=nibbeln *(fam)* passer l'arme à gauche, casser sa pipe
abnorm anormal
ab=nötigen : *jm etwas* ~ arracher qch à qqn ; *(fig) jm Respekt* ~ forcer le respect (de qqn)
ab=nutzen user
Abo/Abonnement *n* -s abonnement *m*
AbonnentIn *m* -en -en *f* -nen abonné *m* -e *f*
abonnieren : *eine Zeitung* ~ s'abonner à un journal
Abordnung *f* -en délégation *f*
Abort *m* -e **1** W.C. *mpl*, toilettes *fpl*, cabinets *mpl* **2** *(méd)* avortement *m*
ab=packen emballer, faire des petits paquets
ab=passen guetter
ab=pausen décalquer
ab=pflücken cueillir
ab=plagen sich : *sich mit einer Arbeit* ~ s'échiner sur un travail
ab=platzen craquer, *(peinture)* s'écailler ; *(bouton)* sauter
ab=prallen <sein> *(von, an D)* rebondir sur ; ricocher sur ; *(fig)* ne pas toucher qqn, laisser qqn insensible
ab=pumpen pomper, évacuer
ab=putzen : *die Schuhe* ~ *(fig)* s'essuyer les pieds
ab=rackern sich : *(fam) sich bei der Arbeit* ~ bosser comme un fou ; *(fig) sich für jn* ~ se démener pour qqn
ab=rasieren raser
ab=raten* déconseiller
ab=räumen 1 *die Bücher vom Tisch* ~ enlever/retirer les livres de la table ; *(géo) eine Erdschicht* ~ enlever/déblayer une couche de terre **2** *den Tisch* ~ débarrasser la table
ab=rauschen *(fam)* filer
ab=reagieren : *den Ärger an jm/etw* ~ faire passer sa colère sur qqn/ qch ◆ *sich an den Kindern* ~ *(fam)* se défouler sur les enfants
ab=rechnen : *(fam) mit jm* ~ régler ses comptes avec qqn
Abrechnung *f* -en décompte *m*
Abrede *f* ø : *etw in* ~ *stellen* contester qch
ab=regen sich : *(fam) reg dich wieder ab !* calmos ! du calme ! on se calme !
ab=reiben* 1 *die Fensterscheibe* ~ nettoyer la vitre **2** *ein Kind nach dem Baden* ~ frictionner un enfant après le bain
Abreibung *f* -en : *(fam) jm eine* ~ *verpassen* sonner les cloches à qqn ; flanquer une bonne raclée à qqn
Abreise *f* -n départ *m*
ab=reisen <sein> *(nach)* partir (pour)
ab=reißen* arracher ; démolir ◆ *(fig) den Kontakt nicht* ~ *lassen* maintenir le contact ◆ → **abgerissen**
Abreißkalender *m* - éphéméride *f*
ab=richten dresser
abriegeln verrouiller
Abriß *m* sse **1** ~ *eines Hauses* démolition *f* d'une maison **2** abrégé *m*, mémento *m*
ab=rücken : *den Tisch von der Wand* ~ écarter la table du mur ◆ <sein> *(fig) von einer Meinung* ~ prendre ses distances par rapport à une opinion **2** *(mil)* se retirer
Abruf *m* ø : *auf* ~ *bereithalten* tenir à disposition
ab=rufen* : *jn von seinem Posten* ~ rappeler qqn ; *(inf) Daten* ~ appeler des données
ab=runden arrondir
Abrüstung *f* ø désarmement *m*
ab=rutschen <sein> **1** glisser du trottoir ; *(véhicule)* déraper **2** *beim Schneiden* ~ déraper avec son couteau **3** *(sp) auf den letzten Tabellenplatz* ~ tomber/rétrograder à la dernière place
ab=sacken <sein> **1** *(avion)* perdre brutalement de l'altitude, tomber dans un trou d'air **2** *(tension)* chuter **3** *(fig) moralisch* ~ sombrer, s'écrouler
Absage *f* -n refus *m eine* ~ *erteilen* donner une réponse négative
ab=sagen décommander ◆ *jm* ~ refuser, donner une réponse négative à qqn
ab=sägen : *einen Ast* ~ scier une branche ; *(fam) jn* ~ débouloner qqn
Absatz *m* ¨e **1** *flacher* ~ talon *m* plat **2** *zweiter* ~ second alinéa **3** *(escalier)* palier *m* **4** *(comm)* (volume *m* des) ventes ; chiffre *m* d'affaires **5** *in Absätzen* par intervalles
Absatzmarkt *m* ¨e marché *m*, débouché sur

ab=saugen

ab=saugen 1 *das Wasser ~* aspirer l'eau 2 passer l'aspirateur

ab=schaffen : *ein Gesetz ~* abroger une loi ; *die Arbeit ~* supprimer/abolir le travail

Abschaffung *f* ø abrogation *f*, suppression *f* ~ *der Todesstrafe* abolition *f* de la peine de mort

ab=schälen éplucher

ab=schalten : *den Strom ~* couper l'électricité ◆ *(fam)* décrocher

ab=schätzen évaluer, estimer ◆ *(fig) sich gegenseitig ~* évaluer ses forces respectives

Abscheu *m* ø dégoût *m*, répulsion *f*

ab=scheuern 1 *mit einer Bürste ~* récurer à la brosse 2 *einen Kragen ~* user un col

abscheuerregend dégoûtant, répugnant

abscheulich abominable, horrible, affreux

ab=schieben* 1 *den Tisch von der Wand ~* dégager la table du mur 2 *jn ~* expulser qqn ◆ *(fam) schieb ab!* fiche le camp!, du vent!

Abschied *m* -e 1 adieux *mpl* 2 *voneinander ~ nehmen* se quitter, se dire au revoir 3 *seinen ~ nehmen* donner sa démission/son congé

ab=schießen* 1 *(balle)* tirer ; *(flèche)* décocher ; *(fusée)* lancer 2 *(fam) einen Politiker ~* dégommer un homme politique 3 *(fig) den Vogel ~* tirer le bon numéro, décrocher le gros lot

ab=schinden sich* : *sich auf/bei der Arbeit ~* s'éreinter/s'esquinter au travail

ab=schirmen protéger

abschlägig négatif

ab=schleifen* polir

Abschleppdienst *m* ø service *m* de dépannage

ab=schleppen *(véhicule)* remorquer ; *(fam) jn ~* embarquer qqn ◆ *sich mit dem Koffer ~* s'échiner en traînant sa valise

ab=schließen* 1 *die Tür ~* fermer la porte à clé ; *etw luftdicht ~* emballer sous vide 2 *eine Versicherung ~* contracter une assurance 3 *ein Gespräch ~* clore une discussion ◆ *(fig) mit etw/jm abgeschlossen haben* en avoir fini avec qch/ qqn ; *(comm) mit einem Gewinn ~* réaliser un bénéfice ◆ *sich von der Welt ~* se couper du monde

Abschluß *m* ¨sse 1 diplôme *m* 2 *etw zum ~ bringen* mener qch à sa fin *f* 3 *(comm)* bilan *m*

Abschlußbilanz *f* -en bilan *m* de clôture

Abschlußzeugnis *n* -se attestation *f* de diplôme

ab=schminken (sich) (se) démaquiller ◆ *(fam) sich (D) etw ~* faire son deuil de qch

ab=schnallen défaire, détacher ◆ *(fam) völlig ~* ne pas en revenir ◆ *sich ~* détacher sa ceinture de sécurité

ab=schnappen : *(fam) jn ~* choper qqn

ab=schneiden* couper ◆ *(fam) davon kannst du dir eine Scheibe ~!* prends-en de la graine! ◆ *(fam) gut ~* bien s'en tirer

Abschnitt *m* -e 1 paragraphe *m* 2 talon *m*, coupon *m* 3 partie *f* ; *(fig)* phase *f*

ab=schnüren arrêter en serrant, ligaturer ; *(fig) jm die Luft ~* couper le souffle à qqn

ab=schrägen biseauter, chanfreiner

ab=schrauben dévisser

ab=schrecken 1 effrayer, décourager 2 *Stahl ~* tremper l'acier ◆ *sich ~ lassen* se laisser impressionner

abschreckend 1 dissuasif 2 repoussant

Abschreckung *f* -en intimidation *f* ; *(mil)* dissuasion *f*

ab=schreiben* 1 *vom Nachbarn ~* copier sur son voisin ; *wörtlich ~* recopier mot à mot 2 *Kosten ~* déduire des frais 3 *(fam) jn ~* faire une croix sur qqn ◆ *jm ~* se décommander auprès de qqn

Abschrift *f* -en copie *f*, double *m*, duplicata *m*

ab=schuften sich : *sich für jn/etw ~* se démener pour qqn/qch

Abschußliste *f* -n : *(fam) jn auf die ~ setzen* mettre qqn au placard

abschüssig pentu, en pente

ab=schütteln 1 *das Tischtuch ~* secouer la nappe 2 *(fig/fam) jn ~* semer qqn

ab=schwächen diminuer, atténuer

ab=schwatzen : *(fig) jm Geld ~* baratiner qqn pour lui soutirer de l'argent

ab=schweifen <sein> 1 *vom Weg ~* s'écarter du chemin 2 *in Gedanken ~* vagabonder

ab=schwellen* <sein> désenfler, diminuer

ab=schwirren <sein> : *(fam) schwirr ab!* fous le camp!

ab=schwören* abjurer

absehbar prévisible *in ~er Zeit* dans un avenir proche

ab=sehen* 1 *jm etw ~* apprendre qch en voyant faire qqn 2 *das Ende ~* prévoir la fin 3 *es auf jn/etw abgesehen haben* avoir des visées sur qqn/ qch ◆ *von etw ~* faire abstraction de qch

abseits 1 à l'écart 2 *(sp)* hors-jeu

ab=senden* expédier

AbsenderIn *m f* expéditeur *m*, -trice *f*

ab=servieren : *(fam) jn* ~ laisser tomber qqn
absetzbar 1 révocable 2 vendable 3 *von den Steuern* ~ déductible des impôts
ab=setzen 1 *den Hut* ~ enlever son chapeau 2 *das Glas* ~ poser son verre 3 relever qqn de ses fonctions ; *einen Minister* ~ destituer/ déposer un ministre ; *einen Beamten* ~ révoquer un fonctionnaire 4 *von der Tagesordnung* ~ retirer de l'ordre du jour 5 *von den Steuern* ~ déduire/défalquer de ses impôts 6 *Waren* ~ vendre/écouler des marchandises 7 *jn am Bahnhof* ~ déposer qqn à la gare ◆ 1 *sich* ~ s'éclipser 2 *(mil)* se replier/se retirer
ab=sichern 1 *eine Baustelle* ~ protéger un chantier 2 *eine Methode wissenschaftlich* ~ appuyer une méthode sur des bases scientifiques 3 *(sich) vertraglich* ~ (se) garantir par un contrat
Absicht *f* -en intention *f* in *böser* ~ *handeln* être mal intentionné ; *mit* ~ exprès ; *ohne* ~ pas exprès ; *ohne böse* ~ sans penser à mal
absichtlich intentionnel, -le, prémédité ◆ *etw* ~ *tun* faire qch exprès
ab=sitzen* : *eine Strafe* ~ purger une peine ; <sein> *vom Pferd* ~ descendre de cheval, mettre pied à terre
absolut absolu ◆ absolument
Absolutismus *m* ø absolutisme *m*
AbsolventIn *m* -en -en *f* -nen étudiant *m* -e *f* en fin d'études
ab=solvieren 1 *einen Lehrgang* ~ effectuer/suivre une formation 2 *er hat sein Examen absolviert* il a réussi son examen
absonderlich bizarre, étrange, singulier
ab=sondern 1 *jn* ~ isoler qqn, mettre qqn en quarantaine 2 *eine Flüssigkeit* ~ sécréter un liquide ◆ *sich* ~ se tenir à l'écart
ab=spalten : *ein Stück Holz* ~ détacher un éclat de bois ◆ *sich* ~ se séparer
Abspann *m* -e *(cin)* générique *m*
ab=specken *(fam)* perdre du lard
ab=speisen : *(fig) jn mit leeren Worten* ~ payer qqn de bonnes paroles
abspenstig : *jm etw/jn* ~ *machen* prendre qch/ qqn à qqn
ab=sperren 1 *eine Straße* ~ barrer une rue/route 2 *das Gas* ~ couper le gaz
Absperrung *f* -en barrage *m*
ab=spielen 1 *eine Schallplatte* ~ passer un disque 2 *vom Blatt* ~ déchiffrer avec la partition ◆ 1 *sich* ~ se dérouler, se passer 2 *(fam) da spielt sich nichts ab !* tu peux toujours courir !
Absprache *f* -n accord *m*, entente *f*
ab=sprechen* 1 *jm ein Recht* ~ contester à qqn le droit (de) 2 *etw mit jm* ~ décider de qch avec qqn ◆ *sich* ~ se concerter
ab=springen* <sein> : *vom Zug* ~ sauter du train ; *(fig)* décrocher
ab=spülen 1 rincer 2 *das Geschirr* ~ laver la vaisselle
ab=stammen descendre : *(gram)* être dérivé
Abstammung *f* ø descendance *f*, origines *fpl*
Abstand *m* ¨e 1 écart *m*, espace *m*, intervalle *m* ; ~ *halten* tenir ses distances 2 *von etw* ~ *nehmen* prendre des distances par rapport à qch
ab=stauben 1 épousseter 2 *(fam)* piquer
ab=stechen* 1 *den Teig* ~ piquer la pâte 2 *ein Schwein* ~ saigner un cochon 3 *von etw* ~ contraster, trancher avec qch
Abstecher *m* - 1 *ein* ~ *nach Berlin* un saut *m*/tour *m* à Berlin 2 *(th)* représentation *f* à l'extérieur
ab=stecken : *eine Wegstrecke* ~ baliser un chemin ; *(fig) seine Position* ~ assurer ses positions
abstehend : ~ *e Ohren* oreilles décollées
Absteige *f* -n hôtel *m* de passe
ab=steigen* <sein> 1 *vom Fahrrad* ~ descendre de son vélo, mettre pied à terre 2 *(sp)* être relégué
ab=stellen 1 *den Koffer* ~ déposer sa valise 2 *das Auto* ~ garer sa voiture 3 *(radio)* éteindre ; *(eau)* couper ; *(moteur)* couper ; *(machine)* arrêter/stopper
Abstellgleis *n* -e voie de garage
Abstellkammer *f* -n débarras *m*
ab=stempeln 1 *einen Brief* ~ apposer un cachet sur/oblitérer une lettre 2 *(fig) jn/etw* ~ étiqueter qqn/qch
Abstieg *m* -e 1 descente *f* ; *(fig)* déclin *m* 2 *(sp)* relégation *f*
ab=stimmen 1 *über ein Projekt* ~ voter un projet 2 *Handlungsziele* ~ définir des objectifs 3 *die Tonqualität* ~ régler le son 4 *etw mit jm* ~ se mettre d'accord avec qqn sur qch ◆ *sich mit jm* ~ se concerter
abstinent sobre, qui ne boit pas d'alcool
ab=stinken* : *(fam) da stinkst du ganz schön ab* t'es vraiment nul(le)
ab=stoppen 1 stopper 2 *die Zeit* ~ chronométrer
ab=stoßen* 1 *vom Boden* ~ (re)pousser du sol 2 *(fig)* répugner, dégoûter, rebuter 3 *Aktien* ~ se dessaisir d'actions
abstoßend répugnant, dégoûtant, rebutant
ab=stottern : *(fam) etw* ~ *(non fam)* payer au fur et à mesure/à tempérament
abstrahieren penser de manière abstraite, avoir l'esprit d'abstraction
abstrakt abstrait
ab=strampeln : *die Zudecke* ~ défaire

ab=streiten

sa couverture en remuant ♦ *sich ~* se découvrir; *(fam) sich ~* faire des pieds et des mains, se démener
ab=streiten* : *etw ~* contester qch
Abstrich *m* -e 1 réduction *f* (dans un budget); *~e machen* réduire des dépenses; *(fig)* faire des compromis, baisser le niveau de ses exigences 2 *(méd)* frottis *m*
ab=stufen 1 *Löhne ~* échelonner les salaires 2 *(couleur)* nuancer
ab=stumpfen : *eine Kante ~* polir une arête; *eine Spitze ~* émousser une pointe ♦ *<sein> s'émousser* ♦ *(fig) abgestumpft sein* être amorphe/anesthésié/éteint
ab=stürzen <sein> 1 *vom Dach ~* tomber du toit 2 *(avion)* s'écraser
ab=stützen : *die Decke ~* étayer le plafond ♦ *sich von der Wand ~* s'écarter du mur
absurd absurde
Abszeß *m* sse abcès *m*
Abt *m* ¨e abbé *m*
ab=tasten palper
ab=tauen dégivrer
Abtei *f* -en abbaye *f*
Abteil *n* -e compartiment *m*
Abteilung *f* -en 1 séparation 2 *(magasin)* rayon *m*; *(entreprise)* service *m*; *(mil)* section *f*
abträglich (D) préjudiciable/nuisible (à)
ab=transportieren évacuer, transporter
ab=treiben* déporter, faire dévier ♦ *(méd)* avorter ♦ <sein> dériver
Abtreibung *f* -en avortement *m*
ab=trennen séparer, diviser, détacher
ab=treten <sein> se retirer, démissionner ♦ 1 *sich* (D) *die Füße ~* s'essuyer les pieds 2 *jm ein Geschäft ~* céder une affaire à qqn
Abtreter *m* - paillasson *m*
ab=trocknen essuyer la vaisselle
abtrünnig renégat; *etw* (D) *~ werden* renier qch
ab=tun* : *etw als unwichtig ~* ne pas tenir compte, faire fi de qch
ab=verlangen : *(fig) jm viel ~* demander beaucoup à qqn
ab=wägen* mesurer; *das Pro und Contra einer Sache ~* peser le pour et le contre de qch
ab=wälzen : *etw auf jn ~* rejeter qch sur qqn; *die Kosten ~* répercuter les coûts
ab=wandeln modifier, changer
ab=wandern <sein> émigrer; *vom Land in die Stadt ~* quitter la campagne pour aller s'installer en ville
ab=warten attendre; *mal ~, ob* reste à voir si
abwartend : *eine ~e Haltung ein=nehmen* rester dans l'expectative; *(pol)* pratiquer l'attentisme

abwärts en descendant, vers le bas; *den Fluß ~* en aval; *es geht ~* ça descend
Abwärtstrend *m* ø tendance *f* à la baisse
ab=waschen* 1 *den Schmutz ~* enlever la saleté 2 *Geschirr ~* faire/laver la vaisselle
Abwässer *npl* eaux usées *fpl*
ab=wechseln sich : *miteinander ~* se relayer, alterner avec qqn ♦ *etw ~* faire alterner
abwechselnd en alternance
Abwechslung *f* -en diversion *f*, changement *m*, diversité *f zur ~* pour changer, pour se distraire
abwechslungsreich : *~e Ernährung* une nourriture variée
Abweg *m* -e égarement *m*, écart *m*
abwegig : *ein ~er Vorschlag* une proposition douteuse
Abwehr *f* ø défense *f*
ab=wehren 1 *einen Stoß ~* parer un coup 2 repousser
abwehrend : *eine ~e Geste* un geste de refus
ab=weichen* *(timbres)* décoller ♦ <sein> *vom Weg ~* s'écarter du chemin 2 *von einer Regel ~* ne pas respecter une règle
ab=weisen* 1 *jn ~* éconduire qqn 2 *(jur) jn mit seiner Klage ~* débouter qqn de sa plainte, rejeter la plainte de qqn
ab=wenden* *(von)* ♦ 1 *das Gesicht ~* détourner le visage 2 *ein Unglück ~* prévenir un malheur ♦ *(fig) sich ~ (von)* se détourner (de)
ab=werben* débaucher; *Kunden ~* débaucher des clients
ab=werfen* 1 *Blätter ~* perdre des/ses feuilles 2 lancer; *(bombes)* larguer
ab=werten dévaloriser, déprécier; *(éco)* dévaluer
abwesend absent
Abwesenheit *f* -en absence *f*
ab=wickeln 1 dérouler, débobiner; *(comm) ein Geschäft ~* conclure une affaire, mener une affaire à bonne fin 2 *eine Fabrik ~* fermer une usine
Abwicklung *f* -en 1 déroulement *m* 2 fermeture *f*
ab=wischen essuyer
ab=würgen étrangler; *den Motor ~* caler; *(fam) ein Gespräch ~* faire tourner court une conversation
ab=zahlen payer à tempérament, à crédit
ab=zählen compter
Abzahlung *f* -en paiement *m*, remboursement *m*
ab=zapfen : *Wein ~* tirer du vin; *(fam) jm Geld ~* soutirer du fric à qqn
Abzeichen *n* ø insigne *m*
ab=zeichnen dessiner (d'après un modèle) ♦ *sich ~* se dessiner, se profiler

ahnungslos

Abziehbild *n* -er décalque *m*
ab=ziehen* 1 *eine Summe ~ (von D)* déduire une somme (de) 2 *die Haut ~* rétirer/enlever la peau, peler 3 *(typo)* tirer ♦ <sein> *(fam) leer ~* être bredouille
ab=zielen *(auf A)* viser qch
Abzug *m* ¨e 1 *(mil)* repli *m*, départ *m* 2 *(comm)* déduction *f*; *~ vom Gehalt* retenue *f* sur salaire 3 *(photo)* tirage *m* 4 *(fusil)* détente *f* 5 *(cheminée)* tirage *m*
abzüglich déduction faite de
ab=zweigen <sein> bifurquer ♦ *(von D)* prélever (sur)
ach : *~, tut das weh!* oh, ce que ça fait mal!; *~, laß mich in Ruhe!* ah, laissez-moi tranquille!
Achse *f* -n axe *m* ; *(fig) auf ~ sein* être en vadrouille
Achsel *f* -n aisselle *f*
Acht *f* ø : *außer ~ lassen* ne pas tenir compte de ; *sich in ~ nehmen (vor D)* faire attention/prendre garde (à)
acht huit
acht- : *der/die/das ~e* le, la huitième
achtbar honorable, respectable
achten 1 *jn ~* respecter qqn, avoir de la considération pour qqn 2 *(loi)* respecter ♦ *auf etw (A) ~* tenir compte de qch, faire attention à qch
ächten bannir, proscrire
achtenswert respectable
Achterbahn *f* -en grand huit [it] *m*
acht=geben *(auf A)* faire attention/veiller (à)
achtlos inattentif, négligent ♦ sans faire attention, distraitement
Achtung *f* ø 1 *~!* attention!; *(sp) ~, fertig, los!* à vos marques, prêts, partez! 2 considération *f*
ächzen geindre, gémir
Acker *m* ¨ champ *m*
Ackerbau *m* ø culture *f*
ackern 1 labourer 2 *(fam)* bosser
Adapter *m* ø adaptateur *m*
adäquat adéquat
addieren ajouter, additionner
ade adieu
Adel *m* - noblesse *f*
adeln anoblir
Ader *f* -n 1 veine *f* ; *(fig) eine ~ für die Malerei haben* avoir des dispositions pour la peinture 2 *(mines)* veine *f*
Adjektiv *n* -e adjectif *m*
Adler *m* - aigle *m*
adlig noble
Admiral *m* -e amiral *m*
adoptieren adopter
Adoptiveltern *pl* parents *mpl* adoptifs
Adressat *m* -en -en destinataire *m f*
Adresse *f* -n adresse *f*
adressieren adresser

adrett propre, soigné
A-Dur *n* ø la *m* majeur
Advent *m* ø Avent *m*
Adverb *n* -ien adverbe *m*
Advokat *m* -en -en avocat *m*
Affäre *f* -n 1 affaire *f* 2 *sie hat viele ~n* elle a beaucoup de liaisons *fpl*
Affe *m* -n singe *m* ; *(fig/fam) er hat einen ganz schönen ~n* il tient une drôle de cuite !
affenartig : *(fig) mit ~er Geschwindigkeit fahren* rouler à toute allure/à tombeau ouvert
Affekt *m* -e émotion *f*, émotivité *f*, passion *f*; *ein Verbrechen, im ~ begangen* un crime sans préméditation
affektiert affecté
After *n* - anus *m*
AgentIn *m* -en -en *f* -nen agent *m*
Agentur *f* -en agence *f*
Aggregat *n* -e 1 agrégat *m* 2 *(tech)* groupe *m*
Aggregatzustand *m* ¨e état *m* (de la matière)
Aggression *f* -en agression *f*
aggressiv agressif, -ive ♦ avec agressivité, de manière agressive ; *~ handeln* être agressif
Agitation *f* -en agitation *f* (politique)
agitieren : *jn ~* troubler qqn ♦ faire de l'agitation politique
Agrarbevölkerung *f* -en population agricole
Agrarpolitik *f* -en politique *f* agricole
ah ! 1 *~, wie schön !* ah, que c'est beau ! ; *ah, c'est bien !* 2 *~, so ist das also !* alors c'est comme ça !
aha ! : *~, deswegen kommt er nicht !* ah, ah c'est pour cela qu'il ne vient pas !
Aha-Erlebnis *n* -se expérience *f* (marquante), révélation *f*
ahnden réprimer, punir
Ahnenreihe *f* -n lignée *f*
ähneln : *jm ~* ressembler à qqn ♦ *sich ~* se ressembler
ähnlich semblable, similaire, pareil ; *(fam) das sieht dir ~ !* c'est bien toi !
Ähnlichkeit *f* -en ressemblance *f*, similitude *f*
ahnen : *etw ~* se douter de qch ; *wer konnte das schon ~ !* qui aurait pu imaginer une chose pareille ! ; *mir ~ nichts Gutes !* à mon avis, cela ne présage rien de bon !
Ahnung *f* -en 1 *ich hatte schon so eine ~ !* je m'en doutais un peu ! ; *keine ~ !* pas la moindre idée *f* ! ; 2 *von etw ~ haben* avoir des notions *fpl* de qch ; *(fam) er hat keine blasse ~, wie man das macht* il s'y prend comme un manche
ahnungslos : *völlig ~* complètement naïf, -ïve/innocent, -e ♦ *~ eine pein-*

ahoi

liche Frage stellen poser sans le vouloir / sans s'en rendre compte / de manière totalement innocente une question embarrassante
ahoi! : *Schiff ~!* ohé du bateau!
Ahorn *m* -e érable *m*
Ähre *f* -n épi *m*
Akademie *f* -n 1 *der Künste* académie *f* des Beaux-Arts 2 *~ für Landwirtschaft* école *f* d'agriculture
AkademikerIn *m f* diplômé *m* -e *f* de l'Université; *er ist ~* il a fait des études supérieures
akademisch académique
akklimatisieren (sich) (s')acclimater
Akklimatisierung *f* -en acclimatation *f*
Akkord *m* -e 1 *(mus)* accord *m* 2 *im ~ arbeiten* travailler à la tâche *f*
Akkordlohn *m* ¨-e salaire *m* à la tâche *f*
Akkordeon *n* -s accordéon *m*
akkreditieren accréditer
Akku *m* -s accus *mpl* → **Akkumulator**
Akkumulator *m* -en accumulateur *m*
akkurat soigneux, méticuleux, -euse
Akkuratesse *f* ø soin *m*
Akkusativ *m* -e accusatif *m*
Akkusativobjekt *n* -e complément *m* d'objet direct
Akontozahlung *f* -en acompte *m*
Akrobat *m* -en -en acrobate *m f*
akrobatisch acrobatique
Akt *m* -e 1 *ein schöpferischer ~* un acte *m* créatif 2 *~ der Einweihung* inauguration *f* 3 *(th)* acte *m* 4 *(art)* nu *m* 5 acte *m* sexuel
Akte *f* -n : *eine ~ anlegen* constituer / établir un dossier *m* ; *(fig) das Projekt können wir zu den ~n legen* on peut reléguer ce projet aux archives *fpl*
aktenkundig : *etw ~ machen* inscrire au dossier
Aktentasche *f* -n porte-documents *m*, serviette *f*
Aktie *f* -n action *f*; *fallende ~n* actions en baisse; *(fig/fam) na, wie stehen die ~n?* comment ça va?, ça marche comme tu veux?, alors, comment vont les affaires?
Aktiengesellschaft *f* -en société *f* anonyme
Aktion *f* -en 1 action *f*; *(fig) wann tritt er in ~?* quand est-ce qu'il va s'y mettre? 2 *(mil)* opération *f*
Aktionsrad.ius *m* .ien rayon *m* d'action; *(fig) sein ~ ist eingeschränkt* son champ *m* d'action est limité / réduit
aktionsfähig d'action, qui agit
Aktionär *m* -e actionnaire *m f*
Aktiv *n* ø : *im ~ stehen* être à l'actif *m*/à la forme *f* active
aktiv actif, -ive : *auf etw (A) ~ wirken* avoir une action sur qch ; *~ mit=arbeiten* participer activement au travail

aktivieren 1 activer 2 *(comm)* porter / inscrire à l'actif
Aktstudie *f* -n étude *f* de nu
aktualisieren actualiser
Aktualität *f* -en actualité *f*
aktuell actuel
Akustik *f* ø acoustique *f*
akustisch : *~e Qualität* qualité acoustique ; *~es Gedächtnis* mémoire auditive
♦ *etw ~ wahr=nehmen* percevoir qch sur le plan auditif
akut 1 *(méd) ein ~er Krankheitsverlauf* l'évolution fulgurante d'une maladie 2 *(fig) die Frage wird ~* la question devient pressante / urgente ; *eine ~e Gefahr* un danger imminent
Akzent *m* -e accent [aksã] *m*
Akzentuierung *f* -en accentuation *f*
Akzentverlagerung *f* -en : *zur ~ kommen* être amené à changer l'ordre des priorités
akzeptabel acceptable
akzeptieren accepter
Alarm *m* -e alerte *f*, alarme *f*
Alarmbereitschaft *f* ø état *m* d'alerte
alarmieren 1 *die Feuerwehr ~* alerter / appeler les pompiers 2 *diese Nachricht sollte uns alle ~* cette nouvelle devrait tous nous alarmer
Alarmstufe *f* -n : *höchste ~* dernière alerte *f*
albern 1 sot, niais ; *~es Gerede* propos stupides 2 *sich ~ benehmen* se conduire bêtement / de manière stupide
Albernheit *f* -en sottise *f*, fadaise *f*
Alge *f* -en algue *f*
Alge.bra *f* .bren algèbre *f*
Alibi *n* -s alibi *m*
Alimente *npl* pension *f* alimentaire
Alkohol *m* -e 1 alcool *m* ; *(fig) jn unter ~ setzen* faire boire qqn ; *unter ~ stehen* être en état d'ivresse 2 *(chim)* alcool
Alkoholgehalt *m* -e teneur *f* en alcool, taux *m* d'alcool ; *~ im Blut* taux *m* d'alcool dans le sang, alcoolémie *f*
alkoholfrei : *ein ~es Getränk* une boisson sans alcool / non alcoolisée
AlkoholikerIn *m f* alcoolique *m f*
All *n* ø espace *m*, cosmos *m*
all (e) : *~ diese Bücher* tous ces livres ; *~e Leute* tout le monde ; *mit ~er Deutlichkeit* de toute évidence ; *ohne ~en Zweifel* sans le moindre doute ♦ tout, tout le monde ♦ *(fam) mein Geld ist ~e* je n'ai plus un sou ; *ich bin total ~e!* je n'en peux plus, je suis crevé
alledem : *bei/trotz ~* malgré tout
allein seul ♦ seulement ♦ cependant, toutefois
Alleinerbe *m* -n (unique) héritier, -ère *m f*, légataire *m f* universel, -le

Alleinherrschaft f -en Monarchie f
alleinstehend célibataire; ~ *sein* vivre seul
AlleinverdienerIn m f : ~ *sein* avoir un salaire unique
Alleinvertretung f -en : *die ~ für eine Marke* l'exclusivité f pour une marque
allemal toujours; *ich sage dir das ein für ~ !* je te le dis une fois pour toutes!
allenfalls à la rigueur, au besoin, éventuellement, tout au plus
allenthalben partout, en tous lieux
alles tout; ~ *mögliche* toutes sortes de choses; ~ *in allem* en tout et pour tout; *nicht um ~ in der Welt* pour rien au monde; *trotz allem* malgré tout; *da hört sich doch ~ auf!* ça suffit!
allerbest- : *das ~e* le mieux; *am ~en* au mieux
allerdings en effet
allererst- : *der ~e* le tout premier
allergrößt- : *der ~e* le plus grand (de tous)
allergisch : *gegen Mathematik ~ sein* être allergique aux mathématiques ◆ *auf eine Seife ~ reagieren* être allergique à un savon
allerhand toutes sortes de; ~ *durchgemacht haben* (fig) en avoir vu de toutes les couleurs; ~ *erlebt haben* (fig/fam) avoir roulé sa bosse **3** *das ist doch ~ !* c'est un peu fort! c'est un comble!
Allerheiligen n ø Toussaint f
Allerheiligste n ø **1** Saint Sacrement m **2** sanctuaire m
allerlei : *man hört so ~* on entend toutes sortes de choses
Allerlei n ø mélange m; *Leipziger ~* macédoine f de légumes
Allerseelen n ø jour m des morts
allgegenwärtig omniprésent
allgemein général; *~es Wahlrecht* suffrage universel; *~e Wehrpflicht* service militaire obligatoire ◆ *ganz ~ formuliert* pour parler de manière tout à fait générale; *im ~en* en général
Allgemeinbildung f ø culture f générale
Allgemeinheit f -en **1** communauté f; *im Interesse der ~* dans l'intérêt général **2** généralité f
Allheilmittel n - remède m universel; panacée f
alliiert : *die ~en Truppen* les forces alliées
Alliierte/r : *die ~en* les Alliés mpl
alljährlich annuel, -le ◆ *die Versammlung findet ~ statt* la réunion a lieu tous les ans
Allmacht f - : ~ *des Staates* toute-puissance f de l'État

allmählich progressif, -ive ◆ petit à petit, peu à peu; *er wird ~ alt* il se fait vieux
allmonatlich mensuel, -le ◆ tous les mois
allseitig de tous, général
Alltag m - quotidien m; *der graue ~* le train-train m quotidien
alltäglich 1 quotidien, -ne, de tous les jours **2** (fig) ordinaire, banal; *~e Geschichten* des histoires banales
alltags tous les jours
Alltagstrott m - train-train m quotidien
allumfassend global, universel
Allüren fpl (péj) ~ *haben* être maniéré; *laß doch deine ~!* laisse tomber tes grands airs!, arrête ton cinéma!
allwissend : *niemand ist ~* nul n'est omniscient
allzu trop
allzuviel trop; ~ *ist ungesund!* il ne faut abuser de rien
Allzweck- qui sert à tout, universel; ~ *reiniger* produit qui nettoie tout, nettoyant universel
Alm f -en alpage m
Almanach n -e almanach m
Almosen n - aumône f
Alptraum m ¨e cauchemar m
Alpen fpl Alpes fpl
Alpenveilchen n - cyclamen m
Alphabet n -e alphabet m
alphabetisch : *in ~er Reihenfolge* dans l'/par ordre alphabétique
als : ~ *ich noch in die Schule ging* quand j'allais encore à l'école; *er kam, ~ ich noch im Bett lag* il arriva alors que j'étais encore au lit ◆ ~ *deine Freundin* en tant qu'amie; *schon ~ Kind, wollte er immer* enfant, il voulait déjà ◆ *jünger ~ ich* plus jeune que moi ◆ *sie ist zu eingebildet, ~ daß sie uns helfen würde* elle est trop prétentieuse pour nous donner un coup de main ◆ *so tun, ~ ob* faire comme si
alsbald aussitôt
alsdann ensuite
also (bon) alors; ~ *gut!* bon, d'accord!; *er kommt ~ doch* pour finir il vient quand même; *na ~!* tu vois! vous voyez!
alt 1 vieux/vieil/vieille; ~ *werden* vieillir; (fig) *heute Abend werde ich nicht ~!* ce soir, je ne ferai pas de vieux os; (fam/fig) *na, da siehst du aber ~ aus!* t'as l'air malin/fin maintenant! **2** *ein drei Monate ~er Säugling* un bébé de trois mois; *wie ~ bist du?* quel âge as-tu?; *man ist so ~ wie man sich fühlt* on a l'âge de son cœur **3** (fam) *das ist doch ein ~er Hut!* c'est vraiment pas nouveau! **4** ancien, -ne *die ~en Sprachen* les langues anciennes/mortes
Altar m ¨e autel m

Alte/r

Alte/r vieux *m* vieille *f*
Alter *n* - âge *m* *in einem hohen ~* à un âge avancé; *man sieht ihm sein ~ nicht an* il ne fait pas son âge; *~ schützt vor Torheit nicht* la folie n'est pas l'apanage de la jeunesse
altern <sein> vieillir
alternativ alternatif, -ive
alternieren alterner
Altersgruppe *f* -n classe *f* d'âge
Altersheim *n* -e maison *f* de retraite
Altersversicherung *f* -en assurance *f* vieillesse
Altersversorgung *f* -en pension *f*
Altertum *n* ø Antiquité *f*
altertümlich antique, de l'Antiquité; *(fig) ein ~er Stil* un style archaïque
althergebracht ancestral
altklug Monsieur je-sais-tout; *~es Benehmen* un comportement arrogant; *den Altklugen spielen* faire le malin
altmodisch démodé
Alu *m* ø alu *m* → **Aluminium**
Aluminium *n* ø aluminium *m*
am → **an**
Amateurstatus *m* ø statut *m* de sportif amateur
ambitioniert ambitieux, -euse
ambivalent ambivalent
Amboß *m* sse enclume *f*
ambulant 1 *in ~er Behandlung sein* suivre un traitement en hôpital de jour 2 *~es Gewerbe* commerce ambulant
Ambulanz *f* -en 1 ambulance *f* 2 dispensaire *m*
Ameise *f* -n fourmi *f*
Ameisenhaufen *m* - fourmilière *f*
Amen *n* ø *(rel)* amen *m*; *(fig) das ist so sicher wie das ~ in der Kirche* c'est sûr comme deux et deux font quatre
Amme *f* -n nourrice *f*
Ammoniak *n* ø ammoniaque *f*
Amnestie *f* -n amnistie *f*
amnestieren amnistier
Amöbe *f* -n amibe *f*
Amok *m* ø folie *f* furieuse
amoralisch amoral
Amortisation *f* -en amortissement *m*
amortisieren amortir
Ampel *f* -n feux *mpl* (tricolores); *die ~ ist auf grün gesprungen* le feu est passé au vert
Amphibie *f* -n amphibien, -ne
Ampulle *f* -n ampoule *f*
Amputation *f* -en amputation *f*
amputieren amputer; *jm den Arm ~* amputer qqn d'un bras
Amsel *f* -n merle *m*
Amt *n* ¨er 1 fonction *f*; *ein ~ niederlegen* se démettre de ses fonctions; *(fig) das schwere ~ übernehmen, ihm die Nachricht zu überbringen* avoir la lourde charge *f* de lui annoncer la nouvelle; *in ~ und Würden* en fonction 2 *bei einem ~ vorsprechen* s'adresser à un service *m* (public); *Auswärtiges ~* ministère *m* des Affaires étrangères
amtieren être en poste/en fonction; *der zur Zeit ~de Vorsitzende* le président en exercice
amtlich 1 *das ~e Kennzeichen* le numéro d'immatriculation; *~e Unterlagen* documents officiels 2 *(fam) das ist ~!* c'est sûr comme deux et deux font quatre
Amtsapparat *m* ø machine *f* administrative
Amtsweg *m* ø voie *f* administrative, canal *m* administratif
Amtszeit *f* -en durée *f* des fonctions
Amulett *n* -e amulette *f*
amüsant amusant, drôle ♦ de manière amusante
amüsieren (sich) 1 *amüsier dich gut!* amuse-toi bien! 2 *sich über jn/etw ~* se moquer de qqn/qch
amusisch hermétique à l'art; *ein (völlig) ~er Mensch* *(fig)* un béotien
an (A/D) 1 *~ der Tür stehen* être près de la porte; *~ eine Mauer lehnen* appuyer contre un mur; *~ einer bestimmten Stelle* à une certaine place; *am Main* au bord du Main; *Frankfurt am Main* Francfort-sur-le-Main; *wir fahren ans Meer* nous allons au bord de l/(fam) à la mer 2 *~ einem Sonntag* un dimanche; *~ seinem Geburtstag* le jour de son anniversaire; *am 14.Juli* le 14 juillet; *am Ende der Ferien* à la fin des vacances; *es ist ~ der Zeit* il est temps 3 *~ Krücken gehen* marcher avec des béquilles; *~ der Leine führen* tenir en laisse; *~ den Fingern ab=zählen* compter sur ses doigts 4 *~ etw (D) leiden* souffrir de qch; *~ einem Roman schreiben* travailler à un roman 2 *~ (A) eine Sache glauben* croire à qch 5 *~ und für sich* au fond, en fait; *etw ~ sich haben* avoir (un petit) qch; *(fam) ich kann kaum noch ~ mich halten* (non *fam*) j'ai du mal à me contenir; *~ die 100 Mark* presque 100 marks; *~ die 4 Wochen* à peu près/environ 4 semaines 7 *ich bin am Überlegen* je suis en train de me demander 8 *am besten* le mieux ♦ *von nun ~* à partir de maintenant ♦ *Licht ~!* lumière!; *(fam) sie hat nur wenig ~* elle est en tenue très légère; *den Mantel ~ und weg!* je prends mes cliques et mes claques et je m'en vais!
anachronistisch anachronique
analog analogue ♦ par analogie
Analphabetentum *n* ø analphabétisme *m*
analysieren analyser
Anämie *f* -n anémie *f*

anarchistisch anarchique ♦ de manière anarchique
anästisieren anesthésier
anatomisch anatomique, d'anatomie
an=bahnen : *etw* ~ ouvrir la voie de/à ♦ *sich* ~ se préparer
an=bändeln 1 *mit jm* ~ faire des tentatives d'approche auprès de qqn 2 chercher (la bagarre avec) qqn
Anbau *m* ø *(agr)* culture *f* ♦ **-ten** *(bâtiment)* extension *f*
an=bauen 1 *Wein* ~ cultiver la vigne 2 *einen Seitenflügel* ~ ajouter une aile
Anbaufläche *f* **-n** surface *f* cultivable
Anbaumöbel *n* - meuble *m* en kit [kit]
Anbeginn *m* ø départ *m*, début *m*
an=behalten* : *seine Jacke* ~ garder sa veste
anbei ci-joint
an=beißen* : *einen Apfel* ~ mordre dans une pomme ♦ *(pêche)* mordre ; *(fig) auf den Vorschlag hat er sofort angebissen* il a tout de suite accroché au projet
an=belangen : *was jn/etw anbelangt* en ce qui concerne qqn/qch
an=bellen : *jn* ~ aboyer après qqn
an=beraumen : *eine Versammlung* ~ fixer une réunion
an=beten adorer
Anbetracht *f* : *in* ~ *seines hohen Alters* vu/étant donné son âge avancé ; *in* ~ *dessen, daß* étant donné que, en considération que
an=betreffen : *was deinen Vorschlag anbetrifft* quant à/en ce qui concerne ta proposition
anbetungswürdig adorable
an=biedern sich *(bei D)* vouloir se faire bien voir (par qqn), *(fam)* fayoter (auprès de qqn)
Anbiederungsversuch *m* **-e** : ~ *machen* ♦ *(fam)* fayoter
an=bieten* 1 *jm Hilfe* ~ offrir/proposer son aide à qqn ; *jm etw zu essen* ~ proposer à qqn qch à manger ; *etw zum Kauf* ~ mettre qch en vente 2 *(fam) jm Ohrfeigen* ~ demander à qqn s'il veut une claque ♦ *sich zum Einkaufen* ~ se proposer pour aller faire les courses ; *dieses Datum bietet sich geradezu an!* cette date convient parfaitement!
an=binden* : *den Hund an den Baum* ~ attacher un chien à l'arbre ; *(fig) ich kann die Kinder nicht* ~ je n'arrive pas à tenir les enfants ♦ *(fam) du bist aber kurz angebunden!* tu n'es vraiment pas de bonne humeur!
an=blasen* 1 *das Feuer* ~ souffler sur/activer le feu 2 *jn* ~ houspiller qqn
Anblick *m* **-e** 1 regard *m* 2 *du bist ein schöner* ~ tu es beau/belle ♦ ø 1 *beim* ~ *des verunglückten Kindes* à la vue *f* de l'enfant accidenté 2 *ein fesselnder* ~ un spectacle *m* captivant
an=blicken : *jn* ~ regarder qqn
an=blinzeln 1 *jn* ~ regarder qqn en clignant des yeux 2 faire un clin d'œil (de connivence)
an=bohren : *ein Brett* ~ percer une planche
an=braten* faire revenir
an=brechen* entamer ♦ <sein> commencer ; *der Tag bricht an* le jour se lève ; *die Nacht bricht an* la nuit tombe ♦ *sich etw* ~ se fêler qch
an=brennen* allumer ; *Feuer* ~ faire prendre le feu ♦ <sein> 1 prendre feu ♦ *es riecht angebrannt* ça sent le brûlé ; *der Braten ist angebrannt* le rôti a attaché
an=bringen* 1 *etw* ~ *(an D)* installer/placer/accrocher/fixer qch (à) 2 *(fam) alles mögliche Zeug* ~ trimbaler toutes sortes de trucs 3 *sein Wissen* ~ mettre son savoir à contribution, faire appel à son savoir ♦ → *angebrannt*
Anbruch *m* ø : *der* ~ *einer neuen Epoche* le début *m*/l'aube *f* d'une ère nouvelle ; *bei/mit* ~ *der Dunkelheit* *(fig)* entre chien et loup
an=brüllen : *jn* ~ crier après qqn ; *(fam)* engueuler qqn ♦ *(fam)* faire du potin
Andacht *f* **-en** 1 recueillement *m* 2 *(rel)* prières *fpl*, dévotions *fpl*
andächtig recueilli ♦ avec recueillement
an=dauern durer, persister
andauernd continuellement
Andenken *n* - 1 souvenir *m* 2 *zum* ~ *an* (A) en souvenir de
ander- 1 *ein* ~*er* un autre ; *eine* ~*e* une autre ; *am* ~*en Tag* le jour suivant ; *jeder* ~*e* tout autre ; *kein* ~*er* aucun autre, personne d'autre ; *etw* ~*es* qch d'autre ; *alles* ~*e* tout le reste ; *nichts* ~*es* rien d'autre ; *unter* ~*em* entre autres ; *einer nach dem* ~*en* l'un après l'autre ; *das ist alles* ~*e als schön!* c'est tout, sauf beau! 2 *in* ~*en Umständen* enceinte
andererseits d'autre partie
ändern : *einen Text* ~ modifier un texte ; *ein Kleid* ~ reprendre/transformer une robe ; *seine Meinung* ~ changer d'avis ; *(fig) das ist nicht zu* ~ *!* c'est comme cela et pas autrement! ; *daran ist nichts zu* ~ *!* il n'y a rien à faire ~ ♦ *das Wetter ändert sich* le temps change
andernfalls sinon, autrement
anders : ~ *denken* penser autrement ; *etw nicht* ~ *kennen* ne rien avoir connu d'autre ; *nirgendwo* ~ nulle part ailleurs ; *wie könnte es* ~ *sein!* comment pourrait-il en être autrement?
andersartig différent, d'une autre espèce
andersherum dans l'autre sens ; *(fam)*

anderswo

der ist doch ~ ! (non fam) il est homo(sexuel) !
anderswo ailleurs, autre part
anderthalb un et demi
Änderung *f* -en changement *m*, modification *f*; *~en vorbehalten !* sous réserve de modifications
Änderungsantrag *m* ¨e amendement *m*
anderweitig autre ♦ ailleurs
an=deuten 1 *einen Wunsch ~* exprimer/manifester discrètement un désir; *etw durch Gesten ~* suggérer qch par des gestes 2 *was willst du damit ~ ?* qu'est-ce que tu insinues par là ? ♦ *eine Wetteränderung deutet sich an* un changement de temps s'annonce
Andeutung *f* -en allusion *f*
andeutungsweise à demi-mot
Andrang *m* ø afflux *m* *es herrschte großer ~* il y avait affluence *f*
an=drehen 1 allumer 2 (fam) *er hat mir sein altes Auto angedreht* il a réussi à me fourguer sa vieille voiture
an=drohen : *jm eine harte Strafe ~* menacer qqn d'une punition sévère
Androhung *f* -en : *unter ~ von Gewalt* sous la menace *f*
an=ecken <sein> 1 *am Tisch ~* buter contre/heurter la table 2 (fig) *bei jm ~* choquer qqn
an=eignen sich 1 *sich (D) ~* s'approprier qch 2 *sich (D) Kenntnisse ~* acquérir, assimiler des connaissances
Aneignung *f* -en 1 appropriation *f* 2 acquisition *f*, assimilation *f*
aneinander : *~ vorbei=gehen* passer l'un à côté de l'autre; (fig) *~ vorbei=reden* ne pas être sur la même longueur d'onde
aneinander-hängen* être inséparable ♦ (fig) *sehr ~* être très attaché(e)s l'un(e) à l'autre
an=ekeln dégoûter, écœurer
anerkannt reconnu → **anerkennen**
an=erkennen* 1 reconnaître 2 (comm) *einen Wechsel ~* accepter une traite
anerkennenswert digne d'être reconnu; *~ sein* mériter d'être reconnu
an=erziehen* inculquer
an=fachen 1 *das Feuer ~* attiser/faire prendre le feu; (fig) *Leidenschaften ~* allumer/soulever des passions
an=fahren* 1 *etw ~* amener qch (avec un véhicule) 2 *ein Kind ~* heurter un enfant; (fam) *jn in einem scharfen Ton ~* (non fam) apostropher qqn d'un ton sec ♦ <sein> *zu schnell ~* démarrer trop vite
Anfahrt *f* -en trajet *m* aller
Anfall *m* ¨e (méd) attaque *f*; (fig) *~ von Wut* accès *m* de colère; *~ von Eifersucht* crise *f* de jalousie

Anfall *m* ø : *der ~ an Arbeit* travail *m*
an=fallen* : *jn von hinten ~* attaquer qqn par derrière; (fig) *Müdigkeit fällt ihn an* il est pris de fatigue ♦ <sein> *für das Projekt sind wenige Kosten angefallen* le projet n'a occasionné que, peu de frais
anfällig fragile; *für/gegen Erkältungen ~ sein* être sujet aux refroidissements
Anfälligkeit *f* -en fragilité *f*, faiblesse *f* de constitution
Anfang *m* ¨e : *am/im/zu ~* au commencement *m*/début *m*; *den ~ machen* commencer; *aller ~ ist schwer !* il y a un commencement à tout !
an=fangen* commencer; *was sollen wir bloß noch ~ ?* qu'est-ce qu'il faut faire encore ? ♦ (fig) *eine Beziehung ~* entamer une relation; *eine Sache richtig ~* s'y prendre bien ♦ *mit dem Studium ~* commencer ses études; (fig) *ich kann nichts damit ~* cela ne me sert à rien; *mit ihm ist nicht anzufangen* celui-là, il n'y a rien à en tirer ♦ *~ zu weinen* se mettre à pleurer
AnfängerIn *m f* débutant *m* -e *f*
anfangs au début
an=fassen 1 prendre, saisir 2 *etw richtig ~* prendre qch par le bon bout; *ein Problem klug ~* aborder intelligemment un problème ♦ (fig) *du kannst auch mit ~ !* (bei D) tu peux aussi mettre la main à la pâte !
anfechtbar attaquable
an=fechten* 1 (jur) *ein Urteil ~* attaquer un jugement 2 *ein Ergebnis ~* contester un résultat
Anfechtung *f* -en 1 (jur) recours *m* en annulation 2 tentation *f*
an=feinden attaquer, manifester de l'hostilité (envers)
an=fertigen : *eine Zeichnung ~* réaliser un dessin; *ein Protokoll ~* rédiger un compte rendu
Anfertigung *f* -en réalisation *f*, exécution *f*; rédaction *f*; confection *f*
an=feuchten humecter
an=feuern : *den Ofen ~* allumer le poêle; (fig) *jn ~* stimuler qqn
an=flehen implorer, supplier
an=fliegen* (av) s'approcher de; *zur Zwischenlandung ~* faire escale à; *eine Stadt regelmäßig ~* desservir une ville
Anflug *m* ¨e (av) approche *f* 2 (fig) *ein ~ von Ironie* légère ironie/un brin *m* d'ironie
an=fordern réclamer; *Polizeischutz ~* demander la protection de la police
Anforderung *f* -en demande *f*, exigence *f*; *hohe ~en stellen* être très exigeant
Anfrage *f* -n 1 demande *f*; *auf ~* sur demande *f* 2 (polit) interpellation *f*

an-fragen : *bei jm wegen etw* (G) ~ se renseigner auprès de qqn à propos de qch
an-freunden sich : *sich mit jm* ~ se lier d'amitié avec qqn ; *(fig) ich kann mich mit der Idee nicht* ~ je ne peux pas accepter / *(fam)* me faire à cette idée
an-fügen ajouter
an-fühlen toucher, tâter ♦ *sich weich/hart* ~ être doux/dur au toucher
an-führen 1 *einen Umzug* ~ être à la tête d'un défilé 2 *ein Beispiel* ~ citer un exemple 3 *(fam) jn* ~ duper, tromper qqn ; *da hast du mich aber ganz schön angeführt!* tu m'as bien eu
AnführerIn *m ø* chef *m* ; *(péj)* meneur *m*
Anführungszeichen *n* - guillemet *m*
an=füllen (sich) *(mit)* (se) remplir *(de)*
Angabe *f* -n 1 indication *f* ; *ohne ~ der Adresse* sans mentionner l'adresse 2 *(fam)* frime *f*, esbroufe *f*
an=geben* 1 *etw als Grund* ~ donner comme raison ; *einen Termin* ~ notifier un rendez-vous 2 *einen Diebstahl* ~ déclarer un vol 3 *(fam)* frimer ; *gib bloß nicht so an!* arrête de frimer, arrête de crâner !
AngeberIn *m ø* 1 dénonciateur *m* ; délateur *m* 2 *(fam)* frimeur *m*
angeblich : *er ist* ~ *nicht da* il n'est soi-disant pas là, il paraît qu'il n'est pas là
angeboren : *die Krankheit ist* ~ c'est une maladie congénitale
Angebot *n* -e offre *f*
angebracht : *eine wenig ~e Bemerkung* une remarque déplacée / inopportune / mal à propos ; *etw für* ~ *halten* considérer qch comme indiqué, juger qch opportun ; *das ist nicht* ~ ! cela ne se fait pas ! → **an-bringen**
angegossen : *wie* ~ *sitzen* aller comme un gant
angegriffen : *(fig)* ~ *aussehen* avoir les traits tirés ; *eine ~e Gesundheit haben* avoir une santé chancelante → **an=greifen**
angeheiratet par alliance
angeheitert éméché
an=gehen* 1 *etw* ~ s'attaquer à qch 2 *(fam) jn um Geld* ~ taper qqn 3 *gegen diese Praktiken müssen wir* ~ ! il faut faire qch contre de telles pratiques 4 *was mich angeht* en ce qui me concerne ; *das geht mich nichts an* cela ne me concerne / regarde pas ♦ <sein> 1 *(lumière)* s'allumer ; *(feu)* prendre 2 *das geht an* c'est possible, *(fam)* ça roule ! ; *(fam) das kann doch nicht* ~ ! cela ne se peut pas ! 3 *(moteur)* démarrer
angehend futur
an=gehören : *der Regierung* ~ faire partie du gouvernement
Angehörige/r 1 *die ~n benachrich-*

tigen prévenir les membres *mpl* de la famille, les proches *mpl* 2 ~ *anderer Nationalitäten* ressortissants *m* étrangers
Angeklagte/r accusé *m* -e *f*
Angel *f* -n 1 canne *f* à pêche 2 *(porte)* gond *m* ; *(fig) zwischen Tür und* ~ entre deux portes
Angelegenheit *f* -en 1 affaire *f* ; *in welcher ~ kommen Sie ?* quel est le but de votre visite ?, c'est à quel sujet ? 2 *(jur)* affaire *f*
Angelhaken *m* - hameçon *m*
angeln 1 pêcher 2 *(fig) nach etw* ~ *(non fig)* chercher à attraper qch ; *(fam) die hat sich* (D) *noch keinen geangelt* elle n'est pas encore arrivée à se dégoter un mari
Angelpunkt *m* -e pivot *m*, charnière *f*
angemessen adapté, convenable ; *(prix)* correct, raisonnable
angenehm : *ein ~er Mensch* une personne agréable ; *sehr* ~ ! enchanté !
angenommen 1 *ein ~es Kind* un enfant adoptif 2 ~, *daß* en admettant que → **an-nehmen**
angeregt : *sich* ~ *unterhalten* avoir une discussion animée → **anregen**
angeschlagen 1 *~es Geschirr* vaisselle ébréchée 2 *(fam/fig)* ~ *sein* être sonné
angeschrieben : *(fig) gut bei jm* ~ *sein* être bien vu par qqn, avoir la cote auprès de qqn → **an-schreiben**
angesehen : *ein ~er Wissenschaftler* un éminent scientifique ; *gut* ~ *sein* être bien considéré
Angesicht *n* -er face *f*, visage *m* ; *jn von* ~ *kennen* connaître qqn de vue
angesichts (G) : ~ *dieser Landschaft* face à ce paysage ; ~ *der Tatsachen* vu / étant donné les faits
Angestellte/r employé *m* -e *f*
angetan 1 *die Lage ist nicht dazu* ~ la situation n'est pas propice à / de nature à 2 ~ *mit* vêtu de → **an-tun**
angetrunken : *in ~em Zustand Auto fahren* conduire en état d'ivresse
angewandt appliqué → **an=wenden**
angewiesen : *auf jn/etw* ~ *sein* dépendre de qqn/ qch, être tributaire de qqn/ qch
an-gewöhnen : *jm etw* ~ habituer qqn à qch ; *sich* (D) *etw* ~ s'accoutumer / se faire à qch ♦ *sich* ~, *etw zu tun* s'habituer à faire qch
Angewohnheit *f* -en habitude *f* *eine dumme* ~ une mauvaise habitude
Angi.na *f* .nen angine *f* ; ~ *pectoris* angine *f* de poitrine
an-gleichen* : *die Preise* ~ harmoniser les prix ; *die Löhne den Preisen* ~ ajuster les salaires sur les prix ♦ *sich einander* ~ s'ajuster, s'harmoniser

Angler *m* - pêcheur *m*
an=gliedern rattacher
an=glotzen : *(fam) jn ~* regarder qqn avec des yeux ronds
angreifbar attaquable
an=greifen* attaquer, agresser ; *(fig) die Gesundheit ~* compromettre la santé ◆ → **angegriffen**
an=grenzen : *an* (A) *etw ~* toucher à, être contigu à
angrenzend : *das ~e Grundstück* le terrain attenant ; *~e Länder* pays limitrophes ; *~e Straßen* rues avoisinantes/adjacentes
Angriff *m* -e attaque *f*
Angst *f* -e *(vor* D) peur *f* (de) ; *jn in ~ versetzen* effrayer qqn
Angsthase *m* -n -n *(fam)* trouillard *m* -e *f*, froussard *m* -e *f*
ängstigen : *jn ~* effrayer, inquiéter qqn ◆ *sich vor etw/jm ~* craindre qqn/qch, être angoissé à l'idée de qch ; *sich zu Tode ~* être mort de peur
ängstlich anxieux, angoissé, inquiet ; *(péj) ein ~er Typ* une mauviette
Angstzustand *m* ¨e état *m* anxieux/d'anxiété
an=gucken : *jn böse ~* regarder qqn d'un œil mauvais ◆ *sich* (D) *etw ~* regarder qch *(fam > non fam) sich* (D) *eine Gegend ~* visiter une région
an=haben : *jn nichts ~ können* ne pas avoir de prise sur qqn, être désarmé vis-à-vis de qqn
an=halten* 1 *ein Auto ~* arrêter une voiture 2 *jn zur Ordnung ~* rappeler qqn à l'ordre 3 persister *der Regen hält an* il n'arrête pas de pleuvoir ◆ s'arrêter ◆ *(fig) um jn ~* demander la main de qqn
anhaltend continuel, -le ◆ continuellement, sans arrêt
AnhalterIn *m f* auto-stoppeur, -euse ; *per ~* en stop ; *per ~ fahren* faire du stop
Anhaltspunkt *m* -e point *m* de repère
anhand (G) au moyen (de), en s'appuyant (sur)
Anhang *m* ¨e annexe *f*, appendice *m* ◆ ø *er hat keinen großen ~* il n'a pas beaucoup de famille *f*
an=hängen* 1 *ein Bild ~* accrocher un tableau 2 *eine Bemerkung ~* ajouter une remarque 3 *einen Wagon ~* accrocher un wagon 4 *(fam) jm etw ~ (non fam)* attribuer qch à qqn ; *man hat ihm alles mögliche angehängt* on a raconté toutes sortes de choses sur son compte
Anhänger *m* - 1 *(bijou)* pendentif *m* 2 étiquette *f* 3 *(auto)* remorque *f*
AnhängerIn *m f* partisan *m*, supporteur *m*
anhänglich attaché, dévoué
an=hauchen souffler (sur)

an=hauen : *(fam) jn um Geld ~* soutirer du fric à qqn
an=häufen (sich) (s')accumuler, (s')amonceler, (s')entasser
an=heben* 1 *den Tisch ~* soulever la table 2 *Preise ~* relever les prix ◆ *~, etw zu tun* commencer/se mettre à faire qch
an=heften attacher, fixer
anheim=fallen* <sein> 1 *jm ~* échoir à qqn 2 *der Vergessenheit ~* sombrer dans l'oubli
anheim=stellen : *jm ~, etw zu tun* laisser qqn libre de faire qch
Anhieb *m* ø : *auf (den ersten) ~* du premier coup *m*
an=himmeln porter aux nues
Anhöhe *f* -n hauteur *f*
an=hören entendre, écouter ◆ 1 *sich* (D) *etw ~* écouter qch 2 *das hört sich an, als ob* à entendre cela, on croirait que
animieren : *jn ~, etw zu tun* entraîner qqn à faire qch
an=kämpfen : *gegen etw ~* lutter contre qch
an=kaufen : *etw ~* acheter qch, faire l'achat/l'acquisition de qch
Anker *m* - ancre *f*
ankern ancrer
an=ketten enchaîner ; *den Hund ~* mettre le chien à la chaîne
Anklage *f* -n accusation *f* ; *gegen jn ~ erheben* porter plainte *f* contre qqn
an=klagen accuser (de haute trahison) ; *soziale Mißstände ~* mettre en cause/incriminer les mauvaises conditions sociales
an=klammern attacher (avec un trombone, une pince) ◆ *sich an die/an der Mutter ~* se cramponner/s'accrocher à sa mère
Anklang *m* ¨e 1 *~ (an* A) analogie *f* (avec) 2 *großen ~ finden* trouver un large écho *m*
an=kleben : *etw ~* coller qch ~ *verboten !* défense d'afficher ◆ coller
an=kleiden sich s'habiller
an=klingen* : *an etw* (A) *~* évoquer qch
an=klopfen : *an der Tür ~* frapper/toquer à la porte ; *(fig) bei jm um etw ~* tâter le terrain auprès de qqn
an=knipsen allumer
an=knüpfen nouer ; *(fig) ein Gespräch ~* engager une conversation ◆ *(fig) an eine Bemerkung ~* partir d'une remarque/s'appuyer sur une remarque
Anknüpfungspunkt *m* -e articulation *f*, transition *f*
an=kommen* <sein> 1 arriver ; *(fam) kommst du schon wieder an !* tu ne vas pas recommencer ! ; *(fam) das dritte Kind ist angekommen (non fam)* ils ont eu leur troisième enfant 2 *gut/schlecht bei jm mit*

etw ~ tomber bien/mal; *das Buch kommt bei den Leuten gut an* le livre est bien accueilli ◆ **1** *auf etw* (A) ~ dépendre de; *darauf kommt es ja gerade an!* c'est bien là la question!; *es kommt nicht darauf an* cela n'a rien à voir; *es kommt darauf an, daß du dir Mühe gibst* il importe que tu te donnes de la peine; *es kommt darauf an, ob ich Zeit habe* cela dépend du temps que j'aurai **2** *nicht gegen etw/jn können* ne pas pouvoir rivaliser avec qch/qqn; *gegen die kommen wir nicht an!* face à eux, nous n'avons aucune chance

an=können* : (*fam*) *er kann gegen mich nicht an* il ne peut rien contre moi

an=kotzen : (*vulg*) *du kotzt mich an!* tu me fais dégueuler!, tu es une ordure!

an=kreiden : (*fig*) ~ *lassen* avoir une ardoise ◆ *jm etw* ~ garder rancune à qqn de qch

an=kreuzen cocher, marquer d'une croix

an=kündigen : *eine Veranstaltung* ~ annoncer une manifestation ◆ *da kündigt sich etw an!* il y a qch dans l'air

Ankunft *f* ø arrivée *f*

an=kurbeln : *einen Motor* ~ faire démarrer un moteur à la manivelle; (*fig*) relancer, donner une impulsion (à)

an=lächeln : *jn* ~ sourire à qqn

Anlage *f* -n **1** *die* ~ *der Zimmer* la disposition *f* des pièces **2** *schöne* ~n de beaux espaces *mpl* verts **3** (*tech*) *sanitäre* ~n installations *fpl*/équipements *mpl* sanitaires **4** (*éco*) placement *m* **5** *in der/als* ~ *sende ich...* (je vous envoie) ci-joint **6** (*fig*) prédisposition *f*

Anlagekapital *n* -e/-ien capital *m* immobilisé, capitaux *mpl* fixes

Anlaß *m* ¨sse : *aus diesem* ~ pour cette raison *f*; *dem* ~ *entsprechend* correspondant à la circonstance *f*; *jm* ~ *geben zu* donner lieu à, prêter à; *ohne jeden* ~ sans le moindre motif *m*; *bei jedem* ~ à tout propos; *beim geringsten* ~ pour un rien, à la moindre occasion

an=lassen* **1** *seinen Mantel* ~ garder son manteau **2** (*moteur*) faire démarrer **3** *das Licht* ~ laisser la lumière allumée ◆ (*fam*) *das läßt sich gut/schlecht an!* ça s'annonce bien/mal!

anläßlich (G) à l'occasion de

Anlauf *m* ¨e : ~ *nehmen* prendre son élan *m*/de l'élan *m*; (*fig*) *im ersten* ~ *etw erreichen* arriver à qch du premier coup

an=laufen* : *das Schiff läuft den Hafen an* le bateau va faire escale/va accoster ◆ <sein> **1** prendre son élan **2** (*verre*) s'embuer **3** (*moteur*) démarrer **4** (*fig*) *gegen etw* ~ lutter contre qch **5** *rot* ~ rougir

an=läuten : *jn* ~ téléphoner à qqn

an=legen 1 *Schmuck* ~ mettre des bijoux **2** *einen Garten* ~ aménager un jardin **3** *eine Sammlung* ~ faire une collection **4** (*éco*) *Geld* ~ placer de l'argent **5** (*mit*) *Hand* ~ donner un coup de main ◆ **1** *im Hafen* ~ faire escale, accoster **2** *es darauf* ~, *zu* viser à, avoir pour but de; *alles darauf* ~, *daß/zu* tout mettre en œuvre pour ◆ *sich mit jm* ~ s'accrocher avec qqn

an=lehnen : *die Leiter am Haus* ~ poser l'échelle contre la maison ◆ **1** *sich mit dem Rücken an die Wand* ~ s'adosser au mur; (*fig*) *sich* ~ (*an* A) s'inspirer (de) **2** *die Tür* ~ laisser la porte entrebâillée

Anleihe *f* -n : *eine* ~ *auf=nehmen* contracter un emprunt *m*

an=leiten instruire; *jn zu etw* ~ initier qqn à qch

Anleitung *f* -en **1** instructions *fpl* **2** mode *m* d'emploi; notice *f*

an=lernen former

an=liefern livrer

an=liegen* être ajusté; *eng* ~ être moulant

Anliegen *n* - requête *f*; *etw zu seinem besonderen* ~ *machen* faire de qch sa préoccupation *f* principale

anliegend 1 *eng* ~*e Hosen* pantalon moulant **2** *das* ~*e Grundstück* le terrain attenant **3** ci-joint

Anlieger *m* - riverain *m*

an=locken attirer, allécher

an=lügen* : *jn* ~ mentir à qqn

an=machen 1 *ein Schild an der Tür* ~ accrocher une pancarte à la porte **2** *das Radio* ~ allumer la radio **3** (*salade*) assaisonner **4** (*fam*) *jn* ~ draguer qqn; *mach mich nicht an!* fous-moi la paix!

an=malen peindre ◆ (*fam*) *sich* ~ se faire une beauté

an=maßen sich : *sich etw* ~ se permettre qch

anmaßend arrogant ◆ *auf=treten* être plein de suffisance

Anmeldegebühr *f* -en droits *mpl* d'inscription

an=melden annoncer; *ein Auto* ~ faire immatriculer une voiture; *Konkurs* ~ déposer son bilan; *ein Patent* ~ déposer un brevet; (*fig*) *Zweifel* ~ exprimer des doutes ◆ *sich polizeilich* ~ déclarer son changement de domicile; *sich in der Schule* ~ s'inscrire à l'école

Anmeldung *f* -en **1** annonce *f*, dépôt *m*, déclaration *f*, inscription *f* **2** accueil *m*

an=merken : *jm etw* ~ remarquer qch chez qqn **2** faire une remarque à propos de qch ◆ *sich* (D) *etw* ~ prendre note de qch ◆ *sich* (D) *seine Wut* ~ *lassen* laisser paraître sa colère, montrer qu'on est en colère

Anmerkung *f* -en **1** remarque *f* **2** annotation *f* *mit* ~*en versehen* annoter

an=motzen : *(fam) jn* ~ enquiquiner qqn
Anmut *f ø* charme *m* grâce *f*
an=muten : *jn seltsam* ~ sembler étrange à qqn
anmutig gracieux, -euse, charmant
an=nageln clouer
an=nähen coudre
an=nähern : *unterschiedliche Standpunkte einander* ~ rapprocher des points de vue différents ◆ *sich etw* **(D)** ~ s'approcher de
annähernd approchant, approximatif, -ive ◆ à peu près, environ, approximativement ; *nicht (einmal)* ~ *richtig sein* loin d'être juste
Annäherung *f -en* **1** rapprochement *m* ; *(fig/math)* approximation *f*
Annahme *f ø* **1** acceptation *f* ; *die* ~ *von etw verweigern* refuser qch **2** adoption *f* **3** *in der* ~, *daß* en admettant que ; *Grund zu der* ~ *haben, daß* avoir lieu de supposer que
annehmbar acceptable ; *(fam) er sieht ganz* ~ *aus* il est tout à fait présentable
an=nehmen* 1 accepter **2** *ein Kind* ~ adopter un enfant **3** *schlechte Gewohnheiten* ~ prendre de mauvaises habitudes **4** *etw* ~ admettre ; **5** *(fam) supposer ; (fam) das kannst du* ~ *!* (fig) ma main à couper ! ◆ *sich einer Person/einer Sache* **(G)** ~ s'occuper/prendre soin de qqn/qch
Annehmlichkeit *f -en* agrément *m*
annektieren annexer
annoncieren (faire) publier, passer une annonce
annulieren annuler
an=öden ennuyer, embêter ; *(fam) du ödest mich an !* tu me casses les pieds !
anonym anonyme
an=ordnen 1 arranger, disposer **2** *etw dienstlich* ~ ordonner, donner une consigne
Anordnung *f -en* **1** disposition *f* **2** *eine polizeiliche* ~ un arrêté *m* de police
anorganisch inorganique ; ~*e Chemie* chimie minérale
an=packen saisir, prendre ; *(fig) jn hart* ~ être dur avec qqn ◆ *(fam) mit* ~ donner un coup de main ; *wenn alle mit* ~ si tout le monde s'y met
an=passen ajuster ; *(fig)* adapter ◆ *sich an die Umstände* ~ s'adapter aux circonstances, s'accommoder des circonstances
Anpassung *f -en* adaptation *f* ~ *der Preise* ajustement *m* des prix
anpassungsfähig capable de s'adapter
an=pfeifen* 1 *(sp)* donner le signal du départ, siffler le coup d'envoi **2** *(fam) jn* ~ sonner les cloches à qqn
an=pflanzen planter
an=pflaumen : *(fam) er pflaumt mich ständig an !* il est tout le temps en train de se moquer de moi !
an=pinkeln : *(fam) den Baum* ~ pisser contre un arbre ; *(fig/fam) von dem laß' ich mich doch nicht* ~ *!* je ne vais pas me laisser insulter par ce type !
an=prallen heurter
an=prangern : *(fig) Mißstände* ~ dénoncer des abus
an=preisen* recommander, vanter les mérites de
Anprobe *f -n* essayage *m*
an=pumpen : *(fam) jn um Geld* ~ taper qqn (argent)
an=quatschen : *(fam) jn dumm* ~ baratiner qqn
an=ranzen *(fam)* engueuler
an=rechnen prendre en compte, tenir compte de ; *(fig) jm etw hoch* ~ savoir gré à qqn de qch ; *sich* **(D)** *etw als Verdienst* ~ s'arroger le mérite de qch
Anrecht *n -e* **1** *ein* ~ *auf etw* **(A)** *haben* avoir droit *m* à qch **2** abonnement *m* (au théâtre/au concert)
Anrede *f -n* **1** formule *f* (pour s'adresser à qqn) **2** allocution *f*
an=reden 1 *jn höflich* ~ s'adresser poliment à qqn ; *jn mit Du* ~ tutoyer qqn **2** *(fig) gegen den Lärm* ~ élever la voix pour se faire entendre
an=regen 1 suggérer ; *zum Nachdenken* ~ faire réfléchir **2** *zur Arbeit* ~ pousser au travail, stimuler pour travailler
anregend stimulant ; *(fig)* intéressant
Anregung *f -en* : *auf js* ~ *hin* sous l'impulsion *f* de qqn ; *wertvolle* ~*en* éléments stimulants
an=reichern *(chim, géol)* enrichir
Anreise *f -n* arrivée *f*
an=reisen arriver (d'un voyage)
an=reißen* : *Vorräte* ~ entamer des provisions ; *(tech)* tracer ; *(fig) ein Thema* ~ aborder un sujet
Anreiz *m -e* attrait *m*
an=rempeln bousculer
an=rennen* <sein> : *(fam) sich das Knie* ~ se cogner le genou ◆ **1** *(mil) gegen feindliche Stellungen* ~ donner l'assaut à des positions ennemies **2** *(fig) gegen etw* ~ lutter contre qch ; *gegen die Zeit* ~ courir après le temps ◆ *angerannt kommen* arriver en courant
Anrichte *f -n* buffet *m* bas
an=richten 1 *es ist angerichtet !* le repas est servi ! **2** *(cuis)* préparer, faire, assaisonner **3** *(fig) Schaden* ~ causer, occasionner du dégât
anrüchig louche
an=rücken <sein> *(mil)* arriver ; *(fig) mit Sack und Pack* ~ débarquer avec tout son barda ◆ *den Tisch an die Wand* ~ pousser la table contre le mur

an=schwellen*

Anruf m -e appel m (téléphonique)
Anrufbeantworter m - répondeur m
an=rufen* 1 téléphoner (à) 2 *eine höhere Instanz* ~ recourir / faire appel à une instance supérieure 3 *jn um Hilfe* ~ faire appel à l'aide de qqn
an=rühren 1 toucher; *(fig) keinen Alkohol mehr* ~ ne plus boire une goutte d'alcool 2 *Mörtel* ~ faire / gâcher du mortier 3 toucher, émouvoir
an=sagen : *das Programm* ~ annoncer le programme ; *die Zeit* ~ donner l'heure ; *jm den Kampf* ~ défier qqn ◆ *sich bei jm* ~ annoncer sa visite à qqn
AnsagerIn m f présentateur, -trice
an=sammeln : *etw* ~ amasser, accumuler qch ◆ *sich* ~ se masser ; *(liquide)* s'accumuler
ansässig domicilié
Ansatz m ¨e 1 *(math) eine Aufgabe in* ~ *bringen* mettre un problème en équation 2 *etw im* ~ *unterdrücken* étouffer qch dans l'œuf 3 *(tech)* pièce f complémentaire
Ansatzpunkt m -e point m de départ
an=schaffen* acheter ; *(fig/fam) sich (D) einen Freund* ~ se trouver un petit ami ◆ *(fam)* ~ *gehen* faire le trottoir
Anschaffung f -en achat m, acquisition f
an=schalten *(lumière/radio)* allumer ; *(machine)* mettre en marche
an=schauen : *jn* ~ regarder qqn
anschaulich : *ein* ~*es Beispiel* un exemple concret ◆ *etw* ~ *machen* expliquer qch concrètement, illustrer qch
Anschaulichkeit f ø : *an* ~ *gewinnen* gagner en clarté f
Anschauung f -en 1 opinion f 2 idée f, conception f, manière f de voir
Anschauungsmaterial n -ien documents mpl, matériel m pédagogique
Anschein m ø apparence f ; *es hat den* ~, *als ob* il semble que ; *sich den* ~ *geben, als ob* faire semblant de
anscheinend apparemment
an=scheißen* : *(vulg) sich* ~ *lassen* se faire engueuler ◆ *ich habe mich ganz schön angeschissen !* je me suis fait avoir / couillonner ! ◆ *er kommt andauernd angeschissen !* il n'arrête pas de m'emmerder ! ◆ *jn bei der Polizei* ~ balancer qqn à la police
an=schicken sich s'apprêter (à)
anschieben* : *etw* ~ pousser qch ; *(fig) ein Projekt* ~ faire avancer un projet
an=schießen* blesser (d'une balle) ; *(fam) jn heftig* ~ tirer à boulets rouges sur qqn
Anschlag m ¨e 1 affiche f 2 frappe f *300 Anschläge pro Minute* 300 caractères mpl à la minute 3 attentat m 4 *(comm)* estimation f, évaluation f 5 *(mus)* toucher m
an=schlagen* 1 afficher, placarder 2 *eine Note* ~ attaquer une note ; *(fig) einen anderen Ton* ~ changer de ton ; *wenn Sie diesen Ton* ~ si vous le prenez sur ce ton 3 ébrécher ◆ 1 être efficace ; *(fig) die Kur schlägt bei ihr an* la cure lui réussit 2 *(chien)* aboyer
an=schleppen : *(fam) viele Freunde* ~ ramener toute sa bande à la maison
an=schließen* 1 *etw* ~ attacher qch 2 *(élec)* brancher 3 *(fig) einige Worte* ~ ajouter quelques mots ◆ *sich einer Gruppe* ~ se joindre à / rejoindre un groupe ; *(fig) sich der Meinung von jm* ~ se rallier à l'opinion de qqn
anschließend : *ein eng* ~*er Kragen* un col serré ◆ ~ *gehen wir ins Kino* ensuite / après, nous irons au cinéma
Anschluß m ¨sse 1 raccordement m, branchement m ; *kein* ~ *unter dieser Nummer !* il n'y a pas d'abonné au numéro que vous avez demandé 2 *(comm)* affiliation f 3 *(train)* correspondance f ; *(fig)* ~ *suchen* chercher à faire connaissance 4 *im* ~ *an den Vortrag* à la suite de l'exposé
an=schmiegen sich : *sich an jn* ~ se blottir contre qqn
anschmiegsam souple
an=schmieren : *(fam) jn* ~ rouler / blouser / duper qqn
an=schmoren : *das Fleisch* ~ faire revenir la viande
an=schnallen : *die Schlittschuhe* ~ attacher ses patins ◆ *sich* ~ mettre sa ceinture (de sécurité)
an=schnauzen (sich) *(fam)* s'engueuler, s'enguirlander
Anschnauzer m - *(fam)* engueulade f
an=schneiden* 1 *das Brot* ~ entamer le pain 2 *(fig) ein heikles Thema* ~ aborder / soulever un sujet épineux 3 *eine Kurve* ~ couper un virage
an=schnorren : *jn ständig um Geld* ~ *(fig/fam)* être sans cesse en train de taper qqn (argent)
Anschovis f - anchois m
an=schrauben *(an A)* visser (à)
an=schreiben* 1 *etw an der Tafel* ~ écrire qch au tableau 2 *jn* ~ adresser un courrier à qqn ◆ *(fig)* ~ *lassen* avoir une ardoise ◆ → *angeschrieben*
an=schreien* : *jn* ~ *(fam)* engueuler qqn
Anschrift f -en adresse f
Anschuldigung f -en accusation f
an=schwärmen aduler
an=schwärzen : *(fam) jn* ~ cafarder 2 obscurcir, noircir
an=schwellen* <sein> 1 enfler, gonfler ;

Anschwellen

(fig) der Lärm schwillt an le bruit enfle/s'accroît 2 *(fleuve)* être en crue
Anschwellen n - 1 *(méd)* enflure f 2 *(fleuve)* crue f
an=schwindeln mener qqn en bateau
an=sehen* 1 *jn* ~ regarder qqn; *(fig) etwas anders* ~ voir une chose autrement 2 *man sieht ihm sein Alter nicht an* il ne fait pas son âge; *man sieht ihr an, daß on ne voit qu'elle* 3 *jn als seinen Freund* ~ considérer qqn comme son ami 4 *jn nicht für voll* ~ ne pas prendre qqn au sérieux 5 *ich habe den Unfall mit angesehen* j'ai assisté à l'accident
Ansehen n ø 1 considération f, prestige m 2 *eine Person von ehrwürdigem* ~ une personne en vue/respectable 3 *jn von/vom* ~ *kennen* connaître qqn de vue
ansehnlich 1 agréable à regarder 2 *ein ~es Vermögen* une fortune considérable
an=setzen 1 *den Bohrer richtig* ~ placer correctement la mèche, la foret; *das Glas (zum Trinken)* ~ porter son verre à ses lèvres; *(fig/fam) den Hebel an der richtigen Stelle* ~ poser la bonne question; *(fig) er setzt langsam einen Bauch an* il prend du ventre 2 *an einem Rohr ein Stück* ~ ajouter un bout à un tuyau 3 *die Versammlung für Montag* ~ fixer une réunion à lundi 4 *zur Landung* ~ s'apprêter à atterrir 5 *die Kosten zu niedrig* ~ sous-estimer les coûts 6 *(cuis)* mettre à cuire
Ansicht f -en 1 *meiner* ~ *nach* à mon avis m, d'après moi; *ganz anderer* ~ *sein* être d'un tout autre avis/point de vue m avoir un tout autre opinion f 2 vue f
ansichtig : *js/einer (G) Sache* ~ *werden* apercevoir qqn/qch
Ansichtskarte f -n : carte f postale
an=siedeln : *eine bedrohte Tierart* ~ réintroduire une espèce menacée ♦ *sich in einer Gegend* ~ s'installer dans une région
ansonsten à part cela, autrement
an=spannen 1 *(chevaux)* atteler 2 *(muscles)* tendre
Anspannung f -en : *unter* ~ *aller Kräfte* en déployant toutes ses forces; *(fig) die* ~ *nicht aushalten* ne pas supporter l'effort de concentration f, la tension f intellectuelle
an=spielen 1 *(sp) dem Rechtsaußen* ~ passer la balle à l'ailier droit 2 *(fig) auf etw (A)* ~ faire allusion à qch
Anspielung f -en allusion f
an=spinnen* : *eine Unterhaltung* ~ entamer une conversation; *eine Beziehung* ~ nouer une relation
an=spitzen 1 *(crayon)* tailler 2 *(fam) jn* ~ *(fig)* aiguillonner qqn
Ansporn m ø stimulant m

an=spornen *(chevaux)* éperonner; *(fig) jn zu großen Leistungen* ~ talonner/pousser qqn
Ansprache f -n allocution f
ansprechbar 1 *ich bin jetzt nicht* ~ je ne veux pas être dérangé 2 *der Kranke ist noch nicht* ~ on ne peut pas encore parler au malade
an=sprechen* 1 *jn* ~ aborder qqn; *jn um Geld* ~ demander de l'argent à qqn; *(fig) jn* ~ plaire à qqn 2 *ein heikles Thema* ~ aborder un sujet délicat ♦ *die Bremsen sprechen nicht an* les freins ne répondent pas
ansprechend agréable, plaisant
an=springen* : *jn* ~ bondir sur qqn ♦ *(moteur)* démarrer; *(fig) auf einen Vorschlag* ~ réagir positivement à une proposition, *(fam)* accrocher
Anspruch m ¨e 1 ~ *auf etw (A) haben* avoir un droit sur qch; ~ *auf etw (A) erheben* prétendre à qch, revendiquer qch 2 ~ *auf Rente* droit à une retraite 3 *js Hilfe in* ~ *nehmen* avoir recours à l'aide de qqn 4 *die Arbeit nimmt all meine Kräfte in* ~ ce travail requiert toutes mes forces; *sehr in* ~ *genommen sein* être très pris
anspruchslos pas exigeant, sans prétentions
anspruchsvoll : *ein ~es Publikum* un public exigeant
an=spucken : *jn* ~ cracher à la figure de qqn
an=stacheln : *jn* ~ aiguillonner qqn
Anstalt f -en 1 établissement m, institution f 2 asile m ♦ *pl ~en zu einer Reise treffen* faire des préparatifs mpl de voyage; *kleine(rlei) ~en machen* ne pas broncher/bouger
Anstand m ø 1 *keinen* ~ *haben* n'avoir aucun savoir-vivre m; *das ist gegen allen* ~ *!* cela va à l'encontre de toutes les convenances fpl/les règles de la bienséance f 2 *an etw (D)* ~ *nehmen* s'offusquer de qch ♦ ¨e *(chasse)* affût m
anständig convenable, correct; *(fam) eine ~e Tracht bekommen* recevoir une bonne correction ♦ convenablement *jn* ~ *bezahlen* payer qqn correctement
anstandshalber pour respecter les convenances, par politesse, pour la forme
anstandslos : *etw* ~ *bezahlen* payer qch sans discuter
an=starren regarder fixement; *jn* ~ dévisager qqn
anstatt : ~ *zu arbeiten* au lieu de travailler ♦ ~ *seines Bruders* à la place de son frère
an=staunen regarder avec étonnement/bouche bée
an=stecken 1 *eine Brosche* ~ mettre

une broche 2 *das Feuer* ~ faire prendre/ allumer le feu ; mettre le feu 3 *(méd) jn* ~ contaminer qqn ; *(fam)* passer/filer une maladie à qqn ♦ *sich* (D) *eine Zigarette* ~ (s') allumer une cigarette
Ansteckung *f* -en contagion *f*, contamination *f*
an=stehen* 1 faire la queue 2 *etw* ~ *lassen* différer, remettre, ajourner ; *das ·Problem steht schon lange an* il y a longtemps que le problème attend une solution
an=steigen* monter ; *(prix)* augmenter, monter, grimper
anstelle (G) : ~ *seiner Freundin* à la place de son amie
an=stellen 1 *eine Leiter an einen Baum* ~ mettre/placer une échelle contre un arbre 2 *(gaz)* ouvrir ; *(lumière)* allumer 3 *jn zur Probe* ~ faire faire un essai à qqn ; *jn fest* ~ engager, embaucher qqn définitivement 4 *(fam) was hast du denn da wieder angestellt ?* qu'est-ce que tu as encore fabriqué ? ♦ *sich geschickt* ~ s'y prendre bien ; *(fam) stell dich nicht so an !* arrête ton cinéma !
Anstellung *f* -en emploi *m*
an=steuern *(av/mar)* mettre le cap sur, se diriger vers
Anstieg *m* -e 1 *ein steiler* ~ une montée *f*/côte *f* raide 2 ~ *der Arbeitslosenzahl* augmentation *f* du nombre des chômeurs
an=stiften : *jn zu Dummheiten* ~ inciter/pousser qqn à faire des bêtises
AnstifterIn *m f* instigateur *m*
Anstiftung *f* -en : ~ *zum Mord* incitation *f* au meurtre
an=stimmen : *ein Lied* ~ entonner un chant
an=stinken *(fam)* 1 *das stinkt mich langsam an !* cela commence à me sortir par les yeux 2 *gegen jn/etw nicht* ~ *können* (non fam) être désarmé face à qqn/qch
Anstoß *m* ¨e 1 coup *m*, secousse *f* ; *(sp)* coup d'envoi ; *(fig) es bedurfte nur eines* ~*es* il y avait juste besoin de donner un coup de pouce ; ~ *geben zu* donner une impulsion *f* à qch 2 *bei jm* ~ *erregen* choquer, offusquer qqn
an=stoßen* 1 *jn* ~ heurter, bousculer qqn ; *jn unter dem Tisch* ~ faire du pied à qqn 2 *(sp)* donner le coup d'envoi ♦ <sein> *mit dem Kopf an der Tür* ~ se cogner la tête contre la porte ; *(fig) mit seinen Bemerkungen stößt er überall an* il choque tout le monde avec ses remarques 3 *beim Sprechen mit der Zunge* ~ zozoter 4 *wir wollen auf dein Wohl* ~ *!* trinquons à ta santé !
anstößig choquant, inconvenant
an=strahlen 1 *die Kathedrale* ~ illuminer la cathédrale 2 *seine Augen strahlen mich an* il me regarde d'un air rayonnant
an=streben : *eine bessere Stellung* ~ aspirer à une meilleure situation
an=streichen* 1 peindre 2 *(faute)* souligner
an=strengen 1 *seinen Kopf* ~ faire travailler sa tête 2 *einen Prozeß gegen jn* ~ intenter un procès à qqn ♦ *sich* ~ faire des efforts, se donner du mal
anstrengend fatigant
Anstrengung *f* -en 1 effort *m* 2 fatigue *f*
Anstrich *m* -e couche *f* de peinture, peintures *fpl* ♦ ø *(fig) einen offiziellen* ~ *geben* donner un caractère *m* officiel
Ansturm *m* ø 1 ~ *von Kunden* affluence *f* de clients, rush [ʀʸʃ] *m* 2 *im ersten* ~ au premier assaut *m*
an=stürmen <sein> : *gegen eine Festung* ~ donner l'assaut à une place forte
an=stürzen accourir ♦ *angestürzt kommen* arriver en courant/précipitamment
antagonistisch antagoniste
an=tanzen <sein> : *(fam) bei jn unangemeldet* ~ débarquer chez qqn
an=tasten 1 *Vorräte* ~ entamer ses réserves, toucher à ses réserves 2 *(fig) die Ehre von jm* ~ porter atteinte à l'honneur de qqn
Anteil *m* -e 1 part *f* 2 *an js Schicksal* ~ *nehmen* prendre part au malheur de qqn
anteilmäßig proportionnel, -le ♦ proportionnellement
Antenne *f* -n 1 antenne *f* 2 *(fig/fam) keine* ~ *für etw haben* ne pas être branché sur qch
anthrazit (gris) anthracite
AntialkoholikerIn *m f* : ~ *sein* ne pas boire d'alcool
antiautoritär antiautoritaire ♦ de manière antiautoritaire
Antibabypille *f* -n pilule *f* (contraceptive)
Antibioti.kum *n* .ka antibiotique *m*
antik antique ~*e Möbel* meubles anciens
Antike *f* ø Antiquité *f*
antiklerikal anticlérical
Antimilitarismus *m* ø antimilitarisme *m*
Antiquar *m* -e antiquaire *m f*
antiquarisch d'occasion
Antiquität *f* -en antiquité *f*
antisemitisch antisémite
Antiterroreinheit *f* -en brigade *f* antiterroriste
Antlitz *n* -e visage *m*, face *f*
Antrag *m* ¨e : ~ *auf Unterstützung* demande *f* d'aide ; *einem Mädchen einen* ~ *machen* demander une jeune fille en mariage ; *(jur)* requête *f* ; *(pol)* motion *f*
an=tragen* : *jm einen Posten* ~ proposer un poste à qqn

AntragstellerIn

AntragstellerIn *m f* celui/celle qui dépose une demande; *(jur)* demandeur, -deresse, requérant *m* -e *f*

an=trainieren 1 *einem Tier bestimmte Verhaltensweisen ~* dresser un animal 2 *sich* (D) *Disziplin ~* s'imposer une discipline

an=treffen* trouver, rencontrer

an=treiben* 1 *die Pferde ~* faire avancer les chevaux; *(fig) jn zur Arbeit ~* pousser qqn à travailler 2 *eine Turbine durch Dampf ~* faire marcher une turbine à la vapeur

an=treten* 1 *ein Motorrad ~* faire démarrer une moto 2 *eine Reise ~* partir en voyage *eine Fahrt ~* prendre la route, se mettre en route 3 *eine Erbschaft ~* entrer en possession d'un héritage 4 *einen Beweis ~* produire une preuve 5 *ein Amt ~* entrer en fonction; *die Nachfolge von jm ~* prendre la succession de qqn ♦ <sein> 1 *(mil)* se mettre en rangs *~!* à vos rangs! 2 *gegen den Weltmeister ~* affronter le champion du monde; *(fig) gegen jn ~* s'opposer à/affronter qqn ♦ *in einer Reihe angetreten!* en rangs!

Antrieb *m* -e : *eine Maschine mit elektrischem ~* une machine fonctionnant à l'électricité/à entraînement *m* électrique; *(fig) etw aus eigenem ~ tun* faire qch de son propre chef

Antriebskraft *f* ¨e force *f* motrice, de propulsion

Antriebswelle *f* -n arbre *m* moteur

Antritt *m* ø 1 *bei/mit ~ der Reise* au moment du départ 2 *~ einer neuen Stelle* entrée *f* en fonction

an=tun* 1 *jm etw Gutes ~* faire du bien à qqn; *tu mir das bitte nicht an!* ne me fais pas cela/*(fam)* ce coup-là! 2 *sie hat es ihm angetan* il est tombé sous son charme 3 *sich* (D) *etw ~* attenter à ses jours ♦ → **angetan**

Ántwort *f* -en réponse *f um ~ wird gebeten*, UAWG réponse souhaitée, RSVP

antworten : *jm ~* répondre à qqn

Antwortschein *m* -e coupon-réponse *m*

an=vertrauen 1 *jm etw ~* confier qch à qqn ♦ *sich jm ~* s'en remettre à qqn; *(fig)* se confier à qqn

Anverwandte/r parent *m* -e *f*

an=wachsen* <sein> 1 prendre *(racine)* 2 s'accroître, augmenter ♦ *die Leute sitzen wie ~ da* les gens sont comme rivés à leur siège

an=wählen : *(tél) Berlin kann man direkt ~* on peut avoir Berlin directement

Anwalt *m* ¨e avocat *m*

Anwaltsbüro *n* -s cabinet *m* d'avocat, étude *f*

Anwaltschaft *f* ø barreau *m*

Anwaltskammer *f* -n ordre *m* des avocats

Anwandlung *f* -en : *in einer ~ von Großzügigkeit* dans un accès *m*/élan *m* de générosité; *(fig/fam) ~en bekommen* piquer sa crise; *du bekommst wohl wieder deine ~?* ça te reprend?

an=wärmen (faire) chauffer

AnwärterIn *m f* postulant *m* -e *f ~ auf den Thron* prétendant *m* au trône

Anwartschaft *f* ø : *~ auf ein Amt* candidature *f* à une fonction

an=weisen* 1 *jm eine Arbeit* assigner un travail à qqn; *einen Platz ~* attribuer une place à qqn, désigner/indiquer sa place à qqn 2 *jn ~, etw zu tun* donner l'ordre à qqn de faire qch 3 (argent) mandater ♦ → **angewiesen**

Anweisung *f* -en 1 *eine ~ erteilen* donner un ordre *m*/des instructions *fpl*/des directives *fpl* 2 *die ~ des Honorars* le mandatement *m* des honoraires

anwendbar utilisable, applicable

an=wenden* *etw entsprechend ~* utiliser correctement qch; *eine Medizin richtig ~* faire bon usage d'un médicament; *eine List ~* employer la ruse; *viel Mühe ~* se donner beaucoup de mal; *Gewalt ~* faire usage de la force ♦ → **angewandt**

Anwendung *f* -en application *f ~ finden* pouvoir être utilisé/appliqué, trouver un champ d'application; *in ~ von* en application de

Anwendungsbereich *m* -e champ *m* d'application

an=werben* recruter ♦ *(mil) sich ~ lassen* se faire enrôler

an=werfen* : *den Motor ~* lancer/faire démarrer le moteur ♦ *(sp)* mettre la balle en jeu

Anwesen *n* - propriété *f*

anwesend présent

Anwesenheit *f* ø présence *f*

an=widern : *jn ~* répugner à qqn, dégoûter qqn

an=winkeln plier

an=wurzeln : *(fig) wie angewurzelt stehenbleiben* rester planté là

Anzahl *f* ø : *eine große ~ von* un grand nombre *m*/une grande quantité *f* de

an=zahlen : *die erste Rate ~* payer, régler la première traite

Anzahlung *f* -en acompte *m* , arrhes *mpl*

an=zapfen 1 *ein Weinfaß ~* mettre un tonneau en perce 2 *eine Telefonleitung ~* surveiller une ligne téléphonique 3 *(fam) jn ~* taper qqn (argent)

Anzeichen *n* - 1 *keine ~ von Reue zeigen* ne pas montrer le moindre signe *m* de repentir 2 *(méd)* symptôme *m*

Anzeige *f* -n 1 annonce *f* 2 *~ einer*

Geburt faire-part *m* de naissance **3** *(jur)* plainte *f*
anzeigen 1 *die Geburt eines Kindes ~* envoyer des faire-part de naissance **2** *(jur) jn ~* dénoncer qqn **3** *den Kilometerstand ~* indiquer le kilométrage
an=zetteln : *(fam)* tramer *einen Krieg ~ (non fam)* fomenter une guerre; *eine Verschwörung ~ (non fam)* ourdir une conspiration
an=ziehen* 1 mettre, enfiler; *(fig/fam) diese Jacke ziehe ich mir nicht an!* tu peux dire ce que tu veux, je m'en balance! **2** *eine Schraube fest ~* bien serrer une vis; *die Handbremse ~* tirer le frein à main; *viele Besucher ~* attirer de nombreux visiteurs **4** *Lebensmittel ziehen leicht an* les produits alimentaires prennent facilement un drôle de goût ♦ **1** *sich ~* s'habiller; *sich sonntäglich ~* mettre ses habits du dimanche ♦ **1** *(éco) die Börse zieht an* les cours de la Bourse sont à la hausse **2** *der Wagen zieht gut an* la voiture a de bonnes reprises
Anziehung *f* -en *(phys)* attraction *f*; *(fig)* attirance *f*
Anziehungskraft *f* ¨e force *f* d'attraction; *(fig)* pouvoir *m* d'attraction, charme *m*
Anzug *m* ¨e **1** costume *m*; *(fam) du fällst ja gleich aus dem ~!* tu flottes dans tes vêtements!; *jn aus dem ~ stoßen* tabasser qqn; *ich springe gleich aus dem ~!* je vais exploser! **2** *(fig) im ~ sein* se préparer, se profiler; *ein Gewitter ist im ~* il y a un orage qui se prépare/s'annonce
anzüglich : *~e Witze* des blagues scabreuses ♦ *~ lächeln* faire un sourire plein de sous-entendus
an=zünden 1 *ein Haus ~* mettre le feu à une maison **2** *eine Zigarette ~* allumer une cigarette
an=zweifeln : *etw ~* mettre qch en doute, douter de qch
Aor.ta *f* .ten aorte *f*
apart qui sort de l'ordinaire
apathisch apathique
Apfel *m* ¨ - pomme *f*; *(fig/fam) für einen ~ und ein Ei* pour des clopinettes/trois fois rien; *(fig) der ~ fällt nicht weit vom Stamm* tel père, tel fils
Apfelbaum *m* ¨e pommier *m*
Apfelkuchen *m* - tarte *f* aux pommes
Apfelsaft *m* ¨e jus *m* de pomme
Apfelsine *f* -n orange *f*
Apfelwein *m* -n cidre *m*
apolitisch apolitique, sans opinion politique
Apostel *m* - apôtre *m*
Apostroph *m* -e apostrophe *f*
apostrophieren 1 *(gram)* mettre une apostrophe **2** *(fig) jn/etw ~* faire référence à qqn/à qch
Apotheke *f* -n pharmacie *f*
apothekenpflichtig vendu uniquement en pharmacie
ApothekerIn *m f* pharmacien, -ne
Apparat *m* -e **1** appareil *m* **2** *(tél) wer ist am ~?* qui est à l'appareil? ♦ ø *(fig) den ganzen ~ in Bewegung setzen* mettre toute la machine en route
Apparatur *f* -en équipement *m*, appareillage *m*
Appell *m* -e **1** appel *m* (à) **2** *(mil)* rassemblement *m*, rapport *m*
appellieren : *an jn* en appeler à qqn
Appetit *m* ø : *guten ~!* bon appétit *m*! *auf etw ~ haben* avoir envie *f* de manger qch
appetitlich appétissant
Appetitzügler *m* - coupe-faim *m*
applaudieren applaudir
Applaus *m* ø applaudissement *m*
Approbation *f* -en : *jm eine ~ erteilen* délivrer une autorisation *f* à qqn
Aprikose *f* -n abricot *m*
Aprikosenbaum *m* ¨e abricotier *m*
April *m* ø avril *m* *im ~* en avril *~, ~!* poisson d'avril!
Aquamarin *m* -e aigue-marine *f*
Aquarell *n* -e aquarelle *f*
Aquar.ium *n* .ien aquarium *m*
Äquator *m* ø équateur *m*
Äquivalent *n* -e équivalent *m*
Ar *n* -e are *m*
Ära *f* ø ère *f*
AraberIn *m f* Arabe *m f*
Arbeit *f* -en travail *m* *eine ~ schreiben* faire un devoir *m* écrit; *(fig) nur halbe ~ machen* faire les choses à moitié ♦ ø **1** *körperliche ~* travail manuel *m*; *(fig/fam) der hat die ~ nicht erfunden* il a un poil dans la main **2** *seine ~ verlieren* perdre son travail/emploi *m*; *zur ~ gehen* aller travailler; *(fam)* aller au boulot *m*
arbeiten travailler; *(machine)* tourner; *(bois)* travailler; *(pâte)* monter; *(éco) mit Verlust ~* travailler à perte ♦ *an etw* (D) *~* travailler à/sur qch
ArbeiterIn *m f* ouvrier *m* *ein ungelernter ~* un ouvrier sans qualification
Arbeiterbewegung *f* -en mouvement *m* ouvrier
Arbeiterschaft *f* ø ouvriers *mpl*
ArbeitgeberIn *m f* employeur *m*
Arbeitgeberverband *m* ¨e association *f* patronale
ArbeitnehmerIn *m f* salarié *m* -e *f*
arbeitsam travailleur, -euse
Arbeitsamt *n* ¨er agence *f* pour l'emploi, A.N.P.E. *f*
Arbeitsanleitung *f* -en directive *f*

Arbeitsausfall m ¨e chômage m technique
Arbeitsbedingungen fpl conditions fpl de travail
Arbeitsbeschaffung f ø création f d'emplois
Arbeitsbeschaffungsmaßnahme (ABM) f -n mesure f en faveur de l'emploi
Arbeitserlaubnis f ø autorisation f/ carte f de travail
Arbeitsessen m - repas m d'affaires
arbeitsfrei : *ein ~er Tag* un jour chômé/de congé
Arbeitsgebiet n -e champ m d'activité
Arbeitsgenehmigung f -en carte f de travail
Arbeitsgericht n -e conseil m de prud'hommes
Arbeitskampf m ¨e lutte f ouvrière
Arbeitsleistung f -en rendement m
Arbeitslohn m ¨e salaire m, rémunération f
arbeitslos au chômage, chômeur
Arbeitslose/r chômeur m, -euse f
Arbeitslosengeld n ø allocation f chômage
Arbeitslosenversicherung f -en assurance chômage (ASSEDIC)
Arbeitslosigkeit f ø chômage m
Arbeitsnachweis m -e certificat m de travail
Arbeitsniederlegung f -en débrayage m
Arbeitsplatz m ¨e 1 poste m de travail 2 place f, emploi m
Arbeitssuchende/r demandeur m d'emploi
Arbeitstag m -e journée f de travail
arbeitsunfähig inapte au travail, invalide
Arbeitsverhältnisse npl conditions fpl de travail
Arbeitsvermittlung f -en agence f intérimaire
Arbeitsvertrag m ¨e contrat m de travail
Arbeitsweise f -n manière f de travailler, habitude f de travail
Arbeitszeit f en temps m de travail
Arbeitszimmer n - bureau m
Archäologe m -n -n archéologue m
ArchitektIn m -en -en f -nen architecte m f
Architektur f -en architecture f
Archiv n -e archives fpl
ArchivarIn m f archiviste m f
Are.na f .nen arène f
arg : *einen ~en Streich spielen* jouer un mauvais tour ◆ *beaucoup treib es nicht zu ~ !* ne va pas trop loin !
Ärger m ø 1 colère f *seinen ~ an jm aus=lassen* se défouler sur qqn 2 *viel ~ haben* avoir beaucoup d'ennuis mpl de contrariétés fpl de difficultés fpl *mach keinen ~ !* ne fais pas d'histoires fpl !
ärgerlich contrarié, irrité, pas content *wie ~ !* comme c'est contrariant !
ärgern contrarier, embêter, énerver; (fig) *jn zu Tode ~* faire enrager qqn ◆ 1 (fig) *sich ärgern* se fâcher tout rouge 2 *sich über etw (A) ~* s'énerver à propos de qch
Ärgernis n ø : *zum ~ aller* au grand scandale m de tous ◆ *-se die ~se des Alltags* les contrariétés fpl du quotidien
arglistig perfide, sournois, fourbe
arglos sans malice, sans méchanceté
argumentieren : *gegen etw ~* argumenter/plaider contre qch *für jn ~* donner des arguments/plaider en faveur de qqn
Argwohn m ø : *js ~ erregen* éveiller les soupçons de qqn ; *jn mit ~ betrachten* se méfier de qqn
argwöhnisch soupçonneux, méfiant
Arie f -n air m
ArierIn m f aryen m -ne f
aristokratisch aristocratique ◆ de manière aristocratique
arm 1 pauvre; (fig) *er ist ~ dran* il est bien mal en point, le pauvre
Arm m -e bras m ; (fam) *jn auf den ~ nehmen* se payer la tête de qqn ; (fig) *jm unter die ~e greifen* épauler qqn
Armatur f -en tableau m
Armaturenbrett n -er tableau m de bord
Armband n ¨er bracelet m
Armbanduhr f -en montre f
Armbinde f -n brassard m
Armee f -n armée f
Ärme/r pauvre m -esse f
Ärmel m - manche f; (fig) *etw aus dem ~ schütteln* faire qch en un tour de main
Ärmelkanal m ø Manche f
Armlehne f -n accoudoir m
Armleuchter m - 1 applique f 2 (péj) connard m
ärmlich pauvre, misérable
armselig misérable, minable, piètre *in ~en Verhältnissen leben* vivre dans le dénuement
Armseligkeit f ø pauvreté f
Armsessel m - fauteuil m
Armut f ø pauvreté f, indigence f, misère f; *die ~ an Bodenschätzen* le manque m de matières premières ; (fig) *geistige ~* misère intellectuelle
Armvoll m ø brassée f
Arnika f -s arnica m ou f
Arom.a n .en arôme m
aromatisch aromatique
aromatisieren aromatiser
Arrangement n -s 1 (mus) arrangement m 2 (fig) compromis m
arrangieren 1 disposer 2 *ein Fest ~*

organiser une fête 3 *ein Musikstück ~ faire* un arrangement musical ◆ *du mußt dich ~ !* débrouille-toi !
Arrest *m* -e : *in ~ sitzen* être en détention
arretieren 1 *jn ~* arrêter qqn 2 *einen Hebel ~* bloquer un levier
Arsch *m* ¨e *(vulg)* cul *m* ; *(fig) am ~ der Welt (non vulg)* au fin fond *m* de la planète ; *im ~ sein* être foutu ; *jm in den ~ kriechen* lécher les bottes de qqn
Arschbacke *f* -n fesse *f*
Arschkriecher *m* - *(vulg)* lèche-cul *m*, lèche-bottes *m*
Arsen *n* ø arsenic *m*
Arsenal *n* -e 1 *(mil)* arsenal *m* 2 *(fig) ein ganzes ~ von leeren Flaschen* tout un arsenal/un tas *m* de vieilles bouteilles
Art *f* ø 1 *das liegt nicht in seiner ~* cela ne lui correspond pas/n'est pas dans sa nature *f* ; *(fig) aus der ~ schlagen* sortir du lot *m* 2 *auf die eine oder andere ~* d'une manière *f* ou d'une autre *auf geheimnisvolle ~* de façon *f* mystérieuse ; *das ist doch keine ~ und Weise !* ce ne sont pas des façons ! ◆ **-en** espèce *f*
Arterie *f* artère *f*
artig gentil ◆ gentiment
Artikel *m* - article *m*
artikulieren articuler ◆ *(fig) seinen Willen ~* manifester sa volonté ◆ *das artikuliert sich im Wahlergebnis* cela se manifeste/se reflète dans les résultats électoraux
Artillerie *f* ø artillerie *f*
Artischocke *f* -n artichaut *m*
ArtistIn *m* -en -en *f* -nen artiste *m f*
artistisch acrobatique
Arznei *f* -en médicament *m* ; *(fig) bittere ~* pilule dure à avaler
Arzt *m* ¨e médecin *m*
ärztlich médical *in ~er Behandlung sein* être en traitement, suivre un traitement
Arztpraxis *f* -en cabinet *m* médical
As *n* -se 1 as *m* 2 *~-Dur* la *m* bémol majeur
Asbest *n* -e amiante *m*
Asche *f* -n cendre *f* *etw in Schutt und ~ legen* réduire en cendres *f* ; *(fig) sich ~ aufs Haupt streuen* faire son mea culpa, battre sa coulpe, se repentir de qch
Aschenbahn *f* -en cendrée *f*, piste *f*
Aschenbecher *m* - cendrier *m*
Aschenbrödel *m* - Cendrillon
äsen pâturer
asexuell 1 qui n'a pas de vie sexuelle 2 asexué
asketisch ascétique ◆ de manière ascétique
asozial asocial
Aspekt *m* -e 1 aspect *m unter diesem ~* vu sous cet angle *m*/aspect 2 *(gram)* aspect

Asphalt *m* ø asphalte *m*, bitume *m*
asphaltieren bitumer, asphalter
AspirantIn *m* -en -en *f* -nen candidat *m* -e *f* à un poste
Assimilation *f* -en 1 *(bio)* assimilation 2 intégration *f*
assimilieren *(bio)* assimiler ◆ *sich leicht an eine neue Umgebung ~* s'intégrer facilement à un nouveau milieu
Assistentin *m* -en -en *f* -nen assistant *m* -e *f*
Assistenzarzt *m* ¨e interne *m*
assistieren : *jm ~* assister qqn
Assoziation *f* -en 1 association *f* 2 *eine ~ erwecken* faire penser à qch
assoziativ : *~e Bestrebungen* des efforts conjugués ◆ *~ reagieren* réagir par association d'idées
Ast *m* ¨e branche *f* ; *(fig) einen ~ durch=sägen (non fig)* ronfler *sich einen ~ lachen* se tordre de rire
Aster *f* -n aster *m*
Ästhetik *f* ø esthétique *f*
ästhetisch esthétique
Asthma *n* ø asthme *m*
asthmatisch asthmatique
astrein *(fam)* 1 *die Sache ist doch nicht ~* cette affaire n'est pas claire 2 nickel
Astrologe *m* -n -n astrologue *m f*
astrologisch astrologique
AstronautIn *m* -en -en *f* -nen astronaute *m f*
astronomisch astronomique
Asyl *n* -e asile *m*
AsylantIn *m* -en -en *f* -nen réfugié *m* -e *f*
Asylantrag *m* ¨e demande *f* d'asile (politique)
AsylbewerberIn *m f* demandeur *m* d'asile
Asylrecht *n* ø droit *m* d'asile
asymmetrisch : *ein ~es Dreieck* un triangle asymétrique
Atelier *n* -s 1 atelier *m* d'artiste 2 *(cin)* studio *m*
Atem *m* ø : *schlechter ~* mauvaise haleine *f* *~ holen* reprendre sa respiration *f*/ son souffle *m* ; *(fig) den längeren ~ haben* tenir plus longtemps
atemberaubend à couper le souffle
Atembeschwerden *fpl* troubles *mpl* respiratoires
atemlos hors d'haleine *~e Stille* un silence de mort ◆ *~ einer Erzählung lauschen* écouter une histoire en retenant son souffle
Atemluft *f* ø souffle *m*
Atemnot *f* ø difficultés *fpl* respiratoires
Atemzug *m* ø souffle *m im gleichen ~* au même instant *m*
atheistisch athée
Äther *m* ø éther *m*

ätherisch

ätherisch : *(chim)* ~*e Öle* huiles essentielles ; *(fig) eine* ~*e Erscheinung* une apparence éthérée
AthletIn m -en -en f -nen athlète m f
Athletik f ø athlétisme m
Äthyl n ø *(chim)* éthyle m
Atl.as m .anten atlas m ◆ .asse satin m
atmen respirer
Atmosphäre f -n **1** atmosphère f **2** *(phys) ein Druck von 50* ~*n* une pression de 50 atmosphères ◆ ø *eine behagliche* ~ une ambiance f agréable
atmosphärisch atmosphérique
Atmung f ø respiration f
Atmungsorgane npl appareil m respiratoire
Atom n -e atome m
Atomangriff m -e offensive f nucléaire
atomar atomique, nucléaire
Atombombe f -n bombe f atomique ; ~*nversuch* m -e essai m nucléaire
Atomenergie f ø énergie f nucléaire
Atomkern m -e noyau m
Atomkraftwerk n -e centrale f nucléaire
Atomkrieg m -e guerre f atomique/nucléaire
Atomsperrvertrag m ¨e traité de non-prolifération des armes atomiques
Atomsprengkopf m ¨e ogive f nucléaire
Atomstopp m -s arrêt m des essais nucléaires
atomwaffenfrei dénucléarisé
Atomzeitalter n ø ère f atomique
ätsch ! c'est bien fait !, bisque, bisque !
Attacke f -n *(mil)* attaque f *zur* ~ *blasen* sonner la charge f ; *(fig)* attaque
Attentat n -e attentat f ; *(fig) ein* ~ *auf jn vor-haben* avoir un projet à propos de qqn
AttentäterIn m f auteur m d'un attentat
Attest n -e attestation f *ärztliches* ~ certificat m médical
attestieren : *jm etw* ~ certifier qch à qqn
Attraktion f ø *an* ~ *gewinnen* devenir plus intéressant ◆ -en *neue* ~*en* de nouvelles attractions
attraktiv 1 *ein* ~*er Beruf* un métier attractif **2** *eine* ~*e Frau* une femme attirante/séduisante
Attrappe f -n « factice »
Attribut n -e attribut m
attributiv : *(gram)* ~*es Adjektiv* adjectif épithète
atypisch atypique
ätzen 1 *(chim)* corroder, attaquer **2** *(méd)* cautériser **3** *ein Monogramm in ein Weinglas* ~ graver des initiales sur un verre

ätzend : ~*e Chemikalien* produits (chimiques) corrosifs ; *(fig)* ~*er Spott* ironie caustique/mordante ; ~*er Geruch* odeur qui prend à la gorge
au ! aïe !
auch 1 aussi *ich* ~ *nicht* moi non plus ; *sowohl... als* ~ aussi bien... que ; *nicht nur..., sondern* ~ non seulement..., mais aussi **2** *ich kann nicht und ich will* ~ *nicht !* je ne peux pas, et (de plus) je veux pas **3** *er machte* ~ *nicht die kleinste Bewegung* il ne fit (même) pas le moindre geste ◆ **1** *du bist aber* ~ *stur !* qu'est-ce que tu peux être têtu alors ! **2** *es ist* ~ *schon spät* il est tard (tout de même) **3** *hast du dir das* ~ *überlegt ?* (y) as-tu vraiment bien réfléchi ? **4** *wie dem* ~ *sei* quoi qu'il en soit ; *wozu* ~ ? à quoi cela servirait-il ?
Audienz f -en audience f
audiovisuell audiovisuel, -le
Auditor.ium n .ien salle f de conférence/de cours, amphithéâtre, m, auditorium m ~ *maximum* grand amphi(théâtre) (à l'université)
Aue f -n prairie f
Auerochse m -n -n aurochs m
auf (A/D) ◆ **1** ~ *dem Tisch liegen* être sur la table ; *die Vase* ~ *den Tisch stellen* poser un vase sur la table ; ~ *See sein* être en mer ; ~ *der Erde* sur terre **2** ~ *die Post gehen* aller à la poste **3** ~ *der Hochzeit* pendant le/lors du mariage ; ~ *Urlaub sein* être en vacances **4** *(fig) er geht* ~ *die 50 zu* il va sur la cinquantaine **5** ~ *längere Zeit abwesend sein* être absent pour un certain temps ; ~ *einmal* tout à coup/soudain ; *er hat alles* ~ *einmal geholt* il a tout pris d'un coup ; ~ *immer !* pour toujours ! ; ~ *bald !* à bientôt ! **6** *von einem Tag* ~ *den anderen* d'un jour à l'autre **7** *jn* ~*s herzlichste begrüßen* saluer qqn de la manière la plus cordiale **8** ~ *Initiative von* à l'initiative de **9** ~ *jeden entfallen 100 Mark* il revient 100 mark à chacun **10** ~ *jn achten* faire attention à qqn ◆ **1** *los* ~ ! allez, on y va ! ; ~ *und davon !* allez, on s'en va ! ~, *an die Arbeit !* allez, au travail ! **2** *Fenster* ~ ! ouvrez la fenêtre ! **3** ~ *und ab gehen* marcher de long en large ; ~ *und ab* de haut en bas **4** *von klein* ~ depuis l'enfance
auf-arbeiten 1 *seine Arbeitsrückstände* ~ mettre à jour son travail, rattraper du travail en retard **2** *ein altes Möbel* ~ remettre un meuble en état, retaper un meuble
auf-atmen respirer ; *(fig)* être soulagé
auf-bahren : *einen Toten* ~ exposer le corps d'un mort
Aufbau m ø **1** *der* ~ *der Stadt* la construction f de la ville ; *der wirtschaftliche* ~ mise en place f/construction

d'une économie, développement m économique 2 *der ~ des Artikels* le plan/la structure f de l'article de journal ♦ -ten superstructure f
auf=bauen 1 construire; *(fig) einen Politiker ~* fabriquer un homme politique 2 *eine Partei ~* créer/fonder/organiser un parti ♦ *(chim) sich aus verschiedenen Elementen ~* se composer/être constitué de plusieurs éléments; *(fig) sich vor jm ~* se planter devant qqn
auf=bäumen sich *(cheval)* se cabrer; *(fig) sich gegen eine Ungerechtigkeit ~* se rebeller/se révolter contre une injustice
auf=bauschen : *der Wind bauscht die Vorhänge auf* le vent s'engouffre dans les rideaux; *(fig) Kleinigkeiten ~* surestimer l'importance de choses qui n'en ont pas
auf=begehren s'élever (contre)
auf=bekommen* 1 *(fam) nicht ~* ne pas arriver à ouvrir 2 *viele Hausaufgaben ~* avoir beaucoup de devoirs
auf=bereiten : *Trinkwasser ~* rendre l'eau potable, traiter l'eau
Aufbereitung f -en traitement m, préparation f
auf=bessern 1 réparer, remettre en état 2 *die Gehälter ~* augmenter/relever les salaires 3 *seine Kenntnisse ~* améliorer ses connaissances
Aufbesserung f -en réparation f, remise f en état; augmentation f, relèvement m; amélioration f
auf=bewahren 1 *trocken ~* conserver au sec 2 *die Post für die Nachbarn ~* garder le courrier des voisins
auf=biegen : *eine Klammer ~* ouvrir un trombone
auf=bieten* 1 *viel Militär ~* déployer de nombreuses troupes; *(fig) seine ganzen Überredungskünste ~* user de/déployer toute son éloquence 2 *(admi) jn ~* publier les bans de qqn
auf=binden* : *die Schnürsenkel ~* dénouer/défaire ses lacets 2 *sich (D) etw ~ lassen (fam)* gober qch
auf=blähen (sich) (se) gonfler; *(fig) bläh dich doch nicht so auf! (fam)* ça va, les chevilles?
aufblasbar gonflable
auf=blasen* gonfler ♦ *(fig) das ist vielleicht ein aufgeblasener Typ!* il ne se prend pas pour rien!
auf=blättern feuilleter
auf=bleiben* 1 *die Tür soll ~* la porte doit rester ouverte 2 *lange ~* rester longtemps debout
auf=blenden 1 *die Scheinwerfer ~* se mettre en pleins phares 2 *(phot)* ouvrir le diaphragme
auf=blicken lever les yeux sur; *(fig) zu jm mit Bewunderung ~* être plein d'admiration pour qqn
auf=blinken faire un appel de phares
auf=blitzen : *plötzlich blitzte eine Taschenlampe auf* soudain surgit l'éclat d'une lampe de poche
auf=blühen <sein> s'épanouir; *(fig)* prospérer; *er blüht auf* il revit, il est rayonnant
auf=bocken mettre sur cales
auf=brauchen : *die Vorräte (ganz und gar) ~* épuiser/*(fam)* liquider toutes les provisions
auf=brausen 1 *die Tablette braust im Wasser auf* le comprimé se dissout en faisant des bulles; *(fig) Beifall brauste auf* les applaudissements crépitent 2 *schnell/leicht ~* être très irascible; *(fig)* monter vite au sors ses grands chevaux
auf=brechen* *ein Schloß ~* forcer/fracturer/ faire sauter une serrure; *einen Brief hastig ~* ouvrir fébrilement une enveloppe ♦ <sein> 1 *wir brechen in aller Frühe auf* nous partons/*(fig)* levons le camp aux aurores 2 *(fig) der Gegensatz zwischen ihnen ist erneut aufgebrochen* les divergences ont resurgi; *(fig) die alten Wunden brechen wieder auf* les anciennes blessures s'ouvrent de nouveau 3 *die Knospen brechen auf* les bourgeons éclosent
auf=brennen* : *(fam) jm eins ~* flanquer une claque à qqn
auf=bringen* 1 *etw kaum ~* avoir du mal à ouvrir qch 2 *das nötige Geld ~* arriver à réunir l'argent nécessaire; *Kosten ~* arriver à couvrir des frais/faire face à des dépenses 3 *(fig) den Mut ~ (zu)* trouver le courage (de); *Verständnis ~* faire preuve de compréhension 4 *ein Gerücht ~* faire courir un bruit 5 *(fig) jn gegen sich ~* monter qqn contre soi 6 *(mar)* arraisonner (un bateau) ♦ → **aufgebracht**
Aufbruch m ø départ m
auf=brühen : *Tee ~* faire infuser du thé
auf=brummen : *(fam) jm eine Strafe ~* flanquer une punition à qqn
auf=bürden : *dem Esel eine Traglast ~* charger un âne; *(fig) jm eine Verantwortung ~* mettre sur le dos de qqn une lourde responsabilité
auf=decken 1 *ein Kind ~* découvrir un enfant (qui a trop chaud dans son lit) 2 *(nappe)* mettre 3 *(fig) eine Verschwörung ~* découvrir une conspiration
auf=drängen : *jm Waren ~* obliger qqn à acheter qch, forcer la main à qqn pour qu'il achète; *(fig) jm seine Begleitung ~* imposer sa compagnie à qqn ♦ *ich will mich ja nicht ~* je ne veux pas m'imposer
auf=drehen 1 *das Gas ~* ouvrir le gaz, *(fam) das Radio voll ~* mettre la radio à pleine puissance 2 *(fam) auf der Autobahn (tüchtig) ~* rouler à pleins gaz sur l'au-

aufdringlich

toroute 3 *(fig/fam) nach dem vierten Glas drehte er mächtig auf* après le quatrième verre, il était bien remonté

aufdringlich : *ein ~er Vertreter* un représentant envahissant / *(fam)* collant; *sei doch nicht so ~ !* arrête d'insister comme cela !, *(fam)* ne sois pas si collant !; *(fig) der ~e Geruch eines Parfums* l'odeur entêtante d'un parfum

Aufdringlichkeit *f* -en : *die ~ der Journalisten* le harcèlement *m* des journalistes

auf·drücken 1 *die Tür (mit Gewalt) ~* forcer la porte 2 *einen Pickel ~* crever un bouton (par pression des doigts) 3 *den Bleistift zu stark ~* appuyer trop fort sur son crayon 4 *den Hut fest auf den Kopf ~* enfoncer son chapeau sur la tête

aufeinander : *~ warten* s'attendre mutuellement; *~ angewiesen sein* être dépendant l'un de l'autre; *~ auf·fahren* avoir une collision; *~ auf-fahren* aller se rentrer dedans

aufeinander·folgen : se succéder; *die Feiertage und das Wochenende folgen aufeinander (fig)* il y a un pont

aufeinander·legen : *die Handtücher ~* mettre en pile / empiler les serviettes

aufeinander·liegen* être empilé(e)s

aufeinander·prallen <sein> se heurter, se tamponner; *(fig) die Meinungen prallen aufeinander* les points de vue s'affrontent

aufeinander·treffen se rencontrer, s'affronter

Aufenthalt *m* -e 1 séjour *m* 2 arrêt *m*

Aufenthaltserlaubnis *f* ø permis *m* / carte *f* de séjour

Aufenthaltsort *m* -e lieu *m* de résidence

auf·erlegen 1 *jm eine Geldbuße ~* infliger une amende à qqn 2 *sich* (D) *strenge Disziplin ~* s'imposer une stricte discipline

auf·erstehen* <sein> ressusciter

auf·essen* : *die ganzen Kartoffeln ~* manger / *(fam)* liquider toutes les pommes de terre; *iß bitte schnell auf !* termine vite de manger / *(fam)* finis vite ton assiette !

auf·fahren* <sein> 1 *auf ein Auto ~* heurter une voiture; *zu dicht ~* rouler trop près (d'une voiture) 2 *(fig) aus dem Schlaf ~* se réveiller en sursaut 3 *(rel) aufgefahren gen Himmel* monté au ciel ◆ *(mil) ein Geschütz ~* mettre une pièce d'artillerie en batterie; *(fam) starke Geschütze ~* sortir l'artillerie lourde, employer des arguments massues

Auffahrt *f* -en voie *f* d'accès

Auffahrunfall *m* ¨e télescopage *m*

auf·fallen* <sein> : *es fällt auf, daß* on remarque que; *das fällt nicht auf* cela ne se remarque pas / voit pas; *durch etw ~* se faire remarquer en faisant qch; *die Ähnlichkeit zwischen beiden fällt sofort auf* la ressemblance est frappante

auffallend : *eine ~e Ähnlichkeit* une ressemblance frappante; *eine ~e Krawatte* une cravate voyante ◆ *sich ~ benehmen* se singulariser, se distinguer

auffällig : *ein ~es Benehmen* un comportement singulier / suspect ◆ *sich ~ benehmen* avoir un comportement suspect

auf·fangen* 1 *den Ball ~* attraper une balle, bloquer une balle 2 *Licht ~* capter la lumière 3 *Regenwasser in einer Tonne ~* recueillir l'eau de pluie dans une citerne 4 *(choc)* amortir 5 *Preiserhöhungen ~* compenser des hausses de prix

auf·fassen comprendre, saisir

Auffassung *f* -en conception *f*, opinion *f*, point *m* de vue; *nach meiner ~* de mon point de vue

Auffassungsgabe *f* ø : *eine leichte / schnelle ~ besitzen* comprendre vite, avoir l'esprit vif

Auffassungssache *f* ø : *das ist ~ !* c'est une question *f* de point de vue !

auf·fegen balayer

auffindbar trouvable *nicht ~* introuvable

auf·finden* découvrir

auf·flammen prendre feu, s'enflammer

auf·fliegen* <sein> 1 *die Vögel fliegen auf* les oiseaux s'envolent 2 *die Tür flog plötzlich auf* la porte s'ouvrit brusquement 3 *(fig) die ganze Sache ist aufgeflogen* l'affaire éclate au grand jour

auf·fordern 1 *jn ~ etw zu tun* demander à qqn de faire qch, inviter qqn à faire qch 2 *(mil) zur Übergabe ~* sommer de se rendre 3 *zum Tanz ~* inviter à danser 4 *(jur)* mettre en demeure

Aufforderung *f* -en 1 *einer ~ nach·kommen* répondre à une demande *f* / sommation *f* *auf wiederholte ~ hin* après des demandes / injonctions *fpl* répétées 2 *(jur)* mise *f* en demeure

auf·forsten reboiser

auf·fressen* *(fam)* tout manger / liquider, dévorer; *(fig) die Arbeit frißt mich auf* le travail m'accapare complètement

auf·frischen : *eine Farbe ~* raviver une couleur; *ein Möbel ~* rénover un meuble; *(fig) Kenntnisse ~* rafraîchir des connaissances; *eine Bekanntschaft ~* renouer avec une vieille connaissance ◆ <sein> *(vent)* fraîchir, devenir frais

auf·führen 1 jouer, présenter 2 *Beispiele ~* citer des exemples ◆ *sich ~* se comporter

Aufführung *f* -en *(th)* représentation *f* ◆ *die ~ der anfallenden Kosten* l'énumération *f* des coûts

auf·füllen 1 *Öl ~* remplir de mazout

2 *das (Waren)lager* ~ approvisionner son stock

Aufgabe *f* ø **1** *sich einer* ~ *stellen* faire face à une tâche *f*/mission *f* **2** ~ *eines Telegramms* remise *f*/dépôt *m* d'un télégramme **2** ~ *eines Geschäftes* liquidation *f* d'un magasin; *(fig) die* ~ *von Plänen* abandon *m* de projets ◆ **-en 1** *das ist nicht meine* ~ ce n'est pas mon travail *m*; *einer* ~ *gewachsen sein* ne pas être à la hauteur d'une tâche *f* **2** *die* ~*en machen* faire ses devoirs; *zwei von drei* ~*en lösen* résoudre deux problèmes *mpl*/questions *fpl* sur trois

auf=gabeln : *(fam) wo hast du denn den aufgegabelt?* où est-ce que tu l'as déniché, celui-là?

Aufgabenbereich *m* **-e** attributions *fpl*, ressort *m*

Aufgabeort *m* **-e** lieu d'expédition

Aufgabestempel *m* - cachet *m* de la poste

Aufgang *m* ¨**e 1** escalier *m*, entrée *f* **2** *(astr)* lever *m*

auf=geben* 1 déposer *eine Anzeige* ~ faire passer une annonce **2** *ein Geschäft* ~ fermer un magasin; *(fig) das Rauchen* ~ s'arrêter de fumer; *seinen Beruf* ~ abandonner/quitter sa profession **3** *(fig) die Hoffnung* ~ abandonner/perdre tout espoir **4** *(sp)* abandonner, déclarer forfait ◆ *du darfst dich nicht* ~ *!* *(fig)* il ne faut pas baisser les bras

aufgeblasen *(péj/fig) ein* ~*er Typ* un type suffisant, présomptueux

Aufgebot *n* **-e 1** *ein starkes* ~ *an Polizei* un grand déploiement *m* policier **2** publication *f* des bans

aufgebracht : *über etw* ~ *sein* être outré de qch → **auf=bringen**

aufgedreht : *er ist total* ~ il est complètement excité

aufgedunsen bouffi, boursouflé

auf=gehen* <sein> **1** *(astre)* se lever **2** *die Tür geht auf* la porte s'ouvre; *(fam) der Knoten geht immer wieder auf* le nœud se défait tout le temps **3** *(fig/fam) mir geht ein Licht auf!* ça y est, j'ai pigé! **4** *die Knospen gehen auf* les bourgeons éclosent

aufgehoben : *gut* ~ *sein* être en bonnes mains → **auf=heben**

aufgeklärt éclairé, ouvert

aufgekratzt *(fam)* remonté

Aufgeld *n* **-er 1** supplément *m* **2** *(banque)* agios *mpl*

aufgelegt : *schlecht* ~ *sein* être mal luné/*(fam)* de mauvais poil

aufgelöst : *mit* ~*en Haaren* les cheveux détachés

aufgeräumt *(fig)* enjoué, de bonne humeur

aufgeregt énervé

aufgeschlossen ouvert → **auf=schließen**

aufgeschmissen : *(fam) ohne deine Hilfe bin ich* ~ sans ton aide, je décroche/je suis perdu

aufgeschossen : *ein (hoch)* ~*er Junge (fig/fam)* une asperge *f*

aufgesprungen : ~*e Lippen haben* avoir des lèvres gercées, crevassées

aufgeweckt : *ein* ~*es Kind* un enfant éveillé

auf=gliedern 1 *Verben* ~ classer des verbes **2** *die Gesellschaft in Klassen* ~ diviser la société en classes

auf=graben* creuser

auf=greifen* 1 *jn* ~ attraper qqn **2** *(fig) das Gespräch wieder* ~ reprendre la conversation

aufgrund (G) en raison de

Aufguß *m* ¨**sse** infusion *f*; *(fig) ein schwacher* ~ une pâle copie *f*

auf=haben* 1 *einen Hut* ~ avoir un chapeau sur la tête **2** *viel (Hausaufgaben)* ~ avoir beaucoup de devoirs ◆ être ouvert

auf=halsen : *(fam) jm etw* ~ coller sur le dos de qqn

auf=halten* 1 *jm die Tür* ~ tenir la porte (ouverte) à qqn **2** *jn* ~ retenir qqn **3** *einen Schlag* ~ parer un coup ◆ **1** *sich in Berlin* ~ séjourner à Berlin **2** *sich mit etw* ~ passer du temps sur qch **3** *(fig) sich über das Aussehen von jm* ~ déblatérer sur la tenue de qqn; *sich bei den Einzelheiten* ~ s'étendre sur des détails

auf=hängen* 1 accrocher *Wäsche* ~ étendre du linge **2** *jn* ~ pendre qqn ◆ *(fam) sich* ~ *(non fam)* se pendre

Aufhänger *m* - attache *f* (pour accrocher un vêtement); *(fig) ein toller* ~ *(fam)* un détail sensationnel

auf=häufen accumuler, amasser, entasser

auf=heben* 1 *etw vom Boden* ~ ramasser qch par terre **2** *Briefe zur Erinnerung* ~ garder des lettres en souvenir; *(fig) das Geheimnis ist bei dir gut aufgehoben* tu sauras garder le secret **3** *die Todesstrafe* ~ supprimer/abolir la peine de mort **4** *(jur) ein Urteil* ~ annuler, casser un jugement **5** *die Versammlung* ~ lever une réunion ◆ → **aufgehoben**

Aufheben *n* ø : *viel* ~*s um etw machen* faire beaucoup de bruit autour de qch; *kein* ~ *machen von etw/jm* ne faire aucun cas de qch/qqn

auf=heitern : *jn* ~ sortir qqn de la morosité, égayer qqn ◆ *(météo) sich* ~ s'éclaircir

Aufheiterung *f* **-en** éclaircie *f*

auf=helfen* : *jm* ~ aider qqn à se relever

auf=hellen (sich) (s')éclaircir

auf=hetzen : *jn ~ gegen* (A) monter/ exciter qqn contre
auf=heulen hurler
auf=holen 1 rattraper 2 *(sp)* regagner du terrain
auf=horchen écouter attentivement, dresser l'oreille
auf=hören : *~ etw zu tun* (s') arrêter de faire qch; *nicht ~, zu* ne pas cesser de; *wo haben wir aufgehört?* où en étions-nous?; *hören Sie auf damit!* arrêtez, ça suffit maintenant; *(fam) da hört (doch) alles auf!* c'est un comble!
auf=jauchzen : *vor Freude ~* pousser des cris de joie
Aufkauf *m ¨e* achat *m*
auf=kaufen acheter
auf=kehren balayer
auf=keimen germer
aufklappbar pliant *~es Messer* couteau pliant, canif
auf=klappen 1 déplier 2 *(auto)* décapoter
auf=klären 1 *den Teint ~* éclaircir son teint 2 *ein Verbrechen ~* élucider un crime 3 *jn über etw ~* informer qqn de qch; *(fig) ein Kind ~* faire l'éducation sexuelle d'un enfant ◆ *das Wetter klärt sich auf* le temps s'éclaircit; *(fig) das Mißverständnis klärt sich auf* le malentendu est éclairci/dissipé; *alles klärt sich auf* tout s'explique
Aufklärung *f -en* 1 *die ~ eines Verbrechens* l'élucidation *f* d'un crime; *~ eines Mißverständnisses* dissipation *f* d'un malentendu; *um ~ bitten* demander des explications *fpl*/des éclaircissements 2 éducation *f* sexuelle 3 *das Zeitalter der ~* le siècle des Lumières
Aufklärungsflug *m ¨e* vol *m* de reconnaissance
auf=kleben coller
Aufkleber *m* - autocollant *m*
auf=knöpfen déboutonner
auf=kochen faire bouillir
auf=kommen* <sein> 1 *(vent)* se lever; *(fig) es kamen Gerüchte auf* des bruits se mirent à circuler; *keinen Zweifel lassen* ne pas laisser naître le moindre doute 2 *für den Schaden ~* réparer un dommage, payer les dégâts, indemniser 4 *für die Kinder ~* avoir les enfants à sa charge 5 *gegen jn nicht ~ können* ne pas être de force/taille face à qqn
Aufkommen *n* - 1 naissance *f*, arrivée *f* 2 *das ~ aus einer Steuer* le produit *m* d'un impôt
auf=kratzen : *einen Pickel ~* écorcher un bouton
auf=krempeln : *die Hemdsärmel ~* retrousser ses manches
auf=kreuzen <sein> *(fam)* débarquer chez qqn

Aufkündigung *f -en* résiliation *f*, dénonciation *f*
auf=lachen éclater de rire
auf=laden* 1 *etw ~* charger qch; *(fig) jm zu viel Arbeit ~* donner à qqn une trop lourde charge de travail 2 *(pile)* charger ◆ *(fig) sich eine schwere Verantwortung ~* se mettre une lourde responsabilité sur le dos
Auflage *f -n* 1 *neue ~* nouvelle édition *f in hoher ~ erscheinen* avoir un gros tirage *m* 2 *jm etw zur ~ machen* faire à qqn obligation de
auf=lassen* 1 *das Fenster ~* laisser la fenêtre ouverte 2 *(fam) den Hut ~ (non fam)* garder son chapeau
auf=lauern : *jm ~* épier qqn
Auflauf *m ¨e* 1 attroupement *m*, rassemblement *m* 2 *(cuis)* soufflé *m*, gratin *m*
auf=laufen* <sein> 1 *(mar)* (s')échouer 2 *die Zinsen sind auf 100 DM aufgelaufen* le total des intérêts cumulés s'élève à 100 DM 3 *(fam) jn ~ lassen* envoyer balader/bouler qqn
auf=leben : *wieder ~* revivre; *(fig) das Gespräch lebt wieder auf* la discussion repart/reprend
auf=lecken lécher, laper
auf=legen 1 *eine Tischdecke ~ (auf A)* mettre une nappe (sur) 2 *(tél)* raccrocher 3 *einen Roman ~* publier un roman; *neu ~* rééditer
auf=lehnen : *die Arme auf dem Fenstersims ~* appuyer ses bras sur le rebord de la fenêtre ◆ *sich gegen etw ~* s'insurger/se rebeller/se révolter contre qch
Auflehnung *f -en* soulèvement *m*, rébellion *f*, révolte *f*, insurrection *f*
auf=lesen* ramasser
auf=leuchten s'allumer
auf=liegen* : *fest ~* tenir bien ◆ *sich im Krankenbett ~* avoir des escarres
auf=listen établir une liste, répertorier
auf=lockern : *den Boden ~* ameublir le sol
auflösbar *(chim)* soluble; *(math)* qui peut se résoudre
auf=lösen 1 dissoudre; faire fondre 3 *(fig) ein Geschäft ~* liquider une affaire; *ein Rätsel ~* trouver la réponse à une devinette ◆ *die Menge löst sich auf* la foule se disperse; *(fig) sich in Nichts ~* être réduit à néant
Auflösung *f -en* 1 dissolution *f* 2 *die ~ eines Problems* la résolution *f* d'un problème
auf=machen 1 ouvrir 2 *der Prozeß wird groß aufgemacht* faire un procès spectaculaire, donner beaucoup de retentissement à un procès ◆ *sich zu etw ~* s'apprêter à faire qch
Aufmachung *f -en* présentation *f etw in*

großer ~ bringen faire la manchette *f* d'un journal avec qch; *in großer ~* en tenue *f* d'apparat, en grande tenue, *(fam)* sur son 31; *das ist alles bloß ~ (fam)* ce n'est que du tape à l'œil *m*/de l'esbroufe *f*
Aufmarsch *m* ¨e déploiement *m*, concentration *f*, défilé *m*
auf=merken faire attention, dresser l'oreille
aufmerksam 1 attentif, -ive 2 *jn auf jn/ etw ~ machen* attirer l'attention de qqn sur qqn/qch; *auf jn/etw ~ werden* remarquer qqn/qch, avoir l'attention attirée par qqn/qch ◆ 1 attentivement 2 *sich jm gegenüber ~ verhalten* être attentionné à l'égard de qqn
Aufmerksamkeit *f* ø attention *f* ◆ *-en jm ~en erweisen* être plein d'attentions pour qqn, être attentionné à l'égard de qqn
auf=möbeln : *einen alten Schrank ~ (fig)* donner un air de neuf à un vieux buffet; *(fig/fam) jn ~* remonter le moral de qqn, redonner du dynamisme à qqn
auf=mucken : *(fam) gegen etw ~* se rebiffer contre qch
auf=muntern remettre en forme, remonter, revigorer, ravigoter
Aufnahme *f* -n 1 accueil *m*; *(fig) die ~ des Stückes durch das Publikum war großartig* la pièce a très bien été accueillie par le public 2 prise *f* de vue, photo *f*; *die ~ eines Konzerts* l'enregistrement d'un concert 3 *die ~ einer Anleihe* le lancement *m* d'un emprunt 4 *die ~ diplomatischer Beziehungen* l'établissement *m* de relations diplomatiques
aufnahmefähig réceptif, -ive (à)
Aufnahmelager *n* - camp *m* d'hébergement
Aufnahmeprüfung *f* -en : *die ~ machen* passer l'examen *m* d'admission
auf=nehmen* 1 *etw vom Boden ~* ramasser qch par terre 2 *jn in einem Verein ~* admettre qqn dans une association 3 *mit jm Kontakt ~* prendre contact avec qqn; *Beziehungen ~ (zu)* établir des relations *(avec)* 4 *jn bei sich ~* accueillir qqn chez soi; *(fig) einen Gedanken ~* adopter une idée 5 *eine Hypothek ~* contracter/prendre une hypothèque 6 *ein Diktat ~* prendre en dictée; *(fig) den Schaden ~* dresser le constat des dégâts 7 *Nahrung ~* absorber/ingérer de la nourriture 8 enregistrer
auf=nötigen : *jm etw ~* forcer/obliger qqn à faire qch
auf=opfern : *sein Leben für eine Idee ~* mettre toute sa vie au service d'une idée ◆ *sich für jn ~* se sacrifier pour qqn, se dévouer entièrement à qqn
aufopfernd dévoué

Aufopferung *f* ø sacrifice *m*, dévouement *m*
auf=päppeln : *einen Kranken wieder ~* revigorer un malade
auf=passen : *gut ~* faire bien attention; *paß auf, daß dir nichts passiert!* prends garde qu'il ne t'arrive rien ◆ *auf die Kinder ~* surveiller les enfants
auf=peitschen 1 *der Sturm peitscht das Meer auf* la mer est démontée sous l'effet de la tempête 2 *(fig) der Redner peitscht die Leute auf* l'orateur galvanise les gens
auf=platzen <sein> *(couture)* craquer; *(plaie)* s'ouvrir; *(abcès)* crever
auf=plustern : *der Vogel plustert sein Gefieder auf* l'oiseau gonfle ses plumes ◆ *sich ~* s'ébouriffer; *(fig)* se rengorger
auf=polieren : *alte Möbel ~* redonner de l'éclat à de vieux meubles; *(fig) js Ansehen ~* redorer le blason de qqn; *seine Kenntnisse ~* rafraîchir ses connaissances
Aufprall *m* ø choc *m*, heurt *m*
auf=prallen <sein> *(auf A)* heurter (qch)
Aufpreis *m* -e supplément *m*
auf=pumpen (re)gonfler
auf=putschen : *jn durch Medikamente ~* remonter qqn/ *(fig)* donner un coup de fouet à qqn à l'aide de médicaments; *(fig) die öffentliche Meinung ~* secouer l'opinion publique ◆ *sich ~* se remonter
Aufputschmittel *n* - remontant *m*
auf=raffen ramasser ◆ 1 *sich aus dem Bett ~* se sortir du lit 2 *sich ~ etw zu tun* prendre son courage à deux mains pour faire qch
auf=rappeln *sich (fam)* reprendre le dessus, se retaper, remonter la pente
auf=räumen ranger, mettre de l'ordre; *(fig) unter der Bevölkerung ~* faire des ravages dans la population ◆ *die Spielsachen ~* ranger ses jouets ◆ *(fig) mit den Vorurteilen ~* faire table rase des préjugés
auf=rechnen : *jm etw ~* porter au compte de qqn ◆ *etw gegen etw ~* compenser qch par qch
aufrecht droit, debout; *(fig) ein ~er Mann* un homme droit/intègre ◆ *die Hoffnung hält ihn ~* c'est l'espoir qui le fait tenir; *sich kaum noch ~ halten können* arriver à peine à tenir debout
aufrecht=erhalten* maintenir
auf=regen : *jn ~* énerver qqn; *es scheint ihn nicht weiter aufzuregen* cela ne semble pas l'émouvoir ◆ *sich ~ (über A)* s'énerver (à propos de)
aufregend : *ein ~es Buch* un livre passionnant, palpitant; *ein ~es Kleid* une robe sexy
Aufregung *f* -en énervement *m*, excitation *f*, agitation *f*

auf=reiben*

auf=reiben* 1 *sich (D) die Hand ~* s'écorcher la main ◆ *(fig) sich für seine Arbeit ~* se tuer au travail ◆ *(mil)* anéantir, exterminer
aufreibend : *eine ~e Arbeit* un travail épuisant/éreintant
auf=reißen* 1 *einen Brief ~* déchirer l'enveloppe d'une lettre, ouvrir *(rapidement)* une lettre 2 *Augen vor Schreck ~* avoir les yeux exorbités par l'effroi ; *(fig) eine alte Wunde wieder ~* rouvrir une ancienne blessure
Aufreißer *m* - dragueur *m*
aufreizend : *ein ~er Gang* démarche suggestive/provocante
auf=richten 1 *den Oberkörper ~* redresser les épaules ; *(fig) jn durch seinen Zuspruch ~* remonter le moral de qqn 2 *die umgefallene Leiter wieder ~* relever une échelle ◆ *sich ~* se relever, se redresser
aufrichtig honnête, franc, sincère, loyal
Aufrichtigkeit *f ø* honnêteté *f*, franchise *f*, sincérité *f*, loyauté *f*
Aufriß *m .sse (archi)* élévation *f*
auf=rollen 1 dérouler ; *eine Frage nochmal ~* remettre une question sur le tapis 2 *(fil)* enrouler
auf=rücken <sein> 1 *bitte ~ !* avancez s'il vous plaît 2 monter en grade ; *(fig/fam)* prendre du galon ; *in die Gehaltsklasse X ~* passer à l'échelon X
Aufruf *m ø* : *Eintritt nur nach ~* attendez qu'on vous appelle pour entrer ◆ *-e (an A)* appel *m* (à)
auf=rufen* 1 *jn ~* appeler qqn ; *die Namen ~* faire l'appel ; *die Zeugen ~* citer les témoins 2 *jn ~ etw zu tun* exhorter qqn à faire qch
Aufruhr *m e* troubles *m*, émeute *f* ; *(fig) der ~ der Gefühle* la confusion *f* des sentiments ; *die ganze Stadt ist in ~* toute la ville est en ébullition
AufrührerIn *m f* émeutier, -ère
aufrührerisch : *~e Reden* propos subversifs/séditieux
auf=runden arrondir
auf=rüsten armer
Aufrüstung *f -en* armement *m*
auf=rütteln : *jn aus dem Schlaf ~* réveiller qqn en le secouant
auf=sammeln ramasser
aufsässig récalcitrant, rebelle, contestataire
Aufsässigkeit *f -en* insubordination *f*
Aufsatz *m ¨e* 1 *(école)* rédaction *f*, dissertation *f* ; *(journal)* article *m* 2 dessus *m* (d'un meuble)
auf=saugen éponger, aspirer ; *die Erde saugt die Feuchtigkeit auf* la terre absorbe/pompe l'humidité ; *(fig) eine Nachricht begierig ~* être tout ouïe à l'écoute d'une nouvelle

auf=schauen : *zu jm ~* regarder qqn avec admiration
auf=scheuchen *(gibier)* débusquer ; *(fam) jn aus seiner Ruhe ~* secouer qqn
auf=schichten empiler
auf=schieben* 1 ouvrir *(en poussant)* 2 *(fig) die Abreise ~* reporter son départ ; *aufgeschoben ist nicht aufgehoben* ce n'est que partie remise ; *besser aufgeschoben als aufgehoben* mieux vaut tard que jamais
Aufschlag *m ¨e* 1 choc *m* 2 majoration *f*, augmentation *f*, supplément *m* 3 *(sp)* service *m* 4 revers *m*
auf=schlagen* 1 *ein Ei ~* casser un œuf *ein Buch ~* ouvrir un livre ; *das Zelt ~* monter la tente 4 *sich (D) das Knie ~* s'ouvrir le genou ◆ <sein> 1 *durch den Wind ist die Tür aufgeschlagen* la porte s'est ouverte sous la poussée du vent 2 *ich bin mit dem Kopf aufgeschlagen* je me suis cogné la tête
auf=schließen* ouvrir ◆ *(mil)* serrer les rangs ◆ → **aufgeschlossen**
Aufschluß *m ¨sse* explication *f*, éclaircissement *m*, renseignement *m* complémentaire
auf=schlüsseln 1 répartir, ventiler 2 décoder
aufschlußreich révélateur, -trice, significatif, -ive, instructif, -ive
auf=schnappen attraper, happer ; *(fig/ fam) er hat etw aufgeschnappt* il a entendu qch ◆ <sein> *die Tür ist aufgeschnappt* la porte s'est ouverte brusquement
auf=schneiden* 1 *den Braten ~* découper le rôti 2 *eine Verpackung ~* ouvrir un emballage ◆ *(fig/fam>non fam) er schneidet immer auf* il exagère toujours (en racontant des histoires)
AufschneiderIn *m f* frimeur, -euse
Aufschneiderei *f -en* vantardise *f*
Aufschnitt *m ø* assortiment *m* de charcuterie
auf=schnüren déficeler, défaire les ficelles, ouvrir
auf=schrauben 1 *ein Marmeladenglas ~* dévisser le couvercle d'un pot de confiture 2 *einen Deckel auf etw ~* visser un couvercle sur qch
auf=schrecken : *das Wild ~* débusquer le gibier ◆ <sein> sursauter ; *aus dem Schlaf ~* se réveiller en sursaut
Aufschrei *m -e* (grand) cri *m*, exclamation *f*
auf=schreiben* 1 *etw ~* noter qch 2 *jn ~* dresser procès-verbal à
auf=schreien* pousser un cri
Aufschrift *f -en* 1 inscription *f die ~ auf einer Flasche* l'étiquette *f* d'une bouteille 2 adresse *f*
Aufschub *m ¨e* délai *m*, retard *m*

auf=schwingen* *sich* prendre son envol ; *(fig)* se décider (enfin) (à)
Aufschwung *m* ¨e **1** élan **2** *(comm) wirtschaftlicher* ~ boom [bum] *m* / relance *f* / redressement *m* économique
auf=sehen* **1** *von der Arbeit* ~ lever les yeux de son travail ; *(fig) zu jm* ~ considérer qqn avec respect
Aufsehen *n* - : *großes* ~ *erregen* faire sensation *f*, *(fig)* faire du bruit
aufsehenerregend sensationnel, -le, spectaculaire, d'éclat
AufseherIn *m f* surveillant *m* -e *f*, gardien *m* -ne *f*
auf=sein* **1** être debout **2** être ouvert
auf=setzen 1 *seine Brille* ~ mettre ses lunettes ; *(fig/fam) das setzt allem die Krone auf!* c'est le summum [sɔmɔm] *m*! ; *(fig) eine ernste Miene* ~ prendre un air sérieux **2** *(fig) jm Hörner* ~ faire porter des cornes à qqn, faire qqn cocu **3** *einen Text* ~ rédiger, établir un texte **4** *Wasser* ~ faire chauffer de l'eau ◆ *(av) weich* ~ atterrir en douceur ◆ *sich im Bett* ~ se dresser sur son séant
Aufsicht *f* ø surveillance *f* personne chargée de surveiller ; *unter* ~ *stehen* être sous contrôle *m* judiciaire ; *unter staatlicher* ~ sous contrôle de l'État
Aufsichtsführende/r surveillant, -e
Aufsichtsbehörde *f* -n autorité *f* de tutelle
Aufsichtsrat *m* ¨e conseil *m* de surveillance
auf=sperren 1 ouvrir (avec une clé) **2** *die Augen* ~ écarquiller les yeux ; *(fig) Mund und Nase* ~ rester bouche bée
auf=spielen jouer ◆ *sich* ~ jouer à l'important, se donner des grands airs
auf=springen* <sein> ◆ **1** *vor Freude* ~ sauter de joie **2** *auf den fahrenden Zug* ~ prendre le train en marche **3** *die Tür springt auf* la porte s'ouvre brusquement **4** *die Lippen springen auf* les lèvres se crevassent ◆ → **aufgesprungen**
auf=spulen (em)bobiner
auf=spüren dépister, détecter
Aufstand *m* ¨e soulèvement *m*, révolte *f*, mutinerie *f*, insurrection *f*
Aufständische/r insurgé, rebelle
auf=stapeln empiler, entasser, stocker
auf=stauen *sich* s'accumuler
auf=stechen* percer, crever
auf=stecken 1 *(cheveux)* relever **2** *auf etw* (A) ~ mettre sur qch **3** *(fam) ein Vorhaben* ~ laisser tomber un projet
auf=stehen* <sein> se lever ◆ <haben> *die Tür steht auf* la porte est (restée) ouverte
auf=steigen* <sein> s'élever, monter ◆ **1** *auf ein Pferd* ~ monter un cheval **2** *zum Gipfel* ~ monter jusqu'au sommet **3** avoir de l'avancement, faire carrière **4** *(fig) ein Verdacht steigt in mir auf* il me vient un soupçon

aufsteigend ascendant
auf=stellen 1 *Stühle* ~ mettre / disposer des chaises ; *ein Gerüst* ~ monter un échafaudage **2** redresser, remettre debout **3** *Regeln* ~ établir des règles ; *eine Theorie* ~ élaborer / construire / échafauder une théorie **4** *einen Kandidaten* ~ présenter un candidat **5** *eine Behauptung* ~ avancer une affirmation, affirmer, prétendre **6** *(sp) eine Mannschaft* ~ former une équipe ◆ *sich in einer Reihe* ~ se mettre en rang ; *sich am Eingang* ~ se poster à l'entrée
Aufstellung *f* -en **1** disposition *f* **2** *eine* ~ *machen* dresser une liste *f* **3** *(sp) f die Mannschaft spielt in folgender* ~ l'équipe joue dans la formation *f* suivante
Aufstieg *m* -e montée *f*, ascension *f* ; *(fig) beruflicher* ~ promotion *f* ; réussite *f* professionnelle
auf=stöbern : *jn / etw* ~ dénicher qqn /qch
auf=stocken : *ein Gebäude* surélever un bâtiment ; *(fig) den Etat um 10 Millionen* ~ relever / augmenter le budget de 10 millions
auf=stoßen* **1** *eine Tür* ~ ouvrir une porte (en donnant un coup dedans) **2** *sich* (D) *das Knie* ~ se cogner le genou ◆ roter, faire un rot, éructer ◆ <sein> *mit dem Kopf auf den Boden* ~ se cogner la tête par terre
auf=stützen : *den Kopf* ~ appuyer sa tête ◆ *sich auf etw* (A) ~ s'appuyer sur qch ; *sich mit den Ellenbogen* ~ s'accouder à
auf=suchen : *Freunde* ~ aller voir des amis, rendre visite à des amis ; *den Arzt* ~ consulter un médecin
auf=takeln *(mar)* gréer ◆ *(fam) sich* ~ s'attifer
Auftakt *m* ø **1** *(mus) den* ~ *geben* lever sa baguette, donner le signal du départ **2** *(fig)* prélude *m* ; *den* ~ *zu etw geben* donner le coup *m* d'envoi à qch
auf=tanken faire le plein ; *(fig)* faire le plein de carburant, se requinquer
auf=tauchen <sein> **1** émerger ; *(fig) ein Verdacht tauchte auf* un soupçon s'éveilla ; *(fam) er ist er wieder aufgetaucht* il s'est repointé, *(non fam)* il est réapparu **2** *(mar)* faire surface
auf=tauen : *die Sonne taut den Schnee auf* le soleil fait fondre la neige ◆ <sein> *das Eis taut auf* la glace fond
auf=teilen 1 *den Gewinn* ~ partager le bénéfice **2** *den Raum* ~ aménager l'espace ; *einen Grundbesitz* ~ morceler une propriété ; *Baugelände* ~ lotir un terrain **3** *in Gruppen* ~ répartir en groupes

Aufteilung

Aufteilung f -en partage m, répartition f, morcellement m

Auf·trag m ¨e 1 commande f *etw in ~ geben* passer commande de qch 2 *einen ~ aus=führen* remplir une mission f; *den ~ haben, zu* avoir à la charge f de ♦ ø *im ~ von* sur l'ordre m de, au nom m de

auf=tragen* 1 servir (à table) 2 *eine Salbe ~* appliquer une pommade 3 *jm etw ~* charger qqn de qch *(fig) dick ~* y aller fort, en rajouter

AuftraggeberIn m f client m -e f, donneur, -euse d'ordre; *(jur)* mandant

AuftragnehmerIn m f mandataire m f

auf=treiben* 1 *den Teig ~* faire lever la pâte 2 *(fam) etw ~* arriver à se dégotter qch

auf=trennen découdre

auf=treten* : *eine Tür ~* ouvrir une porte d'un coup de pied ♦ <sein> 1 *fest ~* marcher d'un pas assuré; *(fig) selbstbewußt ~* être sûr de soi (dans son comportement) 2 *als Sachverständiger ~* faire figure d'expert; *als Zeuge ~* comparaître comme témoin; *(fig) gegen jn/etw ~* s'opposer à qqn/qch 3 *Meinungsverschiedenheiten treten auf* des divergences se font jour; *Krankheitssymptome treten auf* des symptômes apparaissent

Auftrieb m ø 1 *(phys)* poussée f 2 *(fig) neuen ~ geben* donner un nouvel élan m, une nouvelle impulsion f

Auftritt m -e *(th)* entrée f en scène *erster ~* première scène f

auf=trumpfen jouer atout; *(fig) mit seinem Wissen ~* faire étalage de son savoir

auf=tun* : *(fam) jm zu viel ~* en mettre trop (dans l'assiette de qqn) ♦ *(fig) ein Abgrund tut sich auf* un abîme s'ouvre devant lui

auf=wachen <sein> se réveiller, s'éveiller

auf=wachsen* <sein> grandir

Aufwand m ø 1 *ein großer ~ an Energie* une grande dépense f d'énergie 2 *der ~ hat sich gelohnt* l'investissement m valait la peine; *unter großem ~ (von)* à grand renfort (de) 3 *großen ~ treiben (fig)* vivre sur un grand pied, mener un grand train de vie

auf=wärmen réchauffer; *(fig) alte Geschichten ~* rabâcher de vieilles histoires ♦ *sich ~* se réchauffer

aufwärts vers le haut, en montant

Aufwärtstrend m ø tendance f à la hausse

Aufwasch m ø vaisselle f (à laver); *(fam) das ist ein ~ (fig)* cela va faire d'une pierre deux coups

auf=wecken réveiller

auf=weichen : *etw ~* détremper/faire tremper/ramollir qch; *(fig) ein System ~* miner/saper un système ♦ *aufgeweichter Weg* chemin détrempé

auf=weisen* présenter *ein Defizit ~* accuser un déficit *etw aufzuweisen haben* comporter qch, disposer de qch

auf=wenden* dépenser, mettre en œuvre

aufwendig coûteux, -euse

auf=werfen* 1 *die Tür ~* ouvrir brutalement la porte 2 *(fig) eine Frage ~* soulever une question ♦ *sich zum Richter ~* s'ériger en juge

auf=werten : *die Währung ~* réévaluer une monnaie

Aufwertung f -en réévaluation f, revalorisation f

auf=wickeln enrouler, embobiner; *(fam) die Haare ~* mettre des bigoudis 2 *ein Paket ~* défaire, déballer un paquet

auf=wiegeln : *jn gegen etw/jn ~* inciter qqn à se rebeller contre qqn/qch

auf=wiegen* *(fig)* compenser, contrebalancer

AufwieglerIn m f agitateur, -trice

auf=wirbeln : *den Sand ~* soulever des tourbillons de sable; *(fig) die Sache hat viel Staub aufgewirbelt* l'affaire a fait beaucoup de bruit ♦ <sein> se soulever en tourbillons

auf=wischen essuyer

Aufwischlappen m - chiffon m

auf=wühlen : *die Erde ~* fouiller/retourner la terre 2 *(fig) jn ~* remuer/retourner qqn

auf=zählen énumérer *Geld ~* compter

Aufzählung f -en énumération f

auf=zäumen mettre la bride à; *(fig) das Pferd beim Schwanz ~* mettre la charrue avant les bœufs

auf=zehren épuiser, *(fam)* liquider

auf=zeichnen 1 dessiner, tracer 2 enregistrer

auf=zeigen mettre en évidence *Schwächen ~* révéler des faiblesses

auf=ziehen* 1 *die Uhr ~* remonter sa montre 2 *ein Kind ~* élever un enfant 3 *den Reißverschluß ~* ouvrir la fermeture Éclair 4 *(fig) jn ~* faire marcher qqn 5 *eine Unternehmung ~* monter/organiser une opération ♦ <sein> 1 *ein Gewitter zieht auf* un orage se prépare 2 *(mil)* prendre son poste

Aufzucht f -en élevage m

Aufzug m ¨e 1 ascenseur m 2 *(fig) lächerlicher ~* accoutrement m/tenue f ridicule 3 *(mil)* défilé m 4 *(th)* acte m

auf=zwingen* : *jm etw ~* imposer qch à qqn

Augapfel m ¨ globe m oculaire *etw/jn wie seinen ~ hüten* tenir à qqn/qch comme à la prunelle de ses yeux

Auge n -n 1 œil m; *(fig) in meinen ~en* à mes yeux; *vor aller ~en* au vu de tous;

aus=breiten

~ *in* ~ les yeux dans les yeux ; *so weit das* ~ *reicht* à perte de vue ; *etw ins* ~ *fassen* envisager qch **2** *(jeu)* point *m*
Augenarzt *m* ¨e ophtalmologue, -logiste, oculiste *m*
Augenblick *m* ø instant *m*, moment *m* ; *im ersten* ~ au premier abord ; *vom ersten* ~ *an* dès le premier instant ; *jeden* ~ à tout moment, d'un instant à l'autre
augenblicklich présent, actuel -le ◆ **1** *du kommst* ~ *her!* tu viens, et tout de suite ! **2** actuellement, momentanément
Augenbraue *f* -n sourcil *m*
augenfällig évident, qui saute aux yeux
Augenlid *n* -er paupière *f*
Augenmaß *n* ø : *nach* ~ à vue d'œil
AugenoptikerIn *m f* opticien *m* -ne *f*
augenscheinlich évident, manifeste ◆ visiblement, manifestement
Augenwimper *f* -n cil *m*
Augenwischerei *f* ø : *(fig) das ist doch* ~ *!* c'est de la duperie !
Augenzeuge *m* -n -n témoin *m* oculaire
Augúst *m* ø **1** août *m* **2** *spiel nicht den dummen Augúst !* ne fais pas l'idiot !
Auktion *f* -en vente *f* aux enchères
Auktionator *m* -en commissaire-priseur *m*
Au.la *f* .len salle *f* des fêtes, grande salle pour les occasions officielles
aus (D) **1** *etw* ~ *dem Schrank holen* aller chercher qch dans le placard ; ~ *dem Haus gehen* sortir de la maison ; ~ *dem Fenster sehen* regarder par la fenêtre **2** ~ *Gold* en or ou **3** ~ *Berlin* (originaire) de Berlin ; ~ *dem Französischen übersetzt* traduit du français **4** ~ *Angst* par peur ; ~ *diesem Grund* pour cette raison ; *aus Mangel* par manque **5** ~ *dem Kopf* de tête ; ~ *Leibeskräften* de toutes ses forces ◆ **1** *Licht* ~ *!* éteignez la lumière ; *es ist* ~ *damit* c'est terminé **2** *von hier* ~ à partir d'ici *von mir* ~ pour ma part ; *(fig) von Hause* ~ de naissance **3** *bei jm ein und* ~ *gehen* avoir ses entrées chez qqn ; *nicht mehr ein noch* ~ *wissen* ne plus savoir à quel saint se vouer / sur quel pied danser
aus=arbeiten élaborer, mettre au point, travailler sur ◆ *sich körperlich* ~ se dépenser physiquement
Ausarbeitung *f* -en élaboration *f*, mise *f* au point, rédaction *f*
aus=arten 1 *wenn er getrunken hat, artet er leicht aus (fam)* il déjante facilement quand il a bu **2** *zu einer Prügelei* ~ dégénérer en bagarre
aus=atmen expirer
aus=baden : *(fig) etw* ~ *müssen* devoir payer les pots cassés
aus=balancieren équilibrer, contre-balancer
Ausbau *m* ø **1** développement *m*, extension *f* **2** ~ *des Hauses* transformation *f* / agrandissement *m* de la maison **3** *(moteur)* démontage *m*
aus=bauen 1 agrandir, développer ; *(fig) Handelsbeziehungen* ~ se faire un réseau de / développer des relations commerciales **2** *den Dachstuhl* ~ aménager les combles
aus=beißen* : *(fam) sich* (D) *die Zähne an etw / jm* ~ se casser les dents sur qch / qqn
aus=bessern réparer ; *(cout)* raccommoder
aus=beulen : *einen Kotflügel* ~ débosser une aile ◆ *sich* ~ se déformer ◆ *die Hose ist ausgebeult* le pantalon a des poches aux genoux
Ausbeute *f* ø rendement *m* ; *(fig)* gain *m*, profit *m* ; *(mines)* extraction *f*
aus=beuten exploiter
Ausbeutung *f* ø exploitation *f*
aus=bezahlen régler, rémunérer
aus=biegen* redresser ◆ <sein> *dem Radfahrer* ~ éviter un cycliste
aus=bilden former *sich zum Pianisten* ~ *(lassen)* suivre une formation pour devenir pianiste, faire des études de piano ◆ *ausgebildet werden* recevoir une formation
AusbilderIn *m f* formateur, -trice
Ausbildung *f* ø **1** formation *f* **2** *(mil)* instruction *f*
aus=bitten* 1 *sich* (D) *etw* ~ demander qch **2** *ich bitte mir Ruhe aus* j'exige le silence ◆ *das möchte ich mir ausgebeten haben !* je l'espère bien !
aus=blasen* éteindre *eine Kerze* ~ souffler une bougie
aus=bleiben* <sein> **1** *der Erfolg bleibt aus* le succès ne vient pas ; *es konnte nicht* ~, *daß* il était inévitable que **2** *über Nacht* ~ ne pas rentrer de la nuit
aus=blenden : *den Ton* ~ shunter le son ; *das Bild* ~ faire un fondu ◆ *sich aus der Sendung* ~ quitter l'image
Ausblick *m* -e *(auf* A) **1** vūe *f* (sur) **2** *ein kurzer* ~ *auf das Programm* un bref aperçu *m* du programme
aus=bohren creuser, évider, forer
aus=booten : *(fam) jn* ~ vider / virer qqn
aus=borgen : *jm ein Buch* ~ prêter qch à qqn
aus=brechen* 1 *einen Haken aus der Wand* ~ arracher un crochet du mur **2** *(repas)* vomir, rendre ◆ <sein> **1** ~ *(aus)* s'évader (de) ; *(fig) aus der Konsumgesellschaft* ~ rompre avec la société de consommation **2** *der Vulkan bricht aus* le volcan entre en éruption **3** *(feu / maladie)* se déclarer **4** *in Tränen* ~ fondre en larmes ; *in Gelächter* ~ éclater de rire
aus=breiten étendre *eine Decke* ~ étendre une couverture ◆ **1** *Rauchschwaden breiten sich aus* les nuages de fumée s'étendent ;

Ausbreitung

(fig) sich über ein Thema ~ s'étendre sur un sujet **2** *(maladie)* se propager **3** *sich auf dem Sofa ~* s'étaler/ prendre toute la place sur un canapé ◆ *mit ausgebreiteten Armen* les bras tendus
Ausbreitung *f ø* propagation *f*
aus·brennen* *(méd)* cautériser ◆ <sein> *das Feuer brennt aus* le feu s'éteint ; *die Wohnung brannte völlig aus* la maison a complètement brûlé ◆ *(fig) völlig ausgebrannt sein* être au bout du rouleau
aus·bringen* : *einen Trinkspruch auf jn ~* porter un toast [tost] à qqn
Ausbruch *m ¨e* **1** évasion *f* ; *(volcan)* éruption *f* **2** *(maladie)* apparition *f* ; déclenchement *m* ; *zum ~ kommen* éclater, se déclarer, se déclencher **3** *pl sich vor js Ausbrüchen fürchten* craindre les éclats *mpl* de qqn
aus·brüten : *Eier ~* couver des œufs ; *(fig) einen Plan ~ (fam)* mijoter un plan
aus·buchen *(comm) einen Posten aus dem Konto ~* rayer un poste sur un compte ◆ *die Flugreisen sind völlig ausgebucht* il n'y a plus de places sur les vols, les vols sont complets ; *(fam) ich bin total ausgebucht* je suis pris tout le temps
aus·bügeln : repasser ; *(fig) einen Fehler ~* réparer une erreur
aus·buhen : *(fam) jn ~* huer qqn
Ausbund *m ø* : *ein ~ von/an Tugend* un modèle *m* de vertu
aus·bürgern : *jn ~* déclarer qqn déchu de sa nationalité, expatrier qqn
aus·bürsten brosser, donner un coup de brosse à
Ausdauer *f ø* persévérance *f*, constance *f*, ténacité *f* ; *(sp)* endurance *f*
ausdauernd persévérant, constant ; *(bot) ~e Pflanzen* plantes vivaces
aus·dehnen 1 *seinen Besuch ~* prolonger sa visite ; *(fig) ein Aufgabengebiet ~* élargir / étendre un domaine de compétences **2** *Wärme dehnt Metall aus* la chaleur dilate le métal ◆ **1** *die Besprechung dehnte sich* l'entretien se prolongea **2** *(paysage)* s'étendre ; *(vêtements)* s'élargir ◆ *ein ausgedehnter Landbesitz* une vaste propriété
Ausdehnung *f -en* prolongation *f*, élargissement *m*, extension *f* ; *(phys)* dilatation *f*
aus·denken* <sein> : *nicht auszudenken sein* ne pas être concevable ◆ *sich* (D) *eine Überraschung ~* chercher une idée de surprise, imaginer une surprise ; *da muß du dir etw anderes ~* il va falloir que tu trouves autre chose
aus·diskutieren : *ein Problem ~* discuter sérieusement d'un problème

aus·drehen *(gaz)* fermer, couper ; *(lumière)* éteindre
Ausdruck *m ¨e* expression *f* ; terme *m* ◆ *ø* **1** *etw zum ~ bringen* exprimer / traduire qch **2** *(inf)* impression *f*
aus·drucken imprimer
aus·drücken 1 *eine Zitrone ~* presser un citron ; *(cigarette)* écraser **2** *etw ~* exprimer qch ◆ *sich verständlich ~* s'exprimer de manière compréhensible, se faire comprendre
ausdrücklich exprès, -esse *ein ~er Befehl* un ordre formel ◆ *jn ~ um etw bitten* demander expressément qch à qqn
ausdruckslos inexpressif, -ive, sans expression
ausdrucksvoll expressif, -ive
auseinander 1 *das schreibt man ~* cela s'écrit en deux mots **2** *die beiden Orte liegen weit ~* les deux endroits sont très éloignés / très loin l'un de l'autre **3** *zwei Jahre ~ sein* avoir une différence d'âge de deux ans ; *(fam) die Kinder sind nicht weit ~* les enfants se suivent de très près **4** *(fam) die Beiden sind ~* ils sont séparés
auseinander·brechen* casser en deux ◆ <sein> s'effondrer
auseinander·bringen* désunir
auseinander·fallen* <sein> s'effondrer, tomber en miettes / en poussière
auseinander·gehen* <sein> **1** se séparer *in verschiedene Richtungen ~* prendre des directions différentes ; *(opinions)* diverger **2** *(fam) der Tisch geht auseinander* la table se déglingue
auseinander·halten* différencier, distinguer
auseinander·laufen* <sein> **1** aller dans des directions différentes, se séparer **2** *der Käse ist auseinandergelaufen* le fromage est très coulant
auseinander·leben sich devenir étrangers l'un à l'autre
auseinander·nehmen* démonter ; *(fig) ein Lokal ~* mettre un lieu à sac
auseinander·reißen* : *etw ~* déchirer qch ; *Personen ~* séparer brutalement des personnes
auseinander·rücken : *die Stühle ~* écarter / espacer les chaises ◆ <sein> *mit den Stühlen ~* se desserrer en espaçant les chaises
auseinander·setzen : *jm ein Problem ~* exposer un problème à qqn ◆ *sich mit etw ~* se confronter à qch ; *sich mit jm ernsthaft ~* avoir une sérieuse explication
Auseinandersetzung *f -en* **1** confrontation *f* **2** altercation *f*, explication *f* ; *eine ~ zwischen Eheleuten* une scène *f* de ménage *bewaffnete ~* conflit *m* armé
auseinander·strömen <sein> se disperser

auseinander-treiben* disperser
auseinander-ziehen* : *Kabel* ~ arracher/détacher des câbles ; *die Vorhänge* ~ tirer les rideaux ◆ *sich* ~ 1 (*bois*) gonfler 2 (*mil*) se déployer ◆ <sein> prendre des logements séparés
auserlesen choisi, sélectionné, de premier choix
aus-erwählen : *etw/jn* ~ choisir qch/ qqn ◆ (*rel*) *das auserwählte Volk* le peuple élu
aus-fahren* 1 *jn* ~ promener qqn/ emmener qqn en promenade (en voiture) 2 *das Fahrwerk* ~ sortir le train d'atterrissage 3 *Waren* ~ livrer des marchandises 4 (*mar*) *den Anker* ~ jeter l'ancre 5 *den Motor voll* ~ pousser le moteur au maximum ◆ <sein> 1 faire une sortie/ promenade en voiture 2 *das Boot fährt aus* le bateau sort du port/quitte le port 3 *aus dem Schacht* ~ remonter du puits ◆ *ausgefahrener Weg* chemin défoncé
Ausfahrt *f* -en 1 promenade *f*/ sortie *f* (avec un véhicule) 2 ~ *frei-halten !* sortie de garage, défense de stationner ; ~ *Hamburg-Süd* sortie Hambourg Sud
Ausfahrtsstraße *f* -n route *f*, rue *f* qui permet de sortir d'une ville
Ausfall *m* ø 1 chute *f*, perte *f* 2 ~ *eines Triebwerkes* panne *f* d'un réacteur 3 ~ *durch Krankheit* absence *f* pour raison de maladie ◆ ¨e 1 *ich habe genug von deinen Ausfällen !* j'en ai assez de tes crises *fpl* ! 2 *der* ~ *von Unterricht* suppression *f* d'un cours ; ~ *in der Produktion* insuffisance *f* de production 3 (*mil*) sortie *f*
aus-fallen* <sein> 1 (*dent/cheveux*) tomber 2 (*moteur*) tomber en panne 3 ne pas avoir lieu ; *die Schule fällt aus* il n'y a pas d'école 4 *gut* ~ être bon ; *das hätte schlimmer* ~ *können* cela aurait pu être pire 6 (*chim*) se déposer ◆ *eine ausgefallene Idee* une idée inattendue, surprenante
ausfallend insultant, grossier, -ière
aus-fechten* : *etw mit jm* ~ se disputer/bagarrer avec qqn à propos de qch
aus-fegen balayer, donner un coup de balai à/dans
aus-feilen limer, polir ; (*fig*) *eine Rede* ~ bien préparer/(*fam*) fignoler un discours
aus-fertigen rédiger, établir ; *einen Verkaufsvertrag* ~ dresser un acte de vente
Ausfertigung *f* -en rédaction *f*, établissement *m* ; *in doppelter* ~ en double exemplaire *m* ; *zweite* ~ seconde version *f*
ausfindig : *jn/etw* ~ *machen* trouver/ repérer qqn/qch
aus-fliegen* évacuer ◆ <sein> (*oiseau*) s'envoler, quitter le nid

aus-flippen <sein> (*fam*) débloquer, déjanter, flipper
Ausflucht *f* ¨e échappatoire *f*, prétexte *m*
Ausflug *m* ¨e excursion *f*
Ausfluß *m* ¨sse 1 fuite *f* 2 (*évier*) écoulement *m* 3 (*méd*) flux *m*
aus-forschen 1 *jn über jn/etw* ~ questionner/sonder qqn à propos de qqn/ qch 2 *in Versteck* ~ finir par découvrir une cachette
aus-fragen questionner, interroger
aus-fressen* : (*fam*) *was hast du denn wieder ausgefressen ?* qu'est-ce que tu as encore fait comme bêtise ?
ausführbar 1 réalisable 2 exportable
aus-führen 1 *den Hund* ~ sortir le chien 2 *Waren* ~ exporter des marchandises 3 *ein Vorhaben* ~ réaliser un projet
ausführlich exhaustif, -ive, détaillé ◆ en détail, de manière détaillée
Ausführung *f* ø 1 exécution *f*, réalisation *f* ◆ -en 1 *verschiedene* ~*en* différents modèles *mpl* 2 *seine* ~*en sind sehr interessant* les idées *fpl* qu'il expose sont très intéressantes
Ausführungsbestimmungen *fpl* (*jur*) ordonnances *fpl*, décrets *mpl* d'application
aus-füllen 1 *einen Graben* ~ remplir/ combler un fossé ; (*fig*) *seine Freizeit* ~ occuper/(*fam*) meubler son temps libre 2 *ein Formular* ~ remplir/compléter un formulaire 3 (*fig*) *der Gedanke füllte ihn (ganz) aus* cette pensée le ~ obsédait
Ausgabe *f* ø : *die* ~ *ist geschlossen* le guichet *m* est fermé 2 *letzte* ~ *der Tagesschau* dernière édition *f* du journal télévisé 3 ~ *von neuen Banknoten* émission *f* de nouveaux billets ◆ -n 1 *die laufenden* ~*n* dépenses *fpl* courantes 2 (*livre*) édition
Ausgang *m* ø 1 *der* ~ *des Krieges* l'issue *f* de la guerre ; *ein Unfall mit tödlichem* ~ un accident mortel ; *keinen guten* ~ *nehmen* prendre un mauvais tour *m*, tourner mal 2 (*mil*) ~ *haben* être de sortie *f* ◆ ¨e *am* ~ à la sortie
Ausgangspunkt *m* -e point *m* de départ
Ausgangssperre *f* -n couvre-feu *m*
aus-geben* 1 *Geld* ~ dépenser de l'argent 2 *eine Fahrkarte* ~ délivrer un billet ; *Bücher* ~ distribuer des livres ; (*fig*) *einen Befehl* ~ donner un ordre 3 *Wertpapiere* ~ émettre des titres, mettre des titres en circulation 4 (*inf*) afficher 5 (*fam*) *einen* ~ payer un pot à qqn ◆ *sich* ~ (*als, für*) se faire passer (pour)
ausgebildet formé, qualifié
ausgebucht complet
ausgebufft roué, malin

Ausgeburt

Ausgeburt f -en 1 *die ~ eines kranken Geistes* produit m d'un cerveau malade 2 *~ der Hölle* suppôt m de Satan
ausgeglichen équilibré → **aus=gleichen**
aus=gehen* <sein> 1 sortir 2 *meine Vorräte gehen aus* mes réserves s'épuisent, j'arrive au bout de mes réserves; *(fig) allmählich geht mir die Geduld aus* ma patience a des limites 3 *das Feuer geht aus* le feu s'éteint 4 *(cheveux)* tomber 5 *gut ~* bien finir; *das hätte schlimm ~ können* cela aurait pu mal se terminer 6 *von falschen Voraussetzungen ~* partir sur des bases fausses; *ich gehe davon aus, daß* je pars du principe que, je suppose que 7 *~, um einzukaufen* sortir faire ses courses 8 *auf etw ~* viser, rechercher, aspirer à
ausgekocht *(fig/fam)* roué, malin
ausgelassen exubérant *~e Stimmung* une ambiance débridée
ausgeleiert : *ein ~es Kleidungsstück* un vêtement défraîchi/qui n'a plus de forme; *(fig) ~e Reden* des discours éculés
ausgemacht : *~!* d'accord! entendu!; *(fig/péj) ein ~er Dummkopf* un imbécile fini/de première; *das ist ~er Blödsinn!* c'est complètement idiot
ausgenommen : *mich ~* sauf/excepté moi *~ wenn* sauf si → **aus=nehmen**
ausgepumpt : *(fam) total ~* complètement crevé
ausgerechnet justement, précisément, comme un fait exprès; *das muß ~ mir passieren!* il faut que cela m'arrive, à moi!
ausgeruht reposé
ausgeschlossen : *etw für ~ halten* considérer qch comme exclu *~!* c'est exclu!, il n'en est pas question! *Unterwäsche ist vom Umtausch ausgeschlossen* les sous-vêtements ne peuvent être échangés → **aus=schließen**
ausgesprochen *(fig) eine ~e Schönheit* une véritable/réelle beauté ◆ *ein ~ höfliches Kind* un enfant extrêmement poli → **aus=sprechen**
Ausgestaltung f -en 1 organisation f 2 *das System in seiner gegenwärtigen ~* le système dans sa configuration f actuelle
ausgewachsen : *(fig) eine ~e Dummheit* une bêtise énorme
ausgewogen équilibré, pondéré
ausgezeichnet parfait, excellent ◆ *jm ~ passen* aller parfaitement bien/*(fig)* comme un gant à qqn
ausgiebig abondant; *ein ~es Essen* un repas copieux; *~en Gebrauch von etw machen* faire un usage intensif de qch ◆ copieusement, abondamment
aus=gießen* 1 verser 2 *sein Glas ~* vider son verre 3 *Löcher mit Teer ~* boucher des trous avec du goudron
Ausgleich m ø 1 équilibre m 2 compensation f 3 *(comm)* solde m 4 *(sp) ~ durch Elfmeter* égalisation f sur un penalty
aus=gleichen* 1 *Konflikte ~* régler des conflits 2 *den Größenunterschied ~* égaliser 3 *(comm) Verbindlichkeiten ~* régler une facture; *sein Konto ~* couvrir un débit ◆ *die Spannungen gleichen sich aus* les tensions se résorbent/s'apaisent ◆ → **ausgeglichen**
ausgleichend : *~ wirken* avoir une action équilibrante
aus=gleiten* <sein> glisser
aus=graben* 1 déterrer *eine Leiche ~* exhumer un cadavre 2 *ein Erdbebenopfer ~* sortir une victime des décombres; *(fig) eine Affaire ~* exhumer/ressortir une vieille affaire
Ausgrabungen f -en 1 exhumation f 2 *(arch) ~en* fouilles fpl
aus=grenzen exclure, écarter
Ausgrenzung f -en exclusion f
Ausguß m ¨sse évier m
Ausgußrohr n -e tuyau m d'évacuation
aus=hacken arracher; *(loc) eine Krähe hackt der anderen kein Auge aus* les loups ne se mangent pas entre eux
aus=haken : *den Fensterladen ~* décrocher le volet; *(fig/fam) bei ihm hakt es aus* il perd complètement les pédales
aus=halten* 1 supporter, endurer; *(fig) ich halte es nicht mehr aus* je n'en peux plus; *(fam) hier läßt es sich ~* on n'est pas trop mal ici 2 *eine Note ~* tenir une note 3 *einen Vergleich ~* soutenir la comparaison 4 *jn ~* entretenir qqn ◆ *sich von jm ~ lassen* se faire entretenir par qqn
aus=handeln négocier
aus=händigen : *jm etw ~* remettre/délivrer qch à qqn
Aushang m ¨e affichage m
aus=hängen* 1 afficher 2 *die Tür ~* retirer une porte de ses gonds ◆ 1 *der Fensterladen hat sich ausgehängt* le volet est sorti de ses gonds 2 *die Hose hängt sich wieder aus* le pantalon se défroisse (en étant suspendu)
Aushängeschild n -er enseigne f; *(fig) als ~ dienen* servir de faire-valoir m
aus=harren tenir bon, ne pas quitter
aus=hauchen 1 *einen Seufzer ~* pousser un soupir 2 *die Luft ~* expirer; *(fig) seine Seele ~* rendre l'âme
aus=heben* 1 creuser 2 déboîter; *eine Tür ~* sortir une porte de ses gonds 3 *ein Vogelnest ~* dénicher des oiseaux 4 *eine Bande ~* démanteler une bande
aus=hecken : *einen Plan ~* machiner/ourdir un plan
aus=helfen* : *jm mit etw ~ (fam)* dé-

aus=lesen*

panner qqn ♦ *sich gegenseitig* ~ s'aider mutuellement

Aushilfe *f* -n : *wir suchen* ~*n* nous cherchons du personnel temporaire ; *als* ~ *arbeiten* travailler comme auxiliaire/en intérim

Aushilfskraft *f* ¨e travailleur temporaire/intérimaire, auxiliaire

aushilfsweise pour dépanner, en dépannage

aus=höhlen évider, creuser ♦ *ausgehöhlter Baumstamm* un arbre creux

aus=holen prendre un élan (du bras); *(fig) (beim Erzählen) weit* ~ aller chercher loin, remonter au déluge

aus=horchen : *jn über etw (A)* ~ interroger qqn à propos de qch ♦ *sich* ~ *lassen* se faire interroger

aus=hungern affamer, réduire par la famine

aus=jammern sich s'épancher

aus=kehren balayer

aus=kennen* sich : *sich gut* ~ s'y connaître ; connaître un endroit ; *sich nicht mehr* ~ ne plus s'y reconnaître

aus=kippen vider (en faisant basculer)

aus=klammern 1 *(math)* enlever les parenthèses 2 *(fig) ein Thema* ~ ne pas aborder/laisser de côté un sujet

Ausklang *m* ¨e 1 *(mus)* note *f* finale 2 *(fig)* fin *f*

ausklappbar : *ein* ~*er Sitz* un siège pliant *eine* ~*e Treppe* un escalier escamotable

aus=kleiden déshabiller ♦ *sich* ~ se déshabiller

aus=klingen* <sein> *(fig)* s'estomper, s'évanouir ; *(fig)* s'achever

aus=klopfen battre, faire tomber la poussière

aus=klügeln : *eine Methode* ~ mettre au point une méthode ♦ *ein ausgeklügeltes System* un système (bien) élaboré

aus=kneifen <sein> : *(fam) von zu Hause* ~ se tirer de la maison, faire une fugue

aus=knipsen éteindre

aus=knobeln : *(fam) einen Plan* ~ mijoter un plan

ausknöpfbar amovible

aus=kochen 1 faire bouillir 2 *(méd)* stériliser

aus=kommen* 1 *gut miteinander* ~ bien s'entendre 2 *mit dem Geld* ~ s'en sortir avec l'argent qu'on a

Auskommen *n* - : *ein gutes* ~ *haben* avoir de quoi vivre largement ; *(fig) mit ihr ist kein* ~ elle est invivable

aus=kosten savourer, déguster

aus=kramen : *(fam) alte Briefe* ~ ressortir de vieilles lettres

aus=kratzen 1 gratter *einen Topf* ~ récurer une casserole 2 *(méd)* faire un curetage 3 *(fig) jm die Augen* ~ arracher les yeux à qqn

aus=kugeln : *sich (D) den Arm* ~ se démettre/déboîter le bras

aus=kundschaften : *etw* ~ chercher à repérer/découvrir qch

Auskunft *f* ¨e renseignement *m* ♦ *ø die* ~ *an=rufen* appeler les renseignements

aus=lachen : *jn* ~ se moquer de qqn

aus=laden 1 décharger 2 *jn* ~ annuler une invitation

Auslage *f* -n étalage *m* ♦ *pl sonstige* ~*en* autres frais *mpl*

Ausland *n* ø étranger *m*

AusländerIn *m f* étranger, -ère

ausländerfeindlich xénophobe

aus=lassen* 1 *ein Wort* ~ oublier, omettre, *(fam)* sauter un mot 2 *den Rocksaum* ~ allonger l'ourlet d'une jupe 3 *Fett* ~ faire fondre la graisse 4 *laß das Licht aus* n'allume pas la lumière ! 5 *seine Wut an jm* ~ *(fam)* passer sa colère sur qqn ♦ *sich über jn/etw* ~ dire beaucoup de choses à propos de qqn/qch

Auslassungszeichen *n* - apostrophe *f*

aus=lasten utiliser pleinement/exploiter les capacités de qqn/qch

Auslauf *m* ø 1 espace *m* pour courir 2 écoulement *m*

aus=laufen* <sein> 1 *(mar)* appareiller, partir en mer 2 *das Faß läuft aus* le tonneau fuit 3 *das Wasser läuft aus* l'eau (s'é)coule 4 *(fig) die Amtszeit des Präsidenten läuft aus* le mandat du président arrive à sa fin/se termine 5 *ein Modell* ~ *lassen* ne pas renouveler/abandonner un modèle ♦ *sich* ~ faire une grande promenade/*(fam)* balade

Auslaut *m* -e son *m* final, finale *f*

aus=leben : *seine Aggressionen* ~ se défouler ♦ *sich* ~ vivre sa vie ; *sich hemmungslos* ~ mener une vie débridée/dévergondée

aus=lecken lécher

aus=legen 1 *den Raum mit Teppichboden* ~ mettre/poser de la moquette dans une pièce ; *mit Fliesen* ~ carreler 2 *jm eine bestimmte Summe* ~ avancer une somme d'argent à qqn 3 *etw falsch* ~ mal interpréter qch

Ausleihe *f* ø prêt *m* ; service *m* de prêt

aus=leihen* : *jm etw* ~ prêter qch à qqn ♦ *sich (D) bei jm etw* ~ emprunter qch à qqn

aus=lernen : *er hat ausgelernt* il a terminé son apprentissage

Auslese *f* ø : *natürliche* ~ sélection *f* naturelle

aus=lesen* 1 *die Erbsen* ~ trier les petits pois 2 *hast du bald ausgelesen?*

aus=liefern

as-tu bientôt fini de lire ? ◆ *ausgelesene Trauben* raisins sélectionnés

aus=liefern *etw* ~ livrer qch **2** *jn* ~ livrer qqn ; extrader qqn ◆ *dem Schicksal ausgeliefert sein* être la proie du destin ; *jm ausgeliefert sein* être à la merci de qqn

Auslieferung *f* -en **1** livraison *f* **2** extradition *f*

aus=liegen* être exposé

aus=löffeln : *den Teller* ~ vider son assiette ; *die Suppe* ~ finir sa soupe ; *(fig) die Suppe* ~ *müssen* devoir payer les pots cassés ; *(loc) die Suppe, die man sich eingebrockt hat, muß man auch* ~ il faut boire le vin quand il est tiré

aus=löschen : *das Licht* ~ éteindre la lumière ; *(fig) die Erinnerung an jn* ~ effacer le souvenir de qqn

aus=losen tirer au sort

Auslöser *m* - déclencheur *m*

aus=lösen : *einen Mechanismus* ~ déclencher un mécanisme

aus=lüften *(pièce)* aérer

aus=machen 1 *(fam) das Licht* ~ éteindre la lumière **2** *einen Termin* ~ convenir d'/fixer un rendez-vous **3** *mir macht das nichts aus* cela ne me dérange/gêne pas, cela ne me fait rien **4** *das macht 100 DM aus* cela fait en tout 100 DM **5** *(mil) ein Ziel* ~ repérer une cible **6** *etw mit sich selbst* ~ régler qch avec soi-même ◆ *wie ausgemacht* comme convenu

aus=malen : *etw* ~ colorier qch *einen Raum* ~ peindre une pièce ; *(fig) ein Erlebnis* ~ dépeindre un événement ◆ *sich (D) etw* ~ s'imaginer/se représenter qch

Ausmaß *n* -e dimension *f in großem* ~ à grande échelle *f*

aus=merzen supprimer, éliminer

aus=messen* mesurer

aus=misten nettoyer, enlever le fumier de

aus=mustern 1 *(mil)* réformer **2** *alte Modelle* ~ mettre des modèles anciens au rebut

Ausnahme *f* -n exception *f als* ~ *gelten* faire figure d'exception ; *mit* ~ *von* excepté, à l'exception de

Ausnahmezustand *m* ø état *m* d'urgence

ausnahmslos sans exception

ausnahmsweise exceptionnellement

aus=nehmen* **1** *einen Fisch* ~ vider un poisson **2** *Vogelnester* ~ dénicher des oiseaux/des œufs **3** *jn von etw* ~ exclure qqn de qch ◆ *sich* ~ *(wie)* avoir l'air (de) ; *sich gut* ~ faire bon effet ◆ → **ausgenommen**

ausnehmend exceptionnel -le ◆ extrêmement

aus=nutzen utiliser, se servir de *alle Vorteile* ~ tirer parti de tous les avantages ; *eine Gelegenheit* ~ profiter d'une occasion ; *(péj) jn* ~ profiter de/exploiter qqn

aus=packen : *etw* ~ déballer/défaire qch ◆ *(fig/fam)* cracher le morceau, se mettre à table, vider son sac ; *jetzt packe ich aus !* maintenant je vais dire ce que j'ai sur le cœur

aus=peitschen fouetter

aus=pennen *(fam)* faire un gros dodo

aus=pfeifen* siffler, huer, conspuer

aus=plaudern colporter, divulguer, ébruiter

aus=plündern dévaliser, détrousser *eine Stadt* ~ piller/mettre à sac une ville

Ausplünderung *f* -en pillage *m*, mise *f* à sac

aus=prägen sich : *(fig) seine Eigenheiten prägen sich aus* il a des traits de caractère très marqués ◆ *ausgeprägt* marqué, prononcé, accusé ; *ein ausgeprägter Familiensinn* un grand sens de la famille

aus=pressen 1 presser ; *(fig) Menschen* ~ pressurer, exploiter des gens ; *jn wie eine Zitrone* ~ harceler qqn de questions, *(fam)* cuisiner qqn

aus=probieren essayer

Auspuff *m* -e échappement *m*

aus=pumpen 1 vider (avec une pompe), pomper **2** *den Magen* ~ faire un lavage d'estomac ◆ *(fam)* → **ausgepumpt**

aus=quartieren : *jn* ~ déloger qqn, loger qqn ailleurs

aus=quatschen *(fam)* aller raconter ◆ *sich bei jm* ~ vider son sac

aus=quetschen presser ; *(fig/fam) jn* ~ cuisiner qqn

aus=radieren 1 gommer ; *(fig)* effacer ; *eine Stadt* ~ rayer une ville de la carte

aus=rangieren *(fam)* mettre au rancart

aus=rasten : *aus einer Halterung* ~ se détacher d'un support ; *(fam) bei jm rastet es aus* qqn perd les pédales

aus=rauben dévaliser

aus=räumen 1 vider ; *den Boden* ~ débarrasser le grenier ; *eine Wohnung* ~ déménager un appartement **2** *(fig) einen Verdacht* ~ dissiper un soupçon

aus=rechnen 1 calculer **2** *sich (D) etw* ~ évaluer qch ; *sich (D) etw* ~ *können* imaginer qch

Ausrede *f* -n prétexte *m*, histoire (fausse) *f*, (mauvaise) excuse *f*

aus=reden : *jm etw* ~ dissuader qqn de qch ◆ *jn nicht* ~ *lassen* ne pas laisser qqn finir de parler

aus=reichen suffire

ausreichend suffisant ◆ suffisamment, asse ◆ *die Note* ~ un passable

Ausreise *f* -n départ *m* (pour l'étranger)

aus=reisen partir pour l'étranger, quitter un pays
Ausreisevis.um *n* .a visa *m* de sortie
aus=reißen* arracher ◆ <sein> se sauver ; *von zu Hause* ~ faire une fugue ◆ *(fig/fam) sich* (**D**) *kein Bein* ~ ne pas se fouler
aus=renken *(méd)* déboîter, démettre, désarticuler
aus=richten 1 *das Angebot auf die Bedüfnisse* ~ adapter l'offre aux besoins **2** *ein Fest* ~ organiser une fête **3** *jm einen Gruß* ~ transmettre le bonjour à qqn **4** *nichts* ~ ne rien obtenir ◆ *(mil) sich* ~ s'aligner
Ausritt *m* -e. sortie *f* à cheval
aus=rollen 1 *einen Teppich* ~ dérouler un tapis **2** *Teig* ~ étendre une pâte au rouleau ◆ <sein> s'arrêter (en roulant)
aus=rotten exterminer
Ausrottung *f* -en extermination *f*
aus=rücken 1 *(mil)* partir, se mettre en marche **2** *(fig/fam)* décamper, déguerpir **3** *(tech)* débrayer
Ausruf *m* -e cri *m*, exclamation *f*
aus=rufen* 1 *Waren* ~ faire l'article pour les marchandises ; *jn* ~ appeler qqn au haut-parleur **2** *jn zum König* ~ proclamer qqn roi
Ausrufezeichen *n* - point *m* d'exclamation
aus=ruhen (sich) (se) reposer
aus=rüsten 1 *(mil)* armer **2** équiper, munir, pourvoir ; *mit Werkzeug* ~ outiller ; *(fig) mit Wissen* ~ doter de connaissances
Ausrüstung *f* -en équipement *m*
aus=rutschen <sein> déraper, glisser ; *(fig) meine Hand rutscht leicht aus* j'ai la main leste
Ausrutscher *m* - *(fig)* faux-pas *m*
Aussage *f* -n **1** déclaration *f* ; *nach* ~ *der Sachverständigen* aux dires *mpl* des experts **2** *(jur) eine* ~ *machen* faire une déposition *f eine* ~ *verweigern* refuser de déposer **3** *die künstlerische* ~ expression *f* artistique
aussagekräftig expressif, -ive
aus=sagen 1 *(jur) als Zeuge* ~ déposer comme témoin ; *gegen jn* ~ témoigner contre qqn **2** *das Bild sagt nichts aus* l'image ne dit/n'exprime rien
Aussagesatz *m* ¨e proposition déclarative *f*
aus=saugen : *etw* ~ sucer (le jus de) qch ; *(fig) jn* ~ exploiter qqn
aus=schachten : *eine Grube* ~ creuser une fosse
aus=schalten 1 *(moteur)* couper, arrêter ; *(lumière/radio)* éteindre **2** *(fig) jn* ~ évincer/écarter qqn
Ausschank *m* ø : *der* ~ *alkoholischer Getränke* la vente de boissons alcoolisées ◆ ¨e débit *m* de boissons
aus=schauen 1 *nach jm* ~ chercher qqn des yeux **2** ~ *als ob/wie* avoir l'air de, sembler (que/inf)
aus=scheiden* 1 *(chim)* générer un dépôt de **2** *der Körper scheidet Giftstoffe aus* le corps élimine des toxines ◆ <sein> **1** *aus dem Berufsleben* ~ se retirer de/ quitter la vie professionnelle **2** *(sp)* être éliminé/disqualifié
Ausscheidung *f* -en **1** sécrétion *f* **2** *(sp)* élimination *f*
aus=schenken 1 *Kaffee* ~ verser/servir du café **2** vendre de l'alcool
aus=scheuern récurer
aus=schildern : *eine Umleitung* ~ indiquer une déviation sur un panneau
aus=schimpfen gronder
aus=schlachten 1 dépecer ; *(fig) Autos* ~ démonter des voitures, récupérer des pièces sur des voitures **3** *(fig) eine Nachricht* ~ exploiter une nouvelle
aus=schlafen* 1 bien dormir ; faire la grasse matinée ; *gründlich* ~ dormir tout son saoul **2** *einen Rausch* ~ cuver son vin
Ausschlag *m* ø **1** *(méd)* eczéma *m*, éruption *f* **2** ~ *des Meßgerätes* oscillation *f* de l'instrument de mesure **3** *den* ~ *geben* être décisif, -ive,
aus=schlagen* 1 *jm einen Zahn* ~ casser une dent à qqn ; *jm eine Auge* ~ crever un œil à qqn **2** *Metall* ~ battre du métal **3** *mit Stoff* ~ revêtir/garnir/tapisser d'étoffe **4** *ein Feuer* ~ éteindre/étouffer un feu **5** *(fig) eine Erbschaft* ~ refuser un héritage ◆ **1** *(cheval)* ruer **2** *(balance)* pencher ; *(balancier)* osciller **3** *die Bäume schlagen aus* les arbres bourgeonnent **4** *(fig/fam) das schlägt dem Faß den Boden aus !* c'est le bouquet !
ausschlaggebend décisif, -ive, déterminant
aus=schließen* 1 *jn* ~ laisser qqn à la porte **2** *jn aus einer Partei* ~ exclure qqn d'un parti ; *(sp)* disqualifier ◆ *sich* ~ s'exclure ◆ → **ausgeschlossen**
ausschließlich : *das* ~ *e Recht auf etw haben* avoir un droit exclusif/d'exclusivité sur qch ◆ ~ *für die Arbeit* exclusivement pour le travail ◆ **(G)** *die Kosten* ~ *Porto* frais de port en sus
Ausschluß *m* ø : *unter* ~ **(G)** à l'exclusion *f* de ; *unter* ~ *der Öffentlichkeit* à huis clos *m* ◆ ¨sse exclusion *f*
aus=schmücken décorer, orner ; *(fig) eine Erzählung* ~ enjoliver une histoire
aus=schneiden* découper ◆ *ein ausgeschnittenes Kleid* une robe décolletée
Ausschnitt *m* -e **1** extrait *m* ; *(film)* sé-

aus=schöpfen

quence f ; *(journal)* coupure f de presse; *(tableau)* détail m **2** décolleté m
aus=schöpfen vider; *(fig) Reserven ~* épuiser des réserves
aus=schreiben* 1 *ein Wort ~* écrire un mot en toutes lettres **2** *eine Rechnung ~* rédiger une facture **3** *Wahlen ~* annoncer la date des élections; *eine Stelle ~* publier un poste (vacant); *einen Wettbewerb ~* lancer un concours ◆ *eine ausgeschriebene Handschrift* une écriture personnelle
aus=schreiten* 1 <sein> : *tüchtig ~* marcher d'un bon pas, aller bon train
Ausschreitung f -en *(fig)* débordement m, excès m
Ausschuß m ¨sse : *einen ~ ein=setzen* mettre en place une commission f; *beratender ~* comité m consultatif ◆ ø rebut m
aus=schütteln secouer
aus=schütten 1 *Wasser ~* vider l'eau; *(fig) sein Herz ~* vider son cœur **2** *Prämien ~* verser des primes ◆ *sich vor Lachen ~* se tordre de rire
aus=schweifen *(fig)* s'écarter du sujet
ausschweifend : *ein ~es Leben* une vie de débauché
ausschwenkbar pivotant, basculant
aus=schwenken *(tech)* faire pivoter/basculer ◆ <sein> *(mil) nach rechts ~ !* demi-tour droite !
aus=sehen* 1 *jung ~* avoir l'air/paraître/*(fam)* faire jeune; *gut ~* avoir de l'allure, être beau/belle; *schlecht ~* avoir mauvaise mine; *der Kuchen sieht gut aus* le gâteau a l'air bon; *(fam) sehe ich so aus ?* est-ce que j'ai l'air de ça ? **2** *es sieht aus, als ob ~* on dirait que ; *(fam) das sieht nach nichts aus* ça ne ressemble à rien **3** *~ wie* ressembler à ; *wie siehst du denn aus !* tu parles d'une allure !, de quoi tu as l'air ? **4** *nach jm ~* chercher qqn du regard **5** *(fig) gegen jn schlecht ~* mal s'en sortir face à qqn, *(fam)* se faire étaler par qqn ◆ *ein gut aussehender Mann* un bel homme
Aussehen n ø air m, apparence f, allure f
aus=sein* <sein> **1** être sorti **2** *die Schule ist ~* l'école est finie/terminée **3** *(fig) mit ihm ist es aus* c'en est fini de lui
außen : *nach ~* vers l'extérieur *von ~* de l'extérieur; *Hilfe von ~* aide extérieure
aus=senden* : *jn ~* envoyer qqn; *Strahlen ~* émettre des rayons
Außenhandel m ø commerce extérieur
Außenminister m - ministre m des Affaires étrangères
AußenseiterIn m f **1** marginal m -e f **2** *(sp)* outsider m, f
Außenstände mpl *(comm)* impayés mpl

Außenstelle f -n **1** *(comm)* agence f, succursale f **2** *die ~ des Instituts* l'antenne f d'un institut
Außenwelt f ø monde m extérieur
außer 1 *~ dir* à part toi **2** *~ Sicht* hors de vue ; *~ Atem* hors d'haleine, à bout de souffle ; *(fig) ~ sich geraten (fig)* sortir de ses gonds ◆ *keiner ~ ich selbst* personne à part/sauf moi ; *~ es regnet/~ wenn es regnet* sauf s'il pleut, à moins qu'il ne pleuve
außeramtlich officieux, -euse
außerberuflich extraprofessionnel, -le
außerdem en outre, du reste
Äußeres extérieur m, air m; *ein gepflegtes ~s* une apparence f soignée ; *von jugendlichem ~m* d'allure f jeune ; *ein angenehmes ~s* un physique m agréable
außerehelich : *~e Beziehungen* des relations extra-conjugales ; *ein ~es Kind* un enfant adultérin/illégitime
außergewöhnlich extraordinaire, exceptionnel, -le
außerhalb (G) hors de, en dehors de ; *~ der Stadt* à l'extérieur de la ville ◆ *von ~ kommen* venir de l'extérieur/d'ailleurs
außerirdisch extra-terrestre
äußerlich : *~e Ruhe* calme apparent ; *zur ~en Anwendung* à usage externe ◆ extérieurement, apparemment
äußern exprimer, manifester ◆ **1** *sich freimütig ~* parler franc ; *sich über jn ~* donner son avis à propos de qqn, porter un jugement sur qqn **2** se manifester
außerordentlich 1 extraordinaire, remarquable, hors pair **2** *~er Professor* professeur non titulaire de chaire
außerplanmäßig hors programme *~e Ausgaben* dépenses extra-budgétaires ; *~er Zug* train supplémentaire
äußerst : *~ gefährlich* extrêmement dangereux ◆ *am ~en Ende* tout au bout ; *von ~er Wichtigkeit* de la plus haute importance ; *der ~e Termin* le dernier délai ; *im ~en Fall* à l'extrême rigueur
außerstande : *~ sein, etw zu tun* être incapable de faire qch, ne pas être en état de faire qch
Äußerstes : *das ~ tun* faire tout ce qui est en son pouvoir/tout son possible ; *auf das ~ gefaßt sein* être prêt/s'attendre au pire
Äußerung f -en **1** propos mpl ; *sich einer ~ enthalten* s'abstenir de toute déclaration f **2** *eine ~ von Mißmut* une manifestation f de mauvaise humeur
aus=setzen 1 *(enfant)* abandonner **2** *(récompense)* offrir **3** *(jur) ein Urteil zur Bewährung ~* prononcer une peine avec sursis **4** *an jm etw auszusetzen haben* avoir qch à reprocher à qqn ◆ s'arrêter,

s'interrompre ◆ *sich der Kritik ~* s'exposer à/encourir la critique
Aussicht *f* ø *(fig)* : *etw in ~ haben* avoir qch en vue ; *jm etw in ~ stellen* faire miroiter qch à qqn ◆ *-en* **1** *(fig) gute ~en haben* avoir de bonnes perspectives ; *~en auf Erfolg* des chances *fpl* de succès **2** *(auf A)* vue *f* (sur)
aussichtslos vain, voué à l'échec, sans espoir
aussichtsreich prometteur, -euse
Aussichtsturm *m* ¨e belvédère *m*
aus=siedeln déplacer (des populations)
AussiedlerIn *m f* émigrés des pays de l'Est
aus=söhnen sich se réconcilier, faire la paix
aus=sondern mettre à part, retirer, éliminer
aus=sorgen : *er hat für sein Leben ausgesorgt* il a ce qu'il faut jusqu'à la fin de ses jours
aus=sortieren trier, mettre à part
aus=spannen 1 *ein Tuch ~* tendre un drap **2** *(chevaux)* dételer **3** *eine Seite aus der Schreibmaschine ~* sortir une feuille de la machine à écrire **4** *(fam) jm die Freundin ~* piquer sa petite amie à qqn ◆ *se* détendre
aus=sparen : *(fig) ein Thema ~* éviter un sujet
aus=sperren : *jn ~* fermer la porte à qqn ; *die Streikenden ~* décréter le lock-out [lɔkaʊt] des grévistes
Aussperrung *f* -en lock-out *m* [lɔkaʊt]
aus=spielen 1 *Trumpf ~* jouer atout ; *(fig) seine Erfahrungen* **2** *bei jm miser sur ses expériences* **2** *20 Millionen ~* mettre 20 millions en jeu (loterie) **3** *jn gegen jn ~* se servir de qqn pour attaquer qqn d'autre
aus=spionieren espionner
Aussprache *f* ø prononciation *f*; *eine feuchte ~ haben* envoyer des postillons, postillonner ◆ *en jn um eine ~ bitten* demander des explications *fpl*/des éclaircissements *mpl* à qqn ; *eine vertrauliche ~* une conversation *f* à cœur ouvert ; *eine offene ~* une discussion *f* franche
aus=sprechen* : *einen Wunsch ~* exprimer/formuler un vœu ; *ein Urteil ~* prononcer un jugement ; *(fig) jm das Vertrauen ~* exprimer sa confiance à qqn ; *deutlich ~* prononcer distinctement, bien articuler ◆ *~ lassen* laisser qqn dire ce qu'il a à dire ◆ *sich für jn/etw ~* se prononcer en faveur de qqn/qch ; *sich mit jm über etw ~* s'expliquer avec qqn à propos de qch ◆ → **ausgesprochen**
Ausspruch *m* ¨e sentence *f*, parole *f*
aus=spucken : *etw ~* (re)cracher qch ; *(fam) komm, spuck schon aus !* allez, crache le morceau !
aus=spülen 1 rincer **2** *(géol)* attaquer, éroder
aus=staffieren habiller, *(fam)* fringuer
Ausstand *m* ¨e : *sich im ~ befinden* être en grève *f*
aus=statten 1 *ein Haus ~* aménager une maison **2** équiper, doter, munir ◆ *ein prächtig ausgestattetes Buch* un livre de présentation luxueuse
Ausstattung *f* -en **1** aménagement *m* **2** équipements *mpl* **3** *(th)* décors *mpl* **4** trousseau *m*
Ausstattungsfilm *m* -e film *m* à grand spectacle
aus=stechen* **1** *ein Auge ~* crever un œil **2** extraire ; *Unkraut ~* arracher la mauvaise herbe **3** *Plätzchen ~* découper des petits gâteaux à l'emporte-pièce **4** *(fig) jn ~* supplanter/évincer qqn
aus=stehen* **1** *etw ~* endurer qch ; *Angst um jn ~* trembler pour qqn **2** *jn nicht ~ können* ne pas pouvoir supporter/souffrir qqn ; *nichts mehr auszustehen haben* ne manquer de rien/*(fig)* être comme un coq en pâte auprès de qqn ◆ *die Antwort steht (noch) aus* il n'y a pas encore de réponse, on attend encore une réponse ◆ *es ist ausgestanden* c'est terminé, c'est passé
aus=steigen* : <sein> *aus dem Auto ~* descendre de voiture ; *(fig) aus einem Projekt ~* abandonner un projet, se retirer d'un projet
AussteigerIn *m f* marginal *m* -e *f*
aus=stellen 1 exposer **2** *jm ein Zeugnis ~* délivrer un certificat à qqn ; *einen Scheck ~* rédiger un chèque **3** *(fam) die Heizung ~* couper le chauffage
AusstellerIn *m* **1** exposant *m* **2** celui qui émet un chèque
Ausstellung *f* ø **1** *die ~ eines Zeugnisses* la délivrance *f* d'un certificat **2** *die ~ eines Schecks* l'émission *f* d'un chèque ◆ *-en* exposition *f*
aus=sterben <sein> disparaître, s'éteindre ◆ *die Stadt ist wie ausgestorben* la ville est déserte/comme morte
Aussteuer *f* ø trousseau *m*
aus=steuern 1 *ein Auto ~* équiper une voiture **2** *einen Verstärker ~* régler un ampli **3** *jn ~* retirer à qqn ses droits (à l'assurance maladie)
Ausstieg *m* -e **1** *der ~ ist hinten* la sortie *f* est à l'arrière **2** *der ~ aus der Atomenergie* l'abandon *m* de l'énergie nucléaire ; *sein ~ aus dem Projekt* son retrait du projet
aus=stopfen 1 rembourrer **2** *ein Tier ~* empailler un animal
Ausstoß *m* ø : *ein ~ von 100 Stück pro*

*aus=stoßen**

Tag un rendement *m*/une production *f* de 100 pièces par jour
aus=stoßen* 1 *Luft* ~ expirer, souffler; *Rauch* ~ rejeter de la fumée; *einen Fluch* ~ lancer/proférer une injure; *einen Schrei* ~ pousser un cri 2 *jn* ~ rejeter/ exclure qqn 3 avoir un rendement de, produire, débiter
aus=strahlen 1 *Wärme* ~ diffuser/répandre de la chaleur; (fig) *Ruhe* ~ dégager une impression de calme; *Güte* ~ rayonner de bonté, respirer la bonté 2 *(radio)* diffuser ◆ émettre des rayons, irradier
Ausstrahlung *f* **-en** diffusion *f* (fig) rayonnement *m*
aus=strecken 1 *die Beine* ~ étendre/ allonger ses jambes 2 *die Hand nach etw* **(D)** ~ tendre la main vers qch ◆ *sich* ~ s'étendre ◆ 1 *ausgestreckt da=liegen* être étendu de tout son long 2 *mit ausgestrecktem Arm* le bras tendu
aus=streuen lancer à la volée, disperser; (fig) *ein Gerücht* ~ répandre/colporter un bruit
aus=strömen : *Wärme* ~ dégager, répandre de la chaleur; *einen Duft* ~ exhaler un parfum ◆ <sein> *(gaz)* fuir; *(vapeur)* s'échapper; *(liquide)* (s')écouler (à flots)
aus=suchen : *sich jn/etw* ~ choisir qqn/qch; *such dir etw aus!* fais ton choix!
Austausch *m* ø échange *m*
austauschbar interchangeable
aus=tauschen 1 *etw* ~ changer qch; *einen Motor* ~ faire un échange standard 2 *etw mit jm* ~ échanger qch avec qqn ◆ *sich mit jm über etw* ~ échanger des propos avec qqn au sujet de qch
aus=teilen : *die Hefte* ~ distribuer les cahiers; (fig) *Prügel* ~ frapper, donner des coups/(fam) des gnons
Auster *f* **-n** huître *f*
aus=toben : *seine Wut* ~ donner libre cours à sa colère ◆ *sich* ~ 1 faire le fou; *die Kinder müssen sich* ~ les enfants ont besoin de se défouler 2 faire la foire 3 faire rage *ein Gewitter tobt sich aus* un orage se déchaîne
aus=tragen* 1 *die Post* ~ distribuer le courrier 2 *sie konnte ihr Kind nicht* ~ elle a perdu son enfant 3 (fig) *einen Streit* ~ vider/régler une querelle 4 *(sp) einen Kampf* ~ disputer un combat
aus=treiben* 1 *Vieh* ~ conduire les bêtes au pâturage 2 chasser, expulser 3 *den Teufel* ~ exorciser; (fig) *jm etw* ~ faire passer à qqn l'envie de qch
aus=treten* : *Glut* ~ éteindre des braises en marchant dessus; *eine Zigarette* ~ écraser une cigarette ◆ <sein> 1 *aus einer Partei* ~ démissionner d'/quitter un parti 2 fuir *Gas tritt aus* il y a une fuite de gaz 3 *(fam) ich muß (mal)* ~ je reviens tout de suite (quand on va aux toilettes)
aus=trinken* : *in/mit einem Zug* ~ vider son verre d'un trait; *bis auf den letzten Tropfen* ~ boire jusqu'à la dernière goutte
Austritt *m* **-e** 1 départ *m* 2 *(gaz)* fuite *f*; *(vapeur)* dégagement *m*
aus=trocknen : *die Sonne trocknet den Boden aus* le soleil dessèche le sol ◆ <sein> 1 *(peau)* se dessécher 2 *(rivière)* s'assécher; *(source)* se tarir
aus=tüfteln : *(fam) einen Plan* ~ combiner un plan
aus=üben : *einen Beruf* ~ exercer une profession; (fig) *Druck* ~ faire pression sur
Ausübung *f* ø pratique *f*, exercice *m*
Ausverkauf *m* ¨e *(comm)* liquidation *f*
aus=verkaufen liquider ◆ *(th) vor ausverkauftem Haus spielen* faire salle comble
aus=wachsen* : *sie wird bald aus dem Kleid* ~ la robe va bientôt être trop petite pour elle ◆ *Unruhen wachsen sich zu einer Rebellion aus* les troubles se transforment/dégénèrent en rébellion
Auswahl *f* ø 1 choix *m* 2 *(sp)* sélection *f*
aus=wählen choisir, sélectionner ◆ *ausgewählte Werke* morceaux choisis
Auswanderer *m* - émigrant *m*
aus=wandern <sein> émigrer
auswärtig extérieur, étranger, -ère *~es Amt* ministère des Affaires étrangères
auswärts dehors, hors de chez soi/de sa ville; *(sp)* ~ *spielen* jouer à l'extérieur
aus=waschen* 1 *Gläser* ~ rincer des verres 2 *(méd) eine Wunde* ~ nettoyer une plaie 3 *die Strümpfe* ~ laver des chaussettes 4 *(géol)* éroder, creuser
auswechselbar interchangeable
aus=wechseln 1 *die Zündkerzen* ~ changer les bougies 2 *einen Spieler* ~ remplacer un joueur ◆ *er war wie ausgewechselt* il était complètement transformé
Ausweg *m* **-e** : (fig) *keinen* ~ *sehen* ne voir aucune issue *f*/échappatoire *f* / moyen *m* de s'en sortir
ausweglos : *eine ~e Lage* une situation sans issue
aus=weichen* <sein> 1 *einem Fußgänger* ~ éviter un piéton 2 *rechts* ~ serrer sa droite; *Schwierigkeiten* ~ éluder les difficultés
aus=weinen sich : *sich bei jm* ~ pleurer dans le giron de qqn ◆ *sich* **(D)** *die Augen* ~ pleurer toutes les larmes de son corps
Ausweis *m* **-e** carte *f* d'identité, laissez-passer *m*

aus=weisen* : *jn* ~ expulser qqn ◆ **1** *bitte weisen Sie sich aus!* vos papiers, s'il vous plaît! **2** *sich als guter Spieler* ~ se révéler être un bon joueur
Ausweispapiere *npl* papiers *mpl* d'identité
Ausweisung *f* -en expulsion *f*
aus=weiten élargir ◆ *sich* ~ s'élargir; *(fig) die Unruhen weiten sich zu einem Krieg aus* les troubles dégénèrent en conflit
auswendig par cœur
aus=werfen* **1** *die Angel* ~ lancer sa ligne; *(ancre)* jeter **2** éjecter, rejeter **3** *Prämien* ~ verser des primes
auswertbar exploitable
aus=werten **1** exploiter **2** *eine Statistik* ~ dépouiller une statistique **3** *Ergebnisse* ~ interpréter des résultats
Auswertung *f* -en exploitation *f* **2** dépouillement *m*
aus=wickeln déballer, enlever le papier qui enveloppe
aus=wirken sich : *sich* ~ *(auf A)/(an D)* avoir un effet/des conséquences/des retombées/se répercuter (sur)
Auswirkung *f* -en effet *m*, répercussions *fpl*, retombées *fpl*
aus=wischen essuyer qch *sich (D) die Augen* ~ se frotter les yeux; *(fam) jm eins* ~ jouer un mauvais tour à qqn
aus=wringen* essorer
Auswuchs *m* ¨e **1** excroissance *f* **2** *(méd)* grosseur *f*; difformité *f* **3** *(fig)* excès *m*
Auswurf *m* ø **1** expectoration *f*, crachat *m* **2** rejet *m*, matières *fpl* éjectées **3** *(fig)* ~ *der Gesellschaft* déchet *m*/rebut *m* de la société
aus=zahlen **1** *jm etw* ~ régler/payer/verser qch à qqn **2** *seine Teilhaber* ~ rembourser leurs parts à des actionnaires ◆ *das zahlt sich aus* c'est payant
aus=zählen **1** *die Stimmen* ~ dépouiller des bulletins de vote, faire le décompte des voix **2** *(sp) jn* ~ mettre knock-out
Auszahlung *f* -en règlement *m*, paiement *m*, versement, *m*
aus=zehren consumer.
aus=zeichnen **1** *Waren* ~ étiqueter des marchandises **2** *jn* ~ accorder une distinction à qqn ◆ *sich* ~ se distinguer
Auszeichnung *f* -en **1** étiquetage *m* **2** distinction *f*, récompense *f*, prix *m* ◆ ø *ein Examen mit* ~ *bestehen* avoir un examen avec mention *f*
ausziehbar à rallonges
aus=ziehen* **1** *einen Tisch* ~ tirer les rallonges d'une table **2** *Schuhe* ~ enlever ses chaussures **3** *jn* ~ déshabiller qqn ◆ *sich* ~ se déshabiller ◆ <sein> **1** *aus einer Wohnung* ~ quitter un logement,

déménager **2** *auf Abenteuer* ~ partir à l'aventure
Ausziehtisch *m* -e table *f* à rallonge
Auszubildende/r (Azubi) apprenti *m* -e *f*
Auszug *m* ¨e **1** extrait *m*; *(comm)* relevé *m* **2** déménagement *m*
auszugsweise : *eine Rede* ~ *wieder=geben* retransmettre des extraits d'un discours ◆ *ein* ~*er Abdruck* un abrégé *m*
autark autarcique ◆ en autarcie
authentisch authentique
Auto *n* -s voiture *f*
Autoatla.s *m* .nten atlas *m* routier
Autobahn *f* -en autoroute *f* ~**dreieck** *n* -e échangeur *m*; ~**kreuz** *n* -e embranchement *m*; ~**zubringer** *m* - bretelle *f* d'autoroute
Autobombe *f* -n voiture *f* piégée
Autofähre *f* -n bac *m*, ferry *m*
AutofahrerIn *m f* automobiliste *m f*
Autofahrt *f* -en voyage *m* en voiture
Autogramm *n* -e autographe *m*
Automarke *f* -n marque *f* de voiture
Automat *m* -en distributeur *m* (automatique)
Automatik *f* -en automatisme *m*
automatisch automatique; *eine* ~*e Geste* un geste machinal ◆ automatiquement, machinalement
Automatisierung *f* -en automatisation *f*
AutomechanikerIn *m f* mécanicien *m* -ne *f* auto
Automobil *n* -e automobile *f*
Autonummer *f* -n numéro *m* d'immatriculation
AutorIn *m* -en -en *f* -nen auteur *m*
Autoreifen *m* - pneu *m*
autoritär autoritaire
Autorität *f* ø : ~ *besitzen* avoir de l'autorité *f* ◆ -en personne *f* faisant autorité
Autostrich *m* ø *(fam)* racolage *m* (en automobile)
Autotür *f* -en portière *f*
Autoverkehr *m* ø circulation *f* automobile
Autoverleih *m* ø location *f* de voitures
Autowerkstatt *f* ¨en garage *m*
Autozubehör *n* ø équipements *mpl*/accessoires *mpl* de voiture
autsch! aïe!
avantgardistisch avant-gardiste
Avocado *f* -s avocat *m*
Axiom *n* -e axiome *m*
Axt *f* ¨e hache *f*; *(loc) sich wie die* ~ *im Walde benehmen* se comporter comme un chien dans un jeu de quilles
Azubi → **Auszubildende/r**

B

Baby [be:bi] *n* -s bébé *m*
Babyzelle *f* -n petite pile ronde
Bach *m* ¨e ruisseau *m*
Bachstelze *f* -n bergeronnette *f*, hochequeue *f*
Backbord *n* ø bâbord *m*
Backe *f* -n 1 joue *f mit vollen ~n kauen* mordre à pleines dents ; *au ~ !* Oh ! là, là !, mince alors ! 2 mâchoire *f*
backen* faire cuire (au four)
backen : *Schnee backt an den Stiefeln* la neige colle aux bottes
Backenbart *m* ¨e favoris *mpl*
Backenzahn *m* ¨e molaire *f*
BäckerIn *m f* boulanger *m* -ère *f*
Bäckerei *f* -en boulangerie *f*
Backofen *m* ¨ four *m*
Backpfeife *f* -n gifle *f*, claque *f*
Backpfeifengesicht *n* -er *(fam/péj)* tête à claques
Backpflaume *f* -n pruneau *m*
Backwaren *fpl* produits *mpl* de boulangerie
Backstein *m* -e brique *f*
Bad *n* ¨er 1 bain *m* 2 salle *f* de bains 3 piscine *f* 4 station *f* thermale *ins ~ reisen* aller en cure
Badeanzug *m* ¨e maillot *m* de bain
Bademantel *m* ¨ peignoir *m*
Bademeister *m* - maître-nageur *m*
baden prendre un bain, se baigner ◆ *~ gehen* aller se baigner, *(fam)* prendre le bouillon ◆ *sich ~* prendre un bain
Badewanne *f* -n baignoire *f*
baff : *(fam) ~ sein* en être baba
Bafög *n* ø → **Bundesausbildungsförderungsgesetz** loi *f* sur la formation
Bagage *f* ø *(fam/péj)* racaille *f*
Bagatelle *f* -n 1 broutille *f*, pécadille *f* 2 *(mus)* bagatelle *f*
bagatellisieren minimiser *ein Problem ~* prendre un problème à la légère
Bagatellschaden *m* ¨ dégât *m* dommage *m* mineur
Bagger *m* - excavatrice *f*
Baggersee *m* -n lac *m* artificiel
bah pouah !
Bahn *f* -en 1 voie *f* ; *(fig) sich ~ brechen* faire son chemin ; *einer Sache ~ brechen* ouvrir la voie à qch ; *jn aus der ~ werfen* bouleverser la vie de qqn 2 chemins *mpl* de fer ; *per ~* par fer ; *mit der ~ fahren* prendre le train 3 *jn zur ~ bringen* emmener qqn à la gare *f* 4 société nationale des chemins de fer (SNCF) *f*; *bei der ~ arbeiten* travailler à la SNCF, être cheminot 5 *ich nehme die nächste ~* je vais prendre le train *m* suivant 6 *die ~ des Satelliten* la trajectoire *f* du satellite ; *(fig) sein Leben verläuft in geregelten ~en* sa vie est toute tracée 7 *(sp)* piste *f* 8 *(papier peint)* lé *m* ; *(tissu)* pièce *f*
Bahnbeamte/r *m* employé *m* des chemins de fer, cheminot *m*
bahnbrechend qui ouvre des voies nouvelles, innovant
Bahndamm *m* ¨e levée *f*, remblai *m*
bahnen : *einen Weg ~* ouvrir/tracer un chemin ; *(fig)* ouvrir la voie de qch (à) ◆ *sich (D) einen Weg ~* se frayer un chemin
Bahnfahrt *f* -en voyage *m* en train
Bahnhof *m* ¨e gare *f*; *(fig) ich verstehe nur ~* je n'y comprends rien
Bahnsteig *m* -e quai *m*
Bahnübergang *m* ¨e passage *m* à niveau
Bahre *f* -n civière *f*, brancard *m*
Bakterie *f* -n bactérie *f*, microbe *m*
bakteriell bactérien, -ne
Balance *f* -n équilibre *m*
balancieren tenir en équilibre ◆ <sein> se tenir en équilibre
bald 1 bientôt *nicht so ~ wieder=kommen* ne pas revenir de sitôt ; *~ nach Ostern* sitôt/tout de suite/juste après Pâques ; *so ~ wie möglich* dès que possible ; *kommst du jetzt ~ ?* alors, tu arrives ? *bis ~ !* à bientôt ! 2 *ich warte schon ~ drei Stunden* j'attends depuis près de trois heures 3 *~ weint sie, ~ lacht sie* tantôt elle pleure, tantôt elle rit ; *ich hätte ~* pour un peu j'aurais, j'ai failli
baldig prochain, proche *auf ~es Wiedersehen !* à très bientôt !
baldmöglichst le plus tôt possible
Balg *m* -e 1 *(animal)* peau *f* 2 *(poupée)* tronc *m*
Balg *n* ¨er *(fam)* gamin *m*, môme *m*, mioche *m*, mouflet *m*, moutard *m*
balgen sich se bagarrer, *(fam)* se flanquer des gnons
Balgerei *f* -en bagarre *f*
Balkan *m* Balkans *mpl*
Balken *m* - 1 *ein tragender ~* une poutre *f* porteuse ; *(fig) lügen, daß sich die ~ biegen* raconter un mensonge gros comme une maison 2 *(sp)* poutre *f*
Balkon *m* -s balcon *m*
Ball *m* ¨e 1 ballon *m*, balle *f*; *~ spielen* jouer au ballon/à la balle ; *(fig) am ~ bleiben* tenir mordicus à qch, ne pas démordre de qch 2 bal *m*
Ballast *m* ø lest *m mit ~ beladen* lester ; *(fig)* charge *f* inutile
ballen : *die Hand zur Faust ~* serrer les

poings ◆ *sich* ~ s'agglomérer ◆ *(fig) mit geballter Kraft* de toutes ses forces
Ballen *m* 1 *(anat)* thénar *m* 2 balle *f* (de coton), rouleau *m* (de tissu)
ballern *(fam > non fam)* tirer
Balletttruppe *f* -n corps *m* de ballet
Ballungsbebiet *n* -e région *f* à forte concentration industrielle et démographique
Balsam *m* ø baume *m*
Bambus *m* -se bambou *m*
Bammel *m* ø : *(fam)* ~ *haben* avoir la pétoche *f*/la trouille *f*/les jetons/les foies
banal banal, ordinaire
banalisieren banaliser
Bananenstecker *m* - fiche *f* banane
Banause *f* -n esprit *m* borné, *(fam)* plouc *m f*
Band *n* ¨er 1 bandeau *m*; ruban *m* 2 *(méd)* bande *f*; *sich (D) ein* ~ *zerren* s'étirer un ligament 3 *auf* ~ *auf=nehmen* enregistrer sur bande 4 *am* ~ *arbeiten* travailler à la chaîne *f*; *(fig) am laufenden* ~ sans arrêt, sans discontinuer
Band *n* -e *(fig)* lien *m außer Rand und* ~ déchaîné
Band *m* ¨e volume *m*; *(fig) das spricht Bände* cela en dit long
Bande *f* -n gang [gãg] *m*; *(fam)* bande *f*
bändigen dompter, dresser; *(fig)* contrôler, réfréner *nicht zu* ~ *sein* être indomptable/déchaîné
Bandit *m* -en -en bandit *m*, brigand *m*
Bandmaß *n* -e mètre-ruban *m*
Bandsäge *f* -n scie *f* à ruban
Bandscheibe *f* -n *(anat)* disque *m*
Bandwurm *m* ¨er ténia *m*, ver *m* solitaire
bange : *mir ist Angst und* ~ *(vor D)* j'ai terriblement peur, je suis mort d'inquiétude
Bange *f* ø : *nur keine* ~ *!* ne vous inquiétez pas !
bangen : *um js Schicksal* ~ être inquiet sur le sort de qqn
Bank *f* ¨e banc *m*, banquette *f*; *(fig) durch die* ~ sans exception; *etw auf die lange* ~ *schieben* renvoyer qch aux calendes grecques
Bank *f* -en banque *f*
Bankauftrag *m* ¨e ordre *m* bancaire
Bankett *n* -e banquet *m*
Bankhalter *m* - *(jeu)* banquier *m*
Bankier *m* -s banquier *m* -ière *f*
Bankleitzahl (BLZ) *f* -en code *m* banque
Banknote *f* -n billet *m* de banque
bankrott en faillite, en cessation de paiement ~ *gehen* faire faillite
Bankrott *m* -e faillite *f*, banqueroute *f*
Bankrotterklärung *f* -en *(fig)* aveu *m* d'échec

Banktresor *m* -e coffre-fort *m*
Banküberfall *m* ¨e hold-up [ɔldœp] *m*
Bann *m* ø : *(rel) jn mit dem* ~ *belegen* frapper qqn d'anathème *m*; *(hist) in Acht und* ~ *erklären* mettre au ban (de l'empire); *(fig) jn in seinen* ~ *schlagen* fasciner/envoûter qqn; *der* ~ *ist gebrochen* le charme est rompu
bannen frapper d'anathème, excommunier, bannir; *(fig) eine Gefahr* ~ conjurer un danger; *die Zuschauer* ~ tenir le public sous son charme, envoûter le public ◆ *(fig) jn wie gebannt an=starren* regarder qqn avec fascination
Banner *n* - bannière *f*
Bantamgewicht *n* ø *(sp)* poids *m* coq
bar 1 vrai, pur, véritable 2 ~ *jeder (G) Vernunft* dénué de bon sens ◆ *etw in* ~ *bezahlen* payer qch (au) comptant
BärIn *m* -en -en *f* -nen 1 ours *m* -e *f*; *(fig) hungrig wie ein* ~ *sein* avoir une faim de loup; *jm einen* ~*en auf=binden (fam)* raconter des bobards à qqn 2 *(astr) der Große* ~ la Grande Ourse *f*
Baracke *f* -n baraque *f*, baraquement *m*
barbarisch barbare ◆ de manière barbare, avec barbarie
Bärendienst *m* -e : *jm einen* ~ *erweisen* rendre un mauvais service à qqn
Bärenhaut *f* ¨e : *auf der* ~ *liegen* se la couler douce
barfuß pieds nus
Bargeld *n* -er espèces *fpl*, argent *m* liquide
bargeldlos : ~*e Zahlung* paiement par chèque, mandat ou virement
Barke *f* -n barque *f*
barmherzig charitable
Barmherzigkeit *f* ø charité *f*, miséricorde *f*
barock baroque
Barometer *n* baromètre *m*; *(fig)* indicateur *m das* ~ *steht auf Sturm* il y a de l'orage dans l'air
BaronIn *m f* -e -nen baron *m* -ne *f*
Barrel [bɛrəl] *n* -s baril *m*
Barren *m* 1 barre *f*, lingot *m* 2 *(sp)* barres *fpl* parallèles
Barrikade *f* -n barricade *f*; *(fig) die Entscheidung ließ alle auf die* ~*n steigen* la décision provoqua une levée de boucliers
barsch brusque, bourru
Barsch *m* -e perche *f*
Barscheck *m* -s chèque *m* au porteur
Bart *m* ¨e 1 barbe *f*; *(fig) der* ~ *ist ab* c'est fini, ça ne marche plus; *jm um den* ~ *gehen (fam)* caresser qqn dans le sens du poil 2 *(clé)* panneton *m*
bärtig barbu
bartlos imberbe
Barzahlung *f* -en paiement *m* comptant/en espèces

Base

Base *f* -n 1 *(chim)* base *f* 2 cousine *f*
Basilik.a *f* .en basilique *f*
basieren : *auf etw* (D) ~ être fondé/se fonder sur qch
Bas.is *f* .en fondement *m*, base *f*; principe *m*
Baske *m* -n -n basque *m*
Baskenland *n* ø pays *m* basque
Baß *m* ¨sse 1 (voix de) basse *f* 2 contrebasse *f*
Bassin *n* -s réservoir *m*, bassin *m*
Bast *m* -e raphia *m*
Bastard *m* -e 1 bâtard *m* -e *f* 2 métis *m* -se *f*; *(plantes)* hybride *m*; *(chiens)* bâtard *m*
basteln bricoler, faire du bricolage
BAT *m* → **Bundesangestelltentarif** échelle *f* grille *f* des salaires de la fonction publique
Batterie *f* -n 1 pile *f*; *(tech)* batterie *f*, accumulateur *m* 2 *(mil)* batterie *f*
Bau *m* ø 1 construction *f*; *(fam) vom ~ sein* (non fam) être dans le bâtiment *m*; *nicht aus dem ~ gehen* ne pas sortir de sa tanière *f* 2 *(mil) drei Tage ~ (fam)* trois jours de trou *m* 3 *(fig)* trame *f*, structure *f* ◆ **-ten** bâtiment *m*, édifice *m*, bâtisse *f*
Bauabschnitt *m* -e tranche *f* de travaux
Bauarbeiten *fpl* travaux *mpl* (de construction)
Bauarbeiter *m* - ouvrier *m* du bâtiment
Bauart *f* ø style *m*, mode *m* de construction
Bauaufsicht *f* ø surveillance *f* du chantier
Bauch *m* ¨e 1 ventre *m*, abdomen *m*; *(fig) eine Entscheidung aus dem ~* une décision viscérale; *(fam) sich* (D) *vor Lachen den ~ halten* rire comme un bossu; *vor jm auf dem ~ kriechen* ramper devant qqn; *jm Löcher in den ~ fragen* cribler qqn de questions 2 *(bateau)* coque *f*
Bauch- abdominal
Bauchfell *n* ø *(méd)* péritoine *m*; **~entzündung** *f* péritonite *f*
Bauchhöhle *f* -n cavité *f* abdominale
bauchig bombé, ventru
Bauchlandung *f* -en *(fig/fam) eine ~ machen* s'étaler
Bauchmuskeln *mpl* abdominaux *mpl*
Bauchspeicheldrüse *f* -n pancréas *m*
Baudenkmal *n* ¨er monument *m* *geschütztes ~* monument classé
bauen construire *ein Nest ~* faire son nid; *einen Tunnel ~* percer un tunnel ◆ faire construire; *(fig) auf jn ~* miser sur qqn; *auf Sand ~* bâtir sur du sable ◆ *gut gebaut* bien bâti; *(fam)* une femme bien balancée; *so wie du gebaut bist* quelqu'un comme toi
Bauer *m* -n -n 1 paysan *m*, fermier *m*; *(péj)* péquenot *m* 2 *(échecs)* pion *m* *(cartes)* valet *m*
Bauer *n* - cage *f* (à oiseaux)
bäuerlich paysan, -ne, rustique
Bauernhaus *n* ¨er maison *f* paysanne
Bauernhof *m* ¨e ferme *f*
Bauernschläue *f* ø roublardise *f*
baufällig délabré, vétuste
Baufirm.a *f* .en entreprise *f* de construction
Baugelände *n* - terrain *m* à bâtir
Baugenehmigung *f* -en permis *m* de construire
Baugerüst *n* -e : échafaudage *m*
Baugrube *f* -n excavation *f* creusée pour les fondations
Bauherr *m* -n -en maître d'œuvre *m*
Bauindustrie *f* ø 1 industrie *f* du bâtiment 2 bâtiment *m*
BauingenieurIn *m f* ingénieur *m* des travaux publics
Bauklötzer *mpl* : *(fam) ~ staunen* en être baba
Baukosten *pl* coûts *mpl* de construction
Bauleiter *m* - chef de chantier
Baum *m* ¨e arbre *m*; *(fig) der ~ der Erkenntnis* l'arbre du bien et du mal; *zwischen ~ und Borke* entre le marteau et l'enclume; *Bäume aus=reißen können* pouvoir soulever des montagnes; *es ist zum auf die Bäume klettern* c'est à grimper aux murs/à devenir fou; *(loc) die Bäume wachsen nicht in den Himmel* il ne faut pas rêver !
Baumbestand *m* ¨e peuplement *m* forestier
baumeln pendiller
bäumen sich se cabrer
Baumschule *f* -n pépinière *f*
Baumstamm *m* ¨e tronc *m* d'arbre
Baumwolle *f* -n coton *m*
Bauruine *f* -n chantier *m*/immeuble *m* inachevé
Bausch *m* ¨e : *ein ~ Watte* un tampon *m* d'ouate; *(fig) in ~und Bogen* en bloc
bauschen sich se gonfler, bouffer
Bausparvertrag *m* ¨e plan *m* épargne-logement, PEL
Baustelle *f* -n chantier *m*
Baustil *m* -e style *m*
Bauwerk *n* -e édifice *m*
BayerIn *m* -n *f* -nen Bavarois *m* -e *f*
Bazill.us *m* .en bacille *m*
beabsichtigen : *~ etw zu tun* avoir l'intention/envisager/projeter de faire qch ◆ *das war nicht beabsichtigt* ce n'était pas intentionnel
beachten 1 faire attention à, tenir compte de 2 *Regeln ~* observer/respecter des règles
beachtenswert remarquable, notable

beachtlich considérable, important, appréciable

Beachtung f ø 1 observation f, respect m 2 jm ~ *schenken* accorder de l'attention à qqn, tenir compte de qqn ; *unter* ~ (G) en tenant compte de ; ~ *verdienen* mériter d'être pris en considération f

Beamte/r m fonctionnaire m

Beamtenapparat m ø fonction f publique

Beamtenverhältnis n ø : *im* ~ *stehen* avoir un statut m de fonctionnaire ; *ins* ~ *übernehmen* titulariser

beängstigend alarmant, inquiétant

beanspruchen 1 *seinen Anteil* ~ réclamer sa part ; *eine Erbe* ~ prétendre à un héritage 2 *die Reifen* ~ user les pneus 3 *Zeit* ~ nécessiter/demander/prendre du temps 4 *js Hilfe* ~ faire appel à qqn ◆ *durch etw (A) stark beansprucht sein* être très pris/occupé par qch

Beanspruchung f -en : *starker* ~ *ausgesetzt sein* être très sollicité/occupé, être surchargé

beanstanden 1 *eine Ware* ~ faire une réclamation à propos d'une marchandise 2 *eine Arbeit* ~ contester un travail ; *etw zu* ~ *haben* avoir des objections à formuler, avoir quelque chose à redire

Beanstandung f -en 1 réclamation f 2 contestation f, objection f, critique f

beantragen : *ein Stipendium* ~ faire une demande de bourse ; *seine Versetzung* ~ demander sa mutation ; *Urlaub* ~ poser ses congés

beantworten répondre

Beantwortung f -en réponse f

bearbeiten 1 *einen Antrag* ~ traiter une demande ; *ein Werkstück* ~ usiner une pièce ; (fig) jn ~ tout faire pour convaincre qqn 2 (cin) adapter 3 *das Land* ~ travailler/cultiver la terre

Bearbeitung f -en travail m, traitement m, usinage m *in* ~ à l'étude ; (th/cin) adaptation f ; (mus) arrangement m

beargwöhnen soupçonner, suspecter

beatmen : (méd) jn ~ pratiquer la respiration artificielle sur qqn ; *jn von Mund zu Mund* ~ faire du bouche à bouche

Beatmungsgerät n -e respirateur m, masque m respiratoire

beaufsichtigen 1 jn ~ surveiller qqn 2 *jds Arbeit* ~ contrôler le travail de qqn

beauftragen : *jn mit etw (D)* ~ charger qqn de qch

Beauftragte/r délégué m -e f, chargé m -e f de mission

bebauen 1 *ein Gelände* ~ construire/bâtir sur un terrain 2 *ein Feld* ~ cultiver un champ

Bebauungsplan m ¨e plan m d'occupation des sols/d'urbanisme

beben trembler, vibrer

Beben n - tremblement m, vibration f

Becher m - 1 gobelet m, timbale f 2 *ein* ~ *Eis* une coupe f de glace

bechern (fam) picoler

Becken n - 1 bassine f, cuvette f, évier m, lavabo m 2 (méd) bassin m 3 (géo) cuvette f, bassin m 4 (mus) cymbales fpl

bedacht 1 *auf etw (A)* ~ *sein* être soucieux de, faire attention à 2 songer à

Bedacht m ø : *mit* ~ avec circonspection, en connaissance de cause, intentionnellement ; *ohne* ~ sans réfléchir

bedächtig réfléchi, posé ◆ avec circonspection

bedanken sich : *sich bei jm für etw* ~ remercier qqn de qch ; (fam) *dafür bedanke ich mich !* très peu pour moi !

Bedarf m -e 1 *der* ~ *an (D)* le besoin m de, les besoins mpl ; *bei* ~ en cas de besoin 2 *Dinge des täglichen* ~*s* les choses de première nécessité/de consommation courante ; (fam) *mein* ~ *ist gedeckt !* ça suffit !

bedauerlich regrettable, déplorable

bedauerlicherweise malheureusement

bedauern 1 *etw* ~ regretter/déplorer qch 2 *jn* ~ plaindre qqn

Bedauern n ø regret m

bedecken couvrir *den Tisch mit einem Tuch* ~ mettre une nappe sur la table ; *das Gesicht mit den Händen* ~ se cacher le visage dans les mains ◆ *der Himmel bedeckt sich* le ciel se couvre

bedenken 1 penser/songer à, prendre en considération *etw zu* ~ *geben* donner à réfléchir 2 *jn im Testament* ~ coucher sur son testament ◆ *wenn man bedenkt, daß* quand on pense que ; *bedenken Sie, daß* n'oubliez pas que ◆ *sich* ~ hésiter, réfléchir

Bedenken n - 1 (moment de) réflexion f 2 pl ~ *äußern* émettre des réserves fpl ; ~ *haben* avoir des scrupules mpl, hésiter

bedenkenlos sans réfléchir, sans hésitation

bedenklich 1 *ein* ~*er Zustand* un état préoccupant 2 *ein* ~*es Verhalten* un comportement douteux

bedeppert (fam) tout bête

bedeuten 1 signifier, vouloir dire 2 *das bedeutet nichts Gutes* cela n'annonce/ne présage rien de bon ; *das hat etw zu* ~ il y a qch là-dessous 3 représenter *das hat nichts zu* ~ cela n'a pas d'importance

bedeutend important, considérable *ein* ~*er Wissenschaftler* un éminent scientifique ◆ nettement, considérablement

Bedeutung f -en 1 signification f, sens m *übertragene* ~ sens m figuré 2 importance f *von* ~ *sein* être important ; *ha-*

bedeutungslos

ben (für A) importer (pour); *etw* (D) ~ *bei/messen* accorder de l'importance à qch
bedeutungslos insignifiant, sans importance
bedeutungsvoll 1 *ein ~er Tag* un jour très important 2 *ein ~er Blick* un regard significatif
bedienen 1 *jn ~* servir qqn *jn (von) vorn und hinten ~* être aux petits soins pour qqn 2 *ein Gerät ~* faire marcher/ fonctionner un appareil ◆ 1 servir à table, faire le service 2 *(cartes)* fournir ◆ *(fam) von dem bin ich bedient!* j'en ai ras le bol! ◆ 1 *sich einer Sache* (G) ~ se servir de qch 2 *~ Sie sich!* servez-vous!
Bedienung *f* ø 1 service *m* 2 *die ~ rufen* appeler la serveuse; *~, bitte!* s'il vous plaît! 3 *(tech)* maniement *m*, manipulation *f*
Bedienungsanleitung *f* -en mode *m* d'emploi, notice *f* d'utilisation
bedingen 1 *großes Geschick ~* impliquer/requérir beaucoup d'habileté 2 *eine Verschlechterung ~* occasionner/provoquer une aggravation ◆ *sich gegenseitig ~* dépendre de l'une de l'autre, être conditionnés l'un par l'autre
bedingt 1 sous réserve *(jur) ~er Straferlaß* liberté conditionnelle 2 *~durch* (A) dû à; *(psy) ~er Reflex* réflexe conditionné ◆ *nur ~ richtig* vrai jusqu'à un certain point
Bedingung *f* -en condition *f unerläßliche ~* condition sine qua non; *unter keiner ~* en aucun cas *m*; *etw zur ~ machen* imposer comme préalable *m*
bedingungslos inconditionnel, -le *~e Kapitulation* une reddition sans conditions
bedrängen assaillir, harceler; *(fig) jn mit Fragen ~* harceler/presser qqn de questions ◆ *sich in einer bedrängten Lage befinden* se trouver dans une situation difficile, *(fam)* être coincé
Bedrängnis *f -se : jn in ~ bringen* mettre qqn dans l'embarras *m*, embarrasser qqn
bedrohen menacer
bedrohlich menaçant ◆ d'une manière menaçante
Bedrohung *f* -en menace *f*
bedrucken imprimer
bedrücken accabler, abattre, déprimer
bedrückend déprimant, difficile (à supporter)
bedürfen (G) avoir besoin de *es bedarf großer Anstrengungen* cela nécessite des efforts considérables; *das bedarf einer Erklärung* cela demande une explication; *es bedarf nur eines Wortes* il n'y a qu'un mot à dire
Bedürfnis *n -se : das ~ nach Ruhe* le besoin *m* de calme

bedürftig 1 pauvre, nécessiteux, indigent; *~ sein* être dans le besoin 2 *einer Sache ~ sein* avoir besoin de qch
beeid(ig)en : *eine Aussage ~* faire une déclaration sous serment
beeilen sich : se dépêcher *sich ~, jm zuzustimmen* s'empresser d'approuver qqn
Beeilung *f* ø : *los, los ~!* allez! allez! on se dépêche!
beeindrucken impressionner
beeinflussen influencer
Beeinflussung *f* -en : *die ~ einer Person* l'influence *f* exercée sur une personne
beeinträchtigen porter préjudice à, être préjudiciable à, faire du tort à, compromettre, nuire à
Beeinträchtigung *f* -en préjudice *m* causé à; entrave *f*; atteinte *f* à
beenden 1 terminer, finir *eine Diskussion ~* mettre fin à/clore une discussion 2 arriver au bout de qch; *glücklich ~* mener à bonne fin
beengen serrer; *(fig)* gêner ◆ *beengt leben* vivre à l'étroit; *(fig) sich beengt fühlen* se sentir mal à l'aise/*(fam)* gêné aux entournures
beerben : *einen Onkel ~* hériter d'un oncle
beerdigen enterrer, inhumer
Beerdigung *f* -en enterrement *m*, inhumation *f*
Beerdigungsinstitut *n* -e entreprise *f* de pompes funèbres
Beere *f* -n baie *f*, grain *m* (de raisin)
Beet *n* -e plate-bande *f*, massif *m*, parterre *m*
befähigen rendre capable de/apte à
Befähigung *f* ø qualification *f* (requise), compétence *f*
befahrbar carrossable; accessible (à) *nicht ~* impraticable
befahren 1 circuler/passer sur 2 *(mar)* sillonner
befallen 1 envahir, attaquer, infester 2 prendre, saisir; *(méd) plötzlich befiel ihn Fieber* il eut un brusque accès de fièvre
befangen 1 mal à l'aise, intimidé, gêné 2 partial; *(jur) jn als ~ ab/lehnen* récuser qqn pour partialité
Befangenheit *f* ø 1 gêne *f*, embarras *m*, timidité *f* 2 partialité *f*
befassen sich : *sich mit etw ~* s'occuper de qch; *(livre)* traiter de; *(discussion)* porter sur
befehden faire la guerre à, combattre ◆ *sich ~* se faire la guerre
Befehl *m* -e ordre *m*, injonction *f*; *auf ~* (G) sur ordre (de); *zu ~!* à vos ordres!
befehlen* : *jm etw ~* ordonner qch à qqn ◆ *(rel) sich ~* se recommander/s'en remettre à Dieu
Befehlsempfänger *m* - exécutant *m*

Befehlsform f -en (gram) impératif m
Befehlshaber m - commandant m
Befehlsverweigerung f -en refus m d'obéissance
befeinden : etw ~ être hostile à qch, manifester son hostilité à l'égard de qch ♦ sich mit jm ~ se brouiller
befestigen 1 (an D) fixer (à) 2 eine Straße ~ consolider une route ; (mil) fortifier ♦ Randstreifen nicht befestigt accotements non stabilisés
Befestigung f ø 1 fixation f, collage m 2 (mil) fortification f
Betestigungsanlagen fpl fortifications fpl
befeuchten humidifier, humecter
befeuern 1 den Ofen ~ allumer/alimenter le poêle 2 eine feindliche Stellung ~ arroser les positions ennemies sous un déluge de feu
befinden : für gut ~ juger/estimer bon ; für schuldig ~ reconnaître coupable ♦ décider de qch ; (jur) über etw ~ juger qch ♦ sich ~ se trouver
befindlich se trouvant ; im Bau ~ en (cours de) construction
Befindlichkeit f -en moral m entsprechend seiner ~ reagieren réagir suivant son humeur f
befingern (fam) tripoter
beflaggen pavoiser
beflecken tacher ; (fig) js Ruf ~ entacher/souiller la réputation de qqn ♦ mit Blut befleckt ensanglanté
befliegen desservir eine Route ~ emprunter un itinéraire
beflügeln (fig) donner des ailes à
befolgen : einen Rat ~ suivre un conseil ; das Gesetz ~ observer/appliquer la loi
befördern 1 Waren ~ transporter/acheminer des marchandises 2 jn ~ donner de l'avancement à qqn, faire monter qqn en grade
Beförderung f ø transport m, acheminement m ♦ -en promotion f, avancement m
befrachten charger ; (mar) affréter
befragen : jn (wegen etw) (G) ~ interroger/questionner/interviewer qqn (à propos de qch) ; einen Arzt ~ demander/prendre l'avis d'un médecin
Befragung f -en 1 (jur) interrogatoire m 2 sondage m, enquête f
befreien 1 délivrer eine Geisel ~ libérer un otage 2 jn von Schmerzen ~ soulager qqn de ses souffrances 3 jn vom Unterricht ~ dispenser qqn d'un cours ; vom Wehrdienst ~ exempter du service militaire ♦ sich ~ se libérer ; sich aus einem Auto ~ se dégager d'une voiture ;

sich aus einer schwierigen Lage ~ se sortir d'une situation difficile
Befreier m - libérateur m
Befreiung f ø 1 libération f ~ der Frau émancipation f de la femme 2 dispense f, exemption f ; ein Gefühl der ~ un sentiment de soulagement m
befremden déconcerter, étonner
befremdend étonnant, surprenant
befreunden sich se lier (d'amitié) ; (fig) sich mit einem Gedanken ~ se familiariser avec une idée ; (fam) se faire à une idée
befreundet : mit jm (eng) ~ sein être très lié avec qqn ; ein ~es Land un pays ami
befriedigen satisfaire ; (comm) die Nachfrage ~ répondre/faire face à la demande ; (sexe) seinen Trieb ~ assouvir des instincts ; seinen Partner ~ satisfaire son partenaire ♦ sich selbst ~ se masturber
befriedigend satisfaisant
Befriedigung f -en satisfaction f ~ eines finanziellen Anspruchs règlement m d'une dette
befristet à durée déterminée, temporaire kurz ~ à court terme, à courte échéance
befruchten féconder ; (méd) künstlich ~ inséminer, pratiquer l'insémination artificielle
Befugnis f -se autorisation f, pouvoir m (pour), compétence f seine ~se überschreiten outrepasser ses attributions fpl ; die ~ haben, etw zu tun être autorisé à faire qch
befugt qui a qualité pour ~ sein, etw zu tun être en droit de faire qch
befühlen toucher, palper, tâter
befummeln tripoter
Befund m -e résultat m (d'un examen médical, d'une expertise), constatation f ; (méd) ohne ~ rien à signaler
befürworten plaider pour, préconiser, se faire l'avocat de
BefürworterIn m f partisan m ; (fig) avocat
begabt (für A) doué (en/pour)
Begabung f -en dispositions fpl, talent m, don m
begatten s'accoupler avec ♦ sich ~ s'accoupler
begaunern (fam) rouler
begeben sich 1 sich nach Paris ~ se rendre/aller à Paris ; sich zur Ruhe ~ aller prendre un peu de repos 2 sich auf den Heimweg ~ prendre le chemin du retour ; sich an die Arbeit ~ se mettre au travail 3 es begab sich, daß il arriva que 4 sich einer (G) Möglichkeit ~ renoncer à une possibilité 5 sich in Gefahr ~ s'exposer à un danger

Begebenheit f -en événement m, incident m; *eine wahre ~* un fait m authentique

begegnen <sein> 1 *jm ~* rencontrer qqn *so etw ist mir noch nie begegnet* je n'ai encore jamais vu une chose pareille 2 *jm abweisend ~* faire grise mine à qqn 3 *einer Gefahr ~* faire face à un danger

Begegnung f -en rencontre f, entrevue f

begehen 1 marcher sur, parcourir 2 *den zehnten Geburtstag ~* fêter/célébrer le 10ᵉ anniversaire de; *einen Tag feierlich ~* commémorer une date 3 *einer Fehler ~* commettre/faire une faute 4 *Selbstmord ~* se suicider

begehren désirer, souhaiter, convoiter *Einlaß ~* demander la permission; *Begehren* n ø désir m, vœu m, demande f

begehrenswert : *ein ~er Posten* un poste très intéressant; *eine ~e Frau* une femme désirable

begehrlich plein de convoitise; *(sexe)* concupiscent

begeifern *(fig)* cracher son venin sur qqn, *(fam)* dire les pires vacheries à qqn

begeistern : *jn ~* enthousiasmer qqn ♦ *dafür bin ich nicht zu begeistern* cela ne me passionne pas ♦ *sich für etw ~* s'enthousiasmer/s'enflammer/se passionner pour qch

begeistert enthousiaste; *(fam)* emballé ♦ avec enthousiasme/passion

Begeisterung f ø enthousiasme m, passion f *in ~ geraten* s'enthousiasmer

Begierde f -n désir m, convoitise f, *~ nach etw* (D) désir m (de), appétits mpl (de); *die ~ nach Macht* la soif f de pouvoir; *(sexe)* concupiscence

begierig *(auf* A*)* avide (de) *ich bin ~ zu erfahren, ob* il me tarde de savoir/j'ai hâte de savoir si ♦ avec avidité

begießen arroser

Beginn m ø début m, commencement m *bei/zu ~* au début/commencement; *gleich zu ~* dès le début

beginnen* commencer ♦ *ein Gespräch ~* entamer une conversation ♦ *mit etw ~* entreprendre/commencer qch; *mit der Arbeit ~* se mettre au travail

beglaubigen certifier conforme, attester, authentifier ♦ *eine beglaubigte Fotokopie* une copie certifiée conforme; *ein beglaubigter Botschafter* un ambassadeur accrédité

Beglaubigung f -en attestation f

Beglaubigungsschreiben n - lettres fpl de créance

begleichen : *eine Schuld ~* régler une dette

Begleitbrief m -e lettre f d'accompagnement, bordereau m d'expédition

begleiten 1 *jn ~* accompagner qqn; *nach Hause ~* raccompagner à la maison; *(mus)* accompagner 2 escorter, convoyer

BegleiterIn m f accompagnateur m -trice f; compagnon m -gne f

Begleiterscheinung f -en effet m secondaire *~en des Alters* phénomènes/symptômes mpl liés à l'âge

Begleitumstände mpl circonstances fpl

Begleitung f -en 1 compagnie f *die ~ des Präsidenten* la suite f/le cortège m présidentiel; *in ~ von* en compagnie (de), accompagné (de) 2 *(mus)* accompagnement m

beglücken faire plaisir (à) *jn (mit* D*) ~* faire le bonheur de qqn (avec)

beglückwünschen sich (se) féliciter

begnadet béni des dieux, qui a tous les dons

begnadigen gracier, amnistier

Begnadigung f -en grâce f, amnistie f

begnügen sich *(mit* D*)* se contenter (de)

begraben : *jn ~* enterrer qqn; *(fig) alle Hoffnung ~* abandonner/renoncer à/faire son deuil de tout espoir ♦ *(fam) sich mit etw ~ lassen können* mettre une croix sur qch ♦ *~liegen* être enterré, reposer

Begräbnis n -se enterrement m, inhumation f

Begradigung f -en rectification f, alignement m

begreifen 1 comprendre; *begreifst du das?* tu saisis?/*(fam)* tu piges? 2 *etw als Einheit ~* concevoir qch comme une entité

begreiflich compréhensible *jm etw ~ machen* faire comprendre/expliquer qch à qqn, mettre qch à la portée de qqn

begreiflicherweise tout naturellement, bien évidemment

begrenzen 1 *ein Gebiet ~* délimiter un territoire 2 *(temps)* limiter

begrenzt limité, borné, restreint ♦ *eine nur ~ haltbare Ware* une marchandise périssable

Begrenzung f -en limitation f, restriction f

Begriff m -e 1 concept m, notion f; *jm ein ~ sein* dire quelque chose à qqn; *das geht über alle ~e* cela dépasse l'imagination 2 *(fam) schwer von ~ sein* avoir la tête dure 3 *im ~ sein, etw zu tun* être sur le point de faire qch

begrifflich abstrait, conceptuel, -le

begriffsstutzig : *du bist aber ~!* il t'en faut du temps pour comprendre!

begründen 1 *eine Entscheidung ~* justifier une décision; *ein Urteil ~* exposer les motifs/les raisons d'un jugement 2 *eine Kunstrichtung ~* fonder/créer un courant artistique ♦ *in etw begründet sein/liegen* être fondé/reposer sur; *das ist in der*

Natur der Sache begründet cela va de soi, c'est dans la nature des choses ; *durch etw begündet sein* avoir pour motif qch, se justifier par qch
Begründung *f* **-en 1** *die ~ eines Antrags* la justification *f*/les motifs *mpl* d'une demande **2** *mit der ~, daß* en donnant pour raison/motif que, en alléguant que
begrüßen 1 *jn ~* saluer qqn *jn feierlich ~* faire/réserver un accueil solennel à qqn ; *(fig) jn als Befreier ~* accueillir qqn en libérateur **2** *einen Vorschlag ~* se féliciter d'une proposition, saluer avec joie une proposition ; *es ist zu ~, daß* nous nous félicitons de ce que
begrüßenswert bienvenu, heureux, -euse
Begrüßung *f* **-en** salutations *fpl*, accueil *m*
begünstigen 1 *jn ~* favoriser/avantager/privilégier qqn ; *(fig)* favoriser, être propice (à)
Begünstigung *f* **-en 1** préférence *f* traitement *m* de faveur accordé(e) à *steuerliche ~* avantage *m* fiscal **2** *~ eines Projektes* soutien *m* à un projet **3** *(jur) jn wegen ~ verurteilen* condamner qqn pour complicité *f*
begutachten donner son avis sur, juger de ; *ein Bild ~* expertiser un tableau
Begutachtung *f* **-en 1** *jm etw zur ~ vor=legen* soumettre qch à l'avis de qqn **2** expertise *f eine schriftliche ~* rapport *m* d'expert
begütert fortuné, aisé *~ sein* avoir de la fortune
behaart poilu, velu
behäbig *(homme)* corpulent ; *(meuble)* imposant ; *(fig) im Alter ~ werden (fam)* devenir rondouillard avec l'âge
behaftet : *mit einer einer negativen Konnotation ~ sein* être entaché d'/avoir une connotation négative
behagen 1 *es behagt ihm hier* il se sent bien/à l'aise ici **2** *das behagt mir nicht* cela ne me plaît pas
behaglich : *ein ~er Sessel* un fauteuil confortable ◆ *es sich ~ machen* se mettre à son aise ; *sich ~ fühlen* se sentir bien/à son aise
behalten* garder ; *(fig) etw im Gedächtnis ~* retenir qch, conserver la mémoire de qch ; *etw im Auge ~* ne pas perdre qch de vue ; *den Kopf oben ~* ne pas baisser les bras ; *~ recht* avoir raison
Behälter *m* - récipient *m*, réservoir *m*, conteneur *m*
behandeln 1 traiter **2** soigner ◆ *sich ~ lassen* se faire soigner, subir un traitement
Behandlung *f* **-en 1** manière *f* de traiter **2** *bei falscher ~* en cas de fausse manipulation *f* **3** soins *mpl in ~ sein* être en traitement *m*

behängen : *den Weihnachtsbaum mit Kugeln ~* accrocher des boules au sapin de Noël ◆ *(fam/péj) sich mit Schmuck ~* se couvrir de bijoux
beharren : *auf seinem Standpunkt ~* rester (camper) sur sa position ; *auf seiner Meinung ~* persister dans son opinion
beharrlich : *mit ~em Fleiß* avec persévérance/opiniâtreté
Beharrungsvermögen *n* ø **1** ténacité *f* **2** *(phys)* force *f* d'inertie
behauen tailler
behaupten 1 *seine Unschuld ~* clamer son innocence ; *etw steif und fest ~* soutenir qch envers et contre tout, *(fam)* mordicus **2** *seine soziale Stellung ~* maintenir sa position sociale **3** *~, krank zu sein* affirmer/prétendre être malade ◆ **1** *sich gegen jn ~* s'imposer face à qqn **2** *die Kurse behaupten sich* les cours se stabilisent
Behauptung *f* **-en** affirmation *f*, allégation *f* ◆ ø maintien *m*, renforcement *m*
Behausung *f* **-en** : *eine ärmliche ~* un taudis *m*
beheben : *den Schaden ~* réparer un dommage
beheimatet : *in Berlin ~* originaire de Berlin
beheizen chauffer
Behelf *m* **-e** solution *f* provisoire, palliatif *m als ~* dépanner
behelfsmäßig provisoire ◆ provisoirement
behelligen importuner
behend(e) agile, preste, leste
beherbergen : *jn ~* loger qqn ; *jn bei sich ~* héberger/*(fam)* loger qqn ; *Büros ~* abriter des bureaux
beherrschen 1 *ein Land ~* être le maître d'/dominer un pays **2** *ein Instrument ~* savoir très bien jouer d'un instrument ; *eine Sprache ~* maîtriser une langue **3** *sein Fahrzeug ~* avoir le contrôle de son véhicule ; *(fig) seinen Zorn ~* contenir sa colère ; *einen Markt völlig ~* contrôler tout un marché ◆ **1** *sich ~* se maîtriser, se dominer, se retenir **2** *(fam) ich kann mich ~ !* je ne suis pas fou !
Beherrschung *f* ø domination *f*, maîtrise *f seine ~ verlieren* perdre le contrôle *m* de soi-même
beherzigen : *einen Rat ~* suivre/écouter un conseil
beherzt brave, courageux, -euse, vaillant, -e
behilflich serviable *jm ~ sein* être utile à qqn, aider qqn
behindern : *jn bei (D) der Arbeit ~* gêner qqn dans son travail
behindert : *ein ~es Kind* un enfant handicapé
Behinderte/r handicapé *m* **-e** *f*

Behinderung

Behinderung *f* -en 1 *die ~ des Straßenverkehrs* ralentissement *m* de la circulation 2 handicap *m*

Behörde *f* -n administration *f*, service *m* (public)

behördlich : *~e Genehmigung* une autorisation *f* officielle / de l'administration

behüten 1 *jn vor einer Gefahr ~* protéger / préserver qqn d'un danger 2 *Gott behüte !* Dieu m'en garde !, jamais de la vie ! ◆ *eine behütete Kindheit* une enfance protégée

behutsam prudent ◆ avec précaution / ménagement

Behutsamkeit *f* ø précaution *f*, prudence *f*, circonspection *f*

bei (D) 1 *~ Berlin* près de Berlin; *die Schlacht ~ Leipzig* la bataille de Leipzig; *~m Ofen* près / à côté du poêle 2 *~ den Demonstranten* parmi les manifestants; *~ jm wohnen* habiter chez qqn; *kein Geld ~ sich haben* ne pas avoir d'argent sur soi; *~ ihm ist alles möglich* avec lui tout est possible 3 *~ Abfahrt* au moment du départ; *~ Beginn* au début; *~Tag und (~) Nacht* de jour comme de nuit; *~ Gelegenheit* à l'occasion; *(fig) jn ~m Wort nehmen* prendre qqn au mot 4 *~ Schnee* en cas d'enneigement; *~ Nebel* par temps de brouillard; *~ Kräften sein* être en possession de toutes ses forces, *(fam)* être en pleine forme; *~m Lesen* en lisant; *~m Mittagessen* pendant le déjeuner; *~ Licht* à la lumière; *~ guter Laune sein* être de bonne humeur; *~ der Arbeit sein* être au travail 5 *(fam) nicht ganz ~ sich sein* ne pas avoir toute sa tête à soi 6 *~ alledem* malgré tout cela; *~m besten Willen* avec la meilleure volonté (du monde); *~ weitem* de loin

bei-behalten garder, conserver

Beiboot *n* -e canot *m*

bei-bringen 1 *Zeugnisse* produire / fournir des certificats 2 *jm eine Wunde ~* blesser qqn 3 *jm eine Sprache ~* apprendre une langue à qqn; *(fam) dem werde ich's schon noch ~ !* il va comprendre et vite !, je vais lui montrer un peu ! 4 *jm etw schonend ~* informer qqn de qch avec ménagement

Beichte *f* -n *(rel)* confession *f* *die ~ ab*=*legen* se confesser

beide(s) 1 *alle ~* tous les deux; *einer von ~n* l'un des deux, l'un ou l'autre; *mit ~n Händen* des deux mains 2 *(sp)* égalité

beiderseitig mutuel, -le, réciproque

beiderseits (G) des deux côtés / de part et d'autre (de)

beieinander ensemble *die ganze Familie ist ~* toute la famille est réunie; *~ sitzen* être assis l'un à côté de l'autre

beieinander=**haben** : *(fam) nicht alle ~* être complètement cinglé

beieinander=**sein** *(fam)* 1 *schlecht / nicht recht ~* ne pas se sentir bien 2 *nicht ganz ~* ne pas avoir toute sa tête

BeifahrerIn *m f* passager *m* avant, deuxième conducteur *m*; *(rallye)* navigateur *m*

Beifall *m* ø applaudissements *mpl ~ klatschen* applaudir; *(fig) ~ finden* être applaudi, avoir du succès

bei=**fügen** joindre, ajouter en annexe

Beifügung *f* -en adjonction *f unter ~ von* en ajoutant, par adjonction; *(gram)* complément *m*

bei=**geben** ajouter ◆ *(fig) klein ~* filer doux

Beihilfe *f* -n aide *f* subvention *f* ◆ ø *(jur) ~ zum Mord* complicité *f* de meurtre

bei=**kommen** <sein> : *Schwierigkeiten* (D) *~* venir à bout de difficultés, surmonter des difficultés; *(fig) ihm ist nicht beizukommen* on n'a aucune prise sur lui

Beil *n* -e hachette *f*

Beilage *f* -n 1 pièce *f* jointe; *unter ~ von Rückporto* prière de joindre un timbre pour la réponse 2 accompagnement *m ein Schnitzel mit ~* une escalope garnie 3 *(presse)* supplément *m*

beiläufig : *eine ~e Bemerkung* une remarque (faite) en passant ◆ en passant, incidemment

bei=**legen** 1 *einen Streit ~* régler / liquider un différend 2 *eine Rechnung ~* joindre une facture ◆ *(mar)* accoster

Beilegung *f* -en règlement *m*

beileibe : *~ nicht !* sûrement / certainement pas !

Beileid *n* ø : *mein aufrichtiges ~* mes sincères condoléances *fpl*

beiliegend ci-joint

beim → *bei*

bei=**messen** : *einer Sache Bedeutung ~* attacher / attribuer de l'importance à qch

Bein *n* -e 1 jambe *f*, *(animal)* patte *f den ganzen Tag auf den ~en sein* être toute la journée debout; *gut auf den ~en sein* avoir bon pied, bon œil; *(fig) jm ein ~ stellen* faire un croche-pied à qqn; *(fig)* glisser une peau de banane à qqn; *auf eigenen ~en stehen* voler de ses propres ailes; *(fam) jm ~e machen* faire décamper qqn; *die ~e unter die Arme nehmen* prendre ses jambes à son cou; *sich die ~e in den Bauch stehen* faire le pied de grue, poireauter 2 *pied m* (de table, de chaise...)

beinahe : *~ eine Million* presque un million; *ich wäre ~ gefallen* pour un peu, je serais tombé, j'ai failli tomber

Beinbruch *m* ¨e fracture *f* de la jambe *(fam) das ist doch kein ~ !* c'est moins grave que de se casser une jambe ! *Hals-*

und ~! je te dis « merde » ; *(non fam)* bonne chance !
beinhalten contenir, renfermer
bei-ordnen 1 adjoindre, attribuer ; *(jur) einen Anwalt ~* désigner un avocat **2** *(gram)* coordonner
bei-pflichten : *einem Vorschlag ~* approuver un projet, adhérer à un projet ; *jm ~* abonder dans le sens de qqn
Beirat *m* ¨e conseil *m*, comité *m* consultatif
beirren troubler, déconcerter ♦ *sich durch etw nicht ~ lassen* suivre son idée
beisammen ensemble, réuni
beisammen=haben* : *seine Gedanken nicht ~* avoir la tête ailleurs ; *(fam/péj) nicht alle ~* avoir une case en moins
beisammen=sein : *für sein Alter gut ~* être bien pour son âge
Beisammensein *n* - *ein gemütliches ~* une réunion *f*/rencontre *f* sympathique
Beisein - *n* ø *im ~ von jm/in jds ~* en présence *f* de qqn
beiseite de côté, à l'écart *Spaß ~ !* trêve de plaisanteries ! ; *Geld ~ bringen* mettre de l'argent de côté
bei-setzen : *jn ~* inhumer/enterrer qqn ; *ein Segel ~* ajouter une voile
Beisitzer *m* - assesseur *m*, conseiller *m*
Beispiel *n* -e exemple *m zum ~* par exemple ; *sich an jm ein ~ nehmen* prendre exemple/modèle sur qqn
beispiellos inouï, incroyable *das Ereignis ist ~* l'événement est sans précédent
beispielsweise par exemple
beißen* mordre ; *(fig) ins Gras ~* casser sa pipe ; *in den sauren Apfel ~* aller au charbon ♦ *der Floh beißt* la puce pique ; *(fig) in die/den Augen ~* piquer les yeux ♦ *(fam) die beiden Farben ~ sich (non fam)* les deux couleurs jurent ♦ *nichts zu ~ haben* ne rien avoir à se mettre sous la dent
Beißzange *f* -n pince *f* (coupante)
Beistand *m* ø *jm ~ leisten* être un soutien *m* pour qqn' ; prêter assistance *f* à qqn ♦ ¨e *(jur)* avocat *m*, conseiller *m* juridique
bei-stehen : *jm ~* être aux côtés de/soutenir/aider qqn
bei-steuern (*zu* D) contribuer à
Beitrag *m* ¨e **1** cotisation *f*, prime *f* (d'assurance), quote-part *f* **2** *~ in einer Zeitung* article *m* ♦ *~* contribution *f*, apports *mpl*
bei-tragen : *zum Erfolg ~* contribuer/concourir *f* à la réussite ; *etw zur Sache ~* apporter sa contribution à qch
beitragspflichtig assujetti à une cotisation
bei-treten <sein> (D) adhérer/s'affilier (à), devenir membre (de)

Beitritt *m* -e adhésion *f*, affiliation *f*
Beiwagen *m* - side-car [sajdkar] *m*
bei-wohnen : *einer* (D) *Konferenz ~* assister à une conférence
Beize *f* -n *(bois)* teinture *f*, colorant *m* ; *(métal)* décapant *m*, anti-rouille *m* ; *(tissu)* mordant *m*
beizeiten 1 de bonne heure **2** à temps
beizen 1 teindre, décaper, mordancer **2** *Fleisch ~* faire mariner de la viande
bejahen 1 dire oui à *eine Frage ~* répondre affirmativement/par l'affirmative à une question **2** *ein Projekt ~* approuver un projet
bejahrt âgé, d'un âge avancé
bejammern : *etw ~* se lamenter sur qch
bejammernswert : *ein ~es Schicksal* un sort pitoyable ; *eine ~e Lage* une situation déplorable
bejubeln acclamer
bekämpfen combattre ♦ *sich gegenseitig ~* s'affronter
bekannt connu, célèbre *es ist mir ~* je (le) sais, je suis au courant ; *es ist allgemein ~* il est de notoriété publique, personne n'ignore que ; *mit jm ~ sein* connaître qqn ; *jn mit jm ~ machen* présenter qqn à qqn ; *sich mit etw ~ machen* se familiariser avec qch
Bekannte / r 1 ami *m* -e *f*, relation *f ein alter ~r* une vieille connaissance *f*
Bekanntgabe *f* ø annonce *f*, communication *f*, publication *f*, proclamation *f*
bekannt=geben annoncer, communiquer, publier, proclamer
bekanntlich comme on (le) sait
Bekanntmachung *f* -en : *eine amtliche ~* une publication *f*/annonce *f*/proclamation *f* officielle
Bekanntschaft *f* ø connaissance *f* ; *(fam) mit etw* (D) *~ machen* se frotter à qch
bekannt=werden : *die Information darf nicht ~* l'information ne doit pas être divulguée/s'ébruiter
bekehren sich (*zu*) (se) convertir (à)
bekennen 1 *einen Irrtum ~* reconnaître une erreur ; *(fig) Farbe ~* annoncer la couleur **2** *seinen Glauben ~* proclamer sa foi ♦ **1** *sich offen zu etw* (D) *~* se déclarer ouvertement pour qch **2** *sich offen zu jm ~* afficher sa sympathie pour qqn **3** *sich schuldig ~* s'avouer coupable, reconnaître sa culpabilité
Bekenntnis *n* -se aveu *m*, confession ; profession *f* de foi
beklagen 1 *den Tod eines Freundes ~* déplorer la perte d'un ami, regretter un ami **2** *jds Schicksal ~* compatir au sort de qqn, plaindre qqn ♦ *sich über jn ~* se plaindre de qqn
beklagenswert regrettable, désolant

beklatschen

beklatschen 1 applaudir **2** *(fam)* répandre des ragots (sur)
bekleckern tacher
bekleiden 1 habiller **2** *ein Amt* ~ exercer une fonction ◆ *(nur) leicht bekleidet sein* être légèrement vêtu/en tenue légère
Bekleidung *f* **-en** vêtements *mpl*, habillement *m*, tenue *f*
beklemmend : *ein ~es Schweigen* un silence oppressant
Beklemmung *f* **-en** oppression *f*, angoisse *f*
bekloppt *(fam)* complètement abruti/idiot/cinglé ~ *sein* en tenir une couche
bekommen* recevoir; *wo bekommt man das?* où peut-on se procurer cela?; *einen Posten* ~ obtenir un poste; *eine Krankheit* ~ contracter une maladie; *fünf Jahre* ~ être condamné à cinq ans, *(fam)* (en) prendre (pour) cinq ans; *einen Bauch* ~ prendre du ventre; *ich bekomme ein Kind* ~ j'attends un enfant; *wir haben ein Kind* ~ nous avons eu un enfant; *Hunger* ~ commencer à avoir faim; *Zähne* ~ faire ses dents; *Lust* ~ avoir envie; *einen Eindruck* ~ avoir une impression ◆ **1** ~ *Sie schon?* êtes-vous déjà servi? **2** *wohl bekomm's!* à la vôtre! ◆ *es nicht über sich* ~ ne pas pouvoir se résoudre (à) ◆ <sein> *das bekommt mir gut* cela me fait du bien/me réussit; *das bekommt mir nicht* cela ne me convient pas
bekömmlich léger, digeste
beköstigen nourrir, alimenter
Bekräftigung *f* **-en** : *zur* ~ *seiner Worte* pour corroborer/appuyer ses dires
bekreuzigen sich se signer
bekriegen faire la guerre (à), attaquer ◆ *sich* ~ se faire la guerre
bekunden 1 *Interesse* ~ manifester/témoigner de l'intérêt **2** *(jur) eidlich* ~ déclarer sous la foi du serment, témoigner sous serment
belächeln sourire (de)
beladen 1 *den Wagen* ~ charger la voiture **2** *einen Tisch mit Geschenken* ~ (re)couvrir une table de cadeaux
Belag *m* **¨e 1** revêtement *m* **2** *einen* ~ *auf der Zunge haben* avoir la langue chargée
belagern assiéger, faire le siège de
Belagerung *f* **-en** siège *m*
Belagerungszustand *m* **¨e** état *m* de siège
Belang *m* ø importance *f ohne* ~ qui ne prête pas à conséquences, sans importance ◆ *-e jds ~e vertreten* représenter les intérêts de qqn
belangen : *jn (gerichtlich)* ~ intenter un procès à qqn/des poursuites judiciaires contre qqn, poursuivre qqn (en justice)

belanglos sans importance, insignifiant *eine ~e Bemerkung* une réflexion anodine
Belanglosigkeit *f* ø insignifiance *f von ausgemachter* ~ *sein* être complètement anodin ◆ **-en** chose *f* sans importance, bagatelle *f*, futilité *f*
belassen 1 *jn in seinem Glauben* ~ laisser qqn croire ce qu'il veut **2** *es dabei* ~ s'en tenir là, en rester là
Belastbarkeit *f* ø : *die seelische* ~ résistance *f* psychique ◆ **-en** charge *f*/capacité *f* maximale
belasten 1 charger; *(fig) den Magen* ~ être lourd à digérer, fatiguer l'estomac; *(jur) jn durch eine Aussage* ~ charger/incriminer qqn dans une déclaration **2** *(comm) ein Konto mit einem Betrag* ~ débiter un compte d'un montant; *ein Haus mit einer Hypothek* ~ hypothéquer une maison ◆ *erblich belastet sein* avoir une tare héréditaire
belästigen importuner, déranger, ennuyer
Belästigung *f* **-en** dérangement *m*, tracasserie *f sexuelle* ~ harcèlement *m* sexuel
Belastung *f* **-en 1** charge *f zulässige* ~ charge autorisée; *(jur)* charge *f* **2** *(comm)* débit *m*, hypothèque *f* **3** *erbliche* ~ tare *f* héréditaire
Belastungsmaterial *n* **-ien** pièces *fpl* à conviction
Belastungsprobe *f* **-n** test *m*
Belastungszeuge *m* **-n -n** témoin *m* à charge
belaufen sich *(auf)* se monter/s'élever (à)
belauschen épier
beleben stimuler, relancer; *(fig) eine Diskussion* ~ animer une discussion ◆ *sich* ~ s'animer; *die Konjunktur belebt sich* la conjoncture s'améliore
belebt animé; *eine ~e Kreuzung* un carrefour à grande circulation
Belebung *f* ø relance *f*, redressement *m*
Beleg *m* **-e 1** justificatif *m*, reçu *m* **2** *als* ~ comme/pour preuve *f*; *einen* ~ *für eine Äußerung bringen* citer une référence *f* à l'appui de ses dires
belegen 1 *das Parkett mit Fußbodenbelag* ~ poser un revêtement de sol sur un parquet **2** *ein Brot mit Schinken* ~ mettre du jambon sur une tranche de pain **3** *einen Platz* ~ réserver une place **4** *eine Vorlesung* ~ s'inscrire à un cours **5** *(sp) den zweiten Platz* ~ prendre la deuxième place **6** *(fig) etw urkundlich* ~ attester/justifier de qch avec des certificats ◆ *alle Zimmer sind belegt* toutes les chambres sont occupées
Belegexemplar *n* **-e** spécimen [-mɛːn] *m*, exemplaire *m* de démonstration

Belegschaft *f* **-en** personnel *m*
belehren 1 *jn* ~ instruire qqn, donner des leçons à qqn *jn* ~, *wie* apprendre/enseigner/montrer à qqn comment 2 *jn eines Besseren* ~ détromper qqn ◆ *sich nicht* ~ *lassen* ne pas vouloir entendre raison
beleibt corpulent, bien en chair
beleidigen : *jn* ~ vexer/offenser *(fig)* blesser qqn ◆ *leicht beleidigt sein* se vexer facilement, être susceptible
Beleidigung *f* **-en** offense *f*, affront *m*
belesen : ~ *sein* avoir beaucoup lu, être instruit/cultivé
beleuchten éclairer, illuminer; *(fig) ein Problem näher* ~ donner un éclairage plus précis à un problème
Beleuchtung *f* ø 1 éclairage *m* 2 illumination
beleum(un)det : *gut/schlecht* ~ *sein* avoir une bonne/mauvaise réputation
belichten *(photo)* exposer
Belichtungsmesser *m* - posemètre *m*
Belichtungszeit *f* ø temps *m* de pose
belieben 1 *etw zu tun* ~ daigner faire qch; *Sie* ~ *zu scherzen* vous voulez rire, vous plaisantez 2 *wie es Ihnen beliebt* comme il vous plaira, comme bon vous semble
Belieben *n* ø : *nach* ~ à volonté *f*/discrétion *f*, comme il vous plaira
beliebig quelconque *von* ~*er Größe* de n'importe quelle taille; *zu jeder* ~*en Zeit* n'importe quand ◆ ~ *viel* à volonté; ~ *lange* aussi longtemps qu'on veut
beliebt apprécié; populaire *sich* ~ *machen* se faire apprécier
beliefern : *jn mit etw* ~ approvisionner qqn en, fournir qch à qqn
bellen aboyer
Belletristik *f* ø littérature *f*
belobigen faire l'éloge de, louer
Belobigung *f* **-en** louanges *fpl*, éloges *mpl*; *eine* ~ *aussprechen* faire des compliments, féliciter
belohnen (*für* A) récompenser (de)
Belohnung *f* **-en** récompense *f*
belüften aérer, ventiler
belügen* : *jn* ~ mentir à qqn
belustigen amuser, divertir
Belustigung *f* **-en** divertissement *m*, distraction *f* ◆ ø amusement *m*
bemächtigen sich (G) s'emparer (de); *(fig) Unruhe bemächtigt sich seiner* un sentiment d'inquiétude l'envahit
bemäkeln *(fam)* trouver à redire (à)
bemängeln se plaindre de, critiquer ~, *daß* trouver regrettable que
bemänteln voiler, masquer; *(fig)* farder
bemerkbar perceptible *sich* ~ *machen* se faire remarquer
bemerken 1 s'apercevoir de, remarquer 2 faire remarquer/observer *nebenbei bemerkt* soit dit en passant
bemerkenswert remarquable
Bemerkung *f* **-en** remarque *f*, observation *f*, réflexion *f*
bemessen calculer, doser ◆ *meine Zeit ist knapp* ~ mon temps est minuté
Bemessungsgrundlage *f* **-n** *(fisc)* base *f* de calcul, assiette *f*
bemitleiden : *jn* ~ s'apitoyer sur qqn, plaindre qqn ◆ *sich* ~ s'apitoyer sur soi-même/son sort
bemitleidenswert pitoyable
bemogeln *(fam)* rouler, tromper
bemühen 1 *jn* ~, *etw zu tun* demander à qqn de faire qch 2 *jn umsonst* ~ déranger qqn pour rien ◆ 1 *sich* ~ faire des efforts, se donner de la peine/du mal; ~ *Sie sich nicht!* ne vous donnez pas tout ce mal! ce n'est pas la peine! 2 *sich um etw* ~ s'efforcer de faire qch
bemüht : *darum* ~ *sein, etw zu tun* s'efforcer de faire qch
Bemühung *f* **-en** 1 *trotz aller* ~*en* malgré tous les efforts *mpl* 2 *vielen Dank für Ihre* ~*en* merci (d'avance) pour votre sollicitude *f*/aide *f*, merci pour le mal que vous vous êtes donné
benachrichtigen : *jn von etw* (D) ~ informer/avertir/prévenir qqn de qch
Benachrichtigung *f* ø 1 *die* ~ *erfolgte nach zwei Stunden* l'information a été donnée deux heures plus tard ◆ **-en** *ohne weitere* ~ sans autre avis *m*; *ohne vorherige* ~ sans préavis
benachteiligen désavantager, handicaper, léser ◆ *sich benachteiligt fühlen* se sentir lésé, défavorisé
Benefizkonzert *n* **-e** (*für*) : concert (au profit de)
benehmen* *sich* : *sich gut* ~ bien se conduire; *sich nicht* ~ *können* ne pas savoir se conduire
Benehmen *n* ø conduite *m*, comportement *m*
beneiden envier *jn um seinen Reichtum* ~ être jaloux de la fortune de qqn
beneidenswert enviable
benennen 1 dénommer *eine Straße nach einem Dichter* ~ donner à une rue le nom d'un poète 2 *(jur) jn als Zeugen* ~ citer qqn comme témoin
Benennung *f* : ø *die* ~ *eines Kandidaten* désignation *f* d'un candidat ◆ **-en** dénomination *f*
benetzen humecter, mouiller
Bengel *m* - garnement *m*, polisson *m*, galopin *m*
benommen abasourdi, ahuri *von etw* ~ *sein* sous le coup de qch
benötigen avoir besoin de *ich benötige* j'ai besoin de, il me faut

benutzbar utilisable

benutzen 1 utiliser, se servir de *das Auto ~* prendre la voiture ; *(fig) eine Gelegenheit ~* profiter d'une occasion 2 *ein Zimmer ~* occuper une chambre

BenutzerIn *m f* usager *m*, utilisateur *m* -trice *f*

benutzerfreundlich facile à utiliser

Benutzung *f* -en utilisation *f*, emploi *m*, usage *m*

Benzin *n* -e essence *f*

beobachten 1 *etw ~* observer/scruter qch 2 *jn ~* observer/surveiller qqn

BeobachterIn *m f* observateur *m* -trice *f*

Beobachtung *f* -en observation *f*

bepflanzen (*mit* D) planter (de)

bequatschen (*fam*) 1 *etw ~* raconter n'importe quoi 2 *jn ~* embobiner qqn

bequem 1 confortable 2 *ein ~er Weg* un chemin facile ; *eine ~e Ausrede* une excuse facile/commode 3 (*péj*) *ein ~er Mensch sein* être d'un tempérament lymphatique/indolent, ne pas trop s'en faire ◆ *es sich* (D) *~ machen* prendre ses aises, s'installer (confortablement)

bequemen sich : *sich ~, etw zu tun* condescendre à/daigner faire qch

Bequemlichkeit *f* -en confort *m mit allen ~en* tout confort ◆ ø paresse *f*, indolence *f*

berappen (*fam*) casquer, raquer

beraten 1 *jn ~* conseiller qqn 2 *über etw* (A) *~* délibérer/débattre de qch ◆ *sich mit jm ~* (*über* A) consulter qqn (à propos de qch), discuter/délibérer (de qch) avec qqn ◆ *gut/schlecht beraten sein* être bien/mal avisé

beratend consultatif, -ive

BeraterIn *m f* conseiller *m* -ère *f*

Beratung *f* -en consultation *f*

berauben dévaliser, détrousser ; (*fig*) *jn seiner Hoffnung ~* faire perdre tout espoir à qqn, briser les espoirs de qqn

berauschen griser, enivrer ◆ *sich ~* (*an* D) se griser/s'enivrer (de)

berechnen 1 *jm etw ~* compter/facturer qch à qqn 2 *eine Entfernung ~* évaluer une distance ; *ein kaltes Büffet für 50 Personen ~* prévoir un buffet pour 50 personnes

berechnend (*péj*) calculateur, -trice

Berechnung *f* -en 1 facturation *f* 2 évaluation *f*, estimation *f*, calcul *m* ◆ ø *aus ~* par calcul

berechtigen 1 *jm ~ etw zu tun* autoriser/donner le droit à qqn de faire qch ; (*jur*) habiliter à 2 (*fig*) *zu großen Hoffnungen ~* permettre tous les espoirs

berechtigt fondé, légitime, justifié

Berechtigung *f* ø 1 *die ~ einer Forderung* le bien-fondé *m* d'une revendication 2 droit *m*, autorisation *f*, habilitation *f*

bereden 1 *etw mit jm ~* discuter de qch avec qqn 2 *jn ~ etw zu tun* convaincre qqn de faire qch ◆ *sich ~* (*mit* D) se concerter

Beredsamkeit *f* ø éloquence *f*

beredt éloquent ; (*fig*) *ein ~es Schweigen* un silence éloquent/qui en dit long

Bereich *m* -e 1 domaine 2 *das fällt in meinen ~* c'est dans mes compétences, c'est de mon ressort *m*

bereichern enrichir *eine Sammlung um ein neues Stück ~* ajouter une nouvelle pièce à sa collection ◆ *sich ~* s'enrichir

bereifen 1 *ein Auto neu ~* changer les pneus d'une voiture 2 *ein Faß ~* cercler un tonneau

bereinigen : *eine Angelegenheit ~* régler/arranger une affaire

bereisen parcourir

bereit prêt *sich zu etw ~ zeigen* être/se montrer prêt/disposé (à)

bereiten préparer ; (*fig*) *Schmerz ~* faire mal

bereit-halten tenir prêt *bitte das Geld* (*abgezählt*) *~* ! préparez la monnaie !

bereit-legen préparer, mettre à disposition

bereits déjà

Bereitschaft *f* ø 1 *~ haben* être de service *m*/permanence *f* 2 disponibilité *f* ; *~ zeigen* montrer de la bonne volonté *f* 3 *in ~ sein* être en état d'alerte

Bereitschaftspolizei *f* ø gardes/gendarmes mobiles *mpl*

bereit-stehen : *~* (*zu*) être prêt (à) ; *~* (*für*) être à la disposition de

bereitwillig obligeant, serviable, empressé ◆ de bonne grâce, très volontiers

bereuen regretter

Berg *m* -e montagne *f*, mont *m über ~ und Tal* par monts et par vaux ; (*fig*) *goldene ~e versprechen* promettre monts et merveilles ; *mit etw nicht hinter dem ~ halten* ne pas se priver de dire qch ; (*fam*) *über den ~ sein* avoir passé le cap ; *über alle ~e sein* avoir pris le large/la poudre d'escampette

bergab en descendant, en aval *~ gehen* descendre ; (*fig*) *es geht mit ihm ~* il décline, il baisse

bergan en montant *es geht ~* ça monte

Bergarbeiter *m* - mineur *m*

bergauf en montant, en amont ; (*fig*) *es geht mit ihm ~* il va mieux, il remonte le courant

Bergbau *m* ø mines *fpl*

bergen* sauver *einen Verunglückten ~* dégager un blessé 2 (*fig*) *in sich* (D) *~* renfermer, cacher

Bergmann *m* leute mineur *m*

Bergrutsch *m* -e glissement *m* de terrain
BergsteigerIn *m f* alpiniste *m f*
Berg-und-Talbahn *f* -en montagnes *fpl* russes
Bergwerk *n* -e mine *f*
Bericht *m* -e **1** rapport *m*, compte rendu *m einen ~ geben (über A)* faire un compte rendu (de)/rapport (sur) **2** reportage, communiqué *m*; *~e über das Tagesgeschehen* les nouvelles du jour
berichten : *jm etw ~* rapporter/relater qch à qqn, rendre compte à qqn de qch
BerichterstatterIn *m f* **1** rapporteur *m* -euse *f* **2** correspondant *m* -e *f*
Berichterstattung *f* -en **1** rapport *m*, compte rendu *m* **2** reportage *m*
berichtigen corriger, rectifier
Berichtigung *f* -en correction *f*, rectification *f*
berieseln : *Felder ~* arroser des champs (avec un tourniquet); *(fig) mit Werbung ~* arroser/bombarder de publicité
beringen baguer
BerlinerIn *m f* Berlinois *m* -e *f*
Bernhardiner *m* - saint-bernard *m*
Bernstein *m* ø ambre *m* (jaune)
bersten craquer, se fendre, éclater
berüchtigt de mauvaise/sinistre réputation *ein ~er Ort* un endroit mal famé
berücksichtigen **1** *das Wetter ~* tenir compte du temps **2** *einen Antrag ~* prendre une demande en considération **3** *wenn man berücksichtigt, daß* quand on considère que
Berücksichtigung *f* ø prise *f* en considération *unter/in (G) ~* compte tenu de, en tenant compte de
Beruf *m* -e profession *f*, métier *m*; *(fam) seinen ~ an den Nagel hängen* laisser tomber son boulot
berufen* : *jn zum Direktor ~* nommer qqn directeur ◆ *sich auf jn/etw ~* se référer à qqn/qch ◆ *sich zu etw ~ fühlen* se sentir une vocation pour qch ◆ *aus ~em Munde* de source bien informée
beruflich professionnel, -le ◆ professionnellement
Berufsausausbildung *f* ø formation *f* professionnelle
BerufsberaterIn *m f* conseiller *m* -ère *f* d'orientation
Berufssoldat *m* -en -en militaire *m* de carrière
berufstätig qui travaille, qui a une activité professionnelle, en activité
Berufstätige/r personne active *die Berufstätigen* la population active
Berufsverkehr *m* ø heures *fpl* de pointe
Berufung *f* -en **1** nomination *f* **2** *(jur)* pourvoi *m in die ~ gehen* aller en/faire appel *m* **3** vocation *f* **4** *unter ~ auf (A)* en se référant (à)

Berufungsinstanz *f* -en cour *f* d'appel
beruhen : *auf etw (D) ~* reposer/s'appuyer sur ◆ *etw auf sich (D) ~ lassen* ne pas donner suite
beruhigen (sich) (se) calmer/rassurer/apaiser
Beruhigung *f* -en **1** *das gibt mir ein Gefühl der ~* cela me rassure **2** apaisement *m*; *zur ~ des Gewissens* par acquit de conscience
Beruhigungsmittel *n* - *(méd)* calmant *m*, tranquillisant *m*
berühmt célèbre, illustre, renommé
Berühmtheit *f* -en célébrité *f*, notoriété *f*, renommée *f*
berühren **1** toucher **2** frôler; *(fig) ein Thema ~* effleurer/aborder un sujet; *jn unangenehm ~* embarrasser/choquer qqn
Berührung *f* -en contact *m* ◆ ø *die ~ des Themas ist heikel* ce thème est délicat à aborder
besagen **1** signifier **2** prouver *das besagt nichts* cela ne veut rien dire
besänftigen **1** *jn ~* calmer/apaiser qqn **2** *den Schmerz ~* calmer la douleur
Besatzung *f* -en **1** *(mar/av)* équipage *m* **2** *(mil)* occupation *f*
Besäufnis *n* -se *(fam > non fam)* beuverie *f*
beschädigen endommager, détériorer, abîmer
Beschädigung *f* -en **1** détérioration *f* **2** dégât *m*, dommage *m*
beschaffen trouver, procurer
beschaffen : *so ~, daß* de nature à, tel, -le que
Beschaffenheit *f* ø **1** état *m die innere ~* le moral *m* **2** *die ~ des Körpers* la constitution *f* **3** *die äußere ~ einer Pflanze* les caractéristiques *fpl* d'une plante
beschäftigen : *jn ~* employer qqn *die Kinder ~* occuper les enfants; *(fig) das beschäftigt mich* cela me préoccupe ◆ *sich ~ (mit D)* s'occuper (de)
beschäftigt : *stark ~ sein* être très occupé; *bei jm ~ sein* travailler/être employé chez qqn
Beschäftigte/r employé *m* -e *f*
Beschäftigung *f* -en occupation *f* ◆ ø emploi *m*, embauche *f*
beschämen **1** couvrir de honte, humilier, confondre **2** éclipser, être plus fort que
beschatten : *jn ~* surveiller/filer qqn
beschauen regarder, contempler, examiner
beschaulich contemplatif, -ive
Bescheid *m* -e **1** réponse *f*, avis *m*, décision *f* **2** *jm ~ geben/sagen* dire (ce qu'il en est), tenir au courant; *bis auf weiteren ~* jusqu'à nouvel ordre; *~ wissen* savoir, être au courant **3** *mit etw (D) ~ wissen*

bescheiden

s'y connaître en qch 4 *(fam) jm ~ sagen/stoßen* dire son fait à qqn
bescheiden : *ihm ist kein Erfolg beschieden* il n'a pas eu le succès escompté ◆ *sich mit wenigem ~* se contenter de peu
bescheiden modeste, simple
bescheinigen attester, certifier *den Empfang ~* accuser réception
Bescheinigung *f -en* attestation *f*, certificat *m*
beschenken : *jn ~* faire un cadeau à qqn; *jn reichlich ~* combler qqn de cadeaux
bescheren 1 *die Kinder ~* donner/offrir des cadeaux de Noël aux enfants 2 octroyer, accorder
Bescherung *f -en* distribution *f* de cadeaux, étrennes *fpl*; *(fam) da haben wir die ~!* nous voilà dans de beaux draps!
bescheuert *(fam)* cinglé
beschicken *(tech)* charger/alimenter
beschießen 1 tirer sur, mitrailler *eine Stadt ~* pilonner une ville 2 *(phys)* bombarder
beschimpfen insulter, injurier
Beschimpfung *f -en* insulte *f*
Beschiß *m ø (fam)* arnaque *f*
Beschlag *m ¨e* ferrures *fpl* ◆ *ø jn mit ~ belegen* accaparer qqn
beschlagen : 1 *ein Pferd ~* ferrer un cheval 2 *ein Faß mit Reifen ~* cercler un tonneau ◆ 1 *das Glas beschlägt* le verre se couvre de buée 2 *(viande)* ne plus être frais/fraîche
beschlagen 1 embué, pas frais/fraîche 2 *auf dem Gebiet sehr ~ sein* être très ferré/fort/*(fam)* calé en la matière
beschlagnahmen saisir, confisquer, réquisitionner
beschleichen : *die Angst beschleicht ihn* la peur s'insinue en lui/le gagne
beschleunigen accélérer
Beschleunigung *f -en* accélération *f*
beschließen 1 *ein Gesetz ~* voter une loi 2 *~ etw zu tun* décider de faire qch 3 *einen Brief ~* conclure/achever une lettre
Beschluß *m ¨sse* résolution *f*, conclusion *f ~ im Bundestag* vote *m* au parlement
Beschlußfähigkeit *f ø* quorum *m*
beschmieren salir, tacher, (se) barbouiller
beschmutzen salir; *(fig) jds Namen ~* souiller la réputation de qqn
beschneiden 1 *einen Baum ~* tailler un arbre 2 couper 3 *(rel) jn ~* circoncire qqn 4 *(fig)* réduire, rogner
Beschneidung *f -en* 1 *~ des Haushaltes* restrictions *fpl* réductions *fpl* budgétaires; *~ eines Rechtes* suppression *f*/

amputation *f* d'un droit 2 *(rel)* circoncision *f*
beschnuppern flairer, renifler
beschönigen embellir, enjoliver
beschränken : *etw ~ (auf A) ~* limiter (à)/restreindre/réduire (à) ◆ *sich auf das Wesentliche ~* se borner à l'essentiel
beschränkt limité *räumlich sehr ~ sein* être à l'étroit; *(fig)* borné
Beschränktheit *f ø* 1 esprit *m* borné 2 *die ~ der Mittel* l'indigence *f*, le peu *m* de moyens
Beschränkung *f -en* limitation *f*, restriction *f*
beschreiben 1 *ein Papier ~* écrire sur un papier 2 *jm etw ~* décrire/dépeindre qch à qqn ◆ *nicht zu ~ sein* être indescriptible
Beschreibung *f -en* description *f jeder ~ spotten* être indescriptible, dépasser l'imagination
beschreiten : *(fig) neue Wege ~* changer de cap
beschriften porter une inscription sur, étiqueter
beschuldigen : *jn des Diebstahls ~* accuser qqn de vol
Beschuldigte/r accusé *m -e f*
beschummeln : *(fam) jn ~* rouler qqn, *(jeu)* tricher
beschützen 1 *vor Wind ~* protéger/abriter du vent 2 *gegen einen Feind ~* protéger d'un ennemi
beschwatzen : *(fam) jn ~* embobiner qqn
Beschwerde *f -n* réclamation *f* plainte *f* ◆ *pl ~en haben* avoir des problèmes *mpl* de santé
Beschwerdeweg *m ø* : *auf dem ~* par voie *f* de recours
beschweren charger, lester ◆ *sich bei jm über etw (A) wegen etw (G) ~* se plaindre de qch à qqn
beschwerlich pénible, fatigant
beschwichtigen apaiser, calmer, tranquilliser
beschwindeln *(fam)* raconter des bobards à qqn
beschwingt gai, plein d'entrain
beschwipst *(fam)* éméché
beschwören* 1 *(jur)* jurer, affirmer sous serment 2 *Geister ~* invoquer/conjurer les esprits 3 *jn ~* demander instamment à qqn, supplier qqn *ich beschwöre dich!* je t'en conjure!
Beschwörung *f -en* invocation *f*, conjuration *f* ◆ *pl allen ~en zum Trotz* malgré toutes les supplications *fpl*
besehen* regarder, examiner
beseitigen 1 *Müll ~* éliminer les déchets 2 *einen Zweifel ~* dissiper un doute *Schwierigkeiten ~* aplanir des difficultés

3 *einen Gegner* ~ éliminer / liquider / supprimer un adversaire
Besen *m* - balai *m*; *(loc) neue* ~ *kehren gut* tout nouveau, tout beau
besessen obsédé, fanatique
besetzen 1 *(mil)* occuper 2 *eine Stelle* ~ pourvoir un poste ; *einen Platz für jn* ~ garder une place pour qqn 3 *eine Rolle* ~ distribuer un rôle 4 *eine Kragen mit Pelz* ~ garnir un col de fourrure
Besetzung *f* -**en** 1 *(mil)* occupation *f* 2 *(th)* distribution *f*
besichtigen visiter, inspecter
Besichtigung *f* -**en** : visite *f*, inspection *f*
besiedeln peupler, coloniser
besiegeln : *(fig) etw mit Handschlag* ~ toper là
besiegen vaincre, triompher de
besinnen sich 1 réfléchir 2 *sich auf etw/jn* ~ se souvenir de qch/qn, se rappeler qch/qqn ; *wenn ich mich recht besinne* si j'ai bonne mémoire, si mes souvenirs sont exacts 3 *sich eines besseren* ~ se raviser
besinnlich : *ein* ~*er Gesichtsausdruck* un air songeur ; *ein* ~*er Augenblick* un moment paisible
Besinnung *f* ø 1 *wieder zu* ~ *kommen* reprendre connaissance, revenir à soi 2 *nicht zur* ~ *kommen* ne pas avoir le temps de reprendre ses esprits ; *wieder zur* ~ *kommen* revenir à la raison, redevenir raisonnable
besinnungslos sans connaissance
Besinnungslosigkeit *f* ø évanouissement *m*
Besitz *m* ø 1 possession *f*; *(jur) unrechtmäßiger* ~ détention *f* illégale 2 propriété *f*, biens *mpl seinen* ~ *vergrößern* augmenter son patrimoine *m*
besitzanzeigend : *(gram)* ~*es Fürwort* adjectif possessif
besitzen 1 posséder *keinen Pfennig* ~ *(fam)* ne pas avoir un rond / un sou vaillant 2 *Talent* ~ avoir du talent
BesitzerIn *m f* propriétaire *m f*; *(jur)* détenteur
besoffen : *(fam)* ~ *machen* soûler ; ~ *sein* être soûl
besohlen ressemeler
Besoldung *f* ø rémunération *f*; *(mil)* solde *f*
besonder- 1 *ein* ~*es Zimmer* une pièce à part / spéciale 2 ~*e Kennzeichen* signes particuliers ; *im* ~ en en particulier 3 *ein* ~*e Leistung* une performance exceptionnelle / remarquable
Besondere(s) *n* ø : *etw* ~*s* qch de spécial / qui sort de l'ordinaire ; *nichts* ~*s* rien de spécial / d'original

Besonderheit *f* -**en** particularité *f*, singularité *f*
besonders particulièrement, spécialement
besonnen réfléchi
Besonnenheit *f* ø sagesse *f*, circonspection *f*
besorgen 1 *jm Arbeit* ~ procurer / trouver du travail à qqn ; *ich muß noch schnell etw* ~ il faut que j'aille encore vite chercher / acheter qch 2 *das weitere* ~ se charger, s'occuper du reste 3 *(fam) es jm* ~ rendre la monnaie de sa pièce à qqn
besorgniserregend préoccupant, inquiétant
besorgt soucieux, -euse, préoccupé ~ *sein (um* A) être soucieux (de) ; se faire du souci (pour)
Besorgung *f* -**en** course *f*, achat *m*
bespannen 1 *eine Wand mit Stoff* ~ tendre une toile sur un mur 2 atteler
bespeien cracher sur
bespitzeln espionner ; dénoncer
besprechen 1 discuter de 2 *ein Buch* ~ faire la critique d'un livre 3 *ein Band* ~ enregistrer sur bande 4 *eine Krankheit* ~ conjurer une maladie ◆ *sich mit jm* ~ se concerter
Besprechung *f* -**en** 1 entretien *m*, discussion *f*, réunion *f* ~*en auf höchster Ebene* pourparlers *mpl* au plus haut niveau 2 critique *f*, compte rendu *m*
besprengen asperger *den Rasen* ~ arroser la pelouse
bespritzen asperger *eine Pflanze mit Wasser* ~ vaporiser de l'eau sur une plante ; *jn mit Dreck* ~ éclabousser qqn
besser meilleur *es ist* ~ c'est mieux ; *es ist* ~ *wegzugehen* il vaut mieux partir ; ~ *werden* s'améliorer ◆ mieux *um so* ~ tant mieux ; ~ *gesagt* ou plutôt
Bessere (s) *n* : *jn eines* ~*n belehren* détromper qqn ; *sich eines* ~*n besinnen* se raviser ; *ich habe* ~*s zu tun* j'ai mieux à faire
besser-gehen* : *es geht mir* ~ je vais mieux
bessern (sich) (s')améliorer
Besserwisser *m* - donneur *m* de leçons, ergoteur *m*
Bestand *m* ø : ~ *haben* être durable / stable ; *von kurzem* ~ *sein* être de courte durée ◆ ¨ *e 1 eiserner* ~ réserve *f* 2 ~ *an Vieh* cheptel *m* ; ~ *an Personal* effectifs *mpl* 3 *(comm)* stock *m*; *den* ~ *auf=nehmen* faire l'inventaire ; ~ *an Geld* encaisse *f*
beständig constant, permanent, stable, continuel, -le, perpétuel, -le ◆ constamment, continuellement, perpétuellement
Beständigkeit *f* ø constance *f*, permanence *f*, stabilité *f*

Bestandteil

Bestandteil *m* -e composant *m*, élément *m*; *sich in seine ~e auf=lösen* se désagréger

bestärken : *jn in etw (D)* ~ renforcer qqn dans qch

bestätigen 1 *jn in etw (D)* ~ renforcer qqn dans qch **2** *die Teilnahme* ~ confirmer sa participation **3** *eine Meinung* ~ approuver une opinion; *(jur) ein Urteil* ~ entériner un jugement ◆ *die Zweifel* ~ *sich* les soupçons se confirment

Bestätigung *f* -en **1** confirmation *f* ; *amtliche/gerichtliche* ~ légalisation *f*, ratification *f* **2** *die* ~ *einer Sendung* accusé *m* de réception

bestatten inhumer, enterrer

bestaunen : *jn/etw* ~ être bouche bée devant qqn/qch

best- 1 ~*e Qualität* qualité supérieure; *beim* ~*en Willen* avec la meilleure volonté du monde; *nach* ~*em Wissen und Gewissen* en toute bonne foi; *(fig) ein Mann in den* ~*en Jahren* un homme dans la force de l'âge **2** *im* ~*en Falle* dans le meilleur des cas ◆ *du nimmst am* ~*en den Zug* le mieux, c'est de prendre le train **3** *etw zum* ~*en geben* en raconter de bonnes; *jn zum* ~*en halten* se payer la tête de qqn

Beste / r : *der* ~ *sein* être le meilleur parti de qch; *das* ~ *vom* ~*n* le nec plus ultra

bestechen corrompre, soudoyer, acheter

bestechend *(fig)* séduisant, attirant

bestechlich vénal, corruptible

Bestechung *f* -en corruption *f*; *(jur)* subornation *f*

Besteck *n* -e **1** couverts *mpl* **2** *(méd)* trousse *f*

bestehen* sortir vainqueur de, soutenir avec succès, *(fam)* bien se sortir de; *eine Prüfung* ~ réussir un examen ◆ **1** *seit 20 Jahren* ~ exister depuis 20 ans; *es besteht kein Zweifel* il n'y a aucun doute **2** *auf sein Recht* ~ se tenir à son bon droit; *auf etw (D)* ~ s'obstiner dans qch; *auf seiner Meinung* ~ rester sur sa position, ne pas démordre d'une opinion; *auf einem Recht* ~ réaffirmer un droit; ~, *daß* insister pour que **3** *in etw (D)* ~ consister en; *darin* ~, *daß* consister à *(inf)* **4** *aus etw (D)* ~ être composé de, se composer de

bestehen=bleiben être maintenu/conservé

bestehlen voler

besteigen *(montagne)* faire l'ascension (de); *(fig) den Thron* ~ monter sur le trône

bestellen 1 *(agri) den Acker* ~ labourer/cultiver un champ **2** *jm etw* ~ faire savoir/transmettre qch à qqn; *nichts/nicht viel zu* ~ *haben* ne pas avoir son mot à dire, ne pas avoir voix au chapitre **3** commander, passer (une) commande **4** *einen Tisch* ~ réserver une table **5** *jn zu neun Uhr* ~ donner rendez-vous à/convoquer qqn à neuf heures **6** *sein Aufgebot* ~ demander la publication des bans

Bestellung *f* -en : *auf* ~ sur commande *f*

bestenfalls au mieux, dans le meilleur des cas

bestens parfaitement, au mieux

besteuern imposer, taxer

Bestialität *f* ø bestialité *f* ◆ -en brutalité *f*, violence *f*

Bestie *f* -n bête *f* féroce; *(fig)* brute *f*

bestimmen 1 *einen Termin* ~ fixer un rendez-vous **2** *einen Begriff* ~ définir un concept **3** *einen Nachfolger* ~ désigner un successeur; *jn zu seinem Vertreter* ~ déléguer (son pouvoir à) qqn ◆ *über etw/jn (frei)* ~ disposer (librement) de qch/qqn

bestimmend déterminant, décisif, -ive

bestimmt 1 déterminé, fixé; *(gram)* ~*er Artikel* article défini **2** *ein* ~*er Preis* un certain prix **3** définitif **4** *das ist für dich* ~ cela t'est destiné, c'est (fait) pour toi ◆ *etw* ~ *wissen* être sûr de qch; *ja,* ~ *!* certainement! bien sûr!; *er kommt* ~ *nicht !* il ne viendra sûrement pas!

Bestimmtheit *f* ø **1** *die* ~ *seines Auftretens* son assurance *f* **2** *mit* ~ *wissen* savoir avec certitude *f*

Bestimmung *f* ø **1** *die* ~ *des Preises* la fixation *f*/détermination *f* du prix, la tarification *f*; *die* ~ *eines Begriffs* la définition *f* **2** destination *f* ◆ -en disposition *f*, règlement *m*

bestmöglich meilleur... possible ◆ le/du mieux possible, de son mieux

bestrafen : *jn für etw* ~ punir/condamner qqn pour qch

bestrahlen éclairer; *(méd)* traiter par radiothérapie; exposer à

Bestrahlung *f* -en **1** exposition *f* à des rayons, irradiation *f* **2** *(méd)* radiothérapie *f*

bestreben : *sich* ~ s'efforcer de, chercher à ◆ *bestrebt sein, alles richtig zu machen* être soucieux de/aspirer à bien faire

Bestreben *n* ø aspiration *f*, efforts *mpl*

bestreichen : *das Brot mit Butter* ~ beurrer sa tartine

bestreiken paralyser par une grève

bestreiten 1 *etw* ~ contester qch, s'inscrire en faux contre qch **2** *seinen Unterhalt* ~ subvenir/pourvoir à ses besoins **3** *(conversation)* animer

bestreuen couvrir, répandre, parsemer *einen Weg mit Sand* ~ sabler un chemin; *(cuis)* saupoudrer

bestricken *(fig)* ensorceler, envoûter

bestürmen : *(fig) jn mit Fragen ~* assaillir qqn de questions
Bestürzung *f ø* stupéfaction *f*; consternation *f*
Besuch *m ø* : *ausländischer ~* visiteur(s) *mpl* étranger(s) ◆ *e jm einen ~ machen* rendre visite/faire une visite *f* à qqn
besuchen : *jn ~* rendre visite à qqn ; *die Schule ~* aller à l'école ; *eine Versammlung ~* assister à une réunion ; *eine Ausstellung ~* aller voir une exposition ; *ein Land ~* visiter un pays ◆ *gut besucht sein* faire un grand nombre d'entrées, avoir un bon taux de fréquentation
BesucherIn *m f* visiteur *m* -euse *f*, spectateur *m* -trice *f*, participant *m* -e *f*
besudeln souiller, salir
betagt âgé, d'un grand âge
betasten *(méd)* palper
betätigen : *einen Hebel ~* actionner/manœuvrer un levier ◆ 1 *sich politisch ~* avoir une activité politique 2 *sich als Vermittler ~* servir/jouer le rôle de médiateur
betatschen *(fam)* tripoter
betäuben 1 anesthésier, insensibiliser *örtlich ~* faire une anesthésie locale 2 *(fig) seinen Kummer ~* calmer son chagrin ◆ *sich durch/mit Alkohol ~* s'abrutir en buvant de l'alcool ◆ *sich wie betäubt fühlen* se sentir tout étourdi/comme anesthésié, *(fam)* être dans les vaps
Bete *fpl* : *rote ~* betterave *f* rouge
beteiligen : *jn an etw* (D) *~* faire participer qqn à qch ; *jn am Gewinn ~* intéresser qqn au bénéfice ◆ 1 participer ; *sich finanziell an etw ~* apporter sa contribution financière à qch
beteiligt 1 *an einem Unternehmen ~ sein* avoir des parts dans une entreprise 2 *an einem Unfall ~ sein* être impliqué dans un accident ; *an einem Verbrechen ~ sein* être complice d'un meurtre 3 *innerlich ~ sein* être concerné
beten prier
beteuern : *seine Unschuld ~* protester de/clamer son innocence ; *etw hoch und heilig ~* crier/affirmer haut et fort
betiteln donner un titre à ; *(fam/péj) jn* (*mit/als*) *Schwein ~* traiter qqn de cochon
betonen 1 accentuer 2 *ich betone nochmals, daß* je répète que, j'insiste sur le fait que ; *ich möchte ~* je voudrais souligner/mettre l'accent sur
betont accentué, marqué ◆ *~ um etw bitten* demander expressément qch ; *~ aufstehen* se lever de manière ostensible
Betonung *f* -en 1 accentuation *f*, accent *m* tonique 2 accent *m* mis sur
betören ensorceler, rendre fou/folle
Betracht *m ø* : *jn/etw in ~ ziehen* prendre qqn/qch en considération ; *außer ~ lassen* ne pas tenir compte de, faire abstraction de ; *in ~ kommen* entrer en ligne de compte
betrachten 1 observer *jn genau ~* bien regarder qqn ; *näher ~* regarder/examiner qch de plus près 2 *jn als Freund ~* considérer qqn comme un ami
betrachtet : *genau(er) ~* tout compte fait, tout bien considéré
BetrachterIn *m f* observateur *m* -trice *f*
beträchtlich considérable
Betrachtung *f ø* contemplation *f* ; examen *m* -en considération *f*, réflexion *f*
Betrag *m ¨e* montant *m* ~ *(dankend) erhalten* pour acquit
betragen : *die Entfernung beträgt 20 km* la distance est de 20 km ; *die Kosten ~ 100 DM* les frais s'élèvent à 100 DM ◆ *sich gut/schlecht ~* bien/mal se conduire
Betragen *n ø* : *schlechtes ~* mauvaise conduite *f*
betrauen : *jm mit etw ~* confier qch à qqn
betrauern : *jn ~* pleurer qqn
betreffen 1 *ein Unglück hat die Familie betroffen* un malheur a frappé la famille 2 *das betrifft mich* cela me concerne ◆ *von etw betroffen sein* être frappé/consterné par qch
betreffend : *an dem ~en Tag* le jour dit ; *die ~e Behörde* l'autorité compétente ◆ (A) concernant, au sujet de
betreffs (G) au sujet de, relativement à
betreiben 1 *ein Geschäft ~* avoir un commerce, exploiter un fonds de commerce ; *ein Handwerk ~* exercer un métier manuel 2 *eine Angelegenheit eifrig ~* intenter un procès ; *Studien ~* faire/poursuivre des études
Betreiben *n ø* : *auf js ~ hin* à l'instigation de qqn
betreten* : 1 entrer (dans) 2 *den Rasen ~* marcher sur la pelouse
betreten *(fig)* gêné, confus, embarrassé ◆ *(fam) ~ ab/ziehen* partir la tête basse
Betretenheit *f ø* embarras *m*, confusion *f*
betreuen : *Kinder ~* s'occuper d'enfants ; *eine Abteilung ~* être responsable d'un rayon/service ; *eine Gruppe ~* accompagner/encadrer un groupe
Betreuung *f ø* 1 *die ~ einer Gruppe* l'encadrement *m* d'un groupe 2 *ärztliche ~* surveillance *f* médicale
Betrieb *m ø* 1 *(fig/fam) in der Stadt ist viel ~* il y a beaucoup d'animation *f* en ville 2 *den ~ ein=stellen* suspendre l'activité d'une entreprise ; *in ~ nehmen* mettre en service ◆ *-e* entreprise *f landwirtschaftlicher ~* exploitation agricole

Betriebsangehörige/r

Betriebsangehörige/r membre *m* du personnel de l'entreprise
Betriebsferien *pl* fermeture *f* annuelle
Betriebsführung *f ø* direction *f*
Betriebsrat *m* ¨e comité *m* d'entreprise
BetriebswirtIn *m f* diplômé en gestion
betrinken sich s'enivrer, *(fam)* se soûler
betroffen → betreffen
Betroffenheit *f ø* consternation *f*
betrüben attrister, chagriner, affecter
betrüblich désolant, triste, affligeant
Betrug *m ø* tromperie *f*, escroquerie *f*, imposture *f*, tricherie *f*, fraude *f*
betrügen 1 *beim Spiel ~* tricher au jeu 2 *jn um 1 000 DM ~* escroquer qqn de 1 000 DM 3 tromper *einen Kunden ~ (fam)* arnaquer un client ◆ *sich selbst ~* se leurrer
BetrügerIn *m f* escroc *m*, imposteur *m*, tricheur *m* -euse *f*, fraudeur *m* -euse *f*
betrügerisch frauduleux, -euse, malhonnête ◆ frauduleusement, par fraude
betrunken ivre *in ~em Zustand* en état d'ivresse
Betrunkene/r ivrogne *m*
Betrunkenheit *f ø* ivresse
Bett *n* -en 1 lit *m ins ~ gehen* aller au lit; *das ~ hüten* garder la chambre; *(fam) mit jm ins ~ gehen* coucher avec qqn 2 *das ~ frisch beziehen* changer les draps 3 *(tech)* socle *m*; *(rivière)* lit
Bettbezug *m* ¨e draps *mpl*, housse *f* de couette
Bettcouch *f* -en canapé-lit *m*
Bettdecke *f* -n couverture *f*, couette *f*
betteln mendier; *(fig)* quémander
bettlägerig alité
Bettlaken *n* - drap *m*
BettlerIn *m f* mendiant *m* -e *f*
betulich prévenant
beugen 1 plier, ployer, fléchir, courber 2 *js Willen ~* faire plier qqn 3 *(gram)* décliner, conjuguer 4 *(jur) das Recht ~* faire une entorse au droit 5 *(phys)* diffracter ◆ 1 *sich aus dem Fenster ~* se pencher à la fenêtre 2 *sich js Willen ~* se plier/soumettre à la volonté de qqn
Beugung *f* -en flexion *f* 2 *(gram)* déclinaison *f*, conjugaison *f* 3 *(jur)* infraction *f* 4 *(phys)* diffraction *f*
Beule *f* -n bosse *f*
beunruhigen : *jn ~* inquiéter qqn ◆ *sich über etw* (A)*/wegen etw* (D) *~* s'inquiéter à propos de qch
beunruhigend inquiétant, préoccupant
beurkunden dresser un acte (de), attester, faire un certificat (de), enregistrer
beurlauben 1 *jn ~* accorder un congé à qqn; *(mil)* accorder une permission 2 donner son congé à qqn, renvoyer qqn; *einen Beamten ~* suspendre un fonction-

naire ◆ *sich ~ lassen* se faire mettre en congé, prendre une disponibilité
Beurlaubung *f ø* 1 mise *f* en congé/disponibilité 2 renvoi *m*, mise *f* à pied
beurteilen 1 *jn ~* juger qqn 2 *seine Chancen ~* évaluer ses chances
Beurteilung *f* -en jugement *m* eine gute *~ bekommen* avoir une bonne appréciation *f*/critique *f*
Beute *f ø* : *sich auf seine ~ stürzen* se précipiter sur sa proie *f*; *ohne ~ zurückkehren* revenir bredouille
Beutel *m* - 1 bourse *f*; petit sac *m*; blague *f* à tabac; *(fig) tief in den ~ greifen* casser sa tirelire, racler ses fonds de tiroirs 2 *(zool)* poche *f* ventrale
bevölkern peupler; *(fig)* envahir
bevölkert : *dicht/stark ~* fortement/très peuplé
Bevölkerung *f* -en population *f*
Bevölkerungsexplosion *f ø* explosion *f*/boom [bum] *m* démographique
bevollmächtigen 1 *jn zu etw ~* donner procuration à qqn pour 2 *(comm)* mandater ◆ *zu etw bevollmächtigt sein* avoir pouvoir de, être autorisé à
Bevollmächtigte/r représentant *m* -e *f*, mandataire *m f*, fondé *m* de pouvoir; *(pol)* plénipotentiaire *m*
bevor avant qu (subj), avant de (inf)
bevormunden tenir sous tutelle
bevor=stehen* 1 se préparer, être imminent 2 *das steht mir bevor* cela va bien finir par m'arriver
bevor=zugen 1 *etw ~* préférer qch, avoir une préférence pour qch 2 *jn ~* favoriser qqn, accorder un traitement de faveur à qqn, faire du favoritisme
bevorzugt préféré; *~e Behandlung* traitement de faveur ◆ *jn ~ behandeln* accorder un traitement de faveur à qqn
bewachen garder, surveiller
Bewachung *f* -en 1 *jn/etw unter ~ stellen* placer qqn sous surveillance *f* 2 *die ~ verstärken* renforcer l'équipe *f* de surveillance; *(mil)* la garde *f*
bewachsen couvert (de) *mit Bäumen ~* boisé
bewaffnen armer
bewaffnet : *(fig) bis an die Zähne ~* armé jusqu'aux dents
Bewaffnung *f* -en armement *m*, armes *fpl*
bewahren 1 *jn vor etw ~* protéger/préserver qqn de qch; *jn vor Enttäuschung ~* éviter une déception à qqn; *etw bei sich im Gedächtnis ~* garder qch en mémoire 2 *(Gott) bewahre !* surtout pas ! jamais de la vie ! ◆ *vor etw bewahrt bleiben* rester à l'abri de qch
bewähren sich faire ses preuves; *sich*

als treuer Freund ~ prouver son amitié; *sich nicht* ~ ne pas se révéler bon/juste
bewahrheiten sich se vérifier, se confirmer
bewährt qui a fait ses preuves, éprouvé, confirmé
Bewährung *f* -en : *(jur) eine Strafe zur* ~ *aus=setzen* assortir une peine d'un sursis *m*
Bewährungsprobe *f* -n (mise *f* à l') épreuve *f*
Bewährungszeit *f* ø période *f* probatoire
bewältigen : *ein Problem* ~ surmonter/maîtriser un problème; *eine Arbeit* ~ venir à bout d'un travail
bewandert : *auf/in einem Gebiet* ~ *sein* être versé/expert/*(fam)* calé dans un domaine
Bewandtnis *f* -se : *mit jm/etw hat es seine eigene* ~ c'est un cas à part
bewässern irriguer, arroser
bewegen : *die Arme* ~ (faire) bouger/remuer les bras; *(fig) seine Worte* ~ *mich* ses paroles me touchent/m'émeuvent; ◆ **1** *sich* ~ remuer, s'agiter **2** *sich hin und her* ~ se balancer; *sich frei* ~ se déplacer/se mouvoir librement, être libre de ses mouvements; *sich im Kreis(e)* ~ tourner en rond; *sich nicht von der Stelle* ~ ne pas bouger **3** *ich muß mich etwas* ~ il faut que je fasse un peu d'exercice; *beweg dich!* remue-toi/bouge-toi un peu! ◆ *ein bewegtes Leben* une vie agitée
bewegen* : *jn zum Einlenken* ~ amener qqn à faire des concessions
Beweggrund *m* ⸚e mobile *m*, motif *m*, motivation *f*
beweglich 1 *ein* ~*er Hebel* un levier articulé **2** mobile, transportable; *(jur) ~es Gut* bien mobilier **3** *(corps)* souple; *(fig) ein* ~*er Geist* un esprit vif
Beweglichkeit *f* ø **1** mobilité *f* **2** souplesse *f*; *(fig)* vivacité *f*
Bewegung *f* -en **1** mouvement *m*, geste *m (sich) in* ~ *setzen* (se) mettre en route; *keine* ~! pas un geste! **2** *(pol)* mouvement **3** ~ *verordnen* prescrire un peu d'exercice; *(fig) Himmel und Hölle in* ~ *setzen* remuer ciel et terre **4** *(fig)* émotion *f*, émoi *m*
bewegungslos immobile, inerte
beweinen pleurer (qqn)
Beweis *m* -e **1** *ein schlüssiger* ~ une preuve *f* formelle; *etw unter* ~ *stellen* prouver qch, faire preuve de qch; *den* ~ *erbringen, daß* établir que **2** *(math)* démonstration *f*
Beweisaufnahme *f* -n instruction *f*
beweisen* **1** prouver *klar und deutlich* ~ fournir une preuve flagrante (de) **2** *große Umsicht* ~ faire preuve d'une grande circonspection
beweiskräftig probant, concluant
Beweismaterial *f* ø *(jur)* pièces *fpl* à conviction
bewenden* : *es bei/mit etw* (D) ~ *lassen* en rester là, se contenter de, se borner à
bewerben sich 1 *sich um ein Amt* ~ être candidat/poser sa candidature à une fonction, postuler **2** *sich um js Gunst* ~ solliciter la faveur de qqn
BewerberIn *m f* candidat *m* -e *f*, postulant *m* -e *f*
Bewerbung *f* -en **1** candidature *f* **2** lettre *f* de candidature
bewerfen* jeter sur *eine Stadt mit Bomben* ~ lâcher des bombes sur une ville
bewertbar évaluable
bewerten 1 évaluer **2** *zu hoch* ~surestimer; *zu niedrig* ~ sous-estimer
Bewertung *f* -en **1** évaluation *f*, estimation *f* **2** *(sp)* ~ *nach Punkten* pointage *m*
bewilligen : *einen Zeitaufschub* ~ accorder/octroyer un délai; *zusätzliche Geldmittel* ~ allouer des fonds supplémentaires
Bewilligung *f* -en octroi *m*; consentement *m*
bewirken produire, provoquer
bewirtschaften gérer, exploiter
Bewirtung *f* -en accueil *f*, repas *m*
bewohnbar habitable
bewohnen : *ein schönes Haus* ~ habiter (dans) une belle maison; *das ganze Haus* ~ occuper toute la maison
BewohnerIn *m f* habitant *m* -e *f* (de), occupant *m* -e *f* (de)
bewölken sich se couvrir, devenir nuageux ◆ *bewölkter Himmel* ciel nuageux
Bewunderer *m* - admirateur *m*
bewundern admirer
bewundernswert admirable
Bewunderung *f* ø admiration *f*
bewußt 1 conscient **2** en question *an dem* ~*en Tag* ce jour-là **3** *(jur)* intentionnel, délibéré **4** *sich einer* (G) *Sache* ~ *werden* prendre conscience/se rendre compte de qch; *sich* (D) *keiner Schuld* ~ *sein* ne rien avoir à se reprocher, avoir la conscience tranquille ◆ consciemment
bewußtlos sans connaissance, évanoui
Bewußtlosigkeit *f* ø perte *f* de connaissance, évanouissement *m*; *(fam) bis zur* ~ *arbeiten* travailler à en tomber d'épuisement
Bewußtsein *n* ø conscience *f etw mit* ~ *erleben* vivre qch de manière consciente
bezahlen payer *eine Rechnung* ~ régler une facture; *bar* ~ payer comptant/cash

Bezahlung

[kaʃ] ◆ *sich bezahlt machen* (fig) en valoir la chandelle
Bezahlung f ø paiement; *nur gegen ~ arbeiten* ne travailler que contre rémunération f
bezähmen maîtriser, dominer ◆ *sich ~* se dominer, se maîtriser
bezaubern charmer, enchanter
bezeichnen 1 *einen Weg ~* indiquer un chemin; *eine Ware ~* étiqueter une marchandise 2 *jn als Freund ~* considérer qqn comme un ami 3 désigner *näher ~* préciser, spécifier
bezeichnend caractéristique, typique
bezeugen témoigner / attester (de)
bezichtigen : *jn des Diebstahls ~* accuser qqn de vol
beziehen* 1 couvrir (de) *die Betten ~* faire les lits 2 *die Wohnung ~* entrer / s'installer dans un appartement; (fig) *einen klaren Standpunkt ~* adopter une position claire; *Stellung ~* prendre position 3 *ein gutes Gehalt ~* avoir / percevoir un bon traitement; *über die Buchhandlung zu ~* disponible en librairie; *Waren ~* s'approvisionner en marchandises; *eine Zeitung ~* être abonné à / recevoir un journal; (fam) *Prügel ~* recevoir une raclée 4 *etw auf sich ~* prendre qch pour soi; *alles auf sich ~* tout ramener à soi ◆ 1 *der Himmel bezieht sich* le ciel se couvre 2 *sich auf etw* (A) *~* se référer à qch; *die Kritik bezieht sich auf dich* cette critique s'adresse à toi / te concerne
Beziehung f -en 1 pl *diplomatische ~en* relations fpl diplomatiques; *geschlechtliche ~en* rapports mpl / relations sexuel(le)s; (fam) *~en haben* avoir des relations, (fam) avoir le bras long ou du piston; *eine ~ haben* avoir une liaison f; *in ~ setzen* mettre en rapport 2 *in dieser ~* à cet égard, sur ce point; *in jeder ~* à tout point de vue
beziehungslos incohérent, décousu
beziehungsvoll : *jn ~ an=sehen* regarder qqn de manière significative / avec un air plein de sous-entendus
beziehungsweise (bzw.) 1 ou (plus exactement / selon le cas) 2 respectivement
beziffern 1 *die Seiten ~* numéroter les pages 2 *den Sachschaden ~* chiffrer / évaluer les dégâts ◆ *sich ~* (auf A) s'élever à
Bezirk m -e district m, circonscription f
bezug : *in ~ auf jn / etw* en ce qui concerne, relativement (à), quant (à)
Bezug m ¨e 1 housse f, taie f, draps mpl 2 pl *die monatlichen Bezüge* les revenus mpl mensuels, les appointements mpl ◆ ø 1 *der ~ einer Zeitung* l'abonnement m à un journal 2 *auf etw ~ nehmen* se référer à qch

bezüglich (G) au sujet de, en ce qui concerne
bezugsfertig : *das Haus ist ~* la maison est prête à être habitée
bezwecken viser (à), avoir pour but
bezweifeln mettre en doute, douter de *nicht zu ~* indubitable
bezwingen* 1 *einen Gegner ~* vaincre un adversaire 2 *einen Berg ~* atteindre un sommet; (fig) *die Neugier ~* réfréner sa curiosité ◆ *sich kaum ~ können* avoir du mal à se maîtriser
BGB n → *bürgerliches Gesetzbuch* code m civil
BGS m → **Bundesgrenzschutz** police f des frontières
BH m → **Büstenhalter**
bibbern : (fam) *vor Kälte ~* être frigorifié, trembler de froid
Bibel f -n la Bible, bible f
Biber m - castor m
BibliothekarIn m -e f -nen bibliothécaire m f
bieder brave, simple; (péj) simplet
biegen* 1 *einen Draht ~* plier / courber un fil de fer; *den Kopf ~* baisser / courber la tête; (tech) cintre; (péj) manipuler ◆ <sein> (um A) *um die Ecke ~* tourner au coin de la rue ◆ *sich unter der Last von etw ~* se courber, ployer; (fig) *sich vor Lachen ~* être plié en deux, se tordre de rire; *auf Biegen und Brechen* coûte que coûte
biegsam souple, flexible
Biene f -n abeille f
Biennale f -n biennale f
Bier n -e bière f *helles ~* bière blonde; (fam) *das ist nicht mein ~* ce ne sont pas mes oignons; (fam) *etw wie saures ~ an=preisen* essayer de fourguer qch
Bierlokal n -e brasserie f
Biest n -er bête f; (fig) *ein süßes ~* une séductrice; *ein gemeines ~* une garce
bieten* 1 *jm etw ~* offrir / proposer qch à qqn; (fig) *jm die Stirn ~* tenir tête à qqn 2 *wieviel bietest du?* tu donnes combien?; *wer bietet mehr?* qui dit mieux?; *höher ~ als* surenchérir, faire une offre supérieure; (jeu) commencer, avoir la main ◆ 1 *hier bietet sich eine Gelegenheit* il y a là une occasion à saisir 2 *ein schreckliches Bild bot sich uns* une image atroce s'offrit à nos yeux ◆ *sich* (D) *etw nicht ~ lassen* ne pas admettre / tolérer qch; *sich* (D) *alles ~ lassen* tout accepter
Bilanz f -en bilan m *aktive / passive ~* balance f positive / déficitaire
Bild n -er 1 image f, illustration f, photo f; (fig) *ein ~ des Jammers* la souffrance incarnée; *ein ~ von einem Mann* un très bel homme 2 (art) peinture f, toile f, ta-

bleau m; (th) tableau **3** (fig) **sich (D) ein ~ von jm machen** se faire une idée f/image de qqn; **über etw im ~e sein** être au courant de qch

bilden 1 *einen Kreis* ~ former un cercle; *einen Verein* ~ fonder une association; *die Regierung* ~ former le gouvernement **2** constituer; *die Grenze* ~ marquer la frontière; *einen Bestandteil* ~ être un composant, entrer dans la composition **3** *politisch* ~ donner une formation politique **3** (gram) *Sätze* ~ faire/construire des phrases; *das Verb bildet kein Passiv* le verbe n'a pas de forme passive **4** *sich (D) ein Urteil* ~ se faire une opinion ◆ **sich ~ 1** se former **2** *sich durch Lesen* ~ s'instruire, se cultiver en lisant

bildend formateur, -trice, instructif, -ive, éducatif, -ive ~*e Kunst* arts plastiques; ~*er Künstler* plasticien

Bilderbuch n ¨er livre m d'images, album m

Bilderrahmen m - cadre m
Bilderrätsel n -se rébus m
Bildfläche f ø (fam/fig) *auf der* ~ *erscheinen* faire son apparition, débarquer; *von der* ~ *verschwinden* disparaître de la circulation

bildhaft imagé, métaphorique
BildhauerIn m f sculpteur m
bildhübsch ravissant
bildlich: *etw* ~ *dar=stellen* décrire qch de manière imagée/métaphorique

Bildnis n -se portrait m, effigie f
Bildplatte f -se vidéodisque m
Bildröhre f -n tube m cathodique
Bildschirm m -e écran m ~*text (Btx)* m -e vidéotexte m

Bildung f -en **1** *die* ~ *der Regierung* la formation f du gouvernement **2** instruction f *eine umfassende* ~ une bonne culture f générale

Bildungslücke f -n lacune f
Bildungswesen n ø enseignement m, éducation f

billig 1 pas cher, bon marché; (fig/fam) ~ *davon=kommen* s'en tirer à bon compte; (péj) *ein* ~*er Wein* de la piquette f **2** (fig) *eine* ~*e Ausrede* une mauvaise excuse; *ein* ~*er Witz* une plaisanterie facile; *ein* ~*er Trost* une piètre consolation

billigen approuver, consentir à
bim ! ~ *bam* ! ding ! dong !
Bimbam m ø (ach du) *heiliger* ~ ! mon Dieu !

bimmeln (fam) tinter, sonner
Binde f -n **1** bande f, bandage m; *eine* ~ *vor dem Auge* bandeau m sur l'œil; (fam) serviette f hygiénique; *den Arm in der* ~ *tragen* avoir le bras en écharpe **2** (fam) *sich einen hinter die* ~ *gießen* s'en envoyer un derrière la cravate

Bindegewebe n ø tissu m conjonctif
Bindeglied n -er lien m
Bindehautentzündung f -er conjonctivite f
Bindemittel n - liant m
binden* 1 *Korn zu Garben* ~ lier le blé en gerbes; *an etw (A)* ~ attacher à qch; *Blumen* ~ faire un bouquet de fleurs; *eine Schleife* ~ nouer un ruban; *ein Buch* ~ relier un livre; *die Sauce* ~ lier une sauce; (fig) *das Projekt bindet enorme Mittel* le projet requiert/met en jeu d'énormes moyens ◆ **sich** ~ s'engager

bindend qui engage *ein* ~*es Versprechen* un engagement m
Bindestrich m -e trait m d'union
Bindewort n ¨er conjonction f
Bindfaden m ¨en ficelle f; (fig) *es regnet Bindfäden* il pleut des cordes
Bindung f -en **1** (ski) fixation f **2** *eine vertragliche* ~ un engagement m par contrat; (fig) attachement m; (fam) *eine* ~ *ein=gehen* se mettre en ménage; (gram) liaison f **3** (chim) liaison

binnen ~ *drei Stunden* en l'espace de trois heures; ~ *kurzem* d'ici peu
Binnenhafen m ¨ port fluvial
Binnenland n ¨er intérieur m du pays
Binnenmarkt m ø marché m intérieur; *europäischer* ~ grand marché européen
Binse f -n jonc m; (fam) *in die* ~*n gehen* être fichu
Binsenweisheit f -en lapalissade f
Biologie f ø biologie f
Birke f -n bouleau m
Birnbaum m ¨e poirier m
Birne f -n **1** poire f **2** (élec) ampoule f **3** (fam) *eine weiche* ~ *haben* ne rien avoir dans la caboche/le citron

bis (A) 1 ~ *Montag* d'ici lundi; ~ *gleich !* ~ *später !* à tout à l'heure **2** ~ *München* jusqu'à Münich; *von unten* ~ *oben* de haut en bas; *von Anfang* ~ *Ende* du début à la fin ◆ **1** ~ *auf den letzten Pfennig* jusqu'au dernier sou; ~ *auf zwei* sauf deux **2** *Kinder* ~ *10 Jahre* enfants de moins de 10 ans; *in 2* ~ *3 Tagen* 2 ou 3 jours; *100* ~ *150 Leute* de 100 à 150 personnes **3** ~ *50 Mitglieder* jusqu'à 50 membres ◆ *warten*, ~ attendre que/jusqu'à ce que (subj)

Bisam m -e rat m musqué
Bischof m ¨e évêque m
bisexuell 1 bisexué **2** bisexuel, -le
bisher jusqu'ici, jusqu'à présent
Biß m -sse morsure f, coup m de dent
bißchen : *ein* ~ un peu (de); *kein* ~ *Lust* pas la moindre envie; (fam) *ach, du liebes* ~ ! oh là là !
Bissen m - bouchée f, morceau m; (fig/fam) *ein fetter* ~ une bonne affaire f aubaine f; (fam) *sich (D) jeden* ~ *vom*

Mund ab=sparen se serrer la ceinture ; *jm keinen ~ gönnen* ne pas lâcher une miette (de qch) à qqn
bissig qui mord *~er Hund* chien méchant ; *(fig) eine ~e Bemerkung* une remarque acerbe/cinglante ; *ein ~er Ton* un ton mordant/caustique
Bistum *n* ¨er diocèse *m*, évêché *m*
bisweilen parfois, de temps à autre
Bitte *f -n* demande *f*, prière *f*, requête *f* *mit der ~ um* en vous priant de, prière de
bitte s'il vous/te plaît *~ schön !* de rien ! je vous/t'en prie ; *wie ~ ?* comment ? pardon ? ; *hier ~ !* voilà !
bitten* 1 *jn um etw ~* demander qch à qqn ; *ich bitte Sie !* je vous en prie ! 2 *jn zum Essen ~* inviter qqn à passer à table ; *jn zu sich ~* faire venir qqn ; *darf ich ~ ?* voulez-vous m'accorder cette danse ?
bitter amer, -ère ; *(fig) ein ~er Hohn* une moquerie acerbe ; *~e Kälte* un froid vif/rigoureux ◆ *etw ~ nötig haben* avoir absolument besoin de qch
Bitterkeit *f ø* amertume *f*
bizarr bizarre
Bizeps *m -e* biceps *m*
blähen gonfler, faire gonfler ◆ *Hülsenfrüchte ~* les légumes secs ballonnent le ventre/donnent des gaz ◆ se gonfler
Blähung *f -en* 1 gonflement 2 ballonnement ◆ *~en haben* faire de l'aérophagie, *(fam)* avoir des gaz *mpl*
blamabel honteux, -euse
Blamage *f -n* honte *f*
blamieren : *jn ~* couvrir qqn de ridicule, faire honte à qqn ◆ *sich ~* se couvrir de ridicule/honte
blank 1 brillant *~e Stiefel* des bottes reluisantes ; *ein ~er Fußboden* un sol étincelant ; *ein ~es Licht* une lumière claire ; *(fig) mit ~er Waffe* à l'arme blanche 2 *(fig) ich bin total ~* je suis complètement à sec ; *das ist ~er Unsinn* c'est de la pure bêtise
Blankoscheck *m -s* chèque *m* en blanc
Blase *f -n* 1 bulle *f* 2 *(pied)* ampoule *f* 3 *(méd)* vessie *f* 4 *(fam) die ganze ~* toute la bande *f*, la clique *f*
blasen* : *in etw (A) ~* souffler dans qch *(mus) Trompete ~* jouer de la trompette ; *(fig/fam) in dasselbe Horn ~* faire chorus, donner le même son de cloche ◆ *jm den Marsch ~* sonner les cloches à qqn ; *Trübsal blasen* broyer du noir
blasiert blasé
Blasinstrument *n -e* instrument *m* à vent
Blaskapelle *f -n* fanfare *f*
blasphemisch blasphématoire
blaß pâle, blême, livide, blafard *~ werden* pâlir, *(couleur)* passer, se décolorer ;

(fig) eine blasse Hoffnung un vague/pâle espoir ; *ein blasser Vortrag* un exposé terne ; *keine blasse Ahnung von etw haben* ne pas avoir la moindre idée de qch
Blatt *n* ¨er 1 feuille *f* 2 *ein Blatt Papier* une feuille de papier ; *vom ~ lesen* lire son texte ; *(fig/fam) ein unbeschriebenes ~ sein* être novice ; *kein unbeschriebenes ~ sein* avoir déjà une sacrée réputation, être rodé ; *das steht auf einem anderen ~* c'est une autre histoire ; *kein ~ vor den Mund nehmen* ne pas y aller par quatre chemins, ne pas mâcher ses mots 3 *ein regionales ~* un journal *m* régional 4 *(cartes)* jeu *m* ; *(fig) das ~ hat sich gewendet* la chance a tourné 5 *(tech)* pale *f* (d'une rame), lame *f* (d'une scie)
Blatter *f -n* pustule *f ~n* variole *f*
blättern 1 *in einem Buch ~* feuilleter un livre 2 *Scheine auf den Tisch ~ (fam)* aligner des billets
Blätterteig *m -e* pâte *f* feuilletée
Blattlaus *f* ¨e puceron *m*
Blattpflanze *f -n* plante *f* verte
Blattsalat *m -e* laitue *f*
blau bleu *ein ~er Fleck* un bleu ; *(fam) ~ sein* être soûl/rond
Blau *n (s)* bleu *m*
blauäugig : *~ sein* avoir les yeux bleus ; *(fig)* être naïf, -ive
Blaue *n ø* : *(fam) das ~ vom Himmel lügen* mentir comme un arracheur de dents ; *das ~ vom Himmel versprechen* promettre monts et merveilles ; *eine Fahrt ins ~* un voyage surprise
Blaubeere *f -n* myrtille *f*
Blaulicht *n -er* gyrophare *m*
blau=machen *(fam)* ne pas aller au boulot
Blech *n -e* 1 tôle *f*, fer-blanc *m* 2 plaque *f* de four ◆ *ø (fam) ~ reden* raconter des âneries *fpl*
Blechblasinstrument *n -e* cuivre *m*
blechen *(fam)* casquer, cracher
blechern en/de tôle/fer-blanc ; *(fig) ein ~er Klang* un son métallique
Blechschere *f -n* cisailles *fpl*
Blei *n -e* plomb *m* ; *(fig) ~ in den Gliedern haben (fam)* avoir les muscles en compote, être rétamé ; *etw liegt jm wie ~ im Magen* avoir des lourdeurs d'estomac
Blei *m* →Bleistift
Bleibe *f ø* endroit *m* où loger, gîte *m*, logis *m keine ~ haben* être sans abri
bleiben* *‹sein›* 1 rester *wo ~ die Kinder ?* où sont (passés) les enfants ? ; *~ Sie am Apparat !* restez en ligne ! ne coupez pas ! ; *sitzen ~* rester assis, *(fig)* redoubler ; *(fig) das bleibt unter uns* que cela reste entre nous 2 *bei der Wahrheit ~* s'en tenir à la vérité ; *am Leben ~* rester en vie ; *du bist ganz der Alte geblieben* tu es

toujours le même, tu n'as pas changé ; *es bleibt dabei !* ce qui est dit est dit **3** *(fam) er ist im Krieg geblieben (non/fam)* il est mort à la guerre ♦ *es bleibt zu wünschen, daß* il ne reste plus qu'à espérer que
bleibend qui ne s'efface pas, durable
bleiben-lassen* laisser (tomber) *laß das bleiben !* arrête ! ; *wenn Sie nicht wollen, lassen Sie es (eben) bleiben* c'est à prendre ou à laisser
bleich pâle, blême, blafard
bleichen* blanchir
bleiern de/en plomb ; *(fig) ~e Müdigkeit* une fatigue à vous couper les jambes
bleifrei sans plomb
bleihaltig qui contient du plomb, plombifère
Bleistift *m -e* crayon *m* *~spitzer m* taille-crayon *m*
Blende *f -n* **1** écran *m* de protection **2** *(photo)* diaphragme *m bei ~ 8* avec une ouverture *f* de 8 **3** *(archi)* fausse ouverture *f*, trompe-l'œil *m* **4** *(couture)* bande *f* (de tissu), bordure *f*
blenden éblouir, aveugler ♦ *sich von jm/durch etw ~ lassen* se laisser éblouir par qqn/qch
blendend éblouissant, aveuglant ; *(fig/fam) eine ~e Idee* une idée lumineuse ♦ *du siehst ~ aus !* tu es rayonnante !
Blick *m ø* **1** *auf den ersten ~* au premier coup *m* d'œil ; à première vue *f* ; *Liebe auf den ersten ~* coup *m* de foudre ; *(fig) ein geschulter ~* un œil *m* averti/d'expert **2** *~ aufs Meer* vue sur la mer ♦ *-e regard m*
blicken regarder, jeter un coup d'œil ♦ *na, läßt du dich auch mal wieder ~ ?* alors, on te voit un de ces jours ? **2** *das läßt tief ~* cela en dit long
Blickfang *m ø* point *m* de mire
Blickpunkt *m -e* point de vue ; *(fig) im ~ der Öffentlichkeit stehen* être au premier plan
Blickwinkel *m -* *(fig) aus diesem ~ betrachtet* vu sous cet angle *m*
blind **1** aveugle *auf einem Auge ~* aveugle d'un œil, borgne **2** *~er Alarm* fausse alerte ; *ein ~es Fenster* une fenêtre aveugle ; une fausse fenêtre **3** *terne ~es Zinn* étain mat ♦ aveuglément *jm ~ vertrauen* faire une confiance aveugle à qqn ; *~ darauf los=gehen* foncer dans le brouillard
Blinddarm *m ¨e* appendice *m*
Blinddarmentzündung *f -en* appendicite *f*
Blinde/r aveugle *m f*
Blindenschrift *f ø* braille *m*
Blindflug *m ¨e* vol *m* sans visibilité
Blindgänger *m -* **1** obus *m* bombe *f* non éclaté(e) **2** *(fam)* raté *m*, pauvre type *m*
Blindheit *f ø* cécité *f* ; *(fig)* aveuglement

blindlings : *jm ~ folgen* suivre aveuglément qqn ; *~ los=rennen* foncer tête baissée
Blindschleiche *f -n* orvet *m*
blinken **1** *die Sterne ~* les étoiles scintillent **2** *vor dem Abbiegen ~* mettre le clignotant avant de tourner
Blinker *m -* clignotant *m*
blinzeln cligner des yeux
Blitz *m -e* **1** éclair *m*, foudre *f* ; *(fam) wie ein ~ aus heiterem Himmel* comme un coup de tonnerre ; *die Nachricht schlug wie ein ~ ein* la nouvelle fit l'effet d'une bombe **2** *(photo)* flash *m*
Blitzableiter *m -* paratonnerre *m*
blitzen **1** étinceler, briller **2** *es blitzt* il y a des éclairs ; *(fig) seine Augen ~ vor Zorn* ses yeux lancent des éclairs **3** *(fam)* prendre au flash
Blitzkrieg *m -e* guerre *f* éclair
Blitzlicht *n -er* flash *m*
blitzsauber étincelant de propreté, *(fam)* très propre, nickel
blitzschnell rapide comme l'éclair ♦ à la vitesse de l'éclair
Block *m ¨e* **1** bloc *m* **2** bloc *ein ~ Briefmarken* un carnet *m* de timbres **3** *(pol)* bloc ♦ *-s* **1** bloc, pâté *m* de maisons **2** *(sp) einen ~ bilden* se mettre en défense, faire un mur
Blockade *f -n* blocus *m*
Blockflöte *f -n* flûte *f* à bec
Blockfreiheit *f ø* non-alignement *m*
blockieren **1** *die Zufahrt ~* bloquer/barrer/obstruer le passage ; *(tech)* verrouiller **2** *die Stromzufuhr ~* couper l'électricité
Blockierung *f -en* blocage *m* ; *(tech)* verrouillage *m*
blöd(e) bête, stupide ; *(fam) zu ~, daß* c'est vraiment trop bête que ; *~er Kerl !* imbécile !
blödeln *(fam)* raconter des vannes
Blödheit *f -en* bêtise *f*, imbécillité *m f*
Blödian *m -e* imbécile *m f*
Blödsinn *m ø* bêtise(s) *f (pl)*
blöken bêler
blond blond
blondieren blondir
Blondine *f -n* (belle) blonde *f*
bloß : *mit ~em Auge* à l'œil nu ; *auf der ~en Erde* à même le sol ; *der ~e Gedanke (an A)* le simple fait/rien que de penser (à) ♦ *er denkt ~ an sich* il ne pense qu'à lui ; *nicht ~, sondern auch* non seulement, mais encore ; *wo bleibst du ~ ?* où es-tu donc ?, mais où es-tu ? ; *was soll ich ~ machen* ; qu'est-ce que je peux bien faire ?
Blöße *f -en* nudité *f* ; *(fig)* point *m* faible ; *sich (D) eine ~ geben* donner prise à

bloß=legen

son adversaire, découvrir le défaut de la cuirasse

bloß-legen mettre à nu, dégager; *(fig)* mettre au jour, révéler

bloß-stellen démasquer, mettre en difficulté

blubbern marmonner

bluffen [bləfn] bluffer

blühen fleurir; *(fig) das Geschäft blüht* les affaires sont prospères *(fam) wer weiß, was uns noch blüht!* allez savoir ce qui va encore nous arriver/nous tomber dessus!

blühend en fleurs, fleuri; *(fig)* florissant, prospère *im ~en Alter* à la fleur de l'âge; *~e Phantasie* imagination débordante; *das ist ~er Unsinn!* c'est de la pure idiotie!

Blume *f* **-n 1** fleur *f*; *(fig) vielen Dank für die ~!* merci pour le compliment!; *etw durch die ~ sagen* dire qch à mots couverts **2** *(vin)* bouquet *m*; *(bière)* faux col

Blumenerde *f* ø terreau *m*

Blumengeschäft *n* -e magasin *m* de fleurs, fleuriste *m*

Blumenkohl *m* ø chou-fleur *m*

Blumentopf *m* ¨e pot *m* de fleur

blumig fleuri

Bluse *f* -n chemisier *m*, blouse *f*

Blut *n* ø sang *m*; *(fig/fam) ruhig ~!* du calme!; *ruhig ~ bewahren* garder la tête froide; *~ und Wasser schwitzen* avoir une peur bleue; *~ geleckt haben (non fam)* avoir pris goût à qch; *jn bis aufs ~ reizen (non fam)* porter sur les nerfs

Blutalkohol *m* ø alcoolémie *f*

blutarm 1 anémique **2** pauvre comme Job

Blutbank *f* -en banque *f* du sang, centre *m* national de transfusion sanguine

Blutbild *n* -er formule *f* sanguine, hémogramme *m*

Blutdruck *m* ø tension *f* artérielle

Blüte *f* ø floraison *f in ~ stehen* être en fleur(s); *(fig)* apogée *m in der ~ seiner Jahre* à la fleur de l'âge ◆ **-n 1** fleur(s) *f (pl)* **2** *(fam>non fam)* faux billet *m*

Blutegel *m* - sangsue *f*

bluten saigner

Blütenblatt *n* ¨er pétale *m*

Bluter *m* *f* - hémophile *m f*

Bluterguß *m* ¨sse hématome *m*

Blutgefäß *n* ¨e vaisseau *m* sanguin

Blutgruppe *f* -n groupe *m* sanguin

Bluthochdruck *m* ø hypertension *f* (artérielle)

blutig ensanglanté, taché de sang *eine ~e Schlacht* un combat sanglant; *(fig) ein ~er Anfänger* un bleu, un novice; *das ist mein ~er Ernst* je suis tout ce qu'il y a de plus sérieux

Blutkörperchen *n* - globule *m*

Blutrache *f* -n vendetta *f*

blutstillend hémostatique

Blutsturz *m* ¨e hémorragie *f*

blutsverwandt parent (par le sang)

Blutung *f* -en hémorragie *f*, saignement *m seine ~ haben* avoir ses règles

Blutvergiftung *f* -en septicémie *f*

Blutwurst *f* ¨e boudin *m*

Blutzucker *m* ø glycémie *f*

BLZ →**Bankleitzahl**

Bö *f* -en rafale *f*

Bock *m* ¨e **1** bouc *m*, bélier *m*, chevreuil *m*; *(fig) einen ~ schießen* faire une boulette *f*/gaffe *f*; *(fam) keinen ~ auf etw haben* ne pas être fana de qch; *Null ~!* ras le bol!; *(fig/fam) sturer ~!* quelle tête de cochon!; *(vulg) geiler ~!* obsédé! **2** *(tech)* support *m*, tréteau *m*, chevalet *m*

bocken se cabrer, refuser d'obéir *der Motor bockt* le moteur a des ratés

bockig têtu; *(fam)* cabochard

Bockwurst *f* ¨e (grosse) saucisse *f*

Boden *m* ¨ **1** sol *m*, terre *f*; *(fam) etw nicht aus dem ~ stampfen können* ne pas pouvoir faire qch d'un coup de baguette magique; *wie aus dem ~ gewachsen* subitement **2** sol *m*, plancher *m*; *(fam) jm den ~ unter den Füßen weg-ziehen* glisser une peau de banane à qqn; *den ~ unter den Füßen verlieren (non fam)* perdre pied; *festen ~ unter den Füßen haben* avoir les reins solides; savoir où l'on met les pieds ◆ ø *(fig) auf dem ~ der Verfassung* sur le terrain m de la constitution; *(fam) an ~ gewinnen* gagner du terrain

Bodenabwehr *f* ø défense *f* terrestre

Bodenhaftung *f* ø adhérence *f* (au sol)

bodenlos sans fond; *(fam>non fam)* inouï, incroyable

Bodenreform *f* -en réforme *f* agraire

Bodenschätze *mpl* richesses *fpl* naturelles

Bogen *m* ¨ **1** courbe *f einen ~ um die Stadt machen* contourner la ville; *(fam) in hohem ~ hinaus-fliegen* se faire jeter; *einen ~ um jn machen* faire un détour pour éviter qqn **2** *der ~ eines Kreises* l'arc *m* d'un cercle; *(fam) den ~ heraus-haben* avoir trouvé le truc **3** *(archi)* arc *m*, cintre *m*, arceau *m* **4** arc *m*; *(fam) den ~ überspannen* trop tirer sur la corde **5** *ein ~ Papier* une feuille *f* de papier

bogenförmig arqué, voûté, cintré

Bohle *f* -n madrier *m*

böhmisch de Bohème; *(fig) das sind ~e Dörfer* c'est du chinois/de l'hébreu

Bohne *f* -n **1** haricot *m*; *(fam) ~n in den Ohren haben* avoir les portugaises ensablées; *nicht die ~!* pas du tout! **2** grain *m* de café

Bohnenkaffee *m* ø café *m*

Bohnenkraut *n* ø sarriette *f*

Bohnerbesen *m* - cireuse *f*
bohnern cirer, encaustiquer
bohren 1 percer ◆ *(dentiste)* passer la roulette 2 forer *nach Öl* ~ faire des forages de prospection pétrolière ; *(fig/fam)* insister 3 *(douleur)* tenailler
bohrend : *ein ~er Schmerz* une douleur aiguë
Bohrer *m* - 1 perceuse *f* 2 *(dentiste)* fraise *f*, roulette *f*
Bohrmaschine *f* -n perceuse *f*, foreuse *f*
Bohrinsel *f* -n plate-forme *f* de forage
Bohrung *f* -en forage *m* ~ *eines Tunnels* percement *m* d'un tunnel
Boiler *m* - chauffe-eau *m*
Boje *f* -n bouée *f*
Bollwerk *n* -e bastion *m* ; *(fig)* rempart *m*
Bolschewismus *m* ø bolchevisme *m*
bolzen *(fam)* jouer au foot [fut]
Bolzen *m* - 1 boulon *m* ; *(bois)* cheville *f* 2 flèche *f*
bombardieren bombarder
bombastisch *(péj)* emphatique, ampoulé, ronflant
Bombe *f* -n bombe *f* ; *(fam) die ~ ist geplatzt (non fam)* ce que tout le monde craignait est arrivé
Bombenangriff *m* -e bombardement *m*
Bombenerfoig *m* ø *(fam)* succès *m* fou
bombenfest à l'épreuve des bombes ; *(fam)* sûr et certain
Bombenflugzeug *n* -e bombardier *m*
Bombengeschäft *n* -e *(fam)* affaire *f* en or
Bomber *m* - bombardier *m*
Bon [bɔ̃ː] *m* -s 1 ticket *m* de caisse 2 ticket *m* de restaurant
bongen : *(fam) ist gebongt !* ça marche !
Bonus *m* -se prime *f*, bonification *f*
Boot *n* -e bateau *m*, barque *f*, embarcation *f* ; *(fam) in einem/im gleichen ~ sitzen* être dans la même galère ; être logé à la même enseigne
Bor *n* ø bore *m*
Bord *n* -e étagère *f*, rayon *m*
Bord *m* ø : *an ~* à bord ; *(fig) etw über ~ werfen* se débarrasser de qch ; *(fam)* jeter qch par-dessus bord
Bordell *n* -e maison *f* close ; *(fam)* bordel *m*
Bordstein *m* -e bordure *f* de trottoir
borgen : *jm etw ~* prêter qch à qqn ; *sich (D) etw ~* emprunter qch
Borke *f* -n écorce *f*
borniert arrogant
Börse *f* -n 1 Bourse *f* 2 bourse, porte-monnaie *m*
BörsenmaklerIn *m f* agent *m* de change, courtier *m* -ère *f* en bourse
Borste *f* -n poil *m* de porc, soie *f*

borstig couvert de poils ; *(fig/fam)* grincheux, -euse, revêche ; de mauvais poil
Borte *f* -n galon *m*, bordure *f*
bösartig méchant, malfaisant, hargneux ; *(méd)* malin, maligne
Bösartigkeit *f* ø méchanceté *f*
Böschung *f* -en talus *m* ; *(rivière)* berge *f*
böse 1 méchant *du bist ein ~es Kind* tu es vilain 2 ~ *werden* se fâcher 3 *(fig)* grave ; ~ *Zeiten* temps difficiles ◆ *das endet ~* cela va mal finir ; *jn ~ an=schauen* lancer un regard noir à qqn ; *jm ~ sein* en vouloir à qqn, être fâché contre qqn ; *ich habe es nicht ~ gemeint* je ne pensais pas à mal
Böse / r méchant *m* -e *f* *(rel) der ~* le diable *m* / malin *m*
Böse(s) *n* : *etw ~s ahnen* avoir de sombres pressentiments ; ~ *mit Gutem vergelten* rendre le bien pour le mal *m*
boshaft méchant *eine ~e Bemerkung* une remarque malveillante ; *ein ~er Streich* un mauvais tour ◆ avec/par méchanceté
Boshaftigkeit *f* ø : *aus reiner ~* par pure méchanceté *f* ◆ -en *~en von sich geben* dire des méchancetés
böswillig malveillant, malintentionné ◆ ~ *handeln* commettre un acte de malveillance
Böswilligkeit *f* ø malveillance *f*
Botanik *f* ø botanique *f*
Bote *m* -n messager *m* ; coursier *m* ; *durch ~n* par porteur *m*
Botschaft *f* -en 1 ambassade *f* 2 *eine ~ überbringen* transmettre un message *m*
BotschafterIn *m f* ambassadeur *m*, -drice *f*
Bottich *m* -e bac *m*, cuve *f*
Boulevardpresse *f* ø presse à sensation
Box *f* -en 1 box *m* 2 enceinte *f* (de haut-parleurs)
boxen boxer ◆ *sich ~* se battre ; *(fam) sich durch die Menge ~* jouer des coudes
Boxer *m* - boxeur *m*
boykottieren boycotter
brach en friche / jachère, inculte
Brachiagewalt *f* ø force *f* brutale
Branche *f* -n branche *f* (d'activité)
Branchenverzeichnis *n* -se pages jaunes de l'annuaire
Brand *m* ¨e incendie *m*, feu *m* *in ~ stecken* mettre le feu à, incendier ; *in ~ geraten* s'embraser, prendre feu ◆ ø *(méd)* gangrène *f*, nécrose *f*
Brandbombe *f* -n bombe *f* incendiaire
branden *(gegen* A*)* déferler (sur), se briser (contre/sur)
brandmarken : *(fig) Mißstände ~* stigmatiser / dénoncer des malversations

Brandung

Brandung f ø déferlement m (des vagues), ressac m
Branntwein m -e eau-de-vie f
braten* faire rôtir *in der Pfanne* ~ faire cuire/frire à la poêle ; *(fig) in der Sonne* ~ se dorer au soleil
Braten m - rôti m ; *(fam) ein fetter* ~ un joli paquet, le gros lot
Bratkartoffeln fpl pommes fpl de terre sautées
Bratpfanne f -n poêle f à frire
Bratröhre f -n four m
Bratsche f -n alto m
Bratwurst f ¨e saucisse (à griller)
Brauch m ¨e usage m, coutume f, tradition f
brauchbar 1 qui peut servir, utilisable **2** adéquat, qui peut être utile
brauchen 1 avoir besoin de *er braucht nicht zu kommen* ce n'est pas la peine qu'il vienne ; *etw nicht* ~ *(können)* ne pas avoir l'utilité de qch ; *viel Benzin* ~ consommer beaucoup d'essence ; *zwei Stunden* ~ mettre deux heures ; *man braucht nur zu klingeln* il n'y a qu'à/il suffit de sonner ; *das braucht nicht erwähnt zu werden* inutile d'en parler **2** se servir de
Braue f -n sourcil m
brauen brasser
Brauerei f -n brasserie f
braun 1 brun, marron ~*e Haare* des cheveux châtains **2** bronzé, basané ~ *werden* bronzer
Braun n - brun m, marron m
Bräune f ø bronzage m, hâle m
bräunen 1 *die Haut* ~ se faire bronzer **2** *Fleisch* ~ faire dorer/rissoler de la viande ; (sucre) faire caraméliser **3** *Metall* ~ brunir du métal ◆ *sich* ~ *lassen* se faire bronzer
Braunkohle f ø lignite m
bräunlich brunâtre
Brause f -n **1** douche f **2** limonade f
brausen 1 *(mer)* gronder ; *(vent)* mugir **2** ◆ <sein> *(auto)* passer en trombe, rouler à tombeau ouvert ◆ *sich* ~ se doucher
brausend *(fig)* ~*er Beifall* un tonnerre d'applaudissements
Braut f ¨e fiancée f, mariée f
Bräutigam m -e fiancé m, marié m
Brautpaar n -e mariés mpl
brav 1 (bien) brave, gentil **2** *ein* ~*es Kind* un enfant très gentil/mignon/facile ; *sei ganz* ~ *!* sois bien sage !
Bravour [braˈvuːʀ] f ø **1** virtuosité f *mit* ~ avec brio m **2** bravoure f
BRD f R.F.A. f →**Bundesrepublik Deutschland**
Brecheisen n - pince-monseigneur f, levier m
brechen* **1** *etw in Stücke* ~ réduire qch en morceaux ; *sich (D) ein Bein* ~ se casser une jambe ; *(fig) das Schweigen* ~ rompre/briser le silence ; *die Ehe* ~ commettre un adultère ; *sich (D) Bahn* ~ se faire jour ; *js Widerstand* ~ forcer/vaincre la résistance de qqn ◆ **1** vomir **2** *der Ast bricht* la branche (se) casse **3** *mit jm* ~ rompre avec qqn ◆ *sich* ~ *(vagues)* se briser ; *(lumière)* se réfracter
Brechen n : *(fig) zum* ~ *voll* plein à craquer
brechend : ~ *voll* plein à craquer
Brechmittel n - vomitif m ; *(fig) er ist das reinste* ~ *!* il est absolument répugnant !
Bredouille [bredulja] f -n *(fam) in der* ~ *sein* être dans le pétrin
Brei m -e **1** bouillie f **2** purée ; *(fam) um den heißen* ~ *herum=reden* tourner autour du pot
breit large **2** *Meter* ~ de 2 mètres de large ; *weit und* ~ à perte de vue, à la ronde ; ~*er werden* s'élargir ; **breit=drücken** aplatir
Breite f -n largeur f *nördliche* ~ latitude f Nord ; *(fig)* étendue f, ampleur f ; *(fam) in die* ~ *gehen* prendre des rondeurs
breiten *(über A)* étendre (sur)
Breitengrad m -e degré m de latitude, parallèle m
breitgefächert varié
breit=machen sich prendre ses aises
breit=schlagen : *(fig) jn* ~ *(fam)* faire craquer qqn ◆ *(fig) sich* ~ *lassen (fam)* craquer
breitschult(e)rig de forte carrure, carré
breit=treten : *die Erde* ~ tasser la terre ; *(fam) du brauchst das nicht überall breitzutreten !* tu n'as pas besoin d'aller raconter ça partout !
Breitwandfilm m -e film m en cinémascope
Bremsbelag m ¨e garniture f de frein
Bremse f -n **1** frein m **2** *(zool)* taon m
bremsen freiner ◆ *(fig)* freiner *er ist nicht zu* ~ on ne peut pas l'arrêter
Bremslicht n -er (feu m de) stop m
brennbar inflammable, combustible
brennen* **1** brûler *Ziegel* ~ cuire des tuiles ; *Kaffee* ~ torréfier du café ; *Mandeln* ~ faire griller des amandes ; *Branntwein* ~ distiller **2** *(fig) darauf* ~, *etw zu tun* être impatient de faire qch ◆ **1** *das Licht brennt* la lumière est allumée **2** *es brennt !* au feu ! ; *das Haus brennt* la maison brûle/est en flammes **3** *(alcool)* brûler ; *(poivre)* piquer ◆ *ein gebranntes Kind scheut das Feuer* chat échaudé craint l'eau froide
brennend : *eine* ~*e Kerze* une bougie allumée ; *ein* ~*es Dorf* un village en flammes ; ~*er Schmerz* une douleur aiguë ; *(fig)* ~*es Interesse* un très vif intérêt ; *ein*

~es Problem un problème brûlant (d'actualité) ◆ **~ heiß** torride
Brennerei f -en distillerie f
Brennessel f -n ortie f
Brennmaterial n ø combustible m
Brennofen m ¨ four m
Brennpunkt m -e (optique) foyer m; (fig) centre m, cœur m
Brennstoff m -e combustible m
Brennweite f -n distance f focale
Bresche f -n : **eine ~ in die Mauer schlagen** ouvrir une brèche f dans un mur; (fig) **für jn in die ~ springen** voler au secours de qqn
Brett n -er **1** planche f; plateau m; étagère f **schwarzes ~** tableau m noir; (jeu) damier, échiquier; (fig/fam) **ein ~ vor dem Kopf haben** être bouché à l'émeri; **bei jm einen Stein im ~ haben** être dans les petits papiers de qqn **2** (pl) skis mpl; (boxe) **jn auf die ~er schicken** envoyer qqn au tapis m **3** pl (th) planches fpl, scène f
Brettchen n - planchette f
Brezel f -n bretzel m
Brief m -e **1** lettre f **blauer ~** lettre de licenciement **2 ein ~ Nadeln** un paquet m d'aiguilles; (fig/fam) **jm ~ und Siegel auf etw (A) geben** garantir qch à qqn **3** (éco) cours m
Briefbeschwerer m - presse-papiers m
Briefbombe f -n lettre piégée
BrieffreundIn -e -nen correspondant m -e f
Briefgeheimnis n ø secret m postal
Briefkarte f -n carte-lettre f
Briefkasten m ¨ boîte f aux lettres
brieflich par lettre / courrier / écrit
Briefmarke f -n timbre (-poste) m
Brieföffner m - coupe-papier m
BriefpartnerIn m f correspondant m -e f
Brieftasche f -n portefeuille m
BriefträgerIn m f facteur m, -trice f
Briefumschlag m ¨e enveloppe f
Briefwahl f ø vote m par correspondance
Brikett n -s briquette f
brillant brillant ◆ **~ aus=sehen** avoir une mine resplendissante
Brille f -n **1** lunettes fpl; (fig) **etw durch eine rosa ~ betrachten / an=sehen** voir tout en rose **2** lunette f / siège m de toilettes
Brillengestell n -e monture f (de lunettes)
bringen* **1** apporter; porter **2 Zinsen ~** rapporter des intérêts **3 jn zum Bahnhof ~** emmener qqn à la gare; **jn nach Hause ~** raccompagner / (fam) ramener qqn à la maison; (fig) **es weit ~** faire son chemin **4 jn auf etw ~** suggérer qch à qqn, donner à qqn l'idée de qch; (fam) **der Wagen bringt es auf 200 km pro Stunde** la voiture atteint les 200 km/h; **etw hinter sich (A) ~** arriver à qch, en finir avec qch; **jn in Gefahr ~** mettre qqn en danger; **mit sich ~** entraîner; **etw über sich (A) ~** prendre sur soi pour faire qch; **die Zeitungen ~ etw darüber** les journaux en parlent; **jn um etw ~** léser qqn de qch; (fam) **jn um die Ecke ~** refroidir qqn; **jn zu etw ~** conduire / amener qqn à faire qch; **zum Lachen ~** faire rire; **es zu etw ~** arriver à qch
brisant explosif, -ive **eine ~e Nachricht** un scoop [skup]
Brisanz f -en force f explosive, caractère m explosif
bröckeln émietter ◆ <sein> s'effriter
Brocken m - morceau m, bloc m; (fig) **ein paar ~ Französisch** quelques bribes fpl de français
brodeln bouillonner; (fig) être en ébullition
Brokat m -e brocard m
Brom n ø brome m
Brombeere f -n mûre f
Bronchie f -n bronche f
Bronchiti.s f .den bronchite f
Bronzezeit f ø âge m du bronze
Brosche f -n broche f
broschieren brocher
Broschüre f -n brochure f
Brot n ø : **~ essen** manger du pain m ◆ **~e machst du mir ein ~?** tu me fais une tartine f?
Brötchen n - petit pain m **ein belegtes ~** un sandwich m; (fig/fam) **seine ~ verdienen** gagner sa croûte
Broterwerb m ø gagne-pain m
Brotkorb m ¨e corbeille f à pain; (fig) **jm den ~ höher hängen** serrer les cordons de la bourse à qqn
brotlos sans travail; (fig) peu lucratif, ive
Bruch m ¨e **1 der ~ einer Achse** la rupture f d'un essieu; (fig) **~ eines Vertrages** violation f / rupture d'un contrat **2 in die Brüche gehen** se casser; (fig) **unsere Freundschaft geht in die Brüche** c'en est fini de notre amitié **3** (math) fraction f **4** (méd) fracture f **am ~ operieren** opérer d'une hernie f **5** (fam) **~ machen** faire de la casse f
Bruchbude f -n baraque f
brüchig : **~es Gestein** une roche friable; **~es Mauerwerk** un mur branlant; (fig) **mit ~er Stimme** d'une voix cassée
Bruchlandung f -en atterrissage m forcé
bruchstückhaft fragmentaire ◆ de manière fragmentaire, par bribes
Brücke f -n **1** pont m; (fig) **jm eine (goldene) ~ / (goldene) ~n bauen** tendre une perche à qqn, aider qqn à se sortir du pétrin **2** (méd) bridge m **3** carpette f

Brückengeländer 76

Brückengeländer n - balustrade f, parapet m
Bruder m ¨ frère m; (fam) *unter Brüdern gesagt* soit dit entre nous/amis
Bruderkrieg m -e guerre f fratricide
brüderlich fraternel, -le ◆ fraternellement
Brüderlichkeit f ø fraternité f
Brühe f -n 1 bouillon m; (fam) *die ~ trinke ich nicht!* je ne bois pas ce jus m de chaussettes! 2 (péj) *das ist ja eine ~!* quelle eau f dégoûtante!
brühen faire bouillir
brühwarm : (fam) *eine Nachricht ~ weiter=erzählen* rapporter une nouvelle toute chaude
Brühwürfel m - bouillon m en cube
brüllen (vache) mugir; (lion) rugir; (homme) *brüll nicht so!* arrête de brailler/hurler comme ça!; *vor Lachen ~* (non fam) rire à gorge déployée
Brummbär m -en (fam) ronchonneur m, grincheux
brummeln grommeler
brummen (ours) grogner; (insecte) bourdonner; (moteur) ronfler; (fig) grommeler, ronchonner, grogner; (fam) *er muß 5 Jahre ~* il en a pris pour 5 ans
Brummer m - (fam) mouche f à viande; (fig) *ein schwerer ~* (non fig) un poids lourd m
brummig (fam) bougon, ronchon
Brummschädel m - (fam) *einen ~ haben* avoir la gueule de bois
brünett brun
Brünette f -n -n une (jolie) brune
Brunnen m - : *einen ~ bohren* creuser un puits m; *der ~ auf dem Marktplatz* la fontaine f de la place du marché
brünstig en chaleur; (fig) ardent
brüsk brusque, rude
brüskieren brusquer
Brust f ¨e thorax m; (femme) poitrine f, sein(s) m (pl); (fig) *mit geschwellter ~* en bombant le torse m; *schwach auf der ~ sein* être fragile des bronches/des poumons; (fam) *sich an die ~ schlagen* (non fam) battre sa coulpe; *sich in die ~ werfen* rouler des mécaniques; *einen zur ~ nehmen* se rincer le gosier
brüsten sich (mit D) se vanter de, faire étalage de
Brustfell n ø plèvre f
Brustkorb m ø cage f thoracique
Brustschwimmen n ø brasse f
Brüstung f -en balustrade f, garde-fou m, parapet m
Brustwarze f -n mamelon m
Brut f -en couvée f ◆ ø (péj) *eine elende ~!* quelle engeance f!; *eine gefährliche ~* de la graine de voyous
brutal brute, brutal; (fam) super

Brutalität f ø brutalité f ◆ -en acte m de brutalité
Brutapparat m -e couveuse f artificielle, incubateur m
brüten couver; (fig) *über etw ~* réfléchir à qch
Brüter m - : *schneller ~* surgénérateur m
Bruthitze f ø (fig/fam) *das ist eine ~ hier!* c'est une véritable étuve f ici!
Brutkasten m ¨ couveuse f
brutto brut
Bruttoeinkommen n - revenu m brut
Bruttoregistertonne f -n tonneau m (de jauge brute)
Bruttosozialprodukt (BSP) n -e produit m national brut (P.N.B.)
brutzeln grésiller
Btx m → **Bildschirmtext**
Buch n ¨er 1 livre m; (fam) *für jn ein ~ mit sieben Siegeln sein* être une énigme pour qqn 2 livre de comptes *über etw ~ führen* tenir un compte exact de
BuchbinderIn m f relieur m, -euse f
BuchdruckerIn m f imprimeur
Buchdruckerei f -en imprimerie f
Buche f -n hêtre m
buchen 1 comptabiliser; (fig) *etw als Erfolg ~* enregistrer un succès 2 *eine Reise ~* faire une réservation (voyage)
Bücherbrett n -er étagère f
Bücherei f -en bibliothèque f
Bücherverbrennung f -en autodafé m
Buchfink m -en pinson m
Buchführung f -en comptabilité f
Buchgemeinschaft f -en club [klœb] m de livres
BuchhalterIn m f comptable m f
Buchhaltung f -en comptabilité f
Buchhandlung f -en librairie f
Buchsbaum m ¨e buis m
Buchse f -n (tech) manchon m; (élec) douille f
Büchse f -n 1 boîte f 2 carabine f
Büchsenmacher m - armurier m
Büchsenöffner m - ouvre-boîte m
Buchstabe m -n lettre f *großer ~* majuscule f; *kleiner ~* minuscule f; (fig) *sich auf seine vier ~n setzen* s'asseoir; *sich an den ~n klammern* prendre qch à la lettre
buchstabieren épeler
buchstäblich au pied de la lettre, à la lettre; (fig) littéralement
Bucht f -en baie f
Buchung f -en 1 comptabilisation f, écritures fpl 2 *die ~ einer Reise* la réservation f d'un voyage
Buckel m - bosse f; (fig) *einen breiten ~ haben* avoir le dos large; *den ~ hin=halten* prendre ça sur son dos

buckeln *(fam)* : *vor jm* ~ faire des courbettes à qqn

bücken sich se baisser, se pencher ◆ *gebückt gehen* marcher le dos courbé

bucklig bossu

Bucklige/r bossu *m* -e *f*

Bückling *m* -e **1** hareng *m* saur **2** *(fam) einen ~ machen* saluer qqn en s'inclinant

buddeln : *(fam) etw aus der Erde ~ (non fam)* déterrer qch ◆ faire des trous (dans); retourner la terre

buddhistisch bouddhique

Bude *f* -n **1** baraque *f*, stand ; *(péj)* crémerie *f* **2** *(fam)* piaule *f* ; *(fam) jm die ~ ein=laufen/ein=rennen* relancer qqn ; *die ~ auf den Kopf stellen* faire du remue-ménage

Büfett *n* -s **1** buffet *m* **2** comptoir *m*, zinc *m* **3** *kaltes ~* buffet froid

Büffel *m* - buffle *m*

Büffelei *f* -en *(fam)* bachotage *m*

büffeln bosser, bûcher

Bug *m* avant *m*, proue *f*

Bügel *m* - *(vêtements)* cintre ; *(lunettes)* branche ; *(sac)* poignée *f*

Bügeleisen *n* - fer *m* à repasser

Bügelfalte *f* -n pli de pantalon

bügelfrei sans repassage

bügeln repasser

bugsieren 1 *(mar)* remorquer **2** *(fam)* traîner

buh ! ouh !

buhlen : *(péj) um die Gunst der Wähler ~* briguer les suffrages des électeurs

Bühne *f* -n scène *f*, plateau *m*, estrade *f* ; *(fam) etw glatt/schnell über die ~ bringen* mener qch rondement / tambour battant

Bühnenarbeiter *m* - machiniste *m*

Bühnenbild *n* -er décors *mpl*

Buhruf *m* -e huée *f*

Bukett *n* -s bouquet *m*

Bulldogge *f* -n bouledogue *m*

Bulle *m* - taureau *m*; *(fam)* flic *m*

Bullenhitze *f* ø : *(fam) das ist eine ~ !* il fait une chaleur pas possible !, c'est la canicule *f* !

Bulletin [bylɛ̃:] *n* -s bulletin *m*

bum ! boum !

Bummel *m* - *(fam)* balade *f einen ~ machen* se balader

Bummelei *f* ø *(péj/fam) was ist das für eine ~ ?* ne lambinez pas ! dépêchez-vous un peu !

bumm(e)lig qui se la coule douce, tire-au-flanc

bummeln *(fam)* traîner, vadrouiller ◆ <sein> se balader

Bummelstreik *m* -s grève *f* du zèle

Bummelzug *m* ¨e tortillard *m*

bumsen *(fam)* **1** cogner *an der Kreuzung hat es gebumst* il y a eu un accident au carrefour **2** *mit dem Kopf gegen die Tür ~* se cogner la tête contre la porte

Bumslokal *n* -e *(fam)* bastringue *m*

Bund *n* -e : *ein ~ Petersilie* un bouquet *m* de persil ; *ein ~ Radieschen* une botte *f* de radis

Bund *m* ¨e **1** *einen ~ schließen* conclure une alliance *f*; *(fig) der ~ der Ehe* l'union *f* conjugale, les liens *mpl* du mariage **2** ceinture *f* **3** *(pol)* confédération *f*, union *f*; *der ~* la République Fédérale

Bündel *n* - paquet *m ein ~ Stroh* une botte *f* de paille ; *ein ~ Holz* un fagot *m* ; *ein ~ Geldscheine* une liasse *f* de billets ; *(math)* faisceau

bündeln mettre en paquets, faire des liasses / des fagots (de) ◆ *gebündelte Banknoten* liasse *f* de billets

Bundesanstalt *f* ø service *m* fédéral, administration *f* (de)

Bundesbahn *f* ø chemins *mpl* de fer

Bundesbank *f* ø banque *f* fédérale

BundesbürgerIn *f* (citoyen *m* -ne *f*) allemand *m* -de *f*

Bundesgerichtshof *m* ø cour *f* suprême

Bundesgrenzschutz *m* ø police *f* des frontières

Bundeshauptstadt *f* ø capitale *f* (de la République Fédérale)

Bundeskabinett *n* ø cabinet *m* du chancelier, conseil *m* des ministres

Bundeskanzler *m* - chancelier *m*

Bundeskanzleramt *n* ø chancellerie *f*

Bundesland *n* ¨er land *m* (région)

Bundesliga *f* ø *(football)* première division *f*

Bundespräsident *m* -en -en président *m* de la République

Bundesrat *m* ø sénat *m* (assemblée des représentants des Länder)

Bundesregierung *f* -en gouvernement *m*

Bundesrepublik *f* ø République *f* Fédérale (d'Allemagne)

Bundestag *m* ø parlement *m*

Bundesverfassungsgericht *n* ø conseil *m* constitutionnel

Bundeswehr *f* ø armée *f*

bundesweit à l'échelon fédéral

bündig 1 *eine ~ Antwort* une réponse claire (et nette) **2** à la même hauteur ◆ *kurz und ~* enfin bref

Bündnis *n* -se pacte *m*, alliance *f*, union *f*, coalition *f*

Bunker *m* - blockhaus [blɔkos] *m*

Bunsenbrenner *m* - bec *m* Bunsen

bunt 1 coloré, de couleur, multicolore ; bariolé, bigarré *~e Bänder* des rubans multicolores ; *(fig) bekannt sein wie ein ~er Hund* être connu comme le loup blanc ; *ein ~es Durcheinander* un méli-

buntgemischt

mélo *m* de choses hétéroclites **2** *(fam) es wird mir zu ~* cela dépasse les bornes, j'en ai ras le bol ; *es zu ~ treiben* aller trop loin, dépasser les bornes

buntgemischt : *(fig) eine ~e Gesellschaft* une foule bigarrée

Buntmetall *n* -e métal *m* non ferreux

Buntspecht *m* -e épeiche *f*

Bürde *f* -n charge *f*, fardeau *m* ; *(fig)* poids *m*

Burg *f* -en château *m* fort

Bürge *m* -n -n garant *m*

bürgen : *für jn/etw ~* se porter garant pour qqn/de qch ; *für einen Wechsel ~* avaliser une traite

BürgerIn *m f* **1** citoyen *m* -ne *f*, habitant *m* -e *f* **2** bourgeois *m* -e *f*

Bürgerinitiative *f* -n comité *m* de défense ; initiative *f* populaire

Bürgerkrieg *m* -e guerre *f* civile

bürgerlich 1 *im ~en Leben* dans la civil, dans la vie civile, dans la vie privée ; *~e Rechte* droits civiques **2** *(péj) er ist zu ~* il est trop bourgeois

BürgermeisterIn *m f* maire *m*, bourgmestre *m*

bürgernah proche/à l'écoute du peuple

Bürgerrecht *n* -e droit *m* civique, droit du citoyen

Bürgerschaft *f* -en citoyenneté *f* ; parlement des villes-états hanséatiques

Bürgersteig *m* -e trottoir *m*

Bürgertum *n* ø bourgeoisie *f*

Burgfriede(n) *m* - *(fig)* trêve *f* (politique)

Bürgschaft *f* -en caution *f*, garantie *f für jn ~ leisten* se porter caution pour qqn

Büro *n* -s bureau *m*, agence *f*, cabinet *m*

Bürobedarf *m* ø fournitures *fpl* de bureau

Büroklammer *f* -n trombone *m*

BürokratIn *m* -en -en *f* -nen bureaucrate *m f*

bürokratisch bureaucratique

Bursche *m* -n -n garçon *m*, gars *m*, gaillard *m ein übler ~* une drôle de voyou *m* ; *ein seltsamer ~* un drôle d'oiseau *m*

burschikos cavalier, -ère, sans gêne

Bürste *f* -n brosse *f eine ~ haben* avoir les cheveux en brosse

bürsten brosser, passer un coup de brosse sur

Bus *m* -se bus [bys] *m*

Busch *m* ¨-e buisson *m* ; *(fam) bei jm auf den ~ klopfen* sonder/tâter le terrain ; *es ist etw im ~* il y a anguille sous roche ; *sich in die Büsche schlagen* prendre la tangente ◆ ø *der afrikanische ~* la brousse *f*

Büschel *n* - botte *f* ; *(cheveux)* touffe *f*

buschig touffu *~e Augenbrauen* des sourcils broussailleux

Buschmesser *n* - machette *f*

Buschwerk *n* ø broussailles *fpl*

Busen *m* - poitrine *f*, seins *mpl*, gorge *f* ; *(fig) am ~ der Natur* en pleine nature

BusenfreundIn *m* -e *f* -nen ami *m* -e *f* intime

Bussard *m* -e buse *f*

Buße *f* -n **1** amende *f hohe ~* une forte amende **2** *(rel)* pénitence *f*

büßen expier **1** *das wirst du mir ~!* tu me le paieras ! tu ne l'emporteras pas au paradis ! **2** *mit seinem Leben ~* payer de sa vie *f*

Bußgeld *n* -er amende *f*

Büste *f* -n buste *m*

Büstenhalter (BH) *m* - soutien-gorge *m*

Bütte *f* -n cuve *f*, hotte *f*

Butter *f* ø beurre *m mit ~ bestreichen* beurrer ; *(fig) alles in ~ !* ça baigne (dans l'huile) !

Butterblume *f* -n bouton *m* d'or ; fleur *f* jaune (des prés)

Butterbrot *n* -e tartine *f* beurrée ; *(fig) für ein ~* pour une bouchée de pain

Butterdose *f* -n beurrier *m*

Buttermilch *f* ø petit-lait *m*, babeurre *m*

Butterschmalz *n* ø beurre *m* fondu

Butzenscheibe *f* -n vitre *f*, vitrail, -aux *m* (en culs de bouteille)

byzantinisch byzantin

bzw → **beziehungsweise**

C

C *n* do *m*

ca → **zirka**

Café *n* -s salon *m* de thé

campen [kɛmpn] camper

Campingplatz *m* ¨-e terrain *m* de camping

CD *f* -s C.D. *m* → **(CD-Platte)** ◆ CD (corps diplomatique)

CDU *f* *(Christlich demokratische Union Deutschlands)* CDU *f* (parti chrétien démocrate allemand)

Cell.o [ɵʃɛlo] *n*.lli violoncelle *m*

Cembalo *n* -i clavecin *m*

Champagner *m* - champagne *m*

Chance *f* -n chance *f die ~ verpassen* rater l'occasion *f*

ChaotIn m -en -en f -nen casseur m, fauteur m de troubles, extrémiste m f
chaotisch chaotique
Charakter m -e caractère m
charakterisieren caractériser, décrire
charakteristisch caractéristique
Charge f -n 1 (mil) *die höheren ~n* les gradés mpl 2 (th) rôle m secondaire
Charta [karta] f -s charte f
chartern affréter
Chaussee f -n route f
Chauvi m -s (fam) 1 chauvin m 2 macho [matʃo] m
checken [ʧɛkən] 1 (tech) contrôler, faire un pointage 2 (fam) *na, hast du es endlich gecheckt?* ça y est, tu as pigé?
ChefIn m f chef m f, patron m, -ne f
Chefarzt m ¨ e médecin-chef m
Chefsekretärin f -nen secrétaire f de direction
Chemie [çemi:] f ø chimie f
Chemiefaser f -n fibre f synthétique
ChemikerIn m f chimiste m f
Chiffre [ʃifrə] f -n 1 chiffre m 2 numéro m de code
chiffrieren 1 chiffrer 2 coder
Chip [tʃip] m -s 1 (électr) puce f 2 (jeu) jeton m ◆ pl chips fpl
ChirurgIn m -en -en f -nen chirurgien m, -ne f
Chlor [klo:r] n ø chlore [kl-] m
chlorhaltig chloré [kl-]
cholerisch coléreux, -euse, colérique

Cholesterin [kolesteʀin] n ø cholestérol [ko-] m
Chor [ko] m ¨ e chœur [kœr-] m, chorale [ko-] f, maîtrise f
Choral m ¨ e cantique m, choral [ko-] m
ChoreographIn m f chorégraphe [ko-] m f
ChristIn m f chrétien m, -ne f
Christbaum m ¨ e arbre m / sapin m de Noël
Christenheit f ø chrétienté f
Christentum n ø christianisme m
Christkind n ø enfant m Jésus
christlich chrétien, -ne
Chronik [kro:nik] f -en chronique f
chronisch (méd) chronique; (fam) *~en Geldmangel haben* être perpétuellement dans la dèche
chronologisch chronologique
cis n do m dièze
clever [klɛvɐ] intelligent, malin
Clique [klikə] f -n 1 (péj) mafia f 2 (fam) copains mpl, clique f, bande f
Cliquenwirtschaft f ø (fam) magouille f
Cola f coca m
Comic m -s bande f dessinée
Computer [kɔmpjutɐ] m - ordinateur m
computergestützt assisté par ordinateur
computerisieren informatiser
Container m - container m, conteneur m
Couch [kautʃ] f -en banquette f
Creme f -s crème f; (fig) fin m du fin

D

da 1 là *~ und dort* çà et là; *ich bin gleich wieder ~* je reviens tout de suite 2 *von ~ ab/an* à partir de là/de ce moment-là 3 *~ siehst du's!* tu vois bien! alors tu vois! *~ haben wir's!* ça y est, nous y sommes ◆ 1 *~ dem so ist* puisqu'il en est ainsi; *~ doch/ja* puisque, étant donné/vu que 2 quand, alors que 3 *jetzt, ~ alles beendet ist* maintenant que tout est fini
dabei 1 *nahe ~* tout près; *er war ~* il y/en était 2 en même temps, ce faisant; *das Gute ~ ist* ce qu'il y a de bien dans cette affaire; *~ kommt nichts heraus* cela ne mènera à rien; *~ sein, etw zu tun* être en train de faire qch; *ohne sich ~ etw zu denken* sans penser à mal; *was ist (denn) ~?* qu'est-ce que cela peut (bien) faire?, qu'y a-t-il de mal à cela?
dabei-bleiben* <sein> (en) rester (là); (fam) *er bleibt dabei* il n'en démord pas

dabei=sein* <sein> être de la partie
da=bleiben* <sein> rester
Dach n ¨ er toit m; (fig/fam) *eins aufs ~ bekommen/kriegen* en prendre pour son grade; *jm aufs ~ steigen* passer un savon à qqn
Dachdecker m - couvreur m
Dachfirst m -e faîtage m
Dachkammer f -n mansarde f
Dachpappe f -n carton m / papier m goudronné
Dachrinne f -n gouttière f
Dachs m -e blaireau m
Dachschaden m ø: (fam) *einen ~ haben* ne pas avoir toute sa tête
Dachstuhl m ¨ e combles mpl; (archi) ferme f
Dachziegel m - tuile f
Dackel m - teckel m
dadurch 1 par là 2 de cette façon *~, daß*

en; *was hat er ~ erreicht?* qu'est-ce que cela lui a rapporté?

dafür 1 pour cela *ich bin ~* je suis pour; *alles spricht ~, daß* tout semble indiquer que **2** *was gibst du ~?* que donnes-tu en échange? **3** *er ist nicht groß, ~ aber kräftig* il n'est pas grand, mais par contre il est très fort

dafür-können* : *ich kann nichts dafür* je n'y peux rien

dagegen 1 *etw ~ haben* ne pas être d'accord; *nichts ~ haben* n'avoir rien contre, ne pas y voir d'objection **2** par contre, en revanche **3** *das ist nichts ~* ce n'est rien en comparaison

daheim à la maison, chez soi

daher 1 de là (-bas), en **2** *das kommt ~, daß/weil* cela vient du fait/de ce que **3** *er kann ~ nicht kommen* c'est pourquoi/par conséquent il ne pourra pas venir

dahin 1 là-bas *wir fahren oft ~* nous y allons souvent **2** *bis ~* d'ici là **3** *jn ~ bringen, daß* amener qqn à/à ce que

dahin-dämmern 1 somnoler **2** végéter

dahin-gehen* <sein> **1** s'en aller **2** passer, s'envoler

dahingehend : *sich ~ äußern* s'exprimer en ce sens

dahingestellt : *etw ~ sein lassen* ne pas se prononcer sur qch

dahin-leben passer sa vie *ruhig ~* mener une vie tranquille, couler des jours tranquilles

dahinten là-bas derrière

dahinter (là-) derrière; *(fam) so viel Aufhebens und nichts ~!* tout ce foin pour rien!

dahinter-kommen* <sein> *(fam)* (D) découvrir qch/le pot aux roses

dahinter-stecken se cacher derrière *es steckt etw dahinter* il y a qch là-dessous

da-lassen* *(fam)* laisser (là)

da-liegen* être étendu

dalli : *(fam) ~! ~!* vite! vite!, et que ça saute!

damalig de cette époque-là, d'alors

damals à cette époque, en ce temps-là, alors

Dame *f -n* dame *f*, femme *f die ~ des Hauses* la maîtresse de maison; *meine ~n und Herren!* mesdames, messieurs! ◆ ø *~ spielen* jouer aux dames

Damhirsch *m -e* daim *m*

damit avec (cela), par ce moyen, par là *~ ist mir nicht geholfen* cela ne m'aide pas beaucoup; *was soll ich ~ anfangen?* que voulez-vous que j'en fasse?; *(fam) weg ~!* du balai!; *heraus ~!* accouche!; *und ~ basta!* et maintenant, terminé! ◆ ◆ *~ das klar ist* afin que tout soit clair; *schreib es dir auf, ~ du es nicht vergißt!* note-le pour ne pas oublier

dämlich *(fam/péj)* débile

Damm *m ¨e* **1** remblai *f*, levée *f*, digue *f*; *(fig/fam) nicht auf dem ~ sein* ne pas être dans son assiette, être mal fichu **2** *(méd)* périnée *m*

dämmen 1 enrayer, endiguer **2** *(tech) den Schall ~* amortir le son

dämm(e)rig sombre, crépusculaire

dämmern : *es dämmert (bereits)* le jour commence à poindre, la nuit commence à tomber; *(fam) jetzt dämmert es bei mir* je commence à y voir plus clair; je vois

Dämmerung *f -en* crépuscule *m*, aube *f*

dämonisch démoniaque

Dampf *m ¨e* vapeur *f*; fumée *f*; *(fig/fam) ~ ab-lassen* vider son sac; *jm ~ machen* presser qqn

dampfen fumer

dämpfen 1 *(cuis)* faire cuire à la vapeur **2** repasser à la vapeur **3** *(bruit)* étouffer, amortir; *(lumière)* tamiser **4** *(choc)* amortir **5** *js Begeisterung ~* modérer l'enthousiasme de qqn

Dampfer *m -* bateau *m* à vapeur; *(fig/fam) da siehst du auf dem falschen ~!* là, tu te plantes!

Dämpfer *m -* **1** *(mus)* sourdine *f* **2** *(fig/fam) einer Sache/jm einen ~ auf=setzen* mettre un frein à qch/freiner qqn dans son élan

Dampfkochtopf *m ¨e* cocotte-minute *f*

Dämpfung *f -en* **1** atténuation *f*, amortissement *m* **2** *(comm)* ralentissement *m*

Dampfwalze *f -n* rouleau *m* compresseur

danach 1 après, ensuite, puis *bald/kurz ~* peu de temps/juste après **2** *~ greifen* s'en saisir; *~ streben* aspirer; *~ fragen* le demander; *(fam) mir ist nicht ~* je n'ai pas envie **3** *nun richte dich auch ~!* agis maintenant en conséquence!, tâche maintenant de t'y conformer!

daneben 1 à côté **2** en même temps, parallèlement

daneben-benehmen* *sich* se conduire/comporter mal

daneben-gehen* <sein> passer à côté, manquer son but, *(fam)* rater

daneben-sein <sein> *(fam)* ne pas être dans son assiette, être dans les vaps

daneben-tippen *(fam)* se planter

danieder-liegen* être alité; *(fig)* être dans le marasme

Dank *m ø* remerciement *m Gott sei ~!* Dieu merci!; *vielen/besten ~!* merci beaucoup!

dank (G/D) grâce à

dankbar reconnaissant, obligé *jm für etw ~ sein* savoir gré à qqn de qch; *(fig) ein ~es Publikum* un bon public ◆ *etw ~ an-nehmen* remercier pour qch

Dankbarkeit *f ø* gratitude *f*, reconnaissance *f*

danke merci ♦ ~ *schön/sehr* merci (beaucoup)
danken : *wie soll ich Ihnen ~?* comment puis-je vous remercier ? ♦ **1** *jm etw ~* devoir qch à qqn **2** *ich werde es Ihnen ewig ~* je vous en serai éternellement reconnaissant ♦ *jm für etw ~* remercier qqn de/pour
dann 1 puis, ensuite, après **2** en outre, de plus **3** *~ ist ja alles in Ordnung* alors/dans ce cas tout est réglé **4** *bis ~!* à tout à l'heure ! ; *~ und wann* de temps en temps, de temps à autre
daran 1 à cela *~ denken* y penser ; *ich bin nicht Schuld ~!* ce n'est pas ma faute ! **2** *nahe/dicht ~ sein, etw zu tun* être sur le point de faire qch **3** *~ anschließend* à la suite de cela, ensuite
daran=gehen* <sein> s'y mettre, commencer
daran=machen sich : *(fam) sich ~, etw zu tun* se mettre à faire qch
daran=setzen : *alles ~* mettre tout en œuvre
darauf 1 (là-)dessus **2** *kurz ~* peu de temps après ; *das Jahr ~* l'année suivante ; *ein Jahr ~* un an après/plus tard **3** *stolz ~ sein* en être fier ; *sich ~ verlassen* compter dessus ; *wie kommst du nur ~?* qu'est-ce qui te fait penser cela ?, que veux-tu chercher là ? *nur ~ aus sein* ne penser qu'à cela
darauffolgend suivant *am ~en Morgen* le lendemain matin
daraufhin là-dessus, sur ce
daraus de cela, en *ich werde ~ nicht schlau/klug* je n'y comprends rien ; *~ wird eine Gewohnheit* cela devient vite une habitude ; *ich mache kein Geheimnis ~* je n'en fais pas un mystère ; *~ folgt, daß* il s'ensuit que ; *ich mache mir nichts ~, wenn* peu m'importe que ; *~ wird nichts !* cela ne donnera rien !, c'est perdu d'avance
dar=bieten* (sich) (s')offrir, (se) présenter
darein=finden* sich s'y habituer, *(fam)* s'y faire
darin (là-)dedans *~ war er ihr überlegen* dans ce domaine/en cela il lui était supérieur
dar=legen : *jm etw ~* exposer/présenter/expliquer qch à qqn
Darlehen *n* - emprunt *m*, prêt *m*
Darm *m* ¨e intestin *m*
dar=stellen 1 *etw ~* (re)présenter/décrire qch ; *etw falsch ~* donner une image fausse de qch **2** *(fig) eine große Gefahr ~* représenter un grave danger ; *(fig/fam) etw ~* avoir de l'allure ; *nichts ~* passer inaperçu, être insignifiant **3** *(th/cin)* interpréter

darstellend : *~e Geometrie* géométrie descriptive ; *~e Künste* arts *mpl* du spectacle
DarstellerIn *m f* interprète *m f*
Darstellung *f* -en **1** représentation *f* **2** présentation *f* **3** *(chim)* préparation *f*
darüber 1 au-dessus (de cela), par-dessus *~ hinweg* au-delà de/par-delà ces considérations **2** pendant ce temps *~ vergeht die Zeit* et avec cela/ce faisant le temps passe ; *ich vergesse ~, daß* j'en oublie que, cela me fait oublier que **3** là-dessus, à ce sujet, de cela ; *(fam) sich ~ machen* s'y mettre **4** *es geht nichts ~* il n'y a rien de mieux
darum 1 autour **2** à cause de/pour cela, c'est pourquoi *etw ~ tun, weil/daß* faire qch pour la bonne raison que **3** *ich bitte dich ~* je te le demande
darunter 1 (au, en, là-)dessous **2** *etw nicht ~ verkaufen* ne pas descendre au-dessous (d'un prix) **3** *~ leiden* en souffrir **4** *~ waren viele Frauen* il y avait là/parmi eux beaucoup de femmes
das le, la ♦ qui, que ♦ celui/celle-là ; cela, ça ; ce, cette
da-sein* <sein> être là/présent ; y être, être arrivé ; exister *sowas war noch nie da !* on n'a encore jamais vu une chose pareille !
Dasein *n* ø **1** existence *f* **2** présence *f*
da=sitzen* être assis (là)
daß que *auf ~* afin que, pour que ; *bis ~* jusqu'à ce que ; *so ~* de manière que ; *es sei denn, ~* à moins que ; *nicht ~ ich wüßte !* pas que je sache ! ; *~ du das nicht machst !* ne t'avise pas de faire cela !
dasselbe le/la même ♦ *das ist genau ~* c'est exactement la même chose/pareil
da=stehen* être là *wie angewachsen ~* rester planté là ; *(fam) wie stehe ich jetzt da ?* de quoi ai-je l'air, maintenant ?
Daten *pl* **1** données *fpl* ; *technische ~* caractéristiques *fpl* techniques ; *(inf)* données **2** → **Datum**
Datenbank *f* -en banque *f* de données
Datenschutzgesetz *n* -e loi *f* "informatique et liberté"
Datenträger *m* - mémoire *f*
datieren dater
Dativ *m* -e datif *m*
Dattel *f* -n datte *f*
Dat.um *n* .en date *f*
Dauer *f* ø durée *f auf die ~* à la longue
Dauerauftrag *m* ¨e prélèvement *m* automatique, ordre *m* de virement permanent
Dauerbeschäftigung *f* ø emploi *m* stable
dauerhaft 1 *(matière)* solide, résistant **2** *eine ~e Bindung* un engagement ferme **3** *eine ~e Regelung* un règlement défi-

Dauerlauf

nitif; ~*er Friede* paix durable; *eine* ~*e Beziehung* une relation stable
Dauerlauf *m* ¨e course *f* d'endurance
dauern durer *es dauert lange* c'est long; *wie lange dauert es, bis* il faut compter combien de temps pour que, dans combien de temps (futur)
dauernd incessant, permanent ◆ ~ *stören* ne pas arrêter de déranger
Dauerwelle *f* -n permanente *f*
Dauerwurst *f* ¨e saucisson *m* sec
Dauerzustand *m* ø état *m* permanent
Daumen *m* - pouce *m*; *(fam) über den* ~ *gepeilt* au pif(omètre) *m*; *jm/für jn den* ~ *halten/drücken* croiser les doigts (pour porter chance)
Daune *f* -n duvet *m*
davon 1 *einen Meter* ~ *entfernt* à un mètre de là 2 *etw* ~ *haben* en profiter; *was habe ich davon?* à quoi cela m'avance-t-il?; *nichts* ~ *wissen* ne pas être au courant 3 *das kommt* ~ *!* et voilà!; *es kommt* ~, *daß* cela vient de ce que; ~ *krank werden* en tomber malade
davon=fahren* <sein> partir
davon=kommen* <sein> s'en tirer *mit dem Schrecken* ~ en être quitte pour la peur; *(fig) mit einem blauen Auge* ~ s'en tirer à bon compte
davon=lassen* : *(fam) laß die Finger* ~ *!* touche pas!
davon=laufen* <sein> s'enfuir, partir en courant, *(fam)* détaler, filer
Davonlaufen *n* ø : *es ist zum* ~ *!* c'est à n'y pas tenir!
davon=machen sich *(fam)* filer, se tirer
davor 1 *(lieu)* devant 2 *(temps)* avant, auparavant 3 *mir graut* ~ j'en frémis
dazu 1 en/de plus, en outre *schön und klug* ~ belle et en plus intelligente, *(fam)* belle et intelligente par-dessus le marché/ avec cela 2 ~ *bin ich (ja) da* je suis là pour cela; *endlich komme ich* ~ j'y arrive enfin; *was sagst du* ~ *?* qu'en dis-tu?
dazu=gehören en faire partie; *(fam) es gehört allerhand dazu, um* il faut un fameux courage pour
dazu=kommen* <sein> venir s'ajouter *die Kosten kommen noch dazu* les frais sont en sus, il faut compter les frais en plus
dazu=tun* ajouter
dazwischen entre; entre-temps
dazwischen=fahren* <sein> *(fig)* intervenir, s'interposer
dazwischen=kommen* <sein> arriver, survenir *wenn nichts dazwischenkommt* sauf imprévu
DB *f* → **Deutsche Bundesbahn** chemins *mpl* de fer allemands
Debakel *n* - débâcle *f*

Debatte *f* -n débat *m* *etw zur* ~ *stellen* proposer de, discuter de qch
debattieren : *über etw/etw* ~ débattre de qch
debil débile
Debüt *n* -s débuts *mpl*
debütieren faire ses débuts, débuter
dechiffrieren déchiffrer
Deck *n* -s *(mar)* pont *m*
Deckbett *n* -en couverture *f*, édredon *m*
Decke *f* -n 1 couverture *f*; *(fam) mit jm unter einer* ~ *stecken* être de mèche avec qqn 2 plafond *m*; *(fam) sich nach der* ~ *strecken* vivre chichement; *mir fällt die* ~ *auf den Kopf* j'étouffe ici!; *an die* ~ *gehen* grimper aux murs 3 revêtement *m*
Deckel *m* - 1 couvercle *m* 2 couverture *f* (de livre) 3 *(fam)* galurin *m*
decken 1 *ein Laken über etw (A)* ~ étendre/mettre un drap sur qch, couvrir qch d'un drap 2 *ein Haus* ~ couvrir une maison 3 *den Tisch* ~ mettre la table 4 *(comm) ein Konto* ~ approvisionner un compte; *einen Wechsel* ~ honorer une traite 5 *(fig/sp) jn* ~ couvrir qqn ◆ 1 *(math) die Kurven* ~ *sich* les courbes se superposent 2 *(fig) die Meinungen* ~ *sich* les opinions sont convergentes 3 *(animal)* saillir, *(fam)* couvrir une vache
Deckmantel *m* ø : *(fig) unter dem* ~ **(G)** sous le couvert de
Deckung *f* ø 1 *(comm)* couverture *f*, garantie *f ein Scheck ohne* ~ un chèque sans provision/*(fam)* en bois 2 *in* ~ *gehen* se mettre à l'abri; *(sp)* défense *f*
deduktiv déductif, -ive
de facto de facto, de fait
defekt défectueux, -euse
Defekt *m* -e 1 défaut *m* (de fabrication); panne *f* 2 *(psy)* déficience *f* mentale
defensiv défensif, -ive
definieren définir
Defizit *n* -e déficit *m*; découvert *m*; *(fig)* manque *m*
deformieren déformer
deftig 1 grossier 2 *(fam) eine* ~*e Nahrung* une nourriture qui tient au ventre
Degen *m* - épée *f*
degenerieren <sein> dégénérer
degradieren rétrograder
dehnbar extensible, élastique; *(fig)* vague, mal défini
dehnen 1 *einen Stoff* ~ tirer sur/étirer un tissu 2 *seine Glieder* ~ étirer ses membres 3 *Worte* ~ traîner sur les mots ◆ 1 *sich* ~ *und strecken* s'étirer 2 *die Landschaft dehnt sich* le paysage s'étend
Deich *m* -e digue *f*
Deichsel *f* -n timon *m*
deichseln : *(fam) er wird die Sache schon so* ~ il arrivera bien à goupiller qch

dein ton, ta *ich bin* ~ je suis à toi, je t'appartiens
Deine : *der/die/das* ~ le tien, la tienne *die* ~*n* les tiens/tiennes
deinerseits de ton côté, de ta part, pour ta part
deinesgleichen comme toi
deinetwegen pour toi, à cause de toi
deinige : *der/die/das* ~*e* → **Deine**
dekadent décadent
Dekan *m* -e doyen *m*
deklamieren déclamer
deklarieren déclarer
Deklination *f* -en déclinaison *f*
deklinieren décliner
Dekoration *f* -en décoration *f*; *(th)* décors *mpl*
dekorieren décorer *ein Schaufenster* ~ faire/installer une vitrine ; *(fam)* ; *jn* ~ *(non fam)* décorer qqn
Delegation *f* -en délégation *f*
delegieren : *jn zu einem Lehrgang* ~ envoyer qqn en stage ; *Aufgaben an seine Mitarbeiter* ~ déléguer certaines tâches à ses collaborateurs
Delegierte/r délégué *m* -e *f*
delikat 1 *ein* ~*es Essen* un repas délicieux/très fin/raffiné 2 *ein* ~*es Thema* un sujet délicat
Delikatesse *f* ø : *etw mit* ~ *behandeln* traiter qch avec délicatesse *f*/doigté *m* ◆ -n délice *m*
Delikt *n* -e délit *m*
Delir.ium *n* .ien délire *m*
Delle *f* -n bosse *f eine* ~ *haben* être cabossé
Delphin *m* -e dauphin *m*
dem → **der/das** (D) : *wie* ~ *auch sein* quoi qu'il en soit ; *nach* ~, *was Sie gesagt haben* d'après ce que vous dites ; *wenn* ~ *so ist* s'il en est ainsi
demagogisch démagogique
demaskieren démasquer
dementieren démentir
dementsprechend : *die* ~*e Summe* la somme correspondante ; *eine* ~*e Reaktion* une réaction à l'avenant ◆ en conséquence
demgegenüber à l'opposé, au contraire
demissionieren démissionner
demnach partant de là, en conséquence
demnächst prochainement, sous peu
Demo *f* manif *f* → **Demonstration**
demokratisch démocratique ◆ démocratiquement
demokratisieren démocratiser
Demokratisierung *f* -en démocratisation *f*
demolieren démolir
DemonstrantIn *m* -en -en *f* -nen manifestant *m* -e *f*
Demonstration *f* -en 1 manifestation *f* 2 démonstration *f*

demonstrativ démonstratif, -ive ◆ de manière ostensible, ostensiblement
demonstrieren : *etw* ~ démontrer qch ◆ *gegen etw* (A) ~ manifester contre qch
demontieren démonter
demoralisieren démoraliser
Demoskopie *f* -n sondages *mpl* d'opinion (publique)
demütig humble, soumis
demütigen (sich) (s')humilier
Demütigung *f* -en humiliation *f*
demzufolge en conséquence
Denkart *f* -en 1 manière *f*/façon *f* de penser, raisonnement *m* 2 tournure *f* d'esprit
denkbar imaginable, envisageable, concevable ◆ *auf die* ~ *einfachste Art* de la manière la plus simple qu'on puisse imaginer
denken* 1 penser *logisch* ~ avoir un esprit logique ; *(fam) laut* ~ penser tout haut 2 *ich denke, ich gehe bald* je pense que je vais bientôt y aller 3 *jn zu* ~ *geben* faire réfléchir qqn ; *wo denken Sie hin !* qu'allez-vous vous imaginer ! quelle idée ! ; *denkste ?* c'est raté ! ◆ 1 *wer hätte das gedacht ?* qui aurait imaginé une chose pareille ? 2 *schlecht von jm* ~ avoir une mauvaise opinion de qqn ◆ *an jn/etw* ~ penser à qqn/qch ; *daran wirst du noch* ~ *!* tu t'en souviendras ! ◆ *das kann ich mir* ~ *!* j'imagine ! ; *das habe ich mir gedacht* je m'y attendais/je m'en doutais ; *(fam) sich* (D) *seinen Teil* ~ avoir sa petite idée là-dessus
Denken *n* ø pensée *f*
Denkfehler *m* - erreur *f* de raisonnement
Denkmal *n* -äler/-ale monument *m*
Denkmal(s)schutz *m* ø : *unter* ~ *stehen* être classé monument historique
denkwürdig mémorable
Denkzettel *m* - pense-bête *m*; *(fig) jm einen* ~ *verpassen* donner une leçon à qqn
denn car *es sei* ~, *daß* à moins que... ne ; *mehr* ~ *je* plus que jamais ◆ *wo bist du* ~ *?* mais où es-tu donc ? ; *wieso/warum* ~ *?* pourquoi cela ?
dennoch néanmoins, quand même, malgré tout, pourtant
DenunziantIn *m* -en -en *f* -nen dénonciateur *m*, -trice *f*
denunzieren : *(péj) jn* ~ dénoncer/donner qqn
Deo/Deodorant *n* -s déodorant *m*
Deponie *f* -n décharge *f*
deponieren déposer, mettre en dépôt
Depp *m* -en -en *(fam)* imbécile *m*
deprimieren : *jn* ~ déprimer qqn ◆ *deprimiert sein* être déprimé, déprimer
Deputierte/r député *m*, délégué *m* -e *f*
der le, la ◆ ce, cette ◆ *da* celui-là ◆ qui ◆ → **die** (D+G+G*pl*)
derart de telle manière/au point (que)

derartig de ce genre
derb 1 ~*es Leder* un cuir solide/résistant **2** grossier, -ière, trivial
deren son, sa, leur(s) ◆ dont, duquel, de laquelle, desquels, desquelles
dergestalt : ~, *daß* de façon que
dergleichen : de la sorte, de ce genre, pareil, tel ~ *mehr* et cætera ; *nichts* ~ rien de tel/pareil
derjenige celui/celle (qui)
dermaßen tellement, tant
derselbe le/la même
derzeit actuellement
Desaster *n* - désastre *m*
desertieren <haben/sein> déserter
desgleichen de même, pareillement
deshalb c'est pourquoi, pour cette raison
desinfizieren désinfecter
dessinteressiert désintéressé
desolat : ~*er Zustand* état lamentable ~*er Anblick* triste mine
dessen dont ◆ *sich* **(D)** *dessen* ~ *bewußt sein* en être conscient
dessentwegen à cause duquel/de laquelle ◆ ~ *war er nicht da* c'est à cause de cela qu'/c'est la raison pour laquelle/c'est pourquoi il était absent
dessenungeachtet malgré cela, néanmoins
destillieren distiller
desto : ~ *besser !* tant mieux ! ; c'est encore mieux ! ; ~ *mehr* d'autant plus ; *je (comp)... ~ (comp)* plus... plus ; *je eher ~ besser* le plus tôt sera le mieux
deswegen c'est pourquoi
Detail *n* -s détail *m*
detaillieren spécifier *einen Vorschlag* ~ exposer les détails d'un projet ◆ *detaillierte Angaben* des indications détaillées
Detektiv *m* -e détective *m*
detonieren <sein> exploser
Deut *m* ø : *sich einen* ~ *um etw kümmern* se soucier de qch comme de sa première chemise, n'en avoir rien à faire
deuten *(rêve)* interpréter ; *(texte)* faire une explication / une analyse ◆ *auf jn/etw* ~ montrer/désigner du doigt qqn/qch ; *alles deutet darauf hin, daß* tout indique que
deutlich 1 distinct, clair, précis *eine* ~*e Schrift* une écriture très lisible **2** *ein* ~*er Unterschied* une différence sensible, une nette différence **3** *(fam)* ~ *werden* mettre les points sur les i
deutschsprachig de langue allemande
deutschstämmig d'origine allemande
Deutung *f* -en interprétation *f*
Devise *f* -n slogan *m* ◆ *pl* devises *fpl*, monnaie *f* (étrangère)
Devisenbestimmungen *fpl* réglementation *f* des changes
devot *(péj)* **1** dévot **2** soumis

Dezember *m* ø décembre *m*
dezent discret, délicat ◆ *sich* ~ *verhalten* être discret
Dezentralisierung *f* -en décentralisation *f*
Dezernat *n* -e département *m*, service *m*, ressort *m*
dezimal décimal
dezimieren décimer
Dia *n* -s → *Diapositiv* dia *f*
Diabetes *m* ø diabète *m*
DiabetikerIn *m f* diabétique *m f*
diabolisch diabolique
Diagnose *f* -n diagnostic *m*
diagnostizieren diagnostiquer
diagonal diagonal ◆ *en* diagonale
DiakonIsse *m f* diacre *m*, diaconesse *f*
Dialekt *m* -e dialecte *m*
Dialektik *f* ø dialectique *f*
dialektisch 1 dialectique **2** dialectal
Dialog *m* -e dialogue *m*
diät : ~ *kochen* faire de la cuisine diététique
Diät *f* -en régime *m* ; diète *f*
Diäten *fpl* indemnités *fpl*
dich → *du* **(A)** : *ich erwarte* ~ je t'attends ◆ *du sollst* ~ *beeilen* tu dois te dépêcher, dépêche-toi !
dicht 1 ~*es Haar* chevelure épaisse ; ~*er Nebel* brouillard épais/dense ; ~*er Verkehr* circulation dense ; *(fig) ein* ~*es Programm* un programme très fourni **2** étanche ◆ ~ *an/bei etw* tout près de qch
dichtauf : ~ *folgen* suivre de près
dichtbevölkert à forte densité de population
Dichte *f* ø **1** densité *f*, épaisseur *f* ; *(fig)* consistance *f* ; *(phys)* masse *f* volumique **2** étanchéité *f*
dichten rendre étanche, étancher, colmater, boucher ◆ **1** *gut* ~ bien isoler, être un bon isolant **2** écrire
DichterIn *m f* poète *m* -sse *f*, auteur *m*
dichterisch poétique
dichtgedrängt dense, serré
dicht=halten *(fam)* garder sa langue
dicht=machen *(fam)* fermer boutique ; *(fig)* prendre ses cliques et ses claques
Dichtung *f* ø (matériel m d`) étanchéité *f* ◆ -en œuvre *f* ; *(mus) eine symphonische* ~ un poème *m* symphonique
dick gros, -se *ein Meter* ~ *sein* avoir un mètre d'épaisseur ; ~ *werden* grossir ; *(fig) ein* ~*es Auto* une grosse voiture ; *ein* ~*er Fehler* une grave erreur ◆ *(fig/fam) mit jm durch* ~ *und dünn gehen* être avec qqn pour le meilleur et pour le pire ; *jn/etw* ~*(e) haben* en avoir marre de qqn/qch ; ~ *auf=tragen* en rajouter ; faire du chiqué
Dickdarm *m* ¨e gros intestin *m*

Dicke *f* -n 1 épaisseur *f* 2 embonpoint *m*, obésité *f*
Dicke/r gros *m* -se *f*
dick(e)-tun* sich *(fam/péj)* faire de l'épate, crâner
dickfellig : *(fam/péj) ein ~er Mensch* un dur à cuire
dickflüssig épais, -se, consistant, visqueux, -euse
Dickhäuter *m* - pachyderme *m*
Dickicht *n* -e taillis *mpl*, fourrés *mpl*; *(fig) das ~ der Städte* le dédale des villes
Dickkopf *m* ¨e : *(fam) einen ~ haben* avoir la tête dure
dickköpfig têtu
dicklich replet, -ète, *(fam)* rondouillard
Dickschädel *m* - tête *f* de mule
didaktisch didactique
die le, la, les ♦ qui, que ♦ celle/celui-là, celles/ceux-là
DiebIn *m f* voleur *m*, -euse *f*; *haltet den ~!* au voleur!
diebisch voleur, -euse, chapardeur, -euse ♦ *(fig) sich ~ freuen* se frotter les mains
Diebstahl *m* ¨e vol *m*, cambriolage *m*; *geistiger ~* plagiat *m*; *(jur) schwerer ~* vol qualifié
Diele *f* -n 1 vestibule *m*, (hall m d')entrée *f* 2 planche *f*, plancher *m*
dienen : *jm/zu etw ~* servir à qqn/qch; *einem Zweck ~* être au service d'une cause; *bei jm ~* être employé chez qqn; *womit kann ich ~?* en quoi puis-je vous être utile?, qu'y a-t-il pour votre service? ♦ *(mil)* faire son service militaire ♦ *damit ist mir nicht gedient* cela ne m'arrange pas
DienerIn *m f* domestique *m f*, serviteur *m*, servante *f*; *(fig) stummer ~* valet *m* de nuit
dienlich : *jm/einer Sache ~ sein* être utile à qqn/qch; *der Gesundheit ~* bon pour la santé
Dienst *m* -e 1 *den ~ quittieren* abandonner ses fonctions *fpl* 2 *außer ~* hors service *m*; *der öffentliche ~* Service Public, Fonction Publique; *~ nach Vorschrift* grève *f* du zèle; *zum ~ gehen* aller au travail; *~ haben* être de service 3 *jm einen guten ~ erweisen* rendre un bon service à qqn
Dienstag *m* -e mardi *m*
Dienstalter *n* - ancienneté *f*
Dienstälteste/r *m f* doyen *m* -ne *f*
Dienstauffassung *f* ø déontologie *f*
Dienstbereich *m* -e secteur *m* d'activité
dienstfertig zélé
dienstfrei : *~ haben* ne pas être de service, être en congé
Dienstleistung *f* -en prestation *f* de service
dienstlich : *eine ~e Mitteilung* une note de service; *ein ~er Befehl* instructions *fpl*

♦ *~ verhindert sein* avoir un empêchement professionnel
Dienstmädchen *n* - bonne *f*
Dienstreise *f* -n déplacement *m* professionnel
Dienstweg *m* ø : *auf dem ~* en suivant la voie *f* hiérarchique
dies ceci
dies- ce, cet, cette, ces ♦ celui-ci, celle(s)-ci, ceux-ci *~er und jener* l'un et l'autre
diesbezüglich à ce sujet, concernant cette affaire
Diesel *m* ø : *mit ~ fahren* rouler au gasoil *m* ♦ - 1 *einen ~ kaufen* acheter une (voiture) diesel *f* 2 *(fam)* (moteur *m*) diesel *m*
diesig brumeux, -euse
diesmal cette fois
diesseits *(G)* de ce côté-ci de
Dietrich *m* -e passe-partout *m*
diffamieren : *jn ~* diffamer/calomnier qqn; *etw ~* discréditer qch
Differentialrechnung *f* ø calcul différentiel
Differenz *f* -en 1 différence *f* 2 *pl (fig)* divergences *fpl*
differenzieren différencier
differieren : *der Preis differiert um 10 DM* il y a 10 DM de différence; *ihre Ansichten ~* leurs opinions divergent
digital digital, numérique
Diktat *n* -e : *ein ~ schreiben* faire une dictée *f*; *(fig)* diktat [diktat] *m*
DiktatorIn *m f* dictateur *m*
diktatorisch dictatorial
diktieren dicter; *(fig)* imposer
Diktion *f* -en 1 style *m*, manière *f* de s'exprimer 2 diction *f*
Dilemma *n* -s dilemme *m*
dilettantisch *(péj)* dilettante ♦ en dilettante
Dill *m* -e aneth *m*
Diminutiv *n* -e diminutif *m*
DIN *f(pl)* → **Deutsche Industrie-Norm(en)** norme *f* din
Ding *n* -e 1 chose *f*, *(fam)* truc *m* ; *(fam) das ist ja ein ~ !* tu parles d'un truc!; *ein ~ drehen* faire un mauvais coup; *das ist ein ~ der Unmöglichkeit* (non fam) cela est matériellement impossible; *(fig)* c'est le comble!; *jm ein ~ verpassen* flanquer un coup à qqn 2 *pl vor allen ~en* avant tout(es choses); *das geht nicht mit rechten ~en zu!* il y a quelque chose qui ne va pas/*(fam)* qui cloche; *guter ~e sein* être de bonne humeur; *(fig) über den ~en stehen* être au-dessus de la mêlée ♦ **-er** *(fam)* 1 *die jungen ~er* les petites nanas 2 *krumme ~er machen* faire des choses pas claires
dingfest : *jn ~ machen* arrêter qqn

Dings/Dingsda/Dingsbums

Dings/Dingsda/Dingsbums *m f n (fam)* truc *m*, machin *m*, bidule *m*
dinieren dîner
Dinosaurier *m* - dinosaure *m*
Diplom *n* -e diplôme *m*
DiplomatIn *m* -en -en *f* -nen diplomate *m f*
diplomatisch diplomatique ◆ diplomatiquement, avec diplomatie
dir → **du** (D) : *ich gebe es ~* je te le donne ; *wie geht es ~?* comment vas-tu ? ◆ *was hast du ~ gedacht?* qu'as-tu pensé ?
direkt direct ◆ **1** directement **2** *er ist mir ~ böse* il est très fâché contre moi
DirektorIn *m f* directeur, -trice ; *(ens)* directeur, proviseur *m*, principal *m*
Direktor.ium *n* .ien directoire *m*
Direx *m* ø *(fam)* dirlo *m* → **Direktor**
DirigentIn *m* -en -en *f* -nen chef *m* d'orchestre
dirigieren **1** *(mus)* diriger **2** *den Verkehr ~* canaliser la circulation
Dirne *f* -n prostituée *f*
Disharmonie *f* -n **1** *(mus)* dissonance *f*, discordance *f* **2** *(fig)* disharmonie(s) *f (pl)*, discorde *f*, désaccords *mpl*
Diskette *f* -n disquette *f*
Disko *f* -s/**Diskothek** *f* -en boîte *f* (de nuit), discothèque *f*
Diskont *m* -e escompte *m*
diskreditieren discréditer
Diskrepanz *f* -en décalage *m*, écart *m*
diskriminieren : *jn ~* faire de la discrimination à l'égard de qqn
Diskus *m* -se disque *m*
Diskussion *f* -en discussion *f*
diskutieren discuter
disponibel disponible
disponieren prendre des dispositions ◆ *über viel freie Zeit ~* disposer de beaucoup de temps libre
Disposition *f* -en **1** *jm zur ~ stehen* être à la disposition de qqn **2** prédisposition *f*
Disput *m* -e dispute *f*
disqualifizieren (sich) (se) disqualifier
Dissens *m* -e dissension *f*
Dissertation *f* -en thèse *f* (de doctorat)
Dissonanz *f* -en *(mus/fig)* dissonance *f*
Distanz *f* -en distance *f* ◆ ø *(fig) ~ wahren* garder ses distances
distanzieren distancer ◆ *sich von jm/etw ~* prendre des/ses distances par rapport à qqn/à qch
Distel *f* -n chardon *m*
Distrikt *m* -e district *m*, arrondissement *m*
Disziplin *f* -en discipline *f*
diszipliniert discipliné
Disziplinlosigkeit *f* ø indiscipline *f* ◆ -en acte *m* d'indiscipline

dito *(fam)* idem
Divergenz *f* -en divergence *f*
divers divers, différent
Dividende *f* -n dividende *m*
dividieren diviser
Division *f* -en division *f*
DM/D-Mark *f* ø mark *m*
doch : *ich habe angerufen, ~ er war nicht da* j'ai téléphoné mais il n'était pas là ◆ *also ~!* quand même ! ; *er blieb dann ~ zu Hause* il finit pourtant par rester à la maison ; pour finir, il resta quand même à la maison ◆ *du willst wohl nicht? ~, ~!* alors tu ne veux pas ? mais si ! ◆ *paß ~ auf!* fais un peu attention, voyons ! ; *komm ~ mal her!* viens voir un peu par ici ! ; *wie heißt sie ~ gleich?* comment s'appelle-t-elle encore ?
Docht *m* -e mèche *f*
Dock *n* -s dock *m*, bassin *m*
Dogge *f* -n dogue *m*
Dog.ma *n* .men dogme *m*
dogmatisch dogmatique ◆ avec dogmatisme
Dohle *f* -n choucas *m*
Doktor *m* ø : *~ der Theologie* docteur *m* en théologie ; *seinen ~ machen* passer son doctorat ; *Herr/Frau ~* monsieur/madame ◆ **-en** *(fam) zum ~ gehen* aller chez le docteur/toubib *m*
Doktrin *f* -en doctrine *f*
Dokument *n* -e document *m*
Dokumentarfilm *m* -e documentaire *m*
dokumentieren : *etw ~* manifester qch ◆ *sich in etw (D) ~* se documenter sur qch
Dolch *m* -e poignard *m*
Dolde *f* -n ombelle *f*
dolmetschen : *eine Rede ~* traduire un discours ◆ assurer les fonctions/servir d'interprète ; faire de l'interprétariat
DolmetscherIn *m f* interprète *m f*
Dom *m* -e cathédrale *f*
Domäne *f* -n domaine *m*
dominieren dominer
Dominikaner *m* - dominicain *m*
Domino *n* -s : *~ spielen* jouer aux dominos *mpl*
Domizil *n* -e domicile *m*
Dompfaff *m* -en -en bouvreuil *m*
Donner *m* - tonnerre *m* ; *(fig) wie vom ~ gerührt* comme frappé par la foudre
donnern : *es donnert* il tonne, il y a des coups de tonnerre ◆ *(fam) jm eine ~* flanquer une gifle retentissante à qqn
donnernd de tonnerre ; *(fig) ~er Beifall* un tonnerre d'applaudissements
Donnerstag *m* -e jeudi *grüner ~* jeudi saint
Donnerwetter *n* ø orage *m* ; *(fam) es gab ein mächtiges ~* ça a pété ! ; *~!* bon

sang de bonsoir !, nom d'un chien !, sapristi !
doof *(fam)* bête, idiot
Doppel *n* - double *m*; duplicata *m*
doppeldeutig ambigu, équivoque, à double sens
DoppelgängerIn *m f* sosie *m*
Doppelpunkt *m* -e deux points *mpl*
Doppelreihe *f* -n : *in* ~ *an=treten !* rangez-vous par deux !
doppelsinnig à double sens
doppelt double ◆ ~ *soviel* deux fois plus
Doppelverdiener *m* - : ~ *sein* avoir deux salaires
Doppelzentner *m* - quintal *m*
doppelzüngig *(fig)* qui tient un double langage
Dorf *n* ¨er village *m*
DorfbewohnerIn *m f* habitant *m* -e *f* du village, villageois *m* -e *f*
dörflich villageois
Dorn *m* -en épine ; *(fig) jm ein* ~ *im Auge sein* être la bête noire de qqn ◆ -e *(tech)* ardillon *m*, poinçon *m*
dornig épineux, -euse
Dornröschen *n* - la Belle au bois dormant
Dörrobst *n* ø fruits *mpl* sec
Dorsch *m* -e morue *f*
dort là(-bas) ~ *ist/sind* voilà
dorther de là-bas
dorthin là-bas, y
dorthinaus par là ; *(fam) bis* ~ qui dépasse la mesure ; *er ist frech bis* ~ il a un toupet incroyable
dortig de là-bas, de cet endroit
dortzulande dans ce pays-là
Dose *f* -n 1 boîte *f* 2 *(élec)* prise *f*
dösen *(fam > non fam)* somnoler, rêvasser
Dosenmilch *f* ø lait *m* concentré
Dosenöffner *m* - ouvre-boîte *m*
dosieren doser
Dosierung *f* -en dosage *m*
Dos.is *f* .en dose *f*
dotieren : *einen Preis mit 10 000 DM* ~ allouer 10 000 DM à un prix ◆ *ein gut dotierter Posten* un poste bien rémunéré
Dotter *m/n* - jaune *m* d'œuf
doubeln *(cin)* doubler
Double *n* -s *(cin)* doublure *f*
DozentIn *m* -en -en *f* -nen maître *m f* de conférence
dozieren faire des cours, enseigner ; *(péj) ständig* ~ faire de grandes théories, pontifier ◆ *über Philosophie* ~ enseigner la philosophie ◆ *ein dozierender Ton* un ton pontifiant
Drache *m* -n -n dragon *m*
Drachen *m* - cerf-volant *m*; deltaplane *m*; *(péj)* mégère *f*

Draht *m* ¨e fil *m*, câble *m*; *(fig) heißer* ~ téléphone *m* rouge ; *(fam) auf* ~ *sein* être débrouillard
Drahtesel *m* - *(fam)* bécane *f*
Drahthaardackel *m* - teckel *m* à poil dur
drahtig : *(fig) ein* ~*er Typ* un athlète
drahtlos sans fil ◆ par radio
Drahtschere *f* -n cisailles *fpl*
Drahtseil *n* -e câble *m*; ~*bahn* *f* -en téléphérique *m*
Drahtzieher *m* - *(fig)* celui *m* qui tire les ficelles, instigateur *m*, meneur *m*
drakonisch draconien, -ne
drall vigoureux, -euse, costaud
Drall *m* ø rotation *f*, trajectoire *f*
Dram.a *n* .en drame *m*
Dramatik *f* ø *(th)* art *m* dramatique ; *(fig)* caractère *m* dramatique
dramatisch dramatique
dramatisieren : *einen Roman* ~ adapter un roman à la scène ; *(fig)* dramatiser
dran → *daran : (fam) du bist* ~ ! c'est à toi !, c'est ton tour ! ; *wer ist* ~ ? c'est à qui ? ; ~ *glauben müssen* devoir y passer
dran=bleiben* <sein> *(fam/tél) bleiben Sie* ~ ! ne quittez pas ! ; *(fig) an jm* ~ coller aux baskets de qqn ; *(sp)* marquer qqn
Drang *m* ø 1 pulsion *f*, désir *m der* ~ *nach Freiheit* l'appel *m* de la liberté ; *der* ~ *nach Erkenntnis* la soif *f* de savoir 2 pression *f*, urgence *f*
Drängelei *f* -en bousculade *f*
drängeln : *(fam) jn* ~ tarabuster qqn ◆ *drängel nicht so !* arrête de pousser/bousculer tout le monde ! ◆ *nach vorne* ~ jouer des coudes pour se rapprocher
drängen 1 *jn* ~ *(gegen, in/an A)* pousser qqn (contre, dans) ; *(fig) jn* ~, *etw zu tun* insister pour que qqn fasse qch, presser qqn de faire qch ; *es drängt mich* j'ai hâte (de) 2 *einen Schuldner* ~ poursuivre/harceler un débiteur ◆ *(fig) auf Klärung* ~ exiger des explications ◆ *sich durch die Menge* ~ se frayer un passage dans la foule ◆ *die Zeit drängt* le temps presse
drangsalieren : *(péj) jn mit Fragen* ~ tarabuster qqn
dran=kommen* <sein> *(fam) das kommt nachher dran* on verra ça après ; *im Unterricht* ~ être interrogé
drastisch drastique ◆ de manière drastique
drauf → *darauf : (fam)* ~ *und dran sein* être sur le point (de) ; *gut* ~ *sein* être bien luné ; être en forme
DraufgängerIn *m f* fonceur *m*, -euse *f*, casse-cou *m f*
drauf=gehen* <sein> *(fam)* 1 *das Geld ist draufgegangen* tout l'argent y est

drauflos=reden

passé; *viel Zeit ist draufgegangen* cela a pris beaucoup de temps **2** y passer, mourir

drauflos=reden *(fam)* parler à tort et à travers

drauf-zahlen 1 payer un supplément **2** *bei einem Geschäft ~* en être de sa poche dans une affaire

draußen dehors, à l'extérieur

drechseln tourner (au tour)

Dreck *m ø (fam)* saleté *f*, crasse *f*, boue *f*, gadoue *f*; *(fig) ~ am Stecken haben* ne pas être blanc comme neige; *jn wie den letzten ~ behandeln* traiter qqn comme le dernier des derniers; *das geht dich einen ~ an!* cela ne te regarde pas! *mach doch deinen ~ allein!* débrouille-toi!

dreckig sale, crasseux, -euse, boueux, -euse

Dreckschwein *n -e (vulg)* salaud *m*, ordure *f*

Dreh *m -s (fam)* truc *m*, combine *f so um den ~* dans ces eaux-là, à peu près

Dreharbeiten *fpl* tournage *m*

Drehbank *f ¨e* tour *m*

drehbar: *ein ~er Sitz* un siège pivotant; *ein ~er Bleistift* un porte-mine; *eine ~e Bühne* une scène mobile

Drehbuch *n ¨er* scénario *m*

drehen 1 *den Kopf (zur Seite) ~* (dé)tourner la tête; *(cin)* tourner **2** *(cigarette)* rouler **3** *(fam/péj) das hat er schlau gedreht* il a drôlement bien monté son coup ♦ *sich ~ (um A)* tourner (autour de); *(fig) es dreht sich darum, daß* il s'agit de

Dreher *m -* tourneur *m*

Drehscheibe *f -n* **1** plaque *f* tournante **2** tour *m* (de potier)

Drehstrom *m ¨e* courant *m* triphasé

Drehung *f -en* rotation *f*, pivotement *m*; pirouette *f*

Drehzahl *f -en* régime *m*, nombre *m* de tours

drei trois; *(fam) nicht bis ~ zählen können* être bête comme ses pieds; *für ~ essen* manger comme quatre

Drei *f -en* trois *m*

Dreieck *n -e* triangle *m*

dreieckig triangulaire

Dreiecksverhältnis *n -se (fig)* ménage *m* à trois

dreierlei trois sortes (de)

Dreierwette *f -n* tiercé *m*

dreifach triple

Dreifaltigkeit *f ø* Trinité *f*

dreihundert trois cents

dreijährig: *eine ~es Kind* un enfant de trois ans; *ein ~es Studium* trois ans d'études

Dreiländereck *n ø* région *f* des trois frontières

Dreirad *n ¨er* tricycle *m*

dreißig trente *~ sein* avoir trente ans; *in den ~er Jahren* dans les années 30

dreist 1 effronté, culotté **2** hardi, audacieux

dreizehn treize

dreschen* battre (le blé); *(fig) leeres Stroh ~* parler pour ne rien dire

Dreschmaschine *f -n* batteuse *f*

dressieren dresser

Dressur *f -en* dressage *m*

Dr. → **Doktor**

Drill *m ø* entraînement *m*; *(mil)* instruction *f*

drillen 1 *Soldaten ~* faire subir un entraînement à / entraîner des soldats **2** *(agri)* semer au cordeau ♦ *(fam) auf etw gedrillt sein* être bien dressé pour faire qch

Drillich *m -e* treillis *m*

Drillinge *mpl* triplé(e)s *m(f)pl*

drin: *(fam) das ist bei mir nicht ~!* (non fam) il n'en est pas question

dringen*: *auf etw ~* insister pour avoir qch, réclamer avec insistance ♦ <sein> *durch etw ~* traverser qch; *in etw (A) ~* pénétrer dans qch; *(fig) an die Öffentlichkeit ~* transpirer; *in jn ~* tarabuster qqn

dringend urgent, pressant ♦ d'urgence, de manière pressante

Dringlichkeit *f ø* urgence *f*

drin-stecken: *(fam) in etw nicht ~* ne pas être dans le secret des dieux, ne rien pouvoir dire

Dritte/r troisième *m f*

Drittel *n -* tiers *m*

drittens troisièmement

DRK *n* → **Deutsches Rotes Kreuz** Croix *f* Rouge allemande

Droge *f -n* drogue *f*

drogenabhängig toxicomane

Drogensüchtige/r toxicomane *m f*

Drogerie *f -n* droguerie *f*, parfumerie *f*

DrogistIn *m -en -en f -nen* droguiste *m f*

drohen: *jm mit etw ~* menacer qqn de qch; *(fig) ihm droht Gefängnis* la prison le guette, il va finir par aller tout droit en prison

Drohne *f -n* faux bourdon *m*; *(péj)* parasite *m*

dröhnen résonner, retentir; *(fig) mein Kopf dröhnt* j'ai la tête qui bourdonne

Drohung *f -en* menace *f*

drollig amusant, drôle, rigolo, -te

Dromedar *n -e* dromadaire *m*

Droschke *f -n* fiacre *m*

Drossel *f -n* grive *f*

drosseln 1 *(tech)* mettre au ralenti *den Motor ~* brider le moteur **2** *(comm) die Einfuhr ~* limiter / réduire / restreindre les importations

drüben de l'autre-côté, là-bas *hüben und ~* des deux côtés

Druck *m* ø pression *f* *durch einen/mit einem ~ auf die Taste* en appuyant sur la touche; *(méd)* compression *f* ◆ ¨e *(phys)* pression *f*

Druck *m* ø impression *f* *etw in ~ geben* mettre sous presse ◆ -e reproduction *f*, tirage *m*, gravure *f*

DrückebergerIn *m f (fam)* planqué *m* -e *f*

drucken imprimer *neu ~* réimprimer

drücken 1 *(comm) die Preise ~* tirer les prix **2** *jn an sich ~* serrer qqn contre soi **3** *den Hut tief ins Gesicht ~* enfoncer son chapeau jusqu'aux yeux **4** *jm die Hand ~* serrer la main de qqn; *jm etw in die Hand ~* glisser qch dans la main de qqn ◆ *auf etw ~* appuyer/presser sur qch; *(fig) auf die Stimmung ~* peser sur l'ambiance ◆ **1** *der Schuh drückt* la chaussure me serre; *(fig) ich weiß, wo dich der Schuh drückt* je sais où le bât blesse **2** peser **3** *(fam) er drückt* il se pique ◆ *(fam) sich vor etw (D) ~* se défiler

drückend oppressant *~e Hitze* chaleur accablante/étouffante; *(fig) ~e Verantwortung* responsabilité écrasante

Drucker *m* - **1** imprimeur *m* **2** *(inf)* imprimante *f*

Drücker *m* - **1** poignée *f*, loquet *m*; *(fam) auf den letzten ~* in extremis; *am ~ sein* avoir le bras long **2** démarcheur *m* à domicile

Druckerei *f* -en imprimerie *f*

druckfest rigide

Druckluft *f* ø air *m* comprimé

Druckmesser *n* - manomètre *m*

Drucksache *f* -n imprimé *m*

Druckschrift *f* -en caractères *mpl* d'imprimerie

drucksen *(fam > non fam)* ne pas oser dire qch

Druckwelle *f* -n onde *f* de choc

drum *(fam) sei's ~* c'est comme ça; *was ~ und dran ist* tout ce qu'il y a autour, tout ce qui va avec

drunter *(fam) es geht alles ~ und drüber* c'est le bordel

Drüse *f* -n glande *f*

Dschungel *m* - jungle *f*

Dschunke *f* -n jonque *f*

du tu, toi *jn mit ~ an=reden* tutoyer qqn

Dualsystem *n* -e système *m* binaire; *(ens)* système dual

Dübel *m* - cheville *f*; fixation *f*

dubios louche, douteux, -euse

ducken *den Kopf ~* baisser la tête ◆ *sich ~* s'accroupir; *(fig)* s'abaisser, s'humilier

DuckmäuserIn *m f* **1** poltron *m* -ne *f*, *(fam)* trouillard *m* -e *f* **2** hypocrite *m f*

Dudelsack *m* ¨e cornemuse *f*

Duell *n* -e duel *m*

duellieren sich *(mit D)* se battre en duel (contre)

Duett *n* -e duo *m*

Duft *m* ¨e odeur *f*, parfum *m*

duften sentir (bon), embaumer

duftend odorant, parfumé

duftig *(fig)* léger, -ère, aérien, -ne, vaporeux, -euse

dulden 1 tolérer *keinen Aufschub ~* ne souffrir aucun délai: *keinen Widerspruch ~* ne pas admettre la contradiction **2** *jn bei sich/neben sich (D) ~* tolérer la présence de qqn; supporter qqn ◆ *~ ohne zu klagen* souffrir sans se plaindre

duldsam tolérant, indulgent; patient

dumm 1 bête *ein ~es Gesicht machen* faire une drôle de tête; *~es Zeug* bêtises *fpl*, stupidités *fpl*, inepties *fpl*; *(fig/fam) ~e Gans* petite dinde *f*; *(fam) sich ~ stellen* faire la bête, jouer les imbéciles; *~ wie Bohnenstroh* bête comme ses pieds; *jn für ~ verkaufen* prendre qqn pour un idiot; *(loc) die dümmsten Bauern haben die dicksten Kartoffeln* aux innocents les mains pleines **2** embêtant *ein ~er Zufall* un hasard malheureux; *eine ~e Geschichte* une histoire idiote; *mir wird es zu ~!* c'en est trop

Dummheit *f* ø /-en bêtise *f*, sottise *f*, stupidité *f*

Dummkopf *m* ¨e imbécile *m f*, idiot *m* -e *f*

dumpf 1 *~es Grollen* grondement sourd; *~es Licht* lumière diffuse; *~e Farben* couleurs mates **2** *~e Gleichgültigkeit* totale indifférence

Düne *f* -n dune *f*

Düngemittel *n* - engrais *m*

düngen *den Boden ~* mettre de l'engrais, amender le sol ◆ être un engrais

dunkel/dunkl- 1 sombre, obscur **2** *~es Bier* bière brune; *ein ~ Rot* un rouge foncé **3** *ein ~er Vokal* une voyelle sourde

Dunkel *n* ø obscurité *f*; *(fig)* zones *fpl* d'ombre

Dünkel *m* - suffisance *f*, outrecuidance *f*

dunkelblau bleu foncé

dunkelblond châtain

Dunkelheit *f* ø obscurité *f*

Dunkelkammer *f* -n chambre *f* noire

dunkeln *es dunkelt* la nuit tombe

Dunkelziffer *f* -n chiffre *m* officieux

dünn 1 *ein ~es Rohr* un tuyau fin; *ein ~es Blech* une tôle mince **2** *~e Beine* des jambes maigres **3** *~es Haar haben* avoir peu de cheveux **4** *~er Stoff* tissu léger; *(fig) die Luft wird dünner* l'air se raréfie **5** *eine ~e Suppe* une soupe claire

Dünndarm *m* ¨e intestin *m* grêle

dünnflüssig très fluide, liquide

dünngesät

dünngesät rare, clairsemé; *(fig) der Erfolg war ~* le succès fut mitigé
dünnhäutig à la peau fine; *(fig)* qui a la sensibilité à fleur de peau
dünn=machen sich *(fam)* filer à l'anglaise
Dunst *m ø* brume *f*; *(fam) keinen blassen ~ von etw haben* ne pas en avoir l'ombre d'une idée; *jm blauen ~ vormachen* faire voir un cinéma à qqn ♦ **¨e** vapeur *f*, buée *f*
dünsten cuire à l'étuvée/à l'étouffée
Dunstglocke *f* -n accumulation alarmante de nuages polluants
Dunstkreis *m* -e *(fig)* zone *f* d'influence; *im ~ von* sous l'influence de
dunstig brumeux, -euse; vaporeux, -euse
düpieren duper
Duplikat *n* -e duplicata *m*
Dur *n ø : in ~* en majeur *m*
durch (A) 1 à travers *~ die Tür* par la porte; *~ den Park gehen* traverser le parc, passer par le parc; *(fam) ~ die Bank (non fam)* sans exception 2 *~ einen Freund* par l'intermédiaire d'un ami; *~ Bomben zerstört* détruit par des bombes 3 *(math) ~ zwei dividieren* diviser par deux ♦ 1 *drei Uhr ~* trois heures passé 2 *~ und ~ naß* complètement trempé 3 *der Schrei ging mir ~ und ~* le cri me transperça ♦ *(viande)* bien cuit
durch=arbeiten : *ein Thema ~* étudier à fond un sujet ♦ *die ganze Nacht ~* travailler toute la nuit sans s'arrêter ♦ *sich durch die Menge ~* se frayer un chemin à travers la foule
durch=atmen respirer à fond; *(fig)* souffler
durchaus absolument, tout à fait, à tout prix *~ nicht* absolument pas
durch=beißen* couper avec les dents ♦ *(fam) sich ~* se débrouiller
durch=bekommen* arriver à couper en deux; *(fig) einen Vorschlag ~* (réussir à) faire passer une proposition
durch=blättern/durchblättern feuilleter
Durchblick *m* -e : *ein schöner ~* une belle vue; *(fam) ~ haben* s'y connaître, savoir de quoi il retourne
durch=blicken 1 *(fam) er blickt nicht durch* il n'arrive pas à piger 2 *(fam) etw ~ lassen* faire comprendre, laisser entendre
durch=boxen : *(fig/fam) ein Gesetz ~ (non fig/fam)* faire adopter une loi ♦ *sich ~* se frayer un chemin en jouant des coudes; *(fig) er hat sich im Leben immer durchgeboxt* il a toujours lutté dans la vie, il s'en est toujours tiré à la force du poignet
durch=brechen* 1 casser en deux 2 *eine Wand ~* percer une cloison ♦ <sein> 1 rompre, se casser 2 *(dents)* percer; *(ulcère)* perforer; *(fig)* exploser, éclater
durchbrechen* : *eine Absperrung ~* forcer un barrage; *(fig) alle Konventionen ~* aller à l'encontre de/briser toutes les conventions
durch=brennen* <sein> 1 *(ampoule)* griller; *(fusible)* sauter 2 *(fam) von zu Hause ~* se tirer
durch=bringen* 1 *ein Möbelstück durch die Tür ~* arriver à faire passer un meuble par la porte; *(fig) alle Kandidaten ~* faire passer/faire réussir tous les candidats 2 *seine Familie ~* faire vivre sa famille 3 *einen Kranken ~* tirer d'affaire un malade 4 *(fam) sein Vermögen ~* dilapider sa fortune ♦ *sich recht und schlecht ~* s'en sortir (tant bien que mal)
durchbrochen* : *~es Gewebe* tissu ajouré → **duchbrechen**
Durchbruch *m* ¨e 1 *ein ~ in der Wand* une ouverture *f* dans un mur 2 *(mil/sp)* percée *f*, trouée *f*, brèche *f* 3 *(fig) eine Idee kommt zum ~* une idée commence à se faire jour
durchdenken* : *eine Sache ~* bien réfléchir à qch ♦ *ein gut durchdachter Plan* un plan bien monté
durch=drehen 1 *Fleisch ~* hacher de la viande; *Kartoffeln ~* écraser des pommes de terre 2 *die Räder ~* faire patiner les roues ♦ <sein> *(fam)* paniquer; déjanter
durch=dringen* <sein> 1 traverser, pénétrer à travers *die Sonne dringt durch die Wolken durch* le soleil perce à travers les nuages; *(fig) ein Gerücht dringt durch* une rumeur s'insinue/se répand ♦ *durchdringende Kälte* un froid qui transperce jusqu'aux os; *ein durchdringender Schrei* un cri perçant/strident; *ein durchdringender Blick* un regard pénétrant
durchdringen* traverser
durchdrungen : *ganz ~ von einer Idee* pénétré d'une idée; *ganz ~ von Kälte* transpercé par le froid → **durchdringen**
durch=drücken : *die Beine ~* mettre les jambes bien droites; *(fam) seinen Willen ~ (non fam)* imposer sa volonté
durcheinander pêle-mêle, dans le désordre *alles ~ essen* manger n'importe comment; *(fam) ~ sein* être sens dessus dessous/complètement chamboulé, avoir la tête à l'envers
Durcheinander *n ø* désordre *m*, confusion *f*
durcheinander=bringen* 1 mettre sens dessus dessous/en désordre 2 *jn ~* chambouler/troubler qqn, mettre qqn dans tous ses états; *er bringt alles durcheinander* il mélange/confond tout
durcheinander=gehen* <sein> : *(fig)*

heute geht mal wieder alles durcheinander aujourd'hui tout va de travers

durcheinander=werfen* 1 *die Sachen ~* jeter pêle-mêle les affaires 2 *alles ~* tout mélanger/confondre

durch=fahren* <sein> 1 *die ganze Nacht ~* rouler toute la nuit 2 *der Zug fährt durch* le train ne s'arrête pas/est direct

durchfahren* 1 *eine Strecke ~* parcourir une distance ; *eine Ortschaft ~* traverser une agglomération 2 *(fig) ein Gedanke durchfuhr ihn* une idée lui traversa l'esprit

Durchfahrt *f* **-en** traversée *f* ; passage *m*

Durchfall *m* **¨e** 1 *(méd)* diarrhée *f* 2 *(fig) das Stück war ein ~* la pièce a été un échec *m*/a fait un four *m*

durch=fallen* <sein> 1 passer/tomber à travers 2 *(th)* ne pas marcher, faire un four ; *(fam)* le projet est tombé à l'eau ◆ *ich falle (bestimmt) durch (fam)* je vais sûrement être recalé

durch=fechten* *(fig) einen Prozeß ~* aller au bout d'un procès ; *seine Ansprüche ~* réussir à faire valoir ses droits

durch=finden* *sich* 1 s'y retrouver 2 trouver son chemin

durch=fliegen* <sein> 1 parcourir une distance sans escale, avoir un vol direct (pour) 2 *(fam)* être recalé

durchfliegen* : *die Wolken ~* traverser les nuages

durch=fragen *sich (nach/zu)* demander son chemin (pour aller à)

durch=fressen* : *die Motten fressen das Gewebe durch* les mites font des trous dans le tissu ◆ *Säure frißt sich durch das Gewebe durch* l'acide attaque le tissu ; *(fig/fam) sich bei jm ~* faire le pique-assiette chez qqn

durchführbar réalisable, faisable

durch=führen mener à bien, réaliser, exécuter, accomplir

Durchführung *f* **-en** mise *f* en œuvre, réalisation, accomplissement *m*

Durchgang ; *m* **¨e** passage *m* ; *(élections)* tour *m* de scrutin

durchgängig usuel, -le, courant, général ◆ de manière générale, de/par tous

Durchgangsstraße *f* **-n** axe *m* de liaison

Durchgangsverkehr *m* ø circulation *f* de véhicules en transit, passage *m*

durch=geben* transmettre

durch=gehen* <sein> 1 *(fig) eine Rede ~* analyser méticuleusement un discours ; *etw Punkt für Punkt ~* passer qch au crible 2 *(fam) etw ~ lassen* laisser passer qch ◆ 1 *durch eine Menge ~* traverser une foule ; *durch eine Tür ~* passer une porte 2 *(cheval)* s'emballer 3 *(fam) mit der Kasse ~* filer avec la caisse 4 *(fig/fam) die Nerven sind (mit) ihm durchgegangen* il a craqué

durchgehend ininterrompu, continu *ein ~er Zug* un train direct ◆ sans interruption

durch=greifen* : *energisch ~* intervenir énergiquement ; *hart ~* agir durement

durch=halten* : *etw ~* arriver au bout de qch ; tenir le coup ◆ *halte durch !* tiens bon/le coup !

durch=kommen* <sein> 1 *bei einer Prüfung ~* être reçu à un examen 2 *die Sonne kommt durch* le soleil perce les nuages 3 *der Kranke kommt durch* le malade s'en sort

durch=kreuzen rayer, biffer, mettre une croix (sur)

durchkreuzen *(fig)* contrecarrer *js Pläne ~* contrarier les plans de qqn

durch=lassen* laisser passer

durchlässig perméable

durch=laufen* : *(fam) die Schuhe ~* percer ses chaussures ◆ <sein> *das Wasser läuft durch* l'eau passe/coule (à travers)

durchlaufen* parcourir, traverser *eine Ausbildung ~* faire un parcours de formation

durch=lesen* lire (d'un bout à l'autre) *etw flüchtig ~* parcourir rapidement qch

durchleuchten *(lumière)* traverser, passer à travers ; *(méd)* radiographier ; *(fig) Vergangenheit ~* se pencher sur le passé de qqn

durch=machen : *(fam) eine Lehre ~* faire son apprentissage ; *Schweres ~* en voir de dures ; *viel ~* en voir de toutes les couleurs ; *die (ganze) Nacht ~* bringuer toute la nuit

Durchmesser *m* - diamètre *m*

durch=nehmen* traiter

durch=pausen décalquer

durch=peitschen 1 *jn ~* fouetter qqn 2 *(fig) Maßnahmen ~* prendre une série de mesures

durch=prügeln tomber à bras raccourcis sur

durchqueren traverser

durch=rechnen vérifier, recalculer

Durchreise *f* **-n** : *auf der ~ sein* être de passage *m*

durch=reisen <sein> passer, voyager sans s'arrêter

durchreisen parcourir, traverser

durch=reißen* déchirer (en deux) ◆ *der Faden reißt durch* le fil craque

durch=ringen* *sich (zu)* se résoudre (à), se décider (à)

durch=rosten rouiller

Durchsage *f* **-n** annonce *f*/information *f*/communiqué *m* (au micro)

durch=sagen

durch=sagen : *etw im Radio ~* annoncer qch / passer un communiqué à la radio
durch=schauen : *durch ein Fenster ~* regarder par la fenêtre
durchschauen : *(fig) ich durchschaue dich* je vois où tu veux en venir
durch=scheinen* luire à travers, traverser
Durchschlag *f* ¨e **1** double *m* **2** passoire *f*
durch=schlagen* casser en deux, fendre ◆ <sein> s'infiltrer, filtrer, passer; *(fig) das väterliche Erbe schlägt durch* c'est bien le fils de son père ◆ *sich gerade so / irgendwie ~* se débrouiller
durchschlagen transpercer, faire un trou dans; *(fig)* éventrer
durchschlagend *(fig)* décisif, -ive, manifeste *~er Erfolg* un franc succès
Durchschlagskraft *f* ø impact *m*; *(fig) ein Argument von großer ~* un argument de poids
durch=schlängeln sich se faufiler
durch=schlüpfen <sein> se glisser; *(fig)* passer entre les mailles du filet
Durchschnitt *m* -e **1** moyenne *f im ~* en moyenne; *(fig) ~ sein* être très moyen, -ne **2** *(archi)* (plan *m* de) coupe *f* **3** *(math)* diamètre *m*
durchschnittlich moyen, -ne ◆ en moyenne
durch=sehen* : *durch ein Fernrohr ~* regarder à la lunette; *Post ~* regarder / dépouiller le courrier ◆ *(fam) voll ~* voir parfaitement, comprendre
durch=setzen : *ein Gesetz ~* faire passer une loi ◆ *sich ~* se faire une place, arriver à s'imposer
durchsetzen : *einen Text mit Versen ~* entrecouper un texte de vers; *einen Betrieb mit Spitzeln ~* disséminer des mouchards dans une entreprise
Durchsicht *f* -en examen *m*, révision *f*; *bei ~ der Akten* au vu des documents
durchsichtig transparent; *(fig) ein ~es Manöver* une manœuvre claire
durch=sickern <sein> suinter; *(fig)* s'ébruiter, transpirer
durch=sprechen* discuter / débattre (de)
durch=stehen* supporter, avoir à surmonter
durch=stellen : *ein Gespräch ~* passer une communication sur un autre poste
durch=stoßen* percer, passer à travers ◆ <sein> *(mil)* faire une percée
durchstoßen* : *das Flugzeug durchstößt die Wolken* l'avion traverse / fend les nuages
durch=streichen* rayer

Glücksgefühl durchströmt mich un sentiment de bonheur m'envahit
durch=suchen : *jn / etw ~* fouiller qqn / un lieu, faire une perquisition chez qqn / qpart
Durchsuchung *f* -en perquisition *f*; fouille *f*
durch=treten* : *das Gaspedal ~* appuyer à fond sur l'accélérateur ◆ <sein> *(fam) bitte ~!* avancez s'il vous plaît !
durchtrieben *(péj)* rusé, roué, malin
durchwachsen lard maigre; *(fig) ~!* couci-couça !
Durchwahl *f* -en communication *f* automatique
durch=wählen composer directement un numéro
durch=wärmen (ré)chauffer
durchweg totalement, sans exception
durch=winden* sich se faufiler
durch=wollen : *(fam) wir wollen hier durch* on aimerait bien passer
durchwühlen fouiller
durch=wursteln sich *(vulg)* se démerder
durch=zählen (re)compter
durch=zechen ne pas arrêter de faire la fête
durchzechen : *die Nacht ~* faire la fête toute la nuit
durch=ziehen* : *einen Faden ~* passer un fil; *(fig / fam) eine Sache ~* aller jusqu'au bout de qch ◆ <sein> **1** *durch die Stadt ~* parcourir la ville **2** *(cuis)* mariner ◆ *sich ~* se répéter, être le leitmotiv
durchziehen* traverser, parcourir
durchzucken sillonner; *(fig) ein Gedanke durchzuckt mich* une idée me traverse l'esprit
Durchzug *m* ø courant *m* d'air; *(fig / fam) auf ~ schalten* décrocher ◆ *(météo) der ~ eines Sturmtiefs* le passage d'un courant dépressionnaire
dürfen* avoir le droit / la permission / l'autorisation de, pouvoir, être autorisé à *wenn ich bitten darf* si je puis me permettre; *darf ich?* vous permettez?
dürftig indigent, nécessiteux, dans le besoin *eine ~e Unterkunft* un abri de fortune; *(fig)* insuffisant, faible; *eine ~e Leistung* une piètre performance ◆ pauvrement, avec peu de moyens
dürr 1 maigre, décharné **2** desséché *~es Holz* bois mort; *(fig) mit ~en Worten* à mots comptés, en peu de mots
Dürre *f* -n **1** maigreur *f* **2** sécheresse *f*, aridité *f*; *(fig)* stérilité *f*
Durst *m* ø soif *f seinen ~ stillen / löschen* étancher sa soif, se désaltérer; *(fam) einen über den ~ trinken* boire un coup de trop
dürsten : *es dürstet mich (nach D)* j'ai soif (de)

durstig assoifé
durststillend désaltérant
Durststrecke *f* -n *(fig)* creux *m* de la vague, marasme *m*
Dusche *f* -n douche *f*
duschen prendre une douche ◆ *sich ~* se doucher
Düse *f* -n *(tech)* buse *f*, tuyère *f*; *(auto/av)* gicleur *m*, injecteur *m*
Dusel *m* ø *(fam)* pot *m*, veine *f*
duseln *(fam)* somnoler
Düsenantrieb *m* -e : *mit ~* à réaction
Dussel *m* - *(fam)* idiot *m*, gourde *f*
düster obscur, sombre; *(fig)* sinistre, lugubre

Dutzend *n* -e douzaine *f*
Dutzendgesicht *n* -er *(fam)* tête *f* banale
dutzendmal des douzaines de fois
dutzendweise à la douzaine, par douzaines
duzen tutoyer
dynamisch dynamique *~e Rente* retraite indexée
dynamisieren 1 *einen Prozeß ~* activer un processus 2 indexer/réactualiser
Dynamit *n* ø dynamite *f*
D-Zug *m* ¨e rapide *m*

E

Ebbe *f* -n marée *f* basse *~ und Flut* marée *f*
eben plat, plan, lisse *~es Land* pays plat
eben : *was hast du ~ gesagt ?* qu'est-ce que tu viens de dire ?; *ich wollte ~ sagen* j'allais justement dire ; *ich komme gerade ~ so aus* je m'en sors tout juste ◆ *~ deshalb* c'est justement pour cela que ; *~ nicht* justement pas ; *das ist ~ so* c'est comme ça
ebenbürtig 1 de même rang/condition 2 égal, de même force/valeur
Ebene *f* -n 1 plaine *f* 2 *(phys/math)* plan *m*
ebenfalls également, de même
Ebenholz *n* ¨er ébène *f*
Ebenmaß *n* ø équilibre *m*, harmonie *f*
ebenso de même, aussi, pareillement *~ wie* exactement comme ; *es ~ machen* faire de même/la même chose
ebensogut tout aussi bien
ebensoviel (tout) autant
ebensowenig (tout) aussi peu
Eber *m* - verrat *m*
ebnen aplanir, niveler ; *(fig) jm den Weg ~* déblayer le terrain à qqn, aplanir les difficultés
echt 1 *~es Gold* de l'or pur ; *~e Perlen* des perles véritables, des perles fines 2 *ein ~er Berliner* un vrai/authentique Berlinois 3 *ein ~er Pudel* un caniche pure race 4 *(math) ein ~er Bruch* fraction simple ◆ *er hat sich ~ angestrengt* il a réellement/vraiment fait des efforts ; *(fam) das war ~ gut* c'était vraiment bon
Echtheit *f* ø authenticité *f* *(fig) die ~ eines Gefühls* la sincérité d'un sentiment
Eck *n* -e : *über ~ legen* poser en diagonale *f*, en biais *m*
Eckball *m* ¨e *(sp)* corner [kɔrner] *m*

Ecke *f* -n : *die ~ eines Zimmers* le coin *m*/l'angle *m* d'une pièce ; *(fam) eine ~ Käse* un bout de fromage ; *an allen ~n und Enden* de tous les côtés, partout ; *jn um die ~ bringen* faire passer l'arme à gauche à qqn ; *mit jm um ein paar ~en verwandt sein* être vaguement cousin avec qqn
eckig angulaire *ein ~er Tisch* table carrée/rectangulaire ; *eine ~e Klammer* un crochet
Ecklohn *n* ¨e salaire *m* de base
Eckzahn *m* ¨e canine *f*
edel, edl- 1 noble ; *(fig) eine edle Gesinnung* des idées nobles/généreuses 2 *(pierre/métal)* précieux, -euse 3 *(fruits/vin)* sélectionné, de qualité 4 *(animaux)* de race
Edelmetall *n* -e métal *m* précieux
edelmütig noble, de grande qualité morale, généreux, -euse
Edelstahl *m* ¨e acier inoxydable
Edelstein *m* -e pierre *f* précieuse
Edeltanne *f* -n sapin *m* argenté
Edikt *n* -e édit *m*, décret *m*
E-Dur *n* ø mi *m* majeur
EDV *f* → **elektronische Datenverarbeitung** informatique *f*
Efeu *m* ø lierre *m*
Effeff *n* ø : *(fam) etw aus dem ~ können* savoir qch sur le bout des doigts
Effekt *m* -e effet *m*
Effekten *pl* titres *mpl*, effets *mpl*, valeurs *fpl*
effektiv effectif, -ive, réel, -le
effizient efficace ; performant
EG *f* → **Europäische Gemeinschaft** communauté *f* européenne
egal : *(fam) das ist mir ~ !* ça m'est égal !

Egge

♦ *(fam) es hat ~ geregnet* il a plu tout le temps
Egge *f -n* herse *f*
egoistisch égoïste ♦ égoïstement
Ego-Trip *m ø : (fam) auf dem ~ sein* se regarder le nombril
eh 1 *seit ~ und je* depuis toujours **2** *(fam) jetzt ist ~ alles egal* de toutes façons, tout cela n'a plus d'importance maintenant
ehe avant que (subj)
Ehe *f -n* mariage *m*
Ehebruch *m ¨e* adultère *m*
Ehefrau *f -en* épouse *f*, femme *f*
Ehekrach *m ¨e* scène *f* de ménage, dispute *f* conjugale
Eheleute *pl* conjoints *mpl*
ehelich 1 conjugal, -aux **2** *ein ~es Kind* un enfant légitime
ehemalig ancien
ehemals autrefois, jadis
Ehemann *m ¨er* époux *m*, mari *m*
Ehepaar *m -e* couple *m* (marié)
EhepartnerIn *m f* conjoint *m*
eher 1 plus tôt *je ~ desto lieber* le plus tôt sera le mieux **2** plutôt
Ehering *m -e* alliance *f*
Eheschließung *f -en* mariage *m*
ehrbar honorable, respectable
Ehrbarkeit *f ø* honnêteté *f*; honorabilité *f*, respectabilité *f*
Ehre *f ø* honneur *m auf ~ und Gewissen* en son âme et conscience ♦ *-n jm zu ~n* en l'honneur de qqn
ehren : *jn ~ (durch A, mit D)* honorer qqn (en, de) rendre hommage à qqn (en) ♦ *sehr geehrter Herr X!* Monsieur
ehrenamtlich bénévolement ; à titre honorifique
ehrenhaft : *ein ~er Mann* un homme qui a le sens de l'honneur ; *~e Absichten* intentions nobles/respectables ♦ *nicht sehr ~ handeln (fam)* faire des choses pas très jolies
ehrenhalber pour l'honneur
Ehrenmal *n -e/¨er* monument *m* (aux morts)
Ehrenrechte *npl* droits *mpl* civiques
ehrenrührig déshonorant, infamant
Ehrenrunde *f -n* : *(sp) eine ~ drehen* faire un tour d'honneur ; *(ens)* redoubler
ehrenwert honorable, respectable
ehrerbietig révérencieux, -euse, respectueux, -euse
Ehrfurcht *f ø* : *aus ~ (vor D)* par respect *m* pour
Ehrgeiz *m ø* ambition *f*
ehrgeizig ambitieux, -euse
ehrlich 1 sincère, franc, -che **2** honnête ; *(loc) ~ währt am längsten* l'honnêteté finit toujours par payer ♦ *~ gesagt* franchement, sincèrement ; *~ ?* c'est vrai ?

ehrlos qui n'a aucun sens de l'honneur ; malhonnête, infâme
Ehrung *f -en* **1** hommage *m* rendu à **2** distinction *f*
ehrwürdig respectable, vénérable
Ei *n -er* **1** œuf *m ~er legen* pondre ; *(fig) wie aus dem ~ gepellt* tiré à quatre épingles ; *einander gleichen wie ein ~ dem anderen* se ressembler comme deux gouttes d'eau **2** *pl (vulg)* couilles *fpl*
Eichamt *n ¨er* administration *f* des poids et mesures
Eiche *f -n* chêne *m*
Eichel *f -n* **1** *(bot)* gland *m* **2** *(anat)* gland *m* **3** *(jeu)* trèfle *m*
eichen : *Maße ~* étalonner des mesures ♦ *(fam) auf etw (A) geeicht sein* être très fort en qch
Eichhörnchen *n -* écureuil *m*
Eichmaß *n -e* étalon *m*, mesure *f*, jauge *f*
Eid *m -e* serment *m einen ~ schwören/ab-legen* prêter serment
Eidechse *f -n* lézard *m*
eidesstattlich : *etw ~ erklären* déclarer sur l'honneur
eidlich sous serment
Eierbecher *m -* coquetier *m*
Eierkuchen *m -* crêpe *f*
Eifer *m ø* zèle *m*, ardeur *f*; empressement *m* ; *(fig) im ~ des Gefechts* dans le feu de l'action
Eiferer *m -* fanatique *m*, fervent (défenseur) *m*
Eifersucht *f ø* jalousie *f*
eifersüchtig *(auf A)* jaloux, -ouse (de)
eiförmig ovale, ovoïde
eifrig zélé ♦ avec zèle/empressement *sich ~ bemühen* faire tous ses efforts
eigen 1 *der ~e Bruder* le propre frère ; *mit ~en Augen* de ses propres yeux ; *Zimmer mit ~em Eingang* chambre avec entrée séparée ; *auf ~ene Gefahr !* à vos risques et périls ! ; *ein ~es Zimmer haben* avoir une chambre à soi/particulière ; *keine ~e Meinung haben* ne pas avoir d'opinion personnelle **2** *etw sein ~ nennen* posséder qch **3** *der ihr ~e Charme* le charme qui lui est propre/particulier
Eigenart *f -en* particularité *f*, caractère *m* (particulier/spécifique)
eigenartig singulier, particulier, bizarre, *(fam)* drôle *de*
eigenartigerweise étrangement, bizarrement
Eigenbedarf *m ø* besoins *mpl* personnels
Eigenfinanzierung *f -en* autofinancement *m*
eigenhändig rédigé de sa propre main ♦ *~ unterschreiben* signer de sa main ; *~ übergeben* remettre en mains propres
Eigenheim *n -e* maison *f* individuelle

Eigenkapital *n* -e / -ien capital *m* propre
Eigenliebe *f* ø amour-propre *m*
eigenmächtig : *eine ~e Entscheidung* une décision arbitraire ◆ *~ handeln* agir de son propre chef
Eigenmächtigkeit *f* ø arbitraire *m* ◆ **-en** initiative *f* personnelle
eigens spécialement, exprès
Eigenschaft *f* -en propriété *f*, qualité *f* ; *in meiner ~ als* en ma qualité de
Eigensinn *m* ø entêtement *m*, obstination *f*
eigensinnig 1 capricieux 2 entêté ◆ *~ auf etw beharren* s'entêter
eigenständig autonome
eigentlich : *das ~e Deutschland* la véritable Allemagne ; *im ~en Sinn* au sens propre ◆ *~ hat er recht* au fond / en fait il a raison ◆ *wie heißt er ~ ?* au fait, comment s'appelle-t-il ? ; *was denkst du dir ~ ?* et puis quoi encore ?
Eigentum *n* ø propriété *f*
EigentümerIn *m f* propriétaire *m f*
eigentümlich : *ein ~er Geruch* une odeur bizarre ; *ein ~er Mensch* un homme bizarre / singulier
Eigentumsdelikt *n* -e atteinte *f* à la propriété
Eigentumswohnung *f* -en appartement *m* en copropriété
eigenwillig 1 opiniâtre, volontaire *ein ~er Stil* un style résolument personnel 2 *ein ~es Kind* un enfant capricieux
eignen sich être apte / qualifié *sich als / zum Lehrer ~* faire un bon professeur ; *sich für eine Arbeit ~* être fait pour un travail
Eignung *f* ø aptitude *f*
Eilbote *m* : *durch / per ~n* par express [ɛkspRɛs] · en colissimo
Eile *f* ø hâte *f*, précipitation *f ; in ~ sein* être pressé
Eileiter *m* - trompe *f*
eilen <sein> se précipiter, courir, marcher vite ; *(loc) eile mit Weile* chi va piano va sano ◆ *es eilt!* ça presse !, c'est urgent ! ◆ *sich ~* se dépêcher
eilends à la hâte
eilig 1 pressé *es ~ haben* être pressé 2 *eine ~e Angelegenheit* une affaire urgente / pressante ◆ *~ davon=laufen* partir à toute vitesse
Eilzug *m* ¨e rapide *m*
Eimer *m* - seau *m* ; *(fam) die Stimmung ist im ~* l'ambiance est fichue
ein 1 un, une *um ~ Uhr* à une heure ; *in einem Schlag* d'un seul coup ; *~ für allemal* une fois pour toutes ; *(fam) hab'ich ~en Hunger!* j'ai une de ces faims ! 2 *was für ~ Lärm!* quel bruit ! ◆ *der ~e* l'un ; *~er von beiden* l'un des deux ; *in ~em fort* sans cesse, continuellement ;

(fam) ~en trinken boire un coup ◆ *~ aus* marche-arrêt
einander : *~ die Hand geben* se donner la main ; *~ kennen* se connaître *~ helfen* s'entraider
ein-arbeiten : *jn ~* initier qqn à un travail, mettre qqn au courant ◆ *sich ~* s'initier à un travail, se mettre au courant, *(fam)* se roder
ein=äschern 1 réduire en cendres 2 *jn ~* incinérer qqn
Einäscherung *f* -en incinération *f*
ein-atmen : *etw ~* respirer / inhaler qch ◆ *~ !* inspirez !
einäugig borgne
Einbahnstraße *f* -n rue *f* en sens unique
ein-balsamieren embaumer
Einband *m* ¨e reliure *f*
Einbau *m* ø : *der ~ eines Schranks* l'installation *f* / l'encastrement *d*'un placard ◆ **-ten** *~ten aus Holz* boiseries *fpl*
ein=bauen installer, encastrer, monter, poser ; *(fig)* incorporer
Einbauküche *f* -n cuisine équipée / intégrée
einbegriffen : *alles ~* tout compris
ein-behalten* retenir, prélever
ein-berufen* 1 convoquer 2 *(mil)* incorporer
Einberufung *f* -en 1 convocation *f* 2 *(mil)* incorporation *f*, appel *m* sous les drapeaux
ein-betten encastrer, insérer
Einbettzimmer *n* - chambre *f* simple / à un lit
ein-beulen cabosser, faire une bosse à
ein-beziehen* 1 *jn in eine Unterhaltung ~* intégrer / faire participer qqn à la conversation 2 inclure, comprendre ; *eine Sache in die Überlegung ~* prendre qch en compte dans sa réflexion
ein-biegen* <sein> tourner
ein-bilden sich 1 *sich* (D) *etw ~* s'imaginer qch, se faire des idées ; *was bildest du dir ein?* qu'est-ce que tu crois ? 2 *darauf brauchst du dir gar nichts einzubilden* il n'y a pas de quoi être fier ; *sich* (D) *etw auf seine Kenntnisse ~* se targuer d'avoir des connaissances, se prévaloir de connaissances
Einbildung *f* ø 1 illusion *f* ; imagination *f* 2 présomption *f*, prétention *f* ◆ **-en** *krankhafte ~en* hallucinations *fpl*, délire *m*
Einbildungskraft *f* ø imagination *f*
ein-binden* 1 *ein Buch ~* recouvrir un livre 2 *ein Gebiet in die (Verkehrs)planung ~* désenclaver une région, intégrer une région dans un réseau
ein-blasen* : *(fam) jm etw ~* souffler qch à qqn

ein=blenden insérer
ein=bleuen : *(fam) jm etw* ~ fourrer qch dans le crâne de qqn
Einblick *m -e* : *jm einen* ~ *in etw gewähren* donner à qqn une idée *f*/un aperçu *m* de qch
ein=brechen* : *bei einem Juwelier* ~ cambrioler un bijoutier, s'introduire (par effraction) chez un bijoutier ◆ <sein> 1 *in eine feindliche Stellung* ~ forcer les positions ennemies 2 s'enfoncer ; *(fig/fam) bei einer Prüfung (total)* ~ s'étaler à un examen 3 *das Haus bricht ein* la maison s'effondre 4 *der Winter bricht ein* l'hiver arrive
EinbrecherIn *m f* cambrioleur, -euse
ein=bringen* 1 *die Ernte* ~ rentrer la récolte 2 *viel Geld* ~ rapporter beaucoup d'argent 3 *einen Gesetzesentwurf* ~ déposer un projet de loi
ein=brocken 1 *Brot* ~ émietter du pain 2 *(fig/fam) da hast du dir was Schönes eingebrockt!* tu t'es mis dans de beaux draps!
Einbruch *m ¨e* 1 cambriolage *m*, effraction *f* 2 *bei* ~ *der Dunkelheit* à la tombée *f* de la nuit 3 *(fig)* échec *m* total
Einbruch(s)diebstahl *m ¨e* vol *m* avec effraction
ein=buchten *(fam)* mettre sous les verrous
ein=bürgern : *jn* ~ naturaliser qqn ◆ *sich* ~ passer dans l'usage
ein=büßen perdre
ein=decken : *(fig) jn mit Fragen* ~ submerger qqn de questions ◆ *sich mit Vorräten* ~ s'approvisionner, pourvoir au ravitaillement
eindeutig clair, sans équivoque, indiscutable
ein=drehen visser
ein=dringen* : *in ein Land* ~ pénétrer dans un pays ; *(fig) in ein Geheimnis* ~ percer un secret ◆ *(fig) auf jn* ~ insister auprès de qqn
eindringlich : *eine ~e Bitte* une demande expresse/pressante ◆ ~ *bitten* demander instamment
Eindringling *m -e* envahisseur *m* ; intrus *m*
Eindruck *m ¨e (fig)* impression *f von etw den richtigen* ~ *haben* se faire une idée juste de qch ; *(fam)* ~ *schinden* épater, en mettre plein la vue
ein=drücken 1 enfoncer 2 laisser une trace, marquer
eindrucksvoll impressionnant
ein=ebnen aplanir, niveler, égaliser
eineiig : *~e Zwillinge* vrais jumeaux
eineinhalb un(e) et demi
ein=engen rétrécir, resserrer ; *(fig) jn in seiner Phantasie* mettre des freins à/réfréner l'imagination de qqn
einerlei 1 *das ist (mir) doch* ~ *!* cela m'est égal 2 *von* ~ *Farbe* de la même/d'une seule couleur
Einerlei *n ø* monotonie *f das tägliche* ~ le train-train *m* quotidien
einerseits d'un côté, d'une part
einfach 1 *eine ~e Arbeit* un travail facile/simple 2 *eine ~e Fahrkarte* un aller simple 3 *aus ~en Verhältnissen* de condition modeste ◆ ~ *falten* plier une fois ; *ganz* ~ tout simplement ◆ *er lief* ~ *weg* il est parti, c'est tout ; *es war* ~ *schön!* c'était tout simplement formidable !
ein=fädeln enfiler ; *(fig/fam) eine Sache geschickt* ~ bien goupiller qch ◆ *sich in die richtige Fahrspur* ~ se mettre/se placer dans la bonne file
ein=fahren* <sein> : *der Zug fährt ein* le train entre en gare ; *(mines)* descendre ◆ 1 *ein Auto* ~ roder une voiture 2 *das Fahrgestell* ~ rentrer le train d'atterrissage 3 *einen Zaun* ~ défoncer une clôture ◆ *sich* ~ s'habituer à la conduite d'un véhicule
Einfahrt *f -en* entrée *f*, entrée d'autoroute ; *(train)* entrée *f* en gare
Einfall *m ¨e* 1 *(phys)* incidence *f* 2 *(mil)* invasion *f* 3 *(fig) ein guter* ~ une bonne idée *f*
ein=fallen* <sein> : *das Haus fällt ein* la maison s'effondre ; *(fig) seine Wangen fallen ein* ses joues se creusent ◆ *in ein Land* ~ envahir un pays ; *(fam) bei jm* ~ débarquer chez qqn ◆ *da fällt mir ein* à propos ; *das fällt mir nicht ein!* tu n'y penses pas !, tu me connais mal ! ; *was fällt dir (denn) ein?* qu'est-ce qu'il te prend ? ◆ *sich (D) etw* ~ *lassen* faire preuve d'imagination, trouver qch
einfallsreich ingénieux, -euse, imaginatif, -ive
einfältig *(péj)* naïf, -ïve, benêt, niais, bêta
Einfaltspinsel *m -* *(péj)* imbécile *m*
Einfamilienhaus *n ¨er* maison *f* individuelle
ein=fangen* capturer, attraper ; *(fam) ich habe mir eine Grippe eingefangen* j'ai attrapé la grippe
einfarbig uni ; monochrome
ein=fassen 1 border 2 *einen Diamanten* ~ monter/sertir/enchâsser un diamant
Einfassung *f -en* 1 bordure *f* 2 sertissage *m* 3 clôture *f*
ein=fetten graisser, lubrifier
ein=finden* *sich* se retrouver, être là ; se présenter
ein=flechten* : *ein Band in die Haare* ~ mêler un ruban à ses cheveux ; *(fig) einige Zitate* ~ insérer des citations, entrecouper de citations

einheitlich

ein=flößen 1 *(méd) jm eine Arznei* ~ faire prendre/administrer un médicament à qqn 2 *(fig) jm Furcht* ~ inspirer de la crainte à qqn
Einflugschneise *f* -n couloir *m* aérien
Einfluß *m* ¨sse : *auf jn* ~ *haben* avoir de l'influence *f*/de l'ascendant *m* sur qqn ; *unter js* ~ *stehen* être sous l'influence/l'emprise *f* de qqn
einflußreich influent
ein=flüstern : *jm etw* ~ souffler qch à qqn
einförmig uniforme ; monotone
ein=frieren* congeler ; *(fig) Löhne* ~ geler les salaires ◆ <sein> geler
ein=fügen encastrer ; *(fig) einen Satz* ~ insérer une phrase ◆ *sich* ~ s'insérer
ein=fühlen sich *(in A)* s'identifier (avec) ; se mettre à la place (de)
Einfuhr *f* -en importation *f*
ein=führen 1 *(comm)* importer *ein neues Produkt* ~ lancer un nouveau produit 2 introduire 3 *einen neuen Mitarbeiter* ~ introduire/présenter un nouveau collaborateur 4 *die Sommerzeit* ~ passer à l'heure d'été ◆ *sich in einem neuen Bekanntenkreis gut* ~ bien s'insérer dans un nouveau milieu
Einführung *f* -en 1 importation *f*, lancement *m* 2 introduction *f* 3 présentation *f*
Einfuhrzoll *m* ¨e droit *m* de douane
ein=füllen verser/mettre (dans)
Eingabe *f* -n pétition *f*, requête *f* ◆ ø *(inf)* entrée *f* (de données)
Eingang *m* ¨e 1 *am* ~ *warten* attendre à l'entrée *f* 2 *(comm)* recette *f*, rentrée *f* ◆ ø *nach* ~ *der Post* après réception *f* du courrier
eingängig qui se retient facilement
eingangs au début ◆ (G) au début de ~ *der Kurve* à l'entrée du virage
eingebaut *(in A)* encastré, incorporé, installé
ein=geben* 1 donner, faire prendre, administrer 2 *(inf) Daten* ~ entrer des données
eingebildet 1 prétentieux, -euse, imbu de sa personne 2 *eine* ~*e Krankheit* une maladie imaginaire 3 *auf etw* (A) ~ *sein* faire étalage de qch
Eingeborene/r indigène *m f*, autochtone *m f*
eingedenk (G) en considération (de)
eingefleischt : *(fig) ein* ~*er Junggeselle* un célibataire endurci
ein=gehen* <sein> 1 *ein Geschäft* ~ conclure une affaire 2 *Verpflichtungen* ~ contracter des obligations ; *ein Risiko* ~ courir un risque 3 *einen Vergleich* ~ faire un compromis ◆ *auf jede Einzelheit* ~ entrer dans tous les détails ◆ 1 *(lettre)* arriver ; *(argent)* rentrer 2 *(tissu)* rétrécir 3 *(comm)* disparaître ; *(fam)* couler 4 *(plante/animal)* mourir
eingehend détaillé *ein* ~*er Bericht* un rapport circonstancié ◆ en détail, minutieusement
Eingemachtes *n* ø conserves *fpl*
ein=gemeinden rattacher à une communauté urbaine
eingenommen 1 *gegen etw* ~ *sein* avoir des a priori défavorables à l'égard de qch 2 *von sich* (D) ~ *sein* être imbu de soi-même 3 *von etw* ~ *sein* être pris par qch → **ein=nehmen**
eingeschnappt : *(fam) gleich* ~ *sein* prendre facilement la mouche
eingeschrieben *(lettre)* recommandé → **ein=schreiben**
ein=gestehen* reconnaître ; avouer ◆ *sich* (D) *etw* ~ reconnaître qch dans son for intérieur
Eingeweide *n* - viscères *mpl*
Eingeweihte/r *m f* initié *m* -e *f*
ein=gewöhnen acclimater ◆ *sich* ~ s'habituer ; s'acclimater
ein=gießen* verser
ein=gliedern *(in A)* intégrer (à/dans)
ein=graben* enterrer, s'enterrer ; *(mil)* s'installer dans des tranchées ; *(fig)* se graver
ein=greifen* *(tech)* (s')engrener ; *(fig)* intervenir *in js Rechte* ~ empiéter sur/usurper les droits de qqn
ein=grenzen : *ein Grundstück* ~ clôturer/délimiter un terrain ; *(fig)* circonscrire, limiter
Eingriff *m* -e *(méd)* intervention *f* ; *(fig)* intervention, ingérance *f*
ein=haken accrocher ◆ *(fam) sofort* ~ *(non fam)* réagir immédiatement ◆ *sich bei jm* ~ prendre le bras de qqn
Einhalt *m* ø : *einer Sache* ~ *gebieten* mettre un terme à qch
ein=halten* : *eine Frist* ~ respecter/tenir un délai ◆ *halt ein!* arrête !
ein=hämmern enfoncer avec un marteau ; *(fig) jm etw* ~ faire entrer qch dans la tête de qqn
ein=handeln échanger, troquer ◆ *(fam) sich* (D) *eine Krankheit* ~ attraper une maladie
ein=hängen raccrocher
ein=heften ranger, classer
Einheimische/r autochtone *m f*, indigène *m f*
ein=heimsen *(fam)* empocher
Einheit *f* ø unité *f eine* ~ *bilden* former un ensemble ◆ -en *(mil/phys)* unité *f*
einheitlich qui a une unité, homogène, uniformisé ~*e Normen* normes standardisées ; ~*e Kleidung* uniforme *m* ◆ ~ *vor=gehen* procéder de manière concertée

Einheitlichkeit

Einheitlichkeit f ø unité f, homogénéité f, uniformité f
Einheitspreis m -e prix m unique
ein=heizen (faire) chauffer ◆ *(fam) jm tüchtig ~* remonter les bretelles à qqn
einhellig unanime ◆ à l'unanimité
einher=gehen* <sein> : *mit etw ~* s'accompagner de
ein=holen 1 faire des courses ; *(fig) js Erlaubnis ~* demander la permission 2 *jn ~* rattraper qqn 3 *die Flagge ~* descendre le drapeau ; *(fig) die versäumte Zeit ~* rattraper le temps perdu
ein=hüllen *(in A)* envelopper (dans) ◆ *sich in die Laken ~* s'enrouler dans ses draps
einig uni *(sich) ~ sein/werden (über A/mit D)* être/tomber d'accord (sur)
einige quelques *vor ~r Zeit* il y a quelque temps ; *ich könnte dir ~s erzählen* je pourrais t'en raconter ◆ quelques-uns, certains
einigen unir ◆ *sich ~ (auf A/über A)* se mettre d'accord (sur)
einigermaßen dans une certaine mesure, à peu près, plutôt/assez bien
Einigung f -en 1 unification f, union f 2 concordance f de vues, accord m
ein=jagen : *jm Angst ~* effrayer qqn
einjährig 1 *ein ~es Kind* un enfant d'un an 2 *eine ~e Pflanze* une plante annuelle
ein=kapseln sich *(méd)* s'enkyster ; *(fig)* s'isoler
ein=kassieren encaisser
Einkauf m ¨e achat m, *(fam)* course f
ein=kaufen acheter *~ gehen* aller faire des/ses courses
Einkaufsbummel m - lèche-vitrine m
Einkaufspreis m -e prix m d'achat
Einkaufstasche f -n sac m à provisions
Einkaufszentr.um n. .en centre m commercial
ein=kehren <sein> entrer *in eine Gaststätte ~* s'arrêter dans une auberge
ein=kerkern incarcérer ; mettre au cachot
ein=klagen intenter une action pour le recouvrement d'une dette
ein=klammern mettre entre parenthèses
ein=kleiden habiller
ein=klemmen coincer, serrer, pincer
ein=kochen : *Kirschen ~* mettre des cerises en conserve ◆ *das Fleisch kocht ein* la viande diminue à la cuisson
Einkommen n - revenu(s) m (pl)
Einkommen(s)steuer f -n impôt m sur le revenu ; *~verhältnisse* npl ressources
ein=kratzen sich : *(fam) sich bei jm ~* tout tenter pour se faire bien voir de qqn
ein=kreisen 1 faire un cercle (autour de) 2 cerner/encercler

Einkünfte fpl revenu m, ressources fpl
ein=laden* 1 *jn zu sich ~* inviter qqn chez soi 2 *Waren ~* charger des marchandises ◆ *eingeladen sein* être invité
Einladung f -en invitation f
Einlage f -n 1 *orthopädische ~n* semelles fpl orthopédiques 2 *(jeu)* mise f 3 *(banque)* dépôt m
Ein=laß m ø admission f, entrée f
ein=lassen* 1 laisser/faire entrer 2 *Wasser ~* faire couler de l'eau ◆ 1 *sich auf ein Geschäft ~* s'embarquer dans une affaire 2 *sich mit jm ~* fréquenter qqn
ein=laufen* <sein> : *(fam) jm das Haus ~* casser les pieds à qqn ◆ 1 *(fig) beim Waschen ~* rétrécir au lavage 2 *in den Hafen ~* entrer dans le port ◆ *(sp) sich ~* s'échauffer
ein=leben sich *(in A/D)* s'adapter, s'acclimater, s'habituer
ein=legen 1 mettre en conserve 2 *(tech)* incruster 3 *Geld ~* faire un dépôt ; *Kapital ~* faire un apport de capital 4 *(fig) ein gutes Wort für jn ~* intercéder en faveur de qqn 5 *(jur) Berufung ~* faire appel
ein=leiten 1 *ein Buch ~* préfacer un livre ; *eine Versammlung ~* ouvrir une réunion 2 *Verhandlungen ~* entamer/engager des négociations 3 *(mil) eine Offensive ~* déclencher une offensive
Einleitung f -en 1 introduction f, préface f 2 engagement m, démarrage m 3 ouverture f
ein=lenken *(fig)* se montrer conciliant
ein=leuchten : *(fig) das leuchtet mir ein* c'est clair, je comprends
einleuchtend clair (comme de l'eau de roche)
ein=liefern remettre, déposer *ins Krankenhaus ~* hospitaliser
Einlieferung f -en dépôt m ; hospitalisation f
Einlieferungsschein m -e récépissé m, reçu m
einliegend à l'intérieur
ein=lochen *(fam)* mettre sous les verrous/à l'ombre
ein=lösen 1 *ein Pfand ~* retirer un gage, dégager 2 *einen Scheck ~* encaisser/toucher un chèque ; honorer un chèque 3 *(fig) sein Wort ~* tenir parole
ein=lullen *(fam)* bercer jm *(mit schönen Worten)* emboberner qqn
einmal 1 *~ und nicht wieder* une fois mais pas deux ; *~ ist keinmal* une fois n'est pas coutume ; *wenn ~* si jamais 2 *es war ~* il était une fois 3 *auf ~* soudain, tout à coup ; *alles auf ~* tout en même temps 4 *es kommt ~ die Zeit* il arrive un jour où ◆ *komm doch ~ her !* allez, viens ! ; *komm ~ her !* viens voir un peu

ici!; *wir wollen erst ~ essen* on va d'abord manger; *nicht ~* (ne) même pas

Einmaleins *n* ø table *f* de multiplication

einmalig unique

ein=marschieren <sein> entrer

ein=mieten *(agri)* rentrer, stocker, mettre en silo ◆ *sich bei Freunden ~* loger/ avoir une chambre chez des amis

ein=mischen sich *(in A)* s'immiscer/ s'ingérer (dans), se mêler de

ein=münden *(in A)* se jeter (dans); *(rue)* déboucher (sur)

einmütig unanime ◆ d'un commun accord, à l'unanimité

ein=nehmen* 1 *eine Mahlzeit ~* prendre un repas 2 *viel Geld ~* percevoir/ toucher de l'argent 3 *(mil)* prendre, investir 4 *(fig) jn für sich ~* mettre qqn de son côté, gagner les faveurs de qqn

einnehmend : *ein ~es Wesen haben* être avenant, avoir du charme

ein=ordnen classer ◆ *sich ~* se ranger, se mettre en rang

ein=packen envelopper ◆ faire ses valises/bagages ◆ *(fam) du kannst ~!* tu peux aller te faire voir!

ein=pendeln sich *(auf A/D)* se stabiliser

ein=pennen *(fam > non fam)* s'endormir

ein=planen prévoir, planifier, budgétiser

ein=prägen *(in A)* graver

einprägsam facile à retenir, qui se grave dans la mémoire *~es Ereignis* événement marquant

ein=quartieren loger; *(mil)* cantonner ◆ *sich bei jm ~* s'installer chez qqn

ein=rahmen encadrer

ein=rasten <sein> s'enclencher

ein=räumen 1 *eine Wohnung ~* emménager, installer/meubler un appartement 2 *einen Kredit ~* accorder un crédit ◆ *(fig) ich räume ein, daß* je concède que

ein=rechnen compter ◆ *50 Personen, die Kinder eingerechnet* 50 personnes en comptant/y compris les enfants ; *Unkosten eingerechnet* frais compris

ein=reden ◆ *jm etw ~* faire croire qch à qqn ; *sich (D) ~, daß* se mettre dans la tête que ◆ *auf jn ~* essayer de convaincre qqn

ein=reiben* enduire

ein=reichen 1 *seine Entlassung ~* donner/remettre/présenter sa démission; déposer *(demande)* 2 *(jur) eine Klage ~* porter plainte, déposer une plainte

ein=reihen classer ◆ *sich in die Schlange ~* prendre sa place dans la file d'attente

ein=reisen <sein> entrer (dans un pays)

ein=reißen* 1 déchirer 2 *(bâtiment)* démolir ◆ <sein> se déchirer; *(fig)* se propager

ein=renken : *jm den Arm ~* remettre le bras de qqn; *(fig) eine Situation ~* redresser/assainir une situation

ein=rennen* *(fig)* 1 *jm das Haus ~* enquiquiner qqn 2 *offene Türen ~* enfoncer des portes ouvertes

ein=richten 1 *eine Wohnung ~* installer/aménager un appartement 2 *(tech)* régler 3 *(méd)* remettre en place 4 *es so ~, daß* s'arranger pour que ◆ *sich ~* s'organiser; *sich auf etw (A)* s'organiser/ prendre ses dispositions en fonction de qch

Einrichtung *f* ø installation *f*, aménagement *m* ◆ *-en* 1 *eine öffentliche ~* établissement *m* public; *eine nützliche ~* un service *m* d'utilité publique; *eine staatliche ~* organisme *m* d'État 2 *(tech)* équipement *m*, installations *fpl*; *sanitäre ~en* sanitaires *mpl*

ein=rollen enrouler

ein=rücken 1 *einen Text ~* insérer un texte en retrait 2 *(tech)* embrayer, déclencher ◆ <sein> *(mil)* partir au service (militaire)

eins un ◆ *halb ~* une heure et demie; *er kommt gegen ~* il vient vers une heure ◆ *~ sein (mit)* ne faire qu'un (avec)

ein=sacken *(fam)* empocher ◆ <sein> s'enfoncer

einsam : *ein ~er Mensch* un (homme) solitaire; *ein ~es Haus* une maison isolée ◆ *sich ~ fühlen* se sentir seul

Einsamkeit *f* ø solitude *f*, isolement *m*

ein=sammeln ramasser

Einsatz *m* ¨e 1 *(tech)* accessoire *m* mobile; compartiment *m* 2 empiècement *m* 3 *(th)* entrée *f* en scène; *(fig) ~ aller Kräfte* mobilisation *f* de toutes les énergies; *~ von Mitteln* mise *f* en œuvre de moyens; *~ von Maschinen* emploi *m* de machines; *mit vollem ~ arbeiten* s'investir à fond dans son travail; *unter ~ seines/des Lebens* au péril de sa vie 4 *(mil)* engagement *m* 5 *(jeu)* mise *f*

einsatzbereit prêt à s'investir; prêt à intervenir; prêt à fonctionner

einsatzfähig opérationnel

Einsatzwagen *m* - 1 véhicule *m* d'intervention 2 voiture *f* supplémentaire

ein=schalten 1 *(radio)* allumer; *(machine)* mettre en marche; *(fig) jn in die Verhandlungen ~* faire intervenir qqn dans des négociations 2 *einen Gang ~* passer une vitesse ◆ *sich ~* se déclencher; *(fig)* intervenir

Einschaltquote *f* -n taux *m* d'écoute, *(fam)* audimat *m* [officiel]

ein=schärfen : *jm etw ~* inculquer qch à qqn

ein=schätzen évaluer, estimer

ein=schenken servir, verser à boire

ein=schiffen sich s'embarquer

ein=schlafen*

ein=schlafen* <sein> : s'endormir
ein=schläfern endormir; *(fig)* apaiser
Einschlag *m* ¨e 1 *(mil)* impact *m* 2 *den ~ erneuern* restaurer la reliure *f* 3 *(vêtements)* pli *m*; revers *m*; ourlet *m* 4 *(fig)* tendance *f*; *ein bäuerlicher ~* un côté *m* paysan *f*; *(auto)* braquage *m*
ein=schlagen* 1 *einen Pfahl ~* enfoncer/planter un pieu 2 *ein Buch ~* envelopper un livre 3 *eine Fensterscheibe ~* casser un carreau; *eine Tür ~* enfoncer/défoncer une porte 4 *(fig) den richtigen Weg ~* prendre le bon chemin ◆ *auf jn ~* tomber à bras raccourcis sur qqn ◆ 1 *der Blitz schlägt ein* la foudre tombe; *(fig) wie der Blitz ~* faire l'effet d'une bombe 2 *schlag ein!* tope là!
einschlägig: *~e Literatur* ouvrages concernant le sujet; *~es Geschäft* magasin spécialisé ◆ *~ vorbestraft* déjà condamné pour le même délit, récidiviste
ein=schleichen* sich se faufiler
ein=schleppen 1 *einen Schiff in den Hafen ~* remorquer un bateau dans un port 2 *die Pocken ~* introduire la petite vérole (dans un pays)
ein=schließen* 1 *jn ~ (in A)* enfermer qqn (dans); *(mil)* encercler 2 *mit sich ~* inclure, englober, comprendre ◆ *sich ~* s'enfermer à clé
einschließlich (G) y compris ◆ *bis 10. des Monats* jusqu'au 10 inclus
ein=schmeicheln sich s'insinuer (dans/dans les bonnes grâces de), *(fam)* faire des ronds de jambes (à)
ein=schmieren enduire (de)
ein=schmuggeln passer en contrebande/*(fam)* en douce
ein=schnappen <sein> s'enclencher; *(fig)* prendre la mouche ◆ *(fig) eingeschnappt sein* (non fig) être vexé
ein=schneiden* *die Stiele ~* couper le bout des tiges ◆ *der Gummi schneidet ein* l'élastique rentre dans la chair
einschneidend radical
Einschnitt *m* -e ouverture *m*; *(méd)* incision *f*; *(fig)* tournant *m*, virage *m*
ein=schränken restreindre, réduire, limiter ◆ *sich ~* se restreindre, se limiter
Einschränkung *f* -en restriction *f*, réduction *f*, limitation *f*, compression *f* ◆ *~en machen* émettre des réserves
ein=schreiben* *einen Brief ~ (lassen)* envoyer une lettre en recommandé ◆ *sich ~* s'inscrire
ein=schreiten* <sein> s'élever/intervenir
ein=schüchtern intimider
ein=schulen scolariser
ein=schwenken* mettre dans l'axe ◆ <sein> *rechts ~* tourner à droite; *(fig) auf einen neuen politischen Kurs ~* changer de couleur politique
ein=segnen bénir
Einsegnung *f* -en bénédiction *f*; consécration *f*; confirmation *f*
ein=sehen* 1 *die Akten ~* prendre connaissance des documents; *(fig) einen Irrtum ~* comprendre/reconnaître une erreur 2 *(mil)* aller en reconnaissance
ein=seifen savonner; *(fig/fam) jn ~* entuber/rouler qqn
einseitig 1 d'un seul côté; unilatéral 2 *~e Beurteilung* jugement partial/qui ne prend pas en compte toutes les données 3 *~e Ausbildung* formation pointue/trop spécialisée ◆ 1 d'un seul côté, unilatéralement 2 avec partialité
ein=senden* expédier, envoyer
ein=setzen 1 *eine Fensterscheibe ~* poser une vitre; *(méd)* implanter; *(tech) ein Ersatzteil ~* monter une pièce 2 *eine Summe ~* inscrire une somme 3 *(fig) seine ganze Kraft ~* déployer toutes ses forces 4 *jn als Bürgermeister ~* installer qqn dans sa fonction de maire; *jn zu seinem Erben ~* désigner qqn comme héritier ◆ commencer; *(tempête)* se lever; *(orage)* menacer; *(mus)* attaquer ◆ 1 *sich selbstlos ~* s'engager/s'investir totalement 2 *sich für jn ~* intervenir pour/défendre qqn
Einsicht *f* ø : *~ in etw nehmen* prendre connaissance *f* de/examiner qch ◆ *-en neue ~ gewinnen* avoir une nouvelle conception *f*; *zu der ~ gelangen, daß* en arriver à l'idée *f* que
einsichtig 1 *~e Eltern* des parents compréhensifs 2 *~e Gründe* des raisons compréhensibles
EinsiedlerIn *m f* ermite *m f*
ein=sinken* <sein> (*in* D) s'enfoncer (dans)
ein=spannen 1 mettre en place, fixer 2 *(chevaux)* atteler; *(fig) jn für etw (A) ~* mettre qqn à contribution
ein=sparen économiser, faire l'économie (de)
Einsparung *f* -en économie *f*
ein=speichern *(inf)* saisir, mettre en mémoire
ein=sperren enfermer; incarcérer
ein=springen* *(fig) für jn ~* remplacer qqn au pied levé
Einspruch *m* ¨e objection *f*; *(jur) gegen etw (A) ~ erheben* faire opposition à qch, opposer son veto à qch
einspurig à une voie
einst 1 autrefois 2 *das wirst du ~ bereuen* tu regretteras cela un jour
ein=stechen* piquer; *(jeu)* couper
ein=stecken 1 mettre dans sa poche, prendre; *(fig)* avoir à supporter, encaisser,

essuyer 2 *(fam) einen Brief* ~ mettre une lettre à la boîte 3 *(élec) den Stecker* ~ brancher la prise
ein=stehen* <sein> : *für jn* ~ répondre/se porter garant de qqn; *ich kann nicht dafür* ~, *daß* je ne peux pas garantir que
ein=steigen* <sein> : *in den Zug* ~ monter dans le train; *(fig) in ein Geschäft* ~ entrer dans une affaire
einstellbar réglable
ein=stellen 1 *(travail)* arrêter; *(paiements)* suspendre; *(mil) das Feuer* ~ cesser de tirer 2 *die Kamera* ~ régler la caméra; *etw richtig/scharf* ~ mettre au point 3 *jn* ~ embaucher qqn ♦ *sich auf eine neue Situation* ~ s'adapter à une nouvelle situation, prendre des dispositions face à une nouvelle situation; *sich auf Besuch* ~ se préparer en vue d'une visite
einstellig à un chiffre
Einstellung *f* -en 1 position *f*, point *m* de vue *auf die* ~ *kommt es an!* c'est l'intention *f* qui compte! 2 réglage *m*, mise *f* au point 3 *(cin)* plan *m* 4 embauche *f* 5 *(jur)* ~ *des Verfahrens* suspension *f* de la procédure; ~ *der Feindlichkeiten* arrêt *m* des hostilités
Einstich *m* -e piqûre *f*
Einstieg *m* -e montée *f*; entrée *f* ; *(fig)* entrée *f* en matière
ein=stimmen *(fig) in den Jubel* ~ se joindre à l'allégresse générale ♦ *sich* ~ *(auf A)* se préparer (à)
einstimmig 1 à une voix 2 ~*er Beschluß* décision *f* unanime
ein=streichen* 1 *(fam) viel Geld* ~ empocher beaucoup d'argent 2 *einen Text* ~ faire des coupures dans un texte
ein=streuen répandre; *(fig) eine Bemerkung* ~ glisser une remarque
ein=strömen <sein> se déverser, se répandre; *(fig)* affluer
ein=stufen classer, positionner
ein=stürmen <sein> fondre/se jeter/se précipiter; *(fig)* assaillir
ein=stürzen s'écrouler, s'effondrer
einstweilen en attendant, d'ici là
einstweilig provisoire, temporaire; *(jur)* ~*e Verfügung* ordonnance de référé
eintägig d'un jour, pour une journée
ein=tauchen tremper, plonger ♦ <sein> plonger, s'immerger
ein=tauschen échanger
ein=teilen : *in Abschnitte* ~ découper en paragraphes; *seine Zeit* ~ organiser/répartir son temps
Einteilung *f* -en partage *m*, découpage *m*, répartition *f*
Eintopf *m* ø potée *f*
einträchtig en harmonie, en bonne intelligence

Eintrag *m* ¨e inscription *f*; *(ens)* remarque *f* dans le carnet de correspondance
ein=tragen* 1 *etw in eine Liste* ~ inscrire/porter sur une liste 2 *ein Patent* ~ faire enregistrer un brevet ♦ *sich* ~ *lassen* se faire inscrire
einträglich qui rapporte, lucratif, -ive
Eintragung *f* -en 1 écriture *f*, inscription *f* 2 enregistrement *m*
ein=treffen* <sein> 1 arriver *plötzlich* ~ *(fam)* débarquer 2 se réaliser
ein=treiben* 1 *das Vieh* ~ rentrer les bêtes 2 *Steuern* ~ recouvrer les impôts
ein=treten* : *eine Tür* ~ défoncer une porte ♦ <sein> 1 *(fig)* se produire, avoir lieu; *plötzlich* ~ survenir; *Stille tritt ein* le silence se fait 2 *tritt ein!* entre! ♦ <sein> 1 *in einen Verein* ~ adhérer à une association; *(rel) in einen Orden* ~ entrer dans un ordre 2 *(fig) für jn* ~ prendre le parti de qqn, défendre/soutenir qqn
ein=trichtern : *(fig) jm etw* ~ inculquer qch à qqn, *(fam)* tenter de faire rentrer qch dans la tête de qqn
Eintritt *m* -e : ~ *verboten!* entrée *f* interdite; *(fig) bei* ~ *der Dunkelheit* à la tombée *f* de la nuit
ein=trocknen sécher, se dessécher
ein=trudeln <sein> *(fam)* s'amener
ein=verleiben annexer
Einvernehmen *n* ø bonne entente *f*, accord *m*; *(jur) gegenseitiges* ~ consentement *m* mutuel
einverstanden : *mit jm/etw* ~ *sein* être d'accord avec qqn/qch
Einverständnis *n* ø consentement *m*, autorisation *f geheimes* ~ entente *f* secrète, collusion *f*; *im* ~ *mit jm handeln* agir de concert avec qqn
Einwand *m* ¨e objection *f*
Einwanderung *f* -en immigration *f*,
einwandfrei 1 *eine* ~*e Leistung* une prestation irréprochable 2 *eine* ~ *Beweisführung* une démonstration inattaquable
ein=wechseln changer
Einwegflasche *f* -n bouteille *f* non consignée
Einwegverpackung *f* -en emballage *m* perdu
ein=weichen faire tremper
ein=weihen inaugurer; *(fig) eine neue Wohnung* ~ pendre la crémaillère ♦ *jn in etw (A)* ~ mettre qqn au courant de qch, initier qqn, *(fam)* mettre qqn au parfum
Einweihung *f* -en 1 inauguration *f* 2 initiation *f*
ein=wenden* objecter
ein=werfen* 1 *einen Brief* ~ mettre une lettre à la boîte 2 *eine Fensterscheibe* ~ casser un carreau 3 *(fig) eine Bemerkung* ~ lancer une remarque

ein=wickeln

ein=wickeln 1 *ein Geschenk ~* envelopper un cadeau 2 *ein Kind in eine(r) Decke* enrouler un enfant dans une couverture 3 *(fam) jn ~* embobiner qqn ◆ *(fam) sich ~ lassen* se faire embobiner
ein=willigen *(in* A) consentir (à), accepter
Einwilligung *f* -en consentement *m*, approbation *f*
ein=wirken : *auf jn ~* avoir une influence sur qqn
EinwohnerIn *m f* habitant *m* -e *f*
Einwohnermeldeamt *n* ¨er service *m* de déclaration de domicile
Einwohnerschaft *f* ø habitants *mpl*
Einwurf *m* ¨e 1 *~ 1 DM* introduire 1 DM dans la fente 2 *(sp)* mise *f* en jeu 3 *(fig) einen ~ machen* faire une réflexion *f*
Einzahl *f* ø singulier *m*
ein=zahlen verser
Einzahlung *f* -en versement *m*
Einzahlungsbeleg *m* -e reçu *m*
ein=zäunen clôturer
ein=zeichnen tracer, noter
Einzelanfertigung *f* -en 1 fabrication *f* sur mesures 2 modèle *m*/exemplaire *m* unique
Einzelfall *m* ø cas *m* isolé
EinzelgängerIn *m f* solitaire *m f*
Einzelhaft *f* ø régime *m* cellulaire, isolement *m*
Einzelhandel *m* ø commerce *m* de détail
Einzelkind *n* -er enfant *m* unique
einzellig unicellulaire
einzeln : *ein ~er Baum* un seul arbre ; *jeder ~e Schüler* chaque élève (individuellement), chacun des élèves ; *bitte ein=treten !* entrez un par un/l'un après l'autre ! ; *~e Regenschauer* quelques ondées dispersées ; *im ~en* en détail
Einzelteil *n* -e pièce *f* détachée
ein=ziehen* 1 *ein Kabel ~* passer/rentrer un câble ; *eine Zwischenwand ~* monter une cloison 2 *den Bauch ~* rentrer le ventre ; *den Schwanz ~* avoir la queue entre les pattes ; *(fig/fam)* se défiler 3 *Banknoten ~* retirer des billets de la circulation ; *(fig) Erkundigungen ~* prendre des renseignements 4 *js Vermögen ~* saisir/confisquer les biens de qqn 5 inhaler ; *Luft ~* inspirer ◆ <sein> 1 emménager 2 entrer ; *(fig) der Winter zieht ein* l'hiver arrive
einzig unique, seul ◆ *~ und allein* uniquement
einzigartig unique en son genre ; singulier, -ière
Einzug *m* ¨e 1 emménagement *~ halten* emménager ; faire son entrée *f* 2 encaissement *m*, recouvrement *m*
ein=zwängen : *sich in enge Kleidung ~* enfiler un vêtement très serré ◆ *eingezwängt da=stehen* être serré/coincé
Eis *n* ø 1 glace *f* 2 *zu ~ gefrieren* geler ; *auf ~ legen* mettre dans la glace ; *(fig)* geler, laisser en sommeil
Eisbahn *f* -en patinoire *f*
Eisbär *m* -en -en ours *m* blanc
Eisbein *n* -e jarret *m* de porc ; *(fig) ~e bekommen/kriegen* avoir les pieds gelés
Eisberg *m* -e iceberg *m*
Eisbrecher *m* - brise-glace *m*
Eisen *n* ø 1 fer *m* ; *(fig) ein heißes ~* un sujet brûlant ; *mehrere ~ im Feuer haben* avoir plus d'une corde à son arc ; *zum alten ~ werfen* mettre au rancart 2 *(chasse)* piège *m*
Eisenbahn *f* -en chemin *f* de fer ; *(fig/fam) es ist (aller)höchste ~* ça urge ; *~fahrplan m* ¨e indicateur *m* horaire, horaires *mpl* de trains ; *~netz n* -e réseau *m* ferroviaire
EisenbahnerIn *m f* cheminot *m*
Eisenerz *n* -e minerai *m* de fer
eisenhaltig ferrugineux, -euse
Eisenhüttenwerk *n* -e usine *f* sidérurgique
Eisenträger *m* - poutrelle *f*
eisern de/en fer ; *(méd) ~e Lunge* poumon *m* d'acier ; *(fig) ~e Hochzeit* noces de platine ; *~e Ration* les dernières réserves
eisig glacial
Eiskaffee *m* -s café *m* liégeois
Eiskunstlauf *m* ø patinage *m* artistique
eis=laufen* <sein> patiner, faire du patin à glace
Eismeer *n* -e océan *m* glacial
Eisprung *m* ¨e ovulation *f*
Eistüte *f* -n cornet *m* (de glace)
Eisvogel *m* ¨ martin-pêcheur *m*
Eiswürfel *m* - glaçon *m*
Eiszeit *f* ø période *f* glaciaire
eitel prétentieux, -euse
Eiter *m* ø pus *m*
eit(e)rig purulent
eitern suppurer
Eiweiß *n* ø blanc *m* d'œuf, albumine *f*
Ekel *m* ø dégoût *m*, écœurement *m*, répulsion *f*
ekelhaft dégoûtant, écœurant, répugnant ◆ *(fam) ~ kalt* épouvantablement froid
ekeln *sich ~ (vor* D) être dégoûté (par)
eklig dégoûtant, écœurant, répugnant
Ekzem *n* -e eczéma *m*
elastisch élastique
Elch *m* -e élan *m*
Elefant *m* -en -en éléphant *m* ; *(fig) aus einer Mücke einen ~en machen* faire une montagne de qch
Eleganz *f* ø élégance *f*
elektrifizieren électrifier
ElektrikerIn *m f* électricien *m* -ne *f*

elektrisch électrique ◆ électriquement, à l'électricité

elektrisieren envoyer une décharge (électrique); *(fig)* électriser ◆ *sich ~* recevoir une décharge (électrique)

Elektrogerät *n* -e appareil *m* électrique

elektronisch électronique

Element *n* -e élément *m*; *(chim)* corps *m* simple ◆ *(fig) in seinem ~ sein* être dans son élément ◆ *pl die ~e der Physik* les bases de la physique; *(fig/péj) subversive ~e* éléments subversifs

elementar élémentaire

Elend *n* ø misère *f*, détresse *f*; *(fam) langes ~* grande perche *f*

elend misérable; *(fig)* malheureux, -euse, pauvre ◆ *~ aus=sehen* avoir très mauvaise mine

elf onze

Elfe *f* -n elfe *m*

Elfenbein *n* ø ivoire *m*

Elfmeter *m* - pénalty *m*

eliminieren éliminer

Ellbogen *f* - coude *m*

Elle *f* -n 1 *(méd)* cubitus [-tys] *m* 2 aune *f*

Elster *f* -n pie *f*

elterlich parental, des parents; *(jur) ~es Erbe* patrimoine

Eltern *pl* parents *mpl*; *(fam) nicht von schlechten ~ sein* être bien envoyé

Elternhaus *n* ¨er maison *f* familiale

Emaille *n* s émail *m*

emanzipieren émanciper

Emblem *n* -e emblème *m*

Embryo *m*/*n* embryon *m*

EmigrantIn *m* -en -en *f* -nen émigrant *m* -e *f*

Emigration *f* -en émigration *f*; *(fig) innere ~* repliement *m* sur soi

emigrieren <sein> émigrer

Eminenz *f* ø : *Eure ~!* Eminence *f* ! ◆ -en prélat *m*

Empfang *m* ø réception *f*, accueil *m*; *etw in ~ nehmen* réceptionner qch ◆ *¨e einen ~ geben* donner une réception

empfangen* 1 recevoir 2 *(radio) einen Sender ~* recevoir/capter une station 3 *jn ~* recevoir/accueillir qqn

EmpfängerIn *m f* destinataire *m f*

empfänglich 1 réceptif, -ive, sensible 2 fragile

Empfängnisverhütung *f* ø contraception *f*; *~smittel* *n* - contraceptif *m*

Empfangsbescheinigung *f* -en reçu *m*, récépissé *m*

Empfangsbestätigung *f* -en accusé *m* de réception

empfehlen* 1 *jm etw/jn ~* recommander qch/qqn à qqn 2 *(fig) bitte, ~ sie mich Ihrer Frau!* mes hommages à votre épouse ! ◆ *sich ~* prendre congé; *(fam) sich auf französisch ~* filer à l'anglaise

Empfehlung *f* -en 1 recommandation *f* 2 lettre *f* de recommandation

empfinden* : *Schmerz ~* (res)sentir une douleur, avoir mal; *Achtung vor jm ~* éprouver du respect pour qqn

empfindlich *(gegen)* sensible (à) *~e Haut* peau sensible/fragile; *(fig)* susceptible ◆ *~ treffen* blesser

empfindsam sensible; sentimental

Empfindung *f* -en sensation *f*; sentiment *m*

empor vers le/en haut

empor=arbeiten sich réussir (par le travail)

Empore *f* -n galerie *f*, balcon *m*

empören : *jn ~* indigner qqn ◆ *sich ~ (über* A*)* s'indigner de; *(gegen)* se révolter (contre)

empörend révoltant

empor=streben <sein> vouloir arriver

empört indigné, révolté

Empörung *f* ø indignation *f* ◆ -en soulèvement *m*

emsig laborieux, -euse, actif, -ive, zélé

Endabrechnung *f* -en décompte *m* final, solde *m*

Ende *n* -n fin *f am ~ der Straße* au bout *m* de la rue; *am ~ des Abends* en fin de soirée; *letzten ~s* finalement, en fin de compte, après tout; *(fig) es fehlt an allen ~n* on manque de tout; *ein schlimmes ~ nehmen* mal finir; *ich bin am ~ meiner Kraft* je suis à bout de forces; *mit etw ein ~ machen* mettre fin/un terme à qch; *etw zu ~ führen* terminer qch; *(fig/fam) das dicke ~ kommt noch!* attends un peu!, tu vas voir!; *total am ~ sein* être au bout du rouleau; *(loc) ~ gut, alles gut* tout est bien qui finit bien

enden 1 finir, se terminer, s'achever *mit etw ~* se conclure/se terminer par, aboutir à ; *die Frist endet heute* le délai expire aujourd'hui; *(fig)* mourir 2 *der Rock endet unter dem Knie* la jupe s'arrête sous le genou ◆ terminer, achever, conclure

endgültig définitif, -ive ◆ définitivement

Endiviensalat *m* -e chicorée *f* (frisée) *glatter ~* scarole *f*

endlich : *(math) eine ~e Zahl* nombre fini ◆ enfin; finalement

endlos 1 *eine ~ Zeit* un temps interminable 2 *~e Kette* chaîne continue/sans fin

Endstation *f* -en terminus *m*

Endsumme *f* -n total *m*

Endung *f* -en terminaison *f*

Energie *f* ø/-n *(phys/fig)* énergie *f*

eng étroit *ein sehr ~es Zimmer* une pièce exiguë; *ein ~er Rock* une jupe étroite/

engagieren 104

serrée; *(fig) ein ~er Freund* un ami très proche ◆ *~ sitzen* être serré
engagieren : *(th) jn ~* engager qqn ◆ *sich ~* s'engager
enganliegend moulant
Enge *f* ø étroitesse *f*, exiguïté *f*; *(fig) jn in die ~ treiben* acculer qqn, mettre qqn au pied du mur; pousser qqn dans ses derniers retranchements
Engel *m* - ange *m*; *(fam) die ~ im Himmel singen hören* en voir 36 chandelles
engelhaft angélique
Engpaß *m* ¨sse défilé *m*, gorge *f*; *(fig)* impasse *f*, passage *m* difficile
engstirnig borné
Enkelin *m f* petit-fils *m* petite-fille *f*
Enkelkinder *npl* petits-enfants *mpl*
enorm énorme
Ensemble *n* -s 1 *(th)* troupe *f* 2 ensemble *m*
entarten <sein> dégénérer
entäußern sich renoncer (à), abandonner, se défaire (de)
entbehren : *ich entbehre meinen Freund sehr* mon ami me manque beaucoup ◆ *die Behauptung entbehrt jeder (G) Grundlage* cette affirmation est dénuée/dépourvue de tout fondement
entbehrlich superflu
Entbehrung *f* -en privation *f*
entbinden* délier (de) *jn von einem Amt ~* relever qqn de ses fonctions ◆ *(méd)* accoucher ◆ *(méd) von einem Jungen entbunden werden* accoucher d'un garçon
Entbindung *f* -en 1 *(méd)* accouchement *m*, délivrance *f* 2 fait *m* d'être relevé (de)
Entbindungsstation *f* -en maternité *f*
entblößen dénuder; *(fig)* mettre à nu, faire apparaître ◆ *mit entblößtem Haupt* tête nue/découverte
entdecken découvrir *jm ein Geheimnis ~* révéler un secret à qqn
Entdeckung *f* -en découverte *f*
Ente *f* -n 1 canard *m*, cane *f*; *(fig/presse)* fausse nouvelle *f*; *lahme ~* canard boîteux 2 *(auto)* 2 CV [dœfevo] *f* (Citroën)
entehren déshonorer
enteignen exproprier, déposséder
Enteignung *f* -en expropriation *f*, spoliation *f*
enteilen *(fig)* s'enfuir
enterben déshériter
Enterich *m* -e canard *m*
entfachen : *ein Feuer ~* allumer un feu; *(fig)* éveiller; *einen Streit ~* déclencher une bagarre
entfahren* <sein> échapper
entfallen* <sein> : *js Händen ~* échapper des mains de qqn
entfalten déplier, déployer; *(fig) seine Persönlichkeit ~* développer sa personnalité; *rege Betriebsamkeit ~* s'activer ◆ *sich voll ~* s'épanouir
entfernen 1 *ein Schild ~* enlever un panneau; *jn ~* éloigner qqn 2 *einen Fleck ~* enlever/faire partir une tache ◆ *sich ~* s'éloigner, se retirer
entfernt éloigné *eine ~e Gegend* une contrée lointaine/reculée; *(fig) ich bin weit davon ~, dir zu glauben* je ne suis pas prêt à te croire ◆ *das Haus liegt 500 Meter ~* la maison est à 500 mètres ◆ *nicht im ~esten daran denken* être à mille lieues de penser à cela
Entfernung *f* -en 1 distance *f* 2 mise *f* à l'écart, exclusion *f* 3 *(méd)* ablation *f*
entfesseln : *(fig) einen Streit ~* déclencher une bagarre
entflammbar inflammable
entflammen *(fig)* déclencher; déchaîner
entflechten* décentraliser, déconcentrer; rendre plus transparent
entfliegen* <sein> s'échapper
entfliehen* <sein> *(aus)* s'échapper (de)
entfremden : *ein Gerät seinem Zweck ~* détourner un appareil de sa fonction d'origine ◆ *sich ~* s'éloigner (de), prendre des distances (par rapport à)
entführen enlever, kidnapper; *(avion)* détourner
EntführerIn *m f* ravisseur, -euse, kidnappeur, -euse
Entführung *f* -en enlèvement *m*, kidnapping [-piŋ] *m*
entgegen : *(D) ~ meinem Rat* contrairement à/contre mon conseil ◆ 1 *der Sonne ~* face au soleil; *dem Strom ~* à contre courant 2 *dem steht nichts ~* il n'y a rien qui s'y oppose
entgegen=bringen* : *(fig) jm Vertrauen ~* témoigner de la confiance à qqn; *jm Zuneigung ~* avoir/éprouver une inclination pour qqn
entgegen=gehen* <sein> aller à la rencontre/au-devant de; *(fig) seinem Ruin ~* courir à la ruine; *dem Ende ~* toucher à sa fin
entgegen=fahren* <sein> aller à la rencontre/dans la direction de
entgegengesetzt opposé, contraire
entgegen=halten : *jm die Hand ~* tendre la main à qqn; *(fig) jm etw ~* opposer/objecter qch à qqn
entgegen=kommen* <sein> venir à la rencontre de; *(fig) jm ~* être bien disposé à l'égard de qqn; être prévenant; *jm auf halbem Wege ~* faire un compromis avec qqn
entgegenkommend prévenant
entgegen=nehmen* : *ein Paket ~* prendre livraison d'un paquet; *(fig) Glückwünsche ~* recevoir/accepter des vœux
entgegen=sehen* attendre; *(fig) einer*

Entscheidung ~ être dans l'attente d'une décision
entgegen=setzen (sich) (s')opposer
entgegen=stellen opposer (à) ◆ *sich* ~ se mettre en travers (de)
entgegen=treten* <sein> : se mettre en travers de la route (de); *(fig) Forderungen* ~ s'opposer à des revendications
entgegnen répliquer, rétorquer
Entgegnung *f* **-en** réplique *f*, repartie *f*
entgehen* <sein> *(fig)* **1** *dem Tod* ~ échapper à la mort **2** *sich* (**D**) *etw nicht* ~ *lassen* ne pas rater qch
entgeistert ébahi
Entgeld *n* **-er** rémunération *f ohne* ~ gratuitement
entgleisen <sein> dérailler; *(fig, fam)* perdre les pédales
entgleiten* échapper
enthaaren épiler
enthalten* contenir, renfermer ◆ *sich* ~ s'abstenir ◆ *im Preis* ~ compris dans le prix
enthaltsam ascète
Enthaltsamkeit *f* ø abstinence *f*
Enthaltung *f* ø abstinence *f* ◆ **-en** abstention *f*
enthärten : *Wasser* ~ adoucir l'eau
enthaupten décapiter
entheben* : *jn seines Amtes* ~ relever qqn de ses fonctions
enthüllen : *ein Denkmal* ~ inaugurer un monument ; *(fig) ein Geheimnis* ~ dévoiler un secret
enthusiastisch enthousiaste ◆ avec enthousiasme
entjungfern déflorer, dépuceler
entkeimen stériliser
entkleiden (sich) (se) déshabiller
entknoten dénouer
entkoffeiniert : ~*er Kaffee* café décaféiné
entkommen* <sein> échapper (à)
entkorken déboucher
entkräften épuiser *einen Beweis* ~ invalider une preuve
entkrampfen *(fig)* décrisper
entladen* décharger ◆ **1** *die Batterie entlädt sich* la batterie se décharge **2** *das Gewitter entlädt sich über der Stadt* l'orage éclate sur la ville
entlang (**A/D**) : *die Wand* ~ le long du mur, en longeant le mur ; ~ *dem Weg stehen Bäume* il y a des arbres le long du/en bordure de chemin ◆ *einem Weg* ~ *folgen* suivre un chemin
entlang=fahren* <sein> : longer, suivre
entlarven *(fig)* démasquer
entlassen* licencier *einen Gefangenen* ~ libérer un prisonnier ; *jn aus dem Krankenhaus* ~ laisser sortir qqn d'un hôpital

Entlassung *f* **-en** licenciement *m*, libération *f*, sortie *f*
entlasten 1 décharger; *(fig) den Verkehr* ~ rendre la circulation plus fluide ; *sein Gewissen* ~ soulager sa conscience **2** *ein Konto* ~ alimenter/ régulariser un compte **3** *(jur) jn* ~ innocenter qqn
Entlastungszug *m* ¨**e** train *m* supplémentaire
entlaufen* <sein> (s')échapper
entledigen sich se libérer/se débarrasser (de) *sich eines Auftrags* ~ s'acquitter d'une tâche
entlegen isolé, perdu
entlocken arracher
entlohnen rémunérer, rétribuer
Entlohnung *f* **-en** rémunération *f*
entlüften aérer
Entlüftung *f* **-en** aération *f*
entmannen castrer
entmilitarisieren démilitariser
entmündigen mettre sous tutelle
entmutigen décourager
entnehmen* 1 *Geld* ~ retirer/prélever de l'argent, faire un prélèvement ; *(fig) einer Äußerung etw* ~ relever qch dans une déclaration **2** *jm eine Blutprobe* ~ faire une prise de sang à qqn
entpuppen sich : *sich als Betrüger* ~ se révéler être un charlatan
entrahmt : ~*e Milch* lait écrémé
enträtseln deviner, déchiffrer
entreißen* arracher
entrichten régler, payer, acquitter
entrinnen* <sein> échapper (à) ; *(fig) die Zeit entrinnt* le temps s'enfuit
entrümpeln débarrasser, vider
entrüsten sich (*wegen* **G**/*über* **A**) s'indigner (de)
Entrüstung *f* **-en** indignation *f*
Entsafter *m* - centrifugeuse *f*
entsagen : *(fig) der* (**D**) *Welt* ~ renoncer au monde
entschädigen : *jn für etw* (**A**) ~ indemniser/dédommager qqn de qch
Entschädigung *f* **-en** indemnisation *f*, dédommagement *m*
entschärfen désamorcer ; *(fig) eine Situation* ~ dédramatiser une situation ; *die Debatte* ~ apaiser le débat
Entscheid *m* **-e** décision *f*, verdict *m*
entscheiden* décider ◆ trancher *über etw* (**A**) ~ décider de qch, se prononcer sur qch ◆ *sich* ~ (*für* **A**)/(*gegen* **A**) se décider (pour/contre)
entscheidend : décisif, -ive, fondamental
Entscheidung *f* **-en** décision *f*
entschieden décidé, déterminé, catégorique ◆ ~ *ab=lehnen* refuser catégoriquement
entschließen* sich : *sich* ~, *etw zu*

Entschließung

tun se décider à faire qch ; *sich anders ~* prendre une autre décision
Entschließung *f* -en résolution *f*
entschlossen décidé, déterminé, résolu *kurz ~* sans plus réfléchir, au pied levé ◆ *~ reagieren* réagir énergiquement / avec détermination
Entschluß *m* ¨sse décision *f*
entschlüsseln déchiffrer, décoder
entschuldigen excuser ◆ *sich bei jm ~ (für A/wegen G)* s'excuser auprès de qqn (de)
Entschuldigung *f* -en excuse *f ~ !* excusez-moi !
entsetzen sich (*über A/wegen G/vor D*) être outré (de/par), s'indigner (de) ; être horrifié / épouvanté (par)
Entsetzen *n* ø indignation *f* ; épouvante *f*
entsetzlich épouvantable, affreux, -euse ◆ *(fig) ~ husten* avoir une toux épouvantable
entsinnen* sich (*G/an A*) se rappeler qch, se souvenir de qch
entsorgen éliminer, évacuer
Entsorgung *f* -en élimination *f*, évacuation *f*
entspannen : *einen Muskel ~* décontracter un muscle ◆ *(fig) sich ~* se détendre
Entspannung *f* -en détente *f*
entspinnen* sich : *(fig) eine Freundschaft entspinnt sich* une amitié est en train de naître / se développe ; *ein Gespräch entspinnt sich* une conversation s'engage
entsprechen* (D) 1 *js Wunsch ~* répondre aux vœux de qqn 2 répondre, être conforme / correspondre (à)
entsprechend approprié, correspondant, conforme ◆ (D) *dem Auftrag ~* conformément à la commande ; *den Umständen ~* selon les événements
Entsprechung *f* -en correspondance *f*, conformité *f* ; analogie *f*
entspringen* <sein> 1 prendre sa source 2 *(fig)* provenir (de), être un produit de
entstammen <sein> descendre, être issu (de), *(fig)* provenir (de), être issu de
entstehen* <sein> 1 *ein Streit entsteht* une bagarre se déclenche ; *(feu)* se déclarer 2 *eine neue Stadt entsteht* une nouvelle ville est en train de naître / surgit 3 *dadurch entstehen neue Kosten ~* cela va occasionner de nouveaux frais
Entstehung *f* -en naissance *f*, formation *f* ; *die ~ des Lebens* l'apparition de la vie
entstellen défigurer ; *(fig) Äußerungen ~* déformer des propos
Entstellung *f* -en *(fig)* déformation *f*
entstören 1 *eine Telefonleitung ~* rétablir une ligne téléphonique en dérangement 2 *ein Radio ~* déparasiter une radio

entströmen <sein> s'échapper, se dégager
enttäuschen décevoir
Enttäuschung *f* ø : *zu unserer ~* malheureusement, à notre grand regret ◆ *-en* déception *f*, désillusion *f*
Entvölkerung *f* ø dépeuplement *m*
entwaffnen désarmer
Entwaffnung *f* -en désarmement *m*
Entwarnung *f* -en fin *f* de l'alerte
Entwässerung *f* -en 1 drainage *m*, assèchement *m* 2 évacuation *f*
entweder : *~... oder* soit... soit..., ou (bien)... ou (bien)...
entweichen* <sein> s'échapper ; s'enfuir, s'évader
entweihen profaner
entwenden subtiliser, dérober
entwerfen* concevoir *Möbel ~* créer des meubles
entwerten 1 dévaloriser, dévaluer 2 oblitérer, poinçonner, tamponner *einen Fahrschein ~* composter un billet
Entwerter *m* - composteur *m*
Entwertung *f* -en 1 dévalorisation *f*, dévaluation *f* 2 oblitération *f*, compostage *m*
entwickeln 1 *(chim) Gase ~* dégager / produire des gaz 2 *(photo)* développer ; *(fig) Talent ~* faire preuve de talent ◆ *sich ~* se développer
Entwicklung *f* -en 1 dégagement *m*, production *f* 2 développement *m*
EntwicklungshelferIn *m f* coopérant *m* -e *f*
Entwicklungsland *n* ¨er pays *m* en voie de développement
entwirren démêler
entwischen : *seinen Verfolgern ~* échapper à ses poursuivants ; *durch die Hintertür ~* s'esquiver par la porte de derrière
entwöhnen 1 désaccoutumer, déshabituer 2 *einen Säugling ~* sevrer un nourrisson
entwürdigen avilir, être dégradant (pour)
Entwurf *m* ¨e plan *m*, esquisse *f*
entwurzeln déraciner
entziehen* 1 *jm etw ~* retirer qch à qqn 2 *dem Boden die Feuchtigkeit ~* pomper l'humidité du sol ; *(chim) Wasser ~* déshydrater ◆ *sich ~* (D) se soustraire / se dérober (à)
Entziehung *f* -en 1 retrait *m*, suspension *f*, privation *f* 2 cure *f* de désintoxication
entziffern déchiffrer
entzücken ravir
Entzug *m* ø retrait *m*, suppression *f* ; *(fam) im ~ sein (non fam)* être en cure de désintoxication
entzünden allumer, enflammer ◆ 1 prendre feu ; *(méd)* s'enflammer, s'in-

Erfordernis

fecter; *(fig) sich ~ (an D)* s'envenimer (à propos de)
Entzündung *f* -en inflammation *f*
entzündungshemmend anti-inflammatoire
entzweien diviser ♦ *sie haben sich (einander) entzweit* ils se sont brouillés
Enzian *m* -e gentiane *f*
Episode *f* -n épisode *m*
Epoche *f* -n époque *f*
Ep.os *n* .en épopée *f*
er il, lui
erachten estimer, tenir (pour), considérer (comme)
Erachten *n* ø : *meines ~s (nach)/nach meinem ~* à mon avis
erarbeiten 1 *einen Vortrag ~* préparer un exposé; *ein Modell ~* travailler sur/ élaborer un prototype 2 *sich (D) etw hart ~* arriver à qch à la force du poignet
Erbanlage *f* -n caractère *m* héréditaire
erbarmen : *jn ~* faire pitié à qqn ♦ *sich ~ (G/über A)* avoir pitié (de)
erbärmlich pitoyable, lamentable, déplorable
erbarmungslos impitoyable, sans pitié ♦ sans merci
erbauen construire, bâtir, édifier; *(rel) jn ~* édifier qqn ♦ *sich ~ (an D)* se réjouir (de)
ErbauerIn *m f* bâtisseur *m*, -euse *f*, planificateur *m*, -trice *f*; constructeur *m*, architecte *m f*
Erbe *n* ø héritage *m* ♦ *m* -en *ein reicher ~* un riche héritier *m*
erben hériter (de)
erbeuten capturer, prendre
Erbfolge *f* -n succession *f*
Erbgut *n* ø patrimoine *m*
erbieten* **sich** se proposer (pour)
erbitten* solliciter, demander
erbittert *(fig)* acharné
erblassen <sein> pâlir, blêmir
erblich héréditaire ♦ 1 *~ besitzen* posséder par héritage 2 *(bio/iro) ~ belastet sein* avoir une tare héréditaire
erblicken apercevoir, *(fig) das Licht der Welt ~* voir le jour, venir au monde
erblinden <sein> perdre la vue, devenir aveugle
Erbmasse *f* ø 1 *(bio)* hérédité *f* 2 *(jur)* patrimoine *m*
erbrechen* **(sich)** rendre, vomir
erbringen* fournir, produire
Erbschaft *f* -en héritage *m*
Erbschaft(s)steuer *f* -n droit *m* de succession
Erbse *f* -n pois *m* grüne *~n* petits pois
Erbsünde *f* -n péché *m* originel
Erdanziehung *f* ø attraction *f* terrestre
Erdbeben *n* - tremblement *m* de terre *f*, séisme *m*

Erdbeere *f* -n fraise *f*
ErdbewohnerIn *m f* terrien *m* -ne *f*
Erdboden *m* ø sol *m* ; *(fig) dem ~ gleich machen* rayer de la carte
Erde *f* ø terre *f auf ~n* sur terre
erden relier à la terre
erdenklich imaginable, concevable *sich (D) alle ~e Mühe geben* se donner toutes les peines du monde
Erdferne *f* ø apogée *m*
Erdgas *n* ø gaz *m* naturel
Erdgeschoß *n* sse rez-de-chaussée *m*
erdichten *(fig)* inventer
erdig terreux, -euse
Erdkugel *f* -n globe *m* terrestre
Erdnuß *f* ¨sse cacahuète *f*
Erdöl *n* ø pétrole *m* ; *~feld n* -er champ pétrolifère ; *~krise f* -n crise *f* pétrolière ; *~leitung f* -en oléoduc *m*, pipeline *m*
Erdreich *n* ø terre *m*, sol *m*
erdrosseln étrangler
erdrücken écraser
erdulden endurer, supporter, souffrir
ereifern sich *(über A)* s'échauffer, *(fam)* s'emballer
ereignen sich se passer, se produire, arriver
Ereignis *n* -se événement *m*
ereignislos d'un calme plat
ereignisreich mouvementé
erfahren 1 *etw (A) von jm/über jn ~* apprendre qch de qqn 2 éprouver, faire l'expérience (de)
erfahren expérimenté, confirmé
Erfahrung *f* -en expérience *f* ♦ ø *etw (A) in ~ bringen* réussir à savoir
erfahrungsgemäß par/d'expérience
erfassen 1 saisir, attraper 2 *die Bevölkerung ~* recenser la population ; *karteimäßig ~* ficher, cataloguer 3 *(fig)* saisir, comprendre
erfinden* inventer
ErfinderIn *m f* inventeur *m*, -trice *f*
erfinderisch inventif, -ive, imaginatif, -ive
Erfindung *f* -en invention *f*, découverte *f*
erflehen : *etw von jm ~* implorer qch de qqn
Erfolg *m* -e succès *m zum ~ führen* aboutir
erfolgen <sein> avoir lieu
erfolglos *~e Bemühungen* des efforts vains ♦ en vain *~ bleiben* n'aboutir à rien
erfolgreich *~e Versuche* des tentatives couronnées de succès ♦ avec succès
erforderlich requis, nécessaire *das ~e Alter* l'âge requis ; *soweit ~* au besoin
erfordern nécessiter, requérir, exiger, demander
Erfordernis *f* -se exigence *f*, condition *f*

erforschen

erforschen étudier, sonder, explorer
Erforschung f -en étude f, exploration f; conquête f
erfreuen : *jn ~ (durch)* faire plaisir à qqn (par/avec/en) ◆ **1** *sich eines guten Rufes ~* jouir d'une bonne réputation **2** *sich an etw (D) ~* trouver plaisir à qch, être ravi par/de qch
erfreulich réjouissant
erfrieren : *sich (D) den Fuß ~* avoir un pied gelé ◆ <sein> *er ist erfroren* il est mort de froid; *die Geranien sind erfroren* les géraniums ont gelé
erfrischen rafraîchir
erfüllen : *einen Vertrag ~* remplir un contrat; *eine Bitte ~* satisfaire à une demande; *einen Wunsch ~* exaucer un souhait; *seinen Zweck ~* s'acquitter de son devoir ◆ *sich ~* se réaliser ◆ remplir (de); *(fig) jn mit Begeisterung ~* enthousiasmer qqn
Erfüllung f -en réalisation f; exécution f *in ~ gehen* se réaliser
ergänzen (sich) (se) compléter
Ergänzung f -en **1** ajout m **2** (gram) complément m **3** accomplissement m
ergaunern (fam) rafler
ergeben* : *eine bestimmte Summe ~* faire une certaine somme ◆ **1** (mil) *sich ~* se rendre, capituler **2** (fig) *sich dem Alkohol ~* s'adonner à l'alcool **3** *daraus ergibt sich, daß* il s'ensuit que **4** *sich von selbst ~* aller de soi **5** *sich in etw (A) ~* se soumettre à qch
ergeben dévoué *Ihr ~er X* veuillez agréer l'expression de ma plus haute considération; *jm ~ sein* être à la dévotion de qqn
Ergebnis n -se résultat m
ergebnislos inutile, vain
ergehen <sein> (ordre) être donné; (appel) être lancé ◆ (fig) *sich in (A) Erklärungen ~* se lancer dans des explications, *sich in Vermutungen ~* se perdre dans des supputations ◆ *etw über sich (A) lassen* supporter, subir
ergiebig qui a un bon rendement *ein ~er Boden* un sol fertile
ergießen* sich **1** se répandre **2** *die Abwässer ergießen sich in den Fluß* les égouts se déversent dans la rivière; *der Strom ergießt sich ins Meer* le fleuve se jette dans la mer
ergrauen <sein> grisonner
ergreifen* **1** attraper **2** (fig) *die Flucht ~* prendre la fuite; *eine Gelegenheit ~* saisir une occasion; *das Wort ~* prendre la parole; *einen Beruf ~* s'engager dans une profession **3** *sein Schicksal ergreift mich* mon destin me touche/m'émeut ◆ *jn bei/an der Hand ~* prendre qqn par la main

ergreifend saisissant; touchant, émouvant
ergriffen (fig) touché, ému
erhaben 1 (fig) *ein ~er Stil* un style recherché; *ein ~es Gefühl* un noble sentiment; *~e Gedanken* des pensées sublimes **2** *~ sein (über A)* être au-dessus (de) **3** *die ~en Stellen* les parties en relief
erhalten* **1** (jur) *Stimmen ~* obtenir des voix **2** maintenir, conserver ◆ *Betrag dankend ~* pour acquit
erhältlich disponible, en vente
Erhaltung f ø **1** conservation f; maintien m **2** entretien m
erhängen pendre
erhärten : (fig) *einen Verdacht ~* confirmer un soupçon ◆ <sein> *an der Luft ~* durcir à l'air ◆ *sich ~* durcir; (fig) se confirmer
erhaschen attraper; (fig) *js Blick ~* capter un instant le regard de qqn
erheben* **1** (jur) *Anklage ~* porter plainte; *Einspruch ~* s'opposer **2** *seine Stimme ~* élever/hausser la voix; *ein wildes Geschrei ~* pousser des cris tonitruants ◆ **1** *auf etw (A) Anspruch ~* prétendre à qch, revendiquer qch **2** *jn in den Adelsstand ~* anoblir ◆ **1** *sich ~* se lever; s'élever **2** *ein Sturm erhebt sich* une tempête se lève
erhebend (fig) exaltant
erheblich considérable
Erhebung f -en **1** soulèvement m **2** *die ~ von Steuern* recouvrement m des impôts **3** *eine amtliche ~* enquête f administrative, recensement m **4** hauteur f
erheitern égayer, divertir, amuser
erhellen éclaircir
erhitzen (faire) chauffer ◆ *sich ~* chauffer; se réchauffer ◆ (fig) *erhitzte Geister* esprits échauffés
erhoffen espérer, escompter, attendre
erhöhen 1 *die Geschwindigkeit ~* augmenter la vitesse; accélérer **2** *ein Gebäude ~* surélever un bâtiment ◆ *die Preise erhöhen sich* les prix augmentent
Erhöhung f -en **1** accélération f **2** augmentation f
erholen sich 1 se reposer *sich von einer Krankheit ~* se remettre d'une maladie, se rétablir **2** *die Konjunktur erholt sich* la conjoncture s'améliore
Erholung f ø repos m; rétablissement m
erhören exaucer
Erika f -s bruyère f
erinnern : *jn an etw (A) ~* rappeler qch à qqn; *erinnere mich daran* rappelle-le-moi, fais m'y penser ◆ *sich an etw (A) ~* se souvenir de qch, se rappeler qch; *wenn ich mich recht erinnere* si mes souvenirs sont exacts
Erinnerung f -en souvenir m

erkälten sich prendre froid
Erkältung *f* **-en** refroidissement *m*
erkämpfen : *einen Sieg* ~ remporter une victoire
erkennbar reconnaissable, discernable, perceptible
erkennen* reconnaître *etw zu* ~ *geben* montrer qch à qqn ♦ *sich zu* ~ *geben* se faire connaître
erkenntlich reconnaissant
Erkenntnis *f* **-se** : *neue* ~*e* découvertes *fpl* récentes ♦ ø connaissance *f*
Erkennungszeichen *n* - signe *m* distinctif/de reconnaissance
Erker *m* - *(archi)* oriel *m*
erklären 1 expliquer 2 *(jur) jn für schuldig* ~ déclarer qqn coupable
erklärlich explicable
Erklärung *f* **-en** 1 explication *f* 2 *(pol)* déclaration *f*
erklingen* <sein> : *die Glocken* ~ les cloches sonnent ♦ ~ *lassen* faire entendre
erkranken <sein> tomber malade *an Scharlach* ~ attraper la scarlatine
Erkrankung *f* **-en** maladie *f*, affection *f*
erkundigen sich se renseigner, s'informer ; *sich nach dem Weg* ~ demander son chemin ; *sich nach jm* ~ prendre des nouvelles de qqn
Erkundigung *f* **-en** renseignement *m*, information *f*
Erkundung *f* **-en** *(mil)* reconnaissance *f*
erlangen obtenir
Erlaß *m* ¨**sse** 1 décret *m*, arrêté *m* 2 — *einer Strafe* remise *f* de qch ; ~ *von Gebühren* exemption *f* de taxes
erlassen* 1 ~, *daß* décréter que ; *eine Vorschrift* ~ édicter un règlement 2 *jm etw* ~ dispenser qqn (de)
erlauben 1 autoriser, permettre 2 *(fig) sich (D) zuviel* ~ aller trop loin
Erlaubnis *f* ø autorisation *f*, permission *f*
erläutern : *jm etw (A)* ~ expliquer qch à qqn ; *einen Text* ~ commenter un texte
Erle *f* **-n** aulne *m*
erleben : *etw* ~ vivre qch, faire l'expérience de qch ; *(fam) hat man sowas schon/je erlebt ?* a-t-on déjà vu une chose pareille ? ; *du kannst was* ~ ! tu vas voir !
Erlebnis *n* **-se** événement *m*, expérience *f*
erledigen 1 *eine Arbeit* ~ terminer/ achever un travail ; *ein Geschäft* ~ régler une affaire 2 *(fam) jn* ~ mettre qqn K.O., rétamer qqn
erledigt 1 réglé, terminé, classé ~ ! affaire classée ! 2 *(fam)* ~ *sein* être crevé ; être foutu
Erledigung *f* **-en** 1 règlement *m* ; achèvement *m* 2 courses *fpl*
erleichtern : *um etw (A)* ~ alléger (de) ; *(fig) jm die Arbeit* ~ rendre à qqn le travail plus facile ; *sein Gewissen* ~ soulager sa conscience
Erleichterung *f* **-en** soulagement *m* ; allégement *m* ; *(comm)* facilités *fpl* de paiement
erleiden* souffrir, subir *eine Niederlage* ~ essuyer une défaite
erlernen apprendre
erlesen choisi, de choix
erleuchten éclairer, illuminer
erliegen* <sein> : *seinen Verletzungen* ~ succomber à ses blessures
Erliegen *n* ø : *zum* ~ *kommen* être interrompu ; *zum* ~ *bringen* interrompre
Erlös *m* **-e** produit *m* de la vente, recette *f*
erlöschen* <sein> s'éteindre ; *(jur)* expirer, arriver à terme
erloschen *(fig)* éteint
erlösen délivrer *jn von seinen Schmerzen* ~ soulager qqn de ses souffrances ; *(rel) von der Sünde* ~ donner l'absolution
erlösend salvateur, -trice
ermächtigen : *jn* ~, *etw (A) zu tun* donner à qqn le pouvoir de faire qch, habiliter qqn à faire qch
ermahnen exhorter
Ermahnung *f* **-en** exhortation *f*
ermäßigen diminuer, baisser ♦ *zu ermäßigtem Preis* à prix réduit
Ermäßigung *f* **-en** réduction *f*
ermessen* *(fig)* apprécier, estimer
Ermessen *n* ø : *nach menschlichem* ~ selon toute vraisemblance
ermitteln 1 *einen Täter* ~ trouver un coupable 2 *(jur) gegen jn* ~ ouvrir une information contre qqn
Ermittlung *f* **-en** information *f*, enquête *f*
ermöglichen rendre possible, permettre
ermorden assassiner
Ermordung *f* **-en** meurtre *m*, assassinat *m*
ermüden : *jn* ~ fatiguer/lasser qqn
ermuntern 1 *jn* ~ revigorer qqn 2 *jn* ~, *etw (A) zu tun* encourager/inciter qqn à faire qch
ermutigen encourager
ernähren alimenter, nourrir
Ernährung *f* **-en** alimentation *f*
ernennen* : *jn zum Direktor* ~ nommer qqn directeur
erneuern rénover, refaire ; *(comm) einen Vertrag* ~ renouveler un contrat
erneut renouvelé ; *(jur)* ~*e Vorladung* réassignation *f* ♦ à/de nouveau
erniedrigen *(fig) jn* ~ abaisser/humilier qqn
Erniedrigung *f* **-en** humiliation *f*
Ernst *m* ø sérieux *m der* ~ *der Lage* la gravité *f* de la situation ; *im* ~ sérieuse-

ernst

ment; *allen ~es* pour de bon; *(fam) das ist doch nicht dein ~!* tu plaisantes!
ernst sérieux, -euse ~ *bleiben* garder son sérieux ◆ sérieusement ; ~ *nehmen* prendre au sérieux
Ernstfall *m* ¨e difficulté *f im* ~ en cas d'urgence *f*, s'il y a un problème *m*
ernsthaft sérieux, -euse
ernstlich sérieux, -euse, réel, -le
Ernte *f* -n récolte *f*, moisson *f*
ernten récolter
Erntezeit *f* ø moisson *f*
ernüchtern dessoûler; *(fig)* rappeler à la réalité
erobern conquérir, se rendre maître (de)
Eroberung *f* -en conquête *f*
eröffnen 1 ouvrir *eine Veranstaltung ~* inaugurer une manifestation 2 *(mil) das Feuer ~* ouvrir le feu; *(jur) ein Verfahren ~* entamer une procédure ◆ *(fig) sich ~* s'offrir, se présenter
Eröffnung *f* -en ouverture *f*; *(fig) eine ~ machen* faire une communication *f*/ déclaration *f*
erörtern débattre (de)
Erotik *f* ø érotisme *m*
erotisch érotique
Erpel *m* - canard *m*
erpicht : *(fam) auf etw* (A) *~ sein* être un mordu de qch
erpressen : *jn ~* exercer un chantage sur qqn
ErpresserIn *m f* maître-chanteur *m*
erproben expérimenter *seine Tapferkeit ~* mesurer/mettre à l'épreuve son courage
errechnen calculer
erregbar irritable *leicht ~ sein* s'énerver/s'exciter facilement; être émotif, -ive
erregen provoquer, causer, soulever, susciter ◆ *sich ~* s'énerver
Erreger *m* - agent *m* pathogène
Erregung *f* -en 1 énervement *m* 2 émotion *f*, excitation *f*; *(jur) ~ öffentlichen Ärgernisses* atteinte *f* à la pudeur
erreichbar accessible *jederzeit ~ sein* être joignable à tout moment; *sind Sie telefonisch ~?* peut-on vous joindre par téléphone?
erreichen 1 atteindre *ein Ziel ~* parvenir à/atteindre un but 2 *ich erreiche den Zug nicht mehr* je n'arriverai plus à avoir mon train 3 *das Klassenziel ~* passer dans la classe supérieure 4 *bei jm etw ~* obtenir qch de qqn
errichten : *ein Denkmal ~* ériger un monument; *ein Gerüst ~* monter un échafaudage ; créer, fonder
erringen* : *einen Sieg ~* remporter une victoire
erröten <sein> : *vor Scham ~* rougir de honte
Errungenschaft *f* -en conquête *f* so-

ziale *~en* acquis *mpl* sociaux, avancées *fpl* sociales; *die neuesten ~en der Technik* les derniers progrès *mpl* de la technique
Ersatz *m* ø 1 *(personne)* remplaçant *m* -e *f*; *(chose)* succédané *m*, ersatz *m* 2 *etw zum ~ erhalten* recevoir qch en compensation *f*/dédommagement *m*
Ersatzkasse *f* -n caisse *f* complémentaire; caisse (privée) d'assurance-maladie
Ersatzmann *m* ¨er remplaçant *m* -e *f*, suppléant *m* -e *f*
Ersatzrad *n* ¨er roue *f* de secours
Ersatzteil *n* -e pièce *f* détachée
ersatzweise pour remplacer; à titre de compensation
ersaufen* <sein> *(fam>non fam)* se noyer
erschallen(*) <sein> retentir, résonner
erscheinen* <sein>1 apparaître, arriver; *(jur) vor Gericht ~* se présenter au tribunal; comparaître 2 *es erscheint mir* cela me semble/paraît
Erscheinen *n* ø 1 *sein ~* son arrivée *f*; *(jur)* comparution *f* 2 *(livre)* parution *f*
Erscheinung *f* -en 1 apparition *f krankhafte ~en* symptômes *mpl* pathologiques; *in ~ treten* se manifester/présenter 2 *eine elegante ~* une personne *f* très élégante
erschießen* abattre; *(mil)* fusiller ◆ *sich ~* se tuer d'un coup de fusil
erschlaffen <sein> se relâcher, perdre sa tonicité
erschlagen* assommer ◆ *(fam) total ~ sein* être sur les rotules; être assommé
erschleichen* s'approprier de manière malhonnête
erschließen* mettre en valeur, développer *ein Gelände ~* viabiliser un terrain; *(comm) neue Märkte ~* ouvrir de nouveaux marchés ◆ *sich ~* s'ouvrir
erschöpfen épuiser ◆ *sich in etw* (D) *~* se limiter à qch
erschrecken* <sein> être pris de frayeur/effrayé *vor jm ~* avoir un mouvement de recul devant qqn; avoir peur de qqn
erschrecken : *jn ~* effrayer qqn, faire peur à qqn
erschüttern : *den Boden ~* ébranler/faire trembler le sol
erschütternd bouleversant, déchirant
Erschütterung *f* -en secousse *f*, vibration *f*; *(fig)* choc *m*, bouleversement *m* ; émotion *f*
erschweren rendre plus difficile *jm eine Aufgabe ~* compliquer la tâche à qqn
erschwinglich : *ein ~er Preis* un prix abordable
ersehen* : *ich ersehe hieraus/daraus, daß* j'en conclus que
ersetzen 1 *einen Schaden ~* réparer un dommage, indemniser pour un dommage,

payer des dommages 2 remplacer; *(fig) jm die Familie* ~ tenir à qqn lieu de famille

ersichtlich manifeste, clair *ohne ~en Grund* sans raison apparente ◆ manifestement, de manière manifeste

ersparen épargner

Ersparnis *f -se* économie *f*

erst 1 d'abord *~ bist du dran* c'est toi qui passe en premier; *~ ging noch alles gut* au début tout allait bien 2 *ich habe ihn ~ gestern gesehen* je ne l'ai vu qu'hier; *es sind ~ zehn Leute da* il n'y a encore que 10 personnes ◆ *hätten wir doch ~ Ferien!* vivement les vacances!; *was wird ~ die Mutter dazu sagen?* et ta mère, qu'est-ce qu'elle va dire?; *und ich ~!* mais moi donc!; *~ recht!* à plus forte raison!

erst- premier, -ière *der ~e beste* le premier venu; *als ~es möchte ich sagen* pour commencer je voudrais dire, je voudrais commencer par dire; *fürs ~e* d'abord; *(fig) Liebe auf den ~en Blick* coup *m* de foudre

erstarken <sein> se fortifier; *(fig)* se renforcer

erstarren <sein> se raidir; *(chim)* se solidifier; *(fig)* se figer *vor Schreck ~* être paralysé par la peur

Erstarrung *f ø* raidissement *m*, engourdissement *m*; *(chim)* solidification *f*; *(fig)* stupeur *f die ~ eines Systems* la paralysie *f* d'un système

erstatten 1 rembourser 2 *jm Bericht ~* faire un rapport détaillé à qqn; *Anzeige ~* déposer plainte

Erstattung *f -en* 1 remboursement *f* 2 *eines Berichtes* rapport *m*; *~ eine Anzeige* dépôt *m* de plainte

erstaunen étonner, surprendre ◆ <sein> *über etw (A) erstaunt sein* s'étonner de qch

erstaunlich étonnant, surprenant

erstechen* poignarder

erstehen* réussir à acheter/obtenir ◆ <sein> *eine Stadt ist aus den Trümmern erstanden* des ruines est née une ville

ersteigen* : *einen Berg ~* faire l'ascension d'/escalader une montagne

erstellen : *ein Gutachten ~* faire une expertise

erstens premièrement, d'abord

ersticken *(fig) seine Wut ~* rentrer sa colère ◆ <sein> étouffer, suffoquer

erstklassig hors pair, de premier ordre

erstmalig sans précédent

erstmals pour la première fois

erstrecken sich 1 s'étendre (sur), couvrir 2 *sich auf jn/etw ~* s'appliquer à qqn/qch, être valable pour qqn/qch; *das Gespräch erstreckte sich auf alle wesentlichen Punkte* la conversation porta sur tous les points essentiels

erstürmen prendre d'assaut

Erstzulassung *f -en* première immatriculation *f*

ersuchen : *jn um etw ~* demander qch à qqn, solliciter qch de qqn; *jn ~ etw zu tun* prier qqn de faire qch

ertappen (sur)prendre; *jn auf frischer Tat ~* prendre qqn sur le fait

erteilen : *jm einen Auftrag ~* passer commande à qqn; *jm Unterricht ~* faire cours/donner un cours à qqn; *ein Visum ~* délivrer un visa

ertönen <sein> résonner, retentir

Ertrag *m ¨e* 1 rendement *m* 2 rapport *m*, bénéfice *m*

ertragen* supporter, subir, endurer

erträglich supportable

ertränken noyer ◆ *sich ~* se noyer

ertrinken* <sein> se noyer

erübrigen économiser *Zeit ~* trouver du temps ◆ *sich ~* être superflu

erwachen <sein> se réveiller, s'éveiller; *aus dem Schlaf ~* sortir du sommeil

erwachsen adulte

erwachsen* <sein> : *(fig) daraus kann nichts Gutes ~* il ne peut rien sortir de bon de tout cela

Erwachsene/r adulte *m f*

Erwachsenenbildung *f ø* formation *f* d'adultes

erwägen examiner/considérer avec attention; envisager

Erwägung *f -en* réflexion *f*, examen *m*; *in ~ ziehen* prendre en considération *f*; *in ~, daß* attendu que

erwähnen mentionner

Erwähnung *f -en* mention *f*

erwärmen *auf 40° ~* (faire) chauffer à 40° ◆ *sich am Ofen ~* se (ré)chauffer près du poêle; *(fig) sich für etw (A) ~* montrer un vif intérêt pour qch

erwarten attendre, s'attendre (à)

Erwartung *f ø* attente *f voll(er) ~* plein d'espoir *m* ◆ *-en alle ~en übertreffen* dépasser toutes les espérances *fpl*

erwecken réveiller; *jn aus dem Schlaf ~* sortir qqn du sommeil; *(fig) vom Tode ~* ressusciter; *(confiance)* inspirer

erwehren sich : *sich eines Gegners ~* se défendre contre un adversaire; *(fig) sich eines Eindrucks nicht ~ (können)* ne pas pouvoir se défendre d'une impression

erweichen *(fig) jn ~* attendrir qqn ◆ <sein> se ramollir

erweisen* : *js Unschuld ~* prouver l'innocence de qqn; *jm einen Gefallen ~* faire un plaisir à qqn; *jm einen Dienst ~* rendre un service à qqn ◆ *sich als unschuldig ~* se révéler innocent; *sich als wahr ~* s'avérer exact

erweitern

erweitern : *einen Betrieb* ~ agrandir une entreprise ; *seinen Freundeskreis* ~ élargir/étendre un cercle d'amis ♦ *sich* ~ s'élargir ; s'étendre
Erwerb *m* -e 1 *keinem* ~ *nach=gehen* ne pas avoir de travail *m* 2 acquisition *f*
erwerben* acquérir, faire l'acquisition (de) ; *(fig) sich (D) js Vertrauen* ~ gagner la confiance de qqn
erwerbslos au chômage, chômeur, -euse
erwerbstätig : ~*e Bevölkerung* population active
erwerbsunfähig invalide
erwidern : *jm etw (A)* ~ répondre / rétorquer/répliquer qch à qqn ; *einen Gruß* ~ rendre un salut ; *(mil) das Feuer* ~ riposter
Erwiderung *f* -en réponse *f*, réplique *f*
erwiesenermaßen preuves à l'appui
erwischen *(fam)* attraper, pincer
erwürgen étrangler
Erz *n* -e minerai *m*
erzählen raconter ♦ *von etw* ~ parler de qch
ErzählerIn *m f* narrateur *m*, -trice *f*
Erzählung *f* -en 1 histoire *f* 2 *(lit)* nouvelle *f*
Erzbischof *m* ¨e archevêque *m*
Erzengel *m* - archange *m*
erzeugen produire, fabriquer ; *(fig)* engendrer
ErzeugerIn *m f* fabricant *m* ; *(agri)* producteur *m*, -trice *f* ; *(iro)* géniteur *m*, -trice *f*
Erzfeind *m* -e ennemi *m* juré
ErzherzogIn *m* ¨e *f* -nen archiduc *m*, -duchesse *f*
erziehen* élever, éduquer
ErzieherIn *m f* éducateur *m*, -trice *f*
erzieherisch éducatif, -ive
Erziehung *f* ø éducation *f*
Erziehungsanstalt *f* -en établissement *m* d'éducation surveillée
Erziehungsberechtigte/r représentant *m* -e *f* légal -e, celui/celle qui a l'autorité parentale
Erziehungswesen *n* ø système *m* éducatif
erzielen : *(comm) Gewinn* ~ réaliser un bénéfice ; *(fig) Erfolg* ~ remporter un succès ; réussir ; *einen Preis* ~ obtenir un prix
erzürnen : *jn* ~ fâcher qqn, mettre qqn en colère
erzwingen* 1 *Zutritt* ~ forcer le passage pour entrer ; *eine Entscheidung* ~ forcer/contraindre qqn à prendre une décision 2 *ein Versprechen von jm* ~ arracher une promesse à qqn
erzwungenermaßen par la contrainte, de force
es 1 il, elle, ce, ça *ich weiß* ~ je le sais ; ~ *ist hübsch* c'est joli 2 ~ *regnet* il pleut ; ~ *klopft* on frappe 3 *ich habe* ~ *satt* j'en ai marre 4 ~ *lebe der König !* vive le roi !
Esche *f* -n frêne *m*
EselIn *m f* âne *m* -sse *f*
Eselsohr *n* -en *(fig)* corne *f*
Eskimo *m* -s esquimau *m*
Essay *m* -s essai *m*
eßbar comestible ; mangeable
Esse *f* -n cheminée *f*
essen* manger *zu Mittag* ~ déjeuner ; *zu Abend* ~ dîner
Essen *n* - repas *m*
Essenz *f* -en essence *f*
Essig *m* -e vinaigre *m* ; *(fam) es ist* ~ *mit etw (D)* c'est foutu !
Essiggurke *f* -n cornichon *m*
Eßkastanie *f* -n châtaigne *f*
Eßwaren *fpl* denrées *fpl* comestibles
Eßzimmer *n* - salle *f* à manger
Etage *f* -n étage *m*
Etappe *f* -n étape *f*
Etat [eta:] *m* -s budget *m*, prévisions *fpl* budgétaires
Ethik *f* -en éthique *f*, morale *f* ♦ ø *die* ~ *einer Berufsgruppe* la déontologie *f* d'une profession
ethisch éthique, moral, déontologique
Etikett *n* -en/-s étiquette *f*
Etikette *f* ø étiquette *f*, protocole *m*
etlich- quelques
etwa 1 environ, à peu près *in* ~ à peu près 2 *ein Dichter wie Goethe* ~ un poète comme Goethe par exemple ♦ *ist er* ~ *krank ?* serait-il malade ?
etwaig- éventuel, -le
etwas 1 quelque chose *so* ~ *wie* quelque chose comme, une espèce de ; *ohne* ~ *zu sagen* sans dire un mot ; ~ *anderes* autre chose 2 ~ *Salz* un peu de sel
euch → *ihr (D/A)*
euer → *ihr (G)*
euer/eur- votre *der/die/das eure* le/la vôtre ; *die Euren* les vôtres ; *ihr habt das Eure getan* vous avez fait votre part
Eule *f* -n chouette *f*
eurerseits de votre côté
euretwegen pour vous, à cause de vous
Europa *n* ø Europe *f*
EuropäerIn *m f* européen *m* -ne *f*
Europarat *m* ø conseil *m* de l'Europe
Euter *n* - pis *m*
E./e. V. → *eingetragener Verein* association *f* figurant au répertoire des associations
evakuieren évacuer
Evakuierung *f* -en évacuation *f*
evangelisch protestant ; évangélique
Evangeli.um *n* .en évangile *m*
eventuell éventuel, -le ♦ éventuellement

EWG *f* ø → **Europäische Wirtschaftsgemeinschaft** marché *m* commun
ewig éternel, -le ; *(fig)* sempiternel, -le, perpétuel, -le, continuel, -le ◆ *immer und ~* continuellement ; *auf ~* pour l'éternité, à jamais
Ewigkeit *f* ø éternité *f*
exakt exact, précis
examinieren 1 interroger, faire passer un examen (à) 2 examiner
exekutieren : *jn ~* exécuter qqn
Exekutivgewalt *f* ø pouvoir *m* exécutif
Exempel *n* - exemple *die Probe aufs ~ machen* expérimenter
Exemplar *n* -e exemplaire *m*
exemplarisch exemplaire
exerzieren *(mil)* s'entraîner
Exil *n* -e exil *m ins ~ gehen* s'exiler
Existenz *f* ø existence *f* ◆ **-en** *sich* (D) *eine ~ gründen* se faire une situation *f*
Existenzberechtigung *f* ø raison *f* d'être
Existenzminimum *n* ø minimum *m* vital
existieren exister ; vivre
exklusiv exclusif, -ive ; sélect
exkommunizieren excommunier
Exkurs *m* -e digression *f*
exotisch exotique

Expander *m* - extenseur *m*
expandieren augmenter, se développer, s'étendre ◆ <sein> *das Gas ist um das doppelte seines Volumens expandiert* le gaz a doublé de volume ◆ *ein ~der Staat* un état expansionniste
Expansion *f* -en expansion *f*
Experiment *n* -e expérience *f*
experimentieren expérimenter
explodieren exploser
explosiv explosif, -ive
exponiert exposé
Export *m* ø exportations *fpl* ◆ **-e** exportation *f*
exportieren exporter
Expreßgut *n* ¨er colis *m* envoyé en express [eksprɛs]
expressionistisch expressionniste
exquisit exquis
extra : *ein ~ starker Kaffee* un café très, très fort ◆ *~ bezahlen* payer en supplément ; *~ deshalb kommen* venir exprès/ spécialement pour cela
Extrablatt *n* ¨er édition *f* spéciale
Extrakt *m/n* -e extrait *m*, essence *f*
extrem extrême ◆ extrêmement
Extremitäten *fpl* extrémités *fpl*
exzentrisch excentrique
exzessiv excessif, -ive

F

Fabel *f* -n fable *f*
fabelhaft prodigieux, fabuleux, fantastique ◆ prodigieusement, de manière fantastique
Fabrik *f* -en usine *f*
FabrikantIn *m* -en -en *f* -nen industriel *m*
Fabrikat *n* -e : produit *m* (manufacturé)
fabrizieren : *(fam) was hast du (denn) wieder fabriziert ?* qu'est-ce que tu as encore fabriqué ?
Fach *n* ¨er 1 casier *m*, tiroir *m* 2 matière *f*, discipline *f*, spécialité *f* ; *(fig/fam) vom ~ sein* être du métier ; *sein ~ verstehen* s'y connaître
FacharbeiterIn *m f* ouvrier, -ère qualifié(e)
Fachausdruck *m* ¨e terme *m* technique
Fächer *m* - éventail *m*
Fachgebiet *n* -e spécialité *f*, domaine *m*
Fachhochschule *f* -n IUT *m* (institut *m* universitaire de technologie)
fachlich spécialisé, -e, professionnel, -le
Fach.mann *m* **.leute** spécialiste *m*, expert *m*
Fachrichtung *f* -en spécialité *f*

Fachschule *f* -n lycée *m* technique
fachsimpeln *(fam)* parler boulot
Fachwerkhaus *n* ¨er maison *f* à colombages
Fackel *f* -n flambeau *m*, torche *f*
fackeln : *(fam) los, nicht (erst) lange ~ !* *(non fam)* allez, décidez-vous/ arrêtez de tergiverser !
fade fade ; *(fig) ein ~r Mensch* un personnage falot ; *ein ~s Gespräch* une conversation insipide
Faden *m* ¨ 1 fil *m* ; *(fig) keinen trockenen ~ am Leib(e) haben* être trempé comme une soupe ; *die Fäden in der Hand haben* tenir/tirer les ficelles ; *keine guten ~ an jm lassen* ne pas faire de cadeaux à qqn 2 *ein dünner ~ Blut* un filet *m* de sang ◆ - *(mar)* brasse *f*
fadenscheinig élimé, usé, râpé ; *(fig)* cousu de fil blanc
Fagott *n* -e basson *m*
fähig capable *zu allem ~* capable de tout
Fähigkeit *f* ø aptitude *f* (à), capacité *f* (de) ◆ **-en** *~en haben* avoir des capacités ; *künstlerische ~en* aptitudes artistiques
fahl pâle, blafard

fahnden

fahnden : *nach jm* ~ rechercher qqn
Fahndung *f* -en recherches *fpl*
Fahne *f* -n **1** drapeau *m*; *(fig/fam) seine* ~ *nach dem Wind drehen* savoir sentir d'où vient le vent; *mit fliegenden ~n zu jm/etw über=laufen* changer son fusil d'épaule **2** *(typo)* épreuve *f*
Fahnenflucht *f* ø désertion *f* ~ *begehen* déserter
Fahnenflüchtige/r déserteur, -euse
Fahrausweis *m* -e titre *m* de transport
Fahrbahn *f* -en voie *f*, chaussée *f*
fahrbar mobile
Fähre *f* -n bac *m*, ferry-boat *m*
fahren* **1** *Sand* ~ transporter du sable *jn zum Bahnhof* ~ conduire qqn à la gare; *(fam) jn über den Haufen* ~ renverser qqn **2** *einen Sportwagen* ~ conduire une voiture de sport, rouler en voiture de sport ◆ <sein> **1** *schnell* ~ conduire rapidement; *auf dieser Straße fährt es sich schlecht* on roule mal sur cette route; *nach Berlin* ~ aller à Berlin; *in die Ferien* ~ partir en vacances; *über Dresden* ~ passer par Dresde; *erster Klasse* ~ voyager en première classe; *(fig) jm über den Kopf* ~ passer la main dans les cheveux de qqn; *aus der Haut* ~ sortir de ses gonds, *(fam)* piquer une crise; *in die Höhe* ~ sursauter. *(fam)* sauter en l'air; *jm an die Kehle* ~ sauter à la gorge de qqn **2** *zur See* ~ naviguer **3** *Ski* ~ faire du ski ◆ *(vulg) einen* ~ *lassen* péter
FahrerIn *m f* conducteur, -trice
Fahrerflucht *f* ø délit *m* de fuite
Fahrerlaubnis *f* ø permis *m* de conduire
Fahrgast *m* ¨-e passager, -ère
Fahrgestell *n* -e châssis *m*
Fahrkarte *f* -n billet *m*, ticket *m*
fahrlässig négligent ~*e Tötung* homicide involontaire
Fahrlässigkeit *f* -en négligence *f*
FahrlehrerIn *m f* moniteur, -trice d'auto-école
Fahrplan *m* ¨-e horaires *mpl*, indicateur *m* horaire
fahrplanmäßig : ~*er Zug* train régulier; ~*e Ankunft* arrivée *f* prévue ◆ ~ *an=kommen* arriver à l'heure
Fahrrad *n* ¨-er vélo *m*, bicyclette *f*
Fahrschein *m* -e billet *m*, ticket *m*
Fahrschule *f* -n auto-école *f*
Fahrstuhl *m* ¨-e ascenseur *m*
Fahrt *f* -en **1** voyage *m auf der* ~ en route, pendant le trajet *m*; *(fig) eine* ~ *ins Blaue* excursion *f* surprise **2** *in* ~ *kommen* prendre de la vitesse; *(mar) volle* ~ *voraus!* en avant toute! **3** *(ganz schön) in* ~ *sein* être en pleine forme; être furieux
Fährte *f* -n trace *f*, piste *f*
Fahrwasser *n* - chenal *m*; *(fig) in seinem/im richtigen* ~ *sein* être dans son élément
Fahrzeug *n* -e véhicule *m*
Faksimile *n* -s fac-similé *m*
faktisch réel, -le ◆ en/de fait, en réalité
Faktor *m* -en facteur *m*
Fakt.um *n* .en fait *m*
Fakultät *f* -en faculté *f*
Falke *m* -n faucon *m*
Fall *m* ø : **1** *freier* ~ chute *f* libre; *(fig) durch einen Skandal zu* ~ *kommen* tomber à la suite d'un scandale; *ein Projekt zu* ~ *bringen* faire échouer un projet **2** cas *m für den* ~, *daß* au cas où; *gesetzt den* ~, *daß* en admettant que ◆ ¨*e* **1** *für diesen* ~ *habe ich vorgesorgt* j'ai pourvu à cette éventualité *f*; *für alle Fälle* au cas où **2** *der* ~ *X* l'affaire *f* X; *(fig) er ist nicht mein* ~ ce n'est pas mon genre *m* **3** *(méd/gram)* cas *m*
Fallbeil *n* -e guillotine *f*
Falle *f* -n **1** piège *m*; *(fig) jm eine* ~ *stellen* tendre un piège à qqn, piéger qqn **2** *(fam) in die* ~ *gehen* aller au pieu *m*
fallen* <sein> **1** tomber **2** *die Temperatur fällt* la température baisse **3** *(mil) im Krieg* ~ tomber/mourir à la guerre ◆ **1** *Licht fällt ins Zimmer* la lumière pénètre dans la pièce; *(fig) Weihnachten fällt auf einen Montag* Noël tombe un lundi; *jm in den Rücken* ~ attaquer qqn par derrière; *jm ins Wort* ~ couper la parole à qqn **2** *ins Gewicht* ~ peser dans la balance **3** *mit der Tür ins Haus* ~ ne pas y aller par quatre chemins, ne pas prendre de gants
fällen **1** *einen Baum* ~ abattre un arbre **2** *(jur) ein Urteil* ~ prononcer/rendre un jugement **3** *(chim)* précipiter
fallen=lassen* *(fig)* **1** *seine Freunde* ~ laisser tomber ses amis **2** *eine Bemerkung* ~ glisser une remarque
fällig : ~ *sein* arriver à échéance; *(fig) eine längst* ¨*e Reform* une réforme qu'on aurait dû faire depuis longtemps; *(fam) der ist* ~ *!* je vais lui faire sa fête !
Fälligkeit *f* -en échéance *f*, terme *m*
falls au cas où, si
Fallschirm *m* -e parachute *m* ~**jäger** *m* - *(mil)* parachutiste *m*
Falltür *f* -en trappe *f*
falsch faux, -sse *das ist* ~*es Gold* ce n'est pas de l'or, *(fam)* c'est du toc; *(fig)* ~*e Aussprache* mauvaise prononciation ◆ ~ *schreiben* faire une faute; ~ *singen* chanter faux; *meine Uhr geht* ~ ma montre n'est pas à l'heure; *(fig) etw* ~ *sehen* se tromper; *etw* ~ *an=fangen* prendre qch par le mauvais bout; *(tél)* ~ *verbunden !* c'est une erreur !
fälschen **1** *Geld* ~ faire de la fausse monnaie **2** *eine Unterschrift* ~ falsifier

une signature; contrefaire une signature; *eine Urkunde* ~ faire un faux (document)
FälscherIn *m f* faussaire *m f*, falsificateur, -trice
fälschlich erroné, faux, -sse ◆ faussement, de manière erronée
Fälschung *f* -en faux *m*, falsification *f*
Falte *f* -n 1 pli *m* ~*n schlagen/werfen* faire des plis 2 ride *f*
falten 1 plier 2 *die Hände* ~ joindre les mains
Falter *m* - papillon *m*
faltig à plis, plissé, chiffonné; ridé
familiär 1 familial 2 *eine* ~ *Atmosphäre* une atmosphère bon enfant/détendue; *ein* ~*er Ton* un ton familier
Familie *f* -n famille *f*
Familienangehörige/r membre *m* de la famille
Familienname *m* -n nom *m* de famille
famos *(fam)* formidable, épatant
fanatisch fanatique
Fanatismus *m* ø fanatisme *m*
Fanfare *f* -n 1 clairon *m* 2 sonnerie *f* de clairon
Fang *m* ø pêche *f*; *(fam/iro) mit dir haben wir ja einen schönen* ~ *gemacht!* on a tiré le gros lot avec toi! ◆ ¨e *pl* serres *(oiseau de proie)* fpl
Fangeisen *n* - piège *m* à mâchoires
fangen* attraper; *(fig) Feuer* ~ prendre feu; *(fam) leicht Feuer* ~ *(non fam)* s'enflammer facilement; *eine* ~ en prendre une ◆ 1 *der Wind fängt sich in den Vorhängen* le vent s'engouffre dans les rideaux 2 *sich im letzten Moment* ~ se rattraper au dernier moment; *(fig) sich wieder* ~ se ressaisir
Farbe *f* -n 1 couleur *f* 2 peinture *f*; teinture *f* 3 *(jeu)* couleur ◆ *pl die* ~*n seines Landes* les couleurs de son pays
färben teindre ◆ *(fam) die Bluse färbt* le corsage déteint
farbenblind daltonien, -ne
farbenfroh coloré
Farbfernseher *m* - téléviseur *m* couleur
Farbfilm *m* -e 1 pellicule *f* couleur 2 film *m* en couleur
farbig coloré, en couleur
Farbige/r homme *m*/femme *f* de couleur
farblos incolore; *(fig)* terne *ein* ~*er Politiker* un politicien falot
Farbstift *m* -e crayon *m* de couleur
Farbton *m* ¨e teinte *f*, nuance *f*
Färbung *f* -en teinture *f*, coloration *f*, couleur *f*; *(fig) eine ironische* ~ un ton *m* ironique
Farce [farsə] *f* -n farce *f*
Farm *f* -en exploitation *f* agricole
Farn *n* -e fougère *f*
Fasan *m* -e faisan *m*
Fasching *m* -e/-s carnaval *m*

Faschismus *m* ø fascisme *m*
faschistisch fasciste
faseln *(fam)* dire des sottises, radoter
Faser *f* -n 1 fibre *f*, fil *m* 2 *(muscle)* fibres *fpl*
fas(e)rig fibreux, -euse
Faß *n* ¨sser tonneau *m ein Bier vom* ~ une bière pression *f*; *(fig)* ~ *ohne Boden* gouffre *m*; *das bringt das* ~ *zum Überlaufen* la coupe est pleine, c'est la petite goutte qui fait déborder le vase; *ein* ~ *auf=machen* être remonté
Fassade *f* -n façade *f*
faßbar compréhensible, concevable
fassen 1 attraper, saisir *einen Dieb* ~ arrêter un voleur; *(fig) etw ins Auge* ~ envisager qch; *einen Entschluß* ~ prendre une décision; *du mußt Mut* ~ il va te falloir du courage 2 *einen Liter* ~ contenir un litre 3 *das fasse ich nicht* je ne comprends pas cela 4 *(fig) seine Gedanken in Worte* ~ exprimer sa pensée ◆ 1 *sich in Geduld* ~ prendre patience 2 *faß dich!* ressaisis-toi! 3 *sich kurz* ~ être bref
Fassung *f* ø contenance *f*, sang *m* froid *jn aus der* ~ *bringen* déconcerter qqn ◆ -en 1 *(lunettes)* monture *f* 2 *(élec)* douille *f* 3 *die dritte* ~ la troisième version *f*
fassungslos déconcerté, déconcerté
Fassungsvermögen *n* ø contenance *f*, capacité *f*
fast presque *ich wäre/hätte* ~ pour un peu, je serais/j'aurais
fasten jeûner
Fastnacht *f* ø mardi *m* gras, carnaval *m*
faszinieren fasciner
fatal fâcheux, -euse, désagréable
Fata Morga.na *f* .nen/-s mirage *m*
fauchen 1 cracher; *(vent)* mugir 2 gronder
faul 1 *ein* ~*es Ei* un œuf pourri; ~*es Fleisch* de la viande avariée; *ein* ~*er Zahn* une dent cariée; *(fig) eine* ~*e Ausrede* une mauvaise excuse 2 paresseux, -euse; *(fig/fam) ein* ~*er Strick* un feignant *m* 3 *faule Geschäfte* des affaires louches ◆ ~ *schmecken* avoir un goût de pourri
faulen pourrir
faulenzen *(fam)* flemmarder
Faulheit *f* ø paresse *f*
Fäulnis *f* ø pourriture *f*
Faulpelz *m* -e *(fam)* flemmard *m*, feignant *m*, paresseux *m*
Faun.a *f* .en faune *f*
Faust *f* ¨e poing *m*; *(fig) auf eigene* ~ de sa propre initiative *f*, de son propre chef
faustdick énorme; *(fig) eine* ~*e Lüge* un mensonge gros comme une maison; *(fam) er hat es* ~ *hinter den Ohren* c'est un roublard

Fäustchen

Fäustchen n - : *(fam) sich (D) ins ~ lachen* rire sous cape
Faustregel f -n règle f élémentaire
Faxen fpl facéties fpl
faxen faxer
Fazit n -s bilan m, résultat m
FCKW m → **Fluorchlorkohlenwasserstoff** C.F.C m
F.D.P. f → **Freie Demokratische Partei** parti m libéral démocrate
Februar m ø février m
fechten* faire de l'escrime
FechterIn m f escrimeur, -euse
Feder f -n 1 plume f; *(fam) sich mit fremden ~n schmücken* ramener la couverture à soi 2 ressort m
Federball m ø : *~ spielen* jouer au badminton [badmintɔn] m /volant m ◆ ¨e volant m
Federbett n -en édredon m
federführend : *(fig) ~ sein* avoir un rôle clé
Federhalter m - porte-plume m
Federlesen n ø : *ohne viel ~(s)* sans prendre de gants
federn pousser, être souple ◆ *ein gut gefederter Wagen* une voiture qui a une bonne suspension
Federung f -en suspension f
Federvieh n ø *(fam > non fam)* volaille f
Fee f -n fée f
Fegefeuer n - purgatoire m
fegen balayer; *(cheminée)* ramoner ◆ <sein> souffler en tornade, passer en trombe
Fehde f -n querelle f
fehl : *~ am Platz(e) sein* ne pas être à sa place
Fehlanzeige f -n : *~ !* (c'est) raté !
Fehlbetrag m ¨e déficit m; *(banque)* découvert m
fehlen 1 manquer 2 *seit drei Tagen ~* être absent depuis trois jours ◆ *es fehlt mir an etw (D)* il me manque qch; *es fehlt uns am Nötigsten* nous sommes dans le dénuement le plus complet; *wo fehlt es denn?* qu'est-ce qui ne va pas?; *es fehlte nicht viel daran* il s'en est fallu de peu ◆ *es an nichts ~ lassen* pourvoir à tout
Fehler m - faute f; défaut m
fehlerfrei parfait, impeccable
fehlerhaft qui contient des fautes; défectueux, -euse
Fehlgeburt f -en fausse couche f
fehl-gehen* <sein> 1 se tromper (de chemin) 2 *der Schuß ging fehl* le coup a manqué son objectif/est passé à côté; *(fig)* se tromper
Fehlgriff m -e *(fig)* erreur f, bévue f
fehl-schlagen* <sein> échouer
Fehlstart m -s faux départ m
Fehltritt m -e faux-pas m

Fehlzündung f -en problème m d'allumage *eine ~ haben* avoir des ratés mpl; *(fig)* avoir du mal à comprendre
Feier f -n fête f, cérémonie f
Feierabend m -e 1 *~ machen* arrêter de travailler; *nach ~* après le travail; *(fam) für mich ist ~ !* pour moi, c'est terminé/ça suffit comme ça ! 2 *den ~ genießen* profiter de sa soirée f (après une journée de travail)
feierlich solennel, -le
feiern : *Weihnachten ~* fêter/célébrer Noël ◆ faire la fête; *(fig/fam) die Arbeiter ~ seit drei Wochen* les ouvriers sont depuis trois semaines sur le carreau
Feiertag m -e jour m férié
feig(e) lâche
Feige f -n figue f
Feigheit f ø lâcheté f
Feigling m -e lâche m
Feile f -n lime f
feilen 1 limer 2 *(fig)* peaufiner
feilschen marchander
fein 1 *~es Gewebe* du tissu fin 2 joli, fin, délicat ◆ 1 *das schmeckt ~* c'est très bon/délicieux 2 *(fam) das hat er ~ gemacht* c'est du beau travail; *jetzt ist er ~ raus* il s'en est bien sorti
Feinbäckerei f -n pâtisserie f
FeindIn m f ennemi -e f, adversaire m
feindlich hostile, ennemi
Feindschaft f ø hostilité f, animosité f
feindselig haineux, -euse, hostile
Feindseligkeit f -en hostilité f
feinfühlig qui a de la sensibilité, sensible
Feingefühl n ø doigté m
Feingehalt m ø titre m, teneur f en or/en argent
Feinheit f ø finesse f, délicatesse f ◆ -en pl *die ~en einer Sprache* les finesses/nuances fpl d'une langue
Feinkost f ø épicerie f fine
feinmachen sich se faire beau/belle
Feinmechanik f ø mécanique de précision
FeinschmeckerIn m f gourmet m, *(fam)* fine gueule
feist empâté, gras
feixen *(fam)* rire bêtement, faire un sourire bête
Feld n ø : *das ~ der Ehre* le champ m d'honneur; *(mil) ins ~ ziehen* partir en guerre f/campagne f; *(fig) das ist ein weites ~* c'est un vaste sujet m; *jm das ~ streitig machen* concurrencer qqn sur son terrain m, *(fam)* marcher sur les plates-bandes fpl de qqn ◆ -er 1 champ m; *auf freiem ~* en rase campagne f; *(phys) ein magnetisches ~* champ magnétique 2 *(jeu)* case f 3 *(sp)* terrain m; peloton m;

das ~ an=führen mener la course; *(fig) das ~ räumen* se retirer
Feldbett n **-en** lit m de camp
Feldflasche f **-n** gourde f
Feldlager n - camp m (militaire)
Feldstecher m - jumelles fpl
Feldwebel m - adjudant m
Feldweg m **-e** chemin m de terre
Feldzug m ¨**e** campagne f (militaire)
Felge f **-n** jante f
Fell n **-e** peau f, fourrure f, toison f; *(fig) ein dickes ~ haben* être un dur à cuire; *sich (D) ein dickes ~ an=schaffen* se faire une carapace f; *(fam) jm das ~ über die Ohren ziehen* rouler qqn (dans la farine); *ihn juckt das ~* il va finir par en prendre une
Fels m ø roche f, roc m; *(fig)* roc
Felsen m - rocher m
felsenfest : *(fig) der ~en Meinung sein* être convaincu ◆ *von etw ~ überzeugt sein* croire dur comme fer à qch
felsig rocheux, -euse
Felsspalte f **-n** crevasse f
Feminismus m ø féminisme m
Fenchel m ø fenouil m
Fenster n - fenêtre f *zum ~ hin-aus=schauen* regarder par la fenêtre; *(fam) weg vom ~ sein* ne plus être dans la course f
Fensterladen m ¨ volet m
Fensterleder n - peau f de chamois
Fensterscheibe f **-n** vitre f, carreau m
Ferien pl vacances fpl
Ferienlager n - colonie f de vacances
Ferkel n - porcelet m; *(fam) du altes ~ !* (petit) cochon !
ferkeln *(truie)* mettre bas; *(fam) ferkele nicht so rum !* arrête de faire des cochonneries !
fern éloigné, lointain *~e Länder* des pays lointains ◆ *von ~ betrachtet* vu de loin; *von nah und ~* de toutes parts ◆ *(D) ~ allem Trubel* loin des tracas
Fernamt n ¨**er** interurbain m
Fernbedienung f **-en** télécommande f
fern=bleiben* <sein> manquer, être absent
Ferne f ø lointain m *in der ~* au loin ; *in weiter ~* très loin ◆ **-n** ailleurs m
ferner : *wir werden auch ~ darauf bestehen* nous continuerons à maintenir cette position à l'avenir ◆ *~ brauchen wir* en outre, nous avons besoin de
FernfahrerIn m f routier m
Ferngespräch n ¨**e** communication f interurbaine
ferngesteuert télécommandé, téléguidé
Fernglas n ¨**er** jumelles fpl
fern=halten* tenir à l'écart/à distance ◆ *sich von jm ~* garder ses distances par rapport à qqn

Fernheizung f **-en** chauffage m collectif
Fernkurs.us m **.e** cours m par correspondance, enseignement m à distance
fern=liegen* : *dieser Gedanke liegt nicht fern* ce n'est pas impossible, c'est à peu près cela ◆ *es liegt mir fern* loin de moi la pensée de, il n'est pas question pour moi de
Fernmeldeamt n ¨**er** service m des télécommunications, *(fam)* Télécom fpl
Fernrohr n longue-vue f, télescope m
Fernruf m ø numéro m de téléphone
Fernschaltung f **-en** télécommande f
Fernschreiben n - télex m
Fernschreiber m - téléscripteur m
FernsehansagerIn m f speaker m speakerine f
Fernsehapparat m **-e** téléviseur m
Fernsehen n ø télévision f
fern=sehen* regarder la télévision
Fernseher m - téléviseur m
Fernsehfilm m **-e** téléfilm m
Fernsehgerät n **-e** téléviseur m
Fernsehsendung f **-en** émission f (télévisée/de télévision)
FernsehzuschauerIn m f téléspectateur, -trice
Fernsprechamt n ¨**er** central m téléphonique
Fernsprecher m - téléphone m
Fernsprechgebühren fpl taxes fpl téléphoniques
FernsprechteilnehmerIn m f abonné m **-e** f (au téléphone)
fern=steuern télécommander, téléguider
Fernsteuerung f ø/**-en** téléguidage m ; télécommande f
Fernstraße f **-n** axe m routier, route f à grande circulation
Fernverkehr m ø transport m interurbain; *(train)* grandes lignes fpl
Fernweh n ø besoin m d'ailleurs
Ferse f **-n** talon m
fertig 1 terminé, prêt *das Essen ist ~* le repas est prêt ; *mit einer Arbeit ~ sein* avoir terminé/fini un travail ; *(fig) (d)er ist ~ !* c'est un homme fini 2 *(fam) ich habe das Buch ~* j'ai terminé le livre; *mit jm ~ sein* ne plus rien avoir à faire avec qqn ; *mit jm ~ werden* venir à bout de qqn 3 *bist du endlich ~ ?* ça y est, tu es prêt ? 4 *(fam) total ~ sein* être crevé ; être au bout du rouleau
Fertigbau m **-ten** préfabriqué m
fertig=bekommen* *(fam)* (arriver à) finir, arriver au bout (de)
fertig=bringen* : *(fam) das bringst du nicht fertig !* pas capable !
fertigen fabriquer
Fertigerzeugnis n **-se** produit m fini
Fertiggericht n **-e** plat m cuisiné

Fertigkeit

Fertigkeit f -en compétence f, savoir-faire m
fertig=machen 1 *eine Arbeit* ~ terminer un travail 2 *(fig) jn* ~ descendre qqn en flèche ♦ *sich* ~ s'apprêter
fertig=stellen terminer
Fertigstellung f ø achèvement m; fin f
Fertigung f fabrication f, production f
Fessel f -n 1 lien m 2 *(méd)* cheville f; *(cheval)* paturon m
fesseln : *jn* ~ ligoter qqn, attacher qqn (à); *(fig)* fasciner qqn ♦ *(fig)* **fesselnd** captivant
fest 1 ~*e Nahrung* nourriture solide; *(fig) ein* ~*er Entschluß* une décision ferme 2 ~*es Gewebe* tissu solide/résistant 3 *ein* ~*er Verband* une bande bien serrée 4 ~*er Wohnsitz* domicile fixe ♦ ~ *schlafen* dormir profondément ; ~ *versprechen* faire une promesse ferme ; *steif und* ~ *daran glauben* y croire dur comme fer
Fest n -e fête f; *(loc) man muß die* ~*e feiern, wie sie fallen* une occasion est toujours bonne à prendre
fest=beißen* *sich (an/in D)* ne pas lâcher; *(fig) sich an einem Problem* ~ être obnubilé par un problème
fest=binden* : *jn an etw (D)* ~ attacher qqn à qch
fest=bleiben* <sein> rester ferme, tenir bon
fest=fahren* <sein> : *der Wagen ist festgefahren* la voiture s'est embourbée/enlisée ; *(fig) die Sache ist festgefahren* l'affaire en est au point mort
fest=fressen* *sich (tech)* s'enrayer, se gripper
fest=halten* : *jn* ~ garder qqn (en détention); *einen Hund am Halsband* ~ tenir son chien par le collier ♦ *sich* ~ *(an D)* se tenir (à), s'accrocher (à); *(fam) halt dich fest, er kommt tatsächlich !* tu es bien assis ? et bien oui, il vient !
festigen *(fig)* renforcer
Festigkeit f ø 1 ~ *eines Materials* résistance f/solidité f d'un matériau; *(fig)* stabilité f 2 détermination f
Festland n ¨er terre f ferme
fest=legen 1 fixer, établir 2 *(argent)* immobiliser ♦ *sich nicht* ~ ne pas se fixer; ne pas s'engager
festlich 1 solennel 2 de fête ~*e Kleidung* tenue habillée/de cérémonie
Festlichkeit f ø : *die* ~ *des Augenblicks* la solennité f du moment ♦ -en fête f, cérémonie f
fest=liegen* 1 *das Schiff liegt fest* le bateau est échoué/immobilisé 2 être fixé/établi
fest=machen : *einen Termin* ~ fixer un rendez-vous ; *ein Geschäft* ~ conclure une affaire ♦ *(mar)* être amarré

Festmeter m - stère m
fest=nageln clouer, fixer ; *(fig/fam) jn* ~ épingler/ coincer qqn
Festnahme f -n arrestation f
fest=nehmen* arrêter
Festplatte f -n disque m dur
Festpreis m -e prix m ferme (et définitif)
Festpunkt m -e (point m de) repère m
fest=setzen fixer ♦ *sich* ~ se fixer, s'installer
fest=sitzen* 1 être bien fixé, bien tenir 2 *(auto) in X* ~ être en panne à X
Festspiel n -e festival m
fest=stehen* : *der Termin steht fest* la date est fixée ; *der Tisch steht* ~ la table est bien stable ; *es steht* ~, *daß* il est sûr et certain que
fest=stellen : *Veränderungen* ~ constater des changements
Feststellung f -en constatation f *zur* ~ *der Tatzeit dienen* permettre d'établir l'heure où les faits se sont déroulés
Festtag m -e fête f
fest=treten* : *den Boden* ~ tasser le sol
Festung f -en forteresse f, fortin m
Festzug m ¨e procession f, cortège m
Fetischismus m ø fétichisme f
fett gras, -se ; *(fam) er ist ganz schön* ~ il est complètement bourré
Fett n -e graisse f ~ *an=setzen* engraisser ; *(fig) das* ~ *ab=schöpfen* prendre les meilleurs morceaux ; *(fam) sein* ~ *ab=bekommen* en prendre plein la gueule
fettarm : ~*e Küche* cuisine légère/basses calories ; ~*er Käse* fromage maigre/allégé
Fettbauch m ¨e *(fam)* gros bide
Fettcreme f -s crème f grasse
Fettfleck m -e tache f de graisse
Fettgewebe n ø tissu m graisseux
fettig graisseux, -euse ; gras ~*es Papier* papier gras
fettleibig obèse
Fettnäpfchen n - : *(fam) ins* ~ *treten* gaffer, mettre les pieds dans le plat
fetzen : *(fam) das fetzt !* ça bourre !
Fetzen m - lambeau m *ein* ~ *Papier* un bout m de papier; *(fig)* ~ *eines Gesprächs* bribes fpl de conversation
feucht humide, mouillé
Feuchtigkeit f ø humidité f
feudal 1 *(hist)* féodal 2 *(fam)* chic, sélect
Feuer n - 1 feu m 2 ~ *ist ausgebrochen*, ~ *!* un incendie m s'est déclaré, au feu ! 3 *(mil) das feindliche* ~ le feu de l'ennemi ; *(fig) für jn durchs* ~ *gehen* soulever des montagnes pour qqn 4 *(fig)* ~ *fangen* s'enflammer ; ~ *und Flamme sein* être tout feu tout flamme ; *(loc) gebranntes Kind meidet das* ~ chat échaudé craint l'eau froide
Feueranzünder m - allume-feu m ; allume-gaz m

Feuerbestattung *f* **-en** incinération *f*
feuerfest réfractaire
feuergefährlich inflammable
Feuerlöscher *m* **-** extincteur *m*
feuern *(fam)* **1** *jn ~* virer qqn **2** *etw in die Ecke ~* balancer qch dans un coin **3** *jm eine ~* en mettre une à qqn ◆ **1** *mit Kohle ~* (se) chauffer au charbon **2** *(mil)* faire feu; *blind ~* tirer à l'aveuglette
feuersicher ignifugé
Feuerstein *m* **-e** pierre *f* à feu, silex *m*; pierre à briquet
Feuerstuhl *m* **¨e** *(fam)* moto *f*
Feuerung *f* **-en** (moyen *m* de) chauffage *m*
Feuerwaffe *f* **-n** arme *f* à feu
Feuerwehr *f* **-en** pompiers *mpl*
Feuerwerk *n* **-e** feu *m* d'artifice
Feuerzeug *n* **-e** briquet *m*
Feuilleton *n* **-s** partie *f* culturelle
feurig 1 *(fig) eine ~e Rede* un discours enflammé; *ein ~er Wein* un vin qui a du corps; *ein ~es Pferd* un cheval fougueux; *~er Blick* regard ardent; *~e Augen* des yeux de braise **2** rougeoyant
Fez *m* ø : *(fam) viel ~ machen* faire le(s) fou(s)
Fibel *f* **-n** manuel *m* d'initiation
Fiber *f* **-n** fibre *f*
Fichte *f* **-n** épicéa *m*
ficken *(vulg)* baiser
Fieber *n* ø fièvre *f*
fieberhaft fiévreux, -euse
fiebern avoir de la fièvre; *(fig)* être excité *(à l'idée de),* attendre fébrilement
fiebernd fiévreux, -euse
fiebersenkend qui fait baisser la fièvre, fébrifuge
Fieberthermometer *n* **-** thermomètre *m*
fiebrig fiévreux, -euse, accompagné de température; *(fig)* fiévreux
Fiedel *f* **-n** *(péj > non péj)* violon *m*
fies *(fam)* dégueulasse
Fiesling *m* **-e** *(fam)* mec *m* dégueulasse
Figur *f* **-en**, **1** silhouette *f*; *(fig) eine gute ~ machen* faire bonne impression **2** personnage *m* **3** *eine geometrische ~* une figure *f* géométrique **4** *(jeu)* pièce *f*, figure
Fiktion *f* **-en** fiction *f*
Filiale *f* **-n** filiale *f*, succursale *f*
Film *m* **-e** **1** pellicule *f* **2** *einen ~ drehen* tourner un film *m*; *der deutsche ~* le cinéma *m* allemand; *sie will zum ~* elle veut faire du cinéma **3** fine couche *f*, pellicule
filmen filmer; *(fig/fam) da bist du ganz schön gefilmt worden* tu t'es bien fait avoir ◆ tourner (dans un film)
FilmemacherIn *m f* cinéaste *m f*
FilmregisseurIn *m f* metteur *m* en scène

Filmvorführung *f* **-en** projection *f*
Filter *m* **-** filtre *m*
filtern filtrer
Filz *m* **-e** **1** feutre *m* **2** affairisme *m*
filzen : *(fam) jn ~ (non fam)* fouiller qqn ◆ se feutrer
Filzlaus *f* **¨e** morpion *m*; *(fig/fam > non fig/fam)* douanier *m*
Filzstift *m* **-e** feutre *m*
Fimmel *m* **-** *(fam > non fam)* manie *f*: *(fam) einen ~ haben* être cinglé/toqué
Finale *n* **-/s 1** *(sp)* finale *f* **2** *(mus)* final *m*
Finanzamt *n* **¨er** impôts *mpl*; perception *f*
Finanzen *pl* finances *fpl*; moyens *mpl* financiers
finanziell financier, -ière
finanzieren financer
Finanzierung *f* **-en** financement *m*
Finanzwesen *n* ø finances *fpl*
finden* 1 *Geld ~* trouver de l'argent; *(fig) Gehör ~* être entendu **2** *das finde ich auch* c'est aussi mon avis; *das finde ich toll !* je trouve ça génial !; *nichts dabei finden* ne rien y voir à redire ◆ *sich in etw (A) ~* s'habituer à qch; *das wird sich ~* l'explication va venir; cela va s'arranger
findig inventif, -ive, ingénieux, -euse
Findling *m* **-e** **1** enfant *m* trouvé **2** *(géo)* bloc *m* erratique
Finger *m* **-** doigt *m* ~ *weg !* *(fam)* bas les pattes !; *sich (D) in den ~ schneiden* se couper le doigt, *(fig/fam)* se planter; *(fig/fam) keinen ~ krumm machen* ne pas lever le petit doigt, ne rien faire; *lange ~ machen* piquer; *sich (D) die ~ verbrennen* se brûler les ailes; *etw mit spitzen ~n anfassen* prendre qch avec des pincettes; *sich (D) alle (zehn) ~ lecken* se lécher les babines; *jn um den kleinen ~ wickeln* mener qqn par le bout du nez; *etw (A) mit dem kleinen ~ machen* faire qch en un tour de main
Fingerabdruck *m* **¨e** empreinte *f* digitale
Fingerfertigkeit *f* ø dextérité *f*
Fingerglied *n* **-er** phalange *f*
Fingerhut *m* **¨e 1** *(bot)* digitale *f* **2** dé *m* (à coudre)
fingern : *an den Knöpfen ~* tripoter ses boutons; *Geld aus der Tasche ~* chercher de l'argent dans le fond de sa poche ◆ *(fam)* arranger
Fingernagel *m* **¨** ongle *m*
Fingerring *m* **-e** bague *f*, anneau *m*
Fingerspitze *f* **-n** bout *m* du doigt; *~ngefühl* *n* ø *(fig)* tact *m*
Fingerzeig *m* **-e** *(fig) jm einen ~ geben* donner un tuyau *m* à qqn ; *ein ~ des Schicksals* un signe du destin

fingieren

fingieren simuler, monter de toutes pièces ◆ *eine fingierte Rechnung* une fausse facture
Fink *m* -en -en pinson *m*
finster 1 sombre, obscur; *(fig)* lugubre 2 douteux, -euse, louche ◆ *jn ~ ansehen* regarder qqn d'un air sombre
Finsternis *f* -se obscurité *f*
Finte *f* -n feinte *f*, ruse *f*, manœuvre *f*
Firlefanz *m* ø 1 colifichets *mpl*, fanfreluches *fpl* 2 *(fam)* conneries *fpl*
Firm.a *f* .en entreprise *f*, firme *f*; *(fam) ~ dankt!* non merci!
Firmenname *m* -n raison *f* sociale
Firmung *f* -en confirmation *f*
Firnis *m* -se vernis *m*
First *m* -e faîte *m*
Fisch *m* -e poisson *m*; *(fig/fam) stumm wie ein ~* muet comme une carpe *f*; *das sind kleine ~e* ce ne sont que des broutilles *fpl*; *die ~e füttern* rendre tripes et boyaux *mpl*
fischen pêcher; *(fig) nach etw ~* chercher qch; *im trüben ~* pêcher en eau trouble
Fischer *m* - pêcheur *m*
Fischerei *f* ø pêche *f*
Fischkutter *m* - chalutier *m*
Fischlaich *m* -e frai *m*
Fischotter *m* -n loutre *f*
Fischzucht *f* ø pisciculture *f*
Fisematenten *pl* : *(fam) ~ machen* faire des chichis *mpl*
Fiskus *m* ø fisc *m*
Fistelstimme *f* -n voix *f* de fausset
fit en forme
Fitneßstudio *n* -s club *m* de mise en forme
Fittich *m* -e aile *f*
fix 1 *~e Kosten* frais fixes 2 *(fam) das geht ganz ~* ça va tout seul; *mach ~!* allez, vite (et que ça saute)! 3 *(fam) ich bin ~ und fertig* je suis vanné
FixerIn *m f* ø accro *m f*, quelqu'un qui se pique
fixieren fixer
Fix.um *n* .a fixe *m*
FKK *f* → **Freikörperkultur**
flach plat; bas, -se *ein ~er Teller* une assiette plate ; *~e Absätze* des talons plats ; *ein ~es Haus* une maison basse ; *(fig) ein ~es Urteil* un jugement d'une grande platitude
Fläche *f* -n surface *f*; superficie *f*
Flächeninhalt *m* -e superficie *f*, surface *f*
Flachland *n* ø plat pays *m*
Flachzange *f* -n pince *f* plate
Flachs *m* ø lin *m*
flachsen plaisanter, *(vulg)* déconner
flackern : *das Kaminfeuer flackert* les flammes dansent dans la cheminée ; *(lumière/yeux)* clignoter
Fladen *m* - galette *f*
Flagge *f* -n drapeau *m*; pavillon *m*; couleurs *fpl unter deutscher ~ fahren* battre pavillon *m* allemand ; *(fig) ~ zeigen* annoncer la couleur
flaggen hisser le drapeau, pavoiser
Flaggschiff *n* -e navire *m* amiral
flagrant flagrant
Flair *n/m* ø cachet *m*; *(personne)* aura *f*
Flak *f* -/s batterie *f* antiaérienne
Flamingo *m* -s flamant *m* (rose)
Flamme *f* -n 1 flamme *f in ~n aufgehen* s'enflammer 2 *(fam)* petite amie *f*
flammend flamboyant; *(fig)* enflammé
Flanell *m* -e flanelle *f*
Flanke *f* -n 1 flanc *m* 2 *(sp) rechte ~* aile *f* droite; *(mil)* flanc *m*
flankierend : *(fig) ~e Maßnahmen* mesures d'accompagnement
Flansch *m* -e embout *m*
Flasche *f* -n 1 bouteille *f*; *die ~ geben* donner le biberon 2 *(fam/péj) du ~!* minable !
Flaschenhals *m* ¨e goulot *m*
Flaschenöffner *m* - décapsuleur *m*
Flaschenpfand *n* ø consigne *f*
Flaschenpost *f* ø bouteille *f* à la mer
Flaschenzug *m* ¨e palan *m*
flatterhaft instable ; volage ; écervelé
flattern <sein> 1 voleter 2 battre des ailes ◆ 1 *im Wind ~* battre au vent 2 *(fig)* battre irrégulièrement
flau : *eine ~e Brise* une légère brise ◆ *(fam) sich ~ fühlen* se sentir/être à plat
Flaum *m* ø duvet *m*
Flausen *fpl* sornettes *fpl*, bêtises *fpl*
Flaute *f* -n 1 *(comm)* saison *f* morte; marasme *m* 2 *(mar)* calme *m* plat
Flechte *f* -n 1 *(méd)* dartre *f* 2 *(bio)* lichen *m* 3 natte *f*, tresse *f*
flechten* tresser
Fleck *m* -e 1 tache *f*; *(fig) ein weißer ~* un domaine vierge/inexploré 2 *ein blauer ~* un bleu *m* 3 *(fam) nicht vom ~ kommen* piétiner; *vom ~ weg* dans la foulée, sans faire ni une ni deux
Flecken *m* - 1 *voller ~* plein de taches, complètement taché 2 petit village *m*, *(fam)* bled *m*
fleckenlos : sans tache, immaculé *~ sein* ne pas avoir une tache
Fleckentferner *m* - détachant *m*
fleckig taché, maculé
Fledermaus *m* ¨e chauve-souris *f*
Flegel *m* - 1 malotru *m*, muffle *m*, mal élevé *m* 2 *(agr)* fléau *m*
flegelhaft grossier
Flegeljahre *npl* âge *m* ingrat
flegeln sich s'affaler
flehen implorer, supplier

flehentlich : *ein ~er Blick* un regard suppliant ; *eine ~e Bitte* une prière ◆ *jn ~ bitten* supplier/implorer qqn ; *jn ~ an=sehen* regarder qqn avec des yeux suppliants, implorer qqn des yeux
Fleisch *n* ø viande *f* ; chair *f* ; *(fig) aus ~ und Blut* en chair et en os ; *in ~ und Blut über=gehen* devenir une habitude ; *sich* (D) *ins eigene ~ schneiden* se nuire ; *(fam) vom ~(e) fallen* perdre du lard
Fleischbrühe *f* -n bouillon *m* de viande, consommé *m*
Fleischer *m* - boucher *m*
Fleischeslust *f* ø *(fig)* plaisirs *mpl* de la chair
Fleischfresser *m* - carnivore *m*
fleischig pulpeux, -euse ; bien en chair ; charnu
fleischlich charnel, -le
Fleischpastete *f* -n friand *m*, pâté *m* en croûte
Fleischwolf *m* ¨e hachoir *m*
Fleiß *m* ø zèle *m*, application *f* ; *(loc) ohne ~ kein Preis !* on n'a rien sans rien !
fleißig appliqué, travailleur ◆ avec zèle/application
flennen *(fam)* chialer
fletschen : *die Zähne ~* montrer les dents
flexibel, flexibl- souple, élastique ; flexible *flexible Arbeitszeit* horaires à la carte ; *flexible Altersgrenze* (possibilité de) retraite *f* anticipée ; *flexible Kurse* cours flottants
Flexibilität *f* ø élasticité *f* ; souplesse *f*, flexibilité *f* regionale, mobilité *f*
flicken 1 *(textile)* raccommoder, rapiécer 2 réparer, *(fam)* rafistoler *einen Reifen ~* mettre une rustine à un pneu ; *(fig/fam) jm am Zeuge ~* chercher la petite bête
Flicken *m* - pièce *f*
Flickwerk *n* ø *(péj)* bricolage *m*, rafistolage *m*
Flieder *m* ø lilas *m*
Fliege *f* -n 1 mouche *f* ; *(fig) zwei ~n mit einer Klappe schlagen* faire d'une pierre deux coups 2 nœud *m* papillon 3 *(fam) die/eine ~ machen* se tirer
fliegen* : *Medikamente ~* transporter des médicaments ◆ <sein> 1 voler 2 voyager en avion ; *nach London ~* aller à Londres (en avion) ◆ *(fam)* 1 *auf die Nase ~* s'étaler, se casser la figure 2 *aus der Wohnung ~* être jeté dehors 3 *durch die Prüfung ~* se faire étendre à l'examen ; *auf Blonde ~* adorer les blondes
fliegend volant *~es Personal* personnel navigant ; *~e Haare* cheveux flottants ; *(fig) ~er Händler* marchand ambulant ; *mit ~em Atem* haletant, hors d'haleine
Fliegenpilz *m* -e amanite *f* tue-mouches

FliegerIn *m f* aviateur, -trice, pilote *m f* ; *bei den ~ sein* être dans l'armée de l'air
Fliegeralarm *m* -e alerte *f* aérienne
fliehen* <sein> : *js Gegenwart ~* fuir la présence de qqn, éviter qqn ◆ s'enfuir *zu jm ~* aller se réfugier auprès de qqn
Fliehkraft *f* ø force *f* centrifuge
Fliese *f* -n dalle *f*, carreau *m* *~n legen* carreler
Fliesenleger *m* - carreleur *m*
Fließband *n* ¨er chaîne *f*
fließen* <sein> 1 couler *der Rhein fließt durch mehrere Länder* le Rhin traverse/arrose plusieurs pays ; *ihm fließt der Schweiß* il ruisselle de sueur ; *in die Donau ~* se jeter dans le Danube 2 circuler ; *(élec) der Strom fließt* le courant passe/circule
fließend : *~es Wasser* eau courante ; *(fig) ~e Grenzen* limites floues ◆ *~ sprechen* parler couramment
Flimmerkiste *f* -n *(fam)* télé *f*
flimmern scintiller
flink vif, -ive, preste, alerte ; agile
Flinte *f* -n fusil *m*, carabine *f* ; *(fig) die ~ ins Korn werfen* jeter le manche après la cognée
Flitterwochen *fpl* lune *f* de miel
flitzen <sein> *(fam)* filer (à toute allure)
Flitzer *m* - *(fam)* bolide *m*
floaten [flou:tn] flotter
Flocke *f* -n flocon *m*
Floh *m* ¨e puce *f* ; *(fig) jm einen ~ ins Ohr setzen* mettre qch dans le crâne de qqn
Flohmarkt *m* ¨e marché *m* aux puces
Flor *m* ø 1 *im ~ stehen* être en fleur(s) 2 voile *m* ; crêpe *m*
Flor.a *f* .en flore *f*
Florett *n* -e fleuret *m*
Floskel *f* -n formule *f* creuse
Floß *n* ¨e radeau *m* ; train *m* de bois
Flosse *f* -n 1 nageoire *f*, palme *f* 2 aileron *m*, stabilisateur *m* 3 *(fam) ~n weg !* bas les pattes !
Flöte *f* -n flûte *f*
flöten jouer de la flûte ; *(oiseau)* chanter ; *(fig)* susurrer
flöten-gehen* <sein> : *(fam) zwei Gläser sind flötengegangen* il y a eu deux verres de cassés
flott 1 prêt pour le départ *das Schiff ist ~* le bateau est prêt à appareiller/à flot 2 *ein ~er Hut* un chapeau très mode/chic 3 *ein ~er Bursche* un beau garçon ; *ein ~es Mädchen* une jolie fille ◆ *(fam) ~ arbeiten* travailler vite et bien
Flotte *f* -n flotte *f*
Flottenstützpunkt *m* -e base *f* navale
flott-machen *(mar)* mettre à flot
Fluch *m* ¨e 1 juron *m* 2 malédiction *f*
fluchen : *über jn ~* jurer/pester contre qqn

Flucht *f* ø **1** fuite *f jn in die ~ schlagen* mettre qqn en fuite **2** *eine ~ von Zimmern* des pièces en enfilade *f*; *in einer ~ stehen* être aligné
flüchten <sein> s'enfuir ◆ *sich ~* aller se réfugier; trouver refuge
Flüchtigkeitsfehler *m* - faute *f* d'inattention
Flüchtling *n* -e fuyard *m*, fugitif *m*; réfugié *m*
Flug *m* ¨e vol *m im ~* en (plein) vol; *(fig) wie im ~ vergehen* passer à toute allure *f*
Flugbahn *f* -en trajectoire *f*
Flugblatt *n* ¨er tract *m*
Flügel *m* - **1** aile *f*; *(fig) die ~ hängen lassen* baisser les bras **2** *(bâtiment/parti)* aile **3** piano *m* à queue
Fluggast *m* ¨e passager, -ère
flügge prêt à quitter le nid; *(fig) die Kinder sind ~* les enfants sont grands
Fluggesellschaft *f* -en compagnie *f* aérienne
Flughafen *m* ¨ aéroport *m*
Fluglotse *m* -n -n aiguilleur *m* du ciel
Flugplatz *m* ¨e aérodrome *m*
Flugschreiber *m* - boîte *f* noire
Flugticket *n* -s billet *m* d'avion
Flugzeug *n* -e avion *m*
Flugzeugbesatzung *f* -en équipage *m*
Flugzeugentführung *f* -en détournement *m* d'avion
Flugzeugträger *m* - porte-avions *m*
Fluid.um *n* .a *(fig)* atmosphère *f*, aura *f*
Flunder *f* -n flétan *m*
flunkern *(fam)* raconter des bobards; frimer
Fluor *n* ø fluor *m*
Flur *m* -e entrée *f*, couloir *m*; palier *m*
Flur *f* -en champs *mpl*, campagne *f*
Flurbereinigung *f* ø remembrement *m*
Fluß *m* ¨sse fleuve *m*, rivière *f*, cours *m* d'eau ◆ ø *(fig) in ~ kommen* se mettre en train; *im ~ sein* être en cours
flußabwärts en aval
flußaufwärts en amont
Flußkrebs *m* -e écrevisse *f*
flüssig **1** liquide *~ werden* fondre, se liquéfier; *(fig) ~er Verkehr* circulation fluide **2** *~es Geld* argent liquide, liquidités *fpl*; *(fam)* liquide *m*
Flüssigkeit *f* -en liquide *m*, fluide *m* ◆ ø fluidité *f*, aisance *f*
Flußufer *n* - berge *f*, rive *f*
flüstern chuchoter; *(fam) das kann ich dir ~!* ça, tu peux me croire!; *dem werd ich was ~!* je vais lui dire deux mots!
Flüsterpropaganda *f* ø bouche à oreille *m*
Flut *f* -en **1** *Ebbe und ~* marée *f*; *bei ~* à marée haute **2** *(fig) eine ~ von Schimpfwörtern* une volée *f* d'injures; *eine ~ von Menschen* une nuée *f* de gens
fluten *eine Schleuse ~* mettre en eau une écluse ◆ <sein> couler *das Wasser flutet über die Ufer* l'eau déborde sur les berges; *(fig) das Licht flutet ins Zimmer* un flot de lumière entre dans la pièce
Flutlicht *n* ø projecteur *m bei ~ spielen* jouer en nocturne
flutschen *(fam)* marcher comme sur des roulettes
Flutwelle *f* -n vague *f* déferlante; raz-de-marée *m*
Fock *f* -en foc *m*
Föderalismus *m* ø fédéralisme *m*
Föderation *f* -en fédération *f*
Fohlen *n* - poulain *m*
Folge *f* -n **1** suite *f*, conséquence *f zur ~ haben* avoir pour conséquence **2** *in einer ~* sans interruption, à la suite; *in bunter ~* pêle-mêle; *in der ~* à la suite; *in rascher ~* coup sur coup **3** *einem Befehl ~ leisten* obéir à/suivre un ordre, obtempérer **4** *die dritte ~* le troisième épisode *m*; *in der ~* par la suite
Folgeerscheinung *f* -en conséquence *f*, séquelle *f*
folgen <sein> : *jm/einem Rat ~* suivre qqn/un conseil ◆ *(auf A)* succéder à ◆ *das Kind will nicht folgen* l'enfant ne veut pas obéir ◆ *daraus folgt, daß* il s'ensuit que ◆ *am folgenden Tag* le jour suivant
folgendermaßen de la manière suivante
folgerichtig conséquent
folgern : *etw aus js Worten ~* conclure qch des paroles de qqn; *ich folgere daraus, daß* j'en conclus/déduis que
Folgerung *f* -en conclusion *f*, déduction *f*
folglich en conséquence, par conséquent
folgsam obéissant
Folie *f* -n : *in ~ verpackt* emballé sous film *m* plastique
Folklore *f* ø folklore *m*
Folter *f* -n torture *f*
foltern torturer
Fön *m* -e sèche-cheveux *m*
Fond *m* -s *(auto)* arrière *m*
Fontäne *f* - jet *m* d'eau; fontaine *f*
foppen *(fam) jn ~* duper/avoir qqn
forcieren [fɔrsi:rən] forcer, accélérer, augmenter, pousser
Förderanlage *f* -n installation *f* d'extraction, skip *m*
Förderband *n* ¨er tapis *m* roulant
Förderer *m* - promoteur *m*, personne qui essaie de promouvoir/lancer
förderlich profitable, utile *der Gesundheit ~ sein* être bon pour la santé
fordern **1** réclamer, exiger **2** provoquer; *der Unfall forderte drei Tote* l'accident a

fait trois morts 3 *jn zum Duell* ~ provoquer qqn en duel 4 ~ *jn vor Gericht* ~ convoquer/assigner qqn au tribunal
fördern 1 favoriser le développement (de), encourager, soutenir; *einen Schüler* ~ pousser un élève 2 *(min)* extraire 3 *etw zutage* ~ mettre au jour
Forderung *f* -en 1 demande, exigence *f*, revendication *an jn eine* ~ *stellen* exiger qch de qqn 2 *(comm)* créance *f*; *rückständige* ~ arriérés *mpl*
Förderung *f* -en 1 promotion *f*, aide *f* (à), soutien *m* 2 *(min)* extraction *f*
Forelle *f* -n truite *f*
Form *f* -en 1 forme *f*; *(fig) aus der* ~ *geraten* prendre du volume *m*, s'arrondir; *feste* ~ *an=nehmen* prendre forme 2 *die* ~ *wahren* sauver les apparences *fpl*; *in aller* ~ dans les règles *fpl*; *der* ~ *wegen* pour la forme 3 moule *m* 4 *(gram)* forme 5 *(fam/sp) in* ~ *sein* être en forme
formal formel
Formalität *f* -en formalité *f*
Format *n* -e format *m* ◆ *ø ein Mann von* ~ un homme d'envergure *f*
formbar malléable
Formel *f* -n formule *f*
formell : ~*e Unterzeichnung* une signature en bonne et due forme ◆ ~ *darum bitten* faire une demande officielle
formen modeler, former; façonner ◆ *sich* ~ prendre forme
Formenlehre *f* -n *(bio/gram)* morphologie *f*; *(mus)* enseignement *m* des formes musicales
Formfehler *m* - 1 *einen* ~ *begehen* commettre une erreur *f*/un impair *m*, ne pas respecter les formes; *(jur)* vice *m* de forme 2 malformation *f*
formieren former ◆ *sich zu einem Kreis* ~ former/se mettre en cercle
Formkrise *f* -n baisse *f* de forme
förmlich : *eine* ~ *e Bitte* une demande en bonne et due forme; ~*e Übergabe der Geschäfte* cession officielle d'une affaire; *ein* ~*es Gespräch* une conversation très protocolaire; ~*e Atmosphäre* ambiance guindée ◆ ~ *um etw bitten* demander qch dans les formes
Förmlichkeit *f* -en : *ohne* ~*en* sans cérémonie *f*, *(fam)* à la bonne franquette
formlos 1 *eine* ~*e Masse* une masse informe 2 *ein* ~*er Antrag* une demande informelle
Formular *n* -e formulaire *m*
formulieren formuler
Formulierung *f* -en formulation *f*
formvollendet parfait ◆ à la perfection
forschen faire des recherches *nach jm/ etw* ~ rechercher/chercher à découvrir qqn/qch

forschend : ~*er Blick* regard scrutateur/inquisiteur
ForscherIn *m f* chercheur, -euse
Forschung *f* -en recherche *f*
Forst *m* -e/-en forêt *m* (en exploitation)
Förster *m* - (garde-)forestier *m*
Forstwesen *n* ø eaux et forêts *fpl*
fort 1 *bloß/schnell* ~ ! ne restons pas là!; *(fam) das Buch ist* ~ le livre a disparu; *wir wollen heute* ~ nous partons aujourd'hui 2 *in einem* ~ sans discontinuer; *(und so weiter) und so* ~ et cætera, et cætera
fortan dès lors, désormais
Fortbestand *m* ø continuité *f*, continuation *f*, pérennité *f*
fort=bestehen* perdurer, subsister
fort=bewegen sich (se) déplacer
Fortbewegung *f* -en 1 déplacement *m* 2 locomotion *f*
fort=dauern persister, durer
fort=fahren* <sein> transporter 1 partir 2 *in/mit seiner Rede* ~ continuer son discours
fort=führen 1 continuer, poursuivre 2 *einen Gefangenen* ~ emmener un prisonnier
Fortgang *m* ø 1 départ *m* 2 poursuite *f*; avancement *m*
fort=gehen* <sein> partir
fortgeschritten avancé
fortgesetzt continuel, -le, permanent
fort=kommen* <sein> : *mach, daß du fortkommst!* du vent!
fort=laufen* <sein> partir, se sauver, s'enfuir
fortlaufend : ~*e Nummern* des numéros qui se suivent
fort=müssen* devoir partir/y aller;
fort=pflanzen sich se reproduire, se multiplier
Fortpflanzung *f* -en : *geschlechtliche* ~ reproduction *f* sexuée
fort=schaffen évacuer *schaff das fort!* fais disparaître ça tout de suite!
fort=scheren sich : *(fam) scher dich fort!* fous le camp!, du balai!, dégage!
fort=schleppen *(fam)* traîner, trimballer ◆ *sich* ~ se traîner
fort=schreiten* <sein> avancer, progresser
Fortschritt *m* -e progrès *m*
fortschrittlich progressiste, en avance sur l'époque
fort=setzen continuer
Fortsetzung *f* -en suite *f* ~ *folgt* à suivre
fort=stehlen* sich s'éclipser
fortwährend continuel
Fossil *n* -ien fossile *m*
Foto *n* -s photo *f*
fotogen photogénique

FotografIn

FotografIn *m* -en -en *f* -nen photographe *m f*
fotografieren photographier
Fotokopie *f* -n photocopie *f*
Fotokopierer *m* - photocopieuse *f*
Fotozelle *f* -n cellule *f* photoélectrique
Föt(.)us *m* .en/-se fœtus *m*
Fracht *f* -en fret *m*, marchandises *fpl*; frais *mpl* de transport
Frachter *m* - cargo *m*
Frachtschiff *n* -e cargo *m*
Frack *m* ¨e habit *m*; *(fam) jm den ~ vollhauen* tabasser qqn
Frage *f* -n question *f* **1** *eine ~ stellen* poser une question **2** *das ist gar keine ~* il n'y a pas de problème **3** *außer ~ stehen* ne pas faire de doute; *etw in ~ stellen* mettre en question; *nicht in ~ kommen* être hors de question
Fragebogen *m* ¨ questionnaire *m*
fragen : *jn nach dem Weg ~* demander son chemin à qqn; *nach jm ~* demander des nouvelles de qqn ♦ *sich ~* se demander; *es/man fragt sich, ob* reste à savoir si
fragend interrogateur, -trice
Fragesatz *m* ¨e interrogative *f*
Fragezeichen *n* - point *m* d'interrogation
fraglich **1** douteux, -euse, incertain **2** *zum ~en Zeitpunkt* au moment en question
fraglos sans doute, certainement
Fragment *n* -e fragment *m* *ein ~ bleiben* rester inachevé
fragwürdig douteux, -euse, louche
Fraktion *f* -en *(pol)* groupe *m* parlementaire; *(chim)* fraction *f*
Fraktur *f* -en **1** fracture *f* **2** *(écriture)* gothique *m*
frankieren affranchir
Franse *f* -n frange *f*
Fräse *f* -n fraiseuse *f*
fräsen fraiser
Fraß *m* ø *(péj)* bouffe *f*
Fratze *f* -n visage *m* hideux ~*n schneiden* faire des grimaces
Frau *f* -en femme *f* *die ~ des Hauses* la maîtresse *f* de maison; *~ X* madame *f* X
Frauenarzt *m* ¨e gynécologue *m f*
Frauenfeind *m* -e misogyne *m*
Frauenheld *m* -en -en homme *m* à femmes
Fräulein *n* -/-s demoiselle *f* *~ X* mademoiselle *f* X
fraulich féminin
frech effronté, insolent, impertinent, déluré
Frechheit *f* -en audace *f*, insolence *f*, impertinence *f*, *(fam)* culot *m*
Fregatte *f* -n frégate *f*
frei **1** *ein ~es Volk* un peuple libre; *die ~en Berufe* les professions libérales; *ein ~er Journalist* un journaliste indépendant / free-lance [frilãs]; *(phys) ~er Fall* chute libre; *(fig) aus ~en Stücken* de son propre chef; *~n Lauf lassen* laisser libre cours (à); *jm ~e Hand lassen* laisser les mains libres à qqn, donner carte blanche à qqn; *jn auf ~en Fuß setzen* libérer qqn **2** *unter ~em Himmel* à la belle étoile **3** *ein ~er Platz* une place libre; *ein ~er Arbeitsplatz* une place vacante **4** *~er Eintritt* entrée libre/gratuite ♦ *~ Haus liefern* livrer sans frais à domicile
Freibad *n* ¨er piscine *f* découverte
frei-bekommen* **1** *einen Tag ~* avoir un jour de congé **2** *einen Inhaftierten ~* obtenir la libération d'un prisonnier
freiberuflich indépendant, libéral
Freibetrag *m* ¨e tranche non imposable
Freibrief *m* -e : *(fig) jm einen ~ ausstellen* donner carte blanche à qqn
Freier *m* - client *m* (d'un/d'une prostitué/e)
frei-geben* **1** *jm einen Tag ~* donner un jour de congé à qqn **2** *eine Straße (für den Verkehr) ~* ouvrir une route à la circulation
freigebig généreux, -euse
Freigebigkeit *f* ø générosité *f*
Freigeist *m* ø libre-penseur *m*
Freigepäck *n* ø franchise *f* de bagages
Freigrenze *f* ø plafond *m* de non-imposition
frei-haben* être libre/en congé
Freihafen *m* port *m* franc
frei-halten* **1** *einen Platz ~* garder/réserver une place **2** *den Eingang ~* ne pas obstruer l'entrée; *Einfahrt ~* ne pas stationner devant l'entrée **3** *jn ~* payer une tournée à qqn
freihändig à main levée
Freiheit *f* ø **1** liberté *f* **2** *jm die ~ geben* libérer qqn ♦ -en **1** *die bürgerlichen ~en* libertés civiques **2** *sich (D) ~en nehmen* s'octroyer des libertés/en prendre à son aise; *sich ~en erlauben* se permettre des privautés *fpl*; *besondere ~en genießen* jouir de privilèges *mpl*
freiheitlich libéral
Freiheitsstrafe *f* -n peine *f* de prison
Freiherr *m* -en baron *m*
Freikarte *f* -n billet *m*/entrée *f* gratuit/e
Freikörperkultur (FKK) *f* ø naturisme *m*
frei-lassen* **1** *jn ~* libérer qqn; relaxer qqn **2** *etw ~* laisser en blanc
Freilauf *m* ø roue *f* libre
frei-legen dégager
freilich à vrai dire *ja ~ !* bien/pour sûr !, et comment !
Freilichtmuse.um *n* .en musée *m* de plein air, écomusée *m*
frei-machen **1** *einen Brief ~* affranchir

une lettre 2 *(fam)* ne pas travailler : **kannst du dich eine Stunde ~ ?** peux-tu te libérer une heure ; **heute machen wir ~** aujourd'hui, repos ; **3 einen Platz ~** libérer une place **4 den Oberkörper ~** se mettre torse nu ; **machen Sie sich bitte frei !** déshabillez-vous !
Freimaurer *m* - franc-maçon *m*
freimütig franc, -che, sincère
frei-nehmen* prendre un congé
frei-schwimmen* sich passer son brevet de natation ; *(fig)* s'émanciper
frei-setzen 1 *(chim/phys)* libérer, dégager **2 Arbeitskräfte ~** licencier de la main-d'œuvre
frei-sprechen* acquitter
Freispruch *m* ¨e acquittement *m*
frei-stehen* : **es steht dir frei, ob du kommst** libre à toi de venir ou non
frei-stellen 1 *jn ~* donner congé à qqn **2** *jm etw ~* donner à qqn le choix de qch
Freistoß *m* ¨e coup *m* franc
Freitag *m* -e vendredi *m*
Freitod *m* ø suicide *m*
Freitreppe *f* -n perron *m*
freiwillig volontaire ; facultatif ◆ de son plein gré, en tant que volontaire
Freizeit *f* ø loisirs *mpl*, temps *m* libre ◆ **-en ei einer ~ teil-nehmen** participer à une activité *f* (de loisir)
Freizeitgestaltung *f* -en organisation *f* des loisirs ; animation *f*
freizügig 1 généreux, -euse **2** *~e Kleidung* des vêtements non conformistes **3** qui peut habiter où il veut, mobile
fremd 1 *~e Sitten* des coutumes différentes / qui nous sont étrangères **2** *~es Eigentum* la propriété d'autrui **3 ich bin hier ~** je ne suis pas d'ici ; **das ist mir ~** je ne (m'y) connais pas
fremdartig étrange ; *(fig)* exotique
Fremdbestimmung *f* -en domination *f*
Fremde *f* ø étranger *m* **in die ~ gehen** partir à l'étranger
Fremde/r étranger, -ère
FremdenfüherIn *m f* guide *m f*
Fremdenlegion *f* ø légion étrangère
Fremdenverkehr *m* ø tourisme *m* ; **~samt** *n* ¨er office *m* du tourisme, syndicat *m* d'initiative
Fremdenzimmer *n* - chambre *f* d'hôte
fremd-gehen* <sein> avoir des relations extra-conjugales
Fremdkapital *n* -e/-ien capitaux *mpl* empruntés
Fremdsprache *f* -n langue *f* étrangère
Fremdwort *n* ¨er mot *m* emprunté
Frequenz *f* -en **1** *(phys)* fréquence *f* ; *(méd)* rythme de pulsation (du pouls) ; **2** taux *m* de fréquentation, affluence *f*
Freske *f* -n fresque *f*

Fresse *f* -n : *(vulg)* **eine blöde ~** une tête *f* à claques ; **~ !** ta gueule *f* !
fressen* : *(fam)* **für drei ~** bouffer comme quatre ; *(fig)* **etw in sich ~** ravaler qch ; **einen Narren an etw/jm gefressen haben** s'être entiché de qch/qqn ; **etw gefressen haben** avoir pigé qch ; **den hab ich gefressen** celui-là, je ne peux pas le pifer ◆ *(animaux)* manger
Fressen *n* ø pâtée *f*, *(fam)* bouffe ; *(fig/fam)* **ein gefundenes ~** une bonne aubaine
Freßsucht *f* ø boulimie *f*
Freude *f* -n joie *f* **jm eine ~ machen** faire (un) grand plaisir *m* à qqn ; **daran habe ich ~** cela me fait plaisir, j'aime cela
Freudenhaus *n* ¨er maison close
freudestrahlend rayonnant
freudig joyeux, -euse, gai **ein ~es Ereignis** un heureux événement
freudlos morne (et sans joie)
freuen : **es freut mich, daß du da bist** cela me fait plaisir que tu sois là ◆ **sich auf etw (A) ~** se réjouir à l'idée de qch ; **sich über etw ~** se réjouir/être content de qch ; **sich wie ein Kind ~** être tout content
FreundIn *m* -e / *f* -nen ami *m* -e / *f* **einen ~ haben** avoir un (petit) ami ; *(fig)* **dicke ~e** de très bons amis ; **kein ~ von vielen Worten sein** ne pas être doué pour les discours
freundlich aimable, gentil, -le **~er Empfang** accueil cordial ; **~e Grüße** amicalement, meilleures salutations ; *(fig)* **eine ~e Gegend** une région agréable ◆ avec amabilité, gentiment
Freundlichkeit *f* ø gentillesse *f*, amabilité *f*, cordialité *f* ◆ **-en jm ~en sagen** dire des amabilités à qqn
freundlicherweise gentiment, de façon amicale
Freundschaft *f* -en amitié *f* **mit jm ~ schließen** lier amitié avec qqn ; *(fig)* **jm die ~ kündigen** rompre avec qqn
freundschaftlich amical ◆ **etw ~ regeln** régler qch à l'amiable
Frevel *m* - forfait *m* ; *(rel)* sacrilège *m*
frevelhaft criminel, -le ; *(rel)* sacrilège
Frieden *m* ø paix *f* **dem ~ nicht trauen** ne pas être tranquille ◆ **den ~ unterzeichnen** signer un traité *m* de paix
Friedensbewegung *f* -en mouvement *m* pacifiste
Friedensvertrag *m* ¨e traité *m* de paix
friedfertig pacifique
Friedhof *m* ¨e cimetière *m*
friedlich pacifique ; *(fig)* paisible
friedliebend épris de paix
frieren* <sein> geler **der Fluß ist gefroren** ◆ **es friert mich/mich friert** j'ai froid
Fries *m* -e frise *f*
Frikadelle *f* -n boulette *f* de viande
frisch 1 frais / fraîche **2** *~e Gesichtsfarbe*

Frische

teint frais, de bonnes couleurs 3 *~es Obst* fruits frais; *(fig) ein ~er Eindruck* une impression toute nouvelle; *(fam) jn auf ~er Tat ertappen* prendre qqn sur le coup ◆ 1 *~ gestrichen!* peinture fraîche! 2 *das Bett ~ beziehen* changer les draps
Frische *f* ø fraîcheur *f*
frischgebacken frais/fraîche; *(fig/fam) ein ~er Ingenieur* un ingénieur frais émoulu; *ein ~er Ehemann* un jeune époux
Frischling *m -e* marcassin *m*
Friseur [friœø:ɳ] *m -e* coiffeur *m*
frisieren 1 coiffer; *(fig) eine Bilanz ~* maquiller/falsifier un bilan 2 *(tech) einen Motor ~* pousser un moteur
Frist *f -en (comm/jur)* délai *m*; échéance *f*
fristen: *(fig/fam) sein Leben ~* vivoter
Fristenlösung *f* ø délai *m* réglementaire (pour pouvoir avorter)
fristlos: *jn ~ entlassen* licencier qqn sans préavis
Frisur *f -en* coiffure *f*
frivol 1 frivole 2 inconvenant, grivois
froh 1 heureux, -euse, content *~e Weihnachten!* joyeux Noël!; *~e Nachricht* bonne nouvelle; *seines Lebens nicht mehr ~ werden* ne plus s'en sortir 2 *(rel) die ~e Botschaft* l'évangile *m*
fröhlich gai, joyeux, -euse; *~es Gemüt* tempérament heureux
Fröhlichkeit *f* ø gaîté *f*, entrain *m*, bonne humeur *f*
frohlocken 1 être fou/folle de joie 2 *über js Unglück ~* se réjouir du malheur de qqn
fromm pieux, -euse; *(fig) eine ~e Lüge* un pieux mensonge; *ein ~er Wunsch* un vœu pieux ◆ avec piété; *~ leben* mener une vie pieuse
frömmeln *(péj)* être bigot
Frömmigkeit *f* ø piété *f*
Fron *f* ø corvées *fpl*
frönen: *einem Laster ~* s'adonner à un vice
Fronleichnam *m* ø Fête-Dieu *f*
Front *f -en* 1 façade *f* 2 *(mil)* front *m*; *(fig) die ~en haben sich verhärtet* les positions *fpl* se sont durcies
frontal frontal ◆ de front; de face
Frontantrieb *m -e (auto)* traction *f* avant
Frontscheibe *f -n (auto)* pare-brise *m*
Frosch *m* ¨e 1 grenouille *f*; *(fig) einen ~ im Hals(e) haben* avoir un chat dans la gorge; *(fam) sei kein ~!* ne fais pas la poule mouillée! 2 pétard *m*
Froschauge *n -n* 1 *(fig)* œil *m* globuleux 2 *(auto)* phare *m*
Froschmann *m* ¨er homme-grenouille *m*
Frost *m* ¨e gelée *f*, grand froid *m*

Frostbeule *f -n* engelure *f*; *(fig)* frileux *m* -euse *f*
frösteln frissonner, trembler de froid ◆ *mich fröstelt* j'ai des frissons
frosten congeler
Frostgefahr *m* ø risque *m* de verglas
frostig froid, glacial
Frostschutzmittel *n -* anti-gel *m*
Frottee *n/m -s* tissu-éponge *m*
Frottierhandtuch *n* ¨er serviette *f* éponge
frotzeln *(fam)* taquiner, asticoter
Frucht *f* ¨e fruit *m*
fruchtbar 1 fertile 2 fécond; fructueux, -euse
Fruchtbarkeit *f* ø 1 *(terre)* fertilité *f* 2 fécondité *f*
Fruchtblase *f -n* poche *f* des eaux
fruchten porter ses fruits *nichts ~* n'être d'aucune utilité, être vain, ne servir à rien
Fruchtfleisch *n* ø pulpe *f*
fruchtig fruité
fruchtlos *(fig)* vain, inutile
früh 1 *am ~en Morgen* de bon matin, de bonne heure; *in ~ester Kindheit* dans sa plus tendre enfance; *(fig) der ~e X* le jeune X 2 *eine ~e Sorte* une espèce précoce; *ein ~er Tod* une mort prématurée ◆ 1 *~ am Morgen* de bon matin, de bonne heure; *~ am Abend* en début de soirée; *heute ~* ce matin; *(loc) ~ übt sich, wer in Meister werden will* le monde appartient à ceux qui se lèvent tôt 2 *von ~ bis spät* du matin au soir 3 *auf= stehen* se lever tôt/de bonne heure 4 *zu ~ kommen* venir trop tôt
früher: *der ~e Besitzer* l'ancien/le précédent propriétaire ◆ autrefois, jadis
Früherkennung *f* ø dépistage *m* précoce
frühestens au plus tôt
Frühgeburt *f -en* naissance *f* prématurée; prématuré *m -e f*
Frühjahr *n -e* printemps *m*
Frühling *m -e* printemps *m*
frühreif précoce
Frühschicht *f -en*: *~ haben* être de l'équipe du matin
Frühstück *n -e* petit déjeuner *m*; *(fam) ~ machen* faire la pause *f* café
frühstücken déjeuner, prendre son petit déjeuner
frühzeitig précoce, prématuré ◆ tôt, de bonne heure; précocement, prématurément
Frust *m* ø frustration *f*
frustrieren frustrer
Fuchs *m* ¨e 1 renard *m*; *(fig/fam) ein schlauer ~* un malin *m*, un fin renard; *er ist ein ~ auf dem Gebiet* c'est une bête *f* en la matière 2 *(cheval)* alezan *m*
fuchsen *(fam)* mettre en boule
Fuchsie *f -n* fuchsia *m*

fuchsig : *(fam)* ~ *werden* se mettre en boule
Fuchsschwanz *m* ¨e scie *f* égoïne
fuchsteufelswild *(fam > non fam)* fou furieux
Fuchtel *f* -n *(fig/fam)* *unter js* ~ *stehen* être sous la coupe de qqn
fuchteln : *mit dem Armen* ~ gesticuler
fuchtig fou furieux
Fuder *n* - charretée *f*
Fug *m* ø : *mit* ~ *und Recht* à bon droit
Fuge 1 *(mus)* fugue *f* 2 *(tech)* joint *m*
fügen monter ◆ *sich* ~ obéir, se conformer (à), se soumettre
fügsam docile, obéissant
Fügsamkeit *f* ø docilité *f*
Fügung *f* -en enchaînement *m* de circonstances *fpl*
fühlen : *den Puls* ~ tâter le pouls ; *einen Schmerz* ~ (res)sentir une douleur ; *Haß* ~ éprouver de la haine ◆ *(fig/fam) jm auf den Zahn* ~ sonder qqn ◆ *sich gut* ~ se sentir bien
Fühler *m* - 1 antenne *f* ; *(fig) seine* ~ *aus=strecken* sonder le terrain 2 *(tech)* sonde *f*, détecteur *m*
Fühlung *f* ø *(fig) mit jm* ~ *auf=nehmen* prendre contact *m* avec qqn
Fuhre *f* -n 1 chargement *m* 2 voyage *m*, transport *m*
führen 1 *(comm) einen Artikel* ~ vendre un / *(fam)* faire l'article 2 *jn* ~ conduire qqn ; *(jur) Klage* ~ *(gegen)* porter plainte (contre) ◆ 1 *der Weg führt zum Meer* le chemin mène / conduit à la mer 2 *(sp) eins zu null* ~ mener par un à zéro ◆ *(fig) sich gut / schlecht* ~ bien / mal se conduire
führend *(fig) ein* ~*er Kopf* un leader [lidær] *m* ; *ein* ~*es Hotel* un hôtel de première classe
FührerIn *m f* chef *m* ; *(hist)* Führer *m*
Führerschein *n* -e permis *m* de conduire
Führung *f* ø 1 *gute* ~ bonne conduite *f* 2 *die* ~ *des Betriebes* la direction *f* de l'entreprise ◆ -en visite *f* (guidée)
Führungskräfte *fpl* cadres *mpl* supérieurs
Führungsschicht *f* -en classe *f* dirigeante
Führungszeugnis *n* -se certificat *m* de bonne conduite *polizeiliches* ~ extrait *m* de casier judiciaire
Fülle *f* ø 1 grande *f* quantité, abondance *f*, masse *f in Hülle und* ~ à profusion 2 embonpoint *m*
füllen 1 *einen Zahn* ~ faire un amalgame à / plomber une dent 2 *(cuis)* farcir ; fourrer 3 *Wein in Flaschen* ~ mettre du vin en bouteille ; *ein Glas mit Wasser* ~ remplir un verre d'eau

Füller *m* - *(fam)* / **Füllfederhalter** *m* - stylo *m*
füllig rondelet, -te, replet, *(fam)* rondouillard
Füllung *f* ø remplissage *m* ◆ -en 1 ~ *eines Kissens* bourre *f* d'un coussin 2 *(dent)* amalgame *m*, plombage *m* 3 *(cuis)* farce *f*
fummeln *(fam)* bricoler ; tripoter, faire des papouilles
Fund *m* -e 1 objet *m* trouvé 2 découverte *f*, trouvaille *f*
Fundament *n* -e 1 *(archi)* fondations *fpl* ; *(fig)* fondement *m*, base *f*
fundamental fondamental
Fundamentalismus *m* ø fondamentalisme *m*
Fundbüro *n* -s bureau *m* des objets trouvés
Fundgrube *f* -n *(fig)* caverne *f* d'Ali Baba
fundiert : *ein gut* ~*es Unternehmen* une entreprise financièrement solide ; *(fig) eine* ~*e Kritik* une critique étayée d'arguments solides
fündig : ~ *werden* découvrir, *(fam)* tomber sur
fünf cinq *Viertel* ~ cinq heures et quart ; *(fig) alle* ~*e gerade sein lassen* laisser venir, *(fam)* souffler un peu ; *(fam) er ist bald* ~ il va avoir cinq ans
Fünfer *m* - *(fam)* 1 une pièce de cinq marks 2 *(jeu) einen* ~*er haben* avoir les cinq numéros gagnants
fünffach cinq fois
Fünflinge *mpl* quintuplés *mpl*
fungieren : *als Verbindungsmann* ~ faire fonction d'intermédiaire
Funk *m* ø radio *f*
FunkamateurIn *m f* radio-amateur *m*, cibiste *m*
Fünkchen *n* - étincelle *f* ; *(fig) kein* ~ *Verstand* ne pas avoir un brin de cervelle
Funke *m* -n étincelle *f*
funkeln scintiller, briller ; *(yeux)* pétiller
funkelnagelneu *(fam)* flambant neuf / neuve
funken 1 *SOS* ~ lancer un SOS par radio 2 *(fam) gleich funkt's !* tu vas t'en prendre une ! ; *na, hat's gefunkt ?* alors, tu as pigé ? ; *bei den beiden hat es gefunkt* ça a flashé entre eux
Funkspruch *m* ¨e message *m* radio
Funkstreife *f* -n voiture *f* de police
Funkwagen *m* - voiture *f* équipée de C.B. [sibi]
Funktion *f* ø : *eine bedeutende* ~ *haben* avoir des fonctions *fpl* importantes ◆ -en *die* ~*en des Gehirns* les fonctions du cerveau ; *(math)* fonction *f*
FunktionärIn *m f* permanent *m* -e *f*
funktionieren fonctionner, marcher

Funzel *f* -n *(fam)* loupiotte *f*
für (A) **1** *das ist ~ dich* c'est pour toi; *das ist nichts ~ mich (fam)* ce n'est pas mon truc; *~ sich leben* vivre seul; *ich ~ meine Person* en ce qui me concerne; *(fam) das Medikament ist ~ Kopfschmerzen* c'est un médicament pour le mal de tête **2** *etw ~ gut halten* trouver quelque chose bien **3** *~ Zuspätkommen entschuldigen* excuser d'un retard **4** *~ 500 DM* pour 500 DM **5** *Tag ~ Tag* jour pour jour **6** *was ~ ein?* quel/quelle?, quelle sorte de?
Für *n* ø : *(loc) das ~ und das Wider* le pour *m* et le contre
Furche *f* -n sillon *m*; (visage) ride *f*
Furcht *f* ø crainte *f*, peur *f*, appréhension *f aus ~ vor* (D) par crainte/peur (de)
furchtbar terrible, affreux, -euse, épouvantable, effroyable ◆ *~ lachen* beaucoup rire
fürchten : *den Tod ~* avoir peur de la mort ◆ *um js Leben ~* craindre pour la vie de qqn ◆ *sich vor etw* (D) *~* avoir peur de/craindre qch
fürchterlich affreux, -euse, épouvantable, horrible
furchtlos intrépide
furchtsam craintif, -ive, peureux, -euse
füreinander l'un pour l'autre
Furie *f* -n furie *f*; *(fig)* mégère *f*
Furnier *n* -e placage *m*
Furore *f*/*n* ø : *~ machen* faire fureur *f*
Fürsorge *f* ø sollicitude *f*; assistance *f von der ~ leben* vivre de l'aide sociale/publique
Fürsorgeamt *n* ¨er assistance *f* publique; (bureau *m* d') aide *f* sociale
FürsorgerIn *m f* travailleur *m* -euse *f* social(e)
Fürsprache *f* ø intervention *f*, intercession *f für jn ~ ein=legen* intercéder en faveur de qqn
FürstIn *m* -en -en *f* -nen prince *m* -esse *f*
Fürstentum *n* ¨er principauté *m*
fürstlich princier, -ière
Furt *f* -en gué *m*
Furunkel *n*/*m* - furoncle *m*
Fürwort *n* ¨er pronom *m*
furzen *(fam)* péter
Fusel *m* ø *(fam)* tord-boyaux *m*, gnôle *f*

Fusion *f* -en fusion *f*
Fuß *m* ¨e *(homme)* pied *m bei ~!* au pied!; *(jur) auf freien ~ setzen* relaxer qqn; *auf freiem ~ sein* être en liberté; *(fig) stehenden ~es* de ce pas, sur-le-champ; *auf eigenen Füßen stehen* voler de ses propres ailes; *(fig/fam) sich* (D) *die Füße in den Bauch stehen* faire le pied de grue; *mit jm auf gutem ~ stehen (non fam)* être en bons termes avec qqn; *auf schwachen Füßen stehen* être branlant; *kalte Füße kriegen* avoir la trouille
Fußabtreter *m* - paillasson *m*
Fußangel *f* -n piège *m*
Fußball *m* ø football [futbol] *m* ◆ ¨e ballon *m* de foot
Fußboden *m* ¨ sol *m*; plancher *m*
Fussel *f* -n *(fam)* bout *m* de fil
fusselig effiloché; pelucheux, -euse; *(fig/fam) sei doch nicht so ~!* arrête de t'éparpiller!; *sich* (D) *den Mund ~ reden* gaspiller inutilement sa salive
fußen *(auf* D) se fonder/s'appuyer/reposer sur
FußgängerIn *m* - *f* -nen piéton *m* -ne *f*
Fußgängerübergang *m* ¨e passage protégé
Fußgängerzone *f* -n zone *f* piétonnière
fußlahm : *(fig) ~ sein* ne plus sentir ses jambes
Fußnote *f* -n note *f* de bas de page
Fußsohle *f* -n plante *f* du pied
Fußstapfen *pl* empreintes *fpl*/traces *fpl* de pas; *(fig) in js ~ treten* marcher sur les traces de qqn
Fußweg *m* -e chemin *m* interdit à la circulation
futsch *(fam)* foutu, fichu
Futter *n* ø nourriture *f* pâtée *f*, fourrage *m ~ geben* nourrir (des animaux); *(fam)* bouffe *f*; *gut im ~ stehen* être bien nourri ◆ - **1** doublure *f* **2** *(tech)* garniture *f*
Futteral *n* -e étui *m*; fourreau *m*
futtern *(fam)* bouffer, boulotter
füttern 1 *die Katzen ~* donner à manger aux chats, nourrir les chats **2** *(couture)* doubler
Fütterung *f* ø alimentation *f* ◆ -en doublure *f*
Futur *n* -e futur *m*
futuristisch futuriste

G

G *n* - sol *m*
Gabe *f* -n 1 don *m*, offrande *f* *milde ~* aumône *f* 2 don
Gabel *f* -n 1 fourchette *f* 2 *den Hörer auf die ~ legen* raccrocher
gabeln (dé)charger avec une fourche ◆ *sich ~* bifurquer
Gabelstapler *m* - chariot *m* élévateur
Gabelung *f* -en bifurcation *f*
gackern caqueter
gaffen *(fam)* zieuter, *(non fam)* regarder (avec des yeux tout ronds)
Gage *f* -n cachet *m*, gages *mpl*
gähnen bâiller; *(fig)* s'ouvrir (béant)
Gähnen *n* - bâillement *m*
Gala *f* ø 1 gala *m* 2 tenue *f* de gala; *(fig) sich in ~ werfen* se mettre sur son trente et un
galant galant ◆ galamment
Galerie *f* -n 1 galerie 2 *(th)* poulailler *m*
GaleristIn *m* -en -en *f* -nen propriétaire *m f* d'une galerie
Galgen *m* - potence *f*, gibet *m*
Galgenfrist *f* ø délai *m* de grâce
Galgenhumor *m* ø humour *m* noir
Galle *f* -n bile *f*; *(fig/fam) mir läuft die ~ über* je vais exploser
galle(n)bitter très amer, -ère
Gallenblase *f* -n vésicule *f* biliaire
Gallenstein *m* -e calcul *m* biliaire
Galopp *m* -e/-s galop *m* *im ~* au galop
galoppieren galoper
Gamasche *f* -n guêtre *f*
Gambe *f* -n viole *f* de gambe
gammeln *(vulg)* 1 glander 2 pourrir
GammlerIn *m f (vulg)* glandeur, -euse
Gang *m* ⸚ e 1 démarche *f*, pas *m* 2 *die Sache geht ihren ~* l'affaire suit son cours *m*; *(fig) jn auf seinem letzten ~ begleiten* accompagner qqn à sa dernière demeure *f* 3 *(auto)* vitesse *f*; *im zweiten ~ fahren* rouler en seconde 4 *in ~ setzen* mettre en marche; *das Fest ist im ~(e)* la fête bat son plein; *(fam) da ist etw im Gang(e)* il va se passer qch 5 *(cuis)* plat *m* 6 couloir *m*
Gangart *f* -en allure *f*; *(sp)* jeu *m*
gangbar : *ein ~er Weg* un chemin praticable; *(fig)* une voie possible
Gängelband *n* ⸚ er *(fig) jn am ~ haben* tenir qqn en laisse
gängig 1 courant, communément répandu 2 *(comm) die ~sten Größen* les tailles les plus courantes
Gangschaltung *f* -en changement *m* de vitesse; *(vélo)* dérailleur *m*
Gangster *m* - gangster [-stɐr] *m*

Ganove *m* -n -n truand *m*
Gans *f* ⸚ e 1 oie *f* 2 *(vulg) dumme ~!* pauvre conne *f*!
Gänseblümchen *n* -n pâquerette *f*
Gänsefüßchen *n* - *(fig)* guillemet *m*
Gänsehaut *f* ø *(fig/fam)* chair *f* de poule
Gänseleberpastete *f* -n pâté *m* de foie *m* gras
Gänsemarsch *m* ø : *(fig) im ~* à la queue *f* leu leu, en file *f* indienne
Gänserich *m* -e jars *m*
ganz 1 *eine ~e Tasche* un sac plein; *ein ~er Monat* un mois complet 2 *mit ~er Kraft* de toutes ses forces; *eine ~e Menge* tout une quantité; *(fig) ein ~er Mann* un homme sur lequel on peut compter ◆ complètement, tout à fait; *~ leise* tout doucement; *~ und gar* tout à fait; *~ und gar nicht* absolument pas; *die Flasche ~ aus=trinken* boire toute la bouteille; *~ hübsch* très joli
Ganzheit *f* ø totalité *f*, intégralité *f*
gänzlich total, intégral ◆ totalement, intégralement
ganztägig à plein temps
Ganztagsbeschäftigung *f* -en travail *m* à plein temps
gar *(cuis)* cuit (à point) ◆ *~ zu viel Geld* (vraiment) beaucoup trop d'argent; *~ nichts* absolument rien, rien du tout; *~ keine* absolument aucun(e)/pas de ◆ *ich wäre ~ zu gerne mitgekommen* j'aurais tellement aimé venir
Garage *f* -n garage *m*
Garantie *f* -n garantie *f*, *die ~ übernehmen* se porter garant
garantieren garantir ◆ *für etw ~* se porter garant de qch
Garbe *f* -n gerbe *f*
Garderobe *f* ø garde-robe *f*, toilette *f* ◆ -en 1 *an der ~ ab=geben* déposer au vestiaire *m* 2 *(th)* loge *f*
Gardine *f* -n rideau *m*; *(fig) hinter schwedischen ~n* sous les verrous
gären* fermenter; *(pâte)* lever; *(fig)* monter, couver
Garn *n* -e fil *m*, filin *m*; *(fig/fam) jm ins ~ gehen* tomber dans le panneau
Garnele *f* -n crevette *f*
garnieren garnir (de), décorer (avec)
Garnitur *f* -en 1 dessous *mpl* coordonnés; *(fig/fam) zur ersten ~ gehören* être une des vedettes d'un groupe 2 accessoire(s) *m(pl)*
Garnrolle *f* -n bobine *f*
garstig affreux, -euse, repoussant; méchant

Garten *m* ¨ jardin *m*; *(fig/fam) quer durch den ~* avec toutes sortes de choses

Gartenarbeit *f* ø jardinage *m*

GartenarchitektIn *m -en -f -nen* paysagiste *m f*

Gartenbau *m* ø horticulture *f*, floriculture *f*

Gartenbeet *n -e* plate-bande *f*

Gartenlaube *f -n* tonnelle *f*

GärtnerIn *m f* jardinier, -ère

Gas *n -e* gaz *m*; *(fig/auto) ~ geben* accélérer

Gasherd *m -e* cuisinière *f* à gaz *m*, gazinière *f*

Gaspedal *n -e* (pédale *f* d') accélérateur *m*

Gasse *f -n* ruelle *f*

Gast *m* ¨e **1** invité *m*, hôte *m* **2** client *m*, consommateur *m*

GastarbeiterIn *m f* travailleur *m* immigré

Gastfreundschaft *f* ø hospitalité *f*

GastgeberIn *m f* hôte, -sse

Gasthaus *n* ¨er restaurant *m*, auberge *f*

Gasthof *m* ¨e auberge *f*

gastieren *(th)* se produire, *(fam)* passer

Gastmahl *n* ¨er/-e banquet *m*

Gastspiel *n -e* spectacle invité/donné dans le cadre d'une tournée

Gaststätte *f -n* restaurant *m*

GastwirtIn *m f* restaurateur, -trice

Gatte *m -n -n* époux *m*

Gatter *n -* grillage *m*; grille *f*

Gattin *f -nen* épouse *f*

Gattung *f -en* genre *m*, variété *f*, espèce *f*

gaukeln <sein> voltiger, voleter

GauklerIn *m f* bateleur *m*; *(péj)* charlatan *m*

Gaul *m* ¨e (mauvais) cheval *m*, *(fam)* bourrin *m*

Gaumen *m -* palais *m*

GaunerIn *m f* voyou *m*

Gaunersprache *f -n* argot *m*

Gebäck *n* ø petits gâteaux *mpl*

Gebälk *n* ø charpente *f*; *(fig) es knistert im ~* la situation est explosive

Gebärde *f -n* geste *m*

gebärden (sich) (se) comporter, (se) conduire

Gebärmutter *f* ¨ utérus *m*

gebären* mettre au monde, accoucher, enfanter ♦ *geboren werden* naître

Gebäude *n -* bâtiment *m*, immeuble *m*, édifice *m*

Gebeine *npl* ossements *mpl*

geben* **1** donner ; *(fig) ich gäbe viel darum* je paierais cher pour **2** *Feuer ~* donner du feu ; *keinen Laut von sich ~* ne pas dire un mot **3** *(comm) Rabatt ~* faire/accorder un rabais **4** *jm die Schuld ~* attribuer la faute à qqn **5** *100 Zentner Weizen pro Hektar ~* avoir un rendement de 100 quintaux à l'hectare ; *(th) ein Stück ~* présenter/jouer une pièce **6** *einen Empfang ~* organiser/donner une réception ; *acht ~* faire attention ; *Gas ~* accélérer ; *Unterricht ~* donner un cours ; *(sp) einen Ball ~* passer le ballon ; *(tennis)* servir ♦ **1** *sich ~ wie man ist* être nature ; *sich intelligente ~* se comporter de manière intelligente **2** *das wird sich schon ~* cela finira bien par s'arranger ♦ *es gibt Leute, die* il y a des gens qui

Gebet *n -e* prière *f*

Gebiet *n -e* région *f*; *(fig)* domaine *m*

gebieten* : *jm Schweigen ~* ordonner à qqn de se taire; *Ruhe ~* imposer le silence ♦ *über etw ~* diriger/commander qch

GebieterIn *m f* maître, -sse, seigneur *m*

gebieterisch autoritaire, impérieux, -euse

Gebilde *n -* construction *f ~ der Phantasie* produit *m* de l'imagination ; *(géo)* formation *f*

gebildet cultivé

Gebinde *f -* gerbe *f*

Gebirge *n -* (chaîne *f* de) montagnes *fpl* ; *ins ~ gehen* aller à la montagne

Gebirgskamm *m* ¨e crête *f*

Gebiß *n -sse* **1** dentition *f*, dents *fpl* **2** dentier *m* **3** *(cheval)* mors *m*

geboren né *sie ist eine ~e Schmidt* c'est une fille Schmidt/son nom de jeune fille est Schmidt → **gebären**

Geborgenheit *f* ø : *ein Gefühl der ~* le sentiment d'être à l'abri/d'être en sécurité/d'être protégé

Gebot *n -e* **1** ordre *m jm zu ~e stehen* être aux ordres/à la disposition *f* de qqn ; *das ~ der Stunde* le mot d'ordre du moment **2** *(rel)* commandement *m* **3** *(enchères)* offre *f*

Gebrauch *m* ø emploi *m*, utilisation *f*, usage *m* ♦ ¨e coutume *f*, habitude *f*; *Sitten und ~e* les us [ys] *mpl* et coutumes *fpl*

gebrauchen employer, utiliser, se servir/faire usage (de)

gebräuchlich usuel, -le, usité, courant

Gebrauchsanweisung *f -en* mode *m* d'emploi, notice *f* d'utilisation

gebrauchsfertig prêt à l'emploi, terminé

Gebrauchsgegenstand *m* ¨e objet *m* utilitaire/d'usage courant

gebraucht d'occasion ; usagé

Gebrauchtwagen *m -* voiture d'occasion

Gebrechen *n -* infirmité *f*, déficience *f*, handicap *m*

gebrechlich *(fig)* affaibli, qui n'a plus de force

gebrochen : *eine ~e Linie* une ligne brisée ◆ *~ Deutsch sprechen (fam)* baragouiner l'allemand

Gebrüll *n* ø hurlements *mpl*, rugissements *mpl*

Gebühr *f* -en taxe *f*; redevance *f*, droit(s) *mpl*; *(auto)* péage *m*; *(fig) über ~* plus qu'il ne faut, au-delà de ce qui est nécessaire

gebührenfrei exempt de droits/taxes; détaxé; gratuit

gebührenpflichtig taxé; à péage

Geburt *f* -en naissance *f*; accouchement *m*; *(fam) das war eine schwere ~* ça a été laborieux

Geburtenrückgang *m* ø dénatalité *f*

Geburtsanzeige *f* -n faire-part *m* de naissance

Geburtsdat.um *n* .en date *f* de naissance

Geburtsstadt *f* ¨e ville *f* natale

Geburtstag *m* -e anniversaire *m ich habe ~* c'est mon anniversaire

Geburtstagskind *n* -er celui/celle dont on fête l'anniversaire

gebürtig : *aus Berlin ~* originaire de Berlin

Gebüsch *n* -e buissons *mpl*, taillis *mpl*

Geck *m* -en -en minet *m* freluquet *m*

Gedächtnis *n* -se mémoire *f aus dem ~* de mémoire

Gedächtnistafel *f* -n plaque *f* commémorative

Gedanke *f* -n pensée *f*, idée *f in ~n sein* être perdu dans ses pensées, *(fig)* être dans la lune; *seine ~n beisammen haben* être concentré

Gedankenblitz *m* -e éclair *m*/trait *m* de génie

Gedankengang *m* ¨e raisonnement *m*

gedankenlos irréfléchi; étourdi; absent ◆ sans réflexion, de manière irréfléchie

Gedankenlosigkeit *f* -en étourderie *f* ◆ ø manque *m* d'attention, légèreté *f* d'esprit *aus ~* par inadvertance *f*

Gedankensprung *m* ¨e coq-à-l'âne *m*

Gedankenstrich *m* -e tiret *m*

Gedärm *n* -e boyaux *mpl*, intestins *mpl*

Gedeck *n* -e 1 couvert *m* 2 *~ zwei, bitte* le menu numéro deux, s'il vous plaît

gedeihen* <sein> croître, grandir; *(fig)* progresser, se développer

gedenken* 1 *der (G) Verstorbenen ~* se souvenir/évoquer le souvenir d'un disparu 2 *~, etw zu tun* avoir l'intention de faire qch

Gedenkfeier *f* -n fête *f* commémorative, commémoration *f*

Gedicht *n* -e poème *m*; *(fig/fam) der Kuchen ist ein ~!* ce gâteau est un vrai délice *m*!

gediegen 1 de bonne qualité 2 *ein ~er Herr* un homme solide

Gedränge *n* ø 1 foule *f*, cohue *f* 2 *ein ~ verursachen* provoquer un attroupement *m*/une bousculade *f (fam)*; *mit einer Arbeit ins ~ kommen* être charrette; *(sp)* mêlée *f*

gedrängt serré, coincé; *(fig)* concis, sommaire

gedrückt abattu, déprimé *~e Stimmung* marasme *m*

Geduld *f* ø patience *f*; *(fig) mir reißt die ~!* ma patience a des limites!

gedulden sich prendre patience, patienter

geduldig patient ◆ patiemment

geeignet *(zu/für)* propre/adapté (à), fait (pour)

Gefahr *f* -en danger *m auf eigene ~!* à vos risques et périls! *~ laufen* courir un risque *m*

gefährden mettre en danger/en péril, compromettre

Gefährdung *f* -en menace *f*

gefährlich dangereux, -euse

gefahrlos sans danger/risque

Gefährt *n* -e véhicule *m*

Gefährte *m* -n -n compagnon *m*

Gefälle *n* - pente *f*, déclivité *f*

gefallen* plaire ◆ 1 *sich in etw (D) ~* se (com)plaire (à/dans le rôle de); *ich gefalle mir in diesem Kleid* je m'aime bien dans cette robe 2 *das lasse ich mir nicht ~!* je ne suis pas d'accord! je ne me laisserai pas faire!

Gefallen *n* ø (bon) plaisir *m*

Gefallen *m* - service *m jm einen ~ tun* rendre à qqn un service à qqn

gefällig 1 obligeant, serviable; complaisant 2 agréable

Gefälligkeit *f* -en obligeance *f*, complaisance *f darf ich Sie um eine ~ bitten?* puis-je vous demander une faveur?

gefälligst je te/vous prie, s'il te/vous plaît

Gefangene/r prisonnier, -ère; *(prison)* détenu *m* -e *f*

gefangen=nehmen* faire prisonnier; arrêter

Gefangenschaft *f* ø captivité *f*; *(prison)* détention *f*

Gefängnis *n* -se prison *f*

Gefasel *n* ø âneries *fpl*, bêtises *fpl*

Gefäß *n* -e récipient *m*; *(plantes/méd)* vaisseau *m*

gefaßt serein *auf etw (A) sein* être préparé à qch, s'attendre à qch; *sich auf etw (A) ~ machen* se préparer à qch

Gefecht *n* -e; *(mil) außer ~* hors de combat *m*; *(fig/fam) im Eifer des ~s* dans le feu de l'action *f*

Gefieder *n* - plumage *m*, plumes *fpl*

Gefilde

Gefilde n - (lit) paysage m *die himmlischen ~* les sphères fpl célestes
Geflecht n -e entrelacement m, entrelacs mpl
gefleckt tacheté
Geflügel n ø volaille f
geflügelt (fig) *~e Worte* adage m
Geflunker n ø (péj) mensonges mpl, histoires fpl
Geflüster n - chuchotement(s) m(pl)
Gefolge n - suite f
Gefolgschaft f -en partisans mpl, (fig) troupes fpl
gefragt très sollicité / demandé
gefräßig boulimique, vorace
Gefreite/r caporal m, brigadier m
gefrieren <sein> geler
Gefriergut n ¨er produit m surgelé
Gefrierpunkt m ø point m de congélation
Gefriertruhe f -n congélateur m
Gefüge n - 1 assemblage m *das ~ der Balken* charpente f 2 structure f, texture f
gefügig docile, facile, obéissant
Gefühl n -e 1 sensation f *kein ~ mehr in den Fingern haben* ne plus sentir ses doigts ; *dem ~ nach ist es Marmor* au toucher, c'est du marbre 2 sentiment m ; (fig/fam) *mit gemischten ~en* avec un sentiment mitigé ◆ ø impression f *dunkles ~* sombre pressentiment m ; *ich werde das ~ nicht los, daß* on ne me sortira pas de la tête que ; *etw im ~ haben* (pres)sentir qch ; *etw nach ~ machen* faire qch à l'intuition f/en suivant son intuition
gefühllos dépourvu de (toute) sensibilité, insensible, indifférent
Gefühlsleben n ø vie f sentimentale
Gefühlssache f -n histoire f d'appréciation personnelle
gefühlvoll sensible *~e Musik* musique sentimentale
gegeben : *zu ~er Zeit* en temps voulu / utile
gegebenenfalls le cas échéant, s'il y a lieu
Gegebenheit f -en donnée f
gegen (A) 1 *~ Quittung* en échange d'un reçu, contre un reçu 2 *sich ~ etw lehnen* s'appuyer contre qch ; *~ die Strömung* à contre-courant 3 *~ Mittag* vers midi 4 *~ Husten* contre / pour la toux ; *~ alle Vernunft* (en) faisant fi de toute sagesse ; *~ unsere Abmachungen verstoßen* aller à l'encontre de nos accords ; *~ meinen Willen* contre ma volonté, malgré moi ◆ *es waren ~ 100 Leute da* il y avait environ / à peu près 100 personnes
Gegend f -en 1 *in der ~ von Berlin* dans les / aux environs mpl / aux alentours mpl / dans la région f de Berlin 2 région f, contrée f

gegeneinander l'un contre l'autre ; les uns contre les autres
Gegengewicht n -e contrepoids m
Gegenleistung f -en contrepartie f
Gegenlicht n ø contre-jour m
Gegenliebe f ø amour partagé / réciproque ; (fig) *auf ~ stoßen* rencontrer un écho m favorable
Gegensatz m ¨e contraire m *im ~ stehen* être en contradiction f; *im diametralen ~ stehen* être diamétralement opposé(e)s ; *im ~ zu* contrairement à, à l'inverse de ; *Gegensätze ausgleichen* régler des différents mpl ; (loc) *Gegensätze ziehen sich an* les extrêmes s'attirent
Gegenseite f ø côté m opposé ◆ -n (jur) partie f adverse
gegenseitig mutuel, -le, réciproque *im ~en Einvernehmen* par consentement mutuel
Gegenseitigkeit f ø réciprocité f
GegenspielerIn m f adversaire m ; rival m
Gegenstand m ¨e 1 objet m 2 *vom ~ abkommen* sortir du sujet m
gegenständlich concret, -ète
gegenstandslos sans objet
Gegenstück n -e homologue m, pendant m
Gegenteil n -e contraire m, inverse m *ganz im ~* bien au contraire
gegenteilig opposé, contraire
gegenüber (D) 1 *das Haus ~* la maison d'en face ; *der Gefahr ~* face au danger 2 envers / vis-à-vis de *mir ~ wagt er es nicht* avec moi il n'ose pas ; *einer Sache ~* par rapport à qch ◆ *~ wohnen* habiter en face
Gegenüber n ø vis-à-vis m, personne f assise en face, voisin m -e f d'en face ; (conversation) interlocuteur, -trice
gegenüber=stehen* (D) être confronté (à) ; (fig) *einem Vorhaben ablehnend ~* être hostile / s'opposer à un projet ◆ *sich ~* se faire face ; *sich feindlich ~* s'affronter
gegenüber=stellen comparer, mettre en regard ; (jur) confronter
Gegenüberstellung f -en comparaison f ; (jur) confrontation f
Gegenverkehr m ø circulation f en sens inverse
Gegenwart f ø 1 présent m, époque f actuelle ; (gram) présent 2 *in meiner ~* en ma présence f
gegenwärtig actuel, -le *etw ~ haben* avoir qch présent à l'esprit ◆ actuellement
Gegenwehr f ø résistance f, défense f
Gegenwert m ø contrevaleur f, équivalent m
gegen=zeichnen contresigner

GegnerIn m f adversaire m f; ennemi m -e f
Gehabe n ø grands airs mpl, affectation f, manières f (affectées)
Gehalt m -e 1 (an D) teneur f (en); titre m 2 contenu m
Gehalt n ¨er traitement m, rémunération f
GehaltsempfängerIn m f salarié m -e f
Gehaltsstufe f -n échelon m (de traitement)
gehaltvoll (fig) qui a de la substance
gehässig haineux, -euse, hargneux, -euse
Gehäuse n - boîtier m; (tech) carter [karter] m; (escargot) coquille f
Gehege n - chasse f; (zoo) enclos m, parc m; (fig) jm ins ~ kommen (fam) marcher sur les plates-bandes fpl de qqn
geheim secret, -ète in ~er Beratung en secret; *streng ~!* top secret
Geheimdienst m -e services mpl secrets
geheim=halten* garder secret, cacher
Geheimnis n -se secret m, mystère; (fig/fam) *ein offenes ~* un secret de Polichinelle
Geheimniskrämerei f -(e)n cachotteries fpl
geheimnisvoll mystérieux, -euse
Geheiß n ø ordre m
gehen* <sein> 1 *schnell ~* marcher vite; *das geht schnell* ça va vite; ce sera vite fait; *zu Fuß ~* aller à pied; *ich bin falsch gegangen* je me suis trompé de chemin; *nicht von der Stelle ~* ne pas bouger d'un pouce 2 *ins Bett ~* aller au lit, aller se coucher; *auf einen Berg ~* gravir une montagne; (fig) *in Erfüllung ~* être exaucé 3 *ich gehe jetzt* je m'en vais; *der Zug geht um 20 Uhr* le train part à 20 h 4 *das Fenster geht auf den Hof* la fenêtre donne sur la cour 5 (fig) *meine Uhr geht falsch* ma montre n'est pas à l'heure 6 *mir ist es genau so gegangen* il m'est arrivé exactement la même chose; (fig/fam) *das geht mir auf die Nerven* cela me tape sur les nerfs 7 *wie geht's?* comment ça va?; *wie geht es Ihnen?* comment allez-vous?; *es geht mir gut* je vais bien ◆ *es geht sich gut in den Schuhen* on marche bien dans ces chaussures ◆ *worum geht es?* de quoi s'agit-il?; (fig) *es geht um Leben und Tod* c'est une question de vie ou de mort
gehen=lassen* *jn ~* laisser qqn partir ◆ *sich ~* se laisser aller
geheuer *nicht (ganz) ~* inquiétant; suspect; *ganz ~ ist mir nicht* je ne suis pas vraiment à l'aise
Gehilfe m -n -n commis m, aide m
Gehirn n -e cerveau m, cervelle f

Gehirnerschütterung f -en traumatisme m crânien
Gehirnhautentzündung f -en méningite f
Gehirnschlag m ¨e crise f d'apoplexie
Gehirnwäsche f -n (fig) lavage m de cerveau
Gehölz n -e bosquet m, bois m
Gehör n ø 1 ouïe f *das ~ verlieren* devenir sourd; (fig) *jm ~ schenken* accorder une oreille f bienveillante à qqn 2 (mus) *ein feines ~ haben* avoir une bonne oreille
gehorchen obéir; obtempérer
gehören 1 *das Haus gehört mir* la maison m'appartient/est à moi 2 *er gehört zu meiner Familie* il fait partie de ma famille 3 *der Stuhl gehört in die Küche* la chaise va dans la cuisine; *das Kind gehört ins Bett* l'enfant doit aller au lit; *das Rad gehört nicht in die Wohnung* le vélo n'a rien à faire dans l'appartement 4 *dazu gehört Mut* il faut du courage (pour faire cela) ◆ *wie es sich gehört* comme il convient; *das gehört sich nicht* cela ne se fait pas
gehörig qui convient *in ~er Form* en bonne et due forme; (fig) *eine ~e Strafe* une bonne punition; (fam) *eine ~e Portion Frechheit* un sacré culot ◆ 1 convenablement 2 vivement *jm ~ die Meinung sagen* dire vertement ce qu'on pense à qqn
Gehorsam m ø obéissance f *jm den ~ verweigern* refuser d'obéir à qqn
gehorsam obéissant
Gehweg m -e trottoir m
Geier m - vautour m; (fig/péj) *sich wie die ~ auf etw stürzen* se jeter sur qch comme les mouches; (fam) *weiß der ~!* Dieu seul le sait!
Geifer m ø bave f
Geige f -n violon m; (fig) *die erste ~ spielen* jouer un rôle de premier plan; *nach js ~ tanzen* se laisser mener à la baguette par qqn
geil 1 lubrique; (fam) *ein ~er Bock* un chaud lapin; (vulg) *auf jn ~ sein* avoir envie de se faire qqn; *auf etw ~ sein* être fou de/adorer qch 2 (fam) *echt ~e Musik!* super, la musique!
Geisel f -n otage m f
Geiß f -en chèvre f
Geißel f -n fouet m; (fig) fléau m, calvaire m
geißeln 1 fouetter, flageller 2 fustiger
Geist m ø esprit m *seinen ~ an=strengen* (fig/fam) se creuser la cervelle f/les méninges fpl ; (non fam) *~ auf=geben* rendre l'âme f; (vulg) *er geht mir auf den ~* il me tape sur le système m ◆ -er esprit; (fig) *hier scheiden sich die ~er* sur ce point les opinions diver-

Geisterbahn

gent ; *von allen guten ~ern verlassen sein* avoir perdu l'esprit

Geisterbahn *f* -en train *m* fantôme

GeisterfahrerIn *m f* conducteur qui roule à contresens

geistesabwesend absent, distrait

Geistesblitz *m* -e éclair *m* de génie

Geistesgegenwart *f* ø présence *f* d'esprit

geistesgestört aliéné, *(fam)* malade du cerveau, dérangé

geisteskrank aliéné *er ist ~* c'est un malade mental

Geisteswissenschaften *fpl* sciences *fpl* humaines

geistig intellectuel, -le ; mental ; spirituel, -le

geistlich religieux, -euse *~er Beistand* aide spirituelle ; *der ~e Stand* l'état *m* ecclésiastique ; *in den ~en Stand ein=treten* entrer dans les ordres *mpl*

Geistliche/r ecclésiastique *m*, prêtre *m*, pasteur *m*

geistlos stupide ; banal

geistreich spirituel, -le

Geiz *m* ø avarice *f*

geizen : *mit seiner Zeit ~* être avare de son temps

Geizhals *m* ¨e : *(fam)* grippe-sou *m*

geizig avare

Gejammer *n* ø *(fam > non fam)* jérémiades *fpl*

Geklimper *n* ø *(fam)* bruits *mpl* de casserole

geknickt : *(fam) einen ~en Eindruck machen* faire grise mine

gekonnt très abouti *sehr ~ sein* témoigner d'un grand savoir-faire

Gekritzel *n* ø *(fam)* gribouillis *mpl* ; pattes de mouche

gekünstelt artificiel, -le, surfait, factice

Gelächter *n* ø rires *mpl in ~ aus=brechen* éclater de rire ; *zu allgemeinem ~ führen* provoquer l'hilarité *f* générale ; *(fig) sich zum ~ der Leute machen* se ridiculiser/rendre ridicule, devenir la risée *f* des gens

Gelage *n* - : *~ ab=halten* faire ripaille *f*

gelähmt paralysé ; impotent

Gelände *n* - terrain *m*

geländegängig tout-terrain

Geländer *n* - *(balcon)* balustrade *f*, rambarde *f* ; *(escalier)* rampe *f* ; *(pont)* parapet *m*

gelangen <sein> arriver/parvenir (à) *zu Reichtum ~* faire fortune

gelassen tranquille, serein, placide, calme ◆ calmement, avec sérénité/calme

geläufig usuel, -le, courant, familier, -ière ◆ couramment

gelaunt : *gut ~* de bonne humeur, *(fam)* bien luné

gelb jaune

Gelb *n* -/s jaune *m*

Geld *n* -er argent *m* ; *(fig/fam) ~ wie Heu haben* avoir du fric *m* à ne savoir qu'en faire ◆ *pl* fonds *mpl*, capitaux *mpl*

Geldanlage *f* -n placement *m*

GeldgeberIn *m f* financier *m*, bailleur *m* de fond

Geldgier *f* ø cupidité *f*

Geldschein *m* -e billet *m* (de banque)

Geldschrank *m* ¨e coffre-fort *m*

Geldstrafe *f* -n amende *f*

Geldverschwendung *f* ø gaspillage *m*

Geldwert *m* ø valeur *f* monétaire

gelegen 1 *an einem Fluß ~* situé au bord d'un fleuve **2** *zu ~er Zeit* au moment opportun ◆ *(jm) ~ kommen* arriver à point, *(fam)* tomber à pic

Gelegenheit *f* -en occasion *f*, opportunité *f bei ~* à l'occasion ; *bei jeder ~* à tout propos

gelegentlich occasionnel, -le ◆ à l'occasion *nur ~* qu'occasionnellement ◆ (G) *~ seines Aufenthaltes in Berlin* à l'occasion de son séjour à Berlin

Gelehrte/r érudit *m* -e *f*, savant *m*, spécialiste *m f*

Geleit *n* -e cortège *m jm sein ~ an=bieten* proposer à qqn de l'accompagner ; *jm das letzte ~ (geben)* accompagner qqn à sa dernière demeure ; *(mil)* escorte *f* ; *freies ~* sauf-conduit *m*

geleiten accompagner, reconduire ; escorter

Geleitwort *n* -e préface *f*, avant-propos *m*

Gelenk *n* -e **1** articulation *f*, jointure *f* **2** *(tech)* joint *m* articulé

gelenkig souple, preste

Geliebte/r celui/celle qu'on aime : amant *m*, maîtresse *f*

gelinde doux/douce, modéré *eine ~ Strafe* une peine/punition légère ◆ *~ gesagt* au bas mot

gelingen* <sein> : *das Vorhaben gelingt* le projet aboutit ◆ *es muß ~, zu* il faut arriver/parvenir/réussir à ; *es ist ihm gelungen*, il a réussi

gellend strident, perçant

geloben faire la promesse/le serment de

gelten* être valable ; avoir cours ; *(fig) sein Wort gilt* il n'a qu'une parole ◆ *er gilt als bester Pianist* il est considéré comme/passe pour être le meilleur pianiste ◆ *etw ~ lassen* admettre qch

geltend : *die ~en Regeln* les règles en vigueur ; *etw ~ machen* faire valoir qch

Geltung *f* ø validité *f in ~ sein* être en vigueur ; *zur ~ bringen* faire valoir, mettre en valeur

Gelübde *n* - vœu *m*

Gelumpe *n* ø *(fam)* vieilleries *fpl*

Gemach *n* ¨er pièce *f*, chambre *f*, salon *m*, appartements *mpl*
gemächlich tranquille ◆ ~ *dahin=schlendern* flâner
gemacht : *(fig) ein ~er Mann* un homme arrivé
GemahlIn *m ø f* **-nen** époux *m*/épouse *f*
Gemälde *n* - peinture *f*, tableau *m*
gemäß : *seinem Wunsch* ~ conformément à son vœu ◆ ~ *einer Sache sein* être conforme à qch
gemäßigt : ~*er Optimismus* optimisme mesuré ; *die* ~*en Kräfte* les forces modérées
Gemäuer *n* - ruine *f*
gemein 1 grossier, -ière, vulgaire **2** ignoble, infâme, vil, bas ; *(fam) das ist* ~ *!* c'est moche/dégueulasse ! **3** banal, ordinaire ; *ein* ~ *Soldat* un simple soldat ; *der* ~*e Mann* l'homme du peuple **4** *etw mit jm* ~ *haben* avoir qch en commun avec qqn
Gemeinde *f* -**n** commune *f* ; municipalité *f* ; paroisse
gemeingefährlich qui constitue un danger public
Gemeinheit *f ø* bassesse *f*, caractère vil ◆ -**en** méchanceté *f*, chose *f* affreuse *jm* ~*en sagen (fam)* dire des vacheries *fpl* à qqn
Gemeinnützigkeit *f ø* intérêt *m* public
Gemeinplatz *m* ¨**e** *(fig)* lieu *m* commun
gemeinsam ensemble, en commun
Gemeinschaft *f* -**en** communauté *f* ; *(pol) die Europäische* ~ **(EG)** la communauté européenne
Gemeinschaftsgeist *m ø* sens *m* de la solidarité
Gemeinschaftsproduktion *f* -**en** coproduction *f*
Gemeinwesen *n* - chose *f* publique ; regroupement *m* de communes
Gemeinwohl *n ø* bien *m* public
Gemenge *n* - **1** mélange *m* **2** *sich ins* ~ *mischen* se mêler à la foule *f*
gemessen mesuré, calme, digne ~*en Schrittes* à pas comptés, d'un pas mesuré
Gemetzel *n* - carnage *m*, tuerie *f*, *(fig)* boucherie *f*
Gemisch *n* -**e** mélange *m*
gemischt mélangé, mêlé, mixte ; *(fig)* partagé, mitigé
Gemme *f* -**n** camée *m*
Gemse *f* -**n** chamois *m*
gemünzt : *(fig) das ist auf dich* ~ *!* c'est toi que ça vise !
Gemüse *n* - légumes *mpl*
Gemüsegarten *m* ¨ potager *m*
Gemüt *n* -**er** nature *f*, naturel *m*, tempérament *m viel* ~ *haben* avoir du cœur ; *(fig/fam) ein sonniges* ~ une bonne nature, un naturel enjoué ; *sich (D) etw zu* ~*e führen* prendre qch à cœur ; *jm aufs* ~ *schlagen* être un coup pour le moral de qqn
gemütlich 1 *eine* ~*e Wohnung* un appartement agréable et confortable ; *hier ist's* ~ on se sent bien ici ; *es sich (D)* ~ *machen* se mettre à son aise **2** *ein* ~*er Mann* un homme facile à vivre
Gemütlichkeit *f ø* bien-être *m*, confort *m* ; ambiance *f* agréable/conviviale ; *(fam) da hört (doch) die* ~ *auf !* ça suffit maintenant !
Gemütsart *f* -**en** tempérament *m*, caractère *m*
Gemütsbewegung *f* -**en** émotion *f*
gemütskrank neurasthénique
Gemütsruhe *f ø* quiétude *f*
Gemütsverfassung *f ø* état *m* d'âme
genau précis, juste, exact *peinlich* ~ pointilleux, -euse ◆ exactement, précisément ; *es mit etw* ~ *nehmen* prendre qch très au sérieux ; ~ *zur rechten Zeit* juste au bon moment ; ~ *das ist nötig !* c'est exactement/juste ce qu'il faut ! ; ~ *der Mann dafür* l'homme de la situation ; *jn* ~ *kennen* bien connaître qqn
Genauigkeit *f ø* précision *f*, exactitude *f*
genauso (tout) aussi/autant
genehmigen autoriser, permettre *Zusatzurlaub* ~ accorder des congés supplémentaires ; *ein Gesuch* ~ donner une suite favorable à une demande ◆ *(fam) sich (D) ein paar Tage Urlaub* ~ prendre quelques jours de vacances ; *sich (D) einen Gläschen* ~ prendre un verre
Genehmigung *f* -**en** autorisation *f*
geneigt : *sich* ~ *zeigen, etw zu tun* se montrer disposé/prêt à faire qch ; *jm* ~ *sein* être bien disposé à l'égard de qn
General *m* ¨**e** général *m*
Generalstab *m* ¨**e** état-major *m*
Generation *f* -**en** génération *f*
Generator *m* -**en** groupe *m* électrogène, génératrice *f*
generell général ◆ de manière générale
genesen* <sein> guérir, se rétablir
Genesung *f* -**en** guérison *f*, convalescence *f*
genetisch génétique
genial génial, de génie
Genick *n* -**e** nuque *f sich (D) das* ~ *brechen* se rompre le cou ; *(fig)* se casser les reins
Genie *n* -**s** génie *m*
genieren gêné ◆ *sich* ~ être gêné
genießbar consommable ; *(fig) sie ist nicht* ~ elle est imbuvable
genießen* **1** jouir (de), profiter (de) ; *eine gute Erziehung* ~ recevoir une bonne éducation **2** savourer, déguster ◆ *nicht zu*

genießerisch

~ *sein* être immangeable / imbuvable ; *(fig)* être imbuvable
genießerisch jouisseur, -euse
Genitalien *npl* parties *fpl* génitales
Genitiv *m* -e génitif *m*
Genosse *m* -n -n camarade *m*
Genossenschaft *f* -en coopérative *f*
genug assez, suffisamment *mehr als ~* plus qu'il n'en faut ; *(fam) es ist ~ !* ça suffit !
Genüge *f* ø : *jm ~ tun* donner satisfaction *f* à qqn ; *einer Forderung ~ leisten* satisfaire à une exigence ; *zur ~* suffisamment
genügen suffire, être suffisant
genügend suffisamment
genügsam qui se contente de peu, sobre, modeste
Genugtuung *f* ø 1 satisfaction *f*, plaisir *m* 2 *~ fordern* demander réparation *f*
Genuß *m* ¨sse 1 *~ von Alkohol* consommation *f* d'alcool 2 délice *m*, régal *m* ; plaisir *m*
Gepäck *n* ø bagages *mpl sein ~ auf= geben* faire enregistrer ses bagages
Gepäckwagen *m* - fourgon *m*
gepanzert blindé
gepfeffert : *(fig) ~e Preise* prix exorbitant / *(fam)* salé ; coup *m* de fusil
Gepflogenheit *f* -en coutume *f*, usage *m*
Geplänkel *n* ø *(mil)* escarmouche(s) *f(pl)*, incident(s) *m(pl)* ; *(fig)* accrochage *m*
Geplauder *n* ø bavardage(s) *m(pl)*
Gepolter *n* ø vacarme *m*
Gequassel *n* ø *(fam > non fam)* jacasseries *fpl*
gerade 1 droite ; rectiligne 2 *eine ~ Zahl* un chiffre pair ◆ 1 justement, juste ; *~ im Begriff sein* être sur le point (de) ; *er telefoniert ~* il est en train de téléphoner ; *das habe ich ~ gemacht* je viens de le faire ; *~ recht kommen* venir juste au bon moment, *(fam)* tomber à pic ; *warum ~ ich ?* pourquoi faut-il que ce soit moi ? 2 *~ gewachsen* bien droit ; *er geht ~* il marche bien raide 3 *er ist nicht ~ tapfer* le moins qu'on puisse dire c'est qu'il n'est pas très courageux
Gerade *f* -n -n *(math)* droite *f* ; *(sp)* ligne *f* droite
geradeaus tout droit
gerade=halten* tenir droit
geradeheraus *(fam)* carrément, sans tourner autour du pot
gerädert : *(fig) sich wie ~ fühlen* être flapi
gerade=stehen* se tenir droit ◆ *für etw ~* répondre de qch
geradewegs directement
geradezu directement, *(fig)* vraiment, tout simplement

geradlinig rectiligne, en ligne droite ; *(fig)* très droit
Gerät *n* -e outil *m*, instrument *m* ; appareil *m* ; *(sp)* appareil, agrès *mpl*
geraten* <sein> *gut ~* être réussi ◆ 1 *er ist nach seinem Vater ~* c'est tout le portrait de son père 2 *in Wut ~* se mettre en colère ; *ins Schleudern ~* déraper ; *auf den falschen Weg ~* se fourvoyer ; *in Gefangenschaft ~* être fait prisonnier ; *in Vergessenheit ~* tomber dans l'oubli 3 *außer sich (D) ~* sortir de ses gonds ; *vor Wut außer sich (D) ~* exploser (de colère)
Geräteturnen *n* ø gymnastique aux agrès
Geratewohl *n* ø : *(fam) aufs ~* au petit bonheur (la chance)
geräumig spacieux, -euse, vaste
Geräusch *n* -e bruit *m*
geräuschlos silencieux, -euse ◆ sans bruit, silencieusement
geräuschvoll bruyant
gerben : *Leder ~* tanner du cuir
gerecht juste, équitable *~er Richter* juge impartial ; *jm ~ werden* faire / rendre justice à qqn
Gerechtigkeit *f* ø justice *f*, équité *f*
Gerede *n* ø : *(fam) ins ~ kommen* faire l'objet de cancans *mpl* ; *jn ins ~ bringen* (se mettre à) cancaner sur qqn ; *sich nicht um das ~ kümmern* ne pas se soucier des racontars *mpl*
gereizt irrité, énervé
Gericht *n* -e 1 *(jur)* tribunal *m*, cour *f* de justice, palais *m* de justice *vor ~ gehen* porter une affaire devant le tribunal ; *vor ~ erscheinen* comparaître ; *(fig) mit jm scharf / hart ins ~ gehen* être dur / impitoyable avec qqn 2 *ein erlesenes ~* un plat *m* / mets *m* raffiné 3 *(rel) das Jüngste ~* le Jugement *m* dernier
Gerichtsarzt *m* ¨e médecin légiste
Gerichtsbarkeit *f* ø juridiction *f*
Gerichtshof *m* ¨e cour *f* de justice
gerichtlich *~e Untersuchung* enquête judiciaire ◆ *gegen jn ~ vor=gehen* entamer des poursuites judiciaires contre qqn
Gerichtsvollzieher *m* - huissier *m*
gerieben : *(fig) ein ~er Bursche* un fieffé coquin → **reiben**
gering 1 minime, faible, insignifiant *ein ~er Unterschied* une différence minime ; *ein ~es Einkommen* de faibles revenus ; *(fig) eine ~e Rolle* un rôle insignifiant ; *~e Chancen* peu de chances 2 *das ~e Volk* le petit peuple ◆ *~ geschätzt* au minimum ; *nicht im ~sten* pas le moins du monde
geringfügig insignifiant, minime
gering=schätzen : *jn / etw ~* mépriser qqn / qch

geringwertig de peu de valeur
gerinnen* <sein> *(sang)* coaguler; *(lait)* cailler; *(fig)* tourner
Gerinnsel *n* - caillot *m*
Gerippe *n* - 1 squelette *m* 2 *(avion/bateau)* carcasse *f*
gerissen : *(fig/fam) ein ~en Geschäftsmann* un homme d'affaire qui connaît toutes les ficelles
gern(e) 1 ~! volontiers!, avec plaisir! *ich möchte ~* j'aimerais bien; *etw ~ tun* aimer faire qch; *~ gesehen sein* être bien vu; être le bienvenu; *~ haben* aimer bien 2 *das glaube ich dir ~* je te crois volontiers
Geröll *n* -e (tas *m* de) cailloux *mpl*, éboulis *mpl*
Gerste *f* ø orge *f*
Gerstenkorn *n* ¨er grain *m* d'orge; *(méd)* orgelet *m*
Gerte *f* -n tige *f*
Geruch *m* ¨e odeur *f*; parfum *m*
geruchlos inodore
Gerücht *n* -e rumeur *f*, bruit *m das ~ geht um* le bruit court
geruhsam calme, paisible
Gerümpel *n* ø bric-à-brac *m*
Gerüst *n* -e échafaudage *m*; *(fig)* canevas *m*, grandes lignes *fpl*
gesamt entier, -ière, total, global *die ~e Einwohnerschaft* l'ensemble des habitants
Gesamtansicht *f* -en vue *f* générale/d'ensemble
Gesamtausgabe *f* -n œuvres *fpl* complètes
Gesamtbetrag *m* ¨e montant *m* global
Gesamtheit *f* ø totalité *f*, ensemble *m*
Gesamtwert *m* -e valeur *f* totale
Gesang *m* ø chant *m* ◆ ¨e chant *m*, chanson *f*; *(rel)* cantique *m*
Gesangverein *m* -e chorale *f*
Gesäß *n* -e postérieur *m*
Geschäft *n* -e 1 magasin *m ein eigenes ~ haben* avoir sa propre affaire 2 *ein ~ ab=schließen* conclure une affaire; *seinen ~en nach=gehen* vaquer à ses occupations *fpl* 3 *(fam) sein ~ machen* faire ses besoins *mpl*
Geschäftsanteil *m* -e part *f* sociale
Geschäftsaufgabe *f* -n cessation *f* de commerce
Geschäftsauflösung *f* -en liquidation *f*
GeschäftführerIn *m f* gérant *m* -e *f*; administrateur *m*
Geschäftsstelle *f* -n agence *f*, bureau *m*
geschäftstüchtig habile en affaires
Geschäftsviertel *n* - quartier *m* des/d'affaires
Geschäftszeit *f* -en heures *fpl* d'ouverture

geschehen* <sein> 1 se passer, avoir lieu, se produire, arriver *es muß etw ~* il faut faire qch 2 *das geschieht ihm ganz recht* c'est bien fait pour lui ◆ *es ist um ihn ~ (fam)* il est fichu
Geschehen *n* - événement(s) *mpl*
Geschehnis *n* -se événement *m*, affaire *f*
gescheit sensé; intelligent; malin *aus etw/jm nicht ~ werden* ne rien y comprendre
Geschenk *n* -e cadeau *m*, présent *m*
Geschichte *f* ø : *~ unterrichten* enseigner l'histoire *f* ◆ -en 1 *~ n erzählen* raconter des histoires 2 *(fam) keine ~en machen* ne pas faire d'histoires
geschichtlich historique
Geschick *n* -e 1 adresse *f*, savoir-faire *m diplomatisches ~* sens *m* diplomatique; *~ für Handarbeiten haben* être adroit de ses mains; *~ haben, mit jm umzugehen* savoir s'y prendre avec qqn 2 sort *m*, destin *m*, destinée *f*
geschickt adroit, habile
geschieden divorcé
Geschirr *n* ø vaisselle *f* ◆ -e *(cheval)* harnais
Geschirrschrank *m* ¨e buffet *m*
Geschlecht *n* -er 1 sexe *m*; *(fig/fam) das dritte ~* (non fam) les homosexuels *mpl* 2 *das menschliche ~* l'espèce humaine; *ein edles ~* une grande famille
geschlechtlich sexuel, -le
geschlecht(s)los asexué
Geschlechtsakt *m* -e acte *m* sexuel
Geschlechtskrankheit *f* -en maladie *f* vénérienne
Geschlechtsorgan *n* -e organe *m* génital
Geschlechtstrieb *m* ø instinct *m*/pulsion *f* sexuel, -le
Geschlechtsverkehr *m* ø rapports *mpl* sexuels
Geschlechtswort *n* ¨er article *m*
geschliffen *(fig)* recherché *ein ~er Stil* un style léché
geschlossen 1 fermé, clos *~e Gesellschaft* cercle fermé ◆ *~ hinter jm stehen* soutenir à fond qqn → **schließen**
Geschmack *m* ø/¨ e(r) goût *m nach meinem ~* à mon goût; *(fig) im ~ des Biedermeiers* dans le style *m* Biedermeier; *(loc) über ~ läßt sich nicht streiten* des goûts et des couleurs, on ne discute pas
geschmacklos *(nourriture)* qui n'a pas de goût, fade, insipide; *(vêtements)* qui n'a aucune allure, quelconque; de mauvais goût
Geschmacklosigkeit *f* -en manque *m* de goût; *(fig)* plaisanterie *f* de mauvais goût

Geschmackssache *f* ø : *das ist ~* c'est affaire *f* de goût

geschmackvoll de bon goût, élégant ♦ avec goût

Geschmeide *n* - joyaux *mpl*, bijoux *mpl*

geschmeidig souple

Geschmeiß *n* ø *(péj)* vermine *f*, canaille *f*, racaille *f*

Geschmiere *n* ø *(fam/péj)* cochonneries *fpl*, barbouillages *mpl*; *(peinture)* barbouille *f*

Geschnatter *f* ø *(fam/péj)* bavardages *mpl*, jacasseries *fpl*

geschniegelt : *ein ~ Typ* un minet ; *(loc) ~ und gebügelt* tiré à quatre épingles

Geschöpf *n* -e être *m*, créature *f*

Geschoß *n* sse 1 projectile *m*, balle *f* 2 étage *m*

geschraubt *(fig)* alambiqué, tarabiscoté

Geschrei *n* ø cris *mpl*; *(fam) mach (doch) nicht so ein ~!* *(non fam)* arrête tes jérémiades !

Geschütz *n* -e canon *m*; *(fig) grobes/ schweres ~ auffahren* sortir l'artillerie lourde

Geschwader *n* - escadron *m*; *(mar)* escadre *f*; *(av)* escadrille *f*

Geschwätz *n* ø *(fam/péj)* radotages *mpl*; bla-bla *m auf das ~ nichts geben* ne pas donner prise aux racontars *mpl*

geschwätzig *(fam > non fam)* bavard, volubile

geschweige : *~ denn* à plus forte raison, à fortiori

Geschwindigkeit *f* -en vitesse *f*

Geschwister *mfpl* frères et sœurs *mpl*

Geschwisterliebe *f* ø amour *m* fraternel

Geschworene/r juré *m*

Geschwulst *f* ¨e tumeur *f*; grosseur *f*

Geschwür *n* -e ulcère *m*

Geselle *m* -n compagnon *m ein lustiger ~* un joyeux luron *m*

gesellen sich : *sich zu jm ~* se joindre à qqn

gesellig 1 sociable, qui a le contact facile, liant 2 *ein ~er Abend* une soirée conviviale ; *ein ~es Treffen* une rencontre amicale

Geselligkeit *f* ø convivialité *f* ♦ -en rencontre *f* conviviale

Gesellschaft *f* -en 1 société *f* 2 *jm ~ leisten* tenir compagnie *f* à qqn ; *(fam) in schlechte ~ geraten* *(non fam)* avoir de mauvaises fréquentations *fpl* 3 réunion *f (mondaine)*; *eine ~ geben* donner une soirée *f*, recevoir ; *(comm) ~ mit beschränkter Haftung (GmbH)* société *f* à responsabilité limitée (SARL)

GesellschafterIn *m f* associé *m* -e *f*

gesellschaftlich social

Gesellschaftsanzug *m* ¨e tenue *f* de soirée

Gesellschaftskapital *n* -ien capital *m* social

Gesellschaftsordnung *f* -en ordre *m* social

Gesetz *n* -e loi *f*

Gesetzbuch *n* ¨er code *m*

Gesetzesänderung *f* -en amendement *m*

Gesetzesverletzung *f* -en infraction *f* à la loi

gesetzgebend : *~e Gewalt* pouvoir législatif

Gesetzgebung *f* -en législation *f*

gesetzlich légal

gesetzlos anarchique

gesetzmäßig légitime, conforme à une loi *eine ~e Entwicklung* une évolution logique

Gesetzmäßigkeit *f* -en légitimité *f*, légalité *f*

gesetzt 1 *(fig) ein ~er Herr* un homme pondéré ; un homme solide/qui a du recul 2 *~ den Fall, daß* à supposer que

Gesicht *n* -er 1 visage *m*, figure *f*, tête *f*; *(fig) ein saures ~ machen* faire grise mine *f*; *er machte ein langes ~* son visage s'allongea ; *ein ~ wie sieben Tage Regenwetter* faire une tête d'enterrement ; *jm ins ~ lachen* rire au nez de qqn ; *das ~ verlieren* perdre la face *f* 2 *(fig) der Gefahr ins ~ sehen* regarder le danger en face ; *jn zu ~ bekommen* voir qqn apparaître ; *jn aus dem ~ verlieren* perdre qqn de vue ; *jm wie aus dem ~ geschnitten sein* être tout le portrait de qqn ♦ -e *~e haben* avoir des visions *fpl*/hallucinations *fpl*

Gesichtsausdruck *m* ¨e air *m*, mine *f*, expression *f*

Gesichtskreis *m* ø champ *m* visuel ; *(fig)* horizon *m*

Gesichtspunkt *m* -e point *m* de vue

Gesichtszug *m* ¨e trait *m*

Gesinde *n* - domestiques *mpl*

gesinnt : *jm freundlich ~ sein* être bien disposé à l'égard de qqn ; *anders ~ sein* avoir d'autres idées/une autre opinion

Gesinnung *f* -en manière *f* de penser, opinion *f*

gesinnungslos sans foi ni loi ; sans opinion

GesinnungstäterIn *m f* criminel, -le politique

gesittet civilisé

Gespann *n* -e attelage *m*; *(fig) ein gutes ~* un bon tandem *m*

gespannt 1 *(fig) eine ~e Lage* une situation tendue 2 *auf etw (A) ~ sein* être curieux de voir qch ; avoir hâte de voir qch

Gespenst *n* -er fantôme *m*, revenant *m*, spectre *m*; *(fig)* spectre
gespenstisch spectral, fantomatique
gesperrt barré, coupé, interdit (à); *(typo)* ~er Druck caractères espacés
Gespött *n* ø moqueries *fpl*; *jn zum ~ machen* ridiculiser qqn; *zum ~ werden* devenir la risée (de)
Gespräch *n* -e conversation *f*, entretien *m*; *(tél)* communication *f*; *(fam) wir bleiben im ~* nous restons en contact
gesprächig bavard, communicatif, -ive
GesprächspartnerIn *mf* interlocuteur, -trice
Gestalt *f* -en 1 forme *f*; *(fig) eine andere ~ an=nehmen* prendre une autre tournure *f* 2 silhouette *f*, stature *f*; *von schlanker ~* mince; *von großer ~* de grande taille 3 *(th/lit)* personnage *m*
gestalten donner une forme (à), organiser, arranger; *sein Leben neu ~* organiser sa vie autrement; refaire sa vie ◆ *sich ~* se dérouler; *sich zu etw ~* se transformer en qch
Gestaltung *f* -en organisation *f*, réalisation *f*; configuration *f*; *die ~ der Parkanlagen* l'aménagement des espaces verts
Geständnis *n* -se aveu *m*
Gestank *m* ø puanteur *f*
gestatten permettre, autoriser *gestatten Sie?* vous permettez?
Geste *f* -n geste *m*, mouvement *m*
gestehen* avouer *seine Schuld ~* reconnaître sa culpabilité ◆ *ich gestehe* j'admets ◆ *offen gestanden* à dire vrai, pour parler franchement
Gestein *n* -e roche(s) *f(pl)*, pierres *fpl*
Gestell *n* -e 1 support *m*, rayonnage *m*, casier *m* 2 *(tech)* châssis *m*, carcasse *f*; *(fam) zieh dein ~ ein!* enlève tes guibolles *pl*! 3 *(fam) ein dürres ~* sac *m* d'os 4 *(lunettes)* monture *f*
gestern hier; *(fig) nicht von ~ sein* ne pas être né de la dernière pluie
Gestik *f* ø gestes *mpl*, gestuelle *f*
gestikulieren gesticuler
Gestirn *n* -e astre *m*
gestochen: *(fig)* soigné; *(photo) ~ scharf* net → **stechen**
Gesträuch *n* -e buissons *mpl*, broussailles *fpl*
gestreift rayé
gestrig d'hier; *am ~en Tag* la veille
Gestrüpp *n* -e fourré *m*, buissons *mpl*; *(fig) das ~ der Paragraphen* le dédale des paragraphes
Gestüt *n* -e haras *m*
Gesuch *n* -e requête *f*, demande *f*
Gesülze *n* ø *(péj)* bla-bla *m*
gesund en bonne santé *bleib schön ~!* bonne santé!; *~ und munter* frais et dispos, *(fig)* sain *m*; *einen ~en Appetit haben* avoir un solide appétit; *der ~e Menschenverstand* le bon sens; *(fam) du bist wohl nicht ganz ~?* ça va pas, non?
Gesundheit *f* ø 1 santé *f* 2 *~!* à vos/tes souhaits!
gesundheitlich: *aus ~en Gründen* pour raison de santé ◆ *auf der Höhe sein* être en parfaite santé
gesundheitsschädlich nuisible à la santé, toxique
Gesundheitswesen *n* ø santé *f* publique
Gesundung *f* ø guérison *f*, rétablissement *m*; *(fig) finanzielle ~* assainissement *m*/redressement *m* financier
Getöse *n* ø vacarme *m*, fracas *m*
getragen: *(fig) mit ~er Stimme* d'une voix solennelle
Getränk *n* -e boisson *f*
getrauen sich oser, se risquer (à)
Getreide *n* - céréales *fpl*; grains *mpl*
getrennt: *etw ~ schreiben* écrire qch en deux mots
getreu 1 loyal, dévoué 2 *der Tradition ~* fidèle à la tradition
Getriebe *n* - 1 *(tech)* engrenage *m*; *(auto)* boîte *f* de vitesses 2 agitation *f*, affairement *m*
getrost: *etw ~ machen* faire qch en toute confiance; *der Zukunft ~ ins Auge blicken* avoir confiance en l'avenir
Getue *n* ø *(fam/péj)* simagrées *fpl*, chichis *mpl*
Getümmel *n* - cohue *f*, *(fig)* mêlée *f*
Gewächs *n* -e plante *f*, végétal *m*; *(méd)* excroissance *f*
gewachsen: *gut ~* bien bâti; *(fig) einer Lage ~ sein* être de taille à pouvoir affronter une situation
Gewächshaus *n* ¨er serre *f*
gewagt risqué *ein ~es Spiel treiben* risquer gros
gewahr: *eines Irrtums ~ werden* s'apercevoir/se rendre compte d'une erreur
Gewähr *f* ø garantie *f die ~ für etw übernehmen* se porter garant de qch
gewahren apercevoir; *(fig)* percevoir, se rendre compte (de)
gewähren: *Rabatt ~* accorder un rabais ◆ *jn ~ lassen* laisser faire qqn
gewährleisten garantir, se porter garant (de)
Gewahrsam *m* ø 1 *jn in polizeilichen ~ nehmen* mettre qqn en détention *f* 2 *etw in sicherem ~ halten* garder qch en lieu sûr
Gewalt *f* ø force *f*, violence *f ~ leiden müssen* avoir à subir des violences; *~ geht vor Recht* le droit du plus fort est toujours le meilleur; *einer Sache ~ an=tun* arranger qch à sa manière; *mit (aller) ~* à tout prix *m* ◆ *-en* 1 pouvoir *m die aus-*

Gewaltenteilung

führende ~ le pouvoir exécutif **2** *die ~ des Aufpralls* la violence du choc
Gewaltenteilung *f ø* séparation *f* des pouvoirs
Gewaltherrschaft *f ø* tyrannie *f*
gewaltig puissant; énorme; *(fig) ein ~er Irrtum* une erreur monumentale
gewaltsam violent
Gewalttätigkeit *f -en* violence *f*
Gewand *n ¨er* vêtement *m*, habit *m*
gewandt adroit, habile *~e Bewegungen* des gestes souples; *ein ~es Reh* un chevreuil agile ◆ *~ reden* parler avec aisance
Gewandtheit *f ø* adresse *f*, habileté *f*, aisance *f*, agilité *f*, souplesse *f*
gewärtig : *einer Sache ~ sein* s'attendre à qch
Gewäsch *n ø (fam/péj)* verbiage *m*
Gewässer *n -* eau(x) *f (pl)*
Gewebe *n -* tissu *m*
Gewehr *n -e* fusil *m das ~ schultern* épauler
Geweih *n -e* bois *m* (d'un cerf)
Gewerbe *n ø* activité *f* (commerciale / artisanale / industrielle) ◆ *-* métier *m*; *(fig) das horizontale ~* (non fig) la prostitution
Gewerbeaufsicht *f -en* inspection *f* du travail
Gewerbekammer *f -n* chambre *f* des métiers
Gewerbeschein *m -e* patente *f*, licence *f* (d'exploitation)
Gewerbetreibende/r artisan *m*, commerçant *m*, industriel *m*
Gewerkschaft *f -en* syndicat *m*
Gewerkschaft(l)erIn *m f* syndicaliste *m f*; syndiqué(e)
gewerkschaftlich syndical
Gewerkschaftsbund *m ø* (con)fédération *f* de syndicats; *Deutscher ~ (DGB)* confédération *f* des syndicats allemands
GewerkschaftsfunktionärIn *m -e f -nen* permanent *m*
Gewicht *n ø* poids *m nach ~ verkaufen* vendre au poids; *(fig) ins ~ fallen* peser dans la balance; *auf etw (A) ~ legen* (non *fig*) attacher de l'importance à qch ◆ *-e* poids *m*; *(sp) ein ~ stemmen* soulever une haltère / un poids
gewichtig : *(fig) eine ~e Persönlichkeit* une personnalité importante / de poids
Gewichtheben *n ø* haltérophilie *f*
Gewichtsklasse *f -n* catégorie *f*
gewieft *(fam)* débrouillard, malin
Gewimmel *n ø* grouillement *m*, fourmillement *m*
Gewinde *n -* **1** *(tech)* pas *m* de vis, filet *m* **2** guirlande *f*
Gewindebohrer *m -* taraud *m*
Gewinn *m -e* **1** *(comm)* bénéfice *m*, profit *m*, gain *m* **2** *(jeu)* lot *m*, numéro *m* gagnant
gewinnen* **1** gagner *; (fig) auf jn Einfluß ~* prendre de l'ascendant sur qqn; *an etw (D) Geschmack ~* prendre goût à qch; *Freunde ~* se faire des amis; *die Überzeugung ~, daß* acquérir la conviction que **2** *Zucker aus Rüben ~* extraire du sucre de la betterave ◆ *(fig) an Klarheit ~* y gagner en clarté ◆ *Los nummer 2 gewinnt* le numéro 2 est gagnant; *(fig) er gewinnt bei näherem Kennenlernen* il gagne à être connu ◆ *(fig) ein gewinnendes Äußeres* un air avenant / engageant
GewinnerIn *m f* gagnant *m -e f*
Gewinnspanne *f -n* marge *f* (bénéficiaire)
Gewinnsucht *f ø* appât *m* du gain, cupidité *f*
Gewirr *n ø* enchevêtrement *m das ~ der Straßen* dédale des rues; *das ~ von Stimmen* le mélange *m* confus de voix
gewiß **1** sûr, certain *eine gewisse Zuversicht* une entière confiance ; *eine gewisse Entscheidung* une décision définitive **2** *ein gewisser Schmidt* un certain M. Schmitt; *in gewissem Maße* dans une certaine mesure ◆ certainement, sûrement, à coup sûr; *aber ~ doch!* mais si, bien sûr !
Gewissen *n -* conscience *f*
gewissenhaft consciencieux, -euse, scrupuleux, -euse
gewissenlos sans scrupules
Gewissensbisse *mpl* remords *mpl*, scrupules *mpl*
Gewissensfrage *f ø* cas *m* de conscience
gewissermaßen en quelque sorte, pour ainsi dire
Gewißheit *f ø* certitude *f*
Gewitter *n -* orage *m*
gewitt(e)rig orageux, -euse
gewitzt dégourdi, débrouillard; malin, roué
gewöhnen *(an A)* habituer (à), accoutumer (à) ◆ *sich schwer an etw (A) ~* avoir du mal à s'habituer / *(fam)* se faire à qch
Gewohnheit *f -en* habitude *f*
gewohnheitsmäßig habituel, -le ◆ par habitude
Gewohnheitsrecht *n ø* droit *m* coutumier
gewöhnlich **1** *zur ~en Zeit* à l'heure habituelle **2** grossier, -ière, vulgaire ◆ **1** *~ aus=sehen* avoir l'air vulgaire **2** habituellement, d'ordinaire; *wie ~* comme d'habitude / à l'ordinaire
gewohnt : *etw (A) ~ sein* être habitué à qch, avoir l'habitude de qch
Gewöhnung *f -en* accoutumance *f*
gewölbt voûté, bombé
Gewühl *n ø* cohue *f*, foule *f*, mêlée *f*
Gewürz *n -e* épice *f*, condiment *m*
Gewürzgurke *f -n* cornichon *m*

gezeichnet : *(fig) von der Krankheit ~* marqué par la maladie
Gezeiten *pl* marées *fpl*
Gezeter *n ø (fam/péj)* tollé *m*; vociférations *fpl*
geziemen sich convenir *das geziemt sich nicht* cela ne se fait pas / n'est pas convenable; *es geziemt dir nicht, danach zu fragen* il ne t'appartient pas de poser cette question, tu n'as pas à poser cette question
gezwungen pas naturel, forcé, affecté, guindé ◆ *sie lacht ~* elle se force à rire, elle rit jaune → **zwingen**
Gicht *f ø* goutte *f*
Giebel *m* - pignon *m*; fronton *m*
giepern : *(fam) nach etw ~* baver devant qch
Gier *f ø* avidité *f*, convoitise *f*; *(sexe)* concupiscence *f*
gieren (nach) être avide (de), convoiter,
gierig 1 avide (de); goulu *nach Kuchen ~ sein* être friand de gâteaux; *auf Neuigkeiten ~ sein* être à l'affût de tout ce qui peut être nouveau 2 *ein ~er Blick* un regard de convoitise; un regard concupiscent
Gießkanne *f* -n arrosoir *m*
gießen* 1 *die Blumen ~* arroser les plantes 2 *Blei ~* couler du plomb ◆ verser, faire couler; *(fig) Öl ins Feuer ~* mettre de l'huile sur le feu ◆ *es gießt* il pleut à verse
Gießerei *f* -en fonderie *f*
Gift *n* -e poison *m*; *(serpent)* venin *m*; *(fig/fam) ~ und Galle spucken* en sortir de toutes les couleurs, en dire des vertes et des pas mûres, cracher son venin; *etw ist ~ für jn* être très mauvais / redoutable pour qqn; *(fam) darauf kannst du ~ nehmen* tu peux en être sûr et certain ; ça, c'est garanti !
giften *(fam)* tempêter comme un beau diable
giftig toxique; vénéneux, -euse; *(serpent)* venimeux ; *(fig) ~es Gelb* un jaune criard ; *eine ~e Bemerkung* une remarque fielleuse
Giftmüll *m ø* déchets *mpl* toxiques
Giftpilz *m* -e champignon *m* vénéneux
Giftschlange *f* -n serpent *m* venimeux
Gigant *m* -en -en géant *m*
gigantisch gigantesque
Gimpel *m* - bouvreuil *m*
Ginster *m* - genêt *m*
Gipfel *m* - sommet *m*, cime *f*; *(fig) das ist doch der ~!* c'est un comble !
Gipfelkonferenz *f* -en conférence *f* au sommet
gipfeln culminer
Gips *m ø* plâtre *m*
Gipsverband *m ¨e* plâtre *f*
Giraffe *f* -n girafe *f*
Girlande *f* -n guirlande *f*

Giro *n* -s virement *m*; endossement *m*
Girokont.o *n* .en compte *m* courant
Gischt *m/f ø* embruns *mpl*
Gitarre *f* -n guitare *f*
Gitter *n* - grille *f*; grillage *m*; palissade *f*
Glanz *m ø* éclat *m*; *(fig)* splendeur *f*, faste *m*, pompe *f*
glänzen briller, étinceler; *(fig) mit seinen Fähigkeiten ~* être brillant
glänzend brillant, étincelant; *(fig) ein ~er Erfolg* un succès éclatant; *eine ~e Idee* une idée lumineuse ◆ brillamment ; *~ aus=sehen* être resplendissant; *es geht mir ~* je me porte comme un charme
glanzlos terne, sans éclat
glanzvoll magnifique; somptueux, -euse; majestueux, -euse
Glas *n ø* verre *m*; *(fig) du bist doch nicht aus ~ !* ton père n'est pas vitrier ! ◆ *¨er* 1 verre ; *(fig) zu tief ins ~ schauen* boire un coup de trop
Glaser *m* - vitrier *m*
Glashütte *f* -n verrerie *f*; cristallerie *f*
glasig 1 vitreux, -euse 2 *(cuis)* rissolé
Glasscheibe *f* -n vitre *f*, carreau *m*
Glasscherbe *f* -n verre *m* cassé, tesson *m*
Glasur *f* -en émail *m*; *(cuis)* glaçage *m*
glatt 1 *~er Fußboden* un sol lisse *~er Stoff* un tissu lisse; un tissu uni; *~e Fahrbahn* chaussée glissante ; *(fig)* sans complications ; *eine ~e Landung* un atterrissage sans incidents 2 *~es Haar* cheveux raides 3 *eine ~ Lüge* un pur mensonge ; *(comm) eine ~e Rechnung* un compte rond ◆ 1 *~ gehen* bien marcher, *(fam)* marcher comme sur des roulettes 2 directement; *etw ~ heraus=sagen* dire qch sans ménagements, *(fam)* sortir qch tout de go
Glätte *f ø* surface *f* lisse; surface glissante *die ~ der Straße* la route glissante
Glatteis *n ø* verglas *m*; *(fig) jn aufs ~ führen* entraîner qqn sur un terrain glissant
glätten défroisser *Falten ~* effacer des plis ; *(fig) die Wogen der Erregung ~* calmer les esprits ◆ *das Meer glättet sich* la mer se calme; *(fig) seine Stirn glättet sich* son front se déride
Glatze *f* -n calvitie *f eine ~ haben* être chauve
glatzköpfig chauve
Glaube(n) *m ø* foi *f*, croyance *f*; religion *f*, confession *f in einen anderen ~ übertreten* se convertir; *(fig) in gutem ~n* de bonne foi, en toute bonne foi; *jm ~n schenken* ajouter foi / apporter du crédit aux dires de qqn
glauben : *jm etw ~* croire qqn (quand il dit qch); *kaum zu ~* à peine croyable ◆ *~ (an* A) croire (en); *(fig/fam)*;

Glaubensbekenntnis

d(a)ran ~ müssen y rester / laisser sa peau; y passer
Glaubensbekenntnis *n* -se profession *f* de foi, credo *m*
Glaubensfreiheit *f* ø liberté *f* religieuse / des cultes
glaubhaft crédible, vraisemblable
gläubig : *~ sein* avoir la foi; *sehr ~ sein* être très croyant
Gläubige/r croyant *m* -e *f*
GläubigerIn *m f (comm)* créancier, -ère
glaubwürdig digne de foi
Glaubwürdigkeit *f* ø crédibilité *f*
gleich 1 même, pareil, -le, identique *sie sind ~* ils sont pareils / identiques, ce sont les mêmes; *es ist mir ~* cela m'est égal 2 égal *zwei mal zwei ~ vier* deux fois deux font quatre 3 *(fam); das bleibt sich ~* c'est du pareil au même, c'est kif-kif ◆ 1 *bis ~ !* à tout de suite !; *~ anfangs* dès le début; *~ nach dem Essen* tout de suite / sitôt après le déjeuner 2 *~ alt* du même âge ; *wie heißt er doch ~ ?* comment s'appelle-t-il encore / déjà ? ◆ (D) *~ einem Ball* comme une balle
gleichartig de même nature, identique, similaire, analogue *~e Tiere* des animaux de la même espèce
gleichbedeutend synonyme
Gleichberechtigung *f* ø égalité *f* des droits
gleichen* ressembler (à), être semblable / égal (à); *(fig) wie ein Ei dem anderen ~* se ressembler comme deux gouttes d'eau
gleichermaßen de la même manière, pareillement, également
gleichfalls également, aussi, de même *danke ~ !* merci, (à) vous aussi
Gleichgewicht *n* ø équilibre *m*; *(fig) aus dem ~ bringen* déséquilibrer
gleichgültig 1 *ein ~er Mensch* un homme indifférent à tout / que rien n'intéresse / blasé ; *~e Stimme* voix neutre ; *~er Gesichtsausdruck* air indifférent 2 *das ist mir ~* cela m'est indifférent, peu m'importe, cela ne me fait ni chaud ni froid
Gleichgültigkeit *f* ø indifférence *f*
Gleichheit *f* -en ; *~ der Ansichten* identité *f* de vues ; *(pol)* égalité *f*
Gleichheitszeichen *n* - signe égal
Gleichklang *m* ¨e harmonie *f*, accord *m*; *im ~ sein* à l'unisson *m*
gleich=kommen* <sein> équivaloir (à), égaler *darin kommt ihm keiner ~* il n'a pas son égal en la matière
gleichlautend homonyme *~e Meldungen* des nouvelles concordantes
gleich=machen* uniformiser, niveler; *dem Erdboden ~* raser
gleichmäßig régulier, -ière ◆ régulièrement *etw ~ verteilen* répartir, distribuer en parts égales
gleichmütig impassible, calme
Gleichnis *n* -se parabole *f*, allégorie *f*
gleichsam quasiment, pour ainsi dire
gleich=schalten : *(péj) Parteien ~* mettre les partis au pas
gleichschenklig isocèle
gleichseitig équilatéral
Gleichung *f* -en équation *f*
Gleis *n* -e voie *f* (ferrée), rails *mpl* ; *(fig) aus dem ~ kommen* être déphasé ; *sich in ausgefahrenen ~en bewegen* ne pas sortir des sentiers battus
Gleitboot *n* -e hydroglisseur *m*
gleiten* <sein> glisser *aus der Hand ~* glisser des mains ; *(oiseaux)* planer, se laisser porter par le vent ◆ *(fam/non fam)* avoir des horaires à la carte
gleitend : *~e Arbeitszeit* horaires mobiles / à la carte
Gleitschutz *m* ø équipement *m* antidérapant
Gletscher *m* - glacier *m*
Gletscherspalte *f* -n crevasse *f*
Glied *n* -er *f* 1 membre *m* der Finger hat drei *~er* le doigt a trois phalanges ; *(fig)* maillon *m* (de la chaîne) ; *das fehlende ~* le chaînon manquant 2 *(homme)* verge *f* 3 *(math)* terme *m* 4 *(mil)* rangs *mpl*
gliedern organiser ; diviser *einen Aufsatz ~* faire un plan de rédaction ◆ *sich ~ (in A)* se diviser (en)
Gliederung *f* -en 1 plan *m*, organisation *f soziale ~* structure *f* sociale 2 *(mil/pol)* groupe *m*, formation *f*
Gliedmaßen *fpl* membres *mpl*
glimmen* rougeoyer, couver; *(fig) noch glimmt ein Hoffnungsschimmer* il y a encore une lueur d'espoir
glimpflich modéré ◆ *davon=kommen* s'en tirer à bon compte ; *jn ~ behandeln* être indulgent / compréhensif à l'égard de qqn
glitschig glissant ; gluant, visqueux, -euse
glitzern étinceler, scintiller
global 1 global, général 2 *ein ~er Konflikt* un conflit mondial
Globalsumme *f* -n somme globale / en gros
Glob(.)us *m* .en / -se globe *m* terrestre ; mappemonde *f*
Glöckchen *n* - clochette *f*, grelot *m*
Glocke *f* -n cloche *f* ; *(fig/fam) etw an die große ~ hängen* crier qch sur tous les toits ; *wissen, was die ~ geschlagen hat* s'attendre au pire
Glockenblume *f* -n campanule *f*
Glockenspiel *n* -e carillon *m*
Glockenturm *m* ¨e clocher *m*
Glorie *f* -n gloire *f*
glorreich glorieux, -euse

Glotze *f* -n *(fam)* télé *f*
glotzen *(fam)* 1 regarder avec des yeux tout ronds / des yeux de merlan frit 2 *in die Röhre* ~ regarder la télé
Glück *n* ø 1 chance *f*; ~ *haben* avoir de la chance; *viel* ~ ! bonne chance 2 *das wahre* ~ le bonheur (intégral)
Glucke *f* -n *(poule)* couveuse *f*; *(fig/fam)* mère *f* poule
glücken <sein> réussir
gluckern glouglouter
glücklich heureux, -euse; *(fig) ein ~er Einfall* une bonne idée ◆ ~ *davon=kommen* bien s'en tirer
glücklicherweise heureusement
Glückssache *f* ø : *(fam) das ist reine* ~ ! c'est vraiment un hasard ! / extraordinaire !
Glücksbringer *m* - porte-bonheur *m*
glückselig (bien)heureux, -euse
Glückseligkeit *f* ø bonheur *m*, félicité *f*
glucksen 1 glousser 2 glouglouter
Glückspilz *m* -e *(fam)* veinard *m* -e *f*
Glücksspiel *n* -e jeu *m* de hasard
Glücksstern *m* -e bonne étoile *f*
Glückwunsch *m* ¨e vœux *mpl*, félicitations *fpl meinen herzlichsten* ~ ! tous mes vœux !
Glühbirne *f* -n ampoule *f*
glühen rougeoyer, être incandescent ; *(fig) die Sonne glüht am Abendhimmel* le soleil rougeoit dans le ciel, le soleil embrase le ciel ◆ brûler (de) ; *vor Zorn* ~ être rouge de colère, *(fam)* bouillir ◆ *Eisen* ~ chauffer du fer jusqu'à incandescence
glühend : ~*e Kohlen* charbon incandescent ; *die* ~*e Sonne* le soleil qui rougeoit ; *(fig) ein* ~*er Blick* un regard enflammé / ardent ; ~*er Haß* haine farouche
Glühwein *m* - vin *m* chaud
Glut *f* -en rougeoiement *m*, masse *f* incandescente *in der* ~ *rösten* faire rôtir sur la braise ; *(fig) die* ~ *seiner Wangen* le rouge *m* de ses joues, ses joues en feu ; *die* ~ *ihrer Blicke* ses regards enflammés, l'ardeur *f* de ses regards
Gluthitze *f* ø chaleur *f* torride, fournaise *f*
Glyzerin *n* ø glycérine *f*
GmbH *f* -s S. A. R. L. *f* → **Gesellschaft mit beschränkter Haftung**
Gnade *f* ø 1 bonnes grâces *fpl von js* ~ *ab=hängen* dépendre du bon vouloir *m* de qqn, être à la merci *f* de qqn 2 *um* ~ *flehen* implorer pitié *f* ; ~ *vor/für Recht ergehen lassen* faire preuve de clémence *f* / d'indulgence *f* 3 *(hist) König von Gottes* ~*n* roi de droit *m* divin ; *Euer* ~*n !* Votre Grâce !
Gnadengesuch *n* -e recours *m* en grâce
Gnadenstoß *m* ¨e coup *m* de grâce
gnädig gentil, bienveillant ; indulgent ~*e Frau* (chère) Madame ◆ ~ *davon=kommen* s'en tirer à bon compte
gnatzig *(fam)* grognon
Gold *n* ø or *m* ; *(fig) treu wie* ~ d'une fidélité à toute épreuve ; *das ist nicht mit* ~ *aufzuwiegen* cela n'a pas de prix
golden en / d' or ; *(fig) die* ~ *Mitte* le juste milieu ; ~*e Worte* des paroles mémorables
Goldfisch *m* -e poisson *m* rouge
goldig doré ; *(fig) ein* ~*er Kerl* un garçon adorable
Goldschmied *m* -e orfèvre *m*
Golf *m* -e golfe *m*
Golfschläger *m* - club *m* (de golf)
Gondel *f* -n 1 gondole *f* 2 nacelle *f* ; *(téléphérique)* cabine *f*
gondeln : *(fig) durch ganz Europa* ~ se balader dans toute l'Europe
gönnen 1 *jm etw* ~ être content pour qqn 2 *sich* (D) *etw* ~ s'accorder qch, s'offrir qch
gönnerhaft condescendant
Gör *n* -en môme *m f*, mouflet *m*, moutard *m*
Gorilla *m* -s gorille *m*
Gosse *f* -n caniveau *m* ; *(fig) in der* ~ *landen* tomber bien bas ; *jn aus der* ~ *ziehen/holen* tirer qqn du ruisseau
Gotik *f* ø gothique *f*
gotisch gothique
Gott *m* ¨er Dieu *m*, dieu *m um* ~*es Willen !* pour l'amour de Dieu ! ; ~ *sei dank !* Dieu merci ! ; *(fig) wie* ~ *in Frankreich leben* vivre comme un coq en pâte
Gottesdienst *m* -e office *m* (religieux)
Gottheit *f* -en divinité *f*
Göttin *f* -nen déesse *f*
göttlich divin ; *(fig) eine* ~*e Idee* une idée sensationnelle
gottlos impie
Götze *m* -n -n idole *f*
Grab *n* ¨er tombe *f*, tombeau *m jn zu* ~*e tragen* enterrer qqn ; *(fig) du bringst mich noch ins* ~ *(fam)* tu vas me faire tourner en bourrique
graben* creuser ◆ *nach etw* ~ chercher qch (en creusant)
Graben *m* ¨ fossé *m* ; *(mil)* tranchée *f*
Grad *m* -e 1 degré *m der* ~ *der Verschmutzung* le degré / niveau de pollution ; *(fig) im höchsten* ~ au plus haut point ; *m* 2 *ein Verwandter zweiten* ~*es* un cousin au deuxième degré 3 *(géo/math)* degré ; *(fig) sich um 180* ~ *drehen* retourner complètement sa veste
Graf *m* -en comte *m*
Grafik *f* ø arts *mpl* graphiques ◆ -en gravure *f*
GrafikerIn *m f* graphiste *m f*
Gram *m* ø chagrin *m*
grämen : *das grämt mich wenig* cela ne

Gramm

me préoccupe guère ◆ *sich um jn* ~ se faire du souci/se tracasser/*(fig)* se ronger les sangs pour qqn; *sich über etw (A)* ~ en être malade

Gramm (G) *n* -e gramme *(g) m*
Grammatik *f* -en grammaire *f*
Granatapfel *m* ¨ grenade *f*
Granate *f* -n grenade *f*, obus *m*
Granit *m* -e granite *m*; *(fig) da beißt du bei mir auf* ~ avec moi, tu tombes sur un os/tu vas te casser les dents
grapschen *(fam)* agripper; peloter qqn
Gras *n* ¨er herbe *f*; *(fig/fam) ins* ~ *beißen* casser sa pipe; ~ *über etw (A) wachsen lassen* mettre qch dans sa poche avec son mouchoir par-dessus; *das* ~ *wachsen hören (iro)* être très perspicace
grasen paître, brouter
grassieren *(méd)* s'étendre, se développer, sévir
gräßlich: *ein* ~*er Kerl* un garçon épouvantable, *(fam)* un affreux; *ein* ~*es Verbrechen* un crime abominable/épouvantable/atroce
Grat *m* -e 1 *(montagnes)* crête *f* 2 arête *f*
Gräte *f* -n arête *f* (de poisson); *(fam < non fam)* os *m*
gratis gratuit
Gratulation *f* -en félicitations *fpl*
gratulieren: *jm zum Sieg* ~ féliciter qqn pour sa victoire; *jm zum Geburtstag* ~ souhaiter un bon anniversaire à qqn ◆ *sich (D)* ~ *können* pouvoir être fier (de)
grau gris ~ *werden* grisonner; *(méd)* ~*er Star* cataracte *f*; *(fig) in* ~*er Ferne* très loin, dans un avenir lointain; *alles in* ~ *sehen* voir tout en noir
Grauen *n* ø épouvante *f*, horreur *f* ~ *empfinden* être épouvanté/horrifié ◆ -en *die* ~ *des Krieges* les horreurs *fpl*/atrocités *fpl* de la guerre
grauen: *der Morgen graut* l'aube point; *es graut schon* le jour se lève
grauen: *es graut ihm vor dem Tod* il appréhende la mort, il a peur de la mort, l'idée de la mort lui fait frémir (d'horreur)
grauenerregend horrible, qui fait frémir
grauenhaft horrible, épouvantable, atroce
graulen: *(fam) sich* ~ avoir la frousse/trouille ◆ *es grault mir/mich bei diesem Gedanken* cette pensée me donne la chair de poule
graumeliert grisonnant, poivre et sel
Graupe *f* -n orge *m* perlé
graupeln: *es graupelt* il tombe du grésil
grausam cruel, -le; *(fig)* ~*e Kälte* un froid très vif; *ein* ~*er Winter* un hiver rude/rigoureux

Grausamkeit *f* ø cruauté *f* ◆ -en acte *m* de cruauté
grausen: *sich vor Spinnen* ~ avoir peur des araignées ◆ *es graust mir vor ihm* il me fait horreur
Grauschimmel *m* - un cheval pommelé
grausig affreux, -euse, épouvantable *eine* ~*e Entdeckung* une découverte macabre; *(fam) eine* ~*e Kälte* un froid de canard
gravieren graver
gravierend grave, lourd de conséquences
grazil gracile
graziös gracieux, -euse
greifbar 1 *alles mit-nehmen, was* ~ *ist* emporter tout ce qui est à portée de main; *(fig) das Datum rückt in* ~*e Nähe* la date se rapproche; ~*e Vorteile* des avantages concrets/tangibles 2 *die Ware ist zur Zeit nicht* ~ cette marchandise n'est actuellement pas disponible; *(fam) der Direktor ist nicht* ~ le directeur est introuvable/n'est pas joignable
greifen* *(tech)* accrocher *die Reifen* ~ *gut* les pneus ont une bonne adhérence ◆ *(fig) etw aus der Luft* ~ inventer qch de toutes pièces; ◆ *sich (D) an den Kopf* ~ se prendre la tête dans les mains ◆ *nach etw* ~ tendre la main vers qch, essayer d'attraper qch 2 *zum Hammer* ~ saisir un marteau; *(fig) zu schärferen Mitteln* ~ avoir recours à des moyens plus radicaux
GreisIn *m* -e *f* -nen vieillard *m*, vieille femme *f*
greisenhaft de vieillard/vieux; sénile
grell 1 ~*es Licht* une lumière crue; ~*e Sonne* un soleil éblouissant 2 *(couleur)* criard 3 ~*e Stimme* une voix perçante/stridente
Gremi.um *n* .en comité *m*, commission *f*
Grenze *f* -n 1 frontière *f*; *(fig)* limite *f die* ~*n überschreiten* dépasser les bornes *fpl*; *sich in* ~*n halten* rester dans/avoir des limites
grenzen: *an den Wald* ~ se trouver à la lisière de la forêt; *an Frankreich* ~ être limitrophe de la France; *(fig) an Unverschämtheit* ~ être à la limite du sans-gêne
grenzenlos 1 ~*e Weite* un espace immense/infini 2 ~*es Vertrauen* une confiance illimitée/sans bornes
Grenzfall *m* ¨e cas *m* limite
GrenzgängerIn *m f* (travailleur, -euse) frontalier, ière
Grenzlinie *f* -n frontière *f*; limite *f*
grenzüberschreitend transfrontalier, -ière
Greuel *m* - atrocité *f*, horreur *f*
Greueltat *f* -en atrocité *f*
greulich atroce. abominable, horrible; *(fam)* ~*er Gestank* odeur épouvantable

grießgrämig grincheux, -euse; renfrogné, morose
Grieß *m ø* semoule *f*
Griff *m* **-e 1** poignée *f* **2** *der ~ nach der/zur Zigarette* la manie *f* de prendre une cigarette; le recours *m* à la cigarette; *bei ihm sitzt jeder ~* il est très adroit de ses mains; *(fig) mit jm einen guten ~ getan haben* être tombé sur le bon numéro, avoir eu la main heureuse (en choisissant qqn); *etw im ~ haben* maîtriser qch, avoir qch bien en main **3** *(mus)* touche *f*
griffbereit à portée de main
Griffel *m* - crayon *m* d'ardoise
griffig 1 maniable **2** qui a une bonne adhérence
Grill *m* **-s** gril *m*, rôtissoire *f*
Grille *f* **-n** grillon *m*; *(fig)* idée *f* bizarre *~n fangen* broyer du noir
grillen faire griller
Grimasse *f* **-n** grimace *f*
grimmig furieux, -euse, furibond, courroucé; *(fig) ~er Frost* un froid de canard; *~er Hunger* une faim de loup
Grind *m* **-e** croûte *f*
grinsen ricaner, sourire
Grippe *f* **-n** grippe *f*
Grips *m ø (fam)* jugeotte *f*
grob 1 *~es Sieb* une passoire à gros trous; *~e Arbeiten* gros travaux **2** grossier, -ière; *~es Verschulden* faute grave; *in ~en Zügen* dans les grandes lignes, en gros; *ein ~er Kerl* un rustre ◆ *jn an=fahren* être grossier vis-à-vis de qqn; *~ mahlen* moudre gros/grossièrement
Grobheit *f ø* **1** grossièreté *f*, vulgarité *f* **2** rudesse *f* ◆ **-en** grossièreté
Grobian *m* **-e** rustre *m*
grölen *(fam)* brailler
Groll *m ø* rancune *f*, animosité *f*, ressentiment *m gegen jn ~ hegen* nourrir du ressentiment à l'égard de qqn, *(fig)* avoir une dent contre qqn
grollen 1 gronder **2** *jm ~* en vouloir à qqn, garder rancune à qqn
Groschen *m* - pièce *f* de 10 Pfennig; *(fam) der ~ ist gefallen!* ça y est, il a pigé!
groß 1 grand *wie ~ ist er?* combien mesure-t-il?; *wie ~ ist die Wohnung* quelles sont les dimensions de l'appartement?; *(fig) das ~e Los* le gros lot; *~e Augen machen* ouvrir de grands yeux **2** *eine ~e Menge* un grand nombre, beaucoup; *im ~en und ganzen* en gros, grosso modo; *(fig) ~e Hitze* fortes chaleurs; *~e Kälte* grands froids; *eine ~e Leistung* une haute performance; *(fam) ~e Töne spucken* faire de grandes phrases **3** *~e Männer* les grands hommes; *ein ~es Herz haben* avoir le cœur sur la main **4** *mein ~er Bruder* mon grand frère ◆ *~ schreiben* écrire en majuscules; *(fig) jn ~ an=sehen* être sidéré, rester bouche bée
großartig magnifique, formidable
Großaufnahme *f* **-n** gros plan *m*
Großbuchstabe *m* **-n** majuscule *f*
Größe *f ø* : *die ~ eines Landes* la taille *f*/les dimensions *fpl*/l'étendue *f* d'un pays; *(fig) seelische ~* grandeur *f* d'âme, grande force morale; *die ~ des Augenblicks* l'importance *f*/la gravité *f* du moment ◆ **-n 1** *in allen ~n* dans toutes les tailles **2** *(math) eine unbekannte ~* une inconnue *f* **3** *(fig)* sommité *f*
Großeltern *pl* grands-parents *mpl*
Größenordnung *f* **-en** ordre *m* de grandeur
großenteils en grande partie
Größenverhältnis *n* **-se** proportion *f*
Größenwahn *m ø* folie *f* des grandeurs
GroßgrundbesitzerIn *m f* grand(e) propriétaire terrien, -ne
Großhandel *m ø* commerce *m* de gros
GroßhändlerIn *m f* grossiste *m f*
großherzig *(fig)* généreux, -euse, magnanime
Großmaul *n* ¨er *(fam)* grande gueule *f*
Großmutter *f* ¨ grand-mère *f*
großspurig : *ein ~er Mensch* un hâbleur, un crâneur
Großstadt *f* ¨e grande ville *f*, métropole *f*
größtenteils pour la plupart, en majeure partie
groß=tun* *sich (péj)* crâner, se donner de grands airs
Großvater *m* ¨ grand-père *m*
groß=ziehen* élever
großzügig 1 généreux, -euse *ein ~es Trinkgeld* un bon pourboire **2** libéral, large d'esprit, compréhensif, -ive
Großzügigkeit *f ø* générosité *f*; compréhension *f*, largeur *f* d'esprit
grotesk grotesque
Grube *f* **-n** fosse *f*; *(loc) wer andern eine ~ gräbt, fällt selbst hinein* tel est pris qui croyait prendre
Grübchen *n* - fossette *f*
grübeln réfléchir, se creuser la tête; ruminer
grün vert; *(fig) ein ~er Junge* un blanc-bec; *die beiden sind sich nicht ~* ils ne peuvent pas se sentir; *sich ~ ärgern* se fâcher tout rouge; *auf keinen ~en Zweig kommen* piétiner; *(jeu) ~ aus=spielen* jouer pique
Grün *n* - vert *m*; *(fam) das ist dasselbe in ~* c'est blanc bonnet et bonnet blanc
Grünanlagen *fpl* espaces *mpl* verts
Grund *m* ¨e **1** terrain *m ~ und Boden* terres *fpl* **2** fond *m auf ~ laufen* s'échouer; *(fig) im ~e seines Herzens* au fond de son cœur **3** *(fig)* raison *f*, motif

m; ~ *haben, etw zu tun* avoir des raisons de faire qch; *keinen ~ zum Klagen haben* ne pas avoir à se plaindre; *aus Gründen der Sicherheit* par mesure *f* de sécurité **4** *im ~e genommen* au fond

Grundausbildung *f* -en formation *f* de base; *(mil)* instruction *f*

Grundbedeutung *f* -en premier sens *m*

Grundbegriff *m* -e notion *f* fondamentale

Grundbesitz *m* ø propriété *f* foncière, terres *fpl*

Grundbuch *n* ¨er registre *m* foncier, cadastre *m*

gründen fonder, créer; ◆ *sich ~ (auf A)* se fonder/reposer (sur)

GründerIn *m f* fondateur, -trice

Grundfeste *f* -n : *jn in seinen ~n erschüttern* ébranler qqn au plus profond de lui-même; *etw in seinen ~n erschüttern* ébranler qch jusque dans ses fondements *mpl*

Grundfläche *f* -n base *f*

Grundfrage *f* -n question fondamentale/de base

Grundgebühr *f* -en taxe *f* de base

Grundgedanke *m* -n idée *f* fondamentale

Grundgesetz *n* -e loi *f* fondamentale, constitution (allemande)

grundieren passer une première couche (de peinture)

Grundlage *f* -n fondement *m*, base *f* *jeder (G) ~ entbehren* être dénué de tout fondement

grundlegend fondamental

gründlich : *ein ~er Mensch* un homme qui va au fond des choses; *~e Arbeit* un travail approfondi/sérieux ◆ *~ vor-gehen* procéder avec le plus grand sérieux/méthodiquement/de manière minutieuse; *jm ~ die Meinung sagen* dire à qqn ce qu'on a sur le cœur; *(fam) sich ~ täuschen* se tromper complètement

Gründlichkeit *f* ø sérieux *m*

grundlos dénué de tout fondement ◆ *jn ~ entlassen* licencier qqn sans motif; *~ lachen* rire sans raison

Grundmauer *f* -n fondation *f*, soubassement *m*

Gründonnerstag *m* ø jeudi *m* saint

Grundprinzip *n* -ien principe *m* de base

Grundrecht *n* -e droit *m* fondamental

Grundsatz *m* ¨e principe *m*

grundsätzlich fondamental, de base ◆ à fond *etw ~ ab-lehnen* refuser catégoriquement qch

Grundschule *f* -n école *f* primaire/élémentaire

Grundstein *m* -e première pierre *f*

Grundstoff *m* -e **1** *(chim)* élément *m*, corps *m* simple **2** matière *f* première

Grundstück *n* -e terrain *m*

Grundwasser *n* ø nappe *f* phréatique, eaux *fpl* souterraines

Grundzahl *f* -en nombre *m* cardinal

Grundzug *m* ¨e trait *m* fondamental/caractéristique

Grüne *f* ø verdure *f*

Grüne *m fpl* -en : *die ~n* les Verts *mpl*

grünen verdir

Grünschnabel *m* ¨ blanc-bec *m*

Grünspan *m* ø vert-de-gris *m*

grunzen 1 grogner **2** *(fam)* pioncer

Gruppe *f* -n groupe *m*; *(sp)* catégorie *f*

Gruppenreise *f* -n voyage *m* organisé

gruppenweise en/par groupes

gruppieren disposer ◆ *sich zu einem Kreis ~* se mettre en cercle

Gruselfilm *m* -e film *m* d'horreur/d'épouvante

grus(e)lig terrifiant, qui donne le frisson

gruseln : *mir gruselt* je tremble, j'ai peur

Gruß *m* ¨e salut *m*, salutations *fpl* *viele Grüße* bien amicalement

grüßen : *jn ~* saluer qqn, dire bonjour à qqn; *grüß deinen Bruder* le bonjour à ton frère; *grüß Gott !* bonjour !

Grütze *f* -n gruau *m* *rote ~* semoule *f* aux fruits rouges; *(fam) der hat keine ~ im Kopf* il a un petit pois à la place de la cervelle

gucken *(fam > non fam)* regarder *guck nicht so blöd !* arrête de faire des yeux de merlan frit; *guck nicht so lange Fernsehen !* ne reste pas collé devant la télé ! ◆ **1** *aus dem Fenster ~* *(non fam)* regarder par la fenêtre **2** *das Hemd guckt aus der Hose* la chemise sort du pantalon; *(fig) in den Mond ~* rentrer bredouille

Guckloch *n* ¨er judas *m*

Gulasch *n/m* -e/-s goulache/goulasch *m f*

Gully *m* -s bouche *f* d'égout

gültig valable, en vigueur, en cours de validité

Gültigkeit *f* ø validité *f*, valeur *f* (juridique)

Gummi *m* -s **1** gomme *f* **2** *(fam)* capote *f*

Gummi *m/n* ø **1** caoutchouc *m* **2** *(fam > non fam)* élastique *m*

Gummiband *n* ¨er élastique *m*

Gummibaum *m* ¨e caoutchouc *m*

Gummiknüppel *m* - matraque *f*

Gunst *f* ø faveur *f*, bonnes grâces *fpl* *zu js ~en* en faveur de qqn

günstig favorable; avantageux, -euse *ein ~er Augenblick* le moment favorable/opportun ◆ *(jn) ~ beurteilen* porter un jugement favorable sur qqn; *die Lage ~ ein-schätzen* considérer la situation comme bonne

Günstlingswirtschaft *f* ø favoritisme *m*, *(fam)* copinage *m*

Gurgel *f* -n gosier *m*, gorge *f*; *(fig/fam) ich gehe dir gleich an die ~* je vais t'étrangler !
Gurgelmittel *n* - gargarisme *m*
gurgeln 1 se gargariser 2 gargouiller
Gurke *f* -n concombre *m*; cornichon *m saure ~n* cornichons *m*; *(fam)* pif *m*, tarin *m*
gurren roucouler
Gurt *m* -e 1 ceinture *f*; *(mil)* ceinturon *m* 2 sangle *f*
Gurtband *n* ¨er gros grain *m*
Gürtellinie *f* -n *(sp/fig)* ceinture *f*
Gürtel *m* - ceinture *f*
Gürtelrose *f* -n zona *m*
gürten ceinturer
Guß *m* ¨sse 1 coulage *m*, moulage *m* 2 averse *f*; *(cuis)* glaçage *m*
Gußeisen *n* ø fonte *f*
gut 1 bon, -ne *~es Wetter* beau temps ; *(fig) eine ~e Nase haben* avoir du nez/du flair 2 *~en Tag !* bonjour ! ; *~e Reise !* bon voyage ! ; *~e Besserung !* meilleure santé !, bon rétablissement ! 3 *ein ~er Mensch* un brave homme, un homme bon ; *ein ~es Gewissen haben* avoir bonne conscience/la conscience tranquille ; *seien Sie so gut* soyez gentil (de) ; *(fam) mein ~er Anzug* mon costume du dimanche 4 *zu ~ Letzt* en bon dernier ; *ein ~es Sümmchen Geld* une coquette somme ◆ *~ schmecken* être bon ; *~ aus=sehen* être beau, avoir de l'allure ; *~ aus=gehen* se terminer ; *Rot steht dir ~* le rouge te va bien ; *du hast ~ reden !* tu peux parler ! ; *laß (es) ~ sein !* n'en parlons plus !, laisse tomber ! ; *kurz und ~* bref ; *schon ~* c'est bon ; *es ~ haben* avoir de la chance
Gut *n* ¨er 1 bien *m fremdes ~* le bien d'autrui ; *(loc) unrecht ~ gedeihet nicht* bien mal acquis ne profite jamais 2 *ein ~ bewirtschaften* gérer un domaine *m*/une propriété *f* 3 *verderbliche Güter* marchandises *fpl* périssables
Gutachten *n* - expertise *f*
GutachterIn *m f* expert *m*
gutartig : *ein ~es Kind* un enfant qui a un bon tempérament, une bonne nature ; *(méd)* bénin/bénigne

Gutdünken *n* ø : *nach seinem ~* à sa guise, comme bon lui semble
Güte *f* ø 1 bonté *f*; *ein Vorschlag zur ~* proposer un arrangement à l'amiable ; *ach du meine/liebe ~ !* mon Dieu !, bonté divine ! 2 qualité *f*
Güterabfertigung *f* -en expédition *f* de marchandises
Gütergemeinschaft *f* -en communauté *f* de biens
Güterzug *m* ¨e train *m* de marchandises
Gütezeichen *n* - label *m* de qualité
gut=gehen* <sein> : *ob das wohl ~ wird ?* je ne sais pas comment cela va finir ; *das ist nochmal gutgegangen* tout s'est encore une fois bien passé ; *ob es mit uns ~ wird ?* je ne sais pas ce que notre relation va donner
gutgelaunt de bonne humeur, *(fam)* bien luné
gutgläubig de bonne foi : naïf, -ïve
Guthaben *n* - crédit *m*, argent *m* disponible
gut-heißen* approuver
gutherzig qui a bon cœur
gütig bon, -ne, aimable, gentil, -le
gütlich : *eine ~e Einigung* un arrangement à l'amiable
gut=machen réparer, rattraper *das ist nicht wieder gutzumachen* c'est une faute irréparable, il n'y a rien à faire
gutmütig bon enfant, débonnaire
Gutschein *m* -e bon *m*
gut=schreiben* porter au crédit/à l'actif (de) *einen Betrag auf dem Konto ~* créditer un compte d'un certain montant
Gutschrift *f* -en crédit *m*, avoir *m*, actif *m*
gutsituiert aisé, nanti
gut=tun* faire du bien
gutwillig (plein) de bonne volonté *ein ~er Zuhörer sein* être bon public ◆ de bonne grâce
GymnasiastIn *m* -en-en *f* -nen gymnaste *m f*
Gymnas.ium *n* .ien lycée *m*
Gymnastik *f* ø gymnastique *f*
Gynäkologe *m* -n -n gynécologue

H

H *n* ø *(mus)* si *m*
Haar *n* **-e 1** cheveu *m*; *(fig)* **um ein ~** il s'en est fallu d'un cheveu pour que; *(fig/fam)* **sich in die ~e kriegen** se crêper le chignon; **kein gutes ~ an jm lassen** déblatérer contre qqn; **ein ~ in der Suppe finden** chercher la petite bête **2** poil *m* ♦ ø cheveux *mpl*, chevelure *f*
Haarausfall *m* ø chute *f* de cheveux
haargenau : *(fig)* **~ erklären** expliquer dans les moindres détails/par le menu
haarig poilu, velu; *(fig)* délicat
haarscharf : *(fig)* **~ an etw (D) vorbei=gehen** passer juste à côté de/éviter de peu qch
Haarspalterei *f* ø *(fig)* chinoiserie(s) *f* *(pl)*, art *m* de couper les cheveux en quatre
Haarsträhne *f* **-n** mèche *f*
haarsträubend *(fig)* ahurissant
Haben *n* ø avoir *m* **Soll und ~** débit et crédit *m*
haben* **1** avoir **2** *heute ~ wir den ersten März* nous sommes le premier mars **3** *jn/etw gern ~* bien aimer qqn/qch **4** *(fam) da ~ wir es!* ça y est!, je te l'avais bien dit!; *er hat doch etw* je suis sûr qu'il y a qch qui ne va pas; *etw gegen jn haben* avoir une dent contre qqn; *die ~ was miteinander* il y a qch entre eux; *er hat einen schweren Tag vor sich (D) ~* il va avoir une rude journée ♦ *(fam) sich ~* faire des manières
habgierig cupide
habhaft : *js/einer Sache ~ werden* s'emparer de qch, mettre la main sur qch
Habicht *m* **-e** autour *m*
habilitieren sich soutenir une thèse
hach! ah!
Hackbrett *n* **-e** hachoir *m*
Hacke *f* **-n 1** pioche *f*, binette *f*, houe *f*; *(fig/fam) du hast ja die ~!* tu as un grain! **2** talon *m*; *(fig/fam) sich die ~n nach etw ab=laufen/ab=rennen* se défoncer/courir pour trouver qch
hacken : *Holz ~* fendre du bois; *klein ~* hacher menu ♦ *mit dem Schnabel ~* donner un coup de bec
Hackfleisch *n* ø viande *f* hachée; *(fig/fam) aus jm ~ machen* transformer qqn en chair *f* à pâté
hadern : *mit seinem Schicksal ~* s'en prendre à son destin
Hafen *m* ¨ port *m*
Hafer *m* ø avoine *f*; *(fig/fam) ihn sticht der ~* il a la grosse tête
Haft *f* ø détention *f*, emprisonnement *m*
haftbar : *jn für etw ~ machen* tenir qqn pour responsable de qch
Haftbefehl *m* **-e** mandat *m* d'arrêt

haften 1 *(an D)* coller/adhérer (à) **2** *(jur) für jn/etw ~* être responsable de qqn/qch; *die Versicherung haftet für den Schaden* l'assurance garantit/couvre ce risque
Häftling *m* **-e** détenu *m*
haften=bleiben* <sein> : *an etw (D) ~* rester accroché/adhérer/coller à qch; *(fig) im Gedächtnis ~* rester gravé dans la mémoire
Haftpflicht *f* ø responsabilité *f* civile; **~versicherung** *f* **-en** assurance *f* responsabilité civile
HaftrichterIn *m f* juge *m* d'instruction
Haftschale *f* **-n** lentille *f*, verre *m* de contact
Haftung *f* ø **1** responsabilité *f* **Gesellschaft mit beschränkter ~ (GmbH)** société à responsabilité limitée **2** *eine gute ~ haben* avoir une bonne adhérence *f*
Hagebutte *f* **-n** cynorrhodon *m*, fruit de l'églantier, *(fam)* poil *m* à gratter; gratte-cul *m*
Hagel *m* ø grêle *f*
Hagelkorn *n* ¨er grêlon *m*
hageln 1 *es hagelt* il grêle **2** *es hagelt Schläge* les coups pleuvent
hager maigre, décharné, *(visage)* émacié
Hahn *m* ¨e **1** coq *m* **2** robinet *m* **3** *(fusil)* chien *m*, percuteur *m*
Hai(fisch) *m* **-e** requin *m*
häkeln faire du crochet ♦ faire qch au crochet
Haken *m* **-** crochet *m*; patère *f*; *(fig) die Sache hat einen ~* il y a un os [ɔs] *m* **2** *(boxe) linker ~* crochet du gauche
Hakenkreuz *n* **-e** croix *f* gammée
Hakennase *f* **-n** nez busqué/crochu
halb 1 *eine ~e Stunde* une demi-heure; *~ eins* midi et demi; *ein ~er Meter* cinquante centimètres; *(fig) ~ Europa* la moitié de l'Europe; *auf ~em Weg* à mi-chemin **2** *(mus) eine ~e Note* une blanche *f* ♦ **1** *~ gar* à point **2** *es ist ~ so schlimm* ce n'est pas si grave
Halbbildung *f* ø *(péj)* pseudo-culture *f*, culture *f* de pacotille
Halbbruder *m* ¨ demi-frère *m*
Halbdunkel *n* **-** pénombre *f*, clair-obscur *m*
Halbfabrikat *m* **-e** produit *m* semi-fini
Halbheit *f* **-en** : *(fig) sich nicht mit ~en begnügen* ne pas se contenter de demi-mesures *fpl*
halbherzig *(fig)* mitigé, sans conviction
halbieren partager/couper en deux
Halbinsel *f* **-n** presqu'île *f*; péninsule *f*
Halbjahr *n* **-e** semestre *m*

Halbkugel f -n hémisphère m
halblang : ~*e Haare* des cheveux mi-longs ; *(fam) nun mach aber mal ~ !* arrête ton cirque !, tu en fais un peu trop !
halblaut à mi-voix
Halbleiter m - semi-conducteur m
halbmast : *auf* ~ en berne
halboffen entrouvert
Halbstarke/r petit voyou m, blouson m noir m
Halbtagsarbeit f ø travail à mi-temps
Halbwaise f -n -n orphelin m -e f de père/de mère
halbwegs : *(fig)* ~ *richtig* à moitié juste
halbwüchsig adolescent
Halbzeit f -en mi-temps f
Halde f -n crassier m, terril m
Hälfte f -n moitié f ; *zur* ~ à moitié ; *um die* ~ de moitié
Halfter m/n - licol m
Hall m ø bruit m (qui résonne) ; écho m
Halle f -n salle f, hall [ol] m ; hangar m ; hall d'accueil
hallen retentir, résonner
Hallenbad n ¨er piscine f couverte
hallo! 1 bonjour !, *(fam)* salut ! ; *(tél)* allô ! 2 hep [ɛp] !, hou ! hou !
Halluzination f -en hallucination f
Halm m -e tige f ; *(herbe)* brin m
Hals m ¨e 1 cou m ; gorge f ; *(fig/fam)* ~ *über Kopf* en moins de deux ; *sich* ~ *über Kopf verlieben* avoir le coup de foudre ; *seinen* ~ *riskieren* risquer sa tête ; *jn am/auf dem* ~ *haben* avoir qqn sur les bras ; *diese Arbeit steht mir bis zum Hals* j'en ai assez de ce travail ; *sich (D) jn vom* ~ *halten* tenir qqn à distance ; *sie wirft sich ihm an den* ~ elle lui court après 2 gorge f ; *(fig/fam) etw in den falschen* ~ *bekommen* prendre qch de travers ; *aus vollem* ~ *lachen* rire à gorge déployée ; *den* ~ *nicht voll-kriegen/voll-bekommen* n'avoir jamais assez 3 *(bouteille)* goulot m
Halsausschnitt m -e encolure f
Halsband n ¨er collier m
halsbrecherisch périlleux, -euse, *(fig)* casse-cou
Halskette f -n collier m ; chaîne f
Hals-Nasen-Ohren-Arzt m ¨e oto-rhino-laryngologiste (O.R.L.) m
Halsschlagader f -n carotide f
halsstarrig *(fig)* têtu (comme une mule)
Halstuch n ¨er écharpe f, foulard m
Halsweite f -n tour m de cou
halt ma foi *das ist* ~ *so* c'est comme ça, c'est tout ◆ ~ *!* stop !, halte !
Halt m : *nach einem* ~ *suchen* chercher un point m d'appui/une prise f ; *(fig) ein moralischer* ~ un soutien m moral ; *jeden* ~ *verlieren* perdre pied ◆ -e/-s arrêt m, halte f

haltbar 1 qui se conserve (bien) ~ *bis* à consommer avant le 2 *diese Theorie ist nicht* ~ cette théorie est indéfendable/ *(fam)* ne tient pas la route
Haltbarkeit f ø durée f de conservation ; solidité f, résistance f
halten* 1 tenir ; *(fig) jm die Stange* ~ soutenir qqn à fond ; *(fam) jn nicht länger* ~ ne pas retenir qqn 2 *Mittagsschlaf* ~ faire la sieste ; *Gericht* ~ juger 3 *einen Vortrag* ~ faire un exposé ; *(fig) es mit jm* ~ être de l'avis/du parti/du côté de qqn ; *viel von jm* ~ avoir une haute idée de qqn ; *an sich* (A) ~ se retenir ; *(mus) den Ton* ~ tenir une note ; *(mil) Wache* ~ monter la garde 4 *Diät* ~ suivre un régime 5 *etw für gut* ~ trouver bon/bien qch, considérer qch comme bon/bien 6 *in gutem Zustand* ~ maintenir/conserver en bon état ◆ 1 *der Wagen hält* la voiture s'arrête 2 *der Stoff hält* le tissu est solide ◆ 1 *sich für jn* ~ se prendre pour qqn 2 *das Wetter hält sich* le temps se maintient ; *die Milch hält sich nicht* le lait ne se conserve pas longtemps ; *(éco) die Kurse* ~ *sich* les cours se maintiennent/ sont stables 3 *sich gut* ~ bien se conserver 4 *sich an die Vorschrift* ~ se conformer au règlement ; *(fig) sich an jn* ~ faire comme qqn 5 *sich am Geländer* ~ se tenir à la rambarde
Halten n ø : ~ *verboten !* arrêt m interdit ; *zum* ~ *bringen* arrêter
Halter m - 1 support m 2 *der* ~ *des Fahrzeugs* le propriétaire m du véhicule
Haltestelle f -n arrêt m ; *(métro)* station f
Haltung f ø 1 attitude f, position f *eine gute* ~ *haben* se tenir droit ; *(fig) eine ruhige* ~ calme m 2 élevage m
Halunke m -n -n fripouille f
hämisch mauvais, méchant
Hammel m - mouton m ; *(fig/fam) ein blöder* ~ corniaud m, plouc m
Hammelkeule f -n gigot m
Hammer m ¨ 1 marteau m ; *(fam) unter den* ~ *kommen* (non fam) être vendu aux enchères 2 *(mus/sp)* marteau m 3 *(fam) da hast du dir aber einen* ~ *geleistet !* tu as fait une drôle de bourde f ! ; *du hast wohl einen* ~ *?* tu es complètement marteau !
hämmern *(cœur)* battre très fort ◆ marteler
Hampelmann m ¨er pantin m
hamstern faire des réserves, thésauriser
Hand f ¨e main f *die flache* ~ le plat de la main ; *die hohle* ~ le creux de la main ; *linker* ~ à gauche ; *(jur) die öffentliche* ~ les pouvoirs mpl publics ; *(fig) zu Händen von X* à l'attention de X ; *zwei linke Hände haben* être empoté ; *auf der* ~ *liegen* aller de soi ; ~ *an sich legen*

attenter à ses jours; *keine ~ rühren* ne pas lever le petit doigt; *(fig/fam) seine ~ im Spiel haben* tremper dans une affaire; *alle Hände voll zu tun haben* être débordé

Handarbeit *f* ø travail *m* manuel *das ist ~* c'est fait main ◆ **-en** travaux *mpl* d'aiguille

Handball *m* ø handball ◆ ¨**e** ballon *m* de hand [ɑ̃d]

Händedruck *m* ø poignée *f* de main

Handel *m* ø commerce *m einen ~ ab=schließen* conclure une affaire *f*

handeln 1 *(comm) mit etw ~* faire le commerce de qch; *mit jm ~* être en relation d'affaires avec qqn; *um etw ~* négocier le prix de qch, marchander 2 *an jm gut/schlecht ~* bien/mal agir à l'égard de qqn 3 *von etw ~* traiter de qch, avoir pour sujet ◆ *worum handelt es sich?* de quoi s'agit-il?

handelseinig: *~ werden* tomber d'accord

Handelsgesellschaft *f* **-en** société *f* commerciale

Handelskammer *f* **-n** Chambre *f* de Commerce

Handelsmarke *f* **-n** marque *f* déposée

handelsüblich courant, standard

Handfeger *m* **-** balayette *f*

handfest solide, robuste; *(fig) eine ~ Lüge* un énorme mensonge; *eine ~e Schlägerei* une sérieuse bagarre

Handfeuerwaffe *f* **-n** arme *f* individuelle

Handgelenk *n* **-e** poignet *m*

Handgemenge *n* **-** échauffourée *f*

Handgranate *f* **-n** grenade *f*

handgreiflich: *(fig) ~ werden* en venir aux mains

Handgriff *m* **-e** 1 geste *m jeder ~ sitzt* chaque geste est juste 2 *(tech)* manette *f*, poignée *f*

handhaben manier; manipuler; se servir (de)

Handkante *f* **-n** tranchant *m* de la main

Handkoffer *m* **-** (petite) valise *f*

Handkuß *m* ¨**sse** baisemain *m*; *(fig) mit ~ an=nehmen* accepter volontiers

Handlanger *m* **-** manœuvre *m*; homme *m* à tout faire; *(péj)* homme *m* de main

Handlauf *m* **-e** main *f* courante

HändlerIn *m f* commerçant *m* **-e** *f*

handlich maniable, facile à manier, commode, pratique

Handlung *f* **-en** acte *m*, action *f eine strafbare ~* un délit *m*

Handschellen *fpl* menottes *fpl*

Handschlag *m* ø poignée *f* de main; *(fam) keinen ~ tun* ne pas en ficher une rame

Handschrift *f* **-en** 1 écriture *f*; *(fig)* touche *f*; *(couturier)* griffe *f* 2 manuscrit *m*

Handschuh *m* **-e** gant *m*

Handstreich *m* ø *(mil)* intervention *f* éclair *im ~ nehmen* prendre par surprise

Handtasche *f* **-n** sac *m* (à main)

Handtuch *n* ¨**er** 1 torchon *m*; serviette *f*; *(fig/sp) das ~ werfen* jeter l'éponge *f* 2 *(fam) schmales ~* asperge *f*

Handumdrehen *n* ø : *(fam) im ~* en un tour *m* de main

Handvoll *f* **-** poignée *f*

Handwagen *m* **-** voiture *f* à bras

Handwerk *n* ø artisanat *m* ◆ **-e** métier *m*; corps de métier; *(fig/fam) jm ins ~ pfuschen* compliquer la tâche de qqn; vouloir en remontrer à qqn

Handwerker *m* **-** artisan *m*

Handwurzel *f* **-n** carpe *m*

Hanf *m* ø chanvre *m*

Hang *m* ¨**e** pente *f*, versant *m* ◆ ø tendance *f*, penchant *m*

Hängebacken *fpl* bajoues *fpl*

Hängematte *f* **-n** hamac *m*

hängen 1 accrocher, suspendre; *(fig/fam) etw an die große Glocke ~* crier qch sur tous les toits 2 *(fig) sein Herz an etw/jn ~* s'attacher à qch/qqn ◆ *sich an jn ~* s'accrocher à qqn

hängen* 1 *an der Wand ~* être accroché/pendu à la paroi; *(fig/fam) an jm ~* tenir à qqn; *an js Lippen ~* être suspendu aux lèvres de qqn 2 *(fam) es hängt mal wieder am Geld* c'est de nouveau une question d'argent; *(fam) woran hängt's?* qu'est-ce qu'il manque? 3 *am Galgen ~* être pendu à une potence

hängen-bleiben* <sein> 1 rester accroché 2 *(ens)* redoubler ◆ *(fig) bei mir ist nichts hängengeblieben* je n'ai rien retenu

hängen-lassen*: *den Mantel ~* oublier (de prendre) son manteau; *(fig) den Kopf ~* baisser les bras; *jn ~* laisser tomber/choir qqn

Hänger *m* **-** 1 *(fam) ich hatte einen ~* *(fam)* j'ai eu un trou 2 remorque *f*

hänseln taquiner

Hantel *f* **-n** haltère *m*

hantieren s'affairer, être occupé, *(fam)* bricoler

hapern: *(fam) in Mathe hapert es bei ihm* il a des problèmes en maths; *woran haperts?* qu'est-ce qui ne colle pas?

Happen *m* **-** : *(fam) einen ~ essen* casser une petite graine; *ein guter/fetter ~* un bon/gros morceau *m*

happig *(fam)* démentiel, -le

Harfe *f* **-n** harpe *f*

Harke *f* **-n** râteau *m*; *(fig/fam) jm zeigen, was eine ~ ist* remettre qqn à sa place

harken râtisser

harmlos 1 *eine ~e Verletzung* une blessure sans gravité/bénigne; *ein ~es Tier*

un animal inoffensif **2** *eine ~e Frage* une question anodine/naïve
harmonieren 1 *die Farben harmonieren gut* les couleurs s'harmonisent/se marient bien **2** bien s'entendre
harmonisch 1 *(mus) ~e Tonleiter* gamme harmonique **2** harmonieux, -euse ; *(fig) eine ~es Paar* un couple uni/qui s'entend bien
Harmonisierung *f* -en harmonisation *f*
Harn *m* -e urine *f* ~ *lassen* uriner
Harnblase *f* -n vessie *f*
Harnisch *m* -e cuirasse *f*, armure *f* ; *(fig/fam) jn in ~ bringen* mettre qqn en boule
Harnröhre *f* -n urètre *m*
harntreibend diurétique
Harpune *f* -n harpon *m*
harren (G) **1** *wir harren seiner* nous l'attendons **2** *neue Aufgaben ~ seiner* de nouvelles tâches l'attendent
hart 1 dur **2** fort ; endurci *eine ~e Währung* une monnaie forte ; *~es Wasser* eau dure/calcaire ; *(fig) eine ~ Jugend* une jeunesse difficile ; *ein ~er Kerl (fam)* un dur à cuire ; *~ im Nehmen sein (fam)* savoir encaisser **3** *~e Drogen* drogues dures ◆ *(fig) jn ~ bestrafen* punir durement/sévèrement qqn
Härte *f* -n **1** dureté *f* **2** *es fehlt ihm an ~* il manque de trempe **3** rigueur *f*, fermeté *f*
Härtefall *m* ¨e situation *f* d'urgence ; défavorisé *m* f, cas *m* social
härten : *Metall ~* tremper un métal ◆ durcir
hartgekocht : *ein ~es Ei* un œuf dur
Hartgeld *n* ø pièces *fpl* de monnaie
Harz *n* -e résine *f*
Hasch *n* ø *(fam)* hasch *m* → **Haschisch**
haschen : *Fliegen ~* attraper des mouches ◆ *(fam)* fumer du hasch
Haschen *n* ø : *~ spielen* jouer à chat
Haschisch *m/n* ø haschich *m*
Hase *m* -n -n lièvre *m* ; *(fig) ein alter ~* un vieux renard ; *(fig/fam) da liegt der ~ im Pfeffer* c'est là le hic *m* ; *wissen, wie der ~ läuft* connaître le truc
Haselnuß *f* ¨sse noisette *f*
Haselnußstrauch *m* ¨er noisetier *m*
Hasenfuß *m* ¨e *(fig)* poule *f* mouillée
Hasenscharte *f* -n *(fig)* bec-de-lièvre *m*
haspeln *(fam)* parler rapidement *hasp(e)ln nicht so !* reprends ton souffle !, articule !
Haß *m* ø haine *f*
hassen haïr, détester
häßlich affreux, -euse, laid, hideux, -euse ; *(fig)* affreux, horrible, épouvantable
Hast *f* ø hâte *f*, précipitation *f*
hasten se hâter, se précipiter
hastig pressé, précipité *~e Bewegungen* des gestes brusques ◆ *~ reden* parler rapidement
hätscheln dorloter, cajoler
Haube *f* -n **1** coiffe *f* ; bonnet *m* ; *(rel)* cornette *f* ; *(fig/fam) unter die ~ kommen* passer devant monsieur le Maire **2** *(auto)* capot *m* **3** *(coiffeur)* casque *m* **4** *(oiseaux)* huppe *f*
Hauch *m* -e **1** souffle *m* **2** *ein kühler ~* un petit air *m* frais **3** soupçon *m*
hauchdünn léger, fin
hauchen murmurer, chuchoter, susurrer ◆ souffler
hauchzart délicat, très doux/douce
hauen* **1** *ein Kind ~* battre/frapper un enfant ; *(fam) jn krumm und lahm ~* rouer qqn de coups **2** *Holz ~* fendre du bois ◆**1** *Stufen in den Fels ~* tailler des marches dans le roc **2** *(fig/fam) jn zu Brei ~* réduire qqn en bouillie ; *jn übers Ohr ~* rouler qqn ; *jn in die Pfanne ~* passer un savon à qqn ; battre qqn à plate couture ◆ *sich aufs Bett ~* aller au pieu *(fam) sich ~* se castagner
Haufen *m* - **1** tas *m* ; amas *m*, amoncellement *m* ; *(fam) jn über den ~ rennen/fahren* renverser qqn ; *etw über den ~ werfen* chambouler qch **2** *ein ~ Neugieriger* une foule *f* de curieux
häufen (sich) (s') entasser, (s') accumuler, s'amonceler ; *(fig) die Fälle häufen sich* les cas se multiplient
haufenweise *(fam)* en pagaille
Häufigkeit *f* -en fréquence *f*
Haupt *n* ¨er tête *f mit bloßem ~* tête nue ; *(fig)* chef *m*
Hauptbahnhof *m* ¨e gare *f* principale/centrale
Hauptfach *n* ¨er matière *f* principale
Hauptfehler *m* - principal défaut *m*
Hauptgewinn *m* -e gros lot *m*
Häuptling *m* -e chef *m* de tribu
Haupt.mann *m* .leute capitaine *m*
Hauptnenner *m* - dénominateur *m* commun
Hauptquartier *n* -e quartier *m* général
Hauptrolle *f* -n premier rôle *m*, rôle principal
Hauptsache *f* ø essentiel *m*, principal *m in der ~* sur le fond *m*
hauptsächlich principal, essentiel ◆ surtout, avant tout, principalement
Hauptsaison *f* ø pleine saison *f*
Hauptstadt *f* ¨e capitale *f*
Hauptstraße *f* -n rue *f* principale
Hauptverkehrszeit *f* -en heure(s) *f(pl)* de pointe
Haus *n* ¨er **1** maison *f*, habitation *f von ~ zu ~ gehen* faire du porte à porte ; *(fig) auf ihn kann man Häuser bauen* on peut se reposer totalement sur lui **2** *bei mir zu ~ chez moi ; nach ~ e gehen* rentrer à la

Hausarbeit

maison; *jm das ~ verbieten* interdire sa porte f à qqn; *wo sind Sie zu ~?* de quelle région êtes-vous? **3** *ein großes ~ führen* mener un grand train m de vie; *jn um ~ und Hof bringen* ruiner qqn; *aus gutem ~e* de bonne famille f **4** (th) *vor ausverkauftem ~ spielen* faire salle f comble
Hausarbeit f -en **1** (ens) devoir m **2** travail m ménager
hausbacken (fig/fam) nunuche
HausbesetzerIn m f squatter [skwatœr] m f
HausbezitzerIn m f propriétaire m f
Häuschen n - petite maison f, maisonnette f; (fig/fam) *jn ganz aus dem ~ bringen* faire perdre la tête à qqn
hausen (fam) **1** crêcher **2** (fam) faire des ravages, saccager
Hausflur m -e entrée f, vestibule m
Hausfrau f -en femme f au foyer, mère f de famille *eine gute ~* une bonne maîtresse f de maison
Hausfriedensbruch m ø atteinte f à la propriété privée
Haushalt m -e **1** *einen ~ führen* s'occuper d'une maison f, gérer les affaires fpl domestiques; *ein ~ mit fünf Personen* un foyer m/une famille f de cinq personnes **2** budget m (de l'État)
haus-halten* : *mit dem Wirtschaftsgeld ~* être économe
Haushälterin f -nen gouvernante f, intendante f
Haushaltsgeld n -er argent m du ménage
Haushaltsjahr n -e année f budgétaire
HausherrIn m -en -en f -nen maître m -sse f de maison
haushoch : (fig) *jm ~ überlegen sein* être de beaucoup supérieur à qqn; *jn ~ schlagen* battre qqn à plate couture
Hausmädchen n - bonne f
Hausmannskost f ø cuisine f familiale
Hausmüll m ø ordures fpl ménagères
Hausordnung f -en règlement m intérieur
Hausschuh m -e pantoufle f, chausson m
Hausstand m ¨e foyer m, ménage m
Haussuchung f -en perquisition f
HausverwalterIn m f syndic m
HauswirtIn m f logeur m, -euse f
Haut f ¨e peau f; (fig/fam) *etw mit ~ und Haaren verschlingen* tout avaler; *naß bis auf die ~* trempé jusqu'aux os; *nicht aus seiner ~ können* être coincé; *aus der ~ fahren* sortir de ses gonds; *jn unter die ~ gehen* remuer qqn; *mit heiler ~ davon=kommen* s'en tirer à bon compte; (fam) *eine ehrliche ~n* une bonne pâte f; *un bon bougre m; une brave femme f*
Hautarzt m ¨e dermatologue m

Häutchen n - membrane f, pellicule f, film m; (ongles) cuticule f
häuten dépouiller ♦ *sich ~* muer
hauteng moulant
Hautfarbe f -n teint m
he! hé!, holà!
Hebamme f -n sage-femme f
Hebebühne f -n pont m (élévateur); plate-forme f de levage
Hebel m - manette f; levier m; (fig/fam) *alle ~ in Bewegung setzen* remuer ciel et terre, se décarcasser; *den ~ an der richtigen Stelle an=setzen* prendre les choses par le bon bout; *am längeren ~ sitzen* être du bon côté du manche
heben* **1** *die Hand ~* lever la main; *eine Last ~* soulever un poids; (fig/fam) *jn in den Himmel ~* porter qqn aux nues; *jn aus dem Sattel ~* déboulonner qqn **2** (fam) *einen ~* boire un coup **3** (comm) *den Umsatz ~* augmenter le chiffre d'affaires **4** (méd) *sich (D) einen Bruch ~* attraper une hernie ♦ *sich ~* s'élever; *sich ~ und senken* monter et descendre
Hebung f ø amélioration f; élévation f, augmentation f ♦ *-en* montée f, extraction f; (géol) soulèvement m; (gram) syllabe f accentuée
Hecht m -e brochet m
Heck n -e/-s (bateau) poupe f; (avion) queue f; (auto) arrière m
Heckantrieb m -e traction f arrière
Hecke f -n haie f
Heckenrose f -n églantine f
Heckenscheere f -n cisailles fpl; sécateur m
Heckenschütze m -n franc-tireur m
Heckfenster n - lunette f arrière
Heer n -e (mil) armée f; (fig) foule f, multitude f, armée
Hefe f -n levure f
Heft n -e **1** cahier m, carnet m **2** fascicule m *Fortsetzung im nächsten ~* suite au prochain numéro m **3** (couteau) manche m; (fig/fam) *das ~ in der Hand haben* mener la barque
heften 1 *einen Saum ~* bâtir/faufiler un ourlet; *einen Zettel an die Tür ~* accrocher un mot à la porte **2** (fig) *den Blick auf etw/jn ~* fixer son regard sur qch/qqn; *jm einen Orden an die Brust ~* remettre une décoration à qqn ♦ *sich an js Fersen ~* ne pas quitter qqn d'une semelle
Hefter m - classeur m
heftig fort, violent *ein ~er Schmerz* une vive/violente douleur; *ein ~er Aufprall* un choc brutal; (fig) *eine ~ Liebe* un amour passionné/fou; *eine ~e Leidenschaft* une passion effrénée/violente **3** *ein ~er Charakter* un caractère impétueux/irascible; *eine ~e Bewegung* un geste

brusque ♦ ~ *zu=schlagen* taper fort; ~ *schmerzen* faire terriblement souffrir, faire très mal; ~ *weinen* sangloter

Heftigkeit f ø **1** force f, violence f **2** impulsivité f; brutalité f

Heftklammer f -n agrafe f

Heftpflaster n - pansement m adhésif

hegen prendre soin (de), soigner; protéger, entretenir

Hehl m/n : *aus etw keinen ~ machen* ne pas faire mystère de qch

Hehler m - receleur m

Heide m -n -n païen m, incroyant m

Heide f -n lande f

Heidekraut n ø bruyère f

Heidelbeere f -n myrtille f

Heidenangst f ø (*fam*) peur f bleue

Heidengeld n ø (*fam*) somme f astronomique

Heidenspaß m ø (*fam*) plaisir m fou

heidnisch païen, -ne, impie

heikel délicat; (*fig*) épineux, -euse

heil indemne ~ *ans Ziel kommen* arriver sain et sauf

Heil n ø salut m ; (*hist*) ~ *dem Kaiser!* vive l'empereur! ; (*rel*) salut

Heiland m -e le Sauveur m

Heilanstalt f -en maison f de santé; centre m thérapeutique; établissement m psychiatrique

heilbar qui se guérit, curable

Heilbutt m -e turbot m

heilen guérir; (*fig*) *jn von seiner Angst ~* libérer qqn de sa peur; (*fam*) *danke, davon bin ich geheilt!* non merci, j'ai eu ma dose! ♦ <sein> *die Wunde heilt* la plaie se cicatrise/est en train de guérir

heilfroh (*fam*) drôlement content

heilig 1 (*rel*) saint *der ~e Geist* le Saint Esprit **2** (*fig*) *eine ~e Stille* un profond silence ♦ (*fig*) *ich verspreche dir hoch und ~* c'est promis, juré

Heiligabend m -e soir m de Noël

heiligen sanctifier; (*loc*) *der Zweck heiligt die Mittel* la fin justifie les moyens

Heilige/r saint m -e f

Heiligkeit f -en **1** sainteté f **2** *Seine ~* Sa Sainteté f

heillos (*fig*) épouvantable; désastreux, -euse

Heilmittel n - remède m

Heilquelle f -n source f thermale

heilsam (*fig*) salutaire

Heilung f ø guérison f

Heim n ø chez soi m *ein gemütliches ~* un intérieur m agréable ♦ -e foyer m, maison f

Heimarbeit f ø travail m à domicile

Heimat f ø pays m (natal), lieu m dont on est originaire *eine neue ~ finden* trouver une nouvelle patrie f; *die ~ einer Pflanze* habitat m d'une plante

Heimatkunde f ø géographie régionale/locale

Heimatland n ¨er pays m natal/d'origine

heimatlich de son pays

heimatlos apatride

Heimatstadt f ¨e ville f natale

Heimatvertriebene/r expatrié m -e f

Heimfahrt f -en retour m *auf der ~* sur le chemin du retour, en rentrant

heimisch 1 du pays, local; indigène *in Asien ~ sein* vivre/pousser habituellement en Asie, être originaire d'Asie **2** *sich ~ fühlen* se sentir chez soi; *~ werden* s'acclimater

Heimkehr f ø retour m au pays

heim=kehren <sein> : revenir au pays

heim=leuchten : (*fam*) *jm ~* envoyer balader qqn

heimlich secret, -ète; clandestin *~es Mißtrauen* une méfiance larvée ♦ *~ still und leise weg=gehen* partir discrètement, s'éclipser; *etw ~ sagen* dire qch en secret; *etw ~ tun* faire qch en cachette

Heimlichkeit f -en secret m; clandestinité f ♦ *pl ~en haben* faire des cachotteries *fpl*

heimlich=tun* (mit) faire un mystère (de)

Heimreise f -n (voyage m de) retour m

Heimspiel n -e match m sur son terrain

heim-suchen frapper *von einer schweren Krankheit heimgesucht werden* être atteint d'une maladie grave

Heimsuchung f -en **1** épreuve f **2** (*rel*) visitation f

heim-trauen : *sich nicht ~* ne pas oser rentrer à la maison

heimtückisch perfide, sournois; insidieux, -euse

Heimweh n ø mal m du pays

HeimwerkerIn m f bricoleur, -euse

heim-zahlen : *jm etw tüchtig ~* rendre à qqn la monnaie de sa pièce

Heirat f -en mariage m

heiraten : *jn ~* épouser qqn, se marier avec qqn

Heiratsannonce f -n annonce f matrimoniale

Heiratsantrag m ¨e demande f en mariage

heischen : (*fig*) *Beifall ~* forcer les applaudissements

heiser enroué *~e Stimme haben* être enroué; avoir la voix éraillée/rauque; *~ werden* s'enrouer

heiß 1 (très) chaud *es ist ~* c'est très chaud; il fait très chaud; (*fam*) *das Kind ist ganz ~* l'enfant est brûlant; *wie die Katze um den ~en Brei herum=laufen* tourner autour du pot **2** (*fig*) *ein ~er Wunsch* un désir ardent; *~en Dank*

heißen*

mes/nos plus vifs remerciements; *ein ~es Gebet* une prière fervente; *ein ~es Thema* un sujet brûlant; *(comm) ~es Geld* capitaux flottants; *(pol) der ~e Draht* téléphone rouge **3** *(fam) ~e Musik* musique d'enfer; *ein ~er Tip* un bon tuyau **4** *(fam) die Hündin ist ~* la chienne est en chaleur

heißen* **1** *jn ~, etw zu tun* dire/ordonner à qqn de faire qch **2** *jn willkommen ~* souhaiter la bienvenue à qqn ◆ **1** *ich heiße Klaus* je m'appelle Klaus; *wie heißt diese Straße?* quel est le nom de cette rue?; *wie heißt dieses Wort auf französisch?* comment se dit/dit-on ce mot en français? **2** *das heißt* c'est-à-dire; *was soll denn das ~?* qu'est-ce que cela signifie?; *das heißt soviel wie* cela revient à dire que; autant dire que ◆ *es heißt, daß* on dit que

Heißhunger *m ø* faim *f* de loup
heiß=laufen (sich) <sein> chauffer
heiter gai, joyeux, -euse *ein ~es Gemüt* un heureux caractère; *(fam) das kann ja noch ~ werden!* ça s'annonce bien!, c'est joyeux! **2** *~es Wetter* beau temps; *~ bis wolkig* nuageux avec des éclaircies
Heiterkeit *f ø* **1** *die ~ des Gemüts* un heureux caractère **2** gaîté *f*; *allgemeine ~* allégresse *f* générale
Heizanlage *f -n* (système *m* de) chauffage *m*
heizbar chauffable
heizen chauffer ◆ *elektrisch ~* (se) chauffer à l'électricité
Heizer *m -* chauffeur *m*
Heizgerät *n -e* appareil *m* de chauffage, radiateur *m*
Heizung *f -en* chauffage *m*
Hektar (ha) *m/n -* hectare (ha) *m*
Hektik *f ø* agitation *f*, fébrilité *f*, surmenage *m*, *(fig)* bousculade *f*
hektisch fébrile; nerveux, -euse
HeldIn *m -en* en *f -nen* **1** héros *m*, -oïne *f* **2** personnage *m* principal *ein jugendlicher ~* jeune premier *m*
heldenhaft héroïque ◆ *~ sterben* mourir en héros
Heldenlied *n -er* chanson *f* de geste
Heldentat *f -en* action *f* héroïque, haut fait *m*; *(fig)* exploit *m*, prouesse *f*
helfen* : *jm* aider qqn, venir en aide à qqn; *ihm ist nicht zu ~* on ne peut rien faire pour lui; *(fig) jm aus der Patsche/Klemme ~* dépanner qqn ◆ *sich zu ~ wissen* savoir se débrouiller, être débrouillard; *sich* (D) *nicht mehr zu ~ wissen* ne plus savoir quoi/que faire *(fig)* ne plus savoir à quel saint se vouer ◆ *es hilft nichts* cela ne sert à rien; rien à faire; *was hilft es dir, wenn* à quoi cela te sert-il que/de, à quoi bon *(inf)*

Helfershelfer *m -* complice *m*, acolyte *m*
hell **1** clair *~es Licht* une lumière vive; *ein ~er Tag* une belle journée; *ein ~es Bier* une bière blonde; *es wird ~* il commence à faire jour; *es wird wieder ~* le temps s'éclaircit **2** *(fig) ein ~er Kopf* une personne très intelligente, *(fam)* une tête; *~e Begeisterung* enthousiasme débordant
Helle/s *n (bière)* blonde *f*
hellenistisch hélléniste
Heller *m -* : *(fig/fam) keinen (roten) ~ mehr haben* ne plus avoir un sou *m*/radis *m*
hellhörig : *eine ~e Wohnung* un appartement sonore; *(fig) jn ~ machen* faire dresser l'oreille de qqn; mettre la puce à l'oreille de qqn; *~ werden* devenir attentif
hellicht : *am ~en Tag* en plein jour
Helligkeit *f ø* **1** clarté *f*, luminosité *f*, lumière *f* **2** intensité *f* lumineuse
hell=sehen* être voyant, avoir le don de double vue; *(fam) ich kann doch nicht ~!* je ne lis pas dans le marc de café!
HellseherIn *m f* voyant *m* -e *f*
Helm *m -e* casque *m*
Hemd *n -en* chemise *f*; *(fig) naß bis aufs ~* trempé jusqu'aux os; *(fig/fam) jn bis aufs ~ aus=plündern* dépouiller complètement qqn; mettre qqn sur la paille
hemdsärmelig : *(fam) eine ~e Art haben* être un vrai plouc
hemmen freiner, ralentir, retenir, bloquer *den Lauf eines Flusses ~* endiguer le cours d'un fleuve; *(fig) den Fortschritt ~* entraver la marche du progrès, être un frein au progrès; *jn in seiner Arbeit ~* gêner/retarder qqn dans son travail ◆ *ein gehemmtes Kind* un enfant inhibé/complexé
Hemmung *f -en* **1** blocage *m*; ralentissement *m* **2** *(psy) unter ~en leiden* avoir des inhibitions *fpl*/blocages *mpl*
hemmungslos sans scrupules; *(fig) ein völlig ~er Mensch* une personne sans aucune retenue, *(fam)* ado de gonflé; *eine ~e Leidenschaft* une passion débridée
Hengst *m -e* étalon *m*
Henkel *m -* anse *f*
Henker *m -* bourreau *m*; *(fam) geh zum ~!* va-t-en au diable!
Henne *f -n* poule *f*
her **1** *wo kommst du ~?* d'où viens-tu?; *komm ~* viens (ici)!; *~ damit!* *(fam)* donne-moi ça! **2** *ich kenne ihn von früher ~* je l'ai connu il y a longtemps; *aus meiner Kindheit ~* depuis mon enfance; *es ist lange ~* il y a longtemps; *wie lange ist es ~?* il y a combien de temps de cela? **3** *von der Thematik ~* de par la thématique

herab en descendant, vers le bas *von oben* ~ d'en haut; *(fig)* de haut
herab=blicken : *zu jm* ~ regarder qqn (qui est en bas); *auf jn* ~ regarder qqn de haut
herab=lassen* baisser; faire descendre ◆ *sich* ~, *etw zu tun* condescendre à faire qch
herablassend condescendant
herab=setzen baisser, diminuer, réduire; *(fig)* rabaisser, déprécier
herab=würdigen (sich) (se) rabaisser/déprécier
heran=bilden (sich) (se) former
heran=führen 1 *jn an einen Tisch* ~ conduire qqn à une table 2 *jn an ein Problem* ~ faire découvrir un problème à qqn
heran=gehen* <sein> 1 *dicht an jn/etw* ~ s'approcher tout près de qqn 2 *(mutig) an eine schwere Aufgabe* ~ s'atteler à une tâche difficile
heran=kommen* <sein> *(an A)* s'approcher (de); *(fig) an etw (A)* ~ avoir accès à qch, *(fam)* réussir à mettre la main sur qch; *(fig/fam) an den kommst du nicht heran* tu ne lui arrives pas à la cheville; *nichts an sich* ~ *lassen* se protéger, se blinder
heran=lassen* : *niemanden an sich* ~ tenir tout le monde à distance, ne laisser personne approcher
heran=machen sich : *(fam) sich an ein Mädchen* ~ draguer une fille; *sich an seinen Chef* ~ entreprendre son chef; *sich an die Arbeit* ~ se mettre au travail
heran=reifen mûrir
heran=tragen* : *einen Wunsch an jn* ~ faire part à qqn d'un souhait
heran=trauen sich : *(fam) sich nicht an eine Sache* ~ ne pas avoir le courage d'attaquer qqn
heran=treten* <sein> *(an A)* s'approcher (de), s'avancer; *(fig) mit einer Bitte an jn* ~ présenter une demande à qqn
heranwachsen <sein> grandir
heran=wagen sich : *sich an jn* ~ oser approcher qqn; *sich an eine schwere Aufgabe* ~ affronter une lourde tâche
heran=ziehen* <sein> : *ein Gewitter zieht heran* un orage se prépare ◆ *einen Sessel* ~ rapprocher un fauteuil; *(fig) etw zum Vergleich* ~ prendre qch à titre de comparaison
herauf en montant, vers le haut ~ *geht es langsam* la montée est lente; *das Tal* ~ en remontant la vallée
herauf=beschwören provoquer
heraus en sortant, vers l'extérieur ~ *mit euch !* allez ! dehors !; allez ! sortez prendre l'air !; *frei* ~ franchement; *(fig)* ~ *mit der Sprache !* accouche !
heraus=bekommen* 1 *ich habe Geld herausbekommen* on m'a rendu de l'argent 2 *einen Fleck* ~ réussir à enlever une tache 3 *(fam) etw aus jm* ~ réussir à faire dire qch à qqn
heraus=bringen* 1 *eine neue Schallplatte* ~ sortir un nouveau disque; *Schillers Gesamtwerk* ~ éditer les œuvres complètes de Schiller 2 *den Tisch* ~ sortir la table
heraus=finden* 1 *einen Fehler* ~ trouver/découvrir une faute 2 *aus dem Wald* ~ trouver un chemin pour sortir de la forêt
Herausforderer *m* - *(sp)* challenger [falɛnʒ'ʀ] *m*
heraus=fordern : *jn (zum Kampf)* ~ provoquer/défier qqn; *(fig) das Schicksal* ~ braver/défier le destin; *jn zum Widerspruch* ~ faire se contredire qqn
herausfordernd provocant; provocateur, -trice
Herausforderung *f* -en 1 provocation *f* 2 *die* ~ *an=nehmen* relever le défi *m*
heraus=geben* 1 *einen Schlüssel* ~ rendre une clé 2 *eine Zeitung* ~ publier un journal; *neue Briefmarken* ~ éditer/sortir de nouveaux timbres 3 *auf 100 DM* ~ rendre la monnaie sur 100 DM
HerausgeberIn *m f* éditeur *m*, -trice *f*; directeur *m*, -trice *f* de la publication
heraus=gehen* <sein> : *aus dem Haus* ~ sortir de la maison; *(fam) der Fleck geht raus* la tache part/s'en va; *(fig) aus sich* ~ sortir de sa réserve
heraus=greifen* : *(fig) ein Beispiel* ~ prendre un exemple (parmi d'autres)
heraus=haben* : *(fam) den Dreh* ~ avoir trouvé le truc
heraus=halten* : *etw zum Fenster* ~ tenir/tendre qch par la fenêtre; *(fig) jn aus einer Angelegenheit* ~ tenir qqn à l'écart de qch, ne pas mêler qqn à qch ◆ *(fig) sich aus einer Diskussion* ~ rester en dehors/à l'écart d'une discussion
heraus=kommen* <sein> *(fam)* 1 *aus dem Haus* ~ sortir de la maison; *aus dem Schornstein* ~ s'échapper de la cheminée; *aus einer Nebenstraße* ~ déboucher d'une rue latérale 2 *eine neues Geldstück kommt heraus* une nouvelle pièce est mise en circulation 3 *ganz groß* ~ avoir un énorme succès 4 *es kommt nie heraus, wer es war* on ne saura jamais qui c'était 5 *dabei kommt doch nichts heraus !* cela ne mène à rien !; *was kommt dabei heraus ?* quel est le résultat ?; *auf dasselbe* ~ revenir au même
heraus=machen sich : *(fam) du hast dich ganz schön herausgemacht* tu as fait du chemin !; tu as drôlement embelli !
heraus=nehmen* 1 *ein Buch* ~ sortir un livre; *(méd) die Mandeln* ~ enlever les/opérer des amygdales 2 *(fam) sich* **(D)**

zuviel ~ en prendre à son aise, ne pas se gêner

heraus=reden sich *(fig)* s'en sortir

heraus=reißen* arracher; *(fam) jn* ~ sortir qqn d'une mauvaise passe, aider qqn à se tirer d'affaire

heraus=rücken 1 *den Tisch* ~ sortir la table, mettre la table dehors **2** *(fam) Geld* ~ sortir son fric; *na rück schon raus (damit)* allez! accouche!

heraus=springen* <sein> **1** *die Sicherung ist herausgesprungen* le fusible a sauté; *der Zug ist aus den Schienen herausgesprungen* le train a déraillé **2** *aus dem Zug* ~ sauter du train **3** *(fam) es muß aber was dabei* ~ ! il faut que ça rapporte!

heraus=stellen 1 *die Stühle in den Garten* sortir les chaises dans le jardin **2** *(fig) eine gute Leistung* ~ mettre en avant / souligner / valoriser une performance ◆ *es stellt sich heraus, daß* il s'avère que; *(jur) seine Unschuld hat sich herausgestellt* son innocence a été prouvée

heraus=streichen* supprimer, rayer

herb: *~er Geschmack* un goût amer / âpre; *eine ~ Kritik* une vive critique, une critique sévère

herbei=eilen <sein> accourir

herbei=führen: *(fig)* occasionner, provoquer *eine Entscheidung* ~ conduire à prendre une décision; *js Tod* ~ provoquer la mort de qqn

herbei=laufen* <sein> accourir

Herbst *m* -e automne *m*

herbstlich d'automne, automnal

Herd *m* -e **1** une cuisinière *f* **2** *am heimischen / häuslichen* ~ à la maison, chez soi **3** *(méd / séisme)* foyer *m*

Herde *f* -n **1** troupeau *m* **2** *(péj) mit der* ~ *laufen* être un mouton

Herdentrieb *m* ø *(péj)* instinct *m* grégaire

herein: ~ ! entrez !

herein=bekommen*: *(fam) neue Waren* ~ rentrer de nouvelles marchandises

herein=brechen* <sein> *über eine Familie* ~ frapper une famille, s'abattre sur une famille; *die Nacht bricht herein* la nuit tombe

herein=fallen* <sein> *(fig / fam)* se faire avoir / rouler

herein=kommen* <sein> entrer

herein=lassen* faire entrer, introduire; laisser entrer

herein=legen: *(fam) jn* ~ rouler / avoir qqn

herein=platzen: <sein> *(fam) unangemeldet* ~ débarquer sans crier gare

herein=schauen: *(fam) mal kurz bei jm* ~ passer voir qqn

herein=schneien <sein> *(fig / fam)* débarquer

her=fahren*: *jn vom Bahnhof* ~ ramener qqn de la gare ◆ <sein> *hinter jm* ~ suivre qqn, rouler derrière qn

her=fallen* <sein>: *(fig) über jn mit Fragen* ~ assaillir qqn de questions; *(fam) über das Essen* ~ se jeter / se ruer sur le repas

her=geben*: *etw ungern* ~ donner qch de mauvaise grâce ◆ *sich zu etw* ~ se prêter à qch; consentir à faire qch

her=halten* tendre ◆ *als Vorwand* ~ servir de prétexte; *(fam) für die anderen* ~ trinquer pour les autres

Hering *m* -e **1** hareng *m geräucherter* ~ hareng saur **2** *(tente)* piquet *m*

her=holen aller chercher

her=kommen* <sein>: *komm mal her !* viens un peu par ici !

herkömmlich traditionnel, -le

Herkunft *f* ø origine *f*; provenance *f*

Herkunftsbezeichnung *f* -en appellation *f* d'origine

her=laufen* <sein> accourir; venir *hinter jm* ~ suivre qqn; courir derrière / après qqn

her=leiten: *eine Formel* ~ déduire une formule; *ein Wort aus dem Lateinischen* ~ faire dériver un mot du latin

her=machen: *(fam) sich über etw* ~ attaquer qch ◆ *viel* ~ en jeter, en mettre plein la vue; *wenig / nichts* ~ ne pas payer de mine ◆ *nichts von sich* ~ ne pas se mettre en avant

Hermelin *n* -e hermine *f*

hermetisch hermétique

heroisch héroïque

Herr *m* -en **1** *ein älterer* ~ un homme *m* âgé, un monsieur *m* d'un certain âge; *(fam) mein alter* ~ mon paternel *m* **2** ~ *Müller* monsieur Müller; *sehr geehrter* ~ *Müller* Monsieur; *der* ~ *Direktor* Monsieur le Directeur; ~ *Ober, bitte !* garçon ! *m* **3** *ein strenger* ~ un maître *m* sévère; *(loc) wie der* ~, *so's Geschirr* tel maître, tel valet; *(rel)* Seigneur *m*; *(fig) aus aller* ~*en Länder* de tous les pays du monde

Herrenhaus *m* ¨er maison *f* de maître; manoir *m*, gentilhommière *f*

herrenlos: *ein* ~*er Hund* un chien abandonné

Herrgott *m* ø Dieu *m*, Seigneur *m*; *(fam)* ~ *noch mal !* nom de Dieu !

herrisch: *(fig) eine* ~*e Stimme* une voix impérieuse / autoritaire ◆ *(fig)* ~ *auf=treten* (vouloir) tout diriger

herrlich magnifique, splendide

Herrlichkeit *f* ø magnificence *f*, splendeur *f*, beauté *f*; grandeur *f* ◆ -en merveille *f*

Herrschaft *f* ø domination, pouvoir *m* exercé (sur) ◆ -en *meine sehr verehrten* ~*en !* mesdames, messieurs; *(fam) meine alten* ~*en* mes vieux *mpl*

herrschaftlich seigneurial, du seigneur; *(fig)* somptueux, -euse
herrschen régner (sur); dominer; *(fig) es herrscht große Kälte* il fait très froid, le froid s'est installé
HerrscherIn *m f* souverain *m* -e *f*; monarque *m*; maître *m*
herrschsüchtig dominateur, -trice; despotique
her=rühren (pro)venir (de)
her=sein* <sein> 1 *es ist lange her* c'était il y a longtemps 2 *wo bist du her?* d'où es-tu originaire? 3 *(fam) es ist nicht weit her mit ihm* ça ne va pas loin, son truc
her=stellen 1 fabriquer, produire 2 *einen Kontakt ~* établir/nouer un contact; *Ruhe und Ordnung ~* faire régner l'ordre et la paix 3 *(fam) stell bitte mal den Stuhl her (non fam)* pose la chaise ici, s'il te plaît
HerstellerIn *m f* fabricant *m*
Herstellung *f* ø 1 fabrication *f*, production *f* 2 établissement *m*
herum 1 *der Pullover ist verkehrt ~* le pull est à l'envers 2 *um den Tisch ~* (tout) autour de la table 3 *das kostet um 30 DM ~* cela coûte dans les 30 DM; *um Ostern ~* aux alentours de Pâques
herum=albern ne dire que des âneries
herum=doktern : *(fam) an seinem Auto ~* bricoler sa voiture
herum=drehen (sich) (se) (re)tourner
herum=fahren* : *jn im Auto ~* faire faire à qqn un tour en voiture ◆ <sein> 1 *um die Ecke ~* tourner au coin de la rue; *um ein Hindernis ~* contourner un obstacle; *(fam) in der Gegend ~* se balader dans le coin
herum=führen : *jn in der Stadt ~* montrer la ville, faire visiter la ville à qqn; *(fig) jn an der Nase ~* mener qqn par le bout du nez
herum=fummeln : *(fam) an jm/etw ~* ne pas arrêter de tripoter qqn/qch
herum=gehen* <sein> 1 se promener; *um etw ~* faire le tour de qch; contourner qch 2 *die Zeit geht herum* le temps passe 3 *(fig) das geht mir im Kopf herum* cela me trotte dans la tête
herum=kommen* <sein> 1 *um etw nicht ~* ne pas pouvoir éviter qch 2 *weit ~* voyager/circuler beaucoup
herum=kriegen : *(fam) er hat uns herumgekriegt* il a fini par nous avoir
herum=laufen* <sein> 1 se promener 2 *(fam) so kannst du doch nicht ~!* tu ne vas quand même pas te trimballer comme ça!; *wie der herumläuft!* quelle allure!
herum=meckern *(fam)* ne pas arrêter de râler, de rouspéter
herum=schlagen* sich : *(fam) sich mit einem Problem ~* se débattre avec un problème
herum=schleppen *(fam)* trimballer; *(fig) ein Problem mit sich ~* traîner un problème
herum=stehen* : *(fam)* traîner (partout)
herum=treiben* sich traîner
herum=werfen* : *Spielzeug ~ (fam)* balancer ses jouets n'importe où; *(fig) das Steuer ~* changer de cap
herunter en descendant, vers le bas ~ *mit euch!* descendez!; *vom Dach ~* du toit
herunter=fallen* <sein> tomber
heruntergekommen *(fig)* tombé bien bas; tombé dans la déchéance; en piteux état
herunter=hauen* : *(fam) jm eine ~* flanquer une gifle à qqn
herunter=kommen* <sein> : *eine Treppe ~* descendre (un escalier); *(fig)* s'effondrer
herunter=machen : *jn/etw ~ (fam)* descendre qqn/qch (en flammes)
herunter=spielen *(fig)* minimiser
hervor : *unter dem Bett ~* de dessous le lit
hervor=bringen* 1 produire, donner 2 émettre *kein Wort ~* ne pas sortir un mot
hervor=gehen* <sein> : *aus etw ~* être issu de qch; *als Sieger ~* sortir vainqueur; *daraus geht hervor, daß* il en résulte que; il en ressort que
hervor=heben* souligner, insister (sur)
hervor=ragen émerger (de); *(fig)* se distinguer, dominer
hervorragend : *(fig)* remarquable, excellent, extraordinaire
hervor=rufen* 1 *jn aus seinem Versteck ~* appeler qqn qui s'est caché, faire sortir qqn de sa cachette 2 provoquer, susciter, déclencher
hervor=stechen* se détacher; sauter aux yeux
hervor=treten* <sein> 1 *aus dem Dunkel ~* sortir de l'obscurité 2 être apparent; *seine Backenknochen treten hervor* il a les pommettes saillantes; *(fig) die Ähnlichkeit zwischen beiden tritt deutlich hervor* leur ressemblance est frappante ◆ *etw ~ lassen* faire apparaître/surgir qch
hervor=tun* sich se faire remarquer, se distinguer
Herz *n* -en 1 cœur *m*; *(fig) mein ~ stockt vor Freude* je suis fou de joie; *das ~ auf dem rechten Fleck haben* avoir le cœur sur la main, avoir un cœur d'or 2 *(fig) leichten ~ens* le/d'un cœur léger; de bon cœur; *schweren ~ens* à contrecœur; *nicht übers ~ bringen, etw zu tun* ne pas pouvoir se résoudre à faire qch; *sein ~ hängt daran*

il tient beaucoup à ; *sich* (D) *ein ~ fassen* prendre son courage à deux mains **3** *(salade)* cœur *m* ø *(jeu)* cœur

Herzanfall *m* ¨e crise *f* cardiaque
herzen embrasser, étreindre
herzergreifend poignant, déchirant
herzhaft 1 *(nourriture)* consistant; relevé **2** *ein ~er Kuß* un gros baiser, un baiser sonore; *ein ~er Schluck (fam)* une bonne lampée; *ein ~er Händedruck* une poignée de main vigoureuse ◆ *~ zu=greifen* se servir copieusement
her=ziehen* tirer (derrière soi) ◆ <sein> **1** marcher; défiler; *(fig/fam) über jn ~* casser du sucre sur le dos de qqn **2** (venir) s'installer (ici)
Herzinfarkt *m* -e infarctus *m* du myocarde
Herzkammer *f* -n ventricule *m*
Herzklappe *f* -n valvule *f*
Herzklopfen *n* - palpitations *fpl*
herzlich cordial, chaleureux, -euse *~e Grüße* toutes mes amitiés ◆ cordialement; *~ gern* très volontiers, avec grand plaisir; *~ wenig* très/bien peu
Herzlichkeit *f* ø cordialité *f*, gentillesse *f*
HerzogIn *m f* duc *m* duchesse *f*
Herzogtum *n* ¨er duché *m*
Herzschrittmacher *m* - stimulateur *m* cardiaque
Herzstillstand *m* ø arrêt *m* cardiaque
herzzerreißend *(fig)* déchirant
heterogen hétérogène
Heterosexualität *f* ø hétérosexualité *f*
Hetze *f* ø **1** course *f*, bousculade *f* **2** incitation *f* à la haine; propos *mpl* haineux/ incitant à la violence
hetzen 1 *die Hunde auf jn ~* lâcher les chiens sur qqn; *(chasse) den Hirsch ~* forcer un cerf; *(fig) die Polizei auf jn ~* lancer la police sur les traces de qqn ◆ *(fam) sie hetzt den ganzen Tag* elle court toute la journée ◆ <sein> courir; *(fam)* filer (à) ◆ *sich ~ (fig/fam)* courir
Hetzerei *f* ø **1** course *f*, bousculade *f* **2** incitation *f* à la haine; propos *mpl* haineux
Heu *n* ø **1** foin(s) *m(pl)* **2** *(fam)* oseille *f* **3** *(fam)* herbe *f*
Heuchelei *f* ø hypocrisie *f*
heucheln : *Mitgefühl ~* feindre/simuler la compassion, prendre un air de compassion ◆ faire semblant, donner le change
HeuchlerIn *m f* hypocrite *m f*; simulateur, -trice
Heuernte *f* -n fenaison *f*
Heugabel *f* -n fourche *f*
heulen 1 hurler; *(fig) (vent)* mugir; *(moteur)* vrombir **2** *(fam)* chialer
Heuschrecke *f* -n sauterelle *f*
heute 1 aujourd'hui *~ früh* ce matin; *~ vor acht Tagen* il y a aujourd'hui huit jours; *von ~ auf Morgen* du jour au lendemain **2** *die Frau von ~* la femme d'aujourd'hui/actuelle
Heute *n* ø présent *m*
heutig 1 *die ~e Zeitung* le journal d'aujourd'hui **2** *in der ~en Situation* dans la situation actuelle
heutzutage de nos jours, aujourd'hui, actuellement
Hexe *f* -n sorcière *f*
Hexenschuß *m* ø *(fam)* tour *m* de rein
Hexerei *f* ø : *(fig) das ist ja die reinste ~!* c'est de la magie *m*; *das ist keine ~* ce n'est pas sorcier
Hickhack *n* -s *(fam)* zizanies *fpl*
Hieb *m* -e coup *m*; *(fam) einen ~ haben* avoir le cerveau dérangé; *auf den ersten/ auf einen ~* (non fam) du premier coup; *~e bekommen* recevoir une raclée
hiebfest : *(fig) hieb-und stichfeste Argumente (fam)* des arguments en béton
hier 1 ici *~ bin ich* je suis là; *~ sind 10 DM* voici 10 DM; *~ und dort* par endroits, ici et là; par-ci, par-là; *~ ruht X* ci-gît X; *~ bei uns* chez nous; *(fig/fam) es bis ~ haben* en avoir jusque-là **2** *"Müller?" ~!* « Müller ? » présent ! **3** *~ !* tiens/tenez !
hierarchisch hiérarchique
hierauf 1 *leg das Buch ~!* pose le livre là-dessus ! **2** *~ ging er* là-dessus, il partit
hieraus 1 en, de là **2** *~ kann man ersehen* on peut en conclure; on peut constater que
hierbei : *~ handelt es sich um* dans cette affaire il s'agit de
hierdurch 1 *~ !* par ici ! **2** *~ teilen wir Ihnen mit* par la présente, nous vous informons
hierfür pour cela
hierher : *der Weg ~* le chemin pour venir ici; *bis ~* jusqu'ici; jusque-là
hierhin 1 *schau ~ !* regarde par ici ! **2** *(fig) bis ~ kann ich dir folgen* jusqu'ici, je te suis
hierin : *~ irrst du* là, tu te trompes
hiermit ce faisant *~ eröffne ich die Sitzung* je déclare la séance ouverte; *~ bestätige ich* par la présente, je confirme
hier-sein* : *wann soll der Zug ~?* à quelle heure le train doit-il arriver ?
hierüber par-dessus; au-dessus
hiervon de cela, en
hierzu 1 en **2** à ce sujet, là-dessus
hierzulande ici
hiesig d'ici *die ~en Einwohner* les gens d'ici
Hi-Fi-Anlage *f* -n chaîne *f* hi-fi
Hilfe *f* -n **1** aide *f technische ~* assistance *f* technique; *zu ~ !* à l'aide !, au secours *m* !; *zu ~ nehmen* s'aider (de); *ohne*

fremde ~ sans l'aide de personne; *(fig)* soutien *m*; *eine* ~ *für das Gedächtnis* un moyen *m* mnémotechnique; *(méd) Erste* ~ premiers soins *mpl* **2** *(personne)* aide *m f*
Hilfeleistung *f* -en aide *f*, assistance *f*; *(jur) unterlassene* ~ non-assistance *f* à personne en danger
Hilferuf *m* -e appel *m* au secours
hilflos sans défense; incapable de se débrouiller tout seul
hilfreich secourable ~ *wäre, wenn* ce qui serait utile, ce serait que
HilfsarbeiterIn *m f* manœuvre *m*
hilfsbereit serviable
Hilfskraft *f* ⸚e auxiliaire *m f*
Hilfsmittel *n* - **1** moyen *m*, auxiliaire *m*, support *m orthopädische* ~ appareillage *m* orthopédique **2** *pl* secours *mpl*
Hilfsverb *n* -en auxiliaire *m*
Himbeere *f* -n framboise *f*
Himmel *m* - **1** ciel *soweit der* ~ *reicht* à perte de vue; *unter freiem* ~ à la belle étoile; *(fig) unter fremden* ~*n* sous d'autres cieux; *(fam) aus heiterm* ~ comme un coup de tonnerre; *jn/etw in den* ~ *heben* porter qqn/qch aux nues *fpl* **2** *(rel) gen* ~ *fahren* monter au Ciel; *(fig) den* ~ *auf Erden haben* avoir tout pour être heureux, avoir le paradis sur terre; *(fam) das stinkt zum* ~ c'est dégueulasse
Himmelfahrt *f* ø ascension *f*
himmelhoch : *(fig) seinen Konkurrenten* ~ *überlegen sein* être de loin supérieur à ses concurrents
Himmelreich *n* ø royaume *m* des cieux
Himmelskörper *m* - corps *m* céleste
himmelschreiend : *(fig) eine* ~*e Ungerechtigkeit* une injustice criante/flagrante
Himmelsrichtung *f* -en point *m* cardinal
Himmelschlüsselchen *n* - primevère *f*
himmlisch *(rel)* céleste; *(fig)* divin, sublime, merveilleux
hin 1 *bis zu dieser Stelle* ~ jusqu'à cet endroit; *die Fenster gehen nach Süden* ~ les fenêtres sont orientées vers le sud; *(fig/fam) nach Außen* ~ extérieurement; *auf die Zukunft* ~ *planen* faire des plans sur l'avenir; *auf einen Verdacht* ~ sur un simple soupçon **2** *über die ganze Welt* ~ sur toute la surface du globe; *lange Zeit* ~ pendant longtemps ◆ *(fam) einmal Frankfurt* ~ *und zurück* *(non fam)* un aller et retour pour Francfort; *Regen* ~, *Regen her (non fam)* il peut pleuvoir, peu importe qu'il pleuve, qu'il pleuve ou qu'il ne pleuve pas; ~ *und wieder* *(non fam)* de temps à autre ◆ *vor sich* ~ *singen* chantonner; *vor sich* ~ *reden* parler tout seul

hin‑arbeiten : *auf etw* ~ travailler en vue de qch
hinauf en montant, vers le haut
hinaus 1 *aufs Meer* ~ vers la pleine mer; *durch das Fenster* ~ par la fenêtre; **2** *bis über Mittag* ~ au-delà de midi; *auf Monate* ~ pour des mois **3** *(fig) darüber* ~ *hat er nichts zu sagen* il n'a rien d'autre à dire; en dehors de cela, il n'a rien à dire
hinaus‑befördern : *(fam) jn zur Tür* ~ ficher qqn dehors
hinaus‑begleiten (r)accompagner, reconduire
hinaus‑gehen* <sein> **1** sortir **2** *(fig) das Zimmer geht nach Westen hinaus* *(non fig)* la chambre est orientée vers l'ouest **3** *das geht über meine Befugnisse* ~ cela va au-delà de/dépasse mes attributions
hinaus‑laufen* <sein> sortir; *(fig) das läuft auf das gleiche hinaus* cela revient au même
hinaus‑schießen* : *(fam) zur Tür* ~ *(non fam)* se précipiter vers la porte; *(fig) übers Ziel* ~ passer à côté du but
hinaus‑sein* <sein> : *über das Alter* ~ avoir dépassé l'âge; *über eine Enttäuschung* ~ avoir surmonté une déception
hinaus‑posaunen *(fig)* crier sur tous les toits
hinaus‑wachsen* <sein> : *(fig) über etw* ~ dépasser qch; *über sich selbst* ~ se surpasser
hinaus‑werfen* jeter (dehors) *jn* ~ renvoyer qqn, mettre qqn à la porte
hinaus‑wollen : *(fig) worauf willst du hinaus?* où veux-tu en venir?; *(fam) zu hoch* ~ viser trop haut
hinaus‑ziehen* <sein> : *in einen Vorort* ~ aller s'installer en banlieue ◆ *Verhandlungen* ~ faire traîner des négociations ◆ *sich* ~ traîner en longueur; être (constamment) retardé
Hinblick *m* ø : *im* ~ *auf seine Verdienste* en considération de ses mérites; *im* ~ *auf deine Bemerkung* par rapport à ta remarque; pour reprendre ta remarque
hin‑bringen* **1** *etw zu jm* ~ (ap)porter qch à qqn; *(fam) bringst du das auch hin?* tu vas y arriver, tu crois?; *bringst du mich hin?* tu m'(y) emmènes?, tu peux m'y conduire? **2** *die Zeit* ~ passer le temps
hin‑denken* : *(fam) wo denkst du hin!* tu n'y penses pas!; où as-tu la tête?
hinderlich gênant; handicapant
hindern : *jn daran* ~, *etw zu tun* empêcher qqn de faire qch
Hindernis *n* -se **1** obstacle *m*; *(route)* chicane *f*; *(fig)* obstacle, empêchement *m* **2** *(sp)* obstacle; *(cheval)* handicap *m*
hin‑deuten : *(fig) alles deutet darauf hin, daß* tout indique/laisse à penser que

Hindu

Hindu *m* -s hindou *m*
hindurch 1 *durch die Stadt* ~ en traversant la ville ; en passant par la ville ; *durch den Wald* ~ à travers bois 2 *das ganze Jahr* ~ (durant) toute l'année, toute l'année durant
hinein : ~ *mit euch !* allez ! entrez ! ; *(fig) bis in die Nacht* ~ tard dans la nuit, une grande partie de la nuit ; *bis in alle Einzelheiten* ~ dans les moindres détails
hinein=denken* sich se mettre à la place (de), s'imaginer (dans)
hinein=gehen* <sein> 1 entrer 2 *in den Topf gehen fünf Liter hinein* la casserole peut contenir cinq litres
hinein=geraten* <sein> : *er ist in eine dumme Sache* ~ il se retrouve mêlé à une affaire idiote
hinein=passen : *die Sachen passen alle in den Koffer hinein* toutes les affaires rentrent dans la valise
hinein=reden 1 *in ein Gespräch* ~ se mêler à une conversation 2 *in js Angelegenheiten* ~ se mêler des affaires de qqn
hinein=stehlen* sich se glisser, se faufiler
hinein=steigern sich : *(fig) sich in ein Problem* ~ se laisser complètement absorber / envahir par un problème
hinein=versetzen : *sich in js Lage* ~ se mettre à la place de qqn
hinein=ziehen* : *(fig/fam) jn in eine Sache* ~ embringuer qqn dans qch
hin=fahren* <sein> conduire, emmener ◆ 1 aller ; *er fährt zu ihr hin* il va chez elle 2 effleurer
Hinfahrt *f* -en aller *m* ; *auf/bei der* ~ à l'aller
hin=fallen* <sein> : *der Länge nach* ~ tomber / s'étaler de tout son long
hinfällig 1 fragile 2 caduc, -que, sans objet, nul, -le
hin=fläzen sich *(fam)* se vautrer
Hinflug *m* ¨-e aller *m*
hin=führen *(fig)* conduire, mener
Hingabe *f* ø 1 *bedingungslose* ~ dévouement *m* / investissement *m* total 2 *jn mit* ~ *lieben* aimer éperdument / passionnément qqn
hin=geben* : *sein Leben* ~ sacrifier sa vie ◆ 1 *sich der Verzweiflung* ~ s'abandonner / se laisser aller au désespoir 2 *sich einer Arbeit* ~ se donner totalement à un travail ; *sich (einem Mann)* ~ s'abandonner
hingebungsvoll de toute son âme, à corps perdu, passionnément
hingegen par contre, en revanche
hin=gehen* <sein> 1 aller 2 *(fig)* passer ; *der Sommer geht hin* l'été touche à sa fin ; *die Zeit geht hin* le temps s'enfuit ◆ *seinen Blick über etw* ~ *lassen* laisser errer son regard sur qch ◆ *etw* ~ *lassen (fam)* passer sur qch
hin=gehören : *das gehört nicht hierhin* ce n'est pas sa place, ce n'est pas là qu'il faut le mettre
hin=geraten* <sein> : *wo ist (bloß) mein Füller* ~ ? où est passé mon stylo ?
hingerissen *(fig)* enthousiasmé, enthousiaste
hin=halten* 1 *die Hand* ~ tendre la main ; *(fig) jn* ~ *(non fig)* faire patienter qqn en lui racontant des histoires 2 *(fig) den/seinen Kopf für jn* ~ *(non fig)* assumer la responsabilité de qch pour qqn
hin=hauen* *(fam)* <sein> prendre une gamelle ◆ 1 *das haut hin !* ça marche ! 2 cogner ◆ 1 *einen Aufsatz* ~ bâcler une rédaction 2 *seine Arbeit* ~ laisser tomber son boulot 3 *seine Tasche* ~ balancer son sac 4 *jn* ~ estomaquer qqn ◆ *sich* ~ faire une pause
hin=horchen : *(fam) horch richtig hin !* ouvre tes oreilles !
hinken <sein/haben> boiter, claudiquer
hin=kommen* <sein> *(fam)* 1 *wie soll ich da* ~ ? comment j'arrive là-bas ? 2 *wo ist meine Uhr hingekommen ?* où est passée ma montre ? 3 *wo kommen wir denn da hin, wenn* ? où allons-nous, si ? ◆ *mit dem Geld kommen wir hin* ça devrait aller
hin=langen *(fam)* 1 *derb* ~ taper fort, ne pas y aller de main morte 2 *langt nur richtig hin !* mettez-vous en plein la panse ! ◆ 1 *nach etw* ~ *(non fig)* (chercher à) attraper qch 2 *mit dem Geld* ~ *(non fam)* avoir assez d'argent
hinlänglich suffisant ◆ suffisamment
hin=legen 1 poser, mettre 2 *(fam) einen Tango* ~ danser un tango avec maestria [maestrija] ; *(th) eine Rolle* ~ être très bon dans un rôle ◆ *(mil)* ~ *!* à plat ventre ! ◆ *(fam) es hätte mich beinahe hingelegt !* j'ai été soufflé ◆ *sich* ~ s'allonger, s'étendre
hin=machen : *(fam) mach mal ein bißchen hin !* grouille-toi un peu
hin=nehmen* accepter, tolérer *das nehme ich nicht so einfach hin !* là, je ne suis pas d'accord !
hin=passen aller, convenir, être à sa place, faire bien
hin=reichen : *jm etw* ~ tendre qch à qqn ; passer qch à qqn ◆ *(fam) das reicht hin* ça suffit
hinreichend suffisant ◆ suffisamment, assez
Hinreise *f* ø aller *m auf der* ~ à l'aller
hin=reißen* *(fig)* enthousiasmer, transporter, galvaniser ◆ *sich zu etw* ~ *lassen* se laisser entraîner / aller à qch
hinreißend *(fig)* qui transporte, enthousiasmant

hin=richten exécuter *mit dem Fallbeil ~* guillotiner
Hinrichtung *f* **-en** exécution *f*
hin=schlagen* frapper, taper ◆ <sein> *(fam) der Länge nach ~* s'étaler
hin=schmeißen* *(fam)* balancer, envoyer valser ◆ *sich ~ (non fam)* se jeter à terre
hin=sehen* : *nach/zu jm ~* regarder qqn
hin=sein* *(fam)* 1 être foutu 2 *sein guter Ruf ist hin* sa bonne réputation en a pris un coup ; *(loc) was hin ist, ist hin!* quand c'est fini, c'est fini! 3 *ich bin hin!* je suis baba! ◆ *bis dahin ist es noch lange hin* on n'en est pas là!
hin=setzen : *jn ~* asseoir qqn ; placer qqn ; *etw ~* poser/mettre qch ◆ 1 *sich ~* s'asseoir 2 *(fam) na, der wird sich ~!* il ne va pas en revenir!
Hinsicht *f* ø : *in dieser ~* à cet égard *m*, sur ce point *m* ; *in gewisser ~* dans un certain sens *m*, d'un certain point *m* de vue ; *in jeder ~* sous tous les rapports *mpl*, à tous les égards ; *in ~ auf (A)* compte tenu de, étant donné
hinsichtlich (G) en ce qui concerne, pour ce qui est de, quant à
Hinspiel *n* **-e** match *m* aller
hin=stellen poser ; mettre ◆ *(fig) etw als Beispiel ~* citer qch en exemple, donner/présenter l'exemple de qch ◆ *sich als etw ~* se poser en qch. se faire passer pour qch
hin=strecken : *die Hand ~* tendre la main ◆ *sich ~* s'étendre
hinten derrière, à l'arrière *~ im Garten* au fond du jardin ; *(fam) die anderen sind noch ganz ~* les autres sont à la traîne ; *(fig) das reicht ~ und vorne nicht* c'est loin d'être suffisant, cela ne suffit absolument pas ; *nicht mehr wissen, wo ~ und vorne ist* ne plus savoir par quel bout prendre qch
hinter (A/D) derrière *~ den Satz einen Punkt machen* mettre un point à la fin de la phrase ; *(fig) ~ jm stehen* soutenir qqn ; *etw ~ sich (A) bringen* venir à bout de qch ; *das habe ich ~ mir* c'est terminé
Hinterbein *n* **-e** patte *f* arrière ; *(fig) sich auf die ~e stellen* se cabrer, se rebiffer, ruer dans les brancards ; s'engager corps et âme (dans qch)
hinter=bringen* : *(fig) jm etw ~* rapporter qch à qqn
hintereinander 1 *~ gehen* marcher l'un derrière l'autre 2 *drei Tage ~* trois jours de suite
Hintergedanke *f* **-n** arrière-pensée *f*
hintergehen* tromper
Hintergrund *m* ø fond *m*, arrière-plan *m* ; *(fig) im ~ bleiben* rester dans l'ombre *f*/en retrait *m* ; *in den ~ treten* passer au second plan *m* ◆ *¨e politische Hintergründe* dessous *mpl*/mobiles *mpl* politiques
hintergründig énigmatique ; profond, complexe
Hinterhalt *m* **-e** embuscade *f*, guet-apens *m*
hinterhältig sournois
hinterher 1 après, derrière 2 après, ensuite
hinterher=hinken <sein> *(fig)* avoir du mal à suivre
hinterher=kleckern <sein> *(fig)* 1 rester à la traîne 2 avoir du retard
hinterher=laufen* <sein> : *jm ~* marcher derrière qqn ; *(fig)* courir après qqn
hinterher=sein* <sein> *(fam)* 1 *jm ~* être aux trousses de qqn 2 *scharf ~, daß nichts passiert* faire gaffe à ce qu'il ne se passe rien
Hinterkopf *m* ¨e occiput *m*
Hinterland *n* ø arrière-pays *m*
hinterlassen* laisser (derrière soi)
hinterlegen : *den Schlüssel ~* déposer les clés
hinterlistig sournois, fourbe, perfide
Hintermann *m* ¨er 1 *mein ~ in der Schule* mon voisin de derrière 2 *pl die Hintermänner des Putsches* les instigateurs du putsch
Hintern *m* **-** *(fam)* derrière *m jm in den ~ kriechen* lécher les bottes de qqn
Hinterradantrieb *m* ø traction *f* arrière
hinterrücks par-derrière
Hinterteil *n* **-e** *(fam)* derrière *m*
Hintertreffen *n* ø : *(fam) jn ins ~ bringen* éclipser qqn ; distancer qqn ; mettre qqn en position difficile
hintertreiben* : *(fig) einen Plan ~* faire échouer un plan ; déjouer un plan
Hintertreppenroman *m* **-e** *(fig)* roman *m* de quatre sous, roman à l'eau de rose
Hintertür *f* **-en** porte de derrière ; *(fig)*
HinterwäldlerIn *m f (fig/fam)* plouc *m*
hinterziehen* : *Steuern ~* frauder le fisc
hin=tun* : *(fam) wo soll ich das ~?* où est-ce que je dois mettre ça?, où est-ce que ça se met?
hinüber 1 par-dessus ◆ *auf die andere Seite ~* de l'autre côté 2 *(fam) meine Strümpfe sind ~* mes bas sont fichus
hinüber=gehen* <sein> aller de l'autre côté, traverser
hinüber=sein *(fam)* 1 *die Wurst ist hinüber (non fam)* la saucisse n'est plus fraîche 2 *er ist hinüber* il a passé l'arme à gauche ; il est amoureux
hinunter 1 *~ mit euch!* descendez! 2 *bis ~ zum Soldaten ~* jusqu'au simple soldat

hinunter=gehen*

hinunter=gehen* <sein> descendre
hinunter=schlucken avaler; *(fig) seinen Ärger* ~ rentrer/ravaler sa colère
hinunter=stürzen 1 *(fam) einen Kaffee* ~ avaler un café **2** *jn* ~ précipiter qqn dans le vide ♦ <sein> *die Treppe* ~ débouler/descendre précipitamment l'escalier ♦ *sich von einem Turm* ~ se jeter du haut d'une tour
Hinweg *m* ø aller *m auf dem* ~ à l'aller
hinweg : *über die Zeitung* ~ en regardant par-dessus son journal ; *(fig) über alle Hindernisse* ~ en surmontant tous les obstacles
hinweg=gehen* <sein> : *(fig) über etw* ~ passer sur qch, passer outre
hinweg=setzen sich : *sich über Einwände* ~ faire fi/ne pas tenir compte de remarques
Hinweis *m* -e **1** *jm einen* ~ *geben* donner à qqn quelques indications *fpl*/informations *fpl* ; *unter* ~ *auf* en se référant à ; *es gibt nicht den geringsten* ~ il n'y a pas le moindre signe de, rien n'indique (que)
hin=weisen* : *jn auf etw* ~ attirer l'attention de qqn sur qch
hinweisend : *(gram)* ~*es Fürwort* pronom démonstratif
hin=werfen* **1** jeter, lancer; *(fig/fam) seine Arbeit* ~ envoyer promener son travail **2** *eine Zeichnung* ~ esquisser un dessin ♦ *sich* ~ se jeter
Hinz : *(fam)* ~ *und Kunz* Pierre, Paul ou Jacques
hin=ziehen* : *einen Prozeß* ~ faire traîner un procès ♦ <sein> *die Wolken ziehen am Himmel hin* les nuages passent dans le ciel ♦ *die Verhandlungen ziehen sich hin* les négociations traînent ♦ *sich zu jm hingezogen fühlen* ressentir/avoir une attirance pour qqn
hin=zielen : *(fig) auf etw* ~ viser (à) qch
hinzu=fügen (zu) ajouter (à)
hinzu=kommen* <sein> s'ajouter
hinzu=tun* ajouter
hinzu=ziehen* faire appel (à); faire venir
Hiobsbotschaft *f* -en *(fig)* terrible/épouvantable nouvelle *f*
Hirn *n* -e cerveau *m*; cervelle *f*; *(fig) sich (D) das* ~ *zermartern* se creuser la cervelle, se casser la tête
Hirngespinst *n* -e chimère *f*
hirnlos *(fig)* stupide
hirnrissig *(fig)* fou/folle
Hirnschale *f* -n boîte *f* crânienne, crâne *m*
hirnverbrannt *(fig)* complètement fou/folle
Hirsch *m* -e cerf *m*
Hirschfänger *n* - couteau *m* de chasse
Hirse *f* ø millet *m*
Hirt *m* -en -en **1** berger *m* ; *(poés)* pâtre *m* **2** *(rel)* pasteur *m*
hissen hisser
historisch historique
Hitze *f* ø **1** (grande) chaleur *f* ; *(fig) in* ~ *geraten* s'échauffer, s'emporter **2** *(cuis) bei geringer* ~ à feu *m* doux **3** *(méd) fliegende* ~ bouffées *fpl* de chaleur **4** *(animaux)* chaleurs *fpl*
hitzig *(fig)* **1** irascible **2** fougueux, -euse, impétueux, -euse
Hitzkopf *m* ¨e tête *f* brûlée ; esprit *m* échauffé
H-Milch *f* ø lait *m* U.H.T.
HNO-Arzt *m* ¨e O.R.L. *m f* → **Hals-Nasen-Ohren-Arzt**
Hobel *m* - rabot *m*
Hobelbank *f* ¨e établi *m*
hobeln raboter
hoch/hoh- 1 haut, élevé ; *zwei Meter* ~ *sein* avoir deux mètres de haut ; *wie* ~ *ist der Berg?* quelle hauteur a cette montagne? ; *wie* ~ *ist das Zimmer?* quelle hauteur a la pièce? ; *hohe Schuhe* bottines *fpl* ; bottillons *mpl* ; *(fig/fam) das ist mir zu* ~ c'est trop fort pour moi **2** *eine hohe Summe* une somme élevée, une forte somme ; *wie* ~ *ist die Miete?* à combien se monte le loyer? ; *(fam) wenn es* ~ *kommt, sind 200 Leute da* il y aura à tout casser 200 personnes **3** *ein hohes Alter* un âge avancé **4** *ein hoher Offizier* un haut gradé ; *ein hoher Lebensstandard* un niveau de vie élevé ♦ ~ *oben am Himmel* très haut dans le ciel ; *(math) zwei* ~ *drei* deux à la puissance trois ; *(fam)* ~ *hinaus=wollen* vouloir aller loin
Hoch *n* -s **1** *ein* ~ *aus=bringen* pousser un hip! hip! hip! hourrah! *m* **2** *(météo)* anticyclone *m*
Hochachtung *f* ø considération *f*, (très grand/profond) respect *m mit vorzüglicher* ~ veuillez recevoir l'expression de ma plus haute considération
hoch=arbeiten sich *(fig)* monter dans la hiérarchie à force de travail
hoch=bringen* **1** *(fam) die Zeitung* ~ monter le journal **2** *(fig/fam) jn* ~ faire sortir qqn de ses gonds
Hochburg *f* -en *(fig)* fief [fjef] *m*
hochdeutsch haut allemand ; *(fig)* bon allemand
Hochdruck *m* ø **1** haute pression *f* **2** *(fam) bei uns herrscht* ~ nous sommes débordés de travail **3** *(méd)* tension *f* (artérielle)
hochentwickelt très développé ~*e Technik* une technique très évoluée/très poussée
hoch=fahren* monter <sein> **1** monter **2** *aus dem Schlaf* ~ se réveiller en sur-

saut; *wütend* ~ s'emporter; *(fig)* monter sur ses grands chevaux

hochfahrend arrogant, hautain

hochfliegend : *(fig)* ~*e Pläne* des projets ambitieux

Hochform *f* ø : *in* ~ *sein* être en pleine forme *f*

Hochgebirge *n* - haute montagne *f*

Hochgefühl *n* ø *(fig)* ivresse *f*

hoch=gehen* <sein> **1** *der Vorhang geht hoch* le rideau se lève; *(fig) die Preise gehen hoch* les prix montent **2** *(fam) ich gehe gleich hoch* je vais exploser; *die Bande ist hochgegangen* (non fam) la bande a été démantelée ◆ *die Treppe* ~ monter l'escalier

Hochgenuß *m* ¨sse délice *m*, (vrai) régal *m*

Hochgeschwindigkeitszug *m* ¨e train *m* à grande vitesse

hochgesteckt : *(fig)* ~*e Ziele* de hautes visées

hochgestellt haut placé

hochgestimmt enthousiaste, exalté

Hochglanz *m* ø : *(fig) die Wohnung auf* ~ *bringen* faire le grand ménage

hochgradig aigu, -ë, intense ◆ extrêmement, au plus haut point

hoch=halten* **1** tenir levé *die Arme* ~ avoir les bras levés **2** *(fig) die Tradition* ~ avoir beaucoup de respect pour la tradition

Hochhaus *n* ¨er immeuble *m*, bâtiment, *m*

hochherzig magnanime, généreux, -euse

hoch=jagen 1 *das Wild* ~ lever du gibier; *(fig) jn aus dem Schlaf* ~ faire lever qqn **2** *(moteur)* pousser

hoch=kommen* <sein> **1** monter **2** *(fig)* arriver à un poste élevé **3** *(fig) mein Essen kommt gleich hoch* je sens que je vais rendre

hoch=leben : *jn* ~ *lassen* pousser un hip! hip! hip! hourrah! en l'honneur de qqn; porter un toast à la santé de qqn

Hochleistungsmotor *m* -en moteur *m* puissant/performant

hochmodern ultra-moderne

Hochmut *m* ø orgueil *m*; morgue *f*

hochmütig orgueilleux, -euse, hautain, plein de morgue

hochnäsig arrogant

hoch=nehmen* **1** soulever *den Kopf* ~ lever la tête **2** *(fam) jn* ~ titiller/*(non fam)* taquiner qqn

Hochofen *m* ¨ haut-fourneau *m*

hochprozentig : à forte teneur de ~*e Lösung* une solution très concentrée; ~*es Getränk* une boisson fortement alcoolisée

Hochrechnung *f* -en estimation *f*; *(élections)* fourchette *f*

hochrot : *ein* ~*er Kopf* un visage écarlate

Hochsaison *f* ø pleine saison *f*

hoch=schaukeln : *(fig/fam) ein Problem* ~ monter un problème en épingle ◆ *sich gegenseitig* ~ se bourrer le mou

hoch=schätzen tenir en haute estime, avoir beaucoup d'estime (pour)

Hochschule *f* -n grande école *f*, université *f*

Hochschulstud|ium *n* .ien études supérieures

Hochschulwesen *n* - enseignement *m* supérieur

Hochsommer *m* - plein été *m*

Hochspannung *f* -en haute tension *f*; *(fig) es herrscht* ~ il y a de l'électricité dans l'air; ~**sleitung** *f* -en ligne *f* à haute tension; ~**smast** *m* -en pylône *m*

hoch=spielen : *(fig) eine Angelegenheit* ~ gonfler une affaire, faire toute une affaire de qch; *einen Film* ~ être dithyrambique à propos d'un film, *(fam)* faire tout un plat de ce film

Hochsprung *m* ø saut *m* en hauteur

Hochstapelei *f* -en escroquerie *f*

HochstaplerIn *m f* escroc *m*

hochstehend *(fig)* d'un haut niveau

höchstens tout au plus, au maximum

Hochstimmung *f* ø pleine forme *f*; ambiance d'enfer, super ambiance *f*

Hochtouren *fpl* : *auf* ~ *laufen* tourner à plein régime

hochtrabend *(péj)* pompeux, -euse, emphatique; ambitieux, -euse

hoch=treiben* faire monter

Hochverrat *m* ø haute trahison *f*

Hochwald *m* ¨er (haute) futaie *f*

Hochwasser *n* - crue *f bei* ~ en période de crue

hochwertig de grande qualité; de grande valeur nutritive

Hochzeit *f* -en mariage *m*, noce(s) *f(pl)* ~ *halten/feiern* se marier; *(fam) nicht auf zwei* ~*en tanzen können* ne pas pouvoir courir deux lièvres à la fois

Hochzeitspaar *n* -e mariés *mpl*

hoch=ziehen* **1** remonter, relever **2** *(fig) die Schultern* ~ lever/hausser les épaules; *die Nase* ~ renifler ◆ *(fam) sich an etw* (**D**) ~ adorer qch, avoir un plaisir malsain à qch

hocken 1 être accroupi; *(fig/fam) > non fig/fam)* être assis *über den Büchern* ~ avoir toujours le nez dans les bouquins; *den ganzen Abend in der Kneipe* ~ passer sa soirée au bistrot; *zu Hause* ~ être pantouflard **2** *die Hühner* ~ *auf der Stange* les poules sont posées sur le perchoir ◆ *sich in eine Ecke* ~ s'accroupir dans un coin; *sich auf die Treppe* ~ s'asseoir sur une marche d'escalier

Hocker *m* - tabouret *m*
Höcker *m* - bosse *f*
Hockeyschläger *m* - crosse *f* de hockey
Hoden *m* - testicule *m*
Hof *m* ¨e/ø **1** cour *f* **2** *einen ~ erben* hériter d'une ferme *f* **3** *der kaiserliche ~* la cour impériale **4** *(lune)* halo *m* **5** *(fig) jm den ~ machen* faire la cour à qqn
hoffen espérer, avoir de l'espoir ◆ *auf ein Wunder ~* espérer un miracle; *auf die Zukunft ~* croire en l'avenir
hoffentlich j'espère (que); espérons (que)
Hoffnung *f* ø/-en espoir *m*, espérance *f jm ~ auf etw (A) machen* laisser espérer qch à qqn, donner à qqn l'espoir (de/que)
hoffnungslos sans espoir, désespéré
hof-halten* résider, séjourner
höflich poli
Höflichkeit *f* ø politesse *f* ◆ *-en mit jm ~en aus=tauschen* échanger des politesses *fpl*
Hofstaat *m* ø cour *f*
hoh- → **hoch**
Höhe *f* -n **1** hauteur *f in großen ~en* à grande altitude *f*; *etw in die ~ heben* lever qch en l'air *m*; *(math)* hauteur *f*; *(fam) das ist ja die ~ !* c'est un comble *m* ! **2** hauteur *f*; *(fig) auf der ~ der Zeit sein/bleiben* être toujours à la pointe *f* de son temps; *auf der ~ seines Ruhms* au sommet de la gloire; *auf der ~ seiner Karriere* au faîte *m*/à l'apogée *m* de sa carrière; *nicht ganz auf der ~ sein* ne pas être très en forme *f* **3** *die ~ der Temperatur* le niveau *m* de la température; *die ~ eines Preises* le montant *m* d'un prix; *in ~ von* se montant à; *bis zu einer ~ von* jusqu'à concurrence de
Hoheit *f* -en **1** souveraineté *f* **2** altesse *f*
Hoheitsgebiet *n* -e territoire *m* national
Hoheitsgewässer *n* - eaux *fpl* territoriales
hoheitsvoll majestueux, -euse
Höhenmesser *m* - altimètre *m*
Höhenunterschied *m* -e dénivellation *f*, différence *f* de niveau
Höhepunkt *m* -e : *(fig) der ~ des Abends* le clou *m* de la soirée
hohl creux, -euse *die ~e Hand* le creux de la main; *(fig) ein ~er Kopf sein (fam)* avoir un petit pois à la place du cerveau ◆ *~ geschliffen* taillé en creux; concave
Höhle *f* -n **1** caverne *f*, grotte *f* **2** *(animaux)* antre *m*, tanière *f* **3** *(péj)* taudis *m*
Höhlenmalerei *f* -en peinture *f* rupestre
Hohlraum *m* ¨e cavité *f*; vide *m*
Hohlspiegel *m* - miroir concave
Hohlweg *m* -e chemin creux

Hohn *m* ø ironie (méprisante/sarcastique), dérision *f*; *(fig) ~ und Spott ernten* ne récolter que railleries *fpl* et moqueries *fpl*, être la risée *f* de tout le monde
höhnisch sarcastique, d'une ironie pleine de mépris ◆ *~ lachen* rire de manière sarcastique
Hokuspokus *m* ø **1** abracadabra **2** tour *m* de passe-passe/de magie
hold 1 angélique, doux/douce **2** *das Glück war ihm nicht ~* la chance ne lui a pas souri
holen 1 aller chercher **2** *(fig) Atem ~* reprendre haleine **3** *die Polizei ~* appeler la police; *den Arzt ~* faire venir le médecin; *(fam) sich (D) eine Krankheit ~* contracter une maladie; *bei dem ist nicht viel zu ~* il n'y a pas grand-chose à attendre de lui; *sich (D) bei jm Rat ~ (non fam)* demander conseil à qqn **4** *jn aus einem Auto ~* sortir/extraire qqn d'une voiture
Hölle *f* -n enfer *m*
Höllenlärm *m* ø *(fam)* boucan *m* du diable
höllisch diabolique, infernal *das ~e Feuer* les feux de l'enfer; *(fig) ~e Qualen* des souffrances atroces/épouvantables; *(fam) ~e Angst* peur bleue; *~en Respekt vor jm haben (non fam)* avoir un immense respect pour qqn ◆ *(fam) ~ auf=passen* faire très attention; *~ fluchen* jurer comme un charretier
Holm *m* -e **1** *(sp)* barre *f* **2** *(échelle)* montant *m* **3** *(tech)* longeron *m*
holp(e)rig cahoteux, -euse, inégal; *(fig) ~es Französisch* un français hésitant
holpern cahoter, *(fam)* brinquebaler; *(fig) beim Lesen ~* lire avec des hésitations
Holunder *m* - sureau *m*
Holz *n* ø bois *m ungeschältes ~* bois brut; *~ fällen/schlagen* abattre des arbres; *~ hacken* faire du petit bois; *(fig) ~ in den Wald tragen* porter de l'eau à la rivière; *~ sägen (non fig)* ronfler ◆ *- quille f*
Holzbock *m* ¨e tique *f*
hölzern en/de bois; *(fig)* raide; gauche, emprunté
Holzfäller *m* - bûcheron *m*
Holzhammer *m* ¨ maillet *m*; *(fig/fam) eins mit dem ~ abgekriegt haben* être dur à la détente
Holzklotz *m* ¨e billot *m*; *(fig)* lourdaud *m*, idiot *m*
Holzscheit *m* -e bûche *f*
Holzschnitt *m* -e gravure *f* sur bois
Holzschuh *m* -e sabot *m*
Holzweg *m* ø : *(fig/fam) auf dem ~ sein* se planter
homo *(fam)* → **homosexuelle** homo
homogen homogène

Homosexuelle/r homosexuel m, -le f
Honig m -e miel m
Honiglecken n ø : (fig/fam) *das ist kein ~* ce n'est pas de la tarte
Honigmelone f -n melon m (sucrin)
Honorar n -e honoraires mpl
Hopfen m - houblon m; (fig) *bei ihm/ dem ist ~ und Malz verloren* on ne le changera pas
hopsen <sein> sauter, sautiller, gambader
hoppla! allez, hop!
hopp=nehmen* : (fam) *einen Verbrecher ~* pincer un criminel
hörbar audible, perceptible
horchen écouter, prêter l'oreille
Horde f -n 1 *eine ~ Jugendlicher* une bande f de jeunes 2 cageot m
hören 1 entendre *Radio ~* écouter la radio; *eine Vorlesung ~* suivre un cours ; *von etw ~* entendre parler de qch ◆ *nichts von sich (D) ~ lassen* ne pas donner de ses nouvelles ◆ 1 *gut ~* bien entendre, avoir une bonne ouïe 2 *auf jn ~* obéir à qqn
Hörensagen n ø : *vom ~* par ouï-dire m
Hörer m - écouteur m
HörerIn m f auditeur, -trice
Hörfunk m ø radio f
hörig 1 *jm ~ sein* être l'esclave de qqn 2 (hist) corvéable; *ein ~er Bauer* un serf
Horizont m -e horizon m; (fig) *einen engen/kleinen ~ haben* avoir l'esprit étroit; *das geht über seinen ~* cela le dépasse
horizontal horizontal
Hormon n -e hormone f
Horn n ¨er 1 corne f; (fig) *ein riesiges ~* une grosse bosse f; (fam) *jm Hörner auf=setzen* faire porter des cornes à qqn; *sich (D) die Hörner ab=laufen* (non fam) devenir raisonnable ◆ *ins gleiche ~ blasen/stoßen/tuten* tirer du même côté ◆ *-e ein Brillengestell aus ~* une monture en corne f
Hörnchen n - 1 croissant m 2 cornet m
Hornhaut f ø 1 corne f 2 (méd) cornée f
Hornisse f -n frelon m
horrend : *~e Preise* des prix exorbitants
Horror m ø horreur f
Hörsaal m ¨e amphi m, salle f de cours
Hörspiel n -e pièce f radiophonique
Hort m -e 1 garderie f 2 (fig) refuge m, asile m, abri m
horten stocker; (argent) thésauriser
Höschen n - 1 *ein kurzes ~* une culotte f courte 2 slip m, (petite) culotte f
Hose f -n pantalon m *lange ~n* pantalon long; *kurze ~n* culotte f courte; (fig) *jm die ~n straff=ziehen* donner une fessée à qqn; *in die ~ gehen* tomber à l'eau
Hosenboden m ø : (fig) *sich auf den ~ setzen* s'y mettre sérieusement, retrousser ses manches
Hosenschlitz m -e braguette f
Hosenträger m - bretelles fpl
HospitantIn m -en -en f -nen stagiaire m f; auditeur, -trice libre
Hostie f -n hostie f
Hotel n -s hôtel m
HotelbesitzerIn m f hôtelier m, -ère f
Hotelbetrieb m ø hôtellerie f
Hrsg. → **Herausgeber**
hü! hue!; ho!; (fam) *einmal ~ und einmal hott sagen* ne pas savoir ce qu'on veut, changer d'avis comme de chemise
Hub m ¨e (tech) course f
hüben : *~ wie drüben* d'un côté comme de l'autre
Hubraum m ¨e cylindrée f
hübsch joli; (fam) *ein ~es Sümmchen* une jolie/coquette somme, une somme rondelette; *ein ~es Stück Arbeit* un sacré boulot
Hubschrauber m - hélicoptère m
Hucke f -n : (fam) *jm die ~ voll hauen* flanquer une raclée à qqn
huckepack : (fam) *jn ~ tragen* (non fam) porter qqn à califourchon sur le dos
Hudelei f -n (fam) 1 bâclage m, travail bâclé 2 emmerdements mpl
Huf n -e sabot m
Hufeisen n - fer m (à cheval)
Hufschmied m -e maréchal-ferrant m
Hüfte f -n hanche f ◆ ø (viande) culotte f
Hüfthalter m - gaine f
Huftier n -e ongulé m
Hügel m - colline f, coteau m
hügelig vallonné
Huhn n ¨er 1 poule f 2 (fig/fam) *ein verrücktes ~* une fofolle f; *da lachen ja die Hühner!* c'est complètement débile!
Hühnchen n - poulette f; (fig) *mit jm noch ein ~ zu rupfen haben* avoir un compte à régler avec qqn
Hühnerauge n -n (fig) cor m (au pied)
Hühnerstall m ¨e poulailler m
Huldigung f -en hommage(s) m(pl)
Hülle f -n 1 enveloppe f (meubles/vêtements) housse f; (disque) pochette f; (fig) *in ~ und Fülle* à foison, en abondance 2 *sterbliche ~* dépouille f mortelle
hüllen (sich) (s')envelopper, (s')enrouler; (fig) *sich in Schweigen ~* s'enfermer dans le mutisme
Hülse f -n 1 étui m; (mil) douille f 2 (bot) cosse; gousse f
Hülsenfrüchte fpl légumes mpl secs; légumineuses fpl
humanistisch humaniste
Humbug m ø : (fam/péj) *er redet nichts als ~* il ne raconte que des bêtises fpl
Hummel f -n bourdon m; (fig/fam) *~n*

im Hintern haben se tortiller sur sa chaise, avoir la danse de Saint-Guy
Hummer *m* - homard *m*
Humor *m* ø humour *m*
humoristisch humoristique
humpeln marcher clopin-clopant, boitiller
Humpen *m* - chope *f*
Hund *m* -e chien *m*; *bissiger ~* chien méchant; *(fig/fam) das ist ein dicker ~ !* quel culot !, c'est un peu fort !; *da liegt der ~ begraben* voilà le hic; *auf den ~ kommen* tomber bien bas; avoir des problèmes; être dans la dèche; *vor die ~e gehen (non fam)* être au bord de la ruine; *(péj) du blöder ~ !* quel couillon *m* !
Hundehütte *f* -n niche *f*
Hundekälte *f* ø *(fig)* froid *m* de canard
hundemüde *(fam)* crevé
hundert cent
Hundertjahrfeier *f* -n centenaire *m*
hundertjährig centenaire
Hundezwinger *m* - chenil *m*
Hundstage *mpl (fig)* grosses *fpl* chaleurs
Hüne *m* -n géant *m*, colosse *m*
Hunger *m* ø 1 faim *f*; *(fam) guten ~ ! (non fam)* bon appétit !; *(fig) ~ nach Gerechtigkeit* soif *f* de justice 2 famine *f*
hungern 1 souffrir de la faim 2 jeûner ◆ *sich schlank ~* faire un régime amaigrissant; *sich zu Tode ~* se laisser mourir de faim
Hungersnot *f* ¨e famine *f*, disette *f*
hungrig affamé, qui a faim *~ sein* avoir faim
Hunne *m* -n -n hun *m*
Hupe *f* -n klaxon *m*
hupen klaxonner
hüpfen sautiller *auf einem Bein ~* sauter à cloche-pied ◆ *(fam) das ist gehüpft wie gesprungen !* c'est blanc bonnet et bonnet blanc
Hürde *f* -n 1 *(sp)* haie *f*; *(fig)* cap *m* 2 *(animaux)* parc *m*
Hure *f* -n *(fam)* putain *f*

huren *(fam)* tapiner
Hurrikan *m* -e/-s ouragan *m*
Husar *m* -en -en hussard *m*
husch ! : *~ ! ~ !* hop ! hop ! (et que ça saute !) *~, ins Bett !* allez hop ! au lit !
Husch *m* ø : *(fam) in einem ~* en moins de deux; *auf einen ~* en coup de vent
huschen <sein> filer, se glisser/passer rapidement; *(fig) ein Lächeln huscht über ihr Gesicht* elle esquisse un sourire
hüsteln toussoter
husten tousser; *(fig/fam) dir werde ich was ~ !* tu peux toujours courir !, compte là-dessus ! ◆ *Blut ~* cracher le sang ◆ *(fig/fam) auf etw ~* ne rien avoir à foutre/cirer de qch
Husten *m* - toux
Hut *m* ¨e 1 chapeau *m*; *(fig/fam) ein alter ~ (non fig/fam)* un poncif *m*; *unter einen ~ bringen (non fig/fam)* mettre d'accord; concilier; *seinen ~ nehmen müssen* devoir rendre son tablier; *das kannst du dir an den ~ stecken !* tu peux te le garder ! 2 *(bot)* chapeau *m*
Hut *f* ø : *(loc) auf der ~ sein* être sur ses gardes *fpl*
hüten 1 garder 2 *(méd) das Bett ~* garder la chambre ◆ *sich vor etw/jm ~* se garder/se méfier de qch/qqn
Hütte *f* -n 1 hutte *f*, case *f*; cabane *f*; cabanon *m*; petite maison *f*, chalet *m*; refuge *m* 2 fonderie *f*; fabrique *f* (de verre, de porcelaine...)
Hyäne *f* -n hyène *f*
Hyazinthe *f* -n jacinthe *f*
Hydr.a *f* .en hydre *f*
Hydrant *m* -en -en bouche *f* d'incendie
hydraulisch hydraulique
hygienisch hygiénique
Hyperbel *f* -n hyperbole *f*
hypnotisieren hypnotiser
hypochondrisch hypocondriaque
Hypothek *f* -en hypothèque *f*
hypothetisch hypothétique
hysterisch hystérique

I

i ! beurk !; ah non alors !
ich je *~ bin's* c'est moi
Ich *n* moi *m*; ego *m*
ideal idéal
idealisieren idéaliser
ideell idéal
identifizieren : *sich mit jm/etw ~* s'identifier à qqn/à qch
identisch identique
Ideologe *m* -n -n idéologue *m*

IdiotIn *m* -en -en *f* -nen *(fam)* idiot *m* -e *f*, imbécile *m f*; *(méd)* débile *m f* mental, -e
idiotisch 1 *(fam)* idiot 2 *(méd)* débile
Idol *n* -e idole *f*
idyllisch idyllique
IG → 1 Industriegewerkschaft 2 Interessengemeinschaft
Igel *m* - hérisson *m*

ignorieren : *etw* ~ ignorer / ne pas tenir compte / de qch
ihm (D) lui, à lui *sie gibt es* ~ elle le lui donne → **er/es**
ihn (A) → **er**
ihnen (D) → **sie**
Ihnen (D) → **Sie**
ihr (D) ~ *kommt spät* vous arrivez bien tard ◆ ~ *Haus* sa maison (à elle); leur maison; ~*e Eltern* ses parents (à elle); leurs parents → **sie**
Ihr : ~ *Bruder* votre frère
ihrerseits 1 pour sa part (à elle); pour leur part 2 de son côté (à elle); de leur côté
ihresgleichen son pareil; leur pareil *diese Frechheit sucht* ~ cette insolence est inqualifiable
ihretwegen 1 *wir sind* ~ *gekommen* nous sommes venus (exprès) pour elle/ (exprès) pour eux 2 à cause d'elle; à cause d'eux *wir brauchen uns* ~ *keine Gedanken zu machen* nous n'avons pas à nous faire de souci pour elle/eux
Ikone *f* -n icône *f*
Illegalität *f* ø illégalité *f*
illusorisch illusoire
illustrieren illustrer
Illustrierte *f* -n -n magazine *m*, revue *f*; illustré *m*
Iltis *m* -se putois *m*
im 1 ~ *Haus* dans la maison 2 ~ *Wachsen* en train de grandir → **in dem**
imaginär imaginaire
Imbiß *m* sse 1 casse-croûte *m*, en-cas *m* 2 petit restaurant *m*, snack *m*
imitieren imiter; faire une imitation (de)
ImkerIn *m f* apiculteur, -trice
immatrikulieren inscrire, prendre des inscriptions ◆ *sich* ~ s'inscrire à l'université
immens immense
immer 1 toujours *ich mache es wie* ~ je fais comme j'ai toujours fait / comme d'habitude 2 ~ *mehr Besucher* de plus en plus de visiteurs 3 *was* ~ *er sagt* quoi qu'il dise; *wo* ~ *es nötig ist* partout où c'est nécessaire ◆ 1 *hast du noch* ~ *nicht genug?* il t'en faut / tu en veux encore?, cela ne te suffit toujours pas? 2 *laufen, so schnell man* ~ *kann* courir aussi vite que possible; (*fam*) ~ *ruhig!* du calme!
immerfort continuellement, sans arrêt; sans désemparer
Immergrün *n* ø pervenche *f*
immerhin après tout, en tout cas, tout compte fait, toujours est-il que *er ist* ~ *da* en tout cas, il est là
immerzu constamment, continuellement
ImmigranIn *m* -en -en *f* -nen immigrant *m* -e *f*, émigré *m* -e *f*
Immission *f* -en pollution *f*, nuisance *f*

ImmobilienmaklerIn *m f* agent *m* immobilier
immun 1 (*méd*) immunisé; (*fig*) vacciné, immunisé 2 (*pol*) qui jouit de l'immunité parlementaire
immunisieren immuniser
Imperfekt *n* -s (*gram*) prétérit *m*
Imper.ium *n* .en (*hist/fig*) empire *m*
impfen vacciner
Impfstoff *m* -e vaccin *m*
implizieren impliquer
implodieren imploser
imponieren : *jm* ~ en imposer à qqn
imponierend imposant, qui en impose
Import *m* ø -e importation *f*
importieren importer
impotent (*méd*) impuissant
imprägnieren imprégner; imperméabiliser
improvisieren improviser
Impuls *m* -e élan *m*, impulsion *f einem Gespräch einen neuen* ~ *geben* relancer une discussion
imstande : ~ *sein* être capable / en mesure / à même (de)
in : (*fam*) ~ *sein* être branché
in (A/D) 1 dans ~ *Frankreich* en France; ~ *Berlin wohnen* habiter Berlin 2 ~ *diesem Sommer* cet été; *bis* ~ *die früheste Kindheit zurück* depuis sa plus tendre enfance 3 ~ *dieser Art und Weise* de cette façon; ~ *vielen Farben* en de nombreuses couleurs 4 ~ *jn verliebt sein* être amoureux de qqn
Inangriffnahme *f* ø mise *f* en œuvre / en route
Inbegriff *m* ø 1 incarnation *f er ist der* ~ *eines Künstlers* c'est l'exemple *m* même de l'artiste; *sie ist der* ~ *der Tugend* c'est un modèle *m* de vertu, c'est la vertu même / incarnée 2 (*phil*) quintessence *f*
inbegriffen inclus, compris
Inbetriebname *f* ø mise *f* en service
inbrünstig fervent; *eine* ~*e Bitte* une prière ◆ avec ferveur / ardeur
indem : *ich bereite* ~ *das Frühstück vor* pendant ce temps je prépare le petit déjeuner ◆ ~ *er sprach, ging die Tür auf*, tandis qu'il parlait, la porte s'ouvrit; ~ *er sich unterhielt, öffnete er das Fenster* tout en parlant, il ouvrit la fenêtre
indes(sen) 1 *du kannst* ~ *beginnen* tu peux (toujours) commencer; en attendant, tu peux commencer 2 pourtant, toutefois ◆ 1 pendant ce temps 2 alors que, tandis que
Ind(.)ex *m* -e (*rel*) index *m* ◆ .dizes 1 index *m* 2 (*math/éco*) indice *m*
indiskret indiscret, -ète
indiskutabel indiscutable
individualisieren individualiser

individualistisch

individualistisch individualiste
Individualität f ø individualité f; personnalité f
Individu.um n .en individu m
Indiz n -ien indice m
Indizienbeweis m -e présomption f
industrialisieren industrialiser
Industriegebiet n -e région f industrielle
Industriegewerkschaft (IG) f -en syndicat m
industriell industriel, -le
ineinander l'une dans l'autre
ineinander=fließen* (sein) se rejoindre, se confondre; se mélanger; *(fleuves)* confluer
ineinander=fügen : *Teile ~* assembler/emboîter des pièces ◆ *sich ~* s'emboîter
ineinander=greifen* s'engrener
infam infâme
Infanterie f -en -en fantassin m
infantil infantile
Infarkt m -e infarctus m
infizieren (sich) (s')infecter
infolge (G/von) par suite/à la suite (de), à cause (de)
infolgedessen par conséquent, en conséquence de quoi
InformantIn m f informateur m, -trice f
Informatik f ø informatique f
Information f -en information f *nähere ~en* de plus amples informations
informieren (sich) (über A) (s')informer (sur/au sujet de)
Ingwer m - gingembre m
InhaberIn m f propriétaire m f *~ eines Kontos* titulaire m f d'un compte
inhaftieren incarcérer
Inhaftierung f -en incarcération f
inhalieren inhaler, faire une inhalation (de) ◆ *(fam) tief ~* se remplir les poumons de fumée; avaler la fumée
Inhalt m ø 1 contenu m ; *(math) ~ eines Dreiecks* surface f, superficie f, aire f d'un triangle; *~ eines Würfels* volume m d'un cube 2 *(fig) seinem Leben einen ~ geben* donner un sens à sa vie
Inhaltsangabe f -n description f sommaire du contenu, résumé m
Inhaltsverzeichnis n -se sommaire m, table f des matières
inhuman inhumain
injizieren injecter
Inkasso n -s recouvrement m
inklusive (G) inclus, compris ◆ y compris
Inkrafttreten n ø entrée f en vigueur
Inland n ø 1 territoire m national; *(comm)* marché m intérieur 2 intérieur m du pays
inmitten (G/von) au milieu (de), parmi
inne=haben* 1 avoir *einen Lehrstuhl ~* être titulaire d'une chaire 2 détenir, posséder
innen à l'intérieur *nach ~* vers l'intérieur
Innenausstattung f -en aménagement m intérieur
Innenstadt f ¨e centre-ville m
inner- interne, intérieur
Innere n ø 1 intérieur m 2 *sein ganzes ~s* tout son être m
Innereien fpl viscères mpl; *(boucherie)* abats mpl; tripes fpl
innerhalb (G/von) à l'intérieur de *~ Berlins* à l'intérieur de Berlin, dans Berlin intra muros [-ros]
innerlich 1 intérieur *~e Verbundenheit* un lien intime; *(fig) ein sehr ~er Mensch* une personne très introvertie ; une personne qui a une très grande vie intérieure 2 *(méd) zur ~en Anwendung* à usage interne ◆ intérieurement, en son for intérieur, au fond de soi-même
innerst- : *meine ~en Überzeugungen* mes plus intimes/profondes convictions
inne=wohnen (D) être inhérent (à)
innig intime, profond, vif, -ive, ardent *~e Zuneigung* un fort penchant; *~e Glückwünsche* mes vœux les plus sincères; *mein ~ster Wunsch* mon vœu le plus cher ◆ *~ verbunden sein* être intimement lié
innovieren innover
Innung f -en corporation f, corps m de métier; *(fig/fam) die ganze ~ blamieren* (non fam) faire honte à tout son entourage m
inoffiziell officieux, -euse
ins → **in das**
Insasse m -n -n 1 *der ~ eines Fahrzeugs* l'occupant m/ le passager m d'un véhicule 2 pensionnaire m; *(prison)* détenu m
insbesondere en particulier, particulièrement
Inschrift f -en inscription f; *(tombe)* épitaphe f
Insekt n -en insecte m
Insektenbekämpfungsmittel n - insecticide m
Insel f -n île f
InselbewohnerIn m f insulaire m f
Inserat n -e (petite) annonce f
inserieren passer/mettre une annonce
insgeheim en secret/cachette, secrètement
insgesamt en tout, au total, globalement
insofern : *~ hat er recht* sur ce point il a raison; *eine Frage nur ~ berühren, als* n'aborder une question que dans la mesure où ◆ *~ sie in der Lage ist* dans la mesure où elle le peut, pour autant qu'elle le puisse
insoweit : *~ muß man ihm zu=stimmen*

inspirieren inspirer
inspizieren inspecter
Installateur *m* -e installateur *m*; plombier *m*; électricien *m*
installieren (sich) (s')installer
instand 1 *den Garten ~ halten* entretenir le jardin **2** *etw ~ setzen* remettre qch en état
inständig : *eine ~e Bitte* une instante prière, une demande pressante ◆ *ich bitte Sie ~ darum* je vous en conjure ; *~ auf etw hoffen* espérer profondément qch
Instanz *f* -en instance *f* ; *(jur)* instance
Instanzenweg *m* ø : *auf dem ~* par la voie hiérarchique
Instinkt *m* -e instinct *m aus ~* instinctivement, par instinct
instinktiv instinctif, -ive
instruieren : *jn* éduquer / former qqn ◆ *jn über etw ~* informer / tenir au courant qqn de qch
Instrument *n* -e instrument *m*; *(fig) ein willenloses ~* un jouet *m*
inszenieren *(th/fig)* mettre en scène
Inszenierung *f* -en mise en scène *f*
intakt intact
integer intègre
integrieren (sich) (s')intégrer
Integrität *f* ø intégrité *f*
Intellekt *m* ø intellect *m*, intelligence *f*
intelligent intelligent
Intelligenz *f* ø **1** intelligence **2** *der ~ an=gehören* faire partie de l'intelligentsia
Intensität *f* ø intensité *f*
intensiv **1** intensif, -ive **2** *~e Farben* des couleurs vives ; *ein ~er Geruch* une forte odeur
Intensivstation *f* -en service *m* d'urgence
interessant intéressant
Interesse *n* ø *(an D)* intérêt *m ich habe kein ~ daran* cela ne m'intéresse pas ◆ *-en viele ~n haben* avoir beaucoup de centres *mpl* d'intérêt
Interessengemeinschaft (IG) *f* -en cartel *m*
Interessensphäre *f* -n sphère *f* d'influence
InteressentIn *m* -en -en *f* -nen **1** *einen ~en für ein Haus finden* trouver une personne intéressée par une une maison **2** candidat *m* -e *f*
interessieren *(für/an D)* intéresser qqn (à) ◆ *sich ~ (für)* (s')intéresser (à)
interessiert intéressé
intern interne
Internierung *f* -en internement *m*
InternistIn *m* -en -en *f* -nen interne *f*

interpretieren interpréter
Interpunktion *f* -en ponctuation *f*
Intervall *m* -e intervalle
intervenieren : *in einem Streit ~* intervenir / s'interposer dans une bagarre ; *(pol)* émettre une protestation ; faire une intervention
intim intime *~e Körperpflege* toilette intime ; *(fig) ein ~er Kenner* un fin connaisseur, un spécialiste
Intimität *f* ø intimité *f* ◆ **-en** privautés *fpl*
intolerant intolérant
intonieren donner une intonation (à); *(mus)* donner les premières notes (de)
intravenös intraveineux, -euse
Intrige *f* -n intrigue *f*
intrigieren : *gegen jn / etw ~* intriguer contre qqn / qch
introvertiert introverti
intuitiv intuitif, -ive ◆ intuitivement, par intuition
intus *(fam)* **1** *etw ~ haben* avoir pigé qch **2** *einen ~ haben* être complètement soûl
Inventar *n* -e **1** capital *m*, moyens *mpl* de production *totes ~* équipements *mpl* ; *lebendes ~* cheptel *m* **2** *(comm)* inventaire *m*
Inventur *f* -en inventaire *m*
investieren investir
Investition *f* -en investissement *m*
inwendig : *(fig) jn/etw in- und auswendig kennen* connaître qqn/qch de A à Z / sous toutes ses coutures / à fond
inwiefern dans quelle mesure, jusqu'à quel point
inwieweit dans quelle mesure
Inzest *m* -e inceste *m*
Inzucht *f* ø *(animaux)* croisement *m* ; *(plantes)* hybridation *f* ; *(humains)* union *f* consanguine
inzwischen entre-temps, dans l'intervalle
irdisch terrestre ; temporel, -le
irgend 1 *~ jd* n'importe qui ; qui que ce soit ; quelqu'un ; *~ etw* n'importe quoi ; quoi que ce soit ; quelque chose **2** *wenn es ~ möglich ist* s'il y a une possibilité quelconque
irgendein : *aus ~em Grund* pour une raison quelconque ; *~ Mitarbeiter* un collaborateur (quel qu'il soit), n'importe quel collaborateur
irgendwann n'importe quand ; à un moment quelconque
irgendwas quelque chose ; n'importe quoi
irgendwer : *~ hat mir das gesagt* (je ne sais plus qui, mais) quelqu'un me l'a dit
irgendwie d'une façon / manière ou d'une autre ; vaguement, de manière indéfinissable

irgendwo

irgendwo quelque part ~ *anders* ailleurs
IRK *n* ø → **Internationales Rotes Kreuz**
ironisch ironique
irrational irrationnel, -le
irre 1 égaré, fou ; *(fig) an jm/etw* (D) ~ *werden* ne plus savoir quoi penser de qqn/qch **2** *(fam) ein* ~*r Typ* un type fantastique ; *eine* ~*e Summe* une somme astronomique ; *eine* ~*e Hitze* une chaleur dingue ; *das ist ja* ~ *!* c'est fou !
Irre *f* ø : *(fig) jn in die* ~ *führen* égarer qqn, faire faire fausse route à qqn
Irre/r fou *m*, folle *f*
irre=führen égarer, induire en erreur
irre=leiten égarer, abuser
irrelevant insignifiant ; non pertinent
irren se tromper, faire (une) erreur ◆ *sich in etw* (D)/*jm* ~ se tromper au sujet de qqn/à propos de qch ; *wenn ich mich nicht irre* sauf erreur de ma part ◆ <sein> errer
Irrenanstalt *f* -en asile *m* de fous/d'aliénés
irrig erroné
irrigerweise par erreur

irritieren déranger, gêner
Irrlicht *n* -er feu *m* follet
Irrsinn *m* ø *(méd)* démence *f*, folie *f*
irrsinnig 1 *(méd)* dément, fou *m*, folle *f* **2** ~ *vor Angst (fig)* mort de peur ; *(fam) du bist ja* ~ *!* tu es complètement fou ! ; *ein* ~*er Preis* un prix ahurissant ◆ *(fam) es ist* ~ *kalt* il fait terriblement froid
Irrtum *m* ¨er erreur *f*
irrtümlicherweise par erreur
Ischias *m*/*n* ø sciatique *f*
Isolation *f* -en **1** isolement *m* **2** *(tech)* isolation *f*
Isolierband *n* ¨er chatterton [ʃatɛrtɔn] *m*
isolieren (sich) (s')isoler
Isolierung *f* -en **1** isolement *m* **2** *(tech)* isolation *f*
Ist=Bestand *m* ¨e **1** encaisse *m* **2** stock *m* réel
I-Tüpfelchen *n* - : *(fig) bis aufs* ~
vor=bereiten *(nor. fig)* préparer dans les moindres détails
i.V. → **in Vertretung/Vollmacht** pp.

J

ja 1 oui *ach* ~ *!* mais oui, bien sûr ! ; ~ *freilich* bien sûr ! ; ~ *gewiß !* mais certainement ! ; ~ *zu etw sagen* dire oui à/consentir à/approuver qch ; *zu allem* ~ *sagen* dire amen à tout **2** *sag das* ~ *niemand(em)!* ne dis cela à personne, hein ! ; *laß das* ~ *sein !* laisse tomber, va ! *zieh dich* ~ *warm an !* tu as intérêt à t'habiller chaudement ! **3** *ich komme* ~ *schon !* j'arrive ! *du siehst es* ~ *!* tu vois bien ! ; *da kommt er* ~ *!* mais/eh bien le voilà !
Jacht *f* -en yacht [jɔt] *m*
Jacke *f* -n gilet *m* ; veste *f*, veston *m* ; blouson *m* ; *(fam) das ist* ~ *wie Hose* c'est kif-kif
Jackett *n* -s veste *f*, veston *m*
Jagd *f* -en chasse *f* ; *(fig)* poursuite *f*
jagen 1 chasser **2** *einen Verbrecher* ~ poursuivre/pourchasser un criminel *(fig/fam)* ; *damit kannst du mich* ~ *!* ne me parle pas/plus de ça ! ◆ chasser, aller à la chasse ◆ *sich* (D) *eine Kugel in den Kopf* ~ se tirer une balle dans la tête ◆ <sein> **1** *durch die ganze Stadt* ~ courir dans toute la ville
Jäger *m* - chasseur *m*
jäh 1 soudain, subit, brusque **2** à pic, abrupt *ein* ~*er Abgrund* un précipice ◆ brusquement, subitement
jählings 1 subitement, brusquement **2** à pic ~ *in den Abgrund stürzen* tomber dans le vide
Jahr *n* -e **1** année *f*, an *m ein halbes* ~ six mois **2** *80* ~*e alt sein* avoir 80 ans ; *(fig) in die* ~*e kommen* prendre de l'âge ; *in den besten* ~*en* à la fleur de l'âge
jahraus : ~, *jahrein* bon an, mal an
jahrelang pendant des années durant
Jahresring *m* -e cerne *m*
Jahrestag *m* -e (jour *m*) anniversaire *m*
Jahreszahl *f* -en année *f*, date *f* ; millésime *m*
Jahreszeit *f* -en saison *f*
Jahrgang *m* ¨e : *er ist mein* ~ il est de la même année *f* que moi ; *(vin) ein guter* ~ une bonne année, un bon millésime *m* ; *(études)* promo(tion) *f*
Jahrhundert *n* -e siècle *m*
Jahrhundertfeier *f* -n centenaire *m*
Jahrhundertwende *f* -n fin *f* de siècle
jährlich annuel, -le ◆ **1** par an **2** tous les ans
Jahrmarkt *m* ¨e foire *f*
Jahrtausend *n* -e millénaire *m*
Jahrzehnt *n* -e décennie *f*
jähzornig irascible, coléreux, -euse
Jammer *m* ø **1** lamentations *fpl* **2** *seinen* ~ *heraus=schreien* crier sa détresse *f*

Jammerlappen m - : *(péj) er ist der reinste ~ !* c'est une vraie serpillère !
jämmerlich pitoyable, lamentable
jammern *(über A)* se plaindre (de), gémir (sur) ◆ *es jammert mich* cela fait pitié
jammerschade : *es ist ~* c'est bien/ vraiment très dommage
Januar m ø janvier m
japsen : *(fam) er japst nach Luft* il souffle comme un bœuf
jäten désherber
Jauche f -n purin m
jauchzen pousser des cris de joie, sauter de joie
jaulen gémir, glapir
jawohl oui (bien sûr)
je 1 *wer hätte das ~ gedacht!* qui aurait pensé une chose pareille!; *schöner denn/als ~ zuvor* plus beau/belle que jamais 2 *~ nach Gewicht* suivant le poids ◆ *(A) 20 DM ~ Stunde* 20 DM de l'heure ; *100 DM ~ Teilnehmer* 100 DM par/pour chaque participant ◆ 1 *~ früher du kommst desto mehr Zeit haben wir* plus tu viendras tôt, plus nous aurons de temps 2 *~ nachdem, ob er Zeit hat* cela dépend du temps qu'il aura ; suivant le temps qu'il aura
je! : *o ~!* oh là là !
jedenfalls en tout cas
jede/r chaque *~r zehnte* un sur dix ; *zu ~r Stunde* à toute heure ; *jeden Tag* tous les jours ; *jedes zweite Jahr* tous les deux ans ; *man kann jedes Geräusch hören* on entend tous les bruits/le moindre bruit ◆ chacun, -e ; *~ von uns* chacun d'entre nous ; *~ beliebige* n'importe qui ; *ein ~* tout un chacun
jedermann chacun, tout le monde
jederzeit à tout moment
jedesmal à chaque fois, toujours
jedoch pourtant, cependant, toutefois
jeher : *von ~* de tout temps ; *seit ~* depuis toujours
jemals jamais
jemand quelqu'un *das will kaum ~ machen* il n'y a personne qui veuille faire cela
jene/r ce m, -tte f (... -là)
jenseits : *(G) ~ der Mauer* de l'autre côté du mur ◆ *(fig) ~ von Tod und Leben* au-delà de la vie et de la mort
Jenseits n ø au-delà m
jetzt maintenant *ab ~* à partir de maintenant, dorénavant ◆ *wo habe ich ~ das Geld hin?* où ai-je pu mettre cet argent ?
jeweilig 1 du moment ; de l'époque 2 respectif, -ive
jeweils à chaque fois *~ am ersten des Monats* chaque premier du mois
jobben *(fam)* faire un/des petit(s) boulot(s)

Joch n -e 1 joug m 2 *(montagne)* col m 3 *(archi)* travée f
Jod n ø iode m
jodeln iodler, pousser la tyrolienne
Joghurt m/n -s yaourt/yoghourt m
Johannisbeere f -n groseille f
johlen brailler ; hurler
Jolle f -n yole f
jonglieren jongler
Joppe f -n parka m, vareuse f ; veste f d'appartement
JournalistIn m -en -en f -nen journaliste m f
Jubel m ø allégresse f, transports mpl de joie
Jubeljahr n -e : *(fam) nur alle ~e* tous les 36 du mois
jubeln exulter ; pousser des cris de joie
Jubilä.um n .en anniversaire m ; jubilé m
jubilieren jubiler, être fou de joie
jucken : *mir/mich juckt es* cela me démange/me gratte ◆ *sich am Kopf ~* se gratter la tête ; *sich blutig ~* se gratter jusqu'au sang ◆ *(fam) es juckte ihn, zu fragen* il mourait d'envie de poser la question
jüdisch juif, -ive
Jugend f ø 1 jeunesse f 2 *die ~ von heute* la jeunesse d'aujourd'hui ; *(fam) die reife(re) ~* les gens d'un certain âge
Jugendkriminalität f ø délinquance f juvénile
jugendlich juvénile, jeune *~es Alter* adolescence f
Jugendliche/r adolescent m -e f ; jeune m f
Juli m ø juillet m
jung 1 jeune *von ~ auf* très jeune, depuis l'enfance ; *(loc) man ist so ~ wie man sich fühlt* on a l'âge du cœur 2 *~er Wein* vin nouveau ; *~e Erbsen* des petits pois
Junge m -n-n/(fam) -ns gamin m *(non fam)* garçon m ; *(fig) ein grüner ~* un blanc-bec m ; *ein schwerer ~* un caïd [kaid] m ; *(cartes)* valet m ; *(fam) jn wie einen dummen ~ behandeln* prendre qqn pour un imbécile ; *~!, ~!* eh bien ! ; bigre !
Junge/s petit m
jungenhaft juvénile
Jünger m - 1 *die 12 ~* les 12 apôtres mpl 2 disciple m
Jungfrau f -en vierge f
jungfräulich vierge ; virginal
Junggeselle m -n -n célibataire m
Jüngling m -e adolescent m, jeune homme m
Juni m ø juin m
Junt.a [ʤunta] f .en junte f
Jura : *~ studieren* faire des études de droit m
JuristIn m -en -en f -nen juriste m f

juristisch

juristisch : ~*e Fakultät* faculté de droit ; ~*e Person* personne juridique
justieren ajuster, régler
Justiz *f* ø justice *f*
Justizbeamte/r *m f* magistrat *m*

Juwel *n/m* -en joyau *m* ◆ *n* -e *(fig)* joyau ; *(femme)* perle *f*
Juweliergeschäft *n* -e bijouterie *f*
Jux *m* ø plaisanterie *f*, blague *f*

K

Kabel *n* - câble *m*
Kabelfernsehen *n* ø télévision câblée/par câble
Kabeljau *m* -e/-s cabillaud *m*
Kabine *f* -n **1** cabine *f* **2** box *m* ; *(vote)* isoloir *m*
Kabinettstück *n* -e *(fig)* exploit *m*
Kabuff *n* -s cagibi *m*
Kachel *f* -n carreau *m*
kacheln carreler ◆ <sein> *(fam) mit 200 Sachen durch die Gegend ~* foncer comme un fou
Kachelofen *m* ¨ poêle *m* en faïence
Kacke *f* ø *(vulg)* merde *f* ; *(fig/fam) die ~ ist am Dampfen* ça se complique
Kackstelzen *f* -n *(fam)* guibole *f*
Kadaver *m* - cadavre *m* ; *(animaux)* charogne *f*
Kadenz *f* -en cadence *f*
Kader *m* - *(mil/pol)* cadre(s) *mpl* ; *(sp)* permanents *mpl* d'une équipe
Kadi *m* -s : *(fam) jn vor den ~ zerren* *(non fam)* traîner qqn devant les tribunaux
Käfer *m* - **1** scarabée *m* ; coléoptère *m* ; *(fam/auto)* coccinelle *f* **2** *(fam) ein hübscher ~* une jolie petite nana
Kaff *n* -e/-s *(péj)* trou *m*, bled *m*
Kaffee *m* -s café *m* ; *(fam) das ist ja alles kalter ~* ce n'est pas nouveau, c'est du réchauffé ; *dir haben sie wohl was in den ~ getan ?* il te manque une case !
Kaffeebohne *f* -n grain *m* de café
Kaffeekanne *f* -n cafetière *f*
Käfig *m* -e cage *f*
kahl 1 chauve *~ werden* devenir chauve, perdre ses cheveux **2** *~e Bäume* arbre dénudé ; *eine ~e Bergkuppe* un sommet pelé/sans végétation **3** *(fig) ~e Wände* des murs nus
kahl=scheren* tondre
Kahn *m* ¨e **1** *(mar)* barque *f* ; barge *f* **2** *(fam)* pieu *m*
Kai *m* -s quai *m*
KaiserIn *m f* empereur *m* impératrice *f* *(fig) sich um des ~s Bart streiten* se disputer pour des broutilles *fpl*
kaiserlich impérial
Kaiserreich *n* -e empire *m*
Kaiserschnitt *m* -e césarienne *f*
Kajüte *f* -n cabine *f*

Kakao *m* -s cacao *m* ; *(fig/fam) jn durch den ~ ziehen* casser du sucre sur qqn
Kaktee *f* -n cactus *m*
Kalamität *f* -en catastrophe *f*, calamité *f*
Kalauer *m* - calembour *m*
Kalb *n* ø/¨er veau *m*
kalben vêler
Kaleidoskop *n* -e kaléidoscope *m*
Kalender *m* - calendrier *m* ; almanach [almana] *m* ; agenda *m*
Kalenderjahr *n* -e année *f* civile
Kali *n* ø potasse *f*
Kaliber *n* - calibre *m* ; *(fig/fam) vom gleichen ~ sein* être du même acabit
Kalk *m* -e **1** calcaire *m*, tartre *m* ; chaux *f* ; *(fig/fam) bei dem rieselt ja der ~ !* il a le cerveau ramolli ! **2** *Mangel an ~* manque de calcium *m*
kalken chauler, passer à la chaux
kalkig 1 *~es Wasser* eau calcaire **2** *~es Licht* une lumière blafarde
Kalkstein *m* ø calcaire *m*
Kalkulation *f* -en calcul(s) *m(pl)*
kalkulieren 1 *(comm)* calculer *Preise knapp ~* tirer les prix **2** *richtig ~* se faire une idée juste de qch
kalt 1 froid *mir ist ~* j'ai froid **2** *ein ~es Lächeln* un sourire glacial ◆ *es läuft mir ~ über den Rücken* j'en ai des frissons ; *(fig)* cela me fait froid dans le dos
kaltblütig 1 *(animal)* à sang froid **2** *(fig) ein ~er Mensch* une personne qui a du sang-froid
Kälte *f* ø froid *m 10° ~* 10° en dessous de zéro ; *(fig)* froideur *f* ; *~ aus=strahlen* être réfrigérant
kaltherzig sans cœur
kalt=lassen* *(fam)* laisser froid
kalt=machen *(fam)* refroidir, occire
kaltschnäuzig d'une indifférence arrogante
kalt=stellen *(fam)* mettre sur la touche
Kalzium *n* ø calcium *m*
Kamel *n* -e chameau *m*
Kamelie *f* -n camélia *m*
Kamera *f* -s **1** *(cin)* caméra *f* **2** appareil *m* de photo
Kameradschaft *f* ø camaraderie *f*, amitié *f*

kameradschaftlich de camaraderie, bon copain
Kamille *f* -n camomille *f*
Kamin *m* -e cheminée *f*
Kamm *m* ¨e **1** peigne *m*; *(fig/fam) alles über einen ~ scheren* mettre tout dans le même panier **2** *(coq)* crête *f*; *(fig/fam) ihm schwillt der ~* il monte sur ses ergots, il prend la mouche **3** *(montagnes)* crête, arête *f* rocheuse
kämmen (sich) (se) coiffer/peigner *kämm dich mal!* donne-toi un coup de peigne!
Kammer *f* -n **1** chambre *f*, mansarde *f*; débarras *m* **2** *(méd)* ventricule *m* **3** *(jur/pol)* chambre **4** *(tech)* foyer *m* **5** chargeur *m*
Kampf *m* ¨e **1** combat *m ein ~ auf Leben und Tod* un combat sans merci; *(mil)* combat, bataille *f*; *(sp)* compétition *f*, match *m*; *(boxe)* combat **2** *(fig) der ~ ums Dasein* la lutte *f* pour la vie; *jm den ~ an=sagen* déclarer la guerre à qqn
Kampfansage *f* -n défi *m*; *(fig)* déclaration *f* de guerre
kämpfen combattre, se battre *um etw ~* se battre pour qch; *(mil) bis zum letzten Mann ~* se battre jusqu'au dernier; *(sp)* se battre; *(fig)* lutter; *mit den Tränen ~* retenir ses larmes
Kampfer *f* ø camphre *m*
KämpferIn *m f* **1** combattant *m* -e *f*; *(sp)* concurrent *m* -e *f* **2** *(archi)* sommier *m*
kämpferisch 1 *(mil) ~e Auseinandersetzungen* des combats **2** *(sp)* combatif, -ive; qui témoigne d'une grande combativité; qui en veut
Kampfhandlung *f* -en opération *f* militaire
Kampfplatz *m* ¨-e champ *m* de bataille
Kampfrichter *m* - arbitre *m*
kampfunfähig hors de combat
Kanal *m* ¨e **1** canal *m* **2** *einen ~ an=legen* poser une conduite *f*/canalisation *f*; *(méd)* canal; *(fig/fam) den ~ voll haben* en avoir plein le dos/par-dessus la tête (de)
Kanalisation *f* -en canalisations *fpl*
Kanarienvogel *m* ¨ canari *m*
Kandare *f* -n mors *mpl*; *(fig) jn an der ~ halten/haben* serrer la vis à qqn
KandidatIn *m* -en -en *f* -nen candidat, -e
kandidieren : *für ein Amt ~* postuler à une fonction, poser sa candidature
Kandis(zucker) *m* ø sucre *m* candi
Känguruh *n* -s kangourou *m*
Kaninchen *n* - lapin *m*
Kanister *m* - bidon *m*, jerrycan *m*
Kann-Bestimmung *f* -en disposition *f* facultative
Kännchen *n* - : *ein ~ Kaffee* un grand café (servi dans une petite cafetière)
Kanne *f* -n pot *m*; cafetière *f*; théière *f*; bidon *m* (de lait); *(fam) es gießt wie aus ~n* il tombe des cordes
Kannibale *m* -n -n cannibale *m*
Kanon *m* -s **1** *(mus)* canon *m* **2** canon, principe *m*
Kanonade *f* -n *(mil)* canonade *f*; *(fig)* déluge *m*
Kanone *f* -n **1** canon *m*; *(fam) laß deine ~ stecken!* touche pas à ton flingue!; *das Essen war unter aller ~!* le repas était en dessous de tout **2** *(fam) er ist eine ~ in Mathe* c'est un crack en maths, il a la bosse des maths
Kanonenboot *n* -e canonnière *f*
Kante *f* -n **1** arête *f*, (re)bord *m*, angle *m*; *(fig/fam) etwas auf die hohe ~ legen* mettre qch de côté **2** lisière *f*
Kanten *m* -, quignon *m*, croûton *m*
kantig carré, qui a des angles bien marqués; *(fig) ein ~es Gesicht* un visage anguleux
KantorIn *m f* chantre *m*; maître *m* de chapelle, organiste *m*
Kanu *n* -s canoë *m*
Kanzel *f* -n **1** chaire *f* **2** cock-pit *m* **3** *(montagne)* plate-forme *f*, promontoire *m*; *(chasse)* affût *m*
Kanzler *m* - chancelier *m*
Kanzleramt *n* ¨er chancellerie *f*
Kapazität *f* -en/ø capacité *f*; *(phys/élec)* puissance *f*, capacité *f*
Kapelle *f* -n **1** chapelle *f* **2** *(mus)* orchestre *m*
Kaper *f* -n câpre *f*
kapern 1 *(mar)* capturer **2** *(fam)* embaucher qqn (pour faire qch); mettre le grappin (sur qqn)
kapieren *(fam)* piger
kapital : *(fam) ein ~er Fehler* une erreur monumentale; *(chasse) ein ~er Hirsch* un dix-cors
Kapital *n* -e/-ien capital *m*; *(fig) totes ~* capital improductif; *geistiges ~* bagage *m* intellectuel ◆ ø *(éco) das ~ erhöhen* faire une augmentation de capital; *(fig/fam) aus etw ~ schlagen* tirer profit *m*/parti *m* de qch
Kapitalanlage *f* -n placement *m*, investissement *m*
KapitalistIn *m* -en -en *f* -nen capitaliste *m f*
Kapitalmarkt *m* ¨e marché *m* des capitaux
Kapitän *m* -e capitaine *m*; *(avion)* commandant *m* (de bord)
Kapitel *n* - chapitre *m*; *(fig) das ist ein anderes ~* c'est une autre histoire/question *f*; *(fig/fam) er ist ein ~ für sich* c'est un cas, c'est un drôle de zozo *m*
Kapitell *n* -e chapiteau *m*
kapitulieren *(mil)* capituler
Kaplan *m* ¨e vicaire *m*, abbé *m*

Kappe *f* -n **1** casquette *f*; bonnet *m*; capuchon *m*; *(rel)* calotte *f* **2** *(auto)* enjoliveur *m* de roue; *(bouteilles)* capsule *f*; *(chaussures)* bout *m*; contrefort *m*

kappen 1 couper **2** *(arbres)* tailler, élaguer

Käppi *n* -s képi *m*

Kapriole *f* -n: ~n *schlagen* faire des cabrioles *fpl*; *(fig)* die ~n *des Wetters* les fantaisies *fpl* du temps

Kapsel *f* -n **1** capsule *f* **2** *(méd)* gélule *f*

kaputt 1 cassé, brisé, *(fam)* fichu, foutu; ~es *Geschirr* de la vaisselle cassée/brisée; *(fig/fam) ihre Ehe ist* ~ leur mariage est brisé; *was ist denn jetzt* ~? qu'est-ce qui ne va pas? **2** *(fam) ich bin ganz* ~ je suis vanné/mort

kaputt=gehen* *‹sein›* se casser; *(fig)* se dégrader, se détériorer

kaputt-lachen sich mourir de rire

kaputt=machen casser; abîmer ♦ *sich* ~ *(fam)* se crever, se foutre en l'air

Kapuze *f* -n capuche *f*

Karabiner *m* - carabine *f*

Karaffe *f* -n carafe *f*

Karawane *f* -n caravane *f*

Karbid *n* -e carbure *m* ♦ ø carbure de calcium

Kardanwelle *f* -n cardan *m*

Kardinal *m* ¨e cardinal *m*

Kardinalzahl *f* -en nombre *m* cardinal

Kardiogramm *n* -e cardiogramme *m*

karg 1 ~er *Lohn* un salaire misérable, un piètre/maigre salaire **2** très simple; misérable; *mit etw* ~ *sein* être avare de qch **3** ~er *Boden* un sol ingrat

kärglich maigre, chiche, pauvre

kariert à carreaux; quadrillé; *(fam) guck nicht so* ~! ne prends pas cet air d'ahuri!

Karies *f* ø carie *f*

Karikatur *f* -en **1** caricature *f* **2** *(péj) zur* ~ *geraten* devenir caricatural

karikieren caricaturer, faire une caricature (de)

Karneval *m* -e/-s carnaval *m*

Karnickel *n* - lapin *m*

Karo *n* -s carreau *m* ♦ ø *(jeu)* carreau

Karosse *f* -n carrosse *m*

Karosserie *f* -n carrosserie *f*

Karotte *f* -n carotte *f*

Karpfen *m* - carpe *f*

Karre *f* -n **1** charrette *f*, carriole *f*, brouette *f*; *(fig) die* ~ *ist total verfahren (fam)* c'est foutu; *jm an die* ~/*an den* ~n *fahren (fam)* rentrer dans le lard de qqn **2** *(fam/auto)* caisse *f*, bagnole *f*

karren charrier; *(fig/fam) jn durch die Gegend* ~ trimbaler qqn dans toute la région

Karriere *f* -n carrière *f*

Karte *f* -n **1** carte *f*; *(sp) die rote* ~ le carton rouge **2** *eine* ~ *kaufen* acheter un billet **3** *(jeu)* carte *f* **4** *die* ~ *von Europa* la carte de l'Europe **5** *nach der* ~ *essen* manger à la carte

Kartei *f* -en fichier *m*

Karteikarte *f* -n fiche *f*

Kartell *n* -e cartel *m*

Kartenhaus *n* ø: *(fig) in sich zusammen=fallen wie ein* ~ s'écrouler comme un château de cartes

Kartoffel *f* -n pomme *f* de terre, *(fam)* patate *f*; *(fam) pif m*, tarin *m*

Kartoffelkäfer *m* - doryphore *m*

Kartoffelpuffer *m* - galette *f* de pommes de terre

Karton *m* -s carton *m*

Karussell *n* -s/-e manège *m* ~ *fahren* faire un tour de manège

Karwoche *f* ø semaine *f* sainte

Kaschemme *f* -n *(fam)* boui-boui *m*, bouge *m*

Kaschmir *m* -e cachemire *m*

Käse *m* - **1** fromage *m* **2** *(fam) erzähl' nicht so einen* ~! tu racontes des conneries!

Käseblatt *n* ¨er *(fam)* feuille *f* de chou

Kaserne *f* -n caserne *f*

käsig *(fam) ein* ~*es Gesicht haben* avoir une mine de papier mâché

Kaskade *f* -n cascade *f*

Kasper(le) *m* -en guignol *m*

Kassation *f* -en abrogation *f*, annulation *f*; *(jur)* cassation *f*

Kasse *f* -n **1** caisse *f*; *(fig) jn zur* ~ *bitten (fam)* faire casquer qqn **2** *(fam) gut bei* ~ *sein* être en fonds *mpl*; *schlecht bei* ~ *sein* être un peu juste **3** *die* ~ *ist geschlossen* la caisse est fermée

Kassenarzt *m* ¨e médecin *m* conventionné

Kassenschlager *m* - succès *m* commercial

Kassenzettel *m* - ticket *m* de caisse

Kassette *f* -n **1** cassette *f* **2** coffret *m*

Kassettenrecorder *m* - cassettophone *m*

kassieren 1 encaisser, *(fam)* empocher **2** *(fig) Prügel* ~ se prendre une raclée; *heftige Kritik* ~ essuyer de vives critiques **3** *(fam) einen Verbrecher* ~ pincer un criminel; *den Führerschein* ~ chouraver/piquer le permis

KassiererIn *m f* caissier *m*, -ère *f*

Kastanie *f* -n châtaigne *f*; marron *m*

Kastanienbaum *m* ¨e châtaignier *m*; marronnier *m*

kastanienbraun marron

kasteien sich se mortifier

Kastell *n* -e fortin *m*; château-fort *m*

Kasten *m* ¨ **1** caisse *f* **2** *(fam) einen Brief in den* ~ *werfen* mettre une lettre à la boîte; *(péj) ein alter* ~ une vieille caisse

Keim

3 *(fam)* etw auf dem ~ haben ne pas être bête
kastrieren castrer
Kasus m - cas m
Katakomben fpl catacombes fpl
Katalog m -e **1** catalogue m **2** série f
Katalysator m -en catalyseur m
Katapult n -e catapulte f
Kataster m/n - cadastre m
katastrophal catastrophique
Katastrophe f -n catastrophe f
Kate f -n cabane f
Katechism.us m .en catéchisme m
kategorisch catégorique
Kater m - **1** chat m (mâle) **2** *(fam)* gueule f de bois
Katheder n/m - chaire f
Kathedrale f -n cathédrale f
Katheter m - sonde f, cathéter m
KatholikIn m -en -en f -nen catholique m f
katholisch catholique
Katz f ø : *(fig/fam)* ~ **und Maus spielen** jouer au chat et à la souris; **für die** ~ pour des prunes f
katzbuckeln : **vor jm** ~ faire des courbettes à qqn
Kätzchen n - chaton m
Katze f -n **1** chat m eine weibliche ~ une chatte; *(fig)* zäh wie eine ~ sein avoir la vie dure; *(fig/fam)* **die** ~ **im Sack kaufen** acheter qch les yeux fermés; **die** ~ **aus dem Sack lassen** cracher le morceau; **da beißt sich die** ~ **in den Schwanz** c'est le serpent qui se mord la queue **2** félin m
Katzenjammer m ø *(fig)* retour m à la triste réalité, amertume f
Katzensprung m ø : *(fig)* **das ist nur ein** ~ c'est à deux pas
Kauderwelsch n ø charabia m
kauen mâcher *Tabak* ~ chiquer ◆ **an den Nägeln** ~ se ronger les ongles; **an den Lippen** ~ se mordre les lèvres; **auf einem Bleistift** ~ mordiller un crayon; *(fig)* **an einem Problem** ~ se casser la tête sur un problème
kauern être accroupi ◆ **sich** ~ s'accroupir
Kauf m ¨e achat m; *(fig)* etw in ~ **nehmen** accepter qch; **das muß man (mit) in** ~ **nehmen** *(fam)* il faut faire avec
kaufen 1 acheter; *(loc)* **dafür kann ich (auch) nichts** ~ cela me fait une belle jambe **2** *(fam)* **sich (D) jn** ~ se faire qqn, ne pas rater qqn
KäuferIn m f acheteur m, -euse f
Kaufkraft f ø pouvoir m d'achat
käuflich 1 vendable, négociable **2** corruptible ◆ à titre onéreux
Kauf.mann m .leute commerçant m -e f
kaufmännisch commercial

Kaufvertrag m ¨e contrat m de vente
Kaugummi m/n -s chewing-gum m
Kaulquappe f -n têtard m
kaum 1 à peine es war ~ jemand da il n'y avait presque personne **2** das wird ~ **reichen** cela suffira (tout) juste; **den Zug** ~ **erreichen** avoir son train de justesse; **es** ~ **schaffen, etw zu machen** arriver à peine à faire qch, avoir du mal à faire qch; ~ **zu glauben** à peine croyable **3** er war ~ **aus dem Haus** à peine était-il sorti, il venait à peine de sortir
kausal : ~er Zusammenhang un rapport de cause à effet
Kaution f -en caution f
Kautschuk m -e caoutchouc m
Kauz m ¨e chouette f; *(fig/fam)* **ein komischer** ~ un hurluberlu
Kavalier m - galant homme m, homme qui a des manières
Kavaliersdelikt n -e *(fig)* peccadille f
keck : **ein** ~es Lächeln un sourire coquin
Kegel m - **1** *(math)* cône m **2** *(lumière)* faisceau m (lumineux) **3** *(jeu)* quille f **4** *(fig)* **mit Kind und** ~ avec toute la smala f
Kegelbahn f -en (piste f de) bowling m
kegelförmig conique
kegeln faire du bowling; jouer aux quilles
Kehle f -n **1** gorge f, gosier m **aus vollem** ~ à gorge déployée; *(fig)* **eine trockene** ~ **haben** avoir le gosier sec; être porté sur la bouteille; *(fig/fam)* **sich (D) die** ~ **aus dem Hals schreien** crier à tue-tête, hurler; **etw in die falsche** ~ **bekommen** avaler qch de travers; prendre qch de travers **2** *(archi)* gorge f
Kehlkopf m ¨e larynx m
kehren 1 die Taschen nach außen ~ retourner ses poches; **den Blick zum Himmel** ~ tourner son regard vers le ciel **2 die Straße** ~ balayer la rue ◆ **1 alles kehrt sich zum Besten** tout va pour le mieux **2 sich an etw (A) nicht** ~ ne pas se soucier de qch
Kehrmaschine f -n balayeuse f
Kehrseite f -n envers m; *(loc)* **das ist die** ~ **der Medaille !** c'est le revers de la médaille
kehrt=machen faire demi-tour
Kehrtwendung f -en demi-tour m
keifen crier, glapir ◆ **keifende Stimme** une voix criarde
Keil m -e cale f; coin m; *(fig)* **einen** ~ **in die gegnerischen Reihen treiben** semer la zizanie chez l'adversaire **2** *(couture)* pièce f
Keile f ø *(fam)* raclée f
keilen *(tech)* fendre (avec un coin); enfoncer ◆ *(fam)* **sich** ~ se taper dessus
Keiler m - sanglier (mâle) m
Keim m -e **1** *(bot/méd)* germe m; *(fig)*

keimen

ein ~ der Zwietracht une pomme de discorde; *ein ~ der Hoffnung* une lueur d'espoir; *etw im ~ ersticken* étouffer qch dans l'œuf *m*
keimen germer; *(fig)* naître
keimfrei stérile
keimtötend antiseptique
kein 1 *~e Freunde* pas d'amis, aucun ami; *~ Mensch* personne; *~e Zeit* pas le temps; *auf ~en Fall* en aucun cas 2 *es dauert ~e fünf Minuten* cela dure à peine cinq minutes; *er ist ~ böser Mensch* ce n'est pas un méchant homme ◆ *keiner/keine/keins* personne; aucun; *wir haben keins* nous n'en avons pas
keinerlei pas le/la moindre, aucune sorte de ◆ absolument pas, nullement
keinesfalls en aucun cas, absolument pas, nullement
keineswegs pas du tout, absolument pas
Keks *m/n* -e 1 petit gâteau *m*, biscuit *m* 2 *(fam) das geht mir auf den ~* cela me tape sur le système !
Kelch *m* -e 1 coupe *f*; *(rel)* calice *m*; *(fig) den ~ bis auf den Grund leeren* boire la coupe juqu'à la lie 2 *(fleur)* calice
Kelle *f* -n 1 louche *f* 2 *(tech)* truelle *f* 3 bâton *m* blanc
Keller *m* - cave *f*
Kellerassel *f* -n cloporte *m*
Kellergeschoß *m* **sse** sous-sol *m*
Kellermeister *m* - caviste *m*
KellnerIn *m f* garçon *m* (de café), serveur, -euse
keltern presser
kennen* connaître *etw vom Hörensagen ~* avoir entendu parler de qch; *js Gang ~* reconnaître le pas de qqn; *js Alter ~* savoir l'âge de qqn; *(fig) keine Rücksicht ~* n'avoir aucun respect; *kein Mitleid ~* ne pas connaître la pitié; *(fam) das ~ wir schon !* on connaît la musique !; *sich vor Wut nicht mehr ~* être hors de soi
kennen=lernen faire connaissance; découvrir; connaître; *(fam) gleich wirst du mich ~ !* tu vas voir de quel bois je me chauffe !; *der wird mich noch ~ !* il va entendre parler de moi !
KennerIn *m f* connaisseur, -euse
kenntlich reconnaissable, identifiable *jm etw ~ machen* signaler qch à qqn
Kenntnis *f* -se/ø connaissance *f*
Kennwort *f* -̈er code *m*; mot *m* de passe
Kennzahl *f* -en référence *f*; numéro d'identification; caractéristique *f*
Kennzeichen *n* - 1 marque *f*, signe *m*; *besondere ~* signes particuliers 2 marque, insigne *m*; numéro d'immatriculation, plaque minéralogique
kentern <sein> chavirer
Keramik *f* ø/-en céramique *f*

Kerbe *f* -n entaille *f*, encoche *f*; *(fam) in diesselbe ~ hauen* enfoncer le clou
Kerbel *m* ø cerfeuil *m*
Kerker *m* - cachot *m*, geôle *f*
Kerl *m* -e *(fam)* mec *m*, type *m* *er ist kein schlechter ~* ce n'est pas un mauvais bougre/gars *m*; *blöder ~ !* imbécile *m* !
Kern *m* -e 1 noyau *m*; pépin *m*; *(fig) das ist der ~ des Problems* le fond/cœur *m* du problème; *am ~ einer Sache vorbei=gehen* passer à côté de l'essentiel *m* 2 *(phys/fruit)* noyau; *(tech) der ~ des Reaktors* le cœur du réacteur 3 *der ~ der Wohnsiedlung* le centre du lotissement; *(météo)* centre *m*; *(fig/pol) der harte ~* le noyau dur
Kernenergie *f* ø énergie *f* nucléaire
kerngesund *(fig) ~ sein* se porter comme un charme, être en pleine santé
kernig *(fig) ein ~er Mann* un homme costaud
Kernkraftwerk *n* -e centrale *f* nucléaire
Kernobst *n* ø fruits *mpl* à pépins
Kernreaktor *m* -en réacteur *m* nucléaire
Kernseife *f* ø savon *m* de Marseille
Kerze *f* -n 1 bougie *f*, chandelle *f*; *(rel)* cierge *m*; *(botanique)* inflorescence *f*; *(auto)* bougie 2 *(sp)* chandelle
kerzengerade droit comme un i
Kerzenständer *m* - bougeoir *m*, chandelier *m*
keß *(personne)* qui n'a pas froid aux yeux; *(fam) eine kesse Biene* une nana qui a du piquant
Kessel *m* - bouilloire *f*; marmite *f*; *(géo)* cuvette *f*; *(mil)* poche *f*
Kesseltreiben *n* ø *(fig)* campagne *f* de diffamation
Kette *f* -n 1 chaîne *f*; collier *m* *einen Gefangenen in ~n legen* enchaîner un prisonnier 2 *eine ~ bilden* former une chaîne 3 *(fig)* enchaînement *m* *eine ~ von Unfällen* une série d'accidents
ketten attacher, enchaîner; *(fig) jn an sich (A) ~* tenir qqn sous sa coupe
Kettenhemd *n* -en cotte *f* de mailles
KetzerIn *m f* hérétique *m f*
keuchen <sein>: *den Berg hinauf ~* escalader péniblement une montagne ◆ *unter einer Last ~* haleter sous le poids de la charge
Keuchhusten *m* ø coqueluche *f*
Keule *f* -n 1 massue *f* 2 *(volaille)* cuisse *f*; *(mouton)* gigot *m*; *(gibier)* cuissot *m*
keusch chaste
Keuschheit *f* ø chasteté *f*
Kfz *n* → **Kraftfahrzeug**
kichern ricaner, pouffer
kicken *(fam)* shooter [jute]
Kiefer *m* - mâchoire *f*
Kiefer *f* -n pin *m*
Kieferhöhle *f* -n sinus *m*

Kieferorthopädie *f ø* orthodontie *f*
Kieker *m ø : (fam) er hat mich auf dem ~* il m'a dans le collimateur
Kiel *m -e* **1** *(mar)* quille *f*; carène *f* **2** *(plume)* tuyau *m*
Kieme *f -n* branchie *f*
Kiepe *f -n* hotte *f*
Kies *m ø* gravier *m*; gravillon *m*; *(fam)* fric *m*, ronds *mpl*
Kiesgrube *f -n* gravière *f*
Kiesel *m -* galet *m*
kikeriki ! cocorico !
killen *(fam)* refroidir
Killer *m - (fam > non fam)* tueur *m*
Kilo *n -s* kilo *m* → **Kilogramm**
Kilogramm (kg) *n -* kilogramme (kg) *m*
Kilometer (km) *m -* kilomètre (km) *m*
Kilowatt (kW) *n -* kilowatt [-wat] (kW) *m*
Kind *n -er* enfant *m von ~ auf* depuis l'enfance; *jn an ~es Statt an=nehmen* adopter qqn; *(fig) ein ~ seiner Zeit* un homme/une femme de son temps; *da sieht man, wes Geistes ~ er ist* on voit bien de quel bois il est fait
Kinderarzt *m ¨e* pédiatre *m*
Kinderei *f -en* enfantillage *m*
Kindergarten *m ¨e* jardin *m* d'enfants
Kindergärtnerin *f -nen* éducatrice de jeunes enfants, jardinière d'enfants
Kindergeld *n ø* allocations *fpl* familiales
Kinderhort *m -e* garderie *f*
Kinderlähmung *f -en* poliomyélite *f*
Kindermörderin *f -nen* infanticide *m f*
kinderreich : *~e Familie* famille nombreuse
Kinderspiel *n -e* jeu *m* (pour les enfants); *(fig) das ist (doch) ein ~ !* c'est un jeu d'enfant !
Kinderstube *f ø : (fig) keine gute ~ haben* n'avoir aucune éducation
Kindertagesstätte (Kita) *f -n* jardin *m* d'enfants avec cantine et garderie
Kinderwagen *m -* landau *m*; poussette *f*
Kindheit *f ø* enfance *f*
kindisch *(péj)* puéril
kindlich enfantin ; d'enfant
Kinkerlitzchen *npl (fam)* babioles *fpl*; fanfreluches *fpl*
Kinn *n -e* menton *m*
Kinnhaken *m -* crochet *m* à la mâchoire
Kino *n -s* (salle *f* de) cinéma *m* ◆ *ø* cinéma *m*
Kiosk *m -e* kiosque *m*
Kippe *f -n* **1** décharge *f* **2** *(fam) auf der ~ stehen* être en mauvaise posture *f* **3** *(fam)* clope *f*
kippeln *(fam)* **1** *der Tisch kippelt* la table est branlante **2** *du sollst nicht ~ !* ne te balance pas sur ta chaise !
kippen faire basculer ; *(fam) einen ~* faire cul sec ; *Sand auf die Straße ~* sabler ; *Wasser in das Waschbecken ~* verser de l'eau dans le lavabo ◆ <sein> basculer, verser, se renverser
Kipper *m -* camion *m* à benne
Kirche *f -n* **1** église *f*; *(fig/fam) die ~ im Dorf lassen* ne pas tirer de plans sur la comète ; *mit der ~ ums Dorf laufen* chercher toutes sortes de complications **2** *die orthodoxe ~* l'église orthodoxe ◆ *ø* office *m* (religieux)
Kirchenchor *m ¨e* maîtrise *f*, chorale *f* de la paroisse
Kirchenschiff *n -e* nef *f*
Kirchensteuer *f -n* impôt *m* ecclésiastique / du culte
kirchlich religieux, -euse ; ecclésiastique
Kirchturm *m ¨e* clocher *m*
Kirmes *f -sen* kermesse *f*
Kirschbaum *m ¨e* cerisier *m*
Kirsche *f -n* cerise *f*; *(loc) mit ihm ist nicht gut ~n essen* mieux vaut ne pas s'y frotter
Kissen *n -* coussin *m*; oreiller *m*
Kiste *f -n* caisse *f*; *(fam/auto)* bagnole *f*, caisse *f*; *(bateau)* rafiot *m*
Kitsch *m ø* kitsch *m*; décorum *m*: tape-à-l'œil *m sentimentaler ~* guimauve *f*
kitschig kitsch ; gnangnan
Kitt *m -e* mastic *m*; enduit *m*; *(fam)* rafistolage *m*
Kittchen *n - (fam)* tôle *f*
kitten (re)coller ; mastiquer ; *(fig) eine Ehe ~* recoller les morceaux
Kittel *m -* blouse *f*
Kitzel *m ø* **1** chatouillement *m*, démangeaison *f* **2** *ich verspüre einen ~ (zu)* cela me démange (de); je suis tenté (par)
kitzeln chatouiller ; *(fig) js Eitelkeit ~* flatter la vanité de qqn
Kitzler *m -* clitoris [-ris] *m*
kitzlig chatouilleux, -euse ; *(fig) eine ~e Frage* une question délicate
KKW → **Kernkraftwerk**
klacks ! clac !, vlan !
Klacks *m ø : (fam) für ihn ist das (doch nur) ein ~ !* il fait ça en claquant dans les doigts !
Kladde *f -n* cahier *m* de brouillon
Kladderadatsch *m -e (fam)* remous *mpl*
klaffen être béant
kläffen japer, glapir
Klage *f -n* **1** plainte *f* **2** *es kommt häufig zu ~n* il y a souvent des réclamations *fpl* **3** *(jur)* plainte
klagen : *(jm) sein Leid ~* se plaindre auprès de qqn ◆ **1** *über etw (A) ~* se plaindre de qch **2** *(jur)* intenter un procès (à) ; *auf Schadensersatz ~* réclamer des dommages et intérêts
KlägerIn *m f* partie *f* civile, plaignant, -e

kläglich

kläglich 1 *ein ~es Gesicht* un air honteux ; un air désemparé ; *~e Schreie* cris plaintifs ◆ *ein ~er Zustand* un état lamentable / pitoyable

klamm 1 humide et froid 2 engourdi ; *(fig/fam)* fauché

Klammer *f -n* 1 pince *f* ; pince à linge ; trombone *m* ; *(méd)* agrafe *f* 2 parenthèse *f eine eckige ~* un crochet *m* ; *(math)* parenthèse

Klammerbeutel *m -* : *(fam) mit dem ~ gepudert sein* avoir un grain

klammern *(sp)* ceinturer / immobiliser son adversaire ◆ agrafer (avec un trombone) *eine Wunde ~* suturer une plaie ◆ *sich klammern (an A)* s'accrocher (à)

Klamotte *f -n (fam)* 1 *pl* frusques *fpl*, vieux trucs *mpl* 2 grosse farce *f*

Klang *m ¨e son m ; (voix)* timbre *m* ; *(instruments)* sonorité *f*

klanglos sourd, sans résonance *mit ~er Stimme* d'une voix sourde / blanche ◆ *(fig) sang- und ~* sans tambour ni trompette

klangvoll : *(fig) ein ~er Name* un grand nom

klapp ! toc !, bing !

Klappe *f -n* 1 clapet *m* ; volet *m* ; valve *f* ; *(poche)* rabat *m* ; *(fig/fam) bei mir ist die ~ runter(gegangen)* pour moi, c'est terminé !, j'ai tiré le rideau ! 2 *(fam) halt die ~ !* la ferme ! 3 *(cin) ~ !* clap ! ; *(fig/fam) ~ zu, Affe tot* affaire réglée ! 4 *(fam) in die ~ gehen* aller au pieu

klappen : *den Deckel nach oben / unten ~* relever / rabattre le couvercle ◆ *die Fensterläden ~ gegen die Mauer* les volets cognent / tapent contre le mur ; *(fam) es hat geklappt !* ça a marché !, c'est bon !

Klapper *f -n* crécelle *f* ; *(enfants)* hochet *m*

Klapperkasten *m ¨ (fam) (piano)* casserole *f* ; *(auto)* vieille guimbarde *f*

klappern 1 *(cigognes)* claqueter 2 *die Fenster ~* les fenêtres claquent ◆ *mit den Zähnen ~* claquer des dents ◆ *<sein> (fig/fam)* bringuebaler

Klapperschlange *f -n* serpent *m* à sonnettes

klapprig : *(fam) ein ~es Auto* une vieille guimbarde ; *ein ~er Gaul* une vieille carne

Klappsitz *m -e* siège *m* pliant

Klaps *m -e (fam)* 1 tape *f* 2 *einen ~ haben* être timbré

Klapsmühle *f -n (fam)* asile *m* de fous

klar clair ; *(air/eau)* limpide ; *(fig) na, ~ !* bien sûr ! ; *alles ~ !* d'accord ! entendu ! ; *~er Verstand* conscience claire des choses ; *einen ~en Kopf haben* avoir les idées bien en place / claires ; *sich über etw (A) ~ sein* se rendre bien compte ◆ *etw ~ und deutlich sehen* voir clairement les choses

klären 1 *eine Frage ~* éclaircir / clarifier une question 2 *Abwässer ~* traiter les eaux usées ◆ *die strittigen Punkte haben sich geklärt* nous avons clarifié / réglé les points litigieux

Kläranlage *f -n* station *f* d'épuration

Klarheit *f* ø 1 clarté *f sich (D) ~ verschaffen* essayer de voir clair / d'avoir des éclaircissements *mpl* (sur qch) 2 limpidité *f*, pureté *f*

Klarinette *f -n* clarinette *f*

klar-kommen* <sein> : *(fam) kommst du klar ?* tu t'en sors ?

klar-machen 1 *(fam) jm etw ~* montrer / faire comprendre qch à qqn 2 *(mar) die Leinen ~ !* larguez les amarres !

klar-stellen tirer au clair, éclaircir

Klasse *f -n* 1 classe *f* 2 *die herrschende ~* la classe dominante 3 *(bio)* espèce *f* 4 *erster ~ fahren* voyager en première classe 5 *(sp)* catégorie *f*

Klassenarbeit *f -en* interrogation *f* écrite, devoir *m* sur table

KlassenlehrerIn *m f* professeur *m* principal

klassifizieren classer

Klassik *f* ø époque *f* classique

klassisch : *~e Musik* musique classique ; *(fam) ein ~er Fall* un cas classique / typique

Klatsch *f* ø *(fam)* racontars *mpl*, ragots *mpl* ◆ *-e* clac *m*, claquement *m*

klatschen 1 claquer *der Regen klatscht auf das Dach* la pluie crépite sur le toit 2 *in die Hände ~* frapper des mains 3 *(fam) über etw / jn ~* raconter des histoires sur qqn / qch 4 *sich (D) ~ auf die Schenkel* se taper les cuisses ◆ *Beifall ~* applaudir ; *den Takt ~* battre la mesure / indiquer le rythme (en tapant sur qch)

Klatschmaul *n ¨er (fam/péj)* concierge *f*

klatschnaß *(fam)* trempé

Klaue *f -n* 1 griffe *f* ; *(rapaces)* serre *f* ; *(fig/fam)* hiéroglyphes *mpl* 2 *(tech)* mâchoire *f*

klauen *(fam)* piquer, faucher

Klausel *f -n* clause *f*

Klausur *f* ø : *in ~ gehen* entrer dans un ordre cloîtré ; participer à un séminaire de réflexion ◆ *-en* épreuve *f* écrite (d'un examen)

Klavier *n -e* piano *m*

kleben *(an / auf A)* coller (à / sur) *Tapeten ~* poser du papier peint ◆ 1 *das klebt fest* ça colle bien ; c'est bien collé 2 *an der Haut ~* coller à la peau, être collant ; *(fig) er klebt an seinem Posten* il se cramponne à son poste 3 *(fam) jm eine ~* en coller une à qqn ; *sie klebt an mir* elle me colle, c'est un vrai pot de colle

kleben=bleiben* <sein> *(fam)* rester coincé; redoubler; ne pas lever le siège

klebrig collant, poisseux, -euse; *(péj) ein ~er Kerl* un type visqueux

Klebstoff *m* -e colle *f*

kleckern *(fam > non fam)* faire des taches ◆ <sein> *(non fam)* goutter, couler

Klecks *m* -e tache *f*; pâté *m*; *(fam) aber bitte nur einen ~!* mais juste une bouchée! *f*: *ein ~ Marmelade* un doigt de confiture

klecksen faire des taches; *(stylo)* couler ◆ *(fam) Farbe an die Wand ~* barbouiller le mur de peinture

Klee *m* ø trèfle *m*; *(fam) jn über den grünen ~ loben* envoyer des fleurs à qqn

Kleeblatt *n* ¨er trèfle *m*

Kleid *n* -er robe *f*; vêtement *m*

kleiden (sich) (s')habiller, (se) vêtir; *(fig) seine Gedanken in Worte ~* verbaliser ses idées

Kleiderbügel *m* - cintre *m*

Kleiderschrank *m* ¨e armoire *f*, penderie *f*

kleidsam seyant, qui habille bien

Kleidung *f* ø vêtements *mpl*, habits *mpl*, habillement *m*

Kleidungsstück *n* -e vêtement *m*

Kleie *f* -n son *m*

klein petit ◆ *von ~ auf* dès la plus tendre enfance; *~ schreiben* écrire petit; *(fam) alles kurz und ~ schlagen* tout casser

Kleingeist *m* ø esprit *m* étroit, être *m* borné

Kleingeld *n* ø petite monnaie *f*

Kleinholz *n* ø petit bois *m*; *(fam) etw zu ~ machen* réduire qch en miettes

Kleinigkeit *f* -en bricole *f*, bagatelle *f*; *das ist keine ~* ce n'est pas rien; *(fam) eine ~ essen* manger un petit quelque chose

kleinkariert à petits carreaux; *(fam) eine ~e Kritik* une critique de bas étage; *~e Leute* des minables, petits esprits

Kleinkram *m* ø *(fam)* babioles *fpl*, broutilles *fpl der tägliche ~* les tâches quotidiennes

klein-kriegen : *(fig/fam) jn ~* rabaisser qqn; *sich nicht ~ lassen* ne pas se laisser impressionner

kleinlaut : *eine ~e Antwort* une réponse embarrassée; *~ werden* baisser le ton ◆ *~ nach Hause kommen* rentrer (tout) penaud

kleinlich *(péj)* mesquin; borné, tâtillon, -ne

klein=machen casser (en morceaux) *Holz ~* faire du petit bois

Kleinod *n* -e/-ien bijou *m*; joyau *m*

Kleinstadt *f* ¨e petite ville *f*; bourgade *f*

Klemme *f* -n pince *f*; *(vulg) in der ~ stecken* être dans la merde *f*

Klemmappe *f* -n chemise *f* à tirette

klemmen (se) coincer, (se) bloquer; *(fam)* piquer, faucher ◆ *(fam) sich hinter die Arbeit ~* donner un coup de collier, se donner à fond à un travail

Klempner *m* - plombier *m*

Klepper *m* - *(péj)* canasson *m*

Klerus *m* ø clergé *m*

Klette *f* -n bardane *f*; *(fam) wie eine ~ an jm hängen* être un vrai crampon *m*/pot *m* de colle

klettern <sein> *(auf A)* grimper (sur); escalader

Klima *n* -s -te climat *m*

Klimaanlage *f* -n climatisation *f*

Klimakterium *n* ø ménopause *f*

klimatisch climatique

Klimmzug *m* ¨e traction *f*

klimpern 1 (faire) tinter 2 *(fam) (guitare)* gratouiller; *(piano)* pianoter

Klinge *f* -n lame *f*; *jn über die ~ springen lassen* ratiboiser qqn

Klingel *f* -n sonnette *f*

klingeln sonner *es klingelt* on sonne; *(fam) bei ihm hat's geklingelt* il a pigé

klingen* 1 sonner 2 *hohl ~* sonner creux; *ernst ~* avoir un ton sérieux; *(fig) unwahrscheinlich ~* paraître invraisemblable ◆ *es klang, als ob jd riefe* on aurait dit que qqn appelait

Klinik *f* -en clinique *f*

Klinke *f* -n 1 poignée *f*, clenche *f*, loquet *m*; *(fam) sich (D) die ~ in die Hand geben* se passer le relais; *(péj) ~n putzen* tirer les sonnettes, faire du porte-à-porte 2 *(tech)* levier *m*

Klinker *m* - brique *f* recuite

klipp : *~ und klar* clair et net, en face

Klippe *f* -n récif *m*; *(fig)* écueil *m*

klirren cliqueter; s'entrechoquer; *(fenêtres)* vibrer

Klischee *n* -s 1 *(typo)* cliché *m*; planche *f* 2 cliché *m*

Klistier *n* -e lavement *m*

klitschnaß *(fam)* trempé

Klo *n* -s *(fam)* waters [water] *mpl* → **Klosett**

Kloake *f* -n égout *m*

Kloben *m* - bûche *f*

klobig grossier, -ière; massif, -ive; (bon, -ne) gros, -se; *(fig) ~er Mensch* un gros pataud

Klopapier *n* ø *(fam)* P.Q. *m*

klopfen : *den Teppich ~* battre un tapis; *(fam) Skat ~* taper le carton ◆ 1 *mein Herz klopft* mon cœur bat très fort 2 *(auto) der Motor klopft* le moteur cogne 3 *an die Tür ~* frapper/toquer à la porte; *(fig/fam) auf den Busch ~* essayer de tirer les vers du nez à qqn

klopffest

klopffest antidétonant
Klöppel *m* - battant *m* (d'une cloche)
Klopperei *f* -n *(fam > non fam)* rixe *f*
Klosett *n* -s waters *mpl*, toilettes *fpl*, cabinets *mpl*
Kloß *m* ¨e boulette *f* (de semoule, pomme de terre...); *(fam) einen ~ im Hals haben* avoir une boule *f* dans la gorge
Kloster *n* ¨ cloître *m*, monastère *m*; *(femmes)* couvent *m*
Klotz *m* -e/*(fam)* ¨er 1 bûche *f*; *(fig) ein ~ aus Beton* un cube *m* en béton; *(fig/fam) jm ein ~ am Bein sein* être un boulet *m* pour qqn 2 *(fam) ein ungehobelter ~* un ours mal léché
klotzen *(fam)* trimer (dur); *(sp)* crocheter (un adversaire)
Klub *m* -s club [klœb] *m*
Kluft *f* ¨e faille *f*, crevasse *f*; fossé *m*; *eine ~ überwinden* surmonter les divergences *fpl* ◆ *-en (fam) seine hin=werfen (non fam)* se changer
klug : *ein ~er Mensch* un homme intelligent/malin/avisé/sensé; *ein ~er Rat* un bon/sage conseil ◆ *aus einer Sache nicht ~ werden* ne rien comprendre à qch
Klugheit *f* ø intelligence *f*, perspicacité *f*, sagesse *f*
klug-scheißen* *(vulg > non vulg)* jouer les grosses têtes
Klumpen *m* - masse *f*, motte *f*; grumeau *m*
Klumpfuß *m* ¨e pied-bot *m*
klumpig grumeleux, -euse; *(fig) eine ~e Gestalt* une silhouette informe
Klüngel *m* - clique *f*, mafia *f*
Klunker *m* -n *(fam)* bijou *m* clinquant
knabbern grignoter; *(fig/fam) an etw (D) (noch) lange zu ~ haben* en avoir pour un bout de temps à se remettre
Knabe *m* -n -n *(fam)* garçon *m*; *(fam) na, wie geht's, alter ~?* alors, comment ça va, mon vieux?; *Hallo, alter ~!* salut, vieille branche!
knabenhaft : *ein ~es Mädchen* une vraie garçonne
knacken craquer ◆ 1 *Nüsse ~* casser des noix; *(fig/fam) eine harte Nuß ~* s'attaquer à un gros morceau 2 *(fam) einen Geldschrank ~* (non fam) percer/forcer un coffre-fort
Knacker *m* - : *(fam) alter ~* vieux schnock *m*
knackig croustillant, croquant; *(fig/fam) ein ~es Mädchen* une fille craquante
Knacks *m* -e 1 craquement *m* 2 fêlure *f*, *(fam)* jeton *m*
Knall *m* -e claquement *m*; déflagration *f*, (bruit *m* d') explosion *f*; *(fam) ~ und Fall* sans crier gare, sans autre forme de procès; *einen ~ haben* avoir un grain

Knalleffekt *m* -e : *(fam) der ~ der Geschichte* le clou *m* de l'histoire
knallen 1 claquer 2 *(fam) in die Luft ~* tirer en l'air 3 *(fam) die Sonne knallt* le soleil tape (dur) 4 *(fam) gleich knallt's!* tu vas t'en prendre une!; *jm eine ~* flanquer une gifle à qqn ◆ *(fam) etw in die Ecke ~* flanquer qch dans un coin ◆ <sein> 1 *(ballon/pneu)* éclater 2 *er ist mit dem Kopf auf den Boden geknallt* il s'est cogné la tête contre le sol
Knaller *m* - *(fam)* 1 *(arme)* flingue *m*, pétard *m* 2 *(non fam)* pétard *m*
Knallgas *n* -e gaz *m* détonant
knallhart *(fam)* très dur
knallig : *(fam) ~es Gelb* un jaune qui pète, *(non fam)* un jaune criard
Knallkopf/Knallkopp *m* ¨e idiot *m*
knallrot *(fam > non fam)* rouge vif, écarlate
knallvoll *(fam)* 1 bondé; plein à craquer 2 rond comme une queue de pelle
knapp 1 *~er Lohn* un maigre salaire 2 *eine ~e Entscheidung* une décision prise in extremis 3 *in einer ~en Stunde* dans une petite heure 4 *ein ~er Pullover* un pull très juste; *(fig) in ~en Worten* en peu de/quelques mots, brièvement; *ein ~er Stil* un style concis ◆ *vor ~ 5 Jahren* il y a juste/à peine cinq ans; *einem Unfall ~ entgehen* éviter un accident de justesse; *~ bei Kasse sein* être à court d'argent
Knappheit *f* ø *(an D)* : manque *m* (de), rareté *f* (de), pénurie *f* (en); *(fig)* concision *f*
Knarre *f* -n 1 crécelle *f* 2 *(fam)* flingue *m*
knarren grincer, craquer
Knast *m* ø *(fam)* taule *f*
Knatsch *m* ø : *(fam) das gibt einen schönen ~!* ça va chauffer!
knattern crépiter ◆ <sein> *durch die Gegend ~* sillonner la région en faisant pétarader son moteur
Knäuel *n* - pelote *f*; *(fig) ein ~ von Menschen* une masse de/une foule de gens agglutinés
Knauf *m* ¨e *(porte)* bouton *m*; *(canne)* pommeau *m*
Knauser *m* - *(péj)* grippe-sou *m*
knausern *(péj/fam)* être pingre *mit dem Geld ~* compter ses sous
knautschen *(fam > non fam)* faire des plis/se froisser
Knautschzone *f* -n zone *f* pare-choc
Knebel *m* - bâillon *m*; garrot *m*
knebeln bâillonner
Knecht *m* -e valet *m*; garçon *m* de ferme
kneifen* serrer; *(fig/fam)* se dégonfler ◆ *jn ~* pincer qqn
Kneifzange *f* -n tenailles *fpl*

Kneipe f -n (fam) bistrot m
Knete f ø (fam) fric m, pognon m
kneten malaxer; (pâte) pétrir; (muscles) masser
Knick m -e/-s **1** coude m **2** (livre) corne f; (tissu) faux pli m
knicken plier ; briser ♦ *bitte nicht ~!* ne pas plier !
knick(e)rig (péj) pingre, chiche
Knicks m -e révérence f
Knie n - **1** genou m; (fig/fam) *weiche ~ haben* ne pas en mener large ; *jn übers ~ legen* ficher une raclée à qqn **2** (tech) coude m
Kniefall m ¨e génuflexion f
knien être agenouillé/à genoux ♦ *sich ~* s'agenouiller, se mettre à genoux ; (fam) *sich in seine Arbeit ~* s'investir complètement dans son travail
Kniestrumpf m ¨e mi-bas m
Kniff m -e **1** pincement m **2** (faux) pli m **3** (fig/fam) combine f, truc
kniff(e)lig (fam) épineux, -euse
knipsen : (fam) *die Fahrkarte ~* poinçonner un billet ♦ *er knipst den ganzen Tag* il a toute la journée le doigt sur le déclic ; (fig/fam) il mitraille tout
Knirps m -e (fam) gamin m, poulbot m
knirschen 1 *der Schnee knirscht* la neige crisse **2** *mit den Zähnen ~* grincer des dents
knistern (tissu) froufrouter ; (feu) crépiter ♦ *es knistert im Gebälk* il y a des craquements dans la charpente
knitterfrei infroissable
knittern se froisser
knobeln jouer aux dés ; tirer à la courte paille
Knoblauch m ø ail m
Knöchel m - **1** (pied) cheville f ; (doigt) jointure f **2**
Knochen m - os m ; (fam) *mir tun alle ~ weh* j'ai mal partout ; *der Schreck steckt/sitzt ihm in den ~* il a la peur au ventre
Knochenbau m ø ossature f
Knochenmark n ø moelle f
Knödel m - quenelle f, boulette f
Knolle f -n (bot) bulbe m, tubercule m ; (fam) pif m
Knollenblätterpilz m -e amanite f
Knopf m ¨e **1** bouton m **2** gamin m ; (péj) nabot m
Knopfloch n ¨er boutonnière f
Knorpel m - cartilage m
knorrig : *ein ~er Baum* un arbre noueux
Knospe f -n bourgeon m ; (fleurs) bouton m *~n treiben* bourgeonner ; être en boutons
Knoten m - **1** nœud m ; (fig/fam) *bei ihm ist der ~ geplatzt* il a pigé **2** (méd) ganglion m, nodule m **3** (cheveux) chignon m **4** (mar) nœud m
Knotenpunkt m -e : *ein ~ der Eisenbahnlinien* un nœud m ferroviaire
knülle (fam) paf, rond
knüllen froisser ; serrer ♦ *se froisser*, *se chiffonner*
Knüller m - (fam) article m qui fait fureur ; (disque) tube m ; (nouvelle) scoop m
knüpfen nouer *einen Knoten ~* faire un nœud ♦ *eine Bedingung an etw (A) ~* associer/lier/mettre une condition à qch
Knüppel m - **1** matraque f ; gourdin m ; (fig/fam) *jm einen ~ zwischen die Beine werfen* lancer une peau f de banane à qqn **2** (avion) manche m à balai ; (auto) levier m de vitesse
knurren grogner ; (fig) *mein Magen knurrt* mon estomac gargouille
knusprig croustillant
Knute f -n knout m ♦ ø *unter js ~ stehen* être sous le joug m de qqn
knutschen (fam) s'embrasser à pleine bouche
Knutschfleck m -e (fam) suçon m
koalieren se coaliser, former une coalition
Kobold m -e kobold m, lutin m
Koch m ¨e cuisinier m
kochen (faire) cuire à l'eau *Kaffee ~* faire du café ; *Wasser ~* faire chauffer/bouillir de l'eau ♦ **1** *das Wasser kocht* l'eau bout **2** *gut ~* faire bien la cuisine, bien cuisiner ♦ (fig) *vor Wut ~* rager, (fam) bouillir
Kocher m - réchaud m
Köcher m - carquois m
kochfertig prêt à cuire ; instantané
Kochschinken m - jambon m blanc
Kochtopf m ¨e casserole f ; faitout m ; marmite f
Köder m - appât m, leurre m
ködern : (fig) *jn ~* embobiner qqn
Kod(.)ex m -e/.**izes** code m
kodieren coder
Koexistenz f ø coexistence f, cohabitation f
Koffein n ø caféine f
koffeinfrei décaféiné
Koffer m - valise f ; (fam) *er ist der reinste ~ !* c'est une vraie armoire à glace
Kofferraum m ¨e coffre m
Kogge f -n goélette f
kohärent cohérent
Kohl m -e chou m ; (fam) *das ist doch alles ~ !* c'est n'importe quoi !
Kohldampf m ø : (fam) *~ schieben* ne rien avoir à se mettre sous la dent
Kohle f -n charbon m ; (fam) ronds mpl ♦ *mit ~ zeichnen* dessiner au fusain m
Kohlendioxyd n -e dioxyde m de carbone

Kohlensäure *f* -n acide *m* carbonique
Kohlenstoff *m* ø carbone *m*
Köhler *m* - charbonnier *m*
Kohlrabi *m* -/-s chou-rave *m*
Kohlrübe *f* -n chou-navet *m*
Koitus *m* -/-se coït *m*
Koje *f* -n couchette *f*, *(fam)* plumard *m*
Kojote *m* -n -n coyote *m*
Kokain *n* ø cocaïne *f*
kokett : *~er Blick* un regard coquin ♦ *~ lächeln* faire un sourire coquin ; *sich ~ benehmen* faire la coquette
kokettieren 1 *mit jm ~* faire du charme à qqn 2 *mit seinem Alter ~* faire des coquetteries à propos de son âge
Kokosnuß *f* ¨sse noix *f* de coco
Kokospalme *f* -n cocotier *m*
Koks *m* -e coke *m* ; *(fam)* ronds *m* ♦ ø *(fam)* coke *f*
Kolben *m* - 1 *(tech)* piston *m* 2 *(chim)* cornue *f* 3 *(maïs)* épi *m* 4 *(fusil)* crosse *f* 5 *(fam)* pif *m*
Kolik *f* -en colique *f*
Kollaps *m* -e collapsus *m*
Kolleg *n* -s cours *m* ; lycée *m* professionnel
Kollege *m* -n -n collègue *m*
kollegial collégial
Kolleg.ium *n* .ien collège *m* ; conseil *m* ; conférence *f* ; corps *m* enseignant
Kollekte *f* -n quête *f*
Koller *m* - : *(fam) einen ~ haben* piquer sa crise
kollidieren entrer en collision ; *(fig) unsere Ansprüche ~* nos exigences sont incompatibles
Kolloqu.ium *n* -ien colloque *m*
kolonialistisch colonialiste
Kolonie *f* -n colonie *f*
Kolonisation *f* -en colonisation *f*
Kolorit *n* -e/-s 1 tons *mpl* ; coloris *mpl* ; *(méd)* carnation *f*, pigmentation *f* 2 *(mus)* tonalité *f* 3 *(fig) das ~ einer Stadt* l'ambiance *f* d'une ville
Koloß *m* ¨sse mastodonte *m* *ein ~ von einem Haus (fam)* une maison mastoc
kolossal : *eine ~e Plastik* une sculpture monumentale ; *(fam) ~es Glück* une énorme chance, une chance colossale/monstrueuse ♦ *~ viel zu tun haben* avoir un travail fou
Kolumne *f* -n colonne *f*
Koma *n* -s/-ta coma *m*
Kombination *f* -en 1 combinaison *f* ; enchaînement *m* 2 *(vêtements)* ensemble *m* 3 *(sp/ballon)* passes *fpl* ; *(ski)* combiné *m* ; *(gym)* enchaînement *m*
kombinieren : *Kleidungsstücke ~* assortir des vêtements entre eux ♦ *richtig ~* raisonner avec logique
Kombiwagen *m* - break *m*
Kombüse *f* -n cambuse *f*

Komet *m* -en -en comète *f*
Komfort *m* ø confort *m*
komfortabel confortable
Komik *f* ø comique *m*
komisch : *~e Rolle* un rôle comique ; *(fig/fam) ~es Benehmen* un drôle de comportement ♦ *~ aus=sehen* avoir un drôle d'air
Komitee *n* -s comité *m*
Komma *n* -s/-ta virgule *f*
Kommandeur *m* -e commandant *m*, chef *m* de bataillon
kommandieren commander
Kommanditgesellschaft *f* -en société *f* en commandite (simple)
Kommando *n* -s -1 commandement *m*, ordre *m* 2 commando *m*
kommen* *(sein)* 1 venir *der Zug kommt* le train arrive 2 *nach Hause ~* rentrer à la maison ; *auf die Welt ~* venir au monde ; *durch die Tür ~* passer (par) la porte ; *aus dem Haus ~* sortir de la maison ; *durch schöne Gegenden ~* traverser de belles régions ; *(fig) ich komme dran* c'est mon tour ; *(fig) durch die Prüfung ~* réussir un examen 3 *aus Berlin ~* venir de Berlin ; être originaire de Berlin 4 être transporté ; *ins Krankenhaus ~* être hospitalisé 5 *in die Schule ~* entrer à l'école 6 *(fig) in die Jahre ~* prendre de l'âge 7 *(fam) er ist mir darum gekommen (fig)* il m'est tombé dessus à bras raccourcis 8 *(fam) komm mir nicht damit !* fiche-moi la paix avec ça ! 9 *wie kommt es, daß* comment se fait-il que ♦ 1 *ich bin auf den Gedanken gekommen, daß* il m'est venu à l'idée que, l'idée m'est venue que ; *(fam) auf die Lösung ~ (non fam)* trouver la solution 2 *um seine Gesundheit ~* y laisser sa santé ; *ums Leben ~* perdre la vie 3 *(fig) hinter etw ~* (A) ~ arriver à voir clair dans qch ; *jm auf die Schliche ~* voir le manège de qqn 4 *das kommt nicht in Frage* il n'en est pas question ; *zum Streit ~* dégénérer (en bagarre) 5 *wieder zu sich* (D) *~* revenir à soi 6 *jm zu Hilfe ~* venir en aide à qqn ♦ *jn teuer zu stehen ~* revenir cher à qqn ♦ *jn ~ lassen* faire venir qqn
Kommen *n* ø : *(fig) im ~ sein* être (de nouveau) dans le vent
Kommentar *m* -e commentaire *m*
kommentieren commenter
kommerziell commercial
Kommilitone *m* -n -n camarade *m* de promotion
KommissarIn *m f* commissaire *m*
Kommission *f* -en 1 commission *f* 2 *(comm) etw in ~ geben* mettre en dépôt-vente *f*
Kommode *f* -n commode *f*
kommunal communal

Kommune f -n 1 commune f 2 (hist) Pariser ~ Commune f 3 eine ~ gründen fonder une communauté f
Kommunikation f ø communication f ◆ -en lien m
Kommunion f -en communion f
KommunistIn m -en -en f -nen communiste m f
kommunizieren 1 mit jm ~ communiquer avec qqn. 2 (rel) communier 3 (phys) communiquer
KomödiantIn m -en -en f -nen comédien m, -ne f
Komödie f -n comédie f
kompakt compact, massif, -ive; (fam) ~e Statur une silhouette râblée
Kompanie f -n compagnie f
Komparativ m -e comparatif m
Komparse m -n -n (cin/th) figurant m
Kompaß m sse compas m
Kompatibilität f -en compatibilité f
kompensieren (mit/durch) compenser (par)
kompetent compétent
Kompetenz f -en compétence f
komplett : eine ~e Ausrüstung un équipement complet; (fam) das ist ~er Wahnsinn! c'est complètement fou!
Komplex m -e 1 ein ~ von Fragen un ensemble m de questions 2 (psy) complexe m
Komplikation f -en complication f
Kompliment n -e compliment m
Komplize m -n -n complice m, acolyte m
komplizieren (sich) (se) compliquer
Komplott n/m -e complot m
Komponente f -n composante f, élément m; facteur m
komponieren composer
KomponistIn m -en -en f -nen compositeur, -trice
Komposition f - ø composition f ◆ -en 1 (mus) composition f, œuvre f 2 construction f; assemblage m; mélange m
Kompost m -e compost m
Kompott n -e compote f
Kompresse f -n compresse f
komprimieren comprimer
Kompromiß m sse compromis m
kompromittieren compromettre
Kondensator m -en condensateur m
kondensieren condenser; concentrer
Kondensmilch f ø lait m concentré
Kondensstreifen m - traînée f (de condensation)
Kondition f ø condition f physique
KonditorIn m f pâtissier, -ière
Konditorei f -en pâtisserie f
kondolieren présenter ses condoléances
Kondom n/m -e préservatif m
Konfekt n -e confiserie f

Konfektion f ø confection f
Konferenz f -en conférence f
Konferenzschaltung f -en liaison f multiplex
konferieren : mit jm über etw (A) ~ conférer/discuter avec qqn au sujet de qch
Konfession f -en confession f
Konfetti n ø confettis mpl
Konfirmation f -en confirmation f
Konfitüre f -n confiture f
Konflikt m -e conflit m
Konföderation f -en confédération f
konform conforme mit js Ansicht ~ gehen adhérer totalement à l'idée de qqn
konfrontieren (mit) confronter (à/avec)
konfus confus ◆ ~ reden avoir un discours confus
Kongreß m sse congrès m
kongruent congruent; superposable
KönigIn m f roi m reine f
königlich royal
Königreich n -e royaume m
Konjugation f -en conjugaison f
konjugieren conjuguer
Konjunktion f -en conjonction f
Konjunktiv m -e subjonctif m
Konjunktur f -en conjoncture f
konjunkturabhängig conjoncturel, -le, lié à la conjoncture
Konjunkturspritze f -n (fig) mesure f de relance
konkav concave
konkret concret, -ète im ~en Fall le cas échéant
konkretisieren concrétiser
KonkurrentIn m -en -en f -nen concurrent, -e
Konkurrenz f ø concurrence f; außer ~ en outsider m, hors compétition f; (fig) die ~ aus=schalten éliminer ses concurrents mpl ◆ -en (sp) compétition f
konkurrenzfähig compétitif, -ive
konkurrieren concourir (pour) mit jm um einen Posten ~ être en concurrence avec qqn pour un poste
Konkurs m -e faillite f ~ an=melden déposer son bilan m
Konkursmasse f ø actif m de la faillite
können* 1 pouvoir nicht anders ~ ne pas pouvoir faire autrement; das kann sein c'est possible 2 savoir; Französisch ~ savoir parler français ◆ für etw nichts ~ n'y être pour rien; (fam) mit jm gut ~ bien s'entendre avec qqn
Konsens m ø consensus [-sys] m
konsequent 1 conséquent; logique 2 déterminé ◆ ~ handeln agir de manière conséquente; ~ denken avoir de la suite dans les idées; ~ schweigen se murer dans le silence
Konsequenz f ø : sich mit logischer ~

konservativ 184

entwickeln se développer suivant un processus *m* logique ◆ **-en** conséquence *f*
konservativ conservateur, -trice
Konservator.ium *n* **.ien** conservatoire *m*
Konserve *f* **-n** (boîte *f* de) conserve *f*
konservieren conserver
Konservierungsmittel *n* - conservateur *m*
Konsistenz *f* ø 1 consistance *f* 2 rigueur *f* (du raisonnement)
Konsole *f* **-n** 1 console *f* 2 *(archi)* corbeau *m*, cul-de-lampe *m*
konsolidieren (sich) (se) consolider
Konsolidierung *f* **-en** consolidation *f*
Konsonant *m* **-en -en** consonne *f*
konspirieren conspirer
konstant constant
konstatieren constater
Konstellation *f* **-en** 1 situation *f*, concours *m* de circonstances 2 *(astr)* constellation *f*
konsterniert consterné
konstituieren (sich) (se) constituer
konstruieren construire ; *(péj) Beweise* ~ monter de toutes pièces / fabriquer des preuves
KonstrukteurIn *m* **-e** *f* **-nen** constructeur *m*
Konstruktionsbüro *n* **-s** bureau *m* d'études
konstruktiv 1 constructif, -ive 2 *(tech)* de construction
Konsul *m* **-n** consul
konsultieren consulter ; se consulter, débattre
Konsum *m* ø *(an D/von)* consommation (de)
KonsumentIn *m* **-en -en** *f* **-nen** consommateur *m*, -trice *f*
Kontakt *m* **-e** 1 contact *m* ; *(tech) der Reifen hat guten* ~ ce pneu a une bonne adhérence *f* ; *(élec)* contact *m*
kontaktarm isolé ~ *sein* avoir peu de relations
Kontaktlinsen *fpl* lentilles *fpl* de contact
Kontaktperson *f* **-en** : ~ *Herr X* personne à contacter : Monsieur X
kontemplativ contemplatif, -ive
kontern contrer, contre-attaquer
Kontext *m* **-e** contexte *m*
Kontinent *m* ø/**-e** continent *m*
kontinental continental
Kontingent *n* **-e** quota *m*, contingent *m*
kontingentieren contingenter
kontinuierlich continu, de continuité ◆ continuellement ; de manière régulière
Kontinuität *f* ø continuité *f*
Kont(.)o *n* **-en**/**.i**/**-s** compte *m* ; *(fam) das geht auf mein* ~ c'est moi qui paie ; c'est ma tournée ; *die Verspätung geht auf sein* ~ c'est lui qui nous a mis en retard

Kontoauszug *m* ¨**e** relevé *m* de compte
KontoinhaberIn *m* *f* détenteur, -trice d'un compte
kontra (A) *(jur)* contre, qui oppose ◆ ~ *sein* être contre
Kontra *n* **-s** *(jeu)* contre *m* ; *(fam) jm* ~ *geben* *(non fam)* contrer qqn
KontrahentIn *m* **-en -en** *f* **-nen** adversaire *m f* ; *(jur/comm)* contractant, -e
Kontrakt *m* **-e** contrat *m*
Kontrapunkt *m* ø contrepoint *m*
kontrastieren contraster (avec), trancher (sur) ◆ faire contraster
Kontrolle *f* **-n** contrôle *m*
KontrolleurIn *m* **-e** *f* **-nen** contrôleur, -euse
kontrollierbar contrôlable
kontrollieren contrôler *sein Gewicht* ~ surveiller son poids
Kontur *f* **-en** contour *m* ; *(fig) an* ~ *gewinnen* prendre forme *f*
Konvent *m* **-e** communauté *f* (religieuse) ; chapitre *m*
Konvention *f* **-en** convention *f*
Konventionalstrafe *f* **-n** dédit *m*, pénalités *fpl* pour rupture de contrat
konventionell conventionnel, -le
Konvergenz *f* **-en** convergence *f*
konvertierbar convertible
konvertieren convertir ◆ <sein/haben> *(rel)* se convertir
konvex convexe
Konzentrat *n* **-e** concentré *m*
Konzentration *f* ø concentration *f* ◆ **-en** *(chim)* concentration *f*
Konzentrationslager (KZ) *n* - camp *m* de concentration
konzentrieren (sich) *(auf* A) (se) concentrer (sur)
konzentrisch concentrique
Konzept *n* **-e** 1 brouillon *m*. grandes lignes *fpl* ; *(fam) jn aus dem* ~ *bringen* désarçonner qqn ; *aus dem* ~ *kommen* perdre les pédales *m*/ une ligne *f* politique claire ; *(fam) jm nicht ins* ~ *passen* ne pas faire l'affaire de qqn
Konzeption *f* **-en** conception *f*
Konzern *m* **-e** groupe (industriel) *m*
Konzert *n* **-e** concert *m* ; récital *m* ; concerto *m*
konzertiert concerté
Konzession *f* **-en** 1 patente *f*, licence *f* 2 *pl* ~ *en machen* faire des concessions *fpl*
Konzil *n* **-e** *(rel)* concile *m*
kooperieren collaborer, coopérer
Koordinate *f* **-n** coordonnée *f*
koordinieren coordonner
Kopf *m* ¨**e** 1 tête *f* ; ~ *oder Zahl ?* pile ou face *f* ; *(fig/fam) jm brummt der* ~ avoir un terrible mal de crâne *m* ; *ihm*

raucht der ~ ça carbure sec!; *nicht wissen, wo einem der* ~ *steht* ne plus savoir où donner de la tête; *jm den* ~ *waschen* passer un savon à qqn; ~ *und Kragen riskieren* risquer sa peau; *sich (D) an den* ~ *greifen* s'arracher les cheveux; *mit dem* ~ *durch die Wand wollen* foncer; *wie vor den* ~ *geschlagen sein* être atterré **2** *der* ~ *des Komplotts* le cerveau m du complot **3** *einen dicken* ~ *haben* avoir mal au crâne; avoir la gueule f de bois; *seinen* ~ *durch=setzen* arriver à ses fins; *(fig/fam) du bist wohl nicht richtig im* ~? ça ne va pas la tête?; *den* ~ *voll haben* avoir la tête comme une citrouille; *sich (D) etw in den* ~ *setzen* se mettre qch dans le crâne **4** *(lettre)* en-tête m
köpfen 1 *jn* ~ décapiter qqn; *(fig) eine Flasche* ~ déboucher une bouteille **2** *(sp) den Ball ins Tor* ~ marquer d'une tête
Kopfgeld n -er prime f
Kopfhörer m - écouteur m, casque m
Kopfkissen n - oreiller m
kopflos *(fig)* irréfléchi, écervelé; affolé, *(fam)* déboussolé
Kopfrechnen n ø calcul m mental
Kopfsalat m -e laitue f
Kopfschmerzen mpl mal m à la tête, maux mpl de tête; *(fam) sich (D) über etw* ~ *machen* se casser la tête pour qch
Kopfsprung m ¨e plongeon m
Kopfstand m ¨e : ~ *machen* faire le poirier m
kopf=stehen* *(fam)* ne pas en revenir, être époustouflé, en être (complètement) baba
Kopfsteinpflaster n - pavé m
Kopftuch n ¨er fichu m, foulard m
kopfüber la tête la première ~ *ins Wasser springen* piquer une tête; *(fig) sich* ~ *in eine Arbeit stürzen* se lancer à corps perdu dans un travail
Kopie f -n **1** copie f, duplicata m; *eine beglaubigte* ~ copie certifiée conforme **2** *(art)* copie f
kopieren copier
Kopierer m - *(fam > non fam)* photocopieuse f
Koppel f -n **1** prairie f, pâturage m, enclos m **2** laisse f, couple f
Koppel n - ceinturon m
koppeln 1 *(tech/élec)* coupler, connecter **2** coupler, associer, jumeler
Kopplung f -en couplage m, connexion f; association f, jumelage m
Koproduktion f -en coproduction f
Koralle f -n corail m
Korb m ¨e corbeille f, panier m; *(sp)* panier m; masque m d'escrimeur; *(tech)* cage f d'extraction; nacelle f; *(fig) jm einen* ~ *geben* éconduire qqn, opposer un refus à

qqn; *einen* ~ *bekommen* essuyer un refus m ◆ ø *aus* ~ en rotin m/osier m
Kord m -e/-s velours m côtelé
Kordel f -n (grosse) ficelle f
Koriander m - coriandre f
Korinthe f -n raisin m sec/de Corinthe
Korinthenkacker m - *(péj)* minable m
Kork m -e liège m
Korken m - bouchon m.
Korkenzieher m - tire-bouchon m
Korn n ¨er grain m, graine f; semence f ◆ ø **1** blé m; seigle m **2** *(photo/géo)* grain ◆ -e *(fusil)* guidon m ◆ *(fam) jn aufs* ~ *nehmen* viser; *(fam) etw aufs* ~ *nehmen* râler contre qch; *jn aufs* ~ *nehmen* avoir qqn dans le collimateur m
Korn m - *(fam)* gnôle f
Kornblume f -n bleuet m
körnen réduire en poudre, concasser ◆ *gekörnte Brühe* bouillon (en) cube
KörnerfresserIn m f *(fig/fam)* mangeur, -euse de müesli
körnig 1 ~*er Reis* riz cuit à point **2** granuleux, -euse, rugueux, -euse, râpeux, -euse
Körper m - **1** corps m **2** *(phys) ein fester* ~ un corps solide; *(math)* solide m
Körperbau m ø stature f, constitution f
Körperbehinderte/r handicapé, -e physique
Körpergröße f ø taille f
Körperhaltung f ø maintien m, tenue f
körperlich corporel, -le ~*e Reize* charme physique ◆ *sich* ~ *gut entwickeln* bien se développer physiquement
Körperschaft f -en groupement m; corporation f *eine gemeinnützige* ~ une association f d'utilité publique; *eine* ~ *des öffentlichen Rechts* une collectivité f publique
Körperverletzung f ø dégâts mpl corporels, blessures fpl
korpulent corpulent
korrekt correct
Korrektur f -en correction`f; *(typo)* ~ *lesen* relire, corriger des épreuves
KorrespondentIn m -en -en f -nen correspondant m -e f; correspondancier, -ère
Korrespondenz f ø correspondance f ◆ -en courrier m
korrespondieren : *mit jm* ~ correspondre/être en correspondance avec qqn; *mit etw* ~ correspondre à qch
Korridor m -e couloir m, entrée f
korrigieren corriger
korridieren corroder, attaquer
korrumpieren corrompre
korrupt corrompu
Korruption f -en corruption f
Korsar m -en -en corsaire m
Korse m -n -n Corse m

Korsett

Korsett *n* -s gaine *f*; *(méd)* corset *m*
Koryphäe *f* -n génie *m*
Kosak *m* -en -en cosaque *m*
koscher kasher/cascher
kosen (se) faire des câlins, câliner
Kosmetik *f* ø soins *mpl* de beauté; esthétique *f*
Kosmetikerin *f* -nen esthéticienne *f*
kosmisch cosmique
KosmonautIn *m* -en -en *f* -nen cosmonaute *m f*
kosmopolitisch cosmopolite
Kosmos *m* ø cosmos *m*, univers *m*
Kost *f* ø nourriture *f*, aliments *mpl jn in* ~ *nehmen* prendre qqn en pension *f*; *(freie)* ~ *und Logis haben* être logé et nourri; *(fig) geistige* ~ nourritures intellectuelles
kostbar précieux, -euse
kosten goûter; *(fig) die Freuden des Lebens* ~ profiter des bons côtés de la vie ◆ *wieviel kostet das?* combien cela coûte-t-il?; *es sich* (D) *etw* ~ *lassen* y mettre le prix; *(fig) das kostet mich viel Zeit* cela me prend beaucoup de temps; *das kostet mich viel Überwindung* cela me coûte
Kosten *pl* frais *mpl*; *(fig) auf seine* ~ *kommen* rentrer dans ses frais, *(fam)* s'y retrouver
kostenlos gratuit, à titre gracieux
Kostenvoranschlag *m* ¨e devis *m*
köstlich: *ein* ~*es Mahl* un repas délicieux/exquis; *(fig)* délicieux, -euse, charmant, adorable
Kostprobe *f* -n dégustation *f*; *(fig) eine* ~ *seines Könnens geben* donner un échantillon/faire une démonstration de son savoir-faire
kostspielig coûteux, -euse, onéreux, -euse
Kostüm *n* -e 1 ensemble *m* 2 costume *m*, déguisement *m*; *(th)* costume
kostümieren (sich) (als) (se) déguiser (en); *(fam/péj) na, du hast dich ja kostümiert!* qu'est-ce que c'est que ce déguisement/cet accoutrement?
Kostverächter *m* - : *(fam) er ist kein* ~! il sait ce qui est bon!, il sait profiter de la vie!
Kot *m* ø excréments *mpl*, crotte(s) *f(pl)*
Kotelett *n* -s côtelette *f*
Koteletten *fpl* favoris *mpl*
Köter *m* - *(fam)* cabot *m*
Kotflügel *m* - aile *f*
Krabbe *f* -n 1 crevette *f* 2 *(fam) eine niedliche* ~ une petite gamine adorable
krabbeln <sein> courir/marcher à quatre pattes ◆ *die Wolle krabbelt* la laine gratte ◆ *jn* ~ gratter qqn
Krach *m* ø bruit *m*; tapage *m die Tür fällt mit einem lauten* ~ *zu* la porte se referme avec fracas ~ *schlagen* faire du raffut *m*; *sie haben ständig* ~ ils sont tout le temps en train de s'engueuler ◆ ¨e 1 brouille *f*, dispute *f* 2 *(fam/bourse)* krach [krak] *m*
krachen: *der Donner kracht* il tonne, il y a des coups de tonnerre; *die Schüsse* ~ les coups de fusils crépitent; *(fam) an dieser Kreuzung kracht es oft* *(non fam)* il y a souvent des accidents à ce carrefour ◆ <sein> *das Eis kracht* la glace craque/cède; *(fam) gegen die Mauer* ~ rentrer dans le mur ◆ *gleich kracht's!* ça va barder!
krächzen croasser
Krad *n* ¨er moto *f*
kraft (G) en vertu (de), de par
Kraft *m* ¨e 1 force *f*; énergie *f aus eigener* ~ par ses propres moyens *mpl*; *nach Kräften* dans la mesure du possible; *was in meinen Kräften steht* ce qui est en mon pouvoir 2 *die* ~ *der Elemente* la force/puissance des éléments 3 *außer* ~ *sein* ne plus être en vigueur 4 *in* ~ *treten* entrer en vigueur 5 *sie ist eine tüchtige* ~ c'est un bon élément 5 *pl fortschrittliche Kräfte* les forces de progrès
Kraftakt *m* -e prouesse *f*
Kraftanstrengung *f* -en effort *m*
Kraftaufwand *m* ø déploiement *m* d'énergie
Kraftausdruck *m* ¨e gros mot *m*, vulgarité *f*
KraftfahrerIn *m f* automobiliste *m f*, conducteur, -trice
Kraftfahrzeug *n* -e véhicule *m*; ~**brief** *m* -e carte *f* grise
kräftig fort, robuste, *(fam)* costaud; *ein* ~*er Schlag* un coup violent; ~*e Pflanzen* des plantes vigoureuses; *(fig) ein* ~*er Schluck* une bonne rasade; ~*e Farben* des couleurs vives; *ein* ~*er Wein* un vin corsé ◆ ~ *zu=schlagen* taper de toutes ses forces; ~ *zu=langen* se servir copieusement
kräftigen donner des forces, fortifier
Kräftigungsmittel *n* - fortifiant *m*
kraftlos sans force, faible
Kraftmeier *m* - *(péj)* malabar *m*
Kraftprobe *f* -n épreuve *f* de force
Kraftsport *m* ø poids et haltères *pl*
Kraftstoff *m* -e carburant *m*
Kragen *m* - col *m*; *(fam) mir platzt gleich der* ~! je vais exploser; *es geht mir an den* ~ cela me retombe dessus
Kragenweite *f* -n encolure *f*; *(fam) js* ~ *sein* avoir des atomes crochus avec qqn
Krähe *f* -n corneille *f*
krähen 1 *(coq)* chanter 2 *(bébé)* gazouiller
Krähenfüße *mpl (fig)* pattes *fpl* d'oie
Krake *f* -n pieuvre *f*, poulpe *m*
krakeelen *(péj)* brailler
Kralle *f* -n griffe *f*; *(rapaces)* serre *f*

krallen (sich) : *sich an das Geländer ~* se cramponner/s'agripper à la rambarde ; *(fam) sich (D) jn ~* embaucher qqn (pour faire qch)
Kram *m* ø **1** bric-à-brac *m*, fourbi *m*, bazar *m alter ~* des vieux trucs *mpl* ; *(fig/fam) den ganzen ~ hin=schmeißen* tout balancer **2** affaires *f*, trucs ; *(fam) jm nicht in den ~ passen* mal tomber
kramen *(fam)* **1** *nach etw ~ (non fam)* chercher qch ; *in etw ~* farfouiller dans qch **2** fricoter
Kramladen *m* ¨ *(fam)* épicerie-bazar *f*
Krampe *f* -n crampon *m*
Krampf *m* ¨e crampe *f* ; spasme *m* ♦ ø *(fam) das ist doch alles ~ !* c'est la plaie *f* !
Krampfader *f* -n varice *f*
krampfen (sich) (se) crisper ; s'accrocher (à) ; *(fam) sich (D) etw ~ (non fam)* subtiliser, dérober
krampfhaft convulsif, -ive, spasmodique *~e Zuckungen* convulsions, spasmes ; *(fig) ~e Anstrengungen* des efforts désespérés
Kran *m* ¨e grue *f*
Kranich *m* -e grue *f*
krank malade, souffrant *~ werden* tomber malade ; *jn ~ schreiben* donner un congé/arrêt de maladie à qqn ; *sich ~ melden* se faire porter malade, prendre un congé de maladie ; *(fig) eine ~e Währung* une monnaie en difficulté
kranken *(an D) (fig)* souffrir (de), pécher (par)
kränken : *jn ~* blesser qqn
Krankengeld *n* -er indemnité(s) *f(pl)* journalière(s)
Krankenhaus *n* ¨er hôpital *m*
Krankenkasse *f* -n caisse *f* d'assurance maladie
KrankenpflegerIn *m f* infirmier, -ère
Krankenschein *m* -e feuille *f* de maladie
Krankenschwester *f* -n infirmière *f*
Krankenwagen *m* - ambulance *f*
krankhaft pathologique ; *(fig) ~e Eifersucht* jalousie maladive
Krankheit *f* -en maladie *f*
Krankheitserreger *m* - agent *m* pathologique, germe *m* infectieux
krank=lachen sich *(fam)* mourir/se tordre de rire
kränklich maladif, -ive, souffreteux, -euse
Kränkung *f* -en offense *f*, vexation *f*
Kranz *m* ¨e **1** couronne *f* **2** cercle *m*
kraß flagrant *ein krasser Egoist* un sale égoïste
Krater *m* - cratère *m*
Krätze *f* ø gale *f* ; *(fam) sich (D) über jn die ~ ärgern (non fam)* fulminer/ être fou de rage contre qqn
kratzen 1 gratter, démanger **2** *(chat)* griffer ♦ **1** *jn im Gesicht ~* griffer qqn au visage ; *es kratzt mich* ça me démange ; *(fam) das kratzt mich nicht !* je n'en ai rien à cirer ! **2** *(fig) etw aufs Papier ~* griffonner qch sur un papier ♦ *sich blutig ~* se gratter jusqu'au sang
Kratzer *m* - éraflure *f* ; égratignure *f*, griffure *f*
kratzig rugueux, -euse, qui gratte ; *(fig) eine ~e Stimme* une voix sèche/revêche ; *(fam) eine ~e Person* une personne à ne pas prendre avec des pincettes
Kraul *n* ø crawl *m*
kraulen chatouiller, gratouiller ♦ nager le crawl ♦ *<sein> über den Fluß ~* traverser le fleuve en nageant le crawl
kraus 1 crêpu, frisé *die Stirn ~ ziehen* froncer les sourcils **2** *der Rock ist ~* la jupe a des faux plis
kräuseln *(tissu)* froncer ♦ *seine Haare ~ sich* ses cheveux ondulent/frisent
Kraut *n* ¨er herbe *f* ; *(fam) foin m ; gegen Dummheit ist kein ~ gewachsen (vulg)* quand on est con, on est con ♦ ø fanes *fpl* ; *(fig) ins ~ schießen* se développer à grande vitesse ; *(fam) das sieht ja wie ~ und Rüben aus* c'est un vrai capharnaüm
Kräutertee *m* -s tisane *f*
Krawall *m* -e bagarre *f*, échauffourée *f*, *(fam)* castagne *f* ♦ ø tapage *m* *~ schlagen* faire du raffut *m*
Krawallmacher *m* - casseur *m*
Krawatte *f* -n cravate *f*
Kreation *f* -en création *f* (de mode), modèle *m*
kreativ créatif, -ive
Krebs *m* -e écrevisse *f* ♦ **1** *(méd)* cancer *m* **2** *(astro)* Cancer *m*
krebsartig cancéreux, -euse
krebserregend cancérigène
Krebsgang *m* ø : *(fig) den ~ gehen (fam)* dégringoler
krebsrot rouge comme une écrevisse
Krebsvorsorgeuntersuchung *f* -en examen *m* de dépistage du cancer
Kredit *m* -e crédit *m* ♦ ø *jm ~ gewähren* accorder/octroyer un crédit à qqn
Kreditkarte *f* -n carte *f* de crédit
kreditwürdig solvable
Kreide *f* ø/-n craie *f* ; *(fam) bei jm in der ~ stehen* avoir une ardoise *f* chez qqn
kreidebleich *(fig)* livide
kreieren créer
Kreis *m* -e **1** cercle *m* ; *(fig/fam) ~e ziehen* remuer beaucoup d'air ; *sich im ~ bewegen* tourner en rond **2** *in politischen ~en* dans les milieux *mpl* politiques, dans la sphère politique ; *im engsten ~* dans la plus stricte intimité ; *aus gutunterrichteten*

kreischen

~en de source *f* bien informée **3** canton *m*

kreischen crier, piailler, criailler; *(fig) die Bremsen ~* les freins grincent / *(fam)* couinent

Kreisel *m* - toupie *f*

kreisen : *mit den Armen ~* faire / décrire des cercles avec les bras ◆ <sein/haben> **1** *das Blut kreist im Körper* le sang circule dans le corps **2** tourner; *die Erde kreist um die Sonne* la Terre tourne / gravite autour du Soleil ◆ *etw ~ lassen* faire passer qch

Kreislauf *m* ø **1** *(méd)* circulation *f* du sang **2** *der ~ der Natur* le cycle de la nature

störung *f* -en troubles *mpl* circulatoires

Kreißsaal *m* ¨e salle *f* de travail

Kreisstadt *f* ¨e chef-lieu *m* de canton

Kreisverkehr *m* ø sens *m* giratoire

Krematorium *n* .ien four *m* crématoire

kremig crémeux, -euse

Kreml *m* ø Kremlin *m*

Krempe *f* -n bord *m* (du chapeau)

Krempel *m* ø *(fam)* camelote *f*; *(fig/fam) den ganzen ~ hin=hauen* laisser tomber tout ce bazar *m*

krempeln : *(fam) die Ärmel nach oben ~* retrousser ses manches

krepieren <sein> *(fam)* crever

Krepp *m* -s / -e crêpe *m*

Kresse *f* -n cresson *m*

kreuz : *~ und quer* en tous sens, dans tous les sens

Kreuz *n* -e **1** croix *f das Rote ~* la Croix Rouge; *etw über ~ legen* plier / poser qch en diagonale **2** croix, crucifix *m ans ~ schlagen* crucifier; *(fig) das ~ schlagen* se signer, faire le signe *m* de croix; *zu ~e kriechen (fam)* se déculotter; *(fam) ich mache drei ~* e, wenn das vorbei ist je serai content quand ce sera fini ◆ ø **1** reins *mpl*; *(fam) es im ~ haben* avoir mal aux reins; *jn aufs ~ legen* avoir qqn; *jm etw aus dem ~ leiern* finir par obtenir ce qu'on voulait de qqn **2** *(fig) es ist ein ~ mit ihm* c'est une plaie *f*, celui-là **3** *(jeu)* trèfle *m* **4** *(mus)* dièse *m* **5** *(autoroute)* échangeur *m*

Kreuzbein *n* -e sacrum *m*

kreuzen (sich) (se) croiser

Kreuzer *m* - croiseur *m*

Kreuzfahrt *f* -en croisière *f*

Kreuzgang *m* ¨e cloître *m*

kreuzigen crucifier

Kreuzigung *f* -en crucifixion *f*

Kreuzotter *f* -n vipère *f*

Kreuzritter *m* - croisé *m*; chevalier *m*

Kreuzung *f* -en **1** carrefour *m*, croisement *m* **2** *(bio)* croisement

Kreuzworträtsel *n* - mots *mpl* croisés

Kreuzzeichen *n* - signe *m* de croix

Kreuzzug *m* ¨e croisade *f*

kribbelig *(fam > non fam)* énervé *~ machen* énerver

kribbeln : *es kribbelt mir / mich in der Nase* j'ai le nez qui me démange / chatouille; *in den Beinen ~* avoir des fourmis dans les jambes ◆ fourmiller, grouiller

kriechen* <sein> **1** ramper; *(fig) die Zeit kriecht* le temps n'en finit pas de passer; *der Verkehr kriecht* le trafic est ralenti, *(fam)* les voitures avancent à la vitesse d'un escargot; *(fig/fam) nicht mehr können* ne plus arriver à se traîner **2** *aus etw ~* sortir / s'extraire (de) **3** *das Efeu kriecht über den Boden* le lierre couvre le sol ◆ <sein/haben> *(fam) vor jm ~* ramper devant qqn, lécher les bottes de qqn

KriecherIn *m f (fam/péj)* lèche-bottes, fayot *m*

kriecherisch *(péj)* servile, obséquieux, -euse, *(fam)* lèche-bottes

Kriechspur *f* -en *(auto)* voie *f* pour véhicules lents

Krieg *m* -e guerre *f ~ führen* faire la guerre

kriegen *(fam)* **1** *einen Orden ~ (non fam)* recevoir une décoration; *Prügel ~* recevoir une raclée; *Junge ~ (non fam)* avoir des petits **2** *wo kriegt man das ?* où est-ce qu'on trouve ça ?; *ich kriege noch Geld von dir (non fam)* tu me dois encore de l'argent ◆ *es nicht über sich ~* ne pas y arriver; *etw sauber ~* arriver à nettoyer qch

Krieger *m* - guerrier *m*

Kriegerdenkmal *n* ¨er monument *m* aux morts

Kriegdienstverweigerer *m* - objecteur *m* (de conscience)

Kriegsfuß *m* ø : *(fig/fam) mit jm auf ~ stehen* être en bisbille avec qqn

kriegversehrt invalide de guerre

Krimi *m* -s *(fam)* polar *m*

kriminalisieren : *jn ~* entraîner qqn dans la criminalité; présenter qqn comme un criminel

Kriminalität *f* ø criminalité *f*

Kriminalpolizei *f* ø police *f* judiciaire (P.J.)

Kriminelle/r criminel *m*, -le *f*

Krimskrams *m* ø *(fam)* trucs *mpl*, bazar *m*, fourbi *m*

kringelig : *(fam) sich ~ lachen* se tordre de rire

kringeln (sich) (se) tordre *die Haare kringeln sich* les cheveux se mettent à frisotter

Kripo *f* ø *(fam)* P.J. *f →* **Kriminalpolizei**

Krippe *f* -n **1** mangeoire *f* **2** *(rel/fam)* crèche *f*

Krise f -n crise f
krisenanfällig fragile
Kristall n ø/-e cristal m
kristallisieren cristalliser, former des cristaux
Kriter.ium n .ien 1 critère m 2 (sp) critérium m
Kritik f -en critique f ◆ ø *bei der ~ gut an=kommen* avoir une bonne critique; (fam) *der Film war unter aller ~* le film était nul/en dessous de tout
KritikerIn m f 1 critique m 2 détracteur m
kritisch critique
kritisieren critiquer
kritzeln gribouiller; griffonner
Krokant m ø nougatine f
Krokodil n -e crocodile m
Krone f -n 1 couronne f; (dents) couronne; (fig/fam) *einen in der ~ haben* avoir un coup dans le nez m 2 (vague) crête f; (arbre) cime f
krönen couronner
Kronprinz m -en -en prince m héritier
Krönung f -en couronnement m
Kronzeuge m -n -n témoin m principal
Kropf m ¨e 1 goître m 2 (oiseaux) jabot m
Kröte f -n 1 crapaud m 2 (fam) *kleine freche ~!* oh! la coquine! 3 (fam) sous m
Krücke f -n béquille f, (fam) antiquité f, vieille bécane f
Krug m ¨e cruche f, pichet m
Krümel m - miette f, (fam) bout m de chou
krümeln s'émietter; faire des miettes
krumm 1 *~e Linie* ligne courbe; (fig/fam) *auf die ~e Tour* de manière louche; *~ Finger machen* piquer 2 *~er Rücken* dos voûté; *~e Nase* nez tordu; *~e Beine* jambes torses/arquées ◆ *~ wachsen* pousser de travers; *~ biegen* tordre; (fig/fam) *jn ~ an=sehen* regarder qqn de travers
krümmen tordre; courber; (fig) *jm kein Haar ~* ne pas toucher à un cheveu de qqn ◆ 1 *die Blätter ~ sich* les feuilles se ratatinent 2 *sich vor Schmerzen ~* se tordre de douleur
krumm=lachen sich (fam > non fam) se tordre de rire
krumm=nehmen* (fam) prendre de travers/mal
Krümmung f -en 1 déviation f, déformation f; coude m; creux m 2 (math) inclinaison f
Krüppel m - (fam/péj) nabot m, mauviette f *jn zum ~ schlagen* ratatiner qqn, réduire qqn en miettes
Kruste f -n croûte f
Kruzifix n -e crucifix m
Krypt.a f .en crypte f

Kübel m - seau m, baquet m; (fam) *es gießt wie aus ~n* il pleut des cordes
kübeln (fam) écluser
Kubikmeter (m³) m/n - mètre m cube
Kubikzahl f -en cube m
Küche f -n cuisine f
Kuchen m - gâteau m; tarte f
Küchenherd m -e cuisinière f
Küchenschabe f -n cafard m, cancrelat m, blatte f
Kuckuck m -e 1 coucou m; (fam) *das weiß der ~!* mystère et boule de gomme! *jn zum ~ wünschen* envoyer promener qqn 2 (fam > non fam) scellés mpl; *bei ihm klebt überall der ~* il a l'huissier m aux trousses
Kufe f -n patin m
Kugel f -n 1 boule f, bille f; (math) sphère f; *eine ruhige ~ schieben* se la couler douce 2 balle f; boulet m
Kugellager n - roulement m à billes
kugeln <sein> ◆ rouler ◆ *sich im Schnee ~* se rouler dans la neige; (fig) *sich vor Lachen ~* être plié en deux
Kugelschreiber m - stylo m (à) bille
kugelsicher pare-balles
Kugelstoßen n ø lancer m de poids
Kuh f ¨e vache f; (fig) *blinde ~ spielen* jouer à colin-maillard; (vulg) *blöde ~!* pauvre conne!
Kuhdorf n ¨er (péj) trou m paumé
Kuhhandel m - (péj) magouille f
Kuhstall m ¨e étable f
kühl frais/fraîche; (fig) *ein ~er Empfang* un accueil plutôt froid ◆ *~ lagern* conserver au frais; (fig) *jn ~ empfangen* recevoir fraîchement qqn
Kühle f ø fraîcheur f; (fig) froideur f
kühlen rafraîchir, refroidir; mettre au frais
Kühler m - radiateur m
Kühlschrank m ¨e réfrigérateur m, (fam) frigidaire m
kühn hardi, audacieux, -euse, téméraire
Kühnheit f ø hardiesse f, audace f, témérité f
Küken n - poussin m (fam) poussin; oie f blanche
kulant arrangeant, avec qui on peut négocier *~e Preise* prix corrects
Kuli m -s 1 coolie [kuli] m 2 (fam) stylo m → **Kugelschreiber**
kulinarisch culinaire
Kulisse f -n coulisse f, décor m
kullern (fam) <sein> 1 (non fam) rouler 2 dégouliner ◆ faire rouler
kulminieren (astr/fig) culminer, atteindre son apogée
Kulminationspunkt m - e (astr/fig) apogée m
Kult m - e culte m
kultivieren cultiver

kultiviert cultivé, raffiné ~*e Küche* cuisine soignée / raffinée

Kultur *f* ø civilisation *f*, culture *f* ♦ **-en** *(méd / bio)* culture

Kulturgut *n* ¨er (qui fait partie du) patrimoine *m* culturel

kulturell culturel, -le

Kultusminister.ium *n* .ien ministère *m* de l'Éducation et de la Culture

Kümmel *m* - **1** cumin **2** alcool *m* au cumin

Kummer *m* ø chagrin *m*, peine *f*; accablement *m*; soucis *mpl*

kümmerlich 1 *eine ~e Gestalt* une silhouette malingre **2** *~e Verhältnisse* des conditions de vie misérables; *~e Ergebnisse* des résultats minables / piteux ♦ *~ aus=sehen* avoir un air misérable; être malingre / rachitique; *~ leben* vivre petitement; mener une vie misérable

kümmern sich : *sich um jn ~* s'occuper / prendre soin de qqn; *sich um etw ~* s'occuper de qch; se soucier de qch; *(fam) sich einen Dreck um etw ~* se soucier de qch comme de l'an quarante

Kumpan *m* -e *(fam)* copain *m*, pote *m*; *(péj)* compère *m*

Kumpanei *f* -en *(fam)* bande *f* de copains; camaraderie *f*

Kumpel *m* -/*(fam)* -s **1** *(fam)* copain *m*, pote *m* **2** mineur *m*

kumulieren cumuler

kündbar résiliable

Kunde *m* -n -n client *m*; *(fam) ein mieser ~* un pauvre type *m*

Kundendienst *m* ø service *m* après-vente

Kundenfang *m* ø : *(péj) auf ~ gehen* démarcher le client

Kundenkreis *m* ø clientèle *f*

Kundgebung *f* -en manifestation *f*

kundig : *einer Sache ~ sein* être au fait / instruit de qch, savoir qch

kündigen *(contrat)* dénoncer / résilier; *(fig) eine Freundschaft ~* rompre une amitié ♦ *jm ~* donner son congé à qqn, signifier à qqn son congé; licencier qqn

Kündigung *f* -en résiliation *f*; congé *m*; licenciement *m*

Kündigungsfrist *f* ø préavis *m*

Kundschaft *f* ø clientèle *f*; clients *mpl*

KundschafterIn *m f* agent *m* de renseignement; *(mil)* éclaireur *m*

kund=tun* faire part (de), manifester

künftig futur; prochain ♦ à l'avenir; désormais

Kunst *f* ¨e art *m* ♦ ø art *m*; *(fam) das ist keine ~ !* ce n'est pas sorcier !; *mit seiner ~ am Ende sein* en perdre son latin

Kunstakademie *f* -n école *f* des Beaux-Arts

Kunstdünger *m* - engrais *m* chimique

kunstfertig habile, adroit

Kunstgewerbe *n* ø artisanat *m* d'art

Kunstgriff *m* -e tour *m* de main, truc *m*, ficelle(s) *f(pl)* (du métier)

Kunstleder *n* ø similicuir *m*

KünstlerIn *m f* artiste *m f*

künstlerisch artistique

künstlich artificiel, -le; *(fig) ~es Lachen* rire forcé

KunstmalerIn *m f* artiste-peintre *m f*

Kunststoff *m* -e matière *f* plastique

kunstvoll achevé, qui révèle une grande maîtrise; de grande qualité artistique

Kunstwerk *n* -e œuvre *f* d'art

Kunstwort *n* ¨er néologisme *m*

kunterbunt bariolé *ein ~es Durcheinander* un méli-mélo ♦ pêle-mêle

Kupfer *n* ø cuivre *m*

Kupferstich *m* -e gravure *f* sur cuivre, taille-douce *f*

Kuppe *f* -n sommet *m*

Kuppel *f* -n coupole *f*

Kuppelei *f* -en proxénétisme. *m*

KupplerIn *m f* entremetteur, -euse, proxénète *m*, *(fam)* maquereau *m*, mère *f* maquerelle

Kupplung *f* -en *(tech)* attelage *m*; couplage *m* ♦ ø *(auto)* embrayage *m*

Kur *f* -en cure *f*

Kür *f* -en figures *fpl* libres

Kurbel *f* -n manivelle *f*

kurbeln tourner la manivelle ♦ *das Autofenster in die Höhe ~* remonter la vitre

Kurbelstange *f* -n bielle *f*

Kurbelwelle *f* -n vilebrequin *m*

Kürbis *m* -se citrouille *f*; potiron *m*; courge *f*

Kurde *m* -n -n Kurde *m*

küren : *jn zum Nobelpreisträger ~* décerner à qqn le prix Nobel

KurfürstIn *m* -en -en *f* -nen prince *m* électeur

Kurie *f* -n curie *f*

Kurier *m* -e courrier *m*, messager *m mit ~ übersenden* envoyer par porteur *m*

kurieren guérir ♦ *(fam) ich bin kuriert* j'en ai soupé, j'ai eu ma dose

kurios curieux, -euse, bizarre, singulier, -ière

Kuriosität *f* ø caractère *m* curieux / singulier ♦ -en curiosité *f*, exemplaire *m* rare

Kurort *m* -e station *f* thermale

Kurpfuscher *m* - *(méd)* rebouteux *m*; *(fam)* charlatan *m*

Kurs *m* -e **1** cours *m* **2** orientation *f*, direction *f den vorgeschriebenen ~ fliegen* suivre son plan *m* de vol; *den ~ ein=halten* maintenir le cap *m*; *einen härteren politischen ~ ein=schlagen* se radicaliser **3** *(bourse)* cours

Kursbuch *n* ¨er **1** indicateur *m* des chemins de fer **2** manuel *m*
Kürschner *m* - fourreur *m*
kursieren circuler; *(fig) Gerüchte ~* des bruits circulent / courent
kursiv italique
Kurswagen *m* - : *ein ~ nach Rom* une voiture *f* pour Rome
Kurswert *m* -e cours *m*
Kurtaxe *f* -n taxe *f* de séjour
Kurve *f* -n **1** virage *m*; *(math)* courbe *f*; *(fam) die ~ kratzen* filer en douce **2** *pl* rondeurs *fpl*
kurven <sein> prendre un virage
kurvenförmig courbe
kurvenreich sinueux, -euse, plein de virages, *(fam)* qui a des rondeurs
kurz 1 court **2** *eine ~e Weile* un petit moment, un court/bref instant ◆ **1** *~ geschnittenes Haar* des cheveux coupés court **2** *~ vorher* peu de temps avant, juste avant; *~ und bündig* clair et net; *~ und gut* (enfin) bref; *(fig/fam) sich ~ fassen* être bref; *jn ~ ab=fertigen* se débarrasser rapidement de qqn; *zu ~ kommen* être lésé, se sentir frustré; *alles ~ und klein schlagen* tout casser
Kurzarbeit *f* ø chômage *m* partiel
Kürze *f* ø **1** brièveté *f in ~* sous peu **2** concision *f*; *in aller ~* brièvement, en peu de mots
kürzen raccourcir; *(texte)* contracter; *(math)* réduire
kurzerhand sur-le-champ; sans plus de façons, *(fam)* faire ni une ni deux
kürzer=treten* <sein/haben> *(fig)* réduire (ses dépenses); ralentir (son rythme)
Kurzfassung *f* -en version *f* abrégée
Kurzfilm *m* -e court métrage *m*
kurzfristig à court terme *eine ~e Abreise* un départ imminent

kurz=halten* : *(fig/fam) jn ~* serrer les cordons de la bourse à qqn; tenir la bride à qqn
kürzlich récemment, dernièrement
Kurznachrichten *fpl* flash *m* d'informations
Kurzschluß *m* ¨sse **1** *(élec)* court-circuit *m*, *(fam)* court-jus *m* **2** *(psy)* dérèglement *m* psychique momentané
kurzsichtig myope, *(fig) ~e Politik* une politique à courte vue
kurzum bref
Kürzung *f* -en réduction *f*, diminution *f ~ eines Textes* contraction *f* d'un texte
Kurzwaren *fpl* mercerie *f*
Kurzwelle (KW) *f* -n onde *f* courte
kusch! 1 coucher! **2** chut [ʃyt] !
kuschelig moelleux, -euse, souple
kuscheln sich se blottir, se pelotonner
kuschen : *vor jm ~* ramper devant qqn, *(fam)* s'écraser (devant qqn) ◆ *kusch dich!* coucher!
Kuß *m* ¨sse baiser *m*
kußecht indélébile
küssen embrasser
Kußhand *f* ø baise-main *m*; *(fam) etw mit ~ nehmen* accepter qch avec joie *f*
Küste *f* -n côte *f*, littoral *m*
Küster *m* - sacristain *m*, bedeau *m*
Kutsche *f* -n calèche *f*; carrosse *m*, *(fam)* vieille guimbarde *f*
kutschen *(fam)* trimbaler, promener ◆ <sein> *durch Südfrankreich ~* visiter le Sud de la France
Kutscher *m* - cocher *m*
Kutte *f* -n *(fam > non fam)* parka *m*
Kutter *m* - chalutier *m*
Kuvert *n* -s **1** couvert *m* **2** enveloppe *f*
Kybernetik *f* ø cybernétique *f*
kyrillisch cyrillique

L

labb(e)rig : *(fam)* **1** *~er Stoff* un tissu mou / sans tenue **2** qui n'a aucun goût, insipide
Label [laibl] *n* -s marque *f*; indicatif *m*
laben rafraîchir; *(fig) das Auge ~* être un plaisir pour les yeux ◆ se délecter (de); *sich am Champagner ~* déguster du champagne
labern *(fam)* parler sans arrêt, raconter n'importe quoi
labil 1 *(phys/psy)* instable **2** *(méd) eine ~e Konstitution haben* être de faible constitution, être fragile **3** *(éco) eine ~e Währung* une monnaie fragile

Labor *n* -s/-re laboratoire *m*
LaborantIn *m* -en -en *f* -nen laborantin *m* -e *f*
Laborator.ium *n* .ien laboratoire *m*
laborieren : *wir laborieren seit 6 Monaten daran* nous sommes là-dessus depuis 6 mois
Labyrinth *n* -e labyrinthe *m*; *(fig) ein ~ von Zimmern* un dédale *m* de pièces; *(méd)* oreille *f* interne
Lache *f* ø (éclat *m* de) rire *m* ◆ **-en** flaque *f*
Lachanfall *m* ¨e : *(fig) einen ~ haben* avoir le / être pris de fou rire

lächeln

lächeln sourire *darüber muß ich ~* cela me fait sourire

lachen rire *gezwungen ~* se forcer à rire, rire jaune; *aus vollem Hals ~* rire aux éclats/à gorge déployée; *über das ganze Gesicht ~* rire radieux, -euse; *jm ins Gesicht ~* rire au nez de qqn, se moquer ouvertement de qqn; *(fig) die Sonne lacht am Himmel* il y a un soleil radieux; *(fam) bei ihm hat man nichts zu ~* on ne rigole pas avec lui!; *sich (D) ins Fäustchen ~* se marrer, *(non fam)* rire sous cape; *daß ich nicht lache!* tu parles!, laisse-moi rire!; *(loc) wer zuletzt lacht, lacht am besten* rira bien qui rira le dernier ◆ *(fig) Tränen ~* rire aux larmes

Lachen *n* ø rire *m*; *(fig/fam) dir wird das ~ noch vergehen!* tu ne riras pas longtemps!

Lacher *m* - 1 rieur *m* 2 *ein kurzer ~* un petit rire *m*

lächerlich 1 *(péj)* ridicule, risible 2 *eine ~e Summe* une somme ridicule ◆ *etw/jn ~ machen* ridiculiser qqn/qch; *aussehen* avoir l'air ridicule

Lachgas *n* -e gaz *m* hilarant

lachhaft *(péj)* ridicule, risible

Lachs *m* -e saumon *m*

Lack *m* -e laque *f*; vernis *m*; *(fam) bei der ist auch der erste ~ ab* elle n'est plus toute jeune

lackieren laquer; vernir

Lackmus *m/n* ø réactif *m*

laden* 1 charger, embarquer *das Heu vom Wagen ~* décharger le foin; *(fig) Verantwortung auf sich (A) ~* endosser une responsabilité; *sich (D) etw auf den Hals ~* se mettre qch sur le dos 2 *(arme/élec)* charger 3 *jn zu Tisch ~* inviter qqn à passer à table; *(jur) jn vor Gericht ~* citer qqn en justice 4 *(fam) ganz schön geladen haben* être complètement saoul ◆ *(fig/fam)* 1 *geladen sein* être remonté; *auf jn geladen sein* être monté contre qqn 2 *nur für geladene Gäste* sur carte d'invitation

Laden *m* ¨ 1 magasin *m*, boutique *f* 2 volet *m*, persienne *f*

Ladendiebstahl *m* ¨e vol *m* à l'étalage

Ladenhüter *m* - *(fig/fam)* rossignol *m*, vieux coucou *m*

Ladentisch *m* -e comptoir *m*; *(fam) unterm ~* de la main à la main

Laderaum *m* ¨e cale *f*

lädieren endommager, abîmer, détériorer

Ladung *f* -en 1 chargement *m ohne ~ fahren* rouler à vide 2 *eine ~ Dynamit* une charge de dynamite; *(fig) eine geballte ~ Wasser* un paquet *m*/une masse *f* d'eau 3 *(phys)* charge 4 *(jur)* citation *f*, convocation *f*

Lage *f* -n 1 situation *f*, position *f*; *(météo) in höheren ~n* en altitude *f* 2 circonstances *fpl*, conditions *fpl*; *die wirtschaftliche ~* la situation économique; *nach ~ der Dinge* en l'état *m* des choses; *nicht in der ~ sein* ne pas être en mesure *f*; *versetz dich mal in meine ~!* mets-toi à ma place *f*!; *(fam) die ~ peilen (non fam)* examiner la situation 3 *pl (natation)* 400 m *~en* le 400 mètres 4 nages 4 *(papier)* couche *f* 5 registre *m*; *in der tiefen ~* dans les basses 6 *(fam)* tournée *f*

Lager *n* - 1 *(comm)* entrepôt *m*; dépôt *m*; magasin *m*; *(fam) etw auf ~ haben* avoir en stock *m*; *(fam) etw auf ~ haben* avoir qch en réserve 2 *(mil)* camp *m*, campement *m*; *(fig)* bloc *m*, clan *m* 3 *(géo)* gisement *m* 4 *(tech)* coussinet *m*; palier *m* 5 *(animaux)* terrier *m*, gîte *m*

Lagerarbeiter *m* - magasinier *m*, manutentionnaire *m*

Lagerbestand *m* ¨e stock *m*

lagern 1 *jn bequem ~* étendre qqn 2 *(comm)* entreposer, stocker 3 *(tech) etw beweglich ~* emboîter qch ◆ 1 *(mil)* camper, bivouaquer 2 *(vin) der Wein hat 5 Jahre gelagert* le vin a cinq ans de cave; *kühl ~* conserver/mettre au frais 3 *hier lagert Erz* il y a ici un gisement de minerai ◆ *sich ~* s'allonger, s'étendre; faire halte

Lagerraum *m* ¨e entrepôt *m*, hangar *m*

Lagerung *f* ø 1 stockage *m* 2 *(géo)* stratification *f*

lahm 1 paralysé 2 *(fam) ~e Glieder haben* avoir les membres en compote; *(péj) eine ~e Diskussion* une discussion qui se traîne; *ein ~er Kerl* un type sans ressort, un mou

lahmen : *das Pferd lahmt* le cheval boite

lähmen paralyser *js Atemwege ~* bloquer la respiration de qqn

lahm-legen paralyser

Lähmung *f* -en paralysie *f halbseitige ~* hémiplégie *f*

Laib *m* -e miche *f*

Laich *m* -e frai *m*

laichen frayer

Laie *m* -n -n laïque *m f*; *(fig) ein blutiger ~* un complet néophyte

laienhaft de profane, de néophyte ◆ en néophyte

Laienspiel *n* ø théâtre *m* amateur

Lakai *m* -en -en laquais *m*

Laken *n* - drap *m*

lakonisch laconique

Lakritze *f* -n réglisse *f*

lala : *(fam) es geht ihm so ~* il va couci-couça

lallen 1 babiller, gazouiller 2 bredouiller

lamentieren *(fam)* se lamenter, gémir

Lametta *n* ø cheveux *mpl* d'ange; *(fam > non fam)* décorations *fpl*

Lamm *n* ¨er agneau *m*

Lampe *f* -n lampe *f*; *(fam) einen auf die ~ gießen* s'en glisser un derrière la cravate

Lampenfieber *n* ø trac *m*

Lampenschirm *m* -e abat-jour *m*

lancieren 1 *eine Nachricht ~* lancer une nouvelle 2 *jn ~* placer qqn, *(fam)* bombarder qqn

Land *n* ♦ ø 1 terre (ferme) *f*; *(fam) einen Vertrag an ~ ziehen* décrocher un contrat; *(wieder) ~ sehen* voir la fin de difficultés, entrevoir une porte de sortie 2 *auf dem ~ leben* vivre à la campagne 3 terrain *m*; *fruchtbares ~* un sol/une terre fertile ♦ ¨er 1 pays *m* 2 *(Allemagne)* Land *m*, région *f* ♦ -e région *f*, territoire *m*

landaus : *~ landein* partout, dans tous les sens

Landbevölkerung *f* -en population *f* rurale

landen *(mil)* 1 débarquer 2 *(boxe) einen linken Haken ~* décocher un crochet du gauche; *(fam) einen Coup ~* frapper un grand coup <sein> atterrir; *auf dem Mond ~* alunir, débarquer sur la lune; *(fam)* atterrir, se retrouver; *bei mir kannst du nicht ~* avec moi, ce n'est pas la peine d'essayer

Landenge *f* -n isthme *m*

Landeplatz *m* ¨e terrain *m* d'atterrissage

Landesverrat *m* ø haute trahison *f*

Landkarte *f* -n carte *f*

landläufig (largement) répandu, courant

ländlich rural; campagnard, champêtre; rustique

Landschaft *f* -en paysage *m*

landschaftlich : *eine ~ herrliche Gegend* une région magnifique

Landsitz *m* -e manoir *m*, gentilhommière *f*

Lands.mann *m* .leute compatriote *m*

Landstraße *f* -n (grand-)route *f*

LandstreicherIn *m f* vagabond *m* -e *f*

Landstrich *m* -e région *f*, contrée *f*

Landtag *m* -e Landtag, parlement *m* du Land

Landung *f* -en *(avion)* atterrissage *m*; *(mil)* débarquement *m*

Landungsbrücke *f* -n débarcadère *m*, embarcadère *m*

Landweg *m* -e 1 voie *f* terrestre 2 chemin *m* de terre

LandwirtIn *m f* agriculteur, -trice

Landwirtschaft *f* ø agriculture *f*

landwirtschaftlich agricole

Landzunge *f* -n langue *f* de terre, presqu'île *f*

lang 1 long, -ue *ein fünf Meter ~es Seil* une corde de cinq mètres de long; *(fam) ein ~er Kerl* un garçon tout en longueur, une asperge 2 *nach ~er Krankheit* après une longue maladie ♦ *(A) den Fluß ~* le long du fleuve; *(fam) du mußt die Mauer ~* *(non fam)* il faut longer le mur ♦ *(fig) etw ~ und breit erklären* expliquer qch en long, en large et en travers

langatmig : *eine ~e Beschreibung* une description qui n'en finit pas

lange 1 *nicht ~ darauf* peu (de temps) après; *wie ~ brauchst du?* tu as besoin de combien de temps?; *das dauert aber ~!* c'est long!; *er ist noch ~ nicht fertig* il n'est pas près d'avoir fini; *das ist ~ genug* c'est largement suffisant; *es ist schon ~ her* cela fait déjà longtemps, c'était il y a longtemps; *wir kennen uns noch nicht ~* nous ne nous connaissons que depuis peu; *er hat schon ~ nicht mehr geschrieben* il y a longtemps qu'il n'a pas écrit, il n'a pas écrit depuis longtemps 2 *(fam) er macht nicht mehr ~* il ne fera pas long feu

Länge *f* ♦ ø/-n 1 longueur *f* 2 *(géo) 15° östlicher ~* 15° de longitude *f* est 3 *(temps)* durée *f*

langen *(fam)* ♦ 1 *jm ein Glas ~* passer un verre à qqn 2 *jm eine ~* flanquer une gifle à qqn ♦ 1 *das Geld langt* ça suffit, *(non fam)* il y a assez d'argent; *mir langt's!* j'en ai marre! ♦ *nach einem Glas ~* attraper/ saisir un verre; *in seine Tasche ~* plonger sa main dans sa poche

Lang(e)weile *f* ø ennui *m*

langfristig à long terme, à longue échéance

lang=gehen* <sein> : *(fam) wissen, wo's langgeht* savoir s'en sortir

langjährig : *~e Erfahrung* une longue expérience, de nombreuses années d'expérience; *ein ~er Freund* un ami de longue date

Langlauf *m* ø ski *m* de fond

langlebig durable

lang=machen sich *(fam >* non *fam)* s'allonger

Langmut *f* ø patience *f*

längs (G) : *~ der Straße* le long de la rue ♦ *~ durch=schneiden* couper dans le sens de la longueur

langsam lent ♦ 1 lentement; *(fam) ~ machen* s'y prendre doucement 2 *~ begreifen* comprendre petit à petit; *(fam) es wird ~ Zeit, daß du gehst* il va falloir que tu y ailles

Langsamkeit *f* ø lenteur *f*

Langspielplatte (LP) *f* -n *(disque)* 33 tours *m*

längst 1 *er hat ~ bezahlt* il y a longtemps qu'il a payé, il a payé depuis longtemps 2 *das ist (noch) ~ nicht alles* ce n'est pas tout, c'est loin d'être tout

langweilen (sich) (s')ennuyer

langweilig ennuyeux, -euse; fastidieux

langwierig

langwierig de longue haleine *eine ~e Krankheit* une longue maladie
Lanze *f -n* lance *f* ; *(fig) für jn eine ~ brechen* s'engager à fond pour qqn ; *für etw eine ~ brechen* se faire le champion de qch
lapidar lapidaire
Lappalie *f -n* broutille *f*, vétille *f*, bagatelle *f*
Lappe *m -n* lapon *m*
Lappen *m -* **1** chiffon *m* ; *(péj > non péj)* billet *m* (de banque) ; *(fam) jm durch die ~ gehen* filer entre les doigts de qqn **2** *(méd)* lobe *m* **3** *pl (chien)* babines *fpl*
läppern sich : *(fam) es läppert sich so zusammen* ça commence à aller ; *(argent)* cela commence à faire une somme rondelette
lappig *(fam > non fam)* détendu, mou, qui n'a pas de tenue
läppisch *(péj)* **1** puéril, bête *~e Einfälle* des idées débiles **2** *eine ~e Summe* une somme ridicule
Lärche *f -n* mélèze *m*
Lärm *m ø* bruit *m* ; vacarme *m*, tapage *m* ; *(fam) ~ schlagen* faire du raffut ; *(loc) viel ~ um nichts* beaucoup de bruit pour rien
Lärmbelastung *f ø* pollution *f* sonore
lärmen faire du bruit ; brailler
Larve *f -n* **1** larve *f* **2** masque *m* ; *(péj)* visage *m* inexpressif
lasch mou, flasque ; *(fig) ~e Anschauungen* des idées très vagues/floues
Lasche *f -n* **1** *(tech)* éclisse *f* **2** languette *f*

lassen* **1** laisser **2** *laß das !* arrête ! ; *lassen wir das !* passons à autre chose ! ; *(fam) ich kann es nicht ~* je ne peux pas m'en empêcher **3** *jn im Stich ~* laisser tomber qqn **4** *(fig) die Finger von etw ~* ne pas toucher à qch ; *jn nicht aus den Augen ~* ne pas quitter qqn des yeux **5** *Wasser ~* faire couler de l'eau **6** *sein Leben ~* perdre la vie, trouver la mort **7** *das muß man ihm ~, er ist ehrlich* il faut reconnaître qu'il est honnête ♦ *er kann nicht von ihr ~* il ne peut pas se passer d'elle ♦ *ein Kleid nähen ~* faire faire une robe ; *(etw) liegen ~* laisser ; oublier ; *darüber ließe sich viel sagen* on pourrait dire beaucoup de choses à ce sujet ; *laß mal sehen !* fais voir ! ; *das läßt vermuten* cela donne à penser (que)
lässig décontracté ; négligé ♦ *~ da=sitzen* être assis n'importe comment ; *~ gehen* avoir une allure dégingandée ; *(fam) er schaffte es ~ in 10 Sekunden* il l'a fait en 10 secondes sans se fatiguer
Last *f ø* **1** charge *f*, fardeau *m* ; *(fig) jm zur ~ fallen* être une charge pour qqn ; *(jur) jm etw zur ~ legen* accuser qqn de qch, attribuer/imputer qch à qqn ♦ *-en*

1 *eine ~ heben* soulever une charge **2** *soziale ~en* charges sociales ; *zu ~en (G)* à la charge de
lasten peser *(fig)* peser *alle Verantwortung lastet auf ihm* toute la responsabilité repose sur ses épaules ; *auf dem Haus lastet eine Hypothek* la maison est grevée d'une hypothèque/hypothéquée
Lastenausgleich *m ø* répartition *f* des charges
Laster *m -* → **Lastkraftwagen**
Laster *n -* vice *m*
lasterhaft vicieux, -euse, dépravé
lästern : *über jn ~ (fam)* déblatérer contre qqn
lästig pénible ; importun *ein ~er Vertreter (fam)* un représentant qui s'incruste ; *eine ~e Krankheit* une maladie pénible ; *eine ~e Pflicht* une tâche difficile/pénible, une lourde tâche ; *jm ~ sein* importuner qqn
Lastkahn *m ¨e* péniche *f*
Lastkraftwagen (Lkw/LKW) *m -* poids *m* lourd, camion *m*
Lastschrift *f -en* débit *m* ; avis *m* de débit
Lastzug *m ¨e* camion *m* à remorque
lasziv lascif, -ive
Latein *n ø* latin *m* ; *(fig) mit seinem ~ am Ende sein* en perdre son latin
lateinamerikanisch latino-américain
lateinisch latin *in ~er Schrift* en caractères romains
Laterne *f -n* lanterne *f* ; lampion *m* ; *(rue/route)* réverbère *m*, lampadaire *m*
latschen <sein> *(fam)* traîner (la savate)
Latschen *m - (fam)* savate *f* ; *(fig) aus den ~ kippen* tomber dans les pommes
Latte *f -n* **1** latte *f* ; *(fam) eine lange ~* une grande perche ; *sie nicht alle auf der ~ haben* avoir une case en moins **2** *(sp)* barre *f* **3** *(fam) eine ganze ~ von Aufträgen* un tas de commandes
Latz *m ¨e* bavette *f* ; *(fam) jm eins vor den ~ knallen* flanquer une claque à qqn ; remonter les bretelles à qqn
Lätzchen *n -* bavoir *m*, serviette *f*
Latzhose *f -n* salopette *f*
lau **1** doux, -ce **2** *~er Kaffee* du café tiède
Laub *n ø* feuillage *m*, feuilles *fpl*
Laube *f -n* **1** tonnelle *f* **2** *(archi)* arcades *fpl*, galerie *f*
Lauch *m -e* poireau *m*
Lauer *f ø* : *auf der ~ sein* être à l'affût *m*/aux aguets *mpl*
lauern *(auf A)* être à l'affût/en embuscade, épier ; *(fam) auf einen Brief ~* surveiller le courrier
Lauf *m ø* **1** course *f* **2** *der ~ des Rheins* le cours du Rhin ; *den ~ einer Maschine überprüfen* contrôler la bonne marche d'une machine ; *(fig) im ~e des Tages* au

cours de la journée; *im ~e der Zeit* avec le temps, petit à petit ♦ **¨e 1** *(fusil)* canon *m* **2** *(sp)* manche *f* **3** *(animal)* patte *f*
Laufbahn *f* **-en** (déroulement *m* d'une) carrière *f*
laufen* <sein> **1** courir *mit jm um die Wette ~* faire la course avec qqn **2** marcher; *zu Fuß ~* aller à pied, marcher; *(mar) das Schiff läuft aus dem Hafen* le bateau quitte le port/sort du port; *auf Grund ~* s'échouer; *(fig) mit dem Kopf gegen die Wand ~* se taper la tête contre les murs **3** *der Motor läuft* le moteur tourne **4** couler; *die Nase läuft* le nez coule **5** *der Vertrag läuft drei Jahre* le contrat court sur trois années, le contrat a été signé/est valable pour trois ans; *(jur) der Prozeß läuft* l'affaire suit son cours; *(comm) der Wechsel läuft noch drei Monate* la traite est à trois mois d'échéance ♦ **1** *Ski ~* faire du ski *2 100 m ~* courir un 100 m; *(mar) 20 Knoten ~* naviguer à la vitesse de 20 nœuds **3** *(fig) Gefahr ~, zu* courir le risque de/que ♦ *hier läuft es sich schlecht* on a du mal à marcher; *es läuft mir kalt über den Rücken* j'en ai froid dans le dos
laufend 1 *im ~en Monat* au cours du mois; *das ~e Jahr* cette année; *die ~e Nummer* le numéro d'ordre; *(fig) auf dem ~ sein* être au courant; *jn auf dem ~ halten* tenir qqn au courant; **2** *die ~en Arbeiten* les travaux en cours; *die ~en Ausgaben* les dépenses courantes ♦ constamment, régulièrement
LäuferIn *m f* coureur, -euse
Lauferei *f* **-en** *(fam)* course *f*
Lauffeuer *n* ø : *(fig) sich wie ein ~ verbreiten* se répandre comme une trainée de poudre
Laufgitter *n* **-** parc *m* (pour bébés)
läufig *(animaux)* en chaleur
Laufkatze *f* **-n** *(tech)* treuil *m*; chariot *m* roulant
Laufkundschaft *f* ø *(fig)* clientèle *f* de passage
Laufmasche *f* **-n** maille *f* qui file
laufmaschensicher indémaillable
Laufpaß *m* ø : *(fig/fam) jm den ~ geben* larguer qqn
Laufschritt *m* ø : *im ~* au pas de course ♦ **-e** *(sp)* pas de gymnastique
Laufsteg *m* **-e** estrade *f* de défilé de mode
Laufzeit *f* **-en 1** *(contrat)* durée *f*; échéance *f* **2** *(sp) seine ~ verbessern* améliorer son temps *f* *(ciné)* durée *f* pendant laquelle un film est à l'affiche
Laufzettel *m* **-** notice *f* de fonctionnement; fiche *f* de suivi; fiche *f* de consultation
Lauge *f* **-n** solution *f* alcaline; base *f*

Laune *f* ø humeur *f gute ~ haben* être de bonne humeur ♦ **-en** caprice *m*, lubie *f*
launenhaft capricieux, -euse, lunatique
launisch lunatique; capricieux, -euse
Laus *f* **¨e** pou *m*; *(fam) ihr ist eine ~ über die Leber gelaufen* quelle guêpe l'a piqué ?
Lausbub *m* **-en -en** *(fam)* garnement *m*, petit voyou *m*
lauschen 1 épier, écouter en cachette, tenter de surprendre **2** *js Bericht ~* écouter avec attention l'exposé de qqn, être tout ouïe
lauschig intime, tranquille
lausen (sich) (s')épouiller; *(fam) ich denke, mich laust der Affe* pince-moi, ce n'est pas vrai ?
lausig : *(fam) eine ~e Arbeit* un travail merdique ; *eine ~e Kälte* un froid de canard
laut 1 sonore, bruyant **2** *ein ~er Mensch* un grossier personnage ♦ *~ singen* chanter à haute voix ; *~er sprechen* parler plus fort ; *(fig) etw ~ aus=sprechen* dire qch tout haut ♦ **(G)** *~ Rechnung* au vu de la facture ; *~ Gesetz* aux termes de la loi ; *~ Befehl* conformément aux ordres
Laut *m* **-e 1** son *m keinen ~ von sich geben* ne souffler mot, rester coi **2** *(gram)* phonème *m*
Laute *f* **-n** luth *m*
lauten être conçu/rédigé *wie lautet der Titel des Buches ?* quel est le titre du livre ? ♦ *(jur) das Urteil lautet auf Freispruch* le juge a prononcé l'acquittement
läuten sonner ♦ *es läutet* ça sonne, on a sonné ♦ *(fig/fam) von etw ~ hören* entendre parler de qch
lauter : ♦ *ein ~er Charakter* un tempérament honnête ♦ *das sind ~ Lügen* ce ne sont que des mensonges, *(fig)* c'est un tissu de mensonges
lauthals : *~ lachen* rire à gorge déployée ; *~ schimpfen* hurler ; *~ schreien* crier à tue-tête
lautlos silencieux, -euse *~e Schritte* des pas feutrés ♦ sans bruit *sich ~ nähern* s'approcher tout doucement/sans faire de bruit
Lautschrift *f* ø écriture *f* phonétique
Lautsprecher *m* **-** haut-parleur *m*
lautstark : *~er Protest* de vives protestations
Lautstärke *f* **-n** volume *m* sonore
lauwarm tiède
Lav.a *f* **.en** lave *f*
Lavendel *m* **-** lavande *f*
lavieren louvoyer; *(fig)* louvoyer, manœuvrer, biaiser
Lawine *f* **-n** avalanche *f*

lax *(péj)* mou/molle, lâche, relâché *~e Moral* morale élastique

Lazarett *n -e* hôpital *m* militaire

leben 1 vivre, être en vie *er lebt nicht mehr lange* il n'en a plus pour longtemps **2** *leb wohl!* au revoir!; *es lebe der König!* vive le roi! **3** vivre; *im Wohlstand ~* mener un vie confortable; *vegetarisch ~* être végétarien

Leben *n ø* **1** vie *f*, existence *f*; *(fig) sich mühsam durchs ~ schlagen* avoir du mal à s'en sortir; *sich (D) das ~ nehmen* mettre fin à ses jours, se donner la mort; *(fam) wie das blühende ~ aus=sehen* respirer la santé; *nie im ~ !* jamais de la vie! **2** *das ~ auf den Straßen* l'animation *f* dans les rues; *(fig) seine Schilderung hat viel ~* sa description est très vivante

lebendig 1 *ein ~es Wesen* un être vivant; *(fig) eine ~e Erinnerung* un souvenir vivace **2** *ein ~es Kind* un enfant plein de vie; *eine ~e Stadt* une ville très animée/très vivante; *~e Farben* des couleurs vives ◆ *~ begraben* enterrer vivant

Lebensalter *n -* âge *m*

Lebensart *f ø* mode *m* de vie; mœurs *fpl keine ~ haben* ne pas avoir de savoir-vivre *m*

lebensfähig viable

Lebensgefahr *f ø* danger *m* de mort

lebensgefährlich très risqué, périlleux, -euse ◆ *~ verletzt sein* être entre la vie et la mort/en danger de mort

Lebensgefährte *m -n -n* compagnon *m*, concubin *m*

lebensgroß : *eine ~e Darstellung* une représentation (en) grandeur *f* nature

Lebenshaltungskosten *pl* coût *m* de la vie

Lebensinhalt *m ø* : *sein ganzer ~* le sens de sa vie

Lebenskraft *f "e* vitalité *f*

lebenslänglich à vie *zu ~em Freiheitsentzug verurteilt* condamné à perpétuité

Lebenslauf *m "e* curriculum vitae (C.V.) *m*

lebenslustig heureux, -euse de vivre

Lebensmittel *n -* denrées *fpl* alimentaires; vivres *mpl*

Lebensmittelgeschäft *n -e* épicerie *f*

lebensmüde : *~ sein* ne plus avoir envie de vivre

lebensnah actuel, -le, pratique

Lebensnerv *m ø (fig)* artère *f* vitale

lebensnotwendig vital

LebensretterIn *m f* sauveteur *m*

Lebensunterhalt *m ø* moyens *mpl* de subsistance

Lebensversicherung *f-en* assurance-vie *f*

Lebenszeichen *n -* signe *m* de vie

Lebenszeit *f ø* (durée *f* de) vie *f auf ~* à vie

Leber *f -n* foie *m*; *(fam) frei von der ~ weg sprechen* parler à cœur ouvert

Leberfleck *m -e (fig)* tache *f* brune, envie *f*, angiome *m*

Leberkäse *m -* pâté de viande (sans croûte)

Leberwurst *f "e* saucisse *f*, pâté *m* de foie

Lebewesen *n -* être *m* vivant

Lebewohl *n -s/-e* au revoir *m*

lebhaft 1 *ein ~er Mensch* une personne pleine de vie/très vivante; *~es Treiben* beaucoup d'animation; *~e Unterhaltung* discussion animée **2** *~e Farben* couleurs vives ◆ *etw ~ schildern* décrire qch de manière très vivante

Lebkuchen *m -* pain *m* d'épice

leblos inanimé, sans vie; inerte

Lebzeiten *pl* : *zu ~* du vivant (de)

lechzen (nach) être avide (de) *nach Wasser ~* mourir de soif

leck : *(mar) ~ sein* avoir une fissure/une avarie/une voie d'eau

lecken *das Schiff leckt* il y a une voie d'eau dans la coque ◆ **1** lécher, sucer; *(animaux) die Jungen ~* lécher ses petits; *Milch ~* lapper le lait **2** *(fam) sich (D) die Zunge nach etw ~* se lécher les babines ◆ *(fig) wie geleckt aus=sehen* être tiré à quatre épingles

lecker appétissant ◆ *~ schmecken* être délicieux, -euse

Leckerbissen *m -* mets *m* de choix, *(fam)* bon petit plat; friandise *f*; *(fig)* régal *m*

Leckermaul *n "er (fam)* fine gueule *f*

Leder *n -* **1** cuir *m*; *(fam) vom ~ ziehen* tempêter **2** *(sp)* ballon *m*

Lederhaut *f ø* épiderme *m*

ledern de/en cuir; *(fig/fam) ~es Fleisch* semelle *f*

Lederwaren *fpl* (articles *mpl* de) maroquinerie *f*

ledig célibataire

lediglich uniquement, rien (d'autre) que *~ seine Pflicht tun* ne faire que son devoir

Lee *f ø* : *in ~* sous le vent; *(montagne)* versant *m* exposé au vent

leer 1 vide *mit ~em Magen* à jeun; *~e Straße* une rue déserte; *ein ~es Blatt* une feuille blanche **2** *(péj) ~e Versprechungen* des promesses en l'air; *~e Worte* des mots creux; des paroles en l'air; ◆ *(tech) ~ laufen* tourner à vide

Leere *f ø* vide *m es herrscht ~* c'est le désert

leeren (sich) (se) vider

Leerlauf *m "e* **1** *(tech) auf ~ schalten* faire tourner à vide; *(auto) in den ~ schalten* mettre au point mort **2** *~ haben* avoir un temps mort

Lefze *f* -n babine *f*
legalisieren 1 certifier conforme 2 légaliser
Legalität *f* ø légalité *f*
Legat *n* -e legs *m*
legen 1 poser, mettre ; *ein Kind ins Bett ~* mettre un enfant au lit ; *(fig) Hand an sich (A) ~* attenter à ses jours ; *großen Wert auf etw (A) ~* attacher beaucoup d'importance à qch ; *Mut an den Tag ~* faire preuve de courage, manifester beaucoup de courage ; *eine Stadt in Schutt und Asche ~* réduire une ville en cendres 2 *Eier ~* pondre (des œufs) ◆ 1 *der Sturm legt sich* la tempête se calme/s'apaise 2 *sich aufs Bett ~* s'allonger sur le lit, s'étendre ; *(fig/fam) sich ins Zeug ~* s'y mettre sérieusement
legendär légendaire
Legende *f* -n 1 légende *f* ; *(fig) zur ~ werden* devenir un mythe *m* 2 *(carte)* légende
leger 1 décontracté 2 *(vêtement)* décontracté ; ample, souple
legieren 1 allier 2 *(cuis)* lier
Legierung *f* -en alliage *m*
Legion *f* -en légion *f* ; *(fig) ~en von Flüchtlingen* des masses *fpl*/un flux de réfugiés
Legionär *m* -e légionnaire *m*
Legislative *f* -n pouvoir *m* législatif
Legitimation *f* -en 1 légitimité *f* 2 attestation *f*
legitimieren 1 entériner 2 autoriser, donner le pouvoir de ◆ *können sie sich ~ ?* pouvez-vous justifier de votre identité ? avez-vous une pièce d'identité ?
Leguan *m* -e iguane *m*
Lehen *n* - fief *m*
Lehm *m* -e glaise *f*, argile *f*
lehmig argileux, -euse, glaiseux, -euse
Lehne *f* -n dossier *m* ; bras *m* (d'un fauteuil)
lehnen : ◆ *an der Mauer ~* être appuyé au mur ◆ *etw an die Wand ~* poser/appuyer qch contre le mur ◆ 1 *sich an die Wand ~* s'adosser au mur 2 *sich aus dem Fenster ~* se pencher à la fenêtre
Lehnstuhl *m* ¨e fauteuil *m*
Lehnwort *n* ¨er mot *m* d'emprunt
Lehramt *n* ¨er enseignement *m*, professorat *m*
Lehrbuch *n* ¨er manuel *m*, livre *m* de classe
Lehre *f* -n 1 apprentissage *in die ~ gehen* faire son apprentissage 2 *die ~ Kants* l'enseignement *m*/le système philosophique/les idées *fpl* de Kant ; *(rel) die christliche ~* la doctrine chrétienne ; *die ~ von der unbefleckten Empfängnis* le dogme de l'Immaculée Conception 3 *die ~ von der Schwerkraft* la théorie/le principe de la gravitation, la loi de la pesanteur 4 *das soll dir eine ~ sein* que cela te serve de leçon *f*
lehren enseigner ◆ *jn lesen ~* apprendre à lire à qqn
LehrerIn *m f* enseignant *m* -e *f*, professeur *m*, instituteur, -trice, maître, -sse
Lehrgang *m* ¨e cours *m*, stage *m*
Lehrgeld *n* -er : *(fig) ~ zahlen* essuyer les plâtres
Lehrkörper *m* - corps *m* enseignant
Lehrling *m* -e apprenti *m* -e *f*
Lehrplan *m* ¨e programme *m* (scolaire)
lehrreich instructif, -ive
Lehrsatz *m* ¨e maxime *f* ; théorème *m*
Lehrstelle *f* -n place *f* d'apprenti
Lehrstuhl *m* ¨e chaire *f*
Lehrzeit *f* ø apprentissage *m*
Leib *m* - 1 corps *m mit ~ und Seele* corps et âme ; *(fam) jm zu ~e rücken* talonner qqn ; *sich (D) jn vom ~e halten* mettre des distances par rapport à qqn 2 *Schmerzen im ~ haben* avoir mal au ventre
Leibeigene/r serf *m*
Leibeskräfte *fpl* : *aus ~n schreien* crier de toutes ses forces *f*
Leibgarde *f* -n gardes *mpl* du corps, garde *f* rapprochée
Leibgericht *n* -e *(fig)* plat *m*/mets *m* préféré
leibhaftig en chair et en os ; *(fig)* incarné, personnifié
leiblich 1 *das ~e Wohl* bien-être *m*, confort *m* 2 *sein ~es Kind* l'enfant de sa chair
Leibrente *f* -n rente *f* viagère
Leiche *f* -n cadavre *m*, corps *m* ; *(fam) eine ~ im Keller haben* en avoir lourd sur la conscience ; *(péj) über ~n gehen* être sans scrupules
leichenblaß livide
Leichenschauhaus *n* ¨er morgue *f*
Leichenverbrennung *f* -en incinération *f*, crémation *f*
Leichenwagen *n* - corbillard *m*
Leichnam *m* -e corps *m*, dépouille *f* (mortelle)
leicht 1 léger, -ère ; *(fig) ein ~es Mädchen* une fille légère, *(fam)* une coureuse ; *(fam) etw auf die ~e Schulter nehmen* prendre qch par-dessus la jambe 2 facile, simple, aisé 3 *ein ~es Essen* un repas léger ◆ 1 *das ist ~ gesagt* c'est facile à dire, c'est vite dit 2 *das kann ich mir ~ vor-stellen* je m'imagine très bien la chose
Leichtathletik *f* ø athlétisme *m*
leicht=fallen* <sein> : *die Arbeit fällt ihm leicht* le travail est facile pour lui
leichtfertig irréfléchi, inconsidéré ; (personne) superficiel, -le, insouciant ◆ *~ handeln* agir à la légère
leichtgläubig crédule, naïf, -ive

leichthin en passant; à la légère
Leichtigkeit *f* ø 1 facilité *f das machen wir mit* ~ c'est facile pour nous, cela ne nous pose aucun problème 2 légèreté *f*
leicht=machen : ◆ *jm etw* ~ faciliter qch à qqn ◆ *es sich* (D) ~ se faciliter la tâche, *(fam)* ne pas se casser la tête; en prendre à son aise
Leichtmetall *n* -e métal *m*/alliage *m* léger
leicht=nehmen* prendre à la légère; prendre du bon côté
Leichtsinn *m* ø légèreté *f*, insouciance *f*
leichtsinnig : *eine ~e Handlung* un acte irréfléchi; *ein ~es Unternehmen* une entreprise risquée; *(personne)* insouciant, inconscient; *ein ~es Mädchen* une écervelée, une fille qui n'a rien dans la cervelle ◆ ~ *handeln* agir à la légère/avec inconscience
leichtverdaulich digeste
leichtverderblich périssable
leid : *es tut mir* ~ je suis désolé; *er tut mir* ~ il me fait de la peine, je le plains; *(fam) einer Sache* (G) ~ *sein* en avoir assez de qch
Leid *n* ø *jm ein* ~ *zu=fügen* faire du mal/tort à qqn; *(fig)* chagrin *m*; *jm sein* ~ *klagen* confier ses malheurs à qqn
leiden* 1 souffrir; *Hunger* ~ souffrir de la faim, être affamé; *Schaden* ~ subir des dégâts; *Not* ~ être dans le besoin ◆ 2 *ich leide nicht, daß* je ne supporte/tolère pas que ◆ *an einer Krankheit* ~ avoir une maladie, être atteint d'une maladie; *unter der Hitze* souffrir de la chaleur ◆ *jn nicht* ~ *können* ne pas supporter qqn, *(fam)* ne pas pouvoir souffrir qqn
Leiden *n* - 1 *ein schweres/langes* ~ une longue et cruelle maladie; *ein unheilbares* ~ un mal incurable 2 pl souffrances *fpl*; malheurs *mpl*
Leidenschaft *f* ø/-en passion *f*
leidenschaftlich 1 passionné *eine ~e Diskussion* une discussion enflammée 2 *ein ~er Radfahrer* un passionné du vélo 3 *eine ~e Liebe* un amour passionné/ardent ◆ *etw* ~ *gern tun* adorer (faire) qch
leidenschaftslos : ~ *sein* être prosaïque, ne pas souffrir d'états d'âme
Leidensgefährte *m* -n -n compagnon *m* de misère/d'infortune
Leidensmiene *f* -n *eine* ~ *auf=setzen* faire une mine à fendre l'âme
Leidensweg *m* ø *der* ~ *Christi* le chemin de croix; *(fig)* série *f* d'épreuves; *sein Leben ist ein langer* ~ sa vie est un calvaire
leider malheureusement, hélas
leidlich : *(fam) ~es Wetter* un temps à peu près correct ◆ *es geht ihm* ~ il va plutôt bien

Leier *f* -n 1 vielle *f* 2 *(fam) immer die alte* ~ toujours la même rengaine
Leierkasten *m* ¨ *(fam > non fam)* orgue *m* de Barbarie
leiern 1 *(fam) an einer Kurbel* ~ *(non fam)* tourner une manivelle 2 *(fig) einen Text* ~ débiter son texte
leihen* : *jm Geld* ~ prêter de l'argent à qqn; *sich* (D) *ein Auto* ~ emprunter/se faire prêter une voiture
Leihmutter *f* ¨ mère *f* porteuse
Leihwagen *m* - voiture *f* de location
leihweise à titre de prêt
Leim *m* -e colle *f* forte, glu *f*; *(fam) jm auf den* ~ *gehen* se faire avoir par qqn, tomber dans le panneau; *aus dem* ~ *gehen (meuble)* craquer; *(personne)* s'empâter
leimen recoller; *(fam) er hat mich geleimt* il m'a eu
Leine *f* -n 1 corde *f*; corde à linge; *(mar) die ~n los=machen* larguer les amarres *fpl*; *(fam)* ~ *ziehen* se tirer 2 laisse *f*
Leinen *n* - lin *m*
Leinwand *f* ø toile *f* ◆ ¨e toile *f*; *(ciné)* écran *m*
leise 1 bas *mit ~er Stimme* à voix basse; *ein ~es Geräusch* un léger bruit; *~e Schritte* des pas feutrés; ~ *sein* ne pas faire de bruit 2 *ein ~er Lufthauch* un léger souffle d'air; *ein ~r Verdacht* un léger/vague soupçon; *er hat nicht die ~ste Ahnung* il n'en a pas la moindre idée; il n'y connaît rien ◆ ~ *sprechen* parler tout bas/tout doucement; *~r stellen* baisser le son
Leisetreter *m* - *(fig > fam)* dégonflé *m*
Leiste *f* -n 1 baguette *f*, moulure *f* 2 patte *f* de boutonnage 3 *(méd)* aine *f*
leisten 1 exécuter, accomplir, effectuer *eine gute Arbeit* ~ faire du bon travail 2 *(moteur) 80 PS* ~ avoir/développer une puissance de 80 chevaux 3 *einen Beitrag* ~ apporter sa contribution; *Abbitte* ~ faire amende honorable 4 *(fam) sich* (D) *etw* ~ se permettre qch, s'offrir le luxe de qch; se payer qch; *kannst du dir das* ~? tes moyens te le permettent?; *er kann sich nichts mehr* ~ il ne peut plus se permettre le moindre faux pas
Leisten *m* - forme *f*; *(fam) alles über einen* ~ *schlagen* mettre tout dans le même sac
Leistenbruch *m* ¨e hernie *f* (inguinale)
Leistung *f* ø 1 exécution *f die* ~ *des Wehrdienstes verweigern* refuser de faire son service militaire; *(jur) den Schuldner auf* ~ *verklagen* mettre le débiteur en demeure de payer *f*; *(moteur/radio)* puissance *f* ◆ -en 1 performance *f*, résultat *m*; *nach* ~ *bezahlen* payer au rendement;

(comm) prestation *f* **2** *soziale ~en* prestations *fpl* sociales

Leistungsabfall *m* ø résultats *mpl* en baisse ; baisse *f* de rendement

leistungsfähig efficace

Leistungssport *m* ø sport *m* de compétition

Leitartikel *m* - éditorial *m*

Leitbild *n* -er modèle *m*, idéal *m*

leiten 1 *(réunion)* présider, conduire ; *(entreprise)* diriger ; *(discussion)* mener, animer **2** *Öl durch Rohre ~* amener le mazout par des tuyaux ; *den Verkehr in ein anderes Viertel ~* dévier la circulation sur un autre quartier **3** *jn zum Ausgang ~* reconduire qqn (à la porte) ; *jn ins Zimmer ~* introduire qqn ◆ *(fig) sich von seinem Instinkt ~ lassen* suivre son instinct

leitend : *eine ~e Stellung* un poste de direction ; *ein ~er Angestellter* un cadre ; *(phys)* conducteur, -trice

LeiterIn *m f* **1** ~ *einer Delegation* chef *m* d'une délégation ; ~ *eines Betriebes* directeur, -trice / patron, -ne d'une entreprise, chef d'entreprise **2** *m (phys)* conducteur *m*

Leiter *f* -n échelle *f*

Leitfaden *m* ¨ guide *m*, précis *m*, abrégé *m*, mémento *m* ; manuel *m*

leitfähig conducteur, -trice

Leitgedanke *m* -n -n idée *f* directrice

Leithammel *m* - *(fig)* meneur *m*

Leitlinie *f* -n idée *f* directrice, directive *f* ; *(route)* ligne continue

Leitplanke *f* -n rail *m* / glissière *f* de sécurité

Leitung *f* ø *(entreprise)* direction *f* ; *(réunion)* conduite *f* animation *f* ◆ *-en (eau)* conduite *f* ; *(élec)* circuit *m* ; *(tél)* ligne *f* ; *(fam) eine lange ~ haben* être long à la détente

Leitungswasser *n* ø eau *f* du robinet

Leitwerk *n* -e empennage *m*, gouvernes *fpl*

Lektion *f* -en leçon *f*

LektorIn *m f* lecteur, -trice

Lektüre *f* ø lecture *f*

Lende *f* -n **1** aloyau *m*, contre-filet *m*, rumsteack *m* **2** *pl* région *f* lombaire, reins *mpl*

Lendenwirbel *m* - vertèbre *f* lombaire

lenkbar facile à conduire, très maniable ; docile

lenken 1 *ein Auto ~* conduire / piloter une voiture **2** *einen Staat ~* diriger un état, gouverner ; *die Wirtschaft ~ (fig)* tenir les rênes de l'économie ◆ *js Aufmerksamkeit auf etw (A) ~* attirer l'attention de qqn sur qch ; *einen Verdacht auf jn ~* faire porter un soupçon sur qqn ◆ *(fam) er läßt sich schwer ~* il ne veut rien savoir

Lenker *m* - **1** guidon *m* **2** conducteur *m*

Lenkrad *n* ¨er volant *m*

Lenkstange *f* -n guidon *m*

Lenkung *f* ø conduite *f*, pilotage *m* ; *(fig)* direction *f*, conduite ◆ *-en die ~ hat versagt* la direction a lâché

Leopard *m* -en -en léopard *m*

Lepra *f* ø lèpre *f*

Lerche *f* -n alouette *f*

lernbegierig studieux, -euse

lernbehindert qui a des difficultés d'apprentissage

lernen apprendre *lesen ~* apprendre à lire ; *(fam) er lernt noch (non fam)* il est encore en apprentissage

Lesart *f* -en interprétation *f*, lecture *f*

lesbar lisible

Lesbe *f* -n *(fam)* gouine *f* → **Lesbierin**

Lesbierin *f* -nen lesbienne *f*

Lese *f* -n vendange *f* ; récolte *f*

Lesebuch *n* ¨er livre *m* de lecture ; anthologie *f*

lesen* 1 lire ; *(mus) Noten ~* déchiffrer ; faire de la lecture de notes **2** *Ähren ~* glaner ; *Wein ~* vendanger **3** *(typo) Korrekturen ~* relire les épreuves corrigées **4** *(rel) die Messe ~* dire la messe **5** *(fig) einen Vorwurf aus js Worten ~* percevoir un reproche dans les paroles de qqn ◆ **1** *laut ~* lire à haute voix **2** *Professor X liest zweimal in der Woche an der Universität* le Professeur X fait cours deux fois par semaine

LeserIn *m f* lecteur, -trice

Leseratte *f* -n *(fam)* rat *m* de bibliothèque

Leserbrief *m* -e lettre *f* à la rédaction « ~e » courrier *m* des lecteurs

leserlich lisible

Lesung *f* -en **1** lecture *f* (publique) **2** *in zweiter ~* en seconde lecture

Lettner *m* - jubé *m*

Letzt *f* : *zu guter ~* en fin de compte

letzt- 1 dernier, -ière ; *(fig) als ~es Mittel* en désespoir de cause ; *zum ~en Mittel greifen* employer les grands moyens, avoir recours à la solution extrême **2** *sein ~er Wille* sa dernière volonté ; *(rel) die ~e Ölung* l'extrême-onction **3** *~en Sonntag* dimanche dernier ; *kennst du die ~e Neuigkeit ?* tu connais la dernière ? ◆ *(fam) der Film war das Letzte !* le film était vraiment nul !

letztendlich finalement, pour finir, en fin de compte *sich ~ entschließen* finir par se décider

letzthin dernièrement, récemment, l'autre jour

letztlich pour finir, finalement

Leuchte *f* -n lampe *f*, éclairage *m* ; *(fam) er ist keine ~* ce n'est pas une lumière

leuchten briller, scintiller, luire ; *(fig) seine Augen ~ vor Freude* ses yeux brillent (de joie), il est rayonnant ◆ *jm mit*

einer Lampe ~ éclairer qqn ◆ *leuchtende Farben* des couleurs chatoyantes
Leuchter *m* - bougeoir *m* ; chandelier *m*, candélabre *m*
Leuchtfeuer *n* - fanal *m*
Leuchtkäfer *m* - ver *m* luisant, luciole *f*
Leuchtturm *m* ¨e phare *m*
leugnen nier, contester
Leukämie *f* -n leucémie *f*
Leumund *m* ø réputation *f*
Leute *pl* **1** gens *mpl* *alle* ~ tout le monde *m* ; *(fam) etw unter die* ~ *bringen (non fam)* divulguer qch **2** *(fam) er hat gute* ~ il a de bons éléments *mpl* ; *zu seinen* ~*n fahren* aller dans sa famille
Leutnant *m* -s lieutenant *m*
leutselig affable, de tempérament jovial ; sociable
Leviten *pl* : *(loc) jm die* ~ *lesen* chapitrer qqn
Levkoje *f* -n giroflée *f*
Lexik.on *n* .a/.en dictionnaire *m*
Liane *f* -n liane *f*
Libelle *f* -n libellule *f*
liberal libéral
Librett(.)o *n* -s/.i livret *m*
licht 1 clair, lumineux, -euse ; *(fig)* ~*e Haare* des cheveux clairsemés **2** *(tech)* ~*e Weite* diamètre *m* intérieur, section *f* ; ~*e Höhe* hauteur intérieure/interne
Licht *n* ø **1** lumière *f* ; *(fig) das* ~ *der Welt erblicken* voir le jour ; *das* ~ *scheuen* avoir qch à cacher ; *jn/etw ins rechte* ~ *rücken* présenter qch/qqn sous un jour favorable ; *ein schlechtes* ~ *auf etw werfen* jeter le discrédit sur qch **2** *die Rechnung für* ~ *und Gas* la facture de gaz et d'électricité *f* ◆ -er **1** *(fig) grünes* ~ *geben* donner le feu vert ; *(fam) ihm geht ein* ~ *auf* ça y est, il a pigé **2** *pl (animaux)* yeux *mpl*
Lichtblick *m* -e *(fig)* éclaircie *f*, qch qui apporte un peu de gaîté ; lueur *f* d'espoir
lichtdurchlässig translucide, qui laisse passer la lumière
lichtempfindlich photosensible ; allergique à la lumière
lichten 1 *den Baumbestand* ~ éclaircir une forêt **2** *(mar) den Anker* ~ lever l'ancre ◆ *sich* ~ s'éclaircir
lichterloh : ~ *brennen* flamber
Lichthof *m* ¨e **1** cour *f* intérieure **2** halo *m*
Lichtschalter *m* - interrupteur *m*
lichtundurchlässig opaque
Lichtung *f* -en clairière *f*
Lid *n* -er paupière *f*
Lidschatten *m* - ombre *f*/fard *m* à paupière
lieb 1 cher, -ère ; *(rel) der* ~*e Gott* le bon Dieu **2** gentil, -le

Liebe *f* ø -n **1** amour *m* ; *(fig)* ~ *auf den ersten Blick* coup *m* de foudre ; *bei aller* ~, *das ist mir zu dumm* je regrette, mais je trouve cela trop stupide **2** *die* ~ *zur Kunst* l'amour des arts, le goût pour les arts
Liebelei *f* -n amourette *f*
lieben aimer ◆ *(fam) sich dreimal am Tag* ~ faire l'amour trois fois par jour
Liebende/r amant *m* -e *f* ; amoureux, -euse
liebenswert adorable
liebenswürdig gentil, -le, aimable
Liebenswürdigkeit *f* ø gentillesse *f* ◆ -en *jm eine* ~ *erweisen* faire une gentillesse à qqn
lieber : *etw* ~ *tun* préférer faire qch ; *er macht diese Arbeit* ~ *als ich* il fait ce travail plus volontiers que moi → **gern** ◆ plutôt, de préférence ; *das hättest du nicht sagen sollen* tu aurais mieux fait de ne pas dire cela ; *das sollte man* ~ *nicht tun* il vaudrait mieux ne pas le faire
liebevoll affectueux, -euse, tendre
lieb-haben bien aimer
LiebhaberIn *m f* **1** amant *m* -e *f* **2** amateur *m*
Liebhaberei *f* -en violon *m* d'Ingres
liebkosen câliner, faire un câlin (à)
lieblich 1 mignon, -ne, joli **2** ~*er Duft* une odeur agréable ; *(vin)* moelleux
Liebling *m* -e **1** amour *m* **2** chouchou *m* ; *ein* ~ *des Publikums* un enfant chéri du public
lieblos : ◆ ~*e Worte* des paroles désagréables/dures ◆ *jn* ~ *behandeln* traiter durement qqn, être sans cœur avec qqn ; *ein* ~ *angerichtetes Essen* un repas préparé à la va-vite ; *eine* ~ *gemachte Arbeit* un travail bâclé
Liebreiz *m* ø attrait *m*, charme *m*, séduction *f*
Liebschaft *f* -en : *eine flüchtige* ~ une courte liaison
Lied *n* -er **1** chanson *f*, chant *m* ; *(fig) es ist dasselbe* ~ *mit dir !* c'est toujours la même histoire avec toi ! ; *(fam) ich kann ein* ~ *davon singen* j'en sais qch **2** chanson *f* de geste
liederlich : ◆ *ein* ~*es Zimmer* une pièce en désordre ; ~*e Arbeit* un travail négligé/bâclé ; *ein* ~*er Mensch* une personne désordonnée ◆ ~ *arbeiten* bâcler son travail ; ~ *leben (fam)* mener une vie de bâton de chaise
LieferantIn *m* -en -en *f* -nen fournisseur *m*
lieferbar livrable ; disponible
liefern 1 livrer ; fournir ; *(fig) Beweise* ~ apporter/fournir des preuves **2** *sich (D) einen Kampf* ~ se livrer combat **3** *(fam) ich bin geliefert* je suis au bout du rouleau

Lieferung *f* **-en** livraison *f*
Liege *f* **-n** divan *m*
liegen* 1 être (couché/allongé/posé) 2 *schlecht* ~ être dans une mauvaise position ; ne pas être à sa place ; *der Schnee liegt hoch* il y a une haute couche de neige 3 *das liegt weit zurück* cela remonte à très longtemps ; *das liegt (noch) in weiter Ferne* c'est encore loin 4 *(fig) der Gedanke liegt nahe, daß* de là à penser que..., il n'y a qu'un pas ; on est en droit de penser que ; *die Verantwortung liegt auf ihm* c'est lui qui en porte la responsabilité ; *(fam) das liegt doch auf der Hand* cela va de soi 5 *an mir soll es nicht* ~ il ne faut pas que cela dépende de moi ; *ich weiß nicht, woran es liegt* je ne sais pas à quoi ça tient 6 *das Thema liegt mir* le sujet me convient, c'est un sujet pour moi ◆ *der Vorschlag kam sehr gelegen* la proposition est vraiment bien tombée
liegen-bleiben* <sein> 1 rester allongé, ne pas se relever 2 *die ganze Arbeit bleibt liegen* le travail ne se fait pas / *(fam)* reste en plan 3 *der Schnee bleibt liegen* la neige tient 4 *(fam) auf der Autobahn* ~ tomber en panne sur l'autoroute
liegen-lassen* laisser (en plan), ne pas faire ; *den Dreck* ~ ne pas nettoyer ; *etw im Büro* ~ oublier qch au bureau ; *(fig) jn links* ~ faire comme si qqn n'existait pas
Liegestuhl *m* ¨e chaise *f* longue, transat [tr azat] *m*
Liegestütz *m* **-e** pompe *f*
Liegewagen *m* - couchettes *fpl*
Lift *m* **-e/-s** ascenseur *m*
liften : *die Gesichtshaut* ~ se faire faire un lifting
Lig.a *f* **.en** ligue *f* ; *(sp) in der zweiten* ~ *spielen* jouer en deuxième division *f*
liieren sich se lier, se rapprocher ; s'associer
Likör *m* **-e** liqueur *f*
lila lilas ; mauve
Lilie *f* **-n** lys *m*
Liliputaner *m* - lilliputien *m*
Limit *n* **-s/-e** limite *f*, seuil *m* : *(éco)* plafond *m*
Limo *f* **-s/Limonade** *f* **-n** limonade *f*
lind doux, -ce
Linde *f* **-n** tilleul *m*
lindern adoucir, apaiser, calmer, soulager
Linderung ø **-en** soulagement *m*, apaisement *m*
Lineal *n* **-e** règle *f*
linear linéaire ; *(phys/math)* linéaire
Linie *f* **-n** 1 ligne *f* ; *(math) eine gerade* ~ une droite *f* ; *(sp) der Ball rollte über die* ~ le ballon est sorti du terrain 2 *deutliche* ~*n* des contours *mpl* bien distincts 3 *eine* ~ *bilden* se mettre en ligne/file

f, s'aligner ; *in einer* ~ *stehen* être aligné 4 *(mil) die feindlichen* ~*n* les lignes ennemies 5 *(transport)* ligne *f* 6 *die politische* ~ la ligne politique ; *(fig) in erster* ~ en tout premier lieu
Linienflug *m* ¨e vol *m* régulier
Linienrichter *m* - juge *m* de touche
linientreu *(péj)* dans la ligne du parti, orthodoxe, de stricte obédience
Linienverkehr *m* ø trafic *m* régulier
Linke *f* **-n** 1 main *f* gauche ; *(fig) er saß zu meiner* ~*n* il était assis à ma gauche ; *(pol)* gauche 2 *(boxe)* direct *m* du gauche
linkisch *(péj)* gauche, maladroit
links : (G) ~ *der Straße* sur le côté gauche de la rue ◆ 1 à gauche ◆ ~ *überholen* doubler à gauche ; *sich* ~ *ein=ordnen* se mettre dans la file de gauche 2 ~ *bügeln* repasser sur l'envers ; *(fam)* ~ *schreiben* *(non fam)* être gaucher ; *das mache ich dir mit* ~ *!* je te fais ça en moins de deux ! ~ *sein* être homo ; ne pas être net ; *(pol)* être de gauche 3 ~ *stricken* tricoter au point à l'envers
LinkshänderIn *m f* gaucher, -ère
linkshändig gaucher, -ère ◆ de/avec la main gauche
Linse *f* **-n** lentille *f*
linsen *(fam)* zieuter
Lippe *f* **-n** lèvre *f* ; *(fam) eine große* ~ *riskieren* en avoir plein la bouche ; *kein Wort kam über seine* ~*n* il est resté muet
Lippenstift *m* **-e** rouge *m* à lèvres
Liquidation *f* **-en** liquidation *f*, dissolution *f*
liquidieren 1 *(comm)* liquider, dissoudre 2 *jn* ~ exécuter qqn
Liquidität *f* ø disponible *m* ; trésorerie *f*
lispeln avoir un cheveu sur la langue
List *f* ◆ ø ruse *f* *kluge* ~ astuce *f* ; *(fam) jn mit* ~ *und Tücke überreden* bourrer le mou à qqn ◆ **-en** ruse, stratagème *m*
Liste *f* **-n** liste *f* ; relevé *m* ; *(fig) auf der schwarzen* ~ *stehen* être à l'index *m*
listig astucieux, -euse, rusé, malin, roué ◆ ~ *lächeln* avoir un sourire malin
Litanei *f* **-en** *(rel)* litanie *f*
Liter (L) *m/n* - litre (l) *m*
literarisch littéraire
Literatur *f* ø littérature *f* ; bibliographie *f* ~ *durch-arbeiten* consulter tout ce qui a été écrit sur un sujet ◆ **-en** *die* ~*en der osteuropäischen Länder* la littérature des pays de l'Est
Litho *n* **-s** litho *f* → **Lithographie**
Lithographie *f* **-n** lithographie *f*
Litze *f* **-n** 1 galon *m*, tresse *f* 2 *(élec/tech)* cordon *m*, fil *m*
Livesendung *f* **-en** émission *f* en direct
Lizenz *f* **-en** licence *f*
Lkw *m* → **Lastkraftwagen**
Lob *n* ø éloges *mpl*, louanges *fpl*

loben

loben : *jn/etw* ~ louer les mérites de qqn/qch, faire l'éloge de qqn/qch ; *das lob ich mir* je m'en félicite/cela me fait plaisir
lobenswert digne d'éloges ; méritoire
lobpreisen(*) : *jn* ~ rendre hommage à qqn
Loch *n* ¨er **1** trou *m* ; *(fam) ein* ~ *zurück=stecken* reculer d'un cran **2** *(fam)* taudis *m* ; taule *f*
lochen trouer, perforer *Fahrkarten* ~ poinçonner des billets
löch(e)rig troué
Locher *m* - perforatrice *f*
löchern : *(fam) jn mit Fragen* ~ harceler qqn de questions
Lochkarte *f* -n carte *f* perforée
Lochzange *f* -n pince *f* à perforer, perforatrice *f*
Locke *f* -n boucle *f*, *(fam)* frisette *f*
locken **1** *seine Haare* ~ se faire des boucles **2** *jn in eine Falle* ~ attirer qqn dans un piège ♦ *seine Haare* ~ *sich* ses cheveux bouclent
Lockenwickler *m* - bigoudi *m*
locker 1 desserré, pas serré ; lâche ; branlant *ein* ~*er Zahn* une dent déchaussée/branlante ; ~*er Boden* un sol meuble ; *(cuis) ein* ~*er Kuchen* un gâteau qui a bien monté **2** *(fam)* décontracté, relax, cool ; *ein* ~*es Mundwerk haben* avoir la langue bien pendue ♦ ~ *stricken* tricoter lâche ; ~ *binden* ne pas serrer
locker=lassen* : *(fam) er hat nicht lockergelassen, bis* il n'a pas lâché (prise) jusqu'à ce que
locker=machen : *(fam) wieviel kannst du denn* ~ ? tu peux débloquer/aligner combien ?
lockern desserrer *den Boden* ~ ameublir le sol ; *seinen Griff* ~ desserrer/relâcher son étreinte ; *(fig) die Bestimmungen* ~ assouplir les directives ♦ se défaire, se relâcher ; *die Bremsen haben sich gelockert* les freins ont pris du jeu
lockig bouclé, friser
Lockmittel *n* - leurre *m* ; appât *m*
Lockspitzel *m* - agent *m* provocateur
lodern lancer des flammes ♦ *(sein) die Flammen* ~ *zum Himmel* les flammes s'élèvent dans le ciel/embrasent le ciel
Löffel *m* - **1** cuillère *f* ; *(fam) die Weisheit mit* ~*n gefressen haben* croire qu'on a la science infuse **2** *(lièvre)* oreille *f* ; *(fig) die* ~ *auf=sperren* ouvrir grand ses oreilles
löffeln manger à la cuillère
Logik *f* ø logique *f*
logisch logique
Lohn *m* ¨e salaire *m* ; rémunération *f*, gages *mpl* ♦ ø *als/zum* ~ *(dafür)* en récompense *f*
Lohnausgleich *m* ø réajustement *m* des salaires
LohnempfängerIn *m f* salarié *m* -e *f*
lohnen : *jm etw übel* ~ mal récompenser qqn de qch ♦ *es lohnt die Mühe* cela vaut la peine ♦ *das Geschäft lohnt sich* l'affaire vaut la peine
lohnenswert qui vaut la peine, payant
Lok *f* → Lokomotive
lokal local ; *(gram)* ~*e Umstandsbestimmung* complément de lieu
Lokal *n* -e restaurant *m*, lieu *m*
lokalisieren localiser
Lokalpatriotismus *m* ø esprit *m* de clocher
Lokomotive *f* -n locomotive *f*
Lolli *m* -s *(fam* > *non fam)* sucette *f*
lombardisch lombard
Lorbeer *m* -en laurier *m*
Lore *f* -n wagonnet *m*
los 1 *der Knopf ist los* le bouton est déboutonné ; *(fig/fam) den bin ich* ~ il est parti, bon débarras ; j'en suis débarrassé **2** *(fam) was ist* ~ ? qu'est-ce qui se passe ? *mit ihm ist nicht viel* ~ il n'est pas en forme ; *es geht* ~ ! ça y est, c'est parti ! *ça commence* ! ♦ ~, *beeil dich !* allez, dépêche-toi ! *(sp) Achtung, fertig,* ~ ! à vos marques, prêts, partez ! **2** *(fam) er ist schon* ~ il a déjà filé ; *er ist gleich auf ihn* ~ il lui a sauté dessus
Los *n* -e **1** billet *m* de loterie *durch das* ~ *bestimmen* tirer au sort ; *das Große* ~ le gros lot **2** sort, destin *m*, destinée *f*
lösbar soluble ; *(fig) eine* ~*e Aufgabe* un problème soluble/que l'on peut résoudre
los-bekommen* : *(fam) ich bekomme die Schraube nicht los* je n'arrive pas à desserrer la vis
los-binden* détacher, délier
Löschblatt *n* ¨er buvard *m*
löschen 1 éteindre ; *(fig) den Durst* ~ étancher la soif **2** *(banque) eine Schuld* ~ amortir/liquider une dette ; *eine Hypothek* ~ purger/liquider une hypothèque ; *ein Konto* ~ fermer un compte **3** *(mar) eine Ladung* ~ débarquer une marchandise, décharger **4** *(info)* effacer
Löschgerät *n* -e extincteur *m*
los=donnern *(fam)* <sein> démarrer en trombe ♦ *mußt du immer gleich* ~ ? es-tu obligé d'hurler comme ça ?
lose 1 ~*s Gestein* des cailloux non stabilisés/qui roulent ; *ein* ~*r Knopf* un bouton qui se découd ; ~*e Haare* des cheveux dénoués/libres ; *(fig) eine* ~ *Bekanntschaft* une vague connaissance **2** ~ *Ware* de la marchandise en vrac ; ~ *Blätter* feuilles volantes **3** *(fam) ein* ~*s Mundwerk haben (iro)* ne pas s'embarrasser avec les formes
Lösegeld *n* -er rançon *f* ; caution *f*
los-eisen *(fam)* arracher
losen tirer au sort

lösen 1 dénouer, défaire ; *einen Riemen ~* détacher une sangle ; *(comm) einen Vertrag ~* dénoncer un contrat ; *(fig) eine Verlobung ~* rompre des fiançailles 2 *ein Problem ~* résoudre un/trouver la solution d'un problème 3 *eine (Fahr)karte ~* prendre un billet 4 *(chim)* dissoudre ◆ 1 *der Knoten löst sich* le nœud se défait/se dénoue ; *die Klebestelle löst sich* ça se décolle 2 *(chim)* se dissoudre ; *(fig)* se résoudre, trouver sa solution 3 *ein Schuß löst sich* un coup part 4 *(méd) der Husten löst sich* la toux devient grasse 5 *sich von seiner Vergangenheit ~* se libérer de son passé
los=fahren* <sein> 1 démarrer, partir 2 *(fam) auf jn ~* rentrer dans le lard de qqn
los=gehen* <sein> 1 *er ist gerade losgegangen* il vient de partir ; *(fig) auf ein Ziel ~* poursuivre un but 2 *(fam) wann geht es los?* quand est-ce que ça commence? ; *geht das schon wieder los!* ça va pas recommencer ! 3 *(fam) das Gewehr ging plötzlich los (non fam)* le coup partit
los=haben* *(fam) viel ~* être très fort/calé
los=kommen* <sein> *(fam > non fam)* réussir à partir ; *(fig) von einem Gedanken nicht ~* ne pas arriver à se débarrasser d'une idée
los=lassen* 1 *das Steuer ~* lâcher le volant 2 *(fam) einen Beschwerdebrief ~ (non fam)* envoyer une réclamation ; *wie kann man solche Lehrer auf die Schüler ~? (non fam)* comment peut-on laisser enseigner des gens aussi incompétents ?
los=legen *(fam)* 1 démarrer (au quart de tour) ; *mit einer Schimpftirade ~* se répandre en invectives 2 *mit der Arbeit ~* se lancer dans/attaquer un travail
los=machen 1 détacher, défaire ; *(fam) so richtig einen ~* s'en donner à cœur joie ◆ *sich von jm ~* se détacher de qqn ; *(fig) sich von allen Bindungen ~* rompre tous les liens ; se libérer de toutes ses obligations
los=sagen : *sich von seinen Freunden ~* rompre avec ses amis
los=schieben* <sein> : *(fam) schieb schon los !* allez, du vent ! du balai ! décampe !
los=schießen* *(fam)* <sein> *sie ist auf ihn losgeschossen* elle lui a sauté dessus ◆ 1 *er hat auf ihn losgeschossen* il lui a tiré dessus 2 *na, nun schieß (schon) los !* allez, raconte !
los=schlagen* : ◆ *aufeinander ~* taper dessus ; *(mil)* faire une attaque surprise ◆ 1 *Mauerstücke ~* faire tomber/abattre des pans de mur 2 *(fam) Restposten ~ (non fam)* brader des invendus

Losung *f* -en 1 mot *m* d'ordre ; maxime *f* ; *(rel)* homélie *f* 2 crotte *f*
Lösung *f* -en 1 solution *f* ; *(math)* résolution *f* 2 *(comm) die ~ eines Vertrages* la dénonciation *f* d'un contrat 3 *(chim)* solution
Lösungsmittel *n* - (dis)solvant *m*
los=werden* <sein> : *(fam) einen lästigen Besucher ~ (non fam)* arriver à se débarrasser d'un importun ; *einige Kilo ~ (non fam)* perdre quelques kilos
Lot *n* -e 1 fil *m* à plomb *nach dem ~* en vérifiant l'aplomb *m* ; *(fig) etw ins rechte ~ bringen* remettre qch en ordre 2 *(mar)* sonde *f* 3 *(math) ein ~ auf eine Gerade fällen* abaisser une perpendiculaire sur une droite 4 *(tech)* soudure *f*
loten vérifier l'aplomb ; sonder
löten souder
Lothringen *n* ø Lorraine *f*
Lotse *m* -n pilote *m* (d'un navire)
lotsen piloter ; *(fig) jn mit ins Kino ~* embarquer qqn au cinéma
Lotterie *f* -n loterie *f*
lott(e)rig *(péj)* négligé ; mal fait, bâclé
Lotterwirtschaft *f* ø *(péj)* pagaille *f*
Lotto *n* -s lotto *m*
Löwe *m* -n lion *m*
Löwenmähne *f* -n *(fig/fam)* crinière *f*
Löwenmaul *n* ø muflier *m*, gueule-de-loup *f*
Löwenzahn *m* ø pissenlit *m*
LP *f* -s → **Langspielplatte**
Luchs *m* -e lynx *m*
luchsen *(fam)* 1 *nach allen Seiten ~ (non fam)* regarder de tous les côtés 2 *jm Geld aus der Tasche ~* extorquer de l'argent à qqn
Lücke *f* -n trou *m*, brèche *f*, fente *f* ; *(fig)* lacune *f*
LückenbüßerIn *m f (fig)* bouche-trou *m*
lückenhaft incomplet ; insuffisant
lückenlos complet ; intégral
Luder *n* - : *(fam) ein armes ~* un pauvre bougre ; *(vulg) ein freches ~* une petite garce ; *ein süßes ~* une fille mignonne à croquer
Luft *f* ø air *m an die frische ~ gehen* aller prendre l'air, s'aérer ; *~ holen* reprendre haleine *f* ; *nach ~ schnappen* respirer ; *(fam) die ~ ist rein* on peut y aller ; *dicke ~* atmosphère *f* lourde ; *aus etw ist die ~ raus* c'est dépassé ; *~ für jn sein* compter pour du beurre pour qqn ; *halt mal die ~ an !* ferme-la ! *sich in ~ auf=lösen* se volatiliser ◆ *¨e sich in die ~ erheben* s'élever dans les airs ; *(fam) in die ~ fliegen (non fam)* être soufflé/pulvérisé ; *das ist aus der ~ gegriffen* c'est de l'affabulation, c'est inventé de toutes pièces ; *in der ~ hängen* ne reposer sur rien ; *seinem Ärger ~ machen* épancher sa bile

Luftballon

Luftballon *m* -s ballon *m*
Luftbrücke *f* -n pont *m* aérien
luftdicht hermétique ; isolé
Luftdruck *m* ø pression *f* atmosphérique
lüften : *das Zimmer ~* aérer la pièce ; *(fig) ein Geheimnis ~* dévoiler un secret
Luftfahrt *f* ø aviation *f*, navigation *f* aérienne
Luftfahrtgesellschaft *f* -en compagnie *f* aérienne
Luftgewehr *n* -e fusil *m*/carabine *f* à air comprimé
Lufthauch *m* -e souffle *m* d'air
luftig 1 *ein ~er Raum* une pièce bien aérée ; *auf ~er Höhe* en altitude 2 *~e Bekleidung* des vêtements légers
Luftkissenboot *n* -e aéroglisseur *m*
Luftkurort *m* -e station *f* climatique
Luftlandetruppe *f* -n troupe *f* aéroportée
luftleer *(phys)* vide, où l'on a fait le vide ; *~er Raum* vide *m*
Luftmatratze *f* -n matelas *m* pneumatique
Luftpost *f* ø : *mit ~* par avion
Luftpumpe *f* -n pompe *f* (à air/à vélo) ; gonfleur *m*
Luftröhre *f* -n trachée *f* artère
Luftschiff *n* -e aéronef *m*, dirigeable *m*
Luftschloß *n* ¨sser *(fig) Luftschlösser bauen* bâtir des châteaux en Espagne
Luftschutzkeller *m* - abri *m* sous-terrain
Lüftung *f* -en aération *f*, ventilation *f*
Luftweg *m* ø : *auf dem ~* par air, par la voie des airs ◆ -e *pl (méd)* voies *f* respiratoires
Luftzug *m* ø courant *m* d'air
Lüge *f* -n mensonge *m jn/etw ~n strafen* infliger un démenti à qqn/qch
lügen* mentir ◆ *(fam) er lügt das Blaue vom Himmel (herunter)* il ment comme il respire/comme un arracheur de dents
LügnerIn *m f* menteur, -euse
Luke *f* -n lucarne *f* ; *(mar)* écoutille *f*
Lulatsch *m* -e : *(fam) ein langer ~* un (grand) escogriffe *m*
Lulle *f* -n *(fam)* clope *m/f*
Lümmel *m* - *(fam)* pignouf *m na, du ~ ?* alors, gamin *m* ; *(péj)* affreux *m*
lümmeln sich *(fam)* se vautrer
Lump *m* -en -en *(péj)* crapule *f*, fripouille *f*
lumpen : *(fig) sich nicht ~ lassen* bien faire les choses

Lumpen *m* - haillon *m*, loque *f*, guenille *f* ; chiffon *m* ; *(fam) jn aus den ~ schütteln* secouer les puces à qqn ; *(péj) in ~ herum=laufen* être dépenaillé
Lumpenpack *n* ø *(péj)* racaille *f*
Lumpensammler *m* - *(fam)* chiffonnier *m*
lumpig : *(fam) ~es Gehalt* un traitement minable ; *(péj) ~es Verhalten* un comportement dégueulasse
Lunge *f* -n *(méd)* poumon *m* ; *(fam) aus voller ~* à tue-tête ; *sich (D) die ~ aus dem Hals schreien* s'époumonner
Lungenentzündung *f* -en pneumonie *f*
lungenkrank tuberculeux, -euse ; malade des poumons
Lunte *f* -n mèche *f* ; *(fam) ~ riechen* sentir le vent venir
Lupe *f* -n loupe *f* ; *(fam) etw unter die ~ nehmen* regarder qch à la loupe/sous toutes les coutures
lupenrein *(diamant)* pur ; *(fig)* parfait, irréprochable
Lust *f* ø envie *f jm die ~ nehmen* couper à qqn l'envie de qch ; *(fig) mit ~ und Liebe* de gaîté de cœur, avec plaisir ; *wenn du ~ dazu hast* si le cœur t'en dit ◆ ¨e *sinnliche ~* plaisir *m* des sens ; *seine ~ befriedigen* satisfaire son appétit *m* sexuel
lüstern concupiscent, libidineux, -euse, lubrique
lustig joyeux, -euse, gai ; amusant, drôle *ein ~er Abend* une soirée où l'on s'amuse ; *(fig) ~e Farben* des couleurs vives ; *sich über jn ~ machen* se moquer de qqn ◆ *da geht es ~ zu* on s'amuse bien ici ; *(fig) ~ weiter=reden* continuer à parler avec entrain
lustlos sans entrain
Lustmord *m* -e meurtre *m* avec viol
Lustspiel *n* -e comédie *f*
lutherisch luthérien
lutschen sucer
Lutscher *m* - 1 sucette *f* 2 *(fam)* tétine *f*
Luv *f/n* ø lof *m*
luxuriös luxueux, -euse
Luxus *m* ø luxe *m*
Lymphgefäß *n* -e vaisseau *m* lymphatique
lynchen lyncher
Lyrik *f* ø art *m*/poésie *f* lyrique ; lyrisme *m*

M

Maat *m* ø quartier-maître, second *m*
machbar faisable, réalisable
Mache *f* ø *(fam)* **1** *nichts als ~ !* ce n'est que de la frime *f* **2** *jn in der ~ haben* rentrer dans le lard de qqn
machen **1** faire **2** *Licht ~* allumer la lumière; *(fig) Eindruck ~* en imposer; *(fam) Geld ~* se faire du fric **3** *jm Lust ~* donner envie à qqn; *jm Sorgen ~* causer du souci à qqn; *mit etw Ernst ~* prendre qch au sérieux; *(fam) jm Beine ~* faire décamper qqn; faire activer qqn; *sich* (D) *nichts aus etw ~* se foutre de qch **4** *ein Examen ~* passer un examen **5** *das macht 20 DM* cela fait/coûte 20 DM; **6** *eine Bekanntschaft ~* faire connaissance avec qqn; *Witze ~* faire des plaisanteries, plaisanter; *(fam) schnell ~* faire vite, expédier qch; *machen Sie, daß* tâchez de; *(fig) er macht von sich reden* il fait parler de lui ◆ **1** *sich nützlich ~* se rendre utile **2** *(fam) er hat sich gemacht* il a fait du chemin; il s'est métamorphosé
Machenschaften *fpl* (*péj*) manigances *fpl*, menées *fpl*, machinations *fpl*
Macher *m* - **1** homme *m* d'action **2** leader *m*
Machete *f* -n machette *f*
Macht *f* ø **1** pouvoir *m*, puissance *f*, force *f* **2** *~ über jn haben* avoir du pouvoir/de l'emprise *f* sur qqn ◆ ¨e *feindliche Mächte* puissances belligérantes
mächtig **1** puissant; *(fig) einer* (G) *Sache ~ sein* bien connaître qch, être maître dans l'art de qch; *einer Sprache ~ sein* maîtriser une langue **2** énorme, fort; *eine ~e Buche* un gros hêtre; *ein ~er Aufprall* un choc violent; *(fam) ~en Hunger haben* avoir drôlement/rudement faim ◆ *sich ~ beeilen* aller à toute vitesse; *~ viel* énormément
machtlos impuissant
Machtstellung *f* ø position *f* de force
Machtwort *n* -e: *(fig) ein ~ sprechen* faire acte *m* d'autorité
Macke *f* -n: *(fam) der hat ja 'ne ~* il est timbré !
Mädchen *n* - **1** petite fille *f*, fillette *f* ; fille *f* **2** *(fam) ~ für alles* bonne *f* à tout faire
mädchenhaft de petite fille, juvénile
Made *f* -n asticot *m*; *(fig) wie die ~ im Speck leben* être comme un coq en pâte
madig véreux, -euse ; *(fam) jn ~ machen* éreinter/démolir qqn; *jm etw ~ machen* gâcher le plaisir à qqn
Madonn.a *f* .en madone *f*
Magazin *n* -e **1** entrepôt *m*, magasin *m* **2** *(arme)* chargeur *m* **3** magazine *m*, revue *f*
Magen *m* ¨ estomac *m* *sich* (D) *den ~ verderben* *(fam)* attraper une indigestion ; *(fam) jm schwer auf dem ~ liegen* rester en travers de la gorge
mager **1** maigre **2** *~er Boden* un sol pauvre **3** *(typo)* maigre
Magier *m* - magicien *m*
magisch magique
Magistrat *m* -e municipalité *f*; service *m* public
Magnet *m* -en -e/-en aimant *m*
magnetisch magnétique
Mahagoni *n* ø acajou *m*
Mähdrescher *m* - moissonneuse-batteuse *f*
mähen faucher; *(gazon)* tondre
Mahl *n* ø repas *m*
mahlen moudre ◆ *(fig)* broyer
Mahlzeit *f* -en repas *m* ; *(fam) ~ !* bon appétit !; *na dann, prost ~ !* zut [zyt]/mince, alors !
Mähne *f* -n crinière *f*
mahnen : *einen Schuldner ~* envoyer à un débiteur une lettre de rappel, mettre un débiteur en demeure de payer ◆ *jn zur Vorsicht ~* exhorter qqn à la prudence ; *jn wegen etw* (G/D) *~* rappeler à qqn qu'il a promis de faire qch ; sommer qqn de faire qch
Mahnmal *n* -e mémorial *m*, monument *m* commémoratif
Mahnung *f* -en **1** avertissement *m*, mise *f* en garde **2** *erste ~* premier rappel *m*, lettre *f* de relance
Maiglöckchen *n* - muguet *m*
Maikäfer *m* - hanneton *m*
Mais *m* -e maïs *m*
Majestät *f* ø majesté *f* ◆ *-en* tête *f* couronnée
majestätisch majestueux, -euse
Major *m* -e commandant *m*
Majoran *m* -e marjolaine *f*
Majorität *f* -en majorité *f*
makaber macabre
Makel *m* - **1** tare *f*; souillure *f* **2** défaut *m*
makellos irréprochable, impeccable ; *(fig) eine ~e Karriere* une carrière sans accrocs
mäkeln *(fam)* râler
MaklerIn *m f* courtier *m*, -ère *f*, agent *m* d'affaires ; agent immobilier
Makrele *f* -n maquereau *m*
Makrone *f* -n macaron *m*
Makulatur *f* -en **1** *(typo)* papier *m* à mettre au rebut **2** *(fig) das ist nur ~* *(fam)* c'est nul ; c'est du vent *m*

mal

mal : *zwei ~ zwei* deux fois f deux ; *(fam) nicht ~* même pas ; *kannst du ~ vorbeikommen?* tu ne peux pas passer ?

Mal *n -e* **1** fois f *mit einem ~(le)* tout à coup, d'un seul coup ; *von ~ zu ~* de temps en temps **2** tache f, marque f, trace f ; cicatrice f ◆ *¨er* pierre f commémorative

malen **1** peindre ; *ein Porträt ~* faire un portrait ; *(fig)* dépeindre ◆ peindre, faire de la peinture

MalerIn *m f* **1** (artiste) peintre *m f* **2** peintre *m* (en bâtiment)

Malerei *f ø* peinture *f* ◆ *-en* peinture f, toile f

malerisch *(fig)* pittoresque

malern : *(fam) die Wohnung ~* (non fam) repeindre l'appartement

mal-nehmen* multiplier

malträtieren maltraiter

Malve *f -n* mauve f

Malz *n ø* malt *m*

Malzeichen *n -* signe *m* de la multiplication

Mama *f -s* maman f

Mammut *n -e/-s* mammouth *m*

mampfen *(fam)* bâfrer

man on ~ *muß* il faut ◆ *(fam) laß ~ gut sein !* laisse tomber !

manch **1** *~es Kind* certains enfants, il est/y a des enfants qui ; *~es Mal* parfois **2** *pl ~e Menschen* certaines personnes ; bien des gens

mancherlei toutes sortes de, plein de ; un certain nombre de, différents

manchmal parfois, quelquefois

MandantIn *m -en -en f -nen* mandant *m*, commettant *m*, *(jur)* client *m*

Mandel *f -n* **1** amande *f* **2** *pl (méd)* amygdales *fpl*

Mangel *f -n* calandre *f*; *(fig) jn durch die ~ drehen* cuisiner qn

Mangel *m ø* manque *m* ; pénurie f; *(jur) aus ~ an Beweisen* faute de preuves ◆ *¨* carence f; défaut *m*, défectuosité f

mangelhaft insuffisant, incomplet ; défectueux, de qualité médiocre ; *(note)* insuffisant

mangeln : *es mangelt an Geld* il manque d'argent, il n'y a pas assez d'argent

mangels *(G)* faute de, par manque de

Manier *f ø (art)* manière f, style *m* ◆ *-en pl er hat keine ~en* il n'a aucun savoir-vivre ◆

manieriert maniéré

manifest manifeste, évident ; *(méd) ~ werden* se déclarer

manifestieren (sich) (se) manifester

Maniküre *f ø* soins *mpl* de manucure ◆ *-en* **1** nécessaire *m* de manucure, trousse f à ongles **2** manucure f

manipulieren *(pol/méd)* manipuler

manisch maniaque

Manko *n -s (comm)* déficit *m*

Mann *m ¨er* **1** homme *m* ; *(fig) der kleine ~* l'homme de la rue ; *mit ~ und Maus untergehen* couler corps et biens ; *(fam) (mein lieber) ~ !* eh bien, mon vieux ! ; *ein gemachter ~ sein* avoir réussi ; *seinen ~ stehen* se montrer à la hauteur ; *den starken ~ markieren* rouler des mécaniques **2** mari *m*

Männchen *n -* **1** petit (bon)homme *m* **2** *(animaux)* mâle *m* ; *(fig) ~ machen* faire le beau

männlich masculin ; viril *eine ~e Person* une personne de sexe masculin ; *(bio)* mâle

Mannschaft *f -en* **1** *(sp)* équipe f; *(mar)* équipage *m* **2** *pl (mil)* troupe f, hommes *mpl* de troupe

Manöver *n -* manœuvre f

manövrieren : *das Auto in die Einfahrt ~* faire une manœuvre pour rentrer la voiture ; *(fam/péj)* manœuvrer ; *jn auf einen Posten ~* pistonner qqn pour qu'il ait un poste

manschen : *(fam) im Essen ~* manger comme un cochon

Manschette *f -n* **1** manchette f, poignet *m* ; *(fam) ~n haben* avoir les jetons **2** *(plantes)* manchette f **3** *(tech)* joint *m*, rondelle f

Mantel *m ¨* **1** manteau *m* ; *(hommes)* pardessus *m* ; *(fam) seinen ~ nach dem Wind hängen* retourner facilement sa veste **2** *(tech)* manteau *m* ; manchon *m* **3** *(pneu)* enveloppe f **4** *(math)* surface f développable

Manteltarif *m -e* convention f collective

Manuskript *n -e* manuscrit *m*

Mappe *f -n* **1** classeur *m*, chemise f de classement **2** serviette f, porte-documents *m* ; cartable *m*

Märchen *n -* **1** conte *m* (de fées) **2** *(fam) erzähl doch keine ~ !* ne raconte pas d'histoires *fpl* !

märchenhaft *(fig)* merveilleux, -euse, fabuleux, -euse

Marder *m -* martre f

mären : *(fam) mär' nicht so lange rum !* qu'est-ce que tu fabriques ?, alors ça vient ? ; accouche !

Margerite *f -n* marguerite f

Marienkäfer *m -* coccinelle f

Marihuana *n ø* marijuana f

marinieren faire mariner

Mark *f -/(DM) ¨er* : *die deutsche ~ (DM)* le mark *m* (allemand) (D.M.) ; *(fig/fam) jede ~ (dreimal) rum=drehen* être près de ses sous

Mark *n ø* **1** moelle f ; *(fig) bis ins ~ erschüttert sein* être profondément ébranlé **2** *(cuis)* concentré *m*

markant : *ein ~es Beispiel* un exemple

Marke f -n 1 marque f ; (fam) na, du bist vielleicht 'ne ~ ! tu es un drôle de numéro m ! 2 (fam>non fam) timbre m ; ticket m ; jeton m 3 marque, repère m ; (sp) record m
Markenzeichen n - marque f de fabrication
markerschütternd déchirant
markieren marquer, matérialiser, signaler, signaliser, indiquer ; (fam) den Dummen ~ faire l'imbécile ♦ sich ~ se dessiner
Markierung f -en marquage m ; marque f, point m de repère
Markise f -n store m
Markt m ¨e marché m einen ~ erschließen trouver de nouveaux débouchés mpl
Marktforschung f ø étude f de marché
Marktlücke f -n créneau m (de vente)
marktschreierisch (péj) aguicheur, -euse
Marktwert m ø valeur f marchande
Marmelade f -n confiture f ; compote f
Marmor m -e marbre m
Marone f -n marron m
marsch ! en avant, marche !, (fam) allez !
Marsch m ¨e marche f ; (fam) jm den ~ blasen remettre qqn à sa place
Marschall m ¨e maréchal m
marschieren <sein> marcher (au pas), défiler
Marschroute f -n itinéraire m ; plan m de route
martern martyriser
Martyr.ium n .ien martyre m
marxistisch marxiste
März m ø mars m
Marzipan n -e massepain m
Masche f -n maille f ; (fam) die ~ raus=haben trouver la combine f
Maschendraht m ø grillage m
Maschine f -n 1 machine f ; (fam) wie eine ~ arbeiten travailler comme une bête ; (av) appareil m, avion m 2 mit der ~ schreiben taper à la machine
maschinell mécanique ♦ mécaniquement, à la machine
Maschinengewehr (MG) n -e mitrailleuse f
Maschinenpistole f -n pistolet m mitrailleur
Maschinerie f -n 1 machinerie f 2 (péj) appareil m
maschine=schreiben* : er schreibt Maschine il écrit à la machine
Masern pl rougeole f
Maserung f -en veinure f, ronce f
Maske f -n 1 masque m 2 (photo) cache m

maskieren (fig) masquer, camoufler
Maskottchen n - mascotte f
maskulin masculin
Maß n -e 1 unité f de mesure ; étalon m, jauge f etw mit einem ~ nach=messen étalonner qch ; (fig/fam) das ~ ist voll la coupe est pleine ; mit zweierlei ~ messen faire deux poids, deux mesures 2 mesure f 3 degré m, proportion(s) fpl in hohem ~e très fortement, dans une large mesure ; ein hohes ~ an Vertrauen une confiance quasi absolue ; (fig) in ~en modérément ; über alle ~en au-delà de toute mesure, par-dessus tout
Maß f -(e) chope f (de un litre)
Massage f -n massage m
Massaker n - massacre m
Masse f -n 1 tas m, foule f, quantité f die ~ der Befragten la grande majorité f des personnes interrogées ; (fam) er hat eine ~ Geld il a plein d'argent 2 die breite ~ la grande masse, le grand public 3 pâte f 4 (phys) masse f 5 (comm) actifs mpl
Massenartikel m - article m de série
Massengrab n ¨er charnier m
massenhaft : (fam) er hat ~ Freunde il a des tas d'amis
Massenmedien npl mass-média mpl
Massenmord m -e massacre m
massenweise massif, -ive
maßgebend : eine ~e Persönlichkeit une personne qui fait autorité
maßgeblich important ♦ ~ an etw (D) beteiligt sein être très fortement engagé dans qch
maß=halten* garder la mesure, rester pondéré
massieren 1 masser 2 (mil) concentrer, masser
massig massif, -ive
mäßig moyen, -ne, médiocre ein ~er Erfolg un succès mitigé ♦ modérément, avec modération
mäßigen (sich) (se) modérer
massiv 1 ~es Gold or massif 2 ~e Drohungen de lourdes menaces ; ~e Kritik de vives critiques
Massiv n -e massif m
maßlos sans mesure, démesuré ~er Zorn une colère sans bornes ♦ excessivement, exagérément, de manière outrancière ; ~ übertreiben dépasser les bornes
Maßnahme f -n mesure f
maßregeln : jn ~ prendre des mesures disciplinaires contre qqn, infliger un blâme à qqn
Maßstab m ¨e 1 critère m ; (fig) einen hohen ~ an=legen placer haut la barre f 2 (carte) échelle f
maßvoll modéré, pondéré, mesuré
Mast m -e/-en (mar) mât m
Mast f ø engraissement m, gavage m

mästen

mästen engraisser, gaver
masturbieren (se) masturber
Material *n* .ien 1 matière *f*, matériau *m* 2 matériel *m*; *(construction)* matériaux *mpl* 3 *statistisches* ~ des éléments *mpl*/ données *fpl* statistiques
materialistisch 1 *(phil)* matérialiste 2 *(péj)* bassement matérialiste
Materie *f* ø matière *f* ◆ **-n** sujet *m*
materiell matériel, -le **~er Wert** valeur intrinsèque
Mathe *f*/**Mathematik** *f* ø maths *fpl*/ mathématiques *fpl*
MathematikerIn *m f* mathématicien *m*, -ne *f*
Matratze *f* -n matelas *m*
Matri.x *f* .zes/.zen *(math)* matrice *f*
Matrize *f* -n *(typo/tech)* matrice *f*
Matrose *m* -n -n matelot *m* ; marin *m f*
Matsch *m* ø *(fam)* bouillasse *f*; bouillie *f*
matschig : *(fam)* **~er Boden** *(non fam)* un sol boueux ; **~e Birnen** *(non fam)* des poires blettes
matt 1 fatigué, las 2 sans éclat, pâle, éteint *ein* **~es Licht** une pâle lumière ; une lumière tamisée ; **~es Glas** verre dépoli : *auf* **~em Papier** sur papier mat [mat]; *(échecs)* **Schach und ~** ! échec et mat !; *(fam)* **jn ~ setzen** rétamer qqn
Matte *f* -n natte *f*; paillasson *m* ; *(fig)* **auf der ~ stehen** être à pied d'œuvre
Mattscheibe *f* ø *(fam)* 1 **der hat doch 'ne ~** ! il n'est pas net [net] ! 2 petit écran *m*
mau *(fam)* 1 *mir ist ganz* **~** ça ne va pas, je me sens complètement flagada 2 *die Lage ist* **~** la situation n'est pas florissante
Mauer *f* -n mur *m*; *(sp)* mur
mauern maçonner ◆ *(sp)* faire le mur, se mettre en défense ; *(jeu)* jouer petit
Maul *n* ¨er 1 gueule *f* ; museau *m*, mufle *m* ; *(fam)* **jm das ~ stopfen** clouer le bec *m* à qqn ; *sich* **(D) *das* ~ *über jn zerreißen*** se casser les dents *fpl* sur qch 2 *(tech)* mâchoires *fpl*
Maulaffen *mpl* : *(fig/péj)* **~ feil=halten** bayer aux corneilles
Maulbeerbaum *m* ¨e mûrier *m*
maulen *(fam)* râler
Maulesel *m* - mulet *m*
Maulkorb *m* ¨e muselière *f*
Maultrommel *f* -n guimbarde *f*
Maul= und Klauenseuche *f* ø fièvre *f* aphteuse
Maulwurf *m* ¨e taupe *f*
maunzen miauler
Maurer *m* - maçon *m*
Maus *f* ¨e 1 souris *f* ; *(fig/fam)* **weiße ~** motard *m* (de la police); **graue ~** *(non fam)* un personnage *m* falot 2 *(fam)* **eine süße ~** une fille *f* adorable ; **keine Mäuse**

mehr haben ne plus avoir un rond *m* ; **hundert Mäuse** cent balles *fpl* 3 *(info)* souris *f*
mauscheln *(fam/péj)* magouiller
Mausefalle *f* -n tapette *f* ; *(fig)* souricière *f*
mausen *(fam)* piquer
mausern muer ◆ *sich* ~ muer: *(fig/fam>non fam)* se métamorphoser/transformer
mausig : *(fam)* **mach dich nicht ~** ! arrête de frimer !
Mausole.um *n* .en mausolée *m*
Mäzen *n* -e mécène *m*
MechanikerIn *m f* mécanicien *m* -ne *f*
mechanisch mécanique
Meckerei *f* -en *(fam)* rouspétances *fpl*
meckern bêler, chevroter, *(fam)* râler, rouspéter
Medien *npl* médias *mpl*
Medikament *n* -e médicament *m*
Med.ium *n* .ien/.ia 1 moyen *m* de communication 2 *pl* médias *mpl* 3 **sie ist ein ~** elle est médium [medium] *m f*
Medizin *f* ø médecine *f* ◆ **-en** médicament *m* ; *(fig)* leçon *f*
MedizinerIn *m f* étudiant *m* -e *f* en médecine ; médecin *m*
medizinisch médical
Meer *n* -e mer *f*; *(fig)* **ein ~ von Blumen** une marée *f* de fleurs
Meerenge *f* -n détroit *m*
Meereskunde *f* ø océanographie *f*
Meerjungfrau *f* -en sirène *f*
Meerrettich *m* -e raifort *m*
Meerschweinchen *n* - cochon *m* d'Inde, cobaye *m*
Mehl *n* -e 1 farine *f* 2 poudre *f* ; *(bois)* sciure *f*
mehlig plein de farine, farineux, -euse
Mehlsack *m* ¨e : *(fam)* **wie ein ~ hin=fallen** tomber comme une masse *f*
mehr plus de, davantage de *immer* **~** de plus en plus ; *was willst du noch* **~** ? que veux-tu de plus ? ◆ 1 **~ denn je** plus que jamais ; **das sagt mir ~ zu** cela me dit davantage 2 **es war niemand ~ da** il n'y avait plus personne
Mehrbelastung *f* -en surcharge *f*
mehrdeutig ambigu
mehren (sich) augmenter, (s')accroître (se) multiplier
mehrfach : *in* **~er Ausfertigung** plusieurs exemplaires ◆ plusieurs fois, à plusieurs reprises
Mehrheit *f* ø/-en majorité *f*
mehrmals plusieurs/maintes fois, à plusieurs reprises
Mehrwert *m* ø plus-value *f*
Mehrwertsteuer (MwST/MWST) *f* -n taxe *f* sur la valeur ajoutée (T.V.A.)
Mehrzahl *f* ø majorité *f*, majeure partie *f* ; *(gram)* pluriel *m*

meiden* éviter; fuir
Meile f -n lieue f; mille m
Meilenstein m -e: (fig) ein ~ (in) der Geschichte un tournant m de l'histoire
meilenweit (fig) à mille lieues
mein/mein- mon, ma, mes ◆ der/die/das ~e le mien, la mienne; ~er/~e/~s le mien, la mienne ◆ ~er → ich (G)
Meineid m -e parjure m, faux serment m einen ~ schwören être parjure
meinen 1 das meine ich auch c'est aussi mon avis; was meinst du dazu? qu'en penses-tu?; meinst du das im Ernst? tu dis cela sérieusement?; man könnte ~ on pourrait croire/penser 2 welchen Film meinst du? de quel film parles-tu? à quel film fais-tu allusion? 3 er hat es nicht so gemeint il n'a pas voulu dire cela; es gut mit jm ~ avoir de bonnes intentions à l'égard de qqn ◆ (fam) meinen Sie? vous croyez?; wie Sie ~! comme vous voudrez!
meinerseits de mon côté, pour ma part
meinetwegen à cause de moi, (exprès) pour moi; (fam) ~ kannst du spielen tu peux jouer, cela ne me dérange pas; ~! ma foi, fais ce que tu veux!
Meinung f -en opinion f, avis m ich bin der ~, daß j'estime que; wir sind einer ~ nous sommes d'accord
Meise f -n mésange f; (fam) eine ~ haben être un peu fêlé
Meißel m - ciseau m, burin m
meißeln travailler au burin
meist- : die ~en Menschen la plupart des gens; das ~e Geld le plus d'argent ◆ das ~e war unbrauchbar la plus grande partie était inutilisable ◆ am ~en le plus
Meistbegünstigungsklausel f -n clause f préférentielle
meistbietend au plus offrant
meistens la plupart du temps, le plus souvent
MeisterIn m f maître m -sse f; (sp) champion m
meisterhaft magistral
meistern : eine Lage ~ maîtriser une situation; (fig) sein Schicksal ~ braver le destin
Meisterschaft f ø maîtrise f ◆ -en (sp) championnat m
melancholisch mélancolique
melden annoncer einen Diebstahl ~ déclarer un vol ◆ 1 der Schüler meldet sich l'élève lève la main 2 sich bei jm ~ annoncer sa visite à qqn; se présenter chez qqn; meldest du dich mal wieder? tu donneras de tes nouvelles?; (tél) es meldet sich niemand personne ne répond 3 (mil) sich freiwillig ~ s'engager 4 sich krank ~ se faire porter malade ◆ (fam) nichts zu ~ haben ne pas avoir droit à la parole
Meldung f -en 1 annonce f, information f, message m 2 annonce f 3 ~ machen faire un rapport m; (mil) se mettre au garde-à-vous m
melken(*) traire; (fam) jn ~ pomper qqn
melodisch mélodieux, -euse
Melone f -n 1 melon m 2 chapeau m melon (fam) boule f à zéro
Memme f -n poltron m -e f
Menge f -n 1 quantité f, volume m, masse f; (fam) in rauhen ~n en quantité industrielle; jede ~ Arbeit plein de travail 2 (math) ensemble m 3 foule f
mengen mélanger (à) ◆ sich in/unter etw (A) ~ (non fam) se mêler à qch
Mengenlehre f ø théorie f des ensembles
Mens(.)a f -s/.en restaurant m universitaire
Mensch m -en -en 1 homme m, être m (humain) kein ~ personne; viele Menschen beaucoup de gens mpl; (fam) kein ~ mehr sein être au bout du rouleau; du stellst dich wie der erste ~ an tu t'y prends comme un manche! (fam) ~! 2 ~! zut [zyt] (alors)!, nom d'une pipe!; oh, là, là!
Menschenaffe m -n anthropoïde m
Menschenalter n - génération f
Menschenauflauf m ¨e rassemblement m, foule f
Menschengeschlecht n ø espèce f humaine; genre m humain
Menschenleben n - 1 vie f d'homme 2 viele ~ fordern coûter de nombreuses vies humaines
menschenleer désert
menschenscheu sauvage, timide
Menschenskind! (fam) nom d'un chien!
menschenunwürdig inhumain
Menschenverstand m ø : der gesunde ~ le bon sens m
Menschheit f ø humanité f
menschlich humain
Menstruation f -en menstruation f, règles fpl
Mentalität f -en mentalité f
MentorIn m -en f -nen mentor m; conseiller m pédagogique
Meridian m -e méridien m
Merkblatt n ¨er notice f explicative, fiche f d'accompagnement
merken 1 remarquer, s'apercevoir (de) 2 sich (D) etw ~ retenir qch, prendre (bonne) note de qch; das muß ich mir ~ c'est bon à savoir; il ne faut pas que j'oublie 3 merk dir das! tiens-le-toi pour dit! 4 davon ist nichts mehr zu ~ il n'y a plus trace (de), il n'est plus question (de)
merklich sensible, visible

Merkmal

Merkmal *n* -e signe *m* (caractéristique), marque *f* (distinctive), caractéristique *f*
Merkur *m*/*n* ø mercure *m*
merkwürdig curieux, -euse, singulier
merkwürdigerweise curieusement, chose curieuse
Merkzettel *m* - aide-mémoire *m*, fiche *f*
meßbar mesurable
Meßbecher *m* - mesure *f*, doseur *m*
Messe *f* -n 1 (*rel*/*mus*) messe 2 foire (-exposition) *f* 3 mess *m*
messen* 1 mesurer; (*fig*) *jn mit den Augen ~* toiser qqn du regard; *alle mit dem gleichen Maß ~* ne pas faire deux poids, deux mesures 2 *den Blutdruck ~* prendre la tension; *die Temperatur ~* relever la température ◆ *er mißt 1, 85 m* il mesure 1,85 m ◆ *sich mit jm ~* se mesurer à/avec qqn ◆ *gemessen an früheren Jahren* par rapport aux années précédentes
Messer *n* - 1 couteau *m*; (*fam*) *wenn ich das höre, geht mir das ~ in der Tasche auf* quand j'entends ça, je sors mon revolver [revolver]; *die Entscheidung stand auf des ~s Schneide* la décision n'a tenu qu'à un fil/a été prise de justesse; *ins offene ~ laufen* prêter le flanc à l'adversaire 2 (*méd*) bistouri *m*; scalpel *m* 3 (*tech*) lame *f*
messerscharf tranchant, coupant ◆ (*fig*) *~ argumentieren* avoir des arguments incisifs
Messing *n* -e laiton *m*
Meßstab *m* ¨e jalon *m*
Messung *f* -en mesure *f* / *~en vornehmen* mesurer; (*archi*) faire un relevé *m*/métré *m*
Meßwert *m* -e valeur *f* mesurée
Mestize *m* -n -n métis [metis] *m*
Metall *n* -e métal *m*
Metallarbeiter *m* - ouvrier *m* métallurgiste, métallier *m*
Metaller *m* - (*fam*) métallo *m*
Metallindustrie *f* -n industrie *f* métallurgique, métallurgie *f*
Metapher *f* -n métaphore *f*
Meteor *m* -e météore *m*, astéroïde *m*
meteorhaft (*fig*) fulgurant
Meteorologe *m* -n -n météorologue *m*, météorologiste *m*
Meter (m) *n*/*m* - mètre (m) *m*
Metermaß *n* -e mètre *m*
Methode *f* -n méthode *f*; (*fam*) *was sind denn das für ~n?* qu'est-ce que c'est que ces manières *fpl*?; *~ haben* savoir où l'on va
Methodik *f* ø méthodologie *f*
methodisch méthodique
Metrik *f* -en métrique *f*
Metro *f* -s métro *m*
Mettwurst *f* ¨e saucisse *f*
Metzelei *f* -en tuerie *f*; (*fig*) boucherie *f*
Metzger *m* - boucher *m*
Metzgerei *f* -en boucherie *f*
meuchlings : *jn ~ töten* assassiner qqn
Meute *f* ø 1 (*fam*) bande *f* 2 (*chasse*) meute *f*
Meuterei *f* -en mutinerie *f*
meutern *f* -n (*mil*) se mutiner; (*fam*) râler
MEZ *f* heure *f* de l'Europe centrale → **mitteleuropäische Zeit**
MG *n* → **Maschinengewehr**
mich me, m', moi *er nimmt ~ mit* il m'emmène; *er denkt an ~* il pense à moi → **ich** (A) ◆ me, m'; *ich wasche ~* je me lave → **sich**
mick(e)rig (*fam*) rabougri *ein ~er Kerl* un minus
Mieder *n* - 1 gaine *f* 2 corselet *m*
Mief *m* ø : (*fam*) *was ist hier für ein ~?* ça sent le renfermé *m*, là-dedans !
Miene *f* -n air *m* *keine ~ verziehen* ne pas sourciller; (*fam*) *gute ~ zum bösem Spiel machen* (*non fam*) faire contre mauvaise fortune bon cœur
mies 1 (*fam*/*péj*) *ein ~er Kerl* un pauvre type; *eine ~e Geschichte* une sale histoire; *~e Bezahlung* un salaire de misère 2 (*fam*) *mir ist ~* je suis mal fichu
mies=machen : (*fam*) *jn/etw ~* dire du mal de qqn/qch, (*non fam*) dénigrer qqn/qch; *jm etw ~* être rabat-joie
Miesmuschel *f* -n moule *f*
Miete *f* ø : *zur ~ wohnen* être en location *f* ◆ -n 1 loyer *m* 2 (*agr*) silo *m* à betteraves
mieten louer
MieterIn *m* *f* locataire *m* *f*
Mietvertrag *m* ¨e contrat *m* de location; bail *m*
Mieze *f* -n (*fam*) 1 minou *m*, minet *m*, -te *f* 2 petite nana *f*
Migräne *f* -n migraine *f*
Mikrobe *f* -n microbe *m*
mikroskopisch microscopique
Mikrowelle *f* -n micro-onde *f* ; four *m* à micro-ondes
Milbe *f* -n acarien *m*
Milch *f* -e(n) lait *m* *dicke ~* lait caillé
Milchbart *m* ¨e (*fig*) barbe *f* naissante
Milchdrüse *f* -n glande *f* mammaire
Milchglas *n* ø verre *m* dépoli
milchig laiteux, -euse
Milchkaffee *m* -s café *m* au lait
Milchstraße *f* ø voie *f* lactée
mild 1 *ein ~es Urteil* un jugement clément/indulgent 2 *~es Klima* un climat doux/tempéré; *~es Licht* une lumière douce/tamisée 3 *ein ~es Gericht* un plat non épicé; *eine ~ Seife* un savon doux pour la peau
mildern : *einen Schmerz ~* atténuer/calmer/soulager une douleur; (*jur*) *eine Strafe ~* commuer une peine ◆ (*jur*) *mil-*

dernde Umstände circonstances atténuantes
Mildtätigkeit *f* ø charité *f*, esprit *m* charitable
Militär *n* ø armée *f*
Militär *m* -s officier *m* supérieur
militärisch militaire
MilliardärIn *m f* milliardaire *m f*
Milliarde *f* -n milliard *m*
Milligramm (mg) *n* - milligramme (mg) *m*
Millimeter (mm) *m* - millimètre (mm) *m*
Million *f* -en million *m*
MillionärIn *m f* millionnaire *m*
Milz *f* -en rate *f*
Mimik *f* ø mimique *f*
Mimikry *f* ø mimétisme *m*
Mimose *f* -n mimosa *m*; *(fig/péj)* ***sie benimmt sich wie eine ~*** il ne faut surtout pas la brusquer
Minarett *n* -e minaret *m*
minder moindre ◆ moins ***mehr oder ~*** plus ou moins; ***nicht ~ gefährlich*** tout aussi dangereux
minderbemittelt économiquement faible; *(fig/fam)* ***sie ist geistig ~*** ce n'est pas une lumière
Minderheit *f* ø /-en minorité *f*
minderjährig mineur
mindern amoindrir, diminuer
minderwertig de qualité inférieure
mindest- : ***nicht das ~e*** pas la moindre chose, rien; ***nicht im ~en*** pas le moins du monde, nullement; ***zum ~en*** pour le moins
mindestens au moins, pour le moins, au minimum
Mine *f* -n mine *f*
Mineralbad *n* ¨er station *f* thermale
Mineralöl *n* -e pétrole *m*; pétrole raffiné
Mineralwasser *n* ¨ eau *f* minérale
Miniatur *f* -en miniature *f*; enluminure *f*
minimal minime, infime; minimal ***ein ~er Unterschied*** une différence minime / infime
minimieren 1 *(math)* réduire 2 ***Kosten ~*** réduire les frais au minimum
MinisterIn *m f* ministre *m*
Minister.ium *n* .ien ministère *m*
MinisterpräsidentIn *m* -en -en *f* -nen 1 ***der ~ von Hessen*** le ministre-président *m* de Hesse 2 Premier ministre *m*
Ministrant *m* -en -en enfant *m* de chœur
Minna *f* -s : *(fam)* ***die grüne ~*** le panier *m* à salade
Minnesänger *m* - troubadour *m*, ménestrel *m*
Minorität *f* -en minorité *f*
minus : ***fünf ~ drei*** cinq moins trois ◆ **(G)** ***ein Betrag ~ Mehrwertsteuer*** un montant hors TVA ◆ **1** ***~ fünf Grad*** moins cinq degrés **2** *(élec)* ***der Strom fließt von plus nach ~*** le courant va du plus vers le moins / du pôle positif au pôle négatif
Minus *n* - différence *f* en moins; déficit [-sit] *m*
Minuszeichen *n* - signe *m* moins
Minute *f* -n **1** minute *f* ; *(fig)* ***es ist fünf ~n vor zwölf*** il n'y a plus une minute à perdre **2** ***jede freie ~*** le moindre moment *m* de libre **3** *(math/géo)* minute
minutiös minutieux, -euse
mir me, à moi ***gib ~ das Buch*** donne-moi ce livre → ***ich* (D)** ◆ ***ich wasche ~ die Hände*** je me lave les mains → ***sich* (D)**
Mirakel *n* - miracle *m*
Mischbatterie *f* -n mélangeur *m*
Mischbrot *n* -e pain *m* bis
Mischehe *f* -n mariage *m* mixte
mischen mélanger ***Wein mit Wasser ~*** couper du vin avec de l'eau ◆ ***sich in ein Gespräch ~*** se mêler à une conversation; ***sich in fremde Angelegenheiten ~*** s'immiscer dans les affaires d'autrui
Mischkultur *f* -en *(agr)* polyculture *f*
Mischling *m* -e métis *m* -se *f*
Mischmasch *m* ø *(fam/péj)* méli-mélo *m*, bric-à-brac *m*, embrouillamini *m*
Mischpult *n* -e table *f* de mixage
Mischrasse *f* -n **1** *(bot)* espèce *f* hybride; *(animaux)* croisement *m* **2** mélange *m* de races
Mischung *f* -en mélange *m* ; *(son)* mixage *m*
Mischwald *m* ¨er forêt *f* mixte
miserabel, miserabl- : ***ein miserabler Film*** un film minable / nul; ***ein miserabler Zustand*** un état misérable / pitoyable; ***miserables Verhalten*** un comportement lamentable
mißachten mépriser
Mißachtung *f* ø mépris *m*
Mißbildung *f* -en malformation *f*
mißbilligen désapprouver
Mißbrauch *m* ¨e abus *m*, emploi *m* abusif
mißbrauchen 1 abuser (de), mal user (de), faire mauvais usage (de) ***js Vertrauen ~*** abuser de la confiance de qqn **2** ***jn ~*** abuser de qqn, violer qqn
mißdeuten mal interpréter, interpréter de travers
Mißerfolg *m* -e échec *m*
Missetat *f* -en méfait *m*, forfait *m*
MissetäterIn *m f* malfaiteur *m*
mißfallen* : ***jm ~*** déplaire à qqn
Mißgeburt *f* -en *(méd)* enfant *m* mal formé à la naissance; monstre *m* ; *(fam / péj)* ***dieser Kerl ist die reinste ~!*** c'est vraiment un affreux jojo *m* !
mißglücken <sein> échouer
Mißgunst *f* ø malveillance *f*, jalousie *f*

mißhandeln

mißhandeln maltraiter
Mission *f* -en mission *f* ; mission diplomatique
Missionar *m* -e missionnaire *m*
Mißkredit *m* ø discrédit *m jn/etw in ~ bringen* discréditer qqn/qch
mißlich fâcheux, -euse, désagréable
mißlingen* <sein> échouer
mißmutig (d'humeur) morose
mißraten* <sein> mal tourner
Mißstand *m* ¨e anomalie *f*, problème *m*
Mißstimmung *f* -en malaise *m*; ambiance *f* électrique
mißtrauen : *jm ~* se méfier de qqn
Mißtrauen *n* ø méfiance *f*, défiance *f*
Mißtrauensantrag *m* ¨e motion *f* de censure
Mißtrauensvot.um *n* .en question *f* de confiance
mißtrauisch méfiant ; soupçonneux *m*, -euse *f*
mißverständlich ambigu, -ë, qui prête à des malentendus
Mißverständnis *n* -se malentendu
mißverstehen* mal comprendre, se méprendre (sur)
Mißwirtschaft *f* ø mauvaise gestion *f*
Mist *m* ø 1 fumier *m* ; *(fam) das ist doch nicht auf seinem ~ gewachsen !* ce n'est sûrement pas lui qui a trouvé ça !, ce n'est pas de son cru ! 2 *(fam) ~ reden* raconter des bêtises *fpl*
Mistel *f* -n gui *m*
Mistfink *m* -en -en *(fam)* cochon *m*
Mistgabel *f* -n fourche *f*
Misthaufen *m* - tas *m* de fumier
mistig : *(fam) ~es Wetter* sale temps ; *~e Laune haben* être d'humeur massacrante
Mistkäfer *m* - bousier *m*
Mistkerl *m* -e *(fam/péj) so ein ~ !* quel salaud !
mit (D) 1 avec *er kommt ~ seiner Frau* il vient avec sa femme/accompagné de sa femme 2 *ein Sack ~ Äpfeln* un sac de pommes 3 *~ Absicht* exprès, intentionnellement 4 *~ Maschine* à la machine ; *dem Zug kommen* venir par le/en train 5 *(fam) du, ~ deinen ständigen Fragen !* toi et tes questions ! 6 *~ Beginn des Frühlings* au début du printemps ; *~ 20 Jahren* à 20 ans ◆ *das gehört ~ zu deinen Aufgaben* cela fait également/aussi partie de tes tâches
Mitarbeit *f* ø collaboration *f*, coopération *f seine ~ in der Schule hat nachgelassen* sa participation *f* en classe n'est plus aussi bonne
mit-arbeiten : *an einem Projekt ~* collaborer à un projet ; *(ens)* participer
MitarbeiterIn *m f* 1 collaborateur, -trice *f* 2 *als freier ~* en free-lance [frilɑ̃s], comme travailleur *m* indépendant ; *(presse)* pigiste *m f*
mit-bekommen* 1 *(fig) das Temperament des Vaters ~* hériter du tempérament de son père 2 *(fam) nur die Hälfte ~* ne pas tout piger
mit-bestimmen participer aux décisions
Mitbestimmung *f* ø cogestion *f*
mit-bringen* (r)apporter ; *(personne)* (r)amener ; *(fig) gute Voraussetzungen für eine Arbeit ~* montrer des dispositions pour un travail
MitbürgerIn *m f* concitoyen *m*, -ne *f*
Miteigentum *n* ø copropriété *f*
miteinander : *alle ~* tous ensemble
mit-empfinden* : *js Schmerz ~* partager la douleur de qqn, compatir à la douleur de qqn
mit-erleben assister (à), participer (à)
Mitesser *m* - comédon *m*, *(fam)* point *m* noir
mit-fahren* <sein> : *du fährst bei mir mit* je t'emmène ; *mit jm in den Urlaub ~* partir avec qqn en vacances
MitfahrerIn *m f* passager *m*, -ère *f*
Mitfahrerzentrale *f* -n allô-stop *m*
mit-fühlen : *mit jm ~* compatir au malheur de qqn
mit-gehen* <sein> 1 *ich gehe mit* j'y vais aussi, je vais avec vous ; *(fig/fam) etw ~ lassen* faucher qch 2 *(fig) bei einem Vortrag (fam)* bien accrocher à un exposé
mitgenommen : *(fam) das Auto ist sehr ~* la voiture est plutôt délabrée ◆ *mitgenommen aus-sehen* avoir l'air épuisé → mit-nehmen
Mitglied *n* -er membre *m*, adhérent *m*
mit-halten* être à la hauteur, pouvoir concourir *das Tempo ~* soutenir le rythme
mit-kommen* <sein> 1 *er kommt ins Kino mit* il vient avec nous au cinéma 2 *in der Schule ~* bien suivre en classe ; *da komme ich nicht mehr mit !* là, je ne suis/comprends plus !
MitläuferIn *m f (fig)* mouton *m*
Mitlaut *m* -e consonne *f*
Mitleid *n* ø pitié *f mit jm ~ haben* avoir pitié de qqn
Mitleidenschaft *f* ø : *etw in ~ ziehen* affecter qch, avoir des conséquences sur qch
mitleidig compatissant
mitleid(s)los impitoyable, sans pitié
mit-machen 1 *eine Reise ~* participer à/faire un voyage, être d'un voyage ; *jede Mode ~* suivre toutes les modes 2 *(fam) da mache ich nicht mehr mit !* là, je ne marche plus ! ; *sie hat viel mitgemacht* elle en a vu de toutes les couleurs
Mitmensch *m* -en -en prochain *m* ; semblable *m*

mit-mischen : *(fam) überall ~* être de tous les coups
Mitnahmepreis *m* - prix *m* emporté
mit-nehmen* 1 *(chose)* emporter; *(personne/animal)* emmener 2 *das hat ihn mitgenommen (fig)* cela l'a anéanti 3 *(fam) ich habe aus dem Lehrgang viel mitgenommen* ce stage m'a beaucoup apporté ◆ → **mitgenommen**
mitnichten absolument pas, pas du tout
mit-rechnen 1 compter, inclure (dans son calcul) 2 vérifier
mit-reden : *hier kannst du nicht ~* là-dessus, tu n'as pas voix au chapitre; *er muß überall ~ (fam)* il faut toujours qu'il mette son grain de sel
mit-reißen* emporter; *(fig) sein Publikum ~* transporter/enthousiasmer le public
mitsamt (D) avec
mit-schleppen *(fam)* 1 traîner, trimballer 2 *jn in eine Bar ~ (non fam)* entraîner qqn dans un bar
mit-schreiben* prendre des notes
mitschuldig complice
MitschülerIn *m f* camarade *m f* de classe
mit-spielen 1 *in einem Orchester ~* jouer dans un orchestre 2 *(fam) jm übel ~* jouer un mauvais tour à qqn
MitspielerIn *m f* partenaire *m f*
Mitspracherecht *n* ø droit *m* de participer aux décisions
mittag midi *heute ~* à midi; cet après-midi
Mittag *m* -e midi *m zu ~ essen* déjeuner; *(fam) ~ machen* faire la pause *f* de midi
Mittag *n* ø : *(fam) ~ kochen* faire la popote *f*
Mittagessen *n* déjeuner *m*
mittags à midi
Mitte *f* ø 1 milieu *m* ; centre *m ~ Juli* (à la) mi-juillet; *(fig) die goldene ~* le juste milieu 2 *(pol)* centre
mit-teilen faire part (de), communiquer ◆ 1 *sich jm ~* se confier à qqn 2 *seine Freude teilte sich uns mit* il nous communiqua sa joie
mitteilsam communicatif, -ive
Mitteilung *f* -en message *m*, communiqué *m*
mittel *(fam)* couci-couça
Mittel *n* - 1 moyen *m zum äußersten greifen* employer les grands moyens; *(fig) ~ und Wege finden* trouver une solution *f* 2 *ein ~ gegen Kopfschmerzen* un médicament *m* contre le mal de tête 3 *pl öffentliche ~* les fonds *mpl* / *(fam)* deniers *mpl* publics 4 *(math)* moyenne *f*
Mittelalter *n* ø Moyen Age *m*
mittelbar indirect
mitteleuropäisch d'Europe centrale

Mittelfinger *m* - majeur *m*
mittelfristig à moyen terme
Mittellinie *f* -n 1 *(sp)* ligne *f* de milieu de terrain 2 ligne médiane
mittellos démuni, sans ressources
Mittelmaß *n* ø qualité *f* moyenne; taille *f* moyenne; moyenne *f*
mittelmäßig moyen, -ne
Mittelmeer *n* -ø Méditerranée *f*
Mittelpunkt *m* -e 1 *(math)* centre *m* ; *(fig)* point *m* central *im ~ stehen* être au centre *m* (de préoccupations)
Mittelschiff *n* -e nef *f* centrale
Mittelschule *f* -n collège *m*
Mittelstand *m* ø classe *f* moyenne
mittelständisch : *~e Unternehmen* entreprises moyennes
Mittelstrecke *f* -n 1 moyenne distance *f* 2 *(sp)* demi-fond *m* ; *~nflugzeug* moyen courrier *m*
Mittelstreifen *m* - bande *f* médiane
Mittelweg *m* -e *(fig)* moyen terme *m*, compromis *m*
Mittelwelle *f* -n onde(s) *f(pl)* moyenne(s)
mitten : *~ in der Nacht* en pleine nuit; *~ im Zimmer* au milieu de la pièce
mittendrin au beau/en plein milieu
mittendurch en plein milieu *~ führen* traverser
Mitternacht *f* ø minuit *m*
mitternächtlich à minuit
MittlerIn *m f* médiateur *m*
mittlerweile entre-temps
Mittwoch *m* -e mercredi *m*
mitunter parfois, de temps en temps, de temps à autre
mitverantwortlich coresponsable
Mitverantwortung *f* ø coresponsabilité *f*, responsabilité *f* conjointe
mit-wirken apporter son concours (à) *bei einer Entscheidung ~* participer à/jouer un rôle dans la prise d'une décision
Mitwirkung *f* ø participation *f*, concours *m*
MitwisserIn *m f* confident *m* -e *f* ; complice *m f*
mit-ziehen* <sein> : *mit dem Demonstrationszug ~* se joindre au cortège des manifestants ◆ *(fam) alle Eltern haben mitgezogen* tous les parents ont suivi
mixen mélanger
Mixtur *f* -en mélange *m*, mixtion *f*; breuvage *m*
Mob *m* ø *(péj)* populace *f*, masse *f*
Möbel *n* - 1 meuble *m* 2 *pl* meubles, mobilier *m*
Möbeltischler *m* - ébéniste *m*
Möbelwagen *m* - camion *m* de déménagement
mobil mobile; *(jur) ~er Besitz* biens mobiliers; *(éco) ~es Kapital* capitaux disponibles/non immobilisé; *(fig) ein ~es Kind*

un enfant très vivant/remuant ◆ **1** *(mil)* ~ *machen* décréter la mobilisation générale **2** *(fam) der Kaffee macht* ~ le café requinque
Mobiliar *f* ø mobilier *m*, ameublement *m*
Mobilmachung *f* -en mobilisation *f* générale
möblieren meubler
Modalität *f* -en aspect *m*
Modalverb *n* -en auxiliaire *m* de mode, verbe *m* de modalité
Modder *m* ø *(fam)* bouillasse *f*
Mode *f* -n mode *f die neueste* ~ la dernière mode ; *(fam) was sind denn das für* ~ *n?* qu'est-ce que c'est que ces façons *fpl*/manières *fpl* ?
Modell *n* -e **1** *ein* ~ *für ein Haus* une maquette *f* **2** *das neueste* ~ le dernier modèle *m* ; *(arts)* moule *m* ; *(personne)* modèle *m* ; *jm* ~ *sitzen* poser pour qqn
modellieren modeler
Modellflugzeug *n* -e avion *m* en modèle réduit
Modellversuch *m* -e expérimentation *f* ; projet *m* pilote
Moder *m* ø moisissure *f*, pourriture *f*
moderat modéré
ModeratorIn *m* -en -en *f* -nen animateur *m*
mod(e)rig moisi, pourri
modern moderne
Moderne *f* ø **1** époque *f* contemporaine **2** modernité *f*
modernisieren moderniser
ModeschöpferIn *m f* créateur, -trice de mode, grand couturier *m*
modisch à la mode
modulieren moduler
Mod.us *m* .i mode *m*
Mofa *n* -s mob [mɔb] *m f* → **Motorfahrrad**
mogeln *(fam>non fam)* tricher, frauder
mögen* **1** aimer (bien) *ich mag dich je t'aime bien ; das hätte ich sehen* ~ *!* j'aurais bien voulu voir ça! ; *ich möchte jetzt gehen* j'aimerais bien/je voudrais partir **2** *mag (schon) sein* c'est possible ; *er mag dreißig Jahre alt sein* il doit avoir dans les trente ans ; *wo mag er nur sein?* où peut-il bien être ? **3** *wie dem auch sein mag* quoi qu'il en soit ◆ *sich* ~ s'aimer bien
möglich possible *er tut alles nur* ~*e* il fait son possible ; *schon* ~ c'est possible ; *(fam) alles* ~*e* toutes sortes de choses ; n'importe quoi
möglicherweise si c'est possible, peut-être
Möglichkeit *f* ø possibilité *f nach* ~ dans la mesure du possible, autant que possible ; *(fam) ist das denn die* ~ *!* c'est pas vrai ! ◆ -**en** possibilité *f*
möglichst : *sich* ~ *beeilen* se dépêcher autant que faire se peut ; ~ *viel* le plus possible
Mohn *m* -e pavot *m*
Möhre *f* -n carotte *f*
mokant moqueur, -euse
Mokka *m* -s moka *m*
Molch *m* -e triton *m*
Mole *f* -n jetée *f*
Molekül *n* -e molécule *f*
Molkerei *f* -en laiterie *f*
Moll *n* ø mode *m* mineur *in* ~ en mineur
Molle *f* -n : *(fam) eine* ~ *!* une bière *f*/pression *f* !
mollig **1** bien en chair, potelé **2** *ein* ~*er Pullover* un pull douillet
Moment *m* -e instant *m*, moment *m* ; *(fig/fam)* ~ *mal !* du calme ! ; voyons un peu ça !
Moment *n* -e moment *m*
momentan **1** *die* ~*e Lage* la situation actuelle **2** *eine* ~*e Schwäche* une faiblesse momentanée
MonarchIn *m* -en -en *f* -nen monarque *m*
Monat *m* -e mois *m der* ~ *März* le mois de mars
monatlich mensuel, -le ~*e Zahlung* mensualité *f*
Monatsbinde *f* -n serviette *f* hygiénique
Monatskarte *f* -n abonnement *m* (mensuel)
Mönch *m* -e moine *m* ; religieux *m*
Mond *m* ø lune *f* ; *(fam) jn auf den* ~ *schießen können* avoir envie d'envoyer qqn à tous les diables ; *auf dem* ~ *leben* vivre sur une autre planète ; *hinter dem* ~ *sein* être vieux jeu ; *in den* ~ *gucken* en être pour ses frais, faire chou blanc ◆ -**e** *die* ~*e des Jupiter* les lunes/satellites *mpl* de Jupiter
mondän mondain
Mondfinsternis *f* -se éclipse *f* de lune
mondsüchtig somnambule
Moneten *pl (fam)* fric *m*, picaillons *mp*
monieren réclamer (à propos de), dire qu'on n'est pas satisfait (de)
Monitor *m* -en -en moniteur *m*
Monokel *n* - monocle *m*
Monokultur *f* ø : *Anbau in* ~ monoculture *f* ◆ -**en** ~*en von Weizen* la monoculture du blé
Monolog *m* -e monologue *m*
Monopol *n* -e monopole *m*
Monster *n* - monstre *m*
Monstr.um *n* .en monstre *m*
Monsun *m* -e mousson *f*
Montag *m* -e lundi *m*
Montage *f* -n montage *m*, assemblage *m* ; *(ciné)* montage
montags le lundi
Montagebauweise *f* ø construction modulaire/par éléments

Montanindustrie f -n industrie f du charbon et de l'acier
Monteur m -e ajusteur m
montieren 1 monter, assembler 2 *(ciné) einen Film ~* faire le montage d'un film
Moor n -e marais m, marécage m
M(.)oos n -e/.öser 1 mousse f 2 *(fam)* fric m
Mop m -s balai m à franges
Moped n -s mobylette f
Mops m ¨e 1 carlin m 2 *(fam)* petit rondouillard m, petite boule f 3 *(fam) ich habe keine Möpse mehr* je n'ai plus un rond m/sou m
mopsen *(fam)* piquer, faucher ◆ *sich ~* s'emmerder
Moral f ø morale f; moralité f
moralisch *~er Zwang* obligation morale; *ein ~er Mensch* un homme d'une grande moralité
MoralpredigerIn m f *(péj)* donneur m, -euse f de leçons
Morast m -e/¨e marécage m ; bourbier m
morastig marécageux, -euse; bourbeux, -euse
morbid : *eine ~e Gesellschaft* une société décadente/dégénérée ; *(fig) eine ~e Geschichte* une histoire morbide
Mord m -e meurtre m, crime m *versuchter ~* tentative d'assassinat
morden assassiner, tuer
MörderIn m f meurtrier m, -ère f, assassin m
Mördergrube f ø *(loc) aus seinem Herzen keine ~ machen* parler à cœur ouvert
mörderisch meurtrier, -ière ; *(fam) ~e Kälte* un froid de canard ; *eine ~e Hitze* une chaleur à crever
Mordkommission f -en brigade f criminelle
mordsmäßig *(fam)* terrible, d'enfer *~en Hunger haben* crever de faim ◆ *er schreit ~* il crie comme si on l'égorgeait
morgen 1 *~ ist Montag* demain, c'est lundi 2 *gestern ~* hier matin ;
Morgen m - matin m, matinée f; *am ~* le matin; *am nächsten ~* le lendemain matin; *guten ~ !* bonjour !
Morgendämmerung f -en aube f
Morgenrock m ¨e robe f de chambre, peignoir m
Morgenröte f ø aurore f
morgens le matin
Morphium n ø morphine f
morsch pourri, vermoulu *~es Gestein* des pierres usées ; *(fig)* pourri
Mörser m - 1 mortier m 2 *(mil)* mortier
Mörtel m - mortier m
Mosaik n -e mosaïque f
Moschee f -n mosquée f

Moschus m ø musc m
Moskito m -s moustique m
Moslem m s musulman m
Most m -e 1 moût m 2 jus m
Mostrich m -e moutarde f
Motiv n -e motif m, mobile m
motivieren : *jn ~* motiver qqn
motiviert motivé
Motor m -en moteur m
Motorboot n -e bateau m à moteur
Motorhaube f -n capot m
Motorik f ø motricité f
motorisieren motoriser
Motorrad n ¨er moto f
MotorradfahrerIn m f motard m
Motorsäge f -n tronçonneuse f
Motte f -n mite f ; *(fam) du kriegst die ~n !* il ne manquait plus que cela !
mottenecht traité antimites
Motto n -s devise f ; mot m d'ordre
motzen *(fam)* râler, rouspéter
Möwe f -n mouette f
Mucke f -n : *(fam) er hat so seine ~n* il a ses humeurs *fpl*
Mücke f -n moucheron m ; *(fam) die ~ machen* prendre la poudre d'escampette
mucken : *(fam) ohne zu ~* sans broncher
Mucks m ø : *(fam) ich will keinen ~ mehr hören !* je veux entendre une mouche voler !
mucksen (sich) *(fam)* broncher
müde fatigué, las m -se f; *(fam) der kriegt keine ~ Mark von mir !* je ne lui donnerai pas le moindre sou !
Müdigkeit f ø fatigue f, lassitude f
Muff m -e 1 odeur f fétide, odeur de moisi/de renfermé 2 manchon m
Muffe f -n 1 raccord m, manchon m 2 *(fam) mir geht die ~* j'ai les jetons *mpl*/les foies *mpl*
muff(e)lig grincheux, -euse, grognon, renfrogné
muffeln *(fam)* 1 grogner 2 enfourner une bouchée après l'autre
muffig qui sent le renfermé *~er Geruch* une odeur fétide
Mühe f -n peine f, effort m ; *sich (D) ~ geben* se donner de la peine/du mal, faire des efforts ; *der/die ~ wert sein* valoir la peine ; *(fig) mit ~ und Not* à grand-peine
muhen meugler
mühen sich se donner du mal
mühevoll difficile, qui demande beaucoup d'efforts
Mühle f -n moulin m ; *(fig) in die ~n der Justiz geraten* être pris dans l'engrenage m de la justice; *(fam) jn durch die ~ drehen* cuisiner qqn, faire tourner qqn en bourrique ◆ *~* ø *(jeu)* sorte de jeu de l'oie
mühsam pénible, difficile
Mulatte m -n -n mulâtre m

Mulde

Mulde *f* -n cuvette *f*, dépression *f*
Müll *m* ø ordures *fpl*, déchets *mpl*
Müllabfuhr *f* ø collecte *f*/ramassage *m* des ordures ménagères
Müllabladeplatz *m* ¨e dépotoir *m*
Müllbeutel *m* - sac-poubelle *m*
Mülldeponie *f* -n décharge *f*
Mülleimer *m* - poubelle *f*
MüllerIn *m* - meunier *m*, -ère *f*
Müllkippe *f* -n décharge *f*, dépotoir *m*
Müllschlucker *m* - vide-ordures *m*
Mülltonne *f* -n (grande) poubelle *f*
mulmig 1 *(fam)* ~*e Situation* situation problématique; ~*es Gefühl* sentiment désagréable, sentiment de malaise
Multi *m* -s *(fam > non fam)* multinationale *f*
multiplizieren (sich) (se) multiplier
Mumie *f* -n momie *f*
Mumm *m* ø : *(fam)* ~ *haben* avoir du cran *m*
Mumps *m* ø oreillons *mpl*
Mund *m* ¨er bouche *f*; *(fam) den ~ zu voll nehmen* promettre monts et merveilles, s'avancer trop vite; *einen großen ~ haben* avoir une grande gueule *f*; *den ~ halten* tenir sa langue; la fermer; *sich (D) den ~ fusselig reden* dépenser beaucoup de salive; *sich (D) den ~ verbrennen* avoir un mot malheureux; *jm etw in den ~ legen* faire dire qch à qqn; *sein Name ist in aller ~e* son nom est sur toutes les lèvres; *die Nachricht ist in aller ~e* tout le monde en parle; *halt den ~ !* ferme-la !
Mundart *f* -en dialecte *m*; patois *m*
münden 1 *(rivière)* se jeter (dans); *(fig) die Straße mündet in einen Platz* la rue débouche sur une place 2 *(fig)* aboutir
mundfaul *(fam > non fam)* avare de paroles, peu loquace
Mundfäule *f* ø aphte(s) *m(pl)*
mündig majeur
mündlich oral ♦ oralement, de vive voix
mundtot : *(loc) jn ~ machen* museler qqn
Mündung *f* -en 1 embouchure *f* 2 *(arme)* bouche *f*
Mundwerk *n* ø : *(fam) ein loses ~ haben* avoir la langue bien pendue, ne pas avoir la langue dans sa poche
Munition *f* -en munitions *fpl*
munter 1 bien réveillé 2 vif, -ive, alerte
Münze *f* -n pièce *f* (de monnaie); monnaie *f*; *(fig) etw für bare ~ nehmen* prendre qch pour argent comptant
münzen *Gold/Silber ~* battre monnaie ♦ *(fig) etw ist auf mich gemünzt* c'est une pierre dans mon jardin
mürbe 1 tendre; fondant 2 usé; *(fig) jn ~ machen* (non fig) venir à bout de la résistance de qqn
mürben : *(fam) er mürbt mich mit seinen Fragen* il me fatigue avec ses questions
Mürbeteig *m* -e pâte *f* brisée; pâte sablée
murk(e)lig rachitique
murksen *(fam/péj)* bricoler; saloper (un travail)
Murmel *f* -n bille *f*
murmeln marmonner, grommeler
Murmeltier *n* -e marmotte *f*
murren grogner
mürrisch grincheux, -euse, grognon
Mus *m/n* -e *(fruits)* compote *f*; *(légumes)* purée *f* (mousseline); *(fam) jn zu ~ schlagen* réduire qqn en bouillie *f*
Muschel *f* -n 1 coquillage *m* 2 *(fam > non fam)* écouteur *m*; appareil *m*
MuselmanIn *m* -en -en *f* -nen musulman *m* -e *f*
Muse.um *n* .en musée *m*
Musik *f* ø musique *f* ♦ -en musique *f*
musikalisch musical; (personne) qui a un sens/talent musical
MusikerIn *m f* musicien *m* -ne *f*
musisch 1 ~*e Fächer* disciplines artistiques 2 *ein ~er Mensch* une personne qui a un sens/talent artistique
musizieren faire/jouer de la musique
Muskatnuß *f* ¨sse noix *f* de muscade
Muskel *m* -n muscle *m*
Muskelkater *m* ø courbatures *fpl*
muskulös musclé
müssen* 1 devoir, être obligé/forcé/contraint (de) 2 *muß ich das ?* faut-il vraiment que je le fasse ?, suis-je vraiment obligé de le faire ?; *der Brief muß zur Post* il faut porter cette lettre à la poste; *muß das sein ?* est-ce absolument nécessaire ?
müßig 1 oisif, -ive, désœuvré 2 oiseux, -euse
Muster *n* - 1 modèle *m* ; *(couture)* patron *m* 2 *ein schönes ~* un beau motif *m*/dessin *m* 3 échantillon *m*
mustergültig exemplaire
mustern 1 examiner, inspecter 2 *(mil)* faire passer le conseil de révision
Musterung *f* -en 1 motif *m* 2 *(mil)* conseil *m* de révision; revue *f*
Mut *m* ø courage *m*
Mutation *f* -en 1 *(bio)* mutation *f* 2 *(méd)* mue *f*
mutig courageux, -euse, vaillant
mutlos découragé
mutmaßen : *etw ~* penser à qch, subodorer qch; *~, daß es so ist* supposer/présumer qu'il en est ainsi
mutmaßlich : *~er Täter* le coupable présumé
Mutter *f* ¨ mère *f*
Mutter *f* -n écrou *m*
Muttergesellschaft *f* -en société *f*/maison mère, siège *m*

Nachgeschmack

Mutterland n ¨er 1 métropole f 2 mère f patrie
mütterlich maternel
Muttermal n -e tache f de naissance, envie f
Mutterschaft f ø maternité f
Muttersprache f -n langue f maternelle
Mutti f -s maman f
mutwillig volontaire, intentionnel, -le *~e Brandstiftung* incendie criminel ◆ intentionnellement, de propos délibéré

Mütze f -n bonnet m; casquette f; béret m
MwST/MWST f T.V.A. f → **Mehrwertsteuer**
mysteriös mystérieux, -euse
Myster.ium n .ien mystère m
mystisch 1 mystique 2 *~e Beziehungen* des relations énigmatiques 3 *(fam) eine ~e Angelegenheit* une affaire emberlificotée, une embrouille
Myth.os m .en mythe m

N

na alors *~!* allons! *~?* hein? *~ also!* eh bien! tu vois!, tu vois bien!; *~ so was!* ça par exemple!
Nabel m - nombril m
Nabelschnur f -en cordon m ombilical
nach (D) 1 vers *~ links* vers la/à gauche; *der Zug ~ Paris* le train de/à destination de/pour Paris 2 après; *~ drei Minuten* au bout de trois minutes, trois minutes après; *Viertel ~ sechs* six heures et quart 3 selon, d'après; *aller Wahrscheinlichkeit ~* selon toute vraisemblance ◆ 1 *mir ~!* suivez-moi!; *der Reihe ~* à tour de rôle, chacun son tour, successivement; dans l'ordre 2 *wie vor* toujours; autant/aussi... qu'avant; *~ und ~* petit à petit
nach=ahmen 1 imiter 2 *js Fleiß ~* prendre exemple sur qqn
nachahmenswert digne d'être imité, exemplaire
nach=arbeiten 1 *zwei Stunden ~* faire deux heures supplémentaires 2 peaufiner
NachbarIn m f voisin m, -e f
Nachbarschaft f -en 1 *in js ~ ziehen* venir s'installer à proximité f/à côté de chez qqn 3 voisins mpl, voisinage m
nach=bekommen : *(fam) du kannst noch ~* tu peux en reprendre/te resservir
nach=blättern *(fam > non fam)* feuilleter
nach=bringen* (r)apporter
nachdem 1 *~ ich gegessen hatte, ging ich* après que/quand j'eus mangé, je partis; après avoir mangé, je partis 2 comme ◆ *je ~* selon les cas/les circonstances, c'est selon, *(fam)* ça dépend
nach=denken* : *über etw* (A) *~* réfléchir à qch
nachdenklich : *ein ~es Gesicht* un visage pensif ◆ *~ aus=sehen* avoir un air songeur/méditatif
Nachdruck m ø insistance f, fermeté f ◆ -e 1 *~ verboten!* reproduction f interdite 2 réédition f

nach=drucken reproduire; rééditer
nachdrücklich très ferme ◆ fermement, avec fermeté/insistance
nach=eifern : *jm ~* être l'émule de qqn, se modeler sur qqn
nacheinander 1 *~ an=kommen* arriver l'un après l'autre 2 *sich ~ auf=stellen* se mettre en rang 3 *sich ~ sehnen* s'ennuyer l'un de l'autre
nach=empfinden* : *js Freude ~* partager la joie de qqn
nach=erleben revivre
nach=erzählen raconter, faire un compte-rendu (de)
nach=fahren* <sein> : *jm ~* suivre qqn
Nachfolge f -n succession f
nach=folgen <sein> (D) succéder (à)
NachfolgerIn m f successeur m
nach=forschen 1 faire des investigations, chercher 2 *einem Geheimnis ~* essayer de percer un secret
Nachfrage f -n demande f
nach=fragen : *mehrmals ~* reposer plusieurs fois une question; faire des demandes répétées
nach=fühlen : *jm etw ~ können* comprendre très bien ce que ressent qqn
nach=füllen remplir; rajouter
nach=geben* 1 *(personne)* céder, capituler 2 *(sol)* s'affaisser, céder/se dérober (sous les pieds) 3 *seine Knie geben nach* ses genoux fléchissent, ses jambes flageolent 4 *(comm)* être à la/en baisse; *nicht ~* résister, se maintenir 5 *jm in nichts ~* être tout à fait à la hauteur de qqn, ne le céder en rien à qqn, n'avoir rien à envier à qqn ◆ *Fleisch ~* resservir de la viande
nach=gehen* <sein> 1 *jm ~* suivre qqn 2 *seiner Arbeit ~* faire son travail; *einer Frage ~* creuser une question 3 *(montre)* retarder
nachgerade carrément
Nachgeschmack m ø arrière-goût m

nachgewiesenermaßen

nachgewiesenermaßen preuve à l'appui
nachgiebig conciliant, *(fam)* coulant
nach=gucken *(fam)* jeter un coup d'œil
nach=hallen <sein/haben> résonner, retentir
nachhaltig durable; persistant ♦ ~ *auf etw (A) hin=weisen* insister sur qch
nach=hängen* 1 *seinen Gedanken* ~ être plongé dans ses pensées, se laisser aller à ses pensées 2 *der Ruf hängt ihm nach* sa réputation le poursuit
nach=helfen* 1 *man muß ihm manchmal etwas* ~ *(fam)* il faut parfois le secouer un peu 2 donner un coup de pouce; *dem Glück* ~ aider la chance
nachher 1 après, ensuite *bis* ~ *!* à tout à l'heure 2 après coup
Nachhilfe(stunde) *f* -n cours *m* particulier, heure *f* de soutien
nachhinein : *im* ~ ultérieurement, après coup
nach=holen 1 *seine Mutter* ~ rejoindre sa mère 2 *Unterricht* ~ rattraper un cours
nach=klingen* <sein> résonner; *(fig)* rester vivant dans la mémoire
Nachkomme *m* -n -n descendant *m*
nach=kommen* <sein> : (D) *in zehn Minuten* ~ venir/arriver/rejoindre qqn dans dix minutes ♦ *seinen Verpflichtungen* ~ satisfaire/faire face/répondre à ses obligations
nach=kontrollieren (re)contrôler
Nachlaß *m* ⸚sse 1 *der literarische* ~ l'œuvre *f* littéraire 2 *(comm)* rabais *m*, remise *f*; *(impôts)* dégrèvement *m*
nach=lassen* 1 *(comm) etw vom Preis* ~ faire une remise sur un prix 2 *ein Seil* ~ laisser filer une corde ♦ 1 *der Sturm läßt nach* la tempête se calme; *das Fieber läßt nach* la fièvre baisse/tombe; *die Spannung läßt nach* la tension diminue 2 *(fam) meine Augen lassen nach* ma vue baisse
nachlässig négligent; sans soin, qui laisse à désirer
Nachlässigkeit *f* ø négligence *f*, laisser-aller *m*
nach=laufen* <sein> : *jm* ~ courir derrière/après qqn; poursuivre qn
nach=lesen* 1 *einen Text* ~ relire un texte 2 *das Kartoffelfeld* ~ glaner
nach=liefern livrer ultérieurement
nach=lösen : *einen Zuschlag (im Zug)* ~ s'acquitter d'/prendre un supplément
nach=machen *(fam)* 1 *(non fam)* imiter *jm alles* ~ copier qqn; *es jm* ~ en faire autant 2 *die Hausaufgaben* ~ rattraper des devoirs (pas faits)
nachmittag : *heute* ~ cet après-midi
Nachmittag *m* -e après-midi *m* *am* ~ (dans) l'après-midi

Nachnahme *f* -n : *per* ~ un paquet contre remboursement *m*
Nachname *m* -n nom *m* de famille, patronyme *m*
nach=plappern *(fam/péj)* répéter bêtement
Nachport(.)o *n* -s/.i surtaxe *f*
nachprüfbar vérifiable, contrôlable
nach=prüfen 1 contrôler, vérifier 2 *jn* ~ faire concourir qqn après la date officielle
nach=rechnen vérifier
Nachrede *f* -n médisances *fpl*, propos *mpl* diffamatoires; *(jur)* diffamation *f*
nach=rennen* (D) <sein> *(fam)* courir (après)
Nachricht *f* -en 1 nouvelle *f*; message *m* 2 *pl* informations *fpl*, nouvelles
Nachrichtenagentur *f* -en agence *f* de presse
Nachrichtendienst *m* -e renseignements *mpl* généraux
Nachrichtensendung *f* -en journal *m* (télévisé/radiophonique)
nach=rücken <sein> *(mil)* avancer, progresser ♦ *um einen Platz* ~ avancer d'une place; *auf den Posten des Direktors* ~ être promu au poste de directeur
Nachruf *m* -e éloge *m* funèbre; article *m* nécrologique
Nachrüstung *f* -en augmentation *f* du potentiel militaire
nach=sagen 1 *etw* ~ répéter qch 2 *jm etw Gutes* ~ dire du bien de qqn, vanter les mérites de qqn
Nachsaison *f* -s arrière-saison *f*
Nachsatz *m* ⸚e additif *m*, post-scriptum *m*
nach=schauen regarder; suivre des yeux
nach=schicken : *(jm) die Post* ~ faire suivre le courrier
Nachschlag *m* ⸚e portion *f* supplémentaire, *(fam)* rab [rab] *m*
nach=schlagen* : *in einem Buch* ~ consulter/compulser un livre ♦ <sein> *er ist ganz dem Vater nachgeschlagen* c'est tout le portrait de son père, il tient beaucoup de son père
Nachschlagewerk *n* -e ouvrage *m* de référence
nach=schreiben* 1 *eine Klassenarbeit* ~ *(fam)* rattraper une interro 2 *einen Text* ~ recopier un texte
Nachschub *m* ⸚e approvisionnement *m*, ravitaillement *m*
nach=sehen* 1 vérifier, contrôler 2 *etw in einem Buch* ~ chercher qch dans un livre 3 *jm etw* ~ être indulgent avec qqn ♦ *in einem Buch* ~ consulter un livre, regarder dans un livre ♦ *jm* ~ suivre qqn des yeux

nach=senden* : *bitte ~ !* prière de faire suivre
nachsichtig indulgent ; complaisant
nach=sinnen* : *über etw (A) ~* réfléchir à qch, méditer sur qch
nach=sitzen : *eine Stunde ~* avoir une heure de colle
Nachspann *m -e* générique *m*
Nachspiel *n ø* : *(fig) das wird ein ~ haben* cela aura des suites *fpl*
nach=spüren : *einer Frage ~* explorer une question ; *einem Verbrechen ~* enquêter sur un crime
nächst *(D)* après
nächst- le/la plus proche → **nahe 1** *die ~e Straße rechts* la première rue à droite ; *das ~e Kapitel* le chapitre suivant, le prochain chapitre **2** *~e Woche* la semaine prochaine ; *der ~e bitte !* au suivant !
nächstbest- : *bei der ~en Gelegenheit* à la première occasion
Nächste/r : *seinen Nächsten lieben* aimer son prochain *m*/autrui
nach=stehen* : *jm nicht ~ (an D)* n'avoir rien à envier à qqn (sur le plan de)
nachstehend qui suit/suivent, ci-dessous
nach=stellen 1 *(tech)* régler ; ajuster **2** *(gram)* postposer, placer après ◆ pourchasser, poursuivre
nächstens prochainement
nächstmöglich : *zum ~en Termin* dans les plus brefs délais
nach=stoßen* : *(fam) ich muß mal ~* il faut que je fasse activer les choses
nach=suchen : *überall ~* chercher partout ◆ faire une demande (de), solliciter ; *um Entlassung ~* déposer sa démission
Nacht *f ¨e* nuit *f über ~* pendant la nuit ; *(fig)* du jour au lendemain ; *(rel) Heilige ~* nuit de Noël ; *(fam) häßlich wie die ~* affreusement laid ; *sich (D) die ~ um die Ohren schlagen/die ~ zum Tage machen* passer une nuit blanche
nachtaktiv nocturne
Nachteil *m -e* inconvénient *m*, désavantage *m jm ~e bringen* porter préjudice *m* à qn
nachteilig préjudiciable
Nachtigall *f -en* rossignol *m*
Nachtisch *m -e* dessert *m*
nächtlich de la nuit, nocturne *~e Störungen* tapage nocturne
Nachtrag *m ¨e* additif *m* ; *(assurance)* avenant *m* ; *(testament)* codicille *m*
nach=tragen* : *jm die Tasche ~* apporter son sac à qqn ; *(fig) jm etw ~* en vouloir à qqn pour qch
nachtragend rancunier, -ière
nachträglich : *~e Glückwünsche* des vœux à retardement ◆ après coup, ultérieurement

Nachtragshaushalt *m -e* budget *m* supplémentaire / complémentaire
nach=trauern : *guten Zeiten ~* regretter le bon temps
nachts (pendant) la nuit
Nachtschicht *f -en/ø* équipe *f* de nuit
NachtschwärmerIn *m f* noctambule *m f*
Nachwächter *m -* veilleur *m* de nuit
NachtwandlerIn *m f* somnambule *m f*
nachvollziehbar compréhensible
nach=vollziehen* : *js Gedanken ~* suivre le cheminement de la pensée de qqn
Nach=wachsen <sein> repousser
Nachwehen *fpl (méd)* délivrance *f* ; *(fig)* suites *fpl* (fâcheuses)
Nachweis *m -e* preuve *f*
nachweisbar démontrable, prouvable ; manifeste
nach=weisen* 1 démontrer, prouver, mettre en évidence *seine Befähigung ~* faire la preuve de ses capacités ; *(chim)* faire apparaître **2** *jm eine Arbeit ~* procurer du travail à qqn
nachweislich : *das ist ~ falsch* c'est faux, j'en ai la preuve/et je peux te le prouver
nach=wirken avoir des répercussions, faire longtemps sentir son effet
Nachwirkung *f -en* répercution *f* ; séquelle *f*
Nachwort *n -e* postface *f*
Nachwuchs *m ø* relève *f*, nouvelle génération
nach=zahlen payer avec du retard ; payer en plus
nach=zählen recompter, vérifier
nach=ziehen* 1 *den Fuß ~* traîner la jambe **2** *sich (D) die Lippen ~* se mettre du rouge à lèvres **3** *eine Schraube ~* resserrer une vis ◆ <sein> *seinem Ehepartner ~* suivre son mari
NachzüglerIn *m f* retardataire *m f* ; *(enfant)* petit, -e dernier *m*, -ière *f*
Nacken *m -* nuque *f* ; *(animal)* échine *f* ; *(fam) jm im ~ sitzen* être sur les talons de qqn, talonner qqn
nackt nu, dénudé ; *(fig) die ~e Wahrheit* la vérité toute nue, la pure vérité, rien que la vérité ; *auf ~er Erde* à même le sol
Nacktheit *f ø* nudité *f*
Nadel *f -n* **1** aiguille *f* ; épingle *f* ; *(fam) etw mit der heißen ~ nähen* coudre qch à la va-vite **2** *(tech/arbres)* aiguille *f* **3** *(fam) an der ~ hängen* être accro
Nadelbaum *m ¨e* conifère *m*
Nadelöhr *n -e* chas *m*/trou *m* d'une aiguille
Nagel *m ¨e* **1** clou *m* ; *(fam) etw an den ~ hängen* rendre son tablier, laisser tomber qch **2** ongle *m* ; *(fam) sich (D) etw unter den ~ reißen* rafler/piquer qch

nageln

nageln *(an A)* clouer (à)
nagelneu *(fam)* flambant neuf
nagen : *an einem Knochen* ~ ronger un os
Nagetier *n* -e rongeur *m*
nah(e) 1 proche, voisin 2 *(temps)* proche, imminent ◆ *daran sein, etw zu tun* être sur le point de 3 *ein ~er Verwandter* un proche parent ◆ **(D)** près de, à côté de
Nähe *f* ø proximité *f*, voisinage *m*, environs *mpl in der* ~ à proximité, à côté, pas loin ; *in unmittelbarer* ~ tout près ; *aus nächster* ~ de très/tout près ; *aus nächster* ~ *auf jn schießen* tirer à bout portant
nahe=bringen* : *jm etw* ~ initier qqn à qch, familiariser qqn avec qch
nahe=gehen* <sein> *sein Tod geht ihr nahe* elle est très affectée par sa mort
nahe=kommen* <sein> 1 *der Wahrheit* ~ être proche de la vérité 2 *sich* **(D)** ~ devenir très intimes
nahe=legen* : *jm etw* ~ suggérer/donner à entendre qch à qqn
nahe=liegen* : *die Vermutung liegt nahe, daß* on est tenté de croire/cela laisse à penser que
naheliegend immédiat ~ *sein* tomber sous le sens, être évident
nahen être proche *die Entscheidung naht* la décision est imminente
nähen coudre ; *(méd)* recoudre
näher : *beim* ~ *im Hinsehen* en y regardant de plus près ◆ 1 *treten Sie (nur)* ~ *!* approchez ! 2 *dieser Weg ist* ~ ce chemin est plus court → **nah**
näher=bringen* : *jm etw* ~ initier qqn à qch
näher=kommen* <sein> : *jm* ~ se rapprocher de qqn
nähern sich 1 *Schritte* ~ *sich* les pas se rapprochent 2 *sich jm* ~ devenir intime avec qqn 3 *sich seinem Ende* ~ toucher à sa fin
nahe=stehen* : *jm* ~ être très lié avec qqn
nahezu presque, à peu près
Nahkampf *m* ¨e 1 *(mil)* corps à corps *m* 2 *(sp)* combat rapproché
Nährboden *m* ¨ *(bio/fig)* bouillon *m* de culture
nähren nourrir ; alimenter ◆ être nourrissant ◆ *sich* ~ se nourrir
nahrhaft nourrissant, nutritif, -ive
Nahrung *f* -en nourriture *f*
Nahrungsmittel *n* - aliment *m*, denrée *f* alimentaire, vivres *mpl*
Naht *f* ¨e 1 couture *f* 2 *(tech)* soudure *f* ; *(méd)* suture *f*
nahtlos sans couture ; *(tech)* d'une seule pièce, sans soudure ◆ *(fig)* ~ *ineinander* *über=gehen* s'enchaîner/se succéder de manière parfaitement cohérente
Nahtstelle *f* -n 1 *(tech)* ligne *f* de soudure 2 *(fig)* point *m* de jonction, interface *f*
Nahverkehr *m* ø trafic *m* local
naiv naïf, -ïve, ingénu
Name *m* -ns -n nom *m*
namenlos *(fig)* innommable
namens : *ein Mann* ~ *Meier* un homme du mom de Meier, un dénommé Meier ◆ **(G)** ~ *der Regierung* au nom du gouvernement
Namenstag *m* -e fête *f*
namentlich : ~ *e Abstimmung* scrutin nominal ◆ *alle,* ~ *X* tous, et surtout/particulièrement X
namhaft : *ein* ~ *er Arzt* un médecin de renom ◆ *jn* ~ *machen* désigner nommément/citer qqn
nämlich : *die* ~ *en Leute* les mêmes gens ◆ en effet ; c'est-à-dire (que)
nanu ! ça alors!/par exemple !
Napf *m* ¨e écuelle *f*, gamelle *f*
Narbe *f* -n 1 cicatrice *f* 2 *(bot)* stigmate *m* 3 *(cuir)* grain *m*
Narr *m* -en -en fou *m* ; *(fam) jd zum* ~ *en halten* se payer la tête de qqn ; *einen* ~ *en an jm gefressen haben* être entiché de qqn
närrisch fou/folle ; *(fam) du bist wohl* ~ *?* ça ne va pas la tête ?
Narzisse *f* -n narcisse *m*
naschen grignoter, *(fam)* picorer
Nase *f* -n 1 nez *m* ; *(fig) 20 DM pro* ~ *(fam)* 20 DM par tête *f* de pipe ; *der* ~ *nach gehen* aller droit devant soi ; *die* ~ *hoch tragen* faire le fier [fjer] ; *(fam) die* ~ *voll haben* en avoir ras le bol/plein le dos ; *seine* ~ *in die Bücher stecken* bosser, se plonger dans ses bouquins ; *jm etw an der* ~ *an=sehen* voir qch sur la figure de qqn ; *sich an die eigene* ~ *fassen (non fam)* s'en prendre à soi-même ; *auf der* ~ *liegen* être sur le flanc 2 flair *m* 3 *(fam) (bateau/avion)* nez, *(non fam)* avant *m* ; *(rocher) (non fam)* surplomb *m*
nase(n)lang : *(fam) alle* ~ à tout bout de champ
Nasenlänge *f* -n : *jn um eine* ~ *schlagen* gagner d'une courte tête *f* sur qqn ; *(cheval)* longueur *f*
Nasenloch *n* ¨er narine *f* ; *(cheval)* naseau *m*
Nashorn *n* ¨er rhinocéros [-rɔs] *m*
naß 1 mouillé 2 *nasses Wetter* un temps humide
Nassauer *m* - *(fam/péj)* pique-assiette *m*, parasite *m*
Nässe *f* ø humidité *f vor* ~ *schützen !* craint l'humidité, à conserver au sec
nässen : *das Bett* ~ mouiller ses draps ◆ suinter

national 1 national 2 *eine ~e Partei* un parti nationaliste
nationalisieren nationaliser
Nationalität *f* -en nationalité *f*
Nationalversammlung *f* -en assemblée *f* nationale
Natrium *n* ø sodium [-diɔm] *m*
Natter *f* -n couleuvre *f*
Natur *f* ø 1 nature *f in der freien ~* en pleine nature 2 nature, naturel *m*; *von ~ aus gutmütig sein* avoir un naturel bon enfant ◆ **-en** tempérament *m*, caractère *m*
Naturalien *fpl* produits *mpl* de la terre *in ~ bezahlen* payer en nature
naturalisieren 1 naturaliser 2 *(bio)* acclimater
naturgemäß : *~e Lebensweise* un mode de vie naturel ◆ par nature
Naturheilkunde *f* ø médecine douce/naturelle
natürlich 1 naturel, -le 2 *in ~er Größe* en grandeur réelle ◆ naturellement, évidemment, bien entendu
natürlicherweise naturellement, bien évidemment
Natürlichkeit *f* ø caractère *m*/tempérament *m* très naturel; spontanéité *f*
naturrein naturel, -le
Naturschutz *m* ø protection *f* de la nature *unter ~ stehen* être protégé
Naturschutzgebiet *n* -e zone *f* protégée, réserve *f* naturelle, parc *m* national
Naturwissenschaft *f* -en science *f* naturelle
ne(e)! *(fam > non fam)* non !
Nebel *m* - brouillard *m*; brume *f*; *(fig) der ~ der Unwissenheit* obscurantisme *m*
Nebelbombe *f* -n bombe *f* fumigène
neb(e)lig brumeux, -euse
nebelhaft : *(fig)* vague, nébuleux, -euse
neben (A/D) à côté (de), près (de); *(fig)* outre, en plus (de)
nebenan à côté *(fam) das ist der Junge von ~* c'est le petit voisin
Nebenanschluß *m* ¨sse seconde prise *f*/deuxième poste *m* téléphonique
Nebenausgang *m* ¨e sortie *f* latérale
nebenbei 1 *sie geht ~ putzen* en plus/à côté, elle fait des ménages 2 en passant, incidemment
nebeneinander 1 l'un à côté de l'autre, côte à côte 2 en même temps, parallèlement *zwei Sachen ~ erledigen* faire deux choses à la fois
Nebeneinander *n* ø coexistence *f*, proximité *f*; mélange *m*
Nebeneinkünfte *pl* revenus *mpl* annexes/d'appoint
Nebenfluß *m* ¨sse affluent *m*
Nebengebäude *n* - bâtiment annexe
Nebengeräusch *n* -e *(radio)* parasite *m*
nebenher en passant, de temps en temps

NebenklägerIn *m f* partie *f* civile
Nebenkosten *pl* 1 frais *fpl* supplémentaires 2 *Miete und ~* loyer et charges *fpl*
Nebenlinie *f* -n 1 ligne *f* secondaire 2 branche *f* cadette
Nebenprodukt *n* -e sous-produit *m*
Nebenraum *m* ¨e pièce *f* attenante
Nebensache *f* -n chose *f* secondaire/sans importance, détail *m*
nebensächlich accessoire, secondaire, insignifiant, sans importance
Nebensatz *m* ¨e proposition *f* subordonnée
nebenstehend ci-contre
Nebenstelle *f* -n 1 *(tél)* deuxième poste *m* 2 *(comm)* agence *f*
Nebenwirkung *f* -en effet *m* secondaire
nebst (D) avec, ainsi que
necken taquiner
neckisch 1 taquin, malicieux, -euse 2 *ein ~es Kleid* une robe coquine
Neffe *m* -n -n neveu *m*
negativ négatif, -ive
Negativ *n* -e négatif *m*
NegerIn *m f* 1 nègre *m* -sse *f* 2 *(ciné)* réflecteur *m*; *(télé)* prompteur *m*
negieren nier
nehmen* 1 prendre *jn am Arm ~* prendre qqn par le bras 2 retirer, enlever 3 *Urlaub ~* prendre des vacances 4 *sich* (D) *die Zeit ~* prendre son temps 5 *etw tragisch ~* prendre qch au tragique ◆ *etw auf sich* (A) *~* se charger de qch ; prendre qch sur soi ; *jn zu sich ~* accueillir/recueillir qqn ; *etw zu sich* (D) *~* prendre/manger qch
Neid *m* ø envie *f*, jalousie *f*
neiden : *jm den Erfolg ~* être jaloux du succès de qqn, envier qqn
neidisch envieux, -euse, jaloux, -se ◆ avec envie
Neige *f* ø reste *m*, fond *m*; *(fig) zur ~ gehen* toucher à sa fin *f*
neigen incliner, pencher ◆ *zu einer Meinung ~* avoir tendance/être enclin à penser qch ◆ être incliné, pencher ; *(fig) sich dem Ende ~* toucher à sa fin ◆ *jm geneigt sein* avoir une inclination pour qqn
Neigung *f* ø 1 inclinaison *f* 2 tendance *f* (à), penchant *m* (pour), goût *m* (pour) ◆ **-en** inclination *f*, penchant *m*
nein non
Nelke *f* -n 1 œillet *m* 2 clou *m* de girofle
nennen* 1 *ein Mädchen Anne ~* appeler/prénommer une petite fille Anne, donner le (pré)nom d'Anne à une petite fille 2 *einen Preis ~* donner un prix 3 *jn einen Dummkopf ~* traiter qqn d'imbécile ◆ *sich ~* s'appeler
nennenswert notable, significatif, -ve, considérable
Nenner *m* - *(math)* dénominateur *m*

Nennwert

Nennwert *m* -e valeur *f* nominale
neppen *(fam/péj)* arnaquer
Nerv *m* -en **1** nerf *m*; *(fam) den ~ haben, etw zu tun* avoir le culot *m* de faire qch; *jm den ~ töten* tuer qqn. taper sur le système de qqn **2** *den ~ einer Sache treffen* être au cœur de qch **3** *pl die ~en verlieren* s'affoler; *(fam) völlig mit den ~en fertig* à bout de nerfs **4** *(bot)* nervure *f*
Nervenbündel *n* - *(méd)* faisceau *m*; *(fig)* paquet *m* de nerfs
Nervensäge *f* -n *(fig) eine ~ sein (non fig)* être horripilant
Nervenzusammenbruch *m* ¨-e dépression *f* nerveuse
nervlich nerveux, -euse
nervös nerveux, -euse *jn ~ machen* énerver qqn; *~ werden* s'énerver
Nerz *m* -e vison *m*
Nessel *f* -n ortie *f*; *(fam) sich (mit etw) in die ~n setzen* s'attirer des ennuis, se mettre dans de sales draps
Nest *n* -er **1** nid *m*; *(fam) das eigene ~ beschmutzen* cracher dans la soupe; *(fam)* pieu *m*, paddock *m* **2** *(fam) ein verlorenes ~* un trou *m* perdu, un bled [bled] *m*
nesteln *(fam)* trifouiller
nett **1** gentil, -le, *(fam)* sympa, chouette **2** *ein ~er Abend* une bonne soirée, une soirée sympa; *ein ~es Städtchen* une jolie petite ville **3** *(fam) ein ~es Früchtchen* une belle fripouille
netterweise *(fam)* gentiment
netto net [nɛt]
Nettoeinkommen *n* - revenus *mpl* nets
Netz *n* -e **1** filet *m*; *(araignée)* toile *f*; *(fig) jm ins ~ gehen* tomber entre les/aux mains de qqn **2** réseau *m*; *(élec)* circuit *m*; *an das ~ an=schließen* brancher sur le secteur *m*; *(tél)* réseau *m*
Netzhaut *f* ¨-e rétine *f*
Netzkarte *f* -n carte *f* orange, abonnement *m* permettant d'utiliser plusieurs lignes
Netzstrumpf *m* ¨-e bas *m* à résille
neu **1** neuf/neuve **2** nouveau, -elle *das ist mir ~* je ne le savais pas ♦ *aufs ~e* à nouveau; *von ~em* à/de nouveau ♦ *~ an=fangen* recommencer (à zéro); *~ auf=legen* rééditer
neuartig nouveau, -elle, inédit
Neubau *m* ø construction *f*; reconstruction *f* ♦ *-ten* bâtiment *m* neuf; construction *f* nouvelle
Neuerscheinung *f* -en nouveauté *f*
Neuentwicklung *f* -en **1** développement *m* (de nouveaux produits) **2** nouveauté *f*, nouveau produit *m*
neuerdings depuis peu
Neufundland *n* ø Terre-Neuve *f*
neugeboren : *ein ~es Kind* un nouveau-né; *(fig) sich wie ~ fühlen* se sentir tout ragaillardi

Neugier(de) *f* ø curiosité *f*
neugierig curieux, -euse *das macht mich ~* cela m'intrigue/excite ma curiosité
Neuheit *f* ø/-en nouveauté *f*
Neuigkeit *f* -en nouvelle *f*
Neujahr *n* ø jour *m* de l'an *zu ~ gratulieren* souhaiter la bonne année
Neuland *n* ø **1** *~ gewinnen* défricher des terres *fpl* **2** *(fig)* domaine *m* inexploré
neulich récemment, dernièrement *von ~* de l'autre jour
Neuling *m* -e novice *m f*, néophyte *m f*
neun neuf
Neun *f* -en neuf *m*; *(fam) ach, du grüne ~ e!* oh non, c'est ne pas vrai!
Neuordnung *f* -en réorganisation *f*
Neuphilologie *f* ø langues *fpl* modernes
neuralgisch : *(méd) ~e Schmerzen* névralgies *fpl*; *(fig) ein ~er Punkt* un point névralgique
neurotisch névrotique, de névrosé
neutral neutre
neutralisieren neutraliser
Neutr(.)um *n* ø neutre *m* ♦ *-en (péj) er ist ein ~* il n'a aucun sex-appeal [sɛksapil]
neuvermählt jeune marié
Neuwert *m* -e valeur *f* à l'état neuf
Neuzeit *f* ø temps *mpl* modernes (après le Moyen Âge)
nicht (ne...) pas; *~ mehr* ne... plus; *~ einer* pas un, aucun ♦ *willst du ~ auch mit=kommen?* tu ne veux pas venir avec nous?
Nichte *f* -en nièce *f*
nichtig futile, de peu d'importance, petit; *(jur)* nul, -le; *für ~ erklären* annuler, invalider
nichts (ne...) rien; *überhaupt ~* absolument rien; *um ~ und wieder ~* pour rien, à propos de rien; *mir ~ dir ~* de but [byt] en blanc; *daraus wird ~* cela ne donnera rien, c'est inutile; *da gibt es ~ zu lachen* il n'y a pas de quoi rire
Nichts *n* ø **1** néant *m*, vide *m* **2** rien *m*; *(fig) vor dem ~ stehen* être au bord du gouffre *m* ♦ *-e (péj) er ist ein ~* c'est un nul *m*/minable *m*
nichtsdestoweniger néanmoins, il n'en est pas moins vrai que
nichtssagend insignifiant; (discours) creux; *(fig)* banal
nichtswürdig infâme, misérable
Nichtzutreffende *n* ø : *~s streichen* rayer les mentions *fpl* inutiles
nicken **1** *mit dem Kopf ~* hocher la tête **2** *(fam)* faire un petit somme
nie (ne...) jamais; *~ wieder* plus jamais; *noch ~ dagewesen* sans précédent
nieder bas, -se, inférieur; *~er Adel* petite noblesse *f*; *(bio)* primitif, -ive ♦ *~ mit*

Nonne

den Waffen! déposez, armes! *(fig) nieder mit* à bas
nieder=brennen* : *ein Dorf ~* réduire un village en cendres
nieder=drücken appuyer (sur); *(fig) jn ~* abattre / déprimer / accabler qqn
niederdrückend *(fig)* déprimant; *eine ~e Atmosphäre* une atmosphère pesante
Niedergang *m ø* déclin *m*, décadence *f*, chute *f*
nieder=gehen* <sein> 1 s'abattre 2 *(sp)* aller au tapis
niedergeschlagen abattu, découragé
nieder=knien (sich) (s')agenouiller
Niederlage *f -n* défaite *f*
nieder=lassen* *sich* 1 *sich auf einer Bank ~* s'asseoir / s'arrêter sur un banc 2 *sich als Arzt ~* s'installer / s'établir comme médecin
Niederlassung *f ø* installation *f*, établissement *m* ♦ *-en* succursale *f*, agence *f*
nieder=legen 1 *(armes)* déposer 2 *ein Amt ~* se démettre d'une fonction, démissionner 3 *(travail)* arrêter, cesser ♦ *sich ~* s'allonger
nieder=prasseln <sein> s'abattre; *(fig) Fragen prasseln auf ihn nieder* il est soumis à un feu de questions
nieder=schießen abattre
Niederschlag *m ¨e* 1 précipitation *f*, averse *f*, ondée *f radioaktive Niederschläge* retombées *fpl* radioactives 2 *(chim)* précipité *m* 3 *seinen ~ finden (in D)* s'exprimer (dans)
nieder=schlagen* 1 *jn ~* assommer qqn 2 *eine Revolte ~* réprimer / mater une révolte; *(jur) ein Verfahren ~* suspendre une procédure 3 *die Augen ~* baisser les yeux ♦ *sich ~* se déposer, se condenser
nieder=schmettern : *jn ~* terrasser / assommer qqn; *(fig)* terrasser, accabler
nieder=schreiben* noter, consigner, coucher par écrit
Niederschrift *f -en* 1 mise *f* sur papier, consignation *f*, rédaction *f* 2 texte *m*, manuscrit *m*; protocole *m*
nieder=strecken : *jn durch einen Schlag ~* assommer qqn; *(fig/fam)* mettre qqn au tapis ♦ *sich ~* s'étendre
Niedertracht *f ø* bassesse *f*, infamie *f*
niederträchtig ignoble, vil, infâme
nieder=treten* piétiner
Niederung *f -en* basses terres *fpl*, dépression *f*
nieder=werfen* *(révolte)* réprimer / mater ♦ *sich vor jm ~* se jeter aux pieds de qqn
niedlich joli, mignon, -ne
Niednagel *m ¨* envies *fpl*
niedrig 1 bas, -se; *(fig) von ~er Herkunft* d'origine modeste 2 *(revenu)* modeste; *(prix)* modéré, peu élevé ♦ *etw ~er hängen* (a)baisser
niemals jamais
niemand personne (... ne) *~ mehr* plus personne; *~ anderes* personne d'autre
Niere *f -n* 1 rein *m* 2 *pl (boucherie)* rognons *mpl*; *(fam) jm an die ~n gehen* secouer qqn
Nierenstein *m -e* calcul *m* rénal
nieseln : *es nieselt* il brouillasse / bruine / pluvine / pleuvote, il y a du crachin
niesen éternuer
Nießnutzerln usufruitier *m*, -ère *f*
Niete *f -n* 1 numéro *m* perdant; *(fig/fam) so eine ~ !* quel nul *m* ! 2 *(tech)* rivet *m*, riveter
nieten river, riveter
Nikotin *n ø* nicotine *f*
Nimbus *m ø* aura *f* ♦ *-se* auréole *f*
Nimmerleinstag *m ø* : *(loc) am ~* à la Saint-Glinglin, la semaine des quatre jeudis
Nimmersatt *m -e* *(fam)* bâfreur *m*
Nimmerwiedersehen *n ø* : *(loc) auf ~* pour toujours
Nippel *m -* *(tech)* raccord *m*, embout *m*; *(fam > non fam)* languette *f*
nippen avaler de petites gorgées, goûter
Nippes *pl* bibelots *mpl*
nirgends nulle part
nirgendwo nulle part
Nische *f -n* niche *f*; *(fig)* enclave *f*
Nisse *f -n* lente *f*
nisten nicher
Nitrat *n -e* nitrate *m*
Nitrolack *m -e* laque *f* cellulosique
Niveau [nivo:] *n -s* niveau *m*; *(fig) diese Leute haben kein ~* ces gens n'ont aucune culture *f*
niveaulos *(fig)* au-dessous de tout
niveauvoll *(fig)* de haut niveau
nivellieren niveler
Nixe *f -n* ondine *f*
nobel/nobl- : *eine noble Familie* une grande famille; *ein nobles Hotel* un hôtel luxueux / somptueux; *(fam) ein nobles Trinkgeld* un pourboire royal
noch 1 encore *immer ~* toujours; *ich bin ~ lange nicht fertig* je suis loin / je ne suis pas près d'avoir fini; *~ heute* aujourd'hui même 2 *er wird schon ~ kommen* il va bien finir par venir 3 *hinzu kommt ~, daß* à cela s'ajoute que; *das fehlte gerade ~* il ne manquait plus que cela; *(fam) ~ und ~ (non fam)* tant et plus ♦ *er kann weder lesen ~ schreiben* il ne sait ni lire ni écrire ♦ *wie war das ~ gleich ?* comment c'était déjà ?
nochmals encore une fois, de nouveau
nominell : *~e Mitglieder* des membres sur le papier; *~er Lohn* salaire nominal
nominieren : *jn ~* désigner qqn
Nonne *f -n* religieuse *f*, sœur *f*, nonne *f*

Nord(en)

Nord(en) *m* ø Nord *m*; vent *m* du Nord
nordisch nordique; du Nord
nördlich du Nord, septentrional *die ~e Halbkugel* l'hémisphère Nord ◆ **(G/von)** ~ *der Grenze* au Nord de la frontière ◆ *weiter* ~ plus au Nord
Nordlicht *n* -er aurore *f* boréale
nörgeln : *(péj) an allem/über alles* ~ être tout le temps en train de râler
Norm *f* -en 1 norme *f*; *(sp)* performance *f* de base 2 *pl moralische ~en* principes *mpl* moraux, règles *fpl* morales
normalerweise normalement
normalisieren (sich) (se) normaliser
NormalverbraucherIn *m f* consommateur, -trice moyen, -ne; *(fam/péj) Otto,* ~ monsieur Tout-le-Monde
normen normaliser, standardiser
nostalgisch nostalgique
Not *f* ø dénuement *m*, besoin *m*, manque *m große* ~ misère *f*; ~ *leiden* être dans le besoin; *Schiff in* ~ navire en détresse *f; (fig) mit knapper* ~ à grand-peine, tout juste; de justesse ◆ *¨e pl die Nöte des Alltags* les soucis *mpl* quotidiens
NotarIn *m f* notaire *m*
Notariat *n* -e notariat *m*; étude *f* de notaire
Notausgang *m* ¨e sortie *f* de secours
Notdurft *f* ø : *seine* ~ *verrichten* faire ses besoins *mpl*
notdürftig : *eine ~e Reparatur* une réparation de fortune ◆ à peine; ~ *ausbessern* faire le strict nécessaire
Note *f* -n note *f; (mus) ganze* ~ ronde *f* 2 *(argent)* billet *m*
Notenblatt *n* ¨er partition *f*
Notendurchschnitt *m* -e moyenne *f*
Notenständer *m* - pupitre *m*
Notfall *m* ¨e urgence *f im äußersten* ~ en cas d'urgence/de force *f* majeure
notfalls au besoin, en cas de besoin/nécessité; à la rigueur
notgedrungen contraint et forcé, bon gré mal gré
notieren 1 noter, prendre note (de) 2 *(Bourse)* coter
nötig nécessaire *ich habe es* ~ j'en ai besoin; *etw für* ~ *halten* considérer qch comme nécessaire; *es ist* ~, *daß* il importe/il est nécessaire que
nötigen : *jn* ~ obliger/contraindre/forcer qqn (à) ◆ *sich* ~ *lassen* se faire prier
Nötigung *f* ø : ~ *zur Unzucht* incitation *f* à la débauche
Notiz *f* -en 1 *pl* notes *fpl* 2 *(fig) von jm/ etw keine* ~ *nehmen* ne pas faire attention à/remarquer qqn/qch
Notizblock *m* ¨e bloc-notes *m*
Notizbuch *n* ¨er agenda *m*
Notlage *f* -n situation *f* critique/de détresse

notlanden : *ein Flugzeug* ~ faire atterrir un avion en catastrophe ◆ <sein> faire un atterrissage forcé, atterrir en catastrophe
notleidend dans le besoin, nécessiteux, -euse, indigent
Notlösung *f* -en expédient *m*, solution *f* provisoire
Notlüge *f* -n pieux mensonge *m*
Notnagel *m* ¨ *(péj)* bouée *f* de secours
notorisch notoire, invétéré
Notruf *m* -e (numéro *m* d') appel *m* d'urgence
Notsitz *m* -e strapontin *m*
Notstand *m* ø misère *f; (pol)* état *m* d'urgence; ~**sgebiet** *n* -e zone *f* sinistrée; ~**sgesetz** *n* -e loi *f* d'exception
Notwehr *f* ø légitime défense *f*
notwendig 1 nécessaire 2 *~e Folge* suite/conséquence logique
Notwendigkeit *f* ø/-en obligation *f*, nécessité *f*
Novelle *f* -n 1 nouvelle *f* 2 *(pol)* amendement *m*
November *m* - novembre *m*
Novize *m* -n novice *m*
NPD *f* N.P.D. *m* → **Nationaldemokratische Partei Deutschlands**
Nr. n° → **Nummer**
Nu *(fam) im* ~ en un rien de temps
Nuance [nɥɑ̃ːsə] *f* -n nuance *f (um) eine* ~ *lauter* un peu/*(fam)* un brin *m* plus fort
nüchtern 1 à jeun; *auf ~en Magen treffen* cueillir à froid 2 à jeun; *wieder* ~ *sein* être dégrisé 3 *(fig)* pragmatique, prosaïque 4 austère, froid
Nuckel *m* - *(fam)* tétine *f*
nuckeln *(fam > non fam)* sucer
Nuckelpinne *f* -n *(fam)* teuf-teuf *m*
Nudel *f* -n nouille *f*, pâte *f*
nudeln 1 *jn mit Schokolade* ~ bourrer qqn de chocolat 2 *(oies)* gaver
nuklear nucléaire
null 1 ~ *Uhr* zéro heure 2 ~ *und nichtig* nul et non avenu 3 *(fam)* ~ *Ahnung* pas la moindre idée
Null *f* -en 1 zéro *m; (fam) der Erfolg war gleich* ~ le résultat a été quasi nul 2 *(fam)* nul *m*, minable *m*
Nullpunkt *m* -e : *Temperaturen unter dem* ~ des températures au-dessous de zéro; *(fam) die Stimmung ist auf dem* ~ l'ambiance est au plus bas
Nulltarif *m* -e gratuité *f*
numerieren numéroter
Numerierung *f* -en 1 numérotation *f* 2 numéro *m*
numerisch *(math)* numérique ◆ ~ *gesteuert* à commande numérique
Nummer (Nr.) *f* -n 1 numéro *m; (fam) ein paar* ~*n zu groß für jn sein* être un peu trop costaud pour qqn 2 *(vêtements)* taille *f; (chaussures)* pointure *f*

nun maintenant, à présent *von ~ an* à partir de maintenant, dorénavant ; *(fam) was sagst du ~ ?* alors, qu'est-ce que tu en dis ? ◆ *so ist das ~ mal* c'est comme ça ; *~ denn, viel Glück !* bon, bah, bonne chance ! ; *kommst du ~ ?* alors, tu viens ?
nunmehr à présent, désormais
Nunt.ius *m* -ien nonce *m*
nur seulement, ne... que ; *ich habe ~ noch 10 DM* je n'ai plus que 10 DM ; *das kann ~ ein Spezialist* seul un spécialiste peut faire cela, c'est l'affaire d'un spécialiste ; *sie müßte ~ etwas schlanker sein* il faudrait juste qu'elle soit un peu plus mince ; *wenn er doch ~ gehört hätte* si encore / seulement il avait entendu ◆ *was hast du dir ~ gedacht ?* qu'es-tu allé penser là ? ; *~ keine Umstände !* surtout pas de complications ! ; *was hat er ~ ?* qu'est-ce qu'il peut bien avoir ?
nuscheln *(fam)* bredouiller
Nuß *f* ¨sse 1 noix *f* ; *(fam) eine harte ~ zu knacken haben* avoir du pain *m* sur la planche 2 *(viande)* noix
Nußbaum *m* ø : *aus ~* en noyer *m* ◆ ¨e noyer

Nut *f* -en rainure *f*
Nutria *f* -s rat *m* d'Amérique / musqué
Nutte *f* -n *(fam)* pute *f*, putain *f*
nutzbar utilisable ; exploitable
nutzbringend profitable ; fructueux *m*, -euse *f* ◆ *etw ~ an=wenden* mettre qch à profit ; tirer profit de qch
nütze : *zu etw ~ sein* pouvoir servir / être utile à qch
Nutzeffekt *m* -e efficacité *f*, efficience *f*
nutzen / nützen profiter (de) *jede freie Minute ~* ne pas perdre une minute ◆ servir (à) ; *das Mittel nützt wenig* le moyen n'est pas très efficace ; *es nützt nichts, wir müssen es tun* il n'y a rien à faire, il faut y passer ; coûte que coûte, il faut le faire
Nutzen *m* ø utilité *f* ; avantage *m* ; profit *m* *es wäre von ~, wenn* cela nous aiderait / serait utile que
nützlich utile
nutzlos inutile
NutznießerIn *m f* usufruitier *m*, -ère *f*
Nutzung *f* ø utilisation *f*, usage *m*
Nutzungsrecht *n* ø droit *m* de jouissance

O

Oase *f* -n oasis *f*
ob 1 si 2 *~ es mir paßt oder nicht* que cela m'arrange ou pas / non 3 *und ~ !* et comment !
Obacht *f* ø : *(loc) auf etw / jn ~ geben* faire attention *f* à qqn / qch
obdachlos sans abri, sans domicile fixe (S.D.F.)
obduzieren : *eine Leiche ~* faire l'autopsie d'un cadavre
O-Beine *npl (fam > non fam)* jambes *fpl* arquées
Obelisk *m* -en -en obélisque *m*
oben en haut *~ auf dem Dach* en haut du toit ; *~* là-haut ; *nach ~ gehen* monter ; *siehe ~* voir ci-dessus ; *(fam) ~ ohne* les seins à l'air
obenan tout en haut (de) ; en tête (de)
obenauf sur le dessus
obenhin : *etw ~ sagen* dire qch en passant / à la légère
Ober *m* - 1 *Herr ~ !* garçon *m* ! 2 *(jeu)* dame *f*
ober- 1 du dessus, au-dessus ; *(fig)* suprême *die oberen Zehntausend (fam)* les gens de la haute
Oberarzt *m* ¨e médecin-chef *m*
Oberbau *m* -ten 1 *(archi)* partie *f* supérieure 2 superstructure *f*

Oberbegriff *m* -e concept *m* global ; terme *m* générique
oberfaul *(fam)* 1 archi-flemmard 2 louche
Oberfläche *f* -n surface *f*
oberflächlich superficiel, -le
oberhalb (G / *von*) au-dessus (de)
Oberkommando *n* ø haut commandement *m*, commandement suprême ◆ **-s** état-major *m*
Oberkörper *m* - buste *m*, haut *m* du corps
Oberleitung *f* -en 1 caténaire *f* 2 direction *f* générale
Oberschicht *f* -en classes *fpl* supérieures, *(fam)* gratin *m*
oberschlau *(fam) ~ sein* faire le malin
Oberschule *f* -n *(fam)* bahut *m*
oberst- : *das ~e Fach* le casier le plus haut / élevé → **Oberst**
Oberst *m* -en/-s -en colonel *m*
Oberstübchen *n* - : *(fam) nicht ganz richtig im ~ sein* travailler du chapeau, être un peu timbré
Oberstufe *f* -n second cycle *m*
Oberwasser *n* ø : *(fam) (wieder) ~ bekommen* reprendre le dessus
obgleich quoique / bien que (subj)
obig : *an ~e Adresse* à l'adresse ci-des-

Objekt

sus; *im ~en bereits erwähnt* susmentionné

Objekt *n* -e 1 objet *m*; *(comm)* bien *m ein günstiges ~ erwerben* faire une bonne affaire *f*; *(art)* composition *f*; installation *f*; *(phil)* objet 2 *(gram)* complément *m* d'objet

objektiv objectif, -ive

Oblate *f* -n 1 *(rel)* hostie *f* 2 *(cuis)* fond *m* de gâteau

obliegen* (D) incomber (à), être à la charge (de)

obligatorisch obligatoire

Oboe *f* -n hautbois *m*

Obrigkeitsstaat *m* -en état *m* autoritaire

obschon bien que / quoique (subj)

Observator.ium *n* .ien observatoire *m*

observieren 1 *jn ~* surveiller qqn 2 *etw ~* observer qch

obskur obscur; louche

Obst *n* ø fruits *mpl*

Obstbaum *m* ¨ e arbre *m* fruitier

Obstgarten *m* ¨ verger *m*

obszön obscène

obwohl bien que / quoique (subj)

Ochse *m* -n bœuf *m*; *(fam) da=stehen wie der ~ vorm neuen Tor* se retrouver bête comme chou

ochsen *(fam)* bûcher

öde 1 désert, désolé 2 vide, sans intérêt, monotone

oder ou, ou bien *~ auch* ou encore; *entweder... ~ so* soit... soit, ou... ou; *(fam) es dauerte drei Stunden ~ so* ça a duré dans les trois heures; *du kommst doch mit, ~?* tu viens, hein?

Ofen *m* ¨ 1 poêle *m*; *(fam) hinter dem ~ hocken* être pantouflard 2 *(fam) ein heißer ~* une grosse cylindrée; une grosse moto; *der ~ ist aus* c'est foutu

offen 1 ouvert; *(fig) ein ~es Haus haben* être très accueillant; *eine ~e Frage* une question non résolue; une question ouverte 2 *auf ~em Meer* en pleine mer, au large; *(fig) mit ~em Visier* à visage découvert 3 *eine ~e Stelle* une place vacante ◆ *~ reden* parler ouvertement / franchement / à cœur ouvert; *~ gesagt* à vrai dire

offenbar manifeste, évident ◆ apparemment; manifestement

offenbaren révéler, dévoiler *seine Schuld ~* reconnaître sa culpabilité ◆ 1 *sich jm ~* se confier à qqn, s'ouvrir à qqn (de qch) 2 *sich als guter Spieler ~* se révéler être un bon joueur, être une révélation

Offenbarung *f* -en révélation *f*; *(rel) die ~ des Johannes* l'Apocalypse *f*

offen=bleiben* <sein> rester ouvert

offen=halten* 1 *eine Tür ~* tenir une porte ouverte 2 *die Augen ~* garder les yeux ouverts; *(fig) sich* (D) *einen Ausweg ~* se réserver une porte de sortie

Offenheit *f* ø 1 franchise *f* 2 ouverture *f* d'esprit

offenkundig manifeste, évident, patent

offen=lassen* : *die Tür ~* laisser la porte ouverte

offenlegen dévoiler, mettre à nu

offensichtlich évident, manifeste ◆ apparemment; manifestement

Offensive *f* -n ø *(sp)* attaque *f* ◆ *-en (mil / fig)* offensive *f*

offen=stehen* 1 être ouvert 2 *Rechnungen stehen offen* il reste des factures à régler

öffentlich 1 public, -que 2 de notoriété publique *ein ~es Ärgernis* un scandale ◆ en public; *~ bekannt=machen* annoncer publiquement, publier

Öffentlichkeit *f* ø 1 (grand) public *m in aller ~* au vu et au su de tout le monde 2 *(jur) ~ der Rechtsprechung* publicité *f* des débats

öffentlichrechtlich : *die ~en Rundfunkanstalten* les chaînes publiques

offiziell 1 officiel, -le 2 officiel, formel, -le

Offizier *m* -e officier *m*

öffnen ouvrir; *(lettre)* ouvrir / décacheter; *(bouteille)* ouvrir, déboucher, décapsuler ◆ 1 *sich ~* s'ouvrir 2 *sich jm ~* se confier à qqn

Öffner *m* - *(fam > non fam)* décapsuleur, *m*, ouvre-boîte *m*

Öffnung *f* -en ouverture *f*, fente *f*

oft souvent, fréquemment *wie ~?* combien de fois?; *wie ~!* que de fois!

öfter plus souvent *des ~en* à maintes reprises → **oft**

öfters (assez) souvent

ohne (A) sans *~ mich!* très peu pour moi!; *(fam) das ist nicht ~* ce n'est pas rien / une bagatelle ◆ *~ daß* sans que (subj); *~ zu zögern* sans hésiter

ohnedies de toute façon / manière

ohnehin de toute façon / manière

Ohnmacht *f* -en évanouissement *m*, syncope *f in ~ fallen* s'évanouir, perdre connaissance; *(fig)* impuissance *f*; paralysie *f*

ohnmächtig évanoui, sans connaissance; *(fig) ~e Wut* une rage impuissante

Ohr *n* -en oreille *f*; *(fig) ganz ~ sein* être tout ouïe; *(fam) jm eins hinter die ~en geben* donner une taloche à qqn; *(fig / fam) jm das Fell über die ~en ziehen* plumer qqn; *sich aufs ~ hauen* aller pioncer

Öhr *n* -e chas *m* (d'une aiguille)

Ohrfeige *f* -n gifle *f*

Ohrfeigengesicht *n* -er *(fam / péj)* tête *f* à claques

Ohrmuschel *f* **-n** pavillon *m* de l'oreille
Ohrwurm *m* ¨**er** *(fam)* tube *m*
ökologisch écologique
ökonomisch économique
Oktanzahl *f* **-en** indice *m* d'octane
Oktober *m* **-** octobre *m*
Okular *n* **-e** oculaire *m*
ökumenisch œcuménique
Öl *n* **-e** 1 huile *f* 2 pétrole *m*; fuel [fjul] *m*, mazout [mazut] *m*; *(fam) das geht mir runter wie* ~ *(non fam)* c'est très agréable à entendre; *(voiture)* ~ *wechseln* faire une vidange
Ölgesellschaft *f* **-en** société *f* pétrolière
ölig 1 huileux, -euse, poisseux, -euse 2 *eine* ~*e Flüssigkeit* un liquide un peu épais; *(fam/péj) ein* ~*es Lächeln* un sourire doucereux
Olivenbaum *m* ¨**e** olivier *m*
ölhaltig oléagineux, -euse
Olle *m* **-n -n** *(fam)* vieux *m*; big boss *m*
Olle *f* **-n -n** *(fam)* 1 vieille *f*; bourgeoise *f* 2 *eine feste* ~ *haben* avoir une régulière *f*
Ölpest *f* **-en** marée *f* noire
Öltanker *m* **-** pétrolier *m*
Olympiade *f* **-n** jeux *mpl* olympiques
olympisch 1 *(sp)* olympique 2 de l'Olympe
Oma *f* **-s** *(fam)* mamie *f*, mémé *f*
Omelette *f* **-n** 1 crêpe *f* (épaisse) 2 omelette *f*
Om(.)en *n* **-/.ina** augure *m*, présage *m*
onanieren se masturber
Onkel *m* **-**/*(fam)* **-s** oncle *m*, *(fam)* tonton *m*
Opa *m* **-s** *(fam)* papy *m*, pépé *m*
Oper *f* **-n** opéra *m*; *(fam) quatsch keine* ~ *!* accouche !
Operation *f* **-en** opération *f*
operationell : ~ *vor=gehen* procéder de manière méthodique
operieren : *(méd) jn* ~ opérer qqn ♦ opérer, manœuvrer
Opfer *n* **-** 1 sacrifice *m*; offrande *f ein* ~ *bringen* sacrifier (à) 2 victime *f*
opfern (sich) se sacrifier
opponieren : *gegen jn/etw* ~ s'opposer à qqn/qch
OpportunistIn *m* **-en -en** *f* **-nen** opportuniste *m f*
oppositionell qui s'opposent; de l'opposition
OP-Saal *m* ¨**e** bloc *m* opératoire → **Operationssaal**
optieren (A) faire une option (sur) ♦ *für etw* ~ opter pour qch
OpktikerIn *m f* opticien *m*, -ne *f*
optimistisch optimiste
optisch 1 optique, d'optique 2 qui donne une impression visuelle

Orakel *n* **-** oracle *m*
orakeln *(fam)* jouer les oiseaux de mauvais augure
Orator.ium *n* **-ien** oratorio *m*
Orden *m* **-** 1 décoration *f*, ordre *m*, médaille *f* 2 *(rel)* congrégation *f*, ordre
ordentlich 1 *ein* ~*er Mensch* une personne convenable / comme il faut / bien; *ein* ~*es Zimmer* une chambre en ordre / bien rangée; *(fig) ein* ~*es Leben führen* mener une vie rangée 2 *(jur) ein* ~*es Gericht* tribunal ordinaire; *(ens)* ~*er Professor* professeur (titulaire d'une chaire) ♦ *sich* ~ *benehmen* se conduire correctement / convenablement
Order *f* **-n**/**-s** ordre *m*
ordinär 1 *(péj)* vulgaire 2 ordinaire, banal, commun
ordnen 1 mettre en ordre, ranger, classer 2 *einen Nachaß* ~ régler une succession
Ordner *m* **-** 1 ordonnateur *m*, organisateur *m* 2 classeur *m*
Ordnung *f* **ø** 1 ordre *m*; *(fam) in* ~ *!* O.K. !, d'accord !; *etw in* ~ *bringen* ranger qch, mettre qch en ordre; *in* ~ *sein (papiers)* être en règle; *(personne)* être bien / correct; *(objet)* être en bon état; *hier ist etwas nicht in* ~ il y a quelque chose qui cloche; *das geht in* ~ *!* ça marche !; *ein Mißerfolg erster* ~ un échec cinglant 2 organisation *f*, règles *fpl; ein Kind braucht* ~ un enfant a besoin d'une vie ordonnée / de règles *fpl* 3 *die sittliche* ~ l'ordre moral
ordnungsgemäß suivant les règles, comme il se doit, conforme au règlement
ordnungshalber pour la forme
Ordnungsstrafe *f* **-n** sanction *f* disciplinaire
Ordnungszahl *f* **-en** nombre *m* ordinal
Organ *n* **-e** 1 organe *m*; *(fig) ein* ~ *für etw haben* avoir le sens de qch 2 *(fig) ein unangenehmes* ~ *(non fam)* une voix désagréable
organisatorisch d'organisation
organisch organique
organisieren (sich) (s')organiser; *(fam) ich habe mir Zigaretten organisiert* j'ai dégotté des cigarettes
Organis.mus *m* **.men** organisme *m*
Orgas.mus *m* **.men** orgasme *m*
Orgel *f* **-n** orgue *m*
Orgelpfeife *f* **-n** tuyau *m* d'orgue; *(fig) wie die* ~*n* en rangs d'oignons
orientalisch oriental
orientieren orienter ♦ *über die neuesten Tendenzen* ~ informer des / donner des indications sur les nouvelles tendances ♦ 1 *sich* ~ s'orienter; *sich gut* ~ *können* avoir un bon sens de l'orienta-

Orientierung

tion **2** *sich an Leitbildern* ~ se référer à des modèles
Orientierung *f* **-en 1** sens *m* de l'orientation **2** (grandes) orientations *fpl zu Ihrer* ~ pour vous donner quelques repères *mpl*
orientierungslos désorienté
original original ◆ *etw* ~ *übertragen* retransmettre en direct
Original *n* **-e** original *m*, pièce *f* authentique *im* ~ *lesen* lire dans le texte *m*
Orkan *m* **-e** ouragan *m*
Ornament *n* **-e** ornement *m*
Ornat *m* **-e** habit *m* de cérémonie
Ort *m* **-e 1** localité *f ein* ~ *im Gebirge* un village *m* de montagne ; *mitten im* ~ au centre du village/de l'agglomération *f* **2** lieu *m*; *an* ~ *und Stelle* sur place *f*, *(fig)* sur le champ ; *(fig) höheren* ~*es* de haut niveau *m*; *er ist am rechten* ~ il est à sa place
Örtchen *n* - *(fam)* petits coins *mpl*
orten *(av/mar)* repérer
örtlich local
Ortsansässige/r résident *m* -e *f*, personne *f* habitant la localité
Ortschaft *f* **-en** localité *f*
Ortsgespräch *n* **-e** communication *f* locale
Ortskrankenkasse *f* **-n** caisse *f* primaire d'assurance-maladie
ortskundig qui connaît bien les lieux
Ortsnetz *n* **-e** réseau *m* urbain
Ortskennzahl *f* **-en** indicatif *m*
Ortsteil *m* **-e** quartier *m*
Ortsverkehr *m* ø *(transport)* trafic *f* local, circulation *f* urbaine ; *(tél)* communications *fpl* locales
Ortszeit *f* **-en** heure *f* locale
Öse *f* **-n** trou *m* pour passer les lacets ; boucle *f* d'une agrafe
osmanisch ottoman
Ost *m* ø est *m*
Osten *m* ø **1** est *m* **2** *der* ~ *Frankreichs* l'Est de la France **3** *der Nahe* ~ le Proche-Orient
ostentativ ostentatoire
Osterglocke *f* **-n** jonquille *f*
Osterhase *m* **-n -n** lièvre *m* de Pâques
Ostern *n* - Pâques *fpl frohe* ~ ! joyeuses Pâques ! ; *zu* ~ à Pâques *(fam) wenn* ~ *und Weihnachten auf einen Tag fallen* à la saint Glinglin, la semaine des quatre jeudis
Osterwoche *f* **-n** semaine *f* sainte
östlich d'est, de l'est, oriental ◆ *(G)* ~ *Frankfurts* à l'Est de Francfort
Ostsee *f* ø Baltique *f*
Otter *m* **-n** loutre *f*
Otter *f* **-n** vipère *f*
oval ovale
oxydieren oxyder
Ozean *m* **-e** océan *m*
Ozon *n/m* ø ozone *m*

P

paar : *ein* ~ *Mark* quelques marks
Paar *n* **-e** couple *m* ◆ - paire *f*
paaren 1 associer, joindre **2** *(animaux)* accoupler ◆ **1** *sich* ~ s'accoupler **2** *sich* ~ *(mit)* se conjuguer (à)
paarmal : *etw ein* ~ *sagen* dire qch un certain nombre/*(fam)* pas mal de fois
paarweise par deux, par couples, par paires
Pacht *f* ø **1** bail *m*, gérance *f*, location *f* ; *(agr)* fermage *m* **2** loyer *m*
pachten louer, prendre/avoir en gérance ; *(fig/fam)* avoir le monopole (de)
PächterIn *m f* gérant *m* -e *f*; locataire *m f*; *(agr)* fermier *m*
Pack *n* ø *(péj)* canaille *f*, racaille *f*
Päckchen *n* - **1** *ein* ~ *Briefe* un paquet de lettres **2** paquet, (petit) colis *m*
Packeis *n* ø banquise *f*
packen faire ses bagages **1** *den Koffer* ~ faire sa valise **2** *(fig) die Zuhörer* ~ subjuguer les auditeurs **3** empoigner, saisir ; *(fig) jn bei seiner Ehre* ~ piquer qqn au vif **4** *(fam) das* ~ *wir !* on va y arriver !
◆ *(fam) die beiden hat es ganz schön gepackt* ils sont drôlement mordus ◆ *(fam) pack dich !* dégage ! ◆ *(fig/fam) ein packender Roman* un roman passionnant
Packung *f* **-en 1** *eine* ~ *Tee* un paquet *m* de thé **2** emballage *m*, conditionnement *m* **3** *(méd)* enveloppement *m*
Pädagoge *m* **-n -n** pédagogue *m*
Paddel *n* - pagaie *f*
paddeln <sein/haben> pagayer ; faire du canoë/kayak ◆ <sein> *über den See* ~ traverser le lac en canoë/kayak
pädophil pédophile
paffen cloper
Page *m* **-n -n** groom *m*, chasseur *m* (d'hôtel) ; *(hist)* page *m*
Paket *n* **-e 1** *ein* ~ *Wäsche* un paquet *m*/ballot *m* de linge **2** *ein* ~ *Waschpulver* un paquet/baril *m* de lessive **3** *ein* ~ *ab∙schicken* envoyer un paquet/colis **4** *(éco) ein* ~ *Aktien* un portefeuille d'actions

Pakt *m* -e pacte *m*, accord *m*
paktieren pactiser
Palais *n* - pavillon *m*
Palast *m* ¨e palace *m*
Palaver *n* - *(fam/péj)* palabre *f*
Palette *f* -n palette *f*
Palme *f* -n palmier *m*; *(fam) jn auf die ~ bringen* faire enrager qqn
Pampe *f* -n *(fam)* **1** bouillasse *f* **2** étouffe-chrétien *m*
Pampelmuse *f* -n pamplemousse *m*
pampig : *(fam) eine ~e Antwort* une réponse insolente ◆ *~ antworten* répondre avec un culot monstre
Paneel *n* -e panneau *m*, lambris *m*
panieren paner
Panik *f* ø panique *f*
panisch : *~e Angst* une peur panique ◆ *~ reagieren* se paniquer
Panne *f* -n panne *f eine ~ haben* avoir une/tomber en panne; *(fig)* incident *m*
pan(t)schen : *den Wein ~* frelater le vin ◆ patauger
Pansen *m* - panse *f*
Panther *m* - panthère *f*
Pantine *f* -n sabot *m*; galoche *f*
Pantoffel *m* -n pantoufle *f*, chausson *m*
Panzer *m* - **1** *(animal)* carapace *f* **2** *(mil)* (véhicule *m*) blindé *m*, char *m* **3** *(hist)* cuirasse *f*
Panzerfaust *f* ¨e bazooka *m*
Panzerkreuzer *m* - cuirassé *m*
panzern (sich) (se) blinder
Panzerschrank *m* ¨e coffre-fort *m*
Papagei *m* -s/-en -en perroquet *m*
Papier *n* -e **1** papier *m* **2** *ein ~ erarbeiten* faire un papier/un rapport *m* **3** *pl js ~e überprüfen* contrôler les papiers de qqn
Papierkram *m* ø *(fam)* paperasse *f*
Papierkrieg *m* ø *(péj)* paperasserie *f*
Papierwaren *fpl* papeterie *f*
Pappe *f* -n **1** carton *m* **2** *(fam) nicht von ~ sein* avoir qch dans le ventre
Pappel *f* -n peuplier *m*
päppeln *(fam > non fam)* nourrir
pappen : *(fam) der Schnee pappt* la neige est collante ◆ *(an A) (non fam)* coller (à)
Pappenstiel *m* ø : *(fam) kein ~ sein* ne pas être une mince affaire
Paprika *m* -(s) poivron *m* ◆ ø paprika *m*
Papst *m* ¨e pape *m*
päpstlich : *der ~e Nuntius* le nonce apostolique; *(fig) ~er sein als der Papst* être plus royaliste que le roi
Parabel *f* -n parabole *f*
Parade *f* -n **1** *(mil)* parade *f*, revue *f* **2** *(sp)* parade; *(fam) jm in die ~ fahren* couper l'herbe sous le pied de qqn
Paradies *n* -ø/-e *(rel/fig)* paradis *m*
paradox paradoxal *m*; *(fam) das ist doch ~ !* ça n'a ni queue ni tête !

Paragraph *m* -en -en paragraphe *m*, article *m*
Paragraphenreiter *m* - *(fig/péj)* procédurier *m*
parallel parallèle
Parallele *f* -n parallèle *f*; *(fig)* un parallèle *m*
Parameter *m* - paramètre *m*
paranoid paranoïaque *~e Zustände haben* faire des crises de paranoïa
paraphieren parapher
Parasit *m* -en -en *(bio)* parasite *m*
Pärchen *n* - couple *m*
Parfüm *n* -s parfum *m*
parieren : *einen Schlag ~* parer un coup ◆ *jm ~* obéir (sans broncher) à qqn
Pariser *m* - *(fam)* capote *f* (anglaise)
paritätisch paritaire
Park *m* -s parc *m*, jardin *m* public
parken : *einen Wagen ~* garer une voiture ◆ *~ verboten !* interdit de stationner
Parkett *n* -e/-s **1** parquet *m* **2** *(th)* orchestre *m*
Parkhaus *n* ¨er parking *m* (couvert/à étages), silo *m* à voitures
Parklicht *n* -er feu *m* de stationnement
Parkplatz *m* ¨e **1** place *f* de stationnement **2** parking *m*
Parkuhr *f* -en parcmètre *m*
Parlament *n* -e parlement *m*
parlamentarisch parlementaire
parodieren parodier
Parole *f* -n **1** devise *f*, mot *m* d'ordre, slogan *m* **2** *~ !* le mot de passe !
Paroli *n* ø : *(loc) jm ~ bieten* tenir tête à qqn, ne pas s'en laisser remontrer par qqn
Partei *f* -en **1** parti *m*; *(fig)* faction *f* **2** *(jur)* partie *f* **3** locataire *m*
parteiisch partial *~e Haltung* une position partisane
parteilos sans appartenance politique
Parteitag *m* -e congrès *m* d'un parti
Parterre *n* -s rez-de-chaussée *m*
Partie *f* -n **1** partie *f* **2** *(th)* rôle *m* **3** *(comm)* lot *m* **4** *(fam) eine gute ~ machen* faire un bon mariage
Partikel *n* -/*f* -n particule *f*
Partitur *f* -en partition *f*
Partizip *n* -ien participe *m*
PartnerIn *m f* **1** partenaire *m f* **2** *(comm)* associé *m* -e *f*
Partnerschaft *f* -en partenariat *m*; jumelage *m*
Partnerstadt *f* ¨e ville *f* jumelée
partout [partu:] *(fam > non fam)* absolument
Part(.)y *f* -s/.ies fête *f*
Parzelle *f* -n parcelle *f*
Paß *m* ¨sse **1** passeport *m* **2** *(montagne)* col *m* **3** *(sp)* passe *f*
Passage *f* -n/ø passage *m* (couvert); *(livre)* passage; *(mar)* traversée *f*

PassagierIn

PassagierIn *m f* passager, -ère
Passagierdampfer *m* - paquebot *m*
Passat *m* -e alizé *m*
Paßbild *n* -er photo *f* d'identité
passen 1 *das Kleid paßt* la robe est à ma/votre/... taille; *(fig) wie angegossen ~* aller comme un gant 2 *(fig) das paßt mir (gut)* cela me convient tout à fait; *(fam) das könnte dir so ~!* cela t'arrangerait bien, hein? 3 *(jeu) ich passe!* je passe!; *(fam)* je sèche! ♦ *er paßt gut zu ihr* ils vont bien ensemble; *(fig) die Beschreibung paßt auf ihn* cette description lui correspond tout à fait/cadre tout à fait avec lui ♦ *auf etw (A) ~* être adapté à qch; *in etw (A) ~* rentrer dans qch ♦ *etw ~ (in A)* positionner / insérer / placer / rentrer correctement qch (dans) ♦ *es paßt sich nicht* cela ne se fait pas, cela n'est pas convenable ♦ *(fam) haben Sie's passend?* vous avez la monnaie?
passierbar franchissable
Passierschein *m* -e laissez-passer *m*
Passion *f* -en 1 passion *f* 2 *(rel)* Passion *f*
passioniert passionné; *(fig) ein ~er Junggeselle* un célibataire endurci
passiv 1 passif, -ive 2 *~es Mitglied* un membre non actif
Passiv *n* ø passif *m*
Passivsal(.)do *n* .den/.di/-s solde *m* débiteur
Passus *m* - passage *m*
Paste *f* -n pâte *f*
Pastete *f* -n vol-au-vent *m*; pâté *m* en croûte
PastorIn *m f* pasteur *m*
Pate *m* -n -n parrain *m*; *(fam) X hat bei dem Projekt ~ gestanden* on sent la patte de X dans ce projet
Patenkind *n* -er filleul *m* -e *f*
patent : *(fam) ein ~er Kerl* un type épatant
Patent *n* -e brevet *m*
patentieren (faire) breveter
pathetisch pathétique
pathologisch pathologique
Pathos *n* ø pathétique *m*, pathos *m*; emphase *f*
PatientIn *m* -en -en *f* -nen patient *m* -e *f*
Patin *f* -nen marraine *f*
Patina *f* ø patine *f*
PatriotIn *m* -en -en *f* -nen patriote *m f*
patriotisch patriotique
PatrizierIn *m f* patricien *m* -ne *f*; grand bourgeois *m* -e *f*
Patrone *f* -n cartouche *f*
Patronengurt *m* -e cartouchière *f*
patsch! vlan!; paf!; plouf!
Patsche *f* -n menotte *f*, mimine *f* ♦ ø *in der ~ sitzen* être dans le pétrin

patschen <sein> : *(fam) der Regen patscht auf das Dach* la pluie crépite sur le toit ♦ *jm eine ~* gifler qqn, envoyer une gifle à qqn
Patt *n* -s *(échecs)* pat [pat] *m*; *(pol)* situation *f* de blocage, impasse *f*
patzen *(fam)* se planter
Patzer *m* - *(fam)* bourde *f*
patzig *(fam)* culotté, gonflé ♦ avec un culot monstre
Pauke *f* -n grosse caisse *f*; timbale *f*; *(fam) mit ~n und Trompeten durch=fallen* s'étaler
pauken *(fam)* bûcher, bosser
Pauker *m* - *(fam)* 1 prof *m* 2 bûcheur *m*; bosseur *m*
pauschal 1 *(somme)* globale, forfaitaire 2 *(jugement)* sans nuance, à l'emporte-pièce ♦ 1 *~ zahlen* payer un prix forfaitaire 2 *~ urteilen* juger en bloc
Pauschalreise *f* -n voyage *m* organisé
Pause *f* -n 1 pause *f*; *(ens)* récréation *f*; *(th)* entracte *m* 2 papier-calque *m*
pausen décalquer, faire un calque
pausenlos continu, ininterrompu ♦ *~ reden* parler sans interruption
Pausenzeichen *n* - 1 *(radio)* indicatif *m* 2 *(mus)* pause *f*
pausieren faire une pause, s'interrompre
Pavian *m* -e babouin *m*
Pavillon ['pavɪljõ] *m* -s pavillon *m*
Pazifismus *m* ø pacifisme *m*
Pech *n* ø *(fam)* déveine *f so ein ~!* c'est la poisse *f!*; *dein ~!* c'est bien fait pour toi! *~ haben* ne pas avoir de bol *m* ♦ -e poix *f*; *(fam) wie ~ und Schwefel zu=sammen=halten* être comme cul et chemise
pechschwarz *(fig)* noir comme du jais
Pechvogel *m* ¨ *(fam > non fam)* malchanceux *m*, -euse *f*
Pedal *n* -e pédale *f*
pedantisch *(péj)* maniaque, tatillon, -ne, pinailleur, -euse
Pegel *m* - échelle *f* des eaux; niveau *m*
peilen 1 *einen Standort ~* repérer une position; *(mar)* faire le point; *(fam) die Lage ~* sentir la température 2 *die Wassertiefe ~* sonder la profondeur de bol *m* ♦ *über den Daumen gepeilt* au pifomètre, à vue de nez
Pein *f* ø douleur *f*, souffrance *f*; tourment *m*, supplice *m*
peinigen 1 torturer, tourmenter *mich peinigt das schlechte Gewissen* je suis rongé par le remords 2 *jn mit Fragen ~* accabler qqn de questions
peinlich gênant, embarrassant ♦ 1 *jn ~ berühren* gêner / embarrasser qqn 2 *etw ~ genau vorbereiten* préparer qch minutieusement / avec un soin minutieux
Peitsche *f* -n fouet *m*; cravache *f*
peitschen fouetter, donner un coup de

cravache (à) ♦ <sein> 1 *der Regen peitscht an das Fenster* la pluie tambourine sur/fouette les vitres 2 *Schüsse ~ durch die Nacht* des coups de feu résonnent dans la nuit

Pelle *f* -n peau *f*, pelure *f*; *(fam) jm auf der ~ sitzen* coller aux baskets de qqn, être collant

pellen peler, éplucher ♦ 1 *(peau) sich ~* peler 2 *sich schlecht ~* s'éplucher difficilement, être difficile à éplucher

Pellkartoffeln *fpl* pommes *fpl* de terre en robe des champs/à l'eau

Pelz *m* -e fourrure *f*, peau *f*; *(fam) jm auf den ~ rücken* casser les pieds à qqn ♦ ø fourrure; *mit ~ füttern* fourrer

pelzig 1 *einen ~en Belag auf der Zunge haben* avoir la langue rêche 2 *~e Rüben* des betteraves fibreuses

Pendel *n* - pendule *m*; *(horloge)* balancier *m*

pendeln : *mit den Armen ~* balancer les bras ♦ <sein> *er ist zwei Jahre gependelt* il a fait la navette pendant deux ans

Pendeltür *f* -en porte *f* battante

Pendelverkehr *m* ø service *m* de navette; trafic *m* de va-et-vient entre le lieu d'habitation et le lieu de travail

penetrant 1 *~er Geruch* une odeur tenace/pénétrante, une forte odeur 2 *(péj) ein ~er Mensch* une personne envahissante/*(fam)* collante

peng! pan!

penibel pointilleux, -euse, méticuleux, -euse

PennälerIn *m f* potache *m f*

Penne *f* -n 1 *(fam)* bahut *m* 2 *(fam/péj)* piaule *f keine ~ haben* ne pas savoir où crécher

pennen *(fam)* 1 roupiller, pioncer 2 *mit jedem ~* coucher avec tout le monde

Penner *m* - *(fam)* 1 clochard *m* 2 *mach mit, du alter ~ !* alors, tu te réveilles?

Pension [pã'zio:n] *f* ø 1 retraite *f* 2 pension complète ♦ *-en* pension *f* de famille

PensionärIn *m f* retraité-e *m f*

pensionieren : *jn ~* mettre à la retraite

Pentagramm *n* -e pentacle *m*, étoile *f* à cinq branches

Penunze *f* -n *(fam)* pèze *m*, fric *m*

Peperoni *f* - piment *m*

per (A) 1 *~ Luftpost* par avion 2 *(comm) ~ sofort* tout de suite; *die Ware ist ~ 10. Mai lieferbar* livrable à partir du 10 mai 3 *~ Stück* la pièce

perfekt 1 parfait, irréprochable 2 *(fam) der Vertrag ist ~* le contrat est prêt à être signé

Perfekt *n* -e passé *m* composé

Perforation *f* -en 1 *(timbre)* dent *f* 2 *(méd)* perforation *f*

Pergament *n* -e 1 papier *m* vélin 2 parchemin *m*

Periode *f* -n 1 période *f* 2 *(méd)* règles *fpl*, menstrues *fpl*

periodisch périodique *~ erscheinen* paraître tous les 15 jours

Perle *f* -n perle *f*; *(fam) ~n vor die Säue werfen* donner de la confiture aux cochons

perlen *(sueur)* perler; *(champagne)* pétiller ♦ <sein> *Tau perlt von den Blüten* des perles de rosées tombent des fleurs

Perlmutt(er) *f* ø nacre *f*

perplex : *(fam) ~ sein* en être baba

Perser *m* - 1 Persan *m die alten ~* les Perses 2 *(fam > non fam)* tapis persan

Persilschein *m* - *(fam/hist>non fam)* certificat *m* de dénazification/de réhabilitation *einen ~ erhalten* être blanchi

Person *f* -en 1 personne *f* 2 individu *m*, personne *eine weibliche ~* une personne de sexe féminin 3 *(th/ciné)* personnage *m* ♦ ø *(gram)* personne

Personal *n* ø personnel *m*

Personalakte *f* -n dossier *m*

Personalausweis *m* -e carte *f* d'identité

Personalien *fpl* identité *f ~ überprüfen* faire un contrôle d'identité

personalisieren personnaliser

personell 1 de personnel, concernant le personnel *~e Veränderungen in der Regierung* remaniement ministériel 2 personnel -le, concernant la personne

Personenkraftwagen (Pkw/PKW) *m* - voiture *f* de tourisme

Personenstand *m* ø état *m* civil

Personenverkehr *m* ø transport *m*/trafic *m* de voyageurs

Personenzug *m* ¨e (train *m*) omnibus [-bys] *m*

persönlich 1 personnel, -le 2 *~e Beziehungen* des relations personnelles; relations de personne à personne 3 *ich ~* personnellement, quant à moi, pour ma part; *~e Freiheit* liberté individuelle ♦ *~ anwesend sein* être en personne, assister en personne (à)

Persönlichkeit *f* ø personnalité *f* ♦ -en personnage *m ~en des öffentlichen Lebens* des personnalités

Perspektive *f* -n perspective *f*; *(fig)* point *m* de vue, angle *m*, optique *f er hat gute ~n* il a de l'avenir *m*

perspektivisch de/en perspective

Perücke *f* -n perruque *f*

pervers 1 pervers 2 *(fam)* gonflé

pervertieren : *etw ~* pervertir/dénaturer qch ♦ <sein> *zum Totalitarismus ~* virer au totalitarisme

pesen <sein> *(fam)* courir comme un dératé

pessimistisch pessimiste

Pest f ø peste f; (fam) etw wie die ~ hassen avoir horreur de qch
Peter m - : (fam) jm den schwarzen ~ zu=schieben tout mettre sur le dos de qqn
Petersilie f -n persil m; (fam) ihm ist die ~ verhagelt il tire la gueule
Petroleum n ø pétrole m
Petze f -n (fam/péj) cafteur, -euse, rapporteur, -euse
petzen (fam/péj) cafarder, rapporter
Pfad m -e sentier m, chemin m
PfadfinderIn m f scout m, guide f
Pfaffe m -n -n (péj/fam) cureton m
Pfahl m ¨e pieu m, poteau m
pfählen 1 étayer, consolider 2 jn ~ empaler qqn
Pfand n ¨er 1 consigne f 2 gage m
pfänden : jn ~ saisir qqn
Pfandflasche f -n bouteille f consignée
Pfandleihe f ø mont-de-piété m; prêteur m sur gage ◆ -n mont-de-piété m; prêteur m sur gage
Pfändung f -en saisie f
Pfanne f -n 1 poêle f kleine ~ poêlon m 2 (fam) etw auf der ~ haben avoir qch en réserve f 3 (métallurgie) cuve f; (archi) tuile f
Pfannkuchen m - 1 crêpe f, galette f 2 beignet m; (fam) auf=gehen wie ein ~ devenir bouffi
Pfarramt n ¨er 1 ministère m (d'un prêtre) 2 cure f, presbytère m
PfarrerIn m f (catho) curé m; (prot) pasteur m
Pfau m -en paon [pã] m; (fig) herum=stolzieren wie ein ~ se pavaner
Pfeffer m ø 1 poivre m; (fam) geh hin, wo der ~ wächst ! va au diable ! da liegt der Hase im ~ ! voilà le hic ! 2 (fam) punch m
Pfefferkuchen m - pain m d'épice
Pfefferminze f ø menthe f
pfeffern 1 poivrer 2 (fam) jm eine ~ en balancer une à qqn
Pfeife f -n 1 fifre m; (orgue) tuyau m; (fam) nach js ~ tanzen obéir à qqn au doigt et à l'œil 2 pipe f
pfeifen* siffler; leise ~ siffloter; (fam) ich pfeife darauf ! je m'en balance ! je m'en fiche ! ◆ siffler; (fam) jm etw ~ rembarrer qqn
Pfeil m -e flèche f
Pfennig (Pf) m -e pfennig m; (fam) keinen ~ wert sein ne pas valoir un sou
Pfennigabsatz m ¨e talon m aiguille
PfennigfuchserIn m f (fam) grippe-sou m
pferchen parquer, entasser
Pferd n -e 1 cheval m; (fam) die ~e scheu machen affoler les gens; mit jm ~e stehlen können s'entendre comme deux larrons en foire; da bringen mich keine zehn ~e hin ! je n'irai pas pour tout l'or du monde 2 (sp) cheval d'arçon
Pferdeapfel m ¨ crottin m (de cheval)
Pferdestall m ¨e écurie f
Pferdestärke (PS) f -en cheval-vapeur (C.V.) m
Pfiff m -e sifflement m; coup m de sifflet Beifall und ~e des applaudissements et des sifflets mpl; (fam) keinen ~ haben manquer de piquant m
Pfifferling m -e girolle f; chanterelle f
pfiffig malin, rusé
Pfingsten f - Pentecôte f
Pfingstrose f -n pivoine f
Pfirsich m -e pêche f
Pflanze f -n plante f
pflanzen planter
Pflanzenfett n -e graisse f végétale
Pflanzenfresser m - herbivore m, phytophage m
Pflanzenschutzmittel n - produit m phytosanitaire
pflanzlich végétal
Pflanzung f -en plantation f
Pflaster n - 1 pavé m 2 pansement m
pflastermüde : (fam) ~ sein en avoir plein les bottes
pflastern 1 paver 2 (fam) jm eine ~ flanquer une gifle à qqn
Pflasterstein m -e 1 pavé m 2 pain m d'épice
Pflaume f -n prune f; (fam) so eine ~ ! quelle nouille f !
Pflaumenbaum m ¨e prunier m
Pflege f ø soins mpl; entretien m ~ des Körpers hygiène f corporelle; in ~ nehmen prendre en nourrice/en pension
Pflegeeltern pl parents mpl nourriciers
Pflegefall m ¨e personne f dépendante
Pflegegeld n ø pension f
pflegeleicht facile d'entretien
pflegen soigner, s'occuper (de) ◆ wie man zu sagen pflegt comme on dit ◆ ein gepflegtes Äußeres haben être très soigné
PflegerIn m f 1 infirmier, -ère 2 (jur) tuteur m -trice f
pfleglich soigneux, -euse ◆ avec soin
Pflegschaft f -en tutelle f
Pflicht f -en 1 devoir m, obligation f morale 2 (sp) figures fpl imposées
pflichtbewußt conscient de son devoir
Pflichtfach n ¨er matière f obligatoire
Pflichtgefühl n ø sens m du devoir
PflichtverteidigerIn m f avocat m -e f commis d'office
Pflock m ¨e piquet m
pflücken cueillir
Pflug m ¨e charrue f
pflügen : den Acker ~ labourer le champ ◆ labourer, passer la charrue
Pforte f -n porche m
PförtnerIn m f portier m; concierge m

Pfosten *m* - poteau *m*
Pfote *f* -n 1 patte *f*; *(fam)* **sich** (D) **die ~n verbrennen** y laisser des plumes
Pfriem *m* -e poinçon *m*
pfropfen 1 *(fam)* **die Sachen in den Koffer ~** fourrer ses affaires dans une valise 2 *(agr)* greffer
Pfropfen *m* - bouchon *m*; *(tonneau)* bondon *m*
pfui! beurk! pouah! hou!
Pfund *n* -e 1 livre *f* 5 **~ Kartoffeln** deux kilos et demi de pommes de terre; *(fig)* **mit seinen ~en wuchern** tirer parti de ses talents 2 *(monnaie)* livre
pfundig *(fam)* très chouette, super
PfuscherIn *m f* fumiste *m f*
pfuschen *(fam)* bâcler son travail
Pfütze *f* -n flaque *f*
phallisch phallique
Phänomen *n* -e phénomène *m*
phänomenal 1 *(phil)* phénoménologique 2 phénoménal
Phantasie *f* ø : **~ haben** avoir de l'imagination *f* ◆ -n 1 *(méd)* fantasme *m*, délire *m* 2 *(mus)* fantaisie *f*
phantasieren 1 fantasmer; délirer, divaguer 2 *(méd)* délirer 3 *(mus)* improviser
phantastisch fantastique
Phantom *n* -e fantôme *m*, mirage *m*
Phantombild *n* -er portrait-robot *m*
Pharao *m* -nen pharaon *m*
Pharmaindustrie *f* ø industrie *f* pharmaceutique
Phase *f* -n phase *f*; *(fig)* phase, stade *m*
Philister *m* - béotien *m*
Philologe *m* -n philologue *m*
PhilosophIn *m* -en -en *f* -nen philosophe *m f*
phlegmatisch flegmatique
Phon *n* -s phone *m*, décibel *m*
phosphoreszieren être phosphorescent
Photo *n* -s photo *f*
photogen photogénique
PhotographIn *m* -en -en *f* -nen photographe *m f*
photographieren photographier
Phrase *f* -n 1 *(péj)* grande phrase; propos *mpl* verbeux; langue *f* de bois; *(fam)* **~n dreschen** faire de grands baratins *mpl* 2 *(mus)* phrase
phrasenhaft verbeux, -euse
pH-Wert *m* -e pH *m*
Physik *f* ø physique *f*
PhysikerIn *m f* physicien *m* -ne *f*
Physik.um *n* .a examen *m* après 6 semestres de médecine
physiologisch physiologique
PhysiotherapeutIn *m* -en -en *f* -nen physiothérapeute *m f*
PianistIn *m* -en -en *f* -nen pianiste *m f*
Pickel *m* - 1 bouton *m* 2 pioche *f*, pic *m*

pick(e)lig boutonneux, -euse
picken picorer
picknicken pique-niquer
picobello extra: impeccable, nickel
Piefke *m* -s *(fam)* crâneur *m*
piekfein *(fam)* smart
piep 1 **~!** piou! piou!; cui! cui! 2 *(fam)* **nicht mehr ~ sagen** ne plus piper mot
piepegal : *(fam)* **das ist mir ~** je m'en fous comme de l'an quarante
piepen pépier, piailler; *(fam)* **bei dir piept's** ça va pas la tête?
Piepen *pl (fam)* ronds *mpl*, fric *m*
piepsen 1 pépier, piailler 2 parler avec une voix de fausset
Piepton *m* ¨e bip *m* sonore
Pier *m/f* -e/-s quai *m*, ponton *m*
piesacken : *(fam)* **jn ~** en faire voir à qqn
pietätlos irrespectueux, -euse
Pik *m* -e/-s : *(fig/fam)* **einen ~ auf jn haben** avoir une dent contre qn
Pik *n* ø pique *m*
pikant 1 *(cuis)* relevé, épicé 2 *(fig)* **eine ~e Geschichte** *(fam)* une histoire salée
Pike *f* -n : *(fam)* **etw von der ~ auf lernen** apprendre qch sur le tas
Piksieben *f* ø : *(fam)* **da=stehen wie ~** en être comme deux ronds de flan
PilgerIn *m f* pèlerin *m*
Pilgerfahrt *f* -en pèlerinage *m*
Pille *f* -n 1 pilule *f*; *(fam)* **bei dem helfen keine ~n** avec lui c'est peine perdue 2 *(fam)* **die ~ nehmen** prendre la pilule
PilotIn *m* -en -en *f* -nen pilote *m f*
Pilz *m* -e *(cuis/méd)* champignon *m*
Pimpf *m* -e 1 *(fam)* môme *m*, gamin *m* 2 *(hist)* nom des plus jeunes dans la jeunesse hitlérienne
pingelig *(fam)* maniaque, tatillon
Pinguin *m* -e pingouin *m*
Pinie *f* -n pin *m*
Pinke(pinke) *f* ø *(fam)* sous *mpl*
Pinkel *m* - *(fam/péj)* freluquet *m*
pinkeln *(fam)* pisser
Pinne *f* -n 1 *(mar)* barre *f* 2 pointe *f*
pinnen épingler
Pinsel *m* - pinceau *m*
pinseln *(fam)* faire de la peinture, barbouiller ◆ 1 peindre 2 *(méd)* badigeonner
Pinzette *f* -n pince *f* à épiler
Pionier *m* -e 1 *(mil)* sapeur *m* 2 *(hist/fig)* pionnier *m*
Pipifax *m* ø : *(fam/péj)* **was soll der ~ ?** c'est quoi, ce truc?
Pirat *m* -en -en pirate *m*
Pirogge *f* -n pirogue *f*
pissen *(vulg)* pisser
Pistazie *f* -n pistache *f*
Pistole *f* -n pistolet *m*, revolver *m*; *(fam)* **jm die ~ auf die Brust setzen** mettre à qqn le couteau sous la gorge; **wie aus der**

~ *geschossen antworten* répondre du tac au tac
pitsch(e)naß *(fam)* trempé
pittoresk pittoresque
PkW/PKW *m* -s → **Personenkraftwagen**
placken sich *(fam)* se défoncer, s'esquinter, en faire beaucoup
plädieren : *für etw* ~ défendre l'idée de qch ; *(jur) auf schuldig* ~ plaider coupable
Plädoyer [pledoa'je:] *n* -s plaidoyer *m*
Plage *f* -n calamité *f*; *(fig)* plaie *f*
plagen embêter, importuner; faire souffrir; assommer ◆ *sich* ~ faire des efforts considérables; peiner, *(fam)* se défoncer
Plakat *n* -e affiche *f*, pancarte *f*
Plakette *f* -n insigne *m*, badge *m*
plan plan *etw* ~ *schleifen* aplanir/polir qch
Plan *m* ø : *(fig) jn/etw auf den* ~ *rufen* mettre en branle qqn/qch ◆ ¨e **1** plan *m* **2** projet *m*, plan
Plane *f* -n bâche *f*
planen 1 projeter **2** planifier, organiser
Planet *m* -en -en planète *f*
planieren aplanir, niveler
Planierraupe *f* -n bulldozer *m*, niveleuse *f*
Planke *f* -n planche *f*, madrier *m*
plänkeln se chamailler
planlos au hasard
planmäßig prévu méthodiquement, systématiquement; comme prévu
planschen barboter, patauger
Planstelle *f* -n poste *m* budgété
Plantage [planta:zə] *f* -n plantation *f*
Planung *f* -en planification *f*, plan *m*, planning *m*
planvoll bien planifié, méthodique
Planwagen *m* - camionnette *f*/semi-remorque *m* (à bâche); *(hist)* calèche *f*
Planwirtschaft *f* ø économie dirigée/planifiée
Plapperei *f* -en *(fam/péj)* papotage *m*
Plappermaul *n* ¨er *(fam/péj)* moulin *m* à paroles
plappern *(fam)* papoter, jacasser
plärren 1 *(péj)* crier, brailler *laut* ~ hurler **2** *(fam)* chialer
Plastik *f* ø **1** *(art)* sculpture *f* **2** expressivité *f* ◆ **-en 1** *(art)* sculpture **2** *(méd)* greffe *f*
Plastik *n* ø plastique *m*
plastisch 1 *ein* ~*es Werk* une sculpture **2** *eine* ~*e Masse* une masse très malléable/souple ◆ *etw* ~ *schildern* décrire de manière expressive
Platane *f* -n platane *m*
Platin *n* ø platine *m*
platonisch platonique
platsch! plouf!; floc!
platschen : *im Wasser* ~ s'ébattre/barboter dans l'eau ◆ <sein> *ins Wasser* ~ tomber dans l'eau
plätschern clapoter, faire un bruit de clapotis
platt 1 aplati *eine* ~*e Nase* un nez épaté / camus; *(fam) ein* ~*er Reifen* un pneu à plat **2** *(fam) eine* ~*e Lüge* un pur mensonge ◆ **1** *etw* ~ *drücken* aplatir/écraser qch **2** *(fam)* ~ *sein* en être baba
plattdeutsch bas-allemand
Platte *f* -n **1** plaque *f* **2** disque *m*; *(fam) ständig die gleiche* ~ ! toujours la même rengaine *f*! *die* ~ *kenne ich* je connais la chanson *f* **3** *(cuis) gemischte* ~ une assiette *f* anglaise **4** *(archi)* dalle *f*; carreau *m* **5** *(cuisinière)* plaque de cuisson; *(table)* plateau *m*; *(tombe)* dalle, pierre tombale **6** *(fam) eine* ~ *haben* avoir un crâne dénudé
plätten repasser; *(fam) geplättet sein* être estourbi
Plattenbauweise *f* ø préfabriqué *m*
Plattenspieler *m* - platine *f*; électrophone *m*, tourne-disque *m*
Plattform *f* -en plate-forme *f*
Platz *m* ¨e **1** *(ville)* place *f* **2** *ein ruhiger* ~ un endroit/lieu tranquille; *(fig) fehl am* ~(e) *sein* être déplacé/inopportun **3** *(sp)* position *f*, place **5** *(sp) auf die Plätze!* à vos marques *fpl*! ◆ ø *zu viel* ~ *ein=nehmen* prendre trop de place; *(fam)* ~ *da!* rangez-vous!
Platzanweiserin *f* ouvreuse *f*
Plätzchen *n* - **1** petit gâteau *m* (sec) **2** *ein ruhiges* ~ un petit coin tranquille
Platze *f* ø : *(fam) sich (D) die* ~ *ärgern* être fou de rage, se mettre en boule
platzen <sein> **1** *die Naht platzt* la couture craque **2** *(pneu)* crever; *(fig) vor Lachen* ~ être mort de rire **3** *in eine Versammlung* ~ faire irruption/ *(fam)* débarquer dans une réunion
Platzkarte *f* -n réservation *f*
Platzpatrone *f* -n cartouche *f* à blanc
Platzregen *m* ø averse *f*
Plauderei *f* -en bavardage *m*
plaudern causer, bavarder
Plausch *m* ø : *einen* ~ *halten (fam)* faire la causette *f*
plausibel plausible
Plauze *f* - : *(fig/fam) es auf der* ~ *haben* avoir la crève *f*
Plazen.ta *f* -s/.ten placenta *m*
plazieren (sich) (se) placer
Plebs *m* ø *(péj)* populace *f*, bas peuple
pleite : *(fam)* ~ *gehen* couler; ~ *sein* être fauché
Pleite *f* -n *(fam/comm)* faillite *f*; *(fam)* bide *m*
Plempe *f* -n *(fam)* bibine *f*; *(café)* jus *m* de chaussette
plemplem *(fam)* marteau, dingue

Plen.um *n* .**n** assemblée *f* plénière
Plombe *f* -**n** 1 plomb *m* 2 plombage *m*
plombieren plomber
Plörre *f* ø *(péj)* jus *m* de chaussette
plötzlich soudain, subit ♦ soudain, subitement, tout à coup, brusquement
plump 1 emprunté, lourdaud, *(fam)* godiche *ein ~er Mensch* un balourd; *~e Bewegungen* des gestes empruntés 2 *(fig) ein ~er Trick* une ruse grossière
plumps! plouf!; floc!
plumpsen <sein> *(fam › non fam)* tomber avec un bruit sourd
Plumpsklo *n* -**s** *(fam)* W.-C. *m* en planches
Plunder *m* ø 1 *(fam/péj)* saloperie *f* 2 pâtisserie *f* en pâte feuilletée
plündern piller; saccager, mettre à sac
Plünnen *pl (fam)* fringues *fpl*, frusques *fpl*
Plural *m* -**e** pluriel *m*
pluralistisch pluraliste, nuancé
Pluralität *f* ø pluralité *f*, diversité *f*
plus : *(math) fünf ~ drei* cinq plus trois ♦ **(G)** *(comm) Betrag ~ der Zinsen* le montant plus les intérêts ♦ *(météo) ~ fünf Grad* cinq degrés au-dessus de zéro
Plus *n* ø *(comm)* excédent *m*; *(fig)* plus *m*, bon point *m*
Pluspunkt *m* -**e** *(sp)* un point d'avance; *(fig)* plus *m*, bon point
Plüsch *m* -**e** peluche *f*
Pluspol *m* -**e** *(élec/phys)* pôle positif
Plusquamperfekt *n* -**e** plus-que-parfait *m*
pneumatisch pneumatique
Pöbel *m* ø *(péj)* populace *f*
pöbelhaft de bas étage, grossier
pöbeln : *(fam) hör auf zu ~!* tu me cherches, ou quoi?
pochen 1 *(cœur)* battre 2 *auf/an etw* **(A)** *~* taper/cogner sur/contre qch; *(fig) auf sein Recht ~* se prévaloir de son droit
Pocken *fpl* variole *f*
Podest *n* -**e** 1 estrade *f* 2 palier *m*
Pod.ium *n* .**ien** estrade *f*, tribune *f*
PoetIn *m* -**en** -**en** *f* -**nen** poète *m* -sse *f*
poetisch poétique
Pointe *f* -**n** fin mot *m* de l'histoire
Pokal *m* -**e** coupe *f* ♦ ø *(sp)* finale *f* (nationale)
pökeln saler, saumurer
pokern jouer au poker
Pol *m* -**e** 1 *der nördliche ~* le pôle *m* Nord 2 *(phys)* pôle
polar polaire
polarisieren sich devenir de plus en plus clair, se polariser
Polarlicht *n* -**er** aurore *f* boréale
polemisch polémique
polemisieren polémiquer
polen brancher à un pôle électrique

Polente *f* ø *(fam)* flics *mpl*
Polier *m* -**e** contremaître *m*
polieren astiquer; polir
PolitikerIn *m* *f* homme *m* politique, politicien *m* -ne *f*
politisch politique
Politische/r *(fam > non fam)* prisonnier *m* politique
politisieren politiser; faire de la politique; discuter politique ♦ *sich ~* se politiser
Politur *f* -**en** 1 poli *m*, vernis *m*, brillant *m* 2 vernis *m*, cire *f*, polish *m*
Polizei *f* ø police *f*
Polizeibeamte/r policier *m*, officier *m* de police
Polizeigewahrsam *m* ø garde *f* à vue
polizeilich de/par la police
Polizeirevier *n* -**e** commissariat *m*, poste *m* de police
Polizeistunde *f* ø heure *f* de fermeture légale
PolizistIn *m* -**en** -**en** *f* -**nen** agent *m* de police, policier *m*
Polster *n* -**1** coussin *m* 2 *(vêtement)* épaulette *f*; *(fig) ein finanzielles ~* des arrières *mpl* financiers
Polsterer *m* - tapissier *m*
polstern rembourrer, capitonner; *(porte)* capitonner
poltern 1 *die Steine ~* les cailloux roulent 2 *er poltert immer* il crie/*(fam)* râle tout le temps ♦ 1 *über die Steine ~* cahoter sur les pierres 2 *ins Zimmer ~* faire irruption dans la pièce
Pomade *f* -**n** gel *m*; brillantine *f*
Pommes [pɔmɛs] *pl (fam)* frites *fpl*
Pomp *m* ø faste *m*, pompe *f*
pompös fastueux, -euse, pompeux, -euse
Pontonbrücke *f* -**n** pont *m* flottant
Pony *m* -**s** frange *f*
Pony *n* -**s** poney *m*
Pope *m* -**n** *(rel)* pope *m*; *(péj)* curé *m*
Popel *m* - 1 *(fam)* crotte *f* de nez 2 *(péj)* pauvre type *m*
pop(e)lig : *(fam) ein ~es Geschenk* un cadeau minable
popeln *(fam)* se trifouiller le nez
Popo *m* -**s** *(fam)* derrière *m*
poppig : *~e Farben* des couleurs vives
populär populaire
Popularität *f* ø popularité *f*
Pore *f* -**n** pore *m*
pornographisch pornographique
porös poreux, -euse
Portal *n* -**e** portail *m*
Portemonnaie [pɔrtmɔneː] *n* -**s** porte-monnaie *m*; *(fam) ein dickes ~ haben* être friqué
Port(.)o *n* -**s**/.**i** port *m*
portofrei en franchise postale
Porträt *n* -**s** portrait *m*

Portwein *m* -e porto *m*
Porzellan *n* -e/ø porcelaine *f*; *(fam)* ~ *zerschlagen* faire de la casse/du dégât
Posaune *f* -n trombone *m*
posaunen *(fam/péj)* claironner
posieren poser, prendre des poses
Position *f* -en **1** position *f eine führende* ~ un poste de direction; *in einer guten* ~ *sein* avoir une bonne situation **2** *(mar)* position *f* **3** *(comm)* poste *m*
positiv positif, -ive
Positiv *m* -e positif *m*, forme première
Positiv *n* -e positif *m*, épreuve positive
Positur *f* ø pose *f*; posture *f*; *(fam) sich in* ~ *setzen* prendre la pose
Possen *mpl* : ~ *reißen* faire le pitre
possenhaft burlesque, bouffon
Post *f* ø **1** courrier *m* **2** poste *f* **3** *(fam) ab geht die* ~ *!* en route !
Postamt *n* ¨er poste *f*
Postanweisung *f* -en mandat postal
Postbote *m* -en facteur *m*
Posten *m* - **1** *(mil)* poste *m*; sentinelle *f einen* ~ *beziehen* prendre son tour de garde; rejoindre son poste; *(fam) auf dem* ~ *sein* être en pleine forme ; *auf verlorenem* ~ *stehen* être mal embarqué **2** *ein gutbezahlter* ~ un poste bien rémunéré, une bonne situation **3** *(comm)* lot *m*; ~ *zusammen=rechnen* faire la somme des différents postes
postieren poster
Postkarte *f* -n carte postale
Postkutsche *f* -n diligence *f*
postlagernd poste restante
Postleitzahl *f* -en code postal
Postulat *n* -e principe *m* (de base)
postum posthume ◆ à titre posthume
postwendend par retour du courrier; *(fig)* sur le champ, sans se faire attendre
Postwurfsendung *f* -en envoi *m* groupé
potent 1 *(sexe)* pas impuissant **2** puissant
Potential *n* -e potentiel *m*
potentiell potentiel
Potenz *f* ø virilité *f* ◆ **-en** *(math) in die vierte* ~ *erheben* élever/ mettre à la puissance quatre
potenzieren *(math)* élever à la puissance ◆ *die Wirkung potenziert sich durch Alkohol* l'effet est amplifié par l'alcool
Pott *m* ¨e *(fam)* **1** *ein* ~ *Kaffee* *(non fam)* une cafetière **2** *ein Kind auf den* ~ *setzen* mettre un enfant sur le pot *m*; *mit etw zu* ~*(e) kommen* boucler qch **3** *ein kleiner* ~ un petit rafiot *m*
potthäßlich *(fam)* laid comme un pou
Pottwal *m* -e cachalot *m*
Präambel *f* -n préambule *m*
Pracht *f* ø splendeur *f*, magnificence *f*; apparat *m*, faste *m*

Prachtexemplar *n* -e *(fam)* modèle *m* du genre, merveille *f*
prächtig 1 splendide, superbe, magnifique ; somptueux, -euse
Prachtkerl *m* -e *(fam)* type *m* super
Prädikat *n* -e **1** *(ens)* mention *f*, note *f* **2** *(gram)* prédicat *m*, attribut *m*
Präfekt *m* -en -en préfet *m*
Präfix *n* -e préfixe *m*
prägen 1 gaufrer, estamper; *(monnaie)* frapper **2** *(caractère)* former, marquer
Pragmatik *f* ø pragmatisme *m*, esprit *m* pramatique
pragmatisch pragmatique
prägnant concis et précis
Prägung *f* -en **1** gaufrage *m*, estampage *m*; frappe *f* **2** dessin *m*/ figure *f* en relief **3** influence *f*, empreinte *f*, marque *f*
prahlen fanfaronner, se vanter ◆ *mit etw* ~ se targuer de qch
Praktik *f* -en **1** almanach *m* **2** *pl* pratiques, agissements *mpl*
praktikabel applicable, facile à mettre en œuvre
PraktikantIn *m* -en -en *f* -nen stagiaire *m f*
Praktiker *m* - praticien *m*
Praktik.um *n* .a stage *m*
praktisch 1 pratique, appliqué à la pratique **2** qui a l'esprit pratique, pragmatique ◆ *(fam) er kann* ~ *alles* *(non fam)* il sait à peu près/pratiquement tout faire
praktizieren pratiquer ◆ *praktizierender Christ* chrétien pratiquant
Praline *f* -n *(crotte f de)* chocolat *m*
prall 1 plein, rebondi ; dodu ; bien gonflé **2** *in der* ~*en Sonne* en plein soleil
prallen : *die Sonne prallt auf die Haut* le soleil tape ◆ *<sein> gegen etw* ~ heurter qch, se cogner contre qch
Prämie *f* -n prime *f*
präm(i)ieren : *jn* ~ décerner un prix/ une distinction à qqn
prangen resplendir
Pranger *m* - pilori *m*
Pranke *f* -n patte *f*, griffes *fpl*; *(fam)* paluche *f*
Präparat *n* -e préparation *f*; *(méd/bio)* échantillon naturalisé
präparieren 1 *(méd/bio)* naturaliser **2** préparer ◆ *sich für das Examen* ~ préparer un examen
Präposition *f* -en préposition *f*
Präsen.s *n* .tia/.zien présent *m*
präsent présent
Präsent *n* -e présent *m*, petit cadeau *m*
präsentieren présenter
Präsentierteller *m* - : *(fam) auf dem* ~ *sitzen* être sur la sellette *f*
Präservativ *n* -e préservatif *m*
PräsidentIn *m* -en -en *f* -nen président *m* -e *f*

präsidieren (D) présider; diriger
Präsidium *n* ø **1** comité directeur; présidence *f* **2** siège *m* du comité directeur
prasseln <sein/haben> : *der Regen prasselt gegen die Scheiben* la pluie tambourine contre les vitres ◆ *das Feuer prasselt* le feu crépite ◆ *(fig) prasselnder Beifall* un tonnerre d'applaudissements
prassen mener la grande vie
prätentiös prétentieux, -euse
präventiv préventif, -ive
Praxis *f* ø **1** pratique *f* **2** *keinerlei ~ haben* ne pas avoir la moindre expérience *f* **3** *(méd)* cabinet *m*
praxisbezogen : *eine ~e Ausbildung* une formation pratique/professionnalisée
Präzedenzfall *m* ¨e précédent *m*
präzis(e) précis
predigen *(rel)* prêcher; *(fam)* faire la morale
PredigerIn *m f* prédicateur, -trice
Predigt *f* -en *(rel)* prêche; *(fam)* tirade *f* de morale, prêchi-prêcha *m*
Preis *m* -e **1** prix *m*; *(fig) um jeden ~* à tout prix **2** *(rel) ~ sei Gott* gloire *f* à Dieu
Preisausschreiben *n* - concours *m*
Preiselbeere *f* -n airelle *f*
preisen* louer, vanter, faire l'éloge (de) ◆ *sich glücklich ~* s'estimer heureux
preis=geben* **1** abandonner, renoncer (à) **2** *ein Geheimnis ~* divulguer/trahir un secret **3** *jn dem Gelächter ~* livrer qqn à la risée de tous
preisgekrönt : *ein ~er Film* un film primé
Preislage *f* -n gamme *f*/ordre *m* de prix
Preisliste *f* -n tarif *m*, barème *m*
Preisnachlaß *m* ¨sse rabais *m*, réduction *f*
Preisschild *n* -er étiquette *f* (de prix)
PreisträgerIn *m f* lauréat *m* -e *f*; *(sp)* gagnant *m* -e *f*, champion *m* -ne *f*
preiswert avantageux, -euse, à un prix intéressant
prekär précaire
Prellbock *m* ¨e butoir *m*
prellen **1** *jn um etw ~* s'octroyer qch à la place de qqn, délester qqn de qch **2** *(D) das Knie ~* se contusionner le genou
PremierministerIn *m f* premier ministre *m*
Presse *f* ø presse *f*, journaux *m* ◆ *-en* presse; pressoir *m*
Presseerklärung *f* -en communiqué de presse
pressen presser ◆ *den Kopf gegen die Wand ~* presser/plaquer sa tête contre le mur; *jn an sich ~* presser/serrer qqn contre soi ◆ *sich an jn ~* se serrer contre qqn

PressereferentIn *m* -en -en *f* -nen attaché *m* -e *f* de presse
Presseschau *f* -en revue *f* de presse
Preßlufthammer *m* - marteau *m* piqueur
Preußen *n* ø Prusse *f*
prickeln **1** *die Hände ~* les mains me picotent **2** *der Sekt prickelt* le mousseux pétille
Priem *m* -e chique *f*
PriesterIn *m f* prêtre *m*; *(hist)* prêtre *m* -sse *f*
Priesteramt *n* ø sacerdoce *m*, ministère *m*
Primaballerin.a *f* .en danseur *m*, -euse *f* étoile
PrimanerIn *m f* élève *m f* de terminale; *(péj)* bleu *m*
primär **1** *von ~er Bedeutung* de première importance, d'une importance primordiale **2** *(chim/élec)* primaire
Prima(.) *m* -se/.ten prélat *m*
Primat *m*/*n*/-e priorité *f*, primauté *f*
Primat *m* -en -en primate *m*
Primel *f* -n primevère *f*
primitiv **1** primitif, -ive **2** *(péj) ein ~er Mensch* un être inculte; *~e Ansichten* des idées très sommaires
Primzahl *f* -en nombre *m* premier
Prinz *m* -en -en prince *m*
Prinzip *n* -ien principe *m im ~* en principe; *aus ~* par principe
prinzipiell : *ein ~er Unterschied* une différence fondamentale ◆ par principe
PrinzipienreiterIn *m f* ; *(fig/péj) ein ~ sein* être à cheval sur les principes
Priorität *f* ø/-en priorité *f*
Prise *f* -n : *eine ~ Salz* une pincée *f* de sel; *(tabac)* prise *f*
Prism.a *n* .en prisme *m*
Pritsche *f* -n **1** couchette *f* **2** remorque *f*, plateau *m* (de camionnette)
privat **1** privé **2** personnel, -le; en privé, intime
Privateigentum *n* ø propriété *f* privée
Privathand *f* ø : *ein Auto aus/von ~ kaufen* acheter une voiture à un particulier; *sich in ~ befinden* appartenir au privé *m*
privatisieren privatiser
Privatunterricht *m* ø cours *m* particulier
Privileg *n* -ien/-e privilège *m*
privilegiert privilégié
pro : *~ Teilnehmer* par personne ◆ *~ oder kontra sein* être pour ou contre
Probe *f* -n **1** essai *m*, test *m*; *(fig) jn auf die ~ stellen* mettre qqn à l'épreuve *f*; *(math)* preuve *f* **2** *(comm/méd/fig)* échantillon *m* **3** *(th)* répétition
Probeexemplar *n* -e spécimen *m*
Probelauf *m* ¨e essai *m*

proben s'entraîner; *(th)* répéter
probeweise à l'essai
Probezeit *f* ø période *f* d'essai
probieren *m f* 1 *den Kuchen* ~ goûter le gateau 2 essayer
Problem *n* -e problème *m*
problematisch qui pose des problèmes, à problèmes
problematisieren problématiser
Produkt *n* -e 1 produit *m*; *(fig)* fruit *m* 2 *(math)* produit
Produktion *f* ø/-en production *f*
produktiv productif, -ive *eine ~e Kritik* une critique constructive
ProduzentIn *m* -en -en *f* -nen producteur *m*
produzieren : *etw* ~ produire qch ◆ *(fam) sich* ~ faire son cirque
profan profane
professionell 1 professionnel, -le 2 *ein ~er Rat* un conseil d'expert
ProfessorIn *m f* ø : *ordentlicher* ~ professeur *m* titulaire de chaire ◆ *m* -en -en *f* -nen professeur *m* (d'université); *(fig/ fam) ein zerstreuter* ~ un professeur Tournesol
Profi *m* -s *(fam)* pro *m f*
Profil *n* -e 1 profil *m* 2 *ein eigenes* ~ *haben* avoir une personnalité *f* particulière; *an* ~ *gewinnen* prendre de la consistance 3 *(archi)* profil ; *(tech)* profilé *m*; *(pneu)* bande *f* de roulement, profil
profilieren profiler ◆ *sich* ~ se faire un nom
profiliert marquant
profitieren : *von etw/jm* ~ profiter de qch/qqn
profund approfondi, solide
Prognose *f* -n : *eine* ~ *stellen* faire un pronostic
Programm *n* -e programme *m*; *(télé)* chaîne *f*
programmgesteuert programmé
programmieren *(inf)* programmer ◆ 1 *ein programmierter Erfolg* un succès escompté 2 ~*er Unterricht* enseignement assisté par ordinateur (E.A.O.)
ProgrammiererIn *m f* programmeur *m*, -euse *f*
progressiv 1 progressiste 2 progressif, -ive
Projekt *n* -e projet *m*
projezieren projeter
proklamieren proclamer
ProkuristIn *m* -en -en *f* -nen fondé *m* -e *f* de pouvoir
Prolet *m* -en -en *(fam > non fam)* ouvrier; *(péj)* prolo *m*
proletarisch prolétarien, -ne
Prolog *m* -e prologue *m*
Promenadenmischung *f* -en *(fam/ péj)* corniaud *m*

Promille *n* - pour mille; *(fam > non fam)* taux *m* d'alcoolémie
prominent éminent, important
Prominente/r personnalité *f* (importante), *(fam)* huile *f*
Promotion *f* -en doctorat *m*; soutenance *f* de thèse
promovieren passer son doctorat, soutenir sa thèse
prompt rapide; *(fam) er ist ~ darauf reingefallen* il est évidemment tombé dans le panneau
Pronom.en *n* .ina pronom *m*
Propaganda *f* ø propagande *f*
propagieren faire de la propagande (pour), propager l'idée (de)
Propeller *m* - hélice *f*
ProphetIn *m* -en -en *f* -nen prophète *m* -sse *f*
prophezeien prédire
Prophezeiung *f* -en prévision *f*; *(rel)* prophétie *f*
prophylaktisch préventif, -ive; *(méd)* prophylactique
Proportion *f* -en proportion *f*
proportional proportionnel, -le
Proporz *m* -e représentation *f* proportionnelle, proportionnelle *f*
proppenvoll *(fam)* bondé, plein à craquer
Prosa *f* ø prose *f*
prosaisch *(péj)* très prosaïque; d'une extrême banalité
prosit : ~ ! à votre/ta santé !; ~ *Neujahr !* bonne année !
Prospekt *n* -e 1 prospectus [-tys] *m*, dépliant *m* 2 *(th)* toile *f* de fond
prost : *(fam)* ~ ! à la vôtre/tienne !; *na denn* ~ ! ça manquait !
Prosta.ta *f* .tae prostate *f*
prostituieren (sich) (se) prostituer
Prostituierte *f* -n -n prostituée *f*
Protein *n* -e protéine *f*
Protest *m* -e 1 protestation(s) *f(pl)*; 2 *(comm)* ~ *wegen Nichteinnahme* protêt *m* faute d'acceptation
protestantisch protestant
protestieren protester
Prothese *f* -n prothèse *f*
Protokoll *n* ø protocole *m* ◆ *ein* ~ *an.fertigen* rédiger un procès-verbal *m*/ compte-rendu *m* (de réunion)
ProtokollführerIn *m f* secrétaire *m f* de séance
protokollieren : *eine Aussage* ~ consigner une déclaration au procès-verbal ◆ prendre des notes pour un procès-verbal
Prototyp *m* -en prototype *m*; *(fig)* exemple-même *m*
protzen : *(fam) mit etw* ~ la ramener/ frimer avec qch
protzig : *(fam/péj) ein ~es Auto* une voi-

ture de frimeur; ~**es Benehmen** côté m frimeur
Proviant m ø provisions fpl, vivres mpl
Provinz f -en/ø province f
provinziell (fam/péj) provincial
Provision f -en commission f
provisorisch provisoire
Provis.orium n .ien solution f provisoire
provokatorisch provocateur, -trice
provozieren provoquer; faire de la provocation
Prozent n -e 1 pour cent *zu drei ~* à trois pour cent 2 pl pourcentage m
Prozentrechnung f ø calcul m des pourcentages
Prozeß m sse 1 (jur) procès m; (fam) *mit jm kurzen ~ machen* vite régler son compte à qqn 2 processus m
prozessieren : *gegen jn ~* intenter/(fam) faire un procès à qqn
prüde pudibond, prude
prüfen 1 contrôler, vérifier *einen Antrag ~* examiner une demande 2 *einen Kandidaten ~* faire passer un examen à un candidat; (fig) mettre à l'épreuve ◆ *ich muß mich erst (noch) ~, ob* je ne sais pas encore si, (fam) je me tâte
Prüfling m -e candidat m (à un examen)
Prüfstand m ¨e banc m d'essai
Prüfstein m ø : (fig) *zum ~ werden* être la pierre f de touche (de)
Prüfung f -en 1 examen m *eine mündliche ~* un oral; (fig) épreuve f 2 vérification f
Prügel pl coups mpl, (fam) raclée f, correction f
Prügelei f -en bagarre f, rixe f
Prügelknabe m -n -n (fig) souffre-douleur m, (fam) tête f de Turc
prügeln battre, rouer de coups ◆ *sich mit jm ~* se bagarrer avec qqn
Prunkstück n -e pièce exceptionnelle, joyau m
prusten : *vor Lachen ~* pouffer de rire ◆ *jm Wasser ins Gesicht ~* envoyer de l'eau au visage de qqn
Psalm m -en psaume m
pst! chut [ʃyt]!
Psyche f -n psychologie [-ko-] f, psyché f
Psychiatrie f ø 1 psychiatrie [-kia-] f 2 (fam) *in der ~ liegen* être en psy f
psychiatrisch psychiatrique [-kia-]
psychisch psychique
Psychoanalyse f -n psychanalyse f
Psychologe m -n -n psychologue [-ko-] m
psychologisch psychologique [-ko-]
pubertär de la puberté, pubertaire
Pubertät f ø puberté f
publik public, -que

Publikation f -en publication f
Publikum n ø public m; (fig/fam) *das breite ~* le grand public; *ein breites ~ haben* toucher un large public
publizieren publier
puckern : (fam) *das Herz puckert* (non fam) le cœur palpite ◆ *es puckert in der Wunde ~* on sent battre le sang dans la plaie
Pudding m -e/-s crème f, flan m, pudding m; (fam) *alles ~!* c'est du fromage blanc!
Pudel m - caniche m; (fam) *wie ein begossener ~ da=stehen* ne pas en mener large
Pudelmütze f -n bonnet m à pompon
pudelwohl : (fam) *sich ~ fühlen* se sentir heureux comme un poisson dans l'eau
Puder m/(fam) n - poudre f
pudern poudrer
Puderzucker m ø sucre m en poudre
Puff m ¨e bourrade f; coup m de poing/de coude
Puff m/(fam) n -s (fam) bordel m, claque m
Puff m -e -s 1 coffre m à linge sale 2 pouf m
puffen : (fam) *jn/jm in die Seite ~* (non fam) donner une tape amicale à qqn ◆ (fam) *die Lok pufft* la locomotive fait tchou tchou
Puffer m - 1 (tech/info) tampon m 2 galette f de pommes de terre
Pufferzone f -n zone f tampon/neutre
Puffreis m ø riz soufflé
puh! pouah!; oh, là, là!
pulen : (fam) *Krabben ~* (non fam) éplucher des crevettes ◆ *an einem Grind ~* se gratter une croûte
Pulk m -s agglutinement m; (mil) formation f
Pulle f -n (fam) 1 (non fam) bouteille 2 *volle ~ fahren* rouler à fond la caisse
pulle(r)n (fam) pisser
Pulli m -s (fam) pull m
Pullover m - pull-over m
Puls m -e 1 (méd) pouls m 2 (élec) impulsion f
pulsen battre (dans les veines)
pulsieren (sang) battre (dans les veines) ◆ (fig) *das pulsierende Leben* la vie animée, l'animation f
Pulsschlag m ¨e pulsation f
Pulver n - 1 poudre f; (fam) *er hat sein ~ verschossen* il est au bout du rouleau 2 (fam) pognon m, fric m
Pulverfaß n ¨sser baril m de poudre; (fig) poudrière f
pulverisieren réduire en poudre, écraser
pulvern (fam) râler ◆ *in die Luft ~* (non fam) tirer en l'air

Pulverkaffee

Pulverkaffee m ø café m en poudre/instantané/soluble
Pulverschnee m ø poudreuse f
Pummel m - (fam) petite boule
pumm(e)lig (fam) potelé, rondelet, -te, dodu
Pump m ø : (fam) auf ~ leben vivre en tapant les autres
pumpen (in/an A) envoyer (avec une pompe); (aus) pomper; (fig) Geld in ein Unternehmen ~ renflouer une entreprise 2 (fam) jm etw ~ filer qch à qqn; sich (D) ein Auto ~ se dégotter une voiture ◆ pomper
Pumpernickel n ø pain m noir complet
Pumps [pœmps] m - escarpin m à talon
punisch punique
Punkt m -e 1 point m; (fig) der springende ~ le point clé; (fam) ohne ~ und Komma reden être un vrai moulin à paroles; nun mach aber mal einen ~ ! ça suffit, maintenant ! tu as fini, oui ? 2 der höchste ~ le point culminant; (math) point; (fig) ein entscheidender ~ un moment décisif; ein toter ~ un passage à vide 3 in diesem ~ sur ce point, à cet égard; (fig) etw auf den ~ bringen préciser qch ◆ ~ 12 Uhr à midi pile
punktieren 1 eine Linie ~ faire des pointillés 2 (méd) ponctionner; das Rückenmark ~ faire une ponction lombaire
pünktlich ponctuel, -le ◆ ~ kommen être/arriver à l'heure
Pünktlichkeit f ø ponctualité f
PunktrichterIn m f pointeur m
Punsch m -e/¨e punch [pɔ̃ʃ] m
pup(s)en (fam) péter
Puppe f -n 1 poupée f; (fam) nana f; die ~n tanzen lassen bien se défouler; bis in die ~n schlafen faire la grasse matinée 2 mannequin m 3 chrysalide f
Pups m -e (fam) pet m
Püree n -s purée f

puritanisch puritain
Purpur m ø pourpre f
Purzelbaum m ¨e (fam) galipette f
purzeln <sein> : (fam/fig) die Preise ~ les prix dégringolent ◆ vom Stuhl ~ dégringoler (de sa chaise), se casser la figure
pusselig : eine ~e Arbeit un travail de fourmi; ein ~er Mensch une personne tatillonne
Puste f ø 1 (fam > non fam) souffle m außer ~ sein (non fam) être tout essoufflé; (fig) jm geht die ~ aus il s'essouffle; financièrement, il ne suit plus 2 (fam) pétard m, flingue m
Pustel f -n pustule f
pusten (fam) 1 (non fam) enlever en soufflant dessus 2 (fig) ich werde dir was ~ ! tu peux toujours courir ! ◆ es pustet ganz schön ! ça souffle !
Pute f -n dinde f; (fam) dumme ~ ! quelle bécasse f!
Puter m - dindon m
puterrot cramoisi, rouge comme une tomate/une écrevisse
put! put! piou ! piou !
putschen faire un putsch [putʃ]
Putte f -n angelot m
Putz m ø crépi m; enduit m; (fam) auf den ~ hauen faire le mariole
Putze f -n (fam > non fam) femme f de ménage
putzen 1 nettoyer die Schuhe ~ cirer/(fam) faire les chaussures 2 Spinat ~ éplucher des épinards 3 sich (D) die Zähne ~ se laver/brosser les dents; sich (D) die Nase ~ se moucher ◆ ~ gehen faire des ménages ◆ sich ~ faire sa toilette
Putzfrau f -en femme f de ménage
putzig (fam) rigolo, -te, marrant
Putzlappen m - essuie-tout m, chiffon m
putzmunter (fam) en super forme
Pygmäe m -n -n pygmée m

Q

quabb(e)lig (fam > non fam) flasque; gélatineux, -euse
Quader m - pierre f de taille; (math) parallélépipède m
Quadrant m -en -en (géo/astr/math) quart m de cercle; quadrant m
Quadrat m -e 1 carré m; (math) im ~ au carré 2 (astr) angle m de 90°
quadratisch carré; (math) ~e Gleichung équation du second degré
Quadratlatschen pl (fam) pompes fpl; lattes fpl

Quadratzahl f -en nombre m au carré
quaken (grenouille) coasser; (canard) cancaner; (fig) (radio) jacasser
quäken parler avec une voix criarde ◆ ein quäkendes Kind un enfant qui pleurniche
Qual f -en 1 torture f, supplice m 2 pl tourments mpl; souffrances fpl
quälen : jn ~ torturer qqn; faire souffrir/tourmenter qqn ◆ sich ~ se tourmenter ◆ (fig) ein gequältes Lächeln un sourire contraint/forcé

Quälerei *f* -en tortures *fpl*; tourments *mpl*, souffrances *fpl*, soucis *mpl*
Quälgeist *m* -er *(fam)* casse-pieds *m*
qualifizieren sich acquérir une qualification; *(sp)* se qualifier
Qualität *f* -en qualité *f*
Qualle *f* -n méduse *f*
Qualm *m* ø 1 (épaisse) fumée *f*, nuage *m* de fumée 2 nuage *m* de vapeur, vapeurs *fpl* épaisses
qualmen : *(fam) eine* ~ fumer une clope ◆ fumer, dégager une épaisse fumée
qualvoll : *ein ~er Tod* une mort atroce ; *~es Warten* une attente cruelle
Quantentheorie *f* ø théorie *f* quantique
Quantität *f* ø quantité *f*
Quant.um *n* .ten portion *f*, dose *f*
Quark *m* ø 1 fromage *m* blanc 2 *(fam) das interessiert mich einen* ~ je m'en fous comme de l'an quarante
Quartal *n* -e trimestre *m*
Quartier *n* -e logement *m*
Quarz *m* -e quartz *m*
quasseln *(fam)* jacasser
Quasselei *f* -en jacasseries *fpl*, bavardage *m*
Quaste *f* -n houppe *f*
Quatsch *m* ø : *(fam) aus* ~ pour rire ; *mach keinen* ~ ! ne fais pas l'idiot !
quatschen 1 *(fam/péj) quatsch nicht dauernd !* arrête de jacasser ! tu me casses les oreilles ! *es wird so viel gequatscht* on raconte tellement de choses, il y a tellement de commérages 2 *(fam) wer hat da wieder gequatscht ?* qui a craché le morceau ?
Quatschkopf *m* ¨e *(fam/péj)* commère *f*
quatschnaß *(fam)* trempé
Quecksilber *n* ø mercure *m*; *(fam)* ~ *im Hintern haben* ne pas tenir en place
Quelle *f* -n source *f*
quellen* <sein> 1 *Holz quillt* le bois gonfle 2 *die Augen* ~ *ihm aus dem Kopf* il a des yeux exorbités
Quellenangabe *f* -n bibliographie *f*
Quengelei *f (fam)* ø/-en (non *fam*) jérémiades *fpl*, plaintes *fpl* perpétuelles

quengeln *(fam)* être ronchon/grognon ; pleurnicher
quer : ~ *auf der Straße stehen* être en travers de la route ; ~ *durch den Garten laufen* traverser le jardin ; ~ *durch das ganze Land fahren* sillonner le pays ; *kreuz und* ~ en tous sens
Quere *f* ø : *(fam) jm in die* ~ *kommen* mettre des bâtons dans les roues à qqn
querfeldein à travers champ
Querkopf *m* ¨e *(fam/péj)* tête *f* de mule
quer=legen sich *(fig/fam) sich ständig* ~ faire de l'opposition systématique
Querschiff *n* -e transept [-sept] *m*
Querschläger *m* - *(mil)* balle *f* qui ripe ; *(fam)* emmerdeur *m*
Querschnitt *m* -e 1 coupe *f* 2 aperçu *m*, tour *m* d'horizon ; *(sondage)* échantillon *m*
Querschnitt(s)lähmung *f* ø paraplégie *f*
Querstraße *f* -en rue *f* transversale
Querstrich *m* -e tiret *m*
QuerulantIn *m* -en -en *f* -nen *(fam)* rouspéteur *m*, -euse *f*
quetschen 1 *etw in den Koffer* ~ tasser ses affaires pour mettre qch dans sa valise 2 *Kartoffeln zu Püree* ~ écraser des pommes de terre en purée 3 *sich* (D) *die Hand in der Tür* ~ se coincer la main dans la porte ◆ *sich durch die Tür* ~ se faufiler par la porte
quiek(s)en couiner
quietschen grincer, couiner ; *(fam) vor Vergnügen* ~ pousser des cris de joie
quietschvergnügt *(fam)* gai comme un pinson
Quintessenz *f* -en quintessence *f*
Quirl *m* -e 1 *(cuis)* fouet 2 *(fig/fam) der reinste* ~ être un vrai tourbillon *m*
quirlen *(cuis)* mélanger au fouet
quirlig *(fam)* très vivant ; agité
Quitte *f* -n coing *m*
quittieren acquitter, donner une quittance, signer un reçu
Quittung *f* -en quittance *f*, reçu *m*
Quote *f* -n quote-part *f* ; pourcentage *m*

R

Rabatt *m* -e rabais *m*, remise *f*, ristourne *f*, réduction *f*
Rabatz *m* ø *(fam)* potin *m*, raffût *m*
Rabbiner *m* - rabbin *m*
Rabe *m* -n -n corbeau *m*
rabiat brutal ; hargneux, -euse
Rache *f* ø vengeance *f an jm* ~ *nehmen* se venger de qn

Rachen *m* - *(homme)* pharynx *m* ; *(animal)* gosier *m* ; *(fam) den* ~ *nicht voll kriegen* n'en avoir jamais assez
rächen : *jn/etw* ~ venger qqn/qch ◆ 1 *sich* ~ *(an* D) se venger de 2 *deine Unaufmerksamkeit wird sich* ~ ton inattention risque de te coûter cher
rachitisch rachitique

rackern

rackern *(fam)* trimer, bosser
Rad *n* ¨er **1** roue *f*; *(fig/fam)* **unter die Räder kommen** tomber très bas **2** vélo *m*
Radau *m* ø *(fam)* boucan *m*, potin *m*, raffût *m*
radebrechen parler petit nègre, baragouiner
radeln *(fam)* pédaler; faire du vélo
RädelsführerIn *m f* meneur *m*, -euse *f*
rädern *(hist) jn* ~ faire subir à qqn le supplice de la roue ◆ *wie gerädert sein* *(fam)* être sur les rotules
Räderwerk *n* ø *(fig)* rouages *mpl*
rad-fahren* <sein> : *er fährt Rad* il fait du vélo
RadfahrerIn *m f* cycliste *m f*
Rad(fahr)weg *m* -e piste *f* cyclable
Radialreifen *m* - pneu *m* à carcasse radiale
radieren 1 gommer **2** *(art)* graver
Radiergummi *m* -s gomme *f*
Radierung *f* ø/-en gravure *f*
Radieschen *n* - radis *m (rose)*; *(fig/fam)* **sich (D) die ~ von unten an=sehen** manger les pissenlits *mpl* par la racine
radikal radical; extrémiste
Radikale/r extrémiste *m f*
Radio *n* -s radio *f*
radioaktiv radioactif, -ive
Rad.ius *m* .ien *(math)* rayon *m*
Radkappe *f* -n enjoliveur *m*/chapeau *m* de roue
Radrennen *n* - course *f* cycliste
Radsport *m* ø cyclisme *m*, sport *m* cycliste
raffen 1 rafler **2** *(texte)* condenser **3** *(fam) er hat es gerafft* il a pigé
Raffinesse *f* ø habileté *f*, astuce *f* ◆ *mit allen ~n* avec tous les perfectionnements
raffiniert élégant, sophistiqué, raffiné; *(plan)* bien combiné, astucieux; *(adversaire)* malin, rusé
Rage [ʀa:ʒə] *f* ø : *(fam) jn in* ~ *bringen* mettre qqn en boule
ragen : *aus etw* ~ se dresser au-dessus de; *(fig)* se distinguer de; *aus dem Wasser* ~ émerger; *über etw (A)* ~ dominer, surplomber
Rahm *m* ø crème *f*
Rahmen *m* ø cadre *m* ◆ - **1** cadre *m* **2** *(tech)* cadre, chassis *m*
rahmen encadrer
Rahmenabkommen *n* - accord-cadre *m*
räkeln sich *(fam > non fam)* s'étirer
Rakete *f* ø fusée *f*; *(mil)* missile *m*
rammdösig *(fam)* complètement sonné
Ramme *f* -n demoiselle *f*, dame *f*, hie *f*
rammeln s'accoupler; *(vulg)* baiser ◆ *(fam) sich am Tisch* ~ *(non fam)* se cogner contre la table

rammen 1 heurter, éperonner *ein Auto* ~ emboutir une voiture **2** *etw in die Erde* ~ enfoncer qch dans la terre
Rampe *f* -n **1** *(tech)* plate-forme *f* de chargement, rampe *f* **2** *(th)* rampe
ramponieren *(fam)* bousiller
Ramsch *m* ø *(fam)* camelote *f*
ramschen : *Lebensmittel* ~ se jeter sur les produits alimentaires
Rand *m* ¨er **1** bord *m*, bordure *f am der Stadt* à la périphérie *f*/aux abords *mpl* de la ville; *am* ~ *der Straße* sur le bas-côté *m*; en bordure de route; *(fig) am ~e* en passant; *(papier)* marge *f*; *(fam) außer* ~ *und Band* déchaîné **2** *bis zum ~ gefüllt* rempli à ras bord **3** cerne *m* **4** *(fam) halt den* ~ *!* ferme-la !; *einen großen* ~ *haben* avoir une grande gueule **5** *(fam) mit etw nicht zu ~e kommen* ne pas arriver à s'en sortir
Randale *f* -n : *(fam)* ~ *machen* faire du boucan
randalieren commettre des déprédations; faire du tapage
RandaliererIn *m f* casseur *m*
Randbemerkung *f* -en **1** remarque *f* en passant **2** annotation *f* (dans la marge)
Randgruppe *f* -n groupe *m* marginal
Randstreifen *m* - ligne *f* latérale; *(route)* bas-côté *m*
Rang *m* ¨e **1** rang *m*, position *f*; *(mil)* grade *m*; *(fig) alles, was* ~ *und Namen hat (fam)* tout le gratin **2** *(sp)* place *f*; *(fig) jm den* ~ *ab=laufen* devancer/supplanter qqn **3** *(th)* galerie *f*
ran=gehen* <sein> : *(fam) na, du gehst aber ran !* tu n'y vas pas avec le dos de la cuillère !
Rangelei *f* -en *(fam)* bagarre *f*, castagne *f*; *(fig)* bagarre *f*
rangieren garer; trier ◆ *an letzter Stelle* ~ occuper la dernière place
Rangliste *f* -n classement *m* général
Rangordnung *f* -en ordre *m* hiérarchique
Rangstufe *f* -n degré *m*, échelon *m*
ran=halten* **sich** *(fam)* en mettre un coup
Ranke *f* -n sarment *m*
ran=klotzen *(fam > non fam)* travailler d'arrache-pied
ran=kriegen : *(fam) jn* ~ filer un sacré boulot à qqn
ran=machen sich : *(fam) sich an ein Mädchen* ~ draguer une fille
ran=schmeißen* **sich** : *(fam) sich an jn* ~ fayoter
Ranzen *m* - **1** cartable *m*, sac *m* (de classe) **2** *(fam)* panse *f* **3** *(fam) den ~ voll kriegen* se prendre une bonne raclée
ranzig rance
Rappe *m* -n -n cheval *m* noir

Rappel m ø : *(fam) (s)einen ~ kriegen* piquer sa crise
Raps m -e colza m
rar rare
Rarität f ø : *eine ~ geworden sein* être devenu rarissime ; avoir quasiment disparu ◆ **-en** objet m. rare, curiosité f, pièce f exceptionnelle
rasant : *(fam) ein ~es Tempo* un rythme d'enfer ; *eine ~e Entwicklung* un développement ultra rapide
rasch rapide ◆ *kommen, so ~ es geht* venir aussi vite que possible
rascheln faire un bruit de papier froissé ; *(tissu)* froufrouter
rasen *<sein> (fam)* foncer, rouler à toute allure/vitesse ; *(fig) die Zeit rast (fam)* le temps passe à la vitesse grand V ; *(pouls)* battre à toute allure/à tout rompre ◆ **1** *vor Wut ~* être fou furieux/hors de soi **2** *vor Begeisterung ~* déborder d'enthousiasme
Rasen m ø pelouse f, gazon m
rasend à toute vitesse *eine ~e Abfahrt (fig)* un départ sur les chapeaux de roues ; *(fig)* terrible ; *~e Schmerzen* d'atroces douleurs ; *(fam) ~er Beifall* un tonnerre d'applaudissements
Rasierapparat m - rasoir m
rasieren raser ◆ *sich ~* se raser
Rasierer m - *(fam > non fam)* rasoir m
Rasierpinsel m - blaireau m
raspeln râper
Rasse f -n race f
Rasselbande f ø *(fam)* bande f de joyeux lurons, fine équipe f
rasseln cliqueter ; *(réveil)* sonner ◆ *<sein> (fam) durch die Prüfung ~* s'étaler/se faire recaler à un examen
rassig *(fig)* qui a de la classe
rassisch racial
rassistisch raciste
Rast f -en 1 *~ machen* faire halte f/un arrêt m
rasten faire halte, s'arrêter (pour se reposer)
Raster m - quadrillage m, grille f
Raster n - 1 *(télé)* trame f ; mire f **2** *(fig)* grille f
Rasthaus n ¨er restoroute m
rastlos infatigable ; *(vie)* trépidante ◆ sans trêve ni repos
Rat m ø 1 conseil m *jn zu ~e ziehen* consulter qqn, demander conseil à qqn **2** moyen m ; *sich (D) keinen ~ wissen* ne plus savoir que faire **3** *(admi)* conseil ◆ ¨e : *jn zum ~ wählen* élire qqn conseiller m
Rate f -n 1 échéance f *etw auf ~n kaufen* acheter qch à tempérament **2** taux m
raten* 1 *jm etw ~* conseiller qch à qqn ; **2** *ein Rätsel ~* trouver la solution d'une devinette **3** *das rätst du nie* tu ne devineras

jamais ◆ *das halte ich für geraten* à mon avis, c'est conseillé ; je pense que c'est tout à fait opportun
ratenweise à tempérament, par acomptes
RatgeberIn m f conseiller m, -ère f
Rathaus n ¨er mairie f
ratifizieren ratifier
rational rationnel, -le
rationalisieren rationaliser
rationieren rationner
ratlos déconcerté, perplexe ; désemparé
ratsam *etw für ~ halten* juger opportun
Rätsel n - 1 devinette f **2** énigme f, mystère m
rätselhaft énigmatique, mystérieux, -euse
rätseln : *über etw (A) ~* faire des conjectures à propos de qch
Ratte f -n rat m ; *(fam) wie eine ~ schlafen* dormir comme une souche f
rattern pétarader ; *(fusil)* crépiter ◆ *<sein>* passer en pétaradant
Raub m ø vol m, enlèvement m ; *(fig)* proie f
Raubbau m ø exploitation f outrancière ; *(fig) mit seinen Kräften ~ betreiben* user ses forces, *(fam)* tirer sur la corde
Raubdruck m -e édition f pirate
rauben dérober ; enlever ; *(fig) js Zeit ~* abuser du temps de qqn ; *jm den Schlaf ~* empêcher qqn de dormir ◆ *~ und plündern* se livrer au pillage
RäuberIn m f bandit m, brigand m ; voleur m, -euse f
räuberisch qui a pour mobile le vol ; *(animal)* prédateur
räubern dévaliser, se livrer à des actes de pillage
Raubfisch m -e poisson m carnassier
Raubmord m -e meurtre m ayant pour mobile le vol
Raubritter m - chevalier m pillard
Raubtier n -e carnassier m
Raubvogel m ¨ rapace m, oiseau m de proie
Rauch m ø fumée f
Rauchbombe f -n bombe f fumigène
rauchen 1 *der Schornstein raucht* la cheminée fume ; *(fig)* les affaires marchent bien **2** *auf Lunge ~* avaler la fumée ; *wie ein Schlot ~* fumer comme un pompier
RaucherIn m f fumeur m, -euse f
räuchern fumer
rauchig enfumé ; *(fig) eine ~e Stimme* une voix rauque
Räude f ø gale f
raufen arracher ◆ *(sich) ~* se bagarrer
Rauferei f -en bagarre f, rixe f
rauh 1 rugueux, -euse, rêche **2** *~e Lippen* des lèvres sèches **3** *~es Klima* un climat rude/rigoureux **4** *(voix)* rauque ; *(ton)* sec/revêche **5** *(fig) ~e Sitten* des coutumes grossières

Rauhbein *n* ø *(fam)* ours *m* mal léché
rauhhaarig à poil ras
Rauhputz *m* ø crépi *m* grossier
Rauhreif *m* ø givre *m*, gelée *f* blanche
Raum *m* ¨e 1 pièce *f*; salle *f*; *(fig) die Frage steht im ~* la question est en suspens 2 *(géo)* contrée *f*, zone *f*, étendue *f* ◆ 1 ø espace *m*; *(phys) der luftleere ~* le vide 2 *viel ~ ein=nehmen* prendre/tenir beaucoup de place *f*; *(fig)* être primordial 3 *(géo)* région
räumen 1 *etw aus dem Weg ~* enlever qch du chemin, déblayer le chemin; *das Geschirr vom Tisch ~* débarrasser la table; *(fig) jn aus dem Weg ~* écarter qqn 2 *(logement)* quitter; *(lieu)* évacuer
Raumfähre *f* -n navette *f* spatiale
Raumfahrt *f* ø aéro-spatiale *f*, astronautique *f*
Rauminhalt *m* -e volume *m*
räumlich: *ein ~er Eindruck* une impression d'espace; *~es Sehen* vue stéréoscopique
Raumpflegerin *f* -nen femme *f* de ménage
Raumplanung *f* ø aménagement *m* du territoire
Raumschiff *n* -e vaisseau spatial
Raumstation *f* -en station *f* orbitale
Räumung *f* -en évacuation *f*; *(comm)* liquidation *f*
raunen chuchoter, murmurer
Raupe *f* -n *(bio/tech)* chenille *f*
raus 1 *komm da ~!* allez, sors de là! 2 *~ mit dir!* allez, dehors!
Rausch *m* ¨e ivresse *f*; état *m* second; *(fam)* cuite *f seinen ~ aus=schlafen (fam)* cuver son ivresse
rauschen 1 murmurer 2 *(soie)* bruire
Rauschgift *n* -e stupéfiant *m*, drogue *f*
rauschgiftsüchtig drogué
raus=halten* sich: *(fam) er hält sich aus allem raus* il ne veut jamais se mouiller
raus=kommen* <sein> *(fam)* 1 *der Schwindel ist rausgekommen* la magouille a été découverte 2 *komm mal raus!* allez, sors de là!
räuspern sich se racler la gorge
Rausschmeißer *m* - *(fam)* videur *m*
Razz.ia *f* .ien descente *f*, rafle *f*
Reagenzglas *n* ¨er éprouvette *f*
reagieren 1 *(chim)* entrer en réaction 2 *auf etw* (A) *~* réagir à qch *auf Vorwürfe ~* répondre à des reproches
Reaktion *f* -en réaction *f*
reaktionär réactionnaire
Reaktor *m* -en réacteur *m* nucléaire
real réel, -le
realisieren réaliser
Realisierung *f* ø réalisation *f*
realistisch réaliste

realitätsfern irréaliste
Realschule *f* -n collège *m*
Rebe *f* -n vigne *f*
rebellieren se rebeller; se mutiner
rebellisch 1 *die ~e Armee* l'armée des mutins, l'armée rebelle 2 *die ~en Jugendlichen* les jeunes en rébellion/qui se rebellent
Rebhuhn *n* ¨er perdrix *f*
Rechen *m* - râteau *m*
Rechenanlage *f* -n ordinateur *m*
Rechenart *f* -en mode *m* de calcul
Rechenschaft *f* ø : *von jm ~ fordern* demander des comptes *mpl* à qqn
Rechenschaftsbericht *m* -e rapport *m* circonstancié, bilan *m*
rechnen 1 compter 2 *jn zu seinen Freunden ~* considérer qqn comme un ami ◆ calculer, compter ◆ 1 *(fig) auf etw* (A) *~* compter/tabler sur qch 2 *(fam) mit dem Schlimmsten ~* *(non fam)* s'attendre au pire, envisager le pire ◆ *alles in allem gerechnet* tout compris; *(fig)* tout compte fait
Rechner *m* - calculatrice *f* ◆ *~ In m f* un bon *~ sein* être bon en calcul; *(fig)* être calculateur
Rechnung *f* -en 1 calcul *m*; *(fig/fam) seine ~ geht nicht auf* ça ne marche pas comme il veut 2 facture *f* 3 *(fig) einer (D) Sache ~ tragen* tenir compte de qch
Rechnungsprüfer *m* - commissaire aux comptes
recht 1 *die ~e Hand* la main droite 2 *der ~e Ort* le bon endroit; *der ~e Mann* l'homme qui convient, l'homme de la situation; *das ist mir gerade ~* cela m'arrange, je ne demande pas mieux ◆ 1 *~ haben* avoir raison; *das geschieht dir ganz ~ (fam)* tu ne l'as pas volé 2 *sie ist ~ nett* elle est très/tout à fait gentille 3 *ganz ~!* tout juste! exactement!; *nun erst ~!* à plus forte raison! 4 *du kommst mir gerade ~ (fam)* tu tombes à pic
Recht *n* ø 1 droit *~ sprechen* rendre la justice 2 *mit ~* avec raison, à bon droit, à juste titre; *das ~ ist auf ihrer Seite* elle est dans son droit ◆ -e 1 *das ~ auf Arbeit* le droit au travail 2 *alle ~e vorbehalten* droits (de reproduction) réservés
Rechte *f* -n *zu meiner ~n* à ma droite ◆ ø *(pol)* droite
Rechteck *n* -e rectangle *m*
rechtfertigen (sich) (se) justifier ◆ *durch nichts zu ~ sein* être inexcusable
Rechtfertigung *f* -en justification *f*
rechtlich légal; juridique
rechtmäßig légitime, légal
rechts 1 à droite *~ von dir* à ta droite; *(fam) nicht mehr wissen, was ~ und links ist* perdre les pédales, déjanter 2 *(pol)* de droite ◆ (G) *~ des Rheins* sur la rive droite du Rhin

Rechtsanwalt *m* ¨e avocat *m*
Rechtsbeistand *m* ¨e conseiller *m* juridique
Rechtsbeschwerde *f* -n recours *m* pour vice de procédure
Rechtschreibung *f* ø orthographe *f*
rechtsgültig valide, valable ; légal
RechtshänderIn *m f* droitier *m*, -ère *f*
Rechtshilfeersuchen *n* - commission *f* rogatoire
Rechtskraft *f* ø : ~ *besitzen* avoir force *f* de loi ; être exécutoire
Rechtsperson *f* -en personne *f* morale
Rechtsstaat *m* ø état *m* de droit
rechtswirksam valide, valable ; légal
rechtwink(e)lig : *ein ~es Dreieck* un triangle rectangle
rechtzeitig à temps, en temps utile
Reck *n* -e/-s barre *f* fixe
recken 1 *die Faust in die Höhe ~* tendre/lever le poing **2** *den Hals ~* tendre le cou ♦ *sich ~* s'étirer
Recorder *m* - lecteur-enregistreur *m* de cassettes
RedakteurIn *m f* rédacteur *m*, -trice *f*
Rede *f* -n **1** discours *m*, allocution *f* **2** propos *mpl*, paroles *fpl die ~ auf etw (A) bringen* amener la discussion sur qch ; *(fig) davon kann keine ~ sein* il n'en est pas question ; *(fam) jn zur ~ stellen* (non *fam*) demander des comptes à qqn
redegewandt éloquent, qui sait parler
reden parler *schlecht über jn ~* dire du mal de qqn, médire sur le compte de qqn ; *die Leute ~ lassen* laisser parler/dire les gens ♦ *(fig) du hast gut ~ !* tu en parles à ton aise ! ♦ *darüber läßt sich ~ !* ça se discute !
Redewendung *f* -en tournure *f*, expression *f*
redlich 1 honnête, intègre, loyal, -euse, bien **2** *sich (D) ~e Mühe geben* se donner beaucoup de mal
RednerIn *m f* orateur *m*, -trice *f*
Rednerpult *n* -e tribune *f*
redselig loquace
reduzieren 1 réduire, diminuer **2** *(chim/phys)* réduire ♦ *sich ~* diminuer ♦ *reduzierte Ware* marchandise à prix réduit
Reede *f* -n rade *f*
Reeder *m* - armateur *m*
reell 1 *ein ~es Geschäft* une affaire correcte/sérieuse/*(fam)* réglo **2** *eine ~e Chance* une chance réelle
Referat *n* -e **1** exposé *m*, conférence *f* ; compte-rendu *m* **2** *(admi)* service *m*, une mission *f*
ReferendarIn *m f* professeur *m* stagiaire
ReferentIn *m* -en -en *f* -nen conférencier *m*, -ère *f*, intervenant *m* -e *f* ; conseiller *m*, -ère *f* ; chef *m* de mission/de service
reflektieren : *das Licht ~* réfléchir/réverbérer la lumière ♦ *über etw ~* réfléchir à qch ; *(fam) auf einen Posten ~* lorgner un poste
Reflex *m* -e **1** réverbération *f* **2** réflexe *m*
Reflexivpronom(.)en *n* .ina pronom *m* réfléchi
Reform *f* -en réforme *f*
Reformation *f* ø Réforme *f*
reformieren réformer
Regal *n* -e étagères *fpl*, rayonnage *m*
Regatta *f* .en régate *f*
rege animé *~r Verkehr* un trafic intense/dense ; *eine ~ Phantasie* une imagination vive
Regel *f* -n **1** règle *f* ; *(fam) jn nach allen ~n der Kunst betrügen* tromper qqn dans les grandes largeurs **2** *(méd)* règles *fpl* ♦ ø *in der ~* en règle générale
regelmäßig régulier, -ière
regeln 1 régler *durch ein Gesetz ~* réglementer ♦ *sich regeln* se régler
regelrecht : *(fam) eine ~e Schlägerei* une sérieuse bagarre
Regelung *f* -en réglementation *f*, règlement *m*
regen (faire) bouger, mouvoir ♦ *sich ~* **1** bouger ; *sich im Wind ~* s'agiter dans le vent **2** s'éveiller ; *in mir regt sich ein Zweifel* un doute m'insinue/naît en moi/*(fam)* me vient
Regen *m* ø pluie *f* ; *(fam) ein warmer ~* de l'argent qui tombe à pic ; *vom ~ in die Traufe kommen* (non *fam*) tomber de Charybde en Scylla
Regenbogen *m* ¨ arc-en-ciel *m* ; *~haut f* ¨e iris [iriss] *m* ; *~presse f* ø presse *f* du cœur
regenerieren (sich) (se) régénérer
Regenmantel *m* ¨ imperméable *m*
Regenschirm *m* -e parapluie *m* ; *(fam) gespannt sein wie ein ~* être curieux comme un pou
Regenwald *m* ø forêt *f* tropicale
Regenwetter *n* ø temps *m* pluvieux
Regenwurm *m* ¨er ver *m* de terre
Regie *f* ø **1** *(cin/th)* mise *f* en scène **2** *in/unter ~ der UNO* sous la direction *f*/sous les auspices *mpl* de l'O.N.U. ; *(fam) in eigener ~* tout seul comme un grand
regieren *(pol/gram)* gouverner
Regierung *f* -en gouvernement *m*
Regiment *n* -er *(mil)* régiment *m* ♦ -e pouvoir *m*, autorité *f* ; direction *f* ; *(fig) ein strenges ~ führen* être très strict, avoir une discipline de fer
Region *f* -en région *f* ; *(iro) in höheren ~en schweben* vivre dans les nuages
RegisseurIn *m f* metteur *m* en scène
registrieren enregistrer ; noter
reglementieren *(péj)* réglementer
reglos immobile, inerte

regnen pleuvoir *es regnet in Strömen* il pleut à verse

regnerisch pluvieux, -euse

Regreß *m* **sse** recours *m*

regulär 1 réglementaire 2 normal, habituel, -le *eine ~e Maschine* un avion de ligne

Regulator *m* **-en** 1 régulateur *m* 2 horloge *f* murale

regulieren 1 régler 2 *einen Fluß ~* régulariser le cours d'un fleuve ◆ *sich ~* se réguler

Regung *f* **-en** 1 mouvement *m* 2 sentiment *m*

regungslos immobile, inerte

Reh *n* **-e** chevreuil *m*

rehabilitieren : *(jur) jn ~* réhabiliter qqn; *(méd) einen Behinderten ~* insérer un handicapé dans la vie sociale et professionnelle

rehbraun fauve

Rehkitz *n* **-e** faon [fã] *m*

Reibach *m* ø : *(fam) einen ~ machen* se faire du beurre/un bon bénéf

Reibeisen *n* **-** 1 râpe *f* 2 *(fam) sie ist das reinste ~* elle est aimable comme une porte de prison

reiben* 1 râper 2 frotter ◆ *(fig) sich an jm ~* avoir des frictions avec qqn, s'accrocher avec qqn

Reibung *f* **-en** friction *f*; *(phys)* frottement *m*

reibungslos sans accroc/heurt/anicroche, *(fam)* (qui marche) comme sur des roulettes

reich 1 riche 2 *eine ~e Auswahl* un grand, très varié; *eine ~e Ernte* une moisson abondante 3 *~ an etw* **(D)** *sein* être riche en qch, regorger (de)

Reich *n* **-e** royaume *m*; *(hist) das dritte ~* le IIIe Reich

reichen 1 *jm etw ~* passer/donner qch à qqn 2 *jm die Hand ~* tendre la main à qqn ◆ 1 suffire; *die Zeit reicht* nous avons le temps; *(fam) mir reicht es !* ça suffit ! j'en ai assez/marre ! 2 *bis an die Schulter ~* arriver à l'épaule; *(fig) der Garten reicht bis an den Wald* le jardin va/s'étend jusqu'à la forêt 3 *soweit der Blick reicht* à perte de vue

reichhaltig varié, riche; *(repas)* copieux

reichlich 1 *ein ~es Trinkgeld* un bon pourboire 2 *ein ~es Mahl* un repas copieux/plantureux ◆ *~ vorhanden sein* abonder; *(fam) ~ spät kommen* arriver avec un sacré retard

Reichtum *m* ø richesse(s) *f(pl)*; fortune *f ~ erwerben* faire fortune ◆ *¨er pl die Reichtümer der Erde* les richesses naturelles

Reichweite *f* **-n** portée *f außer ~* hors d'atteinte; *(av)* autonomie *f*; *(radio)* couverture *f*

reif *(fromage)* bien fait, coulant *(fam) ~ für die Klapsmühle* bon pour l'asile

Reif *m* ø givre *m*, gelée *f* blanche ◆ **-e** bague *f*, anneau *m*; bracelet *m*; diadème *m*

Reife *f* ø 1 maturité *f*; *(ens) mittlere ~* brevet *m* de fin de premier cycle 2 état *m* de mûrissement

Reifen *m* **-** 1 cercle *m*; anneau *m*; cerceau *m* 2 *(auto)* pneu *m*

Reifenpanne *f* **-n** crevaison *f*

Reifeprüfung *f* **-en** baccalauréat *m*

reiflich : *nach ~er Überlegung* après mûre réflexion

Reigen *m* **-** ronde *f*

Reihe *f* **-n** 1 rang *m*, rangée *f in einer ~ auf·stellen* aligner; *(fam) aus der ~ tanzen* faire bande à part, ne pas faire comme tout le monde; *etw in/auf die ~ bringen* arranger qch 2 série *f*, collection *f*; *(fig)* ~ *von Leuten* bon nombre de gens *mpl* 3 *(math)* série *f* ◆ *ø der ~ nach* chacun à son tour, l'un après l'autre; une chose après l'autre; *außer der ~* à part; *(fig/fam) ich bin an der ~* c'est mon tour

Reihenfolge *f* ø ordre *m*

Reihenhaus *n* **¨er** maison *f* individuelle en bande

reihern *(fam)* rendre, dégueuler

reihum chacun son tour *etw ~ gehen lassen* faire passer qch

Reim *m* **-e** rime *f*; *(fig) sich* **(D)** *keinen ~ auf etw machen können* n'y comprendre rien à rien, *(fam)* n'y entraver que couic

rein 1 pur; *(fig) die ~e Meeresluft* le bon air marin 2 *das ist ~e Theorie* c'est purement/complètement théorique; *(fam) das ist ~er Wahnsinn* c'est complètement fou; *die ~ste Verschwendung* c'est du gaspillage intégral 3 *~er Teint* une peau nette; *(fig) ein ~es Gewissen haben* avoir la conscience tranquille ◆ *~ zeitlich paßt es nicht* cela ne marche pas pour une stricte/simple question de temps; *(fam) er weiß ~ gar nichts (non fam)* il ne sait absolument rien

Reinemachefrau *f* **-en** femme *f* de ménage

reineweg : *(fam) er ist ~ verrückt* il est complètement cinglé

Reinfall *m* **¨e** : *(fam) der Kandidat ist ein ~* le candidat est complètement nul

rein·fallen* <sein> : *auf jn/etw ~* se laisser avoir par qqn/qch

rein·hängen sich : *(fam) sie muß sich in alles ~* il faut toujours qu'elle s'investisse

reinigen nettoyer *die Pfeife ~* nettoyer/

curer sa pipe ; *(fig) jn von einem Verdacht* ~ laver qqn de tout soupçon
Reinigung *f* ø **1** teinturerie *f* **2** nettoyage *m* (à sec)
rein-legen : *(fam) jn* ~ entuber/avoir qqn
reinrassig de pure race
rein-reißen* : *(fam) jn* ~ mettre qqn dans la merde
rein-waschen* (sich) (se) laver de tout soupçon
rein-würgen : *(fig/fam) jm eine* ~ *(non fig/fam)* prendre sa revanche sur qqn
rein-ziehen* sich : *(fam) sich (D) eine Flasche Schnaps* ~ siffler une bouteille de schnaps ; *sich (D) einen Film* ~ se taper un film
Reis *m* -e riz *m*
Reise *f* -n voyage *m auf der* ~ pendant le voyage ; *auf* ~*n* en voyage
Reisebüro *n* -s agence *f* de voyages
Reiseführer *m* - : *einen* ~ *lesen* lire un guide *m* ◆ *m* - ~**In** *f* -nen guide *m f*
reisen <sein> voyager, faire un voyage ; aller *zu einem Kongreß* ~ aller à un congrès
Reisende/r voyageur *m*, -euse *f*
Reisepaß *m* ¨sse passeport *m*
Reisig *n* ø petit bois *m*
Reißaus *m* ø : *(fam)* ~ *nehmen* prendre la poudre d'escampette
Reißbrett *n* -er planche *f* à dessin
reißen* 1 déchirer *ein Loch* ~ faire un trou ; *(fig) Witze* ~ faire des plaisanteries, *(fam)* sortir des vannes **2** *jn zu Boden* ~ faire tomber qqn ; *etw an sich (A)* ~ s'emparer de qch ; *jm etw aus den Händen* ~ arracher qch des mains de qqn ◆ <sein> **1** se déchirer ; se rompre, se casser ; *(fig/fam) mir reißt gleich die Geduld* je suis à bout **2** *der Hund reißt an der Kette* le chien tire sur sa chaîne ◆ **1** *sich an einem Nagel* ~ s'écorcher à un clou **2** *(fam) sich um etw/jn* ~ s'arracher qch/qqn **3** *sich in Stücke* ~ se flanquer des baffes **4** *sich von der Kette* ~ se détacher de sa chaîne ◆ **1** *das Buch findet reißenden Absatz* on s'arrache ce livre **2** *(méd) reißende Schmerzen* une douleur sourde ◆ *hin und her gerissen sein* se sentir ballotté
reißerisch *(péj)* accrocheur, -euse
reißfest indéchirable
Reißnadel *f* -n épingle *f* à nourrice
Reißverschluß *m* ¨sse fermeture *f* Éclair/à glissière
Reißzahn *m* ¨e croc *m*
Reißzwecke *f* -n punaise *f*
Reitbahn *f* -en manège *m*
reiten* : *ein Pferd* ~ monter un cheval ; *ein Pferd zu Tode* ~ épuiser son cheval ; *(fig/fam) ihn hat der Teufel geritten* il a perdu la tête ◆ <sein> faire de l'équitation/*(fam)* du cheval ; *(im) Schritt* ~ marcher au pas ; *(im) Galopp* ~ galoper
ReiterIn *m f* **1** cavalier *m*, -ère *f* **2** *(mil) spanischer* ~ barrage *m*, barbelés *mpl*
Reitpeitsche *f* -n cravache *f*
Reitpferd *n* -e cheval *m* de selle
Reitturnier *n* -e concours *m* hippique
Reiz *m* -e **1** charme *m* **2** effet *m*, action *f*
reizbar irritable ; sensible
reizen 1 exciter, énerver, agacer **2** *die Augen* ~ irriter les yeux **3** attirer, ravir ; *das reizt mich nicht* cela ne me tente/ne m'enchante pas **4** *(jeu)* annoncer
reizend adorable, charmant ; ravissant ; *(iro) na, das ist ja* ~ *!* c'est charmant !
reizlos sans intérêt
reizvoll ravissant
Reizwäsche *f* ø sous-vêtements *mpl* sexy
rekapitulieren récapituler
rekeln sich *(fam > non fam)* s'étirer
Reklame *f* -n publicité *f*, réclame *f (fam)* pub *f*
reklamieren 1 *eine Lieferung* ~ faire une réclamation à propos d'une livraison **2** *(sp) Abseits* ~ demander/réclamer un hors-jeu
rekonstruieren reconstituer ; reconstruire d'après les plans d'origine
Rekonstruktion *f* -en reconstitution *f* ; reconstruction *f*
Rekonvaleszenz *f* ø convalescence *f*
Rekord *m* -e *(sp)* record *m einen* ~ *ein-stellen* battre un record
rekrutieren (sich) recruter
RektorIn *m f* directeur *m*, -trice *f* ; président *m* -e *f* ; doyen *m* -ne *f*
Rektorat *n* -e direction *f* ; présidence *f* ; *(ens)* rectorat *m*
Relation *f* -en relation *f*, rapport *m*
relativ relatif, -ive
relativieren relativiser
Relativpronom(.)en *n* -/.ina pronom *m* relatif
relegieren exclure, interdire à qqn l'accès à qch ; renvoyer
relevant pertinent
Relevanz *f* ø pertinence *f*
Relief *n* -e/-s **1** *(art)* bas-relief *m* **2** *(géo)* relief *m*
Religion *f* -en religion *f* ◆ ø enseignement *m* religieux
religiös 1 religieux, -euse **2** *(personne)* croyant/pieux, -euse ; pratiquant
Relikt *n* -e reste *m*, vestige *m*
Reling *f* ø bastingage *m*
Remmidemmi *n* ø *(fam)* remue-ménage *m* ; fête *f*
rempeln *(fam > non fam)* bousculer
Ren *n* -s renne *m*
renitent récalcitrant, rebelle, réfractaire

Rennbahn

Rennbahn f -en piste f
rennen* <sein> courir; *(fam) gegen etw ~* se taper dans/contre qch; *(fig) mit dem Kopf gegen die Wand ~* foncer à l'aveuglette/tête baissée ◆ *(fam) jm ein Messer in den Bauch ~* flanquer à qqn un coup de couteau dans le ventre
Rennen n - course f; *(fig) das ~ machen (non fam)* l'emporter haut la main, battre tous les records
Renner m - *(fam)* article m qui marche
RennfahrerIn m pilote m de course; coureur m cycliste
renommiert renommé
renovieren rénover
Renovierung f -en rénovation f; ravalement m
Rente f -n 1 retraite f, pension f 2 rente f, revenu m
rentieren sich se rentabiliser, devenir rentable; être rentable
RentnerIn m f retraité m -e f; bénéficiaire m f d'une pension
Reparatur f -en réparation f
reparieren réparer
repatriieren 1 rendre à qqn sa nationalité d'origine 2 rapatrier
repräsentativ représentatif, -ive
repräsentieren : *ein Land ~* représenter un pays ◆ *gut ~* bien assurer sa fonction de représentation
Repressalien fpl représailles fpl
reprivatisieren privatiser
Repro f -s / **Reproduktion** f -en reproduction f
reproduzieren (sich) (se) reproduire
Reptil n -ien reptile m
Republik f -en république f
republikanisch républicain
Requisit n -en accessoire m
Reservat n -e réserve f
Reserve f -n 1 pl *~n an=legen* faire des réserves fpl 2 *(fig) einen guten Plan in ~ haben* avoir un bon plan en réserve f/*(fam)* un plan de derrière les fagots ◆ ø 1 *(mil)* réserve 2 *(fam) jn aus der ~ locken (non fam)* encourager qqn à sortir de sa réserve
reservieren réserver *einen Platz ~* faire une réservation
Reservist m -en -en *(mil)* réserviste m
resignieren renoncer
resolut décidé, déterminé, résolu ◆ *~ handeln* agir avec détermination
Resonanz f -en 1 *(phys/mus)* résonance f 2 *große ~ finden* rencontrer un vaste écho/retentissement
Respekt m ø : *vor jm/etw ~ haben* avoir du respect pour qqn/qch
respektieren respecter
respektlos irrespectueux, -euse
Rest m -e/-er/ø 1 reste m; *das ist der letzte ~* c'est tout ce qui reste 2 pl *~e*

einer versunkenen Kultur les vestiges mpl d'une culture disparue; *(fig) die sterblichen ~e* les restes, la dépouille mortelle ◆ **-er** *(comm)* reliquat m, solde m; fin f de série ◆ ø *der ~ des Jahres* le reste de l'année; *(fam) jm/einer Sache den ~ geben (non fam)* donner le coup de grâce à qqn/qqn; *sich* (D) *den ~ holen (non fam)* tomber sérieusement malade
restaurieren restaurer
Restbestand m ¨e fin f de série/de stock
restlich restant *das ~e Geld* le reliquat
restlos : *(fig) ~ begeistert sein* être complètement enthousiaste/d'un enthousiasme sans réserve
resultieren 1 *daraus resultiert, daß* il en résulte que 2 *in etw* (D) *~* aboutir à qch, avoir pour résultat qch
resümieren résumer
Retorte f -n alambic m, cornue f; *(fig) eine Stadt aus der ~* une ville champignon
Retortenbaby n -s *(fam)* bébé m éprouvette
retten 1 sauver 2 *jm das Leben ~* sauver la vie à qqn ◆ *(fam) du bist (ja) nicht mehr zu ~ !* ton cas est désespéré ! ◆ *sich ins Ausland ~* se réfugier/s'enfuir à l'étranger ◆ *ein rettender Einfall* une idée providentielle
RetterIn m f sauveteur m; *(fig)* sauveur m
Rettich m -e radis m noir
Rettung f -en sauvetage m; secours m; *(fig)* salut m *er war meine letzte ~* c'était ma dernière chance
Rettungsdienst m ø secours mpl
rettungslos : *~ verloren sein* être irrémédiablement/définitivement perdu; *(fam) ~ verliebt sein (non fam)* être éperdument amoureux
Rettungsring m -e 1 bouée f de sauvetage 2 *(iro)* bourrelet m
Retusche f -n *(photo)* retouche f
Reue f ø repentir m, regret m
reuen : *die Tat reut ihn* il se repent de/regrette ce qu'il a fait
reumütig repentant, contrit
Reuse f -n nasse f
revanchieren sich : *ich revanchiere mich bei dir dafür* à titre de revanche; *(iro)* je te revaudrai ça
RevanchistIn m -en -en f -nen revanchard m -e f
revidieren 1 *sein Urteil ~* réviser son jugement 2 contrôler; vérifier (l'état de); relire
Revier n -e domaine m, secteur m; *(animaux)* territoire m *(fam)* poste m (de police)
Revierförster m - garde m forestier

Revision f **-en 1** contrôle m, vérification f **2** (jur) ~ *ein=legen* faire un pourvoi en cassation
revoltieren se révolter/rebeller
RevolutionärIn m f révolutionnaire m f
rezensieren : *ein Buch* ~ faire la critique d'un livre
Rezept n **-e 1** (cuis) recette f **2** (méd) ordonnance f
Rezession f **-en** récession f
rezitieren : *ein Gedicht* ~ dire un poème
R-Gespräch n **-e** (appel m en) P.C.V. m
Rhabarber m ø rhubarbe f
Rhesusfaktor m ø rhésus m
Rhetorik f ø rhétorique f
Rheinland n ø Rhénanie f
Rheuma n ø rhumatismes mpl
rheumatisch rhumatismal ; rhumatisant
Rhinozerus n **-se** rhinocéros m
Rhom.bus m **.ben** losange m
Ryth.mus m **-men** rythme m
richten 1 préparer, arranger **2** *jn* ~ condamner qqn ♦ **1** *seinen Blick auf etw (A)* ~ diriger/tourner son regard vers qch **2** *eine Frage an jn* ~ adresser une question à qqn **3** *das Geschütz auf die Stadt* ~ orienter/diriger/pointer/braquer des batteries vers la ville ♦ *ich habe nicht über sie zu* ~ je n'ai rien à redire à son sujet ♦ **1** *sich nach einem Plan* ~ suivre un plan ; *ich richte mich nach dir* je ferai selon toi, je te suis, je suis tes instructions ; *der Preis richtet sich nach der Nachfrage* le prix est fonction de la demande **2** (gram) *sich nach dem Verb* ~ suivre la construction du verbe **3** *die Frage richtet sich an dich* cette question t'est adressée/s'adresse à toi
RichterIn m f juge m f
richterlich : *die* ~*e Gewalt* le pouvoir judiciaire
Richtgeschwindigkeit f ø vitesse f conseillée
richtig 1 juste, correct, exact, bon *eine* ~*e Lösung* une bonne solution ; (fam) *er ist nicht ganz* ~ il n'est pas clair **2** *im* ~*en Augenblick* au moment opportun **3** ~*es Gold* de l'or véritable ; *eine* ~*e Parisèrin* une vraie Parisienne ♦ **1** ~ *schreiben* écrire sans faute/correctement **2** *gerade* ~ *kommen* arriver au bon moment, tomber à pic **3** *ja* ~ ! c'est vrai/juste ! je suis d'accord !
richtiggehend (fig) réellement *er ist* ~ *wütend* il est fou furieux
Richtigkeit f ø justesse f, exactitude f *für die* ~ *der Abschrift* pour copie conforme ; *damit hat es seine* ~ c'est juste, il y a du vrai là-dedans

richtig=liegen* : (fam) *da liegst du ganz richtig !* (non fam) tu as tout à fait raison !
richtig=stellen : *einen Irrtum* ~ rectifier une erreur, faire une mise au point
Richtlinien fpl directives fpl
Richtpreis m **-e** prix conseillé/indicatif
Richtschnur f ø (fig) fil m conducteur
Richtung f **-en 1** direction f ; (fig/fam) *einem Gespräch eine bestimmte* ~ *geben* (non fam) donner un certain tour à la conversation, orienter la conversation dans un certain sens **2** (art/pol) tendance f, courant m
richtungweisend qui détermine de nouvelles/grandes orientations
Richtwert m **-e** valeur f indicative ; élément m d'évaluation
riechen* 1 sentir, respirer ; (fam) *Lunte* ~ flairer qch **2** (fam) *das konnte ich (ja) nicht* ~ *!* je ne pouvais pas le deviner ! ♦ *es riecht gut* ça sent bon ; *nach Pfefferminz* ~ sentir la menthe
Riecher m **- 1** (fam) tarin m **2** (fig) *einen richtigen* ~ *(für etw) haben* avoir du flair/le nez creux
Ried n **-e 1** roseau m, jonc m **2** région f marécageuse
Riefe f **-n** sillon m, rainure f
Riege f **-n** équipe f, section f
Riegel m **- 1** verrou m ; targette f ; (fig) *einer (D) Sache den* ~ *vor=schieben* mettre le holà m à qch **2** (chocolat) barre f
Riemen m **- 1** courroie f, lanière f ; (tech) courroie de transmission ; (fam) *sich am* ~ *reißen* faire beaucoup d'efforts **2** (mar) rame f *sich in die* ~ *legen* ramer à tour de bras ; (fig/fam) donner un coup de collier **3** (fam) pavé m
Riese m **-n -n** géant m ; (fig) géant, colosse m ; grosse tête f ; pic m
Rieselfeld n **-er** champ m d'épandage
rieseln ruisseler ♦ <sein> *Putz rieselt von den Wänden* le crépi tombe en poussière le long du mur/s'effrite ; (fig) *ein Schauer rieselt über seinen Rücken* un frisson lui parcourt le dos
Riesenarbeit f ø (fam) boulot m monstre
riesengroß gigantesque
Riesenrad n **-̈er** grande roue f
riesig 1 gigantesque, énorme ~*en Durst haben* avoir terriblement soif, (fam) crever de soif **2** (fam) *eine* ~*e Party* une fête du tonnerre/super [sypɛr]
Riff n **-e** récif m
rigoros rigoureux, -euse
Rikscha f **-s** pousse-pousse m
Rille f **-n** rainure f, canelure f ; (disque) sillon m
Rind n **-er** bovin m ♦ ø (fam > non fam) (viande f de) bœuf m
Rinde f **-n 1** croûte f **2** (arbre) écorce f ; (méd) cortex m

Rindvie(.)h n ø bêtes fpl (à cornes) ♦ **.cher** (fam) couillon m, andouille f
Ring m -e **1** anneau m; (fig) cercle m **2** pl (sp) anneaux **3** (boxe) ring m **4** (yeux) cerne m
Ringellocke f -n anglaise f
ringeln (tire-)bouchonner, (en)tortiller ♦ *sich ~* (cheveux) boucler, friser
Ringeltaube f -n pigeon m ramier
ringen* : *jm etw aus der Hand ~* arracher à qqn qch des mains ♦ **1** *miteinander ~* lutter, se battre au corps à corps; (sp) faire de la lutte **2** (fig) *um Fassung ~* chercher à reprendre contenance
Ringer m - lutteur m
ringförmig circulaire
Ringkampf m ø lutte f ♦ ¨e combat m
rings : *~ an den Wänden* sur tous les murs; *~ um ihn* tout autour de lui
ringsherum tout autour; à la ronde, alentour
Rinne f -n **1** rigole f **2** (toit) gouttière f
rinnen* : *die Wanne rinnt* la baignoire fuit ♦ <sein> *der Regen rinnt vom Dach* la pluie ruisselle du toit; (liquide) couler, s'écouler; (fig) *das Geld rinnt ihm durch die Finger* l'argent lui file entre les doigts
Rinnstein m -e caniveau m
Rippchen npl travers m de porc m
Rippe f -n **1** côte f; (fam) *das kann ich mir nicht aus den ~n schneiden* où veux-tu que j'aille chercher ça? **2** (feuilles) nervure f; (tech) aillette f
Rippenfell n -e plèvre f
Rippenstoß m ¨e : *jm einen ~ geben* donner un coup de coude/une bourrade à qqn
Rips m -e reps [reps] m
Risik(.)o n .en/-s risque m; *ein ~ ein-gehen* courir un risque
Risikogruppe f -n groupe m à risques
riskant risqué
riskieren risquer
Riß m sse fente f, fissure f, lézarde f; (tissu) déchirure f, accroc m
rissig fendu, lézardé; (peau) gercé
Ritt m -e : (fam) *auf einen ~* (non fam) d'une (seule) traite f
Ritter m - **1** chevalier m **2** (cuis) *armer ~* pain m perdu
ritterlich chevaleresque
Rittersporn m -e pied-d'alouette m
rittlings à califourchon, à cheval
Ritual n -e/-ien rituel m
Rit.us m .en rite m; rituel m
Ritz m -e **1** éraflure f, rayure f **2** fissure f
Ritze f -n fissure f, fente f
ritzen : *einen Namen in das Holz ~* graver un nom dans du bois ♦ *sich ~* s'égratigner
Rivale m -n -n rival m

rivalisieren : *mit jm ~* rivaliser avec qqn ♦ *rivalisierende Gruppen* des groupes rivaux
Rizinus m -/-se ricin m
Robbe f -n phoque m
robben <sein> : *durch den Schlamm ~* ramper dans la boue
Roboter m - robot m
robust robuste, solide
röcheln râler
Rochen m - raie f
Rock m ¨e jupe f; (fig/fam) *hinter jedem ~ her-sein* être un coureur de jupons
rodeln <sein/haben> faire de la luge
Rodelschlitten m - luge f
roden défricher
Rogen m - œufs mpl de poisson
Roggen m - seigle m
roh 1 cru **2** *~es Holz* du bois brut [bryt]; (fig) *ein ~er Entwurf* un premier jet **3** (péj) grossier, -ière; *ein ~er Kerl* un type odieux; *mit ~er Gewalt* avec brutalité, brutalement
Rohbau m -ten gros œuvre m
Rohkost f ø crudités fpl et fruits (crus) mpl, nourriture f crue
Rohling m -e **1** (tech) pièce f non usinée **2** (fam) brute f
Rohr n ø jonc m ♦ -e **1** tuyau m; tube m; conduit m **2** (fusil) canon m; (fam) *volles ~ fahren* rouler à fond la caisse
Röhre f -n **1** tuyau m, conduite f; (phys) *kommunizierende ~n* vases mpl communicants **2** (cuis) four m; (fam) *in die ~ gucken* se retrouver gros Jean comme devant, faire tintin; regarder la télé
röhren bramer
Rohstoff m -e matière f première
Rolladen m ¨ /- volet m roulant
Rolle f -n **1** rouleau m; (fil) fusette f, bobine f **2** (th) rôle m; (fig/fam) *keine ~ spielen* n'avoir aucune importance f **3** *auf ~n* à roulettes fpl **4** (sp) roulade f
rollen 1 rouler **2** *den Teig ~* étaler la pâte ♦ <sein> **1** rouler; (fam) *ins Rollen kommen* se mettre en route **2** (larmes) couler **3** (lave) se déverser, couler **4** (tonnerre) gronder ♦ **1** *das Papier rollt sich* le papier gondole **2** *sich zur Seite ~* rouler sur le côté
Roller m - **1** patinette f, trottinette f **2** scooter m
Rollfeld n -er aire f d'atterrissage/d'envol
Rollkommando n -s commando m de choc, brigade f d'intervention
Rollkragen m - col m roulé
Rollschuhe mpl patins mpl à roulettes
Rollstuhl m ¨e chaise f roulante
Rolltreppe f -n escalier m roulant, escalator m
Roman m ø/-e roman m; (fig) *erzähl keine ~e!* ne raconte pas d'histoires fpl!

romanisch roman
Romantik f ø romantisme m
romantisch romantique
RömerIn m f Romain m -e f
römisch romain
röntgen : *jn ~* radiographier qqn, *(fam)* faire passer une radio à qqn ◆ *sich ~ lassen* se faire radiographier, *(fam)* se faire faire une radio
Röntgenaufnahme f -n radiographie f, *(fam)* radio f
Röntgenstrahlen mpl rayons mpl X
rosa rose
Rose f -n 1 rose f 2 *(méd)* zona m
Rosenkohl m ø chou m de Bruxelles
Rosenkranz m ¨e chapelet m; rosaire m
Rosenmontag m -e veille f du mardi gras
Rosenstock m ¨e rosier m
Rosette f *(archi)* rosace f
rosig 1 rose 2 *~e Zeiten* période f faste
Rosine f -n raisin m sec; *(fam) ~n im Kopf haben* tirer des plans sur la comète
Rosmarin m ø romarin m
Roß m sse/¨sser cheval m, destrier; *(fig/fam) auf dem hohen ~ sitzen* le prendre de haut, se croire plus fort que les autres
Roßhaar n ø crin m
Roßkur f -en *(fam)* traitement m de cheval
Rost m ø rouille f ◆ -e 1 gril m 2 grille f; sommier m à lattes; caillebotis m
rosten rouiller
rösten faire griller
rostfrei inoxydable
rostig rouillé
rot rouge *~e Haare* cheveux roux; *(fig) der ~e Faden* le fil conducteur/rouge; *ein ~es Tuch für jn sein* être la bête noire de qqn
Rot n -/*(fam)* -s rouge m
Rotationsmaschine f -n rotative f
Rotbarsch m -e rascasse f
Röte f ø rouge m; rougeur f
Röteln pl rubéole f
röten (sich) rougir
rothaarig roux, -sse
rotieren tourner; *(fam) den ganzen Tag ~* ne pas arrêter de la journée
Rotkäppchen n ø le petit Chaperon m rouge
rötlich tirant sur le rouge; rougeoyant; rougeâtre
Rotstift f -e : *(fig) den ~ an=setzen (non fig)* faire des économies
Rotte f -n 1 bande f 2 *(péj)* horde f, bande
Rotwein m -e vin m rouge
Rotwild n ø cerf m
Rotze f ø *(fam > non fam)* morve f
Rotzbengel m - *(fam/péj)* morveux m

rotzig plein de morve; *(péj) ~es Benehmen* un culot monstre
Route f -n itinéraire m, route f
Routine [ru-] f ø expérience f, savoir-faire m, coup m de main; routine f
routiniert expérimenté, *(fig/fam)* qui connaît toutes les ficelles
Rowdy [ɐaudi] m -s loubard m, voyou m
rubbeln *(jeu)* gratter
Rübe f -n betterave f, rave f; navet m; *(fig) hier sieht es ja wie Kraut und ~n aus!* *(fam)* c'est le bordel là-dedans! 2 *(fam) eins auf die ~ kriegen* prendre un coup sur le citron
rüber=bringen* *(fam)* 1 *bring mal den Stuhl rüber!* amène la chaise! 2 *etw gut ~* savoir bien faire passer qch
Rubin m -e rubis m
ruchbar : *(fig) ~ werden* s'ébruiter
ruchlos odieux, -euse, crapuleux, -euse
ruck! : *hau ~!* oh! hisse!
Ruck m -e secousse f; à-coup m; *(fam) ein ~ nach links* un virage m à gauche; *sich (D) einen ~ geben* se donner un coup de pied au derrière
ruckartig saccadé ◆ d'un seul coup; *~ bremsen* freiner brutalement
Rückblick m -e rétrospective f
rücken pousser, déplacer
Rücken m - 1 dos m; *(viande)* échine f; *(lièvre)* râble m; *(fam) auf den ~ fallen* en tomber à la renverse; *den ~ frei haben* avoir les mains libres; *jm den ~ stärken* épauler qqn 2 *(livre)* dos m; *(montagne)* crête f
Rückendeckung f -en *(mil/fig)* couverture f
Rückenlehne f -n dossier m
Rückenmark n ø moelle [mwal] f épinière
rückens=chwimmen* <sein/haben> nager sur le dos
Rückenwind m ø : *(fig) von jm ~ bekommen* *(non fig)* recevoir le soutien de qqn
Rückerstattung f -en remboursement m; restitution f
Rückfahrt f -en retour m
Rückfall m ¨e 1 *(méd)* rechute f 2 *(jur)* récidive f
rückfällig *(jur)* récidiviste *~ werden* récidiver
RückfalltäterIn m f récidiviste m f
Rückfrage f -n : *nach etw ~ halten* demander des précisions au sujet de qch
Rückgabe f -n restitution f
Rückgang m ¨e baisse f, diminution f, recul m
rückgängig : *etw ~ machen* annuler/résilier qch
Rückgrat m -e *(méd)* colonne f vertébrale, épine dorsale; *(fig) er hat kein ~*

Rückgriff

(fam) il n'a rien dans le ventre; *(fam) jm das ~ brechen* casser les reins à qqn
Rückgriff *m -e* recours *m*
Rückhalt *m ø* soutien *m*, appui *m*
rückhaltlos sans retenue/réserve *~es Vertrauen* une confiance absolue/totale
Rückkehr *f ø* retour *m*
Rücklage *f -n* réserve *f*; *(comm)* fonds *m* de réserve
rückläufig : *eine ~e Bewegung* un mouvement rétrograde; *~e Entwicklung* une régression *f*
Rücklicht *n -er* (auto) feu *m* arrière
rücklings : *jn ~ an=fallen* attaquer qqn par derrière
Rucksack *m ¨e* sac *m* à dos
Rückschein *m -e* accusé *m* de réception
Rückschlag *m ¨e* **1** déboires *mpl* **2** *(tech)* recul *m*
Rückschlüsse *mpl* : *daraus lassen sich ~ ziehen* il y a des conclusions *fpl* à en tirer/qui s'imposent
Rückschritt *m -e* retour *m* en arrière, reculade *f*, régression *f*
rückschrittlich réactionnaire, rétrograde
Rückseite *f -n* verso *m*
Rücksicht(nahme) *f ø* respect *m*, considération *f*, égard(s) *m(pl)*
rücksichtslos brutal ◆ *jn ~ behandeln* traiter qqn sans ménagements, être brutal avec qqn
rücksichtsvoll plein de délicatesse/ d'égards, attentionné
Rücksitz *m -e* siège *m* arrière
Rückspiegel *m -* rétroviseur *m*
Rücksprache *f -n* entretien *m*, consultation *f* *~ mit jm nehmen* consulter qqn; se concerter
Rückstand *m ¨e* **1** *mit der Arbeit im ~ sein* avoir du retard *m* dans son travail; *(comm) mit den Zahlungen im ~ sein* avoir des arriérés *mpl* **2** *radioaktive Rückstände* déchets *mpl* radioactifs
rückständig rétrograde, arriéré *ein ~es Land* un pays sous-développé
Rücktritt *m -e* démission *f*
Rückvergütung *f -en* ristourne *f*; remboursement *m*
rückversichern sich prendre toutes les garanties possibles
rückwärts **1** *~ gehen* reculer; *~ ein=parken* faire un créneau **2** *ein Blick ~* un coup d'œil en arrière/derrière soi
Rückweg *m -e* chemin *m* du retour
rückwirkend rétroactif, -ive
Rückzieher *m -* **1** *(fam)* reculade *f einen ~ machen* reculer, faire machine arrière; mettre de l'eau dans son vin **2** *(sp)* retourné *m*
ruck, zuck : *(fam) das geht ~* ça marche comme sur des roulettes
rüde *(péj)* grossier, -ière, brutal, -e

Rüde *m -n -n* chien *m* mâle
Rudel *n -* harde *f*; *(loups)* horde *f*
Ruder *n -* **1** rame *f* **2** *(mar)* gouvernail *m*, barre *f*; *(fig) das ~ herum=werfen* changer de cap *m*; *(fam) ans ~ kommen* prendre le gouvernail **3** *(av)* commandes *fpl*, *(fam)* mâche *m* à balai
Ruderboot *n -e* barque *f*, bateau *m* à rames
Ruderer *m -* rameur *m*
rudern <sein> : *den Fluß abwärts ~* descendre un fleuve à la rame ◆ *(fam) mit den Armen ~* *(non fam)* balancer les bras
Rudiment *n -e (bio)* organe *m* atrophié, rudiment *m*; *(fig)* vestige *m*, reste *m*
Ruf *m -e* **1** cri *m* **2** *(tél) den ~ geht raus* j'ai réussi à avoir la ligne ◆ **1** *der ~ zu den Waffen* l'appel *m* aux armes **2** *einen guten ~ haben* avoir bonne réputation *f*
rufen* : *jn ~* appeler qqn ◆ **1** *nach jm ~* réclamer qqn; appeler qqn **2** *sich (D) etw ins Gedächtnis ~* se remémorer qch ◆ *(fig) wie gerufen kommen (fam)* tomber à pic
Rüffel *m -* : *(fam) jm einen ~ geben* passer un savon à qqn
Rufmord *m ø* : *~ betreiben* faire de la diffamation
Rufname *m -n* prénom *m* usuel
Rufnummer *f -n* numéro *m* de téléphone
Rufzeichen *n -* tonalité *f*
Rüge *f -n* réprimande *f*, blâme *m*
Ruhe *f ø* **1** calme *m*, tranquillité *f*; repos *m in aller ~* tranquillement; *sich (D) keine ~ gönnen* ne s'accorder aucun répit *m*; *(fam) ~!* silence *m*! tais-toi!/taisez-vous! **2** *angenehme ~!* dors/dormez bien! **3** *(fig) sich zur ~ setzen* prendre sa retraite *f* **4** *(phys)* repos *m* **5** *(fig)* calme, sérénité *f*; *jn aus der ~ bringen* faire sortir qqn de ses gonds *mpl*
ruhelos perturbé, agité, inquiet, -ète
ruhen : *die See ruht* la mer est calme; *die Arbeit ruht* le travail est arrêté/suspendu; *die Waffen ruhen* les armes se taisent; *der Vater ruht* le père se repose; *(fig) hier ~ X* ci-gît X ◆ *auf etw (D) ~* reposer sur qch ◆ *(éco) ruhendes Kapital* capitaux dormants/figés/inactifs
Ruhestand *m ø* retraite *f*
Ruhestätte *f -n* : *(fig) seine letzte ~* sa dernière demeure
Ruhestörung *f -en* trouble (nocturne) *m*/perturbation *f* de l'ordre public *nächtliche ~* tapage nocturne
Ruhetag *m -e* jour *m* de repos/congé, jour chômé
ruhig calme, tranquille; *(fig) bei ~er Überlegung* à tête reposée ◆ *sich ~ verhalten* se tenir tranquille; être très calme
Ruhm *m ø* gloire *f*; renommée *f*

rühmen : *jn* ~ vanter les mérites de qqn ; *etw* ~ louer qch ◆ *sich seiner guten Beziehungen* ~ mettre en avant ses bonnes relations

Ruhr *f* ø dysenterie *f*

Ruhrgebiet *n* ø Ruhr [rur] *f*

Rührei *n* ø/*(fam)* **-er** œufs *mpl* brouillés

rühren 1 tourner, mélanger *Eier* ~ battre des œufs 2 bouger ; *(fig)* émouvoir, toucher ◆ *das rührt daher, daß* cela vient du fait que/tient au fait que ◆ 1 *er rührt sich nicht* il ne bouge pas ; *(mil)* *rührt euch !* rompez ! ◆ *(fig) wie vom Donner gerührt* complètement ébranlé ; complètement abasourdi

rührend : *ein ~er Anblick* un spectacle attendrissant / émouvant / touchant

rührig entreprenant

rührselig à l'eau de rose, larmoyant, sentimental

Rührung *f* ø émotion *f*, attendrissement *m*

Ruin *m* ø ruine *f*

Ruine *f* **-n** ruine *f* ; *(fig) eine menschliche* ~ une loque humaine

rülpsen *(fam)* roter

rum=brüllen *(fam)* gueuler

Rum *m* ø rhum [rɔm] *m*

rum=gammeln *(fam)* traîner

rum=hängen* *(fam)* traîner

rum=kriegen *(fam)* 1 *jn* ~ faire marcher qqn dans son truc 2 *die Zeit* ~ passer le temps ◆ *sich nicht* ~ *lassen* ne pas se laisser faire

Rummel *m* ø *(fam)* 1 *(non fam)* foire *f* 2 tintouin *m*

rumoren : *es rumort im Haus* on entend des bruits dans la maison ; *(ventre)* gargouiller

Rumpelkammer *f* **-n** débarras *m*

Rumpf *m* ¨**e** 1 *(homme)* tronc *m* 2 *(av)* fuselage *m* ; *(mar)* coque *f*

rümpfen froncer ; *(fig) über etw* (A) *die Nase* ~ froncer les sourcils

rums ! boum !

rund rond ; rebondi ◆ 1 *etw* ~ *heraus sagen* dire franchement qch 2 *(fig)* ~ *um die Uhr* 24 heures sur 24 3 *(fam)* ~ *hundert Leute* *(non fam)* une centaine de personnes ; ~ *100 DM* dans les 100 Marks

Rund *n* ø 1 arrondi *m* 2 cercle *m*

Rundbrief *m* **-e** circulaire *f*

Runde *f* **-n** 1 tour *f* ; *(sp/cartes)* manche *f*, partie *f* ; *(course)* tour *m* ; *(boxe)* round [rund] *m* ; *(tennis)* set [sɛt] *m* ; *(mil)* (tour *m* de) ronde *f* 2 cercle *m eine fröhliche* ~ un groupe de joyeux lurons, une fine équipe 3 *eine* ~ *spendieren* payer une tournée

runden arrondir *sich* ~ s'arrondir ; *(fig) das Bild rundet sich* cela commence à prendre forme/à devenir plus clair

runderneuern rechaper

Rundfrage *f* **-n** questionnaire *m*

Rundfunk *m* ø radio *f*

rund=gehen* <sein> : *(fam) es geht rund* ça y va, ça boume

rundherum 1 ~ *mit Schokolade überzogen* entièrement recouvert d'une couche de chocolat ; *(fig)* ~ *zufrieden* tout à fait satisfait 2 ~ *blicken* regarder tout autour de soi

Rundung *f* **-en** 1 arrondi *m*, courbe *f* ; *(archi)* galbe *m* 2 *pl (fam)* rondeurs *fpl*

rundweg *(fam > non fam)* tout net [nɛt]

runter=hauen* : *(fam) jm eine* ~ flanquer une claque à qqn

runter=holen* *(fam) jn* ~ *(non fam)* aller chercher qqn

runz(e)lig ridé

runzeln : *die Stirn* ~ froncer les sourcils

Rüpel *m* **-** malotru *m*, grossier personnage *m*

rupfen 1 *Unkraut* ~ arracher la mauvaise herbe 2 *eine Gans* ~ plumer une oie 3 *jn an den Haaren* ~ tirer les cheveux à qqn 3 *(fig/fam) mit jm ein Hühnchen zu* ~ *haben* *(non fig/fam)* avoir un compte à régler avec qqn

ruppig *(péj)* grossier, -ière

Rupprecht *m* : *Knecht Rupprecht* le père Fouettard

Rüsche *f* **-n** ruche *f*, jabot *m*

Ruß *m* **-e** suie *f*, noir *m* de fumée

Rüssel *m* **-** trompe *f* ; *(fam)* nez *m*

rüsten s'armer *zum Krieg* ~ faire des préparatifs de guerre, se préparer à la guerre ◆ *sich für etw* ~ tout préparer pour qch

rüstig vigoureux, -euse, gaillard, vaillant

rustikal campagnard ; rustique, simple

Rüstung *f* **-en** *(mil)* armement *m* ; *(hist)* armure *f*

Rüstzeug *n* ø outils *mpl*, outillage *m* ; *(fig) geistiges* ~ bagage *m* intellectuel

Rute *f* **-n** 1 baguette *f* ; verge *f* 2 *(chien/renard)* queue *f*

Rutsch *m* **-** 1 glissade *f* ; *(fam) auf einen* ~ *bei jm vorbei=kommen* passer en coup de vent chez qqn 2 éboulement *m* 3 *(fam) guten* ~ *ins neue Jahr !* *(non fam)* bonne année !

rutschen <sein> 1 glisser, déraper ; *(fam) das Essen rutscht nicht* le repas ne passe pas 2 *meine Brille rutscht* les lunettes me tombent sur le nez ; *(fam) rutsch mal !* pousse-toi ! 3 *auf seinem Platz hin und her* ~ avoir la danse de Saint Guy, se tortiller

rutschfest antidérapant

Rutschgefahr *f* ø : *(auto) Vorsicht,* ~ *!* attention, chaussée glissante !

rutschig glissant
rütteln : *jn am Arm* ~ secouer qqn par le bras ; *(fam) daran gibt es nichts zu* ~ c'est comme ça, un point c'est tout ◆ *an der Tür* ~ secouer la porte

S

Saal *m* ¨e salle *f* ; *(musée)* galerie *f*
Saargebiet *n* ø Sarre *f*
Saat *f* ø semailles *fpl* ; semences *fpl* ◆ *-en* semis *m*
sabbeln *(fam)* **1** *(péj)* jacasser **2** *(non fam)* baver
sabbern *(fam)* **1** *(non fam)* baver **2** *(péj)* jacasser
Säbel *m* - sabre *m* ; *(fig/péj) mit dem* ~ *rasseln* se faire menaçant ; agiter le spectre de la guerre
sabotieren saboter
SachbearbeiterIn *m f* personne *f* chargée d'un dossier
sachdienlich utile (à l'enquête)
Sache *f* -n **1** *pl (fam)* choses *fpl* ; affaires *fpl harte/scharfe* ~*n* des alcools *mpl* forts ; *mit 100* ~*n* en trombe ; *(jur) bewegliche* ~*n* biens *mpl* mobiliers **2** affaire *f in welcher* ~ *kommen Sie ?* quel est le motif de votre visite ? *das ist nicht meine* ~ ce n'est pas mon affaire, cela ne me regarde pas ; *sich* (D) *seiner* ~ *sicher sein* être sûr de son fait ; *nicht ganz bei der* ~ *sein* être dans les nuages ; *zur* ~ *kommen* en venir au fait ; *(fam) sagen, was* ~ *ist* appeler un chat un chat ◆ ø cause *f*.
sachgemäß adéquat, approprié ◆ correctement
Sachkenntnis *f* ø compétence *f*
sachkundig compétent ; expert
sachlich **1** objectif, -ive ; concret, -ète **2** *eine* ~*e Einrichtung* un mobilier sobre
Sachschaden *m* ¨ dégât *m* matériel
sacht(e) doux/douce, léger, -ère ◆ tout doucement ; en douceur ; *(fam)* ~ ! tout doux ! doucement !
Sachverhalt *m* -e faits *mpl*, circonstances *fpl*
Sachverständige/r expert *m* -e *f*
Sachverzeichnis *n* -se répertoire *m*, nomenclature *f*
Sachwert *m* ø valeur *f* réelle ◆ -e *pl* objet *m* de valeur
Sack *m* ¨e **1** sac *m* ; *(fig/fam) mit* ~ *und Pack* avec armes et bagages ; *in den* ~ *hauen* se tirer **2** *(fam/péj) so ein blöder* ~ ! quel enfoiré !
Sackbahnhof *m* ¨e gare *f* terminus [-nys]
Sackgasse *f* -n cul-de-sac *m*, impasse *f*, voie *f* sans issue

sadistisch sadique
säen semer ; *(fig/fam) dünn gesät sein* être (une denrée) rare
Saft *m* ¨e **1** jus *m* ; *(plante)* sève *f* **2** *(fam)* jus
saftig **1** juteux, -euse **2** *(fam) eine* ~*e Ohrfeige* une bonne claque ; *ein* ~*er Witz* une blague salée
Saftladen *m* ¨ *(fam/péj)* souk *m*
Sage *f* -n légende *f*
Säge *f* -n scie *f*
sagen **1** dire *jm Dank* ~ remercier qqn ; *das hättest du dir damals schon (selbst)* ~ *können* tu aurais pu y penser plus tôt **2** *er hat mir nichts zu* ~ il n'a pas de conseil *m* à me donner ; *sich* (D) *nichts* ~ *lassen* ne rien vouloir entendre **3** signifier ; *das hat nichts zu* ~ cela ne veut rien dire ; *laß dir das gesagt sein !* tiens-le-toi pour dit ! ◆ *(loc) sage und schreibe* pas moins de/que
sägen scier ; *(fam > non fam)* ronfler
sagenhaft *(fam > non fam)* incroyable, extraordinaire ◆ ~ *viel* comme ce n'est pas permis, *(non fam)* énormément
Sahne *f* ø crème *f* ; *(crème)* chantilly *f*
Saite *f* -n corde *f*
Sakko *n* -s veste *f*, veston *m*
Salamander *m* - salamandre *f*
Salat *m* -e salade *f* ◆ ø *ein Kopf* ~ une salade ; *(fam) da haben wir den* ~ ! nous voilà dans un beau pétrin !
Salatschüssel *f* -n saladier *m*
Salbe *f* -n crème *f*, pommade *f*
salben enduire *(rel)* oindre
Sal(.)do *n* -s/.di/.den **1** *(banque)* solde *m* **2** *(comm)* reliquat *m*, solde
salonfähig présentable
salopp décontracté, *(fam)* relax
Salto *m* -s **1** *(sp)* saut *m* **2** *(av)* looping [lupin]
salutieren : *vor jm* ~ saluer qqn
Salz *n* ø sel *m* ; *(fig)* ~ *auf die Wunde streuen* remuer le couteau dans la plaie ◆ -e *(chim)* sel *m*
salzen saler
Samen *m* ø **1** graine *f*, semences *fpl* **2** sperme *m* ◆ - graine *f*
sämig velouté
Sammelbecken *n* - réservoir *m*, citerne *f*, collecteur *m* ; *(fig)* lieu *m* de rassemblement

Sammellager n - camp m de réfugiés
sammeln 1 *Pilze* ~ ramasser des champignons 2 *Briefmarken* ~ collectionner les timbres, faire une collection de timbres ; *(fig) Material* ~ réunir/rassembler/collecter des documents ◆ *sich* ~ s'accumuler ; *(personnes)* se rassembler, se réunir ; *(fig)* se concentrer
Sammelsur.ium n .ien *(péj)* bric-à-brac m, ramassis m
SammlerIn m f collectionneur m, -euse f
Sammlung f -en 1 collection f ; musée m, galerie f ; *(chansons)* recueil m 2 *(fig)* concentration m ; recueillement m
Samstag m -e samedi m
samstags le samedi
samt (D) avec ~ *und sonders* sans exception
Samt m -e velours m
samtig velouté *eine* ~*s Stimme* une voix chaude
sämtlich 1 *sein* ~*er Besitz* tous ses biens, l'ensemble de ses biens ; *(livre)* ~*e Werke* œuvre complète 2 *wir waren* ~ *da* nous étions tous là, nous étions au grand complet
Sand m ø/-e sable m ; *(fam) etw in den* ~ *setzen* complètement louper qch ; *(fig) den Kopf in den* ~ *stecken* pratiquer la politique de l'autruche ; *im* ~ *verlaufen (fam)* finir en eau de boudin
Sandgrube f -n sablière f, gravière f
Sandstein m ø grès m
sandig sableux, -euse, sablonneux, -euse ; couvert de sable
sanft doux/douce ; léger, délicat *ein* ~*er Tod* mort paisible ; *ein* ~*er Anstieg* une montée en pente douce
SängerIn m f chanteur m, -euse f
sanieren 1 rénover, assainir 2 *(méd)* soigner 3 *(éco)* redresser ◆ *sich wieder* ~ se redresser, *(fam)* s'en sortir
Sanierung f -en 1 rénovation f, assainissement m 2 *(éco)* redressement m
sanitär sanitaire *die* ~*en Verhältnisse* les conditions sanitaires
SanitäterIn m f infirmier m, -ère f ; secouriste m f
Sanktion f ø/-en 1 *(jur)* ratification f 2 pl sanctions fpl
Sankt-Nimmerleins-Tag m ø : *am* ~ à la saint-glinglin
Sardelle f -n anchois m
Sarg m ¨e cercueil m, bière f
sarkastisch sarcastique
Satan m ø Satan m ◆ -e *(péj)* mégère f, vipère f ; terreur f
Satellit m -en -en satellite m
satirisch satirique
satt 1 rassasié ~ *sein* ne plus avoir faim 2 ~*es Rot* un rouge saturé 3 *(fam) jn/etw* ~ *haben* en avoir marre/ras le bol de qqn/qch ◆ *sich* ~ *essen* manger à satiété
Sattel m ¨ selle f ; *(fig) jn in den* ~ *heben* mettre à qqn le pied à l'étrier
sattelfest : *(fig)* ~ *sein* être ferré/bien s'y connaître (en matière de)
satteln 1 seller 2 *(fig) für etw gesattelt sein* être paré pour qch
Sattler m - sellier m
Satz m ¨e 1 *(gram)* phrase f ; proposition f 2 principe m, thèse f ; *(math)* théorème m 3 *mit einem* ~ d'un bond 4 *(tennis)* set m 5 *(éco)* barème m ; montant m 6 dépôt m ; *(café)* marc m 7 série f ; *ein* ~ *Reifen* un train de pneus ◆ ø *(typo)* photocompo(sition) f
Satzlehre f ø syntaxe f
Satzzeichen n - signe m de ponctuation
Sau f -en/¨e 1 truie f ; *(fam) die* ~ *raus=lassen* se défouler ; *jn zur* ~ *machen (fig)* assassiner qqn ; *(fam/péj)* cochon m ; *unter aller* ~ en dessous de tout 2 *(fam/péj)* salaud m, salope f
sauber 1 propre, net, -te ; *(fig)* intègre ; *(fam) bleib* ~ ! ne fais pas de conneries ! 2 *eine* ~*e Arbeit* un travail soigné/impeccable/propre, du bon travail ◆ ~ *ab=schreiben* recopier au propre
Sauberkeit f ø propreté f ; netteté f
säubern nettoyer *(fig)* nettoyer, purger
Säuberung f -en *(pol)* épuration f, purge f
sauer/saur- 1 acide, aigre *saure Milch* lait caillé ; *saure Gurken* cornichons mpl ; *(fig) ein saures Gesicht* un visage renfrogné ; *in den sauren Apfel beißen (fam)* avaler la pilule ; *(fam)* ~ *sein* l'avoir mauvaise, être en boule 2 *(fam) gib ihm Saures !* flanque-lui une raclée !
Sauerei f -en *(fam/péj)* cochonnerie f
Sauerkraut n ø chou m, choucroute f
säuerlich acide, acidulé ; *(fig) ein* ~*es Lächeln* un sourire amer
saufen* 1 *(animaux)* boire, s'abreuver 2 *(fam)* boire
SäuferIn m f *(fam)* poivrot m, alcolo m f
saugen* 1 sucer 2 *an der Brust* ~ téter
saugen : *den Teppich* ~ passer l'aspirateur sur le tapis
säugen allaiter
Säugetier n -e mammifère m
Säugling m -e nourrisson m
säuisch *(fam)* salace
Säule f -n colonne f ; *(fig)* pilier m
Saum m ¨e *(couture)* ourlet m
saumäßig *(fam)* ~*es Glück* une veine de cocu ; *es ist* ~ *kalt* il fait un froid de canard
Säure f ø acidité f ◆ *(chim)* acide m
Sauregurkenzeit f -en *(fam)* calme m plat

Sause f -n : (fam) *eine richtige ~ machen* faire la tournée des bistrots
säuseln bruire, murmurer
sausen : *der Wind saust* le vent mugit/siffle ; *das Blut saust in den Ohren* les oreilles bourdonnent ◆ <sein> **1** foncer **2** (fam) *durch eine Prüfung ~* être collé à un examen ◆ (fam) *etw ~ lassen* laisser tomber qch
Saxophon n -e saxophone m
S-Bahn f -en métro m express ; (Paris) R.E.R m
Schabe f -n blatte f
schaben gratter, racler ◆ frotter
schäbig (péj) élimé, usé *ein ~er Mantel* un manteau râpé ; (fig/péj) minable
Schablone f -n **1** modèle m ; gabarit m ; pochoir m **2** (péj) *in ~n denken* avoir des idées toutes faites
Schach n ø (jeu) échecs mpl ; (fam) *jn in ~ halten* tenir qqn sous sa coupe
Schachbrett n -er échiquier m
schachern (péj) marchander
schachmatt 1 (jeu) échec et mat [mat] **2** (fam) *~ sein* être rétamé
Schacht m ¨e **1** (mines) puits m ; conduit m, gaine f ; (ascenseur) cage f
Schachtel f -n **1** boîte f ; carton m **2** (fam/péj) *eine alte ~* une vieille carne
schade dommage *~ !* dommage ! ; *~ drum !* dommage ! ; *~ nur, daß* dommage que ; *sich (D) zu ~ sein* ne pas s'abaisser à faire qch
Schädel m - crâne m ; boîte f crânienne
schaden 1 *jm/etw ~* nuire/porter préjudice/faire du tort à qqn/qch ; *der Gesundheit ~* être nocif, être dangereux pour la santé **2** (fam) *es kann nichts ~* ça ne gâte rien ; *das schadet dir (gar) nichts !* c'est bien fait pour toi !
Schaden m ¨ **1** dommage m *zu js ~* au détriment de qqn ; *10 Personen sind zu ~ gekommen* 10 personnes ont été blessées ; (jur) préjudice m ; *einen ~ ersetzen* dédommager qqn ; réparer un préjudice ; (assurance) indemniser d'un sinistre ; (prov) *wer den ~ hat, braucht für den Spott nicht zu sorgen* il y a toujours qqn pour rire du malheur des autres **2** dégât m, détérioration f, dommage m ; (fam) *du hast doch einen ~ !* ça va pas la tête ?
Schaden(s)ersatz m ø indemnisation f, dédommagement m ; indemnité f
schadhaft détérioré ; défectueux, -euse
schädigen : *jn ~* nuire/porter préjudice à qqn
Schädigung f -en **1** préjudice m **2** *materielle ~en* dommages matériels
schädlich nocif, -ive
Schädling m -e parasite m
schadlos : (loc) *sich für etw ~ halten* se rattraper
Schadstoff m -e produit m toxique

schadstoffarm peu toxique
Schaf n -e mouton m, brebis f
Schäfchen n - agneau m ; (fam) *sein(e) ~ ins Trockene bringen* se faire une bonne petite cagnotte/un magot
Schäfer m - berger m
Schäferhund m -e berger m allemand
schaffen* 1 *ein Werk ~* réaliser une œuvre **2** *Arbeitsplätze ~* créer des emplois **3** *Abhilfe ~* trouver un remède, remédier (à) ; *Ordnung ~* rétablir l'ordre ; (re)mettre de l'ordre ◆ *für etw/jn wie geschaffen sein* être fait pour qch/qqn
schaffen 1 *eine Arbeit ~* arriver à faire un travail, (fam) abattre du travail **2** (fam) *den Zug ~* avoir son train **3** (fam) *jn völlig ~* foutre qqn en l'air ◆ **1** *im Akkord ~* travailler à la tâche **2** *sich (D) zu ~ machen* s'affairer ; s'occuper ; travailler ; *mit jm zu ~ haben* avoir à faire/à voir avec qqn
SchaffnerIn m f contrôleur m, -euse f
Schafott n -e échafaud m
Schaft m ¨e **1** manche m ; (épée) pommeau m ; (colonne) fût m, tronc m **2** (botte) tige f
schäkern (fam > non fam) badiner, plaisanter
schal éventé ; (fig) insipide
Schal m -s/-e foulard m ; écharpe f ; cache-nez m
Schale f -n **1** (fruits/légumes) peau f ; épluchure f ; (haricots, petits pois) cosse f ; (coquillage/œuf/noix) coquille f ; (crabe) carapace f **2** coupe f *eine ~ Milch* un bol de lait
schälen éplucher, peler ; écosser ; décortiquer ◆ **1** (peau) peler **2** s'éplucher
Schall m -e/-¨e son m ◆ ø (phys) son m
Schalldämpfer m - amortisseur de son ; (auto/fusil) silencieux m ; (mus) sourdine f
schallen* retentir, résonner ; claquer
schallern : (fam) *jm eine ~* flanquer une gifle à qqn
Schallmauer f ø mur m du son
Schallplatte f -n disque m
schalten : *die Heizung auf 20° ~* régler le chauffage sur 20° ; (élec) brancher ◆ *auf Rot ~* passer au rouge ; (auto) passer une vitesse ; (fig) *~ und walten* en faire à sa guise ; *zu spät ~* comprendre trop tard ◆ *der Wagen schaltet sich gut* les vitesses passent bien
Schalter m - **1** guichet m **2** (élec) interrupteur m
Schaltjahr n -e année f bissextile
Schaltung f -en **1** (élec) circuit m électrique ; (auto) changement m de vitesse **2** (radio/télé) liaison f
Scham f ø **1** honte f **2** pudeur f **3** sexe m

schämen sich 1 *sich einer* (G) *Sache* ~ avoir honte de qch **2** *sich für jn* ~ être gêné pour qqn
schamlos 1 ~*e Gebärden* des gestes indécents/impudiques **2** *impudent*; ~*e Lüge* un mensonge éhonté
Shampoo(n) *n* -s shampoing *m*
schandbar lamentable, honteux, -euse
Schande *f* ø honte *f*, ignominie *f*; infamie *f*; déshonneur *m*
schänden: *Gräber* ~ profaner des tombes; *(fig) js Ruf* ~ salir la réputation de qqn, déshonorer qqn
schändlich infâme, lamentable
Schandtat *f* -en infamie *f*, ignominie *f*; *(fam) zu jeder* ~ *bereit sein* être prêt à toutes les folies *fpl*
Schanze *f* -n *(sp)* tremplin *m*
Schar *f* -en groupe *m*, bande *f*, troupe *f*
scharen sich se grouper, se rassembler; s'attrouper
scharenweise: ~ *kommen* affluer, *(fig)* arriver par wagons
scharf 1 *ein* ~*es Messer* un couteau bien aiguisé/très coupant/tranchant **2** *(cuis)* épicé, pimenté; *(alcool)* fort **3** *ein* ~*er Wind* un vent violent **4** ~*e Augen* de bons yeux, une vue perçante; *(photo)* net/-te **5** *(fig)* vif/vive; *eine* ~*e Kritik* une critique cinglante/acerbe/mordante; *ein* ~*er Verweis* un sévère avertissement **6** *eine* ~*e Kurve* un virage serré **7** *(fam) ein* ~*es Auto* une voiture d'enfer **8** *(fig) auf etw* ~ *sein* adorer qch; *(fam) auf jn* ~ *sein* vouloir se faire qqn
Scharfblick *m* ø perspicacité *f*, clairvoyance *f*
Schärfe *f* ø **1** tranchant *m*; *(fig) die* ~ *ihrer Stimme* la sévérité *f* de sa voix, son ton tranchant **2** *(cuis)* goût épicé/pimenté **3** *(photo)* netteté *f*
schärfen: *ein Messer* ~ aiguiser un couteau ◆ *ein geschärftes Auge* un œil exercé
Scharfschütze *m* -n -n *(mil)* tireur *m* d'élite
Scharfsinn *m* ø sagacité *f*, perspicacité *f*
Scharlach *m* ø *(méd)* scarlatine *f*
scharlachrot écarlate
Scharnier *n* -e charnière *f*
Schärpe *f* -n écharpe *f*
scharren gratter *(cheval)* piaffer ◆ *etw aus der Erde* ~ retirer qch du sol
schassen *(fam)* virer
Schatten *m* - **1** ombre *f* **2** *(méd)* voile *m*; *(fam) einen* ~ *haben* être un peu timbré ◆ ø *im* ~ à l'ombre (de); *(fig) jn in den* ~ *stellen* éclipser qqn
Schattenseite *f* ø côté *m* à l'ombre ◆ *(fig)* -n *pl* mauvais côtés *mpl*, inconvénients *mpl*, revers *m* de la médaille
Schattierung *f* -en **1** répartition *f* des ombres **2** nuance *f* **3** *pl (fig) die verschiedensten politischen* ~*en* toutes les sensibilités *fpl*/tendances politiques
Schatulle *f* -n coffret *m*
Schatz *m* ¨-e **1** trésor *m*; *(fam) mein kleiner* ~ mon chou/trésor **2** *pl* richesses *fpl*
schätzen 1 estimer, apprécier **2** *wie alt schätzt du ihn?* quel âge lui donnes-tu? ◆ *(fam) ich schätze, wir sind bald fertig* je pense que nous allons bientôt avoir fini
Schätzung *f* -en évaluation *f*, estimation *f*
schätzungsweise approximativement, *(fam)* à vue de nez
Schau *f* -en **1** exposition *f zur* ~ *stellen* exposer; *(fig)* exhiber **2** *(fig) eine* ~ *ab*~*ziehen* faire du cinéma, se donner en spectacle; *jm die* ~ *stehlen* faire de l'ombre à qqn
Schauder *m* - frisson *m*
schauderhaft épouvantable, atroce
schaudern 1 *vor Kälte* ~ frissonner/grelotter de froid **2** *mich schaudert bei dem Gedanken, daß* je frémis quand je pense que ◆ *etw schaudernd betrachten* être horrifié par/à la vue de qch
schauen 1 *auf etw* (A) ~ regarder qch **2** *nach jm* ~ s'occuper de qqn, passer voir qqn, *(fam)* donner un coup d'œil
Schauer *m* - *(météo)* averse *f*, ondée *f*
Schaufel *f* -n **1** pelle *f* **2** *(ski)* spatule *f* **3** *(animaux)* bois *mpl* **4** *(tech)* pale *f*; aube *f*; godet *m*
schaufeln pelleter, enlever à la pelle
Schaufenster *n* - vitrine *f*
Schaukasten *m* ¨ vitrine *f*
Schaukel *f* -n balançoire *f*
schaukeln 1 *ein Kind* ~ bercer un enfant *f* **2** *(fam) wir werden die Sache schon* ~ on va bien y arriver ◆ **1** se balancer; *auf der Wippe* ~ faire de la balançoire ◆ <sein> *(fam) er schaukelt ganz schön (non fam)* il titube
Schaum *m* ø **1** mousse *f*; *(vagues)* écume *f*; *(cuis) zu* ~ *schlagen* battre en neige; *(fig/fam)* ~ *schlagen* faire de l'esbroufe *f* **2** bave *f* écumante
schäumen *(savon/boisson)* mousser; *(vagues)* écumer; moutonner
Schaumgummi *m* ø mousse *f*
schaumig mousseux, -euse; écumant
SchaumschlägerIn *m f* - : *(péj) ein* ~ *sein* faire de l'esbroufe *f*
Schauplatz *m* ¨-e lieu *m*; *(fig)* théâtre *m*
schaurig: *ein* ~*er Ort* un endroit lugubre
Schauspiel *n* -e drame *m*; spectacle *m*
SchauspielerIn *m f* acteur *m*, -trice *f*, comédien *m* -ne *f*; *(fam/péj)* comédien, -ne
SchaustellerIn *m f* forain *m* -e *f*
Scheck *m* -s chèque *m*
Scheckheft *n* -e chéquier *m*

scheckig

scheckig tacheté; *(fig) sich ~ lachen* être mort de rire
scheel : *jn ~ an=sehen* regarder qqn de travers
Scheibe *f -n* 1 tranche *f*; *(fam) sich (D) eine ~ ab=schneiden können* en prendre de la graine 2 *(fenêtre)* vitre *f*, carreau *m* 3 *(tech)* disque *m*, rondelle *f*; *(tir)* cible *f*; *(sp)* disque *m*; *(potier)* tour *m*
Scheibenwischer *m* - essuie-glace *m*
Scheich *m -e/-s* cheik *m*
Scheide *f -n* 1 fourreau *m*, gaine *f* 2 *(méd)* vagin *m*
scheiden* 1 *Erze ~* séparer du minerai 2 *(jur) eine Ehe ~* prononcer un divorce ♦ partir; *aus dem Leben ~* décéder; *aus dem Dienst ~* quitter ses fonctions ♦ 1 *unsere Wege ~ sich* nos chemins se séparent 2 *darüber ~ sich die Geister* les opinions divergent à ce sujet ♦ *sich ~ lassen* divorcer
Scheideweg *m -e* : *(loc) am ~ stehen* être à la croisée des chemins
Scheidung *f -en (jur)* divorce *m*
Schein *m ø* 1 lueur *f*, lumière *f* 2 apparence *f*; *(fig) (etw) nur zum ~ machen* faire semblant; *(loc) der ~ trügt* il ne faut pas se fier aux apparences ♦ *-e* 1 attestation *f*, certificat *m*, carte *f*; *(ens)* unité *f* de valeur (U.V.) 2 *(argent)* billet *m*
Scheinargument *n -e* argument *m* fallacieux
scheinen* 1 *die Sonne scheint* le soleil brille; *die Sonne scheint ins Zimmer* le soleil pénètre dans la pièce 2 sembler, paraître; *wie es scheint* apparemment; à ce qu'il paraît; *es will mir ~, daß* il me semble que
scheinheilig *(fam/péj)* hypocrite
Scheinwerfer *m* - phare *m*
Scheiße *f ø (vulg)* merde *f*; *(fam) jn durch die ~ ziehen* traîner qqn dans la boue
scheißegal : *(fam/péj) das ist mir ~ !* je m'en fous complètement !
scheißen* *(vulg)* chier; *(fig) auf alles ~* se foutre de tout
scheißvornehm *(fam/péj)* ultra-chic
Scheitel *m* - 1 raie *f*; *(fig) vom ~ bis zur Sohle* jusqu'au bout des ongles 2 *(math)* sommet *m*; *(astro)* zénith [zenit] *m*
scheiteln : *das Haar ~* faire une raie
Scheiterhaufen *m* - bûcher *m*
scheitern ‹sein› échouer, *(fam)* foirer, rater ♦ *eine gescheiterte Existenz* un raté
Schelle *f -n* 1 grelot *m*; clochette *f* 2 gifle *f*
Schelm *m -e* fripon *m*, coquin *m*
schelmisch espiègle, coquin, coquin, -ne
schelten* gronder, réprimander
Schem(.)a *n -s/.ata/.en* schéma *m* établi; cadre *m* de pensée, conceptions *fpl*; *(péj) nach ~ F* mécaniquement, sans réfléchir
schematisch 1 schématique 2 *(péj)* mécanique
Schemel *m* - tabouret *m*; repose-pieds *m*
schemenhaft vague, diffus
Schenke *f -n* buvette *f*
Schenkel *m* - 1 cuisse *f* 2 *(math)* côté *m*
schenken : *jm etw ~* offrir qch à qqn; faire à qqn cadeau de qch; *(fig) jm Vertrauen ~* faire confiance à qqn; *(fig/fam) die Mühe kannst du dir ~* laisse tomber ! ♦ faire des cadeaux ♦ *(fam) das möchte ich nicht geschenkt !* je n'en voudrais pour rien au monde ! *100 DM? ist ja geschenkt!* 100 DM? c'est donné !
Scherben *mpl* débris *mpl* de verre/de porcelaine, tessons *mpl* de bouteille
Schere *f -n* 1 (paire *f* de) ciseaux *mpl* 2 *pl (animaux)* pinces *fpl* 3 *(fig)* écart *m* 4 *(sp)* ciseau *m*
scheren* : *Schafe ~* tondre des moutons; *(fig) alles über einen Kamm ~* ne pas faire le détail
scheren 1 *sich um etw nicht ~* ne pas se soucier de qch 2 *scher dich zum Teufel !* va au diable !
Scherereien *fpl* : *(fam) jm ~ machen* faire des ennuis *mpl* à qqn
Scherz *m -e* blague, plaisanterie *f aus/ zum ~* pour plaisanter; *(loc) ~ beiseite !* redevenons sérieux ! laissons là la plaisanterie !
scherzen blaguer, plaisanter *über jn ~* se moquer de qqn
scheu timide; craintif, -ive *~ werden* s'effaroucher
scheuchen chasser *jn aus dem Bett ~* sortir qqn du lit
scheuen craindre, redouter *keine Mühe ~* ne pas ménager sa peine ♦ *(cheval)* se cabrer ♦ *sich nicht ~, etw zu tun* ne pas avoir peur de faire qch
Scheuerlappen *m* - serpillière *f*
scheuern 1 nettoyer, laver, frotter, récurer 2 *sich (D) den Fuß wund ~* s'écorcher le pied 3 *(fam) jm eine ~* flanquer une claque à qqn ♦ frotter
Scheuklappen *fpl* œillères *fpl*
Scheune *f -n* grange *f*
Scheunendrescher *m ø* : *(fig/fam) wie ein ~ (fr)essen* avoir un bon coup de fourchette, dévorer, manger comme quatre
Scheusal *n -e (péj)* monstre *m*
scheußlich affreux, -euse, horrible, épouvantable, odieux, -euse ♦ *~ schmecken* avoir un goût épouvantable
Schicht *f -en* 1 couche *f*; *(géo)* strate *f* 2 équipe *f* (de travail) *~ machen* faire les trois-huit [yit]

schichten (sich) (s')empiler
schick chic ; *(fam) ein ~es Auto* une super [syper] bagnole
schicken 1 envoyer, expédier, adresser 2 *(fam) jn zum Teufel ~* envoyer paître qqn ♦ *nach jm ~* envoyer chercher qqn, faire venir qqn ♦ **1** *sich ~ (in A)* s'accomoder (de), se résigner (à) ; *sich ins Unvermeidliche ~* se faire une raison 2 *das/es schickt sich nicht* cela ne se fait pas, cela est contraire aux usages
Schickimicki *m -s (fam)* personne *f* très B.C.B.G.
Schicksal *n -e/ø* destin *m*, destinée *f* ; sort *m*
schicksalhaft : *eine ~e Begegnung* une rencontre fatidique
Schiebedach *n ¨er (auto)* toit *m* ouvrant
schieben* 1 pousser 2 déplacer *den Hut aus dem Gesicht ~* remonter/redresser son chapeau 3 *(fig/fam) jm etw in die Schuhe ~* mettre qch sur le dos de qqn ; *etw auf die lange Bank ~* faire traîner les choses en longueur ; *jm eine ~* flanquer une baffe à qqn ♦ *(fam) mit Zigaretten ~* faire du trafic de cigarettes ♦ *eine Wolke schiebt sich vor die Sonne* un nuage passe devant le soleil, un nuage arrive
Schieber *m f (fam > non fam)* trafiquant *m*
Schiebetür *f -en* porte *f* coulissante
Schiedsrichter *m - (sp)* arbitre *m*
schief 1 penché, oblique, pas droit, de travers 2 *(fig) ein ~es Bild von den Vorgängen* une image erronée/une idée fausse des événements ♦ *~ stehen* ne pas être droit, être penché/de travers ; *(fig) jn ~ an=sehen* regarder qqn de travers
Schiefer *m -* ardoise *f*
schielen loucher ; *(fig) nach etw ~* loucher sur qch
Schienbein *n -e* tibia *m*
Schiene *f -n* 1 rail *m aus den ~n springen* dérailler *f*, coulisse *f* ; baguette *f* 3 *(méd)* attelle *f*
schienen *(méd)* immobiliser avec une attelle
Schienennetz *n ø* réseau *m* ferroviaire
schier presque ~ *unmöglich* pratiquement impossible ; *man möchte ~ verzweifeln* c'est à désespérer
Schießbude *f -n* stand [städ] *m* de tir
schießen* 1 *einen Hasen ~* tirer un lièvre ; *(fam) jn über den Haufen ~* descendre qqn 2 *ein Tor ~* marquer un but 3 *(fig/fam) jm eine ~* flanquer une claque à qqn ♦ *<sein>* 1 *der Salat schießt* la salade monte en graine 2 *um die Ecke ~* tourner à toute allure 3 *Blut schießt aus der Wunde* le sang jaillit de la plaie 4 *zum Schießen sein* être à mourir de rire ♦ *(fig)*

die Antwort kam wie aus der Pistole geschossen la réponse fusa immédiatement/ne se fit pas attendre
Schießerei *f -en* fusillade *f*, échange *m* de coups de feu
Schießscharte *f -n* meurtrière *f*
Schießscheibe *f -n* cible *f*
Schiff *n -e* 1 bateau *m*, navire *m*, vaisseau *m*, bâtiment *m auf dem ~* à bord 2 *(archi)* nef [nɛf] *f*
Schiffahrt *f ø* navigation *f*
schiffbar navigable
Schiffbruch *m ø* naufrage *m* ; *(loc) (mit etw) ~ erleiden* essuyer un échec
Schiffbrüchige/r naufragé *m -e f*
schiffen *(fam)* 1 pisser 2 *(loc)* pleuvoir comme vache qui pisse ♦ *<sein>* naviguer *über den Ozean ~* traverser l'océan
Schiffsrumpf *m ¨e* coque *f*
Schikane *f -n* 1 chicanerie *f* ; tracasserie *f* administrative 2 *(fam) mit allen ~n* du dernier cri 3 *(sp)* chicane *f*
schikanieren : *jn ~* chicaner, ergoter, chercher noise à qqn, *(fam)* asticoter/embêter qqn
schikanös chicanier, -ière
Schild *m -e* 1 bouclier *m* ; *(fig) etw gegen jn im ~e führen* tramer/manigancer qch contre qqn 2 blason *m* 3 visière *f*
Schild *n -er* panneau *m*, écriteau *m* ; enseigne *f* ; plaque *f*
Schilddrüse *f -n* thyroïde *f*
schildern décrire, dépeindre
Schilderung *f -en* description *f* ; tableau *m*
Schildkröte *f -n* tortue *f*
Schildpatt *n ø* écaille *f*
Schilf *n ø* roseau *m*, jonc *m*
schillern chatoyer, miroiter, scintiller *ihr Haar schillert rötlich* ses cheveux ont des reflets roux ♦ *(fig) ein schillernder Charakter* un caractère difficile à comprendre
Schimmel *m ø* moisissure *f* ♦ *~ cheval m* blanc
schimmelig moisi
schimmeln *<sein/haben>* moisir
Schimmer *m ø* 1 lueur *f* ; éclat *m* 2 esquisse *f* ; *(fam) keinen blassen ~ haben* ne pas avoir la moindre idée de qch ; ne comprendre rien à rien à qch
schimmern jeter une (faible) lueur, briller ; se deviner ♦ *schimmernde Seide* une soie chatoyante
schimpfen tempêter, *(fam)* rouspéter, râler *mit jm ~* gronder qqn ♦ *jn einen Dummkopf ~* traiter qqn d'imbécile
Schimpfwort *n ¨er* injure *f*, gros mot *m*
Schindel *f -n* bardeau *m*
schinden* 1 traiter durement 2 *Zeit ~* gagner du temps 3 *(fig) Mitleid ~* jouer

Schinderei

sur la pitié; *Eindruck ~ (fam)* faire de l'esbroufe ◆ *(fam) sich ~* s'esquinter
Schinderei *f -en (péj/fig)* calvaire *m*
Schindluder *n ø : (fam) mit seiner Gesundheit ~ treiben* jouer avec sa santé
Schinken *m -* 1 jambon *m*; *(fam)* derrière *m* 2 *(fam/livre)* pavé *m*; *(film)* navet *m*; *(peinture)* croûte *f*
Schippe *f -n* 1 pelle *f*; *(fam) jn auf die ~ nehmen* mettre qqn en boîte 2 *(fam) eine ~ ziehen (non fam)* faire la moue
schippen : *Sand ~* enlever du sable à la pelle
Schirm *m -e* 1 parapluie *m*; parachute *m*; *(champignon)* chapeau 2 *(casquette)* visière *f* 3 abri *m*; système *m* de protection 4 écran *m*
Schirmherrschaft *f ø : unter der ~ (G)* sous l'égide/le patronage (de)
Schirmmütze *f -n* casquette *f*
Schiß *m ø : (fam) ~ haben* avoir la trouille/la pétoche
Schlacht *f -en* combat *m*, bataille *f*
schlachten abattre, tuer
SchlachtenbummlerIn *m f* supporter [sypɔrtœr] *m f*
Schlächter *m -* employé *m* dans un abattoir; boucher *m*
Schlachthaus *n ¨er* abattoir *m*
Schlachtschiff *n -e* cuirassé *m*
Schlacke *f -n* 1 scorie *f* 2 *(volcan)* lave *f* solidifiée 3 *pl* substances *fpl* non assimilables
schlackern : *mit den Armen ~* balancer les bras; *(fig) mit den Ohren ~* ouvrir des yeux tout ronds
Schlaf *m ø* 1 sommeil *m*; *(fig) etw im ~ können* savoir qch sur le bout des doigts 2 *(fam) ~ in den Augen haben* avoir les yeux collés
Schlafanzug *m ¨e* pyjama *m*
Schläfe *f -n* tempe *f*
schlafen* dormir *in den Tag hinein ~* faire la grasse matinée; *(fam) miteinander ~* coucher ensemble ◆ *sich gesund ~* dormir pour être de nouveau en forme
schlaff flasque, mou/molle; avachi; *(salade)* fripé
Schlaflosigkeit *f ø* insomnie *f*
Schlafmittel *n -* somnifère *m*
schläfrig ensommeillé, somnolent, endormi; *~ werden* avoir sommeil
Schlafsack *m ¨e* sac *m* de couchage
Schlafstadt *f ¨e (fam/péj)* cité-dortoir *f*
schlaftrunken endormi
Schlafwagen *m -* wagon-lit *m*
SchlafwandlerIn *m f* somnambule *m f*
Schlafzimmer *n -* chambre *f* (à coucher)
Schlag *m ¨e* 1 coup *m*; *(fig) ein harter ~* un choc; un coup dur; *~ auf ~* coup sur coup; *(fam) keinen ~ tun* ne pas en foutre une ramée 2 *ein elektrischer ~* une décharge électrique 3 mouvement *m*; *(cœur)* battement *m* 4 *(fig) der ~ soll ihn treffen* ! il peut aller se faire voir ! *wie vom ~ gerührt sein* être pétrifié 5 *(forêt)* coupe *f* 6 *(pantalon)* patte *f* d'éléphant 7 espèce *f*; *vom gleichen ~* de la même trempe, *(fam)* du même tonneau 8 *ein ~ Suppe* une louche de soupe
Schlagader *f -n* artère *f*
Schlaganfall *m ¨e* attaque *f* (d'apoplexie)
schlagartig brusque, soudain, subit
schlagen* 1 *jn ~* frapper/taper/battre/*(fam)* cogner qqn; *jn zu Boden ~* renverser qqn, faire tomber qqn par terre; *etw kurz und klein ~* réduire qch en miettes 2 *einen Nagel in die Wand ~* enfoncer un clou dans un mur avec un marteau 3 *Alarm ~* donner l'alarme; *(math) einen Kreis ~* dessiner un cercle; *(mus) den Takt ~* battre la mesure ◆ 1 *(cœur)* battre; *(horloge)* sonner 2 *(fig) in js Fach ~* être du ressort/de la compétence de qqn 3 *(fig) nach dem Vater ~* ressembler à son père, tenir de son père ◆ *<sein> gegen die Scheibe ~* frapper la vitre ◆ *sich ~* se battre; *(fam) er hat sich gut geschlagen* il s'en est bien sorti ◆ *es ist geschlagen 12 Uhr* il est midi passé; *(fig) ein geschlagener Mann* un homme fini
schlagend : *(fig) ein ~er Beweis* une preuve flagrante
Schlager *m -* 1 air *m* à la mode, *(fam)* tube *m* 2 *(fig)* succès *m* (commercial)
Schläger *m -* 1 *(tennis)* raquette *f*; *(golf)* crosse *f*, club [klɤb] *m* 2 *(péj)* brute *f*
Schlägerei *f -en* bagarre *f*, rixe *f*, *(fam)* castagne *f*
schlagfertig prompt à la répartie *eine ~e Antwort* une réponse du tac au tac ◆ du tac au tac
schlagkräftig : *(mil) eine ~e Armee* une armée puissante; *(fig) ein ~es Argument* un argument de poids
Schlagloch *n ¨er* nid-de-poule *m*
Schlagring *m -e* coup-de-poing *m* américain
Schlagsahne *f ø* crème *f* fouettée/Chantilly
Schlagseite *f ø (mar)* gîte *m*; *(fam) er hat ~* il tangue
Schlagwort *n -e/¨er* slogan *m*; mot-clé *m*
Schlagzeile *f -n* gros titre *m*, manchette *f*; *(fig) ~n machen* faire la une des journaux
Schlagzeug *n -e* batterie *f*
schlaksig dégingandé
Schlamassel *m ø (fam)* merdier *m*
Schlamm *m -e/¨e* boue *f*
Schlampe *f -n (fam/péj)* 1 souillon *f* 2 traînée *f*

schlampen *(fam/péj)* saloper le travail; être bordélique
Schlamperei *f* -en / ø *(fam/péj)* foutoir *m*, bordel *m*
schlampig : *(fam/péj) eine ~e Arbeit* un travail bâclé; *eine ~e Frau* une souillon
Schlange *f* -n 1 serpent *m*; *(fig) sich wie eine ~ winden* se tortiller; *(fig/péj)* vipère *f* 2 queue *f*; *(auto)* file *f*
schlängeln sich 1 serpenter; *(serpent)* se glisser 2 *sich durch die Leute ~* se frayer un chemin / se faufiler entre les gens
schlank mince, élancé
Schlankheitskur *f* -en régime *m*, cure *f* d'amaigrissement
schlapp 1 éreinté, *(fam)* flapi 2 relâché, pas tendu
Schlappe *f* -n : *(fam) eine ~ ein=stecken* boire le bouillon, prendre une veste
Schlappen *m* - *(fam)* savate *f*
schlapp=machen *(fam)* flancher, dire « pouce »
Schlappschwanz *m* ¨e *(fam/péj)* lavette *f*, minable *m*
Schlaraffenland *n* ø pays *m* de cocagne
schlau rusé; *(fig)* malin, astucieux, roué; *(fam) aus etw nicht ~ werden* y perdre son latin
Schlauch *m* ¨e 1 tuyau *m*; *(pneu)* chambre *f* à air; *(fam) auf dem ~ stehen* avoir la comprenette difficile; être sur la corde raide 2 goulet *m*
Schlauchboot *n* -e bateau pneumatique *m*
schlauchen *(fam) Zigaretten ~* piquer des cigarettes à qqn ◆ *die Arbeit schlaucht* le travail est crevant / pompant
Schlaufe *f* -n passant *m*; boucle *f*
schlecht mauvais; *~e Zeiten* des temps difficiles; *(fig) ein ~er Trost* une maigre consolation ◆ 1 mal; *~ und recht* tant bien que mal; *mir wird ~* je me sens mal 2 *auf jn ~ zu sprechen sein* en vouloir à qqn; *(fam) nicht ~ staunen* être plutôt étonné
schlecht=gehen* : être en mauvaise santé, aller mal *es geht ihr nicht mehr so schlecht* elle va mieux
schlechthin tout simplement / bonnement, absolument
schlecht=machen *(fam > non fam)* dénigrer
schlecken : *die Milch ~* laper le lait; *ein Eis ~* sucer / manger une glace
Schleckermaul *n* ¨er *(fam)* fine gueule *f*
Schlegel *m* - 1 maillet *m*; *(mus)* baguette *f* 2 *(cuis)* cuissot *m*
schleichen* <sein> avancer prudemment / à pas de loups; *(fig) die Zeit schleicht* le temps s'écoule imperceptiblement ◆ *sich aus dem Haus ~* se glisser hors de / sortir furtivement de la maison
schleichend : *(éco) ~e Inflation* inflation rampante
Schleichwerbung *f* ø publicité *f* clandestine
Schleier *m* - 1 voile *m*; *(chapeau)* voilette *f* 2 nappe *f* de brouillard
schleierhaft : *(fam) das ist mir ~* c'est un mystère
Schleife *f* -n 1 nœud *m*, boucle *f*; ruban *m* 2 virage *m*, boucle; *(fleuve)* méandre *m*
schleifen* 1 *(couteau)* aiguiser, affûter; *(pierre)* polir 2 *(mil)* mettre au pas, mater, dresser ◆ *geschliffenes Glas* verre taillé; *(fig) geschliffene Dialoge* des dialogues très travaillés / très élaborés / fignolés
schleifen 1 *den Fuß ~* traîner les pieds 2 *jn zum Bett ~* traîner qqn jusqu'au lit 3 *(mil) eine Burg ~* raser un château-fort ◆ <sein> *das Kleid schleift* la robe traîne par terre ◆ *(fam) alles ~ lassen* tout laisser traîner
Schleifmaschine *f* -n meule *f*
Schleifpapier *n* papier *m* de verre
Schleim *m* -e 1 *(homme)* glaire *f*; mucosités *fpl*; *(escargot)* bave *f* 2 bouillie *f*
schleimen *(péj/fam)* faire des ronds de jambes
Schleimhaut *f* ¨e muqueuse *f*
schleimig glaireux, -euse; *(péj) ein ~er Kerl* un type mielleux / visqueux
schlemmen bien manger, *(fam)* faire un bon gueuleton
schlendern <sein> flâner, déambuler; traîner
Schlenker *m* - *(fam > non fam)* écart *m*: *ein ~ nach Berlin* un saut à Berlin
schlenkern : *mit den Armen ~* balancer les bras
Schleppe *f* -n traîne *f*
schleppen 1 porter péniblement, traîner 2 *(mar)* remorquer 3 *(fam) jn ins Kino ~* traîner qqn au cinéma ◆ *(mar) der Anker schleppt* l'ancre racle / laboure le fond ◆ *sich ins Bett ~* se traîner au lit
schleppend : *mit ~en Schritten* en traînant les pieds; à pas comptés ; *(fig) ~e Verhandlungen* des négociations interminables / qui traînent en longueur
Schlepper *m* - 1 tracteur *m*; *(mar)* remorqueur *m* 2 *(péj)* rabatteur *m*; *(frontière)* passeur *m*
Schlepptau *n* -e câble *m* de remorquage; *(fam) jn ins ~ nehmen* prendre qqn par la main / sous son aile
schlesisch silésien, -ne
Schleuder *f* -n 1 essoreuse *f* 2 fronde *f*, lance-pierre *m*; *(hist)* catapulte *f*
Schleudergefahr *f* ø : *Achtung ~ !* attention ! route glissante !
schleudern 1 lancer, projeter 2 *Wäsche*

Schleuderpreis

~ essorer du linge **3** *(cuis)* centrifuger, passer à la centrifugeuse ◆ <sein> **1** *(auto)* déraper, chasser, faire une embardée **2** *(fig/fam)* **ins Schleudern geraten** perdre les pédales

Schleuderpreis *m* -e *(fam)* prix *m* sacrifié

Schleudersitz *m* -e siège *m* éjectable

schleunigst au plus vite

Schleuse *f* -n **1** écluse *f* **2** sas [sas] *m*

schleusen 1 *(mar)* écluser **2** *jn über die Grenze* ~ faire passer la frontière à qqn

Schliche *mpl* : *(fig)* **jm auf die ~ kommen** découvrir le pot aux roses

schlicht 1 simple, sans prétention ; *(repas)* simple, frugal **2** ~*e Eleganz* une élégance discrète/sobre ◆ *das ist ~ gelogen* c'est du mensonge pur et simple, c'est tout simplement faux

schlichten 1 *(tech)* polir ; lisser ; aplanir ; *(bois)* équarrir **2** *(fig) einen Streit* ~ régler un conflit, servir de médiateur dans un conflit

Schlichter *m* - médiateur *m*

schlick(e)rig boueux, -euse

schließen* 1 fermer ; *(lettre)* fermer, cacheter **2** *eine Diskussion* ~ conclure/terminer une discussion ; *eine Sitzung* ~ lever une réunion ; *(banque) ein Konto* ~ fermer un compte **3** *einen Vertrag* ~ conclure un contrat ; *(fig) Freundschaft* ~ se lier d'amitié **4** *jn in die Arme* ~ prendre qqn dans ses bras, étreindre/enlacer qqn ; *(fig) jn ins Herz* ~ avoir beaucoup d'affection pour qqn **5** *etw in sich (D)* ~ contenir, renfermer ; impliquer ; englober ◆ fermer ◆ *daraus kann man* ~ on peut en conclure, cela laisse à penser ◆ *sich* ~ se fermer ; *(blessure)* se refermer, se cicatriser ◆ *eine geschlossene Gesellschaft* cercle fermé ; cénacle *m* ; réunion privée

Schließfach *n* ¨er *(gare)* casier *m* de consigne automatique ; *(banque)* compartiment *m* de coffre-fort, coffre *m*

schließlich finalement ; *(fam)* ~ *und endlich* pour finir

Schliff *m* ø **1** taille *f* ; *(couteau)* tranchant *m* **2** *(fig)* **ihm fehlt noch der** ~ il est encore mal dégrossi ; *etw (D) den letzten* ~ *geben* mettre la dernière touche à qch

schlimm 1 *eine* ~*e Nachricht* une mauvaise nouvelle ; *es ist* ~ c'est grave ; *(fam) einen* ~*en Hals haben (non fam)* avoir une vilaine gorge ; avoir mal à la gorge **2** *ich fürchte das Schlimmste* je crains le pire ◆ *es steht* ~ *um ihn* il est dans une situation difficile, *(fig/fam)* il est dans de sales draps ; *(fam)* ~ *aus=sehen (non fam)* avoir mauvaise mine

schlimmstenfalls au pire

Schlinge *f* -n **1** cordon *m* ; nœud *m* coulant ; *(chasse)* collet *m* ; *(fig) den Kopf aus der* ~ *ziehen* émerger, s'en sortir, se tirer d'affaire ; *jm die* ~ *um den Hals legen (fam)* mettre le grappin sur qqn **2** *(tissu)* bouclette *f*

Schlingel *m* - *(iro)* polisson *m*

schlingen* 1 *das Essen* ~ avaler son repas **2** *einen Schal um den Hals* ~ se mettre un foulard autour du cou ; *ein Band ins Haar* ~ nouer un ruban dans ses cheveux **3** *die Arme um jn* ~ enlacer qqn ◆ *sich* ~ s'enrouler

Schlips *m* -e *(fam > non fam)* cravate *f* ; *(fig/fam) jm auf den* ~ *treten (non fam)* froisser qqn

Schlitten *m* - **1** luge *f* ; *(fam) mit jm* ~ *fahren* faire des histoires à qqn ; remonter les bretelles à qqn **2** *(tech)* chariot *m* **3** *(fam)* bagnole *f*

schlittern <sein> **1** *über das Eis* ~ glisser/faire des glissades sur la glace **2** déraper

Schlittschuh *m* -e patin *m* à glace

Schlitz *m* -e fente *f* ; *(fam > non fam)* braguette *f*

Schlitzohr *n* -en *(fam)* filou *m*

Schloß *n* ¨sser **1** serrure *f* ; fermeture *f* ; *(fusil)* culasse *f* ; *(fam) hinter* ~ *und Riegel* derrière les verrous, à l'ombre **2** château *m*

Schlosser *m* - serrurier *m* ; ajusteur *m*

Schlot *m* -e **1** cheminée *f* **2** *(géo)* cheminée

schlottern 1 *vor Angst* ~ trembler de peur *vor Kälte* ~ grelotter **2** *(vêtement)* flotter

Schlucht *f* -en gorge *f*, ravin *m*

schluchzen sangloter

Schluck *m* -e **1** gorgée *f*, *(fam)* goutte *f* ; *hast du einen* ~ *(zu trinken) für mich* ? tu as quelque chose à boire ? *(fam) das ist eine guter* ~ ! c'est du bon ! **2** *in einem* ~ d'un trait

Schluckauf *m* ø hoquet *m*

schlucken 1 avaler ; *(natation) Wasser* ~ boire la tasse ; *(fig) den Lärm* ~ absorber le bruit ; *(fig/fam) eine Geschichte* ~ avaler une histoire ; *(fam)* **6** *Flaschen Bier* ~ s'enfiler 6 bouteilles de bière ; *(auto)* consommer **2** *(fig/fam) viel zu* ~ *haben* avoir pas mal de choses à encaisser ◆ déglutir ; *(fig) da habe ich geschluckt* je n'en revenais pas

Schluckimpfung *f* -en vaccination *f* par voie orale

schlucksen *(fam > non fam)* avoir le hoquet

schlud(e)rig *(fam/péj)* bâclé, fait à la va-vite

schludern *(fam/péj)* tout bâcler *bei etw* ~ faire qch à la va-vite

Schlummer *m* ø sommeil *m* (léger) ; *(fam)* somme *m*

schlummern somnoler
Schlund m ¨e 1 *(animal)* gosier m; *(homme)* gorge f 2 *(arme)* bouche f; *(géo)* cratère m
schlüpfen <sein> 1 *das Küken schlüpft* le poussin sort de sa coquille, l'œuf éclot 2 *in einen Mantel schlüpfen* enfiler un manteau 3 *durch den Zaun* ~ se faufiler/passer à travers un grillage 4 *(fig) jm durch die Finger* ~ filer entre les doigts de qqn
Schlüpfer m - culotte f
schlüpfrig 1 *ein ~er Weg* un chemin glissant 2 *(péj) ein ~er Witz* une blague douteuse
schlurfen <sein> marcher en traînant les pieds
schlürfen boire/manger en faisant du bruit
Schluß m ¨sse 1 fin f, issue f; *(train)* queue f; *(fam) mit ihm ist* ~ c'est la fin; il est au bout du rouleau; *mit jm* ~ *machen* rompre avec qqn 2 *ein logischer* ~ une conclusion logique; *zum* ~ enfin, pour finir, en conclusion
Schlüssel m - clé/clef f; *(exercice)* corrigé m
Schlüsselbein n -e clavicule f
Schlüsselblume f -n 1 primevère f 2 coucou m
Schlüsselbund m -e trousseau de clés
Schlüsselstellung f -en *(éco)* position f clé; *(mil)* position stratégique
Schlüsselwort n -er/-e mot-clé m; code m
Schlußfolgerung f -en conclusion f
schlüssig 1 concluant; ~e *Beweise* des preuves irréfutables 2 *sich (D)* ~ *sein* être décidé/certain ♦ *etw* ~ *beweisen (fam)* prouver par a plus b
Schlußlicht n -er feu m arrière; *(fig)* lanterne f rouge
Schlußstein m -e clef f de voûte
Schlußstrich m -e trait m
Schlußverkauf m ¨e soldes fpl
schmachten 1 souffrir de la chaleur/la faim/la soif *im Kerker* ~ croupir dans un cachot 2 *nach jm* ~ se languir de qqn
schmachtend : ~e *Blicke* des regards langoureux
schmächtig menu, frêle
Schmachtlocke f -n *(iro)* accroche-cœur m
schmackhaft savoureux, -euse, succulent ♦ ~ *kochen* faire de la bonne cuisine; *(fam) etw* ~ *machen* rendre qch attractif
schmaddern : *(fam/péj) beim Essen* ~ manger comme un cochon
schmähen insulter, injurier
schmählich odieux, -euse, infâme, la-

mentable ♦ *jn* ~ *im Stich lassen* laisser lâchement tomber qqn
schmal étroit ~e *Lippen* des lèvres fines/minces/effilées.
schmälern : *js Verdienste* ~ rabaisser les mérites de qqn
Schmalz n -e graisse f, saindoux m
Schmalz m ø *(fam/péj)* guimauve f
schmarotzen *(bio)* parasiter; *(péj)* vivre en parasite, jouer au pique-assiette
SchmarotzerIn m f parasite m
Schmarre f -n *(fam > non fam)* cicatrice f, balafre f
Schmarren m - : *(fam) das geht dich einen* ~ *an!* ce ne sont pas tes oignons mpl!; *(péj) einen* ~ *lesen* lire un roman de quatre sous
schmatzen : *beim Essen* ~ faire du bruit en mangeant
Schmatz(er) m - *(fam)* gros bisou m
schmecken : ~ *Gewürze* ~ reconnaître au goût des épices; *(vin)* goûter; *(fam) jn nicht* ~ *können* ne pas pouvoir sentir qqn ♦ 1 *nach Korken* ~ avoir un goût de bouchon; *(fam) nach mehr* ~ avoir un goût de revenez-y 2 *gut* ~ être bon
schmeichelhaft flatteur, -euse ♦ *von jm* ~ *sprechen* parler en termes élogieux/ flatteurs de qqn
schmeicheln 1 *jm* ~ flatter qqn 2 *mit dem Vater* ~ faire des câlins à son père ♦ *sich geschmeichelt fühlen* se sentir flatté
SchmeichlerIn m f flatteur m
schmeißen* *(fam)* 1 jeter, lancer, balancer; *(fig) eine Runde* ~ payer une tournée 2 *(fig) den Laden* ~ faire tourner/ marcher un magasin 3 *(fig) seine Ausbildung* ~ laisser tomber ses études; *eine Sendung* ~ foutre en l'air une émission ♦ 1 *sich in einen Sessel* ~ se laisser tomber/s'affaler dans un fauteuil 2 *sich in eine Abendtoilette* ~ se mettre sur son trente et un
Schmelz m -e 1 émail m 2 *(fig) der* ~ *der Jugend* l'éclat m de la jeunesse
schmelzen* faire fondre ♦ <sein> fondre; *(fig)* se dissiper
Schmelzpunkt m -e point m de fusion
Schmerbauch m ¨e *(fam)* bedaine f
Schmerz m -en douleur m, souffrance f; *(fig)* douleur, peine f
schmerzen être douloureux, -euse, faire mal, faire souffrir
Schmerzensgeld n - er *(jur)* dommages et intérêts mpl
schmerzhaft douloureux, -euse
schmerzlich pénible, difficile *ein ~er Verlust* une perte cruelle ♦ *jn* ~ *vermissen* souffrir de l'absence de qqn
Schmerztablette f -n comprimé m analgésique

Schmetterling

Schmetterling *m* -e papillon *m* ♦ ø *(nage)* brasse *f* papillon *100 m* ~ le 100 m papillon
schmettern 1 lancer, balancer 2 chanter à tue-tête ♦ <sein> *mit dem Kopf gegen die Mauer* ~ se taper/heurter violemment la tête contre un mur
Schmied *m* -e forgeron *m*
Schmiede *f* -n forge *f*
schmieden *v*; *(péj) Ränke* ~ fomenter des machinations
schmiegen blottir ♦ *sich an jn* ~ se blottir contre qqn
schmiegsam souple
Schmiere *f* -n 1 graisse *f*; cambouis *m* 2 graisse poisseuse; *(péj)* théâtre miteux ♦ ø *(fam)* ~ *stehen (non fam)* faire le guet
schmieren 1 étaler, tartiner *ein Brot* ~ se faire une tartine; *sich (D) Creme ins Gesicht* ~ se passer de la crème sur le visage 2 *(tech)* graisser 3 *(fam) jn* ~ graisser la patte à qqn; *jm eine* ~ flanquer une baffe à qqn ♦ *(fam) der Füller schmiert* le stylo coule/fait des pâtés ♦ *(fam) wie geschmiert* comme sur des roulettes
Schmiergeld *n* -er *(fam/péj)* pot-de-vin *m*, dessous-de-table *m*
schmierig poisseux, -euse; *(péj) ein* ~*er Typ* un type visqueux
Schminke *f* -n maquillage *m*, fard
schminken (sich) (se) maquiller, (se) farder ♦ *(fig) ein geschminkter Bericht* un rapport mirifique
schmirgeln poncer au papier émeri
Schmiß *m* ø *(fam)* punch [pœnʃ] *m* ♦ **-sse** balafre *f*, estafilade *f*
schmissig *(fam > non fam)* entraînant
schmökern *(fam)* bouquiner
schmollen faire la moue, bouder *mit jm* ~ faire la tête à qqn
schmoren *(cuis)* faire cuire à petit feu/à l'étouffée, braiser ♦ 1 cuire à petit feu 2 *(fam) in der Sonne* ~ se faire dorer au soleil
Schmu *m* ø *(fig/fam)* ~ *machen (non fam)* tricher
Schmuck *m* ø 1 bijoux *mpl* 2 ornement *m*, décor *m*, décoration *f*
schmücken décorer; *(personne)* parer ♦ *(fig) sich mit fremden Federn* ~ tirer le drap à soi, s'attribuer les mérites de qqn d'autre
schmucklos sobre, dépouillé, simple
Schmuckstück *n* -e bijou *m*
schmudd(e)lig crasseux, -euse, sale
schmuggeln passer en fraude/en contrebande
SchmugglerIn *m f* contrebandier *m*, passeur *m*, -euse *f*
schmunzeln *(über* A*)* sourire (de)
Schmus *m* ø *(fam) laß den* ~ *!* laisse tomber! n'en fais pas trop!
schmusen (se) faire des câlins / *(fam)* des mamours
Schmutz *m* ø saleté *f*, crasse *f*; *(fam) jn einen feuchten* ~ *an-gehen (non fam)* ne regarder en rien qqn
schmutzig 1 sale, crasseux, -euse 2 *(péj)* salace
Schnabel *m* ¨ 1 bec *m*; *(fam) den* ~ *halten* la fermer; *sprechen, wie der* ~ *gewachsen ist* parler comme on l'a appris à la maison; parler en patois 2 bec 3 *(fam > non fam/mar)* éperon *m*
Schnake *f* -n moustique *m*; cousin *m*
Schnalle *f* -n 1 boucle *f* 2 *(péj) so eine blöde* ~ *!* quelle greluche *f* !
schnallen 1 *den Gürtel* ~ boucler sa ceinture; *den Gürtel enger* ~ serrer sa ceinture; *den Rucksack auf den Rücken* ~ fixer son sac sur son dos 2 *(fam) etw nicht* ~ ne pas piger qch
Schnäppchen *n* - *(fam)* bonne affaire *f*
schnappen 1 *nach etw* ~ chercher à attraper/happer qch ♦ 1 *seine Tasche* ~ attraper son sac; *(fig) frische Luft* ~ prendre l'air 2 *(fam) einen Dieb* ~ pincer un voleur
Schnappschuß *m* ¨sse instantané *m*
Schnaps *m* ¨e eau-de-vie *f*, schnaps *m*
Schnapsidee *f* -n *(fam > non fam)* idée *f* saugrenue
schnarchen ronfler
Schnatterente *f* -n *(fam/péj)* pipelette *f*
schnattern *(canard)* cancaner; *(oie)* criailler; *(fig)* jacasser
schnauben(*) *(cheval)* renâcler; *(personne)* haleter, *(fam)* souffler comme un bœuf; *(fig) vor Wut* ~ fulminer ♦ *sich (D) die Nase* ~ se moucher
schnaufen haleter, *(fam)* souffler comme un bœuf
Schnauzbart *m* ¨e moustache *f*
Schnauze *f* -n 1 *(animal)* museau *m*, gueule *f*; *(porc)* groin *m*; *(fam)* gueule *die* ~ *voll haben* en avoir ras le bol 2 *(cafetière)* bec
schnauzen *(fam)* gueuler
Schnecke *f* -n 1 escargot *m*; limace *f*; *(fam) jn zur* ~ *machen* démolir qqn 2 pain *m* au raisin 3 *pl (cheveux)* macaron *m* 4 *(oreille)* limaçon *m* 5 *(fam)* nana *f*
Schneckenhaus *n* ¨er coquille *f* d'escargot
Schnee *m* ø neige *f*; *(fam) das ist der* ~ *vom letzten Jahr* c'est complètement dépassé
Schneebesen *m* - *(cuis)* fouet *m*
Schneeglöckchen *n* perce-neige *m*
Schneeketten *fpl* chaînes *fpl*
Schneewehe *f* -n congère *f*
Schneid *m* ø *f (fam) keinen* ~ *haben*

ne pas avoir de punch [pœnʃ] *m* ; *(fig/fam)* *jm den* ~ *ab=kaufen* mettre à qqn le moral à zéro
Schneide *f* -n lame *f* ; *(fig/fam) auf des Messers* ~ *stehen* être sur le fil du rasoir
schneiden* 1 couper ; découper ; trancher ; sectionner ; *(méd)* faire l'ablation (de) ; *(fig) Grimassen* ~ faire des grimaces 2 *(auto) jn* ~ couper la route à qqn ; faire une queue de poisson à qqn ; *(fig) jn* ~ éviter/ignorer qqn ♦ *gut* ~ bien couper ♦ 1 *sich* ~ se couper ; *(fig/fam)* se planter, l'avoir dans l'os [ɔs] 2 *die zwei Geraden schneiden sich* les deux droites se coupent ♦ *(fig) schneidende Kälte* un froid vif/piquant/glacial ; *ein schneidender Ton* un ton tranchant/cinglant ♦ *(fig) jm wie aus dem Gesicht geschnitten sein (fam)* ressembler comme deux gouttes d'eau à qqn
SchneiderIn *m f* tailleur *m*, couturière *f* ; *(fam) aus dem* ~ *sein* être sorti d'une mauvaise passe
schneidern faire, coudre
Schneidezahn *m* ¨e canine *f*
schneidig fringant ; plein d'allant ; *(discours)* enlevé
schneien : *es schneit* il neige, il tombe de la neige
Schneise *f* -n percée *f*, trouée *f*, laie *f*
schnell 1 rapide 2 *(fam) auf die Schnelle* à la va-vite ♦ vite, rapidement
schnellen <sein> : *aus dem Wasser* ~ sauter hors de l'eau ; *(fig) die Preise* ~ *in die Höhe* les prix flambent ♦ lancer
Schnellgericht *n* -e 1 *(jur)* tribunal *m* des flagrants délits 2 *(cuis)* plat *m* rapide
Schnelligkeit *f* ø vitesse *f*, rapidité *f*
Schnellkochtopf *m* ¨e cocotte-minute *f*
Schnellzug *m* ¨e rapide *m*
schneuzen (sich) se moucher
Schnickschnack *m* ø *(fam/péj)* falbala *m*, quincaillerie *f*
schniegeln (sich) *(fam)* se mettre sur son trente et un, se pomponner
Schnippchen *n* ø : *(fam) jm ein* ~ *schlagen (fig)* faire un pied de nez à qqn
schnippeln *(fam)* 1 *ein Loch in die Decke* ~ *(non fam)* faire un trou au plafond 2 *Bohnen* ~ *(non fam)* couper des haricots en petits morceaux
schnippen : *mit den Fingern* ~ faire claquer ses doigts
schnippisch *(péj)* effronté
Schnitt *m* -e 1 entaille *f*, incision *f* ; coupure *f* 2 *der* ~ *eines Gesichts* la forme *f*/le dessin *m* d'un visage 3 *das Korn ist reif für den* ~ le blé est bon à couper ; *(fam) (sich) etw im* ~ *machen* faire son beurre dans un opération 4 *(couture)* coupe *f*, patron *m* ; *(cin/télé)* montage *m* 5 *(livre)* tranche *f* ; *(dessin)* coupe *f* 6 *(fam) im* ~ *(non fam)* en moyenne *f*
Schnitte *f* -n tranche *f*
schnittig : *ein* ~ *es Auto* une voiture qui a de la classe ; une voiture nerveuse
Schnittlauch *m* ø ciboulette *f*
Schnittpunkt *m* -e intersection *f* ; *(math)* point *m* d'intersection
Schnitzel *n* - escalope *f*
schnitzen sculpter (sur bois)
Schnitzer *m* - *(fam)* bourde *f*, boulette *f*, gaffe *f*
schnodd(e)rig *(fam > non fam)* provocateur, -trice, impertinent
schnöde odieux, -euse, vil
Schnorchel *m* - 1 *(mar)* schnorchel *m* 2 *(sp)* tuba *m*
schnorren : *(fam) Geld* ~ taper (argent)
Schnösel *m* - *(péj)* petit péteux *m*
schnuck(e)lig *(fam > non fam)* mignon, -ne, adorable
schnüffeln 1 renifler ; *(fam)* sniffer 2 *(péj)* fouiner, fureter
SchnüfflerIn *m f* *(fam/péj)* fouineur *m*, -euse *f*
Schnuller *m* - tétine *f*, sucette *f*
Schnulze *f* -n *(fam/péj)* chanson *f* à l'eau de rose
schnupfen priser *Kokain* ~ prendre de la cocaïne
Schnupfen *m* - rhume *m*
schnuppe : *(fam) das ist (mir) doch* ~ je m'en fiche
schnuppern flairer, renifler ♦ *Rauch* ~ sentir une odeur de fumée
Schnur *f* -en ficelle *f* ; cordon *m* ; corde *f*
Schnürchen *n* ø : *(fam) wie am* ~ *klappen* marcher comme sur des roulettes *fpl*
schnüren *(chaussures)* lacer ; *(paquet)* ficeler ♦ *(femme) sich* ~ porter une gaine/un corset
schnurren ronronner
Schnürsenkel *m* - lacet *m*
schnurstracks : *(fam)* ~ *nach Hause gehen* rentrer direct(ement) à la maison
schnurz : *(fam) das ist mir* ~ je m'en moque
Schnute *f* -n *(fam)* 1 *(non fam)* bouche *f* 2 *eine* ~ *ziehen* tirer la tronche
Schock *m* -s choc *m unter* ~ *stehen* être sous le choc, être choqué
schocken : *(fam > non fam)* profondément choquer, scandaliser
Schockfarbe *f* -n *(fam > non fam)* couleur *f* criarde
schockweise *(fam)* en ribambelle
schofel(ig) *(péj)* odieux, -euse
Schöffe *m* -n -n juré *m*
Schokolade *f* -n chocolat *m*

Scholle f -n 1 motte f de terre 2 (*poisson*) plie f, limande f

Scholli : (*fam*) *mein lieber ~ !* mon petit ami / vieux !

schon 1 déjà *~ jetzt* dès maintenant *~ lange* depuis longtemps 2 *~ ab 10 DM* à partir de 10 DM 3 *~ deswegen* ne serait-ce que pour cette raison ; *~ der Geruch* rien que l'odeur ; *~ der Gedanke an ihn* le simple fait de penser à lui ◆ *mach ~ !* vas-y ! ; *es wird ~ gut* ça va marcher ; *ich hätte ~ Lust* j'aurais bien envie

schön 1 beau / belle, joli ; (*fig*) *~e Augen machen* faire les yeux doux 2 *eines ~en Tages* un beau jour 3 *die ~en Künste* les beaux-arts ◆ 1 *danke ~ !* merci bien / beaucoup ! *~ groß* très grand 2 *~ singen* bien chanter

schonen : *sein Auto ~* prendre soin de sa voiture ; *jn ~* ménager qqn, avoir des égards pour qqn ; épargner qqn ◆ *sich ~* se ménager, ménager ses forces

Schoner m - goélette f

schön=färben embellir, peindre en rose

schöngeistig : *~e Literatur* les belles-lettres fpl

Schönheit f ø beauté f ◆ -en 1 beauté ; *landschaftliche ~* pittoresque m 2 *sie ist eine ~* elle est très belle

Schönheitsfehler m - imperfection f

Schonkost f ø aliments mpl de régime

Schönling m -e (*fam*) minet m

schön=machen (sich) (*fam*) se faire beau / belle, se faire une beauté

Schonung f ø ménagements mpl, égards mpl ◆ -en jeune plantation f

schonungslos impitoyable, implacable ◆ sans ménagements ; de manière impitoyable

Schopf m ⸚e touffe f de cheveux ; (*fig / fam*) *die Gelegenheit beim ~ packen* saisir l'occasion au vol

schöpfen 1 *Wasser ~* puiser de l'eau 2 (*fig*) *Luft ~* respirer profondément ; *wieder Mut ~* reprendre courage ; *Verdacht ~* avoir un soupçon

schöpferisch créateur, -trice, fécond

Schöpfung f ø / -en création f ; œuvre f

Schoppen m - chope f ; verre m

Schorf m -e croûte f

Schornstein m -e cheminée f ; (*fam*) *etw in den ~ schreiben* faire une croix sur qch

Schornsteinfeger m - ramoneur m

Schoß m ⸚e 1 *auf den ~ nehmen* prendre sur ses genoux ; (*fig*) *ihm fällt alles in den ~* tout lui tombe du ciel 2 (*fig*) *im ~ der Familie* au sein de la famille, dans le giron m familial 3 (*couture*) basque f, pan m

Schote f -n 1 cosse f 2 (*fam*) *das ist vielleicht wieder eine ~ !* en voilà une bonne blague !

Schotte m -n Ecossais m -e f

Schotter m - 1 gravillon m, gravier m, ballast m 2 cailloux mpl

schraffieren hachurer

schräg 1 incliné, oblique 2 (*fam*) *~e Vorstellungen* des idées tordues ◆ en biais ; de travers ; *~ gegenüber* presqu'en face ; (*fam*) *jn ~ an=sehen* lancer un regard noir à qqn ; examiner qqn du coin de l'œil

Schräge f -n inclinaison f, pente f

Schramme f -n éraflure f, égratignure f

Schrank m ⸚e 1 armoire f, buffet m, placard m 2 (*fam*) armoire à glace

Schranke f -n 1 barrière f ; (*fig*) *die ~n des Gerichts* la barre f, limite f ; (*fig*) *jn in die / seine ~n weisen* remettre qqn à sa place

schrankenlos sans bornes ; absolu ; débridé, effréné

Schraube f -n 1 vis [vis] f ; boulon m ; (*fig*) *~ ohne Ende* spirale f infernale ; (*fam*) *bei ihm ist eine ~ locker* il lui manque une case 2 (*mar / av*) hélice f ; (*sp*) vrille f 3 (*fam / péj*) vieille chouette f

schrauben visser ; (*fig*) *die Preise in die Höhe ~* faire monter les prix ◆ *das Flugzeug schraubt sich in die Höhe* l'avion s'élève dans le ciel ◆ (*fig*) *geschraubter Stil* (*fam*) style tarabiscoté

Schraubenschlüssel m - clé f anglaise

Schraubenzieher m - tourne-vis [-vis] m

Schraubstock m ⸚e étau m

Schrebergarten m ⸚ jardin m ouvrier

Schreck m -e peur f, frayeur f ; (*fam*) *ach du ~ !* mon Dieu !

schrecken : *jn durch Strafen ~* menacer qqn de punitions

schrecken* <sein> : *aus etw ~* sursauter

Schrecken m - effroi m, terreur f, épouvante f *Angst und ~ verbreiten* répandre la terreur ; *mit einem ~ davon=kommen* en être quitte pour la peur f ; *der ~ des Krieges* les horreurs fpl de la guerre

schreckhaft craintif, -ive, peureux, -euse

schrecklich 1 effroyable, épouvantable 2 (*fam / péj*) *ein ~er Kerl* un type insupportable / épouvantable 3 (*fam*) *~en Hunger haben* avoir la dalle ◆ *~ nett sein* être excessivement / (*fam*) rudement gentil ; *~ gern schwimmen* adorer nager

Schreckschraube f -n (*fam / péj*) sorcière f

Schrei m -e cri m ; (*fig*) *ein ~ der Empörung* un mouvement d'indignation 2 (*fam*) *der letzte ~* le dernier cri

Schreibe f -n (*fam > non fam*) stylo m ; crayon m

schreiben* 1 écrire *etw an den Rand ~*

schuldig

annoter; *(fam)* **sich (D) etw hinter die Ohren ~** *(non fam)* se le tenir pour dit **2 etw ins Reine ~** mettre qch au propre ◆ **1 an einem Roman ~** écrire un roman **2 an jn ~** écrire à qqn **3 auf der Maschine ~** taper à la machine ◆ **sich arbeitsunfähig ~ lassen** se faire porter malade, prendre un congé de maladie

Schreiben *n* - courrier *m*, lettre *f*
Schreibblock *m* ¨e bloc-notes *m*
Schreibtisch *m* -e bureau *m*
Schreibwaren *fpl* (articles *mpl* de) papeterie *f*

schreien* : *etw ~* crier qch ◆ **1 um Hilfe ~** appeler au secours; **nach etw ~** réclamer qch à cor et à cri **2** *(fam)* **das schreit zum Himmel** c'est révoltant/une honte **3** *(fam)* **das ist ja zum Schreien!** c'est à mourir de rire!

schreiend *(fig)* **1 ~e Farben** des couleurs criardes **2 eine ~e Ungerechtigkeit** une injustice criante/flagrante

Schreihals *m* ¨e *(péj/fam)* gueulard *m*
Schreiner *m* - menuisier *m*
schreiten* <sein> **1** marcher **2** *zur Tat ~* passer à l'action

Schrift *f* -en **1** écriture *f* **2** *eine ~ her=ausgeben* publier un écrit *m* /texte *m* **3** *(rel)* **die Heilige ~** les saintes Ecritures, l'Ecriture sainte

schriftlich écrit, par écrit; *(fam)* **das kann ich dir ~ geben** je te le garantis, tu peux en être sûr

SchriftstellerIn *m f* écrivain *m*
Schriftwechsel *m* ø correspondance *f*, échange *m* épistolaire
schrill aigu, -ë, strident
schrillen retentir

Schritt *m* -e/ø **1** pas *m*; *(fig)* **jn auf ~ und Tritt verfolgen** *(fam)* être collé aux talons de qqn; **mit jm ~ halten** ne pas se faire dépasser par qqn, se maintenir au même niveau que qqn; **mit der Entwicklung ~ halten** rester à la page **2** *(fig)* **ein entscheidender ~** une étape *f* décisive; **~e unternehmen** entamer des démarches *fpl* **3** *(pantalon)* entrejambe *m*

Schrittmacher *m* - **1** *(méd)* stimulateur *m* cardiaque **2** *(fig)* pionnier *m*
schrittweise pas à pas

schroff **1** *ein ~er Felsen* un rocher abrupt [-pt]/escarpé **2** brusque, brutal; *eine ~e Antwort* une réponse très sèche/cassante ◆ **~ antworten** répondre sèchement

schröpfen *(fam)* plumer
Schrot *m/n* ø grain *m*; farine *f* complète ◆ **-e** *(arme)* plombs *mpl*
Schrotflinte *f* -n carabine *f*
Schrott *m* - **1** ferraille *f*; *(fig)* **sein Auto zu ~ fahren** réduire sa voiture en bouillie **2** *(fam)* vieux machins *mpl*/trucs *mpl*; *(fig)* **~ erzählen** raconter des âneries *fpl*

Schrottplatz *m* ¨e dépôt *m* d'un ferrailleur; *(auto)* casse *f*
Schrubber *m* - *(fam > non fam)* balai-brosse *m*
Schrulle *f* -n **1** lubie *f*, manie *f*, marotte *f* **2** *(fam)* vieille folle *f*
schrullig *(fam)* bizarre *ein ~er Alter* un vieux schnock; *~e Geschichten* des histoires à dormir debout, des histoires abracadabrantes/de fous

schrumpfen <sein> se ratatiner; *(fig)* fondre, diminuer
schrumplig : *(fam)* *ein ~er Apfel* une pomme ratatinée

Schub *m* ¨e **1** poussée *f*; *mit einem ~* d'un seul coup *m* **2** *(personnes)* groupe *m*, *(fig/fam)* fournée, contingent *m* **3** *(méd)* *einen ~ haben* avoir une crise

Schubfach *n* ¨er tiroir *m*
Schubkarre *f* -n brouette *f*
Schubs *m* -e *(fam > non fam)* coup *m*, pichenette *f*
schubsen : *(fam)* *jn ~* *(non fam)* pousser/bousculer qqn
schüchtern timide
Schuft *m* -e crapule *f* salaud *m*
schuften *(fam)* bosser, trimer
schuftig *(péj)* odieux, -euse

Schuh *m* -e **1** chaussure *f*; *(fam)* **jm etw in die ~e schieben** faire porter le chapeau à qqn **2** *(tech)* patin *m*, sabot *m*
Schuhanzieher *m* - chausse-pied *m*
Schuhcreme *f* -s cirage *m*
Schuhgröße *f* -n pointure *f*
Schuhmacher *m* - cordonnier *m*; bottier *m*
Schuko *m* *(fam)*/**Schukostecker** *m* - prise *f* de sécurité
SchulabgängerIn *m f* élève *m f* ayant terminé sa scolarité
Schularbeit *f* -en devoir *m*
Schulbank *f* ¨e pupitre *m*; *(fam)* **die ~ drücken** *(non fam)* aller à l'école

Schuld *f* ø **1** faute *f*, culpabilité *f*; *sich (D) keiner ~ bewußt sein* ne pas avoir le sentiment d'avoir commis une faute, ne pas se sentir coupable **2** *jm an etw (D) schuld geben* rendre qqn responsable de qch **3** *(fig)* **tief in jis ~ stehen** être très redevable à qqn ◆ **-en** *pl* **~en machen** faire des dettes *fpl*; *(fam)* **bis über beide Ohren in ~en stecken** être endetté jusqu'au cou, crouler sous les dettes

schuldbewußt contrit, conscient d'avoir commis une faute
schulden : *jm Geld ~* devoir de l'argent à qqn; *(fig)* *jm Dank ~* être redevable à qqn de qch
schuldig **1** *wieviel bin ich dir ~?* combien te dois-je? *(fig)* *ich bin ihm Dank*

~ je lui suis très redevable / reconnaissant 2 *(fig)* jm die Antwort nicht ~ bleiben répondre à qqn 3 coupable; *eines Verbrechens* ~ coupable d'un crime

SchuldnerIn *m f* débiteur *m*, -trice *f*

Schule *f ø* école *f* ♦ -n école *in die* ~ *gehen* aller à l'école / en classe *f*; *(arts)* école; *(fam) aus der* ~ *plaudern* ne pas tenir sa langue

schulen former ♦ *ein geschultes Ohr* une oreille exercée

SchülerIn *m f* 1 élève *m f*, écolier *m*, -ère *f*, collégien *m* -ne *f*, lycéen *m* -ne *f* 2 élève *m*, disciple *m*

Schüleraustausch *m* -e échange *m* scolaire

Schülermittverwaltung (SMV) *f* -en délégués *mpl*

schulisch 1 scolaire; ~ *Leistungen* résultats scolaires 2 ~*e Fragen* questions concernant l'école

Schulpflicht *f ø* obligation *f* scolaire

Schulter *f* -n 1 épaule *f*; *etw auf die leichte* ~ *nehmen* prendre qch à la légère 2 *(vêtement / viande)* épaule

Schulung *f* -en 1 formation *f* 2 stage *m* de formation

Schulwesen *n ø* système *m* scolaire; enseignement *m*

Schummelei *f ø* /-en *(fam)* triche *f*, magouille *f*

schummeln *(fam > non fam)* tricher; passer en fraude; se faufiler

schumm(e)rig sombre ~*es Licht* une pâle lumière, une lumière falote

Schund *m ø* 1 film *m* / livre *m* nul / sans intérêt 2 *(fam)* saloperie *f*, camelote *f*

schunkeln se prendre par le bras et se balancer

Schuppe *f* -n 1 écaille *f* 2 *(cheveux)* pellicule *f*; *(peau)* squame [skwam] *f*

schuppen écailler ♦ *sich* ~ *(peau)* désquamer [-skwa-], peler

schüren attiser

schürfen 1 *Erz* ~ extraire du minerai 2 *sich (D) das Knie* ~ s'écorcher le genou

schurigeln *(fam / péj)* trouver tout le temps à redire, être constamment sur le dos de qqn

Schurke *m* -n -n *(péj)* crapule *f*

Schürze *f* -n tablier *m*

Schürzenjäger *m* - *(fam / péj)* coureur *m* de jupons

Schürzenzipfel *m* - : *(fam) jm am* ~ *hängen* être dans les jupons de qqn

Schuß *m* ¨sse 1 coup *m*; *(fam) ein* ~ *in den Ofen sein* être un fiasco *m*; *weit ab vom* ~ *(non fam)* à l'écart; *einen* ~ *haben* avoir une case en moins, être fêlé / timbré; *einen* ~ *vor den Bug kriegen* se faire remonter les bretelles; *in* ~ *sein* être comme neuf, -ve; être en pleine forme, avoir du tonus [-nys] 2 *(sp)* tir *m* 3 *(fam > non fam)* injection *f* de drogue 4 *(fam) einen mächtigen* ~ *tun* pousser comme un champignon 5 *(cuis) mit* ~ arrosé

Schussel *m* - *(fam)* tête *f* en l'air, tête de linotte

Schüssel *f* -n plat *m* (creux); saladier *m*; soupière *f*; *(fam / péj)* bagnole *f* pourrie

schusseln *(fam)* avoir tête en l'air; faire des fautes d'inattention

Schußlinie *f* -en : *(fig) in die* ~ *geraten* se retrouver en première ligne, faire face aux feux croisés (de)

Schußwaffe *f* -n arme *f* à feu

Schuster *m* - *(fam > non fam)* cordonnier

Schutt *m ø* gravats *mpl*; décombres *mpl*; *(fig) in* ~ *und Asche legen* réduire en cendres

Schuttabladeplatz *m* ¨e décharge *f* (publique)

schütteln 1 secouer, agiter *den Kopf* ~ hocher la tête 2 *jn* ~ secouer qqn 3 *jm die Hand* ~ serrer la main à qqn ♦ *sich* ~ se secouer, s'ébrouer; *(fig) sich vor Ekel* ~ frissonner d'horreur

schütten verser, répandre ♦ *(fam) es hat den ganzen Tag geschüttet* il est tombé des cordes, *(non fam)* il a plu à verse

schütter : ~*es Haar* des cheveux clairsemés

Schutthalde *f* -n montagne *f* de gravats / de décombres, éboulis *f*

Schutz *m ø* 1 abri *m*, refuge *m*; *(fig) im* ~ *der Dunkelheit* à la faveur de l'obscurité 2 protection *f*, garantie *f* 3 *(tech)* protection

Schutzblech *n* -e 1 *(vélo)* garde-boue *m* 2 *(machine)* protection *f*

Schutzdach *n* ¨er auvent *m*

Schütze *m* -n -n 1 tireur *m*; *(sp)* buteur *m* 2 *(mil)* deuxième classe *m* ♦ ø *(astro)* Sagittaire *m*

schützen (sich) : ~ *(vor D)* 1 (se) protéger (de); se préserver (de); (se) garantir (de) 2 (s')abriter (de) ♦ *geschützte Pflanzen* plantes protégées

Schutzengel *m* - ange *m* gardien

Schützengraben *m* ¨ tranchée *f*

Schützenhilfe *f ø* : *(fam) jm* ~ *leisten* donner un coup de main / un coup de pouce à qqn

Schutzgeld *n* -er : ~ *kassieren* faire du racket [-kεt] *m*

Schutzhaft *f ø* détention *f* préventive

Schützling *m* -e protégé *m* -e *f*

schutzlos sans défense, sans protection

Schutzmacht *f* ¨e puissance *f* alliée

Schutzmarke *f* -n marque *f* déposée

Schutzzollpolitik *f ø* politique *f* protectionniste

schwabbelig : *(fam) ein* ~*er Pudding*

(non fam) une crème bien molle; *ein ~er Bauch (non fam)* un ventre flasque

schwäbisch souabe

schwach 1 faible, chétif, -ive *eine ~e Gesundheit* une santé fragile; *(fig) ein ~er Trost* une maigre consolation; *ein ~er Gegner* un piètre adversaire **2** *~es Licht* une faible lumière, une lumière falote **3** *ein ~er Ast* une branche peu solide; *(fig) ein ~er Kaffee* un café léger ◆ *~ aus=sehen* avoir un air chétif; *~ besucht sein* être peu fréquenté; *jn ~ machen* faire suer qqn; faire craquer qqn

Schwäche *f ø* **1** faiblesse *f*; fragilité *f* **2** *eine ~ für etw haben* avoir un faible *m* pour qch ◆ *-n* faiblesse

schwächen 1 *jn ~* affaiblir qqn **2** diminuer

Schwachheit *f -en* : *(fam) sich (D) keine ~en ein=bilden* ne pas se monter la tête

Schwachkopf *m ¨e (péj)* imbécile *m*
schwächlich faible *von ~er Gesundheit* de santé fragile, de faible constitution
Schwächling *m -e (péj)* mauviette *f*; *(fig)* faible *m*
schwachsinnig débile
Schwaden *m -* nuage *m*, nappe *f*
schwafeln *(fam/péj)* radoter
Schwager *m ¨* beau-frère *m*
Schwägerin *f -nen* belle-sœur *f*
Schwalbe *f -n* hirondelle *f*
Schwall *m ø* : *ein ~ Wasser* une masse d'eau; *(fig) ein ~ von Worten* un flot de paroles

Schwamm *m ¨e* **1** éponge *f* **2** moisissures *fpl*
schwammig spongieux, -euse; *(fig) ein ~er Begriff* une notion très élastique/vague; *(fam/péj) ein ~es Gesicht* un visage bouffi

Schwan *m ¨e* cygne *m*
schwanen : *(fam) mir schwant nichts Gutes* il ne s'annonce rien de bon
schwanger *(femme)* enceinte ◆ *(fam) mit etw ~ gehen* mûrir un plan
Schwangerschaft *f -en* grossesse *f*; *~ abbruch m ¨e* interruption *f* de grossesse

Schwank *m ¨e* **1** farce *f* **2** histoire *f* drôle
schwanken 1 se balancer, osciller *das Korn schwankt* les blés ondulent; *der Boden schwankt* le sol est branlant/vacille **2** varier; *(bourse)* fluctuer **3** *zwischen zwei Lösungen ~* hésiter entre deux solutions ◆ *<sein>* marcher en titubant; marcher d'un pas chancelant

Schwankung *f -en* variation *f*; *(bourse)* fluctuation *f*

Schwanz *m ¨e* queue *f*; *(fam)* queue, zizi *m kein ~* pas un chat; *den ~ ein=ziehen* céder; *(loc) das Pferd beim ~ auf=zäumen* mettre la charrue avant les bœufs

schwänzeln remuer la queue, frétiller de la queue ◆ *<sein> (fam) durch die Gegend ~* se balader

schwänzen : *(fam) die Schule ~* sécher (l'école), faire l'école buissonnière

schwappen faire déborder ◆ *<sein> über den Rand ~* déborder

Schwarm *m ¨e* nuée *f*, essaim *m*, volée *f* ◆ *ø er ist mein ~ (fam)* j'ai le béguin (pour lui); *er ist der ~ der ganzen Klasse* c'est la coqueluche de la classe

schwärmen : *für jn/etw ~ (fam)* adorer qqn/qch, être fou de qqn/qch ◆ *<sein> (insectes)* voler en essaim; *(fig) auf den Platz ~* se masser sur la place, envahir la place

SchwärmerIn *m f* idéaliste *m f*, exalté *m -e f*; *(péj)* tête *f* brûlée

schwärmerisch exalté *ein ~er Blick* un regard de braise

Schwarte *f -n* **1** couenne *f*; peau *f* **2** *(fam) eine dicke ~* un gros livre; *(péj)* un pavé

schwarz 1 noir *das ~e Brett* tableau d'affichage; *(fig) ein ~er Tag* un mauvais jour; ◆ *(fam/pol) ~ wählen* voter C.D.U/C.S.U.; *(fig/fam) jm den ~en Peter zu=schieben* mettre qch sur le dos de qqn **2** *(fam)* dégueulasse; *~e Geschäfte* des affaires louches ◆ *(fig) alles ~ sehen* voir tout en noir; *sich ~ ärgern* se fâcher tout rouge

Schwarzarbeit *f ø* travail *m* au noir
Schwarzbrot *n -e* pain *m* bis
Schwarze/r Noir *m -e f*
Schwarze *n ø* : *(fig) ins ~ treffen* taper dans le mille *m*
schwarz=fahren* *<sein>* resquiller, voyager sans billet
schwarz=sehen* *(fam)* **1** *(télé)* regarder la télé sans avoir payer la redevance **2** être pessimiste, tout voir en noir
schwatzen/schwätzen : *(péj) dummes Zeug ~* raconter des conneries ◆ bavarder, papoter
schwatzhaft *(péj)* bavard
Schwebe *f ø* : *(loc) etw in der ~ lassen* laisser qch en suspens
Schwebebahn *f -en* téléphérique *m*
schweben planer; *(fig) in Gefahr ~* être en danger ◆ *<sein> zu Boden ~* se diriger vers le sol ◆ *(jur) ein schwebendes Verfahren* une affaire en instance
Schwefel *m ø* soufre *m*
Schweif *m -e* queue *f*
schweifen : *(fig) den Blick ~ lassen* laisser planer/vagabonder son regard, promener son regard
Schweigen *n ø* silence *m*
schweigen* se taire, garder le silence ◆

Schweigepflicht

ganz zu ~ von sans parler de, ne parlons pas de ◆ *die schweigende Mehrheit* la majorité silencieuse

Schweigepflicht *f* ø devoir *m* de réserve, secret *m* professionnel *ärztliche* ~ secret médical

schweigsam silencieux, -euse

Schwein *n* -e 1 porc *m*, cochon *m* ◆ ø *(fam)* 1 ~ *haben* avoir du bol/du pot 2 *(viande f de)* porc

Schweinehund *m* -e *(fam/péj)* salaud *m*, salopard *m*

Schweinerei *f* -en *(fam/péj)* cochonneries *fpl* ; saloperie *f*

Schweinestall *m* ¨e porcherie *f*

schweinisch *(fam/péj)* dégueulasse

Schweiß *m* ø 1 sueur *f*, transpiration *f*; *(fig) in* ~ *gebadet* en nage, trempé de sueur ; *jn viel* ~ *kosten* faire suer sang et eau qqn 2 *(chasse)* sang *m*

Schweißbrenner *m* - chalumeau *m*

schweißen souder

schwelen se consumer lentement, *(fig)* couver

schwelgen faire bombance

Schwelle *f* -n 1 seuil *m* 2 traverse *f* (de chemin de fer) 3 *(psy)* seuil

schwellen* <sein> gonfler ◆ *eine geschwollene Wange* une joue enflée ; une joue tuméfiée ; *(fig) geschwollene Reden* des discours ronflants

Schwemme *f* -n 1 *(fleuve)* abreuvoir *m* 2 *(éco)* surplus *m* ; surabondance *f*

schwemmen : *etw an Land* ~ faire dériver qch vers la terre ferme

Schwengel *m* - 1 *(cloche)* battant *m* 2 *der* ~ *einer Pumpe* le bras m d'une pompe

schwenken 1 *etw* ~ agiter qch 2 *(cuis)* faire revenir ◆ <sein> obliquer, tourner

schwer 1 lourd, pesant *3 Kilo* ~ *sein* peser 3 kilos ; *(fig) eine* ~*e Aufgabe* une tâche difficile 2 *ein* ~*es Motorrad* une grosse moto 3 ~ *er Boden* terre grasse ; sol lourd 4 *(fig) ein* ~*er Wein* un vin fort/corsé ; *ein* ~*es Parfüm* un parfum capiteux ; *eine* ~*e Lektüre* un livre difficile 5 *(méd) eine* ~*e Krankheit* une maladie grave 6 *(fam) ein* ~*er Junge* un voyou ◆ ~ *atmen* avoir du mal à respirer ; ~ *verwundet sein* être grièvement blessé ; *jn* ~ *beleidigen* profondément vexer qqn ; *(fam) das will ich auch* ~ *hoffen !* j'espère bien !

Schwerbehinderte/r grand invalide *m*

Schwere *f* ø 1 poids *m* ; *(méd)* lourdeur *f* ; *(phys)* gravitation *f*, pesanteur *f* 2 *(fig)* poids 3 difficulté *f*

schwerelos : ~*er Zustand* état d'apesanteur

schwererziehbar difficile, inadapté

schwer=fallen* <sein> être pénible *es fällt mir schwer, zu gehen* j'ai du mal à partir

schwerfällig : *ein* ~*er Mensch* un balourd/lourdaud/empoté ; un demeuré/abruti

schwerhörig un peu sourd, malentendant, *(fam)* dur d'oreille ; *(fig)* sourd

Schwerkraft *f* ø gravitation *f*, pesanteur *f*

schwer=machen rendre difficile

schwermütig sombre, mélancolique, dépressif, -ive

Schwerpunkt *m* -e *(phys)* centre *m* de gravité ; *(fig)* point *m* capital, principal *m*

Schwert *n* -er épée *f* ; *(fig) ein zweischneidiges* ~ *sein* être à double tranchant

Schwertlilie *f* -n iris [iris] *m*

schwer=tun* sich : *(fam) sich mit etw* ~ avoir du mal à qch

schwerwiegend très sérieux, -euse/grave

Schwester *f* -n 1 sœur *f* ; *(rel)* sœur, religieuse 2 infirmière *f*

Schwiegereltern *pl* beaux-parents *mpl*

Schwiegermutter *f* ¨ belle-mère *f*

Schwiegersohn *m* ¨e gendre *m*

Schwiegertochter *f* ¨ brue *f*, belle-fille *f*

Schwiegervater *m* ¨ beau-père *m*

schwielig : ~*e Hände* mains calleuses

schwierig difficile

Schwierigkeit *f* -en 1 difficulté *f* 2 *pl jm* ~*en machen* créer des ennuis *mpl* à qqn

Schwimmbad *n* ¨er piscine *f*

Schwimmbecken *n* - bassin *m*

schwimmen* 1 *Holz schwimmt* le bois flotte 2 *(fam) ins Schwimmen kommen* nager ; se mélanger les pinceaux 3 *(fig) die Zahlen* ~ *vor meinen Augen* les chiffres dansent devant mes yeux ◆ <sein/haben> nager ◆ <sein> *über den See* ~ traverser le lac à la nage

SchwimmerIn 1 *m f* nageur *m*, -euse *f* 2 *m (tech)* flotteur *m*

SchwimmlehrerIn *m f* maître-nageur *m*

Schwimmweste *f* -n gilet *m* de sauvetage

Schwindel *m* - 1 vertige *m*, étourdissement *m* 2 *(fam/péj)* arnaque *f*

schwindelerregend vertigineux, -euse

schwindeln : *er schwindelt* il ment, *(fam)* il raconte des histoires ◆ *mir/mich schwindelt* j'ai le vertige ; la tête me tourne, j'ai un malaise/étourdissement

schwinden* <sein> 1 diminuer, décroître, baisser, s'affaiblir *meine Kräfte* ~ mes forces m'abandonnent 2 *ihm* ~ *die Sinne* il perd connaissance, il s'évanouit

SchwindlerIn *m f (péj)* imposteur *m*, charlatan *m* ; menteur *m*, -euse *f* ; escroc *m*

Schwinge *f* -n aile *f*

schwingen* balancer, brandir *die Peitsche* ~ faire tournoyer son fouet ♦ osciller; *(corde)* vibrer ♦ <sein/haben> se balancer, osciller ♦ *sich* ~ s'élancer; *sich aufs Rad* ~ enfourcher un vélo; *(oiseau) sich in die Lüfte* ~ s'envoler, prendre son envol

Schwingung *f* -en 1 *(phys)* oscillation *f* 2 oscillation, balancement *m*; vibration *f*

Schwips *m* -e: *(fam) einen* ~ *haben* être pompette / éméché

schwirren vibrer; *(insectes)* bourdonner ♦ <sein> passer en bourdonnant / dans un bruissement d'ailes; *(fig) ein Gedanke schwirrt mir im Kopf herum (fam)* une idée me trotte dans la tête

schwitzen 1 suer, transpirer 2 *(mur)* suinter ♦ *ins Schwitzen kommen* suer, se mettre en sueur

schwören* jurer

Schwuchtel *f* -n *(fam)* pédé *m*

schwül lourd, étouffant

Schwule/r *(fam)* pédé *m*

schwülstig *(péj)* pompeux, -euse; *(style)* ampoulé

schwumm(e)rig : *(fam) mir ist ganz* ~ j'ai le tournis

Schwund *m* ø 1 déperdition *f*, diminution *f* de volume; *(méd)* atrophie *f* 2 *(comm)* perte *f*

Schwung *m* ø 1 entrain *m*, élan *m*; *(fam) in* ~ *sein* bien marcher; *(personne)* être en forme *f* 2 *einen ganzen* ~ *von etw haben* avoir tout un tas de ♦ ¨e saut *m*, bond *m*

schwunghaft : ~*er Handel* des affaires florissantes / prospères ♦ *sich* ~ *entwickeln* prospérer rapidement

schwungvoll 1 plein d'entrain, vif/vive *eine* ~*e Rede* un discours enlevé/plein de brio 2 *eine* ~*e Linie* une ligne élégante, une jolie ligne

Schwur *m* ¨e serment *m*

Schwurgericht *n* -e cour *f* d'assises

sechs six [sis]

Sechseck *n* -e hexagone *m*

sechszehn seize

sechzig soixante

See *m* -n lac *m*

See *f* ø mer *f auf* ~ en mer; *in* ~ *gehen* prendre la mer

Seebad *n* ¨er station *f* balnéaire

Seefahrt *f* ø marine *f* marchande / de commerce

Seegang *m* ø grosse mer *f*, forte houle *f*

Seehund *m* -e phoque *m*

seeklar : *ein Schiff* ~ *machen* appareiller / armer un navire

seekrank : ~ *sein* avoir le mal de mer

Seele *f* -n âme *f*; *(fig) eine* ~ *von Mensch sein* être la crème des hommes, avoir un cœur en or; *ein Herz und eine* ~ *sein* ne faire qu'un; *seine* ~ *aus=hauchen* rendre l'âme; *(fam) jm aus der* ~ *reden* retirer à qqn les mots de la bouche; *sich (D) die* ~ *aus dem Leib schreien* hurler à s'en décrocher la mâchoire

seelenruhig : ~ *bei etw zu=sehen* assister à qch sans manifester le moindre émoi

seelisch psychique

Seelsorger *m* - directeur *m* de conscience, père *m* spirituel

Seemacht *f* ¨e puissance *f* navale

See.mann *m* - .leute marin *m*

Seenot *f* ø : *in* ~ en détresse *f*

Seerose *f* -n nénuphar *m*

Segel *n* - voile *f*; *(fig/fam) mit vollen* ~*n* en mettant toute la gomme

Segelboot *n* -e voilier *m*

Segelflugzeug *n* -e planeur *m*

segeln <sein> 1 naviguer (à la voile) 2 *(fam) durch die Prüfung* ~ être collé à un examen ♦ <sein/haben> faire de la voile, naviguer

Segelohren *npl (fam)* oreilles *fpl* en feuilles de chou

Segen *m* ø bien *m*; bienfait *m*; bénédiction *f*; *(rel)* bénédiction; *(fam) der ganze* ~ *kommt mir entgegen* tout dégringole

segnen bénir; *(fig) das Zeitliche* ~ quitter ce monde ♦ *(iro) einen gesegneten Appetit haben* avoir un solide appétit

sehbehindert malvoyant

sehen* 1 voir *nicht* ~ être aveugle 2 *das würde ich ungern* ~ je ne verrais pas cela d'un bon œil, je n'aimerais pas cela ♦ *1 gut* ~ avoir une bonne vue; *siehe unten* voir ci-dessous; *(fig) wir werden (ja)* ~ on verra; *wenn ich recht sehe* si je ne me trompe 2 *ich will* ~, *daß ich es schaffe* je vais tâcher / essayer d'y arriver 3 *(fig/fam) das sieht ihm ähnlich* c'est bien lui ! ♦ *auf die Uhr* ~ regarder sa montre; *jn* ~ surveiller qqn; *(fig/fam) vor Müdigkeit nicht mehr aus den Augen* ~ *können* avoir les yeux qui tombent de fatigue; *(fig) in ein Buch* ~ consulter un livre; *nach jm* ~ jeter un coup d'œil sur qqn ♦ *1 sich kurz* ~ *lassen* faire une brève apparition; *er läßt sich nicht* ~ on ne le voit plus 2 *(fam) das läßt sich* ~ ce n'est pas mal 3 *sich an jm/etw satt* ~ dévorer qqn/qch des yeux; *sich nicht satt* ~ *können* ne pas se lasser de regarder qch ♦ *ein gern gesehener Gast* un hôte toujours bienvenu

Sehen *n* ø vue *f*, vision *f*; *(fig) jn vom* ~ *kennen* connaître qqn de vue

Sehenswürdigkeit *f* -en curiosité *f*, chose *f* à voir

SeherIn *m f* voyant *m* -e *f*

Sehne f -n 1 (méd) tendon m 2 corde f
sehnen sich : *sich nach jm ~* s'ennuyer/se languir de qqn, mourir d'envie de voir qqn ; *sich nach etw ~* aspirer à qch
sehnig 1 *~e Beine* des jambes musclées 2 *~es Fleisch* de la viande pleine de nerfs
sehnlich : *~es Verlangen* un ardent désir ◆ *etw ~st erwarten* attendre impatiemment qch
Sehnsucht f ¨e désir m ; nostalgie f
sehr très ; *sich ~ an=strengen* faire beaucoup d'efforts ; *bitte ~ !* de rien, je vous en prie ; *~ viel* énormément
Sehschärfe f ø acuité f visuelle
Sehvermögen n ø vue f
seicht 1 *~es Wasser* de l'eau peu profonde 2 *(fam/péj)* insipide
Seide f -n soie f
seidig soyeux, -euse
Seife f -n savon m
Seil n -e corde f
Seilbahn f -en téléphérique m
Seilschaft f -en 1 (sp) cordée f 2 (pol) groupe m
Seilzug m ¨e palan m
sein* <sein> 1 être *10 Jahre alt ~* avoir 10 ans 2 *ich bin es* c'est moi 3 *es ist kalt* il fait froid ; *es ist Nacht* il fait nuit 4 *X ist nicht mehr* X n'est plus ; *(fam) das war alles schon mal da* c'est du déjà vu 5 *(fam) kann ~* possible ; (math) *3 und 3 ist 6* 3 et 3 font 6 *hier ist er* le voici 7 *der (G) Meinung ~, daß* être d'avis que ◆ *damit ist nicht zu spaßen* il ne faut pas rire avec ça ; *von ihm ist nichts anderes zu erwarten* il n'y a rien d'autre à attendre de lui ; *er ist nicht zu sprechen* on ne peut lui parler, il ne peut vous recevoir ; *weit und breit war niemand zu sehen* il n'y avait personne à l'horizon ◆ *und sei es auch noch so wenig* si peu que ce soit ; *es sei denn, daß* à moins que ; *wie dem auch sei* quoi qu'il en soit ◆ *er ist dikker geworden* il a grossi
sein/seine son, sa, ses ; *(fam) das kostet ~e 10 000 F* ça coûte bien 10 000 F ◆ *seiner/seine/seins* le sien, la sienne ; *die Seinen* les siens
Sein n ø être m ; existence f
seiner (G) → er
seinerseits de son côté
seinerzeit : *~ war das anders* de son temps tout était différent
seinesgleichen ses semblables ; ses pairs ; des personnes de son rang ; *(péj) von ~ kann man nichts anderes erwarten* il n'y a rien d'autre à attendre d'un type pareil/de ce genre
seinetwegen : *er kommt ~* il vient (exprès) pour lui ; *~ komme ich zu spät* à cause de lui, je suis en retard
seinetwillen : *um ~* pour lui

sein=lassen* : *(fam) laß es doch lieber sein !* laisse tomber !
Seismograph m -en -en sismographe m ; (fig) baromètre m
seit (D) depuis *~ kurzem* depuis peu ; *~ eh und je* depuis toujours ◆ *~ er da ist* depuis qu'il est là
seitdem : *~ sie ihn kennt* depuis qu'elle le connaît ◆ *~ ist alles anders* depuis, tout est différent
Seite f -n 1 côté m ; face f *nach allen ~n* dans toutes les directions fpl ; (fig) côté, aspect m ; *von einer Seite* le point faible de qqn 2 côté, partie f ; (fleuve) rive f 3 côté, flanc m ; *(fig) jm nicht von der ~ gehen* ne pas lâcher qqn d'une semelle ; *jn von der ~ an=sehen* regarder qqn de haut 4 (livre) page f ; *(loc) alles hat seine zwei ~n* toute médaille a son revers 5 partie f, camp m ◆ *ø von offizieller ~* de source officielle
Seitenfläche f -n face f latérale
Seitenhieb m -e (fig/fam) coup m d'épingle
seitens (G) de la part (de), du côté (de)
Seitenschiff n -e bas-côté m
Seitensprung m ¨e (fig) aventure f, écart m de conduite, frasques fpl
Seitenstraße f -n rue f latérale
Seitenstreifen m - accotement m, bas-côté m
seitlich (G) à côté (de), au bord (de), près (de) ◆ *~er Wind* vent latéral
seitwärts (G) au bord (de) ; à côté (de) ◆ *sich ~ wenden* se tourner sur le côté
Sekret n -e (méd/bio) sécrétion f
SekretärIn m -e f -nen 1 secrétaire m f 2 (parti) secrétaire général
Sekretär m -e secrétaire m
Sekt m -e mousseux
Sekte f -n secte f
sektiererisch sectaire
Sektion f -en 1 section f 2 (méd) dissection f ; autopsie f
Sektor m -en domaine m, secteur m ; (math) secteur
sekundär secondaire
Sekunde f -n seconde f
selb- : *im ~en Haus* dans la même maison ; *zur ~en Zeit* en même temps
selber (fam) → selbst
selbst 1 *du hast es ~ gesagt* tu l'as dit toi-même ; *(fig) die Güte ~ sein* être la bonté même 2 *(fam) wie geht's ? ~ und ~ ?* comment vas-tu ? et toi ? ◆ *~ wenn* même si ; *zu sich* (D) *~ sprechen* se parler à soi-même ; *von ~* tout seul ; *das versteht sich von ~* cela va de soi ; *(prov) ~ ist der Mann !* aide-toi, le Ciel t'aidera !
Selbstachtung f ø amour-propre m, respect m de soi
selbständig 1 autonome, indépendant

2 *ein ~er Handwerker* un artisan indépendant / qui travaille à son compte ◆ *sich ~ machen* s'installer à son compte; *(fig/fam)* prendre son indépendance

Selbstauslöser *m* - déclencheur *m* à retardement

Selbstbedienung *f* -en libre-service *m*; self *m*

Selbstbefriedigung *f* -en masturbation *f*

Selbstbeherrschung *f* ø maîtrise *f* de soi

Selbstbestimmung *f* ø *(pol)* autodétermination *f*

selbstbewußt sûr de soi

Selbstbewußtsein *n* ø assurance *f*

Selbstbildnis *n* -se autoportrait *m*

selbstgefällig *(péj)* suffisant, prétentieux, -euse

Selbstgespräch *n* -e monologue *m* (intérieur)

Selbstkostenpreis *m* -e prix *m* coûtant

selbstlos désintéressé; dévoué

Selbstmord *m* -e suicide *m ~ begehen* se suicider

selbstsicher sûr de soi

selbstsüchtig égoïste; égocentrique

selbstvergessen : *~er Gesichtsausdruck* un air absent

Selbstverleugnung *f* ø abnégation *f*

selbstverständlich qui va de soi, bien naturel, -le ◆ naturellement, bien sûr, bien entendu, évidemment

Selbstvertrauen *n* ø confiance *f* en soi

selbstzufrieden suffisant, prétentieux, -euse

Selbstzweck *m* ø fin *f* en soi

selig 1 heureux, -euse; *(rel)* bienheureux, -euse **2** *ein ~es Lächeln* un sourire radieux ◆ *~ sprechen* béatifier

Seligkeit *f* ø **1** *(rel)* béatitude **2** bonheur *m*, félicité *f*

Sellerie *f* -s céleri *m*

selten rare, rarement

Seltenheit *f* ø rareté *f* ◆ -en curiosité *f*, objet *m* rare

Selters *f/n* - eau *f* de Seltz

seltsam étrange, bizarre, curieux, -euse ◆ *~ klingen* avoir un son bizarre; être étrange

Semester *n* - semestre *m*

Semikol(.)on *n* -s / .a point-virgule *m*

Seminar *n* -e **1** séminaire *m*, groupe *m* de travail **2** *(rel)* séminaire

semitisch sémite; *(langue)* sémitique

Semmel *f* -n petit pain *m*

Senat *n* -e sénat *m*; *(Allemagne)* gouvernement *m* de Brême / Hambourg / Berlin

senden* **1** *(télé/radio)* émettre, diffuser **2** envoyer

Sendepause *f* -n interlude *m*; *(fig/fam) du hast jetzt ~!* maintenant, tu la boucles!

Sender *m* - station *f*; émetteur *m*

Sendung *f* -en **1** *(radio/télé)* émission *f*; diffusion *f* **2** envoi *m*, expédition *f* ◆ ø *(fig)* mission *f*

Senf *m* -e moutarde *f*; *(fam) überall seinen ~ dazu=geben* mettre son grain de sel partout

Senge *pl (fam)* raclée *f*

senil 1 *(méd)* sénile **2** *(péj)* sénile

Senior *m* -en **1** *pl* (personnes *fpl* du) troisième âge *m*, personnes âgées **2** *(sp)* senior *m* ◆ *Müller ~* Müller père

Senioren(wohn)heim *n* -e maison *f* de retraite

senken 1 baisser, diminuer; *(fig) den Blick ~* baisser les yeux **2** *das Fieber ~* faire tomber la fièvre ◆ *sich ~* s'affaisser

senkrecht vertical; *(math)* perpendiculaire

Senkrechtstarter *m* - *(av)* avion *m* à décollage vertical; *(fam) ein ~ sein* démarrer en flèche

Senkung *f* ø réduction *f*, diminution *f*, abaissement *m*; baisse *f*; *(terrain)* affaissement *m*, tassement *m* ◆ -en *(poésie)* syllabe *f* non accentuée

Sensation *f* -en événement *m*; sensationnel *m*

sensationell sensationnel, -le, époustouflant, stupéfiant *eine ~e Nachricht* un scoop

Sensationsmache *f* ø *(péj)* tapage *m*

Sense *f* -n **1** faux *f* **2** *(fam) jetzt ist ~!* ras le bol!

sensibel sensible

Sentenz *f* -en sentence *f*, axiome *m*

sentimental sentimental

separat : *~es Zimmer* chambre indépendante

September *m* - septembre *m*

Sequenz *f* -en séquence *f*

Serie *f* -n **1** série *f* **2** *(télé)* série, feuilleton *m* **3** *(timbre)* série

serienmäßig (fabriqué) en série

seriös sérieux, -euse

Serpentine *f* -n lacet *m*; chemin *m* en lacets

servieren servir ◆ *(tennis)* servir

ServiererIn *m f* serveur *m*, -euse *f*

Servolenkung *f* -en direction *f* assistée

Sessel *m* - fauteuil *m*

Sessellift *m* -e télésiège *m*

seßhaft 1 sédentaire **2** *in Berlin ~* domicilié à Berlin

setzen 1 mettre, poser; asseoir; *(fig) jn auf freien Fuß ~* libérer qqn **2** *jn auf Diät ~* mettre qqn à la diète / au régime **3** *(typo)* composer, faire la photocomposition (de) **4** *(mil) außer Gefecht ~* mettre hors de combat **5** *jn über den Fluß ~* transporter qqn de l'autre côté du fleuve, faire traverser le fleuve à qqn 6 *jm ein Denkmal ~* élever un monument à la mémoire de qqn; *einen Grenzstein ~* installer/placer une borne; *(fig) eine Frist ~* fixer un délai; *sein Leben aufs Spiel ~* risquer sa vie; *(jur) ein Gesetz außer Kraft ~* abroger une loi 7 *(fam) gleich setzt es was!* ça va barder! ◆ 1 *auf jn/etw ~* miser sur qqn/qch 2 *über einen Graben ~* franchir un fossé ◆ 1 *sich ~* s'asseoir; *Sie sich!* asseyez-vous! *sich zu Tisch ~* se mettre à table 2 *sich aufs Pferd ~* se mettre en selle 3 *(fig) sich zur Ruhe ~* prendre sa retraite; *sich zur Wehr ~* se défendre 4 *(liquide)* se décanter

Seuche *f* -n épidémie *f*
seufzen soupirer
Seufzer *m* - soupir *m*
Sex *m* ø *(fam)* 1 sexe *m*; pornographie *f* 2 *~ haben* avoir du sex-appeal *m*
sexuell sexuel, -le
sezieren : *eine Leiche ~* disséquer un cadavre; faire une autopsie
Show *f* -s : *(fam) eine ~ ab=ziehen* faire du cinéma *m*; *jm die ~ stehlen* casser la baraque *f* à qqn
sich (A/D) 1 se ~ *waschen* se laver; *er wäscht ~* (D) *die Hände* il se lave les mains 2 soi, lui, elle, eux; *nur an ~ denken* ne penser qu'à soi; *sie kommt wieder zu ~* elle revient à elle; *er hat kein Geld bei ~* il n'a pas d'argent sur lui 3 *an und für ~* en soi
Sichel *f* -n faucille *f*
sicher sûr, certain *ein ~es Gedächtnis* une mémoire fidèle; *mit ~em Schritt* d'un pas assuré ◆ *sich ~ glauben* se croire en sécurité; *etw ~ wissen* être sûr/certain de qch
Sicherheit *f* ø 1 sécurité *f etw in ~ bringen* mettre qch en lieu m sûr 2 *~ im Auftreten* assurance *f*; *mit ~* avec certitude *f*; *die ~ seines Urteils* la sûreté/fiabilité *f* de son jugement ◆ -en *(éco)* garantie *f*
Sicherheitsgurt *m* -e *(auto)* ceinture *f* de sécurité
Sicherheitsnadel *f* -n épingle *f* de sûreté/à nourrice
sicherlich certainement, sûrement
sichern 1 *js Rechte ~* garantir les droits de qqn; *sich* (D) *einen Platz ~* s'assurer une place 2 *Spuren ~* relever des traces 3 *ein Gewehr ~* bloquer la sécurité d'un fusil ◆ *eine gesicherte Zukunft* un avenir assuré
sicher=stellen 1 assurer; mettre en sécurité 2 saisir, confisquer
Sicherung *f* -en 1 protection *f*, garantie *f*; préservation *f* 2 *(élec)* fusible *m*, *(fam)* plomb *m*; disjoncteur *m*; *(tech)* sécurité *f*;

(fam) bei ihm ist eine ~ durchgebrannt il disjoncte/perd les pédales
Sicht *f* ø 1 vue *f*; visibilité *f in ~* en vue 2 *aus meiner ~* de mon point *m* de vue
sichtbar 1 visible 2 *~er Fortschritt* un net [nɛt] progrès, un progrès manifeste ◆ *sich ~ verbessern* s'améliorer nettement; *etw ~ machen* manifester qch
sichten apercevoir, distinguer; *(fig)* répertorier, inventorier, contrôler
sichtlich manifeste, évident ◆ de toute évidence
sickern <sein> s'infiltrer; suinter
sie (N/A) 1 elle, la *er und ~* lui et elle; *wenn ich ~ sehe* quand je la vois; quand je les vois 2 ils, elles; les
Sieb *n* -e tamis *m*; passoire *f*
sieben tamiser; *(fig)* trier *Nachrichten ~* filtrer des informations
sieben sept [sɛt]
siebzehn dix-sept
siebzig soixante-dix
siedeln s'établir, s'installer
sieden(*) faire bouillir
SiedlerIn *m f* colon *m*
Siedlung *f* -en 1 lotissement *m*; grand ensemble *m*, cité *f* 2 colonie *f*
Sieg *m* -e victoire *f*
Siegel *n* - 1 sceau *m*; scellés *mpl* 2 cachet *m*
siegen vaincre *über jn ~* l'emporter sur qqn, gagner
SiegerIn *m f* vainqueur *m*
Siegerehrung *f* -en remise *f* de médailles
siegessicher conquérant
siegreich victorieux, -euse
sielen sich se vautrer
siezen vouvoyer
Signal *n* -e 1 signal *m*; *(fig) ~e setzen* donner des impulsions *fpl*; indiquer la marche à suivre 2 *(train)* signal (lumineux)
signalisieren signaler
Signalwirkung *f* -en impact *m*; répercussions *fpl*
signieren dédicacer
signifikant significatif, -ive; caractéristique
Silbe *f* -n syllabe *f*; *(fig) etw mit keiner ~ erwähnen* ne pas dire mot *m* de qch
Silber *n* ø 1 argent *aus ~* en argent 2 argenterie *f*
Silvester *n/m* - Saint-Sylvestre *f*
simpel/simpl- 1 *eine simple Methode* une méthode simple 2 *(péj)* niais, simple d'esprit
simulieren 1 *einen Versuch ~* faire une simulation 2 *eine Krankheit ~* simuler/feindre une maladie
singen* chanter; *(fig/fam) ich kann ein Lied davon ~* j'en sais qch ◆ chanter;

(fig/fam) se mettre à table, cracher le morceau
Singular m ø/-e singulier m
sinken* <sein> 1 baisser ; (soleil) se coucher ; (fig/fam) *tief gesunken sein* être tombé bien bas 2 (comm/éco) baisser, diminuer ◆ s'enfoncer ; *zu Boden ~* s'affaisser ; *in die Knie ~* tomber à genou ; (fig/fam) *vor Scham in den Boden ~* être mort de honte ◆ (fig) *den Mut ~ lassen* démoraliser
Sinn m -e sens [sã:s] m ◆ ø 1 *keinen ~ für etw haben* n'avoir aucun sens de qch ; n'avoir aucun goût m pour qch 2 *das liegt mir beständig im ~* je n'arrête pas d'y penser, je n'arrive pas à me le sortir de la tête 3 *das hat keinen ~* cela n'a pas de sens ; cela ne vaut pas la peine
sinnbildlich symbolique, allégorique
sinnen* 1 méditer 2 préparer, échafauder
sinngemäß qui traduit le sens (général)
sinnieren : *über etw ~* méditer sur qch
sinnlich 1 sensoriel, -le 2 sensuel, -le, charnel, -le *die ~en Genüsse* les plaisirs charnels/des sens ◆ *jn ~ erregen* attirer sexuellement qqn
Sinnlichkeit f ø sensualité f
sinnlos 1 qui n'a aucun sens, insensé 2 (péj) *~e Wut* une colère épouvantable ◆ *~ betrunken sein* être ivre mort
sinnvoll 1 sensé, judicieux, -euse, raisonnable, sage 2 *ein ~es Leben* une vie qui a un sens ◆ *~ handeln* agir intelligemment
Sintflut f ø -en déluge m
Sippe f -n clan m, tribu f, parenté f
Sippschaft f -en (péj) smala f ; engeance f
Sirene f -n sirène f
Sirup m ø sirop m
Sitte f -n 1 coutume f, usage m, convention f, habitude f 2 pl *gute ~n* les bonnes mœurs fpl ; (fig) *was sind denn das für ~n ?* qu'est-ce que c'est que ces manières fpl ? ◆ ø (fam) *bei der ~ arbeiten* être dans la mondaine
sittenlos dépravé, immoral
Sittich m -e perruche f
sittlich moral ; correct
Sittlichkeitsverbrechen n - attentat m à la pudeur
Situation f -en situation f ; (géo) situation géographique
situiert : *gut ~ sein* avoir une bonne situation
Sitz m -e 1 siège m ; (th/cin) fauteuil m ; (fam) *jn nicht vom ~ reißen* ne pas emballer qqn 2 (pol) siège 3 (comm) siège social ◆ ø (vêtement) *einen guten ~ haben* bien tomber, avoir une bonne coupe
sitzen* 1 être assis ; (oiseau) être perché ; (fam) *immer zu Hause ~* rester tout le temps à la maison, ne pas mettre le nez dehors 2 *das Kleid sitzt (gut)* la robe tombe bien ; (fig) *wie angegossen ~* aller comme un gant 3 siéger 4 (fam) *drei Jahre ~* tirer trois ans de taule 5 *das hat gesessen !* c'est bien envoyé ! la remarque a porté, (fam) ça a tapé en plein dans le mille ! ◆ (fam) *einen ~ haben* être pompette
sitzen=bleiben* <sein> (fam) 1 (ens) repiquer une classe, (non fam) redoubler ; (fig) *auf seinen Kirschen ~* rester avec ses cerises sur les bras 2 (péj) rester vieille fille
sitzen=lassen* : (fam) *er hat seine Frau ~* il a plaqué sa femme
Sitzfleisch n ø : (fam) *kein ~ haben* avoir la bougeotte, ne pas tenir en place
Sitzplatz m ¨e place f assise
Sitzstreik m -s grève f sur le tas
Sitzung f -en 1 réunion f ; session f 2 (psy) séance f
SizilianerIn m f sicilien m -ne f
Skal(a)a f .en/-s 1 échelle f (graduée) 2 (couleurs) gamme f
Skalpell n -e scalpel m
Skandal m -e scandale m
skandalös scandaleux, -euse, incroyable
skandinavisch scandinave
Skelett n -e 1 squelette m 2 ossature f, structure f, carcasse f
Skepsis f ø scepticisme m
skeptisch sceptique
Ski [ʃi:] m -er/- ski m
Skilanglauf m ø ski m de fond
Skilift m -e remontée f mécanique, téléski m, (fam) tire-fesses m
Skizze f -n 1 esquisse f, croquis m 2 grandes lignes fpl
skizzieren faire une esquisse (de) ; tracer les grandes lignes (de)
Sklave m -n -n (hist) esclave m
Sklaverei f ø esclavage m
sklavisch servile
Skont(.)o m/n .i/-s escompte m
Skrupel mpl scrupules mpl
Skulptur f ø/-en sculpture f
skurril : *eine ~ Idee* une idée saugrenue ◆ *~ aus=sehen* (fam) avoir une drôle de touche
Slang m ø argot m ; jargon m
slawisch slave
Slip m -s slip m
Slipper m - mule f, babouche f
Smaragd m -e émeraude f
so 1 ainsi *~ ?* ah oui ? *~ ist es !* c'est comme ça ! *~ oder ~* d'une manière ou d'une autre 2 si, tellement ; *nicht ~ viel* pas tant (que cela/ça) ; *ich bin ja ~ glücklich !* je suis tellement heureux 3 (fam) *~ ein Pech !* quelle déveine ! ; (fam/péj) *und ~ was will mein Freund sein !* et ça se dit mon ami ! 4 (fam) *ich*

habe schon ~ genug Sorgen j'ai déjà assez de soucis comme ça **5** *(fam) ich habe ~ ziemlich alles fertig* j'ai à peu près terminé ; *~ an die 100 Personen* dans les 100 personnes ; *es ist ~ gut wie sicher* c'est quasiment sûr ; *~ und nun ?* et alors ? ◆ *~ leid es mir tut, aber* je regrette beaucoup, mais ; *~ klug er auch ist* aussi intelligent soit-il, pour intelligent qu'il soit ◆ **1** *das ist mir ~ egal* cela m'est complètement égal **2** *wie geht es dir ~ ?* ça va ? **3** *~ komm doch endlich !* alors, tu viens ! *~ glaub mir doch !* ◆ *~ groß wie er* aussi grand que lui
sobald (aus)sitôt que, dès que
Socke *f* -n socquette *f* ; *(fam) von den ~ sein* en être baba ; *sich auf die ~ machen* mettre les voiles
Sockel *m* - socle *m*, piédestal *m* ; **2** soubassement *m* ; socle **3** *(élec)* culot *m*
Soda *f/n* ø **1** eau *f* gazeuse **2** carbonate *m* de soude
sodann puis, ensuite
Sodbrennen *n* ø aigreurs *fpl* d'estomac
soeben justement ; à l'instant ; *das Buch ist ~ erschienen* le livre vient de paraître
Sofa *n* -s canapé *m*
sofern : *~ er Zeit hat* dans la mesure où il a le temps
sofort **1** tout de suite, immédiatement ; *ab ~* dès maintenant **2** *ich komme ~* j'arrive
Sog *m* -e appel *m* d'air, aspiration *f*, tourbillon *m* ; *(fig) im ~* dans le sillage *m*
sogar **1** même ; *man sagt ~* on dit même, on va jusqu'à dire **2** *hunderte, ~ tausende* des centaines, voire des milliers
sogenannt soi-disant
sogleich aussitôt, tout de suite
Sohle *f* -n **1** semelle *f* **2** plante *f* du pied ; *(fam) jm auf den ~n brennen* être sur le dos de qqn ; *sich an js ~n heften* ne pas lâcher les baskets à qqn **3** *(fleuve/vallée)* fond *m*
Sohn *m* ¨e fils [fis] *m*
solang(e) tant que, aussi longtemps que
solch- **1** tel, -le, pareil, -le ; *eine ~e Handlungsweise* un tel comportement, un comportement pareil **2** *die Sache als ~* la chose en elle-même ; *als ~er* en tant que tel ◆ *bei ~ herrlichem Wetter* par un si beau temps
solcherart : *~ Leute* ; des gens de cette sorte, ce genre de gens ◆ de cette manière
Sold *m* ø *(mil)* solde *f*
Soldat *m* -en -en *(mil)* soldat *m*, militaire *m*
Söldner *m* - mercenaire *m*
Sole *f* -n eau *f* salée ; saumure *f*
solidarisieren sich se solidariser ; *sich mit jm ~* être solidaire de qqn

solidarisch solidaire
solid(e) **1** solide **2** sérieux
Soll *n* -(s) **1** *(banque/comm)* débit *m*
sollen* **1** devoir ; *ich soll ihm etw sagen* je dois lui dire qch, il faut que je lui dise qch ; *(fam) sie soll es nur wagen !* qu'elle essaie un peu ! elle n'a qu'à essayer ! elle peut toujours essayer ! **2** *du sollst wissen, daß* il faut que tu saches que ; *(fam) soll er doch !* eh bien, qu'il le fasse ! **3** *was soll ich nur machen ?* que dois-je faire ? **4** *wir sollten das ändern* il faudrait changer cela **5** *falls du ihn treffen solltest* au cas où tu le rencontrerais **6** *er soll krank sein* il paraît qu'il est malade ; *er soll gesagt haben* il aurait dit que ◆ **1** *was soll ich dort ?* pourquoi aller là-bas ?, qu'irais-je y faire ? **2** *was soll denn das ?* qu'est-ce que ça veut dire ? ; à quoi ça sert ?
Solvenz *f* -en solvabilité *f*
somit ainsi ; par conséquent
Sommer *m* - été *m*
Sommersprossen *fpl* taches *fpl* de rousseur
sommerlich : *~es Wetter* un temps estival ; *ein ~es Kleid* une robe d'été
Sonde *f* -n sonde *f*
Sonderangebot *n* -e promotion *f*
Sonderausgabe *f* -n **1** *(journal)* édition *f* spéciale ; *(timbre)* série *f* limitée **2** *pl* dépenses non budgétées, *(fam)* extras *mpl*
sonderbar étrange, bizarre
sondergleichen : *eine Frechheit ~* une insolence inouïe/sans pareille ; *ein Idiot ~* *(fam)* un imbécile de première
sonderlich : *ohne ~e Mühe* sans effort particulier, sans trop d'efforts ◆ *nicht ~* pas particulièrement
Sonderling *m* -e original *m*
sondern mais (au contraire) ; *nicht nur ~ auch* non seulement, mais (encore/aussi/de plus)
Sonderschule *f* -n école *f* pour enfants handicapés
Sonderzug *m* ¨e train *m* spécial
sondieren sonder
Sonnabend *m* -e samedi *m*
Sonne *f* ø soleil *m* *in der ~* au soleil ; *(loc) die ~ bringt es an den Tag* la vérité finit toujours par se savoir ◆ -n *(astro)* soleil
sonnen sich prendre un bain de soleil, se faire bronzer ; *(fig) sich im Glück ~* nager dans le bonheur
Sonnenblume *f* -n tournesol *m*
Sonnenbrand *m* ¨e coup *m* de soleil
Sonnenfinsternis *f* -se éclipse *f*
sonnenklar lumineux ; *(fig)* clair comme de l'eau de roche
Sonnenschirm *m* -e parasol *m*
Sonnenschein *m* ø lumière *f* du soleil ; *(fig)* rayon *m* de soleil

Sonnenstich *m* -e *(méd)* insolation *f*; *(fam) du hast ja einen ~!* ça ne va pas, la tête?
sonnig ensoleillé; *(fig)* radieux, -euse, rayonnant; *(iro) du hast ja ein ~es Gemüt!* tu as le moral!
Sonntag *m* -e dimanche *m*
Sonntagskind *n* -er *(fig/fam)* veinard *m* -e *f*
sonst 1 ~ *nichts?* rien d'autre?; *was willst du ~ noch?* qu'est-ce que tu veux encore?; *(iro) ~ fehlt dir aber nichts?* c'est tout? 2 ~ *stand hier ein Haus* autrefois, il y avait là une maison 3 *wie ~* comme d'habitude; *mehr als ~* plus que jamais si sinon
sonstig 1 autre *sein ~es Verhalten* son comportement, par ailleurs, le reste de son comportement 2 *Sonstiges* divers
sonstwas *(fam)* 1 *ein Messer oder ~* un couteau ou un truc de ce genre 2 *er denkt, er ist ~!* il ne se prend pas pour n'importe qui! 3 *da kann ja ~ passieren!* *(non fam)* c'est risqué!
sonstwer *(fam > non fam)* n'importe qui; quelqu'un
sonstwo *(fam > non fam)* n'importe où, où que ce soit; ailleurs
Sorge *f* -n souci *m* ◆ ø préoccupation *f*, inquiétude *f nur keine ~!* ne vous inquiétez pas!
sorgen 1 *für jn ~* s'occuper/prendre soin de qqn 2 *dafür ~, daß* faire en sorte que *(subj)*, veiller à ce que *(subj)* ◆ *sich ~ (um)* se faire du souci (pour/à propos de)
Sorgerecht *n* ø (droit *m* de) garde *f*
sorgfältig soigné ◆ soigneusement, avec beaucoup de soin/d'attention
sorglos 1 *ein ~es Leben* une vie insouciante/sans soucis 2 négligent ◆ sans soin; sans précaution
Sorte *f* -n espèce *f*, variété *f*, sorte *f*; marque *f*
sortieren trier, classer; ranger
Sortiment *n* -e choix *m*; assortiment *m*
soso tiens, tiens! ◆ *wie geht's? ~!* *(fam)* comment ça va? couci-couça!
Soße *f* -n sauce *f*
soundso : *(fam) ~ breit sein* avoir telle largeur; *das kostet ~ viel* ça coûte tant ◆ *ein Herr Soundso* monsieur Untel
Souveränität *f* ø *(pol)* souveraineté *f*
soviel : ~ *ich weiß* pour autant que je sache ◆ ~ *wie* autant que; *doppelt ~* deux fois plus [plys]; *nimm, ~ du willst* prends tout ce que tu veux
soweit : ~ *ich weiß* pour autant que je sache ◆ ~ *erforderlich ist* si besoin est ◆ *alles ging ~ gut* *(fam)* tout a à peu près marché; en gros, ça a marché; *es ist ~* nous y sommes, le moment est arrivé; *(fam) wir sind ~* *(non fam)* nous sommes prêts
sowieso de toutes façons, en tout cas
sowohl : ~ *als* aussi que, à la fois et, non seulement mais encore; ~ *als auch* aussi
sozial social
Sozialamt *n* ¨er services *mpl* sociaux
Sozialismus *m* ø socialisme *m*
Sozialprodukt *n* -e produit *m* national brut [bryt] (PNB)
Sozialversicherung *f* -en sécurité *f* sociale
Sozialwohnung *f* -en logement *m* social *(fam)* HLM *m*
Sozi(.)us *m* .ii *(éco)* actionnaire *m*; associé *m* ◆ **-se** siège *m* arrière (d'une moto)
sozusagen pour ainsi dire
Spachtel *m* - spatule *f*
Spachtelmasse *f* -n enduit *m*
spachteln : *Gips in die Fugen ~* boucher/enduire des fentes avec du plâtre ◆ *(fam) er spachtelt ganz schön* il a un bon coup de fourchette
spähen : *durch den Vorhang ~* regarder par une fente du rideau; *nach jm ~* épier qqn
Spalier *n* -e 1 *(jardin)* espalier *m* 2 ~ *stehen* faire une haie d'honneur
Spalt *m* -e fente *f*, fissure *f (porte/fenêtre) einen ~ offen=lassen* laisser entrouvert
spaltbar fissile
Spalte *f* -n 1 fente *f*, fissure *f* 2 *(typo)* colonne *f*
spalten* : *Holz ~* fendre du bois; *(phys) den Atomkern ~* désintégrer l'atome; *(fig) ein Land ~* diviser un pays ◆ 1 *meine Haare ~ sich* mes cheveux fourchent 2 *sich gut ~* être facile à; fendre, se fendre facilement
Späne *mpl* éclat *m*, résidus *mpl*; *(fer)* limaille *f*; *(bois)* sciure *f*, copeaux *mpl*; *(prov) wo gehobelt wird, da fallen ~* on ne fait pas d'omelette sans casser des œufs
Spange *f* -n 1 *(chaussures)* bride *f*; *(cheveux)* barrette *f*, pince *f* 2 *(fam) eine ~ tragen* porter un appareil
Spann *m* -e cou-de-pied *m*
Spanne *f* -n 1 intervalle *m* (de temps), temps *m* 2 *(comm)* marge *f*; écart *m* de prix
spannen 1 tendre 2 *seine Muskeln ~* bander ses muscles 3 *ein Pferd vor den Karren ~* atteler un cheval à une charrette; *(fig) jn auf die Folter ~* mettre qqn à la torture ◆ *das Kleid spannt* la robe serre/est trop juste ◆ *sich spannen (über A/D)* s'étendre (au-dessus de); *sich über einen Fluß ~* franchir une rivière ◆ *ein*

Spanner

spannender Film un film passionnant / avec du suspense

Spanner *m* - **1** tendeur *m*; *(chaussures)* embauchoir *m*; *(raquette)* presse-raquette *m* **2** *(fam)* voyeur *m*

Spannung *f* -en **1** tension *f* **2** attention *f* **3** *(élec)* tension, voltage *m* **4** *(archi)* portée *f*

Spannweite *f* -n **1** *(oiseau)* envergure *f* **2** *(archi)* portée *f*

Spanplatte *f* -n plaque *f* d'agglo(méré)

Sparbuch *n* ¨er livret *m* de caisse d'épargne

Sparbüchse *f* -n tirelire *f*

sparen 1 économiser, épargner **2** *(fig) Zeit ~* (faire) gagner du temps; *sich* (D) *die Mühe ~* s'épargner une peine; *(fam) deine Erklärungen kannst du dir ~* tes explications, tu peux les garder! ◆ *jeden Monat ~* mettre tous les mois de l'argent de côté ◆ *auf ein Haus ~* faire des économies pour acheter une maison

SparerIn *m f* épargnant *m* -e *f*

Spargel *m* - asperge *f*

Sparkasse *f* -n Caisse *f* d'Epargne

Sparkon(.)to *n* .ten/.i/-s compte *m* épargne

spärlich maigre; faible; *(repas)* maigre; frugal; *(cheveux)* rares, clairsemés ◆ *~ essen* manger peu

Sparmaßnahme *f* -n mesure *f* d'économie

sparsam économique; qui consomme peu; *(personne)* économe; *(fig) ~e Einrichtung* un intérieur simple / modeste; *~er Gebrauch* usage mesuré / limité ◆ *~ leben* vivre simplement / modestement; *~ mit etw um=gehen* économiser / ménager qch

spartanisch spartiate *eine ~e Einrichtung* un intérieur austère / monacal

Sparte *f* -n **1** secteur *m*; *(sp)* section *f* **2** rubrique *f*, chronique *f*

Spaß *m* ø plaisir *m aus / zum ~* pour le plaisir; pour plaisanter; *das macht mir ~* cela me plaît / me fait plaisir; *(fam) du machst mir vielleicht ~!* eh bien, c'est agréable! tu parles d'une surprise!; *viel ~!* amusez-vous bien! bon courage! ◆ ¨e plaisanterie *f*, blague *f*;

spaßen plaisanter

Spaßvogel *m* ¨ blagueur *m*, boute-en-train *m*

spät 1 tardif, -ive *zu ~er Stunde* à une heure tardive **2** *~ere Generationen* les générations futures ◆ **1** tard *wie ~ ist es?* quelle heure est-il? *es ist zu ~* il est trop tard; *es wird ~* il se fait tard; *bis ~er!* à tout à l'heure! **2** *zu ~ kommen* arriver trop tard; arriver en retard

Spaten *m* - bêche *f*; pioche *f*

spätestens au plus tard

Spatz *m* -en / -es -en moineau *m*

Spätzündung *f* -en **1** *(tech)* retard *m* à l'allumage **2** *(fig / fam) eine ~ haben* être long à la détente

spazieren <sein> se promener, flâner

spazieren=fahren* <sein> se promener (en voiture)

spazieren=gehen* <sein> se promener

Spaziergang *m* ¨e promenade *f*

SPD *f* → **Sozialdemokratische Partei Deutschlands** parti *m* social-démocrate allemand

Specht *m* -e pivert *m*, pic *m*

Speck *m* -e lard *m*; *(fam) ran an den ~!* on y va! c'est parti! *~ an=setzen* prendre du ventre *m*

speckig : *~es Leder* un cuir usé / élimé; *(péj) ein ~er Nacken* une nuque grasse

Spedition *f* -en entreprise *f* de transport; entreprise de déménagement; expédition *f*, transport *m*

Speer *m* -e *(arme)* épée *f*; *(sp)* javelot *m*

Speiche *f* -n **1** rayon *m* **2** *(méd)* radius [-iys] *m*

Speichel *m* ø salive *f*

Speichellecker *m* - *(fam)* lèche-bottes *m*

Speicher *m* - **1** hangar *m*, entrepôt *m*; grenier *m* **2** *(tech)* (bassin *m* de) retenue *f*; *(inf)* mémoire *f*

speichern emmagasiner, engranger, stocker; *(inf) Daten ~* saisir des données; faire une sauvegarde

speien* : *(fig) der Vulkan speit Feuer* le volcan crache du feu

Speise *f* -n aliment *m*

Speiseeis *n* ø glace *f*

Speisekammer *f* -n garde-manger *m*

Speisekarte *f* -n carte *f*

speisen : *jn mit etw ~* donner qch à manger à qqn, nourrir qqn; *(fig) einen Teich mit Wasser ~* alimenter un étang en eau; *zu Mittag ~* déjeuner

Speiseröhre *f* -n œsophage *m*

Speisesaal *m* ¨e salle à manger *f*; *(cantine)* réfectoire *m*

Speisewagen *m* - wagon-restaurant *m*

Spektakel *m* - *(fam)* **1** boucan *m*, chambard *m*, barouf *m* **2** bagarre *f*

spektakulär spectaculaire

Spek.trum *n* .tren *(phys)* spectre *m*; *(fig)* éventail *m*

spekulieren 1 *(bourse)* spéculer, faire de la spéculation **2** *(fam) auf etw* (A) *~* spéculer sur qch **3** *über etw ~* faire des spéculations sur qch, tirer des plans à propos de qch

Spelunke *f* -n *(fam / péj)* tripot *m*, bouge *m*

spendabel *(fam)* large

Spende *f* -n don *m*

spenden donner, faire don (de); (fig) Trost ~ consoler
spendieren : (fam) jm etw ~ payer qch à qqn, (non fam) offrir qch à qqn
Sperling m -e moineau m
Sperm(.)a n .en/-ta sperme m
sperrangelweit (fam > non fam) grand ouvert
Sperre f -n barrière f; contrôle m; tourniquet m; barrage m; (comm) embargo m
sperren 1 *eine Straße* ~ barrer une rue; bloquer une rue; *eine Grenze* ~ fermer une frontière 2 *(banque) ein Konto* ~ bloquer un compte; *einen Scheck* ~ faire opposition à un chèque 3 (sp) *einen Spieler* ~ suspendre un joueur ◆ *(fig) sich gegen etw* ~ s'opposer à qch
Sperrgebiet n -e zone f interdite
Sperrgut n. ¨er colis m lourd, marchandise f encombrante
Sperrholz n ø contreplaqué m
sperrig encombrant, volumineux, -euse
Sperrmüll m ø déchets mpl encombrants
Sperrstunde f -n couvre-feu m
Spesen pl frais mpl
Spezialgebiet n -e spécialité f, domaine m spécialisé
spezialisieren sich (auf A) se spécialiser (en)
SpezialistIn m -en -en f -nen spécialiste m f
speziell spécial, particulier, -ière; (iro) *er ist mein ~er Freund* je ne le porte vraiment pas dans mon cœur ◆ (fam) ~ *du solltest dich dafür interessieren* si ça doit intéresser qqn, c'est bien toi
Spezies f - genre m, espèce f
spezifisch spécifique, caractéristique
Sphäre f -n domaine m; environnement m; (fig) sphère f
spicken (cuis) entrelarder ◆ (fam/ens) pomper ◆ (fig) *mit Zitaten gespickt* truffé de citations
Spiegel m - 1 miroir m, glace f 2 surface f; niveau m; (méd) taux m 3 (animal) tache f
Spiegelbild n -er reflet m, image f
spiegeln : (méd) *den Kehlkopf* ~ faire une endoscopie du larynx ◆ étinceler, briller; avoir des reflets ◆ *sich* ~ se refléter
Spiel n -e jeu m; (sp) match m ◆ ø *offensives* ~ un jeu offensif; (fig) *seine Hand bei etw im* ~ *haben* être mêlé à qch; *auf dem* ~ *stehen* être en jeu 3 (tech) jeu
Spielart f -en (fig) forme f, nuance f
Spielautomat m -en -en machine f à sous
Spielball m ¨e (sp) ballon m; (tennis) balle f; (fig) jouet m
spielen : *Karten* ~ jouer aux cartes; *ein Instrument* ~ jouer d'un instrument ◆ 1 *um Geld* ~ jouer pour de l'argent 2 *im Mittelalter* ~ se passer/se dérouler au Moyen-Age ◆ *seine Beziehungen* ~ *lassen* faire jouer ses relations
spielend : *etw* ~ *erledigen* faire qch très aisément, (fam) faire qch les doigts dans le nez
SpielerIn m f joueur m, -euse f
spielerisch 1 (sp) *die* ~*e Leistung* jeu m 2 joueur, -euse; (fig) *mit* ~*er Leichtigkeit* très facilement ◆ ~ *lernen* apprendre par le jeu/de manière ludique
Spielfilm m -e film m de fiction
Spielkasino n -s casino m, maison f de jeux
Spielplan m ¨e (th/cin) programme m
Spielplatz m ¨e terrain m de jeu
Spielraum m ø jeu m; (fig) marge f, latitude f, volant m
Spielsachen pl jouets mpl
Spielstand m ø score m
Spielstraße f -n rue f interdite à la circulation
Spielzeit f ø 1 (th) saison f 2 (sp) *Verlängerung der* ~ prolongation f
Spieß m -e 1 (arme) lance f, pique f, épieu m; (fam) *den* ~ *herum-drehen* rendre à qqn la monnaie de sa pièce; *wie am* ~ *schreien* pousser des hurlements 2 (cuis) broche f, tourne-broche m 3 (fam/mil > non fam) adjudant m
spießen piquer, embrocher; épingler
SpießerIn m f (péj) petit-bourgeois m/petite-bourgeoise f
spießig (fam/pej) petit-bourgeois
Spinat m -e épinard m
Spind n/m -e placard m
Spindel f -n 1 fuseau m 2 (tech) arbre m, axe m
spindeldürr (fam) maigre comme un clou
Spinett n -e épinette f
Spinne f -n araignée f
spinnefeind : (fam) *mit jm* ~ *sein* être à couteaux tirés avec qqn
spinnen* : *Flachs* ~ filer du lin; (fig) *einen Gedanken weiter* ~ poursuivre une pensée ◆ (fam) être cinglé ; déconner
SpinnerIn 1 m f (fam) fou m/folle f 2 m (pêche) leurre m, devon m
Spinnrad n ¨er rouet m
SpionIn 1 m -e f -nen espion 2 m œil-de-bœuf m
spionieren espionner, faire de l'espionnage; (péj) moucharder
Spirale f -n 1 spirale f; volute f 2 rouleau m (en spirale) ; (méd/fam > non fam) stérilet m
Spirituosen pl spiritueux mpl
Spiritus m -se alcool m à brûler
spitz 1 pointu ; (fig) *ein* ~*er Schrei* un cri perçant 2 *ein* ~*er Ausschnitt* un dé-

Spitz

colleté en pointe **3** *(fam)* *eine ~e Zunge haben* être mauvaise langue, avoir une langue de vipère; *eine ~e Bemerkung* (non fam) une remarque acerbe **4** *(math)* *ein ~er Winkel* un angle aigu

Spitz *m -e (chien)* loulou *m*

spitz-bekommen* *(fam)* avoir vent de qch

spitzbübisch coquin

Spitze *f -n* **1** pointe *f*; bout *m*; *(montagne)* aiguille *f*; *(fig)* *die ~ des Eisbergs* la partie découverte de l'iceberg **2** *die ~ des Zuges* la tête du train **3** *(tissu)* dentelle *f* **4** *(fam)* *das ist ~!* c'est super [-per]/fantastique! **5** *(fam)* pique *f* **6** *pl die ~en der Partei* les chefs/cadres *mpl* du parti

Spitzel *m -* *(péj)* mouchard *m*, *(police)* indicateur *m*, *(fam)* indic *m*

spitzen **1** *einen Stift ~* aiguiser/tailler un crayon **2** *(fig)* *die Ohren ~* dresser l'oreille

Spitzenerzeugnis *n -se* produit *m* haut de gamme

Spitzengeschwindigkeit *f -en* vitesse *f* maximale

Spitzenreiter *m -* leader *m*, vedette *f*, premier, -ère

Spitzentanz *m ø* pointes *fpl*

Spitzenzeit *f -en* **1** période *f* de pointe **2** *(sp)* meilleur temps *m*, record *m*

Spitzer *m -* *(fam > non fam)* taille-crayon *m*

spitzfindig *(péj)* tatillon, -ne, pointilleux, -euse; *(argument)* fallacieux, -euse

Spitzname *m -ns -n* surnom *m*, sobriquet *m*

Splint *m -e* goupille *f*

Splitt *m -e* gravier *m*, gravillon *m*

Splitter *m -* *(bois)* éclisse *f*, éclat *m*; écharde *f*; *(os)* esquille *f*

Splittergruppe *f -n* groupuscule *m*; (parti) courant *m* (minoritaire)

splittern *(bois)* se fendiller ◆ <sein> *(verre)* voler en éclats; *(os)* se fendiller

splitternackt *(fam)* dans le plus simple appareil

sponsern sponsoriser

spontan spontané

sporadisch sporadique

Sporen *pl* spores *fpl*; *(fig)* *sich* (D) *die ersten ~ verdienen* faire ses premières armes *fpl*

Sport *m ø* sport *m*

SportlerIn *m f* sportif *m*, -ive *f*

sportlich sportif, -ive

Sportwagen *m -* **1** *(auto)* voiture *f* de sport **2** poussette *f*

Spot *m -s* **1** *(télé/radio)* spot *m* **2** projecteur *m*

Spott *m ø* moquerie *f*, raillerie *f*

spottbillig *(fam)* donné

spotten: *über jn/etw ~* se moquer de qqn/qch, railler qqn/qch ◆ *das spottet jeder Beschreibung!* cela dépasse tout ce qu'on peut imaginer

spöttisch: *ein ~er Blick* un regard moqueur/narquois

Sprache *f ø* parole *f*; langage *m*; manière *f* de parler; *(fam)* *etw zur ~ bringen* sortir qch; *die ~ auf etw bringen* mettre qch sur le tapis; *heraus mit der ~!* allez, accouche! *eine deutliche ~ sprechen* être clair ◆ *-n* langue *f*; *(fig)* langage *m*

Sprachfehler *m -* défaut *m* de d'élocution/prononciation

Sprachgebrauch *m* usage *m*

sprachlich de la langue; linguistique

sprachlos interloqué, bouche bée, sans voix

Sprachrohr *n -e* porte-voix *m*; *(fig)* porte-parole *m*

Sprachschatz *m ø* vocabulaire *m*

Spray *n/m -s* spray *m*, vaporisateur *m*

Sprechanlage *f -n* interphone *m*

Sprechblase *f -n* bulle *f*

sprechen* **1** parler *frei ~* parler sans notes; *mit jm ~* parler avec qqn; *über etw ~* parler de qch **2** discuter **3** *von etw ~* parler de qch, évoquer qch ◆ **1** *kein Wort ~* ne pas dire un mot; *jn ~* parler à qqn **2** *(jur)* *jn schuldig ~* déclarer qqn coupable ◆ **1** *für niemanden zu ~ sein* n'être là pour personne **2** *schlecht auf jn zu ~ sein* ne pas porter qqn dans son cœur ◆ *(fig) sprechend* parlant; *ein sprechender Gesichtsausdruck* un visage expressif

SprecherIn **1** *m f* porte-parole *m*; *(télé)* présentateur *m*, -trice *f* **2** *m (fam/non fam/prison)* visite *f* **3** locuteur *m*, -trice *f*

Sprechstunde *f -n* (heure *f* de) consultation *f*

spreizen: *die Flügel ~* déployer ses ailes; *die Beine ~* allonger/étendre ses jambes ◆ *(fig) sich ~* faire des manières; se pavaner

Sprengel *m -* *(rel)* paroisse *f*; *(évêque)* diocèse *m*

sprengen **1** *ein Haus ~* faire sauter une maison **2** *den Rasen ~* arroser la pelouse ◆ <sein> *über die Wiesen ~* galoper à travers champs

Sprengkopf *m ¨-e* tête *f*/ogive *f* d'un explosif

Sprengstoff *m -e* explosif *m*

Sprengwagen *m -* arroseuse *f*

Sprichwort *n ¨-er* proverbe *m*

sprichwörtlich proverbial, légendaire

sprießen* <sein> pousser *aus der Erde ~* sortir de terre; *(graine)* germer; *(arbre)* bourgeonner; *(fig)* *wie Pilze aus dem Boden ~* proliférer

Springbrunnen *m -* jet *m* d'eau

springen <sein> **1** se casser; éclater; *(verre)* voler en éclat, bondir **2** sauter **3** *die*

Ampel springt auf Gelb le feu passe à l'orange ◆ <sein/haben> sauter ◆ *(fam)* **1** *etw ~ lassen* payer qch **2** *jn über die Klinge ~ lassen* virer qqn ; refroidir qqn ◆ *(fig) der springende Punkt* le point crucial

SpringerIn *m f* sauteur *m* teuse *f* **2** *m (échecs)* cavalier *m*
Springform *f* -en moule *m*
Sprit *m* ø *(fam)* **1** *(non fam)* essence *f* **2** *(fam)* gnôle *f*
Spritze *f* -n **1** *(méd)* seringue *f* ; piqûre *f*, injection *f* **2** *(tech)* pompe *f* à incendie
spritzen 1 *Insulin ~* injecter de l'insuline, faire une piqûre d'insuline **2** peindre au pistolet ; *ein Auto neu ~* repeindre une voiture ◆ gicler ◆ <sein> **1** *auf die Tischdecke ~* gicler sur la nappe ; *gegen die Wand ~* éclabousser le mur **2** *(fam)* filer ; *zum Telefon ~* bondir/se ruer sur le téléphone ◆ *gespritztes Obst* fruits traités
Spritzer *m* - **1** tache *f*, éclaboussure *f* **2** quelques gouttes *fpl*
spritzig *(vin)* pétillant ; *(discours)* enlevé ; (moteur) qui a de la reprise, nerveux ; (personne) plein de vie, pétillant
Spritztour *f* -en *(fam)* virée *f*
spröde rigide ; *(fig)* austère ; revêche
Sproß *m* **sse** *(n)* **1** *(plante)* pousse *f*, surgeon *m* **2** rejeton *m*
Sprosse *f* -n **1** barreau *m* ; *(fig)* échelon *m* **2** *(chasse)* andouiller *m*
Sprößling *m* -e *(fam)* rejeton *m*
Sprotte *f* -n sprat [sprat] *m*
Spruch *m* ¨e **1** dicton *m* **2** *pl (fam) Sprüche klopfen* se gargariser **3** *(jur) der ~ des Gerichts* la sentence
Spruchband *n* ¨er banderole *f*
spruchreif mûr
Sprudel *m* - eau *f* gazeuse *süßer ~* limonade
sprudeln 1 bouillonner **2** *(fig) vor Lebensfreude ~* être débordant de vie **3** *(fam)* parler à toute vitesse ◆ <sein> jaillir, sourdre
sprühen 1 *Wasser auf die Pflanzen ~* vaporiser de l'eau sur les plantes **2** *Funken ~* lancer des étincelles ◆ *(fig) vor Ideen ~* être bouillonnant d'idées ◆ <sein> *die Gischt sprüht* il bruine
Sprung *m* ¨e **1** saut *m*, bond *m* ; *(fam) keine großen Sprünge machen können* ne pas pouvoir se permettre de fantaisies *fpl* ; *jm auf die Sprünge helfen* (non fam) mettre qqn sur la voie **2** *das Glas hat einen ~* le verre est fêlé ; *(fig/fam) einen ~ in der Schüssel haben* débloquer
Sprungbrett *n* -er *(sp)* tremplin *m* ; *(piscine)* plongeoir *m*
Sprungfeder *f* -n ressort *m*

sprunghaft *(fig)* versatile, inconstant ; fantasque, qui passe d'une chose à l'autre
Spucke *f* ø salive *f* ; *(fig) mir bleibt die ~ weg* j'en suis baba, j'en ai la chique coupée
spucken : *Blut ~* cracher du sang ◆ **1** *auf den Boden ~* cracher par terre **2** *er hat ganz schön gespuckt (fam)* il était en pétard
Spuk *m* ø apparitions *fpl*, revenants *mpl*, fantômes *mpl*
spuken <sein> : *durch ein Schloß ~* hanter un château ◆ *es spukt* il y a des fantômes/esprits
Spülbecken *n* - (bac m d') évier *m*
Spule *f* -n **1** bobine *f* **2** *(élec)* bobine *f*
Spüle *f* -n évier *m* (encastré)
spulen (em)bobiner
spülen : *die Wäsche ~* rincer le linge ; *das Geschirr ~* laver la vaisselle ◆ *(W.-C.)* tirer la chasse d'eau ◆ <sein> *an Land ~* dériver vers le rivage
Spülung *f* -en **1** chasse *f* d'eau **2** *(méd)* lavage *f* ; lavement *m*
Spur *f* -en **1** trace *f*, empreinte *f* ; *(fig) eine heiße ~* une piste *f* sérieuse ; *jm auf die ~ kommen* débusquer qqn **2** *(route)* voie *f* ; file *f* **3** *ein ~ zu salzig* légèrement/ *(fam)* un poil trop salé ; *(fig/fam) nicht die/keine ~* (non fam) absolument pas
spürbar : *eine ~e Verbesserung* une amélioration sensible, une nette amélioration
spuren : *(fam) wenn er nicht spurt, fliegt er !* il a intérêt à obtempérer/à ne rien dire, sinon dehors !
spüren (res)sentir *Hunger ~ (fam)* avoir une petite faim ; *(fig)* remarquer, s'apercevoir (de) ◆ *(chasse) nach dem Wild ~* flairer le gibier ◆ *etw zu ~ bekommen* avoir à subir qch
Spurenelemente *pl* oligo-éléments *mpl*
spurlos : *~ verschwinden* se volatiliser ; disparaître dans la nature ; *~ an jm vorüber-gehen* ne pas marquer qqn
Spürnase *f* -n : *(fig/fam) eine gute ~ für etw haben* avoir du flair *m* en matière de
Spurt *m* -s *(sp)* sprint *m*
Staat *m* -en état *m* ◆ ø **1** Etat *m* **2** *(fig) keinen ~ mit etw/jm machen können (fam)* ne pas pouvoir épater la galerie avec qch/qqn
Staatenlose/r apatride *m f*
staatlich : *~e Souveränität* souveraineté nationale ; *ein ~er Betrieb* une entreprise nationale/publique, une régie d'Etat
Staatsangehörige/r ressortissant *m*
Staatsangehörigkeit *f* ø nationalité *f*
Staatsanwalt *m* ¨e procureur *m*
StaatsbürgerIn *m f* citoyen *m* -ne *f*
Staatsexamen *n* - diplôme *m* d'Etat

Staatsstreich

Staatsstreich *m* -e coup *m* d'Etat
Stab *m* ¨e 1 bâton *m*; perche *f*; poteau *m*; barreau *m*; *(course)* témoin *m*; *(saut)* perche *f*; *(orchestre)* baguette *f*; *(fig) den ~ über jn brechen* mettre qqn au pilori, condamner qqn 2 équipe *f*; *(crise)* cellule *f*; *(mil)* état-major *m*
Stäbchen *n* - 1 *(œil)* bâtonnet *m* 2 *(cuis)* baguette *f*
stabil stable; *(fig) eine ~e Gesundheit* une santé robuste, une bonne constitution
stabilisieren (sich) (se) stabiliser
Stachel *m* -n *(plante)* épine *f*, piquant *m*; *(animal/fig)* dard *m*, aiguillon *m*
Stachelbeere *f* -n groseille *f* à maquereau
Stacheldraht *m* ø fil *m* barbelé
stach(e)lig plein de piquants; épineux, -euse; qui pique
stacheln piquer
Stachelschwein *n* -e porc-épic *m*
Stadi.on *n* .en *(sp)* stade *m*
Stadi.um *n* .en stade *m*, étape *f*
Stadt *f* ¨e ville *f* ◆ ø Ville, municipalité *f*
Städtebau *m* ø urbanisme *m*
StädterIn *m f* citadin *m*, -e *f*
städtisch : *eine ~e Behörde* un service municipal; *~es Leben* la vie citadine/urbaine
Stadtinnere/s centre-ville *m*
Stadtmauer *f* -n rempart *m*
Stadtplanung *f* ø urbanisme *m*, aménagement urbain
Stadtteil *m* -e quartier *m*
Staffel *f* -n 1 *(sp)* équipe *f*; équipe de relais 2 *(mil/avion)* escadrille *f*
Staffelei *f* -en chevalet *m*
staffeln (sich) (s')empiler; (s')échelonner
stagnieren *(eau)* stagner [stagne]; *(fig)* ne pas avancer, en être au point mort
Stahl *m* ø acier *m*
Stahbeton *m* ø béton *m* armé
stählen aciérer, tremper; *(fig)* endurcir
Stahlkammer *f* -n chambre-forte *f*
Stahlwerk *n* -e aciérie *f*
staksig : *(fam) ein ~er Gang (non fam)* une démarche raide/empruntée/saccadée
Stall *m* ¨e *(poule)* poulailler *m*; *(cochon)* porcherie *f*; *(cheval)* écurie *f*; *(lapin)* clapier *m*; *(fig) ein ~ voll Kinder (fam)* une tripotée de gamins
Stamm *m* ¨e 1 *(arbre)* tronc *m* 2 *(homme)* lignée *f*; tribu *f*; peuple *m*; *(animal/plante)* espèce *f* 3 *(gram)* racine *m*; radical *m* ◆ ø *einen festen ~ von Kunden haben* avoir une clientèle d'habitués
Stammbaum *m* ¨e arbre *m* généalogique
stammeln balbutier, bredouiller
stammen 1 *aus Berlin ~* être originaire de Berlin; *aus einfachen Verhältnissen ~* être issu d'un milieu modeste 2 *aus dem 12. Jahrhundert ~* dater du XIIe siècle
Stammgast *m* ¨e habitué *m*
Stammhaus *n* ¨er maison *f* mère
stämmig trapu; robuste, *(fam)* costaud
Stammkapital *n* ø capital *m* social
Stammtisch *m* -e table *f* des habitués
stampfen 1 *Kartoffeln ~* écraser des pommes de terre 2 *etw in den Boden ~* enfoncer qch dans le sol 3 *den Takt ~* marquer le rythme avec le pied ◆ <sein> marcher d'un pas lourd ◆ *auf den Boden ~* marteler le sol;; *(cheval)* piaffer
Stand *m* ø 1 position *f*; *(fig) einen schweren ~ haben* avoir du mal; *(fig) aus dem ~ heraus* au pied levé 2 état *m*, condition *f* 3 *der ~ des Wassers* le niveau des eaux 4 *pl (hist)* ordre *m*; *der dritte ~* le tiers état ◆ ¨e [städ] *m* 2 stand [stād] *m* 2 situation *f* de famille, état-civil
Standard *m* -s modèle *m* standard/de base; norme *f*, étalon *m*; niveau *m*, qualité *f*; équipements *mpl* (de base)
standardisieren standardiser
Standardwerk *n* -e ouvrage *m* de référence/de base
Ständchen *n* - aubade *f*, sérénade *f*
Ständer *m* - 1 support *m*; montant *m*, pied *m* 2 *(fam) einen ~ haben* bander
Standesamt *m* ¨er service *m* de l'état-civil *m*
standfest stable, solide
standhaft : *~ bleiben* tenir bon; maintenir le cap; ne pas se laisser entraîner; rester ferme/inébranlable
stand=halten* : *(fig) der Kritik ~* faire face à la critique; *einem Blick ~* soutenir un regard
ständig 1 perpétuel, -le, continuel, -le, incessant; *~er Begleiter* chevalier servant 2 *~er Mitarbeiter* permanent *m*, titulaire *m* 3 *~er Wohnsitz* résidence *f* principale ◆ continuellement, sans arrêt/cesse; *~ zu=nehmen* ne pas arrêter de grossir; *(fam) ~ meckern* être tout le temps en train de râler
Standlicht *n* -er feu(x) *m(pl)* de position
Standort *m* -e site *m*, emplacement *m*; *(mar)* position *f*; *(mil)* garnison *f*; *(fig) sein politischer ~* ses idées *fpl* politiques
Standpauke *f* -n *(fam) eine ~ halten* faire un sermon
Standpunkt *m* -e point *m* de vue, opinion *f*, position *f auf dem ~ stehen, daß* être d'avis *m* que, estimer que
Standrecht *n* ø loi *f* martiale
Stange *f* -n 1 perche *f*, barre *f*; *(pêche)* gaule *f*; *(oiseaux)* perchoir *m*: ; *(glace)* pain *m*; *(vêtement/fam) von der ~ (non fam)* de confection/fabriqué en grande série; *(fam) jm die ~ halten (non fam)* sou-

tenir à fond qqn ; *jn bei der ~ halten* être derrière qqn **2** *eine ~ Zimt* une tige f de cannelle ; *(cigarettes)* cartouche f ; *(fam) eine (schöne) ~ Geld kosten* coûter les yeux de la tête

stänkern : *(fam) er stänkert mit mir* il me cherche

Stanniol(papier) n -e papier m alu(minium)

Stanze f -n tampon m ; *(tech)* étampe f, presse f

stanzen estamper, presser

Stapel m - **1** pile f **2** *(mar)* cale f *vom ~ laufen* être mis à l'eau

stapeln (sich) (s')empiler ; *(fig)* (s')accumuler

stapfen <sein> : *durch den Schnee ~* marcher en enfonçant dans la neige

Star m -e étourneau m ◆ -s star f, vedette f ◆ ø *(méd)* cataracte f

stark 1 fort, vigoureux, -euse *~e Muskeln haben* être musclé ; *(fig) ~er Verkehr* un trafic dense **2** *ein ~er Ast* une branche solide **3** *~e Schneefälle* de fortes/d'importantes chutes de neige ; *~er Wind* un vent violent **4** *ein ~er Kaffee* un café fort **5** *(fam) ein ~er Film* un film super [syper] ; *das ist ~!* chouette!, super! ; *das ist ein ~es Stück!* c'est gonflé! ◆ *~ bluten* saigner beaucoup ; *(fam) sich für jn/etw ~ machen* se mettre en quatre pour qqn/qch

Stärke f -n **1** force f ; *(mil)* puissance f ; *(fig) das ist nicht meine ~* ce n'est pas mon fort **2** solidité f, résistance f **3** amidon m ◆ ø intensité f ; concentration f ; *an ~ zu=nehmen* augmenter, s'intensifier

stärken 1 fortifier ; *(fig)* renforcer **2** *(vêtement)* amidonner ◆ *sich ~* se revigorer, reprendre des forces

starr raide, rigide *~e Finger* les doigts engourdis ◆ *~ vor Staunen da=stehen* être pétrifié ; *~ auf seiner Meinung beharren* ne pas en démordre ; *(fig) ~ an etw (D) fest=halten (fam)* tenir mordicus [-kys] à qch

starren 1 *auf etw/jn ~* regarder fixement qch/qqn, avoir les yeux rivés sur qch/qqn **2** *vor Dreck ~* être raide de crasse

starrköpfig *(péj)* entêté, obstiné

Start m -s **1** *(sp)* départ m **2** *(avion)* décollage m

starten *(auto)* faire démarrer ; *(avion)* faire décoller ; *(fusée)* lancer ◆ <sein> **1** *(avion)* décoller **2** *bei einem Wettkampf ~* participer à une compétition ; être au départ d'une compétition

Station f -en **1** halte f, arrêt m ; *(train)* station f, gare f **2** *(hôpital)* service m

stationär : *~e Behandlung* traitement en milieu hospitalier, hospitalisation f

stationieren *(mil)* stationner ; déployer

statisch *(phys)* statique ; *(fig)* statique, immobile

StatistIn m -en -en f -nen figurant m -e f ; *(fig)* lampiste m f

Statistik f -en statistique f

Stativ n -e pied m

statt : *~ mir zu helfen* au lieu de m'aider ◆ **(G)** à la place (de) ; *~ meiner* à ma place

Stätte f -n : *die ~n des Altertums* les sites/hauts lieux de l'Antiquité

statt=finden* avoir lieu, se produire, se passer

stattlich imposant, impressionnant *eine ~e Summe* une somme importante

Statur f ø stature f, taille f

Status m - **1** situation f **2** *der gesellschaftliche ~* le statut social

Stau m -s/-e embouteillage m, *(fam)* bouchon m

Staub m -e/¨e poussière f *~ wischen* épousseter, faire les poussières ; *~ saugen* passer l'aspirateur ; *(fam) viel ~ auf=wirbeln* faire du bruit m/des vagues fpl ; *sich aus dem ~(e) machen* se tirer

stauben : *es staubt* cela fait de la poussière

staubig poussiéreux, -euse

Staubsauger m - aspirateur m

Staubtuch n ¨er chiffon m

Staudamm m ¨e barrage m

Staude f -n arbuste m

stauen : *einen Bach ~* canaliser/endiguer un ruisseau ◆ *sich ~* s'accumuler, s'amasser ; *der Verkehr staut sich* il y a des embouteillages, *(fam)* ça bouchonne

staunen *(über* A*)* s'étonner (de) ; être étonné (de) ◆ *jn staunend an=sehen* regarder qqn d'un air étonné

Stausee m -n lac m de retenue

stechen* 1 *jn mit einem Messer ~* donner un coup de couteau à qqn **2** *sich* **(D)** *in den Finger ~* se piquer le doigt **3** *Spargel ~* couper/récolter les asperges ; *(pêche)* harponner ; *(animal)* saigner ◆ **1** piquer **2** *(cartes)* couper ; *Herz sticht* cœur est atout ◆ <sein> *(mar) in See ~* prendre la mer ◆ *sich ~* se piquer ◆ **1** piquer, picoter **2** *(travail)* pointer ◆ *ein stechender Schmerz* une douleur aiguë ; *(fig) ein stechender Blick* un regard qui transperce

Steckbrief m -e avis de recherche

Steckdose f -n prise f (de courant)

stecken* 1 mettre, glisser ; *(fam) sein Geld in etw* **(A)** *~* *(non fam)* investir de l'argent dans qch *2 den Ring an den Finger ~* mettre/passer un anneau à son doigt **3** *sich* **(D)** *ein hohes Ziel ~* viser haut **4** *in Brand ~* incendier ◆ *(fam) was steckt dahinter?* qu'est-ce qu'il y a derrière tout ça?, qu'est-ce que ça cache?

Stecken

2 *der Schlüssel steckt in der Tür* la clé est sur la porte **3** *(auto) im Schlamm ~* être embourbé ♦ *(fam) es jm ~* dire les choses franchement à qqn

Stecken *m* - : *(fam) Dreck am ~ haben* ne pas être blanc comme neige

stecken-bleiben* <sein> **1** rester coincé *im Schlamm ~* s'embourber; *(fig) in den Anfängen ~* rester dans les limbes **2** *(fam) beim Reden ~* avoir un trou, perdre le fil

Steckenpferd *n* -e *(fig)* cheval *m* de bataille; violon *m* d'Ingres

Stecker *m* - prise *f* (de courant)

Stecknadel *f* -n épingle *f* à nourrice

Steg *m* -e **1** passerelle *f* **2** *(mar)* appontement *m* **2** *(pantalon)* élastique *m*

Steghose *f* -n fuseau *m*

Stegreif *m* ø : *(loc) aus dem ~ reden* improviser

stehen* **1** être (debout), se trouver; se dresser *das Kind steht schon* l'enfant se met déjà debout/tient sur ses jambes; *(fig) vor einer Entscheidung ~* devoir prendre une décision; *vor einer Frage ~* avoir à faire face à une question; *(comm) vor dem Bankrott ~* être à la veille de la faillite; *(fam) jm bis zum Hals(e) ~* taper sur le système de qqn; *so, wie die Dinge ~* (non fam) au point où en sont les choses **2** *meine Uhr steht* ma montre est arrêtée **3** *(fam) wie steht's?* comment ça va? **4** *jm gut ~* aller bien à qqn **5** *das Barometer steht auf Regen* le baromètre indique de la pluie /*(fam) steht auf Regen* /*(fam)* est à la pluie **6** *(sp) es steht 2 : 2* le score est de 2 à 2 ♦ **1** *wie stehst du dazu?* qu'en penses-tu? **2** *zu seinem Wort ~* tenir parole **3** *(fam) auf etw ~* avoir un faible pour qch **4** *auf Diebstahl steht Gefängnis* le vol est passible d'une peine d'emprisonnement **5** *zum Kauf ~* être à vendre ♦ **1** *er steht sich gut* il vit bien **2** *sich gut mit jm ~* être en bons termes avec qqn

stehen=bleiben* <sein> s'arrêter

stehen-lassen* **1** laisser à sa place/en place **2** *jn ~ (fam)* laisser qqn en plan; *(fig) sich (D) einen Bart ~* se laisser pousser la barbe

Stehlampe *f* -n lampadaire *m*

stehlen* voler, dérober; *(fig) jm die Zeit ~* faire perdre son temps à qqn ♦ *sich aus dem Zimmer ~* sortir discrètement de la pièce, se faufiler hors de la pièce ♦ *(fam) er kann mir gestohlen bleiben* il peut aller se faire voir

Stehplatz *m* ¨e place *f* debout

Stehvermögen *n* ø endurance *f*

steif **1** raide *ein ~er Hals* un torticolis; *(méd) ein ~es Bein* une jambe ankylosée **2** *(matière)* rigide **3** *(fig) ein ~er Empfang* un accueil guindé ♦ *Eiweiß ~ schlagen* battre des blancs en neige *(fig)*

etw ~ und fest behaupten affirmer mordicus [-kys] qch

Steigeisen *n* - crampon *m*

steigen* <sein> monter; *(prix/fig)* augmenter; *(bourse) die Aktien ~* les actions sont en hausse ♦ **1** *von der Leiter ~* descendre de l'échelle; *vom Pferd ~* descendre de cheval, mettre pied à terre **2** *auf das Pferd ~* monter à cheval, se mettre en selle **3** *über eine Mauer ~* grimper/ passer par-dessus un mur **4** *(fig/fam) der Erfolg ist ihm zu Kopf gestiegen* le succès lui est monté à la tête **5** *an Wert ~* prendre de la valeur

steigern augmenter *das Tempo ~* accélérer le rythme ♦ augmenter; *die Spannung steigert sich* la tension monte

Steiger *m* - *(mines)* porion *m*

Steigerung *f* -en **1** augmentation *f*, hausse *f*; *(rythme)* accélération *f* **2** *(gram)* comparaison *f*

Steigung *f* -en pente *f*; côte *f*, montée *f*

steil raide, pentu, abrupt, à pic *~e Felsen* des rochers escarpés; *(fig) eine ~e Karriere* une carrière fulgurante

Stein *m* -e **1** pierre *f*, caillou *m*; *(fig) zu ~ werden* se pétrifier; *der ~ des Anstoßes* le bât qui blesse, la pierre d'achoppement; *(fam) den ~ ins Rollen bringen* déclencher qch; *jm ~e in den Weg legen* mettre à qqn des bâtons dans les roues; *mir fällt ein ~ vom Herzen* cela m'enlève une épine du pied **2** *(fruit)* noyau **3** *(méd)* calcul *m* **4** pierre précieuse **5** *(jeu)* pion *m*; *(fam) bei jm einen ~ im Brett haben* être dans les petits papiers de qqn ♦ ø *aus ~* en pierre

steinalt *(fig)* très âgé

Steinbock *m* ¨e bélier *m* ♦ ø *(astro)* Bélier

Steinbruch *m* ¨e carrière *f*

Steingut *n* -e grès *m*; faïence *f*

steinhart *(fig)* dur comme du bois

steinig caillouteux, -euse, rocailleux, -euse; *(fig)* difficile

Steinkohle *f* ø houille *f*; anthracite *m*

Steinpilz *m* -e cèpe *m*

Steinzeit *f* ø âge *m* de pierre

Steiß *m* -e siège *m*, *(fam)* postérieur *m*, derrière *m*; coccyx [kɔksis] *m*

Stelldichein *n* -s rendez-vous *m* (galant)

Stelle *f* -n **1** place *f*, endroit *m*; *(fig) an ~ (G)* à la place (de); *an seiner ~* à sa place, si j'étais lui; *(fig/fam) auf der ~* aussitôt, sur-le-champ, immédiatement **2** *an dritter ~ stehen* occuper la troisième place; *(math) zwei ~n hinter dem Komma* deux chiffres après la virgule **3** *(texte)* passage *m* **4** *(peau) eine rote ~* une plaque/tache rouge **5** place, emploi *m*; situation *f*; *offene ~n* offres *fpl* d'emplois,

emplois disponibles 6 *(admi)* **die zuständige** ~ le service compétent
stellen 1 mettre **die Uhr** ~ mettre une montre à l'heure ; **den Wecker auf 6 Uhr** ~ régler le réveil sur 6 h ; *(train)* **die Weichen** ~ régler les aiguillages ; *(fig)* donner une orientation à qch 2 mettre, poser 3 *eine Bitte* ~ faire/déposer une demande ; *eine Frage* ~ poser une question ; *(fig) jn vor eine Entscheidung* ~ mettre qqn au pied du mur 4 *jn zur Rede* ~ demander des explications *fpl* à qqn 5 *eine Falle* ~ poser un piège ; *(fig) jm eine Falle* ~ tendre un piège à qqn ◆ 1 *sich* ~ se constituer prisonnier, se rendre 2 *sich zu jm* ~ se mettre à côté de qqn ; *sich gegen etw/jn* ~ s'opposer à qch/qqn 3 *sich krank* ~ faire semblant d'être malade ◆ 1 *auf sich selbst gestellt sein* ne pouvoir compter que sur soi-même 2 *schlecht gestellt sein* avoir peu de moyens, vivoter
Stellenangebot *n* -e offre *f* d'emploi
stellenweise par endroits
Stellenwert *m* - *(math)* valeur *f* ; *(fig)* importance *f*
Stellung *f* -en 1 position *f*, posture *f stehende* ~ station *f* debout ; *in gebückter* ~ penché 2 *(mil)* position ; *in vorderster* ~ en première ligne 3 *(gram)* place *f* ◆ 1 *eine kritische* ~ *haben* être en position/dans une situation critique 2 *gegen jn/etw* ~ *nehmen* s'opposer à qqn/qch
Stellungnahme *f* -en/ø prise *f* de position
stellungslos sans emploi
stellvertretend : ~*er Direktor* le directeur adjoint ; ~*er Vorsitzender* le vice-président
StellvertreterIn *m f* représentant *m* -e *f*, adjoint *m* -e *f* ; *(ens)* remplaçant *m* -e *f*
Stelzen *fpl* 1 échasses *fpl* 2 *(fam)* guibole *f*
stelzen <sein> marcher de manière raide/guindée ◆ *(fig) eine gestelzte Rede* un discours ampoulé
Stemmeisen *n* - ciseau *m*, bédane *m*
stemmen 1 *Löcher* ~ percer un trou 2 *die Hände in die Hüften* ~ se camper les mains sur les hanches 3 *(ski)* faire du stemm ◆ *sich gegen die Tür* ~ s'arcbouter contre la porte ; *sich in die Höhe* ~ se redresser
Stempel *m* - 1 tampon *m* ; *(lettre)* cachet *m* ; *(fig)* empreinte *f* 2 *(fleur)* pédoncule *m* 3 *(tech)* presse *f*, étampe *f* ; *(métal)* poinçon *m*
stempeln tamponner, porter un cachet (sur) ; *(timbre)* oblitérer ◆ *(fam)* ~ *gehen* toucher, (aller) pointer ◆ *(fig) jn zu* etw ~ qualifier qqn (de), étiqueter qqn
Stengel *m* - tige *f* ; *(fam) ich bin fast vom* ~ *gefallen* j'en suis tombé à la renverse

Steno/Stenografie *n* ø sténo/sténographie *f*
Stenotypistin *f* -nen sténodactylo(graphe) *f*
Steppdecke *f* -n couvre-pied(s) *m*
Steppe *f* -n steppe
steppen *(couture)* surpiquer ◆ faire des claquettes
Steppke *m* -s *(fam)* gamin *m*, môme *m*
Sterbegeld *n* ø capital-décès *m*
Sterbehilfe *f* ø euthanasie *f*
sterben* <sein> mourir, décéder ; *an* (D) *Altersschwäche* ~ mourir de vieillesse
Sterbenswörtchen *n* ø : *(loc) kein* ~ *sagen* ne pas dire un traître mot
sterblich mortel, -le
Stereoanlage *f* -n chaîne *f* stéréo
Stern *m* -e étoile *f*, astre *m* ; *(fam)* ~*e sehen* voir 36 chandelles *fpl* ; *nach den* ~*en greifen* demander la lune
Sternbild *n* -er constellation *f*
sternhagelvoll *(fam)* complètement beurré/bourré
Sternschnuppe *f* -n étoile *f* filante
stetig continuel, -le ~ *an=steigen* ne pas arrêter de monter
stets toujours, constamment
Steuer *f* -n impôt *m* ; taxe *f* ~*n hinterziehen* frauder ; *der* ~ *unterliegen* être imposable
Steuer *n* - commandes *fpl* ; *(mar)* gouvernail *m*, barre *f* ; *(auto)* volant *m* ; *(fig) das* ~ *in der Hand haben* tenir les rênes *mpl*, diriger
SteuerberaterIn *m f* conseiller *m*, -ère *f* fiscal(e)
Steuererklärung *f* -en déclaration *f* d'impôts
steuerfrei non imposable, exonéré d'impôts
Steuerklasse *f* -en tranche *f* d'impôts
Steuerknüppel *m* - levier *m* de commande ; *(av)* manche *m* à balai
steuern 1 *ein Schiff* ~ piloter/conduire un bateau 2 *eine Produktionsanlage* ~ piloter/commander/contrôler une unité de production ◆ <sein> *nach Norden* ~ faire cap vers le Nord
steuerpflichtig imposable, assujetti à l'impôt
Steuerung *f* -en/ ø commande(s) *fpl* ; contrôle *m*, pilotage *m*
Steuerwesen *n* ø services *mpl* fiscaux ; *(fam)* impôts *mpl*
SteuerzahlerIn *m f* contribuable *m f*
StGB/Strafgesetzbuch *n* ¨er code *m* pénal
stibitzen *(fam)* piquer, chaparder
Stich *m* -e 1 *(insecte)* piqûre *f* 2 *(couture)* point *m* ; *(méd)* point de suture 3 *(arts)* gravure *f*, estampe *f* 4 *(cartes)* pli *m* ◆ ø 1 *ein* ~ *ins Rote* un reflet roux ; *(fam) einen*

sticheln

(leichten) ~ haben (nourriture) ne plus être de toute première fraîcheur; (homme) être un peu timbré **2** (fig) jn im ~ lassen laisser tomber qqn; *mein Gedächtnis hat mich im ~ gelassen* ma mémoire me joue des tours
sticheln : *gegen jn ~* envoyer constamment des piques à qqn
Stichflamme *f -n* jet *m* de flammes
stichhaltig : *ein ~es Argument* un argument valable / solide
Stichprobe *f -n* sondage *m*, essai *m* sur un échantillon
Stichtag *m -e* date *f* d'échéance
Stichwahl *f -en* deuxième tour *m* de scrutin
Stichwort *n ¨er* (livre) mot-clé *m* ◆ *-e*; *sich (D) ~ machen* prendre des notes *fpl*
sticken broder
stickig suffocant, étouffant
Stickstoff (N) *m ø* azote *m*
Stiefbruder *m ¨* demi-frère *m*
Stiefel *m -* **1** botte *f*; (fam) *jm die ~ lecken* lécher les bottes à qqn; *seinen / den alten ~ weiter-machen* continuer son petit bonhomme de chemin **2** grand verre *m* à bière; (fig) *einen tüchtigen ~ vertragen* avoir une bonne descente
Stiefkind *n -er* enfant *m* d'un autre lit
Stiefmutter *f ¨* belle-mère *f*, (péj) marâtre *f*
Stiefmütterchen *n -* pensée *f*
Stiefsohn *m ¨e* beau-fils *m*
Stiefschwester *f -n* demi-sœur *f*
Stieftochter *f ¨* belle-fille *f*
Stiefvater *m ¨* beau-père *m*
Stiege *f -n* escalier *m*
Stiel *m -e* **1** manche *m* **2** (plante) tige *f*, queue *f*
Stielaugen *pl* : (fam) *~ machen* lorgner sur qch
Stier *m -e* taureau *m*
stieren (*auf A*) regarder fixement; regarder dans le vide
Stierkampf *m ¨e* corrida *f*
Stift *m -e* **1** (tech) pointe *f*, clou *m* **2** (fam > non fam) crayon *m* **3** (fam) gamin *m*; (non fam) apprenti
Stift *n -e* congrégation *f*, communauté *f* religieuse, institution *f* religieuse
stiften fonder, financer, doter, faire une donation pour fonder qch; (fig) *Frieden ~* rétablir la paix; *Verwirrung ~* semer le trouble
stiften=gehen* (fam) se défiler
Stiftung *f -en* **1** fondation *f*, institution *f*; (jur) donation *f* **2** fondation
Stil *m -e* style *m* ◆ *ø im großen ~* de grande envergure *f*
still calme, tranquille; silencieux, -euse *sei doch mal ~ !* tais-toi!; (fig) *~es Einvernehmen* accord tacite; *ein ~er Vorwurf* un reproche muet; (comm) *~er Teilhaber* bailleur *m* de fonds
Stille *f ø* **1** calme *m*, silence *m*; (fig) *in aller ~* dans l'intimité *f* **2** *die ~ des Meeres* la mer calme / étale
Stilleben *n -* nature *f* morte
stil(l)=legen arrêter; (entreprise) fermer; (ligne) supprimer
stillen *ein Baby ~* allaiter un bébé **2** calmer; *seinen Hunger ~* se rassasier; *den Durst ~* étancher sa soif; *js Neugierde ~* satisfaire la curiosité de qqn
still-halten* : *das Bein ~* ne pas bouger sa jambe, laisser sa jambe immobile ◆ *halte mal still!* reste tranquille! ; (fig) *er hält immer still* il ne bronche pas, il se laisse faire
stillschweigend tacite, implicite, sous-entendu *~e Voraussetzung* une condition implicite ◆ *etw ~ erledigen* faire qch sans dire un mot
still-sitzen* rester tranquillement assis sur sa chaise
Stillstand *m ø* arrêt *m*, immobilisation *f* *zum ~ bringen* arrêter
still-stehen* **1** s'arrêter, s'immobiliser **2** (mil) *stillgestanden!* garde à vous!
Stimmbruch *m ø* mue *f*
Stimme *f -n* **1** voix *f mit leiser ~* à voix basse; (fig) *seiner inneren ~ folgen* suivre son intuition *f* **2** (pol) *jm seine ~ geben* voter pour qqn; *beratende ~* voix consultative; *sich der ~ enthalten* s'abstenir
stimmen **1** (mus) accorder **2** *jn traurig ~* attrister qqn ◆ **1** *das stimmt nicht* ce n'est pas exact / juste; (fam) *stimmt so!* gardez la monnaie! **2** *gut / schlecht gestimmt* de bonne / mauvaise humeur, être bien / mal disposé ◆ **1** *für jn / etw ~* voter pour qqn **2** (fam) *bei dir stimmt's wohl nicht!* ça ne va pas la tête!
Stimmenthaltung *f ø* abstention *f*
Stimmgabel *f -n* diapason *m*
stimmhaft sonore
stimmig : *in sich (D) ~ sein* avoir sa logique
stimmlos aphone
Stimmung *f -en* **1** ambiance *f*, atmosphère *f nicht in ~ sein* ne pas être en forme **2** *die ~ in der Bevölkerung* l'opinion *f* de la population **3** *die ~ eines Bildes* l'atmosphère qui se dégage d'un tableau **4** (mus) accord *m*
Stimmungsmache *f ø* (péj) manipulation *f* de l'opinion
Stimmzettel *m -* bulletin *m* de vote
stimulieren stimuler
stinkbesoffen (fam) rond comme une queue de pelle
stinken* sentir mauvais, être nauséabond, empester, (fam) puer *das stinkt zum Him-*

stinkfaul *mel* c'est à faire se dresser les cheveux sur la tête ; *diese Arbeit stinkt mir !* ce travail me fait suer ; *(loc) Geld stinkt nicht* l'argent n'a pas d'odeur ♦ *nach Schweiß ~* sentir la sueur ; *(fam) vor Faulheit ~* avoir un poil dans la main

stinkfaul *(fam)* feignant

stinkig : *(péj) ein ~er Typ* un type odieux

stinkreich *(fam)* qui ne sait plus quoi faire de son argent

stinksauer *(fam)* furax, *(non fam)* ulcéré

StipendiatIn *m* -en -en *f* -nen boursier *m* -ère *f*

Stipend.ium *n* .ien bourse *f*

Stirn *f* -en front *m* ; *(fam) jm die ~ bieten* monter au créneau ; *etw* (D) *die ~ bieten* prendre le taureau par les cornes ; *die ~ haben, etw zu tun* avoir le cran/le culot de faire qch ; *jm auf der ~ geschrieben stehen* être gros comme une maison

stöbern : *in js Sachen ~* fouiller dans les affaires de qqn ; *in Büchern ~* chercher dans des livres ♦ *es stöbert* il neige

stochern 1 *in den Zähnen ~* se curer les dents 2 *im Essen ~* piquer des morceaux par-ci, par-là 3 *in der Glut ~* remuer les braises, tisonner le feu

Stock *m* ¨e 1 bâton *m* ; canne *f* ; *(fam) am ~ gehen* être au bout du rouleau, être foutu ; *(ski)* bâton 2 *(rose)* rosier *m* ; *(arbres)* souche *f* ♦ *-/werke* étage *m* ; *im fünften ~* au cinquième étage ♦ *-s (comm)* stock *m*

stockdumm *(fam)* bête comme ses pieds

stockduster : *(fam) es ist ~* il fait complètement noir, on n'y voit goutte

stocken 1 s'arrêter *der Verkehr stockt* la circulation est bloquée ; *die Geschäfte ~* les affaires stagnent 2 *die Bücher haben gestockt* les livres sont couverts de taches brunes ♦ <sein/haben> *die Milch hat/ist gestockt* le lait a caillé ♦ *stockend reden* parler avec des hésitations, ne pas parler de manière fluide

Stoff *m* -e 1 tissu *m*, étoffe *f* 2 matière *f*, substance *f*, matériau *m* 3 sujet *m* ; *(ens)* programme *m* ♦ ø *(fam) (alcool)* carburant *m* ; *(drogue)* came *f*

Stoffel *m* - *(fam)* plouc *m*

stofflich 1 *die ~e Beschaffenheit eines Materials* les caractéristiques d'un matériau 2 *die ~ Fülle* la densité du sujet

stöhnen soupirer *vor Schmerz ~* gémir de douleur

Stollen *m* - 1 *(gâteau)* gâteau de Noël 2 *(mines)* galerie *f*

stolpern <sein> trébucher ; *(fig) über einen Ausdruck ~* buter sur une expression ; *über eine Affäre ~* tomber à la suite d'une affaire

stolz *(auf* A) fier (de) ; *(fam) eine ~e Summe* une coquette somme

Stolz *m* ø fierté *f*

stolzieren <sein> se pavaner, parader

stopfen 1 *Löcher ~* boucher des trous ; *(chaussettes)* repriser 2 *(pipe)* bourrer 3 *(oies)* gaver ♦ constiper ; *(fam) die Torte stopft* la tarte est bourrative/cale bien l'estomac

stopp! stop!

Stopp *m* -s arrêt *m*

stoppen 1 arrêter, stopper 2 *(temps)* chronométrer

Stoppuhr *f* -en chronomètre [kro-] *m*

Stöpsel *m* - 1 bouchon *m*, capsule *f*, bonde *f* 2 *(fam)* petit gros *m*

Stör *m* -e esturgeon *m*

Storch *m* ¨e cigogne *f*

stören 1 *jn ~* déranger/importuner qqn ; gêner/incommoder qqn 2 *(radio/télé)* brouiller ♦ *sich an etw* (D) *~* être perturbé par qch

Störenfried *m* -e trublion *m*, trouble-fête *m*

stornieren *(comm)* annuler ; *(banque)* rectifier

störrisch entêté, têtu, obstiné ♦ *~ schweigen* se murer dans le silence

Störung *f* -en 1 dérangement *m*, gêne *f* *die ~ der öffentlichen Ordnung* trouble *m* de l'ordre public ; *(son)* friture *f* 2 *(tech)* panne *f*, avarie *f* ; *(météo)* perturbation *f*

Störungsstelle *f* -n *(tél)* (service *m* des) réclamations *fpl*

Stoß *m* ¨e 1 choc *m*, coup *m* *jm einen ~ versetzen* ébranler qqn ; *(fig)* 2 paquet *m*, tas *m* ; *(billets)* liasse *f* 3 *(sp)* lancer *m* 4 secousse *f* *(sismique)*

Stoßdämpfer *m* - amortisseur *m*

Stößel *m* - pilon *m*

stoßen* 1 pousser *jn zur Erde ~* faire tomber qqn ; *(fig/fam) jn vor den Kopf ~* piquer qqn au vif 2 *sich* (D) *eine Beule ~* se faire une bosse 3 *jm ein Messer in die Brust ~* planter/plonger un couteau dans la poitrine de qqn 4 *(sp) die Kugel 25 m ~* lancer le poids à 25 m 5 *(fam) jm etw ~* dire clairement qch à qqn ♦ *an den Wald ~* être attenant à la forêt, jouxter la forêt ♦ <sein> 1 *gegen den Tisch ~* se cogner contre/heurter la table ; *(auto)* percuter 2 *(fig/fam) auf jn/etw ~* tomber sur qqn/qch ; *auf Schwierigkeiten ~* rencontrer des difficultés 3 *(mil) zur Truppe ~* rejoindre son régiment ♦ *sich an etw* (D) *~* se cogner à/contre qch ; se cogner qch ; *(fig/fam) sich an js Art ~* être choqué par les manières de qqn

stoßfest anti-choc

Stoßseufzer *m* - profond soupir *m*

Stoßstange *f* -n pare-chocs *m*

stoßweise 1 *sein Atem geht ~* il a une respiration haletante/irrégulière 2 *es liegen*

Stoßzeit　288

~ *Zeitungen herum* le sol est jonché de paquets de journaux

Stoßzeit f -en heures fpl de pointe

stottern balbutier, bredouiller ◆ bégayer; *(fam) der Motor stottert* le moteur a des ratés/tousse

Strafanstalt f -en établissement m pénitentiaire

Strafantrag m ¨e 1 réquisitoire m 2 inculpation f

Strafanzeige f -n plainte f

strafbar : *eine ~e Handlung* un délit ◆ *sich ~ machen* se rendre coupable d'un délit

Strafe f -n 1 sanction f, punition f, châtiment m; *(jur)* peine f 2 amende f

strafen punir, châtier ◆ *ein strafender Blick* un regard vengeur/noir

Straferlaß m ¨sse remise f de peine: amnistie f

straff : *eine ~e Leine*; une corde bien tendue; *(poitrine)* ferme; *(fig) eine ~e Organisation* une organisation rigoureuse ◆ *~ anliegend* moulant

straffällig : *~e Jugendliche* jeunes délinquants; *~ werden* encourir une peine, se rendre coupable d'un délit

straffen (sich) (se) tendre

Strafgericht n -e *(jur)* tribunal m correctionnel, correctionnelle f

sträflich : *~er Leichtsinn* une désinvolture coupable/condamnable

Sträfling m -e détenu m

strafmildernd : *~e Umstände* circonstances atténuantes

Strafport(.)o n .i/-s surtaxe f

Strafraum m ¨e surface f de réparation

Strafrecht n -e droit m pénal

Strafregister n - casier m judiciaire

Strafstoß m ¨e penalty m

Straftat f -en délit m

StraftäterIn m f délinquant m

Strafvollzugsanstalt f -en établissement m pénitentiaire, maison f d'arrêt

Strafzettel m - *(fam)* PV m (procès-verbal m)

Strahl m ø jet m; *(fig) ein ~ der Hoffnung* une lueur d'espoir ◆ -en 1 rayon m 2 *(math)* demi-droite f

strahlen rayonner ◆ *(fig) vor Freude ~* être rayonnant; *vor Sauberkeit ~* être étincelant (de propreté) ◆ *~de Sonne* un soleil radieux; *(fig) ~de Sauberkeit* une propreté étincelante

Strahlung f -en radiation f

Strähne f -n *(cheveux)* mèche f; *(fig)* passage m

strähnig : *~es Haar* des cheveux ébouriffés

stramm 1 *ein ~er Junge*; un garçon vigoureux/costaud, un solide gaillard; *~e Beine* des jambes musclées 2 *eine ~e Haltung haben* être raide ◆ *zu ~ sitzen* être trop serré; *~ an-ziehen* serrer

stramm-stehen* être au garde-à-vous

strampeln : *mit den Beinen ~* remuer les jambes, *(fam)* gigoter; *(fam) ganz schön ~ müssen* devoir ramer ◆ *(sein) (fam) jeden Tag 20 km ~* faire/se taper tous les jours 20 km

Strand m ¨e plage f *am ~* au bord m de la mer, en bordure f de mer

stranden <sein> *(bateau)* s'échouer; *(fig)* échouer

Strang m ¨e 1 corde f *jn zum Tod durch den ~ verurteilen* condamner qqn à être pendu/à la pendaison; *(fig) am gleichen ~ ziehen* poursuivre le même but 2 pl *(fam) wenn alle Stränge reißen* au pire des cas; *über die Stränge schlagen* faire les 400 coups 3 *(laine)* écheveau m; *(méd)* faisceau m

Strapaze f -n : *eine ~ sein* être éreintant, épuisant, harassant

strapazieren éreinter, harasser, épuiser; *(fam) js Geduld ~* mettre la patience de qqn à rude épreuve

Straße f -n route f; rue f; *(fam) jn auf die ~ setzen* mettre qqn à la porte; *auf der ~ sitzen* se retrouver sur le carreau; *jn auf die ~ schicken* envoyer qqn faire le trottoir 2 *(géo)* détroit m ◆ ø rue

Straßenbahn f -en tramway m

Straßenbau m ø Ponts et Chaussées mpl, travaux mpl publics

Straßengraben m ¨ fossé m

StraßenhändlerIn m f camelot m

Straßennetz n -e réseau m routier

Straßenschild n -er plaque f (indiquant le nom de la rue)

Straßenverkehrsordnung (StVo) f -en code m de la route

sträuben sich 1 se hérisser, se dresser 2 *sich gegen etw ~* s'opposer à qch

Strauch m ¨er buisson m; arbuste m

straucheln <sein> trébucher; *(fig)* être sur la mauvaise pente

Strauß m ¨e bouquet m ◆ -e autruche f

streben : *nach etw ~* aspirer à qch, s'efforcer d'atteindre qch, viser qch

StreberIn m f *(péj)* grosse tête; fayot m

strebsam zélé, ambitieux, -euse

Strecke f -n 1 distance f, parcours m, trajet m; itinéraire m; *(fam) auf der ~ bleiben* *(non fam)* être laissé pour compte 2 *(math)* segment m 3 *(mine)* galerie f 4 *(fig) jn zur ~ bringen* abattre qqn

strecken 1 *die Beine ~* étendre/allonger ses jambes 2 *(cuis) eine Soße ~* déglacer/allonger une sauce 3 *(mil) die Waffen ~* rendre les armes ◆ *zu Boden ~* *(fam)* mettre qqn sur le carreau/au tapis ◆ 1 *sich ~* s'allonger, s'étendre; *(fam) sich*

Stromschnelle

nach der Decke ~ se serrer la ceinture **2** *(fig) der Weg streckt sich* la route n'en finit plus ♦ *(math) ein gestreckter Winkel* un angle plat
streckenweise par endroits
Streich *m* -e **1** farce *f*, blague *f jm einen* ~ *spielen* jouer un tour m à qqn, faire une farce/blague à qqn **2** coup *m*
streichen* **1** *ein Haus* ~ peindre une maison ; *Butter auf das Brot* ~ beurrer une tartine, étaler du beurre sur une tartine **2** *einen Satz* ~ rayer/barrer/supprimer une phrase **3** *sich (D) die Haare aus der Stirn* ~ dégager son front d'un geste de la main **4** *(mar) die Segel* ~ ♦ <sein> *durch die Gegend* ~ se promener ; *(péj)* rôder
Streichholz *n* ¨er allumette
Streichinstrument *n* -e instrument *m* à cordes
Streichung *f* -en suppression *f*
Streife *f* -n **1** patrouille *f* **2** *auf* ~ *gehen* faire une ronde
streifen **1** *jn am Arm* ~ effleurer le bras de qqn ; *einen Wagen* ~ érafler/rayer une voiture ; *(fig) ein Problem* ~ effleurer un problème **2** *die Asche von der Zigarette* ~ faire tomber la cendre de sa cigarette **3** *sich (D) die Ärmel nach oben* ~ retrousser ses manches ♦ <sein> *durch die Gegend* ~ se promener ; *(péj)* rôder
Streifen *m* - **1** bande *f* ; *(route) der weiße* ~ la ligne continue **2** *(fam > non fam)* film *m* **3** rayure *f*, raie *f*
Streik *m* -s grève
streiken faire grève ; *(fam) der Motor streikt* le moteur ne veut rien savoir
Streit *m* -e dispute *f*, altercation *f*, querelle *f* ; conflit *m*, différend *m*
streiten* **1** se disputer, se quereller, se chamailler **2** *über etw* ~ se disputer à propos de qqch ♦ *sich* ~ se disputer ♦ *(fig) darüber läßt sich* ~ on peut en discuter ♦ *(jur) die streitenden Parteien* les parties en présence
Streitfall *m* ¨e différend *m*, litige *m*
streitig *(jur)* controversé ; litigieux, -euse ♦ *jm etw* ~ *machen* contester qqch à qqn
Streitkräfte *fpl* forces *fpl* armées
streitsüchtig bagarreur *m*
streng **1** sévère, strict **2** *ein ~er Stil* un style austère ; *(fig) ein ~er Winter* un hiver rigoureux **3** *ein ~er Geruch* une odeur forte ♦ *jn* ~ *behandeln* être sévère avec qqn ; ~ *befolgen* suivre qqch à la lettre ; ~ *verboten* formellement interdit ; ~ *geheim* top secret
Strenge *f* ø **1** sévérité *f* **2** rigueur *f*
strenggenommen à proprement parler
stressig *(fam)* stressant
streuen éparpiller, répandre *Sand* ~ sabler ; *Blumen* ~ joncher de fleurs ; *Zucker* ~ *(auf)* saupoudrer de sucre
streunen <sein> *(chien)* errer ; *(péj)* traîner
Streuung *f* -en **1** diffusion *f* **2** *(phys)* diffraction *f*
Strich *m* -e **1** trait *m* ; *(fam) unter dem* ~ *sein* être en dessous de tout ; *(fig) dünn wie ein* ~ mince comme un fil **2** *pl* ratures *fpl* suppressions *fpl* ♦ ø **1** *gegen den* ~ à rebrousse-poil ; *(fam) nach* ~ *und Faden* sur toute la ligne ; *das geht mir gegen den* ~ cela me chiffonne/m'embête **2** *(fam) auf den* ~ *gehen* faire le trottoir **3** *(fig) in einem* ~ *hingeworfen* d'un trait
stricheln hachurer
Strichjunge *m* -n -n prostitué *m*
Strick *m* -e **1** corde *f*, ficelle *f* ; *(fam) wenn alle* ~ *e reißen* dans le pire des cas ; *jm einen* ~ *aus etw drehen* ne pas rater qqn **2** *(fam) ein frecher* ~ un drôle de zozo *m*/de loustic *m*
stricken tricoter
striegeln : *ein Pferd* ~ étriller un cheval
Striemen *m* - strie *f*
strikt : *~er Gehorsam* stricte obéissance ; *eine ~e Ablehnung* un refus net [net] et précis ♦ *etw* ~ *befolgen* suivre qch à la lettre
Strippe *f* -n **1** cordon *f*, ficelle *f* **2** *(fam) ständig an der* ~ *hängen* être constamment pendu au téléphone *m*
strippen *(fam)* faire du strip-tease [striptiz]
strittig : *eine ~e Frage* une question litigieuse
Stroh *n* ø paille *f* ; chaume *m* ; *(fam)* ~ *im Kopf haben* avoir un petit pois en guise de cervelle ; *leeres* ~ *dreschen* parler pour ne rien dire
Strohhalm *m* -e fétu *m* de paille ; *(boisson)* paille *f* ; *(fig)* planche *f* de salut
Strohkopf *m* ¨e *(fam)* crétin *m*
Strolch *m* -e *(fam)* petit voyou *m*/galopin *m* ; *(péj)* voyou
strolchen <sein> *(fam)* traîner
Strom *m* ¨e **1** fleuve *m* ; *in Strömen* à verse ; *der* ~ *der Zuschauer* le flot des spectateurs **2** *mit dem* ~ dans le sens du courant ; *gegen den* ~ à contre-courant ♦ ø *(élec)* électricité *f*, *(fam)* courant *m*
stromab(wärts) en aval ; vers l'aval, en suivant le courant
stromauf(wärts) en amont ; vers l'amont, à contre-courant
strömen <sein> **1** couler *(à flot)* **2** *(personnes)* affluer
stromern *(péj)* traîner ♦ <sein> se promener
Stromkreis *m* -e circuit *m* électrique
stromlinienförmig aérodynamique
Stromschnelle *f* -n rapide *m*

Stromstoß m ¨e impulsion f électrique
Strömung f -en courant m
strotzen : *vor Gesundheit* ~ avoir une mine resplendissante, respirer la santé ; *von Fehlern* ~ regorger de fautes
strubb(e)lig ébouriffé, hirsute
Strudel m - 1 *(fleuve)* tourbillon m, remous m 2 *(cuis)* chausson m
Struktur f -en structure f ; texture f
Strumpf m ¨e chaussette f ; bas m
Strumpfhose f -n collant m
Strumpfhalter m - jarretelle f ; **~gürtel** m ¨ à la coupe/(beurre) à la porte-jarretelles m
Strunk m ¨e trognon m
struppig hirsute ;
Stube f -n 1 pièce f ; salle f 2 *(mil)* chambrée f, dortoir m
Stubenhocker m - *(fam/péj)* pantouflard m
stubenrein propre ; *(iro) der Witz ist nicht* ~ la blague est un peu salée
Stück n -e 1 morceau m, *(fam)* bout m ; *(fig) im/am* ~ à la coupe/(beurre) à la motte ; *(fam) in einem* ~ d'un coup 2 *ein* ~ *Land* un lopin m de terre, *(fam) nach* ~ *bezahlt werden* être payé à la tâche f ; *drei* ~ *von den Rosen* trois roses ; ~ *für* ~ pièce f par pièce ; *(fam) große* ~ *e auf jn halten* ne jurer que par qqn 4 *(th)* pièce f ; *(mus)* morceau m 5 *(péj) ein faules* ~ un feignant 6 *(fig) aus freien* ~ *en* spontanément, de son plein gré ◆ ø *(fam) das ist ein starkes* ~ ! c'est un peu fort !
Stücklohn m ¨e salaire m à la tâche
stückweise : ~ *verkaufen* vendre à la pièce/à l'unité/au détail
StudentIn m -en -en f -nen étudiant m -e f
Studie f -n étude f
StudiendirektorIn m f sous-directeur m, censeur f
Studienrat m ¨e professeur m (de lycée)
studieren 1 *Chemie* ~ faire des études de chimie 2 *ein Problem* ~ étudier/examiner un problème
Studio n -s studio m
Stud.ium n ø études fpl ◆ .ien étude f, travail m de recherche
Stufe f -n 1 marche f 2 niveau m, degré m ; *(fig) auf der gleichen* ~ *stehen* être sur un pied d'égalité ; *die letzte* ~ *einer Krankheit* le stade final d'une maladie 3 *(tech)* cran m, degré ; *(fusée)* étage m 4 *(mus)* degré m
stufenlos : ~ *er Übergang* un passage direct
stufenweise par étapes
stufig : ~ *es Gelände* un terrain en terrasses ◆ *das Haar* ~ *schneiden* couper les cheveux en dégradé
Stuhl m ¨e chaise f ; *(rel) der Heilige* ~ le Saint Siège m ; *(fam) ein heißer* ~ mob [mɔb] f ; gros cube m
Stuhlgang m ø selles fpl
Stulle f -n *(fam > non fam)* tartine f
stülpen 1 *einen Deckel auf etw* ~ couvrir qch, mettre un couvercle sur qch 2 *den Hut auf den Kopf* ~ mettre son chapeau
stumm muet, -te
Stummel m - bout m ; *(cigarette)* mégot m
Stümper m - bon m à rien
stümperhaft : *eine* ~ *e Arbeit* un travail mal fait
stumpf 1 *ein* ~ *es Messer* un couteau émoussé/mal aiguisé 2 ~ *es Metall* un métal mal poli/rugueux ; ~ *es Rot* un rouge mat [mat]/*(péj)* terne 3 *(math) er Winkel* un angle obtus 4 *(péj) ein* ~ *er Mensch (fam)* un abruti
Stumpf m ¨e *(dents)* chicot m ; *(bougie)* bout m ; *(arbre)* souche f
Stumpfsinn m ø 1 abrutissement m 2 *der* ~ *einer Arbeit* le côté m abrutissant/sclérosant d'un travail
Stunde f -n 1 heure f *eine halbe* ~ une demi-heure f 2 *(ens)* heure f de cours
stunden : *eine Zahlung* ~ accorder un délai de paiement
Stundengeschwindigkeit f -en moyenne f (horaire)
Stundenkilometer pl *(fam > non fam)* kilomètres/heure (km/h)
stundenlang : *eine* ~ *e Fahrt* un voyage de plusieurs heures ◆ ~ *warten* attendre des heures
Stundenplan m ¨e emploi m du temps
stündlich toutes les heures ; d'un jour à l'autre ; d'une minute à l'autre
Stundung f -en prolongation f d'un délai m de paiement, sursis m
Stunk m ø : *(fam/péj)* ~ *machen* faire des histoires fpl
stupsen *(fam > non fam)* bousculer
Stupsnase f -n nez m retroussé
stur têtu ; obtus, borné ◆ ~ *nach Vorschrift arbeiten* appliquer les consignes à la lettre
Sturm m ¨e 1 tempête f, tourmente f ; *(fig) ein* ~ *der Begeisterung* un délire d'enthousiasme 2 *(fig)* ~ *klingeln (fam)* sonner comme un malade ; *gegen etw* ~ *laufen* partir en guerre contre qch 3 *(sp)* attaquants mpl ; attaque f
stürmen *(mil/fig)* prendre d'assaut ◆ <sein> *zur Tür* ~ se précipiter vers la porte ◆ *es stürmt* il y a de la tempête
stürmisch 1 ~ *es Wetter* tempête ; ~ *er Wind* vent violent 2 *(personne)* fougueux, -euse, impétueux, -euse
Sturz m ¨e 1 chute f, culbute f 2 chute, effondrement m
stürzen 1 *(pol) eine Regierung* ~ ren-

verser un gouvernement **2** *bitte, nicht ~ !* fragile ! *(cuis) den Kuchen ~* démouler un gâteau ◆ <sein> **1** *aus dem Fenster ~* tomber par la fenêtre **2** *zur Tür ~* se précipiter vers la porte **3** *die Felsen ~ ins Meer* les rochers tombent à pic dans la mer ◆ *sich auf jn ~* se précipiter sur qqn ; *(fig) sich auf etw ~* se jeter sur qch
Stuß *m ø : (fam) ~ reden* raconter des âneries *fpl* / conneries *fpl*
Stute *f -n* jument *f*
Stütze *f -n* **1** *(archi)* pilier *m*, colonne *f* **2** appui *m*, support *m* ; *(fig)* pilier
stutzen raccourcir *die Hecken ~* tailler/élaguer les haies ; *einem Hund den Schwanz ~* couper la queue d'un chien ; *(cheveux)* rafraîchir ◆ avoir un moment de recul ; hésiter, réfléchir
stützen *eine Mauer ~* étayer un mur *jn ~* soutenir qqn ; *den Kopf in die Hände ~* poser/prendre sa tête dans ses mains **2** *(éco) die Kurse ~* soutenir les cours ◆ *sich ~ (auf A)* s'appuyer (sur)
stutzig : *jn ~ machen* semer le doute chez qqn, faire hésiter qqn ; *~ werden* commencer à se méfier
Subjekt *n -e (gram)* sujet *m* ; *(péj) ein verkommenes ~* un sombre individu *m*
Substantiv *n -e* substantif *m*
Substanz *f ø : von großer geistiger ~* d'une grande portée intellectuelle ; *(fam) es geht ihm an die ~* cela le touche au plus profond de l'être *m* ◆ *-en (chim)* matière *f*, substance *f*
subtrahieren soustraire, faire une soustraction
Suche *f -n* recherche *f* (de), quête *f auf die ~ gehen* se mettre en quête de qch
suchen **1** chercher ; *(fig) seinesgleichen ~* être unique/sans pareil, -le ; *(fam) du hast hier nichts zu ~ !* tu n'as rien à faire ici ! **2** *Lehrling gesucht !* on recherche/ embauche un apprenti
Sucht *f ¨e/-en* dépendance *f* (à), toxicomanie *f*
süchtig toxicomane, *(fig)* intoxiqué
Sud *m -e (cuis)* eau *f* de cuisson ; jus *m* ; bouillon *m*
Süden (S) *m ø* **1** Sud *m* **2** *in den ~ fahren* aller dans le Midi *m*
Südfrüchte *fpl* fruits *mpl* exotiques
südlich **1** *~es Klima* un climat méridional ; *in ~er Richtung* en direction du Sud **2** *~ von Berlin* au Sud de Berlin
Suff *m ø (fam > non fam)* ivresse *f*
süffig agréable à boire, gouleyant
suggerieren : *jm etw ~* suggérer qch à qqn
suhlen sich se vautrer
Sühne *f ø (rel)* expiation *f*
sühnen : *ein Verbrechen ~* expier un crime

Sülze *f -n* plat *m* en gelée ; aspic *m*
sülzen *(fam)* papoter
Summe *f -n* somme *f*
summen fredonner ◆ *die Kamera summt* la caméra ronronne ◆ <sein> *(insectes)* bourdonner ; passer en bourdonnant
summieren (sich) (se) cumuler
Sumpf *m ¨e* marais *m*, marécage *m* ; *(fig)* bas-fonds *mpl*
sumpfen *(fam)* bringuer
Sünde *f -n/ø* péché *m* ; *(fam) faul wie die ~ sein* avoir un poil dans la main
Sündenbock *m ¨e (fam > non fam)* bouc-émissaire *m*
SünderIn *m f* pécheur *m*, -eresse *f*
sündhaft **1** *~e Gedanken* des pensées coupables **2** *(fam) ~e Preise* des prix exorbitants
sündigen pécher, commettre un péché
Superlativ *m -e (gram)* superlatif *m* ; *(fig) in ~en von jm sprechen* ne pas tarir d'éloges à propos de qqn
Supermacht *f ¨e* grande puissance *f*
Supermarkt *m ¨e* supérette *f*, supermarché *m*
Suppe *f -n* soupe *f* ; *(fig)* purée *f* de pois ; *(fam) jm die ~ versalzen* gâcher le plaisir de qqn
Suppenfleisch *n ø* viande *f* à pot-au-feu
Suppenkelle *f -n* louche *f*
Suppenteller *m -* assiette creuse/à soupe
surren bourdonner *es surrt in der Leitung* il y a des bruits dans la tuyauterie ◆ <sein> *durch die Luft ~* voler/passer en bourdonnant
Surrogat *n -e* succédané *m*, ersatz *m*, produit *m* de remplacement
suspendieren : *jn vom Dienst ~* suspendre qqn de ses fonctions
süß **1** *(goût)* sucré, doux/douce **2** *(fig) ein ~es Mädchen* une fille mignonne/gentille
süßen sucrer
Süßholz *n ø : (fam) ~ raspeln (non fam)* conter fleurette
Süßigkeiten *fpl* sucreries *fpl*
süßlich **1** *(saveur)* sucré **2** *(péj)* doucereux, -euse, mielleux, -euse
süß-sauer *(saveur)* aigre-doux/douce ; *(fam) ein ~es Lächeln* un sourire mi-figue, mi-raisin
Süßspeise *f -n* entremet *m*
symbolisch symbolique
symmetrisch symétrique
sympathisch sympathique
symptomatisch symptomatique, caractéristique
synchronisieren synchroniser
synthetisch synthétique
systematisch systématique ; méthodique ◆ *etw ~ tun* faire qch avec méthode
Szene *f -n (th/fam)* scène *f*

T

Tabak *m* -e tabac *m* ~ *kauen* chiquer
Tabakladen *m* ¨ bureau *m* de tabac
Tabelle *f* -n tableau *m*; barème *m*
Tablett *n* -s plateau *m*; (*fam*) *das kommt überhaupt nicht aufs* ~ (*non fam*) il n'en est pas question
Tablette *f* -n comprimé *m*, cachet *m*
Tabu *n* -s tabou *m*
Tacho/Tachometer *m/n* - compteur *m*
Tadel *m* - semonce *f*, réprimande *f*
tadellos irréprochable, impeccable
tadeln : *jn* ~ faire des reproches à qqn, semoncer qqn
Tafel *f* -n 1 tableau *m* 2 (*chocolat*) tablette *f* 3 grande table *f*; (*fig*) *die* ~ *auf=heben* (*fam*) lever le siège
tafelfertig : *ein* ~*es Gericht* un plat tout préparé/cuisiné
Täfelung *f* -en lambris *m*
Taft *f* -e taffetas *m*
Tag *m* -e 1 jour *m*, journée *f guten* ~ ! bonjour !; *jeden* ~ tous les jours; ~ *für* ~ jour après jour; *in 14* ~*en* dans 15 jours; *am nächsten/folgenden* ~ le lendemain; *eines schönen* ~*es* un beau jour; *an den* ~ *kommen* apparaître au grand jour; *welchen* ~ *haben wir heute ?* quel jour sommes-nous ?; (*fam*) ~ ! (*non fam*) bonjour !; (*prov*) *die Sonne bringt es an den* ~ la vérité finit toujours par se savoir 2 *bei* ~*e* de jour; *früh am* ~ de bon matin; *es ist heller* ~ il fait (grand) jour; (*fig*) *in den* ~ *hinein reden* parler pour ne rien dire; 3 *pl* (*méd*) règles *fpl* 4 (*rel*) *der Jüngste* ~ le jour du Jugement dernier 5 (*mines*) *über* ~(*e*) à ciel ouvert
tagaus : ~ *tagein* jour après jour, tous les jours
Tagebuch *n* ¨er journal *m*; livre *m* de bord
tagen siéger ◆ *es tagt* le jour se lève
Tageslicht *n* ø lumière *f* du jour; (*fig*) *das* ~ *scheuen* avoir des choses à cacher
Tagesordnung *f* -en ordre *m* du jour; (*fig*) *an der* ~ *sein* être chose courante; *zur* ~ *über=gehen* ne pas faire le détail
Tagespresse *f* ø presse *f* quotidienne
Tagesschau *f* -en journal *m* télévisé
Tageszeit *f* -en moment *m* (de la journée); (*fig*) *zu jeder* ~ n'importe quand, à toute heure du jour
täglich quotidien, -ne, journalier, -ière ◆ tous les jours
tags : ~ *zuvor* la veille
Tagundnachtgleiche *f* ø équinoxe *m*
Tagung *f* -en congrès *m*, assises *fpl*; session *f*
Takelage [-ˈlaːʒə] *f* -n gréement *m*

Takt *m* ø 1 (*mus*) rythme *m*; (*fig*) cadence *f* 2 tact [takt] *m* -e (*mus*) mesure *f*
taktieren manœuvrer
taktisch tactique
taktlos dépourvu de tact [takt] *eine* ~*e Frage* une question indiscrète ◆ *sich* ~ *verhalten* manquer de tact
Taktstock *m* ¨e baguette *f* (du chef d'orchestre)
Taktstrich *m* -e barre *f* de mesure
Tal *n* ¨er vallée *f*, vallon *m*, val *m*
talabwärts en aval
Talar *m* -e robe *f*, toge *f*
talaufwärts en amont
Talent *n* -e 1 talent *m* 2 jeune talent *m*
talentiert qui a du talent, doué
Talfahrt *f* -en : (*fig*) ~ *der Wirtschaft* récession *f*
Talg *m* -e 1 suif *m* 2 sébum [sebom] *m*
Talmi *n* ø toc *m*
Talon [taːlo] *m* -s (*Bourse*) souche *f*; partie *f* détachable
Talsohle *f* -n (*géo*) fond *m* de la vallée; (*fig*) *sich in einer* ~ *befinden* être dans le creux de la vague
Tamtam *n* ø : ~ *um jn/etw machen* (*fam*) faire beaucoup de ramdam [ramdam] *m* autour de qqn/qch
Tang *m* -e varech [-rɛk] *m*
Tangente *f* -n 1 (*math*) tangente *f* 2 route *f* de contournement
tangieren (*math*) être tangent (à); (*fig*) toucher
Tank *m* -s réservoir *m*
tanken : *Benzin* ~ prendre de l'essence ; ◆ (*fam*) *der hat aber getankt !* il est bien imbibé !
Tanker *m* - pétrolier *m*
Tankstelle *f* -n station-service *f*
Tankwart *m* -e pompiste *m*
Tanne *f* -n sapin *m*; (*fig*) *schlank wie eine* ~ mince comme un fil
Tante *f* -n 1 tante *f*; (*fam*) *eine komische* ~ une drôle de bonne femme *f* 2 (*péj*) pédé *m*, tante
Tante-Emma-Laden *m* ¨ épicerie *f* de quartier, petite épicerie du coin
Tanz *m* ¨e danse *f*; (*fam*) *jetzt fängt der* ~ *von vorne an !* c'est reparti !
Tanzabend *m* -e soirée *f* dansante
tänzeln (*cheval*) caracoler ◆ <sein> *aus dem Zimmer* ~ sortir de la pièce en sautillant/en esquissant un pas de danse
tanzen danser; (*fam*) *aus der Reihe* ~ ne pas faire comme tout le monde, n'en faire qu'à sa tête; *nach js Pfeife* ~ obéir à qqn au doigt et à l'œil ◆ *Walzer* ~ danser la valse.

TänzerIn *m f* danseur *m*, -euse *f*
Tapergreis *m -e (fam)* vieux schnock *m*
Tapet *n ø : (fam) aufs ~ kommen* venir sur le tapis *m*
Tapete *f -n* papier *m* peint, tapisserie *f*; *(fig/fam)*; *die ~n wechseln* changer de décor *m*
tapezieren tapisser
tapfer courageux, -euse
Tapferkeit *f ø* courage *m*, bravoure *f*
tappen <sein> marcher/aller à tâtons; *(fig/fam) im Dunkeln ~* être dans le brouillard
täppisch gauche, empoté
Tarantel *f -n* tarentule *f*
Tarif *m -e* **1** grille *f* de salaire **2** tarif *m*, barème *m*
Tariflohn *m ¨e* salaire prévu par la convention collective
Tarifpartner *mpl* partenaires *mpl* sociaux
Tarifvertrag *m ¨e* convention *f* collective
tarnen (sich) (se) camoufler
Tasche *f -n* **1** sac *m* **2** poche *f*; *(fam) jm auf der ~ liegen* vivre aux crochets de qqn; *da muß ich (tief) in die ~ greifen* ça va me coûter la peau des fesses; *sich (D) in die eigene ~ lügen* se raconter des histoires
TaschendiebIn *m -e f -nen* voleur *m*, -euse à la tire, pickpocket [-ket] *m f*
Taschengeld *n -er* argent *m* de poche
Taschenformat *m ø : (iro) ein Casanova in ~* un Casanova de pacotille */(fam)* à la gomme
Taschenmesser *n -* canif *m*
Taschenrechner *m -* calculette *f*
Taschentuch *m ¨er* mouchoir *m*
Tasse *f -n* tasse *f*; *(fam) hoch die ~n!* à la vôtre!; *die hat doch nicht alle ~n im Schrank* il lui manque une case *f*
Tastatur *f -en* clavier *m*
Taste *f -n* touche *f*
tasten palper ◆ *nach etw ~* chercher qch à tâtons ◆ *sich durch das Zimmer ~* traverser la pièce à tâtons
Taster *m -* **1** antenne *f* **2** *(tech)* palpeur *m*; touche *f*; machine *f* à clavier
Tastsinn *m ø* toucher *m*
Tat *f -en* **1** action *f etw in die ~ um-setzen* passer aux actes *mpl*; *(fam) jm auf frischer ~ ertappen (non fam)* prendre qqn sur le fait *m*/en flagrant délit *m* **2** *(fig): in der ~* en fait [fet]
Tatbestand *m ¨e* état *m* de fait; *(jur)* délit *m*
Tatendrang *m ø* soif *f* d'action, dynamisme *m*
tatenlos inactif, -ive
TäterIn *m f* coupable *m f*, malfaiteur *m*
tätig actif, -ive, en activité ~ *sein* travailler

Tätigkeit *f ø : in ~ sein (personne)* être en activité *f*; *(machine)* fonctionner ◆ **-en** activité
tatkräftig énergique, efficace ◆ *jn ~ unterstützen* soutenir qqn à fond
tätlich : ~ *werden* en venir aux mains; *(jur) jn ~ an-greifen* agresser qqn
Tatort *m -e* lieu *m* du délit/du crime *m*
tätowieren (sich) (se) tatouer
Tatsache *f -n* fait *m*; *vollendete ~n schaffen* mettre qqn devant le fait accompli; *(fig) den ~n ins Auge sehen* voir la réalité *f* en face
tatsächlich réel, -le ◆ réellement, effectivement
tätscheln tapoter
Tatterich *m ø : (fam) den ~ haben* avoir la tremblote *f*
Tatze *f -n* patte *f*; *(fam)* paluche *f*
Tau *m ø* rosée *f*
Tau *n -e (mar)* cordage *m*, filin *m*; câble; amarre *f*; *(sp)* corde *f* lisse
taub **1** sourd; *(fam) sich ~ stellen* faire la sourde oreille **2** *~e Finger* doigts engourdis/morts **3** *~e Nuß* une noix vide; *~es Gestein* stérile *m*
Taube *f -n* pigeon *m*; colombe *f*
taubstumm sourd-muet/sourde-muette
tauchen <sein/haben> **1** *die Hände ins Wasser ~* plonger ses mains dans l'eau; **2** *(fam) jn ~* faire boire la tasse à qqn ◆ plonger; mettre/plonger la tête sous l'eau; *aus dem Meer ~* surgir à la surface de la mer; *(fig) ins Dunkel ~* disparaître dans l'obscurité
TaucherIn *m f* plongeur *m*, -euse *f*
Tauchstation *f -en* poste *m* de plongée; *(fig/fam) auf ~ gehen* se mettre au vert
tauen <sein> fondre ◆ *es taut* c'est le dégel, la neige fond
Taufe *f ø -n* baptême *m*; *(fam) aus der ~ heben* mettre sur pied
taufen baptiser
taugen **1** *zu etw/für etw ~* n'être pas fait pour qch **2** valoir *er taugt nichts* il n'est pas bon à rien
tauglich apte, bon, valable; *(mil)* apte, bon pour le service militaire
Taumel *m -* vertige *m*
taumeln <sein/haben> chanceler, vaciller; *(fig) vor Freude ~* être ivre de joie ◆ <sein> *durchs Zimmer ~* traverser la pièce en titubant; *gegen die Wand ~ (fam)* aller cogner contre le mur
Tausch *m ø* échange *m einen guten ~ machen* faire une bonne affaire *f*
tauschen échanger; *(fig) ich möchte nicht mit ihm ~* je n'aimerais pas être à sa place
täuschen : *jn ~* tromper/abuser qqn; induire qqn en erreur; *js Erwartungen ~* décevoir les attentes de qqn ◆ *der erste*

Eindruck täuscht la première impression est trompeuse ♦ *sich ~* se tromper; *sich in jm ~* se tromper sur le compte de qqn ♦ *sich ~ lassen* se laisser abuser; *(fam)* se faire avoir

Täuschung *f* -en **1** tromperie *f*, mystification *f*; *(jur) arglistige ~* escroquerie *f* **2** *eine optische ~* une illusion *f* d'optique

tausend mille

Tausend *f* -/-e **1** millier *m* **2** *pl ~e Zuhörer* des milliers *mpl* d'auditeurs

Tausender *m* - *(fam)* gros billet *m* (de 1 000 DM)

tausendjährig millénaire

Tauwetter *n* ø dégel *m*

Taxi *n* -s taxi *m*

taxieren: *ein Haus ~* évaluer/estimer une maison

Taxwert *m* -e valeur *f* estimative; *(auto)* argus [-gys] *m*

Tb(c) *f* → **Tuberkolose**

Technik *f* ø -en technique [tɛk-] *f*

TechnikerIn *m f* technicien *m*, -ne *f*; spécialiste *m f*; *(fam)* pro *m f*

technisch technique ♦ *das ist ~ nicht möglich* ce n'est techniquement/matériellement pas possible

Teddybär *m* -en ours *m* en peluche, *(fam)* nounours [-nurs] *m*

Tee *m* -s tisane *f*; thé *m*; *(fam) einen im ~ haben/im ~ sein* avoir une bonne cuite

Teekanne *f* -n théière *f*

Teer *m* -e goudron *m*

teeren goudronner

Teich *m* -e étang *m*

Teig *m* -e pâte *f der ~ geht auf* la pâte lève

teigig 1 pas complètement cuit **2** pâteux, -euse

Teigwaren *fpl* pâtes *fpl*

Teil *m* -e **1** partie *f zum ~* en partie; *zum größten Teil* pour la plupart **2** *(livre)* partie; tome *m* **3** *(jur)* partie *f der schuldige ~* le/la coupable **4** *(tech)* pièce *f*

Teil *n* -e **1** part *f*; *(fig) seinen ~ zu etw beitragen* apporter sa contribution *f* à qch **2** *das vordere ~* la partie *f* avant, l'avant *m* **3** *ich für meinen ~* pour ma part; *(fig/fam) er wird sein ~ schon noch abbekommen* il va en prendre pour son grade

Teilansicht *f* -en vision *f* partielle

Teilbetrag *m* ¨e partie *f* du montant

teilen 1 partager; *ein Land ~* diviser un pays ♦ *die Straße teilt sich* la route bifurque; *(fig) die Meinungen ~ sich* les avis sont partagés

teil=haben*: *an etw (D) ~* participer/prendre part à qch

TeilhaberIn *m f* associé *m* -e *f stiller ~* bailleur *m* de fonds

Teilnahme *f* -n **1** participation *f*; collaboration *f* **2** *ohne sichtbare ~* sans manifester d'intérêt *m*; *aufrichtige ~* toutes mes condoléances *fpl*

teilnahmslos absent, indifférent

teil-nehmen*1 *an einem Preisausschreiben ~* participer à un concours, concourir **2** *an einer Versammlung ~* participer/prendre part à une réunion

TeilnehmerIn *m f* participant *m* -e *f*; concurrent *m* -e *f*; *(tél)* abonné *m* -e *f*

teils en partie *es war ~ sehr schön* c'était relativement bien; *(fam) wie geht's? - ~, ~* comment ça va? - comme ci, comme ça

Teilung *f* -en division *f*, partage *m*; démembrement *m*; *(terrain)* lotissement *m*

teilweise partiellement, en partie

Teilzahlung *f* -en paiement *m* fractionné/échelonné/à crédit/à tempérament

Telefon *n* -e téléphone *m*

Telefonanruf *m* -e appel *m* (téléphonique)

Telefonat *n* -e conversation *f* téléphonique; appel *m*

Telefonbuch *n* ¨er annuaire *m*

telefonieren 1 *mit jm ~* téléphoner à qqn **2** *nach einem Taxi ~* appeler un taxi

telefonisch téléphonique; *~e Zeitansage* horloge *f* parlante

TelefonistIn *m f* standardiste *m f*

telegrafieren: *eine Nachricht ~* télégraphier une nouvelle ♦ *jm ~* envoyer un télégramme à qqn

Telegramm *n* -e télégramme *m*

Teller *m* - assiette *f tiefer ~* assiette creuse

Tempel *m* - temple *m*

Tempera *f* -s gouache *f*

Temperament *n* ø énergie *f*; *kein ~ haben* être un peu apathique, manquer d'énergie ♦ *-e* tempérament *m*

Temperatur *f* -en température *f*

temperiert à la bonne température; *ein gut ~er Rotwein* un vin bien chambré

Temp(.)o *n* .i/-s **1** rythme *m*, cadence *f*; *(fam) ~!* et que ça saute! **2** *(mus)* rythme, tempo [tempo] *m*

Tempolimit *n* -s limitation *f* de vitesse

Tendenz *f* -en tendance *f steigende ~* une tendance à la hausse; *(art)* courant *m*

tendenziös tendancieux, -euse

tendieren 1 *ich tendiere dazu, nicht hinzugehen* je n'ai pas très envie d'y aller **2** *(Bourse) die Kurse ~ schwächer* les cours sont à la baisse

Tennisplatz *m* ¨e court *m* de tennis [-nis]

Tennisschläger *m* - raquette *f* (de tennis)

Tenor *m* ø teneur *f*; *(jur)* termes *mpl* ♦ ¨e *(mus)* ténor *m*

Teppich *m* -e tapis *m*; *(fam) bleib mal*

auf dem ~! tu rêves, ou quoi ?; inutile de t'emballer !; *etw unter den ~ kehren* faire passer qch aux oubliettes
Teppichboden *m* ¨ moquette *f*
Termin *m -e* **1** date *f*, échéance *f* **2** rendez-vous *m* **3** *(jur)* audience *f*
termingemäß dans les délais
Termingeschäft *n -e* opération *f* à terme; marché *m* à terme
Terminkalender *m -* agenda *m*
terminieren fixer la date (de)
terrassenförmig en terrasses
Territori.um *n .en* territoire *m*
Terror *m ø* terreur *f*
Terroranschlag *m ¨e* attentat *m* terroriste
terrorisieren terroriser
Terz *f -en (mus)* tierce *f*
Testament *n -e* **1** testament *m*; *(fam) sein ~ machen können* pouvoir s'attendre au pire **2** *(rel)* Testament
testamentarisch testamentaire
Testbild *n -er* mire *f*
testen tester
Testpilot *m -en -en* pilote *m* d'essai
teuer/teur- *a* cher/chère; *(fig) eine teure Adresse* un quartier cher ♦ *(fam) jn/jm ~ zu stehen kommen* coûter cher à qqn
Teuerungswelle *f -n* vague *f* d'augmentations
TeufelIn *m f* diable *m* -sse *f*; *(fam) pfui ~!* beurk !; *weiß der ~!* aucune idée !; *der ~ ist los* ils sont déchaînés
Teufelskerl *m -e (fam)* sacré bonhomme *m*
Teufelskreis *m ø* cercle *m* vicieux
teuflisch **1** diabolique **2** *(fam)* sacré
Text *m -e* **1** texte *m*; *(chanson)* paroles *fpl*; *(fam) den ~ kenne ich schon !* je sais tout ça par cœur !, tu me l'as déjà dit x fois !
Textilien *pl* textile *m*; linge *m*, vêtements *mpl*, tissu *m*
Textverarbeitung *f ø (info)* traitement *m* de texte
TH *f →***Technische Hochschule** Ecole *f* d'Ingénieurs
Theater *n -* théâtre *m*; *(fam) ~ machen* faire tout un cinéma
Theke *f -n* comptoir *m*
Them.a *n .en* **1** sujet *m*, question *f* **2** *(mus)* thème *m*
thematisch thématique
Theologe *m -n -n* théologien *m*
TheoretikerIn *m f* théoricien, -ne
theoretisch théorique
therapeutisch thérapeutique
Thermometer *m -* thermomètre *m*
Thron *m -e* trône *m*
Thunfisch *m -e* thon *m*
Thymian *m -e* thym *m*
Tick *m -s (fam)* tic *m*; grain *m*

ticken 1 faire tic tac **2** *(fam) du tickst wohl nicht ganz richtig* ça ne tourne pas rond dans ta tête
tief profond *~e Wolken* des nuages bas; *30 cm ~ sein* avoir une profondeur de 30 cm; *(voix)* grave; *(couleur)* profonde, intense; *(fig) aus ~stem Herzen* du fond du cœur ♦ *eine Etage ~er* un étage plus bas; *bis ~ in die Nacht hinein* tard dans la nuit
Tief *n -s (météo/psy)* dépression *f*
Tiefbau *m ø* voirie *f* ♦ *-e (mines)* gisement *m* souterrain
Tiefdruck *m ø* **1** basse pression *f* **2** héliogravure *f*
Tiefe *f ø -n* profondeur *f*; *in 100 m ~* par 100 m de profondeur
Tiefebene *f -n* bassin *m*, plaine *f*
Tiefenschärfe *f ø* profondeur *f* de champ
Tiefgarage *f -n* garage *m* souterrain
tiefgehend *(fig)* profond
Tiefkühlfach *n ¨er* compartiment *m* congélateur
Tiefkühlkost *f ø* surgelés *mpl*
Tiefpunkt *m ø*: *(fig) seinen ~ erreicht haben* être au plus bas
Tiefstand *m ø*: *der Dollar hat seinen ~ erreicht* le dollar a atteint son cours *m* plancher
tiefstapeln *(fam)* se rabaisser
Tiegel *m -* poêle *f*; *(chim)* creuset *m*
Tier *n -e* animal *m*; *(fig)* brute *f*; *(fam) ein hohes ~* une grosse légume *f*
Tierart *f -en* espèce *f* animale
Tierarzt *m ¨e* vétérinaire *m*
Tierheim *n -e* chenil *m*
tierisch animal; *(fig/péj)* brutal; *~es Verlangen* désir effréné ♦ *(fam) ~ arbeiten* travailler comme une bête; *~ saufen* boire comme un trou; *sich ~ amüsieren* s'amuser comme un fou
Tierkreiszeichen *n -* signe *m* zodiacal
Tierreich *n ø* règne *m* animal
Tiger *m -* tigre *m*
tigern <sein> : *(fam) durch die Stadt ~* arpenter la ville
tilgen *(éco)* rembourser
Tinnef *m ø (fam/péj)* camelote *f*
Tinte *f -n* encre *f*; *(fig) das ist klar wie dicke ~* c'est clair comme de l'eau *f* de roche; *(fam) in der ~ sitzen* être dans le pétrin
Tintenfaß *n ¨sser* encrier *m*
Tintenfisch *m -e* seiche *f*
Tip *m -s* **1** *(fam)* tuyau *m* **2** *(jeu)* bulletin *m* de jeu
Tippelbruder *m ¨ (fam)* clodo *m*
tippeln <sein> *(fam)* aller à pinces
tippen : *(fam) einen Text ~* taper un texte **1** *(loto)* jouer; *(fig) auf X ~* parier que c'est/ce sera X **2** *an eine Scheibe ~* ta-

Tippfehler

per/toquer à la vitre **3** *jm auf die Schulter* ~ taper sur l'épaule de qqn

Tippfehler *m* - faute *f* de frappe

tipptopp *(fam)* super; nickel

tirili ! cui ! cui !

Tisch *m* -e table *f vor/nach* ~ avant/après manger; *bei/zu* ~ *sitzen* être à table; *(fig) getrennt sein von* ~ *und Bett* être séparé de corps et de biens; *(fam) unter den* ~ *fallen* compter pour des prunes, tomber à l'eau; *etw vom* ~ *wischen* balayer une question d'un revers de manche

Tischdecke *f* -n nappe *f*

Tischgebet *n* -e bénédicité *m*; prière *f* d'action de grâces

Tischler *m* - menuisier *m*

Tischtennis *n* ø ping-pong *m*

Titel *m* - titre *m*

Titelblatt *n* ¨er page *f* de titre; première page *f*, une *f*

titulieren : *jn mit/als Flasche* ~ traiter qqn d'imbécile

tja ! bon !, bah !

Toast [to:st] *m* -e/-s **1** toast [tost] *m* **2** *einen* ~ *aus=bringen* porter un toast

toben 1 *der Sturm tobt* la tempête fait rage **2** faire le(s) fou(s), *(fam)* bien se défouler ♦ <sein> *die Kinder* ~ les enfants courent dans tous les sens

Tobsucht *f* ø folie *f* furieuse

Tochter *f* ¨ fille *f*

Tochtergesellschaft *f* -en filiale *f*

Tod *m* ø mort *f dem* ~*e nahe sein* être à l'agonie; *(fig) jn auf/für den* ~ *nicht aus=stehen können (fam)* ne pas pouvoir voir qqn en peinture; *aus=sehen wie der leibhaftige* ~ être un cadavre ambulant; *(fam) sich zu* ~*e ärgern (non fam)* être terriblement en colère, fulminer

todernst *(fig)* très sérieux; *(personne)* sérieux comme un pape

Todesanzeige *f* -n faire-part *m* de décès, annonce *f* nécrologique

Todesstrafe *f* -n peine *f* capitale

Todesurteil *n* -e condamnation *f* à mort

Todesverachtung *f* ø : *(fig) etw mit* ~ *tun* faire qch avec énormément de répulsion; *jn mit* ~ *an=sehen* regarder qqn avec un souverain mépris

Todfeind *m* -e ennemi *m* -e *f* mortel, -le

todlangweilig *(fig)* à mourir d'ennui, mortel, -le

tödlich mortel, -le; *(fig)* ~*er Haß* une haine farouche

todmüde *(fig)* mort de fatigue

todschick *(fam)* ultra-chic

todsicher *(fam > non fam)* complètement sûr; *ein* ~*er Tip* un tuyau en béton ♦ *er hat es* ~ *vergessen* à tous les coups il a oublié

Toilette [toa...] *f* ø toilette *f* ♦ -n **1** toilettes *fpl* **2** toilette, robe *f*/tenue *f* habillée

Toilettenseife *f* -n savonnette

Toilettenpapier *n* ø papier *m* hygiénique

tolerieren tolérer

toll *(fam)* super [sypɛr], formidable, sensationnel, -le

tollen faire le(s) fou(s) ♦ <sein> *durch die Wohnung* ~ courir dans tous les sens à travers l'appartement

tollkühn hardi, téméraire

Tollwut *f* ø rage *f*

Tolpatsch *m* -e balourd *m*, empoté *m* -e *f*

tolpatschig : *sich* ~ *an=stellen* s'y prendre comme un manche

Tölpel *m* - **1** fou *m* de Bassan **2** *(péj)* empoté *m* -e *f*, balourd *m*

Tomate *f* -n tomate *f*; *(fam) so eine treulose* ~ *!* quel, -le lâcheur *m*, -euse! *f*; ~*n auf den Augen haben* ne pas avoir les yeux en face des trous

Ton *m* ø argile *f*, terre *f* (glaise)

Ton *m* ¨e **1** son *m*; *(fig) den* ~ *an=geben* donner le ton; *jn in den höchsten Tönen loben* chanter les louanges de qqn; *(mus)* tonalité *f*, son *m* **2** ton *m*; *(fam) große Töne spucken* crâner; *einen anderen* ~ *an=schlagen* le prendre sur un autre ton **3** *(couleur)* ton; *(fig)* ~ *in* ~ harmonieux, -euse **4** *(gram)* accent *m* tonique

Tonabnehmer *m* - tête *f* de lecture; lecteur *m*; platine *f*

Tonart *f* -en mode *m*

Tonbandgerät *n* -e magnétophone *m*

tönen 1 *hell* ~ avoir un son clair **2** *(fam)* crâner **3** *sich* (D) *das Haar* ~ se teindre les cheveux

Tonfall *m* ø intonation *f*; cadence *f*

Tonfilm *m* -e film *m* parlant

Tonleiter *f* -n gamme *f*

tonlos : *mit* ~*er Stimme* d'une voix éteinte

Tonne *f* -n **1** container [-nɛr] *m*; *(fam) er ist eine* ~ c'est un gros patapouf *m* **2** *eine* ~ (t) *Kohlen* une tonne *f* (t) de charbon **3** *(mar)* balise *f*

Tonträger *m* - support *m* audio

Topf *m* ¨e **1** *(cuis)* casserole *f* **2** pot *m*

Topfdeckel *m* - couvercle *m*

töpfern faire de la poterie

Toppsegel *n* - hunier *m*

Tor *n* -e **1** porte *f*, portail *m (fig) vor den* ~*en der Stadt* à l'extérieur **2** *(sp)* but [byt] *m*; *(ski)* porte *f*

Tor *m* -en fou *m*/folle *f*

Toreinfahrt *f* -en porte *f* cochère

Torf *m* -e tourbe *f*

Torheit *f* ø bêtise *f*; déraison *f*, folie *f* ♦ -en bêtise *f*; acte *m* déraisonnable, folie *f*

töricht : *eine* ~*e Handlung* un acte déraisonnable; *eine* ~*e Hoffnung* un espoir insensé

torkeln : *(fam)* <sein/haben> ne pas tenir sur ses jambes ♦ <sein> *durchs Zimmer ~* *(non fam)* traverser la pièce en titubant
Tormann *m* ¨er gardien *m* de but [byt]
Tornister *m* - sac *m*
torpedieren torpiller
Torpedo *m* -s torpille *f*
Torschlußpanik *f* ø : *(fig) aus ~* in extremis [inektremis]
Torte *f* -n tarte *f*
Tortur *f* -en torture *f*
tosen : *der Sturm tost* la tempête fait rage ♦ <sein> *durch/über das Land ~* traverser le pays en dévastant tout sur son passage ♦ *(fig) ~der Beifall* un tonnerre d'applaudissements
tot 1 mort, *(fig) die Leitung ist ~* le numéro ne répond plus, *(non fam)* la ligne est suspendue ; *mehr ~ als lebendig (fam)* au bout du rouleau ; *(fam) halb ~ vor Angst (non fam)* plus mort que vif 2 *~es Grau* un gris éteint 3 *(éco) ~es Kapital* capital improductif
total total ♦ *(fam > non fam)* complètement ; *alles ~ falsch machen* faire tout de travers ; *jm ~ gut gefallen* plaire beaucoup à qqn
Totalausverkauf *m* ¨e liquidation *f*
Totale *f* -n *(cin)* plan *m* général
totalitär totalitaire
Totalschaden *m* ø sinistre *m* total ; *~ haben (fam)* être bon à mettre à la casse
tot=arbeiten sich *(fam)* se tuer au travail, se crever au boulot
tot=ärgern sich *(fam)* se fâcher tout rouge
Tote/r mort *m* -e *f*; *(fam) wie ein ~ schlafen* dormir comme une souche
töten tuer *du sollst nicht ~* tu ne tueras pas/point ♦ *sich ~* se tuer, se suicider
Totengräber *m* - fossoyeur *m*
Totenkopf *m* ¨e crâne *m* ; tête *f* de mort
totgeboren mort-né
tot=kriegen : *(fam) er ist nicht totzukriegen* il n'y a pas moyen de l'arrêter
tot=lachen sich *(fam)* mourir de rire
tot=laufen* sich : *(fam)* finir en eau de boudin
Toto *n/m* -s loto *m* sportif
Totschlag *m* ø homicide *m* involontaire
tot=schlagen* 1 *jn ~* tuer qqn en l'assommant ; battre qqn à mort 2 *(fam) du kannst mir ~, aber ich kann mich nicht daran erinnern* il n'y a rien à faire, je ne m'en souviens plus
Totschläger *m* - 1 *(péj)* meurtrier *m* 2 *(arme)* casse-tête *m*
tot=schweigen* passer sous silence, étouffer
tot=stellen sich faire le mort
Tötung *f* ø mise *f* à mort ; homicide *m*, meurtre *m* ; *(jur) fahrlässige ~* homicide involontaire ; *vorsätzliche ~* meurtre avec préméditation
Tour *f* ø *(fam)* combine *f die ~ zieht bei mir nicht!* ça ne marche pas avec moi ! ♦ **-en** 1 excursion *f*, circuit *m*, voyage *m* ; *(fam) auf ~ sein (non fam)* être en déplacement 2 *(fam) in einer ~ (non fam)* constamment 3 *pl (tech) auf vollen ~en laufen* tourner à plein régime *m* ; *(fam) er ist ganz schön auf ~en gekommen* il était bien remonté !
TouristIn *m* -en -en *f* -nen touriste *m*
Trab *m* ø trot *m* ; *(fam) auf ~ kommen* avancer au pas de course ; *jn in ~ halten* ne pas laisser qqn souffler
Trabantenstadt *f* ¨e ville-satellite *f*
traben <sein/haben> trotter ♦ <sein> *(fam) er trabte langsam aus dem Zimmer (non fam)* il sortit lentement de la pièce
Tracht *f* -en 1 costume *m* (folklorique) 2 *(fam) eine ~ Prügel* une volée *f*/raclée *f*
trachten : *nach etw ~* viser qch, aspirer à qch ; *danach ~, etw zu verhindern* tenter d'empêcher qch
trächtig : *eine ~e Sau* une truie pleine
Tradition *f* -en tradition *f*
Tragbahre *f* -n civière *f*
tragbar portable *(fig)* supportable
träge 1 mou/molle, lent, indolent 2 *(phys) ~ Masse* masse inerte
tragen* 1 porter 2 *die Kosten ~* avoir les frais à sa charge, supporter les frais ; *(éco) Zinsen ~* rapporter/produire des intérêts ; *(fig) supporter* ; *er trägt die Schuld* c'est de sa faute, c'est lui le coupable ; *die Folgen ~* subir les conséquences 3 *das Haar kurz ~* avoir les cheveux courts 4 *den Arm in der Binde ~* avoir/porter le bras en écharpe ; *(fig/fam) jn auf Händen ~ (non fam)* être aux petits soins pour qqn ; *die Nase hoch ~* crâner ♦ 1 *das Eis trägt* la glace est solide 2 *seine Stimme trägt* sa voix porte 3 *der Baum trägt noch nicht* l'arbre ne produit pas encore ; *die Sau trägt* la truie est pleine ♦ *schwer an etw (D) ~* être accablé de qch ♦ 1 *das Kleid trägt sich gut* la robe est agréable à porter 2 *sich mit dem Gedanken ~* avoir l'intention de ♦ *(fig) getragene Musik* musique solennelle ; *getragener Stimmung* d'humeur grave
Träger *m* - 1 porteur *m* 2 *(archi)* élément *m* porteur, armature *f*, poutre *f* 3 *der ~ eines Titels* le détenteur *m* d'un titre ; *(admi)* maître *m* d'œuvre ; organisateur *m* ; financeur *m* 4 *pl (vêtement)* bretelles *fpl*
Trägerakete *f* -n lance-missiles *m*
tragfähig qui peut supporter une charge ; *(fig)* acceptable

Tragfläche f -n voiture f; ~nboot n -e hydroglisseur m
Trägheit f ø indolence f, paresse f; (phys) inertie f
Tragik f ø tragique m
tragisch tragique; (fam) *nimms nicht so ~!* ne le prends pas au tragique !, ne dramatise pas !
Tragödie f ø/-n tragédie f
Tragweite f ø (fig) portée f
TrainerIn m f entraîneur m, -euse f
trainieren (sp) *einen Sprung ~* travailler un saut; (fig) *sein Gedächtnis ~* entraîner/faire travailler sa mémoire ◆ s'entraîner, faire de l'entraînement
Training n -s entraînement m
Trainingsanzug m ¨e survêtement m
Trakt m -e aile f; pavillon m
traktieren: *jn mit Vorwürfen ~* accabler qqn de reproches
Traktor m -en tracteur m
trällern fredonner, chantonner
Trampel m/n - (péj) nigaud m, bécasse f
trampeln: *einen Pfad ~* faire un chemin en piétinant le sol ◆ <sein> (fam/péj) *über den Rasen ~* (non fam) piétiner la pelouse
Trampelpfad m -e sentier m
Trampeltier m -e (fam) gros balourd m
trampen [ɐtrɛmp] faire du stop
Tran m -e 1 huile f de baleine 2 (fam) *im ~ sein* (fig) être dans les vaps [vap] fpl
Trance [trɑ̃:s] f -n transe f
tranchieren [trɑ̃ʃiːrən] découper
Träne f -n 1 larme *in ~n ausbrechen* éclater en sanglots mpl; (fig) *~ lachen* rire aux larmes; (iro) *mir kommen gleich die ~!* tu vas me faire pleurer! 2 (péj) *ist das œ ~!* ce n'est vraiment pas un/une rapide !; c'est un vrai bonnet de nuit!
tränen larmoyer
Tränendrüse f -n glande f lacrymale; (fam) *auf die ~n drücken* faire jouer la corde sensible
Tränengas n -e gaz m lacrymogène
Tränensack m ¨e sac m lacrymal
tranig: (fam/péj) *nicht so ~!* secoue-toi !, ne lambine pas !
Tränke f -n abreuvoir m
tränken 1 donner à boire (à) 2 *einen Wattebausch in Alkohol ~* imbiber/imprégner un coton d'alcool
transatlantisch transatlantique
Transfer m -s transfert m
transferieren transférer
Transformator m -en transformateur m
transitiv: *~es Verb* verbe transitif
Transparent n -e banderole f
transpirieren transpirer
transplantieren transplanter

Transport m -e 1 transport m 2 convoi m
transportfähig transportable
transportieren transporter
Transportwesen n ø transports mpl
Transvestit m -en travesti m
Trapez n -e trapèze m
trappeln <sein> trottiner
trapsen <sein/haben> (fam) traîner des pieds
Trasse f -n 1 tracé m 2 chaussée f; voie f ferrée
Tratsch m ø (fam/péj) racontars mpl, potins mpl, commérages mpl
tratschen (fam/péj) raconter des potins
Traube f -n (grain m de) raisin m
trauen: *jn ~* marier qqn ◆ *jm ~* faire confiance/se fier à qqn *kaum seinen Augen ~* ne pas en croire ses yeux ◆ *sich an etw (A) ~* oser faire qch ◆ *sich ~ lassen* se marier
Trauer f ø 1 peine f, affliction f 2 deuil m
Trauerkapelle f -n chapelle f ardente
Trauermarsch m ¨e marche f funèbre
trauern: *um jn ~* pleurer (la perte de) qqn ◆ *zwei Jahre ~* porter le deuil pendant deux ans, rester deux ans en deuil
Trauerweide f -n saule m pleureur
träufeln verser/faire tomber goutte à goutte
Traum m ¨e rêve m, songe m; (fam) *ein ~ von einem Haus* une maison de rêve
Traum.a n -ta/.en traumatisme m
Traumdeutung f ø interprétation f des rêves
träumen rêve *träum süß!* fais de beaux rêves !; (fig) *mit offenen Augen ~* être perdu dans ses rêveries, rêvasser ◆ *von etw/jm ~* rêver de qqn/qch ◆ *ich hätte mir nicht ~ lassen, daß du mir hilfst* je ne m'attendais absolument pas à ce que tu viennes m'aider
TräumerIn m f rêveur m, -euse f
träumerisch rêveur, -euse
traumhaft irréel, -le, fantastique, comme dans un rêve; (fam) de rêve
traurig triste
Traurigkeit f ø tristesse f
Trauring m -e alliance f
Trauung f -en (cérémonie f de) mariage m
Treck m -s convoi m, colonne f
Treff m -s: (fam > non fam) rendez-vous m
treffen* 1 toucher, atteindre *das Ziel ~* tirer en plein dans/toucher la cible; (fig) toucher, affecter 2 *jn auf der Straße ~* croiser/rencontrer qqn dans la rue 4 *Maßnahmen ~* prendre des mesures ◆ atteindre sa cible; *ins Schwarze ~* toucher le centre de la cible; (fig) viser juste, (fam)

taper dans le mille, faire mouche ◆ <sein> *(fig) auf Widerstand* ~ rencontrer une résistance ; *auf merkwürdige Dinge* ~ tomber sur de drôles de choses ◆ *wir treffen uns morgen* nous nous voyons demain ◆ *es trifft sich gut* cela tombe bien ; *wie es sich doch trifft !* quelle coïncidence ! ◆ *(fig) eine treffende Bemerkung* une remarque pertinente

Treffen *n* - rencontre *f* ; entrevue *f*, réunion *f* ; meeting [mitiŋ] *m* ; *(sp)* rencontre *f*

Treffer *m* -1 *(tir)* coup *m* réussi ; *(football)* but [byt] *m* ; *(basket-ball)* panier *m* ; *(escrime)* touche *f* 2 numéro *m* gagnant

Treffpunkt *m* -e 1 lieu *m* de rendez-vous 2 rendez-vous *m* ; carrefour *m*

treffsicher qui a un tir très précis ; *(fig)* ~*es Urteil* un jugement sûr ; ~*e Sprache* une langue très précise

Treibeis *n* ø glace *f* flottante

treiben* 1 faire *Handel* ~ faire du commerce ; *(fam) Unfug* ~ faire des bêtises 2 pousser *Eis* ~ charrier des glaçons ; *(fig) jn zum Wahnsinn* ~ conduire/pousser qqn à la folie 3 *Metall* ~ repousser du métal 4 *(éco) die Preise in die Höhe* ~ faire monter les prix 5 *(fam) treib es nicht zu weit!* ne va pas trop loin ! ◆ <sein> 1 *landeinwärts* ~ se diriger/être poussé vers la terre ; *auf dem Fluß* ~ dériver sur le fleuve ; *(fig) wir treiben auf den Abgrund zu* nous courons au désastre ◆ 1 *(pâte)* monter 2 *(arbres)* bourgeonner 3 *das Bier treibt* la bière fait transpirer ◆ *(nage) sich* ~ *lassen* se laisser flotter ; faire la planche ; *(fig)* se laisser porter par les événements ◆ *(fig) die* ~*de Kraft* le moteur *m*, la force *f* d'impulsion

Treiben *n* ø activité *f*, agitation *f*

Treibgas *n* -e gaz *m* propulseur

Treibhaus *n* ¨er serre *f*

Treibriemen *m* - courroie *f* de transmission

Treibsand *m* ø sables *mpl* mouvants

Treibstoff *m* -e carburant *m*

Trend *m* -s tendance *f* ; *(fam) voll im* ~ *liegen* être dans le vent

trennbar séparable

trennen 1 séparer ; *(jur) eine Ehe* ~ prononcer une séparation 2 *(gram) ein Wort* ~ séparer/couper un mot en deux parties 3 *zwei Grundstücke* ~ séparer/couper un terrain en deux ; *(fig)* séparer, distinguer ◆ *sich* ~ se quitter, se séparer, rompre ◆ *getrennt leben* vivre séparés ; *getrennt zahlen* payer séparément/chacun pour soi

Trennung *f* -en séparation *f* ; rupture *f*

Trennungszeichen *n* - tiret *m*

Treppe *f* -n escalier *m* ; *drei* ~*n hoch* au troisième étage *m* ; *(fam) die* ~ *hinauffallen* grimper les échelons

Treppenabsatz *m* ¨e palier *m*

Treppenhaus *n* ¨er cage *f* d'escalier

Tresen *m* - comptoir *m*

Tresor *m* -e 1 coffre-fort *m* 2 salle *f* des coffres *mpl*

Tresse *f* -n galon *m*

treten* 1 *jn* ~ donner un coup de pied à qqn 2 *die Kupplung* ~ appuyer sur la pédale de débrayage ; *(football) einen Freistoß* ~ tirer un coup franc 3 *den Takt* ~ marquer la mesure (du pied) 4 *(animaux)* couvrir ◆ <sein> 1 *näher* ~ (s')approcher *nach hinten* ~ reculer 2 *von einem Fuß auf den anderen* ~ se balancer d'un pied sur l'autre ◆ <sein> 1 *auf den Balkon* ~ aller sur le balcon ; *auf die Bremsen* ~ freiner, appuyer sur la pédale de frein ; *nicht auf den Rasen* ~ ne pas marcher sur le gazon ; *(fig) auf der Stelle* ~ ne pas avancer, stagner ; *der Schweiß tritt ihm auf die Stirn* la sueur perle à son front ; *an js Stelle* ~ remplacer qqn 2 *aus dem Haus* ~ sortir de la maison 3 *(fig) mit jm in Verbindung* ~ entrer en relation avec qqn ; *in Erscheinung* ~ apparaître ; *jm in den Weg* ~ barrer la route à qqn ; *Tränen* ~ *ihr in die Augen* les larmes lui montent aux yeux ; *(jur) in Kraft* ~ entrer en vigueur 4 *der Mond trat hinter die Wolken* la lune fut cachée par les nuages/passa derrière les nuages 5 *über die Ufer* ~ déborder 6 *zur Seite* ~ se ranger, se mettre de côté

Tretmühle *f* -n *(fam/péj)* turbin *m*

treu 1 fidèle 2 loyal *ein* ~*er Kunde* un client fidèle, un habitué ; ~*e Dienste* services dévoués, bons et loyaux services

Treue *f* ø 1 fidélité *f* 2 loyauté *f* ; dévouement *m*

Treuhandgesellschaft *f* -en société *f* fiduciaire

treuherzig confiant, naïf

treulos déloyal

Tribüne *f* -n tribune *f*

Trichter *m* - 1 entonnoir *m* ; *(fam) auf den* ~ *kommen* trouver le truc *m* 2 trou *m* d'obus ; *(géo)* cratère *m* ; *(mus)* pavillon *m*

Trick *m* -s *(fam)* combine *f* ; ficelle *f*, truc *m*

Trickfilm *m* -e dessin *m* animé

tricksen : *(fam) wir werden die Sache schon* ~ on va bien trouver une combine

Trieb *m* -e 1 pulsion *f*, instinct *m* 2 pousse *f*, rejet *m*

triebhaft pulsionnel, -le, intinctif, -ive

Triebfeder *f* -n *(tech)* ressort *m* ; *(fig)* mobile *m*

Triebkraft *f* ¨e *(tech)* force *f* motrice ; *(fig)* moteur *m*

Triebtäter *m* - délinquant *m* sexuel

Triebwagen *m* - micheline *f*

triefen* <sein> couler, *(fam)* dégouliner ; *Blut trieft aus der Wunde* du sang suinte

triefnaß

de la plaie; *Schweiß trieft von seiner Stirn* la sueur coule de son front, son front ruisselle de sueur ◆ *vom Regen ~* être trempé / *(fam)* dégoulinant; *von/vor Nässe ~* être ruisselant d'humidité; *von/vor Fett ~* baigner dans la graisse; *(fig) von/vor Edelmut ~* regorger de bons sentiments

triefnaß trempé

triftig solide, concluant

Trikot [triko:] *n* -s; juste-au-corps *m*; *(sp)* maillot *m*

Trimm-dich-Pfad *m* -e parcours *m* de santé

trimmen 1 *einen Pudel ~* faire la toilette d'un caniche 2 *(av/mar)* arrimer ◆ *(fam) sich auf jugendlich ~* jouer au jeune

trinkbar potable; buvable

trinken* boire *Brüderschaft ~* trinquer ◆ *aus einem Glas ~* boire dans un verre

TrinkerIn *m f* ivrogne *m f*; alcoolique *m f*

Trinkgeld *n* -er pourboire *m*; *(fig) ich arbeite doch nicht für ein ~!* je ne travaille pas pour des prunes

Trinkwasser *n* ¨ eau potable

Trip *m* ø *(fam)* tour *m*, petite virée *f*; *(drogue) auf dem ~ sein* planer, être parti

trippeln <sein> trottiner

Tripper *m* - blennorragie *f*, *(fam)* chaude-pisse *f*

Tritt *m* ø pas *m*; *(mil) ohne ~, marsch!* en avant, marche! ◆ -e coup *m* de pied; *(fam) einen ~ bekommen* valser, se faire éjecter

Trittbrett *n* -e marchepied *m*

Trittbrettfahrer *m* - *(fig/péj)* profiteur *m*

Trittleiter *f* -n escabeau *m*

Triumph *m* -e/ø triomphe *m*

triumphieren: *über jn/etw (A) ~* triompher de qqn/qch

trivial quelconque, banal

Trivialliteratur *f* ø littérature *f* grand public

trocken 1 sec/sèche; *(fam) er ist ~ (non fam)* il ne boit plus; *auf dem Trockenen sitzen* être coincé; être raide/à sec; *eine ~e Rede (fam)* un discours barbant

Trockenheit *f* ø sécheresse *f*

trocken=legen *(bébé)* changer un bébé; *(terrain)* assainir

Trockenmilch *f* ø lait *m* en poudre

Trockenrasierer *m* - rasoir *m* électrique

trocknen 1 *Obst ~* faire sécher des fruits 2 *sich (D) die Haare ~* se sécher les cheveux ◆ <sein/haben> *die Wäsche trocknet* le linge sèche

Trödel *m* ø *(fam > non fam)* bric-à-brac *m*, vieilleries *fpl*

trödeln 1 *(péj) bei der Arbeit ~* lambiner dans son travail 2 *(fam) durch die Straßen ~* déambuler dans les rues

TrödlerIn *m f* 1 *(fam > non fam)* brocanteur *m* 2 *(péj)* lambin *m*, traînard *m*, endormi *m*

Trog *m* ¨e auge *f*

Trommel *f* -n 1 *(mus)* tambour *m*; *(fam) die ~ für etw rühren* faire tout un foin autour de qch 2 *(tech)* tambour; *(arme)* chargeur *m*

Trommelfell *n* -e *(méd)* tympan *m*

Trommelfeuer *n* - *(mil)* feu *m* roulant; *(fig) im ~ der Fragen* sous le feu croisé des questions

trommeln: *den Rhythmus ~* marquer le rythme au tambour ◆ tambouriner

Trompete *f* -n trompette *f*

trompeten: *einen Tusch ~* jouer de la trompette; *(fig) eine Neuigkeit in der Welt ~* aller clamer une nouvelle sur tous les toits ◆ *(éléphant)* barrir

Tropen *pl* tropiques *mpl*

Tropf *m* - *(méd)* goutte-à-goutte *m* ◆ ¨ *(fam/péj) ein armer ~* un pauvre type *m*

tröpfeln verser goutte à goutte ◆ <sein> tomber goutte à goutte, goutter

tropfen faire tomber/verser des gouttes ◆ goutter *die Nase tropft* le nez coule ◆ <sein> couler, goutter

Tropfen *m* - goutte *f*; *(fig) ein guter ~* un bon vin *m*

tropfenweise sous forme de gouttes; goutte à goutte; au compte-gouttes

Trophäe *f* -n trophée *m*

tropisch tropical

Troß *m* sse *(mil)* ravitaillement *m*, train *m*; *(fig)* cortège *m*

Trost *m* ø consolation *f*, réconfort *m*; *(fam) nicht ganz bei ~ sein* être un peu cinglé

trösten: *jn ~* consoler/réconforter qqn ◆ *sich damit ~, daß* se consoler en

trostlos désespéré, sans espoir; infect; désespérément triste

Trott *m* -e *(cheval)* trot *m*; *(péj)* routine *f*, train-train *m*

Trottel *m* - *(fam/péj)* imbécile *m*

trott(e)lig *(fam/péj)* gaga

trotteln <sein> *(fam)* trottiner

trotz (G/D) malgré, en dépit (de)

Trotz *m* ø défi *m*, bravade *f*, esprit *m* de rébellion *allen Warnungen zum ~* en dépit de toutes les mises en garde

trotzdem quand même, malgré tout

trotzen prendre une attitude de défi, faire de la provocation, faire sa mauvaise tête ◆ *der (D) Gefahr ~* braver/affronter le danger; *jm ~* tenir tête à/défier qqn

trotzig rétif, -ive; provocateur, -trice, insolent *~er Widerstand* une résistance farouche/opiniâtre

trübe 1 trouble *~e Augen* des yeux vitreux; *~es Licht* une lumière terne; *(fam)*

im ~n fischen pêcher en eau trouble **2** triste, maussade ***~e Aussichten*** des perspectives peu réjouissantes
Trubel *m* ø agitation *f*, confusion *f*, tumulte *m*
trüben : ***eine Flüssigkeit ~*** troubler un liquide ; *(fig)* ***js Freude ~*** ternir la joie de qqn ◆ ***sich ~*** se troubler ; *(ciel)* se couvrir
Trübsal *f* -e souffrance *f* ◆ ø affliction *f*, chagrin *m* ; *(fam)* ***~ blasen*** avoir le cafard *m*
trübselig sombre, morose, morne
trübsinnig d'humeur sombre, morose
Trüffel *m* - truffe *f*
Trugbild *n* -er mirage *m* ; illusion *f*, phantasme *m*
trügen* tromper ***wenn mich meine Erinnerung nicht trügt*** si ma mémoire est bonne ◆ ***der Schein trügt*** l'apparence est trompeuse, il ne faut pas se fier aux apparences
trügerisch trompeur, -euse ***ein ~es Gefühl*** une fausse impression
Trugschluß *m* ¨sse sophisme *m*, fausse conclusion *f*
Truhe *f* -n coffre *m*, bahut *m*
Trümmer *mpl* décombres *mpl* ; ***in ~n liegen*** être en ruine *f*
Trumpf *m* ¨e atout *m*
Trunk *m* ø boisson *f*, collation *f*
Trunkenheit *f* ø ivresse *f*
Trupp *m* -s groupe *m*, détachement *m*
Truppe *f* ø : *(mil)* ***die kämpfende ~*** les troupes combattantes ◆ **-n 1** *(mil)* troupe *f* **2** groupe *m*
Truppengattung *f* -en arme *f*
Truthahn *m* ¨e dindon *m*
Truthenne *f* -n dinde *f*
tschüs *(fam)* salut, *(non fam)* au revoir
Tube *f* -n tube *m* ; *(fam)* ***auf die ~ drücken*** appuyer sur le champignon
Tuberkulose (Tbc) *f* -n tuberculose *f*
Tuch *n* ¨er foulard *m* ; drap *m* ; torchon *m* ; tissu *m* ; *(fig)* ***ein rotes ~ für jn sein*** être la bête noire de qqn ◆ **-e** drap *m* ; *(mar)* voile *f*
tüchtig travailleur, -euse, consciencieux, -euse, efficace ; *(fam)* ***eine ~e Tracht Prügel*** une bonne raclée ◆ ***~ essen*** avoir un bon coup de fourchette ; bien manger ; ***~ arbeiten*** bien travailler ; travailler dur ; ***~ frieren*** avoir très froid
Tüchtigkeit *f* ø **1** efficacité *f*, bons résultats *mpl* **2** aptitudes *fpl*, capacités *fpl*
Tücke *f* ø perfidie *f* ; *(fig)* ***die ~ des Schicksals*** la malignité *f* du sort ◆ **-en** ruse *f* ; *(fig)* ***der Motor hat seine ~n*** le moteur a ses humeurs *fpl*, le moteur fait des siennes
tückisch sournois, perfide, rusé, malin
tüfteln : *(fam)* ***an (D) etw ~*** bricoler qch

Tugend *f* ø vertu *f* ◆ **-en** vertu, qualité *f*
tugendhaft vertueux, -euse
Tüll *m* -e tulle *m*
Tülle *f* -n bec *m* verseur
Tulpe *f* -n tulipe *f*
tumb : *(fam)* simplet ; qui n'a rien dans la tête
tummeln sich s'ébattre, batifoler ; *(fam)* ***tummel dich mal ein bißchen !*** grouille-toi un peu !
Tümmler *m* - marsouin *m*
Tumor *m* en/-e tumeur *f*
Tümpel *m* - flaque *f* ; mare *f*
tun* **1** faire ***ich kann nichts dazu ~*** je n'y peux rien ; ***Gutes ~*** faire le bien ; ***jm einen Gefallen ~*** rendre un service à qqn ; *(fig)* ***jm Unrecht ~*** être injuste envers qqn ; ***alle Hände voll zu ~ haben*** avoir du travail par-dessus la tête **2** ***seine Wirkung ~*** agir ; *(fam)* ***was tut's ?*** et alors ?, qu'est-ce que ça peut faire ? ; ***was tut das zur Sache ?*** qu'est-ce que ça change ? **3** *(fam)* ***das hat nichts damit zu ~ haben*** cela n'a rien à voir ; ***damit will ich nichts zu ~ haben*** je ne veux pas m'en mêler ◆ **1** ***das tut mir leid*** je regrette, je suis désolé **2** ***~ Sie, als ob Sie nichts wüßten*** faites comme si vous ne saviez rien, faites semblant de ne rien savoir **3** *(fam)* ***tu nicht so !*** ne fais pas semblant ! ◆ *(fam)* ***es tut sich was*** il se passe/trame quelque chose ◆ **1** ***(es) mit der Angst zu ~ bekommen*** commencer à/finir par avoir peur ; ***(es) mit jm zu ~ haben*** avoir à faire à qqn
Tünche *f* -n badigeon *m*, lait *m* de chaux ◆ ø *(péj)* ***alles nur ~ !*** c'est du bluff [blœf] *m*
tünchen badigeonner, passer au lait de chaux
Tunnel *m* - tunnel *m* ; passage souterrain
Tunte *f* -n *(fam/péj)* pédale *f*, pédé *m*
Tüpfelchen *n* - petite tache *f*, point *m* ; *(fig)* ***das ~ auf dem i*** la dernière touche au tableau
tüpfeln tacheter
tupfen tamponner ; ***sich (D) den Schweiß von der Stirn ~*** s'éponger la sueur du front ◆ ***getupfter Stoff*** tissu à pois
Tupfer *m* - **1** ***bunte ~*** taches *fpl* de couleur **2** *(méd)* tampon *m*, compresse *f*
Tür *f* -en porte *f* ; *(fig)* ***hinter verschlossenen ~en*** à huis *m* clos ; *(fam)* ***jn vor die ~ setzen*** ficher qqn dehors, vider qqn
Turbolader *m* - turbo-compresseur *m*
turbulent 1 animé, turbulent **2** *(phys/astro)* ***~e Strömung*** turbulence *f*
türkis turquoise
Türklinke *f* -n poignée *f* de porte
Turm *m* ¨e tour *f*
türmen empiler ◆ s'empiler, s'amonceler ◆ <sein> *(fam)* filer, décamper

Turmuhr

Turmuhr f -en horloge f
turnen : *eine Übung* ~ faire un exercice de gymnastique ♦ faire de la gymnastique ; *gut* ~ *sein* être bon en gymnastique ♦ <sein> *(fam) über die Dächer* ~ passer par les toits
Turnen n ø gymnastique f ; *(ens)* éducation f physique et sportive (E.P.S.)
TurnerIn m f gymnaste m f
Turngerät n -e agrets mpl
Turnhalle f -n gymnase m
Turnier n -e championnat m, tournoi m ; *(hist)* tournoi m
Turnschuh m -e basket [basket] f ; patin m de gymnastique
Turnus m -se roulement m, rotation f
Türpfosten m - montant m (de porte)
turteln *(fam)* se faire des câlins
Turteltaube f -n tourterelle f ; *(fig)* tourtereau m
Tusche f -n 1 encre f de Chine 2 peinture f à l'eau
tuscheln : *(fam) miteinander* ~ *(non fam)* chuchoter

Tussi f -s : *(fam) das ist meine neue* ~ c'est ma nouvelle copine f
Tüte f -n sac m ; sachet m ; *(glace)* cornet m ; *(fam) kommt nicht in die* ~ ! *(non fam)* c'est hors de question !
tuten corner, faire entendre sa corne de brume/sa sirène ; *(fam) von Tuten und Blasen keine Ahnung haben* ne rien piger
TÜV m ø → **(Technischer Überwachungs-Verein)** contrôle m technique ; service m des mines
Twist m -e (fil m de) coton m
Typ m -en 1 type m ; *(fam) dein* ~ *wird verlangt* on te demande 2 *(tech)* type, modèle m 3 *(fam)* mec m
Type f -n 1 caractère m d'imprimerie 2 *(fam) eine komische* ~ un drôle de type m
typisch typique ; caractéristique
Tyrannei f ø tyrannie
tyrannisch tyrannique
tyrannisieren tyranniser

U

U-Bahn f -en métro m
U-Boot n → **Unterseeboot**
übel/übl- mauvais, désagréable ; *nicht* ~ pas mal ; pas mauvais ; *(péj) ein übler Kerl* un sale type ♦ *mir wird* ~ je ne me sens pas bien, j'ai mal au cœur 2 *jn zu=richten (fam)* bien amocher qqn ; *jm mit=spielen* jouer un mauvais tour à qqn
Übel n - mal m ; *(fig) das kleinere* ~ le moindre mal
übel=nehmen* : *jm etw* ~ en vouloir à qqn de qch, mal prendre qch
üben s'entraîner *Klavier* ~ travailler son piano, faire des exercices au piano ; *(fig) Verrat* ~ trahir, commettre une trahison ; *Kritik* ~ critiquer ; *Rache* ~ se venger ♦ *sich in Geduld* ~ apprendre à être patient
über (A/D) 1 au-dessus de ; par-dessus 2 ~ *die Straße gehen* traverser la rue ; *jm* ~ *den Kopf streichen* caresser la tête de qqn 3 ~ *Berlin* en passant par Berlin 4 *das ganze Jahr* ~ toute l'année ; ~ *das Wochenende* pendant le week-end ; ~ *Mittag* entre midi et deux 5 *sich* ~ *etw freuen* être content/se réjouir de qch ♦ ~ *10 000 Einwohner* plus de 10 000 habitants ♦ *(fam) es ist mir* ~ j'en ai marre
überall partout ♦ ~ *beliebt sein* être aimé de tous
überanstrengen (sich) (se) surmener
überarbeiten : *einen Text* ~ retravailler/remanier un texte ♦ *sich* ~ se surmener, un travail être trop
überaus extrêmement
überbacken faire gratiner
überbeanspruchen : *jn* ~ en demander trop à qqn
über=bekommen* *(fam)* 1 *einen/eins* ~ prendre un coup 2 *js Gejammer* ~ en avoir assez des jérémiades de qqn
überbetrieblich inter-entreprises
Überbevölkerung f ø surpopulation f
überbieten* : *(sp) einen Rekord* ~ battre un record ; *(enchères) jn* ~ surenchérir sur qqn ♦ *sich gegenseitig* ~ faire de la surenchère
Überbleibsel n - *(fam > non fam)* vestige m, reste m, reliquat m
überblenden *(son)* shunter ; *(image)* faire un fondu enchaîné
Überblick m -e 1 vue f d'ensemble : *der* ~ *fehlt* cela manque de perspective f, *(fig/fam)* c'est vu par le petit bout de la lorgnette ; *sich* (D) *einen* ~ *verschaffen* se faire une idée f générale 2 vue f (sur l'ensemble d)
überblicken : *ein Tal* ~ avoir une vue sur toute la vallée ; *(fig) eine Situation* ~ se faire une bonne idée de la situation
über=braten* : *(fam) jm einen/eins* ~ flanquer un gnon à qqn

überbrücken : *(fig) einen Zeitraum ~* arriver au bout d'une période

überdenken* : *einen Vorschlag ~* réfléchir à une proposition ; *sich (D) eine Sache nochmal ~* reconsidérer la question

überdies en plus, en outre

überdimensional énorme, immense

Überdosis *f* ø dose *f* excessive ; *(drogue)* overdose [ɔvərdoz] *f*

überdrehen : *ein Schloß ~* forcer une serrure ◆ *(fam) er ist völlig überdreht* il est surexcité

Überdruß *m* ø dégoût *m*, lassitude *f*, fatigue *f* ; *bis zum ~* à satiété *f*

überdrüssig : *js/einer Sache ~ sein* être fatigué/en avoir assez de qqn/qch

übereifrig *(péj)* zélé

übereignen : *jm etw ~* transmettre qch à qqn

übereilen : *seine Abreise ~* précipiter son départ ◆ *eine übereilte Entscheidung* une décision prise à la hâte/trop hâtive

übereinander l'un sur l'autre

überein-kommen <sein> : *~, etw zu tun* convenir de faire qch

überein=stimmen 1 être d'accord *darin stimmen wir überein* là-dessus, nos avis concordent 2 s'harmoniser, être en harmonie

übereinstimmend concordant ◆ d'un commun accord

Übereinstimmung *f* -en accord *m* ; harmonie *f*

überempfindlich hypersensible

über-fahren* <sein> : *mit der Fähre ~* traverser avec le bac

überfahren 1 *jn ~* écraser qqn *ein stoppschild ~* *(fig)* brûler/griller un stop 2 *(fig/fam) jn ~* prendre qqn de court

Überfall *m* ¨e agression *f* ; hold-up [ɔldœp] *m*, braquage *m* ; attaque *f*

überfallen 1 *ein Land ~* attaquer/envahir un pays ; *eine Bank ~* attaquer une banque, faire un hold-up ; *jn ~* agresser qqn ; *(fig)* arriver à l'improviste chez qqn 2 *(fig) Müdigkeit überfiel ihn* la fatigue l'envahit/le gagne

überfällig 1 *ein ~er Besuch* une visite à faire depuis longtemps ; *(éco) ein ~er Wechsel* une traite en souffrance 2 *ein ~es Flugzeug* un avion qui a du retard

Überfallkommando *n* -s police-secours *f*

über-fließen* <sein> 1 déborder 2 *die Farben fließen ineinander über* les couleurs se mélangent

überflügeln : *jn ~* surpasser/dépasser qqn

Überfluß *m* ø (sur)abondance *f*, profusion *f*

überflüssig superflu ; en trop ; inutile

überfluten inonder

überfordern demander trop (à)

überfragen : *da bin ich überfragt* cette question me dépasse, je ne peux pas vous répondre

überfressen sich *(fam)* s'empiffrer

über-führen : *jn in ein Krankenhaus ~* transporter/transférer qqn dans un hôpital ; *jn in seine Heimat ~* rapatrier le corps de qqn ; *(chim)* transformer

überführen : *(jur) jn einer (G) Tat ~* présenter les preuves de la culpabilité de qqn

überfüllt surchargé, bondé *ein ~er Saal* une salle comble

Übergabe *f* -n 1 remise *f* 2 reddition *f*

Übergang *m* ¨e 1 transition *f* 2 passage *m*, passerelle *f* ◆ ø *nur als ~ gedacht!* n'être que transitoire

über-gehen* <sein> 1 *in andere Hände ~* passer dans d'autres mains 2 *zum Angriff ~* passer à l'attaque 3 *(fig) zu einem anderen Thema ~* passer à un autre sujet

übergehen* 1 *Fragen ~* ne pas tenir compte de/éluder des questions ; *jn ~* ne pas faire attention/ne prêter aucune attention à qqn 2 *etw mit Stillschweigen ~* passer qch sous silence

übergeordnet général, global *ein ~er Begriff* un terme générique

übergeschnappt : *(fam) er ist völlig ~ !* il a perdu la tête !, il divague !

Übergewicht *n* ø surpoids *m (fig)* prépondérance *f*

überglücklich ravi, comblé *~ sein* nager dans le bonheur

über-greifen* : *das Feuer greift auf ein anderes Gebiet über* le feu s'étend à/se propage dans un autre secteur ◆ *~de Regelungen* une réglementation générale

Übergröße *f* -n grande taille *f*

über-haben* *(fam) js Nörgeleien ~* en avoir marre d'entendre qqn râler

überhand-nehmen* se développer considérablement, se généraliser

Überhang *m* ¨e *(comm)* excédent *m*, surplus *m*

über-hängen* : *sich (D) etw ~* se mettre qch sur les épaules

überhäufen *(mit) (cadeaux)* couvrir (de) ; *(travail)* surcharger (de) ; *(reproches)* accabler (de)

überhaupt de manière générale ; *~ nicht* absolument pas, pas du tout ; *wenn ~* si toutefois ◆ *was will er ~ ?* qu'est-ce qu'il veut en fait/exactement ? ; *wie konnte das ~ geschehen ?* comment une chose pareille a-t-elle pu arriver ?

überheblich prétentieux, -euse, arrogant, présomptueux, -euse

überholen

überholen 1 (*circulation*) doubler, dépasser **2** (*appareil*) réviser, remettre à neuf
überhören ne pas entendre ; ne pas tenir compte (de)
überirdisch surnaturel, -le
über=kochen déborder
überkommen* s'emparer (de) *Mitleid überkam mich* je fus saisi d'un sentiment de pitié
überkreuzen (sich) (se) croiser
überladen surchargé *ein ~er Stil* un style ampoulé
Überlänge *f* -n : *Vorsicht, ~ !* attention, longueur exceptionnelle ! long véhicule
überlassen 1 *jm die Entscheidung ~* laisser la décision à qqn ; *überlaß das mir !* laisse-moi faire ! **2** *jn seinem Schicksal ~* abandonner qqn à son sort ◆ *sich der Verzweiflung ~* s'abandonner / se laisser aller au désespoir
Überlastung *f* -en surcharge *f*; (*fig*) *~ durch die Arbeit* surmenage *m*
über=laufen* <sein> **1** *die Wanne läuft über* la baignoire déborde **2** (*mil*) passer à l'ennemi
überlaufen* : *es überläuft mich kalt* cela me donne le frisson, je frissonne
überleben 1 sortir vivant (de), survivre (à) **2** *jn ~* survivre à / vivre plus longtemps que qqn
Überlebende/r survivant *m* -e *f*, rescapé
über=legen : *jm einen Mantel ~* couvrir qqn d'un manteau
überlegen : *sich (D) etw sehr genau ~* bien réfléchir à qch
überlegen : (*fam*) *~es Getue* manières *fpl* ; *zahlenmäßig ~* supérieur(s) en nombre ; *jm in etw ~ sein* surpasser qqn en qch, être supérieur / plus fort que qqn en qch
Überlegung *f* ø : *ohne ~* sans réfléchir ◆ *-en* réflexion, considération *f*
über=leiten : *zu einem neuen Thema ~* permettre de passer à / d'enchaîner sur un autre sujet, conduire au sujet suivant
überlesen* 1 *einen Fehler ~* ne pas remarquer une faute **2** (*texte*) survoler, lire en diagonale
überlisten : *jn ~* tromper / duper qqn, au plus fin avec qqn
Übermacht *f* ø supériorité *f*, suprématie *f*; *in der ~ sein* être le(s) plus puissant(s)
Übermaß *n* ø (*an D*) excès *m* (de) ; *etw im ~ haben* avoir plus de qch qu'il n'en faut, avoir qch à profusion
übermäßig excessif, -ive *~e Hitze* une chaleur torride ◆ *~ hohe Preise* prix exorbitants ; *~ arbeiten* travailler trop
übermenschlich surhumain
übermitteln transmettre, communiquer, faire savoir

übermorgen après-demain
Übermut *m* ø bonne humeur *f* débridée, exubérance *f*
übermütig très joyeux, exubérant, (*fam*) remonté, déchaîné
übernachten : *bei jm ~* passer la nuit / dormir chez qqn
übernächtigt : *ein ~es Gesicht* un visage fatigué ◆ *~ aus=sehen* avoir les traits tirés
Übernahme *f* ø prise *f* ; (*comm*) reprise *f* ◆ *-en wörtliche ~e* citation *f* mot à mot
übernatürlich surnaturel, -le
übernehmen* 1 *die Kosten ~* prendre les frais à sa charge **2** *den Vorsitz ~* accéder à la présidence ; *ein Geschäft ~* reprendre une affaire **3** (*jur*) *js Verteidigung ~* assurer la défense de qqn ◆ **1** *sich mit einer Arbeit ~* être dépassé par son travail, avoir trop présumé de ses forces **2** *sich finanziell ~* dépasser son budget, avoir mal calculé le coût de qch
überprüfen contrôler, vérifier
überqueren traverser
über=ragen être en surplomb / en saillie, dépasser
überragen : *jn ~* dépasser qqn, être plus grand que qqn ; *etw ~* dominer qqn
überragend supérieur : *eine ~e Leistung* une prouesse hors du commun ; *von ~er Bedeutung* d'une importance capitale
überraschen 1 *jn ~* faire une surprise à qqn ; surprendre / étonner qqn **2** *einen Dieb ~* surprendre un voleur, prendre un voleur sur le fait [*fet*] ◆ *lassen wir uns ~* ce sera une surprise ◆ *ein ~der Entschluß* une décision surprenante ; *ein ~der Besuch* une visite surprise
Überraschung *f* -en surprise *f*, étonnement ; *zu meiner ~* à ma grande surprise, à mon grand étonnement
überreden convaincre, persuader
überreichen : *etw ~* remettre qch
Überrest *m* -e **1** vestige *m*, reste *m* **2** *pl sterbliche ~e* la dépouille *f* mortelle
überrollen happer ; écraser ◆ *sich nicht ~ lassen* ne pas se laisser laminer
überrumpeln : *jn ~* prendre qqn de court
überrunden (*sp*) doubler ; (*fig*) dépasser
Überschallflugzeug *n* -e avion *m* supersonique
überschatten (*fig*) assombrir, jeter une ombre (sur)
überschätzen (sich) (se) surestimer
überschaubar bien visible ; (*fig*) évaluable, contrôlable
überschauen : (*fig*) *die Folgen von etw ~* appréhender / envisager toutes les conséquences de qch
über=schäumen : *der Sekt schäumt*

über la mousse du crémant déborde; *(fig)* **vor Temperament** ~ être débordant/plein de vie
überschlafen: *(fig/fam)* **ich muß den Vorschlag nochmal** ~ il faut que je laisse encore mûrir cette proposition
Überschlag *m* ¨e **1** évaluation *f* estimative **2** *(sp)* roulade *f*, culbute *f*; *(av)* looping [lupin] *m*
über=schlagen*: *sich (D) ein Tuch* ~ jeter/mettre une écharpe sur ses épaules ◆ **1** *Funken schlagen über* des étincelles jaillissent **2** *(fig)* **das schlägt in mein Fach über** cela touche à mon domaine
überschlagen* 1 *eine Summe* ~ évaluer une somme **2** *eine Seite* ~ sauter une page ◆ *sich* ~ se renverser; *das Auto überschlägt sich* la voiture fait un/des tonneau(x); *(fig)* **die Ereignisse** ~ *sich* les événements se bousculent; *seine Stimme überschlägt sich* sa voix part dans les aigus; *(fam)* **überschlag dich bloß nicht!** n'en fais pas trop!
überschneiden* *sich* **1** se couper, se croiser; *(fig)* **die Themen** ~ *sich* les deux thèmes se recoupent **2** *die Sendungen* ~ *sich* les deux émissions se chevauchent
überschreiben* 1 *jm ein Haus* ~ mettre une maison au nom de qqn **2** intituler, mettre un titre à
überschreiten*: *eine Grenze* ~ passer/franchir une frontière; *(fig)* dépasser les limites/les bornes; *die Geschwindigkeit* ~ ne pas respecter la limitation de vitesse; *Befugnisse* ~ outrepasser ses droits
Überschrift *f* -en titre *m*; en-tête *m*
Überschuß *m* ¨sse *(comm)* bénéfice *m* net [net]
überschüssig en trop, excédentaire
überschütten: *(fig)* **mit Vorwürfen** ~ accabler de reproches; **mit Geschenken** ~ couvrir de cadeaux
Überschwang *m* ø exaltation *f*, fougue *f*
überschwemmen submerger, inonder
Überschwemmung *f* -en inondation *f*
überschwenglich: *~e Freude* joie débordante ◆ *jn* ~ *loben* couvrir qqn de louanges
Übersee *f* ø outre-mer; *in* ~ outre-mer
übersehbar: *~e Landschaft* un paysage bien dégagé; *(fig)* clair, -e
übersehen* 1 *etw/jn* ~ ne pas voir/remarquer qch/qqn; *(fig) jn (bewußt)* ~ éviter qqn, faire comme si qqn n'était pas là **2** *ein Gelände* ~ avoir une vue sur tout le terrain, embrasser le terrain du regard
über=sehen*: *(fam) sich (D) etw übergesehen haben* ne plus pouvoir voir qch (en peinture)
übersetzen traduire

über=setzen: *jn* ~ faire traverser un fleuve à qqn, conduire qqn sur l'autre rive ◆ <sein/haben> *ans andere Ufer* ~ traverser le fleuve, aller sur l'autre rive
ÜbersetzerIn *m f* traducteur *m*, -trice *f*
Übersetzung *f* -en **1** traduction *f*; thème *m*; version *f*; **2** *(tech)* régime *m*
Übersicht *f* ø: *sich (D) eine* ~ *verschaffen* se faire une idée générale, avoir une vue d'ensemble ◆ *-en eine* ~ *geben* faire un résumé *m*, dresser un tableau *m*
übersichtlich 1 clair **2** où il y a une bonne visibilité
übersiedeln <sein> aller s'installer (à/en)
übersinnlich suprasensible, surnaturel, -le
überspannen: *etw mit Stoff* ~ tendre une toile sur qch, recouvrir qch d'une toile ◆ *(fig) überspannte Einfälle* des idées complètement farfelues
überspielen 1 *eine Schallplatte* ~ copier un disque (sur cassette), *(fam)* repiquer un disque **2** *(fig)* masquer, cacher
überspitzen: *eine Forderung* ~ être trop exigeant
überspringen* sauter
über=springen* 1 *(élec)* sauter; *(fig)* se communiquer **2** *auf ein anderes Thema* ~ passer à un autre sujet
über=stehen* être en surplomb/saillie
überstehen* surmonter
übersteigen*: *eine Mauer* ~ franchir/passer par-dessus un mur; *(fig) das übersteigt meine Kräfte* c'est au-dessus de mes forces; *js Hoffnungen* ~ dépasser les espérances de qqn
überstimmen: *jn* ~ mettre qqn en minorité
über=strömen <sein>: *(fig) von/vor Seligkeit* ~ nager dans la béatitude ◆ *mit* ~ *der Herzlichkeit* de manière extrêmement chaleureuse
überströmen submerger, couvrir
Überstunde *f* -n heure *f* supplémentaire; *(ens)* heure complémentaire
überstürzen (sich) (se) précipiter
übertölpeln *(fam)* rouler, duper
Übertopf *m* ¨e cache-pot *m*
übertragbar 1 transmissible *die Karte ist nicht* ~ la carte est strictement personnelle **2** transférable; *(maladie)* contagieux, -euse, transmissible
übertragen* 1 *(radio/télé)* diffuser **2** *(maladie/tech)* transmettre **3** *etw in ein Heft* ~ recopier qch dans un cahier **4** *jm die Leitung eines Betriebes* ~ céder la direction d'une entreprise à qqn ◆ *sich auf die anderen* ~ se transmettre/se communiquer aux autres, être communicatif, -ive ◆ *im ~en Sinn* au sens figuré

Übertragung f ø (tech) transmission f ◆ **-en** 1 (radio/télé) retransmission f, diffusion f 2 (méd) transmission
übertreffen* 1 jn ~ surpasser qqn, l'emporter sur qqn, être plus fort que qqn 2 alle Erwartungen ~ dépasser toutes les espérances ◆ (fig) sich selbst ~ se dépasser/surpasser
übertreiben* exagérer; (fam) übertreib's nicht! ne va pas trop loin!, ne pousse pas le bouchon trop loin! ◆ → **übertrieben**
übertreten* enfreindre, contrevenir (à), transgresser
über-treten* <sein> 1 (mil) zum Feind ~ passer à l'ennemi; (rel) se convertir (à) 3 der Fluß tritt über die ~ le fleuve déborde
übertrieben exagéré, excessif, -ive ◆ → **übertreiben**
übertrumpfen 1 (cartes) couper en jouant atout 2 js Leistung ~ dépasser haut la main la performance de qqn
übervorteilen tromper
überwachen surveiller
überwältigen 1 maîtriser 2 der Schlaf hat ihn überwältigt le sommeil a eu raison de lui; ihr Anblick hat mich überwältigt elle m'a subjugué ◆ eine ~de Mehrheit une majorité écrasante; von ~der Komik d'un comique irrésistible; (fam) das Ergebnis ist nicht ~ le résultat n'est pas mirobolant
überweisen 1 (banque) virer 2 jn in ein anderes Krankenhaus ~ transférer qqn dans un autre hôpital
Überweisung f -en 1 (banque) virement m 2 lettre f du généraliste adressant un patient à un spécialiste 3 transfert m
überwerfen* sich mit jm ~ se fâcher/brouiller avec qqn
überwiegen* prédominer
überwiegend: der ~e Teil la plus grande partie, la majorité ◆ surtout, essentiellement
überwinden* einen Gegner ~ vaincre un adversaire; (fig) Probleme ~ surmonter des problèmes ◆ sich ~ prendre sur soi, faire des efforts sur soi-même
überwintern eine Pflanze ~ faire hiverner une plante ◆ (animaux) passer l'hiver, hiverner; hiberner
Überzahl f ø : in der ~ sein être les plus nombreux
überzählig en surnombre, en trop, excédentaire
überzeugen jn ~ convaincre/persuader qqn ◆ sich von etw ~ juger de qch par soi-même
überzeugend convaincant
überzeugt : ein ~er Atheist un athée convaincu; von sich (D) selbst ~ très sûr de soi

Überzeugung f ø /-en conviction f
überziehen* 1 ein Konto ~ faire/avoir un découvert 2 (cuis) recouvrir (de), faire un glaçage ◆ der Himmel überzieht sich mit Wolken le ciel se couvre
über=ziehen* 1 einen Mantel ~ enfiler un manteau 2 (fam) jm eine/ein ~ flanquer une baffe f à qqn
üblich habituel, -le das ist ~ c'est ce qu'on fait normalement/d'habitude ◆ wie ~ comme d'habitude
üblicherweise habituellement, d'habitude
U-Boot n → **Unterseeboot**
übrig de reste, restant das ~e Geld le reste de l'argent; alle ~en tous les autres; alles ~e tout le reste; im ~en du reste, d'ailleurs; (fig) für jn nichts ~ haben ne pas porter qqn dans son cœur; für etw nichts ~ haben ne pas aimer qch
übrig=bleiben* <sein> 1 es bleibt etw übrig il reste qch 2 mir bleibt nichts anderes übrig je n'ai pas le choix, il n'y a rien d'autre à faire
übrigens d'ailleurs hast du ~ schon gehört, daß on fait [fet]/à propos, as-tu entendu dire que
übrig=lassen* laisser ◆ zu wünschen ~ laisser à désirer
Übung f ø entraînement m aus der ~ kommen perdre la main ◆ -en exercice m
Ufer n - rive f, rivage m, berge f, bord m der Fluß tritt über die ~ le fleuve sort de son lit; (fam) vom anderen ~ sein être homo(sexuel)
uferlos (fig) sans fin, interminable ins ~e gehen ne mener à rien
UFO/Ufo n -s ovni m → **unbekanntes Flugobjekt**
U-Haft f ø → **Untersuchungshaft**
Uhr f -en montre f; pendule f, horloge f ø 1 wieviel ~ ist es? quelle heure est-il?; um 8 ~ à huit heures 2 (fig) wissen, was die ~ geschlagen hat savoir à quoi s'attendre; (fam) rund um die ~ 24 heures sur 24
UhrmacherIn m f horloger m, -ère f
Uhrzeiger m - aiguille f
Uhrzeit f -en heure f
Uhu m -s grand-duc m
UKW → F.M. f → **Ultrakurzwelle**
ulkig (fam) rigolo, (non fam) drôle
Ulme f -n orme m
Ultrakurzwelle (UKW) f -n modulation f de fréquence
um (A) 1 ~ das Haus gehen faire le tour de la maison; etw ~ den Kopf wickeln mettre qch autour de la tête 2 ~ 6 Uhr à 6 heures; ~ die Mittagszeit entre midi et deux 3 einen Tag ~ den anderen un jour sur deux; Tag ~ Tag jour après jour;

Schritt ~ *Schritt* pas à pas **4** ~ *3 cm verlängern* allonger de 3 cm ; ~ *ein Jahr älter sein* avoir un an de plus **5** ~ *jn kämpfen* se battre pour qqn ; ~ *Verständnis bitten* demander la compréhension ◆ **1** ~ *die 1000 DM* dans les 1000 marks **2** ~ *und* ~ de tous côtés, tout autour **3** *das Jahr ist* ~ c'est la fin de l'année ; ~ *sein* être terminé ; *die Frist ist* ~ le délai est écoulé ◆ **1** ~ *etw zu machen* pour faire qch **2** ~ *so größer* d'autant plus grand ; ~ *so mehr, als* d'autant plus que

um=arbeiten reprendre ; transformer, transposer

umarmen (sich) (s')étreindre, prendre dans ses bras, (s')embrasser

Umbau *m* ø transformation *f* ◆ **-ten** coffrage *m* ; palissade *m*

um=bauen : *ein Haus* ~ transformer une maison

umbauen : *einen Platz* ~ construire des bâtiments autour d'une place

um=bestellen : *jn* ~ remettre un rendez-vous avec qqn ; *etw* ~ remettre qch

um=biegen tordre / courber ◆ <sein> *der Weg biegt hier um* le chemin tourne

um=blasen* (*fam*) *jn* ~ zigouiller qqn

um=blättern tourner (une page)

um=blicken sich regarder autour de soi ; se retourner

Umbra *f* ø ambre *m*

Umbruch *m* ø (*typo*) mise *f* en page ◆ ¨**e** bouleversement *m*

um=buchen (*éco*) virer sur un autre compte, transférer

Umbuchung *f* -en (*éco*) virement *m*, transfert *m* ; (*voyage*) modification *f* de date / destination

umdenken* modifier sa façon de penser, changer sa façon de voir

um=drehen 1 retourner *den Schlüssel* ~ tourner la clé ; *einen Hahn* ~ tourner / ouvrir / fermer un robinet **2** (*fam*) *einen Spion* ~ retourner un espion ◆ <sein / haben> faire demi-tour ◆ *sich* ~ se retourner

Umdrehung *f* -en (*tech*) tour *m*

umeinander : ~ *gehen* tourner l'un autour de l'autre ; *sich* ~ *kümmern* se soucier l'un de l'autre

umfahren* : *ein Schlagloch* ~ contourner un nid-de-poule

um=fahren* : (*fam*) *jn* ~ renverser qqn

um=fallen* <sein> tomber ; se renverser *ohnmächtig* ~ tomber évanoui, s'évanouir ; *tot* ~ tomber raide mort

Umfang *m* ¨**e** circonférence *f* ; étendue *f* ; volume *m* ; (*voix*) tessiture *f* **2** (*fig*) ampleur *f*

umfangreich important, considérable, vaste

um=fassen enlacer

umfassen 1 *jn mit den Armen* ~ prendre qqn dans ses bras **2** contenir, être constitué (de) ; *das Werk umfaßt 20 Bände* l'ouvrage comprend 20 volumes ◆ *sich gegenseitig* ~ s'enlacer

umfassend vaste, large, important ◆ *jn* ~ *informieren* donner des informations complètes à qqn

Umfeld *n* -er entourage *m*, milieu *m*

um=formen (*élec*) transformer, convertir ; (*fig*) transformer, profondément modifier

Umfrage *f* -n sondage *m*, enquête *f*

um=füllen transvaser

um=funktionieren (*in* A) transformer (en)

Umgang *m* ø fréquentation *f* (de), relations *fpl* (avec)

umgänglich facile à vivre, conciliant, affable

Umgangsformen *fpl* savoir-vivre *m*, bonnes manières *fpl*

Umgangssprache *f* -n langue *f* usuelle

umgarnen (*fig*) *jn* ~ enjôler qqn

umgeben* (sich) (mit) (s')entourer (de)

Umgebung *f* -en **1** milieu *m*, entourage *m*, proches *mpl* **2** *in der* ~ dans les environs *mpl*

umgehen* contourner ; (*fig*) *einen kritischen Punkt* ~ éluder une question épineuse ◆ *es / das läßt sich nicht* ~ on ne peut pas l'éviter

um=gehen* <sein> **1** *mit jm* ~ fréquenter qqn ; *mit jm gut* ~ bien traiter qqn **2** *mit einem Gewehr* ~ se servir d' / manipuler un fusil **3** *mit etw sparsam* ~ faire attention (à), être économe (de) **4** *ein Geist geht um* un esprit hante la maison **5** (*fam*) *ich lasse nicht so mit mir* ~ *!* je ne me laisserai pas faire !

umgehend immédiatement

Umgehungsstraße *f* -n voie *f* de contournement

umgekehrt retourné ; inverse ; inversé, opposé ◆ à l'inverse ; *und* ~ et inversement, et vice versa

um=gestalten transformer, remanier ; réorganiser

um=gießen* 1 transvaser **2** (*fam* > *non fam*) renverser

um=gucken : (*fam*) *du wirst dich noch* ~ *!* tu vas voir !

Umhang *m* ¨**e** cape *f* ; pèlerine *f*

um=hängen 1 *die Bilder* ~ changer les tableaux de place **2** *jm etw* ~ mettre qch sur les épaules de qqn

Umhängetasche *f* -n sac *m* à bandoulière ; (*facteur*) sacoche *f*

um=hauen* (*fam*) **1** *der Schnaps haut einen um* ce schnaps te rétame en moins de deux ; *die Nachricht hat mich umgehauen* la nouvelle m'a complètement estomaqué **2** *einen Baum* ~ faire tomber un arbre

umher

umher tout autour
umher=fahren* <sein> circuler, se promener
umher=gehen* <sein> : *im Zimmer* ~ circuler/marcher dans une pièce
umher=ziehen* <sein> circuler, *(fam)* vadrouiller
um=kehren <sein> faire demi-tour, rebrousser chemin ♦ *ein Blatt* ~ retourner une feuille ♦ *sich nach jm* ~ se retourner sur qqn
um=kippen renverser, basculer; retourner ♦ <sein> 1 *(fam) er ist umgekippt* il est tombé dans les pommes 2 *(fam)* basculer; *er ist plötzlich umgekippt (non fam)* il a brusquement changé d'avis
um=klammern étreindre, serrer très fort dans ses bras
umkleiden (sich) se changer
Umkleideraum ¨e vestiaire *m*
um=kommen* <sein> mourir, périr ♦ *nichts* ~ *lassen* ne rien laisser se perdre
Umkreis *m* ø environs *mpl*, périmètre *m*; rayon *m*; *(math)* cercle *m* circonscrit
Umkreisung *f* -en rotation *f*; révolution *f*
um=krempeln 1 *(manches)* retrousser; *(chaussettes)* retourner 2 *(fam) einen Menschen (völlig)* ~ *(non fam)* complètement transformer qqn
um=laden* transborder
Umlage *f* -n participation *f*, contribution *f* financière; cotisation *f*
umlagern : *jn* ~ entourer qqn, se presser autour de qqn
um=lagern : *Waren* ~ stocker des marchandises ailleurs
Umlauf *m* ø 1 circulation *f* 2 rotation *f*, révolution *f* 3 *(méd)* circulation sanguine ♦ ¨e 1 circulaire *f*, note *f* de service 2 tour *m*
Umlaufbahn *f* -en orbite *f*
um=laufen* <sein> 1 circuler 2 *(astro)* tourner ♦ *jn* ~ renverser qqn en courant
umlaufen* 1 *(astro)* tourner autour de 2 *einen Platz* ~ courir autour d'une place; faire le tour d'une place
Umlaut *m* -e inflexion *f*
um=legen 1 *jm einen Verband* ~ mettre une bande à qqn 2 *(fam) jn kaltblütig* ~ *(non fam)* abattre froidement qqn 3 *ein Telefongespräch* ~ transférer un appel sur un autre poste ♦ *sich* ~ se coucher
um=leiten *(circulation)* dévier; *(fleuve)* détourner, dériver
Umleitung *f* -en déviation *f*
umliegend avoisinant, aux alentours
um=melden : *eine Auto* ~ changer l'immatriculation d'une voiture ♦ *sich* ~ déclarer son changement d'adresse

Umnachtung *f* -en : *geistige* ~ désordre *m* mental
um=organisieren réorganiser
Umrahmung *f* -en cadre *m*; encadrement *m*
um=rechnen convertir
Umrechnungskurs *m* -e taux *m* de change
umreißen* : *ein Thema* ~ indiquer/définir les grandes lignes d'un sujet
um=reißen* : *jn/etw* ~ renverser qqn/qch
Umriß *m* sse contour *m*, silhouette *f in großen Umrissen* à grands traits *mpl*; *(fig) feste Umrisse an=nehmen* prendre forme *f*
um=rühren tourner; touiller
um=satteln : *(fam) auf einen anderen Beruf* ~ *(non fam)* changer de métier
Umsatz *m* ¨e 1 *(comm)* chiffre *m* d'affaires 2 *(phys/chim)* rendement *m* énergétique
um=schalten 1 *(élec)* commuter 2 *(radio/télé)* passer à l'antenne 3 *auf Gelb* ~ passer à l'orange; *(fam) ich muß erst mal* ~ il faut que je reprenne mes esprits
um=schauen sich 1 *sich* ~ regarder autour de soi 2 *sich nach jm/etw* ~ chercher qqn/qch du regard
umschichtig : ~ *arbeiten* travailler par roulement
umschiffen contourner, éviter *ein Kap* ~ doubler un cap
Umschlag *m* ¨e 1 *(méd)* compresse *f* 2 *(vêtement)* revers *m*, rabat *m* 3 enveloppe *f* ♦ ø 1 *(météo)* brusque changement *m* de temps 2 *(comm)* transbordement *m*; chiffre *m* d'affaires
um=schlagen* 1 retourner; *(page)* tourner 2 *(comm) Güter* ~ vendre/écouler des biens ♦ <sein> 1 *das Boot schlägt um* le bateau se retourne 2 *das Wetter schlägt um* le temps change; *der Wind schlägt um* le vent tourne; *(fig) die Stimmung schlug um* l'ambiance changea brusquement 3 *(vin)* devenir aigre, tourner au vinaigre
umschließen* 1 *etw ganz fest* ~ serrer qch dans ses mains 2 *(mil)* cerner, investir
umschlingen* : *jn* ~ enlacer qqn
um=schmeißen* : *(fam) jn* ~ flanquer qqn par terre; *die Nachricht hat mich total umgeschmissen* la nouvelle m'a complètement estomaqué; *die (Termin)planung* ~ chambouler l'emploi du temps
umschreiben* : *(fig) eine Situation* ~ décrire une situation en termes alambiqués
um=schreiben* 1 *einen Artikel* ~ revoir/remanier un article 2 *(jur) Grundbesitz* ~ faire un transfert de propriété 3 transcrire
Umschreibung *f* ø *(jur)* transfert *m* ♦ -en périphrase *f*

Umschuldung *f* -en *(éco)* conversion *f* de dette

um=schulen 1 *ein Kind ~* changer un enfant d'école 2 reconvertir

Umschulung *f* -en reconversion *f*, réorientation professionnelle

umschwärmen *(insectes)* voleter; *(fig) jn ~* entourer qqn, s'empresser auprès de qqn; courtiser qqn ◆ *(fig) ein umschwärmter Schauspieler* un acteur adulé du public

Umschweife *mpl* : *keine ~ machen* parler sans détours *mpl*

um=schwenken* <sein> 1 *(mil)* faire demi-tour 2 *(fam/péj)* tourner casaque; tourner sa veste

um=sehen* sich : *sich nach jm ~* chercher qqn; *(fam) ehe man sich umgesehen hat* en moins de deux

umseitig au verso

um=setzen 1 *jn ~* faire changer de place qqn 2 *in (A) Energie ~* tranformer en énergie 3 *(fig) einen Plan in die Tat ~* réaliser un plan, passer aux actes

Umsicht *f* ø : *~ zeigen* faire preuve de circonspection *f*/prudence *f*

umsichtig circonspect, prudent

um=siedeln : *die Bevökerung ~* déplacer/transplanter une population ◆ <sein> *von Bonn nach Berlin ~* quitter Bonn pour aller s'installer à Berlin

Umsiedler *mpl* populations *fpl* déplacées

umsonst 1 gratuitement, pour rien 2 *~ warten* attendre en vain/inutilement/pour rien

um=springen* <sein> 1 *auf Rot ~* passer au rouge 2 *(fam/péj) mit jm mies ~* traiter qqn comme un chien

Umstand *m* ¨e 1 circonstance *f*, condition *f unter keinen Umständen* en aucun cas; *unter Umständen* éventuellement, le cas échéant; *(fig) Umstände machen* faire des manières *fpl* 2 *pl (jur) mildernde ~* circonstances atténuantes

umständlich 1 compliqué; *eine ~e Erklärung* une explication alambiquée 2 *ein ~er Mensch* une personne qui complique tout

Umstandsbestimmung *f* -en complément *m* circonstanciel

Umstandskleid *n* -er robe *f* de maternité

umstehend au verso

um=steigen* <sein> 1 *in Köln ~* changer (de train) à Cologne; *dreimal ~* avoir trois changements 2 *(fam) von weichen auf harte Drogen ~* passer des drogues douces aux drogues dures

umstellen : *jn/etw ~* cerner qqn/qch

um=stellen 1 *die Möbel ~* changer des meubles de place, disposer des meubles autrement; *eine Uhr ~* mettre une montre à l'heure 2 reconvertir ◆ *sich ~ (auf A)* s'adapter/s'habituer (à), *(fam)* se faire (à)

um=stimmen : *jn ~* faire changer qqn d'avis

um=stoßen* : *jn/etw ~* renverser qqn/ qch; *(fig)* annuler

umstritten controversé, contesté

umstrukturieren : *einen Betrieb ~* procéder à la restructuration d'une entreprise

Umsturz *m* ¨e *(pol)* putsch [putʃ] *m*; *(fig)* bouleversement *m*, révolution *f*

um=stürzen renverser, faire basculer; *(fig) die Pläne ~* bouleverser les plans ◆ <sein> basculer, se renverser; tomber à la renverse

UmstürzlerIn *m f* putschiste [putʃist] *m f*

Umtausch *m* ø échange *m*; change *m*

um=tauschen 1 échanger 2 *Geld ~* changer de l'argent

Umtriebe *mpl (péj)* menées *fpl* subversives, intrigues *fpl*, agissements *mpl*

um=tun* : *(fam) sich (D) eine Schürze ~* mettre un tablier ◆ *sich nach einer neuen Wohnung ~ (non fam)* chercher un appartement

U-Musik *f* ø → **Unterhaltungsmusik**

Umverteilung *f* -en *(éco)* redistribution *f*

umwälzend *(fig)* révolutionnaire

umwandelbar *(peine)* commuable; *(monnaie)* convertible

umwandeln transformer; *(peine)* commuer; *(monnaie)* convertir ◆ *sich ~* se transformer

Umwandlung *f* -en transformation *f*; mutation *f*; conversion *f*; commutation *f*

Umweg *m* -e détour *m*

Umwelt *f* ø environnement *m*, milieu *m*

umweltfreundlich qui respecte l'environnement

Umweltschäden *mpl* nuisances *fpl*

Umweltschutz *m* ø protection *f* de l'environnement

UmweltschützerIn *m f* écologiste *m f*

Umweltverschmutzung *f* ø pollution *f*

um=wenden* (re)tourner ◆ *sich nach jm ~* se retourner sur qqn

umwerben* courtiser

um=werfen* 1 *einen Stuhl ~* renverser une chaise; *(fam) die Nachricht hat uns umgeworfen* la nouvelle nous a complètement retournés 2 *den Zeitplan ~* bouleverser un planning 3 *sich (D) einen Mantel ~* mettre un manteau sur ses épaules

umwerfend : *(fig) von ~er Komik* d'un comique irrésistible; *(fam)* fantastique

umwölken sich se couvrir; *(fig) seine Stirn umwölkt sich* son front s'assombrit

Umzäunung f -en clôture f
um=ziehen* <sein> déménager ◆ *sich ~ se changer*
umzingeln : *ein Viertel ~* encercler/(*fam*) boucler un quartier ; (*mil*) cerner, investir
Umzug m ¨e 1 déménagement m 2 défilé m, cortège m
unabänderlich immuable : *~e Tatsachen* des faits incontournables
unabdingbar indispensable
unabhängig 1 (*pol*) non-inscrit ; (*journal*) indépendant 2 indépendant
Unabhängigkeit f ø indépendance f, autonomie f
unabkömmlich indisponible
unablässig incessant, continu, répété ◆ continuellement, sans discontinuer
unabsehbar (*fig*) imprévisible, incalculable
unabsichtlich involontaire ◆ sans le faire exprès, par mégarde
unabwendbar inéluctable, inévitable ; (*jur*) *ein ~es Ereignis* un cas de force majeure
Unachtsamkeit f ø inattention f : *aus ~* par inadvertance f
unangefochten : *~er Sieger* un vainqueur incontesté
unangemeldet à l'improviste
unangemessen déplacé, inconvenant
unangenehm désagréable : *eine ~e Frage* une question embarrassante
unangreifbar inattaquable
unannehmbar inacceptable, inadmissible
Unannehmlichkeiten fpl désagréments mpl, contrariétés fpl ; *jm ~ bereiten* attirer des ennuis mpl à qqn
unansehnlich laid, hideux, -euse
unanständig incorrect, inconvenant *ein ~er Witz* une blague grivoise
unantastbar intangible, inviolable, inaliénable
unappetitlich pas appétissant ; (*fig*) pas très ragoûtant
Unart f -en mauvaise habitude f ; mauvaise f conduite
unauffällig qui passe inaperçu, discret
unaufhaltsam irrésistible ; irrémédiable
unaufhörlich incessant, perpétuel, -le ◆ *~ arbeiten* travailler tout le temps, ne pas arrêter de travailler
unaufmerksam inattentif, -ive
unaufrichtig sournois, hypocrite, faux, -sse
unausbleiblich inévitable, fatal
unausgeglichen : (*comm*) *eine ~e Bilanz* un bilan en déséquilibre ; (*fig*) instable
unausgesetzt incessant, perpétuel, -le
unausstehlich insupportable

unausweichlich inévitable
unbändig : *~er Zorn* une colère sans bornes/épouvantable *~es Lachen* un fou rire
unbarmherzig impitoyable, cruel, -le
unbeachtet : *~ bleiben* passer inaperçu
unbedacht irréfléchi, inconsidéré
unbedarft innocent, naïf
unbedeutend insignifiant, négligeable
unbedingt absolu, inconditionnel, -le ◆ *du mußt ~ zum Arzt gehen* il faut absolument/à tout prix que tu ailles chez le médecin
unbefangen 1 impartial 2 *ein ~es Wesen* une personne naturelle/spontanée 3 *der ~e Leser* le lecteur non averti
unbefugt non autorisé ; *Zutritt für Unbefugte verboten* entrée interdite aux personnes étrangères au service
unbegabt pas doué
unbegreiflich incompréhensible, inconcevable
unbegründet infondé, sans fondement
Unbehagen n ø malaise m, gêne f
unbehaglich inconfortable ; désagréable ◆ *sich ~ fühlen* se sentir mal à l'aise
unbehelligt sans être importuné
unbeherrscht incontrôlé *~ sein* n'avoir aucun contrôle de soi-même
unbeirrbar inébranlable ; imperturbable
unbekannt 1 inconnu *es ist mir nicht ~* je le sais parfaitement ; (*mil*) *~er Flugobjekt* objet volant non identifié 2 (*jur*) *Anzeige gegen Unbekannt* plainte contre X
unbekümmert insouciant ; indifférent
unbelastet : *ein ~es Haus* une maison libre de toute hypothèque ; *ein ~er Politiker* un homme politique qui n'a rien à se reprocher/qui a un passé vierge
unbeleckt : (*fam*) *sie ist völlig ~* elle n'y connaît rien
unbeliebt mal-aimé *sich ~ machen* se faire des ennemis
unbemannt 1 sans équipage *ein ~es Raumschiff* un vaisseau spatial non habité 2 (*fam*) *sie ist ~* elle n'a pas de petit ami
unbemerkt inaperçu ◆ subrepticement, sans être vu
unberechenbar incalculable, imprévisible ; (*fig*) imprévisible, déconcertant
unberechtigt injustifié
unberufen : *in ~e Hände gelangen* parvenir entre les mains de qqn à qui ce n'est pas destiné ; (*fam*) *~ !* touchons du bois !
unberührt intact ; vierge
unbeschadet (G) 1 malgré, en se moquant (de) 2 sans préjudice (de) ◆ *etw ~ überstehen* surmonter qch sans être affecté
unbeschädigt intact
unbeschreiblich indescriptible
unbeschwert sans souci

unbesehen : *jm etw ~ glauben* croire qqn sur parole
unbesorgt : *seien Sie ~ !* ne craignez rien !, *(fam)* ne vous en faites pas !
unbeständig instable ; *(temps)* variable, instable
unbestechlich 1 incorruptible ; intègre 2 imperturbable
unbestimmt incertain, indéterminé, imprécis, vague ; *(gram)* indéfini
unbestritten incontesté
unbeteiligt indifférent, désintéressé, qui n'écoute pas ; *an etw* (D) *~ sein* ne pas participer à qch
unbeträchtlich infime, insignifiant
unbewältigt : *ein ~es Problem* un problème non résolu ; *~e Vergangenheit* un passé non surmonté / assumé
unbeweglich immobile *ein ~es Teil* une pièce inamovible ; *(méd) ein ~es Gelenk* une articulation bloquée ; *(jur) ~es Gut* bien immobilier ; *(fig) ein ~es Gesicht* un visage impassible
unbewegt immobile ; *(fig)* impassible
unbewußt *(psy)* inconscient ♦ *sich ~ richtig entscheiden* prendre sans le vouloir / inconsciemment une bonne décision
Unbewußte *n* ø inconscient *m*
unbezahlt impayé *~er Urlaub* congé sans solde
unbrauchbar inutilisable
und 1 et ; *~ so weiter (usw)* et cætera [etsetera] (etc) ; *(fam) ~, ~, ~,* et cætera, et cætera 2 *~ ob/wie !* et comment !
undankbar ingrat
undenkbar impensable, inconcevable
undeutlich vague, confus ; pas net, -te ; difficilement lisible / compréhensible
undicht qui fuit, pas étanche ; *(fig) es gibt da eine ~e Stelle* il y a eu des fuites
Unding *n* ø : *das ist ein ~ !* *(fam)* c'est pas vrai / pas possible !
undurchsichtig opaque ; *(fig)* pas clair
uneben : *~er Boden* un sol inégal ; *ein ~es Gelände* un terrain accidenté ; *(fam) sie ist nicht ~* elle n'est pas mal
unecht faux, -sse ; *~er Schmuck (fam)* des bijoux en toc
unehelich : *ein ~es Kind* un enfant illégitime
unehrlich pas franc, hypocrite ; malhonnête
uneigennützig désintéressé, altruiste
uneingeschränkt illimité : *~es Vertrauen* une confiance absolue
Uneinigkeit *f* -en dissension *f*, discorde *f*
unendlich infini ; *das ~e Meer* la mer immense
Unendlichkeit *f* ø 1 *die ~ des Meeres* l'immensité *f* de la mer 2 *(phil)* infini *m* ; *(fam) das dauert ja eine ~ !* ça n'en finit pas !
unentbehrlich indispensable
unentgeltlich à titre gracieux, gratuitement
unentschieden : *eine ~e Angelegenheit* une affaire encore incertaine ; *ein ~er Charakter* un (caractère) indécis / hésitant ; *(sp)* match nul
unentschlossen indécis
unentwegt 1 résolu, infatigable, acharné 2 *ein paar Unentwegte* un quarteron d'irréductibles ♦ *~ arbeiten* travailler sans relâche
unerfindlich : *aus ~en Gründen* pour des raisons inexplicables / incompréhensibles
unerbittlich impitoyable
Unerfahrenheit *f* ø inexpérience *f*
unerfreulich peu réjouissant, désagréable
unerfüllbar irréalisable
unergiebig stérile, improductif, -ive
unergründlich *(fig)* énigmatique
unerheblich : *~er Schaden* des dégâts insignifiants / sans importance
unerhört : *eine ~e Liebe* un amour non partagé ; *(fam)* inouï, incroyable ; *ein ~es Tempo* un rythme d'enfer
unerklärlich inexplicable
unerläßlich indispensable, de rigueur
unerlaubt interdit, non autorisé ; *~er Waffenbesitz* détention illicite d'armes
unermeßlich immense, incommensurable ; *~es Elend* misère noire
unerreichbar inaccessible
unerreicht inégalé, hors pair
unersättlich insatiable
unerschöpflich inépuisable
unerschütterlich inébranlable
unersetzlich irremplaçable ; irréparable
unerträglich insupportable
unerwartet inattendu, à l'improviste
unerwünscht indésirable
unfähig incapable
unfair déloyal, *(sp)* irrégulier
Unfall *m* ¨e accident *m*
Unfallstation *f* -en service *m* des urgences
Unfallwagen *m* - 1 voiture *f.* accidentée 2 ambulance *f*, voiture de police-secours
unfaßbar incompréhensible ; inconcevable
Unfehlbarkeit *f* ø infaillibilité *f*
unfertig pas encore terminé ; *(fig) ein ~er junger Mensch* un jeune homme immature
unflätig *(péj)* ordurier, -ière, obscène
unförmig informe, difforme
unfrei pas libre, dépendant ; *(poste)* non affranchi ; *(hist) ~er Bauer* serf *m*
unfreiwillig 1 forcé 2 *~e Komik* comi-

unfreundlich

que involontaire ♦ sous la contrainte, contraint et forcé
unfreundlich pas aimable; inamical, désobligeant; *(fig)* ~*es Wetter* un temps maussade
Unfriede(n) *m* ø zizanie *f*, dissensions *fpl*, discorde *f*
UN-Friedenstruppe *f* -n force *f* PRONU
Unfug *m* ø **1** (mauvais) tour *m* **2** bêtises *fpl*
ungeachtet (G) en dépit (de), malgré ~ *der Tatsache, daß* mis à part le fait que
ungeboren : ~*es Leben* la vie intra-utérine
ungebunden 1 *(livre)* broché; *(fig) ein* ~*es Leben* une vie indépendante **2** *(comm)* ~*e Preise* prix libres
ungedeckt 1 *ein* ~*es Haus* une maison non couverte; *ein* ~*er Tisch* une table pas mise **2** *(banque)* ~*er Scheck* un chèque sans provision / *(fam)* en bois
ungeduldig impatient
ungeeignet inadapté, inapproprié, qui n'a pas les qualités requises
ungefähr approximatif, -ive ♦ à peu près, environ; ~ *um acht Uhr* vers 8 heures; ~ *30 sein* avoir la trentaine; *es kommt nicht von* ~ ce n'est pas un hasard, cela n'arrive pas par hasard
ungefährlich pas dangereux, inoffensif, -ive
ungehalten irrité (de)
ungehemmt libre; *(fig)* ~*e Freude* une joie débordante / débridée
ungeheuer extraordinaire; immense, énorme *eine* ~*e Kraft* une force démesurée
Ungeheuer *n* - monstre *m*; *(fig)* monstre; horreur *f*
ungeheuerlich *(péj)* monstrueux, -euse
ungehindert sans entraves / obstacles, libre ~*en Zutritt haben zu* avoir libre accès à
ungehörig inconvenant, incongru
Ungehorsam *m* ø désobéissance *f*
Ungeist *m* ø esprit *m* malfaisant
ungeklärt 1 non élucidé ~*e Lage* une situation non réglée / en suspens **2** ~*e Abwässer* des eaux usées non retraitées
ungelegen : *im* ~*en Augenblick* au mauvais moment; *zu* ~*er Stunde* à une heure indue ♦ ~ *kommen* arriver au mauvais moment; *das kommt mir* ~ cela ne m'arrange pas en ce moment
ungelernt non qualifié
ungelogen pour de vrai, vraiment, réellement
ungemein incroyable, extraordinaire ♦ extrêmement, extraordinairement *sich* ~ *freuen* être fou de joie
ungemütlich pas agréable

ungenau approximatif, imprécis
Ungenauigkeit *f* ø manque *m* de précision ♦ -**en** imprécision *f*
ungeniert sans gêne, *(fam)* culotté ♦ sans se gêner
ungenießbar non comestible; imbuvable; immangeable
ungenügend insuffisant
ungerade impair
ungerecht injuste, inéquitable
Ungereimtheit *f* ø/-**en** absurdité *f*, incohérence *f*
ungern à contrecœur, de mauvaise grâce
ungeschehen : *etw* ~ *machen* revenir sur qch; *nicht* ~ *zu machen* irréparable
Ungeschicklichkeit *f* ø/-**en** maladresse *f*
ungeschickt maladroit
ungeschminkt *(visage)* non maquillé; *(fig) die* ~*e Wahrheit* la vérité toute nue / sans fard
ungeschoren : *(fam)* ~ *davon=kommen* bien s'en tirer
ungesellig pas sociable
ungesetzlich illégal
ungestört tranquille; sans anicroches
ungestüm : ~*es Temperament* un tempérament fougueux / impétueux; ~*e Phantasie* une imagination débridée
ungesund 1 ~*es Klima* un climat malsain **2** maladif, -ive
ungeteilt : *(fig)* ~*e Freude* une joie sans partage
ungewiß incertain, aléatoire; indéterminé; *im Ungewissen sein* être dans l'incertitude, ne pas être sûr
ungewöhnlich 1 *ein* ~*es Ereignis* un événement inhabituel **2** *eine* ~*e Begabung* un don hors du commun ♦ ~ *schnell* particulièrement / exceptionnellement rapide
ungewohnt inhabituel, -le, insolite, non familier; *zu* ~*er Stunde* à une heure indue
ungewollt involontaire
ungezählt de nombreux, -euses, d'innombrables; ~*e Male* moultes [mult] fois
Ungeziefer *n* ø vermine *f*, *(fam)* bête *f*
ungezogen : *ein* ~*es Kind* un enfant mal élevé; *eine* ~*e Antwort* une réponse impertinente / effrontée / insolente
ungezügelt effréné ~*er Haß* une haine féroce; *ein* ~*es Leben führen* mener une vie débridée / *(fig)* de bâton de chaise
ungezwungen spontané, naturel, -le, libre
ungläubig sceptique; *(rel)* incroyant
unglaublich incroyable, invraisemblable; *(fig)* épouvantable
ungleich : *ein* ~*es Paar* un couple mal assorti; *ein* ~*er Kampf* un combat inégal ♦ ~ *größer* infiniment plus grand

ungleichmäßig irrégulier, -ière ; inéquitable
Unglück n ø malheur m, malchance f ◆ **-e** accident m
unglücklich malheureux, -euse ◆ ~ *enden* finir mal ; ~ *stürzen* mal tomber
unglücklicherweise malheureusement
Ungnade f ø disgrâce f
ungültig pas valable, nul ; périmé ; *(jur)* *für* ~ *erklären* annuler
ungünstig mauvais, pas favorable ; *im ~sten Fall* dans le pire des cas
ungut : *ein ~es Gefühl* un sentiment désagréable / de malaise
unhaltbar : *~e Behauptungen* (fam) des affirmations qui ne tiennent pas la route ; *~e Zustände* une situation intenable / insoutenable ; *(mil)* indéfendable ; *(sp)* *ein ~er Schuß* un tir imparable
Unheil n ø malheur m, désastre m
unheilbar incurable
unheilvoll funeste
unheimlich inquiétant, sinistre ; *(fam)* terrible, épouvantable
unhöflich impoli
unhörbar à peine perceptible
Uni f fac f → **Universität**
Uniform f -en uniforme m
uniformieren donner un uniforme ; *(fig/péj)* uniformiser, standardiser
Unik(.)um n .e pièce f / exemplaire m unique ◆ **-s** (fig) original
uninteressant sans intérêt
Union f -en union f
universal universel, -le ; mondial, -e
Universität f -en université f
Universum n ø univers m, cosmos [-mos] m ; *(fig)* multitude f, univers
Unke f -n crapaud m ; *(fam) so eine alte ~ !* quel oiseau de malheur !
unken *(fam)* voir tout en noir
Unkenntnis f ø ignorance f ; ~ *schützt vor Strafe nicht* nul n'est censé ignorer la loi
unklar : *~e Umrisse* des contours flous / vaguement esquissés ; *(fig)* vague ; *eine ~e Aufgabenstellung* une tâche pas claire / mal définie ; *jn (über etw [A]) im Unklaren lassen* laisser qqn dans le vague / dans l'incertitude, ne pas être clair avec qqn
Unkosten pl frais mpl ; charges fpl *laufende* ~ dépenses fpl courantes
Unkraut n ø mauvaise herbe f ◆ ¨**er** herbe f, plante f sauvage
Unkrautvernichtungsmittel n - désherbant m
unkultiviert *(péj)* inculte
unkündbar qui ne peut être résilié ; *~e Rente* une rente perpétuelle / à vie
unkundig : *einer Sache (G)* ~ *sein* ne pas être très compétent pour faire qch, ne pas bien connaître qch
unlängst récemment, il y a peu de temps
unlauter : *~e Absichten* des intentions douteuses ; *(comm)* *~er Wettbewerb* concurrence déloyale
unliebsam désagréable, déplaisant
unlösbar 1 insoluble 2 *es besteht ein ~er Zusammenhang zwischen...* les deux éléments sont indissociables
unlustig *etw* ~ *tun* faire qch à contrecœur
unmäßig démesuré *~e Lust* une envie folle ◆ énormément ; excessivement ~ *essen* manger comme quatre
Unmensch m -en *(péj)* monstre m
unmenschlich inhumain ; *(fig)* *~e Hitze* une chaleur épouvantable ◆ énormément ; ~ *viel arbeiten* travailler comme un fou
unmißverständlich sans équivoque, clair
unmittelbar direct ; immédiat *in ~er Nähe* juste à côté ; ~ *danach* tout de suite après ◆ ~ *bevorstehen* être imminent
unmodern démodé, passé de mode ; rétrograde
unmöglich impossible *ein ~es Vorhaben* un projet irréalisable ; *(péj) ein ~er Kerl* un type impossible / insupportable ◆ *(fam) ich kann ihn* ~ *darum bitten* (non fam) je ne peux vraiment pas lui demander cela
unmoralisch immoral
unmündig *(jur)* mineur ; *(fig)* immature
unmutig renfrogné, grognon, pas content
unnahbar très distant
unnatürlich artificiel, -le ; pas naturel, -le
unnötig inutile ; superflu
unnütz inutile
UNO f O.N.U. m → **die Vereinten Nationen**
unordentlich désordonné ; en désordre
unparteiisch impartial
unpassend inapproprié *im ~en Augenblick* au mauvais moment
unpersönlich impersonnel, -le
unpünktlich pas ponctuel, -le ; en retard
Unrast f ø fébrilité f, agitation f
Unrat m ø ordures fpl, immondices fpl
unrecht faux, -sse, mauvais
Unrecht n ø injustice f ; tort m *unrecht haben* avoir tort ; *jm unrecht tun* être injuste avec qqn
Unrechtmäßigkeit f ø / -en illégalité f, illégitimité f
unregelmäßig irrégulier, -ière
unreif *(fruit)* pas mûr ; *(personne)* immature
unrein pas propre / net, -te, sale ; *(rel)* impur

Unruh

Unruh f ø *(tech)* échappement m d'une montre

Unruhe f ø **1** inquiétude f, nervosité f **2** agitation f, tumulte m ◆ **-en** pl troubles mpl, désordres mpl

unruhig 1 inquiet, -ète **2** *eine ~e Straße* une rue très animée/passante/bruyante **3** *ein ~es Kind* un enfant agité/nerveux

uns D/A → **wir**

unsachgemäß impropre, inapproprié

unsagbar : *~e Freude* une joie indicible ◆ très, énormément

unsauber pas propre/net, -te, malpropre; *(fig/fam) eine ~e Arbeit* un travail bâclé/de cochon

unschädlich inoffensif, -ive; *(fig) jn ~ machen* mettre qqn hors d'état de nuire

unscharf *(photo)* flou; *(fig)* flou, vague

unschätzbar inestimable

unscheinbar imperceptible; *(personne)* effacé

unschlüssig perplexe, indécis; *ich bin mir noch ~* je ne suis pas encore décidé

Unschuld f ø **1** innocence f; *(fig) seine Hände in ~ waschen* s'en laver les mains **2** ingénuité f, innocence f **3** virginité f

unschuldig innocent; vierge

unschwer sans difficulté; *das läßt sich ~ beweisen* c'est facile à prouver

unselbständig pas autonome; dépendant

unser G → **wir**

unser - notre, nos ◆ *~er/e/es* le/la/les nôtre(s)

unsereiner *(fam)* qqn comme moi, des gens comme nous; nous autres

unsererseits : *wir hoffen ~* quant à nous, nous espérons; nous espérons, de notre côté

uns(e)resgleichen des gens comme nous; *hier sind wir unter ~* ici, nous sommes entre nous

unser(e)twegen (exprès) pour nous, à cause de nous; en ce qui nous concerne, pour ce qui est de nous

unsicher : *eine ~e Methode* une méthode peu sûre/fiable; *mit ~en Schritten* d'un pas mal assuré; *~e Zukunft* un avenir incertain

Unsicherheit f ø/-en **1** manque m de fiabilité; manque d'assurance; incertitude f **2** insécurité f

Unsinn m ø non-sens [-säs] m, absurdité f; *das ist alles ~!* cela n'a aucun sens!; *(fam) rede doch keinen ~!* ne raconte pas de bêtises!

unsinnig : *~es Gerede* des propos absurdes

unsittlich immoral; indécent; *(jur)* contraire aux bonnes mœurs

unsozial anti-social

unstatthaft illicite, pas permis

unsterblich immortel, -le ◆ *sich ~ verlieben* tomber follement amoureux

unstet instable, versatile; *ein ~er Blick* un regard fuyant/inquiet

Unstimmigkeit f ø dissensions fpl, discorde f ◆ **-en** pl points mpl de désaccord/dissension

Unsumme f -n *(fam)* somme astronomique

unsympathisch antipathique

untadelig irréprochable, impeccable

Untat f -en méfait m, forfait m

untätig inactif, -ive; passif, -ive

untauglich inadapté, *(fam)* pas valable; *(personne)* inapte, incapable de

unteilbar indivisible

unten en dessous, au-dessous, en bas; *von ~* par en dessous; *~ im Tal* en bas, dans la vallée; *~ im Koffer* au fond de la valise; *nach ~ gehen* descendre; *(fig) jn von oben bis ~ mustern* examiner qqn sous toutes les coutures; *(fam) er ist ganz schön ~* il est complètement déprimé

untenrum : *(fam) ~ gehen* passer par en bas; passer par en dessous

unter A/D **1** sous; *~ dem Tisch liegen* être sous la table; *etw ~ den Tisch stellen* mettre qch sous la table; *bis ~ die Decke angefüllt* rempli jusqu'au plafond; *~ Null (A) ab-sinken* descendre en dessous de zéro; *etw ~ dem Mikroskop betrachten* regarder qch au microscope; *(fig) ~ jm stehen* être sous les ordres de qqn; *jn ~ sich (D) haben* avoir qqn sous ses ordres **2** ~ *Freunden* entre amis; *(fig) ~ die Gäste mischen* se mêler aux invités; *er geht nicht ~ Menschen* il fuit la compagnie des hommes **3** *~ dem heutigen Datum* à la date d'aujourd'hui; *~ der Woche* au courant de la semaine **4** *~ dem Vorwand* sous le prétexte; *~ der Bedingung* à la condition; *was verstehst du ~ diesem Wort?* quel sens donnes-tu à ce mot?; *~ Gicht leiden* souffrir de/avoir la goutte ◆ *~ 20 Teilnehmer* moins de 20 participants; *Kinder ~ sechs Jahren* les enfants en dessous de 6 ans; *sie ist ~ 30* elle n'a pas trente ans ◆ *der ~e Teil* le dessous; *die ~e Stadt* la ville basse; *die ~en Klassen* les petites classes; *(fig) die ~en Schichten* les classes inférieures

Unterarm m -e avant-bras m

Unterbau m -ten soubassement m, fondations fpl; socle m ◆ ø *(fig)* fondement m, base f

Unterbewußtsein n ø subconscient m

unterbieten* faire une offre financièrement plus intéressante, vendre moins cher ◆ *das Niveau ist kaum noch zu ~* le niveau en dessous de tout

unterbinden* faire obstacle (à), empêcher

unterbleiben* <sein> ne pas se (re)produire/avoir lieu
unterbrechen* interrompre; *(tél) wir sind unterbrochen worden* nous avons été coupés
Unterbrechung *f* -en interruption *f*; *(tél)* coupure *f*
unterbreiten : *eine Vorschlag ~* soumettre une proposition, présenter, exposer
unter-bringen* héberger
Unterbringung *f* -en 1 hébergement *m*, logement *m*; *seine ~ im Krankenhaus* son hospitalisation 2 *(fam) eine ~ suchen* chercher de quoi se loger
unter-buttern : *(fam) sich nicht ~ lassen* ne pas se laisser marcher sur les pieds
unterderhand en sous-main
unterdessen pendant ce temps, entretemps
unterdrücken 1 retenir, refouler, contenir 2 *ein Volk ~* opprimer un peuple; *einen Aufstand ~* réprimer une révolte
Unterdrückung *f* ø oppression *f*; répression *f*
untereinander 1 *etw ~ an=bringen* mettre une chose sous l'autre 2 *etw ~ klären* régler qch entre soi
unterentwickelt 1 *(personne)* arriéré 2 *(pol)* sous-développé
Unterernährung *f* ø malnutrition *f*
Unterführung *f* -en passage *m* souterrain
Untergang *m* ¨e 1 *(bateau)* naufrage *m* 2 *(fig)* déclin *m*; *der Alkohol war sein ~* l'alcool l'a perdu/l'a conduit à sa perte *f* 3 *(astro)* coucher *m*
Untergebene/r subalterne *m f*; subordonné *m*, -e *f*, inférieur *m*, -e *f*
unter=gehen <sein> 1 *(soleil)* se coucher 2 *(bateau)* faire naufrage, couler, sombrer; *(fig) im Lärm ~* être submergé par le bruit 3 *(fig)* aller à sa perte, être en déclin, disparaître, s'éteindre; *davon geht die Welt nicht unter (fam)* le monde ne va pas s'écrouler pour ça
untergeordnet 1 *von ~er Bedeutung* d'importance secondaire 2 *(gram) einem Verb ~ sein* être régi par un verbe
Untergeschoß *n* ¨sse sous-sol *m*
Untergestell *n* -e *(auto)* châssis *m*; *(fam) sie hat ein aufregendes ~* elle a des jambes de rêve
untergraben* *(fig) js Ruf ~* détruire pas à pas/saboter la réputation de qqn; *seine Gesundheit ~* ruiner sa santé
Untergrund *m* ø *(pol)* clandestinité *f* ♦ ¨e 1 sous-sol *m* 2 fond *m*
unterhaken (sich) (se) donner le bras
unterhalb (G/von) en dessous (de); en bas (de); en aval (de)
Unterhalt *m* ø *v* 1 argent *m* dont on a besoin pour vivre/pour tourner une maison, subsistance *f*; pension alimentaire 2 entretien *m*
unterhalten* 1 *eine Familie ~* subvenir aux besoins d'une famille 2 *seine Gäste ~* distraire ses invités 3 *ein Gebäude ~* entretenir un bâtiment 4 *Beziehungen ~* entretenir des relations ♦ *sich ~* bavarder, converser; *sich mit jm über etw* (A) *~* discuter avec qqn de qch
unterhaltsam distrayant, divertissant
Unterhaltung *f* ø entretien *m* ♦ -en 1 conversation *f* 2 distraction *f*, divertissement *m*
Unterhaltungsmusik *f* ø musique légère
UnterhändlerIn *m f* négociateur *m*, -trice *f*, parlementaire *m*
Unterhemd *n* -en maillot *m* de corps
Unterholz *n* ø sous-bois *m*, taillis *m*
Unterhose *f* -n caleçon *m*
unterirdisch souterrain
unter-jubeln : *(fam) jm etw ~* faire porter le chapeau à qqn; refiler discrètement qch à qqn
unter-kommen* <sein> 1 *bei Freunden ~* être hébergé par des amis 2 *(fam) so eine Frechheit ist mir noch nicht untergekommen* je n'ai encore jamais vu un culot pareil!
unter-kriegen : *(fam) sich nicht ~ lassen* ne pas se laisser abattre
unterkühlt *(fig)* très froid ♦ *~ wirken* personne d'un abord glacial
Unterkunft *f* ¨e chambre *f*, appartement *m*, logement *m*; *~ und Frühstück* nuit *f* et petit déjeuner
Unterlage *f* -n 1 support *m*, base *f*; *(bureau)* sous-main *m*; *(lit)* alèze *f* 2 *pl* documents *mpl*, dossier *m*
Unterlaß *m* ø : *ohne ~* sans arrêt *m*
unterlassen* 1 omettre, s'abstenir (de); renoncer (à) 2 cesser, mettre un terme (à); *unterlaß solche Bemerkungen! (fam)* des réflexions de ce genre, tu peux te les garder! ♦ *(jur) ~e Hilfeleistung* non-assistance à personne en danger
unterlaufen* 1 *(sp) seinen Gegner ~* marquer un adversaire 2 *(fig) ein Vorhaben ~* saboter un projet ♦ <sein> 1 se glisser; *ihm ist ein Fehler ~* il a fait une faute d'étourderie 2 *sein Knie ist blau ~* il s'est fait un bleu au genou
unterlegen : *jm ~ sein* être inférieur à qqn
Unterleib *m* - ø abdomen *m*; *(femme)* bas-ventre *m*
unterliegen* 1 *Schwankungen ~* être soumis à des fluctuations; *einem Irrtum ~* être victime d'une erreur 2 *das/es unterliegt keinem Zweifel* cela ne fait aucun doute ♦ <sein> *jm in einem Wettkampf*

untermauern

~ être battu/devancé dans un championnat par qqn
untermauern : *(fig) etw theoretisch* ~ appuyer qch sur des bases théoriques
Untermiete *f -n* sous-location *f*
UntermieterIn *m f* sous-locataire *m f*
unterminieren : *(fig) js Autorität* ~ saboter/saper l'autorité de qqn
unternehmen* 1 *eine Reise* ~ faire un voyage 2 *geeignete Schritte* ~ entreprendre des démarches
Unternehmen *n* - 1 *ein privates* ~ une entreprise *f* privée 2 entreprise, projet; *(mil)* opération *f*
UnternehmerIn *m f* chef d'entreprise *m*; patron *m*; entrepreneur *m*
Unternehmungsgeist *m ø* esprit *m* d'entreprise, dynamisme *m*
unternehmungslustig entreprenant, dynamique
unter-ordnen : *seine Interessen einem Ziel* ~ subordonner ses intérêts à la poursuite d'un objectif ♦ *sich jm* ~ se soumettre/obéir à qqn ♦ *jm untergeordnet sein* être sous les ordres de qqn
Unterredung *f -en* entretien *m*, entrevue *f*; pourparlers *mpl*
Unterricht *m ø* cours *m*
unterrichten 1 *jn in etw (A)* ~ enseigner à qqn qch 2 *jn von/über etw (A)* ~ informer qqn de qch ♦ *sich über etw (A)* ~ s'informer/prendre connaissance de qch ♦ *in gut unterrichteten Kreisen* dans les cercles bien informés
Unterrichtung *f -en* : *zu Ihrer* ~ à titre d'information *f*
Unterrock *m ¨e* jupon *m*
untersagen : *jm etw* ~ interdire qch à qqn
Untersatz *m ¨e* support *m*; dessous *m* de plat; *(fam) ein fahrbarer* ~ bagnole *f*
unterscheiden* : *zwei Farben* ~ distinguer deux couleurs; *die Zwillinge sind kaum zu* ~ les jumeaux sont difficiles à différencier, il est difficile chez les jumeaux de savoir qui est qui ♦ *sich von jm/etw* ~ *(von)* être différent (de)/se distinguer (de)
Unterscheidung *f -en* distinction *f*, différenciation *f*
Unterschenkel *m* - jambe *f*
Unterschicht *f -en* 1 couche *f* populaire 2 couche inférieure
unter-schieben* glisser subrepticement; procurer de manière malhonnête; *(fig)* attribuer à tort
Unterschied *m -e* différence *f*; distinction *f*; *im* ~ *zu* à la différence de
unterschiedlich différent; variable
unter=schlagen* : *die Arme* ~ croiser les bras
unterschlagen* *(argent)* détourner; *(lettre)* intercepter *wichtige Informationen* ~ dissimuler/cacher des informations importantes
Unterschlagung *f -en (argent)* détournement *m* (de fonds)
Unterschlupf *m ø* refuge *m*, abri *m*
unterschreiben* signer *(fig)* souscrire (à); *das kann ich (getrost)* ~ je ne peux qu'être d'accord
Unterschrift *f -en* signature *f*
unterschwellig inconscient; sous-jacent
Unterseeboot *n -e* sous-marin *m*
Untersetzer *m* - support *m*; dessous *m* de plat
untersetzt trapu, râblé
unterst- → unter
unterstehen* : *jm* ~ être sous les ordres de qqn; *(jur) dem französischen Recht* ~ relever du droit français ♦ *sich* ~, *zu* se permettre (de), avoir l'audace (de), oser
unter=stellen (sich) (se) mettre à l'abri, s'abriter
unterstellen : *jm eine Abteilung* ~ confier à qqn la direction d'un service; *jm eine böse Absicht* ~ prêter à qqn de mauvaises intentions ♦ *jm unterstellt sein* être sous les ordres de qqn
Unterstellung *f -en* : *(fig) böswillige* ~*en* des insinuations *fpl* sournoises
unterstreichen* 1 souligner 2 *das kann ich nur* ~ *!* je ne peux qu'approuver/être d'accord
Unterstufe *f -n* premier cycle *f*
unterstützen 1 *jn finanziell* ~ soutenir/aider financièrement qqn, apporter une aide financière à qqn 2 *einen Kandidaten* ~ soutenir un candidat 3 *jn mit Rat und Tat* ~ aider qqn par tous les moyens
Unterstützung *f -en* 1 allocation *f*; aide *f* financière; subvention *f* 2 soutien *m*, aide *f*, assistance *f*
UnterstützungsempfängerIn *m f* allocataire *m f*
untersuchen examiner, analyser; *(méd)* examiner; *(jur)* enquêter (sur)
Untersuchung *f -en* 1 analyse *f*, examen *m* 2 *(jur)* enquête *f*; *gerichtliche* ~ instruction *f*
Untersuchungsausschuß *m ¨sse* commission *f* d'enquête
Untersuchungsgefangene/r prévenu *m*, -e *f*
Untersuchungshaft *f ø* détention *f* préventive
UntersuchungsrichterIn *m f* juge *m* d'instruction
Untertan *m -en (hist)* sujet *m*; *(péj)* personne *f* soumise/qui ne sait qu'obéir
Untertanengeist *m ø (péj)* mentalité *f* de mouton
Untertasse *f -n* soucoupe *f*

unter=tauchen : *jn ~* mettre la tête de qqn sous l'eau ◆ <sein> plonger (la tête sous l'eau) ; s'enfoncer dans l'eau ; *(fig) in der Menschenmenge ~* disparaître dans la foule ; *er ist untergetaucht (fam)* il a disparu de la circulation ; il a pris le maquis

Unterteil *n -e* partie *f* inférieure

unterteilen subdiviser

untertreiben* : *(fam) nun untertreib mal nicht so !* ne fais pas le modeste !

unterwandern *(pol)* noyauter ; *(parti)* infiltrer

Unterwäsche *f ø* sous-vêtements *mpl*

unterwegs 1 *die ganze Zeit ~ sein* être constamment sur les routes / en déplacement ; *der Brief ist ~* la lettre est partie ; *(fig) ein Kind ist ~* il y a un enfant en route ; *die ganze Stadt war ~* toute la ville était dehors **2** en chemin, en cours de route, chemin faisant

Unterweisung *f -en* instruction *f* ; enseignement *m*

Unterwelt *f ø* bas-fonds *mpl* ; milieux *m* louches, pègre *f*

unterwerfen* asservir, assujettir ◆ *sich js Befehl ~* être / obéir / se soumettre / se plier aux ordres de qqn

unterwürfig *(péj)* servile ; soumis

unterzeichnen signer, apposer sa signature (sur)

UnterzeichnerIn *m f* signataire *m f*

unter=ziehen* **1** *einen Pullover ~* mettre un pull en dessous de ses vêtements **2** *(cuis)* incorporer délicatement

unterziehen* sich 1 *sich einer Aufgabe ~* s'acquitter d'une tâche **2** *(méd)* subir

Untier *n -e* monstre *m*

untragbar *(fig)* pas supportable / tolérable

untreu infidèle ; *ein ~er Freund* un ami sur lequel on ne peut pas compter ; *jm ~ werden* tromper qqn ; trahir qqn ; *(fig) sich* **(D)** *selbst ~ werden* renier ses principes

untröstlich inconsolable

unüberlegt irréfléchi, inconsidéré ◆ *~ handeln* agir à la légère

unübersehbar immense

unübersichtlich pas clair, embrouillé, confus

unübertrefflich inégalable

unübertroffen inégalé

unumgänglich indispensable, de première urgence, incontournable

unumstößlich : *ein ~er Entschluß* une décision irrévocable ; *~e Tatsachen* des faits incontestables / irréfutables

unumwunden carrément, franchement

ununterbrochen ininterrompu ◆ sans cesse, continuellement

unveränderlich immuable

unverändert : *~er Zustand* état stationnaire *f* ; *~ sein* ne pas avoir changé

unverantwortlich irresponsable

unveräußerlich inaliénable

unverbesserlich incorrigible

unverbindlich qui n'engage à rien ; sans engagement

unverblümt carrément

unvereinbar incompatible

unverfänglich qui ne prête pas à conséquences, anodin

unverfroren sans gêne, effronté

unvergänglich impérissable

unvergeßlich inoubliable

unvergleichlich incomparable, sans pareil, -le

unverhofft inespéré ; inopiné

unverhohlen manifeste ◆ franchement

unverkäuflich invendable

unverkennbar manifeste, indubitable

unverletzlich inviolable

unverletzt indemne, sain, -e et sauf, -ve

unvermeidlich inévitable ; *(iro)* incontournable

unvermittelt abrupt *~es Stillstehen* arrêt brutal ◆ brusquement, sans transition, à brûle-pourpoint

Unvermögen *n ø* incapacité *f*, impuissance

unvermutet inattendu, imprévu

unvernünftig déraisonnable

unverrichtet : *~er Dinge* bredouille

unverschämt 1 impudent, insolent ; *das ist ~ !* c'est honteux ! **2** *(fam) ~es Glück* une veine de cocu ◆ *~ gut aus=sehen* être beau / belle comme tout ; être beau comme un dieu

Unverschämtheit *f ø / -en* impudence *f*, impertinence *f*, insolence *f*, *(fam)* culot *m*

unversehens à l'improviste, inopinément

unverständlich incompréhensible

unversucht : *nichts ~ lassen* tout essayer, tenter l'impossible

unverträglich : *ein ~er Mensch* une personne difficile à vivre / insupportable ; *eine ~e Speise* un aliment indigeste

unverwüstlich inusable ; *~e Gesundheit* une santé de fer

unverzüglich immédiat

unvollkommen incomplet, -ète ; imparfait, -e

unvollständig incomplet, -ète

unvorbereitet : *ein ~er Schüler* un élève pas préparé ; *ein ~er Vortrag* un exposé improvisé ◆ *jn ~ treffen* rencontrer qqn à l'improviste / par hasard

unvorsichtig imprudent

unvorteilhaft désavantageux, -euse

unwahr faux, mensonger, -ère

unwahrscheinlich invraisemblable ; *(fam) ~en Hunger haben (fig)* mourir de faim

unweigerlich inévitable

unweit (G/von) pas/non loin (de), à proximité (de)
Unwetter n - tempête f; violent orage m; mauvais temps m
unwiderruflich irrévocable
unwiderstehlich irrésistible
Unwille(n) m - mécontentement m, irritation f; indignation f
unwillig mécontent; indigné ◆ *etw ~ tun* faire qch à contrecœur
unwillkürlich involontaire, automatique, fait malgré soi
unwirsch grognon, renfrogné; brusque, brutal
unwissend ignorant
Unwissenheit f ø ignorance f
unwohl pas bien; (femme) indisposée
Unwohlsein n ø malaise m
unwürdig 1 honteux 2 indigne (de)
Unzahl f -en multitude f, (fig) foule f, infinité f
Unze f -n once f
unzeitgemäß 1 d'une autre époque, démodé 2 pas de saison
Unzucht f ø luxure f, débauche f
unzusammenhängend incohérent, décousu
unzutreffend inexact
unzuverlässig pas fiable, peu sûr
üppig : *eine ~e Vegetation* une végétation luxuriante; *ein ~er Busen* une poitrine opulente; *ein ~es Essen* un repas plantureux
Urabstimmung f -en (*syndicat*) référendum m (à la base)
Uran n ø uranium m
urbar : *ein Stück Land ~ machen* défricher un terrain, mettre un terrain en culture; (*marais*) assécher
Urbild n -er modèle m, image f même
ureigen strictement personnel, qui lui est propre
UreinwohnerIn m f autochtone m f, indigène m f, aborigène m f
UrenkelIn m f arrière-petit-fils m, arrière-petite-fille f
Urgroßeltern pl arrière-grands-parents mpl
UrheberIn m f instigateur, -trice, celui/celle qui est à l'origine (de); *der geistige ~* (fig) le père (intellectuel); auteur m
utopisch utopique

Urheberrecht n -e droit m d'auteur
Urin m ø urine f
urinieren uriner
Urknall m ø big-bang m
urkomisch très/follement drôle
Urkraft f ¨e force f de la nature
Urkunde f -n acte m, document m, papier m officiel
Urkundenfälschung f -en falsification m de documents; faux m en écriture
Urlaub m -e vacances fpl; congé(s) m(pl); (mil) permission f
UrlauberIn m f vacancier m, -ère f
Urmensch m -en -en homme préhistorique/primitif
urplötzlich brusquement
Ursache f -n raison f, cause f, motif m; *keine ~!* je vous en prie! de rien! il n'y a pas de quoi; c'est rien
ursächlich causal; qui est la cause de *ein ~er Zusammenhang* un rapport de cause à effet
Ursprung m ¨e origine f
ursprünglich 1 *der ~e Plan* le plan d'origine/originel 2 *ein ~es Wesen haben* être très nature/spontané ◆ à l'origine, au départ, initialement
Urteil n -e 1 (jur) jugement m, sentence f 2 opinion f, avis m
urteilen : *über jn/etw (A) ~* juger qqn/qch, avoir une opinion sur qqn/qch ◆ *nach seinem Reden zu ~* à l'écouter, à en juger par ses paroles
Urteilsspruch m ¨e verdict m, sentence f
Urvie(c)h n -er : (fam) *er ist ein richtiges ~* c'est un drôle d'olibrius [-briys] m
Urwald m ¨er forêt f vierge/primaire
urwüchsig dans son état originel, sauvage; (fig) simple, naturel
Urzeit f -en : *seit ~en* depuis des temps immémoriaux
USA fpl U.S.A. mpl → **Vereinigte Staaten von Amerika**
usw. etc. → **und**
Usus m ø : (fam) *das ist hier so ~* c'est la coutume ici
Utensilien npl affaires fpl; acccessoires mpl; ustensiles mpl

V

Vagabund m -en -en vagabond m
vag(e) vague

Vagina f -en vagin m
vakuumverpackt emballé sous vide

Valu.ta f .ten devise f étrangère
variieren varier; moduler; faire des variations (sur)
Vater m · père m; (rel) himmlischer ~ Dieu le père
Vaterhaus n ¨er maison f paternelle
Vaterland n ¨er patrie f
Vaterlandsliebe f ø patriotisme m
väterlich 1 das ~e Erbe l'héritage paternel 2 er ist mein ~er Freund il est comme un père pour moi
Vaterunser n - notre Père m
VegetarierIn m f - végétarien m. -ne f
vegetieren végéter
Vehikel n - 1 moyen m de communication 2 (fam) tacot m, vieille caisse f
Veilchen n - violette f
Vektor m -en (math/phys) vecteur m
Vene f -n veine f
Ventil n -e 1 (tech) valve f, soupape f, clapet m; (fig) exutoire f 2 (mus) touche f; piston m
verabreden : ein Treffen ~ convenir d'une rencontre ◆ sich ~ prendre rendez-vous ◆ wie verabredet comme convenu
Verabredung f -en rendez-vous m
verabreichen : jm ein Medikament ~ administrer un médicament à qqn
verabscheuen : jn/etw ~ exécrer/détester qqn/qch, avoir qqn/qch en horreur, abhorrer qch
verabscheuungswürdig abominable, épouvantable, exécrable
verabschieden 1 renvoyer, congédier ; einen Gast ~ prendre congé d'un invité 2 (loi) voter/adopter ◆ sich von jm ~ prendre congé de qqn; (fig) sich von etw ~ renoncer à qch
verachten : jn/etw ~ avoir du mépris pour/mépriser qqn/qch ◆ (fam) nicht zu ~ sein (non fam) être tout à fait appréciable, ne pas être négligeable
verächtlich méprisant, dédaigneux, -euse ◆ avec mépris/dédain
Verachtung f ø mépris m, dédain m
veralbern : jn ~ faire une blague à qqn ; ridiculiser qqn
verallgemeinern généraliser
veralten <sein> tomber en désuétude, se démoder ◆ veraltete Methoden des méthodes surannées/périmées/tombées en désuétude/démodées
veränderlich variable
verändern changer, modifier, transformer ◆ 1 sich ~ changer 2 sich beruflich ~ changement professionnel(le)
Veränderung f -en changement m, modification f
verängstigt effarouché, effrayé
verankern ancrer
veranlagen : jn zur Einkommenssteuer ~ imposer qqn sur le revenu ◆ gut veranlagt sein avoir des dispositions
Veranlagung f -en 1 (pré)disposition f 2 (impôt) imposition f
veranlassen 1 jn ~, etw zu tun conduire/inciter/pousser qqn à faire qch; etw ~ donner lieu à/occasionner qch 2 réclamer ◆ sich veranlaßt sehen, zu se voir contraint à/de
veranschaulichen illustrer
veranschlagen évaluer, estimer
veranstalten organiser
VeranstalterIn m f organisateur m, -trice f
Veranstaltung f -en 1 eine kulturelle ~ une manifestation culturelle 2 organisation f
verantworten prendre/assumer la responsabilité (de), répondre (de) ◆ sich vor Gericht ~ se justifier devant le tribunal ; sich für sein Tun ~ répondre de ses actes
verantwortlich responsable, qui a le sens des responsabilités; für etw ~ sein être responsable de qch
Verantwortung f ø/-en responsabilité; jn zur ~ ziehen demander des comptes à qqn, demander à qqn de répondre de qch
verantwortungslos irresponsable
veräppeln (fam) se payer la tête (de)
verarbeiten 1 Leder ~ travailler/façonner le cuir 2 digérer
Verarbeitung f -en travail m, façon f
verärgern contrarier, irriter
verarmen s'appauvrir; (fig) geistig ~ se scléroser
verarschen (vulg > fam) se payer la tête de qqn, rouler qqn dans la farine
verausgaben sich : sich mit/bei etw völlig ~ se donner à fond, se dépenser jusqu'à l'épuisement en faisant qch
veräußern 1 se défaire (de), céder, vendre 2 (jur) Rechte ~ transférer des droits
Verb n -en verbe m
verballern (fam) sein ganzes Geld ~ jeter l'argent par la fenêtre
Verband m ¨e 1 (méd) pansement m 2 association f, union f, fédération f, société f, groupement m; (animaux) bande f 3 (mil) unité f 4 (archi) appareil m, appareillage m; assemblage m
verbannen bannir, exiler
Verbannte/r exilé m, -e f
Verbannung f -en 1 bannissement m 2 exil m
verbarrikadieren (sich) (se) barricader
verbauen : die Aussicht ~ masquer/ boucher la vue par une construction
verbeißen* réprimer; cacher; étouffer; sich (D) das Lachen ~ se retenir de rire ◆ sich ~ s'acharner (sur) → **verbissen**

verbergen* (sich) (se) cacher, (se) dissimuler

verbessern 1 (*faute*) corriger; *jn* ~ corriger/reprendre qqn 2 *ein Produkt* ~ améliorer un produit ◆ *sich* ~ s'améliorer

Verbesserung *f* -en amélioration *f*; correction *f*

verbeugen sich s'incliner, saluer

verbiegen* tordre, déformer; (*fig*) *jn* ~ mettre qqn au pas, dresser qqn ◆ *sich* ~ se tordre, se déformer; être flexible

verbieten* 1 *jm etw* ~ interdire qch à qqn 2 *einen Film* ~ interdire/censurer un film ◆ *das verbietet sich von selbst* cela est naturellement exclu

verbinden* 1 panser; bander 2 (*tél*) *jn mit jm* ~ passer qch à qqn 3 assembler; (*math*) *zwei Punkte miteinander* ~ relier deux points entre eux; (*fig*) associer; *das Angenehme mit dem Nützlichen* ~ joindre l'utile à l'agréable ◆ (*tél*) *sie sind falsch verbunden* vous êtes mal relié; vous vous êtes trompé de numéro ◆ 1 *bei ihr* ~ *sich Schönheit und Intelligenz* elle allie la beauté à l'intelligence 2 *sich geschäftlich mit jm* ~ s'associer à qqn; *sich jm zu einer Gruppe* ~ fusionner; (*chim*) se combiner; (*molécules*) s'amarrer ◆ *ich bin Ihnen sehr verbunden* je vous suis très obligé

verbindlich 1 qui engage; obligatoire *eine* ~*e Zusage* un engagement ferme 2 (*sourire*) amical/engageant

Verbindlichkeit *f* ø caractère *m* obligatoire ◆ -en *pl* obligation *f*; (*comm*) ~en *haben* avoir des dettes *fpl*

Verbindung *f* -en 1 relation *f* ~*en auf=nehmen* prendre des contacts *mpl* 2 (*math*) liaison *f*; (*chim*) combinaison *f* 3 (*tél*) communication *f*, ligne *f*; (*chemin de fer*) liaison, ligne 4 corporation *f* d'étudiants

Verbindungsmann *m* ¨er intermédiaire *m*, agent *m* de liaison

verbissen 1 buté, renfermé, aigri, amer, -ère 2 *ein* ~*er Gegner* un adversaire acharné ◆ ~ *kämpfen* combattre avec acharnement; (*fam*) *man darf nicht alles so* ~ *sehen* il ne faut pas dramatiser

verbitten* : *sich* (D) *etw* ~ ne pas admettre qch

Verbitterung *f* ø amertume *f*, aigreur *f*

verblassen <sein> (*couleurs*) passer; (*souvenir*) s'effacer

verbleiben <sein> 1 *wie seid ihr verblieben?* de quoi êtes-vous convenus?, qu'avez-vous décidé 2 *eine Endsumme von x DM verbleibt* il reste un solde de x marks 3 *ich verbleibe mit freundlichen Grüßen* veuillez recevoir mes meilleures salutations

verblenden (*fig*) aveugler

verbleuen (*fam*) casser la figure (à)

verblöden (*fam*) abêtir, abrutir ◆ <sein> *bei einer Arbeit* ~ s'abrutir en faisant un travail, se scléroser dans un travail ◆ *völlig verblödete Leute* des abrutis finis

verblüffen : *jn* ~ époustoufler/épater/ébahir/stupéfier qqn

verblüffend époustouflant, stupéfiant

verblühen <sein> se faner

verbluten <sein> mourir d'une hémorragie

verbocken : (*fam*) *wer hat das verbockt?* qui a commis cette bourde?

verborgen : *Geld* ~ prêter de l'argent

verborgen caché, secret, -ète; *ein* ~*es Haus* une maison à l'abri des regards; *eine* ~*e Gefahr* un danger latent → **verbergen**

Verbot *n* -e interdiction *f*

verboten 1 interdit; *Rauchen* ~! défense de fumer! 2 (*fam*) impossible; *du siehst ja* ~ *aus!* quelle dégaine! → **verbieten**

verbrämen garnir (de), border (de)

verbraten* : (*fam*) *sein ganzes Geld* ~ dépenser tout son fric

Verbrauch *m* ø/¨e consommation *f*

verbrauchen 1 consommer 2 (*argent*) dépenser ◆ *sich in der Arbeit* ~ s'user/se tuer au travail

VerbraucherIn *m f* consommateur *m*, -trice *f*; utilisateur *m*, -trice *f*; usager *m*

verbrechen : (*fam*/*iro*) *na, was hast du wieder verbrochen?* qu'est-ce que tu as encore fabriqué?

Verbrechen *n* - crime *m*; délit *m*

VerbrecherIn *m f* criminel *m*, -le *f*; malfaiteur *m*

verbrecherisch criminel, -le; délictueux, -euse

verbreiten 1 divulguer, propager, diffuser, répandre, colporter 2 *Angst und Schrecken* ~ répandre la terreur ◆ *se propager*, se répandre, se diffuser

verbreitern (sich) (s')élargir

Verbreitung *f* ø 1 propagation *f* 2 diffusion *f*

verbrennbar combustible

verbrennen* 1 brûler; (*mort*) incinérer; (*fig*) *sich* (D) *den Mund* ~ dire une bêtise ◆ <sein> brûler; *in den Flammen* ~ mourir dans les flammes, brûler vif/vive, être carbonisé ◆ *sich* ~ se brûler ◆ *verbrannt riechen* sentir le brûlé

Verbrennung *f* -en combustion *f*; crémation *f*, incinération *f*; (*méd*) brûlure *f*

verbringen* passer (du temps)

Verbrüderung *f* -en fraternisation *f*

verbrühen (sich) (s')ébouillanter

verbuchen (*comm*) comptabiliser; (*fig*) *einen Erfolg* ~ enregistrer un succès

verbuddeln *(fam > non fam)* enterrer, enfouir
verbummeln : *(fam) seine Schlüssel ~* paumer ses clés ; *seine Zeit ~* passer son temps à ne rien faire
Verbund *m -e* **1** *(éco)* regroupement *m*, groupe *m* **2** *(tech)* assemblage *m*, raccordement *m*
verbünden sich *(mit)* s'allier (à)
Verbündete/r 1 allié *m, -e f* **2** *pl (hist)* alliés *mpl*
Verbundglas *n ø (tech)* verre *m* triplex
verbürgen : *sich für jn ~* se porter garant de qqn ; *sich für die Richtigkeit einer Angabe ~* certifier / garantir l'exactitude d'une information ◆ *verbürgte Nachrichten* des nouvelles de source sûre
verbüßen *(jur)* purger
verbuttern *(fam/péj) / (non fam)* gaspiller
Verdacht *f -e* soupçon *m in ~ kommen* devenir suspect ; *(fam) auf ~* au cas où
verdächtig suspect
verdächtigen : *jn ~* soupçonner qqn (de)
Verdächtigung *f -en* suspicion *f*, soupçons *mpl* ; incrimination *f*
verdammen condamner ; *(rel)* damner
verdammt *(vulg)* **1** *so ein ~er Mist!* quelle merde ! **2** *~ ! nom d'un chien !* ; *du ~er Idiot!* sombre imbécile ! **3** *~e Kälte* un froid du tonnerre de Dieu ; *~es Glück* une sacrée chance ◆ *ein ~ hübsches Mädchen* une fille drôlement jolie
verdampfen faire s'évaporer, vaporiser ◆ *<sein>* s'évaporer
verdanken : *jm etw ~* être redevable de qch / devoir qch à qqn
verdattert *(fam)* déboussolé
verdauen digérer
Verdauung *f ø* digestion *f*
Verdeck *n -e* capote *f*
verderben* 1 *sich (D) die Augen ~* s'abîmer les yeux ; *sich (D) den Magen ~* attraper une indigestion, *(fam)* se détraquer l'estomac **2** *jm die Freude ~* gâcher le plaisir à qqn ◆ se gâter, s'abîmer ◆ *es mit niemandem ~ wollen* vouloir ménager tout le monde / *(fig)* ménager la chèvre et le chou
verderblich périssable ; *(fig)* pernicieux, -euse, moralement dangereux, -euse
verdeutlichen : *jm etw ~* expliquer qch à qqn ; *sich (D) etw ~* élucider qch
verdichten comprimer *das Straßennetz ~* renforcer le réseau routier ; *(chim)* concentrer ◆ *der Nebel verdichtet sich* le brouillard s'épaissit ; *(fig) der Verdacht verdichtet sich* les soupçons s'alourdissent
verdienen 1 *Geld ~* gagner de l'argent **2** *eine Strafe ~* mériter une punition ; *(fig) er hat nichts anderes verdient* il l'a bien mérité, c'est bien fait pour lui
Verdienst *m -e* revenu *m*, salaire *m*
Verdienst *n -e* mérite *m*, service *m* rendu
verdienstvoll méritoire ; méritant, qui a d'énormes qualités
verdient de mérite *ein ~er Gelehrter* un savant émérite ◆ *sich um etw ~ machen* s'illustrer dans qch
verdonnern : *(fam) jn zu etw ~* coller qch sur le dos de qqn
verdoppeln doubler ; *(fig) seine Anstrengungen ~* redoubler d'efforts ◆ *sich ~* être multiplié par deux
verdrängen 1 pousser, déloger ; *(fig) jn aus seiner Position ~* évincer qqn **2** *(psy)* refouler
Verdrängung *f -en (psy)* refoulement *m*
verdrehen 1 tordre *die Augen ~ (fig)* lever les yeux au ciel **2** *(fig) jm den Kopf ~* faire tourner la tête à qqn ; *(fig/péj) das Recht ~* (con)tourner la loi ; *die Tatsachen ~* déformer les faits ; *jm die Worte im Mund ~* faire dire à qqn qch qu'il n'a pas dit ◆ *(fam/péj) ein verdrehter Kerl* un cinglé
verdreifachen tripler
verdreschen* *(fam)* casser la figure (à)
Verdrossenheit *f ø* humeur *f* maussade
verdrücken *(fam)* engouffrer ◆ *sich ~* se tirer en douce
verduften *<sein>* : *(fam) verdufte!* dégage ! tire-toi !
verdunkeln obscurcir ◆ *(fig) seine Stirn verdunkelte sich* son front s'assombrit
Verdunk(e)lung *f -en* obscurcissement *m* ; *(jur)* dissimulation *f*
verdünnen délayer ; *(peinture/chim)* diluer ; *(sauce)* allonger ; *(vin)* mouiller
verdünnisieren sich *(fam)* filer
verdunsten : *Wasser ~* faire s'évaporer de l'eau ◆ *<sein>* s'évaporer
verdursten *<sein>* mourir de soif
verdutzt ébahi, médusé, stupéfait
Veredelung *f -en* (r)affinage *m*, transformation *f* ; greffe *f*
verehren adorer ; vénérer
VerehrerIn *m f* admirateur *m* ; *(iro) was macht dein ~ ?* que devient ton amoureux *m* / soupirant *m* ?
Verehrung *f -en* vénération *f*, admiration *f*, profond respect *m*
vereidigen : *jn ~* assermenter qqn
Verein *m -e* association *f*, société *f*
vereinbar conciliable, compatible
vereinbaren convenir (de) ; concilier ; *nicht zu ~ sein* ne pas être conciliable / compatible ◆ *zur vereinbarten Stunde* à l'heure convenue
Vereinbarung *f -en* **1** *~ eines Treffens* prise *f* de rendez-vous **2** accord *m*, arran-

vereinen

gement *m*; *Sprechstunde nach ~* sur rendez-vous *m*

vereinen faire fusionner; *(fig)* concilier/harmoniser ◆ *sich ~ (zu)* s'unir (pour); fusionner ◆ *mit vereinten Kräften* en conjuguant ses efforts; *die Vereinten Nationen* les Nations Unies

vereinfachen simplifier

vereinheitlichen harmoniser, uniformiser, standardiser

vereinigen réunir ◆ 1 *sich ~* s'unir, s'associer 2 *zwei Flüsse ~ sich* deux fleuves se rejoignent ◆ *die Vereinigten Staaten* les États-Unis

Vereinigung *f* -en 1 association *f* 2 réunion *f*; fusion *f*

vereinsamen <sein> s'isoler

vereinzelt : *~e Regenschauer* pluies éparses, quelques ondées; *~er Kanonendonner* coups de canon isolés/sporadiques

vereisen *(méd)* insensibiliser ◆ <sein> geler; *die Straßen sind vereist* les routes sont verglacées

vereiteln faire échouer; déjouer, *(fig)* faire avorter

vereitert enflammé

verelenden tomber dans la misère

verenden <sein> *(animal)* crever; *(homme)* s'éteindre, mourir

verengen (sich) (se) rétrécir

vererben léguer, laisser en héritage; transmettre ◆ *sich ~* se transmettre

Vererbung *f ø (méd)* hérédité *f*

verfahren procéder, agir; *mit jm streng ~* être sévère avec qqn, user de rigueur avec qqn ◆ *(fam) viel Benzin ~ (non fam)* consommer beaucoup ◆ *sich ~* se tromper de route, se perdre ◆ *(fam) eine ~ Situation* le pétrin

Verfahren *n* - 1 *(tech)* procédé *m*, méthode *f*, technique [tɛk-] *f* 2 *(jur)* procédure *f*

Verfahrensrecht *f ø* règles *fpl* de procédure

Verfall *m ø* 1 *etw dem ~ preis=geben* laisser qch tomber en ruine, en déchéance *f*; *körperlicher ~* dégradation *f*/déchéance *f* physique; *(hist) der ~ des Römischen Reiches* la chute *f* de l'Empire romain 2 *(comm)* échéance *f*, expiration *f*

verfallen* <sein> 1 tomber en ruine, s'écrouler 2 venir à expiration, se périmer; *(éco/comm)* venir à échéance; *der Geldwert verfällt* la valeur de l'argent s'effrite ◆ 1 *auf etw (A) ~* en venir à qch; *wie konntest du nur darauf ~?* comment as-tu pu avoir une idée pareille? 2 *in einen alten Fehler ~* retomber dans la même erreur; *einem Zauber ~* succomber à un charme 3 *(cheval) in Trab ~* se mettre au trot

verfallen 1 *(document)* périmé 2 *(bâtiment)* en ruine

verfangen sich s'empêtrer

verfänglich embarrassant

verfärben déteindre (sur) ◆ *sich ~* changer de couleur

verfassen rédiger, écrire

VerfasserIn *m f* auteur *m*

Verfassung *f ø* : *guter ~ sein* être dans de bonnes dispositions *fpl*/de bonne humeur *f* ◆ *-en (pol)* constitution *f*

verfassunggebend : *~e Versammlung* assemblée constituante

verfassungsfeindlich anticonstitutionnel, -le

Verfassungsschutz *m ø* services *mpl* de la sûreté de l'État

verfaulen <sein> pourrir, se gâter

verfehlen : *ein Ziel ~* manquer une cible; *(fig) das Thema ~* passer à côté du sujet; *seine Wirkung ~* demeurer sans effet ◆ *es wäre verfehlt* ce serait une erreur

verfeinden sich : *sich mit jm ~* se brouiller/fâcher avec qqn

verfeinern améliorer, raffiner

verfettet *(fam)* adipeux, -euse

Verfilmung *f* -en adaptation *f* cinématographique

verfilzen emmêler

verfinstern obscurcir ◆ *der Himmel verfinstert sich* le ciel s'assombrit/s'obscurcit; *(fig) seine Miene verfinstert sich* son visage s'assombrit, il se rembrunit

verflachen <sein> s'aplatir, se niveler; *(eau)* baisser; *(fig)* s'affadir, devenir de plus en plus insignifiant

Verflechtung *f* -en : *(pol) internationale ~en* interconnexions *fpl*, imbrications *fpl*, interdépendance *f* sur le plan international

verfliegen* <sein> 1 s'évaporer 2 *(fig) die Zeit verfliegt im Nu* le temps passe très vite/s'envole ◆ *sich ~* s'égarer, se tromper de route

verflixt *(fam)* 1 *eine ~e Angelegenheit* une sale affaire; *dieses ~e Auto* cette foutue bagnole 2 *~ (noch mal)!* zut [zyt], alors!, nom d'un chien!

verfluchen maudire

verflucht *(fam)* 1 foutu, fichu 2 *~ (noch mal/eins)!* nom de nom! ◆ *es ist ~ heiß* il fait vachement chaud

verflüchtigen *(chim)* volatiliser ◆ *sich ~* s'évaporer, se vaporiser; être volatile

verfolgen 1 poursuivre; traquer; suivre *Minderheiten ~* persécuter des minorités; *(jur) jn gerichtlich ~* poursuivre qqn en justice 2 *etw mit dem Blick ~* suivre qch des yeux

VerfolgerIn *m f* poursuivant *m*, -e *f*

Verfolgung *f ø*/-en poursuite *f*; persécution *f*

verformen (sich) (se) déformer
verfressen : *(péj) ein ~er Kerl* un goinfre
verfroren gelé ; frileux, -euse
verfrüht prématuré
verfügbar disponible
verfügen : *die Schließung eines Lokals ~* ordonner la fermeture d'un café ◆ *über etw (A) ~* disposer de qch, avoir qch à sa disposition ; *über seine Zeit ~* être libre de son temps ; *~ Sie über mich !* je suis à votre disposition
Verfügung *f ø* ; *jm zur ~ stehen* être à la disposition de qqn ◆ *-en* ordonnance *f*, décret *m* ; décision *f*
verführen 1 *jn ~* séduire qqn **2** *jn ~, etw zu tun* entraîner/pousser qqn à faire qch
VerführerIn *m f* séducteur *m*, -trice *f*
verführerisch séduisant ; séducteur, -trice
Verführung *f -en* séduction *f*
Vergabe *f -n* octroi *m*/attribution *f* ; *die ~ eines Auftrags* la passation *f* d'une commande
vergaffen sich : *(fam) sich in jn ~* tomber amoureux, -euse de qqn
vergällen : *(fam) jm das Leben ~* empoisonner la vie de qqn
vergammeln : *(fam) den ganzen Tag ~* ne rien foutre de la journée, passer sa journée à traîner ◆ <sein> *(non fam)* s'abîmer, moisir
vergammelt : *(péj) ein ~er Kerl* un type débraillé
Vergangenheit *f ø* passé *m*
vergänglich éphémère, fugitif, -ive, passager, -ère
vergasen 1 méthaniser **2** *jn ~* gazer qqn
Vergaser *m -* carburateur *m*
vergeben* 1 *eine Schuld ~* pardonner une faute **2** *einen Preis ~* attribuer/octroyer un prix **3** *sich (D) etw ~* se compromettre, ternir sa réputation **4** *(sp) einen Elfmeter ~* rater un penalty ◆ *(jeu) du hast dich ~* il y a maldonne/fausse donne
vergeblich vain, inutile ◆ en vain
vergegenwärtigen sich (D) se représenter, imaginer
vergehen* <sein> **1** *die Zeit vergeht* le temps passe **2** *ihm vergeht der Appetit* il perd l'appétit ; *(fig) da vergeht einem der Appetit* c'est à vous dégoûter ◆ **1** *sich gegen das Gesetz ~* enfreindre/violer la loi ; *sich an fremdem Eigentum ~* porter atteinte au bien d'autrui **2** *sich an jm ~* faire subir à qqn des sévices sexuels ; violer qqn
vergesellschaften *(éco)* mettre en société, nationaliser
vergessen* 1 oublier ; omettre ; *(fam) das kannst du ~ !* c'est du pipeau ! **2** *(fig) das vergesse ich dir nie !* je n'oublierai jamais ce que tu m'as fait ; je t'en voudrai toute ma vie ! ◆ *sich ~* se laisser aller, perdre le contrôle de soi
vergeßlich oublieux, -euse, distrait
vergeuden gaspiller
vergewaltigen violer ; *(fig)* exercer une tyrannie (sur), mettre à sa botte, forcer ; malmener
Vergewaltigung *f -en* viol *m* ; *(fig)* violences *fpl* (faites à)
vergewissern sich (G) s'assurer (de)
vergießen* : *Milch ~* renverser du lait ; *(fig) heiße Tränen ~* pleurer à chaudes larmes
vergiften (sich) (s')empoisonner
vergilbt : *~e Fotos* des photos jaunies
Vergißmeinicht *n -e* myosotis [-tis] *m*
vergittern grillager qch
Vergleich *m -e* comparaison *f* ; *im ~ zu* comparé à, en comparaison de ; *(jur)* concordat *m*
vergleichbar comparable, similaire
vergleichen* (mit) comparer (à) ; *(fam) das ist doch nicht zu ~ !* ça n'a rien à voir ! ◆ *sich mit jm ~* se confronter à qqn ; *(jur)* trouver un compromis
vergleichsweise par comparaison
vergnügen (sich) s'amuser, se divertir
Vergnügen *n ø* plaisir *m* ; *ich wünsche dir viel ~* amuse-toi bien ! *(fig/fam) es war kein reines ~* ce n'était vraiment pas drôle
vergnügt content
Vergnügung *f -en* plaisir *m* ; divertissement *m*
Vergnügungspark *m -s* parc *m* d'attractions
vergolden dorer ; *(fig)* embellir
vergöttern idolâtrer, adorer
vergraben* (sich) (s')enterrer, (s')enfouir ; *(fig) sich in die/der Arbeit ~* se plonger dans son travail
vergrämt rongé de chagrin
vergraulen : *(fam) jn ~* faire fuir qqn ; *jm eine Arbeit ~* couper à qqn l'envie de faire un travail
vergreifen* sich 1 *(mus)* faire une fausse note **2** se tromper (de) ; *sich im Ton ~* ne pas prendre le ton qui convient **3** *sich an fremdem Eigentum ~* faire main basse sur/s'approprier le bien d'autrui ; *sich an jm ~* s'attaquer à qqn ; faire subir des sévices sexuels à qqn
Vergreisung *f ø* vieillissement *m*
vergriffen épuisé
vergrößern 1 agrandir ; élargir ; augmenter ; *seinen Kundenkreis ~* développer sa clientèle **2** *(photo)* agrandir ◆ *sich ~* s'agrandir, augmenter
vergucken sich *(fam)* **1** *sich in jn ~* flasher sur qqn **2** se tromper

Vergünstigung f -en avantage m, privilège m

Vergütung f -en dédommagement m, compensation f, indemnisation f; rémunération f

verhaften : *jn ~* arrêter qqn

verhaftet : *in seiner Zeit ~* ancré dans son époque

Verhaftung f -en arrestation f

verhalten* : *einen Augenblick ~* s'arrêter un instant ◆ **1** *sich zu jm/gegen jn schlecht ~* mal se conduire/se comporter à l'égard/vis-à-vis de qqn ; *sich ruhig ~* se tenir tranquille **2** *wenn sich das so verhält* s'il en est ainsi

verhalten 1 *~er Zorn* une colère contenue/rentrée ; *ein ~es Wesen* un tempérament réservé **2** *~e Farben* des couleurs discrètes

Verhalten n - comportement m, conduite f

Verhältnis n -se **1** rapport m, proportion f; *im ~ zu* par rapport à **2** *ein gutes ~ zu jm haben* avoir de bonnes relations fpl/de bons rapports avec qqn ; *(fam > non fam)* liaison f **3** pl conditions fpl ; circonstances fpl ; *über seine ~se leben* vivre au-dessus de ses moyens mpl

verhältnismäßig relativement

Verhältniswahl f ø (élection f à la) proportionnelle f

verhandeln négocier, discuter (de)

Verhandlung f -en **1** pl *(pol)* négociations fpl, pourparlers mpl **2** *(jur)* débats mpl

verhängen 1 recouvrir (de), voiler **2** *den Ausnahmezustand ~* proclamer l'état d'urgence ; *(jur) eine hohe Strafe ~* prononcer/infliger une lourde peine

verhängnisvoll fatal

verharmlosen minimiser

verharren : *in einer Position ~* rester dans sa position ; *(sp)* tenir la pose ; *(fig) auf ~ ~* rester/camper sur ses positions, ne pas démordre de qch

verhärten <sein> : *(fig) jn ~* endurcir qqn ◆ **1** *(fig) die Positionen ~ sich* les positions se radicalisent/se raidissent/se durcissent **2** *(méd)* durcir

verhaspeln sich *(fam)* s'emmêler les pinceaux, *(non fam)* bafouiller

verhaßt haï, détesté, odieux, -euse

verhätscheln : *(fam/péj) ein Kind ~* chouchouter un enfant

verhauen* *(fam)* **1** *jn ~* tabasser qqn **2** *eine Arbeit ~* rater complètement une interro ◆ *sich ~* se tromper

verheddern sich *(fam)* **1** *(laine)* faire des nœuds **2** *sich in einem Text ~* s'emmêler les pinceaux, *(non fam)* bafouiller

verheerend 1 *~e Folgen* des conséquences catastrophiques **2** *(fam) ein ~es Kleid* une robe affreuse ◆ *(fam) ~ aussehen* avoir une allure épouvantable

verheilen <sein> guérir ; cicatriser

verheimlichen : *jm etw ~* cacher/dissimuler qch à qqn

verheiraten sich se marier

verheißen* *(fig) nichts Gutes ~* n'annoncer rien de bon

verheißungsvoll prometteur

verhelfen* **1** *jm zu seinem Recht ~* aider qqn à faire valoir son bon droit **2** *einem Projekt zum Durchbruch ~* aider au succès d'un projet

verherrlichen glorifier

verhexen *(fam > non fam)* ensorceler, jeter un sort (à)

verhindern empêcher, éviter, faire obstacle (à) ; *ein Unglück ~* prévenir un malheur ◆ *er ist dienstlich verhindert* il a un empêchement professionnel

verhöhnen railler, se moquer (de)

verhökern *(fam)* bazarder

Verhör n -e interrogatoire m

verhören : *jn ~* interroger qqn, soumettre qqn à un interrogatoire ◆ *sich ~* mal entendre

verhüllen voiler ; cacher, masquer ◆ *sich ~* se voiler ; se cacher

verhungern mourir de faim

verhunzen *(fam)* **1** *eine Arbeit ~* bâcler un travail **2** *sein Leben ~* gâcher sa vie, bousiller sa vie

verhüten : *ein Unglück ~* éviter/prévenir un malheur ◆ utiliser un moyen contraceptif

Verhütung f -en prévention f ; contraception f

Verhütungsmittel n - (moyen m) contraceptif m

verirren sich se perdre, s'égarer

verjagen chasser ; expulser

verjährt couvert par la prescription

verjubeln *(fam > non fam)* dilapider

verjüngen sich 1 *(homme)* rajeunir **2** *(archi)* s'effiler ; se rétrécir

verkabeln *(télé)* câbler

verkalken <sein> *(méd)* se calcifier, se scléroser ; *(fam)* devenir gaga

verkalkulieren sich se tromper dans ses calculs, faire une erreur de calcul

verkannt méconnu

verkatert : *(fam) ~ sein* avoir la gueule de bois

Verkauf m ø/¨e vente f; commercialisation f; écoulement m, débit m; *zum ~ anbieten* mettre en vente ; commercialiser

verkaufen vendre ; commercialiser ; écouler ◆ *sich gut ~* se vendre bien

VerkäuferIn m f vendeur m, -euse f

verkäuflich 1 vendable **2** à vendre

Verkaufswert m -e valeur f vénale ; valeur marchande

Verkehr *m* ø **1** trafic *m*; circulation *f*; *(iro) jn aus dem ~ ziehen* mettre qqn sur la touche **2** relations *fpl*; échange *m*; fréquentation *f* **3** rapports *mpl* sexuels

verkehren : *js Absicht ins Gegenteil ~* prêter à qqn l'intention inverse de celle qu'il a ◆ **1** circuler; *viertelstündlich ~* passer tous les quarts d'heure **2** *mit jm ~* fréquenter qqn, être en relations avec qqn, voir qqn ◆ *sich ~ (in A)* se transformer (en)

Verkehrsader *f* -n grand axe *m*, (grande) route *f*; (ville) (grande) artère *f*

Verkehrsampel *f* -n feux *mpl* tricolores

Verkehrsknotenpunkt *m* -e carrefour *m*, plaque *f* tournante; *(chemin de fer)* nœud ferroviaire

Verkehrsmittel *n* - moyen *m* de transport *öffentliche ~* transports en commun

verkehrsreich à grande circulation

VerkehrssünderIn *m f (fam)* chauffard *m*

verkehrt 1 mauvais; faux/fausse; *(fam)* raté **2** *(fam) an den Verkehrten kommen* se tromper de porte ◆ *alles ~ machen* faire tout de travers; *~ herum an=ziehen* mettre à l'envers

verkennen* mésestimer, mal apprécier; *js Absichten ~* se méprendre sur les intentions de qqn

Verkettung *f* -en association *f*, liaison *f*; *(fig) eine ~ unglücklicher Umstände* une succession/un enchaînement de circonstances malheureuses

verklagen porter plainte (contre), faire un procès (à)

verklären *(rel)* transfigurer ◆ *sein Blick verklärte sich* son regard s'éclaira ◆ *ein verklärtes Lächeln* un sourire lumineux

verklausulieren introduire des clauses (restrictives) (à); *(fig)* dire qch sans le dire

verkleben fermer en collant, recoller

verkleckern *(fam > non fam)* faire des taches (sur)

verkleiden : *eine Wand ~* revêtir/recouvrir un mur (de) ◆ *sich ~ (als)* se déguiser (en)

Verkleidung *f* -en **1** déguisement *m* **2** revêtement *m*, habillage *m*

verkleinern réduire, diminuer **1** *(fam) wir werden uns ~* il va falloir se serrer un peu **2** *der Freundeskreis verkleinert sich* le cercle d'amis se réduit

verklemmen (sich) (se) coincer

verklemmt complexé, *(fam)* coincé; *sexuell ~* refoulé sexuel

verklingen* <sein> s'éteindre lentement

verkloppen *(fam)* **1** *jn ~* tabasser qqn, casser la gueule à qqn **2** *etw ~ (non fam)* vendre qch

verknacken : *(fam) jn zu einer Geldstrafe ~* coller une amende à qqn

verknacksen : *(fam) sich (D) den Fuß ~ (non fam)* se fouler le pied

verknallt : *(fam) in ein Mädchen ~ sein* être mordu, être fou d'une fille

verkneifen* : *(fam) sich (D) etw ~* faire son deuil de qch

verkniffen : *(péj) ein ~es Gesicht* un air pincé / *(fam)* constipé

verknoten nouer

verknüpfen attacher, nouer; *(fig)* associer

verknusen : *(fam) jn nicht ~ können* ne pas pouvoir blairer qqn

verkohlen : *(fam) jn ~* se payer la tête de qqn

verkommen* <sein> se gâter, pourrir ◆ *(péj) ein ~es Viertel* un quartier déshérité

verkorksen *(fam)* **1** *sich (D) den Magen ~* se détraquer l'estomac **2** faire n'importe comment ◆ *eine völlig verkorkste Figur haben* être mal foutu

verkörpern incarner, personnifier qch

verkrachen : *(fam) sich mit jm ~* se brouiller avec qqn ◆ *eine verkrachte Existenz* un raté

verkraften 1 supporter **2** *(fig) etw nicht ~ können* ne pas avoir la force de supporter qch

verkramen *(fam)* paumer

verkrampfen sich *(muscle)* se crisper ◆ *verkrampft lächeln* avoir un sourire crispé

verkriechen* sich se faufiler, se glisser, se cacher, aller se tapir

verkrümeln sich *(fam)* se tailler

verkrüppelt difforme; *ein ~er Mensch* un infirme; *~e Bäume* des arbres rabougris

verkümmern <sein> **1** végéter, dépérir; *(méd)* s'atrophier **2** *(fig) sein Talent verkümmert* son talent s'étiole

verkünden proclamer; *(jur) das Urteil ~* prononcer un jugement

verkürzen 1 écourter, abréger; *sich (D) die Zeit mit Lesen ~* faire passer le temps en lisant **2** *ein Kleid ~* raccourcir une robe ◆ *(sp) auf 3 : 2 ~* réduire un écart à un score de 3 à 2; *verkürzte Arbeitszeit* chômage partiel / technique

verladen* 1 *Kisten ~* charger des caisses **2** *(fam) jn ~* tromper qqn

Verlag *m* -e maison *f* d'édition

verlagern (sich) (se) transférer, (se) déplacer

verlangen 1 demander **2** réclamer, exiger; *(droit)* revendiquer **3** *etw von jm ~* attendre qch de qqn; *ich will nicht zuviel von Ihnen ~* je ne voudrais pas abuser; *(fig) tun, was die Situation verlangt* répondre aux exigences de la situation

Verlangen *n* - **1** désir *m*, aspiration *f* **2** *auf ~* sur demande *f*

verlängern

verlängern 1 (r)allonger 2 *einen Vertrag ~* renouveler / *(jur)* proroger un contrat
Verlängerungsschnur *f* -en rallonge *f*
verlangsamen ralentir, freiner ◆ *sich ~* ralentir
Verlaß *m* ø : *auf ihn ist kein ~* il n'est pas fiable, on ne peut pas compter sur lui
verlassen quitter ◆ *sich auf jn ~* avoir confiance en qqn, compter sur qqn
verlassen abandonné ; désert
Verlauf *m* ¨e 1 tracé *m* 2 déroulement *m* ; évolution *f* ; *im ~* au cours (de) ; *einen guten ~ nehmen* prendre un bon tour
verlaufen* <sein> 1 *die Tinte verläuft* l'encre s'étale 2 *der Weg verläuft geradeaus* le chemin va tout droit 3 *gut ~* se dérouler dans de bonnes conditions, bien se passer ◆ 1 *sich ~* se perdre, s'égarer 2 *die Menge verläuft sich* la foule se disperse
verlauten : *etw ~ (lassen)* faire savoir, communiquer ◆ <sein> *wie verlautet* suivant nos informations
verleben passer, vivre
verlebt décrépit, ravagé par une vie de débauche
verlegen 1 égarer *ich habe die Schlüssel verlegt* je ne sais plus où j'ai mis les clés 2 *(rendez-vous)* déplacer, reporter 3 *seinen Wohnsitz ~* changer de lieu/résidence 4 *Rohre ~* installer des tuyaux ; *(moquette)* poser 5 *eine Zeitschrift ~* publier / éditer un journal ◆ *sich auf etw (A) ~* se spécialiser (dans), se consacrer (à), s'adonner (à)
verlegen gêné, embarrassé ; *nie um eine Antwort ~ sein* avoir réponse à tout
Verlegenheit *f* ø embarras *m*, gêne *f*, confusion *f* ; *jn in ~ bringen* embarrasser qqn
Verlegenheitslösung *f* -en solution *f* de fortune
VerlegerIn *m f* éditeur *m*, -trice *f*
Verleih *m* ø location *f* ; prêt *m* ; *(cin)* distribution *f*
verleihen* 1 prêter ; louer 2 remettre, octroyer ; *einen Titel ~* décerner un titre
verleiten : *jn zu etw ~* entraîner / inciter qqn à faire qch ◆ *sich ~ lassen* se laisser entraîner
verlernen oublier, perdre
verlesen* 1 *die Gewinner ~* lire la liste des gagnants 2 *(cuis)* trier ◆ *sich ~* faire une erreur (de lecture), lire de travers
verletzbar vulnérable ; susceptible
verletzen blesser ; *(fig)* blesser, vexer ; *(loi)* enfreindre, violer
verletzlich sensible, vulnérable
Verletzung *f* -en blessure *f* ; *(loi)* violation *f*
verleugnen 1 *jn ~* affirmer qu'on ne connaît pas qqn, renier qqn 2 nier *seine Ideale ~* renier son idéal ◆ *sich ~ lassen* faire dire qu'on est absent
verleumderisch diffamatoire, calomnieux, -euse
verlieben sich : *sich in jn ~* tomber amoureux, -euse de qqn
verlieren* 1 perdre 2 *seine Gültigkeit ~* ne plus être valable 3 *(fig) über etw kein Wort ~* ne pas perdre un mot de qch ◆ *an Wert ~* perdre de la valeur ; *(fam) sie hat verloren* elle est moins bien qu'avant ◆ *sich in der Menge ~* se perdre dans la foule
VerliererIn *m f* perdant, -e
Verlies *n* -e oubliettes *fpl*, cachot *m*
verloben sich se fiancer
Verlobung *f* -en fiançailles *fpl*
verlockend attirant, qui donne envie *ein ~es Angebot* une offre alléchante / séduisante ; *ein ~er Anblick* un spectacle très agréable / ravissant
verlogen menteur, -euse ; mensonger, -ère, faux / fausse
verloren=gehen* <sein> disparaître, se perdre, être perdu ; *(fam) an ihm ist ein Pianist verlorengegangen* il a raté sa vocation, il aurait pu devenir pianiste, on a perdu en lui un pianiste
verlöschen* <sein> s'éteindre ; *(fig)* s'estomper
verlosen tirer au sort ; tirer à la loterie
Verlust *m* -e perte *f* ; *(comm)* perte, déficit [-sit] *m* ; *reiner ~* perte sèche
vermachen : *(fam) jm ein Haus ~* (non fam) léguer une maison à qqn ; *jm einen Mantel ~* (re)filer un manteau à qqn
Vermächtnis *n* -se 1 dernières volontés *fpl* ; *(fig)* testament *m* ; héritage *m* 2 *(jur)* héritage *m*, legs [leg] *m*
vermählen sich se marier
vermaledeit *(fam)* maudit
vermarkten *(comm)* commercialiser
vermasseln : *(fam) eine Prüfung ~* tout rater à un examen ; *jm die Tour ~* faire rater son coup à qqn
vermehren accroître, augmenter, multiplier ◆ *sich ~* se multiplier ; *sich ungeschlechtlich ~* se reproduire de manière asexuée ; *sich rasch ~* proliférer
vermeiden* éviter
vermeintlich présumé ; prétendu, soi-disant
vermelden : *(fam) (d)er hat nichts zu ~ !* il n'a pas son mot à dire !
vermengen, vermischen (sich) mélanger ◆ *sich ~* se mélanger ; se mêler (à)
vermessen : *Land ~* mesurer / arpenter un terrain, faire une maison à qqn ; faire un relevé de géomètre ◆ *sich ~* se tromper dans ses mesures
vermessen : *~e Wünsche* des vœux

irréalistes; *eine ~e Hoffnung* un espoir insensé
vermiesen : *(fam) jm ~ den Urlaub* gâcher les vacances de qqn
vermieten louer
VermieterIn *m f* propriétaire *m f*, logeur *m*, -euse *f*; *(véhicule)* loueur *m*
vermindern diminuer *das Tempo ~* ralentir le rythme ◆ *sich ~* diminuer
verminen *(mil)* miner
vermischen (sich) (se) mélanger; (se) mêler
vermissen 1 *ich vermisse sie* elle me manque 2 *seine Schlüssel ~* ne pas retrouver ses clés ◆ *als vermißt gemeldet* porté disparu
vermitteln 1 *eine Arbeit ~* trouver/procurer du travail à qqn 2 *eine Zusammenkunft ~* servir d'intermédiaire pour organiser une rencontre, arranger une rencontre; *(tél) ein Gespräch ~* passer une communication 3 *Wissen ~* transmettre un savoir; *einen Eindruck ~* donner une idée ◆ *in einer Angelegenheit ~* avoir un rôle de médiateur dans une affaire
VermittlerIn *m f* intermédiaire *m f*; médiateur *m*, -trice *f*
Vermittlung *f* -en 1 intervention *f*; médiation *f* 2 *(tél)* standard *m*
Vermittlungsgebühr *f* -en commission *f*
vermöbeln *(fam)* casser la figure à qqn
vermodern <sein> pourrir, se décomposer
Vermögen *n* ø pouvoir *m*, faculté *f* ◆ - fortune *f*, biens *mpl*
vermögend fortuné, aisé
vermurksen *(fam)* bousiller complètement
vermuten : *etw ~* supposer qch, soupçonner qch, se douter de qch
vermutlich probable, présumé ◆ probablement, vraisemblablement
Vermutung *f* -en supposition *f*
vernachlässigen (sich) (se) négliger
vernagelt : *(péj) ein völlig ~er Mensch* un type bouché à l'émeri
vernarben <sein> cicatriser
vernaschen *(fam)* 1 *sein ganzes Taschengeld ~* claquer tout son argent de poche en friandises 2 *seinen Gegner ~* vaincre son adversaire haut la main
vernehmen* 1 *(jur) jn ~* interroger qqn; prendre la déposition de qqn 2 percevoir
Vernehmung *f* -en interrogatoire *m*; déposition *f*; audition *f* de témoins
verneigen sich s'incliner, saluer
verneinen : *etw ~* nier qch; *(gram)* marquer la négation
Verneinung *f* -en *(gram)* négation *f*
vernichten 1 détruire; *völlig ~* anéan-

tir; *(hommes)* exterminer; *(fig)* ruiner, anéantir 2 *(parasites)* éliminer ◆ *(fig) ein ~der Blick* un regard foudroyant; *eine ~de Kritik* une critique virulente; *eine ~de Niederlage* une défaite cuisante
Vernichtung *f* -en destruction *f*; anéantissement *m*
Vernichtungslager *n* - camp *m* d'extermination
Vernunft *f* ø raison *f*; bon sens [sɑ̃s] *m*; *(fig) ~ an=nehmen* entendre raison
vernünftig 1 raisonnable, sensé, judicieux, -euse 2 *(fam) eine ~e Wohnung* un appartement correct
vernünftigerweise raisonnablement
veröden : *(méd) Krampfadern ~* oblitérer des varices ◆ <sein> *die Gegend verödet* la région se désertifie/se dépeuple
veröffentlichen publier; rendre public
Veröffentlichung *f* -en publication *f*
verordnen *(méd)* prescrire
verpachten louer, donner en gérance
verpacken emballer, empaqueter
Verpackung *f* ø emballage *m*, empaquetage *m* ◆ -en emballage *m*
verpassen 1 manquer, rater, *(fam)* louper 2 *(fam) jm eins/eine ~* flanquer une gifle à qqn
verpatzen *(fam)* rater, louper
verpesten *(péj)* empester; polluer; *(fig)* pourrir
verpetzen *(péj > fam)* cafarder, moucharder, cafter
verpfänden : *sein Haus ~* hypothéquer sa maison, donner sa maison en nantissement
verpfeifen* : *(péj) jn ~* dénoncer qqn, *(fam)* donner qqn
verpflanzen transplanter
Verpflegung *f* ø nourriture *f*; *warme ~* repas *mpl* chauds
verpflichten : *jn zu etw ~* obliger/contraindre qqn à faire qch ◆ *sich vertraglich ~* s'engager par contrat ◆ 1 *verpflichtet sein zu etw* être obligé/contraint de 2 *jm wegen etw* (D) *verpflichtet sein* être redevable à qqn de qch
Verpflichtung *f* -en 1 engagement *m*; obligation *f* 2 *pl*; *finanzielle ~en* engagements financiers
verpfuschen : *(fam) eine Arbeit ~* bâcler un travail
verpissen sich : *(fam) verpiß dich!* dégage! casse-toi!
verplanen : *seine Zeit ~* organiser/planifier son temps ◆ *(fam) sich ~* se planter dans son organisation
verplappern sich *(fam)* lâcher le morceau, être trop bavard
verplaudern (sich) bavarder
verplempern *(fam)* 1 *(non fam)* gaspiller 2 *Milch ~* *(non fam)* renverser du lait

verprügeln

verprügeln battre / rosser qqn, rouer qqn de coups ; passer qqn à tabac
verpuffen <sein> (fig) se solder par un échec, se terminer en queue de poisson
verpulvern (fam) sein Geld ~ claquer son fric
verpumpen (fam) filer
verputzen 1 crépir *eine Fassade neu* ~ ravaler une façade 2 (fam) avaler, engloutir
verquasseln / verquatschen sich (fam) lâcher le morceau, être trop bavard
verquer : (fig) *jm geht alles* ~ tout va mal pour lui
verramschen (fam) vendre pour rien, bazarder, brader
Verrat m ø trahison f
verraten* trahir *ein Geheimnis* ~ trahir / dévoiler un secret ◆ *sich* ~ se trahir ◆ (fig) ~ *und verkauft sein* être abandonné de tous
VerräterIn m f traître m, -sse f
verräterisch traître ; *eine* ~*e Handlung* traîtrise
verrauchen <sein> s'apaiser, se calmer
verraucht enfumé
verrechnen inclure, compter *einen Scheck* ~ créditer un chèque sur un compte ◆ *sich* ~ faire une erreur de calcul ; (fig) *sich in jm* ~ se tromper sur le compte de qqn
Verrechnungsscheck m -s chèque m (barré)
verrecken <sein> (fam) 1 crever 2 *der Motor ist verreckt* le moteur a lâché
verreiben* (se) passer
verreisen <sein> partir en voyage ; voyager *er ist verreist* il est en voyage ; il est en déplacement
verrenken (méd) déplacer, déboîter, luxer
verrennen sich* 1 partir sur une fausse piste, se tromper 2 *auf* etw ~ s'acharner (sur) ; *er hat sich in eine Idee verrannt* il s'accroche à son idée
verriegeln verrouiller
verringern diminuer, réduire *das Tempo* ~ ralentir le rythme ◆ *sich* ~ se réduire, diminuer
verrinnen* <sein> (fig) s'écouler
Verriß m sse : (fam) *ein totaler* ~ un éreintement unanime
verrosten <sein> rouiller
verrücken déplacer, pousser
verrückt (fam) 1 cinglé, dingue 2 *ein* ~*er Kerl* un type incroyable 3 *auf etw* ~ *sein* adorer qch ◆ 1 *wie* ~ *regnen* pleuvoir des cordes ; *sich wie* ~ *freuen* être vachement content 2 ~ *spielen* déjanter
verrufen qui a mauvaise réputation
Vers m -e vers m ; (bible) verset m ; (fam) *sich* (D) *einen* ~ *auf etw machen können* piger qch

versachlichen concrétiser *eine Diskussion* ~ amener la discussion sur des points concrets ; dépassionner une discussion
versacken <sein> (fam) 1 (non fam) s'enfoncer 2 *wir sind völlig versackt* nous avons fait une bringue d'enfer
versagen : *sich* (D) *nichts* ~ ne rien se refuser ; *sich* (D) *einen Wunsch* ~ renoncer à qch, (fam) faire une croix sur qch ◆ 1 se dérober ; *ihre Stimme versagt* elle ne peut plus parler ; *meine Kräfte* ~ les forces me manquent ; 2 (tech) tomber en panne 3 *ihre Pflicht* défaillant ; *in der Schule* ~ être en échec scolaire
VersagerIn m f raté m, -e f
versalzen 1 trop saler ; (fig / fam) *jm die Suppe* ~ gâcher le plaisir à qqn
versammeln (sich) (se) réunir ; (se) rassembler
Versammlung f -en réunion f ; assemblée f ; meeting [mitiŋ] m
Versand m ø expédition f
Versandhaus n ¨er maison f / entreprise f de vente par correspondance
versaubeuteln (fam > non fam) égarer
versaufen* : (fam) *sein Gehalt* ~ claquer tout son salaire dans l'alcool ◆ *ein versoffener Kerl* un poivrot
versäumen : *den Zug* ~ manquer / rater le train ; *seine Pflicht* ~ manquer à son devoir
Versäumnis n -se oubli m, négligence f, manquement m
verschachern (péj) brader
verschachtelt : (fig) *ein* ~*er Satz* une phrase alambiquée
verschaffen obtenir *sich* (D) *etw* ~ se procurer qch ; (fig) *sich* (D) *Respekt* ~ se faire respecter
verschämt gêné
verschandeln (fam) esquinter ; (fig / non fam) défigurer
verschanzen sich (mil) se retrancher, se mettre à l'abri ; (fig) se cacher ; se retrancher
verschärfen : *die Kontrollen* ~ intensifier les contrôles ; *das Tempo* ~ accélérer le rythme ◆ *die Widersprüche* ~ *sich* les contradictions s'accentuent ; *die Lage hat sich verschärft* la situation s'est aggravée / est devenue encore plus critique
verschätzen sich se tromper dans son estimation
verschaukeln : (fam) *sich nicht* ~ *lassen* ne pas se faire avoir
verschenken : *etw* ~ offrir qch, faire cadeau de qch
verscherzen : *sich* (D) *js Gunst* ~ perdre (par sa faute) les faveurs de qqn, perdre tout crédit auprès de qqn
verscheuchen effrayer ; chasser ; (fig) *seine Müdigkeit* ~ vaincre la fatigue

verscheuern (fam) bazarder, vendre pour rien
verschicken envoyer, expédier
verschieben* 1 *einen Termin* ~ reporter/remettre un rendez-vous 2 pousser, déplacer ◆ 1 *der Termin verschiebt sich* le rendez-vous est reporté 2 *der Teppich verschiebt sich* le tapis glisse
verschieden 1 différent, divers, de différentes sortes, varié 2 différents, divers, un certain nombre de
verschiedenartig divers et varié(e)s, hétérogène
verschiedentlich à plusieurs reprises
verschießen* 1 *die Munition* ~ tirer des munitions; épuiser les munitions; (fig) *sein Pulver* ~ gaspiller son énergie 2 (sp) *einen Elfmeter* ~ rater un penalty ◆ <sein> (couleur) passer, se décolorer ◆ (fam) *in jn verschossen sein* être fou de qqn, avoir qqn dans la peau
verschränken : *die Arme* ~ croiser les bras
verschimmeln <sein> moisir
verschlafen* : *den ganzen Tag* ~ passer sa journée à dormir ◆ *ich habe* ~ je ne me suis pas réveillé
verschlafen endormi, pas réveillé
Verschlag m ¨e cagibi m, réduit m
verschlagen* 1 *etw mit Brettern* ~ fermer qch en y clouant des planches 2 (fam) *das verschlägt mir die Sprache* cela me coupe le sifflet ◆ *es hat ihn nach Hamburg* ~ il s'est retrouvé à Hambourg ◆ (péj) sournois; *ein ~er Blick* un regard fuyant
verschlampen : (fam/péj) *einen Termin* ~ (non fam) oublier un rendez-vous; *ein Buch* ~ ne plus arriver à mettre la main sur un livre
verschlechtern (sich) (s')aggraver, (se) détériorer, empirer
verschleiern voiler; *das Gesicht* ~ se voiler; (fig) masquer, maquiller ◆ *sich* ~ se voiler; (ciel) se couvrir
Verschleiß m ø usure f
verschleißen* user
verschleppen 1 *jn* ~ déporter qqn 2 *eine Entscheidung* ~ retarder/reporter continuellement une décision; *einen Prozeß* ~ faire traîner un procès en longueur 3 *Krankheiten* ~ véhiculer des maladies
verschleudern 1 brader 2 (péj) *öffentliche Gelder* ~ gaspiller les deniers publics
verschließen* 1 *eine Tür* ~ fermer une porte à clé 2 *eine Öffnung* ~ boucher/obturer une ouverture ◆ (fig) *sich js Wünschen* ~ se soustraire aux désirs de qqn, refuser d'accéder aux désirs de qqn → **verschlossen**
verschlingen* 1 *Bänder* ~ entrelacer/nouer des rubans 2 (nourriture) avaler, engloutir; (fig) *ein Buch* ~ dévorer un livre
verschlossen 1 fermé à clé 2 *ein ~er Mensch* une personne renfermée → **verschließen**
verschlucken : avaler ◆ *sich* ~ avaler de travers
Verschluß m ¨sse 1 fermeture f; (bijoux) fermoir m; (bouteille) bouchon m; *unter* ~ sous clé; *etw unter* ~ *halten* tenir fermé 2 (méd) occlusion f
Verschlußsache f -**en** document m confidentiel
verschlüsseln coder
verschmähen dédaigner, repousser avec mépris
verschmelzen* (métallurgie) fondre ◆ <sein> s'amalgamer, fusionner
verschmerzen : *eine Niederlage* ~ se remettre d'un échec; *das ist zu* ~ c'est supportable, on peut s'en remettre
verschmieren 1 (fente) boucher 2 (papier) barbouiller
verschmitzt futé, malin, coquin
verschnaufen (sich) faire une pause, souffler un peu
verschneiden* 1 (haie) tailler 2 (robe/cheveux) rater une coupe 3 (animal) castrer 4 (vin) couper
verschneit enneigé
verschnörkelt tarabiscoté, plein de fioritures
verschnupft 1 enrhumé 2 (fam) de mauvais poil
verschnüren ficeler
verschollen disparu
verschonen épargner, faire grâce (de); *jn* ~ ménager qqn
verschönern embellir, arranger
verschossen : (fam) *in jn* ~ *sein* être fou de qqn, avoir qqn dans la peau → **verschießen**
verschränken : *die Arme* ~ croiser les bras
verschreiben* 1 (méd) prescrire 2 *etw auf jn* ~ léguer qch à qqn ◆ 1 *sich* ~ faire une faute 2 *sich der Wissenschaft* ~ se consacrer à la science
verschrien qui a une mauvaise réputation, décrié
verschroben : (péj) *~e Ideen* des idées bizarres/biscornues/un peu tordues
verschrotten : ~ *lassen* mettre à la casse
verschulden : *einen Unfall* ~ être responsable d'/causer un accident ◆ *sich* ~ s'endetter
verschusseln (fam) 1 *die Schlüssel* ~ paumer ses clés 2 *einen Termin* ~ louper un rendez-vous
verschütten renverser ◆ *verschüttet werden* être enseveli sous les décombres

verschweigen* cacher, taire, ne pas dire un mot (de)

verschwenden : *Geld* ~ gaspiller de l'argent; *(fig) keinen Blick an jn* ~ ne pas adresser un regard à qqn, ignorer qqn

Verschwendung *f* -en gaspillage *m*

verschwenderisch dépensier, -ière

verschwiegen *(personne)* discret; *(endroit)* tranquille

verschwimmen* <sein> s'estomper, devenir flou → **verschwommen**

verschwinden* <sein> disparaître; *(fam) verschwinde!* du vent! dégage! ♦ *etw* ~ *lassen* subtiliser qch ♦ *verschwindend wenig* extrêmement peu

verschwitzen : *(fam) etw* ~ louper qch

verschwollen gonflé

verschwommen vague, indistinct; mal défini → **verschwimmen**

verschwören* *sich* : *(pol) sich gegen jn* ~ comploter contre qqn; *(fig) alles hat sich gegen uns verschworen* tout s'est ligué contre nous ♦ *eine verschworene Gemeinschaft* un groupe très soudé

VerschwörerIn *m f* conspirateur *m*, -trice *f*, conjuré *m*, -e *f*

Verschwörung *f* -en conspiration *f*, conjuration *f*

versehen* 1 *ein Amt* ~ exercer une fonction; *seine Pflichten* ~ s'acquitter de ses obligations 2 *jn mit etw* ~ munir/pourvoir qqn de qch; *(rel)* administrer 1 *sich mit etw* ~ se munir de/prendre qch 2 *(loc) ehe man sich's versieht (fam)* en moins de deux

Versehen *n* - erreur *f*, bévue *f*, méprise *f*

versehentlich par erreur/mégarde/inadvertance

versengen brûler, roussir

versenkbar escamotable

versenken : *ein Schiff* ~ couler un bateau, envoyer un bateau par le fond; saborder un bateau ♦ *(fig) sich in ein Buch* ~ se plonger dans un livre

Versenkung *f* -en 1 envoi *m* par le fond; sabordage *m* 2 *(th)* trappe *f*; *(fam) in der* ~ *verschwinden* disparaître de la scène, tomber dans l'oubli

versessen : *auf jn* ~ *sein* être fou de/adorer qqn; *auf etw* ~ *sein* adorer qch

versetzen 1 *einen Beamten* ~ muter un fonctionnaire; *jn in den Ruhestand* ~ mettre qqn à la retraite; *(ens)* faire passer dans la classe supérieure 2 *(fig)* plonger (dans); *jn in Angst* ~ faire peur à qqn 3 *(fam) eine Uhr* ~ *(non fam)* mettre une montre au mont-de-piété 4 *(fam) jn* ~ poser un lapin à qqn 5 *(fam) jm eine/eins* ~ flanquer une gifle/un gnon à qqn ♦ *sich in js Lage* ~ se mettre à la place de qqn

Versetzung *f* -en 1 *(ens)* passage *m* dans la classe supérieure 2 mutation *f*; ~ *in den Ruhestand* mise *f* à la retraite

verseuchen contaminer

Versicherer *m* - assureur *m*

versichern 1 *jm etw* ~ assurer/certifier/garantir qch à qqn 2 *etw* ~ assurer qch ♦ *sich js Schutzes* ~ s'assurer la protection de qqn

Versicherung *f* -en 1 assurance *f* 2 *eine eidesstattliche* ~ une déclaration sur l'honneur

Versicherungskarte *f* -n 1 attestation *f* d'assurance *f*, carte *f* verte 2 carte d'assuré

VersicherungsnehmerIn *m f* assuré *m*, -e *f*

Versicherungsträger *m* - assureur *m*

versickern <sein> s'infiltrer

versieben : *(fam) seine Schlüssel* ~ paumer ses clés

versiegeln 1 *(bâtiment)* mettre/apposer des scellés sur un appartement; *(lettre)* cacheter à la cire 2 *(parquet)* vitrifier

versiert expérimenté, confirmé

versinken* <sein> 1 disparaître, s'enfoncer 2 *(fig) in den Anblick von etw* ~ se plonger dans la contemplation de qch

Version *f* -en 1 version *f* 2 modèle *m*

versklaven réduire à l'esclavage

versnobt : *(péj) ein* ~ *er Typ* un snob [snɔb]

versöhnen (sich) (se) réconcilier

versöhnlich 1 conciliant 2 réconfortant

Versöhnung *f* -en réconciliation *f*

versonnen rêveur, -euse, pensif, -ive

versorgen 1 *einen Haushalt* ~ pourvoir/subvenir aux besoins d'un ménage 2 *einen Kranken* ~ s'occuper d'un malade; *eine Stadt* ~ ravitailler une ville 3 *mit Strom* ~ alimenter en électricité; *(méd) das Gehirn mit Blut* ~ irriguer le cerveau ♦ *sich mit etw* ~ se munir de qch, prendre suffisamment de qch

Versorgung *f* ø 1 ravitaillement *m*; *(élec)* alimentation *f* 2 *die* ~ *durch den Arzt* les soins *mpl* médicaux

verspannen 1 *(tech)* fixer, arrimer 2 *(muscle)* contracter

verspäten retarder, mettre en retard ♦ *sich* ~ prendre du retard; s'attarder

Verspätung *f* -en retard *m*

verspekulieren : *sein Vermögen* ~ perdre sa fortune dans des spéculations ♦ *(bourse) sich* ~ faire de mauvaises opérations boursières; *(fam) du hast dich verspekuliert* tu t'es planté/trompé

versperren barrer, obstruer

verspielen 1 *große Summen* ~ perdre de grosses sommes au jeu 2 *5 DM* ~ jouer 5 marks ♦ *(fam) bei jm verspielt haben*

verspielt 1 joueur 2 *ein ~es Kleid* une robe à froufrous
verspießern <sein> (*péj*) s'embourgeoiser
versponnen bizarre
verspotten se moquer (de)
versprechen promettre ; (*fig*) *ich verspreche mir viel davon* j'en attends/espère beaucoup ♦ *sich ~* faire un lapsus [-psys]
Versprechen *n* - promesse *f*
verspritzen vaporiser, pulvériser ; éclabousser
verspüren (res)sentir, éprouver
verstaatlichen nationaliser, étatiser
Verstand *m* ø entendement *m*, jugement *m* ; raison *f* ; bon sens *m* ; (*fam*) *du bist wohl nicht ganz bei ~ ?* ça va pas la tête ? *das geht über meinen ~ !* ça me dépasse !
verständig raisonnable, sensé
verständigen : *jn über etw* (A)/*von etw ~* informer/avertir qqn de qch ♦ *1 sich ~* se mettre d'accord, s'arranger, s'entendre ; *sich mit jm über etw* (A) *~* convenir de qch 2 *sich auf französisch ~* communiquer en français
Verständigung *f* ø 1 entente *f*, accord *m*, arrangement *m* 2 (*tél*) communication *f*
verständlich intelligible, clair ; compréhensible ; *sich ~ machen* se faire comprendre
Verständnis *n* ø compréhension *f*
verstärken 1 renforcer 2 (*fig*) *seine Bemühungen ~* redoubler d'efforts 3 (*élec*) renforcer ; amplifier ♦ *sich ~* augmenter, s'amplifier
Verstärker *m* - (*élec/tech*) amplificateur *m* ; (*son/fam*) ampli *m*
Verstärkung *f* ø 1 renforcement *m* ; augmentation *f* ; amplification *f* 2 renfort(s) *m(pl)*
verstauchen : *sich* (D) *den Fuß ~* se faire une entorse au pied ; se fouler le pied
verstauen mettre, (*fam*) caser, fourrer ; entasser
Versteck *n* -e cachette *f* ; cache *f* ; *~ spielen* jouer à cache-cache ; (*fig/fam*) ne pas jouer franc jeu
verstecken cacher, dissimuler ♦ *sich ~* se cacher ; (*fam*) *sich vor/neben jm nicht zu ~ brauchen* (*non fam*) ne rien avoir à envier à qqn
versteckt caché ; secret ; discret : *eine ~e Drohung* une menace voilée
verstehen* 1 comprendre *ich verstehe dich schlecht* je te comprends mal ; je t'entends mal 2 *sein Handwerk ~* connaître son métier, s'y connaître dans son métier ♦ *1 ich verstehe* je comprends 2 *was verstehst du darunter ?* qu'entends-tu par là ? ♦ 1 *sich gut ~* bien s'entendre 2 *sich auf etw* (A) *~* bien connaître qch, s'y connaître en/dans qch 3 *das versteht sich von selbst* cela va de soi
versteifen empeser ♦ <sein> (*méd*) se raidir ♦ *sich auf etw* (A) *~* tenir dur comme fer (à), ne pas démordre (de), s'accrocher (à)
versteigen* *sich* : *sich zu einer Behauptung ~* en arriver à/aller jusqu'à affirmer (que)
versteigern vendre aux enchères
Versteigerung *f* -en vente *f* aux enchères
versteinern <sein> se fossiliser, se pétrifier ♦ *sich ~* (*fig*) se pétrifier
verstellbar réglable ; mobile ; amovible
verstellen 1 *einen Sitz ~* régler un siège 2 (*voix/écriture*) contrefaire 3 *den Weg ~* barrer/bloquer/obstruer un chemin ♦ *sich ~* faire semblant, jouer la comédie
versteuern payer des impôts (sur), être imposé (sur)
verstimmen : *jn ~* contrarier/fâcher qqn ♦ 1 (*fig*) *mein Magen ist verstimmt* (*fam*) j'ai l'estomac barbouillé 2 (*instrument*) désaccordé
verstockt buté, têtu
verstohlen discret, furtif, -ive ♦ *jn ~ ansehen* regarder discrètement qqn, regarder qqn à la dérobée
verstopfen boucher, colmater ♦ (*fig*) *die Straße ist verstopft* la rue est bouchée, il y a des embouteillages
Verstopfung *f* -en (*méd*) constipation *f*
Verstorbene/r défunt *m*, -e *f*
verstört hagard, perdu, bouleversé
Verstoß *m* ¨e infraction *f* ; manquement *m* (à)
verstoßen* *jn ~* chasser qqn ; exclure qqn ; (*femme*) répudier ♦ *~ (gegen)* être un manquement/une atteinte à, faire offense (à), aller à l'encontre (de) ; *gegen ein Gesetz ~* enfreindre une loi
verstreichen* 1 *Butter auf dem Brot ~* étaler son beurre sur son pain, beurrer son pain 2 *Ritzen ~* reboucher des fentes à l'enduit ♦ <sein> *die Zeit verstreicht* le temps passe ; (*délai*) expirer, passer
verstricken : (*fig*) *jn in etw ~* impliquer qqn dans qch ♦ 1 *die Wolle verstrickt sich gut* la laine file/se tricote bien 2 (*fig*) *sich in etw* (A) *~* s'empêtrer dans qch
verstümmeln (sich) (se) mutiler
verstummen <sein> 1 se taire 2 (*son*) s'arrêter brusquement, cesser ; (*fig*) cesser
Versuch *m* -e 1 essai *m*, tentative *f* 2 (*phys*) expérience *f*
versuchen 1 *etw ~* essayer/tenter qch 2 *jn ~* tenter qqn 3 *den Kuchen ~* goûter le gâteau 4 (*fig*) *es mit jm ~* donner sa chance à qqn ; tenter un essai avec qqn ♦

Versuchskaninchen

sich in etw (D) ~ s'essayer à qch ◆ *sich versucht fühlen, etw zu tun* être tenté/avoir très envie de faire qch ◆ *versuchter Mord* tentative d'assassinat
Versuchskaninchen *n* - *(fam/péj)* cobaye *m*
versuchsweise à titre expérimental
Versuchung *f* -en tentation *f*; *in ~ geraten* être tenté (de); *(rel)* être soumis à la tentation
versumpfen <sein> *(fam)* faire la java
vertagen reporter, ajourner, remettre ◆ *sich ~* suspendre les débats et les renvoyer à une date ultérieure
vertäuen *(mar)* amarrer
vertauschen 1 *die Mäntel ~* se tromper de manteau 2 *die Rollen ~* échanger les rôles
verteidigen 1 défendre; *(jur) jn ~* assurer la défense de qqn 2 *(thèse)* soutenir ◆ *sich ~* se défendre
VerteidigerIn *m f* 1 défenseur *m*; *(jur)* avocat *m*; défense *f* 2 *(sp)* arrière *m*
Verteidigung *f* ø *(mil)* défense *f* ◆ -en *(jur/sp)* défense *f*
verteilen 1 distribuer 2 répartir; étaler ◆ *sich ~ (auf/in* A) se répartir/être dispersé (sur/dans/en)
Verteiler *m* - 1 liste *f* des destinataires 2 *(tech)* distributeur *m* d'allumage, delco *m*
Verteilung *f* -en 1 distribution *f* 2 répartition *f*
verteuern augmenter le prix (de) ◆ *sich ~* devenir plus cher, renchérir
vertiefen 1 *einen Graben ~* creuser un trou plus profond 2 *(connaissances)* approfondir ◆ *sich in etw* (A) *~* se plonger dans qch
vertippen sich *(fam > non fam)* faire une faute de frappe
vertonen 1 mettre en musique 2 sonoriser
vertrackt *(fam)* emberlificoté; *eine ~e Situation* un sac de nœuds
Vertrag *m* ¨e contrat *m*; *(pol)* traité *m*
vertragen supporter *Alkohol ~* bien supporter l'alcool; *(fig) keine Kritik ~* ne pas supporter/accepter/tolérer la moindre critique ◆ *sich schlecht ~* ne pas s'entendre; *(fig)* ne pas aller ensemble
vertraglich contractuel, -le ◆ par contrat
verträglich : *ein ~er Mensch* une personne conciliante/accommodante/facile à vivre; *ein ~es Medikament* un médicament bien toléré par l'organisme/sans contre-indications
VertragshändlerIn *m f* concessionnaire *m f*
VertragspartnerIn *m f* contractant *m*, -e *f*
Vertragsstrafe *f* -n pénalité *f* de retard

Vertragswerkstatt *f* -en garage *m* agréé (par le constructeur)
Vertrauen *n* ø confiance *f*; *(pol) der Regierung das ~ entziehen* voter la censure
vertrauen 1 *jm ~* faire confiance à qqn, avoir confiance en qqn 2 *auf etw* (A) *~* avoir confiance en qch, se fier à qch
Vertrauensarzt *m* ¨e médecin-conseil *m*
vertrauensvoll de confiance, confiant ◆ *sich ~ an jn wenden* s'adresser en toute confiance à qqn
vetraulich 1 confidentiel, -le 2 amical; familier, -ière
verträumt rêveur, -euse; *(fig)* idyllique
vertraut : *ein ~er Freund* un ami intime; *ein ~es Gesicht* un visage familier; *sich mit etw ~ machen* se familiariser avec qch
Vertraute/r confident *m*, -e *f*
vertreiben* 1 chasser, expulser 2 *(comm)* vendre; commercialiser 3 *(fam) sich* (D) *die Zeit ~* passer le temps
Vertreibung *f* -en expulsion *f*
vertreten* 1 *jn ~* représenter qqn; *(jur) jn vor Gericht ~* défendre qqn 2 *eine Firma ~* être le représentant d'/représenter une entreprise 3 *eine Meinung ~* soutenir un point de vue; *ich vertrete die Meinung* à mon avis, selon moi ◆ *in einem Gremium ~ sein* être représenté dans une instance; être présent dans une instance
VertreterIn *m f* représentant *m*, -e *f*; remplaçant *m*; délégué *m*
Vertretung *f* -en 1 remplacement *m*; *in ~ (i.V./I.V.)* p.o 2 *(comm)* représentant *m*; agence *f*, bureau *m*; *(pol)* délégation *f*
vertretungsweise en intérim, en remplacement
Vertrieb *m* ø 1 vente *f* 2 service *m* des ventes
Vertriebene/r réfugié *m*, -e *f*
vertrocknen <sein> (se) dessécher, devenir sec/sèche; s'assécher
vertrödeln : *(fam) den ganzen Tag ~* passer sa journée à flâner
vertun* : *seine Zeit ~* perdre/gaspiller son temps ◆ *(fam) sich ~* se planter
vertuschen étouffer, camoufler
verübeln : *jm etw ~* en vouloir à qqn, tenir rigueur à qqn de qch
verüben 1 *ein Attentat ~* commettre/perpétrer un attentat 2 *Selbstmord ~* se suicider
verunglücken <sein> 1 avoir un accident; *tödlich ~* mourir dans un accident 2 *(fam) der Kuchen ist verunglückt* le gâteau est raté
Verunglückte/r victime *m f*
verunreinigen : *die Luft ~* polluer l'air
Verunreinigung *f* -en pollution *f*
verunsichern déstabiliser, semer le

doute (chez/dans); faire perdre ses moyens (à)
verunstalten défigurer ◆ *sich* ~ s'enlaidir
Veruntreuung *f* -en malversations *fpl*; abus *m* de confiance ~ *öffentlicher Gelder* détournement *m* de fonds publics
verursachen causer, occasionner, provoquer
verurteilen condamner
Verurteilung *f* -en condamnation *f*
vervielfachen (sich) (se) multiplier
vervielfältigen : *einen Text* ~ polycopier un texte
vervollkommnen (sich) (se) perfectionner
vervollständigen (sich) (se) compléter
verwachsen* <sein> 1 *die Wunde verwächst* la plaie se cicatrise 2 *(fig) zu etw* ~ devenir qch ◆ *die Narbe hat sich* ~ la cicatrice a disparu ◆ *mit der Heimat* ~ *sein* être très attaché à son pays natal
verwachsen difforme
verwählen sich faire un mauvais numéro
verwahren : *etw* ~ conserver qch ◆ *sich gegen eine Anschuldigung* ~ s'inscrire en faux/protester/s'élever contre une accusation
verwahrlosen <sein> sombrer; être laissé à l'abandon; être négligé
Verwahrung *f* ø : *jm etw in* ~ *geben* confier qch à qqn
verwalten gérer *eine Gemeinde* ~ aministrer une commune
VerwalterIn *m f* gérant *m*, -e *f*; gestionnaire *m f*; intendant *m*; administrateur *m*; *(copropriété)* syndic *m*
Verwaltung *f* ø 1 gestion *f unter staatlicher* ~ *stehen* être sous la tutelle de l'État, être géré par l'État, être sous régie *f* d'État 2 administration *f*; service *m* administratif
Verwaltungsbezirk *m* -e circonscription *f*, secteur *m*
Verwaltungsgericht *n* -e tribunal *m* administratif
verwandeln (sich) (*in* A) (se) transformer (en); (se) métamorphoser (en)
Verwandlung *f* -en transformation *f*; métamorphose *f*
verwandt 1 parent, apparenté; de la même famille; qui a/ont la même origine ~*e Pflanzen* des plantes de la même famille 2 proche, analogue
Verwandte/r parent *m*, -e *f*
Verwandtschaft *f* ø/-en *(personnes)* famille *f*; parenté *f*; *(fig)* affinités *fpl*; parenté
verwarnen avertir, mettre en garde; donner un avertissement

Verwarnung *f* -en avertissement *m*, mise *f* en garde *eine gebührenpflichtige* ~ une contravention
verwaschen délavé; *(fig)* vague
verwässern *(fig)* affadir, rendre terne
verweben* : *Wolle* ~ tisser de la laine ◆ *sich* ~ s'imbriquer, être étroitement lié, former un tout
verwechseln 1 confondre ◆ *zum* ~ *ähnlich sein* se ressembler à s'y méprendre
Verwechslung *f* -en confusion *f*, méprise *f*
verwegen téméraire; hardi
verwehen : *eine Spur* ~ effacer une trace ◆ <sein> *die Rufe* ~ les cris s'éteignent/s'évanouissent
verwehren : *jm etw* ~ interdire/défendre qch à qqn
verweichlichen rendre mou, amollir ◆ <sein> s'amollir, devenir de plus en plus mou; *(péj)* devenir efféminé
verweigern refuser *jm ein Recht* ~ dénier un droit à qqn ◆ *sich* ~ être en position de refus (systématique); se refuser
Verweigerung *f* -en refus *m*
verweilen : *bei jm* ~ séjourner/passer quelque temps chez qqn; *(fig) bei einem Thema* ~ s'arrêter/rester un moment sur un sujet
Verweis *m* -e 1 blâme *m*, remontrance *f*, réprimande *f* 2 renvoi *m*
verweisen* 1 *jn des Landes* ~ expulser qqn d'un pays; *(ens)* exclure, renvoyer 2 *jn an eine andere Person* ~ envoyer qqn vers/diriger qqn sur une autre personne 3 *jn auf etw* ~ attirer l'attention de qqn sur qch; indiquer qch à qqn
verwelken <sein> se faner
verwendbar utilisable, applicable
verwenden* 1 utiliser, employer 2 *viel Sorgfalt auf etw* ~ mettre/apporter beaucoup de soin à qch ◆ *sich für jn* ~ intervenir pour qqn, intercéder en faveur de qqn
Verwendung *f* -en utilisation *f*, emploi *m*; *keine* ~ *für etw haben* ne pas avoir l'utilité *f* de qch
verwerfen* : *einen Vorschlag* ~ repousser/rejeter une proposition; *(jugement)* casser ◆ *das Holz verwirft sich* le bois travaille
verwerflich répréhensible, condamnable
verwertbar utilisable
verwerten exploiter, utiliser (à), tirer profit (de)
verwesen <sein> pourrir, se décomposer
verwickeln : *jn in einen Skandal* ~ mêler qqn à/impliquer qqn dans un scandale; *jn in ein Gespräch* ~ entraîner qqn dans une conversation ◆ *sich* ~ s'emmêler; *(fig)* s'empêtrer
verwickelt embrouillé, compliqué

Verwicklung *f* **-en 1** implication *f*; *(th)* intrigue *f* **2** *pl internationale ~en* des difficultés *fpl* / des problèmes *mpl* sur la scène internationale
verwildern <sein> retourner à l'état sauvage
verwinden* : *einen Verlust ~* se remettre d'une perte; *einen Schmerz ~* surmonter / vaincre une douleur
verwirken 1 *das Recht auf etw* (A) *~* perdre / ne plus avoir le droit de faire qch **2** *er hat sein Leben verwirkt* il doit le payer de sa vie
verwirklichen (sich) (se) réaliser
Verwirklichung *f* **-en** réalisation *f*
verwirren (sich) 1 (se) troubler **2** (s')emmêler
Verwirrung *f* **-en 1** confusion *f*; *jn in ~ bringen* déconcerter qqn, semer le doute dans l'esprit de qqn **2** *geistige ~* troubles *mpl* psychiques
verwischen (sich) (s')effacer; (s')estomper
verwittern <sein> s'effriter, se désagréger ◆ *ein verwittertes Gesicht* un visage buriné
verwitwet veuf / veuve
verwöhnen gâter, choyer
verwöhnt : *ein ~er Geschmack* des goûts raffinés; *(péj) ein ~es Kind* un enfant gâté
verworren confus, embrouillé ◆ *~ reden* avoir un discours confus
verwundbar 1 vulnérable **2** susceptible
verwunden (sich) (se) blesser
verwunderlich étonnant, surprenant
verwundern étonner, surprendre
Verwunderung *f* ø étonnement *m*, surprise *f*
Verwundete/r blessé *m*, -e *f*
Verwundung *f* **-en** blessure *f*
verwünschen : *jn ~* maudire qqn; *(fam) ich könnte diese Arbeit ~* j'en ai ras le bol de ce boulot
verwurs(ch)teln (sich) *(fam > non fam)* (s')entortiller
verwüsten ravager, dévaster; mettre à feu et à sang
verzagen <sein / haben> perdre courage, se décourager, baisser les bras
verzählen sich se tromper dans ses calculs
Verzahnung *f* **-en** *(tech)* engrenage *m*
verzanken sich *(fam)* avoir une prise de bec
verzapfen 1 *Bretter ~* assembler / emboîter des planches **2** *(fam) was hast du denn da verzapft?* qu'est-ce que tu as fait comme bêtise?
verzaubern *(fig)* ensorceler, faire tomber sous le charme
verzehnfachen (sich) décupler

verzehren manger; consommer ◆ *(fig) sich in Liebe nach jm ~* se consumer / languir d'amour pour qqn
verzeichnen inscrire, noter, consigner, enregistrer; *zu ~ sein* être à signaler; *(fig) großen Erfolg ~* remporter un vif succès
Verzeichnis *n* **-se** liste *f*, relevé *m*; registre *m*; catalogue *m*; nomenclature *f*
verzeihen* **1** *jm etw ~* pardonner qch à qqn **2** *~ Sie bitte!* pardon! excusez-moi!
verzeihlich excusable, pardonnable
Verzeihung *f* ø : *jn um ~ bitten* demander pardon à qqn; *~!* pardon!, excusez-moi!
verzerren 1 déformer, distordre **2** *sich* (D) *einen Muskel ~* se faire une élongation ◆ *sein Gesicht verzerrt sich vor Schmerz* il grimace de douleur; *sein Gesicht verzerrt sich vor Wut* son visage est décomposé / défiguré par la colère
verzetteln *(fig)* gaspiller; *seine Kraft ~* disperser son énergie ◆ *sich ~* se disperser
Verzicht *m* **-e** *(auf* A*)* renoncement *m* (à)
verzichten *(auf* A*)* renoncer (à); *darauf kann ich ~* je peux m'en passer
verziehen* **1** *das Gesicht ~* faire une grimace **2** *die Kinder ~* mal élever ses enfants ◆ <sein> *in eine andere Stadt ~* aller s'installer dans une autre ville ◆ **1** *der Pullover hat sich verzogen* ~ le pull-over s'est déformé; *(bois)* travailler, se déformer **2** *(fam) er hat sich verzogen* ~ il s'est tiré; *verzieh dich!* casse-toi! **3** *(nuages)* se dissiper
verzieren décorer, orner, agrémenter
verzinsen : *mit 5% ~* rémunérer à 5% ◆ *sich mit 5% ~* rapporter un intérêt de 5%
verzögern 1 retarder; différer **2** *seinen Schritt ~* ralentir le pas ◆ *die Ankunft verzögert sich* l'arrivée est retardée
Verzögerung *f* **-en** retard *m* (apporté à), ralentissement *m*; lenteurs *fpl*
verzollen payer les droits de douane (pour), dédouaner; déclarer (à la douane)
Verzug *m* ø retard *m*; *in ~ geraten* prendre du retard; *Gefahr ist im ~ (fig)* il y a péril en la demeure
verzweifeln <sein> *(über / an* D*)* désespérer (de)
Verzweiflung *f* **-en** désespoir *m*; *jn zur ~ bringen* désespérer qqn
verzweigen sich se ramifier
verzwickt *(fam > non fam)* compliqué *eine ~e Angelegenheit* un sac de nœuds
Vesper *f* **-n** goûter *m* ◆ *~ machen (fam)* casser la croûte
Veteran *m* **-en** vétéran *m*, ancien combattant *m*
VeterinärIn *m f* vétérinaire *m*

Vetter *m* **-n** cousin *m*
Vetternwirtschaft *f* ø népotisme *m*
vibrieren vibrer, trembler
Videogerät *n* **-e** magnétoscope *m*
Vieh *n* ø **1** bétail *m*, bêtes *fpl* ; *20 Stück* ~ 20 têtes de bétail **2** *(fam) jn wie ein Stück* ~ *behandeln* traiter qqn comme un chien
Viehbestand *m* ¨**e** cheptel [ʃɛptɛl] *m*
viehisch : *(fam)* ~*e Schmerzen haben* avoir vachement mal ♦ *(péj) jn* ~ *quälen* torturer qqn de manière bestiale, faire endurer à qqn des tortures inhumaines
viel 1 *der* ~*e Regen* toute cette pluie ; *um* ~*es* de beaucoup ; ~*en Dank!* merci (beaucoup!) **2** ~*e Leute* beaucoup de gens ; ~*e von uns* beaucoup d'entre nous ♦ **1** beaucoup ; *sehr* ~ énormément ; *zu* ~ trop **2** ~ *besser* bien meilleur ; ~ *schöner* beaucoup plus joli ; ~ *mehr* beaucoup plus
vielbeschäftigt très occupé
vieldeutig équivoque
Vieleck *n* **-e** polygone *m*
vielfach plusieurs fois ; multiple
Vielfalt *f* ø diversité *f*, variété *f*, multiplicité *f*
Vielfraß *m* **-e** *(animal)* glouton *m* ; *(fam)* bâfreur *m*, goinfre *m*
vielleicht 1 peut-être **2** *eine Frau von* ~ *50 Jahren* une femme d'une cinquantaine d'années/d'environ 50 ans ♦ **1** *ich war* ~ *ärgerlich* j'étais fâché, tu peux/vous pouvez le croire **2** *ist das* ~ *eine Lösung?* tu crois/vous croyez que c'est une solution?
vielmals : *grüßen Sie* ~ *Ihre Frau!* transmettez mes salutations à votre femme! *ich danke Ihnen* ~ je vous remercie infiniment ; *(fam) danke* ~*!* merci bien!
vielmehr bien plus ; plutôt ; bien au contraire
vielsagend qui en dit long, significatif, -ive
vielseitig 1 *ein* ~*er Mensch* une personne qui a de multiples talents/qui s'intéresse à beaucoup de choses **2** ~*e Verwendbarkeit* un usage multiple/varié **3** *auf* ~*en Wunsch* à la demande de nombreuses personnes
vielversprechend prometteur, -euse
Vielzahl *f* ø multitude *f*, grand nombre *m*
vier quatre ; *(fam) auf allen* ~*en* à quatre pattes
Vierbeiner *m* **-** quadrupède *m*
Viereck *n* **-e** quadrilatère *m* ; carré *m*
Vierling *m* **-e** quadruplé *m*, -e *f*
Viertakter *m* **-** *(fam > non fam)* moteur *m* à quatre temps
vierteilen *(hist)* écarteler
Viertel *n* **-**/ø **1** quart *m* ; *(ein)* ~ *vor 1* une heure moins le quart ; *(ein)* ~ *nach 1* une heure et/un quart ; *(astro)* quartier *m* **2** *(ville)* quartier
Vierteljahr *n* **-e** trimestre *m*
Viertelpause *f* **-n** soupir *m*
vierzehn quatorze *in* ~ *Tagen* dans quinze jours ; en quinze
vierzig quarante
Vikar *m* **-e** vicaire *m*
Vill.a *f* **.en** villa *f*, grande maison *f* : résidence *f*
Villenviertel *n* **-** quartier *m* résidentiel
Viol.a *f* **.en** *(mus)* alto *m*
Violine *f* **-n** violon *m*
Violoncello *n* **-s/i** violoncelle *m*
Viper *f* **-n** vipère *f*
virtuos virtuose
Visier *n* **-e 1** *(hist)* visière *f* ; *(fig) mit offenem* ~ à visage *m* découvert **2** *(arme)* viseur *m* ; *(fig) etw ins* ~ *fassen* avoir les yeux rivés sur qch
visionär : ~*e Erscheinung* une apparition ; *ein* ~*er Schriftsteller* un écrivain visionnaire
Vis.um *n* **.a** visa *m*
vital : ~*e Interessen* des intérêts vitaux ; *(personne)* plein de vitalité
Vitrine *f* **-n** vitrine *f* ; armoire *f* vitrée
Vogel *m* ¨ **1** oiseau *m* ; *(fam) einen* ~ *haben* avoir un grain ; *mit etw den* ~ *ab=schießen* remporter le pompon **2** *(fam) ein komischer* ~ un drôle d'oiseau/de type
Vogelbauer *n*/*m* **-** cage *f*
vogelfrei *(hist)* hors-la-loi
Vogelscheuche *f* **-n** épouvantail *m*
Vokabel *f* **-n** mot *m*, terme *m* ; vocable *m*
Vokabular *n* **-e** vocabulaire *m*, lexique *m*
Vokal *m* **-e** voyelle *f*
Volk *n* ø *(fam)* populo *m* ; *viel* ~ *(non fam)* beaucoup de monde ; *etw unters* ~ *bringen (non fam)* vulgariser qch ♦ ¨**er** peuple ; *(abeilles)* essaim *m*
Völkerball *m* ø ballon *m* prisonnier
Völkermord *m* **-e** génocide *m*
Völkerrecht *n* ø droit *m* international
Völkerwanderung *f* **-en** *(hist)* grande migration *f* ; *(fam > non fam)* ruée *f*
Volksabstimmung *f* **-en** référendum [-dɔm] *m*
Volkshochschule *f* **-n** université *f* populaire
Volksschule *f* **-n** école *f* primaire
Volkstanz *m* ¨**e** danse *f* folklorique
volkstümlich populaire ; que tout le monde peut comprendre
VolkswirtIn *m*/*f* économiste *m f*
Volkszählung *f* **-en** recensement *m*
voll 1 plein ; *ein* ~*es Dutzend* une bonne douzaine ; *vor* ~*em Saal spielen* faire salle comble **2** *ein* ~*es Gesicht* un visage rond ;

~es Haar une chevelure abondante/épaisse **3** *ein ~er Monat* un mois entier; *zur ~en Stunde* à l'heure juste; *die ~e Wahrheit* toute la vérité, la stricte vérité **4** *aus dem ~en leben* vivre sur un grand pied **5** *(fam)* plein, complètement rond ◆ complètement, entièrement; *jn ~ würdigen* avoir le plus grand respect pour qqn; *(fig) alle Hände ~ zu tun haben (fam)* avoir du travail par-dessus la tête; *(fam) jn nicht für ~ nehmen (non fam)* ne pas prendre qqn très au sérieux

vollauf tout à fait; largement

vol(l)=laufen* <sein> se remplir ◆ *(fam) sich ~ lassen* se saouler la gueule

Vollbeschäftigung *f* ø plein emploi *m*

Vollblut *n* -e *(cheval)* pur-sang *m*

vollenden (sich) (se) terminer, (s')achever; parachever

vollendet achevé, parfait

vollends entièrement, complètement

Vollendung *f* -en ø perfection *f* ◆ -en achèvement *m*; *nach ~ des 60. Lebensjahres* la soixantaine révolue

voller (G) plein (de)

vollführen faire; réaliser, exécuter

Vollgas *n* ø : *(fam) mit ~* à plein gaz, à fond la caisse

völlig total, complet, -ète

volljährig majeur

Vollkasko / Vollkaskoversicherung *f* -en assurance *f* tous risques

vollkommen 1 parfait, achevé **2** complet, -ète; *~e Übereinstimmung* unanimité *f* ◆ tout à fait, complètement, totalement

Vollkommenheit *f* ø perfection *f*

Vollkornbrot *n* -e pain *m* complet

voll-machen *(fam)* **1** *(non fam)* remplir le seau **2** *die Hose ~* faire pipi/caca dans sa culotte **3** *das Dutzend ~* faire la douzaine

Vollmacht *f* -en (pleins) pouvoirs *mpl*

Vollmilch *f* ø lait *m* entier

Vollmond *m* ø pleine lune *f*

vollschlank rond, rondelet, -te, bien en chair, un peu fort, -e

vollständig complet, -ète, entier, -ière

voll-stopfen (sich) *(fam)* s'en mettre plein la panse

vollstrecken *(jur)* exécuter

voll-tanken : *das Auto ~* faire le plein (d'essence)

Volltreffer *m* - *(fam)* tir *m* en plein dans le mille; *(fig/mus)* succès *m*, *(fam)* tube *m*

volltrunken en état d'ébriété avancée

Vollversammlung *f* -en assemblée *f* générale

Vollwaise *f* -n -n orphelin, -e de père et de mère

Vollwertkost *f* ø aliments *mpl* complets

vollzählig complet; *~ sein* être au complet

vollziehen* exécuter, réaliser, effectuer ◆ *sich in Stufen ~* s'effectuer/se réaliser par étapes ◆ *~de Gewalt* pouvoir exécutif

Vollzug *m* ø exécution *f*; exécution d'une peine

VolontärIn *m f* stagiaire *m f*

Volum(.)en .ina -/na volume *m*

von (D) / vom 1 *~ der Seite* de côté; *vom Bahnhof kommen* venir de la gare **2** *~ Ort zu Ort* d'un endroit à l'autre; suivant l'endroit; *~ Fall zu Fall* cas par cas **3** *ein Gruß ~ meiner Freundin* un bonjour de la part de mon amie **4** *müde ~ dem/vom Warten* fatigué d'attendre; *~ jm geschlagen werden* être battu par qqn **4** *das ist ~ Nutzen* c'est utile; *was ist er ~ Beruf?* quelle est sa profession?; *~ Dauer sein* ne pas durer **5** *das Auto ~ Herrn X* la voiture de Monsieur X; *ein Freund ~ mir* un de mes amis **6** *jeder ~ uns* chacun de nous/d'entre nous; *Frau von Stein* Madame de Stein ◆ *~ heute ab* à partir d'aujourd'hui; *~ Anfang an* depuis le début; *~ Grund auf* complètement; de fond en comble; *~ hier aus* à partir d'ici; *~ jeher* depuis toujours

voneinander : *~ lernen* s'apprendre mutuellement qch; *weit weg ~* loin l'un de l'autre/les uns des autres

vonnöten : *~ sein* être absolument nécessaire, être totalement indispensable

vonstatten : *~ gehen* avoir lieu, se passer, se dérouler; avancer

vor (A/D) devant ◆ *~ Anker gehen* jeter l'ancre; *~ den Richter treten* se présenter devant le juge ◆ **(D) 1** avant; *~ 5 Jahren* il y a 5 ans; *~ Viertel* ans; deux heures moins le quart **2** *~ Hunger sterben* mourir de faim; *~ lauter Arbeit* à force de travailler **3** *~ allem* avant tout, surtout ◆ *~ drei Schritte ~* trois pas en avant; *nach wie ~* toujours; *ich glaube nach wie ~* je persiste à croire

vorab en premier (lieu), d'abord

Vorahnung *f* -en pressentiment *m*, prémonition *f*

voran devant, en tête

voran=gehen* <sein> **1** passer devant; *(fig) mit gutem Beispiel ~* donner un bon exemple **2** *die Arbeit geht voran* le travail avance

voran=kommen* <sein> avancer

vor=arbeiten : *einen Tag ~* travailler une journée en plus que l'on pourra récupérer

VorarbeiterIn *m f* agent *m* de maîtrise

voraus 1 *weit ~ sein* être en tête, et de loin, devancer de loin; *(fig) seiner Zeit ~* en avance sur son temps **2** *vielen Dank im*

~ ! merci d'avance ! *mit bestem Dank im* ~ avec mes remerciements anticipés
voraus=gehen* <sein> : *jm* ~ devancer/précéder qqn
voraus=haben* : *jm etw* ~ avoir l'avantage de qch sur qqn
voraus=sagen prédire ; prévoir, pronostiquer
vorausschauend prévoyant
voraus=schicken 1 *ich möchte* ~, *daß* je voudrais d'abord dire que, je voudrais faire précéder mon discours de quelques remarques 2 *jn* ~ envoyer qqn en éclaireur
voraussehbar prévisible
voraus=sehen* prévoir
voraus=setzen* 1 *etw als bekannt* ~ admettre qch comme connu, poser comme préalable 2 *große Geschicklichkeit* ~ demander/exiger beaucoup d'habileté ; *vorausgesetzt, daß* en admettant/supposant que
Voraussetzung *f* -en 1 condition *f*, préalable *m* 2 hypothèse *f* de départ
Voraussicht *f* -en prévision *f*; *aller* ~ *nach* selon toute probabilité *f*
voraussichtlich probable, présumé ◆ probablement
Vorbau *m* -ten avant-corps *m*; encorbellement *m*; *ein überdachter* ~ une avancée *f* couverte
vor=bauen : *(prov) der kluge Mann baut vor* mieux vaut prévenir que guérir
Vorbedacht *m* ø : *aus*/*mit* ~ en connaissance de cause ; de propos délibéré
Vorbedingung *f* -en condition *f* préalable
Vorbehalt *m* -e réserve *f*, restriction *f* *unter dem* ~, *daß* à la condition que
vor=behalten* 1 *alle Rechte* ~ (se) réserver tous les droits (de reproduction) 2 *sich* (D) *gerichtliche Schritte* ~ se réserver le droit d'engager des poursuites judiciaires
vorbehaltlos sans réserve/sans restriction, inconditionnel, -le
Vorbehaltsklausel *f* -n clause *f* de réserve/de sauvegarde
vorbei 1 *der Sommer ist* ~ l'été est fini 2 *wir sind schon an Paris* ~ nous avons déjà dépassé Paris
vorbei=benehmen* sich *(fam)* se conduire comme un manche
vorbei=fahren* <sein> 1 *der Zug ist vorbeigefahren* le train est passé 2 *(fam) bei der Oma* ~ aller faire un saut chez la grand-mère, passer voir la grand-mère
vorbei=gehen* <sein> 1 *(fam) das geht wieder vorbei* ça va passer, ça passera 2 *an etw/jm* ~ passer à côté de qch/qqn *(fam) zu Hause* ~ faire un saut/passer à la maison
vorbei=kommen* <sein> 1 *an schönen Wäldern* ~ passer à côté/longer de très belles forêts 2 *(fam) bei jm* ~ passer chez qqn, passer voir qqn
vorbei=reden 1 *an einem Problem* ~ passer à côté d'un problème, ne pas aborder un problème 2 *aneinander* ~ *(fig)* avoir/tenir un dialogue de sourds
vorbei=schauen : *bei jm* ~ passer chez qqn
vorbelastet : *erblich* ~ *sein* avoir une lourde hérédité
vor=bereiten (sich) *(auf* A) se préparer (à)
Vorbereitung *f* -en 1 préparatifs *mpl*, préparation *f* 2 *(livre) in* ~ à paraître
vor=bestellen réserver, retenir
vorbestraft : *ein* ~*er Verbrecher* un récidiviste ; *nicht* ~ sans antécédents judiciaires
Vorbeugehaft *f* ø détention *f* préventive
vor=beugen : *einer* (D) *Krankheit* ~ prévenir une maladie ◆ *sich* ~ se pencher
Vorbild *n* -er modèle *m*, exemple *m*
vorbildlich exemplaire
Vorbote *m* -n signe *m* avant-coureur, *(fig)* messager
vor=bringen* formuler ; avancer *dagegen läßt sich manches* ~ il y a plusieurs choses à objecter à cela
Vordach *n* ¨er auvent *m* ; appentis *m*
vorder- de devant ; de tête ; *die* ~*en Räder* les roues avant ; *einer der* ~*en Plätze* une des premières places
Vordergrund *m* ¨e premier plan *m* ; devant *m*
Vordermann *m* ¨ ¨er celui qui est devant ; *(fam) jn auf* ~ *bringen* mettre qqn au pas
Vorderradantrieb *m* ø traction *f* avant
Vorderseite *f* -n devant *m* ; *(papier)* recto *m* ; *(monnaie)* côté *m* face
vor=drängeln sich *(fam > non fam)* jouer des coudes pour se placer devant
vor=dringen* <sein> progresser, pousser plus loin, gagner du terrain
vordringlich urgent, prioritaire ◆ en priorité
Vordruck *m* -e formulaire *m*, imprimé *m*
voreilig prématuré, hâtif, -ive
voreinander : *Achtung* ~ *haben* avoir du respect l'un pour l'autre, avoir un respect mutuel
voreingenommen : ~ *sein* avoir des préjugés, des idées préconçues
vor=enthalten* : *jm etw* ~ cacher qch à qqn, ne pas donner qch à qqn
vorerst en attendant, pour le moment
Vorfahr(e) *m* -(e)n ancêtre *m f*, ascendant *m*, -e *f*, aïeul *m*, -e *f*
vor=fahren* : *sein Auto etwas* ~ avancer un peu sa voiture ◆ <sein> 1 *das Taxi*

Vorfahrt

fährt vor le taxi arrive **2** *(fam)* *wir fahren schon mal vor* on y va
Vorfahrt *f ø* priorité *f*
Vorfahrtstraße *f -n* route *f* prioritaire
Vorfall *m ¨e* **1** incident *m* **2** *(méd)* affaissement *m* d'organe(s)
vor=fallen* <sein> : *etw Unangenehmes ist vorgefallen* il est arrivé/s'est passé qch de désagréable ; *(méd)* s'affaisser
Vorfeld *n - er -* *(fig) im ~ der Verhandlungen* en amont des négociations, avant les négociations
vor=finden* trouver, tomber (sur)
vor=fühlen : *(fig) bei jm ~* tâter le terrain auprès de qqn
vor=führen 1 présenter ; *(jur)* amener **2** *(cin)* projeter
Vorführung *f -en* présentation *f* ; démonstration *f* ; *(cin)* projection *f*
Vorgabe *f -n* **1** donnée *f* ; norme *f* **2** *(sp)* avantage *m*, avance *f*
Vorgang *m ¨e* **1** affaire *f* ; événement *m* ; développement *m* ; processus [-sys] *m* **2** dossier *m*
VorgängerIn *m f* prédécesseur *m*
vor=gaukeln : *(fam) jm etw ~* faire miroiter qch à qqn
vor=geben* 1 prétendre, prétexter ; simuler **2** *(fam) gib mal deine Tasche vor !* fais voir ton sac !
vorgefaßt : *eine ~e Meinung* une opinion préconçue
Vorgefühl *n -e* pressentiment *m* ; prémonition *f*
vor=gehen* <sein> **1** *(fam) geh schon mal vor !* pars devant ! ; *geht mal zur Tafel vor (non fam)* allez/passez au tableau ! **2** *(fig)* passer en premier/d'abord ; *diese Arbeit geht vor* ce travail est prioritaire **3** *(montre)* avancer **4** intervenir ; *gegen jn gerichtlich ~* attaquer qqn en justice **5** *was geht hier vor ?* que se passe-t-il ? ◆ *jn ~ lassen* laisser passer qqn devant
Vorgehen *n ø* intervention *f* ; procédé *m*
Vorgesetzte/r supérieur *m -e* hiérarchique
vorgestern avant-hier ; *(fam/péj) du bist ja von ~ !* tu retardes !
vor=greifen* 1 *einer (D) Frage ~* anticiper sur/précéder une question **2** *jm ~* prendre les devants, faire qch à la place de qqn
vor=haben* prévoir, projeter ; *nichts ~* ne rien avoir de prévu
Vorhaben *n* projet *m*, plan *m*
Vorhalle *f -n* hall [ol] *m* d'entrée ; vestibule *m*
vor=halten* 1 *jm etw ~* reprocher qch à qqn **2** *sich (D) etw ~* tenir/tendre qch devant soi **3** *bis zum Monatsende ~* suffire jusqu'à la fin du mois ; *(fig) die Begeisterung hielt nicht lange vor* l'en-thousiasme (re)tomba très vite/ne fit pas long feu
Vorhand *f ø* **1** *(tennis) einen Ball mit der ~ spielen* faire un coup droit **2** *(cartes) in der ~ sein* avoir la main
vorhanden présent, existant, disponible *mit den ~en Mitteln* avec les moyens à disposition, *(fam)* avec les moyens du bord
Vorhang *m ¨e* rideau *m* ; *(th) viele Vorhänge bekommen* avoir plusieurs rappels *mpl*
Vorhängeschloß *n ¨sser* cadenas *m*
Vorhaut *f ¨e* prépuce *m*
vorher avant ; d'abord ; *am/den Tag ~* la veille
vorherbestimmt prédestiné
vorherig précédent ; préalable
vorherrschen (pré)dominer ◆ *die ~de Meinung* l'opinion (pré)dominante/qui prévaut
Vorhersage *f -n* prévision *f* ; prédiction *f*
vorher=sehen* prévoir ◆ *sich nicht ~ lassen* ne pas être prévisible
vor=heulen : *(fam) jm etw ~* aller pleurer dans le giron de qqn
vorhin juste avant, tout à l'heure *wir sprachen ~ davon* nous venons d'en parler
vorig- précédent, dernier *m, -*ère *f* ; *~es Jahr* l'année dernière
VorkämpferIn *m f* précurseur *m*, pionnier *m. -*ère *f*
Vorkaufsrecht *n -e* droit *m* de préemption
Vorkehrungen *fpl* préparatifs *mpl*, dispositions *fpl*
vor=knöpfen : *(fam) sich (D) jn ~* se faire qqn
vor=kommen* <sein> **1** *an die Tafel ~* aller au tableau **2** *in einer Gegend ~* se trouver/exister dans une région **3** *so etw ist noch nicht vorgekommen* ce n'est encore jamais arrivé **4** *es kommt mir vor, als ob* j'ai l'impression que ; *sein Gesicht kommt mir bekannt vor* son visage me semble connu/ne m'est pas inconnu ; *(fam) sich (D) wer weiß wie ~* ne pas se prendre pour rien
Vorkommnis *n -se* incident *m*
vor=laden* *(jur)* citer, assigner
Vorlage *f ø* **1** présentation *f*, production *f* **2** *(sp)* bonne passe *f* ; *(ski)* position *f* penchée vers l'avant ◆ *-n* **1** *(loi)* projet *m* **2** patron *m*, modèle *m* ; *(typo)* épreuve *f*
vor=lassen* : *(fam) jn ~ (non fam)* laisser passer qqn (devant soi)
vorläufig provisoire
vorlaut qui parle tout le temps, qui a toujours son mot à dire sur tout
vor=legen 1 *eine Kette ~* mettre une chaîne de sécurité **2** présenter, montrer ; *ei-*

nen Brief zur Unterschrift ~ faire signer une lettre ◆ *sich* ~ se pencher
Vorleger *m* - carpette *f*, descente *f* de lit
vor=lesen* lire (à haute voix), faire la lecture, donner lecture (de)
Vorlesung *f* **-en** cours *m* magistral
vorletzt= avant-dernier, -ière
Vorliebe *f* **-n** goût *m*; préférence *f*; prédilection *f*
vorlieb=nehmen* : *mit etw* ~ *müssen* devoir se contenter de qch
vorliegend : *im* ~*en Fall* dans le cas présent, en l'occurrence
vor=machen *(fam)* **1** *jm etw* ~ *(non fam)* montrer qch à qqn; *(fam)* faire son cinéma à qqn; *darin macht ihm niemand etw vor* là-dessus, personne ne peut lui en remontrer **2** *machen wir uns nichts vor!* inutile de nous raconter des histoires !
vor=merken : *sich (D) etw* ~ noter qch ◆ *sich für etw* ~ *lassen* s'inscrire à qch ; prendre rendez-vous
Vormittag *m* **-e** matin *m*, matinée *f*
vormittags le matin, dans la matinée
Vormund *m* **-e/¨er** tuteur, -trice
Vormundschaft *f* **-en** tutelle *f*
vorn(e) devant; en tête *von* ~ *gesehen* vu de face; *(fig) von* ~ *an=fangen* recommencer depuis le début ; *(fam) von* ~ *bis hinten* *(non fam)* totalement
Vorname *m* **-ns -n** prénom *m*
vornehm distingué ~*e Gesinnung* de nobles sentiments ; *eine* ~*e Familie* une bonne famille, une famille très respectable ~*e Kleidung* une tenue élégante ◆ *vornehm tun* prendre de grands airs
vor=nehmen* **1** *sich (D) etw* ~ avoir l'intention/envisager de faire qch **2** *(fam) sich (D) jn* ~ engueuler qqn
vor=neigen (sich) (s')incliner
vornherein : *von* ~ depuis le début, dès le départ
vornüber : ~ *fallen* tomber vers l'avant, culbuter
Vorort *m* **-e** banlieue *f*, faubourg *m*
vor=preschen <sein> *(fig)* aller trop vite
Vorrang *m* ø préséance *f*; *(fig)* priorité *f*
vorrangig prioritaire ◆ en priorité
Vorrat *m* **¨e** provisions *fpl*, réserves *fpl*; *(comm)* stock *m*
vorrätig *(comm)* disponible, en stock
Vorraum *m* **¨e** entrée *f*, vestibule *m*
vor=rechnen : *jm etw* ~ faire le compte de qch à qqn ; expliquer/détailler qch à qqn
Vorrede *f* **-n** : *(fig) keine lange* ~ *!* au fait ! pas de préambule *m* !
Vorrichtung *f* **-en** *(tech)* dispositif *m*, appareil *m*
vor=rücken : *den Stuhl* ~ avancer la chaise ◆ <sein> **1** avancer ; *(fig) die Zeit rückt vor* il se fait tard ; le temps passe **2** *(jeu)* avancer ; *(sp)* se placer ◆ *in vorgerücktem Alter* à un âge avancé ; *zu vorgerückter Stunde* à une heure tardive
Vorruhestand *m* ø préretraite *f*
Vorrunde *f* **-n** *(sp)* éliminatoires *fpl*
vor=sagen 1 *jm etw* ~ souffler qch à qqn **2** *sich (D) etw* ~ se répéter qch
Vorsatz *m* **¨e** résolution *f*; *gute Vorsätze haben* être plein de bonnes intentions *fpl*
vorsätzlich intentionnel, -le, prémédité ◆ volontairement, intentionnellement ; *jn* ~ *töten* commettre un meurtre avec préméditation
vor=schieben* 1 *den Riegel* ~ tirer/pousser le verrou **2** avancer, pousser **3** *(fig) eine Krankheit* ~ prétexter/invoquer une maladie ◆ *(mil) auf vorgeschobenem Posten* en première ligne
vor=schießen* : *(fam) jm Geld* ~ donner du fric à qqn ◆ <sein> *ein Auto schoß vor* une voiture surgit
Vorschlag *m* **¨e** proposition *f*
vor=schlagen* proposer
vorschnell : *eine* ~*e Entscheidung* une décision précipitée/hâtive/prématurée ◆ à la hâte, dans la précipitation ; ~ *urteilen* juger trop vite
vor=schreiben* : *jm etw* ~ prescrire qch à qqn ; indiquer qch à qqn ; *ich lasse mir von dir nichts* ~ je n'ai pas de leçons à recevoir de toi
Vorschrift *f* **-en 1** règle *f*, règlement *m*, instruction *f* **2** *Einnahme nach* ~ posologie : suivre la prescription *f* médicale
vorschriftsmäßig réglementaire ◆ suivant le règlement ; en bonne et due forme
Vorschub *m* **¨e 1** *(fig) einer Sache* ~ *leisten* favoriser qch **2** *(tech)* avance *f*
vorschulisch préscolaire
Vorschuß *m* **¨sse** avance *f*
vor=schützen : *eine Krankheit* ~ prétexter/invoquer une maladie
vor=schweben : *ihm schwebt etw vor* il a une vague idée de/entrevoit qch
vor=sehen* prévoir *jn für ein Amt* ~ pressentir qqn pour une fonction ◆ *sich vor jm/etw* ~ se méfier de qqn/qch ; *sich* ~ *(mit)* être prudent
Vorsehung *f* ø *(rel)* Providence *f*
vor=setzen 1 *jn* ~ faire s'asseoir qqn devant **2** *jm etw* ~ offrir/servir qch à qqn ; *(mus) ein Kreuz* ~ mettre un dièse à la clé ◆ *sich* ~ se ravancer, s'asseoir plus devant
Vorsicht *f* ø prudence *f*; ~, *Stufe !* attention à la marche !
vorsichtig prudent
vorsichtshalber par mesure de précaution
Vorsilbe *f* **-n** préfixe *m*

vorsintflutlich

vorsintflutlich *(fam)* qui date de Mathusalem
Vorsitz *m* -e présidence *f*
vor=sitzen* (D) présider
Vorsitzende/r président *m*, -e *f*
Vorsorge *f* ø prévoyance *f*; *(méd)* prévention *f*
Vorsorgeuntersuchung *f* -en examen *m* de dépistage
Vorspann *m* -e *(télé/cin)* générique *m*
vor=spielen : *etw* ~ jouer qch
vor=sprechen* : *einen Text* ~ lire un texte qch pour qu'il le répète ensuite ♦ *bei jm* ~ faire une démarche auprès de qqn
Vorsprung *m* ¨e 1 avance *f*, avantage *m* 2 saillie *f*, promontoire *m*
Vorstand *m* ¨e direction *f*; présidence *f*; directoire *m*
vor=stehen* 1 *einer* (D) *Bank* ~ être à la tête d'/diriger une banque 2 faire saillie, être proéminent
vorstellbar imaginable
vor=stellen 1 avancer 2 *jn* ~ présenter qqn 3 *sich* (D) *etw* ~ s'imaginer/se représenter qch 4 *(fig) er stellt etw vor* c'est une personnalité de poids, c'est quelqu'un ♦ *sich jm* ~ se présenter à qqn
Vorstellung *f* -en ø imagination *f* 1 présentations *fpl* 2 représentation *f*; *sich* (D) *eine* ~ *von etw machen* se faire une idée de qch 3 *(th)* représentation *f*
Vorstellungskraft *f* ø imagination *f*
Vorstoß *m* ¨e incursion *f*, raid [red] *m*, offensive *f*; *(fig)* forcing [fɔrsiŋ] *m*
vor=stoßen* <sein> : *in/auf unbekanntes Gebiet* ~ s'aventurer sur un terrain inconnu
Vorstrafe *f* -n : *keine* ~*n haben* ne pas avoir d'antécédents *mpl* judiciaires, avoir un casier judiciaire vierge
vor=strecken 1 tendre (en avant) 2 *jm Geld* ~ avancer de l'argent à qqn
Vorstufe *f* -n premier stade *m*; premier degré *m*
Vortag *m* -e veille *f*, jour *m* précédent
vor=täuschen simuler
Vorteil *m* -e avantage *m* ♦ *seinen* ~ *aus etw ziehen* tirer parti *m*/profit *m* de qch; *sich zu seinem* ~ *verändern* changer à son avantage/en mieux
vorteilhaft avantageux, -euse
Vortrag *m* ¨e 1 exposé *m*, conférence *f* 2 élocution *f* 3 *(comm)* report *m*
vor=tragen* 1 dire, présenter, interpréter, exécuter 2 *(fam)* amener 3 *(comm)* reporter
vortrefflich excellent

vor=treten* <sein> : *einzeln* ~ sortir des rangs/se présenter un par un
Vortritt *m* ø : *jm den* ~ *lassen* céder le pas à qqn, laisser passer qqn
vorüber : ~ *sein* être fini/passé
vorüber=gehen* 1 *an jm/etw* ~ passer à côté de qqn/qch 2 *(fig) im Vorübergehen* en passant, au passage
vorübergehend passager, -ère, momentané, temporaire
Vorurteil *n* -e préjugé *m*, idée *f* préconçue
vor=verlegen avancer
vor=wagen sich *(fig)* oser, *(fam)* tenter le coup
Vorwahl *f* -en 1 *(tél)* préfixe *m* 2 *(pol)* désignation *f* d'un candidat
Vorwand *m* ¨e prétexte *m*, faux-fuyant *m*
vorwärts en avant ~ *gehen* avancer; *(fam)* ~ *!* allez !, remue-toi un peu !
vorwärts=kommen* <sein> avancer, progresser
vorweg : *etw* ~ *erklären* donner d'abord quelques explications; *(fam) ich habe es* ~ *gewußt (non fam)* je le savais (dès le départ), j'en étais sûr
vorweg=nehmen* anticiper (sur)
vor=weisen* : *Zeugnisse* ~ présenter/ produire des certificats
vor=werfen* 1 *jm etw* ~ reprocher qch à qqn 2 *etw* ~ lancer qch
vorwiegend principalement, surtout, dans son ensemble
vorwitzig indiscret, ète; effronté
Vorwort *n* -e préface *f*, avant-propos *m*
Vorwurf *m* ¨e reproche *m*
vorwurfsvoll réprobateur, -trice, plein de reproches
Vorzeichen *n* - 1 signe *m* 2 *(math)* signe ; *(mus)* altération *f*
vor=zeichnen *(fig)* décrire, tracer à grands traits
vor=zeigen présenter, montrer
vorzeitig prématuré
vor=ziehen* 1 *die Gardinen* ~ tirer les rideaux 2 *jn* ~ préférer qqn; *einen Schüler* ~ *(fam)* avoir un chouchou ♦ *es wäre vorzuziehen* ce serait préférable
Vorzimmer *n* - antichambre *f*
Vorzug *m* ø préférence *f* ♦ ¨e avantage *m*, mérite *m*; qualité *f*
vorzüglich excellent, exceptionnel, -le ; exquis
Vot.um *n* .a/.en vote *m*, suffrage *m*
vulgär vulgaire, grossier, -ière, trivial, de bas étage
Vulkan *m* -e *(géo)* volcan *m*

W

Waage *f* -n balance *f*; bascule *f*; *(astro)* Balance *f*; *(fam) sich die ~ halten (non fam)* être équivalent; se contrebalancer
waagerecht horizontal; de niveau
wabbelig *(fam > non fam)* mou et flasque
Wabe *f* -n rayon *m* (d'une ruche)
wach réveillé; *~ werden* se réveiller, s'éveiller; *(fig)* vif/vive, alerte; en éveil
Wache *f* ø : *~ haben* être de garde *f/(mil)* de faction *f/(mar)* quart *m* ◆ -n 1 poste *m* (de police) 2 garde
wachen veiller; *darüber ~, daß* veiller à ce que
wach=halten* 1 tenir éveillé, empêcher de s'endormir 2 *(fig)* conserver vivace; *das Interesse an etw* (**D**) *~* continuer à susciter l'intérêt
Wacholder *m* - genièvre *m*; genévrier *m*
wach=rufen* réveiller; éveiller, susciter
Wachs *m* -e cire *f*; *(ski)* fart [fart] *m*
wachsam vigilant, attentif, -ive
wachsen* *(ski)* farter ◆ <sein> grandir; pousser; *(fig)* s'agrandir, augmenter, croître ◆ *der Lage* (**D**) *gewachsen sein* être à la hauteur de la situation
Wachstuch *n* -e/¨er toile *f* cirée
Wachstum *n* ø 1 croissance *f* 2 production *f*; *(vin)* cru *m*
Wachtel *f* -n caille *f*
Wachtmeister *m* - brigadier *m*
Wachtposten *m* - *(mil)* sentinelle *f*
Wachtturm *m* ¨e mirador *m*; beffroi *m*
wackelig 1 branlant 2 *(fig/fam) ~e Arbeitsplätze (non fam)* des emplois précaires/menacés; *~ auf den Beinen sein* ne pas tenir sur ses jambes
wackeln 1 être branlant 2 *mit dem Kopf ~* dodeliner de la tête ◆ <sein> *(fam) über die Straße ~ (non fam)* traverser la rue d'un pas chancelant; traverser la rue en titubant
Wade *f* -n mollet *m*
Wadenbein *n* -e péroné *m*
Waffe *f* -n arme *f*; *(fig) jn mit seinen eigenen ~n schlagen* retourner l'argument de qqn contre lui
Waffel *f* -n gaufre *f*; gaufrette *f*
Waffenbesitz *m* ø détention *f* d'armes
Waffenruhe *f* -n suspension *f* des hostilités
Waffenschein *m* -e (permis *m* de) port *m* d'arme
Waffenstillstand *m* ø armistice *m*
wagen (sich) oser, risquer
Wagen *m* - 1 voiture *f*; *(astro)* chariot *m* 2 *(train)* voiture, wagon *m* 3 *(machine à écrire)* chariot
Wagenheber *m* - cric *m*

Wagenschmiere *f* -n graisse *f*; cambouis *m*
Waggon [va'gõ:] *m* -s wagon *m* (de marchandises)
waghalsig *(personne)* téméraire; *(projet)* téméraire, hasardeux, -euse, périlleux, -euse
Wahl *f* ø choix *m vor der ~ stehen* se trouver devant une alternative *f*, avoir le choix; *(comm)* choix ◆ *-en (pol)* élection *f*, vote *m*, scrutin *m*; *in die engere ~ kommen* être en ballottage; *(travail)* arriver à l'étape finale d'un recrutement
Wahlbezirk *m* -e circonscription *f*
wählen 1 choisir; opter (pour) 2 *(tél)* composer 3 *(pol)* élire; voter (pour)
WählerIn *m f* électeur *m*, -trice *f*
wählerisch difficile; sélectif, -ive
Wahlfach *n* ¨er *(ens)* matière *f*/discipline *f* optionnelle, option *f*
wahlfrei optionnel, -le; facultatif, -ive
Wahlgang *m* ¨e tour *m* de scrutin
Wahlheimat *f* ø pays *m* d'adoption
Wahlkabine *f* -n isoloir *m*
Wahlkampf *m* ¨e campagne *f* électorale
wahllos au hasard
Wahn *m* ø illusion *f*; *(méd)* délire *m*, folie *f*
wähnen sich croire, avoir l'illusion (de/que)
Wahnsinn *m* ø folie *f*, démence *f*
wahnsinnig 1 *(méd)* fou/folle, dément 2 *(fam) ein ~er Plan* un plan ahurissant ◆ très, extrêmement, énormément; *jn ~ lieben* aimer éperdument qqn
wahnwitzig délirant, extravagant, *(fam)* cinglé
wahr vrai; exact *nicht ~ ?* n'est-ce pas ?; *(fig)* véritable
wahren garder; sauvegarder; défendre
währen durer; *(prov) was lange währt, wird gut* tout vient à point pour qui sait attendre
während (*G*/*fam* **D**) pendant, durant ◆ pendant que; tandis/alors/que
währenddessen pendant ce temps, en attendant
wahrhaben : *etw nicht ~ wollen* ne pas vouloir admettre que/voir les choses en face
wahrhaftig vrai, authentique ◆ vraiment
Wahrheit *f* ø vérité *f*; véracité *f* ◆ **-en** réalité *f*
wahrheitsgemäß véridique, exact, conforme à la vérité
wahrnehmbar perceptible
wahr=nehmen* 1 *ein Geräusch ~* percevoir/entendre un bruit 2 s'apercevoir

Wahrnehmung

(de); *einen Termin* ~ se rendre à un rendez-vous; *eine Chance* ~ profiter d'/saisir une occasion

Wahrnehmung *f* **-en** perception *f*; prise *f* en compte

WahrsagerIn *m f* chiromancien *m*, -ne *f* [kiro-]; devin *m*

wahrscheinlich probable ◆ probablement, vraisemblablement

Wahrscheinlichkeit *f* **-en** vraisemblance *f*, probabilité *f*; *aller* ~ *nach* selon toute vraisemblance

Währung *f* **-en** devise *f*, monnaie *f*

Währungsschwankung *f* **-en**; fluctuation *f* monétaire

Wahrzeichen *n* **-** emblème *m*

Waise *f* **-n -n** orphelin *m*, -e *f*

Wal *m* **-e** baleine *f*

Wald *m* ¨**er** forêt *f*, bois *m*

waldig boisé

Wallach *m* **-e** hongre *m*

wallend épais, -sse, abondant

Wallfahrt *f* **-en** pèlerinage *m*

Wallung *f* **-en** *(fig)* excitation *f*; *in* ~ *geraten* être en ébullition/hors de soi

Walnuß *f* ¨**sse** noix *f*

Walroß *n* ¨ **sser** morse *m*

walten : *Vernunft* ~ *lassen* se montrer raisonnable ◆ *seines Amtes* ~ remplir son office, faire son devoir

Walze *f* **-en** *(tech)* cylindre *m*; rouleau *m* compresseur

walzen 1 *(métal)* laminer 2 *(terre)* aplanir; *(pâte)* étendre

wälzen 1 *(fam) Bücher* ~ *(non fam)* compulser des livres 2 *Fleisch in Mehl* ~ rouler/passer de la viande dans de la farine ◆ *sich im Schlaf* ~ se tourner et se retourner pendant son sommeil; *sich im Schlamm* ~ se vautrer dans la boue

Walzer *m* **-** valse *f*

Walzstahl *m* ¨**e** acier *m* laminé

Walzwerk *n* **-e** laminoir *m*

Wampe *f* **-n** *(fam)* bedaine *f*

Wand *f* ¨**e** mur *m*, cloison *f*; *(montagne)* paroi *f* rocheuse, mur; *(fam) die Wände hoch=gehen* sortir de ses gonds

Wandel *m* ø changement(s) *m(pl)*, mutation(s) *f(pl)*, transformation(s) *f(pl)*

wandeln : *sich* ~ changer; se transformer ◆ <sein> déambuler ◆ *(fig) eine* ~*de Leiche* un cadavre ambulant

Wanderausstellung *f* **-en** exposition *f* itinérante

Wanderkarte *f* **-n** carte *f* de randonnée

wandern <sein> randonner, marcher; faire une sortie; errer; passer, se promener; *(fig)* passer; *sein Blick wandert durch das Zimmer* son regard balaie la pièce

Wanderschaft *f* ø : *auf* ~ *sein (hist)* faire son tour de compagnon

Wandertag *m* **-e** randonnée *f* scolaire

Wandertrieb *m* ø *(animal)* instinct *m* de migration; *(fam)* bougeotte *f*

Wanderung *f* **-en** 1 randonnée *f*, marche *f* 2 migration *f*

Wandleuchte *f* **-n** applique *f*

Wandlung *f* **-en** changement *m*, transformation *f*

wandlungsfähig capable/susceptible de changer, souple; capable de jouer des rôles très différents

Wandschrank *m* ¨**e** placard *m*

Wange *f* **-n** joue *f*

wankelmütig *(péj)* versatile

wanken vaciller; trembler ◆ <sein> marcher en titubant

wann : ~ ? quand?; *dann und* ~ de temps en temps ◆ *ich weiß nicht,* ~ *er kommt* je ne sais pas quand il arrive/il viendra

Wanne *f* **-n** 1 baignoire *f*; bassine *f*, baquet *m* 2 *(fam)* bide *m*; *(police)* panier à salade *m*

Wanst *m* ¨**e** *(péj)* panse *f* rebondie; *(fam) ein frecher* ~ un sale gosse *m*/mouflet *m*

Wanze *f* **-n** 1 punaise *f* 2 *(péj)* rat *m* 3 *(fam)* mouchard *m*, *(non fam)* micro *m*

Wappen *n* **-** blason *m*, armoiries *fpl*

wappnen (sich) (s')armer

Ware *f* **-n** marchandise *f*; produit *m*; *(fig) heiße* ~ marchandise de contrebande

Warenbestand *m* ¨**e** stock *m*

Warenhaus *n* ¨**er** grand magasin *m*

warm 1 chaud *mir ist* ~ j'ai chaud; *es ist* ~ c'est chaud; il fait chaud; *(fam) das Zimmer kostet 900 DM* ~ *(non fam)* la chambre coûte 900 marks, charges comprises 2 *(accueil)* chaleureux; *(fam) mit jm* ~ *werden* devenir copain avec qqn

warmblütig à sang chaud

Wärme *f* ø chaleur *f*

Wärmeeinheit *f* **-en** calorie *f*

Wärmeenergie *f* **-n** énergie *f* thermique

wärmen : *die Suppe* ~ faire chauffer la soupe; *sich (D) die Füße* ~ se réchauffer les pieds ◆ réchauffer

Wärmflasche *f* **-n** bouillotte *f*

warm=halten* : *(fam) sich (D) jn* ~ se mettre qqn dans la poche ◆ *sich* ~ rester bien au chaud

warmherzig chaleureux, -euse, cordial

warm=laufen* sich <sein> chauffer

Warnblinkanlage *f* **-n** *(auto)* feux *mpl* de détresse

warnen prévenir, avertir; *jn vor etw* (D) ~ mettre qqn en garde contre qch

Warnleuchte *f* **-n** voyant *m* lumineux

Warnschild *n* **-er** panneau *m*; panneau de signalisation

Warnung *f* **-en** avertissement *m*; mise *f* en garde

warten : *etw* ~ entretenir qch ◆ *(auf A)* attendre

WärterIn *m f* gardien *m*, -ne *f*
Wartezimmer *n* - salle *f* d'attente
warum pourquoi
Warze *f* -n 1 *(méd)* verrue *f* 2 mamelon *m*
was que, quoi; ~ *ist das?* qu'est-ce que c'est?; ~ *kostet das?* combien cela coûte-t-il?; ~ *für ein* quel, -le, quelle sorte de; *(fam) und* ~ *dann?* et alors?; ~ *ist?* qu'est-ce qu'il y a?; *ach* ~ *!* bof! ◆ *ce qui, ce que*; ~ *mich betrifft* en ce qui me concerne; ~ *auch immer* quoi que ◆ *tu doch* ~ *!* fais quelque chose!; *(fam) so* ~ *!* c'est pas vrai!, c'est pas possible!; *so* ~ *wie* quelque chose qui ressemble à, un genre de ◆ ~ *stört dich das?* en quoi cela te dérange-t-il?
Waschanlage *f* -n station *f* de lavage
Waschbär *m* -en raton *m* laveur
Waschbecken *n* - lavabo *m*
Wäsche *f* ø lessive *f*; linge *m*
waschecht 1 *(couleur)* grand teint 2 *ein* ~*er Berliner sein* être cent pour cent Berlinois
waschen* laver; *Wäsche* ~ faire la lessive, laver du linge; *jm den Kopf* ~ laver la tête à qqn; *(fig/fam)* passer un savon à qqn; *eine Hand wäscht die andere* les loups ne se mangent pas entre eux; *(argent)* blanchir ◆ *(fam) sich gewaschen haben* être très mal passé
Wäscherei *f* -en laverie *f*
Wäscheschleuder *f* -n essoreuse *f*
Waschlappen *m* - 1 gant *m* de toilette 2 *(fam)* chiffe *f* molle
Waschpulver *n* - lessive *f*, poudre *f* à laver
Waschsalon *m* -s laverie *f* automatique
Waschzeug *n* ø affaires *fpl* de toilette
Wasser *n* - eau *f*; *weiches* ~ de l'eau douce/non calcaire; *(mil) zu* ~ *und zu Lande* par terre et par mer; *(fig/fam) mit allen* ~*n gewaschen sein* connaître toutes les ficelles de qch; *das* ~ *steht ihm bis zum Hals* il est endetté jusqu'au cou; il est dans la panade; *jm nicht das* ~ *reichen können* ne pas arriver à la cheville de qqn; *nahe am* ~ *gebaut haben* avoir la larme facile ◆ ø urine *f*; ~ *lassen* uriner
wasserabweisend hydrofuge
Wasserbad *n* ¨er *(cuis)* bain-marie *m*
Wasserball *m* ø water-polo *m*
Wasserblase *f* -n ampoule *f*, cloque *f*
wasserdicht étanche
wasserdurchlässig perméable
Wasserfall *m* ¨e chute *f* (d'eau), cascade *f*; *(fam) wie ein* ~ *reden* être un vrai moulin à paroles
Wasserfarbe *f* -n peinture *f* à l'eau
Wasserflugzeug *n* -e hydravion *m*
Wasserhahn *m* ¨e robinet *m*

Wasserkessel *m* - bouilloire *f*
Wasserkraft *f* ø énergie *f* hydraulique
wasserlöslich soluble
Wassermann *m* ø *(astro)* Verseau *m*
Wassermelone *f* -n pastèque *f*
wassern <sein/haben> amerrir
wässern 1 *(cuis) Heringe* ~ faire dessaler des harengs 2 *(plantes)* baigner
Wasserski *n* ø ski *m* nautique
Wasserstoff *m* ø hydrogène *m*; ~ *bombe f* -n bombe *f* thermonucléaire/à hydrogène
Wasserstraße *f* -n voie *f* navigable
Wasserträger *m* - *(fam)* larbin *m*
Wasserwaage *f* -n niveau *m* à bulle
wäßrig 1 *(chim)* ~*e Lösung* une solution aqueuse; *(fam) jm den Mund* ~ *machen* mettre à qqn l'eau à la bouche 2 *(couleur)* délavé; *(fig)* ~*e Augen* des yeux pâles
waten <sein> avancer en pataugeant; *(rivière)* traverser à gué
watscheln <sein> se dandiner, marcher comme un canard
Watt *n* -en estran *m*
Watt (W) *n* - watt (W) *m*
Watte *f* -n ouate *f*, coton hydrophile
WC *n*/-(s) W.-C. *mpl*
weben* tisser
WeberIn *m f* tisserand *m*, -e *f*
Wechsel *m* ø changement *m der* ~ *der Jahreszeiten* l'alternance *f* des saisons; *(comm) change m* ◆ - 1 *(comm)* traite *f* 2 sentier *m* emprunté par le gibier
Wechselbeziehung *f* -en corrélation *f*; interaction *f*; réciprocité *f*
Wechselfälle *mpl* : *die* ~ *des Lebens* les vicissitudes *fpl* de la vie
Wechselgeld *n* ø petite monnaie *f*
wechselhaft instable, changeant
Wechseljahre *npl* ménopause *f*
Wechselkurs *m* -e taux *m* de change
wechseln 1 changer; *einen Hundertmarkschein* ~ faire la monnaie sur un billet de 100 marks 2 *einige Worte* ~ échanger quelques mots ◆ <sein> *von einem Amt ins andere* ~ changer de fonction, passer d'une fonction à une autre
wechselseitig mutuel, -le, réciproque, sur les bases de la réciprocité
Wechselstrom *m* ø courant *m* alternatif
wechselvoll mouvementé, plein de vicissitudes
Wechselwirkung *f* -en interaction *f*
wecken 1 *jn* ~ réveiller qqn 2 *Interesse* ~ éveiller/susciter l'intérêt; *Appetit* ~ mettre en appétit
Wecker *m* - réveil *m*; *(fam) jm auf den* ~ *fallen* taper sur les nerfs de qqn
Weckruf *m* - réveil *m* téléphonique; réveil par la radio
wedeln 1 *(ski)* godiller 2 *mit dem Schwanz* ~ frétiller de la queue

weder

weder : ~... noch ni... ni
weg 1 parti ; *weit ~ von* loin de ; *(fam) meine Schlüssel sind ~* mes clés ont disparu ; *ganz ~ sein* être complètement emballé, ne plus se sentir ; avoir perdu la tête ; *ich bin darüber ~* ça y est, c'est passé **2** *(fam) Hände ~!* bas les pattes ! ; *~ da!* du balai !
Weg *m* -e **1** chemin *m* ; *auf halbem ~* à mi-chemin ; *(jardin)* allée *f* **2** trajet *m*, itinéraire *m* ; *(fig) jm/einer Sache aus dem ~ gehen* éviter qqn/qch ; *etw in die ~ leiten* mettre qch sur pied ; *jm nicht über den ~ trauen* (non fig) ne pas faire du tout confiance à qqn **3** *(fam) ~e erledigen* faire des courses *fpl* **4** voie *f*, moyen *m* ; *auf diesem ~* ainsi, de cette manière ; *auf schriftlichem ~* par écrit ◆ ø *sich auf den ~ machen* se mettre en route *f*
WegbereiterIn *m f* précurseur *m*, pionnier *m*, -ère *f*
weg=bleiben* <sein> *(fam)* **1** (non fam) ne pas venir *von da an blieb er weg* (non fam) on ne l'a plus revu depuis **2** *(fig) mir blieb die Luft weg* j'en eus le souffle coupé
Wegegeld *n* -er frais *mpl* de déplacement
wegen (G/D) à cause (de) ; *(fig) etw von Berufs ~ tun* faire qch pour des raisons professionnelles ; *(fam) von ~!* mon œil !
weg=fahren* <sein> partir
weg=führen : *(fig) vom Thema ~* faire sortir/écarter du sujet
weg=gehen* <sein> **1** partir, s'en aller **2** *(fam) geh weg da!* allez, ouste, dégage ! **3** *(fam) wie warme Semmeln ~* partir comme des petits pains
weg=haben *(fam)* **1** *einen ~* avoir un coup dans le nez **2** *das hast du gleich weg* tu vas piger tout de suite ; *in Sprachen was ~* s'y connaître en langues
weg=holen 1 *hol mich bitte hier weg!* emmène-moi de là ! **2** *(fam) sich* (D) *eine Grippe ~* attraper la grippe
weg=hören : *(iro) hör mal weg!* bouche-toi les oreilles !
weg=kommen* <sein> *(fam)* **1** *ich komme hier nicht weg* je suis coincé **2** *mein Geld ist weggekommen* on m'a piqué mon fric **3** *über eine Enttäuschung ~* (non fam) se remettre d'une déception **4** *gut/schlecht ~* bien/mal s'en tirer
weg=lassen* *(fam)* **1** *jn nicht ~* (non fam) ne pas laisser partir qqn **2** *etw ~* laisser tomber qch
weg=laufen* <sein> **1** se sauver, s'échapper **2** *(fig) das läuft dir nicht weg* ça ne va pas s'envoler
weg=nehmen* : *jm etw ~* prendre qch à qqn
weg=schaffen enlever, ôter
weg=schicken envoyer, expédier
weg=schnappen : *(fam) jm etw vor der Nase ~* piquer qch sous le nez de qqn
Wegweiser *m* - poteau *m* indicateur
weg=werfen* : *etw ~* jeter qch ◆ *(péj) wie kann man sich so ~!* comment peut-on s'abaisser à ce point/en arriver là !
wegwerfend méprisant
Wegwerfgesellschaft *f* ø société *f* de gaspillage
weh : *wo tut es ~?* où avez-vous/as-tu mal ? ; *jm ~ tun* faire mal à qqn ; *(fig)* blesser qqn
wehe : *~ dir!* gare à toi !
Wehen *fpl* contractions *fpl*, travail *m*
wehen 1 *die Haare ~* les cheveux gonflent/ondulent au vent **2** *(vent)* souffler ◆ <sein> *der Duft weht ins Zimmer* le parfum arrive jusque dans la pièce
wehleidig douillet, -te ; geignard
wehmütig mélancolique, triste
Wehr *f* ø : *sich zur ~ setzen* se défendre
Wehr *n* -e digue *f* ; barrage *m*
Wehrdienst *m* ø service *m* militaire ; *~ verweigerer* *m* objecteur *m* de conscience ; insoumis *m*
wehren sich se défendre
wehrlos sans défense, désarmé
Wehrmacht *f* ø *(hist)* armée *f* allemande
Wehrpflicht *f* ø obligations *fpl* militaires, service *m* militaire obligatoire
Wehrpflichtige/r conscrit *m* ; appelé *m*
Weib *n* -er **1** *(fam) ein tolles ~* une chouette nana *f*/bonne femme [fam] *f* **2** *(péj)* bonne femme
Weibchen *n* - *(animal)* femelle *f*
weibisch *(péj)* efféminé
weiblich féminin
Weiblichkeit *f* ø féminité *f*
weich doux, -ce ; douillet, -te ; *(crayon)* gras ; *(fig) ein ~es Herz* un cœur tendre
Weiche *f* -n **1** *(train)* aiguillage *m* ; *(fig) die ~n sind gestellt* les choses sont bien engagées **2** *(cheval)* flanc *m*
weichen* <sein> **1** tremper **2** *zur Seite ~* se mettre de côté, se ranger, se garer
Weichensteller *m* - aiguilleur *m*
weichgekocht : *ein ~es Ei* un œuf à la coque
weichherzig sensible, tendre
Weichkäse *m* - fromage *m* à pâte molle
weichlich *(péj)* faible, mou/molle, sans envergure
Weichling *m* -e *(péj)* faible *m*
Weichspüler *m* - assouplissant *m*
Weichteile *npl (méd)* parties molles/charnues **2** *(fam)* parties *fpl*
Weide *f* -n **1** *(arbre)* saule *m* **2** pâturage *m*, prairie *f*
weiden : *das Vieh ~* faire paître un troupeau ◆ brouter, paître ◆ *sich an etw* (D) *~* se délecter/repaître de qch

weidlich amplement, largement, abondamment
weigern sich refuser (de), se refuser (à)
Weigerung f -en refus m
Weihe f -n 1 (rel) consécration f; inauguration f; (prêtre) ordination f 2 solennité [solanite] f
Weihnachten n - Noël m; *fröhliche ~!* Joyeux Noël!; *zu ~* à Noël
weihnachtlich de Noël
Weihnachtsbaum m ¨e sapin m de Noël
Weihnachtsmann m ¨er Père m Noël
Weihrauch m ø encens m
Weihwasser n ø eau f bénite
weil parce que, puisque; comme, étant donné que
Weile f ø moment m *nach einer ~* au bout d'un moment
Weiler m - hameau m
Wein m -e vigne f; raisins mpl *~ ernten* faire les vendanges ◆ *-e* vin m; (fam) *jm reinen ~ ein=schenken* y aller franco, ne pas y aller par quatre chemins
Weinanbau m ø viticulture f
Weinberg m -e vignoble m; *~schnecke* f -n escargot m de Bourgogne
weinen pleurer; *um jn ~* pleurer qqn ◆ (fam) *leise ~* sans moufter
weinerlich pleurnichard
Weinernte f -n vendange(s) f(pl)
Weingut n ¨er domaine m viticole
Weinkrampf m ¨e sanglots mpl, crise f de larmes
Weinlese f ø vendanges fpl
Weinrebe f -n vigne f
weinrot bordeaux
weise 1 sage, avisé 2 (rel) *die drei Weisen aus dem Morgenland* les Rois Mages
Weise f -n 1 manière f, façon f *auf diese ~* de cette manière; *in gewohnter ~* comme d'habitude 2 air m, mélodie f
weisen* 1 montrer (du doigt), indiquer 2 *jm die Tür ~* mettre qqn à la porte 3 *etw von sich* (D) *~* repousser qch; *einen Schüler von der Schule ~* renvoyer un élève 4 (fig) *jn in seine Schranken ~* remettre qqn à sa place
Weisheit f ø sagesse f
weis=machen: (fam) *jm etw ~* raconter des bobards à qqn
weiß blanc, -che; *~ werden* (personne) pâlir, blêmir; (cheveux) blanchir; (fig) *~ wie eine Wand* blanc comme un linge; *eine ~e Weste haben* avoir les mains propres ◆ *~ tünchen* blanchir, badigeonner
Weissagung f -en prophétie f
weißen badigeonner, blanchir
Weißglut f ø: (fam) *jn zur ~ bringen* (non fam) mettre qqn hors de lui
Weisung f -en directive f, instruction f

weit 1 large, vaste *das ~e Meer* la mer immense 2 (fig) *das Weite suchen* prendre le large 3 loin; *eine ~e Reise* un lointain voyage, un voyage au loin; *der Weg ist ~* le chemin est long; *wie ~ ist es?* c'est à quelle distance?; (fam) *hast du es noch ~?* tu as encore beaucoup de route/chemin à faire? 4 *in ~er Zukunft* dans un avenir éloigné 5 *wie ~ seid ihr?* où en êtes-vous? ◆ *~ weg* loin; *~ und breit* à la ronde; (fig) *~ besser* bien mieux/meilleur; *bei ~em* de loin, de beaucoup, bien; *das geht zu ~* c'en est trop, ça dépasse les bornes
weitab loin (de)
weitaus bien, de loin, de beaucoup
Weitblick m ø clairvoyance f, perspicacité f
Weite f -n 1 *die ~ des Meeres* l'immensité f de la mer; *die ~ einer Öffnung* la largeur f d'une ouverture 2 (sp) longueur f 3 (vêtement) ampleur f
weiten élargir ◆ *sich ~* (vêtement/fig) s'élargir; (pupille) se dilater
weiter 1 *~ nicht!* stop!, arrêtez-vous!; *und so ~* (usw) et cætera (etc.); *kein Wort ~* pas un mot de plus! 2 *und was passierte ~?* et qu'arriva-t-il ensuite?; (loc) *wenn ~ nichts ist!* si ce n'est que cela! 3 *~ vorn* plus vers l'avant, encore devant; *~ oben* plus haut; ci-dessus
weiter- en plus, supplémentaire; autre *~e Fragen* d'autres questions; *die ~e Entwicklung* l'évolution ultérieure; *~e zwei Jahre warten* attendre encore deux ans; *bis auf ~es* jusqu'à nouvel ordre; *ohne ~es* sans plus
weiter=bestehen* subsister, persister
Weiterbildung f ø formation f continue
weiter=bringen*: (fig) *jn/etw ~* faire avancer qqn/qch
Weiterentwicklung f -en évolution f
weiter=erzählen*: *etw ~* rapporter qch
weiter=gehen* <sein>: *bitte ~!* avancez, s'il vous plaît! ◆ *so kann es nicht ~!* ça ne peut pas continuer comme ça
weiterhin 1 *~ ist folgendes zu sagen* il faut ajouter en outre 2 à l'avenir; *~ alles Gute!* bonne chance pour la suite!; *~ in Kontakt bleiben* rester en contact
weiter=kommen* <sein> 1 (fam) déguerpir; *sieh zu, daß du weiterkommst!* dégage! 2 avancer, progresser
weiter=leiten transmettre, faire suivre
weiter=verarbeiten transformer en produit(s) fini(s), manufacturer ◆ *~de Industrie* industrie de transformation
weiter=wissen*: *nicht mehr ~* ne plus savoir quoi faire
weitgehend large, ample, vaste; considérable

weitläufig

weitläufig 1 *(terrain)* vaste 2 *~e Verwandtschaft* des parents éloignés
weitreichend : *~e Beziehungen* des relations dans tous les milieux
weitschweifig prolixe, verbeux, -euse ; oiseux, -euse
weitsichtig 1 clairvoyant, perspicace 2 *(méd)* presbyte
Weitsprung *m* ø saut *m* en longueur
weitverbreitet très répandu, très courant
Weitwinkelobjektiv *n* -e grand angle *m*
Weizen *m* - blé *m*, froment *m*
Weizenbier *n* -e bière *f* blanche
welch- quel, quelle, quels ; lequel, laquelle, lesquelles ; *~es Buch nimmst du ?* quel livre prends-tu ? ; *~ er von beiden ?* lequel des deux ? ; *~ ein Unglück !* quel malheur ! ◆ qui, que ; *die, ~e* ceux/celles qui ◆ certains, en : *hast du ~e ?* tu en as ? ; *sind schon ~e da ?* est-ce que des gens sont déjà arrivés ?
welcherlei : *~ Gründe er auch gehabt hat* quelles qu'aient été ses raisons
welken <sein> faner ; *(fig)* se flétrir
Wellblech *n* -e tôle *f* ondulée
Welle *f* -n 1 vague *f* ; lame *f* ; *(fig) die ~n der Begeisterung* un délire *m* d'enthousiasme ; *grüne ~* suite de feux verts à une vitesse donnée 2 *(terrain/cheveux)* ondulation *f* 3 *(phys/radio)* onde *f* 4 *(tech)* arbre *m* de transmission 5 *(sp)* soleil *m*
wellen onduler ◆ *sich ~* se gondoler ; *der Teppich wellt sich* le tapis plisse
wellig : *~es Haar* des cheveux ondulés ; *~es Gelände* un terrain vallonné
Wellpappe *f* -n carton *m* ondulé
Welpe *m* -n chiot *m* ; louveteau *m* ; renardeau *m*
Welt *f* ø monde *m* ; *(fig) aus aller ~* de partout ; *(pol) die dritte ~* le tiers-monde ; *(fam) alle ~* *(non fam)* n'importe qui ; *nicht die ~ kosten* ne pas coûter les yeux de la tête ; *etw aus der ~ schaffen (fam)* faire table rase de qch, en finir avec qch ◆ **-en** monde, terre *f* ; *(fig) zwischen uns liegen ~en* nous sommes aux antipodes l'un de l'autre
Weltall *n* ø univers *m*, cosmos *m*
Weltausstellung *f* -en exposition *f* universelle
Weltbank *f* ø banque *f* mondiale
weltberühmt mondialement connu
weltfremd qui n'a pas les pieds sur terre
Weltgeltung *f* ø : *~ haben* être universel, -le
weltgewandt très à l'aise
Weltkugel *f* ø globe *m* terrestre
weltlich 1 *~e Genüsse* plaisirs terrestres 2 séculier, -ière, laïque ; *~e Bauten* des constructions profanes
Weltmacht *f* ¨e grande puissance *f*
Weltmeisterschaft (WM) *f* -en championnat *m* du monde
Weltraum *m* ø espace *m*, univers *m*
Weltverbesserer *m* - *(iro)* redresseur *m* de torts
wem → **wer** (D)
wen → **wer** (A)
Wende *f* -n 1 tournant *m*, virage *m* *an der ~ zum 19. Jahrhundert* à l'aube *f* du XIXᵉ siècle 2 *(natation)* demi-tour *m*
Wendekreis *m* -e 1 *(géo)* tropique *m* 2 *(tech)* rayon *m* de braquage
Wendeltreppe *f* -n escalier *m* en colimaçon
wenden (re)tourner ◆ 1 *bitte ~ !* tournez la page, *s'il vous plaît !* 2 *(auto)* faire demi-tour ; *(mar)* virer de bord
wenden(*) 1 (re)tourner 2 détourner ; *keinen Blick von jm ~* ne pas quitter qqn des yeux ◆ 1 *sich an jn ~* s'adresser à qqn 2 *(fig) sich gegen jn/etw ~* prendre parti contre qqn/qch, attaquer qqn/qch
Wendepunkt *m* -e 1 tournant *m* 2 *(math)* point *m* d'inflexion
wendig *(tech) ein ~es Auto* une voiture très maniable ; *(fig)* qui a l'esprit vif, qui a réponse à tout, habile
wenig 1 *~e Augenblicke* quelques instants ; *~ Zeit* peu de temps ; *die ~en Menschen* les quelques personnes, le peu de gens ; *mit ~en Worten* en quelques mots ; *einer von ~en* un des rares ; *noch ~er Zeit* encore moins de temps ◆ 1 peu, pas beaucoup ; *~ essen* manger peu 2 *ein ~* un peu
weniger : *~ werden* diminuer → **wenig** ◆ *6 ~ 3* 6 moins 3
wenigstens au moins : *~ etwas !* c'est toujours ça !
wenn 1 si ; *~ überhaupt* si tant est que 2 quand, à chaque fois que 3 *~ er schon mal da ist* puisqu'il est là ; *(fam) und ~ auch !* *(non fam)* quand bien même ! 4 *~ er käme* s'il venait
wennschon *(fam) (na) ~ !* tant pis ! ; *~, dennschon !* allez, on y va !, quand faut y aller, faut y aller
wer qui ? ; *~ ist das ?* qui est-ce ? ; *wen stört das ?* qui cela dérange-t-il ? ; *wessen Buch ist das ?* ce livre appartient à qui ? ; *mit wem spreche ich ?* à qui ai-je l'honneur de parler ? ; qui est à l'appareil ? ◆ celui qui/que ◆ *~ auch immer* quiconque ; *wem das nicht gefällt, kann gehen* si cela ne plaît pas à qqn, il peut partir ◆ *(fam) ist da ~ ?* *(non fam)* il y a quelqu'un ? ; *er ist ~* c'est quelqu'un
Werbeagentur *f* -en agence *f* de publicité
Werbeaktion *f* -en opération *f* publicitaire
werben* : *Käufer ~* attirer des clients

par la publicité; *(mil)* recruter ♦ **1** *für etw ~* faire de la publicité pour qch **2** *um js Gunst ~* chercher à s'attirer/briguer les faveurs de qqn

Werdegang *m* ø **1** *(personne)* parcours *m* **2** évolution *f*, genèse *f*

werden* *(sein)* **1** devenir *was willst du ~?* que veux-tu faire plus tard?; *zu Eis ~* se transformer en glace; *zur fixen Idee ~* devenir une idée fixe **2** *böse ~* se fâcher; *groß ~* grandir; *krank ~* tomber malade; *schnell müde ~* se fatiguer vite; *spät ~* se faire tard **3** *in zehn Minuten wird es drei Uhr* dans dix minutes, il sera trois heures; *es wird Zeit* il est temps **4** *(fam) sind die Fotos geworden?* est-ce que les photos ont donné quelque chose?; *wird's bald?* alors, ça vient?; *nicht mehr ~* ne pas s'en remettre ♦ **1** *wann ~ Sie kommen?* quand viendrez-vous? **2** *Sie ~es wissen* vous savez vraisemblablement; *er wird verhindert sein* il doit avoir/il a probablement un empêchement **3** *es wird erzählt* on raconte; *das Haus wurde zerstört* la maison a été détruite **4** *würdest du das wiederholen?* pourrais-tu répéter?

werfen* **1** lancer, jeter; *einen Brief in den Kasten ~* mettre une lettre à la boîte **2** *die Tür ins Schloß ~* claquer la porte **3** *(jeu) eine Sechs ~* faire un six ♦ *(animal)* mettre bas ♦ **1** *das Holz wirft sich* le bois travaille **2** *sich aufs Bett ~* se jeter sur son lit **3** *(fig) sich in die Brust ~* bomber le torse **4** *(fam) jm etw an den Kopf ~* balancer qch à qqn

Werft *f* **-en** chantier *m* naval

Werk *n* ø **1** *sich ans ~ machen* se mettre au travail *m*/à l'ouvrage *m*; *(fig) vorsichtig zu ~e gehen* procéder avec précaution **2** *das ~ macht Urlaub* l'entreprise *f* est fermée ♦ **-e 1** *im ~ der Zerstörung* une entreprise *f* de destruction; *ein gutes ~* une bonne action *f* **2** *(art)* œuvre *f* **3** entreprise *f*, usine *f*, ateliers *mpl* **4** *das ~ einer Uhr* le mécanisme *m*/mouvement *m* d'une horloge

Werkbank *f* ¨e établi *m*

werkeln *(an* D*)* bricoler

Werkmeister *m* - contremaître *m*, chef *m* d'atelier

Werkstatt *f* ¨en atelier *m*; garage *m*

Werkstoff *m* **-e** matériau *m*

Werktag *m* **-e** jour *m* ouvrable

werktags en semaine

werktätig actif, -ive

Werkzeug *n* **-e** outil [uti] *m*; instrument *m* ♦ ø outils *mpl*, outillage *m*; *~macher m* - outilleur *m*; *~maschine f* **-n** machine-outil *f*

Wermut *m* **-s** absinthe *f*; vermouth *m*

Wermutstropfen *m* - *(fig)* note *f*/goutte *f* d'amertume

Wettbüro

wert 1 *viel ~ sein* avoir beaucoup de valeur; *100 DM ~ sein* valoir 100 marks; *(fam) er ist es nicht ~ (non fam)* il ne le mérite pas

Wert *m* ø valeur *f*; *(fig) ~ auf etw* (A) *legen* accorder de l'importance à qch, tenir à qch ♦ **-e 1** *pl* valeurs **2** *(poste)* timbre *f*

wertbeständig (de valeur) stable

werten 1 *etw als Erfolg ~* considérer qch comme un succès **2** *(sport); einen Sprung nicht ~* ne pas enregistrer un saut

wertlos sans valeur

Wertmaßstab *m* ¨e étalon *m*

Wertminderung *f* **-en** dépréciation *f*

Wertpapier *n* **-e** valeur *f* mobilière

Wertsachen *fpl* objets *mpl* de valeur

Wertschätzung *f* ø estime *f*

Wertung *f* **-en** total *m* de points

wertvoll de valeur; *(fig)* précieux

Wertzeichen *n* - timbre-poste *m*

Wertzuwachs *m* ø plus-value *f*

Werwolf *m* ¨e loup-garou *m*

Wesen *n* ø **1** essence *f*; *das ~ der Kunst* la spécificité de l'art; *(phil) ~ und Erscheinung* l'être et le paraître **2** tempérament *m*, nature *f*, caractère *m* ♦ - : *ein menschliches ~* un être humain

Wesensart *f* **-en** tempérament *m*, nature *f*

wesentlich 1 important, considérable; *ein ~er Bestandteil* un composant essentiel **2** *im ~en* en substance, pour l'essentiel ♦ *~ besser* beaucoup mieux; bien meilleur

weshalb pour quelle raison, pourquoi

Wespe *f* **-n** guêpe *f*

wessen → **wer** (G)

Wessi *m* **-s** *(fam > non fam)* Allemand *m* de l'« Ouest »

West (W) *m* ø Ouest (O) *m*

westdeutsch d'Allemagne de l'Ouest

Weste *f* **-n** gilet *m*; veste *f*

Westen (W) *m* ø **1** ouest *m von/vom ~ her* d'ouest **2** Ouest *m*; Occident *m*; *(fig) der Wilde ~* le Far West

Westentasche *f* **-n** *(fam) einen Ort wie seine ~ kennen* connaître un endroit comme sa poche; *~nformat n* **-e** : *im ~ de* poche; *(fam) ein Politiker im ~* un politicien de pacotille/à la noix

westlich de l'ouest, occidental ♦ *(von/G)* à l'ouest (de)

Westmächte *fpl* puissances *fpl* occidentales

Wettbewerb *m* ø *(comm)* concurrence *f* ♦ **-e** concours *m*; *außer ~* hors compétition *f*

WettbewerberIn *m f* concurrent *m*, -e *f*

wettbewerbsfähig concurrentiel, -le, compétitif, -ive

Wettbüro *n* **-s** bureau *m* de pari mutuel

Wette

Wette f -n pari m; *was gilt die* ~? tu paries combien? *(fig) um die* ~ à qui mieux mieux; *um die* ~ *rennen* courir le plus vite possible
wetteifern : *um etw* ~ rivaliser/être en compétition/*(fig)* se battre avec qqn pour qch
wetten 1 *mit jm um etw* ~ parier qch avec qqn; *(fam)* ~ *daß!* on parie! *darauf wette ich meinen Kopf!* j'y mettrais ma main au feu 2 *auf ein Pferd* ~ parier sur un cheval
Wetter n - 1 temps m; *bei jedem* ~ par tous les temps 2 *(mines) schlagende* ~ grisou m
Wetterbericht m -e bulletin m météorologique
wetterfest résistant aux intempéries
Wetterleuchten n - éclair m de chaleur
wettern *(fam > non fam)* tempêter, pester
wetterwendisch versatile, lunatique, d'humeur changeante
Wettkampf m ¨e concours m, compétition f
WettkämpferIn m f concurrent, -e
Wettlauf m ¨e *(sp/fig)* course f
wett=machen *(fam > non fam)* compenser, rattraper
Wettrüsten n ø course f aux armements
Wettstreit m -e compétition f, concurrence f, rivalité f; émulation f
wetzen : *ein Messer* ~ aiguiser/affûter un couteau ◆ <sein> *(fam)* filer
WG f -s → **Wohngemeinschaft**
Wichse f *(fam)* -n *(non fam)* cirage m ◆ ø raclée f
wichsen *(fam)* 1 faire, *(non fam)* cirer 2 *jm eine* ~ flanquer une gifle à qqn
wichtig important; *(iro) mit* ~*er Miene* en prenant de grands airs; *(fam) sich* (D) ~ *vor=kommen* ne pas se prendre pour n'importe qui
Wichtigkeit f ø importance f
Wichtigtuer m - *(fam/péj)* crâneur m
Wickel m - 1 *(méd)* compresse f 2 *(laine)* pelote f; *(cheveux)* bigoudi m
wickeln 1 *Wolle* ~ enrouler de la laine; *(fig) jn um den Finger* ~ *(fam)* embobiner qqn 2 *(bébé)* langer 3 *(méd) die Beine* ~ bander les jambes 4 envelopper; *etw aus dem Papier* ~ enlever le papier de qch 5 *sich in etw* (A) ~ s'enrouler/s'envelopper dans qch ◆ *(fam) schief gewickelt sein* se planter complètement
Widder m - bélier m; *(astro)* Bélier
wider (A) contre; ~ *Erwarten* contre toute attente
widerborstig rebelle, récalcitrant
Widerhaken m - crochet m
Widerhall m -e écho [eko] m; *(fig) (großen)* ~ *finden* avoir du retentissement

widerlegen : *etw* ~ réfuter qch; démentir qch ◆ *sich selbst* ~ se contredire
widerlich répugnant, ignoble
widerrechtlich illégal, contraire à la loi
Widerrede f - 1 objection f, réplique f; *keine* ~! pas de contestation f! 2 *Rede und* ~ échange m de propos
Widerruf m -e démenti m; rétractation f; abrogation f, annulation f
widerrufen* revenir (sur); démentir; abroger, annuler; *(jur) sein Geständnis* ~ se rétracter
WidersacherIn m f adversaire m
Widerschein m -e reflet m
widersetzen sich (D) s'opposer (à), résister (à)
widersinnig absurde
widerspenstig récalcitrant, rebelle, rétif, -ive
wider=spiegeln (sich) (se) refléter, (se) réfléchir
widersprechen* : *jm* ~ contredire qqn ◆ *sich/einander* ~ se contredire, être contradictoires
Widerspruch m ø contestation f, opposition f; réplique f; ~ *aus=lösen* soulever des protestations fpl ◆ ¨e contradiction f
widersprüchlich contradictoire
Widerstand m ø 1 *(hist)* Résistance f 2 *(tech)* résistance; *(av)* traînée f; *(élec)* rhéostat m; résistance ◆ ¨e résistance ~ *leisten* résister
widerstandsfähig résistant
widerstehen* (D) résister (à); s'opposer (à)
widerstrebend : ~*e Gefühle* des sentiments contradictoires ◆ *etw* ~ *tun* faire qch à contrecœur
widerwärtig répugnant, écœurant
Widerwille(n) m ø répugnance f, aversion f; *js* ~ *erregen* écœurer qqn
widerwillig : *etw* ~ *tun* faire qch à contrecœur
widmen 1 *(texte)* dédier 2 *(temps)* consacrer ◆ *sich jm* ~ se consacrer à qqn
Widmung f -en dédicace f
widrig défavorable ~*e Umstände* des circonstances fâcheuses
wie 1 comment ~ *meinen Sie das?* qu'entendez-vous par là?: comment voyez-vous cela?; ~ *bitte?* comment? 2 ~ *lange?* combien de temps?; ~ *spät ist es?* quelle heure est-il?; ~ *viele?* combien de? 3 ~ *schön!* comme c'est joli!; c'est formidable!; *(fam) und* ~! et comment! 4 *(fam) das gefällt dir wohl,* ~? ça te plaît, hein? ◆ 1 comme; *so schnell* ~ *möglich* aussi vite que possible; *es kam,* ~ *ich fürchtete* il arriva ce que je craignais 2 *so gut* ~ pour ainsi dire 3 *(fam) er hat nichts* ~ *Dummheiten im Kopf* il ne pense qu'à faire des sottises ◆ 1 ~ *er an der Tür*

vorbeiging tandis qu'/comme il passait devant la porte **2** *ich sah,* ♦ *der Baum umfiel* je vis l'arbre tomber
wieder 1 de/à nouveau; *immer ~* continuellement; *nie ~* plus jamais; *hin und ~* de temps en temps; *wegen nichts und ~ nichts* pour trois fois rien, pour des broutilles: *was ist denn jetzt schon ~?* qu'est-ce qu'il y a encore? **2** *alles ist ~ beim alten* tout est redevenu comme avant; *so schlimm ist es nun auch ~ nicht!* ce n'est (quand même) pas si grave que ça! **3** *(fam) wo war das (gleich) ~?* où c'était, déjà?
wieder=auf=bereiten *(déchets)* retraiter
Wiederaufleben *n ø* renouveau *m,* regain *m,* renaissance *f,* résurgence *f*
Wiederaufnahme *f -n (th)* reprise *f*; *~ verfahren n - (jur)* procès *m* en révision
wieder=auf=nehmen* *(th)* reprendre; *(jur)* réviser
wieder=bekommen* récupérer
wieder=beleben 1 *jn ~* ranimer qqn **2** *(fig)* relancer
wieder=erkennen* reconnaître *nicht wiederzuerkennen sein* être méconnaissable
wieder=erlangen récupérer
wieder=finden* retrouver ♦ *sich ~* **1** se retrouver **2** être retrouvé
Wiedergabe *f -n (texte)* compte rendu *m die wörtliche ~* l'intégralité *f* **2** *eine naturgetreue ~* une reproduction fidèle; *(mus)* interprétation *f*
wieder=geben* 1 *einen Vorgang ~* faire un compte rendu d'/rapporter un événement **2** *jm etw ~* rendre qch à qqn
Wiedergeburt *f -en (rel)* réincarnation *f; (fig)* renaissance *f,* renouveau *m*
wieder=gutmachen réparer; indemniser
wieder=herstellen 1 rétablir **2** *(fam) jn ~* remettre qqn d'aplomb
wieder=holen *sich* **(D)** *etw ~* aller (re)chercher/récupérer qch
wiederholen répéter, renouveler; *(ens)* redoubler; réviser ♦ *sich ~* se répéter; *(événement)* se reproduire, se répéter
wiederholt *~e Aufforderung* des injonctions répétées, maintes injonctions ♦ *jn ~ um etw bitten* demander à maintes reprises qch à qqn
Wiederholung *f -en* **1** répétition *f,* renouvellement *m; (mus)* reprise *f* **2** *(ens)* récapitulation *f;* redoublement *m*
Wiederkäuer *m -* ruminant *m*
wieder=kehren <sein> revenir
wieder=kommen* <sein> revenir
wieder=sehen* revoir
Wiedersehen *n -* retrouvailles *fpl; auf ~!* au revoir!
wiederum 1 de nouveau **2** *das würde ich ~ nicht sagen* par contre, je ne dirai pas cela; je n'irai pas jusque-là **3** *er ~ hat es von mir erfahren* à son tour, il l'a appris par mon intermédiaire
Wiedervereinigung *f -en* réunification *f*
Wiege *f -n* berceau *m*
wiegen* (sich) (se) peser
wiegen 1 *ein Kind ~* bercer un enfant **2** *den Kopf ~* dodeliner de la tête ♦ *sich in den Hüften ~* onduler des hanches, se déhancher, se dandiner
wiehern 1 *(cheval)* hennir **2** *(fig/fam) vor Lachen ~* pouffer de rire
Wiener *npl* knacks *fpl,* saucisses *fpl* de Francfort
wienern 1 astiquer, faire reluire **2** *(fam) jm eine ~* flanquer une baffe à qqn
Wiese *f -n* prairie *f*
Wiesel *n -* belette *f*
wieso pourquoi?, comment se fait-il que?, *(fam)* comment ça?
wieviel combien; *~ Uhr ist es?* quelle heure est-il? ♦ *~ besser wäre es, wenn* ce serait tellement mieux si/que
Wikingerschiff *n -e* drakkar *m*
wild 1 sauvage; *ein ~es Tier* un animal sauvage; un animal féroce; *(fig) ein ~es Kind* un enfant turbulent/terrible/complètement déchaîné; *~er Kampf* un combat acharné; *(fig) ~ werden* sortir de ses gonds, devenir fou de rage; *(cheval)* s'emballer **2** *(fig) ~e Ehe* union libre, concubinage **3** *(fam) auf jn/etw sein* être fou de qqn/qch; *halb so ~* ce n'est pas si grave que ça ♦ *~ wachsen* pousser à l'état sauvage; *~ um sich schlagen* taper à l'aveuglette
Wild *n ø* gibier *m*
Wilderer *m -* braconnier *m*
wildern braconner
wildfremd *(fig)* complètement inconnu
Wildleder *n ø* daim *m;* nubuc *m*
Wildwechsel *m -* passage *m* de gibier
Wille *m ø* volonté *f;* intention *f; aus freiem ~* de plein gré *m; seinen ~n durch=setzen* s'imposer
willen : *um js/einer Sache ~* pour qqn/qch
willenlos sans volonté, amorphe
willens : *~ sein, etw zu tun* être bien décidé à faire qch
Willenserklärung *f -en (jur)* déclaration *f* d'intention
Willenskraft *f ø* volonté *f,* force *f* de caractère, énergie *f*
willensstark énergique
willig docile, complaisant, de bonne composition, plein de bonne volonté ♦ de bon gré, de bonne grâce
willkommen bienvenu; *eine ~e Gele-*

Willkür

genheit une bonne occasion ◆ *jn ~ heißen* souhaiter la bienvenue à qqn
Willkür *f* ø arbitraire *m*
willkürlich arbitraire
wimmeln 1 grouiller, pulluler 2 *(fig) von Fehlern* ~ regorger de fautes
wimmern pleurnicher, gémir; *vor Schmerz* ~ geindre
Wimpel *m* - fanion *m*
Wimper *f* -n cil [sil] *m*; *(fig) ohne mit der ~ zu zucken* sans sourciller
Wind *m* -e vent *m*; *(fig) etw in den schlagen* faire fi de qch; *in den ~ reden* prêcher dans le désert; *(fam) jm den ~ aus den Segeln nehmen* couper l'herbe sous le pied de qqn
Windbeutel *m* - chou *m* à la crème
Winde *f* -n *(tech)* vérin *m*; treuil *m*
Windel *f* -n couche *f*
windeln : *einen Säugling* ~ langer un bébé, mettre une couche à un bébé
windelweich : *(fam) jn* ~ *schlagen* tabasser qqn, réduire qqn en purée
winden* 1 *Blumen zu einem Kranz* ~ tresser une couronne de fleurs 2 *sich* (D) *etw um den Kopf* ~ se nouer qch autour de la tête ◆ *sich* ~ 1 *(chemin)* serpenter, tourner; *(fleuve)* faire des méandres, serpenter 2 *(fig)* s'empêtrer ; chercher à se défiler
Windhose *f* -n tourbillon *m*, tornade *f*
Windhund *m* -e 1 lévrier *m* 2 *(fam)* type *m* pas fiable, charlot *m*/zozo *m*
windig venteux, -euse
Windpocken *pl* varicelle *f*
windschief bancal, pas droit, tout de travers
Windschutzscheibe *f* -n pare-brise *m*
windstill sans vent, calme
Windstoß *m* ¨-e bourrasque *f*, rafale *f*
Windung *f* -en sinuosité *f in* ~en en lacet *m*; *(fleuve)* méandre *m*; *(intestin)* circonvolution *f*
Wink *m* -e signe *m*
Winkel *m* - 1 *(math)* angle *m*; *(tech)* équerre *m*; *(mil)* chevron *m* 2 coin *m*, recoin *m* ; *im fernsten* ~ au fin fond
WinkeladvokatIn *m* -en -en *f* -nen *(fam)* avocat, -e véreux, -euse/marron
Winkeleisen *n* - équerre *f*; cornière *f*
wink(e)lig plein de coins et de recoins
Winkelmesser *m* - rapporteur *m*; goniomètre *m*
Winkelzüge *mpl* astuces *fpl*, stratagèmes *mpl*
winken : *jn zu sich* (D) ~ faire signe à qqn d'approcher ◆ *jm* ~ faire signe à qqn
winseln gémir; *(péj)* pleurnicher
Winter *m* - hiver *m*
winterlich : ~*e Temperaturen* des températures hivernales ; ~*e Kleidung* des vêtements d'hiver

Winterreifen *m* - pneu *m* neige
Winterschlaf *m* ø hibernation *f*; ~ *halten* hiberner
Winzer *m* - vigneron *m*, viticulteur *m*
winzig tout petit, minuscule
Wipfel *m* - cime *f*
Wippe *f* -n balançoire *f* (à bascule)
wippen rebondir, sauter
wir nous; ~ *sind's* c'est nous!; *(fam) das wollen ~ doch lieber lassen!* on laisse tomber?
Wirbel *m* - 1 tourbillon *m* *(fig) furchtbaren* ~ *machen* faire du bruit *m*/du remous *mpl* 2 *(cheveux)* épi *m* 3 *(méd)* vertèbre *f* 4 *(tambour)* roulement *m*
wirbellos invertébré
wirbeln faire tournoyer/tourbillonner ◆ <sein> tourbillonner, tournoyer
Wirbelsäule *f* -n colonne *f* vertébrale
Wirbelsturm *m* ¨-e tornade *f*, cyclone *m*
Wirbeltier *n* -e vertébré *m*
Wirbelwind *m* -e tourbillon *m* de vent; *(fig) wie ein* ~ en trombe *f*
wirken *(tissu)* tisser, fabriquer ◆ 1 *als Rechtsanwalt* ~ être avocat, exercer la profession d'avocat 2 *sympatisch* ~ avoir l'air sympathique, donner l'impression d'être sympathique 3 *Wunder* ~ faire merveille ◆ *auf jn* ~ avoir de l'effet/agir sur qqn
wirklich réel, -le, vrai; véritable ◆ vraiment; *nein,* ~? non, c'est pas vrai!
wirksam 1 ~*e Hilfe* une aide efficace 2 *mit dem 1. August* ~ *werden* prendre effet/entrer en vigueur le 1ᵉʳ août
Wirksamkeit *f* ø efficacité *f*; effet *m*
Wirkstoff *m* -e agent *m* actif
Wirkung *f* -en effet *m*
wirkungslos inefficace, sans effet
wirkungsvoll efficace; impressionnant
Wirkungsweise *f* principe *m* actif; mode d'action; mode *m* de fonctionnement
wirr 1 ~*es Haar* des cheveux emmêlés/ébouriffés/en broussaille 2 *ein* ~*er Traum* un rêve embrouillé/confus
Wirrwarr *n* ø tohu-bohu *m*; embrouillamini *m*; confusion *f*; désordre *m*
Wirsingkohl *m* ø chou *m* de Milan
Wirt *m* -e 1 patron *m*, restaurateur *m*, aubergiste *m*, hôtelier *m* 2 *(bio)* hôte *m*
Wirtschaft *f* ø 1 économie *f* 2 gestion *f*; *(fam) so eine* ~! quel bordel *m*! ◆ -en 1 petit restaurant *m*, café-restaurant *m*, *(fam)* bistrot *m* 2 exploitation *f* agricole 3 ménage *m*
wirtschaften gérer (son budget); *(fam > non fam)* s'affairer
WirtschaftlerIn *m f* économiste *m f*
wirtschaftlich économique; rentable
WirtschaftsprüferIn *m f* commissaire *m f* aux comptes; expert-comptable *m f*
Wirtschaftszweig *m* -e branche *f*

Wirtshaus n ¨er auberge f
Wisch m -e (fam) torchon m
wischen 1 *den Fußboden ~* passer la serpillière ; *den Staub von den Möbeln ~* épousseter les meubles 2 *den Schweiß von der Stirn ~* essuyer la sueur de son front 3 (fam) *jm eine ~* flanquer une baffe à qqn
Wischiwaschi n ø (fam/péj) baratin m
Wischtuch n ¨er chiffon m ; essuie-tout m ; serpillière f
Wisent m -e bison m
wispern chuchoter
wißbegierig avide de connaissances
wissen* savoir ; *ich weiß es nicht* je l'ignore, je ne le sais pas ; *woher weißt du das ?* d'où tiens-tu cela ? ◆ *soviel ich weiß* à ma connaissance ; *nicht daß ich wüßte* pas que je sache ◆ *über etw (A) Bescheid/von etw ~* être au courant de qch
Wissen m ø savoir m, connaissances fpl ; *ohne mein ~* à mon insu ; *nach bestem ~ und Gewissen* en toute bonne foi
Wissenschaft f -en science f
WissenschaftlerIn m f scientifique m f
wissenschaftlich scientifique
Wissenslücke f -n lacune f
wissenswert très intéressant
wissentlich voulu, intentionnel, -le ◆ sciemment, en connaissance de cause
wittern : *eine Spur ~* flairer une piste ; (fig) deviner, pressentir
Witterung f ø (fig) flair m ◆ **-en** 1 temps m, conditions fpl atmosphériques 2 (chasse) flair m
Witwe f -n veuve f
Witwer m - veuf m
Witz m -e histoire f drôle, calembour m, plaisanterie f ; (fam) *~e reißen* raconter des blagues fpl ◆ *ø ~ haben* avoir de l'esprit m, être spirituel, -le
Witzbold m -e (fam) blagueur m *welcher ~ war das ?* quel est le rigolo m qui a fait ça ?
witzeln : *über etw ~* se moquer de qch, faire des plaisanteries au sujet de qch
witzig amusante, drôle, spirituel, -le
witzlos 1 qui manque de sel, insipide ; (personne) qui n'a aucun humour 2 (fam) qui n'a ni queue ni tête
wo : *~ ist er ?* où est-il ? ; (fam) *~ gibt's denn das !* mais où se croit-il, celui-là ? ◆ **1** *bleib, ~ du bist !* reste (là) où tu es ! **2** *in dem Augenblick, ~* au moment où ◆ *~ es doch so spät ist* alors qu'il est si tard ◆ *ach ~ !* mais non ! ◆ *~ nicht* si ce n'est
woanders ailleurs
wobei : *~ ist das passiert ?* dans quelles circonstances cela s'est-il passé ? ◆ *~ sie vergaß* (tout) en oubliant
Woche f -n semaine f

Wochenende n -n week-end m ; *ein verlängertes ~ haben* faire le pont m
Wochentag m -e jour m ouvrable
wöchentlich hebdomadaire
wodurch : *~ ist das passiert ?* comment cela s'est-il produit ? ◆ *er streichelte sie, ~ sich beruhigte* il la caressa, ce qui la calma
wofür 1 à quelle fin ?, pourquoi ? ; à quoi bon ? ◆ *brauchst du das ?* tu as besoin de cela pour faire quoi ? 2 *~ hälst du mich ?* tu me prends pour qui ? ◆ pour lequel/laquelle/lesquelles
Woge f -n vague f ; (fig) *die ~n glätten* calmer les esprits
wogegen : *~ sollen wir kämpfen ?* contre quoi allons-nous combattre ? ◆ *sie ist klein ~ ihre Eltern sehr groß sind* elle est petite, alors que ses parents, eux, sont grands
woher : *~ ?* d'où ? ◆ (fam) *ach ~ !* mais non !
wohin : *~ gehst du ?* où vas-tu ? ◆ *du kannst gehen, ~ du willst* tu peux aller (là) où tu veux
wohingegen tandis/alors que
wohl 1 *mir ist nicht ~* je ne me sens pas bien ; *leb ~ !* adieu ! ; (fig) *~ oder übel* bon gré, mal gré 2 *sich einer Sache bewußt sein* être tout à fait conscient de qch ◆ *es waren ~ 100 Leute da* il y avait bien 100 personnes ; *er wird ~ kommen* il va sûrement venir ; *das mag ~ sein* c'est bien possible ; *das wird ~ so sein* c'est vraisemblablement ça ; *willst du ~ hören !* tu m'écoutes un peu ? tu vas écouter à la fin ! *man wird doch ~ fragen dürfen* on peut poser des questions, quand même !
Wohl n ø bien-être m ; *zum ~ !* à votre/ta santé !
wohlauf : *~ sein* être en bonne santé/ bien portant
wohlbehalten sans incident ; sain et sauf ; en bon état, intact
Wohlfahrtsstaat m ø État-providence
Wohlgefallen n ø (fam) *sich in ~ auf=lösen* s'arranger
wohlgemerkt notez bien ! ; que ce soit clair ! ; *~, ich habe es ihm gesagt* bien entendu je le lui ai dit
wohlgesinnt : *jm ~ sein* être bien disposé/intentionné à l'égard de qqn
wohlhabend aisé, fortuné
wohlig : *ein ~es Gefühl* un sentiment de bien-être ; *eine ~e Wärme* une douce chaleur
wohlmeinend bien intentionné
wohlschmeckend savoureux, -euse, délicieux, -euse
Wohlstand m ø aisance f ; niveau m de vie élevé

Wohltat

Wohltat *f* ø bienfait *m* ◆ **-en** gentillesse *f*, service *m*
WohltäterIn *m f* bienfaiteur *m*, -trice *f*
wohltemperiert à la bonne température ; *(vin rouge)* bien chambré
wohltuend qui fait du bien, agréable
wohlwollend bienveillant, amical ; favorable ◆ avec bienveillance
Wohnblock *m* **-s** immeuble *m*, bloc *m*
wohnen habiter, résider, vivre, loger : *zur Miete ~* être locataire
Wohnfläche *f* **-n** surface *f* habitable
Wohngebiet *n* **-e** zone *f* habitée ; quartier *m* résidentiel
Wohngeld *n* ø allocation-logement *f*
Wohngemeinschaft (WG) *f* **-en** communauté *f* d'habitation
wohnhaft : *~ sein* résider
Wohnheim *n* **-e** foyer *m*
Wohnlage *f* **-n** site *m* ; *in günstiger ~* bien situé
Wohnort *m* **-e** lieu *m* de résidence
Wohnraum *m* ø logements *mpl* ◆ **¨e** pièce *f* d'habitation
Wohnsilo *n* **-s** *(fam/péj)* cage *f* à lapins
Wohnsitz *m* **-e** domicile *m* *ständiger ~* résidence *f* principale
Wohnung *f* **-en** appartement *m*, logement *m* ; *eine ~ beziehen* emménager
Wohnungsamt *n* **¨er** office *m* du logement
Wohnungsmarkt *m* ø marché *m* immobilier
Wohnwagen *m* **-** caravane *f*
Wohnzimmer *n* **-** salon *m*
wölben voûter, cintrer ; donner un galbe (à) ◆ *sich ~* avoir un bombé, se gondoler ; *(archi)* former une voûte/un arc
Wolf *m* **¨e** **1** loup *m* **2** *(fam > non fam)* hachoir *m*
Wolke *f* **-n** nuage *m* ; *(fig) aus allen ~n fallen* tomber des nues *fpl*
Wolkenbruch *m* **¨e** pluie *f* diluvienne
Wolkenkratzer *m* **-** gratte-ciel *m*
wolkenlos : *~er Himmel* un ciel dégagé/sans nuages
wolkig nuageux, -euse
Wolle *f* ø **1** laine *f* ; *(fig/fam)* tignasse *f* *sich in die ~ kriegen* se crêper le chignon **2** *(animaux)* peau *m*, fourrure *f* ; duvet *m*
wollen* **1** vouloir, désirer *(fam) da ist nichts zu ~* rien à faire **2** *das will ich hoffen !* j'espère bien ! **3** *das will überlegt sein* cela demande/exige de la réflexion **4** *nichts gehört haben ~* prétendre ne rien avoir entendu
Wollust *f* **¨e** volupté *f*, jouissance *f*
womit 1 avec quoi ?, comment ? **2** *~ hast du gerechnet ?* à quoi t'attendais-tu ? ◆ **1** ce ; avec quoi, avec lequel/laquelle/lesquelles **2** *das ist etw, ~ ich nicht gerechnet habe* c'est quelque chose que je n'avais pas prévu
womöglich peut-être *er kommt ~ noch heute* il se peut/il est possible qu'il vienne encore aujourd'hui
wonach 1 d'après quoi **2** *~ riecht es hier ?* qu'est-ce que ça sent ? ◆ **1** d'après quoi, d'après lequel/laquelle/lesquelles **2** *sie lange gesucht hat* quelque chose qu'elle cherchait depuis longtemps
Wonne *f* **-n** ravissement *m*, merveille *f*
woran 1 à quoi ? ; de quoi ? ; où ? ◆ auquel, à laquelle, auxquels ; où ; dont
worauf 1 sur quoi, où ? **2** *~ wartest du ?* qu'attends-tu ? ◆ **1** sur lequel/laquelle/lesquels, sur quoi, où **2** que ◆ *die Tür geöffnet wurde* sur quoi la porte s'ouvrit
woraus à partir de quoi ? ; en quoi ? ◆ *das Buch, ~ sie vorlas* le livre dont elle faisait la lecture
worin 1 en quoi ? ; *~ besteht der Vorteil ?* où est l'intérêt ? ◆ **1** dans lequel/laquelle/lesquels, en quoi, en **2** *es gibt vieles, ~ sie sich unterscheiden* ils diffèrent en de nombreux points
Wort *n* **-e** parole *f* ; *(fig) das passende ~* le mot *m* juste ; *nicht zu ~ kommen* ne pas arriver à placer un mot ; *ein gutes ~ für jn ein-legen* intervenir/intercéder en faveur de qqn ; ◆ **¨er** mot *m*, terme *m ~ für ~* mot à/pour mot ◆ *~ sein ~ halten* tenir parole ; *(rel)* Verbe *m* ; *das ~ Gottes* la parole de Dieu
wortbrüchig : *~ sein* manquer à sa parole ; être parjure
Wörtchen *n* **-** : *(fam) noch ein ~ mit jm zu reden haben* avoir deux mots à dire à qqn
Wörterbuch *n* **¨er** dictionnaire *m*
Wortfetzen *mpl* bribes *fpl*
WortführerIn *m f* porte-parole *m*
wortgetreu littéral, fidèle
wortkarg *(personne)* taciturne, peu loquace ; *(réponse)* laconique
Wortklauberei *f* **-en** ergotage *m*
Wortlaut *m* ø texte *m*, libellé *m* ; teneur *f*, contenu *m*
wörtlich littéral, mot à mot ◆ *etw ~ nehmen* prendre qch au pied de la lettre
wortlos muet, -te
Wortschatz *m* ø vocabulaire *m* ; lexique *m*
Wortschwall *m* ø *(péj)* flot *m* de paroles
Wortwechsel *m* **-** altercation *f*
worüber 1 sur quoi ? ; au-dessus de quoi ? **2** *~ spricht er ?* de quoi parle-t-il ? ◆ **1** au-dessus duquel/de laquelle/desquels/de quoi **2** *das Thema, ~ wir reden* le sujet dont nous parlons
worum : *~ geht es ?* de quoi s'agit-il ? ◆ *alles, ~ er bat* tout ce qu'il demandait
worunter sous quoi ?, où ? ◆ **1** sous le-

quel/laquelle/lesquels 2 *etw,* ~ *ich mir nichts vor=stellen kann* qch qui ne me dit absolument rien

wovon de quoi ? ◆ **1** duquel, de laquelle, desquels, dont **2** *es gibt einiges,* ~ *ich nichts weiß* il y a pas mal de choses que j'ignore/dont je ne sais rien

wovor 1 devant quoi ?, où ? **2** ~. *hat er Angst ?* de quoi as-tu peur ? ◆ **1** devant lequel/laquelle/lesquelles **2** *das einzige,* ~ *er sich fürchtet* la seule chose qu'il craint/dont il a peur

wozu à quelle(s) fin(s) ? ; ~ *brauchst du das ?* tu as besoin de cela pour quoi faire ? ◆ *ein Thema,* ~ *ich etw sagen möchte* un sujet, sur lequel/à propos duquel j'ai des choses à dire

Wrack *n* -s épave *f* ; *(fig)* loque *f* humaine
wringen* essorer
Wucher *m* ø usure *f*, taux *m* usuraire, *(péj)* vol *m*

wuchern : *mit seinem Geld* ~ faire fructifier son argent ◆ <sein/haben> proliférer

Wucherpreis *f* -e *(péj)* prix *m* prohibitif
Wuchs *m* ø *in vollem* ~ en pleine croissance *f* ; *klein von* ~ *sein* être de petite taille *f* ◆ ¨e plantation *f*

Wucht *f* -ø **1** force *f mit voller* ~ de plein fouet, violemment ; à bras raccourcis **2** *(fam) eine* ~ *kriegen* prendre une raclée *f* **3** *(fam) eine* ~ *sein* être super

wuchtig : *ein* ~*er Sessel* un fauteuil imposant ; *ein* ~*er Schlag* un coup violent

Wühlarbeit *f* ø *(fam)* travail *m* de sape
wühlen creuser ◆ *in der Erde* ~ creuser la terre, remuer le sol, creuser des galeries ; *(fam)* trifouiller, farfouiller ◆ *sich in die Erde* ~ s'enfouir dans la terre

Wühlmaus *f* ¨e campagnol *m*
wulstig renflé, bombé ; ~*e Lippen* des lèvres épaisses/charnues

wund écorché, à vif
Wunde *f* -n blessure *f*, plaie *f*
Wunder *n* - miracle *m*, prodige *m* ; *(fig)* merveille *f* ; *(fam) sein blaues* ~ *erleben* avoir une drôle de surprise *f*

wunderbar merveilleux, -euse, fantastique ; miraculeux, -euse ◆ *(fam)* ~ *bequem (non fam)* sont extrêmement confortables

Wunderkind *n* -er enfant *m* prodige
wunderlich bizarre, singulier, -ière
wundern étonner, surprendre ◆ *sich über etw* **(A)** ~ s'étonner de qch, être surpris de qch ; *ich kann mich nicht genug* ~ je n'en reviens pas

wunderschön magnifique, splendide, merveilleux, -euse
wundervoll merveilleux, -euse, fantastique

wund=liegen* *sich* se faire des escarres

Wunsch *m* ¨e **1** souhait *m*, vœu *m auf* ~ sur demande *f* ; *es geht alles nach* ~ tout marche à souhait ; *haben Sie noch einen* ~ ? voulez-vous/désirez-vous encore qch ? **2** *pl (lettre) mit den besten Wünschen* meilleures salutations *fpl*

wünschen souhaiter, espérer ◆ *zu* ~ *übrig lassen* laisser à désirer
wünschenswert souhaitable
Würde *f* ø dignité *f* ; *(fam) unter aller* ~ en dessous de tout ◆ -n rang *m*, grade *m* ; *zu hohen* ~*n gelangen* parvenir aux plus hautes dignités/fonctions *fpl*

würdelos indigne ; sans dignité
Würdenträger *m* - dignitaire *m*
würdevoll solennel, -le ; grave ; majestueux, -euse

würdig 1 *ein* ~*er Nachfolger (fam)* un successeur à la hauteur ; *js Vertrauens* ~ *sein* être digne de/mériter la confiance de qqn **2** *ein* ~*er alter Herr* un vieux monsieur très digne/plein de dignité

würdigen 1 *jn* ~ apprécier qqn, avoir de la considération pour qqn ; rendre hommage à qqn ; *js Verdienste* ~ reconnaître les mérites de qqn **2** *jn keines Blickes* ~ ne pas gratifier qqn d'un seul regard

Wurf *m* ¨e **1** jet *m*, lancer *m* ; *(fig/fam) die Platte ist ein ganz großer* ~ le disque marche bien **2** *(animaux)* portée *f*

Würfel *m* - **1** cube *m* **2** *(sucre)* morceau *m* **3** *(jeu/cuis)* dé *m*
würfeln *(cuis)* couper en dés
würgen : *jn* ~ serrer le cou de/étrangler qqn ◆ *an einem Stück Brot* ~ avoir du mal à avaler un morceau de pain

Wurm *m* ¨er ver [ver] *m* ; *(fam) da ist der* ~ *drin* il y a quelque chose qui cloche
wurmig véreux, -euse
Wurst *f* ¨e saucisse *f* ; saucisson *m* ; *(fam) das ist mir* ~ *!* je m'en fiche/fous ! ; *sich* **(D)** *nicht die* ~ *vom Brot nehmen lassen* ne pas se laisser faire/avoir ◆ ø charcuterie *f*

Würstchen *n* - **1** chipolata *f* ; saucisse *f* **2** *(péj) ein armes* ~ un pauvre type *m*
Wurstwaren *fpl* charcuterie *f*
Würze *f* -n condiment *m*, bouillon *m* cube ; *(vin)* bouquet *m* ; *(bière)* moût *m* ; *(fig)* sel *m*, piquant *m*

Wurzel *f* -n **1** racine *f* ; *(fig)* source *f*, origine *f* ; *(fam)* ~ *n schlagen* s'incruster, s'éterniser **2** *(math)* racine

wurzeln : *in etw* **(D)** ~ être enraciné dans qch ; prendre sa source dans qch
würzen *(cuis)* assaisonner ; épicer ; *(fig)* pimenter

Wust *m* ø fouillis *m*, méli-mélo *m* ; *(fig)* ramassis *m*
wüst en désordre ~*e Unordnung* un

Wüste

caparnaüm ; *(péj) eine ~e Schlägerei* une terrible bagarre ♦ *jn ~ beschimpfen* sortir à qqn les pires insanités
Wüste *f* **-n** désert *m* ; *(fig) zu einer ~ machen* dévaster
Wüstling *m* **-e** *(péj)* noceur *m*, débauché *m*
Wut *f* ø rage *f*, fureur *f*, colère *f* ; *(fam) vor ~ platzen* exploser

wüten tempêter, fulminer ; *(fig) der Sturm wütet* la tempête fait rage
wütend 1 *~er Haß* une haine féroce 2 *eine ~e Stimme* une voix courroucée ♦ *~ sein* être furieux, -euse ; *~ werden* se mettre en colère ; devenir fou/folle de rage
wutentbrannt furieux, -euse, fou/folle de rage

X

X *n* - : *(fam) jm ein X für ein U vor=machen* faire prendre à qqn des vessies pour des lanternes
x-Achse *f* **-n** abcisse *f*
Xanthippe *f* **-n** mégère *f*
X-Beine *pl* genoux *mpl* cagneux

x-beinig qui a des genoux cagneux
x-beliebig *(fam > non fam)* quelconque ; *jeder ~e* n'importe quel quidam
x-mal *(fam)* je ne sais combien de fois
x-tenmal : *zum ~* pour la énième fois

Y

y-Achse *f* **-n** axe *m* des ordonnées ; ordonnée *f*

Yoga *n/m* ø yoga *m*

Z

Zack : *(fam) jn auf ~ bringen* mettre qqn au pas
Zacke *f* **-n** / **Zacken** *m* **-** pointe *f* ; pic *m* ; dent *f* ; *(étoile)* branche *f* ; *(peigne)* dent ; *(fam) sich* **(D)** *keinen ~ aus der Krone brechen (non fam)* ne pas déchoir ; *einen ~ weg=haben* avoir une cuite
zackig découpé, dentelé ; *(fam > non fam)* d'allure martiale
zaghaft timide, craintif, -ive, hésitant
zäh 1 *(liquide)* visqueux ; *(viande)* coriace ; *(personne)* résistant ; coriace ; *(résistance)* opiniâtre, obstinée
zähflüssig visqueux, -euse, gluant, épais -se ; *(fig) ~er Verkehr* des ralentissements *mpl*
Zahl *f* ø nombre *m* ; *in großer ~* en grand nombre ♦ **-en** chiffre *m*, numéro *m* ; *eine gerade ~* un chiffre pair ; *(éco) in den roten ~en sein* être dans le rouge
zahlbar payable
zählebig résistant ; vivace ; *(fig) ein ~es Vorurteil* un préjugé qui a la vie dure
zahlen payer, régler ♦ *bar ~* payer comptant

zählen 1 compter 2 *5 000 Einwohner ~* compter/avoir 5 000 habitants ♦ 1 *er zählt zu den berühmtesten Schriftstellern* il compte parmi les/il fait partie des écrivains les plus célèbres 2 *(fig) auf jn/etw ~* compter sur qqn/qch 3 *(fig/fam) nicht bis drei ~ können* ne pas avoir inventer la poudre/le fil à couper le beurre
Zähler *m* - 1 *(tech)* compteur *m* 2 *(math)* numérateur *m* 3 *(sp)* point *m*
Zahlkarte *f* **-n** mandat *m*
zahllos innombrable
zahlreich nombreux, -euse ♦ en grand nombre
Zahltag *m* **-e** jour *m* de la paye [péj] ; échéance *f*
Zahlung *f* **-en** paiement *m*, règlement *m* ; *(comm) etw in ~ nehmen* faire une reprise
Zählung *f* **-en** recensement *m*, comptage *m*
Zahlungsanweisung *f* **-en** ordre *m* de paiement
Zahlungsaufforderung *f* **-en** rappel *m*

Zahlungsbefehl *m* -e mise *f* en demeure

zahlungsfähig solvable

zahlungskräftig *(fam)* qui a les reins solides

Zahlungsmittel *n* - moyen *m* de paiement ; *ausländische ~* devises *fpl*

Zahlungsverkehr *m* ø transactions *fpl* financières

Zählwerk *n* -e compteur *m* ; minuterie *f*

Zahlwort *n* -e ajectif *m* numéral

zahm apprivoisé ; doux / douce

zähmen *(animal)* apprivoiser : domestiquer ; *(fig) seine Neugier ~* réfréner sa curiosité

Zahn *m* ¨e dent *f* ; *(fig) der ~ der Zeit* les outrages *mpl* du temps ; *(fam) jm auf den ~ fühlen* sonder qqn. essayer de savoir ce que qqn a dans le ventre **2** *(tech / timbre)* dent *f* **3** *(fam) einen ~ drauf=haben* foncer ; *einen ~ zu=legen* carburer **4** *(fam) ein steiler ~* une belle nana

Zahnarzt *m* ¨e dentiste *m f*

Zahnersatz *m* ø prothèse *f* dentaire

Zahnfleisch *n* ø gencive *f* ; *(fam) auf dem ~ kriechen* se traîner ; être sur les rotules

zahnlos édenté

Zahnlücke *f* -n trou *m*

Zahnpast.a *f* .en dentifrice *m*

Zahnpflege *f* ø hygiène *f* dentaire

Zahnrad *n* ¨er roue *f* dentée ; pignon *m*

Zahnschmelz *m* ø émail *m*

Zahnstein *m* ø tartre *m*

ZahntechnikerIn *m f* prothésiste *m f*

Zander *m* - sandre *m*

Zange *f* -n pince *f* : tenailles *fpl* ; *(méd)* forceps [-sɛ ps] *m*(pl) ; *(crabe)* pinces ; *(fam) jn in die ~ nehmen* *(non fam)* contraindre qqn à faire qch

Zank *m* ø disputes *fpl*. querelles *fpl*

zanken (sich) se disputer. se chamailler

zänkisch acariâtre, hargneux, -euse : querelleur, -euse

Zäpfchen *n* - **1** suppositoire *m* **2** luette *f*

zapfen tirer

Zapfen *m* - **1** *(arbre)* pomme *f* de pin **2** *(tech)* cheville *f* ; tenon *m* : tourillon *m* : *(tonneau)* bondon *m*

Zapfenstreich *m* ø *(fig)* l'extinction *f* des feux ◆ -e *(mil)* couvre-feu *m*

Zapfsäule *f* -n pompe *f* (à essence)

zapp(e)lig *(fam)* remuant, qui n'arrête pas de gigoter

zappeln : *(fig) jn ~ lassen (fam)* laisser mariner qqn ◆ gigoter ; *der Fisch zappelt im Netz* le poisson se débat dans le filet ; *(fig) vor Ungeduld ~* frétiller d'impatience

zaristisch tsariste

zart délicat, fragile ; *(fig)* doux, -ce *ein ~es Kind* un enfant très sensible ; un enfant fragile / de santé délicate ; un enfant fluet ; *im ~en Alter* à l'âge tendre ; *(viande)* tendre **3** *(fig) ein ~er Versuch* une tentative discrète

zartbesaitet *(fam > non fam)* sensible ; susceptible

zartbitter : *~e Schokolade* du chocolat noir

zartfühlend délicat

zärtlich tendre, affectueux, -euse

Zärtlichkeit *f* ø tendresse *f* ◆ -en *pl* gestes *mpl* de tendresse, caresses *fpl*

Zaster *m* ø *(fam)* oseille *f*, blé *m*, fric *m*

Zäsur *f* -en coupe *f* ; *(mus)* césure *f*

Zauber *m* ø **1** magie *f* ; sortilège *m* ; sort *m* ; *(fam) fauler ~* du vent, de l'arnaque *f* **2** *der ~ einer Landschaft* le charme d'un paysage

Zauberei *f* ø magie *f*, sorcellerie *f* ◆ -en tour *m* de magie / prestidigitation

Zauberer *m* - **1** magicien *m* **2** prestidigitateur *m*

zauberhaft merveilleux, -euse

ZauberkünstlerIn *m f* prestidigitateur, -trice, illusionniste *m f*

zaubern jeter des sorts. faire de la magie ; faire des tours de magie / de prestidigitation ; *(fam) ich kann doch nicht ~ !* je ne peux pas faire cela d'un coup de baguette magique !

zaudern hésiter ; tarder

Zaum *m* ¨e *(cheval)* bride *f* ; mors *m* ; *(fig) seine Zunge im ~ halten* tenir sa langue

Zaun *m* ¨e clôture *f* ; palissade *f* ; *(fig) einen Streit vom ~ brechen* *(non fig)* chercher querelle

Zausel *m* - : *(fam / péj) ein alter ~* un vieux schnock *m*

Zebra *n* -s zèbre *m*

Zebrastreifen *m* - passage *m* protégé

Zeche *f* -n **1** addition *f*. note *f* ; *(fam) die ~ (be)zahlen* payer les pots cassés **2** *(mine)* puits *m*, mine *f*

Zechprellerei *f* grivèlerie *f*

Zecke *f* -n tique *f*

Zeder *f* -n cèdre *m*

Zehe *f* -n **1** doigt *m* de pied. orteil *m* ; *(fam) jm auf die ~n treten (non fig)* froisser / vexer qqn **2** *(cuis)* gousse *f* (d'ail)

Zehenspitze *f* -n pointe *f* des pieds

zehn dix [dis]

Zehnkampf *m* ø décathlon *m*

zehren : *(fig) von einer schönen Erinnerung ~* avoir du plaisir à revivre / se remémorer un bon souvenir

Zeichen *n* - **1** signe *m* ; *das ~ zum Aufbruch* le signal du départ **2** marque *f* ; *(comm) Ihre ~* vos références *fpl* ; *(fig) ein ~ setzen* servir de révélateur à qch **3** *das ist kein gutes ~* c'est mauvais si-

Zeichenblock

gne, c'est de mauvais augure; *(fig) die ~ der Zeit* un signe des temps, une caractéristique *f* de l'époque **4** *(astro)* signe
Zeichenblock *m* ¨e bloc *m* à dessin
Zeichenerklärung *f* -en légende *f*
Zeichenkohle *f* -n fusain *m*
Zeichensetzung *f* ø ponctuation *f*
Zeichentrickfilm *m* -e dessin *m* animé
zeichnen 1 dessiner **2** *die Wäsche ~* marquer le linge **3** *(comm) einen Brief ~* signer une lettre ◆ *für etw verantwortlich ~* être responsable de qch ◆ *(fig) vom Tod gezeichnet* marqué par la mort
ZeichnerIn *m f* dessinateur, -trice
Zeichnung *f* -en dessin *m*; croquis *m*; esquisse *f*; *(fig) die ~ der Figuren* la manière de camper des personnages
zeichnungsberechtigt : *~ sein* avoir la signature / une délégation de signature; (banque) avoir une procuration
Zeigefinger *m* - index *m*
zeigen 1 *Mut ~* montrer / manifester du courage, faire montre / témoigner de beaucoup de courage **2** *den Ausweis ~* montrer / présenter sa carte d'identité **3** *den Weg ~* indiquer / montrer le chemin ◆ **1** *auf jn ~* indiquer / désigner / montrer qqn du doigt **2** *nach Norden ~* indiquer le Nord ◆ *sich ~* apparaître; *es zeigt sich, daß* il apparaît que, il se trouve que
Zeiger *m* - aiguille *f*
Zeile *f* -n **1** ligne *f* **2** rangée *f*, rang *m*
Zeisig *m* -e tarin *m*
zeit : *~ seines Lebens* sa vie durant, toute sa vie
Zeit *f* ø temps *m mit der ~ / im Laufe der ~* avec le temps, petit à petit, à la longue ◆ **-en 1** moment *m* ; heure *f um diese ~* à cette heure-là ; *zu jeder ~* à n'importe quel moment ; *vor der ~* en avance, trop tôt, prématurément ; *zur ~* pour l'instant / le moment ; *(fig) es wird ~* il est temps ; *(fam) welche ~ haben wir?* à quelle heure ? **2** période *f*, époque *f* ; *auf ~* à terme ; temporaire, à durée *f* déterminée ; *in jüngster ~* récemment ; *(fam) ach du liebe ~ !* mon Dieu ! *da bin ich die längste ~ gewesen* je ne vais pas faire de vieux os ici ; *(sp) ~ nehmen* chronométrer
Zeitalter *n* - époque *f*, ère *f*, siècle *m*
Zeitansage *f* -n *(tél)* horloge *f* parlante
zeitaufwendig qui demande beaucoup de temps
zeitbedingt lié aux circonstances, conjoncturel, -le
Zeitbombe *f* -n bombe *f* à retardement
Zeitdruck *m* ø : *unter ~ stehen* être pressé par le temps, *(fam)* être à la bourre
Zeitfahren *n* - course *f* contre la montre
zeitgemäß actuel, -le
Zeitgenosse *m* -n contemporain *m*

zeitgenössisch contemporain
Zeitgeschehen *n* ø actualité(s) *f*(pl)
zeitgleich simultané, concomitant ; *(sport)* ex-æquo
zeitig : *~er Winter* un hiver précoce ◆ tôt, de bonne heure
Zeitkarte *f* -n (carte *f* d')abonnement *m*
Zeitlauf *m* ¨e temps *mpl*
zeitlebens ma / ta / sa... vie durant
zeitlich 1 de temps ; chronologique **2** *(rel) das Zeitliche segnen* rendre son âme à Dieu
zeitlos intemporel, -le
Zeitmesser *m* - chronomètre *m*
zeitnah actuel, -le
Zeitpunkt *m* -e moment *m*
Zeitraffer *m* ø : *(cin) im ~* en accéléré
Zeitraum *m* ¨e laps [laps] *m* de temps, période *f*
Zeitrechnung *f* ø chronologie ; *vor unserer ~ (v. u. Z.)* avant notre ère *f* / avant Jésus-Christ (av. J.-C.)
Zeitschrift *f* -en revue *f*, périodique *m*
Zeitung *f* -en journal *m*
Zeitunterschied *m* -e décalage *m* horaire
zeitversetzt en différé
Zeitvertreib *m* -e passe-temps *m* ; *zum ~* pour passer le temps
zeitweilig passager, -ère, momentané, provisoire, temporaire ◆ **1** momentanément **2** de temps en temps, par moments
zeitweise : ◆ *~e Unterbrechung* une interruption momentanée ◆ de temps en temps ; momentanément
Zeitwort *n* ¨er verbe *m*
Zeitzeichen *n* - top [tɔp] *m*
Zeitzone *f* -n fuseau *m* horaire
Zeitzünder *m* - détonateur *m* (à retardement)
Zelle *f* -n **1** cellule *f* ; *(fam > non fam)* cabine *f* téléphonique **2** *(bio)* cellule ; *(fam) die kleinen grauen ~n* la matière grise **3** *(élec)* élément *m* **4** *(pol)* groupe *m*, cellule **5** *(ruche)* alvéole *m*
Zellstoff *m* ø cellulose *f*
Zelt *n* -e tente *f*; *(fam) seine ~e ab=brechen* plier bagage, lever le camp
zelten camper
Zeltplatz *m* ¨e terrain *m* de camping
Zement *m* -e ciment *m*
zensieren 1 *(ens)* noter, donner une note **2** censurer
Zensur *f* ø censure *f* ◆ **-en** *(ens)* note *f*, mention *f*
Zentimeter (cm) *m/n* - centimètre *m*
Zentimetermaß *n* -e mètre-ruban *m*
Zentner *m* - demi-quintal *m*, 50 kilos *mpl*
zentral 1 central **2** centralisé
Zentrale *f* -n centrale *f*; *(tél)* central *m*

Zentralheizung (ZH) *f* **-en** chauffage central
zentralistisch centraliste
zentrieren centrer
zentrifugal centrifuge
Zentr.um *n* **.en** centre *m*
Zeppelin *m* **-e** dirigeable *m*
Zepter *n/m* - sceptre *m*; *(fam) das ~ schwingen* tenir les rênes
zerbrechen casser, briser ◆ *(fig)* se désagréger
zerbrechlich fragile; *(fig)* frêle
zerdeppern *(fam > non fam)* casser (en mille morceaux)
zerdrücken écraser; *(tissu)* froisser
Zeremonie *f* **-n** cérémonie *f*; *eine ~ um etw machen* faire tout un cérémonial *m*
Zerfall *m* ◆ ø déclin *m* ◆ ¨e *(phys)* désintégration *f*
zerfallen* <sein> 1 tomber en ruine, se délabrer 2 *(phys)* se désintégrer ◆ 1 *in mehrere Teile ~* être divisé en plusieurs parties 2 *zu Staub ~* tomber en poussière; *(fig) in nichts ~* être réduit à néant
zerfetzen 1 déchirer 2 *ein Bein ~* déchiqueter une jambe ◆ *(fam) sich vor Lachen ~* se tordre de rire
zerfleischen : *jn/etw ~* déchiqueter/lacérer qqn/qch ◆ *(fig) sich vor Selbstvorwürfen ~* être rongé de remords
zerfressen* *(rouille)* ronger, manger; *(acide)* corroder; *(fig)* ronger
zergehen* <sein> : *(cuis) ~ lassen* faire fondre
zerhacken couper en morceaux; hacher
zerkauen mâcher
zerknautschen : *(fam) sich (D) den Rock ~* *(non fam)* froisser sa jupe
zerklüftet fissuré, crevassé
zerknirscht repentant, contrit
zerknüllen froisser
zerkratzen 1 rayer 2 griffer, égratigner
zerlassen* *(cuis)* faire fondre
zerlegbar démontable
zerlegen 1 démonter 2 *(cuis)* découper, dépecer 3 *(gram)* décomposer
zerlumpt : *~e Kleider* des vêtements en loques, des haillons; *~e Kinder* des enfants dépenaillés/en haillons
zermanschen *(fam)* réduire en bouillie, écrabouiller
zermartern sich se mettre martel en tête
zermürbend usant, éprouvant
zerpflücken 1 *eine Blume ~* effeuiller une fleur 2 *(cuis)* nettoyer, éplucher 3 *(fig) einen Artikel ~* décortiquer un article
zerplatzen <sein> 1 crever, éclater 2 *(fig) vor Wut ~* être fou de rage
zerquetschen écraser
zerreden : *(fig) ein Thema ~* abreuver qqn de commentaires à propos d'un sujet

zerreiben* écraser, broyer, pulvériser etw
zerreißen* 1 *Papier ~* déchirer du papier; *seine Beute ~* dépecer sa proie 2 *alle Hosen ~* user tous ses pantalons ◆ <sein> casser, se rompre; se déchirer; *(fig) die Stimmung war zum Zerreißen gespannt* l'ambiance était explosive ◆ *(fam) er hat sich fast zerrissen* il s'est mis en quatre; *es hat mich fast zerrissen* j'étais mort de rire ◆ *(fig) ein zerrissenes Land* un pays déchiré
Zerreißprobe *f* **-n** *(tech)* test *m* de résistance; *(fig)* mise *f* à l'épreuve
zerren 1 tirer; *(fig) jn vor Gericht ~* traîner qqn devant les tribunaux 2 *(méd) sich (D) einen Muskel ~* se faire une élongation
zerrinnen* <sein> s'écouler; *(neige)* fondre; *(fig)* s'enfuir, s'envoler
Zerrung *f* **-en** *(méd)* élongation *f*; distention *f* de ligament
zerrüttet ébranlé *~e Nerven* des nerfs malades
zerschellen <sein> *(an/auf D)* s'écraser (sur); se briser/fracasser (sur)
zerschlagen* : *etw ~* casser qch ◆ *(fig) die Sache hat sich ~* l'affaire n'a pas abouti/*(fam)* est tombée à l'eau
zerschlagen : *(fig) sich (D) wie ~ vorkommen* se sentir épuisé
zerschmettern déchiqueter, briser en mille morceaux; *(fig)* écraser
zerschneiden* couper
zersetzen désagréger; décomposer; dissoudre; *(fig)* saper, entamer, détruire ◆ *sich ~* se décomposer, se désagréger, se dissoudre
zersplittern : *Holz ~* fendre du bois; *(fig) seine Kräfte ~* éparpiller ses forces; *seine Zeit ~* se disperser ◆ <sein> *(verre)* voler en éclat; *(méd)* se casser en plusieurs morceaux; *(fig)* se morceler, éclater
zerspringen* <sein> *(verre)* se casser en mille morceaux; *(fig) mein Kopf zerspringt* ma tête va exploser
zerstören détruire; démolir; *(fig)* ruiner
Zerstörung *f* **-en** destruction *f*
zerstreiten* sich avoir une vive altercation
zerstreuen éparpiller, disséminer; *(fig) Zweifel ~* dissiper des doutes ◆ 1 *die Menge zerstreut sich* la foule se disperse 2 *(fig) sich mit/durch etw ~* se distraire en faisant qch
zerstreut *(fig)* distrait
Zerstreuung *f* ø éparpillement *m*, dispersion *f*, dissémination *f*; dissipation *f*; distraction *f* ◆ **-en** distraction *f*, divertissement *m*
zerstückeln *(terrain)* morceler, démembrer, diviser en parcelles
zertreten* piétiner, écraser

zertrümmern

zertrümmern démolir, casser ; *(phys)* désintégrer
Zerwürfnis *n* -se discorde *f*, brouille *f*
zetern *(péj)* vociférer, hurler, brailler
Zettel *m* - bout *m*/morceau *m* de papier ; affichette *f*
Zeug *n* ø *(fam)* **1** *räum dein ~ weg!* *(non fam)* range tes affaires ! *(péj) was ist denn das für ein ~?* qu'est-ce que c'est que ce truc ? **2** *dummes ~ reden* raconter des conneries *fpl* **3** *sich für jn/etw ins ~ legen* se mettre en quatre pour qqn/qch
Zeuge *m* -n témoin *m*
zeugen concevoir ; engendrer ; *Kinder ~* procréer, avoir des enfants ◆ *für/gegen jn ~* témoigner pour/contre qqn
Zeugnis *n* -se **1** *(ens)* bulletin *m* ; *(admi)* certificat *m*, attestation *f* **2** *von etw ~ ablegen* témoigner de qch ; *(jur)* témoignage *m*
Zeugung *f* -en conception *f* ; procréation *f*
zeugungsunfähig stérile
Zicke *f* -n **1** *(animal)* chèvre *f* ; *(fam) eine eingebildete ~* une bêcheuse *f* **2** *pl (fam) ~n machen* faire des histoires *fpl*
zickig *(fam/péj > non fam)* pimbêche ; capricieuse
Zickzack *m* -e zigzag *m* ; *im ~ laufen/fahren* zigzaguer
Ziege *f* -n chèvre *f*
Ziegenpeter *m* - *(fam > non fam)* oreillons *mpl*
Ziegel *m* - brique *f* ; tuile *f*
ziehen* **1** tirer ; *jn ins Auto ~* tirer/traîner qqn dans la voiture ; *(dent)* extraire, arracher ; *(arme)* dégainer ; *(fig/fam) etw ins Lächerliche ~* tourner qch en ridicule ; *etw in Betracht ~* prendre qch en considération ; *Blicke auf sich ~* attirer les regards **2** *(math) eine Wurzel ~* extraire une racine ; *eine Senkrechte ~* tracer une diagonale ; *(fig) einen Vergleich ~* faire/établir une comparaison ; *den kürzeren ~* avoir le dessous **3** *eine Silbe ~* traîner sur/allonger une syllabe **4** *einen Graben ~* creuser un fossé **5** *Rosen ~* cultiver des roses ◆ **1** *der Ofen zieht* le poêle tire bien, il y a du tirage **2** *(thé/tisane)* infuser **3** *(fam) das zieht nicht* ça ne marche pas ◆ <sein> **1** *in die Stadt ~* aller s'installer en ville ; *(oiseaux) nach Süden ~* migrer vers le Sud **2** *in den Krieg ~* partir à la guerre **3** *durch das Land ~* parcourir le pays ◆ **1** *das Holz zieht sich* le bois travaille/gauchit **2** *der Ort zieht sich bis zum Wald* le village s'étend jusqu'à la forêt ; *(fig/fam) der Film zieht sich* le film a des longueurs **3** *sich aus der Affaire ~* se tirer d'affaire ◆ **1** *es zieht* il y a un courant d'air **2** *es zieht ihn nach Süden* il est attiré par le Sud

Ziehharmonik(.)a *f* -s/.en accordéon *m*
Ziehung *f* -en *(loto)* tirage *m*
Ziel *n* -e **1** destination *f* ; *am ~ sein* être arrivé à destination/à bon port ; *(sport)* ligne *f* d'arrivée *f* **2** cible *f* ; *(fig) über das ~ hinaus=schießen* dépasser les bornes *fpl* ; *(fig)* but [byt] *m*, objectif *m das ~ zu hoch stecken* viser trop haut
zielbewußt résolu, déterminé, qui sait ce qu'il veut
zielen *(auf A)* viser (à), avoir pour objectif ◆ *ein gezielter Vorwurf* un reproche bien ciblé
Zielfernrohr *n* -e lunette *f* (de visée)
zielgerichtet : *ein ~er Angriff* une attaque directe ◆ *~ auf jn zu=gehen* se diriger résolument vers qqn
Zielscheibe *f* -n cible *f*
Zielsetzung *f* -en (définition *f* d') objectif *m*
zielsicher : *ein ~er Schütze* un bon tireur ; *(fig)* résolu
ziemlich : ◆ *(fam) eine ~e Frechheit* une belle insolence ; *mit ~er Lautstärke (non fam)* relativement fort ◆ **1** *es ist ~ kalt* il fait plutôt/assez froid **2** *(fam) er ist ~ in meinem Alter (non fam)* il a à peu près de mon âge ; *ich bin ~ fertig !* je n'en peux plus !
Zierde *f* -n ornement *m*, décoration *f* ; *zur ~* pour décorer
zieren <sein> *(péj)* faire des manières, minauder
Zierleiste *f* -n **1** baguette *f*, moulure *f* **2** *(typo)* vignette *f*
zierlich gracieux, -euse ; mignon, -ne
Ziffer *f* -n **1** chiffre *m* **2** alinéa *m*
Zifferblatt *n* ¨er cadran *m*
Zigarette *f* -n cigarette *f*
Zigarettenstummel *m* - mégot *m*
Zigarre *f* -n cigare *m* ; *(fam) jm eine ~ verpassen* passer un savon à qqn
Zigeuner *m* - gitan *m* ; tzigane *m* ; *(fam) wie ein ~ leben (péj)* vivre comme un romanichel
Zikade *f* -n cigale *f*
Zimmer *n* - **1** pièce *f* ; chambre *f* **2** *ein neues ~* de nouveaux meubles *mpl*
Zimmermädchen *n* - femme *f* de chambre
Zimmer.mann *m* .leute charpentier *m*
zimmern **1** *eine Bank ~* faire/fabriquer un banc **2** *an etw (D) ~* faire/construire qch
Zimmertemperatur *f* -en température *f* ambiante *den Wein auf ~ bringen* (faire) chambrer du vin
zimperlich *(péj)* **1** *ein ~es Kind* un enfant douillet **2** prude, *(fam)* bégueule, gnangnan ; *~es Getue* des simagrées *fpl*
Zimt *m* -e cannelle *f*

Zink *n* ø zinc *m*
Zinken *m* - *(fam)* pif *m*
zinken : *Karten* ~ biseauter/truquer des cartes
Zinn *n* ø **1** *(chim)* étain *m* **2** ~ *sammeln* collectionner les étains
Zinne *f* -n *(hist)* créneau *m*
Zinnober *m* - cinabre *m* ◆ ø *(fam) schmeiß den ganzen ~ weg !* jette toutes ces saloperies *fpl* ! ; *rede nicht so einen ~ !* ne raconte pas de sottises ! *fpl*
zinnoberrot vermillon
Zinsen *pl* intérêts *m*
Zinssatz *m* ¨e taux *m* d'intérêt
Zionismus *m* ø sionisme *m*
Zipfel *m* - coin *m*, pointe *f*, bout *m* ; *(chemise)* pan *m* ; *(saucisse)* bout, entame *f* ; *(fig) im äußersten* ~ au fin fond
zirka (ca.) à peu près
Zirkel *m* - **1** compas *m* **2** cercle *m*, milieu *m*
zirkeln *(fam)* bien calculer son coup, bien viser
zirkulieren <sein> circuler
Zirkus *m* ø/-**se** cirque *m*
Zirkuszelt *n* -e chapiteau *m*
zirpen *(grillon)* chanter
zischeln : *hinter js Rücken* ~ *(fam)* casser du sucre sur le dos de qqn
zischen : *(fam) ein Bier* ~ s'enfiler une bière ◆ *(vapeur)* chuinter ; *(serpent)* siffler
Zischlaut *m* -e chuintante *f*
ziselieren ciseler
Zitat *n* -e citation *f*
zitieren **1** *ein Gesetz* ~ se référer à la loi ; *jn* ~ citer qqn **2** *jn zu sich* ~ convoquer qqn ; *jn vor Gericht* ~ assigner qqn à comparaître devant le tribunal
Zitronat *n* -e zeste *m* confit (de citron)
Zitrone *f* -n citron *m*
zitt(e)rig tremblotant
zittern trembler ; trembloter ; *(vitre)* vibrer ; *vor Kälte* ~ grelotter
Zitterrochen *m* - torpille *f*
Zitze *f* -n mamelle *f*, tétine *f*
zivil **1** civil **2** ~*e Preise* des prix corrects
Zivilcourage [-kuʀaʒə] *f* ø courage *m* civique
Zivildienst *m* ø service *m* civil
Zivilisation *f* -en civilisation *f*
Zivilist *m* -en -en civil *m*
zivilrechtlich de droit civil *eine* ~*e Klage an=strengen* se porter partie civile
Zobel *m* - zibeline *f*
zocken *(fam > non fam)* jouer à des jeux de hasard
Zofe *f* -n femme *f* de chambre ; gouvernante *f*
Zoff *m* ø : *(fam) es gibt* ~ ! ça barde !, ça chauffe !
zögern **1** hésiter **2** (mit) faire tarder, différer

Zögern *n* ø : *nach einigem* ~ après quelques hésitations *fpl*
Zölibat *n*/*m* ø *(rel)* célibat *m*
Zoll *m* ø douane *f* ◆ ¨e droit *m* de douane, taxe *f* douanière
Zollbeamte/r douanier *m*
Zollfahndung *f* -en contrôle *m* douanier
zollfrei exempt de taxes douanières, en franchise douanière
Zollstock *m* ¨e mètre *m* pliant
Zone *f* -n zone *f*, régions *fpl* ; *(tél)* zone de tarification
zoologisch zoologique [zoo-]
Zopf *m* ¨e tresse *f*, natte *f* ; *(fam) ein alter* ~ un truc qui date de Mathusalem
Zorn *m* ø colère *f* ; courroux *m* ; *in* ~ *geraten* se mettre en colère ; *sich in* ~ *reden* s'emporter
zornig en colère, furieux, -euse
Zote *f* -n *(fam)* histoire grivoise/paillarde/de salle de garde
zotig obscène
zott(e)lig : *(péj)* ~*e Haare* des cheveux hirsutes
zu (D) **1** ~ *Hause* à la maison ; ~ *beiden Seiten* des deux côtés **2** *die Tür* ~*m Garten* la porte qui donne sur le jardin ; ~ *Tal fließen* couler vers la vallée ; ~*m Fenster hinaus=werfen* jeter par la fenêtre ; *sich* ~ *jm setzen* s'asseoir auprès/à côté de qqn ; *wann kommt er* ~ *dir ?* quand vient-il chez toi/te voir ? ; *(fig)* ~ *Kopf steigen* monter à la tête ; *wieder* ~ *sich (D) kommen* revenir à soi **3** ~ *Anfang* au début ; ~ *Mitternacht* à minuit ; ~ *Ostern* à Pâques ; ~*r Stunde* pour l'instant, en ce moment ; ~ *seinen Lebzeiten* de son temps ; ~ *Mittag essen* déjeuner **4** *jn* ~*m Sieger erklären* déclarer qqn vainqueur ; *sich jn* ~*m Feind machen* se faire un ennemi de qqn **5** ~ *Dutzenden* par douzaines ; ~*r Hälfte* à moitié ; ~*m Teil* en partie ; ~ *zweit* par deux **6** *im Vergleich* ~ en comparaison avec, comparé à ; *im Gegensatz* ~ contrairement à **7** ~ *Fuß* à pied **8** *Weißwein* ~ *Fisch trinken* boire du vin blanc avec le poisson **9** ~*r Information* pour information ; ~ *diesem Zweck* à cette fin ; *(fig)* ~*r Not* au besoin ; ~*m Glück !* heureusement ! ◆ **1** ~ *groß* trop grand **2** *(fam) Tür* ~ *! (fermez)* la porte ! **4** *(fam) nun* ~ *!* vas-y ! allez-y ! *immer* ~ *! (non fam)* continue(z) ! *ab und* ~ *(non fam)* de temps en temps ◆ **1** *es gibt viel* ~ *sehen* il y a beaucoup de choses à voir **2** *ohne* ~ *fragen* sans poser de question/demander **3** *um sich* ~ *überzeugen* afin de/pour se convaincre
zuallererst tout d'abord, en tout premier lieu
zuallerletzt en tout dernier lieu

zu=arbeiten

zu=arbeiten : *jm* ~ préparer le travail de qqn, être l'adjoint de qqn
Zubehör *n* -e accessoires *mpl*
zu=beißen* (se mettre à) mordre
zu=bereiten préparer
zu=bewegen sich *(auf A)* ~ se diriger (vers)
zu=binden* 1 *einen Sack* ~ fermer un sac (avec une ficelle/un cordon) 2 *jm die Augen* ~ bander les yeux à qqn
zu=bringen* passer
Zubringer *m* - 1 navette *f* 2 voie *f* d'accès ; *(autoroute)* bretelle *f*
zu=buttern *(fam)* filer (de l'argent), aligner
Zucht *f* ø élevage *m* ; culture *f* ; *(iro)* discipline *f* ◆ -en élevage ; plantations *fpl* ; domaine *m* ; *(bio)* culture
züchten élever ; cultiver
Zuchthaus *n* ¨er pénitencier *m*, prison *f*
Zuchthengst *m* -e étalon *m*
Züchtigung *f* -en châtiment *m* corporel, correction *f*
Zuchtperle *f* -n perle *f* de culture
Züchtung *f* -en 1 élevage *m* ; culture *f* 2 bête *f* d'un élevage ; produit *m* d'un domaine
zucken : *die Achseln* ~ hausser les épaules ◆ frémir, tressaillir ; *ohne mit der Wimper zu* ~ sans sourciller ◆ <sein> *(flammes)* jaillir ; *(éclair)* sillonner le ciel
zücken : *ein Messer* ~ sortir/dégainer un couteau
Zucker 1 sucre *m* 2 *(méd)* sucre ; diabète *m* ; ~ *haben* être diabétique
Zuckerbrot *n* ø : *(fam) mit* ~ *und Peitsche* en maniant la carotte et le bâton
Zuckerdose *f* -n sucrier *m*
Zuckerlecken *n* ø : *(fam) das ist kein* ~ ce n'est pas de la tarte
zuckern sucrer
Zuckerrohr *n* -e canne *f* à sucre
zuckersüß sucré ; *(fig/péj)* mielleux, -euse
Zuckung *f* -en soubresaut *m*, convulsion *f*, tressaillement *m*
Zudecke *f* -n couverture *f*
zu=decken (sich) (se) couvrir
zudem de plus, en outre
zu=drehen : *etw* ~ fermer qch ◆ *sich jm* ~ se tourner vers qqn
zudringlich importun, pressant, envahissant
zu=drücken fermer ◆ *fest* ~ serrer fort
zu=eilen <sein> : *auf jn/etw (A)* ~ se précipiter sur qqn/qch
zueinander l'un à/avec/pour/l'autre ~ *passen* bien aller ensemble ; ~ *sprechen* se parler
zu=erkennen* : *jm einen Preis* ~ décerner un prix à qqn ; *jm ein Recht* ~ reconnaître un droit à qqn
zuerst 1 d'abord, en premier lieu 2 ~ *fand ich ihn nett* au premier abord, je l'ai trouvé sympathique
zu=fahren* <sein> *(auf A)* se diriger/rouler (vers)
Zufahrt *f* ø accès *m* ◆ -en voie *f* d'accès
Zufall *m* ¨e hasard *m* ; coïncidence *f*
zu=fallen* <sein> 1 se fermer 2 *jm fällt etw zu* qch revient/échoit à qqn
zufällig fortuit ; accidentel, -le ◆ par hasard, incidemment
zu=fassen saisir
zu=fliegen* <sein> *(fig) ihm fliegt alles zu* il réussit tout comme par enchantement/*(fam)* les doigts dans le nez
zu=fließen* <sein> (D) 1 *(fleuve)* couler (vers/en direction de) 2 *(argent)* aller alimenter les fonds de
Zuflucht *f* -en refuge *m*, asile *m* ; ~ *zu etw nehmen* avoir recours à qch, *(fig)* chercher refuge dans qch
zufolge : *einem Gerücht* ~ selon/d'après un bruit qui court
zufrieden content, satisfait ; *mit etw* ~ *sein* être content de qch ; se contenter de qch
zufrieden=geben* sich *(mit)* se contenter (de)
zufrieden=lassen* laisser tranquille
zufriedenstellend satisfaisant
zu=fügen 1 *etw* ~ ajouter qch 2 *jm etw* ~ infliger/causer qch à qqn
Zufuhr *f* ø arrivée *f* ; *(auto)* arrivée d'essence ; alimentation *f*
Zug *m* ◆ ¨e 1 train *m* ; *(métro)* rame *f* ; *(fam) der* ~ *ist abgefahren (fig)* tu as/j'ai raté le train 2 défilé *m*, cortège *m* ; procession *f der* ~ *der Vögel* le passage des oiseaux ; *(fig) im* ~*e der Entwicklung* suite aux/vu/étant donné les derniers développements ; *(fam) gut im* ~*e mit etw sein* bien avancer dans qch 3 *(jeu)* coup *m* ; *wer ist am* ~ ? c'est à qui ? ; *(fig) die andere Seite ist am* ~ la balle est dans l'autre camp 4 *(boissons)* gorgée *f* ; rasade *f* ; *(cigarette) ein tiefer* ~ une grosse bouffée ; *(fig) in einem* ~ d'un trait ; *die Luft in vollen Zügen ein=ziehen* respirer à pleins poumons ; *etw in vollen Zügen genießen* se délecter de qch ; profiter pleinement de qch ; *(fam) einen guten* ~ *haben* avoir une bonne descente ; *in den letzten Zügen liegen (non fam)* être agonisant 5 *(sp/natation)* mouvement *m* 6 écriture *f* ; *(fig) in großen Zügen* à grands traits 7 *(visage)* trait *m* 8 *(mil)* section *f* ◆ ø 1 courant *m* d'air 2 *(fig)* discipline *f*, ordre *m*
Zugabe *f* ø *(cuis)* addition *f* ◆ -n *(th/*

Zugang *m* ø **1** *(personnes)* arrivée; *(objets)* arrivage *m*; nouvelle acquisition *f* **2** *(fig)* **keinen ~ zu etw haben** ne pas avoir accès m à qch ♦ ¨e accès

zugange : *(fam)* **mit etw ~ sein** *(non fam)* s'occuper de qch

zugänglich 1 *ein schwer ~es Dorf* un village difficilement accessible/difficile d'accès **2** *ein ~er Mensch* une personne affable/qu'on peut aborder facilement

zu=geben* 1 *eine Tat ~* reconnaître les faits **2** *ich gebe zu, daß* j'avoue/je reconnais que

zugegen : *~ sein* être présent, assister (à)

zu=gehen* <sein> **1** *(fam)* **die Tür geht zu** *(non fam)* la porte se ferme **2** *auf jn ~* se diriger vers qqn; *(fig)* **er geht auf die 80 zu** il approche des 80 ans **3** *das geht nicht mit rechten Dingen zu* (fig) cela n'est pas très catholique **4** *der Bescheid geht Ihnen zu* nous vous faisons parvenir la confirmation écrite ♦ *es geht fröhlich zu* il y a une bonne ambiance

zugehörig qui appartient à, qui fait partie de; qui va avec; *sich ~ fühlen* sentir qu'on fait partie d'un groupe, se sentir intégré à un groupe

zugekifft *(fam)* shooté [ʃute]

zugeknöpft boutonné; *(fig)* réservé

Zügel *m* - rêne *m*, bride *f*

zügellos débridé; effréné

zügeln mettre en bride; *(fig)* réfréner

zugeschnitten : *(fig)* **die Aufgabe ist auf ihn ~** la tâche est faite pour lui/est à sa mesure

Zugeständnis *n* -se concession *f*

zu=gestehen* : *jm ein Recht ~* concéder/accorder un droit à qqn

zugetan : *jm ~ sein* avoir beaucoup d'affection pour qqn

Zugewinn *m* -e supplément *m*, gain *m*; *(jur)* acquêts *mpl*

zugig exposé aux courants d'air, en plein courant d'air

zügig : *~es Tempo* un bon rythme, un rythme soutenu; *eine ~e Kontrolle* un contrôle rapide

zugkräftig attractif, -ive, attirant, alléchant

zugleich 1 *~ auf=stehen* se lever en même temps **2** *er ist ihr Ehemann und ~ ihr Trainer* il est à la fois son mari et son entraîneur

Zugmaschine *f* -n (véhicule *m*) tracteur *m*

Zugnummer *f* -n **1** numéro *m*/attraction *f* vedette **2** numéro de train

zu=greifen* 1 *(table)* se servir **2** *im* *Haushalt ~* participer aux travaux ménagers, *(fam)* mettre la main à la pâte

zugrunde 1 *~ gehen* sombrer; disparaître; mourir; *~ richten* ruiner, *(fam)* couler; anéantir **2** *~ liegen* être à la base (de)

zugunsten (G/D/von) en faveur (de)

zugute 1 *jm/einer Sache ~ kommen* être bénéfique pour/profiter à qqn/qch **2** *jm etw ~ halten* tenir compte de qch au bénéfice de qqn; *sich (D) etw ~ halten* être fier de qch **3** *sich (D) etw ~ tun* se payer/s'offrir qch

Zugvogel *m* ¨ oiseau *m* migrateur

Zugzwang *m* ¨e : *(fig)* *unter ~ geraten* se voir contraint et forcé

zu=haben* *(fam > non fam)* être fermé

zu=halten* 1 *die Tür ~* laisser/tenir la porte fermée, ne pas ouvrir la porte **2** *jm die Augen ~* mettre la main devant les yeux de qqn; *sich (D) die Ohren ~* se boucher les oreilles ♦ *auf etw (A) ~* se diriger vers qch

Zuhälter *m* - proxénète *m*, souteneur *m*

Zuhause *n* ø chez-soi *m*; *mein ~* mon chez-moi

zu=heilen <sein> se refermer, cicatriser

zu=hören (D) écouter

ZuhörerIn *m f* auditeur, -trice

zu=jubeln (D) acclamer, ovationner

zu=kehren : *jm den Rücken ~* tourner le dos à qqn

zu=klappen fermer ♦ <sein> *die Tür ist zugeklappt* la porte a claqué/s'est refermée

zu=knallen *(fam)* <sein/haben> *(non fam)* claquer

zu=kommen* 1 *auf jn ~* se diriger vers qqn, s'approcher de qqn **2** *ihm kommt der Verdienst zu* le mérite lui revient; *ein Urteil kommt dir nicht zu* tu n'as pas à juger, tu n'es pas habilité à porter un jugement ♦ *(fam) die Dinge auf sich ~ lassen* laisser les choses se faire/venir

Zukunft *f* ø **1** avenir *m*, futur *m*; *in ~* à l'avenir, dorénavant, désormais **2** *(gram)* futur

zukünftig futur, à venir ♦ à l'avenir, dorénavant, désormais

Zulage *f* -n supplément *m*, complément *m*; prime *f*

zu=langen *(fam)* **1** flanquer une baffe **2** *bei Tisch ~* avoir un bon coup de fourchette; *bei der Arbeit ~* s'activer, ne pas hésiter à retrousser les manches

zu=lassen* 1 *(auto)* immatriculer **2** *(fam > non fam)* laisser fermé **3** donner autorisation *f*, un agrément (à) **4** *etw nicht ~* ne pas admettre/tolérer qch

zulässig autorisé; *(jur)* recevable

Zulassung *f* ø admission *f*; autorisation *f* ♦ -en *(fam/auto)* carte *f* grise

Zulassungsnummer

Zulassungsnummer f -n (auto) numéro m d'immatriculation
Zulauf m ø affluence f, fréquentation f; *großen ~ haben* être en vogue/très couru, avoir beaucoup de succès, (fam) avoir la cote ◆ ¨e (tech) débit m ; arrivée f
zu=legen (fam) 1 *sich (D) ein Auto ~* s'acheter une voiture; *sich (D) eine Freundin ~* se trouver une copine; *sich (D) einen Hund ~* prendre un chien 2 *leg mal ein bißchen zu!* du nerf! accélère le mouvement! 3 *etw ~* rajouter qch ◆ (fam) *er hat 300 DM zugelegt bekommen* il a eu une rallonge de 300 DM
zuleide : *jm etw/nichts ~ tun* ne pas faire de mal à qqn
zuletzt 1 *das mache ich ~* je ferai cela à la fin/en dernier; (fig) *nicht ~* pas des moindres; *(fam) sich (D) etw bis ~ auf=heben* garder qch pour la fin 2 *~ kommen* arriver le dernier/la dernière
zuliebe : *jm ~* pour faire plaisir à qqn, pour l'amour de qqn
Zulieferer m - fournisseur m : sous-traitant m
zum → **zu**
zumal surtout, avant tout ◆ étant donné que, d'autant plus que, à plus forte raison que
zu=machen (fam > non fam) fermer
zumindest : *du hättest ~ anrufen können* tu aurais pu au moins téléphoner; *soviel ~ ist klar* ceci du moins est clair
zumutbar supportable, raisonnable, (prix) abordable
zumute : *ihm ist zum Lachen ~* il a envie de rire; *jm ist traurig ~* il est/se sent triste; *ihm ist bei dieser Sache nicht wohl ~* il n'est pas à l'aise dans cette affaire
zu=muten : *jm etw ~* demander qch à qqn, exiger qch de qqn; *sich (D) zuviel ~* trop présumer de ses forces
Zumutung f -en (péj) prétention f, demande f impudente/irrecevable; (fig) *eine ~ sein* être un comble
zunächst d'abord; dans un premier temps
Zunahme f -n augmentation f, accroissement m ; intensification f, recrudescence f ; progression f, extension f ; (tricot) augmentation
Zuname m -ns -n nom m de famille
zünden 1 allumer; (bombe) faire sauter; (fusée) lancer ◆ s'allumer, prendre feu; sauter; (fam) *es hat bei mir gezündet* j'ai pigé ◆ *eine ~de Rede* un discours enflammé
Zunder m - (fig) *wie ~ brennen* brûler comme une allumette f 2 (fam) *jm ~ geben* mettre la pression sur qqn; passer un savon à qqn

Zünder m - (arme) détonateur m, amorce f, dispositif m de mise à feu
Zündkabel n - (auto) câble f d'allumage
Zündkerze f -n (auto) bougie f
Zündschlüssel m - (auto) clé f de contact
Zündschnur f -en mèche f
Zündstoff m ø (fig) *~ liefern* être un pavé dans la mare, fournir des munitions (à des adversaires); (nouvelle) être explosif, -ive
Zündung f -en 1 mise f à feu ; amorçage m 2 (auto) allumage m
Zündverteiler m - (auto) delco m
zu=nehmen* (tricot) augmenter (de) ◆ 1 (lune) être croissante ; (vent) s'intensifier 2 (personne) prendre du poids 3 augmenter, s'accroître; grandir; *an etw (D) ~* gagner en qch
zunehmend grandissant, croissant ◆ de plus en plus
zu=neigen : *dem Konservatismus ~* être plutôt conservateur, être proche du conservatisme; *einer Ansicht ~* incliner à penser qch ◆ 1 *sich jm ~* se pencher vers qqn 2 (fig) *sich dem Ende ~* toucher à sa fin
Zuneigung f -en : *für jn ~ empfinden* avoir une inclination pour qqn
Zunft f ¨e (hist) corporation f
zünftig : *eine ~e Kneipe* (fam) un bistrot sympa
Zunge f -n 1 langue f ; (fig) *eine spitze/ scharfe/böse ~* une langue de vipère; *seine ~ hüten* peser ses mots 2 (balance) aiguille f ; (chaussure) languette f ◆ ø (viande) langue
züngeln 1 (serpent) siffler 2 *die Flammen ~ aus dem Dach* (fig) les flammes lèchent le toit
Zungenbrecher m - (fig) exercice m d'assouplissement de la langue
Zungenlaut m -e (gram) linguale [-gwal] f
Zungenschlag m ø : (fig) *ein falscher ~* un lapsus [-sys] m
zunichte : *einen Plan ~ machen* réduire un plan à néant; déjouer un plan
zunutze : *sich (D) etw ~ machen* tirer profit de qch; se servir de qch
zu=ordnen classer
zu=packen 1 *schnell ~* saisir l'occasion 2 *bei einer Arbeit kräftig ~* (fig/fam) en mettre un coup, retrousser ses manches
zupaß/zupasse : *jm ~ kommen* venir à propos, bien arranger qqn, (fam) tomber à pic
zupfen 1 *Unkraut ~* arracher l'herbe; *sich (D) die Augenbrauen ~* s'épiler les sourcils 2 *jn am Ärmel ~* tirer/tirailler qqn par la manche ◆ *nervös an der Kra-*

watte ~ tripoter nerveusement sa cravate; *an einer Saite* ~ pincer une corde
zur → **zu**
zu=raten* : *jm zu etw* ~ conseiller/recommander qch à qqn, engager qqn à faire qch
zu=rechnen : *ein Tier den Säugetieren* ~ classer un animal parmi les mammifères
zurechnungsfähig qui a la pleine jouissance de ses facultés mentales
Zurechnungsfähigkeit *f* ø : *verminderte* ~ responsabilité atténuée
zurecht=biegen* *(fig/fam)* arranger
zurecht=finden* sich *(mit/in D)* s'y retrouver; trouver son chemin, s'orienter; savoir comment faire; *sich nicht* ~ ne pas s'y retrouver; être désorienté
zurecht=kommen* <sein> 1 *mit einer Arbeit* ~ bien se sortir d'un travail; *(fig) mit jm gut* ~ bien s'entendre avec qqn 2 arriver à temps
zurecht=legen préparer
zurecht=machen : *(fam) den Salat* ~ faire la salade ◆ *sich* ~ se faire beau/belle
zurecht=weisen* : *jn wegen etw (G)* ~ rappeler qqn à l'ordre/réprimander qqn à propos de qch
zu=reden : *jm* ~ essayer de convaincre qqn, parler à qqn ◆ *erst nach langem Zureden* il a fallu longuement insister pour que
zu=richten : *(fam) jn/etw ganz schön* ~ bien esquinter/amocher qqn/qch
zurück 1 ~ *sind wir geflogen* pour le voyage du retour, nous avons pris l'avion; *mit vielem Dank* ~ avec tous mes remerciements; *einmal Paris hin und* ~ un aller et retour pour Paris 2 ~ *sein* être de retour 3 *einen Schritt* ~ *!* un pas en arrière !, reculez d'un pas !
Zurück *n* ø : *(fig) es gibt kein* ~ *mehr* il n'y a plus moyen de revenir en arrière, on ne peut plus faire machine arrière
zurück=behalten* garder
zurück=bekommen* récupérer
zurück=bleiben* <sein> 1 *allein* ~ rester seul 2 *hinter jm* ~ être distancé par qqn, ne pas suivre qqn, être à la traîne; *(fig) hinter den Erwartungen* ~ ne pas répondre aux/être en deçà des espérances ◆ *er ist geistig zurückgeblieben* c'est un retardé mental
zurück=blicken : *(fig) auf ein glückliches Leben* ~ *können* pouvoir être satisfait quand on pense à la vie qu'on a eue
zurück=denken* 1 *an jn/etw* ~ repenser à qqn/qch 2 *so lange ich* ~ *kann* aussi loin que je me souviens
zurück=fahren* 1 *jn* ~ ramener qqn 2 *(tech) eine Anlage* ~ ralentir le rythme de production ◆ <sein> 1 reculer, faire marche arrière 2 *er ist nach Hause zurückgefahren* il est rentré/retourné à la maison
zurück=fallen* <sein> 1 *in seinen Leistungen* ~ être moins performant, avoir des performances qui sont en baisse; *(fig) in den alten Trott* ~ retomber dans ses vieilles habitudes 2 *(sp)* rétrograder; être distancé 3 *(fig) auf jn* ~ se répercuter sur qqn ◆ *sich* ~ *lassen* se laisser tomber (en arrière)
zurück=führen 1 *jn ins Bett* ~ reconduire qqn à son lit 2 *etw* ~ *(auf A)* ramener (à); attribuer la cause de qch (à) ◆ *der Weg führt zurück* le chemin permet de revenir/nous ramène au point de départ ◆ *sich* ~ *lassen (auf A)* se ramener à; remonter (à); avoir pour origine; pouvoir être expliqué (par)
zurück=geben* rendre
zurück=gehen* <sein> 1 baisser, diminuer *die Schwellung geht zurück* l'enflure régresse/se résorbe 2 *an seinen Platz* ~ retourner à sa place 3 *auf Luther* ~ remonter à/dater de Luther ◆ *etw* ~ *lassen* renvoyer/retourner qch
zurückgezogen retiré
zurück=greifen* 1 *auf js Hilfe* ~ avoir recours/recourir à l'aide de qqn 2 *weit* ~ remonter très loin
zurück=halten* 1 *jn* ~ retenir qqn 2 *eine Information* ~ ne pas divulguer/transmettre une information, faire de la rétention d'information; *(fig) seinen Zorn* ~ contenir/réfréner/maîtriser sa colère ◆ *mit seiner Meinung* ~ garder son opinion pour soi ◆ 1 *sich in einer Diskussion* ~ rester à l'écart d'une discussion; participer de loin à une discussion 2 *sich* ~, *um etw nicht zu tun* se retenir de faire qch
zurückhaltend 1 *ein* ~*er Mensch* une personne réservée 2 réticent; *ein* ~*er Empfang* un accueil distant/froid
zurück=kehren <sein> rentrer, retourner; *(fig) zum Thema* ~ revenir au sujet
zurück=kommen* <sein> 1 revenir; rentrer 2 *der Brief kommt zurück* la lettre a été retournée; *(fam) der Schlüssel kommt in meine Tasche zurück !* ma clé s'appelle « reviens » ! 3 *auf jn/etw* ~ faire de nouveau appel à qqn/qch; *auf eine Angebot* ~ revoir/réexaminer une proposition
zurück=lassen* 1 *jn allein* ~ abandonner qqn; *(fig) eine Frau und zwei Kinder* ~ laisser une femme et deux enfants 2 *(sp) jn hinter sich (D)* ~ distancer qqn
zurück=legen 1 *etw an seinen Platz* ~ remettre qch à sa place 2 *eine Entfernung* ~ parcourir/couvrir une distance 3 *einen Mantel* ~ réserver/faire mettre de côté un manteau 4 *Geld* ~ mettre de l'argent de

zurück=liegen*

côté ◆ *sich ~* s'allonger ; se pencher en arrière

zurück=liegen* 1 *Jahre ~* remonter à des années 2 *(sp)* être distancé

zurück=nehmen : *ein fehlerhaftes Gerät ~* reprendre un appareil défectueux ; *(mil)* retirer ; *(jur) eine Klage ~* retirer une plainte ; *(fig) eine Äußerung ~* se rétracter

zurück=rufen* rappeler

zurück=schalten 1 *(télé) ins Studio ~* rendre l'antenne au studio 2 *(auto) (in A)* rétrograder (en)

zurück=schicken renvoyer ; *jn an der Grenze ~* refouler qqn à la frontière ; *(lettre)* retourner, renvoyer

zurück=schlagen* 1 *den Ball ~* renvoyer le ballon ; *(mil) den Feind ~* repousser l'ennemi 2 *den Kragen ~* rabattre un col ; *einen Vorhang ~* tirer/ouvrir un rideau ◆ <sein> *die Tür schlägt zurück* la porte se referme en claquant ; *die Wellen schlagen vom Felsen zurück* les vagues viennent battre le rocher, écument en venant se briser sur le rocher

zurück=schrauben *(fig)* mettre un bémol

zurück=schrecken* <sein> : *vor nichts ~* ne reculer devant rien

zurück=sehnen sich : *sich nach etw ~* regretter qch

zurück=setzen : *etw ~* remettre qch qpart ; *(fig) jn einem anderen gegenüber ~* défavoriser/désavantager qqn par rapport à qqn d'autre ◆ *(auto)* reculer, faire une marche arrière ◆ *sich an seinen alten Platz ~* se rasseoir à sa place

zurück=stecken : *etw ~ (in A)* remettre qch (dans) ◆ *nicht bereit sein, zurückzustecken* ne pas être prêt à rabattre ses exigences/*(fig)* à faire machine arrière

zurück=stehen* *(fig) hinter jm ~* être inférieur à qqn, le céder en qch à qqn, être à la traîne par rapport à qqn

zurück=stellen 1 *etw ~* reculer qch 2 *etw an seinen Platz ~* remettre qch à sa place 3 *(montre)* retarder ; *(chauffage)* baisser 4 ajourner, remettre à plus tard ; *(ens) jn ein Jahr ~* retarder d'un an l'entrée à l'école de qqn

zurück=stoßen* *(A)* repousser ◆ <sein> reculer, faire une marche arrière

zurück=treten* <sein> 1 *bitte ~ !* reculez, s'il vous plaît ! 2 démissionner ; *(comm) von einem Vertrag ~* résilier un contrat ; *von einem Kauf ~* se désister, annuler une vente ◆ rendre un coup de pied

zurück=weisen* : *jn ~* éconduire qqn ; *ein Angebot ~* repousser une offre ; *einen Vorwurf ~* récuser un reproche ; *(pol/jur)* rejeter

zurück=werfen* 1 *(balle)* renvoyer ; *(lumière)* réverbérer ; *(mil)* repousser 2 *jn in seiner Entwicklung ~* retarder le développement de qqn ; *(sp) jn auf einen hinteren Platz ~* faire rétrograder qqn à une place inférieure

zurück=zahlen : *jm etw ~* rembourser qch à qqn ; *(fam) dem zahle ich ihm zurück !* il me le paiera !

zurück=ziehen* 1 *(admi/jur)* retirer 2 *ein Kind auf den Gehweg ~* tirer un enfant sur le trottoir 3 *die Gardinen ~* tirer/ouvrir les rideaux ◆ *sich ~* se retirer

Zuruf *m* -e appel *m* ; cri *m* ; *auf ~ gehorchen* obéir à la voix ; *durch ~* par acclamation *f* ; à la criée

zu=rufen* crier ; lancer un ordre

Zusage *f* -n confirmation *f* ; acceptation *f* ; promesse *f* ; consentement *m* (à)

zu=sagen : *seine Teilnahme fest ~* confirmer sa participation ; *Kredite ~* accorder des crédits ◆ *das sagt mir nicht zu* cela ne me dit rien

zusammen 1 ensemble ~ *mit* avec 2 *alles ~ kostet 100 DM* cela fait 100 marks en tout/au total

Zusammenarbeit *f* ø collaboration *f*, coopération *f*

zusammen=arbeiten collaborer, coopérer ; faire équipe

zusammen=brechen* <sein> s'effondrer, s'écrouler ; *(méd)* avoir une syncope/un malaise

zusammen=bringen* 1 *Geld ~* réunir/trouver de l'argent ; *(fam) keine zwei Sätze ~* ne pas arriver à aligner deux phrases 2 *zwei Personen ~* mettre deux personnes en contact

Zusammenbruch *m* ¨e 1 *(méd)* syncope *f* 2 *(pol)* effondrement *m* ; *(comm)* faillite *f*

zusammen=fahren* : *(fam) sein Auto ~* bousiller complètement sa voiture ◆ <sein> 1 *(véhicules)* entrer en collision 2 sursauter, tressaillir

zusammen=fallen* <sein> : 1 *zwei Termine fallen zusammen* deux rendez-vous se chevauchent/*(fam)* tombent en même temps 2 *ein Gebäude fällt zusammen* un bâtiment s'effondre/s'écroule ; *(cuis)* tomber 3 *(homme) er ist zusammengefallen* il a beaucoup maigri, il s'est beaucoup amaigri 4 *mit etw ~* coïncider avec qch

zusammen=fassen : 1 *etw ~* résumer qch : *seine Schriften in einem Band ~* réunir ses écrits en un seul volume 2 *in Gruppen ~* répartir en groupes, former des groupes

zusammenfassend récapitulatif, -ive ; sommaire ◆ en résumé

Zusammenfassung *f* -en résumé *m*

zusammen=fügen (sich) (s')assembler, (se) combiner; réunir

zusammen=gehören 1 *die beiden gehören zusammen* ils sont faits l'un pour l'autre; ils sont ensemble **2** *die Strümpfe gehören zusammen* les deux bas vont ensemble / font partie de la même paire

zusammengewürfelt hétéroclite; hétérogène *bunt ~* bigarré, hétéroclite

Zusammenhalt *m* ø cohésion *f*

zusammen=halten* 1 *sein Geld ~* garder son argent **2** *eine Gruppe ~* assurer la cohésion d'un groupe; *(fig) seine Gedanken ~* rester concentré ◆ **1** *die Klasse hält zusammen* la classe forme un groupe très solidaire **2** *die beiden Teile halten nicht zusammen* les deux pièces ne tiennent pas ensemble / se détachent

Zusammenhang *m* ¨e rapport *m*, connexion *f*; contexte *m die größeren Zusammenhänge* les grands lignes *fpl*; *im ~ mit* en liaison *f* avec; *in diesem ~* à ce propos; *aus dem ~ gerissen* hors contexte

zusammen=hängen* : *mit etw ~* avoir un rapport avec qch, être en relation avec qch, être lié à qch; *(fam) die beiden hängen ständig zusammen* ils sont toujours collés / fourrés ensemble

zusammenhängend cohérent *m mit der Angelegenheit ~* afférent à cette affaire

zusammenhanglos incohérent

zusammen=klappen (re)plier, fermer ◆ <sein> *(fam) er ist zusammengeklappt* il est tombé dans les pommes

zusammen=kommen* <sein> **1** *(personnes)* se réunir, se rendre (à); *(argent)* arriver; *(fam) heute kommt aber auch alles zusammen !* aujourd'hui c'est galère ! **2** *mit jm ~* rencontrer qqn

zusammen=läppern *sich (fam / non fam)* arriver petit à petit

zusammen=laufen* <sein> **1** *(personnes)* accourir de tous côtés, se masser **2** *die Linien laufen zusammen* les lignes convergent; *(fig) das Wasser läuft mir im Mund zusammen* l'eau me vient à la bouche

zusammen=nehmen* : *seinen Mut ~ (fam)* prendre son courage à deux mains ◆ *sich ~* se maîtriser; se concentrer ◆ *alles zusammengenommen* en tout, tout compris

zusammen=passen : *gut ~* bien aller ensemble, être bien assorti

Zusammenprall *m* -e choc *m*, collision *f*

zusammen=prallen <sein> *(mit)* heurter, entrer en collision avec

zusammen=raffen 1 *Papiere ~* ramasser des papiers; *(péj) ein Vermögen ~* amasser une fortune **2** *den Mantel ~* ramasser son manteau, s'enrouler dans son manteau

zusammen=raufen sich *(fam > non fam)* s'entendre, se mettre d'accord

zusammen=rechnen faire le total (de)

zusammen=reimen : *(fam) ich kann mir das nur so ~ (non fam)* je ne peux pas me l'expliquer autrement

zusammen=reißen* sich : *(fam) reiß dich mal zusammen !* un peu de tenue ! secoue-toi !

zusammen=rotten sich se masser (en un groupe inquiétant)

zusammen=rücken : *Stühle ~* rapprocher des chaises ◆ <sein> *(fig) (personnes / fam)* se serrer les coudes

zusammen=schlagen* 1 *die Hände ~* battre des mains; *(fig) die Hände über dem Kopf ~* lever les bras au ciel; *(fam) alles ~* tout casser **2** *(fam) jn ~* assommer qqn ◆ *die Wellen schlagen über ihm zusammen* les vagues l'engloutissent / se referment sur lui

zusammen=schließen* (sich) s'associer, s'unir; se regrouper; *(comm)* fusionner

Zusammenschluß *m* ¨sse association *f*, union *f*; regroupement *m* ; fusion *f*

zusammen(=)sein* <sein> être ensemble *den ganzen Tag ~* ne pas se quitter de la journée

zusammen=setzen 1 *ein Gerät ~* monter un appareil **2** faire asseoir l'un à côté de l'autre ◆ **1** *sich ~* s'asseoir l'un à côté de l'autre; s'asseoir autour d'une table, se réunir **2** *sich aus etw ~* se composer / être composé de qch

Zusammensetzung *f* -en composition *f*

Zusammenspiel *f* ø *(sp)* jeu *m* d'équipe; *(fig)* combinaison *f*, jeu *f*

zusammen=stauchen : *(fam) jn ~* sonner les cloches à qqn

zusammen=stecken : *etw ~* assembler qch ◆ *(fam) sie stecken immer zusammen* ils sont toujours fourrés ensemble

zusammen=stellen 1 rassembler **2** *Daten ~* réunir des données; *ein Programm ~* établir un programme; *eine Delegation ~* constituer une délégation

Zusammenstoß *m* ¨e collision *f*; *(fig)* heurts *mpl*, accrochage *m*

zusammen=stoßen* <sein> entrer en collision; *(fig)* avoir un sérieux accrochage (avec)

zusammen=stürzen <sein> s'effondrer, s'écrouler

zusammen=tragen* : *Holz ~* ramasser du bois, faire des provisions de bois; *(fig)* rassembler, recueillir

zusammen=treffen* <sein> **1** *mit jm*

zusammen=tun* (sich)

~ *rencontrer qqn* **2** *mit etw* ~ coïncider avec qch

zusammen=tun* (sich) *(fam > non fam)* s'associer; faire cause commune

zusammen=wachsen* <sein> *(méd)* se (re)souder; *(fig)* fusionner, se rapprocher

zusammen=wirken collaborer, coopérer; avoir une action commune / des effets complémentaires

zusammen=ziehen* **1** *ein Loch* ~ fermer un trou **2** *(mil)* masser ♦ *aller habiter / s'installer ensemble* ♦ *sich* ~ *(corps)* se contracter; *(tissu)* rétrécir; *(nuages)* s'amasser; *(orage)* se préparer

Zusatz *m* ø addition *f*; apport *m* ♦ ¨e additif *m*; annexe *f*

zusätzlich supplémentaire, complémentaire ♦ en plus, en outre

zuschanden : *ein Auto* ~ *fahren* casser une voiture; *js Hoffnungen* ~ *machen* détruire / briser / réduire à néant les espoirs de qqn

zu=schanzen : *(fam) jm einen Posten* ~ dégotter une place à qqn

zu=schauen : *jm bei etw* ~ regarder qqn faire qch

ZuschauerIn *m f* spectateur, -trice

zu=schicken envoyer

zu=schieben* : *jm einen Teller* ~ pousser une assiette vers qqn; *(fig) jm die Verantwortung* ~ rendre qqn responsable de qch, *(fam)* faire porter le chapeau à qqn

zu=schießen* : *(fam) Geld* ~ filer du fric ♦ <sein> *auf jn* ~ foncer / se précipiter sur qqn

Zuschlag *m* ¨e **1** supplément *m*, surtaxe *f*; *(train) einen* ~ *lösen* s'acquitter d' / prendre un supplément **2** prime *f* **3** *der* ~ *ging an die Firma X* c'est l'entreprise X qui a remporté le marché, le marché a été adjugé à l'entreprise X

zu=schlagen* **1** fermer; claquer **2** *jm etw* ~ adjuger qch à qqn; *jm einen Auftrag* ~ retenir qqn dans le cadre d'un appel d'offres, confier un marché à qqn ♦ **1** *(mil)* faire une intervention musclée; *(fig) die Presse schlägt zu* la presse se déchaîne **2** *(fam) derb* ~ cogner **3** *(fam) da habe ich zugeschlagen!* j'ai sauté sur l'occasion ♦ <sein> se fermer, claquer

zuschlagpflichtig avec supplément

zu=schließen* fermer à clé

zu=schnappen attraper qch / qqn, happer qch ♦ <sein> se refermer brusquement

zu=schneiden* *(tissu)* découper; *(bois)* scier, débiter; découper

zu=schreiben* **1** *jm etw* ~ attribuer qch à qqn **2** *das hast du dir selbst zuzuschreiben!* tu ne peux t'en prendre qu'à toi-même!

Zuschrift *f* -en réponse *f*, lettre *f*

zuschulden : *sich* (D) *etw* ~ *kommen lassen* se rendre coupable de qch; endosser la responsabilité de qch

Zuschuß *m* ¨sse aide *f*, subvention *f*; allocation *f*; contribution *f* financière

zu=schütten combler, remblayer

zu=sehen* **1** *jm bei etw* ~ regarder qqn faire qch **2** *sieh mal zu, daß* tâche / essaie / fais en sorte de

zusehends à vue d'œil

zu(=)sein* <sein> *(fam)* **1** *der Laden ist zu (non fam)* le magasin est fermé **2** *er ist völlig zu* il est complètement rond

zu=setzen **1** ajouter **2** *Geld* ~ perdre de l'argent, *(fam)* allonger de l'argent ♦ *(fam) jm* ~ casser les pieds à qqn ♦ *(fam) nichts zuzusetzen haben* être au bout du rouleau; être maigre comme un clou

zu=sichern : *jm etw* assurer qqn de qch, garantir qch à qqn

zu=spitzen (sich) *(fig)* s'accentuer, s'aggraver, s'envenimer, devenir critique

zu=sprechen* **1** attribuer; *jm ein Erbe* ~ léguer un héritage à qqn **2** *jm Trost* ~ consoler qqn

Zuspruch *m* ø **1** paroles *fpl* de consolation / d'encouragement **2** ~ *finden* rencontrer un écho *m* favorable; avoir du succès *m* ; avoir de l'audience *f*;

Zustand *m* ¨e **1** état *m* **2** *pl* situation *f*, conditions *fpl* ; *(fam) Zustände kriegen* se mettre dans tous ses états, piquer sa crise

zustande **1** ~ *bringen* réaliser, arriver (à), mettre sur pied **2** ~ *kommen* se faire, se réaliser, finir par avoir lieu

zuständig compétent, habilité, qualifié *dafür bin ich nicht* ~ ce n'est pas de mon ressort, cela ne relève pas de mes compétences

zustatten : *jm* ~ *kommen* avantager qqn

zu=stecken : *jm etw* ~ glisser qch dans la main / dans la poche de qqn

zu=stehen* **1** *das Geld steht dir zu* l'argent te revient / t'appartient / est à toi **2** *es steht dir nicht zu, ihn zu verurteilen* il ne t'appartient pas de le condamner, tu n'as pas à la condamner

Zustellbezirk *m* -e secteur *m* de distribution

zu=stellen **1** remettre, délivrer; *(courrier)* distribuer **2** *eine Einfahrt* ~ boucher / obstruer / barrer une entrée

zu=stimmen : *jm* ~ approuver qqn; *einem Vorschlag* ~ accepter une proposition, donner son accord; *(loi)* voter ♦ *zustimmend nicken* acquiescer

Zustimmung *f* -en approbation *f*; accord *m*, consentement *m*

zu=stoßen* : *eine Tür mit dem Fuß* ~ fermer la porte d'un coup de pied ♦ *mit einem Messer* ~ donner un coup de cou-

Zweck

teau ◆ <sein> *ihm ist etw zugestoßen* il lui est arrivé qch
Zustrom *m* ø **1** *(météo)* arrivée *f* **2** arrivée, afflux *m*, affluence *f*
zutage **1** ~ *kommen* affleurer; *(fig)* se faire jour, se révéler; *offen/klar* ~ *liegen* être évident/manifeste **2** *etw* ~ *fördern* révéler, mettre au jour
Zutat *f* **-en 1** *pl (cuis)* ingrédients *mpl* **2** ajout *m*
zuteil 1 *jm* ~ *werden* être octroyé/attribué à qqn; être réservé à qqn **2** *jm etw* ~ *werden lassen* faire obtenir qch à qqn, faire bénéficier qqn de qch
zu·teilen 1 distribuer, répartir *Nahrungsmittel* ~ rationner les vivres **2** *jm eine Aufgabe* ~ confier une tâche à qqn, affecter qqn à une tâche
zutiefst profondément
zu·tragen* : ◆ *(fig) jm etw* ~ rapporter qch à qqn ◆ *es hat sich etw zugetragen* il s'est passé/produit qch, il est arrivé qch
ZuträgerIn *m f (péj)* rapporteur, -euse, *(fam)* cafteur, -euse; *(police)* indicateur *m*
zuträglich supportable; salutaire
zu·trauen : *jm etw* ~ penser que qqn peut faire qch, croire qqn capable de faire qch; *sich (D) zuviel* ~ trop présumer de ses forces; *sich (D) nichts* ~ n'avoir aucune confiance en soi; *ihm ist alles zuzutrauen* avec lui, on peut s'attendre à tout
zutraulich confiant
zu·treffen* ◆ être juste/exact/vrai ◆ *(auf A)* s'appliquer (à), être valable (pour)
zutreffend 1 juste, exact, vrai **2** *Zutreffendes bitte an·kreuzen* cocher la case correspondante
Zutritt *m* ø accès *m* (à); entrée(s) *f (pl)*
zu·tun* : *kein Auge* ~ ne pas fermer l'œil
zuverlässig fiable, sérieux, -euse, à qui on peut faire confiance; digne de foi *aus* ~*er Quelle* de source sûre
Zuverlässigkeit *f* ø fiabilité *f*; sérieux *m*
Zuversicht *f* ø confiance *f*
zuversichtlich confiant; optimiste
zuviel trop (de)
zuvor avant, d'abord, au préalable; *tags* ~ la veille
zuvor·kommen* <sein> **(D)** prendre les devants, devancer
zuvorkommend prévenant; aimable, serviable, empressé, obligeant
Zuwachs *m* ¨e augmentation *f*; accroissement *m*
Zuwachsrate *f* **-n** taux *m* de croissance
zuwege : *etw* ~ *bringen* arriver/parvenir à qch
zuweilen parfois, de temps en temps
zu·wenden* : *jm den Rücken* ~ tourner le dos à qqn ◆ *sich jm* ~ se tourner vers qqn; *(fig) sich anderen Dingen* ~ passer à autre chose
Zuwendung *f* ø affection *f*; sympathie *f* ◆ **-en** subvention *f*; aide *f*; allocation *f*; don *m*
zu·werfen* 1 envoyer/lancer **2** *(porte)* claquer
zuwider : *das ist mir* ~ cela me répugne; je n'aime pas cela ◆ **(D)** contrairement (à), à l'encontre (de)
zuwider·handeln (D) contrevenir (à), enfreindre
zu·winken (D) faire un signe de la main (à), saluer
zu·zahlen payer un supplément (de)
zu·ziehen* 1 *einen Knoten* ~ faire un nœud bien serré; *die Vorhänge* ~ fermer/tirer les rideaux **2** *sich (D) js Zorn* ~ s'attirer la colère/*(fig)* les foudres de qqn; *sich (D) eine Grippe* ~ *(fam)* attraper la grippe ◆ <sein> arriver, s'installer ◆ *die Wunde zieht sich zu* la blessure cicatrise/se referme
zuzüglich (G) en plus/sus (de), majoré (de)
Zwang *m* ¨e contrainte *f*; force *f*; pression *f*; *sich (D)* ~ *an·tun* se faire violence, se forcer (à); *sich (D) keinen* ~ *an·tun* ne pas se gêner
zwängen : *Kleider in den Koffer* ~ tasser/faire entrer *(fam)* caser des vêtements dans une valise ◆ *sich durch die Tür* ~ se faufiler par la porte, entrer de force, *(fig)* forcer la porte
zwanghaft : ~*e Vorstellungen* des obsessions, des idées fixes ◆ sous la contrainte, contraint et forcé
zwanglos décontracté, naturel, -le, sans contrainte
Zwangsjacke *f* **-n** camisole *f* de force
Zwangslage *f* **-n** situation *f* dans laquelle on est obligé de faire qch; dilemme *m*
zwangsläufig inéluctable, inévitable ◆ nécessairement, obligatoirement, forcément
Zwangsmaßnahme *f* **-n** mesure *f* coercitive
Zwangsräumung *f* **-en** expulsion *f*
Zwangsvollstreckung *f* **-en** saisie *f*; saisie-arrêt *f*; exécution *f* forcée
Zwangsvorstellung *f* **-en** obsession *f*, idée *f* fixe
zwangsweise par mesure administrative; par saisie; de manière coercitive; obligatoirement
zwanzig vingt
zwar 1 ~*... aber* certes/il est vrai que... mais/toutefois/et pourtant **2** *und* ~ à savoir; *du hörst damit auf und* ~ *sofort!* tu vas arrêter, et tout de suite! *heute abend und* ~ *um 7* ce soir à sept heures
Zweck *m* **-e 1** but [byt] *m*, objectif *m*;

zweckdienlich

finalité f *einen bestimmten ~ erfüllen* faire un certain effet m ; *(prov) der ~ heiligt die Mittel* la fin justifie les moyens **2** sens m, motif m *es hat keinen ~* ce n'est pas la peine, à quoi bon ! cela n'a aucun sens ; *was hat das alles für einen ~ ?* à quoi tout cela sert-il ?

zweckdienlich utile ; approprié, adéquat [-kwa]

zweckentsprechend adéquat [-kwa], approprié

zwecklos vain, inutile

zweckmäßig adéquat, approprié ; fonctionnel, -le

zwecks (G) en vue de, aux fins de

zwei deux ; *(fam) für ~ essen* manger comme quatre ; *dazu gehören immer noch ~ !* j'ai aussi mon mot à dire !

zweideutig ambigu, -ë, équivoque, à double sens

zweierlei deux sortes différentes ; *~ Schuhe* des chaussures dépareillées

Zweifel m - doute m ; *außer allem ~ stehen* être hors de doute / indubitable ; *etw in ~ ziehen* mettre qch en doute / contester qch ; *über etw im ~ sein* douter de qch

zweifelhaft douteux, -euse *eine ~e Person* une personne louche ; *ein ~es Unterfangen* une entreprise douteuse / incertaine

zweifellos sans aucun doute

zweifeln : *an jm/etw (D) ~* douter de qqn/qch, être sceptique quant à qqn/qch ♦ *jn ~d an=schauen* regarder qqn d'un air dubitatif

Zweifelsfall m ¨e cas m litigieux *im ~* en cas de doute, si vous vous posez des questions

zweifelsohne sans aucun doute, assurément, à coup sûr

Zweig m -e **1** branche f ; rameau m ; *(fam) auf keinen grünen ~ kommen* ne pas s'en sortir **2** *(ens)* département m ; *(comm)* branche

Zweigbetrieb m -e filiale f ; succursale f

zweigeteilt en deux parties ; coupé en deux

Zweigstelle f -n agence f , succursale f

Zweikampf m ¨e duel m

zweimal deux fois

zweimalig double, réitéré

zweimotorig : *~es Fluzeug* bi-moteur m

zweirädrig à deux roues

zweischneidig à double tranchant

zweiseitig à deux côtés/faces ; réversible ; *(fig) ~e Verträge* des accords bilatéraux

zweisprachig bilingue

zweispurig à deux voies ; *(son)* à deux pistes

zweistellig à deux chiffres

zweit : *zu ~* par/à deux ; *wir sind zu ~* nous sommes deux

zweit- deuxième

Zweitaktmotor m -en moteur m deux temps

Zweiteiler m - *(fam)* **1** *(non fam)* deux-pièces m **2** *(non fam)* ensemble m

zweiteilig en deux parties *~er Badeanzug* maillot m deux-pièces

zweitens deuxièmement

zweitklassig : *(péj) ein ~es Restaurant* un restaurant très moyen

zweitrangig : *eine ~e Aufgabe* une tâche secondaire ; *(péj)* de second ordre

Zweizimmerwohnung f -en deux pièces m

Zwerchfell n -e diaphragme m

zwerchfellerschütternd : *~es Lachen* un rire tonitruant ; *ein ~er Witz* une blague désopilante

Zwergln m f nain m -e f

zwergenhaft nain, lilliputien -ne

Zwetsch(g)e f -n quetsche [kwɛtʃ] f

zwicken : *jn ~* pincer qqn ♦ *die Hose zwickt* le pantalon me serre / est trop serré / étroit

Zwicker m - lorgnon m, pince-nez m

Zwickmühle f -n *(fam > non fam)* situation f inextricable

Zwieback m ¨e/-e biscotte f

Zwiebel f -n **1** oignon m **2** *(fam) non fam)* montre f **3** *(fam / non fam)* chignon m

zwiebeln : *(fam) jn ~* chercher des poux à qqn ; tarabuster qqn

Zwiegespräch n -e dialogue m, conversation f en tête-à-tête

Zwielicht n ø demi-jour m, pénombre f ; mauvais éclairage m ; *(fig) ins ~ geraten* se mettre dans une situation f scabreuse

zwielichtig *(péj)* louche, douteux, -euse

Zwiespalt f ¨e/-e conflit m intérieur, contradiction f

zwiespältig contradictoire

Zwietracht f ø zizanie f, discorde f, dissension f

Zwilling m -e jumeau, -elle *zweieiige ~e* faux jumeaux ; *(astro)* Gémeaux mpl ; *(chasse)* fusil m à deux coups

Zwinge f -n *(tech)* serre-joint m ; étau m

zwingen* : *jn zu etw ~* forcer/obliger/contraindre qqn à faire qch ; *(fig) jn auf die Knie ~* venir à bout de qqn, mater qqn ♦ *sich zu etw ~* se forcer à faire qch ♦ *sich gezwungen sehen (zu)* se voir dans l'obligation (de)

zwingend impératif, -ive, pressant, impérieux, -euse ; *~e Gründe* des raisons impérieuses/de force majeure ; *~e Logik* une logique irréfutable

Zwinger m - *(chien)* chenil [-nil] m

zwinkern : *mit den Augen* ~ cligner des yeux
Zwirn *m* -e fil *m* ; *(fam)* **Himmel, Arsch und** ~ *!* nom de Dieu !
zwischen (A/D) entre ; parmi, au milieu de
Zwischenbemerkung *f* -en digression *f*, parenthèse *f*, remarque *f*
Zwischenbescheid *m* - décision *f* provisoire
Zwischenbilanz *f* -en bilan *m* intermédiaire
Zwischendeck *n* -e entrepont *m*
Zwischendecke *f* -n faux-plafond *m*
zwischendrin parmi eux/elles, *(fam)* dans le lot ; *(fam)* ~ *etw erledigen* faire qch entre deux
zwischendurch de temps en temps ; en attendant, entre-temps
Zwischenfall *m* ¨e incident *m*
ZwischenhändlerIn *m f* intermédiaire *m f*
Zwischenlagerung *f* -en stockage *m* provisoire
Zwischenlandung *f* -en escale *f*
Zwischenlösung *f* -en solution *f* provisoire
Zwischenraum *m* ¨e intervalle *m*, espace *m* ; interligne *m*

Zwischenruf *m* -e exclamation *f*; remarque *f* ; protestation *f*
Zwischenrunde *f* -n demi-finale *f*
zwischenstaatlich inter-étatique, entre états
Zwischenwand *f* ¨e cloison *f*
Zwischenzeit *f* ø : *in der* ~ entretemps, dans l'intervalle ◆ **-en** *(sp)* temps *m* intermédiaire
Zwist *m* -e dispute *f*, brouille *f*, discorde *f*
zwitschern : *(fam) einen* ~ boire un coup ◆ gazouiller
Zwitter *m* - androgyne *m*, hermaphrodite *m*
zwölf douze
Zwölftonmusik *f* ø musique *f* dodécaphonique
zyklisch cyclique
Zylinder *m* - **1** *(tech)* cylindre *m* ; verre *m* de lampe ; *(math)* cylindre **2** haut-de-forme *m*
Zylinderkopf *m* ¨e culasse *f*
zylindrisch cylindrique
zynisch cynique
Zypresse *f* -n cyprès *m*
Zyste *f* -n kyste *m*

FRANÇAIS-ALLEMAND

A

a *m : prouver par ~ plus b* schwarz auf weiß beweisen

à 1 (D) *donner qch ~ qqn* jm etwas geben ; *c'est ~ moi* du gehört mir ; ich bin dran/an der Reihe **2** nach, in/an/auf (D/A) zu, von... entfernt *aller ~ Paris* nach Paris fahren ; *être ~ Paris* in Paris sein ; *aller ~ l'école* in die Schule gehen ; *aller ~ la campagne* auf's Land fahren ; *aller ~ la gare* zum Bahnhof gehen ; *attendre ~ la gare* am Bahnhof warten ; *~ table !* zu Tisch ! ; *~ mi-chemin* auf halbem Weg ; *~ trois km de P.* drei km von P. entfernt **3** um, in, bis, bei, auf, zu ; *~ huit heures* um acht Uhr ; *~ l'aube* in der Morgendämmerung ; *~ tout à l'heure !* bis gleich ! ; *~ cet instant* in diesem Augenblick ; *~ cette nouvelle* auf diese Nachricht (hin) ; *à la longue* auf Dauer ; *de temps ~ autre* hin und wieder **4** *~ mes frais* auf meine Kosten ; *~ grand-peine* mit Müh und Not ; *~ deux* zu zweit ; *~ cinq Francs* zu fünf Francs ; *~ la vôtre !* auf ihr Wohl ! ; Prost ! ; *~ l'aide !* (zu) Hilfe ! **5** *continuer ~ dormir* weiter=schlafen, durch=schlafen ; *~ louer* zu vermieten **6** *fou ~ lier* total verrückt **7** *pot ~ eau* Wasserkrug

abaisser 1 herunter=drücken ; *(math)* fällen **2** *~ qqn* jn demütigen ♦ *s'~* sich herab=lassen, sich erniedrigen

abandon *m : ~ du domicile conjugal* Verlassen *n* der ehelichen Wohnung ; *être à l'~* verlassen sein

abandonner *~ sa famille* seine Familie im Stich lassen ; *~ un enfant* ein Kind aus=setzen ; *~ ses études* sein Studium auf=geben ♦ *s'~* sich gehen lassen

abasourdi 1 *~ par une nouvelle* von einer Nachricht betroffen **2** *~ par le bruit* vom Lärm benommen

abat-jour *m* Lampenschirm *m*

abats *mpl* Innereien *pl*

abattement *m* **1** *10% d'~* 10 % Ermäßigung *f* **2** *dans un état de grand ~* niedergeschlagen

abattoir *m* Schlachthaus *n*

abattre 1 *~ un arbre* einen Baum fällen **2** *~ un animal* ein Tier schlachten ; *~ qqn* jn erschießen ; *(fig)* jn nieder=schlagen **3** *(fig) ~ ses cartes* seine Karten aufdecken ♦ *se laisser ~* verzagen ; *ne te laisse pas ~ !* verlier nicht den Mut ! Kopf hoch ! ♦ *la pluie s'abat sur les vitres* der Regen schlägt gegen die Scheiben ; *le malheur s'abat sur le pays* das Unglück bricht über das Land herein ; *un arbre s'est abattu sur la route* ein Baum ist auf die Straße gestürzt

abbé *m* Abt *m*

abbaye *f* Abtei *f*

abbesse *f* Äbtissin *f*

abcès *m* Geschwür *n*, Geschwulst *f* ; *(fig) crever l'~* das Übel an der Wurzel packen/heraus=reißen

abdiquer ab=danken ; *(fig)* auf=geben

abdomen [abdɔmɛn] *m* Unterleib *m*

abdominaux *mpl* **1** Bauchmuskeln *mpl* **2** Bauchmuskelübungen *fpl*

abeille *f* Biene *f*

aberrant sinnlos, absurd

aberration *f* : *c'est une ~ !* das hat doch keinen Sinn ! ; *(bio) ~ chromosomique* Abweichung *f* der Chromosomen

abêtir verdummen ♦ *s'~* verblöden ; dumm werden

abhorrer verabscheuen

abîme *m* Abgrund *m*, Kluft *f* ; *(fig) il y a un ~ entre les deux hommes* zwischen den beiden Männern liegen Welten *fpl*

abîmer beschädigen, kaputt=machen ♦ *s'~* beschädigt werden ; *(mar)* versinken

abject gemein, niederträchtig

abjurer ab=schwören (D)

ablation *f* Entfernung *f*, Abnahme *f*

abnégation *f* Aufopferung *f*

aboiement *m* Gebell *n*, Gekläff *n*

abolir ab=schaffen, auf=heben

abominable abscheulich, ekelhaft, miserabel

abondance *f* Überfluß *m*, Fülle *f* *société d'~* Wohlstandsgesellschaft *f*

abondant ausgiebig, reichlich

abonder im Überfluß/reichlich vorhanden sein ♦ *~ en* im Überfluß haben ♦ *~ dans le sens de qqn (fig)* jm voll bei=pflichten

abonné 1 *être ~ à un journal* auf eine Zeitung abonniert sein, eine Zeitung halten **2** *(fam) il est ~ aux coups durs* ihn erwischt es immer ♦ *m f* AbonnentIn *m f* ; *(tél) il n'y a pas d'~ au numéro que vous avez demandé* kein Anschluß *m* unter dieser Nummer

abonnement *m* Abonnement *n*, Abo *n* ; *~ de train* Zeitkarte *f*

abonner (s') (sich) abonnieren (auf A)

abord *m* : *personne d'un ~ agréable* leicht zugängliche Person ; *au premier ~* beim ersten Anblick ♦ *d'~* zuerst, zunächst

abords *mpl* : *aux ~ de Paris* in der näheren Umgebung *f* von Paris

abordable 1 *un prix ~* ein annehmbarer Preis **2** *une personne ~* eine zugängliche Person

abordage *m* : *à l'~ !* entern !

aborder

aborder 1 ~ *qqn* jn an=sprechen 2 ~ *une question* eine Frage an=schneiden 3 ~ *un rivage* am Ufer an=legen

abouti : *un projet* ~ ein abgeschlossenes Projekt

aboutir 1 *tu n'aboutiras jamais à rien!* dir wird niemals etwas gelingen!; *tous ses efforts ont abouti à un échec* alle seine Bemühungen haben zu nichts geführt/waren umsonst; *(fig)* ~ *à une conclusion* zu einem Schluß kommen 2 *cette route aboutit à la mer* diese Straße führt zum/endet am Meer

aboutissants *mpl* : *les tenants et les* ~ die näheren Umstände *mpl*; *(fam)* das Drum und Dran

aboyer bellen, kläffen

abracadabrant schrullig

abrasif, -ive schleifend *tampon* ~ Scheuerschwamm *m*

abrégé *m* 1 Abriß *f* 2 *en* ~ abgekürzt

abréger ab=kürzen, verkürzen; *(fam) abrège!* fasse dich kurz!

abreuver : ~ *qqn d'injures* jn mit Schimpfworten überhäufen ◆ tränken

abreuvoir *m* Tränke *f*

abréviation *f* Abkürzung *f*, Kurzform *f*

abri *m* Obdach *n*, Schutz *m*, Unterstand *m* *à l'*~ *(de)* geschützt (vor **D**); *(se) mettre à l'*~ (sich) unter=stellen

abribus *m* überdachte Bushaltestelle *f*, Wartehäuschen *n*

abricot *m* Aprikose *f*

abriter (de) 1 schützen (vor **D**) 2 *cette maison abrite trois familles* dieses Haus beherbergt drei Familien ◆ *s'*~ sich unter=stellen

abroger ab=schaffen, auf=heben

abrupt steil; *(fig)* schroff

abruti blöd, dumm ◆ *m* -**e** *f* Blödian *m*, blöder Kerl *m*, blöde Ziege *f*

abrutir verdummen

absence *f* 1 Abwesenheit *f* 2 *l'*~ *de moyens* Mittellosigkeit *f* 3 *avoir une* ~ eine Bewußtseinstrübung *f* haben

absent abwesend *je serai* ~ *lundi* Montag bin ich nicht da

absentéisme *m* Fehlen *n* am Arbeitsplatz

absenter (s') weg=fahren, weg=gehen

absolu 1 *une confiance* ~**e** uneingeschränktes Vertrauen; *un pouvoir* ~ unumschränkte Gewalt 2 *(math) la valeur* ~*e: eine* der absolute Wert ◆ *m soif d'*~ der Wille nach Absolutem *m*

absolument 1 *c'est* ~ *faux!* das ist ganz und gar falsch! 2 *il faut* ~ *que je parte!* ich muß unbedingt gehen!

absorber 1 auf=saugen, auf=nehmen 2 ~ *un médicament* ein Medikament ein=nehmen 3 ~ *une entreprise* einen Betrieb auf=kaufen 4 ~ *qqn* in Anspruch nehmen ◆ *s'*~ *dans son travail* sich in seiner Arbeit vertiefen, in seiner Arbeit auf=gehen

absoudre (de) frei=sprechen (von **D**)

abstenir (s') 1 *s'*~ *de faire qch* etw nicht machen/tun; *je préfère m'*~! ich enthalte mich einer Meinung!, ich mische mich lieber nicht ein! 2 sich der Stimme enthalten

abstention *f* 1 Stimmenthaltung *f* 2 *faire* ~ *de* etw unterlassen

abstentionniste *m* Nichtwähler *m*

abstinence *f* : *faire* ~ fasten; Enthaltsamkeit *f* üben

abstraction *f* 1 Abstraktion *f* 2 *faire* ~ *(de)* ab=sehen von (**D**)

abstrait abstrakt

absurde absurd, sinnlos *raisonner par l'*~ etw ad absurdum führen

absurdité *f* Sinnlosigkeit *f*, Ungereimtheit *f raconter des* ~*s* Unsinn *m* reden

abus *m* 1 Mißbrauch *m* ~ *de pouvoir* Machtmißbrauch *m*, Amtsmißbrauch *m* 2 ~ *de confiance* Vertrauensbruch *m* 3 *(fam) il y a de l'*~! das ist zu viel des Guten!, das geht zu weit!

abuser 1 ~ *de l'alcool* maßlos trinken 2 *je ne veux pas* ~ *de votre gentillesse!* ich will ihre Freundlichkeit nicht aus=nutzen! 3 ~ *d'une femme* eine Frau vergewaltigen

abusif, -ive mißbräuchlich übertrieben

acabit *m* : *de cet* ~ von dieser Sorte *f*/Art *f*; *du même* ~ desselben Schlages *m*

académie 1 Schul- und Hochschulverwaltungsbezirk *m* 2 (Hoch)schule *f*

acajou rötlich ◆ *m* Mahagoni *n*

acariâtre bissig, zänkisch

accablant 1 *une chaleur* ~*e* drückende Hitze 2 *un témoignage* ~ eine belastende Zeugenaussage

accabler belästigen, erdrücken ~ *qqn de reproches* jn mit Vorwürfen überhäufen

accalmie *f* Windstille *f*, Flaute *f*; *(fig)* Atempause *f*

accaparer : ~ *qqn* jn mit Beschlag belegen/in Beschlag nehmen; ~ *la conversation* eine Unterhaltung an sich (**A**) reißen ◆ *s'*~ vereinnahmen ◆ *être accaparé par son travail* von seiner Arbeit völlig in Anspruch genommen sein

accéder 1 gelangen 2 ~ *à une demande* eine Bitte gewähren

accélérateur *m* 1 Gaspedal *n* 2 *(phys)* ~ *de particules* Teilchenbeschleuniger *m*

accélération *f* Beschleunigung *f*

accélérer Gas geben ◆ ~ *un processus* einen Prozeß beschleunigen; ~ *le pas* schneller gehen

accent *m* 1 Akzent *m* 2 *l'*~ *tonique* Betonungszeichen *n* 3 *mettre l'*~ *sur qch* die Betonung *f* auf etw (**A**) legen 4 *un* ~ *de sincérité* ein aufrichtiger Ton *m*

accentuer 1 betonen 2 hervor=heben 3 *~ son effort* seine Bemühungen verstärken ◆ *le froid s'accentue* es wird kälter ◆ *des traits accentués* hervorstehende Züge

acceptable annehmbar, akzeptabel

accepter 1 an=nehmen *~ une responsabilité* eine Verantwortung übernehmen 2 *(comm) ~ une traite* einen Wechsel akzeptieren

accès *m* 1 Zugang *m*, Zutritt *m donner ~ (à)* führen zu (**D**), Zugang gewähren (zu **D**) 2 *~ de fièvre* Fieberanfall *m* ; *~ de colère* Wutausbruch *m*

accessible erreichbar *un prix ~* ein erschwinglicher Preis ; *un ouvrage ~* ein leicht zugängliches Werk

accession *f* 1 *~ à la propriété* Eigentumserwerb *m* 2 *~ à l'indépendance* Erlangung *f* der Unabhängigkeit

accessoire 1 nebensächlich 2 *les frais ~s* Nebenkosten *pl* ◆ *m* 1 *(voiture)* Zubehör *n* ; *(mode)* Beiwerk *n* ; *(th)* Requisiten *fpl* 2 *l'essentiel et l'~* die Hauptsache und die Nebensache *pl*

accessoiriste *m f* RequisiteurIn *m f*

accident *m* 1 Unfall *m* 2 *un ~ de terrain* Unebenheit *f* ; *(fig) un ~ de parcours* Ausrutscher *m* 3 *par ~* unabsichtlich

accidenté 1 *une voiture ~* Unfallwagen *m* ; *une personne ~e* Verunglückte/r *m* 2 *un terrain ~* ein unebenes Gelände

accidentel, -le zufällig

acclamation *f* Jubel *m*, Zuruf *m*

acclamer applaudieren, zu=jubeln (**D**)

acclimater (s') (sich) akklimatisieren, heimisch werden

accolade *f* 1 *donner l'~ à qqn* jn in zeremonieller Weise umarmen 2 Klammer *f*

accoler zusammen=klammern

accommodant gefällig, umgänglich

accommoder an=machen / zu=bereiten ◆ *(yeux)* an=passen ◆ *s'~ (de)* sich ab=finden (mit), sich gewöhnen (an **A**)

accompagnateur, -trice BegleiterIn *m f*

accompagnement *m (mus)* Begleitung *f (cuis)* Beilage *f*

accompagner begleiten

accompli 1 *une cuisinière ~e* eine perfekte Köchin 2 *mettre qqn devant le fait ~* jn vor vollendete Tatsachen stellen

accomplir : *~ une tâche* eine Arbeit leisten / vollenden ; *~ son devoir* seine Pflicht erfüllen, seiner (**D**) Verpflichtung nach=kommen

accord *m* 1 *donner son ~* seine Zustimmung *f* geben ; *se mettre d'~* sich einigen ; *tomber d'~* sich einig werden (über **A**); *d'~ !* einverstanden !, abgemacht ! 2 *signer un ~* ein Abkommen *n* unterzeichnen ; *trouver un ~* Übereinstimmung *f* erzielen 3 Akkord, Ton *m* 4 *(gram)* Deklination *f*

accordéon *m* Akkordeon *n*, Ziehharmonika *f*, Schifferklavier *n*

accorder 1 *~ une autorisation* eine Genehmigung *f* erteilen ; *s'~ un répit* sich (**D**) eine Verschnaufpause gönnen 2 *~ un instrument* ein Instrument stimmen ; *(fig) ~ ses violons* sich ab=sprechen, einig werden ◆ 1 *bien s'~* sich gut vertragen 2 *l'adjectif s'accorde avec le substantif* das Adjektiv richtet sich nach dem Substantiv

accoster 1 *~ un rivage* am Ufer an=legen 2 *~ qqn* jn an=sprechen

accotement *m* Seitenstreifen *m*

accouchement *m* Entbindung *f*

accoucher entbinden ◆ 1 *~ de jumeaux* Zwillinge gebären 2 *(fam) accouche !* rück raus !, raus mit der Sprache !

accouder (s') (sich) auf=stützen

accoudoir *m* Armlehne *f*

accouplement *m* 1 Paarung *f* 2 Kupplung *f*

accoupler 1 zusammen=legen 2 *~ des animaux* Tiere paaren ◆ *s'~* sich paaren

accourir herbei=laufen

accoutrement *m* Ausstaffierung *f quel ~ !* was für ein Aufzug ! *m*

accoutrer aus=staffieren (mit) ◆ *s'~ n'importe comment* sich wer weiß wie heraus=putzen

accoutumance *f* : *~ à la douleur* Gewöhnung *f* an den Schmerz ; *~ à une drogue* Sucht *f*, Drogensucht *f*

accoutumée *f* : *comme à l'~* wie gewöhnlich / üblich

accoutumer (s') (à) sich gewöhnen (an **A**)

accréditer 1 *~ des rumeurs* Gerüchte bestätigen ; *2 ~ un ambassadeur* einen Botschafter akkreditieren

accroc *m* Riß *m* ; *(fig)* Haken *m*, Hindernis *n sans ~* reibungslos

accrochage *m* 1 *(auto)* Auffahrunfall *m* 2 Auseinandersetzung

accroche-cœur *m* Schmachtlocke *f*, Herzenfänger *m*

accrocher 1 hängen (an **A**), auf=hängen (an **D**), an=bringen (an **D**) 2 *~ son bas* mit seinem Strumpf hängen=bleiben 3 *~ un vélo* ein Fahrrad an=schließen 4 *~ des wagons* Waggons an=kuppeln ◆ *s'~* sich fest=halten ; *s'~ à la vie* sich am Leben fest=klammern ; *s'~ à qqn* sich an jn halten ; *s'~ avec qqn* sich mit jm auseinander=setzen ; *(fam) il va falloir s'~ !* da müssen wir dran=bleiben / am Ball bleiben !

accrocheur, -euse : *une publicité accrocheuse* eine zugkräftige Werbung

accroissement *m* Wachstum *m*, Zunahme *f*, Zuwachs *m*

accroître : ~ *des capacités* Fähigkeiten erweitern; ~ *l'anxiété* die Angst erhöhen ◆ s'~ wachsen, zu=nehmen

accroupir (s') (sich) ducken, nieder=hocken

accu *m* Akku *m*

accueil *m* Empfang *m famille d'*~ Gastfamilie *f*; *un centre d'*~ Auffanglager *n*, Flüchtlingslager *n*; Beratungs- und Informationsstelle *f*

accueillant gastfreundlich *un cadre* ~ ein anheimelnder Ort

accueillir 1 empfangen 2 ~ *une nouvelle* eine Nachricht auf=nehmen

acculer : ~ *qqn à la ruine* jn in den Ruin treiben ◆ *être acculé* in die Enge getrieben sein, keinen Ausweg mehr haben

accumulation *f* 1 Anhäufung *f* 2 *chauffage à/par* ~ Speicherheizung *f*

accumuler an=häufen ~ *de l'argent* Geld horten ◆ s'~ sich häufen, sich an=sammeln

accusatif *m* Akkusativ *m*

accusation *f* 1 *porter une* ~ *contre qqn* eine Anschuldigung *f* gegen jn erheben 2 Anklage *f*

accusé *m* -*e f* Angeklagte/r ◆ *m* ~ *de réception* Rückschein *m*

accuser 1 ~ *qqn de meurtre* jn des Mordes an=klagen 2 ~ *qqn de négligence* jn der Unachtsamkeit bezichtigen 3 *ses traits accusent sa fatigue* seine Züge verraten Müdigkeit 4 ~ *le coup* zeigen/sich (D) an=merken lassen, daß man sehr getroffen ist 5 ~ *réception* den Empfang bestätigen

acerbe bitter, herb, scharf; giftig, beißend

acéré scharf

achalandé : *bien* ~ mit großer Auswahl/umfangreichem Sortiment

acharné : *un combat* ~ ein verbissener Kampf; *un travailleur* ~ ein zäher, (äußerst) fleißiger Arbeiter

acharnement Verbissenheit *f* ◆ *thérapeutique* maßloser Behandlungswahn *m*

acharner : s'~ *sur un travail* sich in eine Arbeit verbeißen; s'~ *contre qqn* jn hartnäckig verfolgen, gegen jn verbissen kämpfen

achat *m* Einkauf *m* Anschaffung *f*

acheminer weiter=leiten, befördern ◆ *(fig)* s'~ *vers un résultat* zu einem Ergebnis kommen

acheter (ein)=kaufen, an=schaffen

acheteur, -euse Käufer*in m f*; *(comm)* Einkäufer*in m f*

achevé : *une œuvre* ~*e* ein vollendetes Werk; *d'un ridicule* ~ von ausgemachter Lächerlichkeit

achever 1 ~ *un travail* eine Arbeit ab=schließen 2 ~ *un blessé* einem Verletzten den Gnadenstoß geben 3 *ce travail* m'a achevé diese Arbeit hat mich fix und fertig gemacht ◆ s'~ zu Ende gehen

achopper : stoßen (auf A)

acide sauer; *(fig)* bissig, scharf ◆ *m (chim)* Säure *f*

acidité *f* saurer Geschmack *m*; *(chim)* Säuregehalt *m*

acier *m* Stahl *m*

aciérie *f* Stahlwerk *n*

acné *f* : ~ *juvénile* pubertätsbedingte Akne *f*

acolyte *m* Komplize *m*, Kumpan *m*

acompte *m* : Anzahlung *f*

à-côté *m* : *les* ~*s d'une question* die Nebenpunkte *mpl* einer Frage; *les* ~*s d'un revenu* Nebeneinnahmen *fpl*, Zubrot *n*

à-coup *m* : *par* ~*s* ruck-/stoßweise

acoustique *f* 1 Akustik *f* 2 *(phys)* Schallehre *f*

acquéreur *m* Erwerber *m*, Käufer *m*

acquérir erwerben

acquiescer ein=willigen, zu=stimmen; (mit dem Kopf) nicken

acquis : *être* ~ *à qqn* jm ganz ergeben sein; *c'est un fait* ~ es ist eine unumstößliche Tatsache, es steht fest; *considérer comme* ~ als gesichert ansehen; *(prov) bien mal* ~ *ne profite jamais* unrecht Gut gedeihet nicht

acquis *m* Erfahrung *f*, Kenntnis *f*; Errungenschaft *f*

acquisition *f* Anschaffung *f*, Errungenschaft *f faire l'*~ *(de)* etw erwerben

acquit *m* 1 Quittung *f pour* ~ Betrag *m* erhalten 2 *par* ~ *de conscience* um das Gewissen zu beruhigen

acquittement *m* 1 Freispruch *m* 2 ~ *d'une dette* Begleichung *f* einer Schuld

acquitter 1 ~ *qqn* jn frei=sprechen 2 ~ *une facture* eine Rechnung quittieren ◆ s'~ *d'une dette* seine Schulden begleichen; s'~ *d'un devoir* eine Pflicht erfüllen

âcre ätzend, beißend

acrimonie *f* Bitterkeit *f*

acrobate *m f* Akrobat*in m f*

acrobatie *f* 1 Akrobatik *f*, Seiltanz *m* ~*s aériennes* Kunstflug *m*, Schaufliegen *n* 2 *faire des* ~ akrobatische Kunststücke machen; *(fig)* sich verrenken

acrobatique akrobatisch; *(fig)* halsbrecherisch

acrylique Akryl-

acte *m* 1 Tat *f faire* ~ *de bonne volonté* guten Willen zeigen; *(psy) ; manqué* (Freudsche) Fehlleistung *f* 2 Urkunde *f un* ~ *de vente* Verkaufsurkunde *f*; *(fig) prendre* ~ *(de)* etw zur Kenntnis *f* nehmen 3 *(th)* Akt *m*

acteur, -trice *f* Schauspieler*in m f*

actif, -ive aktiv *la population* ~ die berufstätige/erwerbsfähige Bevölkerung; *un remède* ~ ein wirksames Heilmittel

actif m **1** (comm) Aktiva npl *avoir à son ~* auf seinem Konto haben; (fig) für sich verbuchen (können) **2** (gram) Aktiv n

action f **1** Tat f, Handlung f *passer à l'~* in Aktion f treten; (fig) *dans le feu de l'~* im Eifer m des Gefechts **2** (éco) Aktie f **3** *~ de grâce(s)* Danksagung f **4** *intenter une ~ en justice* eine Klage an=strengen

actionnaire m f AktionärIn m f

actionner 1 betätigen **2** in Gang setzen

active f : *un officier d'~* Berufsoffizier m

activer 1 *~ le feu* das Feuer an=fachen **2** *active !* schneller !, beeile dich ! ◆ *s'~* geschäftig sein

activité f Aktivität f, Tätigkeit f, Beschäftigung f, Betriebsamkeit f *être en ~* (berufs)tätig sein; (usine) laufen, in Betrieb sein

actualiser aktualisieren, auf den neuesten Stand bringen

actualité f **1** *~ d'un roman* die Gegenwartsbezogenheit/Zeitnähe eines Romans; *un sujet d'~* ein zeitbezogenes Sujet [syɔʒɛ] **2** Zeitgeschehen n *les ~s* Tagesschau f, Nachrichten fpl

actuel, -le gegenwärtig *c'est très ~* das ist sehr zeitgemäß/zeitnah

actuellement jetzt, gegenwärtig

acuité f Schärfe f *~ visuelle* Sehschärfe f

adaptable anpassungsfähig *un siège ~* ein verstellbarer Sitz

adaptation f **1** Anpassung f **2** *~ musicale* musikalische Bearbeitung f; *~ d'un roman au cinéma* Verfilmung f eines Romans

adapter : *~ les moyens au but* die Mittel nach dem Zweck (aus)=richten ◆ *s'~ à qch* sich an etw (A) an=passen

additif m **1** Zusatz **2** *~ à un texte* Nachtrag m zu einem Text

addition f **1** (math) Addition f **2** *l'~, s'il vous plaît !* bitte zahlen ! **3** *l'~ de plusieurs éléments* die Summierung mehrerer Elemente ; (chim) Zusatz m, Beimischung n; *par ~* durch Hinzufügung f

adduction f Zuleitung n

adepte m f **1** AnhängerIn m f; (fig) *faire des ~s* Nachahmer mpl finden **2** Liebhaber m

adéquat entsprechend, adäquat, angemessen

adhérence f **1** Haftvermögen n **2** (méd) Verwachsung f

adhérent m **-e** f AnhängerIn m f, Mitglied n

adhérer 1 (an)=haften *~ au sol* griffig sein **2** *~ à un parti* einer Partei bei=treten, in eine Partei ein=treten

adhésif, -ive (an)klebend *ruban ~* Klebeband n

adhésion f **1** *~ à un club* Beitritt m in einen Verein **2** *rencontrer l'~ de tous* allgemeine Zustimmung f finden

adieu m **-x** : *~ !* leb/leben Sie wohl ! *faire ses ~x* sich verabschieden, von jm Abschied m nehmen; *des ~ déchirants* herzzerreißende Abschiedsszenen fpl

adipeux, -euse fettig, speckig *tissu ~* Fettgewebe n; (péj) schmierig

adjacent, -e (math) anliegend **2** *terrain ~* angrenzendes Grundstück

adjectif m Eigenschaftswort n, Adjektiv n

adjoindre hinzu=fügen, hinzu=ziehen ◆ *s'~ qqn* jn zu Hilfe nehmen, jn hinzu=ziehen

adjoint m **-e** f StellvertreterIn m f *directeur ~* stellvertretender Direktor

adjudant m Feldwebel m, Spieß m

adjudication f Auktion f; Versteigerung f

adjuger vergeben, zusprechen ◆ *s'~ qch* sich (D) etw an=eignen ◆ *adjugé, vendu !* zugeschlagen, verkauft !

admettre 1 zu=geben; zu=lassen **2** *~ un nouveau membre* ein neues Mitglied auf=nehmen ◆ *les chiens ne sont pas admis !* Hunde haben keinen Zutritt !

administrateur, -trice GeschäftsführerIn m f *~ de biens* Eigentumsverwalter m; *~ judiciaire* Rechtsverwalter m

administratif, -ive Verwaltungs-

administration f **1** Verwaltung f **2** *~ française* französische Behörden fpl; *~ des douanes* Zollbehörde, Zollverwaltung f

administrer 1 verwalten **2** *~ un médicament* ein Medikament verabreichen; *~ les saints sacrements* die heiligen Sakramente aus=teilen **3** *~ une gifle* (fam) eine Ohrfeige verpassen

admirable bewundernswert, großartig

admirateur, -trice Bewunderer m, VerehrerIn m f

admiration f Bewunderung f

admirer bewundern, bestaunen

admissible 1 *~ à un examen* zu einer Prüfung zugelassen **2** zulässig, statthaft

admission f : *~ à un concours* Zulassung f zu einem Ausleseverfahren n; *~ dans un service hospitalier* Aufnahme f in einem Krankenhaus

adolescence f Jugend(zeit) f

adolescent m **-e** f Jugendliche/r

adonner (s') : *~ à la boisson* trinken

adopter 1 adoptieren **2** *~ une idée* sich (D) eine Idee zu eigen machen **3** *~ un projet de loi* einen Gesetzesentwurf an=nehmen/verabschieden

adoptif, -ive Adoptiv-

adoption f **1** Adoption f **2** *~ d'un projet* Annahme f **3** *pays d'~* Wahlheimat f

adorable goldig, reizend, entzückend

adorer 1 *~ Dieu* Gott an=beten **2** (fam) *~ qqn/qch* jn/etw wahnsinnig mögen

adosser (s') (à)

adosser (s') (à) (sich) an=lehnen (an A)
adoucir 1 lindern **2** ~ *l'eau* Wasser enthärten ♦ *s'*~ milder werden, nach=lassen
adrénaline *f* Adrenalin *n*
adresse *f* **1** Anschrift *f*, Adresse *f* **2** Geschicklichkeit *f*
adresser 1 ~ *une lettre à qqn* einen Brief an jn senden **2** ~ *des reproches à qqn* jm Vorwürfe machen; ~ *la parole à qqn* jn an=sprechen ♦ **1** *s'*~ *à qqn* sich an jn wenden/richten **2** *cette remarque s'adresse à vous* diese Bemerkung betrifft Sie
adroit geschickt, gewandt
aduler an=beten, an=himmeln ♦ *une vedette adulée* ein umschwärmter Star
adulte erwachsen *un animal* ~ ein ausgewachsenes Tier ♦ *m f* Erwachsene/r
adultère ehebrecherisch ♦ *m* Ehebruch *m*
advenir geschehen, sich ereignen *advienne que pourra* komme, was (da) wolle
adverbe *m* Adverb *n*, Umstandswort *n*
adversaire *m f* GegnerIn *m f*; KontrahentIn *m f*
adversité *f* Mißgeschick *n*, Unglück *n*
aération *f* Lüftung *f*, Ventilation *f*
aérer 1 lüften **2** ~ *un texte* einen Text auf=lockern ♦ *s'*~ an die frische Luft gehen, *(fig)* frische Luft schnappen
aérien, -ne 1 *espace* ~ Luftraum *m* *compagnie* ~ Fluggesellschaft *f*, Luftfahrtgesellschaft *f* **2** *une démarche* ~ schwebender Gang
aéro-club *m* Aero-Klub *m*; Luftsportverein *m*
aérodrome *m* Flugplatz *m*
aérodynamique : *une ligne* ~ Stromlinienform *f*
aéroglisseur *m* Luftkissenfahrzeug *n*
aéronautique : *industrie* ~ Luftfahrtindustrie *f* ♦ *f* Aeronautik *f*, Luftfahrt *f*
aéroport *m* Flughafen *m*
aéroporté : *troupes* ~*es* Luftlandetruppen *fpl*
aérospatial : *recherche* ~*e* Luft- und Raumfahrtforschung *f*
affable freundlich, leutselig
affabulation *f* Tatsachenverdrehung *f ce sont des* ~*s!* *(fig)* das sind reine Erfindungen *fpl*!
affaiblir schwächen ♦ *s'*~ schwächer werden, sich verringern
affaire *f* **1** *ranger ses* ~*s* seine Sachen *fpl* auf=räumen/weg=räumen **2** *les* ~*s courantes* die Tagesgeschäfte *npl*; die üblichen Angelegenheiten *fpl*; *les Affaires étrangères* das auswärtige Amt, Außenministerium *n* **3** ~ *de drogue* Drogenaffaire *f* **4** Geschäft *n être dans les* ~*s* im Geschäftsleben *n* stehen **5** ~ *de goût* Geschmacksache *f* **6** *avoir* ~ *à qqn* mit jm zu tun haben; *être à son* ~ in seinem Element *n* sein; *cela fait l'*~ das ist gerade das Richtige
affairé geschäftigt, vielbeschäftigt
affairisme *m* Geschäftemacherei *f*
affaissement *m* Absinken *n*
affaisser (s') sich senken; verfallen; zusammen=brechen
affaler (s') : *s'*~ *dans un fauteuil* in einen Sessel sinken; *s'*~ *de tout son long* sich der Länge lang fallen lassen
affamer aus=hungern
affectation *f* **1** Zuweisung *f* Zuteilung *f* ~ *à un autre poste* Versetzung *f* **2** *parler avec* ~ geziert sprechen
affecter 1 ~ *des crédits à la recherche* Kredite für die Forschung bestimmen; ~ *qqn à un poste* jm einen Posten zu=weisen **2** vor=täuschen, vor=geben
affectif, -ive Gefühls- *manque* ~ Gefühlslosigkeit *f*, Gefühlskälte *f*
affection *f* **1** Liebe *f* **2** *(méd)* Beschwerde *f*, Leiden *n*
affectionner gerne haben, gewogen sein (D); Neigung haben (für)
affectivité *f* Emotionalität *f*
affectueux, -euse zärtlich, liebevoll
afférent betreffend
affermir bestärken
affichage *m* **1** Aushang *m*, Anschlagen *n*, Aushängen *n tableau d'*~ Anschlagtafel *f*, schwarzes Brett *n* **2** ~ *numérique* Zahlenanzeige *f*, numerische Anzeige *f*
affiche *f* Anschlag *m*, Plakat *n*; *(th)* Besetzung *f*, Spielplan *n être à l'*~ auf dem Programm stehen
afficher 1 an=kleben, öffentlich an=schlagen ~ *complet* ausverkauft/voll sein **2** ~ *son mépris* seine Verachtung zur Schau tragen ♦ *s'*~ *avec qqn* sich mit jm öffentlich zeigen
affilée : *d'*~ ununterbrochen; *huit heures d'*~ acht Stunden lang/hintereinander
affilier (s') bei=treten (D)
affinage *m* Veredelung *f*
affinité *f* Affinität *f les deux affaires ont des* ~*s* beide Fälle sind ähnlich gelagert
affirmatif, -ive : *être tout à fait* ~ etw völlig bejahen, keinen Zweifel lassen
affirmation *f* Behauptung *f*; *(fig)* ~ *de soi-même* Selbstbestätigung *f*
affirmative *f* : *dans l'*~ im Fall einer Zusage, wenn ja; *répondre par l'*~ die Frage bejahen
affirmer behaupten, versichern ♦ *s'*~ sich klar ab=zeichnen, sich durch=setzen
affleurer zum Vorschein kommen *la roche affleure* der Felsen taucht auf
affliction *f* Betrübnis *f*
affligeant : schmerzlich; betrüblich, schwer enttäuschend

affliger betreffen; betrüben
affluence f Gedränge f, Andrang f *heures d'~* Hauptverkehrszeit f, Stoßzeit f
affluent m Nebenfluß m, Zufluß m
affluer 1 *la foule afflue* die Menge strömt zusammen 2 *le sang afflue au cerveau* das Blut fließt dem Gehirn zu
afflux m : *~ de touristes* Touristenzustrom m; *~ de capitaux étrangers* Zufluß m von ausländischem Kapital
affolant (fig) erschreckend
affolement m Aufregung f, Panik f, Verwirrung f
affoler beunruhigen *ne nous affolons pas !* nur keine Aufregung ! ♦ *s'~* (fam) den Kopf verlieren
affranchir 1 frankieren 2 (fam) *~ qqn* jn auf=klären / ein=weihen 3 *~ un esclave* einen Sklaven frei=lassen
affranchissement m 1 Porto n 2 *~ des esclaves* Sklavenbefreiung f
affréter chartern
affreux, -euse 1 abscheulich, schrecklich 2 *un temps ~* scheußliches Wetter 3 *un ~ personnage* (fam) ein fürchterlicher Kerl
affriolant verführerisch; verlockend
affront m Beleidigung f, Beschimpfung f
affrontement m 1 Konfrontation f, Auseinandersetzung f 2 *les ~s* die Zusammenstöße mpl
affronter : *~ un danger* sich einer Gefahr stellen ♦ *s'~* sich aneinander messen; sich auseinander=setzen; *s'~ du regard* sich mit den Augen messen
affubler (s') (sich) aus=staffieren (mit), (sich) heraus=putzen
affût m Lafette f, Hochstand m; (fig) *être à l'~ (de)* auf der Lauer liegen (nach D)
affûter schärfen, schleifen
afin : *~ de mieux voir* um besser zu sehen ♦ *~ que tous puissent venir* damit alle kommen können
agaçant nervend, nervtötend
agacement m Ärger m, Gereiztheit f
agacer ärgern, belästigen, nervös machen *tu m'agaces à la fin !* du gehst mir auf die Nerven !
âge m 1 Alter n *à l'~ de six ans* mit sechs Jahren; *d'un certain ~* in einem gewissen Alter; *quel ~ as-tu ?* wie alt bist du?; (fig) *l'~ bête* Flegeljahre npl 2 *l'~ de pierre* Steinzeit f
âgé alt, bejahrt *les personnes ~es* die Senioren mpl, die älteren Leute pl ♦ *un enfant ~ de trois ans* ein dreijähriges Kind; *être ~ de trois ans* drei Jahre alt sein
agence f 1 Büro n, Agentur f *~ matrimoniale* Heiratsvermittlung f; *~ nationale pour l'emploi* Bundesanstalt f für Arbeitsvermittlung; Arbeitsamt n; *~ de publicité* Werbeagentur f; *~ de voyage* Reisebüro n, Reiseunternehmen n 2 *une ~ à l'étranger* eine Zweigstelle f im Ausland
agencement m Ausstattung f, Einrichtung f
agencer ein=richten, organisieren
agenda m Notizbuch n, Terminkalender m
agenouiller (s') nieder=knien
agent m 1 Faktor m, Ursache f 2 (gram) *complément d'~* Agens m 3 *~ artistique* Agent n; *~ immobilier* Immobilienmakler m; *~ de change* Börsenmakler m; *~ de police* Polizist m
agglomération f 1 *ralentir dans les ~s* die Geschwindigkeit in geschlossenen Ortschaften fpl verlangsamen 2 *l'~ parisienne* Großraum m von Paris
aggloméré m Spanplatte f, Spanholz n
agglomérer (s') sich (zusammen=)ballen; (fig) sich (zusammen=)drängen
agglutiner (s') (fig) sich zusammen=drängen
aggravation f : *~ d'une maladie* Verschlimmerung f einer Krankheit; *~ d'une situation* Verschärfung f einer Situation
aggraver verschlimmern; erschweren ♦ *s'~* schlimmer werden, sich verschlimmern
agile flink, agil, behende, gewandt
agilité f Gelenkigkeit f, Behendigkeit f *avec ~* gewandt; (fig) *~ d'esprit* geistige Beweglichkeit f
agios mpl Agio n, Aufgeld n
agir 1 handeln *mal ~ envers qqn* sich schlecht gegenüber jm verhalten 2 wirken (auf A), beeinträchtigen
agissements mpl Machenschaften fpl
agitateur, -trice f AgitatorIn m f, AufwieglerIn m f
agité : *un enfant ~* ein unruhiges Kind
agiter schwenken ♦ *~ avant de s'en servir* vor Gebrauch schütteln ♦ *s'~ dans tous les sens* sich in alle Richtungen bewegen; (fig) in beständiger Aufregung sein
agneau m Lamm n
agonie f Todeskampf m
agonir : *~ d'injures* mit Grobheiten überhäufen
agoniser im Sterben liegen, mit dem Tode ringen
agrafe f Heftklammer f; Haken m; Spange f
agrafer : *~ un vêtement* ein Kleidungsstück zu=haken; *~ des papiers* Papiere zusammen=heften
agrafeuse f Heftmaschine f, Hefter m
agraire : *réforme ~* Bodenreform f
agrandir : vergrößern *~ une maison* ein Haus aus=bauen ♦ *s'~* größer werden *la famille s'agrandit* die Familie wächst
agréable angenehm
agréé : *revendeur ~* Vertragshändler m

agréer

agréer : «*veuillez ~...* » mit freundlichen Grüßen, mit vorzüglicher Hochachtung; *cette proposition m'agrée* ich halte diesen Vorschlag für gut, ich stimme diesem Vorschlag zu

agrégé : *professeur ~* Oberstudienrat m /-rätin f

agrément m 1 Genehmigung f; Einverständnis f 2 *trouver beaucoup d'~ à qch* viel Vergnügen haben (bei D); *jardin d'~s* Lustgarten m, Ziergarten m

agrémenter (aus)=schmücken (mit D), verschönern (durch A, mit D)

agrès mpl (sp) Turngeräte npl

agresser überfallen (fig) an=greifen

agresseur m Aggressor m, Angreifer m

agressif, -ive aggressiv; (fig) *politique commerciale agressive* offensive Handelspolitik

agression f Angriff m, Überfall m, Aggression f

agressivité f Angriffslust f, Streitsucht f, Aggressivität f

agricole landwirtschaftlich, Agrar-

agriculteur, -trice f LandwirtIn m f

agriculture f Landwirtschaft f

agripper packen ◆ *s'~ à un rocher* sich an einen Felsen fest=klammern

agroalimentaire : *industrie ~* Nahrungsmittelindustrie f

agronome : *ingénieur ~* Diplomlandwirtln m f, AgronomIn m f

agronomie f Agrarwissenschaft f

agrume m Zitrusfrüchte fpl

aguerrir (s') (sich) ab=härten (gegen A)

aguets mpl; (fig) *être aux ~* auf der Lauer liegen, auf der Hut sein

aguichant aufreizend; (fig) *une proposition ~e* ein verlockendes Angebot

aguicher an=locken, animieren

ahurissant bestürzend, verblüffend

aide f 1 Hilfe f ◆ *~ judiciaire* Rechtsbeistand m; *~ sociale* Sozialhilfe f 2 *~ ménagère* Haushaltshilfe f; *~ de camp* Adjutant m

aide-mémoire m Merkblatt n, Aufzeichnung f, Aide-mémoire n

aider : *~ qqn à faire la vaisselle* jm beim Abwasch helfen ◆ *~ à la réussite d'une entreprise* den Erfolg einer Unternehmung fördern ◆ *s'~ de ses mains* sich seiner Hände bedienen, seine Hände benutzen

aide-soignant, -e f Krankenhilfe f

aïe au !, aua !, au weh !

aïeux mpl Ahnen mpl, Vorfahren mpl

aigle m Adler m

aigre sauer, herb, beißend

aigre-doux / -douce süß-sauer; (fig) *un ton ~* boshaft-stichelnder Ton

aigreur f Säure f, Bitternis f; *~s à l'estomac* Sodbrennen n; (fig) *des propos pleins d'~* bittere Worte

aigri verbittert

aigu, -uë 1 *une voix ~* eine grelle Stimme 2 *une douleur ~* ein stechender Schmerz 3 *un problème ~* ein akutes Problem 4 *un angle ~* ein spitzer Winkel 5 *avoir un sens ~ de ses responsabilités* ein ausgeprägtes Pflichtbewußtsein haben ◆ *m dans les ~s* in den hohen Tönen mpl

aiguillage m Weichenstellung f; (fig) *erreur d'~* Fehlleitung f

aiguille f Nadel f; *~ d'une horloge* Uhrzeiger m; (fig) *de fil en ~* nach und nach

aiguiller : (fig) *~ qqn* jn lenken, jn auf etw hin=leiten

aiguilleur m : *~ du ciel* Fluglotse m

aiguillon m Stachel m; (fig) Ansporn m

aiguillonner : (fig) *~ qqn* jn an=spornen

aiguiser schleifen; (fig) an=regen

ail m Knoblauch m

aile f Flügel m; (av) Tragfläche f; (auto) Kotfügel m; (fig) *battre de l'~* übel dran sein; *voler de ses propres ~s* auf eigenen Füßen stehen; *donner des ~s* jn beflügeln; (fam) *en tirer de l'~* jm Beine machen

aileron m 1 Querruder n 2 Flosse f

ailier m (sp) Außenstürmer m

ailleurs 1 woanders 2 *d'~* übrigens, überdies; *par ~* außerdem, andererseits

aimable liebenswürdig, zuvorkommend, freundlich

aimant m Magnet m

aimer 1 *~ qqn* jn lieben 2 *bien ~ les enfants* Kinder gern mögen; *~ la musique* gern Musik hören

aine f Leiste f, Leistengegend f

aîné : *mon frère ~* mein älterer Bruder; *le fils ~* der erstgeborene / älteste Sohn ◆ *m -e f* : *l'~(e) de la famille* der / die Familienälteste

aînesse f : *le droit d'~* Erstgeburtsrecht n

ainsi : *c'est ~* so ist das ! ◆ *c'est ~ que d'autres* wie auch andere ◆ *c'est ~ qu'arriva ce qui devait arriver* so geschah, was geschehen mußte

air m 1 Luft f *le grand ~* frische Luft 2 *~ comprimé* Druckluft f 3 *armée de l'~* Luftwaffe f; *hôtesse de l'~* Stewardeß [ɛtjuːadɛs] f 4 *être pris en l'~* vergeßlich / zerstreut sein 5 *avoir l'~ fatigué* müde aus=sehen; *sans en avoir l'~* ohne sich (D) etw an=merken zu lassen; *se donner des ~s* vornehm tun, an=geben 6 *chanter un ~* eine Melodie f singen; *~ d'opéra* Opernarie f

aire f 1 (math) Flächeninhalt m 2 *~ de jeu* Spielplatz m ; *~ de repos* Raststätte f, Rastplatz m

airelle f Preiselbeere f

aisance f 1 Ungezwungenheit f 2 Wohlstand m 3 *lieux d'~s* Toiletten fpl

aise *f* : *être à son ~* sich wohl=fühlen; *se mettre à l'~* (es) sich (**D**) bequem machen; *en prendre à son ~* sich (**D**) etw trauen; *(fig) être à l'~* wohlhabend sein ◆ *j'en suis fort ~* das freut mich (sehr)

aisé 1 wohlhabend **2** *il est ~ de mentir* lügen ist leicht

aisselle *f* Achselhöhle *f*

ajonc *m* Stechginster *m*

ajourner : *~ une décision* eine Entscheidung auf=schieben; *~ une réunion* eine Sitzung verschieben/vertagen; *~ un candidat* einen Kandidaten zurück=stellen

ajouter : *~ du sel* Salz hinzu=geben; *~ des frais* Kosten dazu=rechnen; *~ une part* einen Teil dazu=geben; *~ un mot* ein Wort hinzu=fügen ◆ *~ au malheur* das Unglück vergrößern; *ajoutez à cela que* dazu kommt, daß ◆ *s'~ (à)* hinzu=kommen (zu **D**)

ajustement *m* : *procéder à des ~s* etw modifizieren

ajuster 1 *~ un vêtement à sa taille* die Kleidung einer Größe an=passen **2** *~ une pièce à une autre* ein Stück auf das andere aus=richten/an das andere an=passen **3** *~ les prix au marché* die Preise der Nachfrage an=passen **4** *~ sa conduite à une situation* sein Verhalten einer (**D**) Situation an=passen

ajusteur, -euse MaschinenschlosserIn *m f*, WerkzeugschlosserIn *m f*

alambic *m* Destilliergerät *n*, Destillierkolben *m*

alambiqué gekünstelt *un raisonnement ~* ein weit ausholender Gedankengang

alarme *f* Alarm *m donner l'~* Alarm schlagen

alarmer : beunruhigen; alarmieren ◆ *s'~* sich (**D**) Sorgen machen

alarmiste alarmierend

albâtre *m* Alabaster *m*

albumine *f* Eiweiß *n*, Eiweißstoff *m*

alcalin alkalisch, laugensalzartig

alchimiste *m* Alchemist *m*

alcool *m* Alkohol *m boire un ~* einen Schnaps *m* trinken

alcoolémie *f* : *taux d'~* Promillegrenze *f*, Alkoholspiegel *m*

alcoolique *m f* AlkoholikerIn *m f*

alcoolisé alkoholhaltig

alcoolisme *m* Alkoholismus *m*, Trunksucht *f*

alcôve *f* Alkoven *m secrets d'~* Bettgeheimnisse *npl*

aléa *m* Ungewißheit *f*

aléatoire Zufalls- *musique ~* aleatorische Musik

alentour : *les bois ~* die umliegenden Wälder ◆ *-s mpl* **1** Umgebung *f personne aux ~s* niemand rings umher **2** *aux ~s de dix heures* gegen zehn Uhr

alerte *f* : *~!* Alarm!; *~ aérienne* Fliegeralarm *m*; *être en état d'~* sich in Alarmbereitschaft *f* befinden

alerter : *~ la police* die Polizei rufen; *(fig)* warnen

alevin *m* Fischbrut *f*, Setzlinge *mpl*, Laich *m*

alezan : rötlich braun

algèbre *f* Algebra *f*; *(fig) pour moi c'est de l'~* das sind böhmische Dörfer für mich

algorithme *m* Rechenschema *n*

algue *f* Alge *f*

alibi *m* Alibi *n*

aliénant : *une société ~e* eine entfremdete Gesellschaft

aliénation *f* **1** *~ mentale* Geisteskrankheit *f* **2** *~ des biens* Besitzentzug *m*

aliéné -e *m f* Geistesgestörte/r

alignement *m* : *~ d'arbres* Baumreihe *f*; *une maison frappée d'~* ein von der Baulinie *f* betroffenes Haus; *être dans l'~ d'un bâtiment* sich in der Fluchtlinie eines Gebäudes befinden

aligner 1 *~ des élèves* Schüler in einer Reihe antreten lassen **2** *~ des chiffres* Zahlen auf=listen/auf=stellen **3** *~ le cours du franc sur celui du mark* den Wechselkurs des Francs dem der DM an=passen ◆ **1** *s'~* sich in einer Reihe auf=stellen **2** *s'~ sur la ligne d'un parti* sich der Parteilinie an=passen, *(fig)* sich auf die Parteilinie ein=schießen

aliment *m* Lebensmittel *n*, Nahrungsmittel *npl ~ pour chats* Katzennahrung *f*

alimentaire 1 Nahrungsmittel- *denrée ~* Lebensmittel *npl*; *régime ~* Diät *f* **2** *travail ~* Broterwerb *m*

alimentation *f* **1** Ernährung *f* **2** *magasin d'~* Lebensmittelgeschäft *n* **3** *l'~ en eau* Wasserversorgung *f*

alimenter 1 *~ qqn* jn ernähren **2** versorgen **3** *(fig) ~ la conversation* eine Unterhaltung beleben

alinéa *m* Absatz *m*

aliter (s') sich ins Bett legen, das Bett hüten

allaiter stillen, säugen

allant *m* : *être plein d'~* voller Schwung *m*/Elan *m*/Spannkraft *f* sein

alléchant 1 *un plat ~* ein leckeres Gericht **2** *une proposition ~e* ein verlockendes Angebot

allée *f* **1** Allee *f* **2** *les ~s et venues* das Kommen und Gehen *n*, das Hin und Her *n*

allégé : *beurre ~* fettarme Butter, Diätbutter

allégement *m* Entlastung *f ~ (fiscal)* (Steuer)senkung *f*; *apporter un ~ aux souffrances de qqn* jm Linderung *f* verschaffen

alléger erleichtern, verringern, mildern

allègre frisch, vergnügt; *(fig)* rüstig

allégresse

allégresse f Jubel m, laute Freude f
alléguer 1 ~ *un texte de loi* sich auf einen Gesetzestext berufen 2 ~ *une maladie* eine Krankheit vor=schieben
allemand deutsch ◆ Deutsch n
Allemand m -e f Deutsche/r
aller 1 ~ *en ville* in die Stadt gehen; ~ *à pied* laufen, zu Fuß gehen 2 *la route va à la mer* die Straße führt zum Meer ◆ *comment allez-vous ?* wie geht es Ihnen ? ◆ *cette robe te va bien* dieses Kleid steht dir gut ◆ ~ *de soi* sich von selbst verstehen ; *y* ~ *fort* übertreiben, überspitzen ◆ *allez !* los ! ◆ *s'en* ~ weg=/fort=gehen/fahren
aller m : *un* ~ *simple* eine (einfache) Hinfahrt f; *un* ~ *et retour !* einmal Hin und Zurück !; *à l'*~ auf dem Hinweg
allergie f Allergie f *faire une* ~ allergisch reagieren
alliage m Legierung f
alliance f 1 *traité d'*~ Freundschaftsvertrag m; *faire* ~ *avec qqn* ein Bündnis f mit (D) jm ein=gehen; *famille par* ~ Familie durch Verschwägerung f 2 ~ *en or* goldener Ehering m, Trauring m
allié m **-e** f Verbündete/r ; *(hist) les* ~s die Alliierten pl
allier *(fig)* verbinden/paaren (mit) ◆ *s'*~ *(à/avec)* sich verbünden/sich vereinigen (mit, zu D)
allô Hallo !
allocataire m Unterstützungsempfängerln m f
allocation f Beihilfe f, Zuschuß m, Unterstützung f ~s *familiales* Kindergeld n
allocution f Ansprache f, Rede f
allongé 1 *être* ~ liegen 2 *une forme* ~e längliche Form
allonger 1 länger machen ; verlängern 2 ~ *les jambes* die Beine aus=strecken 3 ~ *une sauce* eine Soße verdünnen, verlängern 4 ~ *de l'argent* Geldmittel strecken ◆ *les jours s'allongent* die Tage werden länger ◆ *s'*~ sich hin=legen
allouer bewilligen, gewähren
allumage m Zündung f
allume-cigares m Zigarettenanzünder m
allumer 1 ~ *un feu* ein Feuer an=zünden ; ~ *une cigarette* eine Zigarette an=stecken 2 *(fig)* ~ *les passions* Leidenschaften entflammen/entfachen 3 *(fam)* ~ *qqn* jn an=machen ◆ *allume !* mach das Licht an !, *(fam)* knips an ! ◆ *les fenêtres s'allument* die Fenster werden hell ; *ses yeux s'allument* seine Augen leuchten auf
allumette f 1 Streichholz n 2 ~s *au fromage* Käsestangen fpl
allumeur m 1 Anzünder m 2 *(fam)* m **-euse** f AnmacherIn m f
allure f 1 *à toute* ~ schnell 2 *une* ~ *distinguée* eine elegante Erscheinung f; *avoir de l'*~ Stil m haben ; *avoir une drôle d'*~ komisch aus=sehen
allusion f Andeutung f, Allusion f, Anspielung f *faire* ~ *à qch* auf etw an=spielen
alluvions fpl Anschwemmungen fpl
alors 1 *il faisait* ~ *très froid* damals war es sehr kalt 2 *il est arrivé,* ~ *je lui ai dit...* er ist angekommen, dann habe ich ihm gesagt... 3 *(fam)* ~, *tu viens ?* kommst du nun endlich ? ◆ 1 ~ *que* während 2 *il le fait,* ~ *que c'est interdit* er macht es, obwohl es doch verboten ist
alouette f Lerche f
alourdir belasten, beschweren
alpages mpl Alm f
alpestre Alpen-
alphabet m Alphabet n, ABC n
alphabétique : *ordre* ~ alphabetische Reihenfolge
alphabétisation f : *faire de l'*~ Lesen und Schreiben bei=bringen
alpin Alpen- ; *(mil) chasseur* ~ Gebirgsjäger m, Alpenjäger m
alpinisme : *faire de l'*~ berg=steigen
alpiniste m f BergsteigerIn m f, AlpinistIn m f
altération f 1 ~ *d'un sens* Verdrehung f, Sinnentstellung f 2 *(mus)* chromatische Veränderung f 3 *l'*~ *d'une monnaie* Wertminderung f von Geld 4 *subir des* ~s Verschlechterungen fpl hin=nehmen
altercation f Auseinandersetzung f, Streit m, Zank m
alter ego m : *c'est mon* ~ das ist mein anderes/zweites Ich n
altérer (s') verderben
alternance f Wechsel m
alternateur m *(tech)* Wechselstromgenerator m
alternatif, -ive 1 *courant* ~ Wechselstrom m 2 *mouvement* ~ alternative Bewegung
alternative f Alternative f, Wahl f
alternativement abwechselnd, wechselweise
alterner ab=wechseln ~ *avec qqn* sich ab=lösen (mit D)
Altesse f : *son* ~ *Royale* seine Königliche Hoheit f
altier, -ère : hochmütig
altimètre m Höhenmesser m
altitude f : *à 500 m d'*~ in 500 m Höhe f; *en* ~ in der Höhe ; *prendre de l'*~ Höhe gewinnen, auf=steigen ; *perdre de l'*~ an Höhe verlieren
alto : *une flûte* ~ Altflöte f ◆ m Bratsche f
altruisme m Altruismus m, Selbstlosigkeit f
alunir auf dem Mond landen
amabilité f Liebenswürdigkeit f, Freund-

amincir

lichkeit f *faire des ~s à qqn* jm gegenüber zuvorkommend sein
amadouer für sich gewinnen / ein=nehmen, besänftigen
amaigrir mager werden lassen, aus=zehren ◆ *s'~* magerer werden
amaigrissement m : *cure d'~* Abmagerungskur f, Schlankheitskur f
amalgame m 1 Amalgam n 2 *(fig) faire des ~s* Dinge, die nichts miteinander zu tun haben, vermischen
amalgamer vermischen, verquicken ◆ *s'~ (fig)* sich scharen
amande f Mandel f *yeux en ~s* mandelförmige Augen
amanite f Knollenblätterpilz m ~ *phalloïde* grüner Knollenblätterpilz m
amant m **-e** f GeliebteIr. LiebhaberIn f
amarre f Tau n *larguez les ~s !* Leinen los !, Klar zum Ablegemanöver !
amarrer verankern, vertauen
amas m Haufen m ; *(fig) un ~ d'étoiles* Sternenmeer m
amasser an=häufen *~ de l'argent* Geld zusammen=scharren / horten
amateur m **-trice** f 1 LiebhaberIn m f *~ d'art* KunstliebhaberIn m f ; *(fig) trouver des ~s pour qch* Interessenten mpl / Liebhaber mpl für etw finden 2 *théâtre ~* Amateurtheater n 3 *(péj)* Nichtfachmann m, Laie m
amateurisme : *(péj) c'est de l'~ !* das ist unprofessionell !
ambages mpl : *parler sans ~* ; *(fig)* kein Blatt vor den Mund nehmen
ambassade f Botschaft f
ambassadeur m **-drice** f BotschafterIn m f ; Frau f des Botschafters ; *(fig) vous serez notre ~ auprès de...* Sie werden unsere Interessen gegenüber (D)... vertreten
ambiance f Stimmung f, Atmosphäre f *il y a de l'~ !* hier herrscht Stimmung ! hier ist was los ! ; *mettre de l'~* für Stimmung f sorgen
ambiant : *température ~e* Raumtemperatur f
ambigu₂, -ë zweideutig
ambiguïté f Zweideutigkeit f *sans ~* eindeutig ; *lever les ~s* Zweideutigkeiten aus=räumen, Klarheit schaffen
ambitieux, -euse *(personne)* ehrgeizig ; *(projet)* anspruchsvoll
ambition f Ehrgeiz m ; Streben n *avoir l'~ de devenir général* danach streben, General zu werden ; *avoir de l'~* ehrgeizig sein, hochfliegende Pläne haben
ambitionner erstreben, an=streben
ambre m Bernstein m, Amber m
ambulance f Krankenwagen m
ambulant : *marchand ~* fliegender Händler

âme f 1 Seele f : *(fig) rendre l'~* die Seele aus=hauchen, seinen Geist m auf=geben ; *vague à l'~* Seelenschmerz m, Weltschmerz m ; *en votre ~ et conscience* nach bestem Wissen n und Gewissen 2 ~ *d'un violon* Stimmholz m
amélioration f Verbesserung f *~ d'une situation financière* Aufbesserung f einer finanziellen Lage
améliorer (s') (sich) verbessern ; auf=bessern
aménageable : *des combles ~s* ausbaufähiger Dachstuhl
aménagement m 1 l'~ *d'une maison* Einrichtung f eines Hauses 2 *négocier des ~s par rapport à une convention* Veränderungen fpl im Hinblick auf ein Abkommen aus=handeln 3 *l'~ du territoire* Raumordnung f
aménager ein=richten ; aus=bauen
amende f Geldstrafe f ; *(fig) faire ~ honorable* Abbitte f leisten
amendement m 1 Abänderung f 2 ~ *des sols* Bodenverbesserung f
amender 1 ab=ändern, verbessern 2 ~ *une terre* den Boden meliorieren / düngen ◆ *s'~* sich bessern
amener 1 ~ *qqn à faire qch* jn dazu bringen, etw zu tun 2 *(jur) mandat d'~* Haftbefehl m 3 her=bringen ; mit=bringen ◆ *(fam) amène-toi !* komm' her !
aménorrhée f Ausbleiben n der Menstruation
amenuiser verringern ◆ *les espoirs s'amenuisent* die Hoffnungen schwinden, werden geringer
amer, -ère bitter ; *(fig)* verbittert
amerrir auf dem Wasser nieder=gehen, wassern
amertume f 1 *(fig)* Verbitterung f *des paroles pleines d'~* Worte voller Bitterkeit f 2 *l'~ du citron* Säure f der Zitrone
ameublement m ; *l'~ d'une maison* die Einrichtung f eines Hauses
ameublir auf=lockern
ameuter : ~ *la population* die Bevölkerung auf=wiegeln ; ~ *tout le monde* alle zusammen=trommeln
ami m **-e** f FreundIn m f ; GeliebteI r ~ *des bêtes* Tierfreund m
amiable : *à l'~* gütlich
amiante m Asbest m
amical 1 freundschaftlich, freundlich 2 *un match ~* Freundschaftsspiel n
amicale f Verband m, Verein m
amicalement : *« bien amicalement »* "mit freundlichen Grüßen"
amidon m Kartoffelstärke f, Wäschesteife f
amidonner stärken
amincir schlanker werden ◆ *cette robe*

amincissant

t'amincit dieses Kleid läßt dich schlanker erscheinen/ macht dich schlanker

amincissant Schlankheits-

amiral *m* Admiral *m*

amitié *f* Freundschaft *f transmettez (faites)-lui toutes nos ~s !* richten Sie ihm (ihr) unsere herzlichsten Grüße aus!

ammoniac *m* Ammoniak *n*, Salmiak *m*

amnésie *f* Amnesie *f*, Gedächtnisschwund *m*, Gedächtnisverlust *m*

amnésique : *être ~* an Gedächtnisschwund leiden

amnistie *f* Amnestie *f*

amnistier amnestieren, begnadigen

amocher (*fam*) : *~ qqn* jn kaputt=machen ◆ *il est bien amoché !* er hat ganz schön was ab=bekommen! er ist ganz schön ramponiert

amoindrir beeinträchtigen ~ *qqn* jn schwächen; *~ la valeur de qch* den Wert von etw schmälern; *~ les difficultés* die Schwierigkeiten verringern

amollir weich machen; (*fig*) ~ *qqn* jn erweichen

amonceler auf=stapeln; an=häufen ◆ *s'~* sich häufen

amont *m* : *en ~* stromaufwärts; *en ~ de Blois* oberhalb von Blois ◆ *le ski ~* Bergski *m*

amoral unmoralisch

amorce *f* 1 Zündblättchen *n l'~ d'une cartouche* Patronenzünder *m* 2 *l'~ d'une histoire* der Auslöser *m* einer Geschichte; *l'~ d'une cassette* der Anfang *m* einer Kassette 3 (*pêche*) Köder *m*

amorcer 1 ~ *une pompe* eine Pumpe an=saugen lassen 2 ~ *une période difficile* eine komplizierte Phase ein=leiten; ~ *un virage* in eine Kurve gehen; (*fig*) eine Wende ein=leiten

amorphe amorph, energielos, schlapp

amortir 1 ab=schwächen; dämpfen 2 (*comm*) ab=schreiben; (*fig*) amortisieren

amortissement *m* 1 Abschwächung *f*; Dämpfung *f* 2 *tableau d'~* Abschreibungstabelle *f*

amortisseur *m* Stoßdämpfer *m*

amour *m* 1 Liebe *f faire l'~* (*fig*) sich lieben, miteinander schlafen 2 *tu es un ~ !* du bist ein Schatz *m* !; *un ~ de petite robe* ein entzückendes Kleid; (*fam*) ein irrer Fummel

amouracher (s') (de) sich vernarren (in A)

amourette *f* Liebelei *f*

amoureux, -euse verliebt *tomber ~* sich verlieben (in A) ◆ *m f avoir un ~* einen Freund *m*/ Verehrer *m* haben

amour-propre *m* Selbstachtung *f*, Eigenliebe *f*

amovible absetzbar, auswechselbar

ampère *m* Ampere *n*

amphétamine *f* Aufputschmittel *n*

amphibie : *un animal ~* Amphibie *f*; *une voiture ~* Amphibienfahrzeug *n*

amphithéâtre *m* 1 Amphitheater *n* 2 (*université*) Hörsaal *m*

ample 1 weit 2 *pour de plus ~s renseignements* um umfassende/detaillierte Auskünfte zu bekommen

ampleur *f* 1 Weite *f* 2 *l'~ du désastre* das Ausmaß *n* der Katastrophe; *l'affaire prend de l'~* die Angelegenheit weitet sich aus/zieht Kreise

ampli / amplificateur *m* Verstärker *m*

amplifier verstärken; (*fig*) übertreiben

amplitude *f* Umfang *m l'~ d'une onde* die Schwingungsweite *f* einer Welle

ampoule *f* 1 ~ *électrique* (Glüh)birne *f* 2 (*méd*) Ampulle *f* 3 Blase *f*

ampoulé gekünstelt

amputer : ~ *une jambe* ein Bein ab=nehmen; ~ *qqn* jn amputieren; (*fig*) kürzen

amusant lustig, belustigend

amuse-gueule *m* Knabberzeug *n*

amusement *m* Vergnügen *n*, Unterhaltung *f*

amuser 1 unterhalten, amüsieren 2 ~ *un adversaire* einen Feind ab=lenken ◆ 1 *bien s'~* sich gut unterhalten, sich amüsieren 2 *s'~ du malheur de qqn* sich über das Unglück von jm lustig machen

amygdale *f* Mandel *f*

anachronique anachronistisch, unzeitgemäß

anal Steiß-; (*psy*) *stade ~* Analphase *f*

analgésique *m* schmerzstillendes Medikament *n*

analogie *f* Analogie *f*, Ähnlichkeit *f*

analogue ähnlich

analphabète *f m* AnalphabetIn *m f*

analyse *f* 1 ~ *bactériologique* Untersuchung *f* auf Bakterien; ~ *de sang* Blutuntersuchung *f*; *laboratoire d'~s médicales* Labor für medizinische Analysen *fpl* 2 Analyse *f en dernière ~* letzten Endes, nach reiflicher Überlegung 3 ~ *grammaticale* grammatische Aufgliederung *f* 4 (*psy*) Analyse

analyser 1 untersuchen 2 ~ *des résultats* die Ergebnisse aus=werten; ~ *un texte* einen Text analysieren

analyste *m f* 1 ~ *financier* Finanzanalytiker *m* 2 (*psy*) AnalytikerIn *m f*

ananas *m* Ananas *f*

anar / anarchiste *m f* AnarchistIn *m f*

anathème *m* Bannfluch *m*, Verwünschung *f jeter l'~ sur qqn* jn mit einem Fluch belegen

anatomie *f* 1 Anatomie *f* 2 (*fam*) *avoir une belle ~* gut gebaut/wohlproportioniert sein

ancestral, -aux altüberliefert

ancêtre *m f* Vorfahren *mpl*

anchois *m* Anchovis *f*
ancien, -ne 1 *une coutume* ~*ne* eine althergebrachte Sitte ; *un meuble* ~ ein altes Möbelstück 2 *un* ~ *ministre* ein ehemaliger Minister ◆ *les Anciens* *mpl* die Alten *mpl*
ancienneté *f* : *avoir de l'* ~ ein hohes Dienstalter *n* haben ; *prime d'* ~ Prämie für langjährige Betriebszugehörigkeit *f*
ancre *f* Anker *m*
ancrer 1 ~ *un bateau* ein Schiff verankern 2 *qui t'a ancré cette idée dans la tête ?* wer hat dir diese Idee in den Kopf gesetzt ? ◆ *s'*~ *qpart* sich irgendwo fest=ankern ; *(fig)* sich irgendwo fest=setzen/ein=nisten
androgyne *m f* Zwitter *m*
âne, -sse EselIn *m f* ; *(fam)* Dummkopf *m*
anéantir 1 ~ *une ville* eine Stadt vernichten 2 ~ *qqn* jn zugrunde richten ◆ *je suis anéanti* ich bin wie vor den Kopf geschlagen
anéantissement *m* Vernichtung *f*, Zerstörung *f*
anecdote *f* Anekdote *f*
anémie *f* Blutarmut *f*, Anämie *f*
ânerie *f* Blödsinn *m*
anesthésie *f* Anästhesie *f*, Betäubung *f* ~ *générale* Vollnarkose *f*
anesthésier 1 ~ *qqn* jn anästhesieren/ betäuben 2 *(fig)* ein=schläfern
anesthésique betäubend
anesthésiste *m f* AnästhesistIn *m f*
anfractuosité *f* Vertiefung *f* *l'* ~ *d'un rocher* Felsspalte *f*
ange *m* Engel *m* ; *(fig)* ~ *gardien* Schutzengel *m*, guter Ratgeber *m* ; *être aux* ~*s* im siebenten Himmel sein ; *un* ~ *passe* plötzliches Schweigen tritt ein
angélique engelhaft, sanftmütig
angine *f* Angina *f*
anglaise 1 Korkenzieher *mpl*, Ringellocken *fpl* 2 *filer à l'* ~ ; *(fam)* sich aus dem Staub(e) machen
angle *m* 1 Winkel *m* ; *(fig) vu sous cet* ~ unter diesem Aspekt *m*/Gesichtspunkt *m* betrachtet ; *arrondir les* ~*s* die Gegensätze *mpl* aus=gleichen, ausgleichend wirken 2 *à l'* ~ *de la rue* an der Straßenecke *f*
anglo-saxon, -ne angelsächsisch
angoissant beängstigend, beklemmend
angoisse *f* Angst *f*, Beklemmung *f*
angoissé geängstigt, beunruhigt
anguille *f* Aal *m* ; *(fig) c'est une véritable* ~ er schlüpft überall durch ; er ist aalglatt ; *il y a* ~ *sous roche* da steckt (doch) etw dahinter, da ist etw im Gange/im Busch
angulaire : *pierre* ~ Eckstein *m* ; *(fig)* Basis *f*, Ausgangspunkt *m*, Fundament *n*
anicroche *f* Problem *n*

animal, -aux *m* Tier *n* ◆ *le règne* ~ Tierreich *n* ; *une chaleur* ~*e* animalische Wärme
animalier : *parc* ~ Tierpark *m*
animateur, -trice : ~ *de club* AnimatorIn *m f* ; ~ *de radio* ModeratorIn *m f* ; ~ *de stage* AusbilderIn *m f*
animation *f* 1 *il y a de l'* ~ *en ville* in der Stadt ist viel Betrieb *m* ; *parler avec* ~ lebhaft reden 2 ~ *culturelle* Freizeitgestaltung *f* 3 *film d'* ~ Trickfilm *m*
animé 1 *une rue* ~*e* eine belebte Straße ; *discussion* ~*e* eine lebhafte Diskussion 2 *un être* ~ ein lebhaftes Wesen 3 *dessin* ~ Zeichentrickfilm *m*
animer 1 ~ *une soirée* (*fam*) einen Abend in Schwung bringen 2 beleben, an=treiben, mit=reißen ◆ *s'* ~ sich beleben
animosité *f* Feindseligkeit *f*, Unwillen *m* ; *parler sans* ~ ohne Groll *m* reden
ankylosé steif
annales *fpl* Annalen *pl*, Jahrbücher *npl*
anneau *m* Ring *m*
année *f* Jahr *n* ~ *civile* Kalenderjahr *n* ; ~ *scolaire* Schuljahr *n*
année-lumière *f* Lichtjahr *n*
annexe *f* 1 ~ *de la mairie* Zweigstelle *f*/Niederlassung *f* der Stadtverwaltung 2 *en* ~ in der Anlage ◆ *un point* ~ Nebenpunkt *m*
annexer annektieren
annihiler zunichte machen
anniversaire *m* 1 Geburtstag *m* *aujourd'hui c'est mon* ~ heute habe ich Geburtstag *m*! ; *bon* ~ ! alles Gute zum Geburtstag *m*! 2 *le jour* ~ Jahrestag *m*
annonce *f* 1 Ankündigung *f* 2 Anzeige *f*, Annonce *f*, Inserat *m petite* ~ Kleinanzeige *f* ; *passer une* ~ ein Inserat auf=geben ; eine Ansage *f* durch=geben
annoncer 1 ~ *une nouvelle* eine Nachricht an=kündigen 2 *cela n'annonce rien de bon* das verspricht nichts Gutes
annonceur *m* **-euse** *f* InserentIn *m f* ; AuftraggeberIn *m f* für Werbung
Annonciation *f* (*rel*) Mariä Verkündigung *f*, Ankündigung *f*
annotation *f* Anmerkung *f*, Randbemerkung *f*
annoter mit Randbemerkungen versehen, anmerken
annuaire *m* : ~ *téléphonique* Telefonbuch *n*, Fernsprechbuch *n* ; ~ *des médecins* Ärzteverzeichnis *n*
annuel, -le Jahres- *revenu* ~ jährliches Einkommen *n*, Jahreseinkommen *n* ; *plante* ~ einjährige Pflanze
annuité *f* Jahresrate *f*, Jahreszahlung *f*
annulaire *m* Ringfinger *m*
annulation *f* Annulierung *f*, *clause d'* ~ Aufhebungsklausel *f*, Stornierungsklausel *f*
annuler 1 annullieren ~ *un contrat* einen

Vertrag rückgängig machen / auf=heben; ~ *des élections* Wahlen für ungültig erklären 2 ~ *un match* ein Spiel ab=sagen

anoblir : ~ *qqn* jn adeln / in den Adelsstand erheben

anodin harmlos, unbedeutend

anomalie f Anomalie f; *(biol)* ~ *chromosomique* Abweichung f in den Chromosomen

ânonner stockend lesen

anonymat m Anonymität f

anorexique appetitlos

anormal anormal, abnorm; unregelmäßig

anse f Henkel m, Griff m

antan : *d'*~ von früher

antécédent m 1 *il y a des* ~s es gibt Präzedenzfälle mpl; *avoir de bons* ~s ein gutes Vorleben n haben 2 *(gram)* Beziehungswort n

antenne f 1 Antenne f; *(fig) avoir l'*~ auf Sendung f sein 2 *(insectes)* Fühler mpl; *(fig) avoir des* ~s einen sechsten Sinn n haben, eine Antenne für etw haben 3 ~ *médicale* medizinische Versorgungsstation f; *(fig) avoir des* ~s *à la mairie* einen guten Draht m zum Rathaus haben

antérieur 1 Vorder- *les membres* ~s die Vordergliedmaßen npl 2 *être* ~ *à* früher liegen als

anthropomorphique menschenähnlich

anthropophage menschenfressend

antiaérien : *abri* ~ Luftschutzraum m

antibiotique m Antibiotikum n

antibrouillard : *phare* ~ Nebelscheinwerfer m

antibruit : *mur* ~ Lärmschutzmauer f

anticalcaire mit Enthärter

antichambre f Vorzimmer n

anticipation f Vorausnahme f, Vorwegnahme f *film f* ~ Science-fiction- Film; *payer par* ~ Vorauszahlung f leisten

anticiper : ~ *un paiement* eine Zahlung im voraus leisten ◆ ~ *sur* vor=greifen auf (A) *n'anticipons pas!* nehmen wir nichts vorweg!

anticoagulant blutgerinnungshemmend

anticonceptionnel, -le empfängnisverhütend

anticonstitutionnel verfassungswidrig

anticorps m Antikörper m

anticyclone m Hochdruckgebiet n, Antizyklon m

antidater zurück=datieren

antidépresseur m Aufputschmittel n

antidérapant rutschfest

antidote m Gegengift n, Gegenmittel n

antimissile Boden-Luft-Rakete f, Raketenabwehrgeschoß n

antimite m Mottenschutzmittel n

antinucléaire Strahlenschutz-

antipathie f Antipathie f, Abneigung f

antipelliculaire gegen Schuppen

antipode m : *(fig) partir aux* ~s ans andere Ende der Welt gehen; *mon point de vue est aux* ~s *du sien* ich bin grundsätzlich anderer Meinung

antipoison : *centre* ~ Entgiftungszentrale f

antiquaire m f AntiquitätenhändlerIn m f

antique : *la Grèce* ~ das antike Griechenland; *une* ~ *croyance* ein althergebrachter Glaube

Antiquité f Antike f, Altertum n

antiquité f Antiquität f; *(fig) ma voiture est une véritable* ~ *!* mein Auto ist von Anno dazumal!

antireflet : *verre* ~ nicht reflektierendes Glas

antirides gegen Falten, Falten vorbeugend

antirouille Rostschutz-

antiseptique antiseptisch, keimtötend

antispasmodique m krampfstillendes Mittel n

antiterroriste : *brigade* ~ Antiterroreinheit f, GSG 9

antivol m Diebstahlsicherung f

antre m Höhle f, Grotte f; *(fam)* Schlupfwinkel m

anus m After m

anxiété f Ängstlichkeit f, Beklemmung f, innere Unruhe f

anxieux, -euse verängstigt

aorte f Aorta f

août m August m

aoûtien, -ne f AugusturlauberIn m f

apaisant beruhigend, beschwichtigend

apaisement m : *mesure d'*~ Beschwichtigungsmaßnahmen fpl; *paroles d'*~ Worte der Besänftigung f; ~ *de la tempête* Nachlassen n des Sturms; *chercher l'*~ Erleichterung f suchen

apaiser 1 ~ *des souffrances* Schmerzen lindern; *(fig)* ~ *les esprits* die Geister beruhigen, den Streit schlichten 2 ~ *sa soif* seinen Durst stillen / löschen ◆ *la tempête s'apaise* der Sturm legt sich; *le malade s'apaise* der Kranke beruhigt sich

apathie f Apathie f, Gleichgültigkeit f, Teilnahmslosigkeit f

apatride staatenlos, heimatlos

apercevoir erblicken, wahr=nehmen, fest=stellen ◆ *s'*~ *de qch* etw bemerken; *s'*~ *que* gewahr werden, daß; wahr=nehmen

aperçu m Überblick m

apesanteur f Schwerelosigkeit f

à-peu-près m Ungefähre / s n, Halbheit f; *c'est de l'*~ das ist eine vage Annäherung f / *(fam)* über den Daumen gepeilt

apeurer verängstigen, erschrecken

aphasie f Verlust m der Sprache

aphone stimmlos, tonlos

aphrodisiaque m Aphrodisiakum n

aphte *m* Aphte *f*
à-pic *m* Steilhang *m*
apiculteur *m* **-trice** *f* ImkerIn *m f*, BienenzüchterIn *m f*
apitoiement *m* Bemitleiden *n pas d'~ !* kein falsches Mitleid !
apitoyer rühren, zum Mitleid bewegen ◆ *s'~ sur son sort* sein Schicksal bemitleiden
aplanir ein=ebnen; *(fig)* ~ *les difficultés* Schwierigkeiten aus dem Weg räumen
aplatir ab=platten, platt schlagen, breit drücken ◆ *s'~ sur le sol* sich flach auf den Boden legen; *s'~ contre un mur* sich gegen/an eine Mauer drücken/pressen; *(fig) s'~ devant qqn* vor jm kriechen/katzbuckeln
aplomb *m* **1** *l'~ d'un mur* Lotrechte *f* einer Mauer **2** *être bien d'~ sur ses jambes* mit beiden Beinen fest auf dem Boden/auf der Erde stehen; *(fig) remettre d'~* wieder auf die Beine npl/in Form *f* bringen **3** *(fig) avoir de l'~* Dreistigkeit *f* besitzen; frech, unverschämt sein
apocalypse *f (fig)* Weltuntergang *m*
apogée *m (astro)* Kulminationspunkt *m*, größte Erdferne *f*, Zenit *m*; *(fig) à l'~ de sa carrière* auf dem Gipfel *m* seiner Laufbahn
apologie *f* : *faire l'~ de qqn/qch* jn/etw lobend heraus=stellen
apoplexie *f* Schlaganfall *m*
apostat *m* Abtrünnige/r
a posteriori : nachträglich
apostolat *m* Apostolat *n*; *(fig) son travail est pour lui un véritable ~* er opfert sich für seine Arbeit auf
apostolique apostolisch *le nonce ~* der päpstliche Abgesandte *m*, Nuntius *m*
apostrophe *f* Apostroph *m*, Auslassungszeichen *n*
apostropher : *~ qqn (fam)* jn brüsk an=fahren
apothéose *f* Höhepunkt *m*
apôtre *m* Apostel *m*; *(fig) se faire l'~ de* sich zum Verfechter *m* von machen; *faire le bon ~* einen anständigen Kerl mimen/vor=täuschen
apparaître erscheinen, auf=tauchen *il apparaît que* es zeigt sich/wird offensichtlich, daß
appareil *m* **1** Apparat *m*, Gerät *n*; *~ photo* Fotoapparat *m*; *~ ménager* Haushaltsgerät *n* **2** *(tél) qui est à l'~ ?* wer ist am Apparat *m*? **3** *~ dentaire* (Zahn)prothese *f* **4** *~ d'un parti* Parteiapparat *m* **5** *dans son plus simple ~* nackt, hüllenlos
appareiller (paarweise) zusammen=legen/zu=richten, aufeinander ab=stimmen ◆ *(mar)* in See stechen
apparence *f* Äußere/s *n*, Aussehen *n en ~* scheinbar; *contre toute ~* gegen allen/entgegen allem Anschein *m*; *prendre l'~ de* Gestalt *f* an=nehmen (von **D**); *se fier aux ~s* dem Schein *m* trauen
apparenter (s') (à) ähneln/ähnlich sein (**D**)
appariteur *m* Hausmeister *m*, Pedell *m*
appartement Wohnung *f*
appartenance *f* Zugehörigkeit *f*
appartenir : *la maison m'appartient* das Haus gehört mir; *~ à un parti politique* einer Partei an=gehören; *la décision t'appartient* die Entscheidung kommt/steht dir zu
appas *mpl* weibliche Reize *fpl*
appât *m* Köder *m*; *(fig)* Lockung *f*, Verlockung *f*
appâter ködern
appauvrir (s') arm werden, verarmen
appauvrissement *m* Verarmung *f*, Verelendung *f*, Verkümmerung *f*
appeau *m* Lockpfeife *f*, Lockvogel *m*
appel *m* **1** Ruf *m*; *~ téléphonique* Anruf *m*; *~ au secours* Hilferuf *m*; *répondre à un ~* sich stellen; *~ de phare* Lichthupe *f* **2** *~ au peuple* Aufruf *m* an das Volk; *~ à la révolte* Aufruf *m* zum Aufstand; *(fig/fam) ~ du pied* Wink *m* mit dem Zaunpfahl; *(comm) prix d'~* Probierpreis *m*, Lockpreis *m*; *~ d'offres* Ausschreibung *f* **3** *faire l'~* Anwesenheit (durch Aufruf) nach=prüfen **4** *une décision sans ~* eine unumstößliche Entscheidung *f*; *la Cour d'~* Berufungsgericht *n* **5** *un ~ d'air* Luftzufuhr *f* **6** *(sp) saut avec ~* Absprung *m*, Schlußsprung *m*
appelé *m* Wehrdienstleistende/r *m*, Wehrdienstpflichtige/r *m*
appeler **1** *~ qqn* jn rufen; *(tél)* jn an=rufen **2** *~ qqn à un poste* jn auf einen Posten berufen **3** *(inf) ~ des données* Daten ab=rufen **4** *~ un enfant Jean* ein Kind Jean/Hans nennen; *~ les choses par leurs noms* die Dinge beim rechten Namen nennen; *(fig)* kein Blatt vor den Mund nehmen ◆ *en ~ à* appellieren an (**A**)
appellation *f* : *(vin) d'origine contrôlée* Qualitätswein bestimmter Anbaugebiete; *(aliments)* mit Herkunftsbezeichnung *f*
appendice *m* **1** Nachtrag *m*, Anhang *m* **2** *(méd)* Blinddarm *m*
appendicite *f* Blinddarmentzündung *f*
appentis *m* Vordach *n*
appesantir (s') : *(fig) ne pas s'~ sur qch* nicht lang und breit über etw reden, sich nicht lang und breit über etw aus=lassen
appétissant appetitlich, einladend; *(fig/fam)* zum Anbeißen
appétit *m* Appetit *m bon ~ !* guten Appetit *m* !
applaudir klatschen, applaudieren *~ un*

acteur einem Schauspieler Beifall spenden ♦ ~ *à une idée* eine Idee begrüßen

applaudissements *mpl* Applaus *m*, Beifall *m*

application *f* 1 ~ *d'une pommade* Auftragen *n* einer Salbe; ~ *d'un pansement* Auflegen *n* eines Pflasters 2 ~ *d'une règle* Anwendung *f* einer Regel; *mettre une théorie en* ~ eine Theorie durch=setzen 3 *travailler avec* ~ mit Fleiß *m* arbeiten

applique *f* Wandleuchte *f*

appliqué 1 fleißig 2 *un coup bien* ~ ein gut sitzender Schlag 3 *sciences* ~*es* angewandte Wissenschaft(en)

appliquer 1 auf=tragen; auf=legen 2 an=wenden 3 ~ *une échelle contre un mur* eine Leiter an die Wand stellen ♦ 1 *s'*~ *à bien faire* sich (D) Mühe geben, (etw) gut zu machen 2 *cette remarque s'applique aussi à toi* diese Bemerkung gilt auch auf dich/trifft auch auf dich zu

appoint *m* 1 *faire l'*~ (das) Kleingeld bereit=halten 2 *chauffage d'*~ Zusatzheizung *f*, Heizgerät *n*

appointements *mpl* Bezüge *mpl*, Gehalt *n*

appontement *m* Landungsbrücke *f*

apport *m* : ~ *d'engrais* Düngen *n*; (*fig*) ~*s d'une civilisation* Zivilisationsbeitrag *m*; (*comm*) *un* ~ *de 10%* Vermögensanteil *m* von 10%, 10% Einlagekapital *n*

apporter 1 bringen; mit=bringen 2 ~ *une preuve* einen Beweis liefern

apposer : ~ *une signature* eine Unterschrift leisten, unterschreiben; ~ *un tampon* stempeln; ~ *les scellés* mit einem amtlichen Siegel versehen

appréciable (*fig*) beachtlich, nennenswert

appréciation *f* 1 ~ *du temps* Abschätzen *n* der Zeit 2 Beurteilung *f*

apprécier 1 ~ *une distance* eine Entfernung ab=schätzen 2 ~ *un vin* einen Wein schätzen; ~ *l'aide de qqn* die Hilfe von jm zu schätzen/würdigen wissen

appréhender 1 ~ *un malfaiteur* einen Übeltäter fest=nehmen 2 ~ *un événement* ein Ereignis befürchten 3 ~ *la réalité* die Realität ein=schätzen/begreifen; die Realität fürchten

appréhension *f* Befürchtung *f*, Bangigkeit *f*

apprendre 1 lernen ~ *à écrire* schreiben lernen 2 ~ *une nouvelle* eine Nachricht hören, etw erfahren 3 (*fam*) *ça t'apprendra!* das wird/soll dir eine Lehre sein! ♦ ~ *à écrire à qqn* jm das Schreiben bei=bringen; ~ *qch à qqn* jm etw lehren; jm etw mit=teilen

apprenti *m* -**e** *f* Auszubildende/r (Azubi) *m*, Lehrling *m f*; (*fig*) Neuling *m jouer à l'*~ *sorcier* den Zauberlehrling *m* spielen

apprentissage *m* 1 *être en* ~ in der Lehre *f* sein 2 *l'*~ *d'une langue* das Erlernen einer Sprache; (*fig*) *faire l'*~ *de qch* etw lernen, die ersten Erfahrungen mit etw machen

apprêt *m* Appretur *f*

apprêter (s') sich zurecht=machen ♦ *s'*~ *à faire qch* sich vor=bereiten, etw zu tun

apprivoiser zähmen; (*fig*) ~ *qqn* jn vertraut/umgänglich machen

approbateur, -trice beifällig, billigend, zustimmend

approbation *f* Einverständnis *n*, Zustimmung *f*, Genehmigung *f*

approchant : *qch d'*~ etw Ähnliches

approche *f* 1 *à l'*~ *du gardien* beim Herannahen *n* des Wächters; *à l'*~ *de l'hiver* (kurz) vor Einbruch *m* des Winters; *manœuvres d'*~ Annäherungsversuche *npl* 2 *une* ~ *originale* ein originelles Herangehen *n*, eine unkonventionelle Annäherung *f*; *un texte d'*~ *difficile* ein schwer zugänglicher Text 3 *aux* ~*s de la ville* in unmittelbarer Nähe *f* der Stadt

approcher : ~ *qqn* an jn heran=kommen; jm näher=kommen; ~ *une chaise* einen Stuhl heran=rücken ♦ *approche un peu par là!* komm mal her! ♦ ~ *du but* dem Ziel näher=kommen; ~ *de la quarantaine* auf die Vierzig zu=gehen ♦ *approche-toi!* komm/tritt/rück näher! komm zu mir!

approfondir vertiefen; (*fig*) näher prüfen/beleuchten

appropriation *f* Aneignung *f*

approprié geeignet/passend

approprier (s') sich (D) an=eignen

approuver zu=stimmen (D) *« lu et approuvé »* "gelesen und genehmigt"

approvisionnement *m* Versorgung *f*

approvisionner beliefern, versorgen ~ *un compte* ein Konto decken

approximatif, -ive etwaig *un résultat très* ~ ein nur überschlagenes, annäherndes Ergebnis

approximation *f* (annähernde) Schätzung *f*, Annäherungswert *m*

approximativement ungefähr, etwa

appui *m* 1 Stütze *f*, Lehne *f*, Halt *m barre d'*~ Stützbalken *m* 2 *prendre* ~ (*sur*) sich stützen (auf A) 3 *avoir l'*~ *de qqn* Unterstützung *f* von jm durch jn haben; *preuves à l'*~ durch Beweise gestützt

appui-tête *m* Kopfstütze *f*

appuyer 1 lehnen (an A) 2 ~ *une demande* eine Bitte unterstützen, eine Forderung unterstreichen ♦ 1 ~ *sur une touche* auf eine Taste drücken; ~ *sur les pédales* in die Pedale treten 2 ~ *sur la droite* sich (nach) rechts halten/wenden ♦

argent

1 *s'~ contre un mur* sich an eine Wand lehnen 2 *s'~ sur un texte* sich auf einen Text berufen/stützen

âpre 1 *vin* ~ ein herber Wein 2 *une voix* ~ eine rauhe Stimme 3 *une lutte* ~ ein heftiger Kampf 4 ~ *au gain* gewinnsüchtig, raffgierig

après nach (D) 1 ~ *cela* danach; ~ *coup* hinterher, nachträglich 2 ~ *le pont* nach der Brücke ◆ dann; nachher, später ◆ ~ *que* nachdem

après-demain übermorgen

après-guerre *m f* Nachkriegszeit *f*

après-midi *m* Nachmittag *m cet* ~ heute Nachmittag; *l'*~ am Nachmittag; nachmittags

après-rasage : *lotion* ~ Rasierwasser *n*

après-vente : *service* ~ Kundendienst *m*, Service [sɛʀvis] *m*

âpreté *f* : *l'*~ *de l'hiver* die Strenge *f* des Winters; *se défendre avec* ~ sich mit aller Härte *f* verteidigen

a priori : ~, *je viens* im Prinzip komme ich; *jugement* ~ vorgefaßtes Urteil ◆ *m avoir des* ~s vorgefaßte Meinungen *fpl* haben

à-propos *m* : *avoir de l'*~ schlagfertig sein

aptitude *f* Fähigkeit *f*

aquarelle *f* 1 *faire de l'*~ mit Wasserfarben *fpl* malen 2 *une* ~ Aquarell *n*

aquatique : *plante* ~ Wasserpflanze *f*; *vie* ~ das Leben *n* unter Wasser

aqueduc *m* Äquadukt *m*

aquilin : *nez* ~ Adlernase *f*

arabe arabisch ◆ *m* Arabisch *n*

arabesque *f* Arabeske *f*, rankenförmiges Ornament *n*, *(fig)* Auschmückung *f*

arabisant *m* Arabist *m*

arable : *terre* ~ Ackerboden *m*

arachide *f* Erdnuß *f*

araignée *f* 1 Spinne *f*; *(loc)* ~ *du matin, chagrin,* ~ *du soir espoir* Spinne *f* am Morgen bringt Kummer und Sorgen, Spinne am Abend, erquickend und labend 2 ~ *de mer* Wasserspinne *f* 3 *(tech)* Drillingshaken *m*

arbalète *f* Armbrust *f*

arbitrage *m* Schiedsspruch *m*

arbitraire willkürlich ◆ Willkür *f*

arbitre *m* 1 *(sp)* Schiedsrichter *m*; Streitschlichter *m* 2 *le libre* ~ freie Willensentscheidung *f*

arbitrer : ~ *un match* Schiedsrichter bei einem Spiel sein; *(fig)* ~ *un conflit* in einem Konflikt vermitteln

arborer : ~ *ses décorations* seine Auszeichnungen zur Schau stellen; sich mit Orden, Auszeichnungen schmücken

arbre *m* 1 Baum *m* ~ *généalogique* Stammbaum *m* 2 *(tech)* ~ *à cames* Nokkenwelle *f*; ~ *de transmission* Übertragungswelle *f*

arbuste *m* Staude *f*, Strauch *m*

arc *m* 1 Bogen *m*; *(fig) avoir plus d'une corde à son* ~ vielseitig (begabt) sein; mehrere Eisen im Feuer haben 2 *(math)* ~ *de cercle* Kreisbogen *m*; *(phys)* ~ *électrique* Lichtbogen *m*; *(archi)* ~ *de triomphe* Triumphbogen *m*

arcade *f* 1 Arkade *f* 2 ~ *sourcilière* Augenbrauenbogen *m*

arcanes *mpl* : *les* ~ *de la politique* die Geheimnisse *npl* der Politik

arc-boutant *m* Strebepfeiler *m*, Gewölbepfeiler *m*

arc-bouter (s') sich stemmen (gegen A)

arceau *m* -x : *en* ~ gewölbt, gekrümmt

arc-en-ciel *m* Regenbogen *m*

archaïque altertümlich ; *(fig)* völlig veraltet

archange *m* Erzengel *m*

arche *f* 1 ~ *d'un pont* Brückenjoch *n* 2 *l'*~ *de Noé* Arche *f* Noah

archéologie *f* Archäologie *f*

archer *m* Bogenschütze *m*

archet *m (mus)* Bogen *m*

archétype [arke-] *m* Archetypus *m*, Urbild *n*; *(fig)* Modell *n*

archevêque *m* Erzbischof *m*

archi.duc *m* **.duchesse** *f* ErzherzogIn *m f*

architecte *m f* 1 ArchitektIn *m f* 2 *(fig)* Erbauer *m*

architecture *f* Architektur *f*

archives *fpl* Archiv *n mettre aux* ~ im Archiv *n* ab-legen/auf-bewahren; *(fig)* zu den Akten *f* legen

archiviste *m f* ArchivarIn *m f*

ardemment inbrünstig, sehnsüchtig

ardent 1 *soleil* ~ glühende Sonne; *(fig) amour* ~ brennende/feurige Liebe 2 *chapelle* ~*e* Trauerkapelle *f*

ardeur *f* Eifer *m*

ardoise *f* 1 Schiefer *m*, Schieferstein *m* 2 *une* ~ *d'écolier* Schiefertafel *f*; *crayon d'*~ Griffel *m* 3 *(fam) avoir une* ~ in der Kreide *f* stehen

ardu schwer zugänglich; schwierig; schwer zu lösend

are *m* Ar *n*

arête *f* 1 *(poisson)* (Fisch)gräte *f* 2 *(math)* ~ *d'un cube* Würfelkante *f* 3 ~ *du nez* Nasenrücken *m*

areu : ~, ~ ! Killi! Killi!

argent *m* 1 Silber *n en* ~ Silber-; silbern 2 Geld *n* ~ *liquide* Bargeld *n*; *être à court d'*~ knapp bei Kasse sein; *jeter l'*~ *par les fenêtres* Geld zum Fenster hinaus-werfen/hinaus-schmeißen; *prendre qch pour* ~ *comptant* etw für bare Münze *f* nehmen; *l'*~ *n'a pas d'odeur* Geld *n* stinkt nicht

argenté

argenté 1 versilbert **2** silbern glänzend **3** *(fam)* *une famille ~e* begüterte Familie, betuchte Leute

argenterie *f* Silbergeschirr *n*, Silberzeug *n*

argile *f* Ton *m*, Tonerde *f*

argileux, euse tonhaltig

argot *m* Argot *n/m*, Slang *m*, Gaunersprache *f*

arguer : *~ de sa bonne foi* seine Gutgläubigkeit betonen/heraus-stellen

argument *m* Argument *n*, Beweisgrund *m*

argumentaire *m* : *~ de vente* Verkaufsargumente *npl*

argumentation *f* Argumentation *f*, Beweisführung *f*

argumenter argumentieren, folgern

argus *m* Taxliste *f*, Taxverzeichnis *n* *plus coté à l'~* nicht mehr in der Taxliste verzeichnet; *(fig/fam)* jenseits von Gut und Böse *n*

aride 1 *climat ~* Trockenklima *n*; *région ~* dürre/ausgetrocknete Gegend **2** *(fig) sujet ~* undankbares Thema

aridité *f* Dürre *f*, Trockenheit *f*

aristocrate *m f* AristokratIn *m f*

arithmétique arithmetisch; *(fig) c'est ~ !* das ist absolut unumstößlich ! ◆ *f* Arithmetik *f*, Rechenkunst *f*

armateur *m* Reeder *m*

armature *f* **1** *~ métallique* Metallgerüst *n*; *un soutien-gorge à ~* Büstenhalter (BH) mit Verstärkung *f* **2** *(mus)* Vorzeichen *n*

arme *f* **1** Waffe *f ~ blanche* Stichwaffe *f*; *~ nucléaire* Atomwaffe *f*; *~ à feu* Feuerwaffe *f*; *maître d'~s* Fechtmeister *m*; *port d'~s* Waffenschein *m* **2** *(mil) dans quelle ~ êtes-vous ?* in welcher Waffengattung *f* dienen Sie ?; *déposer les ~s* die Waffen strecken; *(fig)* die Feindseligkeiten ein-stellen; *passer par les ~s* er-schießen **3** *(fig) faire ses premières ~s* mit seiner Laufbahn beginnen **4** Familienwappen *n*

armé : *béton ~* Stahlbeton *m*

armée *f* **1** Armee *f*, Heer *n ~ de l'air* Luftwaffe *f*; *l'~ de terre* Heer *n*, Bodentruppen *f*; *lever une ~* eine Armee *f* aus-heben/an-werben; *(fam) être à l'~* Soldat sein **2** *(fig) une ~ de supporters* eine Menge von Anhängern

armement *m* **1** Rüstung *f la course aux ~s* Rüstungswettlauf *m* **2** Bewaffnung *f* **3** *~ d'un navire* Ausrüstung *f* eines Schiffes

armer 1 *~ qqn* jn bewaffnen; *~ un pays* ein Land zum Krieg rüsten **2** *(fusil)* entsichern, den Hahn spannen **3** aus=rüsten ◆ *(fig) s'~ de patience* sich mit Geduld wappnen

armistice *m* Waffenstillstand *m*

armoire *f* **1** Schrank *m ~ à glace* Spiegelschrank *m*; *(fam)* der reinste Schrank **2** *~ frigorifique* Kühlanlage *f*

armoiries *fpl* Wappen *n*

armure *f* Rüstung *f*, Panzer *m*

armurier *m* Waffenhändler *m*; Büchsenmacher *m*

arnaque *f* : *(fam)* Schwindel *m*, Beschiß *m*

arnaquer : *(fam) ~ qqn* jn über's Ohr hauen ◆ *se faire ~* sich übertölpeln lassen

aromate *m* Gewürz *n*

aromatiser würzen

arôme *m* Aroma *n*, Duft *m*; Geschmacksstoff *m*

arpège *m* Arpeggio *n*

arpenter vermessen, ab-stecken; *(fig) ~ une pièce* ein Zimmer durchmessen

arqué bogenförmig, geschwungen *des jambes ~es* O-Beine

arraché : *une victoire à l'~* ein entrissener/abgenötigter Sieg

arrache-pied : *d'~* unablässig

arracher 1 *~ un arbre* einen Baum aus=reißen **2** *~ son arme à qqn* jm die Waffe entreißen; *(fig) ~ une promesse à qqn* jm ein Versprechen ab=zwingen/ab-nötigen **3** *~ une affiche* ein Plakat ab-reißen ◆ **1** *s'~ d'un lieu/de qqn* sich von einem Ort/jm los-reißen **2** *s'~ qch/qqn* sich um jn/etw reißen **3** *(fig) s'~ les cheveux* sich (**D**) die Haare raufen

arraisonner zur Überprüfung an-halten

arrangeant : *une personne ~e* eine umgängliche Person

arrangement *m* **1** Vergleich *m* Übereinkunft *f* **2** *l'~ d'une maison* Einrichtung *f* eines Hauses; *un ~ floral* ein Blumenarrangement *n* **3** *~ musical* musikalische Bearbeitung *f*

arranger 1 *~ une table* einen Tisch zurecht=machen **2** *~ un rendez-vous* eine Verabredung organisieren/arrangieren **3** *~ qqn* jm recht sein/entgegen-kommen; *(fam)* jn übel/schön zu-richten ◆ **1** *nous pouvons nous ~* wir können uns einigen **2** besser werden *la situation s'arrange* das renkt sich wieder ein **3** *s'~ pour* zu=sehen, daß **4** *s'~ de qch/qqn* sich mit etw/jm ab-finden, etw/jn in Kauf nehmen

arrestation *f* Verhaftung *f*, Festnahme *f*

arrêt *m* **1** Anhalten *n ~ cardiaque* Herzschlag *m*; *une voiture à l'~* stillstehender Wagen; *chien d'~* Vorstehhund *m*; *cran d'~* Springmesser *n*; *marquer un temps d'~* eine Pause ein=legen; *tomber en ~ devant qch* vor etw zum Stillstand *m* kommen; *il y a trois ~s avant Paris* der Zug

arrêté : *avoir des idées bien ~es* feste/unerschütterliche Vorstellungen haben ◆ *m* → *administratif* Verwaltungserlaß *m*

arrêter 1 *~ un passant* einen Passanten auf-halten; *~ un train* einen Zug an-halten; *(fig)* on n'arrêta pas le progrès! den Fortschritt hält man nicht auf! 2 *~ un malfaiteur* einen Übeltäter fest-nehmen 3 *~ une couture* eine Naht befestigen 4 *~ une date* einen Termin fest-setzen *~ de faire qch* auf-hören, etw zu tun ◆ 1 *s'~* le train s'arrête der Zug hält an; *(fig) s'~ en chemin* auf halbem Weg stehen-bleiben 2 *le bruit s'arrête* der Lärm hört auf; *le chemin s'arrête ici* der Weg endet hier 3 *arrêtons-nous un instant sur ce point!* wir wollen auf/an diesem Punkt einen Augenblick verweilen!

arrhes *fpl* : *verser des ~* eine Anzahlung *fpl* leisten, etw an-zahlen

arrière : *siège ~* Rücksitz *m*; *vent ~* Rückenwind *m*; *marche ~* Rückwärtsgang *m*; *faire marche ~* rückwärts fahren; *(fig)* einen Rückzieher machen ◆ *~ satan!* hinweg Satan! ◆ *d'avant en ~* vorwärts und rückwärts; *rester en ~* zurück-bleiben ◆ *m* 1 *à l'~* hinten; *à l'~ du train* im hinteren Zugteil 2 *(mil)* Etappe *f*; *(fig) assurer ses ~s* seine Schäfchen *npl* ins Trockene bringen 3 *(sp) ~ droit* Libero *m*

arriéré rückständig *ce sont tous des ~s!* die sind doch alle von Vorgestern! ◆ *m* Rückstand *m* -**e** *f* Zurückgebliebene/r

arrière-boutique *f* Ladenstube *f*

arrière-garde *f* : *l'~ du parti* Nachhut *f* einer Partei; *(fig) un combat d'~* ein Kampf auf verlorenem Posten

arrière-goût *m* Nachgeschmack *m*

arrière-grand-père *m* Urgroß- **arrière-grand-père** *m* Urgroßvater *m*

arrière-pays *m* Hinterland *n*

arrière-pensée *f* Hintergedanke *m*

arrière-petit- Ur-; **~-fils** *m* Urenkel *m*

arrière-plan *m* : *à l'~* im Hintergrund *m*

arrière-saison *f* Nachsaison *f*

arrimer verstauen, schichten

arrivage *m* : *un ~ de poissons* eine Lieferung *f* Fische; *selon les ~s* je nach Wareneingang *m*

arrivé : *un homme ~* ein gemachter Mann

arrivée *f* 1 Ankunft *f* 2 *~ d'eau* Wasserzufluß *m*

arriver <être> 1 an-kommen *j'arrive!* ich komme! ich bin schon da! 2 *les cheveux lui arrivent aux épaules* ihm bis auf die Schultern 3 *~ au bout de qch* mit etw fertig-werden 4 *j'en arrive à douter* ich beginne zu zweifeln 5 *il n'arrive pas à ouvrir la porte* es gelingt ihm nicht, die Tür zu öffnen; *je n'y arriverai jamais!* das werde ich nie schaffen! 6 *tout peut ~* alles kann geschehen; *il arrive qu'il pleuve* es kommt vor, daß es regnet; *que t'arrive-t-il?* was ist mit dir los-passiert?; *(iro) il lui arrive de travailler* er arbeitet sogar manchmal

arriviste *m f* Emporkömmling *m*; Karrierehengst *m*

arrogance *f* Arroganz *f*, Überheblichkeit *f*

arroger (s') : *~ le droit de faire qch* sich (D) das Recht heraus-nehmen/sich (D) an-maßen, etw zu tun

arrondir 1 runden, ab-runden 2 *~ au chiffre supérieur* zur höheren Zahl auf-runden 3 *(fam) ~ ses fins de mois* das Monatsende auf-bessern ◆ *s'~* rund werden; sich ab-runden

arrondissement *m* Bezirk *m*

arroser gießen; *(fig) ~ de nouvelles* mit Nachrichten überschütten; *(fig/fam) il faut ~ cela!* das muß begossen werden!; *un repas bien arrosé* ein feucht-fröhliches Mahl; *~ qqn* jm Geld zu-stecken, in bestechen ◆ *(fam) se faire ~* eine tüchtige/ordentliche Dusche ab-bekommen

arrosoir *m* Gießkanne *f*

arsenal *m*, -**aux** 1 Arsenal *n* 2 Waffenlager *n*; *(fig) un ~ de lois* eine Gesetzesammlung *f*

arsenic *m* Arsen *n*

art *m* 1 Kunst *f* *~ nouveau* Jugendstil *m*; *~ populaire* Volkskunst *f*; *septième ~* Filmkunst *f* 2 Geschick *n*, Talent *n*, Gabe *f*; *homme de l'~* Fachmann *m*, Spezialist *m*; *dans les règles de l'~* nach den Regeln der Kunst; *école des ~s et métiers* Ingenieurhochschule *f*

artère *f* 1 Schlagader *f*, Arterie *f* 2 *l'~ principale* Hauptverkehrsader *f*

artériel, -le : *tension ~le* Blutdruck *m*

arthrite *f* Arthritis *f*

artichaut *m* Artischocke *f*; *(fig) cœur d'~* ein Herz für viele

article *m* 1 Artikel *m* *~ de loi* Gesetzesabschnitt *m* 2 *~ défini* bestimmter Artikel 3 *~ de luxe* Luxusartikel *m* 4 *faire l'~ à qqn* jm etw an-preisen 5 *être à l'~ de la mort* im Sterben liegen

articulation *f* 1 Gelenk *n* 2 *~ logique* logische Verknüpfung *f*; *l'~ d'un dis-*

articuler

articuler *cours* Aufbau *m*/Gliederung *f* eines Vortrages **3** *(méd)* Artikulation
articuler artikulieren, deutlich sprechen ♦ *s'~* beweglich miteinander verbunden sein; *(fig)* gut miteinander verknüpft sein
artifice *m* **1** *feu d'~* Feuerwerk *n* **2** *se servir d'~s* Tricks *mpl* an=wenden
artificiel, -le : **1** künstlich *soie ~le* Kunstseide *f* **2** unnatürlich, gekünstelt
artificier *m* Feuerwerker *m*
artillerie *f* **1** *tir d'~* Kanonenschuß *m* **2** *être dans l'~* bei der Artillerie dienen **3** *(fig/fam) sortir la grosse ~* schweres/grobes Geschütz auf=fahren
artisan *m* **1** Handwerker *m* **2** *(fig)* Schöpfer *m*, Urheber *m*, Wegbereiter *m*
artisanal : *fabrication ~e* handwerkliche Herstellung; *(péj)* zusammengeschustertes Zeug
artisanat *m* Handwerk *n*, Gewerbe *n*; Handwerkerstand *m*
artiste *m f* KünstlerIn *m f* *~ peintre* Kunstmaler *m*; *travail d'~* kunstvolle Arbeit
artistique **1** künstlerisch, Kunst- **2** *présentation ~* kunstvolle Aufmachung
aryen *m* **-ne** *f* ArierIn *m f*
as *m* **1** *~ de pique* Pique-As *n* **2** *~ du volant* ausgezeichneter Fahrer **3** *(fam) être plein aux ~* steinreich/stinkreich sein, Geld wie Heu haben; *passer à l'~* leer aus=gehen
ascendant *m* aufsteigend ♦ **1** *avoir de l'~ sur qqn* Einfluß *m* auf jn haben; Macht *f* über in besitzen/aus=üben **2** *(astro)* Aszendent *m* **3** *~s paternels* Vorfahren *mpl* väterlicherseits
ascenseur *m* Fahrstuhl *m*, Aufzug *m*, Lift *m* *(fig) renvoyer l'~* Gleiches mit Gleichem vergelten; sich erkenntlich zeigen
ascension *f* **1** Aufstieg *m* **2** *~ d'une montagne* Bergbesteigung *f*
Ascension *f* (Christi) Himmelfahrt *f*
ascète *m f* AsketIn *m f*
aseptiser desinfizieren ♦ *(fig) un discours aseptisé* eine völlig leidenschaftslose/unterkühlte Rede
asexué geschlechtslos
asiatique asiatisch ♦ *m f* AsiatIn *m f*
asile *m* **1** *donner ~ à qqn* jm eine Unterkunft *f* geben; *droit d'~* Asylrecht *n* **2** *~ de nuit* Hospiz *n*, Nachtasyl *n*; *(péj) ~ de vieillards* Altersheim *n*; *~ de fous* Irrenanstalt *f*
aspect *m* **1** Erscheinung *f*, Aussehen *n* *prendre l'~ de* sich verwandeln in (A) **2** *sous tous les ~s* unter allen Aspekten *mpl*/Gesichtspunkten *mpl* **3** *(gram)* Genus verbi *n*, Tat- und Leideform *f*
asperge *f* Spargel *m*; *(fig/fam)* Bohnenstange *f*, lange Latte *f*

asperger mit Wasser besprengen, bespritzen
asphyxiant : *gaz ~* Giftgas *n*; *(fig) une ambiance ~e* eine erstickende Atmosphäre
asphyxie *m* Ersticken *n*
aspirateur *m* Staubsauger *m* *passer l'~* Staub saugen
aspiré : *h ~* ausgesprochenes H
aspirer **1** ein=atmen **2** *~ des poussières* Staub ab=saugen ♦ *~ à* trachten nach, streben nach
aspirine *f* Aspirin *n*
assaillant *m* Angreifer *m*, Aggressor *m*
assaillir : *~ qqn* an=greifen; *~ un village* ein Dorf überfallen *(fig) ~ qqn de questions* jn mit Fragen bestürmen/überhäufen
assainir : *~ un terrain* ein Gelände trocken=legen; *(fig) ~ une situation* eine Situation verbessern
assaisonnement *m* Würze *f*
assaisonner **1** an=machen, würzen, ab=schmecken **2** *(fig/fam) ~ qqn* mit jm Klartext reden
assassin *m* Mörder *m*
assassinat *m* Mord *m*
assassiner (er)morden, um=bringen
assaut *m* **1** Angriff *m*, Ansturm *m* *troupe d'~* Sturmtruppe *f*; *donner l'~* Sturm laufen; *prendre d'~* erstürmen; *(fig) prendre d'~* im Sturm *m* nehmen **2** *(fig) les ~s d'une maladie* Krankheitsanfälle *mpl*
assécher trocken=legen ♦ *s'~* aus=trocknen
assemblage *m* Montage *f*
assemblée *f* **1** *une joyeuse ~* eine lustige Gesellschaft *f* **2** *~ générale* Hauptversammlung *f*, Generalversammlung *f*; *l'Assemblée nationale* die Nationalversammlung *f*
assembler zusammen=fügen, zusammen=setzen, zusammen=bauen *~ des couleurs* Farben zusammen=fügen/aufeinander ab=stimmen ♦ *qui se ressemble s'assemble* gleich und gleich gesellt sich gern
assener : *~ un coup* einen Schlag versetzen
assentiment *m* Einwilligung *f*
asseoir **1** setzen **2** *~ sa position (sur)* seine Position bauen (auf A) ♦ *asseyez-vous!* setzen Sie sich!; *(fig/fam) je m'assois dessus* ich pfeife darauf ♦ *faire ~ qqn* jn Platz nehmen lassen
assermenté vereidigt
asservir unterdrücken
asservissement *m* Unterwerfung *f*, Unterjochung *f*, Knechtschaft *f*
assesseur *m* Beisitzer *m*
assez **1** *~ joli* ganz/ziemlich hübsch

2 genug; *(fam)* j'en ai ~ ! ich hab' es satt !, ich hab' genug !
assidu ausdauernd, unermüdlich; regelmäßig
assiduité f **1** contrôler l'~ die Anwesenheit f kontrollieren **2** travailler avec ~ mit Regelmäßigkeit f/Fleiß m arbeiten **3** poursuivre qqn de ses ~s jn mit seinen Aufdringlichkeiten fpl verfolgen
assiéger belagern
assiette f **1** Teller m ~ anglaise Aufschnittplatte f **2** *(fig/fam)* ne pas être dans son ~ sich nicht wohl=fühlen, nicht auf dem Posten m sein **3** *(jur)* Berechnungsgrundlage f
assigner : ~ qqn devant le tribunal jn vor Gericht laden ◆ être assigné à résidence unter Hausarrest stehen
assimilés mpl : fonctionnaires et ~ Beamte und Gleichgestellte mpl
assimiler 1 *(aliments)* verwerten; *(fig)* ~ des connaissances sich (D) Kenntnisse an=eignen, Kenntnisse verarbeiten; ~ une population étrangère Ausländer ein=gliedern **2** ~ à gleich=setzen mit ◆ s'~ sich ein=leben
assis : place ~e Sitzplatz m; *(fig)* un personnage bien ~ eine gut (ab)gesicherte Person
assise f : ~ d'un mur Mauerfundament n; *(fig)* avoir une bonne ~ pour démarrer dans la vie eine solide Grundlage f/Basis f für das Leben haben
assises fpl Schwurgericht n
assistance f **1** Zuhörerschaft f ~ judiciaire Armenrecht n **2** Hilfe f non ~ à personne en danger unterlassene Hilfeleistung f
Assistance f : ~ publique Fürsorgeamt n; enfant de l'~ Heimkind n
assistant m -e f AssistentIn m f ~ social Sozialarbeiter m, Sozialfürsorger m
assisté 1 direction ~ Servolenkung f **2** ~ par ordinateur computergestützt ◆ m -e f un éternel ~ ständiger Unterstützungsempfänger m
assister : ~ qqn dans une démarche jn bei einem Vorgehen unterstützen ◆ ~ à qch etw mit=erleben, etw (D) bei=wohnen
association f Verband m, Verein m
associé m -e f TeilhaberIn m f, PartnerIn m f, Associé m
associer 1 ~ qqn à un projet jn an einem Projekt beteiligen **2** ~ une idée à une autre eine Idee mit einer anderen verbinden **3** ~ l'intelligence à la beauté Intelligenz und Schönheit (miteinander) verbinden/paaren ◆ s'~ sich vereinigen (mit D) **2** s'~ (à) sich beteiligen (an D)
assoiffé 1 durstig **2** ~ de sang blutrünstig; ~ de beauté gierig nach Schönheit

assolement m Fruchtwechsel m, Fruchtfolge f
assombrir verdunkeln; *(fig)* verdüstern ◆ s'~ sich verdüstern; *(visage)* sich verfinstern
assommer erschlagen, tot=schlagen; *(fam)* langweilen
Assomption f Mariä Himmelfahrt f
assorti : des couleurs bien ~es gut aufeinander abgestimmte Farben; un couple bien ~ ein gut zusammenpassendes Paar
assortiment m : ~ de charcuterie Aufschnitt m; ~ de crudités Rohkostauswahl f
assortir 1 zusammen=stellen ~ à ab=stimmen (auf A) **2** ~ (de) versehen (mit)
assoupir (s') ein=schlummern
assouplir 1 geschmeidig machen ~ ses muscles seine Muskeln lockern; *(fig)* ~ un règlement eine Vorschrift lockern, mildern
assourdir 1 ~ qqn jn betäuben **2** dämpfen
assouvir : ~ sa faim seinen Hunger stillen; ~ ses instincts seine Instinkte befriedigen
assujettir unterwerfen ◆ être assujetti à la TVA mehrwertsteuerpflichtig sein, der Mehrwertsteuer unterliegen
assumer : ~ ses responsabilités die Verantwortung übernehmen; ~ une erreur einen Irrtum auf sich (A) nehmen
assurance f **1** parler avec ~ sicher reden; prendre de l'~ an (Selbst)vertrauen f gewinnen **2** j'ai reçu l'~ que ich habe die Gewißheit f, daß; veuillez agréer l'~ de ma considération mit vorzüglicher Hochachtung f **3** ~ automobile Kfz-Versicherung f
assuré m -e f Versicherte/r, VersicherungsnehmerIn m f
assurément bestimmt, ganz sicher, sicherlich
assurer 1 je t'assure que c'est vrai ! ich versichere dir, daß es wahr ist !/stimmt !, es ist unter Garantie wahr ! ~ qqn de sa bonne foi jn seiner (F) Ehrlichkeit versichern **2** ~ le ravitaillement die Versorgung sicher=stellen **3** ~ ses arrières sich ab=sichern **4** ~ un véhicule ein Auto versichern **5** *(fam)* il assure ! er macht es gut !, er hält durch ! ◆ **1** s'~ que tout va bien sich vergewissern, daß alles in Ordnung ist **2** sich versichern
assureur m Versicherungsträger m
astérisque m Sternchen n
asthénie f Entkräftung f, Schwäche f
asthme m Asthma n
asticot m Made f, Wurm m
asticoter schikanieren, necken, sticheln

astiquer polieren, putzen, wienern; *(parquet)* ein=bohnern
astrakan *m* Persianer *m*
astral : *signe* ~ Tierkreiszeichen *n*; *influences* ~*es* Einfluß der Sterne und Planeten
astre *m* Stern *m*, Gestirn *n*; *(fig) être beau comme un* ~ strahlend schön sein, schön wie ein Gott/Engel sein
astreignant mühselig
astreindre (s') **(à)** (sich) zwingen (zu)
astreinte *f* Zwang *m*; *(jur)* Zwangsmaßnahme *f*
astrologue *m f* Astrologe *m*, Astrologin *f*
astronaute *m f* AstronautIn *m f*, KosmonautIn *m f*
astronomie *f* Astronomie *f*, Sternkunde *f*
astuce *f* **1** Findigkeit *f*, Schlauheit *f avoir de l'*~ gewitzt, schlau sein; *trouver une* ~ einen Trick *m*/Kniff *m* finden **2** *faire des* ~*s vaseuses* fragwürdige Scherze *mpl* machen
atavisme *m* Rückschlag *m*, Atavismus *m c'est de l'*~ *!* das ist erbliche Belastung!
atelier *m* Werkstatt *f* ~ *d'artiste* Atelier *n*; *chef d'*~ Werkmeister *m*
atemporel, -le zeitlos
athée atheistisch ♦ *m f* AtheistIn *m f*
athlète *m f* AthletIn *m f*, WettkämpferIn *m f*
athlétique athletisch
athlétisme *m* Leichtathletik *f*
atlantique : *côte* ~ Atlantikküste
atmosphère *f* Atmosphäre *f* ~ *de travail* Betriebsklima *n*, Arbeitsatmosphäre *f*; *(fig)* Stimmung *f*, Atmosphäre *f*
atmosphérique : *conditions* ~*s* Witterungsverhältnisse
atome *m* Atom *n*; *(fig) il n'a pas un* ~ *de méchanceté* er hat keinen Funken *m* Boshaftigkeit; *(fam) avoir des* ~*s crochus (non fam)* Affinitäten *fpl* haben
atomique : *bombe* ~ Atombombe *f*
atomiseur *m* Spraydose *f*
atone unbetont; *(fig) voix* ~ tonlose Stimme
atout *m* Trumpf *m*
âtre *m* Feuerstelle *f*
atroce abscheulich, unmenschlich, greulich *d'*~*s souffrances* entsetzliche Leiden; *un temps* ~ schreckliches Wetter
atrocité *f* **1** Grausamkeit *f* **2** *les* ~*s de la guerre* (die) Greuel *npl*/Schrecken *mpl* des Krieges
atrophié verkümmert; *(fig)* schwindend
attabler (s') sich an den Tisch setzen
attachant fesselnd
attache *f* **1** *point d'*~ Anschlußpunkt *m*; *port d'*~ Heimathafen *m* **2** Befestigung *f*, Leine *f*; *(méd)* Gelenke *n* **3** *avoir des* ~*s qpart* irgendwo Bindungen *fpl* haben
attaché-case *m* Aktenkoffer *m*, Diplomatenkoffer *m*
attachement *m avoir de l'*~ *pour qqn (fam)* an jm hängen
attacher 1 fest=binden ~ *les mains de qqn* die Hände von jm fesseln **2** ~ *sa ceinture de sécurité* seinen Sicherheitsgurt an=legen, sich an=schnallen **3** *(fig)* ~ *de l'importance à qch* etw (D) Bedeutung bei=messen; ~ *son nom à un procédé* seinen Namen mit einem Vorgang verknüpfen ♦ *la sauce a attaché* die Soße ist angebrannt ♦ **1** *s'*~ *à qqn/qch* sich an jn/etw an=hängen **2** *la robe s'attache derrière* das Kleid wird hinten zugemacht
attaquable anfechtbar, angreifbar
attaquant *m* Angreifer *m*
attaque *f* **1** Angriff *m à l'*~ *!* zum Angriff *m*! Sturm *m*! **2** ~ *à main armée* bewaffneter Überfall *m* **3** *avoir une* ~ einen Anfall *m* haben **4** *(mus)* Einsatz *m*, Auftakt *m* **5** *(fig) être d'*~ in Form *f*/fit sein
attaquer 1 an=greifen ~ *un passant* einen Passanten überfallen **2** ~ *qqn en justice* jn gerichtlich belangen, jn verklagen **3** ~ *un travail* eine Arbeit in Angriff nehmen; *(fam) on attaque ?* also los!, angefangen! **4** *(mus)* ~ *un air* ein Lied an=stimmen
attardé : *un enfant* ~ ein spätentwickeltes/zurückgebliebenes Kind
attarder (s') sich verspäten, sich unterwegs auf=halten
atteindre 1 ~ *qqn* jn treffen **2** ~ *un but* ein Ziel erreichen ♦ ~ *à la perfection* zu Vollkommenheit gelangen, Vollkommenheit erreichen
atteinte *f* **1** *être hors d'*~ außer Reichweite *f* sein; *mettre hors d'*~ in Sicherheit *f* bringen **2** ~ *aux bonnes mœurs* Verstoß *m* gegen die guten Sitten, Verletzung *f* der guten Sitten; ~ *à la liberté* Gefährdung *f* der Freiheit; ~ *à la sûreté de l'État* Angriff *m* gegen die Sicherheit des Staates; *porter* ~ *à* etw beeinträchtigen, Abbruch tun (D), verstoßen gegen (A)
atteler an=spannen ♦ *(fig) s'*~ *à une tâche difficile* sich in eine komplizierte Aufgabe hinein=knien
attelle *f* Schiene *f*
attenant an (A) angrenzend
attendre 1 ~ *qqn* auf jn warten; ~ *le bus* auf den Bus warten; ~ *que* warten bis **2** *je ne suis pas libre, j'attends qqn* ich habe keine Zeit, ich erwarte jn; ~ *qch de qqn* etw von jm erwarten ♦ ~ *avant de faire qch* (ab=)warten, bevor man etw tut ♦ *je m'y attendais !* damit habe ich gerechnet! *s'*~ *à tout* mit allem rechnen, auf

alles gefaßt sein ◆ *faire* ~ *qqn* jn warten lassen
attendrir 1 *(fig)* ~ *qqn* jn erweichen, jn rühren 2 ~ *de la viande* Fleisch weich machen ◆ *s'~ sur son sort* sein Schicksal bejammern
attendrissement *m* Mitgefühl *n*, Rührung *f*
attendu : ~ *que* eingedenk (G) → **attendre**
attentat *m* 1 ~ *à la bombe* Bombenattentat *n*; *être victime d'un* ~ Opfer eines Anschlags *m* sein 2 ~ *à la pudeur* Sittlichkeitsdelikt *n*
attente *f* Warten *n*, Wartezeit *f* *salle d'~* Wartesaal *m*; *file d'~* (Warte-)schlange *f*; *être dans l'~ de qch* in Erwartung *f* von etw sein *contre toute* ~ wider alles Erwartens *n*
attenter : ~ *à ses jours* einen Selbstmordversuch machen
attentif, -ive 1 aufmerksam 2 *une personne très attentive* eine sehr rücksichtsvolle Person; *être* ~ *à son travail* auf seine Arbeit bedacht sein
attention *f* 1 Aufmerksamkeit *f* 2 Rücksichtnahme *f* 3 *faire* ~ *à qch/qqn* auf jn/etw acht=geben/auf=passen; ~ ! Achtung *f*! Vorsicht *f*! 4 *à l'* ~ *de* zu Händen *fpl* von
attentionné zuvorkommend, rücksichtsvoll
attentisme *m* abwartende Haltung *f*
atténuant : *circonstances ~es* mildernde Umstände
atténuer : ~ *une tache* einen Fleck auf=hellen; ~ *une douleur* einen Schmerz mildern; ~ *des propos* Äußerungen ab=schwächen ◆ *la douleur s'atténue* der Schmerz verringert sich, wird weniger
atterrer nieder=schmettern/überwältigen
atterrir landen; *(fam) atterris !* komm' mal wieder (auf die Erde) runter !
atterrissage *m* Landung *f*
attestation *f* Bescheinigung *f*, Attest *n* ~ *d'assurance* Versicherungsschein *m*, Deckungskarte *f*
attester 1 ~ *que* bestätigen, daß 2 *cette preuve atteste son innocence* dieser Beweis bezeugt/bekräftigt seine Unschuld
attifer (s') *(fam)* (sich) heraus=putzen/heraus=staffieren
attirail *m (fam)* Drum und Dran *n*, Kram *m*
attirance *f* Anziehungskraft *f* *avoir de l'* ~ *pour qqn* sich von jm angezogen fühlen
attirant : *une personne ~e* eine anziehende/reizende Person; *un projet* ~ ein verlockendes Vorhaben
attirer 1 *l'aimant attire le fer* der Magnet zieht Eisen an; ~ *qqn/un animal dans un piège* jn/ein Tier in die Falle locken; *(fig)* ~ *le regard* den Blick auf sich ziehen/lenken; ~ *une clientèle* Kundschaft an=locken 2 ~ *des ennuis à qqn* jm Unannehmlichkeiten bereiten
attiser : ~ *le feu* das Feuer schüren/an=fachen; *(fig)* ~ *la colère de qqn* jn auf=stacheln/zur Wut reizen
attitré Stamm-
attitude *f* Haltung *f*; *(fig) une* ~ *arrogante* arrogantes Verhalten *n*; *une* ~ *réservée* Zurückhaltung *f*
attouchements *mpl* Berührungen *fpl*
attractif, -ive : *(fig) prix* ~ interessanter Preis
attraction *f* 1 *(phys)* ~ *terrestre* Erdanziehung(skraft) *f*; *(fig)* Anziehungskraft *f* 2 ~ *pour touristes* Touristenattraktion *f*; *parc d'~s* Vergnügungspark *m*
attrait *m* 1 *l'* ~ *de l'aventure* Reiz *m*, Lockruf *m* des Abenteuers 2 *avoir beaucoup d'~s* viele Reize haben
attrape-nigaud *m* Nepp *m*, Bauernfängerei *f*
attraper auf=fangen ~ *un livre* nach einem Buch greifen; *attrapez-le !* haltet ihn !; ~ *une souris* eine Maus fangen; *(fig/fam)* ~ *le bus* den Bus bekommen; *(fam)* ~ *un rhume* sich (D) einen Schnupfen holen; ~ *un coup de soleil* sich (D) einen Sonnenbrand zu=ziehen ◆ *(fam) tu es bien attrapé !* du bist schön hereingelegt worden !; *(fam) se faire* ~ *par ses parents* von seinen Eltern ausgeschimpft werden
attrayant anziehend
attribuer 1 ~ *une subvention* eine Subvention zu=erkennen 2 ~ *à qqn toutes les qualités* jm alle Qualitäten zu=schreiben/zu=sprechen 3 *à quoi attribuez-vous cet échec ?* worauf führen Sie diesen Mißerfolg zurück ?; ~ *la responsabilité de qch à qqn* jm die Schuld an etw zu=schieben ◆ *s'~ le mérite de qch* sich den Verdienst an etw zu=schreiben
attribut *m* 1 Kennzeichen *n* 2 *(gram)* Prädikat (s-nomen) *n*
attribution *f* 1 ~ *d'un prix* Verleihung *f* eines Preises 2 *cela n'entre pas dans nos ~s* das gehört nicht zu unseren Befugnissen *fpl*, Kompetenzen *fpl*; dafür sind wir nicht zuständig 3 *(gram) complément d'~* Dativobjekt *n*
attristant traurig
attrister betrüben, traurig stimmen
attroupement *m* Ansammlung *f*, Auflauf *m*
attrouper (s') zusammen=laufen, sich zusammen=rotten
au, aux → **à (le), à (les)**
aubaine *f une bonne* ~ ein glücklicher Zufall *m*; *profiter de l'* ~ die günstige Gelegenheit *f* nutzen

aube f 1 *à l'~* in der Morgendämmerung f, bei Tagesanbruch m; *(fig) à l'~ de temps nouveaux* am Anfang m/Beginn m neuer Zeiten 2 *(rel)* (Kommunions)kittel m 3 *(tech) roue à ~s* Schaufelrad n

aubépine f Weißdorn m, Hagedorn m

auberge f Wirtshaus n, Gasthaus n; *(fig) ici c'est l'~ espagnole* hier findet jeder was!; *(fam) on n'est pas sorti de l'~!* uns steht noch allerhand bevor! wir sind noch lange nicht über den Berg!

aubergiste m f GastwirtIn m f, WirtIn m f

aucun kein, keine ◆ keiner, keine, keins *il n'en est venu ~* niemand/kein einziger ist gekommen; *d'~s diront* einige werden (vielleicht) sagen

aucunement keineswegs, durchaus nicht

audace f Kühnheit f; *(fig) tu ne manques pas d'~* du bist ganz schön frech; du bist ganz schön verwegen

audacieux, -euse kühn, verwegen *un projet ~* ein gewagtes Projekt

au-delà darüber, darüber hinaus ◆ *~ de* jenseits (von/G) ◆ m Jenseits n

au-dessous darunter ◆ *~ de 15!* unter 15!

au-dessus darüber *à l'étage ~* in der oberen Etage ◆ *~ de* über (D/A), oberhalb (von/G); *regarde ~ de l'armoire!* sieh auf dem Schrank nach!

au-devant : *aller ~ de graves difficultés* auf große Schwierigkeiten zu=gehen; große Schwierigkeiten zu erwarten haben

audible hörbar, vernehmbar

audience f 1 *taux d'~* Einschaltquote f; *avoir une large ~* ein großes Zuhörerschaft f haben; *(fig)* großen Anklang finden 2 *demander une ~ à qqn* jn um eine Unterredung f bitten 3 *(jur) ~ publique* öffentlicher Gerichtstermin m

audio : *enregistrement ~* Tonaufzeichnung f

audiovisuel, -le : audio-visuell

audit [odit] m : *l'~ d'une entreprise* Betriebsrevision f; *cabinet d'~* Revisions- und Treuhandgesellschaft f

auditeur, -trice ZuhörerIn m f

audition f 1 *troubles de l'~* Hörfehler m 2 *passer une ~* ein Vorspiel n geben, haben 3 *l'~ (des témoins)* (Zeugen)vernehmung f

auditoire m Zuhörerschaft f

auge m Trog m

augmentation f 1 Ansteigen n; Zunahme f; Vergrößerung f, *(tricot)* Zunehmen n (von Maschen) 2 *~ des prix* Preissteigerung f; *demander une ~* um eine Lohn-/Gehalts-erhöhung f nach=suchen; *(éco) ~ de capital* Kapitalerhöhung f, Kapitalaufstockung f

augmenter 1 *~ un nombre* eine Zahl vergrößern 2 *~ un taux* eine Quote erhöhen; *~ les salaires* Löhne erhöhen/auf=bessern ◆ 1 *la population augmente* die Bevölkerung nimmt zu; *son angoisse augmente* seine Angst steigert sich/nimmt zu; *le nombre augmente* die (An)zahl steigt 2 *tout augmente!* alles wird teurer!

augure m : *ne pas être de bon ~* nichts Gutes n verheißen; *(fig) un oiseau de mauvais ~* Unglücksrabe m, Pechvogel m

aujourd'hui 1 heute *au jour d'~* am heutigen Tag 2 *la France d'~* das heutige Frankreich

aulne m Erle f

aumône f Almosen n *demander l'~* betteln; *(fig) faire à qqn l'~ d'un sourire* jm gütigst ein Lächeln schenken

aumônier m Anstaltsgeistliche/r; *(mil)* Militärpfarrer m

auparavant vorher, zuvor

auprès 1 *viens ~ de moi* komm' zu mir; *vivre ~ de qqn* neben jm leben; *(fig) être chargé de mission ~ d'un ministre* mit einer Mission beim Minister beauftragt sein 2 *faire une demande ~ de qqn* eine Bitte an jn richten

auquel → **lequel**

auréole f 1 *(rel)* Heiligenschein m 2 Rand m

auriculaire m kleiner Finger m

aurore f 1 Morgenröte f *partir aux ~s* bei Tagesanbruch m auf=brechen 2 *~ boréale* Polarlicht n

ausculter : *~ qqn* jn ab=horchen, jn untersuchen

auspices mpl : *sous des ~s favorables* unter günstigen Umständen mpl/Vorzeichen npl

aussi : auch; *(fam) pourquoi as-tu fait cela ~?* warum hast du das bloß gemacht? ◆ *je n'ai rien vu d'~ joli* so etw Schönes habe ich noch nie gesehen; *il est ~ grand qu'elle* er ist (eben)so groß wie sie; *toi ~ bien que lui* du genauso gut wie er ◆ *~ surprenant que cela puisse paraître* wie überraschend das (auch) erscheinen mag ◆ *il était tard, ~ préféra-t-il se coucher* es war spät, deswegen ging er lieber ins Bett

aussitôt sofort, (so)gleich ◆ *~ que* sobald

austère : *une personne ~* eine strenge/unnahbare Person; *un paysage ~* eine karge Landschaft; *une vie ~* ein enthaltsames/kärgliches Leben; *un bâtiment ~* ein schmuckloses Gebäude

austérité f : *vivre dans l'~* ein enthaltsames, entsagungsvolles Leben führen; *politique d'~* Sparpolitik f, Politik des enger geschnallten Gürtels; *l'~ d'un style* die Strenge eines Stils

austral südlich

autant 1 *ne travaille pas ~ !* arbeite nicht so viel! **2** *cela peut tout ~ être faux* das kann ebenso falsch sein ◆ *j'ai ~ de soucis que toi !* ich habe ebenso viele Sorgen wie du! ◆ *~ pour moi !* das habe ich (nun) davon! ◆ *~ te le dire tout de suite !* besser, es dir gleich zu sagen! ◆ *pour ~ que ce soit possible* sofern, soweit, falls es möglich ist ◆ *d'~ que ce n'est pas facile* zumal, da es nicht einfach ist
autarcie *f* autarke Ökonomie *f vivre en ~* Selbstversorger *m* sein
autel *m* Altar *m*
auteur *m* **1** Autor *m droits d'~* Urheberrechte *npl* **2** *l'~ d'un accident* Unfallverursacher *m*; *l'~ d'un crime* Täter *m*
authenticité *f* Echtheit *f certificat d'~* Beglaubigungsurkunde *f*; (fig) Natürlichkeit *f*, Ursprünglichkeit *f*
authentifier beglaubigen, beurkunden
authentique authentisch ; (fig) echt
auto *f* Auto *n*
autoallumage *m* : *faire de l'~* eine Fehlzündung *f* haben
autocensure *f* Selbstzensur *f*
autochtone : *la population ~* eingeborene Bevölkerung, Urbevölkerung *f*
autocollant selbstklebend ◆ *m* Aufkleber *m*
auto-couchettes : *train ~* Autozug mit Schlafwagen(abteilen)
autocritique *f* : *faire son ~* Selbstkritik *f* üben
autocuiseur *m* Druckkochtopf *m*
autodéfense *f* Selbstverteidigung *f*
auto-école *f* Fahrschule *f*
autogestion *f* Selbstverwaltung *f*
autographe *m* Autogramm *n*
automate *m* **1** Automat *m*; (fig) *marcher comme un ~* wie aufgezogen laufen **2** Roboter *m*
automatique 1 *distributeur ~* (Waren)automat *m*; *fermeture ~* automatische Schließvorrichtung, unwillkürliche Geste **3** *prélèvement ~* Dauerauftrag *m*, Dauerabbuchung *f*; (fam) *ce n'est pas ~ !* das kommt nicht von selbst!, das ergibt sich nicht von selbst!
automatiser automatisieren
automitrailleuse *f* Panzerwagen *m* mit MG, Straßenpanzerwagen *m*
automne *m* Herbst *m*
automobile 1 *industrie ~* Auto(mobil)industrie *f*; *conduite ~* Autofahren *n*; *parc ~* (Kraft)Fahrzeugpark *m* **2** *canot ~* Motorboot *n* ◆ *f* Auto(mobil) *n*
automobiliste *f* AutofahrerIn *m f*
autonome unabhängig, selbständig ◆ *m f* Autonome/r
autonomie *f* **1** Unabhängigkeit *f*, Selbständigkeit *f ~ d'une région* Selbstverwaltung *f* einer Region/eines Bezirkes **2** *avoir* *une ~ de 500 km* eine Reichweite *f*/einen Aktionsradius *m* von 500 km haben
autonomiste *m f* AutonomistIn *m f*
autopropulsion *f* Eigenantrieb *m*
autopsie *f* Obduktion *f*, Autopsie *f*
autorail *m* Triebwagen *m*, Schienenbus *m*
autorisation *f* Erlaubnis *f*; Genehmigung *f*
autoriser : *~ qqn à faire qch* jm erlauben, etw zu tun; *~ les sorties* Ausgang genehmigen; (fig) *cela m'autorise à vous dire* das berechtigt mich, Ihnen zu sagen ◆ *s'~ de qqn/qch* sich auf jn/etw berufen ◆ *un avis autorisé* eine maßgebliche Ansicht
autoritaire autoritär, gebieterisch
autoritarisme *m* herrschsüchtiges Wesen *n*
autorité *f* **1** Autorität *f* **2** *~ parentale* Erziehungsrecht *n* **3** *~ compétente* zuständige Behörde *f* **4** *faire ~* als maßgebend angesehen werden
autoroute *f* Autobahn *f*
auto-stop : *faire de l'~* trampen [ɔtɾɛmpɾi], per Anhalter fahren
auto-stoppeur *m* -**euse** *f* AnhalterIn *m f*, TramperIn *m f*
autour : *avec de la crème ~* ringsherum mit Creme ◆ **1** um (A) *~ de l'étang* um den Teich herum ; *tourner ~ du soleil* sich um die Sonne drehen; *regarder ~ de soi* sich um=schauen **2** ungefähr, etwa *il a ~ de 30 ans* er ist um die 30 (Jahre alt)
autre 1 *les ~s enfants* die anderen Kinder; *une ~ fois* ein andermal; *c'est (tout) ~ chose !* das ist etw (ganz) anderes! *~ part* anderswo; *d'~ part* andererseits **2** *avoir un ~ enfant* noch ein Kind haben; *vouloir une ~ part* ein anderes/weiteres Stück (haben) wollen **3** *l'~ jour* neulich ◆ *l'~* der/die/das andere; *un ~* ein anderer; *qui d'~ ?* wer sonst? *quel qu'un d'~ ?* jd anders; *rien d'~* nichts anderes; *tout ~ que moi* jede(r) andere als ich; *de temps à ~* dann und wann, von Zeit zu Zeit; (fam) *quoi d'~ ?* noch was? *comme dit l'~* wie man (so schön) sagt, wie es heißt; *à d'~s !* erzähl(en Sie) es jm anders! den Bären können Sie/kannst du anderen auf=binden!
autrefois früher, einst, ehemals
autrement 1 *~ dit* anders ausgedrückt **2** *~ tu vas voir !* sonst wirst du es sehen! **3** *~ plus joli* bei weitem hübscher
autruche *f* Strauß *m*; (fig) *faire l'~* den Kopf in den Sand stecken, Vogel-/Strauß-Politik betreiben
autrui : *dire du mal d'~* über andere schlecht reden; *s'approprier le bien d'~* sich (D) fremdes Gut an=eignen
auvent *m* Vordach *n*
auxiliaire *m f* : *moteur ~* Hilfsmotor *m*

auxquels/auxquelles

♦ **1** Gehilfe *m*, Gehilfin *f embaucher des ~s* Hilfskräfte *fpl* ein=stellen **2** *être l'~ d'un échec* zu einer Niederlage bei=tragen **3** *(gram)* Hilfsverb *n*, Hilfszeitwort *n*

auxquels/auxquelles → **lequel**

avachir (s') : *s'~ sur son siège* sich auf seinem Sitz hin=lümmeln/hin=flegeln; *s'~ avec l'âge* mit den Jahren schlaff werden ♦ *se sentir tout avachi* völlig energielos sein

aval : *ski ~* Talski *m* ♦ *m* **1** *en ~ de Paris* flußabwärts von Paris; *(fig) en ~ de la production* in der Produktionsvorbereitung **2** *donner son ~ à une traite* eine Bürgschaft *f* für einen Wechsel übernehmen; *(fig) donner son ~ à qqn/qch* jm/einer Sache seine Unterstützung *f* zuteil werden lassen

avalanche *f* Lawine *f couloir d'~* Lawinengebiet *n*; *(fig) une ~ de papiers* Papierflut *f*; *une ~ d'ennuis* eine Menge *f* Ärger

avaler : *avale!* kipp's runter! ♦ *~ un comprimé* eine Tablette schlucken; *(fig) ~ un livre* ein Buch verschlingen; *(fig/fam) c'est dur à ~!* das ist schwer zu schlucken! ♦ *(fig/fam) faire ~ qch à qqn* jm etw weis=machen

avaliser bürgen, eine Wechselbürgschaft übernehmen

à-valoir *m* Abschlagszahlung *f*, Vorschuß *m*

avance *f* **1** *l'~ des troupes* Vormarsch *m* der Truppen **2** *avoir un quart d'heure d'~ sur l'horaire* eine Viertelstunde zu früh sein; *avoir de l'~ dans son travail* in seiner Arbeit Vorlauf *m* haben **3** *à l'~/par ~* im voraus; *être en ~* zu früh kommen **4** *demander une ~* um einen Vorschuß *m* bitten **5** *faire des ~s à qqn* mit jm anzubändeln versuchen, sich jm zu nähern versuchen

avancé 1 *un poste ~* vorgeschobener Posten **2** *être ~ pour son âge* für sein Alter weit (vorgeschritten) sein

avancée *f* **1** Vorstoß *m* **2** *l'~ d'un toit* Dachvorsprung *m*, Vordach *n*

avancement *m* **1** *l'~ des travaux* der Fortgang *m* der Arbeiten **2** *avoir de l'~* befördert werden, auf=rücken

avancer 1 vorwärts=gehen, vorwärts=fahren *avance!* na, geh schon! **2** *le projet avance* das Projekt macht Fortschritte; *~ dans son travail* mit/in seiner Arbeit voran=kommen **3** *ma montre avance* meine Uhr geht vor **4** *la digue avance dans la mer* der Deich ragt ins Meer ♦ **1** *~ une chaise* einen Stuhl vor=rücken **2** *~ son départ* seinen Aufbruch vor=verlegen; *~ sa montre* seine Uhr vor=stellen **3** *~ une hypothèse* eine Vermutung an=stellen **4** *~ de l'argent à qqn* jm Geld vor=strecken/vor=schießen **5** *(fam) ça t'avance à quoi?* was bringt dir das ein? *tu es bien avancé maintenant!* das hast du nun davon! ♦ **1** *s'~ majestueusement* würdevoll vor=gehen **2** *la nuit s'avance* die Nacht rückt vor **3** *(fam) là, tu t'avances un peu!* da wagst du dich aber zu weit vor!

avant 1 vorher; früher *la nuit d'~* die Nacht zuvor/davor **2** *s'enfoncer plus ~ dans la forêt* weiter in den Wald hinein=gehen ♦ *~ le déluge* vor der Sintflut; *~ le pont* vor der Brücke; *~ tout* vor allem ♦ *~ qu'il ne parte* ehe/bevor er geht ♦ *en ~, marche!* vorwärts los! *marcher en ~* voraus=gehen; *(fig) mettre qch en ~* etw vor=bringen; *se mettre en ~* sich in den Vordergrund drängen ♦ *la roue ~* Vorderrad *n* ♦ *m l'~ d'un bateau* Bug *m*, Vorderteil *n* eines Schiffes; *aller de l'~* unternehmungslustig/tatkräftig sein; *(sp) ~ droit* rechter Stürmer *m*

avantage *m* **1** *avoir l'~ de l'expérience* über den Nutzen *m* der Erfahrung verfügen; *être à son ~* vorteilhaft aus=sehen; *prendre l'~* Oberhand *f* gewinnen; *la situation tourne à son ~* die Situation verändert sich zu seinem Vorteil *m* **2** *cela présente bien des ~s* das bietet viele Vorteile *mpl*; *~s en nature* Naturalbezüge *mpl*, Naturalleistungen *fpl*

avantager 1 *~ qqn par rapport à un autre* jn einem anderen gegenüber vor=ziehen/bevorzugen **2** *la nature l'a avantagé* die Natur hat ihn reich bedacht; *cette robe t'avantage* in diesem Kleid siehst du vorteilhaft aus

avantageux, -euse : *un prix ~* ein günstiger Preis; *une proposition ~* ein vorteilhaftes Angebot

avant-bras *m* Unterarm *m*

avant-coureur : *signes ~s* Vorzeichen *npl*, Anzeichen *npl*

avant-dernier, -ère vorletzt-

avant-garde *f* **1** Avantgarde *f*; *(fig) être à l'~* an der Spitze stehen **2** *(mil)* Spitze *f*

avant-goût *m* Vorgeschmack *m*

avant-hier vorgestern

avant-propos *m* Vorwort *n*, Vorrede *f*

avare geizig; *(fig) être ~ de son temps* mit seiner Zeit geizen; *ne pas être ~ de compliments* mit Komplimenten freigebig sein

avarice *f* Geiz *m au diable l'~!* zum Teufel mit der Habsucht *f*

avarie *f* Schaden *m*

avarié verdorben

avec 1 mit (D) *~ plaisir!* mit Vergnügen! **2** bei (D) *je suis de tout cœur ~ toi* ich bin mit meinem ganzen Herzen bei dir **3** *cette pluie* bei so einem Regen; *se lever ~ le jour* bei Tagesanbruch auf=stehen

avenant freundlich, liebenswürdig, zuvorkommend ◆ *le reste est à l'~* der Rest ist dementsprechend ◆ *m* Nachtrag *m*, Zusatz *m*

avenir *m* : *à l'~* in Zukunft *f*; *des ~s meilleurs* bessere Zeiten *fpl*; *(fig) n'avoir aucun ~* überhaupt keine Zukunft(saussichten) *fpl* haben; *penser à son ~* an sein Fortkommen *n* denken

avent *m* Advent *m*

aventure *f* Abenteuer *n* **1** *(fig) aller à l'~* aufs Geratewohl *n*/auf gut Glück an (reisen); *ne te laisse pas entraîner dans une ~ pareille* laß dich bloß nicht auf ein solches Abenteuer n ein **2** *dire la bonne ~* jm die Zukunft voraus=sagen **3** *avoir une ~ avec qqn* mit jm ein Liebesabenteuer haben **4** *si d'~* wenn zufällig

aventurer (s') sich hinein=wagen; *(fig) s'~ à faire qch* sich ein=lassen auf (A)

aventureux, -euse abenteuerlich *avoir un caractère ~* verwegen sein

aventurier *m* **-ère** *f* AbenteurerIn *m f*; *(péj)* Glücksritter *m*, HochstaplerIn *m f*

avenu : *nul et non ~* null und nichtig

avérer (s') : *s'~ faux/juste* sich als falsch/richtig erweisen/heraus=stellen

averse *f* (Regen)schauer *m*, Guß *m*

aversion *f* **(pour)** (tiefe) Abneigung *f* (gegen)

avertir : *~ qqn d'un danger* jn vor der Gefahr warnen, jm eine Gefahr an=kündigen; *(loc) un homme averti en vaut deux* aus Schaden wird man klug

avertissement *m* **1** Warnung *f* **2** *donner un ~* eine Verwarnung *f* erteilen; *(jur) dernier ~* letzte Aufforderung *f*

avertisseur *m* Hupe *f*

aveu *m* **-x** Geständnis *n* *arracher des ~x* Geständnisse erpressen; *faire des ~x* gestehen; *passer aux ~x* ein Geständnis ab=legen, geständig werden

aveugle blind

aveuglement *m* Blindheit *f*

aveuglément blindlings

aveugler blenden; *(fig)* verblenden

aveuglette : *à l'~* blindlings

aviateur, -trice *f* FliegerIn *m f*

aviation *f* Luftfahrt *f* *terrain d'~* Flugfeld *n*, Flugplatzgelände *n*

avide (be)gierig ◆ *~ d'argent* geldgierig; *~ de sang* blutrünstig

avidité *f* Gier *f* *regarder avec ~* mit Begierde *f* an=schauen; *l'~ le perdra* die Habsucht *f* wird ihm das Genick brechen

avilir (s') (sich) erniedrigen/herab=würdigen

aviné : *une brute ~e* ein betrunkener Rohling; *une voix ~e* Säuferstimme *f*

avion *m* Flugzeug *n* *voyager en ~* fliegen, mit dem Flugzeug reisen; *(poste) par ~* mit Luftpost *f*

aviron *m* Ruder *n*; Rudersport *m* *faire de l'~* rudern

avis *m* **1** Ansicht *f*, Meinung *f* *à mon ~* meiner Meinung *f* nach; *je suis de votre ~* ich bin Ihrer Meinung; *donner son ~* seine Meinung äußern **2** *~ à la population!* Mitteilung *f* an die Bevölkerung! *jusqu'à ~ contraire* sofern keine gegenteilige Anweisung *f* ergeht, bis auf Widerruf *m*; *~ de passage* Benachrichtigung *f*

aviser : *il sera toujours temps d'~* es bleibt immer noch Zeit, eine Entscheidung zu treffen ◆ *~ qqn de qch* jn von etw benachrichtigen ◆ **1** *il s'avisa soudain de ma présence* plötzlich bemerkte er meine Anwesenheit **2** *ne t'avise pas de recommencer!* untersteh dich, wieder anzufangen!

avocat *m* **1** (Rechts)anwalt *m*, Advokat *m*; *~ général* Oberstaatsanwalt *m*; *prendre un ~* einen Verteidiger *m* nehmen; *(fig)* Fürsprecher *m*; *se faire l'~ du diable* den Advocatus Diaboli spielen **2** Avocado *f*

avoine *f* Hafer *m*

avoir 1 haben *~ une maison* ein Haus besitzen/haben **2** *~ faim* Hunger haben, hungrig sein; *j'ai froid* mir ist kalt **3** *il faut que j'aie cet examen!* ich muß diese Prüfung bestehen! **4** *(fam) l'~ mauvaise* sauer sein; *il m'a bien eu* er hat mich schön über's Ohr gehauen, er hat mich schön reingelegt **5** *qu'as-tu ?* was hast du? was ist mit dir? ◆ *en ~ pour son argent* etw für sein (gutes) Geld bekommen; *(fam) en ~ après qqn* auf jn sauer sein ◆ *tu n'as qu'à faire attention!* du brauchst bloß aufzupassen! ◆ *(fam) se faire ~* rein=fallen, sich rein=legen lassen ◆ **1** *il y a beaucoup de monde* es sind viele Leute da; *y a-t-il qch à manger?* gibt es etw zu essen? **2** *il y a trois mois* vor drei Monaten; *il y a deux ans qu'il est parti* es ist zwei Jahre her, daß er weggegangen ist **3** *il n'y a qu'à se baisser pour le ramasser* man braucht sich nur zu bücken, um es aufzuheben **4** *qu'est-ce qu'il y a?* was ist (los)?

avoir *m* Gutschein *m* *~ fiscal* Steuergutschrift *f*

avoisinant angrenzend

avortement *m* Abtreibung *f*, Fehlgeburt *f*, Abort *m*

avorter ab=treiben; *(fig)* scheitern

avorton *m* : *(péj) espèce d'~!* Krüppel *m*!, Mißgeburt *f*!

avouable respektabel, anerkennenswert

avouer zu=geben, gestehen ◆ *s'~ vaincu* sich geschlagen geben, eine Niederlage zu=geben

avril *m* April *m* *poisson d'~!* April! April!

axe *m* **1** Achse *f* *~ de rotation* Drehachse

f; *être dans l'~* die Mittelachse ein=halten; auf der Achse sein/liegen **2** *les grands ~s de circulation* die großen Verkehrsstraßen *fpl*
axer : *(fig) ~ sa vie sur qch* sein Leben nach etw/auf etw (A) aus=richten; sein Leben auf etw (A) ein=stellen; *~ son discours sur qch* seine Rede auf etw (A) aus=richten/auf etw (A) hin orientieren

ayant → **avoir**
ayant droit *m* Bezugs-; Empfangsberechtigte/r, EmpfängerIn *m f*
azimut : *m: (fig) un discours tous ~s* breitgefächerte/globale Ausführungen
azote *m* Stickstoff *m*
azyme : *pain ~* Matze *f*, Matzen *m*

B

B.A.-Ba *m* ABC *n*
baba : *(fam) rester ~* baff, verdutzt sein ♦ *m* **1** *~ au rhum* Rosinenkuchen *m* mit Rhum **2** *(fam) ~ cool* lässiger Typ *m*
babiller plappern, schnattern
babines *fpl* Lefzen *fpl*; *(fam) se lécher les ~* sich (D) die Finger (nach etw) lecken
babiole *f (fig)* Kleinigkeit *f*, Lappalie *f*
bâbord *m* Backbord *n*
babouche *f* (Leder)pantoffel *m*, Schlappen *fpl*
babouin *m* Pavian *m*
baby-foot [babifut] *m* Tischfußball *m*
bac *m* **1** *~ à légumes* Gemüsefach *n*; *~ à fleurs* Blumenkasten *m* **2** Fähre *f* **3** *(fam)* Abi *n*
baccalauréat *m* Abitur *n*, Reifeprüfung *f*
baccara *m* Bakkarat *n*
bâche *f* Plane *f*
bachelier *m* **-ère** *f* AbiturientIn *m f*
bâcher mit einer Plane bedecken
bachoter *(fam)* (für eine Prüfung) pauken, büffeln
bacille *m* Bazillus *m*, Erreger *m*
bâcler : *(fam) ~ son travail* seine Arbeit (schnell) zusammen=pfuschen ♦ *c'est du travail bâclé* das ist Pfusch (arbeit)
bactéricide keimtötend ♦ *m* Bakterizid *n*
bactérie *f* Bakterie *f*
badaboum ! bums !
badaud *m* Gaffer *m*
badge *m* Abzeichen *n*
badigeon *m* Tünche *f*, Anstreichfarbe *f*; *passer un coup de ~* übertünchen
badigeonner **1** tünchen **2** *~ la gorge* die Gurgel bepinseln
badin : *des propos ~s* schäkernde Bemerkungen; *un ton ~* ein lockerer, frotzelnder Ton
badinage *m* Getändel *n*, Geschäker *n*
badiner scherzen, spaßen *ne pas ~ avec la discipline* in puncto Disziplin keinen Spaß verstehen
badminton [badmintɔn] Federballspiel *n*

badois badisch
baffle *m* (Lautsprecher)box *f*
bafouer verhöhnen
bafouiller sich verhaspeln ♦ *~ qch* etw stammeln; *(fam)* etw faseln
bagage *m* **1** Gepäck *n faire ses ~s* seine Sachen *fpl* packen; *(fig) plier ~* sein Bündel *n* schnüren, sich davon=machen **2** *avoir un bon ~* solide Kenntnisse *fpl* haben; *~ scientifique* wissenschaftliches Rüstzeug *n*
bagarre *f* Schlägerei *f*, Krawall *m cher- cher la ~* suchen
bagarrer (se) streiten, kämpfen
bagarreur, -euse streitsüchtig
bagatelle *f* **1** Kleinigkeit *f*; Lappalie *f* **2** *être porté sur la ~* ein Schürzenjäger sein, (immer) nur Liebesabenteuer im Kopf haben
bagne *m* Zuchthaus *n*; *(fig)* Strafkolonie *f*
bagnole *f (fam)* Schlitten *m*, Mühle *f*, Karre *f*
bagou/bagout *m* : *(fam) avoir du ~* ein tüchtiges/gewandtes Mundwerk *n* haben
bague *f* Ring *m avoir la ~ au doigt* verheiratet sein; *(tech) ~ de serrage* Sprengring *m*
baguenauder sich herum=treiben, herum=flanieren; die Zeit vertrödeln
baguette *f* **1** Stäbchen *n*; *(fig) mener qqn à la ~* jn unter der Fuchtel/an der Kandarre halten/haben; *marcher à la ~* spuren; *~ magique* Zauberstab *m*; *(mus)* Taktstock *m* **2** *~ décorative* Zierleiste *f*
bah ! pah !, ach was !, Unsinn !
bahut *m* Anrichte *f*; *(fam) aller au ~* auf die Penne *f* gehen
baie *f* **1** Bucht *f* **2** *une ~ vitrée* großes Glasfenster *n* **3** *manger des ~s* Beeren *fpl* essen
baignade *f* **1** *~ interdite* Baden verboten **2** Bad *n*, Badeplatz *m*
baigner baden *~ une plante* eine Pflanze ins Wasser stellen ♦ *~ dans son sang*

ballotter

in seinem Blut schwimmen ◆ *se ~ baden*
baigneur *m* 1 Babypuppe *f* 2 **-euse** *f* Badende/r
baignoire *f* 1 Badewanne *f* 2 *(th)* Parkett *n*
bail *m* **baux** Mietvertrag *m*, Pachtvertrag *m*; *(fam) ça fait un bail* das ist (ja) eine Ewigkeit her!
bâillement *m* Gähnen *n*, Klaffen *n*
bâiller 1 gähnen 2 *un col qui bâille* ein halb offenstehender Kragen
bailleur, -euse *f* VerpächterIn *m f* VermieterIn *m f ~ de fonds* stiller Teilhaber *m*
bâillon *m* Knebel *m*
bâillonner knebeln; *(fig) ~ la presse* die Presse mundtot machen
bain *m* Bad *n* 1 *prendre un ~* sich baden; *(fig) se remettre dans le ~* sich wieder ein=arbeiten; *(fig) ~ de soleil* Sonnenbad *n*; *~ de foule* Bad *n* in der Menge 2 *le grand ~* das große Schwimmbecken *n*
bain-marie *m* : *au ~* im Wasserbad *n*
baïonnette *f* 1 Bajonett *n*, Seitengewehr *n* 2 *(élec)* Bajonettfassung *f*
baisemain *m* Handkuß *m*
baiser *m* Kuß *m*
baisse *f* Senkung *f*, Rückgang *m ~ de température* Temperaturrückgang *m*; *~ des eaux* Sinken *n* des Wasserstandes; *(fig) le moral est en ~* die Moral sinkt
baisser 1 *~ un store* einen Vorhang herunter-lassen 2 *~ la tête* den Kopf senken/neigen; *~ les bras* die Arme fallen lassen; *(fig)* kapitulieren, auf=geben 3 *~ la voix* die Stimme senken ◆ *les actions baissent* die Aktien fallen; *la mer baisse* das Meer sinkt ◆ *se ~* sich bücken
bajoue *f* Hängebacken *fpl*
bal *m* : *aller au ~* auf einen Ball *m* gehen
balader : *(fam) envoyer ~ qqn* jn ab=fahren/ab=blitzen lassen ◆ *se ~* (herum)=bummeln, *(non fam)* spazieren=gehen
baladeur *m* Walkman *m*
baladeuse *f* Handleuchte *f*
baladin *m* Possenreißer *m*, Schmierenkomödiant *m*
balafre *f* Schmarre *f*; Narbe *f*
balai *m* 1 Besen *m passer un coup de ~* aus=kehren, aus=fegen; *~ d'essuie-glace* Scheibenwischer *m*; *du ~ !* raus hier! 2 *(av) manche à ~* Steuerknüppel *m* 3 *(fam) avoir 40 ~s* 40 Jahre *npl* auf dem Buckel *m* haben
balance *f* 1 Waage *f*; *(fig) faire pencher la ~ en faveur de qqn/qch* einen positiven Ausschlag *m* für jn/etw geben; *mettre en ~* das Für und Wider ab=wägen, vergleichen; *peser dans la ~* ausschlaggebend sein; *(astro)* Waage *f* 2 *régler la ~* den Ton *m* aus=steuern 3 *~ commerciale* Handelsbilanz *f* 4 *(fam)* Anscheißer *m*
balancelle *f* Hollywoodschaukel *f*
balancer 1 schaukeln; *~ les bras* mit den Armen baumeln, schlenkern; *(fig/fam) ~ un coup* einen Schlag versetzen 2 *(fam)* weg=schmeißen; *~ qqn* jn verpfeifen ◆ schwanken, unschlüssig sein ◆ *se ~* 1 sich hin- und her=bewegen, schaukeln 2 *(fam) je m'en balance* das ist mir wurscht/schnuppe
balancier *m* Pendel *n*
balançoire *f* Schaukel *f*, Wippe *f*
balayer 1 *~ le sol* den Boden kehren; *~ la neige* Schnee fegen; *(fig)* verjagen 2 *le phare balaie la mer* der Leuchtturm tastet das Meer ab
balayette *f* Handfeger *m*
balayeur *m* **-euse** *f* StraßenfegerIn *m f*
balbutier stottern, stammeln; *(fig)* in den Anfängen stecken ◆ *~ qch* etw lallen
balcon *m* Balkon *m*
baldaquin *m* : *lit à ~* Himmelbett *n*
baleine *f* 1 Wal(fisch) *m*; *(fam) se marrer comme une ~* sich halb tot=lachen 2 *~ de parapluie* Schirmspeiche *f*
balise *f* Boje *f*
baliser 1 markieren, beschildern 2 *(fam)* Bammel haben
balistique *f* Ballistik *f*
baliverne *f* ungereimtes Zeug *n*
ballant : *marcher les bras ~s* mit schlenkernden Armen laufen
ballastière *f* Kiesgrube *f*, Sandgrube *f*
balle *f* 1 Ball *m*; *(fig) saisir la ~ au bond* die Gelegenheit *f* beim Schopf (e) fassen; *enfant de la ~* Artistenkind *n* 2 *~ de fusil* Gewehrkugel *f* 3 *une ~ d'avoine* Haferballen *m* 4 *(fam) t'as pas 100 ~s ?* hast du (mal) einen Franc ?
ballerine *f* 1 Ballerina *f*, Ballettänzerin *f* 2 Ballerinaschuh *m*
ballet *m* Ballett *n corps de ~* Balletttruppe *f*; *(fig) ~ diplomatique* diplomatischer Drahtseilakt *m*
ballon *m* 1 Ball *m ~ de foot* Fußball *m* Luftballon *m*; *(auto) souffler dans le ~* in die Tüte *f* pusten/blasen 2 *voyage en ~* Reise mit dem Heißluftballon *m* 3 *un ~ de rouge* ein Glas *n* Rotwein; *un ~ d'oxygène* Sauerstoffflasche *f*; *(fig)* Auftanken *n*; *un ~ d'eau chaude* Heißwassertherme *f*
ballonné aufgebläht
ballot *m* 1 Packen *m* 2 *(fam) quel ~ !* was für ein Depp *m* !
ballottage *m* : *être en ~* in der Stichwahl *f* sein
ballotter hin- und her=werfen *la mer ballotte le navire* das Schiff schlingert im Meer ◆ hin- und her=schwanken, hin- und

her-rutschen ♦ *(fig) être ballotté entre la peur et la curiosité* zwischen Angst und Neugier hin- und hergerissen sein

ball-trap *m* Tontaubenwurfmaschine *f*

balluchon *m* : *faire son ~* sein Bündel *n* schnüren

balnéaire : *station ~* Seebad *n*, Badeort *m*

balourd : *être ~* schwerfällig/plump sein

balte : *les pays ~s* Baltikum *n*

balustrade *f* Geländer *n*

bambin *m* kleiner Junge *m*, Steppke *m*

bambou *m* Bambus *m*, Bambusrohr *n*; *(fig) avoir un coup de ~* total fertig/ übermüdet sein; *c'est le coup de ~* da wird man ganz schön ausgenommen

ban *m* 1 *mettre qqn au ~ de la société* jn aus der Gesellschaft aus=stoßen, in gesellschaftlich ächten 2 *être en rupture de ~* mit allen Konventionen *fpl* gebrochen haben, sich von allen Bindungen *fpl* befreit haben 3 *publier les ~s* das Aufgebot *n* machen

banal banal, gewöhnlich, abgedroschen

banaliser : *~ un événement* ein Ereignis herunter=spielen/banalisieren ♦ *un véhicule banalisé* ein ziviles (nicht gekennzeichnetes) Polizeifahrzeug

banalité *f* Banalität *f dire des ~s* abgedroschenes Zeug *n* reden

banane *f* Banane *f*

banc *m* 1 Bank *f* 2 *~ de sable* Sandbank *f* 3 *~ de poissons* Fischschwarm *m*

bancaire : *un compte ~* Bankkonto *n*

bancal wackelig

bandage *m* Verband *m*, Bandage *f*, Binde *f*

bande *f* 1 Binde *f* 2 *une ~ de terre* Erdstreifen *m* 3 *scie à ~* Bandsäge *f* 4 *~ dessinée* Comic *m* 5 *~ de copains* Freundesclique *f*; *arrêter une ~* eine Bande *f* fest=nehmen; *faire ~ à part* sich ab=sondern, eigene Wege gehen; *(fam)* aus der Reihe tanzen

bandeau *m* Binde *f*, Stirnband *n*

bander 1 verbinden 2 *~ un arc* einen Bogen spannen ♦ *(fam)* einen Steifen kriegen

banderille *f* Wurfpfeil *m*

banderole *f* Spruchband *n*, Transparent *n*

bande-son *f* Tonspur *f*

bandit *m* Bandit *m*; *~ de grands chemins* (Straßen)räuber *m*

banditisme *m* : *le grand ~* die Großkriminalität *f*

bandoulière *f* : *en ~* umgehängt

bang *m* (Überschall)knall *m*

banlieue *f* Stadtrand *m habiter en ~* in einem Vorort *m* wohnen

banlieusard *m* **-e** *f* VorstädterIn *m f*, VorortbewohnerIn *m f*; PendlerIn *m f*

bannière *f* Banner *n*, Flagge *f*; *(fig) sous la ~ de* unter der Führung *f*; *c'est la croix et la ~* da muß man Himmel und Hölle in Bewegung setzen

bannir verbannen; *(fig)* aus=schließen

banque *f* Bank *f*; *(inf) ~ de données* Datenbank *f*

banqueroute *f* Bankrott *m*; *(fig)* Bankrotterklärung *f*

banquet *m* Bankett *n*, Festmahl *n*

banquette *f* : *~ d'un compartiment de train* Zugbank *f*; *~ de voiture* Sitz *m*; *~ transformable* Bettcouch *f*

banquier *m* **-ère** *f* 1 Bankier *m* 2 *(jeu)* Bankhalter *m*

banquise *f* Treibeis *n*, Packeis *n*

baptême *m* Taufe *f*; *(fig) ~ de l'air* Jungfernflug *m*; *~ du feu* Feuertaufe *f*

baptiser 1 taufen; *(fig) ~ qqn de tous les noms* jn mit allen möglichen Schimpfworten belegen

baptismaux : *les fonts ~* Taufbecken *n*

baptistère *m* Taufkapelle *f*

baquet *m* Kübel *m*, Bottich *m*, Zuber *m*

bar *m* 1 Bar *f* 2 *(poisson)* Seebarsch *m* 3 *(phys)* Bar *n*

baragouiner *(fam)* 1 *~ l'allemand* deutsch radebrechen 2 *qu'est-ce que tu baragouines?* was stammelst du vor dich hin?

baraqué *(fam)* wachtig, kräftig gebaut

baraquement *m* Baracke *f*

baratin *m* : *(fam) c'est du ~!* das ist Geschwätz *n*; *faire son ~ à qqn* jn zu beschwatzen versuchen

barbant *(fam)* ätzend, stinklangweilig

barbare grausam ♦ *m f* BarbarIn *m f*; *(fig) de la musique de ~s* Hottentottenmusik *f*

barbarie *f* Barbarei *f*

barbarisme *m* Sprachwidrigkeit *f*, sprachlicher Schnitzer *m*

barbe *f* Bart *m*; *(fig) ~ à papa* Zuckerwatte *f*; *à la ~ de tous* vor aller Augen *npl*; *rire dans sa ~* sich (eins) ins Fäustchen *n* lachen; *(fam) la ~!* verdammt nochmal!; mir reicht's!

barbelé : *fil ~* Stacheldraht *m*

barbiche *f* Kinnbärtchen *n*

barbiturique *m* Schlafmittel *n*

barboter herum=plätschern ♦ *(fam) ~ qch* etw klauen

barboteuse *f* Spielhöschen *n*

barbouiller herum=klecksen, beklecksen; beschmieren ♦ *avoir l'estomac barbouillé* einen verdorbenen Magen haben

barbouze *m (fam)* Schnüffler *m*, Spitzel *m*

barbu bärtig

barda *m (fam)* Kram *m*, Krempel *m*

barder 1 *(fam) ça va ~!* gleich wird es

was geben!/kracht's! **2** ~ *un rôti* den Braten mit Speckscheiben umwickeln
barème *m* Bewertungsskala *f*
baril *m* : ~ *de lessive* ein Paket Waschpulver *n*; ~ *de poudre* Pulverfaß *n*
barillet *m* Trommel *f*
bariolé bunt, buntscheckig
baromètre *m* Barometer *n*
baron *m* **-ne** *f* BaronIn *m f*
baroque barock; *(fig) avoir des idées* ~*s* seltsame Ideen haben
baroudeur *m* (*fam*) Raufbold *m*
barque *f* Barke *f*, Kahn *m*, Boot *n*; *(fig) bien mener sa* ~ eine Sache *f* mit Erfolg führen/betreiben
barquette *f* Schale *f*
barrage *m* **1** Absperrung *f*, Straßensperre *f*; *(fig) faire* ~ *à un projet* einer Sache einen Riegel *m* vor=schieben; *faire* ~ *à qqn* jm Hindernisse *npl*/Steine *mpl* in den Weg legen **2** Staudamm *m*
barre *f* **1** ~ *métallique* Metallbarren *m* **2** *appeler des témoins à la* ~ Zeugen vor Gericht *n* laden **3** (*mar*) Ruder *n* **4** (*sp*) ~ *fixe* Reck *n*; ~*s parallèles* Barren *m* **5** (*mus*) ~ *de mesure* Taktstrich *m*
barreau *m* -**x 1** Stange *f*, Stab *m* *être derrière les* ~*x* hinter Gittern *npl* sein **2** (*jur*) Anwaltskammer *f*
barrer 1 ~ *une route* eine Straße ab=sperren **2** ~ *un mot* ein Wort durch=streichen ◆ (*mar*) steuern ◆ (*fam*) *se* ~ ab=hauen, verduften, sich verziehen
barrette *f* Spange *f*
barreur *m* Steuermann *m*
barricade *f* Absperrung *f construire des* ~*s* Straßensperren *fpl* errichten
barricader (se) (sich) verbarrikadieren
barrière *f* Schranke *f*, Schlagbaum *m*
barrique *f* Faß *n*, Tonne *f*
barrir trompeten
baryton *m* Bariton *m*
bas, -se 1 niedrig **2** *les branches* ~*ses* die unteren Zweige; *le ciel est* ~ der Himmel ist verhangen; *(fig) la terre est* ~*se!* die Erde ist tief! **3** *partir la tête* ~*se* mit hängendem Kopf/mit hängenden Ohren weg=gehen; *faire main* ~*se sur qch* sich an etw (D) vergreifen **4** *marée* ~*se* Ebbe *f* **5** *en* ~ *âge* im zarten Alter; *(fig) au* ~ *mot* gelinde gesagt, mindestens **6** *les* ~ *morceaux* Fleisch von minderer Qualität; *(fig) une* ~*se besogne* schmutzige Geschäfte, (*fam*) Dreckarbeit *f*; *un coup* ~ Tiefschlag *m*, Schlag unter die Gürtellinie; *une plaisanterie de* ~ *étage* ein niederträchtiger Scherz, ein gemeiner Spaß **7** *à voix* ~*se* leise, flüsternd **8** *Basse Saxe* Niedersachsen *n* ◆ **1** *de* ~ *en haut* von unten bis oben; **2** *étages plus* ~ 2 Etagen tiefer; *les cours sont tombés très* ~ die Kurse sind zusammengebrochen; *(fig) être* *tombé bien* ~ weit heruntergekommen sein **2** (*fam*) ~ *les pattes!* Hände weg! **3** *mettre* ~ werfen **4** *à* ~ *le travail!* nieder mit der Arbeit! **5** *en* ~ hinunter; unten; *en* ~ *de la rue* am unteren Ende der Straße
bas *m* **1** ~ *de la page* auf dem unteren Ende der Seite, am Fuße der Seite; *(fig) avoir des hauts et des* ~ Höhen und Tiefen *fpl* haben/erleben **2** Strumpf *m*
basaltique basalthaltig
basané : *avoir la peau* ~*e* matte/sonnengebräunte Haut haben
bas-côté *m* **1** Seitenstreifen *m* **2** (*archi*) Seitenschiff *n*
bascule *f* **1** *fauteuil à* ~ Schaukelstuhl *m* **2** Waage *f*
basculer schaukeln, kippeln; *(fig)* ~ *dans le chaos* ins Chaos geraten; *le gouvernement a basculé à droite* die Regierung ist nach rechts ausgeschwenkt, die Regierung hat einen Rechtsruck gemacht ◆ *faire* ~ kippen
base *f* **1** Grundlinie *f*, Grundfläche *f* ~ *d'un édifice* das Fundament *n* eines Gebäudes; *(fig) avoir de bonnes* ~*s* gute Grundlagen *fpl* haben; *vitesse de* ~ Grundgeschwindigkeit *f* **2** ~ *d'atterrissage* Landebahn *f* **3** ~ *de données* Ausgangsbasis *f* **4** (*chim*) Base *f*
bas-fonds *mpl* : *les* ~ *de la société* die unteren Gesellschaftsschichten *fpl*
basilic *m* Basilikum *n*
basilique *f* Basilika *f*
basket [basket] *m f* **1** Basketball *m* **2** *porter des* ~*s* Turnschuhe *mpl* tragen
bas-relief *m* Relief *n*; Halbrelief *n*
basse-cour *f* Hühnerhof *m*
bassement : ~ *intéressé* niederträchtig, selbstsüchtig
bassesse *f* Gemeinheit *f*, Niedertracht *f*
bassin 1 Bassin *n*, Becken *n* **2** ~ *méditerranéen* Mittelmeerraum *m* **3** ~ *houiller* Steinkohlenbecken *n* **4** (*méd*) Becken *n*
bassine *f* Wanne *f*, Kessel *m*
basson *m* Fagott *n*
bastingage *m* Reling *f*
bastion *m* Bastion *f*, Bollwerk *n*; *(fig)* Hochburg *f*
bas-ventre *m* Unterleib *m*
bataille *f* **1** Schlacht *f*, Kampf *m*, Streit *m*; *(fig) cheval de* ~ Streitroß *n*, Stekkenpferd *n* **2** (*jeu*) *jouer à la* ~ Ochseleg-doh spielen **3** *avoir les cheveux en* ~ zerzauste Haare haben
bâtard : *un enfant* ~ ein uneheliches Kind; *un chien* ~ Promenadenmischung *f*; *(fig) un accord* ~ eine Kompromißlösung *f* ◆ *m* ~*e f* Bastard *m*, Mischling *m* ◆ *m* Pfundbrot *n*
bateau *m* **1** Schiff *n*, Boot *n*; *(fig) me-*

bateau-mouche

ner qqn en ~ jm einen Bären auf=binden, jn an der Nase herum=führen **2** *ne pas se garer devant le* ~ nicht vor der Ausfahrt *f* parken **3** *(fam) monter un* ~ *à qqn* jn auf den Arm nehmen **4** *un sujet* ~ ein abgedroschenes Thema
bateau-mouche *m* Ausflugsdampfer *m*
batelier *m* **-ère** *f* Flußschifferln *m f*
bathyscaphe *m* Taucherkugel *f*
batifoler herum=tollen, schäkern
bâtiment *m* **1** Gebäude *n* **2** Baugewerbe *n* **3** *(mar)* Schiff *n*
bâtir 1 bauen *terrain à* ~ Baugelände *n*; *(fig)* ~ *sa vie sur qch* sein Leben auf etw (A) gründen **2** ~ *un ourlet* einen Saum heften
bâtisse *f* Gebäude *n*, Bauwerk *n*
bâtisseur *m* Erbauer *m*; *(fig)* Gründer *m*
bâton *m* **1** Stock *m*, Stab *m*, Knüppel *m*; *(fig) son* ~ *de vieillesse* die Stütze *f* seines Alters; *parler à* ~*s rompus* vom Hundertsten ins Tausendste kommen; *mettre des* ~*s dans les roues* Knüppel *mpl* zwischen die Beine werfen **2** ~ *de rouge à lèvres* Lippenstift *m* **3** *écriture* ~ Strichschrift *f*
bâtonnier *m* Vorsitzender *m* der Anwaltskammer
batracien *m* Lurch *m*
battant 1 *pluie* ~*e* Platzregen **2** *(fig) tambour* ~ im Eiltempo *n* ♦ *partir* ~ siegessicher auf=brechen *m* ♦ **1** ~ *de porte* Türflügel *m* **2** ~ *d'une cloche* Glockenschwengel *m*, Glockenklöppel *m*
battement *m* **1** ~ *du cœur* Herzklopfen *n* **2** ~ *d'ailes* Flügelschlag *n*; *(sp)* ~*s de jambes* Beinschlag *m* **3** *avoir une heure de* ~ einen Zeitraum *m* von einer Stunde haben
batterie *f* **1** *jouer de la* ~ Schlagzeug *n* spielen **2** ~ *de voiture* Autobatterie *f* **3** ~ *de cuisine* Küchengerät *n*; ~ *de tests* Testreihe *f* **4** *dévoiler ses* ~*s* seine Absichten *fpl* erkennen lassen
battre 1 schlagen **2** ~ *qqn à la course* jn im Wettlauf besiegen; ~ *un record* einen Rekord brechen **3** ~ *les cartes* die Karten mischen; ~ *des œufs* Eier schlagen/verrühren; ~ *le blé* Korn dreschen **4** ~ *la campagne* das Gelände ab=grasen; *(fig) son esprit bat la campagne* er verliert den Kopf **5** ~ *pavillon français* unter französischer Flagge segeln ♦ **1** ~ *des mains* in die Hände klatschen; *(fig)* ~ *de l'aile* in Schwierigkeiten sein, übel dran sein **2** ~ *en retraite* zum Rückzug blasen; *(fig)* klein bei=geben ♦ *se* ~ kämpfen
battu 1 *sol en terre* ~ gestampfter Lehmboden **2** *(fig) en dehors des sentiers* ~*s* außerhalb der eingefahrenen/ausgetretenen Wege
battue *f* Treibjagd *f*

baume *m* Balsam *m*
bavard schwatzhaft, geschwätzig
bavardage *m* **1** Schwatzerei *f* **2** *ce ne sont que des* ~*s* das ist nur Geschwätz *n*
bavarder schwatzen, klatschen
Bavarois *m* **-e** *f* BayerIn *m f*
bave *f* Speichel *m*
baver *(fig)* sabbern, (be)geifern; *(fig)* ~ *d'admiration* vor Bewunderung vergehen; *(fam) en* ~ *(non fam)* leiden müssen
bavoir *m* Lätzchen *n*
bavure *f* : *(fig) une* ~ *policière* polizeilicher Fehlgriff *m*
bayer : ~ *aux corneilles* Löcher in die Luft gucken, Maulaffen feil=halten
bazar *m* **1** Basar *m* **2** *(fam) c'est le* ~ ! was für ein Durcheinander *n* !
bazooka [bazuka] *m* Panzerfaust *f*
B.C.B.G. **(bon chic bon genre)** *(fam)* Schickeria *f* ø
B.C.G. TBC-Schutzimpfung *f*, Tuberkolostatikum *n*
béant sperrangelweit offen *une plaie* ~*e* eine klaffende Wunde
béat : ~ *d'admiration* sprachlos vor Bewunderung; *un sourire* ~ ein dümmliches Lächeln
béatification *f* Seligsprechung *f*
béatitude *f* : *(fig)* Seligkeit *f*, Glück *n*
beau / bel / belle 1 schön ; hübsch *un bel homme* ein gutaussehender Mann ; *(fig) un* ~ *geste* eine bewundernswerte Geste **2** *être* ~ *joueur* ein guter Verlierer sein **3** *un* ~ *matin* eines schönen Morgens ♦ **1** *il fait* ~ es ist schönes Wetter **2** *j'ai eu* ~ *tout essayer* obwohl ich alles mögliche verweht habe **3** *bel et bien* tatsächlich, schlechthin, rundweg **4** *de plus belle* noch stärker **5** *l'échapper belle* mit knapper Mühe/Not davon=kommen ♦ *m c'est du* ~ *!* das ist eine stramme Leistung *f!*; *un vieux* ~ ein alter Schönling ♦ *faire le* ~ Männchen *n* machen ; *en faire de belles* sich schön auf=führen ; *(jeu) la belle* die letzte Runde *f*; *(fam) se faire la belle* sich aus dem Staub machen
beaucoup : *manger* ~ viel essen ; ~ *de gens* viele Leute
beau-frère *m* Schwager *m*
beau-père *m* Schwiegervater *m*; Stiefvater *m*
beauté *f* Schönheit *f* *institut de* ~ Schönheitssalon *m*; *(fig) grain de* ~ Leberfleck *m*; *pour la* ~ *du geste* um der Geste willen; *(fam) finir en* ~ etw mit Glanz und Gloria beenden ; *se faire une* ~ sich schminken/zurecht=machen
Beaux-Arts *mpl* die schönen Künste *fpl* **2** *école des* ~ Kunstakademie *f*
beaux-parents *mpl* Schwiegereltern *pl*
bébé *m* Baby *n*
bec *m* **1** Schnabel *m*; *(fam) clouer le* ~

à qqn jm das Maul stopfen; *avoir une prise de ~* sich mit jm in die Haare/die Wolle kriegen **2** *(cafetière)* Tülle *f*
bécarre *m* Auflösungszeichen *n*
bécasse *f* Waldschnepfe *f*; *(fig/fam)* dumme Gans *f*
bec-de-lièvre *m* Hasenscharte *f*
bêche *f* Spaten *m*
bêcher : *~ son jardin* seinen Garten um=graben ◆ *(fam)* durch=hecheln
bêcheur *m* **-euse** *f (fam)* eingebildeter Schnösel *m*, eingebildete Ziege *f*
bedonnant dickbäuchig
bédouin *m* Beduine *m*
bée : *être/rester bouche ~* Mund und Nase auf=sperren
beffroi *m* Glockenturm *m*
bégayer stammeln, stottern ◆ *~ une excuse* eine Entschuldigung her=stottern
bégonia *m* Begonie *f*
bègue stotternd
bégueule : *être ~* prüde sein
beige beige
beignet *m* Krapfen *m*, Berliner *m*
bêler blöken, meckern
belette *f* Wiesel *n*
bélier *m* **1** *(animal/astro)* Widder *m* **2** Rammbock *m*
belle-fille *f* Schwiegertochter *f*; Stieftochter *f*
belle-mère *f* Schwiegermutter *f*; Stiefmutter *f*
belle-sœur *f* Schwägerin *f*
belligérant kriegführend
belliqueux, -euse streitsüchtig
belvédère *m* Aussichtsplattform *f*, Aussichtsturm *m*
bémol : *ré ~ Des n* ◆ *3 ~s à la clé* 3 B als Vorzeichen
bénédictin *m* Benediktinermönch *m*
bénédiction *f* Segen *m*, Einsegnung *f*; *(fig) donner sa ~ à un projet* ein Projekt ab=segnen
bénéfice *m* Gewinn *m*; *(fig)* Nutzen *m*, Vorteil *n avoir le ~ de l'âge* jm altersmäßig voraus sein
bénéficiaire : *marge ~* Gewinnspanne *f*, Verdienstspanne *f* ◆ *m f le/la ~ d'un don* Spendenempfängerin *m f*
bénéficier : *~ de certains avantages* gewisse Vorteile genießen, gewisser Vergünstigungen teilhaftig werden
bénéfique günstig
benêt dumm ◆ *m* Dummkopf *m*
bénévolat *m* unbezahlte Arbeit *f faire du ~* ehrenamtlich arbeiten
bénin, -igne harmlos
bénir segnen; *(fig)* preisen
bénitier *m* Weihwasserkessel *m*
benjamin *m f* jüngstes Kind *n*, Nesthäkchen *n*

benne *f* Container *m*; *(camion)* Kipperaufbau *m*
béotien *(fig)* banausenhaft
B. E. P. *m* **brevet d'études professionnelles** → Berufsschulabschluß *m*
B. E. P. C. *m* **brevet élémentaire du premier cycle** → Mittlere Reife *f*
béquille *f* **1** *marcher avec des ~s* an Krücken *fpl* gehen **2** *~ d'une moto* Motorradständer *m ~ d'un bateau* Stütze *f* eines Schiffes
berceau *m* Wiege *f*
bercer wiegen, schaukeln; *(fig) sa voix me berce* seine Stimme beruhigt mich, *(fam)* seine Stimme lullt mich ein
berceuse *m* Wiegenlied *n*, Schlaflied *n*
béret *m* : *~ basque* Baskenmütze *f*
berge *f* (Ufer)böschung *f voie sur ~* Uferstraße *f*
berger *m* **-ère** *f* SchäferIn *m f étoile du ~* Abendstern *m*
bergerie *f* Schafstall *m*
bergeronnette *f* Bachstelze *f*
berlinois berlinerisch ◆ *m* **-e** *f* BerlinerIn *m f*
bermuda *m* Bermuda-Shorts *mpl*
bernard-l'ermite *m* Einsiedlerkrebs *m*
berne *f* : *en ~* (auf) halbmast
berner rein=legen; betrügen
besace *f* Quersack *m*; *(fig)* Tasche, Beutel *m*
besogne *f* Arbeit *f*; *(fig) aller vite en ~* nicht lange fackeln
besogneux, -euse emsig, beflissen
besoin *m* : *un ~ naturel* ein natürliches Bedürfnis *n*; *~ d'argent* Geldmangel *m*; *ne pas avoir beaucoup de ~s* nicht viel brauchen/nötig haben; *être dans le ~* in Not *f*/bedürftig sein; *(fig) pour les ~s de la cause* im Dienst der Sache; *(fig) faire ses ~s* seine Notdurft *f* verrichten ◆ *avoir ~ de qch* etw brauchen/nötig haben ◆ *au ~* im Notfall *m*
bestiaux *mpl* Vieh *n*
bestiole *f* Tierchen *n*
bétail *m* Vieh *n gros ~* Großvieh *n*
bétaillère *f* Viehtransporter *m*
bête 1 dumm, doof *~ comme ses pieds* stockdumm, saudumm, saudoof **2** *~ comme chou* kinderleicht
bête *f* Tier *n* Biest *n ~ sauvage* wildes Tier *n*; *~s à cornes* Hornvieh *n*; *(fig) être la ~ noire de qqn* jm ein Greuel/zuwider sein; *chercher la petite ~* an allem etw auszusetzen haben, ein Haar in der Suppe suchen, alles bekritteln
bêtement 1 *parler ~* dumm daher=reden **2** *tout ~* ganz einfach ; *c'est arrivé ~* das ist auf ganz dumme Weise passiert
bêtise *f* **1** Dummheit *f* **2** *dire des ~s* dummes Zeug *n*/Blödsinn *m* reden ; *faire des ~s* Dummheiten machen **3** *se disputer*

bêtisier

pour des ~s wegen Nichtigkeiten *fpl* streiten **4** *les ~s de Cambrai* Pfefferminzkonfekt *n*

bêtisier *m* Fehlersammlung *f*

béton *m* Beton *m* ; ~ *armé* Stahlbeton *m* ; *(fig) un argument en* ~ ein bombensicheres Argument

bétonnière *f* Betonmischer *m*

bette / blette *f* Mangold *m*

betterave *f* : ~ *rouge* rote Rübe *f* ; ~ *fourragère* Futter- Runkelrübe *f*

beugler muhen ; *(fam)* gröhlen, johlen

beur *m f* Einwanderer *m*/Einwanderin *f* aus dem Maghreb in der zweiten Generation

beurre *m* Butter *f* ; *(fam) compter pour du* ~ *(non fam)* überhaupt nicht zählen ; *faire son* ~ sein Schäfchen ins Trockene bringen, auf seine Kosten kommen ; *œil au* ~ *noir* blaues Auge

beurrer mit Butter bestreichen / aus=reiben

beurrier *m* Butterdose *f*

beuverie *f* Sauferei *f*

bévue *f* : *commettre une* ~ einen Schnitzer *m* machen, einen Fehler *m* begehen, *(fig/fam)* einen Bock *m* schießen

biais *m* **1** Schrägstreifen *m* ; *en* ~ schräg **2** *par quel* ~ *le prendre?* auf welche Weise *f* kann man ihm bei=kommen? *par le* ~ *de* auf dem Umweg *m* über (A)

bibelot *m* Nippsache *f*, Nippes *pl*

biberon *m* (Saug)flasche *f*, Fläschchen *n*

bible *f* Bibel *f*

bibliographie *f* Bibliographie *f*, Literatur-/Bücherverzeichnis *n*

bibliophile *m f* Bibliophile/r, Bücherfreund|In *f*

bibliothécaire *m f* BibliothekarIn *m f*

bibliothèque 1 Bibliothek *f*, Bücherei *f* **2** Bücherschrank *m*, Bücherregal *n*

biblique biblisch

bicarbonate *m* : ~ *de soude* doppeltkohlensaures Natrium *n*

bicéphale doppelköpfig

biceps *m* Bizeps *m*

biche *f* Hirschkuh *f* ; *(fig) ma* ~ mein Schätzchen *n*, mein Liebling *m*

bichonner : ~ *un enfant* ein Kind umhegen ; *(péj)* ein Kind verhätscheln ◆ *se* ~ sich heraus=putzen/schön machen

bicolore zweifarbig

bicyclette *f* Fahrrad *n*

bide *m (fam)* **1** *avoir du* ~ eine dicke Wampe haben **2** *c'est un* ~ *(non fam)* das ist ein Reinfall *m*/Mißerfolg *m*

bidon *m* **1** Kanister *m* **2** *(fam) complètement* ~ (reiner) Schwindel *m*/Quatsch *m*

bidonville *m* Elendsviertel *n*, Slum *m*

bielle *f* : *couler une* ~ die Pleuelstange *f* fest=fahren

bien 1 *les gens* ~ die feinen Leute, die Oberschicht ; *ce que tu fais n'est pas* ~ was du tust, ist nicht richtig **2** *se sentir* ~ sich wohl=fühlen **3** *être* ~ *avec le directeur* sich mit dem Direktor gut verstehen ◆ **1** gut *c'est* ~ *qqn de* das ist jd ordentliches / anständiges ; ~ *portant* gesund ; *tant* ~ *que mal* wohl oder übel ; so gut wie möglich ; *je vais* ~ es geht mir gut ; *j'ai* ~ *fait de...* ich habe gut daran getan... ; *tu ferais* ~ *de...* es wäre besser für dich, du würdest... ; *c'est* ~ *fait (pour toi)* das geschieht (dir) recht **2** ~ *propre* schön sauber ; ~ *des gens* (sehr) viele Leute ; ~ *des fois* oft ; ~ *sûr* natürlich, sicher **3** *il y a* ~ *un an* es ist wohl ungefähr ein Jahr her **4** *c'est* ~ *lui* das ist er ; das sieht ihm ähnlich / ist typisch für ihn ; ~ *aimer* gern(e) mögen ; *je voudrais* ~ ich möchte gerne **5** *eh* ~ *!* nun ! ◆ ~ *que* obgleich, obschon ; *si* ~ *que* so daß

bien *m* **1** *cela me fait du* ~ das tut mir gut, wohl ; *dire du* ~ *de qqn* gut über jn reden ; *mener une affaire à* ~ ein Unternehmen zum Erfolg *m* führen **2** *le* ~ *et le mal* das Gute *n* und das Böse ; *en tout* ~ *tout honneur* in ehrlicher Absicht **3** *avoir du* ~ Vermögen *n* haben ; *(prov)* ~ *mal acquis ne profite jamais* unrecht Gut *n* gedeiht nicht

bien-être *m* Wohlbefinden *n*

bienfaisance *f* : *œuvres de* ~ wohltätige Werke

bienfaisant wohltuend

bienfait *m* Wohltat *f* ; *(prov) un* ~ *n'est jamais perdu* eine gute Tat zahlt sich immer aus ; *(fig)* Segnung *f*

bienfaiteur *m*, **-trice** *f* WohltäterIn *m f*

bien-fondé *m* Berechtigung *f*

bien-pensant schicklich, spießbürgerlich

bienséance *f* Anstand *m*

bienséant : *il est* ~ *de* es schickt sich

bientôt bald *à* ~ *!* bis bald !

bienveillance *f* Wohlwollen *n*, Gunst *f* ; Nachsichtigkeit *f*

bienveillant wohlwollend, entgegenkommend

bienvenue *f* : *souhaiter la* ~ *à qqn* jn willkommen heißen

bière *f* **1** Bier *n* ~ *pression* Schank- /-Faßbier *n*, Bier vom Faß **2** Sarg *m*

bifurquer sich gabeln ~ *à droite* nach rechts ab=zweigen

bigame in Doppelehe lebend, bigam

bigarré bunt scheckig ; *(fig) une foule* ~*e* eine bunt zusammengewürfelte Menge

big-bang *m* Urknall *m*

bigot frömmelnd, scheinheilig, bigott

bigoudi *m* Lockenwickler *m* *mettre des* ~*s* das Haar ein=drehen/auf=wickeln

bijou *m* **-x** Schmuckstück *n*, Juwel *n*, Schmuck *m*
bijoutier *m* **-ière** *f* JuwelierIn *m f*
bilan *m* **1** Bilanz *f*, (Jahres)abschluß *m*, Endergebnis *n faire un* ~ eine Bilanz auf=stellen **2** *déposer son* ~ Konkurs *m* an=melden / beantragen **3** *(fig) faire le* ~ *de la situation* eine Bestandsaufnahme *f* machen; ~ *de santé* gründliche Gesamtuntersuchung *f*
bile *f* Galle *f*; *(fig/fam) se faire de la* ~ *(non fig/fam)* sich (**D**) Sorgen *fpl* machen, sich beunruhigen
biliaire : *vésicule* ~ Gallenblase *f*
bilieux, -euse leicht aufbrausend, leicht erregbar, reizbar
bilingue zweisprachig
bilinguisme *m* Zweisprachigkeit *f*
billard *m* Billard *(spiel) n*; *(fam) passer sur le* ~ unter's Messer kommen
bille *f* **1** *jouer aux* ~s mit Murmeln *fpl* spielen; *(fig/fam) retirer ses* ~s aus=steigen, ab=springen, nicht mehr mit=machen **2** ~ *à stylo* Kugelschreiber *m* **3** ~ *de bois* Holzklotz *m*
billet *m* **1** *un* ~ *de 100 F* Hundertfrancsschein *m*; *un* ~ *de banque* Banknote *f* **2** Fahrkarte *f*, (Eintritts)karte *f* **3** *un* ~ *doux* Liebesbriefchen *n*
billetterie *f* Kasse *f*, Kartenverkauf *m*
bimensuel, -le zweimal im Monat erscheinend
bimestriel, -le alle zwei Monate erscheinend
biner hacken
biniou *m* bretonischer Dudelsack *m*
biodégradable biologisch zersetzbar / abbaubar
biologique biologisch
biologiste *m f* Biologe *m*, Biologin *f*
bipède zweifüßig
biplace zweisitzig
biquet *m* **-te** *f* Zicklein *n*, Geißlein *n*; *(fig/fam) mon* ~ mein Schäfchen *n*
biréacteur *m* zweistrahliges Düsenflugzeug *n*
bis [bis] *(mus)* Wiederholungszeichen *npl* ~ ! noch einmal !, da capo !
biscornu schief, verschroben
biscotte *f* Zwieback *m*
biscuit *m* **1** Keks *m* **2** Biskuitporzellan *n*
bise *f* **1** scharfer Wind *m* **2** *(fam > non fam)* Küßchen *n*
biseau *m* : *en* ~ schrägkantig
bisexué zweigeschlechtlich
bisexuel, -le bisexuell
bison *m* Bison *m*, Wisent *m*, Büffel *m*
bisque *f* Suppe *f*
bissectrice *f* Winkelhalbierende *f*
bissextile : *année* ~ Schaltjahr *n*
bistouri *m* Operationsmesser *n*
bistre schwarzbraun
bistrot *m* Bistro *n*, Kneipe *f style* ~ Kaffeehausstil *m*
bitumer asphaltieren
bivouac *m* Biwack *n*, Feldlager *n*
bizarre sonderbar, seltsam, wunderlich
bizut *m f (fam > non fam)* StudentIn *m f* im ersten Jahr, Neuankömmling *m*
bizuter Neuankömmlinge schikanieren
bla-bla *m (fam)* Blabla *n*, dummes Gerede *n*
black-out *m* : *faire le* ~ *sur une affaire* eine Angelegenheit tot=schweigen
blafard : *visage* ~ ein bleiches Gesicht; *lumière* ~*e* fahles Licht
blague *f* **1** *(fam) raconter une* ~ einen Witz *m* erzählen; *faire une* ~ *à qqn* jm einen Streich *m* spielen **2** *(fam) faire une* ~ eine Dummheit *f* machen **3** ~ *à tabac* Tabaksbeutel *m*
blaguer spaßen, scherzen
blagueur, -euse : *un ton* ~ ein spöttelnder Ton ♦ *m f c'est un* ~ das ist ein Aufschneider *m* / Spaßvogel *m*
blaireau *m* **1** Dachs- **2** Rasierpinsel *m*
blâmable tadelnswert
blâme *m* Tadel *m*, Verweis *m*, Rüge *f*
blâmer tadeln, rügen
blanc / blanche weiß *arme blanche* Stichwaffe *f*; *bois* ~ helles Holz; *fer* ~ (Weiß)blech *n*; *vin* ~ Weißwein *m*; *(fig) un examen* ~ ein Probeexamen *n*; *donner carte blanche à qqn* jm freie Hand lassen; *passer une nuit blanche* eine schlaflose Nacht verbringen ♦ *tirer à* ~ mit Platzpatronen *fpl* schießen; *signer un chèque en* ~ einen Blankoscheck *m* aus= stellen
blanc-bec *m (fam)* Grünschnabel *m*
blanchâtre weißlich
blanche *f (mus)* halbe Note *f*
blancheur *f* Weiß *n*, Weiße *f*, Weißheit *f*
blanchir : ~ *du linge* Wäsche bleichen; *(fig)* ~ *des capitaux* Geld waschen ♦ weiß werden; *(fig)* ergrauen
blanquette *f* **1** ~ *de veau* Kalbsragout *n* **2** Perlwein *m*
blasé blasiert, gleichgültig, unempfänglich
blason *m* Wappen *n*
blasphème *m* Blasphemie *f*, Gotteslästerung *f*
blasphémer (Gott) schmähen, lästern
blatte *f* Schabe *f*
blé **1** Weizen *m*, Korn *n* ~ *noir* Buchweizen *m* **2** *(fam)* Zaster *m*, Knete *f*
bled [blɛd] *m* **1** Hinterland *n* in Nordafrika **2** *(fam)* Kaff *n*, Nest *n*
blême leichenblaß ~ *de colère* aschfahl vor Zorn; *(fig) un matin* ~ ein fahler Morgen; *une voix* ~ eine farblose Stimme
blêmir vor Wut erblassen, erbleichen
blennorragie *f* Gonorrhöe *f*
blesser verwunden; *(fig)* verletzen

blessure Verletzung *f*, Verwundung *f*
blette : *une poire* ~ teigige Birne
bleu 1 blau 2 *(viande)* ~ *ou à point?* englisch oder medium? 3 *peur* ~*e* schreckliche Angst, *(fam)* Heidenangst *f* 4 *zone* ~*e* Kurzparkzone *f*
bleu *m* 1 Blau *n* 2 *truite au* ~ Forelle blau 3 *se faire un* ~ sich einen blauen Fleck zu=fügen 4 *(fromage)* Schimmelpilzkäse *m* 5 *un* ~ *de travail* blauer Arbeitsanzug *m* 6 *(fam)* Rekrut *m*, Neuling *m*
bleuet *m* Kornblume *f*
bleuté bläulich
blindé : *porte* ~*e* gepanzerte Tür, Panzertür *f*; *(fig) être* ~ gefeit sein, immum sein ◆ *m (mil)* Panzerwagen *m*
bloc *m* 1 Block *m*; *(fig) faire* ~ eine geschlossene Front *f* bilden, sich zu einem Block *m* zusammen=schließen 2 ~ *opératoire* Operationstrakt *m* 3 *serrer à* ~ ganz/vollständig an=ziehen
blocage Blockierung *f*; *(fig)* ~ *des prix* Preisstop *m*; *avoir un* ~ gehemmt sein
blockhaus [blɔkos] *m* Gefechtsstand *m*, Unterstand *m*
bloc-moteur *m* Motorgetriebeblock *m*, Blockmotor *m*
bloc-notes *m* Notizblock *m*
blocus [blɔkys] *m* Blockade *f*
blond : *cheveux* ~*s* blonde Haare; *tabac* ~ heller/blonder Tabak; *bière* ~*e* helles Bier
bloqué 1 *compte* ~ Sperrkonto *n*; *être* ~ *à Nice* von Nizza nicht weg=kommen/weg=können; *(fig) être* ~ gehemmt sein 2 *vote* ~ Abstimmung ohne Aussprache
bloquer 1 ~ *une visse* eine Schraube fest=drehen/an=ziehen; *(fig)* ~ *un ballon* einen Ball stoppen; ~ *le passage* einen Durchgang sperren; ~ *les prix* die Preise ein=frieren 2 ~ *ses congés* seine Urlaubstage zusammen=legen
blottir (se) sich ducken, sich kauern; sich pressen/schmiegen (gegen)
blousant blusiges
blouse *f* 1 ~ *de travail* Arbeitskittel *m*; *(fig) les* ~*s blanches* die Weißkittel *mpl*, die Mediziner *mpl* 2 Bluse *f*
blouser 1 *faire* ~ bauschen 2 *(fam)* ~ *qqn* jn rein=legen/übers Ohr hauen
blouson *m* Blouson *m* ~ *de cuir* Lederjacke *f*
bluff [blœf] *m* : *(fam) c'est du* ~*!* das ist Schwindel *m!* *y aller au* ~ bluffen
boa *m* 1 Boa *f* 2 Federboa *f*
bobine *f* 1 Rolle *f* 2 ~ *d'allumage* Zündspule *f* 3 *(fam)* Flunsch *m*, Peppe *f*
bobiner auf=spulen, auf=wickeln
bobo *(fam) m* Wehwehchen *n*
bocal *m* Glasbehälter *m*, Einmachglas *n*
bock *m* : *un* ~ *de bière* eine Maß *f* Bier

bœuf Ochse *m un rôti de* ~ Rinderbraten *m*
bof! Pf!, Ph!
bohème : *chez eux, c'est la* ~ bei ihnen geht es lässig zu
bohémien *m* **-ne** *f* ZigeunerIn *m f*
boire trinken; *(fig)* auf=saugen
bois *m* 1 Holz *n*; *(fig) langue de* ~ Parteichinesisch *n*; *je touche du* ~*!* ich klopfe unberufen!; *(fig/fam) avoir la gueule de* ~ einen Kater *m* haben 2 Wäldchen *n*; Wald *m* 3 *pl* (Hirsch)geweih *n* 4 *(mus)* Holzblasinstrumente *npl*
boisé bewaldet
boiserie *f* Holztäfelung *f* Holzverkleidung *f*
boisson *f* Getränk *n*; *(fig) être pris de* ~ einen Rausch *m* haben, betrunken sein
boîte *f* 1 Schachtel *f*; Kasten *m*; Büchse *f* ~ *d'allumettes* Streichholzschachtel *f*; ~ *aux lettres* Briefkasten *m*; ~ *de conserve* Konservenbüchse *f*; *(fig) mettre qqn en* ~ jn auf den Arm/die Schippe nehmen 2 *(tech)* ~ *de vitesses* Getriebe *n*; ~ *noire* Flugschreiber *m* 3 ~ *crânienne* Schädel *m* 4 Nachtlokal *n*, Disco *f*
boiter humpeln, hinken
boiteux hinkend, humpelnd
boîtier *m* Gehäuse *n*
bol *m* 1 Schale *f*; *(fig/fam) en avoir ras le* ~ die Nase *f* voll haben 2 *(fam) avoir du* ~ Schwein *n* haben
bolet *m* Steinpilz *m*, Hutpilz *m*
bolide *m* Rennwagen *m*; *(fig) arriver comme un* ~ angesaust/angeflitzt kommen
bombance *f* : *faire* ~ schlemmen, schwelgen
bombardement *m* Bombenangriff *m*; Bombardierung *f*
bombarder 1 bombardieren; *(fig)* ~ *qqn de confetti* jn mit Konfetti bewerfen; ~ *qqn de questions* jn mit Fragen bestürmen 2 *(fam)* ~ *qqn chef de service* jn Knall auf Fall zum Abteilungsleiter ernennen 3 *(phys)* be=schießen
bombardier *m* Bomber *m*, Bombenflugzeug *n*
bombe *f* 1 Bombe *f attentat à la* ~ Bombenanschlag *m*, Bombenattentat *n*; *(fig) faire l'effet d'une* ~ wie eine Bombe ein=schlagen 2 ~ *de peinture* Farbzerstäuber *m*; *déodorant en* ~ Deospray *n* 3 ~ *glacée* Eisbombe *f* 4 *(équitation)* Ballon *m*, Jockeymütze *f*
bombé bauchig *route* ~*e* gewölbte/ geschwungene Straße
bomber 1 *(fig)* ~ *le torse* sich in die Brust werfen 2 ~ *un slogan* eine Losung an=sprühen ◆ *(fam)* ~ *sur la route* auf der Straße rasen
bon, -ne 1 gut; *(fig) ne pas se conten-*

ter de ~nes paroles sich nicht mit schönen Worten zufrieden/geben **2** *(cuis)* *c'est très ~ es/das* schmeckt sehr gut; *(fig) le lait n'est plus ~* die Milch ist sauer **3** *une ~ne grippe* eine anständige/ordentliche Grippe; *c'est ~!* schon gut! **4** *(sp) la balle n'est pas ~ne* der Ball ist ungültig ◆ **1** gut, schön *il fait ~* es ist angenehm; *il ne fait pas ~ de* es ist gefährlich, zu; *tenir ~* stand-halten **2** *~ marché* billig, (preis)günstig **3** *~ enfant* lieb, kindlich ◆ *pour de ~* ernsthaft, wirklich

bon *m* **1** *un ~ d'achat* Einkaufsgutschein *m*; *(comm) ~ de caisse* Kassenbon *m*; *~ du Trésor* Schatzanweisung *f* **2** *signer le ~ à tirer* etw zum Druck frei=geben

bonbon *m* Bonbon *m/n*

bonbonne *f* große/bauchige Flasche *f* *~ de gaz* Gasflasche *f*

bonbonnière *f* Konfektdose *f*; *(fig)* Schmuckkästchen *n*

bond *m* Sprung *m faire un ~ en arrière* zurück=springen; *(fig) l'économie a fait un ~ en avant* die Wirtschaft hat einen Satz *m* nach vorn gemacht; *faire faux ~ à qqn* jn versetzen, jn im Stich lassen

bondé : *un train ~* ein überfüllter Zug

bondir : *le chien bondit sur lui* der Hund springt ihn an; *(fig) ~ sur l'occasion* die Gelegenheit beim Schopfe packen ◆ *(fig) faire ~ qqn* jn wütend machen/aus der Reserve locken

bonheur *m* **1** Glück *n* **2** *par ~* glücklicherweise; *au petit ~ la chance* aufs Geratewohl *n*

bonhomme gutmütig

bonhomme *m* **bonne femme** *f* **1** *(fam)* Typ *m* Kerl *m*; *petit ~* Knirps *m*; *une petite bonne femme* ein süßes kleines Mädchen *n*; ein kleines Frauchen *n*; *(fig) c'est un grand ~* das ist jemand! **2** *aller son petit ~ de chemin* gemächlich/unbeirrt seinen Weg gehen **3** *dessiner un ~* ein Männchen *n* malen

bonification *f* **1** *(comm) ~ d'intérêts* Zinsvergütung *f* **2** *avoir des points de ~* Pluspunkte *mpl* haben

bonifier : *~ des terres* den Boden verbessern ◆ *le vin se bonifie en vieillissant* der Wein reift (mit der Zeit)

boniment Quatsch *mpl*

bonjour *m* *~!* guten Tag! ◆ *vous direz le ~ à X* sagen Sie (bitte) einen Gruß *m* an X aus, bestellen Sie (bitte) Grüße an

bonne *f* **1** *~ à tout faire* Mädchen *n* für alles **2** *(fam) en raconter une ~* eine irre Geschichte erzählen; *avoir qqn à la ~ (non fam)* jn schätzen

bonnement : *tout ~* ganz einfach

bonnet *m* **1** Mütze *f ~ de nuit* Nachthaube *f*, Nachtmütze *f*; *(fig) avoir la tête près du ~* ein Hitzkopf *m* sein, leicht auf=brausen; *c'est ~ blanc et blanc ~* das ist Jacke wie Hose, das ist gehüpft wie gesprungen; *(fig/fam) gros ~* hohes Tier *n*; *prendre qch sous son ~* etw auf seine Kappe nehmen **2** *~s de soutien-gorge* Schalen *fpl*/Körbchen *npl* des Büstenhalters

bonneterie *f* Strick- und Wirkwarenindustrie *f*

bonnetière *f* Wäscheschrank *m*

bonus *m* : *30 points de ~* 30 Pluspunkte *mpl*; *un ~ de 50%* ein Bonus *m* von 50 %

bookmaker [bukmɛkʰr] *m* Buchmacher *m*

boom [bum] *m* : *le ~ des naissances* Geburtenexplosion *f*

boomerang [bumrãg] *m* : *(fig) avoir un effet de ~* Rückwirkungen *fpl* haben

borborygme *m* : *(fig) ne sortir que des ~s* nur Blähungen *fpl* von sich geben

bord *m* **1** Rand *m le ~ d'une table* Tischkante *f*; *à ras ~* bis zum Rand; *coudre ~ à ~* Kante *f* auf Kante nähen **2** *les ~s du Rhin* Rheinufer *npl*; *au ~ de l'eau* am Wasser; *(fig) être au ~ de la faillite* kurz vor dem Bankrott stehen **3** *à ~ du véhicule* im Fahrzeug; *(mar) naviguer ~ à ~* längsseits steuern; *monter à ~* an Bord *m* gehen; *(fig) virer de ~* um=schwenken, seine Meinung ändern; *ne pas être du même ~* nicht der gleichen (politischen) Anschauungen *fpl* vertreten

bordel *(vulg) m* Puff *n*; *(fig)* Saustall *m*

border 1 *~ un lit* ein Bettlaken *n* ein=schlagen **2** *des arbres bordent la rivière* Bäume säumen den Fluß (ein) **3** *~ une jupe d'un galon* einen Rock mit einer Borte ein=fassen **4** *(mar) ~ une voile* das Segel bei=holen

bordereau *m* Begleitschein *m*

bordure *f* **1** *une ~ de trottoir* Bordsteinkante *f*, Bordschwelle *f*; *en ~ de (la) route* am Rand *m* der Straße **2** *une ~ de fleurs* Blumenrabatte *f*

boréal : *aurore ~e* Nordlicht *n*

borgne einäugig; *(fig) un hôtel ~* ein verrufenes, anrüchiges Hotel

borie *f* Steinhütte *f*

borique : *acide ~* Borsäure *f*

borne *f* Grenzstein *m ~ kilométrique* Kilometerstein *m*; *(fig) sans ~s* grenzenlos; *cela dépasse les ~s!* das geht zu weit!, *(fam)* das schlägt dem Faß den Boden aus!

borné engstirnig; *(fig) un esprit ~* ein beschränkter Geist

borner mit Grenzsteinen versehen ◆ *se ~ à qch* sich auf etw beschränken; *je me bornerai à dire que...* ich lasse es dabei bewenden, zu sagen, daß...

bosquet *m* Wäldchen *n* Baumgruppe *f*

bosse *f* **1** Buckel *m*; *(chameau)* Höcker *m*; *(fig/fam) avoir la ~ des maths* be-

bosseler

sonders begabt für/in Mathe sein; *il a roulé sa ~* er ist weit herumgekommen **2** *se faire une ~* eine Beule f bekommen, sich (D) eine Beule holen **3** *un terrain avec des creux et des ~s* ein Gelände mit Erhebungen fpl und Vertiefungen **4** *(mar) ~ d'amarrage* Tau(ende) n

bosseler verbeulen

bosser *(fam)* schuften, sich ab=rackern

bossu bucklig ◆ *m* -e f Bucklige/r; *(fig/fam) se marrer comme un ~* sich krumm und schief/kringelig lachen

bot : *un pied ~* Klumpfuß m

botanique botanisch f Botanik f

botaniste m f BotanikerIn m f

botte f **1** *~ de radis* Bund n Radieschen; *~ de foin* Heuballen m **2** *une paire de ~s* ein Paar Stiefel mpl; *(fig) être à la ~ de qn* jm blind ergeben sein **3** Stoß m; *(fig) ~ secrète* Geheimwaffe f

bottier m Stiefelmacher m

bottillon m Halbstiefel m

bottin m Telefonbuch n, Telefonverzeichnis n

bottine f Stiefelchen n

bouc m **1** (Ziegen)bock m **2** *~ émissaire* Sündenbock m **3** *porter un ~* einen Spitzbart m haben

boucan m *(fam)* Krach m Radau m

bouche f **1** Mund m; *(fig) le ~ à oreille* Mundpropaganda f, Buschfunk m; *garder qch pour la bonne ~* etw/das Beste bis zum/für den Schluß auf=heben; *faire la fine ~* den Feinschmecker spielen; *(fig)* die Nase über etw rümpfen **2** *une ~ d'aération* Lüftungsöffnung f

bouché : *un lavabo ~* ein verstopftes Waschbecken; *cidre ~* verkorkter Cidre; *(fig) un avenir ~* perspektivlose Zukunft; *(fig/fam) être complètement ~* schwer von Begriff/von Kapee sein

bouche-à-bouche m : *faire le ~ à qqn* mit jm Mundbeatmung f machen

bouchée f **1** Bissen m, Happen m; *(fig) pour une ~ de pain* für einen Apfel und ein Ei; *mettre les ~s doubles* sich ins Zeug legen **2** *~ à la reine* Königinpastete f, Fleischpastetchen n

boucher : *~ un trou* ein Loch stopfen; *~ une bouteille* eine Flasche verkorken; *(fig) ~ la vue* die Aussicht versperren; *(fig/fam) ça t'en bouche un coin* da bleibt dir die Spucke weg, was?

boucher m Fleischer m, Metzger m; *(fig)* Bluthund m

boucherie f Fleischerei f, Metzgerei f; *(fig)* Gemetzel n

bouche-trou m Lückenbüßer m

bouchon m **1** Korken m, Pfropfen m, Stöpsel m; *~ de réservoir* Tankverschluß m; *(fig)* (Verkehrs)stau m **2** *(pêche)* Schwimmer m, Pose f

bouchonné **1** *le vin est ~* der Wein schmeckt nach Korken **2** *une chemise toute ~e* ein vollkommen zerfetztes Hemd

bouchot m Muschelbank f

boucle f **1** *une ~ de cheveux* Haarlocke f **2** *la ~ d'un fleuve* Flußwindung f **3** *~ de ceinture* Gürtelschnalle f; *~ d'oreille* Ohrring m **4** *faire une ~ à son lacet* eine Schleife f in den Schnürsenkel machen

bouclé gelockt, gewellt

boucler 1 *~ un quartier* ein Viertel ab=riegeln **2** *~ qqn à la maison* jn zu Hause ein=schließen; *(fam) ~ qqn* jn ein=lochen **3** *~ sa ceinture* den Sicherheitsgürtel an=schnallen **4** *~ un travail* eine Arbeit beenden/erledigen; *arriver à ~ son budget* über die Runden kommen ◆ *~ naturellement* sich natürlich locken/ringeln ◆ *la boucle est bouclée* der Kreis schließt sich

bouclier m Schild n *~ anti-aérien* Luftabwehrsystem n; *(fig) une levée de ~s* starker/heftiger Widerstand m

bouder schmollen

boudeur, -euse : *un enfant ~* ein (ständig) schmollendes Kind; *un air ~* ein verdrießlicher Gesichtsausdruck

boudin m : *~ blanc* Weißwurst f; *~ noir* Rot-, Blutwurst f

boudiné : *des doigts ~s* (fette) Wurstfinger; *être ~ dans un vêtement* in seiner Kleidung eingezwängt sein

boudoir m **1** Löffelbiskuit n **2** Boudoir n

boue f Schlamm m; *(fig) traîner qqn dans la ~* jn durch den Schmutz m/ Dreck m ziehen

bouée f Boje f *~ de sauvetage* Rettungsring m

boueux, -euse schlammig

bouffant : *pantalon ~* bauschige Hose

bouffée f : *~ de fumée* ein Zug m Rauch; *(fig) ~ d'air frais* frischer Wind m; *~ de chaleur* Hitzewallung f, fliegende Hitze f

bouffer *(fam)* fressen

bouffi aufgedunsen; *(fig) être ~ d'orgueil* aufgeblasen sein

bouffon, -ne grotesk

bouffon m : *le ~ du roi* Hofnarr m; *(péj)* Hanswurst m

bougainvillée f Drillingsblume f

bougeoir m Handleuchter m

bougeotte f : *(fam) avoir la ~* kein Sitzfleisch n haben; *(fig)* reiselustig sein

bouger 1 sich bewegen *ne pas s'arrêter de ~* herum=zappeln; *que personne ne bouge !* stehenbleiben !, keine Bewegung !; *(fam) ne pas ~ de la journée* den ganzen Tag zu Hause bleiben **2** *un tissu qui ne bouge pas* ein Stoff, der nicht einläuft **3** *les étudiants bougent* die Studenten mobili-

bougie f 1 Kerze f 2 *(auto)* Zündkerze f
bougon, -ne *(fam)* NörglerIn m f
bougonner *(fam)* nörgeln
bougrement *(fam)* verdammt, verflixt
boui-boui m miese Kneipe f, Kaschemme f
bouillant 1 (kochend) heiß 2 *de l'huile ~e* siedendes Öl
bouilleur m : *~ de cru* Schnapsbrenner m, Branntweinbrenner m
bouillie f 1 Brei m; *(fig/fam) réduire en ~* zu Brei/Mus n schlagen 2 *~ bordelaise* Kupfersulfatlösung f
bouillir : *l'eau bout* das Wasser kocht ◆ *faire ~ de l'eau* Wasser zum Sieden bringen; *faire ~ le linge* Wäsche kochen ◆ *viande bouillie* gekochtes/gebrühtes Fleisch
bouilloire f Wasserkessel m
bouillon m 1 Brühe f, Bouillon f 2 *~ de culture* Nährboden m Nährlösung f 3 *au premier ~* beim ersten Aufwallen n
bouillonnement m : Wallen n, Schäumen n; *(fig) un ~ d'idées* Aufsprudeln n von Ideen
bouillonner auf=wallen, sprudeln; *(fig)* auf=brausen
bouillotte f Wärmflasche f
boulanger m **-ère** f BäckerIn m f
boulangerie f Bäckerei f
boule f Kugel f, *jouer aux ~s* Boule f spielen ; *~ de neige* Schneeball m ; *être roulé en ~* zusammengerollt sein; *(fig) faire ~ de neige* lawinenartig an=wachsen; *avoir une ~ dans la gorge* einen Kloß m im Hals haben; *(fig/fam) mystère et ~ de gomme* ein Buch mit sieben Siegeln; keine Ahnung!; *se mettre en ~* in die Luft gehen, in Harnisch geraten; *perdre la ~* über=schnappen; nicht mehr ganz richtig im Kopf m sein; *avoir les ~s* es satt haben, die Nase f voll haben; Muffe f/Bammel m haben
bouleau m Birke f
bouledogue m Bulldogge f
boulet m 1 Kanonenkugel f; *(fig) tirer à ~s rouges sur qqn* ein schweres Geschütz gegen jn auf=fahren 2 Kugel f; *(fig) être un ~ pour qqn* für jn ein Hemmschuh m sein 3 *~ de charbon* Eierbrikett n
boulette f Boulette f, (Fleisch)klops m; *(fig/fam) faire une ~* einen Bock m schießen
bouleversement m : *un ~ politique* eine politische Umwälzung f; *le ~ des habitudes* Umbruch m/Umstellung f der Gewohnheiten
bouleverser 1 *~ un plan* einen Plan durcheinander=bringen 2 *~ qqn* jn erschüttern

boulier m Rechenbrett n
boulimie f Bulimie f, Freßsucht f
boulimique freßsüchtig
boulon m Bolzen m
boulonner verbolzen, an=schrauben
boum bums!, bauz!
boum m : *(fam) être en plein ~* alle Hände voll zu tun haben
bouquet m 1 *~ de fleurs* Blumenstrauß m; *~ de persil* Bund n Petersilie; *~ garni* Gewürzsträußchen n 2 *~ d'arbres* Baumgruppe f 3 *(vin)* Bukett n 4 *~ du feu d'artifice* Büschelfeuerwerk n; *(fam) c'est le ~!* das ist (doch) die Höhe f! 5 Seekrebs m
bouquetin m Gemsbock m
bouquiniste m Antiquariatsbuchhändler m
bourbeux, -euse schlammig
bourbier m Morast m, Sumpfloch n; *(fig)* Klemme f
bourdon 1 Hummel f 2 große Glocke f 3 *(fam) avoir le ~ (non fam)* niedergedrückt/trübselig sein
bourdonner summen, bummen; *(fig) j'ai les oreilles qui bourdonnent* meine Ohren sausen/*(fig)* klingen
bourg m Marktflecken m, kleine Stadt f
bourgade f kleiner Marktflecken m
bourgeois bürgerlich; *(fig) cuisine ~e* Hausmannskost f; *(péj)* verspießert
bourgeois m **-e** f 1 BürgerIn m f 2 *(péj)* Spießer m, Spießbürger m 3 *(fam) ma ~e* meine bessere Hälfte f
bourgeoisie f Bourgeoisie f, Bürgertum n; *petite ~* Kleinbürgertum n: *la moyenne ~* das mittlere Bürgertum
bourgeon m Knospe f
bourgeonner Knospen treiben; *(fig) son nez bourgeonne* seine Nase schlägt aus
bourgmestre m Bürgermeister m
bourlingueur, -euse f WeltenbummlerIn m f
bourrade f Rippenstoß m
bourrage m *(tech)* (Papier)stau m; *(fig/fam) du ~ de crâne* Eindrillen n, Einimpfen n
bourrasque f (jäher) Windstoß m
bourratif, -ive stopfend
bourre f 1 *~ de laine* Stopfwolle f, Füllwolle f 2 *(fam) être à la ~* spät dran sein
bourré *(fam)* 1 *un train ~* ein überfüllter Zug 2 *être complètement ~* stockbesoffen/stinkbesoffen sein
bourreau m Henker m; *(fig)* Schinder m; *~ de travail* Arbeitspferd n Arbeitstier n; *~ des cœurs* Herzensbrecher m
bourrelet m Dichtungsstreifen m; *(fig)* Rettungsringe mpl, Speckfalten fpl
bourrer 1 stopfen; *(fig/fam) ~ le crâne de qqn (non fam)* jm etw weis=machen; jn bearbeiten, jn indoktrinieren 2 *~ qqn de*

bourriche

coups jn tüchtig verprügeln ◆ *(fam) se ~ de chocolats* sich mit Schokolade voll=stopfen/voll=futtern
bourriche *f* : *une ~ d'huîtres* ein Korb *m* Muscheln
bourrique *f* Eselin *f*; *(fig) faire tourner qqn en ~* jn verrückt/wahnsinnig machen; *quelle ~!* was für ein Dickschädel *m!*
bourru : mürrischer Mensch *un ton ~* ein barscher Ton
bourse *f* 1 (Geld)beutel *m*; *(fig) sans ~ délier* ohne einen Pfennig *m* zu bezahlen; *tenir les cordons de la ~* die Kasse *f* führen 2 *~ (d'études)* Stipendium *n* 3 Verkauf *m*
Bourse *f* Börse *f*
boursicoter an der Börse spekulieren
boursier *m* **-ère** *f* Börsen-
boursier, -ère StipendiatIn *m f*
boursouflure *f* Aufgedunsenheit *f*, Blähung *f*
bousculade *f* 1 Durcheinander *n* 2 Gedränge *n*; *(fig) la ~ du départ* Hast *f*/Hetze *f* des Aufbruchs
bousculer : *~ qqn* jn an=rempeln; *(fig)* jn an=treiben; *(fig) ~ les idées reçues* die herkömmlichen Ansichten um=stoßen ◆ *les gens se bousculent* die Leute drängeln sich; *(fig) mes idées se bousculent* meine Vorstellungen geraten durcheinander; *(fam) bouscule-toi un peu!* mach mal ein bißchen hin!
bouse *f* : *~ de vache* Kuhfladen *m*
boussole *f* Kompaß *m*; *(fig/fam) perdre la ~* die Orientierung *f* verlieren
bout *m* 1 Ende *n*, Spitze *f à ~ de bras* mit ausgestrecktem Arm; *mettre ~ à ~* aneinander=fügen; *tirer à ~ portant* aus nächster Nähe schießen; *(fig) commencer par le bon ~* am richtigen Ende an=fangen; *avoir du mal à joindre les deux ~s* mit seinem Geld kaum über die Runden kommen; *de ~ en ~ /d'un ~ à l'autre* von Anfang bis Ende; von einem Ende zum anderen; *à tout ~ de champ* bei jeder Gelegenheit; ständig 2 *au ~ du chemin* am Ende des Weges; *(fig) aller jusqu'au ~ de qch* etw bis zu Ende führen; *ne pas voir le ~ de qch* mit etw nicht zu Ende kommen; *venir à ~ de qch* mit etw fertig werden; *être à ~ d'arguments* mit seinem Latein am Ende sein; *pousser qqn à ~* jn hoch=bringen; jn auf die Palme bringen; *être à ~ de nerfs* (total) mit den Nerven fertig sein 3 Stück *n un ~ de papier* ein Stück(chen) *n* Papier; *(fig) faire un ~ d'essai* Probeaufnahmen machen; *(fam) en connaître un ~* etw davon verstehen
boutade *f* Scherz *m*
boute-en-train *m* Stimmungsmacher *m*; Betriebs-/Vereinsnudel *f*

bouteille *f* Flasche *f*; *(fig) prendre de la ~* älter (und) erfahrener werden
bouter (hors de) verjagen/weg/jagen (aus/von D)
boutique *f* Laden *m*, Boutique *f*
bouton *m* 1 Knopf *m* 2 *un ~ de rose* Rosenknospe *f*; *en ~* nicht ganz aufgeblüht 3 Pickel *m* 4 *~ de sonnette* Klingelknopf
bouton-d'or *m* Sumpfdotterblume *f*
boutonner zu=knöpfen
boutonneux, -euse pickelig
bouton-pression *m* Druckknopf *m*
bouture *f* Ableger *m*
bouvreuil *m* Dompfaff *m*, Gimpel *m*
bovin Rind-; *(fig) un regard ~* ein stumpfer/ausdrucksloser Blick ◆ *m* Rind *n*
box *m* 1 *~ d'un cheval* Box *f* 2 *dormir dans un ~* in einem Verschlag *m* schlafen; *~ des accusés* Anklagebank *f*
boxe *f* Boxen *n*, Boxsport *m*
boxer boxen
boxeur *m* Boxer *m*
boyau *m* **-x** 1 *corde de ~* Darmsaite *f*; *~x* Därme *mpl*, Gedärm *n*; *(fam) rendre tripes et ~x* Galle *f* erbrechen 2 *un ~ étroit* enger Durchgang *m*
boycotter [bɔjkɔte] boykottieren
boy-scout [bɔjskut] *m* Pfadfinder *m*; Boyscout *m*; *(fig) être un vrai ~* eine Seele von Mensch sein
bracelet *m* Armband *n* *~ de force* Kraftband *n*
braconnage *m* Wilddieberei *f*
braconner wildern
braconnier *m* Wilddieb *m*
brader verramschen, verschleudern
braderie *f* (Straßen)verkauf *m* zu herabgesetzten Preisen
braguette *f* Hosenschlitz *m*
braillard *m* (unablässig) schreiend ◆ **-e** *f* Schreihals *m*
braille *m* Blindenschrift *f*
braillement *m* Gegröle *n*, Gekreisch *n*
brailler schreien, brüllen
braire iahen; *(fam) tu me fais ~* du gehst mir auf die Nerven
braise *f* (Kohlen)glut *f*
braiser schmoren
bramer röhren
brancard *m* 1 Bahre *f* 2 *(fig/fam) ruer dans les ~s* rebellieren (gegen)
brancardier *m* **-ère** *f* KrankenträgerIn *m f*
branchages *mpl* Geäst *n*, Astwerk *n*
branche *f* 1 Ast *m*, Zweig *m*; *(fig) la ~ aînée d'une famille* die älteste Linie *f* einer Familie; *travailler dans la même ~* im gleichen Branche *f*/im gleichen Fach *n* arbeiten 2 *chandelier à sept ~s* siebenarmiger Leuchter; *~ de lunettes* Brillen-

bügel m; ~ *d'un compas* Schenkel m des Kompaß **4** *(fam) salut vieille* ~ *!* grüß dich alter Junge!
branchement m Anschluß m
brancher an=schließen; an=schalten; *(fig)* ~ *la conversation sur un sujet* die Unterhaltung auf ein (bestimmtes) Thema lenken; ~ *qqn sur qch* jn auf etw hin=weisen
branchies *fpl* Kiemen *fpl*
brandir schwingen, schwenken; *(fig)* ~ *le règlement* mit der Vollzug drohen
branlant wack(e)lig
branle m **1** etw zum Schwingen n bringen; *(fig) mettre qch en* ~ etw in Bewegung f bringen **2** Reigentanz m
branle-bas m : ~ *de combat!* Klarmachen zum Gefecht!; *(fig)* Umtrieb m Aufregung f; Durcheinander n
branler wackeln
braquer : *la voiture braque bien* das Auto wendet gut ◆ **1** ~ *les roues* die Räder bis zum Anschlag drehen **2** ~ *un fusil sur qqn* ein Gewehr auf jn richten **3** *(fam)* ~ *un magasin* (non fam) ein Geschäft überfallen ◆ *(fam) se* ~ sich (in sich) zurück=ziehen, nichts mehr wissen wollen
braqueur m **-euse** f EinbrecherIn m f
bras m **1** Arm m tomber à ~ *raccourcis sur qqn* mit allen Kräften auf jn ein=schlagen, mit aller Gewalt über jn her=fallen; ~ *dessus,* ~ *dessous* Arm in Arm untergehakt; *une partie de* ~ *de fer* Armdrücken n; *(fig)* Kraftprobe f; *(fig) le* ~ *droit de qqn* js rechte Hand; *avoir besoin de* ~ Arbeitskräfte *fpl* brauchen; *avoir qqn/qch sur les* ~ jn/etw auf dem Hals haben; *baisser les* ~ auf=geben **2** ~ *d'un fauteuil* Armlehne f des Sessels; ~ *d'une platine* Tonarm m eines Plattenspielers; ~ *de manivelle* Hebel m einer Kurbel **3** ~ *d'un fleuve* Flußarm m
braser hart=löten
brasier m Flammenmeer n; *(fig)* Brandherd m, Kriegsherd m
bras-le-corps (à) : *saisir qqn à* ~ jn fest umschlingen, fest umfassen; *(fig) prendre un problème à* ~ ein Problem direkt an=gehen
brassage m : *(fig) le* ~ *des cultures* Schmelztiegel m der Kultur(en)
brassard m Armbinde f
brasse f Brustschwimmen n
brassée f Armvoll m
brasser **1** ~ *la bière* brauen **2** *(fig)* ~ *beaucoup d'argent* mit großen/riesigen Summen um=gehen; ~ *beaucoup d'affaires* viele Geschäfte (gleichzeitig) betreiben ◆ *bien* ~ gut um=rühren, gut verrühren
brasserie f **1** (Bier)brauerei f **2** (Bier)lokal n

brassière f **1** Babyjäckchen n, Babyleibchen n **2** *(mar)* Schwimmweste f
bravade f Trotz m, Eigenwille m *par* ~ aus Trotz
brave **1** tapfer **2** *(fam) un* ~ *homme* ein guter Mensch
braver trotzen (**D**) ~ *les interdits* sich über Verbote hinweg=setzen
bravos *mpl* Beifall m
bravoure f Tapferkeit f, Bravour f
break [brɛk] m **1** Kombiwagen m, Break m/n **2** Pause f
brebis f (Mutter)schaf n; *(fig) une* ~ *galeuse* ein schwarzes Schaf f
brèche f Lücke f, Bresche f, Spalt m; *(fig) battre en* ~ widerlegen, zunichte=machen; *être toujours sur la* ~ immer eingespannt sein, im ständigen Einsatz m sein
bredouille : *rentrer* ~ mit leeren Händen zurück=kommen
bredouillement m Gestammel n, Gestotter n
bredouiller : ~ *qch* etw stammeln
bref : *enfin* ~ kurz und gut, kurz (um)
bref, -ève kurz *être* ~ sich kurz fassen; *(fig) d'un ton* ~ in einem barschen/ schroffen Ton
breloque f Anhänger m
bretelle f **1** Träger m; *(fam) remonter les* ~*s à qqn* jn zurecht=rücken **2** ~ *d'autoroute* Autobahnzubringer f
breuvage m Trank m, Getränk n
brevet m **1** mittlere Reife f, Abschlußzeugnis n ~ *de pilote* Flugschein m **2** *déposer un* ~ ein Patent n an=melden/ ein=reichen
breveter : *faire* ~ patentieren lassen
bréviaire m Gebetbuch n, Brevier n
bribe f : *(fig) quelques* ~*s* Bruchstücke *npl*
bric-à-brac m Trödel m, Gerümpel n
bric et de broc (de) : *de* ~ mit Gerümpel n/zusammengesuchtert Zeug n
bricolage m Basteln n, Bastelei n, Heimwerken n; *(péj) c'est du* ~ *!* das ist Pfusch m!
bricole f **1** *(fam)* Kleinigkeit f **2** Zuggurt m, Brustriemen m
bricoler basteln; ~ *un moteur* an einem Motor herum=basteln
bricoleur m **-euse** f BastlerIn m f, HeimwerkerIn m f
bride f **1** Zaumzeug n; *(fig) à* ~ *abattue/à toute* ~ rasend schnell; *avoir la* ~ *sur le cou* sein eigener Herr sein; niemandem gegenüber Rechenschaft ab=legen müssen; *lâcher la* ~ die Zügel locker lassen **2** ~ *d'un chemisier* (Binde)bändchen n einer Bluse **3** *(tech)* Flansch m, Bügel m
bridé : *des yeux* ~*s* Schlitzaugen *npl*
brider **1** zügeln **2** *(volaille)* zusammen=

bridge

binden; *(fig)* ~ *un moteur* den Motor drosseln; *cette veste me bride* diese Jacke ist mir zu eng
bridge *m* 1 *(jeu)* Bridge *n* 2 *(méd)* Brücke *f*
brièvement kurz
brigade *f* 1 *général de* ~ Brigadegeneral *m* 2 ~ *de gendarmerie* Polizeitruppe *f* 3 ~ *des mœurs* Sittendezernat *n*
brigadier *m* Gefreite/r *m*, Schichtführer *m*
brigand *m* (Straßen)räuber *m*
briguer : ~ *un poste* einen Posten erstreben; für einen Posten kandidieren
brillamment glänzend
brillant : *des yeux* ~s glänzende Augen; *(fig) un élève* ~ ein glänzender/hervorstechender Schüler; *une société* ~e eine illustre Gesellschaft
brillant *m* 1 Brillant *m* 2 *le* ~ *d'un métal* der Glanz *m* eines Metalls
briller 1 glänzen *le soleil brille* die Sonne strahlt; *(fig) ses yeux brillent de joie* seine Augen strahlen vor Freude; *ses yeux brillent de colère* seine Augen funkeln vor Wut 2 ~ *en société* in Gesellschaft brillieren ♦ *faire* ~ blank putzen
brimade *f* Schikane *f*
brimer : ~ *qqn* jn schikanieren
brin *m* 1 ~ *d'herbe* Grashalm *m* ; *(fig/fam) un* ~ *de sel (non fam)* ein bißchen Salz
brindille *f* Reisig *n*
bringue *f (fam)* 1 *faire la* ~ *(non fam)* feiern 2 *une grande* ~ eine lange Bohnenstange *f*, lange Latte *f*
bringuebaler : *(fam) la voiture bringuebale sur les pavés* das Auto schaukelt auf dem Pflaster hin und her
brio *m* Bravour *f*
brioche *f* 1 leichtes Kuchenbrot *n* 2 *(fam)* Bäuchlein *n*
brique *f* 1 Backstein *m* 2 *(fam) 10 000 francs* zehntausend
briquet *m* Feuerzeug *n*
briqueterie *f* Ziegelei *f*
bris *m* : *(jur)* ~ *de glace* (Glas)bruch *m*; ~ *de clôture* gewaltsames Eindringen *n* in ein befriedetes Grundstück
brisants *mpl* Brandung *f*
brise *f* Brise *f*, leichter Wind *m*
brisé 1 *ligne* ~e geknickte Linie; *arc* ~ zerbrochener Bogen 2 *pâte* ~e Mürbeteig *m*
brise-fer *m* Kaputtmacher *m*
brise-glace *m* Eisbrecher *m*
brise-jet *m* Wasserstrahldämpfer *m*
briser zerschlagen; *(fig)* ~ *le cœur de qqn* jm das Herz brechen; ~ *une grève* einen Streik brechen; ~ *un élan* einen Schwung ab=brechen; ~ *des espoirs* Hoffnungen zunichte machen/zerstören ♦ 1 *se*

414

~ zerschlagen, zerbrechen 2 *les vagues viennent se* ~ *sur la plage* die Wellen brechen sich am Strand
britannique britisch
broc [bro] *m* (Wasser)kanne *f*, Henkelkrug *m* (für Wasser)
brocante *f* : *vendre de la* ~ Trödel *m* verkaufen
brocanteur *m* Trödler *m*
brocart *m* Brokat *m*
broche *f* 1 Brosche *f* 2 *à la* ~ am Spieß *m* 3 *(méd)* Nagel *m*, Klammer *f*
broché 1 *livre* ~ broschiertes/ungebundenes Buch 2 *tissu* ~ golddurchwirkter Stoff
brochet *m* Hecht *m*
brochure *f* Broschüre *f*
brodequin *m* Schnürstiefel *m*
broder sticken ♦ *(fam)* ausschmückend erzählen
broderie *f* Stickerei *f*; sticken *n*
bromure *m* Bromid *n*
bronche *f* Bronchie *n f (pl)*
broncher : *ne pas* ~ nicht reagieren; *faire qch sans* ~ etw tun, ohne mit der Wimper zu zucken
bronchite *f* Bronchitis *f*
bronzage *m* Bräunung *f*, Bräune *f*
bronze *m* Bronze *f*
bronzer bräunen ♦ *se faire* ~ sich sonnen
brosse *f* Bürste *f* ~ *à dents* Zahnbürste *f*; *(fig) cheveux en* ~ Bürste *f*, Bürstenhaarschnitt *m*
brosser 1 aus=bürsten; ab=bürsten 2 ~ *une toile* ein Bild skizzieren; *(fig)* ~ *le tableau d'une société* ein Bild von der Gesellschaft entwerfen/zeichnen
brou *m* : ~ *de noix* Nußbeize *f*
brouette *f* Schubkarre *f*
brouhaha *m* Geschrei *n*, Lärm *m*, Getöse *n*
brouillage *m* Störung *f*
brouillard *m* Nebel *m*; *(fig) être dans le* ~ (völlig) im Unklaren *n* sein; *foncer dans le* ~ sich kopfüber/blindlings in ein Unternehmen stürzen
brouillasser nieseln
brouille *f* Zwist *m*, Krach *m*, Streit *m*, Zerwürfnis *n*
brouillé : *œuf* ~ Rührei *n*; *un ciel* ~ ein trüber Himmel; *un teint* ~ ein unklarer/unsauberer Teint
brouiller 1 *(fig)* ~ *les cartes* über den wahren Sachverhalt hinweg=täuschen; Verwirrung stiften; ~ *les pistes* Spuren verwischen 2 ~ *une émission* eine Sendung stören; *(fig)* ~ *les idées* Ideen durcheinander=bringen 3 ~ *des amis* Freunde entzweien ♦ 1 *se* ~ *avec qqn* sich mit jm (zer)streiten/entzweien/überwerfen 2 *ma vue se brouille* vor meinen Augen ver-

schwimmt alles 3 *le temps se brouille* das Wetter wird trübe
brouillon, -ne konfus, verworren
brouillon *m* (erster) Entwurf *m*
brouillonner flüchtig hin=schreiben
broussaille *f* Gestrüpp *n*, Dickicht *n*; *(fig)* *en* ~ struppig, verfilzt
broussailleux, -euse : mit Gestrüpp bewachsen; *(fig)* *sourcils* ~ buschige Augenbrauen
brousse *f* 1 Busch *m* 2 Frischkäse *m* (vom Schaf)
brouter 1 ab=weiden, grasen 2 *le moteur broute* der Motor setzt aus
broutille *f (fig)* Kleinigkeiten *fpl*, Lappalien *fpl*
broyer : 1 ~ *des graines* Korn (zer)mahlen; *(fig)* ~ *du noir* Grillen fangen 2 *la machine lui a broyé la main* die Maschine hat ihm die Hand zerquetscht
broyeur *m* Häcksler *m*, Häckselmaschine *f*
bru *f* Schwiegertochter *f*
brugnon *m* Mandelpfirsich *m*
bruine *f* Sprühregen *m*
bruiner nieseln
bruisser rascheln
bruit *m* 1 Lärm *m*, Krach *m* *un* ~ *de pas* Geräusch *npl* von Schritten; *le* ~ *des vagues* das Rauschen *n* der Wellen 2 *(fig)* *un faux* ~ Falschmeldung *f*; *l'affaire fait du* ~ die Angelegenheit erregt Aufsehen *n*, die Angelegenheit wirbelt Staub auf
bruitage *m* Geräuschkulisse *f*
brûlant : *c'est* ~ ! das ist heiß ! *soleil* ~ stechende Sonne : *être* ~ *de fièvre* vor Fieber glühen; *(fig)* *un terrain* ~ ein heikles Thema / heißes Eisen ; *une question* ~*e* eine brennende Frage
brûlé 1 *une tête* ~ *e* Hitzkopf *m* **2** *(fam)* *être* ~ entlarvt werden, auf=fliegen
brûlé *m* 1 *ça sent le* ~ ! es riecht verbrannt ! angebrannt ! 2 *le service des grands* ~*s* Unfallstation für Brandverletzungen *fpl*
brûle-parfum *m* Räucherpfanne *f*, Räucherfaß *n*
brûle-pourpoint (à) geradeheraus
brûler 1 verbrennen ~ *une maison* ein Haus ab=brennen; ~ *de l'électricité* Strom verbrauchen 2 ~ *un drap* ein Laken an=sengen; ~ *des taches sur la peau* Hautflecken verätzen 3 *le soleil brûle les yeux* die Sonne blendet die Augen 4 ~ *un feu (rouge)* bei Rot durch=fahren ; ~ *les étapes* (einige) Etappen überspringen; (gleich) aufs Ganze gehen **5** ~ *de l'alcool* Alkohol brennen ◆ 1 brennen; *(fig) laisser* ~ *la lumière* das Licht an=lassen 2 *le rôti a brûlé* der Braten ist verbrannt 3 *c'est chaud ! ça brûle !* das ist heiß ! *(fig)* ~ *d'amour* vor Liebe glühen, in Liebe ent-

brennen ; ~ *d'impatience* vor Ungeduld brennen 4 *(jeu) tu brûles !* heiß ! ◆ *se* ~ sich verbrennen
brûleur *m* (Gas)brenner *m*
brûlure *f* Brandwunde *f* ~ *du premier degré* Verbrennung *f* ersten Grades; *(fig)* ~*s d'estomac* Sodbrennen *n*
brume *f* Dunst *m*, Nebel *m*; *(mar) corne de* ~ Nebelhorn *n*
brumeux, -euse neb(e)lig; *(fig)* unklar, verworren
brumisateur *m* Spraydose *f*
brun braun, dunkel *bière* ~*e* dunkles Bier; *tabac* ~ schwarzer Tabak
brun *m* **-e** *f* Schwarzhaarige / r
brunâtre bräunlich
brunir braun werden ◆ 1 bräunen 2 ~ *un métal* ein Metall brünieren
brushing [brœʃiŋ] *m* Fönwelle *f*
brusque 1 brüsk *être* ~ barsch / schroff sein 2 *un* ~ *accès de fièvre* ein plötzlicher Fieberanfall
brusquement 1 *parler* ~ schroff reden 2 plötzlich, unerwartet
brusquer 1 ~ *qqn* jn (barsch) an=fahren 2 ~ *son départ* seinen Aufbruch überstürzen
brut [bryt] **1** *métal* ~ Reinmetall *n*; *pétrole* ~ Rohöl *n*; *champagne* ~ trockener Champagner; *à l'état* ~ im Rohzustand; *(éco) bénéfice* ~ Rohgewinn *m*, Bruttogewinn *m* **2** *être un peu* ~ verroht/brutal sein
brutal, -aux *adj* brutal; *(fig) une nouvelle* ~*e* eine unerwartete / niederschmetternde Nachricht
brutaliser brutal behandeln
brutalité *f* 1 Brutalität *f des* ~*s policières* Gewalttätigkeiten *fpl* der Polizei **2** ~ *d'un événement* die Wucht *f* eines Ereignisses
brute *f* brutaler / roher Mensch *m sale* ~ ! elender Rohling *m* ! *frapper comme une* ~ wie eine Bestie *f* schlagen
bruyamment lärmend, tobend, mit lautem Krach
bruyant laut
bruyère *f* Heidekraut *n*, Erika *f terre de* ~ Torferde *f*
B.T.S. *m* **brevet de technicien supérieur** *m* Fachschulabschluß *m*
buanderie *f* Waschküche *f*
bûche 1 Holzscheit *n*; *(fig)* ~ *de Noël* mit Creme gefüllte Biskuitrolle *f* 2 *(fam) prendre une bonne* ~ (ganz schön) hin=fliegen, hin=knallen
bûcher *(fam)* büffeln
bûcher *m* Scheiterhaufen *m*
bûcheron *m* Holzfäller *m*
bûchette *f* (Holz)span *m*, Hölzchen *n* ~ *au fromage* mit Käse gefüllter Blätterteig *m*
bûcheur *m* **-euse** *f (fam)* BüfflerIn *m f*

bucolique

bucolique hirtenmäßig, Hirten-
budget *m* Haushalt *m*, Etat *m*
budgétaire : *prévisions* ~*s* Haushaltsansatz *m*, Haushaltsentwurf *m*
budgétiser planen, veranschlagen, ansetzen
buée *f* Wrasen *m*, Dunst *m*, Beschlag *m*
buffet *m* 1 Anrichte *f*, Geschirrschrank *m* 2 *un* ~ *froid* kaltes Büffet *n* 3 *le* ~ *de la gare* Bahnhofsgaststätte *f*
buffle *m* Büffel *m*
bugle *m* Signalhorn *m*
buis *m* Buchsbaum *m*
buisson *m* Busch *m*, Strauch *m*, Gebüsch *n*
bulbe *m* 1 ~ *de fleur* Blumenzwiebel *f* 2 *(méd)* ~ *rachidien* verlängertes Mark *n*; ~ *d'un poil* Haarwurzel *f*
bulldozer [byldɔzɛr] Planierraupe *f*, Raupenbagger *m*; *(fig) c'est un vrai* ~ das ist die reinste Dampfwalze *f*
bulle *f* 1 Blase *f enveloppe à* ~*s* Blisterumschlag *m* 2 *(bande dessinée)* Sprechblase *f* 3 ~ *d'un pape* (päpstliche) Bulle *f*
bulletin *m* : ~ *scolaire* Schulzeugnis *n*; ~ *de vote* Stimmzettel *m*; ~ *blanc* Stimmenthaltung *m*; ~ *de salaire* Lohnabrechnung *f*; ~ *d'informations* Nachrichten(sendung) *f*; *lire dans le* ~ im Bulletin *n*/Tagesbericht *m* lesen
bulletin-réponse *m* Antwortschein *m*
buraliste *f* TabakwarenhändlerIn *m f*
bure *f* grober (grauer) Wollstoff *m*
bureau 1 *(meuble)* Schreibtisch *m* 2 Büro *n avoir un* ~ *à Paris* eine Agentur *f*/Vertretung *f*/Zweigstelle *f* in Paris haben 3 ~ *de poste* Postamt *n*; ~ *de tabac* Tabakladen *m*; *deuxième* ~ militärischer Abwehrdienst (MAD) *m* 4 ~ *d'un parti* Parteivorstand *m*
bureaucrate *m f* BürokratIn *m f*
bureaucratiser bürokratisch verwalten, bürokratisch ein-richten
bureautique *f* Bürobedarf *m*; Bürotechnik *f*
burette *f* Kännchen *n*; *(rel)* Meßkännchen *n*; *(chim)* Fläschchen *n*
burin *m* Meißel *m*, (Grab)stichel *m graver au* ~ meißeln
buriné : *(fig) un visage* ~ ein gezeichnetes Gesicht
burlesque burlesk; *(fig) une idée* ~ eine verrückte Idee
bus *m* Bus *m*
busard *m* Feldweihe *f*
buse *f* 1 (Mäuse)bussard *m* 2 *installer une* ~ eine Düse *f* an-bringen
busqué : *nez* ~ Adlernase *f*
buste *m* 1 Oberkörper *m*; Brust *f* 2 *un* ~ *en bronze* eine Bronzebüste *f*
but *m* 1 *(sp)* Tor *marquer un* ~ ein Tor *n* schießen; *(fig)* einen Erfolg *m* landen 2 Ziel *n dans le* ~ *de* in der Absicht zu, zum Zweck *m* 3 *de* ~ *en blanc* geradeheraus, ohne Umschweife, unvorbereitet
buté eigensinnig, starrköpfig
butée *f* Eckpfeiler *m*
buter 1 stoßen 2 *la poutre bute contre le mur* der Balken stützt sich gegen die Mauer/ist gegen die Mauer gestützt ♦ *se* ~ auf seinem Standpunkt beharren
buteur *m.(sp)* Torschütze *m*
butin *m* Beute *f*; *(fig)* Ausbeute *f*
butiner Honig sammeln
butoir *m* Prellbock *m*
butte *f* 1 Erhebung *f*, Hügel *m* 2 *être en* ~ *à des difficultés* Schwierigkeiten ausgesetzt sein
buvard *m* Löschpapier *n*
buvette *f* Ausschank *m*, Kneipe *f*, Schenke *f*
buveur, -euse *f* TrinkerIn *m f*
byzantin byzantinisch

C

C : 8°*C* 8 Grad C → **centigrade**
ça *(fam)* das (hier), dies (hier) *c'est* ~ ! (das) stimmt ! (ganz) genau ! ~ *alors !* na sowas !
çà : ~ *et là* hier und da
C.A. → **conseil d'administration**
cabale *f* Kabale *f*, Komplott *m*, Intrige *f*
cabalistique geheimnisvoll
cabane *f* 1 Hütte *f* 2 *(fam)* Knast *m*
cabas *m* Binsenkorb *m*
cabillaud *m* Kabeljau *m*
cabine *f* : ~ *téléphonique* Telefonzelle *f*; ~ *de douche* Duschkabine *f*; ~ *de bateau* Kabine *f*, Kajüte *f*
cabinet *m* 1 ~ *de toilette* Waschraum *m*; *aller aux* ~*s* auf die Toilette gehen 2 Praxis *f*, Büro *n*
câble *m* 1 Seil *n* 2 Kabel *n* ; Leitung *f*; 3 *(télé)* Kabelfernsehen *n*
câbler 1 verkabeln 2 drahten, telegrafieren
cabosser verbeulen
cabotage *m* Küstenschiffahrt *f*
cabotin *m (fig)* (Schmieren)komödiant *m*
cabrer (se) sich (auf)=bäumen

cabriole f Luftsprung m
cabriolet f Kabrio(lett) n
caca m (fam) faire ~ kacken
cacahuète f Erdnuß f
cacao m Kakao m
cachalot m Pottwal m
cache-pot m Übertopf m
cacher verstecken, verbergen, zu=decken ; (fig) verbergen, verheimlichen; (bien) ~ son jeu mit verdeckten Karten spielen; pour ne rien vous ~ um Ihnen nichts zu verschweigen ◆ 1 se ~ sich verstecken 2 je ne m'en cache pas ich mache keinen Hehl daraus
cachet m 1 (méd) Tablette f 2 Stempel m 3 Gage f 4 avoir du ~ Charakter m haben
cacheter (lettre) zu=kleben ◆ vin cacheté versiegelter Wein
cachette f Versteck n en ~ heimlich; en ~ des parents ohne Wissen n der Eltern
cachot m Kerker m
cachotterie f: (fam) faire des ~s heimlich=tun
cacophonie f Kakophonie f, Mißklang m
cactus m Kaktus m
cadastre m 1 Kataster n, Grundbuch n 2 Katasteramt n
cadavérique : rigidité ~ Leichenstarre f; (fig) un teint ~ leichblasse Gesichtsfarbe
cadavre m Leiche f, Kadaver m; (fig/fam) leere Pulle f; (fig) ~ ambulant wandelnder Leichnam m
caddie m 1 Einkaufswagen m 2 (golf) Caddie [kedi] m
cadeau m -x Geschenk n
cadenas m (Vorhänge)schloß n
cadence f 1 Kadenz f, Rhythmus m en ~ im Takt m 2 ~s de travail Taktzeit f; accélérer la ~ das Tempo beschleunigen
cadencé : au pas ~ im Gleichschritt m
cadet, -te jünger- le ~ de la famille der/die Jüngste der Familie; (fig) c'est le ~ de mes soucis das ist meine geringste Sorge
cadran m 1 Zifferblatt n ~ solaire Sonnenuhr f 2 (tél) Wählscheibe f
cadre m 1 Rahmen m; (fig) dans le ~ de mes attributions im Rahmen meiner Befugnisse 2 Umgebung f 3 leitende/r Angestellte/r, Führungskraft f
cadrer : bien ~ avec qch mit etw gut überein=stimmen ◆ (photo) ein=stellen
caduc, -que 1 (feuilles) abfallend 2 hinfällig, nichtig
caducée m 1 Äskulapstab m 2 Merkurstab m
cafard m 1 Küchenschabe f 2 (fam) avoir le ~ down [daun] sein, (non fam) deprimiert sein, Trübsal f blasen

café m 1 Kaffee m 2 Bistro n, Kneipe f; garçon de ~ Kellner m
caféine f Koffein n
café-théâtre m Kabarett n
cafetière f Kaffekanne f ~ électrique Kaffeemaschine f
cage f 1 Käfig m ~ à oiseaux Vogelbauer m 2 ~ d'escalier Treppenhaus n 3 ~ thoracique Brustkorb m
cageot m Lattenkiste f, Stiege f
cagibi m Rumpelkammer f, Abstellraum m
cagneux : genoux ~ hervorstehende Knie
cagoule f Kapuzenmütze f
cahier m Heft n
cahin-caha (fam) so lala; holpernd
cahoter holpern, rumpeln
cahoteux, -euse holp(e)rig
cahute f Hütte f, Bruchbude f
caïd m (fam) Boß m, Obermacker m
caillasse f Schotter m
caille f Wachtel f
caillé : lait ~ dicke Milch, Sauermilch f
caillebotis m Abdeckvorrichtung f aus Latten
caillot m (sang) Blutklümpchen n, Blutgerinnsel n
caillou m (Kiesel)stein m
caillouteux, -euse steinig
caisse f 1 Kasten m, Kiste f 2 (mus) grosse ~ Pauke f 3 Kasse f ~ d'épargne Sparkasse
caissier m -ère f KassiererIn m f
caisson m 1 Kastenwagen m 2 (archi) un plafond à ~s Kassettendecke f
cajoler liebkosen, hätscheln
calamar m (kleiner) Tintenfisch m
calaminer (se) verrußen
calamité f Unglück n, Unheil n, Mißgeschick n, Desaster n
calandre f Kühlerhaube f
calanque f kleine Bucht f
calcaire kalkhaltig ◆ m Kalk(stein) m
calcification f Verkalkung f
calciner (ver)brennen
calcium m Kalzium n
calcul m 1 Rechnen n; Berechnung f ~ mental Kopfrechnen n; (fig) faire un mauvais ~ die Rechnung ohne den Wirt machen 2 (méd) Gallenstein m, Nierenstein m
calculateur, -trice (fig) berechnend
calculer rechnen ~ de tête im Kopf aus=rechnen ◆ ~ une surface eine Oberfläche berechnen; ~ un prix einen Preis kalkulieren; ab=wägen
calculette f elektronischer Taschenrechner m
cale f 1 Untersatzstück n 2 (bateau) Laderampe f, Laderaum m 3 ~ sèche Trockendock n

calé 1 befestigt, verkeilt 2 *(fam) être ~ en maths* in Mathe beschlagen sein
caleçon m Unterhose f, Schlüpfer m
calembour m Kalauer m
calendes fpl : *repousser aux ~ grecques* auf den Sankt Nimmerleinstag verschieben
calendrier m 1 Kalender m 2 *établir un ~* einen Zeitplan m erarbeiten
calepin m Notizbuch n
caler : *un meuble* etw unter ein Möbelstück legen; *(tech)* fest=klemmen ◆ *(moteur)* den Motor ab=würgen; *(fig/fam) ~ sur un problème* sich an einem Problem fest=beißen ◆ *se ~ au fond de son siège* sich tief in seinen Sitz (zurück)=lehnen, *(fig)* in seinem Sitz versinken
calfeutrer ab=dichten
calibre m 1 Kaliber n; *(fam)* Pistole f 2 Schublehre f
calibrer nach der Größe sortieren
calice m 1 Kelch m; *(rel)* (Abendmahls)kelch m 2 *(fleur)* Blumenkelch m
calicot m Spruchband n
califourchon (à) rittlings
câlin m schmusend Schmuserei f
câliner schmusen, liebkosen, hätscheln
calleux, -euse schwielig
calligraphie f Schönschreibkunst f
calmant m Beruhigungsmittel n
calme ruhig, still ◆ m 1 Stille f 2 *garder son ~* die Ruhe f bewahren 3 *~ plat* Windstille f, Flaute f
calmer : *qqn* jn beruhigen; *~ une douleur* einen Schmerz lindern; *(fig) ~ le jeu* die Wogen glätten 1 *calme-toi!* beruhige dich (doch)! 2 *la tempête se calme* der Sturm läßt nach
calomniateur m **-trice** f VerleumderIn m f
calomnier verleumden
calomnieux, -euse verleumderisch
calorie f Kalorie f
calorique kalorienreich
calot m *(mil)* Schiffchen n
calotte f 1 *(chirurgien)* Chirurgenkappe f; *(évêque)* Bischofsmütze f; *(fam/péj) la ~* Pfaffentum n 2 *(méd) ~ crânienne* Schädeldecke f 3 *(géo) ~ glaciaire* Eiskappe f, Polkappe f
calque m Pause f *papier ~* Pauspapier n; Transparentpapier n
calquer : *(fig) ~ son comportement sur celui de qqn* js Verhalten genau nach=ahmen
calvaire m 1 Kruzifix n (an einer Wegkreuzung) 2 *(fig)* Leidensweg m
calviniste m f KalvinistIn m f
calvitie f Kahlköpfigkeit f, *(fam)* Glatze f
camaïeu m **-x** : *un ~ de gris* Variation f/Abstufung f von Grautönen

camarade m f KameradIn m f; *(pol)* Genosse m
camaraderie f Kameradschaft f
cambiste m Wechselmakler m, Devisenmakler m
cambouis m Altöl n, Schmiere f
cambré : *pied ~* gewölbter Fuß
cambrer (se) das Kreuz durch=drücken
cambriolage m Einbruch(diebstahl) m
cambrioler : *une maison* in ein Haus ein=brechen
cambrioleur m f Einbrecher m f
came f 1 *(tech)* Nocken m 2 *(fam)* Koks m
camé m **-e** f *(fam)* Rauschgiftsüchtige/r, Fixer m
camée m Kamee f
camelot m 1 Straßenhändler m, fliegender Händler m 2 *(hist) ~ du roi* (aktiver) Royalist m
camelote f *(fam)* Ramsch m, Schund(ware) f
camer (se) *(fam)* fixen
caméra f Kamera f
camion m Lastkraftwagen (LKW) m, Laster m
camion-citerne m Tankwagen m
camionnette f Lieferwagen m
camionneur m Lastwagenfahrer m
camisole f : *~ de force* Zwangsjacke f
camomille f Kamille f; Kamillentee m
camouflage m : *(mil) tenue de ~* Tarnkleidung f
camoufler verschleiern; verstecken ◆ *se ~* sich tarnen
camp m Lager n *aide de ~* Ordonnanz f; *lit de ~* Feldbett n; *(fig/fam) ficher le ~* ab=hauen, sich aus dem Staub machen
campagnard : *vie ~e* Landleben n; *(fig) buffet ~* kaltes Büfett
campagne f 1 *~ française* die französische Landschaft f; *vivre à la ~* auf dem Land(e) leben 2 *~ militaire* Feldzug m 3 *~ publicitaire* Werbekampagne f; *~ électorale* Wahlkampf m, Wahlkampagne f
campanule f Glockenblume f
camper zelten, campen [kɛmpan]; *(fig) ~ sur ses positions* auf seiner Position beharren ◆ *un personnage* eine Person dar=stellen ◆ *se ~* sich auf=stellen/auf=bauen/hin=pflanzen
campeur, -euse m CamperIn m f
camphre m Kampfer m
camping [kãpiŋ] m *faire du ~* zelten; *terrain de ~* Zeltplatz m, Campingplatz m
camus : *nez ~* platte Nase
canadair m Löschflugzeug n
canaille f Schuft m; *(fig)* Schlingel m
canal m **-aux** m 1 Kanal m *~ de dérivation* Seitenkanal m; Umleitungskanal m 2 *(méd) ~ biliaire* Gallengang m 3 *(fig)*

apprendre par un ~ ou par un autre auf dem einen oder anderen Wege *m* erfahren
canalisation *f* 1 Kanalisation *f* 2 ~ *d'un fleuve* Kanalisierung *f* eines Flusses
canaliser kanalisieren; *(fig)* zusammen=halten, lenken (auf **A**)
canapé *m* 1 Couch [kautʃ] *f*, Sofa *n* 2 Buttertoast *m*
canapé-lit *m* Schlafcouch *f*
canard *m* 1 Ente *f* ~ *sauvage* Wildente *f*; *(fam) ne pas casser trois pattes à un* ~ keinen Hund hinterm Ofen vor=locken 2 *(mus)* falsche Note *f* 3 *(fam > non fam)* Zeitung *f* 4 in ein alkoholisches Getränk getauchtes Stückchen Zucker
canari *m* Kanarienvogel *m*
cancaner 1 *(fig)* klatschen, tratschen 2 schnattern
cancer *m* 1 Krebs *m*; *(fig)* Krebsschaden *m* 2 *(astro)* Krebs
cancéreux, -euse krebsartig, Krebs= ♦ *m* Krebskranke/r
cancérigène krebserregend
cancre *m* (*fam*) Faulpelz *m*
cancrelat *m* Küchenschabe *f*
candélabre *m* Kandelaber *f*
candeur *f* Unschuld *f*, Reinheit *f*; *(péj)* Blauäugigkeit *f*, Arglosigkeit *f*
candidat, -e *f* Kandidatln *m f* ~ *à un emploi* Anwärter *m*/Bewerber *m* auf eine Stelle; ~ *à un examen* Prüfling *m*; *se porter* ~ kandidieren
candidature *f* Bewerbung *f*, Kandidatur *f*; *poser sa* ~ *à un poste* sich um eine Stelle bewerben
candide unschuldig, rein, treuherzig; *(péj)* blauäugig, arglos
cane *f* Ente *f*
canette *f* 1 Entchen *n* 2 *(bière)* Bierseidel *m* 3 *(couture)* Spule *f*
canevas *m* 1 *faire du* ~ auf Stramin *m* sticken 2 Gerüst *n*
caniche *m* Pudel *m*
canicule *f* Gluthitze *f*, Hundstage *mpl*
canif *m* (kleines) Taschenmesser *n*
canin Hunde=
canine *f* Eckzahn *m*, Reißzahn *m*
caniveau *m* Rinnstein *m*, Gosse *f*
cannage *m* 1 Rohrflechten *n* 2 Rohrgeflecht *n*
canne *f* 1 Stock *m* 2 ~ *à pêche* Angelrute *f* 3 ~ *à sucre* Zuckerrohr *n*
cannelle *f* Zimt *m*
cannelure *f* Riefelung *f*, Rille *f*
cannibale *m f* Kannibale *m*, Kannibalin *f*
canoë *m* Kanu *n faire du* ~ Kanu fahren
canon *m* 1 Kanone *f*; *(fam) chair à* ~ Kanonenfutter *n* 2 ~ *d'un fusil* Gewehrlauf *m* 3 *(fam) boire un* ~ einen runter=kippen 4 *les* ~*s de la beauté* die Schönheitsregeln *fpl* 5 *(mus)* Kanon *m*
canoniser heilig=sprechen
canonner : ~ *une ville* eine Stadt mit Geschützfeuer belegen
canot *m* Boot *n*, Kahn *m* ~ *pneumatique* Schlauchboot *n*
canotier *m* Strohhut *m*, *(fam)* Kreissäge *f*
cantatrice *f* Sängerin *f*
cantine *f* 1 Kantine *f* 2 Kiste *f*
cantique *m* Lobgesang *m*, Kirchenlied *n*
canton *m* Bezirk *m*, Distrikt *m*
cantonade *f* : *crier à la* ~ etw in den Raum rufen
cantonner 1 *(mil)* ein=quartieren, stationieren 2 ~ *qqn dans un rôle* jn auf eine Rolle beschränken
cantonnier *m* Straßenwärter *m*
canular *m* (*fam*) Ulk *m*, Jux *m*
caoutchouc *m* Gummi *n*, Kautschuk *m*
cap *m* 1 Kap *n*, Vorgebirge *n* 2 *(mar) mettre le* ~ *(sur)* an=steuern, Kurs *m* nehmen (auf **A**) 3 *de pied en* ~ von Kopf *m* bis Fuß, vom Scheitel *m* bis zur Sohle
C.A.P *m* = *certificat d'aptitude professionnelle* Berufsschulzeugnis *n*
capable fähig, tüchtig *être* ~ *de comprendre* verstehen können; ~ *du meilleur comme du pire* zum besten wie zum schlechtesten fähig
capacité *f* 1 *(récipient)* Rauminhalt *m* 2 *(tech)* Kapazität *f* ; *(fig)* ~ *de travail* Arbeitsleistung *f* 3 (Leistungs)fähigkeit *f* 4 *(jur)* ~ *civile* Handlungsfähigkeit *f*
cape *f* Cape *n*, Umhang *m*; *film de* ~ *et d'épée* Mantel- und Degenfilm *m*; *(fig) rire sous* ~ sich (**D**) ins Fäustchen lachen
capillaire 1 *lotion* ~ Haarwasser *n* 2 *(méd) vaisseau* ~ Kapillare *f*, Haargefäß *n*
capitaine *m* *(mil)* Hauptmann *m*; *(sport)* Mannschaftskapitän *m*, Mannschaftschef *m*
capitainerie *f* Hafenbehörde *f*
capital, -aux 1 wesentlich *œuvre* ~*e* Hauptwerk *n* 2 *en (lettres)* ~*s* in Großbuchstaben *mpl* 3 *les sept péchés capitaux* die sieben Todsünden *fpl* 4 *la peine* ~*e* Todesstrafe *f*
capital *m* Kapital *n* ~ *social* Stammkapital *n*, Grundkapital *n*
capital-décès *m* Sterbegeld *n*
capitale *f* 1 Hauptstadt *f* 2 Großbuchstabe *m*
capitaliser kapitalisieren; *(intérêts)* zum Kapital schlagen
capitaliste *m f* KapitalistIn *m f*
capiteux, -euse *(vin)* berauschend; *(parfum)* hinreißend
capitonner (aus)=polstern ♦ *lit capitonné* Polsterbett *n*

capituler kapitulieren; *(fig)* *je capitule !* ich gebe auf !
caporal m Gefreite/r
capot m *(auto)* Motorhaube f
capote f 1 *(auto)* Verdeck n 2 (Militär)mantel m 3 *(fam)* ~ *(anglaise)* Gummi m, Pariser m
câpre m Kaper f
caprice m Laune f, Grille f
capricieux, -euse launisch; *(fig)* veränderlich, launenhaft
Capricorne m Steinbock m
capsule f 1 ~ *de bouteille* Kronkorken m 2 ~ *spatiale* Raumkapsel f 3 *(méd)* ~s *surrénales* Nebenniere f 4 *(bot)* Samenkapsel f 5 *(chim)* Abdampfschale f
capsuler verkapseln, zu=kapseln
capter 1 *(rayons)* auf=fangen, ein=fangen; *(source)* fassen 2 ~ *une émission* eine Sendung empfangen 3 ~ *l'attention* die Aufmerksamkeit auf sich (A) ziehen
capteur m : ~ *solaire* Solarkollektor m
captif, -ive gefangen
captiver *(fig)* fesseln
captivité f Gefangenschaft f
capture f 1 Festnahme f 2 *une belle* ~ eine schöne Beute f, ein schöner Fang m
capturer fangen, fest=nehmen, erbeuten
capuchon m 1 Kapuze f 2 ~ *de stylo* Füllerkappe f
capucin m Kapuzinermönch m
capucine f Kapuzinerkresse f
caquet m *(fig)* : *rabattre le* ~ *à qqn* jm den Mund/das Maul stopfen
caqueter gackern
car denn
car m → **autocar** Fernbus m, Reisebus m
carabine f Karabiner m
caracoler *(cheval)* herum=tänzeln; *(fig)* (herum=)schwadronieren
caractère m 1 *(personne)* Charakter m, Wesen n 2 ~ *officiel* offizieller Charakter; *ne présenter aucun* ~ *de gravité* keinerlei beunruhigendes Wesensmerkmal auf=weisen 3 *(écriture)* Buchstabe m
caractériel, -le : *trouble* ~ Charakterstörung f
caractériser 1 charakterisieren 2 aus=zeichnen ◆ *se* ~ *par qch* durch etw gekennzeichnet sein ◆ *une erreur caractérisée* ein ausgesprochener Irrtum
caractéristique charakteristisch, typisch, bezeichnend, kennzeichnend
caractéristique f Merkmal n, Kennzeichen n, Besonderheit f, Charakteristik f
carafe f 1 Karaffe f 2 *(fam) rester en* ~ *(non fam)* vergessen werden
carambolage m Zusammenstoß m
caramel m Karamel m; Karamelbonbon n
carapace f Panzer m, Rückenschild n; *(fig) il a une* ~ er hat ein dickes Fell n

carat m Karat n *à 18* ~*s* 18karätig
caravane f 1 Wohnwagen m 2 ~ *de nomades* Nomadenkarawane f
carbonate m Karbonat n, kohlensaures Salz n
carbone m 1 Kohlenstoff m 2 *papier* ~ Durchschlagpapier n
carbonique : *gaz* ~ Kohlendioxyd n
carboniser verkohlen
carburant m Kraftstoff m, Treibstoff m
carburateur m Vergaser m
carbure m Karbid n, Kohlen-
carcan m Halseisen n; *(fig)* Zwang m
carcasse f 1 Gerippe n 2 ~ *d'abat-jour* Lampengestell n; ~ *métallique* Metallgehäuse n
carcéral Gefängnis-
cardan m Kardangelenk n
carder kämmen, krempeln
cardiaque Herz-
cardinal, -aux 1 *nombre* ~ Grundzahl f 2 *points cardinaux* Himmelsrichtungen fpl
cardinal m Kardinal m
cardiologie f Kardiologie f ~ *m* HerzspezialistIn m f, Kardiologe m
cardio-vasculaire : *maladies* ~*s* Herz- und Gefäßkrankheiten fpl
carême m Fastenzeit f
carence f Mangel m ~ *du pouvoir* Machtvakuum n; *avoir des* ~*s en maths* lückenhafte Mathekenntnisse fpl haben
caresse f Liebkosung f, Zärtlichkeit f
caresser 1 ~ *qqn* jn streicheln/liebkosen; *(fig)* ~ *un projet* mit einem Projekt liebäugeln
cargaison f *(Schiffs)ladung* f, Fracht f
cargo m Frachter m, Frachtschiff n
caricatural, -aux karikaturhaft
caricature f Karikatur f, Zerrbild n
caricaturer karikieren
carie f Karies f
carillon m Glockenspiel n
carillonner läuten; *(fig)* Sturm klingeln
caritatif, -ive karitativ
carlingue f Rumpf m
carmélite f Karmeliterin f
carnage m Gemetzel n
carnassier, -ière fleischfressend
carnation f Teint m, Hautfarbe f
carnaval m Karneval m, Fasching m
carné : *alimentation* ~*e* Fleischkost f
carnet m Notizbuch n ~ *de chèques* Scheckheft n; ~ *de commandes* Auftragsbuch n
carnivore fleischfressend ◆ m Fleischfresser m
carotène m Karotin n
carotide f Halsschlagader f
carotte f Karotte f, Mohrrübe f, Möhre f; *(fig)* Lockmittel n; *(fam) poil de* ~ rothaarig

carpe f Karpfen m **muet comme une ~** stumm wie ein Fisch m
carpe f (méd) Handwurzel f
carpette f Bettvorleger m
carre f (ski) Kante f;
carré 1 quadratisch; (fig) **épaules ~es** breite Schultern **2 mètre ~** Quadratmeter m/n **3 une réponse ~e** eine offene/deutliche Antwort
carré m **1** Quadrat n; (fam) **faire à qqn une tête au ~** jm den Kopf breit=schlagen **2** (math) **cinq au ~** fünf im Quadrat **3 ~ de soie** Seidentuch n **4 ~ des officiers** Offiziersmesse f **5** (jeu) **un ~ d'as** 4 Asse
carreau m **-x 1** Fensterscheibe f **2** Kachel f, Fliese f **3 une robe à ~x** ein Karokleid n; **à petits ~x** kleinkariert **4** (jeu) Karo n **5** (fam) **se tenir à ~** sich nicht mucksen
carrefour m Kreuzung f; (fig) Kreuzweg m, Scheideweg m **~ d'idées** Treffpunkt m zum Gedankenaustausch
carrelage m Kacheln fpl
carreleur m Fliesenleger m
carrément 1 klar, offen, geradeheraus **2 ~ odieux** wirklich gemein
carrière f **1** Karriere f **2 ~ de marbre** Marmorbruch m **3** (sport) Reitplatz m
carriériste m f KarrieristIn m f, (fig/fam) Karrierehengst m
carriole f Karren m
carrossable befahrbar
carrosse m Kutsche f, Karosse f; (fig) **la cinquième roue du ~** das fünfte Rad am Wagen m
carrossier m Karosseriebauer m
carrure f Schulterbreite f **de forte ~** breitschultrig; (fig) Format m
cartable m Schulmappe f
carte f **1** Karte f; Ansichtskarte f, Postkarte f **2 jouer aux ~s** Karten spielen; (fig) **jouer sa dernière ~** seinen letzten Trumpf aus=spielen; **jouer la ~ de la sincérité** auf Aufrichtigkeit setzen **3** Ausweis m **~ d'identité** (Personal)ausweis m; **~ grise** Kraftfahrzeugbrief m ; (fig) **laisser ~ blanche à qqn** jm freie Hand f lassen **4** Speisekarte f **manger à la ~** nach der Karte essen; (fig) **horaires à la ~** gleitende Arbeitszeit f **5** (inf) **~ à mémoire** Chip-Karte f
cartel m (éco) Kartell n; Interessengemeinschaft (IG) f
carter [karter] m Gehäuse n
cartésien m **-ne** f KartesianerIn m f
cartilage m Knorpel m
cartomancien m **-ne** f KartenlegerIn m f
carton m **1** Pappe f **2 ~ à chaussures** Schuhkarton m **3 ~ à dessin** Zeichenmappe f **4** (fam) **faire un ~** rum=ballern; (fig) haushoch gewinnen

cartonné : un livre ~ ein gebundenes Buch; **papier ~** verstärktes Papier
carton-pâte m Pappmaché n
cartouche f **1** Patrone f **2 ~ de cigarettes** eine Stange f Zigaretten
cartouchière f Patronentasche f
carvi m (Garten)kümmel m
cas m **1** Fall m **~ de force majeure** Zwangslage f; **au ~ où** falls; **en aucun ~** auf keinen Fall m, keinesfalls; **en ce ~** in diesem Fall; **en tout ~** auf jeden Fall **2** Problemfall m **~ social** Sozialfall m **3 faire grand ~ de qch** viel Aufhebens n um etw machen **4** (gram) Fall m
casanier, -ière häuslich
casaque f Jockeyjacke f
cascade f **1** Wasserfall m ; (fig) **des événements en ~** sich überstürzende Ereignisse **2** (cin) Kaskade f
case f **1** Kästchen n, Rubrik f; (jeu) Feld n **2** Fach n; (fig/fam) **il lui manque une ~** er hat nicht alle Tassen im Schrank, bei ihm ist eine Schraube locker **3** Hütte f
caserne f Kaserne f
casier m **1** Fach n **~ à bouteilles** Flaschenregal n **2 ~ judiciaire** Strafregister n **3 ~ à homards** Hummerreuse f
casino m Spielbank f, Casino n
casque m **1** Helm m **~s bleus** Blauhelme mpl. UN-Friedenstruppe f; **~ à pointe** Pikkelhaube f ; (fam) Deutsche/r **2** (hi-fi) Kopfhörer m **3** (coiffeur) Haube f
casqué behelmt
casquette f (Schirm)mütze f; (fig/fam) **avoir plusieurs ~s** mehrere Ämter npl bekleiden
cassant 1 des ongles ~s brüchige Nägel **2 un ton ~** ein schroffer Ton
cassation f : **Cour de ~** Kassationshof m
casse f **1 payer la ~** den Bruch m/ Schaden m bezahlen; **faire de la ~** etw zerbrechen; (fig) Schaden an=richten **2** Schrottplatz m **mettre une voiture à la ~** ein Auto verschrotten
cassé 1 kaputt, zerbrochen ; (fig) **une voix ~e** eine gebrochene Stimme **2 blanc ~** gelblichweiß
casse-cou : **enfant ~** wagehalsiges Kind; **c'est ~** das ist halsbrecherisch ◆ m Draufgänger m ; (fig) **crier ~ à qqn** jn warnen
casse-croûte m (fam > non fam) Imbiß m
casse-noix m Nußknacker m
casse-pieds m f Nervensäge f, Klette f
casser 1 (zer)brechen ; sich schlagen **se ~ un bras** sich (D) einen Arm brechen ; (fam) **ça ne casse rien** das ist nicht gerade eine Meisterleistung, das taugt nicht viel ; **~ la croûte** einen Happen essen ; **se ~ la figure** hin=knallen ; **~ sa pipe** ins Gras beißen,

casserole ab=nibbeln; *~ du sucre sur le dos de qqn* über jn her=ziehen; *50 F à tout ~ (non fam)* höchstens 50 F **2** *~ un jugement* ein Urteil auf=heben **3** *~ un fonctionnaire* einen Beamten aus dem Verkehr ziehen/ab=halftern **4** *~ une grève* einen Streik brechen; *~ les prix* die Preise drastisch senken ◆ *la corde va ~!* das Seil zerreißt gleich! ◆ *se ~* **1** zerbrechen **2** *(fam)* ab=hauen, verduften **3** *(fam) ne pas trop se ~ (fig)* sich (D) kein Bein raus=reißen, sich nicht um=bringen

casserole *f* (Koch)topf *m*, Kasserolle *f*; *(fig) une voix de ~* eine Stimme wie ein Blecheimer

casse-tête *m* **1** *(jeu)* Geduldsspiel *n*; *(fig)* Kopfzerbrechen *n* **2** (Streit)keule *f*

cassette *f* **1** Kassette *f* **2** Schatulle *f*

casseur *m* **-euse** *f* **1** SchrotthändlerIn *m f* **2** Randalierer *m*

cassis *m* **1** schwarze Johannisbeere *f* **2** *(route)* Querrinne *f*

cassure *f* Bruch *m*; Bruchstelle *f*

castor *m* **1** Biber *m* **2** Bauherr *m* mit Selbsthilfe

castrateur, -trice entmannend

castrer kastrieren

cataclysme *m* Naturkatastrophe *f*

catalogue *m* Katalog *m*; Verzeichnis *n*

cataloguer *(fig/péj)* ab=schätzen, katalogisieren

catalyser 1 *(fig)* zusammen=fassen **2** *(chim)* katalysieren

catalyseur *m* Katalysator *m*

cataplasme *m* heißer (Brei)umschlag *m*

catapulter *(fig)* katapultieren

cataracte *f* **1** Wasserfall *m* **2** *(méd)* grauer Star *m*

catastrophe *f* **1** Katastrophe *f* **2** *atterrir en ~* not(=)landen

catastropher *(fam)* nieder=schlagen

catastrophique katastrophal; vernichtend, unheilvoll

catch [katʃ] *m* Freistilringen *n*

catéchèse *f* Katechismuslehre *f*

catéchisme *m* Katechismus *m*, Christenlehre *f*

catéchiste *m f* KatechetIn *m f*

catéchumène [-teky-] *m f* TaufanwärterIn *m f*

catégorie *f* Kategorie *f*; *~ socio-professionnelle* Berufsstand *m*

catégoriel, -le : *revendications ~s* berufsgruppenspezifische Forderungen

catégorique kategorisch

caténaire *f (tech)* Oberleitung *f*, Oberleitungsdraht *m*

cathédrale *f* Kathedrale *f*, Münster *n*, Dom *m*

cathodique Kathoden-

catholicisme *m* Katholizismus *m*

catholique katholisch ◆ *m f* KatholikIn *m f*

catimini (en) heimlich

catogan *m* Haarschleife *f*, Haarband *n*

cauchemar *m* Alptraum *m*

cause *f* **1** *lien de ~ à effet* Kausalzusammenhang *m*; *être ~ de* etw verursachen/bewirken; *à ~ de* wegen (G/D), um (G) willen **2** *~ perdue d'avance* eine bereits im voraus verlorene Angelegenheit *f*; *défendre une ~* eine Sache *f* verteidigen; *obtenir gain de ~* den Sieg davon=tragen, gewonnenes Spiel *n* haben; *plaider la ~ de qqn* jn verteidigen; *(fig)* sich für jn ein=setzen; *prendre fait et ~ pour qqn* für jn Partei *f* ergreifen **3** *être en ~* zur Debatte *f* stehen; *mettre en ~* beschuldigen, zur Last *f* legen; *remettre en ~* in Frage *f* stellen; *en tout état de ~* unter allen Umständen *mpl*, auf jeden/in jedem Fall *m*; *en connaissance de ~* mit vollem Bedacht *m*; *en désespoir de ~* als (aller)letztes Mittel *n*/letzten Ausweg *m*

causer verursachen *~ de la peine* Schmerz bereiten ◆ sich unterhalten, plaudern

causse *m* (dürre) Kalkhochfläche *f*

caustique : *soude ~* Ätznatron *n*, Natronlauge *f*; *(fig) une remarque ~* eine bissige Bemerkung

cautériser aus=brennen

caution *f* **1** Kaution *f* **2** *se porter ~ pour qqn* für jn eine Bürgschaft *f* leisten **3** *être sujet à ~* in Frage gestellt werden können

cautionner *(fig)* gut=heißen

cavalcade *f* Kavalkade *f*; *(fig) une ~ dans l'escalier* eine lärmende Schar *f* auf der Treppe

cavalerie *f (mil)* Kavallerie *f*; *(fig) sortir la grosse ~* ein schweres Geschütz auf=fahren

cavalier, -ière 1 ungehörig, ungezogen **2** *piste cavalière* Reitweg *m*

cavalier *m* **1** *(échecs)* Springer *m*; *(cartes)* Kavalier *m* **2** Klemme *f*

cavalier *m* **-ère** *f* **1** ReiterIn *m f*; *(fig) faire ~ seul* auf eigene Faust *f* handeln **2** TanzpartnerIn *m f*

cave : *veine ~* Hohlvene *f*

cave *f* Keller *m* ~ *à vin* Weinkeller *m*

caveau *m* **1** *~ familial* Familiengruft *f* **2** Kellerbar *f*

caverne *f* Höhle *f*

caverneux, -euse : *voix caverneuse* dumpfe Stimme

cavité *f* Hohlraum *m*; *(méd) ~ articulaire* Gelenkpfanne *f*

C.C.P. *m* = **compte courant postal** Postscheckkonto *n*

CD → **corps diplomatique** Diplomatisches Korps *n* ◆ *m* CD(-Platte) *f*

ce/c' 1 das *je sais ce que c'est !* ich weiß,

was das ist! ~ *que je préfère* das, was ich lieber möchte ; *c'est lui qui* er ist derjenige, der **2** ~ *n'est pas que* nicht, daß **3** *c'est à toi* du bist an der Reihe, du bist dran **4** *(qu'est-) ce qu'on s'amuse!* hier amüsiert man sich aber gut! **5** *sur* ~ darauf, danach; *et* ~ und dies

ce, cet, cette, ces 1 dies-, jen- *donne-moi* ~ *papier!* gib mir dieses Papier! **2** *cet été* in diesem/diesen Sommer; *ce soir* heute Abend; *ce jour-là* an jenem Tag

ceci dies-(hier), der/das (hier) *parler de* ~ *et de cela* über dies und jenes reden

cécité f Blindheit f

céder nach=geben (D) **2** *la corde va* ~ das Seil reißt gleich ◆ **1** ~ *sa place* seinen Platz ab=treten/überlassen; ~ *la parole à qqn* jm das Wort erteilen/geben **2** ~ *une affaire* ein Geschäft übertragen/verkaufen

cèdre m Zeder f, Zedernholz n

ceindre : ~ *sa tête d'un bandeau* ein Band um seinen Kopf schlingen

ceinture f **1** Gürtel m, Bund m **2** ~ *de sécurité* Sicherheitsgurt m; *mettre sa* ~ sich an=schnallen **3** *coup au-dessous de la* ~ Schlag unterhalb der Gürtellinie f **4** *boulevard de* ~ Stadtring m

ceinturer 1 *(personne)* umklammern, ein=kreisen **2** *(vêtement)* einen Gürtel machen (um) **3** *(arbre)* kennzeichnen, markieren

ceinturon m Koppel n

cela das (da/dort), dieses *malgré* ~ trotzdem; *en* ~ darin

célébration f Feier f

célèbre berühmt *tristement* ~ berühmt-berüchtigt

célébrer feiern ~ *la messe* die Messe lesen/halten

célébrité f **1** Berühmtheit f **2** *une* ~ *locale* eine stadtbekannte Größe

céleri m Sellerie m

célérité f Schnelligkeit f

céleste Himmels-, himmlisch

célibat m Zölibat m, Ehelosigkeit f

célibataire ledig, unverheiratet ◆ Ledige/r, Junggeselle m

cellier m Weinkeller m

cellulaire 1 *(méd) tissu* ~ Zellgewebe n; *(géol) béton* ~ Porenbeton m **2** *régime* ~ Zellenhaft f; *fourgon* ~ Gefängnisauto n

cellule f **1** *(bio/pol/prison)* Zelle f **2** ~ *familiale* Familie f **3** *(tech)* ~ *photoélectrique* Photozelle f

cellulite f Zellulitis f

cellulose f Zellulose f, Zellstoff m

celte/celtique keltisch

celui, celle, ceux : *cette maison est celle de mes parents* : dieses Haus ist das meiner Eltern; ~-*ci* dies-, der/die/das hier; ~-*là* jen-, der/die/das da; ~ *qui* derjenige, der

cénacle m Kreis m Gleichgesinnter

cendre f Asche f ~*s de qqn* js sterbliche Überreste mpl; *réduire en* ~*s* ein=äschern, in Schutt und Asche legen

Cendres fpl : *mercredi des* ~ Aschermittwoch m

cendrier m Aschenbecher m

Cendrillon f Aschenbrödel n, Aschenputtel n

Cène f Abendmahl n

censé angesehen (als), gehalten (für) *il est* ~ *venir* man nimmt an,/es wird angenommen, daß er kommt

censeur 1 Zensor m **2** *(ens)* stellvertretender Direktor m

censure 1 Zensur f *visa de* ~ Zensurvermerk m **2** *motion de* ~ Mißtrauensantrag m

censurer 1 zensieren **2** ~ *le gouvernement* der Regierung das Mißtrauen aus=sprechen

cent hundert ~ *fois* hundertmal; *ne pas attendre* ~ *sept ans* keine Ewigkeit warten ◆ *douze pour* ~ 12 Prozent; ~ *pour* ~ hundertprozentig ◆ *un* ~ *d'huîtres* hundert Stück Austern

centaine f **1** Hundert n *arriver par* ~*s* zu Hunderten an=kommen **2** *une* ~ *d'hommes* an die hundert Menschen

centenaire hundertjährig ◆ m *fêter le* ~ *d'un événement* den 100.(hundertsten) Jahrestag/das hundertjährige Jubiläum eines Ereignisses feiern

centième hundertst- ◆ m Hundertstel n; *une carte au* ~ eine Karte im Maßstab 1 zu 100

centigrade 1 Zentigrad m **2** *degré* ~ Grad m

centigramme m Zentigramm m

centilitre m Zentiliter m/n

centimètre m Zentimeter m

central, -aux 1 *point* ~ Mittelpunkt m *Asie* ~*e* Mittelasien; *pouvoir* ~ Zentralgewalt f **2** *prison* ~*e* Zentralgefängnis n ◆ m ~ *téléphonique* Telefonzentrale f, Fernsprechvermittlung f

centrale f **1** ~ *nucléaire* Atomkraftwerk (AKW) n, Kernkraftwerk (KKW) n **2** ~ *syndicale* Gewerkschaftsbund m **3** ~ *d'achats* Einkaufszentrale f **4** *Centrale* Ingenieurhochschule f

centralisation f *(pol)* Zentralisierung f

centraliser zusammen=fassen, zentralisieren

centre m **1** Mittelpunkt m **2** Zentrum n **3** ~ *commercial* Einkaufszentrum n; ~ *dramatique* Theater n **4** *les grands* ~*s urbains* die großen Städte fpl

centrer 1 in die Mitte setzen/stellen; *(tech)* zentrieren, auf (den) Mittelpunkt

centre-ville

aus=richten 2 *(fig)* konzentrieren (auf A) ♦ *il est complètement centré sur sa famille* bei ihm dreht sich alles um die Familie
centre-ville *m* Stadtzentrum *n*
centrifuge zentrifugal
centrifuger (mit einer Zentrifuge) schleudern
centrifugeuse *f* 1 *(fruits)* Entsafter *m* 2 Zentrifuge *f*
centripète zentripetal
centriste *m f* ZentrumsanhängerIn *m f*
cep [sεp] *m* : ~ *de vigne* Weinstock *m*
cépage *m* Rebenart *f*
cèpe *m* Steinpilz *m*
cependant 1 (je)doch 2 indessen, währenddessen, unterdessen
céphalée *f* Kopfschmerz *m*
céphalo-rachidien, -ne : *liquide ~* Rückenmarksflüssigkeit *f*
céramique *f* Keramik *f*
cerceau *m* -x 1 *jouer au ~* Reifen *m* spielen 2 *(tonneau)* Reifen *m*, Faßband *n* ; *(bâche)* Bügel *m*
cercle *m* 1 Kreis *m* 2 ~ *d'amis* Freundeskreis *m* 3 ~ *de jeu* Spielklub *m* 4 ~ *de qualité* Qualitätszirkel *m* 5 *(fig)* ~ *vicieux* Teufelskreis *m*
cercueil *m* Sarg *m*
céréale *f* Getreide *n*
cérébral, -aux : *lésion ~e* Gehirnverletzung *f* ♦ *m* -e *f* Verstandesmensch *m*
cérémonial *m* Zeremoniell *n*, Etikette *f*
cérémonie *f* 1 Zeremonie *f*, Feierlichkeit *f* 2 *faire des ~s* Umstände *mpl* machen
cérémonieux, -euse förmlich, zeremoniös, übertrieben höflich
cerf *m* Hirsch *m*
cerfeuil *m* Kerbel *m*
cerf-volant *m* 1 Drachen *m* 2 Hirschkäfer *m*
cerise *f* Kirsche *f*
cerisier *m* Kirschbaum *m*
cerne *m* 1 Augenring *m* 2 Fleckenrand *m*
cerner 1 ~ *l'ennemi* den Feind umzingeln/ein=kesseln 2 ~ *un problème* ein Problem ein=kreisen
certain 1 sicher *être ~ de qch* einer (G) Sache sicher sein ; *d'un âge ~* im fortgeschrittenen Alter 2 gewiß, bestimmt *d'un ~ âge* im gewissen Alter 3 *~s pays* bestimmte/einige Länder ♦ *mpl ~s diront* manche/gewisse Leute werden sagen ; *~s de mes amis* einige meiner Freunde
certainement sicher(lich), bestimmt
certes 1 *~... mais...* zwar..., aber... 2 *~ !* gewiß ! sicher !
certificat *m* Zeugnis *n*, Schein *m* ; Bescheinigung *f* ~ *médical* ärztliches Attest *n* ; ~ *de vaccination* Impfschein *m* ; ~ *d'urbanisme* städtebauliche Genehmigung *f*
certifié : *professeur ~* Studienrat *m*

certifier 1 versichern 2 *(jur)* beglaubigen
certitude *f* 1 Gewißheit *f* 2 *avoir des ~s* Überzeugungen *fpl* haben
cérumen [serymεn] *m* Ohrenschmalz *m*
cerveau *m* -x 1 Gehirn *n* : *(fig/fam) être malade du ~* es am Kopf haben 2 *c'est un ~* das ist ein bedeutender Kopf *m* 3 *le ~ de l'affaire* der Kopf/der Geist der Unternehmung
cervelet *m* Kleinhirn *n*
cervelle *f* Gehirn *n*, Hirnmasse *f* ~ *d'agneau* Lammhirn *n* ; *(fig)* Kopf *m*
cervical, -aux : *vertèbre ~e* Halswirbel *m*
C.E.S. *m* = **collège d'enseignement secondaire** Gesamtschule *f* (für die Mittelstufe)
cessant : *toutes affaires ~es* umgehend
cessation *f* : ~ *de paiements* Zahlungseinstellung *f* ; ~ *de commerce* Geschäftsaufgabe *f*
cesse *f* 1 *sans ~* unaufhörlich, ständig, rastlos 2 *ne pas avoir de ~ que* (subj) sich (D) keine/kaum Ruhe *f*/Rast *f* gönnen, bevor
cesser auf=hören ~ *le travail* die Arbeit nieder=legen ; die Arbeit beenden/beendigen
cessez-le-feu *m* Feuereinstellung *f*, Waffenruhe *f*
cession *f* : ~ *d'une affaire* Verkauf *m*/ Übertragung *f* eines Geschäftes ; ~ *d'un droit* die Abtretung eines Rechtes
c'est-à-dire das heißt (d. h.)
cet, cette → **ce**
cétacé *m* (Gattung *f* der)Wal(e) *m(pl)*
C.F.A. *m* = **centre de formation d'apprentis** Ausbildungszentrum *n* für Lehrlinge
CFDT *f* = **confédération française du travail** französische Gewerkschaft *f*
CGT *f* = **confédération générale du travail** französische Gewerkschaft *f*
chacal *m* Schakal *m*
chacun, -e jeder, jede, jedes
chagrin : *être d'humeur ~e* in trüber Stimmung sein, Trübsal blasen ; *avoir un esprit ~* leicht verstimmbar sein
chagrin *m* 1 Kummer *m* ; Leid *n*, Gram *m* 2 Chagrinleder *n* ; *(fig) être réduit à une peau de ~* auf nichts zusammengeschmolzen sein
chagriner betrüben, bekümmern, verdrießen
chahut *m* Radau *m*, Krawall *m*
chaîne *f* 1 Kette *f* 2 ~ *de montagnes* Gebirgskette *f*, Gebirgszug *m* 3 *travail à la ~* Fließbandarbeit *f* 4 *(télé)* Programm *n* 5 ~ *hi-fi* Hi-Fi-Anlage *f* 6 ~ *d'hôtels* Hotelkette *f*
chaînon *m* Kettenglied *n*

chair f 1 Fleisch n *en ~ et en os* leibhaftig, in eigener Person; *être bien en ~* rundlich/wohlgenährt/gut beisammen sein; *(fig) avoir la ~ de poule* eine Gänsehaut haben

chaire f 1 Kanzel f, Katheder n 2 *(ens)* Lehrstuhl m (für)

chaise f Stuhl m *~ longue* Liegestuhl m; *~ à porteurs* Sänfte f

chaland m Lastkahn m

châle m Schal m

chalet m Schihütte f; Schweizerhaus m

chaleur f 1 Wärme f; Hitze f 2 *être en ~* brünstig sein 3 *les grandes ~s* die Hundstage mpl 4 *avoir ses ~s* heiß/läufig sein

chaleureux, -euse herzlich, warmherzig

challenge [ʃalãʒ] m *(fig)* Herausforderung f

challenger m *(sp)* Herausforderer m, Titelanwärter m

chalumeau m *(tech)* Schweißgerät n

chalutier m (Schleppnetz)fischkutter m

chamailler (se) *(fam)* sich zanken

chamaillerie f Zankerei f, Zank m

chaman [ʃaman] m Schamane m

chamarré bunt, vielfarbig

chambardement m Umsturz m, Umwälzung f

chambouler *(fam)* über den Haufen werfen; auf den Kopf stellen

chambranle m Türrahmen m

chambre f 1 Zimmer n; Kammer f, Stube f *femme de ~* Zimmermädchen n; *robe de ~* Morgenmantel m; *pot de ~* Nachttopf m; *faire ~ à part* getrennte Schlafzimmer haben 2 *~ froide* Kühlraum m 3 *~ forte* Tresor(raum) m 4 *~ à gaz* Gaskammer f 5 *~ à air* Schlauch m 6 *(photo) ~ noire* Dunkelkammer f

Chambre f : *~ de commerce* Handelskammer f; *~ des métiers* Handwerkskammer f; *~ des députés* Abgeordnetenhaus n

chambrer *(vin)* chambrieren; *(fam) ~ qqn* jn auf den Arm/auf die Schippe nehmen

chameau m Kamel n

chamelle f Kamelstute f

chamois m Gemse f

champ m 1 Feld n, Acker m *à travers ~* querfeldein 2 *~ de course* Rennbahn f 3 *~ de mines* Minenfeld n; *~ d'honneur* Feld der Ehre 4 *~ visuel* Blickfeld n, Gesichtsfeld n ; *(photo) profondeur de ~* Tiefenschärfe f 5 *(phys) ~ magnétique* Magnetfeld n 6 *~ d'action* Aktionsfeld n, Handlungsraum m; *avoir le ~ libre (fig)* freie Hand f haben; *prendre du ~* Abstand m gewinnen 7 *à tout bout de ~* bei jeder Gelegenheit, immer wieder; *sur-le-~* unverzüglich, auf der Stelle

champagne : *fine ~* Weinbrand m ♦ m Champagner m

champignon m 1 Pilz m ; *(fig) pousser comme un ~* in die Höhe schießen 2 *(méd)* Hautpilz, Pilzkrankheit f 3 *(fam) appuyer sur le ~* Gas m geben

champignonnière f Pilzzucht f

champion m -ne f 1 MeisterIn m f 2 *se faire le ~ d'une cause* als Vorkämpfer m einer Sache auf=treten

championnat m Meisterschaft f

chance f 1 Glück n *pas de ~!* Pech n gehabt! 2 *donner sa ~ à qqn* jm eine Chance f geben; *avoir ses ~s* Aussichten fpl haben

chanceler (sch)wanken, strauchen

chancelier m (Bundes)kanzler m

chanceux, -euse vom Glück begünstigt ♦ m f Glückspilz m

chancre m Geschwür n

chandail m Wolljacke f

chandeleur f Lichtmeß f

chandelier m Leuchter m

chandelle f Kerze f ; *(fig) économies de bouts de ~* Sparsamkeit am falschen Platz(e); *en voir 36 ~s* die Engel (im Himmel) singen hören

change m 1 (Geld)wechsel m 2 *gagner au ~* beim/durch den Tausch m verdienen 3 *donner le ~ à qqn* jm Sand in die Augen streuen 4 *~ complet* Windelpaket n

changeant wechselhaft, unbeständig

changement m 1 Änderung f *~ de temps* Witterungsumschlag m; *aimer le ~* den Wechsel/Wandel lieben 2 *~ de vitesse* Gangschaltung f 3 *(fam) demander son ~* um seine Versetzung f bitten

changer sich (ver)ändern *pour ne pas ~* wie gewöhnlich ♦ *~ de place* den Platz wechseln; *~ d'avis* seine/die Meinung ändern; *(fig) ~ d'air* einen Tapetenwechsel vor=nehmen ♦ 1 *~ sa voiture* das/sein Auto wechseln; *~ les draps* das Bett neu beziehen 2 ändern *~ qqn* jn verändern; *(fig) ~ les idées à qqn* jn auf andere Gedanken bringen 3 *~ 100 F* 100 F um=tauschen/wechseln 4 *~ un bébé* ein Baby trocken=legen 5 *~ en or* in Gold verwandeln

chanoine m Domherr m

chanson f 1 Lied n, Chanson n 2 *~ de geste* Heldendichtung f

chansonnier m Kabarettist m

chant m 1 Singen n *professeur de ~* Gesang(s)lehrer m 2 Lied n, Gesang m 3 *~ des oiseaux* Vogelgezwitscher n 4 *(tech)* Schmalseite f

chantage m Erpressung f

chanter singen; zwitschern, krähen; *(fig/*

chanterelle

fam) si ça lui chante wenn ihm danach ist ◆ *faire ~ qqn* jn erpressen

chanterelle f Pfifferling m

chanteur, -euse m f **1** SängerIn m f **2** *maître ~* Erpresser m

chantier m **1** Baustelle f; *(fig) mettre qch en ~* etw in Angriff m nehmen; *(fam) quel ~!* was für ein Durcheinander! n **2** *~ naval* (Schiffs)werft f

chantilly f : *crème ~* Schlagsahne f

chantonner summen, trällern

chanvre m Hanf m

chaos [kao] m Chaos n, Durcheinander n, Wirrwarr m

chaotique [kaotik] chaotisch

chaparder klauen, stibitzen, mausen

chape f : *~ de béton* Betondecke f

chapeau m **1** Hut m; *(fig/fam) ~!* Hut ab! *faire porter le ~ de qch à qqn (non fam)* jn für etw verantwortlich machen; *travailler du ~* nicht ganz bei Trost sein **2** *(fam) sur les ~x de roues* mit Vollgas n

chapeauter *(fig)* kontrollieren

chapelain m Kaplan m

chapelet m **1** Rosenkranz m **2** *(fig)* Kette f *~ d'îles* Inselkette f; *un ~ d'injures* eine Flut f von Beleidigungen

chapelle f **1** Kapelle f **2** *esprit de ~* Cliquengeist m

chapelure f Paniermehl n

chaperon m Anstandsdame f

Chaperon m : *le petit ~ Rouge* Rotkäppchen n

chapiteau m **-x 1** *(archi)* Kapitell n **2** *(cirque)* Zirkuszelt n

chapitre m **1** Kapitel n; *(comm) ~ d'un budget* Haushaltsposten m **2** *(rel)* (Dom)kapitel n; *(fig) avoir voix au ~* ein Wörtchen n mitzureden haben

chapitrer *(fam)* ab-kanzeln

chapon m Kapaun m

chaptaliser : *~ un vin* Wein zuckern

chaque jeder, jede, jedes

char m **1** Panzer m **2** *(hist)* (Kampf)wagen m **3** *~ à voile* Strandsegler m **4** *~ de Carnaval* Karnevalswagen m **5** *(fam) arrête ton ~!* hör mit dem Blödsinn auf!

charabia m *(fam)* Kauderwelsch n

charade f Scharade f

charançon m Rüsselkäfer m

charbon m **1** Kohle f; *(fam) aller au ~* in den sauren Apfel beißen **2** *~ de bois* Holzkohle f **3** *(méd)* Milzbrand m

charbonnages mpl Kohlebergbau m

charcuterie f **1** *aller à la ~ (fam)* zum Metzger m gehen **2** Wurst f *un plat de ~* Aufschnittplatte f, Schlachtplatte f

charcutier m **-ère** f FleischerIn m f, MetzgerIn m f

chardon m Distel f *~ bleu* Stechdistel f

chardonneret m Distelfink m, Stieglitz m

charge 1 Last f, Ladung f *~ utile* Nutzlast f, Ladegewicht n; *(fig) ~ de travail* Arbeits(be)last(ung) f; *prise en ~ d'un voyageur* Mitnahme f eines Reisenden; *être à la ~ de qqn* von jm unterhalten werden; *zu js Lasten gehen* **2** *avoir la ~ de qch* für etw verantwortlich sein; *(jur) cahier des ~s* Lastenverzeichnis n **3** *~s sociales* Sozialabgaben fpl; *~s salariales* Lohnkosten pl; *loyer et ~s* Miete und Nebenkosten pl; *prise en ~* Übernahme f der Kosten **4** *témoin à ~* Belastungszeuge m; *de lourdes ~s pèsent contre lui* er ist dringend der Tat verdächtig **5** *~ de notaire* Notariat n **6** *(tech) être en ~* aufgeladen werden **7** *~ de police* polizeiliche Auflage f; *(fig) revenir à la ~* sich nicht ab-weisen lassen, nicht locker-lassen **8** *une ~ de plastic* Sprengladung f **9** *à ~ de revanche* auf Gegenseitigkeit f

chargé m -e f : *~ de mission* Beauftragte/r, ReferatsleiterIn m f; *~ de cours* Lehrbeauftragte/r; *~ d'affaires* Geschäftsträger m

chargement m **1** Beladen n, Verladen n **2** Ladung f, Fracht f

charger 1 *~ un camion* einen Lastwagen beladen **2** *~ des marchandises* Waren verladen **3** *~ son complice* seinen Komplizen belasten **4** *~ un fusil* ein Gewehr laden; *~ un appareil photo* einen Film in einen Fotoapparat ein-legen **5** *~ une batterie* eine Batterie aufladen **6** *~ qqn de tout organiser* jn beauftragen, alles zu organisieren **7** *~ l'ennemi* den Feind an-greifen ◆ *se ~ de tout* sich um alles kümmern

chargeur m **1** *(fusil)* Magazin n **2** *(photo)* Aufzug m **3** *~ de batterie* Ladegerät n

chariot m **1** Karren m, Wagen m **2** *(photo)* Diamagazin n **3** *(machine à écrire)* Schlitten m, Wagen m

charisme [karism] m Charisma n, Ausstrahlung f

charitable barmherzig, mildtätig

charité f Nächstenliebe f, Mildtätigkeit f *vente de ~* Wohltätigkeitsbasar m; *faire la ~ à qqn* jm ein Almosen n geben, *(fig)* jm eine Gnade f erweisen

charivari m Durcheinander n, Spektakel m

charlatan m Scharlatan m, Quacksalber m, Kurpfuscher m

charme m **1** Zauber m, Reiz m *rompre le ~* den Bann m brechen **2** *avoir du ~* Charme m besitzen **3** *faire du ~ à qqn (fam)* jn zu bezirzen versuchen; *chanteur de ~ (péj)* Schnulzensänger m **4** *(fam) se porter comme un ~* kerngesund sein **5** *les ~s d'une femme* die Reize mpl einer Frau **6** *(arbre)* Weißbuche f

charmer bezaubern, entzücken
charmeur, -euse einschmeichelnd
charnel, -le sinnlich *désir* ~ fleischliche Begierde
charnier *m* Massengrab *n*, Beinhaus *n*
charnière *f* 1 Scharnier *n* 2 *époque* ~ Umbruchszeit *f* 3 (Briefmarken)falz *m*
charnu fleischig *parties* ~*es* Weichteile *mpl*
charognard *m* Geier *m*
charogne *f* Aas *n*
charpente *f* 1 Gebälk *n*, Gerüst *n*, Dachstuhl *m* 2 Knochengerüst *n*
charpentier *m* Zimmermann *m*
charpie *f* Scharpie *f réduire en* ~ zerfleddern; *(viande)* zerkochen
charrette *f* 1 Karren *m* 2 *(fam) la première* ~ *de licenciements* der erste Schub von Entlassungen; *être* ~ unter Druck *m* stehen
charrier 1 karren, an=fahren; sich führen 2 *(fam)* ~ *qqn* jn auf den Arm nehmen ◆ *(fam) faut pas* ~ *!* das geht zu weit !, jetzt reicht's aber !
charrue *f* Pflug *m*; *(fig)* mettre la ~ *avant les bœufs* das Pferd beim Schwanz auf=zäumen
charte *f* Charta *f*
charter [ʃarter] *m* Charterflug *m*
chartreux *m* Kartäusermönch *m*
chas *m* Nadelöhr *n*
chasse *f* 1 Jagd *f* ~ *à courre* Hetzjagd *f*; *(fig) qui va à la* ~ *perd sa place* aufgestanden, Platz vergangen 2 ~ *gardée* Jagdrevier *n*; *(fig/fam)* verwahrt 3 ~ *au trésor* Schnitzeljagd *f*; ~ *à l'homme* Menschenjagd *f*; *prendre en* ~ verfolgen, jagen 4 ~ *d'eau* Wasserspülung *f*
chasse-neige *m* Schneepflug *m*
chasser 1 jagen, auf die Jagd gehen 2 *(auto)* schleudern, rutschen ◆ 1 ~ *la perdrix* Rebhühner jagen 2 ~ *qqn* jn ver-jagen/weg=jagen; *(fig)* ~ *une idée* einen Gedanken verjagen/vertreiben
chasseur *m* 1 Jäger *m* 2 *(hôtel)* (Hotel)boy *m* 3 *(mil)* ~ *alpin* Alpenjäger *m*; ~ *bombardier* Jagdbomber *m*
châssis *m* 1 *(auto)* Fahrgestell *n* 2 Rahmen *m*
chaste keusch, züchtig; *(fig)* unschuldig
chasteté *f* Keuschheit *f faire vœu de* ~ ein Keuschheitsgelübde ab=legen
chasuble *f* : *robe* ~ Chasuble *n*; *(rel)* Meßgewand *n*
chat *m* 1 Katze *f*, Kater *m*; *(fig/fam) il n'y a pas un* ~ es ist niemand da; *appeler un* ~ *un* ~ die Dinge *pl*/das Kind beim Namen nennen; *avoir un* ~ *dans la gorge* einen Frosch *m* im Hals haben; *avoir d'autres* ~*s à fouetter* Wichtigeres zu tun/im Kopf haben; *il n'y a pas de quoi fouetter un* ~ da ist doch nichts dabei 2 *jouer à* ~ fangen spielen
châtaigne 1 Eßkastanie *f* 2 *(fam)* Kopfnuß *f*
châtain (kastanien)braun
château *m* -**x** 1 Schloß *n* ; *(fig) bâtir des* ~*x en Espagne* Luftschlösser *npl* bauen 2 ~ *de cartes* Kartenhaus *n* 3 ~ *d'eau* Wasserturm *m*
châtelain *m* -**e** *f* SchloßherrIn *m f*
châtier : ~ *qqn* jn bestrafen ◆ *un style châtié* ein ausgefeilter Stil
châtiment *m* Bestrafung *f* ~*s corporels* körperliche Züchtigungen *fpl*
chatouiller kitzeln
chatouilleux, -euse kitzlig; *(fig)* empfindlich
chatoyer schillern, glitzern
châtrer kastrieren
chatterton [ʃatɛrtɔn] *m* Isolierband *n*
chaud warm, heiß ; 1 *(fig) une nouvelle toute* ~*e* eine brandneue Nachricht 2 *l'alerte fut* ~*e* die Warnung war dringend; *le printemps sera* ~ das wird ein heißer/heftiger Frühling 3 *ne pas être* ~ *pour faire qch* nicht wild darauf sein/nicht darauf brennen, etw zu tun 4 *animal à sang* ~ Warmblüter *mpl*; *(fig) avoir le sang* ~ heißblütig sein
chaud *m* 1 *j'ai* ~ mir ist warm; *(fig) ne faire ni* ~ *ni froid* (völlig) kalt=lassen; *(fam) j'ai eu* ~ ich bin gerade noch/mit einem blauen Auge davongekommen 2 *tenir au* ~ warm halten; *être bien au* ~ im Warmen *n* sitzen 3 *(fig) interroger qqn à* ~ jn unmittelbar/direkt befragen
chaudement warm; *(fig) recommander* ~ wärmstens empfehlen
chaudière *f* (Heiz)kessel *m* ~ *à gaz* Gasdurchlauferhitzer *m*
chaudron *m* Wasserkessel *m*
chauffage *m* Heizung *f* ~ *central* Zentralheizung (ZH) *f*
chauffagiste *m* Heizungsmonteur *m*
chauffard *m* (fam) Verkehrssünder *m*
chauffe-eau *m* Warmwasserboiler *m*
chauffer warm werden; sich heiß/warm=laufen; *(fam) ça va* ~ *!* es gibt gleich Krach ◆ heizen; *(fig)* ~ *un public* ein Publikum an=heizen/auf=stacheln ◆ *faire* ~ wärmen, kochen ◆ 1 *se* ~ *au bois* mit Holz heizen; *(fig) montrer de quel bois on se chauffe* zeigen aus welchem Holz man geschnitzt ist 2 *se* ~ *au soleil* sich in der Sonne wärmen
chaufferie *f* Heizraum *m*
chauffeur *m* FahrerIn *mf*
chaume *m* : *toit de* ~ Strohdach *n*, Reeddach *n*
chaumière *f* Hütte *f*
chaussée *f* Fahrdamm *m*, Fahrbahn *f*
chausse-pied *m* Schuhanzieher *m*

chausser : ~ *du 39* Schuhgröße 39 haben

chaussette f Socke f; Kniestrumpf m

chausson m 1 Hausschuh m ◆ *de danse* Ballettschuh m; *tricoter des ~s* Füßlinge pl stricken 2 ~ *aux pommes* Apfeltasche f

chaussure f Schuh m; *(fig) il a trouvé ~ à son pied* er hat die Richtige gefunden; die beiden sind wie Strumpf und Latsch m

chauve kahl(köpfig)

chauve-souris f Fledermaus f

chauvin chauvinistisch

chaux f Kalk m ◆ *vive* ungelöschter Kalk

chavirer *(mar)* kentern; *(fig)* zusammen=brechen ◆ *être complètement chaviré* völlig aufgewühlt sein

check-up [tʃɛkœp] m (umfangreiche) medizinische (Vorsorge)untersuchung f

chef m 1 Chef m ◆ *d'entreprise* Betriebsleiter m; *~ d'équipe* Vorarbeiter m; *~ de famille* Familienoberhaupt n; *~ de gare* Bahnhofsvorsteher m; *~ d'orchestre* Dirigent m; *~ de service* Abteilungsleiter m; *~ de tribu* (Stammes)häuptling m; *~ cuisinier* Küchenchef m, Chefkoch m; *~ scout* Gruppenführer m; *~ rédacteur en* Chefredakteur m; *(mil) ~ de bataillon* Bataillonskommandeur m; *(fam) tu es un ~ !* du bist ein As! n; *se débrouiller comme un ~* etw gekonnt bringen 2 *(jur) ~ d'accusation* Hauptanklagepunkt m 3 *de son propre ~* von sich aus, aus freien Stücken

chef-d'œuvre m Meisterwerk n ; *(artisanat)* Meisterstück n

chef-lieu m : *~ de canton* Bezirkshauptstadt f

chemin m 1 Weg m; Pfad m ◆ *de terre* Trampelpfad m, Landweg m; *~ de ronde* Rundgang m 2 *demander son ~* nach dem Weg fragen; *(fig) en ~* auf dem Weg, unterwegs; *passer son ~* seines Weges gehen; *rebrousser ~* um=kehren, kehrt=ma=chen; *(fig) ne pas aller par quatre ~s* nicht viele Umstände machen/viel Federlesen machen; *(fam) se mettre en travers du ~ de qqn* jm in die Quere kommen; *ne pas en prendre le ~* eine andere Richtung ein=schlagen 3 *~ de table* Tischläufer m 4 *(tech) ~ de roulement* Kranbahn f

chemin(s) de fer m(pl) (Eisen)bahn f

cheminée f 1 Schornstein m; *(usine)* Schlot m 2 Kamin m 3 *~ d'aération* Luftschacht m 4 *(volcan)* Eruptionskanal m

cheminer voran=kommen; dahin=gehen

cheminot m Eisenbahner m

chemise f 1 Hemd n *en bras de ~* in Hemdsärmeln mpl 2 Aktendeckel m 3 *(tech)* Verkleidung f

chemisier m (Hemd)bluse f

chenal m **-aux** Fahrrinne f

chenapan m Strolch m, Strauchdieb m

chêne m Eiche f

chenet m Feuerbock m

chenil m Hundezwinger m

chenille f 1 Raupe f 2 *(tank)* Ketten pl

cheptel m Viehbestand m

chèque m Scheck m *~ en blanc* Blankoscheck m; *~ sans provision* ungedeckter Scheck

chéquier m Scheckheft n

cher, chère 1 *un ~* ein geliebtes Wesen; *cette idée m'est chère* diese Idee bedeutet mir viel 2 *~s amis* liebe Freunde; *oui mon ~ !* ja mein Lieber! 3 teuer *pas ~* nicht teuer, billig ◆ *(fig) il ne vaut pas ~* er taugt nicht viel

chercher 1 suchen; *(fig) ~ ses mots* nach Worten suchen 2 *~ à faire qch* etw zu tun versuchen 3 *~ querelle à qqn* mit jm Streit an=fangen; *(fam) ~ qqn* jn an=machen ◆ 1 *aller ~ qqn à la gare* jn vom Bahnhof ab=holen; *aller ~ qch* etw holen 2 *que vas-tu ~ là ?* wie kommst du denn darauf?

chercheur m **-euse** f *à tête chercheuse* mit Zielvorrichtung f ◆ m f 1 ForscherIn m f 2 *~ d'or* Goldsucher m

chère f : *aimer la bonne ~* gern gut essen und trinken

chéri : *mon enfant ~* mein liebes / geliebtes Kind ◆ m **-e** f Liebling m

chérir zärtlich / innig lieben

chérubin m Cherub m; *(fig)* niedliches Kind n

chétif, -ive schwächlich; *(fig)* kärglich

cheval m **-aux** 1 Pferd n *faire du ~* reiten; *à ~ sur qch* rittlings auf etw (D); *(fig) remède de ~* Roßkur f; *être à ~ sur les principes* in Prinzipienreiter m sein; *monter sur ses grands chevaux* sich aufs hohe Roß setzen 2 *(viande)* Pferdefleisch n ; *(fig) il a mangé du ~ !* er ist ein Energiebündel! 3 *(jouet) ~ de bois* Schaukelpferd n; *chevaux de bois* Karussell n; *(jeu) petits chevaux* Mensch ärgere dich nicht 4 *(auto) un moteur de 75 chevaux* ein Motor mit 75 Pferdestärken (PS)

chevaleresque ritterlich

chevalet m Bock m, Gestell n

chevalier m Ritter m ; *(fig) ~ servant* (hingebungsvoller) Verehrer m

chevalière f Siegelring m

chevauchée f Ritt m

chevaucher : *~ un cheval* ein Pferd reiten ◆ aus=reiten ◆ *se ~* sich überschneiden

chevelure f Haare npl, Haarwuchs m ◆ *épaisse* Mähne f

chevet m : *table de ~* Nachttisch m ; *être au ~ de qqn* an js Bett n wachen

cheveu m **-x** 1 Haar n; *(fig)*; *couper les ~x en quatre* Haarspalterei f betreiben; *il*

s'en est fallu d'un ~ um ein Haar *(subj)* **argument tiré par les ~x** ein weit hergeholtes Argument **2 ~x d'ange** Lametta *n*
cheville *f* **1** Köchel *m*; *(fig)* **ne pas arriver à la ~ de qqn** jm nicht das Wasser reichen können; *(fam)* **ça va les ~s?** na, nun blas dich mal nicht so auf! **2** *(tech)* Zapfen *m*, Bolzen *m*; *(fig)* **la ~ ouvrière** die Haupttriebfeder, der Hauptförderer; **être en ~ avec qqn** sich mit jm gut=stehen **3** *(mus)* Wirbel *m*
cheviller verzapfen, dübeln
chèvre *f* Ziege *f*, Geiß *f*; *(fig)* **ménager la ~ et le chou** es mit keinem verderben wollen, es allen recht machen wollen
chevreau *m* **-x** Zicklein *n*, Geißlein *n*
chèvrefeuille *m* Geißblatt *n*
chevron *m* **1** (Dach)sparren *m* **2 à ~s** mit Zickzackmuster *n*
chevronné erfahren
chevroter meckern; *(personne)* mit zitternder Stimme sprechen
chevrotine *f* grober Schrot *m*
chewing-gum *m* Kaugummi *m/n*
chez 1 aller ~ qqn zu jm gehen; **rentrer ~ soi** nach Hause gehen **2 habiter ~ qqn** bei jm wohnen; **être bien ~ soi** sich zu Hause wohl=fühlen
chez-soi / chez-moi / chez-toi *m* Zuhause *n*, Heim *n*
chialer *(fam)* flennen, heulen
chiant *(fam)* stinklangweilig, nervend
chic 1 schick **2** *(fam)* **t'es ~!** du bist prima! ◆ **~!** Klasse! toll! ◆ *m* Schick *m*, Eleganz *f*; *(fig)* **avoir le ~ pour faire qch** eine besondere Begabung/das Talent haben, etw zu tun
chicane de *f* **1** Hindernis *n* **2** Schikane *f* **esprit de ~** Streitgeist *m*
chicaner herum=nörgeln, herum=streiten ◆ **~ qqn sur qch** jn wegen etw schikanieren
chiche 1 sparsam, *(fam)* knausrig **2 pois ~** Kichererbse *f* ◆ *(fam)* **~!** wetten, daß!
chichement sparsam, dürftig, bescheiden
chichis *mpl*: **faire des ~s** viel Getue *f*/Umstände *pl* machen
chicorée *f* **1 ~ frisée** Endivie *f* **2 boire de la ~** Zichorie *f* trinken
chien *m* Hund *m* **1** *(fig)* **temps de ~** Hundewetter *n*; **avoir un mal de ~** wahnsinnige Mühe *f* haben; **entre ~ et loup** in der Abenddämmerung *f* **2 avoir du ~** das gewisse Etwas haben **3** *(fusil)* Hahn *m*, Abzug *m*; *(fig)* **en ~ de fusil** mit angezogenen Beinen **4** *(fig)* **se regarder en ~s de faïence** sich (böse) an=starren **5** *(fam)* **la rubrique des ~s écrasés** die Rubrik: «was sonst noch geschah» **6 nom d'un ~!** verdammt!

chien-assis *m* Dachfenster *n*
chiendent *m* Quecke *f*
chienlit *f* totales Durcheinander *n*
chiffon *m* **1** Lappen *m* **2 être en ~** zerknüllt sein **3** *(fam)* **parler ~s** über Klamotten *fpl* reden
chiffonner 1 zerknüllen **2** *(fam)* **ça me chiffonne** das geht mir gegen den Strich ◆ **se ~** knittern, knüllen ◆ *(fig)* **visage chiffonné** knittriges/faltiges Gesicht
chiffonnier *m* **-ère** *f* LumpensammlerIn *m f*; *(fig)* **se battre comme des ~s** aufeinander ein=dreschen/los=schlagen
chiffre *m* **1** Ziffer *f*, Zahl *f* **~ rond** runde Zahl; **~ romain** lateinische Ziffer; *(comm)* **~ d'affaires** Umsatz *m*; **faire du ~** viel/gut verkaufen **2** Monogramm *n*
chiffrer ~ une dépense eine Ausgabe veranschlagen ◆ *(fam)* **commencer à ~** teuer werden; teuer zu stehen kommen ◆ **1 se ~ à** sich belaufen auf (A), betragen **2 les morts se chiffrent par milliers** die Toten gehen in die Tausende ◆ **message chiffré** chiffrierte Nachricht
chignon *m* Haarknoten *m*
chimère *f* **1** *(fig)* Trugbild *n*, Hirngespinst *n* **2** (S)chimäre *f*
chimérique 1 un projet ~ ein Hirngespinst *n* **2 un esprit ~** ein versponnener Geist
chimie *f* Chemie *f*
chimique chemisch **industrie ~** Chemieindustrie *f*; **produits ~s** Chemikalien *fpl*
chimiste *m f* ChemikerIn *m f*
chimpanzé *m* Schimpanse *m*
chinoiser *(fam)* Haarspalterei betreiben
chiot *m* Welpe *m*
chipie *f* (kleines) Biest *n*/Luder *n*; *(péj)* zänkisches Weib *n*
chipoter nörgeln, herum=meckern ◆ **se ~** sich (wegen Kleinigkeiten) streiten
chiqué *m*: *(fam)* **faire du ~** dick auf=tragen; **c'est du ~!** das ist nur Mache *f*/Schwindel! *m*
chiquenaude *f* Schnipser *m*
chiquer 1 Tabak kauen, priemen **2** *(fam)* **y a pas à ~** da ist nichts zu wollen
chiromancie [kiromɑ̃si] *f* Handliniendeutung *f*
chiropracteur *m* Chiropraktiker *m*
chirurgical, -aux chirurgisch **intervention ~e** Operation *f*
chirurgien *m* Chirurg *m*
chlorate *m* Chlorat *n*
chlore *m* Chlor *n*
chlorhydrique: **acide ~** Salzsäure *f*
chloroforme *m* Chloroform *n*
chlorophylle *f* Chlorophyll *n*, Blattgrün *n*
chlorure *m* Chlorid *n*
choc *m* Aufprall *m*, (Zusammen)stoß *m*

chochotte

1 ~ *affectif* Gefühlsschock *m*; *(méd)* *être en état de* ~ unter Schock *m* stehen **2** *(mil)* *troupes de* ~ Stoßtrupps *mpl*; *(fig)* *patron de* ~ ein durchgreifender Chef; *traitement de* ~ Schocktherapie *f*

chochotte maniert, prätentiös ◆ *f* Kokotte *f*

chocolat *m* Schokolade *f*; ~ *noir* bittere Schokolade; ~ *au lait* Vollmilchschokolade *f*

chœur [kœr] *m* **1** *(église)* Chor *m* *enfant de* ~ Ministrant *m*; *(fam)* *ce n'est pas un enfant de* ~ er ist kein Unschuldsengel *m*/Unschuldsknabe *m* **2** *(mus)* Chor

choir fallen *laisser* ~ im Stich lassen

choisir **1** (aus=)wählen **2** ~ *de faire qch* sich für etw (A) entscheiden

choix *m* **1** Wahl *f* *faire le bon* ~ eine gute Wahl treffen **2** *il y a beaucoup de* ~ die Auswahl ist groß; *au* ~ zur Auswahl **3** *de* ~ ausgewählt, ausgesucht

cholestérol [kɔlesterɔl] *m* Cholesterin *n*

chômage *m* Arbeitslosigkeit *f* *être au* ~ arbeitslos sein

chômé: *un jour* ~ ein arbeitsfreier Tag

chômeur *m* **-euse** *f* Arbeitslose/r

chope *f* (Bier)seidel *m*

choquant anstößig, schockierend

choquer **1** ~ *qqn* bei jm Anstoß erregen, jn schockieren **2** ~ *les verres* an=stoßen

chorale [kɔral] *f* Chor *m*

chorégraphie [kɔregrafi] *f* **1** Tanzkunst *f*, Ballettkunst *f* **2** Choreographie *f*

choriste [kɔrist] *m f* ChorsängerIn *m f*

chorus [kɔr-] *m* **1** *faire* ~ bei=pflichten, voll zu=stimmen **2** *(mus)* Chorus *m*

chose *f* Sache *f*, Ding *n*; *(fig)* *une incroyable* eine unglaubliche Angelegenheit; *chaque* ~ *en son temps* alles zu seiner Zeit; *de deux* ~*s l'une* entweder oder; *par la force des* ~*s* den Umständen *mpl* entsprechend; *c'est la même* ~ das ist das Gleiche; *voir les* ~*s en face* den Tatsachen *fpl* ins Auge sehen

chou *m* **-x** *f* Kohl *m*, Kraut *n* ~ *rouge* Rotkraut *n*; ~ *de Bruxelles* Rosenkohl *m*; *(fam)* *bête comme* ~ kinderleicht; *feuille de* ~ Käseblatt *n*, Wurstblatt *n*; *oreilles en feuilles de* ~ Segelohren *npl*; *bout de* ~ Schätzchen *n*, Schnuckelchen *n*; *faire* ~ *blanc* daneben=gehen, in die Hose gehen **2** ~ *à la crème* Windbeutel *m* **3** *(fam)* *mon* ~ *!* mein Schatz! *m*

choucas *m* Dohle *f*

chouchou, -te *(fam)* *c'est son* ~ das ist sein Liebling *m*/Lieblingsschüler *m*

chouchouter *(fam)* verhätscheln, verwöhnen

choucroute *f* Sauerkraut *n*

chouette *(fam)* nett, toll

chouette *f* Eule *f*

chou-fleur *m* Blumenkohl *m*

choyer verhätscheln, verwöhnen

chrétien, -ne christlich ◆ *m f* ChristIn *m f*

chrétien-démocrate christdemokratisch

chrétienté *f* Christentum *n*

Christ *m* Christus *m*

christianiser christianisieren, zum Christentum bekehren

christianisme *m* Christentum *n*

chrome *m* **1** Chrom *m* **2** ~*s de voiture* Chromteile *npl* des Autos

chromosome *m* Chromosom *n*

chronicité *f* chronischer Verlauf *m*

chronique chronisch

chronique *f* **1** ~ *politique* politischer Teil *m* **2** *défrayer la* ~ Anlaß zu Gerede *n* geben **3** Chronik *f*

chroniqueur *m* **-euse** *f* ChronistIn *m f*

chronologique chronologisch *ordre* ~ zeitliche Reihenfolge

chronomètre *m* Chronometer *n*, Zeitmesser *m*; *(sp)* Stoppuhr *f*

chronométrer Zeit nehmen; *(sp)* stoppen

chrysalide *f* Puppe *f*

C.H.U. *m* = *centre hospitalo-universitaire* Universitätsklinik *f*

chuchotement *m* Geflüster *n*, Getuschel *n*

chuchoter flüstern, tuscheln

chuintante *f* Zischlaut *m*

chuintement *m* Zischen *n*, Pfeifen *n*

chut ! pst ! still !

chute *f* **1** Fall *m* ~ *des cheveux* Haarausfall *m*; ~ *de pierres* Steinschlag *m*; ~ *d'eau* Wasserfall *m* **2** Sturz *m*; *faire une* ~ stürzen; *en* ~ *libre* im freien Fall *m*; *(fig)* *avoir un point de* ~ einen Unterschlupf *m* haben; *(éco)* ~ *des cours* Kurssturz *m* **3** ~ *des reins* Kreuz *n* **4** ~ *de tissu* Stoffrest *m* **5** ~ *d'une histoire* Pointe *f* einer Geschichte

chuter fallen

cible *f* Zielscheibe *f*; *(fig)* *langue* ~ Zielsprache *f*

cibler : ~ *une clientèle* eine Zielgruppe an=sprechen; einen Kundenkreis an=visieren/ins Auge fassen

ciboire *m* Ziborium *n*

ciboulette *f* Schnittlauch *m*

cicatrice *f* Narbe *f*; *(fig)* Spur *f*

cicatrisant : *pommade* ~*e* narbenbildende/die Narbenbildung fördernde Salbe

cicatriser (se) : ~ *très vite* sehr schnell zu=heilen/vernarben ◆ ~ *une plaie* eine Wunde heilen; *(fig)* ~ *une douleur* einen Schmerz besänftigen/vergessen lassen

ci-contre nebenstehend

ci-dessous unten, untenstehend

ci-dessus oben, obenstehend
cidre m Apfelwein m
Cie Co → **compagnie**
ciel m **-eux** Himmel m *bleu ~* himmelblau; *(fig) à ~ ouvert* im Tagebau m, über Tage; *remuer ~ et terre* Himmel und Hölle in Bewegung setzen ◆ *~ !* du lieber Himmel! f du liebe Güte! f
cierge m Kerze f
cigale f Zikade f, Grille f
cigare m Zigarre f
cigarette f Zigarette f
ci-gît hier ruht
cigogne f Storch m
ciguë f Schierling m
ci-joint beiliegend, anbei
cil m Wimper f
cime f *(montagne)* Gipfel m *ivresse des ~s* Höhenrausch m; *(arbre)* Wipfel m
ciment m Zement m
cimenter (ver)kitten, zementieren; *(fig)* besiegeln
cimetière m Friedhof m
cinéaste m FilmemacherIn m f, FilmkünstlerIn m f, CineastIn m f
ciné-club [-klœb] m Filmklub m
cinéma 1 *aller au ~* ins Kino m gehen **2** *le ~ français* der französische Film m, die französische Filmkunst **3** *(fam fig) faire du ~* Theater n machen
cinémascope m : *film en ~* Breitwandfilm m
cinématographique Film-
cinéphile m f Filmfreund m, Filmliebhaber m f; *(fam)* Filmfan m
cinétique kinetisch
cinglant *(fig) une réponse ~e* eine schroffe Antwort
cinglé *(fam)* plemplem, bekloppt, bescheuert, übergeschnappt
cingler peitschen ◆ *(mar) ~ vers l'Ouest* Westen an=steuern, Kurs auf Westen nehmen
cinq 1 fünf; *(fig) il était moins ~* um ein Haar **2** *(radio) je te reçois ~ sur ~* Roger! *(fig/fam)* alles klar!, kapiert!
cinquantaine f **1** *une ~ de personnes* etwa fünfzig Personen, an/um die fünfzig Personen **2** *avoir la ~* an die Fünfzig sein
cinquante fünfzig
cintre m **1** Bügel m **2** *(archi) voûte en plein ~* Rundbogen m
cintrer *(vêtement)* taillieren; *(tech)* biegen
cirage m **1** Schuhcreme f; *(fam) être dans le ~* im Tran m sein **2** Wichsen n
circoncire beschneiden
circonférence f Umfang m
circonflexe : *accent ~* Zirkumflex m
circonlocution f: *par ~s* in Umschreibungen fpl
circonscription f (Verwaltungs)bezirk m, Kreis m

circonscrire 1 ab=grenzen; *(fig) ~ son sujet* sein Thema begrenzen; *~ un incendie* einen Brand ein=dämmen **2** *(math)* umschreiben (mit)
circonspect vorsichtig, zurückhaltend
circonstance f Gelegenheit f, Umstand m *dans les ~s actuelles* unter den gegenwärtigen Umständen mpl; *un discours de ~* eine dem Anlaß m entsprechende Rede; *(jur) ~s atténuantes* mildernde Umstände
circonstancié : *un rapport ~* ein ausführlicher/eingehender Bericht
circonstanciel, -le : *(gram) complément ~* Umstandsbestimmung f
circonvolutions fpl (Um)drehungen fpl; *(méd) ~s intestinales* Darmwindungen pl
circuit m **1** Rundfahrt f; *(fig) être hors ~* ausgeschaltet sein **2** *(tech)* Leitung f *~ électrique* Stromkreis m, *(fam)* Leitung f **3** *(comm) ~ de distribution* Vertriebsweg m **4** *(sport) ~ automobile* Rennstrecke f
circulaire Kreis-, rund
circulaire f Rundschreiben n
circulation f **1** Verkehr m *route à grande ~* Hauptverkehrsstraße f **2** *~ du sang* Blutkreislauf m, Blutzirkulation f **3** *~ des capitaux* Kapitalbewegung f; *mettre qch en ~* etw in Umlauf m bringen/setzen
circulatoire : *troubles ~s* Blutkreislaufbeschwerden fpl
circuler 1 *mal ~* schlecht fahren; *circulez!* weiter=fahren/gehen! *(fam) beaucoup ~* viel herum=kommen **2** *(sang)* zirkulieren, kreisen **3** *(capitaux)* um=laufen, in Umlauf m sein **4** *(information)* sich verbreiten ◆ *faire ~ une information* eine Nachricht in Umlauf setzen/bringen
cire f **1** Wachs n **2** *~ à cacheter* Siegellack m
ciré : *toile ~e* Wachstuch n
ciré m Regenmantel m
cirer polieren, bohnern ~ *ses chaussures* seine Schuhe putzen
cireux, -euse wächsern
cirque m **1** Zirkus m *(fig/fam) quel ~ !* was für ein Durcheinander! n **2** *(géo)* (Tal)kessel m **3** *~ romain* Arena f
cirrhose f (Leber)zirrhose f
cisaille(s) f(pl) (Blech)schere f
cisailler (zer)schneiden
ciseau m **-x 1** *paire de ~x* Schere f; *(sport)* Scherensprung m **2** *(tech)* Meißel m
ciseler ziselieren
cistercien, -ne zistzerziensisch
citadelle f Zitadelle f, Hochburg f, Festung f
citadin städtisch ◆ m **-e** f StädterIn m f
citation f **1** Zitat n **2** *(jur)* Vorladung f **3** *(mil)* ehrenvolle Erwähnung f
cité f **1** Siedlung f ; *(fig) ne pas avoir droit*

de ~ verboten/untersagt sein **2** ~ *universitaire* Studentenwohnheim *n*

cité-dortoir *f* Schlafstadt *f*

citer 1 ~ *un auteur* einen Autoren zitieren **2** nennen, erwähnen ~ *qch en exemple* etw als Beispiel an=führen/nehmen; ~ *qqn en exemple* jn zum Vorbild ernennen **3** *(jur)* ~ *un témoin* einen Zeugen vor=laden **4** *(mil)* aus=zeichnen

citerne *f* Zisterne *f*, Tank *m*

cithare *f* Zither *f*

citoyen m -ne *f* (Staats)bürgerIn *m*

citron *m* Zitrone *f*; ~ *vert* Limone *f*

citrouille *f* Kürbis *m*

civet *m*: ~ *de lièvre* Hasenpfeffer *m*

civière *f* Tragbahre *f*

civil 1 *année* ~*e* Kalenderjahr *n*; *état* ~ Personenstand *m*; *mariage* ~ standesamtliche Trauung *f*; *responsabilité* ~*e* Haftpflicht *f* **2** *guerre* ~ Bürgerkrieg *m*; **3** *(jur) code* ~ Bürgerliches Gesetzbuch *n*; *partie* ~ (Privat)kläger *m* **4** *(pol) société* ~*e* nicht parteigebundene Persönlichkeit(en) **5** *un homme fort* ~ ein sehr höflicher/zivilisierter Mann

civil *m* **1** Zivilist *m* **en** ~ in Zivil *n* **2** *dans le* ~ im Zivilleben *n*

civilisation *f* Zivilisation *f*; Kultur *f*

civilisé zivilisiert; *(fig)* verfeinert, gesittet

civilité *f* Anstand *m*, Höflichkeit *f*

civique 1 *droits* ~*s* bürgerliche Ehrenrechte; *éducation* ~ staatsbürgerliche Erziehung *f*; *(ens)* Gemeinschaftskunde *f* **2** *sens* ~ Bürgersinn *m*

clac! klapp!

clafoutis *m* Kirschkuchen *m*

claie *f* (Obst)horde *f*; Weidengeflecht *n*

clair 1 hell; *(temps)* heiter, klar; *(voix)* hell, klar **2** klar, einleuchtend, offensichtlich: *la chose est* ~*e* die Sache ist klar/ liegt auf der Hand ◆ **1** *bleu* ~ hellblau **2** *parler* ~ offen reden *(fig) y voir* ~ klar sehen **3** *il fait* ~ es ist hell(er Tag)

clair *m* **1** ~ *de lune* Mondschein *m* **2** *tirer au* ~ klar=stellen, klar machen **3** *transcrire en* ~ entschlüsseln, in Klartext *m* bringen **4** *le plus* ~ *du temps* der größte Teil der Zeit

clairement deutlich

claire-voie *f*: *à* ~ mit Zwischenräumen *mpl* durchbrochen

clairière *f* Lichtung *f*

clair-obscur *m* Helldunkel *n*

clairon *m* **1** Horn *n* **2** Hornist *m*

claironnant schmetternd

claironner: *(fig)* ~ *qch sur tous les toits* etw überall aus=posaunen

clairsemé spärlich

clairvoyance *f* Einblick *m*, Scharfblick *m*

clairvoyant weitblickend, klarsehend

clamer *(fig)* (lauthals) beteuern

clameur *f* Geschrei *n*, Lärm *m*, Gejohle *n*

clan *m* Sippe *f*, Stamm *m*; *(fam/péj)* Clique *f*, Klüngel *m*, Sippschaft

clandestin geheim; unerlaubt *passager* ~ *(fig)* blinder Passagier; *travail* ~ Arbeit ohne offizielle Arbeitserlaubnis ◆ *m* illegal Eingewanderte/r

clandestinité *f* Illegalität *f*, Untergrund *m*

clapet *m* Klappe *f*, Klappenventil *n*

clapier *m* Kaninchenstall *m*

clapoter 1 plätschern **2** *(fam)* ab=kratzen

claque *f* **1** Ohrfeige *f*, *(fam)* Klaps *m tête à* ~*s* Backpfeifengesicht *n* **2** Claque *f* **3** *(fam) en avoir sa* ~ die Nase voll haben

claquer 1 zu=knallen **2** *se* ~ *un muscle* sich (D) einen Muskel zerren **3** *(fam)* ~ *son fric* sein Geld verjubeln ◆ *le volet claque* der Fensterladen schlägt zu; ~ *au vent* im Wind flattern; ~ *des dents* mit den Zähnen klappern/schlagen ◆ *faire* ~ *son fouet* mit der Peitsche knallen ◆ *(fam) être claqué* fix und fertig/völlig alle sein

claquettes *fpl*: *faire des* ~ steppen

clarifier 1 klären **2** klar=stellen

clarinette *f* Klarinette *f*

clarté *f* **1** Helle *f*, Helligkeit *f* **2** Klarheit *f*, Verständlichkeit *f*

classe *f* **1** Schicht *f* ~*s moyennes* Mittelschicht *f*, Mittelstand *m*; *lutte des* ~ Klassenkampf *m* **2** *(ens)* Klasse *f aller en* ~ in die Schule gehen **3** *voyager en première* ~ erster Klasse fahren **4** ~ *d'âges* Jahrgang *m*; ~ *des mammifères* Klasse/ Gruppe *f* der Säugetiere **5** *athlète de* ~ *internationale* Athlet von internationalem Rang *m* ; *(fam) avoir de la* ~ Format *n* haben; *être très* ~ sehr vornehm sein **6** *(mil) faire ses* ~*s* seinen Grundwehrdienst *m* ab=leisten

classement *m* **1** Einteilung *f* ~ *de livres* Sortieren *n* von Büchern **2** *avoir un bon* ~ einen guten Rang/eine gute Wertung haben

classer 1 ein=ordnen, sortieren, ein=teilen; *(fig)* ~ *une affaire* eine Angelegenheit ab=schließen; *(péj)* ~ *qqn* jn durchschauen **2** ~ *un monument* ein Gebäude unter Denkmalschutz stellen ◆ *se* ~ *dans les 10 premiers* zu den ersten 10 gehören

classeur *m* (Schnell)hefter *m*, Aktenordner *m*

classicisme *m* Klassizismus *m*, Klassik *f*

classification *f* Klassifikation *f*, Einteilung *f*, Unterteilung *f*

classique 1 klassisch **2** *une robe très* ~ ein sehr herkömmliches Kleid **3** *(fam) c'est le coup* ~! das ist der übliche Dreh!

claudiquer hinken

clause *f* Klausel *f*, Vereinbarung *f* ~ *de style* Formel *f*

claustrer (se) sich (ganz) zurück=ziehen, sich verschließen

claustrophobe : *être* ~ unter Platzangst *f* leiden
clavecin *m* Cembalo *n*
clavicule *f* Schlüsselbein *n*
clavier *m* **1** Tastatur *f*; *(piano)* Klaviatur *f* **2** *les* ~*s* Tasteninstrumente *npl*
clé/clef *f* **1** Schlüssel *m* ~ *en main* schlüsselfertig ; *fermer à* ~ zu=schließen, verschließen, ab=schließen ; *mettre qch sous* ~ etw ein=schließen/weg=schließen ; *(fig) mettre la* ~ *sous la porte* sang- und klanglos verschwinden ; *prendre la* ~ *des champs* das Weite suchen, sich aus dem Staub machen **2** ~ *d'un mystère* m/Aufschluß *m* eines Wunders; ~ *de la réussite* Schlüssel zum Erfolg ; *il y a de l'argent à la* ~ da steht Geld in Aussicht **3** *(tech)* ~ *anglaise* Universalschlüssel *m*, Engländer *m* **4** *(archi)* ~ *de voûte* Schlußstein *m* ; *(fig)* Eckpfeiler *m*
clémence *f* Milde *f*, Großmut *f*, Gnade *f*
clément 1 großmütig, gnädig **2** *temps* ~ mildes Wetter
clémentine *f* Klementine *f*
clenche *f* Klinke *f*
cleptomane *m* Kleptomane *m*
clergé *m* Klerus *m*
clérical, -aux 1 geistlich, klerikal **2** *idées* ~*es* kirchenfreundliche Ideen
clic ! klatsch! klapp ! ◆ *m* Klicken *n*
cliché *m* **1** *(photo)* Negativ *n* **2** Gemeinplatz *m*, Klischee *n*
client, -e Kunde *m*, Kundin *f*, Klient *m* ; *(restaurant)* Gast ; *(prostitution)* Freier *m*
clientèle *f* Kundschaft *f* ; Gäste *mpl* ; *(médecin)* Patientenkreis *m*
cligner : ~ *des yeux* mit den Augen blinzeln/zwinkern
clignotant *m* Blinklicht *n* Blinker *m*
clignoter blinken
climat *m* Klima *n*
climatique 1 klimatisch **2** *station* ~ Luftkurort *m*
climatisation *f* Klimaanlage *f*
clin *m* : *faire un* ~ *d'œil* zu=zwinkern (D) ; *(fig) en un* ~ *d'œil* im Nu
clinique klinisch
clinique *f* **1** (Privat)klinik *f* **2** *chef de* ~ Stationsarzt *m*
clinquant : *bijoux* ~*s* glitzernder Schmuck ◆ *m* Flitterkram *m*, Talmi *n*, Tand *m* ; *(fig)* falscher Glanz *m*
cliquer *(info)* (auf die Maus) drücken
cliques *fpl* : *prendre ses* ~ *et ses claques* mit Sack *m* und Pack *m* ab=hauen/türmen
cliqueter klappern
cliquetis *m* : ~ *des épées* Säbelrasseln *n*
clitoris *m* Kitzler *m*
clivage *m* **1** *(fig)* ~*s sociaux* soziale Spaltung *f* **2** *plan de* ~ Spaltfläche *f*

cloaque *m* Kloake *f*; *(fig)* Pfuhl *m*
clochard, -e Penner *m*, Pennbruder *m*, HerumtreiberIn *m f*, LandstreicherIn *m f*
clochardisation *f* totaler sozialer Abstieg *m*
cloche *f* **1** Glocke *f*; *(fam) sonner les* ~*s à qqn* jm den Marsch blasen, jn ab=kanzeln/herunter=putzen **2** ~ *à fromage* Käseglocke *f* **3** *(fam) se taper la* ~ sich (D) den Bauch voll=schlagen **4** *(fam) quelle* ~ *!* so ein Tolpatsch *m*/Dussel *m*, so eine Flasche !
cloche-pied (à) : *sauter à* ~ auf einem Bein hüpfen
clocher *m* Glockenturm *m*, Kirchturm *m* ; *(fig) querelle de* ~ lokale Streitigkeiten *fpl*
cloison *f* Scheidewand *f*, Zwischenwand *f* ; *(mar)* ~ *étanche* Schott *n* ; *(fig)* Abgrenzung *f*
cloisonné : *(fig) un système* ~ ein abgegrenztes System
cloisonner durch Scheidewände trennen/teilen
cloître *m* Kloster *n*
cloîtrer in ein Kloster sperren/stecken ; *(fig)* ein=sperren ◆ *se* ~ *dans le silence* sich in die Stille zurück=ziehen
clonage *m* *(bio)* Klonbildung *f*
clopin-clopant humpelnd, hinkend
cloporte *m* Kellerassel *f*
cloque *f* Blase *f*
clore 1 ein=zäunen, ein=frieden **2** ~ *une discussion* eine Diskussion beenden
clos 1 *trouver porte* ~*e* vor verschlossener Tür stehen ; *(fig) maison* ~*e* Freudenhaus *n* ; *vivre en vase* ~ völlig abgeschlossen leben ; *(jur) à huis* ~ unter Ausschluß *m* der Öffentlichkeit **2** *l'incident est* ~ der Vorfall ist erledigt
clos Weingut *n*, Obstplantage *f*
clôture *f* **1** Zaun *m*, Einfriedung *f* **2** *séance de* ~ Schlußsitzung *f*
clou *m* **1** Nagel *m*. ; *(fig) enfoncer le* ~ nach=stoßen ; *(fam) maigre comme un* ~ spindeldürr/klapperdürr ; *ne pas valoir un* ~ keinen Pfifferling/roten Heller wert sein ; *des* ~*s !* denkste ! **2** *le* ~ *de la soirée* der Höhepunkt/der Clou des Abends **3** *traverser dans les* ~*s* auf dem Zebrastreifen *m* hinüber=gehen
clouer zu=nageln, vernageln ; *(fig)* ~ *au lit* ans Bett fesseln ; *(fam)* ~ *le bec à qqn* jm den Mund/das Maul stopfen
clouté genagelt *passage* ~ Zebrastreifen *m*
clown [klun] *m* Clown [klaun] *m faire le* ~ den Hanswurst *m* spielen
club [klœb] *m* **1** Klub *m*, Kreis *m* ~ *sportif* Sportverein *m* **2** *(golf)* Schläger *m*
coaguler gerinnen
coaliser (se) sich verbünden
coalition *f* Bündnis *n*, Koalition *f*

coasser quaken
coauteur *m* Mitautor *m*
cobalt *m* Kobalt *n*
cobaye [kɔbaj] *m* Meerschweinchen *n*; *(fig)* Versuchskaninchen *n* dienen
coca *m* Cola *m*
cocagne *f* **1** *mât de* ~ Kletterbaum *m* **2** *pays de* ~ Schlaraffenland *n*
cocaïne *f* Kokain *n*
cocarde *f* Kokarde *f*, Abzeichen *n*
cocardier, -ière hurrapatriotisch
cocasse drollig, ulkig, spaßig
coccinelle *f* Marienkäfer *m*; *(fam)* (VW)-Käfer *m*
coccyx [kɔksis] *m* Steißbein *n*
coche *m* : *(fig/fam) j'ai raté le* ~ der Zug ist abgefahren
cochenille *f* Schildlaus *f*
cocher an=kreuzen, ab=haken
cocher *m* Kutscher *m*
cochère : *porte* ~ (Hof)einfahrt *f*
cochon *m* **1** Schwein *n* – *de lait* Spanferkel *n*; *(fig/fam)* Dreckschwein *n*; *tour de* ~ übler Streich *m* **2** ~ *d'Inde* Meerschweinchen *n* ♦ *film* ~ schweinischer Film
cochonaille *f* Wurstwaren *fpl*
cochonnet *m* Zielkugel *f*
cocker [kɔkɛr] *m* Cockerspaniel *m*
coco *m* **1** *noix de* ~ Kokosnuß *f* **2** weiße Bohne *f*
cocon *m* Puppe *f*, Verpuppung *f*, Kokon *m*; *(fig) vivre dans un* ~ völlig abgeschirmt leben
cocorico! Kikeriki!
cocotier *m* Kokospalme *f*; *(fig/fam) secouer le* ~ bißchen Dampf machen
cocotte *f* **1** Schmortopf *m* **2** ~ *en papier* aus Papier gefalteter Vogel *m* **3** *(fam)* Kokotte *f* **4** *hue,* ~! hü Pferd!
cocotte-minute ®, *f* Schnellkochtopf *n*
cocu gehörnt
code *m* **1** Code *m* – *postal* Postleitzahl *f*; ~ *à barres* Strichcode *m* **2** ~ *pénal* Strafgesetzbuch *n* **3** ~ *de la route* Straßenverkehrsordnung *f* **4** *(auto)* Abblendlicht *n*
coder kodieren, verschlüsseln
codétenu *m* -e *f* Mithäftling *m*, Mitgefangene/r
codicille *m* Testamentsnachtrag *m*
codifier kodifizieren
coefficient *m* **1** *(math/phys)* Koeffizient *m* **2** *(examen)* Richtwert *m*
coercitif, -ive : *mesures coercitives* Zwangsmaßnahmen *f(pl)*
cœur *m* **1** Herz *n* **2** *avoir mal au* ~ übel sein (**D**), brechen müssen; *(fig) faire mal au* ~ schmerzen, (in der Seele *f*) weh=tun **3** Kern *m* – *d'une ville* Stadtkern *m*, Stadtinneres *n*; *(salade)* Herzblätter *npl*; *(fig) au* ~ *de l'hiver* mitten im Winter **4** *en* ~ herzförmig; *la bouche en* ~ .*(fig)* mit einem honigsüßen Lächeln; *(jeu)* Herz **5** *ne pas avoir le* ~ *à rire* nicht zum Lachen aufgebracht sein; *donner du* ~ *à l'ouvrage* Auftrieb *m* geben; *tenir à* ~ am Herzen liegen; *rire de bon* ~ aus vollem Herzen lachen **6** *homme de* ~ beherzter Mensch; *avoir le* ~ *gros* schwer ums Herz sein; *aller droit au* ~ zu Herzen gehen; *ne pas porter qqn dans son* ~ jn nicht (gerade) mögen; *(prov) loin des yeux, loin du* ~ aus den Augen, aus dem Sinn **7** *en avoir le* ~ *net* Gewißheit *f* haben, sicher sein **8** *par* ~ auswendig
coexistence *f* Nebeneinanderbestehen *n* ~ *pacifique* friedliche Koexistenz *f*
coffrage *m* Verschalung *f*
coffre *m* **1** Truhe *f*, Kasten *m* **2** *salle des* ~*s* Tresorraum *m* **3** *(auto)* Kofferraum *m*
coffre-fort *m* Tresor *m*
cogestion *f* Mitbestimmung *f*, Mitverwaltung *f*
cognée *f* Axt *f*
cogner schlagen ~ *à la porte* an die Tür klopfen; *(fam)* ~ *dur* ordentlich vermöbeln/vertrimmen ♦ *sa tête contre la porte* seinen Kopf an der Tür stoßen; *(fam)* ~ *qqn* jn verkloppen/vermöbeln ♦ *se* ~ sich stoßen
cognitif, -ive kognitiv
cognition *f* Erkenntnisvermögen *n*
cohabitation *f* Zusammenleben *n*; *(pol)* Kohabitation *f*
cohérence *f* Zusammenhang *m*
cohérent zusammenhängend
cohésion *f* Zusammenhalt *m*
cohorte *f* *(fam)* Haufen *m*, Schar *f*
cohue *f* Gedränge *n*, Gewühl *n*
coi, -te : *se tenir* ~ sich nicht rühren; *en rester* ~ verblüfft/betroffen (zurück)=bleiben
coiffe *f* Haartracht *f*
coiffé 1 *bien* ~ gut frisiert **2** ~ *d'un chapeau* mit einem Hut bedeckt **3** *être* ~ ein Sonntagskind *n*/Glückspilz *m* sein
coiffer 1 frisieren, kämmen **2** *(fam)* ~ *qqn au poteau* jn um eine Nasenlänge *f* schlagen
coiffeur *m* -**euse** *f* Friseur *m*, Friseuse *f*
coiffure *f* **1** Frisur *f* **2** Friseurbranche *f* *salon de* ~ Frisiersalon *m* **3** Kopfbedeckung *f*
coin *m* **1** Ecke *f*, Winkel *m*; *(fig) tourner au* ~ *de la rue* um die Ecke biegen; *au* ~ *du feu* am Kamin *m*; *un sourire en* ~ ein verstecktes Lächeln *n*; *(fig) tranquille* eine ruhige Ecke, ein ruhiger Ort *m*; *(fam) les petits* ~*s* Lokus *m*, das stille Örtchen **3** *(fam) tu m'en bouches un* ~ da bin ich aber platt **4** *(tech)* Keil *m*
coincer 1 fest=klemmen; verklemmen; ein=klemmen **2** *(fam)* ~ *qqn* jn fest=na-

colossal, -aux

geln; jn in die Enge treiben ◆ *(fam) se faire* ~ hoch=gehen, ertappt werden
coïncidence *f* Zusammentreffen *n c'est une pure* ~ das ist ein reiner Zufall *m*
coïncider 1 übrein=stimmen, sich dekken; ~ *avec qch* mit etw zusammen=fallen 2 *(math)* deckungsgleich, kongruent
coin! Gak!
coing *m* Quitte *f*
coït *m* Koitus *m*
coke *m* Koks *m*
coke *f (fam)* Koks *m*
col *m* 1 Kragen *m* ~ *Claudine* Bubikragen *m*; *roulé* Rollkragen *m*; *faux* ~ abknöpfbarer Kragen; *(fam)* ~ *blanc (non fam)* Angestellte/r 2 *(montagne)* Paß *m* 3 *(méd)* ~ *du fémur* Schenkelhals *m*
coléoptère *m* Käfer *m*
colère *f* Zorn *m*, Wut *f se mettre en* ~ in Zorn geraten, wütend werden
coléreux, -euse aufbrausend, hitzig, schnell aufgebracht
colifichet *m* Tand *m*, Flitterkram *m*, *(fam)* Schnickschnack *m*, Kinkerlitzchen *npl*
colimaçon *m : escalier en* ~ Wendeltreppe *f*
colin *m* Seelachs *m*
colin-maillard *m* Blindekuh *f*
colique *f* Kolik *f*; *(fam) avoir la* ~ Durchfall *m* haben; *quelle* ~ *!* ist das lästig!
colis *m* Paket *n* ~ *lourd* Frachtstück *n*
colite *f* Dickdarmentzündung *f*
collaborateur *m* **-trice** *f* MitarbeiterIn *m f*; *(hist)* Kollaborateur *m*
collaboration *f* 1 Mitwirkung *f avec la* ~ *de* unter Mitarbeit *f* von; mit Unterstützung *f* von; *en* ~ in Zusammenarbeit *f* 2 *(hist)* Kollaboration *f*
collaborer 1 ~ *à qch* an etw (D) mit=wirken 2 kollaborieren
collant 1 *papier* ~ Klebepapier *n* 2 *pantalon* ~ hautenge Hose *f (fam) un type* ~ ein aufdringlicher/lästiger Typ
collant *m* Strumpfose *f* ~ *de danse* Tanztrikot *n*
collatéral, -aux 1 *parents collatéraux* Verwandte zweiten Grades 2 Seiten-; *nef* ~*e* Seitenschiff *n*
collation *f : prendre une* ~ einen Imbiß zu sich nehmen
colle *f* 1 Klebstoff *m*, Kleber *m*, Leim *m* 2 *(fam) avoir une heure de* ~ eine Stunde nachsitzen müssen 3 *(fam)* knifflige Frage / Aufgabe
collecte *f* Sammeln *n*, Sammlung *f*
collectif, -ive gemeinschaftlich, gemeinsam; *conscience collective* Kollektivbewußtsein *n*
collectif *m* 1 Kollektiv *n* 2 ~ *budgétaire* (Nachtrags)haushalt *m* 3 *(gram)* Kollektivum *n*
collection *f* 1 Sammlung *f* 2 *(édition)* Reihe *f* 3 *(mode)* Kollektion *f*
collectionner sammeln; *(fig)* ~ *les échecs* Niederlagen ein=stecken
collectionneur *m* SammlerIn *m f*
collectivisation *f* Kollektivierung *f*
collectivité *f* 1 Gemeinschaft *f*, Gruppe *f* 2 ~ *locale* Gebietskörperschaft *f*
collège *m* 1 Gesamtschule *f* 2 ~ *électoral* Wahlgremium *n*
collégien m -ne *f* SchülerIn *m f*
collègue *m f* (Arbeits)kollege *m*
coller 1 (auf)=kleben ~ *sur un mur* an eine Wand kleben 2 *(fam)* ~ *une affaire sur le dos de qqn* jm eine Affäre an=hängen 3 *(fam)* ~ *qch à qqn* jm etw auf=brummen 4 ~ *qqn* jn durch Fragen rein=legen 5 ~ *un élève* einen Schüler nachsitzen lassen ◆ kleben 1 *(fig/fam)* ~ *aux baskets de qqn* jm nicht von der Pelle gehen 2 ~ *à la réalité* die Wirklichkeit treffend wieder=geben; an der Wirklichkeit bleiben 3 *(fam) ça colle!* das/es klappt!, das paßt/haut hin!
collerette *f* Halskrause *f*
collet *m* 1 *saisir qqn au* ~ jn beim Kragen *m* am Schlafittchen *n* packen; *(fig) être* ~ *monté* zugeknöpft sein 2 *(chasse)* Schlinge *f* 3 *(dent)* Zahnhals *m*
collier *m* 1 Halsband *n*, (Hals)kette *f*; *(fig/fam) donner un coup de* ~ sich ins Zeug *n* legen, ran=klotzen 2 Backenbart *m* 3 *(viande)* Halsstück *n* 4 *(tech)* ~ *de serrage* Klemmring *m*, Spannring *m*
colline *f* Hügel *m*, Anhöhe *f*
collision *f* Zusammenstoß *m entrer en* ~ zusammen=stoßen
colloque *m* Kolloquium *n*
collusion *f* heimliches Einverständnis *n*
collyre *m* Augentropfen *pl*
colmater zu=stopfen; ab=dichten
colombage *m* Balkenwerk *n* maison à ~*s* Fachwerkhaus *n*
colombe *f* Taube *f*
colon *m* Siedler *m*, Kolonist *m*
côlon *m* Grimmdarm *m*
colonel *m* Oberst *m*
colonie *f* 1 Kolonie *f* 2 ~ *de vacances* Ferienlager *n* 3 ~ *d'abeilles* Bienenvolk *n*
coloniser kolonisieren; besiedeln
colonne *f* 1 Säule *f* 2 Spalte *f titre sur deux* ~*s* zweispaltige Überschrift 3 ~ *vertébrale* Wirbelsäule *f* 4 ~ *montante* Steigleitung *f* 5 ~ *(mil)* Kolonne *f*
colorant *m* Farbstoff *m*, Färbemittel *n*
coloré bunt, farbenfroh; getönt; *(fig) style* ~ bildhafter Stil
colorier aus=malen, an=malen, kolorieren
coloris *m* Farbton *m*
colossal, -aux riesenhaft; *(fig) un projet* ~ ein monumentales Projekt

colosse *m (art)* Koloß *m*, Riesenfigur *f*, Riesenstandbild *n*; *(fig)* Riese *m*, Hüne *m*
colporter *(fig)* verbreiten, aus=trommeln
colporteur *m* **-euse** *f* HausiererIn *m f*; *(fig)* VerbreiterIn *m f*
colza *m* Raps *m*
coma *m* Koma *n*
combat *m* Kampf *m*, Gefecht *m* ~ *singulier* Zweikampf *m*, Duell *n*; *hors de* ~ kampfunfähig; *(fig)* ~ *d'arrière-garde* Nachhutgefecht *n*
combatif, -ive kampflustig, kämpferisch; draufgängerisch
combativité *f* Kampf(es)lust *f*; *(fig)* Durchsetzungsvermögen *n*
combattant *m* Kämpfer *m*, Streiter *m*
combattre bekämpfen ◆ kämpfen
combien wieviel ◆ ~ *de personnes?* wie viele?; ~ *de fois?* wie oft?; *depuis* ~ *de temps?* seit wann?, wie lange?; ~ *y a-t-il d'ici à là-bas?* wie weit ist es von hier bis dort? ◆ *il ne sait pas* ~ *je l'aime* er weiß nicht, wie sehr ich ihn liebe ◆ *le* ~ *sommes-nous?* den wievielten haben wir?
combinaison *f* **1** Kombination *f*; Zusammenstellung *f*, Zusammensetzung *f*; *(chim)* ~ *stable* feste Verbindung *f* **2** *(vêtement)* Unterkleid *n* **3** ~ *de plongée* Taucheranzug *m*
combine *f (fam)* Kniff *m*, Trick *m*; *être dans la* ~ seine Hand im Spiel n haben
combiné *m* **1** *(tél)* Hörer *m* **2** *(sport)* ~ *nordique* nordische Kombination *f*
combiner 1 zusammen=stellen, kombinieren **2** ~ *un plan* einen Plan aus=denken*/(fam)* aus=hecken
comble : *faire salle* ~ einen Riesenzulauf haben
comble *m* **1** *les* ~*s* der Dachboden **2** *c'est un* ~ *!* das ist (doch) die Höhe! **3** *de fond en* ~ von Grund *m* auf, von oben bis unten; gründlich
combler 1 ~ *un trou* ein Loch zu=schütten **2** ~ *qqn* jn überhäufen
combustible brennbar ◆ *m* Brennstoff *m*
combustion *f* Verbrennen *n*; *(chim)* Verbrennung *f*
comédie *f* Lustspiel *n*, Komödie *f* ~ *musicale* Musical *n*; *(fig) jouer la* ~ sich verstellen, *c'est de la* ~ *!* alles Getue! *f*
comédien, -ne SchauspielerIn *m f*
comédon *m* Mitesser *m*
comestible eßbar, genießbar
comète *f* Komet *m*, *(fig) tirer des plans sur la* ~ sich (D) etw zusammen=spinnen
comique 1 *auteur* ~ Lustspielautor *m*; *acteur* ~ Komiker *m* **2** lustig; lächerlich
comité *m* : ~ *des fêtes* Festkomitee *n*; ~ *de lecture* Auswahlkommission *f*; *(fig) en petit* ~ in kleinem/engstem Kreis *m*

commandant *m* Kommandant *m*, Kommandeur *m* ~ *de bord* Flugkapitän *m*
commande *f* **1** Bestellung *f*, Auftrag *m* **2** *être aux* ~*s* steuern, lenken; *prendre les* ~*s* die Bedienungshebel *mpl* betätigen; *(fig)* die Führung übernehmen **3** *un sourire de* ~ ein gezwungenes Lächeln
commandement *m* **1** Befehlsgewalt *f* *le haut* ~ *de l'armée* das Oberkommando der Armee, die oberste Heeresleitung **2** *à mon* ~ auf meinen Befehl *m*; *(rel) les 10* ~*s* die zehn Gebote *npl* **3** *(jur)* Zahlungsaufforderung *f*
commander 1 bestellen **2** *(mil)* kommandieren **3** ~ *le respect* Ehrfurcht gebieten **4** ~ *un accès* den Zugang/Zutritt kontrollieren **5** ~ *les freins* die Bremsen betätigen ◆ *c'est lui qui commande* er befiehlt ◆ gebieten ~ *aux événements* die Ereignisse beherrschen ◆ *c'est qch qui ne se commande pas* das ist etw, das man nicht erzwingen kann/das sich nicht erzwingen läßt
commanderie *f* Komturei *f*
commanditaire *m* Kommandist *m*
commanditer finanzieren, Mittel vor=strecken
commando *m (mil)* Kommando *n*
comme 1 wie **2** *joli* ~ *tout* bildhübsch **3** *c'est* ~ *ça* so ist es, es ist nun einmal so ◆ *c'est tout* ~ das bleibt sich gleich ◆ ~ *c'est beau!* wie schön das ist! ◆ ~ *il pleuvait* es regnete
commémoratif, -ive : *plaque commémorative* Gedenktafel *f*
commémoration *f* Gedächtnisfeier *f*, Erinnerungsfeier *f*
commémorer gedenken
commencement *m* Anfang *m*, Beginn *m*; *au* ~ am Anfang, anfangs, anfänglich
commencer beginnen, an=fangen (mit)
comment wie ~ *?* wie bitte?; ~ *faire?* was tun? ◆ *faire qch n'importe* ~ etw sonstwie machen ◆ *n'importe* ~ ~ *il viendra* er kommt auf jeden Fall/sowieso
commentaire *m* **1** *le* ~ *d'un livre* der Kommentar zu einem Buch **2** *je te dispense de tes* ~*s (fam)* deine Bemerkungen *fpl* kannst du dir schenken/sparen; *sans* ~ *!* Kommentar überflüssig!
commenter kommentieren, aus=legen
commérage *m* Klatsch *m*, Tratsch *m*, Geschwätz *n*
commerçant 1 *quartier* ~ Geschäftsviertel *n* **2** *être très* ~ geschäftstüchtig sein ◆ *m* ~ *f* Kaufmann *m*, Geschäftsmann *m*, Geschäftsfrau *f*
commerce *m* **1** Handel *m* *faire du* ~ Handel *m* betreiben, handeln **2** *fonds de* ~ Geschäft *n*; *les petits* ~*s* die kleinen Läden *pl* **3** *le* ~ *des gens heureux* der Umgang/Verkehr mit glücklichen Leuten;

compartiment

être d'un ~ agréable ein angenehmer Gesellschafter / umgänglich sein

commercial, -aux *f entreprise ~e* kaufmännisches Unternehmen; *service ~* Verkaufsabteilung *f*; *(péj) un film ~* ein kommerzieller Film ◆ *m* **-e** *f* HandelsvertreterIn *m f*, kaufmännischer Angestellte / r

commercialisable absatzfähig

commercialiser vermarkten, vertreiben, in Umlauf bringen

commère *f* Klatschweib *n*

commettant *m* Auftraggeber *m*

commettre : *~ un crime* ein Verbrechen begehen ◆ *avocat commis d'office* Pflichtverteidiger

commis *m* **1** Gehilfe *m* **2** *grand ~ de l'Etat* hoher Staatsbeamter *m*

commisération *f* Erbarmen *n*, Mitgefühl *n*, Mitempfinden *n*, Mitleid *n*

commissaire *m* **1** Kommissar *m* **2** *~ aux comptes* Wirtschaftsprüfer *m*, Rechnungsprüfer *m* **3** *(sport)* Kampfrichter *m*

commissaire-priseur *m* Auktionator *m*, Versteigerer *m*

commissariat *m* **1** Polizeiwache *f*, Polizeirevier *n* **2** *~ à l'énergie atomique* Atombehörde *f*

commission *f* **1** *(admi)* Ausschuß *m* **2** *(comm)* Kommission *f*, Provision *f* à la ~* auf Provisionsbasis *f* **3** *faire la ~ à qqn* jm etw aus=richten **4** *Einkauf m faire les ~s* ein=kaufen (gehen) **5** *(jur) ~ rogatoire* Rechtshilfeersuchen *n*

commissure *f* : *~s des lèvres* Mundwinkel *pl*

commode einfach, behaglich; mühelos; *(fig) il n'est pas ~!* es ist nicht einfach, mit ihm umzugehen!

commode *f* Kommode *f*

commotion *f* Erschütterung *f*

commotionner erschüttern

commuer *(jur)* um=wandeln (in **A**)

commun 1 gemeinsam *salle ~e* Gemeinschaftsraum *m*; *traits ~s* Ähnlichkeiten *fpl*; *sans ~ mesure* unvergleichlich; *en ~* gemeinsam **2** *peu ~* ungewöhnlich; *(fig) lieu ~* Gemeinplatz *m*, Plattheit *f*

commun *m* **1** *le ~ des mortels* der Durchschnittsmensch *m*; *(péj)* der große Haufen *m* **2** *les ~s* Nebengebäude *pl*

communal, -aux städtisch, Gemeinde-, Kommunal-

communautaire 1 gemeinschaftlich **2** EG-

communauté 1 ~ *d'idées* Übereinstimmung *f* / Gemeinsamkeit *f* der Ideen **2** Gemeinschaft *f*; *~ urbaine* Stadtkreis *m*; *~ européenne* Europäische Gemeinschaft (EG) *f* **3** *~ religieuse* Glaubensgemeinschaft *f*; *vivre en ~* in einer Wohngemeinschaft (WG) *f* leben; *(jur) régime de la ~* Gütergemeinschaft *f*

commune *f* Gemeinde *f*

communément allgemein, gemeinhin, gewöhnlich

communiant, -e KommunikantIn *m f*

communicatif, -ive 1 *être ~* mitteilsam / gesprächig sein **2** *un rire ~* ein ansteckendes Lachen

communication *f* **1** *métiers de la ~* Publizistik *f* **2** *(tél)* Telefongespräch *n*; *être en ~* gerade sprechen **3** Mitteilung *f ~ d'une nouvelle* Bekanntgabe *f* einer Nachricht **4** *porte de ~* Verbindungstür *f*

communier *(rel)* kommunizieren; *(fig)* sich eins fühlen (mit **D**)

communion *f* **1** Kommunion *f*, Abendmahl *n* **2** *être en ~ avec la nature* in Übereinstimmung mit der Natur sein, sich mit der Natur eins fühlen

communiqué *m* Bekanntmachung *f*, (amtliche) Mitteilung *f*, Verlautbarung *f*

communiquer 1 *~ une nouvelle* eine Nachricht mit=teilen **2** *~ de la chaleur* Wärme übertragen ◆ **1** *~ avec la chambre* in das Zimmer über=gehen **2** *ne pas savoir ~* nicht kommunizieren können

communiste kommunistisch ◆ *m f* KommunistIn *m f*

commutateur *m* Schalter *m*

commutation *f* **1** Austausch *m* **2** *(tél)* Schaltung *f*

compact : *masse ~e* feste Masse; *(fig) foule ~e* dicht gedrängte Menge

compacter zusammen=pressen, verdichten

compagne *f* Gefährtin *f*; Kameradin *f*

compagnie *f* **1** *aimer de ~* gesellig sein; *tenir ~ à qqn* jm Gesellschaft *f* leisten; *dame de ~* Gesellschafterin *f*; *en ~ de* in Begleitung *f* von **2** *être en joyeuse ~* in lustiger Gesellschaft / Begleitung sein; *(fam) salut la ~!* grüßt euch allesamt / miteinander! **3** ~ *théâtrale* Theaterensemble *n*; *~ d'assurances* Versicherungsgesellschaft *f*; *et ~* und Co. **4** *(mil)* Kompanie *f*

compagnon *m* **1** Gefährte / r, Begleiter *m*, Kamerad *m* **2** *(artisanat)* Geselle *m*, Handwerksbursche *m*

comparaison *f* Vergleich *m en ~ de* im Vergleich zu; *sans ~* unvergleichlich

comparaître (vor Gericht) erscheinen

comparatif *m (gram)* Steigerungsform *f*, Komparativ *m*

comparativement vergleichsweise

comparer vergleichen (mit), gegenüber=stellen (**D**)

comparse *m f* Komparse *m*, Komparsin *f*, StatistIn *m f*

compartiment *m* **1** *(train)* Abteil *n* **2** Fach *n*

compartimenter in Fächer ein=teilen
comparution f Erscheinen n (vor Gericht)
compas m Zirkel m; (mar) Kompaß m
compassion f Mitgefühl n, Teinahme f, Erbarmen n
compatible vereinbar, verträglich, zusammenpassend; (inf) kompatibel
compatir mit=fühlen, mit=leiden
compatissant teilnahmsvoll, mitfühlend
compatriote m f Landsmann m, Landsmännin f
compensation f Ausgleich m, Ersatz m, Entschädigung f
compensatoire : *montants ~s* Ausgleichszahlungen pl
compensé : *talon ~* Keilabsatz m
compenser aus=gleichen; kompensieren
compère m (fam) Kumpan m
compétence f 1 Kompetenz f, Sachkenntnis f, Fähigkeit f 2 Zuständigkeit f, Befugnis f *cela n'entre pas dans mes ~s* dafür bin ich nicht zuständig
compétent 1 kompetent, sachkundig 2 zuständig
compétitif, -ive wettbewerbsfähig
compétition f Wettbewerb m, Konkurrenz f; *sportive* Wettkampf m; *avoir l'esprit de ~* Kampfgeist m besitzen; *être en ~ avec qqn* mit jm konkurrieren
compilation f Zusammentragen n, Kompilation f, Zusammenstellung f
complainte f Klagelied n
complaire (se) : *se ~ dans le malheur* am Unglück Gefallen finden
complaisance f 1 Gefälligkeit f; *certificat de ~* Gefälligkeitsattest n; (mar) *pavillon de ~* Billigflagge f 2 Nachsicht f
complaisant gefällig, entgegenkommend
complément m 1 Ergänzung f, Vervollständigung f *payer le ~* den Rest m bezahlen 2 (gram) ~ *d'objet direct* Akkusativobjekt n; ~ *de temps* Umstandsbestimmung f der Zeit
complémentaire 1 *revenus ~s* Zusatzverdienst m 2 *couleurs ~s* Komplementärfarben pl; (math) *angle ~* Ergänzungswinkel m; (fig) *deux êtres ~s* zwei (sich einander) ergänzende Wesen
complet, -ète 1 vollständig *œuvres complètes* sämtliche/gesammelte Werke, Gesamtausgabe f; *pain ~* Vollkornbrot n 2 *un athlète ~* ein vollkommener/vollendeter Athlet; *un ~ idiot* ein kompletter/totaler Idiot 3 *le train est ~* der Zug ist voll ◆ m 1 *venir au grand ~* vollzählig kommen 2 Anzug m
complètement 1 ~ *fou* völlig verrückt 2 vollständig
compléter ergänzen, vervollständigen

complexe 1 kompliziert; vielschichtig 2 (math) komplex
complexe m 1 ~ *touristique* touristische Anlagen pl; ~ *sidérurgique* Eisenhüttenkomplex m 2 (psy) Komplexe pl
complexé komplexbeladen; gehemmt
complexification f Komplizierung f
complication f 1 ~s *d'une maladie* Komplikationen fpl bei einer Krankheit 2 Kompliziertheit f
complice mitschuldig *être ~ d'un vol* an einem Diebstahl beteiligt sein; (fig) *sourire ~* verschwörerisches Lächeln ◆ m f Komplize m, Komplizin f, MittäterIn m f, HelfershelferIn m f
complicité f Mittäterschaft f, Teilnahme f; (fig) geheimes Einverständnis n
compliment m Kompliment n
complimenter : ~ *qqn pour qch* jm zu etw gratulieren
compliqué kompliziert
compliquer komplizieren, schwer machen ◆ *les choses se compliquent* die Dinge spitzen sich zu
complot m Komplott n, Verschwörung f
comploter sich verschwören, ein Komplott schmieden
comportement m Verhalten n, Benehmen m, Betragen n
comporter enthalten ◆ *se ~* sich verhalten, sich benehmen, sich betragen
composante f Bestandteil m
composé (gram) zusammengesetzt; (chim) *corps ~* Stoffverbindung f
composer 1 (mus) komponieren 2 zusammen=stellen ◆ ~ *avec qqn* sich mit jm einigen ◆ *être composé de* bestehen aus
composite : *matériau ~* zusammengesetztes Material; (tissu) Mischfaser f
compositeur m -**trice** f KomponistIn m f
composition f 1 (mus) Komposition f 2 Zusammenstellung f; Zusammensetzung f 3 *rôle de ~* Kompositionsrolle f 4 *être de bonne ~* umgänglich sein
compost m Kompost m
composter entwerten
compote f Kompott n
compréhensible 1 *un texte ~* ein verständlicher/faßlicher Text 2 *une réaction ~* eine verständliche/begreifliche Reaktion
compréhensif, -ive verständnisvoll
compréhension f 1 Verstehen n 2 *faire preuve de ~* Verständnis n haben, Einsicht f zeigen
comprendre 1 ~ *qch/qqn* etw/jn verstehen 2 ~ *les charges* Nebenkosten ein=schließen 3 ~ *plusieurs régions* mehrere Regionen umfassen

compresse *f* Umschlag *m*, Kompresse *f*, Wickel *m*
compresser (zusammen)=pressen
compresseur *m* Kompressor *m*, Verdichter *m*; *rouleau* ~ Straßenwalze *f*
compression *f* : ~ *des effectifs* Personalabbau *m*
comprimé 1 *air* ~ Druckluft *f* 2 *se sentir* ~ *(fig)* sich eingezwängt fühlen
comprimé *m* Tablette *f*
comprimer : *(fig)* ~ *des dépenses* seine Ausgaben reduzieren
compromettre 1 ~ *qqn* jn kompromittieren 2 ~ *un projet* ein Projekt gefährden
compromis *m* Übereinkommen *n*, Kompromiß *m*
compromission *f* 1 ~ *de qqn dans une affaire* js Bloßstellung *f* in einer Affäre 2 Kompromittierung *f*
comptabiliser (ver)buchen; *(fig)* vermerken, registrieren
comptabilité *f* Buchführung *f*; Buchhaltung *f tenir une* ~ Buch *n* führen
comptable 1 *agent* ~ Buchhalter *m* 2 *pièce* ~ (Buchungs)beleg *m*; *plan* ~ Rechnungslegung *f*
comptable *m f* BuchhalterIn *m f*
comptant : *payer* ~ Cash [kɛʃ] bezahlen
compte *m* 1 Konto *n* ~ *courant* Girokonto *n*, laufendes Konto 2 *faire ses* ~*s* etw zusammen=rechnen; *(fig) à ce* ~-*là* demnach, unter diesem Gesichtspunkt *m*; *en fin de* ~/*tout* ~ *fait*/*au bout du* ~ alles wohlberechnet, letzten Endes; *ne pas avoir de* ~*s à rendre* niemandem gegenüber rechenschaftspflichtig sein; *être loin du* ~ weit fehlen, sich schwer verrechnen; *s'en tirer à bon* ~ billig (dabei) weg=kommen; *y trouver son* ~ auf seine Kosten *pl* kommen 3 *travailler à son* ~ selbständig sein 4 *tenir* ~ *de qch* etw berücksichtigen 5 *se rendre* ~ *de qch* sich **(D)** über etw **(A)** klar werden
compte-gouttes *m* Pipette *f*
compter 1 zählen ~ *sur ses doigts* an den Fingern ab=zählen 2 *ce qui compte c'est le résultat*, das, worauf es ankommt, ist das Ergebnis 3 ~ *parmi les meilleurs* zu den Besten zählen ◆ 1 (mit)=rechnen 2 *(fig)* ~ *4 000 habitants* 4000 Einwohner zählen; *il faut* ~ *5 heures* man muß mit 5 Stunden rechnen 3 ~ *qqn parmi ses amis* jn zu seinen Freunden zählen 4 *sans* ~ *que* um so mehr, als ◆ ~ *avec qqn*/*qch* mit jm/etw rechnen ~ *sur qqn*/*qch* auf jn/etw zählen, sich auf jn/etw verlassen; *(fam) compte là-dessus et bois de l'eau !* da kannst du warten, bis du schwarz wirst! ◆ *à pas comptés* mit abgezählten Schritten
compte rendu *m* Bericht *m*

compte-tours *m* Tourenzähler *m*
compteur *m* : ~ *électrique* Stromzähler *m*; *(auto)* Tachometer *n*/*m*, *(fam)* Tacho *m*
comptine *f* Abzählreim *m*
comptoir *m* 1 Ladentisch *m*, Theke *f*, Schalter *m* 2 Handelsniederlassung *f*
compulser durch=sehen
comte, -sse Graf *m*, Gräfin *f*
comté *m* Grafschaft *f*
concasser (zer)stoßen, zerkleinern
concave konkav
concéder bewilligen, ein=räumen
concentration *f* 1 Konzentration *f* 2 Zusammenballung *f* ; ~ *de troupes* Truppenkonzentrierung *f*, Massierung *f* der Truppen; *les grandes* ~*s urbaines* die städtischen Ballungszentren *pl* 3 *camp de* ~ Konzentrationslager (KZ) *n*
concentré *lait* ~ Kondensmilch *f*
concentré *m* : ~ *de tomate* Tomatenmark *n*
concentrer (se) (sich) konzentrieren
concentrique konzentrisch
concept *m* 1 Begriff *m* 2 ~ *d'une émission* das Konzept für eine Sendung
conception *f* 1 ~ *d'un projet* die Konzeption eines Projekts 2 *des* ~*s dépassées* überlebte Ansichten *f(pl)* 3 *(enfant)* Zeugung *f*, Empfängnis *f*
conceptualiser erfassen, sich **(D)** vor=stellen
conceptuel, -le begrifflich; *(art)* konzeptionell
concerner : ~ *qch* etw betreffen; *cela me concerne* das betrifft mich, das geht mich an; *en ce qui concerne* hinsichtlich **(G)**, bezüglich **(G)**, was... anbelangt
concert *m* 1 Konzert *n*; *(fig)* ~ *de lamentations* einstimmiges Gejammer 2 *agir de* ~ in Übereinstimmung *f* handeln
concertation : *en* ~ *avec* in Absprache *f* mit
concerté : *action* ~*e* konzertierte Aktion
concerter (se) sich ab=sprechen, sich beraten
concerto *m* Konzertstück *n*
concession *f* 1 Zugeständnis *n* 2 *(jur)* ~ *de travaux à une entreprise* Vergabe *f* von Arbeiten an einen Betrieb 3 *une* ~ *aux Antilles* Besitzung *f* auf den Antillen; ~ *funéraire* Familiengruft *f* 4 *(gram)* konzessive Konjuktion *f*
concessionnaire *m* Vertragshändler *m*, Konzessionär *m*, Lizenzinhaber *m*
concevable begreiflich
concevoir 1 ~ *un projet* ein Projekt entwickeln 2 ~ *qu'on peut se tromper* in Erwägung ziehen, daß man sich täuschen kann ; ~ *la politique comme* die Politik begreifen als 3 ~ *de l'amitié pour qqn*

concierge 440

Freundschaft für jn empfinden/hegen 4 ~ *un enfant* ein Kind empfangen/zeugen
concierge m f PförtnerIn m f
concile m Konzil n
conciliabule m Getuschel n
conciliant : *être* ~ konziliant sein, verträglich sein; *paroles ~es* versöhnliche Worte
conciliation f Aussöhnung f, Vermittlung f; *(jur) procédure de* ~ Verfahren n zur gütlichen Einigung, Schlichtungsverfahren n
concilier in Einklang bringen, vereinbaren ◆ *se* ~ *les faveurs de qqn* js Gunst für sich gewinnen
concis : *soyez* ~ ! fassen Sie sich bitte kurz! *style* ~ prägnanter Stil
concision f Bündigkeit f, Kürze f; Prägnanz f
conclave m Konklave f
conclure 1 ~ *un accord* eine Vereinbarung treffen; ~ *une affaire* ein Geschäft ab=schließen 2 ~ *son discours* seine Rede (be)schließen ◆ 1 *pour* ~ um abzuschließen; um zum Schluß zu kommen 2 ~ *à la folie* auf Unzurechnungsfähigkeit erkennen
conclusion 1 Abschluß m, Schluß m *en* ~ folglich, zum Schluß 2 *d'après nos* ~s nach unseren Schlußfolgerungen fpl
concombre m Gurke f
concordance f 1 Übereinstimmung f; *(phys)* ~ *des phases* Phasengleichklang m 2 *(gram)* ~ *des temps* Zeitenfolge f
concordat m Konkordat n
concorde f Einigkeit f, Eintracht f
concorder überein=stimmen
concourir sich bewerben; konkurrieren ◆ ~ *à qch* zu etw (D) bei=tragen
concours 1 Wettkampf m, Preisausschreiben n ~ *hippique* Pferderennen n; ~ *d'entrée* Auswahlprüfung f; *passer un* ~ an einem Wettbewerb m/Ausleseverfahren n teil=nehmen 2 *avec le* ~ *de X* unter Mitwirkung f von X, mit Hilfe f/ Unterstützung f von X; *prêter son* ~ mit=helfen, mit=wirken 3 ~ *de circonstances* Zusammentreffen n von Umständen/Ereignissen
concret, -ète konkret. sachlich; anschaulich
concrétiser (se) sich konkretisieren, Gestalt an=nehmen
concubin m *-ne* f Lebensgefährte/r m, Lebensgefährtin f
concupiscence f Sinneslust f, Begehrlichkeit f; Lüsternheit f
concupiscent begehrlich
concurrence f 1 Wettbewerb m; *(comm)* Konkurrenz f 2 *à* ~ *de* bis zum Preis m von

concurrencer konkurrieren, in Wettbewerb treten/stehen (mit)
concurrent konkurrierend, in Wettbewerb stehend ◆ m *-e* f KonkurrentIn m f
concurrentiel, -le 1 konkurrenzfähig 2 *marché* ~ freier Wettbewerb m
condamnable strafbar, sträflich, verwerflich
condamnation f : ~ *pour vol* Verurteilung f wegen Diebstahl; ~ *à mort* Todesurteil n
condamné m *-e* f Verurteilte/r
condamner 1 verurteilen (zu); *(fig)* ~ *un malade* einen Kranken auf=geben 2 ~ *une porte* eine Tür zu=mauern
condensateur m *(tech)* Kondensator m
condensation f 1 Kondensation f 2 ~ *sur une vitre* Beschlag m auf einer Fensterscheibe
condensé m Kondensat n; *(fig)* Zusammenfassung f
condenser : ~ *un gaz* ein Gas kondensieren; *(fig)* ~ *un récit* einen Bericht zusammen=fassen ◆ *se* ~ sich nie=derschlagen
condescendance f Herablassung f
condescendre (à) sich herab=lassen (zu); *(iro)* sich bequemen
condiment m Gewürz n, Würze f
condition f 1 Bedingung f *sans* ~ bedingungslos; *à* ~ *que* unter der Bedingung,/Voraussetzung f, daß; vorausgesetzt, daß; *(jur)* ~ *suspensive* Bedingungsklausel f; *(comm) acheter sous* ~ mit Rückgaberecht n kaufen; 2 ~s *atmosphériques* Wetterlage f 3 ~ *des étrangers en France* Lebensumstände mpl der Ausländer in Frankreich; *de* ~ *modeste* von bescheidener Herkunft f; *en bonne* ~ *physique* in (guter) Form f; *mettre en* ~ in Form bringen; vor=bereiten (auf A)
conditionné 1 bedingt 2 *air* ~ klimatisierte Luft 3 *produit* ~ verpacktes Produkt 4 *(personne)* konditioniert
conditionner 1 ~ *qqn (fig)* jn formen; jn in eine bestimmte Richtung lenken 2 ~ *un produit* ein Produkt verpacken 3 *(réponse)* bedingen
condoléances fpl : *mes plus sincères* ~ ! mein aufrichtiges Beileid n! *présenter ses* ~ sein Beileid n aus=sprechen
conducteur, -trice : *(phys) corps* ~ leitender Körper, Leiter m; *(fig) fil* ~ roter Faden m, Leitfaden m ◆ m f 1 *(auto)* FahrerIn m f 2 ~ *de travaux* Bauführer m 3 *(phys)* Leiter m
conduire 1 ~ *une voiture* ein Auto fahren; *facile à* ~ leicht zu steuern 2 ~ *qqn* jn führen/bringen 3 leiten ◆ 1 *apprendre à* ~ fahren lernen 2 *le chemin conduit à*

la mer der Weg führt zum Meer ◆ *bien se* ~ sich gut benehmen/verhalten
conduit *m* Röhre *f*, Rinne *f*, Kanal *m*; *(méd)* ~ *auditif* Gehörgang *m*
conduite *f* 1 ~ *d'eau* Wasserleitung *f* 2 *(auto)* ~ *en ville* das Fahren in der Stadt 3 Leitung *f*, Führung *f* 4 Benehmen *n*
cône *m* Kegel *m*; *(bot)* Zapfen *m*
confectionner an=fertigen, zu=bereiten
confédération *f* 1 Bund *m*; Konföderation *f*; ~ *helvétique* Schweizerische Eidgenossenschaft *f* 2 ~ *générale des cadres* Gewerkschaft *f* leitender Angestellter
conférence *f* 1 Vortrag *m* 2 ~ *de presse* Pressekonferenz *f* 3 ~ *des chefs de gouvernement* Beratung *f*/Konferenz der Regierungschefs
conférencier *m* **-ère** *f* RednerIn *m f*, Vortragende/r
conférer verleihen, erteilen
confesse *f*: *aller à* ~ zur Beichte *f* gehen
confesser (se) beichten
confesseur *m* Beichtvater *m*
confession *f* 1 Beichte *f*; (Ein)geständnis *n* 2 Bekenntnis *n de* ~ *catholique* katholisch
confessionnal *m* **-aux** Beichtstuhl *m*
confessionnel, -le: *école* ~*le* Bekenntnisschule *f*
confetti *m* Konfetti *m*
confiance *f* Vertrauen *n* (zu) *en toute* ~ im guten Glauben *m*; *(pol)* Vertrauensfrage *f*
confiant vertrauensvoll, vertrauend; zuversichtlich
confidence *f* Vertraulichkeit *f faire des* ~*s à qqn* sich jm an=vertrauen
confident, -e Vertraute/r, Vertrauensperson *f*
confidentiel, -le vertraulich
confidentiellement vertrauensvoll, im Vertrauen
confier: ~ *qch à qqn* jm etw an=vertrauen ◆ *se* ~ *à qqn* sich jm an=vertrauen
configuration *f* Gestaltung *f*
confiner: *(fig)* ~ *à la folie* an Wahnsinn grenzen ◆ *se* ~ *chez soi* sich ab=kapseln; *se* ~ *dans un rôle* sich auf eine Rolle fest=legen/beschränken
confins *mpl*: *aux* ~ *du désert* am äußersten Ende der Wüste
confirmation *f* 1 Bestätigung *f* 2 *(rel)* Konfirmation *f*
confiscation *f* Beschlagnahme *f*; Einziehung *f*
confiserie *f* 1 Süßigkeiten *fpl* 2 Süßwarenladen *m*
confisquer beschlagnahmen, ein=ziehen
confit: *fruits* ~*s* kandierte Früchte; *(fig) air* ~ bedrückter Gesichtsausdruck
confiture *f* Konfitüre *f*, Marmelade *f*

conflictuel, -le konfliktreich *situation* ~*e* Konfliktsituation *f*
conflit *m* Konflikt *m* ~ *mondial* Weltkrieg *m*; ~*s sociaux* soziale Konflikte, Arbeitskämpfe *mpl*
confluent *m* Zusammenfluß *m*
confondre 1 verwechseln 2 ~ *un accusé* einen Angeklagten überführen ◆ *se* ~ *en remerciements* sich in Dankesbezeugungen erschöpfen/ergehen ◆ *rester confondu* bestürzt/beschämt sein
conforme 1 übereinstimmend (mit), **(D)** entsprechend; *copie certifiée* ~ beglaubigte Abschrift 2 *une vie* ~ *à mes désirs* ein Leben, das meinen Wünschen entspricht
conformé: *mal* ~ mißgebildet
conformément: ~ *aux ordres* auftragsgemäß; laut Befehl
conformer (se) (à) sich an=passen **(D)**, sich richten (nach)
conformisme *m* Konformismus *m*, Anpassung *f*
conformiste anpassungsbereit ◆ *m f* KonformistIn *m f*
conformité *f*: *en* ~ *avec* in Übereinstimmung *f* mit
confort *m* 1 Behaglichkeit *f*, Bequemlichkeit *f*, Komfort *m* 2 *médicament de* ~ Bagatellarzeneimittel *n*
confortable 1 *fauteuil* ~ bequemer Sessel 2 *une vie* ~ ein behagliches Leben; *des revenus* ~*s* ein beträchtliches Einkommen
conforter bestätigen
confrère *m* Kollege *m*, Amtsbruder *m*
confrérie *f* Bruderschaft *f*
confrontation *f* 1 Konfrontation *f*, Auseinandersetzung *f* 2 ~ *d'idées* Gegeneinanderhalten *n* von Ideen
confronter 1 ~ *des accusés* Angeklagte gegenüber=stellen 2 ~ *des points de vue* Gesichtspunkte gegeneinander=halten ◆ *être confronté à un problème* mit einem Problem konfrontiert sein
confus 1 verworren, undeutlich, unklar, unbestimmt 2 beschämt
confusion *f* 1 ~ *dans les dates* Verwechslung *f* der Daten 2 Durcheinander *n*; *(fig) semer la* ~ *dans les esprits* Verwirrung *f* in den Köpfen stiften
congé *m* 1 Urlaub *m* 2 *prendre* ~ *de qqn* sich von jm verabschieden 3 *(comm)* Zollschein *m*
congédier 1 entlassen; kündigen **(D)** 2 verabschieden
congélateur *m* Tiefkühltruhe *f*, Tiefkühlfach *n*
congeler ein=frieren
congénère *m f (péj)* Artgenosse *m*
congénital *m* **-aux** angeboren
congère *f* Schneeverwehung *f*

congestion f : ~ *pulmonaire* Lungenentzündung f ; ~ *cérébrale* Gehirnschlag m

congratuler : ~ *qqn* jm gratulieren ◆ *se* ~ sich gegenseitig gratulieren

congre m Meeraal m

congrégation f Ordensgemeinschaft f

congrès m Kongreß m, Tagung f, Treffen n

congru : *une portion* ~*e* eine knappe Portion; *(fig)* ein knapp bemessener Teil

conifère m Konifere f, Nadelbaum m

conique kegelförmig, konisch

conjecture f : *se perdre en* ~*s* sich in Mutmaßungen fpl verlieren, Vermutungen fpl an=stellen

conjoint : *compte* ~ gemeinsames Konto; *(jur) parties* ~*es* (durch gleiche Interessen) verbundene Parteien ◆ *m -e* f Ehegatte m, Ehegattin f

conjointement : *agir* ~ mit vereinten Kräften/gemeinschaftlich handeln

conjonction f 1 Verbindung f 2 *(astro)* Konjunktion f 3 *(gram)* Bindewort n

conjonctivite f Bindehautentzündung f

conjoncture f Konjunktur f, (Wirtschafts)lage f

conjoncturel, -le konjunkturbedingt

conjugaison 1 *(gram)* Konjugation f 2 Vereinigung f

conjugal, -aux ehelich

conjuguer 1 *(gram)* konjugieren 2 ~ *ses efforts* seine Bemühungen vereinigen

conjuration f Verschwörung f

conjuré *m -e* f Verschworene/r, VerschwörerIn m f

conjurer beschwören; *(fig)* ~ *un danger* eine Gefahr ab=wenden

connaissance f 1 Erkenntnis f 2 Kenntnis f 3 *avoir eu* ~ *de qch* über etw Bescheid m wissen, von/von etw wissen; *(fig) agir en* ~ *de cause* in Kenntnis f der Sachlage handeln 4 Bewußtsein n *sans* ~ bewußtlos 5 *une vieille* ~ eine alte Bekanntschaft, ein alter Bekannter, eine alte Bekannte; *faire* ~ *avec qqn* js Bekanntschaft machen, jn kennen=lernen; *(fig) être en pays de* ~ unter Bekannten sein; sich aus=kennen

connaisseur m **-euse** f KennerIn m f

connaître 1 ~ *qqn/qch* jn/etw kennen 2 *s'y* ~ *(en qch)* (in etw (D)/mit etw) gut Bescheid m wissen, viel (von etw) verstehen ◆ *ils se sont connus en Italie* sie haben sich in Italien kennengelernt; *bien se* ~ sich gut kennen; *connais-toi toi-même* erkenne dich selbst ◆ *se faire* ~ sich zu erkennen geben; sich vor=stellen

connecter verbinden; *(élec)* an=schließen

connerie f *(fam)* Stuß m, Unsinn m

connivence f Einverständnis n, stillschweigende Duldung f *être de* ~ *avec qqn (fig/fam)* mit jm unter einer Decke f stecken

connotation f Nebenbedeutung f

connoté belastet, besetzt

connu bekannt

conquérant m Eroberer m

conquérir erobern

conquête f Eroberung f; *(fig) faire la* ~ *de qqn* jn für sich ein=nehmen/gewinnen

consacré : *selon la formule* ~ *e* nach der üblichen Formel; *écrivain* ~ ein anerkannter Schriftsteller

consacrer 1 widmen 2 ~ *une église* eine Kirche weihen ◆ *se* ~ *à qch* sich einer (D) Sache widmen

consanguin : *mariage* ~ Hochzeit unter Blutsverwandten

consciemment wissentlich, bewußt

conscience f 1 Bewußtsein n *prendre* ~ *de qch* sich einer Sache (G) bewußt werden 2 Gewissen n *objecteur de* ~ Wehrdienstverweigerer m

consciencieux, -euse gewissenhaft

conscient : *être* ~ bei Bewußtsein sein; *être* ~ *de qch* sich einer Sache (G) bewußt sein ◆ *m* das Bewußte n

conscrit m Wehrpflichtige/r, Einberufene/r

consécration f 1 *(rel)* Einweihung f 2 Bestätigung f

consécutif, -ive 1 *trois jours* ~*s* drei aufeinanderfolgende Tage 2 ~ *à une erreur* eine Folge von einem Fehler

conseil m 1 Rat m *donner des* ~*s* Ratschläge mpl geben 2 ~ *d'administration* (Verwaltungs)vorstand m ; ~ *consultatif* Beratungsausschuß m ; ~ *de classe* Zensurenkonferenz f, Klassenkonferenz f; ~ *municipal* Stadtrat m, Gemeinderat m; *(mil)* ~ *de révision* Musterungskommission f 3 ~ *juridique* Rechtsbeistand m

conseiller 1 ~ *qch* etw empfehlen 2 ~ *qqn* jn beraten

conseiller m **-ère** f 1 BeraterIn m f; *(fig)* Ratgeber m 2 Ratsmitglied m

consensus [kõsẽsys] m Konsens m

consentir zu=stimmen (D), ein=willigen ◆ ~ *un prêt* einen Kredit bewilligen

conséquence f 1 Konsequenz f, Auswirkung f, Schluß m, Folge f *sans* ~ belanglos, folgenlos; *avoir pour* ~ zur Folge f haben, mit sich bringen; *être lourd de* ~*s* folgenschwer sein; *agir en* ~ dementsprechend handeln 2 *par voie de* ~ logischerweise

conséquent konsequent ◆ *par* ~ folglich, infolgedessen, somit

conservateur, -trice 1 *(pol)* konservativ 2 *agent* ~ Konservierungsmittel n ◆ m f *(pol)* Konservative/r 3 ~ *de musée* Konservator m, Museumsbeamte/r

conservation f Konservierung f ~ *des*

monuments Erhaltung *f* von Denkmälern ; *instinct de ~* Selbsterhaltungstrieb *m*
conservatoire : *mesure ~* Sicherungsmaßnahme *f*
conservatoire *m* Konservatorium *n*
conserve *f* Konserve *f en ~* Büchsen-
conserver 1 auf=bewahren ; *(fig) ~ un souvenir* eine Erinnerung hüten ; *~ sa bonne humeur* seine gute Laune bewahren 2 *(aliments)* haltbar machen ♦ *se ~ (aliments)* sich lange halten ♦ *(fig) être bien conservé* gut erhalten sein
considérable beträchtlich, beachtlich, ansehnlich
considération *f* 1 Überlegung *f prendre qch en ~* etw in Erwägung *f*/Betracht *f* ziehen 2 Achtung *f*
considérer 1 in Betracht ziehen, berücksichtigen ; bedenken ; ab=wägen 2 *~ comme* betrachten als, halten für ♦ *tout bien considéré* alles in allem, nach reiflicher Überlegung
consigne *f* 1 Pfand *n* 2 Gepäckaufbewahrung *f ~ automatique* Schließfach *n* 3 Anweisung *f*
consigner 1 *~ qch dans un carnet* etw in einem Heft ein=tragen 2 *~ un soldat* einen Soldaten mit Ausgehverbot/ mit einer Ausgangssperre *f* belegen 3 *~ une bouteille* für eine Flasche Pfand verlangen
consistance *f* Festigkeit *f*, Dichte *f*; *(fig) caractère sans ~* wankelmütiger/haltloser Charakter ; *le projet prend de la ~* das Vorhaben nimmt Profil *n* an
consistant : *(fig) un repas ~* eine solide/lange vorhaltende Mahlzeit
consister (à/en) bestehen (in D)
consolation *f* Trost *m*
console *f* 1 Wandtischchen *n*, Konsole *f* 2 Steuerpult *n ~ de jeu* Konsole *f*
consoler trösten
consolider 1 befestigen, verstärken 2 *(comm)* sichern, konsolidieren
consommateur *m* -trice *f* 1 VerbraucherIn *m f*, KonsumentIn *m f*; *(fig)* Benutzer *m* 2 *(restauration)* Gast *m*
consommation *f* 1 Verbrauch *m*, Konsum *m* 2 *prendre une ~* ein Getränk *n* bestellen
consommer 1 verbrauchen 2 *(aliments)* verzehren 3 *~ son mariage* seine Ehe vollziehen
consonne *f* Konsonant *m*
conspirateur *m* Verschwörer *m*
conspirer sich verschwören, konspirieren
conspuer aus=buhen, aus=pfeifen
constamment andauernd, (be)ständig, immerfort
constance *f* 1 *avec ~* mit Ausdauer *f* 2 *~ d'un phénomène* die Beständigkeit *f* einer Erscheinung

constant 1 dauerhaft, stetig *avoir le souci ~ de bien faire* ständig besorgt sein, alles richtig zu machen 2 *être ~ dans ses amitiés* in seinen Freundschaftsbeziehungen beständig sein 3 *(math) quantité ~e* unveränderliche/feste Größe
constat *m* Protokoll *n établir un ~* einen Unfall auf=nehmen ; *(fig) faire le ~ de qch* etw fest=stellen
constater 1 fest=stellen 2 *~ un décès* den Tod bescheinigen
constellation *f* Sternbild *n*, Konstellation *f*
constellé : *~ d'étoiles* sternenübersät
consternation *f* Betroffenheit *f*, Niedergeschlagenheit *f*, tiefe Erschütterung *f*
consterner bestürzen, erschüttern
constiper verstopfen ♦ *être constipé* an mangelndem Stuhlgang leiden, Verstopfung haben ; *(fig)* eingeklemmt sein
constituer 1 bilden ; ein=richten, errichten 2 *~ une menace* eine Bedrohung dar=stellen ♦ *se ~ prisonnier* sich stellen ; *se ~ partie civile* als Nebenkläger auf=treten ♦ *être constitué de* bestehen aus
constitution *f* 1 Konstitution *f*, Beschaffenheit *f* 2 *~ d'un dossier* Anlegen *n* einer Akte 3 Verfassung *f*, Konstitution *f*, Grundgesetz *n*
constitutionnel, -le verfassungsmäßig, konstitutionell *conseil ~* Verfassungsrat *m*
constructeur *m* Konstrukteur *m*, Hersteller *m*, Erbauer *m*
constructible bebaubar
constructif, -ive konstruktiv
construction *f* Bau *m* , Errichtung *f ~ automobile* Kraftfahrzeugbau *m*
construire bauen ; *(fig) ~ des théories* Theorien auf=stellen
consulat *m* Konsulat *n*
consultant *m* Berater *m*, Gutachter *m*
consultatif, -ive : *avis ~* beratende Meinung
consulter 1 *~ qqn* jn um Rat fragen ; *~ un médecin* zum Arzt gehen, einen Arzt zu Rate ziehen 2 *~ un dictionnaire* in einem Wörterbuch nach=schlagen ♦ *(médecin)* Sprechstunde haben
contact *m* 1 *au ~ de qch* bei der Berührung *f* mit etw 2 *au premier ~* beim ersten Kontakt *m* ; *avoir des ~s avec qqn* mit jm in Kontakt stehen, Beziehungen *fpl* zu jm haben 3 *clef de ~* Zündschlüssel *m* ; *couper le ~* die Zündung ab=stellen ; *faux ~* Wackelkontakt *m* 4 *verres de ~* Kontaktlinsen *fpl*
contacter : *~ qqn* mit jm Verbindung auf=nehmen
contagieux, -euse ansteckend
contagion *f* Ansteckung *f*
contamination *f* Verseuchung *f*, Kontamination *f*

contaminer verseuchen; an=stecken
conte m Märchen n
contemplatif, -ive 1 beschaulich, besinnlich **2** (rel) kontemplativ
contempler betrachten, an=schauen, beschauen, an=sehen
contemporain 1 zeitgenössisch **2** *ils sont ~s* sie leben zur gleichen Zeit ◆ m **-e** f Zeitgenosse m, Zeitgenossin f
contenance f **1** Fassungsvermögen n **2** *se donner une ~* sich gelassen geben, sich gefaßt zeigen *perdre ~* die Fassung/Haltung verlieren
contenir 1 fassen, enthalten **2** *~ la foule* die Menge zurück=halten ◆ *se ~* sich beherrschen/zurück=halten
content 1 *être ~* glücklich/froh sein **2** *~ de* zufrieden mit
contenter zufrieden=stellen *~ tout le monde* es allen (Leuten) recht=machen ◆ **1** *se ~ de peu* sich mit wenig zufrieden=geben **2** *se ~ de téléphoner* sich damit begnügen, anzurufen
contentieux m Streitsache f
contenu m Inhalt m, Gehalt m
conter erzählen, berichten; (fig) *ne pas s'en laisser ~* sich nichts weis=machen lassen
contestable anfechtbar; fraglich; bestreitbar
contestataire : *un discours ~* eine aufsässige Rede ◆ m f ProtestlerIn m f, Protestierende/r
contestation f **1** *y a-t-il des ~s?* gibt es Beanstandungen fpl/Einwände mpl? **2** *~ sociale* sozialer Protest
conteste : *sans ~* unbestritten, zweifellos
contester 1 *~ un testament* ein Testament an=fechten **2** *~ un fait* eine Tatsache an=zweifeln ; *je ne conteste pas que* ich bestreite nicht, daß
conteur, -euse m f ErzählerIn m f
contexte m Zusammenhang m, Kontext m; (fig) *~ politique* die politischen Umstände mpl
contigu, -ë nebeneinanderliegend, angrenzend (an A)
continent m Kontinent m, Erdteil m
continental, -aux : *climat ~* Binnenklima n, Kontinentalklima n
contingent m **1** (mil) Kontingent n **2** *un ~ de marchandises* Warenquote f
contingenter kontingentieren
continu ununterbrochen; (fig) *journée ~e* durchgehende Arbeitszeit; (tech) *courant ~* Gleichstrom m
continuel, -le 1 ständig **2** andauernd
continuer fort=setzen *~ sa route* seinen Weg weiter=gehen ◆ *~ à/de* an=halten/ fort=dauern zu; *~ à rouler* weiter=fahren
continuité f Fortbestand m

contorsionner (se) sich drehen, sich verrenken; (fam) herum=zappeln
contour m Umriß m, Konturen fpl
contournement m Umgehung f *voie de ~* Umgehungsstraße f
contourner umgehen
contraceptif, -ive empfängnisverhütend ◆ m Verhütungsmittel n
contraception m Empfängnisverhütung f
contractant m **-e** f KontrahentIn m f
contracter 1 an=spannen **2** (mot) zusammen=ziehen **3** (assurance) ab=schließen **4** *~ une maladie* sich (D) eine Krankheit zu=ziehen ◆ *se ~* sich zusammen=ziehen; (muscle) sich verkrampfen
contraire 1 *deux avis ~s* zwei gegensätzliche Meinungen **2** *~ aux bonnes mœurs* sittenwidrig ◆ m Gegenteil n *au ~!* im Gegenteil! *au ~ des autres* im Gegensatz m zu den anderen
contrariant verdrießlich, unangenehm ; (fig) *ne pas être ~* gutwillig sein
contrarier 1 *~ qqn* jn verstimmen **2** *~ un projet* ein Projekt verhindern
contrariété f Unannehmlichkeit f; Verstimmung f
contraste m Kontrast m, Gegensatz m
contraster : *~ avec qch* sich von etw ab=heben, von etw ab=stechen
contrat m Vertrag m, Abkommen n, Übereinkunft f
contravention f Strafzettel m
contre 1 gegen (A) *~ toute attente* entgegen aller Erwartung, ganz wider Erwarten; *~ vents et marées* allen Hindernissen zum Trotz; *assurance ~ le vol* Diebstahlsversicherung f **2** *~ le mur* an die/ der Wand; *face ~ terre* das Gesicht auf der Erde **3** *parier cent ~ un* hundert zu/ gegen eins wetten ◆ *être ~* dagegen sein ◆ *par ~* dagegen, hingegen, andererseits, jedoch ◆ m *il y a du pour et du ~* das hat Vor- und Nachteile mpl
contre-attaquer einen Gegenangriff unternehmen
contrebalancer aus=gleichen
contrebande f Schmuggel m *faire de la ~* schmuggeln
contrebandier m **-ère** f SchmugglerIn m f
contrebas : *en ~ de la route* unterhalb der (G) Straße
contrebasse f Kontrabaß m
contrecarrer : *~ un projet* ein Vorhaben vereiteln/hintertreiben
contrechamp m (cin) Gegenschuß m
contrecœur (à) widerwillig, ungern
contrecoup m Rückschlag m, Rückwirkung f; Nachwirkung f
contre-courant (à) stromaufwärts; (fig) gegen den Strom m

contredire : ~ *qqn* jm widersprechen; *(fig)* ~ *les prévisions* die Voraussagen widerlegen
contrée *f* Gegend *f*
contrefaire nach=ahmen; fälschen
contrefort *m* **1** *(archi)* Strebepfeiler *m* **2** *les ~s des Alpes* Voralpen *fpl* **3** *(chaussure)* Hinterkappe *f*
contre-indication *f* Gegenanzeige *f*
contre-jour *m* Gegenlicht *n*
contremaître, -tresse VorarbeiterIn *m f*, WerkmeisterIn *m f*
contremarque *f* Kontrollmarke *f*; Einzelausweiskarte *f*
contrepartie *f* : *donner qch en* ~ etw als Ersatz *m* geben; *(fig) mais en* ~ aber dafür
contrepèterie *f* Schüttelreim *m*
contreplaqué *m* Sperrholz *n*
contre-plongée *f* *(cin)* (Gegen)aufnahme *f* von oben
contrepoids *m* Gegengewicht *m*; *(fig)* Ausgleich *m*; *(horloge)* (Ausgleichs)gewicht *n*
contrer : ~ *qqn* jm entgegen=treten, jm Kontra geben; *(jeu)* kontern
contresens *m* **1** Sinnwidrigkeit *f* **2** *rouler à* ~ in entgegengesetzter Richtung *f* fahren; *(fig) à ~ de* entgegen (**D**)
contretemps *m* **1** Verhinderung *f avoir un* ~ verhindert sein; *(fig) à* ~ im falschen Augenblick *m*, ungelegen **2** *(mus) à* ~ im Kontratempo *n*
contrevenant *m* **-e** *f* Zuwiderhandelnde/r
contrevenir verstoßen (gegen)
contribuable *m* SteuerzahlerIn *m f*, Steuerpflichtige/r
contribuer (à) bei=tragen / bei=steuern (zu **D**), mit=helfen (bei **D**)
contribution *f* Beitrag *m*, Anteil *m*, Abgabe *f mettre qqn à* ~ jn in Anspruch *m* nehmen
contrit reuevoll, zerknirscht
contrôle 1 *perdre le ~ de son véhicule* die Kontrolle über sein Fahrzeug verlieren **2** Kontrolle, Überprüfung *f se présenter au* ~ sich bei der Aufsicht *f* melden; *(ens) avoir un* ~ eine Arbeit *f* schreiben
contrôler (über)prüfen, kontrollieren ◆ *se* ~ sich beherrschen
contrôleur *m* **-euse** *f* : ~ *des impôts* SteuerprüferIn *m f*; *(train)* SchaffnerIn *m f*, FahrkartenkontrolleurIn *m f*
controverse *f* Meinungsverschiedenheit *f*, Streitgespräch *n*, Kontroverse *f*
controversé *(personne)* umstritten; *(sujet)* strittig
contumace *f* : *par* ~ in Abwesenheit *f*
contusion *f* Quetschung *f*
convaincre 1 ~ *qqn* jn überzeugen **2** ~ *qqn de meurtre* jn des Mordes überführen
convalescence *f* Rekonvaleszenz *f*
convalescent rekonvaleszent
convecteur *m* Konvektor *m*
convenable 1 anständig *tenue* ~ passende Kleidung; *ce n'est pas* ~ es ziemt / schickt sich nicht **2** *un logement* ~ eine ordentliche Wohnung; *un salaire* ~ ein ausreichender Lohn
convenance *f* **1** *respecter les ~s* den Anstand *m* wahren **2** *pour ~s personnelles* aus persönlichen Gründen *mpl* **3** *trouver qch à sa* ~ etw nach seinem Belieben *n* finden
convenir 1 *cela me convient* das ist mir recht **2** *ce travail lui convient parfaitement* diese Arbeit entspricht ihm völlig; *que convient-il de faire?* was empfiehlt sich zu tun? ◆ <être> **1** ~ *d'un rendez-vous* eine Verabredung vereinbaren **2** *j'en conviens* ich räume ein / gestehe zu
convention *f* **1** Abkommen *n*, Vereinbarung *f* ~ *collective* Tarifvertrag *m* **2** *respecter les ~s* die üblichen Gepflogenheiten *fpl* / Konventionen *fpl* respektieren **3** *(pol)* Parteikonvent *m*
conventionné : *médecin* ~ Kassenarzt *m*
conventionnel, -le konventionell
convenu 1 *un style* ~ ein festgelegter / herkömmlicher Stil **2** ~ *comme* ~ wie abgemacht / verabredet ; *à l'heure* ~ zur vereinbarten Zeit → **convenir**
convergent 1 ineinanderübergehend; *(fig) opinions ~es* sich annähernde Meinungen **2** *(phys)* konvergierend
converger zusammen=laufen ~ *sur un point* sich in einem Punkt vereinigen; *(fig) tous les regards convergent sur lui* alle Blicke richten sich auf ihn
conversation *f* **1** Gespräch *n*, Unterhaltung *f*, Konversation *f* **2** *avoir de la* ~ gesprächsfreudig sein
converser sich unterhalten
conversion *f* **1** *(rel)* Glaubensübertritt *m*, Glaubenswechsel *m*, Konvertierung *f* **2** *(ski)* Wendung *f* **3** Umwandlung *f*
convertible 1 *(monnaie)* konvertierbar **2** *canapé* ~ Klappsofa *n*, Schlafcouch *f*
convertir 1 ~ *qqn à* jn bekehren zu **2** ~ *en* um=wandeln / verwandeln / um=formen (in **A**) ◆ *se* ~ *(à)* konvertieren (zu)
convexe konvex
conviction *f* Überzeugung *f*; Überzeugungskraft *f*
convier : ~ *qqn à un repas* jn zum Essen ein=laden ; ~ *qqn à faire qch* jn ersuchen, etw zu tun
convive *m f* Gast *m*
convivial, -aux gesellig; *(fig) un ordinateur* ~ ein benutzerfreundlicher Computer

convocation

convocation f **1** Einberufung f **2** ~ *à un examen* Aufforderung f/Einladung f zu einer Prüfung

convoi m Zug m *voyager en ~* im Konvoi m/in einer Wagenreihe f fahren; *(mil)* Kolonne f

convoiter begehren

convoitise f Begierde f, Begehrlichkeit f, Begehren n; Gier f; Lüsternheit f

convoquer : *~ qqn* jn vor=laden; *~ une assemblée* eine Versammlung ein=berufen

convoyer geleiten, eskortieren

convoyeur m : *~ de fonds* (Geld)transportbegleiter m

convulsif, -ive krampfhaft

convulsion f *(méd)* Krampf m; *(fig)* Zuckungen fpl

coopérant m EntwicklungshelferIn m f

coopératif, -ive genossenschaftlich; *(fig)* kooperativ, hilfsbereit

coopération f Mitwirkung f, Mitarbeit f, Zusammenarbeit f, ; *(pol)* Entwicklungshilfe f

coopérative f Genossenschaft f

coopérer zusammen=arbeiten, mit=arbeiten; mit=wirken (an **D**)

coordination f : *~ des opérations* Koordinierung f der Arbeitsgänge ; *~ des mouvements* Koordination f der Bewegungen; *(gram) conjonction de ~* Konjunktion der Beiordnung f

coordonnées fpl *(math/géo)* Koordinate f; *(fam) donner ses ~* sagen, wo man erreichbar ist

coordonner einheitlich leiten, aufeinander ab=stimmen ; *~ ses mouvements* seine Bewegungen koordinieren

copain, -ine *(fam > non fam)* mf FreundIn m f; *un vieux ~* ein alter Kumpel m; *(péj) les petits ~s* Kumpane mpl

copeau m (Holz)span m

copie f Kopie f, Abschrift f; *(ens)* Klassenarbeit f

copier 1 kopieren *~ qqn* jn nach=ahmen **2** *~ un texte* einen Text ab=schreiben ◆ *~ sur son voisin* von seinem Nachbarn ab=schreiben

copieusement reichlich

copieux, -euse : *repas ~* üppiges Mahl

copinage m *(fam)* Cliquenwirtschaft f

copropriété f : *à la charge de la ~* zu Lasten der Miteigentümer mpl

copte koptisch

copulation f Begattung f, Vereinigung f

coq m **1** Hahn m; *(fig) être comme un ~ en pâte* von vorne und hinten bedient werden; *passer du ~ à l'âne* vom Hundertsten ins Tausendste kommen **2** *(sp) poids ~* Fliegengewicht n **3** *~ de bruyère* Auerhahn m

coque f **1** *(mar)* Schiffsrumpf m **2** *œuf à la ~* weichgekochtes Ei **3** *(noix)* Nußschale f **4** Herzmuschel f

coquelicot m Klatschmohn m

coqueluche f Keuchhusten m; *(fig/fam)* Schwarm m

coquet, -te 1 eitel/eitl= **2** hübsch; *(fig) une ~te somme* ein hübsches Sümmchen ◆ f *faire la ~te* kokettieren

coquetier m Eierbecher m

coquillage m Muschel f

coquille f **1** Schale f **2** *(typo)* Druckfehler m **3** *(sport)* Tiefschutz m

coquin : *regard ~* frivoler Blick ◆ m -e f **1** SchelmIn m f, Spitzbube m, Spitzbübin f **2** *fieffé ~* Erzschurke m

cor 1 Horn n ; *(fig) à ~ et à cri* laut und ungestüm **2** *~ au pied* Hühnerauge n **3** *~s d'un cerf* Hirschgeweih n

corail m Koralle f

coran m Koran m

corbeau m **1** Rabe m; *(fig)* anonymer Briefschreiber m **2** *(archi)* Kragstein m

corbeille f **1** Korb m **2** *(th)* Balkon m; *(bourse)* Maklerraum m

corbillard m Leichenwagen m

cordage m *(mar)* (Tau)werk n

corde f **1** Seil n, Strang m, Schnur f, Strick m *~ lisse* Klettertau n ; *~ à linge* Wäscheleine f ; *(fig) être sur la ~ raide* gefährlich stehen **2** *~ d'un arc* Bogensehne f ; *(fig) tirer sur la ~* den Bogen m überspannen; *(math)* Sehne f **3** *(mus/raquette)* Saite f; *instrument à ~s* Saiteninstrumente npl, Streichinstrumente npl; *(fig) ~ sensible* empfindlicher/sensibler Punkt m **4** *~s vocales* Stimmbänder npl **5** *(auto) prendre un virage à la ~* die Innenkurve entlang=fahren; *usé jusqu'à la ~* abgescheuert, blankgewetzt

cordée f Seilschaft f

cordelette f Schnürchen n, Kordel f

cordial, -aux : *accueil ~* herzlicher Empfang ◆ m *prendre un ~* etw trinken

cordialement herzlich, aufs herzlichste; *(iro) détester ~ qqn* jn aus tiefstem Herzen verabscheuen

cordon m **1** Schnur f **2** *~ ombilical* Nabelschnur f **3** *~ sanitaire* Sperrgürtel m ; *~ de police* Polizeikordon m **4** *(décoration)* Ordensband n **5** *~ littoral* Nehrung f

cordonnier m Schuhmacher m

coriace zäh; *(fig)* starrköpfig

corne f **1** Horn n **2** *(escargot)* Fühler m **3** *~ d'abondance* Füllhorn n ; *~ de brume* Nebelhorn n **4** Hornhaut f

cornée f Augenhornhaut f

corneille f Krähe f

cornemuse f Dudelsack m

corner 1 hupen, tuten **2** um=knicken

corner [kɔʀnɛʀ] m Ecke f

cornet m **1** *~ de frites* Tüte f Pommes

frites [pɔməfʀit]; *glace en ~* Eis in der Waffel f/im Becher m **2** *~ acoustique* Höhrrohr n ; *(mus) ~ à piston* Flügelhorn n **3** *~ à dés* Würfelbecher m
cornette f Schwesternhaube f
corniaud m **1** Promenadenmischung f **2** *(fam)* Tolpatsch m
corniche f **1** *(géo)* Steilufer n, in eine Felswand gebaute Straße f **2** *(armoire)* Absetzleiste f
cornichon m kleine Essigurke f; *(fam)* Einfaltspinsel m
corollaire m logische/notwendige/unmittelbare Folgerung f
corolle f Blumenkrone f, Blütenkrone f
coron m Bergarbeitersiedlung f
coronaire f Herzkranzgefäß n
corporation f Zunft f, Körperschaft; Berufsverband m, Stand m
corporatiste korporativ
corporel, -le körperlich, Körper-
corps m **1** Körper m *combat ~ à ~* Nahkampf m; *enterrer un ~* eine Leiche f/ einen Leichnam m bestatten; *(fig) ~ et âme* mit Leib und Seele m ; *à son ~ défendant* höchst ungern, widerwillig ; *à ~ perdu* kopfüber **2** *~ médical* Ärzteschaft f ; *~ diplomatique* diplomatisches Corps n ; *~ grands ~ de l'Etat* Staatsorgane npl, die obersten Behörden fpl ; *(mil)* Corps n **3** *~ d'un bâtiment* Hauptgebäude n ; *(mar) perdu ~ et biens* mit Mann und Maus untergegangen **4** *(méd) ~ étranger* Fremdkörper m ; *(chim) ~ simple* Grundstoff m, Element n ; *(fig) prendre ~* Gestalt f an=nehmen **5** *(vin)* Schwere f
corpulence f Korpulenz f *de forte ~* sehr beleibt/korpulent
correct korrekt, richtig *tenue ~e* ordentliche/anständige/passende Kleidung; *cela n'est pas ~* das ist nicht fair/korrekt
correction f **1** Berichtigung f **2** Korrektur f **3** *donner une bonne ~ à qqn* jm eine tüchtige Tracht f Prügel verpassen **4** Anstand m, Höflichkeit f
correctionnel, -le : *tribunal ~* Strafkammer f
corrélat m Korrelat n
corrélation f Zusammenhang m; Wechselbeziehung f, Wechselwirkung f
correspondance f **1** *~ commerciale* Handelskorrespondenz f; *lire sa ~* seine Post f lesen **2** *(transports)* Anschluß m **3** *~ d'idées* Übereinstimmung f von Ideen
correspondant m **-e** f **1** BrieffreundIn m f, BriefpartnerIn m f **2** *(presse)* Korrespondent m
correspondre korrespondieren, in Briefwechsel stehen ◆ *~ à la realité de* der Realität entsprechen ; *ne ~ à rien* jeder Grundlage entbehren, völlig sinnlos sein
corrida f Stierkampf m, Corrida f

corrigé m Berichtigung f, Verbesserung f, Korrektur f
corriger 1 verbessern, korrigieren **2** *~ qqn* jn berichtigen ; jn züchtigen
corroborer bekräftigen, bestätigen
corrompre 1 verderben **2** *~ un policier* einen Polizisten bestechen
corrosif, -ive ätzend, beißend ; *(fig) un discours ~* eine beißende Rede
corruption f **1** Verdorbenheit f, Zersetzung f **2** Bestechung f, Korruption f
corsage m Bluse f
corsé : *vin ~* fülliger Wein
corser würzen, spannender machen ◆ *se ~* sich zu=spitzen
corset m Korsett n
cortège m Gefolge n, Geleit n, Zug m ; *(fig)* Begleiterscheinungen fpl
cortex m : *~ cérébral* Hirnrinde f
corvée f *(hist)* Fronarbeit f; *(fig)* Plackerei f ; *être de ~* dran sein
cosmétique : *produit ~* kosmetisches Mittel, Schönheitsmittel n ; *industrie ~* Kosmetikindustrie f
cosmique kosmisch
cosmonaute m f KosmonautIn m f, RaumfahrerIn m f
cosmopolite kosmopolitisch
cosmos [kɔsmɔs] m Kosmos m
cosse f **1** *(légumes)* Hülse f **2** *(élec)* Klemmring f, Kabelschuh m
cossu protzig
costaud *(fam > non fam)* stämmig, kräftig
costume m **1** Anzug m **2** Kostüm n **3** *~ breton* bretonische Tracht f
costumé : *bal ~* Kostümball m
cote f **1** Kennziffer f ; *(document)* Aktenzeichen n ; *~ d'alerte* Wasserstand(sanzeige) f, Markierungspunkt m; *(fig)* der kritische Punkt m ; *(plan)* Maßstab m **2** *(bourse/courses)* Notierung f ; *(fig/fam) avoir la ~* hoch im Kurs m stehen, gut angeschrieben sein
côte f **1** Hang m **2** Küste f **3** Rippe f ; *(fig) ~ à ~* nebeneinander ; Schulter f an Schulter
côté m **1** Seite f ; *(fig) de mon ~* (ich) meinerseits ; *laisser de ~* bleiben=lassen, vernachlässigen; *(fam) ~ travail, ça va* arbeitsmäßig geht's ; *(méd) point de ~* Seitenstiche mpl **2** *du ~ de mon père* väterlicherseits **3** *de quel ~ allez-vous?* in welche Richtung f gehen Sie? **4** *du ~ de Nantes* in der Nähe f von Nantes ◆ *à ~ de* neben (A/D) *la maison d'à ~* das Haus nebenan ; *(fig) passer à ~ de qch* sich (D) etw durch die Lappen gehen lassen ; *à ~ de moi il est riche* mit mir verglichen, ist er reich
coteau m **-x** Hügel m, (An)höhe f
côtelé : *velours ~* Cord(samt) m

côtelette f Kotelett n
coter 1 (*bourse*) notieren 2 (*document*) numerieren ◆ *très coté* sehr geschätzt
coterie f Sippschaft f
côtier, -ière Küsten-
cotillons mpl Papierschlangen fpl und Konfetti npl
cotisation f Beitrag m
cotiser Beiträge zahlen ◆ *se ~* Geld zusammen=legen/bei=steuern
coton m 1 Baumwolle f; (*fam*) *avoir les jambes en ~* weiche Knie haben 2 *~ à repriser* Stopfgarn n 3 *~ hydrophile* Watte f
coton-tige m Wattestäbchen n
côtoyer : (*fig*) *des gens de toutes sortes* mit den verschiedensten Leuten in Berührung kommen
cou m Hals m, Nacken m, Genick n *sauter au ~ de qqn* jm um den Hals fallen; (*fig*) *prendre les jambes à son ~* die Beine in die Hand nehmen
couardise f Feigheit f
couche f 1 Schicht f; (*fam*) *en tenir une ~* ganz schön dämlich/bekloppt sein, eine Mattscheibe f haben 2 *partager la ~ de qqn* mit jm das Lager n teilen 3 (*bébé*) Windel f 4 *fausse ~* Fehlgeburt f; *être en ~s* im Wochenbett sein, nieder=kommen 5 *champignon de ~* Champignon m
coucher übernachten, schlafen ; (*fam*) *nom à ~ dehors* ein Name, bei dem man sich (D) die Zunge bricht ◆ 1 hin=legen *~ un enfant* ein Kind ins/zu Bett bringen 2 *~ qqn sur son testament* jn in seinem Testament bedenken ◆ 1 *se ~ tard* spät ins Bett gehen 2 *couchez-vous sur le côté* legen Sie sich auf die Seite 3 *le soleil se couche* die Sonne geht unter 4 *un arbre s'est couché sur la route* ein Baum ist auf die Straße umgeknickt
coucher m 1 *heure du ~* Schlafenszeit f 2 *~ de soleil* Sonnenuntergang m
couchette f (*train*) Schlafwagenplatz m ; (*bateau*) (Schiffs)koje f
couci-couça (*fam*) so lala
coucou! Kuckuck ! m 1 Kuckuck m 2 gelbe Narzisse f 3 (*fam/avion*) *un vieux ~* ein alter Vogel m
coude m 1 Ellbogen m ; (*fig*) *se serrer les ~s* zusammen=halten 2 Bogen m ; (*tech*) Rohrwinkelstück n
couder biegen, krümmen
coudre nähen *~ un bouton* einen Knopf an=nähen
couenne f Schwarte f
couette f 1 Federbett n 2 (*cheveux*) Schwänzchen pl
couffin m Babytragetasche f
couic! quiek !
coulant 1 *nœud ~* Schlinge f 2 (*fromage*) sehr weich ; (*fam*) *être très ~* sehr nachsichtig/kulant sein
coulée f : *~ de lave* Lavastrom m
coulemelle f Parasolpilz m
couler 1 (*bateau*) sinken ; (*fig/fam*) ab=saufen ; ein=gehen 2 fließen, rinnen, laufen ; (*fig*) *~ de source* sich von selbst ergeben ◆ *faire ~ un bain* ein Bad ein=laufen lassen ◆ 1 *~ de la cire* Wachs gießen 2 (*bateau*) versenken ; (*fig*) *~ qqn* jn erledigen/fertig=machen 3 *~ des jours tranquilles* ruhige Tage genießen, ruhig dahin=leben ; (*fam*) *se la ~ douce* es sich (D) gut gehen/wohl sein lassen ◆ *se ~ dans ses draps* zwischen die Laken schlüpfen
couleur f 1 Farbe f *crayon de ~* Farbstift m, Buntstift m ; *linge de ~* farbige Wäsche ; *pellicule ~* (*fam*) Farbfilm m ; *personne de ~* Farbige/r ; (*fam*) *annoncer la ~* Farbe bekennen ; (*fig*) *faire très ~ locale* sehr viel Lokalkolorit n haben ; (*fig/fam*) *en voir de toutes les ~s* mit allen Wassern gewaschen sein ; *ne pas voir la ~ de qch* etw nicht zu Gesicht bekommen ; *changer de ~* erblassen 2 *~ politique* die politische Richtung 3 *personnage haut en ~* auffallende Persönlichkeit 4 *hisser les ~s* die Flagge hissen
couleuvre f Natter f
coulis m Püree n
coulisse f 1 (*th*) Kulisse f; (*fig*) *~s de la politique* die Hintergründe mpl der Politik 2 *trombone à ~* Zugposaune f
coulisser sich schieben lassen ◆ *faire ~ qch* etw schieben
couloir m 1 Korridor m, Flur m, Gang m ; (*fig*) *bruits de ~* Treppengeflüster n 2 *~ aérien* Luftkorridor m ; *~ d'autobus* m Busspur f ; *~ d'avalanche* Lawinenschneise f
coup m 1 Schlag m, Hieb m *~s et blessures* Körperverletzung f ; *échanger des ~s* sich prügeln ; *~ de pied* Fußtritt m ; *~ de couteau* Messerstich m ; *donner un ~ de poing sur la table* mit der Faust auf den Tisch schlagen ; (*fam*) *en prendre un ~* etwas ab=bekommen ; *prendre un ~ de vieux* (auf einmal/plötzlich) altern 2 (*fig/fam*) *tenir le ~* aus=halten, durch=halten, stand=halten 3 *~ de feu* Schuß m 4 *donner un ~ d'œil à qch* etw flüchtig an=sehen/ mit dem Blick streifen ; nach etw schauen/ gucken ; *donner un ~ de main* helfen ; *donner un ~ de pouce* auf die Sprünge mpl helfen, Auftrieb m geben ; (*fam*) *en mettre un ~* los=legen, sich ins Zeug n legen, tüchtig ran=gehen 5 *se donner un ~ de peigne* sich (schnell) kämmen (*fam*) ; *~ de fil/téléphone* (Telefon)anruf m ; *~ de sonnette* Klingelzeichen n, Klingeln n ; *~ de sifflet* Pfiff m 6 *~ de tonnerre* Donner(schlag) m ; *~ d'Etat* Staatsstreich m ; *~ de théâtre* Knalleffekt m, Überrra-

courrier

schung f 7 (jeu) **en trois** ~**s** in drei Runden fpl/Zügen mpl ; (fig) **au** ~ **par** ~ Schlag auf Schlag ; ~ **sur** ~ gleich nacheinander; **boire un** ~ einen Schluck m/etw trinken; **faire un mauvais** ~ eine Straftat begehen; **tout faire d'un** ~ alles auf einmal machen; **réussir du premier** ~ auf Anhieb m/auf den ersten Schlag Erfolg haben; **rater son** ~ einen Fehlschlag m erleiden **8 sur un** ~ **de tête** unüberlegt ; **faire les 400** ~**s** einen drauf=machen, über die Stränge hauen **9 après** ~ hinterher, nachträglich; **du** ~ infolgedessen, darauf; **sur le** ~ auf der Stelle, sofort ; **tout à** ~ plötzlich, auf einmal **10** à ~ **de millions** unter Aufwand m von Millionen; **tomber sous le** ~ **de la loi** unter die Bestimmungen fpl des Gesetzes fallen ◆ **tout à** ~ plötzlich

coupable (de) schuldig (an D)

coupe f **1** Schale f **2** (sport) Pokal m **3** Schneiden n ; ~ **de cheveux** Haarschnitt m **4** (plan) (An)schnitt m **5 être sous la** ~ **de qqn** von jm völlig beherrscht werden, (fam) unter js Fuchtel f stehen

coupé m Kupee n

coupe-papier m Brieföffner m

couper 1 schneiden ~ **un bras** einen Arm ab=trennen; (fig) ~ **la route** eine Straße sperren ; ~ **un chat** eine Katze kastrieren **2** ~ **une communication** ein (Telefon)gespräch unterbrechen ; ~ **l'eau** das Wasser ab=stellen ; ~ **l'appétit** den Appetit verderben/verschlagen ; (fig) ~ **court** ein Ende machen, kurz ab=brechen ; ~ **la parole à qqn** jm das Wort ab=schneiden, jm ins Wort fallen ; ~ **les vivres** die finanzielle Unterstützung entziehen **3** ~ **qqn de qch** jn von etw fern=halten **4** ~ **du vin** den Wein verdünnen ◆ **1** (jeu) ab=heben **2** ~ **à travers champs** querfeldein laufen **3** (fam) ~ **à qch** um etw drum herum=kommen ◆ **1 se** ~ sich schneiden ; (fam) sich verraten **2 se** ~ **du monde** sich von der Welt ab=schließen

couperose f Rosazea f, Couperose f

coupe-vent m Windjacke f

couple f **1** (Ehe)paar n **2** ~ **de danseurs** Tanzpaar n **3** (tech) Koppelriemen m

coupole f Kuppel f

coupon m **1** Abschnitt m; (banque) Dividendenschein m, Anteilschein m **2** ~ **de tissu** Stoffrest m

coupon-réponse m Antwortschein m

coupure f **1** (méd) Schnittwunde f; (fig) ~ **dans un texte** Streichung f in einem Text; **avoir besoin de faire une** ~ eine Unterbrechung f nötig haben **2** ~ **d'eau** Abstellen n des Wassers **3** ~ **de journal** Zeitungsausschnitt m **4 en petites** ~**s** in kleinen Scheinen mpl

cour f **1** Hof m ; (th) **côté** ~ rechte Seite f **2** ~ **d'appel** Berufungsgericht n **3** (roi) Hof ; (fig) **faire la** ~ **à qqn** jm den Hof machen

courage m Mut m **avoir le** ~ **de ses idées** zu seinen Ideen stehen; **ne plus avoir le** ~ **de travailler** keine Lust/keine Ausdauer mehr zum Arbeiten haben; (fig/fam) **prendre son** ~ **à deux mains** sich (D) ein Herz fassen

courageux, -euse mutig; (fig) eifrig

couramment fließend, geläufig

courant 1 affaires ~**es** laufende Geschäfte ; **allemand** ~ fließendes Deutsch ; (fig) **c'est monnaie** ~**e** das ist (so) gang und gäbe **2** ~ **chien** Jagdhund m ; (fig) **eau** ~**e** fließendes Wasser ; **main** ~**e** Rampe f

courant m **1** Strömung f ; (fig) **il remonte le** ~ es geht mit ihm wieder aufwärts **2** ~ **d'air** Luftzug m **3** (élec) Strom m **4 dans le** ~ **de la semaine** im Lauf(e) m der Woche **5** ~ **d'idées** Ideentrend m, gedankliche Strömung f ; ~ **de sympathie** Sympathiefluß m **6 être au** ~ **(de)** auf dem laufenden sein, Bescheid wissen (über A); **mettre au** ~ (fig) ins Bild setzen; **tenir au** ~ auf dem laufenden halten, Bescheid sagen

courbature f Muskelkater m

courbe f : **une ligne** ~ eine geschwungene Linie, Bogenlinie f ◆ f Kurve f ; ~ **d'un virage** Krümmung f einer Kurve ; ~ **des sourcils** Bogen m der Augenbrauen

courber 1 ~ **la tête** den Kopf beugen **2** ~ **une branche** einen Ast biegen ◆ **se** ~ sich krümmen/biegen ; sich beugen/bücken

courbette f : (fam) **faire des** ~**s à qqn** vor jm katzbuckeln

courbure f Bogen m, Krümmung f

coureur, -euse m f LäuferIn m f ; ~ **cycliste** (Rad)rennfahrer m ; (fig) ~ **de jupons** Schürzenjäger m

courgette f Zucchini pl

courir 1 laufen, rennen; (fig) sich ab=hetzen; (fam) **tu peux (toujours)** ~ ! da kannst du lange warten ! **il lui court après** er läuft ihr hinterher/nach **2 par les temps qui courent** in diesen Zeiten, in der jetzigen Zeit ◆ **1** ~ **le 100 mètres** am 100-m-Lauf teil=nehmen **2** ~ **le monde** in der Welt herum=kommen, sich in der Welt herum=treiben ; ~ **les magasins** die Geschäfte ab=klappern **3** ~ **les honneurs** hinter der Ehre her sein **4** ~ **sa chance** sein Glück versuchen ◆ **partir en courant** davon=rennen

couronne f **1** Krone f **2** (fleurs) Kranz m **3** (dent) Krone **4** (astro) (Sonnen)korona f

couronner krönen ◆ (fam) **se** ~ **le genou** sich am Knie schlagen

courrier m **1** Post f **envoyer un** ~ einen Brief m schicken ; ~ **des lecteurs** Leser-

courroie *f* Riemen *m*, Band *n*, Gurt *m*

courroucé aufgebracht, wütend

courroux *m* Zorn *m*, Grimm *m*

cours *m* **1** Lauf *m* ~ *d'eau* Wasserlauf *m*; *(fig)* Ablauf *m*, Verlauf *m* *en* ~ *de route* unterwegs; *être en* ~ im Gange sein, laufen; *donner libre* ~ freien Lauf *m* lassen; *suivre son* ~ seinen Gang *m* gehen, verlaufen, ab=laufen **2** Unterricht *m*, Kurs *m* ~ *particulier* Privatstunde *f*, Einzelunterricht *m*; Nachhilfe *f*; *(université)* Vorlesung *f* **3** ~ *préparatoire* erste Klasse *f*; ~ *du soir* Abendschule *f* **4** *(bourse)* Kurs *m*, Notierung *f*; *(fig) ne plus avoir* ~ keine Geltung *f* mehr haben; *(monnaie)* nicht mehr im Umlauf *m* sein

course *f* **1** (Wett)rennen *n au pas de* ~ im Laufschritt *m* ; *(fig/fam) ne plus être dans la* ~ überholt sein **2** Besorgung *f*, Einkauf *m*; *faire ses* ~s ein=kaufen **3** ~ *en montagne* Bergtour *f*; *(taxi) prix de la* ~ Fahrpreis *m* **4** ~ *du soleil* Sonnenbahn *f*; ~ *d'un piston* Kolbenhub *m*

court kurz; *(fam) c'est un peu* ~ das ist ein bißchen wenig ◆ *(fig) à* ~ *d'argent* knapp bei Kasse; *couper* ~ Einhalt gebieten; *prendre qqn de* ~ jn in Verlegenheit bringen, jn überrumpeln

court *m* : ~ *de tennis* Tennisplatz *m*

court-bouillon *m* Sud *m*

court-circuit *m* Kurzschluß *m*

courtier, -ère MaklerIn *m f*, VermittlerIn *m f*

courtisan *m* Höfling *m*

courtisane *f* Kurtisane *f*

courtiser ~ *une femme* einer Frau den Hof machen; *(fig)* ~ *qqn* jn umschmeicheln, jm schmeicheln

courtois 1 höflich, ritterlich **2** *(hist)* höfisch

courtoisie *f* Höflichkeit *f*, Ritterlichkeit *f*

cousin, -e Cousin *m*, Kusine *f*, Vetter *m* ◆ *m* Stechmücke *f*

coussin *m* Kissen *n*

coût *m* Kosten *fpl*

coûtant : *prix* ~ Einkaufspreis *m*, Selbstkostenpreis *m*

couteau, -x *m* **1** Messer *n* ~ *de chasse* Hirschfänger *m*; *(fig) être à* ~*x tirés avec qqn* einander spinnefeind sein; *mettre à qqn le* ~ *sous la gorge* jm die Pistole auf die Brust setzen **2** *(tech)* Spachtel *m*

coûter kosten ~ *cher* teuer sein; *(fig) coûte que coûte* koste es was es wolle, um jeden Preis; *cela va te* ~ *cher !* das wird dich teuer zu stehen kommen ! ◆ schwer fallen *c'est le premier pas qui coûte* aller Anfang ist schwer

coûteux, -euse kostpielig, teuer; aufwendig

coutume *f* Brauch *m*, Sitte *f*, Gewohnheit *f*; *(fig) avoir* ~ *de* pflegen zu; *plus tard que de* ~ später als gewöhnlich / üblich; *(prov) une fois n'est pas* ~ einmal ist keinmal

couture 1 *faire de la* ~ nähen **2** *faire une* ~ eine Naht nähen **3** *maison de* ~ Modehaus *n*

couturier *m* **-ère** *f* ModeschöpferIn *m f*; SchneiderIn *f*

couvée *f* Brut *f*

couvent *m* Kloster *n*

couver (aus)=brüten; *(fig)* behüten, verhätscheln; ~ *qqn des yeux* kein Auge von jm lassen ◆ *(feu)* schwelen

couvercle *m* Deckel *m*, Kappe *f*

couvert : *ciel* ~ bedeckter Himmel ; *(fig) parler à mots* ~s (etw) durch die Blume sagen → **couvrir**

couvert *m* **1** *ajouter un* ~ ein Gedeck *n* hinzu=fügen; *mettre le* ~ den Tisch *m* decken; *mettre les* ~s die Bestecke *npl* hin=legen **2** *le vivre et le* ~ Kost und Unterkunft *f*, Verpflegung und Unterkunft *f* **3** *sous le* ~ *d'un supérieur* durch einen Vorgesetzten gedeckt; *(fig) sous le* ~ *de l'amitié* unter dem Vorwand *m* / dem Deckmantel *m* der Freundschaft

couverture *f* **1** Decke *f* **2** *(maison)* Dach *n*; *(livre)* Umschlag *m*

couveuse *f* **1** Brutapparat *m* **2** Bruthenne *f* **3** *(bébé)* Brutkasten *m*

couvre-lit *m* Tagesdecke *f*

couvreur *m* Dachdecker *m*

couvrir 1 (zu=)decken; bedecken ~ *de taches* völlig beflecken; ~ *de cadeaux* mit Geschenken überhäufen ; ~ *d'injures* mit Beleidigungen überschütten **2** ~ *une femelle* ein Weibchen decken **3** ~ *une distance* eine Entfernung zurück=legen **4** ~ *un complice* einen Komplizen decken ; ~ *ses arrières* für Rückendeckung *f* sorgen **5** ~ *les frais* die Kosten decken **6** ~ *un événement* über ein Ereignis berichten ◆ *bien se* ~ sich warm an=ziehen ; sich gut zu=decken ◆ *être couvert contre le vol* gegen Diebstahl versichert sein

coyote *m* Kojote *m*

C.Q.F.D. = *ce qu'il fallait démontrer* was zu beweisen war

crabe *m* Taschenkrebs *m*

crac ! krach !

crachat *m* Spucke *f*, Auswurf *m*

cracher 1 spucken; *(fig/moteur)* stottern; *(fig/fam) ne pas* ~ *sur qch* kein Kostverächter von etw sein **2** *(fam)* aus=spukken; *(argent)* blechen ◆ **1** spucken; *(fig)* ~ *ses poumons* die Lunge aus dem Hals

husten; ~ *des injures* Schimpfworte aus=stoßen **2** ~ *de la lave* Lava speien
cracheur *m* : ~ *de feu* Feuerschlucker *m*
crachin *m* Sprühregen *m*
craie *f* Kreide *f*
craindre 1 (be)fürchten **2** ~ *le soleil* die Sonne nicht vertragen (können)
crainte *f* Furcht *f*/Angst *f* (vor **D**)
craintif, -ive furchtsam, ängstlich; scheu
cramoisi karm(es)inrot; *(fig)* hochrot, puterrot
crampe *f* Krampf *m*
crampon *m* Klammer *f*, Krampe *f chaussures à* ~*s* Schuhe mit Steigeisen *npl* ; *(fam) quel* ~ *celui-là !* das ist vielleicht eine Klette !
cramponner (se) sich fest=klammern/ an=klammern; *(fig) se* ~ *à la vie* sich ans Leben klammern
cran *m* **1** Kerbe *f monter d'un* ~ eine Stufe höher=rücken **2** *serrer sa ceinture d'un* ~ seinen Gürtel um ein Loch *n* enger stellen **3** *(cheveux)* Welle *f* **4** *avoir du* ~ Mumm *m*/Schneid *m* haben
crâne *m* Schädel *m*; *(fam) mal au* ~ Schädelbrummen *n*
crâner *(fam)* dick(e)=tun, auf=schneiden
crâneur *m* **-euse** *f* WichtigtuerIn *m f*, AufschneiderIn *m f*
crânien, -ne *f* : *boîte* ~*ne* Hirnschale *f*
crapaud *m* **1** Kröte *f* **2** *fauteuil* ~ niedriger Sessel *m*
crapule *f* Lump *m*, Schweinehund *m*
crapuleux, -euse liederlich, lotterhaft *crime* ~ Raubmord *m*
craqueler (se) ab=platzen, reißen
craquer 1 knarren **2** reißen; *(fig) ses nerfs ont craqué* er hat durchgedreht; *(fam)* nicht beherrschen können ◆ **1** ~ *une allumette* ein Streichholz an=zünden **2** ~ *son pantalon* seine Hose zerreißen
crasse *f* Dreck *m*, Schmutz *m*; *(fam)* gemeiner/mieser Streich *m*
crasseux, -euse dreckig, schmutzig, schmierig
crassier *m* Schlackenhalde *f*
cratère *m* Krater *m*
cravache *f* Reitpeitsche *f*
cravacher mit der Reitpeitsche schlagen ◆ *(fam)* ran=klotzen
cravate *f* **1** Krawatte *f*, Schlips *m* ; *(fam) s'en jeter un derrière la* ~ sich einen hinter die Binde kippen **2** (Ehren)abzeichen *n*
crawl [krol] *m* Kraul *n*, Kraulen *n*
crayeux, -euse kreidehaltig
crayon *m* Bleistift *m*
créance *f* **1** *recouvrer une* ~ Außenstände *mpl* ein=treiben **2** *lettre de* ~ Beglaubigungsschreiben *n*
créancier, -ère GläubigerIn *m f*

créateur, -trice schöpferisch ◆ *m f* SchöpferIn *m f*
création *f* **1** ~ *du monde* die (Er)schaffung *f* der Welt **2** Schöpfung *f* **3** ~ *d'une entreprise* die Gründung eines Betriebes; ~ *d'emplois* Schaffung *f* von Arbeitsplätzen **4** *(spectacle)* Uraufführung *f* **5** *(mode/art)* Kreation *f*
créativité *f* Kreativität *f*
créature *f* : *Dieu et ses* ~*s* Gott und seine Kreatur *f*; *de pauvres* ~*s* arme Geschöpfe *npl*
crèche 1 (Kinder)krippe *f* **2** *(rel)* Krippe *f*
crédible glaubwürdig
crédit 1 Kredit *m*, Darlehen *n carte de* ~ Kreditkarte *f*; *à* ~ auf Kredit/Teilzahlung *f*; *faire* ~ Kredit gewähren **2** Guthaben *n* **3** *jouir d'un grand* ~ sich eines großen Ansehens *n* erfreuen
créditer *(banque)* gut=schreiben; *(fig)* ~ *qqn de toutes les qualités* jm große Qualitäten zu=schreiben
créditeur, -trice : *compte* ~ Haben *n* ◆ *m f* GeldgeberIn *m f*, Kreditor *m*
crédule leichtgläubig
créer 1 *(rel)* (er)schaffen **2** gründen ~ *des emplois* Arbeitsplätze schaffen **3** ~ *un parfum* ein Parfüm kreieren **4** ~ *des ennuis à qqn* jm Schwierigkeiten bereiten
crémaillère *f* **1** *(fig) pendre la* ~ ein neues Haus/eine neue Wohnung ein=weihen, Einweihung *f* feiern **2** *à* ~ mit Zahnleiste *f*, Zahnrad=
crématoire : *four* ~ Krematorium *n*
crème cremefarben ◆ *f* **1** Rahm *m*, Sahne *f*; *(fig) c'est la* ~ *des hommes* er ist der beste Mensch **2** Creme *f* ◆ *m un grand* ~ ein großer Milchkaffee *m*
crémerie *f* Milchladen *m*; *(fam) changer de* ~ das Lokal wechseln
crémeux, -euse cremig, sahnig
créneau *m* **-x 1** Zinne *f*, Schießscharte *f* **2** *(auto) faire un* ~ ein=parken **3** (Markt)lücke *f*
créole *m f* Kreole *m*, Kreolin *f*
crêpe *m* **1** *(tissu)* Crêpe *m* **2** *semelle de* ~ Kreppsohle *f*
crêper *(cheveux)* kräuseln ; *(fam) se* ~ *le chignon* sich in (**D**) den Haaren liegen
crépi *m* Putz *m*
crépir verputzen
crépiter *(feu)* knistern, prasseln; *(fusil)* hämmern, prasseln
crépon *m* : *papier* ~ Kreppapier *n*
crépu kraus, gekräuselt
crépuscule *m* Abenddämmerung *f*; Morgendämmerung *f*
cresson *m* Kresse *f*
crête *f* Kamm *m*; *(fig)* ~ *d'un toit* Dachfirst *m*
creuser 1 ~ *la terre* Erde um=graben;

(fig) ~ *une question* eine Frage vertiefen; *(fig/fam) se ~ la cervelle* sich **(D)** den Kopf zerbrechen **2** ~ *un tunnel* einen Tunnel aus=schachten ◆ graben; *(fam) ça creuse!* das macht hungrig! ◆ *l'écart se creuse* der Abstand vergrößert sich
creuset *m* Schmelztiegel *m*
creux, -euse 1 hohl; *(fig)* leer **2** *heures creuses* verkehrsarme Zeiten, Flaute *f* **3** *assiette creuse* tiefer Teller, Suppenteller *m*; *chemin ~* Hohlweg *m*; *joues creuses* eingefallene/hohle Wangen
creux *m* Vertiefung *f* ~ *de la main* innere Handfläche *f*, hohle Hand; *le ~ de la vague* Wellental *f*, *(fig)* Talsohle *f*, Tief *n*; *(fam) avoir un petit ~* etwas Hunger *m* haben
crevaison *f* Platzen *n*
crevasse *f* Spalte *f*, Spalt *m*, Riß *m*
crevasser (se) bersten, rissig werden
crever 1 platzen **2** *(fam)* verrecken ◆ aus=stechen, auf=stechen; *(fig)* ~ *les yeux* in die Augen springen; ~ *le cœur* ins Herz treffen ◆ *(fam) se ~* sich tot=schinden/ab=schinden
crevette *f* Garnele *f*, Krabbe *f*
cri *m* Schrei *m*; *(animal)* Ruf *m*; *(fig) le ~ du cœur* Ruf des Herzens; *c'est du dernier ~* das ist der letzte Schrei; *pousser les hauts ~s* ein Mordsgeschrei *n* an=fangen
criard *(voix)* gellend; *(couleur)* schreiend
crible *m* ; *(fig) passer qch au ~* etw genau/eingehend prüfen
criblé durchlöchert, durchsiebt; *(fig) être ~ de dettes* bis über die Ohren in Schulden stecken
cric *m* Wagenheber *m*
crier schreien; rufen ◆ ~ *au scandale* seine Empörung hinaus=schreien ◆ ~ *un ordre* einen Befehl schreien ◆ *(fig)* ~ *qch sur tous les toits* etw an die große Glocke hängen ; ~ *vengeance* nach Rache schreien
crime *m* Verbrechen *n*; *(fig) c'est un ~!* es ist kriminell!
criminalité *f* Kriminalität *f*
criminel, -le verbrecherisch *acte ~* Straftat *f* ; *(fig)* kriminell ◆ *m f* Verbrecherln *m f*, Kriminelle/r
crin *m* (Roß)haar *n*
crinière *f* Mähne *f*
crique *f* kleine Bucht *f*
criquet *m* Heuschrecke *f*
crise *f* **1** Anfall *m* ~ *de nerfs* Nervenkrise *f*, Nervenzusammenbruch *m*; *(fam) piquer sa ~* seinen Koller *m* bekommen **2** ~ *économique* Wirtschaftskrise *f* ; ~ *du logement* Wohnungsnot *f*
crispant auf die Nerven gehend/fallend
crisper (se) sich zusammen=ziehen; *(fig)* verkrampft werden

crisser knirschen; *(pneus)* quietschen
cristal *m* **-aux** Kristall *n affichage à cristaux liquides* Digitalanzeige *f*
cristallin kristallen; *(voix)* hell
cristalliser kristallisieren ◆ *(fig)* ~ *des énergies* Energien zusammen=fassen
critère *m* Kriterium *n*
critiquable angreifbar, kritikwürdig, tadelswert
critique 1 kritisch, bedenklich *situation ~* gespannte Lage, heikle Situation **2** *esprit ~* kritischer Geist
critique *f* **1** Kritik *f* **2** *faire la ~ d'un roman* einen Roman besprechen; *la ~ est unanime* die Kritiker sind einer Meinung, die Kritik ist einhellig ◆ *m f* ~ *littéraire* LiteraturkritikerIn *m f*, RezensentIn *m f*
critiquer kritisieren
croasser krächzen
croc *m* (Fang)zahn *m*; *(fam) avoir les ~s* Kohldampf *m* haben
croche *f (mus)* Achtelnote *f*
crochet *m* Haken *m* ~ *de serrurier* Dietrich *m* ; ~ *à venin* Giftzahn *m*; *faire du ~* häkeln; *(fig) faire un ~* aus=biegen; einen Abstecher machen; *(fam) vivre aux ~s de qqn* auf js Kosten *fpl* leben
crochu krumm *nez ~* Hakennase *f*
crocodile *m* Krokodil *m*
croire ~ *qqn* (es) jm glauben ; ~ *qch* etw glauben **2** *ne pas en ~ ses oreilles* seinen Ohren nicht trauen **3** denken ◆ glauben (an A) ◆ *se ~ plus fort que les autres* sich für stärker als die anderen halten
croisade *f* Kreuzzug *m*
croisé *mots ~s* Kreuzworträtsel *n*; *veste ~e* zweireihige Jacke; *(mil/fig) feux ~s* Kreuzfeuer *n* ◆ *m* Kreuzritter *m*
croisement *m* Kreuzung *f*
croiser 1 ~ *les jambes* die Beine übereinander=schlagen; *(fig) se ~ les bras* die Hände in den Schoß legen **2** ~ *une voiture* an einem Auto vorbei=fahren ; ~ *qqn* jm begegnen, jm über den Weg laufen ; ~ *le regard de qqn* js Blick begegnen, den Blick von jm kreuzen **3** *le chemin croise la route* der Weg kreuzt die Straße **4** ~ *deux races* zwei Rassen miteinander kreuzen **5** ~ *le fer* sich duellieren ◆ *(mar)* kreuzen
croisière *f* Kreuzfahrt *f*; *(fig) rythme de ~* Normaltempo *n*
croissance *f* Wachstum *n*; Zunahme *f*
croissant *m* **1** Hörnchen *n* **2** Sichel *f* ~ *de lune* Mondsichel *f*
croître (an)=wachsen, zu=nehmen, steigen, größer werden
croix *f* **1** Kreuz *n faire son signe de ~* sein/das Kreuzzeichen (machen), sich bekreuzigen **2** *faire une ~* ein Kreuz machen, etw an=kreuzen; *(fig) faire une ~*

sur qch etw ab=schreiben, etw endgültig begraben **3** *la Croix Rouge* das Rote Kreuz
croquant knackig
croque-mitaine *m* schwarzer Mann *m*; *(fig)* Buhmann *m*
croque-monsieur *m* Schinkenkäsetoast *m*
croque-mort *m* *(fam > non fam)* Leichenbestatter *m*
croquer **1** an=beißen *~ un bonbon* ein Bonbon knabbern **2** skizzieren
croquis *m* Skizze *f*, (erster) Entwurf *m*
cross [krɔs] *m* Geländelauf *m*
crosse *f* **1** *(rel)* Stab *m*; *(sport)* Schläger *m* **2** *~ de fusil* Gewehrkolben *m*
crotte *f* **1** Kot *m*, Dreck *m*, Kacke *f*; *(fam) ~!* verflixt! **2** *~ de chocolat* Praline *f*
crotté verdreckt
crottin *m* **1** *~ de cheval* Pferdeäpfel *m* **2** kleiner runder Ziegenkäse *m*
crouler ein=brechen; *(fig) ~ sous le travail* unter der Arbeit zusammen=brechen
croupe *f* Kruppe *f*
croupi *eau ~e* Brackwasser *n*
croupion *m* Steißbein *n*
croupir still=stehen; stagnieren; *(fig)* verkommen, vermodern; *(fig)* dahin=vegetieren
croustillant knusprig; *(fig)* pikant
croûte *f* **1** Kruste *f*, *(fromage)* Rinde *f*; *(méd)* Grind *m*; *(fam) gagner sa ~* seine Brötchen verdienen **2** *pâté en ~* Blätterteigpastete *f* **3** *~ calcaire* Kesselstein *m*; *~ terrestre* Erdrinde *f* **4** *(cuir)* Schwarte *f* **5** *(fam/peinture)* Schinken *m*
croyance *f* Glaube *m*, Glaubensrichtung *f*
croyant gläubig
CRS *m* = **compagnie républicaine de sécurité** Bereitschaftspolizei *f*
cru **1** roh *lait ~* nicht pasteurisierte Milch **2** *lumière ~e* grelles Licht **3** *paroles ~es* freiheraus gesagte Worte, deutliche / offene Worte; *histoire un peu ~e* anstößige Geschichte ♦ *(cheval) à ~* ohne Sattel
cru *m* **1** *un bon ~* ein guter Tropfen *m* **2** *(fam) qqn du ~ (non fam)* ein Einheimischer; *c'est encore une invention de son ~* da hat er einmal mehr was ausgeheckt
cruauté *f* Grausamkeit *f*
cruche *f* Krug *m*; *(fam)* Esel *m*, Gans *f*
crucifier kreuzigen
crucifix [-fi] *m* Kruzifix *n*
cruciforme kreuzförmig
crudités *fpl* rohes Gemüse *n*; Rohkost *f*
crue *f* Hochwasser *n*
cruel, -le **1** grausam, unmenschlich; *(fig)* hart **2** qualvoll *une perte ~le* ein schmerzlicher Verlust
crustacé *m* Krebstiere *npl*
cubage *m* Kubikinhalt *m*
cube *m* **1** Würfel *m*; *(jeu)* Bauklotz *m* **2** *(math)* Kubikzahl *f*; *mètre ~* Kubikmeter *m/n*
cubi / cubitainer [kybitɛnɛr] *m* Plastikbehälter *m*, Plastikballon *m*
cubique **1** würfelförmig **2** *(math) racine ~* Kubikwurzel *f*
cubitus [-tys] *m* Ellenbogenknochen *m*
cueillette *f* Sammeln *n*, Pflücken *n*; *~ des pommes* Apfelernte *f*
cueillir pflücken, sammeln, (auf)=lesen; *(fig/fam) ~ qqn* jn schnappen; *~ qqn à froid* jn überrumpeln
cui! piep! *faire ~-~* piepen
cuiller / cuillère *f* **1** Löffel *m*; *(fam) en deux coups de ~ à pot* zwischen Tür und Angel; *être à ramasser à la petite ~* total fertig sein **2** *(pêche)* Blinker *m*
cuillerée *f* Löffelvoll *m*
cuir *m* **1** Leder *n* **2** *~ chevelu* Kopfhaut *f*
cuirasse *f* (Brust)panzer *m*; *(fig) défaut de la ~* wunder Punkt *m*, schwache Stelle *f*
cuirassé *m* Panzerkreuzer *m*, Panzerschiff *n*
cuire **1** *(faire) ~ à l'eau* kochen; *~ au four* in der Röhre braten; *~ au gril* grillen, rösten; *chocolat à ~* Blockschokolade *f* **2** *(poterie)* brennen ♦ **1** *la soupe est en train de ~* die Suppe kocht **2** *il pourrait vous en ~* das könnten Sie noch bitter bereuen
cuisant *un échec ~* eine schmähliche Niederlage
cuisine *f* **1** Küche *f* **2** Kochkunst *f*, Küche *f* *faire la ~* kochen; *(fig/fam) ~ électorale* Wahlintrigen *fpl*
cuisiné *plat ~* Fertiggericht *n*
cuisiner *bien ~* gut kochen ♦ zu=bereiten; *(fig/fam) ~ qqn* jn aus=quetschen
cuisinier, -ère Koch *m*, Köchin *f*
cuisinière *f* Küchenherd *m*; *~ électrique* Elektroherd *m*
cuissarde *f* Schaftstiefel *m*
cuisse *f* Oberschenkel *m*; *(animal)* Keule *f*
cuisson *f* **1** Kochen *n*, Braten *n*, Backen *n*; *10 minutes de ~* Kochzeit *f* 10 Minuten **2** *(poterie)* Brennen *n*
cuit gekocht *bien ~*; *(fam) il est ~* er ist erledigt → **cuire**
cuivre *m* **1** Kupfer *n* *~ jaune* Messing *n* **2** *de beaux ~s* schöne Kupfersachen *fpl* **3** *(mus)* Blech(blas)instrument *n*
cuivré kupferfarben
cul *m* **1** *~ de bouteille* Flaschenboden *m*; *(fam) faire ~ sec* trinken **2** *(fam)* Hintern *m*, Arsch *m*; *être comme ~ et chemise* wie Kletten *fpl* aneinander=hängen **3** *(fam) faux ~* falscher Fuffziger *m*
culasse *f* **1** *(fusil)* Gewehrschloß *n* **2** *(moteur)* Zylinderkopf *m*
culbute *f* **1** *faire des ~s* Purzelbäume

culbuter

mpl schlagen **2** *(comm/fam) faire la ~* einen Reibach von 100% machen
culbuter sich überschlagen ◆ *tout ~ sur son passage* auf seinem Weg alles überrennen
culbuteur *m (moteur)* Ventilhebel *m*
cul-de-jatte *m f* beinloser Krüppel *m*
cul-de-sac *m* Sackgasse *f*
culinaire Koch-, Küchen-, kulinarisch *art ~* Kochkunst *f*
culminant : *point ~* Kulminationspunkt *m*; *(fig)* Höhepunkt *m*
culminer : *~ au-dessus d'autres sommets* über andere Gipfel hinweg=ragen ; *~ à 800 m* bei 800 Metern gipfeln ; *(astro)* seinen Kulminationspunkt erreichen, kulminieren
culot *m* **1** *~ d'une lampe* Lampensockel *m* **2** *(fam) avoir du ~* dreist/vorlaut sein
culotte *f* (Unter)hose *f*, Schlüpfer *m* ; *(fig/fam) porter la ~* die Hosen an=haben ; *(fig) ~ de cheval* Fettposter *npl*
culotté **1** *(pipe)* angeraucht **2** *(fam) être ~* unverschämt/frech sein
culpabiliser sich **(D)** Selbstvorwürfe machen ◆ *~ qqn* bei jm Schuldgefühle erzeugen
culpabilité *f* Schuld *f*
culte *m* **1** Verehrung *f* ; *(fig) ~ de la personnalité* Personenkult *m* **2** Gottesdienst *m*
cultivable anbaufähig, bestellbar
cultivateur, -trice *m f* LandwirtIn *m f*
cultivé **1** *(sol)* bebaut, bestellt **2** *(personne)* gebildet, kultiviert
cultiver **1** *~ un champ* ein Feld bestellen **2** *~ des légumes* Gemüse an=bauen **3** *~ une amitié* eine Freundschaft pflegen/aufrecht=erhalten ◆ *se ~* sich bilden
culture *f* **1** *~ intensive* Intensivanbau *m*, Intensivbebauung *f* **2** *ravager le ~s* das ganze Ackerland verwüsten **3** *~ microbienne* Bakterienkultur *f* **4** Bildung *f ~ générale* Allgemeinbildung *f* **5** Kultur *f ~ d'entreprise* Unternehmenskultur *f* **6** *~ physique* Leibeserziehung *f*, Turnen *n* und Sport *m*
culturel, -le kulturell, Kultur-
culturisme *m* Kraftsport *m*
cumin *m* Kümmel *m*
cumuler an=häufen, kumulieren *~ deux fonctions* zwei Funktionen gleichzeitig bekleiden
cumulus [-lys] *m* **1** Kumuluswolke *f* **2** Warmwasserspeicher *m*, Boiler *m*
cunéiforme : *écriture ~* Keilschrift *f*
cupide (geld)gierig, habsüchtig
cupidité *f* Habsucht *f*, (Geld)gier *f*

curable heilbar
curatif, -ive Heil-
cure *f* **1** Kur *f* **2** *n'avoir ~ de qch* sich um etw nicht kümmern, sich **(D)** aus etw nichts machen **3** Pfarrei *f*
curé *m* Priester *m*
cure-dents *m* Zahnstocher *m*
cure-pipes *m* Pfeifenreiniger *m*
curer säubern, reinigen
curetage *m (méd)* Ausschabung *f*
curieusement merkwürdigerweise
curieux, -euse **1** neugierig *avoir un esprit ~* wißbegierig sein ; *je suis ~ de savoir si* ich möchte sehr gern wissen, ob ; ich bin gespannt darauf, zu erfahren, ob **2** merkwürdig, sonderbar *regarder qqn comme une bête curieuse* jn an=starren/an=glotzen
curiosité *f* **1** Neugier *f*, Wißbegier *f*, Wissendrang *m* **2** *c'est une ~* das ist eine Kuriosität *f* eine Besonderheit *f*
curiste *m f* Kurgast *m*
curriculum vitae [kyʀikylɔmvite] *m* Lebenslauf *m*
curseur *m* Läufer *m*, Schlitten *m*
cursif, -ive : *écriture ~* Kursivschrift *f*
cursus [kyʀsys] *m* Werdegang *m* ; *(université)* Curriculum *m*
cutané Haut-
cuve *f* Trog *m*, Bottich *m*, Becken *n*
cuvette *f* Schüssel *f* ; *~ de WC* Toilettenbecken *n*
CV *m* **1**→ **curriculum vitæ 2**→ **cheval-vapeur** PS *f*
cyanure *m* Zyanid *n*
cybernétique *f* Kybernetik *f*
cyclamen [siklamɛn] *m* Alpenveilchen *n*
cycle **1** Zyklus *m ~ solaire* Sonnenzyklus *m*, Sonnenbahn *f* ; *~ des saisons* Ablauf *m* der Jahreszeiten **2** Stufe *f* ; *(ens) second ~* Oberstufe *f* **3** *marchand de ~s* Fahrradhändler *m*
cyclique zyklisch
cyclisme *m* Radsport *m*
cycliste : *course ~* Radrennen *n* ◆ *m f* RadfahrerIn *m f*
cyclone *m* **1** Wirbelsturm *m* **2** *(météo)* Tiefdruckzone *f*
cygne *m* Schwan *m*
cylindrée *f* : *grosse ~ (fam)* schwerer Schlitten *m*
cylindrique zylindrisch
cymbale *f* Zimbel *f*
cynique zynisch
cyprès *m* Zypresse *f*
cyrillique kyrillisch
cystite *f* (Harn)blasenentzündung *f*

D

dactylo f 1 = *dactylographe* MaschineschreiberIn m f, Schreibkraft f, (fam) Tippse f 2 = *dactylographie* Maschineschreiben n
dada m (fam) 1 *c'est mon ~* das ist mein Steckenpferd n 2 *à ~!* hoppe hoppe Reiter!
dahlia m Dahlie f
daigner geruhen *ne pas ~ répondre* sich zu keiner Antwort herab=lassen, jn keiner Antwort würdigen
daim m 1 Damhirsch m 2 (cuir) Wildleder n
dalle f 1 (Stein)platte f 2 *couler une ~ (de béton)* einen Estrich m legen 3 (fam) *avoir la ~* Kohldampf m haben; *que ~! (fam)* nicht die Bohne!
daller mit Fliesen fpl/Platten fpl aus=legen
dalmatien m Dalmatiner m
daltonien -ne farbenblind
damassé damastartig, Damast-
dame f Dame f, Frau f; (jeu) *~ de pique* Piquedame f; *jouer aux ~s* Dame spielen
damer 1 *~ une route* eine Straße fest=stampfen 2 (fam) *le pion à qqn* jn aus=stechen
damier m Damebrett n *en ~* schachbrettartig
damnation f Verdammnis f *enfer et ~!* Tod und Teufel!
damné verdammt, verflucht; (fig) *l'âme ~e de qqn* js böser Geist
dandiner (se) (mit den Beinen) schlenkern; sich in den Hüften wiegen
danger m 1 Gefahr f 2 *il n'y a pas de ~!* nichts zu befürchten!
dangereux, -euse gefährlich
dans 1 in (D/A); (fig) *entrer ~ les compétences de qqn* zu js Kompetenzbereich gehören 2 *~ les délais* innerhalb der Frist; *~ les règles* den Regeln entsprechend 3 *~ trois jours* in drei Tagen 4 *~ l'attente de* in Erwartung von; *~ le but de* mit dem Ziel, in der Absicht 5 *coûter ~ les 200 F* um die/rund 200 Francs kosten
danse f Tanz m; (fam) *mener la ~* eine Sache an=führen; *avoir la ~ de St Guy* den Veitstanz m haben
danser tanzen; (fam) *ne pas savoir sur quel pied ~* (non fam) verlegen sein; sich nicht entscheiden können
danseur m **euse** f Tänzerln m f *~euse étoile* Primaballerina f; *~ étoile* Meistertänzer m; (fig) *pédaler en ~euse* Kurven fpl fahren
dard m Stachel m
dartre f Flechte f
date f 1 Datum n 2 *fixer une ~* einen Termin m/Zeitpunkt m fest=legen 3 *amitié de longue/fraîche ~* langjährige/neue Freundschaft; *le dernier en ~* der letzte
dater datieren ◆ *cette idée date un peu* diese Idee ist veraltet; *~ du XIe siècle* aus dem 11 Jahrhundert stammen
datif m (gram) Dativ m
datte f Dattel f
dauphin m 1 Delphin m 2 Kronprinz m
daurade f Goldbrasse f
davantage 1 *~ d'argent* mehr Geld 2 *je ne resterai pas ~* ich bleibe nicht länger
D.C.A. f = *défense contre les aéronefs* Luftabwehr f
de 1 aus (D) *eau ~ source* Quellwasser n 2 *le fils ~ Paul* Pauls Sohn; *un ~ ses amis* einer seiner Freunde/von seinen Freunden 3 *manger ~ tout* von allem essen 4 *mourir ~ faim* vor Hunger sterben; verhungern 5 *~ force* mit Gewalt 6 *se souvenir ~ qqn* sich an jn erinnern 7 *qch ~ beau* etw Schönes
dé m 1 Würfel m; (fig) *les ~s sont pipés* die Karten fpl sind gezinkt 2 *~ à coudre* Fingerhut m
D.E.A. m = *diplôme d'études approfondies* Vorpromotion f
déambuler umher=ziehen, herum=laufen
débâcle f (fig) Niederlage f, Zusammenbruch m; Desaster n
déballer : *~ sur un marché* auf einem Markt aus=stellen ◆ *~ qch* etw aus=packen
débandade f totales Durcheinander n
débarbouiller (se) sich (D) das Gesicht waschen
débarcadère m Landungsbrücke f
débardeur m ärmelloses Tee-Shirt n
débarquement m (Truppen)landung f
débarquer aus=laden ◆ 1 an Land gehen 2 (fam) nicht auf dem laufenden sein 3 (fam) *~ sans prévenir* herein=schneien
débarras m 1 Abstellkammer f 2 (fam) *bon ~!* endlich bin ich ihn/sie los!
débarrasser : *~ un grenier* den Boden entrümpeln; *~ la table* den Tisch ab=räumen; (fam) *le plancher* verschwinden, ab=hauen, eine Mücke machen ◆ *se ~ de qn /qch* jn/etw los=werden, (fam) sich (D) jn/etw vom Halse schaffen
débat m Debatte f; Auseinandersetzung f; (fig) *~ de conscience* Gewissenskonflikt m
débattre *~ (de)* debattieren (über A) ◆ *~ un prix* über einen Preis verhandeln ◆ *se ~* sich sträuben, zappeln; (fig) *se ~ dans les pires ennuis* sich mit schlimmsten Sorgen herum=schlagen
débauche f 1 Ausschweifung f *une vie*

débile

de ~ ein wüstes / ausschweifendes Leben 2 *~ d'ouvriers* Abwerbung *f* von Arbeitern
débile schwachsinnig; *(fam)* bekloppt
débilité *f* Schwachsinn *m*
débit *m* 1 *~ de tabac* Tabakladen *m* 2 *~ d'un fleuve* Wassermenge *f* eines Flusses; *(fig) ~ de paroles* Wortschwall *m* 3 *(banque)* Soll *n*
débiter 1 *~ du bois* Holz spalten/zerkleinern; *~ en tranches* in Scheiben schneiden 2 *~ 100 l à l'heure* 100 Liter pro Stunde aus=schenken 3 *(péj) ~ des sornettes* albernes Zeug in Umlauf bringen 4 *~ un compte de 100 Francs* ein Konto mit 100 Francs belasten
débiteur, -trice : *un compte ~* Debetkonto *n* ♦ *m f* SchuldnerIn *m f*
déblaiement *m* : *travaux de ~* Aufräumungsarbeiten *fpl*
déblayer 1 *~ des gravats* Schutt weg=schaffen/auf=räumen 2 *~ une route* eine Straße frei=machen; *(fig) ~ le terrain* den Weg ebnen
débloquer 1 lösen 2 *~ les prix* die Preise frei=geben; *(fig) ~ une situation* eine Situation entkrampfen ♦ *(fam)* durch=drehen
déboires *mpl* Probleme *npl*
déboiser ab=holzen
déboîter : *~ des tuyaux* Röhren auseinander=nehmen; *se ~ le coude* sich (D) den Ellbogen aus=kugeln/verrenken ♦ *(auto)* aus=scheren, die Fahrspur wechseln
débonnaire sanftmütig, verträglich
débordant : *(fig) une joie ~e* überschäumende Freude; *~ de vie* sprühend vor Leben
déborder 1 *la rivière déborde* der Fluß tritt über die Ufer 2 *la baignoire déborde* die Badewanne läuft über 3 *tu as débordé* du hast über den Rand geschmiert ♦ 1 *~ le cadre d'une question* den Rahmen einer Frage sprengen 2 *~ un lit* ein Bett auf=decken ♦ *se laisser ~ par les événements* von den Ereignissen überrumpelt werden ♦ *être débordé* überfordert sein
débosseler aus=beulen
débouché *m (comm)* Absatz *m*; *(fig)* (Berufs)aussichten *fpl*
déboucher 1 entkorken 2 eine Verstopfung beseitigen ♦ 1 *~ de la droite* von rechts (heraus)=kommen 2 führen; *(fig) ~ sur qch* zu etw (D) führen, in etw (A) (ein)=münden
débouler 1 herunter=rollen 2 plötzlich auf=tauchen ♦ *~ les escaliers* die Treppe(n) herunter=purzeln/herunter=kullern
débourser : *~ une grosse somme* eine große Summe bezahlen/aus=geben
debout : *être ~ à 8 h* um acht Uhr auf (den Beinen) sein; *la maison est encore ~* das Haus steht noch; *se mettre ~* sich (hin)=stellen; auf=stehen; *rester ~ pendant tout le voyage* während der ganzen Reise stehen; *ne pas tenir ~* nicht fest=stehen, nicht stehen können; *(fig)* weder Hand noch Fuß haben; *(fig) dormir ~* im Stehen schlafen; zum Umfallen müde sein ♦ *~!* auf! auf=stehen! aufgestanden!
débouter *(jur)* ab=weisen
déboutonner auf=knöpfen
débraillé unordentlich, schlampig
débrancher ab=schalten
débrayage *m* 1 Kupplung *f* 2 *~s* Arbeitsniederlegungen *fpl*
débrayer 1 entkuppeln 2 die Arbeit nieder=legen
débridé zügellos; *soirée ~e* ein ausgelassener Abend
débris *m* Trümmer *mpl ~ de verre* Glassplitter *m*; *(fam) vieux ~!* altes Wrack *n*!
débrouillard *(fam)* schlau, findig, pfiffig ♦ *m* -**e** *f* Pfiffikus *m*
débrouiller entwirren; *(fig) ~ une affaire* eine Angelegenheit auf=klären ♦ *(fam) bien/mal se ~* gut/schlecht zurecht=kommen; *débrouille-toi!* sieh zu, wie du fertig wirst!
débroussailler : *~ un chemin* das Gestrüpp von einem Weg entfernen *(fig/fam) ~ le terrain* den Boden vor=bereiten
débusquer auf=scheuchen; *(fig) ~ qn* jn durch=schauen/bloß=stellen
début *m* Anfang *m*, Beginn *m au ~* anfangs, im/am/zu Anfang; *il faut un ~ à tout* aller Anfang ist schwer; *avoir des ~s difficiles* einen schweren Start *m* haben; *faire ses ~s* seine ersten Schritte *mpl* machen
débutant *m* -**e** *f* AnfängerIn *m f*, Neuling *m*, DebütanIn *m f*
débuter beginnen/an=fangen (mit)
deçà (en) 1 *en ~ de la route* diesseits der (G) Straße 2 *en ~ de la vérité* noch nicht einmal die ganze Wahrheit
déca *m* Kaffee *m* Haag → **décaféiné**
décacheter entsiegeln; *~ une lettre* einen Brief öffnen
décade *f* : *la première ~ du mois* die erste Dekade *f*/die ersten zehn Tage des Monats; *la dernière ~ du XXe siècle* das letzte Jahrzehnt *n* des 20. Jahrhunderts
décadence *f* Dekadenz *f*
décaféiné : *café ~* koffeinfreier Kaffee
décalage *m* 1 Unterschied *m*, Abstand *m* 2 *~ d'une date* Verschiebung *f* eines Datums
décalcifier (se) unter Kalkmangel leiden
décalé : *avoir des horaires ~s* versetzte Zeiten haben

décaler 1 ~ *l'heure du repas* die Essenzeit verschieben ; ~ *des chaises* Stühle weg=rücken 2 den Keil weg=nehmen
décalitre *m* Dekaliter *n*
décalquer ab=ziehen, durch=pausen
décamètre *m* Dekameter *n*
décanter : *laisser un liquide se* ~ eine Flüssigkeit sich ab=klären lassen ◆ *(fig)* ~ *ses idées* seine Ideen läutern
décapant Abbeiz- ; *(fig) un humour* ~ ätzender Humor ◆ *m* Abbeize *f*
décaper ab=beizen ◆ *(fam) ça décape !* das ist stark/scharf !
décapiter enthaupten, köpfen
décapotable *f* Kabrio(lett) *n*
décapoter auf=klappen, auf=schlagen
décapsuler öffnen
décapsuleur *m* Flaschenöffner *m*
décathlon *m (sport)* Zehnkampf *m*
décéder <être> (ver)sterben, verscheiden
déceler 1 fest=stellen ; auf=decken ; entdecken, ans Licht bringen 2 *cela décèle un bon fond* das weist auf einen guten Kern hin
décélération *f* Verlangsamung *f*
décembre *m* Dezember *m*
décence *f* Anstand *m*, Schicklichkeit *f*
décennal, -aux zehnjährig, zehnjährlich
décennie *f* Jahrzehnt *n*
décent 1 anständig, sittsam, schicklich ; *(fig) il n'est pas* ~ *de* es gehört sich nicht, zu 2 *avoir un salaire* ~ einen annehmbaren Lohn haben
décentralisation *f* Dezentralisierung *f*
décentrer dezentrieren
déception *f* Enttäuschung *f*
décerner zu=erkennen, verleihen
décès *m* Tod *m*, Ableben *n* ; *acte de* ~ Sterbeurkunde *f*
décevoir enttäuschen
déchaîné 1 *être complètement* ~ nicht zu bändigen sein 2 *la mer est* ~*e* das Meer ist entfesselt
déchaîner : ~ *la colère* Zorn heraus=fordern ◆ *se* ~ *contre qqn* auf jn los=gehen/los=ziehen ; *la tempête se déchaîne* der Sturm tobt
déchanter *(fam)* klein bei=geben
décharge *f* 1 ~ *électrique* (elektrischer) Schlag *m* 2 ~ *municipale* städtische Mülldeponie *f* 3 *témoin à* ~ Entlastungszeuge *m* 4 *avoir une* ~ *de service* eine Dienstbefreiung *f* haben 5 *(archi) arc de* ~ Entlastungsbogen *m*
décharger 1 ~ *un camion* einen Lastwagen entladen ; ~ *des marchandises* Waren ab=laden/aus=laden ; *(fig)* ~ *sa conscience* sein Gewissen erleichtern 2 ~ *qqn d'un travail* jn von einer Arbeit entbinden/befreien 3 ~ *un fusil* ein Gewehr entladen 4 ~ *son pistolet sur qqn* seine Pistole auf jn ab=feuern ; *(fig)* ~ *sa colère sur qqn* seine Wut an jm aus=lassen ◆ *se* ~ *sur qqn* etw auf jn ab=wälzen
décharné abgemagert, ausgezehrt
déchausser : ~ *ses skis* seine Ski ab=schnallen ; ~ *qqn* jm die Schuhe aus=ziehen ◆ 1 *se* ~ seine Schuhe aus=ziehen 2 *la dent se déchausse* der Zahn wird locker
déchéance *f* Verkommenheit *f* ; *(jur) prononcer la* ~ *des droits civiques* die Aberkennung *f* der bürgerlichen Ehrenrechte aus=sprechen
déchet *m* Müll *m*, Abfall *m*, Ausschuß *m* ; Rückstände *mpl* ; *(péj)* ~ *humain* Abschaum *m* der Menschheit
déchetterie *f* Müllaufbereitungsanlage *f*
déchiffrer 1 entziffern ; *(fig)* entschlüsseln 2 *(mus)* vom Blatt spielen/singen
déchiqueter zerfetzen, zerstückeln, zerschneiden
déchirant herzzerreißend
déchirer (se) (sich) zerreißen ; *(fig)* ~ *une famille* eine Familie auseinander=reißen
déchirure *f* Riß *m* ~ *musculaire* Muskelriß *m*
déchoir verfallen, ab=sinken ~ *aux yeux de qqn* in js Augen (her)ab=sinken ◆ *il a été déchu de ses fonctions* er ist abgesetzt worden
décibel *m* Dezibel *n*
décidé entschlossen
décidément : ~ *je n'ai pas de chance !* ich habe wirklich kein Glück !
décider : *c'est moi qui décide !* hier bestimme ich ! ◆ 1 *que décides-tu ?* wie entscheidest du ? ; ~ *de partir* sich entschließen, fortzugehen 2 *j'ai fini par le* ~ es ist mir gelungen, ihn zu überzeugen ◆ ~ *de l'avenir de qqn* über js Zukunft entscheiden/bestimmen ◆ *se* ~ sich entscheiden/entschließen
décideur *m* Entscheidungsträger *m*
décigramme *m* Dezigramm *n*
décilitre *m* Deziliter *n*
décimal, -aux Dezimal-
décimer dezimieren
décimètre *m* Dezimeter *m*
décisif, -ive : *argument* ~ ein entscheidendes/ausschlaggebendes Argument ; *bataille décisive* Entscheidungsschlacht *f*
décision *f* 1 Entscheidung *f prendre une* ~ eine Entscheidung treffen 2 *par* ~ *du gouvernement* auf Anordnung *f* der Regierung ; ~ *judiciaire* Urteil *n*
déclamatoire deklamatorisch *un ton* ~ hochtrabender Ton
déclamer : ~ *des vers* Verse vor=tragen ; *(fig)* schwülstig/theatralisch reden
déclaration *f* Erklärung *f* ~ *d'amour* Liebeserklärung *f* ~ *de guerre* Kriegserklärung *f*

déclarer

déclarer erklären; ~ *sa flamme* seine Liebe gestehen; ~ *une naissance* eine Geburt an=melden/an=zeigen; ~ *ses revenus* seine Einkünfte versteuern; *n'avoir rien à* ~ keinerlei Erklärungen ab=geben; nichts zu verzollen haben ◆ **1** *se* ~ *prêt à faire qch* sich bereit=erklären, etw zu tun **2** *(guerre/maladie)* aus=brechen

déclasser zurück=stufen

déclencher aus=lösen; *(fig)* ~ *l'enthousiasme* Begeisterung entfesseln; ~ *un conflit* einen Konflikt aus=lösen ◆ *se* ~ an=gehen, an=schlagen; *(fig)* ausgelöst werden

déclencheur Auslöser *m*

déclic *m* Auslösen *n*, Auslösung *f*; *(fig/fam) ça a été le* ~ das war die Erleuchtung *f*; da hat es "Klick" gemacht

déclin *m* : ~ *du jour* scheidender Tag; *(fig)* ~ *d'une civilisation* der Verfall *m* einer Zivilisation; ~ *de popularité* Popularitätsverlust *m*; *être sur son* ~ sich seinem Ende zu=neigen, zu Ende gehen

déclinaison *f* Deklination *f*

décliner *(soleil)* ab=nehmen, sinken; *(fig)* nach=lassen, ab=nehmen ◆ **1** ~ *une invitation* eine Einladung nicht an=nehmen; ~ *toute responsabilité* jegliche Verantwortung ab=lehnen/zurück=weisen **2** ~ *ses nom, prénom...* seine Personalien an=geben **3** deklinieren

déclivité *f* Gefälle *n une* ~ *du terrain* Bodenabsenkung *f*

décloisonnement *m (fig)* Schrankenabbau *m*

déclouer Nägel heraus=reißen/heraus=ziehen

décocher : ~ *une flèche* einen Pfeil ab=schießen; *(fig)* ~ *un coup* einen Schlag versetzen; ~ *des injures* Beleidigungen los=schleudern/vom Stapel lassen; ~ *une œillade* mit Blicken bombardieren

décoction *f* Abkochen *n*

décoder entschlüsseln

décodeur *m (télé)* Dekodiereinrichtung *f*

décoiffer zerzausen

décoincer (se) (sich) aus einer Verklemmung/Blockierung lösen; *(fam)* locker machen/werden

décolérer : *ne pas* ~ sich nicht wieder beruhigen können

décollage *m* Abflug *m*, Start *m*

décollé : *oreilles* ~*es* abstehende Ohren

décoller : ~ *un timbre* eine Briefmarke ab=lösen/ab=machen ◆ starten, auf=steigen, ab=heben; *(fig) une économie qui décolle* eine sich im Aufschwung befindende Wirtschaft; *ne pas arriver à* ~ fest=kleben, nicht weg=kommen

décolleté *m* Ausschnitt *m*; Dekolleté *n*

décolonisation *f* Entkolonialisierung *f*

décolorant *m* Entfärber *m*, Bleichmittel *n*

décolorer entfärben ◆ *se faire* ~ *les cheveux* sich (**D**) die Haare bleichen lassen

décombres *fpl* Trümmer *mpl*, Schutt *m*

décommander (se) ab=sagen

décomposer : ~ *un nombre* eine Zahl auf=lösen; ~ *un mot* ein Wort zerlegen ◆ *se* ~ verwesen; verfaulen; *(visage)* sich verzerren

décomposition *f* **1** Zerlegung *f* **2** *corps en* ~ Körper in Verwesung *f*

décompte *m* : ~ *des charges* Aufstellung *f* der Nebenkosten

décompter : ~ *les frais* Kosten verrechnen/ab=ziehen

déconcentration *f* **1** Konzentrationsverlust *m* **2** ~ *administrative* Entflechtung *f* des Verwaltungsapparates

déconcerter aus der Fassung bringen, verwirren

déconfit geschlagen; kleinlaut

déconfiture *f (fam)* Pleite *f*

décongeler auf=tauen

décongestionner den Blutandrang mindern; *(fig)* ~ *le centre ville* das Stadtzentrum entlasten

déconnecter ab=schalten

déconseiller ab=raten

déconsidérer (se) (sich) diskreditieren

décontaminer entseuchen, dekontaminieren

décontenancer verblüffen, aus der Fassung bringen ◆ *ne pas se laisser* ~ sich nicht aus der Fassung bringen lassen

décontracté : *une tenue* ~*e* lässige/saloppe/bequeme Kleidung; *être* ~ locker/ungezwungen sein

décontracter (se) (sich) lockern/entspannen

décontraction *f* Entspannung *f*

déconvenue *f* Enttäuschung *f*

décor *m* Dekor *m/n*; *(fig) m* Rahmen *m*; *changer de* ~ einen Tapetenwechsel *m* vor=nehmen; *(fam) aller dans le* ~ *(non fam)* von der Fahrbahn/der Straße ab=kommen

décorateur *m* **-trice** *f* DekorateurIn *m f*; BühnenbildnerIn *m f*

décoratif, -ive **1** dekorativ, (aus)schmückend **2** *arts* ~*s/décos* Kunstgewerbe *n*

décoration *f* **1** ~ *d'un appartement* die Ausstattung *f* einer Wohnung **2** *recevoir une* ~ einen Orden *m*/eine Auszeichnung *f* erhalten

décorer **1** ~ *un appartement* eine Wohnung aus=statten; ~ *un sapin de Noël* einen Weihnachtsbaum schmücken **2** ~ *qn* jn aus=zeichnen, jm einen Orden verleihen

décortiquer aus=lösen, aus=pulen; *(fig)* ~ *un texte* einen Text zerpflücken

découdre auf=trennen ♦ *en ~ avec qqn* sich mit jm auseinander=setzen

découler sich ergeben

découpage *m* **1** *(viande)* Tranchieren *n* **2** *faire des ~s* aus=schneiden **3** *~ d'un scénario* Schnittfolge *f* **4** *~ électoral* Festlegung *f*/Einteilung *f* der Wahlkreise

découper zu=schneiden; tranchieren ♦ *se ~ à l'horizon* sich vom Horizont ab=heben

décourager **1** entmutigen **2** *~ qqn de faire qch* jm ab=raten, etw zu tun; *~ les voleurs* die Diebe ab=schrecken ♦ *se ~* den Mut verlieren/sinken lassen

décousu : *(fig) discours ~* zusammenhanglose Rede → **découdre**

découvert : *(fig) terrain ~* freiliegendes Gelände *à visage ~* mit offenem Visier *n* ♦ *courir à ~* ungeschützt laufen; *(banque) être à ~* das Konto überzogen haben ♦ *m* Fehlbetrag *m*, Defizit *n*, Soll *n*

découverte *f* Entdeckung *f partir à la ~* auf Erkundung *f* gehen

découvrir **1** entdecken; *(fig) d'ici on découvre la plaine* von hier aus kann man die Ebene sehen **2** auf=decken ♦ *se ~* sich auf=decken; *(fig)* sich zu erkennen geben

décrépir den Putz entfernen/ab=schlagen

décrépit *(fig)* verlebt, altersschwach

décret *m* Dekret *n*, Erlaß *m*, Verordnung *f*, Beschluß *m*

décréter erlassen, verordnen, verfügen; *(fig)* an=ordnen

décrier kritisieren, verschmähen; mißachten

décrire **1** beschreiben, schildern **2** *~ une courbe* eine Kurve beschreiben

décrisper entkrampfen

décrocher **1** ab=haken, ab=hängen; *(tél)* ab=nehmen **2** *(fam) ~ un contrat* einen Vertrag kriegen ♦ *(fam)* ab=schalten

décroître sinken; ab=nehmen; *(soleil)* unter=gehen

décrue *f* Absinken *n*

déculpabiliser von Schuld frei=sprechen, die Schuld ab=nehmen

décupler (sich) verzehnfachen

dédaigner verschmähen; mißachten

dédaigneux, -euse abfällig, herablassend, wegwerfend

dédain *m* Mißachtung *f*, Geringschätzung *f*, Herablassung *f*, Abfälligkeit *f*

dédale *m* Irrgarten *m*, Labyrinth *n*

dedans d(a)rin, in... drin, drinnen

dédicacer mit einer Widmung versehen, widmen

dédier widmen *~ un temple à Jupiter* Jupiter einen Tempel weihen

dédire (se) ab=sagen

dédit *m* Absage *f*

dédommagement *m* Entschädigung *f*, Schaden(s)ersatz *m*

dédommager entschädigen

dédouaner verzollen; *(fig) ~ qqn* jn weiß=waschen/rein=waschen

dédoublement *m* Aufteilung *f ~ de la personnalité* Persönlichkeitsspaltung *f*

dédramatiser entdramatisieren

déductible absetzbar, abzugsfähig

déduction *f* **1** Abzug *m* **2** *par ~* durch Schlußfolgerung *f*

déduire **1** ab=ziehen **2** *j'en déduis que* ich schließe daraus, daß ; *on peut en ~ que* daraus kann man folgern, daß

déesse *f* Göttin *f*

défaillir in Ohnmacht fallen; *(fig) ma mémoire défaille* mein Gedächtnis läßt mich im Stich/läßt nach/versagt

défaire **1** auf=machen; auseinander=nehmen; aus=packen *~ ses lacets* seine Schuhe auf=schnüren; *~ un nœud* einen Knoten lösen; *~ un lit* das Bett ab=ziehen **2** *(mil)* besiegen, schlagen ♦ **1** *se ~* sich (auf)=lösen **2** *se ~ de qch/qqn* sich von etw/jm befreien, etw/jn los=werden

défait : *avoir le visage ~* mitgenommen aus=sehen, ein verzerrtes Gesicht haben

défaite *f* Niederlage *f*

défaitisme *m* Defätismus *m*

défaitiste defätistisch ♦ *m f* DefätistIn *m f*

défalquer ab=ziehen

défaut *m* **1** Fehlen *n*, Mangel *m* (an D); Fehler *m*; *(personne)* Charakterfehler *m* **2** *à ~* notfalls, in Ermangelung eines Besseren; *à ~ de* mangels (G), in Ermangelung *(von/G)*; *faire ~* fehlen **3** *condamnation par ~* Versäumnisurteil *n*

défaveur *f* Ungnade *f en ~ de* zuungunsten (G)

défavorable ungünstig *être ~ à qqn* jm nicht gewogen sein; *être ~ à un projet* einem Vorhaben ablehnend gegenüber=stehen

défavoriser benachteiligen

défection *f* Fernbleiben *n*, Nichterscheinen *n*

défectueux, -euse mangelhaft, fehlerhaft; *(machine)* defekt

défendable *(opinion)* vertretbar; *(mil) être ~* zu halten sein

défendeur *m* **-eresse** *f (jur)* Beklagte/r

défendre **1** *~ qqn* jn verteidigen **2** *~ une idée* eine Meinung vertreten/verfechten; sich für etw ein=setzen **3** *~ de faire qch* verbieten, jm etw untersagen ♦ **1** *se ~* sich verteidigen, sich wehren **2** *(fam)* ganz gut zurecht=kommen **3** *se ~ de* sich enthalten; *ne pas pouvoir se ~ d'un sentiment* sich eines Gefühls nicht erwehren können ♦ *à son corps défendant* widerwillig

défenestrer aus dem Fenster stürzen

défense *f* **1** Verbot *n ~ d'entrer* Eintritt

défenseur

verboten 2 Verteidigung f, Abwehr f *sans ~* schutzlos *prendre la ~ de qqn* sich für jn ein=setzen, jn beschützen; *(jur)* Verteidigung *légitime ~* Notwehr f; *(mil) ~ nationale* Landesverteidigung f; *(sport)* Verteidigung 3 *(méd) ~s immunitaires* Abwehrkräfte fpl 4 *(éléphant)* Stoßzahn m

défenseur m VerteidigerIn m f; *(fig)* VerfechterIn m f, Befürworter m

défensif, -ive Verteidigungs-, Schutz-

défensive f : *être sur la ~* in der Defensive/in Verteidigungsstellung sein

déféquer Stuhlgang haben

déférence f Achtung f, Ehrerbietung f *par ~* aus Achtung

déférer *(jur)* bringen

déferlant : *vague ~e* Brandungswelle f

déferler *(vagues)* sich brechen; *(fig)* strömen

défi m 1 Herausforderung f; *(fig) mettre qqn au ~ de* wetten, daß jd nicht tun wird/kann *relever un ~* eine Herausforderung an=nehmen 2 Trotz m *avoir un air de ~* trotzig sein

défiance f Mißtrauen n, Argwohn m

déficeler auf=schnüren

déficience f Schwäche f

déficient schwach

déficit -sit m Defizit n, Fehlbetrag m

déficitaire Verlust-, passiv

défier 1 trotzen (**D**): *(fig) ~ toute concurrence* außer jeder Konkurrenz stehen ◆ *se ~ de qqn* gegen jn Argwohn haben/hegen

défigurer entstellen, verzerren; *(fig) ~ un paysage* eine Landschaft verschandeln

défilé m 1 Umzug m; *(mil)* Parade f; *(mode)* Modeschau f; *(fig) le ~ de visiteurs* der unaufhaltsame Strom der Besucher 2 *(géo)* Engpaß m

défiler 1 vorbei=marschieren, vorbei=ziehen; *(fig)* sich die Tür in die Hand geben 2 *(tech)* ab=laufen ◆ *(fam) se ~* sich drücken

défini bestimmt, genau abgegrenzt; *(gram) article ~* bestimmter Artikel

définir 1 bestimmen, fest=legen, fest=setzen 2 *(mot)* definieren 3 charakterisieren, beschreiben

définitif, -ive endgültig ◆ *en définitive* schließlich, letzten Endes

définition f 1 Definition f; *(fig) par ~* wie das Wort schon sagt; zwangsläufig 2 Bestimmung f

défiscaliser von einer Steuer aus=nehmen

déflagration f Explosion f

déflation f Deflation f

déflorer entjungfern; *(fig)* den Reiz (der Neuheit) nehmen

défoliant m Entlaubungsmittel n

défolier entlauben

défoncer 1 ein=schlagen 2 *(terrain)* auf=wühlen; stark beschädigen; tief aus=fahren ◆ *(fam) se ~* 1 sich ab=rackern 2 *(drogue)* fixen

déformation f Verformung f; Verzerrung f; Formänderung f; *(fig) c'est une ~ professionnelle* der Beruf färbt eben auf den Menschen ab

déformer verformen, deformieren: verbiegen; *(optique)* verzerren; *(fig)* entstellen, verzerren ◆ *se ~* sich verziehen, sich verbiegen; *(vêtements)* die Form verlieren ◆ *chaussée déformée* unebene Straße

défoulement m Abreaktion f

défouler se sich ab=reagieren

défraîchi nicht mehr neu, getragen

défrayer 1 *~ qqn* für jn die Kosten übernehmen 2 *~ la chronique* im Mittelpunkt des Klatsches stehen

défricher roden; *(fig) ~ du terrain* die Vorarbeit leisten

défriser entkrausen; *(fig/fam) ça te défrise ?* stört dich das ?

défroisser glätten; wieder glatt=machen

défroqué aus dem Orden ausgetreten

défunt verstorben

dégagé 1 frei; *(ciel)* wolkenlos 2 *d'un air ~* ungezwungen

dégagement m Entlastung f; Befreiung f

dégager 1 frei machen 2 *~ un blessé* einen Verunglückten heraus=holen/ziehen/bringen 3 *~ l'idée essentielle* den Hauptgedanken heraus=stellen 4 entbinden *~ sa responsabilité* die Verantwortung ab=lehnen *~ qqn de toute responsabilité* jn aus der Verantworung entlassen 5 *~ un bénéfice* einen Gewinn ziehen (aus)/erzielen 6 *~ un parfum* einen Duft verbreiten ◆ *se ~* 1 *(personne)* sich befreien; *(fig)* sich lösen, sich frei machen 2 sich entwickeln; *(odeur)* aus=strömen; *(fumée)* auf=steigen 3 *(fig)* hervor=treten, sich zeigen 4 *(ciel)* sich aufhellen

dégainer blank=ziehen

dégarnir aus=räumen *~ de qc* etw entfernen/ab=nehmen ◆ *se ~* 1 sich lichten 2 kahl werden ◆ *front dégarni* Stirnglatze f

dégât m Schaden m *~s matériels* Sachschaden m

dégauchir *(wieder)* gerade=richten; *(bois)* zu=richten

dégel m (Auf)tauen n, Tauwetter n; *(fig) ~ des relations internationales* Tauwetter/Entspannung f in den internationalen Beziehungen

dégeler auf=tauen; *(fig) ~ qqn* jn aus der Reserve heraus=locken *~ des crédits* Kredite frei=geben ◆ *~* auf=tauen

dégénérer degenerieren, entarten; *(fig)* sich verschlechtern *~ en conflit* sich zu einem Konflikt entwickeln

dégénérescence f Entartung f, Degeneration f
dégingandé (fam) schlacksig, schlottrig
dégivrer ab=tauen; (tech) entfrosten; (av) enteisen
déglinguer (fam) kaputt=machen
déglutir (hinunter)=schlucken
dégonflé (fig/fam) Schlappschwanz m, Waschlappen m
dégonfler die Luft ab=lassen ◆ se ~ Luft verlieren; (fig/fam) Bammel bekommen
dégorger : faire ~ ziehen lassen ◆ ab=fließen
dégouliner (fam) (herunter)=rinnen, tröpfeln
dégoupiller entsichern
dégourdi pfiffig, geschickt, wendig
dégourdir 1 auf=lockern se ~ les jambes sich (D) die Beine vertreten 2 ~ qn wendig(er) machen 3 ~ de l'eau Wasser leicht erwärmen
dégoût m Abscheu m, Ekel m éprouver du ~ pour qch etw verabscheuen, sich vor etw (D) ekeln
dégoûtant ekelhaft, widerlich, abscheulich
dégoûter 1 an=ekeln, an=widern 2 ~ qqn de faire qch jm das Verleiden, jm jede Lust an etw (D) nehmen ◆ être dégoûté de qch etw (G) überdrüssig werden
dégoutter (herab)=tropfen
dégradant erniedrigend, entwürdigend
dégradation f 1 Beschädigung f; (fig) Verschlechterung f 2 (admi) Degradierung f, Rangverlust m
dégradé m (couleurs) Abstufung f; (coupe) Stufenschnitt m
dégrader 1 degradieren ~ qqn de ses droits civiques jm die bürgerlichen Ehrenrechte ab=erkennen 2 ~ un bâtiment ein Gebäude beschädigen ◆ se ~ verfallen, verkommen; (fig) la situation se dégrade die Lage verschlechtert sich
dégrafer auf=haken
degré m 1 Grad m; (température/math) Grad; (alcool) Prozent n; (loc) jusqu'à un certain ~ bis zu einem gewissen Maße/Grade 2 (escalier) Stufe f; (fig) Stufe f; (ens) premier ~ Grundschulwesen n
dégressif -ive degressiv
dégrèvement m Steuernachlaß m, Steuerermäßigung f
dégriffé : article ~ herabgesetzter Markenartikel
dégringoler : (fam) ~ les escaliers die Treppe runter=stürzen ◆ <être> hinunter=fallen/purzeln
dégripper lockern, ölen
dégriser nüchtern machen; (fig) ernüchtern
dégrossir 1 grob bearbeiten; (fig) ~ un travail die Vorarbeit leisten, roh entwerfen 2 ~ qqn jn ab=schleifen
déguenillé zelumpt
déguerpir sich aus dem Staub machen
dégueulasse (fam) zum Kotzen
déguiser (se) (en) (sich) verkleiden (als); (fig) ~ sa voix seine Stimme verstellen
dégustation f Kosten n, Probieren n ~ de vin Weinprobe f
déguster kosten, probieren; genießen ◆ etw ertragen (müssen)
déhancher se sich in den Hüften wiegen
dehors draußen jeter ~ hinaus=werfen, (fam) raus=werfen; passer par ~ außen herum=gehen; (fig) rester en ~ sich nicht ein=mischen ◆ en ~ de außerhalb (G) en ~ de cela außerdem; (fig) être en ~ de la question nicht zum Thema gehören ◆ mpl sous des ~ arrogants trotz seiner äußeren Arroganz
déifier zum Gott erheben; (fig) vergöttern
déjà 1 schon, bereits 2 comment s'appelle-t-il, ~? wie heißt er doch gleich?
déjection m 1 (géo) cône de ~ Schuttkegel m; Auswurfmasse f 2 pl Exkremente npl
déjeuner zu Mittag essen
déjeuner m 1 Mittagessen n petit ~ Frühstück prendre un petit ~ frühstücken 2 Frühstücksgedeck n
déjouer vereiteln
déjuger se seine Meinung ändern, sich eines anderen besinnen
délabré verfallen; baufällig; (façade) verwittert
délabrement m Baufälligkeit f dans un tel état de ~ in einem so verfallenen/desolaten Zustand; (fig) ~ physique körperlicher Verfall m; ~ moral seelische Zerrüttung f
délabrer se verfallen
délacer auf=schnüren/binden
délai m 1 Frist f, Termin m ~ de livraison Lieferfrist f, Liefertermin m dans les ~s fristgemäß, termingerecht passé ce ~ nach Ablauf dieser Frist/Zeit; (fig) sans ~ unverzüglich 2 Aufschub m accorder un ~ de paiement eine Zahlung stunden
délaisser vernachlässigen
délasser (se) (sich) entspannen
délateur m -trice f DenunziantIn m f, Spitzel m
délation f Denunziation f
délavé verwaschen
délayer an=rühren; (fig) verwässern, weitschweifig dar=legen
delco m Batteriezündanlage f
délectation f Genuß m
délecter se (de) sich erfreuen (an D), genießen

délégation f 1 Delegation f *arriver en ~* als Abordnung f erscheinen 2 Delegierung f *par ~* im Auftrag m (i.A.); kraft Vollmacht f *avoir une ~ de signature* zeichnungsberechtigt sein

délégué m **-e** f VertreterIn m f; Delegierte/r m f

déléguer 1 *~ qqn* jn entsenden/delegieren 2 übertragen ◆ deleguieren

délestage m: *itinéraire de ~* Ausweichstrecke f, Entlastungsstrecke f

délester 1 Ballast ab=werfen 2 entlasten 3 (fam) *~ qqn (de)* jn erleichtern (um)

délibératif, -ive beschlußfassend

délibéré: *avoir la volonté ~e de nuire* ganz bewußt schädigen wollen; *de propos ~* vorsätzlich, absichtlich

délibérer beraten

délicat 1 zart; fein; (fig) aufmerksam 2 *une santé ~e* eine schwache Gesundheit 3 *une situation ~e* eine heikle Lage

délicatesse f Feinheit f; (fig) Zartgefühl n

délice m Genuß m Hochgenuß m

délictueux, -euse strafbar

délier auf=binden; (fig) *~ qqn d'un serment* jn von einem Schwur entbinden; *~ la langue de qqn* js Zunge lösen

délimiter markieren, ein=grenzen; *~ un sujet* ein Thema begrenzen/ein=grenzen

délinquance f Kriminalität f

délinquant m **-e** f ÜbeltäterIn m f, DelinquentIn m f, VerbrecherIn m f

déliquescence f (fig): *tomber en ~* zerfallen; *société en ~* eine in der Auflösung f/im Zerfall m befindliche Gesellschaft

délirant 1 (méd) deliriös 2 *propos ~s* sinnloses/verrücktes Gerede 3 *un accueil ~* ein berauschender/großartiger Empfang

délire m 1 (méd) (Fieber)wahn m, Delirium n 2 *la foule en ~* die rasende Menge 3 (fam) *c'est du ~!* das ist heller Wahnsinn!

délit m Vergehen n, Delikt n *corps du ~* Corpus delicti n

délivrance f 1 Befreiung f; (accouchement) Entbindung f 2 *~ d'une attestation* Ausstellung f eines Attestes

délivrer 1 befreien 2 aus=stellen

déloger aus=quartieren; (fig) *~ l'ennemi* den Feind aus seiner Stellung vertreiben

déloyal, -aux unredlich, unfair, unlauter

delta m (géo) Delta n

deltaplane m Drachenflieger m

déluge m Sintflut f; (fig) Regenguß m *un ~ de paroles* Wortschwall m; *remonter au ~* beim Urschleim m/bei Adam und Eva an=fangen

déluré gewitzt, aufgeweckt, pfiffig

démago/démagogue m f Demagoge m Demagogin f

demain morgen

demande f 1 Bitte f, Wunsch m *brochure sur ~* Broschüre auf Anfrage f; *à la ~ générale* auf allgemeinen Wunsch 2 Antrag m *~ de crédit* Kreditantrag m 3 (éco) Nachfrage f

demander 1 *~ la note* die Rechnung verlangen; *~ de l'argent* um Geld bitten; *~ conseil* einen Rat erbitten; *~ à qqn de faire qch* jn bitten, etw zu tun 2 *~ son chemin à qqn* jn nach dem Weg fragen; *je me le demande* das frage ich mich 3 *~ le divorce* die Scheidung ein=reichen 4 *ce travail demande de la concentration* diese Arbeit (er)fordert Konzentration 5 *on vous demande* Sie werden verlangt

demandeur, -euse AntragstellerIn m f *~ d'emploi* Arbeitssuchende/r

démangeaison f Juckreiz m, Jucken n

démanger: *ça me démange* es juckt mich; (fig) es reizt mich

démanteler schleifen, ab=reißen; (fig) ab=bauen

démaquillant m Abschminke f

démarchage m Hausieren n; Kundenwerbung f *faire du ~* Kunden werben

démarche f 1 Gang m; (fig) *~ intellectuelle* Gedankengang m 2 *ma ~ a abouti* mein Vorgehen n war erfolgreich

démarcheur m **-euse** f KundenwerberIn m f

démarquer(se) sich ab=heben (von), sich unterscheiden (von); (sp) sich frei=spielen

démarrage m Starten n, Anlassen n, Ankurbeln n; (fig) *~ d'une opération* der Start m für eine Aktion

démarrer starten; (fig/fam) *ça démarre bien* das läßt sich gut an; *les travaux ont démarré* (non fam) die Arbeiten haben begonnen

démarreur m Anlasser m

démasquer: (fig) *~ qqn* jn demaskieren/entlarven; *~ ses batteries* seinen Plan enthüllen, seine Absichten offen=legen

démazouter (den) Öl(teppich) beseitigen

démêlant m Pflegespülung f

démêlé m: *avoir des ~s avec qch/qqn* mit etw/jm in Konflikt m geraten

démêler aus=kämmen; (fig) *~ une affaire* Licht in eine Angelegenheit bringen

démembrement m (Auf)spaltung f; Teilung f

déménagement m Umzug m, Ausziehen n

déménager aus=ziehen, um=ziehen, weg=ziehen, verziehen ◆ *~ un grenier* einen Boden aus=räumen

déménageur m Möbelspediteur m, Möbelpacker m, Möbelträger m

démence f Irrsinn m, Wahnsinn m

démener (se) toben ; *(fig)* sich (**D**) die Beine aus=reißen, sich ab=rackern
dément wahnsinnig, verrückt ; *(fig/fam) c'est* ~ (ist ja) irre !
démenti *m* Dementi *n*, Widerruf *m*
démentiel, -le *(fig)* irrsinnig
démentir dementieren, widerrufen ; widerlegen
démériter : *ne jamais* ~ sich niemals das Geringste zuschulden kommen lassen
démesure *f* Übermaß *n*, Unmaß *n*
démesuré unmäßig ; *(fig) un orgueil* ~ maßloser Hochmut
démettre 1 *se* ~ *un bras* (sich D) einen Arm aus=renken **2** ~ *qqn de ses fonctions* jn von seinen Funktionen entbinden ◆ *se* ~ *de ses fonctions* sein Amt nieder=legen
demeurant (au) schließlich, alles in allem, im Grunde, eigentlich
demeure *f* **1** Haus *n*, Wohnsitz *m* ; *(fig) la dernière* ~ die letzte Ruhestätte *f* **2** *mettre qqn en* ~ *de faire qch* jn auf=fordern, etw (**A**) zu tun
demeuré schwach(sinnig)
demeurer 1 ~ *à son poste* auf seinem Posten verweilen / verharren / bleiben **2** wohnen
demi : *une heure et* ~*e* anderthalb / eineinhalb Stunde ◆ *faire les choses à* ~ die Dinge nur halb tun ◆ *m* **1** *boire un* ~ ein (kleines) Bier *n* trinken **2** *(sp) de* ~ *mêlée* Läufer *m*
demi- : *une* ~*-douzaine* ein halbes Dutzend ; *une* ~*-heure* eine halbe Stunde
demi-frère *m* Stiefbruder *m*
demi-mal *m* kleineres Übel *n*
demi-mot : *à* ~ andeutungsweise
déminer entminen, von Minen frei=machen
demi-pension *f* Halbpension *f*
démission *f* Rücktritt *m*, Demission *f*
démissionner kündigen, zurück=treten, demissionieren ; *(fig)* auf=geben
demi-tarif *m* : *voyager à* ~ zum halben Fahrpreis *m* fahren
demi-tour *m* halbe Umdrehung *f* ; *faire* ~ kehrt=machen
démocratie *f* Demokratie *f*
démocratique demokratisch
démocratiser : ~ *un pays* ein Land demokratisieren ◆ *le ski s'est démocratisé* Skifahren ist zum Volkssport geworden
démodé unmodern, altmodisch
démoder (se) aus der Mode kommen
démographie *f* **1** Demographie *f* **2** Bevölkerungsdichte *f*
démographique 1 demographisch **2** *croissance* ~ Bevölkerungswachstum *n*
demoiselle *f* Fräulein *n*, Jungfer *f*
démolir 1 ~ *une maison* ein Haus ab=reißen ; ein Haus zerstören **2** *tout* ~ *dans une maison* in einem Haus alles kurz und klein=schlagen ; *(fam)* ~ *qqn* jn zusammen=schlagen ; *(fig)* jn erledigen ; *cela démolit tous mes projets* das macht alle meine Pläne zunichte
démolition *f* Abbruch *m*, Abriß *m*, Abreißen *n*, Niederreißen *n* ; Zerstörung *f*
démon *m* **1** Dämon *m* ; Teufel *m* ; *(fig) avoir le* ~ *de l'argent* vom Geld besessen sein ; *avoir le* ~ *de la curiosité* von Neugier *f* zerfressen werden ; *c'est un vrai* ~ das ist ein richtiger Teufel *m* **2** *un bon / mauvais* ~ ein guter / böser Geist *m*
démoniaque dämonisch
démonstratif, -ive 1 *(fig) être très* ~ ausgelassen / überschwenglich sein **2** *(gram) adjectif* ~ Demonstrativpronomen *n*, hinweisendes Fürwort *n*
démonstration *f* **1** Beweisführung *f* ; Beweis *m*, Erklärung *f*, Darlegung *f* **2** ~ *de produits ménagers* Vorführung *f* von Haushaltsgeräten **3** ~*s d'enthousiasme* Begeisterungsausbrüche *mpl*
démonté : *une mer* ~*e* ein wild bewegtes Meer
démonter zerlegen **1** ~ *une roue* ein Rad ab=nehmen ; ~ *un moteur* einen Motor aus=bauen **2** ~ *qqn* jn aus der Fassung bringen
démontrer beweisen, dar=legen, auf=zeigen, demonstrieren
démoraliser demoralisieren
démordre : *ne pas* ~ *d'une opinion* auf einer Meinung bestehen ; *ne pas en* ~ davon nicht ab=lassen
démotiver die Motivation nehmen
démouler aus der Form nehmen ; *(art)* die Form ab=heben
démunir entblößen, berauben ◆ *se* ~ *de qch* sich einer Sache entäußern
démystifier entmystifizieren
dénatalité *f* Geburtenabnahme *f*, Geburtenrückgang *m*
dénationaliser reprivatisieren
dénaturer *(fig)* : ~ *les propos de qqn* js Rede entstellen
dénazification *f* Entnazifizierung *f*
dénégation *f* (Ab)leugnen *n*, Abstreiten *n*
déneiger vom Schnee befreien
dénicher aus dem Nest nehmen ; *(fig / fam)* auf=treiben
deniers *mpl* Geld *n* ; ~*s publics* öffentliche Gelder
dénier 1 ab=streiten **2** ~ *un droit à qqn* jm ein Recht ab=sprechen
dénigrer verleumden, verunglimpfen
dénivellation *f* Unebenheit *f*
dénombrer (auf)zählen, aus=zählen, registrieren
dénomination *f* Benennung *f*
dénommé : *le* ~ *X* der bewußte X
dénoncer 1 ~ *qqn* jn an=zeigen / denun-

dénonciateur, -trice

zieren 2 ~ *une injustice* eine Ungerechtigkeit an=prangern 3 ~ *un contrat* einen Vertrag (auf)=kündigen
dénonciateur, -trice DenunziantIn *m f*
dénonciation *f* Denunziation *f*, Anzeige *f*
dénoter 1 hin=deuten / hin=weisen (auf A), schließen lassen (auf A) 2 fest=stellen, bemerken
dénouement *m* Ausgang *m*, Lösung *f*, Entscheidung *f*
dénouer lösen; *(fig)* ~ *un problème* ein Problem entwirren / lösen
dénoyauter entkernen
denrée *f* Eßware *f*; *(fig) une ~ rare* Seltenheit *f*
dense dicht, fest, gedrängt
densité *f* Dichte *f*
dent *f* 1 Zahn *m n'avoir rien à se mettre sous la ~* nichts zum Beißen haben; *mordre à belles ~s dans qch* fest zu=beißen; *(fig) avoir les ~s longues* hoch hinaus wollen; *avoir la ~ dure* eine spitze Zunge *f* haben; *avoir une ~ contre qqn* eine Pike *f* auf jn haben; *être sur les ~s* auf dem Sprung *m* sein; *se casser les dents sur qch* sich an etw (D) die Zähne aus=beißen 2 *(fourchette)* Zinken *m* 3 *(tech)* Zahn *m*, Zacken *m*
dentaire : *appareil ~* Zahnprothese *f*
dentelé gezackt, zackig
dentelle *f* Spitze *f*; *(fig/fam) ne pas faire dans la ~* es nicht gerade auf die feine Tour machen
dentier *m* (künstliches) Gebiß *n*
dentifrice *m* Zahncreme *f*, Zahnpasta *f*
dentiste *m f* Zahnarzt *m*, Zahnärztin *f*
dentition *f* Gebiß *n avoir une bonne ~* gute Zähne *mpl* haben
dénucléariser von Atomwaffen befreien / säubern
dénuder entblößen *une robe qui dénude les épaules* ein Kleid, das die Schultern frei läßt; ~ *un fil* eine Leitung frei=legen, *(fam)* eine Leitung ab=isolieren ✦ *se ~* sich entblößen; *(arbres)* kahl werden
dénué : ~ *de sens* sinnlos; ~ *de raison* ohne Verstand
dénuement *m* : *vivre dans le ~* Not *f* leiden
déodorant *m* Deodorant *n*
déontologie *f* Berufsethos *n*
dépanner : ~ *un moteur* einen Motor reparieren; ~ *qqn* bei jm etw instand setzen; *(fam)* jm aus der Verlegenheit / der Klemme helfen, jm (aus)=helfen
dépanneuse *f* Abschleppwagen *m*
départ *m* 1 Abfahrt *f être sur le ~* gerade auf=brechen wollen; *(sp) prendre le ~* starten; *(fig) au ~* am Anfang, anfangs; *prendre un mauvais ~* schlecht beginnen; *conditions de ~* Startbedingungen *fpl*; *point de ~* Ausgangspunkt *m* 2 Aus-

464

scheiden *n*, Aufbruch *m*, Weggang *m* ~ *en retraite* Eintritt *m* in den Ruhestand; *exiger le ~ d'un ministre* die Abberufung *f* eines Ministers fordern
département *m* 1 Regierungsbezirk *m*; *(France)* Departement *n* 2 ~ *des affaires culturelles* Kulturabteilung *f*
dépassé : überholt
dépasser 1 ~ *une voiture* ein Auto überholen 2 ~ *qqn de 5 cm* jm um 5 cm überragen 3 ~ *la cote d'alerte* die Wasserstandsmarkierung überschreiten; *(fig)* ~ *toutes les espérances* alle Erwartungen übertreffen 4 *cela ne dépasse pas 100 francs* das übersteigt keine 100 Francs 5 *ce problème me dépasse* dieses Problem geht über meinen Verstand ✦ *ta robe dépasse* dein Kleid sieht hervor / guckt heraus ✦ *se ~* sich (selbst) übertreffen ✦ *être dépassé par les événements* den Dingen nicht (mehr) gewachsen sein, von den Ereignissen überrollt werden
dépassionner versachlichen, entschärfen
dépaysé : *être ~* entfremdet sein, sich fremd / nicht zu Hause fühlen
dépecer zerstückeln, zerschneiden
dépêche *f* eilige Nachricht *f*, Depesche *f*, Telegramm *n*
dépêcher : ~ *qqn sur les lieux* jn vor Ort schicken ✦ *se ~* sich beeilen
dépeindre schildern, aus=malen
dépenaillé zerlumpt, verschlissen
dépendance *f* 1 Abhängigkeit *f* 2 *~s d'une maison* Nebengebäude *npl* eines Hauses
dépendant abhängig (von)
dépendre 1 ab=hängen (von) 2 *cela dépend de toi* das kommt auf dich an; *ça dépend* (es) kommt d(a)rauf an, je nachdem
dépens *mpl* 1 *aux ~ de* auf Kosten *fpl* (G); *apprendre qch à ses ~* durch Schaden *m* klug werden 2 *condamner qqn aux ~* jn zur Zahlung der (Gerichts)kosten *fpl* verurteilen
dépense *f* Ausgabe *f ne pas regarder à la ~* keine Kosten *pl* scheuen; *(fig)* ~ *physique* körperlicher Aufwand *m*
dépenser aus=geben; *(fig)* ~ *beaucoup d'énergie* viel Energie verbrauchen
dépensier, -ière verschwenderisch
déperdition *f* Verlust *m* (an D)
dépérir verkümmern, dahin=siechen, zugrunde=gehen, ein=gehen
dépeupler entvölkern, veröden ✦ *se ~* sich entvölkern, aus=sterben
déphasé *(phys)* phasenverschoben; *(fig / fam) être complètement ~* völlig durcheinander / daneben sein
dépilatoire : *crème ~* Enthaarungscreme *f*

dépistage *m* (Früh)erkennung *f*; Vorsorgeuntersuchung *f*

dépister 1 ~ *une maladie* eine Krankheit erkennen; *(fig)* ~ *une trace d'ironie* einen Hauch von Ironie spüren 2 ~ *qqn* jn auf=spüren

dépit *m* 1 Ärger *m*, Verdruß *m* 2 *en* ~ *de* trotz (G)

dépiter verärgern

déplacé *(fig)* unpassend, überflüssig

déplacement *m* 1 Ortsveränderung *f*; *frais de* ~ Fahrtkosten *fpl*; *être en* ~ unterwegs/auf Reisen *f* sein 2 Umstellung *n* Umstellung *f*; ~ *d'un fonctionnaire* Versetzung *f* eines Beamten

déplacer ~ *une chaise* einen Stuhl verrücken; ~ *un pion* einen Bauer verschieben; *(fig)* ~ *un rendez-vous* eine Verabredung verschieben ◆ *se* ~ sich fort=bewegen; *se* ~ *en voiture* mit dem Auto fahren/reisen; *se* ~ *à pied* zu Fuß gehen; *ne pas vouloir se* ~ nicht hin=gehen/(her)=kommen wollen

déplaire ~ *à qqn* jm mißfallen; *ne vous en déplaise !* mit Ihrer gütigsten Erlaubnis !

déplaisant : *une remarque* ~*e* eine unfreundliche Bemerkung; *une situation* ~*e* ein unfreundliche Situation; *une personne* ~*e* eine unangenehme Person

dépliant *m* Faltblatt *n*, Prospekt *n*

déplier auseinander=falten, entfalten

déploiement *m* : ~ *de forces* Aufmarsch *m* der Einheiten; *(fig)* ~ *d'ingéniosité* Einfallsreichtum *m*

déplorable 1 *état* ~ bedauernswerter Zustand; *un temps* ~ verheerendes Wetter; *des notes* ~*s* sehr schlechte Zensuren; *trouver le comportement de qqn* ~ js Verhalten kläglich/jämmerlich/erbärmlich finden 2 *un incident* ~ ein äußerst bedauerlicher Vorfall

déplorer 1 ~ *de très nombreuses victimes* zahlreiche Opfer beklagen 2 ~ *de ne pas pouvoir venir* bedauern, nicht kommen zu können

déployer 1 ~ *ses ailes* seine Flügel aus=breiten 2 ~ *des troupes* Truppen stationieren; *(fig)* ~ *toute son énergie* seine ganze Energie auf=wenden

dépoli : *verre* ~ Mattglas *n*, Milchglas *n*

dépolitiser entpolitisieren

dépolluer entgiften, reinigen

déporter deportieren, (zwangs)verschleppen ◆ *se* ~ *sur la gauche* auf die linke Fahrbahn geraten

déposer 1 ~ *son sac* seine Tasche ab=stellen; ~ *une lettre* einen Brief auf=geben 2 ~ *qqn* jn ab=setzen; *où dois-je le colis ?* wo soll ich das Packet hin=legen ?; *(fig)* ~ *les armes* die Waffen nieder=legen/strecken 3 ~ *une plainte* eine Klage erheben; ~ *un brevet* ein Patent an=melden; ~ *son bilan* Konkurs an=melden ◆ *(jur)* ~ *contre qqn* gegen jn aus=sagen ◆ *se* ~ sich ab=lagern

dépositaire *m f* : ~ *d'une marque* VertreterIn *m f* einer Marke; *(fig)* ~ *d'un secret* Mitwisser *m* eines Geheimnisses

déposition *f (jur)* Aussage *f*

déposséder : ~ *qqn de qch* jn enteignen; jn einer Sache (G) berauben

dépôt *m* 1 Hinlegen *n*/Niederlegen *n*; *(banque)* Einzahlung *f* 2 ~ *d'ordures* Schuttablageplatz *m*, Mülldeponie *f* 3 *laisser qch en* ~ etw in Verwahrung *f* geben 4 ~ *de bilan* Konkursanmeldung *f* 5 *retourner au* ~ ins Depot *n* fahren 6 *le vin a du* ~ der Wein hat eine Ablagerung *f*

dépotoir *m* Schuttablageplatz *m*, Müllhalde *f*

dépôt-vente *m* Kommissionsladen *m*

dépouille *f* sterbliche Überreste *mpl*/Hülle *f*

dépouillé : *un style* ~ ein schmuckloser/einfacher Stil

dépouiller 1 ~ *qqn (de qch)* jdn um etw berauben 2 ~ *un scrutin* Stimmen aus=zählen 3 ~ *un lapin* einem Hasen das Fell ab=ziehen, einen Hasen ab=balgen

dépourvu : ~ *de malice* arglos, harmlos; *être* ~ *de tout* völlig mittellos sein ◆ *prendre qqn au* ~ jn überraschen

dépravé : *société* ~*e* verkommene Gesellschaft; *jeunesse* ~*e* verdorbene Jugend

dépraver verderben

déprécier (se) 1 an Wert verlieren 2 (sich) unterschätzen/herab=setzen

déprédation *f* mutwillige Zerstörung *f*, Verwüstung *f*, Verheerung *f*

dépressif, -ive depressiv, niedergedrückt

dépression *f* 1 Depression *f* 2 ~ *du sol* Bodensenke *f*, Mulde *f*

dépressionnaire : *zone* ~ Tiefdruckzone *f*

dépressuriser Druck ab=lassen

déprimant niederdrückend, deprimierend

déprimer nieder=drücken, deprimieren ◆ *(fam) elle déprime* sie ist deprimiert

depuis 1 ~ *lundi* seit Montag; ~ *quand ?* seit wann ? 2 ~ *combien de temps ?* wie lange ?; *je n'ai plus travaillé* ~ *trois ans* ich habe seit drei Jahren/schon drei Jahre nicht mehr gearbeitet; ~ *peu* seit kurzem; ~ *toujours* seit/von jeher 3 ~ *Paris nous avons de la pluie* ab Paris haben wir Regen gehabt ◆ ~ *qu'il est parti* seit(dem) er weggegangen ist ◆ *je ne l'ai pas revu* ~ ich habe ihn seitdem nicht wiedergesehen

député *m* Abgeordnete/r

déqualifier degradieren, zurück=setzen

déraciner entwurzeln

dérailler entgleisen; *(fig/fam) tu dérailles!* du spinnst wohl!?
dérailleur *m (vélo)* Gangschaltung *f*
déraisonnable unvernünftig, unsinnig, unklug
déraisonner faseln, Unsinn reden
dérangement *m* **1** *ma ligne est en* ~ mein Telefon ist außer Betrieb; meine Telefonleitung ist gestört **2** Unordnung *f* Störung *f*
déranger **1** ~ *qqn* jn stören **2** durcheinander=bringen ◆ **1** *le médecin n'a pas voulu se* ~ der Arzt wollte nicht kommen **2** *ne vous dérangez pas pour moi* lassen Sie sich durch mich nicht stören
déraper aus=rutschen, ab=rutschen, ins Schleudern geraten; *(fig)* außer Kontrolle geraten
dératisation *f* Rattenbekämpfung *f*
dérèglement *m* **1** Funktionsstörung *f*; *(méd)* ~ *intestinal* Verdauungsstörung *f* **2** Sittenlosigkeit *f* Zügellosigkeit *f*
déréglé **1** *ma montre est* ~*e* meine Uhr geht falsch **2** *mener une vie* ~*e* ein ausschweifendes/zügelloses Leben führen
dérégler stören
dérider (se) *(fig)* (sich) auf=heitern
dérision *f* Hohn *m*, Spott *m*, Gespött *n*, Verhöhnung *f*; *tourner qqn/qch en* ~ jn/ etw ins Lächerliche ziehen
dérisoire lächerlich
dérivatif *m* Ablenkung *f*
dérivation *f* Ableitung *f*; *(élec) circuits en* ~ Zweigleitung *f*
dérive *f* **1** *aller à la* ~ *(fig)* bergab gehen; sich treiben lassen **2** *(mar)* Abdrift *f* **3** ~ *des continents* Kontinentalverschiebung *f*
dérivé *m* **1** *(chim)* Derivat *n* **2** *(gram)* abgeleitetes Wort
dériver : *le bateau dérive* das Schiff treibt ab ◆ um=leiten; ab=zweigen ◆ ~ *du latin* aus dem Lateinischen kommen; ~ *de la guerre* vom Krieg her=rühren
derme *m* Lederhaut *f*
dernier, -ière letzt- *arriver bon* ~ zu guter Letzt kommen; *en* ~ *lieu* zuletzt, an letzter Stelle; *ces* ~*s temps* in der letzten Zeit; *l'an* ~ letztes/voriges/vergangenes Jahr ◆ *m f* **1** Letzte/r; *le petit* ~ das jüngste Kind; *la petite dernière* Nesthäkchen *n*; *(fam) tu connais la dernière?* weißt du schon das Neueste? **2** *« oui », répondit ce dernier* "Ja", sagte Letzterer in
dernièrement kürzlich, neulich, vor kurzem, unlängst
dérobade *f* Kneifen *n*, Ausweichen *n*
dérobée (à la) heimlich, verstohlen
dérober : ~ *qch à qqn* jm etw entwenden, jn um etw bestehlen *(fig)* ~ *au regard de qqn* js Blicken entziehen ◆ *se* ~ *à ses obligations* seinen Verpflichtungen aus=weichen, sich vor seinen Verpflichtungen drücken; *(fig) mes jambes se dérobent* meine Beine versagen (den Dienst); *(équitation)* aus=weichen
dérogation *f* Ausnahmeregelung *f*
déroger : ~ *à la règle* von der Regel ab=weichen
dérouiller **1** entrosten **2** *(fam) se* ~ *la cervelle* sein Gehirn ein bißchen trainieren ◆ *(fam)* viel ein=stecken müssen
déroulement *m* : ~ *d'un événement* der Verlauf *m*/Ablauf *m* eines Ereignisses
dérouler : ~ *un tapis* einen Teppich aus=rollen ◆ *se* ~ *dans un lieu* sich an einem Ort ab=spielen; *se* ~ *sans incidents* ohne Zwischenfälle ab=laufen
déroute *f* : *en* ~ auf der Flucht *f*
dérouter **1** ~ *qqn* jn aus der Fassung bringen **2** ~ *le trafic* den Verkehr um=leiten
derrick *m* Bohrturm *m*
derrière hinter **(A/D)**; *(fig) il faut toujours être* ~ *lui* man muß ständig hinter ihm her sein ◆ *être* ~ hinten sein; *sortir de* ~ hinten raus=gehen; *passer par* ~ hintenherum kommen; *(fig) dire du mal par* ~ hinten(he)rum schlecht reden ◆ *m* **1** Rückseite *f*; *porte de* ~ Hintertür *f* **2** *(fam)* Hintern *m*
des **1** *avoir des enfants* Kinder haben **2** *la maison des parents* das Haus der Eltern, das Elternhaus *n*
dès : ~ *l'an prochain* vom nächsten Jahr an, schon im nächsten Jahr ◆ ~ *qu'il sera parti* sobald er weggegangen ist ◆ ~ *lors* von da an, *(fig)* von nun ab, ab jetzt, infolgedessen; ~ *lors que* da, weil
désabusé : *être* ~ blasiert sein
désaccord *m* Meinungsverschiedenheiten *fpl*; *être en total* ~ vollkommen uneins sein
désaccordé verstimmt
désaccoutumer (se) : *se* ~ *de qch* sich **(D)** etw abgewöhnen
désacraliser entweihen
désaffecté : *une usine* ~*e* ein stillgelegtes Werk
désagréable unangenehm
désagrégation *f* Zerfall *m*, Zersetzung *f*, Verwitterung *f*; *(fig)* Zerfall *m*
désagréger zersetzen ◆ *se* ~ sich setzen, verwittern; *(fig)* sich auf=lösen
désagrément *m* Ungelegenheit *f*, Unannehmlichkeit *f*
désaltérer (se) den/seinen Durst löschen
désamorcer **1** ~ *une bombe* eine Bombe entschärfen **2** ~ *une pompe* eine Pumpe entleeren
désappointé enttäuscht
désapprobation *f* Mißbilligung *f* ~ *générale* allgemeine Ablehnung *f*

désapprouver : ~ *qqn* mit jm nicht einverstanden sein ; ~ *un projet* ein Projekt mißbilligen

désarçonner aus dem Sattel werfen, ab=werfen ; *(fig)* aus der Fassung bringen

désarmement *m* Abrüstung *f*, Entwaffnung *f*

désarmer 1 ~ *qqn* jn entwaffnen 2 ~ *un fusil* ein Gewehr sichern 3 ~ *un navire* ein Schiff ab=takeln ◆ ab=rüsten ; *(fig) il ne désarme pas* er gibt nicht nach

désarroi *m* Ratlosigkeit *f*, Verwirrung *f*, Bestürzung *f être en plein* ~ völlig ratlos sein

désarticuler aus=renken, verrenken

désastre *m* Unheil *n*, Katastrophe *f*

désastreux, -euse katastrophal, verheerend

désavantage *m* Nachteil *m*

désavantager benachteiligen

désavantageux, -euse nachteilig, unvorteilhaft, ungünstig

désaveu *m* 1 Widerruf *m* ; *(jur)* ~ *de paternité* Nichtanerkennung *f* der Vaterschaft 2 Mißbilligung *f*

désavouer : ~ *qqn* jn mißbilligen

désaxé *(fig)* unnormal

descendant *m* -e *f* Nachkomme *m*, Nachfahre *m*

descendre 1 ~ *un escalier* eine Treppe hinunter=gehen/herunter=gehen ; ~ *un fleuve* einen Fluß hinab=fahren 2 ~ *un enfant de sa chaise* ein Kind vom Stuhl hinunter=nehmen/herunter=nehmen ; ~ *la poubelle* den Mülleimer hinunter=bringen 3 *(fam)* ~ *qqn* jn ab=knallen ; *(fig)* jn runter=machen 4 *(fam)* ~ *une bouteille* eine Flasche runter=kippen ◆ 1 ~ *à la cave* in den Keller (hinunter)=gehen ; *(fig)* ~ *dans la rue* auf die Straße gehen 2 *la route descend* die Straße geht bergab ; *son manteau descend jusqu'aux pieds* sein Mantel reicht bis zu den Füßen 3 ~ *dans un hôtel* in einem Hotel ab=steigen 4 ~ *d'une grande famille* aus guter Familie stammen

descente *f* 1 Abstieg *m* ◆ *dangereuse* Vorsicht, abschüssige Strecke *f*; *freiner dans les* ~*s* bei Gefälle *n* bremsen 2 *(ski)* Abfahrt *f* 3 *la police a fait une* ~ die Polizei hat eine Razzia *f* vorgenommen 4 *(fam) avoir une bonne* ~ einen guten Zug *m* haben, einen ordentlichen Stiefel *m* vertragen können 5 ~ *de lit* Bettvorleger *m*

descriptif *m* Beschreibung *f*

description *f* Beschreibung *f*

désemparé ratlos, fassungslos

désemparer : *sans* ~ ununterbrochen, anhaltend ; hartnäckig

désemplir : *ne pas* ~ immer voll sein

désenchanté desillusioniert

désenchantement *m* Ernüchterung *f*, Desillusionierung *f*

désenclaver : ~ *une région* ein Gebiet erschließen

désenfler ab=schwellen

déséquilibre *m* Unausgeglichenheit *f*; Mangel *m* an Gleichgewicht ; Ungleichgewicht *n* ; *être en* ~ schwanken ; *(fig)* ~ *mental* psychische Labilität *f*

déséquilibrer aus dem Gleichgewicht bringen

désert einsam, verlassen

désert *m* Wüste *f*; *(fig)* Einöde *f prêcher dans le* ~ in den Wind reden, tauben Ohren predigen

déserter *(mil)* fahnenflüchtig werden ◆ *(fig)* ~ *les plages* die Strände verlassen

déserteur *m* Fahnenflüchtige/r

désertification *f* Wüstenausdehnung *f* ~ *des campagnes* Landflucht *f*

désertion *f* Fahnenflucht *f*, Desertion *f*

désertique wüstenartig, öde

désescalade *f* Entschärfung *f*

désespérant trostlos ; *(fig) être d'une lenteur* ~*e* zum Verzweifeln langsam sein

désespéré verzweifelt ; hoffnungslos, aussichtslos ◆ *m* -e *f* Verzweifelte/r, Lebensmüde/r

désespérer : ~ *qqn* jn zum Verzweifeln bringen ◆ ~ *d'arriver à qch* daran zweifeln, etw zustande zu bringen ◆ *se* ~ verzweifeln

désespoir *m* Verzweiflung *f*

déshabillé *m* Negligé *n*

déshabiller (se) sich aus=ziehen, (sich) entkleiden

déshabituer (se) : *se* ~ *de qch* sich (D) etw ab=gewöhnen, sich einer Sache (G) entwöhnen

désherbant *m* Unkrautvernichtungsmittel *n*

désherber Unkraut jäten

déshérité *m* -e *f* Unbemittelte/r

déshériter enterben

déshonneur *m* Unehre *f*, Ehrlosigkeit *f*

déshonorer entehren

déshumanisé entmenschlicht

déshydraté : *des légumes* ~*s* Dörrgemüse *n* ; *une peau* ~ *e* ausgetrocknete Haut

déshydrater (se) aus=trocknen

desiderata *mpl* Wünsche *mpl*

désigner 1 ~ *qqn du doigt* auf jn hin=deuten ; *(fig)* ~ *le coupable* den Schuldigen bezeichnen 2 ~ *un expert* einen Gutachter benennen 3 ~ *qch* etw bezeichnen

désillusion *f* Desillusionierung *f*, Desillusion *f*, Ernüchterung *f*

désincarné vergeistigt

désinence *f* Endung *f*

désinfecter desinfizieren

désinformation f gelenkte Fehlinformation f, Desinformation f
désintégration f Kernspaltung f, Zerfall m; (fig) Ausgliederung f, Auflösung f
désintégrer zertrümmern, zerstören, spalten ◆ se ~ zerfallen
désintéressé selbstlos *un conseil* ~ ein uneigennütziger Rat
désintéresser : *se* ~ *de qch/qqn* das Interesse an etw (D)/jm verlieren
désintérêt m Desinteresse n
désintoxication f : *cure de* ~ Entziehungskur f
désinvestir (fig) sich zurück=ziehen
désinvolture f Ungeniertheit f *agir avec* ~ ungeniert/ungezwungen handeln; *répondre avec* ~ freimütig/ungezwungen antworten
désir m 1 Wunsch m *le* ~ *de réussir* der Wunsch nach Erfolg; *prendre ses* ~s *pour des réalités* seine Wunschvorstellungen fpl für Tatsachen halten 2 ~ *sexuel* (sexuelle) Begierde f
désirer 1 wünschen *vous désirez?* Sie wünschen bitte?, was darf es sein?; *je ne désire pas le rencontrer* ich möchte ihn nicht treffen 2 ~ *qqn* jn ersehen/begehren ◆ se faire ~ lange auf sich warten lassen
désistement m Verzicht m, Rücktritt m ~ *électoral* Zurückziehen n einer Kandidatur
désister (se) zurück=treten; verzichten, ab=sehen (von)
désobéir nicht gehorchen
désobéissance f Ungehorsam m
désobligeant unfreundlich, ungefällig
désœuvré untätig, beschäftigungslos, müßig
désolant betrüblich, trostlos
désolation f Zerstörung f, Vernichtung f, Verwüstung f 2 *plonger une famille dans la* ~ eine Familie in Trauer f/Betrübnis f stürzen
désolé 1 *je suis* ~ ! es tut mir (wirklich) sehr leid! ich bedaure unendlich! 2 *un endroit* ~ ein verwüsteter Ort
désoler betrüben ◆ se ~ traurig sein; klagen
désolidariser trennen ◆ se ~ *d'un mouvement* sich von einer Bewegung distanzieren
désopilant zwerchfellerschütternd, ergötzlich
désordonné unordentlich *une vie* ~e ein unregelmäßiges/zügelloses Leben
désordre m 1 Unordnung f 2 *semer le* ~ Unruhe f/Unfrieden m stiften; *craindre des* ~s Ausschreitungen fpl/Unruhen fpl befürchten
désorganiser durcheinander=bringen
désorienter (fig) verwirren

désormais von jetzt/nun ab, fortan, nunmehr
despotique despotisch, herrisch, herrschsüchtig
dessaisir : ~ *qqn d'une affaire* jm eine Sache entziehen
dessécher aus=trocknen ◆ se ~ aus=trocknen, trocken werden, vertrocknen; (fig) ab=stumpfen
dessein m Absicht f *de noirs* ~s böse Absichten fpl; *à* ~ absichtlich, mit Vorbedacht
desserrer locker schrauben; lockern; (fig) *ne pas* ~ *les dents* die Zähne nicht auseinander=kriegen
dessert m Nachtisch m, Dessert n
desservir 1 ~ (*la table*) (den Tisch) ab=räumen 2 ~ *plusieurs localités* mehrere Ortschaften befahren 3 ~ *qqn* jm einen schlechten Dienst erweisen
dessin m 1 Zeichnung f 2 ~ *animé* (Zeichen)trickfilm m 3 ~ *d'un visage* Umriß m/Kontur f eines Gesichts
dessinateur m **-trice** f ZeichnerIn m f
dessiner zeichnen ◆ se ~ sich ab=zeichnen, Gestalt an=nehmen
dessous : *être (en)* ~ unten sein/liegen/stehen, darunter=liegen, darunter=stehen; (fig) *agir par en* ~ nicht mit offenen Karten spielen f ◆ m 1 Unterseite 2 ~ *de pot* Topfuntersetzer m; (fig) *des* ~ *de table* Bestechungsgeld(er) n(pl), Schmiergeld(er) n(pl); *les* ~ *de la politique* die Kehrseite f/Hintergründe mpl der Politik 3 Unterwäsche f 4 *avoir le* ~ unterlegen sein, den Kürzeren ziehen
dessus : *être* ~ darauf sein; (fig) *ils nous sont tombés* ~ sie haben uns überfallen ◆ m Oberseite f ~ *de la main* Handrücken m; (fig) *avoir le* ~ überlegen sein, die Oberhand f haben; *reprendre le* ~ sich wieder erholen
dessus-de-lit m Bettdecke f
déstabiliser aus dem Gleichgewicht bringen
destin m Schicksal n, Los n, Geschick n
destinataire m f EmpfängerIn m f, AdressatIn m f
destination f 1 Ziel n; Bestimmungsort m 2 ~ *d'un objet* (Verwendungs)zweck m eines Gegenstandes
destinée f Bestimmung f, Schicksal n
destiner (à) bestimmen (für)
destituer ab=setzen, entheben
destructeur, -trice zerstörerisch, vernichtend
désuet, -te veraltet
désunir trennen, entzweien, auseinander=bringen
détachable abtrennbar

détachant m Flecklöser m, Fleckenwasser n

détaché 1 *un air* ~ ein gleichgültiger Gesichtsausdruck 2 *pièce* ~*e* Ersatzteil n; Einzelstück n

détacher 1 von Flecken reinigen 2 ~ *un prisonnier* einem Gefangenen die Fesseln ab=nehmen 3 ~ *qqn auprès d'un organisme* jn in einen Verband entsenden/delegieren ◆ *se* ~ 1 sich lösen/los=machen; *(fig) se* ~ *de qqn* sich von jm lösen 2 *le personnage se détache bien* die Person hebt sich gut ab

détail m Detail n Einzelheit f *ne pas entrer dans les* ~*s* nicht auf die Einzelheiten fpl/ die näheren Umstände mpl ein=gehen; *(fig) c'est un* ~ das ist Nebensache f; *faire le* ~ *d'une facture* eine detaillierte Rechnung auf=stellen; *(fig) ne pas faire le* ~ alles nach dem gleichen Muster/nach Schema F behandeln, alles über einen Kamm scheren; *regarder en* ~ im einzelnen/ausführlich/genau betrachten; *commerce de* ~ Einzelhandel m; *vendre au* ~ stückweise verkaufen

détaillant m Einzelhändler m

détaler davon=laufen

détaxé zollfrei

détecter an=zeigen, auf=spüren

détecteur m Suchgerät n

détective m Detektiv m

déteindre ab=färben

dételer aus=spannen, ab=spannen

détendre 1 *(fusil)* jn entspannen 2 lösen; schmiegsam machen 3 ~ *le linge* die Wäsche ab=nehmen 4 ~ *l'atmosphère* die Stimmung auf=lockern ◆ *se* ~ 1 sich entspannen 2 *le tissu se détend* der Stoff gibt nach, *(fam)* der Stoff leiert sich aus

détenir 1 besitzen; *(fig)* ~ *un secret* in Besitz eines Geheimnisses sein 2 ~ *qqn* jn gefangen=halten

détente f 1 *(fusil)* Abzug m; *(sp)* Absprung m; *(fam) être dur à la* ~ schwer von Begriff sein 2 Entspannung f

détenteur, -trice BesitzerIn m f, InhaberIn m f *le* ~ *des clés* Schlüsselverwahrerln m f

détention f 1 Haft f, Verwahrung f ~ *provisoire* Schutzhaft f, Untersuchungshaft f 2 Innehaben n, Besitz m

détenu : *être* ~ *à la prison de X* im Gefängnis von X ein=sitzen ◆ *m* -*e* f Inhaftierte/r, Häftling m

détergent m Reinigungsmittel n, Waschmittel n

détérioration f Abnutzung f; *(fig)* Verschlechterung f; *(fig)* Verschlimmerung f

détériorer beschädigen, ab=nutzen; verschlechtern

déterminant ausschlaggebend, entscheidend

déterminé entschlossen

déterminer 1 fest=legen, bestimmen ~ *les causes d'un accident* die Unfallursachen ermitteln 2 ~ *qqn à partir* jn zum Weggehen bewegen/veranlassen ◆ *se* ~ *par rapport à une situation* sich angesichts einer Situation entschließen

déterrer aus=graben

détestable abscheulich; unerträglich

détester verabscheuen *je déteste le melon* Melonen mag ich überhaupt nicht

détonant (hoch)explosiv

détonateur m Zünder m, Zündkapsel f; *(fig)* Auslöser m

détonation f Knall m, Detonation f

détonner : ~ *dans l'environnement* aus dem umgebenden Rahmen heraus=fallen

détour m 1 Umweg m; *(fig) parler sans* ~*s* ohne Umschweife mpl reden 2 *au* ~ *du chemin* an der Wegbiegung f

détourné : *passer par un chemin* ~ einen abgelegenen Weg nehmen; *(fig) par des moyens* ~*s* (auf) Umwege(n) mpl

détournement m 1 ~ *d'avion* Flugzeugentführung f 2 ~ *de fonds* Unterschlagung f

détourner 1 *(avion)* entführen 2 *(argent)* unterschlagen, veruntreuen 3 ~ *une rivière* einen Fluß um=leiten 4 ~ *le regard* den Blick ab=wenden, weg=sehen, weg=blicken 5 ~ *la conversation* die Unterhaltung in andere Bahnen lenken/bringen 6 ~ *qqn du droit chemin* jn vom rechten Weg ab=bringen

détraqué *(fam) l'appareil est* ~ der Apparat funktioniert nicht mehr richtig; *(fig) le temps est* ~ das Wetter ist schlecht/ mies ◆ *m* -*e* f *c'est un* ~ das ist ein Verrückte/r

détresse f 1 Bedrängnis f, Verzweiflung f 2 *navire en* ~ Schiff in Seenot f

détriment m : *au* ~ *de qqn* zum Schaden m/auf Kosten fpl von jm, auf js Kosten; *au* ~ *de qch* zum Nachteil m/Schaden m einer Sache (G)

détritus m Abfall m, Müll m

détroit m Meerenge f, Straße f

détromper aus einem/dem Irrtum befreien, eines Besseren belehren

détrôner entthronen; *(fig)* ab=setzen, verdrängen

détruire zerstören, vernichten

dette f : *avoir des* ~*s* Schulden fpl haben; *(fig) avoir une* ~ *envers qqn* in js Schuld stehen

D.E.U.G [dœg] m *diplôme d'études universitaires générales* Vordiplom n

deux zwei *tous les* ~ alle beide; *à* ~ zu zweit ◆ m Zwei f *venir le* ~ am zweiten kommen; *entre les* ~ dazwischen; zwischen Beiden; *(fam) en moins de* ~ in Null Komma nichts, im Handumdrehen,

deuxièmement — 470

Eins fix Drei; *ne faire ni une ni ~* ohne mit der Wimper zu zucken, ohne weitere Bedenken; *(loc) jamais ~ sans trois* aller guten Dinge sind drei

deuxièmement zweitens

deux-pièces *m* 1 Zweizimmerwohnung *f* 2 zweiteiliger Badeanzug *m*

dévaler herunter=stürzen; herunter=rollen, hinab=rollen

dévaliser aus=rauben; *(fig/fam) ~ un magasin* völlig aus Geschäft völlig aus=räumen

dévaloriser 1 den Wert von etw mindern 2 *~ qqn* jn ab=werten/herab=setzen

dévaluer ab=werten

devancer 1 *~ qqn de cinq minutes* jm um fünf Minuten zuvor=kommen, fünf Minuten vor jm ein=treffen; *(mil) ~ l'appel* sich freiwillig melden 2 *~ tous les désirs de qqn* js Wünschen zuvor=kommen 3 *~ qqn dans tous les domaines* jn auf allen Gebieten übertreffen/überflügeln

devant vorn(e) *marcher ~* vor jm (her)=laufen ◆ vor (A/D) *~ la maison* vor dem Haus; *regarde ~ toi !* sieh nach vorn! ◆ *m* 1 *le ~ de la maison* die Fassade des Hauses 2 *prendre les ~s* vor=greifen, zuvor=kommen

devanture *f* Schaufenster *n*

dévaster verheeren, zerstören, verwüsten

déveine *f (fam)* Pech *n*

développement *m* 1 Wachstum *n*, Entwicklung *f pays en voie de ~* Entwicklungsland *n* 2 *(photo)* Entwickeln *n* 3 *ne pas faire de longs ~s* keine weitgreifenden Ausführungen *fpl*/Erläuterungen *fpl* machen 4 *(math)* Grundriß *m* 5 *(tech)* Radübersetzung *f*

développer 1 aus=wickeln 2 *(photo)* entwickeln 3 *~ un secteur* einen Bereich aus=dehnen/erweitern 4 *~ une maladie* eine Krankheit erkennen lassen ◆ *se ~* sich entwickeln

devenir 1 werden 2 *que devient ton projet ?* was wird aus deinem Projekt ?

dévergondé schamlos, ausschweifend

dévergonder zu einem ausschweifenden/frivolen Leben verführen ◆ *se ~* sich aus=leben, sich Ausschweifungen hin=geben

déverser kippen, schütten, ab=werfen; *(fig) ~ des flots de touristes* Ströme von Touristen aus=schütten ◆ *l'eau se déverse dans un bassin* das Wasser fließt in ein Bassin (ab)

dévêtir entkleiden, aus=ziehen

déviation *f* 1 *(route)* Umleitung *f* 2 Ausschlag *m* ◆ *~ de la colonne vertébrale* Rückgratverkrümmung *f*; *(fig) ~ sexuelle* sexuelle Verirrung *f*

dévier : *~ de sa trajectoire* von seiner Flugbahn ab=kommen ◆ *~ la circulation* den Verkehr um=leiten

devin *m* Weissager *m*, Wahrsager *m*, Seher *m*

deviner 1 (er)raten, heraus=bekommen, heraus=finden 2 vorher=sagen, voraus=sagen

devinette *f* Rätsel *n*

devis *m* Kostenvoranschlag *m*

dévisager an=starren, scharf/genau an=sehen

devise *f* 1 Motto *n*, Devise *f*, Wahlspruch *m* 2 *acheter des ~s* Devisen *fpl* kaufen

deviser sich unterhalten

dévisser ab=schrauben, auf=schrauben

dévoiler 1 enthüllen; *(fig)* offenbaren 2 *~ une roue* ein Rad aus=wuchten ◆ *se ~ (fig)* ans Licht kommen, sich enthüllen

devoir 1 *~ travailler pour vivre* arbeiten müssen, um zu leben 2 *vous ne devez pas faire cela* das dürfen Sie nicht machen 3 *quand doit-il venir ?* wann soll er kommen? ◆ *~ de l'argent à qqn* jm Geld schulden; *(fig) ne rien ~ à personne* niemandem etw schuldig sein; *~ sa réussite à son travail* seinen Erfolg seiner Arbeit verdanken ◆ *se ~ de faire qch* sich verpflichtet fühlen, etw zu tun; *comme il se doit* wie es sich gehört

devoir *m* 1 Pflicht *f sens du ~* Pflichtgefühl *n*; *se mettre en ~ de faire qch* sich entschließen, etw zu tun 2 *(école)* (Haus)aufgabe *f*

dévorer verschlingen; *(fig) la passion le dévore* die Leidenschaft frißt/zehrt ihn auf ◆ *être dévoré par les moustiques* von Mücken (ganz) zerfressen sein; *(fig) être dévoré de remords* von Gewissensbissen gequält werden

dévot *m* *-e f* FrömmlerIn *m f*

dévotion *f (rel)* Andacht *f*

dévoué aufopferungsvoll *un ami ~* ein treuer Freund; *il m'est entièrement ~* er ist mir völlig ergeben

dévouement *m* Hingabe *f*, Aufopferung *f*, Ergebenheit *f*

dévouer (se) sich auf=opfern

dextérité *f* Geschicklichkeit *f*, Fingerfertigkeit *f*

diabète *m* Diabetes *f*

diabétique *m f* DiabetikerIn *m f*

diable *m* 1 Teufel *m*; *(fig) tirer le ~ par la queue* am Hungertuch nagen, von der Hand in den Mund leben; *qu'il aille au ~ !* zum Teufel mit ihm! 2 *pauvre ~* armer Teufel/Schlucker *m* 3 Rollkarren *m* 4 *(cuis)* Römertopf *m* ◆ *(que) ~ !* zum Teufel (nochmal)!

diabolique teuflisch

diacre *m* Diakon *m*

diadème *m* Diadem *n*

diagnostic *m* Diagnose *f*

diagnostiquer diagnostizieren

diagonale f Diagonale f; (fig) *en ~* diagonal
dialecte m Dialekt m, Mundart f
dialectique f Dialektik f
dialogue m Dialog m, Gespräch n; (fig) *c'est un ~ de sourds* wir/sie reden aneinander vorbei; *renouer le ~ avec qqn* mit jm wieder in Kontakt m treten
diamant m **1** Diamant m **2** (tech) Glasschneider m
diamétralement diametral
diamètre m Durchmesser m
diapason m Stimmgabel f; (fig) *se mettre au ~* sich ein=stellen (auf **A**), sich richten (nach)
diaphragme m **1** (méd) Diaphragma n **2** (photo) Blende f
diapo f Dia n → **diapositive**
diapositive f Diapositiv n
diarrhée f Durchfall m, Diarrhöe f
diatribe f Schmährede f, Schimpftirade f
dictateur m Diktator m
dictatorial, -aux diktatorisch
dictée f Diktat n
dicter diktieren; (fig) *~ qch à qqn* jm etw vor=schreiben/auf=erlegen/auf=zwingen
diction f Sprechweise f, Diktion f
dictionnaire m Wörterbuch n
dicton m Redensart f, Spruch m
didactique belehrend; *un film ~* Lehrfilm m ◆ f Didaktik f
dièse m Kreuz n, Erhöhungszeichen n; *do ~* Cis n
diète f **1** *se mettre à la ~* Diät f halten **2** (hist) Reichstag m
diététique : *alimentation ~* diätetische Ernährungsweise ◆ f Ernährungslehre f
dieu/Dieu m Gott m; (fig) *pour l'amour de Dieu !* um Gottes Willen !
diffamation f Verleumdung f, üble Nachrede f; (jur) *procès en ~* Verleumdungsprozeß m
diffamatoire verleumderisch
diffamer diffamieren, verleumden
différé m : *émission en ~* Rundfunk-/Fernsehaufzeichnung f
différemment anders, verschieden
différence f **1** Unterschied m *à la ~ de* im Unterschied zu, zum Unterschied von **2** (math) Differenz f
différencier unterscheiden, differenzieren ◆ *se ~ des autres* sich von (den) anderen unterscheiden; sich von den anderen ab=grenzen
différend m Meinungsverschiedenheit f
différent 1 *être ~* anders/verschieden sein **2** *~es propositions* unterschiedliche Vorschläge
différer : *~ un rendez-vous* eine Verabredung verschieben ◆ *nos opinions diffèrent sur ce point* unsere Meinungen gehen in diesem Punkt auseinander
difficile schwer, schwierig ◆ m f *faire le ~* den Anspruchsvollen m/Wählerischen m/Verwöhnten m spielen
difficilement schwer(lich), kaum
difficulté f Schwierigkeit f *soulever des ~s* mit Problemen verbunden sein; (fig) *faire des ~s* Umstände mpl machen
difforme mißgestaltet
difformité f Unförmigkeit f, Mißbildung f
diffraction f (Strahlen)brechung f
diffus unbestimmt *lumière ~e* mattes Licht
diffuser 1 aus=strahlen; übertragen; (fig) verbreiten **2** *~ un produit* ein Produkt vertreiben
diffusion f **1** Ausstrahlung f, Übertragung f; (fig) Verbreitung f **2** Vertrieb m, Verteilung f
digérer verdauen; (fig) verarbeiten; *~ un affront* einen Affront verwinden
digeste leicht verdaulich, bekömmlich
digestif, -ive Verdauungs- ◆ m Likör m
digestion f Verdauung f
digital 1 *empreintes ~es* Fingerabdrücke mpl **2** (info) *système ~* Digitalsystem n
digitale f Fingerhut m
digne 1 würdevoll, ehrbar, ehrenhaft **2** *être ~ de faire qch* es wert sein,/verdienen, etw zu tun; *~ d'éloges* lobenswert **3** *~ de son père* seines Vaters würdig
dignité f Würde f, Selbstachtung f, Ehrbarkeit f; Stolz m
digression f Abschweifung f
digue f Deich m, Damm m
dilapider verschwenden, vergeuden
dilater (se) (sich) (aus)=dehnen
dilemme m Dilemma n
diligence f **1** Eifer m **2** Postkutsche f
diluant m Verdünner m
diluer verdünnen *~ une poudre* einem Puder Wasser bei=mengen
diluvien, -ne sintflutartig
dimanche m Sonntag m
dimension f **1** Dimension f, Maß n *en trois ~s* dreidimensional; *prendre les ~s de qch* von etw die Maße nehmen; (fig) Aspekt m **2** Ausmaß n; *de toutes les ~s* jeder Größe f
diminué : (fig) *personne ~e* körperlich/geistig Behinderte/r
diminuer 1 senken *~ une robe* ein Kleid enger machen; (fig) *~ qqn* jn herab=setzen **2** *~ les mérites de qqn* js Verdienste schmälern **3** *sa maladie l'a beaucoup diminué* seine Krankheit hat ihn sehr geschwächt ◆ ab=nehmen, sich verringern *~ d'intensité* an Intensität nach=lassen/ab=nehmen; *les jours diminuent* die Tage werden kürzer; (tricot) ab=nehmen

diminutif *m* Verkleinerungsform *f*
diminution *f* Abnahme *f*, Verringerung *f*, Verminderung *f*, Nachlassen *n*, Rückgang *m*; *(tricot)* Abnehmen *n*
dinde *f* Pute *f*, Truthenne *f*; *(fig/péj)* Gänschen *n*
dindon *m* Puter *m*, Truthahn *m*; *(fig) être le ~ de la farce* der Dumme *m* bei einer Sache sein
dîner zu Abend essen
dîner *m* Abendessen *n*, Diner *n*
dingue : *(fam) c'est ~ !* das ist verrückt/wahnsinnig! ◆ *m f* Wahnsinnige/r, Verrückte/r
dinosaure *m* Dinosaurier *m*
diocèse *m* Diözese *f*
dioxine *f* Dioxyn *n*
dioxyde *m* Dioxyd *n*
diphtongue *f* Doppelvokal *m*
diplomate diplomatisch ◆ *m f* DiplomatIn *m f*
diplomatique 1 diplomatisch 2 *(fig/fam) une maladie ~* Scheinkrankheit *f*
diplôme *m* Diplom *n*, Zeugnis *n*
diplômé : *ingénieur ~* Diplomingenieur *m* ◆ *m -e f jeune ~* HochschulabsolventIn *m f*
dire 1 sagen *c'est plus facile à ~ qu'à faire* das ist leichter gesagt als getan; *(fig) c'est beaucoup ~* das ist (leicht) übertrieben; *pour tout ~* kurz (und gut), *(loc)* der langen Rede kurzer Sinn; *à qui le dites-vous !* und wie !, und wie ich das weiß ! 2 *on dit qu'il est mort* man sagt/erzählt, daß er tot ist/sei 3 *que veux-tu ~ ?* was meinst du ?; *qu'en dis-tu ?* was meinst du dazu ?, was hältst du davon ?, was sagst du dazu ?; *on dirait qu'il est ivre* man könnte glauben/meinen, er ist betrunken; *quoi qu'on en dise* was auch immer man davon hält/dazu meint 4 *je t'ai dit de ranger tes affaires* ich habe dir gesagt, daß du deine Sachen weg=räumen sollst; *(fig) ne pas l'envoyer ~ à qqn* nicht um den heißen Brei herum=reden ; *◆ à vrai ~* offengesagt, eigentlich; *pour ainsi ~* sozusagen; *vous avez beau ~* was Sie auch sagen (mögen); *tu ne crois pas si bien ~* besser konntest du es nicht sagen ; *cela va sans ~* das versteht sich von selbst, das ist selbstverständlich; *(fig) son silence en dit long* sein Schweigen spricht Bände ◆ *~ qu'il n'a pas encore fini !* wenn man bedenkt, daß er noch nicht fertig ist ! *je me suis laissé ~ que* ich habe gehört, daß ; *(loc) bien faire et laisser ~* sich nicht beirren lassen ◆ *qu'est-ce que cela veut ~ ?* was soll das heißen ? ◆ *aussitôt dit aussitôt fait* gesagt getan ; *à l'heure dite* zur festgesetzten/besagten Stunde ; *tenez-le-vous pour dit* lassen Sie es sich (D) gesagt sein, *(fig)* schreiben Sie sich (D) das hinter die Ohren

direct 1 *train ~* Direktzug *m* 2 *être ~ avec qqn* mit jm direkt geradeheraus sein/um=gehen 3 unmittelbar, direkt; *(gram) complément d'objet ~* Akkusativobjekt *n* ◆ *m* 1 *(boxe) un ~ du gauche* eine linke Gerade *f* 2 *en ~* in Direktübertragung *f*, live [laif]
directeur, -trice 1 *comité ~* Leitungsausschuß *m* 2 *schéma ~* Leitlinie *f*; *ligne directrice* Richtlinie *f* ◆ *m f* DirektorIn *m f*, VorsteherIn *m f*, LeiterIn *m f*
directif, -ive : *être très ~* gern Weisungen erteilen
direction *f* 1 Leitung *f*, Direktion *f* 2 *aller dans une ~* in eine Richtung *f* gehen ; *le train en ~ de X* der Zug nach X 3 *(tech)* Lenkung *f*, Steuerung *f*
directive *f* (An)weisung *f*, Richtlinie *f*
directoire *m* Vorstand *m*, Direktorium *n*
dirigeable *m* Luftschiff *n*
diriger 1 leiten *vouloir tout ~* alles lenken wollen 2 *~ un orchestre* ein Orchester dirigieren/leiten 3 *~ ses pas (vers)* seine Schritte richten/lenken (nach) ; *~ son regard (vers)* seinen Blick richten (auf A/nach) ; *~ qqn vers la sortie* jn zum Ausgang führen ◆ *se ~ (vers)* zu=gehen (auf A), an=steuern, gehen (nach)
dirigisme *m* Staatswirtschaft *f*
discernement *m* Urteilsfähigkeit *f*, Einsicht *f*; *agir avec ~* einsichtig handeln
discerner 1 erkennen 2 *~ le vrai du faux* das Richtige vom Falschen unterscheiden
disciple *m f* AnhängerIn *m f*, Jünger *m*
disciplinaire : *sanction ~* Disziplinarstrafe *f*; *(mil) bataillon ~* Strafkompanie *f*
discipline *f* 1 Disziplin *f* 2 Fach *n*, Fachrichtung *f*; *(sp)* Disziplin *f*
discipliner disziplinieren, an Ordnung gewöhnen ; *(fig)* bändigen
discontinu unbeständig, unterbrochen
discontinuer : *sans ~* unaufhörlich, ununterbrochen, unausgesetzt
disconvenir in Abrede stellen, bestreiten
discordance *f* Disharmonie *f*; *(fig)* Unvereinbarkeit *f*
discordant : *sons ~s* Mißtöne *fpl* ; *(fig) des avis ~s* auseinandergehende/nicht übereinstimmende Meinungen
discorde *f* Zwietracht *f*, Zwist *m*, Uneinigkeit *f*
discothèque *f* 1 Diskothek *f* 2 Schallplattensammlung *f*
discours *m* Rede *f*; Ansprache *f faire un ~* eine Rede halten ; *(fig) le ~ sécuritaire* das Gerede *n* um die Sicherheit
discréditer in Mißkredit/Verruf bringen, diskreditieren
discret, -ète 1 taktvoll, diskret, unaufdringlich; *reste ~ !* das behältst du für

discrètement unauffällig
discrétion f 1 Diskretion f, Verschwiegenheit f 2 Zurückhaltung f, Takt m 3 à ~ nach Belieben n; *laisser à la ~ de qqn* jm anheim=stellen
discrétionnaire : *pouvoir ~* uneingeschränkte/unumschränkte Macht
discrimination f Diskriminierung f Ausschluß m
discriminatoire diskriminierend
disculper : *~ qqn* jn entlasten ◆ *se ~* eine Schuld von sich weisen
discussion f 1 Diskussion f 2 *~ d'un projet* Erörterung f eines Projekts
discutable bestreitbar; anfechtbar, fraglich
discuter sich unterhalten, diskutieren ◆ *~ de qch* etw besprechen/erörten, über etw sprechen/diskutieren ◆ *~ les ordres* Anweisungen in Frage stellen
disgrâce f Ungnade f
disjoncter die Hauptsicherung aus=schalten; *(fig/fam)* entgleisen, verrückt spielen
disjoncteur m Schutzschalter m
disloquer auseinander=nehmen, zerlegen; *(fig)* auseinander=fallen lassen ◆ *se ~* auseinander=gehen, zerfallen
disparaître verschwinden ; abhanden kommen ◆ *à l'horizon* am Horizont unter=gehen/unsichtbar werden ◆ *(fig)* hin=scheiden ; *des coutumes disparaissent* Bräuche sterben aus ; *mes craintes disparaissent* meine Befürchtungen verschwinden/lösen sich auf
disparate nicht zusammenpassend, ungleichartig ; verschiedenartig ; uneinheitlich
disparité f Unterschied m
disparition f : *signaler la ~ de qqn* eine Vermißtenanzeige f auf=geben ; js Verschwinden n an=zeigen ; *~ d'une somme d'argent* Verlust m einer Geldsumme ; *espèce en voie de ~* im Aussterben befindliche Gattung ; *(fig)* Hinscheiden n
disparu : *être porté ~* vermißt/verschollen (erklärt) werden
dispensaire m Ambulatorium n
dispense f Befreiung f, Entbindung f *~ d'âge* Aufhebung f der Altersgrenze
dispenser entbinden, befreien ; *(fig) je te dispense de tes commentaires* auf deine Kommentare kann ich verzichten, deine Kommentare kannst du dir sparen ◆ *se ~ de faire qch* etw unterlassen
disperser zerstreuen, auf=lösen ◆ 1 *la foule se disperse* die Menge zerstreut sich/ löst sich auf 2 *se ~* sich verzetteln ◆ *en ordre dispersé* durcheinander
disponibilité f 1 Disponibilität f 2 *demander une ~* eine (zeitlich begrenzte) Freistellung f erbitten

dissiper

disponible 1 *je ne suis pas ~* ich bin nicht frei/abkömmlich 2 *logement ~* freier Wohnraum ; *(éco) capital ~* verfügbares/flüssiges Kapital
disposé : *être bien ~ à l'égard de qqn* jm gewogen sein
disposer an=ordnen, zurecht=legen ; *(mil) ~ des troupes* Truppen auf=stellen ◆ *~ d'un capital* über ein Kapital verfügen ; *droit des peuples à ~ d'eux-mêmes* Selbstbestimmungsrecht n der Völker ◆ *se ~ à partir* sich an=schicken, zu gehen ; beabsichtigen, zu gehen
dispositif m 1 Vorrichtung f 2 *~ policier* Polizeiaufgebot n ; *~ de défense* Verteidigungsaufkommen n
disposition 1 Anordnung f 2 *avoir des moyens à sa ~* Mittel zur Verfügung f haben ; *être à la ~ de qqn* jm zur Verfügung stehen 3 *prendre ses ~s* Vorkehrungen fpl treffen ; *(jur) ~s testamentaires* testamentarische Verfügung 4 *être dans de bonnes ~s à l'égard de qqn* jm gewogen sein 5 *avoir des ~s* (gute) Veranlagungen fpl haben
disproportion f Mißverhältnis n ; Unverhältnismäßigkeit f
disproportionné disproportioniert ; unproportioniert ; *(fig)* unverhältnismäßig
dispute f Streit m, Disput m, Zank m
disputer 1 *~ qch à qqn* jm etw streitig machen 2 *~ une course* ein Rennen aus=tragen ◆ *se ~* sich streiten/zanken ◆ *se faire ~* ausgeschimpft werden
disqualification f Disqualifizierung f
disque m 1 (Schall)platte f *~ compact (C.D.)* Compact Disc (CD) f 2 *(info) ~ dur* Festplatte f 3 *(méd)* Bandscheibe f 4 *(sp)* Diskus m
disquette f Diskette f
dissemblance f Unähnlichkeit f, Verschiedenartigkeit f
disséminer aus=streuen, verstreuen, zerstreuen, umher=streuen
dissension f Zwiespalt m ; Differenz f
disséquer sezieren, zerlegen ; *(fig)* auseinander=nehmen
dissertation f Aufsatz m
dissident : *groupe ~* abgefallene/abgespaltene Gruppe ◆ m -e f DissidentIn m f
dissimulateur m -trice f HeuchlerIn m f
dissimulation f Verstellung f, Verschleierung f, Verheimlichung f
dissimuler verstecken ; *(fig)* verheimlichen, vor=enthalten
dissipé : *élèves ~s* herumzappelnde/herumkaspernde Schüler
dissiper 1 *~ les nuages* die Wolken vertreiben/zerstreuen ; *(fig) ~ des soupçons* Zweifel zerstreuen/beseitigen 2 *~ un camarade* einen Freund ab=lenken ◆ *se ~*

dissocier

1 verschwinden, vergehen, verfliegen, sich auf=lösen **2** sich ab=lenken lassen, unaufmerksam werden
dissocier (voneinander) trennen; *(chim)* ~ *une molécule* ein Molekül ab=spalten
dissolu liederlich, ausschweifend
dissolution *f* Auflösung *f*; *(fig)* Zerfall *m*; ~ *du parlement* Auflösung des Parlaments
dissolvant *m* Lösungsmittel *n*; Nagellackentferner *m*
dissonance *f* Mißton *m*; *(fig)* ~*s dans un groupe* Unstimmigkeiten *fpl*/Dissonanzen *fpl* in einer Gruppe
dissoudre (se) (sich) auf=lösen/zersetzen
dissuader : ~ *qqn* jm ab=raten
dissuasif, -ive : *mesures dissuasives* Abschreckungsmaßnahmen *fpl*
dissuasion *f* : *politique de* ~ Politik der Abschreckung *f*
distance *f* Entfernung *f commander un appareil à* ~ einen Apparat aus der Ferne *f* bedienen; *parcourir une* ~ eine Strecke *f* durchlaufen; *(fig) garder ses* ~*s* Abstand halten; *prendre ses* ~*s* auf Distanz gehen
distancer : ~ *qqn* jn ab=hängen/hinter sich (D) lassen
distanciation *f* Distanzierung *f*
distant 1 *les deux villes sont* ~*es de 50 km* die beiden Städte sind 50 km voneinander entfernt **2** *rester* ~ zurückhaltend/distanziert bleiben
distendre (aus)=dehnen; lockern ♦ *nos liens se sont distendus* die Bindung zwischen uns hat sich gelockert/*(fig)* ist versandet
distiller destillieren, brennen ♦ *(fig)* verbreiten ~ *de la musique* mit Musik berieseln
distillerie *f* Weinbrennerei *f*
distinct 1 *deux problèmes bien* ~*s* zwei voneinander abgegrenzte Probleme **2** deutlich, klar
distinction *f* **1** Unterschied *m* **2** Auszeichnung *f* **3** *avoir de la* ~ eine vornehme Art *f* haben
distingué vornehm, distinguiert
distinguer 1 ~ *qch dans le brouillard* etw im Nebel erkennen/unterscheiden **2** unterscheiden ~ *deux questions* zwei Fragen auseinander=halten/voneinander unterscheiden ♦ *se* ~ *des autres* sich von den anderen unterscheiden; *chercher par tous les moyens à se* ~ versuchen, sich mit allen Mitteln hervorzutun
distorsion *f (fig)* Mißverhältnis *n*, Unausgewogenheit *f*
distraction *f* **1** Unaufmerksamkeit *f*, Zerstreuung *f* **2** *avoir besoin de* ~(*s*) Ablenkung *f*/Zerstreuung *f* nötig haben

distraire 1 *ne me distrais pas!* lenke mich nicht ab! **2** unterhalten, ab=lenken
distrait zerstreut
distrayant unterhaltend, unterhaltsam, ablenkend
distribuer 1 verteilen; aus=teilen; ~ *le courrier* die Post verteilen/aus=tragen **2** ~ *un produit* ein Produkt vertreiben **3** ~ *un appartement* eine Wohnung auf=teilen
distribution *f* **1** Verteilung *f* **2** *secteur de la* ~ Absatzbereich *m*, Vertriebssektor *m* **3** *une brillante* ~ eine brillante Besetzung *f* **4** ~ *de l'eau* Wasserversorgung *f*
district *m* Bezirk *m*, Distrikt *m*
dit → *dire*
dithyrambique : *(fig) être* ~ viel Gutes sagen, über den grünen Klee loben
diurétique *m* harntreibendes Mittel *n*
diurne Tages- *oiseau* ~ Tagesvogel *m*
divagations *fpl* Ausschweifungen *fpl*, Phantasieren *n*
divaguer ab=weichen, aus=schweifen, faseln
divan *m* Diwan *m*, Liegesofa *n*; *(psy)* Couch [kautʃ] *f*
divergence *f* **1** *quelques points de* ~ einige Meinungsverschiedenheiten *fpl* **2** *(phys)* Divergenz *f*
diverger 1 auseinander=gehen **2** *(phys)* divergieren
divers verschieden, divers, mannigfaltig
diversifier erweitern, abwechslungsreich gestalten; *(comm)* ~ *ses activités* seinen Tätigkeitsbereich erweitern
diversion *f* Ablenkungsmanöver *n*, Ablenkung *f faire* ~ ab=lenken
diversité *f* Verschiedenheit *f*, Verschiedenartigkeit *f*, Mannigfaltigkeit *f*
divertir ab=lenken, belustigen, zerstreuen ♦ *se* ~ sich unterhalten/amüsieren/ab=lenken=zerstreuen
divertissement *m* Zerstreuung *f*, Unterhaltung *f*; *(th)* Zwischenspiel *n*
dividende *m* **1** *(éco)* Dividende *f toucher des* ~*s* an der Gewinnausschüttung *f* teil=haben **2** *(math)* Zähler *m*, Dividend *m*
divin göttlich, Gottes-; *(fig)* himmlisch
divinité *f* Gottheit *f*
diviser (auf=)teilen; *(math)* ~ *par 2* durch zwei teilen/dividieren; *(fig)* (auf=)spalten
division *f* **1** Aufteilung *f*, Verteilung *f*, Einteilung *f*; ~ *du travail* Arbeitsteilung *f*; *(math)* Dividieren *n*, Division *f*; *(fig) semer la* ~ Zwietracht *f* säen **2** *(mil)* ~ *blindée* Panzerdivision *f*
divisionnaire : *commissaire* ~ Hauptkommissar *m*
divorce *m* Scheidung *f demander le* ~ die Scheidung ein=reichen; *(fig)* Kluft *f* Trennung *f*
divorcé geschieden

divulguer verbreiten, veröffentlichen; aus=plaudern
dix zehn
dix-huit achtzehn
dix-neuf neunzehn
dizaine *f* 1 *j'en voudrais une ~* ich möchte zehn davon 2 *une ~ de personnes* etwa/ungefähr zehn Leute
do *m* C *n*
docile folgsam
docilité *f* Folgsamkeit *f*
docte gelehrt
docteur *m* 1 *~ en Droit* Doktor *m* der Rechte (Dr. jur.); *~ de l'Eglise* Kirchenvater *m* 2 *bonjour, ~!* guten Tag, Herr Doktor!
doctorat *m* Docktorarbeit *avoir un ~* promoviert sein
doctrine *f* Doktrin *f*
document *m* Dokument *n*
documentaire dokumentarisch *à titre ~* als Beleg; zur Information ◆ *m* Dokumentarfilm *m*
documentaliste *m f* DokumentalistIn *f*
documentation *f* 1 Unterlagen *fpl*; Materialsammlung *f* 2 *centre de ~* Dokumentationszentrum *n*
documenter (se) (sich) informieren (über A), sich (D) Auskünfte verschaffen (über A)
dodeliner : *~ de la tête* den Kopf hin- und her=schaukeln
dodo *m* : *(fam) faire ~* heia machen
dodu prall, drall, dick, wohlgenährt
dogme *m* Dogma *n*
doigt *m* Finger *m ~ de pied* Fußzehe *f*, Fußzeh *m*; *(fig) mettre le ~ sur qch* den Kern (einer Sache) treffen; *se mordre les ~s* etw bitter bereuen; *savoir sur le bout du ~* im Schlaf/aus dem Effeff *n* können; *(fam) se mettre le ~ dans l'œil* sich in den Finger schneiden, auf dem Holzweg sein; *un ~ d'apéritif* ein Tropfen *m* Aperitif; *être à deux ~s de faire qch* zwei Schritte *mpl* davon entfernt sein; / kurz davor sein, etw zu tun
doigté *m* 1 *agir avec ~* mit Fingerspitzengefühl handeln 2 *(mus)* Fingersatz *m*
doléance *f* Beschwerde *f*, Klage *f*
domaine *m* 1 (Land)besitz *m* 2 *vente des Domaines* Verkauf von Staatsgut *n*; *tomber dans le ~ public* Gemeingut *n* werden 3 Gebiet *n*
dôme *m* Dom *m*
domestique : *animal ~* Haustier *n*; *travaux ~s* Hausarbeit *f* ◆ *m f* Hausangestellte/r
domestiquer domestizieren, zähmen
domicile *m* Wohnsitz *m*, Wohnort *m sans ~ fixe (SDF)* Obdachlose/r; Nichtseßhafte/r; *travail à ~* Heimarbeit *f*; *élire ~* sich nieder=lassen
domicilié : *~ à X* ansässig in X, in X wohnhaft
dominateur, -trice *f* herrschsüchtig
dominer beherrschen, herrschen (über A); *~ un adversaire* einen Feind überwältigen; *(fig) ~ un sujet* ein Thema beherrschen ◆ *se ~* sich beherrschen ◆ *le rouge domine* Rot herrscht vor/ist vorherrschend; *~ dans la première mi-temps* in der ersten Halbzeit führen
dominicain, -e DominikanerIn *m f*
dominical, -aux Sonntags-
dommage : *c'est ~* das ist schade ◆ *m* 1 *subir un ~* Schaden *m* erleiden 2 *~s et intérêts* Schaden(s)ersatz *m*
dommageable : *être ~ à qqn/qch* für jn/etw schädlich sein
dompter bändigen, bezwingen; *(fig)* beherrschen; *(fig/fam) je vais le ~ celui-là!* mit dem da werde ich schon fertig=werden!
dompteur *m* Dompteur *m*
don *m* 1 Spende *f*, Schenkung *f ~ en espèces* Geldspende *f*; *~ en nature* Sachspende *f* 2 Begabung *f*, Talent *n*; *(fig)* Gabe *f*
donné : *étant ~ que* da; *étant ~* in Anbetracht (G), angesichts (G), bei
donnée *f* Angabe *f banque de ~s* Datenbank *f*; *analyser des ~s* Daten *npl* aus=werten; *(fig) les ~s politiques* die politischen Gegebenheiten *fpl*
donner geben; *(fig) ~ congé à qqn* jn beurlauben; *~ du courage à qqn* jm Mut machen; *~ des explications* Erklärungen ab=geben; *~ du souci à qqn* jm Sorgen machen/bereiten; *je ne sais pas ce que cela va ~* ich weiß nicht, was sich daraus ergibt/was das werden soll; *~ à qqn envie de rire* jn zum Lachen bringen; *~ pour vrai* als wahr aus=geben ◆ 1 *la fenêtre donne sur la cour* das Fenster geht auf den Hof, das Fenster zeigt zum Hof 2 *les haricots donnent bien* es gibt viele Bohnen 3 *(jeu)* geben
donneur *m* **-euse** *f* 1 *(méd)* (Organ)SpenderIn *m f* 2 *~ de leçons* Besserwisser *m*
dont 1 deren, dessen 2 von dem/der/den, wovon,... *ce dont il est question* worum es sich handelt/geht; *l'ami ~ il est jaloux* der Freund, auf den er eifersüchtig ist
dopant : *produit ~* Aufputschmittel *n*, Dopingmittel *n*
doper dopen ◆ *se ~* sich dopen
doré 1 vergoldet; *(fig) jeunesse ~e* verwöhnte/reiche Jugend 2 *blond ~* goldblond *n*
dorénavant von nun ab/an, von jetzt ab/an, ab jetzt, fortan
dorer vergolden, mit Gold überziehen;

dorloter

(fam) **~ la pilule à qqn** jm eine bittere Pille versüßen/schmackhaft machen ◆ *se faire ~ au soleil* sich von der Sonne bräunen lassen

dorloter verwöhnen; verhätscheln; verzärteln

dormir schlafen *laisser ~ une affaire* eine Angelegenheit auf sich beruhen lassen

dorsal, -aux *épine ~e* Rückgrat n; *nageoire ~e* Rückenflosse f

dortoir m Schlafsaal m *cité ~* Schlafstadt f

dos m 1 Rücken m *sac à ~* Rucksack m; *(fig) avoir bon ~* ein bequemer Vorwand sein; *mettre qch sur le ~ de qqn* jm etw in die Schuhe schieben; *(fam) en avoir plein le ~* es/etw gründlich satt/bis zum Hals stehen haben; *il est toujours sur mon ~* er guckt/sieht mir ständig auf die Finger 2 *~ de la main* Handrücken m; *au ~ de l'enveloppe* auf der Rückseite f des Umschlags

dose f Dosis f; *(fig) une bonne ~ de patience* eine Riesenportion f/Menge f Geduld; *forcer la ~* übertreiben

doser ab=messen; ab=wiegen; dosieren

dossard m Rückennummer f

dossier m 1 Akte f *~ de presse* Presseunterlagen fpl; *(fig) ~ social* sozialer Fragenkomplex m 2 *~ d'une chaise* Stuhllehne f

dot [dɔt] f Mitgift f

dotation f Ausstattung f, Schenkung f, Dotation f

douane f Zoll m, Zollamt n

douanier, -ère Zoll- ◆ m f Zollbeamte m, Zollbeamtin f

double 1 doppelt, zweifach *lilas ~* gefüllter Flieder; *à ~ sens* doppelsinnig; *avoir qch en ~ exemplaire* etw doppelt haben 2 *agent ~* Doppelagent m ◆ *voir ~* doppelt sehen ◆ m 1 *le ~ de trois* das Doppelte f von drei 2 *le ~ d'un document* die Abschrift f/Kopie f eines Dokuments; *(sp)* Doppel n

doublement : *~ important* doppelt (so) wichtig

doublement m 1 Überholen n 2 Verdoppelung f

doubler 1 *~ une voiture* ein Auto überholen; *(mar) ~ un cap* ein Kap umschiffen/umsegeln/umfahren 2 *~ un capital* ein Kapital verdoppeln 3 *~ un film* einen Film synchronisieren; *~ un acteur* eine Schauspieler doubeln 4 *~ un manteau* einen Mantel füttern 5 *(fam) ~ qn* jn überholen/aus=stechen ◆ *sa paresse se double d'impertinence* er ist nicht nur faul sondern auch (noch) frech

doublure f 1 Futter n 2 Double n

doucement 1 *parler ~* leise sprechen 2 *rouler ~* langsam/vorsichtig fahren ◆ *~ !* langsam !, sachte !, nicht so stürmisch

doucereux, -euse zuckersüß

douceur f 1 Milde f 2 *la ~ de qqn* js Sanftmut f; *(fig) faire qch en ~* etw sachte/in aller Güte f erledigen 3 Lieblichkeit f 4 *dire des ~s à qqn* jm gegenüber Süßholz n raspeln

douche f Dusche f, Brause f; *(fig) ~ écossaise* Wechselbad n; *(fam) prendre la ~* völlig durchnäßt werden

doucher (se) (sich) duschen, (sich) ab=brausen

douer : *~ qqn de qch* jn mit etw aus=statten/versehen ◆ *élève doué* begabter Schüler

douille f 1 *(élec)* Lampenfassung f 2 Hülse f

douillet, -te 1 bequem, weich 2 *un enfant ~* ein empfindliches/zimperliches Kind

douleur f 1 Schmerz m 2 Leid n, Leiden n, Pein f

douloureux, -euse 1 schmerzhaft 2 *regard ~* qualvoller Blick 3 *un point ~* eine schmerzende Stelle

doute m 1 Zweifel m *mettre qch en ~* etw an=zweifeln 2 *avoir un ~/des ~s sur qch* an (D) etw zweifeln; *sans ~* wahrscheinlich; *sans aucun ~* zweifellos, zweifelsohne

douter 1 zweifeln (an D), bezweifeln 2 *ne ~ de rien* keinerlei Zweifel auf=kommen lassen ◆ *se ~ de qch* etw ahnen/vermuten

douteux, -euse zweifelhaft *d'un goût ~* geschmacklos; *(fig) chemise douteuse* ein schmuddeliges Hemd

douve f Wassergraben m

doux/douce 1 *musique douce* sanfte Musik; *un pull très ~* ein sehr weicher Pulli; *un temps ~* mildes Wetter 2 *une personne très douce* eine sehr sanftmütige Person 3 *à feu ~* auf/bei schwacher Flamme; *descendre en pente douce* leicht ab=fallen; *(fig) énergies douces* Sonnen-, Wasser-, Windenergien fpl 4 *vin ~* lieblicher/süßer Wein 5 *eau douce* Süßwasser n ◆ 1 *filer ~* klein bei=geben; *(fam) tout ~ !* langsam ! 2 *(fam) faire qch en douce* etw heimlich/hinterrücks tun

douzaine f Dutzend n

douze zwölf

doyen m **-ne** f AlterspräsidentIn m f, Älteste/r; *(université)* Dekan m

draconien, -ne äußerst streng; *mesures ~nes* drakonische Maßnahmen

dragée f Dragee n; *(fig) tenir la ~ haute à qqn* jn zappeln lassen

dragon m 1 Drache m; *(fig)* Drachen m, Xanthippe f 2 *(mil)* Dragoner m

draguer 1 *(fam)* an=machen, auf=reißen **2** aus=baggern
dragueur, -euse *(fam)* AnmacherIn *m f*, AufreißerIn *m f*
drain *m (méd)* Kanüle *f*; *(tech)* Dränagegraben *m*
drainer 1 *(méd)* drainieren, Wundflüssigkeit beseitigen (aus); *(tech)* dränieren, entwässern **2** *(fig)* ~ *une foule de gens* eine Menge Leute an (sich) ziehen / hinter sich her=ziehen
dramatique dramatisch *art* ~ Dramatik *f* ◆ *f* Drama *n*
dramatiser dramatisieren
drame *m* Drama *n faire un* ~ *de qch* etw zu tragisch nehmen
drap *m* **1** Laken *n*, Bettuch *n*; *(fig/fam) être dans de beaux* ~s in der Klemme *f* / Patsche *f* / Tinte *f* sitzen **2** ~ *de bain* Badehandtuch *n*, Badelaken *n*
drapeau *m* -**x** Fahne *f*, Flagge *f être sous les* ~*x* Soldat sein
draper drapieren, in Falten legen ◆ *se* ~ sich hüllen; *(fig) se* ~ *dans sa dignité* sich hinter seinem Stolz verschanzen
drap-housse *m* Spannbettlaken *n*
drastique drastisch
drelin : ~ ! ~ ! bim bim !
dressage *m* Dressur *f*
dresser 1 dressieren; *(fig) je vais te* ~ ! dir werde ich's noch bei=bringen !, dich kriege ich schon noch klein ! **2** ~ *une tente* ein Zelt auf=stellen **3** ~ *la tête* den Kopf (hoch)=heben; *(fig)* ~ *l'oreille* die Ohren spitzen **4** ~ *un procès-verbal* ein Protokoll an=fertigen; ~ *la table* an=richten ◆ *se* ~ sich auf=richten / empor=richten; *(fig) se* ~ *contre qqn* sich gegen jn erheben, sich jm entgegen=stellen
drille *m* : *(fam) joyeux* ~ lustiger Bruder
dring ! ~ ! klingeling !
drogue *f* Rauschgift *n*, Droge *f*
drogué rauschgiftsüchtig, drogensüchtig
droguer unter Drogen setzen ◆ *se* ~ Rauschgift / Drogen nehmen, *(fam)* fixen
droguerie *f* Drogerie *f*
droit 1 gerade *une jupe* ~*e* ein enger Rock; *(fig) un homme* ~ ein geradliniger / aufrechter Mensch; *(sp) coup* ~ Vorhand *f* **2** *angle* ~ rechter Winkel **3** *main* ~*e* rechte Hand ◆ *ne pas marcher* ~ nicht geradeaus gehen; *(fig) marcher* ~ gehorchen, nicht (auf)=mucken; *aller* ~ *au but* schnurstracks aufs Ziel los=gehen
droit *m* **1** Recht *n prisonnier de* ~ *commun* Strafgefangener *m*; *de* ~ *divin* von Gottes Gnaden; *études de* ~ Jurastudium *n* **2** *être dans son bon* ~ in vollem Recht sein; *(fig) qui de* ~ die verantwortliche / zuständige Person **3** ~ *d'asile* Asylrecht *n*; *avoir des* ~*s sur qqn / qch* ein Recht auf jn / etw haben; *avoir le* ~ *de faire qch* das Recht haben, / berechtigt sein, etw zu tun; etw tun dürfen; *(fig) avoir* ~ *à des excuses* Anspruch *m* auf eine Entschuldigung haben **4** ~*s d'inscription* Einschreibegebühr *f*, Teilnahmegebühr *f*
droite *f* **1** *tourner à* ~ nach rechts ab=biegen; *sur la* ~ auf der rechten Seite *f* **2** *(pol)* Rechte *f*; *l'extrême* ~ die Rechtsradikalen *fpl* **3** Gerade *f*
droitier *m* -**ère** *f* RechtshänderIn *m f*
droiture *f* Geradheit *f*, Redlichkeit *f*
drôle 1 lustig, witzig, drollig **2** *une* ~ *d'histoire* eine komische / seltsame / eigenartige / merkwürdige Geschichte
drôlerie *f* Drolligkeit *f*; Spaßhaftigkeit *f*
dromadaire *m* Dromedar *n*
dru dicht
du 1 *boire* ~ *vin* Wein trinken **2** *le fils* ~ *voisin* der Sohn des Nachbarn, der Nachbarssohn
dû, due 1 *la somme due* die geschuldete Summe **2** *en bonne et due forme* vorschriftsmäßig → *devoir* ◆ *m réclamer son* ~ seine Schuld *f* ein=fordern
dualité *f* Dualität *f*
dubitatif, -ive zweifelnd
duc *m* **1** Herzog *m* **2** *grand-*~ Uhu *m*
duché *m* Herzogtum *n*
duel *m* Duell *n se battre en* ~ sich duellieren; *(fig)* ~ *oratoire* Rededuell *n*
dune *f* Düne *f*
duodénum *m* Zwölffingerdarm *m*
dupe : *être* ~ *de qch* auf etw (A) darauf herein=fallen
duper an=führen, hinter=gehen, prellen, neppen, betrügen
duplex *m* **1** zweigeschossige Wohnung *f* **2** *liaison en* ~ Konferenzschaltung *f*
duplicata *m* Abschrift *f*, Duplikat *n*
duplication *m* Verdopplung *f*
duplicité *f* Falschheit *f*
duquel : *celui* ~ *nous parlons* der(jenige), von dem wir sprechen ◆ ~ *est-il question ?* von welchem wird gesprochen ?
dur 1 hart *œuf* ~ hartgekochtes Ei; *(fig) avoir la tête* ~*e* ein Dickschädel *m* sein; *avoir la vie* ~*e* zählebig sein; *être* ~ *d'oreille* schwerhörig sein **2** hart, schwer; *(fig) un enfant très* ~ ein sehr schwieriges Kind; *être* ~ *à la douleur* Schmerz gegenüber unempfindlich sein; *être* ~ *avec qn* streng / hart gegen jn sein; *la tendance* ~*e d'un parti* der radikale Flügel einer Partei; *(fam) être* ~ *en affaires* in geschäftlichen Dingen hartgesotten / abgebrüht sein ◆ *travailler* ~ schwer / hart arbeiten ◆ *m* **1** *construction en* ~ Massivbau *m* **2** *(fam)* ~ *à cuire* ein harter Brocken *m*
durable dauerhaft; haltbar
durcir hart machen ◆ hart werden

durée f (Fort)dauer f, Zeit f; Bestand m *de courte* ~ kurz
durer dauern; an=halten
dureté f Härte f
durillon m Schwiele f
duvet m 1 Flaumfeder f, Flaum m; *(fig)* Milchbart m 2 Daunenschlafsack m
dynamique dynamisch ♦ f 1 Dynamik f 2 ~ *de groupe* Gruppendynamik f
dynamiser dynamisieren, an=regen
dynamisme m Dynamismus m; Tatkraft f; Schwung m
dynamite f Dynamit n
dynamiter in die Luft sprengen
dysenterie f Ruhr f
dysfonctionnement m Funktionsstörung f
dyslexie f Legasthenie f
dyslexique legasthenisch ♦ m f LegasthenikerIn m f

E

E.A.O. m = *enseignement assisté par ordinateur* computergestütztes Lernsystem n
eau f -x Wasser n 1 *ville d'*~*x* Kurort m, Heilbad n, Badeort m; *(fig)* **mettre de l'**~ *dans son vin* gelindere Saiten auf=ziehen 2 ~ *de Javel* Chlorwasser n 3 ~*x territoriales* Hoheitsgewässer npl 4 *perdre les* ~*x* Fruchtwasser n verlieren
eau-de-vie f Branntwein m, Schnaps m
eau-forte f Kupferstich m
ébahir verblüffen, verdutzen
ébats mpl Herumtollen n
ébattre (s') sich tummeln, herum=tollen
ébauche f Entwurf m; *(fig)* *l'*~ *d'un sourire* die Andeutung f eines Lächelns
ébaucher entwerfen, skizzieren; *(fig)* an=deuten
ébène f Ebenholz n
ébéniste m f MöbeltischlerIn m f, KunsttischlerIn m f
éberlué verdutzt, verblüfft
éblouir blenden
éblouissant : *(fig)* *un blanc* ~ strahlendes Weiß; *un spectacle* ~ ein prachtvolles/glänzendes Schauspiel
éborgner ein Auge aus=stechen/ aus=schlagen
éboueur m Müllmann m, Müllkutscher m
ébouillanter ab=brühen; ~ *qqn* jn verbrühen
éboulement m Erdrutsch m
éboulis m Geröll n, Schutt m
ébouriffé zerzaust, struppig
ébranler erschüttern; *(fig)* ~ *la confiance de qqn* js Vertrauen zum Wanken bringen/erschüttern ♦ *le train s'ébranle* der Zug setzt sich in Bewegung
ébrécher aus=brechen, an=schlagen
ébriété f Trunkenheit f; *en état d'*~ betrunken
ébrouer (s') sich schütteln, prusten
ébruiter weiter=erzählen, aus=plaudern ♦ *s'*~ bekannt/ruchbar werden, unter die Leute kommen
ébullition f Siedepunkt m, (Auf)kochen n *porter à* ~ zum Kochen n bringen; *(fig) être en* ~ auf dem Siedepunkt m sein
écaille f : ~ *de poisson* Fischschuppe f; *lunettes en* ~ Hornbrille f
écailler : ~ *un poisson* einen Fisch entschuppen/ab=schuppen ♦ *la peinture s'écaille* die Farbe blättert ab
écarlate scharlachrot; *(fig)* puterrot
écarquiller : ~ *les yeux* die Augen auf=sperren
écart m 1 Abstand m *faire le grand* ~ Spagat n/m machen 2 ~ *d'âge* Altersunterschied m 3 Seitensprung m, Seitenschritt m ; *(fig)* ~ *de langage* Entgleisung f, unpassendes Wort 4 *à l'*~ *du village* vom Ort abgelegen/entfernt; *(fig) tenir qqn à l'*~ jn fern=halten; *rester à l'*~ abseits bleiben
écarté : *lieu* ~ abgelegener Ort
écartelé *(fig)* hin- und hergerissen
écarteler vierteilen
écartement m 1 Abstand m ~ *des roues* Radabstand m 2 Fernhalten n
écarter 1 ~ *les jambes* die Beine spreizen; ~ *les rideaux* die Vorhänge auseinander=ziehen/zur Seite ziehen 2 ab=rükken; *(fig)* ~ *la foule* die Menge fern=halten/ab=drängen 3 ~ *une solution* eine Lösung verwerfen ♦ *s'*~ *de la bonne direction* von der richtigen Richtung ab=kommen; *écartez-vous!* gehen Sie zur Seite!
ecchymose [ekymoz] f Bluterguß m, Quetschung f
ecclésiastique : *vie* ~ geistliches Leben ♦ *(fig)* Geistliche/r, Kleriker m
écervelé *(fig)* leichtsinnig, unbesonnen, kopflos
échafaud m Schafott n
échafaudage m (Bau)gerüst n
échafauder auf=stellen
échalote f Schalotte f
échancrer aus=schneiden
échange m 1 (Aus)tausch m *en* ~ *(de)* gegen, als Ersatz m (für) 2 ~ *de courrier*

Briefwechsel *m*, Briefverkehr *m*; ~ *d'injures* gegenseitiges Beschimpfen *n* **3** ~*s internationaux* internationale Beziehungen; *(éco)* internationaler Handel *m* **4** *(bio/phys)* Austausch

échanger 1 (aus=)tauschen **2** ~ *des coups* sich schlagen; ~ *un regard* Blicke wechseln; ~ *des impressions* Eindrücke aus=tauschen

échangeur : ~ *d'autoroute* Autobahnkreuz *n*, Autobahndreieck *n*

échantillon *m* Probe *f*, (Waren)muster *n*; *(statistique)* Querschnitt *m*

échappatoire *f* Ausflucht *f*, Ausrede *f*

échappée *f* **1** *(cyclisme)* Ausreißversuch *m* **2** *une* ~ *sur la mer* ein Ausblick *m* auf das Meer

échappement *m* Entweichen *n*, Abzug *m*; *tuyau d'*~ Auspuff *m*, Abzugsrohr *n*

échapper 1 entkommen; *(fig)* ~ *à la surveillance de qqn* js Überwachung entwischen; ~ *à un danger* einer Gefahr entkommen **2** ~ *des mains* aus den Händen gleiten/fallen; *(fig) cette parole m'a échappé* dieser Satz ist mir (nur so) herausgerutscht; *son nom m'échappe* sein Name ist mir entfallen; *rien ne lui échappe* ihm entgeht nichts **3** ~ *à la punition* der Bestrafung entgehen ◆ *s'*~ **1** entfliehen, entlaufen; *(fig) s'*~ *discrètement* sich unauffällig zurück=ziehen **2** *de la fumée s'échappe du toit* aus dem Dach dringt Rauch

écharde *f* (Holz)splitter *m*

écharpe *f* Schal *m* **1** ~ *tricolore* blauweiß-rote Schärpe *f* **2** *avoir le bras en* ~ den Arm in der Binde *f* haben; *(fig) voiture prise en* ~ *par un camion* ein von einem Lastwagen seitlich angefahrenes Auto

échasse *f* Stelze *f*

échassier *m* Stelzvogel *m*

échaudé : *avoir été* ~ *par une expérience* durch eine Erfahrung abgeschreckt worden sein; *(prov) chat* ~ *craint l'eau froide* gebranntes Kind scheut das Feuer

échauffement *m* **1** ~ *du moteur* Warmlaufen *n* des Motors **2** *(sp)* Warmmachen *n*

échauffer : *(fig)* ~ *les esprits* die Gemüter erhitzen ◆ *s'*~ **1** *(sp)* sich warm=machen **2** in Zorn geraten, sich ereifern

échauffourée *f* Rauferei *f*, Tumult *m*, Zusammenstoß *m*

échéance *f* **1** *payer à l'*~ termingerecht zahlen; *arriver à* ~ fällig werden **2** *faire face à une* ~ für eine Fälligkeit *f* ein=stehen **3** *(fig) à brève* ~ kurzfristig **4** *approcher de l'*~ *électorale* sich dem Wahltermin *m* nähern

échéancier *m* Terminplan(ung) *m (f)*

échéant : *le cas* ~ erforderlichenfalls, gegebenfalls

échec *m* Mißerfolg *m*, Scheitern *n*; *un* ~ *cuisant* ein Riesenmißerfolg *m*; *tenir qqn en* ~ jn in Schach halten; *faire* ~ *à qch* etw vereiteln

échecs *mpl* Schach *n*

échelle *f* **1** Leiter *f* ~ *de corde* Strickleiter *f*; *faire la courte* ~ *à qqn* jn auf seine (ineinander verschränkten) Hände steigen lassen; *(fig)* jm zu etw verhelfen; *(fig)* ~ *sociale* soziale Stufenleiter *f*; ~ *des salaires* Lohnskala *f* **2** *(plan)* Maßstab *m* **3** *à l'*~ *nationale* auf Bundesebene *f*/ Landesebene *f*; *faire qch sur une grande* ~ etw in großem Maßstab *m* tun

échelon *m* (Rang)stufe *f*, Sprosse *f*; *(fig)* Dienstgrad *m*; *à l'*~ *gouvernemental* auf (der) Regierungsebene *f*

échelonnement *m* Staffelung *f*

échelonner 1 ~ *ses paiements* seine Zahlungen staffeln/verteilen **2** (staffelförmig) auf=stellen

échevelé zerzaust, mit wirrem/fliegendem Haar; *(fig)* wild

échine *f* Rückgrat *n*; *(fig) courber l'*~ sich fügen

échiquier *m* Schachbrett *n*; *(fig)* ~ *européen* europäisches Kräftespiel *n*

écho [eko] *m* Echo *n*, Widerhall *m*; *(tech) il y a de l'*~ *dans l'image* im Bild sind Überlagerungen *fpl*; *(fig) avoir eu des* ~*s de qch* von etw gehört haben; *crier à tous les* ~*s* überall heraus=posaunen; *rester sans* ~ keine Antwort *f* bekommen

échoir 1 *échoir à qqn* jm zu=fallen **2** *le terme échoit à la fin du mois* die Miete wird zum Monatsende fällig

échoppe *f* (kleine) Verkaufsbude *f*

échouer 1 auf=laufen, fest=fahren; *(fig) nous avons échoué ici* wir sind hier gelandet **2** scheitern; ~ *à un examen* bei einer Prüfung durch=fallen ◆ *s'*~ stranden, sich fest=fahren

éclabousser : ~ *qqn* jn bespritzen; *(fig)* jn beschmutzen

éclair : *voyage* ~ Blitzreise *f* ◆ *m* **1** Blitz *m*; *il y a des* ~*s* es blitzt; *(fig) en un* ~ blitzschnell; *lancer des* ~*s* vor Zorn blitzen **2** ~ *au chocolat* Liebesknochen *m*

éclairage *m* Beleuchtung *f*; *(fig) sous un nouvel* ~ unter einem neuen Gesichtspunkt *m*/anderen Aspekt *m*

éclaircie *f* Aufheiterung *f*

éclaircir 1 ~ *une couleur* eine Farbe auf=hellen **2** *le papier éclaircit la pièce* die Tapete macht das Zimmer heller **3** ~ *une question* eine Frage klären, Klarheit in eine Frage bringen **4** ~ *une forêt* einen Bestand aus=lichten ◆ *s'*~ **1** *le temps s'éclaircit* das Wetter heitert sich auf **2** *ses cheveux s'éclaircissent* seine Haare wer-

éclairer

den heller; *(fig)* seine Haare werden dünner/lichten sich **3** klar werden; *l'histoire s'éclaircit* die Geschichte klärt sich auf
éclairer 1 beleuchten; ~ *un monument* ein Denkmal an=strahlen **2** *peux-tu m'~ sur cette question?* kannst du mich über diese Frage auf=klären? ◆ **1** *s'~ à la bougie* mit einer Kerze leuchten **2** *tout s'éclaire!* alles klärt sich auf! **3** *son visage s'éclaire* sein Gesicht hellt sich auf/strahlt
éclaireur *m (mil)* Aufklärer *m*; *(fig) partir en ~* als Kundschafter *m* los=ziehen
éclaireur *m* **-euse** *f* PfadfinderIn *m f*
éclat *m* **1** Glanz *m* ~ *du soleil* Sonnenschein *m*; *(fig) action d'~* glänzende Tat **2** Splitter *m voler en ~s* zersplittern; zerplatzen **3** *~s de voix* schallende Stimmen; *rire aux ~s* laut auf=lachen, schallend lachen; *(fig) faire un ~* einen Skandal machen
éclatant 1 *couleurs ~es* sehr lebendige/auffallende Farben; *(fig) un visage ~* ein frisches/leuchtendes Gesicht **2** *victoire ~e* glänzender Sieg
éclater 1 *le ballon a éclaté* der Ballon ist zerplatzt; *l'obus va ~* das Geschoß explodiert gleich; *les bourgeons éclatent* die Knospen springen auf; *mon ventre va ~* ich platze gleich **2** ~ *en sanglots* in Schluchzen aus=brechen **3** *l'orage va ~* das Gewitter bricht gleich los; *la guerre va ~* der Krieg bricht gleich aus; **4** *(groupe)* auseinander=fallen, (sich) zersplittern
éclectique eklektisch
éclipse *f* **1** ~ *de lune* Mondfinsternis *f* **2** momentane Popularitätsschwund *m*
éclipser in den Schatten stellen ◆ *s'~* verschwinden, sich davon=stehlen
éclopé *m* gebhindert
éclore *(œuf)* schlüpfen; *(fleur)* auf=blühen
écluse *f* Schleuse *f*
écœurant ekelhaft, widerwärtig; *(fig)* abstoßend; *(fam) une chance ~e* (ein) unverschämtes Glück
écœurer an=ekeln, an=widern
école *f* **1** Schule *f grande ~* Elitehochschule *f*; *faire l'~ buissonnière* Schule schwänzen, blau machen **2** *(art)* Schule; *(fig) être à bonne ~* in guter Lehre *f*/Schule sein
écolier *m* **-ère** *f* SchülerIn *m f*
écolo/écologiste *m f* UmweltschützerIn *m f*
écologie *f* **1** Umweltschutz **2** *étudier l'~* Ökologie *f* studieren
écologique 1 *problème ~* ökologisches Problem **2** umweltfreundlich
écomusée *m* Freilichtmuseum *n*
éconduire ab=weisen, einen Korb geben (D), hinaus=komplimentieren
économe sparsam, wirtschaftlich *être ~*

de son temps mit seiner Zeit sparsam um=gehen ◆ ~ *m f* VerwalterIn *m*
économie *f* **1** Wirtschaft *f*, Ökonomie *f* ~ *libérale* freie Marktwirtschaft; *société d'~ mixte* gemischtwirtschaftlicher Betrieb *m* **2** Sparsamkeit *f*, Wirtschaftlichkeit *f faire des ~s* sparen **3** Ersparnis *f*
économique 1 Wirtschafts-, ökonomisch **2** *chauffage ~* wirtschaftliche/sparsame Heizung
économiser : ~ *sur la nourriture* am Essen sparen ◆ ~ *10 francs* 10 Francs (ein)=sparen; *(fig) ~ ses forces* mit seinen Kräften haushalten/sparsam um=gehen
économiste *m f* WirtschaftswissenschaftlerIn *m f*, Wirtschaftsexpert *m*
écoper 1 aus=schöpfen **2** *(fam) ~ de trois ans de prison* drei Jahre Gefängnis bekommen ◆ *(fam) c'est toujours lui qui écope* immer muß er alles aus=baden
écorce *f* : ~ *d'arbre* (Baum)rinde *f*, Borke *f*; ~ *d'orange* Apfelsinenschale *f*; ~ *terrestre* Erdkruste *f*
écorché *m* **1** *(fig) un* ~ *vif* ein Dünnhäutige/r **2** Muskelfigur *f*
écorcher : ~ *un animal* einem Tier das Fell/die Haut ab=ziehen, ein Tier ab=balgen; *(fig) ~ un mot* ein Wort entstellen; ~ *les oreilles* (in) den Ohren weh=tun ◆ *s'~* sich (D) die Haut ab=schürfen, sich wund=reiben
écossais schottisch
Écossais *m* **-e** *f* Schotte *m*, Schottin *f*
écosser enthülsen
écosystème *m* Ökosystem *n*
écot *m* Anteil *m*
écoulement *m* **1** *tuyau d'~* Abflußrohr *n* **2** ~ *de marchandises* Absatz *m* von Waren
écouler : ~ *son stock* seinen Lagerbestand ab=setzen; ~ *des faux billets* Falschgeld in Umlauf bringen; *(fam)* Falschgeld ab=stoßen ◆ *s'~ (eau)* ab=fließen; *(temps)* verrinnen, vergehen; *(foule)* sich verlaufen
écourter verkürzen; kürzen
écoute *f* Empfang *m*, (Zu)hören *n heure de grande ~* Hauptsendezeit *f*; *table d'~s* Abhöranlage *f*; *(fig) être à l'~* aufmerksam zu=hören, Gehör schenken; *être à l'~ de l'actualité* das aktuelle Geschehen aufmerksam verfolgen, mit dem Ohr am Puls der Zeit sein
écouter : *écoute!* hör zu!, hör hin! **1** ~ *de la musique* Musik hören; ~ *attentivement qqn* jm aufmerksam zu=hören; ~ *aux portes* an der Tür lauschen **2** ~ *le conseil de qqn* js Rat befolgen, auf js Rat hören; *écoute tes parents!* hör auf deine Eltern! ◆ **1** *s'~ parler* sich gern reden hören **2** *trop s'~* allzusehr um sich/um seine Gesundheit besorgt sein; *si je*

m'écoutais... wenn es nach mir ginge; wenn ich könnte, wie ich wollte

écouteur m (Telefon)hörer m

écoutille f Decksluke f

écran m 1 Bildschirm m; *(cin)* Leinwand f 2 Filter m, Schutzschirm m; *faire ~ (à)* ab=schirmen 3 *~ publicitaire* Werbung f

écrasant überwältigend, übermäßig

écraser zertreten; zerdrücken; *(personne)* erdrücken ◆ *~ une cigarette* eine Zigarette aus=drücken; *l'avalanche a tout écrasé sur son passage* die Lawine hat beim Herunterrollen alles zermalmt; *(auto)* überfahren; *(fig) ~ qqn de son mépris* mit (seiner) Verachtung zunichte machen; *~ un ennemi* den Feind vernichten ◆ *(fam) en ~* wie ein Sack schlafen ◆ **1** *s'~ contre un arbre* gegen einen Baum prallen **2** *(fam > non fam)* sich zurück=halten/zurück=nehmen

écrémé : *lait ~* Magermilch f

écrémer entrahmen, den Rahm ab=schöpfen

écrevisse f (Fluß)krebs m

écrier (s') (aus=)rufen, heraus=schreien

écrin m Schmuckkästchen n, Schrein m

écrire schreiben (an/in/auf A); *machine à ~* Schreibmaschine f

écrit : *mal ~* schlecht geschrieben; *examen ~* schriftliche Prüfung; *pièce ~e* Schriftstück n; *(fig) c'est ~* das ist unausweichlich; *(rel)* es steht geschrieben ◆ *m* **1** Schrift f **2** *par ~* schriftlich

écriteau m (Aushänge)schild n, Tafel f, Anschrift f

écriture f **1** (Hand)schrift f **2** Schriftsprache f **3** *(comm) ~s comptables* Buchungsposten mpl; Geschäftsbücher npl **4** Stil m **5** *les Saintes Ecritures* die Heilige Schrift

écrivain m **1** Schriftsteller m **2** *~ public* Schreibkundige/r

écrou m (Schrauben)mutter f

écrouer ein=sperren, inhaftieren

écroulement m : *~ d'une maison* Einsturz m eines Hauses; *(fig) ~ d'illusions* Verlust m von Illusionen

écrouler (s') 1 ein=stürzen; *(fig)* zusammen=brechen **2** *s'~ dans un fauteuil* in einen Sessel fallen; *(fig) s'~ de sommeil* vor Müdigkeit um=fallen ◆ *(fam) être écroulé de rire* sich krumm und buckelig lachen

écru naturfarben, ungebleicht

écu m Taler m

ECU m ECU m

écueil m Klippe f; *(fig)* Hindernis n

écuelle f Napf m, Schale f, Schüssel f

éculé abgetragen; *(fig/fam) un argument ~* ein abgedroschenes Argument

écume f **1** *(mer)* Schaum m, Gischt f **2** *pipe en ~* Meerschaumpfeife f

écumer ab=schöpfen; *(fig) ~ la région* die Gegend aus=räubern ◆ schäumen

écureuil m Eichhörnchen n

écurie f **1** (Pferde)stall m; *(fig)* Saustall m **2** Rennstall m

écusson m Wappenschild m

écuyer m **-ère** f (Kunst)reiterIn m f

eczéma m Ekzem n

édenté zahnlos

édicter verordnen

édifiant erbaulich, belehrend; *(fig) son comportement est ~* sein Verhalten sagt alles

édification f **1** Errichtung f, Bau m **2** *~ des fidèles* die Erbauung f der Gläubigen; *(fig) pour votre ~* zu Ihrer Belehrung

édifice m Bau m, Gebäude n ; *(fig) ~ social* Gesellschaftsordnung f

édifier 1 (er)bauen ; errichten **2** *~ les hommes* die Leute belehren ◆ *(fig) vous voilà édifié !* so, jetzt sind Sie im Bilde !

édit m *(hist)* Erlaß m, Edikt n

éditer 1 heraus=geben, veröffentlichen **2** *(info)* aus=geben

éditeur m **-trice** f VerlegerIn m f, HerausgeberIn m f

édition f **1** *maison d'~* Verlag m **2** *première ~* Erstausgabe f, Erstauflage f; *(fig/ fam) deuxième ~ !* zweite Ermahnung ! f; kalter Kaffee ! **3** *(info)* Ausgabe f

éditorial m Leitartikel m

édredon m Daunenbett n, Daunendecke f

éducateur m **-trice** f ErzieherIn m f, AusbilderIn m f; *~ spécialisé* Sozialpädagoge m; Sondererzieher m

éducatif, -ive erzieherisch; *système ~* Bildungssystem n

éducation f Erziehung f *(fig) n'avoir aucune ~* keinerlei Benehmen n haben **2** *~ civique* Gesellschaftskunde f, Staatsbürgerkunde f; *~ nationale* Bildungswesen n **3** *~ des réflexes* Ausbildung der Reflexe

édulcorant m Süßstoff m

édulcorer : *(fig) ~ un texte* einen Text verwässern

éduquer 1 erziehen **2** *~ son goût* seinen Geschmack bilden

effacé *(fig)* unscheinbar, zurückhaltend

effacer ab=wischen *~ une trace* eine Spur verwischen; *~ une cassette* eine Kassette löschen; *(fig) ~ le souvenir de qqn* die Erinnerung an jn aus=löschen; *~ le ventre* den Bauch verdecken ◆ *s'~ devant qqn* jn vorbei=lassen; *(fig)* in den Hintergrund treten

effaceur m Tintenlöscher m, Tintenkiller m

effarement m Bestürzung f, Schreck m

effarer bestürzen, verstören

effaroucher verscheuchen, ein=schüchtern

effectif, -ive tatsächlich, effektiv

effectif *m* 1 *l'~ est au complet* die Stärke *f*/Gesamtzahl *f* ist erreicht 2 *augmenter ses ~s* seinen Personalbestand *m*/seine Mitgliederzahlen *fpl* erhöhen

effectivement tatsächlich, in der Tat

effectuer aus=führen, durch=führen ; *son service militaire* seinen Militärdienst leisten

efféminé verweichlicht, verzärtelt; unmännlich

effervescence *f* (fig) Aufbrausen *n*, Wallung *f*

effervescent : *comprimé ~* Brausetablette *f*

effet *m* 1 (Aus)wirkung *f*, Ergebnis *n* à *cet ~* zu diesem Zweck *m* ; *sous l'~ de l'alcool* unter Alkoholeinwirkung *f*; *faire de l'~* wirken; (fig) Eindruck *m* machen; (jur) *prendre ~* in Kraft *f* treten, wirksam werden 2 *faire des ~s de jambe* posieren; *rater tous ses ~s* keinerlei Wirkung erzielen, (fam) völlig daneben=hauen/daneben=liegen 3 *ramasser ses ~s* seine Kleidungsstücke *npl* zusammen=sammeln

efficace : *médicament ~* ein wirksames Medikament ; *une secrétaire ~* eine leistungsfähige Sekretärin

efficacité *f* Wirksamkeit *f*, Leistung *f*

effigie *f* Bildnis *n*, Abbildung *f* à *l'~ de X* mit dem Kopf *m* von X

effilocher (s') auf=drieseln

efflanqué ausgemergelt, schmächtig, dürr

effleurer streifen, leicht berühren

effluve *f* Dunst *m*, Ausdünstung *f*

effondrement *m* Einsturz *m* ; (fig) Zusammenbruch *m*

effondrer (s') ein=stürzen; (fig) zusammen=brechen

efforcer (s') sich an=strengen, sich bemühen

effort *m* 1 Anstrengung *f*, Bemühung *f* 2 (phys) Kraft *f*, Druck *m*

effraction *f* Einbruch *m*

effrayant schrecklich, entsetzlich

effrayer (s') (sich) erschrecken

effréné zügellos *désir ~* wilde Begierde; *besoin ~* unbändiges Verlangen

effritement *m* Abbröckeln *n*

effriter (s') ab=bröckeln, zerbröckeln ; (comm) *les cours s'effritent* die Kurse bröckeln ab/brechen ein

effroi *m* Entsetzen *n*, Grausen *n*, Schrecken *m* ; *être saisi d'~* von Grauen *n* erfüllt sein

effronté frech, unverschämt

effronterie *f* Frechheit *f*, Unverschämtheit *f*, Unverfrorenheit *f*, Dreistigkeit *f*

effroyable schrecklich, entsetzlich, fürchterlich, furchtbar

effusion *f* 1 *ne pas aimer les ~s* keine Gefühlsergüsse *mpl* mögen 2 *sans ~ de sang* ohne Blutvergießen *n*

égal, -aux 1 gleich à *~e distance de deux points* von zwei Punkten gleichweit entfernt 2 *d'humeur ~e* von gleichbleibender Laune 3 *cela m'est ~* das ist mir gleich/egal

égal *m* **-aux** **-e** *f* : *être l'~ de qqn* jm ebenbürtig sein; *d'~ à ~* von gleich zu gleich ; *(être) sans ~* ohnegleichen/unvergleichlich (sein); *n'avoir d'~ que* nur erreicht werden durch, nur seinesgleichen haben in ; *sa bêtise n'a d'~e que son impudence* nur seine Dummheit kommt (noch) an seine Dreistigkeit heran

également 1 *je pars ~* ich gehe ebenfalls/auch 2 *la bêtise est ~ répartie* die Dummheit ist gleichmäßig verteilt

égaler 1 *deux plus trois égalent cinq* zwei und drei ist fünf 2 *personne ne peut l'~* keiner kommt ihm gleich ; *rien n'égale sa beauté* nichts ist ihrer Schönheit gleichzusetzen

égaliser (sp) aus=gleichen ◆ *~ un terrain* ein Gelände eb=nen ; *~ les cheveux* die Haare gleichlang schneiden

égalitaire egalitär

égalité *f* 1 Gleichheit *f* 2 Ausgleich *m* ; *des forces* Kräftegleichgewicht *n* ; (sp) *être à ~* Gleichstand *m*/Einstand *m* haben 3 *~ d'humeur* Ausgeglichenheit *f*, Gleichmut *m*

égard *m* 1 Rücksichtnahme *f par ~ pour vous* aus Rücksicht *f* Ihnen gegenüber ; *traiter qqn avec beaucoup d'~s* jn sehr/ äußerst rücksichtsvoll behandeln 2 *à cet ~* angesichts dessen ; *à tous les ~s* in jeder Beziehung *f ; eu ~ à* in/unter Berücksichtigung *f* (G), in Anbetracht *f* (G); *éprouver du mépris à l'~ de qqn* für jn Verachtung empfinden 3 *ce n'est rien à l'~ de ce que j'ai vécu* das gilt gar nichts angesichts dessen, was ich gesehen habe

égarer verlegen, verlieren ; (fig) *~ la police* die Polizei irre=führen ; *la douleur t'égare* der Schmerz bringt dich um den Verstand ◆ *s'~* sich verirren, sich verlaufen; (fig) *tu t'égares !* du schweifst ab!

égérie *f* Anregerin *f*

églantine *f* wilde Rose *f*, Heckenrose *f*

église *f* Kirche *f*

égo *m* Ego *n*

égocentrique egozentrisch

égoïne *f* : *scie ~* Fuchsschwanz *m*

égoïste egoistisch ◆ *m f* EgoistIn *m f*

égorger schlachten ; *~ qqn* jm die Kehle durch=schneiden

égosiller (s') sich heiser schreien/rufen

égout *m* Abwasserkanal *m bouche d'~* Gully *m*

égoutter abtropfen lassen *s'~* ab=tröpfeln

égratigner (s') (sich) zerkratzen; *(fig) ~ qqn* jn sticheln

égratignure *f* Kratzer *m*, Schramme *f*, Riß *m*

égrillard : *devenir ~* anzüglich werden; *un regard ~* ein schlüpfriger Blick

éhonté : *de manière ~e* schamlos, unverschämt

éjaculation *f* Ejakulation *f ~ précoce* vorzeitiger Samenerguß *m*

éjaculer aus=spritzen, aus=stoßen

éjectable Schleuder-

éjecter hinaus=schleudern, hinaus=werfen

élaboration *f* Ausarbeitung *f*

élaboré : *un système ~* ein ausgeklügeltes System; *une machine très ~e* eine sehr perfektionierte Maschine

élaborer aus=arbeiten

élaguer aus=ästen, beschneiden, (aus)lichten; *(fig)* zusammen=streichen

élan 1 Satz *m*, Schwung *m prendre son ~* Anlauf *m* nehmen; *(fig) ~ de générosité* Anwandlung *f* von Großzügigkeit; *briser qqn dans son ~* jm allen Schwung *m* nehmen 2 Elch *m*

élancé schlank, hoch aufgeschossen

élancement *m* : *avoir des ~s dans la jambe* Stiche *mpl* im Bein haben

élancer (s') : *s'~ vers qqn/qch* auf jn/etw zu=stürzen

élargir : *~ une robe* ein Kleid weiter=machen; *(fig) ~ son horizon* seinen Horizont erweitern; *~ le débat* eine Debatte aus=weiten ◆ *s'~* sich erweitern, sich aus=dehnen

élastique elastisch, dehnbar; *(fig) conscience ~* dehnbares Gewissen ◆ *m* Gummiband *n*

électeur *m* **-trice** *f* WählerIn *m f*

élection *f* : *~ du président* Wahl *f* des Präsidenten; *(fig) pays d'~* Wahlheimat *f*

électoral, -aux *f* Wahl-

électorat *m* Wählerschaft *f*

électricien *m* **-ne** *f* ElektrikerIn *m f*

électricité *f* 1 Elektrizität *f ~ statique* Reibungselektrizität *f* 2 *panne d'~* Stromausfall *m*; *fonctionner à l'~* elektrisch betrieben werden

électrifier elektrifizieren, mit Strom versorgen

électrique 1 *énergie ~* elektrische Energie; *courant ~* Strom *m* 2 *cuisinière électrique* Elektroherd *m*; *chaise ~* elektrischer Stuhl

électroaimant *m* Elektromagnet *m*

électrocardiogramme *m* (Elektro)kardiogramm (EKG) *n*

électrocuter durch elektrischen Schlag töten ◆ *s'~* einen elektrischen Schlag bekommen

électroencéphalogramme *m* Elektroenzephalogramm *n*

électrogène : *groupe ~* Stromaggregat *n*

électroménager : *appareil ~* Elektro(haushalts)gerät *n* ◆ *m* Elektrohaushaltsgeräte *npl*

électron *m* Elektron *n*

électronicien *m* **-ne** *f* ElektronikerIn *m f*

électronucléaire atomstromerzeugend

électrophone *m* Plattenspieler *m*

élégance *f* Eleganz *f*; *(fig) ~ du style* geschliffener Stil; *parler avec ~* gewählt reden

élégant elegant, fein, geschmackvoll; *(fig) une manière ~e de dire non* eine vornehme / stilvolle Art, nein zu sagen

élément *m* 1 Element *n*; *(chim)* Element *n*, Grundstoff *m* 2 *il y a là des ~s intéressants* (es gibt) interessante Faktoren *mpl*; *des ~s de réflexion* Anlaß *m* zu Überlegungen; *un ~ du projet* eine Komponente *f* des Projekts; *un ~ de l'enquête* ein Punkt *m*/Bestandteil *m* der Untersuchung 3 *~s de cuisine* Anbaumöbel(stücke) *npl* für eine Küche 4 *un de nos meilleurs ~s* einer unserer Besten *mpl*

élémentaire 1 *particule ~* Elementarteilchen *n* 2 *problème ~* sehr einfaches Problem 3 *connaissances ~s* Grundkenntnisse *fpl*; *(école) cours ~ un* zweites Schuljahr

éléphant *m* Elefant *m*

élevage *m* Viehzucht *f*; (Auf)zucht *f*

élévateur *m* (Lasten)aufzug *m*

élévation *f* 1 Erhöhung *f*, Anstieg *m*; *(fig) ~ de l'esprit* Erhabenheit *f* des Geistes; *~ au rang de* Erhebung *f* in den Rang eines/einer 2 *(géo)* Erhebung *f*

élève *m f* SchülerIn *m f*

élevé 1 *être mal ~* unerzogen / unartig sein 2 hoch *des prix ~s* hohe Preise

élever 1 *~ un enfant* ein Kind erziehen; *~ des lapins* Kaninchen züchten 2 *~ un mur* eine Mauer (er)bauen; *(fig) ~ des protestations* Protest erheben 3 *~ la maison d'un étage* ein Haus um eine Etage erhöhen / auf=stocken; *(fig) ~ le ton* einen schärferen Ton an=schlagen; *~ au pouvoir* an die Macht bringen; *~ l'esprit* den Geist auf=richten / erheitern 4 *(math) ~ un nombre à la puissance trois* eine Zahl mit drei potenzieren ◆ 1 *s'~* sich erheben; *(fig) s'~ au-dessus de sa condition* sich über seine sozialen Bedingungen hinweg=setzen 2 *s'~ à 2 000 m* 2 000 m hoch sein; *s'~ à 30 F* 30 Francs betragen, sich auf 30 Francs belaufen 3 *la température s'élève* die Temperatur steigt (an)

éleveur *m* **-euse** *f* (Vieh)züchterIn *m f*

elfe *m* Elfe *f*

élimé abgewetzt, fadenscheinig
éliminatoire : *épreuve* ~ Auswahlverfahren *n* ◆ *~s fpl* Ausscheidungskämpfe *mpl*
élire 1 (er)wählen *~ qn président* jn zum Präsidenten wählen 2 *~ domicile* seinen Wohnsitz wählen, sich nieder=lassen
élite *f* 1 Elite *f* 2 *tireur d'~* Scharfschütze *m*
élitisme *m* elitäres Prinzip *n*
elle sie
ellipse *f* 1 *(math)* Ellipse *f* 2 *~ du verbe* Auslassung *f* des Verbs ; *parler par ~s* in Andeutungen *fpl* reden
élocution *f* Sprechweise *f*
éloge *m* Lobrede *f faire l'~ de qqn* jn loben
éloigné entfernt ; *(fig) un cousin ~* ein weitläufiger Cousin
éloignement *m* Entfernung *f*
éloigner entfernen, fern=halten ◆ *s'~* sich entfernen, weg=gehen ; *(fig) s'~ du sujet* vom Thema ab=kommen
élongation *f (méd)* Dehnung *f*
éloquence *f* Beredsamkeit *f*, Redegabe *f* ; *parler avec ~* gewandt reden
éloquent beredt, beredsam ; *(fig) son silence est ~* sein Schweigen spricht für sich
élu *m* -e *f* Gewählte/r, Erwählte/r, Auserwählte/r ; *(fig) l'~ de mon cœur* mein Auserkorene/r
élucider Licht hinein=bringen (in A) ~ *un mystère* hinter ein Geheimnis kommen
élucubration *f* Hirngespinst *n*
éluder vermeiden ; *~ une question* einer Frage aus=weichen/aus dem Weg gehen ; *~ une difficulté* eine Schwierigkeit umgehen
émacié abgezehrt
émail, -aux *m* 1 *casserole en ~* Emailletopf *m* 2 Schmelzmalerei *f*
émailler 1 emaillieren 2 *~ son discours de blagues* seinen Vortrag mit Witzen spikken ◆ *fonte émaillée* Emailleguß *m*
émancipation *f* Emanzipation *f* ; *(jur) ~ d'un mineur* Volljährigkeitserklärung *f*
émaner aus=strömen ; *(fig) ~ d'un visage* von einem Gesicht aus=strahlen ; *l'ordre émane de la préfecture* die Ordnung geht von der Präfektur aus
émarger eine Anwesenheitsliste ab=haken
émasculer entmannen, verstümmeln
emballage *m* Verpackung *f*
emballer 1 *~ un vêtement* ein Kleidungsstück verpacken 2 *(fam) ça ne m'emballe pas* das reißt mich nicht gerade vom Hocker 3 *~ son moteur* den Motor auf=heulen lassen ◆ *s'~ (cheval)* durch=gehen, scheuen ; *(moteur)* auf=heulen ; *(fam)* sich hinreißen lassen
embarcadère *m* Bootsanlegestelle *f*

embarcation *f* Boot *n*
embardée *f* : *faire une ~* (plötzlich) aus=scheren, auf die Seite geschleudert werden
embarquement *m (bateau)* Einschiffen *n* ; *(avion) ~ immédiat* bitte an Bord gehen
embarquer mit=nehmen *s'~* an Bord gehen, sich ein=schiffen ; *(fam) s'~ dans une sale affaire* sich in eine schmutzige Angelegenheit ein=lassen
embarras *m* 1 Verlegenheit *f avoir l'~ du choix* die Qual der Wahl haben 2 *~ intestinaux* Verdauungsstörung *f* 3 *les ~ de la circulation* Verkehrsstauungen *fpl*
embarrassant *des bagages ~s* sperrige Gepäckstücke ; *une question ~e* eine lästige/peinliche/verfängliche Frage ; *une personne ~e* eine unbequeme Person
embarrasser stören, behindern ; *(fig)* in Verlegenheit bringen ◆ *s'~ d'un chien* sich (D) einen Hund auf den Hals laden/auf=halsen ; *(fig) ne pas s'~ de scrupules inutiles* sich nicht mit unnützen Skrupeln belasten ◆ *être très embarrassé* sehr verlegen/ratlos sein
embaucher ein=stellen ; *(fam) ~ qqn pour la vaisselle* jn zum Abwaschen an=stellen/ein=spannen
embaumer 1 ein=balsamieren 2 mit Wohlgeruch erfüllen
embellir verschönern ; schöner machen ; *(fig) ~ la situation* eine Situation beschönigen ◆ schöner werden
embêtant *(fam)* 1 *ce qu'il peut être ~, celui-là !* Mann, ist der anstrengend ! 2 *c'est très ~* das ist sehr ärgerlich
embêter 1 auf die Nerven gehen, ärgern *arrête de m'~ !* laß mich in Ruhe ! 2 *ce problème m'embête* dieses Problem macht mir zu schaffen
emblée (d') gleich, beim ersten Mal
emblème *m* Emblem *n*, Wahrzeichen *n*
embobiner 1 auf=spulen 2 *(fam) ~ qqn* jn ein=wickeln
emboîter ein=fügen, ein=passen, zusammen=setzen ; *(fig) ~ le pas à qqn* jm folgen ◆ *s'~* ineinander=greifen, ineinander=passen
embolie *f* Embolie *f*
embonpoint *m* Leibesfülle *f*, Beleibtheit *f prendre de l'~* ein Bäuchlein *n* an=setzen
embouchure *f* Mündung *f*
embourber (s') sich fest=fahren, stecken=bleiben ; *(fig)* sich verstricken
embourgeoiser (s') verspießern
embouteiller 1 *~ une route* eine Straße versperren/verstopfen 2 *~ du vin* Wein ab=füllen
emboutir 1 *~ une voiture* ein Auto an=fahren, gegen ein Auto prallen 2 *~ une pièce de métal* ein Metallstück aus=treiben

embranchement *m* Abzweigung *f*, Verzweigung *f*
embraser in Brand stecken ◆ *s'~* auf=flammen, Feuer fangen
embrasser 1 küssen 2 *~ une carrière* einen Beruf ergreifen; *~ les opinions de qqn* js Ansichten an=nehmen; *~ du regard* überblicken ◆ *s'~* sich küssen; sich umarmen
embrasure *f* : *par l' ~ de la porte* durch die Türöffnung *f*
embrayage *m* Kupplung *f*, Schaltung *f*
embrayer (ein)=schalten, kuppeln
embrigadement *m* Eingliederung *f*, Erfassung *f*
embrigader : *ne pas se laisser ~* sich nicht vereinnahmen lassen
embrocher auf=spießen
embrouillamini *m* (*fam*) völliger Wirrwarr *m*
embrouiller durcheinander=bringen
embruns *mpl* Gischt *f*
embryon *m* Embryo *m*; (*fig*) Keim *m*
embûche *f* Falle *f*, Schlinge *f*, Fallstrick *m*; Hindernis *n*
embué beschlagen; (*fig*) *des yeux ~s de larmes* von Tränen verschleierte Augen
embuscade *f* Hinterhalt *m*
embusquer (s') sich in den Hinterhalt/ auf die Lauer legen
éméché (*fam*) angeheitert, beschwipst
émeraude *f* Smaragd *m*
émerger auf=tauchen, hervor=ragen; (*fig*) *~ d'une discussion* aus einer Diskussion hervor=gehen; (*fam*) *~ de ses difficultés* sich aus seinen Schwierigkeiten befreien; *laisse-moi ~!* laß mich (doch erstmal) wach werden!
émeri *m* : *papier ~* Schmirgelpapier *n*
émérite verdienstvoll, erfahren *professeur ~* außerordentlicher Professor
émerveillement *m* Entzücken *n*, Staunen *n*, Verwunderung *f*
émerveiller entzücken
émetteur *m* Sender *m*
émettre 1 senden; *~ des radiations* Strahlen aus=senden 2 *~ un chèque* einen Scheck aus=stellen; *~ un emprunt* eine Anleihe auf=legen 3 *~ un vœu* einen Wunsch aus=sprechen
émeute *f* Aufruhr *m*, Tumult *m*, Aufstand *m*
émeutier *m* **-ière** *f* UnruhestifterIn *m f*, AufrührerIn *m f*
émietter zerbröckeln
émigrant *m* **-e** *f* EmigrantIn *m f*
émigrer emigrieren, aus=wandern
émincé *m* : *~ de veau* geschnetzeltes Kalbfleisch
éminemment höchst, außerordentlich
éminence *f* 1 *sur une ~* auf einer Anhöhe *f* 2 *son Eminence, le cardinal X* seine Eminenz *f*, der Kardinal X; (*fig*) *~ grise* graue Eminenz *f*
éminent bedeutend; herausragend
émissaire *m* Kurier *m*, Abgesandte/r
émission *f* 1 Strahlung *f*, Aussendung *f* 2 *~ de télévision* (Fernseh)sendung *f* 3 *~ de billets* Ausgabe *f* von Scheinen
emmagasiner ein=lagern; (*fig*) speichern
emmailloter wickeln; (*fig*) *~ son doigt* seinen Finger umwickeln
emmanchure *f* Ärmeleinsatz *m*, Ärmelloch *n*
emmêler : *~ des fils* Fäden verheddern ◆ (*fam*) *s'~ les pinceaux* völlig durcheinander=geraten
emménagement *m* Einzug *m*, Einziehen *n*
emménager ein=ziehen
emmener mit=nehmen, (mit)=bringen
emmerdement *m* (*fam*) Schereien *fpl*
emmerdeur *m* **-euse** *f* (*fam*) Nervensäge *f*, Nervtöter *m*
emmitoufler (s') (sich) ein=mumme(l)n
emmurer ein=mauern, um=mauern
émoi *m* Aufregung *f*, Unruhe *f*
émotif, -ive leicht eregbar, emotional
émotion *f* Aufregung *f*, Emotion *f*, Erregung *f*; *provoquer une vive ~* eine heftige Erschütterung *f*/Gemütserregung *f* aus=lösen
émotionnel, -le gefühlmäßig
émotivité *f* Erregbarkeit *f*, Empfindsamkeit *f*
émoulu : *un jeune frais ~ de l'Université* ein frischgebackener Akademiker
émousser stumpf machen; (*fig*) ab=stumpfen ◆ stumpf werden
émoustiller an=regen, ermuntern
émouvoir rühren, erschüttern, ergreifen *s'~* 1 bewegt sein 2 *s'~ de l'absence de qqn* sich über js Abwesenheit beunruhigen
empaillé : *animal ~* ausgestopftes Tier
empaler pfählen, auf=spießen
empaqueter verpacken, ein=packen
emparer (s') 1 *s'~ d'une ville* eine Stadt ein=nehmen; *s'~ de bijoux* sich (**D**) Schmuck an=eignen; (*fig*) *la colère s'empare de lui* Wut bemächtigt sich seiner/ ergreift ihn 2 *s'~ d'un crayon* nach einem Stift greifen
empâter (s') dick werden, Fett an=setzen
empêchement *m* : *avoir un ~* verhindert sein
empêcher : *~ qqn de partir* jn daran hindern, wegzugehen ◆ *ne pas pouvoir s'~ de faire qch* etw tun müssen; nicht umhin können, etw zu tun
empereur *m* Kaiser *m*
empeser : *~ une chemise* ein Hemd stärken ◆ *style empesé* steifer Stil
empester verpesten, verstänkern

empêtrer (s')

empêtrer (s') : *~ dans sa robe* sich mit den Füßen im Kleid verwickeln / *(fam)* verheddern ; *(fig)* sich verheddern / verstricken

emphatique gespreizt, schwülstig, emphatisch

empiècement *m* Koller *m*, Einsatz *m*, Schulterstück *n*

empiéter : *~ sur la rue* auf die Straße vor=dringen ; *(fig) ~ sur les attributions de qqn* in js Befugnisse ein=greifen

empiler stapeln, aufeinander=schichten ; *(fig) ~ des évidences (fam)* offene Türen ein=rennen ♦ *s'~* sich übereinander=stapeln, sich häufen

empire *m* 1 Kaiserreich *n* ; *(fig) ~ colonial* Kolonialreich *n* ; *pas pour un ~* um keinen Preis !, um nichts in der Welt ! 2 *sous l'~ de la colère* unter dem Einfluß *m* / der Wirkung *f* von Zorn

empirer sich verschlechtern, verschlimmern

empirique empirisch

empiriste *m f* EmpirikerIn *m f*

emplacement *m* Standort *m* ; Platz *m*

emplâtre *m* Pflaster *n*

emplette *f* Einkauf *m*

emploi *m* 1 Gebrauch *m* ~ *de la force* Gewaltanwendung *f* ; *mode d'~* Gebrauchsanweisung *f* ; *nécessiter l'~ d'une machine* eine Maschine erfordern ; *(fig) ~ du temps* Stundenplan *m* / Zeitplan *m* ; *faire double ~* doppelt sein ; *(fam)* doppelt gemoppelt 2 Stelle *f*, Arbeit *f demandeur d'~* Stellensuchende/r 3 *avoir le physique de l'~* die für die Rolle *f* / den Einsatz *m* erforderliche Konstitution haben

employé *m* -e *f* Angestellte/r

employer 1 verwenden, benutzen, gebrauchen ; *~ sa journée à écrire* sich den (ganzen) Tag mit Schreiben beschäftigen 2 *~ 100 personnes* 100 Leute beschäftigen ♦ 1 *ce mot ne s'emploie plus* dieses Wort wird nicht mehr gebraucht / benutzt 2 *s'~ à bien faire* sich (D) Mühe geben ; sich bemühen, etw gut zu machen

employeur *m* Arbeitgeber *m*

empocher ein=stecken

empoigner : *~ une fourche* eine Forke packen ; *~ qqn* in fassen / packen ♦ *s'~* sich an=fassen ; *(fig)* raufen, streiten, sich in die Wolle kriegen

empoisonné giftig

empoisonner : *~ qqn* jn vergiften, *(fam)* jm auf den Wecker fallen ♦ *s'~ avec des champignons* sich (D) eine Pilzvergiftung zu=ziehen ; *(fam) s'~ la vie* sich (D) das Leben vergällen

emporte-pièce *m* 1 Locheisen *n* ; *(cuis)* Ausstechform *f* 2 *caractère à l'~* bissiger / offener Charakter

emporter 1 mit=nehmen 2 ab=reißen ; weg=reißen ; *(fleuve)* weg=schwemmen ; *(fig) la colère l'emporte* der Zorn reißt ihn hin 3 *l'~ (sur)* überlegen sein (D), die Oberhand behalten (über A), den Sieg davon=tragen (über A) ♦ *s'~* in Wut / in Zorn geraten, auf=brausen

empoté *(fam)* unbeholfen, linkisch

empourprer (s') purpurrot werden, erglühen

empreinte *f* Abdruck *m* ~s *digitales* Fingerabdrücke *mpl*

empressé emsig, beflissen, (dienst)eifrig

empressement *m* Beflissenheit *f*, Emsigkeit *f*, Bereitwilligkeit *f* ; Eifer *m*

empresser (s') 1 *s'~ de faire qch* etw sofort / umgehend tun 2 *s'~ auprès de qqn* sich um js Gunst bemühen

emprise *f* (geistige) Einwirkung *f*, Macht *f* ; *avoir de l'~ sur qqn* auf jn Einfluß *m* haben

emprisonner ein=sperren, inhaftieren ; *(fig) ~ le cou* den Hals ein=zwängen

emprunt *m* Anleihe *f* ; *(éco)* Darlehen *n*, Anleihe ; *(fig) mot d'~* Lehnwort *n*

emprunté unbeholfen, linkisch

emprunter 1 *~ de l'argent à qqn* bei jm Geld leihen / borgen ; *~ qch à une époque* etw aus einer Epoche entlehnen 2 *~ une route* eine Straße ein=schlagen / benutzen / nehmen

emprunteur *m* -euse *f* AnleihenehmerIn *m f* , EntlehnerIn *m f*

ému ergriffen, gerührt *un souvenir ~* ein bewegendes Andenken → **émouvoir**

émulation *f* Nacheifern *n*, Wetteifern *n*

émule *m f* NacheifererIn *m f faire des ~s* Nacheiferer finden

en 1 *habiter ~ France* in Frankreich wohnen ; *aller ~ France* nach Frankreich fahren 2 *~ été* im Sommer ; *~ ce beau jour* an diesem schönen Tag ; *~ 10 minutes* in 10 Minuten 3 *être habillé ~ rouge* rot gekleidet sein ; *~ colère* wütend ; *partir ~ vacances* in Urlaub fahren 4 *~ bois* aus Holz 5 *~ connaisseur* als Kenner 6 *croire ~ Dieu* an Gott glauben ♦ 1 *j'en viens* ich komme von dort 2 *~ retirer qch* etw davon haben 3 *donnez-m'~ un !* geben Sie mir eins davon ! 4 *s'~ souvenir* sich daran erinnern 5 *~ être capable* dazu fähig sein 6 *s'~ aller* weg=gehen ♦ *~ marchant* im / beim Gehen

encablure *f (mar)* Kabellänge *f*

encadrement *m* 1 Einrahmen *n*, Einfassung *f* ; *~ d'une porte* Türrahmen *m* 2 *personnel d'~* leitende Angestellte *pl* ; Betreuer *pl* 3 *~ du crédit* Kreditrestriktion *f*, Kreditbewirtschaftung *f*

encadrer 1 *~ un tableau* ein Bild ein=rahmen 2 *~ un titre* einen Titel umranden 3 *~ un groupe* eine Gruppe betreuen 4 *(fam) ne pas pouvoir ~ qqn* jn nicht sehen / ausstehen können

encadreur *m* **-euse** *f* BilderrahmerIn *m f*
encaisse *f* Kassen(be)stand *m*
encaissé : *vallée ~e* kesselförmiges Tal
encaisser 1 (ein)=kassieren **2** *(fam) ~ sans rien dire* etw schweigend hin=nehmen
encart *m* : *~ publicitaire* Werbebeilage *f*
en-cas *m* Imbiß *m*
encastrable Einbau-
encastrer ein=bauen
encaustiquer bohnern
enceinte schwanger, in anderen Umständen
enceinte *f* **1** *~ fortifiée* befestigte Stadtmauer *f*; *(fig) je ne parlerai pas dans cette ~* in diesem Raum *m*/Ort *m* werde ich nicht sprechen **2** *~ acoustique* Lautsprecherbox *f*
encens *m* Weihrauch *m*
encenser *(fig)* beweihräuchern, lobhudeln (D), schmeicheln (D)
encensoir *m* Weihrauchfäßchen *n*
encéphale *m* Gehirn *n*
encéphalite *f* Hirnhautentzündung *f*
encercler ein=kreisen, umzingeln; um=schließen
enchaînement 1 *~ de circonstances* Verkettung *f* von Umständen; *~ d'idées* Ideenverbindung *f*, Gedankenfolge *f* **2** Überleitung *f* **3** *(sp)* Bewegungsfolge *f*
enchaîner 1 an=ketten, fesseln; *(fig) ~ des arguments* Argumente verknüpfen ◆ fort=fahren ◆ *s'~ logiquement* sich logisch aneinander=fügen
enchanté 1 *~ !* sehr angenehm!, Freut mich! **2** *pays ~* Wunderland *n*
enchantement 1 *comme par ~* wie durch Zauberei *f* **2** *c'était un véritable ~ !* das war entzückend!
enchanter entzücken
enchanteur, -teresse bezaubernd ◆ *m f* Zauberer *m*, Zauberin *f*
enchâsser ein=fassen
enchère *f* Gebot *n* *vente aux ~s* Auktion *f*; *vendre aux ~s* versteigern; *faire monter les ~s* mehr bieten, überbieten
enchevêtrer verwickeln, verflechten ◆ *s'~* sich verwirren; sich verwickeln; *(fig)* durcheinander geraten
enclave *f* Enklave *f*
enclaver um=schließen, ein=schließen
enclencher ein=schalten; *(fig)* in Schwung bringen
enclin : *être ~ à la colère* leicht wütend werden, zu Wut neigen
enclos *m* eingezäuntes Grundstück *n*
enclume *f* Amboß *m*; *(fig) se trouver entre le marteau et l'~* in einer Zwickmühle stecken
encoche *f* Kerbe *f*, Einschnitt *m*
encoder kodieren

encoignure *f* Winkel *m*
encolure *f* **1** (Hals)ausschnitt *m* **2** *~ d'un cheval* Pferdehals *m*
encombrant : *une valise ~e* ein sperriger Koffer; *(fig) un témoin ~* ein lästiger/störender Zeuge
encombre *m* : *sans ~* mühelos, unbehindert
encombré vollgestopft, versperrt; *(fig) une profession ~e* ein überlaufener Beruf
encombrement *m* **1** Verkehrsgedränge *n* **2** *de faible ~* von geringen Ausmaßen *npl*
encombrer versperren; *(fig)* belästigen, behelligen ◆ *s'~ de choses inutiles* sich mit unnötigem Zeug beladen/belasten
encontre (à l') : *à l'~ de* gegen (A)
encore 1 noch *essayer ~ une fois* wieder/noch einmal versuchen; *tu en veux ~ ?* möchtest du noch mehr davon? **2** *pas ~* noch nicht **3** *~ faut-il qu'il soit d'accord* er müßte allerdings einverstanden sein; *et ~ ce n'est pas sûr !* und das ist noch nicht einmal sicher!, und selbst das ist nicht sicher!; *si ~ il était heureux !* wenn er wenigstens glücklich wäre! ◆ *~ que* obgleich
encouragement *m* Ermutigung *f*, Ermunterung *f*, Zuspruch *m*
encourager ermutigen, auf=muntern; unterstützen
encourir sich (D) zu=ziehen *~ des reproches* sich Vorwürfen aus=setzen
encrasser verschmutzen, verrußen ◆ *s'~* schmutzig werden
encre *f* Tinte *f* *~ de Chine* (Ausziehtusche *f*
encrier *m* Tintenfaß *n*
encroûter (s') : *~ dans ses habitudes* sich in seinen Gewohnheiten ein=nisten
encyclique *f* Enzyklika *f*
encyclopédique enzyklopädisch; *(fig) un savoir ~* umfassendes Wissen
endémique endemisch
endettement *m* Verschuldung *f*
endetter in Schulden stürzen ◆ *s'~* sich verschulden, Schulden machen
endeuiller in Trauer versetzen
endiablé wild
endiguer ein=deichen; *(fig)* ein=dämmen, kanalisieren; hemmen
endimancher (s') den Sonntagsstaat an=legen, sich sonntäglich kleiden
endive *f* Chicorée *f*
endocrine : *glandes ~s* innere Drüsen
endoctriner indoktrinieren; belehren
endolori schmerzend *se sentir tout ~* überall Schmerzen haben
endommager beschädigen, Schaden zu=fügen
endormi schläfrig, verschlafen, träge
endormir zum Schlafen bringen; *(méd)*

endosser

~ *un malade* einem Kranken die Narkose geben; *(fig)* ~ *les soupçons* einen Verdacht ein=schläfern ◆ *s'*~ ein=schlafen; *(fig)* nachlässig / träge werden
endosser 1 übernehmen, tragen 2 *(comm)* übertragen, indossieren
endroit *m* 1 Ort *m*, Stelle *f* 2 *à l'*~ auf der rechten Seite *f* 3 *à l'*~ *(de)* in bezug (auf A); *à cet* ~ was das anbetrifft
enduire: ~ *d'huile* mit Öl überziehen; ~ *un mur* eine Mauer verputzen
enduit *m* Putz *m*; Dübelmasse *f*
endurance *f* Ausdauer *f course d'*~ Dauerlauf *m*
endurant ausdauernd
endurci: *un célibataire* ~ ein eingefleischter Junggeselle
endurcir hart machen; *(fig)* ~ *un cœur* ein Herz versteinern ◆ *s'*~ sich ab=härten (gegen), sich verhärten (gegen), werden
endurer aus=halten, erdulden, aus=stehen
énergétique Energie- *aliment* ~ Kraftnahrung *f*
énergie *f* 1 Energie *f*; *(fig) avec l'*~ *du désespoir* mit dem Mut *m* der Verzweiflung 2 *source d'*~ Energiequelle *f*
énergique: *une personne* ~ eine energische Person; *mesure* ~ durchgreifende Maßnahme
énergumène *m f (fig)* komischer Kauz *m*, seltsamer Vogel *m*
énervant nervtötend, nervenaufreibend
énervé aufgeregt, entnervt, nervös
énervement *m* Aufregung *f*, Erregtheit *f*, Nervosität *f*
énerver nervös machen, auf die Nerven gehen (D) ◆ *s'*~ sich auf=regen, nervös werden
enfance *f* Kindheit *f la petite* ~ Kleinkindalter *n*, früheste Kindheit *f*; *(fig) retomber en* ~ kindisch werden; *c'est l'*~ *de l'art* das ist (doch) das Einmaleins *n*
enfant: *bon* ~ gutmütig; *encore* ~ noch als Kind; *être resté très* ~ sehr kindlich geblieben sein ◆ *m f* Kind *n*; *(fig) c'est un jeu d'*~ das ist kinderleicht
enfanter gebären, auf die Welt bringen; *(fig)* hervor=bringen, aus=hecken
enfantillage *m* Kinderei *f*, Spielerei *f*, Kinderstreich *m*
enfer *m* Hölle *f*; *(fig) d'*~ höllisch
Enfers *mpl* Hades *m*, Unterwelt *f*
enfermement *m* Einsperren *n*
enfermer ein=schließen, ein=sperren
enferrer (s') sich verfangen / fest=rennen (in D)
enfiévrer an=heizen ◆ *s'*~ sich auf=heizen
enfilade *f*: ~ *de murs* Mauerreihe *f*; *pièces en* ~ in einer Reihe *f* liegende Zimmer

enfiler 1 ~ *une aiguille* eine Nadel ein=fädeln 2 ~ *une veste* eine Jacke an=ziehen
enfin 1 schließlich, zuletzt, zum Schluß 2 *il arrive* ~*!* endlich kommt er!
enflammé 1 *discours* ~ flammende Rede 2 *plaie* ~*e* brennende Wunde
enfler an=schwellen ~ *les propos de qqn* js Äußerungen auf=bauschen
enfoncé: *tête* ~*e dans les épaules* eingezogener Kopf; *yeux* ~*s* tiefliegende Augen
enfoncer 1 ~ *un clou* einen Nagel ein=schlagen; *(fam) enfonce-toi ça dans le crâne!* hämmer' dir das in deinen Schädel ein! 2 ~ *son bonnet sur sa tête* seine Mütze tief ins Gesicht ziehen / drücken 3 ~ *une porte* eine Tür ein=schlagen 4 *(fam)* ~ *qqn* jn rein=legen / aus=stechen ◆ ~ *jusqu'aux genoux dans la vase* bis zu den Knien im Schlamm ein=sinken / versinken ◆ 1 *s'*~ *dans la forêt* (tief) in den Wald hinein=gehen 2 *s'*~ *sous le poids de qch* unter dem Gewicht von etw (D) ein=brechen / ein=stürzen 3 *(fam) s'*~ sich weiter hinein=reiten; weiter ab=sinken
enfouir (s') (sich) vergraben
enfourcher: ~ *son cheval* auf sein Pferd steigen
enfourner in den Ofen schieben; *(fam)* rein=schieben / verschlingen
enfreindre verstoßen (gegen A), übertreten, zuwider=handeln (D)
enfuir (s') entfliehen, die Flucht ergreifen, davon=laufen
enfumer veräuchern, mit Rauch vernebeln ◆ *une pièce enfumée* ein verrauchtes / verqualmtes Zimmer
engagé engagiert ◆ *m* Freiwillige / r
engageant: *une attitude* ~*e* eine einladende Haltung, einladendes Benehmen
engagement *m* 1 Verpflichtung *f* 2 ~ *à l'essai* Einstellung *f* auf Probe; *(th)* Engagement *n* 3 ~ *de troupes* Einsatz *m* der Truppen; *(fig)*: ~ *pour une cause* Engagement / Einsatz *m* für eine Sache 4 *(sp) balle d'*~ Anstoß *m* 5 *être blessé au cours d'un* ~ während eines Gefechts *n* verletzt werden
engager 1 ~ *qqn* jn ein=stellen / engagieren 2 ~ *sa parole* sein (Ehren)wort geben; *cela ne vous engage à rien* das verpflichtet Sie zu nichts 3 ~ *des troupes dans un combat* Truppen ein=setzen 4 ~ *des négociations* Verhandlungen ein=leiten / eröffnen / beginnen 5 *(comm)* ~ *des dépenses* Verbindlichkeiten ein=gehen 6 ~ *qqn à faire qch* jn bewegen, etw zu tun ◆ 1 *s'*~ sich engagieren; *(mil)* sich freiwillig melden 2 *s'*~ *à faire qch* sich verpflichten, etw zu tun 3 *s'*~ *dans une rue* eine Straße ein=schlagen; *(fig) s'*~ *dans*

une affaire douteuse sich auf eine zweifelhafte Geschichte ein=lassen **4** *mal s'~* schlecht beginnen **5** *s'~ comme domestique* bei jm in Dienst treten/in Stellung gehen

engeance *f (péj)* Sippschaft *f*, Brut *f*

engelure *f* Frostbeule *f*

engendrer (er)zeugen; *(fig)* hervor=bringen, verursachen

engin *m* Gerät *n*, Maschine *f*

englober umfassen ◆ *tous les frais* alle Kosten ein=schließen; *~ tout le monde* alle ein=beziehen/ein=schließen

engloutir verschlingen ◆ *château englouti* versunkenes Schloß

engluer (s') *(fig)* sich verfangen

engorgement *m* Verstopfung *f*; *(fig) ~ de l'autoroute* Stau *m* auf der Autobahn

engouement *m* Schwärmerei *f*

engouffrer verschlingen; *(fig)* hin= ein=stecken ◆ *s'~ (dans)* hinein=brausen/ hinein=strömen (in A); *(personne)* hinein=stürzen

engourdir (s') erstarren ◆ *avoir les doigts engourdis* steife Finger haben

engrais *m* Dünger *m*, Düngemittel *n* ◆ *~ vert* Naturdünger *m*

engraisser ◆ *du bétail* Vieh mästen; *(fam) ~ son patron* den Boß verdienen lassen ◆ dick/fett werden

engranger ein=bringen, ein=fahren, in die Scheune fahren; *(fig)* speichern

engrenage *m* Getriebe *n*, Triebwerk *n*, Räderwerk *n*; *(fig) être pris dans l'~* nicht mehr heraus=kommen

enhardir (s') sich erkühnen, sich erdreisten

énième : *(fam) pour la ~ fois* zum zigsten Mal

énigmatique rätselhaft, geheimnisvoll

énigme *f* Rätsel *n*

enivrer (s') (sich) betrinken; *(fig)* (sich) berauschen

enjamber : *~ un tronc d'arbre* über einen Baumstumpf hinweg=steigen

enjeu *m* -**x** Einsatz *m*; *(fig) quel est l'~ ?* worum geht es dabei ?

enjoindre auf=erlegen (**D**)

enjôler betören, beschwatzen

enjôleur, -euse 1 *air ~* betörende Miene ◆ *m f* Schmeichelkatze *f*; Schönrednerin *m f*

enjoliver verschönern, verzieren; *(fig) ~ une situation* eine Situation beschönigen

enjoliveur *m* Zierleiste *f*, Radkappe *f*

enjoué heiter, munter

enlacer (s') (sich) umschlingen/umarmen

enlaidir häßlich machen, entstellen

enlevé : *un discours ~* eine schwunghafte Rede

enlèvement *m* **1** *~ d'un enfant* Kindesentführung *f* **2** *~ des ordures* Müllabfuhr *f*, Müllbeseitigung *f*

enlever 1 entfernen; weg=nehmen; *~ son manteau* seinen Mantel aus=ziehen; *(fig) ~ tout espoir* eine Hoffnung aus=löschen; *~ la garde d'un enfant* die Beaufsichtigung eines Kindes entziehen **2** *venir ~ qch* etw weg=schaffen/weg=tragen **3** *~ qqn* jn entführen; *(fig) un accident l'a enlevé à notre affection* ein Unfall hat ihn aus unserer Mitte gerissen **4** *~ une victoire* einen Sieg davon=tragen

enliser (s') : *~ dans la boue* im Matsch versinken; *(fig)* versacken, stecken bleiben

enluminure *f* Buchmalerei *f*

enneigé eingeschneit, verschneit

enneigement *m* : *~ des routes* Schneeverhältnisse *npl* auf den Straßen

ennemi, -e *f* Feindin *m f* ◆ *~ juré* Erzfeind *m*, Todfeind *m*; *~ public numéro un* Staatsfeind *m* Nummer eins

ennui *m* **1** Langeweile *f*; *(fig) c'est à mourir d'~* das ist zum Sterben langweilig **2** Problem *n*

ennuyer 1 langweilen **2** *cela m'ennuie de vous dire que* es tut mir leid, Ihnen mitzuteilen, daß ; *cela m'ennuie de vous avoir fait attendre* ich bedaure, daß ich Sie warten ließ ◆ *s'~* sich langweilen

ennuyeux, -euse 1 langweilig **2** ärgerlich, lästig

énoncé *m* **1** *~ d'un problème* Problemstellung *f* **2** *~ d'un jugement* Wortlaut *m* eines Urteils

énoncer aus=führen, an=führen *~ clairement les choses* die Dinge klar aus=drücken; *~ une règle* eine Regel an=führen

enorgueillir (s') : *s'~ de qch* auf etw (**A**) stolz sein

énorme 1 riesig; gewaltig, enorm **2** *c'est déjà ~ que* es ist schon beachtlich, daß

énormément gewaltig, sehr viel

énormité *f* **1** *l'~ de la tâche* die Größe der Aufgabe **2** *(fam) dire des ~s* ungereimtes Zeug *n* erzählen

enquérir (s') : *s'~ de qch* sich nach etw erkundigen

enquête *f* **1** Ermittlungen *fpl* *mener une ~* eine Untersuchung *f* durch=führen **2** *(admi) ~ préalable* Voruntersuchung *f* **3** *(sondage)* Meinungsumfrage *f*

enquêter untersuchen, ermitteln, nach=forschen

enquêteur *m* -**trice** ErmittlerIn *m f*; Meinungsforscherin *m f*

enraciné *(fig)* fest verankert

enrager : *j'enrage !* ich könnte rasend werden ! ◆ *faire ~ qqn* jn auf=bringen

enrayer : *~ un moteur* einen Motor drosseln; *(fig) ~ un processus* einem Prozeß Einhalt gebieten ◆ *s'~* klemmen

enrégimenter

enrégimenter *(fig)* ein=reihen, ein=gliedern, vereinnahmen

enregistrement *m* 1 Aufnahme *f* 2 ~ *des bagages* Gepäckaufgabe *f*; *(jur) droits d'*~ Anmeldegebühr *f*

enregistrer 1 ~ *un disque* eine Platte auf=nehmen 2 ~ *des variations* Unterschiede wahr=nehmen / registrieren 3 ~ *une commande* einen Auftrag registrieren / verzeichnen ♦ *faire* ~ *des bagages* Gepäck auf=geben

enrhumer (s') sich erkälten, sich (D) einen Schnupfen holen

enrichir an=reichern ~ *une collection* eine Sammlung vergrößern; *(fig)* ~ *l'esprit* den Geist bereichern ♦ *s'*~ sich bereichern

enrober umhüllen ~ *de chocolat* mit Schokolade glasieren / überziehen; *(fig)* umschreiben, bemänteln

enrôler aus=heben

enroué heiser

enrouler auf=rollen, zusammen=rollen, zusammen=wickeln

enrubanné mit Bändern geschmückt

ensabler mit Sand bedecken / zu=schütten ♦ *s'*~ versanden, im Sand versinken / ein=sinken

ensanglanter : *(fig)* ~ *un pays* in einem Land ein Blutbad an=richten ♦ *ensanglanté* mit Blut befleckt

enseignant : *corps* ~ Lehrkörper *m* ♦ *m* -**e** *f* LehrerIn *m f*, Lehrkraft *f*

enseigne *f* (Aushänge)schild *n* ~ *lumineuse* Leuchtreklame *f*; *(fig) être logé à la même* ~ in der gleichen Lage *f* sein

enseigne *m* : ~ *de vaisseau* Leutnant *m* zur See

enseignement *m* 1 Unterricht *m* ~ *public* öffentlicher Schuldienst *m* 2 *tirer un* ~ *de qch* aus etw die Lehre *fpl* ziehen

enseigner lehren ~ *la physique* Physik unterrichten

ensemble 1 zusammen, gemeinsam; *se sentir bien* ~ sich miteinander wohl fühlen 2 *partir tous* ~ alle zur gleichen Zeit / gleichzeitig auf=brechen

ensemble *m* 1 Gesamtheit *f* *plan d'*~ Gesamtplan *m*, Übersichtsplan *m*; *c'est bien dans l'*~ das ist im Großen und Ganzen *n* gut 2 *un* ~ *de faits* eine Auswahl *f* von Faktoren 3 ~ *vocal* Vokalensemble *n* 4 *vivre dans un grand* ~ in einer großen (Wohn)siedlung *f* leben 5 *porter un* ~ ein Ensemble *n* / Kostüm *n* tragen 6 *(math) théorie des* ~*s* Mengenlehre *f*

ensemblier *m* Raumausstatter *m*

ensemencer besäen; *(bio)* eine Bakterienkultur an=setzen

enserrer umschließen, umrahmen; ein=schnüren

ensevelir beerdigen, bestatten, bei=setzen; *(fig)* unter sich (D) begraben

ensoleillé sonnig; sonnendurchflutet

ensommeillé verschlafen

ensorceler verhexen, verzaubern; *(fig)* verführen, betören, bestricken

ensuite dann, danach, alsdann, sodann, darauf, nachher

entaille *f* Kerbe *f*, Einschnitt *m*

entame *f* Anschnitt *m*

entamer 1 an=schneiden ~ *son capital* sein Kapital an=brechen; *(fig)* ~ *des négociations* Verhandlungen eröffnen / einleiten 2 *l'acide entame la rouille* Säure greift Rost an; *(fig)* ~ *la réputation de qn* js (guten) Ruf an=tasten

entartré *(fam)* voller Kesselstein

entasser an=häufen, stapeln ♦ *s'*~ sich an=häufen; sich zusammen=drängen

entendement *m* Verstand *m*, Begriffsvermögen *n*; *cela dépasse l'*~ das übersteigt das Fassungsvermögen *n*

entendre 1 hören *ne pas vouloir* ~ *parler de qch* von etw nichts wissen wollen 2 ~ *des témoins* Zeugen vernehmen / an=hören; *à l'*~ wenn man ihm zuhört, könnte man glauben 3 ~ *raison* Vernunft an=nehmen 4 *faites comme vous l'entendez* machen Sie (es), wie Sie (es) möchten; *j'entends qu'on m'obéisse* ich erwarte, daß man tut, was ich sage 5 *laisser* ~ *à qqn* jm etw zu verstehen geben; *qu'entendez-vous par là?* was meinen Sie damit? was wollen Sie damit sagen? ♦ 1 *s'*~ *avec tout le monde* sich mit jedermann verstehen 2 *s'*~ *sur qch* sich über eine Sache verständigen / einigen 3 *s'y* ~ *en qch* von einer Sache verstehen, sich auf eine Sache verstehen

entendu 1 *une affaire* ~*e* eine beschlossene Sache; *bien* ~ selbstverständlich ~ *!* (ein)verstanden! 2 *prendre un air* ~ eine Kennermiene auf=setzen

entente *f* : *parvenir à une* ~ eine Vereinbarung *f* / Übereinkunft *f* erzielen; *vivre en bonne* ~ in gutem Einvernehmen *n* leben

entériner (gerichtlich) bestätigen / ein=tragen; billigen

enterrement *m* Beerdigung *f*; *(fig) faire une tête d'*~ ein Gesicht wie drei Tage Regenwetter machen

enterrer ~ *qqn* jn begraben; ~ *un os* einen Knochen verscharren; *(fig)* ~ *un projet* ein Projekt begraben

en-tête *f* Briefkopf *m*

entêté dickköpfig, eigensinnig, stur

entêter (s') : *s'*~ *dans un projet* auf einem Projekt bestehen / beharren

enthousiasme *m* Begeisterung *f*, Enthusiasmus *m*; *déborder d'*~ vor Begeisterung überquellen

enthousiasmer mit=reißen, begeistern ◆ *s'~ (pour)* sich begeistern (für), sich hinreißen lassen (von)

enticher (s') : *s'~ de qqn* sich in jn vergucken/vernarren; *s'~ de qch* für etw schwärmen

entier, -ière ganz, gesamt *la ville tout entière* die ganze/gesamte Stadt; *(fig) caractère ~* eigensinniger/unbeugsamer Charakter; *un chat ~* ein (unkastrierter) Kater; *une entière confiance* uneingeschränktes Vertrauen; *(fam) être encore ~* noch alle Knochen zusammen=haben ◆ *m lire un livre en ~* ein Buch ganz/vollständig durch=lesen

entièrement ganz, vollständig, völlig, ganz und gar

entité *f* Wesenheit *f*

entonner an=stimmen

entonnoir *m* (Füll)trichter *m*

entorse *f* Verrenkung *f*, Verstauchung *f se faire une ~* sich (D) den Fuß verrenken; *(fig) faire une ~ au règlement* sich über eine Regel hinweg=setzen

entortiller ein=wickeln, umwickeln; *(fig) ~ qqn* jn ein=wickeln/umgarnen/um den Finger wickeln ◆ *s'~* sich herum=schlingen/herum=wickeln (um); *(fig)* sich verfangen, sich verheddern

entourage *m* **1** Umgebung *f* **2** *un ~ de pierres* eine steinerne Einfassung *f*

entourer **1** umgeben **2** *~ de rouge* rot umrahmen/umranden **3** *~ qqn* jn umsorgen ◆ *(fig) s'~ de précautions* Vorsichtsmaßnahmen treffen, vorsichtig vor=gehen

entracte *m* Pause *f*

entraider (s') sich gegenseitig helfen/bei=stehen

entrailles *fpl* Eingeweide *npl*; *(fig)* Innerste/s *f*; *les ~ de la terre* das Erdinnere *n*, der Schoß *m* der Erde; *(rel) le fruit de ses ~* die Frucht ihres Leibes

entrain *m* Lebendigkeit *f*, Munterkeit *f*, Schwung *m*

entraînant mitreißend

entraînement *m* **1** *(sp)* Training *n*, Trainieren *n*; *manquer d'~* schlecht trainiert sein; *(mil)* Exerzieren *n* **2** *courroie d'~* Treibriemen *m*

entraîner **1** mit=reißen; mit sich fort=reißen; an=werfen, an=treiben **2** *~ qqn vers la sortie* jn zum Ausgang (mit)=ziehen; *~ qqn dans une discussion* jn in eine Diskussion hinein=ziehen **3** *~ des conséquences* Folgen nach sich ziehen **4** *~ des sportifs* Sportler trainieren ◆ *s'~* üben; *(mil)* exerzieren ◆ *se laisser ~* sich hinein=ziehen lassen

entraîneur *m* **-euse** *f* TrainerIn *m f*

entraîneuse *f* Animiermädchen *n*

entrave *f* Fessel *f*; *(fig) il n'y a pas d'~ à ce que* es gibt keinerlei Hinderungsgrund *m*, daß; *~ à la justice* Einschränkung *f* der Gerichtsbarkeit

entraver fesseln, Fesseln an=legen; behindern, hemmen

entrebâiller (nur) halb öffnen, an=lehnen

entrechat *m* Luftsprung *m*, Kreuzsprung *m*

entrechoquer : *~ des verres* Gläser gegeneinander=stoßen; (mit den Gläsern) an=stoßen ◆ *s'~* aneinander=stoßen, zusammen=stoßen; *(fig)* aufeinander=prallen

entrecôte *f* Rippenstück *n*

entrecouper unterbrechen

entrecroiser : *~ des fils* Fäden verkreuzen ◆ *s'~* sich schneiden; sich verkreuzen

entre-deux-guerres *f* Zwischenkriegszeit *f*

entrée *f* **1** Eingang *m*; *~ d'autoroute* Einfahrt *f* Autobahnauffahrt *f* **2** *~ gratuite* Eintritt *m* kostenlos; *(fig) avoir ses ~s à la mairie* im Rathaus ein- und aus=gehen **3** *examen d'~* Aufnahmeprüfung *f* **4** *faire son ~* ein=treten; *(fig) à l'~ de l'hiver* bei Beginn *m*/zu Anfang *m* des Winters **5** *~ en fonction* Dienstantritt *m* **6** *(cuis)* Vorspeise *f* **7** *(dictionnaire)* Stichwort *n*

entrefaites *fpl* : *sur ces ~* unterdessen, mittlerweile

entrejambe *m* Schritt *m*

entrelacer (s') ineinander=schlingen, (sich) verflechten

entremets *m* Süßspeise *f*

entremetteur *m* **-euse** *f* KupplerIn *m f*

entremise *f* : *par l'~ de qqn* durch js Vermittlung *f*, auf Vermittlung von jm/durch jn

entreposer (ein)=lagern

entrepôt *m* Lager(haus) *n*

entreprenant unternehmungslustig; *(fig)* draufgängerisch

entreprendre unternehmen; beginnen

entrepreneur *m* (Bau)unternehmer *m*

entreprise *f* **1** *une ~ hasardeuse* ein gewagtes Unternehmen *n*; *échouer dans son ~* mit seinem Vorhaben *n* scheitern **2** Betrieb *m*, Unternehmen *n*; *chef d'~* Betriebsleiter *m*; *les petites et moyennes ~s (P.M.E.)* kleine und mittlere Betriebe **3** *libre ~* freies Unternehmertum *n*

entrer <être> **1** *~ dans une pièce* in ein Zimmer ein=treten, ein Zimmer betreten; *~ dans une baignoire* in die Badewanne steigen; *~ en gare* in den Bahnhof ein=fahren; *~ en scène* auf die Bühne kommen, auf=treten; *entrez !* kommen Sie (he)rein !; *ne faire qu'~ et sortir* gerade mal eben so vorbei=kommen; *(fig) ~ dans les détails* auf Einzelheiten ein=gehen, sich auf Einzelheiten ein=lassen; *~ dans l'histoire* in die Geschichte ein=gehen **2** *~ dans un* *parti* in eine Partei ein=treten; ~ *dans les ordres* Priester werden; ~ *au service de qn* in js Dienst treten, bei jm eine Stellung an=treten **3** *cela n'entre pas dans ma valise* das geht/paßt nicht in meinen Koffer rein **4** ~ *en action* in Aktion treten, tätig werden **5** ~ *dans les attributions de qqn* zu js Befugnissen gehören; ~ *dans une composition* zum Bestandteil werden; *(fig)* ~ *en ligne de compte* in Betracht kommen ◆ ~ *une clé dans la serrure* einen Schlüssel in das Schloß hinein=stecken; ~ *des données dans un ordinateur* Informationen in einen Computer ein=geben ◆ *faire* ~ *qqn* jn herein=bitten; *faire* ~ *des marchandises dans un pays* Waren in ein Land ein=führen

entresol *m* Zwischengeschoß *n*, Zwischenstock *m*

entre-temps inzwischen, in der Zwischenzeit

entretenir 1 pflegen; warten **2** ~ *une famille* eine Familie ernähren **3** ~ *qqn de qch* mit jm über eine Sache sprechen/reden ◆ *se faire* ~ *par qqn* sich von jm aus=halten lassen ◆ *s'*~ *avec qqn* sich mit jm unterhalten

entretien *m* **1** ~ *d'une voiture* Wartung *f* eines Autos, Wagenpflege *f*, **2** Gespräch *n*, Unterredung *f*

entrevoir flüchtig sehen; *(fig)* ahnen

entrevue *f* Treffen *n*, Besprechung *f*

entrouvrir halb öffnen

énumérer auf=zählen

envahir überfallen; *(fig)* ~ *un stade* ein Stadion überfluten; ~ *un marché* einen Markt beherrschen; *un doute m'envahit* ein Zweifel bemächtigt sich meiner, ein Zweifel befällt mich

envahissant: *une personne* ~*e* eine aufdringliche/zudringliche Person

envahisseur *m* Eindringling *m*

enveloppe *f* **1** Umschlag *m* **2** Hülle *f* **3** ~ *budgétaire* (für ein Ressort vorgesehener) Betrag *m* im (Staats)haushalt/Etat

envelopper ein=wickeln; *(personne)* ein=hüllen

envenimer infizieren; *(fig)* ~ *une discussion* eine Diskussion an=heizen ◆ *s'*~ sich infizieren; *(fig)* sich verschlimmern; sich verschärfen

envergure *f*: *(fig) de grande* ~ von großem Ausmaß *n*; *un homme sans* ~ ein Mann ohne Format *n*

envers 1 ~ *qqn* jm gegenüber **2** ~ *et contre tout* gegen wen es auch sei, allen Schwierigkeiten zum Trotz

envers *m* **1** Rückseite *f*; *mettre son pull à l'*~ seinen Pullover verkehrt herum an=ziehen **2** *tout faire à l'*~ alles verkehrt machen

enviable beneidenswert

envie *f* **1** Lust *f avoir* ~ *de qch* auf etw **(A)** Lust haben; *avoir* ~ *d'un bonbon* auf einen Bonbon Appetit *m* haben; *faire passer à qqn l'*~ *de qch* jm die Lust an etw **(D)** nehmen **2** Neid *m*; *(prov) il vaut mieux faire* ~ *que pitié* besser beneidet als bemitleidet **3** Muttermal *n*

envier beneiden

envieux, -euse neidisch

environ ungefähr, etwa, gegen, zirka, um/an (die)

environnement *m* **1** Umwelt *f* **2** *vivre dans un* ~ *agréable* in einer angenehmen Umgebung *f* leben

environner umgeben

environs *mpl* **1** *Strasbourg et ses* ~ Straßburg und seine Umgebung *f* **2** *aux/dans les* ~ *de 100 francs* um/an die 100 Francs, ungefähr 100 Francs; *aux* ~ *de midi* gegen Mittag

envisageable: *c'est* ~ das könnte man sich vor=stellen

envisager daran denken, beabsichtigen, ins Auge fassen

envoi *m* Sendung *f*, Versand *m*; *(sp) coup d'*~ Anstoß *m*; *(fig) donner le coup d'*~ *à qch* etw in Gang bringen

envolée *f*: *(fig) dans une grande* ~ *lyrique* in einem lyrischen Erguß *m*

envoler (s') ab=fliegen, davon=fliegen; *(avion)* starten

envoûter behexen, bezaubern, bannen

envoyé *m* -e *f* (Ab)gesandte/r ~ *spécial* Sonderkorrespondent *n*, Sonderberichterstatter *m*

envoyer 1 schicken, ab=schicken, zu=schicken, senden **2** ~ *une balle* einen Ball werfen **3** *(fam) s'*~ *une bouteille* eine Flasche hinter=kippen ◆ ~ *qqn chercher qch* jn etw holen schicken; *(fam)* ~ *promener qn* jn ab=fahren/ab=blitzen lassen ◆ *(fam) c'est bien envoyé !* das sitzt/das gesessen !

enzyme *f* Enzym *n*

éolienne *f* Windrad *n*

épagneul *m* Spaniel *m*

épais -se 1 dicht *des cheveux* ~ kräftiges/dichtes Haar **2** dick; stark *des lèvres* ~*ses* wulstige Lippen **3** *une blague* ~*se* ein plumper Witz

épaisseur *f* Stärke *f*, Dicke *f*; Dichte *f de 3 cm d'*~ 3 cm stark

épaissir dicker machen, verstärken; dichter machen, verdichten ~ *une soupe* eine Suppe ein=dicken/an=dicken ◆ *s'*~ sich verdicken/verdichten; *(personne)* dick werden

épanchement *m* Erguß *m*

épancher s' sich ergießen

épandage *m*: *champ d'*~ Rieselfeld *n*

épanouir s' blühen; *(fig) cet enfant s'épanouit* dieses Kind blüht auf/entfaltet

époustouflant

sich; *son visage s'épanouit* sein Gesicht heitert sich auf/wird fröhlich
épanouissement *m* Entfaltung *f*, Aufblühen *n*
épargnant *m* **-e** *f* SparerIn *m f*
épargne *f* Sparen *n*; Spargutthaben *n* *caisse d'~* Sparkasse *f* *plan d'~ logement* Bausparvertrag *m*
épargner 1 sparen; *(fig)* *~ ses forces* seine Kräfte schonen/sparen 2 *~ qn* jn (ver)schonen; *~ qch à qn* jm etw ersparen
éparpillement *m* Zerstreuen *n* *l'~ de l'habitat* Zersiedelung *f* (von Wohnraum)
éparpiller verstreuen, zerstreuen, umher=streuen; *(fig)* *~ ses efforts* nicht mit seinen Kräften haushalten ◆ s'~ sich zerstreuen
épars verstreut, zerstreut
épatant *(fam)* umwerfend
épate *f* : *(fam)* *faire de l'~* an=geben, auf=schneiden
épater *(fam)* um=hauen
épaule *f* Schulter *n*; *(viande)* Schulterstück *n*
épauler 1 *~ son fusil* sein Gewehr schultern 2 *~ qqn* jn unterstützen
épaulette *f* 1 Polster *n* 2 *(mil)* Schulterstück *n*
épave *f* Wrack *n*
épée *f* Degen *m*; Schwert *n*; *(fig)* *un coup d'~ dans l'eau* ein Schlag *m* ins Wasser
épeler buchstabieren
éperdu 1 *un amour ~* rasende Liebe; *être ~ de joie* vor Freude ganz außer sich (D) sein 2 *une veuve ~e* eine vom Schmerz übermannte/überwältigte Witwe
éperonner 1 *~ son cheval* seinem Pferd die Sporen geben 2 *~ un navire* ein Schiff rammen
épervier *m* Sperber *m*
éphémère kurzlebig, von kurzer Dauer, (schnell) vergänglich ◆ *m* Eintagsfliege *f*
éphéméride *f* Abreißkalender *m*; *(astro)* *~s* Ephemeriden *fpl*
épi *m* 1 Ähre *f* 2 *(cheveux)* Büschel *n*
épice *m* Gewürz *n*
épicé scharf, gewürzt
épicéa *m* Fichte *f*
épicentre *m* Epizentrum *n*
épicer würzen; pfeffern
épicerie *f* 1 Lebensmittelgeschäft *n* 2 Lebensmittel *npl*
épicier -ère *f* LebensmittelhändlerIn *m f*
épicurien -ne *(fig)* genießerisch; lebenslustig
épidémie *f* Epidemie *f*
épiderme *m* (Ober)haut *f*, Epidermis *f*
épidermique : *(fig)* *une réaction ~* eine (über)empfindliche Reaktion
épier lauern auf (A), belauern/auf=lauern (D)
épilation *f* Enthaaren *n*

épilepsie *f* Epilepsie *f*
épileptique epileptisch ◆ *m f* EpileptikerIn *m f*
épiler enthaaren
épilogue *m* *(fig)* Schluß *m*
épiloguer : *~ sur qc* etw bekritteln
épinard *m* Spinat *m*; *(fig)* *mettre du beurre dans les ~s* sich ein Zubrot verdienen
épine *f* 1 Dorn *m*; *(fig)* *enlever à qqn une ~ du pied* jm aus der Klemme/Patsche helfen 2 *(fig)* *~ dorsale* Rückgrat *n*
épinette *f* Spinett *n*
épin.eux .euse stachelig; *(fig)* *un problème ~* ein heikles/kitzliges Problem
épingle *f* Nadel *f*; *~ à nourrice* Sicherheitsnadel *f*; *(fig)* *monter qch en ~* etw hoch=spielen/ auf=bauschen
épingler an=stecken, fest=stecken; *(fig/fam)* *~ qn* jn schnappen/erwischen
Epiphanie *f* Dreikönigsfest *n*
épiphénomène *m* Nebenerscheinung *f*
épique episch, Helden-; *(fig)* in großer/ aller Ausführlichkeit
épiscopal bischöflich, Bischofs-
épiscopat *m* Episkopat *n*
épisiotomie *f* Dammschnitt *m*
épisode *m* Episode *f*
épisodique 1 gelegentlich 2 episodisch
épistémologie *f* Wissenschaftstheorie *f*
épistolaire brieflich, Brief- *des relations ~s* Briefkontakte *mpl*
épitaphe *f* Grab(in)schrift *f*
épithète *f* 1 Beiname *m* 2 *(gram)* Beiwort *n*
épître *f* Epistel *f*
éploré bitterlich weinend, in Tränen zerfließend
éplucher 1 (ab)=schälen; *(légumes)* putzen 2 *(fig)* *~ un document* ein Dokument unter die Lupe nehmen
épluchure *f* Schalen *fpl*; Abfall *m*
éponge *f* Schwamm *m*; *(fig)* *jeter l'~* das Handtuch werfen
éponger mit dem Schwamm ab=wischen *s'~ le front* sich (D) die Stirn (ab)=wischen/trocknen; *(fig)* *~ des dettes* Schulden tilgen
épopée *f* Epos *n*
époque *f* 1 Zeit *f*, Zeitabschnitt *m*, Epoche *f* 2 *meuble d'~* Stilmöbel *pl*
époumoner s' sich (D) die Lunge aus dem Hals schreien
épouiller entlausen
épouser 1 heiraten 2 *~ la forme du corps* sich dem Körper an=passen/an=schmiegen 3 *~ les idées de qn* sich (D) js Gedanken zu eigen machen
épousseter entstäuben, ab=stäuben
époustouflant atemberaubend, verblüffend

épouvantable schrecklich, entsetzlich, grauenhaft, fürchterlich

épouvantail m Vogelscheuche f; (fig) *brandir l'~ de qc* mit etw drohen

épouvante f Schrecken m, Entsetzen n; *film d'~* Horrorfilm m

épouvanter erschrecken, in Schrecken (ver)setzen

épou.x m **.se** f Ehemann m, Ehefrau f, Gatte m, Gattin f *les ~* das Ehepaar n

éprendre s' : *s'~ de qn* sich in jn verlieben

épreuve f 1 Prüfung f *à toute ~* absolut bewährt/erprobt 2 Probe f *~ de force* Kraftprobe f; *mettre qqn à l'~* jn prüfen/auf die Probe f stellen; (sport) (Wett)kampf m; (examen) Prüfung f, Examen n 3 (photo) Abzug m

épris verliebt (in A), entbrannt (für)

éprouvant erleidend

éprouver 1 *~ un sentiment* etw empfinden/verspüren 2 *~ la résistance d'un matériau* die Widerstandsfähigkeit eines Materials prüfen/erproben 3 *cette perte l'a cruellement éprouvé* dieser Verlust hat ihn sehr mitgenommen

éprouvette f Reagenzglas n

épuisant (fig) aufreibend

épuisement m Erschöpfung f

épuiser 1 *~ qn* jn ermüden/erschöpfen 2 *~ toutes ses ressources* alle Quellen nutzen *~ un sol* einen Boden aus=saugen/aus=laugen; (fig) *~ un sujet* ein Thema erschöpfend behandeln

épuisette f Kescher m

épuration f Reinigung f, Klärung f *station d'~* Kläranlage f; (fig/pol) Säuberung f

épurer reinigen, säubern, klären, aufbereiten

équarrir 1 (animal) (ab)=decken 2 (bois/métal) beschlagen

équateur [ekwa-] m Äquator m

équation [ekwa-] f Gleichung f

équatori.al [eqwa-] **.aux** äquatorial

équerre f 1 Reißschiene f *être d'~ avec qc* rechtwinklig zu etw stehen/sein 2 (tech) Winkelstütze f, Winkeleisen n

équestre 1 Reiter- *sport ~* Reitsport m 2 *statue ~* Reiterstandbild m

équidistant [ekwi-] gleichweit entfernt

équilatér.al [ekwi-] **.aux** gleichseitig

équilibrage m : *~ des roues* das Auswuchten n der Reifen

équilibre m 1 Gleichgewicht n 2 *l'~ des forces en présence* Kräfteausgleich m; *une économie en ~* eine ausgeglichene Wirtschaft f 3 *l'~ mental* das innere Gleichgewicht

équilibré : *des formes ~es* ausgewogene Formen; *un caractère ~* ein ausgeglichener Charakter

équilibrer aus=balancieren; aus=gleichen ◆ *les deux choses s'équilibrent* die beiden Dinge gleichen sich aus/heben sich auf

équinoxe m Tag- und Nachtgleiche f

équipage m (mar) Besatzung f, Mannschaft f

équipe f Mannschaft f; (fig) Team n; *esprit d'~* Teamgeist m

équipée f Abenteuer n

équipement m Ausrüstung f, Ausstattung f; *~ de ski* Skiausrüstung f

équiper aus=rüsten, aus=statten ◆ *s'~* sich aus=rüsten mit (D), sich versehen mit (D)

équipier m **-ère** f Mannschaftsmitglied n, (Mit)spielerIn m f

équitable gerecht

équitation f Reiten n, Reitsport m *faire de l'~* reiten

équité f Gerechtigkeit f

équivalence f : (ens) *~ de diplôme* Anerkennung f der Abschlußprüfung

équivalent : *expressions ~es* gleichbedeutende Ausdrücke; *quantités ~es* gleichwertige/gleichgroße Mengen ◆ m Äquivalent n; *~ d'un mot* Entsprechung f für ein Wort; *être sans ~* ohne gleichen sein

équivaloir : *~ à un an de salaire* einem Jahreslohn entsprechen, den Gegenwert von einem Jahreslohn haben; *~ à la même chose* auf das gleiche hinaus=laufen

équivoque : *expression ~* doppelsinniger Ausdruck; *comportement ~* zweideutiges Verhalten ◆ f *lever toute ~* jegliche Zweideutigkeit f aus=schließen

érable m Ahorn m

érafler ritzen, schrammen

éraflure f Kratzer m, Ritzer m

éraillé heiser

ère f 1 *~ primaire* Primärzeit f, Paläozoikum n 2 Zeitalter n *~ industrielle* Industriezeitalter n; *~ de prospérité* Ära f des Aufschwungs

éreinter 1 überan=strengen; (fam) erledigen, fertig machen 2 herunter=machen

ergot m Sporn m; (fig) *monter sur ses ~s* sich auf die Hinterbeine npl stellen

ergoter nörgeln, mäkeln, herum=krittlen

ergothérapie f Beschäftigungstherapie f

ériger errichten; (fig) *~ qqn en héros* jn zum Helden machen

ermite m Einsiedler m, Eremit m; *vivre en ~* völlig zurückgezogen leben

érosion f Auswaschung f, Abtragung f, Erosion f; (fig) *~ monétaire* Geldentwertung f; *~ des sentiments* Gefühlsverlust m

érotique erotisch

errant : *chien ~* streunender Hund; *che-*

valier ~ fahrender Ritter; *une vie ~e* ein unstetes Leben

erratum *m* **-a** (Druck)fehler *m*

errements *mpl* Irrwege *mpl*

errer umher=irren, umher=streifen, umher=schweifen

erreur *f* Fehler *m*, Irrtum *m*

erroné falsch; unangebracht

éructer auf=stoßen ~ *des injures* Beleidigungen hevor=stoßen

érudit gelehrt

érudition *f* Gelehrsamkeit *f*

éruption *f* 1 ~ *de boutons* Ausschlag *m* 2 ~ *volcanique* Vulkanausbruch *m* 3 ~ *solaire* Sonnendurchbruch *m*

esbroufe *f (fam)* Bluff *f*; *faire de l'*~ sich groß=tun/auf=spielen

escabeau *m* Trittleiter *f*, Schemel *m*

escadrille *f (mar)* Flottille *f*; *(avion)* Staffel *f*

escadron *m* Schwadron *n*

escalade *f* Besteigung *f faire de l'*~ berg=steigen; *(fig)* ~ *de la violence* Eskalation *f* der Gewalt

escalader 1 ~ *une montagne* einen Berg besteigen 2 ~ *une grille* über einen Zaun klettern

escalator *m* Rolltreppe *f*

escale *f* Zwischenlandung *f*, Zwischenaufenthalt *m*; *faire* ~ einen Hafen an=laufen; *(av)* zwischen=landen

escalier *m* Treppe *f*

escalope *f* Schnitzel *n*

escamotable einziehbar *escalier* ~ versenkbare Treppe

escamoter verschwinden lassen; entwenden; *(fig)* ~ *une question* einer Frage aus=weichen, eine Frage umgehen

escampette *f* : *(fam) prendre la poudre d'*~ sich aus dem Staub machen, türmen, verduften

escapade *f* Abstecher *m*

escargot *m* Schnecke *f*

escarmouche *f* Scharmützel *n*

escarpé abschüssig, steil (ansteigend)

escarpin *m* Lederschläppchen *n*

escarre *f* Wundliegen *n*

esclaffer (s') laut auf=lachen

esclandre *m* Skandal *m*

esclavage *m* Sklaverei *f*

esclave : *être* ~ *de l'argent* vom Geld versklavt werden ♦ *m f* Sklave *m*, Sklavin *f*; *(fig) être l'*~ *de ses enfants* seinen Kindern völlig ausgeliefert sein

escogriffe *m* : *(fam) grand* ~ langer Lulatsch *m*

escompte *m* 1 *taux d'*~ Diskontsatz *m*; *présenter à l'*~ ein=lösen 2 ~ *de 5%* 5% Skonto *m/n*

escompter 1 diskontieren, ein=lösen 2 ein=planen

escorte *f* 1 ~ *militaire* Militäreskorte *f*; *sous bonne* ~ unter Geleitschutz *m* 2 ~ *présidentielle* die Begleitung *f* des Präsidenten

escorter begleiten

escrime *f* Fechten *n*, Fechtkunst *f*

escrimer (s') sich ab=mühen

escrimeur *m* **-euse** *f* FechterIn *m f*

escroc *m* Betrüger *m*, Schwindler *m*

escroquer ergaunern ~ *qqn de qch* jm um etw prellen/betrügen

escroquerie *f* Schwindel *m*, Gaunerei *f*, Betrug *m*

ésotérique esoterisch; *(fig)* geheimnisvoll

ésotérisme *m* Esoterik *f*

espace *m* 1 Raum *m* ~ *publicitaire* Werbefläche *f*; ~*s verts* Grünflächen *fpl*; *vital* Lebensraum *m*; *occuper peu d'*~ wenig Platz ein=nehmen 2 *en l'*~ *de quelques secondes* binnen/innerhalb weniger Sekunden 3 ~ *aérien* Luftraum *m*; *conquête de l'*~ die Eroberung des Weltraums *m*; *(math) géométrie dans l'*~ räumliche Geometrie

espacement *m* Abstand *m*, Zwischenraum *m*

espacer 1 auseinander=rücken 2 ~ *des rencontres* sich immer seltener treffen

espagnolette *f* Fensterriegel *m*

espalier *m* Spalier *n*

espèce *f* 1 Gattung *f une* ~ *animale* eine Tierart *f*; *l'*~ *humaine* das Menschengeschlecht *n* 2 *une* ~ *de* etw wie, so eine Art von 3 *cas d'*~ Einzelfall *m* ; *en l'*~ im vorliegenden Fall 4 *payer en* ~*s* bar (be)zahlen

espérance *f* Hoffen *n*; Erwartung *f contre toute* ~ entgegen allen Erwartungen

espérer hoffen ~ *un bénéfice de qch* sich von einer Sache Nutzen versprechen; *(fig) on ne t'espérait plus* wir haben dich nicht mehr erwartet/nicht mehr mit dir gerechnet ♦ ~ *en l'avenir* viel von der Zukunft erwarten ♦ *laisser* ~ *qch* etw erhoffen lassen

espiègle schelmisch, schalkhaft

espièglerie *f* Schelmenstreich *m*; Schalkhaftigkeit *f*

espion *m* **-ne** *f* SpionIn *m f*

espionnage *m* Spionage *f* ~ *industriel* Wirtschaftsspionage *f*

espionner spionieren

esplanade *f* Vorplatz *m*, Esplanade *f*

espoir *m* Hoffnung *f* ~ *du gain* Gewinnaussicht *f*; *c'est sans* ~ es ist hoffnungslos; *(sp) un* ~ *du tennis français* ein aufsteigender französischer Tennisstar *m*

esprit *m* 1 Geist *m état d'*~ Geistesverfassung *f*, Stimmung *f*; *avoir de la présence d'*~ Geistesgegenwart *f* besitzen; *vue de l'*~ Vorstellung *f*, Einbildung *f*;

dans mon ~ in meiner Vorstellung *f*; *avoir l'* ~ *vif* einen regen Geist haben; *perdre l'* ~ den Verstand *m* verlieren; *reprendre ses* ~ *s* wieder zu sich kommen; *(fig)* ~ *de famille* Familiensinn *m*; ~ *de synthèse* (Fähigkeit *f* zum) Gesamtüberblick **2** *jeu de l'* ~ Gedankenspiel *n*; *mot d'* ~ Witz *m*; *avoir mauvais* ~ ein Querkopf *m* sein, aufsässig sein **3** *ne pas être un pur* ~ *(fam)* kein Kostverächter *m* sein; *un* ~ *malfaisant* ein böser Geist

esquif *m* Nachen *m*, Schiffchen *n*
esquimau *m* Eis *n* am Stil
esquisse *f* Skizze *f*, Entwurf *m*
esquisser skizzieren, entwerfen, umreißen; *(fig)* ~ *un geste/un sourire* eine Bewegung/ein Lächeln an=deuten
esquiver aus=weichen (D) ◆ *s'* ~ *(fam)* sich verdrücken/verkrümeln
essai *m* **1** Versuch *m*, Probe *f*, Test *m période d'* ~ Probezeit *f*; *pilote d'* ~ Testpilot *m* **2** Essay *m/n*
essaim *m* Schwarm *m*
essaimer *(fig)* ~ *dans toute l'Europe* in/nach ganz Europa aus=schwärmen, sich in ganz Europa nieder=lassen
essayage *m*: *cabine d'* ~ Umkleidekabine *f*; *faire un* ~ an=probieren
essayer 1 ~ *un nouveau produit* ein neues Produkt aus=probieren; ~ *une robe* ein Kleid an=probieren; ~ *une voiture* ein Auto testen **2** ~ *les petites annonces* es mit einer Kleinanzeige versuchen; ~ *de dormir* zu schlafen versuchen ◆ *s'* ~ sich versuchen (an/in D)
essence *f* **1** Benzin *n* **2** ~ *de rose* Rosenöl *n* **3** *par* ~ dem Wesen *n* nach
essentiel, -le 1 *point* ~ wesentlicher Punkt, Hauptpunkt *m*, Kernpunkt *m*; *livre* ~ grundlegendes/wesentliches Buch; *(fig)* unbedingt, notwendig **2** *huile* ~ ätherisches Öl, Essenz ◆ *m l'* ~ *c'est d'être en vie* das Wichtigste ist, am Leben zu sein/zu leben; *n'emporter que l'* ~ nur das Notwendigste mit=nehmen; *arrivons à l'* ~ ! kommen wir zum Wesentlichen !; *l'* ~ *de son temps* der wesentlichste Teil seiner Zeit
essentiellement hauptsächlich, vor allem
esseulé vereinsamt
essieu *m* (Wagen)achse *f*
essor *m*: *prendre son* ~ auf=fliegen; *(fig)* erblühen, in Schwung *m* kommen; *(fig) en plein* ~ aufstrebend, blühend
essorer auswringen, schleudern
essouffler (s') atemlos werden, außer Atem geraten; *(fig)* nicht mehr mit=halten
essuie-glace *m* Scheibenwischer *m*
essuie-mains *m* Handtuch *n*
essuyer 1 ab=wischen ~ *les verres* Gläser ab=trocknen; ~ *ses pieds avant d'entrer* die Füße vor dem Eintreten ab=putzen; ~ *ses larmes* seine Tränen trocknen; ~ *la sueur* den Schweiß weg=wischen **2** ~ *un échec* eine Niederlage erleiden; ~ *une tempête* in einen Sturm geraten
est/Est [est] *m* Osten *m l'* ~ *de la France* Ostfrankreich *n*; *à l'* ~ *de Brest* östlich von Brest
estafette *f* Kleintransporter *m*
estafilade *f* Schnittwunde *f*, Schnitt *m*, Schmiß *m*
estampe *f* Kupferstich *m*, Holzschnitt *m*
estampille *f* Echtheitsnachweis *m*
est-ce que: ~ *tu viens* ? kommst du ?
esthète *m f* ÄsthetIn *m f*
esthéticienne *f* Kosmetikerin *f*
esthétique 1 ästhetisch *sens* ~ Schönheitssinn *m* **2** *chirurgie* ~ Schönheitschirurgie *f* ◆ *f* **1** Ästhetik *f* **2** Schönheit *f* **3** ~ *industrielle* (industrielle) Formgestaltung *f*
estimable 1 *personne très* ~ schwer schätzbar **2** *personne très* ~ eine sehr schätzenswerte Person
estimatif, -ive: *prix* ~ Schätzpreis *m*
estimation *f* Schätzung *f*
estime *f* (Hoch)achtung *f*, Wertschätzung *f*; *succès d'* ~ Achtungserfolg *m*; *avoir de l'* ~ *pour qqn* jn schätzen
estimer 1 ~ *qqn* jn schätzen/(hoch)achten **2** ~ *à 1 000 F* auf 1 000 Francs schätzen **3** ~ *préférable de partir* für richtiger halten, zu gehen ◆ *s'* ~ *heureux* sich für glücklich halten, sich glücklich schätzen
estival, -aux Sommer-, sommerlich
estivant *m* -e *f* Sommergast *m*
estomac *m* Magen *m*; *(fig/fam) j'ai l'* ~ *dans les talons* mir hängt der Magen in den Kniekehlen
estomper verwischen ◆ *s'* ~ verschwimmen; *(fig)* sich verwischen/verfließen; nach=lassen
estrade *f* Podium *n*, Bühne *f*, Estrade *f*
estropier verkrüppeln, verstümmeln, entstellen; *(fig)* ~ *un nom* einen Namen verhunzen ◆ *s'* ~ sich verstümmeln
estuaire *m* Flußmündung *f*
esturgeon *m* Stör *m*
et und ~ */ou* beziehungsweise (bzw.); ~ *beau* ~ *riche* sowohl schön als auch reich
étable *f* (Vieh)stall *m*, Stallung *f*
établi *m* Werkbank *f*
établir 1 ~ *un devis* einen Kostenanschlag auf=stellen **2** ~ *domicile* seinen Wohnsitz auf=schlagen **3** ~ *un fait* eine Tatsache beweisen **4** ~ *des relations* Beziehungen her=stellen ◆ *s'* ~ *dans un pays* sich in einem Land nieder=lassen/an=siedeln
établissement *m* Anstalt *f* ~ *scolaire* Schule *f*, Lehranstalt *f*
étage *m* **1** Etage *f*, Stockwerk *n à quatre*

~s vierstöckig; *habiter au deuxième ~* im zweiten Stock wohnen, *(fam)* zwei Treppen *fpl* hoch wohnen; *(fig) de bas ~* ordinär **2** *le troisième ~ d'une fusée* die dritte Stufe *f* einer Rakete **3** *~ de végétation* Vegetationszone *f*

étagère *f* Regal *n*

étai *m* Stützbalken *m*

étain *m* Zinn *n*

étalage *m* **1** *regarder les ~s* die Auslagen *fpl*/Stände *mpl* an=gucken **2** *faire ~ de qch* etw zur Schau *f* stellen

étalagiste *m f* SchaufensterdekoratorIn *m f*

étalement *m* Staffelung *f* ~ *des paiements* Ratenzahlung *f*

étaler **1** aus=breiten; aus=stellen ~ *ses cartes* seine Karten offen=legen **2** streichen ◆ **1** *s'~* sich aus=breiten; sich hin=strecken **2** *(fam) s'~ de tout son long* der Länge nach hin=fallen

étalon *m* **1** Hengst *m* **2** Standard *m* ~ *monétaire* Währungsstandard *m*

étalonner **1** eichen **2** aus=werten

étanche dicht, luftdicht, wasserdicht

étancher **1** ~ *sa soif* seinen Durst stillen/löschen **2** ~ *un toit* ein Dach ab=dichten

étang *m* Teich *m*, Weiher *m*

étant donné que angenommen, daß

étape *f* **1** *à la prochaine ~* auf der nächsten Station *f*; *faire ~* Rast machen, rasten **2** *une étape de 100 km* eine Etappe *f* von 100 km; *(fig) les ~s d'une vie* die Lebensabschnitte *mpl*/Lebensetappen *fpl*

état *m* **1** Zustand *m*, Lage *f* ~ *de santé* Gesundheitszustand *m*; Befinden *n*; ~ *d'esprit* Geistesverfassung *f* ; *être hors d'~ de nuire* keinen Schaden mehr an=richten können; *ne pas être en ~ de faire qch* nicht in der Lage *f*/außerstande sein, etw zu tun; *avoir des ~s d'âme* Stimmungen *fpl* unterworfen sein; *(fig) être dans tous ses ~s* in heller Aufregung *f* sein, ganz aus dem Häuschen sein **2** ~ *civil* Familienstand *m*, Personenstand *m* **3** *faire l'~ des lieux* ein Haus *n*/eine Wohnung *f* ab=nehmen; *faire ~ de qch* auf etw (A) Bezug *m* nehmen; *remettre en ~* wieder instand setzen **4** ~ *européen* europäischer Staat *m* **5** *(hist) ~s généraux* Generalstände *mpl*

étatiser verstaatlichen

état-major *m* Generalstab *m*; *(fig) ~ d'un parti* Parteiführung *f*

étau *m* Schraubstock *m*

étayer : ~ *un mur* eine Mauer ab=stützen; *(fig) ~ sa démonstration* seine Beweisführung untermauern

etc usw → **et cætera**

et cætera [ɛtseteʁa] und so weiter

été *m* Sommer *m* ~ *indien* Altweibersommer *m*; *en ~* im Sommer

éteindre **1** löschen ~ *sa cigarette* seine Zigarette aus=drücken **2** ~ *la lumière* das Licht aus=machen/aus=schalten ◆ *s'~* aus=gehen, verlöschen; *(fig)* ein=schlafen

éteint *(fig)* stumpf → **éteindre**

étendard *m* Standarte *f*

étendre **1** ~ *du linge* Wäsche auf=hängen **2** ~ *qqn sur le sol* jn auf den Boden legen; ~ *qch sur le sol* etw auf dem Boden aus=breiten; *(fam)* ~ *un candidat* einen Kandidaten durch=fliegen lassen **3** ~ *une pâte* Teig aus=rollen **4** erweitern ~ *son empire* sein Reich vergrößern/aus=weiten ◆ **1** *s'~* sich aus=strecken/hin=legen **2** *l'ombre s'étend sur le jardin* der Schatten legt sich über den Garten **3** *s'~ sur des kilomètres* sich kilometerweit hin=strecken/erstrecken; *(fig) l'épidémie s'étend* die Epidemie breitet sich aus **4** *s'~ sur un sujet* sich über ein Sujet aus=breiten/aus=lassen

étendu **1** ~ *de tout son long* lang ausgestreckt **2** *une forêt très ~e* ein sehr weit ausgedehntes Waldgebiet → **étendre**

étendue *f* Fläche *f* *de grande ~e* von großen Ausmaßen *npl*; *(fig) mesurer l'~ d'un désastre* das Ausmaß *n* einer Katastrophe erfassen

éternel, -le ewig, unvergänglich

éterniser (s') ewig dauern, sich in die Länge=ziehen; *(fam) je ne vais pas m'~ ici* hier werde ich nicht alt

éternité *f* Ewigkeit *f pour l'~* auf ewig; *(fig) de toute ~* von jeher, seit ewigen Zeiten

éternuer niesen

éther *m* Äther *m*

éthique *f* Ethik *f*

ethnie *f* Ethnie *f*

étinceler funkeln, glitzern, flimmern

étincelle *f* Funken *m*; *(fig)* ~ *de génie* Geistesblitz *m*, Geniestreich *m*; *(fig/fam) ça va faire des ~s* das gibt dicke Luft

étioler (s') ein=gehen, verkümmern

étiqueter etikettieren ~ *des marchandises* Waren aus=zeichnen

étiquette *f* **1** Etikett *n*, (Preis)schild *n* **2** *respecter l'~* sich nach der Etikette *f* richten

étirer : ~ *son pull* seinen Pullover aus= dehnen ◆ *s'~* sich dehnen, sich strecken

étoffe *f* **1** Stoff *m* **2** *avoir de l'~* zupackend sein

étoffer : ~ *un sujet* ein Thema aus=bauen/gestalten ◆ *s'~* kräftiger werden

étoile *f* **1** Stern *m* ~ *filante* Sternschnuppe *f*; *à la belle ~* unter freiem Himmel *m*; *(fig)* Glücksstern *m* **2** ~ *de mer* Seestern *m*

étonnant erstaunlich

étonnement *m* Erstaunen *n*; Verwunderung *f*

étonner erstaunen ◆ *s'~ (de)* sich wundern (über A), staunen

étouffant : *chaleur ~e* schwüle Wärme ; *(fig) une famille ~e* eine erdrückende Familie

étouffe-chrétien *m (fam)* Magenfüller *m*

étouffée : *cuit à l'~* gedünstet

étouffer ersticken 1 *~ qqn* jn ersticken; 2 *(fig) ~ les bruits* Geräusche dämpfen ; *~ une affaire* tot=schweigen / vertuschen ; *~ un sanglot* einen Schluchzer unterdrücken

étourderie *f* Unbesonnenheit *f*, Leichtfertigkeit *f*; Flüchtigkeitsfehler *m*, Versehen *n*

étourdi 1 unbesonnen, leichtfertig 2 betäubt

étourdir 1 *le manège m'étourdit* das Karussell macht mich schwindlig 2 *~ qqn d'un coup de bâton* jn mit einem Stockschlag betäuben ◆ *chercher à s'~* sich zu betäuben versuchen

étourdissement *m* Schwindelanfall *m*

étourneau *m* **-x** Star *m*

étrange seltsam, sonderbar, wunderlich

étranger, -ère 1 *hôte ~* ausländischer Gast; *langue étrangère* Fremdsprache *f* ; *(fig) visage ~* ein fremdes / unbekanntes Gesicht ; *ces pensées me sont étrangères* diese Gedanken sind mir fremd 2 *je suis ~ à cette affaire* ich habe mit dieser Angelegenheit nichts zu tun ; *personne étrangère à l'entreprise* betriebsfremde Person ; *(méd) corps ~* Fremdkörper *m* ◆ *m f* 1 AusländerIn *m f* 2 *être devenu un ~ pour qn* für jn ein Fremder *m* geworden sein 3 *partir à l'~* ins Ausland gehen

étrangeté *f* Fremdheit *f*

étranglé *(fig) d'une voix ~e* mit erstickender / erstickter Stimme ; *(méd) hernie ~e* eingeklemmter Bruch

étrangler : *~ qqn* jn erwürgen / erdrosseln ; *(fig) ~ les libertés* die Freiheit ersticken ◆ *s'~* ersticken

étrangleur *m* **-euse** *f* WürgerIn *m f*

être 1 sein *il est des gens qui* es gibt Leute, die ; *toujours est-il que* auf jeden Fall ; *(math) soit un triangle* gegeben sei ein Dreieck ; *(fig) où en es-tu* wie weit bist du ? ; *y ~* verstehen 2 *~ de Quimper* aus Quimper sein / stammen 3 *le stylo est à moi* der Füller gehört mir ; 4 *(fig) je suis à vous tout de suite* ich stehe Ihnen gleich zur Verfügung; *je suis des vôtres* ich gehöre zu euch 5 *n'~ pas sans savoir que* wissen, daß 6 *c'est à désespérer* es ist zum Verzweifeln ◆ *il est très critiqué* er wird sehr kritisiert

être *m* 1 Wesen *n* *~s vivants* Lebewesen *npl*, lebendige Wesen *npl* 2 Sein *n*

étreindre in die Arme schließen ; *(fig) le chagrin l'étreint* Kummer bedrückt ihn

étreinte *f* Umarmung *f*

étrennes *fpl* Neujahrsgeschenk *n*

étrenner ein=weihen

étrier *m* Steigbügel *m*; *(fig) mettre le pied à l'~ à qn* jm in den Sattel *m* heben / auf die Beine *npl* helfen

étriller striegeln; *(fig) ~ qqn* jn herunter-putzen

étriqué 1 zu eng ; *(fig) des idées ~s* engstirnige Vorstellungen 2 *se sentir ~* sich eingeengt fühlen

étroit schmal, eng, *(fig) liens ~s* enge Bindungen ; *esprit ~* beschränkter Geist ◆ *m être à l'~* eingeengt sein

étroitesse *f* Enge *f*, Schmalheit *f*; *(fig) ~ de vues* Beschränktheit *f* der Ansichten

étude *f* 1 Studium *n* *faire des ~s supérieures* studieren 2 *mettre un projet à l'~* ein Projekt *n* bearbeiten ; *bureau d'~s* Planungsbüro *n* 3 *publier une ~* eine Studie *f* veröffentlichen 4 *(mus)* Etüde *f* 5 *avoir une heure d'~* eine Freistunde *f* (in der Schule) haben 6 Kabinett *n*

étudiant *m* **-e** *f* StudentIn *m f*

étudier 1 *~ l'histoire* Geschichte studieren 2 *~ une proposition* einen Vorschlag prüfen ; *~ un texte* einen Text bearbeiten ; *~ le comportement d'un animal* das Verhalten eines Tieres untersuchen ◆ *s'~* sich (selbst) beobachten ◆ 1 *une tenue étudiée* ausgewählte / sehr genau ausgesuchte Kleidung 2 *un prix étudié* ein scharf kalkulierter Preis

étui *m* : *~ à lunettes* Brillenetui *n* ; *~ de revolver* Pistolentasche *f*

étuve *f* 1 *~ sèche* Sauna *f* ; *(fig) c'est une véritable ~ !* das ist (ja) der reinste Brutkasten *m* hier ! 2 Trockenkammer *f*

étymologie *f* Etymologie *f*

euh ! äh, äh !

eunuque *m* Eunuch *m*

euphorique euphorisch

euphorisant *m* Aufputschmittel *n*

eurasien *m* **-ne** *f* EurasierIn *m f*

européen, -ne : *monnaie ~ne* europäische Währung ; *Parlement ~* Europaparlament ◆ *m f* EuropäerIn *m f*

euthanasie *f* Euthanasie *f*

eux sie

évacuation *f* 1 *~ des populations civiles* Evakuierung *f* der Zivilbevölkerung 2 *~ d'un immeuble* Räumung *f* eines Gebäudes 3 *~ des eaux usées* Abwasserbeseitigung *f*; *tuyau d'~* Abflußrohr *n*

évacuer 1 ab=transportieren 2 *~ les lieux* den Platz räumen

évadé *m* **-e** *f* AusbrecherIn *m f*, Entflohene / r

évader (s') (ent)fliehen, entlaufen, aus=brechen; *(fig) avoir besoin de s'~* Zerstreuung/Ablenkung nötig haben
évaluation f Schätzung f *~ des dégâts* Schadensberechnung f
évaluer 1 schätzen, berechnen **2** *~ à 10 000 F* auf 10 000 Francs schätzen/veranschlagen
évangélique 1 *message ~* Botschaft des Evangeliums **2** *église ~* evangelische Kirche
évangile m Evangelium n *~ selon St Jean* Johannesevangelium n
évanouir (s') in Ohnmacht fallen, ohnmächtig werden; *(fig)* verschwinden
évanouissement m Ohnmacht f, Bewußtlosigkeit f
évaporé : *(fig)* abwesend; zerfahren, oberflächlich
évaporer (s') verdampfen, verdunsten, sich verflüchtigen; *(fig/fam)* verschwinden, sich in Luft auf=lösen
évasé : *un récipient ~* ein sich nach oben öffnendes Gefäß; *jupe ~e* ein weiter Rock
évasif, -ive ausweichend; *rester ~* unverbindlich bleiben
évasion f Flucht f, Ausbrechen n, Entweichen n; *(fig) ~ de capitaux* Kapitalflucht f, Kapitalabwanderung f; *~ par l'alcool* Zuflucht f zum Alkohol
évêché m Bistum f, Bischofssitz m
éveil m **1** Erwachen n *disciplines d'~* Sachkundeunterricht m **2** *avoir l'esprit en ~* aufmerksam sein; *donner l'~* warnen, aufmerksam machen
éveillé aufgeweckt
éveiller an=regen, erregen *~ la curiosité de qqn* js Neugier an=stacheln ◆ **1** *s'~* erwachen, auf=wachen, munter werden **2** *s'~ à qch* etw für sich (neu) entdecken
événement m Ereignis n, Begebenheit f
éventail m Fächer m, Wedel m; *(fig)* Spanne f, Skala f
éventé verflüchtigt
éventrer : *~ qqn* jm den Bauch auf=schlitzen; *(fig) ~ un tonneau* einem Faß den Boden aus=schlagen; *~ un mur* eine Mauer nieder=reißen
éventualité f **1** Eventualität f *parer à toute ~* sich auf alles vor=bereiten **2** *l'~ d'une guerre* die Möglichkeit f eines Krieges
éventuel, -le eventuell, möglich, etwaig
éventuellement möglicherweise
évêque m Bischof m
évertuer s' sich an=strengen
éviction f Ausschluß m
évidemment selbstverständlich, klar, offensichtlich
évidence f **1** Offensichtlichkeit f, Klarheit f, Evidenz f *se rendre à l'~* ein=sehen, feststellen müssen **2** *à l'~/de toute ~* ganz offensichtlich/sicher/offenbar; *être bien en ~* gut sichtbar sein, klar zutage treten; *mettre en ~* klar=stellen, offen=legen
évident offensichtlich, klar, augenscheinlich; *(fam) ne pas être ~* nicht einfach sein
évider aus=höhlen
évier m Ausguß m, Spülbecken n
évincer verdrängen, vertreiben *~ qqn de* jn aus=schließen (von)
éviter 1 *~ de peu un accident* einen Unfall (nur) knapp vermeiden; *~ un arbre* einem Baum aus=weichen; **2** *~ qqn* jm aus=weichen; *(fig)* jm meiden, jm aus dem Weg gehen **3** *~ de faire qch* etw zu tun vermeiden **4** *~ une corvée à qqn* jm die Plackerei ersparen ◆ *s'~* einander meiden
évocateur, -trice vielsagend
évoluer 1 sich entwickeln; sich verändern, sich wandeln *il a beaucoup évolué* er hat sich sehr (weiter)entwickelt **2** sich hin und her bewegen
évolutif, -ive entwicklungsfähig : *maladie évolutive* fortschreitende Krankheit
évolution f **1** Entwicklung f *~ des mœurs* Sittenwandel m: *maladie à ~ lente* langsamer Krankheitsverlauf m *~s de troupes* Truppenbewegungen fpl
évoquer 1 erwähnen *~ des souvenirs* Erinnerungen herauf=beschwören/wiedererwecken/*(fam)* auf=wärmen **2** *cela m'évoque qch* das erinnert mich an etw **(A)**
ex- : *l'~directeur* der Exdirektor m/ehemalige Direktor m
exacerber verschärfen, verschlimmern, *(fig)* auf die Spitze treiben
exact 1 richtig, genau, exakt *~!* richtig! **2** *être ~ au rendez-vous* zur Verabredung pünktlich sein
exactions fpl Ungesetzlichkeiten fpl, Machtmißbrauch m
exactitude f **1** Genauigkeit f **2** Pünktlichkeit f **3** Richtigkeit f
ex æquo : *arriver ~* den gleichen Platz belegen; *être ~* gleichrangig sein; *être premier ~ avec qn* mit jm den ersten Platz gleichzeitig belegen
exagérer übertreiben *tu exagères !* du gehst zu weit!
exaltant begeisternd, erregend
exaltation f **1** Überschwenglichkeit f, Begeisterung f *état d'~* Schwärmerei f **2** *~ du sentiment esthétique* Aufgehen n im Schönheitsgefühl
exalté überzeugt; aufgeregt; überschwenglich; exaltiert
exalter 1 *~ les mérites de qqn* js Verdienste preisen; *~ l'homme* den Menschen verherrlichen **2** *~ la fureur de qqn* js Wut reizen ◆ *s'~* sich begeistern, schwärmen (für)

examen *m* 1 Prüfung *f* 2 *l'~ des données* Überprüfung *f* von Daten; *(méd)* *~ médical* ärztliche Untersuchung *f*; *(fig)* *~ de conscience* Gewissensprüfung *f*

examinateur *m* **-trice** *f* PrüferIn *m f*, Prüfende/r

examiner näher betrachten, prüfen; *~ un malade* einen Kranken untersuchen; *(fam)* *~ qqn/qch sous toutes les coutures* jn/etw prüfend betrachten, jn/etw mustern

exaspérant aufregend, entrüstend

exaspérer außer sich bringen, in höchste Erregung versetzen, wütend machen

exaucer erfüllen

excavation *f* Aushölung *f*, Ausschachtung *f*

excédent *m* Überschuß *m*, Überproduktion *f* (an **D**)

excédentaire überschüssig

excéder 1 überschreiten (um) *les dépenses excèdent le budget prévu* die Ausgaben gehen über den vorgesehenen Etat hinaus 2 *~ qqn* jm auf die Nerven gehen/fallen

Excellence *f*: *son ~, l'ambassadeur de* Seine Exzellenz *f*, der Botschafter von

excellent hervorragend; *(nourriture)* ausgezeichnet, vorzüglich

exceller glänzen, sich aus=zeichnen

excentré weit vom Zentrum entfernt *région ~e* abgelegene Region

excentricité *f* Überspanntheit *f* *se livrer à des ~s* sich auffällig/überspannt benehmen

excentrique 1 überspannt, exzentrisch 2 *quartiers ~s* Außenbezirke *fpl*

excepté: *tous ~ lui* alle, bis auf ihn; alle, außer ihm

exception *f* 1 Ausnahme *f* *à l'~ de* ausgenommen, mit Ausnahme (**G**); *tribunal d'~* Sondergericht *n* 2 *~ à la règle* die Ausnahme/Abweichung *f* von der Regel

exceptionnel, -le außergewöhnlich *permission ~le* Sondergenehmigung *f*

exceptionnellement ausnahmsweise

excès *m* 1 *~ de vitesse* Geschwindigkeitsüberschreitung *f*, Geschwindigkeitsübertretung *f* 2 *~ de langage* (sprachliche) Übertreibungen *fpl*; *faire des ~* Ausschweifungen *fpl* begehen

excessif, -ive 1 *une dépense excessive* eine übertriebene Ausgabe 2 *un caractère ~* ein maßloser/exzessiver Charakter

excessivement übermäßig, überaus

exciser 1 aus=schneiden 2 *~ une femme* die Klitoris einer Frau beschneiden

excision *f* Exzision *f*

excitant aufregend, anregend *une femme ~e* eine aufreizende Frau ◆ *prendre un ~* ein Stimulans *n* ein=nehmen

excitation *f* Aufreizung *f*, Reiz *m*, Anregung *f*, Erregung *f*

excité aufgeregt, erregt, aufgestachelt ◆ *m* **-e** *f* Rasende/r

exciter 1 *~ la convoitise* Begierde erregen 2 *~ une foule* eine Menge an=feuern/auf=peitschen; *(méd)* *~ un nerf* einen Nerv reizen; *(fig/fam)* *ce projet m'excite* dieses Projekt reizt mich ◆ *s'~* sich auf=regen

exclamation *f* Ausruf *m* *point d'~* Ausrufungszeichen *n*, Ausrufezeichen *n*

exclamer (s') (aus=)rufen, (auf=)schreien

exclu *m* **-e** *f*: *les ~s de la société* die Randgruppen *fpl*/Ausgegrenzten *m fpl* der Gesellschaft

exclure aus=schließen *ce n'est pas exclu* es ist nicht ausgeschlossen

exclusif, -ive 1 exklusiv *droit exclusif* Alleinrecht *n* 2 *un amour ~* eine besitzergreifende Liebe; *un caractère ~* ein ausschließlicher Charakter

exclusion *f* Ausschluß *m* *à l'~ de* außer (**D**), ausgenommen, bis auf (**A**)

exclusivement ausschließlich

exclusivité *f* Ausschließlichkeit *f* *avoir l'~ d'une marque* den Alleinvertrieb *m* für eine Marke haben

excommunier exkommunizieren

excrément *m* Auswurf *m*, Ausscheidung *f*, Exkrement *n*

excroissance *f* Auswuchs *m*

excursion *f* Ausflug *m*

excusable verzeihlich, entschuldbar

excuse *f* 1 Entschuldigung *f* *présenter ses ~s à qqn* sich bei jm entschuldigen, jn um Entschuldigung bitten 2 *chercher des ~s* Ausreden *fpl*/Ausflüchte *fpl* suchen

excuser: *veuillez m'~* entschuldigen Sie (mich) bitte!; *~ une faute* einen Fehler vergeben/verzeihen ◆ *s'~* sich entschuldigen, um Verzeihung *f* bitten

exécrable widerlich, scheußlich; *être d'humeur ~* eine schreckliche Laune haben

exécrer verabscheuen, verwünschen, verfluchen

exécuter 1 aus=führen *~ une tâche* eine Aufgabe erfüllen; *~ une sonate* eine Sonate (vor=)spielen; *(jur)* voll=strecken 2 *~ qqn* jn hin=richten/exekutieren ◆ *s'~* sich fügen

exécutif, -ive: *pouvoir ~* ausübende/vollziehende Gewalt, Exekutive *f*

exécution *f* 1 *~ d'un condamné* Hinrichtung *f*/Exekution *f* eines Verurteilten 2 *~ d'un plan* Durchführung *f* eines Planes; *mettre à ~* zur Ausführung *f* bringen

exécutoire *(jur)* vollstreckbar

exégèse *f* Textauslegung *f*, Exegese *f*

exemplaire 1 *conduite ~* musterhaftes Benehmen 2 *punition ~* beispielhafte/exemplarische Betrafung

exemplaire *m* Exemplar *n*

exemplarité f Mustergültigkeit f
exemple f 1 Beispiel n par ~ zum Beispiel (z. B.) 2 c'est un ~ pour les autres das ist ein Vorbild n für die anderen 3 faire un ~ ein Exempel n statuieren 4 (fam) ah ça, par ~! (also, das ist doch) nicht möglich!
exempt ohne, frei (von)
exempter befreien/frei=stellen (von)
exercer 1 ~ son attention seine Aufmerksamkeit schulen 2 ~ son autorité von seiner Autorität Gebrauch machen 3 ~ une profession einen Beruf aus=üben ◆ 1 s'~ üben 2 des pressions s'exercent sur lui er ist Druck ausgesetzt
exercice m 1 Übung f; Üben n 2 faire de l'~ Turnübungen fpl machen, sich bewegen; (mil) Übung f, (Ein)exerzieren n 3 Ausübung f être en ~ tätig sein 4 (comm) Rechnungsjahr n
exhaler aus=strömen, aus=atmen
exhaustif, -ive gründlich, erschöpfend
exhiber zur Schau stellen
exhibitionniste m Exhibitionist m
exhortation f (Er)mahnung f; Aufmunterung f, Ermunterung f
exhorter ermahnen (zu) ~ qqn à travailler jn zur Arbeit ermuntern
exhumer exhumieren, aus=graben
exigeant anspruchsvoll
exigence f 1 avoir des ~s Ansprüche mpl haben; n'avoir qu'une ~ nur eine Forderung f haben; (fig) ~s de la profession die Anforderungen fpl des Berufs 2 d'une grande ~ morale mit hohem moralischen Anspruch m
exiger fordern, verlangen; j'exige qu'il me fasse des excuses ich bestehe auf einer Entschuldigung von ihm/seinerseits; (fig) la situation exige des mesures immédiates die Lage erfordert sofortige Maßnahmen
exigu, -ë winzig, sehr klein
exil m Exil n envoyer en ~ des Landes verweisen
exilé m -e f Exilierte/r
exiler des Landes verweisen, aus=weisen ◆ s'~ in die Fremde/ins Exil gehen
existant m : l'~ das Vorhandene n
existence f 1 Existenz n, Vorhandensein n 2 une ~ difficile ein schwieriges Dasein n 3 avoir trois mois d'~ drei Monate Bestand m haben/bestehen
existentialiste : littérature ~ existentielle Literatur ◆ m f ExistentialistIn m f
existentiel, -le : angoisse ~le Existenzangst f
exister 1 existieren 2 il existe une solution es besteht eine Lösung; il existe des gens qui es gibt Leute, die
ex nihilo von nichts ausgehend
exode m Flucht f ~ rural Landflucht f

exonération f Befreiung f, Entlastung f
exonérer befreien, entlasten
exorbitant übertrieben, exorbitant prix ~ unerschwinglicher Preis
exorbité : yeux ~s vorstehende/heraustretende Augen; aufgerissene Augen
exorciser : ~ un démon einen bösen Geist aus=treiben; ~ qqn jn beschwören
exorciste m Exorzist m
exotique exotisch
expansif, -ive mitteilsam, offenherzig
expansion f 1 ~ de l'Univers die Ausweitung f des Universums; ~ d'un gaz Ausdehnung f eines Gases 2 ~ économique Wirtschaftsexpansion f, wirtschaftlicher Aufschwung m
expatrié heimatvertrieben
expatrier aus der Heimat vertreiben, des Landes verweisen ◆ s'~ aus=wandern, die Heimat verlassen
expectative f Erwartung f, Abwarten n être dans l'~ ab=warten
expectorant schleimlösender
expectorer aus=spucken, aus=werfen
expédient m Notbehelf m, Ausweg m user d'~s allerlei Tricks mpl an=wenden; vivre d'~s sich so durch=schwindeln/durch=mogeln
expédier 1 (ab)schicken; (fam) ~ qqn ad patres jn ins Jenseits befördern 2 ~ qqn jn (schnell) ab=fertigen; ~ un travail eine Arbeit schnell erledigen
expéditeur m **-trice** f AbsenderIn m f
expéditif, -ive schnell sein
expédition f 1 Abschicken n, Versenden n; frais d'~ Versandkosten pl 2 Expedition f; (mil) ~ militaire Feldzug m
expéditionnaire : corps ~ Expeditionskorps n
expérience f 1 Erfahrung f par ~ aus Erfahrung 2 ~ de chimie chemisches Experiment n
expérimental, -aux 1 science ~ experimentelle Wissenschaft 2 traitement ~ probeweise Behandlung; à titre ~ versuchsweise; au stade ~ im Erprobungsstadium n
expérimentation f Experimentieren n, Erprobung f; faire l'~ de qch etw aus=probieren
expert : être ~ en la matière sich in einer Sache aus=kennen; des mains ~es fachmännische/geübte Hände ◆ m ExpertIn m f, Sachverständige/r, GutachterIn m f; (fig) Kenner m, Experte m
expert-comptable m Wirtschaftsprüfer m
expertise f Gutachten n, Expertise f; faire une ~ ein Gutachten erstellen
expertiser begutachten, überprüfen
expier sühnen; büßen
expiration f 1 Ausatmung f 2 à l'~ du

expirer

bail bei/mit Auslaufen *n*/Ablauf *m* des Mietvertrages
expirer 1 aus=atmen; *(fig)* sterben, sein Leben aus=hauchen 2 ab=laufen
explication *f* 1 Erklärung *f* 2 *avoir une ~ avec qqn* mit jm eine Auseinandersetzung *f* haben; *demander des ~s à qqn* jn zur Rede *f* stellen
expliquer erklären, erläutern 1 *me suis-je bien expliqué?* habe ich mich verständlich gemacht? 2 *s'~ avec son chef* sich mit seinem Chef auseinander=setzen 3 *s'~* sich aus=sprechen 4 *tout cela s'explique* das alles ist leicht verständlich/erklärlich
exploit *m* Leistung *f*, (Groß)tat *f*; *(iro) quel ~!* was für eine Heldentat! *f*
exploitable ausnutzbar, abbauwürdig *une mine ~* eine ausbeutbare Mine; *(fig) un travail ~* ein verwertbare/ausbaufähige Arbeit
exploitant *m* -e *f*: *~ agricole* Landwirt *m*; *~ d'une salle de cinéma* Kinobesitzer *m*
exploitation *f* 1 *~ d'une mine* Abbau *m*/Förderung *f* in einem Bergwerk 2 *~ agricole* landwirtschaftlicher Betrieb *m*; Landwirtschaft *f* 3 Ausbeutung *f*
exploiter 1 ab=bauen 2 bewirtschaften, an=bauen, bebauen 3 *~ la crédulité de qqn* js Leichtgläubigkeit aus=nutzen; *~ qqn* jn aus=beuten; *~ une situation* eine Situation aus=nutzen
exploiteur *m* **-euse** *f* AusbeuterIn *m f*
explorateur *m* **-trice** *f* Forschungsreisende/r
explorer : *~ une contrée* eine Gegend erforschen; *(fig) ~ une question* eine Frage untersuchen; *(méd) ~ la cavité abdominale* die Bauchhöhle untersuchen
exploser explodieren, (zer)platzen; *(fig/fam) il va ~* er geht gleich hoch/platzt gleich; *ma tête explose* mir platzt der Kopf
explosif, -ive *(fig) situation explosive* heikle/überaus kritische Situation
explosif *m* Sprengstoff *m*, Sprengkörper *m*
explosion *f* Explosion *f*; *(fig) ~ de joie* Freudenausbruch *m*
exportateur, -trice : *pays ~* Exportland *n* ◆ *m f* Exporteur *m*
exporter exportieren, aus=führen
exposant *m* **-e** *f* (Messe)ausstellerIn *m f* ◆ *m (math)* Exponent *m*
exposé 1 *être très ~* eine exponierte Stellung haben; *être ~ à la critique* Kritik ausgesetzt sein 2 *maison bien ~e* gut liegendes Haus; *~ à l'ouest* nach Westen liegend/gelegen
exposé *m* Darstellung *f faire un ~* einen Vortrag *m* halten
exposer 1 aus=stellen 2 *~ des arguments* Argumente aus=führen 3 *~ sa vie* sein Leben gefährden 4 *~ à un rayonnement* einer Bestrahlung aus=setzen ◆ *s'~ à* sich aus=setzen (D)
exposition 1 Ausstellung *f* 2 Bestrahlung *f*
exprès absichtlich *~ pour toi* extra deinetwegen
exprès [ekspres] *lettre ~* Eilbrief *m*
-esse : *défense ~* ausdrückliches Verbot
express : *voie ~* Schnellstraße *f*; *train ~* Schnellzug *m* ◆ *m boire un ~* einen Espresso *m* trinken
expressément ausdrücklich
expressif, -ive ausdrucksvoll
expression *f* 1 Ausdruck *m ~ d'un visage* Gesichtsausdruck *m* 2 Äußerung *f ~ d'un sentiment* Gefühlsäußerung *f*; *~ corporelle* Körpersprache *f* 3 *employer une ~* einen Ausdruck/eine Redensart *f* gebrauchen; *~ algébrique* algebraische Formel *f*; *(fig) réduit à sa plus simple ~* auf die einfachste Formel gebracht
expressionniste expressionistisch *m f* ExpressionistIn *m f*
exprimer 1 aus=drücken, aus=sprechen, äußern 2 *~ du jus* Saft aus=drücken/aus=pressen ◆ *s'~* sich aus=drücken
expropriation *f* (Zwangs)enteignung *f*
exproprier enteignen
expulser aus=weisen
exquis 1 *un vin ~* ein köstlicher/erlesener Wein 2 *une personne ~e* eine fabelhafte/wunderbare Person
exsangue blutleer
extase *f* Ekstase *f*; *(fig)* Verzückung *f* Entzückung *f*
extasier (s') in Verzückung/in Ekstase geraten
extenseur : *muscle ~* Streckmuskel *m* ◆ *m* Expander *m*
extensible (aus)dehnbar; *(fig) ~ (à)* erweiterungsfähig (auf A)
extensif, -ive extensiv
extension *f* 1 *mouvement d'~* Streckbewegung *f*, Recken *n* 2 *~ d'une entreprise* die Erweiterung *f*/Ausdehnung *f* eines Betriebes; *prendre de l'~* sich aus=dehnen, sich aus=weiten, um sich greifen 3 *~ d'un droit aux enfants* Ausweitung *f* eines Rechts auf die Kinder 4 *par ~* im weiteren Sinn
exténuer ermatten, entkräften ◆ *je suis exténué* ich bin erschöpft
extérieur äußerlich, Außen- *mur ~* Außenwand *f* ◆ *m* 1 *à l'~ de la ville* außerhalb der Stadt; *jouer à l'~* draußen spielen; *(ciné) tourner en ~* Außenaufnahmen *f* machen 2 Außenseite *f*; *(fig) d'un ~ agréable* von einem angenehmen Äußeren *n*
extérioriser (s') (sich) äußern

exterminer vernichten, vertilgen, aus=rotten, aus=löschen
externe : *face* ~ Außenseite *f* *à usage* ~ zur äußerlichen Anwendung
extincteur *m* Feuerlöscher *m*
extinction *f* : ~ *des feux* Löschen *n* des Lichts, Bettruhe *f*; *(fig)* ~ *d'une famille* das Aussterben *n* einer Familie; ~ *de voix* Stimmausfall *m*
extirper mühsam heraus=ziehen; *(fam)* s'~ unter großen Schwierigkeiten heraus=kriechen
extorquer : ~ *de l'argent à qqn* jm Geld ab=nötigen, Geld von jm erpressen
extorsion *f* : ~ *de fonds* Erpressung *f* von Geldmitteln
extra *(fam)* erstklassig, prima ◆ *œufs* ~ *frais* extra frische Eier ◆ *m faire des* ~*s* Extraarbeiten/Zusatzarbeiten/Aushilfsarbeiten *fpl* übernehmen
extraconjugal, -aux : *relations* ~*es* außereheliche Beziehungen
extraction *f* 1 ~ *de minerai* Erzgewinnung *f*, Erzförderung *f*, Erzabbau *m*; ~ *d'une dent* Zahnziehen *n* 2 *(math)* ~ *d'une racine carrée* Ziehen *n* einer Quadratwurzel
extrader aus=liefern
extrafort *m* Gurtband *n*, Schrägband *n*
extraire 1 (heraus)=ziehen; ~ *une balle* eine Kugel entfernen 2 fördern, gewinnen
extrait *m* 1 ~ *d'un livre* Auszug *m* aus einem Buch; ~ *d'un film* Filmausschnitt *m* 2 ~ *de naissance* Geburtsurkunde *f* 3 ~ *de menthe* Pfefferminzextrakt *m*

extra-muros : *Paris* ~ außerhalb von Paris
extraordinaire außergewöhnlich, außerordentlich
extrapoler extrapolieren
extraterrestre außerirdisch
extravagance *f* Überspanntheit *f* *se livrer à des* ~*s* sich (D) Extravaganzen *fpl* leisten
extravagant extravagant, überspannt *idées* ~*es* ausgefallene Ideen; *(fig)* *prix* ~ skandalöser Preis
extraverti nach außen gekehrt, extravertiert
extrême 1 äußerst *à l'* ~ *rigueur* äußerstenfalls 2 *un froid* ~ extreme Kälte; *un* ~ *désir* allergrößte Lust ◆ *m* Extrem *n*
extrêmement äußerst, höchst, überaus, ungeheuer
extrême-onction *f* letzte Ölung *f*
extrémiste extremistisch, radikal; *m f* ExtremistIn *m f*, RadikalistIn *m f*, Radikale/r
extrémité *f* Ende *n* *avoir les* ~*s glacées* eisig kalte Extremitäten *fpl* haben; *(fig)* *ne pas en arriver à des* ~*s pareilles* nicht zum Äußersten *n* greifen/bis zum Äußersten gehen müssen
extrinsèque äußerlich
exubérant 1 üppig 2 überschwenglich
exulter frohlocken, jauchzen, jubeln
exutoire *m* Abfluß *m*, Ausfluß *m*; Ablenkung *f*, Ventil *n*
ex-voto *m* Votivtafel *f*, Weihebild *n*

F

fa *m* F *n*
fable *f* Fabel *f*
fabricant *m* Fabrikant *m*, Hersteller *m*
fabrication *f* Herstellung *f*, Anfertigung *f*, Fabrikation *f* *de* ~ *française* in Frankreich hergestellt
fabrique *f* Fabrik *f*
fabriquer her=stellen, an=fertigen; *(fig)* ~ *un alibi* ein Alibi zurecht=zimmern/fabrizieren; *(fam)* *qu'est-ce que tu fabriques?* was machst/treibst du da?
fabulateur *m* -**trice** *f* FabulantIn *m f*
fabuler fabulieren
fabuleux, -euse 1 phantastisch, sagenhaft, märchenhaft 2 *un animal* ~ ein Fabeltier *m*
fac *f* *(fam)* Uni *f* → **faculté**
façade *f* Fassade *f*
face *f* 1 Gesicht *n*; *(fig)* ~ *à* ~ Auge *n* in Auge; *se voiler la* ~ die Augen verschließen; *changer la* ~ *du monde* das Aussehen *n*/das Antlitz *n* der Welt verändern 2 Seite *f* ~ *Nord* Nordwand *f*; *(fig)* Aspekt *m* 3 *jouer à pile ou* ~ Kopf *m* oder Zahl spielen 4 *regarder qqn en* ~ jn offen an=sehen; *(fig)* *dire les choses en* ~ die Dinge ins Gesicht sagen; *faire* ~ *à un problème* sich einem Problem stellen 5 *habiter* ~ *à/en* ~ *de la mer* gegenüber dem Meer wohnen; *la maison d'en face* das Haus gegenüber
facétie *f* Faxe *f*
facétieux, -euse ulkig, spaßig
facette *f* Facette *f*; *(fig)* Seite *f*
fâché verstimmt *être* ~ *contre qqn* jm böse/auf jn ärgerlich sein; *être* ~ *de qch* über etw (A) böse/verstimmt sein
fâcher : ~ *qqn* jn verärgern 1 *se* ~ böse werden 2 *se* ~ *avec tout le monde* sich mit allen verkrachen/überwerfen

fâcheux, -euse ärgerlich
faciès m Gesicht n, Gesichtsausdruck m
facile 1 leicht, einfach ; (péj) une blague ~ ein billiger Witz **2** ~ à vivre verträglich, umgänglich ; un caractère ~ ein fügsamer, nachgiebiger Charakter ; (péj) une femme ~ eine leichtlebige/leichtfertige Frau
facilité f **1** Leichtigkeit f; Bequemlichkeit f **2** avoir de la ~ pour apprendre sehr leicht/mühelos lernen ; (comm) ~s de paiement günstige Zahlungsbedingungen fpl
faciliter erleichtern
façon f **1** Art f, Weise f de ~ à so daß, dergestalt daß ; de telle ~ que derartig, daß ; de quelle ~? wie ? auf welche Weise f? de toute ~ wie dem auch sei, auf alle Fälle mpl, sowieso ; en aucune ~ auf keinen Fall, keineswegs **2** travail à ~ Lohnarbeit f, Auftragsarbeit f; 200 F pour la ~ 200 Francs Macherlohn m **3** sans ~ ungezwungen, zwanglos ; faire des ~s Umstände mpl machen
façonner (ver)formen ; (fig) ~ un caractère einen Charakter bilden
facteur m Faktor m; (math) ~ commun Hauptnenner m
facteur m -trice f **1** BriefträgerIn m f **2** ~ d'orgues Orgelbauer m
factice künstlich, unecht, nachgemacht
faction f **1** rester au-dessus des ~s unparteiisch bleiben **2** (mil) être en ~ auf Wache f sein, Posten m stehen
factuel, -le : données ~les Sachinformationen fpl
facturation f **1** Berechnung f **2** Rechnungsabteilung f
facture f **1** Rechnung f **2** ~ de pianos Klavierbau m
facturer berechnen, an=rechnen ~ un article 100 F einen Artikel mit 100 Francs berechnen
facultatif, -ive fakultativ, freigestellt matière facultative Wahlfach n
faculté f **1** Fähigkeit f, Vermögen n, Können n ; ne plus avoir toutes ses ~s seiner Sinne mpl nicht mehr mächtig sein **2** ~ de droit juristische Fakultät f
fadaise f Unsinn m, Quatsch m débiter des ~s Plattheiten fpl (daher)=reden
fade ohne Würze f/Geschmack m, fad(e), (fig) platt, geistlos, seicht
fagot m Reisigbündel n
faible 1 schwach ; (fig) point ~ wunder Punkt, schwache Stelle ; être ~ avec ses enfants mit seinen Kindern allzu nachsichtig sein **2** ~es revenus geringe Einkünfte ◆ m f Schwächling m; ~ d'esprit Schwachkopf m; économiquement ~s Minderbemittelte m f pl
faible m Schwäche f, Faible [əfɛbl] m

faiblesse f Schwäche f, Schwachheit f
faiblir 1 nach=lassen, ab=nehmen, sich verringern **2** ne pas ~ devant qqn jm gegenüber nicht nach=geben
faïence f Fayence [fa'jãs] f
faille f (géo) Spalte f, Riß m; (fig) Denkfehler m; un raisonnement sans ~ ein fehlerloser Gedankengang
faillible fehlbar
faillir : j'ai failli tomber um ein Haar/fast/beinahe wäre ich gefallen ◆ ne jamais ~ unfehlbar sein ; ~ à une promesse ein Versprechen nicht ein=halten
faillite f Bankrott m, Pleite f ~ frauduleuse betrügerischer Konkurs m; faire ~ bankrott machen ; (fig) ~ d'une politique politische Bankrotterklärung f
faim f Hunger m avoir une ~ de loup Heißhunger m/Bärenhunger m haben ; rester sur sa ~ sich nicht satt gegessen haben, (fig) nicht auf seine Kosten kommen, in seinen Erwartungen enttäuscht werden
fainéant faul, müßig ; (hist) les rois ~s die Schattenkönige mpl ◆ m -e f Faulpelz m, FaulenzerIn m f
faire 1 tun ~ de son mieux sein Bestes tun ; faites comme chez vous fühlen Sie sich ganz wie zu Hause ; tu ferais bien de du tätest gut daran ; n'en ~ qu'à sa tête seinen Kopf durch=setzen ; (fam) savoir y ~ (darin) sich=auskennen **2** ~ vieux aus=sehen ; (fam) les rideaux font bien die Vorhänge machen sich gut/sehen gut aus **3** (fam) ça commence à bien ~ ! jetzt/nun reicht's (dann) aber ! ◆ **1** machen, tun ~ du café Kaffee kochen/machen ; puis-je ~ qch pour vous ? kann ich etw für Sie tun ? (fig) ~ ses dents seine Zähne bekommen ; (fam) il faut le ~ ! das muß man erst mal bringen ! **2** cela fait 15 F das macht/kostet 15 Francs **3** ~ son lit sein Bett machen ; ~ ses chaussures seine Schuhe putzen **4** ~ de l'anglais Englisch lernen/machen **5** cela me fait mal das tut mir weh ; ~ peur Angst machen, ängstigen ; (fig) ne ~ ni chaud ni froid kalt lassen **6** ~ route vers Paris nach Paris fahren ; (fam) ~ du 100 à l'heure 100 Stundenkilometer fahren **7** ~ l'imbécile sich dumm=stellen ; herum=spinnen, herum=blödeln ; ~ celui qui ne comprend pas tun, als ob man nichts verstünde **8** (fam) ~ les magasins einen Ladenbummel machen **9** (fam) quelle taille faites-vous ? welche Größe haben Sie ? ◆ cela fait huit jours es ist (schon) acht Tage her ◆ qu'ai-je fait de mes lunettes ? wo habe ich meine Brille gelassen ?; n'avoir que ~ de qch etw nicht brauchen ◆ **1** ~ penser à qch an etw (A) erinnern **2** ~ construire bauen ; ~ réparer qch etw reparieren lassen **3** ~ manger un malade einen Kranken füttern ◆ il fait beau es

ist schön(es Wetter); *il fait chaud* es ist warm ♦ **1** *je me fais vieux* ich werde alt **2** *se ~ à qch* sich an etw **(A)** gewöhnen **3** *cela se fait* das ist so üblich **4** *(fam) ne pas s'en ~* sich **(D)** keine Sorgen machen; keine Hemmungen haben **5** *il pourrait se ~ que* es könnte sein, daß ♦ **1** *une voiture est faite pour rouler* ein Auto ist zum Fahren da **2** *c'en est fait de moi!* ich bin erledigt! *c'en est fait de la vie facile* jetzt ist es aus/vorbei mit dem angenehmen Leben **3** *(fam) c'est bien fait (pour toi)!* das geschieht dir recht! *être ~ comme un rat* wie eine Ratte in der Falle sitzen
faire-part *m* Anzeige *f*
faire-valoir *m* Aushängeschild *n*
faisan *m* Fasan *m*
faisceau *m* : *~ lumineux* Lichtkegel *m* ; *~ nerveux* Nervenstrang *m*
fait 1 *une femme bien ~e* eine gut gebaute Frau **2** *fromage très ~* weit durchgereifter Käse **3** *tout ~* vorgefertigt ; *idée toute ~e* vorgefaßte Idee → **faire**
fait *m* **1** *le ~ de parler* Reden *n* ; *les ~s et gestes de qqn* js Tun *n* und Treiben ; *(mil) ~ d'armes* kriegerische Taten *fpl* ; *(fig) être sûr de son ~* seiner Sache *f* sicher/gewiß sein ; *prendre ~ et cause pour qqn* für jn Partei ergreifen **2** Tatsache *f*, Fakt *m* ; *(fig) aller droit au ~* direkt zur Sache *f* kommen ; *dire à qqn son ~* jm (gründlich) die Meinung sagen, jm gehörig Bescheid sagen ; *du ~ de* auf Grund *m* (von/G), wegen ; *en ~* in der Tat, tatsächlich **3** *au ~* eigentlich, übrigens **4** *tout à ~* ganz und gar, gänzlich, vollkommen, vollständig
fait divers *m* : *rubrique des faits divers* Spalte "Was sonst noch geschah"
faîte *m* : *~ d'un arbre* Baumwipfel *m* ; *~ d'un toit* Dachfirst *m*
faitout *m* Schmortopf *m*
falaise *f* Steilwand *f*, Fels(en)wand *f*
fallacieux, -euse trügerisch *argument ~* Scheinargument *n*
falloir 1 *il faut que je* ich muß **2** *combien te faut-il?* wieviel brauchst du? **3** *une personne comme il faut* eine anständige Person ; *faire le travail comme il faut* die Arbeit machen, wie es sich **(D)** gehört ♦ *il s'en est fallu de peu* es fehlte nicht viel, (daß) ; fast, beinahe *(subj)*
falot : *lumière ~e* fahles Licht ; *(fig) un personnage ~* eine unbedeutende Person
falsification *f* Fälschung *f*
falsifier fälschen
famélique ausgehungert
fameux, -euse 1 berühmt **2** *un vin ~* ein ausgezeichneter Wein ; *(fam) ce n'est pas ~* das ist nicht (gerade) berühmt/gut
familial 1 Familien- ; *ambiance ~e* familiäre Atmosphäre **2** *allocations ~es* Kindergeld *n*
familiariser (se) (sich) vertraut machen
familiarité *f* **1** Vertraulichkeit *f se permettre des ~s* sich **(D)** Freiheiten *fpl* herausnehmen **2** Vertrautheit *f*
familier, -ière 1 vertraut *un animal ~* Haustier *n* **2** *expression familière* salopper/umgangssprachlicher Ausdruck
famille *f* **1** Familie *f* **2** Verwandtschaft *f de bonne ~* aus guter Familie, aus gutem Haus(e) *n* ; *recevoir de la ~* Verwandte *f mpl* zu Besuch bekommen
famine *f* Hungersnot *f*
fanatique fanatisch ; *(fig) être ~ de qch* ein fanatischer Anhänger von etw sein ♦ *m f* FanatikerIn *m f*
fanatiser auf=putschen, auf=hetzen, verhetzen
faner Heu machen ♦ *(se) ~* verwelken ♦ *(fig) un visage fané* ein welkes/verblühtes Gesicht
fanfare *f* (Blechmusik)kapelle *f*, Fanfare *f* ; *~ militaire* Militärmusikkorps *n*
fanfaron -ne *f* **1** Phantasie *f* **2** *se plier aux ~s de qqn* sich js Launen *fpl* beugen ; *faire à sa ~* tun, was einem gefällt/behagt **3** *bijou ~* Modeschmuck *m*
fanfaronner prahlen, auf=schneiden, dick(e)=tun
fanfreluche *f* Firlefanz *m*
fange *f* Schlamm *m*, Morast *m*
fanion *m* Wimpel *m*, Fähnchen *n*
fantaisie *f* **1** Phantasie *f* **2** *se plier aux ~s de qqn* sich js Launen *fpl* beugen ; *faire à sa ~* tun, was einem gefällt/behagt **3** *bijou ~* Modeschmuck *m*
fantaisiste sprunghaft ; *(fig)* aus der Luft gegriffen ♦ *m f* PhantastIn *m f* ; *(spectacle)* KabarettistIn *m f*
fantasmagorie *f* Trugbild *n*, Wahnbild *n*, Phantasmagorie *f*
fantasme *m* Einbildung *f*, Wahnvorstellung *f*
fantasmer sich Wahnvorstellungen/Traumvorstellungen hin=geben ; *(fam) ~ sur qqn* von jm träumen
fantasque launisch, launenhaft ; schrullenhaft
fantassin *m* Infanterist *m*
fantastique phantastisch ♦ *m* Wunderliche/s, Phantastische/s
fantoche : *gouvernement ~* Marionettenregierung *f*
fantôme *m* Gespenst *n*, Geist *m*, Spuk *m*, Spukgestalt *f* ; *(fig) train ~* Geisterbahn *f* ; *gouvernement ~* Schattenregierung *f*
faon [fã] *m* (Reh)kitz *n*
farce *f* **1** Streich *m*, Posse *f faire une ~* einen Streich spielen ; *(th)* Farce *f*, Possenspiel *n*, Schwank *m* **2** *(cuis)* Füllung *f*
farceur *m* **-euse** *f* Spaßvogel *m*, Witzbold *m*
farcir füllen ; *(fig) ~ un discours de ci-*

fard *tations* eine Rede mit Zitaten spicken; *(fam) se ~ tout le travail* sich (D) die ganze Arbeit auf=laden
fard *m* Schminke *f* ~ *à paupières* Wimperntusche *f*; *(fam) piquer son ~* (scham)rot werden
fardeau *m* **-x** Last *f*, Bürde *f*
farder (se) (sich) schminken
farfelu extravagant, bißchen verdreht
farine *f* Mehl *m*
farniente [farnjente] *m* Nichtstun *n*
farouche 1 (menschen)scheu 2 *une ~ haine* zügelloser/wilder Haß
fart [fart] *m* Skiwachs *m*
fascicule *m* Heft(chen) *n*
fascination *f* Faszination *f*, Anziehungskraft *f*
fasciner bezaubern, faszinieren, bannen, fesseln
fasciste *m f* FaschistIn *m f*
faste : *un jour ~* ein glücklicher Tag; *être ~ à qqn* jm gelingen/Glück bringen ◆ Prunk *m*, Pracht *f*
fastidieux, -euse lästig, mühsam
fastueux, -euse prächtig, prunkvoll
fat eingebildet, selbstgefällig ◆ Laffe *m*, Geck *m*
fatale : *erreur ~e* verhängnisvoller Irrtum; *(fig) femme ~* femme fatale *f*
fatalement : *cela devait ~ arriver* das mußte zwangsweise (so) kommen
fataliste *m f* schicksalsergeben, fatalistisch ◆ FatalistIn *f*
fatalité *f* Verhängnis *n*, (Miß)geschick *n*
fatidique schicksalhaft
fatigant ermüdend, anstrengend
fatigue *f* Müdigkeit *f*
fatiguer ermüden, (über)beanspruchen; *(fig) ~ la vue* die Augen an=strengen ◆ müde werden *le moteur fatigue très vite* der Motor gerät leicht aus der Puste ◆ 1 *se ~ à expliquer qch* sich bemühen/an=strengen, etw zu erklären; *(fam) ne te fatigue pas !* laß sein ! 2 *se ~ de qqn/qch* js/einer Sache überdrüssig werden
fatras *m* Plunder *m*, Kram *m*
fatuité *f* Dünkel *m*, Überheblichkeit *f*
faubourg *m* Vorstadt *f*, Vorort *m*
faucher 1 ~ *un pré* eine Wiese mähen 2 ~ *un cycliste* einen Radfahrer über den Haufen fahren 3 *(fam) ~ de l'argent* Geld klauen ◆ *(fam) être fauché* blank/abgebrannt sein
faucille *f* Sichel *f*
faucon *m* Falke *m*
faufiler heften ◆ *se ~* sich durch=winden/durch=zwängen; sich durch=schlängeln
faune *f* Fauna *f*; *(fig)* Gewächs *n*
faussaire *m f* FälscherIn *m f*
faussement irrtümlich
fausser 1 ~ *une clé* einen Schlüssel verbiegen 2 ~ *des résultats* Ergebnisse fälschen 3 ~ *les idées* die Gedanken durcheinander=bringen 4 ~ *compagnie* im Stich lassen, sich weg=stehlen
fausset *m* : *voix de ~* Fistelstimme *f*, Piepstimme *f*
faut → **falloir**
faute *f* 1 Fehler *m* 2 *c'est ta ~* das ist deine Schuld, daran bist du schuld 3 *être licencié pour ~ grave* wegen eines groben Verstoßes *m* entlassen werden 4 ~ *de temps* aus Zeitmangel *m*; *je viendrai sans ~* ich komme ganz bestimmt; *ne pas se faire ~ de* nicht versäumen/unterlassen zu
fauteuil *m* Sessel *m* ; *(fig) ~ de ministre* Ministerposten *m*
fauteur *m* **-trice** *f* : ~ *de troubles* UnruhestifterIn *m f*
fautif, -ive schuldig
fauve *m* Raubkatze *f*, Raubtier *n* ; *(fig) sentir le ~* aufdringlich riechen
fauvette *f* Grasmücke *f*
faux, -sse 1 falsch *fausse note* Mißklang *m* 2 *fausse alerte* falscher/blinder Alarm; *faire fausse route* auf Abwege geraten 3 *fausses dents* künstliche Zähne ; ~ *papiers* falsche/gefälschte Papiere ; ~ *plafond* eingezogene Zwischendecke *f* 4 ~ *regard* ein falscher/hinterhältiger Blick
faux *f* Sense *f*
faux *m* (Ver)fälschung *f ~ en écriture* Urkundenfälschung *f*
faux-filet *m* Lendenstück *n*
faux-fuyant *m* Ausflucht *f*, Ausrede *f*
faux-monnayeur *m* Falschmünzer *m*, Geldfälscher *m*
faveur *f* 1 *obtenir une ~* eine Vergünstigung *f* erlangen ; *traitement de ~* bevorzugte Behandlung ; *(fig) parler en ~ de qqn* für jn sprechen 2 *gagner la ~ de qqn* sich jn gewogen machen, js Gunst erlangen 3 *à la ~ de* begünstigt von/durch ; *à la ~ de la nuit* im Schutz(e) *m* der Nacht
favorable 1 günstig 2 *être ~ à un projet* einem Projekt gewogen sein
favori, -te Lieblings- *plat ~* Lieblingsgericht *n* 1 Günstling *m* 2 *(courses)* Favorit *m* ◆ Favoritin *f*
favoris *mpl* Backenbart *m*
favoriser 1 ~ *qqn* jn begünstigen/bevorzugen 2 begünstigen ~ *une entreprise* ein Projekt fördern
favoritisme *m* : *faire du ~* Vetternwirtschaft *f* betreiben
fax *m* Fax *n*
faxer faxen
fébrile : *être ~* fiebern, Fieber haben ; *(fig) attente ~* fieberhaftes Warten
fébrilité *f* Fieberhaftigkeit *f*, Fiebrigkeit *f*
fécal : *matières ~* Exkremente *npl*
fécond fruchtbar; *(fig) une journée ~e en événements* ein ereignisreicher Tag

féconder befruchten, fruchtbar machen
fécondité f Fruchtbarkeit f
fécule f Stärkemehl n
féculent m stärkehaltige Nahrungsmittel npl
fédéral, -aux Bundes- *république ~e* Bundesrepublik f
fédéralisme m Föderalismus m
fédération f Bund m; *(associations)* (Dach)verband m
fédérer vereinigen, zusammen=schließen, verbünden
fée f Fee f, Zauberin f ; *(fig) ~ du logis* der gute Geist m des Hauses
féerie f Märchenwelt f; Wunderwelt f
féerique feenhaft, zauberhaft, märchenhaft
feindre : *~ la colère* Wut vor=täuschen ; *~ de faire qch* vor=geben, etw zu tun
feinte f Finte f
feinter : *(fam) ~ qqn* jn bluffen / überlisten
fêler spalten, an=schlagen
félicitations fpl 1 *~ !* gratuliere ! 2 *avec les ~ du jury* mit Anerkennung f / Lob n der Jury, summa cum laude
félicité f Glückseligkeit f
féliciter : *~ qqn* jm gratulieren (zu)
félin m Katze f, Gattung f der Katzen
félon, -ne eidbrüchig, verräterrisch
femelle f Weibchen n
féminin weiblich ◆ m Weibliche/s ; *(gram)* Femininum n
féminiser verweiblichen ◆ *la profession se féminise* es gibt immer mehr von Frauen in dem Beruf
féministe f Feministin f
féminité f Weiblichkeit f *avoir beaucoup de ~* sehr feminin / weiblich sein
femme f [fam] 1 Frau f *~ au foyer* Hausfrau f; *~ de lettres* Schriftstellerin f 2 *c'est ma ~* das ist meine (Ehe)frau f 3 *~ de ménage* Haushaltshilfe f, Reinemachefrau f, Putzfrau f
fémur m Oberschenkelknochen m
fendiller (se) auf=springen, rissig werden, Risse / Sprünge bekommen
fendre spalten, hacken ; *(fig) cela me fend le cœur* das bricht mir das Herz ; *~ la foule* sich durch die Menge drängen ; *~ l'air* durch die Luft schießen ; *il gèle à pierre ~* es friert Stein und Bein ◆ *se ~* 1 bersten, sich spalten, (zer)springen 2 *(fam) se ~ pour qqn* sich für jn die / beide Beine aus=reißen
fenêtre f 1 Fenster n; *(fig) jeter l'argent par les ~s* das Geld zum Fenster hinaus=werfen ; 2 *(inf)* (Dialog)fenster n
fennec m Wüstenfuchs m
fenouil m Fenchel m
fente f Spalte f, Spalt m, Riß m
féodalité f Feudalherrschaft f

fer m 1 Eisen n ; *(fig) une santé de ~* unverwüstliche Gesundheit ; *une discipline de ~* eiserne Disziplin ; *croiser le ~* die Klingen fpl kreuzen 2 *~ à repasser* Bügeleisen n ; *passer un coup de ~* (über)bügeln ; *~ à souder* Lötkolben m 3 *~ à cheval* Hufeisen n 4 *chemin de ~* Eisenbahn f; *transport par ~* Schienentransport m 5 *mettre aux ~s* in Ketten fpl legen / schlagen
fer-blanc m Weißblech n
férié : *jour ~* Feiertag m
fermage m Pacht f
ferme 1 *terre ~* fester / solider Boden ; *chair ~* festes Fleisch 2 streng *rester ~* standhaft / unerschütterlich bleiben ◆ *s'ennuyer ~* sich fürchterlich langweilen
ferme f Bauernhof m
ferment m Gärstoff m, Ferment n ; *(fig)* Keim m
fermenter gären ◆ *lait fermenté* gegorene / saure Milch
fermer 1 schließen, zu=machen; zu=schließen; zu=ziehen; *(fam) la ferme !* halt die Klappe ! 2 *~ un chemin* einen Weg sperren 3 *~ l'eau* Wasser zu=drehen / ab=stellen 4 *~ la marche* als letzter gehen / an=kommen ◆ *~ à 18h* um 18 Uhr schließen / zu=machen 5 *la valise ferme mal* der Koffer geht schlecht zu ◆ *se ~ tout seul* von allein zu=gehen / zu=klappen ; *(fig) les visages se ferment* die Gesichter erstarren
fermeté f 1 Strenge f, Entschlossenheit f 2 Festigkeit f
fermeture f 1 Büro-, Schalter-, Ladenschluß m 2 *~ automatique* automatisches Schließen n 3 *~ éclair* Reißverschluß m
fermier, -ière : *poulet ~* Freilandhuhn n ◆ m f LandwirtIn m f; PächterIn m f
fermoir m Verschluß m
féroce : *bête ~* reißendes / grausames Tier ; *(fig) regard ~* grimmiger / wütender Bick ; *appétit ~* Riesenappetit m
ferraille f Schrott m, Alteisen n
ferrailleur m Schrotthändler m
ferré 1 *voie ~e* (Eisenbahn)schienen fpl 2 *(fam) être ~ en la matière* auf dem Gebiet bewandert / beschlagen sein
ferrer 1 *(cheval)* beschlagen 2 *(poisson)* an=reißen, fest=haken
ferreux, -euse eisenhaltig
ferronnerie f Eisengießerei f
ferroviaire : *réseau ~* Schienennetz n
ferrure f (Eisen)beschlag m
ferry-boat [fɛʀibot] m (Eisenbahn)fähre f
fertile fruchtbar, ergiebig ; *(fig) ~ en événements* ereignisreich
fertiliser fruchtbar / ertragreich machen ; düngen
fertilité f Fruchtbarkeit f
féru : *~ d'histoire* geschichtsbegeistert

fervent innbrünstig; *(fig)* ~ *défenseur* glühender/leidenschaftlicher Verteidiger

ferveur *f* : *croire avec* ~ innbrünstig glauben; *travailler avec* ~ eifrig arbeiten

fesse *f* (Hinter)backe *f*, Podex *m*, Popo *m*

festin *m* Festmahl *n*, Schmaus *m*

festival *m* Festspiele *npl*, Festival *n*

festivités *fpl* Festlichkeiten *fpl*

festoyer feiern, sich gütlich tun

fêtard *m* -e *f (fam)* Lebemann *m*, NachtschwärmerIn *m f*

fête *f* 1 Fest *n*, Feier *f*; *(fig) faire* ~ *à qqn* jn freudig empfangen/begrüßen; *(fam) faire la* ~ feiern 2 ~ *nationale* Nationalfeiertag *m*; *(Allemagne)* Tag *m* der Einheit (3. Oktober) 3 Namenstag *m*

Fête-Dieu *f* Fronleichnam *m*

fêter feiern

fétiche *m* Fetisch *m*

fétichiste *m f* FetischistIn *m f*

fétide übelriechend

feu *m* **-x** 1 Feuer *n*; ~ *de cheminée* Schornsteinbrand *m*, Kaminfeuer *n*; *être en* ~ in Flammen *fpl* stehen, brennen; *mettre le* ~ *à qch* etw in Brand *m* stecken 2 *à* ~ *doux* auf kleinem Feuer/kleiner Flamme; *cuisinière à trois* ~*x* ein dreiflammiger Herd 3 *faire* ~ schießen; *(fig) ne pas faire long* ~ nicht lange vor=halten/aus=halten 4 ~*x de croisement* Abblendlicht *n*; *les* ~*x sont en panne* die Ampel *f* funktioniert nicht; *s'arrêter au* ~ *rouge* bei Rot halten; *(th)* ~*x de la rampe* Rampenlicht *n* 5 *(fig) avoir les joues en* ~ glühende Wangen haben; *être tout* ~ ~ *tout flamme* Feuer und Flamme sein; *n'y voir que du* ~ *(non fig)* nichts (be)=merken; 6 ~ *follet* Irrlicht *n*

feuillage *m* Blattwerk *n*, Laub *n*

feuille *f* 1 Blatt *n* ~ *morte* verdorrtes/trockenes Laub *n* 2 ~ *de papier* Blatt Papier; ~ *de maladie* Krankenschein *m*; *(fig)* ~ *de chou* Käseblatt *n*

feuilleté : *pâte* ~*e* Blätterteig *m*

feuilleter durch=blättern

feutre *m* 1 Filz *m* 2 Filzstift *m*

feutré : *ambiance* ~*e* gedämpfte Atmosphäre

feutrer Filzen ◆ *se* ~ verfilzen

fève *f* Saubohne *f*, Schweinebohne *f*

février *m* Februar *m*

fiable zuverlässig

fiacre *m* Fiaker *m*, Droschke *f*

fiançailles *fpl* Verlobung *f*

fiancé *m* -e *f* Verlobte/r

fiancer (se) sich verloben

fibre *f* Faser *f*; *(fig)* ~ *maternelle* mütterliche Ader *f*

ficeler (zusammen)=schnüren

ficelle *f* 1 Bindfaden *m*, Schnur *f*; *(fig/fam) connaître toutes les* ~*s de qch* alle Kniffe *mpl*/Tricks *mpl* kennen; *c'est lui qui tire les* ~*s* er ist der Drahtzieher *m* 2 dünnes Stangenweißbrot *n*

fiche *f* 1 Zettel *m*; Karteikarte *f*; ~ *d'état civil* Auszug *m* aus dem Stammbuch; ~ *de paie* Lohnstreifen *m*, Gehaltsabrechnung *f* 2 *(élec)* Stecker *m*

ficher : ~ *qqn* jn registrieren

fichier *m* Kartei *f*, Zettelkasten *m*, Kartothek *f*

fichu *m* Brusttuch *n*, Halstuch *n*

fictif, -ive angenommen, erdichtet, fiktiv

fiction *f* Fiktion *f*, Erfindung *f*, Erdichtung *f*

fidèle (ge)treu *être* ~ *à ses promesses* sein Versprechen halten; *(fig) faire un récit* ~ *des événements* einen genauen/wahrheitsgemäßen Bericht der Ereignisse geben ◆ *m f (rel)* Gläubige/r

fidélité *f* Treue *f*, Ergebenheit *f*

fieffé : *un* ~ *coquin* Erzschurke *m*

fielleux, -euse : *des propos* ~ gehässige Reden

fiente *f* Mist *m*, Dreck *m*

fier, -ière [fjɛr] stolz (auf (A))

fier (se) (à) : *se* ~ *à qqn* sich auf jn verlassen; *se* ~ *à son intuition* auf seine Intuition vertrauen

fierté *f* Stolz *m*

fièvre *f* Fieber *n*

fiévreux, -euse fiebernd, fieberkrank; *(fig)* fieberhaft

fifre *m* Querpfeife *f*

figer (se) gerinnen; *(fig)* erstarren ◆ *expression figée* stehende Redewendung

fignoler *(fam)* den letzten Schliff geben

figue *f* Feige *f*; *(fig) mi-*~, *mi-raisin* halb lachend, halb weinend

figuier *m* Feigenbaum *m*

figurant *m* -e *(th/cin)* StatistIn *m f*, KleindarstellerIn *m f*

figuratif, -ive : *art* ~ darstellende Kunst

figure *f* 1 Gesicht *f*; *(fig) faire bonne* ~ eine gute Figur *f* machen/ab=geben, seinen Mann *m* stehen; Haltung *f* (be)wahren; *faire* ~ *d'imbécile (fam)* der Dumme sein; *(fam) casser la* ~ *à qqn* jm die Fresse ein=schlagen/polieren 2 *une grande* ~ *de l'Histoire* eine große Gestalt *f*/Persönlichkeit *f* der Geschichte 3 *(math/danse)* Figur *f* 4 ~ *de rhétorique* Redefigur *f*

figuré : *sens* ~ übertragener Sinn

figurer : ~ *sur une liste* auf einer Liste stehen ◆ *se* ~ *qch* sich (D) etw vor=stellen

figurine *f* Figürchen *n*, Statuette *f*

fil *m* 1 Faden *m*, Zwirn *m*, Garn *n*; *(fig) mince comme un* ~ gertenschlank; *c'est cousu de* ~ *blanc* das ist leicht zu durchschauen; *donner du* ~ *à retordre* jm zu schaffen machen 2 ~ *à plomb* Senkblei *n*, (Senk)lot *n*; ~ *de fer* Draht *m*; *(fig)* *ne pas avoir inventer le ~ à couper le beurre* das Pulver (auch) nicht (gerade) erfunden haben **3** *~ électrique* elektrisches Kabel *n*; *coup de ~* Anruf *m*; *passer un coup de ~* an=rufen; *être au bout du ~* am Apparat *m* sein **4** *au ~ des jours* im Lauf *m* der Tage

filament *m* Faser *f*, Fädchen *n*; *(élec)* Glühfaden *m*, Glühdraht *m*.

filandreux, -euse sehnig; *(fig)* weitschweifig

file *f* Reihe *f*, Schlange *f ~ d'attente* (Warte)schlange *f*; *en ~ indienne* im Gänsemarsch *m*; *stationner en double ~* zweireihig parken; *(fig) chef de ~* führender Kopf *m*

filer 1 *~ la laine* Wolle spinnen **2** *~ qqn* jn beschatten **3** *(fam) ~ 100 balles à qqn* jm 100 Piepen pumpen ◆ **1** *mon bas a filé* mein Strumpf hat eine (Lauf)masche **2** *(fam) je file !* ich laufe ja schon !, (bin) schon weg ! *l'argent file vite* das Geld zerrinnt zwischen den Fingern

filet *m* **1** Netz *n*; *(fig) joli coup de ~* (ein) toller Fang *m*/Fischzug *m* **2** *~ d'eau* (dünner) Wasserstrahl *m*; *(fig) ~ de voix* dünnes Stimmchen **3** *(viande/poisson)* Filet *n*

filial, -aux Kindes-

filiale *f* Filiale *f*

filiation *f* Abstammung *f*

filière *f*: *suivre la ~ administrative* den Dienstweg *m* ein=halten, den Instanzenweg *m* durch=laufen; *(police) remonter une ~* eine Bande *f* aus=heben; *(ens)* Fachrichtung *f*

filiforme fadenförmig

filigrane *m* Filigran *n*; *(fig) en ~* durchscheinend

filin *m* Tau *n*, Trosse *f*

fille *f* **1** *la ~ de X* die Tochter von X **2** Mädchen *n*; *(fam/péj) ~ mère* unverheiratete/ledige Mutter *f*; *vieille ~* alte Jungfer *f*

fillette *f* kleines Mädchen *n*

filleul *m* **-e** *f* Patenkind *n*

film *m* Film *n*

filmer (ver)filmen

filon *m* (Erz)gang *m*, Ader *f*; *(fig/fam) avoir trouvé un bon ~* den rechten Dreh *m*/die rechte Masche *f* raus=haben

filou *m* *(fam)* Gauner *m*

fils *m* Sohn *m*, *(fam)* Junge *m*

filtrant: *verre ~* filtrierendes Glas

filtre *m* Filter *m*/*n*

filtrer 1 *~ un liquide* eine Flüssigkeit filtern/durch=seihen **2** *~ la lumière* das Licht dämpfen **3** *(fig) ~ les entrées* den Zugang kontrollieren ◆ *(eau/information)* durch=sickern; *(lumière)* durch=dringen

fin 1 dünn, fein *taille ~e* schlanke Taille

['talje] *f* **2** *~es herbes* (Gewürz)kräuter; *repas ~* auserlesenes Mahl; *visage ~* zartes/feines Gesicht **3** *(fam) se croire ~* sich für schlau/gewitzt halten; *tu as l'air ~, maintenant !* jetzt siehst du alt aus ! **4** *or ~* reines Gold **5** *avoir l'oreille ~e* ein gutes Gehör haben **6** *le ~ mot de l'histoire* des Pudels Kern *m*

fin *m* : *le ~ du ~* das Allerfeinste *n*/ Allerbeste *n*, das Beste vom Besten

fin *f* **1** Ende *n*; Schluß *m à la ~* am Ende; zum Schluß; *en ~ de compte* letzten Endes, zu guter Letzt; *sans ~* ohne Ende, endlos; *mettre ~* beenden, ein Ende machen/bereiten; *prendre ~* enden; *tirer/ toucher à sa ~* sich seinem Ende nähern, zur Neige *f* gehen; *(fam) ça suffit à la ~ !* jetzt/nun reicht es aber ! **2** *la ~ justifie les moyens* der Zweck heiligt die Mittel; *à la seule ~ de* nur zu dem Zweck, nur mit dem Ziel *n*, nur in der Absicht *f* ; *à toutes ~s utiles* im Fall(e) *m* eines Falles, für jeden Fall

final, -aux endgültig, Schluß-, End- *consonne ~e* Endkonsonant *m* ◆ **-e** *f* Endkampf *m*, Endrunde *f*, Endspiel *n*, Finale *n*

final *m (mus)* Finale *n*

finalement : *~ il n'est pas venu* er ist schließlich doch nicht gekommen

finaliser zu Ende bringen

finaliste *m* *f* FinalistIn *m f*

finalité *f* Zweckbestimmtheit *f*, Finalität *f*

finance *f* **1** *le monde de la ~* die Finanzwelt *f* **2** *moyennant ~* gegen Zahlung *f* **3** *~s publiques* die öffentlichen Gelder *npl*

financer finanzieren

financier, -ière 1 finanziell **2** *une sauce financière* eine Kalbsbriessauce

finesse *f* **1** Dünne *f*, Feinheit *f* **2** Auserlesenheit *f* **3** *~es d'une langue* die Feinheiten *fpl*/Nuancen *fpl* einer Sprache

fini 1 beendet; *(fig) un homme ~* ein erledigter Mann **2** *produit ~* Fertigprodukt *n* **3** *un menteur ~* ein ausgemachter Lügner

finir beenden *je n'ai pas fini de parler* ich habe noch nicht zu Ende geredet, ich bin noch nicht fertig mit reden; *(fig) ~ ses jours à la campagne* sein Leben auf dem Land beschließen; *~ son pain* sein Brot zu Ende essen; *~ son verre* sein Glas aus=trinken ◆ *en ~ avec qqn* mit jm ein Ende/Schluß machen; *en ~ avec qch* mit etw zu Ende kommen; mit etw Schluß machen; *des reproches à n'en plus ~* endlose Vorwürfe ◆ **1** *j'ai bientôt fini* ich bin gleich fertig; *le roman finit bien* der Roman endet gut; *(fig) ~ dans la misère* im Elend sterben; *le chemin finit là* der Weg hört dort auf; *(prov) tout est bien qui finit*

finition

bien Ende gut alles gut **2** ~ *par se décider* sich endlich entschließen

finition *f* : *travaux de* ~ Endarbeiten *fpl*, Endbearbeitung *f* ; *la* ~ *laisse à désirer* der letzte Schliff *m* fehlt

fioriture *f* Verzierung *f*, Verschnörkelung *f* ; *(fig)* Schnörkel *m*

firmament *m* Firmament *n*

firme *f* Firma *f*

fisc *m* Fiskus *m*

fiscal, -aux : *système* ~ Steuersystem *n*

fiscalité *f* Steuerwesen *n*

fission *f (phys)* Spaltung *f*

fissure *f* Riß *m*, Ritze *f*, Spalte *f*

fissurer (se) (sich) auf=spalten

fixation *f* **1** Festmachen *n*, Befestigen *n* ; Festlegung *f*, Festsetzung *f* **2** *(ski)* Bindung *f*

fixe fest ; *(sport) barre* ~ Reck *n* ; *(fig) regard* ~ starrer/unverwandter Blick ; *idée* ~ fixe Idee **2** *prix* ~ fester/verbindlicher Preis ; *à jour* ~ (immer) an einem bestimmten Tag ◆ *m* Fixum *n*, Festgehalt *n*

fixer 1 ~ *des étagères au mur* Regale an der Wand befestigen/an=machen/an=bringen **2** ~ *qqn* jn starr an=blicken, jn an=starren/fixieren **3** fest=legen, fest=setzen ; bestimmen **4** ~ *une couleur* eine Farbe fixieren ◆ *se* ~ *qpart* sich irgendwo fest=setzen/an=setzen ; sich irgendwo nieder=lassen ◆ *être fixé sur les intentions de qqn* über js Absichten Bescheid wissen

flacon *m* Flakon *n*, Glasfläschchen *n*

flageller geißeln

flageoler schlottern, zittern

flagrant offenkundig, offenbar, kraß ; *(jur) en* ~ *délit* auf frischer Tat, in flagranti

flair *m* Spürsinn *m*, Witterung *f*, Nase *f* ; *(fig) avoir du* ~ einen Riecher *m* haben ; Scharfsinn *m* besitzen

flairer wittern, schnuppern, schnüffeln ; *(fig)* ahnen ; riechen

flamand flämisch

Flamand *m* **-e** *f* Flame *m*, Flämin *f*

flamant *m* : ~ *rose* Flamingo *m*

flambant : ~ *neuf* funkelnagelneu

flambeau *m* **-x** Fackel *f*

flambée *f* : *faire une* ~ ein bißchen Feuer *n* an=zünden ; *(bourse)* ~ *des cours* das Hochschnellen *n* der Kurse ; *(fig)* ~ *de violence* Gewaltwelle *f*

flamber *(cuis)* flambieren ; brennen

flamboyant : *gothique* ~ Spätgotik *f*

flamme *f* Flamme *f* ; *(fig) discours plein de* ~ eine flammende Rede

flan *m* Pudding *m* ; *(fam) en rester comme deux ronds de* ~ völlig sprachlos sein

flanc *m* Seite *f*, Flanke *f* ; *(fig)* ~ *d'un bateau* Breitseite *f* eines Schiffes ; *à* ~ *de coteau* am Abhang *f* (eines Hügels) ; *prêter* ~ *à la critique* sich der Kritik aus=setzen ; *(fam) tirer au* ~ sich (vor der Arbeit) drücken

flanelle *f* Flanell *m*

flâner 1 schlendern, bummeln **2** die Zeit verbummeln/vertrödeln

flaque *f* Pfütze *f*, Lache *f*

flash [flaʃ] *m (photo)* Blitzlicht *n* ; *(cin)* Flash *m* ; *(fam) avoir un* ~ einen Geistesblitz *m* haben

flash-back [flaʃbak] *m* Rückblende *f*

flasque schlaff

flatter 1 ~ *qqn* jm schmeicheln **2** ~ *un animal* ein Tier streicheln/kraulen ◆ *se* ~ *de tout savoir* sich (**D**) rühmen, alles zu wissen

flatterie *f* Schmeichelei *f*

flatteur, -euse 1 schmeichelhaft ; *(fig) un portrait* ~ ein beschönigendes Bild **2** *couleur flatteuse* eine schmeichelnde Farbe ◆ *m f* SchmeichlerIn *m f*

flatulence *f* Blähung *f*

fléau *m* **-x 1** Plage *f* ; *(fig)* Plagegeist *m* **2** *(agri)* Dreschflegel *m*

flèche *f* Pfeil *m* ; *(fig) les prix montent en* ~ die Preise schießen in die Höhe

flécher (mit Pfeilen) markieren/die Richtung an=geben

fléchette *f* (Wurf)pfeil *m* ; *jeu de* ~ Dartspiel *n*

fléchir 1 ~ *les genoux* die Knie beugen **2** ~ *qqn* jn erweichen **3** ~ *sous le poids de qch* unter dem Gewicht von etw wanken/nach=geben **2** ~ *devant qqn* vor jm nach=geben/weichen **3** nach=lassen

flegme *m* Phlegma *n* ; ~ *britannique* britische Gelassenheit *f*

flemmard *m* **-e** *f (fam)* Faulpelz *m*

flemme *f* Faulheit *f*

flétan *m* Heilbutt *m*

flétrir (se) (ver)welken, verblühen

fleur *f* Blume *f* ; Blüte *f* ; *arbre en* ~(s) ein blühender Baum ; *(fig) à la* ~ *de l'âge* in der Blüte des Lebens/der Jahre, im besten Alter ; ~ *bleue* romantisch **2** *la fine* ~ *de la société* die Blüte/die Creme *f* der Gesellschaft **3** *à* ~ *d'eau* an/auf der Wasseroberfläche *f*

fleuret *m* Florett *n*

fleurette *f* : *conter* ~ Süßholz raspeln

fleuri : *un jardin* ~ ein blühender Garten ; *(fig) un style* ~ ein blumiger Stil

fleurir blühen ◆ mit Blumen schmücken

fleuriste *m f* BlumenhändlerIn *m f*, FloristIn *m f*

fleuron *m (fig)* Zierde *f*

fleuve *m* Fluß *m*, Strom *m*

flexible flexibel, beweglich, biegsam, geschmeidig ◆ *m (tech)* Kabel *n*

flexion *f* **1** ~ *des genoux* Kniebeuge *f* **2** *(gram)* Beugung *f*, Flexion *f*

flic *m (fam)* Bulle *m*

flingue *m (fam)* Knarre *f*
flinguer *(fam)* ab=knallen
flipper *(fam)* aus=flippen
flirter [flœrte] flirten ; *(fig)* ~ *avec l'extrême-droite* mit dem Rechtsradikalismus flirten / liebäugeln
floc plumps ! plauz !
flocon *m* Flocke *f*
flonflons *mpl (fam)* Tschingderassabum *n*
floraison *f* (Er)blühen *n*, Blüte(zeit) *f*
floralies *fpl* Blumenschau *f* ; Gartenbauausstellung *f*
flore *f* Flora *f*, Pflanzenwelt *f* ; *(méd)* ~ *intestinale* Darmflora *f*
flot *m* : *les* ~*s* die Fluten *fpl* ; *être à* ~ wieder flott sein ; *(fig)* ~ *d'injures* Flut *f*/Woge *f* von Schimpfworten ; *couler à* ~*s* in Strömen *m* fließen
flottaison *f* : *ligne de* ~ Wasserlinie *f*
flottant *(fig) capitaux* ~*s* heißes Geld *n* ; *monnaie* ~*e* floatende Währung
flotte *f* 1 Flotte *f* 2 *(fam > non fam)* Wasser *n*
flottement *m (fig)* Unschlüssigkeit *f*, Schwanken *n*
flotter 1 ~ *sur l'eau* auf dem Wasser treiben 2 ~ *au vent* im Wind wehen / flattern 3 ~ *dans une robe* in einem Kleid schlottern ◆ *(fam) il flotte* ! es gießt / schüttet !
flotteur *m* Schwimmer *m*
flou verschwommen, unscharf ; *(fig)* unklar
fluctuant schwankend
fluctuation *f* Schwanken *n*, Schwankung *f*, Fluktuation *f être sujet à* ~*s* unbeständig sein, schwanken
fluet, -te schmächtig, schmal, zart
fluide flüssig ; *(circulation)* fließend, flüssig ◆ *m* flüssiger Körper *m*, Fluidum *n*
fluor *m* Fluor *n*
fluorescent fluoreszierend *tube* ~ Leuchtröhre *f*
flûte *f* 1 Flöte *f* ~ *à bec* Blockflöte *f* ; *traversière* Querflöte *f* 2 ~ *à champagne* Sektglas *n* ◆ *(fam)* ~ ! verflixt !
fluvial, -aux Fluß- *navigation* ~*e* Flußschiffahrt *f* / Binnenschiffahrt *f*
flux *m* Fluß *m* ; *(méd)* ~ *artériel* Blutfluß *m* ; *(phys)* ~ *électrique* Stromfluß *m* ; *(fig)* ~ *de paroles* Wortschwall *m*
FM *f* UKW *f*
focaliser *(fig)* konzentrieren
fœtal fetal
fœtus *m* Fötus *m*
foi *f* 1 Glaube *m sans* ~ *ni loi* ohne Treu und Glauben 2 *sous la* ~ *du serment* unter Eid *m* ; *sur la* ~ *d'une déclaration* im Vertrauen *n* auf eine Erklärung ; *faire* ~ beweisen, beglaubigen 3 *de bonne* ~ ehrlich ; aufrichtig ; *de mauvaise* ~ böswillig, unaufrichtig ; *en toute bonne* ~ guten Glaubens 4 *digne de* ~ glaubwürdig

foie *m* Leber *f* ~ *gras* Gänseleber(pastete) *f*
foin *m* Heu *n* ; *(fam) faire du* ~ einen (Riesen)skandal *m* machen
foire *f* 1 Jahrmarkt *m* 2 Messe *f* ~ *exposition* Ausstellung *f* 3 *(fam) faire la* ~ (ver)sumpfen
fois *f* 1 *deux* ~ *trois* zwei mal drei 2 *une autre* ~ ein anderes Mal *n*, ein andermal ; *une* ~ *pour toutes* ein für allemal ; *cette* ~-*ci* dieses Mal, diesmal ; *pour une* ~ wenn schon einmal ; *plusieurs* ~ mehrmals 3 *il était une* ~ es war einmal 4 *tous à la* ~ alle auf einmal, alle zusammen ; *être à la* ~ *riche et beau* zugleich reich und schön sein 5 *une* ~ *qu'il eut fini* sobald er geendet hatte
foison : *à* ~ in Hülle *f* und Fülle
foisonner im Überfluß *m* vorhanden sein *le gibier foisonne* das Wild nimmt überhand ; *les idées foisonnent* die Ideen wuchern
folie *f* Irrsinn *m*, Wahnsinn *m* ; *(fig) à la* ~ wahnsinnig ; *avoir la* ~ *des grandeurs* größenwahnsinnig sein ; *faire une* ~ eine Verrücktheit *f* begehen
folklore *m* Folklore *f* ; *(péj) c'est du* ~ ! das ist Unsinn *m* / Gaudi *n*
folklorique : *danse* ~ Volkstanz *m* ; *(fig)* eigenartig, schräg
folle → *fou*
fomenter an=stiften, an=zetteln
foncé dunkel *vert* ~ dunkelgrün
foncer 1 ~ *sur qqn* auf jn zu=rasen ; *(fam) fonce !* na, fahr schon (los) ! ; *(fig)* drauflos ! 2 dunkler werden ◆ ~ *une couleur* eine Farbe dunkler machen
fonceur *m* -**euse** *f (fam)* DraufgängerIn *m f*
foncier, -ière : *impôt* ~ Grundsteuer *f*
foncièrement von Grund auf / aus, durchaus ~ *bon* durch und durch gut
fonction *f* 1 Funktion *f faire* ~ *de* dienen / fungieren (als) ; *(chim)* Wirkung *f* 2 Amt *n*, Tätigkeit *f* ~ *publique* öffentlicher Dienst *m* ; *entrer en* ~ das / sein Amt an=treten 3 *être* ~ *de qch* von etw ab=hängen ; *en* ~ *de mon temps* je nach der mir zur Verfügung *f* stehenden Zeit
fonctionnaire *m f* Beamte/r *m*, Beamtin *f*
fonctionnel, -le 1 zweckmäßig, funktionell 2 *troubles* ~*s* Funktionsstörungen *fpl*
fonctionnement *m* Funktionieren *n frais de* ~ Betriebskosten *pl*
fonctionner funktionieren ; laufen
fond *m* 1 Boden *m*, Grund *m par 300 m de* ~ 300 m unter Wasser ; *(mines)* Untertagebau *m* ; *(fig) de* ~ *en comble* gründlich, von Grund auf ; *aller au* ~ *des choses* den Dingen auf den Grund gehen ;

fondamental, -aux

toucher le ~ du désespoir die Verzweiflung bis zur Neige aus=kosten **2** *au ~ de la salle* im hinteren/entlegensten Winkel/Teil des Saales ; *au ~ des bois* in der Tiefe f des Waldes ; *(méd) ~ de l'œil* Augenhintergrund m ; *(fig) du ~ du cœur* aus tiefstem Herzen ; *dire le ~ de sa pensée* das Wesen n/den Kern m seiner Gedanken offen=legen **3** *avoir un bon ~* einen guten Kern m haben **4** *le ~ et la forme* Inhalt m und Form ; *article de ~* Leitartikel m **5** *~ sonore* Hintergrundmusik f ; *sur ~ rouge* auf rotem Grund **6** *~ de teint* Make-up n **7** *course de ~* Langstreckenlauf m **8** *au ~/dans le ~* eigentlich, im Grunde genommen ; *à ~ de train* im schnellsten Tempo
fondamental, -aux 1 Grund- **2** unerläßlich *décision ~e* Grundsatzentscheidung f
fondamentaliste m Fundamentalist m
fondateur m **-trice** f GründerIn m f
fondation f **1** Stiftung f **2** *les ~s d'une maison* die Fundamente npl eines Hauses **3** *~ d'une ville* Gründung f einer Stadt
fondé m : *~ de pouvoir* Bevollmächtigte/r, ProkuristIn m f
fondement m Grundlage f ; *(fig) sans ~* unbegründet
fonder 1 gründen **2** *~ son pouvoir sur la force* seine Macht auf Gewalt stützen **3** *~ ses espoirs sur qch* seine Hoffnung auf etw (A) gründen ; *se ~ sur qch* sich auf etw (A) stützen ; *être fondé sur qch* auf etw (D) basieren/fußen/beruhen
fondre gießen ◆ schmelzen, tauen ; *(fig) ~ en larmes* sich in Tränen auf=lösen/zerfließen ; *~ devant qqn* vor jm dahin=schmelzen ; *(fam)* dünner werden ◆ *se ~ dans la foule* mit der Menge verschmelzen
fonds m **1** *~ de commerce* Geschäft n **2** *mise de ~* Kapitaleinlage f ; *~ de roulement* Umlaufkapital n, Betriebskapital n **3** *trouver des ~* Geld(mittel) n(pl) auf=treiben
fondu m : *(cin) ~ enchaîné* Überblendung f
fontaine f (Spring)brunnen m, Fontäne f
fonte f **1** Gußeisen n **2** *~ des neiges* Schneeschmelze f
football [futbol] m Fußball m
footing [futiŋ] m Laufen m, Dauerlauf m ; *faire du ~* laufen
for m : *en son ~ intérieur* in seinem Innersten n
forage m Bohrung f, Bohren n
forain : *fête ~e* Jahrmarkt m ◆ m Schausteller m
forban m Freibeuter m, Seeräuber m
force f **1** Kraft f *crier de toutes ses ~s* aus Leibeskräften fpl schreien ; *reprendre des ~s* wieder zu Kräften kommen ; *(fig) ~ de la nature* robuste Natur f ; *dans la ~ de l'âge* in der Blüte der Jahre, in den besten Jahren ; *tour de ~* Kraftakt m ; *(prov) l'union fait la ~* Einigkeit macht stark **2** *~s de l'ordre* Ordnungskräfte fpl, Polizei f ; *les ~s françaises* die französischen Streitkräfte fpl ; *~ nucléaire* Atommacht f **3** *de ~* mit Gewalt f, gewaltsam ; *camisole de ~* Zwangsjacke f ; *(fig) par la ~ des choses* zwangsweise, mit Gewalt ; *(jur) cas de ~ majeure* (Fall von) höhere(r) Gewalt ; **4** *(phys)* Kraft f **5** *arriver en ~* mit einer Menge f Leute an=kommen **6** *à ~ de patience* durch Ausdauer, mit Geduld ; *à ~ de penser à elle* dadurch, daß er ständig/andauernd an sie denkt
forcé 1 *atterrissage ~* Notlandung f **2** *travaux ~s* Zwangsarbeit f
forcément zwangsläufig, notwendigerweise
forceps mpl Geburtszange f
forcer 1 *~ qqn* jn zwingen ; *(fig) ~ le respect* sich (D) Achtung verschaffen **2** *~ une porte* eine Tür auf=brechen **3** *~ un moteur* den Motor überfordern ; *~ sa voix* die Stimme über=anstrengen ◆ *ne pas se ~* sich nicht übermäßig an=strengen
forer bohren
forestier Wald- *garde ~* Förster m ◆ m Waldarbeiter m, Forstarbeiter m
foret m Bohrer m
forêt f Wald m *~ vierge* Urwald m
forfait m **1** Pauschale f Pauschalpreis m **2** *commettre un ~* eine Schandtat f/Missetat f begehen **3** *déclarer ~* verzichten, auf=geben
forge f Schmiede f
forger schmieden ; *(fig) ~ un caractère* einen Charakter formen ; *~ une excuse* eine Entschuldigung ersinnen/erdichten
forgeron m Schmied m
formaliser (systematisch) dar=stellen ◆ *ne pas se ~* keinen Anstoß nehmen (an D)
formaliste förmlich ; formalistisch
formalité f : *~s administratives* Verwaltungsvorschriften fpl ; *ce n'est qu'une simple ~* das ist reine Formsache f
format m Format n, Größe f
formateur, -trice : *une expérience formatrice* ein formendes Erlebnis ◆ m f AusbilderIn m f
formation f **1** Ausbildung f *~ continue* Weiterbildung f, Fortbildung f ; *~ initiale* Grundausbildung f ; *~ professionnelle* Berufsausbildung f **2** *~ politique* politische Gruppierung f **3** *(géo) ~ granitique* Granitformation f **4** Bildung f *~ d'un abcès* Geschwulstbildung f
forme f **1** Form f ; Gestalt f *prendre ~*

fournir

Gestalt *f* an=nehmen **2** *(fam) ne pas avoir la* ~ nicht in Form sein **3** *en bonne et due* ~ in gehöriger/entsprechender Form ; *pour la* ~ der Form halber
formel, -le 1 formell, ausdrücklich **2** *politesse* ~*le* förmliche Höflichkeit
former 1 ~ *qqn* jn aus=bilden ; ~ *le goût* den Geschmack bilden **2** ~ *un projet* einen Plan schmieden/auf=stellen ; ~ *un gouvernement* eine Regierung bilden **3** bilden
formica *m* Resopalplatte *f*
formidable 1 *(fam)* großartig, kolossal **2** *une force* ~ eine gewaltige Kraft
formol *m* Formalin *n* Formol *n*
formulaire *m* Formular *n*, Vordruck *m*
formule *f* **1** Formel *f* **2** Möglichkeit *f*
formuler formulieren, aus=drücken
forniquer Unzucht treiben ; kopulieren
fort 1 stark, kraftvoll *un vent* ~ ein heftiger Wind ; *(fig) se faire* ~ *de* sich **(D)** etw zu=trauen ; *(fam) c'est un peu* ~ *!* das ist ein ziemlich starkes Stück ! **2** *être un peu* ~ korpulent sein **3** *une* ~*e somme* eine beträchtliche/hohe Summe ; *une* ~ *chaleur* eine gewaltige Hitze ♦ ~ *intéressant* sehr interessant
forteresse *f* Festung *f*
fortifiant *m* Stärkungsmittel *n*, Kräftigungsmittel *n*
fortifications *fpl* Befestigung(sanlagen) *f(pl)*
fortifier 1 befestigen **2** ~ *qqn* jn stärken
fortin *m* kleine Befestigungsanlage *f*
fortuit zufällig, von ungefähr
fortune *f* **1** Vermögen *n* **2** Geschick *n* *mauvaise* ~ Mißgeschick *n* ; *revers de* ~ Rückschlag *m* ; *faire contre mauvaise* ~ *bon cœur* gute Miene zum bösen Spiel *n* machen ; *abri de* ~ Notunterkunft *f*, Behelfsunterkunft *f*
fortuné wohlhabend, begütert, vermögend
fosse *f* Grube *f*, Gruft *f* ~ *commune* Gemeinschaftsgrab *n* ; ~ *océanique* Tiefseegraben *m* ; *(fig)* ~ *nasale* Nasenhöhle *f*
fossé *m* Graben *m* ; *(fig)* Kluft *f*
fossette *f* Grübchen *n*
fossile *m* Fossil *n*, Versteinerung *f*
fossiliser (se) versteinern
fossoyeur *m* Totengräber *m*
fou, folle 1 wahnsinnig, irr(sinnig), verrückt ; *(fig)* ~ *de qch* auf etw **(A)** völlig verrückt sein ; *être* ~ *de qqn* in jn verschossen/vernarrt sein **2** *un monde* ~ eine Menge/Masse Leute ; ~ *rire* unbändiges Gelächter ♦ *m f* Geisteskranke/r, Verrückte/r ; *(fig)* Narr *m*, Närrin *f* ♦ *m* **1** *(échecs)* Läufer *m* **2** ~ *de Bassan* Basstölpel *m* ♦ *f (fam)* Tunte *f*
foudre *f* Blitz(schlag) *m*
foudroyant : *maladie* ~*e* unaufhaltsame Krankheit ; *(fig) succès* ~ umwerfender Erfolg
foudroyer durch einen Blitz erschlagen ; nieder=schmettern ; *(fig)* dahin=raffen
fouet *m* **1** Peitsche *f* **2** *se heurter de plein* ~ einen Frontalzusammenstoß *m* haben
fouettard : *père* ~ Knecht Ruprecht *m*
fouetter (aus)=peitschen ; *(fig)* ~ *les carreaux* an die Fensterscheiben peitschen
fougère *f* Farn *m*
fougue *f* Schwung *m*, Leidenschaftlichkeit *f*, Feuer *n la* ~ *de la jeunesse* jugendliches Ungestüm *n*
fougueux, -euse : hitzig, ungestüm
fouille *f* Durchsuchung *f*
fouiller 1 durchsuchen **2** ~ *un site* Ausgrabungen (an einem archeologischen Fundort) vor=nehmen
fouillis *m* Durcheinander *n*, Gewühl *n*
fouine *f* Steinmarder *m*
foulard *m* Halstuch *n*
foule *f* Menge *f*, Masse *f*, Gedränge *n* ; *(fig)* Unmenge *f*
foulée *f* : *à petites* ~*s* mit kleinen Schritten *mpl* ; *(fig) dans la* ~ gleich im Anschluß *m* daran
fouler 1 ~ *le sol d'un pays* den Boden eines Landes betreten **2** *se fouler la cheville* sich **(D)** den Knöchel verstauchen ; *(fam) ne pas se* ~ sich **(D)** kein Bein aus=reißen
foulure *f* Verstauchung *f*
four *m* **1** (Back)ofen *m* ~ *électrique* Elektroherd *m mettre au* ~ in die Röhre geben/schieben **2** ~ *crématoire* Krematorium *n* **3** *(fam) être un* ~ ein Fiasko sein
fourbe betrügerisch, hinterhältig, arglistig
fourbu gerädert, zerschlagen, erschöpft
fourche *f* **1** Forke *f*, Gabel *f* **2** ~ *d'un vélo* Radgabel *f* ; *(arbre)* Astgabel *f* ; *(route)* Gabelung *f*
fourchette *f* **1** Gabel *f* **2** ~ *d'erreur de 2 à 5 %* Fehlerquote *f* zwischen 2 und 5 % ; *(élections)* Hochrechnung *f*
fourgon *m* Gepäckwagen *m* ~ *cellulaire* Gefängniswagen *m*
fourmi *f* Ameise *f* ; *(fig/fam) avoir des* ~*s dans les jambes* Kribbeln *n* in den Beinen haben
fourmilière *f* Ameisenhaufen *m*
fourmillement *m* **1** Kribbeln *n* **2** Gewimmel *n*
fourmiller wimmeln
fournaise *f* : *(fig) c'est une véritable* ~ das ist der reinste Backofen *m*
fourneau *m* -x : *haut* ~ Hochofen *m*
fournée *f* Schub *m* ; Ladung *f*
fournir : ~ *qch à qqn* jm etw liefern ; *(fig)* ~ *un alibi* ein Alibi beschaffen ; ~ *des indications* Hinweise geben ♦ *se* ~ *chez qqn* bei jm kaufen

fournisseur *m* Lieferant *m*
fournitures *fpl* Zubehör *n* *~s scolaires* Schulbedarf *m*
fourrage *m* (Vieh)futter *n*
fourré 1 (pelz)gefüttert **2** *croissant ~* gefülltes Hörnchen **3** *coup ~* heimtückischer Streich
fourré *m* Gestrüpp *n*, Dickicht *n*
fourrure *f* Fell *n*, Pelz *m*, Pelzwerk *n*
fourvoyer (se) sich verirren
foyer *m* **1** *~ de cheminée* Feuerstelle *f*; *~ de l'incendie* Brandherd *m* **2** *~ conjugal* eheliche Wohnung *f*; *femme au ~* Hausfrau *f*; *fonder un ~* eine Familie *f* gründen; *rentrer dans ses ~s* nach Hause *n* gehen **3** *habiter dans un ~* in einem Heim *n* wohnen **4** *~ d'un séisme* Zentrum *n* eines Erdbebens **5** *lunettes à doubles ~s* bifokale Brille
fracas *m* Getöse *n*, Krachen *n*, Krach *m*
fracassant : *un bruit ~* tosender Lärm; *(fig) une déclaration ~e* eine aufsehenerregende Erklärung
fracasser zerschlagen, zertrümmern ◆ *se ~* zerschellen
fraction *f* **1** *(math)* Bruch *m* **2** Teil *m*; *(pol)* Fraktion *f*; *(fig) une ~ de seconde* ein Bruchteil *m* einer Sekunde
fractionner auf=teilen ◆ *se ~* sich teilen
fracture *f* Bruch *m*
fracturer 1 *~ un coffre-fort* einen Geldschrank auf=brechen **2** *se ~ la jambe* sich (D) ein Bein brechen
fragile 1 zerbrechlich **2** *de santé ~* anfällig, empfindlich **3** *un équilibre ~* ein gefährdetes Gleichgewicht
fragiliser schwächen
fragilité *f* **1** Zerbrechlichkeit *f* **2** Hinfälligkeit *f* Schwäche *f* *d'une monnaie* Unbeständigkeit *f* einer Währung **3** Anfälligkeit *f*
fragment *m* **1** Brocken *m* **2** *~ de texte* Textfragment *n*
fragmentaire unvollständig
fragmenter auf=teilen, zersplittern
fraîche → **frais**
fraîchement 1 *être accueilli ~* kühl empfangen werden **2** *~ arrivé* frisch/gerade eingetroffen
fraîcheur *f* Frische *f*
fraîchir frischer/kühl/kälter werden
frais, fraîche 1 frisch *peinture fraîche !* frisch gestrichen ! *être ~ et dispos* frisch und munter sein ; *(fam) nous voilà ~ !* jetzt haben wir es ! **2** *un spectacle très ~* ein erfrischendes/lebendiges Schauspiel ◆ *il fait ~* es ist frisch/kühl; *servir ~* kühl servieren ◆ *m prendre le ~* frische Luft *f* schnappen
frais *mpl* : *tous ~ compris* alle Kosten *pl* eingeschlossen ; *faux ~* Nebenkosten *pl*, Unkosten *pl* ; *~ généraux* Geschäftskosten *pl* ; *à moindres ~* kostensparend ; *~ de déplacements* Fahrtkosten *pl* ; *(fig) en être pour ses ~* sich umsonst bemüht haben ; *faire les ~ de qch* bei etw (drauf) =zahlen (müssen)
fraise *f* **1** Erdbeere *f* **2** *(tech)* Fräse *f*
fraiseur *m* Fräser *m*
framboise *f* Himbeere *f*
franc, -che 1 ehrlich, aufrichtig ; offen ; *(fig) couleur franche* klare Farbe **2** *zone franche* Freihandelszone *f* ; *(sp) coup ~* Freistoß *m*
français französisch ◆ *m* Französisch *n* ; *(fig) parler le ~ comme une vache espagnole* Französisch radebrechen
Français *m* **-e** *f* Franzose *m*, Französin *f* **le** *~* *moyen* der Durchschnittsfranzose *m*
franchement 1 frei (heraus), gerade heraus ; ganz offen *~, tu exagères !* da übertreibst du aber wirklich ! **2** *~ mauvais* ausgesprochen schlecht
franchir 1 *~ une distance* eine Entfernung überwinden, zurück=legen **2** gehen/ springen/fahren/setzen (über A) *~ la frontière* die Grenze überschreiten ; über die Grenze fahren
franchise *f* **1** Ehrlichkeit *f*, Aufrichtigkeit *f* ; *en toute ~* in aller Offenheit *f* **2** *~ de 400 F* 400 Francs Selbstbeteiligung *f* **3** *~ postale* Gebührenfreiheit *f* **4** *avoir un commerce en ~* eine Verkaufslizenz *f* haben
franciser französieren
franc-jeu offen, direkt
franc-maçon *m* Freimaurer *m*
franco 1 *~ de port* portofrei **2** *(fam) y aller ~* direkt darauf zu=gehen
francophone frankophon, französischsprachig
franc-parler *m* : *avoir son ~* kein Blatt vor den Mund nehmen
franc-tireur *m* Freischärler *m*, Heckenschütze *m* ; *(fig)* Einzelkämpfer *m*
frange *f* Franse *f*
frangipane *f* Marzipan *n*
franquette *f* : *à la bonne ~* ohne (alle) Umstände *mpl*, zwanglos
frappant 1 *exemple ~* treffendes Beispiel **2** *ressemblance ~e* auffallende Ähnlichkeit
frappe *f* **1** Anschlag *m faute de ~* Tippfehler *m* **2** Schlagkraft *f* **3** *(fam) une petite ~* Straßenjunge *m*, kleiner Gauner *m*
frapper : *~ à la porte* an die Tür klopfen **1** *~ qqn* schlagen/hauen **2** *la maladie l'a frappé* er wurde (ernsthaft) krank **3** *un détail me frappe* eine Einzelheit fällt mir auf **4** *~ un article de taxes* einen Artikel mit einer Steuer belegen **5** *~ une monnaie* eine Münze prägen ◆ *être frappé par la foudre* vom Blitz getroffen werden ; *(fig)*

être frappé de stupeur bestürzt sein ◆ *champagne bien frappé* gut gekühlter/ frappierter Champagner
fraternel, -le brüderlich
fraterniser sich verbrüdern
fraternité f Brüderlichkeit f
fratricide : *luttes ~s* Bruderkrieg m
fraude f Betrug m, Betrügerei f *~ fiscale* Steuerhinterziehung f; *passer qch en ~* etw ein=schmuggeln/herein=schmuggeln
frauder betrügen
fraudeur, euse m f BetrügerIn m f, SchmugglerIn m f
frayer (se) *se ~ un chemin* sich (D) einen Weg bahnen; *(fig)* sich (D) den Weg ebnen ◆ *~ avec qqn* mit jm verkehren
frayeur f Schrecken m, Angst f
fredonner trällern, summen
free-lance [fʀilɑ̃s] freischaffend
freezer [fʀiːzˈr] m Tiefkühlfach n
frein m 1 Bremse f *~ à main* Handbremse f; *(fig)* Zügel m 2 *(fig) ronger son ~* sich (D) Zwang an=tun, sich (D) etw verkneifen
frelaté : *vin ~* gepanschter Wein; *(fig) compliments ~s* falsche Komplimente
frêle schwächlich, zart, gebrechlich
frelon m Hornisse f
frémir 1 schaudern *~ de colère* vor Wut schäumen/beben 2 *l'eau frémit* das Wasser wallt/siedet
frêne m Esche f
frénésie f Raserei f, Wahn(sinn) m, Tobsucht f
frénétique wild, rasend, *(fig)* frenetisch
fréquemment 2 oft, häufig, öfters
fréquence f 1 *(phys/radio)* Frequenz f 2 Häufigkeit f
fréquent häufig, vielfach *ce n'est pas ~* das kommt nicht oft vor
fréquentation f 1 Verkehr m (mit) 2 *avoir de mauvaises ~s* schlechten Umgang m haben
fréquenter : *~ les expositions* Ausstellungen besuchen, oft zu/auf Ausstellungen gehen; *~ des gens* mit Leuten verkehren
frère m 1 Bruder m ; *(fig) faux ~* falscher Freund m, *(fam)* falscher Fuffziger m 2 *(rel)* (Ordens)bruder m
fresque f Freske f
fret m Fracht f, Frachtgut n
frétillant zapplig, quicklebendig
frétiller zappeln, zucken
freudien, -ne freudianisch
friable mürbe, krümelig, bröckelig
friand : *~ de chocolat* gierig nach Schokolade; *(fig) ~ de poésie* auf Gedichte/ nach Gedichten versessen ◆ m Fleischpastete f
friandise f Näscherei f, Leckerei f
fric m *(fam)* Knete f, Zaster m, Pinke-Pinke f, Piepen fpl, Mäuse fpl

fricative f Reibelaut m
fric-frac m Einbruch m
friche f Brachland n
friction f Einreibung f; *(fig) avoir eu des ~s avec qqn* sich mit jm reiben
frictionner (ein)=reiben, ab=reiben, frottieren
frigidaire m Kühlschrank m
frigide frigide
frigorifié *(fam)* völlig erfroren
frigorifique Gefrier-, Kühl-
frileux, -euse kälteempfindlich; *(fig) un ~ soutien* eine halbherzige Unterstützung
frime f *(fam)* Angabe f, Getue n
frimer *(fam)* an=geben
frimeur, -euse m f *(fam)* AngeberIn m f
fringant forsch, keck
fripe f Trödel m
friper zerdrücken ◆ *se ~ facilement* leicht knautschen ◆ *être tout fripé* völlig zerdrückt/zerknauscht sein; *(fig) un visage fripé* ein zerknittertes Gesicht
fripier m **-ère** f AltkleiderhändlerIn m f
fripon, -ne spitzbübisch, schelmisch ◆ m f SchelmIn m f
fripouille f *(fam)* Lump m, Strolch m
frire : *faire ~* in Öl backen/braten
frise f Fries n
frisé kraus, wellig
friser 1 kräuseln, locken, wellen; 2 streifen; *(fig) ~ le scandale* haarscharf an einem Skandal vorbei=gehen; *~ la soixantaine* auf die Sechzig zu=gehen; ◆ *~ naturellement* sich natürlich locken/wellen
frisson m : *~ de fièvre* Fieberschauer m; *~ de peur* Angstschauder m ; *(fig) donner le ~* erschauern lassen
frissonner schau(d)ern, zittern
frite f 1 Pommes frites fpl 2 *(fam) avoir la ~* (unheimlich) in Form f sein
friture f 1 *(poissons)* Bratfische mpl 2 Bratfett n 3 *il y a de la ~ sur la ligne* es knistert in der (Telefon)leitung
frivole frivol; leichtsinnig, flatterhaft
froid kalt *il fait ~* es ist kalt; *(fig) être pris à ~* überfallen werden ; *battre ~ à qqn* jm die kalte Schulter zeigen ◆ m 1 Kälte f *mort de ~* erfroren 2 *j'ai ~* mir ist kalt; *avoir ~ aux pieds* kalte Füße haben; *attraper/prendre ~* sich erkälten; *(fig) il y a un ~ entre nous* unsere Beziehungen haben sich abgekühlt ; *jeter un ~* wie eine kalte Dusche f wirken 3 *chaîne du ~* Kühlkette f
froidement 1 kühl 2 *tuer ~ qqn* jn kaltblütig empfangen
froideur f Kälte f
froisser 1 *~ du papier* Papier zerknüllen ; *~ sa robe* sein Kleid zerknittern 2 *~*

frôler

qqn jn kränken/verletzen **3 se ~ un muscle** sich (D) einen Muskel quetschen

frôler streifen; (fig) ~ *la mort* dem Tod gerade so entgehen

fromage *m* 1 Käse *m plateau de ~s* Käseplatte *f* 2 ~ *de tête* Sülze *f*

froment *m* Weizen *m*

fronce *f* Fältchen *n*

froncer (couture) an=krausen; (fig) ~ *les sourcils* die Stirn runzeln

fronde *f* (Stein)schleuder *f*

frondeur, -euse aufsässig; trotzig

front *m* 1 Stirn *f*; (fig) *partir le ~ haut* mit erhobenem Kopf *m* weg=gehen; *avoir le ~ de faire qch* die Stirn/die Frechheit *f* haben,/sich erdreisten/etw zu tun 2 Front *f* 3 ~ *de mer* Strandpromenade *f*; (mil) *aller au ~* an die Front *f* gehen; (fig) *faire ~* die Stirn bieten, widerstehen 4 *marcher de ~* in einer Reihe nebeneinander=gehen; *mener de ~* gleichzeitig betreiben; *aborder de ~ un problème* ein Problem direkt an=gehen

frontal, -aux 1 *choc ~* Frontalzusammenstoß *m* 2 *os ~* Stirnbein *n*

frontalier, -ière Grenz- ♦ Grenzbewohner|n *m f*; Grenzgänger|in *m f*

frontière *f* Grenze *f passer la ~* über die Grenze gehen; (fig) Scheidelinie *f*

fronton *m* Giebel *m*, Giebeldreieck *n*

frottement *m* Reibung *f*

frotter scheuern ♦ reiben ~ *une allumette* ein Streichholz an=streichen; ~ *les casseroles* die Töpfe scheuern; ~ *le parquet* das Parkett schrubben; ~ *ses yeux* sich (D) die Augen reiben; (fig) ~ *les oreilles à qqn* jm eins hinter die Ohren geben ♦ *se ~ à qqn* sich mit jm reiben; (prov) *qui s'y frotte, s'y pique* wer nicht hören will, muß fühlen

frottis *m* (méd) Abstrich *m*

froufrous *mpl* Rüschen *fpl*, Fransen *fpl*

frousse *f* (fam) Bammel *m flanquer la ~ à qqn* jm eine Heidenangst *f* ein=jagen

fructifier (fig) Früchte tragen ♦ *faire ~ son capital* sein Kapital nutzbringend an=legen

fructueux, -euse : *affaire fructueuse* ein lohnendes/einträgliches Geschäft; (fig) *recherche fructueuse* erfolgreiche Suche

frugal, -aux einfach, spärlich

fruit *m* 1 Frucht *f manger des ~s* Obst *n* essen 2 *le ~ de mes réflexions* das Ergebnis *n* meiner Überlegungen; *le ~ de mon travail* die Früchte meiner Arbeit 3 ~*s de mer* Meeresfrüchte *fpl*

fruité fruchtig

fruitier, -ière : *arbre ~* Obstbaum *m*

fruste *f* (fam) *homme ~* vierschrötiger Mann; *vie ~* rauhes Leben

frustrer 1 frustrieren 2 ~ *qqn de sa part* jn um seinen Anteil prellen/bringen

fuel [fjul] *m* Heizöl *n*

fugace flüchtig

fugitif, -ive (fig) flüchtig ♦ *m f* Flüchtling *m*, Flüchtige/r

fugue *f* 1 Entlaufen *n*, Ausreißen *n*, Flucht *f*; *faire une ~* aus=reißen, davon=laufen 2 (mus) Fuge *f*

fuir 1 davon=laufen; flüchten; (fig) die Flucht ergreifen 2 *mon stylo fuit* mein Füller läuft (aus) 3 *l'eau fuit du réservoir* das Wasser läuft aus dem Behälter ♦ ~ *qqn/ qch* jn meiden; ~ *qch* einer Sache aus=weichen

fuite *f* 1 Flucht *f*, Entrinnen *n prendre la ~* die Flucht ergreifen; (jur) *délit de ~* Fahrerflucht *f*; (fig) ~ *des capitaux* Kapitalflucht *f*, Kapitalabwanderung *f* 2 ~ *d'eau* Wasserrohrbruch *m*; ~ *de gaz* Ausströmen *n* von Gas; (fig/fam) *il y a eu des ~s* da sind Nachrichten *fpl* durchgesickert

fulgurant : *éclair ~* blitzendes Licht; (fig) *une douleur ~e* ein stechender Schmerz; *un succès ~* ein blitzschneller Erfolg

fulminer : ~ *contre qqn* gegen jn wettern/los=toben ♦ ~ *des injures* Beleidigungen aus=stoßen

fumée *f* Rauch *m*; Qualm *m*; (fig) *partir en ~* sich in Rauch auf=lösen

fumer 1 rauchen 2 ~ *de la viande* Fleisch räuchern 3 ~ *la terre* den Boden düngen ♦ 1 qualmen, rauchen 2 *la soupe fume* die Suppe dampft

fumet *m* Duft *m*

fumeux, -euse verworren, unklar

fumeur *m* -**euse** *f* Raucher|in *m f*

fumier *m* Mist *m*; (vulg) ~ *!* Mistkerl *m*

fumigène : *bombe ~* Rauchbombe *f*

funambule *m f* Seiltänzer|in *m f*

funèbre : *cortège ~* Leichenzug *m*; (fig) düster

funérailles *fpl* Begräbnis *n*, Bestattung *f* ~ *nationales* Staatsbegräbnis *n*

funéraire : *dalle ~* Grabstein *m*

funeste unheilvoll, unselig

funiculaire *m* (Draht)seilbahn *f*, Schwebebahn *f*

furet *m* Frettchen *n*

fur : *au ~ et à mesure* nach und nach

fureter herum=stöbern, herum=wühlen, herum=schnüffeln

fureur *f* Wut *f se mettre en ~* rasend werden; (fig) ~ *de l'orage* Toben *n* des Gewitters; *faire ~* Furore *f* machen

furibond wütend, rasend

furieux, euse wütend, rasend *fou ~* rasend, (wild) tobend

furoncle *m* Furunkel *m*

furtif, -ive 1 *regard ~* verstohlener/heimlicher Blick; *à pas ~s* (fig) auf lei-

sen Sohlen 2 *avion* ~ Tarnkappenflugzeug *n*
fusain *m* 1 *(arbuste)* Pfaffenhütchen *n* 2 Kohle *f*, Kohlestift *m*; *dessin au* ~ Kohlezeichnung *f*
fuseau *m* -x 1 ~ *horaire* Zeitzone *f* 2 *(pantalon)* Keilhose *f* 3 *dentelle aux* ~*x* Klöppelspitze *f*
fusée *f* Rakete *f* ~ *éclairante* Leuchtrakete *f*
fuselé : *jambes* ~*es* lange schlanke Beine
fuser : *les éclairs fusent de tous les côtés* von allen Seiten flammen Blitzlichter auf ; *(fig) les rires fusent* Gelächter bricht aus
fusible *m* Sicherung *f*
fusil *m* 1 Gewehr *n*, Flinte *f* 2 *pierre à* ~ Feuerstein *m*; *(boucherie)* Schleifstein *m*
fusillade *f* Schießerei *f*, Gewehrfeuer *n*
fusiller erschießen; *(fig)* ~ *qqn du regard* jn mit Blicken töten
fusil-mitrailleur *m* leichtes Maschinengewehr *n*
fusion *f* 1 Schmelzen *n* 2 Zusammenschluß *m*; *(comm)* Fusion *f* 3 ~ *thermonucléaire* Kernfusion *f*
fusionnel, -le : *relation* ~*le* symbiotische Beziehung
fusionner fusionieren ♦ sich zusammen=schließen
fustiger *(fig)* geißeln, an=prangern
fût *m* Faß *n*, Tonne *f*
futaie *f* Hochwald *m*
futé pfiffig, gerissen, verschmitzt
futile nichtssagend, belanglos; leichtsinnig
futilité *f* Inhaltslosigkeit *f*, Bedeutungslosigkeit *f*, Belanglosigkeit *f*; Eitelkeit *f*
futur zukünftig, kommend ♦ *m* Zukunft *f*; *(gram)* Futur(um) *n*
futuriste futuristisch
fuyant 1 ausweichend, verstohlen 2 *menton* ~ *(fig)* fliehendes Kinn
fuyard *m* -**e** *f* Flüchtling *m*, Ausreißer *m*

G

gabarit *m* 1 Größe *f* 2 Modell *n* Schablone *f*
gâcher 1 ~ *du plâtre* Mörtel an=rühren 2 ~ *sa vie* sein Leben verpfuschen; ~ *tout le plaisir !* die ganze Freude verderben !
gâchette *f* 1 Abzug *m*, Hahn *m* 2 *(serrure)* Schnappschloß *n*
gâchis *m*; *(fig)* Kuddelmuddel *m*/*n*; *c'est du* ~ *!* das ist Vergeudung *!*; *quel* ~ *!* so ein Schlamassel *m* !; Pfusch ! *m*
gadoue *f* Schlamm *m*, Matsch *m*
gaffe *f* 1 *(fam) faire une* ~ einen Schnitzer *m* machen, einen Bock *m* schießen 2 *(fam) faire* ~ *(non fam)* auf=passen 3 *(mar)* Bootshaken *m*
gage *m* 1 Pfand *n*; *prêteur sur* ~*s* Pfandleiher *m*; *(fig)* Beweis *m*, Unterpfand *n* 2 *(jeu)* Pfand *n* ♦ *tueur à* ~*s* gedungener Mörder; *régler ses* ~*s à qqn* jm seinen Lohn *m*/sein Löhnung *f* zahlen
gager : ~ *que* wetten, daß ♦ ~ *qch* etw verpfänden
gageure [ɡaʒyʀ] *f* : *c'est une* ~ *!* das ist ein unmögliches Unterfangen ! *n*
gagnant 1 *billet* ~ Treffer *m*, Gewinnlos *n*; *donner* ~ auf Sieg setzen 2 *être* ~ gewinnen ♦ *m* -**e** *f* GewinnerIn *m* *f*
gagne-pain *m* Broterwerb *m*
gagner gewinnen an ~ *à être connu* beim näheren Kennenlernen gewinnen ~ 1 ~ *le gros lot* das große Los ziehen 2 ~ *de l'argent* Geld verdienen 3 gewinnen ~ *du terrain* (an) Boden gut=machen/gewinnen; *(fig)* ~ *l'estime de qqn* js Wertschätzung erlangen 4 ~ *la porte* zur Tür gelangen 5 *le sommeil me gagne* der Schlaf überkommt mich
gai heiter, fröhlich
gaieté/gaîté *f* Heiterkeit *f*, Fröhlichkeit *f*; *(fig) ne pas faire qch de* ~ *de cœur* etw schweren Herzens/ungern tun
gaillard : *être encore* ~ noch rüstig sein ♦ *m* 1 Kerl *m*, Bursche *m* 2 *(mar)* ~ *d'avant* Vorderdeck *n*
gain *m* 1 Gewinn *m*; *appât du* ~ Verlockung des Geldes *n* 2 Verdienst *m* *obtenir* ~ *de cause* bekommen, was man will, (ob)siegen
gaine *f* 1 Scheide *f*; *(tech)* Isolierschicht *f*, Isoliermantel *m* ~ *d'aération* Lüftungskanal *m* 2 Hüfthalter *m*
galant 1 galant, zuvorkommend 2 *rendez-vous* ~ Rendezvous *n*
galanterie *f* 1 Zuvorkommenheit *f*, Galanterie *f* 2 *dire des* ~*es* Höflichkeiten *f pl* / neckische Sachen *f pl* sagen
galaxie *f* Galaxie *f*, Galaxis *f*
galbe *m* Rundung *f*, Ausbauchung *f* ~ *d'une jambe* die Rundung *f*/der anmutige Schwung *m* eines Beines
galbé geschweift, gerundet, geschwungen
gale *f* Krätze *f*; *(animaux)* Räude *f*
galère *f* Galeere *f*; *(fig/fam) quelle* ~ *!* was für eine Tretmühle ! *f*
galerie *f* 1 Durchgang *m* Passage *f*; *(mi-*

galet

nes) Stollen *n*; *(taupe)* Gang *m* **2** *(th)* Rang *m*; *(fig) amuser la* ~ die Gesellschaft unterhalten **3** ~ *d'art* (Kunst)galerie *f* **4** *(musée)* Saal *m* **5** *(auto)* Dachgepäckträger *m*
galet *m* **1** Kiesel(stein) *m* **2** *(tech)* Laufrolle *f*
galette *f* **1** Eierkuchen *m*; Butterteiggebäck *n* — *de pommes de terre* Kartoffelpuffer *m*; ~ *des Rois* Dreikönigskuchen *m* **2** *(fam)* Knete *f*, Kies *m*, Zaster *m*
galeux, -euse räudig
galimatias *m* verworrenes Gerede *n*
galipette *f* : *faire une* ~ einen Purzelbaum *m* schlagen
galle *f* Gallapfel *m*
gallicisme *m* Gallizismus *m*
gallinacé *m* Hühnervögel *mpl*
galon *m* Litze *f*, Borte *f*; *(mil)* Tresse *f*
galop *m* Galopp *m*; *partir au* ~ davon=galoppieren, davon=sprengen; *(fig)* weg=rennen; *(fig)* ~ *d'essai* Versuchslauf *m*
galvaniser **1** ~ *une foule* eine Menge begeistern / mit=reißen / elektrisieren **2** *(tech)* galvanisieren
galvauder vergeuden ◆ *une expression galvaudée* ein abgenutzter Begriff
gambader hüpfen
gamète *m* Samenzelle *f*
gamin *m* Kind *n*, Bengel *m*; *un sale* ~ ein frecher Lausejunge *m*; *se conduire comme un* ~ sich wie ein kleiner / dummer Junge *m* benehmen
gaminerie *f* Kinderei *f*
gamme *f (mus)* Tonleiter *f*; *(fig)* ~ *de couleurs* Farbskala *f*, Farbpalette *f*; *article haut de* ~ Spitzenartikel *m*
gammée : *croix* ~ Hakenkreuz *n*
ganglion *m* Ganglion *n*, Nervenknoten *m*
gangrène *f* Brand *m*, Gangräne *f*; *(fig)* Krebsschaden *m*
gangrener (se) brandig werden
gangstérisme *m* Gangstertum *n*
gangue *f* Schutzschicht *f*
gant *m* Handschuh *m*; ~ *de toilette* Waschlappen *m*; *(fig) ne pas prendre de* ~*s* nicht viel Federlesens *n* machen; *prendre des* ~*s* mit Samthandschuhen *mpl* an=fassen, wie ein rohes Ei behandeln; *cela te va comme un* ~ das paßt dir wie angegossen
garage *m* **1** Garage [gaʀaːʒ] *f* **2** Autowerkstatt *f* **3** *voie de* ~ Abstellgleis *n*
garagiste *m* Besitzer *m* einer Autowerkstatt
garance *f* Krapp *m*
garant : *se porter* ~ *de qqn / qch* sich für jn / etw verbürgen, für jn / etw die Garantie übernehmen ◆ *m* Bürge *m*, Bürgin *f*
garantie *f* Garantie *f*; *(fig) présenter toutes les* ~*s* jede Gewähr *f* bieten; *prendre des* ~*s* sich ab=sichern
garantir **1** ~ *que* versichern, daß **2** ~ *un droit* ein Recht garantieren / zu=sichern **3** ~ *une marchandise* Garantie auf eine Ware leisten **4** ~ *du vent* gegen den Wind schützen
garçon *m* **1** Junge *m*; *(fig) c'est un vrai* ~ *manqué* an ihr ist ein Junge verloren gegangen **2** *brave* ~ gutmütiger Kerl *m* **3** *vieux* ~ (eingefleischter) Junggeselle *m* **4** ~ *de courses* Laufbursche *m*; ~ *coiffeur* Friseurgehilfe *m*; *(restauration)* Kellner *m*, Ober *m*, Bedienung *f*
garçonnière *f* Junggesellenwohnung *f*
garde *f* **1** *(jur)* ~ *d'un enfant* Erziehungsrecht *n* / Sorgerecht *n* für ein Kind **2** *chien de* ~ Wachhund *m* ; *tenir sous bonne* ~ gut verwahren ; gut bewachen *(mil) monter la* ~ Wache *f* halten / schieben, Posten *m* stehen; *(jur)* ~ *à vue* Polizeigewahrsam *n* **3** *être de* ~ Bereitschaftsdienst *m* haben **4** *mettre qqn en* ~ jn warnen; *prendre* ~ *à qch* auf etw (**A**) auf=passen **5** ~ *présidentielle* Leibwache *f des Präsidenten*; *(fig) vieille* ~ alte Garde *f* **6** *page de* ~ Deckblatt *n*, Schutzblatt *n* **7** *(épée)* Stichblatt *n* **8** ~ *de nuit* Nachtwache *f*
garde *m* **1** Wachmann *m*, Wächter *m*; ~ *du corps* Leibwächter *m*; ~ *mobile* Bereitschaftspolizist *m* **2** ~ *forestier* Revierförster *m*
garde-à-vous *m* : *être au* ~ stramm=stehen
garde-barrière *m f* BahnwärterIn *m f*, SchrankenwärterIn *m f*
garde-chasse *m* Jagdaufseher *m*, Wildhüter *m*
garde-fou *m* Geländer *n*; *(fig)* Schutz *m*
garde-malade *m f* KrankenwärterIn *m f*
garde-manger *m* Speisekammer *f*
garde-pêche *m* Fischereiaufseher *m*
garder 1 auf=heben; behalten **2** ~ *qch au frais* etw kühl auf=bewahren; *(fig) garder ses distances* Distanz wahren / halten; ~ *rancune à qqn* jm gegenüber nachtragend sein; ~ *un secret* ein Geheimnis bewahren; ~ *son sérieux* ernst bleiben; ~ *un bon souvenir de qqn / qch* jn / etw in guter Erinnerung behalten; *(fam) garde ça pour toi !* behalte das für dich! **2** ~ *son chapeau* seinen Hut auf=behalten; ~ *les yeux baissés* den Blick gesenkt halten **3** ~ *une place* einen Platz frei=halten **4** ~ *des enfants* auf die Kinder auf=passen, die Kinder hüten; ~ *un prisonnier* einen Gefangenen bewachen; ~ *une maison* ein Haus überwachen **5** ~ *la chambre* das Bett hüten ◆ **1** *se* ~ *d'intervenir* sich hüten einzugreifen **2** *le lait ne se garde pas* die Milch hält sich nicht

garderie f Kindertagesstätte f, Kinderhort m

gardien m **-ne** f 1 AufseherIn m f, WächterIn m f, WärterIn m f 2 ~ *de la paix* Polizist m 3 *(sport)* ~ *de but* Tormann m, Torwart ♦ f Kinderfrau f

gardiennage m Wachschutz m

gardon m Plötze f

gare : ~ ! paß auf! Vorsicht!

gare f Bahnhof m ~ *routière* Busbahnhof m; *entrer en* ~ in den Bahnhof ein=fahren

garenne f : *lapin de* ~ Wildkaninchen n

garer (se) 1 parken 2 seitlich ran=fahren/aus=weichen

gargariser (se) gurgeln; *(fig) se* ~ *de bonnes paroles* sich an großen/schönen Worten berauschen

gargouille f Wasserspeier m

gargouiller gluckern

garnement m Schlingel m, Bengel m

garnir Schmücken ~ *un mur d'étagères* Regale an der Wand an=bringen ♦ *escalope garnie* Schnitzel mit Beilage

garnison f Garnison f

garniture f 1 *(tech)* ~ *de frein* Bremsbelag m; ~ *métallique* Metallverzierung f 2 ~ *de bureau* Schreib(tisch)garnitur f 3 Beilage f

garrigue f Strauchheide f

garrot m 1 Knebel m 2 *poser un* ~ eine Arterie ab=binden; *supplice du* ~ (Hinrichtung durch) Erdrosselung f

garrotter knebeln, fesseln

gars m *(fam)* Bursche m, Kerl m

gaspiller verschwenden, vergeuden

gastrique Magen-

gastro-entérite f Magen-Darm-Entzündung f

gastronome m f FeinschmeckerIn m f

gastronomie f Gastronomie f; Gaststättengewerbe n

gastronomique Feinschmecker- *restaurant* ~ Feinschmeckerlokal n

gâteau m 1 Kuchen m ~ *sec* Gebäck n, Plätzchen n, Keks m/n; *(fig) papa* ~ kindernärrischer Vater m; *(fam) c'est du* ~ *!* das ist kinderleicht! 2 ~ *de plâtre* Gipsmasse f

gâter : ~ *qqn* jn verwöhnen 1 *se* ~ sich verschlechtern, schlechter/schlimmer werden 2 *(nourriture)* (ver)faulen, verderben

gâteux, -euse trottelig, vertrottelt

gauche 1 *le bras* ~ der linke Arm; *(fig) se lever du pied* ~ mit dem verkehrten Fuß/Bein zuerst auf=stehen 2 *être* ~ linkisch sein ♦ *à* ~ links, auf der linken Seite; *(fig/fam) passer l'arme à* ~ ins Gras beißen ♦ *m un direct du* ~ eine direkte Linke f ♦ f 1 *la* ~ die Linke f; *l'extrême* ~ die Linksradikalen mpl; *être de* ~ links eingestellt/linksorientiert sein 2 *sur notre* ~ links von uns, zu unsere Linken f

gaucher m **-ère** f LinkshänderIn m f

gaufre f Waffel f

gaufré : *papier* ~ Büttenpapier n

gaule f Angelrute f

gaulois gallisch; *(fig) plaisanterie* ~*e* derber/schlüpfriger Witz

Gaulois m **-e** f GallierIn m f

gausser (se) : *se* ~ *de qqn/qch* sich über jn lustig machen

gaver mästen; *(fig)* überfüttern ♦ *se* ~ *de chocolat* sich mit Schokolade voll=stopfen

gaz m 1 ~ *carbonique* Kohlendioxyd n, Kohlensäure f 2 Gas n ~ *naturel* Erdgas n; *(fig/fam) il y a de l'eau dans le* ~ es ist dicke Luft f 3 ~ *d'échappement* Abgas n 4 *(fam) avoir des* ~ Blähungen fpl/Winde mpl haben

gaze f *(méd)* Gaze [ga:zə] f

gazer vergasen ♦ *(fam) ça gaze !* es klappt !, es haut hin !

gazeux, -euse 1 gasförmig *mélange* ~ Gasgemisch n 2 *eau gazeuse* (saurer) Sprudel m, Mineralwasser n

gazinière f Gasherd m

gazoduc m Ferngasleitung f

gazon m Rasen m

gazouiller zwitschern; *(enfants)* plappern

gazouillis m Gezwitscher n; Plappern n

geai m Häher m

géant riesig, riesengroß ♦ m **-e** f Riese m, Riesin f

geignement m Wimmern n, Jammern n

geindre wimmern, jammern, stöhnen; *(fig)* klagen, lamentieren

gel m 1 Frost m 2 ~ *des prix* Einfrieren n der Preise 3 Gel n

gélatineux, -euse gelatinös

gelée f 1 ~ *blanche* (Rauh)reif m 2 Gelee n; *viande en* ~ Fleisch in Aspik n/m

geler es friert, es ist/herrscht Frost ♦ 1 *l'eau gèle* das Wasser gefriert 2 *les plantes gèlent* die Pflanzen erfrieren 3 *on gèle ici !* hier ist es eiskalt! ♦ ~ *des capitaux* Kapital ein=frieren; ~ *une production* ein Produktion still=legen ♦ *avoir les mains gelées* erfrorene Hände haben

gélif, -ive frostempfindlich

gélule f (Gelatine)kapsel f

Gémeaux mpl Zwillinge pl

gémir jammern, stöhnen; *(fig)* klagen

gemme : *sel* ~ Steinsalz n

gênant : *être* ~ stören; *(fig) une situation* ~*e* eine peinliche Lage

gencive f Zahnfleisch n

gendarme m 1 Polizist m, Gendarm m 2 *(charcuterie)* Landjäger m 3 *(insecte)* Feuerkäfer m

gendarmerie f 1 Polizeiposten m; Polizeikaserne f 2 Polizei f

gendre

gendre *m* Schwiegersohn *m*
gène *m* Gen *n*
gêne *f* **1** *éprouver une certaine ~ à/pour marcher* Gehbeschwerden *fpl* haben **2** Verlegenheit *f*, Unbehagen *n*, Peinlichkeit *f*; *être sans ~* keine Hemmungen *fpl* kennen/haben; *(prov) où (il) y a de la ~, (il n')y a pas de plaisir!* Zwang *m* läßt keine (wahre) Freude auf=kommen **3** *être dans la ~* Geldprobleme *npl* haben
gêné 1 verlegen, peinlich berührt *un sourire ~* ein betretenes/verlegenes Lächeln **2** befangen, gehemmt
généalogie *f* Ahnenforschung *f*, Genealogie *f*
généalogique : *arbre ~* Stammbaum *m*
gêner 1 stören, lästig fallen **2** *~ la circulation* den Verkehr behindern ◆ *ne vous gênez pas!* machen Sie sich (**D**) keine Umstände!; *(iro)* lassen Sie sich durch mich (nur/bloß) nicht stören!
général, -aux 1 allgemein *idée ~e* Grundidee *f*; *d'une manière ~e* allgemein **2** *intérêt ~* Allgemeininteresse *n*, Gesamtinteresse *n*; *grève ~e* Generalstreik *m* **3** *culture ~e* Allgemeinbildung *f* **4** *direction ~e* Generaldirektion *f*; *(mil) quartier ~* Hauptquartier *n* ◆ *m* **1** *parler en ~* im allgemeinen sprechen **2** *en ~ il vient à 8 h* gewöhnlich/meist(ens) kommt er um 8 Uhr **3** *(mil)* General *m* ◆ *-e f (th)* Generalprobe *f*
généraliser verallgemeinern ◆ allgemein an=wenden, allgemeine Geltung verschaffen ◆ *se ~* sich allgemein verbreiten, sich aus=breiten/aus=weiten ◆ *cancer généralisé* wuchernder Krebs
généraliste : *médecin ~* praktischer Arzt *m*, Arzt für Allgemeinmedizin
généralité *f* **1** Allgemeingültigkeit *f* **2** Allgemeinheit *f*
générateur *m* Generator *m* *~ de particule* Teilchenerzeuger *n*
génération *f* **1** Generation *f* **2** *~ spontanée* Urzeugung *f*
générer erzeugen, hervor=bringen
généreux, -euse 1 großzügig, freigebig, generös **2** großmütig **3** *des formes généreuses* üppige Formen; *un vin ~* ein edler Wein
générique Gattungs-
générique *m (cin)* Vorspann *m*
générosité *f* Großzügigkeit *f*, Freigebigkeit *f*; Edelmut *m*
genèse *f* Genese *f*, Entstehungsgeschichte *f*; *(rel)* Genesis *f*
genêt *m* Ginster *m*
généticien, -ne *m f* GenetikerIn *m f*
génétique : *recherche ~* Genforschung *f*; *patrimoine ~* Erbmasse *f* ◆ Vererbungslehre *f*, Genetik *f*
gêneur *m* **-euse** *f (iro)* Störenfried *m*

génie *m* **1** Genie *n* **2** *avoir du ~* genial sein **3** *mauvais ~* böser Geist *m* **4** *~ civil* Bauwesen *n*; *~ mécanique* Maschinenbau *m*; *(mil)* Pioniere *mpl*, Bautrupp *m*
genièvre *m* Wacholderbeere *f*
génisse *f* Färse *f*, junge Kuh *f*
géniteur *m* **-trice** *f* ErzeugerIn *m f*
génitif *m* Genitiv *m*
génocide *m* Völkermord *m*, Genozid *m/n*
genou *m* **-x** Knie *n*; *se mettre à ~x* nieder=knien, sich hin=knien; *(fig) être à ~ devant qqn* vor jm auf den Knien liegen; *(fig/fam) être sur les ~x* fix und fertig sein
genouillère *f* Knieschützer *m*,
genre *m* **1** Gattung *f*; *le ~ humain* das Menschengeschlecht *n* **2** *(gram)* Geschlecht *n* **3** Art *f* **4** Genre *n*; *~ littéraire* literarische Gattung
gens *mpl* Leute *pl*, Menschen *mpl* *les jeunes ~* junge Leute **2** *les ~ de lettres* Literaten *mpl*
gentiane *f* Enzian *m*
gentil nett, brav, lieb, freundlich, liebenswürdig
gentilhomme *m* Edelmann *m*; *(fig) se montrer ~* sich als Kavalier erweisen
gentillesse *f* Liebenswürdigkeit *f*, Nettigkeit *f*, Freundlichkeit *f*
gentiment : *parler ~* artig reden; *prêter ~ son vélo* freundlicherweise sein Fahrrad aus=borgen
génuflexion *f* Kniefall *m*
géographe *m f* GeographIn *m f*
géographie *f* Geographie *f*, Erdkunde *f*
geôle *f* Kerker *m*
géologie *f* Geologie *f*
géologique erdgeschichtlich; Erd-
géomètre *m* Vermessungstechniker *m*, Geometer *m*
géométrique geometrisch
gérable führbar; kontrollierbar
gérance *f* Geschäftsführung *f*; *mettre en ~* verpachten; *avoir en ~* pachten
géranium *m* Geranie *f*, Geranium *n*
gérant, -e *m f* GeschäftsführerIn *m f*, PächterIn *m f*, VerwalterIn *m f*
gerbe *f* Garbe *f* *~ de fleurs* Blumengebinde *n*; *(fig) ~ d'étincelles* Funkenbüschel *n*, Funkengarbe *f*
gercer (se) auf=springen
gerçure *f* (Haut)riß *m*
gérer verwalten; *(fig) ~ la crise* mit der Krise um=gehen
gériatrie *f* Altersheilkunde *f*, Geriatrie *f*
germain : *cousin ~* Cousin [kuzɛ̃:] ersten Grades
germanique germanisch
germaniste *m f* GermanistIn *m f*
germanophile deutschfreundlich
germanophone deutschsprachig

germe m Keim m
germer keimen
gérontologie f Altersforschung f, Gerontologie f
gésier m Kropf m
gestation f Trächtigkeit f
geste m Geste f, Gebärde f, Bewegung f; *(fig) faire un ~* entgegen=kommen; sich rühren
gesticuler gestikulieren
gestion f 1 (Geschäfts)führung f 2 Verwaltung f *assurer la ~ des affaires courantes* die Tagesgeschäfte ab=wickeln 3 *(ens)* Betriebswirtschaft f
gestionnaire m f 1 Geschäftsführer m; Manager m 2 Verwalter m
gestuelle f Gestik f, Gestische/s
geyser [zεzε:r] m Geysir m
gibecière f Jagdtasche f
gibet m Galgen m
gibier m Wild n; *(fig) ~ de potence* Galgenvogel m, Galgenstrick m
giboulée f (Regen)schauer m, (Graupel)schauer m
giboyeux, -euse wildreich
gicler 1 heraus=spritzen, auf=spritzen 2 *(fam)* gefeuert werden
gicleur m *(auto)* Vergaserdüse f
gifle f Ohrfeige f
gifler ohrfeigen
gigantesque riesig, riesenhaft, gigantisch
gigantisme m *(fig)* Riesenhaftigkeit f
G.I.G.N. m = *groupe d'intervention de la gendarmerie nationale* GSG 9 f
gigogne : *tables ~s* Satztische mpl; *poupées ~s (fam)* Matroschkas fpl
gigot m 1 Hammelkeule f 2 *manches ~* Puffärmel mpl
gigoter zappeln
gilet m Jacke f *~ d'un costume* Weste f; *~ de sauvetage* Schwimmweste f
gingembre m Ingwer m
gingivite f Zahnfleischentzündung f
girafe f Giraffe f
giratoire : *sens ~* Kreisverkehr m
girofle m : *clou de ~* (Gewürz)nelke m
giroflée f Levkoje f
girolle f Pfifferling m
giron m Schoß m
gironde üppig, füllig
girouette f Wetterfahne f, Wetterhahn m; *(fig/fam) être une vraie ~* wetterwendisch sein; sein Mäntelchen nach dem Wind hängen
gisant m liegende Totenfigur f
gisement m : *~ de pétrole* Erdölvorkommen n
gitan m -e f ZigeunerIn m f
gîte m 1 Unterkunft f *~ rural* Ferienunterkunft f 2 *(viande)* Nuß f
givrant : *brouillard ~* Eisnebel m

givre m (Rauh)reif m
givré 1 vereist, zugefroren 2 *citron ~* Eiszitrone f 3 *(fam)* bekloppt, bescheuert
glaçage m Guß m, Glasur f
glace f 1 Eis n; *(fig) rester de ~* eisig/kühl bleiben 2 Spiegel m
glacé 1 *chocolat ~* Eis n am Stiel 2 *papier ~* Glanzpapier n 3 *avoir les pieds ~s* eiskalte Füße haben; *(fig) être ~ d'effroi* vor Entsetzen erstarrt sein
glacer 1 *(cuis)* mit Glasur überziehen 2 erstarren lassen
glaciaire : *période ~* Eiszeit f; *érosion ~* Gletschererosion f
glacial, -aux eisig
glaciation f Vereisung f
glacier m 1 Gletscher m 2 Eisverkäufer m
glaçon m Eiswürfel m
glaïeul m Gladiole f
glaire f (zäher) Schleim m
glaise f Lehm m, Tonerde f
glaive m Schwert n
gland m Eichel f
glande f Drüse f
glander *(fam)* herum=lungern, nichts tun
glaner Ähren lesen; *(fig)* sammeln
glapissement m Kläffen m, Gekläff n
glas m : *sonner le ~* die Totenglocke läuten; *(fig)* das Ende f an=kündigen
glaucome m grüner Star m
glauque 1 trüb; *(fig) un regard ~* Schlafzimmerblick m; *(fam)* Glubschaugen n 2 *un endroit ~* ein dubioser Ort
glissade f : *faire une ~* aus=rutschen; schlittern
glissant : *route ~e* rutschige Fahrbahn; *(fig) être sur un terrain ~* sich auf heiklem Terrain bewegen; keinen festen Boden unter den Füßen haben
glissement m : *~ de terrain* Erdrutsch m
glisser 1 aus=rutschen *ça glisse!* es ist rutschig/glatt!; *~ d'une échelle* von einer Leiter ab=rutschen 2 gleiten *~ des mains* aus den Händen gleiten ♦ *qch dans la poche de qqn* jm etw zu=stecken; *(fig) ~ une remarque à qqn* jm eine Bemerkung zu=flüstern
glissière f 1 Gleitschiene f, Laufschiene f *fermeture à ~* Reißverschluß m 2 *~ de sécurité* Leitplanke f
global, -aux 1 gesamt, global, pauschal *somme ~e* Gesamtsumme f 2 *méthode ~e* Ganzheitsmethode f
globalement insgesamt, *(fig)* in Bausch und Bogen
globalisation f Pauschalisierung f; Pauschalurteil m
globalité f Gesamtheit f, Totalität f
globe m 1 Globus m *~ terrestre* Erdkugel f; *physique du ~* Geophysik f; *(méd) ~*

globule

oculaire Augapfel *m* **2 pendule sous ~** Stutzuhr *f*
globule *m* Blutkörperchen *n*
globuleux, -euse vorquellend, vorstehend
gloire *f* **1** Ruhm *m* **monument à la ~ de X** Ehrenmal *n* für X; *(fig)* **avoir eu son heure de ~** seine Blütezeit *f*/Glanzzeit *f* gehabt haben **2 c'est à lui que revient la ~ de cette découverte** ihm kommt die Großtat *f* dieser Entdeckung zu **3 rendre ~ à Dieu** Gott verherrlichen/lobpreisen
glorieux, -euse ruhmreich, rühmlich, rühmenswert, glorreich **exploit ~** Ruhmestat *f*; **mort glorieuse** ehrenvoller Tod
glorifier rühmen, verherrlichen, preisen, glorifizieren ◆ **se ~ de qch** sich einer Sache rühmen, auf etw (A) stolz sein
gloriole *f* Selbstgefälligkeit *f*
glossaire *m* Glossar *n*
glotte *f* Stimmritze *f*
glouglou *m (fam)* Gluckern *n*
glousser gluckern; *(fam)* kichern
glouton, -ne gefräßig
glu *f* (Vogel)leim *m*
gluant klebrig; schmierig; glitschig
glucide *m* Kohlenhydrate *npl*
glucose *m* Traubenzucker *m*
glycémie *f* Blutzucker *m*
glycérine *f* Glyzerin *n*
glycine *f* Glyzinie *f*
go : **tout de ~** rundweg, ohne Umschweife
goal [go:l] *m* Tormann *m*, Torwart *m*
gobelet *m* Becher *m*
gober : **~ un œuf** ein Ei aus=schlürfen; *(fig/fam)* **tout ~** alles schlucken
godet 1 *(tech)* Förderbecher *m* **2 jupe à ~s** Glockenrock *m*
godiche *(fam)* tolpatschig; **avoir l'air ~** plump/tapsig aus=sehen
godiller *(ski)* wedeln; *(mar)* wriggen
goéland *m* Silbermöwe *f*
goélette *f* Schoner *m*
goémon *m* Tang *m*
gogo *(fam)* **à ~** in Hülle und Fülle ◆ *m* Einfaltspinsel *m*
goguenard spöttisch
goinfre *m* Vielfraß *m*
goitre *m* Kropf *m*
golf *m* Golf *n*; **terrain de ~** Golfplatz *m*
golfe *m* Golf *m*
gominé : **cheveux ~s** pomadisierte Haare
gomme *f* **1** (Radier)gummi *m* **2 ~ arabique** Akaziengummi *n* **3** *(fam)* **mettre la ~** (Voll)gas *n* geben
gommer (weg=)radieren, aus=radieren; *(fig)* ab=schwächen, (ab)=mildern
gond *m* Türangel *f*, Fensterangel *f*; *(fig)* **sortir de ses ~s** in Harnisch *m*/außer sich geraten

gondole *f* **1** Gondel *f* **2** *(magasin)* Verkaufsgondel *f*
gondoler (se) sich verziehen, sich werfen
gonflé verquollen; *(fig)* **être ~ à bloc** energiegeladen sein; *(fam)* **être ~** frech/aufgebläht sein
gonfler 1 ~ un ballon ein Ballon auf=blasen **2** an=schwellen lassen **3 ~ ses muscles** seine Muskeln spannen/spielen lassen **4 ~ l'importance de qch** die Bedeutung einer Sache auf=bauschen; *artificiellement un cours* einen Kurs künstlich auf=blähen ◆ an=schwellen; *(vi)*; *(pâte)* auf=gehen; *(bois)* quellen ◆ **les voiles se gonflent** die Segel bauschen sich; *(fig)* **se ~ d'orgueil** sich voller Hochmut blähen
gonfleur *m* Blasebalg *m*
goret *m* Ferkel *n*
gorge *f* **1** Kehle *f*, Gurgel *f*, Hals *m* **avoir mal à la ~** Halsschmerzen *fpl*/Halsweh *n* haben; *(fig/fam)* **avoir la ~ serrée** einen zugeschnürten Hals haben; **rester en travers de la ~** in der Kehle/im Hals stecken bleiben **2** Brust *f* **3 faire les ~s chaudes de qch** sich offen über etw (A) lustig machen **4** *(géo)* Schlucht *f* **5** *(tech)* (Keil)rille *f*
gorgé : **~ d'eau** wasserdurchtränkt
gorgée *f* Schluck *m*
gorille *m* Gorilla *m*
gosier *m* Kehle *f*, Schlund *m*, Rachen *m*
gothique gothisch ◆ *m* **1** Gothik *f* **2** Fraktur *f*; **écrit en ~** in gothischer Schrift geschrieben
gouache *f* Gouachefarbe [gua(:)ʃ] *f*
goudron *m* Teer *m*
goudronner teeren
gouffre *m* Abgrund *m*, Schlund *m*
gouge *f* Hohlmeißel *m*
goujat *m* Rüpel *m*, Flegel *m*, Rohling *m*
goujaterie *f* Rüpelei *f*, Flegelei *f*
goujon *m* Gründling *m*
goulet *m* enger Paß *m*
goulevant vollmundig
goulot *m* Flaschenhals *m*; *(fig)* **~ d'étranglement** Engpaß *m*, Nadelöhr *n*
goulu gierig
goupillon *m* **1** *(rel)* Weihrauchwedel *m* **2** Flaschenbürste *f*
gourde 1 Feldflasche *f* **2** *(fam)* dumme Pute *f*
gourdin *m* Knüppel *m*
gourmand *m* **-e** *f* SchlemmerIn *m f*, GenießerIn *m f*, Gourmand [gurmɑ̃:] *m*
gourmandise *f* **1** Schlemmerei *f*; **reprendre de qch par ~** etw aus Naschhaftigkeit *f* nochmal nehmen **2** Leckerbissen *m*, Leckerei *f*
gourmet *m* Feinschmecker *m*, Gourmet [gurmɛ:] *m*
gourmette *f* (Glieder)armband *n*

gourou m Guru m
goût m **1** Geschmack(ssinn) m **2** Geschmack m *avoir un ~ de rance* ranzig schmecken **3** *avec ~* geschmackvoll, mit Geschmack; *de mauvais ~* geschmacklos **4** Neigung f, Vorliebe f, Geschmack *prendre ~ à qch* an etw (D) Geschmack finden (prov) *des ~s et des couleurs on ne discute pas* über Geschmack läßt sich nicht streiten
goûter 1 *~ un vin* einen Wein kosten/probieren/verkösten **2** genießen, auskosten, schätzen ◆ vespern
goûter m Vesper f
goutte f **1** Tropfen m; *verser à ~* tröpfeln, tröpfchenweise ein=gießen; (fig) *n'y voir ~* die Hand nicht vor den Augen sehen **2** (méd) Gicht f
goutte-à-goutte m (méd) Tropf m
goutter tropfen
gouttière f Dachrinne f
gouvernail m Ruder n
gouverne f: *pour votre ~* zu Ihrer Information f
gouvernement m Regierung f
gouvernemental, -aux Regierungs= *troupes ~es* Regierungstruppen fpl, regierungstreue Truppen; *journal ~* regierungsfreundliche Zeitung
gouverner regieren *~ un État* einen Staat lenken/leiten
G.R. m *chemin de grande randonnée* Wanderweg m
grabataire bettlägerig
grâce : *~ à lui* dank seiner (G); *~ à Dieu* Gottseidank, Dank Gottes
grâce f **1** *~!* Gnade! f; (fig) *faire ~ à qqn de qch* jm etw ersparen; (jur) *recours en ~* Gnadengesuch n **2** *être dans les bonnes ~s de qqn* bei jm in Gunst f stehen, (fam) bei jm gut angeschrieben sein **3** (rel) *rendre ~ à Dieu* Gott Gnade erweisen; (fig) *à la ~ de Dieu!* hoffen wir das Beste!; *rendre ~ à qqn d'avoir fait qch* jm erkenntlich sein/zu Dank m verpflichtet sein, etw getan zu haben **4** *~ naturelle* natürliche Garzie f/Anmut f **5** *de bonne ~* gern, bereitwillig
gracier begnadigen
gracieux, -euse 1 anmutig, zierlich, graziös **2** *à titre ~* kostenlos, unentgeltlich
grade m **1** (Dienst)grad m, Rang m *monter en ~* auf=rücken; (fam) *en prendre pour son ~* eins auf den Deckel m/aufs Dach n kriegen **2** (math) Grad n
gradé m Unteroffizier m; Offizier m
gradin m Rang m
graduation f Skala f, Gradeinteilung f
graduellement stufenweise, schrittweise, graduell; allmählich, nach und nach
graduer ab=stufen, graduieren; (fig) *~ des difficultés* Schwierigkeiten allmählich steigern
graffiti m Graffito n/m
grain m **1** Korn n *café en ~s* ungemahlener (Bohnen)kaffee m **2** *~ de raisin* Weintraube f; (fig) *ne pas avoir un ~ de bon sens* keinen Funken m/kein Quentchen n gesunden Menschenverstand haben; *mettre son ~ de sel partout* überall seinen Senf m dazu=geben; (fam) *avoir un ~* einen Schatten m haben **3** *~ de beauté* Muttermal n **4** (cuir) Narbe f **5** (mar) Bö f
graine f Samen m, Samenkorn n *monter en ~s* (ins Kraut) schießen; (fig/fam) *en prendre de la ~* sich daran ein Beispiel n nehmen
graisse f **1** Fett n **2** Schmiere f
graisser schmieren; (cuis) ein=fetten; (fig/fam) *~ la patte à qqn* jn schmieren
graisseux, -euse 1 (méd) *tissu ~* Fettgewebe n **2** *doigts ~* fettbeschmierte/fettige Finger
graminée f Gräser npl
grammaire f Grammatik f
grammatical, -aux grammati(kali)sch
gramme (g) m Gramm n (g)
grand 1 groß **2** hoch/hoh= **3** *~ frère* älterer/(fig) großer Bruder **4** *à ~e eau* mit viel Wasser; *par ~ vent* bei starkem Wind; *il n'y a pas ~ monde* es sind nicht viel(e) Leute da **5** *un ~ jour* ein großer/bedeutender Tag; *les ~es puissances* die Großmächte fpl
grandement : (fig) *avoir contribué ~ à qch* in hohem Maße zu etw beigetragen haben; *il est ~ l'heure* es ist höchste Zeit
grand-duc m Großherzog m; (fam) *faire la tournée des grands-ducs* Nachtbars ab=klappern; groß aus=gehen
grand-duché m Großherzogtum n
grandeur f **1** Größe f; (fig) *la folie des ~s* Größenwahn m **2** *en vraie ~* in Originalgröße f *ordre de ~* Größenordnung f
grandiloquent hochtrabend, hochgestochen; schwülstig
grandiose grandios
grandir (auf=)wachsen; (fig) steigen, an=wachsen, zu=nehmen ◆ größer machen; (fig) erhöhen, an=steigen
grand-mère f Großmutter f
grand-messe f Hochamt n
grand-père m Großvater m
grands-parents mpl Großeltern pl
grange f Scheune f
granit m Granit m
granule f (méd) Körnchen n
granulé m (méd) Granulat n
granuleux, -euse körnig, gekörnt
graphie f Schreibweise f
graphique graphisch ◆ m Graphik f

graphologie f Graphologie f
graphologique : *analyse ~* graphologisches Gutachten
grappe f Traube f *~ de raisin* Weintraube f
grappiller (ab)=pflücken; *(fig)* zusammen=stoppeln *~ de l'argent* Geld heraus=schinden
grappin m *(mar)* Enterhaken m; *(fig/fam) mettre le ~ sur qqn* jn mit Beschlag m belegen
gras, -se 1 fett *20% de matière ~se* 20% Fett n; *(fig) plaisanterie ~se* schlüpfriger Witz; *un rire ~se* lautes/ordinäres Lachen; *toux ~se* Husten mit Auswurf 2 *cheveux ~* fettige Haare 3 *caractères ~* Fettdruck m; *crayon ~* weicher Bleistift m 4 *plante ~* Sukkulente f, Fettpflanze f ◆ m 1 Fett n 2 *écrit en ~* fettgedruckt
grassouillet, -te pummelig
gratifiant : *travail ~* Erfüllung bringende Arbeit
gratifier zu=wenden, zu=kommen lassen *~ qqn d'un sourire* jn mit einem Lächeln bedenken
gratin m Auflauf m, Überbackenes n; *(fig/fam)* die Creme f, die oberen Zehntausend npl; *(iro)* Hautevolee f
gratiné gratiniert, überbacken
gratitude f Dankbarkeit f, Erkenntlichkeit f *témoigner sa ~* sich erkenntlich zeigen, seine Dankbarkeit bezeugen
grattage m *(jeu)* Rubbeln n
gratte-ciel m Wolkenkratzer m
gratte-cul m *(fam)* Hagebuttenschnaps m
gratte-papier m *(fam)* Schreiberling m, Federfuchser m, Tintenklekser m
gratter ab=kratzen, ab=schaben, auf=kratzen *~ une allumette* ein Streichholz an=zünden; *se ~ la tête* sich am/den Kopf kratzen ◆ 1 *ça gratte* das kratzt/juckt 2 *(fam) ~ de la guitare* auf der Gitarre klimpern ◆ *se ~* sich kratzen/jucken
gratuit 1 kostenlos, unentgeltlich, frei 2 *acte ~* willkürliche Handlung; *supposition ~e* unbegründete/grundlose Annahme
gravats mpl Bauschutt m
grave schlimm, schwer, ernst *un accident ~* ein schwerer Unfall; *une affaire ~* eine ernste/schwerwiegende Angelegenheit; *ce n'est pas ~* das ist nicht schlimm 2 *un visage ~* ein ernstes Gesicht 3 *une voix ~* eine tiefe Stimme
graver (ein=)gravieren, ein=ritzen ◆ *(fig) se ~ dans la mémoire* sich in das Gedächtnis ein=prägen
graveur, -euse f GraveurIn m f
gravide trächtig, tragend
gravier m Kies m
gravière f Kiesgrube f

gravillon m Splitt m
gravir erklimmen, ersteigen; *(fig) ~ des échelons* auf der Karriereleiter empor=klettern
gravitation f Schwerkraft f, Gravitation f, Massenanziehung f
gravité f 1 Ernst m; Schwere f 2 *(phys)* Schwere f *centre de ~* Schwerpunkt m
gravure f 1 Gravierkunst f 2 Stich m, Radierung f
gré m 1 *bon ~ mal ~* wohl oder übel; *au ~ de* je nach; *de bon ~* gern; *de ~ à ~* aus freien Stücken, in beiderseitigem Einverständnis n; *de ~ ou de force* gutwillig oder gezwungen, so oder so, nolens volens; *de son plein ~* freiwillig, aus freien Stücken npl; *trouver qqn à son ~* jn nach seinem Geschmack m finden 2 *savoir ~ à qqn de qch* jm für etw dankbar sein/Dank wissen/verbunden sein
gredin m Schurke m, Schuft m
greffe m : *~ d'un tribunal* Gerichtskanzlei f
greffe f *(bot)* Veredelung f; *(méd)* Transplantation f, Verpflanzung f
greffé m -e f : *un ~ du cœur* Herztransplantierte/r
greffer *(méd)* transplantieren; *(bot)* pfropfen ◆ *se ~ (sur)* hinzu=kommen (zu)
greffier m *-ère* f Kanzleiangestellte/r
grégaire : *instinct ~* Herdentrieb m
grégorien, -ne gregorianisch
grêle f Hagel m
grelot m Schelle f, Glöckchen n
grelotter (vor Kälte) zittern
grenade 1 *(mil)* (Hand)granate f 2 Granatapfel m
grenier m (Dach)boden m, Speicher m
grenouille f Frosch m
grenouiller herum=mauscheln
grès m Sandstein m
grésiller brutzeln, knistern
grève f *~ tournante* Kreiselstreik m; *~ du zèle* Bummelstreik m; *faire ~* streiken
grever belasten
gréviste m f Streikende/r
gribouillage m Gekritzel n, Kritzelei f
gribouiller (hin=)kritzeln; schmieren, kleksen
grief m : *avoir des ~s contre qqn* jm gegenüber Anlaß zur Klage f haben; *faire ~ à qqn de qch* jm etw vor=werfen/zum Vorwurf m machen
grièvement : *~ blessé* schwerverwundet
griffe f 1 Kralle f, Klaue f 2 *~ d'un grand couturier* die Handschrift f eines großen Couturiers 3 *(tech)* Greifer m, Haken m
griffer (zer)kratzen
griffonner (flüchtig) hin=kritzeln/nieder=schreiben
grignoter knabbern, naschen

gri-gri *m* Amulett *n*
gril *m* Grill *m*, (Brat)rost *m*
grillade *f* gegrilltes Fleisch *n*
grillage *m* (Draht)gitter *n*
grillager vergittern
grille *f* 1 Gitter *n* ~ *du parc* Parktor *n*; ~ *d'un four* (Feuer)rost *m* **2** ~ *de mots croisés* Felder *npl* eines Kreuzworträtsels; *(fig)* ~ *de programmes* Programmangebot *n*; ~ *des salaires* Lohnskala *f*, Gehaltstabelle *f*
grillé : *pain* ~ Toast [to:st] *m*, Röstbrot *n amandes* ~*es* gebrannte Mandeln; *(fig/fam) être* ~ geliefert/durchschaut sein
grille-pain *m* Toaster *m*
griller : *faire* ~ *de la viande* Fleisch grillen ◆ ~ *du café* Kaffee rösten; *(fam)* ~ *un moteur* einen Motor durch=brennen lassen; ~ *un feu rouge* bei Rot durch=fahren
grillon *m* Grille *f*
grimaçant (fratzenhaft) verzerrt
grimace *f* Grimasse *f*, Fratze *f faire des* ~*s* Grimassen schneiden; *(fig) faire la* ~ ein saures Gesicht machen
grimer schminken
grimper : ~ *dans les rochers* auf Felsen klettern, Felsen erklimmen; *le lierre* ~*e sur la maison* das Efeu rankt sich am Haus hoch/empor; *(sport)* ~ *à la corde* das Seil hoch=klettern; *(fam) les prix grimpent* die Preise klettern in die Höhe ◆ ~ *un escalier* die Treppe hinauf=steigen
grincer knarren, quietschen ~ *des dents* mit den Zähnen knirschen
grincheux, -euse mürrisch, verdrießlich, (gries)grämig
gringalet *m (fam)* schmächtig
griotte *f* Sauerkirsche *f*
grippe *f* Grippe *f*; *(fig) prendre qqn en* ~ einen Pik *m* auf jn haben
grippé 1 grippekrank, grippös **2** *moteur* ~ festgefressener Motor
gris grau; *(fig) un temps* ~ trübes Wetter; *faire* ~*e mine* ein finsteres/saures/düsteres Gesicht ziehen; *(fam) être* ~ benebelt/blau sein; *faire travailler sa matière* ~*e* seine grauen Zellen bewegen
griser berauschen; *(fig) l'air m'a grisé* die frische Luft hat mich benommen gemacht
griserie *f* Taumel *m*
grisonnant graumeliert, leicht ergraut
Grisons *mpl* : *viande des* ~ Bündnerfleisch *n*
grisou *m* : *(mines) coup de* ~ Schlagwetterexplosion *f*
grive *f* Drossel *f*
grivèlerie *f* Zechprellerei *f*
grivois anzüglich, schlüpfrig
grognement *m* Brummen *n*; *(fig)* ~*s de protestation* Protestgemurre *n*
grogner brummen; *(chien)* knurren; *(fig)*

être toujours en train de ~ immerzu brummen/maulen/quengeln
grognon, -ne mürrisch, knurrig, brummig
groin *m* (Schweine)rüssel *m*
grommeler (vor sich (D) hin) brumme(l)n
gronder : ~ *un enfant* ein Kind aus=schimpfen ◆ grollen; *(fig) l'émeute gronde* die Menge brodelt, es gärt in der Menge
groom [grum] *m* (Hotel)page *m*; Reitknecht *m*
gros, -se 1 dick, grob ~ *sel* grobes Salz; *(fig) avoir le cœur* ~ kummerbeladen sein; *faire les* ~ *yeux* finster drein=schauen; *(fig/fam) avoir la* ~*se tête* mit sich voll und ganz zufrieden sein **2** *un* ~ *industriel* ein bedeutender Industrieller; ~ *mangeur* großer Esser; *une* ~ *somme* eine hohe/beträchtliche Summe; *(fig) par* ~ *temps* bei stürmischem Wetter **3** ~ *rouge* gewöhnlicher Rotwein; *les* ~ *travaux* die groben/schweren Arbeiten; *(fig)* ~*se plaisanterie* derber Scherz ◆ 1 *écrire* ~ dick schreiben **2** *jouer* ~ hoch/mit hohem Einsatz spielen; *j'en ai* ~ *sur le cœur* es liegt mir schwer auf dem Herzen ◆ 1 *écrit en* ~ groß geschrieben **2** *savoir en* ~ *de quoi il s'agit* ungefähr wissen, worum es sich handelt ◆ *m* 1 Dicke/r **2** *commerce de* ~ Großhandel *m* **3** Hauptteil *m le* ~ *des troupes* das Gros [gro:(s)] *n* der Truppen
groseille *f* Johannisbeere *f* ~ *à maquereau* Stachelbeere *f*
groseillier *m* Johannisbeerstrauch *m*
grossesse *f* Schwangerschaft *f*
grosseur *f* 1 Dicke *f*, Stärke *f*, Umfang *m*, Größe *f de la* ~ *d'un doigt* von Fingerstärke *f* **2** *avoir une* ~ eine Geschwulst *f* haben
grossier, -ière grob; ungehobelt *mot* ~ derbes Wort
grossièreté *f* 1 Grobheit *f*, Rauheit *f* **2** *dire des* ~*s* unanständige Dinge *f* sagen
grossir dick(er) werden, zu=nehmen; *(fig)* an=wachsen, an=schwellen ◆ *(optique)* vergrößern; *(fig)* ~ *des difficultés* Schwierigkeiten übertreiben
grossiste *m f* GrossistIn *m f*, Großhändlerln *m f*
grosso modo in etwa, ungefähr; in großen/groben Zügen
grotesque grotesk, *(fig)* lächerlich
grotte *f* Grotte *f*
grouiller wimmeln ◆ *(fam) se* ~ sich tummeln, sich ran=halten
groupe *m* 1 Gruppe *f* 2 *(industrie)* Konzern *m* 3 *(méd)* ~ *sanguin* Blutgruppe *f* 4 *(tech)* ~ *électrogène* Stromaggregat *n*
groupement *m* Gruppierung *f*
grouper zusammen=fassen, gruppieren ◆

groupuscule

se ~ sich zu einer Gruppe auf=stellen; sich zusammen=schließen
groupuscule m Splittergruppe f
grue f **1** *(tech)* Kran m **2** *(oiseau)* Kranich m; *(fam)* Dirne f, Nutte f
gruger herein=legen; aus=nehmen
grume f Stammholz n
grumeau -x m Klumpen m, Klümpchen n
grutier m Kranführer m
gruyère m Schweizer Käse m
gué m Furt f *traverser à* ~ eine Furt durchqueren
guenille f Lumpen m
guenon f Affenweibchen n, Äffin f
guépard m Leopard m
guêpe f Wespe f
guérir heilen ◆ *(se)* ~ gesunden, gesund werden, genesen
guérison f Heilung f
guérisseur m **-euse** f HeilpraktikerIn m f
guérite f Schilderhaus n
guerre f Krieg m; *(fig) de* ~ *lasse* um des lieben Friedens m willen; *être de bonne* ~ korrekt/nicht unfair sein; *faire la* ~ *à qch* etw bekämpfen
guerrier, -ière kriegerisch ◆ m f KriegerIn m f
guet m : *faire le* ~ Wache halten, *(fam)* Schmiere stehen
guet-apens m Hinterhalt m; *tendre un* ~ *à qqn* jn in einen Hinterhalt locken
guêtre f Gamasche f
guetter : ~ *qqn* jm auf=lauern, jn belauern; jn ab=passen; ~ *un signal* ein Signal ab=passen/ab=warten; *le chat guette la souris* die Katze lauert auf die Maus; *(fig) la dépression le guette* ihm droht eine Depression
guetteur m Späher m
gueule f Maul n, Schnauze f; *(fig)* ~ *d'un canon* Mündung f einer Kanone; *(fig/fam) une grande* ~ eine Großschnauze/Großfresse f, ein Großmaul m; *avoir de la* ~ *(non fam)* Stil m haben;

avoir la ~ *de bois* einen Kater m haben; *faire la* ~ eingeschnappt sein
gueule-de-loup m Löwenmaul n
gui m Mistel f
guichet m Schalter m
guichetier m **-ère** f Schalterbeamte/r m, Schalterbeamtin f
guide m : ~ *touristique* Reiseführer m ◆ m f (Fremden)führerIn m f; ~ *de montagne* Bergführer m ◆ f Pfadfinderin f
guider (an)=führen; lenken
guidon m *(vélo)* Lenkstange f
guigne f : *(fam) avoir la* ~ eine Pechsträhne f haben
Guignol m Kasper m, Kasperle n
guignol m : *faire le* ~ den Hanswurst m spielen, herum=kaspern; *(péj) c'est un vrai* ~ das ist der reinste Hampelmann m
guili : ~ ! ~ ! killekille !
guillemet m Anführungsstrich m, Anführungszeichen n
guilleret, -te aufgekratzt, munter, fröhlich
guillotine f Guillotine f, Fallbeil n
guimauve f Eibisch m
guindé steif, gezwungen, unnatürlich
guingois : *de* ~ schief
guinguette f Ausflugslokal n
guirlande f Girlande f
guise f : *en faire à sa* ~ es nach seinem Geschmack m/auf seine Weise f machen ◆ *en* ~ *de* als
guitare f Gitarre f
gustatif, -ive Geschmacks-
guttural, -aux kehlig, guttural
gymnase m **1** *(sport)* Turnhalle f **2** Gymnasium n
gymnastique f Gymnastik f *au pas de* ~ im Laufschritt m; ~ *corrective* Heilgymnastik f; *(fig)* ~ *intellectuelle* Geistestraining n
gynécologue m f Gynäkologe m, Gynäkologin f
gypse m Selenit m
gyrophare m Blaulicht n

H

H : *heure* ~ Stunde f X
habile geschickt, gewandt; *(fig) un procédé* ~ ein raffiniertes Vorgehen
habileté f Geschicklichkeit f, Gewandtheit f
habiliter ermächtigen
habiller 1 ~ *qqn* jn an=ziehen/an=kleiden **2** ~ *des fauteuils* Sessel beziehen ◆

s'~ sich an=ziehen/an=kleiden; sich festlich kleiden
habit m **1** Frack m **2** ~s Kleidung f, Kleider npl
habitacle m *(auto)* Wageninnere/s; *(avion)* Cockpit m
habitant m **-e** f **1** *10 000* ~s 10 000 Einwohner mpl **2** *un* ~ *du village* ein Dorfbewohner m

habitat m : ~ *dispersé* Streusiedlung f ; *amélioration de l'*~ Verbesserung der Wohnverhältnisse npl
habitation f Wohnung f, Wohnhaus n ~ *à loyer modéré (H.L.M)* Sozialwohnung f
habitué -e f regelmäßiger Besucher m ; *une clientèle d'*~s Stammkundschaft f; Stammgäste mpl
habituel, -le gewöhnlich, üblich; *à l'heure* ~*le* zur gewohnten Stunde
habituer (s') (à) (sich) gewöhnen an (A)
hâbleur m **-euse** f AufschneiderIn m f, PrahlerIn m f
hache f Axt f, Beil n
hacher hacken, zerkleinern, durch=drehen ◆ *viande hachée* Hackfleisch n, Gehacktes n; (fig) *style haché* abgehackter Stil
hachoir m Hackmesser n, Fleischwolf m
hachurer schraffieren
hagard : *yeux* ~s verstörter Blick; *être* ~ verloren sein
haie f Hecke f; (sport) *110 m* ~s 110 m Hürdenlauf m ; (fig) ~ *d'honneur* Ehrenspalier n
haillons mpl Lumpen mpl, Fetzen mpl; *en* ~ zerlumpt
haine f Haß m
haineux, -euse haßerfüllt ; *propos* ~ gehässige Äußerungen
haïr hassen
halage m : *chemin de* ~ Treidelweg m, Treidelpfad m
hâlé (sonnen)gebräunt
haleine f Atem m *mauvaise* ~ Mundgeruch m ; (fig) *travail de longue* ~ langwierige Arbeit ; *courir à perdre* ~ rennen, daß man außer Atem kommt/erfaßt
haleter keuchen, schnaufen, nach Luft ringen, (fam) japsen
hall [ol] m Halle f
halle f Halle f *les* ~s Markthallen fpl
hallucinant packend, überwältigend
hallucination f Halluzination f
halluciné verwirrt, verrückt
hallucinogène m Halluzinogen n
halo m Hof m
halte f Halt m, Rast f; *faire* ~ halt=machen, rasten
halte-garderie f Kindertagesstätte, (fam) Kita f
haltère f Hantel f
haltérophilie f Gewichtheben n
hamac m Hängematte f
hameau m **-x** Weiler m
hameçon m Angelhaken m *mordre à l'*~ an=beißen
hanche f 1 Hüfte f; *les mains sur les* ~s die Arme in den Seiten 2 (mus) Mundstück n
handicap m Behinderung f; (fig) Nachteil m ; (courses) Ausgleichsrennen f

handicapé m **-e** f Behinderte/r ; ~ *physique* Körperbehinderte/r
handicaper handikapen; (fig) behindern, benachteiligen
hangar m Schuppen m ; (avion) Flugzeughalle f
hanneton m Maikäfer m
hanséatique : *ville* ~ Hansestadt f
hanté : *maison* ~*e* verwunschenes Haus, Geisterhaus n
hanter spuken; (fig) nicht in Ruhe lassen
hantise f (panische) Angst f, Zwangsvorstellung f ; *c'est pour moi une* ~ mir graust davor
happer schnappen (nach), erwischen; (fig) *le train l'a happé* der Zug hat ihn mitgerissen/erfaßt
haranguer an=heizen, auf=heizen
haras m Gestüt n
harasser erschöpfen, strapazieren
harcèlement m : ~ *sexuel* sexuelle Belästigung f; (mil) *guerre de* ~ Kleinkrieg m
harceler bedrängen
hardes fpl Lumpen mpl
hardi kühn, unerschrocken, beherzt; (fig) *des propos* ~s gewagte Reden
hardiesse f Kühnheit f, Beherztheit f
hareng m Hering m ~ *saur* Bückling m
hargne f Bissigkeit f; Gehässigkeit f
hargneux, -euse bissig, zänkisch ; gehässig
haricot m Bohne f
harmonica m (Mund)harmonika f
harmonie f 1 Harmonie f; (fig) *en* ~ *avec la nature* in Einklang m mit der Natur 2 Harmonielehre f 3 ~ *municipale* städtisches Blasorchester n
harmonieux, -euse harmonisch, übereinstimmend
harmoniser aufeinander ab=stimmen, an=gleichen, harmonisieren ◆ *s'*~ *(avec)* überein=stimmen/harmonieren (mit), gut zueinander passen
harnacher : ~ *un cheval* ein Pferd schirren ◆ *être harnaché de couteaux* mit Messern ausstaffiert sein
harnais m 1 (cheval) Geschirr n 2 (Sicherungs)gurte mpl
harpe f (mus) Harfe f
harpon m Harpune f
hasard m Zufall m *jeu de* ~ Glücksspiel n ; *à tout* ~ auf gut Glück ; *par* ~ zufällig
hasarder (se) sich trauen, sich wagen
hasardeux, -euse gewagt, riskant
hâte f Eile f, Hast f, Hastigkeit f *à la* ~ hastig, eilig, überstürzt ; *j'ai* ~ *d'avoir terminé* ich kann es kaum erwarten, fertig zu werden
hâter : ~ *le pas* den Schritt beschleunigen ◆ *se* ~ sich beeilen
hauban m (mar) Want f

hausse f Anstieg m, Steigerung f, Anziehen n; Auftrieb m être en ~ an=steigen, an=ziehen
hausser erheben; hoch=heben ~ *un bâtiment d'un étage* ein Gebäude um eine Etage auf=stocken; ~ *les épaules* die Achseln zucken; ~ *le ton* den Ton heben
haut 1 hoch 2 *hautes eaux* Hochwasser n; *pièce* ~*e de plafond* Raum mit hoher Decke 3 *marcher la tête* ~*e* mit erhobenem Kopf laufen 4 *la ville* ~*e* die Oberstadt f 5 *la* ~*e Antiquité* frühes Altertum n 6 ~ *e fréquence* Hochfrequenz f; *de* ~*e précision* von größter/höchster Genauigkeit 7 *la* ~*e cour de justice* oberster Gerichtshof m ◆ 1 ~ *les mains* ! Hände hoch! 2 ~ *dans le ciel* hoch am Himmel; *(fig) être* ~ *placé* hochgestellt sein 3 *en* ~ oben, hinauf; *en* ~ *de l'escalier* oben auf der Treppe 4 *tout* ~ laut 5 *traiter qqn de* ~ jn von oben herab behandeln; *tomber de* ~ aus allen Wolken fallen ◆ *m* 1 *avoir 20 m de* ~ 20 m hoch sein 2 *du* ~ *en bas* von oben bis unten; *le* ~ *de l'armoire* der obere Teil m des Schrankes; *le* ~ *d'un arbre* Baumwipfel m; *acheter un petit* ~ ein Oberteil n kaufen 3 *avoir des* ~*s et des bas* Höhen fpl und Tiefen haben ◆ -*e* f *(fam) les gens de la* ~ die von da oben
hautain hochmütig
hautbois m Oboe f
haut-de-forme m Zylinder m
haute-contre f Altstimme f
hauteur f 1 Höhe f *(sport) saut en* ~ Hochsprung m; *(fig) être à la* ~ *des événements* einer (D) Sache/Situation gewachsen sein 2 *sur une* ~ auf einer (An)höhe f 3 *à la* ~ *de Paris* auf der Höhe von Paris
haut-fond m Untiefe f
haut-parleur m Lautsprecher m
havre m : *(fig) un* ~ *de paix* eine Insel f des Friedens
hayon m *(auto)* Heckklappe f
heaume m Helm m
hebdomadaire wöchentlich ◆ m Wochenzeitschrift f, Wochenblatt n
hébergement m Unterbringung f
héberger beherbergen, unter=bringen
hébété benommen; stumpfsinnig
hébraïque hebräisch
hébreu : *le peuple* ~ Hebräer mpl ◆ m Hebräisch n; *(fig) c'est de l'*~ das ist unverständlich
hécatombe f Hekatombe f; *(fig) l'examen a été une véritable* ~ bei der Prüfung gab's das reinste Massensterben
hectare (ha) m; Hektar (ha) m
hégémonie f Hegemonie f, Vormachtstellung f
hein : ~ ? hm? was?; *je suis méchante,* ~ ? ich bin böse, nicht?; *ça suffit,* ~ ! jetzt reichts, ja!
hélas leider
héler : ~ *qqn* jn (her)=rufen/herbei=rufen; ~ *un taxi* ein Taxi (he)ran=winken
hélice f Propeller m
hélicoptère m Hubschrauber m
héliporté : *troupes* ~*es* mit Hubschraubern transportierte Truppen
helvétique : *confédération* ~ Schweizerische Eidgenossenschaft f
hématie f rotes Blutkörperchen n
hématome m Bluterguß m, Hämatom n
hémicycle m Halbrund n, halbkreisförmiger Saal m
hémiplégie f halbseitige Lähmung f
hémisphère m Hemisphäre f, Halbkugel f; *(méd)* Hälfte f des Großhirns
hémoglobine f Hämoglobin n
hémophile m f BluterIn m f
hémophilie f Bluterkrankheit f
hémorragie f Blutung f
hennir wiehern
hépatique Leber-
hépatite f Hepatitis f
héraldique f Heraldik f, Wappenkunde f
herbe f Gras n *fines* ~*s* Küchenkräuter npl, Gewürzkräuter npl; *mauvaise* ~ Unkraut n; *(fig) couper l'*~ *sous le pied de qqn* jm den Wind aus den Segeln nehmen; *un artiste en* ~ ein angehender Künstler
herbier m Herbarium n
herbivore m Pflanzenfresser m
herboristerie f (Heil)kräuterhandlung f
herculéen, -ne : *force* ~*ne* Riesenkraft f
hercynien, -ne herzynisch
hère m : *un pauvre* ~ armer Teufel m
héréditaire erblich, erbbedingt *maladie* ~ Erbkrankheit f
hérédité f Verbung f, Erblichkeit f *avoir une* ~ *chargée* erblich belastet sein
hérésie f Ketzerei f, Irrlehre f; *(fig)* Sakrileg n
hérétique ketzerisch ◆ m f KetzerIn m f
hérisser 1 ~ *ses poils* sein Fell sträuben; *(fig)* rasend machen 2 ~ *un mur de tessons de bouteille* eine Mauer mit Flaschenscherben bespicken ◆ *se* ~ sich sträuben, zu Berge stehen; *(fig)* rasend werden
hérisson m 1 Igel m 2 *(tech)* Stachelwalze f; Flaschenbürste f
héritage m Erbe n faire un ~ eine Erbschaft f machen; *laisser en* ~ vererben
hériter f vererbt bekommen
héritier m -*ère* f Erbe m, Erbin f
hermétique hermetisch/luft- und wasserdicht verschlossen; *(fig) un visage* ~ ein verschlossenes Gesicht; *être* ~ *à l'art* völlig amusisch sein

hermine f Hermelin n
hernie f Bruch m
héroïne f **1** Heldin f, Hauptfigur f **2** Heroin f
héroïnomane m f Heroinsüchtige/r
héroïque heldenhaft; *(fig) temps ~s* Pionierzeit f
héroïsme m Heldenmut m, Heldentum n, Heroismus m, Heldenhaftigkeit f
héron m Reiher m
héros m Held m; *(mythologie)* Heroe m
hertz (Hz) m Hertz (Hz) n
hésitation f Zögern n, Zaudern n, Schwanken n, Unschlüssigkeit f *lever les dernières ~s* die letzten Bedenken npl aus=räumen
hésiter zaudern, zögern
hétéroclite verschiedenartig, ungleichartig, bunt zusammengewürfelt
hétérogène uneinheitlich
hêtre m Buche f
heu! äh!
heure f **1** *quelle ~ est-il?* wie spät ist es? wieviel Uhr f ist es?; *l'~ d'été* Sommerzeit f; *à toute ~* zu jeder Zeit / Stunde f, jederzeit; *de bonne ~* zeitig, früh (am Tage); *pour l'~* für den Augenblick m; *tout à l'~* später; vorhin, gerade; *à tout à l'~* bis gleich/nachher; *demander l'~* nach der Zeit fragen; *être à l'~* pünktlich sein; *sa dernière ~ est venue* sein letztes Stündlein n hat geschlagen; *remettre les pendules à l'~* Klartext reden, deutlich werden; *des partisans de la dernière ~; (fam)* Trittbrettfahrer mpl **2** Stunde f; *supplémentaire* Überstunde f; *rouler à cent à l'~* (mit) 100 Stundenkilometer(n) fahren **3** *à la bonne ~!* recht so! das läßt (kann) sich sehen (lassen)!
heureusement zum Glück, glücklicherweise
heureux, -euse **1** glücklich *je suis ~ de vous voir* ich freue mich / bin froh, Sie zu sehen **2** *un ~ caractère* ein frohgemuter Charakter
heurt m Zusammenstoß m; *(fig)* Reiberei f
heurter: *~ qch* an etw (A) (an)=stoßen, gegen etw stoßen; *(fig) ~ qqn* jn schokkieren / vor den Kopf stoßen ♦ **1** *se ~ à un refus* auf Widerstand stoßen / treffen **2** *(fig)* aneinander=geraten
hexagone m Sechseck n; *(fig)* Frankreich
hiberner Winterschlaf halten, überwintern
hibou m Uhu m
hideux, -euse häßlich, abscheulich
hier [ier] gestern
hiérarchie f Hierarchie f
hiérarchique hierarchisch *supérieur ~* Vorgesetzte/r; *par la voie ~* auf dem Dienstweg m/Instanzenweg m
hiéroglyphe m Hieroglyphe f

hilarité f Heiterkeit f, Lachen n; *déclencher l'~ générale* allgemeines Gelächter n aus=lösen
hindou Hindu-, hinduistisch
hippique: *concours ~* Reitturnier n
hippocampe m Seepferdchen n
hippodrome m Pferderennbahn f, (Pferde)rennplatz m
hippopotame m Nilpferd n
hirondelle f Schwalbe f; *(prov) l'~ ne fait pas le printemps* eine Schwalbe macht noch keinen Frühling
hirsute struppig
hispanique spanisch
hisser hissen; (hinauf)=ziehen *~ les voiles* die Segel setzen ♦ *se ~* sich empor=ziehen/hinauf=ziehen; *(fig)* sich hinauf=schwingen
histoire f **1** Geschichte f *la petite ~* die Anekdoten fpl am Rande der (Welt)geschichte **2** Geschichte f; *(fig) en faire toute une ~* daraus eine Riesenaffäre f/Staatsaktion f machen **3** *chercher des ~* Scherereien fpl machen **4** *~ de voir qch* um etw zu sehen
historien m **-ne** f HistorikerIn m f
historique historisch, geschichtlich, Geschichts-
hitlérien, -ne Hitler-
hit-parade m Hitparade f
hiver m Winter m
hivernal, -aux winterlich
H.L.M. m → **habitation à loyer modéré**
hocher: *~ la tête* den Kopf schütteln; mit dem Kopf nicken
hochet m Kinderklapper f
hold-up [ɔldœp] m (bewaffneter) Raubüberfall m *faire un ~ dans une banque* eine Bank überfallen
holocauste m Holocaust m
homard m Hummer m
homéopathe m f HomöopathIn m f
homicide m Mord m *~ involontaire* fahrlässige Tötung f
hommage m Ehrung f, Huldigung f *rendre ~ à qqn* jm huldigen, jm Ehre erweisen, jn ehren; *mes ~s!* meine Verehrung f!
homme m **1** Mensch m **2** Mann m *~ d'action* Mann der Tat; *~ de main* Handlanger m; *(mil) armée de 1000 ~s* 1000 Mann starke Armee
homogène einheitlich; homogen
homologation f offizielle Anerkennung f
homologue entsprechend ♦ m f *discuter avec son ~ allemand* mit seinem deutschen Amtskollegen m diskutieren
homologuer an=erkennen; genehmigen

homonyme gleichlautend ◆ *m* Namensvetter *m*; *(gram)* Homonym *n*

homosexuel, -le homosexuell

honnête 1 redlich, ehrlich, aufrichtig, rechtschaffen; *(fig) une femme* ~ eine anständige Frau 2 *un repas* ~ ein zufriedenstellendes/korrektes Essen; *un prix* ~ ein angemessener Preis

honneur *m* 1 Ehre *f mettre un point d'~ à faire qch* seine Ehre daran=setzen, etw zu tun 2 *en l'~ de X* zu Ehren von X; *vous êtes à l'~* das ist Ihr Ehrentag *m*; *(fig) à vous l'~!* Sie dürfen beginnen! 3 *(fam) faire ~ à un repas* sich (D) ein Essen gut schmecken lassen 4 *demoiselle d'~* Brautjungfer *f* 5 *briguer les ~s* nach Ehre streben

honnir verschmähen ◆ *honni soit qui mal y pense!* verachtet sei, wer Arges dabei denkt!

honorabilité *f* Ehrbarkeit *f*, Ehrenhaftigkeit *f*, Achtbarkeit *f*

honorable 1 *personne* ~ eine ehrenwerte Person 2 *une note* ~ eine achtbare Note

honoraire : *président* ~ Ehrenvorsitzende/r *m*

honoraires *mpl* Honorar *n*; *travailler sur ~s* auf Honorarbasis *f* arbeiten

honorer 1 (ver)ehren, hoch=achten ~ *la mémoire de qqn* js Andenken in Ehren halten; *(fig)* ~ *qqn de sa confiance* jn mit seinem Vertrauen beehren 2 ~ *ses engagements* seine Versprechen ein=lösen

honorifique Ehren-, ehrenamtlich

honte *f* 1 Scham *f*, Schamgefühl *n*, Beschämung *f avoir ~ de qqn/qch* sich js/einer Sache schämen; *tu me fais ~!* du blamierst mich! 2 *c'est une ~!* das ist eine Schande! *f*/Schmach! *f*

honteux, -euse 1 schändlich; *(fig) maladie honteuse* Geschlechtskrankheit *f* 2 *c'est ~!* das ist unverschämt! 3 verschämt, schamhaft

hôpital, -aux *m* Krankenhaus *n*

hoquet *m* Schluckauf *m*, Schlucken *m*

horaire : *salaire* ~ Stundenlohn *m* 1 ~ *des trains* Zugfahrplan *m* 2 *avoir des ~s fixes* feste Arbeitszeiten *fpl* haben

horde *f* Horde *f*, Bande *f*

horizon *m* Horizont *m*; *(fig) ouvrir des ~s nouveaux* neue Perspektiven *fpl* eröffnen; *faire un tour d'~* einen Überblick *m* geben; sich (D) einen Überblick verschaffen

horizontal, -aux waagerecht, horizontal ◆ ~*e f* Waagerechte *f*, Horizontale *f*

horloge *f* Uhr *f* ~ *parlante* Zeitansage *f*; *(fig) être réglé comme une* ~ wie aufgezogen funktionieren

horloger, -ère *m f* UhrmacherIn *m f*

hormone *f* Hormon *n*

horodateur *m* Parkuhr *f*

horoscope *m* Horoskop *n*

horreur *f* 1 Entsetzen *n*; Grau(s)en *n* 2 Abscheu *f*/*m*; *avoir ~ de qch* etw verabscheuen 3 Abscheulichkeit *f*, Scheußlichkeit *f*; *(fam)* Monstrum *n*, Scheusal *n* 4 *les ~s de la guerre* die Schrecken/Grauen *npl*/Greuel *npl* des Krieges

horrible grauenhaft, grauenvoll, schrecklich, entsetzlich

horrifier entsetzen, in Grauen versetzen

horripiler reizen, nerven

hors außer (D), bis auf (A) *modèle ~ série* ein in Sonderanfertigung hergestelltes Modell; *une secrétaire ~ pair* eine außergewöhnliche/hervorragende Sekretärin; *tous ~ lui* alle außer ihm/bis auf ihn 1 außerhalb (G) ~ *d'ici!* hinaus! 2 ~ *de danger* außer Gefahr; *(fig) ~ de combat* kampfunfähig; *c'est ~ de question* das steht nicht zur Diskussion, das kommt überhaupt nicht in Frage; *(tech)* ~ *d'eau* unter Dach und Fach

hors-bord *m* Außenbordmotor *m*

hors-d'œuvre *m* (kalte) Vorspeise *f*

hors-jeu *m* *(sp)* Abseits *n*

hors-la-loi *m* Gesetzlose/r

hortensia *m* Hortensie *f*

horticole Gartenbau-

horticulteur *m* **-trice** *f* GärtnerIn *m f*

hospitalier, -ière 1 *médecine hospitalière* Krankenhausmedizin *f* 2 *être* ~ gastfreundlich sein

hospitaliser in ein Krankenhaus ein=liefern

hospitalité *f* Gastfreundschaft *f*, Gastlichkeit *f demander l'~* um Obdach *n*/Unterkunft *f* bitten

hostie *f* Hostie *f*

hostile feindselig *milieu* ~ feindlich gesinntes Milieu *n*; *être ~ à un projet* einem Projekt ablehnend gegenüber=stehen; *(fig) ne pas être ~ à qch* einer Sache nicht abgeneigt sein

hôte *m* Gast *m* ~ *de marque* hoher Gast; *chambre d'~* Fremdenzimmer *n* ◆ *m* **-sse** *f* GastgeberIn *m f*, HausherrIn *m f*; *table d'~* Stammtisch *m*

hôtel *m* 1 Hotel *n*, Gasthof *m* 2 ~ *particulier* (herrschaftliches) Stadthaus *n* 3 *maître d'~* Ober(kellner) *m*

hôtellerie *f* Hotelwesen *n*

hôtesse *f* Hostess *f* ~ *de l'air* Stewardeß *f* → **hôte**

hotte *f* 1 Kiepe *f*, Bütte *f* ~ *du père Noël* Sack *m* des Weihnachtsmannes 2 ~ *de cheminée* Rauchfang *m*; ~ *aspirante* Abzugshaube *f*

houblon *m* Hopfen *m*

houiller, -ère : *bassin* ~ Steinkohlenbecken *n*, Steinkohlenrevier *n*
houle *f* Seegang *m*
houlette *f* : (*fig*) *sous la* ~ *de X* unter (der) Leitung *f* von X
houleux, -euse stürmisch, unruhig, bewegt
houppe *f* Puderquaste *f*; (*cheveux*) Haartolle *f*
houspiller aus=schimpfen
housse *f* Schonbezug *m*; Hülle *f*
houx *m* Stechpalme *f*
hublot *m* Bullauge *n*
huée *f* Gejohl *n*, Protestgeschrei *n*, Buhrufe *mpl*
huer buhen, buh rufen, aus=pfeifen
huguenot *m* Hugenotte *m*
huile *f* Öl *n* ~ *essentielle* ätherisches Öl; *peinture à l'*~ Ölmalerei *f*; (*fig*) *faire tache d'*~ um sich greifen; (*fig/fam*) *les* ~*s* die hohen/großen Tiere; ~ *de coude* (*non fam*) Kraftaufwand *m*
huiler (ein=)ölen
huileux, -euse ölig, ölgetränkt
huis *m* : (*jur*) *à* ~ *clos* unter Ausschluß *m* der Öffentlichkeit
huissier *m* 1 ~ *de justice* Gerichtsvollzieher *m* 2 Portier *m*
huit acht *lundi en* ~ Montag in acht Tagen
huitaine *f* : *sous* ~ innerhalb von acht Tagen; *dans une* ~ *de jours* ungefähr in acht Tagen
huître *f* Auster *f*
hululer schreien
humain 1 menschlich *sciences* ~*es* Geisteswissenschaften *fpl* 2 human, menschenfreundlich verständnisvoll *m* ◆ 1 Mensch *m* 2 Menschliche/s, Humane/s
humaniser menschlicher/humaner machen/gestalten, humanisieren
humaniste *m f* HumanistIn *m f*
humanitaire humanitär
humanité *f* 1 Menschheit *f* 2 *faire preuve d'*~ Menschlichkeit *f* zeigen
humanoïde *m f* menschähnliches Wesen *n*
humble 1 demütig, ergeben, untertänig 2 bescheiden; (*fig*) *à mon* ~ *avis* nach meiner unmaßgeblichen Meinung
humérus [-rys] *m* Oberarmknochen *m*
humeur *f* Laune *f*, Stimmung *f de bonne* ~ gutgelaunt; *être d'*~ *à faire qch* aufgelegt sein, etw zu tun
humide feucht *temps* ~ Nässe *f* ; (*fig*) *yeux* ~*s* (tränen)feuchter Blick
humidifier feucht machen, befeuchten ; ~ *du linge* Wäsche sprengen; ~ *l'air* den Feuchtigkeitsgehalt der Luft erhöhen
humidité *f* Feuchtigkeit *f*, Feuchte *f*
humiliation *f* 1 Erniedrigung *f* 2 Demütigung *f*

humilier erniedrigen, demütigen
humilité *f* Demut *f*, Ergebenheit *f*
humour *m* Humor *m manquer d'*~ humorlos sein
hurlement *m* 1 Geheul *n* 2 Geschrei *n* ~ *de douleur* Schmerzensschreie *mpl*
hurler 1 (*loup*) heulen 2 brüllen, schreien ◆ ~ *un ordre* einen Befehl brüllen
hurluberlu *m* -**e** *f* komischer Kauz *m*; Luftikus *m*
hussarde : (*fig*) *à la* ~ ungestüm
hutte *f* Hütte *f*
hybride : *maïs* ~ hybrider Mais; (*fig*) zusammengewürfelt
hydratant Feuchtigkeits-, feuchtigkeitspendend
hydratation *f* Hydrierung *f*
hydrater wässern; hydrieren
hydraulique hydraulisch
hydravion *m* Wasserflugzeug *n*
hydrocarbure *m* Kohlenwasserstoff *m*
hydrocéphale *m f* Mensch *m* mit einem Wasserkopf
hydrocution *f* : *mourir par* ~ an einem Herzschlag *m* im kalten Wasser sterben
hydrogène *m* Wasserstoff *m*
hydroglisseur *m* Luftkissenboot *n*, Hydroplan *m*
hydromel *m* Met *m*
hydrophile : *coton* ~ Saugwatte *f*
hyène *f* Hyäne *f*
hygiène *f* 1 Hygiene *f* ~ *des dents* Zahnpflege *f* 2 ~ *alimentaire* Ernährungsbewußtsein *n*
hygiénique 1 hygienisch 2 *papier* ~ Toilettenpapier *n*; *serviette* ~ Damenbinde *f*
hymen *m* 1 Jungfernhäutchen *n* 2 *un heureux* ~ eine glückliche Vermählung *f*
hymne *m* : ~ *national* Nationalhymne *f*; ~ *à la nature* Lobgesang *m* auf die Natur
hyperbole *f* (*math*) Hyperbel *f*
hypermétrope weitsichtig
hypertension *f* erhöhter Blutdruck *m*
hypnotiser hypnotisieren ◆ *être complètement hypnotisé par qch* durch etw völlig gebannt sein, von etw wie besessen sein
hypocondriaque hypochondrisch
hypocrisie *f* Heuchelei *f*, Scheinheiligkeit *f*, Falschheit *f*
hypocrite heuchlerisch, scheinheilig, falsch ◆ *m f* HeuchlerIn *m f*
hypophyse *f* Hirnanhangdrüse *f*
hypothèque *f* Hypothek *f*
hypothéquer mit einer Hypothek belasten; (*fig*) ~ *l'avenir* die Zukunft im vornhinein belasten

hypothèse

hypothèse *f* Hypothese *f en être réduit aux ~s* auf bloßen Vermutungen *fpl* angewiesen sein; *dans l'~ où* in der Annahme *f,* daß; falls, sofern

hystérie *f* Hysterie *f*
hystérique hysterisch ◆ *m f* HysterikerIn *m f*

I

iceberg *m* Eisberg *m*
ici 1 hier *par ~* hier durch/entlang; hier in der Gegend; *viens par ~!* komm (hier)her! 2 *d'~ à demain* bis morgen
ici-bas hier auf Erden, auf dieser Welt, hienieden
icône *f* 1 Ikone *f* 2 *(info)* Symbol *n*
iconoclaste *m f* Bilderstürmer *m*
idéal, -aux ideal, vollkommen, perfekt ◆ *m* Ideal *n*, Vorbild *n*; *(fig) l'~ serait de* das Günstigste *n*/das Beste *n* wäre
idéaliser idealisieren
idéaliste idealistisch ◆ *m f* IdealistIn *m f*
idée *f* 1 Begriff *m*, Vorstellung *f* 2 Gedanke *m*, Idee *f des ~s noires* trübe Gedanken; *(fig) se faire des ~s* sich (D) etw vor=machen/ein=bilden 3 Ahnung *f j'ai ~ que* es kommt mir so vor, als ob; es scheint mir, daß; *je n'en ai pas la moindre ~* ich habe nicht die geringste/keine blasse Ahnung 4 Idee Einfall *m* 5 *~s reçues* Vorurteile *npl*; *avoir les ~s larges* großzügige/liberale Anschauungen *fpl* haben; *ne pas avoir les mêmes ~s* nicht der gleichen Meinung *f* sein, nicht die gleichen Ansichten *fpl* vertreten; *avoir une haute ~ de* eine hohe Meinung *f* von sich haben 6 *j'ai dans l'~ que* ich glaube, daß; es kommt mir so vor, als; *on ne m'ôtera pas de l'~ que* man wird mich nicht davon ab=bringen können, daß
identifier 1 *~ un criminel* einen Verbrecher identifizieren 2 *~ des plantes* Pflanzen erkennen/bestimmen/ein=ordnen ◆ *s'~ à qqn* sich mit jm identifizieren
identique identisch, gleichartig *mon opinion est ~ à la sienne* meine Meinung stimmt mit seiner überein
identité *f* 1 Identität *f*, Übereinstimmung *f* der Ansichten 2 *carte d'~* Personalausweis *m*; *photo d'~* Paßfoto *n*; *vérifier l'~ de qqn* js Identität *f*/Personalien *fpl* überprüfen
idéogramme *m* Begriffszeichen *n*
idéologie *f* Ideologie *f*
idiomatique idiomatisch
idiot idiotisch, töricht, blöd(sinnig) ◆ *-e f* Idiot *m*, Idiotin *f*
idiotie *f* 1 Dummheit *f* 2 Blödheit *f*, Idiotie *f*
idolâtrer abgöttisch verehren/lieben

idole *f* Götze *m*; *(fig)* Abgott *m l'~ des jeunes* das Idol *n* der jungen Leute
idylle *f* Idylle *f*, Idyll *n avoir une ~ avec qqn* eine Romanze *f* mit jm haben
if *m* Eibe *f*
ignare (völlig) unwissend, ungebildet
ignifuger feuerfest/feuersicher machen
ignoble 1 *une ~ conduite* ein gemeines/schändliches/niederträchtiges Verhalten 2 *un vin ~* ein miserabler/abscheulicher/ekelhafter Wein
ignominie *f* Schmach *f*; Schandtat *f*; Schändlichkeit *f*; Schande *f*
iguane *m* Leguan *m*
île *f* Insel *f*
illégal, -aux illegal, ungesetzlich, widerrechtlich, rechtswidrig, gesetzwidrig
illégitime unrechtmäßig, illegitim *enfant ~* uneheliches/außereheliches Kind
illettré *m -e f* des Lesens und Schreibens Unkundige/r, AnalphabetIn *m f*
illicite unerlaubt, unstatthaft, unzulässig
illimité unbegrenzt, unendlich; unbeschränkt, unbefristet; uneingeschränkt
illuminé *m -e f* SchwärmerIn *m f*
illuminer beleuchten, an=strahlen; *(fig)* erhellen
illusion *f* 1 (Sinnes)täuschung *f* 2 Illusion *f faire ~* vor=täuschen
illusionniste *m f* ZauberkünstlerIn *m f*, VerwandlungskünstlerIn *m f*
illusoire illusorisch; trügerisch
illustration *f* Illustration *f*; *(fig) c'est une ~ de sa grossièreté* das zeigt/veranschaulicht seine Rüpelhaftigkeit
illustre berühmt, erlaucht
illustré *m* Illustrierte *f*
illustrer illustrieren, bebildern ◆ *s'~* sich aus=zeichnen
îlot *m* kleine Insel *f*, Inselchen *n*; *(fig) un ~ de résistance* ein Nest *n* des Widerstandes; *un ~ insalubre* ein Komplex *m* alter/baufälliger Häuser
îlotier *m* Hauswart *m*; Sicherheitsbeauftragter *m*
image *f* 1 Bild *n*; *(fig) une ~ d'Epinal* ein naives Klischee *n*, eine simple Darstellung *f*; *être à l'~ de qqn/qch* ein getreues Abbild *n*/ein Symbol *n*/Sinnbild *n* von jm/etw sein 2 *avoir une bonne ~ de marque* ein gutes Image *n* haben; *donner*

une mauvaise ~ de soi einen schlechten Eindruck *m* machen

imagé : *un style ~* ein bildhafter Stil

imaginable vorstellbar, denkbar

imaginaire eingebildet, erdacht, nur in der Einbildung vorhanden, nicht wirklich *malade ~* eingebildeter Kranker ◆ *m* das Imaginäre *n*, Phantasie(welt) *f*

imaginatif, -ive phantasiebegabt, phantasievoll, einfallsreich, erfinderisch

imagination *f* 1 Phantasie *f*, Vorstellung(skraft) *f*, Einbildungskraft *f* 2 *ce sont de pures ~s !* das sind doch (reine) Hirngespinste *npl* !

imaginer 1 sich (D) denken/vor=stellen *que vas-tu ~ ?* was denkst/malst du dir wieder aus ? 2 *~ un nouveau procédé* sich (D) ein neues Verfahren ein=fallen lassen/ aus=denken ◆ *s'~ qch* sich (D) etw vor=stellen ; sich (D) etw ein=bilden

imbécile *m f* Dummkopf *m*, Schwachkopf *m*, Blödian *m* ; *heureux ~* glücklicher Einfaltspinsel *m* ; *faire l'~* den Dummen *m* machen/spielen

imbécillité *f* Blödheit *f*, Dummheit *f*, Einfältigkeit *f*

imberbe bartlos

imbiber (durch=)tränken ◆ *s'~* sich voll=saugen

imbriquer ineinander verschachteln ◆ *s'~* ineinander verschachtelt sein ; *(fig)* sich überschneiden/überlagern

imbroglio *m* Wirrwarr *m*, Durcheinander *n*

imbu : *être ~ de soi-même* von sich selbst eingenommen/überzeugt sein

imitateur *m* -**trice** *f* NachahmerIn *m f* ; *(métier)* (Stimmen)imitatorIn *m f*

imitation *f* 1 Nachahmung *f*, Imitation *f* ; Nachbildung *f en ~ or* aus Falschgold *n*/ Schaumgold *n* ; *un manteau ~ fourrure* ein Mantel aus Kunstpelz *m* 2 *l'~ des grands maîtres* das Kopieren *n* großer Meister 3 *faire des ~s* imitieren

imiter 1 nach=ahmen/nach=machen (D) 2 *peinture qui imite le bois* Anstrich, der wie Holz aussieht

immaculé strahlendweiß

Immaculée *f* : *dogme de l'~ Conception* die Lehre von der Unbefleckten Empfängnis

immangeable ungenießbar

immanquablement gewiß, sicher, unausweichlich, unausbleiblich

immatriculation *f* 1 *~ d'un véhicule* Zulassung *f* eines Autos ; *numéro d'~* amtliches/polizeiliches Kennzeichen *n* ; (Versicherungs)nummer *f* 2 *plaque d'~* Nummernschild *n*

immatriculer ein=schreiben ; zu=lassen ; immatrikulieren

immédiat 1 sofortig, unverzüglich 2 unmittelbar ◆ *m dans l'~* im/für den Augenblick *m*

immédiatement sofort, unverzüglich, gleich

immémorial, -aux : *depuis des temps immémoriaux* seit uralten Zeiten, von altersher

immense unendlich groß, unermeßlich, unübersehbar, unendlich

immensité *f* Unendlichkeit *f*, Unermeßlichkeit *f*, Weite *f*, Grenzenlosigkeit *f* ; *(fig) l'~ d'une tâche* der ungeheure Umfang *m* einer Aufgabe

immerger 1 ein=tauchen 2 überfluten

immeuble *m* Gebäude *n*, (Wohn)haus *n*

immigration *f* Einwanderung *f*

immigré : *travailleur ~* ausländischer Arbeitnehmer, *(fam)* Gastarbeiter *m* ; *population ~e* eingewanderte Bevölkerung ◆ *m* -**e** *f* Eingewanderte/r

immigrer ein=wandern, immigrieren

imminent : *danger ~* unmittelbare Gefahr ; *la décision est ~e* die Entscheidung steht unmittelbar/nahe bevor, die Entscheidung ist in Kürze zu erwarten

immiscer (s') sich in etw (A) ein=mischen

immobile bewegungslos

immobilier, -ière : Immobilien- *m la crise de l'~* die Krise auf dem Immobilienmarkt *m*

immobilisation *f* außer Betriebsetzung *f* ; Ruhigstellung *f* ; *(éco) ~s* Anlagevermögen *n*

immobiliser stil(l)=legen, außer Betrieb setzen *~ un bras* einen Arm ruhig=stellen ◆ *le train s'immobilise* der Zug hält an

immoler opfern, zum Opfer (dar)=bringen

immonde ekelhaft ; *(fig)* schändlich, schmutzig

immondice *m* Dreck *m*, Unrat *m*

immortaliser unsterblich machen, verewigen

immortel, -le unsterblich ; *(fig)* unauslöschlich, unvergänglich

immuable unveränderlich *vérité ~* unabänderliche/endgültige Wahrheit ; *(fig) rester ~* seine Meinung nicht ändern

immuniser immunisieren ; *(fig)* feien

immunitaire : *(méd) défenses ~s* Abwehrkräfte *fpl*

immunité *f* Immunität *f*

impact *m (munitions)* Einschlag *m* ; *(fig) ~ de la publicité* die Wirkung *f*/ der Einfluß *m* der Werbung

impair : *nombre ~* ungerade Zahl

impair *m* Ungeschicklichkeit *f*, *(fam)* Patzer *m*, Schnitzer *m*

impalpable nicht greifbar/faßbar

imparable : *(sp) un tir ~* ein unhaltbarer Schuß ; *(fig) un argument ~* ein unabwendbares Argument

imparfait unvollkommen, unzulänglich, unvollständig ◆ *m (gram)* Imperfekt *n*
impasse *f* Sackgasse *f*
impassible unbewegt, gefaßt, gleichmütig, unerschütterlich
impatience *f* Ungeduld *f*
impatient ungeduldig *être ~ de savoir qch* gespannt auf etw (A) sein
impatienter s' ungeduldig werden
impayé *m* Außenstand *m*
impeccable tadellos, einwandfrei
impénétrable undurchdringlich; *(fig)* unergründlich
impénitent unverbesserlich
impératif, -ive 1 zwingend *ordre ~* bindende Anordnung; *un ton ~* Befehlston *m* 2 *un besoin ~* dringlicher Bedarf ◆ *m* 1 *les ~s du métier de la vie* die Erfordernisse *fpl* des Berufs; *les ~s du moment* das Gebot *n* der Stunde 2 *(gram)* Imperativ *m*
impérativement unbedingt
impératrice *f* Kaiserin *f*
imperceptible kaum wahrnehmbar, unmerklich, gering, winzig *(fig)*
imperfection *f* 1 Unvollkommenheit *f* 2 *il y a quelques ~s* es gibt einige Schwächen *fpl*/ Mängel *mpl*
impérial, -aux kaiserlich; *cour ~e* Kaiserhof *m*
impérialiste imperialistisch
impérieux, -euse 1 gebieterisch 2 *une nécessité impérieuse* eine dringliche Notwendigkeit
impérissable *(fig)* unvergänglich *ne pas laisser un souvenir ~* eine nicht gerade unauslöschliche Erinnerung hinterlassen
imperméabiliser imprägnieren
imperméable : *sol ~* undurchlässiger Boden; *tissu ~* wasserdichter / imprägnierter Stoff; *(fig) être ~ à l'art* für (die) Kunst unempfänglich sein ◆ *m* Regenmantel *m*
impersonnel, -le unpersönlich
impertinent frech, impertinent, unverschämt
imperturbable unerschütterlich, unbeirrbar
impétueux, -euse ungestüm, hitzig, stürmisch
impétuosité *f* Ungestüm *n*, Hitzigkeit *f*
impie gottlos
impitoyable unerbittlich, erbarmungslos, mitleid(s)los
implacable unversöhnlich
implanter an=siedeln; *(méd)* implantieren ◆ *s' ~* sich nieder=lassen / an=siedeln
implication *f* Verwicklung *f*
implicite mitenthalten, inbegriffen, implizit
impliquer 1 *~ qqn dans une affaire* jn in eine Angelegenheit verwickeln 2 *cela implique un gros effort* das setzt große Anstrengungen voraus ◆ *(fam) s' ~ à fond dans qch* sich voll für etw ein=setzen
implorer (an)=flehen *~ le pardon de qqn* jn um Verzeihung an=flehen, js Verzeihung erflehen
imploser implodieren
impoli unhöflich; ungezogen
impondérable *m* unwägbarer Faktor *m*, Imponderabilien *fpl*
impopulaire : *se rendre ~* sich unbeliebt machen; *mesure ~* unpopuläre Maßnahme
importance *f* 1 Bedeutung *f*, Wichtigkeit *f cela n'a aucune ~* das hat keinerlei Bedeutung / Gewicht *n*, das ist ohne Belang *m* 2 Ausmaß *n*, Größe *f une ville d'~ moyenne* eine Stadt mittlerer Größe *f* 3 Ansehen *n*, Einfluß *m*
important 1 wichtig, bedeutend 2 *une somme ~e* eine große / ansehnliche / beträchtliche / erhebliche Summe ◆ *m l'~ c'est* die Hauptsache / das Wichtigste *n* ist
importateur, -trice : *pays ~ de pétrole* Öleinfuhrland *n*, Öl einführendes / importierendes Land ◆ *m f* Importeur *m*
importation *f* Import *m*, Einfuhr *f*
importer importieren, ein=führen ◆ zählen *cela m'importe peu* das ist für mich von geringer Bedeutung; *il importe de / que* es ist notwendig, daß; es kommt darauf an, zu / daß; *qu'importe ce que racontent les gens* was bedeutet es schon / was liegt schon daran, was die Leute erzählen, *(fam)* ganz egal, was die Leute sagen ◆ *n'importe qui / quoi* irgend jd / etw, jeder / jedes x-beliebige; *n'importe où* überall, *(fam)* egal wo; *à n'importe quel prix* zu jedem Preis; *n'importe comment il ne viendra pas* wie auch immer, er kommt bestimmt nicht; *(fig) ce n'est pas n'importe qui* das ist nicht irgendwer / irgendein x-Beliebiger
importun zudringlich
importuner belästigen, zur Last / lästig fallen (D)
imposable : *être ~* steuerpflichtig sein; *revenus ~s* zu versteuerndes Einkommen
imposant : *une personne ~e* eine beeindruckende / imponierende Person; *d'une taille ~e* von stattlichem Wuchs
imposer 1 durch=setzen; auf=bürden *~ des normes* Normen auf=erlegen; *~ le silence* Ruhe gebieten; *(fig) ~ ses idées* seine Ideen auf=zwingen; *~ le respect* Respekt ein=flößen 2 besteuern 3 *(rel) ~ les mains* die Hand auf=legen ◆ 1 *la solution qui s'impose* die Regelung, die sich (D) aufdrängt; die absolut notwendige Regelung 2 *s' ~* sich behaupten / durch=setzen *~ en ~ à qqn* jn beeindrucken, jm imponieren
impossibilité *f* Unmöglichkeit *f être*

dans l'~ de faire qch außerstande sein, etw zu tun
impossible unmöglich *conditions ~s à remplir* nicht durchführbare/undurchführbare Bedingungen; *il n'est pas ~ que* es ist nicht ausgeschlossen, daß
imposteur *m* HochstaplerIn *m f*, SchwindlerIn *m f*, BetrügerIn *m f*
imposture *f* Hochstapelei *f*, Schwindel *m*, Betrug *m*
impôt *m* Steuer *f déclaration d'~s* Steuererklärung *f*
impotent (geh)behindert
imprécation *f* Verwünschung *f*, Fluch *m*
imprécis ungenau, unpräzis(e), unbestimmt; verschwommen
imprégner imprägnieren; (durch)=tränken ◆ *être imprégné d'idées reçues* von vorgefaßten Meinungen durchdrungen/erfüllt sein ◆ *s'~ de qch* etw auf sich (A) wirken lassen
imprescriptible nicht verjährbar *droit ~* unantastbares/immer geltendes Recht
impression 1 *~ d'un journal* Druck *m* einer Zeitung; *~ d'un tissu* Bedrucken *n* eines Stoffes 2 *de jolies ~s* schöne Muster *npl* 3 Eindruck *m*
impressionnant eindrucksvoll, beeindruckend
impressionner beeindrucken, Eindruck machen; (photo) belichten
impressionniste *m f* ImpressionistIn *m f*
imprévisible unvorhersehbar, nicht voraussehbar
imprévoyant unvorsichtig; kurzsichtig; sorglos
imprévu unvorhergesehen
imprimante *f* Drucker *m*
imprimé *m* (gedruckte) Notiz *f*, Vordruck *m*, Formblatt *n*; (tissu) bedruckter Stoff *m*
imprimer *~ un journal* eine Zeitung drucken; *~ du papier* Papier bedrucken; *~ un motif* ein Motiv (auf)=drucken ◆ (fig) *s'~ dans la mémoire* sich (D) ins Gedächtnis ein=prägen/ein=graben
imprimerie *f* Druckerei *f*; *en caractères d'~* in Druckbuchstaben *mpl*
imprimeur *m* (Buch)drucker *m*
improbable unwahrscheinlich, kaum anzunehmen
improductif, -ive unproduktiv, unergiebig, unfruchtbar
impromptu improvisiert
imprononçable unaussprechbar
impropre unangebracht, unpassend *~ à la consommation* zum Verzehr ungeeignet
improviser improvisieren ◆ *~ un discours* eine Rede aus dem Stegreif halten
improviste: *à l'~* unverhofft, unvermutet, unerwartet

imprudence *f* Unvorsichtigkeit *f*, Unbesonnenheit *f*
imprudent unvorsichtig *une déclaration ~e* eine unbedachte Äußerung
impubère vorpubertär
impudence *f* Unverschämtheit *f*, Schamlosigkeit *f*
impudique schamlos, unkeusch, unzüchtig
impuissance *f* 1 Machtlosigkeit *f avoir un sentiment d'~* ein Gefühl der Ohnmacht *f* haben 2 *(sexe)* Impotenz *f*
impuissant 1 machtlos, ohnmächtig 2 *(sexe)* impotent ◆ *m* Impotente/r
impulser *(fig)* an=stoßen, an=kurbeln, Auftrieb verleihen
impulsion *f* 1 Antrieb *m*, Anstoß *m suivre ses ~s* seinen Eingebungen *fpl*/seinem inneren Drang *m* nach=geben 2 *~ électrique* Stromstoß *m*; *(fig) donner de l'~ à un projet* einem Vorhaben Auftrieb *m* verleihen
impulsivité *f* Impulsivität *f*
impunément ungestraft, straflos; *(fig)* nicht ohne (nachteilige) Folgen
impunité *f* Straffreiheit *f*, Straflosigkeit *f en toute ~* straffrei
impureté *f* Verunreinigung *f*
imputer (à) zu=schreiben, an=lasten, zurückführen (auf A); *(comm) ~ une dépense sur un compte* eine Ausgabe auf einem Konto verbuchen
imputrescible nicht verwesend
inabordable: *une personne ~* eine unzugängliche Person; *(fig) des prix ~s* unerschwingliche Preise
inaccoutumé ungewohnt, ungewöhnlich
inachevé unvollendet
inactif, -ive 1 untätig; *(fig)* nicht berufstätig/erwerbstätig 2 *produit ~* unwirksames Mittel
inaction *f* Untätigkeit *f*; Nichtstun *n*
inadapté nicht angepaßt/anpassungsfähig, untauglich; ungeeignet
inadmissible unzulässig, unstatthaft
inadvertance *f*: *par ~* aus Versehen *n*, versehentlich
inaliénable: *bien ~* unveräußerliches Gut
inaltérable unveränderlich, beständig
inamovible unbeweglich; *(fig) personne ~* unabsetzbare Person
inanimé 1 *objet ~* totes Objekt 2 *corps ~* lebloser Körper
inanition *f*: *tomber d'~* vor Hunger in Ohnmacht fallen
inapte unfähig, untauglich; *(mil)* militärdienstuntauglich
inattendu unerwartet, unverhofft
inaudible unhörbar, kaum vernehmbar; *(fig)* nicht anzuhören(d)

inauguration f Einweihung f, (festliche) Eröffnung f

inaugurer ein=weihen; (fig) ~ *une ère nouvelle* eine neue Ära ein=leiten

incalculable unübersehbar, nicht zu berechnen(d); (fig) *des conséquences ~s* nicht voraussehbare/einzuschätzende Konsequenzen

incandescent (weiß)glühend

incantation f Beschwörung f

incapacité f Unfähigkeit f *être dans l'~ de faire qch* unfähig/nicht in der Lage, außerstande/nicht imstande sein, etw zu tun; *(méd)* ~ *de travail* Erwerbsunfähigkeit f, Arbeitsunfähigkeit f; *(jur)* ~ *légale* Rechtsunfähigkeit f

incarcérer inhaftieren, ein=sperren

incarnation f (rel) Menschwerdung f, Fleischwerdung f

incarner (fig) verkörpern ◆ *s'~* (rel) Mensch/Fleisch werden ◆ (fig) *c'est le mal incarné* das ist das Böse in Person

incartade f Seitensprung m; Streich m

incassable unzerbrechlich

incendiaire : *une bombe* ~ eine Brandbombe f ; (fig) *des propos ~s* aufrührerische Reden, Hetzreden fpl ; *un regard* ~ ein aufreizender Blick ◆ *m f* BrandstifterIn mf

incendie m (Groß)brand n, Feuersbrunst f

incendier in Brand stecken, an=zünden

incertitude f Ungewißheit f Unsicherheit f

incessamment sofort, (so)gleich, unverzüglich

incessant unaufhörlich, unablässig; ständig

inceste m Inzest m

incestueux, -euse inzestuös, blutschänderisch

inchangé unverändert

incidemment zufällig

incidence f 1 Auswirkung f, Rückwirkung f 2 (phys) *angle d'~* Einfallswinkel m

incident m Vorfall m *sans* ~ ohne Zwischenfall m

incinérateur m (Müll)verbrennungsofen m

incinérer verbrennen; ein=äschern

inciser ein=schneiden ~ *un abcès* ein Geschwür auf=schneiden

incisif, -ive einschneidend, bissig

incisive f Schneidezahn m

incitation f Anregung f, Aufstachelung f ~ *au meurtre* Anstiftung f zum Mord

inciter : ~ *qqn à faire qch* jn an=stiften/verleiten, etw zu tun

inclinable verstellbar

inclinaison f Schräge f, Schrägheit f; *(math) l'angle d'~* Neigungswinkel m

inclination f 1 ~ *à la paresse* Hang m zur Faulheit; *suivre son* ~ seiner Neigung f folgen; (fig) *avoir une* ~ *pour qqn* Zuneigung f zu jm fühlen/hegen 2 *saluer d'une* ~ *de la tête* sich verbeugen

incliner schräg stellen/halten; neigen ◆ ~ *à la sévérité* zu Härte neigen ◆ *s'~ devant qqn* sich vor jm verneigen/verbeugen; (fig) *s'~ devant son adversaire* sich vor seinem Gegner geschlagen geben

inclure 1 ~ *une clause dans un contrat* eine Klausel in einen Vertrag auf=nehmen/ein=fügen 2 *cela inclut que* das schließt ein, daß

inclus : *les frais sont* ~ die Kosten sind mit eingeschlossen/inbegriffen; *jusqu'à dimanche* ~ einschließlich Sonntag

incohérent zusammenhang(s)los, unzusammenhängend

incolore farblos

incomber : *il vous incombe de le faire* es obliegt Ihnen, es zu tun; *cette tâche lui incombe* diese Aufgabe ist für ihn bestimmt

incommensurable nicht vergleichbar; unwägbar

incommoder belästigen, stören

incommunicabilité f Kommunikationsunfähigkeit f

incommunicable 1 unaussprechlich, nicht mitteilbar 2 *(jur)* unübertragbar

incomparable unvergleichlich, unübertrefflich

incompatibilité f : ~ *d'humeur* Unvereinbarkeit f des Temperaments ; ~ *de groupes sanguins* Unverträglichkeit f der Blutgruppen

incompétent inkompetent, ungeeignet; *(jur) se déclarer* ~ sich für nicht zuständig erklären

incompréhensible unverständlich; unbegreiflich

incompréhension f Unverständnis n *témoigner d'~ envers qqn* jm gegenüber verständnislos reagieren

incompressible : *dépenses ~s* Fixkosten pl ; *peine* ~ Feststrafe ohne Hafterlaß

inconditionnel, -le unbedingt, bedingungslos *un soutien* ~ uneingeschränkte Unterstützung ◆ *m f c'est un* ~ *de Mozart* das ist ein absoluter Mozartfan

inconfortable unbequem, ungemütlich

incongru unpassend; überraschend

inconnu unbekannt

inconsciemment unbewußt, unwillkürlich

inconscience f 1 Leichtsinn m, Unüberlegtheit f, Leichtfertigkeit f, Unbedachtsamkeit f 2 Bewußtlosigkeit f, Dämmerzustand m

inconscient 1 unbewußt, unüberlegt, unbedacht; leichtfertig *être* ~ *d'un danger* sich einer (G) Gefahr nicht bewußt sein

2 *rester quelques minutes* ~ einige Minuten bewußtlos bleiben ♦ *m (psy)* das Unbewußte *n*, das Unterbewußte *n* ~ *collectif* das kollektive Unterbewußtsein *n*
inconsidéré unbesonnen, unüberlegt, unbedacht
inconsistant haltlos *un discours* ~ eine wenig stichhaltige Rede, Äußerungen ohne Substanz; *un personnage* ~ eine fade Person
inconsolable untröstlich
inconstance *f* Unbeständigkeit *f*; Unstetigkeit *f*
incontestable unbestreitbar, unstrittig
incontinent an Inkontinenz *f* leidend
incontournable unumgänglich
incontrôlable unkontrollierbar; nicht nachprüfbar
inconvenant unanständig; anstößig; ungehörig
inconvénient *m* Nachteil *m*
incorporable wehrdiensttauglich
incorporer 1 *(mil)* ein=ziehen, ein=berufen **2** ein=schieben; *(cuis)* zu=geben, bei=mengen, bei=mischen ♦ *avec flash incorporé* mit eingebautem Blitzlicht
incorrect 1 falsch, unkorrekt, fehlerhaft **2** unanständig
incorrigible unverbesserlich
incorruptible unbestechlich
incrédule skeptisch
increvable *pneu* ~ schlauchloser Reifen; *(fig/fam)* unverwüstlich
incriminer an=schuldigen, beschuldigen
incroyable unglaublich
incruster mit Intarsien verzieren, Einlegearbeiten vor=nehmen ♦ *s'*~ sich fest=setzen, *(fig/fam) s'*~ *chez qqn* sich bei jm ein=nisten
incubation *f (méd)* Inkubation *f*; *(bio)* (Aus)brüten *n*, Bebrütung *f*
inculpation *f* Anschuldigung *f*, Beschuldigung *f*; *chef d'*~ (Haupt)anklagepunkt *f*
inculpé *m* -e *f* Beschuldigte/r
inculper an=schuldigen, beschuldigen
inculquer ein=trichtern, ein=prägen
inculte unbebaut *terrain* ~ Brachland *n*; *(fig) une personne* ~ eine unkultivierte/*(fam)* Kulturbanause *m*
incurable unheilbar
incursion *f* Einfall *m*, Streifzug *m*; *(fig)* ~ *dans la vie privée* Eingriff *m*/Einmischung *f* in das Privatleben; *faire une* ~ *dans un domaine* sich auf ein neues/fremdes Gebiet vor=wagen/begeben
incurvé gekrümmt, gebogen
indécent anstößig, schamlos; *(fig) luxe* ~ unverschämter Luxus
indéchiffrable nicht zu entziffern(d); *(fig)* unergründlich, rätselhaft
indécis 1 unschlüssig, unentschlossen, schwankend **2** *victoire encore* ~*e* unsicherer/fraglicher Sieg
indéfendable : *un point de vue* ~ ein unhaltbarer/unvertretbarer Standpunkt
indéfini unbestimmt, vage; *(gram) article* ~ unbestimmter Artikel
indéfiniment endlos
indéfinissable unerklärlich, unbegreiflich
indéformable formbeständig
indélébile : *encre* ~ Wäschetinte *f ta-che* ~ nicht zu entfernender Fleck
indélicat taktlos, rücksichtlos
indemne 1 *sortir* ~ *d'un accident* einen Unfall unverletzt überstehen **2** ~ *de toute contamination* von jeder Ansteckung frei
indemniser ab=finden, entschädigen; ersetzen, vergüten
indemnité *f* **1** Entschädigung *f*, Schaden(s)ersatz *m* ~ *de licenciement* Abfindung *f* (bei Entlassung), Entlassungsgeld *n* **2** Vergütung *f* ~ *de logement* Wohngeld *n*; ~ *parlementaire* Diäten *fpl*
indémodable zeitlos
indéniable unleugbar, nicht zu leugnen(d)
indépendamment 1 ~ *de la situation* von der Situation unabhängig, ungeachtet der **(G)** Situation **2** ~ *des autres* unabhängig von den anderen
indépendance *f* Unabhängigkeit *f*; Selbständigkeit *f*
indépendant 1 unabhängig **2** selbständig *un travailleur* ~ ein Freiberuflicher **3** *une chambre* ~*e* ein separates Zimmer **4** *(gram) une proposition* ~*e* Hauptsatz *m*
indépendantiste *m f (pol)* SeparatistIn *m f*
indéterminé unbestimmt
index *m* **1** Zeigefinger *m* **2** (Wörter)verzeichnis *n* **3** *(fig) mettre à l'*~ auf den Index *m* setzen
indexer binden (an **A**)
indic *m (fam)* V-Mann *m* → **indicateur**
indicateur, -trice : *panneau* ~ Hinweisschild *n* ♦ *m* **1** *(police)* DenunziantIn *m f*, Spitzel *m* **2** ~ *des chemins de fer* Kursbuch *n* **3** ~ *de pression* Druckanzeiger *m*; *(éco)* ~ *économique* Wirtschafts-, Konjunkturdaten *npl*
indicatif, -ive : *prix* ~ Richtpreis *m*
indicatif *m* **1** *(tél)* Vorwahl(nummer) *f*, Ortskennzahl *f* **2** ~ *d'une émission* (Er)kenn(ungs)melodie *f*, Indikativ *n* **3** *(gram)* Indikativ *m*
indication *f* **1** ~ *de l'origine* Ursprungsbezeichnung *f* **2** Anweisung **3** *fournir des* ~*s* Hinweise *mpl* geben, Angaben *fpl* machen
indice *m* **1** Anhaltspunkt *m*/Hinweis *m*; *(jur)* Indiz *n*; *(fig) un* ~ *de fatigue* ein (An)zeichen *n* von Müdigkeit **2** ~ *des prix*

indicible 538

Preisindex *m* ; ~ *d'écoute* Hörquote *f*, Einschaltquote *f* ; *(math)* Exponent *m*
indicible unaussprechlich
indien, -ne indisch ; indianisch
Indien *m* **-ne** *f* InderIn *m f* ; IndianerIn *m f*
indifférent gleichgültig, teilnahmslos, indifferent
indigence *f* Bedürftigkeit *f*, Not *f*, Armut *f*
indigène einheimisch
indigent bedürftig, notleidend
indigeste schwer verdaulich
indigestion *f* Magenverstimmung *f* ; *avoir une* ~ einen verdorbenen Magen haben
indignation *f* Empörung *f*, Entrüstung *f*
indigne unwürdig ; *(fig) c'est = de toi* das ist deiner nicht würdig
indigné entrüstet, empört
indiquer zeigen, weisen, hin-weisen/deuten (auf **A**) ; *(fig)* schließen lassen/(hin)=deuten (auf **A**) ♦ **1** *à l'endroit indiqué* am angegebenen Ort **2** *ce n'est pas très indiqué !* das ist ganz und gar nicht angebracht !
indirect indirekt *effet* ~ Nebeneffekt *m*
indiscipline *f* Disziplinlosigkeit *f*, Undiszipliniertheit *f*
indiscrétion *f* Indiskretion *f* ; *commettre une* ~ eine Taktlosigkeit *f* begehen
indiscutable unbestreitbar
indispensable unentbehrlich, unerläßlich, unbedingt notwendig
indisponible *je suis* ~ ich bin unabkömmlich ; *cette marchandise est* ~ diese Ware ist nicht verfügbar
indisposer verstimmen ♦ *(fig) être indisposée* unwohl sein
indissociable untrennbar
indissoluble unauflösbar
indistinctement 1 undeutlich, unklar **2** *tous* ~ ohne Ausnahme, ausnahmslos
individu *m* Individuum *n*, Einzelwesen *n* ; *(péj) un triste* ~ ein erbärmlicher Mensch *n*
individualiste *m f* IndividualistIn *m f*
individuel, -le individuell ; *fiche* ~*le* Personalbogen *m* ; *chambre* ~*le* eigenes Zimmer ; Einzelzimmer *n*
indivision *f* : *en* ~ in Miteigentümerschaft *f*
indo-européen, -ne indogermanisch, indoeuropäisch
indolent träge, lässig
indolore schmerzlos, schmerzfrei
indomptable unbezähmbar
indu : *à une heure* ~*e* zu unpassender Stunde
indubitable unzweifelhaft, zweifellos, nicht zu bezeifeln(d), unstrittig
inductif, -ive induktiv ; *méthode inductive* Induktionsmethode *f*

induire 1 ~ *qqn en erreur* jn irre=leiten/zu Fehlern verleiten **2** führen (zu)
indulgence *f* **1** Nachsicht *f*, Milde *f* **2** *(rel)* Ablaß *m*
indulgent nachsichtig
indûment unberechtigt
industrialiser industrialisieren
industrie *f* Industrie *f* *installer des* ~*s* Industriebetriebe *mpl* an=siedeln
industriel, -le : Industrie- *zone* ~*le* Gewerbezone *f* ♦ *m f* Industrielle/r
inébranlable unerschütterlich, standhaft
inefficace unwirksam, wirkungslos, erfolglos
inégal, -aux 1 ungleich *de force* ~*e* ungleich stark **2** *terrain* ~ unebenes Gelände ; *(fig) une production* ~*e* eine veränderliche/unbeständige Produktion ; *un tempérament* ~ ein unausgeglichenes Temperament
inégalable unerreichbar, unvergleichlich
inégalité *f* **1** Ungleichheit *f* ; *(math)* Ungleichung *f* **2** *les* ~*s du terrain* die Unebenheiten *fpl* des Geländes
inéluctable unabwendbar, unvermeidbar
inénarrable unbeschreiblich ; *(fig)* urkomisch
ineptie *f* Unsinnigkeit *f*, Sinnlosigkeit *f*
inépuisable *(fig)* unerschöpflich
inerte : *matière* ~ leblose Materie ; *corps* ~ regungsloser Körper
inertie *f* **1** Trägheit *f*, Untätigkeit *f* ; Passivität *f* ; *(fig) force d'*~ passiver Widerstand *m* **2** *(phys)* Trägheit *f*
inespéré unverhofft, unerwartet
inestimable unschätzbar
inévitable unvermeidlich
inexistant : *être* ~ nicht vorhanden sein ; *(fig)* nichtig/wesenlos sein
inexorable unerbittlich
inexpérience *f* Unerfahrenheit *f*
inexplicable unerklärlich
inexpressif, -ive ausdruckslos, nichtssagend
inexprimable unaussprechlich
in extenso vollständig ; in voller Länge
inextricable unentwirrbar
infaillible unfehlbar
infailliblement unausweichlich
infamant ehrenrührig, entehrend ; infamierend
infâme : schändlich ; *(fig) un type* ~ widerlicher Typ ; *un logement* ~ eine entwürdigende Behausung
infamie *f* Ruchlosigkeit *f*, Ehrlosigkeit *f*, Infamie *f*
infanterie *f* Infanterie *f*
infanticide *m* Kindesmord *m* ♦ *m f* KindesmörderIn *m f*
infantile Kinder-, kindlich ; *(fig)* infantil, kindisch
infantiliser kindisch machen

infarctus *m* Infarkt *m*
infatigable unermüdlich
infatué : ~ *de sa personne* von sich eingenommen/überzeugt. selbstgefällig
infect abscheulich, scheußlich, widerlich; *(fig)* ekelhaft, unausstehlich, widerlich
infecter (s') (sich) infizieren
infection 1 Infektion *f* 2 *c'est une véritable* ~ *!* hier stinkt es ja scheußlich!
inféodé : *(fig) être* ~ *à qqn* jm völlig untergeordnet sein
inférieur 1 unter- *membres* ~*s* untere Gliedmaßen 2 *somme* ~*e à 1000 F* Summe unter 1000 Francs; *être* ~ *à qqn* jm unterlegen sein, jm nach=stehen; *(math) x est* ~ *à y* x ist kleiner als y 3 *les espèces* ~*es* die niederen Lebewesen ◆ *m* -*e f* Untergebene/r
infériorité *f* 1 ~ *en nombre* zahlenmäßige Unterlegenheit *f* 2 Minderwertigkeit *f*; *(fig) être en état d'*~ unterlegen sein, *(fam)* nicht auf der Höhe *f* sein
infernal, -aux 1 höllisch *un bruit* ~ ein Höllenlärm *m* 2 unerträglich, unausstehlich 3 *cycle* ~ Teufelskreis *m*
infesté von Flöhen befallen; ~ *de ronces* von Brombeersträuchern überwuchert; *(fig)* ~ *de voyous* von Gaunern heimgesucht
infidèle untreu ◆ *m f (rel)* Ungläubige/r
infidélité *f* Untreue *f*; Treulosigkeit *f*
infiltrer : ~ *un groupe* eine Gruppe unterwandern ◆ 1 *l'eau s'infiltre dans la terre* das Wasser sickert in die Erde ein/versickert in der Erde 2 *s'*~ *dans un groupe* sich in eine Gruppe ein=schleichen/ein=schleusen 3 *(sentiment)* sich ein=schleichen, durchdringen
infini unendlich, endlos; *(fig)* unendlich, grenzenlos, maßlos ◆ *m* Unendliche/s *n*; *(math/photo)* Unendlich *n*
infinité *f* : *une* ~ *de gens* eine Unzahl *f*/Unmenge *f*/große Menge *f* von Leuten
infinitésimal, -aux unendlich winzig/klein; *(math) calcul* ~ Infinitesimalrechnung *f*
infinitif *m* Infinitiv *m*
infirme körperbehindert
infirmer widerlegen, entkräften; auf=heben
infirmerie *f* Krankenstation *f*
infirmier, -ère *m f* Krankenpfleger *m*, Krankenschwester *f*
infirmité *f* Körperbehinderung *f*, Körperversehrtheit *f*, Gebrechen *n*
inflammable (leicht) brennbar/entzündbar; feuergefährlich
inflammation *f (méd)* Entzündung *f*
inflation *f* 1 *(éco)* Inflation *f* 2 übermäßige Zunahme *f* (von/an)
infléchir verändern, eine andere Richtung geben ◆ *le sol s'est infléchi* der Fußboden hat sich gesenkt
inflexible unnachgiebig, unbeugsam, unerbittlich
infliger ~ *une peine à qqn* gegen jn eine Strafe verhängen, jm eine Strafe auf=erlegen; ~ *un sermon à qqn* jm eine Moralpredigt erteilen; *(fig)* ~ *un récit à qqn (fam)* jn mit etw belegen; ~ *un démenti* widerlegen
influençable beeinflußbar
influence *f* 1 Einfluß *m* 2 *avoir une* ~ *sur le caractère* (eine) Wirkung *f* auf den Charakter haben
influencer 1 beeinflussen 2 (ein)=wirken (auf A)
influent einflußreich
influx *m* : ~ *nerveux* Nervenleitung *f*
informateur, -trice *m f* InformantIn *f*
informaticien *m* -*ne f* InformatikerIn *m f*
information *f* 1 Mitteilung *f*, Information *f*, Auskunft *f*; *(jur) ouvrir une* ~ ein Ermittlungsverfahren *n* ein=leiten/eröffnen 2 Nachricht *f bulletin d'*~ Nachrichten *fpl*
informatique *f* elektronische Datenverarbeitung *f* (EDV), Informatik *f*
informatiser auf EDV um=stellen, computerisieren
informer benachrichtigen, informieren ◆ *s'*~ *(de)* sich erkundigen (nach), sich informieren (über A)
infortune *f* Mißgeschick *n*, Pech *n*
infraction *f* Verstoß *m* (gegen); Rechtsbruch *m*
infranchissable unüberbrückbar, *(fig)* unüberwindlich
infrastructure *f* 1 ~ *routière* Straßennetz *n*; ~ *touristique* Infrastruktur *f* für den Tourismus 2 *l'*~ *d'un bâtiment* die Grundmauern *fpl* eines Gebäudes
infroissable knitterfrei
infructueux, -euse ergebnislos, nutzlos, erfolglos, vergeblich
infuse : *avoir la science* ~ *(fig)* die Weisheit gepachtet haben; *je n'ai pas la science* ~ ich bin nicht Doktor Allwissend
infuser ziehen
ingénier (s') : sich bemühen, alles versuchen
ingénierie *f* Engineering *n*
ingénieur *m* Ingenieur *m*
ingénieux, -euse einfallsreich, klug, erfinderisch
ingéniosité *f* Einfallsreichtum *m*, Erfindungsgeist *m*, Findigkeit *f*
ingénu treuherzig, offenherzig, unbefangen
ingérable nicht zu verwalten(d)
ingérer : ~ *des aliments* Nahrung auf=nehmen/zu sich nehmen ◆ *s'*~ *dans les*

ingrat

affaires de qqn sich in js Angelegenheiten ein=mischen

ingrat 1 undankbar 2 *âge* ~ kritisches Alter; *un visage* ~ unangenehmes Gesicht 3 *sol* ~ unfruchtbarer Boden; *travail* ~ undankbare/nicht lohnende Arbeit

ingratitude *f* Undankbarkeit *f*, Undank *m*

ingrédient *m* Zutat *f*, Ingredienz *f*

ingurgiter hinunter=schlingen, verschlingen, hinunter=stürzen

inhalateur *m* Inhalationsapparat *m*

inhalation *f* Einatmung *f*, Einatmen *n* 2 *faire des* ~s inhalieren

inhérent (à) innenwohnend, inhärent (D)

inhiber hemmen

inhibition *f* Hemmung *f*; Gehemmtheit *f*

inhumer bei=setzen, bestatten

inimaginable unvorstellbar

inimitié *f* Feindschaft *f*

ininflammable feuerfest, nicht brennbar/entzündbar

intelligible unverständlich

ininterrompu ununterbrochen *10 minutes d'applaudissements* ~s zehn Minuten (lang) anhaltender Beifall

inique ungerecht

initial Initial-, Ausgangs-, anfänglich; *état* ~ Anfangszustand *m* ♦ ~*e f* Anfangsbuchstabe *m*; *signer de ses* ~*es* ab=zeichen, paraphieren

initialement anfang, anfänglich, eingangs

initiateur *m* **-trice** *f* InitiatorIn *m f*, AnregerIn *m f*

initiation *f* 1 ~ *à la peinture* Einführung *f* in die Malerei 2 *rites d'*~ Initiationsriten *mpl*

initiative *f* Initiative *f esprit d'*~ Unternehmungsgeist *m*, Unternehmungslust *f*, Initiative; *de sa propre* ~ aus eigener Initiative/eigenem Antrieb *m*

initié -e *f* Eingeweihte/r; *(jur) délit d'*~ *(bourse)* Insidervergehen *n*

initier : ein=weihen (in A)

injectable : *ampoule* ~ injizierbare Ampulle

injecter ein=spritzen; *(fig)* ~ *des capitaux* Kapital investieren ♦ *des yeux* ~*s de sang* blutunterlaufene Augen

injection *f* 1 Einspritzung *f*, (Ein)spritzen *n*, Injektion *f*; *(méd) faire une* ~ *de morphine* Morphin spritzen 2 *moteur à* ~ Einspritzmotor *m*

injoignable nicht zu erreichen(d)

injonction *f* Befehl *m*, Geheiß *n*, Aufforderung *f*

injure *f* 1 Beschimpfung *f*, Verunglimpfung *f* 2 Beleidigung *f*; *c'est une* ~ *à la justice* das ist Justizbeleidigung *f*

injurier beschimpfen, verunglimpfen

injuste ungerecht

injustement zu Unrecht, unverdientermaßen

injustice *f* Ungerechtigkeit *f*, Unrecht *n*

injustifiable nicht zu rechtfertigen(d)

injustifié ungerechtfertigt, unberechtigt

inlassablement unermüdlich

inné angeboren

innocemment harmlos, ahnungslos

innocence *f* 1 Unschuld *f*, Schuldlosigkeit *f* 2 *abuser de l'*~ *de qqn* js Gutgläubigkeit *f*/Leichtgläubigkeit *f* aus=nutzen; *faire qch en toute* ~ etw in aller Gutgläubigkeit/Naivität *f* tun

innocent 1 unschuldig 2 unverdorben; *âme* ~*e* reine Seele; *plaisanterie* ~*e* harmloser Scherz

innocenter entlasten, für unschuldig erklären

innombrable unzählig, zahllos

innover Neuerungen ein=führen, innovieren

inoccupé 1 *un appartement* ~ eine leer(stehend)e/nicht bewohnte Wohnung 2 untätig, unbeschäftigt

inoculer (ein)=impfen

inodore geruchlos

inoffensif ungefährlich, harmlos

inondable hochwassergefährdet, überschwemmungsgefährdet

inondation *f* Überschwemmung *f*, Hochwasser *n*

inonder überschwemmen, überfluten

inopérant unwirksam, wirkungslos

inopiné unerwartet, unverhofft

inopportun unpassend, unangebracht, ungelegen, ungünstig

inoubliable unvergeßlich

inouï unglaublich; unerhört

inox *m* rostfreies Metall *n*

inoxydable : *acier* ~ rostfreier Stahl

inqualifiable nicht seinesgleichen haben(d), unerhört; unbeschreiblich

inquiet, -ète (be)unruhig(t) *caractère* ~ ängstlicher Charakter; *être* ~ *au sujet de qqn* um jn besorgt sein

inquiéter beunruhigen, Sorgen machen/bereiten ♦ *s'*~ sich beunruhigen/sorgen/ängstigen (um)

inquiétude *f* Unruhe *f*, Besorgnis *f*, Beunruhigung *f avoir des* ~s sich (D) Sorgen machen; sich sorgen

inquisiteur, -trice inquisitorisch; *un regard* ~ ein (streng) forschender Blick

insaisissable *(fig)* nicht greifbar

insalubre gesundheitsschädigend, gesundheitsschädlich; *logement* ~ Elendsquartier *n*

insanité *f* Unanständigkeit *f*, Anzüglichkeit *f*

insatiable unersättlich, nicht zu stillen(d); *(fig)* grenzenlos

insatisfaction f Unzufriedenheit f, Unbefriedigtkeit f
inscription f 1 ~ *sur un registre* Eintragung f in ein Register; ~ *à un cours* Anmeldung f zu einem Kurs, Belegung f eines Kurses; *prendre une* ~ sich ein=schreiben 2 Inschrift f, Aufschrift f
inscrire 1 ein=schreiben, ein=tragen ~ *une question à l'ordre du jour* eine Frage in die Tagesordnung auf=nehmen/auf die Tagesordnung setzen 2 *(math)* ~ *un carré dans un cercle* ein Viereck in einem Kreis beschreiben ♦ 1 *s'* ~ *en faux contre qch* etw bestreiten, gegen etw Protest erheben 2 *s'* ~ *dans la politique générale* sich in die allgemeine Politik ein=fügen
insecte m Insekt n
insecticide m Insektenvertilgungsmittel n
insécurité f Unsicherheit f
inséminer künstlich befruchten
insensé unsinnig, sinnlos
insensible gefühllos ~ *aux reproches de qqn* js Vorwürfen gegenüber unempfindlich; *être* ~ *à la beauté de qqn* von js Schönheit unbeeindruckt sein
insensiblement unmerklich, nach und nach
insérer hinein=legen; ein=fügen ~ *une annonce* eine Annonce auf=geben/veröffentlichen, inserieren ♦ 1 *s'* ~ sich ein=ordnen/ein=gliedern 2 sich ein=fügen
insertion f : ~ *sociale* Eingliederung f in die Gesellschaft
insidieux, -euse arglistig, verfänglich
insigne m (Ab)zeichen n
insignifiant geringfügig, unerheblich; *(personne)* bedeutungslos, unbedeutend
insinuation f Andeutung f, Anspielung f
insinuer an=deuten *qu'est-ce que tu insinues ?* worauf willst du hinaus ? ♦ *s'* ~ *dans le sable* in den Sand hinein=gleiten; *(fig) s'* ~ *dans l'esprit de qqn* sich allmählich bei jm fest=setzen
insipide *(fig)* fade, einförmig
insistance f Beharrlichkeit f, Inständigkeit f
insister 1 ~ *sur le fait que* Nachdruck/ Gewicht auf die Tatsache legen, daß; mit Nachdruck auf die Tatsache hin=weisen, daß 2 ~ *pour avoir une réponse* darauf dringen, eine Antwort zu bekommen; *j'insiste !* ich bestehe/dringe darauf !
insolation f Sonnenstich m
insolent unverschämt, frech
insolite ungewöhnlich, seltsam
insoluble 1 unlösbar 2 ~ *dans l'eau* wasserunlöslich
insolvable zahlungsunfähig
insomnie f Schlaflosigkeit f *avoir des* ~s an Schlaflosigkeit leiden; *donner des* ~s schlaflos machen

insonoriser schalldicht machen/ab=schirmen
insouciant sorglos, unbekümmert
insoumis m *(mil)* Wehrdienstverweigerer m
insoupçonné ungeahnt, unvermutet
insoutenable 1 nicht auszuhalten(d) 2 *argumentation* ~ unhaltbare Argumentation
inspecter 1 überprüfen, in Augenschein nehmen 2 *(ens)* inspizieren
inspecteur m **-trice** f InspektorIn m f ~ *des impôts* Finanzbeamte/r m f; *(police/ens)* Inspekteur m; *(fig/fam)* ~ *des travaux finis* Klugscheißer m
inspection f 1 Inspektion f, Kontrolle f 2 ~ *du travail* Gewerbeaufsichtsamt n
inspirateur m **-trice** f AnregerIn m f, InspiratorIn m f
inspiration f 1 Inspiration f, Eingebung f; *manquer d'* ~ einfallslos sein; *(rel)* Erleuchtung f 2 Einatmung f
inspirer ein=atmen ♦ 1 erwecken, erregen, ein=flößen 2 ~ *un peintre* einen Maler inspirieren ♦ *s'* ~ *de qqn/qch* sich von jm/etw an=regen/inspirieren lassen
instabilité f *(psy)* Labilität f
instable 1 *être en équilibre* ~ unsicher / nicht fest stehen; *(temps)* unsicher, unbeständig; *(chim)* unbeständig 2 unbeständig, wechselhaft, unstet; *un caractère* ~ ein labiler Charakter ♦ m f Labile/r
installateur m **-trice** f InstallateurIn m f
installation f 1 Installierung f, Installation f, Anlage f 2 ~ *d'un feu rouge* Anbringen n einer Ampel; *(fig)* ~ *d'un magistrat* Amtseinsetzung f eines Magistrats 3 ~ *de la maison* Beziehen n/Ausstattung f/Einrichtung f eines Hauses 4 *(art)* Installation f
installer 1 installieren, an=bringen, ein=richten; auf=stellen 2 ~ *l'électricité* die elektrischen Anlagen installieren 3 *(habitation)* ein=richten 4 ~ *qqn dans une fonction* jn in eine Funktion ein=führen/ein=setzen ♦ *s'* ~ *qpart* sich an einem Ort ein=richten/nieder=lassen, *(fig)* sich ein=nisten; *installez-vous !* richten Sie sich ein ! machen Sie es sich (D) bequem !; *(fig) s'* ~ *dans la morosité* sich in die Verdrossenheit drein=schicken ♦ *je suis bien installé* ich bin gut eingerichtet, *(fam)* ich hab's schön
instamment inständig
instance f *(jur) en* ~ vor Verhandlungseröffnung; *en première* ~ in der ersten Instanz f; *(fig) les* ~*s supérieures* die höheren Stellen fpl/übergeordneten Instanzen fpl
instantané unverzüglich, augenblicklich *café* ~ löslicher Kaffee; *mort* ~*e*

instaurer

sofortiger Tod ◆ *m (photo)* Momentaufnahme *f*, *(fam)* Schnappschuß *m*
instaurer ein=führen, errichten
instigateur *m* **-trice** *f* AnführerIn *m f*, AnstifterIn *m f*, *(fig)* DrahtzieherIn *m f*
instinct *m* Trieb *m*, Instinkt *m*
instinctif, -ive instinktiv; *(fig)* unwillkürlich
instituer ein=führen, ein=setzen
institut *m* Institut *n* ~ *de beauté* Kosmetiksalon *m*
instituteur *m* **-trice** *f* GrundschullehrerIn *m f*
institution *f* 1 Einrichtung *f*, Anstalt *f* 2 *(jur)* Institution *f*, Organ *n*
institutionnel, -le institutionell
instructeur *m* 1 *(mil)* Ausbilder *m* 2 *(jur) magistrat* ~ Untersuchungsrichter *m*
instructif, -ive lehrreich, aufschlußreich
instruction *f* 1 Bildung *f*, Wissen *n*; Ausbildung *f* 2 *(jur)* strafrechtliche Voruntersuchung *f* 3 Anweisung *f*, Vorschrift *f*; *(tech)* Betriebsanleitung *f*, Gebrauchsanweisung *f*; *(info)* Befehl *m*
instruire 1 unterrichten, aus=bilden 2 ~ *qqn de qch* jn über etw (A) unterrichten / von etw (D) in Kenntnis setzen 3 *(jur)* ~ *une affaire* die strafrechtliche Voruntersuchung ein=leiten / durch=führen ◆ *s'*~ sich (D) Kenntnisse / Wissen an=eignen, sich bilden ◆ *être instruit* gebildet sein
instrument *m* 1 Gerät *n*, Instrument *n*; *(fig)* Mittel *n* 2 *(mus)* (Musik)instrument *n*
insubmersible unversenkbar
insubordination *f* Ungehorsam *m*, Gehorsamsverweigerung *f*
insu : *à l'*~ *de qqn* ohne js Wissen
insuffisance *f* Schwäche *f*; Mangel *m*
insuffisant : ungenügend *résultats* ~*s* unzureichende / unzulängliche Ergebnisse
insuffler : *(méd)* ein=hauchen; *(fig)* ~ *du courage à qqn* jm Mut ein=flößen
insulaire Insel-
insuline *f* Insulin *n*
insulte *f* : *dire des* ~*s à qqn* jn beschimpfen; *c'est une* ~ *à ma dignité* das ist eine Beleidigung *f* meiner Würde
insulter beschimpfen; beleidigen
insupportable unerträglich
insurgé *m* **-e** *f* Aufständische/r, AufrührerIn *m f*
insurger (s') sich auf=lehnen / erheben
insurmontable unüberwindlich
insurrection *f* Aufstand *m*, bewaffnete Erhebung *f*
intact unberührt; intakt, unbeschädigt, ganz
intangible unantastbar
intarissable *(fig)* unerschöpflich
intégral, -aux 1 vollständig 2 *(math) calcul* ~ Integralrechnung *f* 3 *casque* ~ Integralhelm *m* ◆ ~**e** *f* 1 *(mus)* Gesamtausgabe *f* 2 *(math)* Integral *n*
intégralité *f* Gesamtheit *f*
intégrer ein=beziehen; *(personne)* integrieren ◆ *avoir du mal à s'*~ sich schwer integrieren / ein=fügen
intégriste *m f* IntegristIn *m f*
intégrité *f* Integrität *f*
intellectuel, -le geistig, intellektuell ◆ *m f* Intellektuelle/r
intelligence *f* 1 Intelligenz *f*, Klugheit *f*; Einsicht *f* 2 ~ *avec l'ennemi* geheime Verbindung *f* zum Feind; *vivre en bonne* ~ in gutem Einvernehmen *n* leben
intelligent intelligent, klug, gescheit
intelligible verständlich; *à haute et* ~ *voix* laut und klar, deutlich
intempérie *f* ungünstige Witterung *f*
intempestif, -ive unangebracht, unangemessen
intenable 1 unhaltbar 2 *des enfants* ~*s* unerträgliche Kinder
intendance *f* Verwaltung *f*
intendant *m* **-e** *f* IntendantIn *m f*
intense intensiv, rege
intensif, -ive intensiv
intensifier intensivieren, steigern, verstärken
intensité *f* Intensität *f un courant de faible* ~ Schwachstrom *m*; ~ *lumineuse* Lichtstärke *f*
intenter an=strengen (gegen)
intention *f* 1 Absicht *f*, Vorsatz *m*, Wille *m*, Intention *f*; Vorhaben *n* 2 *à votre* ~ Ihnen zu Ehren *fpl*, (speziell) für Sie
intentionné : *bien* ~ wohlgesinnt, wohlmeinend; *mal* ~ übelgesinnt
intentionnel, -le absichtlich, vorsätzlich; *ce n'était pas* ~ das war nicht beabsichtigt / keine Absicht
interaction *f* Wechselwirkung *f*, Wechselbeziehung *f*, Interaktion *f*
intercalaire *m* Trennblatt *n*
intercaler ein=schieben, ein=legen
intercéder : ~ *en faveur de qqn* sich für jn ein=setzen / verwenden
intercepter 1 ab=fangen, auf=fangen ~ *une lettre* einen Brief unterschlagen 2 ~ *un criminel* einen Verbrecher auf=halten
interchangeable austauschbar, auswechselbar
interculturel, -le interkulturell
interdiction *f* Verbot *n*; *(jur)* ~ *de séjour* Aufenthaltsverbot *n*
interdire verbieten, untersagen
interdit verboten, untersagt *être* ~ *de séjour* einem Aufenthaltsverbot unterliegen; *(fig)* Hausverbot *n* haben ◆ *m* Verbot *n*, Tabu *n*
intéressant 1 interessant, anregend, beachtenswert 2 preisgünstig *un prix* ~ ein

vorteilhafter Preis ◆ *m f faire l'~* *(fig)* sich auf=spielen
intéressement *m* Gewinnbeteiligung *f*
intéresser 1 interessieren 2 *~ le personnel aux bénéfices* die Belegschaft am Gewinn beteiligen 3 *cette mesure intéresse les jeunes* diese Maßnahme betrifft die Jugendlichen ◆ *s'~ à qch/qqn* sich für etw/jn interessieren; an etw/jm interessiert sein
intérêt *m* 1 Bedeutung *f du plus haut ~* von allergrößter Bedeutung 2 Interesse *n* (für) 3 *agir dans l'~ de qqn* in js Interesse/zu js Bestem *n*/Nutzen *m* handeln; *agir par ~* aus Eigennutz *m* handeln 4 *(comm)* Zins *m*
interface *f* Vermittler *m*
interférer *(fig)* sich überlagern; aufeinander ein=wirken
intérieur Innen-; *(éco) marché ~* Binnenmarkt *m*; *en son for ~* im Innersten *n* ◆ *m* 1 Innere/s *à l'~ de la maison* im Haus; *rester à l'~* drin(nen) bleiben 2 *femme d'~* häusliche Frau; *robe d'~* Hauskleid *n avoir un bel ~* ein schönes Zuhause *n* haben
intérieurement innerlich
intérim *m* 1 Interim *n travailler en ~* als Teilzeitkraft arbeiten 2 *ministre par ~* Übergangsminister *m*
intérioriser verinnerlichen
interjection *f* Interjektion *f*
interligne *m* Zwischenraum *m*
interlocuteur *m* **-trice** *f* Gesprächspartnerln *m f*
interloquer verblüffen
intermède *m* Zwischenspiel *n*
intermédiaire Zwischen-, dazwischenliegend ◆ *m par l'~ de X* durch Vermittlung *f* von X/über (A) X *servir d'~* als VermittlerIn *m f*/Mittelsmann *m* dienen; *(éco)* ZwischenhändlerIn *m f*
interminable endlos *une attente ~* eine unendlich lange Wartezeit
intermittence *f* : *par ~* zeitweilig, ab und zu, in Abständen *mpl*/Intervallen *mpl*
intermittent (zeitweilig) aussetzend/ausbleibend
international, -aux international, zwischenstaatlich ◆ **-e** *f (sp)* NationalspielerIn *m f* ◆ **-e** *f* Internationale *f*
internationalisation *f* Internationalisierung *f*; internationale Ausweitung *f*
interne Innen-, intern *à usage ~* für den Hausgebrauch ◆ *m f* InternatsschülerIn *m f*; *(méd)* Assistenzarzt *m*, Assistenzärztin *f*
interner 1 *(psy)* ein=weisen 2 *(prison)* ein=liefern (in A)
interpeller 1 *~ qqn dans la rue* jn auf der Straße an=sprechen 2 *~ le gouvernement* eine parlamentarische eine Anfrage an die Regierung stellen 3 *(police)* die Personalien überprüfen/fest=stellen 4 *cela m'interpelle* das fordert mich heraus
interphone *m* Sprechanlage *f*
interplanétaire interplanetarisch
interposer (s') ein=greifen, ein=schreiten, dazwischen=treten
interprétation *f* 1 Deutung *f*, Erläuterung *f*; Auslegung *f* Interpretation *f* 2 Interpretation, Darstellung *f prix d'~* Darstellerpreis *m*
interprète *m f* 1 DolmetscherIn *m f*; *(fig) se faire l'~ de qqn* sich zu js Fürsprecher *m* machen 2 InterpretIn *m f*, Darstellerin *m f*
interpréter 1 deuten, aus=legen, interpretieren 2 *~ un rôle* eine Rolle verkörpern/interpretieren
interrogatif, -ive : *ton ~* fragender Ton; *(gram) phrase interrogative* Fragesatz *m*; *pronom ~* Interrogativpronomen *n*
interrogation *f* 1 Frage *f*, Befragung *f*; Fragestellung *f* 2 *(ens) ~ écrite* Klassenarbeit *f*, Klausur *f* 3 *(gram) ~ directe* direkte Frage *f*; *point d'~* Fragezeichen *n*
interrogatoire *m* Verhör *n*, Vernehmung *f*
interroger (be)fragen, *(police)* vernehmen, verhören; *(sondages)* befragen; *(ens) ~ un élève* einen Schüler ab=fragen; *(fig) ~ les faits* die Fakten zu Rate ziehen ◆ *s'~* sich fragen, sich (D) Fragen stellen
interrompre unterbrechen ◆ *s'~* inne=halten, auf=hören, stocken
interrupteur *m* (Licht)schalter *m*
interruption *f* Unterbrechung *f sans ~* ununterbrochen; *~ volontaire de grossesse (I.V.G.)* Schwangerschaftsunterbrechung *f*, Schwangerschaftsabbruch *m*
intersection *f* Kreuzung *f*; *(math) point d'~* Schnittpunkt *m*
intersidéral, -aux interstellar
interstice *m* Spalt *m*
intersyndicale *f* Gewerkschaftunion *f*
interurbain : *communication ~e* Ferngespräch *n*
intervalle *m* 1 Abstand *m*; *(mus)* Intervall *n* 2 *à ~s réguliers* in regelmäßigen Abständen; *par ~(s)* hin und wieder, dann und wann, von Zeit zu Zeit
intervenant *m* **-e** *f* ReferentIn *m f*; GastdozentIn *m f*
intervenir 1 ein=greifen, ein=schreiten, sich ein=mischen/ein=schalten, sich ein=setzen; *(méd)* einen Eingriff vor=nehmen 2 statt=finden, ein=treten, sich ereignen *l'accord est intervenu dans la nuit* die Übereinstimmung wurde in der Nacht erzielt
intervention *f* Eingreifen *n*, Vermittlung *f*; *(méd)* Eingriff *m*; *(mil)* Intervention *f*
intervertir vertauschen; um=stellen
intestin : *luttes ~es* interne Auseinan-

intestinal, -aux

dersetzungen ◆ *m* Darm *m* ~ *grêle* Dünndarm *m*; *les* ~*s* das Gedärm *n*, die Gedärme *npl*/Eingeweide *pl*

intestinal, -aux Darm- *occlusion* ~*e* Darmverschluß *m*

intime 1 intim *avoir l'* ~ *conviction que* die innerste/felsenfeste Überzeugung haben, daß 2 *nous sommes* ~*s* wir sind miteinander vertraut/eng befreundet

intimer erteilen

intimider 1 ein=schüchtern 2 ab=schrecken

intimité *f* 1 Vertrautheit *f*, Innigkeit *f* 2 *dans l'*~ im Privatleben *n*; *préserver son* ~ seine Intimität *f* (be)wahren

intitulé *m* Titel *m*

intituler überschreiben, betiteln

intolérable unerträglich, nicht auszuhalten(d)

intolérance *f* Intoleranz *f*; (*méd*) Unverträglichkeit *f*

intolérant intolerant, unduldsam

intonation *f* Intonation *f*, Betonung *f*

intouchable (*fig*) unantastbar ◆ *m f* Unberührbare/r

intoxication *f* Vergiftung *f*; (*fig*) Berieselung *f*, Beeinflussung *f*

intoxiquer vergiften ◆ (*fig*) *être complètement intoxiqué* völlig süchtig sein

intradermique intrakutan

intraitable unnachgiebig, unerbittlich

intra-muros : *Strasbourg* ~ innerhalb (der Stadtmauern *fpl*) von Straßburg

intransigeant unnachgiebig; starrsinnig; unversöhnlich

intransitif intransitiv

intrépide unerschrocken, kühn, furchtlos

intrigue *f* 1 Intrige *f* 2 ~ *amoureuse* Liebesaffäre *f*, Liebschaft *f* 3 *l'*~ *d'un roman* die Handlung *f* eines Romans

intriguer : *cela m'intrigue* das macht mich stutzig/läßt mich auf=horchen ◆ ~ *contre qqn* gegen jn intrigieren

intrinsèque eigentlich; wahr, echt

introduction *f* 1 Einführung *f*, Einleitung *f*; (*fig*) *une* ~ *à l'astronomie* eine Einführung in die Astronomie 2 ~ *d'une sonde* Einführung einer Sonde; (*fig*) Hinzukommen *n* 3 *lettre d'*~ Empfehlungsschreiben *n*

introduire 1 ~ *un visiteur* einen Besucher herein=führen; (*fig*) ~ *qqn auprès de qqn* jn bei jm ein=führen; jn jm empfehlen 2 herein=stecken, ein=führen; ein=fädeln 3 ~ *une nouvelle mode* eine neue Mode ein=führen ◆ *s'*~ *chez qqn* bei jm ein=dringen, sich bei jm ein=schleichen

introspection *f* Selbstbeobachtung *f*

introuvable unauffindbar

introverti introvertiert

intrus *m* **-e** *f* Eindringling *m*

intrusion *f* Eindringen *n*

intuition *f* 1 Intuition *f* 2 *avoir l'*~ *de qch* eine Vorahnung *f* von etw haben

inusable unverwüstlich

inusité ungebräuchlich

inutile unnütz, nutzlos; unnötig, überflüssig; aussichtslos ~ *d'insister* es lohnt sich nicht/hat keinen Zweck, darauf zu bestehen

inutilement umsonst, unnütz

inutilisable unbrauchbar, unbenutzbar

invalide arbeitsunfähig, invalid(e) ◆ *m f* Invalide *m*, Invalidin *f* ~ *de guerre* Kriegsversehrte/r

invalider annullieren, für ungültig erklären

invariablement beständig, unveränderlich, gleichbleibend

invasion *f* Invasion *f*

invectiver beschimpfen, schmähen

inventaire *m* 1 Bestandsaufnahme *f*, Aufstellung *f* 2 (*comm*) *faire l'*~ Inventur *f* machen; (*fig*) Aufstellung *f*

inventer erfinden, aus=denken

inventeur *m* **-trice** *f* ErfinderIn *m f*

inventif, -ive erfinderisch, Erfinder-

invention *f* : *l'*~ *d'une machine* die Erfindung *f* einer Maschine; (*fig*) *c'est de la pure* ~ ! das ist aus der Luft gegriffen !

inverse umgekehrt, entgegengesetzt, Gegen-; (*math*) *nombre* ~ Kehrwert *m* ◆ *m* Gegenteil *n*

inversement umgekehrt

inverser um=kehren, vertauschen

invertébré *m* Wirbellose/r

investigation *f* Untersuchung *f*, Nachforschung *f*

investir 1 investieren, an=legen 2 (*mil*) ~ *une ville* eine Stadt besetzen/ein=nehmen 3 ~ *qqn de pouvoirs* jm Macht verleihen, jn mit Macht aus=statten ◆ *s'*~ *dans un travail* sich für eine Arbeit voll ein=setzen

invétéré : *un joueur* ~ ein unverbesserlicher Spieler; *un buveur* ~ ein Gewohnheitstrinker; (*fam*) Quartalsäufer *m*

invincible unbesiegbar, unschlagbar

inviolable unantastbar

invitation *f* Einladung *f*

inviter 1 ~ *qqn à dîner* jn zum Essen ein=laden 2 ~ *qqn à plus de modération* jn zur Mäßigung auf=fordern

invivable unerträglich

involontaire ungewollt, unabsichtlich, versehentlich

invoquer 1 ~ *les esprits* die Geister an=rufen 2 ~ *une maladie* sich auf eine Krankheit berufen

invraisemblable unwahrscheinlich; unglaublich; unerhört

invraisemblance *f* Unwahrscheinlichkeit *f*; Unglaublichkeit *f*

invulnérable unverwundbar, unverletzlich

iode *m* Jod *n*
ion *m* Ion *n*
ipso facto automatisch
irascible jähzornig
iris *m* 1 *(fleur)* Schwertlilie *f* 2 *(œil)* Iris *f*, Regenbogenhaut *f*
ironie *f* Ironie *f*
ironique ironisch; *ton* ~ ironischer/leicht spöttelnder Ton
irradier bestrahlen, Strahlen aus=setzen
irraisonné unsinnig, sinnlos
irrationnel, -le irrational
irrattrapable nicht wiedergutzumachend
irréaliste unrealistisch, wirklichkeitsfremd
irrecevable unannehmbar
irréconciliable unversöhnlich
irrécupérable nicht mehr verfügbar/benutzbar; *(fig) (personne)* nicht resozialisierbar
irréductible : unbeugsam, unnachgiebig; *(math)* nicht mehr zu kürzen(d)
irréel, -le irreal; unwirklich
irréfléchi unüberlegt, unbedacht
irréfutable unwiderlegbar
irrégularité *f* 1 Unebenmäßigkeit *f* 2 Regelwidrigkeit *f*, Ungesetzlichkeit *f*
irrégulier, -ière 1 unregelmäßig; *(fig)* ungleichmäßig; *(gram) verbes* ~*s* unregelmäßige Verben 2 ungesetzmäßig, unfair; gesetzwidrig
irrémédiable nicht wieder gut zu machen(d); ausweglos
irrépressible nicht zu unterdrücken(d)
irréprochable tadellos, einwandfrei
irrésistible unwiderstehlich; hinreißend
irresponsable verantwortungslos; *(jur)* nicht zurechnungsfähig
irrévérencieux, -euse unehrerbietig, respektlos
irréversible nicht umkehrbar, irreversibel
irrévocable unwiderruflich
irriguer bewässern; *(méd)* durchbluten
irritabilité *f* Reizbarkeit *f*, Erregbarkeit *f*

irritable reizbar, erregbar; (über)empfindlich
irritant ärgerlich, aufregend, nervend
irriter reizen, in Erregung versetzen, verärgern; *(méd)* reizen, an=greifen
irruption *f* plötzliches Auftauchen *n*; *faire* ~ *qpart* irgendwo herein=stürmen, herein=platzen
islam *m* Islam *m*
isocèle : *triangle* ~ gleichschenkliges Dreieck
isolant : *matériau* ~ Isoliermaterial *n* ◆ *m*; *un bon* ~ ein guter Isolator *m*
isolé 1 abgeschieden; *un endroit* ~ ein abgelegener/entlegener Ort 2 *un cas* ~ ein Einzelfall *m* 3 *une maison bien* ~*e* ein gut abgedichtetes/isoliertes Haus
isolement *m* Vereinsamung *f*, Einsamkeit *f*, Isolierung *f*
isolément einzeln
isoler 1 ~ *un malade* einen Kranken isolieren; ~ *une phrase de son contexte* einen Satz aus seinem Zusammenhang (heraus)=lösen 2 ~ *une maison* ein Haus isolieren ◆ *s'* ~ *du monde* sich von der Welt zurück=ziehen/ ab=sondern
isoloir *m* (Wahl)kabine *f*
isotherme : *sac* ~ Kühltasche *f*
issue *f* 1 Ausgang *m* ~ *de secours* Notausgang *m*; *voie sans* ~ Sackgasse *f*; *(fig)* Ausweg *m*; *situation sans* ~ ausweglose Situation 2 *à l'* ~ *de la réunion* am Ende *n* der Versammlung
isthme *m (géo)* Landenge *f*
italique *m* : *en* ~ in Kursivschrift *f*
itinéraire *m* (Reise)weg *m*, Marschroute *f*; *(fig)* Entwicklung *f*
I.U.T. *m* = **institut universitaire de technologie** Fachhochschule *f*
I.V.G. *f* → **interruption volontaire de grossesse**
ivoire *m* Elfenbein *n*; *(dents)* Zahnbein *n*
ivre betrunken; *(fig)* ~ *de joie* freudetrunken
ivresse *f* Trunkenheit *f*; *(fig)* Rausch *m*, Taumel *m*
ivrogne *m f* TrinkerIn *m f*, SäuferIn *m f*

J

jacasser schreien; *(fam)* schnattern, schwatzen, quatschen
jachère *f* : *mettre en* ~ brach=liegen lassen
jacinthe *f* Hyazinthe *f*
jacquet *m* Tricktrack *n*
jadis früher, einst(mals)
jaillir hervor=springen, hervor=sprudeln; hervor=quellen, hervor=spritzen; *(fig) un homme jaillit* ein Mann springt hervor; *la vérité jaillira* die Wahrheit wird sich zeigen; *une idée jaillit à mon esprit* eine Idee entspringt meinem Geist
jais *m* : *des yeux de* ~ tiefschwarze Augen
jalon *m* Meßstange *f*; *(fig) poser des* ~*s* Zeichen setzen

jalonner

jalonner markieren, kennzeichnen; *des arbres jalonnent la route* Bäume säumen die Straße ◆ *(fig) un chemin jalonné d'embûches* ein Weg voller Tücken, ein mit Schwierigkeiten gespickter/gepflasterter Weg

jalouser beneiden

jalousie 1 Eifersucht *f* 2 Neid *m* 3 Rolladen *m*, Jalousie *f*

jaloux, -ouse 1 eifersüchtig 2 *être ~ de la réussite de qqn* auf js Erfolg neidisch sein

jamais 1 nie(mals) 2 *si ~* falls 3 *à ~* auf immer

jambe *f* Bein *n*; *(fig) faire des ronds de ~s* sich (D) fast einen ab=brechen; *prendre les ~s à son cou* die Beine in die Hand nehmen; *(fam) cela me fait une belle ~!* dafür kann ich mir (auch) nichts kaufen!

jambon *m* Schinken *m*

jambonneau *m -x* Eisbein *n*, Schweinshachse *f*

jante *f* Felge *f*

janvier *m* Januar *m*, Jänner *m*

japper kläffen, heulen

jaquette *f* Frack *m*

jardin *m* 1 Garten *m* ; *(fig) c'est une pierre dans mon ~* das ist auf mich gemünzt 2 *~ d'enfants* Kindergarten *m* 3 *(th) côté ~* rechte Seite *f* der Bühne

jardinier *m -ère* GärtnerIn *m f* ◆ *f ~ d'enfants* Kindergärtnerin *f*

jardinière *f* 1 Blumenkasten *m* 2 *~ de légumes* gemischtes Gemüse *n*

jarretelle *f* Strumpfhalter *m*

jarretière *f* Strumpfband *n*

jars *m* Gänserich *m*; Ganter

jaser klatschen, her=ziehen

jatte *f* Schale *f*, Napf *m*

jauge *f* *(tech)* Lehre *f*; *(auto) ~ du niveau d'huile* Ölstandanzeiger *m*

jauger *(fig) ~ qqn* jn ein=schätzen/durch=schauen

jaunâtre gelblich

jaune gelb; *(méd) la fièvre ~* Gelbfieber *n* ◆ *rire ~* gezwungen lachen ◆ *m* 1 Gelb *n* 2 *~ d'œuf* Eigelb *n* 3 *(fam>non fam)* Streikbrecher *m*

jaunir gelb werden; vergelben ◆ gelb färben

jaunisse *f* Gelbsucht *f*

Javel : *eau de ~* Chlorwasser *n*

javelot *m (sp)* Speer *m*; Speerwerfen *n*

je ich

je-ne-sais-quoi *m* : *avoir un ~* das gewisse Etwas *n* haben

jérémiade *f* Gejammer *n*, Geklage *n*

jerricane *m* Kanister *m*

jet *m* 1 Wurf *m*, *(fig) d'un ~* in einem Zug *m* 2 *~ d'eau* Wasserstrahl *m*; *(fig) à ~ continu* ununterbrochen

jetable wegwerfbar *rasoir ~* Einwegrasierer *m*

jetée *f* Pier *f/m*, Mole *f*

jeter 1 werfen, schmeißen *~ l'ancre* den Anker (aus)=werfen, vor Anker gehen; *(fig) ~ les bases de qch* das Fundament/den Grund(stein) zu etw legen; *~ le trouble dans l'esprit de qqn* js Geist verwirren, jn zweifeln lassen 2 weg=schmeißen, weg=werfen 3 *~ une veste sur les épaules* sich eine Jacke um=hängen; *(fig) ~ trois mots sur un papier* einige Worte zu Papier bringen; *(fam) en ~* fetzen ◆ 1 *se ~ dans la rivière* sich in den Fluß stürzen; *se ~ sur qqn/qch* sich auf jn/etw stürzen, über jn/etw her=fallen; *(fig) se ~ à l'eau* ins kalte Wasser springen 2 *la Seine se jette dans la mer* die Seine mündet ins Meer ◆ *le sort en est jeté* die Würfel sind gefallen

jeton *m* 1 Marke *f*; *(jeux)* Jeton *m* ; *(fam) faux ~* falscher Fuffziger *m* 2 *~ de présence* Sitzungsgeld *n*, Diäten *fpl*

jeu *m -x* 1 Spiel *n*; *(fig) jouer le ~* mit=machen; *c'est un ~ d'enfant* das ist kinderleicht 2 *c'est ma vie qui est en ~* es geht/hier geht es um mein Leben ; *prendre au ~* auf den Geschmack kommen, Gefallen *n* an etw finden; *d'entrée de ~* gleich, ohne Vorbereitung *f* 3 *un ~ de clés* ein Schlüsselsatz *m*; *acheter un ~ de cartes* ein Kartenspiel *n* kaufen ; *(fig) tu as beau ~* du machst es dir leicht ; *faire le ~ de qqn* jm in die Hände arbeiten, js Interessen dienen; *voir clair dans le ~ de qqn* js Spiel durchschauen; *(fam) vieux ~* altmodisch, unmodern 4 *(tech) cette pièce a du ~* dieses Stück ist ausgeleiert, dieses Stück hat Spiel *n*

jeudi *m* Donnerstag *m* ; *~ saint* Gründonnerstag *m*

jeun : *à ~* nüchtern, mit nüchternem Magen

jeune jung ◆ *s'habiller ~* sich jugendlich kleiden ◆ *m f les ~s* die Jugendlichen *m fpl*, die jungen Leute *pl*

jeûner fasten

jeunesse *f* Jugend *f*; Jugendlichkeit *f*; *n'être plus de première ~* nicht mehr der Jüngste sein

joaillier, -ère *m f* JuwelierIn *m f*

jogging [dʒɔgiŋ] *m* : *faire du ~* joggen

joie *f* Freude *f mettre en ~* erfreuen, erheitern ; *(fam) s'en donner à cœur ~* (es) voll und ganz genießen

joignable erreichbar

joindre 1 *~ qqn* jn erreichen 2 hinzu=fügen *~ l'utile à l'agréable* das Angenehme mit dem Nützlichen verbinden 3 *~ bout à bout* ineinander=stecken; *~ les mains* die Hände falten; *(fig/fam) avoir du mal à ~ les deux bouts* gerade so über die

joint *m* 1 Ring *m* ~ *d'étanchéité* Dichtungsring *m*; *(archi)* Fuge *f*; *(fig) faire le* ~ die Verbindung *f* halten 2 *(fam) fumer un* ~ einen Joint *m* rauchen

jointure *f* 1 *(méd)* Gelenk *n* 2 Fuge *f*, Verbindungstelle *f*

joli hübsch, schön; *(fig/fam) tout ce* ~ *monde* die ganze werte Gesellschaft ◆ *m* *(fam) c'est du* ~ *!* das ist ja reizend/toll/heiter!

jonc *m* Binse *f*, Schilf(rohr) *n*

joncher : ~ *le sol* den Boden bedecken

jonction *f* Verbindung *f* à *la* ~ *de deux routes* an der Stelle *f*, wo eine Straße in die andere einmündet; *(mil) les deux armées ont opéré leur* ~ die beiden Armeen haben sich vereinigt

jongler jonglieren

jonque *f* Dschunke *f*

jonquille *f* Osterglocke *f*

joue *f* 1 Wange *f avoir de bonnes* ~*s* Pausbacken *fpl* haben; *(poissons)* Backentasche *f* 2 *mettre en* ~ anlegen

jouer 1 spielen ~ *à la balle* Ball spielen; *(bourse)* ~ *à la hausse* auf Hausse spekulieren 2 ~ *du piano* Klavier spielen; *(fig)* ~ *du couteau* mit dem Messer um=gehen (können) 3 *(bois)* sich verziehen 4 *(fig)* ~ *en la faveur de qqn* sich für jn zum Vorteil aus=wirken; ~ *de malchance* eine Pechsträhne haben ◆ 1 ~ *cœur* Herz (aus)=spielen; *(fig)* ~ *franc jeu* seine Karten offen=legen/offen auf den Tisch legen 2 ~ *1000 F* einen Einsatz von 1000 Francs machen; 1000 Francs wetten; *(fig)* ~ *sa carrière* seine Karriere aufs Spiel setzen 3 ~ *les malins* den Schlauen spielen ◆ *se* ~ *de qqn* jn zum Besten haben/halten; *se* ~ *des difficultés* Schwierigkeiten meistern/spielend überwinden

jouet *m* Spielzeug *n*; *(fig) être le* ~ *d'une illusion* das Opfer *n* einer Illusion sein

joueur *m* **-euse** *f* SpielerIn *m f*; *(fig) être beau* ~ ein guter Verlierer *m* sein

joufflu pausbäckig

joug *m* Joch *n*

jouir 1 genießen, aus=kosten, sich (er)freuen **(G)**; *(sexe)* einen Orgasmus haben 2 *(fig) ne plus* ~ *de tous ses moyens* nicht mehr im Vollbesitz seiner geistigen Fähigkeiten sein

jouissance 1 Genuß *m*, Lust *f* 2 Nutzung *f*; Nutzungsrecht *n*

jouisseur *m* **-euse** *f* GenießerIn *m f*, Genußmensch *m*

joule *m* Joule [ʒuːl] *n*

jour *m* 1 Tag *m un* ~ eines Tages, einmal; *l'un* ~ *ou l'autre* früher oder später, über kurz oder lang; *tous les* ~*s* jeden Tag, alle Tage; ~ *après* ~ Tag für Tag, tagaus, tagein; ~ *pour* ~ tagtäglich; *d'un* ~ *à l'autre* von einem Tag zum/auf den andern; *vivre au* ~ *le* ~ *(fig)* von der Hand in den Mund leben; in den Tag hinein=leben; *(fig) à* ~ auf dem laufenden/dem neuesten Stand *m*; *mise à* ~ Aufarbeitung *f*; *de nos* ~*s* heutzutage; *finir ses* ~*s* sein Leben beenden 2 Tageslicht *n au petit* ~ am frühen Morgen *m*, bei Tagesanbruch *m*; *en plein* ~ am hel(ler)lichten Tag, mitten am Tage; *il fait* ~ es ist Tag/hell; *travailler de* ~ tagsüber arbeiten; *(fig) faux* ~ Zwielicht *n*; *donner le* ~ auf die Welt bringen; ins Leben rufen; *voir les choses sous un certain* ~ die Dinge unter einem gewissen Blickwinkel sehen 3 *un* ~ *entre deux planches* eine Ritze *f*/Lücke *f* zwischen zwei Brettern; *(fig) se faire* ~ auf=kommen, entstehen, sich ab=zeichnen/bilden

journal *m* **-aux** 1 Zeitung *f*; *(fig)* ~ *télévisé* Nachrichten *fpl*, Tagesschau *f* 2 ~ *intime* Tagebuch *n*; *(mar)* ~ *de bord* Bordbuch *n*

journalier, -ière Tages-, täglich ◆ *m f* TagelöhnerIn *m f*

journaliste *m f* JournalistIn *m f*

journée *f* Tag *m*

joute *f* Wettstreit *m* ~ *nautique* Fischerstechen *n*; *(fig)* ~ *oratoire* Wortgefecht *n*, Rededuell *n*

jouxter aneinander=liegen, nebeneinander=liegen, grenzen an **(D)**

jovial, -aux leutselig; heiter, lustig

joyau *m* **-x** Kleinod *n*, Juwel *m*/*n*, Schatz *m*

joyeux, -euse froh, fröhlich, freudig; ~ *Noël !* fröhliche/frohe Weihnachten!

jubilé *m* Jubiläum *n*

jubiler jubeln, juchzen, frohlocken

jucher (se) (sich) (hinauf)=setzen/stellen

judaïsme *m* Judaismus *m*, Judentum *n*

judas *m* 1 *regarder par le* ~ durch den Spion *m* gucken 2 Verräter *m*

judiciaire gerichtlich, Gerichts- *erreur* ~ Justizirrtum *m*; *police* ~ Kriminalpolizei *f*, Kripo *f*; *pouvoir* ~ richterliche Gewalt; *demander l'aide* ~ Prozeßkostenhilfe *f*/das Armenrecht beanspruchen

judicieux, -euse klug, gescheit, vernünftig

juge *m* Richter *m*; *(fig) laisser qqn* ~ *de* jm etw überlassen

jugé *m* : *au* ~ nach Augenmaß *n*

jugement *m* 1 Urteil *n passer en* ~ vor Gericht kommen 2 Urteilsvermögen *n*, Urteilskraft *f s'en remettre au* ~ *de qqn* sich js Beurteilung *f*/Urteil an=vertrauen/unterwerfen

juger 1 ~ *une affaire* einen Fall ab=urteilen, in einem Fall das Urteil sprechen/fällen; ~ *qqn* jn richten/ab=urteilen, über

juguler

jn das Urteil sprechen; *(fig) vous n'avez pas à me ~* Sie haben nicht über mich zu befinden/entscheiden **2** — *qu'il est temps* glauben/denken/meinen, daß (es) Zeit ist; *~ bon de faire qch* es für richtig halten/erachten, etw zu tun ◆ *~ de l'opportunité de qch* die Zweckmäßigkeit von etw beurteilen, über die Zweckmäßigkeit von etw urteilen; *si j'en juge par ma propre expérience* meiner (eigenen) Erfahrung nach, wenn ich nach meiner (eigenen) Erfahrung gehe

juguler drosseln, unterbinden, vereiteln; *~ l'inflation* die Inflation ein=dämmen

juif, -ive jüdisch ◆ *m f* Jude *m*, Jüdin *f*

juillet *m* Juli *m*, Julei *m*

juillettiste *m f* JuliurlauberIn *m f*

juin *m* Juni *m*, Juno *m*

jumeau *m* **-elle** *f* **-x** Zwillingsbruder *m*, Zwillingsschwester *f*; *des ~x* Zwillinge *mpl*; *vrais ~x* eineiige Zwillinge; *faux ~x* zweieiige Zwillinge

jumelage *m* Partnerschaft *f*

jumeler verdoppeln; miteinander verbinden ◆ *~ deux villes* zwei Städte durch eine Partnerschaft verbinden

jumelles *fpl* Fernglas *n*

jument *f* Stute *f*

jungle *f* Dschungel *m*

junior *m f (sp)* JuniorIn *m f*

junte *f* Junta *f*

jupe *f* Rock *m ~ droite* enger Rock; *(kayak)* Spritzdecke *f*; *(tech)* Mantel *m*

jupon *m* Unterrock *m*; *(fig/fam) coureur de ~s* Schürzenjäger *m*

juré *(fig)* : *ennemi ~* Todfeind *m*, Erzfeind *m* ◆ *m (jur)* Geschworene/r

jurer schwören ◆ **1** *ne ~ que par qqn* auf jn schwören; *il ne faut ~ de rien* man kann nie wissen, man soll nie zuviel versprechen **2** fluchen **3** *(couleurs)* sich beißen

juridique rechtlich, juristisch *conseiller ~* Rechtsbeistand *m*, Rechtsberater *m*

jurisprudence *f* Rechtsprechung *f faire ~* ein/zum Präzedenzfall *m* werden

juriste *m f* JuristIn *m f*

juron *m* Fluch *m*

jury *m* Jury *f* [ʒyːriɔ̯ *f*]; Prüfungsausschuß *m*

jus *m* Saft *m*

jusque 1 bis (zu) *jusqu'à Rome* bis nach Rom; *jusqu'au bord* bis an den Rand;

(fig) aller jusqu'à frapper qqn jn sogar schlagen **2** *tous jusqu'à son meilleur ami* alle, bis zu seinem besten Freund (hin), sogar sein bester Freund ◆ *jusqu'ici* bis hier(her)/jetzt; *(fig) j'irais ~-là* ich würde soweit gehen ◆ *jusqu'à ce que tout soit fini* bis alles beendet ist

justaucorps *m* Gymnastikanzug *m*, Gymnastiktrikot [-koː] *n*

juste 1 richtig **2** *un homme ~* ein gerechter Mann; *ce n'est pas ~!* das ist nicht richtig/gerecht! **3** *un pantalon trop ~* eine zu eng(anliegend)e Hose **4** *10 minutes, c'est un peu ~* 10 Minuten, das ist etwas knapp ◆ **1** *rester ~ un moment* nur einen Augenblick bleiben **2** *c'est ~ à côté* es ist direkt/genau nebenan **3** *calculer trop ~* ganz/zu knapp kalkulieren **4** *chanter ~* richtig singen **5** *comme de ~* wie nicht anders zu erwarten ◆ *m* **1** *dormir du sommeil du ~* den Schlaf der Gerechten *mpl* schlafen **2** *qu'est-ce que c'est au ~?* was ist denn das eigentlich?

justement 1 *nous parlions ~ de vous* wir sprachen gerade von Ihnen **2** *comme vous l'avez dit si ~* wie Sie ganz richtig gesagt haben

justice *f* **1** Recht *n*, Justiz *f décision de ~* gerichtliche Entscheidung **2** Gerechtigkeit; *(fig) se faire ~* sich rächen; sich um=bringen/(selbst) richten; *ce n'est que ~* das ist nur/nicht mehr als recht und billig

Justice *f* : *ministre de la ~* Justizminister *m*

justiciable : *être ~ des tribunaux français* der französischen Gerichtsbarkeit unterstehen

justicier *m* **-ère** *f* VerfechterIn *m f* der Gerechtigkeit *se transformer en ~* Selbstjustiz *f* aus=üben

justificatif *m* Beleg *m*

justification *f* Rechtfertigung *f*, Begründung *f*; Nachweis *m*

justifier rechtfertigen, begründen, belegen *~ son identité* sich aus=weisen ◆ *se ~* sich rechtfertigen/verantworten

jute *m* Jute *f*

juteux, -euse saftig; *(fig/fam) une opération juteuse* ein einträgliches Geschäft

juvénile jugendlich

juxtaposer nebeneinander=stellen/=setzen/=legen, aneinander=reihen

K

kabyle kabylisch
kamikaze : *(fig)* halsbrecherisch

kangourou *m* Känguruh *n*
karatéka *m f* KaratekämpferIn *m f*

kart [kart] *m* Go-Kart *m*
kasher [kaʃer] koscher
kayak *m* Kajak *m faire du* ~ Kajak fahren
képi *m* Käppi *m*
kermesse *f* Kirmes *f*
kérosène *m* Kerosin *n*
kidnapper kidnappen
kif-kif *(fam)* egal, gehopst wie gesprungen, Jacke wie Hose
kilo *m* → **kilogramme**
kilofranc *m* **(KF)** 1 000 Francs *mpl*
kilogramme (kg) *m* Kilogramm (kg) *n*
kilométrage *m* Kilometerstand *m*
kilomètre (km) *m* Kilometer (km) *m rouler à 100* ~*s (à l')heure* 100 Stundenkilometer *mpl* fahren
kilométrer in Kilometern messen
kilométrique : *borne* ~ Kilometerstein *m*
kilowatt [kilowat] **(kW)** *m* Kilowatt (kW) *n*
kinésithérapeute *m f* HeilgymnastIn *m f*, KrankengymnastIn *m f*
kiosque *m* Kiosk *m* ~ *à musique* Musikpavillon *m*

kirsch *m* Kirschwasser *n*, Kirsch *m*
kit [kit] *m* : *meuble en* ~ Möbelstück im Bausatz *m*
kitchenette *f* Kochnische *f*
kitsch kitschig ◆ *m* Kitsch *m*
klaxon [klaksɔn] *m* Hupe *f*
klaxonner hupen
kleenex [klineks] *m* Tempo *n*
knickers *mpl* Knickerbocker *mpl*
K.O. *m* **(knock-out)** K.o. *m mettre qqn* ~ jn K.o. schlagen; *(fig)* jn völlig fertig=machen
kopeck *m* Kopeke *f*; *(fig/fam) ne pas valoir un* ~ keinen Pfifferling *m*/roten Heller *m* wert sein
korrigan *m* Zwerg *m*, Wichtel *m*
krach [krak] *m* Börsenkrach *m*
kraft *m* : *papier* ~ Packpapier *n*
Kremlin *m* Kreml *m*
krypton *m* Krypton *n*
kurde kurdisch
k-way [kawe] *m* Windjacke *f*
kyrielle *f* : *(fam) une* ~ *d'enfants* eine Unmenge *f* Kinder; *une* ~ *d'injures* eine Flut *f* von Schimpfworten
kyste *m* Zyste *f*

L

la die ◆ *je* ~ *connais* ich kenne sie
la *m* A *n*
là 1 da; dort *çà et* ~ hier und da; *passez par* ~! kommen Sie da durch! *(fig) restons-en* ~ bleiben wir dabei; *de* ~ daher; *de* ~ *à prétendre que* davon zu behaupten, daß **2** *d'ici* ~ bis dahin **3** *ce jour-*~ an jenem Tag
là-bas da drüben, dort; dorthin, dahin
label *m* Qualitätszeichen *n*, Warenzeichen *n*, Markenzeichen *n*
labeur *m* (mühselige) Arbeit *f*
labiale *f* Lippenlaut *m*
laborantin *m* **-ine** *f* LaborantIn *m f*
laboratoire *m* Labor *n*
laborieux, -euse 1 mühsam, mühselig, langwierig **2** *(personne)* arbeitsam, fleißig
labourer (um)=pflügen, bestellen; *(fig)* auf=wühlen, bearbeiten
labyrinthe *m* Labyrinth *n*; *(fig) le* ~ *administratif* der Verwaltungswirrwarr *m*
lac *m* See *m*
lacer zu=binden, zu=schnüren
lacérer zerstechen
lacet *m* **1** Senkel *m* ~ *de chaussures* Schnürsenkel *m*; *(chasse)* Schlinge *f* **2** *route en* ~ Serpentinenstraße *f*; *faire des* ~*s* sich schlängeln/winden

lâche 1 feige **2** *le nœud est* ~ der Knoten ist lose/locker ◆ *m f* Feigling *m*
lâcher fallen=lassen; los=lassen; ab=lassen (von) ◆ reißen
lâcheté *f* **1** Feigheit *f* **2** Niederträchtigkeit *f*
lâcheur *m* **-euse** *f (fam)* treulose Tomate *f*
laconique lakonisch, knapp
lacrymogène : *gaz* ~ Tränengas *n*
lactarium *m* Muttermilchsammelstelle *f*
lactation *f* : *période de* ~ Stillperiode *f*, Stillzeit *f*
lacté Milch- *voie* ~*e* Milchstraße *f*
lacune *f* Lücke *f*
lacustre : *cité* ~ Pfahldorf *n paysage* ~ Seenlandschaft *f*
lad [lad] *m* Stallbursche *m*
là-haut da/dort oben
laid häßlich; *(fig)* abscheulich
laie *f* Bache *f*
lainage *m* **1** Wolle *f* **2** Wollkleidung *f*
laine *f* **1** Wolle *f*; *(fam) mettre une petite* ~ etw Warmes *n* über=ziehen **2** ~ *de verre* Glaswolle *f*
laïque : *école* ~ bekenntnisfreie Schule
laisse *f* Leine *f*; *(fig)* Gängelband *n*
laissé-pour-compte *m (fig)* Stiefkind *n*

laisser

laisser 1 (liegen)=lassen; *(fig)* hinterlassen; *je vous laisse!* ich gehe dann also/jetzt 2 übrig=lassen ~ *tout le travail à qn* jm die ganze Arbeit überlassen, die ganze Arbeit für jn liegen=lassen/zurück=lassen; *(fig)* ~ *à qqn le soin de faire qch* jm überlassen, etw zu tun 3 ~ *qqn indifférent* jn gleichgültig lassen ◆ ~ *à penser* glauben lassen ◆ ~ *dire* reden lassen; *(fam)* ~ *tomber* sein lassen ◆ *se* ~ *faire* sich (D) alles gefallen lassen; *se* ~ *vivre* es sich (D) leicht machen
laisser-aller *m* Nachlässigkeit *f*
laissez-passer *m* Passierschein *m*
lait *m* Milch *f*
laitage *m* Milchspeise *f*
laiterie *f* Molkerei *f*
laiteux, -euse milchweiß
laitier *m* **-ière** *f* MilchhändlerIn *m f*, Milchmann *m* ◆ ~ Milchkuh *f*
laiton *m* Messing *n*
laitue *f* Kopfsalat *m*, grüner Salat *m*
laïus *m (fam)* Sermon *m*, Predigt
lambeau -x *m* Fetzen *m*, Lumpen *m*; *en* ~*x* zerlumpt
lambris *m* Wandverkleidung *f*, Täfelung *f*
lame *f* 1 Klinge *f* 2 Woge *f* ~ *de fond* Flutwelle *f*
lamelle *f* 1 Lamelle *f*, dünnes Blättchen *n*; *(fig)* dünnes Scheibchen *n* 2 *(chim)* Glasplättchen *n* 3 *(champignon)* Lamelle *f*
lamentable bejammernswert, jämmerlich, kläglich, beklagenswert
laminer walzen; *(fig)* plätten
laminoirs *mpl* Walzwerk *n*
lampadaire *m* (Straßen)laterne *f*; Stehlampe *f*
lampe *f* Lampe *f*; *(fam) s'en mettre plein la* ~ sich (D) den Bauch voll=schlagen
lampiste *m f*: *(fig)* Wasserträger *m*, kleiner Fisch *m*
lance *f* 1 Lanze *f* 2 ~ *d'incendie* Strahlrohr *n*
lancement *m* 1 *(fusée)* Start *m* 2 Lancierung *f*, Aufbringen *n prix de* ~ Einführungspreis *m* 3 *(mar)* ~ *d'un bateau* Stapellauf *m* (eines Schiffes)
lance-missiles *m* Raketenabschußrampe *f*; Raketenwerfer *m*
lance-pierres *m* Steinschleuder *f*
lancer 1 werfen, schmettern; zu=werfen (zu D); *(fig)* ~ *une fusée* eine Rakete starten; ~ *des éclairs* Blitze schießen 2 ~ *ses bras vers l'avant* seine Arme vor=strecken; ~ *au galop* zum Galopp an=treiben; ~ *à l'assaut* vorwärts stürmen lassen 3 ~ *un appel* einen Appell ergehen lassen/richten (an A); ~ *un cri* einen Schrei aus=stoßen; *(fig)* ~ *un mandat d'arrêt* einen Haftbefehl erlassen; ~ *un ultimatum* ein Ultimatum stellen 4 ~ *un artiste* einen Künstler lancieren 5 ~ *un moteur* einen Motor an=lassen/an=werfen; *(mar)* vom Stapel laufen lassen ◆ *se* ~ *dans le vide* sich ins Leere stürzen; *(fig) se* ~ *dans des discussions interminables* sich auf endlose Diskussionen ein=lassen
lancinant *(douleur)* ~*e* stechender Schmerz; *musique* ~*e* aufdringliche Musik; *un souvenir* ~ eine bohrende Erinnerung
landau *m* Landauer *m*; Kinderwagen *m*
lande *f* Heide *f*, Heideland *n*
langage *m* 1 Sprache *f*; *(info)* Programm(ierungs)sprache *f* 2 *pourquoi me tiens-tu ce* ~ ? warum redest du so mit mir?
lange *m* Wickeltuch *n*, Windel *f*
langer wickeln, windeln
langoureux, -euse schmachtend; *(péj)* schmalzig
langouste *f* Languste *f*
langue 1 Zunge *f*; *(fig/fam) mauvaise* ~ Lästermaul *n*; *avoir la* ~ *bien pendue* ein flottes Mundwerk *n* haben; *tenir sa* ~ seine Zunge hüten / im Zaum halten 2 Sprache *f* ~ *étrangère* Fremdsprache *f*; *(fig)* ~ *verte* Gaunersprache *f* 3 ~ *de terre* Landzunge *f*
languette *f* Lasche *f*; Zunge *f*
langueur *f* 1 Mattigkeit *f*, Schlaffheit *f*, Kraftlosigkeit *f* 2 Sehnsucht *f*
languir *(fig) la conversation languit* die Unterhaltung zieht / schleppt sich dahin / stockt ◆ *se* ~ *de qqn* sich nach jm sehnen, nach jm schmachten
lanière *f* (Leder)riemen *m*
lanterne *f* Laterne *f*; *(fig) la* ~ *rouge* das Schlußlicht *n*; *éclairez ma* ~ ! klären Sie mich auf!
lapalissade *f* Binsenweisheit *f*
laper schlecke(r)n, schlabbern
lapider steinigen
lapin *m* Kaninchen *n*, Karnickel *m*; *(fig/fam) chaud* ~ geiler Bock *m*; *cabane à* ~*s* Kaninchenstall *m*; *(fam) poser un* ~ *à qqn* jn versetzen
laps *m*: ~ *de temps* gewisse Zeit
lapsus *m* Lapsus *m*, Versprecher *m*; *faire un* ~ sich versprechen
laquais *m* Lakai *m*
laque *f* 1 Lack *m en* ~ *de Chine* mit Lackfirnis *m* lackiert 2 Lackfarbe *f* 3 *(coiffure)* (Haar)lack *m*; *(ongles)* Nagellack *m*
laquelle : *la femme à* ~ *je pense* die Frau, an die / welche ich denke ◆ ~ *voulez-vous?* welche möchten Sie?
laquer lackieren
larcin *m* (kleiner) Diebstahl *m*
lard *m* Speck *m*; *(fam) tête de* ~ Dickkopf *m*, Dickschädel *m*
larder 1 *(viande)* spicken 2 ~ *qqn de coups de couteau* jn mit Messerstichen durchbohren

large 1 breit *une robe trop ~* ein zu weites Kleid 2 *de ~s concessions* weitgehende Zugeständnisse 3 *au sens ~* im weiten Sinn; *(fig) avoir les idées ~s* großzügig/liberal denken ◆ *voir ~* großzügig kalkulieren/planen; *ne pas en mener ~* sich in seiner Haut nicht wohlfühlen ◆ *m* 1 *de cinq mètres de ~* fünf Meter breit, von fünf Metern Breite *f*; *marcher de long en ~* hin- und herlaufen; *(fig) expliquer qch de long en ~* etw lang und breit erklären 2 hohe/offene See *f*; *au ~ de Marseille* vor der Küste *f*/auf der Höhe *f* von Marseille; *gagner le ~* in See stechen; *(fig/fam) prendre le ~* das Weite *n* suchen, Reißaus *n* nehmen

largesses *fpl* großzügige Geschenke *npl*; Großzügigkeit *f*

largeur *f* 1 Breite *f de quelle ~? wie breit?*, von welcher Breite *f*?; *(fig) ~ d'esprit* Großzügigkeit *f* im Denken, Freisinnigkeit *f* 2 *je me suis fait avoir dans les grandes ~s* ich habe mich ganz schön über den Tisch ziehen lassen

larguer 1 *~ les amarres* die Leinen klarmachen, den Anker lichten; *~ des parachutistes* Fallschirmspringer abspringen lassen/absetzen; *(fig/fam) ~ qqn* jn fallenlassen/abhängen 2 *(fam) être largué* nicht mehr folgen können

larme *f* 1 Träne *f*; *rire aux ~s* Tränen lachen; *(fig) pleurer à chaudes ~s* bitterlich weinen, heiße Tränen vergießen 2 Tröpfchen *n*

larmoyer 1 tränen 2 *~ sur son sort* über sein Schicksal jammern

larron *m* Dieb *m*, Spitzbube *m*; *(rel) le bon ~* Schächer *m*; *(fig) s'entendre comme ~s en foire* ein Herz und eine Seele sein, unter einer Decke stecken; *il y avait un troisième ~* es gab einen (lachenden) Dritten

larve *f* Larve *f*

larvé *(fig)* versteckt, verkappt, verborgen

larynx *m* Kehlkopf *m*

las, -se 1 *être ~ de qch* einer (G) Sache müde/überdrüssig sein, *(fam)* etw satt haben 2 *d'un geste ~* mit matter/schwacher/kraftloser Geste

lascif, -ive sinnlich, lasziv

lasser ermüden ◆ *se ~* müde werden

lassitude *f* Müdigkeit *f*

latéral, -aux seitlich, Neben-, Seiten-

latin 1 *Amérique ~e* Lateinamerika *n* 2 *pays ~s* die romanischen Länder; *auteurs ~s* lateinische Dichter ◆ *m* Latein *n*, Lateinische/s

latitude *f* 1 Breite *f*, Breitengrad *m 50° de ~ Nord* 50° nördlicher Breite *f* 2 *avoir toute ~* völlig freie Hand *f*/völlige Freiheit *f* haben

latrines *fpl* Latrine *f*

lauréat *m* **-e** *f* PreisträgerIn *m f*

laurier *m* Lobeer(baum) *m ~ rose* Oleander *m*

lauze *f* (Glimmer)schieferplatte *f*

lavabo *m* Waschbecken *n*

lavande *f* Lavendel *m*

lave *f* Lava *f*

lave-glace *m (auto)* Scheibenwischanlage *f*

lavement *m* Klistier *n*, Einlauf *m*

laver waschen *~ la vaisselle* Geschirr abwaschen/spülen

laverie *f ~ automatique* Wäscherei *f*, Waschsalon *m*

lave-vaisselle *m* Geschirrspüler *m*, Spülmaschine *f*

lavis *m* Tuschen *n*

lavoir *m* Waschsteg *m*

laxatif *m* Abführmittel *n*

laxisme *m* Laxismus *m*, zu große Nachgiebigkeit *f*

laxiste lax

layette *f* Babyausstattung *f*

le der, die, das *je ~ veux!* ich will es!; *je ~ connais* ich kenne ihn

lé *m* Bahn *f*

leader [lidœr] *m* Führer *m*; Anführer *m avoir un tempérament de ~* Führungsqualitäten *fpl* haben, eine Führernatur *f* sein; *(sp)* Spitzenreiter *m*; *(éco) être dans sa branche* in seiner Branche führend sein

lécher ablecken, auslecken, ausschlecken; *(fig/fam) ~ les bottes de qqn* jm in den Hintern kriechen

lèche-vitrine *m* : *(fam) faire du ~* einen Schaufensterbummel *m* machen

leçon *f* 1 Lektion *f* 2 *donner une ~ à qqn* jm eine Lektion/Lehre *f* erteilen/*(fam)* einen Denkzettel *m* geben

lecteur *m* **-trice** *f* : *~ de C.D.* Plattenspieler *m* für CD-Platten ◆ *m f* 1 LeserIn *m f* 2 *(université)* LektorIn *m f*

lecture *f* 1 Lesen *n aimer la ~* gern(e) lesen 2 *faire la ~* vorlesen; *loi adoptée en seconde ~* in zweiter Lesung *f* verabschiedetes Gesetz 3 *avoir de mauvaises ~s* schlechte Lektüre *f* haben 4 *une nouvelle ~ de la Bible* eine neue Lesart *f*/Interpretation *f* der Bibel 5 *~ optique* optisches Zeichenlesen *n*; *tête de ~* Abtastkopf *m*, Wiedergabekopf *m*

légal, -aux gesetzlich, legal, rechtmäßig *médecine ~e* Gerichtsmedizin *f*

légaliser beglaubigen, legalisieren

légaliste gesetzestreu

légalité *f* Gesetzlichkeit *f*, Rechtmäßigkeit *f*, Legalität *f en toute ~ (fig)* unter dem Deckmantel des Gesetzes; *rester dans la ~* den gesetzlichen Rahmen einhalten

légataire *m* : *(jur) ~ universel* Alleinerbe *m*, Universalerbe *m*

légendaire

légendaire legendär; *(fig)* sprichwörtlich, sagenhaft
légende *f* 1 Legende *f*, Sage *f*; *(fig)* Erfindung *f* 2 *(carte)* Zeichenerklärung *f*
léger, -ère 1 leicht; *(fig) le cœur ~* frohen Herzens; *(fig/fam) un argument un peu ~* ein Argument ohne Gewicht 2 *un tissu ~* ein leichtes/duftiges/leichtes/zartes Gewebe; *une légère couche de neige* eine dünne Schneeschicht; *(fig) une légère différence* ein geringer/kleiner Unterschied; *avoir un ~ goût de brûlé* leicht verbrannt schmecken 3 *un café ~* ein schwacher/dünner Kaffee *(fig) musique légère* leichte Musik, Unterhaltungsmusik *m*, *(fam)* U-Musik 4 *une femme légère* ein leichtes Mädchen ◆ *à la légère* leichtfertig
légiférer Gesetze geben/machen
légion *f* 1 *(fig)* Heer *n*, Unzahl *f être ~* sehr zahlreich sein 2 *Légion étrangère* Fremdenlegion *f* 3 *Légion d'honneur* Ehrenlegion *f*
législateur *m* Gesetzgeber *m*
législatif, -ive : *pouvoir ~* gesetzgebende Gewalt, Legislative *f*; *texte ~* Gesetzestext *m*
législation *f* Gesetzgebung *f*
législature *f* Legislaturperiode *f*
légiste : *médecin ~* Gerichtsmediziner *m*
légitime rechtmäßig, gesetzmäßig, legitim *enfant ~* eheliches Kind; *~ défense* Notwehr *f*; *(fig) votre demande est ~* Ihre Bitte ist berechtigt/gerechtfertigt/legitim
legs *m* Legat *n*
léguer vererben, hinterlassen
légume *m* Gemüsesorte *f ~s verts* frisches Gemüse, Frischgemüse *n*; *~s secs* Hülsenfrüchte *fpl* ◆ *f (fam) une grosse ~* ein hohes Tier *n*
lendemain *m* : *le ~ matin* am nächsten/folgenden Morgen *m*, am Morgen darauf/danach; *(fig) du jour au ~* von einem Tag zum anderen, über Nacht; *des ~s qui chantent* eine glückliche Zukunft
lent langsam; *(fig) avoir l'esprit ~* schwer von Begriff/begriffsstutzig sein
lente *f* Nisse *f*
lentille *f* 1 Linse *f* 2 Kontaktlinsen *fpl*
léopard *m* Leopard *m*; *(fig) tenue ~* Tarnkleidung *f*
L.E.P. *m* = *lycée d'enseignement professionnel* Berufsschule *f*, Berufskolleg *n*
lèpre *f* Lepra *f*
lépreux *m* **-euse** *f* leprös, leprakrank
lequel : *le bateau sur ~* das Schiff, auf dem/welchem ◆ *~ est-ce?* welcher ist es?
les die ◆ *je ~ vois* ich sehe sie
lesbienne *f* Lesbierin *f*
léser benachteiligen, beeinträchtigen
lésion *f (méd)* Verletzung *f*

lessive *f* 1 *faire une ~* waschen 2 Waschpulver *n*
lessiver 1 ab=waschen 2 *(fam)* (völlig) aus=laugen
lest *m* Ballast *m*
leste 1 flink, behend(e), gewandt, beweglich; *(fig) avoir la main ~* eine lockere Hand haben 2 *une plaisanterie un peu ~* ein etwas schlüpfriger/anzüglicher Witz
lester beschweren, mit Ballast beladen
léthargique *(fig)* apathisch; *(méd) sommeil ~* bleierner Schlaf
lettre *f* 1 Buchstabe *m en toutes ~s* in Worten, (ganz) ausgeschrieben; *(fig) au pied de la ~* wortwörtlich 2 Brief *m*; *(admi)* Schreiben *n*; 3 *~s modernes* Romanistik *f*, Französisch *n*; *homme de ~s* Schriftsteller *m*; *avoir des ~s* belesen sein 4 *avant la ~* vor der Zeit/frühzeitig; *rester ~ morte* nicht befolgt werden; umsonst sein
lettré *m* **-e** *f* Gebildete/r
leucémie *f* Leukämie *f*
leucocyte *m* weißes Blutkörperchen *n*
leur : *je ~ donne qch* ich gebe ihnen etw ◆ *~ mère* ihre Mutter; *~s parents* ihre Eltern ◆ *le ~* der/die/das ihre(ig)e
leurre *m* Köder *m*
leurrer : *~ qqn* jn ködern ◆ *se ~* sich (D) etw vor=machen
levage *m* : *appareil de ~* Hebevorrichtung *f*
levain *m* Sauerteig *m*
levant : *au soleil ~* bei Sonnenaufgang *m* ◆ *Levant m* Morgenland *n*
levé : *à main ~e* durch Handzeichen *n*/Handerheben *n*; *(fig) au pied ~* unvorbereitet
levée *f* 1 *~ de corps* Abholung *f* des Toten 2 *~ d'une punition* Aufhebung *f* einer Strafe; *(jur) ~ de scellés* Entfernung *f*/Abnahme *f* des Siegels 3 *la ~ de 11 heures* die 11 Uhr-Leerung *f* 4 *~ de troupes* Truppenaushebung *f* 5 Damm *m*, Deich *m*
lever 1 (er)heben; hoch=heben; hoch=ziehen 2 auf=heben 3 *~ des impôts* Steuern erheben 4 *~ une armée* eine Armee aus=heben 5 *~ le camp* ein Lager ab=brechen/ab=bauen; *(fig)* weg=gehen; *~ la séance* eine Sitzung schließen 6 *~ un lièvre* einen Hasen auf=scheuchen; *(fig)* den Stein ins Rollen bringen ◆ *la pâte lève* der Teig geht auf ◆ 1 *se ~* auf=stehen; *le rideau va se ~* der Vorhang hebt sich gleich/*(fam)* geht gleich hoch; *(soleil)* auf=gehen; *(vent)* auf=kommen 2 *le temps se lève* das Wetter klärt sich auf
levier *m* Hebel *m*
lèvre *f* 1 Lippe *f*; *(fig) du bout des ~s* widerwillig, zurückhaltend 2 Schamlippe *f*
lévrier *m* Windhund *m*

levure f Hefe f ~ *chimique* Backpulver n
lexical, -aux lexikalisch
lexique m 1 Wortschatz m 2 Lexikon n
lézard m Eidechse f
lézarde f Riß m, Ritze f
lézarder : *(fam)* ~ *au soleil* sich sonnen/aalen ◆ *se* ~ Risse bekommen
liaison f 1 Verbindung f; Zusammenhang m; *(gram) mot de* ~ Bindewort n 2 ~ *aérienne* Luftverbindung f; *être en* ~ *avec l'étranger* mit dem Ausland in Verbindung stehen 3 *avoir une* ~ ein (Liebes)verhältnis n haben
liasse f Bündel n, Packen m, Stoß m
libations fpl Umtrunk m
libellé m Wortlaut m, (Text)abfassung f
libeller ab=fassen ~ *un chèque au nom de X* einen Scheck auf den Namen X aus=stellen
libellule f Libelle f
libéral, -aux 1 freizügig, frei(gesinnt), liberal, großzügig; *(éco) économie* ~*e* freie (Markt)wirtschaft; *(pol) parti* ~ liberale Partei 2 *profession* ~*e* freier Beruf; *travailler en* ~ freiberuflich tätig sein
libéraliser liberalisieren
libérateur m *-trice* f BefreierIn m f
libération f 1 Freilassung f, Entlassung f; *(fig)* Befreiung f 2 ~ *des prix* Aufhebung f der Preisbindung 3 *(phys)* ~ *d'énergie* Freisetzung f von Energie
libératoire : *paiement* ~ Tilgungsrate f
libéré *(fig)* emanzipiert
libérer 1 ~ *un prisonnier* einen Gefangenen n entlassen/frei=lassen ~ *qqn de ses liens* jn von seinen Bindungen entlasten/entbinden; ~ *un cran de sûreté* einen Sicherung entfernen 2 ~ *un pays* ein Land befreien; ~ *d'un souci* von einer Sorge befreien; *(fig)* ~ *sa conscience* sein Gewissen entlasten ◆ 1 *ne pas pouvoir* ~ sich nicht von seinen Verpflichtungen befreien/frei=machen können 2 *se* ~ *d'une dette* sich von einer Schuld frei=machen
liberté f 1 Freiheit f 2 ~ *d'expression* Redefreiheit f 2 *avoir toute* ~ *(fig)* (völlig) freie Hand haben; *(fig) je prends la* ~ *de* ich erlaube mir, zu; *prendre des* ~*s* sich (D) Freiheiten heraus=nehmen
libertin freizügig, freigeistig
libidinal, -aux *(psy)* libidinös
libidineux, -euse lüstern, geil
librairie f Buchhandlung f
libre 1 frei ~ *union* ~ wilde Ehe; ~ *à vous de refuser* es steht Ihnen frei, abzulehnen; *(fig) enseignement* ~ (konfessionsgebundenes) Privatschulwesen n; *être très* ~ *avec qqn* ungezwungen/in familiärem Ton mit jm verkehren 3 *temps* ~ Freizeit f; *avoir le champ* ~ freie Hand f haben 4 *(sp) figures* ~*s* Kürlauf m, Kür f 5 *sur papier* ~ auf einfachem/gewöhnlichem Papier
libre-échange m : *zone de* ~ Freihandelszone f
libre-service m Selbstbedienung f
licence f 1 *(jur)* Lizenz f, Konzession f 2 *(ens)* Abschlußprüfung f nach dem dritten Studienjahr 3 ~ *des mœurs* Zügellosigkeit f der Sitten
licenciement m Entlassung f
licencier entlassen
lichen [likɛn] m Flechte f
licite statthaft, erlaubt, zulässig
licol m Halfter m/n
licorne f Einhorn n
liège m Kork m
liégeois : *café* ~ Eiskaffee m
lien m 1 Band n 2 ~ *de parenté* Verwandtschaftsverhältnis n 3 Zusammenhang
lier 1 (zusammen)=binden ~ *les mains de qqn* js Hände fesseln 2 ~ *des lettres* Buchstaben verknüpfen/verbinden 3 ~ *une sauce* eine Soße binden 4 *une forte amitié nous lie* uns verbindet eine tiefe Freundschaft 5 ~ *une affaire à une autre* eine Angelegenheit mit einer anderen in Verbindung bringen ◆ *(fig) se* ~ *facilement* sich leicht befreunden
lierre m Efeu m
liesse f : *foule en* ~ jubelnde Menge
lieu m : ~ *noir* Seelachs m
lieu m -x 1 Ort m, Stätte f *se rendre sur les* ~*x* sich an Ort und Stelle f begeben 2 ~ *commun* Gemeinplatz m 3 *au* ~ *de* an Stelle f (G); *en dernier* ~ an letzter Stelle, zuletzt, schließlich 4 *avoir* ~ statt=finden; *avoir tout* ~ *de penser* allen Grund m haben, zu denken; *donner* ~ *à des controverses* Anlaß m zu Meinungsverschiedenheiten geben; *tenir* ~ *de* dienen als
lieu-dit m Ortsteil m
lieue f Meile f; *(fig) être à mille* ~*s de penser qch* weit davon entfernt sein, etw zu denken
lieutenant m Leutnant m
lièvre m Hase m; *(fig) courir deux* ~*s à la fois* zwei Ziele auf einmal verfolgen
ligament m Band n
ligaturer unterbinden
ligne f 1 Linie f ~ *jaune* durchgezogene Linie f; ~ *d'arrivée* Ziellinie f, Ziel n; *(fig)* ~ *de conduite* Verhaltensmaßregeln fpl, Leitlinie f; *les grandes* ~*s d'un projet* die großen Linien/Züge mpl/Umrisse npl eines Projekts; *(mil) en première* ~ in vorderster Reihe f 2 *sur la* ~ *Paris-Marseille* auf der Strecke f Paris-Marseille 3 *aller à la* ~ eine neue Zeile f an=fangen, (neu) ein=rücken; *(fig) entrer en* ~ *de compte* in Betracht kommen 4 Leitung f

lignée

(tél) être en ~ gerade sprechen **5** Linie, Form *f*; *(fam) garder la* ~ schlank bleiben **6** *pêche à la* ~ Angeln *f*
lignée *f* Nachkommenschaft *f*
ligneux, -euse holzartig, holzig
lignite *m* Braunkohle *f*
ligoter fesseln, binden; *(fig)* hemmen
liguer : ~ *tout le monde contre soi* alle gegen sich auf-bringen ◆ *se* ~ *contre qqn* sich gegen jn verbünden
lilas *m* Flieder *m*
lilliputien lilliputanisch
limace *f* Nacktschnecke *f*
limaille *f* Feilspäne *mpl*
limande *f* Scholle *f*, Flunder
limbes *mpl* : *(fig) être encore dans les* ~*s* im Werden sein, kaum Gestalt *f* angenommen haben
lime *f* Feile *f*
limer feilen
liminaire einleitend, einführend
limitatif, -ive einschränkend
limitation *f* Beschränkung *f*, Einschränkung *f*, Begrenzung *f* ~ *des naissances* Geburtenkontrolle *f*, Geburtenregelung *f*; ~ *de vitesse* Geschwindigkeitsbegrenzung *f*
limite *f* **1** Grenze *f*, Grenzlinie **2** ~ *d'âge* Altersgrenze *f*; Höchstalter *n* **3** *dans les* ~*s de nos moyens* im Rahmen unserer Mittel, soweit es unsere Mittel erlauben **4** *à la* ~ im äußersten Fall *m*, äußerstenfalls ; *vitesse* ~ (zulässige) Höchstgeschwindigkeit *f*, Tempolimit *n*
limiter ein-schränken, beschränken, begrenzen ◆ *se* ~ *à l'essentiel* sich auf das Wesentliche beschränken
limitrophe angrenzend *pays* ~*s de la France* an Frankreich grenzende Länder
limoger ab-setzen
limon *m* Schlammerde *f*, Schlick *m*
limonade *f* Limonade *f*, *(fam)* Limo *f*
limpide (kristall)klar, ungetrübt; *(fig) explication* ~ einleuchtende Erklärung
lin *m* Flachs *n*, Leinen *n*
linceul *m* Leichentuch *n*
linéaire linear
linge *m* Wäsche *f* ~ *de corps* Unterwäsche *f*
lingot *m* Barren *m*
linguistique Sprach- ◆ *f* Sprachwissenschaft *f*, Linguistik *f*
linotte *f* : *(fig/fam) tête de* ~ Schussel *f*
linteau *m* -**x** *(fenêtre/porte)* Sturz *m*
lion *m* -**ne** *f* Löwe *m*, Löwin *f*
lipide *m* Fett *n*
liquéfier verflüssigen ◆ *se* ~ schmelzen, flüssig werden
liqueur *f* Likör *m*
liquidateur *m* : ~ *judiciaire* gerichtlich bestellter Liquidator *m*
liquidation *f* Abwicklung *f*, Auflösung *f*

~ *judiciaire* Zwangsliquidation *f*; *la société est en* ~ die Gesellschaft wird abgewickelt
liquide flüssig; dünnflüssig *n* ◆ *m* **1** Flüssigkeit *f* **2** Bargeld *n en* ~ bar
liquider 1 liquidieren, auf-lösen **2** ~ *son stock* Waren billig ab-stoßen, sein Warenlager räumen; *(fig/fam)* ~ *un plat* eine Schüssel leer-machen; ~ *qqn* jn beseitigen/liquidieren
liquidités *fpl* flüssige Mittel *npl*, Barmittel *npl*
liquoreux, -euse likörartig
lire lesen ~ *qch à qqn* jm etw vor-lesen; *(fig)* ~ *les lignes de la main* Handlinien deuten, aus der Hand lesen; ~ *de l'inquiétude dans le regard de qqn* Beunruhigung von js Augen ab-lesen
liseron *m* Winde *f*
lisière *f* Webkante *f*, Salkante *f*; *(fig) à la* ~ *de la forêt* am Waldesrand *m*
lisse glatt
lisser glätten, glatt-streichen
liste *f* Liste *f*, Verzeichnis *n*; ~ *électorale* Wahlliste *f*; *(tél) être sur la* ~ *rouge* nicht im Telefonbuch verzeichnet sein/stehen; *(fig) la* ~ *de ses méfaits* die Reihe *f* seiner Vergehen
lit *m* **1** Bett *n* ~ *de camp* Campingliege *f*, Feldbett *n*; *(fig) enfant du premier* ~ Kind aus erster Ehe *f* **2** *d'une rivière* Flußbett *n*
litanie *f* *(fig/fam)* alte Leier *f*
litige *m* Streit(fall) *m*
litigieux, -euse umstritten, strittig, streitig *point* ~ Streitpunkt *m*
litre (l) *m* Liter (l) *n*
littéraire literarisch ◆ *m f* literarisch veranlagter Mensch *m*
littéral, -aux (wort)wörtlich
littérature *f* Literatur *f*; *(péj) c'est de la* ~ *!* das sind (nur) leere/schöne Worte *npl*
littoral *m* Küstenstrich *m*, Küstenstreifen *m* ~ *atlantique* Atlantikküste *f*
liturgique liturgisch
livide leichenblaß ; (asch)fahl
livraison *f* Lieferung *f*
livre *m* Buch *n*, *(fig)* ~ *blanc* Weißbuch *n*
livre *f* Pfund *n*
livrer 1 (an)-liefern **2** ~ *qqn à la police* jn der Polizei aus-liefern **3** ~ *un combat* einen Kampf liefern ◆ **1** *se* ~ sich stellen; *(fig)* sich an-vertrauen **2** *se* ~ *à des exactions* Ausschweifungen begehen; *se* ~ *à la débauche* sich einem ausschweifenden Leben hin-geben; *se* ~ *à son sport favori* sich seinem Lieblingssport widmen, seinem Lieblingssport nach-gehen ◆ *livré à soi-même* sich (D) selbst überlassen; *livré à l'anarchie* der Anarchie ausgeliefert
livresque Buch- *connaissances* ~*s* Buchwissen *n*

livret *m* **1** Buch *n*, Büchlein *n* ~ *militaire* Wehrpaß *m*; ~ *scolaire* Schulzeugnis *n*; ~ *de famille* Stammbuch *n*; *(banque) compte sur* ~ Sparkonto *n* **2** *(opéra)* Libretto *n*

livreur *m* (An)lieferer *m*

lobe *m* Lappen *m* *(oreilles)* Ohrläppchen *n*

local, -aux örtlich, Orts- *journal* ~ Lokalzeitung *f*; *histoire* ~*e* Heimatkunde *f*; *anesthésie* ~*e* örtliche Betäubung ◆ *m* Raum *m*; Lokal *n*

localiser **1** lokalisieren **2** begrenzen

localité *f* Ort *m*, Ortschaft *f*

locataire *m f* MieterIn *m f*

location *f* : ~ *de voitures* Autoverleih *m*; ~ *d'une salle* Anmieten *n* / Vermieten *n* eines Saales

location-vente *f* Mietkauf *m*

lock-out [lɔkaut] *m* Aussperrung *f*

locomotion *f* Fortbewegung *f moyen de* ~ Fahrzeug *n* fahrbarer Untersatz

locomotive *f* Lokomotive *f*; *(fig/fam)* Motor *m*, treibende Kraft *f*

locuteur, -trice *m f* SprecherIn *m f*

loge *f* : ~ *de concierge* Hausmeisterwohnung *f*; *(th)* ~ *d'un chanteur* Garderobe *f* eines Sängers; *réserver une* ~ eine Loge *f* reservieren; *(fig/fam) être aux premières* ~*s* etw aus nächster Nähe *f* mit=erleben

logement *m* Wohnung *f*; *allocation* ~ Wohngeld *n*, Mietzuschuß *m*; *crise du* ~ Wohnungsnot *f*

loger beherbergen, unter=bringen ◆ **1** *avoir du mal à se* ~ schwer eine Wohnung finden **2** *la balle s'est logée derrière l'oreille* die Kugel ist hinter dem Ohr steckengeblieben

logeur *m* **-euse** *f* VermieterIn *m f*

logiciel *m* Software *f*, Programm *n*

logique logisch, folgerichtig ◆ *f* Logik *f*; *(fig) la* ~ *voudrait qu'il reste* logischerweise sollte / müßte er bleiben

logis *m* Unterkunft *f*

logistique : *soutien* ~ militärische Unterstützung ; *(fig)* logistische Mittel

logo *m* Logo *m* / *n*, Signet *n*

logorrhée *f* Wortschwall *m*

loi *f* Gesetz *n* *(fig) faire la* ~ maßgebend sein; gebieten, befehlen; *se faire une* ~ *de* es sich (D) zur Regel *f* machen, zu

loin **1** weit, fern *au* ~ in der Ferne; ~ *du centre-ville* weit vom Stadzentrum entfernt / weg; ~ *de toi* weit weg von dir; *(fig) connaître qqn de* ~ jn flüchtig kennen; *il revient de* ~ er hat sich aus der Affaire gezogen **2** *plus* ~, *on lit que* weiter unten liest man, / ist zu lesen, daß. **3** *de* ~ *en* ~ dann und wann; *d'aussi* ~ *que je m'en souviens* so lange ich (zurück)=denken kann; *(fig) voir* ~ weitblickend / vorausschauend sein **4** *c'est* ~ *le* *meilleur* er ist mit Abstand / bei weitem der beste **5** *il est* ~ *d'être idiot* er ist alles andere als blöd

lointain **1** fern; *(fig) avoir un air* ~ weit weg / abwesend sein **2** *dans les temps* ~*s* in weit zurückliegender Zeit; *la date est encore* ~*e* das Datum ist noch fern / weit weg ◆ *m* Ferne *f*

loir *m* Siebenschläfer *m*

loisir *m* **1** Freizeit *f*; Freizeitbeschäftigung *f* **2** *laisser à qqn le* ~ *de faire qch* jm die Möglichkeit *f* lassen, etw zu tun; *j'ai pu visiter la région tout à* ~ ich hatte genügend Zeit / Muße, die Gegend anzusehen

lombaire : *douleurs* ~*s* Kreuzschmerzen *mpl* ◆ *f* Lendenwirbel *m*

long, -gue **1** lang *chaise longue* Liegestuhl *m*, *à longue portée* weittragend **2** *à plus ou moins* ~ *terme* über kurz oder lang, früher oder später; *se connaître de longue date* sich lange / seit langem kennen ◆ *en savoir* ~ gut / genau Bescheid wissen ◆ *m* **1** *de deux mètres de* ~ zwei Meter lang, von zwei Metern Länge *f*; *marcher de* ~ *en large* auf und ab / hin und her gehen **2** *le* ~ *de la rivière* den Fluß entlang **3** *tout au* ~ *de sa vie* sein ganzes Leben lang / hindurch

longer entlang=gehen, entlang=laufen, entlang=fahren

longévité *f* Langlebigkeit *f*; Lebensdauer *f*

longiligne langgestreckt

longitude *f* geographische Länge *f*, Längengrad *m 30° de* ~ *Ouest* 30° westlicher Länge *f*

longitudinal, -aux : *coupe* ~*e* Längsschnitt *m*

longtemps lange *être parti depuis* ~ seit langem / schon lange weg(gegangen) sein; *ne pas revenir avant* ~ nicht so bald zurück=kommen; *il y a* ~ vor langer Zeit, vor langem, es ist schon lange her

longue *f* : *à la* ~ mit der Zeit *f*

longueur *f* **1** Länge *f dans le sens de la* ~ in Längsrichtung *f*, der Länge nach; *(sp) saut en* ~ Weitsprung *m*; *(radio)* ~ *d'onde* Wellenlänge *f* **2** *à* ~ *de temps* die ganze Zeit hindurch / über; *traîner en* ~ in die Länge ziehen

longue-vue *f* Fernrohr *n*

loquace gesprächig

loque *f* : *être en* ~*s* in Lumpen *mpl* / Fetzen *mpl* gekleidet sein, zerlumpt sein; *(fig) c'est une véritable* ~ das ist das reinste Wrack *n*

loquet *m* Türdrücker *m*

lorgner an=schielen, schielen (nach); *(fig)* liebäugeln (mit)

lors : ~ *de la dernière réunion* bei / auf der letzten Zusammenkunft ◆ *dès* ~ *que* da, wenn (schon)

lorsque

lorsque : *lorsqu'il pleut* wenn es regnet ; *lorsqu'il arriva* als er ankam
losange *m* Rhombus *m*
lot *m* **1** Los *n* gros ~ Hauptgewinn *m* **2** *un ~ de chaussettes* ein Posten *m*/Stapel *m* Socken ; *(fig) chacun a son ~ de déceptions* jeder hat seinen Teil *m*/*n* (an) Enttäuschungen **3** *(terrain)* Parzelle *f*
loterie *f* Lotterie *f* ; *(fig)* Lotteriespiel *n*, Glückssache *f*
loti : *(fig) être bien ~* es gut (getroffen) haben/reichlich bedacht sein
lotion *f* Lotion *f* ~ *après-rasage* Rasierwasser *n*
lotissement *m* Siedlung *f*
loto *m* Lotto(spiel) *n*
lotte *f* Seeteufel *m*
louange *f* Lob *n*, Belobigung *f* ; *(fig) chanter les ~s de qqn* ein Loblied *n* auf jn singen, eine Lobrede *f* auf jn halten ; *c'est tout à sa ~* das gereicht ihm zur Ehre *f*, das ehrt ihn
louche undurchsichtig, zwielichtig, zweifelhaft, anrüchig ; *c'est ~ !* da stimmt etwas nicht !, da ist etwas faul !
loucher schielen
louer **1** *~ une maison* ein Haus mieten **2** *~ une maison à qqn* jm ein Haus vermieten **3** *~ des places* Karten (vor=)bestellen **4** *~ les mérites de qqn* js Verdienste preisen ◆ *je ne peux que me ~ de* ich kann nur darüber froh sein
loulou *m* Spitz *m*
loup *m* **1** Wolf *m* ; *(fig) ~ de mer* Seebär *m* ; *une faim de ~* Bärenhunger *m* ; *être connu comme le ~ blanc* bekannt sein wie ein bunter Hund *m* **2** Halbmaske *f*
loupe *f* **1** Lupe *f* **2** *(méd)* Atherom *n* ; *(bot)* Knorren *m*
loup-garou *m* Werwolf *m*
lourd schwer ; *(fig) yeux ~s de sommeil* vom Schlaf verquollene/vor Müdigkeit zufallende Augen **2** *poids ~* Last(kraft)wagen (LKW) *m*, *(fam)* Laster *m* **3** *une ~e tâche* eine schwere/schwierige Aufgabe **4** *un temps ~* drückendes/schwüles Wetter ; *un repas ~* eine schwer verdauliche Mahlzeit ; *(fig) avoir la main ~e* hart/fest zu=schlagen ; hart bestrafen ; reichlich auf=tun **5** *paroles ~es de menaces* drohende Worte **6** schwerfällig ; *une plaisanterie ~e* ein plumper Witz ◆ *peser ~* schwer sein ; *(fig) peser ~ dans la balance* ins Gewicht fallen ; *(fam) ne pas en faire ~* sich (D) kein Bein aus=reißen
lourdaud schwerfällig, plump ; unbeholfen, ungeschickt
loutre *f* Fischotter *m*
louvoyer : *~ entre les rochers* zwischen den Felsen kreuzen ; *(fig)* lavieren, aus=weichen

lover (se) sich zusammen=rollen, sich kuscheln
loyal, -aux ehrenhaft, redlich, loyal
loyauté *f* Redlichkeit *f*, Rechtschaffenheit *f*, Loyalität *f*
loyer *m* Miete *f*, Mietpreis *m* ; *(comm) le ~ de l'argent* Zinsfuß *m*, Zinssatz *m*
lubie *f* Schrulle *f*, Grille *f*
lubrifier schmieren, ölen
lubrique lüstern, wollüstig, *(fam)* geil
lucarne *f* Dachluke *f*
lucide bei Bewußtsein ; *(fig)* hellsichtig, klarsehend
lucidité *f* Scharfblick *m*
luciole *f* Leuchtkäfer *m*, Glühwürmchen *n*
lucratif, -ive lukrativ, einträglich
ludique Spiel-, spielerisch
ludothèque *f* Spiel(i)othek *f*
lueur *f* (Licht)schein *m*, (Licht)schimmer *m* ; *(fig)* Funken *m*
luge *f* (Rodel)schlitten *m faire de la ~* rodeln
lugubre düster, trüb ; unheimlich, grausig
lui **1** *c'est ~ !* er ist es ! **2** *c'est à ~* das gehört ihm → **il**
luire scheinen, leuchten, schimmern
luisant blank, schimmernd, glänzend ; *ver ~* Glühwürmchen *n*
lumbago *m* Lumbago *f*, *(fig/fam)* Hexenschuß *m*
lumière *f* **1** Licht *n* ~ *noire* ultraviolettes Licht **2** *à la ~ de* angesichts (G) ; *faire la ~ sur qch* etw auf=klären ; *mettre en ~* hervor=heben, hin=weisen (auf A) *avoir quelques ~s sur qch* (etw) Einblick *m* in etw haben **3** *(fam) ce n'est pas une ~ !* das/er ist keine Leuchte ! *f*
luminaire *m* Leuchte *f*, Beleuchtungskörper *m*
lumineux, -euse leuchtend *point ~* Lichtpunkt *m* ; *cadran ~* Zifferblatt (mit) Leuchtziffern *fpl* ; *(fig)* strahlend
luminosité *f* Lichtstärke *f*, Helligkeit *f*
lunaison *f* Mondumlaufzeit *f*
lunatique launisch
lundi *m* Montag *m*
lune *f* Mond *m pleine ~* Vollmond *m* ; *(fig) ~ de miel* Flitterwochen *fpl* ; *être dans la ~* geistesabwesend sein ; *demander la ~* Unmögliches *n* verlangen
luné : *(fam) bien ~* *(non fam)* gut gelaunt
lunette *f* **1** *~s fpl* Brille *f* **2** *(astro)* Fernrohr *n* **3** *(auto) ~ arrière* Heckfenster *n*
luron *m* : *un joyeux ~* ein lustiger Geselle/Vogel *m*
lustre *m* **1** Lüster *m*, Kronleuchter *m* **2** *depuis des ~s* schon sehr lange
lustrer **1** *~ sa voiture* sein Auto polieren/blank putzen **2** *~ un pull* einen Pulli blank scheuern/wetzen
luth *m* Laute *f*
luthérien, -ne lutherisch

luthier *m* Geigenbauer *m*, Lautenmacher *m*
lutin *m* Kobold *m*, Heinzelmännchen *n*
lutiner schäkern (mit)
lutte *f* Kampf *m*; *(sp)* Ringen *n*
lutter (an)=kämpfen; *~ pour qch* für/um etw kämpfen; *(fig)* ringen
luxation *f* Verrenkung *f*
luxe *m* Luxus *m* *(fig) se payer le ~ de* es sich (D) leisten/erlauben, zu
luxer aus=kugeln, verrenken
luxueux, -euse luxuriös, prunkvoll
luxure *f* Unzucht *f*
luxuriance *f* Üppigkeit *f*, Fülle *f*
luzerne *f* Luzerne *f*
lycée *m* Gymnasium *n*, Oberschule *f*
lycéen *m* **-ne** *f* GymnasiastIn *m f*, OberschülerIn *m f*
lymphatique 1 *ganglions ~s* Lymphdrüsen *fpl* 2 *être ~* träge sein
lyncher lynchen
lynx *m* Luchs *m*
lyophilisé gefriergetrocknet
lyre *f (mus)* Lyra *f*
lyrique lyrisch; *artiste ~* Opernsänger *m*
lys *m* Lilie *f*

M

ma mein, meine
macabre makaber, grauenvoll, schaurig
macaron *m* 1 Plakette *f* 2 *(pâtisserie)* Makrone *f*
macédoine *f* : *~ de légumes* Mischgemüse *n*; *~ de fruits* gemischtes Obst
macérer : *faire ~* ein=legen
mâche *f* Feldsalat *m*, Rapunzel *f*
mâcher (zer)kauen; *(fig) ~ le travail à qqn* (schon) die halbe Arbeit für jn machen; *ne pas ~ ses mots* kein Blatt vor den Mund nehmen
machin *m (fam)* Dingsbums *n*, Dings(da) *n Machin* der Soundso *m*
machinal, -aux mechanisch, automatisch, unwillkürlich
machination *f* Machenschaft *f*
machine *f* Maschine *f* *~ à sous* Spielautomat *m* ; *(fig) ~ administrative* Räderwerk *n* der Verwaltung ; *faire ~ arrière* einen Rückzieher machen
machiniste *m (th)* Bühnenarbeiter *m*
machisme *m* Machismo *m*
mâchoire *f* Kiefer *m*; *(tech)* Greifer *m*; *~ de frein* Bremsbacke *f*
mâchouiller : *~ un crayon* an/auf einem Bleistift herum=kauen; *~ un chewing-gum* einen Kaugummi kauen
maçon *m* Maurer *m*
maçonner mauern
maçonnerie *f* Mauerwerk *n*
maçonnique : *loge ~* Freimaurerloge *f*
macrobiotique makrobiotisch
maculer beflecken
madame/Madame *f* : *~ X* Frau *f* X; *~ la Directrice* Frau Direktorin ; *bonjour ~ !* guten Tag! *chère ~* gnädige Frau; *(lettre)* Sehr verehrte Frau X
mademoiselle/Mademoiselle *f* Fräulein *n*
madone *f* Madonna *f*
madrier *m* Bohle *f*
maestria *f* : *avec ~* meisterhaft
magasin *m* 1 Laden *m*, Geschäft *n grand ~* Kaufhaus *n*; Warenhaus *n* 2 *~ à blé* Getreidespeicher *m* 3 *(armes)* Waffenkammer *f*
magasinier *m* Lagerist *m*, Lagerarbeiter *m*
magazine *m* Zeitschrift *f*, Illustrierte *f*, Magazin *n*
mage *m* Magier *m les Rois ~s* die Heiligen Drei Könige
maghrébin *m* **-e** *f* Nordafrikane/r
magicien *m* **-ne** *f* Zauberer *m*, Zauberin *f*
magie *f* 1 Zauberei *f*, Magie *f*, Zauberkunst *f* ; *(fig) ~ des mots* der Zauber/die Macht *f* des Wortes 2 *un tour de ~* ein Zauberkunststück *n*
magique magisch, Zauber-
magistral, -aux 1 meisterhaft ; *(fig) une gifle ~e* eine tüchtige / ordentliche Ohrfeige 2 *cours ~* Vorlesung *f*; *un ton ~* ein schulmeisterhafter Ton
magistrat *m* Richter *m*, höherer (Verwaltungs)beamter *m*
magistrature *f* Richterstand *m*
magnanime großmütig, edelmütig
magnat *m* : *un ~ de la presse* ein Pressemagnat *m*, Pressezar *m*
magner (se) *(fam)* sich ran=halten / tummeln
magnétique : *champ ~* Magnetfeld *n*; *bande ~* Tonband *n*; *(fig) un regard ~* ein hypnotisierender Blick
magnétiser magnetisieren; *(fig)* (unwiderstehlich) in seinen Bann schlagen
magnétisme *m* Magnetismus *m*; *(fig)* magnetische (Anziehungs)kraft *f*
magnétophone *m* Tonbandgrät *n*
magnétoscope *m* Videorecorder *m*
magnifique prächtig, herrlich, prachtvoll, großartig

magnolia m Magnolie f
magouille f (fam) Gemauschel n, Mauschelei f, Schiebung f
magouiller (fam) (rum)=mauscheln
magouilleur m **-euse** f (fam) MauschlerIn m f
mai m Mai m
maigre 1 dünn, mager; (fam) ~ *comme un clou* dürr wie eine Bohnenstange; (fig) dürftig; *un* ~ *repas* eine karge/dürftige Mahlzeit; *de* ~*s revenus* spärliche/magere Einkünfte 2 *fromage* ~ Magerkäse m ◆ m (fig) *faire* ~ fasten
maigreur f Magerkeit f
maigrichon, -ne dünn, schmächtig
maigrir ab=nehmen, dünn(er)/schlank(er) werden, ab=magern
mailing m Versand m
maille f Masche f; (fig) *passer entre les* ~*s du filet* durch die Lappen mpl gehen
maillet m Holzhammer m
maillon m Glied n
maillot m : ~ *de corps* Unterhemd n ; ~ *de bain* Badeanzug m, Badehose f ; (sp) Trikot n
main f 1 Hand f *fait* ~ handgearbeitet, Handarbeit f; *attaque à* ~ *armée* bewaffneter Überfall ; *à* ~ *levée* freihändig ; durch Handzeichen; *à pleines* ~*s* mit vollen Händen; *haut les* ~*s !* Hände hoch! ; *sac à* ~ Handtasche f; *avoir la* ~ *leste* eine lockere Hand haben; *saluer qqn de la* ~ jm (zu)=winken; *en venir aux* ~*s* handgreiflich werden; (fig) *homme de* ~ Handlanger m; *politique de la* ~ *tendue* Versöhnungspolitik f; *ne pas y aller de* ~ *morte* richtig zu=schlagen; übertreiben; *avoir qch sous la* ~ etw zur Hand/griffbereit haben; *être pris la* ~ *dans le sac* auf frischer Tat ertappt werden; *se faire la* ~ sich üben; *forcer la* ~ *à qqn* jn zwingen/nötigen, jn unter Druck setzen; *payer de la* ~ *à la* ~ auf die Hand zahlen; (fam) *mettre la* ~ *à la pâte* mit Hand an=legen, zu=packen 2 *demander la* ~ *d'une jeune fille* um die Hand eines jungen Mädchens an=halten 3 (jeu) *passer la* ~ passen; (fig) Verantwortung/Geschäfte übergeben; auf=geben 4 ~ *courante* (Treppen)geländer n
main-d'œuvre f Arbeitskräfte npl; Arbeitskosten fpl
main-forte f : *prêter* ~ *à qqn* jm Beistand leisten
mainmise f : *avoir la* ~ *sur qch* etw maßgeblich beherrschen
maint manch- ~*es fois* manches Mal
maintenance f Wartung f
maintenant jetzt; nun *qu'as-tu fait jusqu'à* ~ ? was hast du bis jetzt/bisher gemacht ? ◆ ~ *que* jetzt, wo/da
maintenir 1 ~ *la charpente* das Gerüst ab=stützen 2 ~ *l'ordre* die Ordnung aufrecht=erhalten; ~ *une loi* ein Gesetz in Kraft lassen 3 ~ *droit* aufrecht=halten ; ~ *qqn en vie* jn am Leben erhalten 4 ~ *que c'est vrai* dabei bleiben, daß es wahr ist ◆ (fam) *je me maintiens* ich bin einigermaßen auf der Höhe; *le temps se maintient* das Wetter hält sich
maintien m 1 ~ *de l'ordre* Wahrung f/ Aufrechterhaltung f der Ordnung; (jur) ~ *dans les lieux* Fortsetzung f des Mietverhältnisses 2 *un bon* ~ eine gute Haltung f
maire m BürgermeisterIn m f
mairie f Rathaus n ; Stadt(verwaltung) f
mais aber *ce n'est pas jaune* ~ *bleu* das ist nicht gelb, sondern blau
maïs m Mais m
maison f 1 Haus n *tarte* ~ selbstgebackene Torte; *être à la* ~ zu Hause sein; *aller à la* ~ nach Hause gehen 2 Heim n ~ *de retraite* Seniorenheim n ; ~ *d'arrêt* (Untersuchungs)gefängnis n ; (fig) ~ *close* Bordell n
maisonnée f Hausgemeinschaft f
maître, -esse 1 Herr m *être* ~ *de son temps* frei über seine Zeit verfügen 2 *idée maîtresse* Leitgedanke m 3 *maîtresse femme* energische Frau 4 (jeu) Gewinner m ◆ m f 1 (ens) LehrerIn m f ~ *de conférence* Dozent m ; ~ *d'apprentissage* Lehrmeister m 2 *la maîtresse de maison* die Frau/Dame des Hauses ◆ m 1 Meister m ~ *à penser* Mentor m 2 (archi) ~ *d'œuvre* Bauherr m; (fig) 3 ~ X Rechtsanwalt/Notar m X ◆ f Mätresse f
maîtrisable bezähmbar; machbar
maîtrise f 1 Herrschaft f 2 Beherrschung f; ~ *de soi* Selbstbeherrschung f 3 (mus) Kantorei f, Chor m
maîtriser ~ *qqn* jn beherrschen/bezwingen; ~ *un incendie* einen Brand unter Kontrolle bekommen; (fig) ~ *sa colère* seine Wut beherrschen
majesté f Majestät f, Erhabenheit f, Herrlichkeit f
majestueux, -euse majestätisch, würdevoll
majeur 1 *être* ~ volljährig sein 2 *la* ~*e partie* der überwiegende/größere Teil ; die Mehrheit 3 *raison* ~*e* wichtigster/hauptsächlicher Grund 4 (mus) *do* ~ C-Dur n ; *en* ~ in Dur n ◆ m Mittelfinger m
majoration f Erhöhung f, Aufschlag m
majorer erhöhen (um)
majoritaire Mehrheits- *scrutin* ~ Mehrheitswahl f; *être* ~ die Mehrheit dar=stellen; (comm) die Mehrheit haben
majorité f 1 Mehrzahl f, Mehrheit f *la* ~ *silencieuse* die schweigende Mehrheit 2 Volljährigkeit f
majuscule f Großbuchstabe m *en* ~*s* in Blockschrift f

mal 1 schlecht, *(fam)* übel *un lieu ~ famé* ein verrufener/berüchtigter Ort **2** *se sentir ~* sich schlecht/nicht wohl fühlen; *je suis ~ en point* es geht mir nicht so gut; *il est au plus ~* es geht mit ihm zu Ende **3** *prendre ~ qch* etw übel=nehmen; *~ tourner* eine schlechte/schlimme Wendung nehmen, *(fam)* schief=gehen; *(personne)* auf die schiefe Bahn geraten

mal m -aux **1** Böse/s, Schlechte/s **2** Leiden n, Weh n *~ aux dents* Zahnschmerzen mpl; *avoir le ~ de mer* seekrank sein; *cela me fait ~* das tut mir weh; *(fig) le ~ du pays* Heimweh n **3** Übel n *dire du ~ de qqn* schlecht über jn reden; *le ~ est fait* das Unheil ist angerichtet **4** *avoir du ~ à faire qch* große Mühe f/Probleme npl haben, etw zu tun

malabar m *(fam)* Kleiderschrank m

malade krank *tomber ~* krank werden ♦ m f Kranke/r *~ mental* Geisteskranke/r, Geistesgestörte/r

maladie f Krankheit f *assurance ~* Krankenversicherung f

maladresse f Ungeschicklichkeit f; *(fig)* Taktlosigkeit f

maladroit unbeholfen, ungeschickt; tolpatschig, linkisch

malaise m **1** Übelkeit f, Unwohlsein n; *avoir un ~* übel sein/werden **2** unbehagliches Gefühl n; Unbehagen n

malaisé schwierig

malandrin m Räuber m, Lump m

malappris schlecht erzogen, flegelhaft

malaxer (durch=)kneten

malchance f Mißgeschick n, *(fam)* Pech n; *jouer de ~* *(fam)* ein Unglückrabe/ Pechvogel m sein

malchanceux, -euse unglücklich, vom Pech/Mißgeschick verfolgt

maldonne f: *il y a ~* da liegt ein Versehen n/Mißverständnis n vor

mâle männlich; *(tech) la prise ~* Stecker m ♦ Männchen n; *(fam) un beau ~* ein gutgebauter/kerniger Typ m

malédiction f Fluch m, Verwünschung f

maléfice m Verhexung f, Hexerei f

maléfique unheilvoll, unheilbringend

malencontreux, -euse leidig, unangenehm, ärgerlich

malentendant hörgeschädigt, schwerhörig

malentendu m Mißverständnis n

malfaçon f Defekt m, Fehler m

malfaisant böse, bösartig

malfaiteur m Übeltäter m, Missetäter m

malformation f Mißbildung f

malfrat m *(fam)* Gauner m, Ganove m

malgré trotz (G), ungeachtet (G) *~ moi* gegen meinen Willen; *~ tout* trotz allem

malheur m Unglück n; *(fig)* Kummer m, Not f; *avoir beaucoup de ~s* viel Pech n haben; *(fam) faire un ~* einen Bombenerfolg haben

malheureusement unglücklicherweise, leider, bedauerlicherweise

malheureux, -euse 1 unglücklich; *(fig) les malheureuses victimes* die bedauernswerten Opfer **2** bedauerlich *un incident ~* ein bedauerlicher/ärgerlicher Zwischenfall; *dire une parole malheureuse* etw Unangebrachtes sagen **3** *un candidat ~* ein glückloser Kandidat **4** *un ~ bout de terrain* ein kleines/elendes Stückchen Erde ♦ m f **1** *aider les ~* den Notleidenden m fpl/Unglücklichen m fpl helfen **2** *ne fais pas cela, ~!* tu das nicht, Unglücklicher/Unseliger!

malhonnête unehrlich, unaufrichtig, unredlich

malice f Schalkhaftigkeit f, Schalk m; Bosheit f; *(fig) sans ~* arglos

malicieux, -euse schelmisch, schalkhaft, *(fig)* spitz

malin pfiffig; *(fig) éprouver un ~ plaisir à faire qch* ein hämisches Vergnügen darin finden, etw zu tun; *(fam) c'est ~!* das ist vielleicht/ja eine Leistung! ♦ **-e** f Schlaukopf m, SchlaumeierIn m f, SchlaubergerIn m f; *(fam) faire le ~* an=geben; große Töne spucken

maligne bösartig

malingre schwächlich, schmächtig

malintentionné übelgesinnt

malle f (Reise)truhe f; *(fam) se faire la ~* verduften, aus=kneifen, ab=hauen

malléable geschmeidig; dehnbar; weich; *(fig)* formbar

mallette f Köfferchen n

malnutrition f Unterernährung f

malodorant übelriechend

malotru m Flegel m, Rüpel m

malpoli *(fam > non fam)* unhöflich

malsain ungesund

malt m Malz n

maltraiter mißhandeln, malträtieren, schlecht behandeln

malveillance f Böswilligkeit f, Feindseligkeit f *acte de ~* böswillige Handlung

malvenu unangebracht

malversation f Veruntreuung f, Unterschlagung f

malvoyant sehbehindert

maman f Mama f, Mutti f

mamelle f Brust(drüse) f; *(animal)* Zitze f

mamelon m **1** Brustwarze f **2** Kuppe f

mamie f Omi f

mammifère m Säugetier n

manche m Griff m, Stiel m, Heft n; *(fam) être du côté du ~* es mit dem Stärkeren halten; *s'y prendre comme un ~* sich sehr ungeschickt/tolpatschig an=stellen

manche f **1** Ärmel m; *(fam) c'est une autre paire de ~s* das steht auf einem an-

deren Blatt n 2 (sp) Runde f, Partie f 3 (fam) **faire la ~** betteln gehen
Manche f Ärmelkanal m
manchette f 1 Manschette f 2 (presse) Schlagzeile f
mandat m 1 (jur) Mandat n **~ d'arrêt** Haftbefehl m; (pol) **~ parlementaire** Abgeordnetenmandat n 2 **envoyer un ~** Geld überweisen
mandataire m f (Handlungs)bevollmächtigte/r, Beauftragte/r
mandater 1 beauftragen 2 an=weisen
manège m 1 Karussell n **faire un tour de ~** Karussell fahren 2 **observer le ~ de qqn** js Tricks mpl/Schliche mpl beobachten 3 (équitation) Reitbahn f
manette f Hebel m
manganèse m Mangan f
mangeable genießbar, eßbar
mangeoire f (Futter)krippe f
manger essen; (animaux) fressen; (fig) **~ son capital** sein Kapital verschlingen; **salle à ~** Eßzimmer n; **~ comme quatre** wie ein Scheunendrescher essen; **donner à ~** zu essen geben; (animaux) füttern; (fam) **il ne va pas te ~ !** er wird dich schon nicht auf=fressen !
maniaque sehr eigen; besessen; (psy) manisch ◆ m f **~ de la propreté** Sauberkeitsfanatikerln m f; (psy) ManikerIn m f
manie f 1 Angewohnheit f; Schrulle f, Manie f 2 **~ de la persécution** Verfolgungswahn m
maniement m 1 Handhabung f, Gebrauch m, Bedienung f; **d'un ~ simple** leicht zu bedienen/handhaben; **~ des armes** Umgang m mit der Waffe
manier handhaben, um=gehen/hantieren (mit); behandeln
manière f 1 Art f, Weise f; **avoir l'art et la ~** die Gabe f haben; **d'une ~ générale** im Großen und Ganzen; **de ~ à** so daß; **de telle ~ que** in einer Art/auf eine Weise, daß 2 Art f; **à la ~ de X** nach Art/(art) in der Manier von X 3 **~s** fpl, Verhalten n, Betragen n; (péj) Allüren fpl; (fam) Geziere n, Getue n; **faire des ~s** sich zieren
maniéré geziert, gekünstelt; manieriert
manif f (fam) Demo(nstration) f
manifeste sichtlich, offensichtlich, offenkundig, offenbar ◆ m Manifest m
manifester demonstrieren **~ son mécontentement** seine Unzufriedenheit kund=tun/äußern/bekunden ◆ **se ~ par qch** sich durch etw zeigen, sich in etw (D) äußern; **personne ne se manifeste** niemand meldet sich
manigance f Trick m, (fam) Mauschelei f
manigancer an=zetteln, ein=fädeln

manipulateur m **-trice** f ManipulantIn m f
manipulation f 1 Hantieren n, Umgang m mit; (méd) Einrenken n 2 (pol) Manipulation f, Manipulierung f 3 **faire une ~** experimentieren; (méd) **~ génétique** Genmanipulation f
manipuler 1 hantieren/um=gehen (mit) 2 manipulieren; (fig) frisieren
manivelle f Kurbel f; **donner un tour de ~** (an)kurbeln
mannequin m 1 Schaufensterpuppe f 2 Mannequin n
manœuvre f 1 **fausse ~** falscher Handgriff m; (auto) **faire une ~** steuern; (fig) **avoir toute liberté de ~** völlig frei handeln können 2 (mil) Manöver n 3 Machenschaften fpl **~s frauduleuses** Betrugsmanöver npl, betrügerische Handlungen fpl
manœuvre m ungelernter Arbeiter m, Hilfsarbeiter m
manœuvrer 1 (auto) steuern 2 (fig) manövrieren, klug vor=gehen ◆ **~ un levier** einen Hebel bedienen/betätigen
manoir m Herrensitz m, Landsitz m
manomètre m Druckmesser m
manque m 1 Mangel m 2 **par ~ de** aus Mangel an (A); (comm) **~ à gagner** Fehlbetrag m, Defizit n; (drogue) **être en ~** Entzugserscheinungen fpl haben
manquer fehlen **il me manque** er fehlt mir, ich vermisse ihn ◆ 1 **~ de tout** nichts haben; **~ de respect à qqn** es an dem nötigen Respekt jm gegenüber fehlen lassen 2 **~ à sa parole** sein Wort nicht halten 3 **je ne manquerai pas de le lui dire** ich werde es ihm bestimmt sagen 4 **~ d'écraser qqn** jn beinahe überfahren ◆ 1 **~ son but** sein Ziel verfehlen; **~ une occasion** eine Gelegenheit verpassen; **~ le train** den Zug verpassen; **~ qqn** jn verfehlen; (fam) **il n'en manque pas une !** er muß doch immer ins Fettnäpfchen treten ! 2 **~ la classe** Unterricht versäumen ◆ **elle s'est manquée** ihr Selbstmordversuch ist fehlgeschlagen
mansardé : **un appartement ~** Mansardenwohnung f, Dachwohnung f
mansuétude f Milde f, Nachsicht f
manteau m 1 Mantel m; (fig) **sous le ~** unter der Hand f, insgeheim, heimlich 2 (cheminée) Sims m
manuel, -le Hand-, von Hand **métier ~** handwerklicher Beruf; **travailleur ~** Handarbeiter m
manuel m Handbuch n, Leitfaden m
manufacturé : **produit ~** Fertigprodukt n; gewerbliches Erzeugnis n
manu militari kurzerhand; gewaltsam
manuscrit : **texte ~** handschriftlicher/

manuscrit handgeschriebener Text ◆ *m* **1** Handschrift *f* **2** *(édition)* Manuskript *n*
manutentionnaire *m f* Lagerarbeiter *m*, Lagerist *m*
mappemonde *f* Erdkarte *f*, Weltkarte *f*
maquereau, -x *m* Makrele *f* **2** *(fam)* Zuhälter *m*
maquette *f* Modell *n*; Entwurf *m*
maquettiste *m f* Modellbauer *m*, Modelltischler *m*
maquillage *m* **1** Schminke *f*; Make-up [meːkɐp] *n* **2** *(édition)* Fälschung *f*
maquiller **1** ~ *qqn* jn schminken **2** ~ *un document* ein Dokument fälschen
maquilleur *m* **-euse** *f* MaskenbildnerIn *m f*
maquis *m* Buschwald *m*, Gestrüpp *n*, Maquis [makiː] *m*; *(hist)* Maquis *m*; *(fig)* *prendre le* ~ unter=tauchen
maraîcher, -ère : *cultures maraîchères* Gemüseanbau ◆ *m f* GemüsegärtnerIn *m f*
marais *m* **1** Moor *n*, Sumpf *m* **2** ~ *salant* Meersaline *f*
marasme *m* Flaute *f*
marâtre *f* *(fig/péj)* Rabenmutter *f*
maraudeur *m* Dieb *m*
marbre *m* Marmor *m*
marbré marmoriert
marc [mar] *m* Tresterbranntwein *m*
marcassin *m* Frischling *m*
marchand : *valeur* ~*e* Handelswert *m* ◆ *m* **-e** *f* HändlerIn *m f* ~ *de biens* Immobilienhändler *m*
marchandage *m* Handeln *n*, Feilschen *n*; *(péj)* ~ *électoral* Kuhhandel *m* bei den Wahlen
marchandise *f* Ware *f*, Warengut *n*; *train de* ~*s* Güterzug *m*
marche *f* **1** Gehen *n*, Laufen *n*; Wandern *n faire de la* ~ laufen ; wandern **2** ~ *pour la paix* Friedensmarsch *m*; *(mus)* Marsch *m* **3** *dans le sens de la* ~ in Fahrtrichtung *f*; *monter en* ~ auf=springen **4** *en état de* ~ betriebsbereit, betriebsfähig; fahrbereit; *mettre en* ~ an=stellen, an=lassen, an=werfen, in Gang *m* / Betrieb *m* setzen; *(fig) la bonne* ~ *d'une institution* das Funktionieren *n* einer Institution **5** *(escalier)* (Treppen)stufe *f*
marché *m* **1** Markt *m aller au* ~ auf den Markt gehen **2** ~ *de l'emploi* Arbeitsmarkt *m*; *économie de* ~ Marktwirtschaft *f*; *(bourse)* ~ *financier* Kapitalmarkt *m* **3** ~ *public* öffentlicher Auftrag *m*; *conclure un* ~ ein Geschäft *n* ab=schließen **4** *bon* ~ billig
marchepied *m* Trittbrett *n*
marcher **1** gehen, laufen; *(fig)* ~ *droit* folgen, gehorchen **2** ~ *dans une flaque* in eine Pfütze treten; *défense de* ~ *sur les pelouses* Betreten *n* des Rasens verboten! **3** *bien* ~ gut laufen; gut funktionieren; *(fam) ça marche!* alles klar!; *ça a marché!* es hat geklappt! ◆ *(fam) faire* ~ *qqn* jn auf=ziehen / zum besten halten
mardi *m* Dienstag *m* ~ *gras* Faschingsdienstag *m*
mare *f* Tümpel *m*, Pfuhl *m*; *(fig) une* ~ *de sang* Blutlache *f*
marécage *m* Sumpf *m*, Moor *n*
marécageux, -euse sumpfig, morastig
maréchal-ferrant *m* Hufschmied *m*
marée *f* **1** Gezeiten *fpl*, Ebbe *f* und Flut *f*; *à* ~ *basse* bei Ebbe; *(fig)* ~ *noire* Ölpest *f*; *contre vents et* ~*s* allen Widerständen *mpl* und Hindernissen *npl* zum Trotz **2** Meeresfrüchte *fpl* **3** *(fig)* ~ *humaine* (wogende) Menschenmenge *f*
marémotrice : *usine* ~ Gezeitenkraftwerk *n*
mareyeur *m* **-euse** *f* SeefischgroßhändlerIn *m f*
marge *f* **1** *écrire qch dans la* ~ etw an den Rand *m* schreiben; *(fig)* ~ *de manœuvre* (Handlungs)spielraum *m* **2** ~ *d'erreur* Fehlerspanne *f*; *(comm)* ~ *bénéficiaire* Gewinnspanne *f*
marginal, -aux Rand-, nebensächlich ◆ *m* **-e** *f* AußenseiterIn *m f*, AussteigerIn *m f*
marginaliser an den Rand der Gesellschaft drängen
marguerite *f* **1** Margerite *f* **2** *(tech)* Typenrad *n*
mari *m* (Ehe)mann *m*
mariage *m* **1** Heirat *f*, Hochzeit *f*, Ehe(schließung) *f le jour du* ~ Hochzeitstag *m*; **2** *le* ~ *de deux sociétés* Unternehmensfusion *f*
marié : *être* ~ verheiratet sein ◆ *m* **-e** *f* Bräutigam *m*, Braut *f*; *les jeunes* ~*s* das junge (Ehe)paar *n*; *(fig) la* ~*e est trop belle* das ist zu schön um wahr zu sein
marier **1** verheiraten, trauen **2** ~ *des couleurs* Farben kombinieren ◆ *se* ~ *avec qqn* jn heiraten, sich mit jm verheiraten
marin : *courant* ~ Meeresströmung *f*, *sel* ~ Meersalz *n* ◆ *m* Matrose *m*, Seemann *m*; ~ *pêcheur* (Küsten)fischer *m*, (Hochsee)fischer *m*
marine **1** Marine *f* **2** *bleu* ~ marineblau **3** *(peinture)* Seestück *n*
mariner : *faire* ~ *de la viande* Fleisch marinieren/ein=legen; *(fig/fam) faire* ~ *qqn* jn warten lassen, bis er schwarz wird
marinier *m* (Fluß)schiffer *m*
marionnettiste *m f* PuppenspielerIn *m f*, MarionettenspielerIn *m f*
maritalement : *vivre* ~ in wilder Ehe leben
maritime See-, Schiffs-, maritim *port* ~ Seehafen *m*

marmaille

marmaille f (fam) Kinderschar f, Gören fpl
marmite f Kochtopf m; (géo) Kuhle f
marmonner brummeln, murmeln
marmot m (fam) Knirps m, Kerlchen n
marmotte f Murmeltier n
marner (fam) schuften, ackern
maroquinerie f Lederwarenindustrie f; Lederwarengeschäft n
marquage m Markieren n, Zeichnen n
marque f 1 (Erkennungs)zeichen n 2 Marke f ~ *déposée* eingetragenes Warenzeichen n, Schutzmarke f 3 *personalité de* ~ prominente Persönlichkeit 4 (sp) *à vos* ~*s!* auf die Plätze! mpl
marquer 1 schreiben 2 (sp) ~ *un but* ein Tor schießen; ~ *des points* Punkte holen; (fig) ein Stück weiter=kommen 3 (sp) ~ *un joueur* einen Spieler decken 4 kennzeichnen, markieren; ~ *la taille* die Taille betonen; (fig/fam) ~ *le coup* das Ereignis feiern; zeigen,/zu verstehen geben, daß man betroffen ist 5 ~ *une vache* eine Kuh (kenn)zeichnen; ~ *le parquet* auf dem Parkett Spuren hinter=lassen; (fig) *l'événement l'a marqué* das Ereignis hat ihn gezeichnet/geprägt ♦ *un fait marquant* ein prägendes/beachtliches Ereignis; *une personnalité marquante* eine bemerkenswerte/markante Persönlichkeit ♦ (fig) *être marqué politiquement* politisch abgestempelt sein
marraine f Taufpatin f
marrant (fam) zum Piepen/Schießen, ulkig
marre : (fam) *j'en ai* ~~ mir langt's, mir steht's bis hier (oben)
marrer (se) (fam) sich krumm und schief lachen
marron 1 kastanienbraun 2 (fam) *un avocat* ~ ein Winkeladvokat m ♦ m Edelkastanie f; ~ *d'Inde* Roßkastanie f
mars m März m
marsouin m (kleiner) Tümmler m
marteau m -x Hammer m; ~ *piqueur* Preßlufthammer m ♦ (fam) *être* ~ bekloppt/behämmert sein
marteler hämmern; (fig) ~ *le sol* den Erdboden fest=trampeln
martial, aux 1 *cour* ~*e* Kriegsgericht n 2 (sp) *arts martiaux* Kampfsport m 3 *avoir un air* ~ zackig aus=sehen
martien m -**ne** f Marsbewohnerln m f
martinet m (oiseau) Segler m 2 Siebenschwanz m
martyr : *un enfant* ~ ein mißhandeltes Kind ♦ m -**e** f MärtyrerIn m f
martyre m Martyrium n, Märtyrertod m; *souffrir le* ~ Höllenqualen aus=stehen
martyriser quälen, peinigen, martern
marxiste marxistisch ♦ m f MarxistIn m f

mascotte f Maskottchen n
masculin männlich ♦ m (gram) Maskulinum n, männliches Geschlecht n
masculinité f Männlichkeit f
masochiste m f MasochistIn m f
masque m Maske f; (fig/méd) ~ *de grossesse* (fam) Schwangerschaftsflecken mpl
masqué : *bal* ~ Maskenball m
masquer ab=decken, verbergen, verdekken, vertuschen; (fig) ~ *la vérité* die Wahrheit verbergen/verheimlichen
massacre m 1 Massaker n, Gemetzel n; (fig/fam) Schlamperei f; (spectacle) Verhunzung f 2 *jeu de* ~ Wurfspiel n
massacrer massakrieren, nieder=metzeln, nieder=machen; (fig/fam) ~ *une pièce* ein Stück verhunzen
massage m Massage f; Massieren n
masse f 1 Masse f; *taillé dans la* ~ aus einem Block herausgehauen; (fig/fam) *tomber comme une* ~ wie ein Sack m um=fallen 2 ~ *d'eau* Wassermenge f; (météo) ~ *d'air* Luftmasse f; (éco) ~ *monétaire* Geldmenge f 3 *venir en* ~ (fam) massenweise kommen; (fam) *pas des* ~*s* nicht viel(e) 4 *culture de* ~ Massenkultur f 5 (tech) Vorschlaghammer m; (fam) *être à la* ~ völlig daneben sein
massepain m Marzipan n
masser 1 ~ *qqn* jn massieren 2 ~ *des troupes* Truppen zusammen=ziehen ♦ *se* ~ *sur une place* sich auf dem Platz stauen
massif, -ive 1 *en bois* ~ in/aus massivem Holz 2 *forme massive* wuchtige Form 3 *une dose massive* eine starke Dosis
massif m 1 (géo) Massiv n 2 (jardin) Beet n
massivement massenweise, in Massen
mass média mpl Massenmedien npl
massue f Keule f; (fig) *argument* ~ schlagendes Argument
mastiquer 1 kauen 2 ~ *une vitre* ein Fenster (ver)kitten
masturber (se) masturbieren
m'as-tu-vu m f WichtigtuerIn m f
masure f (Bruch)bude f
mat [mat] matt, dumpf; (photo) matt
mat [mat] m (échecs) Matt n
mât m Mast m
match m Match [metʃ] n/m, Spiel n
matelas m Matratze f
matelassé Stepp-, gesteppt; *une veste* ~*e* Steppjacke f
matelot m Matrose m
matelote f Fischragout [...ragu:] n
mater : ~ *une révolte* eine Revolte nieder=werfen; ~ *qqn* jn bezwingen ♦ (fam) schielen (nach)
matérialiser 1 markieren, kennzeichnen 2 ~ *un projet* ein Projekt verwirklichen/in die Tat um=setzen

matérialiste 1 materialistisch **2** materiell/materialistisch orientiert
matériau m **-x** Material n ; **~x de construction** Baumaterial n, Baustoffe fpl
matériel, -le 1 dégâts ~s Sachschäden mpl **2** organisation ~le die praktische Organisation **3** avantages ~s materielle Vorteile ◆ m Gerät n, Ausrüstung f
matériellement : **~ impossible** praktisch/faktisch unmöglich
maternel, -le 1 mütterlich ; **amour ~** Mutterliebe f ; **grand-père ~** Großvater mütterlicherseits ; **langue ~le** Muttersprache f **2** école ~le Vorschule f
materner bemuttern
maternité f **1** Mutterschaft f ; **congé de ~** Schwangerschaftsurlaub m **2** (hôpital) Entbindungsstation f
math(s) f (pl) ; **/mathématiques** fpl Mathe f, Mathematik f
mathématicien m **-ne** f MathematikerIn m f
mathématique : **logique ~** mathematische Logik ; (fig) c'est **~** das ist logisch
matheux m f (fam) Mathematikus m
matière f **1** Materie f, Urstoff m ; **état de la ~** Aggregatzustand m **2** Stoff m ~ **grasse** Fett n ; **~ première** Rohstoff m **3** (ens) Fach n **4** entrée en **~** Einleitung f, Einführung f ; **table des ~s** Inhaltsverzeichnis n **5** en **~ de** auf dem Gebiet (G), in Bezug auf (A), hinsichtlich (G), was (A) anbetrifft/anbelangt ; **il y a là ~ à discuter** es gibt einen Grund, darüber zu reden
matin m Morgen m ; **ce ~** heute morgen ; **demain ~** morgen früh ; **de bon ~** frühmorgens, am frühen Morgen ; **à huit heures du ~** um acht Uhr morgens ; (fig) **un beau ~** eines (schönen) Tages m
matinal, -aux 1 à une heure ~e zu früher (Morgen)stunde **2** être **~** zeitig auf=stehen, ein Frühaufsteher sein
matinée f Vormittag m ; (fig) **faire la grasse ~** bis in die Puppen fpl schlafen
maton m (fam) Knastwärter m
matou m Kater m
matraquage m : (fig) **~ publicitaire** ständige Berieselung f durch die Werbung
matraque f Knüppel m
matraquer nieder=knüppeln ; (fig) ein=hämmern
matricule m Matrikel f
matrimonial, -aux : **régime ~** Güterstandsregelung f ; **agence ~e** Heiratsvermittlung f, Eheanbahnungsinstitut n
maturité f Reife f **arriver à ~** reif werden, reifen
maudire verwünschen, verfluchen
maudit : (fig) verteufelt ; (fam) verdammt/verflucht
maugréer brummeln, schimpfen, maulen
maussade : **temps ~** trostloses/unfreundliches Wetter ; (fig) **d'humeur ~** übelgelaunt, mürrisch, griesgrämig
mauvais 1 schlecht ; übel ; (fig) **la mer est ~e** die See ist stürmisch/unruhig ; (fam) **l'avoir ~e** vergnatzt sein **2** böse **3 femme de ~ vie** liederliches Frau(enzimmer) **4** falsch ; (fig) **jouer la ~e carte** aufs falsche Pferd setzen, sich verrechnen ◆ **il fait ~** es ist schlechtes Wetter
mauve malvenfarben ; lila
mauviette f (fam) Nulpe f, Schwächling m, Feigling m
maxillaire m Kiefer(knochen) m
maximal, -aux maximal, Höchst-, Maximal- **vitesse ~e** Höchstgeschwindigkeit f
maxime f Maxime f, Leitsatz m
maximum Höchst- ◆ **trois ans ~** höchstens drei Jahre ◆ Maximum n ; **au ~** höchstens ; **au grand ~** allerhöchstens
mazagran m Kaffeebecher m
mazout [mazut] m Heizöl n **poêle à ~** Ölofen m
me : mich ; mir
méandre m Windung f, Krümmung f, Schleife f ; (fig) **les ~s de la politique** die Winkelzüge mpl der Politik
mec m (fam) Typ m ; Kerl m
mécanicien m **-ne** f MechanikerIn m f ; (train) Lok(omotiv)führer m ; (mar) Maschinenwart m ; (avion) Bordmechaniker m
mécanique 1 mechanisch **escalier ~** Rolltreppe f ; **rasoir ~** Rasierer m ; (fam) **des ennuis ~s** Ärger mit dem Motor **2** tuile **~** Falzziegel f **3** action **~ des vents** Windantrieb m ; Windausschürfungen fpl ◆ f Mechanik f ; (fam) **rouler les ~s** (non fam) sich in die Brust werfen
mécaniquement (fig) automatisch, mechanisch
mécanisation f Mechanisierung f
mécanisme m **1** Mechanismus m **le ~ d'une horloge** Uhrwerk n **2** Prozeß m, Vorgang m
mécénat m Mäzenatentum n
méchanceté f Bosheit f ; Böswilligkeit f
méchant 1 böse, bösartig, ungezogen ; (fam) **ce n'est pas bien ~** das ist nicht so schlimm **2** être de **~e** humeur übel gelaunt sein
mèche f **1** Strähne f **2** ~ **de bougie** Kerzendocht m ; **~ d'un explosif** Zündschnur f ; (fig) **vendre la ~** das Geheimnis verraten/aus=plaudern **3** ~ **d'une perceuse** Bohrer m **4** (fam) **être de ~ avec qqn** mit jm unter einer Decke stecken
méconnaissable unkenntlich
méconnaissance f Unkenntnis f ; Fehleinschätzung f
méconnaître verkennen, falsch ein=schätzen
mécontentement m Unzufriedenheit f

mécontenter

mécontenter unzufrieden machen, verärgern, verdrießen
médaille f 1 Medaille f; ~ *militaire* Orden m 2 Medaillon n
médecin m Arzt m, Mediziner m
médecine f Medizin f
média m Medium n
médian mittlerer, Mittel- ◆ -e f Seitenhalbierende f, Symmetrieachse f
médiateur m -**trice** f VermittlerIn m f
médiation f Vermittlung f
médiatique Medien-, mediatisiert
médical, -aux 1 ärztlich, medizinisch 2 *corps* ~ Ärzteschaft f; *visiteur* ~ Vertreter m der Pharmaindustrie
médicament m Medikament n, Arznei f
médicinal, -aux : *plante* ~*e* Heilpflanze f
médico-légal, -aux gerichtsmedizinisch
médiéval, -aux mittelalterlich
médiocre : *qualité* ~ mangelhafte/minderwertige Qualität f; *revenus* ~*s* dürftige/kümmerliche Einkünfte
médiocrité f Dürftigkeit f, Mangelhaftigkeit f; *(personne)* Mittelmäßigkeit f
médire (de) verleumden, Schlechtes nach=sagen/nach=reden (D)
médisance f üble Nachrede f, Verleumdung f
méditation f Nachsinnen n, Nachdenken n; *faire de la* ~ meditieren
méditer (sur) nach=denken/nach=sinnen (über A)
Méditerranée f Mittelmeer n
méditerranéen, -ne Mittelmeer- *tempérament* ~ südländisches Temperament ◆ m f SüdländerIn m f
méduse f Qualle f
méduser in Staunen (ver)setzen
méfait m Missetat f; *(fig)* schädliche Auswirkungen fpl
méfiance f Mißtrauen n, Argwohn m
méfiant mißtrauisch, argwöhnisch
méfier (se) : *se* ~ *(de)* mißtrauen (D), Mißtrauen/Argwohn hegen (gegen) ◆ *méfie-toi!* paß auf!, nimm dich in acht!
mégalo/mégalomane megalomanisch, größenwahnsinnig
mégarde f : *par* ~ aus Versehen n
mégère f Megäre f
mégot m *(fam)* Kippe f, (Zigaretten)stummel m
meilleur besser; ~ *que l'autre* besser als der andere; *rien de* ~ nichts Besseres ◆ best- ~*s vœux* herzliche Glückwünsche, herzlichen Glückwunsch; *le* ~ *des hommes* der beste Mensch (von/auf) der Welt ◆ m f *pour le* ~ *et pour le pire* für gute und für schlechte Zeiten, auf Gedeih und Verderb; *donner le* ~ *de soi-même* sein Bestes geben
mélancolie f Schwermut f, Trübsinn m, Melancholie f *ne pas engendrer la* ~ kein Kind von Traurigkeit f sein
mélancolique schwermütig, melancholisch, trübsinnig
mélange m Gemisch n, Mischung f; Vermischen n; *(fig) bonheur sans* ~ ungetrübtes Glück
mélanger 1 (ver)mischen, vermengen; verrühren 2 durcheinander=bringen
mêlée f Handgemenge n, (Kampf)getümmel n; *(sp)* Gedränge n; *(fig) être au-dessus de la* ~ über den Dingen npl stehen
mêler 1 (ver)mischen, verbinden 2 ~ *qqn à une affaire* jn in eine Sache hinein=ziehen/verwickeln; *ne pas* ~ *sa voix à celles des autres* nicht (mit) ein=stimmen (in A) ◆ 1 *se* ~ sich vermischen; *se* ~ *à la foule* sich unter die Menge mischen 2 *se* ~ *de qch* sich um etw kümmern, sich mit etw ab=geben/beschäftigen, *(péj)* sich in etw (A) ein=mischen
mélèze m Lärche f
méli-mélo m *(fam)* Durcheinander n, Wirrwarr m
mélodieux, -euse melodisch, melodiös
melon m 1 Melone f 2 *chapeau* ~ Bowler [bo:lə] m, *(fam)* Melone f
membre m 1 *(méd)* Glied n, Gliedmaße f 2 Mitglied n; *états* ~*s de l'Union européenne* Mitgliedsstaaten mpl der Europäischen Union
même 1 selbst, sogar 2 *tout de* ~ trotzdem, dennoch, doch; *quand* ~ selbst, sogar, trotzdem, dennoch, immerhin; *il n'est* ~ *pas là* er ist nicht einmal da 3 *aujourd'hui* ~ heute noch/schon, noch heute; *ici* ~ genau hier; *à* ~ *le sol* direkt auf dem Boden 4 *il en va de* ~ *(pour)* das gleiche gilt (für) *de* ~ *que* ebenso ◆ 1 der-, die-, dasselbe, dieselben; *la* ~ *chose* dasselbe/das gleiche 2 *lui/elle* ~ er/sie selbst; *ceux-là* ~*s* (gerade) diejenigen ◆ *ce sont toujours les* ~*s* es sind immer dieselben/die gleichen; *cela revient au* ~ das kommt/läuft aufs gleiche/auf dasselbe/eins hinaus
mémento 1 Abriß m 2 Notizbuch n
mémoire f 1 Gedächtnis n; *de* ~ auswendig, aus dem Kopf m/Gedächtnis 2 *de sinistre* ~ unseligen/traurigen Angedenkens n; *à la* ~ *de* zur Erinnerung f/ zum Andenken/Gedenken n (an A) 3 *(info)* Speicher m; ~ *vive* Arbeitsspeicher m
mémoire m Denkschrift f, Memorandum n; Aufsatz m
Mémoires mpl Memoiren npl
mémorable denkwürdig
mémorial, -aux Denkmal n
mémoriser sich (D) ein=prägen
menaçant drohend, Droh-; *(fig) le temps*

est ~ das Wetter ist bedrohlich/unfreundlich

menace *f* **1** Drohung *f*, Androhung *f par la ~* durch Drohen *n* **2** Bedrohung *f*, drohende Gefahr *f*; *~ de guerre* Kriegsgefahr *f*

menacer bedrohen, drohen (**D**); *(fig)* bevor=stehen (**D**)

ménage *m* **1** *faire le ~* sauber=machen, putzen **2** *monter son ~* seinen Haushalt *m*/sich ein=richten, einen Hausstand *m* gründen **3** Ehe *f*, Ehepaar *n*, Eheleute *pl*; *~ à trois* Dreiecksverhältnis *n*; *scène de ~* Ehekrach *m*; *se mettre en ~* zusammen=ziehen; *(fig) faire bon ~* sich gut vertragen/verstehen, gut zueinander passen; *(éco) les dépenses des ~s* Haushaltsausgaben *fpl*

ménagement *m* : *avec ~* rücksichtsvoll, schonend

ménager 1 schonen, Rücksicht nehmen (auf **A**) *~ ses forces* seine Kräfte schonen/ein=teilen, mit seinen Kräften haus=halten **2** *~ qch* sich (**D**) etw sichern; *(fig) se ~ une porte de sortie* sich ein Hintertürchen offen=lassen/offen=halten ◆ *se ~* sich schonen

ménager, -ère Haushalts-, häuslich; *appareil ~* Haushaltsgerät *n*; *ordures ménagères* Küchenabfälle *mpl*, Haus(hals)müll *m*; *travaux ~s* Hausarbeit *f*

ménagère *f* **1** Hausfrau *f* **2** Besteckkasten *m*

ménagerie *f* : *~ d'un cirque* Tierschau *f* im Zirkus; *(fig)* Menagerie *f*

mendiant *m* **-e** *f* BettlerIn *m f*

mendicité *f* Betteln *n*

mendier betteln (um)

menées *fpl* Machenschaften *fpl*

mener 1 bringen, führen, begleiten; *(fig) ~ qqn par le bout du nez* jn an der Nase herum=führen; *~ la danse* das Heft in der Hand haben **2** *~ à bien* gut zu Ende bringen; *~ une enquête* eine Untersuchung durch=führen; *~ la vie dure à qqn* jm das Leben schwer=machen

meneur *m* **-euse** *f* **1** Rädelsführerin *m f*, Aufwieglerin *m f* **2** *~ d'hommes* Führerpersönlichkeit *f*

méninge *f* Hirnhaut *f*; *(fam) se fatiguer les ~s* seinen Grips *m* an=strengen

méningite *f* Hirnhautentzündung *f*

ménopause *f* Wechseljahre *npl*

menotte *f* **1** Handschellen *fpl* **2** *(fam)* Patschhändchen *n*

mensonge *m* Lüge *f*

mensonger, -ère lügnerisch, unwahr, Lügen-

mensualiser monatlich entlohnen; *~ ses impôts* monatlich Steuern ab=führen

mensualité *f* Monatsrate *f*; monatliche Zahlung *f*

mensuel, -le monatlich, Monats- ◆ *m* Monatsschrift *f*

mental, -aux 1 geistig, Geistes- *âge ~* geistiges Entwicklungsalter; *santé ~e* Geisteszustand *m* **2** *calcul ~* Kopfrechnen *n*

mentalité *f* Mentalität *f*; Denkweise *f*; *(péj) avoir une sale ~* eine miese Gesinnung/Haltung haben

menteur, -euse *m f* LügnerIn *m f*

menthe *f* (Pfeffer)minze *f*

mention *f* **1** Erwähnung *f*; Vermerk *m*; *faire ~ de qch* etw erwähnen **2** *(ens) ~ très bien* mit Auszeichnung *f*

mentionner erwähnen; vermerken

mentir lügen; *sans ~* ungelogen

menton *m* Kinn *n*

menu dünn, schmächtig; *(fig) ~e monnaie* Kleingeld *n*; *à pas ~s* mit Trippelschritten *mpl* ◆ *m par le ~* bis in die kleinsten Einzelheiten

menu *m* Menü *n*; Speisekarte *f*

menuiserie *f* **1** *acheter des ~s* Türen *fpl* und Fenster *npl* kaufen **2** Tischlerhandwerk *n*, Schreinerhandwerk *n* **3** Tischlerwerkstatt *f*, Schreinerwerkstatt *f*

menuisier *m* Tischler *m*, Schreiner *m*

méprendre (se) : *se ~ sur les intentions de qqn* js (wahre) Absichten verkennen

mépris *m* **1** Verachtung *f* **2** Mißachtung *f au ~ de sa vie* unter Einsatz *m* seines Lebens

méprisable verachtenswert

méprisant verächtlich, herablassend, geingschätzig

mépriser 1 *~ qqn* jn verachten **2** *~ le règlement* eine Regel mißachten; *~ le danger* sich von der Gefahr nicht beeindrucken lassen

mer *m* Meer *n*, See *f au bord de la ~* am Meer; *en pleine ~* auf hoher See *f*, auf offenem Meer; *(fig) la ~ de glace* der große Gletscher *m*; *(fam) ce n'est pas la ~ à boire* das ist nicht alle Welt

mercantile : *esprit ~* Krämergeist *m*, Krämerseele *f*

mercenaire *m* Söldner *m*

mercerie *f* **1** Kurzwarengeschäft *n* **2** Kurzwaren *fpl*

merci : *~ !* danke!, danke schön! ◆ *m dites-lui un grand ~* sagen Sie ihm einen recht schönen Dank *m*

merci *f* : *sans ~* gnadenlos, unbarmherzig, schonungslos; *être à la ~ de qqn/qch* jm/einer Sache ausgeliefert/preisgegeben sein

mercredi *m* Mittwoch *m*; *~ des Cendres* Aschermittwoch *m*

mercure *m* Quecksilber *n*

Mercure *m* Merkur *m*

mercurochrome *m* Jod *n*

merde : *(vulg)* ~! Scheiße! *f* ♦ *f* **1** *n'avoir que des* ~*s* immerzu nur Mist *m*/ Probleme *npl* am Hals haben; *être dans la* ~ in der Scheiße stecken **2** *ne pas se prendre pour de la* ~ sich (D) wunder was einbilden; *c'est une* ~ das ist Schund *m*/ Mist/Dreck *m*

merder *(vulg)* Mist/Scheiße bauen

merdique *(vulg)* beschissen

mère *f* **1** Mutter *f*; ~ *célibataire* alleinerziehende Mutter; *(fig) la* ~ *de tous les vices* die Wurzel aller Laster **2** *maison* ~ Stammhaus *n*

méridien *m* Meridian *m* ~ *de Greenwich* Nullmeridian *m*

méridional, -aux südlich, Süd-

meringue *f* Baiser [bɛːe:] *n*

merisier *m* Süßkirschenbaum

méritant verdienstvoll, verdient

mérite *m* Verdienst *n*; *avoir beaucoup de* ~ sehr verdienstvoll sein; *avoir le* ~ *d'être franc* den Vorzug *m* haben, aufrichtig zu sein; *le* ~ *de ce projet lui revient* dieses Projekt ist sein Verdienst

mériter verdienen

méritoire : *des efforts* ~*s* anerkennenswerte/lobenswerte Bemühungen

merle, -ette Amsel *f*

merveille *f* Wunder *n*; *(fig) cela te va à* ~ das steht dir großartig

merveilleux, -euse **1** wunderlich, Wunder- **2** herrlich, wunderschön, wunderbar

mésalliance *f* nicht standesgemäße Heirat *f*

mésange *f* Meise *f*

mésaventure *f* Mißgeschick *n*

mesdames *fpl* meine (sehr verehrten) Damen *fpl*

mesdemoiselles *fpl* meine Damen *fpl*

mésentente *f* Unstimmigkeit *f*, Mißhelligkeit *f*

mésestimer mißachten; unterschätzen

mesquinerie *f* Kleinlichkeit *f*, Engstirnigkeit *f*; kleinliches Wesen; *c'est de la* ~! das ist schäbig!

message *m* Mitteilung *f*, Meldung *f*, Durchsage *f* ~ *publicitaire* Werbespot *m*; *(fig) un* ~ *de paix* eine Friedensbotschaft *f*; *(tél) laisser un* ~ eine Nachricht hinterlassen

messager *m* **-ère** *f* Bote *m*, Botin *f*; *(fig)* Vorbote *m*; Anzeichen *n*

messagerie *f* Transport *m*; Gütereilverkehr *m* ~ *électronique* Datenfernübertragung *f*

messe *f* Messe *f*, Gottesdienst *m*

Messie *m* Messias *m*

messieurs *mpl* meine (sehr geehrten) Herren *mpl*

mesure *f* **1** Maß *n* *appareil de* ~ Meßinstrument *n*, Meßgerät *n*; *(fig) un emploi du temps sur* ~ Arbeitszeit nach Maß; *prendre la* ~ *de qch* etw abschätzen/ einschätzen; *ne pas y avoir de commune* ~ *entre* in keinem Verhältnis *n* zueinander stehen; *(loc) avoir deux poids, deux* ~*s* mit zweierlei Maß messen **2** *être en* ~ *de* in der Lage/imstande sein, zu **3** *(mus) battre la* ~ den Takt schlagen **4** *dépasser la* ~ das Maß überschreiten **5** Maßnahme *f*

mesurer **1** abmessen, ausmessen, vermessen; *(fig)* ~ *l'ampleur du désastre* das Ausmaß der Katastrophe abschätzen/ einschätzen **2** ~ *ses paroles* seine Worte abwägen; kontrollieren, was man sagt ♦ *se* ~ *à qqn* sich mit jm messen

métabolisme *m* Stoffwechsel *m*

métal *m* Metall *n*; ~ *précieux* Edelmetall *n*

métallique metallen, Metall- *charpente* ~ Metallgerüst *n*

métalliser mit einer Metallschicht überziehen ♦ *gris métallisé* grau metallisiert

métallo *m (fam)* Metaller *m*

métallurgique metallurgisch, Hütten-, Metall-; *usine* ~ Hüttenwerk *n*; *industrie* ~ Eisen und Stahlindustrie *f*

métamorphose *f* Metamorphose *f*, Umwandlung *f*, Verwandlung *f*

métamorphoser (se) (sich) verwandeln (in A)

métaphore *f* Metapher *f*, Bild *n*

métempsycose *f* Seelenwanderung *f*

météorite *m f* Meteorit *m*

météorologie ; *f* Meteorologie *f*, Wetterkunde *f*; Wettervorhersage *f*

météorologique meteorologisch, Wetter- *conditions* ~*s* Wetterbedingungen *fpl* *prévisions* ~*s* Wettervorhersage *f*

métèque *m f (péj)* Kanake *m*

méthane *m* Methan *n*, Grubengas *n*

méthode *f* **1** Methode *f* ~ *de fabrication* Herstellungsverfahren *n* **2** *avec* ~ methodisch

méthodique **1** methodisch **2** planmäßig, systematisch

méticuleux, -euse (sehr) sorgfältig

métier *m* **1** Beruf *m* *avoir du* ~ Berufserfahrung *f* haben **2** ~ *à tisser* Webstuhl *m*

métis *m* **-se** *f* Mischling *m*

métrage *m* : ~ *de tissu* Stoffmenge *f*

mètre (m) *m* Meter (m) *n*/*m* ~ *carré (m²)* Quadratmeter (m²) *n*/*m*; ~ *cube (m³)* Kubikmeter (m³) *n*/*m*

métré *m (archi)* Aufmaß *n*

métreur *m* **-euse** *f* VermesserIn *m f*

métrique : *système* ~ metrisches System

métro *m* = **métropolitain** U-Bahn *f*

métropole *f* **1** Mutterland *n* **2** Hauptgroßstadt *f* ~ *régionale* Wirtschaftsmetropole *f*

mets m Gericht n, Speise f
mettable tragbar
metteur m : ~ **en scène** Regisseur m
mettre 1 (hin)=legen, (hin)=stellen, (hin)=setzen ~ **à la poubelle** in den Mülleimer werfen ; ~ **un enfant au lit** ein Kind ins Bett bringen ; ~ **au monde** gebären, zur Welt bringen ; ~ **du sel dans l'eau** Salz ins Wasser geben ; ~ **qch dans sa poche** etw in seine Tasche stecken ; ~ **du vin en bouteille** Wein in eine Flasche ab=füllen ; ~ **entre parenthèses** ein=klammern ; ~ **ses coudes sur la table** seine Ell(en)bogen auf den/dem Tisch auf=stützen 2 ~ **le feu** Feuer legen ; ~ **fin** ein Ende bereiten ; ~**en scène** inszenieren ; (fig) ~ **en place** auf=stellen 3 ~ **beaucoup d'argent dans un projet** viel Geld in ein Projekt stecken ; ~ **toute sa fierté dans qch** seinen ganzen Stolz in etw legen/darein=setzen 4 ~ **la table** den Tisch decken 5 ~ **un manteau** seinen Mantel an=ziehen 6 ~ **du temps** Zeit brauchen/benötigen 7 ~ **sa montre à l'heure** seine Uhr stellen ; ~ **un mot au pluriel** ein Wort in den Plural setzen 8 (fam) **mettons que ce soit vrai** nehmen wir an/gehen wir davon aus, daß es stimmt ◆ 1 **se** ~ **au piano** sich ans Klavier setzen ; (fam) Klavierspielen lernen ; (loc) **ne plus savoir où se** ~ vor lauter Verlegenheit nicht mehr wissen, wohin mit sich 2 **se** ~ **à faire qch** beginnen, etw zu tun ; **se** ~ **en colère** wütend werden ; **il se met à pleuvoir** es fängt an zu regnen ◆ (fam) **faire** ~ **le gaz** Gas an=schließen lassen
meuble locker ; (jur) beweglich
meuble m Möbel(stück) n
meublé möbliert
meubler ein=richten, möblieren ; (fig) ~ **son temps** seine Zeit aus=füllen
meugler muhen, brüllen
meule f 1 ~ **de foin** Heuhaufen m 2 Mühlstein m, Mahlstein m 3 Schleifstein m 4 ~ **de gruyère** Laib m Schweizer Käse
meuler schleifen
meunier, -ère f 1 MüllerIn m f **échelle de** ~ Treppenleiter f 2 **truite meunière** Forelle nach/auf Müllerin(nen)art f
meurtre m Mord m, Ermordung f, Totschlag m
meurtrier, -ière mörderisch, Mörder-, tödlich ; verheerend ◆ m f MörderIn m f
meurtrir (zer)quetschen ; (fig) verwunden
meute f Meute f
mévente f schlechter Absatz m, Absatzflaute f
mezzanine f Zwischengeschoß n
mi m E n
mi-bas m Kniestrumpf m
miche f Laib m
mi-chemin : **à** ~ auf halbem Wege
micmac m (fam) Schlamassel m

micro/microphone m Mikro(phon) n
microbe m Mikrobe f, Krankheitserreger m ; (péj/fam) Wurzen m
microbien, -ne mikrobiell
micro-onde f : **four à** ~**s** Mikrowellenherd m, Mikrowelle f
microscope m Mikroskop m
microscopique mikroskopisch ; (fig) verschwindend klein
midi m 1 Mittag m **il est** ~ es ist 12 (Uhr mittags) ; (fig) **chercher** ~ **à quatorze heures** die Sache unnötig komplizieren, warum einfach, wenn es auch umständlich geht ? 2 **le démon de** ~ Midlife-crisis [midlaif kraisis] f
Midi m Südfrankreich n
midinette f (fam) Herzchen n
miel m Honig m ; (fig) **être tout** ~ vor Freundlichkeit f über=fließen
mielleux, -euse zuckersüß
mien, -ne : **c'est le** ~/**la** ~**ne** das ist meiner/meine/meins ◆ **les** ~**s** meine Familie, die Meinen m fpl
miette f 1 Krümel m ; (fig) **ne pas perdre une** ~ **de qch** sich (D) nicht das Geringste von etw entgehen lassen 2 **mettre en** ~**s** kurz und klein schlagen
mieux 1 besser ~ **que rien** besser als nichts ; **ça vaut** ~ das ist besser so ; **je vais** ~ es geht mir besser 2 **à qui** ~ ~ um die Wette ; **tant** ~ **!** um so besser ! ◆ **c'est la** ~ das ist die Schönste ◆ **c'est la** **placée** sie ist die am besten plaziert ◆ m 1 **le** ~ **serait de** am besten sollte man ; das Beste wäre, wenn ; **faute de** ~ in Ermangelung eines Besseren 2 **il y a un léger** ~ es geht/steht etwas besser, es ist eine (gewisse) Besserung eingetreten
mièvre geziert, (fig) süßlich
mignon, -ne 1 hübsch, niedlich 2 (fam) **merci, tu es** ~ danke, du bist lieb
migraine f Migräne f
migrateur : **oiseau** ~ Zugvogel m
migrer wandern ; ziehen
mi-jambe(s) : **à** ~ bis zu den Waden
mijaurée f Zierpuppe f
mijoter : schmoren, kochen ; (fig) ~ **un plan** einen Plan aus=hecken
mil m Hirse f
milice f Miliz f ; Bürgerwehr f
milieu m -**x** 1 Mitte f **au** ~ in der Mitte, inmitten (G), mitten in/unter (A/D) ; **en plein** ~ **de la rue** mitten auf der Straße ; (sp) ~ **de terrain** Mittelfeldspieler m ; (fig) **le juste** ~ die goldene Mitte, der goldene Mittelweg f 2 Umgebung f, Umwelt f ; **les** ~**x bien informés** gut informierte/unterrichtete Kreise mpl ; (péj) **le** ~ das Milieu, die Unterwelt f
militaire militärisch, Militär- ; (fig) **discipline** ~ soldatische Disziplin ◆ m Militärperson f

militant *m* **-e** *f* aktives Mitglied *n*
militer 1 sich aktiv betätigen, sich ein=setzen/engagieren **2** *cela ne milite pas en votre faveur* das spricht nicht für Sie
mille tausend; *(fig/fam) taper dans le ~* ins Schwarze/den Nagel auf den Kopf treffen ◆ *m* = *marin* Seemeile *f*
millénaire tausendjährig ◆ *m* Jahrtausend *n*; Tausendjahrfeier *f*
mille-pattes *m* Tausendfüß(l)er *m*
millésime *m* Jahrgang *m*, Jahreszahl *f*
milliard *m* Milliarde *f*
milliardaire *m f* MilliardärIn *m f*
millier *m* : *un ~ de personnes* tausend Mann/Personen; *des ~s d'étoiles* (Aber)tausende *npl*/eine Unzahl *f* von Sternen
million *m* Million *f*
mime *m* Pantomime *f*; *(personne)* Pantomime *m*
mimer pantomimisch dar=stellen; nachmachen
mimétisme *m (bio)* Mimikry *f*; *(fig) par ~* aus Nachahmung *f*
mimosa *m* Mimose *f*
minable *(fam)* kläglich, dürftig, armselig, ärmlich; schäbig; *(personne)* erbärmlich, jämmerlich ◆ *m f* VersagerIn *m f*, Jammerlappen *m*
minauder sich zieren/affektiert benehmen
mince 1 *(personne)* schlank; *(fig) ~ comme un fil* schlank wie eine Gerte **2** fein, dünn ◆ *~ alors !* verdammt nochmal ! so ein Mist !
minceur *f* Schlankheit *f*, Feinheit *f*
mine *f* **1** Mine *f* **2** Miene *f*, Aussehen *n avoir bonne ~* gut/gesund aus=sehen; *(fig/fam) faire grise ~* blamiert/angeschmiert sein; *(fig) faire grise ~* sauer sein; *faire ~ de* so tun, als ob *(subj)* **3** Zeche *f*, Bergwerk *n* = *de charbon* Kohlebergwerk *n*; *(fig) une ~ d'informations* eine Goldgrube an Informationen **4** Mine *f*
miner 1 verminen **2** *~ qqn (fig)* jn auf=fressen; *~ la santé de qqn* js Gesundheit untergraben
minerai *m* Erz *n*
minéral, -aux mineralisch, Mineral- ◆ *mpl les minéraux* Minerale/ien *npl*
minet, -te *(fam)* **1** Mieze(katze) *f* **2** *(péj)* Stutzer *m*; Modenarr *m*, Modenärrin *f*
mineur 1 zweitrangig, nebensächlich, untergeordnet **2** *être encore ~* noch minderjährig sein **3** *(mus) la ~* a-Moll ◆ *m* Bergarbeiter *m*, *(fam)* Kumpel *m*
miniature *f* Miniatur *f voiture ~* Miniaturauto *n*, Matchboxauto *n*
minijupe *f* Minirock *m*
minimal, -aux minimal, Mindest-, Minimal-; *température ~e* Tiefsttemperatur *f*
minime minimal, geringfügig, unwesentlich, unbedeutend ◆ *m f (sp)* Jugendklasse *f*, Jugendliche/r
minimiser verharmlosen/bagatellisieren; *~ le rôle de qqn* js Rolle herunter=spielen/herab=mindern/verkleinern
minimum *m* Minimum *n*; *~ vital* Lebensminimum *n*; *~ vieillesse* Mindestrente *f*; *au ~* mindestens; *faire le ~ de frais* so wenig wie möglich aus=geben
ministère *m* **1** Ministerium *n* **2** *~ public* Staatsanwaltschaft *f* **3** *(rel)* Priesteramt *n*
ministre *m* Minister *m*
minitel *m* Bildschirmtext (btx) *m*
minorer : *~ un prix de 10%* einen Preis um 10% ermäßigen; *(fig)* unterbewerten
minoritaire Minderheits-; *être ~* in der Minderheit sein
minorité *f* **1** Minderheit *f*, Minderzahl *f*, Minorität *f* **2** Minderjährigkeit *f*
minuit *m* Mitternacht *f à ~* um Mitternacht
minuscule winzig ◆ *f écrire en ~s* klein=schreiben
minute *f* Minute *f*; *(fig) une ~ !* einen Augenblick/Moment !; *la ~ de vérité* der Augenblick/die Stunde der Wahrheit; *je reviens dans une ~* ich komme sofort/gleich zurück
minuter (eine Zeit genau) messen ◆ *(fig) mon temps est minuté* meine Zeit ist genau eingeteilt/auf die Minute genaube messen
minuterie *f* Zählwerk *n*, Schaltuhr *f*
minutie *f* Gründlichkeit *f*, Sorgfalt *f*
minutieux, -euse sehr genau, gründlich; sehr sorgfältig ausgeführt
mirabelle *f* Mirabelle *f*; Mirabellenschnaps *m*
miracle *m* Wunder *n*
miraculeux, -euse wunderbar, wundersam; *(fig) médicament ~* Wunder(heil)mittel *n*
mirador *m* Wach(t)turm *m*; *(forêt)* Hochsitz *m*
mirage *m* Fata Morgana *f*
mire *f* Meßlatte *f*; *(mil) ligne de ~* Schußlinie *f*; *(photo)* Visier *n*; *(télé)* Testbild *n*
mirer (se) : *~* sich spiegeln
mirifique *(fam)* phantastisch, großartig
miro *(fam > non fam)* kurzsichtig
miroir *m* Spiegel *m*; *(fig) le ~ aux alouettes* Köder *m*, Lockmittel *n*
miroiter schillern, spiegeln ◆ *(fig) faire ~ qch à qqn* jm etw vor=gaukeln
misanthrope *m f* MisanthropIn *m f*, MenschenfeindIn *m f*
miscible mischbar
mise *f* **1** *~ en bouteille* Abfüllung *f* in Flaschen; *~ en place* Aufstellung *f*; Installierung *f*, Einbau *m* **2** *~ en marche*

Anstellen *n*; Anlassen *n*; Inbetriebsetzen *n*; **~ *en page*** Seiteneinteilung *f*; **~ *en plis*** Wasserwelle *f*; **~ *en scène*** Inszenierung *f* **3 ~ *en liberté*** Freilassung *f* **4 ~ *à mort*** Tötung *f*, Töten *n*; **~ *au point*** Einstellung *f*; Richtigstellung *f*, Berichtigung *f*; **~ *à prix*** Gebot *n* ; *(fig)* **~ *à pied*** (fristlose) Entlassung **5 ~ *de fonds*** Kapitaleinlage *f*; *(jeu)* **doubler la ~** den Einsatz *m* verdoppeln **6 *de* ~** angebracht, passend, üblich

miser setzen (auf **A**)
misérable kümmerlich, dürftig, kläglich, ärmlich, armselig; elend, jämmerlich; niederträchtig, erbärmlich ◆ *m f qu'as-tu fait là, ~ ?* was hast du da gemacht, (du) Schlingel ? *m*
misère *f* **1** Elend *n*, Not *f*, Misere *f*; *(fig)* *un salaire de ~* Hungerlohn *m* **2** *(fam)* *c'est une ~ de voir une chose pareille !* es ist ein Jammer *m*, so etw (an=)sehen zu müssen! **3** *faire des ~s à qqn* jn schikanieren/piesacken
miséreux, -euse arm, elend, notleidend
miséricorde *f* Barmherzigkeit *f*; Gnade *f*, Erbarmen *n*
misogyne frauenfeindlich
misogynie *f* Frauenhaß *m*, Misogynie *f*
missel *m* Meßbuch *n*
missile *m* Flugkörper *m*, Rakete *f* **~ *sol-air*** Boden-Luft-Rakete *f*; **~ *à longue portée*** Langstreckenrakete *f*
mission *f* **1** Auftrag *m* **2** *ordre de ~* Dienstreiseauftrag *m*
missionnaire *m* Missionar *m*
missive *f* Brief *m*
mitard *m* *(fam > non fam)* Arrestzelle *f*
mite *f* Motte *f*
mité von Motten zerfressen
mi-temps : *à ~* halbtags ◆ *m* Halbtagsarbeit *f*, Halbtagsbeschäftigung *f* ◆ *f (sp)* Halbzeit *f*
miteux, -euse schäbig, dürftig, armselig
mitigé : *accueil ~* kühler Empfang; *des sentiments ~s* gemischte Gefühle
mitoyen, -ne : *mur ~* Grenzmauer *f*
mitrailler beschießen, zusammenschießen; *(fig)* **~ *qqn de questions*** jn mit Fragen bombardieren
mitraillette *f* Maschinenpistole (MP) *f*
mitrailleuse *f* Maschinengewehr (MG) *n*
mitron *m* Bäckergeselle *m*
mi-voix : *à ~* halblaut
mixage *m* Mischen *n*, Tonmischung *f*; *table de ~* Mischpult *n*
mixer mischen; *(cuis)* mixen
mixte gemischt *école ~* Schule für Jungen und Mädchen; *mariage ~* Mischehe *f*
mixture *f (péj)* Mixtur *f*, Gemisch *n*
mobile 1 beweglich, verstellbar; *(fig)* *être ~* mobil/beweglich sein **2** *gardes ~s* (Bereitschafts)polizei *f* **3** *fête ~* beweglicher Feiertag ◆ *m* **1** Mobile *n* **2** *le ~ d'un crime* das Motiv eines Verbrechens
mobilier, -ière : *biens ~s* bewegliche Habe, bewegliche Güter; *valeur mobilière* Wertpapiere *npl* ◆ *m* Mobiliar *n*
mobilisateur, -trice anregend
mobilisation *f* : *~ générale* Generalmobilmachung *f*
mobiliser : *~ des troupes* Truppen mobil=machen; *(fig)* mobilisieren
mobilité *f* Beweglichkeit *f*
mobylette *f* Moped *n*, Mofa *n*
moche *(fam)* erzhäßlich, potthäßlich ; *(fig)* mies
modalité 1 *verbe de ~* Modalverb *n* **2** Bedingung *f*, Modalität *f*
mode *m* **1** Art *f*, Weise *f* **~ *de vie*** Lebensweise *f*, Lebensart *f* **2** *(gram)* Modus *m* **3** *(mus)* Tonart *f* **~ *mineur*** Moll *m*
mode *f* **1** Mode *f* **à la ~** in Mode, modisch **2** *à la ~ de chez nous* auf unsere Art *f*
modèle : *un élève ~* ein vorbildlicher/ musterhafter/mustergültiger Schüler ◆ *m* Modell *n*; *(fig)* Vorbild *n* ; *un ~ de vertu* ein Vorbild an Tugendhaftigkeit **2 ~ *réduit*** verkleinertes Modell
modeler modellieren, formen; *(fig)* *son comportement sur celui de qqn* sich in seinem Verhalten nach jm richten
modélisme *m* Modellbau *m*
modérateur, -trice : *ticket ~* Selbstkostenbeteiligung *f* ◆ *m f jouer un rôle de ~* mäßigenden Einfluß *m* aus=üben
modération *f* Mäßigung *f*
modéré gemäßigt, maßvoll; mäßig *prix ~* vernünftiger Preis
modérément maßvoll, in/mit Maßen; nicht ganz und gar
modérer mäßigen *~ ses dépenses* seine Ausgaben ein=schränken ◆ *se ~* sich mäßigen, maß=halten
moderne modern
moderniser modernisieren
modeste 1 bescheiden; anspruchslos **2** *un ~ repas* ein einfaches/bescheidenes/schlichtes Mahl
modestie *f* Bescheidenheit *f*
modification *f* (Ver)änderung *f*, Modifizierung *f*, Modifikation *f*
modifier verändern, ab=ändern, modifizieren
modique mäßig, bescheiden, gering
modulable wandlungsfähig; ausbaufähig *prix ~* variabler Preis
modulation *f* **1** *(mus/phys)* Modulation *f*; *(radio)* *~ de fréquence (FM)* Ultrakurzwelle (UKW) *f* **2** Abstufung *f*
module *m* Modul *n*; *(ens)* Unterrichtseinheit, *f*
moduler 1 *(mus)* modulieren **2** ab=stufen

moelle

moelle f (Knochen)mark n ~ *épinière* Rückenmark n

moelleux 1 weich, flauschig **2** *un vin* ~ ein lieblicher Wein

mœurs fpl **1** Sitten fpl; (jur) *attentat aux* ~ Sittlichkeitsdelikt n **2** *entrer dans les* ~ Brauch m/üblich werden

moi ich *à* ~ *!* Hilfe! *de vous à* ~ unter uns (gesagt) *c'est* ~ *!* ich bin's!

moindre kleiner, geringer, minder; *un* ~ *mal* ein kleineres Übel ♦ kleinst-, geringst-, mindest-; *dans les* ~*s détails* bis ins kleinste Detail/in die kleinste Einzelheit; *c'est la* ~ *des choses* das ist das mindeste/wenigste

moine m Mönch m

moineau m -x Spatz m, Sperling m

moins : *2* — *1* 2 minus 1 ♦ weniger ~ *beau* que weniger hübsch als; *à* — *de 100 F* unter 100 Francs ♦ *le* ~ *intelligent* der Dümmste; *le* ~ *intelligent des deux* der weniger Intelligente von beiden; *pour le* ~ zumindest ♦ *au* ~ *huit jours* wenigstens acht Tage ♦ *tu n'es pas malade, au* ~ *?* du bist doch nicht (etwa) krank? *du* ~ zumindest ♦ *à* ~ *qu'il ne vienne* es sei denn, er kommt *à* ~ *d'être très riche* es sei denn, man ist sehr reich; außer, wenn man sehr reich ist

mois m Monat m *tous les* ~ jeden Monat, monatlich

moisir verschimmeln; (fig/fam) *je ne vais pas* ~ *ici* ich habe nicht vor, hier zu versauern vergammeln

moisissure f Schimmel m

moisson f Ernte f; *faire la* ~ ernten

moissonner ernten

moissonneuse-batteuse f Mähdrescher m

moite feucht; klamm

moiteur f Feuchtigkeit f

moitié f Hälfte f *à* ~ *vide* halbleer; *à* ~ *prix* zum halben Preis; *faire la* ~ *du chemin* den halben Weg zurück=legen; (fig) *n'être qu'à* ~ *d'accord* nur halb/nicht ganz einverstanden sein; (fam) *venir avec sa* ~ mit seiner besseren Hälfte kommen

moitié-moitié halbe-halbe

molaire f Backenzahn m

moléculaire molekular, Molekül-

molette f : *clé à* ~ Universalschlüssel m, Engländer m

molle → mou

mollement (fig) lasch; halbherzig

mollesse f (fig) Nachgiebigkeit f; Willenlosigkeit f; Laschheit f

mollet m Wade f

mollir : *ne pas* ~ nicht zurück=weichen/ nach=geben

mollo : (fam) ~ *!* sachte!

môme m (fam) Gör n, Balg n/m

moment m **1** Moment m, Augenblick m *d'un* ~ *à l'autre* jeden Augenblick, *par* ~*s* ab und zu; *pour le* ~ vorerst, vorläufig, einstweilen; *sur le* ~ im ersten Augenblick; *ce n'est pas le* ~ *!* das ist nicht der richtige Zeitpunkt! **2** *à ce* ~*-là il habitait Tunis* damals wohnte er in Tunis; *il ne va pas bien en ce* ~ zur Zeit f/gegenwärtig geht es ihm nicht gut **3** *du* ~ *qu'il ne vient pas* da er (ja/doch) nicht kommt **4** (phys) Moment n

momentané augenblicklich, vorübergehend

momie f Mumie f

mon mein ~ *Général* Herr General

monarchique monarchisch

monastère m Kloster n

monastique : *ordre* ~ Mönchsorden m

monceau m -x Haufen m, Berg m

mondain 1 mondän **2** *soirée* ~*e* Gesellschaftsabend m **3** *brigade* ~*e* Sittendezernat n

mondanités fpl gesellschaftliches Leben n; gesellschaftliche Verpflichtungen fpl

monde m **1** Welt f *tour du* ~ Weltreise f; (fig) *se faire tout un* ~ *de qch* etw als sehr wichtig/bedeutsam an=sehen; *il y a un* ~ *entre lui et moi* es liegen Welten zwischen ihm und mir **2** *tout le* ~ jeder(mann); *il y a beaucoup de* ~ es sind viele Leute da **3** *le* ~ *des arts* die Welt der Kunst; *être du même* ~ denselben Kreisen mpl/demselben Milieu an=gehören; (fig) *du beau* ~ berühmte/bekannte Leute; *femme du* ~ Dame der Gesellschaft

mondial, -aux weltweit, Welt- *événement* ~ ein Ereignis von Weltrang m; *guerre* ~*e* Weltkrieg m

monétaire monetär, Geld-; *érosion* ~ schleichende Geldentwertung f

mongolien m -ne f MongoloidIn m f

moniteur m -trice f **1** ~ *de ski* SkilehrerIn m f **2** ~ *de colonie de vacances* BetreuerIn m f im Ferienlager

monnaie f **1** Währung f; (fig) *servir de* ~ *d'échange* als Tauschobjekt n dienen **2** Geldstück n, Kleingeld n, Münze f *fausse* ~ Falschgeld n; *faire la* ~ *de 100 F* 100 Francs wechseln//(fam) klein=machen; *rendre la* ~ Wechselgeld n/ Kleingeld n zurück=geben; *gardez la* ~ *!* stimmt so!; (fig) *c'est* ~ *courante* das ist üblich; *rendre à qqn la* ~ *de sa pièce* es jm heim=zahlen

monnayer versilbern

monochrome einfarbig

monocorde eintönig

monocycle m einräd(e)riges Fahrrad n

monolingue einsprachig

monologue m Monolog m

monomoteur einmotorig

monoparental, -aux : *famille ~e* Familie mit alleinerziehendem Elternteil *n*
monopole *m* Monopol *n*; *(fig) ne pas avoir le ~ de qch* etw nicht gepachtet haben
monopoliser : *(fig) ~ la parole* das Wort an sich reißen; *~ qqn* jn mit Beschlag belegen/in Beschlag nehmen
monosyllabe *m* : *(fig) ne parler que par ~s* einsilbig sein/antworten
monotone eintönig, monoton
monseigneur *m* 1 Seine Exzellenz *f*; Seine Durchlaucht *f* 2 *(tech) pince ~* Brecheisen *n*, Brechstange *f*
monsieur/Monsieur Herr *m bonjour, ~* guten Tag ! *(lettre) Monsieur,* Sehr geehrter Herr X
monstre : *(fam) avoir un culot ~* eine unwahrscheinliche Chuzpe [ɑutspə] haben ◆ *m* Monstrum *n*, Ungeheuer *n*, Ungetüm *n*; *(fig)* Scheusal *n*; *un ~ d'égoïsme* eine Ausgeburt an Egoismus; *un ~ sacré* ein Superstar *m*
monstrueux, -euse 1 abstoßend, fürchterlich, abscheulich, gräßlich, grauenhaft 2 *d'une taille monstrueuse* von kolossaler Größe
monstruosité *f* Scheußlichkeit *f*, Entsetzlichkeit *f* Abscheulichkeit *f*; *(fig) dire des ~s* Ungeheuerliches *n*/Ungeheuerlichkeiten *fpl* sagen
mont *m* Berg *m*; *(fig) promettre ~s et merveilles* goldene Berge versprechen
montage *m* 1 Montage *f*, Montieren *n*, Zusammensetzen *n banc de ~* Schneidetisch *m* 2 *~ financier* Finanzierungsplan *m* 3 *notice de ~* Einbauanleitung *f*, Montageanleitung *f*
montagnard Berg-, Gebirgs- ◆ *m* -e *f* BergbewohnerIn *m f*
montagne *f* 1 Berg *m*, Gebirge *n la haute ~* das Hochgebirge; *à la ~* in den Bergen 2 *~s russes* Achterbahn *f*
montagneux, -euse bergig, gebirgig, Berg-
montant *m* 1 Pfeiler *m*, Stütze *f*, Pfosten *m ~s d'une échelle* Holm *m*; *~ d'une porte* (Tür)pfosten *m* 2 *(comm)* Betrag *m*; *~s compensatoires* Ausgleichszahlungen *fpl*
monte-charge *m* Lastenaufzug *m*
montée *f* 1 Ansteigen *n*, Anstieg *m ~ de lait* Einschießen *n* der Milch; *(fig) ~ des prix* Preisanstieg *m* 2 Steigung *f*
monter steigen, an=steigen; empor=steigen; *(fig) le ton monte* der Ton wird schärfer ◆ 1 *~ sur une colline* auf einen Hügel (hoch=)steigen, einen Hügel erklimmen; *~ au deuxième étage* in die zweite Etage hinauf=gehen/hoch=gehen 2 *~ dans le train* in den Zug (ein=)steigen; *~ à cheval* reiten; auf=sitzen, aufs Pferd steigen; *~ sur une chaise* auf einen Stuhl steigen ◆ 1 *~ un escalier* eine Treppe hinauf=gehen/hinauf=steigen 2 hinauf=tragen *~ ses bagages* sein Gepäck hinauf=bringen/rauf=bringen 3 *~ une opération* eine Aktion vor=bereiten; *~ une affaire* ein Geschäft gründen/auf=machen; *~ un spectacle* ein Stück inszenieren 4 *~ qqn contre qqn* jn gegen jn auf=hetzen 5 auf=bauen, auf=stellen, installieren; *~ sa tente* sein Zelt auf=schlagen; *(cuis)* schlagen; *(tricot) ~ des mailles* Maschen auf=nehmen ◆ 1 *se ~ à 100 F* 100 Francs betragen 2 *(fig) se ~ la tête* sich auf etw (A) versteifen/in etw (A) hinein=steigern, sich (D) etw in den Kopf setzen/etw ein=bilden,
montgolfière *f* (Warmluft)ballon *m*
montre *f* 1 Uhr *f*; *(sp) course contre la ~* Zeitfahren *n*; *(fig)* Wettlauf mit der Zeit *f* 2 *faire ~ d'imagination* von Phantasie zeugen, Phantasie beweisen/an den Tag legen
montrer zeigen, weisen; hin=weisen (auf A), an den Tag legen; *~ qqn du doigt* auf jn mit dem Finger zeigen ◆ 1 *se ~* sich zeigen, hervor=kommen 2 *se ~ patient* viel Geduld zeigen/auf=bringen
monture *f* 1 Gestell *n*, Rahmen *m*, (Ein)fassung *f* 2 Reittier *n*
monument *m* 1 Monument *n*, Bauwerk *n* 2 (Denk)mal *n* *~ aux morts* Kriegerdenkmal *n*; *~ funéraire* Grabmal *n*
monumental, aux monumental, riesig, gewaltig, kolossal
moquer (se) 1 *se ~ de qqn/qch* sich über jn/etw lustig machen 2 *je m'en moque complètement !* das ist mir völlig egal !
moquerie *f* 1 Spott *m*, Gespött *n* 2 *entendre des ~s* Spötteleien *fpl* (an=)hören
moquette *f* Teppichboden *m*, Ausleg(e)ware *f*
moqueur, -euse spöttisch
moral, -aux 1 moralisch 2 sittlich
moral *m* (innere/seelische) Verfassung *f*, Stimmung *f*
morale *f* 1 Moral *f*, (Sitten)lehre *f faire la ~ à qqn* jm eine Strafpredigt *f* halten/die Leviten *mpl* lesen 2 *(fable)* Moral
moralisateur, -trice moralisierend; auf sittliche Besserung hinwirkend
moraliser moralisch ein=wirken (auf A), sittlich/moralisch verbessern
moralité *f* 1 Moral(ität) *f*, Sittlichkeit *f enquête de ~* Erkundigung über js Lebenswandel *f* 2 *la ~ de l'histoire* die Moral aus/von der Geschichte
moratoire *m* Moratorium *n*; Aufschub *m*
morbide morbid; krankhaft
morceau *m* -x 1 Stück *n casser en ~x* (in Stücke) zerschlagen/zertrümmern; *(fig/fam) cracher le ~* (etw) aus=spucken

morceler

2 *(mus)* (Musik)stück *n*; *(littérature)* ~*x choisis* ausgewählte Texte *mpl*

morceler zerstückeln; parzellieren

mordant : *(fig) ironie* ~*e* beißende/ scharfe Ironie ◆ *m* Beize *f*

mordicus [-kys] : *(fam)* felsenfest, steif und fest

mordre : ~ *qqn* jn beißen ◆ **1** – *dans une pomme* in einen Apfel beißen **2** *la vis mord dans le mur* die Schraube faßt in der Mauer; *(fig) le texte mord sur le dessin* der Text lappt auf die Zeichnung über ◆ *se* ~ *les lèvres* sich auf die Lippen beißen; *(fig/fam) se* ~ *les doigts (vulg)* sich in den Arsch beißen

morfondre (se) Trübsal blasen

morgue *f* **1** Leichenhalle *f* **2** Dünkel *m*, Hochmut *m*, Anmaßung *f*; *avoir de la* ~ anmaßend/überheblich sein

moribond sterbend, im Sterben liegend, sterbenskrank, todkrank

morigéner tadeln, rügen, zurecht=weisen

morille *f* Morchel *f*

morne öde, trostlos, *(personne)* trübsinnig, niedergeschlagen, schwermütig

morose mißgelaunt, verdrossen *visage* ~ griesgrämiges Gesicht; *soirée* ~ verdrießlicher Abend; *(fig) conjoncture* ~ Flaute *f*; *temps* ~ trübes Wetter

morosité *f* Mißmut *m*, Verdrossenheit *f*, Verdrießlichkeit *f*; Unlust *f*

morphine *f* Morphium *n*

morphopsychologie *f* Gestaltpsychologie *f*

mors *m* Gebiß *n*; Kandare *f prendre le* ~ *aux dents* durch=gehen, scheuen; *(fig)* in Harnisch *m* geraten, sich ereifern

morse *m* **1** Walroß *n* **2** Morsetelegrafie *f envoyer en* ~ morsen

morsure *f* Biß *m*, Bißwunde *f*

mort 1 tot, gestorben, verstorben; *(fig)* ~ *de fatigue* todmüde; ~ *de froid* halbtot vor Kälte **2** *(fam) les piles sont* ~*es de* Batterien sind alle; → *mourir* ◆ *f* Tod *m lit de* ~ Totenbett *n*; *peine de* ~ Todesstrafe *f*; *(fig)* ~ *de l'industrie textile* Sterben *n* der Textilindustrie; *la* ~ *dans l'âme* zu Tode betrübt, todtraurig, tieftraurig ◆ *m faire le* ~ sich nicht rühren, nichts von sich hören lassen; *(fam) la place du* ~ *(non fam)* Beifahrersitz *m* ◆ *m* -*e f* Tote/r

mortalité *f* Sterblichkeit *f*

mort-aux-rats *f* Rattengift *n*

mortel, -le 1 tödlich; *(fig)* sterbenslangweilig, stinklangweilig **2** *nous sommes tous* ~*s* wir sind alle sterblich **3** *ennemi* ~ Todfeind *m* **4** *péché* ~ Todsünde *f* ◆ *m f* Sterbliche/r

morte-saison *f* Geschäftsflaute *f*, *(fam)* Saeuergurkenzeit *f*

mortier *f* **1** *(matière)* Mörtel *m* **2** *(objet)* Mörser *m*

mortifier (seinen Körper) ab=töten; *(fig)* zu Tode kränken

mort-né totgeboren

mortuaire Toten-, Sterbe- *couronne* ~ Grabkranz *m*

morue *f* Kabeljau *m*; *(vulg)* Hure *f*

morve *m (fam)* Rotz *m*, Rotze *f*

mosquée *f* Moschee *f*

mot *m* **1** Wort *n* ~*s croisés* Kreuzworträtsel *n*; *jeu de* ~*s* Wortspiel *n*; ~ *à* ~ (wort)wörtlich; *(fig) écrire un* ~ *à qqn* jm einige Zeilen/kurz schreiben; *laisser un* ~ *sur la table* einen Zettel auf dem Tisch lassen **2** Ausspruch *m*; *un* ~ *d'esprit* eine geistreiche/witzige Bemerkung; *un gros* ~ ein Schimpfwort; *(fig) au bas* ~ mindestens, wenigstens; *le fin* ~ *de l'histoire* der wahre/eigentliche Sachverhalt; ~ *d'ordre* Anweisung *f*, Aufforderung *f*; Verhaltensmaßregel *f* **3** *chercher ses* ~*s* nach Worten suchen; *ne pas souffler* ~ *de qch* kein Wort von etw verlauten lassen; keinen Laut von sich geben; *(fig) avoir des* ~*s avec qqn* sich mit jm zanken/auseinander=setzen; *avoir son* ~ *à dire* ein Wörtchen mitzureden haben; *se donner le* ~ sich miteinander ab=sprechen; *toucher un* ~ *de qch à qqn* jm gegenüber ein Wort über etw (A) fallen lassen

motard *m* Motorradfahrer *m*

moteur *m* Motor *m* ~ *à réaction* Düsenantriebsmotor *m*

moteur, -trice motorisch, Bewegungs-; *handicapé* ~ motorisch Gestörte/r; *roues motrices* Antriebsräder *npl*; *(fig) avoir un rôle* ~ die treibende Kraft sein

motif *m* **1** Motiv *n*, Muster *n* **2** Anlaß *m*, Grund *m sans* ~ grundlos

motion *f* Antrag *m*

motivation *f* Motivation *f quelles sont vos* ~*s?* was sind Ihre Beweggründe? *mpl*

motiver 1 ~ *qqn* jn motivieren **2** *ce qui motive ma visite* der Grund für meinen Besuch ist/liegt (in), was meinen Besuch veranlaßt

moto *f* Motorrad *n*

motrice *f* Triebwagen *m*

motte *f* Klumpen *m* ~ *de terre* Scholle *f*, Erdklumpen *m*; *beurre à la* ~ Butter vom Stück *n*

mou/molle weich; *(fig) se sentir* ~ sich flau/schlapp/schwach fühlen; *une molle résistance* matter/schwacher Widerstand; *(personne)* willenlos

mou *m* **1** *donner du* ~ *à une corde* ein Seil lockern/locker=lassen **2** Lunge *f* ; *(fig/fam) rentrer dans le* ~ *à qqn* jn an=pöbeln

mouchard *m* -*e f (fam)* Spitzel *m*

moucharder verpfeifen
mouche f 1 Fliege f; (fig) fine ~ pfiffig, listig, durchtrieben; *pattes de* ~ klitzekleine Handschrift f; *prendre la* ~ (gleich) auf=brausen, (fam) hoch=gehen; *quelle* ~ *t'a piqué?* welche Laus ist dir über die Leber gelaufen? 2 Schönheitspflästerchen n 3 *faire* ~ berühren; (fig) ins Schwarze treffen
moucher (se) sich (D) die Nase putzen/schneuzen
moucheté gesprenkelt, getüpfelt
mouchoir m Taschentuch n; (fig/fam) *grand comme un* ~ *de poche* klitzeklein
moudre mahlen
moue f Flunsch m, schiefes Gesicht n; *faire la* ~ einen Flunsch m ziehen, schmollen
mouette f Möwe f
moufle f Fäustling f, Fausthandschuh m
moufter (fam) mucksen, murren
mouillage m : *être au* ~ vor Anker/auf Reede liegen
mouillé naß, feucht
mouiller vor Anker gehen ♦ naß=machen, an=feuchten, befeuchten; (fig/fam) ~ *qqn dans une affaire* jn in eine Affäre verwickeln/mit herein=ziehen ♦ *se* ~ sich naß machen; (fig/fam) seinen Ruf aufs Spiel setzen, sich kompromittieren
moulage m 1 Abguß m 2 Gießen n
moulant enganliegend
moule m Form f
moule f (Mies)muschel f
mouler gießen; (fig) sich eng an den Körper an=schmiegen, den Körper zur Geltung bringen
moulin m 1 Mühle f; (fig) *apporter de l'eau au* ~ *de qqn* Wasser auf js Mühlen gießen; *on entre ici comme dans un* ~ das ist der reinste Taubenschlag m 2 ~ *à café* Kaffeemühle f; (fig) ~ *à paroles* (fam) Plappermaul n, Plappertasche f
moult : ~ *détails* viele Einzelheiten
moulure f Zierleiste f; Gesims n; Stuck m
moumoute f (fam) Joppe f
mourir 1 sterben ~ *de maladie* an einer Krankheit sterben; (fig) ~ *de honte* sich zu Tode schämen; *c'est à* ~ *de rire* das ist zum Totlachen; (plante) ein=gehen. 2 unter=gehen, aus=sterben; (feu) verlöschen ♦ *se* ~ im Sterben liegen; (fig) vergehen, verlöschen
mouroir m (péj) Sterbeasyl n
mousquetaire m Musketier m
moussant : *bain* ~ Schaumbad n
mousse m Schiffsjunge m
mousse f 1 Schaum m *faire de la* ~ schäumen 2 ~ *à raser* Rasierschaum m 3 Cremespeise f ~ *d'oie* Gänseleberwurst f 4 Schaumgummi m, Schaumstoff m 5 *point* ~ Rechtsmuster n 6 Moos n
mousser schäumen; perlen ♦ (fam) *se faire* ~ sich heraus=streichen
mousseux, -euse schäumend, perlend; (fig) *une laine mousseuse* flauschige/bauschige Wolle ♦ m (vin) Schaumwein m
mousson f Monsun m
moustache f (homme) Schnurrbart m, Schnauzer m; (animal) Schnurrhaare npl
moustiquaire f Mückenschutz m, Moskitonetz n
moustique m (Stech)mücke f, Schnake f; Moskito m; (fig/fam) Würmchen n
moutarde f Senf m, Mostrich m
mouton m 1 Schaf m, Hammel m; (fig) *revenons à nos* ~s kommen wir wieder zur Sache/auf unser Thema (zurück) 2 Hammelfleisch n *veste en* ~ *retourné* Schaffelljacke f
mouture f 1 Mahlen n; *de fine* ~ fein gemahlen 2 *la seconde* ~ *est meilleure* die zweite Fassung f ist besser 3 *c'est de la même* ~ das ist der gleiche Aufguß
mouvance f : (fig) ~ *de gauche* linke Bewegung f
mouvant beweglich; bewegend; wogend; *sables* ~s Treibsand m; (fig) sich ständig wandelnd
mouvement m 1 Bewegung f; (fam) *en deux temps, trois* ~s blitzschnell, im Handumdrehen n, im Nu, in Null Komma nichts 2 Schwingung f ~ *d'une pendule* Pendelbewegung f; (tech) Uhrwerk n 3 ~ *d'idées* geistige Bewegung 4 ~ *d'humeur* Gefühlsregung f, Laune f; *dans un* ~ *de colère* in einem Anfall von Zorn 5 (mus) Tempo n; *le premier* ~ der erste Satz 6 ~ *de terrain* Bodenwelle f
mouvementé : *une soirée* ~e ein ereignisreicher Abend; *une discussion* ~e eine stürmische/erregte Diskussion
mouvoir : *être mû par l'intérêt* von Eigennutz (an)getrieben sein ♦ *se* ~ sich bewegen/regen
moyen m 1 Mittel n; *au* ~ *de* mittels (G), mit Hilfe (G), vermittels (G); *employer les grands* ~s zum äußersten/letzten Mittel greifen; (fig) *il n'y a pas* ~ *de le voir* es ist einfach nicht möglich/unmöglich/es besteht keine Möglichkeit/ihn zu sehen; *comment as-tu trouvé le* ~ *de faire une bêtise pareille?* wie konntest du nur so eine Riesendummheit begehen?; (loc) *la fin justifie les* ~s der Zweck heiligt die Mittel 2 *avoir de gros* ~s begütert/wohlhabend sein; *vivre selon ses* ~s seinen finanziellen Möglichkeiten entsprechend leben 3 ~ *de transport* Transportmittel n 4 *être en possession de tous ses* ~s im Besitz aller seiner (geistigen) Fähigkeiten sein; *perdre tous ses* ~s völlig gelähmt sein

moyen, -ne

moyen, -ne 1 mittelmäßig, Mittel-, durchschnittlich; *à ~ terme* mittelfristig; *de taille ~ne* mittelgroß; *(sp) poids ~* Mittelgewicht n 2 Durchschnitts- *le Français ~* der Durchschnittsfranzose m
Moyen-Age m Mittelalter n
moyennant für, gegen
moyenne f Durchschnitt m, Mittelwert m *en ~* durchschnittlich; *au-dessus de la ~* überdurchschnittlich; *(auto) rouler à 100 km/h de ~* im Durchschnitt 100 Stundenkilometer fahren; *(ens)* Durchschnitt
M.S.T. f = **maladie sexuellement transmissible** Geschlechtskrankheit f
mue f 1 *(serpent)* Häutung f; *(oiseaux)* Mauserung f; *(chats)* Haaren n 2 *(garçon)* Stimmbruch m
muer 1 *(serpent)* sich häuten; *(oiseaux)* sich mausern, in der Mauser sein; *(chats)* sich haaren 2 *(garçon)* im Stimmbruch sein ◆ *se ~ (en)* sich verwandeln in (A)
muet, -te 1 stumm; *(fig) rester ~* kein Wort heraus=bringen, verstummen; *(fig) un désespoir ~* stille Verzweiflung; *~ d'admiration* sprachlos vor Bewunderung; *être ~ au sujet de qch* über etw (A) schweigen 2 *cinéma ~* Stummfilm m
mufle m 1 Schnauze f, Maul n, Muffel m 2 *(péj)* Flegel m, Rüpel m, Muffel m
muflerie f Flegelei f, Rüpelei f
mugir muhen, brüllen; *(vent)* heulen; *(mer)* brausen, tosen
muguet m Maiglöckchen n
mulâtre m f Mulatte m, Mulattin f
mule f 1 Mauleselin f; *(fig/fam) tête de ~* Dickkopf m 2 Slipper m
mulet m Maultier n
multicolore mehrfarbig, vielfarbig
multinational multinational ◆ *-e* f multinationales Unternehmen n, *(fam)* Multi m
multipartisme m Mehrparteiensystem n
multiple mehrfach, vielfach; zahlreich; mannigfaltig, verschiedenartig, vielfältig; *à ~s reprises* mehrmals, mehrfach, wiederholt
multiplex : *liaison (en) ~* Konferenzschaltung f
multiplication f *(math)* Multiplikation f; *(bio) ~ cellulaire* Zellvermehrung f; *(fig)* Anwachsen n, Zunahme f
multiplier : *(math) ~ par deux* mit zwei multiplizieren; *(fig) ~ les tentatives* wiederholt versuchen ◆ *se ~* sich vermehren/fort=pflanzen; *(fig)* sich häufen
multirisque : *assurance ~* kombinierte Versicherung
multitude f Vielzahl f, Menge f
municipal, -aux Gemeinde-; *élections ~es* Kommunalwahlen fpl
municipalité f Gemeinde f; Stadt f
munir (se) (de) sich versehen/aus=statten (mit)

munitions fpl Munition f
mur m 1 Mauer f; *(fig) franchir le ~ du son* die Schallmauer f durch=brechen; *(ski)* Steilhang m 2 *(intérieur)* Wand f ; *(fig) être au pied du ~* mit dem Rücken zur Wand stehen; *se taper la tête contre les ~s* die Wände hoch=gehen; *(fam) faire le ~* ab=hauen 3 *~ d'escalade* Kletterwand f
mûr reif; *(fig) âge ~* reifes/gesetztes Alter; *après ~e réflexion* nach reiflicher Überlegung; *la décision n'est pas encore ~e* die Entscheidung ist noch nicht spruchreif/fällig
muraille f Mauer f *la ~ de Chine* die Große Mauer
mûre f Brombeere f
murer vermauern, zu=mauern ◆ *(fig) se ~ dans le silence* sich hinter seinem Schweigen verschanzen
mûrir reifen; *(fig)* reif(er) werden ◆ *(fig) ~ un projet* ein Projekt heran=reifen lassen
murmure m Murmeln n, Gemurmel n
murmurer murmeln; *(fig)* plätschern
musarder herum=trödeln, (ver)trödeln; vergeuden
muscle m Muskel m
musclé muskulös; *(fig) une discipline ~e* eine strenge/rigorose Disziplin; *une politique ~e* eine energische Politik, eine Politik der starken Hand
muscler (se) die Muskeln stärken
musculation f Muskeltraining n
museau m Schnauze f, Maul n; *(porc)* Rüssel m
musée m Museum n
museler : *(fig) ~ la presse* die Presse mundtot machen
muselière f Maulkorb m
musical, -aux 1 musikalisch, Musik-; *comédie ~e* Musical n 2 *voix ~e* klangvolle/melodische Stimme
music-hall [mysikol] m 1 Varietévorstellung f 2 *(lieu)* Varieté n
musicien m **-ne** f MusikerIn m f
musicologie f Musikwissenschaft f
musique f Musik f *~ légère* Unterhaltungsmusik f; *~ de chambre* Kammermusik f; *connaître la ~* das Lied kennen
musulman moslemisch, mohammedanisch; *religion ~e* islamische Religion ◆ *m* **-e** *f* MoslemIn m f
mutation f 1 Mutation f 2 *(travail)* Versetzung f 3 *(jur) droits de ~* Schenkungssteuer f
muter : *~ qqn* jn versetzen
mutiler verstümmeln; entstellen, verunstalten
mutin keck, schalkhaft ◆ m Meuterer m, Aufrührer m
mutiner (se) meutern
mutinerie f Meuterei f, Aufruhr f

mutisme *m* Schweigen *n* *s'enfermer dans le ~* hartnäckig schweigen
mutuel, -le gegenseitig, wechselseitig; *(jur) par consentement ~* in gegenseitigem Einvernehmen *n* ♦ *f* Ersatzkasse *f*
mycologie *f* Pilzkunde *f*
myope kurzsichtig
myosotis *m* Vergißmeinnicht *n*
myriade *f* Myriade *f*, Unzahl *f*
myrtille *f* Heidelbeere *f*
mystère *m* Rätsel *n*, Geheimnis *n*; *faire ~ de qch* aus etw ein Geheimnis machen
mystérieux, -euse geheimnisvoll; rätselhaft
mysticisme *m* Mystik *f*; Mystizismus *m*
mystificateur *m* **-trice** *f* SchwindlerIn *m f*
mystification *f* Täuschung *f*, Irreführung *f*, Schwindel *m*
mystifier täuschen, irre=führen
mystique mystisch ♦ *m f* MystikerIn *m f*
mythe *m* Mythos *m*; *(fig) le ~ du progrès* Fortschrittsgläubigkeit *f*
mythique mythisch
mythologique mythologisch

N

nabot *m* Knirps *m*
nacelle *f* Nachen *m*, Kahn *m*; *(tech)* Fahrkorb *m*
nacre *f* Perlmutter *f*, Perlmutt *n*
nacré perlmuttartig, perlmuttern
nage *f* 1 Schwimmen *n* 2 *en ~* schweißgebadet 3 *écrevisses à la ~* gekochte Krebse
nageoire *f* Flosse *f*
nager schwimmen; *(fig/fam) ~ dans un vêtement* in einem Kleidungsstück ersaufen
nageur *m* **-euse** *f* SchwimmerIn *m f*; *maître ~* Bademeister *m*; Schwimmlehrer *m*
naguère damals
naïade *f* (Wasser)nymphe *f*
naïf, -ïve naiv ♦ *m f* Naivling *m*, *(fig)* blauäugiger Mensch *m*
naissance *f* 1 Geburt *f donner ~ à* gebären, das Leben schenken; *(fig)* verursachen, ins Leben rufen 2 *(fig)* Entstehung *f* 3 *à la ~ des seins* am Brustansatz *m*
naître 1 geboren werden, auf die Welt kommen 2 *(fig)* entstehen ♦ *faire ~* entstehen/auf=kommen lassen
naïveté *f* 1 Naivität *f* 2 *dire des ~s* naives Zeug *n* reden
naja *m* Kobra *f*
nana *f (fam)* Kleine *f*, Puppe *f*, *(non fam)* Mädchen *n*
nanti wohlhabend
nantir (se) : *se ~ de qch* sich mit etw versorgen/ein=decken/versehen
napoléon *m* Napoleondor *m*
nappage *m* Überzug *m*
nappe *f* 1 Tischdecke *f* 2 Schicht *f*, Fläche *f*, Decke *f* *~ d'eau* Wasserfläche *f*; *~ de pétrole* Erdölschicht *f*; *~ de brouillard* Nebelschwaden *m*, Nebeldecke *f*
napper überziehen
napperon *m* Deckchen *n*

narcisse *m* Narzisse *f*
narcissique narzißtisch
narcodollars *mpl* Drogengeld *n*
narcotique *m* Narkotikum *n*, Betäubungsmittel *n*
narguer trotzen (**D**), verhöhnen
narine *f* Nasenloch *n*
narquois schelmisch, schalkhaft; spöttisch; ironisch
narrateur *m* **-trice** *f* ErzählerIn *m f*
narration *f* Erzählung *f*; Bericht *m*
narrer erzählen; berichten; dar=stellen
nasal, -aux Nasen- *fosses ~es* Nasenhöhle *f* ♦ *~e f* Nasal(laut) *m*
naseau, -x Nüster *f*, Nasenloch *n*
nasillard näselnd
nasse *f* Reuse *f*
natal Geburts-, Heimat- *pays ~* Geburtsland *n*, Heimat *f*
nataliste : *politique ~* geburtenfördernde/geburtenfreundliche Politik
natalité *f* Geburtenhäufigkeit *f taux de ~* Geburtenziffer *f*, Geburtenzahl *f*
natation *f* Schwimmen *n*
natif, -ive : *être ~ de Marseille* aus Marseille gebürtig sein
nation *f* Nation *f*
national, -aux national, National- *fête ~e* Nationalfeiertag *m*, Staatsfeiertag *m*; *route ~e* Nationalstraße *f*; *(Allemagne)* Bundesstraße *f*
nationalisation *f* Verstaatlichung *f*, Nationalisierung *f*
nationaliste *m f* NationalistIn *m f*
nationalité *f* Nationalität *f*, Staatsangehörigkeit *f*
national-socialiste nationalsozialistisch ♦ *m f* NationalsozialistIn *m f*
nationaux *mpl* Staatsangehörige/r
Nativité *f* Geburt *f* Christi
natte *f* 1 (Haar)flechte *f* 2 Matte *f*

natter flechten
naturaliser 1 ein=bürgern 2 *(animal)* aus=stopfen ♦ *se faire ~* sich ein=bürgern lassen, die Staatsbürgerschaft erwerben
nature 1 *omelette ~* (einfaches) Rührei 2 *être très ~* sehr natürlich sein ♦ *f* 1 Natur *f en pleine ~* mitten in der Natur; *(fig) contre ~* widernatürlich 2 Wesen *n*, Art *f* 3 Art *f être de ~ à* dazu angetan/geeignet/sein, daß 4 *(art) ~ morte* Stilleben *n* 5 *payer en ~* in Naturalien *fpl* bezahlen
naturel, -le 1 natürlich, Natur- *gaz ~* Erdgas *m*, Naturgas *n* 2 *c'est tout ~ !* das versteht sich von selbst!, das ist selbstverständlich! 3 *enfant ~* uneheliches Kind ♦ *m* 1 Wesen *n un ~ irascible* ein jähzorniges Wesen 2 Natürlichkeit *f*, Ungezwungenheit *f*; *manquer de ~* unnatürlich sein
naturellement 1 von Natur aus, seiner Natur nach 2 *s'expliquer ~* sich natürlich/einfach/auf natürliche Weise erklären 3 *~!* natürlich!
naturisme *m* Freikörperkultur *(FKK) f*
naturiste *m f* AnhängerIn *m f* der Freikörperkultur
naufrage *m* Schiffbruch *m faire ~* Schiffbruch erleiden, unter=gehen; *(fig)* Untergang *m*
naufragé *m* **-e** *f* Schiffbrüchige/r
nauséabond übelriechend, ekelhaft
nausée *f* Übelkeit *f*, Brechreiz *m j'ai la ~* mir ist schlecht/übel; *(fig) tu me donnes la ~* du ekelst/widerst mich an
nautique Wasser-, nautisch *salon ~* Schiffsausstellung *f*; *ski ~* Wasserski *m*
naval Schiffs- *construction ~e* Schiffsbau *m*; *école ~* Marineakademie *f*
navet *m* (gelbe) Rübe *f*; *(fig/fam)* Schmarren *m*, Schinken *m*
navette *f* 1 *(tech)* (Weber)schiffchen *n*; *(fig)* faire la ~ *entre Paris et Strasbourg* zwischen Paris und Strasbourg (hin- und her)=pendeln 2 Pendelbus *m*, *(fam)* Pendler *m* 3 ~ *spatiale* Raumschiff *n*
navigable schiffbar
navigant : *personnel ~* Flugpersonal *n*
navigateur *m* **-trice** *f* 1 Seefahrer *m* 2 NavigatorIn *m f*
navigation *f* Schiffahrt *f ~ aérienne* Luftfahrt *f*; Flugnavigation *f*
naviguer (zur See) fahren
navire *m* Schiff *n*
navrant bedauerlich, betrüblich, beklagenswert
navrer (sehr) betrüben
nazi Nazi-, nazistisch ♦ *m f* Nazi *m f*
ne/n' : *je ne veux pas* ich will nicht; *je n'ai pas de chance* ich habe kein Glück; *je n'ai que cela* ich habe nur das; *je crains qu'il ne vienne* ich habe Angst, daß er kommt

né → **naître**
néanmoins (je)doch, dennoch; nichtsdestoweniger
néant *m* Nichts *n*, Leere *f*
nécessaire 1 notwendig, nötig, erforderlich 2 *conséquence ~* unabwendbare/unvermeidliche Konsequenz ♦ *m* 1 *le strict ~* das unbedingt Notwendige 2 *un ~ de couture* ein Nähzeug *n*
nécessairement auf jeden/in jedem Fall, notgedrungenermaßen
nécessité *f* Notwendigkeit *f*; *un objet de première ~* ein unentbehrlicher/lebensnotwendiger Gegenstand
nécessiter erfordern, nötig/erforderlich machen
nécessiteux, -euse bedürftig, notleidend
nec plus ultra *m* Nonplusultra *n*
nécrologique : *rubrique ~* (Rubrik der) Todesanzeigen *fpl*
nécromancie *f* Totenbeschwörung *f*, Geisterbeschwörung *f*
nécrophage aasfressend
nécrose *f* Nekrose *f*, Zellsterben *n*
nécroser (se) ab=sterben
nectar *m* Nektar *m*
nef *f* (Kirchen)schiff *n*
néfaste verhängnisvoll, unheilvoll, unselig, Unglücks-
négatif, -ive verneinend, negativ; *réponse négative* ablehnende Antwort, Absage *f*; *(fig)* negativ; *(phys) pôle ~* Minuspol *m* ♦ *m (photo)* Negativ *n* ♦ *f répondre par la négative* verneinen; ab=lehnen
négation *f* Verneinung *f*; *(gram)* Negation *f*
négligé nachlässig; vernachlässigt
négligeable unerheblich, belanglos, unwesentlich, unwichtig, unbedeutend
négligemment *(fig)* in nachlässiger Weise, lässig
négligence *f* 1 Nachlässigkeit *f*, Unachtsamkeit *f*, mangelnde Sorgfalt *f* 2 *quelques ~s* einige Mängel *mpl*
négligent nachlässig; fahrlässig; unachtsam
négliger 1 *~ qqn/qch* jn/etw vernachlässigen 2 *~ de faire qch* versäumen/es unterlassen, etw zu tun ♦ *se ~* sein Äußeres vernachlässigen
négoce *m* Handel *m*
négociable umsetzbar, übertragbar
négociant *m* (Groß)händler *m*
négociation *f* 1 Verhandlung *f* 2 Aushandlung *f*
négocier 1 *~ un contrat* einen Vertrag aus=handeln 2 *~ un virage* eine Kurve voll aus=fahren ♦ verhandeln
nègre *m (fam)* Lohnschreiber *m*, Ghostwriter ♦ **-sse** *f (péj)* NegerIn *m f*

négrier m Sklavenhändler m; (fig) Ausbeuter m, Sklavenhalter m

neige f 1 Schnee m; (fig) *blanc comme* ~ mit weißer Weste 2 ~ *carbonique* Kohlensäureschnee m 3 (cuis) *monter des blancs en* ~ Eiweiß (zu Schnee) schlagen

neiger schneien *il neige* es schneit

neigeux, -euse : *un temps* ~ zu Schneefall neigendes Wetter

nénuphar m Seerose f

néolithique m Jungsteinzeit f

néologisme m Neologismus m

néon m 1 Neon n 2 Neonröhre f

néophyte m f (fig) Neuling m

néphrétique : *coliques* ~s Nierenkoliken fpl

népotisme m Vetternwirtschaft f

nerf m 1 Nerv m; (fig) *le* ~ *de la guerre* Haupttriebfeder f; (fig/fam) *du* ~ ! streng dich mal an!, mach mal! *passer ses* ~s *sur qqn* sich an jm auslassen; *cela me tape sur les* ~s das geht/fällt mir auf die Nerven 2 ~ *de bœuf* Ochsenziemer m

nerveux, -euse 1 Nerven- *système* ~ Nervensystem n 2 nervös *être* ~ gereizt/ nervös/genervt sein; (fig) *moteur* ~ spritziger Motor

nervi m Handlanger m

nervosité f Nervosität f

nervure f (bot) (Blatt)ader f, (Blatt)nerv m; (archi) Rippe f

n'est-ce pas : ~ ? nicht (wahr)?

net, -te 1 sauber, rein 2 klar, deutlich; *clair et* ~ klar und bündig; (fig) *en avoir le cœur* ~ ganz sicher sein, die Gewißheit haben; (fam) *ne pas être* ~ nicht ganz richtig/klar (im Kopf) sein; nicht ganz astrein sein 3 *bénéfice* ~ Nettogewinn m ◆ 1 *s'arrêter* ~ mit einem Mal(e) anhalten 2 *dire qch tout* ~ *à qqn* etw ohne Umschweife/geradeheraus/unmißverständlich sagen

nettement eindeutig, klar und deutlich; unbestritten, offenkundig

nettoyage m Reinigen n, Säubern n; *entreprise de* ~ (Gebäude)reinigungsfirma f; *faire du* ~ sauber=machen; (fam) *faire le* ~ *par le vide* aus=misten; (vêtements) ~ *à sec* (chemische) Reinigung f

nettoyant m Reinigungsmittel n

nettoyer reinigen, sauber=machen; (fig/ fam) ~ *un quartier* ein Viertel säubern

neuf neun

neuf, -euve neu *état* ~ Neuzustand m; (fam) *quoi de neuf?* was gibt's Neues?

neurasthénique neurasthenisch, nervenschwach

neuroleptique m Neuraleptikum n

neurologique neurologisch, Nerven-

neurone m Neuron n

neutraliser neutralisieren; (fig) neutralisieren, aus=schalten, unschädlich machen

neutralité f Neutralität f; (fig) Neutralität f, Unparteilichkeit f

neutre 1 (pol) neutral; (fig) *rester* ~ neutral/unparteiisch bleiben, sich nicht ein=mischen 2 *une couleur* ~ eine neutrale Farbe; *une voix* ~ eine unbeteiligte/ leidenschaftslose Stimme 3 (chim/phys) neutral ◆ m (gram) Neutrum n

neutron m Neutron n

névé m Firn(schnee) m

neveu m -x Neffe m

névralgie f Neuralgie f, Nervenschmerz m

névralgique neuralgisch

névrose f Neurose f

névrosé m -e f NeurotikerIn m f

nez m 1 Nase f; (fig) *avoir du* ~ eine feine/gute/richtige (Spür)nase haben; *passer sous le* ~ durch die Lappen mpl gehen; *se trouver* ~ *à* ~ *avec qqn* jm plötzlich gegenüber=stehen; *rire au* ~ *de qqn* jm ins Gesicht lachen; (fig/fam) *faire un pied de* ~ *à qqn* jm eine lange Nase machen; *à vue de* ~ auf Nasenlänge; *mener qqn par le bout du* ~ jn an der Nase herum=führen; *la moutarde me monte au* ~ mir schwillt der Kamm m 2 Spitze f, Bug m, Nase

ni : *il n'est* ~ *bon* ~ *mauvais* er ist weder gut noch schlecht; *je ne comprends* ~ *ne peux accepter* ich verstehe nicht und kann nicht an=nehmen

niais einfältig; albern

niaiserie f 1 Einfalt f 2 *dire des* ~s Albernheiten fpl sagen

niche f 1 Nische f 2 (chien) Hundehütte f

nichée f (oiseaux) Brut f

nicher nisten ◆ (fig) *se* ~ sich verklemmen

nickel m Nickel n ◆ (fam) *c'est* ~ ! das ist wie geleckt!/tipp topp!

nicotine f Nikotin n

nid m Nest n; (fig) ~ *de poule* Schlagloch n; ~ *à poussière* Staubecke f; *en* ~ *d'abeilles* mit Waffelmuster n

nidation f Einnistung f, Nidation f

nidification f Nestbau m

nièce f Nichte f

nier : ~ *un fait* eine Tatsache leugnen/ bestreiten; ~ *avoir fait qch* leugnen/ab=streiten, etw getan zu haben

nigaud einfältig, albern

nihiliste m f NihilistIn m f

nimber : ~ *de lumière* mit Licht um=fluten

nippon japanisch

nirvâna m Nirvana n

nitrate m Nitrat n

nitrique : *acide* ~ Salpetersäure f

niveau m -x 1 Niveau n, Höhe f *le* ~ *de l'eau a monté* der Wasserstand m ist

niveler 578

gestiegen; *(fig)* ~ *de vie* Lebensniveau *n*, Lebensstandard *m* **2** *au deuxième ~ du bâtiment* in der zweiten Etage *f* des Gebäudes; *(fig)* Ebene *f*, Stufe *f les ~x de la hiérarchie* die Stufen *fpl* der Hierarchie; *~s de langue* Sprachebenen *fpl*; *au ~ de la commune* auf Gemeindeebene *f*; *(géo) courbe de ~* Höhen(schicht)linie *f* **3** *(tech) ~ à bulle* Wasserwaage *f*
niveler ein=ebnen; *(fig)* an=gleichen, gleich=machen
nivellement *m* Nivellieren *n*, Nivellierung *f*; *(fig)* Angleichen *n ~ des classes sociales* Ausgleichen *n* der Klassenunterschiede
nobiliaire : *titre ~* Adelstitel *m*
noble 1 adlig **2** *un ~ sentiment* ein edles/erhabenes Gefühl; *un port ~* würdevolle/hoheitsvolle Haltung; *(fig) une matière ~* edles Material ♦ *m f* Adlige/r
noblesse *f* **1** Adel *m ~ de robe* Amtsadel *m* **2** Würde *f*, Erhabenheit *f*
noce *f* Hochzeit *f*; *~s d'argent* Silberhochzeit *f*; *en secondes ~s* in zweiter Ehe *f*; *(fam) faire la ~* feste feiern, in Saus und Braus leben
noceur *m* -**euse** *f (fam)* Zecher *m*, *(non fam)* Lebemann *m*, Lebedame *f*
nocif, -ive schädlich
noctambule *m f* NachtschwärmerIn *m f*
nocturne 1 *oiseau ~* Nachtvogel *m* **2** *tapage ~* nächtliche Ruhestörung ♦ *f/m jouer en ~* bei Flutlicht *n* spielen; *magasin ouvert en ~* Geschäft mit verlängerter Öffnungszeit *f*
nodule *m* Knötchen *n*
Noël *m* Weihnachten *n à ~* zu Weihnachten; *joyeux ~ !* fröhliche/frohe Weihnachten !
nœud *m* **1** Knoten *m*; *(fig) le ~ du problème* der springende Punkt *m* des Problems, *(fam)* der Haken *m* bei der Geschichte; *(fam) un sac de ~s* eine verwickelte Geschichte **2** Schleife *f ~ papillon* Fliege *f* **3** *~ ferroviaire* Eisenbahnknoten(punkt) *m* **4** *(mar)* Knoten (kn) *m*
noir 1 schwarz *raisin ~* dunkle (Wein)trauben; *il fait nuit ~e* es ist stockdunkel/stockfinster; *(fig) des idées ~es* finstere Gedanken; *un roman ~* Schauerroman *m*, Gruselroman *m*; *lancer un regard ~* finstere Blicke werfen; *(fam) être complètement ~* völlig blau/sternhagelvoll sein **2** *caisse ~e* Geheimkasse *f*; *marché ~* Schwarzmarkt *m* **3** *l'Afrique ~e* Schwarzafrika *n* ♦ *m* **1** Schwarz *n a voir peur du ~* im Dunkeln *n*/Finstern *n*/in/ vor der Dunkelheit *f* Angst haben; *(fig) broyer du ~* Trübsal blasen, Grillen fangen **2** *travail au ~* Schwarzarbeit *f*
noircir schwarz machen, (an)=streichen, färben; *(fig) ~ la situation* die Situation in düsteren/dunklen Farben schildern

noisetier *m* Hasel(nuß)strauch *m*
noisette *f* Haselnuß *f*; *(fig) une ~ de beurre* ein haselnußgroßes Stück Butter ♦ haselnußbraun
noix *f* **1** (Wal)nuß *f ~ de coco* Kokosnuß *f* **2** *~ de veau* Kalbsnuß *f*
nom *m* **1** Name *m ~ de famille* Familienname *m*, Nachname *m*, Zuname *m*; *(fig) appeler les choses par leur ~* die Dinge/das Kind beim Namen nennen **2** *au ~ de* im Namen (G)
nomade Nomaden- ♦ *m f* Nomade *m*, Nomadin *f*
nombre *m* **1** Zahl *f* **2** Anzahl *f le ~ d'habitants* die Einwohnerzahl *f*; *au ~ de trois* zu dritt; *des efforts sans ~* zahlreiche/unzählige Versuche; *arriver en ~* zahlreich/in Massen *fpl* an=kommen; *compter au ~ des sommités* zu den Prominenten zählen; *être du ~* dazu zählen/gehören, darunter sein; *être supérieur en ~* zahlenmäßig überlegen sein; *succomber sous le ~* der Übermacht *f* unterliegen **3** *(gram)* Numerus *m*
nombreux, -euse 1 zahlreich *famille nombreuse* kinderreiche Familie; *le groupe est ~* die Gruppe ist zahlenmäßig stark **2** viel, zahlreich *de nombreuses fois* viele Male
nombril *m* Bauchnabel *m*; *(fig/fam) se regarder le ~* Nabelschau *f* halten
nomenclature *f* Nomenklatur *f*
nominal, -aux 1 *valeur ~e* Nennwert *m* **2** *(gram) groupe ~* Nominalgruppe *f*
nominatif, -ive Namens- ♦ *m (gram)* Nominativ *m*
nomination *f* : *~ à un poste* Nominierung *f*/Berufung *f* auf einen Posten
nommé : *à point ~* gerade recht, wie gerufen, sehr gelegen
nommer 1 nennen, benennen **2** *~ qqn directeur* jn zum Direktor ernennen ♦ **1** *comment se nomme-t-il ?* wie heißt er ? **2** *nommez-vous !* sagen Sie Ihren Namen !
non 1 *~ !* nein ! **2** *ce n'est pas fini, ~ ?* es ist wohl noch nicht zu Ende ?; *(fam) ah ça ~ !* (das) ganz bestimmt nicht ! ♦ **1** *il veut simplement te parler, ~ te blesser* er will nur mit dir reden und dich nicht verletzen **2** *~ plus* auch nicht; *~ sans regret* nicht ohne Bedauern **3** *~ pas qu'il soit méchant* nicht, daß er böse wäre ♦ *~ vérifiable* nicht überprüfbar ♦ *m* Nein *n*; *(fig) pour un oui ou pour un ~* für nichts und wieder nichts
nonagénaire *m f* Neunzigjährige/r
non-agression *f* : *pacte de ~* Nichtangriffspakt *m*
non-aligné : *états ~s* paktfreie/bündnisfreie Staaten
non-assistance *f* : *~ à personne en danger* unterlassene Hilfeleistung *f*

nonce m Nuntius m
nonchalance f Lässigkeit, f, Nonchalance f
nonchalant nonchalant; gelassen; lässig
non-lieu m : *prononcer un ~* die Einstellung f des Strafverfahrens verfügen
nonne f Nonne f
non-recevoir m : *une fin de ~* strikte Ablehnung f, Abweisung f
non-sens m Unsinn m, Sinnlosigkeit f, Nonsens m
non-violence f Gewaltlosigkeit f
non-voyant blind
nord/Nord (N) m 1 Nord(en) (N) m; *au ~ de Paris* nördlich von/im Norden von Paris; *(fig/fam) perdre le ~* den Kopf m verlieren 2 *le Nord de la France* Nordfrankreich m
nord-africain nordafrikanisch ◆ m -e f NordafrikanerIn m f
nord-est (N.-E.) m Nordost(en) (NE) m
nordique nordisch
nordiste m *(histoire)* NordstaatlerIn m f
nord-ouest (N.-O.) m Nordwest(en) (NW) m
normal, -aux normal ◆ -e f *au-dessus de la ~* überdurchschnittlich; *~s saisonnières* der Jahreszeit entsprechende Temperaturen
normalement 1 *parler ~* normal sprechen 2 *~, il doit venir* normalerweise kommt er
normalisation f Normalisierung f
normalisé genormt, standardisert *tailles ~es* genormte Größen, Standardgrößen fpl
normaliser 1 normalisieren 2 normen, standardisieren
normalité f Normalität f
normatif, -ive normativ
norme f Norm f; Regel f
nostalgie f Sehnsucht f *avoir la ~ de son pays* Heimweh n (nach seiner Heimat) haben; *avoir la ~ d'une autre époque* sich nach einer anderen Zeit sehnen
nostalgique sehnsüchtig, sehnsuchtsvoll; *un chant ~* ein wehmütiges/wehmutsvolles Lied
notable bemerkenswert, beachtlich, beträchtlich, erheblich, nennenswert ◆ m Honoratioren pl, Prominente/r
notaire m Notar m *étude de ~* Notariat n
notamment besonders, im besonderen; vor allem, in erster Linie
note f 1 Anmerkung f, Vermerk m; Notiz f *prendre des ~s* sich (D) Notizen machen 2 *~ de service* Dienstanweisung f, Umlauf m, Rundschreiben n, innerbetriebliche Mitteilung f 3 *avoir une bonne ~* eine gute Zensur f haben 4 *(mus)* Note f *fausse ~* falsche Note, falscher Ton; *(fig)* Mißklang m 5 Rechnung f

noter 1 an=merken, (auf=)schreiben, notieren 2 bemerken, fest=stellen *notez bien qu'il est encore très jeune* bedenken Sie bitte, daß er noch sehr jung ist 3 *~ un devoir* eine Aufgabe bewerten/zensieren; *~ un employé* einen Angestellten beurteilen
notice f Anweisung f, Notiz f; Bedienungsanleitung f, Gebrauchsanweisung f
notifier (offiziell) bekannt=geben/mit=teilen
notion f 1 Begriff m 2 Ahnung f, Vorstellung f
notoire allgemein bekannt, offenkundig
notoriété f Ruf m, Name m
notre unser-
nôtre : *le/la ~* unserer/unsere/unseres ◆ *nous avons fait ~ cette cause* wir haben diese Angelegenheit zu der unseren gemacht ◆ *les ~s* die Unsrigen m fpl, die Unser(e)n m fpl
nouer 1 (zusammen=)binden *~ un foulard autour de la tête* ein Tuch um den Kopf schlingen/binden 2 *(fig) ~ des relations* Verbindungen knüpfen; *~ la conversation* eine Unterhaltung an=knüpfen 3 *~ un complot* ein Komplott schmieden/ein=fädeln ◆ *(fig) avoir la gorge nouée* eine zu(sammen)geschnürte Kehle haben
noueux, -euse knorrig, knotig
nougat m Nugat m
nougatine f Krokant m
nouille f Nudel f; *(fam)* Waschlappen m, Schlappschwanz m
nourrice f Amme f
nourricier, -ière : *parents ~s* Pflegeeltern pl; *(fig) terre nourricière* Nährboden m
nourrir 1 *~ qqn* jn ernähren; *~ des animaux* Tiere füttern 2 *~ du ressentiment* Bedenken hegen ◆ *se ~* sich ernähren; *(fig) se ~ d'illusions* sich Illusionen hin=geben ◆ *sous le feu nourri de l'ennemi* unter starkem Feindbeschuß
nourrissant nahrhaft
nourrisson m Säugling m
nourriture f Nahrung f ; *(animaux)* Futter n
nous wir; uns (A/D)
nouveau/nouvel, -le neu *Nouvel An* Neujahr n ◆ *à/de ~* aufs neue, wiederum, abermals, von neuem
nouveau-né m Neugeborene/r
nouveauté f 1 Neue/s 2 *les dernières ~s* die letzten Neuheiten fpl
nouvelle f 1 Nachricht f, Meldung f, Neuigkeit f *vous connaissez la ~ ?* wissen Sie schon das Neueste ? n 2 *donner de ses ~s* von sich hören lassen
nouvellement vor kurzem, kürzlich, neuerlich

novateur, -trice Neuerer-, neuerungsbezogen *idées novatrices* wegbereitende Ideen; *esprit* ~ *(fig)* bahnbrechender Geist

novembre *m* November *m*

novice : *être* ~ *en/dans qch* sich mit etw noch nicht gut aus=kennen ◆ *m f (rel)* Novize *m*, Novizin *f*

noyade *f* Ertrinken *n*

noyau *m* **-x 1** *(fruits)* Kern *m*, Stein *m (fig)* ~ *dur* harter Kern; ~ *de résistance* Widerstandsgruppe *f* **2** *(phys/bio)* Kern *m*

noyauter *(fig)* unterwandern

noyer ertränken; *(fig)* ~ *une révolte dans le sang* einen Aufstand in Blut ersticken; ~ *un moteur* einen Motor ab=saufen lassen; ~ *son vin* seinen Wein verwässern; *(fig/fam)* ~ *le poisson* n hin=halten ◆ *se* ~ ertrinken; *(fig) se* ~ *dans la masse* in der Masse unter=gehen/verschwinden ◆ *les yeux noyés de larmes* mit tränenbenetzten Augen

noyer *m* Nußbaum *m*

nu nackt *à mains* ~ *es* mit bloßen Händen; unbewaffnet ◆ *mettre à* ~ frei=legen, bloß=legen; *(fig)* entblößen ◆ *m (art)* Akt *m*, Aktdarstellung *f*

nuage *m* Wolke *f*; *(fig) être dans les* ~*s* mit seinen Gedanken woanders sein

nuageux wolkig

nuance *f (couleur)* Schattierung *f*, Nuance *f*, Abstufung *f*; *(fig)* Nuance, feiner Unterschied *m*; Feinheit *f*

nuancier *m* Farbskala *f*

nubile heiratsfähig

nucléaire 1 nuklear, Atom-, Kern- *centrale* ~ Atomkraftwerk *n*, Kernkraftwerk (KKW) *n* **2** *(bio) membrane* ~ (Zell)kernmembran *f*

nudiste *m f* AnhängerIn *m f* der Freikörperkultur (FKK) *camp de* ~*s* FKK-Gelände *n*

nudité *f* Nacktheit *f*, Blöße *f*

nues *fpl* : *porter qqn/ qch aux* ~ jn/etw in den Himmel *m* heben

nuée *f* **1** Schwarm *m*; *(fig)* Unmenge *f* **2** ~ *orageuse* Gewitterwolke *f*

nue-propriété *f* Eigentum *n* ohne Nutznießung

nuire (à) schaden (D), schädlich sein (für)

nuisance *f* Umweltbelastung *f*; gesundheitsschädigende Wirkung *f*

nuisible schädlich *un animal* ~ ein Schädling *m*; ~ *à la santé* gesundheitsschädigend

nuit *f* **1** Nacht *f bonne* ~ *!* gute Nacht!; *de* ~ nachts; *il fait* ~ es ist dunkel; *(fig) cela remonte à la* ~ *des temps* das reicht in graue Vorzeiten *fpl* /bis in die graue Vorzeit (hinein); *c'est le jour et la* ~ ist ein Unterschied wie Tag und Nacht **2** *c'est 300 F la* ~ die Übernachtung *f* kostet 300 Francs, es kostet 300 Francs pro Nacht

nul, -le 1 *angle* ~ Nullwinkel *m* **2** *(jur)* ungültig; *(fam) un travail* ~ eine völlig miese Arbeit; *il est* ~ *en maths* er ist eine (absolute) Niete *f* in Mathe ◆ *sans* ~ *doute* ohne jeden/den geringsten Zweifel, ganz zweifellos; ~ *le part* nirgends; nirgendwohin; *je n'en ai* ~ *besoin* ich brauche es überhaupt nicht ◆ keiner/keine

nullement keineswegs, in keiner Weise, durchaus nicht

nullité *f* **1** *(jur)* Nichtigkeit *f*, Ungültigkeit *f* **2** *(fig)* Belanglosigkeit *f*; *(personne)* Versager *m*, Null *f*

numéraire *m* : *payer en* ~ (in) bar zahlen

numérateur *m* Zähler *m*

numération *f* Zählung *f*, Zählen *n*; *(méd)* ~ *globulaire* Blutnumerierung *f*

numérique 1 *valeur* ~ Zahlenwert *m*; *(tech) calcul* ~ Digitalrechnung *f* **2** *données* ~*s* Zahlenangaben *fpl*, gegebene Zahlen *fpl*; *supériorité* ~ zahlenmäßige Überlegenheit

numériser digitalisieren

numéro *m* **1** Nummer *f* ~ *gagnant* Gewinnzahl *f* **2** ~ *de cirque* Zirkusnummer *f*; *(fam) faire son* ~ seine Nummer ab=ziehen; *être un drôle de* ~ eine Nummer für sich sein

numéroter numerieren, beziffern

nu-pieds barfüßig, barfuß ◆ *mpl* Sandaletten *fpl*

nuptial, -aux : *bénédiction* ~*e* (kirchliche) Trauung *f*; *cortège* ~ Hochzeitszug *m*

nuque *f* Nacken *m*

nurse [nœrs] *f* Kindermädchen *n*

nutritif, -ive nahrhaft; Nähr-

nutrition *f* Ernährung *f*

nutritionniste *m f* ErnährungswissenschaftlerIn *m f*

nymphe *f* Nymphe *f*

nymphomane *f* Nymphomanin *f*

O

oasis f Oase f
obédience f Prägung f
obéir gehorchen, hören (auf A), folgen *se faire* ~ sich (D) Gehorsam verschaffen
obéissance f Gehorsam m
obéissant folgsam, gehorsam
obèse fett(leibig), dickleibig
obésité f Fettleibigkeit f, Dickleibigkeit f
objecter ein=wenden, zu bedenken geben
objecteur m : ~ *de conscience* Wehrdienstverweigerer m
objectif, -ive objektiv, sachlich
objection f Einspruch m, Einwand m *ne pas voir d'*~ *à ce que* nichts dagegen einzuwenden haben, daß
objet m Gegenstand m; Ding n; Objekt n; Sache f *(bureau des)* ~s *trouvés* Fundbüro n; ~ *volant non identifié (OVNI)* unbekanntes Flugobjekt (Ufo) n; *(gram) complément d'*~ Objekt
obligation f 1 Verpflichtung f; *être dans l'*~ *de faire qch* genötigt/gezwungen/verpflichtet sein, etw zu tun 2 *(banque)* Schuldverschreibung f
obligatoire Pflicht-, obligatorisch, vorgeschrieben, verbindlich *l'école est* ~ Schule ist Pflicht
obligatoirement obligatorisch, pflichtgemäß; *vous devez* ~ *vous inscrire* Sie sind verpflichtet, sich einzuschreiben; *(fam > non fam)* unbedingt
obligé 1 *je vous suis très* ~ ich bin Ihnen sehr dankbar **2** *un passage* ~ eine notwendige Übergangsphase
obligeance f Gefälligkeit f, Zuvorkommenheit f, Entgegenkommen n
obligeant gefällig, zuvorkommend, entgegenkommend, freundlich
obliger 1 verpflichten, zwingen; *(jur) le contrat oblige les deux parties* der Vertrag bindet beide Parteien 2 *vous m'obligeriez beaucoup* Sie würden mir damit einen großen Gefallen erweisen ◆ *être obligé de partir* auf=brechen/weg=gehen müssen; *se sentir obligé de faire qch* sich gezwungen sehen/verpflichtet fühlen, etw zu tun
oblique schräg; schief ◆ f Schräglinie f
obliquer ab=biegen
oblitérer ab=stempeln, entwerten
obnubilé : *être* ~ *par qch* von etw besessen sein
obole f Almosen n, Obulus m; *(rel)* Scherflein n
obscène obszön, *(fam)* schweinisch
obscénité f 1 Obszönität f 2 Schweinerei f; *dire des* ~s Zoten fpl reißen
obscur dunkel, finster; *(fig) des paroles* ~*es* verworrene/unverständliche Worte; *pour des raisons* ~*es* aus unerklärlichen Gründen; *une existence* ~*e* eine obskure Existenz
obscurcir verdunkeln, dunkel machen ◆ *s'*~ sich verfinstern/verdunkeln/trüben
obscurément verworren, undeutlich
obscurité f Dunkelheit f, Dunkel n, Finsternis f
obsédé m -**e** f Besessene/r ~ *sexuel* Sexbesessener m
obséder nicht aus dem Sinn/Kopf gehen; quälen, verfolgen, *(fig)* nicht los=lassen
obsèques fpl Beerdigung f, Trauerfeier(lichkeiten) f(pl)
obséquieux, -euse unterwürfig, übertrieben ehrerbietig; kriecherisch
observable wahrnehmbar, bemerkbar
observateur, -trice : *être très* ~ ein sehr genauer/scharfer Beobachter sein ◆ m f BeobachterIn m f
observation f 1 Beobachtung f 2 Bemerkung f, Anmerkung f; *le directeur lui a fait une* ~ der Direktor hat ihn ermahnt/getadelt/gerügt 3 Befolgung f, Beachtung f
observatoire m Observatorium n ~ *astronomique* Sternwarte f
observer 1 beobachten 2 fest=stellen, bemerken 3 ~ *une règle* eine Regel ein=halten/beachten 4 ~ *un silence prudent* vorsichtiges Stillschweigen wahren ◆ 1 *trop s'*~ zu sehr auf sich achten 2 *s'*~ sich gegenseitig beobachten ◆ *faire* ~ *qch à qqn* jn auf etw (A) hin=weisen/aufmerksam machen
obsession f Zwangsvorstellung f, fixe Idee f
obsolète veraltet, überholt
obstacle m Hindernis n
obstétrique f Geburtshilfe f
obstination f Hartnäckigkeit f; Eigensinn m; Halsstarrigkeit f; Starrsinn m
obstiné 1 eigensinnig, unnachgiebig, halsstarrig 2 *une résistance* ~*e* hartnäckiger Widerstand
obstiner (s') : *s'*~ *dans son erreur* hartnäckig auf seinem Irrtum beharren/bestehen, sich in seinem Irrtum versteifen
obstruer : ~ *un conduit* ein Rohr verstopfen; ~ *une rue* eine Straße versperren/blockieren
obtempérer Folge leisten, nach=kommen
obtenir erhalten, bekommen; erreichen, durch=setzen; erwirken/erzielen
obtention f Erlangung f; Erreichung f
obturer verschließen, zu=stopfen, ab=dichten
obtus : *angle* ~ stumpfer Winkel; *(fig)*

obus

être ~ schwer von Begriff/begriffstutzig sein
obus m Granate f
occasion f 1 Gelegenheit f à l'~ gelegentlich 2 Anlaß m à l'~ de mon anniversaire anläßlich meines Geburtstages 3 d'~ aus zweiter Hand f, gebraucht; voiture d'~ Gebrauchtwagen m
occasionnel, -le gelegentlich, Gelegenheits-; zufällig clients ~s Gelegenheitskundschaft, (fam) Laufkundschaft
occasionner bewirken, verursachen; führen zu, Anlaß geben zu ~ des ennuis Unannehmlichkeiten bereiten
Occident m Abendland n, Okzident m
occidental, -aux westlich, abendländisch les puissances ~es die Westmächte fpl
occulte geheim, verborgen; okkult
occulter 1 verheimlichen, verbergen, unterdrücken 2 ~ une étoile einen Stern verdunkeln
occupation f 1 ~ d'une usine Besetzung eines Betriebes, Werksbesetzung f; (mil) troupes d'~ Besatzungstruppen fpl 2 Beschäftigung f
occupé 1 être très ~ sehr beschäftigt sein 2 territoires ~s besetzte Gebiete 3 besetzt
occuper 1 in Anspruch nehmen, aus=füllen; (éco) beschäftigen 2 ~ une maison in einem Haus wohnen; ein Haus besetzen 3 ~ un poste eine Stelle ein=nehmen/(inne)=haben/bekleiden ♦ s'~ de qqn/qch sich um jn/etw kümmern; s'~ d'enfants inadaptés mit verhaltensgestörten Kindern arbeiten
occurrence f Umstand m, Fall m; Vorkommen n, Auftreten n les ~s sont peu nombreuses das kommt nicht oft vor; en l'~ in diesem/im vorliegenden Fall
océan m Ozean m, (Welt)meer n
océanique ozeanisch, Meeres- climat ~ Meeresklima n
océanographie f Meereskunde f, Ozeanographie f
ocre ocker
octobre m Oktober m
octogénaire m f Achtzig(jährig)e/r
octogonal, -aux achteckig, oktogonal
octroyer gewähren, bewilligen, genehmigen, zu=gestehen s'~ des vacances sich (D) Ferien gönnen
oculaire 1 globe ~ Augapfel m 2 témoin ~ Augenzeuge f
oculiste m f Augenarzt m, Augenärztin f
odeur f Geruch m; Duft m
odieux, -euse 1 être ~ avec qqn zu jm scheußlich/widerwärtig sein 2 un crime ~ ein abscheuliches, gräßliches Verbrechen
odorant (wohl)riechend

odorat m Geruchssinn m; Geruch m
odyssée f Odyssee f; (fig) Irrfahrt f
œcuménique ökumenisch
œil m yeux Auge n 1 faire un clin d'~ à qqn jm zu=zwinkern; faire les ~ doux à qqn jm schöne Augen machen; ouvrir de grands ~ große Augen machen, die Augen auf=reißen/auf=sperren; (fig) coup d'~ Blick m; d'un ~ critique kritisch, mit kritischem Blick m; n'avoir pas froid aux ~ sich (D) etw trauen/wagen; fermer les ~ (sur qch) über etw (A) hinweg=sehen; ouvrir l'~ die Augen offen=halten; crever les ~ in die Augen springen; (fam) mon ~! wer's glaubt, wird selig!; coûter les ~ de la tête einen schönen Batzen/Haufen Geld kosten; ne pas avoir les ~ dans sa poche Augen wie ein Luchs haben; nach (den) Frauen schielen; faire de l'~ à qqn (non fam) mit jm liebäugeln; tourner de l'~ (non fam) in Ohnmacht fallen; entrer à l'~ umsonst/ohne zu bezahlen rein=gehen 2 ~ d'un cyclone Zentrum n eines Zyklons 3 (bouillon) Fettaugen npl 4 ~ d'une porte Spion m
œil-de-perdrix m Hühnerauge n
œillade f : lancer une ~ à qqn jm schöne Augen machen npl/verliebte/zärtliche Blicke mpl zu=werfen
œillères fpl : (fig) avoir des ~ Scheuklappen tragen
œillet m 1 Nelke f 2 (Loch)verstärkungsring m; (tech) Öse f, Auge n
œnologue m f Weinkundige/r
œsophage m Speiseröhre f
œuf m Ei n ~ sur le plat Spiegelei n, Setzei n ; (fig) étouffer qch dans l'~ etw im Keim ersticken; mettre tous ses ~s dans le même panier alles auf eine Karte f setzen; (fam) va te faire cuire un ~ ! scher dich zum Teufel!
œuvre f 1 Werk n ~ d'art Kunstwerk n 2 les bonnes ~s die guten Werke 3 mise en ~ Durchführung f, Verwirklichung f
œuvre m : gros ~ Rohbau m; second ~ Verfeinerungsarbeiten fpl; (fig) être à pied d'~ bereit sein
œuvrer : ~ à qch für etw wirken; ~ pour parvenir à un résultat auf ein Resultat hin=arbeiten/hin=wirken
offenser beleidigen, kränken, verletzen; (fig) ~ le bon goût gegen den guten Ton verstoßen ♦ s'~ (de) etw übel=nehmen, sich (durch etw) beleidigt/gekränkt fühlen, an etw (D) Anstoß nehmen
offensif, -ive offensiv, Angriffs-, Offensiv-
office m 1 (rel) Gottesdienst m, Messe f 2 faire ~ de dienen/tätig sein/fungieren (als) 3 requérir les bons ~s de qqn um js Vermittlung f bitten/nach=suchen 4 Anrichtezimmer n

officialiser offiziell an=erkennen, amtlich bestätigen

officiel, -le offiziel, amtlich ◆ *m* Persönlichkeit *f* des öffentlichen Lebens; *(sp)* Offizielle/r

officier *m* **1** Offizier *m* ~ *supérieur* Stabsoffizier *m* **2** ~ *de l'état civil* Standesbeamter *m*

officieux, -euse inoffiziell, halbamtlich

offrande *f* Opfergabe *f*

offrant *m* : *au plus* ~ dem Meistbietenden

offre *f* Angebot *n* *appel d'*~*s* Ausschreibung *f*; ~ *publique d'achat (O.P.A.)* öffentliche Kaufangebot

offrir (an)=bieten; *(fig)* ~ *de nombreux avantages* zahlreiche Vorteile bieten / mit sich (D) bringen; *s'*~ *des vacances* sich (D) Ferien gönnen; /leisten ◆ *s'*~ *aux regards* sich den Blicken (dar=)bieten

offset *m* : *machine* ~ Offsetdruckmaschine *f*

offusquer mißfallen, schockieren ◆ *s'*~ *de qch* sich über etw (A) empören, an etw (D) Anstoß nehmen

ogive *f* **1** Spitzbogen *m* **2** ~ *nucléaire* Atomsprengkopf *m*

ogre *m* **-esse** *f* MenschenfresserIn *m f*

ohé *m* he(da)!

oie *f* Gans *f*; *(fig)* ~ *blanche* (naives) Gänschen *n* ; *(mil) pas de l'*~ Stechschritt *m*, Paradeschritt *m*

oignon *m* Zwiebel *f*; *(fig/fam > non fam) en rang d'*~*s* in einer Reihe *f*; *ce ne sont pas mes* ~*s* ! das ist nicht mein Bier ! / geht mich nichts an !

oindre salben

oiseau *m* **-x** Vogel *m*; *(fig) appétit d'*~ Spatzenhunger *m*; *il y a 50 km à vol d'*~ (das sind) 50 km Luftlinie *f*; *(fam) un drôle d'*~ ein komischer/seltener Vogel, ein drolliger Kauz

oisif, -ive müßig; untätig ◆ *m f (péj)* MüßiggängerIn *m f*

oisiveté *f* Müßiggang *m*; Untätigkeit *f*

oléagineux *m* Ölfrucht *f*

oléoduc *m* Erdölleitung *f*

olfactif, -ive Geruchs-, Riech-

olibrius *m (fam)* Type *f*

oligo-élément *m* Spurenelement *n*

olive oliv(grün) ◆ *f* Olive *f*

oliveraie *f* Olivenhain *m*

olivier *m* Olivenbaum *m*; *(rel) le mont des* ~*s* Ölberg *m*

olympien, -ne : *(fig) un calme* ~ eine himmlische Ruhe

olympique olympisch

ombrage *m* : *sous les* ~*s* im Schatten *m* (der Bäume); *(fig) prendre* ~ *de qch (non fig)* sich übel=nehmen, sich durch etw verletzt/gekränkt fühlen

ombragé schattig

ombrageux, -euse : *(fig) un caractère* ~ ein leicht aufbrausender Charakter

ombre *f* Schatten *m* ~ *chinoise* Schattenspiel *n* ; *(fig) rester dans l'*~ *(personne)* im Hintergrund bleiben; *(affaire)* im verborgenen bleiben; *il n'y a pas l'*~ *d'un doute* es gibt nicht den geringsten/ leisesten Zweifel; *(fig/fam) mettre qqn à l'*~ jn hinter Schloß und Riegel/schwedische Gardinen bringen; *il y a une* ~ *au tableau* die Sache hat auch ihre Schattenseiten *fpl*

ombrelle *f* Sonnenschirm *m*

omelette *f* Omelett(e) *n*; *(prov) on ne fait pas d'*~ *sans casser des œufs* wo gehobelt wird, (da) fallen auch Späne

omettre vergessen, unterlassen; verschweigen

omnibus *m* Personenzug *m*, *(fam)* Bummelzug *m*

omniprésent *m* allgegenwärtig

omnivore *m f* Allesfresser *m*

omoplate *f* Schulterblatt *n*

on man ~ *vous demande au téléphone !* Sie werden am Telefon verlangt!; *(fam)* ~ *mange !* wir (wollen) essen!

onanisme *m* Onanie *f*

oncle *m* Onkel *m*

onctueux, -euse sahnig, cremig; sämig

onde *f* **1** *(phys)* Welle *f*; *(radio) grandes* ~*s* Langwelle *f*; *par la voie des* ~*s* durch den Rundfunk *m*, über das Radio *n* **2** Woge *f*

ondée *f* (Regen)guß *m*

ondulé gewellt; *tôle* ~*e* Wellblech *n*

onduler sich wellen / wiegen, sich sanft auf- und ab- bewegen, wogen

onéreux, -euse kostspielig, teuer; aufwendig

O.N.G. *f* → **organisation non gouvernementale**

onguent *m* Salbe *f*

onirique traumhaft, Traum-

onomatopée *f* Onomatopöie *f*, Lautmalerei *f*

onze elf

O.P.A. *f* → **offre publique d'achat**

opaline *f* Opalglas *n*

opaque lichtundurchlässig, opak, Opak-; *(fig) nuit* ~ undurchdringliche Nacht

opéra *m* Oper *f*

opération *f* **1** Aktion *f*; *(mil)* Kampfhandlung *f*, (Militär)aktion *f*, (militärische) Operation ; *(bourse)* Börsengeschäft *n* **2** *(math)* Rechenvorgang *m*, Berechnung *f* **3** *(méd)* Operation *f*, Eingriff *m*

opérationnel, -le *m* einsatzfähig, einsatzbereit, betriebsbereit; operationell

opérer 1 *(méd)* ~ *qqn* jn operieren **2** bewirken, durch=führen ◆ *s'*~ sich ereignen, ein=treten

ophtalmologiste *m f* Augenarzt *m*

opinel

opinel *m* Klappmesser *n*
opiner : ~ *à qch* einer Sache zu=stimmen ; ~ *de la tête* durch Kopfnicken zu=stimmen
opiniâtre hartnäckig ; beharrlich, unbeugsam, unnachgiebig ; eigenwillig ; eigensinnig
opiniâtreté *f* Hartnäckigkeit *f*, Unnachgiebigkeit *f*, Unbeugsamkeit *f*; Eigenwilligkeit *f*; *(péj)* Eigensinn *m*, Halsstarrigkeit *f*
opinion *f* Meinung *f*, Ansicht *f* ~ *publique* öffentliche Meinung ; ~ *politique* politische Einstellung
opportun geeignet, passend, angebracht, günstig ; zweckdienlich, zweckmäßig
opportuniste opportunistisch ◆ *m f* OpportunistIn *m f*
opportunité *f* 1 Gelegenheit *f* 2 Zweckmäßigkeit *f*, Eignung *f*
opposant *m* -e *f* GegnerIn *m f*, OpponentIn *m f*
opposé 1 gegenüberliegend, gegenüberstehend *aller dans le sens* ~ in entgegengesetzte Richtung gehen 2 *être complètement* ~ *à qch* völlig gegen etw sein ◆ 1 Gegenteil *n* 2 *habiter à l'* ~ im entgegengesetzten Teil m wohnen ; *(fig) à l'* ~ *de X*, im Gegensatz m zu X
opposer 1 ~ *un refus à qch* etw ab=lehnen, auf etw (A) eine Absage erteilen ; ~ *des arguments* Argumente entgegen=halten 2 *le match oppose l'équipe de Marseille à celle de Bastia* in diesem Spiel stehen sich die Mannschaften von Marseille und Bastia gegenüber ◆ 1 *nous nous opposons sur ce point* in diesem Punkt sind wir entgegengesetzter/gegensätzlicher Meinung 2 *s'* ~ *à qch/qqn* sich etw/jm entgegen=stellen/widersetzen, einer Sache (D)/jm Widerstand leisten, sich gegen etw/jn stellen, gegen etw/jn sein
opposition *f* 1 *faire de l'* ~ *systématique* systematisch(e) Einwände *mpl* erheben, systematisch(en) Widerspruch *m* leisten ; *(pol)* Opposition *f*; *(banque) faire* ~ *à un chèque* einen Scheck sperren (lassen) 2 Gegensatz *m*, Widerspruch *m* par ~ (à) im Gegensatz (zu) ; *(fig)* ~ *des couleurs* Farbkontrast *m* ; *(astro)* Opposition
oppresser beklemmen, jm das Atmen erschweren ; *(fig)* belasten, bedrücken
oppresseur *m* Unterdrücker *m*, Bedränger *m*
oppression *f* 1 Unterdrückung *f* 2 Atembeklemmung *f*
opprimer unterdrücken, unterjochen, knechten
opprobre *m* Schmach *f*, Schande *f*
opter wählen, sich entscheiden
opticien *m* -ne *f* OptikerIn *m f*
optimal, -aux optimal, bestmöglich

optimiste optimistisch
option *f* 1 Wahl *f* ; *(ens)* Wahlfach *n* ; *(comm)* Extra *n*, Extraleistung *f* 2 Option *f*
optique optisch *nerf* ~ Sehnerv *m* ◆ *f* Optik *f* ; *(fig)* Perspektive *f*, Blickwinkel *m*
opulence *f* Überfluß *m*
opulent überreichlich, füllig ; *(fig) une poitrine* ~*e* ein üppiger Busen
or : ~ *il arriva* nun geschah es aber
or *m* Gold *n en* ~ aus Gold, golden ; *dent en* ~ Goldzahn *m* ; *(fig) un enfant en* ~ ein Bild von einem Kind ; *un sujet en* ~ ein dankbares Thema ; *(fam) affaire en* ~ Bombengeschäft *n* ; *rouler sur l'* ~ Geld wie Heu haben, im Geld schwimmen ; *(bourse)* Goldwert
oracle *m* Orakel *n*
orage *m* Gewitter *n* ; *(fig) il y a de l'* ~ *dans l'air* die Zeichen stehen auf Sturm
orageux, -euse Gewitter-, gewitt(e)rig ; *(fig) une ambiance orageuse* eine spannungsgeladene Stimmung
oral, -aux mündlich
orange *f* Apfelsine *f*, Orange *f jus d'* ~ Orangensaft *m*, *(fam)* O-Saft *m*
orateur *m* -trice *f* RednerIn *m f*
orbital, -aux : *station* ~*e* (Welt)raumstation *f*
orbite *f* 1 Umlaufbahn *f*, Bahn(kurve) *f* 2 *(œil)* Augenhöhle *f*
orchestration *f* Orchestrierung *f*, Instrumentierung *f*
orchestre *m* 1 Orchester *n* 2 *(th)* Parkett *n*
orchestrer *(fig)* organisieren, arrangieren, aufeinander ab=stimmen
ordinaire üblich ; alltäglich ; gewöhnlich ; *(fig) des gens très* ~*s* sehr einfache Leute ◆ *d'* ~ gewöhnlich, meistenteils, sonst
ordinal, -aux : *nombre* ~ Ordnungszahl *f*, Ordinalzahl *f*
ordinateur *m* Computer *m*
ordination *f* Priesterweihe *f*
ordonnance *f* 1 *(méd)* Rezept *n* 2 *(jur)* Verordnung *f*, Beschluß *m* 3 ~ *d'un repas* Speisefolge *f* ; *(mil) officier d'* ~ Adjutant *m*
ordonné : *être* ~ ordentlich/ordnungsliebend sein
ordonner 1 ~ *le silence* Ruhe an=ordnen/gebieten ; ~ *à qqn de faire qch* jm den Befehl geben, etw zu tun 2 *(méd)* verschreiben 3 ~ *ses idées* seine Gedanken ordnen 4 ~ *un prêtre* einen Priester weihen
ordre *m* 1 Befehl *m*, Anordnung *f*, Auftrag *m*, Anweisung *f*; *(fig)* ~ *du jour* Tagesordnung *f*; *(bourse)* ~ *d'achat* Kauforder *f* 2 Ordnung *f* ; *avoir de l'* ~ ordentlich sein ; *(fig) mettre bon* ~ *à une situation* einer Situation Einhalt *m* gebie-

ten; *avec ~ et méthode* systematisch und methodisch; *c'est dans l'~ des choses* das ist nun einmal so, das ist der Lauf der Welt/der Dinge **3 Reihenfolge** f, Rangfolge f *mettre dans l'~* ein=ordnen **4 ~ des médecins** Ärzteverband m; *~ religieux* religiöser Orden m **5 de premier ~** erstrangig, vorrangig, ersten Ranges; *des choses de quel ~?* Dinge welcher Art f?

ordure f **1** Abfall m, Müll m **2** (fam) Miststück n, Mistvieh n

ordurier, -ière gemein, schmutzig, unflätig, zotig, dreckig

orée f : *à l'~ du bois* am Waldessaum m

oreille f **1** Ohr n *~s décollées* abstehende Ohren; *boucle d'~* Ohrring m; (fig) *dormir sur ses deux ~s* (non fig) tief und fest schlafen; (fig) völlig sorglos/beruhigt sein; *tendre l'~* die Ohren spitzen, lauschen; *tirer les ~s à qqn* jn zurecht=weisen, jm den Kopf waschen; *se faire tirer l'~* sich lange bitten lassen **2** *avoir de l'~* ein gutes/musikalisches Gehör haben; *être dur d'~* schwerhörig sein

oreiller m Kopfkissen n

oreillette f (méd) Herzklappe f

oreillons mpl Mumps m, Ziegenpeter m

orfèvre m Goldschmied m

organe m **1** Organ n **2** *avoir un bel ~* eine schöne Stimme haben **3** *~s de commande* Antriebselemente npl

organigramme m Organisationsplan m, Organisationsschema n

organique organisch *engrais ~* Naturdünger m

organisateur m **-trice** f OrganisatorIn m f

organisation f **1** Organisation f, Planung f **2** *~ de la société* Aufbau m/Struktur f der Gesellschaft **3** *~ non gouvernementale (O.N.G.)* nichtstaatliche Einrichtung f

organiser 1 organisieren, veranstalten **2** planen, gestalten ◆ **1** *s'~ pour faire qch* es sich (D) ein=richten, etw zu tun **2** *la vie s'organise* das Leben spielt sich ein ◆ **1** *voyage organisé* Gesellschaftsreise f **2** *il est bien organisé* er hat seine Zeit gut eingeteilt, (fam) er hat alles im Griff

organisme m **1** (bio/méd) Organismus m **2** Stelle f, Organismus m *~ public* Amt n, Behörde

organiste m f OrganistIn m f

orge f **1** Gerste f **2** *sucre d'~* Lolli m

orgelet m Gerstenkorn n

orgue m *~ de Barbarie* Drehorgel f, (fam) Leierkasten m

orgueil m Stolz m; (péj) Hochmut f

orgueilleux, -euse eingebildet, hochmütig, hochnäsig

Orient m Morgenland n, Orient m

orientable verstellbar, einstellbar; drehbar, schwenkbar

oriental, -aux östlich, Ost-

orientation f **1** Orientierung f; *table d'~* Panoramatafel f; (fig) *conseiller d'~* Berufsberater m **2** *~ d'une maison* Lage f eines Hauses; (fig) *~ politique* politischer Kurs m, politische Richtung f

orienter orientieren, (ein)=richten, (ein)=stellen; (fig) *~ une discussion* einer Diskussion eine bestimmte Richtung geben; *~ un élève* einen Schüler beraten; *~ les gens vers la sortie* die Leute zum Ausgang lenken ◆ *s'~* sich orientieren, sich zurecht=finden; (fig) *s'~ dans la mauvaise direction* die verkehrte Richtung ein=schlagen

orifice m Öffnung f

originaire : *être ~ du sud de la France* aus Südfrankreich stammen

original, -aux 1 original, echt, Original-; *en version originale (V.O.)* in Originalfassung f **2** original ◆ m **-e** f *c'est un vieil ~* das ist ein alter Sonderling m/ein Original n/ein altes Unikum n

origine f **1** Ursprung m, Herkunft f *d'~ latine* lateinischen Ursprungs, aus dem Lateinischen; (math) Nullpunkt m **2** *l'~ du monde* der Ursprung der Welt; *à l'~* ursprünglich; *dès l'~* von Anfang an, von Anbeginn m **3** *l'~ d'un problème* die Ursache/die Entstehung eines Problems **4** Wurzeln fpl *d'~ noble* von adliger Abstammung f

originel, -le ursprünglich *péché ~* Erbsünde f

O.R.L. m f HNO-Arzt m, HNO-Ärztin f → oto-rhino-laryngologiste

orme m Ulme f

ornement m Ornament n, Verzierung f, Schmuck m *arbre d'~* Zierbaum m; (rel) *~s sacerdotaux* priesterliches Ornat n

orner verzieren, schmücken

ornière f (Spur)rille f, Wagenspur f

orphelin m **-e** f Waise m f, Waisenkind n *~ de père* vaterloser Halbwaise m

orphelinat m Waisenhaus n

O.R.S.E.C = **organisation des secours** : *plan ~* Katastrophenplan m

orteil m Zehe f, Zeh m

orthodoxe (rel) orthodox (fig) linientreu (fig/fam) *ce n'est pas très ~* das ist nicht gradlinig

orthographe f **1** Rechtschreibung f, Orthographie f **2** *l'~ d'un mot* Schreibweise f eines Wortes

orthopédiste m Orthopäde m

orthophonie f Sprachheilkunde f, Logopädie f

ortie f Brennessel f

orvet m Blindschleiche f

O.S. m f → **ouvrier spécialisé**

os [ɔs] *m* **1** Knochen *m*; *(fam) ne pas faire de vieux ~* nicht alt werden **2** *en ~* beinern

oscillation *f* Schwingung *f*, Oszillation *f*; *(fig) ~s de l'opinion* Meinungsschwankungen *fpl*

osciller schwanken, schwingen, pendeln; *(fig)* schwanken

oser wagen

osier *m* Korbweide *f*

osmose *f* Osmose *f*; *(fig) se sentir en ~ avec la nature* sich in völliger Übereinstimmung *f* mit der Natur befinden, sich völlig eins mit der Natur fühlen

ossature *f* Knochengerüst *n*

ossements *mpl* Gebeine *npl*

osseux, -euse Knochen, knochig

ossuaire *m* Beinhaus *n*

ostensible offenkundig, ostentativ

ostensoir *m* Monstranz *f*

ostentation *f* großtuerisch, angeberisch; ostentativ

ostracisme *m* Verfemung *f*

ostréiculteur *m* **-trice** *f* Austernzüchterln *m f*

otage *m* Geisel *f*

ôter 1 weg=nehmen, ab=nehmen; *(fig) ~ une idée de la tête de qqn* jm eine Idee aus=treiben **2** *un manteau* einen Mantel aus=ziehen; *(fig) ~ à qqn l'envie de faire qch* jm die Lust nehmen, etw zu tun **3** *~ une tache* einen Fleck entfernen; *~ un nom d'une liste* einen Namen von einer Liste streichen/entfernen ◆ *(fam) ôte-toi de là* geh mal weg da

otite *f* Ohrenentzündung *f*

oto-rhino-laryngologiste *m* Hals-Nasen-Ohrenarzt *m*

ou oder *~ tu viens, ~ tu ne viens pas* entweder du kommst oder du kommst nicht; *~ bien* oder

où : *~ es-tu?* wo bist du?; *~ vas-tu?* wohin gehst du?; *d'~ viens-tu?* woher kommst du?; *par ~ es-tu passé?* wo bist du (ent)langgekommen?; *(fig) jusqu'~ iras-tu?* wie weit treibst du es noch? ◆ *la ville ~ j'habite* die Stadt, in der ich wohne; *l'endroit ~ je vais* der Ort, zu dem ich gehe; *(fig) au moment ~ il arriva* im/in den Augenblick, als er ankam; *au prix ~ sont les choses* bei den Preisen, die die Dinge haben ◆ *n'importe ~* ganz egal wo(hin), sonst wo(hin); *~ que j'aille* wohin auch (immer) ich gehe; *(fig) d'~ ma surprise* daher meine Überraschung

ouailles *fpl* Herde *f*, Schäflein *npl*

ouate *f* Watte *f*

ouaté gedämpft

oublier 1 vergessen *~ ce qu'on a appris* verlernen; *(fig) ~ un détail important* ein wichtiges Detail übersehen/aus=lassen **2** *~ ses clés* seine Schlüssel liegen=lassen/vergessen

oubliettes *fpl* Verlies *n*, Kerker *m*; *(fig) tomber dans les ~* in Vergessenheit geraten, in der Versenkung *f* verschwinden

ouest/Ouest (O) *m* West(en) **(W)** *n*

ouf! uff!, gottlob!; *(fig) ne pas laisser à qqn le temps de dire ~* jm nicht einmal Zeit zum Luftholen *n* lassen

oui ja ◆ *pour un ~, pour un non* für Nichts *n* und wieder Nichts

ouï-dire *m* : *par ~* vom Hörensagen *n*

ouïe *f* **1** Gehörsinn *m*, Gehör **n 2** *(poisson)* Kiemen *m*

ouille! au!

ouïr : *j'ai ouï dire* ich habe sagen hören

ouragan *m* Orkan *n*; *(fig)* Sturm *m c'est un vrai ~* das ist der reinste Wirbelwind

ourdir an=zetteln

ourlet *m* Saum *m*

ours *m* **-e** *f* Bärln *m f ~ blanc* Eisbär *m*; *~ en peluche* Teddy(bär) *m*; *(fig/fam)* Brummbär *m*

oursin *m* Seeigel *m*

ouste : *allez ~!* los, schnell!/dalli!

outil *m* Werkzeug *n*; *(fig)* Mittel *n*

outrage *m* Schmach *f ~ aux bonnes mœurs* Verstoß *m* gegen die guten Sitten; *faire subir les derniers ~ à une femme* einer Frau Schande *f* an=tun

outrager beschimpfen, beleidigen

outrance *f* Übertreibung *f*

outrancier, -ière übertrieben; zur Übertreibung neigend

outre außer (D) *~ mesure* übermäßig ◆ *passer ~* etw übergehen, hinweg=gehen (über A), etw außer acht lassen

outré empört/entrüstet

outre-atlantique jenseits des Atlantiks

outrecuidance *f* Vermessenheit *f*, Anmaßung *f*; Überheblichkeit *f*

outre-mer : *les territoires d'~* die Überseegebiete

outrepasser überschreiten

outre-tombe : *(fig) une voix d'~* eine Stimme aus dem Jenseits

ouvert offen, geöffnet, auf; *(fig) en milieu ~* in einer nicht geschlossenen Anstalt; *(personne)* aufgeschlossen

ouvertement offen, frei heraus, unverhohlen

ouverture *f* **1** Öffnung *f* **2** Eröffnung *f* **3** *~ d'esprit* geistige Aufgeschlossenheit *f*; *politique d'~* Politik der Öffnung

ouvrable : *(fig) jour ~* Arbeitstag *m*

ouvrage *m* **1** Werk *n* **2** *avoir de l'~* Arbeit *f* haben **(boîte à ~** Nähkasten *m*

ouvragé kunstvoll/fein gearbeitet, bis ins kleinste/feinste ausgearbeitet

ouvrant : *toit ~* Schiebedach *n*

ouvre-boîtes *m* Büchsenöffner *m*

ouvreuse *f* Platzanweiserin *f*

ouvrier m **-ère** f ArbeiterIn m f ~ *spécialisé (O.S.)* angelernter Arbeiter; ~ *professionnel* Facharbeiter
ouvrir 1 (er=)öffnen, auf=machen; *(fig)* ~ *la voie à qch* etw (D)/einer Sache den Weg ebnen; ~ *l'appétit* Appetit machen 2 ~ *un compte* ein Konto eröffnen 3 *s'~ la lèvre* sich (D) die Lippe auf=reißen ♦ 1 *s'~* auf=gehen 2 *s'~ à qqn (fig)* jm sein Herz öffnen / aus=schütten
ovaire m Eierstock m
ovation f Beifall m
overdose [ɔvɛrdoz] f Überdosis f
ovin m Schaf n
O.V.N.I. m UFO/Ufo n → **objet volant non identifié**
ovulation f Follikelsprung m, Eisprung m
ovule m Ei n, Eizelle f
oxyde f Oxyd n
oxygène m Sauerstoff m
oxygéner mit Sauerstoff an=reichern ♦ *(fig) s'~* frische Luft tanken / schnappen
ozone m Ozon n

P

p. → **page**
pace-maker [pɛsmɛkʼʀ] m Herzschrittmacher m
pacifier den Frieden wieder her=stellen, pazifizieren
pacifique friedlich, friedliebend
Pacifique m Stiller / Großer Ozean m, Pazifik m
pacifisme m Pazifismus m
pacifiste pazifistisch *le mouvement ~* die Friedensbewegung f
pacotille f Ramsch m, Schund m
pacte m Pakt m, Abkommen n, Vertrag m
pactiser paktieren
paddock m 1 *(chevaux)* Paddock m 2 *(fam)* Falle f, Klappe f, Kahn m
paf : ~ ! bums !, klatsch ! ♦ *(fam) être complètement ~* total / völlig blau sein
pagaie f (Stech)paddel n
pagaille f *(fam)* 1 Wirrwarr n, Tohuwabohu n, *(non fam)* Durcheinander n 2 *avoir de l'argent en ~* einen Haufen m Geld haben
paganisme m Heidentum n
pagayer [pageje] paddeln
page f Seite f *mise en ~* Umbruch m; *(fig) être à la ~* im Bilde n / auf dem laufenden sein, Schritt m halten; *tourner la ~* etw hinter sich (D) lassen
page m Page m
pagne m (Lenden)schurz m
paie f → **paye**
paiement m Zahlen n, Zahlung f ~ *par chèque* Scheckzahlung f; *facilités de ~* Zahlungserleichterungen fpl; *effectuer un ~* eine Zahlung leisten
païen -ne heidnisch ♦ m f Heide m, Heidin f
paillard anstößig, schlüpfrig, anzüglich
paillasse f 1 Strohsack m, Stromatratze f 2 gekachelter Labortisch m ~ *d'un évier* Abtropffläche f eines Waschbeckens
paillasson m Abtreter m, Fußmatte f
paille f 1 Stroh n; *(fig/fam) être sur la ~* völlig pleite sein 2 Strohhalm m, Trinkhalm m *tirer à la courte ~* Hälmchen npl ziehen; *(fam/iro) une ~ !* Kleinigkeit ! f 3 ~ *de fer* Stahlwolle f
paillette f 1 Paillette f 2 *savon en ~s* Seifenflocken fpl
pain m 1 Brot n ~ *complet* Vollkornbrot n; ~ *de mie* Toastbrot n; *(fig/fam) pour une bouchée de ~* für einen Apfel und ein Ei; *avoir du ~ sur la planche* alle Hände voll zu tun haben 2 ~ *aux raisins* Rosinenbrot n; ~ *d'épice* Honigkuchen m, Lebkuchen m, Pfefferkuchen m 3 ~ *de sucre* Zuckerhut m
pair : *nombre ~* gerade Zahl ♦ m 1 *discuter avec des ~s* mit seinesgleichen diskutieren 2 *travailler au ~* eine Au-pair-Stelle f haben 3 *aller de ~ avec qch* mit etw zusammen=gehören 4 *une personne hors ~* eine unvergleichliche Person; eine Person, die nicht ihresgleichen hat
paire f Paar n
paisible friedlich, ruhig, still; friedfertig
paître weiden; *(fam) envoyer ~ qqn* jn zum Teufel schicken
paix f 1 Frieden m *en temps de ~* in / zu Friedenszeiten fpl; *(fig) vivre en ~ avec ses voisins* mit seinen Nachbarn gut aus=kommen 2 *avoir la ~* seine Ruhe f haben; *avoir la conscience en ~* ein ruhiges Gewissen haben; *(fam) foutre la ~ à qqn* jn in Ruhe lassen; *(rel) la ~ soit avec vous !* Friede m sei mit euch !
palabres fpl *(péj)* Palaver n
palabrer *(péj)* palavern
palace m Luxushotel m
palais m 1 Palast m, Palais n 2 *(bouche)* Gaumen m
Palais m 1 ~ *de Justice* Gericht(sgebäude) n 2 ~ *des Sports* Sportpalast m
palan m Flaschenzug m

pâle 1 blaß, bleich, fahl 2 *une ~ lumière* fahles/mattes Licht; *rose ~* blaßrosa; *(fig) une ~ imitation* ein fader Abklatsch 3 *(fam) se faire porter ~* sich krank schreiben lassen

palefrenier *m* Pferdeknecht *m*, Stallbursche *m*

paléontologue *m* Paläontologe *m*

paleron *m* Bug *m*

palestinien, -ne palästinensisch

Palestinien *m* **-ne** *f* PalästinenserIn *m f*

palette *f* 1 *(peinture)* Palette *f*; *(fig) ~ de couleurs* Farb(en)skala *f* 2 Schulterstück *n* 3 *(tech)* Palette *f*

palétuvier *m* Mangrovenbaum *m*

pâleur *f* Blässe *f*, Fahlheit *f*

palier *m* Treppenabsatz *m*, (Treppen)podest *n*; *(fig) par ~s successifs* stufenweise

pâlir 1 *(personne)* bleich/blaß werden, erblassen, erbleichen 2 *les couleurs pâlissent* die Farben werden matter/verblassen

palissade *f* Palisade *f*

palliatif *m* Notlösung *f*, Notbehelf *m*

pallier beheben, ab=helfen (**D**)

palmarès *m* 1 *annoncer le ~* die Preisträger *mpl* bekannt=geben 2 *avoir un beau ~* viel Erfolg *m* gehabt haben

palme *f* 1 *(natation)* Schwimmflosse *f* 2 *~s académiques* Auszeichnung *f* für Verdienste (im Bildungswesen); *(fig) remporter la ~ de la naïveté* den Vogel ab=schießen, was Naivität anbetrifft 3 *huile de ~* Palmöl *n*

palmeraie *f* Palmenhain *m*

palmier *m* 1 Palme *f* 2 *(gâteau)* Schweinsohr *n*

palmipède *m* Wasservogel *m*

palombe *f* Ringeltaube *f*

pâlot, -te : *(fam) être ~* ein Blaßschnabel *m* sein

palourde *f* Venusmuschel *f*

palpable greifbar, faßbar, fühlbar; *(fig) preuve ~* handfester/konkreter Beweis

palper betasten, befühlen, an=fühlen; *(méd)* ab=tasten

palpitant zuckend; zitternd; *(fig) une aventure ~e* ein aufregendes/spannendes Abenteuer ◆ *m (fam)* Pumpe *f*

palpitation *f* Zucken *n*, Zuckung *f*; *(méd) avoir des ~s* Herzklopfen *n* haben

palpiter zucken; *(cœur)*. klopfen, schlagen, pochen

paludisme *m* Malaria *f*

pamphlet *m* Pamphlet *n*, Schmähschrift *f*, Streitschrift *f*

pamplemousse *m* Pampelmuse *f*, Grapefruit *f*

pan peng!, päng!; bum(s)!

pan *m* 1 *un ~ de mur* Mauerstück *n*, Wandstück *n* 2 *un ~ de chemise* Hemdzipfel *m*

panacée *f* Allheilmittel *n*

panaché *m* Panaschee *n*, Radler *m*

panacher (bunt) verzieren/schmücken *~ son discours d'expressions imagées* seine Rede mit einfallsreichen Ausdrücken auf=lockern/(aus)=schmücken; *~ une liste électorale* Kandidaten panaschieren, eine gemischte Kandidatenliste auf=stellen

panafricain panafrikanisch

panaris *m* Nagelbettentzündung *f*

pancarte *f* Schild *n*; Transparent *n*

pancréas *m* Bauchspeicheldrüse *f*

panégyrique *m* Lobrede *f*

paner panieren

panier *m* (Hand)korb *m ~ à salade* Salatkorb *m*; *(fig/fam) vieille* Minna *f*; *(fig) c'est un ~ percé* ihm rinnt das Geld nur so durch die Finger; *(fam) c'est un ~ de crabes* da/dort möchten sich (**D**) am liebsten alle gegenseitig die Augen aus=kratzen; *je les mets dans le même ~* da ist einer nicht besser als der andere; *(sp)* Korb *m*, Treffer *m*

panique *f* Panik *f pas de ~!* Ruhe *f* bewahren! ◆ *peur ~* panische Angst

paniquer *(fam)* in Panik versetzen ◆ *se ~* die Nerven verlieren

panneau *m* **-x** 1 Schild *n*; Tafel *f* 2 Brett *n*, Platte *f ~ d'affichage* Pinnwand *f*, Plakatwand *f*; Reklamefläche *f*; *(fam) tomber dans le ~* auf den Leim *m* gehen, auf etw (**A**) rein=fallen 3 *(couture)* (Stoff)bahn *f*

pannonceau *m* **-x** kleines Schild *n*

panorama *m* Panorama *n*; *(fig)* Überblick *m*

panoramique : *vue ~* Rundblick *m*

panse *f* Schmerbauch *m*; *(fam) se remplir la ~* sich (**D**) den Bauch *m* voll=hauen

pansement *m* Verband *m*

panser 1 verbinden, versorgen 2 *~ un cheval* ein Pferd striegeln

pansu dickbäuchig, bauchig

pantalon *m* Hose *f*

panthère *f* Panther *m* ◆ *amanite ~* Pantherpilz *m*

pantin *m* Hampelmann *n*

pantois verdutzt, verblüfft, *(fam)* baff

pantouflard : *(fam) être ~* ein Stubenhocker sein

pantoufle *f* Pantoffel *m*, Hausschuh *m*

P.A.O. *f* = **publication assistée par ordinateur** computergestützte Edition *f*

paon [pã] *m* **-ne** [pan] *f* Pfau *m*

papa *m* Papa *m*, Vati *m*

papal, -aux päpstlich

papauté *f* Papsttum *n*; Papstwürde *f*

pape *m* Papst *m*; *(fig/fam)* Chef *m*, Anführer *m sérieux comme un ~* todernst

paperasse *f* Papierkram *m*

papeterie *f* 1 Schreibwarengeschäft *n* 2 Schreibwaren *fpl*

papier *m* 1 Papier *n ~ mâché* Pappmaché

paramédical, -aux

n; ~ *peint* Tapete f; ~ *à lettres* Briefpapier n; ~ *de verre* Sandpapier n **2** *écrire sur un* ~ auf einen Zettel schreiben; *(presse)* (Zeitungs)artikel m; *(fam) être dans les petits* ~s *de qqn* bei jm gut angeschrieben sein **3** *avoir ses* ~s seine (Ausweis)papiere fpl (bei sich) haben

papillon m **1** Schmetterling m **2** *nœud* ~ Fliege f; *(sp) brasse* ~ Schmetterling m **3** *(tech)* Flügelmutter f; Drosselklappe f

papillote f **1** *poisson en* ~ in Alufolie f/Backfolie f gebackener Fisch **2** *(confiserie)* russisches Konfekt n

papilloter flimmern

papoter *(fam)* schnattern, plappern

papouille f Tätschelei f *faire des* ~s *à qqn* jn betätscheln

papy/papi m Opi m

pâque f: *la* ~ *juive* Passahfest n

paquebot m (Passagier)dampfer m

pâquerette f Gänseblümchen n; *(fig/fam) au ras des* ~s absolut unterm Strich n

Pâques fpl Ostern n(pl) *à* ~ zu Ostern

paquet m **1** Paket n **2** Päckchen n, Schachtel f, Packung f *un* ~ *de cigarettes* eine Schachtel Zigaretten **3** Bündel n *un* ~ *de linge* ein Wäschebündel n; *(fig) un* ~ *de mer* Sturzwelle f; *(fig/fam) un* ~ *de gens* eine Menge f Leute; *un* ~ *de nerfs* ein Nervenbündel n; *y mettre le* ~ *(non fam)* alle Mittel/Kraft einsetzen

paquetage m *(mil)* Gepäck n

par 1 durch, über (A) *passez* ~ *là!* kommen Sie hier entlang!/hier durch!; *passer* ~ *Paris* über Paris fahren; *regarder* ~ *la fenêtre* aus dem Fenster schauen **2** *être assis* ~ *terre* auf der Erde/dem Fußboden sitzen; *(mar)* ~ *30° de latitude Nord* auf der Höhe des dreißigsten Grades nördlicher Breite **3** ~ *beau temps* bei gutem/schönem Wetter; ~ *un soir d'hiver* an einem Winterabend; ~ *le passé* in der Vergangenheit **4** mit ~ *avion* mit dem Flugzeug; ~ *retour du courrier* umgehend, postwendend; *commencer* ~ *la fin* von hinten anfangen **5** aus ~ *intérêt* aus Interesse **6** pro ~ *jour* pro Tag; *deux* ~ *deux* zu zweit **7** durch, von; *(loc)* ~ *bonheur* zum Glück, glücklicherweise **8** ~ *contre* dagegen, hingegen, andererseits, jedoch; ~ *conséquent* demnach, demzufolge, folglich; ~ *exemple* zum Beispiel; ~ *pitié!* Erbarmen! **9** *cela va finir* ~ *arriver* schließlich/zuletzt wird es noch so kommen/geschieht es doch

parabole f Parabel f

parabolique : *antenne* ~ Parabolantenne f

parachever vollenden

parachute m Fallschirm m

parachuté : *un candidat* ~ ein Seiteneinsteiger m

parachuter mit dem Fallschrim ab=werfen/ab=setzen/ab=springen lassen; *(fig)* katapultieren

parachutiste m f FallschirmspringerIn m f; *(mil)* Fallschirmjäger m

parade f **1** *(sp)* Parade f; *(fig) trouver la* ~ eine gute Entgegnung f/ein gutes Gegenargument n finden, geschickt ab=wehren **2** Parade *arme de* ~ Prunkwaffe f, Paradewaffe f

parader sich zur Schau stellen; Eindruck schinden; paradieren

paradigme m Paradigma n

paradis m Paradies n; *(fig)* ~ *fiscal* Steueroase f; *il ne l'emportera pas au* ~ das wird er mir (noch) büßen müssen, *(fam)* dem werde ich's noch zeigen

paradisiaque paradiesisch

paradoxal, -aux 1 paradox **2** *(méd) sommeil* ~ Traumphase f

paradoxe m Paradox n

paraffine f Paraffin n

parages mpl: *dans les* ~ in der Gegend f/Umgebung f/Nähe f

paragraphe m Abschnitt m, Absatz m

paraître 1 erscheinen, sichtbar werden, auf=tauchen ~ *en public* öffentlich auf=treten, sich in der Öffentlichkeit zeigen **2** *(édition)* erscheinen, heraus=kommen, herausgegeben werden ◆ *ne rien laisser* ~ sich (D) nichts an=merken lassen ◆ scheinen ~ *plus jeune* jünger aus=sehen/(er)scheinen ◆ **1** *il paraît que* es scheint, daß; man sagt/erzählt sich/behauptet, daß **2** *dans deux jours, il n'y paraîtra plus* in zwei Tagen ist nichts mehr (davon) zu sehen/merken **3** *cela me paraît nécessaire* es scheint mir notwendig

parallèle parallel (zu); *(sp) barres* ~s Barren m; *(fig) avoir des idées* ~s gleichgelagerte Ideen haben; *le marché* ~ der graue Markt; *police* ~ nicht offizielle (Geheim)polizei ◆ f Parallele f ◆ **1** *(géo)* Breitenkreis m, Parallelkreis m **2** *faire un* ~ die Parallele ziehen; *mettre en* ~ miteinander vergleichen, gegeneinander ab=wägen

parallélépipède m Parallelepiped(on) n

parallélisme m Parallelität f; *(tech)* ~ *des roues* Parallelausrichtung f der Räder; *(fig)* Übereinstimmung f, Gleichlauf m

parallélogramme m Parallelogramm n

paralyser lähmen; *(fig) la grève paralyse l'activité économique* der Streik lähmt die Wirtschaft/legt die Wirtschaft lahm/still

paralysie f Lähmung f; *(fig)* Lähmung f, Ohnmacht f, Machtlosigkeit f

paralytique m f Gelähmte/r

paramédical, -aux : *professions* ~es ärztliche Hilfsberufe

paramètre

paramètre m (math/stat/info) Parameter m; (fig) c'est un ~ **important** das ist eine wichtige Größe f/Dimension f/Konstante f
paranoïaque paranoisch ◆ m f ParanoikerIn m f
parapente m Hanggleiter m
parapet m Brüstung f, Geländer n
paraphe m Namenszug m, Paraphe f
parapher paraphieren
parapheur m Unterschriftenmappe f
paraphrase f : (péj) faire de la ~ umständlich/weitschweifig reden
paraplégique querschnittsgelähmt
parapluie m Regenschirm m
parascolaire : activité ~ außerlehrplanmäßige Aktivität
parasitaire parasitär; (fig) vie ~ Schmarotzerdasein n
parasite m 1 Parasit m; (fig) Schmarotzer m, Parasit m 2 (élec/tél) Störung f, Nebengeräusch n; il y a des ~s sur la ligne es knistert in der Leitung
parasiter 1 stören 2 (fig) ~ qqn jn aus·nutzen
parasol 1 Sonnenschirm m 2 pin ~ Pinie f
paratonnerre m Blitzableiter m
paravent m spanische Wand f, Wandschirm m
parc m 1 Park m 2 ~ **national** Nationalpark m, Naturschutzpark m 3 ~ **d'attractions** Vergnügungspark m 4 ~ **à moutons** Pferch m ; (enfants) Laufgitter n, Laufstall m, Laufställchen n 5 ~ **automobile** Fuhrpark m
parcellaire : (fig) une vision ~ eine Teilsicht
parcelle f 1 Parzelle f 2 Stückchen f une ~ **d'or** ein Goldsplitter m ; (fig) pas la moindre ~ **de chance** nicht das kleinste Quentchen n Glück
parce que weil ; (fam) ~ ! (eben) darum !
parchemin m Pergament n
parcimonie f : avec ~ sehr/äußerst sparsam
parcmètre m Parkuhr f
parcourir 1 ~ **une distance** eine Entfernung zurück·legen 2 ~ **le monde** die Welt durch·fahren/durch·streifen 3 ~ **un livre** ein Buch überfliegen/flüchtig durch·lesen/an·sehen
parcours m (Fahr)strecke f, Laufstrecke f; la gare est sur mon ~ der Bahnhof liegt auf/an meinem Weg m; (mil) ~ **du combattant** Hindernisbahn f ; (fig) incident de ~ Mißgeschick n; avoir eu un ~ compliqué eine komplizierte/schwierige Entwicklung f durchgemacht haben
par-delà jenseits (von/G)
pardessus m Überzieher m
pardi : s'il l'a fait, c'est qu'il en avait envie, ~ ! wenn er es getan hat, dann hatte er eben Lust dazu !
pardon : ~ ! Entschuldigung !, Verzeihung !; ~ ? wie bitte ? ◆ m Entschuldigung f, Verzeihung f; (rel) Vergebung f
pardonnable verzeihlich, entschuldbar ce n'est pas ~ das ist nicht zu entschuldigen/verzeihen
pardonner entschuldigen, verzeihen ; (rel) ~ **les péchés** Sünden vergeben ; (fig) ne pas ~ **à qqn sa réussite** jm seinen Erfolg nicht gönnen ◆ ça ne pardonne pas das läßt sich nicht aus der Welt schaffen
pare-balles : gilet ~ kugelsichere Weste
pare-brise m Windschutzscheibe f
pare-chocs m Stoßstange f
pare-feu m Feuerschutz m
pareil, -le 1 gleich à nul autre ~ ohnegleichen; hier à ~le heure gestern zur gleichen Zeit 2 dans un cas ~ in einem solchen Fall; à une heure ~le zu so ungewöhnlicher Zeit/Stunde/zu dieser Zeit ◆ être habillés ~ gleich angezogen sein ◆ m f ne pas avoir son ~ nicht seinesgleichen/ihresgleichen haben; d'une témérité sans ~le von unvergleichlicher Kühnheit; eine Kühnheit, die ihresgleichen sucht ◆ f rendre la ~le Gleiches n mit Gleichem vergelten ◆ m c'est du ~ au même (fam) das ist Jacke wie Hose, das ist gehupft wie gesprungen
pareillement ebenso, ebenfalls, gleichfalls ; merci ! ~ ! danke ! gleichfalls !
parement m : (tech) Verkleidung f
paremenure f Blende f, Passe f
parent m : verwandt ◆ m -e f 1 Verwandte/r; (fig) le ~ **pauvre** Benachteiligte/r 2 les ~s die Eltern pl
parental, -aux elterlich, Eltern-
parenté f 1 lien de ~ Verwandtschaftsverhältnis n; (fig) il y a une ~ **entre les deux livres** die beiden Bücher sind geistesverwandt 2 avoir une nombreuse ~ eine große/vielköpfige Verwandtschaft f haben
parenthèse f (runde) Klammer f ; (fig) Zwischenbemerkung ; fermons la ~ kehren wir zum eigentlichen Thema zurück ; je vous dirai, entre ~s ich möchte Ihnen (so) ganz nebenbei sagen
paréo m (tahitischer) Lendenschurz m
parer 1 zieren 2 (viande) zurecht·machen 3 parez les amarres ! Leinen los ! 4 ~ **un coup** einen Schlag ab·wehren / parieren / ab·fangen ◆ se ~ (de) sich schmücken (mit) ◆ ~ **à un danger** sich gegen eine Gefahr schützen, einer Gefahr (D) begegnen ; ~ **au plus pressé** die dringendsten Sachen erledigen
pare-soleil m Blendschutzscheibe f, Sonnenblende f

paresse f Faulheit f; (méd) ~ *intestinale* Darmträgheit f
paresser faulenzen
paresseux, -euse faul; (méd) träg ◆ m f FaulenzerIn m f ◆ m Faultier n
parfaire vollenden, vervollkommnen
parfait vollendet, perfekt, tadellos, vollkommen, einwandfrei *un crime* ~ ein perfektes Verbrechen; *un* ~ *gentleman* ein vollendeter Gentleman; *en* ~*e santé* vollkommen gesund ◆ m **1** ~ *glacé* Eisbombe f **2** (gram) Perfekt n
parfaitement 1 ~ *!* genau! **2** *cela m'est* ~ *égal* das ist mir vollkommen/völlig gleichgültig/egal; *vous savez* ~ *que* Sie wissen ganz genau, daß **3** *parler* ~ *l'allemand* perfekt Deutsch sprechen
parfois manchmal, bisweilen, mitunter
parfum m **1** Duft m **2** *quel* ~ *voulez-vous, vanille ou chocolat?* möchten Sie Vanillen- oder Schokoladengeschmack? m **3** *acheter un* ~ ein Parfüm n kaufen **4** (fam) *être au* ~ im Bilde n sein
parfumer 1 parfümieren/mit Parfüm besprühen **2** ~ *un gâteau* einen Kuchen aromatisieren **3** ~ *l'air* die Luft mit Duft erfüllen ◆ *se* ~ sich parfümieren
parfumerie f **1** Parfümerie f **2** Parfümeriewaren fpl
pari m **1** Wette f *faire un* ~ eine Wette ab=schließen/ein=gehen, wetten **2** (courses) Pferdewette f; ~ *mutuel urbain (P.M.U.)* Totalisator m; (fig) *les* ~*s sont ouverts* alles ist noch offen
paria m (fig) Aussätzige/r
parier ~ *100 F sur un cheval* 100 Francs auf ein Pferd setzen; *je parie (100 F) que* ich wette (100 Francs), daß
parieur m **-euse** f WetterIn m f
parisianisme m Pariser Dünkel m
parisien -ne pariserisch *la vie* ~ das Pariser Leben ~ ◆ m f PariserIn m f
paritaire : *commission* ~ paritätisch zusammengesetzter Ausschuß
parité f : ~ *de change* Währungsparität f; ~ *entre les salaires* Lohnparität f
parjure : *être* ~ eidbrüchig/meineidig werden ◆ *m commettre un* ~ einen Meineid m schwören
parking [parkiŋ] m Parkplatz m ; ~ *souterrain* Tiefgarage f; *place de* ~ Parkplatz m
parlant 1 *cinéma* ~ Tonfilm m ; (tél) *horloge* ~*e* Zeitansage f **2** *ce détail est très* ~ dieses Detail sagt sehr viel ◆ *humainement* ~ menschlich genommen/gesehen
parlement m Parlament n
parlementaire parlamentarisch, Parlaments- *régime* ~ Parlamentarismus m ◆ m f **1** ParlamentarierIn m f **2** ParlamentärIn m f, UnterhändlerIn m f

parlementer verhandeln
parler 1 sprechen ~ *politique* über Politik reden/sprechen; politisieren; ~ *à qqn* mit jm sprechen/reden; ~ *de qqn/ qch* über jn/etw sprechen/reden; ~ *pour ne rien dire* (fig/fam) leeres Stroh dreschen; *s'écouter* ~ sich gern reden hören; (fig) *trouver à qui* ~ seinen Meister finden; (loc) *sans* ~ *de* abgesehen von **2** *le complice a parlé* der Komplize hat gestanden **3** *il parle de venir* er sagt, er wolle kommen **4** (fam) *tu parles!* so siehst du aus! ◆ *ils ne se parlent plus* sie reden nicht mehr miteinander ◆ **1** *faire* ~ *qqn* jn zum Reden/Sprechen bringen **2** *faire* ~ *de soi* von sich reden machen
parleur m : *un beau* ~ ein Schönredner m
parloir m (prison) Besuchsraum m
parme mauve, malvenfarbig
parmi 1 (mitten) unter (D/A), zwischen (D/A) ~ *nous* (mitten) unter uns; *une solution* ~ *d'autres* eine Lösung unter anderen; *se frayer un chemin* ~ *les ronces* sich (D) einen Weg durch die Brombeersträucher bahnen **2** *compter qqn* ~ *ses amis* jn zu seinen Freunden zählen
parodie f Parodie f; (fig) *une* ~ *de justice* Farce f der/auf die Justiz
parodique : *style* ~ parodistischer Stil
paroi f Wand f *la* ~ *d'un tube* die Wandung einer Röhre; (montagne) *la* ~ *Nord* die Nordwand f ; (méd) ~ *abdominale* Bauchdecke f
paroisse f (Kirchen)gemeinde f, Pfarrgemeinde f, Pfarre f ; (fig) Klüngel m
paroissien m **-ne** f Gemeindemitglied n
parole f **1** Sprachvermögen n, Sprache f **2** Wort *n adresser la* ~ *à qqn* das Wort an jn richten, jn an=sprechen; *passer la* ~ *à qqn* jm das Wort erteilen; *prendre la* ~ das Wort ergreifen; (fig) *ne pas avoir droit à la* ~ nichts zu sagen/(ver)melden haben; (rel) *la bonne* ~ das Wort Gottes, die frohe Botschaft f ; (loc) *ce qu'il dit n'est pas* ~ *d'évangile* was er sagt, ist zu bezweifeln/anzuzweifeln **3** *c'était une* ~ *en l'air* das war gegen den Wind gesprochen; (fig) *mesurer ses* ~*s* seine Worte ab=wägen **4** *donner sa* ~ sein Wort/ein Versprechen n geben; *être de* ~ zu seinem Wort stehen; *croire qqn sur* ~ jm aufs Wort glauben **5** *musique et* ~*s* Text m und Musik f, ehrlich! **6** ~ *d'honneur!* mein Ehrenwort!
parolier m **-ère** f TextdicherIn m f, TexterIn m f
paroxysme m Höhepunkt m
parpaing m Mauerstein m
parquer ein=pferchen
parquet m **1** Parkett n, Parkettfußboden m **2** (jur) Staatsanwaltschaft f

parrain *m (rel)* Pate *m*; *(fig)* Bürge *m*, Fürsprecher *m*; *(mafia)* Pate

parrainer : **~ qqn** für jn als Bürge/Fürsprecher ein=treten/gut=sagen; **~ un projet** die Schirmherrschaft für ein Projekt übernehmen

parricide *m f* VatermörderIn *m f*, MuttermörderIn *m f* ◆ *m* Vatermord *m*

parsemer (de) bestreuen (mit)

part *f* 1 Teil *m*/*n*; Anteil *m* **~ de gâteau** ein Stück *n* Kuchen; *(comm)* **~ sociale** Gesellschaftsanteil *m*; *(fig)* **faire la ~ de qch** etw ab=sehen; **faire la ~ des choses** einer Sache (D) Rechnung tragen; *(loc)* **pour ma ~** ich für meinen Teil, was mich betrifft/an(be)langt; **à ~ entière** vollberechtigt 2 **faire ~ de qch à qqn** jm etw mit=teilen/bekannt=geben; **prendre à qch a etw (D)** teil=nehmen 3 **à ~ lui** bis auf ihn; **c'est un cas à ~** das ist ein besonderer/spezieller Fall; **une chambre à ~** ein separates Zimmer 4 **saluez-le de ma ~** grüßen Sie ihn von mir 5 **autre ~** wo-anders(hin), anderswo(hin); **nulle ~** nirgends, nirgendwo; **de ~ en ~** durch und durch; **de ~ et d'autre** von/zu/auf beiden Seiten, beiderseits; **de toutes ~s** von allen Seiten 6 **d'une ~... d'autre ~** einerseits... and(er)rerseits

partage *m* (Auf)teilen *n*, (Auf)teilung *f*; *(géo)* **ligne de ~ des eaux** Wasserscheide *f*

partager (auf)=teilen, zerteilen **~ son temps entre plusieurs occupations** seine Zeit zwischen mehreren Beschäftigungen auf=teilen; *(fig)* **je ne partage pas votre avis** ich teile Ihre Meinung nicht ◆ *(fig)* **être partagé** sein gespalten sein

partageur, -euse gebefreudig, zum Teilen bereit **ne pas être ~** nicht gerne teilen

partant : *(fam)* **être toujours ~** immer bereit sein; **être ~ pour aller manger** einverstanden sein, essen zu gehen

partant *m* : 25 **~s** 25 Starter *mpl*/Teilnehmer *mpl*

partenaire *m f* PartnerIn *m f*; *(éco)* **les ~s sociaux** Sozialpartner *mpl*; *(sp/jeu)* Mitspieler *m*

partenariat *m* Partnerschaft *f* **relation de ~** partnerschaftliche Beziehung

parterre *m* 1 Beet *n* 2 *(th)* Parkett *n*

parti *m* 1 *(pol)* Partei *f* 2 **~ pris** Voreingenommenheit *f*, vorgefaßte Meinung *f*; **prendre le ~ de qqn** für jn ein=treten; **en prendre son ~** sich damit ab=finden 3 **tirer ~ de qch** Nutzen *m* aus etw ziehen, etw (aus)=nutzen 4 **un beau ~** eine gute Partie *f*

partial, -aux parteiisch; voreingenommen

participant, -e *f* TeilnehmerIn *m f*

participation *f* Teilnahme *f*, Beteiligung *f*; *(éco)* (Gewinn)beteiligung *f*; *(ens)* **bonne ~** gute Mitarbeit *f*

participe *m* Partizip *n*

participer 1 **~ à une manifestation** an einer Demonstration teil=nehmen; **~ à un projet** an einem Projekt mit=wirken 2 **~ aux frais** sich an den (Un)kosten beteiligen

particularisme *m* Partikularismus *m* **les ~s locaux** Lokalpartikularismus *m*

particularité *f* Besonderheit *f*, Eigentümlichkeit *f*; **avoir une ~** eine besondere Eigenschaft *f* haben

particule *f* 1 Teilchen *n*, Partikel *f* 2 *(gram)* Partikel *f* 3 **un nom à ~** ein Adelsname *m*

particulier, -ière 1 besonder-, Sonder- **cas ~** Sonderfall *m*, spezieller/besonderer Fall 2 eigenartig, merkwürdig; *(péj)* **des mœurs très particulières** seltsame/absonderliche Sitten 3 privat **hôtel ~** Bürgerhaus *n*; **voiture particulière** Privatwagen *m* 4 **sur ce point ~** in diesem speziellen Punkt 5 **en ~** besonders, vor allem, speziell ◆ *m* 1 Privatperson *f* 2 **le général et le ~** das Allgemeine *n* und das Besondere

particulièrement 1 **être ~ de mauvaise humeur** ganz besonders/ausgesprochen schlecht gelaunt sein 2 **je voudrais ~ souligner** ich möchte (ganz) besonders/ausdrücklich/vor allem betonen

partie *f* 1 Teil *m* 2 Spiel *n*, Partie *f*; *(fig)* **ce n'est que ~ remise** die Angelegenheit *f*/Sache *f* ist nur aufgeschoben, aufgeschoben ist nicht aufgehoben 3 *(jur)* **civile** Nebenkläger *m*; *(fig)* **prendre qqn à ~** jn an=greifen, auf jn los=gehen 4 **les ~s** *(génitales)* die Geschlechtsteile *npl*

partiel, -le Teil- **résultats ~s** Zwischenergebnisse *npl*; **succès ~** Teilerfolg *m*

partiel *m* Zwischenprüfung *f*

partiellement teilweise, zum Teil

partir <être> weg=gehen, weg=fahren **~ pour la guerre** in den Krieg ziehen; **il est parti chercher des cigarettes** er ist Zigaretten holen gegangen; **le train part à huit heures** der Zug fährt um 8 Uhr (ab); *(fig)* **~ de données fausses** von falschen Voraussetzungen aus=gehen; **~ de rien** mit nichts an=fangen; **la tache ne part pas** der Fleck geht nicht weg ◆ *(fam)* **c'est parti !** es geht los!; **c'est mal parti !** das fängt ja gut an! ◆ **faire ~ un moteur** einen Motor an=springen lassen ◆ **à ~ de ce moment-là** von diesem Augenblick an; **à ~ d'aujourd'hui** von heute an/ab, ab heute

partisan 1 **être ~** voreingenommen sein 2 **être ~ de qch** etw befürworten, für etw ein=treten ◆ *m* Anhänger *m*, Verfechter *m*, Befürworter *n*; *(mil)* Partisan *m*

partition *f* Partitur *f*

partout überall(hin), allerorts
parure f 1 Schmuck m, Geschmeide n 2 Garnitur f ~ *de lit* Bettwäschegarnitur f
parution f Erscheinen n
parvenir <être> erreichen, an=langen, an=kommen, gelangen an (A)/zu; *(fig) je suis parvenu à* es ist mir gelungen, zu
parvenu -e f Parvenü m
parvis m (Kirchen)vorplatz m
pas: *je ne veux* ~ ich will nicht; *je n'ai* ~ *d'argent* ich habe kein Geld; ~ *du tout* überhaupt/ganz und gar nicht; ~ *le moins du monde* nicht im geringsten
pascal österlich, Oster-
pas-de-porte m Abstandszahlung f, Abstand m
passable leidlich, annehmbar, passabel; *(ens)* ausreichend
passade f flüchtiges Liebesabenteuer n; Laune f
passage m 1 Durchgang m, Durchfahrt f ~ *souterrain* Unterführung f, Fußgängertunnel m; ~ *à niveau* (beschrankter) Bahnübergang m; ~ *pour piétons* Fußgängerüberweg m, Fußgängerübergang m; Zebrastreifen m 2 (Vorbei)gehen n/-kommen n/-fliegen n ◆ *attendre le* ~ *du facteur* auf den Briefträger warten; *être de* ~ auf der Durchreise f sein; *(fig) avoir un* ~ *à vide* kurz ab=schalten; *(jur) droit de* ~ Wegerecht n 3 *lire un* ~ eine Passage f lesen
passager, -ère, vorübergehend; flüchtig; vergänglich ◆ m f PassagierIn m f
passant verkehrsreich
passant m -e f PassantIn m f
passation f : ~ *des pouvoirs* Machtübergabe f
passe f 1 (sp) Paß m 2 *être en* ~ *de* im Begriff sein, zu; *être dans une mauvaise* ~ eine Pechsträhne f haben 3 *mot de* ~ Parole f, Losungswort n, Kennwort n 4 *(roulette)* passe 5 *(fam) une* ~ *à 300 F* eine Nummer f kostet 300 Francs
passé m Vergangenheit f; Vergangene/s; *(gram)* ~ *composé* Perfekt n; ~ *simple* Präteritum n
passe-droit m Schiebung f, ungerechtfertigte Bevorzugung f
passéiste vergangenheitsbezogen
passementerie f Posament n
passe-montagne m Kopfschützer m
passe-partout m 1 Dietrich m 2 *(art)* Passepartout n
passe-passe m : *tour de* ~ Taschenspielertrick m
passe-plat m Durchreiche f
passeport m Paß m
passer <être> **1** *peux-tu* ~ ? kommst du vorbei?; ~ *prendre qqn* jn ab=holen; *on ne peut pas* ~ man kommt nicht durch; *la balle n'est pas passée loin* die Kugel ist nicht weit von hier vorbeigeflogen; *(fam) je l'ai senti* ~ ! ich habe es kommen sehen! 2 ~ *par Paris* über Paris fahren; ~ *par la porte* durch die Tür gehen; ~ *devant la gare* vor dem Bahnhof vorbei=fahren/vorbei=gehen; ~ *sous un pont* unter einer Brücke durch=gehen/durch=fahren; ~ *sur un pont* über eine Brücke gehen/fahren; *(fig)* ~ *par de mauvais moments* schlimme Zeiten zu überstehen haben; *en* ~ *par là* durch etw durch=müssen; ~ *sur les détails* über Einzelheiten hinweg=gehen 3 ~ *dans la classe supérieure* versetzt werden 4 ~ *à table* zu Tisch gehen; *(fig)* ~ *à l'action* (zu) handeln (beginnen); ~ *à autre chose* zu etw anderem/einem anderen Thema kommen/übergehen 5 *le film passe en ce moment* der Film wird zur Zeit gespielt/gezeigt; *X passe à l'Olympia* X kommt ins Olympia/tritt im Olympia auf 6 *ça va* ~ das geht vorbei 7 *le temps passe* die Zeit vergeht 8 ~ *pour un imbécile* für bescheuert gehalten werden 9 *(couleur)* aus=bleichen 10 *qu'il soit fâché, passe encore* daß er sich ärgert, ist ja noch zu verstehen ◆ ~ *inaperçu* nicht auf=fallen; unbemerkt bleiben ◆ **1** ~ *une bonne soirée* einen angenehmen Abend verbringen 2 ~ *un examen* eine Prüfung machen/ab=legen; ~ *une visite médicale* (D) unterziehen 3 geben; *(fig)* ~ *la parole à qqn* das Wort an jn weiter=geben; ~ *sa grippe à qqn* jn mit seiner Grippe an=stecken; *(tél)* ~ *un coup de fil* telefonieren; *passez-moi M. X* verbinden Sie mich bitte mit Herrn X 4 ~ *son chemin* seinen Weg fort=setzen, weiter=gehen; ~ *un col* einen Paß überqueren; ~ *la frontière* über die Grenze gehen 5 ~ *sa colère sur qqn* seine Wut an jm aus=lassen 6 *il lui passe tout* er läßt ihm alles durchgehen 7 ~ *en fraude* schmuggeln 8 ~ *une vitesse* einen Gang ein=legen 9 ~ *qch sous silence* etw schweigend übergehen; *j'en passe et des meilleurs* da schweigt des Sängers Höflichkeit 10 ~ *une couche de peinture* eine Farbschicht auf=tragen 11 ~ *qqn par les armes* jn erschießen 12 ~ *une robe* ein Kleid überziehen, in ein Kleid schlüpfen ◆ **1** *que se passe-t-il?* was ist los?; *l'histoire se passe à Paris* die Geschichte spielt in Paris 2 *combien de temps s'est-il passé?* wieviel Zeit ist vergangen? 3 *se* ~ *de qqch* auf jn etw verzichten; *(fig) cela se passe de commentaires* dazu ist/braucht man nichts zu sagen, *(fam)* Kommentar überflüssig ◆ *faire* ~ *à qqn l'envie de faire qch* jm Lust nehmen, etw zu tun ◆ *laisser* ~ *qqn* jn durch=lassen/vorbei=lassen
passerelle f Übergang m; Steg m ~

passe-temps

d'embarquement Landungssteg *m*, Landungsbrücke *f* ; *(fig)* Brücke
passe-temps *m* Zeitvertreib *m*
passeur *m* **-euse** *f* 1 *(frontière)* SchlepperIn *m f* 2 *(fleuve)* Fährmann *m*
passible : *être ~ d'une amende* mit einer gebührenpflichtigen Verwarnung zu rechnen haben ; bestraft werden
passif, -ive 1 *un témoin ~* ein unbeteiligter Zeuge 2 *un garçon ~* ein passiver Junge 3 *défense passive* Zivilschutz *m* ; Luftschutz *m*
passif *m* 1 *(comm)* Passiva *npl*, Verbindlichkeiten *fpl* 2 *(gram)* Passiv *n*
passionnant : *un roman ~* ein fesselnder/packender Roman ; *une vie ~e* ein aufregendes Leben ; *une personne ~e* eine hinreißende Person
passionné leidenschaftlich *être ~ de cinéma* ein leidenschaftlicher/begeisterter/passionierter Kinogänger sein ◆ *m* **-e** *f* *un ~ de chevaux* ein Pferdeliebhaber *m*
passionnel, -le 1 affektbedingt 2 *un crime ~* ein aus Eifersucht begangenes Verbrechen
passionner begeistern, hin=reißen *se ~ pour qch* sich für etw begeistern
passivité *f* Passivität *f*
passoire *f* Sieb *n*, Durchschlag *m*
pastel : *une couleur ~* ein Pastellfarbton ◆ *m* Pastellstift *m* ; Pastell *n*
pastèque *f* Wassermelone *f*
pasteur *m* *(rel)* Pfarrer *m*, Pastor *m*
pasteuriser pasteurisieren
pastiche *m* Nachahmung *f*
pastille *f* Pastille *f*, Bonbon *m*
pastoral, -aux : *vie ~e* Hirtenleben *n*
patate *f* 1 *(fam)>(non fam)* Kartoffel *f* ; *(fig) en avoir gros sur la ~* stinksauer sein, *(non fam)* gedrückt/bedrückt sein 2 *(fam) eh ~ !* du Dussel ! *m* 3 *~ douce* Süßkartoffel *f*
patatras ! bauz !. pardauz !
pataud *(fam)* tolpatschig, plump
patauger patschen, waten ; *(fig)* sich verhaspeln
pâte *f* 1 Teig *m* ; *(fig/fam) c'est une bonne ~* das ist eine Seele von Mensch/eine gute/brave Haut 2 Nudel *f* 3 Paste *f* *~ dentifrice* Zahnpasta *f* ; *~ de fruits* Geleefrüchte *fpl* 4 Brei *m* *~ à papier* Papiermasse *f*, Papierfaserbrei *m*
pâté *m* 1 Pastete *f* 2 *un ~ de maisons* Häuserblock *m* 3 Tintenklecks *m* 4 *~ de sable (fam)* Pampe *f*
pâtée *f* Futterbrei *m*
patent offenkundig, offensichtlich
patenté *(fig)* anerkannt
patère *f* Kleiderhaken *m*

paternalisme *m* (soziale)Bevormundung *f* *faire du ~* sich patriarchalisch verhalten
paternel, -le väterlich *la maison ~le* Vaterhaus *n* ; *les grands-parents ~s* die Großeltern väterlicherseits ◆ *m (fam) mon ~* mein alter Herr *m*
paternité *f* Vaterschaft *f* ; *(fig)* Urheberschaft *f*, Autorenschaft *f*
pâteux, -euse teigig ; breiig *avoir la langue pâteuse* eine pelzige Zunge haben
pathétique pathetisch
pathogène : *agent ~* Krankheitserreger *m*
pathologique pathologisch ; *(fig) chez lui c'est ~* das ist krankhaft bei ihm
patibulaire Galgen- *des individus ~s (fig/fam)* Galgenvögel *mpl* ; *mine ~* Verbrechervisage *n*
patience *f* 1 Geduld *f* *prendre son mal en ~* sein Unglück geduldig ertragen 2 *(jeu)* Patience *f*
patient geduldig
patient *m* **-e** *f* PatientIn *m f*
patienter sich gedulden, geduldig warten
patin *m* 1 *(tech) ~ de freins* Bremsbelag *m* 2 *~ à glace* Schlittschuh *m* ; *~ à roulettes* Rollschuh *m* 3 *prendre les ~s* Filzpantoffeln *mpl* an=ziehen
patinage *m* Schlittschuhlaufen *n* *~ artistique* Eiskunstlauf *m*
patiner (se) Patina an=setzen
patinette *f* Roller *m*
patineur *m* **-euse** *f* SchlittschuhläuferIn *m f*
patinoire *f* Eisbahn *f*, Schlittschuhbahn *f*
patio *m* Innenhof *m*
pâtir (de) leiden (unter **D**)
pâtisserie 1 (Fein)gebäck *n*, Kuchen *mpl* 2 Feinbäckerei *f*, Konditorei *f* ; Konditorenhandwerk *n*
pâtissier *m* **-ière** : *f* KonditorIn *m f*
patois *m* Mundart *f*
patraque : *(fam) être ~* nicht ganz auf der Höhe/dem Damm sein
patriarche *m* Patriarch *m*
patrie *f* Vaterland *n*, Heimat *f*
patrimoine *m* Erbe *n* ; Vermögen *n*
patriote patriotisch ◆ *m f* PatriotIn *m f*
patriotisme *m* Patriotismus *m*, Vaterlandsliebe *f*
patron *m* 1 Schnittmuster *n*, Modell *n* 2 *(taille)* groß
patron *m* **-ne** *f* 1 InhaberIn *m f*, ChefIn *m f*, ArbeitgeberIn *m f* 2 *un saint ~* ein Schutzpatron *m*
patronage *m* 1 *sous le ~ de* unter der Schirmherrschaft *f* von 2 Jugendwerk *n*
patronal, -aux 1 Arbeitgeber-, Unternehmer- 2 *(rel) fête ~e* Patronatsfest *n*
patronat *m* Arbeitgeberschaft *f*, Arbeitgeberverband *m*
patronner fördern ; unterstüzen

patronnesse : *dame* ~ Vorstandsdame *f*, Patronin *f*
patronyme *m* Familienname *m*
patrouille *f* Streife *f*, Streifengang *m*, Patrouille *f*
patrouiller patrouillieren
patte *f* **1** Pfote *f*, Tatze *f*, Klaue *f*; Bein *n marcher à quatre* ~*s* auf allen vieren kriechen; *(fam) se casser une* ~ sich (D) eine Hachse *f* brechen; *on reconnaît sa* ~ man erkennt seine Hand *f* ; *(fig/fam) retomber sur ses* ~*s* (immer) wieder auf die Beine fallen; *tirer dans les* ~*s à qqn* jm etw vermasseln/in die Quere kommen **2** *(couture)* Leiste *f*, Riegel *m*, Klappe *f*
patte-d'oie *f* **1** Straßenkreuzung *f* **2** Krähenfuß *m*
pâturage *m* (Vieh)weide *f*
pâture *f* **1** Futter *n* **2** *(fig) donner qqn/ qch en* ~ *à la presse* jn/etw der Presse zum Fraß *m* vorwerfen
paume *f* Handteller *m*, Handfläche *f*
paumé *m* **-e** *f (fam)* Aufgeschmissene *f*
paumer *(fam)* versaubeuteln, verbumfiedeln ◆ *se* ~ *(non fam)* sich verlaufen/ verirren/verfahren
paupérisation *f* Verarmung *f*, Verelendung *f*
paupière *f* (Augen)lid *n*
paupiette *f* Klabsroulade *f*
pause *f* Pause *f marquer une* ~ *dans un processus* einen Prozeß vorübergehend unterbrechen
pauvre 1 arm, armselig, ärmlich ◆ *en calories* kalorienarm; *(fam) un* ~ *type* ein jämmerlicher Typ **2** *une terre* ~ ein karger/unfruchtbarer Boden; *un vocabulaire* ~ dürftiger Wortschatz ◆ *m f* Arme/r ; *(fig) la* ~ *!* die Arme *f*/Ärmste *!*
pauvrement kümmerlich, ärmlich
pauvreté *f* **1** Armut *f* **2** Armseligkeit *f*; Kargheit *f*; Dürftigkeit *f*
pavaner (se) sich in Szene setzen
pavé *m* Pflasterstein *m*; *(fig) être sur le* ~ auf der Straße liegen; *lancer un* ~ *dans la mare* einen Sturm im Wasserglas aus=lösen, einen Stich *m* ins Wespennest tun; *(fig/fam) écrire un* ~ einen Riesenschinken *m* schreiben
paver pflastern
pavillon *m* **1** Einfamilienhaus *n* ~ *de chasse* Jagdhütte *f*, Jagdschlößchen *n*; ~ *central* Hauptgebäude *n* **2** ~ *de l'oreille* Ohrmuschel *f*; ~ *d'un cor* Schalltrichter *m* eines Horns **3** *(mar)* Flagge *f*; *(fig) baisser* ~ die Segel *npl* streichen
pavoiser beflaggen ◆ *(fam)* mächtig stolz sein
pavot *m* Mohn *m*
payable zahlbar
payant 1 *hôte* ~ zahlender Gast **2** *spectacle* ~ Schauspiel/Veranstaltung, für die Eintritt gezahlt werden muß **3** *(fam) c'est toujours* ~ das lohnt sich immer/zahlt sich immer aus/macht sich immer bezahlt
paye *f* Lohn *m*, Lohn(aus)zahlung *f*
payer (be)zahlen; *(fig)* ~ *de sa personne* sich mit seiner ganzen Person/Kraft/voll und ganz ein=setzen; ~ *pour les autres* für die anderen her=halten/büßen; *le crime ne paie pas* ein Verbrechen macht sich nicht bezahlt/zahlt sich nie aus; bezahlen *je l'ai payé 50 F* ich habe 50 Francs dafür bezahlt; *(fam)* ~ *un verre à qqn* einen aus=geben; *(fig) se* ~ *le luxe de faire qch* sich (D) den Luxus leisten, etw zu tun; *se* ~ *du bon temps* es sich (D) gutgehen lassen; *se* ~ *la tête de qqn* sich über jn lustig=machen, jn verklappsen/verkohlen/ foppen **2** *(fig) tu me le paieras !* das sollst du mir (noch) büßen ! ◆ **1** *payez-vous !* ziehen Sie ab, was Sie bekommen ! *se* ~ *de mots* sich mit Worten zufrieden geben ◆ *être payé de retour* erwidert/vergolten werden
payeur *m* **-euse** *f* **1** *un mauvais* ~ ein säumiger Zahler *m* **2** Zahlmeister *m*
pays *m* **1** Land *n* **2** Heimat *f* **3** *les gens du* ~ die Einheimischen *mfpl* ; *vin de* ~ Landwein *m* **4** *(fam) un petit* ~ ein kleines Dorf *n*
paysage *m* Landschaft *f*
paysagiste *m f* LandschaftsgestalterIn *m f*, GartenbauarchitektIn *m f*
paysan : *le monde* ~ die Bauern *mpl*; *la vie* ~*ne* das bäuerliche Leben *n* ◆ *m* **-ne** *f* Bauer *m*, Bäuerin *f*
P.C. *m* **1** = **parti communiste** KP *f* kommunistische Partei *f* **2** = **poste de commandement** Kommandozentrale *f*
P.-D. G. *m* = **président-directeur général** GeneraldirektorIn *mf*
péage *m* (Autobahn)gebühr *f*
peau *f* **-x 1** Haut *f*; *(fig) une sensibilité à fleur de* ~ Überempfindlichkeit *f* ; *se mettre dans la* ~ *de qqn* sich in jn hinein=versetzen; *(loc) n'avoir que la* ~ *sur les os* nur (noch) Haut und Knochen sein; *(fam) avoir qqn dans la* ~ jm (mit Haut und Haaren) verfallen sein; *coûter la* ~ *des fesses* ein Schweinegeld *n* kosten **2** *(animal)* Fell *n* **3** *(fruit)* Schale *f* **4** ~ *de chamois* Fensterleder *n*
peaufiner aus=feilen, den letzten Schliff geben
Peau-Rouge *m f* Rothaut *f*
pêche *f* **1** Angeln *n*; Fischen *n*, Fischfang *m* ~ *gardée* Vereinsgewässer *n* ; ~ *en haute mer* Hochseefischerei *f* ; *aller à la* ~ angeln gehen **2** *(fruit)* Pfirsich *m*; *(fig/ fam) se fendre la* ~ sich (D) einen Ast *m* lachen **3** *(fam) avoir la* ~ unheimlich in Form *f* sein
péché *m* Sünde *f*; *(fig)* ~ *mignon* kleine Schwäche *f*

pécher

pécher sündigen, sich versündigen; *(fig)* ~ *par excès d'optimisme* allzu optimistisch sein

pêcher angeln, fischen

pécheur *m* **-eresse** *f* SünderIn *m f*

pêcheur *m* **-euse** *f* FischerIn *m f*

pectoral, -aux 1 *nageoire* ~e Brustflosse *f* 2 *tisane* ~e Bronchialtee *m*

pectoraux *mpl* Brustmuskeln *mpl*

pécule *m* Notgroschen *m*

pécuniaire finanziell

pédagogie *f* 1 Pädagogik *f* 2 *n'avoir aucun sens de la* ~ überhaupt nichts von Pädagogie *f* verstehen

pédagogique pädagogisch, Erziehungs-, Lehr-; *(fig)* lehrreich

pédale *f* 1 Pedal *n*; *(fig/fam) perdre les* ~s nicht mehr ein noch aus wissen; *(mus)* Pedaltasten *fpl* 2 *(vulg)* Schwule/r, Schwuchtel *f*

pédaler in die Pedale treten

pédalier *m (tech)* (Tret)kurbellager *n*

pédalo *m* Tretboot *n*

pédant pedantisch, schulmeisterlich

pédéraste *m* Homo(sexuelle/r)

pédestre : *randonnée* ~ Fußwanderung *f sentier* ~ Wanderweg *m*

pédiatre *m f* Kinderarzt *m*, Kinderärztin *f*

pédiatrie *f* 1 Kinderheilkunde *f* 2 Kinderstation *f*

pédicure *m f* FußpflegerIn *m f*

pedigree [pedigre] *m* Stammbaum *m*

pédophile pädophil

pègre *f* Unterwelt *f*

peigne *m* Kamm *m*; *(fig) passer la forêt au* ~ *fin* den Wald durch=kämmen; *(tissage)* Kamm *m*; Hechel *f*, Hechelkamm *m*

peigner (se) (sich) kämmen

peignoir *m* Bademantel *m*; Morgenrock *m*

peindre 1 streichen 2 malen; *(fig)* beschreiben, schildern ♦ *(fig) la consternation se peignait sur les visages* auf den Gesichtern zeigte sich Bestürzung

peine *f* 1 Kummer *m*, Pein *m* ~ *de cœur* Herzeleid *n* 2 Mühe *f homme de* ~ Tagelöhner *m*; Handlanger *m*; *(fig) je le crois sans* ~ das glaube ich ohne weiteres; *(loc) ne pas être au bout de ses* ~s es nach lange nicht geschafft haben; noch nicht über den Berg sein 3 *(jur)* Strafe *f prononcer une* ~ *de cinq ans de prison* eine Gefängnisstrafe *f* von fünf Jahren verhängen 4 *sous* ~ *de* unter Androhung *f* von 5 *à* ~ kaum; *à* ~ *arrivé* kaum daß er angekommen war

peiner : ~ *qqn* jm Kummer bereiten ♦ ~ *pour faire qch* sich ab=mühen/plagen, etw zu tun

peintre *m* 1 *artiste* ~ (Kunst)maler *m* 2 ~ *en bâtiment* Maler *m*, Anstreicher *m*

peinture *f* 1 Farbe *f* ~ *à l'huile* Ölfarbe *f* 2 *(art)* Malerei *f*; Gemälde *n*, Bild *n*; *(fig) ne pas pouvoir voir qqn en* ~ jn nicht aus=stehen/verknusen können 3 *refaire les* ~s frisch streichen

péjoratif, -ive abwertend, abfällig, herabsetzend

pékinois *m* Pekinese *m*

pelage *m* Fell *n*; Haarkleid *n*

pelé kahl; *(fam) quatre* ~s *et un tondu* nur ein paar Männeken *npl*

pêle-mêle kunterbunt, durcheinander, drunter und drüber

peler ab=schälen ♦ *(peau)* sich pellen

pèlerin *m* 1 Pilger *m* 2 *faucon* ~ Wanderfalke *m*; *requin* ~ Riesenhai *m*

pèlerinage *m* Wallfahrt *f*; *(fig) faire un* ~ pilgern

pèlerine *f* Umhang *m*

pelisse *f* pelzgefütterter Mantel *m*

pelle *f* Schaufel *f*, Schippe *f* ~ *mécanique* Löffelbagger *m*; *(fig/fam) à la* ~ in Hülle und Fülle *f*

pelleter schaufeln, schippen

pelleteuse *f* Schauflader *m*

pellicule *f* 1 *(photo)* Film *m* 2 *avoir des* ~s Schuppen *fpl* haben 3 Schicht *f*

pelote *f* 1 Knäuel *n*, Knaul *n/m* 2 ~ *basque* Pelotaspiel *n*

peloter *(fam)* befummeln, betatschen

peloton *m* 1 *(sp)* Feld *n* 2 *(mil)* ~ *d'exécution* Exekutionskommando *n*

pelotonner (se) sich an=schmiegen; sich zusammen=rollen

pelouse *f* Rasen *m*, Rasenfläche *f*

peluche *f* Plüsch *m*

pelucher fusseln

pelure *f* 1 Schale *f* 2 *papier* ~ Durchschlagpapier *n*

pénal, -aux : *code* ~ Strafgesetzbuch (StGB) *n*

pénalement : ~ *responsable* straffähig

pénaliser *(sp)* Strafpunkte geben; *(fig)* ~ *qqn/qch* sich gegen jn/etw richten

pénalité *f* (Geld)strafe *f* ~s *de retard* Mahngebühren *fpl*; *(sp)* Strafe *f*

penalty *m* *(sp)* Elfmeter *m*

pénates *mpl* : *(fig) retourner dans ses* ~ an seinen häuslichen Herd *m*/ins traute Heim *n* zurück=kehren

penaud betreten, verlegen, kleinlaut

penchant *m* Hang *m*/Neigung *f* (zu); Vorliebe *f* (für)

pencher 1 neigen, sich senken 2 ~ *pour la première solution* zur ersten Lösung neigen ♦ ~ *la tête* den Kopf neigen ♦ *se* ~ *en avant* sich nach vorne beugen; *se* ~ *à la fenêtre* sich aus dem Fenster hinaus=lehnen; *(fig) se* ~ *sur une question* sich in eine Frage vertiefen

pendable : *(fig) un tour* ~ ein übler/böser Streich

pendaison *f* (Er)hängen *n*

pendant während (G) ♦ ~ *qu'il parlait* während er sprach; ~ *que j'y pense* da ich gerade daran denke

pendant *m* Gegenstück *n*, Pendant *n* *faire* ~ *(à)* entsprechen (D)

pendentif *m* Anhänger *m*

penderie *f* eingebauter Kleiderschrank *m*

pendre (an)=hängen ~ *qch au mur* etw an die Wand hängen; ~ *qqn* jn hängen ♦ *le lustre pend au plafond* der Leuchter hängt an der Decke; *la jupe pend à droite* der Rock zipfelt an der rechten Seiten/ist rechts länger ♦ *se* ~ sich erhängen, sich auf=hängen; *(fig) se* ~ *au cou de qqn* sich jm an den Hals hängen ♦ *être pendu (à)* hängen (an D)

pendulaire : *mouvement* ~ Pendelbewegung *f*

pendule *f* Wanduhr *f* ♦ *m* Pendel *n*

pénétrant *(fig)* durchdringend, scharf, penetrant

pénétrante *f* Hauptzufahrtsstraße *f*

pénétration *f* Eindringen *n*; *(sexe)* Penetration *f*

pénétré *(fig)* überzeugt

pénétrer 1 ein=dringen ~ *dans une pièce* in ein Zimmer ein=treten; ~ *dans la forêt* in den Wald vor=dringen 2 *le produit pénètre bien* das Mittel zieht gut ein ♦ *(fig) se* ~ *des idées de qqn* js Ideen in sich (D) auf=nehmen

pénible 1 *un travail* ~ eine mühsame/anstrengende Arbeit 2 *une nouvelle* ~ eine schmerzliche/unangenehme Nachricht 3 *(fam)* unangenehm, nervtötend

péniche *f* Lastkahn *m*, Frachtkahn *m*

pénicilline *f* Penizillin *n*

péninsule *f* Halbinsel *f*

pénitence *f* *(rel)* Buße *f*

pénitencier *m* Zuchthaus *n*

pénitentiaire : *système* ~ Strafvollzug *m*

pénombre *f* Halbdunkel *n*, Dämmerlicht *n*

pense-bête *m* Merkzeichen *n*, Merkzettel *m*

pensée *f* 1 Denken *n*, Gedankengut *n*, Gedanken *mpl un courant de* ~ eine Philosophie *f* 2 Sinn *m*, Geist *m être auprès de qqn par la* ~ mit seinen/in Gedanken/im Geist(e) *m* bei jm sein 3 Gedanke *m avoir une* ~ *émue pour qqn/qch* gerührt an jn/etw (A) denken 4 *(fleur)* Stiefmütterchen *n*

penser : *à qqn/qch* an jn/etw denken; *sans* ~ *à mal* ohne böse Absicht ♦ 1 ~ *du bien de qqn/qch* gut/schlecht/Gutes/Schlechtes von jm denken 2 ~ *avoir raison* glauben, daß man recht hat ♦ *faire* ~ *(à)* erinnern (an A)

penseur *m* **-euse** *f* DenkerIn *m f*

pensif, -ive gedankenvoll, nachdenklich

pension *f* 1 Pension *f*, Rente *f* ~ *alimentaire* Unterhaltsrente *f*, Alimente *pl* 2 ~ *de famille* Familienpension *f*; *prendre* ~ *chez qqn* bei jm in Pension gehen 3 *aller en* ~ in ein Internat *n* gehen

pensionnaire *m f* 1 (Pensions)gast *m* 2 InternatsschülerIn *m f*

pensionné : *être* ~ *de guerre* eine Kriegsversehrtenrente *f* beziehen

pentagonal, -aux fünfeckig

pente *f* Abhang *m être en* ~ ab=fallen; *(math)* Steigung *f*; *(fig) être sur une mauvaise* ~ auf die schiefe Ebene/ Bahn *f* geraten sein; *remonter la* ~ wieder auf die Beine kommen

Pentecôte *f* Pfingsten *n à la* ~ zu Pfingsten

pentu abschüssig, abfallend

pénurie *f* Mangel *m*, Knappheit *f*

pépé *m (fam)* Opa(pa) *m*, Opi *m*

pépère *(fam) mener une vie* ~ eine ruhige Kugel schieben ♦ 1 Opa *m* 2 *un gros* ~ ein Dickerchen *n*, ein Dickmops *m*

pépier piepsen, tschilpen

pépin *m* 1 Kern *m* 2 *(fam) avoir un gros* ~ ziemliche Scherereien *fpl* / Riesenpech *n* haben 3 *(fam)* Musspritze *f*

pépinière *f* Baumschule *f*; *(fig)* Ausbildungsstätte *f*, Ziehstätte *f*

pépite *f* Klumpen *m*

péplum *m* 1 Peplon *n* 2 *(fam)* Historienschinken *m*

perçant 1 *un cri* ~ ein schriller Schrei 2 *des yeux* ~*s* scharfe Augen; *(fig) regard* ~ stechender/durchdringender Blick

perce-neige *m f* Schneeglöckchen *n*

percepteur *m* Steuereinnehmer *m*

perceptible wahrnehmbar

perception *f* 1 Wahrnehmung *f*, Wahrnehmungsvermögen *n avoir une bonne* ~ *des choses* die Dinge klar erkennen 2 Finanzamt *n*

percer 1 bohren ~ *une route* eine Straße durch=brechen 2 ~ *les oreilles* die Ohren durch=stechen 3 ~ *un mystère* ein Geheimnis ergründen, *(fam)* hinter ein Geheimnis kommen ♦ 1 *le soleil perce à travers les nuages* die Sonne durchbricht die Wolken 2 *l'abcès a percé* das Geschwür ist geplatzt 3 *il a fini par* ~ er hat den Durchbruch geschafft; *rien n'a percé de leurs entretiens* von ihren Gesprächen ist nichts an die Öffentlichkeit gedrungen

perceuse *f* Bohrer *m*, Bohrmaschine *f*

percevoir 1 vernehmen, wahr=nehmen 2 ~ *un traitement* ein Gehalt beziehen; ~ *des impôts* Steuern ein=ziehen/erheben

perche *f* 1 Stab *m*, Stange *f*; *(sp) saut à la* ~ Stabhochsprung *m*; *(cin)* Galgen *m*; *(tramway)* Stromabnehmer *m*; *(ski)* Skistock *m*; *(fig/fam) une grande* ~

lange Latte f, Hopfenstange f **2** (poisson) Barsch m

percher hoch=stellen, hoch=legen; setzen ◆ *se ~* sich setzen ◆ *les oiseaux perchent dans les arbres* die Vögel lassen sich in den Bäumen nieder

perchoir m (Sitz)stange f; (fig) Präsidentensitz der Nationalversammlung

percolateur m Kaffeemaschine f

percussion f : (mus) *instrument à ~* Schlaginstrument n

percutant : (fig) *un argument ~* ein schlagendes Argument; *un article ~* ein Artikel von durchschlagender Wirkung

percuter an=stoßen, auf=prallen; (auto) *~ un arbre* gegen einen Baum fahren / prallen; (méd) ab=klopfen

perdant verlierend *billet ~* Niete f; *être ~ dans une affaire* bei einer Sache leer aus=gehen ◆ m -e f VerliererIn m f

perdition f : *un navire en ~* ein Schiff in Seenot f; *une entreprise en ~* ein zum Scheitern n verurteiltes Unternehmen; (fig) *lieu de ~* Ort des Lasters n

perdre 1 verlieren; (fig) *tu ne perds rien pour attendre!* warte nur ab! **2** *~ connaissance* das Bewußtsein verlieren, bewußtlos werden; *perdre la parole* nicht mehr sprechen können **3** *~ qqn de vue* jn aus den Augen verlieren **4** *~ une occasion* eine Gelegenheit verpassen **5** *~ du terrain* an Boden verlieren **6** *ce scandale le perdra* dieser Skandal wird ihn vernichten ◆ **1** *je me suis perdu* ich habe mich verirrt / verlaufen; (fig) *se ~ dans les détails* sich in Details verlieren; *se ~ en conjectures* sich in Vermutungen ergehen **2** *se ~ à l'horizon* am Horizont verschwinden; *se ~ dans la foule* in der Menge unter=gehen **3** *la viande va se ~* das Fleisch wird schlecht

perdreau m **-x** Rebhuhn n

perdrix f Feldhuhn n

perdu 1 *chat ~* herrenlose Katze; *objets ~s* Fundsachen fpl, Fundgegenstände mpl **2** *balle ~e* verirrte Kugel **3** *à fonds ~s* ohne Aussicht auf Rückerstattung **4** *mes moments ~s* in meinen Mußestunden **5** *il est ~* er ist nicht mehr zu retten **6** *un coin ~* eine gottverlassene Gegend **7** *être ~ dans ses pensées* gedankenversunken / gedankenverloren sein → **perdre**

perdurer überdauern

père m Vater m *de ~ en fils* vom Vater auf den / zum Sohn

pérégrinations fpl Umherreisen n; *au cours de mes ~* auf meiner Odyssee f

péremption f (jur) Verjährung f; (produit) *date de ~* Verfallsdatum n

péremptoire : *un ton ~* entschiedener, energischer Ton

pérenniser zu einer ständigen Einrichtung machen, verewigen

pérennité f Fortbestand m, Weiterbestehen n; Fortdauer f

péréquation f Angleichung f, Anpassung f

perfection f Perfektion f, Vollkommenheit f; *à la ~* perfekt, vollkommen

perfectionnement m Vervollkommnung f, Perfektionierung f

perfectionner verbessern, vervollkommnen, weiter=entwickeln ◆ *se ~ en anglais* sich in Englisch weiter=bilden

perfectionniste perfektionistisch

perfide niederträchtig, heimtückisch, hinterhältig, verschlagen, perfid(e)

perforer lochen, durchbohren, perforieren

performance f **1** Leistung f **2** (Leistungs)fähigkeit f

performant leistungsfähig

perfuser an den Tropf hängen

perfusion f Infusion f

péricliter langsam / allmählich ein=gehen

péril m Gefahr f *au ~ de sa vie* unter Lebensgefahr f; *mettre en ~* in Gefahr bringen, gefährden

périlleux, -euse gefährlich

périmé verfallen, ungültig, erloschen; (admi) abgelaufen; (nourriture) die Haltbarkeitsdauer überschritten haben(d)

périmètre m Umfang m, Perimeter n; Umkreis m

période f **1** Zeitabschnitt m, Periode f *la ~ romantique* Romantik f **2** Zeitraum m, Zeit f ~ *d'incubation* Inkubationsphase f, Inkubationszeit f; *passer une mauvaise ~* eine schlechte Phase f durchlaufen; (mil) Reserveübung f

périodicité f Periodizität f

périodique periodisch ◆ m Zeitschrift f

péripatéticienne f Prostituierte f

périphérie f : *d'un cercle* Kreisumfang m; *~ d'une grande ville* Stadtrand m einer Großstadt, Außenbezirke mpl einer Großstadt

périphérique 1 Außenring m, Umgehungsstraße f **2** (info) periphere Geräte npl

périphrase f Umschreibung f, Periphrase f

périple m (Rund)reise f

périr um=kommen, zugrunde=gehen, ums Leben kommen

périscope m Periskop n

périssable leicht verderblich; vergänglich

péritonite f Bauchfellentzündung f

perle f Perle f *~ fine* echte Perle; (fig) *cette femme est une ~* diese Frau ist ein Juwel n; (fig) *un recueil de ~s* Stilblütensammlung f

perlé 1 *coton ~* Perlgarn n **2** *grève ~e* Flackerstreik m

permanence f 1 Bereitschaftsdienst m; für Notfälle geöffnete Dienststelle f; *être de ~* Dienst m haben; *(ens)* Freistunde f unter Aufsicht 2 Fortdauer f, Dauerhaftigkeit f, Beständigkeit f ◆ *en ~* ständig, dauernd, ununterbrochen

permanent beständig; ständig, stetig; *un bruit ~* anhaltender Lärm; *cinéma ~* Nonstopkino n; *envoyé ~* ständiger Vertreter ◆ *m* -e f ständiger Mitarbeiter m; *~s d'un parti* Parteifunktionäre mpl

permanente f Dauerwelle f

perméable durchlässig; *(fig) être ~ aux idées nouvelles* für neue Ideen empfänglich sein

permettre erlauben, gestatten *je ne peux pas me ~ d'acheter une voiture* ich kann es mir nicht leisten, ein Auto zu kaufen

permis m Erlaubnis f, Genehmigung f *~ de conduire* Führerschein m; *~ d'inhumer* Bestattungsfreigabe f; *~ de pêche* Angelschein m

permissif, -ive nachgiebig, freizügig

permission f 1 Erlaubnis f, Genehmigung f 2 *(mil)* Urlaub m

permissionnaire m *(mil)* Urlauber m

permutation f Umstellung f; Austausch m, Austauschen n

permuter aus=tauschen *~ avec un collègue* mit einem Kollegen tauschen

pernicieux, -euse bösartig; *(fig)* gefährlich

péroné m Wadenbein n

pérorer große Worte machen; Reden schwingen

perpendiculaire : *une droite ~ à un plan* eine auf einer Fläche senkrecht stehende Gerade; *deux droites ~s* zwei senkrechte Geraden ◆ f Senkrechte f, Lotrechte f

perpétrer begehen, verüben

perpétuel, -le 1 dauernd, beständig, immerwährend, fortwährend 2 auf Lebenszeit 3 *mouvement ~* Perpetuum mobile

perpétuer erhalten, fort=bestehen lassen

perpétuité f : *à ~* lebenslänglich; *condamner qqn à ~* jn zu einer lebenslänglichen Freiheitsstrafe f verurteilen

perplexe ratlos, hilflos, perplex

perplexité f Ratlosigkeit f, Hillosigkeit f; Unschlüssigkeit f

perquisition f (Haus)durchsuchung f

perquisitionner eine Hausdurchsuchung vor=nehmen/durch=führen

perron m Freitreppe f

perroquet m 1 Papagei m 2 Pernod m mit Pfefferminzsirup

perruche f Sittich m

perruque f Perücke f

persan persisch; Perser-

persécuter verfolgen; *(fig)* belästigen, bedrängen

persécution f Verfolgung f; *(psy) délire de ~* Verfolgungswahn m

persévérance f Ausdauer f, Beharrlichkeit f

persévérant ausdauernd, beharrlich

persévérer beharrlich weiter=machen

persister 1 *la maladie persiste* die Krankheit dauert an/hält an 2 *~ dans son erreur* in seinem Irrtum beharren, hartnäckig an einem Irrtum fest=halten

personnage m Persönlichkeit f; *(fig) c'est un ~!* das ist ein Unikum; *un ~ peu recommandable* eine zweifelhafte Person f; *(th)* Figur f, Person f, Rolle f

personnaliser 1 eine persönliche Note geben/verleihen 2 *~ un service* eine Dienstleistung individuell gestalten/auf den Kunden zu=schneiden; *~ un crédit* einen Kredit auf die Person zu=schneiden

personnalité f 1 Persönlichkeit f *avoir de la ~* eine ausgeprägte Persönlichkeit sein 2 Prominente/r *faire partie des ~s* zur Prominenz f gehören

personne niemand, kein Mensch, keiner *sans que ~ n'intervienne* ohne daß jemand eingegriffen hätte

personne f 1 Person f 2 *quelques ~s* einige Leute pl ; *(fig) grande ~* Erwachsene/r 3 *être bien fait de sa ~* wohlgestaltet/stattlich sein 4 *(jur) ~ morale* juristische Person

personnel, -le 1 persönlich, eigen 2 *une fortune ~le* Privatvermögen n 3 *(gram) pronom ~* Personalpronomen n

personnel m Personal n, Belegschaft f

personne-ressource f Sachverständige/r

personnifier personifizieren, verkörpern ◆ *c'est la bonté personnifiée* sie/er ist die Güte selbst/in Person

perspective f 1 Perspektive f; *(fig) considérer qch sous une autre ~* etw von einem unterschiedlichen Standpunkt m aus betrachten 2 Perspektive f, Aussicht f; *avoir des soucis en ~* Sorgen vor sich **(D)** haben

perspicace scharfsinnig, scharfsichtig, scharfblickend

perspicacité f Scharfsinn m, Scharfsichtigkeit f, Scharfblick m

persuader überzeugen

persuasif, -ive überzeugend

persuasion f Überzeugung f

perte f 1 Verlust m 2 *la ~ d'un avantage* der Verlust m/die Einbuße f eines Vorteils; *avoir des ~s de mémoire* an Gedächtnisschwund m leiden; *(comm)* Verlust m, Einbuße f; *~ sèche* Reinverlust m; *à ~* mit Verlust 3 *la ~ d'un sac* das Abhandenkommen n einer Tasche 4 *~ de temps* Zeitverlust m 5 *(fig) être en ~ de vitesse* an Einfluß m/Boden m/Bedeutung f ver-

pertinence

lieren; auf dem absteigenden Ast *m* sein **6** *courir à sa ~* seinem Ruin *m*/Untergang *m* entgegen=gehen, in sein Verderben *n* rennen **7** *(méd)* *~s blanches* Weißfluß *m*, Ausfluß *m*; *~s de sang* Blutungen *fpl*
pertinence *f* Zutreffen *n*; Stichhaltigkeit *f*; Relevanz *f*
pertinent treffend; relevant
perturbateur *m* **-trice** *f* Störenfried *m*, UnruhestifterIn *m f*
perturbation *f* Unruhe *f*; Störung *f*, Beeinträchtigung *f*; *(météo) ~s atmosphériques* atmosphärische Störungen
perturber stören; *(fig)* durcheinander=bringen
pervers pervers; *(fig) effet ~* unangenehme Nebenwirkung ◆ *m f* Perverse/r
perversité *f* Perversität *f*; Verderbtheit *f*, Verdorbenheit *f*
pervertir pervertieren; verderben
pesant : *(fig) atmosphère très ~e* eine sehr drückende Atmosphäre ◆ *m (fig) valoir son ~ d'or* nicht mit Gold aufzuwiegen sein
pesanteur *f* **1** *(phys)* Schwerkraft *f* **2** *(fig)* Schwerfälligkeit *f*
pesée *f* (Ab)wiegen *n*
pèse-personne *m* (Personen)waage *f*
peser : *~ 50 kg* 50 kg wiegen; *~ lourd* schwer sein; *(fig) ~ sur la conscience* auf dem Gewissen lasten, das Gewissen belasten; *~ sur une décision* eine Entscheidung beeinflussen; *~ sur l'estomac* auf dem Magen/im Magen liegen; *cela me pèse* es bedrückt mich ◆ (ab)wiegen; *(fig) ~ ses mots* seine Worte ab=wägen ◆ *(fig) tout bien pesé* alles in allem
pessimiste pessimistisch ◆ *m f* PessimistIn *m f*
peste *f* **1** Pest *f* **2** *c'est une ~!* das ist ein Ekel *n*/Miststück *n*
pester : *~ contre qqn* gegen jn wettern
pesticide *m* Pestizid *n*, Schädlingsbekämpfungsmittel *n*
pestiféré *m f* Aussätzige/r
pestilentiel, -le widerlich, abscheulich
pet *m* Pup *m*, Furz *m*
pétale *m* Blütenblatt *n*
pétanque *f* Boulespiel *n*
pétarader knattern; rattern
pétard *m* **1** Knallkörper *m*, Knallfrosch *m*; *(fig/fam)* Kanone *f*, Ballermann *m* **2** *(fam) être en ~* auf achtzig/fuchsteufelswild sein
pétillant knisternd, prasselnd; schäumend, sprudelnd *vin ~* Perlwein *m*; *(fig) un esprit ~* sprühender Geist
pétiller **1** sprudeln **2** *ses yeux pétillent* seine Augen funkeln/blitzen
petit **1** klein; *(fig) le ~ coin* das Örtchen *n*/Klo *n*; *~ déjeuner* Frühstück *n*; *acheter un ~ quelque chose* eine Kleinigkeit *f* kaufen; *avoir un ~ quelque chose* ein gewisses Etwas *n* haben **2** *le ~ frère* der kleine/jüngere Bruder **3** *des ~s détails* unbedeutende / unwichtige / unwesentliche Details **4** *un ~ commerçant* ein Einzelhändler *m*; *les ~es gens* die kleinen Leute; *des ~s prix* niedrige Preise **5** *au ~ jour* bei Tagesanbruch *m* **6** *(fam) un ~ ami* (non *fam*) ein Freund ◆ *à ~* allmählich, nach und nach; *en plus ~* kleiner ◆ *m* **-e** *f* Kleine/r; *(animal)* Junge *n faire ses ~s* (seine Jungen) werfen
petit-bourgeois kleinbürgerlich ◆ *m* Kleinbürger; *(péj)* Spießbürger *m*
petite-fille *f* Enkelin *f*, Enkeltochter *f*
petit-fils *m* Enkel *m*
petit-four *m* Feingebäck *n*; Blätterteigpastetchen *fpl*
pétition *f* Petition *f*, Gesuch *n*
petit-lait *m* Molke *f*
petit-nègre *m (fam)* Kauderwelsch *n*
pétrifier versteinern; *(fig)* erstarren
pétrin *m* Backtrog *m*; *(fam) être dans le ~* in der Patsche *f*/Klemme *f*/Tinte *f* sitzen; *mettre qqn dans le ~* jn schön herein=reißen/herein=reiten
pétrir (durch)kneten ◆ *(fig) être pétri de bonnes intention* voll guter Vorsätze sein
pétrole *m* Erdöl *n* *lampe à ~* Petroleumlampe *f*
pétrolier, -ière Öl- *produit ~* Erdölprodukt *n*
pétrolier *m* (Öl)tanker *m*
pétulant lebendig, sprühend
pétunia *m* Petunie *f*
peu **1** wenig *~ à ~* nach und nach, allmählich; *à ~ près* ungefähr, etwa; *de ~* um (ein) weniges; *sous ~* in Kürze; *un tant soit ~* ein bißchen / ganz klein wenig; *pour ~ qu'il soit en retard* sofern er (nur) verspätet ist; *(loc) très ~ pour moi!* ich werde mich hüten!, ich kann mich beherrschen!, ohne mich! **2** wenig— *de gens* wenige Leute; *~ de temps* wenig Zeit **3** *un ~ fatigué* etwas müde; *un ~ de sel* etwas/ein wenig Salz; *pour un ~, il serait parti* er wäre fast/beinahe gegangen; es hat nicht viel gefehlt und er wäre gegangen **4** *attends un ~!* nun warte doch (mal)! ◆ *~ le savent* wenige wissen es
peuplade *f* Volksstamm *m*
peuple *m* Volk *n*
peupler **1** bevölkern, besiedeln **2** *~ un étang* einen Teich mit Fischbrut besetzen
peuplier *m* Pappel *f*
peur *f* Angst *f* *avoir ~ de qqn/qch* vor jm/etw Angst haben; *prendre ~* Angst bekommen; *il y a plus de ~ que de mal* er ist mit dem Schrecken *m* davongekommen; *(fig) une ~ bleue* eine höllische Angst/Heidenangst *f*; *de ~ de me tromper* aus Angst/Furcht *f*, mich zu irren

peureux, -euse ängstlich, furchtsam
peut-être vielleicht, eventuell
pèze *m (fam)* Knete *f*, Zaster *m*
pH *m* pH -Wert *m*
phalange *f* 1 Phalanx *f* 2 *(fascisme)* Falange *f*
phallique phallisch, Phallus-
phare *m* 1 *(mar)* Leuchtturm *m* 2 Scheinwerfer *m faire un appel de ~s* Zeichen mit der Lichthupe *f* machen; *être en pleins ~s* mit aufgeblendeten Scheinwerfern fahren
pharmaceutique pharmazeutisch, Pharma-
pharmacie *f* 1 Apotheke *f ~ de garde* Bereitschaftsapotheke *f* 2 *étudiant en ~* Pharmaziestudent *m* 3 *armoire à ~* Arzneimittelschrank *m*
pharmacien, -ne *f* ApothekerIn *m f*
pharyngite *f* Rachenentzündung *f*
pharynx *m* Rachen *m*
phase *f (phys/astro/chim)* Phase *f*; *(fig)* Stand *m*, Stadium *n être en ~ avec qqn* mit jm auf gleicher Wellenlänge sein
phénoménal, -aux phänomenal; *(fig)* unglaublich; einzigartig, erstaunlich
phénomène *m* 1 Ereignis *n*, Erscheinung *f*, Phänomen *n ~ naturel* Naturereignis *n*, Naturerscheinung *f* 2 Phänomen *n*; *(fam) tu parles d'un ~ !* das ist vielleicht eine Marke! *f*
philanthrope philanthropisch ♦ PhilanrhopIn *m f*
philatéliste *m f* Philatelistin *m f*
philharmonique : *orchestre ~* Philharmoniker *mpl*
philologue *m f* Philologe *m*, Philologin *f* ♦ PhilosophIn *m f*
philosophale : *pierre ~* der Stein des Weisen
philosophe : *être ~* gelassen bleiben ♦ *m f* PhilosophIn *m f*
philosophie *f* Philosophie *f*; *(fig) ma ~ personnelle* meine Lebensphilosophie *f/* Sicht *f*
philtre *m* Zaubertrank *m*
phlébite *f* Venenentzündung *f*
phonétique phonetisch ♦ *f* Phonetik *f*
phonique phonich, Laut-
phonologique phonologisch
phoque *m* Seehund *m*
phosphate *m* Phosphat *n*
phosphorescent phosphoreszierend
phosphorique phosphorhaltig, Phosphor-
photo *f* Foto *n*, Photo *n faire des ~s* fotografieren → **photographie**
photocomposition *f* Fotosatz *m*, Lichtssatz *m*
photocopie *f* Fotokopie *f*
photocopieur *m* **photocopieuse** *f* Kopiergerät *n*, *(fam)* Kopierer *m*
photoélectrique : *cellule ~* Fotozelle *f*

photogénique fotogen
photographe *m f* 1 FotografIn *m f* 2 Inhaber *m* eines Fotogeschäfts
photographie *f* Fotografie *f*; *(fig)* Spiegel *m*
photographier fotografieren, *(fam)* knipsen
photograveur *m* Lichtdrucker *m*
photomaton *m* Paßbildautomat *m*
photosensible lichtempfindlich
phrase *f* 1 Satz *m*; *(péj) faire de grandes ~s* Phrasen dreschen 2 *(mus)* Phrase *f*
phrasé *m (mus)* Phrasierung *f*
phraseur, -euse *f (péj)* PhrasendrescherIn *m f*
phratrie *f* Stammesgruppe *f*
phréatique : *nappe ~* Grundwasser *n*
physicien, -ne *f* PhysikerIn *m f*
physiologique physiologisch
physionomie *f* Physiognomie *f*; *(fig) la ~ de l'Europe* das Gepräge *n* Europas
physionomiste : *être ~* ein gutes Personengedächtnis haben
physique 1 *géographie ~* physikalische Geographie 2 körperlich, Körper-, physisch 3 *(phys) propriété ~* physikalische Eigenschaft; *sciences ~s* Physik *f* ♦ *m* 1 *le ~ va bien* körperlich geht es (mir) gut 2 *un ~ agréable* eine angenehme Erscheinung *f*, ein angenehmes Äußeres *n* ♦ *f* Physik *f*
physiquement 1 körperlich 2 *~, il n'est pas mal* er sieht (ja) nicht schlecht aus; was sein Äußeres angelangt, ist er (ja) nicht übel 3 *phénomène ~ inexplicable* ein physikalisch nicht erklärbares Phänomen
phytothérapie *f* Pflanzenheilkunde *f*
piaffer scharren; *(fig) ~ d'impatience* vor Ungeduld zappeln
piaillement *m* Gepiep(s)e *n*
piailler piep(s)en; *(fam)* plärren
pianiste *m f* PianistIn *m f*
piano *m* Klavier *n*, Piano *n ~ à queue* Flügel *m* ; *(fig/fam) ~ à bretelles* Akkordeon *n*
pianoter klimpern; herum=hämmern *~ sur la table* (mit den Fingern) auf den Tisch trommeln
pic (à) 1 *couler à ~* versinken 2 *(fam) tomber à ~* gerade recht/zur rechten Zeit kommen
pic *m* 1 Spitzhacke *f*, Picke *f* 2 *(géo)* Bergspitze *f*, Berggipfel *m* ♦ *à ~* steil
pichenette *f (fam)* Fingerschnipser *m*
pichet *m* Krug *m*
pickpocket *m* Taschendieb *m*
picoler *(fam)* picheln, bechern
picorer picken; *(fig)* herum=picken
picoter kribbeln *~ les yeux* in den Augen beißen

pictogramme

pictogramme *m* Piktogramm *n*, Bildzeichen *n*
pictural, -aux : *art* ~ Malkunst *f*; *œuvre* ~*e* malerisches Werk
pie *f* Elster *f*; *(fig)* *être bavard comme une* ~ wie ein Wasserfall reden, unaufhörlich plappern
pièce *f* **1** Zimmer *n* *un appartement de trois* ~*s* eine Dreizimmerwohnung *f* **2** Geldstück *n* *donner la* ~ *à qqn* Trinkgeld *n* geben **3** *(th)* (Theater)stück *n* **4** Schriftstück *n*, Beleg *m*, Akte *f* ~ *à conviction* Beweisstück *n*; *il manque une* ~ *à votre dossier* in Ihrer Akte fehlt eine Unterlage *f* **5** Teil *n* *un maillot une* ~ ein einteiliger Badeanzug *m*; ~ *de rechange* Ersatzteil *n*; *en* ~*s détachées* in Einzelteilen *npl*; *poser une* ~ *sur un trou* ein Loch flicken *m* auf ein Loch nähen; *(fig)* *tailler en* ~*s* zerschlagen, zertrümmern; *forger une histoire de toutes* ~*s* eine Geschichte von vorne bis hinten/A bis Z frei erfinden **6** Stück *n* *100 F pièce* 100 Francs pro Stück; *une* ~ *de collection* ein Sammlerstück *n*; *(fam)* *on n'est pas aux* ~*s* ! wir machen hier doch keine Akkordarbeit !
pied *m* Fuß *m* *à* ~ zu Fuß; *au* ~ ! bei Fuß !; *coup de* ~ Fußtritt *m*; *avoir* ~ Grund haben; mit den Füßen auf=kommen; *perdre* ~ keinen Grund mehr haben, *(fig)* den Halt/den Boden unter den Füßen verlieren; nicht mehr mit=kommen; *(fig)* *au* ~ *levé* unvorbereitet, aus dem Stegreif; *de* ~ *ferme* unerschrocken, entschlossen; *être sur* ~ (wieder) auf dem Posten/auf den Beinen sein; *(fam)* *faire du* ~ *à qqn* jn heimlich mit dem Fuß an=stoßen/treten; *(fig/fam)* *bête comme ses* ~*s* doof/dumm wie Bohnenstroh, saudumm; *casser les* ~*s à qqn* jm auf die Nerven gehen/fallen; *mettre les* ~*s dans le plat* ins Fettnäpfchen treten **2** ~ *de lampe* Lampenfuß *m*; *(photo)* Stativ *n*; *(fig)* *mettre qch sur* ~ etw auf die Beine stellen/ins Leben rufen **3** *au* ~ *de la montagne* am Fuß des Berges; *(math)* ~ *d'une perpendiculaire* Fußpunkt *m* einer Senkrechten; *(fig)* *mettre qqn au* ~ *du mur* jn in die Enge treiben **4** *un* ~ *de salade* Salatpflanze *f* **5** *(mesure)* Fuß *m* **6** *mettre sur le même* ~ gleich ein=schätzen; *vivre sur un grand* ~ auf großem Fuß leben **7** ~ *à coulisse* Schublehre *f*, Schieblehre *f* **8** *(fam)* *prendre son* ~ einen Riesenspaß *m* haben; *c'est le* ~ ! das ist einfach Spitze! *fl* Klasse! *f*
pied-à-terre *m* Absteigequartier *n*
pied-de-biche *m* *(tech)* Brechstange *f*, Brecheisen *f*
pied-de-poule mit Hahnentritt(muster)
piédestal *m* Sockel *m*
pied-noir *m* -*e f* *(fam)* in Algerien geborener Franzose *m*/geborene Französin *f*

---

piège *m* Falle *f*
piégé 1 *voiture* ~*e* Auto mit Sprengstoffladung, Autobombe *f* **2** *se sentir* ~ sich in die Enge getrieben fühlen
piéger mit/in einer Falle fangen; *(fig)* ~ *qqn* jn in eine Falle locken, jm eine Falle stellen
pierre *f* **1** Stein *m* *en* ~ aus Stein, steinern; *(fig)* *investir dans la* ~ in Immobilien *fpl* investieren **2** ~ *de taille* Quaderstein *m*; *première* ~ Grundstein *m*; *(fig)* *jeter la* ~ *à qqn* beschuldigen, bezichtigen; *c'est une* ~ *dans mon jardin* das gilt mir/ist auf mich gemünzt; *(prov)* ~ *qui roule n'amasse pas mousse* bleib(e) im Lande und nähre dich redlich **3** ~ *précieuse* Edelstein *m*; ~ *à briquet* Feuerstein *m*
pierreux, -euse steinig
piété *f* *(rel)* Gottesfurcht *f*, Frömmigkeit *f*; *(fig)* ~ *filiale* Kinderliebe *f*
piétiner 1 trampeln **2** kaum von der Stelle kommen, kaum voran=kommen; *(fig)* *l'affaire piétine* die Angelegenheit ist festgefahren ◆ ~ *la pelouse* den Rasen zertrampeln/zertreten
piéton *m* -*ne f* FußgängerIn *m f*
piétonnier, -ière : *zone piétonnière* Fußgängerzone *f*
piètre miserabel, kümmerlich
pieu *m* -**x 1** Pfahl *m*, Pfosten *m* **2** *(fam)* *aller au* ~ ins Nest *n*/in die Falle *f* gehen
pieuvre *f* Krake *f*
pieux, -euse fromm, gottesfürchtig
pif *m* *(fam)* Zinken *m*, Gurke *f*; *(fig)* *au* ~ über den Daumen gepeilt
pige *f* *être payé à la* ~ nach Zeilen *fpl* bezahlt werden
pigeon *m* Taube *f*; *(fig/fam)* *avoir trouvé un* ~ einen Dummen gefunden haben
pigeonnier *m* Taubenschlag *m*
pigiste *m f* JournalistIn *m f*, der (die) Zeilenhonorar erhält
pigment *m* Pigment *n*
pignon *m* **1** Giebel *m*; *(fig)* *avoir* ~ *sur rue* einen guten/soliden Ruf haben **2** ~ *de pin* Pinie *f* **3** *(tech)* Zahnrad *n*
pile : *(fam) à huit heures* ~ Punkt acht; *s'arrêter* ~ plötzlich/brüsk stehen=bleiben/an=halten; *tomber* ~ *sur qch* mit der Nase auf etw (A) stoßen
pile *f* **1** Stapel *m*, Stoß *m* **2** *(élec)* Batterie *f* **3** Rückseite *f* *jouer à* ~ *ou face* Kopf oder Zahl entscheiden lassen
piler : ~ *des noix* Nüsse zerkleinern ◆ *(fam > non fam)* plötzlich/brüsk an=halten
pileux, -euse : *système* ~ Behaarung *f*
pilier *m* (Stütz)pfeiler *m*; *(fig/fam)* ~ *de bistrot* Stammgast *m* der Kneipe
pillage *m* Plündern *n*, Plünderung *f*
pillard *m* Plünderer *m*

piller plündern

pilon m 1 Stampfer m, Stößel m; (fig) *mettre au* ~ ein=stampfen 2 (volaille) Unterschenkel m

pilonner : ~ *une ville* eine Stadt dem Erdboden gleich=machen

pilori m Pranger m; (fig) *mettre qqn/qch au* ~ jn/etw an=prangern

pilotage m Lotsen n *poste de* ~ Cockpit m

pilote m 1 (avion) Pilot m ~ *d'essai* Testpilot m; ~ *de ligne* Flugkapitän; (auto) ~ *de course* Rennfahrer m; (mar) Lotse m 2 ~ *automatique* Autopilot m 3 *classe* ~ Modellklasse f

piloter steuern, lenken; lotsen; (fig) ~ *qqn dans une ville* jn durch eine Stadt führen/lotsen

pilotis m (Ramm)pfahl m

pilule f Pille f; (fig/fam) *la* ~ *est dure à avaler* das ist ein ziemlicher Brocken m/ ganz schöner Hammer! m

pimbêche f hochnäsige Ziege f

piment m Piment n/m; (fig) *mettre du* ~ eine gewisse Würze f geben

pimenter würzen

pimpant schmuck

pin m Kiefer f ~ *parasol* Pinie f

pinacle m : (fig) *porter qqn au* ~ jn über den grünen Klee loben

pinailler (fam) pingelig/pins(e)lig sein

pince f 1 Zange f 2 ~ *à linge* Wäscheklammer f; ~ *à épiler* Pinzette f 3 ~ *de homard* Hummerschere f 4 (couture) Fältchen n, Abnäher m

pincé : *avoir un air* ~ verkniffen aussehen

pinceau m -x Pinsel m

pincée f Prise f

pincer 1 ~ *qqn* jn zwicken; *se* ~ *un doigt* sich (D) einen Finger ein=klemmen 2 ~ *les cordes d'une guitare* die Saiten einer Gitarre zupfen 3 ~ *les lèvres* die Lippen zusammen=pressen; *se* ~ *le nez* sich (D) die Nase zu=halten 4 (fam) ~ *un voleur* einen Dieb erwischen/schnappen ◆ (fam) *en* ~ *pour qqn* in jn verschossen/verknallt sein

pincette f : (fig/fam) *ne pas être à prendre avec des* ~s mit Vorsicht zu genießen sein

pinède f Kiefernwald m

pingouin m Pinguin m

ping-pong [piŋpɔ̃g] m Tischtennis n

pingre geizig

pin-pon : ~ ! ~ ! tatütata !

pinson m Buchfink m

pintade f Perlhuhn n

pioche f Hacke f

piocher 1 hacken 2 ~ *dans le tas* aufs Geratewohl heraus=greifen

piolet m Eispickel m

pion m Bauer m; (fig) Statist m *damer le* ~ *à qqn* jn aus=stechen, jm den Rang m ab=laufen

pionnier m **-ère** f PionierIn m f; (fig) Pionier, Wegbereiter m, Bahnbrecher m

pipe f 1 Pfeife f 2 (fam) *nom d'une* ~ ! zum Donnerwetter n (noch mal) ! *par tête de* ~ pro Nase f

pipeau m (Hirten)flöte f

pipelette f (fam) Schnatterente f

piper : (fam) *ne pas* ~ *mot* nicht piep sagen ◆ (fig) *les dés sont pipés* das ist ein abgekartetes Spiel

piquant stach(e)lig; (cuis) *sauce* ~*e* pikante Soße; (fig) *un détail* ~ ein witziges/unterhaltsames Detail ◆ m Stachel m; (fig) *avoir du* ~ Reiz m haben, reizvoll sein

pique m Pik n

pique f Spieß m; (fig/fam) *lancer des* ~s *à qqn* gegen jn sticheln, jm gegenüber spitze/bissige Bemerkungen fpl machen

piqué 1 *être* ~ (bois) wurmstichig sein; (tissu) Stockflecken haben 2 *le vin est* ~ der Wein hat einen Stich 3 (fam) *être complètement* ~ einen Stich haben 4 (mus) *note* ~*e* Stakkato-Note

pique-assiette m f (fam) NassauerIn m f

pique-nique m Picknick n

piquer 1 stechen *attention, ça pique !* Vorsicht, das sticht! / piek(s)t! 2 ~ *dans l'eau* im Sturzflug aufs Wasser nieder=gehen; ~ *du nez* sich nach vorn(e) neigen; nach vorn(e) fallen ◆ 1 *se* ~ *le doigt* sich (D) in den Finger stechen; (méd) spritzen; (animal) ein=schläfern; (fig) ~ *qqn au vif* jn empfindlich treffen 2 stecken ~ *un bâton dans le sable* einen Stock in den Sand bohren 3 ~ *une robe* ein Kleid nähen 4 ~ *la langue* auf der Zunge brennen; ~ *les yeux* in den Augen beißen 5 ~ *sa crise* seinen Anfall kriegen 6 (fam) ~ *une cassette* eine Kassette klauen ◆ 1 *se* ~ sich stechen 2 *se* ~ *au jeu* Gefallen/Geschmack an einer Sache finden 3 *se* ~ *d'être un artiste* sich (D) etw darauf ein=bilden, Künstler zu sein

piquet m 1 Pflock m 2 ~ *de grève* Streikposten m 3 *mettre au* ~ in die Ecke f stellen

piqûre f 1 Spritze f *faire une* ~ *à qqn* jm eine Spritze geben, jn spritzen 2 Stich m ~ *de guêpe* Wespenstich m

pirate m 1 Pirat m 2 ~ *de l'air* Flugzeugentführer m ◆ *radio* ~ Piratensender m

piraterie f 1 Seeräuberei f; (fig) Erpressung f 2 ~ *aérienne* Luftpiraterie f

pire 1 *qu'avant* schlimmer als vorher; *les* ~s *désagréments* die schlimmsten Unannehmlichkeiten → **mauvais** ◆ m *au*

pirouette

~ schlimmstenfalls, im schlimmsten Fall; *envisager le* ~ mit dem Schlimmsten n rechnen; *la politique du* ~ eine verhängnisvolle Politik
pirouette f Pirouette f; Drehung f *faire des* ~s sich (um sich selber) drehen; *(fig) s'en tirer par une* ~ eine Antwort (geschickt) überspielen
pis : *aller de mal en* ~ immer schlimmer werden; *dire* ~ *que pendre de qqn* kein gutes Haar an jm lassen
pis-aller m Notbehelf m
pisciculture f Fischzucht f
piscine f Schwimmbad n ~ *couverte* Schwimmhalle f, Hallenbad n
pissenlit m Löwenzahn m; *(fig/fam) manger les* ~s *par la racine* sich (D) die Radieschen von unten an=sehen
pistache f Pistazie f
piste f 1 Fährte f, Spur f; *(fig) être sur la* ~ jm auf der Spur sein 2 (Trampel)pfad m; *(sp)* Piste f, Rennbahn f; *(ski)* Piste f; ~ *de ski de fond* Langlaufpiste f, Loipe f; *(av)* Rollbahn f, Piste f 3 *(élec) piste sonore* Tonspur f 4 ~ *d'un cirque* Zirkusarena f; ~ *de danse* Tanzfläche f
pistil m Stempel m
pistolet m 1 Pistole f ~ *d'alarme* Schreckschußpistole f 2 ~ *à peinture* Spritzpistole f
pistolet-mitrailleur m Maschinenpistole (MP) f
piston m 1 Kolben m 2 *(mus) cornet à* ~ Kornett n, Piston n 3 *(fam) avoir du* ~ gute Beziehungen fpl / viel Vitamin n B haben
piteux, -euse erbärmlich, jämmerlich; *(fig) avoir un air* ~ geknickt aus=sehen
pitié m Mitleid n, Erbarmen n *avoir* ~ *de qqn* mit jm Mitleid haben; *faire* ~ Mitleid erregen; *demander* ~ um Gnade f bitten; *(fig) c'est* ~ *de voir une chose pareille* es ist ein Jammer m, so etw zu sehen
piton m 1 Haken m 2 *un* ~ *rocheux* ein felsiger Berggipfel m
pitoyable mitleiderregend, beklagenswert; *(fig)* erbärmlich, jämmerlich
pitre m Hanswurst m
pitrerie f Posse f, dummer Spaß m
pittoresque 1 malerisch, reizvoll 2 *un personnage* ~ Original n
pivert m Grünspecht m
pivoine f Pfingstrose f
pivot m 1 Zapfen m; *(fig)* treibende Kraft f 2 *dent à* ~ Stiftzahn m
pivotant Dreh-
pivoter aus=schwenken, sich drehen
placage m Furnier n; Verkleidung f
placard m 1 Wandschrank m; *(fig/fam) mettre qqn au* ~ jn auf's Abstellgleis n stellen 2 ~ *publicitaire* Werbeplakat n
placarder öffentlich an=schlagen

place f 1 Platz m; *(mil)* ~ *forte* Festung f 2 ~ *d'honneur* Ehrenplatz m; *prendre* ~ Platz nehmen, sich (hin)=setzen; *prendre la* ~ *de qqn* js Platz ein=nehmen; *remettre les choses en* ~ die Dinge zurecht=rücken; *(auto)* ~ *avant* Vordersitz m; *(fig) se mettre à la* ~ *de qqn* sich in js Lage f versetzen / hinein=denken; *remettre qqn à sa* ~ jn in seine Schranken fpl verweisen, jn zurecht=weisen; *à ta* ~, *je n'irais pas* an deiner Stelle f würde ich nicht gehen 3 *avoir de la* ~ Raum m / Platz haben 4 *être toujours à la même* ~ immer auf derselben Stelle / demselben Platz sein; *ne pas tenir en* ~ kein Sitzfleisch haben 5 Platz m, Rang m 6 Stellung f, Posten m ; *une* ~ *de comptable* eine (An)stellung f als Buchhalter; *(fig) les gens en* ~ die Altgedienten mfpl, die Alteingesessenen mfpl 7 *faire* ~ *à la tristesse* der Traurigkeit weichen
placement m 1 *(comm)* Anlage f 2 ~ *d'office* Zwangseinweisung f 3 *bureau de* ~ Stellenvermittlung f
placé *une personne haut* ~e eine hochgestellte Persönlichkeit; *être bien* ~ *pour savoir qch* etw (schließlich) sehr gut wissen müssen
placer 1 (hin)=stellen, (hin)=setzen, (hin)=legen; *(fig)* ~ *une remarque* eine Bemerkung ein=werfen; *(fig/fam) ne pas pouvoir en* ~ *une* überhaupt nicht zu Wort kommen 2 plazieren, den Platz an=weisen 3 ~ *un apprenti* einem Azubi eine Arbeitsstelle besorgen 4 *(comm)* ~ *de l'argent* Geld an=legen ◆ 1 *se* ~ *comme on veut* sich (hin)=setzen / (hin)=stellen, wie man will; *(fig) se* ~ *dans une situation délicate* sich in eine heikle Lage bringen 2 *se* ~ *parmi les premiers* sich unter den Ersten plazieren
placide sanft(mütig), ruhig
placoplâtre m Gipskartonplatte f
plafond m 1 (Zimmer)decke f *faux* ~ eingezogene Zwischendecke f 2 *prix* ~ Höchstpreis m; ~ *de la sécurité sociale* der Höchstsatz m der Sozialversicherung 3 ~ *nuageux* Wolkendecke f
plafonner : ~ *des cotisations* die Beitragshöhe begrenzen
plage f 1 Strand m 2 *une* ~ *horaire* Zeitraum m, Zeitspanne f; *une* ~ *musicale* musikalischer Programmteil m 3 *(auto)* ~ *arrière* Ablage(fläche) f
plagier plagiieren
plaider : ~ *une cause* einen Fall verteidigen; *(fig)* js Sache vertreten; ~ *non coupable* sich nicht schuldig bekennen; ~ *la légitime défense* auf Notwehr plädieren; *(fig)* ~ *le faux pour savoir le vrai (fam)* auf den Busch klopfen
plaidoirie f Plädoyer n

plaie f 1 Wunde f 2 (fig/fam) *quelle ~ !* so ein Mist! m

plaignant m **-e** f (jur) KlägerIn mf

plaindre : *il n'est pas à ~ qqn* er kann sich nicht beklagen 1 *se ~* klagen/sich beklagen (über A) 2 *se ~ du bruit* sich über den Lärm beschweren

plaine f Ebene f

plain-pied (de) zu ebener Erde

plainte f 1 Klage f, (Wehklage f) 2 Beschwerde f 3 *porter ~ contre qqn* gegen jn Anzeige f erstatten, jn verklagen

plaintif, -ive (weh)klagend, jammernd; kläglich, jämmerlich

plaire gefallen *comme il vous plaira* wie Sie möchten/mögen, wie es Ihnen beliebt; *s'il vous/te plaît* bitte ◆ 1 *je me plais bien ici* hier gefällt es mir gut/fühle ich mich wohl, ich bin gern hier 2 *se ~ à faire qch* etw gern/mit Freude/Vergnügen tun

plaisance f : *bateau de ~* Jacht f; *port de ~* Jachthafen m

plaisant lustig, amüsant; gefällig, hübsch, nett; angenehm ◆ m *un mauvais ~* ein seltsamer Spaßvogel m

plaisanter scherzen, spaßen *je plaisante !* ich mache doch nur Spaß!; (fig) *ne pas ~ avec qch* bei etw keinen Spaß verstehen

plaisanterie f 1 Scherz m, Spaß m 2 *faire cela, c'est une ~ pour moi !* das mache ich doch mit links!

plaisantin m Spaßvogel m, Witzbold m

plaisir m 1 Vergnügen n; Freude f *le ~ du devoir accompli* die Befriedigung f/ Freude f über die erfüllte Pflicht; *avec ~ !* herzlich gern!, mit Vergnügen!; *un malin ~* ein diebisches Vergnügen; *vouloir faire ~ à qqn* jm eine Freude bereiten wollen; jm einen Gefallen m tun wollen; *cela me fait très ~* ich freue mich darüber/darauf; *faites-moi le ~ de* tun Sie mir den Gefallen m; (iro) *je vous souhaite bien du ~ !* na dann, viel Spaß m/Vergnügen/Prost Mahlzeit f 2 *se faire un petit ~* sich (D) eine kleine Freude bereiten 3 *agir selon son bon ~* nur nach seinem Vergnügen gehen

plan eben, plan; glatt *surface ~e* plane/ ebene Oberfläche f ◆ m 1 Plan m *~ d'un appartement* der Grundriß m einer Wohnung 2 *~ d'occupation des sols (P.O.S.)* Bebauungsplan m; *le ~ d'un exposé* die Gliederung f eines Aufsatzes 3 (fig) *laisser en ~* stehen/liegen=lassen 4 *~ d'eau* Wasserfläche f; *~ de travail* Arbeitsplatte f; (math) Ebene f; (fig) *mettre les deux sur le même ~* die beiden auf die gleiche Stufe f stellen 5 *au premier ~* im Vordergrund m; (cin) *un gros ~* eine Großaufnahme f 6 *sur ce ~* in dieser Hinsicht f/Beziehung f

plaque

planche f 1 Brett n, Planke f; (sp) *~ à roulettes* Skateboard n; *~ à voile* Surfbrett n; (fig) *avoir du pain sur la ~* ein schönes Stück n Arbeit vor sich (D) haben; *faire la ~* toten Mann machen; (fig/fam) *~ de salut* letzte Rettung f 2 Platte f *~ à billets* Notenpresse f 3 Tafel f 4 (jdn) *monter sur les ~s* zum Theater n/zur Bühne f gehen

plancher m 1 (Holz)fußboden m, Diele f; (fam) *le ~ des vaches* (non fam) das feste Land n; *débarrasser le ~* verschwinden 2 *un prix ~* ein Mindestpreis m

plancton m Plankton n

planer schweben; (fig/fam) *il plane complètement* er schwebt in höheren Regionen

planétaire 1 planetar(isch), Planeten-; 2 *à l'échelle ~* weltweit

planète f Planet m

planeur m 1 Segelflugzeug n 2 (fam) Tagträumer m

planification f Planung f

planifier planen ◆ *économie planifiée* Planwirtschaft f

plan-masse m Lageplan m

planning m 1 *~ de travail* Arbeitsplanung f 2 *avoir un ~ très chargé* ein sehr dichtes Programm n/einen sehr gedrängten Terminkalender m haben 3 *~ familial* Familienplanung f

plant m Setzling m

plantaire Fuß(sohlen)- *verrue ~* Warze am Fuß

plantation f 1 Anlagen fpl 2 Pflanzung f, Plantage f

plante f 1 Pflanze f, Gewächs n *~ aromatique* Gewürzpflanze f; (fig/fam) *une belle ~* eine üppige Frau f 2 *~ du pied* Fußsohle f

planter 1 (ein)=pflanzen 2 *~ un piquet* einen Pflock ein=schlagen 3 *~ sa tente* sein Zelt auf=schlagen/auf=stellen; (fig/ fam) *il m'a planté là* er hat mich (hier) plötzlich stehen=lassen ◆ 1 *se ~ en avril* im April einzupflanzen sein 2 *se ~ devant qqn* sich vor jm auf=pflanzen/vor jn hin=pflanzen 3 (fam) *se ~* völlig daneben=hauen/schief=liegen, sich schneiden; sich verfransen

plantigrade m Sohlengänger m

planton m Ordonnanz f; (fig/fam) *faire le ~* sich (D) die Beine in den Bauch stehen

plantureux, -euse üppig, reichlich

plaque f 1 Platte f *~ de cuisson* Kochplatte f; *~ d'égout* Gullydeckel m ; *~ de propreté* Türbeschlag m; (fig) *~ tournante* Umschlagplatz m; (fam) *être à côté de la ~* völlig daneben sein 2 Tafel f, Schild n 3 *~ de verglas* Glatteis n; (méd) *~ dentaire* Zahnstein m

plaqué

plaqué *m* : ~ *or* (Gold)doublé *n*
plaquer 1 drücken, pressen; an=drücken, *(fam)* an=klatschen 2 *(mus)* ~ *un accord* einen Akkord an=schlagen 3 *(fam)* ~ *son mari (non fam)* seinen Mann verlassen; *tout* ~ alles hin=schmeißen/hin=hauen ◆ *se* ~ *contre un mur* sich gegen eine Mauer pressen
plaquette *f* 1 *une* ~ *de beurre* ein Viertel Butter *une* ~ *de chocolat* eine Tafel *f* Schokolade 2 *une* ~ *de pilules* ein Blister *m* 3 *envoyer une* ~ eine Broschüre ab=schicken 4 *(sang)* (Blut)plättchen *npl* 5 *(auto)* ~*s de frein* Bremsbeläge *mpl*
plastic *m* Plastiksprengstoff *attentat au* ~ Sprengstoffattentat *n*
plastifié : *toile* ~ beschichtetes Gewebe
plastique 1 *matière* ~ Kunststoff *m* 2 plastisch *arts* ~*s* bildende Künste *fpl* ◆ *m sac en* ~ Plastikbeutel
plastiquer : ~ *une banque* eine Bank in die Luft jagen
plastron *m* Harnisch *m*; *(sp)* Paukschurzleder *n*
plat 1 eben, flach *une assiette* ~*e* ein flacher Teller; *(fig) une mer* ~*e* (völlig) glatte/ruhige See; *(math) un angle* ~ gestreckter Winkel 2 *un texte* ~ ein geistloser/flacher/platter/nichtssagender Text ◆ 1 *poser qch à* ~ etw flach hin=legen; *(fig)* mettre *les choses à* ~ die Dinge (im Detail) neu durchdenken; *sa plaisanterie est tombée à* ~ sein Witz ist nicht angekommen 2 *se coucher à* ~ *ventre* sich flach auf den Bauch legen 3 *la batterie est à* ~ die Batterie ist leer; *le pneu est à* ~ der Reifen ist platt/hat einen Platten; *(fam) être à* ~ völlig fertig sein
plat *m* 1 Platte *f*, Schüssel *f* 2 Gericht *n*, Speise *f* 3 ebene Fläche *f*; *(sp) course de* ~ Streckenlauf *m*; *(fam) faire du* ~ *à qqn* jn an=machen; jm um den Bart gehen
platane *m* Platane *f*
plateau *m* -x 1 Tablett *n* 2 Platte *f* 3 ~*x d'une balance* Wagschalen *fpl*; ~ *de chargement* (Flach)palette *f*; ~ *d'un électrophone* Plattenteller *m* 4 ~ *négresse à* ~ Negerin mit Lippenpflock *m* 5 *(géo)* Plateau *n*, Hochebene *f*; ~ *continental* Kontinentalsockel *m* 6 ~ *de télévision* Fernsehstudio *n*
plateau-repas *m* Tellertablett *n*
plate-bande *f* Beet *n*, (Rasen)rabatte *f*; *(fig/fam) marcher sur les plates-bandes de qqn* jm ins Gehege *n* kommen
plate-forme *f* 1 Plateau *n* 2 ~ *d'un camion* Ladefläche *f* eines Lastwagens 3 ~ *de forage* Bohrturm *m* 4 *(fig)* ~ *électorale* Wahlprogramm *f*
platine *m* Plattenspieler *m*; Laufwerk *n*
platine *f* Chassis *m*

platiné 1 *blond* ~ platin blond 2 *vis* ~*e* Unterbrecherkontakt *m*
platitude *f* 1 *d'une extrême* ~ völlig geistlos, oberflächlich 2 *des* ~*s* Platitüden *fpl*, Plattheiten *fpl*
platonique platonisch
plâtre *m* Gips *m* 1 *refaire les* ~*s* den Stuck *m* erneuern; *(fig/fam) essuyer les* ~*s* etw aus=baden müssen
plâtrer 1 ~ *qqn* jn in Gips legen, jm einen Gipsverband an=legen 2 ~ *un mur* eine Mauer vergipsen
plâtrier *m* Stukkateur *m*
plausible plausibel, einleuchtend
plèbe *f* Plebs *m*, Pöbel *m*
plébisciter mit überwältigender Mehrheit wählen
plein 1 voll 2 ~ *de* voller, voll 3 *la chatte est* ~*e* die Katze trägt 4 *à* ~*es mains* mit vollen Händen; *respirer à* ~*s poumons* die Luft tief ein=atmen 5 *les* ~*s pouvoirs* Vollmacht *f*; *une porte* ~*e* eine massive Holztür 6 *en* ~ *nature* in der freien Natur; *en* ~*e nuit* mitten in der Nacht; *en* ~*e rue* auf offener Straße; *en* ~ *soleil* in der prallen Sonne; *en* ~ *vent* direkt im Wind ◆ 1 *avoir* ~ *d'argent* viel Geld haben; *avoir* ~ *de dettes* viele Schulden haben 2 *joli tout* ~ sehr hübsch ◆ *m* 1 *faire le* ~ voll=tanken 2 *battre son* ~ im vollen Gange sein, auf vollen Touren/Hochtouren laufen
pleinement völlig, vollständig, restlos, vollkommen, ganz und gar
plein-emploi *m* Vollbeschäftigung *f*
plein-temps *m* Vollzeitjob *m*, Ganztagsbeschäftigung *f*
plénière : *séance* ~ Vollversammlung *f*; Plenarsitzung *f*
plénipotentiaire *m* Bevollmächtigte/r
pléonasme *m* Pleonasmus *m*
pleurs *mpl* Tränen *fpl*
pleurer weinen ◆ 1 ~ *la mort de qqn* um jn trauern, js Tod beweinen 2 *(fam) ne pas* ~ *sa peine* keine Mühe scheuen
pleurésie *f* Rippenfellentzündung *f*
pleureuse *f* Klageweib *n*
pleurnicher *(fam)* flennen, heulen
pleurnichard *(fam) un ton* ~ ein weinerlicher Ton ◆ *m* -*e f* Heulsuse *f*, Flennsuse *f*
pleurote *f* Seitling *m*
pleuvoir regnen; *(fig)* herab=fallen
plèvre *f* Brustfell *n*
pli *m* 1 Falte *f faux* ~ Knitterfalte *f*; Kniff *m*; *(géo)* (Boden)senkung *f*, Bodenfalte *f*; *(fig)* (An)gewohnheit *f*; *(fig/fam) ne pas faire l'ombre d'un* ~ sicher/gewiß sein, fest=stehen 2 Brief *m*
pliant zusammenklappbar *lit* ~ Klappbett *n* ◆ *m* Klappstuhl *m*
plie *f* Scholle

plier 1 zusammen=legen, zusammen=falten **2** biegen ♦ *se* ~ sich biegen; *(fig) se ~ au désir de qqn* js Wünschen nach=geben, sich js Wünschen fügen/unter=ordnen
plinthe *f* Scheuerleiste *f*
plissé : *front* ~ gerunzelte Stirn; *jupe* ~*e* Plissérock *m*
pliure *f* Falz *f*, Bruch *m*
ploc ! platsch !, plumps !
plomb *m* **1** Blei *n*; *(fig) soleil de* ~ sengende/glühende Sonne; *sommeil de* ~ bleierner Schlaf; *(fam) n'avoir pas de* ~ *dans la cervelle* nichts in der Birne haben **2** *recevoir des* ~*s* Kugeln ab=bekommen; *(fig) avoir du* ~ *dans l'aile* nicht voran=kommen, auf der Stelle treten **3** *(élec)* Sicherung *f*
plombage *m (dent)* Plombe *f*, Füllung *f*
plombé 1 *dent* ~ plombierter Zahn **2** *wagon* ~ verplombter Wagon
plomberie *f* Klempnerei *f*
plombier *m* Installateur *m*, Klempner *m*
plongée *f : faire de la* ~ tauchen
plongeoir *m* Sprungbrett *n*; Sprungturm *m*
plongeon *m* Kopfsprung *m*; *(fig) faire un* ~ *dans un ravin* sich in eine Schlucht stürzen; *(fig/fam) faire le* ~ Bankrott machen
plonger tauchen; *(foot)* hechten (nach); *(fig)* ~ *sur sa proie* auf seine Beute (im Sturzflug) nieder=gehen; *(fam) il est en train de* ~ er macht eine schlimme Phase durch ♦ (ein)=tauchen; *(fig)* (hinein)=stecken; ~ *ses yeux dans ceux de qqn* jm tief in die Augen blicken; ~ *qqn dans le désespoir* jn in völlige Hoffnungslosigkeit stürzen; ~ *un quartier dans l'obscurité* ein Viertel in völlige Dunkelheit hüllen ♦ *(fig) se* ~ *dans son travail* sich in seine Arbeit vertiefen
plongeur *m* **-euse** *f* **1** TaucherIn *m f* **2** TellerwäscherIn *m f*
plot *m* **1** *(élec)* Kontakt *m*, Kontaktklemme *f* **2** *(piscine)* Startblock *m*; *(rue)* Poller *m*
plouc *(fam) m f* ungehobelter Klotz *m*, HinterwäldlerIn *m f*, Trampel(tier) *n*
plouf ! platsch !, plumps !
ployer sich biegen; sich beugen; *(fig)* ~ *sous le poids de l'adversité* nach=geben
pluie *f* Regen *m* ~ *s acides* saurer Regen; *jour de* ~ Regentag *m*; *(fig) faire la* ~ *et le beau temps* den Ton an=geben; *parler de la* ~ *et du beau temps* vom/über das Wetter reden **2** ~ *de cailloux* Steinhagel *m*; *une* ~ *d'injures* eine Flut *f*/ein Hagel *m* von Schimpfworten
plumage *m* Gefieder *n*
plume *f* **1** Feder *f léger comme une* ~ federleicht **2** *prendre la* ~ zur Feder greifen; *vivre de sa* ~ vom Schreiben leben
plumeau *m* **-x** Staubwedel *m*
plumer rupfen
plupart (la) : *la* ~ *des gens* die meisten Leute; *la* ~ *du temps* die meiste Zeit
pluraliste pluralistisch
pluriannuel, -le Mehrjahres-, mehrjährig
pluriel *m* Plural *m*
plus 1 ~ *grand que moi* größer als ich; *travailler* ~ mehr arbeiten; ~ *de* mehr als, über; *il est de* ~ *en* ~ *bête* er wird immer dümmer; *il mange de* ~ *en* ~ er ißt immer mehr; ~ *on est riche,* ~ *on peut voyager* je reicher man ist, um so/ desto mehr kann man reisen; *c'est d'autant* ~ *intéressant (que)* das ist um so interessanter, (als) **2** ~ *ou moins* mehr oder weniger; *tant et* ~ noch und noch; reichlich ♦ *le* ~ *beau* der/die/das Schönste; *le* ~ *sot des deux* der Dümmere von beiden; *le* ~ *triste c'est que* am beträchtlichsten ist, daß; *une situation des* ~ *compliquées* eine überaus/äußerst komplizierte Situation; *tout au* ~ (aller)höchstens; *c'est lui qui a le* ~ *de temps* er hat die meiste Zeit ♦ *je n'ai* ~ *d'argent* ich habe kein Geld mehr; *il ne vient* ~ er kommt nicht mehr ♦ *cinq* ~ *trois* fünf und/plus drei ♦ *m* Plus *n*, Mehr *n*
plusieurs mehrer- ~ *fois* mehrmals
plus-que-parfait *m* Plusquamperfekt *n*
plus-value *f* Mehrwert *m*
Pluton *m* Pluto *m*
plutôt 1 eher *~ gentil* ziemlich/recht nett **2** ~ *que de* anstatt zu **3** *ou* ~ oder vielmehr/besser
pluvieux, -euse 1 *temps* ~ Regenwetter *n* **2** *région pluvieuse* regenreiche Gegend
pluviosité *f* Niederschlagsmenge *f*
P. M. U. *m* → **pari mutuel urbain**
P. N. B. *m* → **produit national brut**
pneu *m* Reifen *m* ~ *clouté* Spike(s)reifen [ʃpai:k-] *m* ~ *neige* Winterreifen *m*
pneumatique 1 pneumatisch *bateau* ~ Schlauchboot *n*; *matelas* ~ Luftmatratze *f* **2** (Druck)luft- ♦ *m* Reifen *m*
pneumonie *f* Lungenentzündung *f*
poche *f* **1** Tasche *f*; *(fig) argent de* ~ Taschengeld *n*; *s'en mettre plein les* ~*s* in die eigene Tasche wirtschaften; *(fig/fam) ne pas avoir la langue dans sa* ~ nicht auf den Mund gefallen sein; *c'est dans la* ~ ! das ist (so gut wie) sicher ! **2** Tüte *f*, Sack *m*, Beutel *m*; *des* ~ *s sous les yeux* Säcke unter den Augen **3** ~ *ventrale* Beutel *m* **4** *une* ~ *de gaz* Gasansammlung *f*
pocher 1 ~ *un œuf* ein Ei pochieren **2** ~ *un œil à qqn* jm ein Auge blau schlagen
pochette *f* **1** Tüte *f* ~ *de disque* Plat-

pochoir

tenhülle f 2 Unterarmtasche f 3 Kavalierstuch n
pochoir m Schablone f
podium [pɔdjɔm] m Podium n, Podest n; (sp) Siegerpodest n, (fam) Treppchen n
poêle m Ofen m
poêle f (Brat)pfanne f
poêlon m Tiegel m
poème m Gedicht n; (fig/fam) c'est tout un ~! das ist ein ganzer Roman! m; das ist ein Kapitel n für sich!
poésie f 1 Dichtung f; (fig) Zauber m, Poesie f 2 Gedicht n
poète m **poétesse** f DichterIn m f; LyrikerIn m f; (fig) PoetIn m f
poétique dichterisch; poetisch
pognon (fam) m Knete f, Kohle f, Zaster m
poids m 1 Gewicht n prendre du ~ zu=nehmen; perdre du ~ ab=nehmen; quel est votre ~? wieviel wiegen Sie?; (tech) le ~ mort das Eigengewicht n; (fig) Last f; un argument de ~ ein gewichtiges Argument; être un ~ mort eine Last/ein Hemmschuh m sein; donner du ~ à qqn/qch jm/einer Sache Bedeutung f verleihen; devant lui, il ne fait pas le ~ gegen ihn kommt er nicht an; faire deux ~s, deux mesures mit zweierlei Maß n messen; (sport) Kugel f 2 un ~ lourd Laster m
poignant packend, ergreifend
poignard m Dolch m
poignarder erdolchen
poignée f 1 donner une ~ de main à qqn jm die Hand drücken 2 une ~ de noix eine Handvoll f Nüsse 3 Klinke f, Knauf m, Griff m ~ d'une valise Koffergriff m
poignet m 1 Handgelenk n; à la force du ~ aus eigener Kraft f 2 (vêtement) Manschette f
poil m 1 Haar n; (pinceau) Borste f, Haar; (bot) Flaum m; (fig/fam) à un ~ près um Haaresbreite f/ein Haar; avoir un ~ dans la main stinkfaul sein, die Arbeit nicht erfunden haben 2 avoir un beau ~ schönes Fell n haben; (fig/fam > non fam) être à ~ (non fam) nackt/nackig sein; être de mauvais ~ miese Laune f haben
poilu behaart, haarig ◆ m (hist/fam) Frontsoldat m (des 1. Weltkriegs)
poinçon m 1 Ahle f 2 (bijou) Prägestempel m
poinçonner knipsen/lochen
poing m 1 Faust f serrer les ~s die Fäuste ballen; (fig) alle Energie f/Kräfte fpl auf=bieten; (fig) dormir à ~s fermés wie ein Murmeltier n schlafen 2 coup de ~ américain Schlagring m
point gar nicht, durchaus nicht
point m 1 Punkt m ~ d'interrogation Fragezeichen n; un ~ commun Ge-

meinsamkeit f; ~ faible ein wunder Punkt, eine schwache Stelle; un ~ noir ein dunkler Punkt; (peau) Mitesser m; un ~ c'est tout (und damit) basta!/fertig!/Schluß! m, Punktum!; mettre un ~ d'honneur à faire qch Ehre darein=setzen/ daran=setzen, etw zu tun; ~ par ~ Punkt für Punkt; (mus) ~ d'orgue Fermate f 2 Punkt; (fig) c'est un bon ~ pour lui das ist ein Pluspunkt m/Vorteil m für ihn 3 (couture/méd) Stich m; (tricot) Muster n 4 ~ d'eau Wasserstelle f; ~ de côté Seitenstechen n; un joli ~ de vue sur la vallée ein schöner (Aus)blick m auf das Tal; (géo) ~s cardinaux die Himmelsrichtungen fpl; le ~ culminant Gipfel m, höchster Punkt; (auto) ~ mort Leerlauf m; (mar) faire le ~ die Position bestimmen; (fig) (Zwischen)bilanz f ziehen; (photo) faire la mise au ~ scharf stellen; (fig) ~ chaud Krisenherd m; brennende Frage f, heißes Eisen n; avoir le même ~ de vue die gleiche Sicht f/den gleichen Standpunkt m haben; faire une mise au ~ sur une affaire etw richtig=stellen/ klar=stellen/ berichtigen; l'affaire en est au ~ mort die Angelegenheit tritt auf der Stelle f; au ~ où tu en es in deiner Situation f 5 au ~ du jour bei Tagesanbruch m; (fig) être sur le ~ de faire qch gerade etw machen wollen/im Begriff sein, etw zu tun 6 être mal en ~ schlecht/übel dran sein 7 un steak à ~ ein gerade durchgebratenes Steak, ein Steak medium; arriver à ~ (nommé) gerade zur rechten Zeit f/zum rechten Zeitpunkt m/im richtigen Augenblick m/Moment m kommen 8 comment peut-il être bête à ce ~? wie kann er nur so dumm sein?
pointe f 1 Spitze f ~ d'asperge Spargelkopf m; (géo) Felsenspitze f; (fig) sur la ~ des pieds auf Zehenspitzen fpl; (danse) faire les ~s Spitzentanz m machen, Spitze tanzen 2 Stift m; (compas) Nadel f 3 une ~ de sel eine Messerspitze f Salz; (fig) une ~ d'ironie ein Hauch m/Anflug m von Ironie 4 vitesse de ~ Spitzengeschwindigkeit f; (fig) heure de ~ Hauptverkehrszeit f, Stoßzeit f
pointer 1 stechen; (chômage) stempeln gehen 2 (boules) die Zielkugel an=spielen ◆ 1 ~ une arme sur qqn die Waffe auf jn richten; ~ son doigt vers qch mit dem Finger auf jn zeigen 2 ~ qch sur une liste auf einer Liste ab=haken 3 ~ les oreilles die Ohren spitzen ◆ (fam) se ~ auf=kreuzen, auf=tauchen
pointeuse f Stechuhr f
pointillé m Punktierung f
pointilleux, -euse übergenau, peinlich genau, pedantisch
pointu spitz; (fig) formation ~e zielge-

pointure f (Schuh)größe f, Nummer f
point-virgule m Semikolon n
poire f Birne f; (fig/fam) Trottel m
poireau m **-x** Lauch m; Porree m
poirier m 1 Birnbaum m 2 *faire le* ~ Kopfstand m machen
pois m 1 Pol m ~ Erbse fpl 2 ~ *de senteur* Wicke f 3 à ~ gepunktet, getüpfelt
poison m Gift n; (fig/fam) Giftkröte f
poisseux, -euse klebrig
poisson m Fisch m ~ *rouge* Goldfisch m
poissonneux, -euse fischreich
poitrail m Brust f
poitrine f Busen m, Brust f
poivre m Pfeffer m; (fig) *avoir les cheveux* ~ *et sel* graumeliertes Haar haben
poivrer pfeffern
poivrier m 1 Pfefferstreuer m 2 Pfefferstrauch m
poivron m Paprika n, Paprikaschote f
poivrot m **-e** f (fam) TrinkerIn m f, Saufbruder m
polaire : *cercle* ~ Polarkreis m
polar m (fam) Krimi m
polariser (phys) polarisieren; (fig) ~ *l'attention* die Aufmerksamkeit auf sich lenken ◆ (fig) *se* ~ *sur qch* sich auf etw (A) konzentrieren
pôle m 1 Pol m ~ *Nord* Nordpol m; (élec) ~ *négatif* Minuspol m; (fig) ~ *d'attraction* Anziehungspunkt m 2 ~ *de développement* Entwicklungsschwerpunkt m
polémique polemisch, scharf ◆ f Polemik f; Auseinandersetzung f
polémiquer polemisieren
poli höflich, zuvorkommend
police f 1 Polizei f ~ *secours* Funkstreife f; *agent de* ~ Polizist m; (fig) *faire la* ~ (wieder) für Ordnung sorgen/Ordnung schaffen 2 (Versicherungs)police f 3 (typo) Gießzettel m
policé zivilisiert
policier, -ière 1 polizeilich, Polizei- *régime* ~ Polizeistaat m 2 *roman* ~ Kriminalroman m, (fam) Krimi m ◆ m f PolizistIn m f
poliment höflich
polir polieren, schleifen, glätten ~ *du métal* Metall schwabbeln
polisson, -ne keß; schlüpfrig ◆ m f Schlingel m, Range f
politesse f Höflichkeit f
politicard m (péj) politischer Karrierist m
politicien, -ne politisch; (péj) *politique* ~*ne* Alibipolitik f ◆ m f (Berufs)politikerIn m f
politique politisch, Staats-; *homme* ~ Politiker m; *sciences* ~*s* Politologie f, Politikwissenschaft f ◆ f 1 Politik f 2 Taktik f, Politik f; (fig) *la* ~ *de l'autruche* Vogel-Strauß-Politik ◆ m das Politische n, politischer Bereich m
politisation f Politisierung f
pollen m Pollen m, Blütenstaub m
polluant umweltverschmutzend, umweltverunreinigend, umweltschädlich ◆ m Schadstoff m
polluer verunreinigen, verschmutzen
pollueur m **-euse** f UmweltverschmutzerIn m f, UmweltsünderIn m f
pollution f (Umwelt)verschmutzung f, (Umwelt)verunreinigung f; ~ *par le bruit* Lärmbelästigung f; ~ *par le plomb* Bleivergiftung f
polo m 1 Polohemd n 2 (sp) Polo n
poltron, -ne feige ◆ m f Feigling m
polyamide m Polyamid n
polycopié m hektographierter Text m
polycopier vervielfältigen, hektographieren
polyculture f Mischkultur f
polygame polygam
polygone m Vieleck n
polype m (méd) Polyp m
polyphonique : *chant* ~ mehrstimmiger Gesang
polystyrène m Polystyrol n
polyvalent vielseitig; Mehrzweck-; *salle* ~*e* Mehrzwecksaal m; *être* ~ vielseitig einsetzbar sein
pommade f Salbe f; (fig/fam) *passer de la* ~ *à qqn* jm Honig ums Maul schmieren
pomme f 1 Apfel m; (fig/fam) *tomber dans les* ~*s* aus den Latschen mpl kippen 2 ~ *de pin* Tannenzapfen m; ~ *de terre* Kartoffel f 3 ~ *d'Adam* Adamsapfel m 4 ~ *d'arrosoir* (Gießkannen)brause f 5 (fam) *c'est pour ma* ~ das ist für mich
pommette f Backenknochen m ~*s saillantes* hervorstehende Backenknochen
pommier m Apfelbaum m
pompage m Pumpen n; *station de* ~ Pumpstation f
pompe f 1 Pumpe f ~ *à vélo* Luftpumpe f 2 (sp) *faire des* ~*s* Liegestütze mpl machen 3 (fam) Treter m, Botten pl; (fig) *être à côté de ses* ~*s* völlig daneben sein 4 *en grande* ~ in/mit großem Pomp m 5 ~*s funèbres* Beerdigungsinstitut n
pomper 1 pumpen; (fig) auf=saugen; (fig/fam) ~ *l'air à qqn* jm auf den Wecker fallen 2 (ens) ab=schreiben ◆ (fam) *je suis pompé* ich bin völlig ausgelaugt
pompette (fam) angesäuselt
pompeux, -euse pompös *un style* ~ ein geschwollener/schwülstiger Stil
pompier m Feuerwehrmann m *il est* ~ er ist bei der Feuerwehr f ◆ *style* ~ gezierter/gestelzter Stil; Fellatio f
pompiste m f Tankwart m
pompon m Troddel f, Quaste f; (fam)

pomponner (se)

c'est le ~ ! das ist der Gipfel *m* / die Höhe ! *f*
pomponner (se) *(fam)* sich in Schale werfen; sich heraus=putzen
poncer (ab)=schleifen
ponceuse *f* Schleifmaschine *f*
poncif *m* Schablone *f*
ponction *f*: *~ lombaire* Lumbalpunktion *f*; *(fig) faire des ~s dans la caisse* Geld aus der Kasse entnehmen
ponctualité *f* Pünktlichkeit *f d'une grande* ~ überpünktlich
ponctuation *f* Zeichensetzung *f*
ponctuel, -le 1 pünktlich 2 *opération ~le* Einzeleinsatz *m*
ponctuer Zeichen setzen, interpunktieren; *(fig)* beenden (mit)
pondéral: *surcharge ~e* Übergewicht *n*
pondération *f* 1 Besonnenheit *f*, Umsicht *f avec* ~ besonnen, bedacht, umsichtig 2 *opérer une* ~ etw ab=wägen
pondérer 1 mäßigen 2 ab=wägen *~ un indice* Indikatoren aus=werten
pondeuse: *poule* ~ Legehenne *f*
pondre legen
poney *m* Pony *n*
pont *m* 1 Brücke *f*; *(fig) ~ aérien* Luftbrücke *f*; *couper les ~s* alle Brücken ab=brechen; *faire le* ~ zwischen zwei Feiertagen nicht arbeiten 2 *~ élévateur* Hebebühne *f*; *~ roulant* Laufkran *m* 3 *(mar)* Deck *n*
pontage *m (méd)* Bypass *m*
ponte *m (fam)* hohes Tier *n*, Bonze *m*
pontife *m*: *souverain* ~ Papst *m*, Pontifex maximus *m*
pontifier *(fam)* dozieren
pont-levis *m* Zugbrücke *f*
popote *(fam)* hausbacken ◆ *f faire la* ~ *(non fam)* das Essen machen / kochen
populace *f (péj)* Mob *m*, Pöbel *m*
populaire 1 Volks- *quartier* ~ Arbeiterviertel *n* 2 *être très* ~ sehr beliebt/populär sein 3 *tournure* ~ volkstümliche Redewendung
popularité *f* Beliebtheit *f*, Popularität *f*
population *f* 1 Bevölkerung *f* 2 *~ d'une ruche* Bienenvolk *n*; *~ d'une forêt* Waldbestand *m*
populeux, -euse: *quartier* ~ dichtbewohntes Viertel
porc *m* 1 Schwein *n* 2 Schweinsleder *n*
porcelaine *f* Porzellan *n*
porc-épic [pɔrkepik] *m* Stachelschwein *n*
porche *m* Portal *n*; (Portal)vorbau *m*
porcherie *f* Schweinestall *m*; *(fig)* Saustall *m*
pore *m* Pore *f*
poreux, -euse porös, durchlässig
porosité *f* Durchlässigkeit *f*
port *m* 1 Hafen *m Boulogne est un* ~ Boulogne ist eine Hafenstadt *f*; *(fig) ar-*

610

river à bon ~ wohlbehalten ein=treffen, glücklich an=kommen 2 *le ~ du casque* das Tragen *n* eines Helms 3 *Porto n ~ dû* unfrankiert, unfrei; *franco de* ~ portofrei 4 Haltung *f*
portable *m* tragbares Gerät *n*
portail *m* Portal *n*
portant: *bien* ~ gesund, wohlauf
portatif, -ive tragbar
porte *f* 1 Tür *f*; Tor *n ~ de garage* Garagentor *n*; *journée porte(s) ouverte(s)* Tag der offenen Tür; *(comm) pas de* ~ Abstandszahlung *f*; *(fig) entre deux ~s* zwischen Tür und Angel; *enfoncer une ~ ouverte* offene Türen ein=rennen; *mettre à la* ~ vor die Tür setzen 2 *(ville)* (Stadt)tor *n*
porté 1 *être ~ à croire qch* geneigt sein, zu glauben; *être ~ sur la boisson* gern(e) (einen) trinken 2 *ombre ~e* Schlagschatten *m*
porte-à-porte *m*: *faire du* ~ hausieren, *(fam)* Klinken putzen
porte-avions *m* Flugzeugträger *m*
porte-bagages *m* Gepäckständer *m*, Gepäcknetz *n*
porte-bonheur *m* Glücksbringer *m*
porte-cartes *m* Ausweishülle *f*
porte-clés *m* Schlüsselanhänger *m*, Schlüsselring *f*; Schlüsselbrett *n*
porte-documents *m* Kollegmappe *f*
portée *f* 1 Reichweite *f*; *à ~ de voix* in Hörweite *f*; *à ~ de la main* griffbereit, in Reichweite; *(fig) d'une grande ~ politique* von großer politischer Tragweite *f*; *c'est à ta ~* du kannst es schaffen / verstehen 2 *d'une ~ de 6 m* von 6 m Spannweite *f* 3 *(mus)* Notenlinie *f* 4 *une ~ de chatons* ein Wurf *m* Katzen
porte-fenêtre *f* Glastür *f*
portefeuille *m* 1 Brieftasche *f* 2 *un ~ d'actions* ein Aktienpaket *n* 3 *viser un* ~ einen Ministerposten *m* an=streben
porte-jarretelles *m* Strumpfhaltergürtel *m*
portemanteau *m* -x Kleiderständer *m*, Garderobe *f*; Kleiderhaken *m*
porte-mine *m* Drehbleistift *m*
porte-monnaie *m* Portemonnaie [-'mɔne:] *n*, Geldbörse *f*
porter 1 tragen 2 bringen; *(fig) ~ une affaire devant le tribunal* eine Angelegenheit vor Gericht bringen 3 *(vêtement)* tragen, an=haben 4 *(nom)* führen, tragen 5 *~ son âge* so alt aus=sehen, wie man ist; *~ des traces de coups* Spuren von Schlägen zeigen / auf=weisen 6 *~ un coup à qqn* jm einen Schlag versetzen; *~ secours à qqn* jm Hilfe leisten 7 *~ un verre à ses lèvres* ein Glas zum Mund führen; *(fig) ~ à qqn une haine féroce* maßlosen Haß gegen jn hegen; *~ qqn à la tolérance* tolerant sein

lassen 8 ~ à l'écran verfilmen ♦ 1 ~ sur quatre poteaux auf vier Pfählen ruhen 2 le débat porte sur trois points die Diskussion erstreckt sich auf drei Punkte 3 une voix qui porte eine Stimme, die (gut) trägt ♦ 1 je me porte bien es geht mir gut 2 se ~ candidat kandidieren 3 se ~ à la rencontre de qqn auf jn zu=gehen

porteur, -euse 1 Träger- *mur* ~ tragende Wand 2 *mère porteuse* Leihmutter *f* 3 *un marché* ~ ein vielversprechender Markt 4 *être* ~ *d'une maladie* eine Krankheit in sich (D) tragen ♦ *m* Träger *m* ; ~ *de faux papiers* Inhaber *m*/ Besitzer *m* falscher Papiere ; *(gare)* Gepäckträger *m* ; *(comm) au* ~ auf den Inhaber/Überbringer *m* ausgestellt ; *(avion) gros* ~ Großraumflugzeug *m*

porte-voix *m* Megaphon *n*

portier *m* Pförtner *m*

portière *f* 1 Tür *f*, Wagenschlag *m* 2 Türvorhang *m*

portillon *m* Sperre *f*

portion *f* 1 Portion *f*, Stück *n* 2 Teil *m* ; Abschnitt *m*, Teilstück *n*

portrait *m* Porträt *n*, Bildnis *n* ; *faire le* ~ *de qqn* jn porträtieren ; *(fig) c'est le* ~ *de son père* er ist dem Vater wie aus dem Gesicht geschnitten / ganz der Vater

portrait-robot *m* Phantombild *n*, Fahndungsskizze *f*

portuaire Hafen- *zone* ~ Hafenbereich *m*

P.O.S. *m* → **plan d'occupation des sols**

pose *f* 1 Anbringen *n* ; Installieren *n* ; Verlegen *n* 2 *prendre la* ~ sich in Positur *f* setzen / *(péj)* werfen ; *(photo) temps de* ~ Belichtungszeit *f*

posé : *un caractère* ~ ein besonnener Charakter

poser Modell stehen / sitzen ♦ 1 (hin)=stellen (hin)=legen ~ *une échelle contre un mur* eine Leiter an die Wand lehnen 2 an=bringen, an=machen, verlegen ; *(fig)* ~ *un principe* einen Grundsatz auf=stellen ; *(math)* ~ *une opération* einen Rechenvorgang an=stellen 3 ~ *sa candidature* sich bewerben (um) 4 ~ *une question* eine Frage stellen ♦ 1 *se* ~ sich setzen ; *(av)* landen / auf=setzen 2 *se* ~ *en défenseur des faibles* als Verteidiger der Benachteiligten auf=treten

poseur, -euse *m* 1 ~ *de carreaux* FliesenlegerIn *m f* 2 *(péj)* EffekthascherIn *m f*

positif, -ive positiv *une réponse positive* eine Zusage *f* ; *(math/phys)* positiv

position *f* 1 Stellung *f*, Haltung *f*, Position *f en* ~ *horizontale* in Querlage *f* ; *(fig)* Standpunkt *m* ; *prendre* ~ *sur qch* zu etw Stellung nehmen 2 Standort *m*, Position ; *(auto) feux de* ~ Standlicht *n* ; *(fig)* ~ *sociale* gesellschaftliche Stellung *f* 3 ~ *d'un compte* Kontostand *m*

positionner *(tech)* ein=stellen ; *(géo)* den Standort bestimmen ; *(fig)* ~ *qqn* js Kompetenzen ein=schätzen ; ~ *un produit sur un marché* ein Produkt auf seine Marktchancen ab=klopfen

posologie *f* Dosierung *f*

possédé *m* -**e** *f* Besessene/r

posséder besitzen ; *(fig)* ~ *parfaitement l'anglais* perfekt Englisch sprechen ; *(fam) tu l'as bien possédé !* den hast du schön reingelegt !

possesseur *m* Inhaber *m*, Besitzer *m*

possessif, -ive 1 *être très* ~ sehr besitzergreifend sein 2 *(gram) adjectif* ~ Possessivpronomen *n*

possession *f* 1 Besitz *m être en* ~ *de qch* etw besitzen ; *prendre* ~ *de qch* von etw Besitz ergreifen, etw in Besitz nehmen ; *(fig) être en* ~ *de tous ses moyens* im Vollbesitz *m* seiner Kräfte sein 2 Besessenheit *f*

possibilité *f* Möglichkeit *f*

possible möglich *il est* ~ *qu'il vienne* es ist möglich / kann sein, daß er kommt ; möglicherweise kommt er ; *(fam) ce n'est plus* ~ *!* das ist ja nicht mehr zum Aushalten ! ♦ *le plus tard* ~ so spät wie möglich

possible *m* 1 Mögliche /s *faire son* ~ *pour venir* sein möglichstes tun, / tun, was irgend möglich ist, um zu kommen 2 *être gentil au* ~ äußerst lieb sein

postcure *f* Nachkur *f*

poste *m* 1 ~ *de radio* Radioapparat *m* ; *(tél)* Apparat *m* 2 Stelle *f*, Posten *m*, Amt *n*, Stellung *f*, Funktion *f* 3 ~ *de police* Polizeirevier *n*, (Polizei)wache *f* ; ~ *de secours* Rettungsstelle *f* ; ~ *de travail* Arbeitsplatz *m* ; *(mar)* ~ *d'équipage* Logis *n* ; Mannschaftsraum *m* ; *(fig) être fidèle au* ~ die Stellung halten 4 *(comm)* Posten *m*

poste *f* Post *f*

poster 1 ~ *son courrier* seine Post ein=werfen / auf=geben 2 ~ *qqn devant l'entrée* jn vor dem Eingang auf=stellen

postérieur 1 *la partie* ~ der hintere Teil 2 ~ *à Napoléon* nach Napoleon ♦ *m (fam)* Hintern *m*

posteriori : *a* ~ im nachhinein

postérité *f* Nachwelt *f passer à la* ~ der Nachwelt überliefert werden

postface *f* Nachwort *n*

posthume post(h)um *gloire* ~ Nachruhm *m* ; *œuvre* ~ (literarischer / musikalischer) Nachlaß *m*, nachgelassenes / post(h)um veröffentlichtes Werk

postiche falsch, unecht ♦ *m* Haarteil *n*

postier *m* -**ère** *f* Postbeamte/r, Postbeamtin *f*

postillon

postillon m 1 Postkutscher m 2 *envoyer des ~s* eine feuchte Aussprache haben
postulant m **-e** f BewerberIn m f, AnwärterIn m f
postulat m *(math)* Axiom n
postuler 1 *~ un emploi* sich um eine Stelle bewerben 2 *~ que* behaupten, daß ◆ *~ au poste de directeur* sich um den Direktorenposten bewerben
posture f Haltung f; Stellung f; *(fig/fam) être en mauvaise ~* schlecht dran sein
pot m 1 Topf m; *(fig/fam) découvrir le ~ aux roses* hinter eine Angelegenheit/ etw kommen; *payer les ~s cassés* die Zeche bezahlen; *tourner autour du ~* um den heißen Brei herum=schleichen 2 *~ de confiture* Marmeladenglas n; *~ de yaourt* Joghurtbecher m 3 Topf m, Krug m, Kanne f; *(auto) ~ d'échappement* Auspuff(topf) m 4 *(fam) aller boire un ~* etwas trinken/einen heben gehen 5 *(fam) avoir du ~* Schwein haben
potable 1 trinkbar 2 *(fam)* annehmbar, leidlich, passabel
potache m *(fam)* Pennäler m
potage m Suppe f
potager m Gemüsegarten m
potasse f Kali n; Pottasche f
potassium m Kali(um) n
pot-de-vin m Bestechungsgeld n, Schmiergeld n
pote m *(fam)* Kumpel m
poteau m **-x** 1 Pfahl m 2 *~ indicateur* Wegweiser m; *~ télégraphique* Telegrafenmast m ; *(sp)* (Tor)pfosten m
potée f *(cuis)* Gemüseeintopf m
potelé rundlich; füllig, *(fam)* mollig, *(fig)* gut gepolstert *mains ~es* fleischige Hände
potence f 1 *(tech)* Strebe f 2 Galgen m
potentiel, -le potentiell, möglich ◆ m Potential n Leistungsfähigkeit f
poterie f 1 Töpfern n, Töpferei f *faire de la ~* töpfern 2 Tongeschirr n, Steingut n; Tonsachen fpl
potiche f Vase f; *(fig)* Dekoration f
potier m **-ère** f TöpferIn m f
potin m *(fam)* 1 *les ~s du quartier* der Tratsch m/Klatsch m/das Getratsche n 2 *faire du ~* Radau m/Krach m machen
potiron m Kürbis m
pou m **-x** Laus f
pouah! puh!
poubelle f Mülleimer m
pouce m 1 Daumen m; große Zehe f; *(fig) manger sur le ~* (etw) auf die Schnelle essen; *se tourner les ~s* Däumchen n drehen; *(auto) ~!* Gnade! 2 *(mesure)* Zoll m ; *(fig) ne pas lâcher un ~ de terrain* keinen Fußbreit m her=geben
poudre f 1 Puder n 2 Puder m 3 *(armes)* Pulver n ; *(fig) mettre le feu aux ~s* Öl n ins Feuer gießen ; *comme une traînée de ~* wie ein Lauffeuer n 4 *jeter de la ~ aux yeux* Sand m in die Augen streuen
poudrer (se) (sich) pudern
poudreuse : *neige ~* Pulverschnee m
poudrier m Puderdose f
poudrière f *(fig)* Pulverfaß n
pouffer laut los=lachen, *(fam)* los=prusten
poulailler m Hühnerstall m ; *(fig/fam > non fam)* Galerie f
poulain m 1 Fohlen n, Füllen n 2 *être le ~ de qqn* js Schützling m sein
poule f Huhn n, Henne f *~ d'eau* Bläßhuhn n ; *(fig) ~ mouillée* Angsthase m, Schisser m; *mère ~* Glucke f
poulet m 1 Hähnchen n, Hühnchen n 2 *(fam)* Bulle m, Polyp m
poulie f Rolle f, Block m
poulpe m Krake m
pouls m Puls m *tâter le ~* den Puls fühlen
poumon m Lunge f
poupée f Puppe f
poupin puppenhaft ; pausbäckig *un visage ~* Puppengesicht n
poupon m (pausbäckiger) Säugling m
pouponner hätscheln, liebkosen
pour 1 für (A) 2 *être condamné ~ vol* wegen Diebstahl(s) verurteilt werden 3 *~ le plaisir* aus/zum Vergnügen; *partir ~ Paris* nach Paris fahren 4 *~ mon malheur* zu meinem Unglück 5 *être nommé ~ un an* für ein Jahr ernannt werden 6 *y être ~ qch* einen Anteil an etw (D) haben 7 *~ moi, cela n'a aucun sens* meiner Ansicht nach ist das völlig sinnlos ◆ *je suis ~* ich bin dafür ◆ *~ manger* um zu essen ◆ 1 *~ que ce soit clair* damit das klar ist 2 *~ peu qu'il vienne* sofern er kommt 3 *~ sympathique qu'il soit* so sympathisch er auch sein mag ◆ m Für n
pourboire m Trinkgeld n
pourcentage m Prozentsatz m *un ~ des bénéfices* prozentualer Gewinnanteil m
pourchasser jagen, verfolgen
pourfendre durchbohren ; *(fig)* an=prangern, geißeln
pourlécher : *se ~ les babines* seine Lefzen lecken
pourparlers mpl Verhandlungen fpl, Besprechungen fpl
pourpre purpur(rot)
pourquoi warum, weshalb ◆ *c'est ~* darum, deshalb, deswegen, aus diesem Grund ◆ m Warum n
pourri 1 faul(ig), verfault ; *(fig) une société ~e* eine verkommene/korrupte/verdorbene Gesellschaft 2 *un temps ~* mieses Wetter, Mistwetter n ◆ m *(fam) bande de ~s!* Schweinebande f !
pourrir (ver)faulen ◆ 1 *~ un enfant* ein Kind völlig verziehen/total verwöhnen 2 verderben/verfaulen/vermodern lassen ;

pourriture f Fäulnis f

poursuite f 1 Verfolgung(sjagd) f 2 *la ~ d'un objectif* die Verfolgung f eines Ziels 3 *(jur) engager des ~s* eine gerichtliche Untersuchung ein=leiten

poursuivant m **-e** f VerfolgerIn m f

poursuivre 1 verfolgen 2 *~ son travail* mit seiner Arbeit fort=fahren / weiter=machen, seiner Arbeit weiter nach=gehen ◆ *poursuivez!* fahren Sie fort!

pourtant doch, dennoch ; trotzdem

pourvoir aus=statten (mit) ◆ *~ aux besoins de qqn* für js Wohl sorgen ◆ **1** *se ~ de qch* sich mit etw versorgen / aus=statten **2** *(jur) se ~ en cassation* Revision ein=legen

pourvoyeur m **-euse** f LieferantIn m f

pourvu que : *~ qu'il fasse beau!* hoffentlich ist schönes Wetter! ◆ *~ qu'il soit content* wenn er nur damit zufrieden ist

pousse-café m Schnäpschen n

poussée f 1 *~ de fièvre* ein plötzlicher Temperaturanstieg m 2 Stoß m, Schubs m, Puff m; *(phys)* Schub m

pousser 1 wachsen, sprießen 2 *(fam) arrêtez de ~!* hören Sie doch auf zu schubsen/drängeln!; *(fig/fam) faut pas ~!* man darf auch nicht übertreiben! 3 *~ jusqu'à la mer* bis zum Meer fahren ◆ **1** schieben; treiben 2 stoßen, rücken ◆ *~ qqn* js stoßen; *~ une porte* eine Tür auf-/zu=stoßen 3 *~ un cri* einen Schrei aus=stoßen 4 *~ très loin une comparaison* einen Vergleich ziemlich weit treiben 5 *~ qqn à faire qch* jn drängen/ermuntern, etw zu tun 6 *~ un élève* einen Schüler fördern ; *~ un moteur* einen Motor hoch=jagen ◆ *pousse-toi!* mach mal ein bißchen Platz!, rück mal ein Stückchen! ◆ *(fig) un travail très poussé* eine sehr gründliche Arbeit

poussette f Sportwagen m

poussière f Staub m, Staubkörnchen n ; *réduit en ~* zu Staub zerfallen ; *(fig)* zunichte gemacht

poussiéreux, -euse staubig, verstaubt

poussin m 1 Kü(c)ken n ; *(fam)* Mäuschen n, Häschen n 2 *(sp) être ~* bei den Kindern npl sein

poutre f Balken m, Träger m ; *(sp)* Schwebebalken m

poutrelle f Stahlträger m

pouvoir 1 können *je n'y peux rien* ich kann nichts dafür 2 dürfen *vous ne pouvez pas fumer ici* hier dürfen Sie nicht rauchen 3 *il peut venir d'une minute à l'autre* er kann jede Minute kommen ◆ *il se peut que* es ist möglich, / kann sein, daß

pouvoir m 1 Kraft f *~ d'achat* Kaufkraft f ; *(jur) fondé de ~* Prokurist m 2 Macht f *les pleins ~s* unbeschränkte Vollmachten f ; *(adm) les ~s publics* Behörden fpl ; Staatsorgane npl ; die öffentliche Hand f ; *(fig) le ~ des mots* die Gewalt f/Macht der Worte

pragmatique pragmatisch

prairie f Wiese f ; Weide f

praline f gebrannte Zuckermandel f

praliné m N(o)ugat m/n ; Praline f

praticable : *un chemin ~* ein befahrbarer Weg ◆ m Praktikabel n

praticien m **-ne** f PraktikerIn m f *médecin ~* praktischer Arzt m, Allgemeinmediziner m

pratiquant praktizierend

pratique 1 praktisch, zweckmäßig, zweckentsprechend 2 *avoir le sens ~* praktisch veranlagt sein

pratique f 1 Praxis f *mettre en ~* in die Praxis um=setzen 2 *la ~ d'un sport* die Ausübung f/das Betreiben n einer Sportart 3 *c'est une ~ courante* das ist so üblich ; *condamner les ~s de qqn* js Praktiken fpl verurteilen

pratiquer 1 aus=üben, betreiben 2 machen *~ une ouverture* eine Öffnung machen ; *(méd) ~ une opération* operieren

pré m Wiese f

préalable vorherig, vorhergehend, Vor- *un ~ accord* f, Vorbereitung f ◆ *au ~* vorher, zuvor

préambule m Präambel f, Einleitung f ; Vorrede f ; *(fig) sans ~* unvermittelt ; abrupt ; ohne Umschweife mpl ; *être le ~ de qch* das Vorspiel n zu / von etw sein

préau m **-x** *(école)* überdachter Teil des Schulhofs m

préavis m (Vor)ankündigung f ; Voranmeldung f

précaire unsicher, heikel, prekär

précarité f Unsicherheit f, Bedenklichkeit f

précaution f 1 Vorsicht(smaßnahme) f *par mesure de ~* vorsichtshalber, vorsorglich, aus Vorsicht, zur Vorsorge f 2 Behutsamkeit f *manipuler qch avec ~* etw behutsam / vorsichtig bewegen

précautionneux, -euse vorsichtig, behutsam ; umsichtig

précédemment vorher, zuvor

précédent vorige, vorhergehend *le jour ~* am vorigen Tag / Vortag m, am Tag zuvor ◆ m Präzedenzfall m *sans ~* beispiellos, noch nie dagewesen ; *il y a déjà eu des ~s* dafür gibt es schon Beispiele npl / Präzedenzfälle mpl

précéder 1 voran=gehen / voraus=gehen (D) 2 *~ qqn de cinq minutes* fünf Minuten eher / früher als jd da sein 3 *dans les*

précepte — 614

jours qui précédèrent son arrivée in den Tagen vor seiner Ankunft; *(fig) sa réputation le précède* sein Ruf eilt ihm voraus
précepte *m* Vorschrift *f*; Lehre *f*; Gebot *n*
précepteur *m* **-trice** *f* HauslehrerIn *m f*
prêcher *(rel)* predigen, verkünd(ig)en
précieux, -euse 1 wertvoll, kostbar 2 *un ton ~* ein gekünstelter/gezierter/affektierter Ton
précipice *m* Abgrund *m*
précipitation *f* 1 Hast *f*, Eile *f*; Überstürzung *f avec ~* hastig; übereilt 2 *pl (météo)* Niederschläge *mpl* 3 *(chim)* (Aus)fällen *n*
précipiter 1 (hinab)stürzen, hinunter=stürzen 2 übereilen, überstürzen ◆ *se ~ au secours de qqn* jm zu Hilfe eilen; *se ~ sur qqn* sich auf jn stürzen, auf jn los=stürzen 2 *les événements se précipitent* die Ereignisse überstürzen/überschlagen sich 3 *se ~ dans le vide* sich in die Tiefe stürzen 4 *ne nous précipitons pas!* nur keine Eile! Eile mit Weile!
précis 1 genau, exakt, präzis(e) 2 *à un endroit ~* an einem ganz bestimmten Ort 3 genau, pünktlich *à quatre heures ~es* genau um vier Uhr, Punkt vier Uhr
préciser 1 genau(er)/exakt an=geben, präzisieren, klar(er)/deutlich(er) aus=drük-ken 2 fest=legen ◆ *les choses se précisent* die Dinge werden klarer/deutlicher
précision *f* 1 Genauigkeit *f*, Präzision *f*, Exaktheit *f avec ~* genau 2 *demander des ~s* genauere Auskünfte erbitten
précoce 1 *un enfant ~* ein frühreifes Kind 2 *une variété ~* eine frühe Sorte 3 *l'enseignement ~ de la musique* frühzeitiger Musikunterricht 4 *l'hiver est ~* der Winter beginnt/kommt sehr frühzeitig
préconçu : *des idées ~es* vorgefaßte Meinung *f*; Vorurteil *n*
préconiser befürworten
précurseur : *un signe ~ de qch* ein Vorzeichen / Anzeichen / Vorbote *m* von etw ◆ *m* Vorläufer *m*, Wegbereiter *m*
prédateur *m* Raubtier *n*
prédécesseur *m* Vorgänger *m*
prédestiné vor(her)bestimmt, prädestiniert; *(fig)* wie geschaffen für, zu etw bestimmt
prédicateur *m* **-trice** *f* PredigerIn *m f*
prédiction *f* Voraussage *f*, Vorhersage *f*
prédilection *f* : *mon instrument de ~* mein Lieblingsinstrument *n*; *avoir une ~ pour qch* eine Vorliebe *f* für etw haben
prédire voraus=sagen, vorher=sagen; weissagen, wahr=sagen
prédisposition *f* Veranlagung *f*, Anlage *f*, Voraussetzung *f*
prédominance *f* Vorherrschen *n*, Überwiegen *n*, Dominieren *n*; Übergewicht *n*
prédominer vor=herrschen, überwiegen
préemption *f* : *(jur) droit de ~* Vorkaufsrecht *n*
préétabli vorher festgesetzt/aufgestellt
préfabriqué vorgefertigt, Fertig- *maison ~e* Fertighaus *n*
préface *f* Vorwort *n*
préfecture *f* 1 Präfektur *f* 2 *~ de police* Polizeipräsidium *n*
préférable besser, ratsamer
préféré : *mon auteur ~* mein Lieblingsautor *m*
préférence *f* Vorzug *m*, Bevorzugung *f*; *de ~* vorzugsweise; mit Vorliebe; *avoir une ~ pour qqn/ qch* jn/etw vor=ziehen/bevorzugen
préférentiel, -le : *tarif ~* Sondertarif *m*
préférer : *~ le vin à la bière* lieber Wein als Bier trinken, Wein (dem) Bier vor=zie-hen; *~ un terrain sec* trockenen Boden bevorzugen
préfigurer ahnen lassen, eine Vorstellung geben
préfixe *m* Präfix *n*, Vorsilbe *f*
préhistoire *f* Urgeschichte *f*
préhistorique prähistorisch, urgeschichtlich, vorgeschichtlich *homme ~* Urmensch *m*; *(fig/fam)* vorsintflutlich
préjudice *m* Schaden *m*, Nachteil *m*
préjudiciable nachteilig, schädlich (für), abträglich (**D**)
préjugé *m* Vorurteil *n*
préjuger : *ne pouvoir ~ de qch* einer Sache (**D**) nicht vor=greifen/etw nicht im voraus beurteilen/sagen können
prélasser (se) es sich (**D**) bequem/behaglich machen
prélat *m* Prälat *m*
prélèvement *m* 1 Probe *f*, Entnahme *f*; Abstrich *m* 2 *(éco) ~s obligatoires* Abzüge *mpl*; *(banque) ~ automatique* (Abbuchung *f* per) Dauerauftrag *m*
prélever 1 entnehmen, ab=nehmen 2 *~ des cotisations* Beiträge ein=ziehen
préliminaires *mpl* Präliminarien *pl*, Einleitung *f*; Vorspiel *n*
prélude *m (mus)* Präludium *n*, Vorspiel *n*
prématuré verfrüht, voreilig *une décision ~e* eine übereilte Entscheidung ◆ *m -e f* Frühgeburt *f*, *(fam)* Frühchen *n*
préméditation *f* : *(jur) crime avec ~* vorsätzliches Verbrechen *n*
préméditer vorher planen
premier, -ière 1 erst- *à la première occasion* bei der erstbesten Gelegenheit 2 Grund-, Roh-; *(math) nombre ~* Primzahl *f* 3 *de première nécessité* unbedingt notwendig 4 *~ ministre* Premier Minister *m*; *de ~ choix* erstklassig; *le ~ rôle* die Hauptrolle *f* ◆ *~ arriver en ~* zuerst an=kommen ◆ *m f* 1 *le ~ de la classe*

der Klassenbeste m **2** *être le ~ à répondre* als erster/zuerst antworten **3** *un jeune ~* ein jugendlicher Held m/Liebhaber m

premièrement erstens, zuerst
prémonition f Vorahnung f
prémonitoire : *être ~* eine Vorwarnung f/ein Vorbote m sein
prémunir (se) sich schützen (vor D)
prenant 1 mitreißend, packend, fesselnd **2** zeitraubend **3** *être partie ~e* Anteil haben/nehmen (an D)
prendre 1 nehmen, an=fassen, (er)greifen; *(fig) ~ les armes* zu den Waffen greifen **2** fangen ~ *un voleur* einen Dieb fangen/gefangen=nehmen **3** ~ *le pouvoir* die Macht ergreifen; ~ *une ville* eine Stadt ein=nehmen **4** ~ *le train* mit dem Zug fahren **5** ~ *un repas* essen; ~ *un médicament* Medizin ein=nehmen **6** ~ *une décision* eine Entscheidung treffen; ~ *un rendez-vous* einen Termin vereinbaren **7** ~ *des dimensions* Ausmaße an=nehmen; ~ *sa température* seine Temperatur messen **8** ~ *des nouvelles de qqn* sich nach jm erkundigen **9** ~ *la fuite* die Flucht ergreifen **10** ~ *du temps* Zeit in Anspruch nehmen; ~ *son temps* sich (D) Zeit nehmen **11** ~ *qqn à son service* jn bei sich (D) ein=stellen **12** *comment a-t-il pris cela ?* wie hat er es aufgenommen? **13** ~ *qqn pour un autre* jn für einen anderen halten **14** ~ *qqn par la douceur (fam)* jm auf die zarte Tour kommen **15** *(fam) ~ une raclée* Prügel bekommen **16** *se ~ les pieds dans qch* mit den Füßen in etw (D) hängen=bleiben ◆ **1** *l'arbre a pris* der Baum ist angewachsen/hat Wurzeln geschlagen ◆ **2** ~ *à gauche* nach links ab=biegen ◆ *tu te prends pour qui ?* für wen hältst du dich eigentlich? ◆ *s'en ~ à qqn* jm die Schuld geben/zu=schieben ◆ *s'y ~ mal* sich ungeschickt/dumm an=stellen
preneur m **-euse** f : *être ~* ab=nehmen, kaufen; *trouver ~* einen Abnehmer m/Käufer m/Interessenten m finden
prénom m Vorname m
préoccupant bedenklich, besorgniserregend, beunruhigend
préoccupation f Sorge f
préoccuper mit Sorge/Besorgnis erfüllen, stark beschäftigen, beunruhigen ◆ *se ~ de qch* sich um etw kümmern
préparateur m **-trice** f *(pharmacie)* pharmazeutisch technischer Assistent **(PTA)** m
préparatifs mpl Vorbereitungen fpl
préparation f **1** Vorbereitung f; *(cuis)* Zubereitung f; *(mil) ~ militaire* **(P.M.)** vormilitärische Ausbildung f **2** ~ *pharmaceutique* Pharmazeutikum n
préparatoire Vorbereitungs-; *(ens) cours ~* erstes Schuljahr

préparer 1 vor=bereiten ~ *le déjeuner* das Essen zu=bereiten **2** ~ *qqn à qch* jn auf etw (A) vor=bereiten
prépondérant ausschlaggebend, entscheidend, überwiegend
préposition f Präposition f
prérogative f Vorrecht n
près 1 neben (A/D) ~ *de chez moi* (ganz) in meiner Nähe; *viens ~ de moi* komm zu mir **2** ~ *de 8 mois* fast 8 Monate **3** *être ~ de partir* im Begriff sein zu gehen ◆ **1** *habiter tout ~* ganz in der Nähe wohnen **2** *regarder qch de ~* etw näher/genauer betrachten; *(fig) surveiller qqn de ~* jm scharf auf die Finger sehen; jn nicht aus den Augen lassen **3** *à peu de chose ~* in etwa
présage m Vorzeichen n, Omen n
présager ahnen/vermuten lassen, bedeuten
presbyte weitsichtig
presbytère m Pfarrhaus n
prescription f **1** *(méd)* Rezept n **2** *(jur)* Verjährung f
prescrire *(méd)* verschreiben
préséance f Vorrang m
présence f Anwesenheit f, Gegenwart f; *faire acte de ~* sich (kurz) sehen lassen
présent 1 anwesend; *(fig) avoir ~ à l'esprit* im Kopf/Gedächtnis/in Erinnerung haben **2** *le moment ~* der gegenwärtige Augenblick **3** *la ~e lettre* das vorliegende Schreiben ◆ *à ~* jetzt, nun ◆ *à ~ que* jetzt da/wo
présent m Gegenwart f; *(gram)* Präsens n
présentable : *être ~* sich sehen lassen können
présentateur m **-trice** f AnsagerIn f
présentation f **1** Vorstellung f; Vorführung f *faire les ~s* (Leute) einander vor=stellen/miteinander bekannt machen **2** *bonne ~* angenehmes Äußeres n
présenter 1 vor=stellen ~ *une émission* eine Sendung an=kündigen; eine Sendung moderieren **2** vor=führen, dar=bieten *bien ~ des marchandises* Waren ansprechend aus=stellen **3** ~ *ses excuses* sich entschuldigen; ~ *une requête* eine Forderung stellen; ~ *un projet* ein Projekt vor=schlagen/vor=stellen; ~ *ses vœux* jn beglückwünschen **4** *(mil) ~ les armes* die Waffen präsentieren **5** ~ *des avantages* Vorteile haben/bieten ◆ **1** *se ~* sich vor=stellen **2** *se ~ à 8 h* sich um 8 Uhr melden; um 8 Uhr (persönlich) erscheinen/vor=sprechen **3** *se ~ à un examen* sich einer Prüfung unterziehen/zu einer Prüfung an=melden **4** *tout ce qui se présente* alles, was sich bietet **5** *l'affaire se présente bien* die Sache läßt sich gut an

présentoir *m* Verkaufsständer *m*
préservatif *m* Präservativ *n*
préserver 1 bewahren 2 schützen, behüten ~ *du froid* vor (D) Kälte schützen
présomptueux, -euse anmaßend, dünkelhaft; hochnäsig
presque fast, beinah(e) ~ *pas* kaum
presqu'île *f* Halbinsel *f*
pressant 1 *(personne)* zudringlich 2 *une affaire* ~*e* dringende Angelegenheit
presse *f* Presse *f*
pressé 1 eilig; dringend; *je suis* ~ ich habe es eilig 2 *citron* ~ (gepreßte) Zitrone *f*
presse-bouton : *cuisine* ~ vollautomatische Küche; *société* ~ Knopfdruckgesellschaft *f*
pressentiment *m* (Vor)ahnung *f*, Vorgefühl *n*
pressentir 1 ahnen, ein Vorgefühl haben 2 ~ *qqn pour une fonction* bei jm wegen (der Übernahme) eines Amtes vor=fühlen
presser 1 ~ *le pas* schneller gehen 2 ~ *qqn de questions* jn mit Fragen bedrängen 3 ~ *qqn contre soi* jn an sich (A) pressen/drücken; ~ *un fruit* eine Frucht aus=pressen; *(tech)* pressen 4 ~ *un bouton* auf einen Knopf drücken ◆ *le temps presse* die Zeit drängt ◆ 1 *presse-toi!* beeil dich! 2 *se* ~ *contre qqn* sich an jn drücken/pressen 3 *se* ~ *autour de qch* sich um etw drängen/scharen
pressing *m* Reinigung *f*
pression *f* 1 *(phys)* Druck *m*; *(méd)* ~ *artérielle* Blutdruck *m*; *(météo)* ~ *atmosphérique* Luftdruck *m* 2 Zwang *m groupe de* ~ Interessenverband *m*, Lobby *f*; *exercer des* ~*s sur qqn* Druck auf jn aus=üben
pressoir *m* Presse *f*
prestance *f* : *avoir de la* ~ ein gewandtes Auftreten *n* haben ; gut/stattlich aus=sehen
prestataire *m/f* 1 ~ *de services* Dienstleistungsbetrieb *m* 2 UnterstützungsempfängerIn *m*
prestation *f* 1 *réaliser une bonne* ~ eine gute Leistung *f* bringen 2 ~ *en nature* Sachleistung *f*
preste behend(e), flink, rasch
prestidigitation *f* : *faire de la* ~ Taschenspielertricks voll=führen
prestige *m* Prestige *n*
prestigieux, -euse glänzend, hervorragend, bestechend
présumé mutmaßlich, vermutlich
présumer : *trop* ~ *de qch* etw überschätzen / zu hoch ein=schätzen ◆ *je présume qu'il est d'accord* ich vermute / nehme an, daß er einverstanden ist
prêt *m* Darlehen *n*, Anleihe *f*; Ausleihen *n*, Verleihen *n*

prêt 1 fertig 2 *être* ~ *à* bereit / so weit sein zu
prêt-à-porter *m* Konfektion(skleidung) *f*
prétendant *m* 1 *le* ~ *au trône* der Anwärter *m* auf die Krone / den Thron 2 *avoir de nombreux* ~*s* viele Freier *mpl* / Verehrer *mpl* haben
prétendre 1 behaupten, vor=geben 2 *je ne prétends pas vous convaincre* ich habe nicht die Absicht, Sie zu überzeugen ◆ ~ *à qch* auf etw (A) Anspruch erheben
prétendu angeblich → **prétendre**
prétentieux, -euse eingebildet; prätentiös; anmaßend
prétention *f* 1 Anspruch *m*; *(fig) sans* ~ anspruchslos 2 *quelles sont vos* ~*s?* wie hoch sind Ihre Gehaltsforderungen *fpl?*
prêter 1 aus=leihen, borgen 2 ~ *attention à qch* einer Sache Aufmerksamkeit schenken; *(fig)* ~ *l'oreille* zu=hören 3 ~ *une réflexion à qqn* jm einen Gedanken unterstellen; ~ *du courage à qqn* jm Mut zu=billigen ◆ ~ *à rire* zum Lachen reizen, Anlaß zum Lachen bieten/geben ◆ *se* ~ *à une expérience* sich für ein Experiment an=bieten
prétérit [-rit] *m* Präteritum *n*
prêteur, -euse *ne pas être* ~ nicht gern (ver)borgen/leihen ◆ *m/f* VerleiherIn *m/f*
prétexte *m* Vorwand *m*; Ausrede *f sous aucun* ~ auf keinen Fall
prétexter vor=geben, als Vorwand benutzen, vor=schützen
prêtre *m* Priester *m*
preuve *f* 1 Beweis *m*; *(math)* ~ *par 9* Probe *f* mit 9; *(fig) faire* ~ *de bonne volonté* guten Willen zeigen, gutwillig sein 2 *faire ses* ~*s* sich bewähren
prévaloir vor=herrschen, überwiegen ◆ *se* ~ *de qch* sich auf etw (A) berufen; sich (D) etw zugute=halten
prévenant zuvorkommend; aufmerksam; einnehmend
prévenir 1 ~ *qqn* jn benachrichtigen; jn warnen 2 ~ *un accident* einen Unfall verhüten 3 ~ *les désirs de qqn* js Wünschen zuvor=kommen ◆ *partir sans* ~ weg=gehen, ohne (vorher) etw zu sagen
préventif, -ive vorbeugend, Vorbeugungs-
prévention *f* 1 Vorbeugung *f*; Verhütung *f* 2 *avoir des* ~*s vis-à-vis de qqn* gegen jn voreingenommen sein, jm gegenüber Vorurteile *npl* haben
prévenu *m* -**e** *f (jur)* Beschuldigte/r
prévisible vorhersehbar, voraussehbar
prévision *f* Vorhersage *f*, Voraussage *f*, Prognose *f*
prévisionnel, -le vorsorglich *budget* ~ Haushaltsvoranschlag *m*, Etat *m*

prévoir 1 vor=sehen, planen, in Aussicht nehmen ~ *des frais* Ausgaben ein=planen 2 vorher=sehen, vorher=sagen, voraus=se=hen

prévoyant vorausschauend, vorsorgend

prier *(rel)* beten ◆ 1 ~ *qqn de faire qch* jn bitten, etw zu tun 2 *je vous en prie!* bitte sehr!/schön!

prière *f* 1 *(rel)* Gebet *n* 2 Bitte *f* ~ *de fermer la porte* bitte (die) Tür schließen

primaire 1 Ur-, Elementar-, Anfangs-, primär; *(géo) ère* ~ Paläozoikum *n* 2 *(pol) élection* ~ Urwahl *f*; *(ens) école* ~ Grundschule *f*; *(péj) être* ~ beschränkt sein 3 *couleur* ~ Grundfarbe *f*; *(math) nombre* ~ Primzahl *f*

primauté *f* Vorrang *m*, Primat *n/m*

prime *f* Prämie *f* ~ *de Noël* Weihnachts=geld *n*; *(fig) en* ~ zusätzlich

primer aus=zeichnen ◆ ~ *sur qch* vor etw (D) den Vorrang haben

primeur *f* 1 *avoir la* ~ *d'une nouvelle* eine Nachricht als erster hören/erfahren 2 *vin* ~ neuer Wein; *marchand de* ~*s* (Früh)obst- und Gemüsehändler *m*

primevère *f* Schlüsselblume *f*, Primel *f*

primitif, -ive 1 primitiv 2 *la version primitive* die Urfassung *f* ◆ *m f* Primitive/r

primordial, -aux 1 entscheidend, äußerst wichtig 2 ursprünglich

prince *m* **-sse** *f* Prinz *m*, Prinzessin *f*; *(fig/fam) être bon* ~ großzügig/tolerant sein; *aux frais de la princesse* auf Staats=kosten *pl*

princier, -ière fürstlich, Fürsten-, Prinz=

principal, -aux wichtigst-, Haupt-, hauptsächlich-; *(gram) proposition* ~*e* Hauptsatz *m* ◆ *m* 1 Wichtigste/*s*, Haupt=sache *f* 2 *(ens)* Direktor *m*

principe *m* 1 Prinzip *n*, Grundsatz *m*; *(fig) je pars du* ~ *que* ich gehe davon aus, daß 2 *un accord de* ~ eine grundsätzli=che/prinzipielle Einigung

printemps *m* Frühling *m*, Lenz *m*

priori : *a* ~ a priori, von vornherein

prioritaire vorrangig, bevorzugt *véhicule* ~ vorfahrtsberechtigtes Fahrzeug; *(auto) route* ~ Vorfahrtsstraße *f*

priorité *f* Vorrang *m*, Priorität *f en* ~ zu=erst, vorrangig, als erstes; *(auto) avoir la* ~ (die) Vorfahrt haben

prise *f* 1 Griff *m*; *(sp)* ~ *de judo* Judo=griff *m*; *(fig) donner* ~ *à la critique* An=laß *m* zu Kritik geben, sich der Kritik (D) aus=setzen; *être aux* ~ *s avec qch* mit etw ringen, sich mit etw auseinander=setzen; *être en* ~ *directe avec la réalité* mit der Realität direkt in Berührung *f* stehen 2 ~ *d'otages* Geiselnahme *f*; ~ *d'une ville* die Einnahme *f*/Eroberung *f* einer Stadt 3 ~ *de sang* Blutabnahme *f*; Blutprobe *f* 4 ~ *de vues* Aufnahme *f* 4 ~ *d'un médica-ment* die Einnahme eines Medikaments 5 *(élec)* Stecker *m* ~ *de courant* Steck=dose *f* 6 ~ *de conscience* Bewußtwerden *n*; ~ *de contact* Kontaktaufnahme *f*; ~ *de position* Stellungnahme *f* 7 *(taxi)* ~ *en charge* Grundgebühr *f*; Beförderung *f* 8 Fang *m*, Beute *f*

prisé geschätzt

prison *f* Gefängnis *n*; Haft *f*; *(fam) faire de la* ~ im Gefängnis sitzen

prisonnier, -ière gefangen; *(fig) être* ~ *de qch* sich nicht von etw befreien kön=nen ◆ *m f* Gefangene/r

privations *fpl* Entbehrungen *fpl*

privatiser privatisieren

privauté *f* Vertraulichkeiten *fpl*; *se per=mettre des* ~*s* Annäherungsversuche *mpl* machen

privé 1 privat, Privat- 2 *être* ~ *de qch* etw entbehren/vermissen ◆ *m* Private/*s*, Privatleben *n*; Privatwirtschaft *f en* ~ pri=vat, außerdienstlich

priver : ~ *qqn de qch* jn um etw brin=gen, jm etw entziehen/weg=nehmen ◆ 1 *se* ~ Entbehrungen auf sich nehmen 2 *se* ~ *de qch* auf etw (A) verzichten, sich (D) etw versagen

privilège *m* Privileg *n*

privilégier privilegieren, bevorzugen

prix *m* 1 Preis *m* ~ *de revient* Selbstko=stenpreis *m*; *(fig) au* ~ *de sacrifices* unter Entbehrungen; *à tout* ~ auf jeden Fall, un=ter allen Umständen *mpl*, um jeden Preis; *n'avoir pas de* ~ nicht mit Gold aufzu=wiegen/ unbezahlbar sein 2 *mettre la tête de qqn à* ~ eine Belohnung *f* auf js Kopf aus=setzen 3 *recevoir un* ~ einen Preis er=halten

pro *m (fam)* Profi *m*

probabilité *f* Wahrscheinlichkeit *f*

probable wahrscheinlich

probant überzeugend, zwingend

probe redlich, rechtschaffen, aufrichtig

problématique problematisch; frag=würdig, zweifelhaft ◆ *f* Problematik *f*

problème *m* Problem *n*; *(math)* Aufgabe *f*

procédé *m* Verfahren *n*; *(fig) un* ~ *ré=voltant* ein empörendes Vorgehen *n*

procéder : ~ *à qch* etw betreiben/ durch=führen ◆ ~ *avec méthode* metho=disch vor=gehen

procédure *f* (Gerichts)verfahren *n*

procédurier, -ière *(péj)* prozeßwütig

procès *m* Prozeß *m*

procession *f* Prozession *f*

processus [-sys] *m* Prozeß *m*, Ablauf *m*, Vorgang *m*

procès-verbal *m* 1 Protokoll *n* 2 Straf=zettel *m*

prochain 1 nächst-, kommend- *f* 2 *la mort* ~*e* der baldige Tod ◆ *m* Nächste/r

proche nah ~ *de la mer* nah(e) am Meer; *(fig)* *être* ~ *de la vérité* der Wahrheit nahe=kommen ◆ *m f* Angehörige/r

proclamer 1 ~ *qqn gagnant* den Sieger verkünden; ~ *des résultats* Ergebnisse bekannt=geben 2 ~ *que* erklären,/bekannt=geben, daß

procréer zeugen

procuration *f* Vollmacht *f par* ~ im Auftrag *m*, per Prokura *f*

procurer ~ *qch à qqn* jm etw beschaffen/verschaffen/besorgen; *(fig)* ~ *du plaisir à qqn* jm Vergnügen bereiten

procureur *m* (Ober)staatsanwalt *m*

prodige *m* Wunder *n*

prodigieux, -euse ungewöhnlich, beachtlich, erstaunlich, außergewöhnlich

prodige 1 verschwenderisch; verschwendungssüchtig; *(fig)* ~ *de compliments* freigebig mit Komplimenten 2 *le fils* ~ der verlorene Sohn

prodiguer: ~ *des soins* umsorgen, versorgen; ~ *des conseils* Ratschläge geben

producteur, -trice: *un pays* ~ *de café* Kaffeezeugerland *n* ◆ *m (cin)* Produzent *m*

productif, -ive produktiv, ergiebig; einträglich; hervorbringend

production *f* Produktion *f*, Erzeugung *f*, Herstellung *f*

productivité *f* Produktivität *f*, Leistungsfähigkeit *f*

produire 1 *(éco)* produzieren, her=stellen 2 erzeugen, hervor=bringen; *(cin)* produzieren 3 ~ *une pièce d'identité* einen Ausweis vor=zeigen ◆ *se* ~ 1 geschehen, sich ereignen, passieren 2 *se* ~ *dans un théâtre* im Theater auf=treten

produit *m* 1 Erzeugnis *n*, Produkt *n* 2 Mittel *n un* ~ *pour nettoyer* ein Reinigungsmittel *n* 3 *le* ~ *de son travail* der Ertrag *m* aus seiner Arbeit, das Ergebnis *n* seiner Arbeit; *produit national brut (P.N.B.)* Bruttosozialprodukt *n*; *(fig) le* ~ *de son imagination* die Folge *f*/das Resultat *n* seiner Einbildung

proéminent vorspringend, vorstehend

profane profan, weltlich

profaner schänden, entweihen

proférer aus=stoßen, hervor=stoßen

professeur *m* Lehrer *m*, Studienrat *m*; *(université)* Professor *m*

profession *f* 1 Beruf *m quelle est votre* ~? was sind Sie von Beruf? 2 *(fig)* ~ *de foi* Bekenntnis *n*

professionnel, -le beruflich, Berufs= *sport* ~ Profisport *m* ◆ *m f* Professionelle/r, *(fam)* Profi *m*

profil *m* Profil *n de* ~ im Profil; von der Seite *f*

profiler (se) sich ab=zeichnen

profit *m* Nutzen *m au* ~ *de* zugunsten

(G); *mettre à* ~ aus=nutzen; nutzbringend anwenden/verwenden; *tirer* ~ *de qch* von etw profitieren; Nutzen aus etw ziehen: sich **(D)** etw zunutze machen 2 *(éco)* Profit *m*, Gewinn *m*

profitable nützlich, vorteilhaft

profiteur *m* **-euse** *f* NutznießerIn *m f*; *(péj)* ProfitmacherIn *m f*, Profiteur *m*

profond 1 tief; *(fig)* tiefgehend *un esprit* ~ ein tiefschürfender Geist 2 *un* ~ *mépris* tief(st)e Verachtung; *une* ~*e erreur* ein großer/gewaltiger/krasser Irrtum 3 *la France* ~*e* das eigentliche/traditionsgebundene Frankreich

profondeur *f* Tiefe *f*

profusion *f* Überfülle *f à* ~ in Hülle und Fülle *f*

progéniture *f* Nachkommen *mpl*, Sprößlinge *mpl*

programmateur *m (tech)* Programmregler *m*

programmation *f* 1 *(télé/cin/th)* Programmplanung *f*, Programmgestaltung *f* 2 *(tech/info)* Programmierung *f*

programme *m* Programm *n*; *(spectacle)* Spielplan *m*

programmer auf das Programm setzen/in das Programm auf=nehmen; *(info)* programmieren

programmeur *m* **-euse** *f* ProgrammiererIn *m f*

progrès *m* 1 Fortschritt *m* 2 Fortschreiten *n*

progresser 1 Fortschritte machen 2 vorwärts=kommen; *(fig)* fort=schreiten

progressif, -ive fortschreitend; zunehmend

progression *f* Vorankommen *n*; *(mil)* (Truppen)vormarsch *m*, Vorrücken *n*; *(math)* Reihe *f*; *(fig)* Zunahme *f*, Fortschreiten *n*

prohiber verbieten

prohibitif, -ive *(fig)* unerschwinglich

proie *f* 1 Beute *f*; *(fig) être la* ~ *de qqn/ qch* jm/etw zum Opfer *n* fallen; *être en* ~ *au désespoir* von Verzweiflung heimgesucht werden 2 *oiseau de* ~ Raubvogel *m*

projecteur *m* 1 Scheinwerfer *m* ; *(fig) tous les* ~*s sont braqués sur lui* er steht im Scheinwerferlicht *n* 2 Projektor *m*

projectile *m* Geschoß *n*

projection *f* 1 Spritzen *n* 2 *des* ~*s volcaniques* Auswürflinge *mpl* 3 *(cin/dia)* Vorführen *n*, Vorführung *f*, Projektion *f*

projet *m* 1 Projekt *n*, Vorhaben *n*, Plan *m* 2 Entwurf *m*

projeter 1 planen ~ *de faire qch* vor=haben/sich **(D)** vor=nehmen, etw zu tun 2 werfen 3 ~ *un film* einen Film vorführen 4 *(psy)* projezieren, übertragen 5 *(math)* projezieren

prolétaire *m f* ProletarierIn *m f*
proliférer sich stark / rasch vermehren
prolo *m (fam)* Prolet *m*
prologue *m* Prolog *m*
prolongation *f* Verlängerung *f*
prolongement *m* **1** Verlängerung *f*, Fortsetzung *f*; Weiterführung *f*, Erweiterung *f* **2** *les ~s d'une affaire* die Auswirkungen *fpl* einer Affäre
prolonger verlängern; *(route)* verlängern, weiter aus=bauen, weiter=führen
promenade *f* Spaziergang *m*
promener aus=fahren, spazieren=fahren; spazieren=führen; *(fig) ~ son regard sur qch* seinen Blick über etw schweifen lassen ◆ *se ~* spazieren=gehen
promeneur *m* **-euse** *f* SpaziergängerIn *m f*
promesse *f* Versprechen *n*
prometteur, -euse vielversprechend, verheißungsvoll
promettre versprechen; *(fig)* versprechen, verheißen; *se ~ de* sich (**D**) (fest) vor=nehmen, zu ◆ *(fam) ça promet !* das sind ja schöne Aussichten! ◆ *(rel) la Terre Promise* das Gelobte Land
promiscuité *f* Zusammengepferchtsein *n*; unmittelbare Nachbarschaft *f*
promontoire *m* Vorgebirge *n*
promoteur *m* **1** Bauunternehmer *m* **2** *le ~ d'un projet* der Initiator *m* / Förderer *m* / Wegbereiter *m* eines Projekts
promotion *f* **1** Beförderung *f*, Aufstieg *m avoir une ~* befördert werden **2** *(ens)* Jahrgang *m* **3** *(comm)* (Sonder)angebot *n*; *faire la ~ d'un produit* für ein Produkt werben
promouvoir **1** *~ une politique* eine neue Politik ein=leiten **2** *~ qqn* jn befördern
prompt schnell, rasch, flink ◆ *à la réplique* schlagfertig
promulguer verkünden
prôner befürworten
pronom *m* Fürwort *n*, Pronomen *n*
prononcer **1** aus=sprechen **2** *~ une sentence* ein Urteil verkünden **3** *~ un discours* eine Rede halten ◆ **1** *ne pas pouvoir se ~* sich nicht äußern können **2** *se ~ en faveur de qch* sich für etw aus=sprechen / entscheiden
prononciation *f* Aussprache *f*
pronostic *m* Voraussage *f*, Vorhersage *f*
propagande *f* Propaganda *f*
propagation *f* Ausbreitung *f*, Verbreitung *f*
propager verbreiten ◆ *se ~* sich (weiter) aus=breiten / verbreiten, um sich greifen
propension *f* Hang *m*, Neigung *f*
prophète *m (rel)* Prophet *m*
prophétiser prophezeien
propice günstig

proportion *f* **1** Verhältnis *n*; *(math)* Proportion *f* **2** Ausmaß *n*, Dimension *f*, Umfang *m*
proportionné : *bien ~* gut proportioniert
proportionnel, -le 1 *une offre ~le à la demande* ein der Nachfrage entsprechendes Angebot **2** *(pol) représentation ~le* Verhältniswahlrecht *n*, Verhältniswahl *f*
proportionnellement (à) im Verhältnis (zu), verhältnismäßig
propos *m* **1** Äußerungen *fpl*, Worte *npl*, Reden *fpl*; *(fig) ~ là n'est pas le ~* darum geht es nicht **2** *à ~ de qch* etw betreffend; *à ce ~* bei dieser Gelegenheit *f*; *à tout ~* bei jeder Gelegenheit / jedem Anlaß *m*, ständig; *tomber mal à ~* ungelegen kommen; *à ~, tu viens ?* übrigens / apropos, kommst du ?; *il serait hors de ~* es wäre unangebracht
proposer unterbreiten, an=bieten; vor=legen; vor=schlagen ◆ *se ~ de faire qch* beabsichtigen, vor=haben, / sich (**D**) vor=nehmen, etw zu tun
proposition *f* **1** Angebot *n*; *(pol) ~ de loi* Gesetzesvorlage *f* **2** Vorschlag *m* **3** *(gram)* Satz *m*
propre **1** sauber, rein(lich); *(fig) un enfant ~* ein stubenreines Kind **2** *~ à semer le doute* geeignet, Zweifel auf=kommen zu lassen **3** eigen *son ~ père* sein eigener Vater; *~ à une espèce* für eine Gattung charakteristisch / typisch, einer Gattung eigen; *en mains ~s* zu (eigenen) Händen; *(comm) capitaux ~s* Eigenkapital *n* **4** *nom ~* Eigenname *m* **5** *sens ~* eigentlicher Sinn, eigentliche Bedeutung
propre *m* **1** *mettre au ~* ins reine schreiben **2** *le ~ de l'homme* das Wesen *n* des Menschen
proprement **1** sauber, ordentlich **2** *la maison ~ dite* das eigentliche Haus; *à ~ parler* streng / genau genommen
propreté *f* Sauberkeit *f*
propriétaire : *être ~ de qch* etw besitzen ◆ *m f* BesitzerIn *m f* ~ *d'un véhicule* Fahrzeughalter *m*
propriété *f* **1** Eigentum *n*, Besitz *m* ~ *industrielle* gewerblicher Rechtsschutz *m* **2** Besitz *m*, Besitztum *n*, Gut *n* **3** *avoir pour ~* die Eigenschaft *f* haben
propulseur *m* Antrieb *m*; Propeller *m*; *(av)* Triebwerk *n*
propulsion *f* Antrieb *m*
prorata *m* : *au ~ des ventes* im Verhältnis *n* zum Verkauf
proroger verlängern
proscrire untersagen, verbieten
prose *f* Prosa *f*
prospect *m (comm)* potentieller Kunde *m*

prospecter

prospecter Schürfarbeiten durch=führen, nach Lagerstätten forschen; akquirieren
prospectif, -ive zukunftsorientiert
prospectus [-tys] *m* (Werbe)prospekt *m*
prospère blühend, florierend, gutgehend
prospérer gut gehen, blühen, florieren; gedeihen, fort=kommen
prospérité *f* Wohlstand *m*, Gedeihen *n*
prosterner (se) sich nieder=werfen
prostitué -e *f* Prostituierte/r
prostré völlig verzagt/niedergeschlagen
protecteur, -trice 1 *écran ~* Schutz(schirm) *m* 2 *un regard ~* ein gönnerhafter Blick ◆ *m f* BeschützerIn *f*
protection *f* Schutz *m* ; *(fig) bénéficier de ~s* protegiert werden
protectionnisme *m* Protektionismus *m*
protégé *m* **-e** *f* Schützling *m*, Protegé *m*
protéger 1 (be)schützen; *(fig)* protegieren; seine Hand halten (über), beschützen 2 *~ du soleil* vor der Sonne schützen
protéine *f* Protein *n*
protestant protestantisch, evangelisch ◆ *m* **-e** *f* ProtestantIn *m f*
protestation *f* Protest *m*
protester 1 protestieren 2 *~ de son innocence* seine Unschuld beteuern
prothèse *f* Prothese *f ~ dentaire* Zahnersatz *m*
prothésiste *m f* Orthopädiemechaniker *m*; ZahntechnikerIn *f*
protocolaire *(fig)* förmlich
protocole *m* 1 Protokoll *n*, Etikette *f* 2 *un ~ d'accord* Übereinkunft *f*
prototype *m* Prototyp *m*
protubérance *f* Beule *f*, Höcker *m*; Vorsprung *m*
protubérant (her)vorstehend, vorspringend
proue *f* Bug *m*
prouesse *f* Heldentat *f*; *(fam)* Topleistung *f*
prouver beweisen, nach=weisen; *(fig)* unter Beweis stellen
provenance *f* Herkunft *f*
provenir (de) (her)=kommen/(her)=stammen (von/aus), entstammen (**D**)
proverbe *m* Sprichwort *n*
Providence *f* Vorsehung *f*
providentiel, -le unverhofft, unerwartet
province *f* Provinz *f*
proviseur *m* (Schul)direktor *m*
provision *f* 1 Vorrat *m* (an **D**) 2 *sac à ~s* Einkaufstasche *f*; *faire ses ~s* ein=kaufen gehen, Einkäufe *mpl*/Besorgungen *fpl* machen 3 *chèque sans ~* ungedeckter Scheck 4 *(comm)* Rückstellung *f*
provisoire vorläufig, einstweilig; provisorisch, behelfsmäßig *solution ~* Zwischenlösung *f* ◆ *m c'est du ~* das ist ein Provisorium *n*

provisoirement vorläufig, einstweilen, vorübergehend
provocateur, -trice aufreizend, provozierend; *(fig) un sourire ~* ein herausforderndes Lächeln ◆ *m f* ProvokateurIn *m f*
provocation *f* Provokation *f*; Herausforderung *f*; Provozieren *n faire de la ~* provozieren; heraus=fordern
provoquer 1 *~ un accident* einen Unfall verursachen 2 *~ qqn* jn provozieren/heraus=fordern
proxénète *m* Zuhälter *m*
proximité *f* Nähe *f à ~ de* in der Nähe (**G**), nahe bei
prude prüde
prudence *f* Vorsicht *f*; Umsicht *f*, Bedacht *m*
prudent vorsichtig, umsichtig; bedächtig; klug
prud'homme *m* : *conseil des ~s* Arbeitsgericht *n*
prune *f* 1 Pflaume *f*; *(fam) pour des ~s* für nichts und wieder nichts 2 Zwetschgenwasser *n*
prussien -ne preußisch ◆ *m f* Preuße *m*, Preußin *f*
psaume *m* Psalm *m*
pseudonyme *m* Pseudonym *n*
psychanalyste [-ka-] *m f* PsychoanalytikerIn *m f*
psychiatre [-kja-] *m f* Psychiater *m f*
psychiatrique [-kja-] psychiatrisch
psychique psychisch; seelisch
psychisme *m* Psyche *f*
psychologique psychologisch
psychologue *m f* Psychologe *m*, Psychologin *f*
puanteur *f* Gestank *m*
pubère geschlechtsreif; *(homme)* mannbar
puberté *f* Pubertät *f*
public, -que 1 staatlich, Staats-; allgemein, Gemein- 2 öffentlich *jardin ~* Stadtpark *m*, (öffentliche) Anlage *f*
public *m* 1 Publikum *n*; Öffentlichkeit *f*; *être bon ~* ein dankbares Publikum sein; *parler en ~* öffentlich reden 2 *ouvert au ~* der Allgemeinheit *f* zugänglich
publication *f* 1 *(édition)* Veröffentlichung *f* 2 *la ~ de résultats* die Bekanntgabe *f* der Ergebnisse
publicitaire Werbe-, Reklame- ◆ Werbefachmann *m*
publicité *f* 1 Werbung *f* 2 *éviter toute ~* jede Art öffentlicher Verbreitung *f*/ von Öffentlichkeit *f* vermeiden
publier 1 veröffentlichen, publizieren 2 publik machen, an die Öffentlichkeit bringen
publiquement öffentlich, in der Öffentlichkeit

puce *f* 1 Floh *m*; *(fig/fam)* **ma ~ !** mein Schnuckelchen! *n*; *secouer les ~s à qqn* jn zusammen=stauchen, jm den Kopf zurecht=rücken 2 *marché aux ~s* Flohmarkt *m*, Trödelmarkt *m*
puceau, -celle unberührt, jungfräulich
puceron *m* Blattlaus *f*
pudeur *f* Schamgefühl *n*; *(fig)* Zurückhaltung *f*
pudibond prüde
pudique keusch, sittsam, züchtig; *(fig)* zurückhaltend
puer stinken
puéricultrice *f* Säuglings-/Kinderschwester *f*
puéril kindisch
pugilat *m* Schlägerei *f*, Rauferei *f*
puis dann, danach; darauf
puiser (aus)=schöpfen
puisque da (ja)
puissance *f* 1 Macht *f*, Stärke *f*; Vermögen *n* 2 *les grandes ~s* die Großmächte *f* 3 *(tech)* (Leistungs)kraft *f*, Leistung *f* 4 *(math)* Potenz *f à la ~ 3* in der dritten Potenz 5 *en ~* potentiell
puissant 1 stark, mächtig 2 kräftig; *(tech)* stark, leistungsfähig
puits *m* Brunnen *m*; *(mines)* Schacht *m*
pull/pull-over *m* Pulli *m*, Pullover *m*
pulluler wimmeln
pulpe *f (fruits)* Fruchtfleisch *n*; *(dents)* Zahnmark *n*
pulpeux, -euse fleischig; breiig; *(fig) une femme pulpeuse* eine üppige Frau
pulsation *f* Schlag *m*
pulsion *f* Trieb *m*
pulvérisateur *m* Zerstäuber *m*
pulvériser 1 zerstäuben 2 *~ une voiture* ein Auto in die Luft jagen; *(fig) ~ un record* einen Rekord brechen
punaise *f* 1 Reißzwecke *f* 2 *(insecte)* Wanze *f*

punch [pœnʃ] *m (fam)* Schwung *m*, Elan *m* ◆ [pɔ̃ʃ] Punsch *m*
punir bestrafen
punition *f* 1 Strafe *f* 2 Bestrafen *n*, Bestrafung *f*
pupille *m f* Pflegekind *n*; Waisenkind *n*
pupitre *m* (Redner)pult *n*; *(mus)* Notenständer *m*
pur 1 rein; sauber, klar 2 *une ~e merveille* eine echte/wahre Schönheit; *c'est du vol ~ et simple* das ist ganz einfach Diebstahl
purée *f* Püree *n*, Brei *m*
pureté *f* Reinheit *f*
purgatoire *m (rel)* Fegefeuer *n*
purge *f (méd)* Abführmittel *n*; Abführen *n*; *(fig/pol)* Säuberungsaktion *f*, Säuberungswelle *f*
purger 1 *~ un radiateur* das Wasser aus einer Heizung ab=lassen 2 *~ une peine de prison* eine Gefängnisstrafe verbüßen ◆ *se ~* ein Entschlackungsmittel (ein)=nehmen
purifier 1 reinigen 2 *~ qqn* jn läutern
purin *m* Jauche *f*
puriste puristisch
puritain puritanisch
pur-sang *m* Vollblut(pferd) *n*
purulent vereitert, eitrig
pus *m* Eiter *m*
pusillanime [-la-] kleinmütig; zaghaft
pustule *f* Pustel *f*
putain *f (fam)* Hure *f*, Nutte *f*
putois *m* Iltis *m*
putréfier (se) verwesen, verfaulen
putschiste [putʃist] *m f* PutschistIn *m f*
P.V. *m (fam) = procès-verbal*
PVC *m* PVC *n*
pyjama *m* Schlafanzug *m*
pylône *m* Mast *m*
pyromane *m f* Pyromane *m*, Pyromanin *f*, BrandstifterIn *m f*

Q

Q. C. M. *m = questionnaire à choix multiple* Multiple-choice-Test *m*
Q. G. *m → quartier général*
Q. H. S. *m → quartier de haute sécurité*
Q. I. *m* IQ *m → quotient intellectuel*
quadragénaire *m f* Vierzigjährige/r, VierzigerIn *m f*
quadrichromie *f : en ~* im Vierfarbendruck *m*
quadriennal, -aux vierjährig, Vierjahres-
quadrilatère *m* Viereck *n*

quadrillage *m* 1 Karo(muster) *n* 2 *le ~ d'un quartier* Abriegelung *f* eines Viertels
quadrupède *m* Vierfüßer *m*
quadrupler (sich) vervierfachen
quai *m* Kai *m*; *(gare)* Bahnsteig *m*
qualification *f* 1 Qualifikation *f*, Eignung *f*, Befähigung *f* 2 *(sp)* Qualifikation
qualifié 1 geschult, qualifiziert 2 *(jur) vol ~* schwerer Diebstahl
qualifier : *~ qqn d'imbécile* jn als Dummkopf bezeichnen; *il n'y a aucun mot pour ~ sa conduite* sein Verhalten ist

qualité

nicht zu beschreiben ◆ *se ~ pour la finale* sich für das Finale qualifizieren

qualité *f* **1** Qualität *f* **2** Eigenschaft *f en ma ~ de maire* in meiner Eigenschaft als Bürgermeister **3** *un homme de ~* eine Standesperson

quand : *~ viendras-tu?* wann kommst du? ◆ *je ne sais pas ~ je pourrai le faire* ich weiß nicht, wann ich das machen kann ◆ **1** wenn; als ~ *il venait à la maison* wenn er nach Hause/zu Besuch kam; ~ *il arriva* als er ankam **2** *~ bien même il viendrait* selbst wenn er käme ◆ *~ même* trotzdem, dennoch, immerhin

quant : *~ à lui* was ihn anbetrifft, seinerseits

quantitatif, -ive quantitativ

quantité *f* **1** Quantität *f*, Menge *f*; Zahl *f*; *user de qch en petite ~* etw in kleinen Mengen verbrauchen; *(fig) considérer qqn comme une ~ négligeable* jn für belanglos halten **2** *des ~s de gens/~ de gens* (Un)mengen *fpl* von Leuten

quarantaine *f* **1** *une ~ de personnes* etwa/an die vierzig Leute **2** *avoir la ~* an die Vierzig sein **3** *(fig) mettre qqn en ~* jn isolieren, sich von jm ab=sondern

quarante vierzig

quart *m* **1** Viertel *n un ~ d'heure* eine Viertelstunde; *(fig) manteau trois-~s* dreiviertellanger Mantel; *(fig) les trois ~s des élèves* die meisten Schüler; *ne pas avoir fait le ~ de son travail* fast nichts von seiner Arbeit gemacht haben **2** *(mar) officier de ~* Steuermann *m*; Wachoffizier *m*

quarté *m (courses)* Viererwette *f*

quarteron *m* Handvoll *f*

quartier *m* **1** Viertel *n* **2** Stück *n*; *(fig) ne pas faire de ~* keine Gefangenen machen; hart durch=greifen **3** *(mil) ~ général (Q. G.)* Hauptquartier *n*; *~ avoir ~ libre* Ausgang *m* haben; *(fig)* freie Hand haben; *(prison) ~ de haute sécurité (Q. H. S.)* Hochsicherheitstrakt *m*; *(fig) prendre ses ~s d'hiver* die Winterquartiere *npl* beziehen

quart-monde *m* die Vierte Welt

quasiment sozusagen, gewissermaßen, fast, beinahe

quatorze vierzehn

quatre vier; *(fig) monter l'escalier ~ à ~* die Treppe hoch=rennen/hinauf=stürmen; *(fam) se mettre en ~* sich zerreißen/um=bringen

quatre-quatre *m* Auto mit Allradantrieb *m*

quatre-vingt-dix neunzig

quatre-vingts achtzig

quatuor *m* Quartett *n*

que : *plus grand ~ toi* größer als du; *aussi grand ~ moi* (eben)so groß wie ich ◆ *~ fais-tu?* was machst du? ◆ *je ne sais ~ penser* ich weiß nicht, was ich denken soll ◆ **1** *je sais ~ c'est vrai* ich weiß, daß es wahr ist **2** *qu'il vienne!* er soll (nur) kommen! ◆ *les gens ~ je connais* die Leute, die ich kenne; *ce ~ tu veux* was du willst ◆ *~ de monde!* so viele Leute!; *(fam) ce ~ tu peux être bête!* wie dumm du bist!

quel, -le 1 welch- *~ livre choisis-tu?* welches Buch wählst du? **2** was für ein *~ livre lis-tu?* was für ein Buch liest du? **3** *~ est votre nom?* wie ist Ihr Name? **4** *~ le chance!* was für ein Glück! ◆ *~ que soit le temps* welches/was für ein Wetter auch ist; *~les que soient vos conditions* wie auch immer Ihre Bedingungen sein mögen

quelconque 1 irgendein, x-beliebig **2** banal

quelque 1 einig- *il y a ~ temps* vor einiger Zeit **2** einige, ein paar, manche *cent francs et ~s* etwas über 100 Francs ◆ **1** *sur ~ sujet que ce soit* über was für ein/welches Thema auch immer **2** *~ intelligent qu'il soit* wie intelligent er auch immer sein mag ◆ *~ chose* etwas ◆ *~ part* irgendwo(hin)

quelquefois manchmal, bisweilen, zuweilen, mitunter, dann und wann

quelques-uns/unes einige, manche

quelqu'un *m* jemand; (irgend)jemand; *~ de bien* ein anständiger Mensch

quémander betteln; bitten (um)

qu'en-dira-t-on *m* Gerede *n*

quenelle *f* Klößchen *n*

quenotte *f (fam)* Beißerchen *npl*

querelle *f* Streit *m*, Zank *m*

querelleur, -euse streitsüchtig

question *f* **1** Frage *f* **2** Fragestellung *f*, Problem *n la personne en ~* die betreffende Person; *il est ~ de ses enfants* es handelt sich um seine Kinder; *ce n'est pas la ~* darum geht es nicht; *il n'en est pas ~* das kommt (überhaupt) nicht in Frage

questionnaire *m* Fragebogen *m*

questionner befragen; aus=fragen

quête *f* **1** (Geld)sammlung *f* **2** Suche *f être en ~ de qch* auf der Suche nach etw sein

quetsche [kwɛtʃ] *m* **1** Zwetsch(g)e *f* **2** Zwetsch(g)enwasser *n*

queue *f* **1** Schwanz *m*; *(fig) ~ de cheval* Pferdeschwanz *m*; *piano à ~* Flügel *m*; *faire la ~* Schlange *f* stehen, an=stehen; *marcher à la ~ leu leu* im Gänsemarsch *m* laufen; *(fleur/casserole)* Stiel *m*; *(astro) ~ d'une comète* Schweif *m* eines Kometen; *(fig/fam) une histoire sans ~ ni tête* eine Geschichte, die weder Hand noch Fuß hat; *faire une ~ de poisson* schneiden; *finir en ~ de poisson* wie das Hornberger Schießen aus=gehen

2 Ende *n*, hinterer Teil *m en ~ du train* im hinteren Teil des Zuges
queue-de-pie *f* Frack *m*
qui wer ~ *emmènes-tu?* wen bringst du mit? ◆ der, die, das *l'homme à ~ je parle* der Mann mit/zu dem ich spreche; *je fais ce ~ me plaît* ich tue, was mir gefällt ◆ *~ que ce soit* wer es auch sein mag
quiconque jeder, der; wer auch immer
quiétude *f* (Seelen)ruhe *f*
quille *f* **1** *(jeu)* Kegel *f* **2** *(mar)* Kiel *m* **3** *(fam)* Entlassung *f* vom Bund
quincaillerie *f* **1** Eisenwarenhandlung *f*, Haushaltwarengeschäft *n* **2** Haushaltwaren *fpl*, Eisenwaren *fpl*
quinquagénaire fünfzigjährig
quinquennal, -aux fünfjährig
quinquennat *m* fünfjährige Amtsdauer *f*
quintal (q) *m* **-aux** Doppelzentner (dz) *m*
quinte *f* **1** ~ *de toux* Hustenanfall *m* **2** *(mus)* Quinte *f*
quinzaine *f* etwa fünfzehn *dans une ~ de jours* in etwa vierzehn Tagen
quinze fünfzehn *le ~ de France* die französische Rugbymannschaft
quiproquo *m* Mißverständnis *n*
quittance *f* Quittung *f*

quitte 1 quitt, frei (von); *tenir qqn ~ de sa dette* jm seine Schuld erlassen **2** *j'en suis ~ pour* jetzt kann ich nur noch **3** *jouer ~ ou double* alles aufs Spiel setzen **4** *~ à tout perdre* auch auf die Gefahr hin, alles zu verlieren
quitter 1 verlassen **2** *je dois vous ~* ich muß jetzt (leider) Abschied nehmen; *(fig) cette idée ne me quitte plus* dieser Gedanke läßt mich nicht mehr los **3** *~ ses fonctions* sein Amt nieder=legen ◆ *(tél) ne quittez pas!* bitte, bleiben Sie am Apparat!
qui-vive *m* : *être sur le ~* auf der Hut *f* sein
quoi : ~ ? was? ◆ **1** ~ *que tu fasses* was auch immer du tust; ~ *qu'il en soit* wie dem auch sei; *avoir de ~ vivre* sein Auskommen/genug zum Leben haben **2** *ce à ~ je pensais* das, woran ich dachte ◆ *sans ~* sonst
quoique *(subj)* obwohl, obgleich, wenn auch
quolibet *m* Gespött *n*, Stichelei *f*
quota *m* Quote *f*
quote-part *f* Anteil *m*, Quote *f*
quotidien, -ne (all)täglich ◆ *m* Alltag *m*
quotient *m* Quotient *m* ~ *intellectuel (Q.I.)* Intelligenzquotient (IQ) *m*

R

rab [rab] *m (fam)* Nachschlag *m y'a du ~?* kann man noch mal nach=haben?
rabâcher *(fam)* wieder=käuen
rabais *m* Preisnachlaß *m*, Rabatt *m*, Ermäßigung *f*; *(fig) travailler au ~* unterbezahlt werden
rabaisser herab=setzen
rabat *m* Klappe *f*; Umschlag *m*
rabat-joie : *être ~* ein Spielverderber *m* sein
rabatteur *m (chasse)* Treiber *m*
rabattre 1 herunter=klappen, um=schlagen, herunter=schlagen **2** ~ *une haie* eine Hecke zurück=schneiden/stutzen **3** ~ *du gibier* Wild treiben; *(fig) ~ les mauvaises odeurs* die schlechten Gerüche herunter=drücken ◆ **1** *(auto)* se ~ plötzlich aus=scheren **2** se ~ *sur qch/qqn* sich mit etw/jm begnügen, mit etw/jm vorlieb=nehmen
rabbin *m* Rabbiner *m*
râble *m* Kaninchenrücken *m*
râblé gedrungen; untersetzt, stämmig
rabot *m* Hobel *m*
raboter hobeln; *(fig/fam) se ~ le genou* sich **(D)** das Knie auf=schrammen

rabougri verkümmert, kümmerlich, verkrüppelt; schmächtig
rabrouer an=schnauzen, an=brüllen
racaille *f* Pack *n*, Gesindel *n*
raccommoder flicken, aus=bessern ~ *des chaussettes* Strümpfe stopfen ◆ *(fam) se ~ (non fam)* sich (wieder) versöhnen
raccompagner zurück=begleiten
raccordement *m* Verbindung *f*; Anschluß *m*
raccorder verbinden, zusammen=schließen; an=schließen
raccourci *m* **1** Abkürzung *f*; *(fig) exprimer qch par un ~* etw gerafft/verkürzt aus=drücken **2** *en ~* in Kurzform *f*/gekürzter Form; kurz gesagt
raccourcir kürzen, verkürzen, ab=kürzen ~ *une robe* ein Kleid kürzer machen ◆ kürzer werden ◆ *tomber à bras raccourcis sur qqn* über jn her=fallen
raccrocher wieder auf=hängen/an=hängen ◆ *(tél)* auf=legen ◆ *se ~ à qch* sich an etw **(D)** fest=halten; *(fig)* sich an etw **(D)** klammern
race *f* Rasse *f*
racé *(fig)* rassig

rachat

rachat m 1 Rückkauf m, Wiederkauf m 2 *le ~ des péchés* die Sühne der Sünden
racheter 1 zurück=kaufen 2 *~ la maison d'un ami* einem Freund das/sein Haus ab=kaufen 3 *~ ses péchés* seine Sünden sühnen; sich von seinen Sünden frei=kaufen 4 *~ un candidat* einen Kandidaten ab=lösen ◆ *se ~* wieder gut=machen
rachidien, -ne Rückmarks-
rachitisme m Rachitis f
racial, -aux rassisch, Rassen-
racine f Wurzel f; *(fig)* Ursprung m; *(math) ~ carrée* Quadratwurzel f
racisme m Rassismus m; *(fig) ~ anti-jeunes* Jugendfeindlichkeit f
raciste rassistisch ◆ m f RassistIn m f
racketter [rakete] erpressen
racketteur [rakete] m ErpresserIn m f
raclée f *(fam)* Tracht f Prügel m, Keile f
racler 1 ab=schaben, ab=kratzen; *(fig/fam) ~ les fonds de tiroir* alles/das restliche Geld zusammen=kratzen 2 *se ~ la gorge* sich räuspern
racolage m Kundenfang m
racoler an=locken, (an)=werben
racoleur, -euse : *publicité racoleuse* reißerische Werbung
racontars mpl *(fam)* Klatsch m, Tratsch m
raconter erzählen *~ l'histoire d'un homme qui* von einem Mann erzählen, der
radar m Radar m/n
rade f Reede f; *(fig/fam) laisser qqn en ~* jn im Stich lassen; *rester en ~* liegen=bleiben; zurück=bleiben
radeau m -x Floß n
radiateur m Heizkörper m; *(auto)* Kühler m
radiation f 1 Strahlung f 2 Ausschluß m
radical 1 radikal *des mesures ~es* einschneidende/durchgreifende Maßnahmen 2 *un changement ~* eine gründliche Veränderung ◆ *(gram)* Stamm m
radicalement vollständig, gründlich, radikal, von Grund aus, total
radicaliser radikalisieren ◆ *se ~* radikal werden, sich radikalisieren
radier : *~ qqn d'une liste* jn von einer Liste streichen; *~ qqn de l'ordre des médecins* jn aus der Ärztekammer aus=schließen
radiesthésiste m f (Wünschel)rutengängerIn m f
radieux, -euse strahlend; *(fig) il est ~* er strahlt vor Freude/Glück
radin *(fam)* knick(e)rig
radio f 1 Radio n *~ libre* Privatsender m 2 *(méd)* Röntgenaufnahme f
radioactif, -ive radioaktiv
radioactivité f Radioaktivität f
radioamateur m Funkamateur m

radiographie f Röntgenaufnahme f; *(fig)* Durchleuchtung f
radiographier röntgen, durchleuchten
radioguidage m Funksteuerung f
radiologue m f Radiologe m, Radiologin f
radiophonique : *émission ~* Rundfunksendung f; *pièce ~* Hörspiel n
radioréveil m Radiowecker m
radiotéléphone m Sprechfunk m
radis m 1 Radieschen n *~ noir* (schwarzer) Rettich m 2 *(fam) ne pas avoir un ~* keinen Pfennig haben
radius [radjys] m Speiche f
radoter faseln, schwafeln
radoucir mildern ◆ *se ~* milder werden; *(fig)* umgänglicher werden
radoucissement m *(météo)* (Wetter)milderung f
rafale f 1 Windstoß m, Bö(e) f 2 *tir en ~* Feuerstoß m
raffermir straffen, festigen
raffiné erlesen; ausgesucht; *(personne)* raffiniert; feinsinnig; kultiviert
raffinement m Verfeinerung f; Raffinesse f; *(fig) un ~ de cruauté* fein ausgeklügelte Grausamkeit
raffiner raffinieren, auf=bereiten
raffoler : *(fam) ~ de qch* für etw schwärmen, auf etw (A) versessen sein
raffut m *(fam)* Krach m Lärm m Radau m
rafistoler *(fam)* zurecht=flicken, zurecht=schustern
rafle f Razzia f
rafler : *(fam) ~ tous les bijoux* den gesamten Schmuck mit=gehen lassen; *~ tous les prix* alle Preise ein=heimsen
rafraîchir 1 (ab)kühlen, erfrischen 2 *(cheveux)* nach=schneiden; *(fig) ~ la mémoire à qqn* js Gedächtnis auf=frischen, js Gedächtnis (D) nach=helfen ◆ *mettre le vin à ~* den Wein kalt stellen ◆ *se ~* sich ab=kühlen, kühler werden; *(personne)* sich Frisch machen
rafraîchissement m *(météo)* Abkühlung f; *(boisson)* Erfrischung f
ragaillardir auf=muntern, stärken, neuen Auftrieb geben
rage f 1 Wut f *fou de ~* voller Wut, außer sich (D) vor Wut 2 *faire ~* wüten, toben 3 *~ de dents* wahnsinnige/rasende Zahnschmerzen mpl 4 *(méd)* Tollwut f
rager wütend sein
ragondin m Nutria f
ragot m *(fam)* Tratsch m, Klatsch m
ragoûtant : *peu/pas ~* unappetitlich; schmutzig
rai m (Licht)strahl m Streifen m
raid [red] m 1 *(mil) ~ aérien* Luftangriff m 2 *~ en montagne* Bergmarsch m
raide 1 steif; *(cheveux)* glatt; *(fig) ~ comme un piquet* steif wie ein Brett 2 *une*

pente ~ ein scharfes Gefälle, ein steiler Abhang **3** *(fam) être* ~ pleite/blank sein **4** *(fam) c'est un peu* ~ *!* das ist ja ein starkes Stück ! ◆ *tomber* ~ *mort* auf der Stelle um=fallen

raideur f **1** *(fig)* Starrheit f, Schroffheit f **2** *avoir une* ~ *dans la nuque* im Nacken verspannt sein

raidillon m steiler Pfad m

raidir (an)=spannen ; *(fig)* verhärten

raie f **1** Kratzer m ; *(cheveux)* Scheitel m **2** *(poisson)* Rochen m

raifort m Meerrettich m

rail m **1** (Eisenbahn)schiene f **2** *transport par* ~ Beförderung f auf dem Schienenweg/per Schiene, Schienentransport m

railler ~ *qqn* jn auf=ziehen/verspotten

raillerie f Stichelei f, Gespött n

railleur, -euse spöttisch, stichelnd

rainette f Laubfrosch m

rainure f Rille f

raisin m (Wein)traube f ~s *secs* Rosinen fpl

raison f **1** Vernunft f, Verstand m ; *(fig) entendre* ~ Vernunft an=nehmen ; *se faire une* ~ sich ins Unvermeidliche fügen ; *(loc) n'avoir ni rime ni* ~ weder Sinn noch Verstand haben **2** Recht n *à tort ou à* ~ zu/mit Recht oder Unrecht ; *avoir* ~ recht haben **3** Grund m *sans* ~ grundlos, unbegründet(erweise) *à plus forte* ~ um so mehr, mit voll(st)em Recht ; *en* ~ *du temps* wegen des Wetters ; *pour* ~ *de santé* aus gesundheitlichen Gründen ; *c'est sa* ~ *de vivre* das ist sein Lebenssinn m ; *(fig) demander* ~ *à qqn de qch* für etw Genugtuung f fordern **4** *avoir* ~ *de difficultés* die Schwierigkeiten überwinden/ bewältigen **5** *(comm)* ~ *sociale* Firmenbezeichnung f **6** *à* ~ *de trois francs pièce* zum Preis m von 3 Francs pro Stück

raisonnable 1 vernünftig **2** annehmbar, zumutbar

raisonnement m Gedankengang m, Überlegung f ; Urteilskraft f

raisonner überlegen, durchdenken, nach=denken ◆ ~ *qqn* jn zur Vernunft bringen

rajeunir jünger werden, sich verjüngen ◆ **1** jünger machen **2** jünger schätzen **3** ~ *le personnel* das Personal verjüngen

rajouter hinzu=fügen ; *(fig/fam) en* ~ dazu=erfinden, übertreiben

rajuster/réajuster 1 richtig hin=stellen/an=bringen ; zurecht=rücken **2** ~ *les salaires* Löhne an=gleichen

râle m Röcheln n

ralenti m *(tech)* Leerlauf m *tourner au* ~ im Leerlauf laufen ; *(fig)* mit verminderter/halber Kraft f laufen ; *(cin)* Zeitlupe f

ralentir langsamer fahren/werden ◆ ver- langsamen ~ *le pas* langsamer gehen ; *(fig)* dämpfen, verringern

ralentissement m Verlangsamung f, Langsamerwerden n ~ *de la production* Verringerung f des Produktionsausstoßes

râler röcheln ; *(fig/fam)* nörgeln, meckern

râleur m -euse f *(fam)* NörglerIn m f, Meckerziege f, Miesmacher m

ralliement m Anschluß m *signe de* ~ Erkennungszeichen n

rallier 1 ~ *la côte* die Küste an=steuern ; die Küste erreichen **2** vereinen, vereinigen ; *(fig)* ~ *tous les suffrages* alle Stimmen auf sich vereinigen ◆ *se* ~ *à* sich an= schließen **(D)**

rallonge f Verlängerung f, Verlängerungsstück n *table à* ~s Ausziehtisch m ; *(fam) nom à* ~ Name mit von und zu ; *demander une* ~ ein Aufgeld n verlangen

rallonger verlängern ~ *une robe* ein Kleid länger machen ◆ länger werden ; *(fam) ça rallonge* das ist ein Umweg m

rallumer wieder an=zünden ; *(fig)* wieder entfachen/an=zetteln ◆ *la lumière se rallume* das Licht geht wieder an

rallye m Rallye [ʁali] f

ramassage m Einsammeln ~ *scolaire* Abholen n durch den Schulbus ; ~ *des vieux papiers* Altpapiersammlung f

ramasse-miettes m Tischbesen m und Schaufel f

ramasser auf=heben, (auf)=sammeln ~ *les pommes de terre* Kartoffeln sammeln ◆ *(fam) se faire* ~ *par la police* von der Polizei (ein)kassiert werden

rambarde f Geländer n

ramdam [ramdam] f *(fam)* Remmidemmi n

rame f **1** Ruder n **2** *une* ~ *de papier* ein Ries n (Papier) **3** ~ *de métro* U-Bahn-Zug m **4** ~ *de haricots* eine Bohnenstange f

rameau m **-x** Zweig m, dünner Ast m

Rameaux : *les* ~ Palmsonntag m

ramener 1 zurück=bringen **2** ~ *qqn à la raison* jn zur Vernunft bringen ; ~ *qqn à la vie* jn zurück=holen **3** ~ *la paix* den Frieden wieder=her=stellen **4** *(fig)* ~ *tout à soi* alles auf sich beziehen ; *(fig) la* ~ seinen Senf dazu=geben

ramer rudern

rameur m **-euse** f Ruderer m, Ruderin f

rami m Rommé n

ramification f Verzweigung f, Verästelung f

ramollir weich machen ◆ *se* ~ weich werden, auf=weichen ; *(fig/fam) son cerveau se ramollit* sein Verstand läßt nach

ramoner fegen, putzen

ramoneur m Schornsteinfeger m

rampant : *animal* ~ Kriechtier n ; *(fig) inflation* ~*e* schleichende Inflation

rampe f **1** (Treppen)geländer n **2** Rampe

ramper

f, Auffahrt f ~ **d'accès** Auffahrt f; ~ **de lancement** Abschußrampe f, Startrampe f **3** **une ~ de projecteurs** eine Installierung von Scheinwerfern; (th) **les feux de la ~** Rampenlicht n
ramper kriechen; krabbeln
rance ranzig
rancœur f Verstimmung f, Groll m, Verbitterung f
rançon f Lösegeld n; (fig) **c'est la ~ de la gloire** das ist der Preis des Ruhms
rançonner Lösegeld fordern
rancune f Rachsucht f, Groll m
rancunier, -ière nachtragend
randonnée f (lange) Wanderung f, (weiter) Ausflug m; **sentier de grande ~ (GR)** eingezeichneter Wanderweg m; **faire de la ~** wandern; (ski) Skitour f
randonneur m **-euse** f Wanderer m, Wanderin f
rang m **1** Reihe f **se mettre en ~** sich in einer Reihe en=stellen; (mil) Mannschaftsstand m; (fig) **les ~s des mécontents** der Kreis der Unzufriedenen; **se mettre sur les ~s** sich auch bewerben; **rentrer dans le ~** sich wieder ein=ordnen **2** Rangstufe f, Stellung f, Stand m; **de haut ~** hochrangig **3** **au ~ des mécontents** unter den Unzufriedenen
rangé 1 une personne ~e eine solide / anständige Person f, (fig) **une bataille ~e** Prügelei f, Schlägerei f
ranger 1 auf=räumen, in Ordnung bringen ~ **qch qpart** etw irgendwo hin=räumen; (fig) ~ **qqn parmi les grands esprits de son époque** jn zu den großen Geistern seiner Zeit zählen / rechnen **2** ordnen, sortieren ◆ **1** **se ~ à l'avis de qqn** sich zu Meinung (D) an=schließen **2** **avoir envie de se ~** ein ordentlicher Mensch werden wollen **3** (fam) **range-toi!** tritt mal zur Seite!, mach mal Platz!
ranimer 1 wieder=beleben; (fig) auf=muntern **2** ~ **le feu** das Feuer wieder entfachen; (fig) wieder auf=leben lassen
rantanplan! rumtata!
rapace m Raubvogel m ◆ (fig) raffgierig, gewinnsüchtig
rapatrié m **-e** f Rückwanderer m, Rückwanderin f, RepatriantIn m f
rapatrier repatriieren
râpe f Raspel f; (cuis) Reibeisen n, Reibe f
râpé 1 une veste ~e ein abgeschabtes / abgetragenes Jackett **2** (fam) **c'est ~!** das ist schiefgegangen!
râper reiben
râpeux, -euse rauh; (fig) **un vin ~** ein herber Wein
raphia m Bast m
rapide 1 schnell **2 pente ~** steiles Gefälle; **voie ~** Schnellstraße f ◆ m

1 Stromschnelle f; reißender Gebirgsbach m **2** (train) Schnellzug m
rapidité f Schnelligkeit f
rapiécer aus=bessern
rapine f Raub m
rappel m **1** Mahnung f, Erinnerung f; **pour ~** zur Erinnerung; ~ **à l'ordre** Ermahnung f zur Ordnung; **lettre de ~** Mahnschreiben n; (méd) Wiederholungsimpfung f, Nachimpfung f **2 le ~ d'un ambassadeur** die Abberufung / das Zurückbeordern eines Botschafters; **battre le ~** (mil) das Signal zum Sammeln geben, (fig) alles zusammen=trommeln; (th) **avoir trois ~s** drei Vorhänge **3** haben (alpinisme) Abseilen n
rappeler 1 ~ **qch à qqn** jn an etw (A) erinnern **2** ~ **des réservistes** Reservisten wieder=ein=berufen ◆ **se ~ qch** sich an etw (A) erinnern ◆ (tél) nochmal an=rufen, zurück=rufen
rapport m **1** Bericht m; (mil) Meldung f **2** Verhältnis n, Zusammenhang m, Beziehung f **par ~ à** im Vergleich zu / Verhältnis n zu; **cela n'a aucun ~** das hat damit nichts zu tun!, das gehört nicht hierher!; (math) **un ~ de un à dix** ein Verhältnis 1:10 (von eins zu zehn); **la position d'un point par ~ à un axe** die Stellung eines Punktes zu einer Achse; (fig) **sous tous les ~s** in jeder Hinsicht f / Beziehung f **3** Beziehung, Verhältnis (zu); (sexe) (Geschlechts)verkehr m **4** Ertrag m **d'un bon ~** einträglich, gewinnbringend, ergiebig
rapporter 1 zurück=bringen **2** mit=bringen **3** ~ **les faits** (über) Vorfälle berichten; ~ **à qqn les paroles de X** jm das, was X gesagt zu=tragen / weiter=erzählen; (péj) **il rapporte tout** er petzt alles; er quatscht alles aus **4** ~ **de l'argent** Geld ein=bringen ◆ **se ~ à qch** sich auf etw (A) beziehen
rapporteur m **1 le ~ d'un projet de loi** Einbringer m einer Gesetzesvorlage **2** (math) Winkelmesser m
rapporteur m **-euse** f (péj) ZuträgerIn m f
rapprochement m **1** Annäherung f, Verständigung f, Sichnäherkommen n **2 faire un ~ entre deux affaires** zwei Angelegenheiten miteinander in Verbindung bringen
rapprocher heran=rücken, zusammen=rücken; (fig) einander näher=bringen ◆ **se ~** sich nähern; sich (D) näher=kommen; **se ~ de Paris** (fig) näher an Paris heran=rücken; (fig) **se ~ de la vérité** der Wahrheit näher=kommen; **la date se rapproche** das Datum rückt näher
rapt [rapt] m Entführung f
raquette f **1** Schläger m **2** (neige) Schneeschuh m
rare 1 selten, rar; (chim) **gaz ~** Edelgas

n **2** wenig- *à de ~s exceptions près* bis auf wenige Ausnahmen ; *ses visites se font ~s* seine Besuche werden selten
raréfier (se) 1 seltener werden **2** *l'air se raréfie* die Luft wird dünner
rarissime äußerst/höchst selten
ras flach, eben *à poils ~* kurzhaarig, Kurzhaar-, kurzgeschoren ; *(fig) en ~e campagne* auf dem flachen Land/ freien Feld ; *faire table ~e* Tabula rasa/ reinen Tisch machen ; *(loc) à ~ bord* randvoll, bis zum/an den Rand ; *au ~ du sol* zu ebener Erde ; *un pull ~ du cou* ein hochgeschlossener Pullover ◆ *couper ~* kurz schneiden
rasade *f* gestrichen volles Glas *n*
rase-mottes *m* : *en ~* im Tiefflug *m*
raser 1 *~ qqn* jn rasieren ; *(fig/fam)* jn an=öden *~* **2** *~ les murs* die Mauer streifen **3** *~ une maison* ein Haus ab=reißen ◆ *se ~* sich rasieren ; *(fig/fam > non fam)* sich langweilen
rasoir *m* Rasierapparat *m*, Rasierer *m* ◆ *(fam) être ~* ätzend/öde sein
rassasier satt machen, sättigen ◆ *se ~* satt werden, sich satt essen
rassemblement *m* **1** Versammlung *f*, Ansammlung *f*, Auflauf *m* ; *(mil) ~!* an= getreten! **2** *le ~ des forces de gauche* Sammlungsbewegung *f* der Linken
rassembler 1 zusammen=bringen, zu= sammen=ziehen, sammeln *~ les moutons* die Schafe zusammen=treiben ; *~ ses affaires* seine (Sieben)sachen zusam= men=sammeln / zusammen=legen ; *(fig) ~ ses idées* seine Gedanken zusammen= nehmen **2** versammeln
rasséréner beruhigen
rassis : *pain ~* altbackenes Brot
rassurer beruhigen
rat *m* **1** Ratte *f* ; *~ musqué* Bisamratte *f* ; *(fam) être fait comme un ~* wie eine Maus in der Falle sitzen ; *(fig/fam) ~ de bibliothèque* Leseratte *f*, Bücherwurm *m* ; *quel ~!* so ein Geizkragen! **2** *un petit ~ de l'Opéra* Ballettratte *f*
ratatiné verschrumpelt ; *(fam)* zusammen= gedrückt
ratatiner *: se ~ dans un coin* in einer Ecke zusammen=schrumpfen ◆ *(fam) se faire ~* abgemurkst werden ; *(fig) ravagé* völlig vernichtet/in Grund und Boden gestampft werden
rate *f* **1** Milz *f* **2** weibliche Ratte *f*
raté : *c'est ~!* das ist danebengegangen! ◆ *m le moteur a des ~s* der Motor setzt aus ◆ *m* **-e** *f (fam > non fam)* VersagerIn *m f*
rateau *m* **-x** Rechen *m*
râtelier *m* **1** (Futter)krippe *f* **2** *(fam)* die dritten Zähne *mpl*
rater 1 verfehlen *~ un examen* in einer Prüfung durch=fallen ; *il a tout raté dans sa vie* er hat sein Leben verpfuscht ; *(fig/ fam) il n'en rate pas une* er tritt in jedes Fettnäpfchen ; *il ne l'a pas raté !* man hat es ihm aber gegeben/heimgezahlt ! **2** *~ le train* den Zug verpassen ; *~ qqn de cinq minutes* jn um fünf Minuten verfehlen ◆ scheitern, fehl=schlagen ◆ *faire tout ~* alles verderben/*(fam)* verpfuschen
raticide *m* Rattengift *n*
ratifier unterzeichnen, ratifizieren
ratio *m* Verhältniszahl *f*
ration *f* Ration *f*, Zuteilung *f* ; *(fig) sa ~ de soucis* sein Teil *m* an Sorgen
rationaliser rationalisieren
rationaliste rationalistisch
rationnel, -le rationell *avoir un esprit ~* ein Verstandesmensch *m* sein ; *méthode ~le* zweckmäßige Methode
rationnement *m* Rationierung *f ticket de ~* Lebensmittelkarte *f*
ratisser (durch)harken, rechen ; *(fig) ~ un quartier* ein Viertel durch=kämmen ◆ *(fig/fam) ~ large* etw breitgefächert an=gehen
rattachement *m* Anschluß *m*, Anglie= derung
rattacher 1 *~ ses lacets* seine Schnür= senkel zu=binden ; *~ sa jupe* seinen Rock zu=machen **2** *~ une question à une au= tre* eine Frage an eine andere an=knüpfen ◆ *être rattaché à* angegliedert sein (an A)
rattrapage *m* : *session de ~* Wieder= holungsprüfung *f*
rattraper 1 *~ un évadé* einen Entfloh= nen wieder ergreifen **2** *~ le coureur de tête* den Spitzenläufer ein=holen ; *(fig) ~ une leçon* eine Lektion nach=holen ; *~ le temps perdu* die verlorene Zeit wieder auf=holen **3** *~ qqn au bord d'un préci= pice* jn am Abgrund auf=fangen **4** *~ une erreur* einen Fehler wieder gut=machen/ berichtigen ◆ *se ~ à une branche* sich an einem Ast fest=halten
raturer (durch)streichen
rauque rauh, heiser
ravage *m* Verwüstung *f*, Verheerung *f* ; *(fig) ~s* verheerende Auswirkungen *fpl*
ravager verheeren, verwüsten, vernich= ten ; heim=suchen ◆ *(fig) ravagé par le chagrin* von Gram zerfressen/aufgezehrt ; *(fig/fam) il est complètement ravagé* er ist total übergeschnappt
ravaler 1 *~ une façade* eine Fassade (neu)verputzen/renovieren **2** *(fig) ~ sa colère* seine Wut unterdrücken/verbeißen **3** *~ qqn au niveau d'un domestique* jn zum Diener herab=würdigen
rave *f* Rübe *f*
ravi : *~ de vous connaître !* sehr erfreut, Sie kennenzulernen
ravin *m* (Fels)schlucht *f*

ravinement *m* Auswaschen *n*

ravir 1 hin=reißen, begeistern; reizen *ce chapeau vous va à* ~ dieser Hut steht Ihnen hinreißend 2 ~ *qch à qqn* jm etw rauben

raviser (se) seine Meinung ändern

ravissant entzückend, hinreißend; reizend

ravisseur *m* **-euse** *f* EntführerIn *m f*

ravitaillement *m* 1 (Lebensmittel)versorgung *f* 2 *le* ~ *des troupes* Truppenversorgung *f*; Nachschub *m* für die Truppen

ravitailler versorgen (mit)

raviver 1 ~ *une couleur* eine Farbe auf=frischen 2 ~ *une douleur* einen Schmerz wieder lebendig werden/auf=flakkern lassen 3 ~ *le feu* das Feuer an=fachen

rayer 1 durch=streichen 2 ~ *un meuble* ein Möbelstück zerkratzen

rayon *m* 1 Strahl *m* ~*s X* Röntgenstrahlen *mpl*; *(fig) c'est son* ~ *de soleil* er/sie ist sein Sonnenschein *m* 2 ~ *d'une roue de vélo* (Fahr)radspeiche *f*; *(math)* Radius *m* 3 ~ *d'action* Aktionsradius *m*; *(fig)* Wirkungsbereich *m*, Aktionsradius *m* 4 Fach *n*, Reihe *f*; *(fig/fam) en connaître un* ~ beschlagen sein 5 Abteilung *f le* ~ *des jouets* die Spielwarenabteilung *f*

rayonnage *m* (Waren-/Bücher)regal *n*

rayonnement *m* Strahlung *f*; *(fig)* Ausstrahlung *f*

rayonner 1 (aus)=strahlen 2 *son visage rayonne* ihr Gesicht strahlt 3 ~ *sur toute la région* in der Umgebung umher=fahren

rayure *f* 1 Kratzer *m* 2 Streifen *m à* ~*s* gestreift

raz-de-marée *m* Flutwelle *f*; *(fig)* Überschwemmung *f*, Flut *f*

ré *m* D *n*

réacteur *m* Reaktor *m*

réaction *f* 1 Reaktion *f* 2 *avion à* ~ Düsenflugzeug *n*

réactionnaire reaktionär

réactualiser auf=frischen, auf den neuesten Stand bringen

réagir 1 ~ *à qch* auf etw (A) reagieren 2 ~ *contre les nouvelles mesures* sich gegen die neuen Maßnahmen wehren 3 ~ *sur l'organisme* auf den Organismus wirken

réalisation *f* 1 Verwirklichung *f*, Realisierung *f la* ~ *d'un souhait* die Erfüllung eines Wunsches; *(cin/radio/télé)* Regie *f* 2 *une* ~ *de X* ein Werk *n*/eine Realisierung von X

réaliser 1 voll=bringen, realisieren, ausführen; erfüllen 2 *(comm)* ~ *un bénéfice* Gewinn erzielen 3 ~ *son erreur* sich seines Irrtums bewußt werden/seines Irrtums gewahr werden; ~ *que* begreifen daß ◆

1 *mes rêves se réalisent* meine Träume werden wahr 2 *se* ~ *dans son travail* sich in der Arbeit verwirklichen

réalisme *m* Realismus *m faire preuve de* ~ realitätsnah/wirklichkeitsbezogen sein

réaliste realistisch

réalité *f* 1 Tatsache *f*; *(fig) les dures* ~*s* die nackten Tatsachen 2 Realität *f*, Wirklichkeit *f en* ~ in Wirklichkeit, tatsächlich

réanimation *f* : *service de* ~ Intensivstation *f*

réanimer wieder=beleben

rébarbatif, -ive 1 *un travail* ~ eine unerfreuliche Arbeit 2 *avoir un air* ~ unfreundlich/unwirsch aus=sehen

rebattre : ~ *les oreilles de qqn* jm dauernd in den Ohren liegen

rebelle aufständisch, rebellierend; *(fig) des cheveux* ~*s* widerspenstige Haare ◆ *m f* RebellIn *m f*, Aufständische/r

rebeller (se) rebellieren/sich auf=lehnen (gegen), sich widersetzen **(D)**

rébellion *f* Aufstand *m*; Rebellion *f*, Aufruhr *f*

rebiffer (se) *(fam)* auf=mucken

reboiser auf=forsten

rebondi rund *des joues* ~*s* Pausbacken *fpl* → **rebondir**

rebondir ab=prallen (von), zurück=prallen ~ *(fig) l'affaire rebondit* die Affäre wird wieder aufgerollt

rebord *m* Rand *m*, Kante *f* ~ *de fenêtre* Fensterbrett *n*

rebours (à) : *le compte à* ~ Countdown *m*

rebouteux, *m f* Heilkundige/r, HeilpraktikerIn *m f*

rebrousse-poil (à) gegen den Strich; *(fig) prendre qqn à* ~ jn vor den Kopf stoßen

rebrousser : ~ *chemin* um=kehren, kehrt=machen

rebuffade *f* Abfuhr *f*, Zurückweisung *f*

rébus *m* Bilderrätsel *n*

rebut *m* Abfall *m*, Ausschuß *m*, Ramsch *m mettre qch au* ~ aus=rangieren

rebuter ab=schrecken; ab=stoßen, an=widern

récalcitrant widerspenstig, störrisch; bockig

récapitulatif *m* Zusammenfassung *f*

récapituler zusammen=fassen, (kurz) wiederholen

recel *m* Hehlerei *f*

receler *(fig)* enthalten

receleur *m* **-euse** *f* HehlerIn *m f*

récemment kürzlich, neulich, unlängst

recensement *m* Zählung *f*; *(mil)* Erfassung *f*; *(admi)* Volkszählung *f*

recenser zählen, (zahlenmäßig) erfassen

récent neu, jüngst-

récépissé *m* Empfangsschein *m*, Empfangsbestätigung *f*
réceptacle *m* Auffangbecken *n*
récepteur *m* Empfänger *m*; *(tél)* (Telefon)hörer *m*
réceptif, -ive rezeptiv, empfänglich
réception *f* **1** Erhalt *m*; *(radio/télé)* Empfang *m* **2** *(sp)* Auffangen *n*; Aufkommen *n* **3** ~ *de travaux* Abnahme *f* von (Bau)arbeiten **4** *donner une* ~ einen Empfang geben **5** *adressez-vous à la* ~ *!* wenden Sie sich an die Rezeption *f*!
réceptionner 1 an=nehmen, empfangen **2** ~ *une balle* einen Ball auf=fangen **3** ~ *des travaux* Arbeiten ab=nehmen ◆ *mal se* ~ schlecht auf=kommen
réceptionniste *m f* Empfangschef *m*, Empfangsdame *f*
récession *f* Rezession *f*, Rückgang *m*
recette *f* **1** Einnahme *f*, Erlös *m*, Ertrag *m* **2** *(cuis)* Rezept *n*
recevable *(jur)* zulässig
recevoir 1 erhalten, bekommen; *(fig) veuillez* ~ *mes meilleures salutations* mit freundlichen Grüßen; ~ *une leçon* eine Lektion erteilt bekommen **2** ~ *qqn bien* ~ jn herzlich empfangen **3** ~ *un candidat* einen Prüfling zu=lassen **4** ~ *les eaux de pluie* das Regenwasser sammeln
rechange *m* : *une pièce de* ~ Ersatzteil *n*; *des vêtements de* ~ Kleider zum Wechseln *n*
rechaper runderneuern
réchapper : ~ *d'/à une catastrophe* bei einem Unglück heil davon=kommen
recharge *f* Nachfüllung *f*; Nachfüllpakkung *f*
réchaud *m* Kocher *m*
réchauffer 1 auf=wärmen **2** ~ *un enfant* ein Kind wärmen/warm=reiben ◆ **1** *se* ~ sich (auf)=wärmen **2** *le temps se réchauffe* das Wetter erwärmt sich/wird wärmer
rêche rauh; spröde
recherche *f* **1** Suche *f*, Erkundung *f être à la* ~ *d'un appartement* auf der Suche nach einer Wohnung/*(fam)* auf Wohnungssuche *f* sein; *(fig) être à la* ~ *du bonheur* nach Glück streben; *(police) avis de* ~ Steckbrief *m* **2** Forschung(sarbeit) *f*, Nachforschung *f*, Recherche *f faire de la* ~ in der Forschung tätig sein
recherché 1 begehrt, gesucht, gefragt **2** *style* ~ gekünstelter Stil
rechercher 1 suchen; *(police)* ~ *un criminel* nach einem Verbrecher fahnden **2** nach=forschen (**D**), suchen (nach)
rechute *f* : *faire une* ~ einen Rückfall *m* erleiden
récidive *f* **1** Wiederholung *f*, Rückfall *m en cas de* ~ im Wiederholungsfall *m* **2** *(méd)* Rückfall *m*

récidiver rückfällig werden; *(méd)* wieder auf=treten
récidiviste *m f* RückfalltäterIn *m f*
récif *m* Riff *n*
récipiendaire *m f* Ausgezeichnete/r
récipient *m* Behälter *m*, Gefäß *n*
réciprocité *f* Gegenseitigkeit *f*; Wechselbeziehung *f*
réciproque wechselseitig, gegenseitig, beiderseitig, reziprok *une confiance* ~ gegenseitiges Vertrauen
réciproquement : *et* ~ und umgekehrt
récit *m* Erzählung *f*, Bericht *m faire le* ~ *de qch* von etw/über etw (**A**) erzählen
récital *m* Solokonzert *n*; Liederabend *m*
récitant *m* Sprecher *m*
récitatif *m* Rezitativ *n*
récitation *f* Gedicht *n*
réciter auf=sagen, vor=tragen
réclamation *f* Beschwerde *f* Beanstandung *f*, Reklamation *f faire une* ~ etw beanstanden
réclame *f* **1** Reklame *f*, Werbung *f* **2** *article en* ~ Sonderangebot *n*
réclamer sich beschweren ◆ verlangen, (er)fordern; ~ *sa mère* nach seiner Mutter verlangen ◆ *se* ~ *de qqn* sich auf jn berufen
reclassement *m* Neueinstufung *f*
reclus zurückgezogen, abgeschieden
réclusion *f* Freiheitsentzug *m*, Freiheitstrafe *f*
recoin *m* (Schlupf)winkel *m*
récolte *f* Ernte *f*
récolter ernten
recommandable empfehlenswert; *(fig) individu peu* ~ verdächtiges Individuum
recommandation *f* **1** Empfehlung *f* **2** *faire des* ~*s à qqn* jm Ratschläge *mpl* erteilen
recommandé 1 *lettre* ~*e* Einschreibebrief *m*; *paquet* ~ Paket mit Rückschein **2** *(fam) ce n'est pas très* ~ das ist nicht gerade empfehlenswert/zu empfehlen
recommander empfehlen ~ *la prudence* (zur) Vorsicht raten ◆ **1** *se* ~ *de qqn* sich auf jn berufen **2** *se* ~ *à Dieu* sich Gott an=vertrauen → **commander**
recommencer : ~ *à zéro* (wieder) bei Null/total von vorne an=fangen → **commencer**
récompense *f* Belohnung *f*
récompenser belohnen
réconcilier (se) (sich) (wieder) versöhnen/aus=söhnen
reconductible verlängerbar
reconduction *f* **1** Erneuerung *f*, Verlängerung *f* **2** Weiterführung *f*, Fortsetzung *f* **3** ~ *à la frontière* Abschiebung *f* (über die Grenze)
reconduire 1 (zurück)=begleiten, (zurück)=bringen ~ *qqn à la frontière* jn über

réconfort

die Grenze ab=schieben 2 ~ *un contrat* einen Vertrag verlängern 3 ~ *une politique* eine Politik weiter=führen/fort=setzen → **conduire**

réconfort *m* Trost *m*, Zuspruch *m*, Stärkung *f*

réconforter trösten, auf=richten

reconnaissable : erkennbar *être* ~ *à qch* an etw (D) wiederzuerkennen sein

reconnaissance *f* 1 Dankbarkeit *f* 2 Erkundung *f*; *(mil) envoyer un détachement en* ~ einen Aufklärungstrupp *m* aus=senden; *partir en* ~ einen Erkundungsgang machen, auf Erkundung *f* aus=gehen 3 Anerkennung *f* ~ *de dettes* Schuldschein *m*, Anerkennung *f* einer Schuld 4 *un signe de* ~ ein Erkennungszeichen *n*

reconnaissant erkenntlich, dankbar

reconnaître 1 ~ *qqn/qch* jn/etw wieder=erkennen; *je reconnais bien là son tempérament (fig)* das sieht ihm ähnlich 2 ~ *ses erreurs* seine Fehler ein=sehen 3 ~ *le terrain* ein Gelände aus=kundschaften/erforschen ◆ 1 *se* ~ sich wieder=erkennen 2 *se* ~ *coupable* sich schuldig bekennen 3 *se* ~ *à* sich erkennen lassen an (D) 4 *se* ~ *quelque part* sich irgendwo zurecht=finden/aus=kennen

reconstituant *m* Stärkungsmittel *n*

reconstituer 1 rekonstruieren; originalgetreu nach=bilden 2 wieder=her=stellen; ~ *sa fortune* seinen Besitz wieder=erwerben; ~ *une armée* eine Armee wieder zusammen=stellen/neu auf=stellen

reconstitution *f* 1 Rekonstruktion *f*; *(jur)* ~ *d'un crime* Rekonstruktion/Nachstellung *f* eines Verbrechens 2 Wiederherstellung *f*, originalgetreue Nachbildung *f*

reconstruction *f* Wiederaufbau *m*, Rekonstruierung *f*

reconversion *f* : ~ *d'une industrie* Umstellung *f* einer Industrie; ~ *du personnel* Umschulung *f* der Belegschaft

reconvertir (se) (sich) um=stellen; den Beruf wechseln

recopier (noch einmal) ab=schreiben; ins reine schreiben

record *m* Rekord *m*, Bestleistung *f*, Höchstleistung *f battre un* ~ einen Rekord ein=stellen

recordman *m* Rekordhalter *m*, Rekordinhaber *m*

recoupement *m* : *faire des* ~s Vergleiche *mpl* an=stellen; Überschneidungen *fpl* fest=stellen

recouper (se) : *certaines informations se recoupent* bestimmte Informationen decken sich (teilweise)

recourir : ~ *à la force* Gewalt an=wenden; ~ *à un expert* einen Fachmann hinzu=ziehen

recours *m* : *avoir* ~ *à qqn/qch* jn/etw in Anspruch *m* nehmen; *c'est mon dernier* ~ das ist mein letzter Ausweg/meine letzte Rettung; *(jur)* ~ Einspruch *m*, Beschwerde *f*; ~ *en grâce* Gnadengesuch *n*

recouvrer 1 ~ *ses forces* wieder zu Kräften kommen; ~ *la vue* sein Sehvermögen wieder=erlangen 2 ~ *des créances* Außenstände ein=treiben; ~ *un impôt* eine Steuer ein=ziehen

recouvrir 1 ~ *un fauteuil* einen Sessel neu beziehen 2 bedecken 3 ~ *deux notions* zwei verschiedene Bedeutungen enthalten → **couvrir**

récréation *f (ens)* große Pause *f*

récrier (se) laut protestieren (gegen), laut Einspruch erheben

récrimination *f* Nörgelei *f*

récriminer protestieren, Vorwürfe erheben

recroqueviller (se) zusammen=schrumpfen, sich zusammen=ziehen/krümmen

recrudescence *f* 1 ~ *des délits* erneutes Anwachsen der Straftaten 2 ~ *du froid* erneutes Ansteigen/Verschärfung *f* der Kälte

recrue *f (mil)* Rekrut *m*; *(fig) une nouvelle* ~ ein neues Mitglied

recrutement *m* Einstellung *f*; Rekrutierung *f*; *(mil) service de* ~ Wehrersatzbehörde *f*

recruter : ~ *du personnel* Arbeitskräfte ein=stellen; *(fig)* rekrutieren

rectangle *m* Rechteck *n* ◆ *triangle* ~ rechtwinkliges Dreieck

rectangulaire rechteckig

rectificatif *m* Berichtigung *f*, Richtigstellung *f*

rectifier berichtigen, richtig=stellen, korrigieren; begradigen

rectiligne g(e)radlinig

rectitude *f (fig)* Aufrichtigkeit *f*

recto *m* : *voir au* ~ siehe Vorderseite *f*

rectum *m* Mastdarm *m*

reçu *m* Quittung *f*, Empfangsschein *m*, Einlieferungsschein *m*

recueil *m* Sammlung *f*

recueillement *m* Andacht *f*

recueillir 1 ~ *des données* Daten zusammen=tragen/zusammen=stellen 2 ~ *50 000 F* 50 000 Francs sammeln; ~ *des suffrages* Stimmen erhalten/auf sich vereinigen; *(jur)* ~ *une succession* eine Erbschaft an=treten 3 ~ *qqn* jn bei sich (D) auf=nehmen 4 ~ *les eaux de pluie* Regenwasser auf=fangen ◆ *se* ~ sich (innerlich) sammeln

recul *m* : *avoir un mouvement de* ~ zurück=weichen; *prendre du* ~ zurück=tre-

référence

ten ; *(fig)* Abstand gewinnen ; *(fig)* Rückgang *m* ; ~ *social* sozialer Rückschritt *m*
reculade *f* Rückzug *m*, Zurückweichen *n*
reculé 1 *un endroit* ~ ein abgelegener Ort 2 *dans ces temps* ~*s* in weit zurückliegender Zeit
reculer 1 zurück=weichen, zurück=gehen ; zurück=fahren, zurück=setzen ; *(fig) ne* ~ *devant rien* vor nichts **(D)** zurück=schrecken 2 *la criminalité recule* die Kriminalität geht zurück ♦ 1 zurück=schieben, zurück=setzen 2 ~ *une date* ein Datum hinaus=schieben
reculons (à) :~ rückwärts
récupérable 1 *déchets* ~*s* (wieder)verwertbare Abfälle 2 *heures* ~*s* Abbummelstunden *fpl* 3 *il est* ~ er ist noch zu retten
récupérateur *m* Rekuperator *m* ; (Altglas)container *m/n*
récupération *f* 1 ~ *du verre* Sammeln *n* von Glas 2 *(pol)* Vereinnahmung *f* 3 ~ *d'heures* Abbummeln *n* von Stunden
récupérer 1 wieder=bekommen, wieder=erlangen ; zurück=holen ; *(fig)* ~ *des forces* wieder zu Kräften kommen/gelangen 2 ~ *de la chaleur* Wärme wieder=verwerten ♦ *se faire* ~ vereinnahmt werden
récurer (aus)=scheuern
récurrent sich wiederholend
récuser zurück=weisen, ab=lehnen ♦ *se* ~ sich für befangen erklären ; sich für nicht zuständig erklären
recyclable wiederverwertbar
recyclage *m* 1 ~ *de déchets* Müllrecycling *n*, Wiederverwertung *f* von Abfällen ; ~ *de l'eau* Wiederverwendung *f* von Wasser 2 Umschulung *f* ; Weiterbildung *f*, Fortbildung *f*
recycler 1 wieder=verwerten 2 weiter=bilden ; um=schulen ♦ *se* ~ sich um=schulen lassen ; sich weiter=bilden/fort=bilden
rédaction *f* 1 Verfassen *n*, Ausarbeiten *n*, Aufsetzen *n* 2 *(presse/radio/télé)* Redaktion *f* 3 *(ens)* Aufsatz *m*
reddition *f* Übergabe *f*
Rédempteur *m* Erlöser *m*
redéploiement *m* *(éco)* Umstrukturierung *f* ; *(mil)* Neuaufmarsch *m*
redevable schuldig
redevance *f* Gebühr *f* ; Abgabe *f*
rhédibitoire unakzeptabel ; unerschwinglich ; *(jur) vice* ~ Sachmangel *m*
rédiger verfassen, ab=fassen
redire 1 wiederholen, noch einmal sagen 2 *trouver toujours qch à* ~ immer etw auszusetzen/zu mäkeln haben
redite *f* unnötige Wiederholung *f*
redondant weitschweifig, redundant
redoubler 1 *(ens)* sitzen=bleiben 2 *la tempête redouble* der Sturm steigert sich/wird stärker ♦ ~ *d'efforts* die Anstrengungen verdoppeln/vermehren ; ~ *d'attention* die Aufmerksamkeit erhöhen/rerstärken, sehr viel aufmerksamer werden
redoutable furchtbar, fürchterlich, furchterregend
redouter : ~ *qqn/qch* jn/etw fürchten, sich vor jm/etw **(D)** fürchten
redoux *m* Wärmeeinbruch *m*
redressement *m* 1 ~ *fiscal* Steuernachzahlung *f* 2 ~ *d'une situation* Verbesserung *f* einer Situation ; *(jur)* ~ *judiciaire* Ausgleichsverfahren *n*, Vergleich *m* 3 *maison de* ~ Kinder-/Jugendheim *n* für Schwererziehbare
redresser (wieder) auf=richten ~ *la tête* den Kopf heben ; *(fig)* ~ *une situation* eine Situation verbessern ♦ *(fig) le pays se redresse* das Land erstärkt wieder
redresseur *m* **-euse** *f* : *(fig)* ~ *de torts* Weltverbesserer *m*
réducteur, -trice : *une vision réductrice* eine eingeschränkte Sicht
réduction *f* 1 Einschränkung *f*, Reduzierung *f demander une* ~ um Preisnachlaß *m* bitten 2 Verkleinerung *f en* ~ im kleinen 3 ~ *d'une fracture* Einrenkung *f* eines Bruches 4 *(chim)* Reduktion *f*
réduire 1 verkleinern, vermindern, verringern ~ *le personnel* Personal ab=bauen ; *(cuis)* ein=kochen lassen ; *(chim)* reduzieren ; *(math)* ~ *une fraction* einen Bruch kürzen 2 zwingen ~ *qqn à la mendicité* jn auf den Bettelstab bringen 3 ~ *en miettes* zerkrümeln ; *(fig)* ~ *à néant* zunichte machen ♦ *se* ~ *à un malentendu* sich auf ein Mißverständnis beschränken lassen
réduit 1 *à prix* ~ zu herabgesetztem/ermäßigtem Preis 2 *en être* ~ *à faire qch* dazu gezwungen/genötigt sein, etw zu tun
réduit *m* Verschlag *m*
rééditer neu auf=legen/heraus=geben ; *(fig)* wiederholen
rééducation *f* Rehabilitation *f* ; Heilgymnastik *f*
réel, -le wirklich, real, tatsächlich, echt
réévaluation *f* : ~ *d'une monnaie* Aufwertung *f* einer Währung
réexpédier zurück=schicken ; nach=schicken
refaire : ~ *une pièce* ein Zimmer renovieren ; ~ *un fauteuil* einen Sessel auf=arbeiten ; *(fig/fam) se* ~ *une santé* sich wieder erholen ♦ *(fam)* 1 *se* ~ sich finanziell wieder erholen 2 *on ne se refait pas !* man kann sich (halt) nicht ändern ! → **faire**
réfection *f* Renovierung *f*, Wiederinstandsetzung *f*, Ausbesserung *f*
réfectoire *m* Speisesaal *m*
référence *f* 1 Bezugnahme *f*, Hinweis *m citer ses* ~*s* seine Quellen *fpl* an=geben ; *(fig) ce n'est pas une* ~ *!* das ist nicht ge-

référendum rade eine Empfehlung! *f* **2** (Akten)zeichen *n* **3** *avoir de bonnes ~s* gute Referenzen *fpl* haben

référendum *m* Volksentscheid *m*, Volksabstimmung *f*, Referendum *n*

référentiel *m* Bezugssystem *n*

référer : *en ~ à qqn* jn benachrichtigen/unterrichten ◆ *se ~ à qch/qqn* sich auf etw/jn beziehen, sich auf etw/jn berufen

refiler *(fam)* an=drehen, unter=jubeln

réfléchi 1 *une décision mûrement ~e* eine reiflich überlegte/durchdachte Entscheidung **2** *une personne ~e* eine besonnene/umsichtige Person **3** *(gram) pronom ~* Reflexivpronomen *n*

réfléchir *~ à qch* über etw nach=denken, sich (D) etw überlegen ◆ *~ la lumière* Licht reflektieren ◆ *se ~ dans l'eau* sich im Wasser wider=spiegeln

reflet *m* **1** Spiegelung *f*, Spiegelbild *n*; *(fig) le ~ d'une époque* das Abbild *n* einer Epoche **2** *des ~s bleutés* bläuliche Schimmer *mpl*, Blauschimmer *mpl*

refléter (wider)=spiegeln, zurück=strahlen, zurück=werfen; *(fig) son comportement reflète beaucoup de courage* sein Verhalten zeugt von großem Mut/zeigt viel Mut ◆ *se ~ dans l'eau* sich im Wasser wider=spiegeln

réflexe *m* Reflex *m*

réflexion *f* **1** Nachdenken *n*, Überlegung *f* **2** *une ~ désagréable* eine unangenehme Bemerkung **3** *angle de ~* Spiegelwinkel *m*

refluer zurück=fließen; zurück=strömen

reflux [rəfly] *m* Rückfluß *m*; *(mar)* Ebbe *f*; *(fig)* Zurückweichen *n*, Rückstrom *m*

refonte *f (fig)* Umarbeitung *f*, Neugestaltung *f*, Überarbeitung *f*

réformateur *m (pol)* Reformer *m*

réforme *f* Reform *f*

Réforme *f* Reformation *f*

réformé : *église ~e* reformierte Kirche

réformer 1 reformieren, erneuern, um=gestalten; verbessern **2** *(mil)* aus=mustern, wehrdienstunfähig erklären

reformuler neu=formulieren, um=formulieren

refoulé *m -e f* verklemmter Mensch *m*

refoulement *m (psy)* Verdrängung *f*

refouler 1 zurück=drängen *~ qqn à la frontière* jn an der Grenze zurück=weisen **2** zurück=halten; unterdrücken

réfractaire 1 feuerfest, hitzebeständig **2** *être ~ au travail* nur wenig zum Arbeiten zu bringen sein **3** *(hist) prêtre ~* kirchentreuer Priester

réfracter brechen

refrain *m* Refrain *m*; *(fig/fam) je connais le ~!* das Lied/die Leier kenne ich!

réfréner zügeln

réfrigérateur *m* Kühlschrank *m*

réfrigéré : *camion ~* Kühllaster *m*; *(fam) être ~* total durchgefroren/ein Eisklumpen sein

réfrigérer kühlen; *(fig)* ernüchtern

refroidir (ab=)kühlen; *(fig) sa réponse m'a refroidi* seine Antwort hat mich ernüchtert/entmutigt; *(fig/fam) ~ qqn* jn kalt=machen ◆ *la soupe va ~* die Suppe wird kalt ◆ *se ~* sich ab=kühlen, kälter werden; sich erkälten

refroidissement *m* **1** *(méd)* Erkältung *f* **2** *~ par air* Luftkühlung *f*; *(fig) un ~ des relations diplomatiques* eine Abkühlung der diplomatischen Beziehungen

refuge *m* **1** Zuflucht *f*, Unterschlupf *m*; *(éco) valeur ~* sichere (Geld)anlage *f* **2** *(montagne)* (Schutz)hütte *f*; *(route)* Verkehrsinsel *f*

réfugié *m -e f* Flüchtling *m*

réfugier (se) flüchten

refus *m* Ablehnung *f*, Absage *f*, (Ver)weigerung *f*; *(fam) ce n'est pas de ~* da kann ich nicht nein sagen

refuser 1 ab=lehnen, (ver)weigern, sich weigern *il ne se refuse rien!* er gönnt sich (D) alles! **2** *~ une marchandise* die Annahme einer Ware verweigern; *~ du monde* Leute zurück=weisen **3** *~ un candidat* einen Kandidaten durch=fallen lassen **4** *tu ne peux lui ~ cette qualité* du kannst ihm diese Qualität nicht ab=sprechen

réfuter widerlegen

regain *m* **1** Neubelebung *f*, Wiederaufleben *n* **2** *(agri)* Grum(me)t *n*

régal *m* Genuß *m*; *(fig) c'est un ~ pour les yeux* das ist die reinste Augenweide!

régaler (se) sehr genießen, es sich (D) schmecken lassen

régalien, -ne : *droit ~* Hoheitsrecht *n*

regard *m* **1** Blick *m*; *(fig) avoir un droit de ~* etw (dazu) zu sagen haben **2** *au ~ de la loi* im Hinblick *m*/Bezug *m* auf das Gesetz, in Anbetracht *f* des Gesetzes **3** *en ~ de* im Vergleich *m* zu **4** *(tech)* Öffnung *f*

regarder nach=sehen, nach=schauen, her=sehen, *(fam)* gucken ◆ **1** (an=)sehen, (an=)schauen, an=blicken, betrachten; *~ qqn* jn an=sehen; *~ qch* sich (D) etw an=sehen; *~ sa montre* auf die Uhr sehen; *~ la télévision* fern=sehen; *(fig) ~ les choses en face* den Tatsachen in die Augen sehen **2** *cela ne me regarde pas* das geht mich nichts an ◆ *y ~ à deux fois* es sich (D) zweimal/genau überlegen

régate *f* Regatta *f*

régence *f* Regentschaft *f*

régénérer regenerieren; *(fig) ~ des couleurs* Farben wieder auf=frischen

régenter : *tout ~* alles bestimmen

régie *f* **1** *(cin/th)* Regie *f* **2** *travaux en*

réhabiliter

~ *Auftragsarbeiten fpl* **3** ~ *d'Etat* staatlich verwalteter Betrieb *m*
régime *m* **1** Regierungssystem *n*, Staatsform *f*, Regierungsform *f*, Regime *n* **2** Regelung *f* ~ *pénitentiaire* Strafvollzug *m*; Strafvollzugsordnung *f* **3** Diät *f*; Schlankheitskur *f* **4** Leistung *f*; Drehzahl *f tourner à plein* ~ auf vollen Touren *fpl* laufen; *(géo) le* ~ *d'un fleuve* Wasserführung *f* eines Flusses **5** *un* ~ *de bananes* eine Bananenbüschel *m*
régiment *m* Regiment *n*; *(fam) faire son* ~ beim Bund *m* sein; *tout un* ~ *de copains* eine ganze Truppe / Schar *f* Freunde
région *f* **1** Gegend *f*, Gebiet *n*, Raum *m*, Region *f* **2** ~ *militaire* Wehrbereich *m*
régional, -aux regional; aus der Gegend
régionalisation *f* Regionalisierung *f*
régir bestimmen, regeln; *(gram)* ~ *l'accusatif* mit dem Akkusativ stehen
régisseur *m* Verwalter *m*; *(cin)* Aufnahmeleiter *m*; *(th)* Requisiteur *m*
registre *m* **1** Register *n tenir un* ~ Buch *n* führen **2** Ebene *f* ~ *de langue* Sprachebene *f*; *(mus)* Register *n*; Stimmlage *f*
réglable verstellbar, regelbar
réglage *m* Einstellung *f*, Regelung *f*, Regeln *n*, Regulierung *f*
règle *f* **1** Regel *f*, Vorschrift *f une demande* ~ ein vorschriftsmäßiger Antrag; *être de* ~ sich gehören; üblich / Sitte *f* sein; *se mettre en* ~ seine Papiere / Verhältnisse in Ordnung *f* bringen; *(fig) en* ~ *générale* in der Regel; *ne pas échapper à la* ~ keine Ausnahme sein / bilden; *(math)* ~ *de trois* Dreisatz *m* **2** Lineal *n*, Maßstab *m* **3** Periode *f*, Regel *f avoir ses* ~*s* seine Regel / *(fam)* Tage *mpl* haben
règlement *m* **1** Vorschrift *f*, Reglement *n*, Verordnung *f* ~ *intérieur* Geschäftsordnung *f*; Hausordnung *f* **2** Regelung *f*, Erledigung *f*; *(fig)* ~ *de comptes* Abrechnung *f*; *(jur)* ~ *judiciaire* Ausgleichsverfahren *n* **3** Bezahlung *f*
réglementaire vorschriftsmäßig, ordnungsgemäß
réglementation *f* Vorschriften *fpl*; Verordnungen *fpl*; *(péj)* Reglementierung *f*
réglementer (durch Verordnungen) regeln; *(péj)* reglementieren
régler 1 ~ *une facture* eine Rechnung bezahlen / begleichen **2** ~ *une affaire* eine Angelegenheit regeln; *(fig)* ~ *son compte à qqn* mit jm ab=rechnen **3** ~ *une machine* eine Maschine ein=stellen; ~ *sa montre* seine Uhr stellen; *(fig)* ~ *sa conduite sur les circonstances* sein Benehmen den Umständen an=passen / nach den Umständen richten
réglisse *f* Lakritze *f*
réglo *(fam)* korrekt
règne *m* **1** Herrschaft *f*, Regierung(szeit) *f*, Regentschaft *f*; *(fig) c'est le* ~ *de la terreur* der Terror regiert **2** Reich *n*, Welt *f* ~ *végétal* Reich der Pflanzen
régner herrschen / regieren (über A)
régresser zurück=gehen, rückläufig sein, ab=nehmen
régression *f* Rückgang *m la* ~ *d'une maladie* das Zurückgehen einer Krankheit; *(psy)* Regression *f*
regret *m* Bedauern *n*; Reue *f partir à* ~ ungern / wider Willen gehen; *je suis au* ~ *de vous dire* zu meinem Bedauern muß ich Ihnen mit=teilen
regrettable bedauerlich; beklagenswert
regretter 1 (nach)trauern (**D**) ~ *l'absence d'un ami* einen Freund schmerzlich vermissen **2** bedauern; bereuen; *(fig) je regrette, mais* es tut mir leid, aber ♦ *à notre regretté président* unserem vor allen betrauerten Präsidenten
regrouper zusammen=stellen, zusammen=legen
régulariser 1 regeln, in Ordnung bringen **2** ~ *le cours d'un fleuve* den Lauf eines Flusses regulieren / begradigen
régularité *f* **1** *la* ~ *des élections* Ordnungsmäßigkeit *f* der Wahlen **2** Regelmäßigkeit *f* ~ *du débit d'un fleuve* das Gleichmaß *n* eines Flußlaufes; *faire preuve de* ~ *dans son travail* regelmäßig arbeiten
régulation *f* Regulierung *f* ~ *des naissances* Geburtenregelung *f*; *système de* ~ Steuerungssystem *n*; *(bio) fonction de* ~ Regulation *f*
régulier, -ière 1 regelmäßig; *(fig) avoir une vie très régulière* in sehr geregeltes Leben führen **2** *(av) une ligne régulière* eine planmäßige Linie; Linienmaschine *f*, Linienflugzeug *n*; *à intervalles* ~*s* in regelmäßigen / gleichmäßigen Abständen **3** *un visage très* ~ ein sehr ebenmäßiges Gesicht, gleichmäßige Gesichtszüge *m* **4** *en situation régulière* in regulärer Situation; *une opération parfaitement régulière* ein vorschriftsmäßiges Vorgehen; *(fam) être* ~ *en affaires (non fam)* sich in geschäftlichen Angelegenheiten korrekt verhalten **5** *les troupes régulières* die regulären Truppen **6** *le clergé* ~ Ordensgeistlichkeit *f*
régulière *f (fam)* Olle *f*
régulièrement 1 *il est* ~ *malade* er ist regelmäßig krank **2** *être employé tout à fait* ~ völlig ordnungsgemäß eingestellt sein **3** *être réparti très* ~ *sur le sol sein* gleichmäßig auf dem Boden verteilt sein
régurgiter aus=brechen, wieder von sich geben
réhabiliter 1 *(jur)* rehabilitieren **2** ~ *un immeuble* ein Gebäude sanieren / instand=setzen ♦ *(fig) vouloir se* ~ *aux*

rehausser

yeux de qqn versuchen, seinen guten Ruf wieder herzustellen

rehausser erhöhen, erheben, auf=stokken; *(fig) cela le rehausse dans mon estime* das läßt ihn in meiner Achtung steigen

rein *m* Niere *f*; *(fig/fam) avoir les ~s solides* gut bemittelt/zahlungskräftig sein

réincarnation *f* Reinkarnation *f*

réincarner (se) wieder Fleisch werden

reine *f* **1** Königin *f* **2** *(fam) la petite ~* Drahtesel *m*

réinsertion *f* Wiedereingliederung *f*

réintégrer 1 *~ un salarié* einen Arbeitnehmer wieder ein=stellen **2** *~ son domicile* in seine Wohnung zurück=kehren

réitérer wiederholen

rejaillir : *(fig) le scandale rejaillit sur nous* der Skandal fällt auf uns (A) zurück

rejet *m* **1** Ablehnung *f*, Zurückweisung *f*; *(méd)* Abwehrreaktion *f*, Abstoßung *f*; *(fig) sentiment de ~* Abneigung *f* **2** *le ~ de particules toxiques dans l'air* das Ausstoßen von Giftrückständen in die Luft *le ~ de déchets dans la rivière* das Einleiten/das Werfen von Abfällen in den Fluß **3** *(bot)* Trieb *m*

rejeter 1 ab=lehnen, zurück=weisen; *(fig) ~ qqn* ab=lehnen **2** werfen, aus=stoßen; an Land spülen **3** *~ la responsabilité de qch sur qqn* die Verantwortung für etw auf jn ab=wälzen **4** *~ toute nourriture* die gesamte Nahrung ab geben, jegliche Nahrung verweigern **5** *~ la tête en arrière* den Kopf zurück=werfen → **jeter**

rejoindre 1 *~ son poste* auf seinen Posten zurück=kehren; seinen Posten ein=nehmen **2** *~ qqn à Paris* in Paris treffen **3** *~ les premiers* zu den Ersten auf=schließen, die Ersten ein=holen **4** *ce chemin rejoint la route* der Weg mündet in die Straße ein

réjoui : *avoir un air ~* vergnügt/heiter/ fröhlich aus=sehen

réjouir *cela me réjouit* das freut mich ◆ *se ~ de qch* sich über etw (A) freuen *se ~ à l'idée de qch* sich auf etw (A) freuen

réjouissances *fpl* Fest *n*, Festlichkeiten *fpl*

réjouissant erfreulich

relâche *f* : *sans ~* ununterbrochen, unablässig; *(th) ~* keine Vorstellung

relâchement *m (fig)* Nachlassen *n*

relâcher 1 *~ qn* in frei=lassen **2** *~ une corde* einen Strick locker=lassen/lockern; *(fig) ~ son attention* in seiner Aufmerksamkeit nach=lassen ◆ *se ~* sich lockern, locker werden; *(fig)* nach=lassen → **lâcher**

relais *m* : *prendre le ~ de qqn* jn ab=lösen, js Nachfolge *f* an=treten; *(sp) course de ~* Staffellauf *m*; *(tech) ~ hertzien* Relaisstation *f*

relance *f* **1** *(éco)* Wiederbelebung *f*, Aufschwung *m* **2** *lettre de ~* Mahnschreiben *n*, Mahnung *f*

relancer 1 *~ un client (fam)* einen Kunden um=werben; *~ un débiteur* einen Schuldner an=mahnen **2** *~ l'économie* die Wirtschaft an=kurbeln → **lancer**

relater berichten (über A), erzählen (von)

relatif, -ive 1 relativ **2** *~ à qch* etw betreffend **3** *(gram) pronom ~* Relativpronomen *n*

relation *f* **1** Beziehung *f*; Verhältnis *n les ~s publiques* Öffentlichkeitsarbeit *f* Public Relations (PR) *pl* **2** *une vague ~* eine flüchtige Bekanntschaft *f* **3** Zusammenhang *m une ~ de cause à effet* Kausalzusammenhang *m*

relationnel, -le : *problème ~* Kontaktschwierigkeit *f*

relativement : *~ bon* verhältnismäßig/ vergleichsweise gut

relativiser relativieren

relativité *f* Relativität *f*

relaxation *f* Entspannung *f*

relaxe *f* Freilassung *f*

relaxer 1 *~ un prévenu* einen Angeklagten frei=lassen **2** entspannen, locker machen ◆ *se ~* sich entspannen

relayer (se) (sich) ab=lösen/ab=wechseln

relégation *f* **1** *(sp)* Abstieg *m* **2** Verbannung *f*; Sicherheitsverwahrung *f*

reléguer *(sp)* zurück=stufen; *(fig) ~ un souvenir aux oubliettes* eine Erinnerung aus dem Gedächtnis verbannen; *~ qqn au rang de domestique* jm die Dienerrolle zu=weisen

relent *m* schlechter/übler Geruch *m*; *(fig)* Beigeschmack *m*

relève *f* Ablösung *f prendre la ~* ab=lösen, die Nachfolge *f* an=treten

relevé : *une sauce ~e* eine pikante Soße ◆ *m* **1** Liste *f*, Aufstellung *f*; *~ de compte* Kontoauszug *m*; *~ d'identité bancaire (RIB)* Bankverbindung *f* **2** *faire le ~ d'une maison* ein Haus auf=nehmen/ aus=messen

relever 1 wieder auf=richten; wieder auf=heben **2** hoch=stellen, hoch=schlagen *~ la tête* den Kopf heben; *~ la vitre* das Fenster hoch=kurbeln **3** *~ les loyers* die Mieten erhöhen/an=heben **4** *~ des copies* Kopien ein=sammeln **5** *~ une erreur* einen Irrtum fest=stellen **6** *~ un compteur* einen Zähler ab=lesen; *~ des mesures* ab=messen **7** steigern *~ l'éclat de qch* den Glanz erhöhen; *~ une sauce* eine Soße würzen **8** *~ une équipe* eine Schicht ab=lösen **9** *~ qqn de ses fonctions* jn von seinen Funktionen entbinden; *(rel) ~ un prêtre de ses vœux* einen Priester von seinem Gelübde entbinden/los=sprechen **10 ~ un défi** eine Herausforderung an=nehmen ◆ **1 ~ d'une administration** einer Behörde (D) unterstehen **2 ~ de maladie** gerade krank gewesen sein ◆ **1** (fig) **se ~ d'un affront** eine Kränkung verwinden **2 les bords se relèvent** die Ränder stellen sich hoch → **lever**

relief m **1** (géo) Relief n ~ **montagneux** Bergrelief n **2 mettre qch en ~** etw hervor=treten lassen; etw hervor=heben

relier verbinden; (livre) binden

relieur m **-euse** f BuchbinderIn m f

religieusement : (fig) **écouter qqn ~** jm andächtig zu=hören

religieux, -euse religiös, kirchlich; Ordens- **mariage ~** kirchliche Trauung; **musique religieuse** geistliche Musik, Kirchenmusik f/r; (fig) **un silence ~** eine himmlische Ruhe ◆ m f Ordensgeistliche/r, Ordensschwester f ◆ m f Mönch m Nonne f; (kleiner) Windbeutel f (mit Puddingfüllung)

religion f Religion f

reliquat m Rest m, Restsumme f

relique f Reliquie f; (fig) Überbleibsel m

reliure f Einband m; Einbinden n

reloger um=quartieren

reluire (fig/fam) **passer la brosse à ~** jm um den Bart gehen ◆ **faire ~** blank putzen, polieren, glänzend machen

reluisant glänzend, blitzend; blitzblank **être ~** blitzen; (fig) **situation peu ~e** eine wenig erfreuliche Situation

reluquer schielen (nach, auf A)

remanier um=gestalten, verändern, um=bilden

remariage m Wiederverheiratung f

remarquable beachtenswert, bedeutend, beachtlich, erheblich

remarquer 1 tu ne remarques rien ? fällt dir nichts auf?, bemerkst du nichts? **remarquez bien que** beachten Sie,/vergessen Sie nicht, daß **2 ~ le talent de qqn** auf js Talent aufmerksam werden ◆ **1 se faire ~** auf=fallen, auf sich (A) aufmerksam machen **2 sans se faire ~** unbemerkt → **marquer**

remblai m (Bahn)damm m; Aufschüttung f

remblayer auf=schütten

rembourrer polstern

remboursement m Rückzahlung f, Rückerstattung f; Tilgung f

rembourser zurück=zahlen

rembrunir (se) sich verfinstern/verdüstern

remède m (Heil)mittel n; (fig) (Ab)hilfe f

remédier (à) beheben/ab=stellen, ab=helfen (D)

remembrement m Flurbereinigung f

remémorer (se) : **se ~ qch** sich (D) etw ins Gedächtnis rufen, sich an etw (A) erinnern

remerciements mpl Dank m

remercier 1 ~ qqn de/pour qch jm für etw danken **2 ~ un employé** einem Angestellten kündigen

remettre 1 ~ les choses en place die Dinge wieder an ihren Platz stellen; (fig) etw richtig=stellen; (fig) **~ qqn à sa place** jn zurecht=weisen; (méd) **~ un bras** einen Arm wieder ein=renken; (fig) **je vous remets très bien** ich kann mich sehr gut an Sie erinnern **2** ab=geben **~ sa démission** sein Amt nieder=legen, sein Entlassungsgesuch ein=reichen; **~ une lettre à qqn** jm einen Brief übergeben **3 ~ qch au lendemain** etw auf den nächsten Tag verschieben **4** (fam) **il ne va pas ~ ça !** er wird doch nicht wieder davon an=fangen ! ◆ **1 se ~ de qch** sich von etw erholen **2 s'en ~ à qqn** sich auf jn verlassen → **mettre**

réminiscence f Reminiszenz f, Anklang m

remise f **1 ~ de peine** Straferlaß m **2 ~ en cause** Infragestellung f **3** (comm) Preisnachlaß m, Rabatt m **4 ~ d'un prix** Übergabe f eines Preises **5** Schuppen m

rémission f **1 sans ~** schonungslos; (rel) **~ des péchés** Vergebung f der Sünden **2** (méd) Nachlassen n, Milderung f

remontant m Stärkungsmittel n

remontée f : **~ mécanique** Skilift m

remonte-pente m Schlepplift m

remonter 1 (fig) **~ la pente** wieder auf die Beine kommen **2 ~ le moral à qqn** jn auf=richten/ermutigen, jm Mut machen **3 ~ son col** den Kragen hoch=schlagen ◆ **~ aux origines d'une affaire** den Anfängen einer Sache/Affäre nach=gehen → **monter**

remontrance f Zurechtweisung f, Vorhaltung f; Verweis m

remontrer : **en ~ à qqn** seine Überlegenheit beweisen → **montrer**

remords m Gewissensbisse mpl, Schuldgefühl n

remorque f Anhänger m; Schlepptau n; (fig/fam) **être à la ~ de qqn** von jm ins Schlepptau genommen werden

remorquer (mar) schleppen; (auto) ab=schleppen

remorqueur m Schlepper m, Schleppkahn m

rémouleur m Scherenschleifer m

remous m Strudel m, Wirbel m; (fig) Aufruhr m

rempailler (neu) flechten

rempart m Wall m, Befestigungsmauer f

remplaçant m **-e** f VertreterIn m f

remplacer

remplacer ersetzen, aus=tauschen, aus= wechseln; vertreten
remplir 1 (aus)=füllen; *(fig)* ~ *qqn de joie* jn mit Freude erfüllen 2 ~ *un questionnaire* einen Fragebogen aus=füllen 3 erfüllen ◆ ~ *ses engagements* seinen Verpflichtungen nach=kommen; ~ *une mission* einen Auftrag erfüllen/aus=führen
remporter 1 wieder mit=nehmen; 2 ~ *une victoire* einen Sieg davon=tragen → **emporter**
remuant lebhaft, zapp(e)lig, unruhig
remue-ménage *m* Durcheinander *n*
remuer 1 bewegen ~ *la queue* mit dem Schwanz wedeln 2 ~ *la terre* die Erde um=graben; *(fig)* ~ *ciel et terre* alle Hebel/Himmel und Hölle in Bewegung setzen ◆ sich bewegen; *(cuis)* um=rühren
rémunération *f* Vergütung *f*, Lohn *m*, Entgeld *n*
rémunérer bezahlen, entlohnen; vergelten
renâcler *(fam/fig)* sich sträuben
renaître: *(fig) se sentir* ~ sich wie neugeboren fühlen; *l'espoir renaît* die Hoffnung erwacht wieder/lebt/wieder auf
renard *m* -e *f* Fuchs *m*, Füchsin *f*; *(fig) un fin* ~ ein schlauer Fuchs
renchérir (sur) *(fig)* überbieten
rencontre *f* Begegnung *f*, (Zusammen)treffen *n* *aller à la* ~ *de qqn* jm entgegen=gehen; *faire la* ~ *de qqn* jn treffen; jn kennen=lernen; *(fig) un compagnon de* ~ eine Zufallsbekanntschaft; *(sp)* Begegnung *f*, (Aufeinander)treffen *n*
rencontrer 1 treffen, begegnen (D); *(sp)* aufeinander=treffen 2 ~ *des difficultés* auf Schwierigkeiten stoßen ◆ *se* ~ sich treffen; sich kennen=lernen; *(loc) les grands esprits se rencontrent* große Geister finden sich immer
rendement *m* Ertrag *m*; Leistung *f*; Ausbeute *f*
rendez-vous *m* Verabredung *f*; Termin *m prendre un* ~ eine Verabredung treffen; *(fig)* Treffpunkt *m*
rendre 1 zurück=geben; wieder=geben; *(fig) une invitation* wieder(um) ein=laden 2 ~ *hommage (à qqn)* (jn) ehren; ~ *un service* einen Dienst erweisen; ~ *un jugement* ein Urteil fällen 3 ~ *son déjeuner* sein Mittagessen (wieder) aus=brechen 4 ~ *qqn morose* jn trübsinnig stimmen 5 *bien* ~ *une atmosphère* eine Atmosphäre gut wieder=geben ◆ 1 *se* ~ *à Paris* sich nach Paris begeben, nach Paris fahren 2 *(mil) se* ~ sich ergeben; *(fig) se* ~ *aux arguments de qqn* js Argumente akzeptieren 3 *se* ~ *utile* sich nützlich machen

rêne *f* Zügel *m*; *(fig) tenir les* ~*s* den Ton an=geben, das Regiment führen
renégat *m* -e *f* RenegatIn *m f*, Abtrünnige/r
renfermé *(fig)* verschlossen
renfermé *m*: *sentir le* ~ muffig riechen
renfermer enthalten ◆ *se* ~ *dans le silence* sich in Schweigen hüllen; *se* ~ *sur soi-même* sich in sich selbst zurück=ziehen → **enfermer**
renflement *m* Verdickung *f*, (An)schwellung *f*
renflouer wieder flott=machen; *(fig)* ~ *une affaire* ein Geschäft sanieren/wieder in Schwung bringen
renfoncement *m* Vertiefung *f*
renforcer verstärken
renfort *m* Verstärkung *f*; *(fig) à grand de* mit großem Aufwand *m* an (D)/von
renfrogner (se) die Stirn runzeln, *(fam)* ein saures Gesicht machen
rengaine *f* Gassenhauer *m*; *(fig/fam) la même* ~ die gleiche/alte Leier/Platte
rengainer wieder in die Scheide stecken
rengorger (se) sich auf=plustern; *(fig)* sich brüsten
renier verleugnen
renifler schnüffeln ◆ ~ *une odeur* einen Duft riechen; *(fig)* ~ *une bonne affaire* ein gutes Geschäft wittern
renne *m* Ren(ntier) *n*
renom *m* Ruf *m*, Ansehen *n*
renommé angesehen, renommiert
renommée *f* guter Ruf *m*, Renommee *n*
renoncement *m* Verzicht *m*; Entsagung *f*
renoncer (à) verzichten (auf A)
renoncule *f* Ranunkel *f*
renouer: ~ *avec qqn* die Verbindung mit jm wieder auf=nehmen → **nouer**
renouveler 1 erneuern, verlängern; wiederholen 2 ~ *l'eau* das Wasser aus=wechseln ◆ *se* ~ 1 sich wiederholen *que cela ne se renouvelle pas!* das darf nicht wieder vor=kommen! 2 *savoir se* ~ es verstehen, sich zu erneuern
rénovateur *m* **-trice** *f* ErneuererIn *m f*
rénovation *f* Renovierung *f*
rénover: ~ *un appartement* eine Wohnung renovieren; *(fig)* ~ *des méthodes de travail* neue Arbeitsmethoden ein=führen
renseignement *m* 1 Auskunft *f*; Information *f* 2 ~*s généraux (RG)* Bundesnachrichtendienst *m*; *s'adresser aux* ~*s* bei der Auskunft *f* nach=fragen
renseigner: ~ *qqn* jm eine Auskunft erteilen; jn benachrichtigen/informieren ◆ *se* ~ sich erkundigen
rentabiliser rentabel machen
rentabilité *f* Rentabilität *f*, Wirtschaftlichkeit *f*

rentable rentabel, wirtschaftlich; einträglich
rente f Rente f
rentier m **-ère** f RentnerIn m f
rentré : *une colère ~e* unterdrückte Wut
rentrée f 1 ~ *parlementaire* neue Legislaturperiode f; ~ *des classes* Schulbeginn m; *la ~ sur Paris* die Rückkehr nach Paris; (fig) ~ *politique* politisches Comeback n 2 Einnahme f, Eingänge mpl
rentrer <être> 1 zurück=kommen, zurück=gehen, zurück=kehren 2 herein=kommen, ein=treten 3 ~ *dans ses frais* auf seine Kosten kommen; ~ *dans l'ordre* wieder in Ordnung kommen 4 *l'eau rentre dans la maison* das Wasser dringt in das Haus ein; *la clé rentre mal* der Schlüssel läßt sich schlecht rein=stecken/paßt schlecht 5 ~ *dans un mur* gegen eine Mauer fahren 6 fallen (in/unter A), gehören (zu); enthalten sein; *cela ne rentre pas dans mes attributions* das gehört nicht zu meinem Zuständigkeitsbereich ♦ 1 ein=bringen ~ *sa voiture* sein Auto in die Garage fahren 2 ~ *son ventre* seinen Bauch ein=ziehen 3 ~ *un tuyau dans un autre* ein Rohr in ein anderes stecken, zwei Rohre ineinander=stecken; (fig/fam) se ~ *qch dans la tête* (non fam) etw (D) ein=prägen ♦ *faire ~ qch dans la tête de qqn* jm etw ein=trichtern/ein=bleuen
renverse f : *tomber à la ~* hintenüber fallen; (fig) auf den Rücken fallen, baff sein
renversement m : ~ *de situation* Umkehrung f der Situation
renverser 1 verschütten ~ *de l'eau par terre* Wasser auf die Erde schütten ; ~ *qqn* jn um=werfen/um=stoßen; (fig) ~ *un gouvernement* eine Regierung stürzen 3 um=kehren, um=stellen; um=kippen 4 ~ *la tête en arrière* den Kopf zurück=beugen/zurück=legen/zurück=werfen ♦ 1 se ~ um=kippen 2 se ~ *en arrière* nach hinten zurück=lehnen ♦ *en être tout renversé* davon völlig erschüttert sein
renvoi m 1 Rücksendung f 2 Verschiebung f, Vertagung f 3 (texte) Anmerkung f 4 *avoir des ~s* auf=stoßen 5 Entlassung f, Kündigung f
renvoyer 1 entlassen, kündigen (D) ~ *un élève* einen Schüler aus=schließen/von der Schule schicken 2 ~ *une balle* einen Ball zurück=werfen; ~ *la lumière* das Licht zurück=werfen/reflektieren; ~ *un paquet* ein Paket zurück=schicken 3 ~ *à un chapitre* auf ein Kapitel verweisen ♦ ~ *un débat* eine Debatte verschieben/vertagen → **envoyer**
réorganiser reorganisieren, um=gestalten
réorienter um=orientieren
repaire m Höhle f, Schlupfwinkel m

repaître (se) : (fig) se ~ *de qch* sich an etw (D) weiden
répandre (aus)=schütten, verschütten, vergießen; verbreiten ♦ 1 se ~ sich verbreiten, um sich greifen 2 se ~ *en compliments* sich in Komplimenten ergehen
répandu : *une opinion ~e* eine weitverbreitete Meinung → **répandre**
réparable ausbesserungsfähig; wiedergutzumachend
réparateur, -trice : *un sommeil ~* erquicklicher/wohltuender Schlaf
réparation f 1 Reparatur f, Wiederherstellung f, Ausbesserung f 2 *demander ~* Wiedergutmachung f fordern 3 (sp) *surface de ~* Strafraum m
réparer 1 reparieren, aus=bessern 2 wieder=gut=machen, berichtigen
répartie f : *avoir de la ~* schlagfertig/nie um eine Antwort verlegen sein
répartir verteilen, auf=teilen; ein=teilen, auf=gliedern
répartition f Verteilung f, Aufteilung f
repas m Mahlzeit f, Essen n
repasser 1 ~ *une chemise* ein Hemd bügeln 2 ~ *sa leçon* seine Lektion nochmal (durch)=lesen/wiederholen 3 ~ *un couteau* ein Messer schleifen ♦ wieder vorbei=fahren/vorbei=kommen → **passer**
repentant reumütig
repenti m **-e** f Kronzeuge m
repentir m Reue f
repentir (se) (de) bereuen
repérage m Ermittlung f, Ausfindigmachen n; (cin) Motivsuche f
répercussion f Auswirkung f (auf A)
répercuter 1 ab=wälzen (auf A) 2 ~ *un son* einen Ton zurück=werfen; (fig) ~ *une consigne* eine Anweisung weiter=geben ♦ se ~ (sur) sich aus=wirken (auf A)
repère m Anhaltspunkt m; Bezugspunkt m; (fig) *perdre tous ses points de ~* völlig aus dem Gleis kommen
repérer auf=finden, ausfindig machen, aus=machen ~ *un bateau* ein Schiff orten; (fig/fam) entdecken, sehen
répertoire m 1 Verzeichnis n 2 (th) Repertoire n; (fig) *un ~ d'injures* ein Katalog m von Schimpfwörtern
répertorier registrieren, erfassen
répéter 1 wiederholen 2 ~ *un rôle* seine Rolle proben ♦ se ~ sich wiederholen
répétitif, -ive sich wiederholend
répétition f 1 Wiederholung f *des erreurs à ~* wiederholte Irrtümer; *fusil à ~* Mehrlader m 2 (th) Probe f
repiquer 1 (plante) ein=pflanzen; aus=setzen 2 (fam) ~ *une cassette* (non fam) eine Kassette überspielen ♦ (fam/fig) sitzen=bleiben → **piquer**
répit m Ruhe f, Atempause f; *sans ~* pausenlos, unentwegt, unaufhörlich

replet, -ète beleibt, dick, füllig
repli m 1 *un ~ de terrain* Geländefalte f; Bodensenkung f 2 *(mil)* Rückzug m; *(fig) opérer un ~ stratégique* einen geplanten Rückzug an=treten; *(comm) ~ des valeurs boursières* Einbrechen n der Kurswerte
replier (se) 1 sich krümmen/winden; *(fig/fam)* aus=weichen 2 *se ~ sur soi-même* in sich (A) gehen, sich zurück=ziehen/ab=kapseln → **plier**
réplique f 1 Entgegnung f, Antwort f, Erwiderung f; Widerrede f *un argument sans ~* ein unwiderlegbares Argument; *(th)* Gegenrede f 2 Nachbildung f *la vivante ~ de son père* das lebendige Gegenstück zu seinem Vater
répliquer entgegnen, erwidern
répondant m : *(fam) avoir du ~ (fig)* um keine Antwort verlegen sein
répondeur m Anrufbeantworter m
répondre 1 antworten; *(fig) ne pas savoir ~ par un coup de poing* mit einem Faustschlag reagieren 2 *~ à une question* auf eine Frage antworten; *~ à une objection* auf einen Einwand reagieren; *(fig) ~ à des avances* auf Annäherungsversuche ein=gehen 3 *~ au téléphone* ans Telefon gehen, sich am Telefon melden; *(fig) ~ au nom de* auf den Namen hören, heißen 4 *~ à une attente* eine Erwartung erfüllen; *~ à une description* einer (D) Beschreibung entsprechen ◆ *les freins ne répondent plus* die Bremsen reagieren nicht mehr ◆ *~ de qqn* für jn bürgen; *je ne réponds plus de rien* ich hafte für nichts mehr
réponse f Antwort f *une ~ positive* eine Zusage f; *droit de ~* Recht auf Antwort
report m 1 Vertagung f, Verschiebung f; *(bourse)* Report m, Kostgeschäft n 2 Übertragung f; *(comm)* Übertrag m; *(pol) ~ de voix* Stimmenübertragung f
reportage m Reportage f
reporter 1 vertagen 2 übertragen ◆ *se ~ (sur)* über=gehen (auf A) → **porter**
repos m Ruhe f, Rast f *maison de ~* Erholungsheim n; *prendre du ~* sich aus=ruhen/erholen, aus=spannen; *(phys) corps au ~* ruhender Körper; *(mil) ~ !* rührt euch! 2 *avoir trois jours de ~* drei Tage frei haben
reposant erholsam
reposé : *(fig) à tête ~e* mit klarem Kopf
reposer entspannen, erholen ◆ *ici repose X* hier ruht X ◆ *laisser ~ la pâte* den Teig ruhen lassen; *laisser ~ la terre* den Boden brach=liegen lassen ◆ *~ sur deux poutres* auf zwei Pfählen ruhen; *(fig) ne ~ sur aucune preuve* sich auf keinerlei Beweise gründen ◆ 1 *se ~* sich aus=ruhen/erholen 2 *se ~ sur qqn* sich auf jn verlassen → **poser**

repoussant abstoßend
repousser 1 *~ l'ennemi* den Feind zurück=schlagen; *(fig) ~ qqn* jn verstoßen; *~ une offre* ein Angebot aus=schlagen/ab=schlagen; *~ la tentation* der (D) Versuchung widerstehen 2 *~ un rendez-vous* eine Verabredung verschieben → **pousser**
répréhensible verwerflich; tadelnswert
reprendre 1 *~ des négociations* die Verhandlungen wieder auf=nehmen 2 *~ une entreprise* einen Betrieb übernehmen/weiter=führen 3 *~ une marchandise* eine Ware zurück=nehmen; *(fig) ~ ses esprits* wieder zur Besinnung kommen 4 *(fig) on ne m'y reprendra plus* das passiert mir nicht noch einmal 5 *~ un article* einen Artikel überarbeiten; *~ une robe* ein Kleid ändern 6 *~ qqn* jn zurecht=weisen; jn berichtigen ◆ 1 *« ce jour-là », reprit-il* « an jenem Tag », begann er von neuem 2 *les affaires reprennent* die Geschäfte kommen wieder in Gang 3 wieder an=langen ◆ *s'y ~ à deux fois* wiederholt versuchen → **prendre**
représailles fpl Vergeltungsmaßnahmen fpl, Repressalien fpl
représentant m 1 Vertreter m, Repräsentant m 2 *(comm)* (Handels)vertreter
représentatif, -ive repräsentativ *échantillon ~* repräsentative Auswahl; *être ~ d'une idée* charakteristisch für eine Idee sein
représentation f 1 *(th)* Vorstellung f, Aufführung f 2 Vorstellung f; Darstellung f 3 *~ diplomatique* diplomatische Vertretung f
représenter 1 dar=stellen; *(fig)* bedeuten 2 *comment te représentes-tu la scène ?* wie stellst du dir die Szene vor? 3 *~ la France* Frankreich vertreten → **présenter**
répressif, -ive repressiv
répression f Unterdrückung f; Verfolgung f; Niederwerfung f
réprimande f Tadel m, Verweis m, Rüge f
réprimander einen Verweis/eine Rüge erteilen, tadeln
réprimer nieder=schlagen, unterdrücken, nieder=werfen; *(fig) ~ une envie* sich zusammen=nehmen
repris m : *~ de justice* Vorbestrafte/r
reprise f 1 *la ~ économique* der wirtschaftliche Aufschwung m 2 Wiederaufnahme f *à plusieurs ~s* mehrmals, mehrfach 3 *10 000 F de reprise* Inzahlungstellung f von 10 000 Francs 4 *la voiture a de bonnes ~s* das Auto beschleunigt gut 5 *(sp)* Runde f; *(mus)* Reprise f 6 *(équitation)* Reitstunde f 7 *(couture) faire une ~* eine (Ab)änderung vor=nehmen; flicken
repriser flicken; stopfen

réprobateur, -trice vorwurfsvoll, mißbilligend
reproche *m* Vorwurf *m*
reprocher vor=werfen, vor=halten; *(fig) que reproches-tu à cette voiture?* was hast du an diesem Auto auszusetzen?
reproduction *f* 1 Fortpflanzung *f* 2 Abdruck *m*, Nachdruck *m*, Vervielfältigung *f*; *droits de ~* die Rechte für den Nachdruck; *(art)* Reproduktion *f* 3 *la ~ d'un phénomène* das wiederholte Auftreten *n* eines Phänomens
reproduire 1 *~ un dessin* eine Zeichnung (ab)=drucken 2 *~ un son* einen Ton wieder=geben ◆ 1 *se ~* sich fort=pflanzen 2 *cela s'est reproduit hier* das ist gestern nochmal vorgekommen/passiert, das hat sich gestern wiederholt → **produire**
réprouver verwerfen; mißbilligen; aus=stoßen
reptile *m* Reptil *n*
repu übersättigt, *(fam)* vollgefressen
républicain republikanisch
république *f* Republik *f*
répudier verstoßen
répugnance *f* Widerwille(n) *m*, Ekel *m*
répugnant widerlich, ekelhaft
répugner 1 an=ekeln, an=widern 2 *~ à faire qch* Widerwillen empfinden, etw zu tun
répulsion *f* Abscheu *f*, Widerwille(n) *m*, Abneigung *f*
réputation *f* Ruf *m*, Ansehen *n*, Leumund *m*
réputé 1 berühmt 2 *être ~ malhonnête* als unehrlich gelten, für unehrlich gehalten werden
requérant *m* Antragsteller *m*
requérir *(jur)* beantragen; *(fig) ~ une explication* eine Erklärung fordern
requête *f* Ersuchen *n*, Bitte *f; (jur)* Gesuch *n*, Antrag *m*
requin *m* Hai(fisch) *m*
requis : *les conditions ~es* die erforderlichen Bedingungen → **requérir**
réquisition *f* Beschlagnahme *f*
réquisitionner beschlagnahmen; *(fig/fam) ~ qqn* jn in Beschlag nehmen
réquisitoire *m* Plädoyer *n* des Staatsanwalts; *(fig)* Vorwürfe *mpl*, Anschuldigungen *fpl*
RER *m* = **réseau express régional** S-Bahn-Netz *n*
rescapé *m* -e *f* Überlebende/r, Gerettete/r
rescousse *f* : *venir à la ~ de qqn* jm zu Hilfe *f* kommen
réseau -x Netz *n* ~ *commercial* Vertriebsnetz *n*; *(fig) un ~ d'amis* ein Kreis *m* von Freunden; *(radio)* Sendebereich *m*; *(Résistance)* Gruppe *f*

réservation *f* Reservierung *f*, Vorbestellung *f*
réserve *f* 1 Reserve *f*, Vorrat *m*; *(comm) ~ légale* gesetzliche Rücklage *f* 2 *(Waren)*lager *n* 3 *(mil)* Reserve 4 Vorbehalt *m sous toute ~* unter Vorbehalt *m*, ohne Gewähr *f; émettre des ~s* Bedenken *pl* an=melden/äußern 5 Zurückhaltung *f*, Reserviertheit *f devoir de ~* Schweigepflicht *f* 6 *une ~ indienne* Indianerreservat *n*; *une ~ naturelle* Naturschutzgebiet *n* 7 *(peinture)* unbemalte Fläche *f*, Weißfläche *f*
réservé : *être très ~* zurückhaltend sein; *avis ~* einschränkende Zustimmung
réserver 1 bestellen, reservieren; *(fig) ~ une surprise à qqn* jm eine Überraschung bereiten; *se ~ le droit de faire qch* sich (D) das Recht vor=behalten, etw zu tun 2 *~ sa réponse* seine Antwort verschieben
réservoir *m* Behälter *m*, Tank *m*; Reservoir *n*
résidence *f* 1 *lieu de ~* Wohnsitz *m*, Wohnort *m*, Aufenthalt(sort) *m*; *(jur) être en ~ surveillée* unter polizeilicher Überwachung *f* stehen 2 *~ secondaire* Zweitwohnsitz *m*; Zweitwohnung *f*; Ferienwohnung *f; habiter une ~* in einer Wohnanlage *f* wohnen
résident *m* -e *f* Ansässige/r
résider 1 wohnhaft/ansässig sein 2 *~ dans le fait que* in der Tatsache/darin liegen, daß
résidu *m* Rückstand *m*, Rest *m*
résiduel, -le zurückbleibend; restlich; abgelagert
résigné resigniert
résigner (se) sich ab=finden, sich in etw (A) fügen *se ~ à faire qch* sich damit ab=finden, etw zu tun
résilier kündigen; auf=heben; rückgängig machen
résille *f* Haarnetz *n bas ~* Netzstrumpf *m*
résine *f* 1 Harz *n* 2 Kunstharz *n*
résineux *m* Nadelholz *n*
résistance *f* 1 Widerstand *m*, Gegenwehr *f* 2 Ausdauer *f*; Widerstandskraft *f; (tech) la ~ d'un matériau* die Haltbarkeit/Widerstandsfähigkeit eines Materials 3 *(élec)* Widerstand *m* 4 *plat de ~* Hauptgericht *n*
résistant strapazierfähig ◆ *m* -e *f (hist)* WiderstandskämpferIn *m f*
résister widerstehen (D), sich widersetzen (D), stand=halten (D)
résolu entschlossen, entschieden, resolut
résolution *f* 1 Lösung *f* 2 Entschluß *m*, Beschluß *m*; *prendre une ~* einen Entschluß fassen; *(pol)* Resolution *f*
résonance *f* Widerhall *m*, Resonanz *f*;

résonner *(fig)* **éveiller des ~s** Resonanz erzeugen; etw nach=klingen lassen

résonner wider=hallen

résorber : **~ un déficit** ein Defizit beseitigen/beheben

résoudre 1 lösen 2 beschließen ◆ 1 *se ~ à faire qch* sich doch noch entschließen, etw zu tun 2 *le problème se résout à la question suivante* das Problem beschränkt sich auf folgende Frage

respect *m* 1 Befolgung *f*, Einhaltung *f* 2 Achtung *f*, Ehrfurcht *f*, Respekt *m manquer de ~ à qqn* es an der notwendigen Achtung fehlen lassen; sich einer Frau gegenüber ungebührlich benehmen; *présentez mes ~s à votre femme!* empfehlen Sie mich Ihrer Gattin 3 *tenir qqn en ~* in Schach halten

respectabilité *f* Ehrenhaftigkeit *f*, Ehrbarkeit *f*

respectable 1 achtbar, ehrbar 2 *un nombre ~* eine beachtliche/erhebliche Anzahl

respecter 1 *~ la loi* das Gesetz ein=halten/befolgen ; *~ une promesse* ein Versprechen ein=halten/erfüllen; *~ la tradition* die Tradition achten/wahren 2 *~ qqn* jn respektieren/achten ◆ *(fig) un sportif qui se respecte* ein richtiger Sportler

respectif, -ive jeweilig; gegenseitig

respectivement : *les trois enfants, âgés ~ de huit, sept et cinq ans* die drei Kinder, jeweils acht, sieben und fünf Jahre alt

respectueux, -euse 1 achtungsvoll, respektvoll, ehrerbietig 2 *être ~ des formes* die Umgangsformen achten

respiration *f* Atmung *f*

respirer (ein)=atmen; *(fig/fam) je respire!* ich kann auf=atmen! ◆ *~ l'air de la mer* die Meeresluft ein=atmen; *(fig) ~ la santé* vor Gesundheit strotzen; *~ la bonne humeur* vor guter Laune sprühen; *~ le calme* Ruhe aus=strömen

resplendissant : *un soleil ~* strahlende Sonne; *(fig) tu es ~!* du siehst glänzend aus!

responsabiliser verantwortlich machen

responsabilité *f* Verantwortung *f poste de haute ~* sehr verantwortungsvoller Posten; *prendre ses ~s* verantwortungsbewußt sein, Verantwortungsgefühl besitzen/zeigen; *(jur) ~ civile* Haftpflicht *f*; *~ pénale* Strafmündigkeit *f*; *(comm) société à ~ limitée (SARL)* Gesellschaft mit beschränkter Haftung (GmbH) *f*

responsable 1 *être ~ de qqn/qch* für jn/etw verantwortlich sein; für jn/etw haften; *(jur) être civilement ~* haftpflichtig sein, zivilrechtlich haften; *ne pas être ~* nicht strafmündig sein 2 *agir en personne ~* als verantwortungsbewußter Mensch handeln ◆ *m f* Verantwortliche/r; LeiterIn

resquiller *(fam)* schnorren; schmarotzen; mogeln, schummeln; schwarz=fahren

ressac *m* Brandung *f*

ressaisir (se) sich wieder zusammen=nehmen; wieder an sich nehmen → **saisir**

ressasser bis zum Überdruß wiederholen, *(fig/fam)* ständig wieder=käuen

ressemblance *f* Ähnlichkeit *f*

ressemblant : *un portrait très ~* ein treffendes Portrait

ressembler : *~ à qqn* jm ähneln; *cela ~ à une ruse* das sieht nach einer List aus; *(fig) cela ne lui ressemble pas* das paßt überhaupt nicht zu ihm ◆ *se ~* sich ähneln/ähnlich sehen

ressentiment *m* Verbitterung *f*, Bitterkeit *f*

ressentir empfinden, verspüren, fühlen ◆ *se ~ de qch* die Nachwirkungen von etw verspüren; *(fig) son travail s'en ressent* seine Arbeit leidet darunter, das wirkt sich auf seine Arbeit aus

resserrer *(fig) ~ des liens* Bande enger knüpfen ◆ 1 *(se) ~ au lavage* sich beim Waschen zusammen=ziehen 2 enger werden; *(fig) les mailles du filet se resserrent* der Kreis schließt sich → **serrer**

ressort *m* 1 Feder *f* 2 *manquer de ~* keine Tatkraft besitzen 3 *le ~ de toute cette affaire* die treibende Kraft dieser ganzen Geschichte 4 *(jur)* Gerichtsbezirk *m*; *(fig) en dernier ~* als letztes Mittel; *(fig/fam) ce n'est pas de mon ~* dafür bin ich nicht zuständig

ressortir 1 *bien ~* gut heraus=kommen 2 *il ressort de là que* daraus ergibt sich/geht hervor, daß → **sortir**

ressortissant *m* **-e** *f* Staatsangehörige/r

ressource *f* 1 Mittel *n*, Hilfsmittel *n* 2 *pl* Einkünfte *fpl*, (Geld)mittel *npl*; *être sans ~s* mittellos sein 3 *~s naturelles* natürliche Quellen *fpl*, Bodenschätze *mpl*

ressourcer (se) *(fig)* wieder auf=tanken

ressusciter wieder erwecken; *(fig)* wieder auf=leben lassen ◆ <être> (wieder) auf=erstehen

restant 1 *poste ~e* postlagernd 2 restlich, übrig geblieben

restaurant *m* Restaurant *n*

restaurateur *m* **-trice** *f* GastwirtIn *m f*, RestaurantbesitzerIn *m f*

restauration 1 Gaststättengewerbe *n* 2 *~ de meubles anciens* das Restaurieren von alten Möbeln; *la ~ d'une maison* die Restaurierung eines Hauses 3 Wiedereinführung *f*

restaurer 1 restaurieren 2 *~ la paix* den Frieden wieder her=stellen; *~ un régime* eine Regierungsform wieder ein=führen ◆ *se ~* essen, sich stärken

reste *m* 1 Rest *m* **le ~ du temps** die restliche/übrige Zeit; *(fig)* **ne pas demander son ~** sich sang- und klanglos aus dem Staub machen 2 **avoir de l'argent de ~** Geld übrig haben 3 **ne pas vouloir être en ~** jm nichts schuldig sein wollen, hinter jm nicht zurück=stehen wollen 4 **du ~** außerdem, übrigens, darüber hinaus 5 Rest, Überrest *m* **un ~ d'humanité** ein Funke *m*/eine Spur *f* Menschlichkeit

rester <être> 1 bleiben; *(fig/fam)* **y ~** sterben; **on ne va pas ~ là=dessus pendant des heures!** damit werden wir uns nicht stundenlang auf=halten! 2 übrig=bleiben **il me reste encore un peu de temps** ich habe noch etwas Zeit; **le seul ami qu'il me reste** der einzige Freund, der mir bleibt; **il reste encore quelques fautes** es sind noch einige Fehler vorhanden 3 **~ debout** stehen=bleiben 4 **restons-en là!** wir wollen es dabei belassen!/bewenden lassen!/ **où en étions-nous restés?** *(fig)* wo(bei) sind/waren wir stehengeblieben? 5 **ce nom lui est resté** diesen Namen hat er behalten 6 **il n'en reste pas moins que** nichtsdestoweniger

restituer 1 zurück=erstatten, zurück=geben 2 **~ un texte** einen Text rekonstruieren

restoroute *m* Autobahnraststätte *f*
restreindre ein=schränken; beschränken; *(fig)* ein=engen
restriction *f* 1 Beschränkung *f*, Restriktion *f* **~ de crédits** Begrenzung/*(fig)* Beschneidung *f* der Kredite 2 Vorbehalt *m*, Einschränkung *f*
restructuration *f* Umstrukturierung *f*
résultat *m* Ergebnis *n*, Resultat *n*; *(éco)* **~s d'exploitation** Ausbeute *f*, Leistung *f*; *(fig)* **ne donner aucun ~** keinerlei Erfolg *m* haben, überhaupt nichts ergeben
résulter sich ergeben, hervor=gehen
résumé *m* Zusammenfassung *f*, zusammenfassender Überblick *m*, Resümee *n* **en ~** zusammenfassend
résumer zusammen=fassen ◆ 1 **résumons-nous** fassen wir kurz zusammen 2 **se ~ à très peu de choses** sich auf sehr wenig Dinge beschränken, aus sehr wenigem bestehen
résurgence *f* Heraussprudeln *n*; *(fig)* Wiederaufleben *n*, Wiederauftauchen *n*
résurrection *f* Wiederauferstehung *f*
retable *m* Altaraufsatz *m*
rétablir 1 **~ la peine de mort** die Todesstrafe wieder ein=führen 2 **~ un contact** einen Kontakt wieder auf=nehmen; **~ l'ordre** die Ordnung wieder her=stellen; *(fig)* **~ les faits** die Tatsachen zurecht=rücken ◆ *se ~* wieder gesund werden → **établir**

rétablissement *m* 1 **bon ~!** gute Besserung! 2 *(sp)* Aufschwung *m* 3 Wiedereinführung *f*, Wiederaufnahme *f*
retaper *(fam)* 1 *(non fam)* renovieren; auf=arbeiten 2 **cela va te ~** das bringt dich wieder auf die Beine/hoch ◆ *se ~* auf die Beine kommen → **taper**
retard *m* 1 Verspätung *f*; Zuspätkommen *n* **arriver en ~** zu spät kommen; **être en ~ de cinq minutes** fünf Minuten Verspätung haben 2 **~ de paiement** Zahlungsverzug *m*; **être en ~ dans son courrier** Briefschulden *pl* haben 3 **prendre du ~ dans son travail** mit seiner Arbeit im Rückstand *m* sein 4 Verzögerung *f* **être en ~ pour son âge** für sein Alter zurückgeblieben sein
retardataire *m f* NachzüglerIn *m f*; Zuspätkommende/r
retardement *m* 1 **bombe à ~** Bombe mit Zeitzünder *m*, Zeitbombe *f* 2 **comprendre à ~** erst hinterher begreifen
retarder 1 verzögern; hemmen **~ qqn dans son travail** jn bei seiner Arbeit auf=halten 2 **~ son réveil d'une heure** den Wecker um eine Stunde zurück=stellen 3 **~ son départ** seine Abreise verschieben ◆ **ma montre retarde de cinq minutes** meine Uhr geht fünf Minuten nach
retenir 1 zurück=halten, fest=halten; hindern **~ qqn prisonnier** jn gefangen=halten; **~ une marchandise en douane** Ware am Zoll auf=halten; **~ qqn à dîner** jn zum Essen da=behalten 2 **~ son souffle** den Atem an=halten 3 **~ le nom de qqn** sich an js Namen erinnern (können), sich **(D)** js Namen merken; **je te retiens!** das merke ich mir!, du hörst noch von mir! 4 **~ une somme sur le salaire** einen Betrag vom Gehalt ein=behalten; *(math)* **je retiens trois** ich merke mir/behalte drei 5 **~ une place** einen Platz reservieren 6 **je retiens votre proposition** ich behalte Ihren Vorschlag im Auge/komme auf Ihren Vorschlag zurück ◆ *se ~ de crier* sich beherrschen/zusammen=nehmen, um nicht zu schreien
rétention *f* : **faire de la ~ d'informations** Informationen zurück=halten/unterschlagen; *(méd)* **~ d'eau** Harnverhaltung *f*
retentir ertönen, wider=hallen
retentissement *m* : *(fig)* **avoir un grand ~** großes Aufsehen *n* erregen
retenue *f* 1 **une ~ d'eau** Stausee *m* 2 **~ sur salaire** Gehaltsabzug *m* 3 *(ens)* Nachsitzen *n* 4 **avec ~** beherrscht, zurückhaltend; **sans ~** hemmungslos
réticence *f* Zögern *n* Zurückhaltung *f*
réticent zögernd, reserviert
rétif, -ive : **un cheval ~** ein störrisches Pferd *n*; *(fig)* widerspenstig
rétine *f* Netzhaut *f*

retiré : *un endroit* ~ ein abgelegener Ort
retirer 1 heraus=ziehen, ab=nehmen 2 ~ *son permis de conduire à qqn* jm den Führerschein entziehen ; ~ *un enfant à ses parents* ein Kind seinen Eltern weg=nehmen 3 ~ *sa candidature* seine Kandidatur zurück=ziehen 4 *je n'en ai rien retiré* ich habe überhaupt nichts davon gehabt ◆ 1 *se* ~ sich zurück=ziehen 2 *la mer se retire* das Meer geht zurück → **tirer**
retombée *f* Niederschlag *m* ; *(fig)* Auswirkung *f*
rétorquer entgegnen, erwidern
retors gezwirnt
rétorsion *f* : *mesures de* ~ Vergeltungsmaßnahmen *fpl*
retouche *f (vêtement)* Änderung *f* ; *(peinture)* Nachbesserung *f* ; *(photo)* Retuschieren *n*
retour *m* 1 Rückkehr *f*, Rückfahrt *f sur le chemin du* ~ auf dem Rückweg *m* ; *un aller et* ~ *pour Brest* einmal hin- und zurück nach Brest ; *être de* ~ zurück sein ; *(fig) faire un* ~ *en arrière* (auf die Vergangenheit) zurück=blicken 2 *le* ~ *du printemps* die Wiederkehr *f* des Frühlings 3 *par* ~ *du courrier* postwendend, umgehend 4 ~ *au calme* Beruhigung *f* der Lage 5 ~ *de flamme* Flammenrückschlag *m* ; *(fig)* Wiederauflodern *n* ; *un* ~ *de manivelle* Rückschlag *m* der Kurbel ; *(fig)* Umschlagen *n* 6 *en* ~ dafür, dagegen ; *payer qqn de* ~ erwidern, Gleiches mit Gleichem vergelten ; *(sp) match* ~ Rückspiel *n* 7 ~ *d'âge* Wechseljahre *pl*
retournement *m* ; *(fig) un* ~ *de situation* die Umkehrung einer Situation
retourner 1 um=drehen ; um=kehren ~ *l'arme contre soi* die Waffe gegen sich richten ; *(fig)* ~ *l'opinion* die Meinung um=schlagen lassen 2 ~ *la salade* den Salat um=rühren ; *(fig)* ~ *une question dans tous les sens* eine Frage hin- und her=wälzen 3 zurück=schicken, zurück=gehen lassen ; *(iro) je te retourne le compliment* ich gebe dir das Kompliment zurück 4 ~ *qqn* jn auf=wühlen/total erschüttern ◆ <être> ~ *chez soi* nach Hause gehen, heim=gehen, heim=kehren 2 *cette année nous retournons en Allemagne* dieses Jahr fahren wir wieder nach Deutschland ; ~ *à son propriétaire* seinem Besitzer wieder zu=fallen ◆ 1 *se* ~ sich um=drehen, sich um=sehen 2 *se* ~ *contre qqn* jm für etw verantwortlich machen ; sich für jn als Nachteil erweisen ; *(fig) cela s'est retourné contre lui* das war für ihn ungünstig/hat sich ausgewirkt 3 *la voiture s'est retournée* das Auto hat sich überschlagen ◆ *savoir de quoi il retourne* wissen, worum es sich handelt → **tourner**
retracer : ~ *la vie de qqn* js Leben nach=zeichnen ; ~ *les faits* die Ereignisse vergegenwärtigen/schildern → **tracer**
rétracter (se) 1 *(jur)* widerrufen 2 sich zusammen=ziehen
retrait *m* 1 Abnahme *f* ; Entzug *m* ; *(banque)* Abhebung *f* 2 ~ *des forces de police* Abzug *m* der Polizei 3 *en* ~ *de la route* zurückgesetzt ; *(fig) rester en* ~ im Hintergrund *m* bleiben 4 *(tech)* Zusammenziehen *n*
retraite *f* 1 Rente *f*, Pension *f* ; Ruhestand *m prendre sa* ~ in den Ruhestand/in Pension gehen, sich pensionieren lassen ; *(fam)* in Rente gehen 2 Rückzug *m maison de* ~ Altersheim *n* ; *faire une* ~ sich zurück=ziehen ; *(rel)* Exerzitien *npl* 3 *(mil)* Rückzug
retraité *m* **-e** *f* RentnerIn *m f*
retraitement *m* Wiederaufarbeitung *f*
retrancher (weg=)streichen ◆ *se* ~ sich verschanzen ; *(fig) se* ~ *dans le silence* sich in Schweigen hüllen
retransmettre *(télé/radio)* übertragen
rétrécir ein=gehen, ein=laufen ◆ ~ *une robe* ein Kleid enger machen ◆ *se* ~ enger werden, sich verengen
rétrécissement *m* Verengung *f*
rétribuer bezahlen ; entlohnen ; vergüten
rétroactif, -ive rückwirkend
rétrocéder wieder ab=treten
rétrograde 1 rückschrittlich, rückständig 2 *(astr/méc)* rückläufig
rétrograder zurück=stufen ◆ *(auto)* zurück=schalten
rétroprojecteur *m* Tageslichtprojektor *m*
rétrospective *f* Rückblick *m*, Rückschau *f* ; *(art)* Retrospektive *f*
rétrospectivement rückblickend
retroussé : *un nez* ~ Stupsnase *f*
retrousser auf=krempeln, hoch=krempeln ; schürzen
retrouvailles *fpl* Wiedersehen *n*
retrouver 1 wieder=finden 2 treffen ; wieder=treffen, wieder=sehen ◆ 1 *se* ~ sich wieder=treffen ; einander wieder=sehen, einander wieder=finden 2 *se* ~ *seul* allein da=stehen 3 *se* ~ *dans le fossé* plötzlich im Graben liegen 4 *s'y* ~ sich zurecht=finden ; *(fig/fam)* dabei auf seine Kosten kommen → **trouver**
rétroviseur *m* Rückspiegel *m*
réunification *f* Wiedervereinigung *f*
réunion *f* 1 Versammlung *f*, Zusammenkunft *f*, Treffen *n* 2 *la* ~ *de plusieurs facteurs* das Zusammentreffen *n* mehrerer Faktoren
réunionnite *f (fam)* Versammlungswut *f*
réunir 1 versammeln ; zusammen=rufen ; vereinigen 2 ~ *les pièces d'un dossier* Unterlagen zusammen=stellen 3 ~ *deux pièces entre elles* zwei Teile miteinander

verbinden ♦ *se ~* sich versammeln; sich vereinigen; zusammen=kommen

réussi, gelungen, geglückt → **réussir**

réussir erfolgreich durch=führen, zustande bringen ♦ *sa vie* Glück/Erfolg in seinem Leben haben **1** *il veut ~* er will es zu etw (D) bringen **2** gelingen, fertig=bringen *il a réussi à la décider* es ist ihm gelungen/er hat es fertiggebracht/(fam) geschafft, sie zu überzeugen **3** *sa nouvelle vie lui réussit* sein neues Leben bekommt ihm gut **4** *son expérience a réussi* sein Experiment ist gelungen

réussite f **1** Erfolg m *~ d'un projet* erfolgreiche Durchführung f; Gelingen n **2** (cartes) Patience f

revaloriser auf=werten; auf=bessern; erhöhen

revanche f **1** Revanche f; Vergeltung f *esprit de ~* Lust auf Rache; *prendre une/sa ~* sa (D) Genugtuung f verschaffen; sich revanchieren **2** (jeu) Revanche f **3** *en ~* dagegen, dafür

rêvasser vor sich (A) hin träumen

rêve m Traum m

revêche mürrisch, rauh

réveil m **1** Aufwachen n, Erwachen n **2** Wecker m

réveiller auf=wecken; (fig) an=fachen ♦ *se ~* auf=wachen, erwachen

réveillon m Heiligabend m; Neujahrsabend m

révélateur, -trice bezeichnend, aufschlußreich ♦ m **1** (photo) Entwickler m **2** *servir de ~ à qch* etw verdeutlichen

révélation f **1** Aufdeckung f, Enthüllung f **2** *la ~ de l'année* die Entdeckung des Jahres; *cela a été pour moi une ~* (fig) das war für mich die reinste Offenbarung **3** (rel) Offenbarung f

révéler 1 *~ un secret à qqn* jm ein Geheimnis enthüllen **2** *~ une grande honnêteté* große Rechtschaffenheit erkennen lassen ♦ *1 se ~ intéressant* sich als interessant erweisen **2** (rel) *se ~* sich offenbaren

revenant m **1** Gespenst n, Geist m **2** (fam) *tiens, un ~!* na so was, ein verschollen Geglaubter m!

revendeur m **-euse** f Zwischenhändlerln m

revendicatif, -ive fordernd

revendication f Forderung f, Anspruch m

revendiquer 1 (zurück=)fordern, beanspruchen **2** *~ la responsabilité de ses actes* die volle Verantwortung für seine Handlungen übernehmen, sich voll zu seinen Handlungen bekennen

revendre weiter=verkaufen; (fig/fam) *avoir de l'imagination à ~* Phantasie im Überfluß haben → **vendre**

revenir <être> **1** wieder=kommen **2** zurück=kehren, zurück=kommen **3** *~ sur ses pas* um=kehren **4** *(en) ~ à d'anciennes méthodes* zu alten Methoden zurück=kehren, auf alte Methoden zurück=greifen; *~ à de meilleurs sentiments* sich eines anderen besinnen; *je reviendrai là-dessus* ich komme noch darauf zurück/gehe darauf noch näher ein **5** *son nom ne me revient plus* sein Name fällt mir nicht mehr ein **6** *cet argent te revient* dieses Geld steht dir zu; *tout le mérite te revient* das ist dein Verdienst **7** *sa tête ne me revient pas* sein Gesicht gefällt mir nicht **8** *le tout me revient à 150 F* das Ganze kostet mich 150 Francs **9** *~ à soi* wieder zu sich/zur Besinnung kommen **10** *~ sur sa promesse* ein Versprechen zurück=nehmen **11** *je n'en reviens pas!* ich kann es nicht fassen! *il en est revenu* er ist enttäuscht/ernüchtert (worden) ♦ *faire ~ des oignons* Zwiebeln in Fett dünsten

revenu m Einkommen n; Ertrag m; Einnahme f *~ minimum d'insertion (RMI)* Existenzminimum n

rêver träumen (von)

réverbération f Widerschein m, Rückstrahlung f

réverbère m Straßenlaterne f

réverbérer (se) sich reflektieren, sich spiegeln

révérence f **1** (Hof)knicks m; (fig) *tirer sa ~* sich empfehlen **2** *avec ~* mit Ehrerbietung f/Hochachtung f

révérer verehren

revers m **1** (vêtement) Umschlag m, Revers m **2** Rückseite f *au ~* auf der Rückseite; *le ~ de la main* Handrücken m; (fig) *c'est le ~ de la médaille* das ist die Kehrseite f der Medaille **3** *d'un ~ de la main* mit einer Handbewegung f; (sp) Rückhand f **4** *prendre des troupes à ~* Truppen in den Rücken fallen **5** *essuyer des ~s* Rückschläge mpl/(fam) Schlappen fpl erleiden

réversible 1 wendbar, Wende-; beiderseitig tragbar **2** *une maladie ~* eine heilbare Krankheit; *une réaction ~* eine Reaktion, die man rückgängig machen kann **3** *une pension ~* eine übertragbare Rente

revêtement m Belag m; Bezug m

revêtir über=ziehen; an=ziehen; (fig) *~ un caractère risqué* gewagt/riskant sein

rêveur, -euse verträumt; träumerisch veranlagt; (fig) *cela me laisse ~* das stimmt mich nachdenklich ♦ m f Träumerln m

revient m : *prix de ~* Selbstkostenpreis m

revigorer kräftigen

revirement m Umschwung m, Umschlagen n, Wendung f

réviser

réviser 1 ~ *une leçon* eine Lektion wiederholen 2 ~ *son point de vue* seinen Standpunkt revidieren; ~ *une pension* eine Rente an=passen 3 ~ *un moteur* einen Motor überholen

révision *f* 1 Wiederholung *f* 2 Anpassung *f*; ~ *de la Constitution* Verfassungsreform *f*; ~ *d'un procès* Wiederaufnahmeverfahren *n* 3 *(auto)* Durchsicht *f* 4 *(mil) conseil de* ~ Musterungsausschuß *m*

revivre *(fig) je revis !* ich lebe wieder auf ! ◆ *faire* ~ *l'espoir* die Hoffnung auf=leben lassen; *faire* ~ *des événements* die Ereignisse wieder=erstehen lassen

révocation *f* Aufhebung *f*; Widerruf *m*; Absetzung *f*

revoir *(fig)* 1 ~ *sa position* seine Position überprüfen 2 ~ *une leçon* eine Lektion wiederholen 3 ~ *un article* einen Artikel durch=sehen / überarbeiten → **voir**

revoir *m* : *au* ~ *!* auf Wiedersehen ! *n*

révoltant empörend, *(fig)* himmelschreiend

révolte *f* 1 Aufruhr *m*, Aufstand *m* 2 Auflehnung *f*, Empörung *f*

révolter empören ◆ 1 *se* ~ sich auf=lehnen, sich erheben, revoltieren 2 *se* ~ *contre ses parents* gegen seine Eltern rebellieren; *se* ~ *contre l'injustice* gegen die Ungerechtigkeit auf=begehren

révolu 1 *avoir 20 ans* ~ das 20. Lebensjahr vollendet haben 2 *une époque* ~*e* eine vergangene Epoche

révolution *f* 1 Revolution *f* 2 Rotation *f*; *(astro)* Umlauf *m*

révolutionnaire revolutionär; *(fig)* umwälzend, revolutionierend

revolver [-vɛʀ] *m* Revolver *m*

révoquer widerrufen, auf=heben

revue *f* 1 Zeitschrift *f* 2 ~ *de presse* Presseschau *f*, Blick *m* in die Presse; *passer en* ~ durch=sehen, prüfen; *(mil)* die Truppen mustern 3 (Militär)parade *f* 4 *(th)* Revue *f*

révulsé : *yeux* ~*s* verdrehte Augen

rez-de-chaussée *m* Erdgeschoß *n*, Parterre *n*

RG *mpl* → **renseignements généraux**

rhénan Rhein-, rheinisch

rhétorique *f* Rhetorik *f* Redekunst *f*

rhinocéros [-ʀɔs] *m* Rhinozeros *n* Nashorn *n*

rhino-pharyngite *f* Entzündung *f* der Nasen- und Rachenschleimhaut

rhizome *m* Wurzelstock *m*

rhodanien, -ne : *couloir* ~ Rhônetal *n*

rhubarbe *f* Rhabarber *m*

rhum [ʀɔm] *m* Rum *m*

rhumatisme *m* Rheuma *n*. Rheumatismus *m*

rhume *m* Schnupfen *m*; ~ *des foins* Heuschnupfen *m*

riant : *un paysage* ~ eine heitere / liebliche Landschaft

RIB *m* → **relevé d'identité bancaire**

ricaner höhnisch / hämisch lachen; grinsen

riche 1 reich; *(fig) un esprit très* ~ ein unerschöpflicher Geist 2 ~ *en minerais* reich an Erzen; *(fig)* ~ *en calories* kalorienreich 3 *une terre* ~ fruchtbare Erde 4 *(fam) c'est une* ~ *idée !* das ist eine tolle Idee ! ◆ *m un nouveau* ~ ein Neureicher; *(prov) on ne prête qu'aux* ~*s* Geld kommt zu Geld

richesse *f* 1 Reichtum *m*; *(fig)* Ergiebigkeit *f*, Fruchtbarkeit *f* 2 *les* ~*s naturelles d'un pays* die (natürlichen) Bodenschätze *mpl* eines Landes

richissime *(fam)* steinreich

ricocher auf=prallen; ab=prallen

rictus [ʀiktys] *m* Grinsen *n*

ride *f* Falte *f*; Runzel *f*; *(fig)* Kringel *m*, Kräusel *m*

ridé faltig; runz(e)lig

rideau, -x Vorhang *m*; Gardine *f*; *(fig) un* ~ *d'arbres* eine dichte Baumreihe; *(fam)* ~ *!* Schluß *m* jetzt !

rider *(fig)* furchen; kräuseln ◆ *se* ~ runz(e)lig werden

ridicule lächerlich

ridiculiser lächerlich machen

rien nichts *de* ~ *!* keine Ursache !, gern geschehen ! *en* ~ keineswegs, in keiner Weise; *sans* ~ *dire* ohne etw zu sagen; ~ *que nous* nur wir; ~ *que d'y penser* allein / schon der bloße Gedanke / der Gedanke daran; *ne comprendre* ~ *à* ~ absolut nichts verstehen; *faire qch pour* ~ etw umsonst / für nichts (und wieder nichts) machen; *ce n'est* ~ *!* das macht nichts / ist nicht so schlimm !; *ce n'est pas* ~ *!* das will (schon) was heißen !, das ist keine Kleinigkeit !, *comme si de* ~ *n'était* als wäre nichts (geschehen); *il n'en est* ~ es ist nicht so ◆ *m* 1 *s'énerver pour un* ~ sich wegen nichts / einer Nichtigkeit *f* / Lappalie *f* auf=regen 2 *un* ~ *de fantaisie (fig)* ein Hauch *m* von Phantasie ; *en un* ~ *de temps (fam)* im Nu / Handumdrehen *n*

rigide steif; starr; *(fig)* streng

rigidité *f* 1 *(fig)* Strenge *f* 2 Starrheit *f*; Steife *f*, Steifheit *f*

rigole *f* Rinne *f*; Rinnstein *m*

rigoler *(fam > non fam)* 1 lachen, sich lustig machen 2 ~ herum=ulken, Spaß machen

rigolo, -te *(fam)* ulkig, lustig ◆ *m f* Spaßvogel *m*, Ulknudel *f*

rigoriste allzu streng; unerbittlich; sittenstreng

rigoureusement 1 streng 2 *c'est* ~ *vrai* das ist unbestreitbar wahr

rigoureux, -euse 1 *un règlement* ~ eine strenge Regelung 2 *un hiver* ~ ein

harter/grimmiger Winter **3** *une enquête rigoureuse* eine genaue Untersuchung
rigueur f **1** Strenge f, Härte f; *(pol) politique de ~* Sparpolitik f **2** *la ~ d'un raisonnement* die Schärfe f einer Überlegung **3** *tenir ~ à qqn de qch* jm etw übel=nehmen/nach=tragen **4** *tenue de ~* vorgeschriebene Kleidung; *être de ~* erläßlich sein **5** *à la ~* zur Not, höchstens
rillettes fpl Schmalzfleisch n
rime f Reim m; *(fig) n'avoir ni ~ ni raison* weder Sinn m noch Verstand haben, völlig ungereimt sein
rimer 1 reimen **2** *ne ~ à rien* keinen Sinn haben, (völlig) ungereimt sein
rimmel m Wimperntusche f
rincer spülen; *(fig/fam) se ~ l'œil* Stielaugen machen
ringard *(fam)* total überholt, von (vor)gestern
ripaille f : *faire ~* schlemmen
riper rutschen, gleiten; ab=schaben
riposte f schlagfertige Antwort f; Gegenstoß m, Gegenschlag m; *(sp)* Riposte f
riposter entgegnen, erwidern, schlagfertig antworten; zurück=schlagen; *(sp)* ripostieren
ripou m -x *(fam)* gekaufter Bulle m
rire lachen *~ de qqn/qch* über jn/etw lachen; *~ sous cape* kichern; *avoir le fou ~* einen Lachanfall haben; *avoir le mot pour ~* (immer) zum Spaß aufgelegt sein; *éclater de ~* laut auf=lachen, in Lachen aus=brechen; *(fig) pour ~* zum/aus Spaß/Scherz; *je ne ris pas* ich mache keinen Spaß; *vous voulez ~* das soll wohl ein Witz sein?, das ist doch nicht Ihr Ernst!
ris m : *~ de veau* Kalbries n
risée f Gespött n
risque m Gefahr f; Risiko n, Wagnis n *sans ~* gefahrlos; risikolos; *au ~ de* auf die Gefahr hin; *à mes ~s et périls* auf eigene Gefahr; *prendre un ~* ein Risiko ein=gehen; *(jur) assurance tous ~s* Vollkaskoversicherung f
risqué riskant
risquer 1 riskieren, wagen *~ sa vie* sein Leben riskieren/ein=setzen; *~ le tout pour le tout* alles aufs Spiel setzen **2** *~ de* Gefahr laufen zu ♦ *se ~ à sortir* sich hinaus=wagen/hinaus=trauen; *je ne m'y risquerais pas* ich würde mich nicht darauf ein=lassen
risque-tout m f DraufgängerIn m f
ristourne f Rückvergütung f; Preisnachlaß m
rite m Ritus m; Ritual n
ritournelle f Ritornell n; Singsang m
rituel, -le rituell ♦ m Ritual n
rivage m Ufer n; Küste f, Küstenstrich m
rival, -aux rivalisierend ♦ m f KonkurrentIn m f; Rivale m, Rivalin f

rivaliser 1 *~ d'efforts* wetteifern **2** *~ avec* konkurrieren/rivalisieren mit
rivalité f Rivalität f; Wettstreit m
rive f Ufer n
rivé *(fig)* gefesselt *être ~ devant la télé* wie angewurzelt vorm Fernseher sitzen; *avoir les yeux rivés sur qqn/qch* die Augen auf jn/etw geheftet haben
riverain, -e 1 AnwohnerIn m f, AnliegerIn m f **2** UferbewohnerIn m f
rivet m Niete f
rivière f Fluß m; *(sp)* Wassergraben m; *(fig) ~ de diamants* Diamant(en)kollier n
rixe f Schlägerei f, Rauferei f
riz m **1** Reis m *~ long* Langkornreis m **2** *poudre de ~* Puder n/m
rizière f Reisfeld n
RMI m → *revenu minimum d'insertion*
robe f **1** Kleid n *~ de chambre* Morgenmantel m, Morgenrock m; *la ~ d'un avocat* Rechtsanwaltsrobe f **2** *(cheval)* Fell n; *(vin)* Farbe f **3** *pommes de terre en ~ des champs/de chambre* Pellkartoffeln fpl
robinet m (Wasser)hahn m, (Gas)hahn m
robinetterie f Armaturen fpl
robot m Roboter m *~ ménager* elektrisches Haushaltsgerät n; Mixer m
robotique f Robotertechnik f
robotiser vollautomatisieren
robuste kräftig, stämmig, robust
robustesse f Robustheit f; Kraft f, Stärke f
roc m Fels m, Felsgestein n
rocade f Umgehungsstraße f, Ringstraße f
rocaille f **1** Steingarten m **2** Gestein n
rocailleux, -euse felsig, steinig; *(fig) une voix rocailleuse* eine rauhe Stimme
rocambolesque ereignisreich; unglaublich
roche f Fels(en) m, Felsgestein n; *(fig) clair comme de l'eau de ~* sonnenklar
rocher m Fels(en) m, Felsblock m **2** *un ~ au chocolat* Praline f, mit Nougat gefüllt und Mandelsplittern besetzt
rocheux, -euse felsig, Felsen- *paroi rocheuse* Felswand f
rocking-chair m Schaukelstuhl m
rococo : *style ~* Rokokostil m
rodage m : *la voiture est en ~* das Auto wird eingefahren; *(fig) période de ~* Anlaufzeit f; Einarbeitungsphase f
roder ein=fahren; *(fig) ~ une équipe* eine Gruppe ein=arbeiten ♦ *(fig/fam) je suis rodé !* daran bin ich gewöhnt!
rôder herum=streunen, sich herum=treiben
rôdeur m -euse f HerumtreiberIn m f
rogatoire : *commission ~* Rechtshilfeersuchen n
rogner : *(fig) ~ sur qch* ab=knapsen (von), an etw (D) sparen ♦ *(fig) ~ les ailes à qqn* jm die Flügel stutzen

rognon *m* Niere *f*

roi *m* König *m*; *(fig) c'est le ~ des imbéciles* das ist der größte aller Schwachköpfe *mpl*/der Oberidiot

rôle *m* Rolle *f* *avoir le beau ~* gut da=stehen/*(fam)* dran=sein, fein heraus sein 2 *à tour de ~* der Reihe *f* nach, nacheinander, abwechselnd

romain römisch

Romain *m* Römer *m*

roman romanisch

roman *m* Roman *m*

romance *f* Romanze *f*; Lied *n*

romancer *(péj)* schwindeln, flunkern

romanche *m* Räteromanisch *n*

romancier *m* **-ère** *f* RomanautorIn *m f*

romand : *la Suisse ~e* die französisch sprechende Schweiz

romanesque romanesk, romanhaft; *(fig) aventure ~* romantisches Abenteuer; *esprit ~* schwärmerischer Geist

roman-feuilleton *m* Fortsetzungsroman *m*

romantique romantisch

romantisme *m* Romantik *f*

romarin *m* Rosmarin *m*

rompre 1 *la corde va ~* der Strick reißt gleich 2 sich trennen *~ avec la tradition* mit der Tradition brechen 3 *(mil) rompez!* weg=treten! ◆ ~ brechen; *(fig) ~ une relation* eine Beziehung ab=brechen; *applaudir à tout ~* tosenden Beifall spenden ◆ *se ~* zerreißen, zerbrechen, entzwei gehen ◆ *être rompu à qch* in etw (D) bewandert/erfahren sein; *(fam)* gerädert

ronce *f* 1 Brombeerstrauch *m* 2 *~ de noyer* Nußbaummaserung *f*

ronchonner (herum=)nörgeln, (herum=)quengeln

rond 1 rund; *(fig) des joues bien ~es* volle Wangen; *un homme tout ~* ein kugelrunder Mann 2 *(fam)* besoffen, voll, blau, glatt ◆ *tourner ~* gut laufen; *(fig/fam) avaler tout ~* schlucken; *ça ne tourne pas ~* irgendwas stimmt nicht ◆ *m* 1 Rund *n*, Rundung *f*; Kreis *m*; Ring *m*; *~ de fumée* Rauchkringel *m*, Rauchring(el) *m*; *tourner en ~* sich im Kreis drehen; *(fig) faire des ~s de jambe* katzbuckeln, herum=scharwenzeln 2 *(fam) avoir des ~s* massenhaft Knete *f*/Geld *n* wie Heu haben

rond-de-cuir *m (péj)* Sesselfurzer *m*

ronde *f* 1 Kreis *m danser la ~* im Kreis tanzen 2 *(mus)* ganze Note *f* 3 Runde *f chemin de ~* Rundweg *m* 4 *à des kilomètres à la ~* im Umkreis *m* von Kilometern

rondelet, -te pummelig, rundlich

rondelle *f* Scheibe *f*; *(tech)* Unterlegscheibe *f*; Dichtungsring *m*

rondement prompt

rondeur *f*: *avoir des ~s* Kurven *fpl* haben

rond-point *m* Rondell *n*, runder Platz *m*

ronfler 1 *(personne)* schnarchen 2 prasseln, dröhnen

ronger 1 (be)nagen, (an)nagen, (zer)=nagen; *(fig) ~ son frein* seinen Ärger verbeißen 2 *la rouille ronge le métal* Rost zerfrißt das Metall/greift das Metall an; *(fig) le chagrin la ronge* der Gram frißt/zehrt sie auf

rongeur *m* Nager *m*, Nagetier *n*

ronron *m* 1 Schnurren *n* 2 *(fam) le ~ du moteur* das Surren in des Motors; *(fig) le ~ de la vie quotidienne* das tägliche Einerlei *n*

ronronner 1 schnurren 2 surren

roquet *m* Spitz *m*

roquette *f (mil)* Rakete *f*

rosace *f* Rosette *f*

rosaire *m* Rosenkranz *m*

rose rosa ◆ *m* Rosa *n*; *(fig) voir la vie en ~* das Leben durch die rosarote Brille sehen

rose *f* Rose *f ~ trémière* Stockrose *f*; *(fig) roman à l'eau de ~* kitschiger Liebesroman *m*; *(fam) envoyer qqn sur les ~s* jn weg=jagen; jm einen Korb geben

roseau *m* **-x** Schilfrohr *n*

rose-croix *m* Rosenkreu(t)zer *m*

rosée *f* Tau *m*

rosier *m* Rosenstrauch *m*

rosser *(fam)* verkloppen, durch=bleuen

rossignol *m* 1 Nachtigall *f* 2 *(fam)* Ladenhüter *m*

rot *m* Rülpser *m faire son ~* Bäuerchen *n* machen

rotatif, -ive rotierend

rotation *f* 1 Rotation *f*; Kreisen *n*; (Um)drehung *f* 2 Wechsel *m*; Umlauf *m ~ des cultures* Wechselwirtschaft *f*, Fruchtwechselfolge *f ~ du personnel* Personalwechsel *m*; Fluktuation *f* der Belegschaft

rotative *f* Rotationsmaschine *f*

roter *(fam)* rülpsen

rôti *m* Braten *m*

rotin *m* (Peddig)rohr *n*

rôtir braten

rôtissoire *f* Grill *m*

rotonde *f* Rundbau *m*

rotule *f (méd)* Kniescheibe *f*; *(fam) être sur les ~s* fix und fertig sein

roturier *m* **-ère** *f* Bürgerliche/r

rouage *m* Uhrwerk *n*, Räderwerk *n*

roublard *(fam)* durchtrieben, gerissen, pfiffig

roucouler gurren; *(fig)* turteln, schmachten

roue *f* Rad *n ~ de secours* Reserverad *n*, Ersatzrad *n*; *le supplice de la ~* Rädern *n*; *en ~ libre* im Freilauf *m*; *(fig) faire*

la ~ ein Rad schlagen; *pousser à la ~* nach=helfen; die Hand im Spiel *n* haben
roué verschlagen, durchtrieben, gerissen
rouer : *~ qqn de coups* jn windelweich schlagen
rouet *m* Spinnrad *n*
rouge rot *vin ~* Rotwein *m* ◆ *se fâcher tout ~* sich schwarz/grün ärgern ◆ *m* **1** Rot *n passer au ~* bei Rot durch=fahren; *(fig) être dans le ~* in den roten Zahlen sein **2** *~ à lèvres* Lippenstift *m*
rougeâtre rötlich
rougeaud mit rotem Gesicht
rouge-gorge *m* Rotkehlchen *n*
rougeole *f* Masern *pl*
rougeoyer (auf)=glühen
rouget *m* Seebarbe *f*
rougeur *f* Röte *f*
rougir 1 erröten, rot werden **2** *le métal rougit* das Metall färbt sich rot
rouille *f* **1** Rost *m* **2** *(bio)* Brand *m* **3** *(cuis)* Knoblauchsoße *f*
rouiller rosten ◆ *(se) ~* verrosten; *(fig)* ein=rosten, ungelenkig werden
roulade *f* **1** *faire une ~* trillern **2** *(cuis)* Roulade *f*
roulant : *table ~e* Teewagen *m*; *volet ~* Rolladen *m*
rouleau *m* **-x 1** Walze *f* ; *~ compresseur* Straßenwalze *f*; *~ à pâtisserie* Nudelholz *n*; *(peinture)* Rolle *f* **2** Rolle *f*; *(fam) être au bout du ~* aus/auf dem letzten Loch *n* pfeifen; alle/ am Ende/fix und fertig sein **3** *(mer)* Welle *f* **4** *(cheveux)* Lockenwickler *m*
roulé-boulé *m* Abroller *m faire un ~* ab=rollen
roulement *m* **1** *~ à billes* Kugellager *n* **2** *le ~ du tonnerre* das Rollen des Donners; *~ de tambour* Trommelwirbel *m* **3** *(comm) fonds de ~* Umlaufvermögen *n*, Betriebskapital *n* **4** *travailler par ~* schichtweise/ in Schichten *fpl* arbeiten
rouler 1 *~ vite* schnell fahren; *(fam) ~ sur l'or* im Geld schwimmen; *ça roule !* alles ist in Butter ! **2** rollen, rollern **3** *~ dans les escaliers* die Treppe herunter=kullern/ herunter=purzeln **4** *~ des hanches* sich in den Hüften wiegen **5** *(fig) ~ sur un sujet* sich um ein Thema drehen ◆ **1** wälzen, rollen **2** *~ une cigarette* eine Zigarette drehen; *~ un tapis* einen Teppich zusammen=rollen; *(fam) ~ qqn* jn übers Ohr hauen **3** *(fam) ~ les mécaniques* seine Muskeln spielen lassen **4** *~ les « r »* das « R » rollen ◆ *se ~ par terre* sich auf der Erde wälzen
roulette *f* **1** Rolle *f*; *(fam) marcher comme sur des ~s* wie am Schnürchen gehen, wie geölt/ geschmiert laufen **2** *(dentiste)* Bohrer *m* **3** *(jeu)* Roulett *n*
roulis *m* Schlingern *n*

roulotte *f* **1** Wohnwagen *m* **2** *vol à la ~* Einbruch *m* in einem Auto
roupiller *(fam)* pennen
rouquin *(fam > non fam)* rothaarig
rouspéter *(fam)* maulen, quengeln, mekkern
roussette *f* Katzenhai *m*
routage *m* Versand *m* von Zeitungen und Drucksachen
routard *m (fam)* RucksacktouristIn *m f*
route *f* **1** Straße *f ~ nationale* Bundesstraße (B) *f*; *(fig) la ~ est toute tracée* der Weg ist vorgezeichnet **2** *code de la ~* Straßenverkehrsordnung (StVO) *f* **3** Reise *f*, Fahrt *f*, Weg *m*, Strecke *f en ~ !* vorwärts !, ab=fahren ! *bonne ~ !* gute Fahrt/ Reise ! *faire ~ (vers)* fahren/reisen (nach); *faire fausse ~* vom Weg ab=kommen, sich im Weg irren; falsch fahren; *(fig)* auf dem Holzweg *m* sein **4** *mettre en ~* in Gang *m* setzen
routier, -ière Straßen-
routier *m* **1** Fernfahrer *m* **2** *(fam, restaurant)* Fernfahrerkneipe *f*
routière *f (auto)* Tourenwagen *m*
routine *f* Routine *f*; Gewohnheit *f*
routinier, -ière : *travail ~* Routinearbeit *f*; *une vie routinière* ein eingefahrenes Leben; *être très ~* sehr routiniert sein
roux, -sse rot, rothaarig
royal, -aux königlich, Königs-; *(fig) un cadeau ~* ein fürstliches Geschenk; *un mépris ~* abgrundtiefe Verachtung
royaliste königstreu, royalistisch
royalties *fpl (fam)* Tantiemen *fpl*
royaume *m* Königreich *n*; *(rel) le ~ des cieux* das Himmelreich
royauté *f* Königtum *n*
ruade *f* Ausschlagen *n*
ruban *m* Band *n*
rubéole *f* Röteln *pl*
rubis *m* Rubin *m*; *(fam) payer ~ sur l'ongle* auf Heller *m* und Pfennig bezahlen
rubrique *f* Spalte *f*, Rubrik *f*; *(presse) la ~ politique* der politische Teil
ruche *f* Bienenstock *m*
rude 1 *un climat ~* ein rauhes/schroffes Klima; *une vie ~* ein hartes/mühsames Leben **2** *voix ~* barsche/ schroffe Stimme; *être ~ avec qqn* mit jm hart um=gehen; *(fig) être à ~ école* keine leichte Schule durch=machen
rudement : *(fam) avoir ~ faim* tüchtigen/riesigen/furchtbaren Hunger haben; *avoir ~ de la chance* enormes Glück haben *c'est ~ bien !* das ist irre gut !
rudesse *f* **1** Rauheit *f*, Härte *f* **2** Schroffheit *f*
rudiments *mpl* Ansätze *mpl*, Grundbegriffe *mpl*
rudimentaire einfach, rudimentär, Anfangs-, Grund-, Elementar- ; notdürftig

rudoyer

rudoyer an=fahren, an=schnauzen; grob behandeln
rue f Straße f *en pleine ~* auf offener Straße; *être à la ~* (fig) auf der Straße sitzen; (fig) *l'homme de la ~* der einfache Mann; *à tous les coins de ~* in allen Ecken und Winkeln
ruée f Ansturm m
ruelle f Gasse f
ruer aus=schlagen; (fig/fam) *~ dans les brancards* auf=mucken ◆ *se ~ sur qqn/qch* sich auf jn/etw stürzen, über jn/etw her=fallen
rugir brüllen
rugissement m Gebrüll n, Geschrei n
rugosité f Rauheit f
rugueux, -euse rauh
ruine f 1 Ruine f *tomber en ~* zusammen=fallen, verfallen 2 Zusammenbruch m, Ruin m, Untergang m; *courir à la ~* sich zugrunde richten, seinem Untergang/Ruin entgegen=gehen
ruiner (se) (sich) ruinieren, (sich) zugrunde richten; (fig) *~ les espérances de qqn* js Hoffnungen zunichte machen
ruineux, -euse ruinös; zu kostspielig
ruisseau m **-x** Bach m; (fig) *tirer qqn du ~* jn aus der Gosse f ziehen
ruisseler 1 rieseln 2 *~ de sueur* vor Schweiß triefen
rumeur f 1 Gemurmel n, Gerücht n *la ~ publique* Fama f, (iro) des Volkes Stimme f 2 Stimmengewirr n, Raunen n
ruminant m Wiederkäuer m
ruminer wieder=käuen; (fig) grübeln, hin- und her=überlegen

runique runenhaft, Runen-
rupestre : *peinture ~* Fels(en)malerei f; *plante ~* Steingewächs n
rupin (fam) stinkvornehm, stinkreich
rupture f 1 Bruch m, Riß m 2 *la ~ des négociations* der Abbruch m/die Unterbrechung f der Verhandlungen; *~ de fiançailles* Lösung f einer Verlobung, Entlobung f; (comm) *être en ~ de stock* nichts mehr auf Lager/vorrätig haben 3 Trennung f
rural, -aux ländlich, Land- *paysage ~* Feldlandschaft f
ruse f Schläue f; List f; Pfiffigkeit f
rusé listig, schlau, raffiniert; pfiffig
ruser listig sein, eine List an=wenden
rush [rœʃ] m 1 *être en plein ~* (fam) viel um die Ohren haben 2 *le ~ des vacanciers* der Ansturm der Urlauber
rustine f Flickzeug n
rustique 1 ländlich; bäuerlich; rustikal 2 *une plante très ~* eine widerstandsfähige/(fig) pflegeleichte Pflanze
rustre m Rüpel m, Grobian m
rut [ryt] m Brunst f *en ~* brünstig
rutilant blitzsauber
rutiler glänzen
rythme m Rhytmus m; Takt m; Tempo n *être en ~* den Rhytmus ein=halten; im Takt sein; (fig) *ne pas pouvoir suivre le ~* dem Tempo nicht folgen können
rythmer rhythmisieren; Rhythmus geben; (fig) *cela rythme notre vie* das bestimmt den Rhythmus/Ablauf unseres Lebens
rythmique rhythmisch

S

sa → **son**
S.A. f AG f → **société anonyme**
sabbatique 1 *prendre une année ~* sich ein Jahr beurlauben lassen 2 *le repos ~* Sabbatruhe f
sable m Sand m *~s mouvants* Flugsand m
sabler 1 *~ une poutre* einen Balken sandstrahlen 2 *~ une route* Sand auf eine Straße streuen 3 *~ le champagne* mit Champagner an=stoßen
sablé : *pâte ~e* Mürbeteig m ◆ m Sandkuchen m, Sandgebäck n
sablier m Sanduhr f
sablonneux, -euse sandig
saborder (fig) sabotieren
sabot m 1 Holzschuh m; (fig/fam) *je te vois venir avec tes gros ~s* Nachtigall, ich hör dir trapsen 2 (animaux) Huf m 3 (tech) Bremsklotz m; (auto) Fahrzeugkralle f 4 *baignoire ~* Sitzbadewanne f
sabotage m Sabotage f
saboter sabotieren; (fig) *~ un travail* eine Arbeit hin=schludern/verpfuschen
sabre m 1 Säbel m 2 *le ~ et le goupillon* die Armee f und die Kirche
sac m 1 Tasche f, Sack m *~ à dos* Rucksack m; *~ à main* Handtasche f; (fig/fam) *avoir plus d'un tour dans son ~* alle Kniffe kennen, gerissen/pfiffig/clever sein; *être pris la main dans le ~* auf frischer Tat f ertappt werden; *vider son ~* sein Herz aus=schütten; *je les mets dans le même ~* die werfe ich in den gleichen Topf m 2 Beutel m, Tüte f 3 *un ~ de sable*; ein Sack Sand 4 *mettre à ~* plündern

saccade f Stoß m, Ruck m *par ~s* ruckweise
saccadé ruckartig, abgehackt
saccager verwüsten
sacerdoce m Priesteramt m, Priesterwürde f; *(fig)* heiliges Amt n
sacerdotal, -aux priesterlich
sachet m Tüte f; (kleiner) Beutel m; Päckchen n
sacoche f Umhängetasche f; *(vélo)* Satteltasche f
sacraliser als heilig verehren
sacre m Krönung f
sacré sakral; geweiht, geheiligt *art ~* sakrale Kunst; *(fig) une loi ~e* ein unantastbares Gesetz; *(fam) un ~ menteur* ein verdammter/verflixter Lügner ◆ m das Sakrale n, das Heilige n
sacrement m Sakrament n *les derniers ~s* die letzte Ölung f, die Sterbesakramente npl
sacrer : *~ empereur* zum Kaiser krönen
sacrifice m Opfer n; Opferung f; *(fig) faire le ~ de qch* etw aufopfern
sacrifié *(fig) des prix ~s* Spottpreise mpl, Schleuderpreise mpl
sacrifier opfern ◆ *~ à la mode* der Mode unterliegen ◆ *(fig) se ~* sich aufopfern
sacrilège sündhaft, frevelhaft ◆ m Entweihung f; Sakrileg n; Freveltat f
sacristain m Küster m
sacristie f Sakristei f
sacro-saint *(iro)* hochheilig, geheiligt
sacrum [sakrɔm] m Kreuzbein n
sadique sadistisch ◆ m f SadistIn m f
safari m Safari f
sagacité f Scharfsinn m
sagaie f Assagai m
sage 1 artig, folgsam, brav 2 *un ~ conseil* ein weiser/kluger/vernünftiger Rat ◆ m Weise/r
sage-femme f Hebamme f
sagesse f 1 Weisheit f *avec ~* klug, weise; *(fig) dents de ~* Weisheitszahn m 2 *d'une ~ exemplaire* von beispielhafter Folgsamkeit f
Sagittaire m Schütze m
saharienne f Safarijacke f
saignant *(steak)* englisch gebraten
saignée f 1 Abflußgraben m, Abzugsgraben m 2 *(méd)* Aderlaß m
saigner bluten *~ du nez* Nasenbluten haben ◆ *~ un animal* ein Tier abstechen ◆ *(fig) se ~* sich aufopfern, sein Letztes hergeben
saillant 1 vorspringend, hervorstehend 2 *(math) un angle ~* ein vorspringender Winkel
saillie f 1 Vorsprung m *en ~* vorspringend 2 Decken n, Bespringen n; *(cheval)* Beschälen n
saillir : *faire ~* decken lassen

sain gesund *~ d'esprit* bei klarem Verstand; *~ et sauf* heil, unversehrt, wohlbehalten
saindoux m (Schweine)schmalz n
saint (St) heilig *~ Pierre* der heilige Petrus ◆ m -e f Heilige/r
saint-bernard m Bernhardiner m
sainte-nitouche f Scheinheilige f
Saint-Esprit m der Heilige Geist m
sainteté f 1 *(fig/fam) ne pas être en odeur de ~* anrüchig/nicht gut angeschrieben sein 2 *Sa Sainteté* Seine Heiligkeit f
saint-glinglin f: *(fam) à la ~* am Sankt-Nimmerleins-Tag m
Saint-Guy : *(fam) avoir la danse de ~* den Veitstanz m haben; Hummeln im Hintern haben
Saint-Siège m Heiliger Stuhl m
saisie f 1 *(jur)* Pfändung f; Beschlagnahme f 2 *(info) la ~ de données* Datenerfassung f; Datenspeicherung f
saisir 1 ergreifen, fassen, packen; *(fig) ~ une occasion* eine Gelegenheit ergreifen/nutzen 2 *(jur)* pfänden *~ un tribunal* ein Gericht anrufen 3 *(info)* (Daten) erfassen 4 *~ le sens d'un message* den Sinn einer Nachricht begreifen/erfassen 5 *le froid me saisit* die Kälte geht mir durch und durch ◆ *se ~ de qch* zu/nach etw greifen ◆ *être saisi d'effroi* von Grauen gepackt werden
saisissant *(fig)* überwältigend
saison f 1 Jahreszeit f *la ~ des pluies* die Regenzeit f 2 *la ~ théâtrale* die Spielzeit f; *la haute ~* die Hochsaison f; *hors ~* außerhalb der Saison f
saisonnier, -ière 1 *les températures saisonnières* die jahreszeitlich bedingten Temperaturen fpl 2 *travail ~* Saisonarbeit f
salade f 1 Salat m 2 *(fam) raconter des ~s* Lügenmärchen erzählen
saladier m Salatschüssel f
salaire m Lohn m, Gehalt m
salamalecs mpl : *(fam) faire des ~* katzbuckeln
salant : *marais ~s* Salzgärten mpl
salarial, -aux Lohn- *accord ~* Tarifabkommen m
salarié, -e ArbeitnehmerIn m f, Lohnempfängerln m f, GehaltsempfängerIn m f
sale schmutzig, dreckig, verdreckt; *(fam) un ~ coup* eine üble Strich; *un ~ temps* Mistwetter n; *(vulg)* Scheißwetter n, Sauwetter n; *un ~ type* gemeiner Kerl; Mistkerl m, Schuft m
salé 1 gesalzen *trop ~* versalzen 2 *(fam) une histoire ~e* eine schlüpfrige/gewagte Geschichte; *la note est ~e !* die Rechnung ist gesalzen/gepfeffert!
saler 1 salzen 2 *~ une route* Salz auf eine Straße streuen

saleté f Schmutz m, Dreck m
salière f Salzstreuer m; (fig) Spucknäpfchen npl
salir beschmutzen, schmutzig machen; (fig) ~ *la réputation de qqn* js Ruf besudeln/beschmutzen ◆ *se* ~ sich schmutzig machen
salissant 1 schmutzempfindlich 2 *un travail* ~ eine schmutzige Arbeit
salivaire : *glandes* ~s Speicheldrüsen fpl
salive f Speichel m, (fam) Spucke f; (fig/fam) *dépenser beaucoup de* ~ sich (D) den Mund fusselig reden
saliver : *faire* ~ das Wasser im Mund zusammen=laufen lassen
salle f 1 Saal m, Halle f ~ *polyvalente* Mehrzweckhalle f; ~ *de classe* Klassenzimmer n, Klassenraum m ; (fig) *toute la* ~ *était debout* das ganze Publikum stand 2 ~ *à manger* Eßzimmer n, Speisezimmer n; ~ *de bain* Bad(ezimmer) n
salon m 1 Wohnzimmer n 2 *acheter un* ~ eine Couchgarnitur f kaufen 3 ~ *de thé* Café n 4 Ausstellung f, Messe f
salopette f Latzhose f
salpêtre m Salpeter m
salsifis m Schwarzwurzel f
saltimbanque m f GauklerIn m f
salubre gesund, heilsam *un logement* ~ eine gesundheitlich zuträgliche Wohnung
saluer 1 (be)grüßen *saluez votre femme de ma part!* grüßen Sie Ihre Frau von mir! 2 (th) sich verbeugen/verneigen 3 (mil) salutieren (vor D); (fig) ehren, an=erkennen 4 ~ *qqn par des ovations* jn mit Beifall begrüßen
salut m 1 Gruß m ; (mil) Ehrenbezeigung f, militärischer Gruß 2 (rel) Heil n ◆ (fam) ~! grüß dich! ; Tschüs
salutaire heilsam, wohltuend
salutations fpl Begrüßung f *veuillez recevoir mes* ~s *distinguées* mit besten Empfehlungen fpl
salvateur, -trice heilbringend
salve f Salve f; (fig) *une* ~ *d'applaudissements* Beifallssturm m
samedi m Sonnabend m, Samstag m *le* ~ am Sonnabend/Samstag, samstags
S.A.M.U. m = **service d'aide médicale d'urgence** Rettungsdienst m
sanctifier heiligen *que ton nom soit sanctifié* geheiligt werde Dein Name
sanction f 1 Sanktion f, Vergeltungsmaßnahme f; (jur) ~ *pénale* Straffolge f 2 *la* ~ *des études* die Ausbildungsabschluß m 3 *la* ~ *du progrès* die Auswirkungen fpl/Folgen fpl des Fortschritts
sanctionner 1 (be)strafen, sanktionieren 2 bestätigen
sanctuaire m Heiligtum n
sandow [sãdo] m Expander m
sandre m f Zander m

sandwich m belegtes Brot n ~ *au jambon* Schinkenbrötchen n ; (fig/fam) *être pris en* ~ eingezwängt sein
sang m 1 Blut n *donner son* ~ Blut spenden; (fig) *mettre un pays à feu et à* ~ ein Land völlig verheeren; (fig/fam) *avoir le* ~ *chaud* leicht auf=brausen; heißblütig sein; *se faire du mauvais* ~ sich (D) Sorgen machen 2 *être du même* ~ aus dem gleichen Geschlecht n/der gleichen Familie f kommen; (jur) *le droit du* ~ ius sanguis n, Abstammungsprinzip n, Geburtsrecht n
sang-froid m Gelassenheit f, Ruhe f; Kaltblütigkeit f *garder son* ~ gelassen bleiben, sich nicht aus der Ruhe bringen lassen
sanglant blutig; blutbefleckt, blutbeschmiert
sangle f Gurt m, (Trag)riemen m
sangler zusammen=schnüren; (cheval) schirren
sanglier m Wildschwein n
sanglot m Schluchzer m; Schluchzen n
sangloter schluchzen
sangsue f Blutegel m, (fig/fam) Klette f
sanguin Blut- *vaisseau* ~ Blutgefäß n ; (fig) *un tempérament* ~ ein hitziges/aufbrausendes Temperament
sanguinaire blutrünstig
sanitaire sanitär, Sanitäts-
sanitaires mpl sanitäre Anlagen fpl
sans ohne, -los, un- ~ *quoi* sonst ◆ ohne zu *il est rusé* ~ *être malhonnête* er ist schlau, aber nicht unehrlich ◆ ~ *que (subj)* ohne daß
sans-abri m Obdachlose/r
sans-gêne m schamlos ♦ m Ungeniertheit f; Unverfrorenheit f, Dreistigkeit f
santal m Sandelholz n
santé f 1 Gesundheit f *avoir une* ~ *délicate* sehr anfällig sein; *être en bonne* ~ bei guter Gesundheit sein, gesund sein 2 *maison de* ~ Sanatorium n, Erholungsheim n ; Nervenheilanstalt f
sape f 1 *faire un travail de* ~ untergraben 2 (fam) ~s Klamotten fpl
saper untergraben; (fig/fam) ~ *le moral à qqn* (fam) jm die Stimmung vermiesen
sapeur-pompier m Feuerwehrmann m
sapin m Tanne f ~ *de Noël* Weihnachtsbaum m
sapristi! (fam) ~ ! verdammt! verflixt nochmal!
sarbacane f Blasrohr n
sarcastique sarkastisch
sarcler jäten
sarcophage m Sarkophag m
sardine f Sardine f
sardonique höhnisch, hämisch

S.A.R.L. *f* GmbH *f* → **société à responsabilité limitée**

sarment *m* (Wein)rebe *f*

sarrasin *m* Buchweizen *m*

sas [sas] *m* Luftschleuse *f*

satanique satanisch; teuflisch

satellite *m* Satellit *m* ; *(fig)* *une ville ~* Satellitenstadt *f*, Trabantenstadt *f*

satiété *f* : *boire à ~* trinken, bis man genug hat; *manger à ~* sich satt essen

satiné satiniert, seidenartig glänzend *peau ~e* seidenweiche Haut; *peinture ~e* Seidenglanzfarbe *f*

satirique satirisch *dessin ~* Karikatur *f*

satisfaction *f* Zufriedenheit *f*; Genugtuung *f*; Befriedigung *f* *donner ~ à qqn* jn zufrieden=stellen

satisfaire befriedigen, zufrieden=stellen *~ les désirs de qqn* js Wünsche erfüllen/ zufrieden=stellen ◆ *~ à une obligation* eine Verpflichtung erfüllen

satisfait zufrieden (mit); befriedigt

satisfecit [-fesit] *m* : *(fig) décerner un ~* ein Lob aus=sprechen

saturateur *m* Luftbefeuchter *m*

saturation *f* Sättigung *f*; *(fig) j'arrive à ~* *(fam)* das Maß *f* ist voll

saturé : *un acide ~* eine gesättigte Säure; *(fig) un sol ~ de sel* ein mit Salz abgesättigter Boden; *le marché est ~* der Markt ist übersättigt; *je suis ~* ich bin der Sache überdrüssig; ich bin übersättigt

Saturne *m* Saturn *m*

saturnisme *m* Bleivergiftung *f*

satyre *m* 1 Satyr *m* 2 Lüstling *m*

sauce *f* Sauce *f*

saucer (mit Brot) aus=tunken ◆ *(fam) se faire ~* eine Dusche ab=kriegen

saucisse *f* Würstchen *n*

saucisson *m* (Schnitt)wurst *f* *~ sec* Dauerwurst *f*, harte Wurst

sauf 1 außer **(D/G)**, abgesehen von, bis auf **(A)** *~ toi* bis auf dich, außer dir 2 *~ erreur de ma part* wenn ich mich nicht irre/ täusche ◆ *~ votre respect* mit Verlaub ◆ *~ que* abgesehen davon, daß

sauf, -ve unverletzt; unversehrt; wohlbehalten *laisser la vie sauve à qqn* js Leben verschonen; *l'honneur est ~* die Ehre ist gewahrt

sauf-conduit *m* Passierschein *m*

sauge *f* Salbei *m/f*

saugrenu ausgefallen; ungereimt

saule *m* Weide *f*

saumâtre 1 *eau ~* Brackwasser *n* 2 *(fam) la trouver ~* sauer/verschnupft sein

saumon *m* Lachs *m* *~ fumé* Räucherlachs *m* ◆ lachs(farben)

saumure *f* Salzlake *f*

sauna *m* Sauna *f*

saupoudrage *m (fig)* Gießkannenprinzip *n*

saupoudrer bestreuen; *(fig)* würzen (mit)

saurien *m* Saurier *m*

saut *m* Sprung *m*; Satz *m* *~ périlleux* Salto mortale *m*; *~ en hauteur* Hochsprung *m*; *(fig) au ~ du lit* beim Aufstehen *n*

saute *f* : *des ~s de température* Temperaturschwankungen *fpl* ; *(fig) ~ d'humeur* Stimmungsumschwung *m*

sauté : *pommes de terre ~es* Bratkartoffeln *fpl*

saute-mouton *m* Bockspringen *n*

sauter 1 springen *~ par la fenêtre* aus dem Fenster springen, zum Fenster hinaus=springen; *(fig/fam) et que ça saute !* (nun mal) ein bißchen Dalli ! 2 *la maison va ~* das Haus fliegt gleich in die Luft 3 *la chaîne a sauté* die Kette ist zersprungen; *les plombs ont sauté* die Sicherungen sind durchgebrannt ◆ 1 *~ qch* etw überspringen, über etw **(A)** springen 2 *(vulg) ~ une femme* eine Frau bumsen ◆ 1 *(cuis) faire ~* braten 2 *faire ~ un bâtiment* ein Gebäude sprengen/in die Luft jagen; *(fam) se faire ~ la cervelle* sich **(D)** das Gehirn weg=pusten 3 *faire ~ une serrure* ein Schloß auf=brechen

sauterelle *f* Heuschrecke *f*; *(fig/fam) grande ~* Bohnenstange *f*

sautiller hüpfen

sautoir *m* lange Halskette *porter en ~* um den Hals tragen

sauvage 1 wild *à l'état ~* wild wachsend, im Naturzustand; *(fig) une région très ~* eine unberührte Gegend; eine unwegsame/wilde Gegend; *la vie ~* das Leben in der freien Natur; *(personne)* (menschen)scheu 2 *grève ~* wilder Streik ◆ *m f* Wilde/r; *(fig)* EinzelgängerIn *m f*, Eigenbrötlerln *m f*

sauvagerie *f* Grausamkeit *f*, Bestialität *f*

sauvegarde *f* Schutz *m*; Wahrung *f*; *(info) faire une ~* speichern, sichern

sauvegarder schützen; wahren; *(info)* speichern, sichern

sauver retten *~ qqn de la mort* jn vom Tod erretten ◆ *(fam) je me sauve* ich verschwinde

sauvetage *m* Rettung *f* *gilet de ~* Schwimmweste *f*; *(fig)* Rettungsaktion *f*

sauveteur *m* (Er)retter *m*

sauveur *m* (Er)retter *m*; *(rel)* Erlöser *m*

savamment mit Sachkenntnis; *(fig) un plan ~ monté* ein geschickt eingefädelter Plan

savant 1 gelehrt, *(fig)* bewandert, beschlagen 2 *un chien ~* ein dressierter Hund ◆ *m* Gelehrte/r; Wissenschaftler *m*

savate *f* 1 Latschen *m* 2 *(sport)* Beinschlagen *n*
saveur *f* Würze *f*, Geschmack *m*
savoir 1 wissen *je n'en sais rien* darüber/davon weiß ich nichts 2 können ~ *l'anglais* Englisch können; ~ *nager* schwimmen können; *(fig)* ~ *écouter* zuhören können; es verstehen, zuzuhören ◆ *tout finit par se* ~ es kommt (doch) alles an den Tag/heraus ◆ *faire* ~ *qch* etw mit=teilen ◆ *à* ~ und zwar, nämlich; *elle n'a rien dit, que je sache* soviel/soweit ich weiß/meines Wissens, hat sie nichts gesagt
savoir *m* Wissen *n*; Kenntnis *f*
savoir-faire *m* Können *n*
savoir-vivre *m* Anstand *m n'avoir aucun* ~ keine Manieren *pl* haben
savon *m* 1 Seife *f* 2 *(fam) passer un* ~ *à qqn* jm den Kopf waschen/einen Rüffel erteilen
savonner ein=seifen
savonnette *f* Toilettenseife [toa-] *f*
savonneux, -euse Seifen-
savourer genießen; *(fig)* ~ *sa vengeance* seine Rache genießen/aus=kosten
savoureux wohlschmeckend, schmackhaft; *(fig)* köstlich; pikant
saxophone *m* Saxophon *n*
sbire *m* Handlanger *m*
scabreux, -euse 1 heikel, riskant 2 *une blague scabreuse* ein anstößiger Witz
scalpel *m* Skalpell *n*
scandale *m* Skandal *m*; *(fig) faire un* ~ einen Riesenskandal *m*/ein Riesentheater/ machen, Krach *m* schlagen
scandaleux, -euse skandalös, unerhört; *(fig)* empörend
scandaliser Anstoß/Ärgernis erregen/ hervor=rufen (bei) ◆ *se* ~ Anstoß nehmen (an **D**), sich entrüsten/empören (über **A**)
scander skandieren
scaphandre *m* Taucheranzug *m*
scaphandrier *m* Taucher *m*
scarabée *m* Skarabäus *m*
scarlatine *f* Scharlach *m*
scarole *f* Eskariol *m*
sceau, -x *m* Siegel *n*; *(fig)* Stempel *m sous le* ~ *du secret* unter dem Siegel der Verschwiegenheit
scélérat schändlich, ruchlos, niederträchtig ◆ *m* -e *f* Schurke *m*, Schurkin *f*
sceller 1 ein=lassen; ein=mauern; ein=zementieren ~ *une fenêtre* ein Fenster verkitten 2 ~ *au plomb* versiegeln *(fig)* ~ *une amitié* eine Freundschaft besiegeln
scellés *mpl* : *poser des* ~ (gerichtlich) versiegeln
scénario *m* -**i** Szenarium *n*; *(fig) le* ~ *d'un événement* der Ablauf *m* eines Ereignisses; *(fig/fam) faire tout un* ~ alles mögliche an=stellen
scénariste *m f* SzenaristIn *m f*

scène *f* 1 Bühne *f metteur en* ~ Regisseur *m*; *mettre en* ~ inszenieren; *(fig)* ins Spiel bringen 2 Szene *f*
scepticisme *m* Skepsis *f*
sceptique skeptisch, mißtrauisch; ungläubig
sceptre *m* Zepter *n*
schéma *m* 1 Schema *n* 2 (grober) Entwurf *m*, Skizze *f*, Abriß *m*
schématique schematisch; *(fig)* vereinfacht
schématiser 1 schematisieren, vereinfachen 2 schematisch dar=stellen, in ein Schema bringen
schisme *m* Schisma *n*
schiste *m* Schiefer *m*
schizophrène [ski-] *m f* Schizophrene/r
schizophrénique [ski-] schizophren
schnock *(fam)* bekloppt ◆ *m un vieux* ~ ein alter Knacker *m*
sciatique : *nerf* ~ Ischiasnerv *m* ◆ *f* Ischias *m*/*n*/*f*
scie *f* Säge *f* ~ *électrique* Motorsäge *f*; *(mus)* ~ *musicale* singende Säge
sciemment wissentlich
science *f* Wissenschaft *f* ~*s naturelles* Naturwissenschaften *fpl*; *(fig) croire qu'on a la* ~ *infuse* glauben, daß man die Weisheit gepachtet/ mit Löffeln gefressen hat
science-fiction *f* Science-fiction *f*
scientifique 1 wissenschaftlich 2 *avoir l'esprit* ~ wissenschaftlich denken können ◆ *m f* WissenschaftlerIn *m f*
scientisme *m* Wissenschaftsgläubigkeit *f*
scier 1 (ab)=sägen, (zer)sägen 2 *(fam) cela me scie* ! das haut mich (glatt) um !
scierie *f* Sägewerk *n*
scinder (auf)=spalten; zerlegen ◆ *se* ~ sich spalten (in **A**), sich auf=spalten
scintiller funkeln, schimmern, flimmern, glitzern
scission *f* Spaltung *f*
sciure *f* Sägemehl *n*
sclérosant *(fig)* geisttötend
sclérose *f* 1 *(méd)* ~ *en plaques* multiple Sklerose *f* 2 Erstarrung *f*, Verknöcherung *f*
scléroser (se) 1 *(méd)* verkalken, verknöchern 2 erstarren
scolaire 1 schulisch, Schul- 2 *(péj) un enseignement très* ~ eine sehr theoretische/realitätsferne Ausbildung
scolariser ein=schulen
scolarité *f* Schulausbildung *f*; Schulzeit *f certificat de* ~ Schulzeugnis *n*
scoliose *f* Wirbelsäulenverkrümmung *f*, Skoliose *f*
scooter [skutœr] *m* (Motor)roller *m*
score *m (sp)* Punktzahl *f*; *(pol)* Stimmenanteil *m*
scorie *f* Schlacke *f*

scorpion m Skorpion m
scorsonère m Schwarzwurzel f
scotch m 1 (boisson) Scotch m 2 Tesafilm m
scout [skut] m Pfadfinder m
scoutisme m Pfadpfinderbewegung f
scribe m Schreiber m
script [skript] m Blockschrift f; (cin) Drehbuch m
scripte f Ateliersekretärin f
scrupule m Skrupel m *sans ~s* skrupellos
scrupuleux, -euse gewissenhaft
scrutateur m **-trice** f BeobachterIn f; (élections) WahlhelferIn m f
scruter genau/eingehend beobachten, (fam) an=starren *~ l'horizon* den Horizont (mit den Augen) ab=suchen
scrutin m Abstimmung f *~ majoritaire* Mehrheitswahlrecht n; *dépouiller le ~* die Stimmen fpl aus=zählen
sculpter (pierre) (be)hauen, meißeln; (bois) schnitzen
sculpteur m Bildhauer m; (bois) Schnitzer m
sculpture f 1 Bildhauerei f, Bildhauerkunst f 2 Skulptur f, Plastik f
S.D.F. m f Obdachlose/r
se 1 *il ~ lave* 2 *ils s'aiment* sie lieben sich 3 *il s'est cassé le bras* er hat sich (D) den Arm gebrochen 4 *il ~ fait tard* es wird spät
séance f 1 Sitzung f; (cin) Vorstellung f 2 Termin m *10 ~s de massage* 10 Massagetermine mpl
seau m **-x** Eimer m, Kübel m *~ à ordures* Mülleimer m; *~ à glace* Eiskübel
sébacé *: glandes ~es* Talgdrüsen fpl
séborrhée f Seborrhö(e) f
sec/sèche 1 trocken *saison sèche* Dürreperiode f 2 *une perte sèche* ein reiner/glatter/völliger Verlust; *une pointe sèche* ein Körner m; *un whisky ~* ein Whisky pur 3 *un bruit ~* ein kurzer und heftiger Knall; (fig) *répondre sur un ton ~* barsch/schroff antworten 4 *un vin ~* ein herber/trockener Wein ◆ 1 *boire ~* ganz schön/tüchtig trinken 2 *recommencer aussi ~* gleich/auf der Stelle/sofort wieder an=fangen ◆ *un étang à ~* ein ausgetrockneter Teich; (fig/fam) *être à ~* auf dem trockenen sitzen, restlos blank/pleite sein ◆ m (fig/fam) *se mettre au ~* sich unter=stellen
sécateur m Gartenschere f
sécession f Spaltung f; (Ab)trennung f *faire ~* sich ab=trennen/auf=spalten; *la guerre de ~* Unabhängigkeitskrieg m
sèche-cheveux m Föhn m
sèche-linge m Wäschetrockner m
sécher 1 trocknen 2 (fam) *là, je sèche* also, da muß ich passen ◆ *~ l'école* die Schule schwänzen
sécheresse f Trockenheit f; (fig) *~ de cœur* Gefühlskälte f
séchoir m 1 Wäschetrockner m 2 Trockenkammer f
second [səgõ] zweit- *être dans un état ~* nicht gut beieinander sein; Bewußtseinsstörungen fpl haben
second m 1 Assistent m, Stellvertreter m; (mar) erster Offizier m 2 *au ~* im zweiten Stock m
secondaire [səgõdɛr] 1 Neben-, Zweit- *résidence ~* Zweitwohnung f/Nebenwohnung f 2 *un détail ~* ein belangloses/nebensächliches Detail 3 *des effets ~s* Nebenwirkungen fpl 4 (éco) *le secteur ~* Industrie f 5 *l'ère ~* Erdmittelalter m
seconde [səgõd] f 1 Sekunde f 2 (ens) fünfte Klasse f des Gymnasiums 3 (train) *voyager en ~* zweiter Klasse f fahren 4 (auto) *passer en ~* in den zweiten Gang m schalten
seconder assistieren (D)
secouer 1 schütteln, rütteln; aus=schütteln; (fig) *~ qqn* jn auf Trab bringen; jn erschüttern 2 *~ la tête* den Kopf schütteln ◆ (fam) *se ~* sich auf=raffen
secourable hilfsbereit; hilfreich
secourir zu Hilfe kommen (D), Hilfe leisten (D)
secourisme m Erste Hilfe f *brevet de ~* Erste- Hilfe- Zeugnis n
secouriste m f SanitäterIn m f
secours m 1 Hilfe f *appeler au ~* um Hilfe rufen; *porter ~ à qqn* jm zur Hilfe kommen/helfen 2 *poste de ~* Unfallstation f; Rettungsstelle f; *les ~ arrivent* die Rettungsmannschaften treffen ein 3 *roue de ~* Ersatzrad n; *sortie de ~* Notausgang m
secousse f Ruck m, Stoß m *~ sismique* Erdstoß m; *les ~s du train* das Rucken n/Ruckeln n des Zuges; (fig) Schock m
secret, -ète 1 geheim *une rencontre secrète* ein Geheimtreffen n 2 *un enfant très ~* ein verschlossenes/schweigsames Kind
secret m 1 Geheimnis n *~ professionnel* Berufsgeheimnis n, berufliche Schweigepflicht f; *en ~* heimlich, insgeheim; *mettre qqn dans le ~* jn ins Vertrauen ziehen; *n'être un ~ pour personne* (fig) ein offenes Geheimnis sein 2 *mettre qqn au ~* jn in (strenge) Isolierhaft f geben
secrétaire m 1 (meuble) Sekretär m 2 *~ général* Generalsekretär m ◆ m f 1 SekretärIn m f; *~ de direction* Chefsekretärin f 2 *~ de séance* Protokollführer m
secrétariat m 1 Sekretariat n 2 *faire du ~* Schreibarbeiten fpl erledigen 3 *~ d'Etat* Staatssekretariat n
sécréter ab=sondern

sécrétion f 1 Sekretion f, Absonderung f 2 Sekret n
sectaire fanatisch, intolerant, sektierisch
sectarisme m Sektierertum n
secte f Sekte f
secteur m 1 Bereich m, Sektor m 2 Gebiet n, Abschnitt m, Bezirk m; *un ~ sauvegardé* ein geschütztes Gebiet n; ein geschützter Stadtteil m; *(mil) ~ postal (S.P.)* Feldpostnummer f 3 *panne de ~* Netzausfall m; *brancher un appareil sur le ~* einen Apparat an das (Strom)netz an=schließen
section f 1 *(math) ~ droite* Längsschnitt m 2 *la ~ d'un tuyau* der Querschnitt m eines Rohres 3 *la ~ d'un nerf* das Durchtrennen n eines Nervs 4 Sektion f, Abteilung f; *(mil)* Zug m; *(ens)* Fachrichtung f 5 *~ à péage* Streckenabschnitt m, auf dem Autobahngebühr bezahlt werden muß
sectionner durch=schneiden; durch=trennen; in verschiedene Abschnitte teilen
sectorisation f Einteilung f in verschiedene Bereiche
séculaire jahrhundertealt
séculariser verweltlichen; Kirchengüter verstaatlichen
séculier, -ière weltlich, Welt-
sécuriser Sicherheit geben ◆ *se ~* sich in Sicherheit wiegen
sécuritaire : *discours ~ (fam)* Scharfmacherei f
sécurité f 1 Sicherheit f; *~ routière* Verkehrssicherheit f; *~ sociale (France)* Sozialversicherung f; *en toute ~* in aller Ruhe f; *~ de l'emploi* Arbeitsplatzgarantie f; *se sentir en ~* sich sicher fühlen 2 *ceinture de ~* Sicherheitsgurt m; *marge de ~* finanzieller Bewegungsspielraum m
sédatif m Beruhigungsmittel n
sédentaire seßhaft *emploi ~* Beruf ohne Ortsveränderung
sédentariser seßhaft machen
sédimentaire Sediment-, sedimentär
sédimentation f 1 Sedimentation f 2 *(méd) vitesse de ~* Blutsenkungsgeschwindigkeit f
sédition f Aufruhr f, Aufstand m
séducteur, -trice VerführerIn m f
séduction f Verführung f *pouvoir de ~* Anziehungskraft f; Verführungskunst f; *utiliser sa ~* seine Verführungskünste ein=setzen
séduire verführen; bezaubern; verlocken; *(fig)* locken
séduisant verführerisch; verlockend
segment m Segment n; Abschnitt m; *(tech)* Kolbenring m
segmentation f Aufteilung f; Unterteilung f; Untergliederung f
segmenter in Abschnitte gliedern

ségrégation f Trennung f; Absonderung f
ségrégationniste Rassentrennungs-
seiche f Tintenfisch m
seigle m Roggen m
seigneur m : *un ~ de la guerre* Schogun m; *(fig) agir en grand ~* den feinen Mann m markieren; *(hist)* Lehnsherr m
Seigneur m 1 Herr m 2 *~!* ach Gott m!
seigneurial, -aux herrschaftlich, Herren-
sein m 1 Brust f *donner le ~* stillen 2 *au ~ de* mitten in (D/A), innerhalb (G) 3 Schoß m *presser qqn contre son ~* jn an die Brust/an sich drücken
séisme m Erdbeben n
seize sechszehn
séjour m 1 Aufenthalt m *carte de ~* Aufenthaltsgenehmigung f 2 *salle de ~* Wohnzimmer n
séjourner sich auf=halten, verweilen
sel m 1 Salz n *gros ~* grobes Salz; *(fig)* Würze f; *(fam) mettre son grain de ~* seinen Senf dazu=geben 2 *~s minéraux* Mineralsalz n; *~s de bain* Badesalz n
sélect *(fam)* piekfein, stinkfein, Nobel-
sélectif, -ive : *être très ~* sehr streng aus=wählen
sélection f 1 *~ naturelle* natürliche Auslese f; *une ~ des meilleurs films* eine Auswahl f der besten Filme; *(sp) épreuve de ~* Ausscheidungskampf m 2 *la ~ d'un programme* die Wahl eines Programmes
sélectionner aus=wählen; aus=lesen
sélectionneur m *(sp)* Trainer m
self-control m Selbstbeherrschung f
self-service m Selbstbedienung f
selle f 1 Sattel m *cheval de ~* Reitpferd n 2 *~ d'agneau* Lammrücken m 3 Stuhlgang m *aller à la ~* Stuhlgang haben
seller satteln
sellerie f Sattelzeug n; Sattlerhandwerk n
sellette f : *(fig) être sur la ~* im Gespräch n sein, im Blickpunkt m stehen
selon 1 gemäß (G/D) *~ vos désirs* wunschgemäß; *apprendre ~ ses moyens* seinen Möglichkeiten entsprechend/gemäß lernen 2 *~ le temps qu'il fera* je nachdem, was für ein Wetter ist; *(fam) c'est ~* das kommt (ganz) darauf an 3 *~ moi* meines Erachtens (m. E.), meiner Ansicht/ Auffassung/Meinung nach ◆ *~ que* je nachdem
semailles fpl (Aus)saat f; Saatzeit f
semaine f Woche f *à la ~* wochenweise; *(fam) une politique à la petite ~* eine konzeptionslose Politik
sémantique f Semantik f
semblable ähnlich (D), einander ähnlich ◆ *m f ne pas aimer ses ~s* seine Mit-

semblant *m* **1** *faire ~ de* so tun, als ob *(subj)* **2** *un ~ d'honnêteté* ein Anschein *m* von Ehrlichkeit

sembler : *~ calme* ruhig aus=sehen/(er)scheinen ◆ *il me semble que* mir scheint, daß

semelle *f* **1** Sohle *f*; *(fig) ne pas quitter qqn d'une ~* jm nicht von den Fersen *fpl* weichen; *(fig/fam)* Schuhsohle *f* **2** *(fer à repasser)* Boden *m*

semence *f* **1** Same(n) *m*; Saatgut *n* **2** *(tapissier)* kleiner Flachkopfnagel *m*

semer (aus)=säen; *(fig)* verbreiten *~ la discorde* Zwietracht säen; *(fam) ~ ses affaires partout* seine Sachen überall verstreuen; *~ qqn* jn ab=hängen; jn links liegen lassen

semestre *m* Halbjahr *n*; Semester *n*

semestriel, -le halbjährlich

semeur *m* **-euse** *f* Sämann *m*, Säerin *f*

semi-fini : *produit ~* Halbfabrikat *n*

séminaire *m* Seminar *n*. Studiengruppe *f* **2** *(rel)* Priesterseminar *n*

séminal, -aux : *canal ~* Samenkanal *m*

semi-remorque *f* Sattelschlepper *m*

semis *m* **1** *faire un ~* (aus)=säen **2** *arroser les ~s* die Sämlinge *mpl* gießen **3** *un ~ de fleurs* Streublümchenmuster *n*

sémite semitisch ◆ *m f* Semit/In *m f*

semi-voyelle *f* Halbvokal *m*

semonce *f* Verweis *m*, Rüge *f*, Tadel *m*; *(fig) un coup de ~* ein Warnschuß *m*

semoncer rügen, tadeln

semoule *f* Grieß *m*

sempiternel, -le immerwährend, ewig

sénateur *m* Senator *m*

sénatorial, -aux 1 senatorisch **2** *élections ~s* Senatswahlen *fpl*

sénile senil

sens [sãs] *m* **1** Bedeutung *f*, Sinn *m à double ~* mit Doppelbedeutung *f*, doppelsinnig; *(fig) n'avoir aucun ~* keinen Sinn *m* haben, völlig sinnlos sein **2** *les cinq ~* die fünf Sinne **3** *le bon ~* der gesunde Menschenverstand *m*; *des réalités* Realitätssinn *m*; *tout faire en dépit du bon ~* alles völlig sinnlos tun; *tomber sous le ~* sinnfällig/augenscheinlich sein **4** Richtung *f ~ interdit* Einbahnstraße *f*; *~ dessus dessous* drunter und drüber; *~ devant derrière* verkehrt(herum); *dans le ~ de la largeur* nach der Breite nach

sensation *f* **1** Gefühl *n*, Empfindung *f* **2** *journal à ~* Sensationsblatt *n*, Revolverblatt *n*; *faire ~* Aufsehen *n* erregen, eine Sensation *f* sein

sensationnel, -le sensationell, aufsehenerregend; *(fam)* toll

sensé 1 *(personne)* vernünftig **2** *des paroles ~es* sinnvolle Worte

sensibilisation *f* Sensibilisierung *f*

sensibiliser sensibilisieren

sensibilité *f* **1** Sensibilität *f*, Empfindsamkeit *f* **2** *être de même ~ politique (fam)* auf der gleiche *n* politische *n* Wellenlänge *f* haben **3** *(tech)* Empfindlichkeit *f*; *(photo)* Lichtempfindlichkeit *f*

sensible 1 sensibel, empfindsam *être ~ à qch* für etw empfindsam sein **2** empfindlich; *être ~ à qch* für etw empfänglich sein **3** *une balance très ~* eine hochempfindliche Waage *f*; *(photo)* lichtempfindlich **4** *le monde ~* die Welt der Sinne *mpl*; *(fig) des progrès ~s* merkliche/deutliche Fortschritte **5** *(mus) note ~* Septime *f*

sensiblerie *f* Überempfindsamkeit *f*; Gefühlsduselei *f*

sensoriel, -le Sinnes-

sensualité *f* Sinnlichkeit *f*

sensuel, -le sinnlich

sentence *f* **1** *prononcer une ~* ein Urteil *n* fällen, einen Urteilsspruch *m* verkünden **2** Sinnspruch *m*, Sentenz *f*

sentencieux, -euse belehrend; schulmeisterhaft

senteur *f* Wohlgeruch *m*, Duft *m*

sentier *m* Pfad *m*, Fußweg *m*, Wanderweg *m*

sentiment *m* **1** Gefühl *n*; Empfindung *f*, Fühlen *n* **2** Meinung *f*, Ansicht *f*

sentimental, -aux 1 sentimental; gefühlvoll, empfindsam; rührselig **2** *une valeur ~e* ein Erinnerungswert *m* ◆ *m* **-e** *f* gefühlsbetonter/empfindsamer Mensch

sentimentalisme *m* Sentimentalität *f*

sentinelle *f* (Wach)posten *m*

sentir : *~ bon* gut riechen ◆ **1** *~ une odeur* einen Duft riechen **2** *~ la violette* nach Veilchen riechen **3** spüren, fühlen **4** fühlen, ahnen, merken ◆ *se ~ bien* sich wohl fühlen; *(fig/fam) ne plus se ~* nicht mehr recht bei Trost sein ◆ *ne pas se ~ le courage de faire qch* den Mut nicht auf=bringen/sich nicht in der Lage fühlen, etw zu tun ◆ *faire ~ à qqn qu'on n'est pas d'accord* jn spüren/merken lassen, daß man nicht einverstanden ist ◆ *se faire ~* sich bemerkbar machen

séparable trennbar

séparation *f* **1** Trennung *f*; Teilung *f*; *(jur) ~ de corps* Trennung *f* von Tisch und Bett **2** *ligne de ~ des eaux* Wasserscheidelinie *f* **3** *~ entre deux pièces* Trennwand *f* zwischen zwei Zimmern

séparatiste *m f* SeparatistIn *m f*

séparé 1 getrennt **2** Extra- *par pli ~* mit getrennter Post

séparément : *pris ~ ils sont tous gentils* einzeln genommen/jeder für sich, sind sie ganz nett

séparer trennen; auseinander=bringen ◆ *se ~* sich trennen, auseinander=gehen

sept [set] sieben
septembre *m* September *m*
septennat *m* siebenjährige Amtszeit *f*
septentrional, -aux nördlich, Nord-
septicémie *f* Sepsis *f*, Blutvergiftung *f*
septique : *fosse* ~ Sickergrube *f*
septuagénaire *m f* Siebzig(jährig)e/r
sépulcral, -aux Grabes-
Sépulcre *m* : *le saint* ~ das Heilige Grab
sépulture *f* **1** *faire une* ~ *à qqn* jn bestatten/begraben **2** *violer une* ~ eine Grabestätte *f* schänden
séquelle *f* Folge *f*, Folgeerscheinung *f*
séquence *f* (Reihen)folge *f*; *(cin)* Sequenz *f*
séquentiel, -le fortlaufend
séquestration *f* Freiheitsberaubung *f*
séquestrer der Freiheit berauben
séquoia *m* Mammutbaum *m*
sérail *m* Serail *m*; *(fig)* Dunstkreis *m*
serein gelassen; heiter; ruhig
sérénade *f* Serenade *f*, Ständchen *n jouer la* ~ ein Ständchen bringen
sérénité *f* Ausgeglichenheit *f*, innere Ruhe *f*; Heiterkeit *f*
serf, -ve Leibeigene/r
sergent *m* Unteroffizier *m*
série *f* **1** Serie *f une* ~ *de casseroles* ein Satz *m* Töpfe; *voiture de* ~ Serienwagen *m*; *modèle hors* ~ Sonderausführung *f*; *fins de* ~s Auslaufmodelle *npl*; *(télé) une* ~ *policière* eine Krimiserie *f* **2** Reihe *f des ennuis en* ~ reihenweise/serienweise Ärger; *(fig) c'est la* ~ *noire* das ist eine Pechsträhne *f*; *(élec) en* ~ in Reihe/hintereinander (geschaltet)
sérier : ~ *les questions* Fragen systematisieren/nacheinander behandeln
sérieux, -euse **1** ernst *un travail* ~ eine ernsthafte Arbeit; *un employé* ~ ein zuverlässiger Angestellter; *tu es sérieux?* meinst du das im Ernst?; *(fig) une jeune fille sérieuse* ein anständiges Mädchen **2** *de sérieuses difficultés* große Schwierigkeiten; *le problème est* ~ das Problem ist ernstzunehmen
sérigraphie *f* Siebdruck *m*
serin *m* Zeisig *m*; *(fam)* Dummkopf *m*, Dussel *m*!
seringa(t) *m* falscher Jasmin *m*
seringue *f* Spritze *f*
serment *m* Eid *m*, Schwur *m prêter* ~ einen Eid ab-legen
sermon *m* Predigt *f*
sermonner ab-kanzeln
séropositif, -ive HIV-positiv
serpe *f* Hippe *f*; *(fig) un visage taillé à coups de* ~ ein grob geschnittenes Gesicht
serpent *m* Schlange *f* ~ *de mer* Seeschlange *f*; *(fig)* ständig wiederkehrendes Thema; *(éco)* ~ *monétaire* Währungsschlange *f*

serpenter sich schlängeln
serpentin *m* **1** Papierschlange *f* **2** *(tech)* Rohrschlange *f*
serpette *f* Rebmesser *n*
serpillière *f* Scheuertuch *n*, Scheuerlappen *m*
serpolet *m* Feldthymian *m*
serre *f* **1** *(oiseau)* Klaue *f* **2** Treibhaus *n*, Gewächshaus *n*
serré **1** gedrückt, gepreßt; gedrängt *en rangs* ~s in dichten/geschlossenen Reihen, dicht zusammengedrängt **2** *une jupe* ~*e* ein eng(anliegend)er Rock; *(fig) une discussion* ~*e* eine harte Diskussion; *un emploi du temps* ~ ein ziemlich gedrängter Zeitplan **3** *un café* ~ ein starker Kaffee
serre-joints *m* Schraubzwinge *f*
serrer **1** an-ziehen; fest-ziehen **2** ~ *les dents* die Zähne zusammen=beißen; ~ *la main à qqn* js Hand drücken; ~ *les poings* die Faust ballen; ~ *qqn contre soi* jn an sich drücken; *(fig) cela me serre le cœur* das schnürt mir das Herz zusammen **3** ~ *sa ceinture* seinen Gürtel enger schnallen **4** *cette robe me serre* dieses Kleid spannt mich/schnürt mich ein **5** ~ *les rangs* näher zusammen=rücken, die Reihen schließen **6** ~ *sa droite* sich rechts halten/ein=ordnen ♦ *se* ~ *contre qqn* sich an jn an=schmiegen; *serrez-vous!* rücken Sie bitte zusammen!
serrure *f* Schloß *n le trou de la* ~ das Schlüsselloch *n*
serrurier *m* Schlosser *m*
sertir ein=fassen
sérum *m* **1** (Blut)serum *n* **2** ~ *physiologique* physiologische Kochsalzlösung *f*
servante *f* Dienstmädchen *n*; Dienerin *f*
serveur *m* *(info)* Btx-Anbieter *m*
serveur, -euse *f* KellnerIn *m f*, ServiererIn *f*
serviable hilfsbereit
service *m* **1** Dienst *m*, Gefälligkeit *f rendre (un)* ~ einen Dienst/Gefälligkeit *f* erweisen/einen Gefallen *m* tun **2** Bedienung *f* ~ *compris* einschließlich Bedienung; *premier* ~ *à 12 h* erster Durchgang *m* um 12 Uhr; *escalier de* ~ Dienstbotentreppe *f*, Lieferantenaufgang *m*; *être au* ~ *de qqn* in js Diensten stehen **3** *(sp)* Aufschlag *m* **4** *chef de* ~ Abteilungsleiter *m* **5** Dienststelle *f*, Amt *n*, Behörde *f le* ~ *public* der öffentliche Dienst; *les* ~s *sociaux* die sozialen Einrichtungen **6** *être de* ~ Dienst haben; *(mil)* Wehrdienst *m* **7** Gottesdienst *m*, Messe *f le* ~ *funèbre* Totenmesse *f*, Trauergottesdienst *m* **8** *mettre en* ~ in Betrieb nehmen; *hors* ~ außer Betrieb *m* **9** *un* ~ *en porcelaine* ein Porzellanservice *m*
servir **1** ~ *qqn* jm dienen **2** ~ *un client* einen Kunden bedienen **3** ~ *un repas* ein

Essen servieren ◆ *cela lui sert beaucoup* das hilft ihm viel; *cela ne sert à rien* das nutzt nichts ◆ **1** *à quoi ça sert?* wofür/wozu benutzt man das?; *(fig)* wozu das/denn? **2** *~ de couverture* als Zudecke dienen; *~ de leçon* eine Lehre sein ◆ **1** *cette robe a beaucoup servi* dieses Kleid ist viel getragen worden; *(mil)* dienen **2** *(sp)* auf=schlagen ◆ **1** *se ~ de qch* etw benutzen/gebrauchen; *se ~ de qqn* jn benutzen **2** *sers-toi!* bediene dich!, nimm dir!

serviteur *m* Diener *m*; *(fig) je suis votre ~* ich stehe Ihnen zu Diensten *mpl*

servitude *f* **1** Knechtschaft *f* **2** *(jur) une ~ de passage* Wegerecht *f*

ses → **son**

sésame *m* Sesam *m*

session *f* **1** Sitzungsperiode *f* **2** Prüfungszeitraum *m*, Prüfungsperiode *f*

set [sɛt] *m* **1** Set *m* **2** *(sp)* Satz *m*

seuil *m* Schwelle *f*

seul 1 allein *~ à ~* unter vier Augen **2** *une ~ fois* ein einziges Mal *~*; *~, X n'était pas d'accord* nur/lediglich X war nicht einverstanden

seulement 1 *~ une semaine* nur eine Woche **2** *il vient ~ lundi* er kommt erst Montag **3** *non ~ il est menteur, mais en plus il vole* er lügt nicht nur, sondern stiehlt auch **4** *as-tu ~ essayé?* hast du wenigstens versucht? **5** *c'est possible, ~ ...* das ist möglich, aber... **6** *si ~ il écoutait!* wenn er doch nur zu=hören würde!

sève *f* Saft *m*

sévère 1 streng *des critiques ~s* harte Kritik **2** *essuyer des pertes ~s* schwere Verluste erleiden

sévérité *f* Strenge *f*

sévices *mpl* Mißhandlungen *fpl ~ sexuels* sexueller Mißbrauch *m*

sévir (streng) durch=greifen/vor=gehen; *(fig) l'épidémie sévit* die Epidemie wütet/grassiert

sevrage *m* **1** Abstillen *n* **2** Entziehen *n*

sevrer *(bébé)* ab=stillen, entwöhnen **2** entziehen

sexagénaire *m f* Sechzig(jährig)e/r

sexe *m* **1** Geschlecht *n* **2** *(fam)* Sex *f*

sexiste sexistisch

sexué geschlechtlich; geschlechtlich differenziert

sexuel, -le 1 geschlechtlich *éducation ~le* Sexualkunde *f*; sexuelle Erziehung; *avoir une relation ~le avec qqn* ein Verhältnis mit jm haben **2** *caractères ~s* Geschlechtsmerkmale *npl*

seyant kleidsam

shampooing *m* **1** Shampoo(n) *n* **2** *faire un ~ à qqn* jm die Haare waschen **3** *~ pour moquettes* Teppich(reinigungs)schaum *m*, Teppichreiniger *m*

shooter [ʃute] (den Ball) schießen ◆ *(fam) se ~* sich spritzen

short [ʃɔrt] *m* Shorts *pl*

si 1 *c'est ~ bon!* das ist so gut! **2** *~ rapide qu'il soit* so schnell er auch sein mag; *~ peu que ce soit* wenn es auch noch so wenig ist, mag es auch noch so wenig sein **3** *ce n'est pas ~ facile que tu le dis* das ist nicht so einfach wie du sagst ◆ **1** wenn, falls, sofern ; *~ jamais* falls; *même ~* auch/selbst wenn **2** *je ne sais pas ~* ich weiß nicht, ob das gut ist **3** *faire comme ~ c'était possible* so tun als wäre es möglich **4** *~ seulement c'était possible!* wenn es doch nur möglich wäre! **5** *c'est un très bon vin, ~ ce n'est le meilleur* das ist ein sehr guter Wein, wenn es nicht gar der beste ist; *~ ce n'est qu'il ne viendra pas* außer daß er nicht kommt **6** *~ bien que* so daß ◆ *tu ne viens pas? ~!* du kommst nicht? doch!

si *m (mus)* H *n*

siamois 1 *chat ~* Siamkatze *f* **2** *frères ~* siamesische Zwillinge

sibyllin : *(fig) des paroles ~es* geheimnisvolle/rätselhafte Wort

S.I.C.A.V. *f* = **société d'investissement à capital variable** Investmentfonds *m*

sida *m* = **syndrome immuno-déficitaire-acquis** Aids *n*

side-car [sidkar] *m* Beiwagen *m*

sidéral, -aux Stern-

sidérer verblüffen

sidérurgie *f* Eisen- und Stahlindustrie *f*, (Eisen)hüttenwesen *n*

sidérurgiste *m* Stahlwerker *m*

siècle *m* Jahrhundert *n*; *(fig) le ~ de la technique* das Zeitalter *n* der Technik

siège *m* **1** Sitz *m* ; *~ éjectable* Schleudersitz *m* **2** *le ~ d'un parti* die Parteizentrale *f*; *le ~ d'une société* der Sitz *m* einer Gesellschaft *f (mil)* Belagerung *f*; *(fig) faire ~ d'une administration* eine Behörde besetzen; *lever le ~* ab=ziehen **4** *accouchement par le ~* Steißlage(ngeburt) *f*

siéger 1 tagen, eine Sitzung ab=halten ; *~ au conseil d'administration* im Verwaltungsrat sitzen **2** *~ à Paris* seinen Sitz in Paris haben

sien, -ne : *le ~* der sein(ig)e ◆ *faire ~ne une opinion* sich (D) js Ideen zu eigen machen ◆ *m y mettre du ~* das Sein(ig)e/Ihre/Ihrige *n* dazu bei=tragen/dazu=tun, seinen/ihren Teil dazu bei=tragen ◆ *pl* **1** *retrouver les ~s* die Seinigen/Ihrigen *pl* wieder=sehen **2** *(fam) faire des ~nes* Dummheiten *fpl* machen

sieste *f* Mittagsschlaf *m*

sifflante *f* Zischlaut *m*

siffler 1 pfeifen 2 sausen; (fig) *j'entends mes oreilles ~* meine Ohren klingen ◆ pfeifen • *un acteur* einen Schauspieler aus=pfeifen/aus=zischen; • *une fille* einem Mädchen nach=pfeifen

sifflet m 1 Pfeife f *donner un coup de ~* pfeifen; (fam) *couper le ~ à qqn* jm die Sprache verschlagen; *cela te coupe le ~, hein?* da bleibt dir die Spucke weg, was? 2 *être accueilli par des ~s* von Pfiffen mpl/einem Pfeifkonzert n begrüßt werden

siffloter (leise) vor sich hin pfeifen
sigle m Abkürzung f
signal m -aux 1 Zeichen n *le ~ du départ* das Zeichen zum Aufbruch; *cela a été le ~ de* das war der Auftakt m für 2 Signal n *~ de détresse* Notsignal n

signalement m (Personen)beschreibung f; Steckbrief m

signaler 1 *~ un carrefour* eine Kreuzung kennzeichnen 2 *~ qqn à la police* jn bei der Polizei an=zeigen 3 *je vous signale que* ich möchte Sie darauf aufmerksam machen/hin=weisen, daß

signalétique : *une fiche ~* Personalbogen m

signalisation f Beschilderung f *panneau de ~* Verkehrsschild n

signataire m f UnterzeichnerIn m f
signature f 1 Unterschrift m *avoir la ~* zeichnungsberechtigt sein 2 *à la ~ du contrat* mit/bei Vertragsunterzeichnung f

signe m 1 Zeichen n *faire un ~ à qqn* jm winken; (astro) *de quel ~ êtes-vous?* welches Sternzeichen n sind Sie? 2 *donner des ~s de fatigue* Anzeichen n/Zeichen von Müdigkeit erkennen lassen; *c'est ~ de pluie* das bedeutet Regen 3 *~s particuliers* besondere Kennzeichen fpl

signer • *un contrat/une pétition* einen Vertrag/eine Petition unterzeichnen; • *une lettre* einen Brief unterschreiben; • *un tableau* ein Bild signieren ◆ *se ~* sich bekreuzigen

significatif, -ive bedeutsam; bedeutungsvoll; vielsagend; *être ~ de qch* für etw bezeichnend sein

signification f 1 Bedeutung f, Sinn m 2 (jur) Zustellung f eines Urteils

signifier 1 bedeuten 2 *~ une décision à qqn* jm eine Entscheidung bekannt=geben/mit=teilen; (jur) *~ un jugement* ein Urteil zu=stellen

silence m 1 Ruhe f, Stille f *minute de ~* Schweigeminute f; (fig) *un ~ éloquent* beredtes Schweigen; *garder le ~ sur qch* über etw (A) Stillschweigen n bewahren 2 (mus) Pause f

silencieux m Schalldämpfer m
silencieux, -euse still, ruhig
silex m Feuerstein m

silhouette f 1 *apercevoir une ~* eine Silhouette f wahr=nehmen 2 *avoir une jolie ~* eine schöne Gestalt f haben

silicose f Staublunge f
sillage m Kielwasser n; (fig) *marcher dans le ~ de qqn* in js Fußstapfen mpl treten

sillon m 1 Furche f 2 (disque) Rille f
sillonner durchfurchen; durchkreuzen; (fig) *~ une région* eine Gegend umher=fahren, eine Gegend durchstreifen

simagrée f : *faire des ~s* sich zieren, (fam) sich haben, sich an=stellen

simiesque affenähnlich
similaire gleichartig; ähnlich; entsprechend

similarité f Gleichartigkeit f
similicuir m Kunstleder n
similitude f Ähnlichkeit f
simple 1 einfach, leicht 2 *une robe toute ~* ein ganz schlichtes/einfaches Kleid; (fig) *~ d'esprit* geistig beschränkt, einfältig, simpel 3 (chim) *un corps ~* ein chemisches Element n 4 *un aller ~* eine einfache Hinfahrt 5 *cette ~ remarque* diese harmlose Bemerkung

simplicité f Einfachheit f; Schlichtheit f; Unkompliziertheit f

simplifier 1 vereinfachen 2 (math) kürzen

simpliste vereinfachend, simplifizierend
simulacre m Trugbild n, Schein m; Scheinhandlung f *un ~ de réconciliation* ein Scheinversöhnung f

simulateur m : *~ de vol* Flugsimulator m

simulateur m -trice f SimulantIn m f
simuler 1 vor=täuschen / simulieren 2 (tech) simulieren

simultané gleichzeitig, simultan *retransmission ~e* Simultanübertragung f

sincère aufrichtig, ehrlich, (fig) offen
sincèrement *parler ~* aufrichtig reden; *~, je ne vous crois pas* ganz offen gestanden/ehrlich gesagt, glaube ich Ihnen nicht

sincérité f Aufrichtigkeit f, Ehrlichkeit f; *en toute ~* in aller Offenheit f, ganz ehrlich

sinécure f : (fig) *ce n'est pas une ~* das ist kein leichter Posten m/keine leichte Sache f

sine die [sinedje] : *réunion repoussée ~* auf unbestimmte Zeit vertagte Versammlung

sine qua non [sinekwanɔn] : *une condition ~* eine unerläßliche Voraussetzung

singe m Affe m; (fig) *faire le ~* Faxen machen; *payer en monnaie de ~* mit leeren Versprechungen ab=speisen; (prov) *on n'apprend pas à un vieux ~ à faire des*

grimaces einem alten Hasen *m* macht man nichts vor
singer : ~ *qqn* jn nach=äffen
singulariser (se) auf=fallen, *(fig/fam)* aus der Reihe tanzen
singularité *f* Eigenheit *f*; Besonderheit *f*; Eigentümlichkeit *f*
singulier *m* Singular *m*
singulier, -ière 1 eigenartig, sonderbar; merkwürdig 2 *un combat* ~ ein Zweikampf *m*
sinistre unheimlich; düster; *(fig) une ambiance* ~ eine gedrückte Stimmung
sinistre *m* Katastrophe *f*; *(jur)* Schadensfall *m*
sinistré Katastrophen- *être* ~ ein Katastrophenopfer sein
sinon 1 sonst 2 *il est un des rares,* ~ *le seul* er ist einer der wenigen, wenn nicht der einzige 3 *ne rien avoir* ~ *quelques terres* nichts besitzen, außer etwas Land ◆ ~ *que* außer daß
sinueux, -euse gewunden, kurvenreich; *(fig)* umständlich, weit hergeholt
sinuosité *f* Windung *f*, Krümmung *f*, Biegung *f*
sinus *m* 1 *(méd)* Stirnhöhle *f* 2 *(math)* Sinus *m*
sinusite *f* Stirnhöhlenvereiterung *f*
sionisme *m* Zionismus *m*
siphonner auf=saugen; ab=saugen
sire *m* Majestät *f*; *(fig) un triste* ~ ein elendes/verkommenes Subjekt *n*
sirop *m* Sirup *m*
siroter *(fam)* (langsam und) mit Genuß schlürfen
sirupeux, -euse sirupartig; *(fig)* schmalzig
sis : *maison* ~*e à Paris* in Paris gelegenes Haus
sismique Erdbeben- *secousse* ~ Erdstoß *m*
sismographe *m* Seismograph *m*
site *m* Lage *f*; *(archéologie)* (Fund)stätte *f*; *(usine)* Standort *m*
sitôt 1 ~ *dit,* ~ *fait* gesagt, getan 2 *je ne reviendrai pas de* ~ ich komme nicht so bald wieder ◆ ~ *qu'il eut fini* sobald er fertig wurde
situation *f* 1 Lage *f* 2 *avoir une belle* ~ eine gute Position/Stellung *f* haben
situé : *une maison bien* ~*e* ein schön/günstig gelegenes Haus
situer ein=ordnen, bestimmen; lokalisieren; *(fig)* sich (D) vor=stellen, ein=ordnen ~ *un événement aux environs de 1900* ein Ereignis etwa um 1900 an=siedeln/an=setzen ◆ *où se situe cette ville?* wo liegt diese Stadt?
six [sis] sechs
sixième [siziem] *f* fünftes Schuljahr
sixte *f* Sexte *f*

ski *m* Ski [ʃi:] *m* ~ *nautique* Wasserski *m*; ~ *de fond* (Ski)langlauf *m*; ~ *de piste* Abfahrtslauf *m*
skiable : *domaine* ~ Skigelände *n*
skier Ski laufen/fahren
skieur *m* -**euse** *f* SkiläuferIn *m f*, SkifahrerIn *m f*
slalom *m* Slalom *m*; *(fig) faire du* ~ *entre les voitures* sich zwischen den Autos durch=schlängeln
slave slawisch ◆ *m f* Slawe *m*, Slawin *f*
S.M.E. *m* = **système monétaire européen** Europäisches Währungssystem *n*
S.M.I.C. *m* = **salaire minimum interprofessionnel de croissance** Mindestlohn *m*
snob snobistisch, *(fam)* versnobt
snober : ~ *qqn* jn von oben herab behandeln
sobre 1 enthaltsam, mäßig; nüchtern 2 schmucklos, schlicht
sobriété *f* 1 Mäßigkeit *f*; Enthaltsamkeit *f*; Nüchternheit *f* 2 Schmucklosigkeit *f*
sobriquet *m* Spitzname *m*
soc *m* Pflugschar *m*
sociable umgänglich, gesellig
social, -aux 1 gesellschaftlich *sciences* ~*es* Gesellschaftswissenschaften *fpl* 2 sozial, Sozial- *logement* ~ Sozialwohnung *f* 3 *(éco) capital* ~ gesellschaftliches Kapital *n*
social-démocrate sozialdemokratisch ◆ *m f* SozialdemokratIn *m f*
socialisme *m* Sozialismus *m*
socialiste *m f* SozialistIn *m f*
sociétaire *m* Mitglied *n*
société *f* 1 Gesellschaft *f* 2 ~ *anonyme (S.A.)* Aktiengesellschaft (AG) *f*; ~ *à responsabilité limitée (S.A.R.L.)* Gesellschaft mit beschränkter Haftung (GmbH) *f* 3 *la haute* ~ die oberen Gesellschaftsschichten *fpl*; *jeu de* ~ Gesellschaftsspiel *n* 4 Gesellschaft *f*, Verein *m*, Bund *m* ~ *protectrice des animaux (S.P.A.)* Tierschutzverein *m*
socioculturel, -le sozialkulturell *centre* ~ Kulturzentrum *n*
sociologique soziologisch
socioprofessionnel, -le berufsständisch *catégorie* ~*le* die Berufsstand *m*
socle *m* Sockel *m*
socquette *f* Söckchen *n*
sodium *m* Natrium *m*
sœur *f* 1 Schwester *f*; *(fig) l'âme* ~ eine verwandte/gleichgesinnte Seele *f* 2 *(rel)* Nonne *f bonjour ma* ~ guten Tag, Schwester
soi 1 *chacun pour* ~ jeder für sich 2 *cela va de* ~ das ist selbstverständlich; *ce n'est pas grave en* ~ das ist an sich nicht schlimm
soi-disant : *il est* ~ *malade* er ist an-

geblich krank; *sa ~ liberté* seine sogenannte Freiheit

soie *f* 1 Seide *f ver à ~* Seidenraupe *f* 2 *papier de ~* Seidenpapier *n* 3 Borste *f*

soierie *f* 1 Seidenstoff *m* 2 Seidenindustrie *f*

soif *f* Durst *m*; *(fig) avoir ~ de vengeance* nach Rache dürsten, rachedurstig sein; *(fam) boire jusqu'à plus ~* über den Durst trinken

soigné: *un travail ~* sorgfältige Arbeit; *être très ~* sehr gepflegt sein

soigner 1 *~ un malade* einen Kranken pflegen/versorgen; *~ un rhume* einen Schnupfen behandeln 2 *~ les détails* Kleinigkeiten aus=feilen 3 *~ ses invités* seine Gäste versorgen ♦ *se ~* 1 sich behandeln lassen; behandelt werden können 2 sich pflegen, auf sich achten

soigneur *m* Masseur *m*

soigneux, -euse sorgfältig

soin *m* 1 Pflege *f*, Behandlung *f*; *(fig) être aux petits ~s pour qqn* jm jeden Wunsch von den Augen ab=lesen 2 Bemühung *f confier à qqn le ~ de faire qch* jn bitten, sich um etw zu kümmern; *prendre ~ de qqn/qch* sich um jn/etw kümmern/bemühen; *(loc) aux bons ~s de Monsieur X* zu Händen (z.H.) *fpl*/per Adresse (p. Adr.) *f* von Herrn X 3 Sorgfalt *f*

soir *m* Abend *m ce ~* heute Abend; *le ~* abends, am Abend; *six heures du ~* sechs Uhr abends

soirée *f* 1 Abend *m*, Abendstunde *f*; *dans la ~* gegen Abend 2 *dansante* Tanzabend *m*

soit 1 *~ ... ~ ...* entweder... oder...; *~ tu viens tout de suite, ~ tu restes* entweder du kommst sofort oder du bleibst hier 2 *~ une droite* angenommen eine Rechte 3 *cette somme, ~ 1000 F* diese Summe, gesetzt/angenommen/das heißt 1000 Francs 4 *un tant ~ peu* ein kleines bißchen ♦ *~ que..., ~ que...* sei es, daß..., sei es, daß...; entweder... oder... ♦ [swat] 1 *il n'est pas riche, ~* er ist nicht reich, zugegeben; es mag sein sein, daß er nicht reich ist 2 *eh bien ~!* na gut! na schön! meinetwegen!

soixantaine [swasã-] *f* 1 *une ~ de personnes* an die/etwa/ungefähr/rund sechzig Personen 2 *avoir la ~* etwa/rund sechzig Jahre alt sein

soixante [swasãt] sechzig

soixante-dix [swasãtdis] siebzig

sol *m* 1 Boden *m* 2 Fußboden *m la surface du ~* die Grundfläche *f*; *(fig) le ~ natal* das Geburtsland *n*; *sur le ~ français* auf französischem Boden 3 *(mus)* G *n*

solaire 1 Sonnen- *énergie ~* Sonnen-

energie *f* 2 *crème ~* Sonnen(schutz)creme *f* 3 *plexus ~* Solarplexus *m*

soldat *m* Soldat *m*

solde *m* 1 Saldo *n un ~ positif* Habensaldo *m*, Haben *n*; *pour ~ de tout compte* zum Kontoausgleich 2 *en ~* preisgesenkt, verbilligt; *la période des ~s* die Zeit der Schlußverkäufe *mpl*

solde *f* Sold *m*; *(péj) être à la ~ de qqn* in js Sold stehen, von jm gedungen sein

solder 1 *~ un compte* ein Konto aus=gleichen/saldieren 2 *~ un article* eine Ware im Preis herab=setzen ♦ *se ~ par un échec* mit einem Mißerfolg enden

sole *f* Seezunge *f*

soleil *m* 1 Sonne *f* 2 *(plante)* Sonnenblume *f*

solennel, -le feierlich, festlich; würdevoll

solennellement 1 *marcher ~* gravitätisch (aus)=schreiten 2 *promettre ~ qch* etw hoch und heilig versprechen

solennité *f* Feierlichkeit *f*

solfège *m* Notenlehre *f*, Notationskunde *f*

solidaire 1 solidarisch (mit) 2 *les deux pièces sont ~s* die beiden Teile gehören zusammen

solidarité *f* Solidarität *f ~ ministérielle* Zusammenhalt *m* der Regierung

solide 1 stabil, haltbar, dauerhaft *une chaise ~* ein stabiler Stuhl; *des chaussures ~s* haltbare/strapazierfähige Schuhe; *(fig) de ~s raisons* stichhaltige Gründe; *une ~ amitié* eine dauerhafte Freundschaft; *avoir les nerfs ~s* solide/strapazierfähige Nerven haben 2 *un ~ gaillard* ein kräftiger Bursche 3 à *l'état ~* im festen (Aggregat)zustand ♦ *m* fester Körper *m*

solidifier (se) sich verfestigen, erstarren

solidité *f* Festigkeit *f*, feste Beschaffenheit *f*; Haltbarkeit *f*; Stichhaltigkeit *f*

soliloquer Selbstgespräche führen

soliste *m f* SolistIn *m f*

solitaire 1 *un endroit ~* ein einsamer/abgelegener/abgeschiedener Ort 2 *navigateur ~* Einhandsegler *m*; *une vie ~* ein zurückgezogenes Leben ♦ *m f* EinzelgängerIn *m f*

solitaire *m (diamant/jeu)* Solitär *m*

solitude *f* Einsamkeit *f*

sollicitation *f* Ersuch *m*, dringende Bitte *f répondre à une ~* einem Ersuchen nach=geben; *être soumis à de multiples ~s (fam)* sehr gefragt sein

solliciter 1 bitten/nach=suchen (um) *j'ai l'honneur de ~ de votre haute bienveillance* ich ersuche hiermit um Ihre geschätzte Aufmerksamkeit 2 *~ qqn* jn ersuchen/bitten 3 *trop ~ une machine* einer Maschine zu viel ab=verlangen, eine Ma-

sollicitude f liebevolle Fürsorge f
solstice m Sonnenwende f
soluble 1 löslich 2 *un problème ~* ein lösbares Problem
solution f Lösung f
solvable zahlungsfähig
solvant m Lösungsmittel n
somatique somatisch
somatiser körperlich reagieren
sombre dunkel; finster, düster; *(fig) un ~ pressentiment* eine dunkle Vorahnung; *(fam) une ~ histoire* eine finstere Geschichte
sombrer versinken, unter=gehen; *(fig) ~ dans l'alcool* dem Alkohol verfallen; *~ dans le sommeil* in Schlaf versinken
sommaire kurzgefaßt, kurz zusammengefaßt, grob; summarisch
sommaire m (kurze) Inhaltsangabe f; kurze Zusammenfassung f
sommation f 1 Warnung f 2 *(jur)* Aufforderung f, Mahnung f
somme f 1 Summe f 2 *faire la ~ de* den Betrag m von... aus=machen 3 *~ toute* alles in allem, alles zusammengenommen; *en ~* kurz und gut, schließlich 4 *bête de ~* Lasttier n
somme m Nickerchen n, Schläfchen n
sommeil m 1 Schlaf m 2 *avoir ~* müde sein; *(fig) tomber de ~* vor Müdigkeit um=fallen, zum Umfallen müde sein 3 *mettre une affaire en ~* eine Angelegenheit auf Eis legen
sommelier, -ère f KellermeisterIn m f, WeinkellnerIn m f
sommer auf=fordern; *(jur)* mahnen; auf=fordern
sommet m Gipfel m; *(math)* Spitze f; *(fig) conférence au ~* Gipfelkonferenz f; *atteindre des ~s* einen Höhepunkt m erreichen
sommier m Auflegematratze f *~ à lattes* Lattenrost m, Einlegeboden m
sommité f Größe f, Kapazität f
somnambule mondsüchtig
somnifère m Schlafmittel n
somnolent schläfrig
somnoler halb schlafen, *(fam)* vor sich hin=dösen
somptuaire : *(fam) faire des dépenses ~s* horrende summen aus=geben
somptueux, -euse prächtig, prachtvoll
son/sa/ses son, ihr, seine, ihre *il vient avec ~ frère* er kommt mit seinem Bruder; *elle vient avec ~ frère* sie kommt mit ihrem Bruder
son m 1 Ton m *spectacle ~ et lumière* Licht-Ton-Show f; *monter le ~* den Ton stärker stellen; *(av) franchir le mur du ~* die Schallmauer f durch=brechen 2 Klang m
sondage m 1 Untersuchung f; Probebohrung f 2 Umfrage f, Befragung f *~ d'opinion* Meinungsumfrage f; *institut de ~* Meinungsforschungsinstitut n
sonde f *(méd/pétrole/astro)* Sonde f; *(mar)* Lot n, Senkbeil n
sondé, -e m f Befragte/r
sonder 1 aus=loten; peilen; *(fig) ~ le terrain* eine Situation ab=klopfen, das Gelände ab=tasten; *~ qqn* bei jm auf den Busch klopfen, jn aus=horchen 2 befragen
songe m Traum m
songer 1 *~ au passé* über die Vergangenheit nach=denken 2 *~ à faire qch* daran denken, etw zu tun; *sans ~ à mal* ohne Böses zu beabsichtigen
songeur, -euse nachdenklich; versonnen; träumerisch *cela me laisse ~* das stimmt mich nachdenklich
sonner 1 klingen, läuten *~ creux* hohl klingen; *(fig)* leer klingen 2 *midi a sonné* es hat zwölf (Uhr)/Mittag geschlagen 3 *~ à la porte* an der Tür klingeln 4 *~ du cor* ins Horn blasen ◆ 1 *~ les cloches* die Glocken läuten; *(fig/fam)* jn zusammen=stauchen 2 *~ la retraite* zum Rückzug blasen 3 *~ l'infirmière* nach der Krankenschwester läuten
sonnerie f Klingel f; *(tél)* Klingeln n, Läuten n; *(réveil)* Klingeln n/Läuten n/Rasseln n
sonnette f 1 Klingel f; Glocke f 2 *serpent à ~* Klapperschlange f
sono m → **sonorisation**
sonore 1 tönend, Ton- *volume ~* Lautstärke f 2 *une voix très ~* eine sehr klangvolle/sonore Stimme 3 *une pièce très ~* ein sehr lautes Zimmer 4 *une consonne ~* stimmhafter Konsonant
sonorisation f 1 Beschallung f 2 Verstärkeranlage f, Lautsprecheranlage f
sonoriser 1 *~ un film* einen Film vertonen 2 *~ une salle* einen Saal beschallen
sonorité f Klang m, Klangfülle f
sophistiqué 1 gekünstelt 2 *un appareil très ~* ein hochentwickeltes Gerät
soporifique einschläfernd
soprano f Sopranistin f
sorbetière f Eismaschine f
sorcellerie f Hexerei f, Zauberei f
sorcier, -ière 1 *être un peu sorcière* über Hexenkräfte/magische Kräfte verfügen 2 *(fam) ce n'est pas ~ !* das ist keine Hexerei f/Kunst ! f ◆ m f Hexenmeister m, Hexe f, Zauberer m, Zauberin f; *(fig) chasse aux sorcières* Hexenjagd f
sordide 1 *un appartement ~* eine ärm-

sornettes
liche und dreckige Wohnung 2 *tenir des propos ~s* gemeine Reden führen

sornettes *fpl* leeres, albernes Gerede *n*, ungereimtes Zeug *n*

sort *m* 1 Schicksal *n*, Geschick *n*, Los *n* 2 *tirer au ~* aus=losen, verlosen 3 *le mauvais ~* das böse Geschick, das Unglück *n*; *jeter un ~ à qqn* jn verhexen/behexen 4 *(fam) faire un ~ à qch* etw verspachteln/verdrücken/verputzen

sortant : *le député ~* der bisherige Abgeordnete

sorte *f* 1 Art *f* *toutes ~s de* alle Arten, allerlei 2 *un homme de cette ~* ein Mann von dieser Sorte *f*/seines Schlages *m*; *ne me parle pas de la ~ !* rede nicht in dieser Art/diesem Ton mit mir! 3 *de (telle) ~ que* so daß; derart, daß; *faire en ~ que* es so ein=richten, daß 4 *en quelque ~* gewissermaßen

sortie *f* 1 Ausgang *m*; *(autoroute)* Ausfahrt *f* 2 *(film)* Premiere *f*; *(livre)* Erscheinen *n* 3 *à la ~ du collège* vor der Schule; nach Schulschluß *m*/der Schule; *(mil) tenter une ~* einen Ausbruchsversuch machen 4 Ausflug *m*; Weggehen *n* 5 *~ de devises* Devisenabfluß *m*; *avoir plus de ~s que de rentrées* mehr Ausgaben *fpl* als Einnahmen haben 6 *(fam) faire une ou deux ~s très remarquées* einige vielbeachtete Ausfälle *mpl* machen

sortie-de-bain *f* Bademantel *m*

sortilège *m* Zauber *m*, Bann *m*

sortir 1 hinaus=gehen, heraus=kommen, heraus=treten, verlassen ; *~ du lit* aus dem Bett auf=stehen ; *~ de la maison* aus dem Haus gehen ; *~ de France* aus Frankreich aus=reisen ; *(fig) ~ de terre* aus der Erde sprießen ; *la rivière sort de son lit* der Fluß tritt über seine Ufer ; *cela m'est sorti de la tête* das ist mir entfallen ; *(fig/fam) les yeux lui sortent de la tête* ihm fallen bald die Augen raus 2 *~ tous les soirs* jeden Abend aus=gehen/weg=gehen ; *(fam) ~ avec qqn* mit jm gehen 3 *quel numéro va ~ ?* welche Zahl wird gelost? 4 *~ de maladie* gerade krank gewesen sein 5 *~ de la route* von der Straße ab=kommen ; *(fig) ~ du sujet* vom Thema ab=kommen/ab=weichen 6 *il n'en sortira rien de bon* dabei kommt nichts raus; daraus wird nichts (Gutes/Vernünftiges); *d'où sort-il ?* wo kommt denn der her?, wo ist denn der entsprungen? ◆ 1 *~ son chien* seinen Hund aus=führen 2 *~ qch de son sac* etw aus seiner Taschen (heraus)=holen ; *~ sa voiture du garage* sein Auto aus der Garage (heraus)=fahren 3 *~ des devises* Devisen aus=führen 4 *~ un livre* ein Buch heraus=bringen 5 *(fam) ~ des âneries* dumme Bemerkungen von sich (D) geben ◆ *s'en ~* damit fertig=werden/zu Rande kommen ; sich aus der Affaire ziehen, da-von=kommen ◆ *(fam) se faire ~* rausgeschmissen werden ◆ *m au ~ de l'enfance* am Ende m der Kindheit

S.O.S. *m* SOS *m*

sosie *m* Doppelgänger *m*

sot, -te dumm

sottise *f* Dummheit *f*; *(péj) dire des ~s à qqn* jn beschimpfen

sou *m* Pfennig *m*, Groschen *m machine à ~s* Spielautomat *m*; *(fam) avoir des ~s* Knete *f* haben ; *être près de ses ~s* auf jeden Pfennig *m* achten ; *c'est une question de gros ~s* hier geht's ums Geld *n*; *(fig) il n'est pas malin pour un ~* er hat für keinen Pfennig Grips; *(loc) propre comme un ~ neuf* blitzsauber ; *un ~ est un ~* Kleinvieh macht auch Mist; *un manteau de quatre ~s* ein billiger Mantel ; *être sans le ~* blank sein

soubassement *m* Sockel *m*

soubresaut *m* Zusammenzucken *n*, Auffahren *n*

souche *f* 1 Baumstumpf *m*; *(fig) dormir comme une ~* wie ein Murmeltier *n*/Ratz *m*/eine Ratze *f* schlafen 2 *carnet à ~s* Abreißheft *n* 3 Ursprung *m*, Abstammung *f*; *faire ~* Nachkommen *mpl* haben 4 *(cheminée)* unterer Teil *m*

souci *m* 1 Sorge *f se faire du ~ pour qqn/qch* sich (D) um jn/etw Sorgen machen 2 *avoir le ~ de la vérité* um Ehrlichkeit bemüht/bedacht sein 3 *(fleur)* Ringelblume *f*

soucier (se) : *se ~ de qch* sich um etw sorgen/kümmern, sich über etw (A) Gedanken machen

soucieux, -euse 1 besorgt, sorgenvoll *un front ~* eine von Sorgen zerfurchte Stirn ; *être ~* sich (D) Sorgen machen 2 *être ~ de faire de son mieux* bestrebt/bedacht sein, sein Bestes zu tun

soucoupe *f* 1 Untertasse *f* 2 *~ volante* fliegende Untertasse

soudain plötzlich ◆ plötzlich, unvermittelt, unversehens

soude *f* : *~ caustique* Ätznatron *n*

soudé : *(fig) une famille très ~e* eine fest verbundene Familie ; *(méd)* zusammengewachsen

souder schweißen ; löten *fer à ~* Lötkolben *m*; *(fig) ~ des liens* eine Beziehung verstärken

soudeur *m* **-euse** *f* SchweißerIn *m f*

soudoyer bestechen

soudure *f* 1 Schweißen *n* 2 Schweißnaht *f*; Lötstelle *f*; *(fig) faire la ~* einen Übergang bilden

souffle *m* 1 Atem *m*; Hauch *m*; Luft *f avoir du ~* genügend Luft *f*/(fam) Puste *f* haben ; *à bout de ~* außer Atem, atemlos ; *retenir son ~* den Atem an=halten ; *(fig) c'est à couper le ~ (fam)* da bleibt einem die Spucke weg **2** Hauch *m*; *(méd)* **un ~ au cœur** ein Herzklappenfehler *m*

souffler 1 aus=atmen; *(fig/fam) ~ comme un bœuf* wie eine Lokomotive pusten; *avoir besoin de ~* verschnaufen müssen **2** blasen ◆ **1 ~** *une bougie* eine Kerze aus=blasen/*(fam)* aus=pusten **2** blasen; *(fig) ~ une réponse* eine Antwort zu=flüstern/vor=sagen; *ne pas ~ mot* kein Wort sagen **3 ~** *une maison* ein Haus weg=fegen/weg=pusten **4 ~** *du verre* Glas blasen **5** *(fam)* ~ *qch à qqn* jm etw (vor der Nase) weg=schnappen

soufflet *m* **1** (Blase)balg *m*; *(train)* Faltenbalg *m*, *(fam)* Ziehharmonika *f*; *(couture)* Zwickel *m*, Keil *m* **2** Ohrfeige *f*

souffrance *f* **1** Leiden *n*, Schmerz *m* **2** *une affaire en ~* eine unerledigte Angelegenheit; *du courrier en ~* unzugestellte/nicht erledigte Post

souffre-douleur *m* Prügelknabe *m*, Sündenbock *m*

souffreteux, -euse kränklich

souffrir leiden *~ d'une angine* an einer Angina leiden **~** *du départ de qqn* unter js Weggang leiden ◆ **1** *ne pas pouvoir ~ qqn/qch* jn/etw nicht aus=stehen/leiden können; *(fig) ne ~ aucun retard* keinerlei Verspätung dulden; *souffrez que je vous dise* gestatten/erlauben Sie, daß ich Ihnen sage **2 ~** *le martyre* Höllenqualen leiden

soufre *m* Schwefel *m*

souhait *m* Wunsch *m à vos ~s !* Gesundheit !

souhaitable wünschenswert

souhaiter 1 wünschen *~ un bon anniversaire à qqn* jm zum Geburtstag gratulieren **2** *je souhaite venir en août* ich möchte gerne im August kommen

souiller beflecken, beschmutzen

souillon *f* Schmutzfink *m*

souillure *f* Verunreinigung *f*; Schmutzfleck *m*; *(fig)* Makel *m*, Schandfleck *m*

soûl *(fam)* besoffen, (sternhagel)voll

soûl *m* : *tout son ~* nach Herzenslust *f*

soulagement *m* Erleichterung *f*; Linderung *f*

soulager 1 ~ *la douleur* einen Schmerz lindern **2 ~** *qqn* jn entlasten; *~ qqn d'une partie de son travail* jm einen Teil seiner Arbeit ab=nehmen; **~** *qqn dans son travail* jm seine Arbeit erleichtern

soûler (se) *(fam)* **1** sich besaufen/voll=laufen lassen **2** *se ~ de belles paroles* sich an schönem Gerede berauschen

soulèvement *m* Aufstand *m*, Erhebung *f*, Revolte *f*

soulever 1 hoch=heben, (an)heben; *(fig) ~ des montagnes* Berge versetzen; *~ le cœur* Abscheu/Widerwillen erregen **2 ~** *de la poussière* Staub auf=wirbeln **3 ~** *une question* eine Frage auf=werfen **4 ~** *un peuple* ein Volk auf=wiegeln **5 ~** *l'enthousiasme* Begeisterung entfachen/aus=lösen ◆ *se ~* **1** sich auf=richten **2** sich erheben/auf=lehnen

soulier *m* Schuh *m*

soumettre 1 ~ *une proposition à qqn* jm einen Vorschlag unterbreiten **2 ~** *un peuple* ein Volk unterwerfen/unterjochen **3 ~** *un produit à des tests* eine Ware einem Test unterziehen ◆ **1** *se ~* sich unterwerfen/fügen **2** *se ~ à un examen médical* sich einer ärztlichen Untersuchung unterziehen

soumis 1 gefügig, unterwürfig **2** *être ~ à l'impôt* steuerpflichtig sein; *être ~ à une réglementation* einer Regel unterworfen sein → **soumettre**

soumission *f* Unterwerfung *f*

soumissionner sich (bei einer Ausschreibung) bewerben (um), ein Angebot machen

soupape *f* Ventil *n*

soupçon *m* **1** Verdacht *m* **2** *un ~ de lait* ein Tröpfchen *n* Milch

soupçonner verdächtigen; *(fig)* ahnen, vermuten

soupçonneux, -euse argwöhnisch, mißtrauisch

soupe *f* Suppe *f*; *(fig/fam) gros plein de ~* Dickwanst *m*, Fettsack *m*, Fettkloß *m*; *ce n'est pas de la neige, c'est de la ~* das ist kein Schnee, sondern Brühe *f*; *(loc) être ~ au lait* leicht auf=brausen

soupente *f* Hängeboden *m*

souper zu Abend essen; *(fam) j'en ai soupé !* das hängt mir zum Halse raus !

soupière *f* (Suppen)terrine *f*

soupir *m* **1** Seufzer *m*; *(fig) pousser un ~ de soulagement* erleichtert auf=atmen **2** *(mus)* Viertelpause *f*

soupirail *m* **-aux** Kellerfenster *n*

soupirant *m* Verehrer *m*

soupirer 1 seufzen **2 ~** *pour une femme* in eine Frau verliebt sein

souple 1 *un cuir ~* geschmeidiges/weiches Leder; *un corps ~* ein geschmeidiger/biegsamer Körper; *(fig) des horaires ~s* gleitende/flexible Arbeitszeit; *il est plutôt ~* er ist ziemlich flexibel **2** *des cheveux ~s* leicht gewelltes Haar

souplesse *f* Biegsamkeit *f*; Geschmeidigkeit *f*; *(fig)* Flexibilität *f*, Anpassungsfähigkeit *f*

source *f* Quelle *f eau de ~* Quellwasser *n* ; *(fig) retenues à la ~* Lohnabzüge *mpl*; *citer ses ~s* seine Quellen angeben; *remonter aux ~s d'une affaire* bis zu den Ursprüngen *mpl* einer Geschichte zurück=gehen

sourcier *m* (Wünschel)rutengänger *m*

sourcil *m* Augenbraue *f* *froncer les ~* die Brauen *fpl*/die Stirn *f* runzeln

sourciller : *sans ~* ohne mit der Wimper zu zucken

sourd 1 taub; *(fam) ~ comme un pot* stocktaub; *(fig) être ~ à la demande de qqn* js Bitte nicht erhören; *faire la ~e oreille* sich taub stellen 2 *un bruit ~* ein dumpfer/gedämpfter Lärm; *une consonne ~e* ein stimmloser Konsonant 3 *une douleur ~e* eine dumpfer Schmerz

sourdine *f* Dämpfer *m* *jouer en ~* gedämpft spielen; *(fig/fam) mettre une ~* den Ton mäßigen

sourd-muet taubstumm

sourdre hervor=quellen

souriant : *une personne ~e* eine heitere Person

souricière *f* : *(fig) tomber dans la ~* in die Falle *f* gehen

sourire 1 lächeln; *~ à qqn* jm zu=lächeln, jn an=lächeln; *(fig) ~ aux anges* vor sich hin lächeln 2 *la chance me sourit* das Glück ist mir hold

sourire Lächeln *n*; *(fig) garder le ~* guter Dinge/heiter bleiben

souris *f* 1 Maus *f* 2 *(info)* Maus

sournois hinterhältig, hinterlistig; *(fig)* heimtückisch

sous 1 unter (A/D) 2 *~ les traits d'un dangereux individu* in Gestalt eines gefährlichen Individuums 3 *être ~ antibiotiques* unter Antibiotika stehen 4 *~ huitaine* binnen acht Tagen; *~ peu* in Kürze, bald

sous-alimenté unterernährt

sous-bois *m* Unterholz *n*

souscripteur *m* Unterzeichner *m*

souscription *f* Subskription *f* *ouvrir une ~ en faveur de qqn/qch* eine Spendenaktion *f* für jn/etw organisieren; *(bourse) droit de ~* Zeichnungsrecht *n*

souscrire 1 *~ à un emprunt* eine Anleihe zeichnen; *~ à une publication* (auf) eine Veröffentlichung subskribieren 2 *~ à une opinion* einer Meinung sein ◆ *~ à un abonnement* sich abonnieren (auf A)

sous-développé unterentwickelt

sous-directeur *m* **-trice** *f* stellvertretender Direktor *m*, stellvertretende Direktorin *f*

sous-entendre darunter verstehen *ce qui sous-entend que* was als selbstverständlich voraussetzt, daß

sous-entendu : *c'est ~* das ist selbstverständlich/wird stillschweigend vorausgesetzt ◆ *m* Andeutung *f*, Anspielung *f*

sous-équipé unzureichend ausgestattet

sous-estimer unterschätzen

sous-fifre *m* *(fam)* kleines Würstchen *n*

sous-jacent unterschwellig

sous-lieutenant *m* Leutnant *m*

sous-main *m* 1 Schreibunterlage *f* 2 *en ~* heimlich; unter der Hand

sous-marin *m* Unterseeboot *n*, U-Boot *n* *~ nucléaire* Atom-U-Boot *n*

sous-officier *m* Unteroffizier *m*

sous-produit *m* Nebenprodukt *n*; Abfallprodukt *n*

soussigné : *je, ~e Brigitte X* Hiermit bescheinige/erkläre/bestätige ich ◆ *m -e f le ~ déclare* der Unterzeichnete *m* erklärt

sous-sol *m* 1 Kellergeschoß *n* 2 *un ~ argileux* ein lehmiger Untergrund *m*; *les richesses du ~* Bodenschätze *mpl*

sous-tendre *(fig)* zugrunde=liegen (D)

soustraction *f* Substraktion *f*

soustraire 1 *~ deux de cinq* zwei von fünf substrahieren/ab=ziehen 2 *~ qqn à de mauvaises influences* jn schlechten Einflüssen entziehen 3 *~ certaines pièces d'un dossier* bestimmte Unterlagen einer Akte unterschlagen ◆ *se ~* sich entziehen (D)

sous-traitant *m* Zulieferer *m*

sous-verre *m* Glas *n* ohne Rahmen

sous-vêtement *m* Unterwäsche *f*

soute *f* Laderaum *m*

soutènement *m* : *mur de ~* Stützmauer *f*

souteneur *m* Zuhälter *m*

soutenir 1 (ab)=stützen 2 *~ qqn* jn stützen; *(fig)* jn unterstützen 3 *~ son effort* seine Bemühung verstärken; *~ le franc* den Franc stützen 4 verteidigen *je soutiens que* ich behaupte, daß 5 *~ la comparaison* den Vergleich aus=halten, einem Vergleich stand=halten

souterrain unterirdisch *garage ~* Tiefgarage *f*; *passage ~* Unterführung *f* ◆ *m* unterirdischer Gang *m*

soutien *m* 1 Unterstützung *f*, Hilfe *f*, Beistand *m*; *(jur) ~ de famille* Ernährer *m* der Familie 2 *des mesures de ~ à l'économie* Maßnahmen zur (Unter)stützung *f* der Wirtschaft

soutien-gorge *m* Büstenhalter (BH) *m*

soutirer ab=zapfen; *(fig) ~ de l'argent à qqn* jm Geld ab=luchsen/aus der Tasche ziehen; *~ des renseignements à qqn* jm Informationen entlocken

souvenance *f* : *à ma ~* in meiner Erinnerung *f*; *je n'en ai pas ~* ich kann mich nicht erinnern

souvenir *m* 1 Erinnerung *f* *en ~ de* in Erinnerung an (A); *transmettez mon bon ~ à X* grüßen Sie bitte X (ganz herzlich) von mir 2 *acheter un ~* ein Souvenir *n*/ Andenken *n* kaufen

souvenir (se) : *se ~ de qqn/qch* sich an jn/etw erinnern; *je m'en souviendrai !* das werde ich nicht so schnell vergessen !

souvent oft, öfters, häufig

souverain 1 souverän 2 *un moyen ~*

ein unfehlbares Mittel **3** *un ~ mépris* tiefste/abgrundtiefe Verachtung ◆ *m* **-e** *f* HerrscherIn *m f*. Souverän *m*; KönigIn *m f*

souveraineté *f* : *la ~ nationale* die nationale Souveränität *f*

soviétique sowjetisch ◆ *m f* Sowjet(mensch) *m*

soyeux, -euse seidig

S.P.A. *f* → **société protectrice des animaux**

spacieux, -euse geräumig

sparadrap *m* Heftpflaster *n*

spasme *m* Krampf *m*

spatial, -aux **1** Raum- *engin ~* Raumfahrzeug *n* **2** räumlich

spatio-temporel, -le raumzeitlich

spatule *f* **1** Spachtel *m* **2** *(ski)* Spitze *f*

speaker, -krine [spikœr] SprecherIn *m f*, AnsagerIn *m f*

spécial, -aux **1** Sonder- *autorisation ~e* Sondererlaubnis *f* **2** speziell; *(cin) effets spéciaux* Spezialeffekte *mpl*; *(fam) il est un peu ~* er ist ein bißchen eigenartig/sonderbar/komisch

spécialement : *~ pour le spectacle* eigens für die Aufführung; *je suis venu ~ pour toi* ich bin extra deinetwegen gekommen

spécialiser (se) (en) sich spezialisieren (auf **A**)

spécialiste *m f* SpezialistIn *m f*; *(méd)* Facharzt *m*

spécialité *f* Spezialität *f*; Fachgebiet *n*, Spezialgebiet *n*; *(cuis)* Spezialität *f*; *(fam) c'est sa ~* das ist eine Eigenart *f* von ihr

spécieux, -euse scheinbar (wahr), trügerisch, Schein- *des arguments ~* Scheinargumente *npl*

spécificité *f* Spezifik *f*

spécifier genau an=geben, einzeln auf=führen

spécifique spezifisch

spécimen [-men] *m* **1** Exemplar *n*, Spezies *f* **2** *(livre)* Probeexemplar *n*, Werbeexemplar *n*, Belegexemplar *n*

spectacle *m* **1** Vorstellung *f*; *(th)* Schauspiel *n* *un film à grand ~* ein Ausstattungsfilm *m*; *(fig) se donner en ~* sich (vor den Leuten) produzieren; sich zur Schau *f* stellen **2** Anblick *m*

spectaculaire aufsehenerregend; eindrucksvoll; spektakulär

spectateur *m* **-trice** *f* ZuschauerIn *m f*

spectre *m* **1** Gespenst *n*, Phantom *n*; *(fig)* Schreckgespenst **2** *(phys/méd)* Spektrum *n*

spéculateur *m* **-trice** *f* SpekulantIn *m f*

spéculatif, -ive **1** spekulativ, Spekulations- **2** *un esprit ~* ein nachdenkliches Temperament

spéculation *f* Spekulation *f*; *(fig) se perdre en ~s* sich in Spekulationen ergehen

spéculer : *~ sur un terrain* mit einem Grundstück spekulieren; *(fig) ~ sur la gentillesse de qqn* mit der Gutmütigkeit von jm rechnen

spéléologue *m* Speläologe *m*

spermatozoïde *m* Samenfaden *m*

sperme *m* Sperma *n*

sphère *f* **1** Kugel *f* **2** Bereich *m*, Sphäre *f dans les hautes ~s* in den höheren Kreisen *mpl*

sphérique kugelförmig

sphincter [-tɛr] *m* Schließmuskel *m*

spinal, -aux : *nerf ~* Hirnnerv *m*

spirale *f* **1** *(math)* Spirale *f en ~* spiralförmig, schraubenförmig; *(fig) la ~ des prix et des salaires* die Preis- und Lohnspirale *f* **2** *un cahier à ~s* Ringheft *n*

spiritualité *f* **1** Spiritualität *f*, Geistigkeit *f* **2** *une remarque d'une grande ~* eine äußerst geistreiche Bemerkung

spirituel, -le **1** geistig; *(rel) le pouvoir ~* die geistliche Macht **2** geistreich; witzig

spiritueux *m* alkoholisches Getränk *n*, Spirituose *f*

splendeur *f* Glanz *m*; Pracht *f*; Herrlichkeit *f*; *(iro) la bêtise dans toute sa ~* ein Musterbeispiel *n* an Dummheit

splendide prächtig, prachtvoll; herrlich; glänzend; glanzvoll

spoliateur, -trice RäuberIn *m f*

spolier : *~ qqn de qch* jn um etw berauben, jm etw rauben

spongieux, -euse schwammig

sponsoriser sponsern

spontané **1** spontan **2** *génération ~e* Urzeugung *f*

sporadique sporadisch

spore *f* Spore *f*

sport *m* Sport *m*; *(fam) c'est du ~* das ist eine ganz schöne Leistung *f*, da gehört schon was dazu

sportif, -ive sportlich ◆ *m f* SportlerIn *m f*

sprint [sprint] *m* Endspurt *m*; Sprint *m piquer un ~* zum Endspurt an=setzen

squatter [skwate] *(fam)* ein Haus/eine Wohnung besetzen

squelette *m* Skelett *n*, Gerippe *n*; *(fig)* Gerüst *n*

squelettique skelettartig; *(fig)* spindeldürr

stabilisateur *m* Stabilisator *m*

stabiliser **1** *~ un sol* den Boden befestigen; *~ un meuble* ein Möbelstück konsolidieren **2** *~ les prix* die Preise stabilisieren ◆ *il a envie de se ~* er möchte seine Situation festigen

stabilité *f* **1** Dauerhaftigkeit *f*; Festigkeit *f rechercher la ~* nach Stabilität *f* streben **2** *~ de la monnaie* Geldwertstabilität *f*,

stable

Geldwertbeständigkeit *f* **3** Standfestigkeit *f*, (Kipp)sicherheit *f*
stable 1 stabil **2** gesichert, sicher, beständig *un emploi ~* ein sicherer Arbeitsplatz; *des prix ~s* stabile Preise; *un temps ~* beständiges Wetter
stabulation *f* Stallhaltung *f*
stade *m* **1** *(sp)* Stadion *n* **2** Stadium *n à ce ~* in diesem Stadium; *passer par différents ~s* verschiedene (Entwicklungs)stufen *fpl* durch=machen
stage *m* **1** Lehrgang *m un ~ de danse* ein Tanzkurs *m* **2** *(entreprise)* Praktikum *n*
stagiaire *m* **1** Lehrgangsteilnehmer *m* **2** Praktikant *m*
stagnant: *eaux ~es* stehende Gewässer
stagnation *f* Stillstand *m*, Stagnation *f*; *(éco)* Flaute *f*
stagner 1 stagnieren **2** still=stehen
stalactite *f* Stalaktit *m*
stalle *f (écurie)* Box *f*; *(église)* Chorgestühl *n*
standard: *un modèle ~* Standardmodell *n*, Standardausführung *f* ◆ *m* **1** *(tél)* Zentrale *f*, (Fernsprech)vermittlung *f* **2** Standard *m*
standardiser standardisieren
standardiste *m f* TelefonistIn *m f*
standing [städiŋ] *m* Status *m*, Rang *m*, (gesellschaftliche) Stellung *f de ~* Luxus-
starter [starter] *m (auto)* Startvorrichtung *f*
starting-block [startiŋ-] *m* Startblock *m*
station *f* **1** Ort *m ~ de ski* Skiort *m* **2** Haltestelle *f* **3** *~ orbitale* Raumstation *f*, Orbitalstation *f* **4** *(radio)* (Sende)station *f* **5** (Aufent)halt *m*; *(rel)* (Kreuzweg)station *f* **6** *la ~ debout* das Aufrechtstehen *n*
stationnaire 1 *état ~* unveränderter/gleichbleibender Zustand **2** *(phys) ondes ~s* stehende Wellen
stationnement *m* Parken *n*
stationner parken ◆ *(mil) être stationné* stationiert sein
station-service *f* Tankstelle *f*
statique statisch
statisticien, -ne StatistikerIn *m f*
statistique statistisch ◆ *f* Statistik *f*
statue *f* Statue *f*
statuer: *~ sur qch* über etw (A) entscheiden/befinden
stature *f* Statur *f*; Gestalt *f*; Wuchs *m*
statut *m* Statut *n*
statutaire statutengemäß; satzungsgemäß
steak [stek] *m* Steak [ste:k] *n*
sténodactylo *f* Stenotypistin *f*
stentor *m*: *voix de ~* Donnerstimme *f*
stère *m* Ster *m*
stéréophonique Stereo-
stéréotype *m* Stereotyp *n*
stéréotypé stereotyp

stérile unfruchtbar, steril; *(fig)* fruchtlos, unergiebig, unproduktiv, nutzlos
stérilet *m* Spirale *f*
stériliser sterilisieren
sternum *m* Brustbein *n*
stigmates *mpl* Stigmen *fpl*, Stigmata *fpl*; *(fig) garder les ~s de qch* das Stigma von etw (zurück)=behalten
stigmatiser brandmarken, an=prangern
stimulant stimulierend; anregend ◆ *m* Stimulans *n*; Anregungsmittel *n*; *(fig)* Auftrieb *m*, Anreiz *m*
stimulateur *m*: *~ cardiaque* Herzschrittmacher *m*
stimuler steigern; *(fig)* an=stacheln
stipuler fest=setzen, fest=legen
stock *m* **1** (Lager)bestand *m*, Warenbestand *m*; Vorrat *m avoir en ~* auf Lager *n* haben **2** *(fig) tout un ~ de vieilleries* eine ganze Menge *f* alter Sachen
stocker (ein)=lagern; (auf)=stapeln; lagern
stoïque stoisch
stomacal, -aux Magen-
stop: *~!* halt! stop(p)! ◆ *m* **1** *respecter un ~* ein Stoppschild *n* beachten **2** *(fam) faire du ~* per Anhalter *m* fahren, trampen **3** *(auto)* Bremslicht *n*
stopper (an)=halten, (ab)=stoppen ◆ **1** *~ une machine* eine Maschine ab=stellen/*(fam)* an=halten **2** *~ une offensive* eine Offensive stoppen/zum Stehen bringen **3** *~ une maille* eine Masche auf=nehmen
stoppeur *m* **-euse** *f (fam)* AnhalterIn *m f*
store *m* Rollo *n*
strabisme *m* Schielen *n*
strangulation *f*: *être tué par ~* erwürgt/erdrosselt werden
strapontin *m* Klappsitz *m*; *(fig)* unwichtiger Posten *m*
stratagème *m* (Kriegs)list *f*
strate *f (géo)* Schicht *f*
stratégie *f* Strategie *f*
stratifié: *roches ~es* Schichtgesteine *fpl* ◆ *m* Schichtpreßstoff *m*
stress *m* Streß *m*
stressant *(fam)* stressig, hektisch
stresser *(fam)* stressen
strict 1 streng **2** *une tenue très ~* (über)aus) korrekte Kleidung **3** *le ~ nécessaire* nur das (Aller)notwendigste **4** *la ~e application du règlement* die (peinlich) genaue/strikte Anwendung der Regeln
strident schrill; gellend
strie *f* Rille *f*, Riefe *f*; Streifen *m*
strier riffeln; ritzen
string [striŋ] *m* Tangaslip *m*
strophe *f* Strophe *f*
structure *f* **1** Struktur *f*, (Auf)bau *m*; Gliederung *f*; *(chim/phys) la ~ molécu-*

laire der Bau eines Moleküls **2** *à ~ métallique* mit einer Metallkonstruktion *f*; *(fig) les ~s administratives* Verwaltungsstrukturen *fpl*
structurel, -le strukturell
structurer strukturieren
stuc *m* Stuck *m*
studieux, -euse 1 eifrig, fleißig **2** *une vie studieuse* ein arbeitsames Leben
studio *m* Studio *n*, Appartment *n*, Einzimmerwohnung *f*
stupéfaction *f* Verblüffung *f*, *(fig)* Sprachlosigkeit *f*
stupéfait verblüfft, *(fig)* sprachlos
stupéfiant *m* Rauschgift *n*
stupéfier verblüffen, in (sprachloses) Erstaunen versetzen
stupeur *f* Betroffenheit *f*, Bestürzung *f*
stupide dumm, stupid(e), *(fam)* doof
stupidité *f* **1** Stupidität *f* **2** *dire des ~s* Dummheiten *fpl* / dummes / stupides Zeug erzählen
stupre *m* Ausschweifung *f*
style *m* **1** Stil *m meuble de ~* Stilmöbel *npl*; *(fig) un ~ de vie* ein Lebensstil *m*, eine Lebensweise *f*; *une chose de ce ~* eine derartige Sache; *manquer de ~* keinen Stil / keine Lebensart *f* / *(fam)* kein Niveau *n* haben **2** *(tech)* Zeiger *m*
stylé perfekt; geschult
styliser stilisieren
styliste *m f* StylistIn [staidist] *m f*
stylo *m* : *~ à encre* Füll(feder)halter *m*, Füller *m*
suaire *m* Leichentuch *n*
suave lieblich, zart; einschmeichelnd
subalpin Voralpen-
subalterne subaltern, untergeordnet ◆ *m f* Untergebene/r, Subalterne/r
subconscient *m* Unterbewußtsein *n*
subdiviser unterteilen, untergliedern
subdivision *f* (Unter)gliederung *f* ~ *administrative* Amtsbezirk *m*
subir 1 erleiden, erdulden, hin=nehmen müssen ~ *des violences* unter Gewalt(akten) leiden **2** ~ *un interrogatoire* verhört / vernommen werden; ~ *une opération* operiert werden **3** ~ *qqn* in ertragen
subit jäh, plötzlich, unvermittelt
subitement plötzlich, unversehens, schlagartig
subjectif, -ive subjektiv
subjonctif *m* Konjunktiv *m*
subjuguer packen, fesseln
sublimation *f* Sublimierung *f*
sublime erhaben; erhebend; sublim; *(fig / fam)* toll, irre
submerger überschwemmen, überfluten; *(fig)* ~ *les forces de police* die Polizei überrennen; *les soucis le submergent* die Sorgen überwältigen ihn ◆ *(fig) être submergé de travail* mit Arbeit überlastet sein, in der Arbeit versinken
submersible : *un engin ~* ein Wasserfahrzeug *n* ◆ *m* Unterseeboot *n*
subordination *f* Unterordnung *f*; *(gram) conjonction de ~* unterordnende Konjunktion *f*
subordonné, -e Untergebene/r ◆ *f (gram)* Nebensatz *m*
subordonner abhängig machen (von), unterordnen **(D)**
suborner beeinflussen, bestechen
subrepticement heimlich, verstohlen
subsides *mpl* finanzielle Unterstützung *f*
subsidiaire zusätzlich, Zusatz-; behelfsmäßig, Hilfs- *question ~* Zusatzfrage *f*
subsistance *f* : *assurer sa ~* für seinen Lebensunterhalt *m* auf=kommen
subsister 1 (fort=)bestehen, weiter=bestehen **2** *avoir juste de quoi ~* gerade so (über)leben / existieren können
substance *f* **1** Substanz *f*, Stoff *m* **2** Substanz *f*, Kern *m en ~* im wesentlichen, in der Hauptsache *f*
substantiel, -le 1 *(nourriture)* nahrhaft **2** wesentlich, bedeutend
substantif *m* Substantiv *m*
substituer ersetzen (durch) ◆ *se ~ à qqn* sich an js Stelle setzen
substitut *m* Vertreter *m* des Staatsanwalts
substitution *f* Ersatz *m*, Ersetzen *n* ~ *d'enfants* vorsätzliches Vertauschen *n*, eines Kindes; *(jur) peine de ~* Ersatzstrafe *f*
subterfuge *m* List *f*; Tücke *f*
subtil 1 *une odeur ~e* ein feiner Duft; *une plaisanterie ~e* ein feinsinniger Scherz **2** *une question ~e* eine subtile / scharfsinnige Frage
subtiliser entwenden, verschwinden lassen
subtilité *f* Subtilität *f*; Feinheit *f*; Scharfsinn *m*
subvenir : ~ *aux besoins de qqn* für js Unterhalt sorgen / auf=kommen, jn unterhalten
subvention *f* Subvention *f*, Zuschuß *m*
subventionner subventionieren
subversif, -ive subversiv, umstürzlerisch, zersetzend
subversion *f* Umsturz *m*; Subversion *f*
suc *m* Saft *m*
succédané *m* Surrogat *n*
succéder 1 ~ *à qqn* jm (im Amt) nach=folgen, js Nachfolge an=treten **2** *le printemps succède à l'hiver* auf den Winter folgt der Frühling ◆ *se ~* aufeinander=folgen
succès *m* Erfolg *m un auteur à ~* ein Erfolgsautor *m*
successeur *m* Nachfolger *m*
successif, -ive aufeinanderfolgend

succession

succession f 1 Aufeinanderfolge f; Reihenfolge f 2 Nachfolge f; (jur) Erbschaft f, Nachlaß m
successivement nacheinander
succinct [syksɛ̃] knapp, kurz, gedrängt
succion f Saugen n *réflexe de ~* Saugreflex m
succomber 1 sterben 2 *~ sous qch* etw (D) unterliegen; (fig) *~ au charme de qqn* js Charme (D) erliegen
succulent köstlich, schmackhaft
succursale f Zweigstelle f, Filiale f *magasin à ~s* Geschäftskette f
sucer 1 lutschen 2 *~ le sang* Blut (aus)saugen
sucette f 1 (fam) Lutscher m 2 (bébé) Schnuller m
sucre m 1 Zucker m *~ en morceaux* Würfelzucker m; *~ en poudre* Streuzucker m; (fig/fam) *casser du ~ sur le dos de qqn* über jn her=ziehen 2 (chim) Kohlenhydrat n
sucré 1 süß 2 *du café ~* gezuckerter Kaffee
sucrer zuckern ◆ (fam) *se ~* sich gesund=stoßen
sucrerie f 1 Süßigkeiten fpl 2 Zuckerfabrik f
sucrette f Süßstoff m
sucrier m Zuckerdose f
sud (S) m Süd(en) (S) *m la face ~* die Südseite f; *vent du ~* Südwind m; *au ~ de* südlich/im Süden von; *le sud de la France* Südfrankreich n
sudation f Schwitzen n
sud-est (S.-E.) m Südost(en) (SO) m
sudiste m Südstaatler|In m f
sudoripare : *glandes ~s* Schweißdrüsen fpl
sud-ouest (S.-O.) m Südwest(en) (SW) m
suer schwitzen ◆ 1 (cuis) *faire ~ une viande* Fleischsaft aus=kochen 2 (fam) *tu me fais ~* du gehst/fällst mir auf den Wecker; *ce travail me fait ~* diese Arbeit hängt mir zum Halse raus ◆ (fam) *se faire ~* sich zu Tode langweilen; *se faire ~ pour rien* sich ab=quälen
sueur f Schweiß m *en ~* verschwitzt, (fig) schweißgebadet; (fig) *à la ~ de son front* im Schweiße seines Angesichts; *j'ai eu une ~ froide* mir war der Angstschweiß m ausgebrochen
suffire genügen, aus=reichen; (fam) *ça suffit !* jetzt reicht's aber ! jetzt ist es aber genug ! ◆ *se ~ à soi-même* sich (D) selbst genügen
suffisamment genug, genügend, ausreichend
suffisant ausreichend, genügend
suffixe m Suffix m
suffocant stickig, zum Ersticken
suffoquer keine Luft mehr bekommen, ersticken
suffrage m 1 Wahl f, Stimmabgabe f *~ universel* allgemeines Wahlrecht n 2 *~s exprimés* abgegebene Stimmen fpl
suggérer 1 nahe=legen, zu verstehen geben 2 hervor=rufen, aus=lösen, denken lassen (an A)
suggestion f 1 *faire une ~ à qqn* jm einen Vorschlag m machen 2 (psy) Suggestion f
suicidaire selbstmörderisch; (fig) *c'est ~ d'agir de la sorte* das ist der reinste Selbstmord, so zu handeln
suicide m Selbstmord m
suicider (se) sich um=bringen, Selbstmord begehen
suie f Ruß m
suif m Talg m
suinter 1 *~ le long d'un mur* die/an der Wand entlang=sickern 2 *le mur suinte* die Wand schwitzt; *la plaie suinte* die Wunde nässt
suite f 1 Fortsetzung f 2 Folge f *les ~s d'une maladie* die Krankheitsfolgen fpl; *~ à notre entretien* mit/unter Bezugnahme f auf unser Gespräch; *à la ~ de cet incident* infolge/auf Grund des Zwischenfalls, auf diesen Zwischenfall hin; *par ~ d'encombrements* wegen/infolge des Verkehrsstaus; *faire ~ à* folgen auf (A) 3 *des propos sans ~* unzusammenhängende/zusammenhanglose Reden; *avoir de la ~ dans les idées* Ausdauer haben, hartnäckig sein 4 Reihe f, Folge f *trois accidents de ~* drei aufeinander folgende Unfälle; (mus) Suite f 5 *tout de ~* sofort, sogleich, (fam) gleich; *par la ~* später 6 *la ~ présidentielle* die Begleitung f/das Gefolge n des Präsidenten 7 (hôtel) Suite f
suivant 1 je nach (D) *~ son état de santé* je nach seinem Gesundheitszustand 2 *procéder ~ un plan* planmäßig vor=gehen; *~ son habitude* seiner Gewohnheit nach/gemäß/entsprechend; *~ X* laut X, X zufolge; *~ un axe* einer Linie folgend ◆ *~ qu'on est riche ou pauvre* je nachdem, ob man reich ist oder arm
suivant (darauf)folgend, nächst- ◆ m -e f Nächste/r ◆ -e f Vertraute f, Begleiterin f
suivi : *des relations ~es* regelmäßige Beziehungen → **suivre**
suivi m : *le ~ médical* medizinische Betreuung f; medizinische Nachsorge f; *le ~ d'un chantier* die Überwachung f einer Baustelle
suivre 1 *à ~* Fortsetzung folgt 2 *les bagages suivront* das Gepäck kommt nach 3 *bien ~ en classe* gut in der Schule mit=kommen; (fam) *je ne suis plus !* da komme ich nicht mehr mit ! ◆ 1 *~ qqn*

jm folgen; *(fig)* **~ *des yeux*** nach=blicken **(D)**, nach=sehen **(D) 2 ~ *une affaire*** eine Angelegenheit verfolgen; **~ *un malade*** einen Kranken betreuen **3 ~ *la route*** die Straße entlang=fahren/entlang=gehen; **~ *la rivière*** den Fluß entlang=gehen; dem Fluß folgen; *(fig)* **~ *son cours*** seinen Gang gehen **4 ~ *un exemple*** einem Beispiel folgen, sich nach einem Beispiel richten; **~ *son idée*** (s)einen Gedanken verfolgen **5 ~ *un cours*** eine Vorlesung hören/besuchen; **~ *un traitement*** sich einer Behandlung unterziehen **6 ~ *un article*** eine Ware ständig beziehen **7 ~ *l'actualité*** das Tagesgeschehen verfolgen ◆ *les deux enfants se suivent* die beiden Kinder sind kurz hintereinander geboren; *les jours se suivent* die Tage folgen aufeinander, ein Tag folgt auf den anderen ◆ **1** *faire ~ le courrier* sich **(D)** die Post nach=schicken lassen **2** *faire ~ qqn* jn beschatten ◆ *se sentir suivi* sich verfolgt fühlen

sujet *m* **1** Thema *n*, Gegenstand *m* **à ce ~** diesbezüglich; zu diesem Thema; *au ~ de X* was X anbetrifft/angeht; *être hors ~* kein Gegenstand sein; außerhalb des Themas liegen; *traiter un ~* ein Thema behandeln **2** *(gram)* Subjekt *n* **3** *un mauvais ~* Taugenichts *m*, Schlingel *m*, Nichtsnutz *m* **4** *un ~ britannique* ein britischer Bürger *m* ; *(hist)* Untertan *m*

sujet, -te *être ~ à la migraine* zur Migräne neigen **2** *être ~ à* Anlaß *m* geben zu

sulfate *m* Sulfat *n*
sulfater aus=schwefeln
sulfateuse *f* Vitriolspritze *f*
sulfureux, -euse Schwefel-; *(fig)* *une blonde sulfureuse* ein blondes Gift *n*; *des propos ~* giftige Worte
super [syper] *(fam)* toll, super, Wahnsinns- ◆ *m* Super(benzin) *n*
superbe prächtig, prachtvoll, herrlich, strahlend (schön)
superbe *f* Hochmut *m*
superficie *f* Fläche *f*; Flächeninhalt *m*
superficiel, -le oberflächlich, an der Oberfläche liegend *une blessure ~e* eine Hautverletzung *f*, Streifwunde *f*
superflu überflüssig; unnütz
supérieur 1 höher- *une intelligence ~e* eine überragende/überdurchschnittliche Intelligenz; *qualité ~e* Spitzenqualität *f* **2 à l'étage ~** in der oberen Etage; *des températures ~s à la normale* überdurchschnittliche Temperaturen; *~ à 30°* über 30°; *(fig) être ~ à qqn* jm überlegen sein, jn übertreffen **3** *la lèvre ~e* Oberlippe *f*; *(fig) les classes ~es* die höheren Klassen **4** *le cours ~ d'un fleuve* der Oberlauf *m* eines Flusses ◆ *m* **-e** *f* Vorgesetze/r *le ~*

hiérarchique Dienstvorgesetzte/r; *(rel) la Mère supérieure* die (Mutter) Oberin *f*
supériorité *f* **1** Überlegenheit *f prendre un air de ~* *(fig)* eine überlegene Miene auf=setzen **2 ~ *en nombre*** Überzahl *f*, zahlenmäßige Überlegenheit *f*; *(mil)* Übermacht *f*, Übergewicht *n*
superlatif *m* Superlativ *m*
supermarché *m* Supermarkt *m*, Einkaufszentrum *m*
superposable deckungsgleich, kongruent
superposer (se) (sich) aufeinander=türmen; sich überlagern
superposition *f* Überlagerung *f*
superpuissance *f* Supermacht *f*
supersonique : *avion ~* Überschallflugzeug *n*
superstitieux, -euse abergläubisch
superstition *f* Aberglaube *m*
superviser überwachen; überprüfen
supplanter verdrängen
suppléance *f* : *faire des ~s* (Stell)vertretungen *fpl* übernehmen
suppléant, -e (Stell)vertreterIn *m f*
suppléer : *~ à une carence* einen Mangel beseitigen, einem Mangel ab=helfen ◆ *~ qqn dans ses activités* jn in seiner Tätigkeit ersetzen
supplément *m* **1** Zusatz *m*, Ergänzung *f en ~* zusätzlich; *vin en ~* der Wein wird gesondert berechnet; *cela représente un ~ de travail* das bedeutet Mehrarbeit *f* **2** *(transport)* Zuschlag *m* **3** *(presse)* Beilage *f*; Sonderheft *n*
supplémentaire zusätzlich, Zusatz-; ergänzend; Extra- *heure ~* Überstunde *f*; *train ~* außerfahrplanmäßiger Zug, *(fam)* Zusatzzug *m*
supplication *f* inständige/flehentliche Bitte *f*
supplice *m* Marter *f*, Folter *f*; *(fig) être au ~* (wie) auf glühenden Kohlen sitzen
supplicier (zu Tode) martern/foltern
supplier an=flehen, inständig um etw bitten
supplique *f* Bittgesuch *n*
support *m* **1** Ständer *m*, Gestell *n*, Stütze *f* **2 ~ *publicitaire*** Werbeträger *m*
supportable erträglich, auszuhalten(d)
supporter 1 ~ *un toit* ein Dach tragen/stützen **2** (aus=)halten, ertragen; (er)dulden, hin=nehmen *ne pas ~ l'alcool* keinen Alkohol vertragen **3 ~ *les frais d'un procès*** die Prozeßkosten tragen
supposer 1 an=nehmen, vermuten, aus=gehen (von) **2 ~ *des moyens*** Mittel voraus=setzen, erfordern
supposition *f* Vermutung *f*, Annahme *f*; Mutmaßung *f simple ~ !* eine bloße Annahme!

suppositoire

suppositoire *m* Zäpfchen *n* *mettre un* ~ ein Zäpfchen ein=führen
suppôt *m* : *un* ~ *de Satan* eine Ausgeburt *m* der Hölle
suppression *f* Wegfall *m*, Aufhebung *f*; Beseitigung *f*
supprimer 1 ab=bauen; weg=fallen lassen ~ *un chapitre* ein Kapitel streichen 2 ab=schaffen, auf=heben ~ *la peine de mort* die Todesstrafe ab=schaffen 3 ~ *qch à qqn* jm etw (weg)=nehmen ◆ *se* ~ sich um=bringen/das Leben nehmen
suppurer eitern
supputer vermuten, ab=schätzen
supranational, -aux übernational
suprématie *f* Vormachtstellung *f*, Überlegenheit *f* ~ *militaire* militärisches Übergewicht *n*; *(pol)* Oberhoheit *f*
suprême 1 höchst-, oberst- *la cour* ~ der Oberste Gerichtshof 2 *dans un* ~ *effort* mit äußerster/letzter Kraft
sur 1 auf (A/D); *(fig) les uns* ~ *les autres* dicht/eng beieinander; *accumuler bêtise* ~ *bêtise* eine Dummheit nach der anderen machen; *avoir* ~ *soi* bei sich (D) haben 2 *passer* ~ *un pont* über eine Brücke gehen 3 *un jour* ~ *deux* jeden zweiten Tag 4 ~ *le soir* gegen Abend; *aller* ~ *ses 30 ans* auf die 30 zu=gehen 5 *juger* ~ *les apparences* nach dem Äußeren urteilen 6 *jurer* ~ *l'honneur* bei seiner Ehre schwören 7 ~ *ce ton* in diesem Ton 8 *discuter* ~ *un sujet* über ein Thema reden 9 ~ *ce* und damit/nun, darauf(hin)
sûr 1 sicher *à coup* ~ mit Sicherheit, ganz bestimmt; *(personne)* treu, zuverlässig 2 ~ *de soi* selbstsicher/selbstbewußt; *être* ~ *de qqn* sich auf jn verlassen können; *être* ~ *du résultat* des Ergebnisses sicher sein 3 *bien* ~ ! selbstverständlich !
surabondance *f* Überfluß *m*; Überfülle *f*
suranné überlebt, überholt
surcharge *f* 1 *rouler en* ~ mit Übergewicht fahren 2 *une* ~ *pondérale* Übergewicht *n*; *une* ~ *de travail* Mehrarbeit *f* 3 *(texte)* darübergeschriebenes Wort *n*, Korrektur *f*
surchargé 1 *un programme* ~ *(fam)* ein übervolles Programm 2 *être* ~ *de travail* mit Arbeit überlastet sein
surcharger über(be)lasten, überladen
surchauffe *f* Überhitzung *f*
surclasser 1 überbewerten 2 ~ *tous ses adversaires* seine Gegner weit hinter sich (D) lassen/übertreffen/deklassieren
surcoût *m* Mehrkosten *pl*
surcroît *m* 1 *un* ~ *de travail* Mehrarbeit *f* 2 *de* ~ darüber hinaus
surdité *f* Taubheit *f*; Schwerhörigkeit *f*
surdoué hochbegabt
sureau *m* -**x** Holunder *m*

surélever erhöhen, höher machen ~ *une maison* ein Haus auf=stocken
sûrement sicher(lich), bestimmt, gewiß
surenchère *f* Mehrgebot *n*, höheres Angebot *n*; *(fig) faire de la* ~ sich (gegenseitig) überbieten
surenchérir mehr/höher bieten, überbieten
surestimer überbewerten, überschätzen
sûreté *f* Sicherheit *f épingle de* ~ Sicherheitsnadel *f*; *pour plus de* ~ sicherheitshalber
surévaluer überbewerten, überschätzen
surexposé überbelichtet
surf [sœrf] *m* Surfing *n faire du* ~ surfen
surface *f* 1 Oberfläche *f faire* ~ auf=tauchen 2 Fläche *f*; *(fig) avoir de la* ~ finanzkräftig sein 3 *(fig) grande* ~ Verbrauchermarkt *m*, Einkaufszentrum *n*
surfait : *une réputation* ~*e* ein übertriebener/zu guter Ruf
surfiler umstechen
surgelé *m* tiefgefrorene Lebensmittel *npl*; Gefriergut *n*
surgeler tiefgefrieren, ein=frieren
surgénérateur *m* Brutreaktor *m*
surgir auf=tauchen, plötzlich hervor=treten
surhumain übermenschlich
surligneur *m* Marker *m*
surmédicalisation *f* medizinische Überversorgung *f*
surmener (se) sich überanstregen, sich übernehmen
surmoi *m* Über-Ich *n*
surmonter 1 ~ *des obstacles* Schwierigkeiten überwinden 2 überragen ~ *un portail* eine Pforte krönen
surnager an der Oberfläche bleiben/schwimmen; *(fig)* sich über Wasser halten
surnaturel, -le übernatürlich
surnom *m* Spitzname *m*; Beiname *m*
surnombre : *être en* ~ überzählig sein; mehr sein
surpasser überragen, übertreffen ◆ *se* ~ sich selbst übertreffen, über sich (selbst) hinaus=wachsen
surpeuplé über(be)völkert
surpiqûre *f* Steppnaht *f*
surplace *m* : *faire du* ~ auf der Stelle *f* treten
surplis *m (rel)* Chorhemd *n*
surplomb *m* Überhang *m*
surplomber überragen, heraus=ragen, über=hängen
surplus *m* Überschuß *m*; *(mil)* überzähliges/überschüssiges Heeresgut *n*
surpopulation *f* Über(be)völkerung *f*
surprenant erstaunlich, überraschend
surprendre 1 überraschen, in Erstaunen versetzen *cela me surprendrait* das würde mich wundern 2 ~ *qqn en train de faire*

qch jn dabei ertappen / überraschen / *(fam)* erwischen, etw zu tun; ~ *l'ennemi* den Feind überrumpeln; *(fig)* ~ *une légère ironie* einen Anflug von Ironie entdecken ♦ *se* ~ *à penser à qch* sich dabei ertappen, an etw zu denken

surprise *f* 1 Überraschung *f une visite* ~ ein überraschender / unangemeldeter Besuch; *attaquer qqn par* ~ jn überrumpeln 2 *se dérouler sans* ~ ohne unerwartete Zwischenfälle *mpl* / wie erwartet ab=laufen

surréaliste 1 surrealistisch 2 *une histoire complètement* ~ eine völlig surreale Geschichte ♦ *m f* SurrealistIn *m f*

surrénal, -aux *: glandes* ~*es* Nebennieren *fpl*

sursaut *m* 1 *se réveiller en* ~ aus dem Schlaf auf=fahren / hoch=fahren 2 Ausbruch *m*, Aufflammen *n*, Anspannen *n un dernier* ~ *d'énergie* ein letzter Kraftaufwand *m*, eine letzte Kraftanstrengung *f*

sursauter zusammen=fahren, zusammen=schrecken, hoch=fahren

surseoir : ~ *à une décision* eine Entscheidung auf=schieben / aus=setzen

sursis *m* : *un an de prison avec* ~ ein Jahr Gefängnis auf Bewährung *f*; *(mil)* Zurückstellung *f*; *(fig) un* ~ *dans sa maladie* ein vorübergehender Stillstand *m* in seiner Krankheit; *un* ~ *de trois mois pour payer* ein Zahlungsaufschub von drei Monaten

sursitaire *m* (vom Wehrdienst) Zurückgestellte/r

surtaxe *f (poste)* Nachporto *n*

surtout vor allem, besonders *ne fais* ~ *pas cela !* mach das bloß / ja nicht!

surveillance *f* 1 Aufsicht *f*, Beaufsichtigung *f*, Überwachung *f entreprise de* ~ Wachdienst *m*; *tromper la* ~ *de qqn* js Wachsamkeit *f* entgehen 2 ~ *médicale* ärztliche Kontrolle *f*

surveillant *m* -**e** *f* Aufsicht(sperson) *f*; *(prison)* AufseherIn *m f*, *(fam)* Schließer *m*

surveiller 1 ~ *qqn* jn beaufsichtigen; ~ *des travaux* Arbeiten überwachen; *(police)* bewachen, überwachen 2 ~ *ses propos* auf=passen / darauf achten, was man sagt; ~ *sa santé* auf seine Gesundheit achten

survêtement *m* Trainingsanzug *m*

survie *f* Überleben *n*

survivance *f* Relikt *n*, Überbleibsel *n*

survivant, -e *f* Überlebende/r

survivre überleben ~ *à la torture* die Folter überleben / lebend überstehen

survol *m* Überfliegen *n*

survoler 1 überfliegen 2 ~ *une question* eine Frage flüchtig streifen

sus [sys] 1 *frais en* ~ hinzukommende Kosten; Zusatzkosten; *en* ~ *de tout cela* außer dem allen, zusätzlich zu dem Ganzen 2 ~ *à l'ennemi* ran an den Feind!

susceptibilité *f* Empfindlichkeit *f*

susceptible 1 fähig; geeignet *être* ~ *d'amélioration* sich eventuell bessern können; *les personnes* ~*s de venir* die Leute, die möglicherweise / eventuell kommen 2 empfindlich

susciter hervor=rufen, erregen, aus=lösen

susmentionné obenerwähnt

suspect verdächtig, suspekt; *(fig)* zweifelhaft, anrüchig *une grosseur* ~*e* eine verdächtige Geschwulst ♦ *m* -**e** *f* Verdächtige/r

suspecter 1 ~ *qqn* jn verdächtigen; ~ *qqn d'avoir fait qch* jn in Verdacht haben, etw getan zu haben 2 ~ *la bonne foi de qqn* js guten Willen bezweifeln / an=zweifeln

suspendre 1 auf=hängen 2 ~ *qqn* jn suspendieren; ~ *un journal* eine Zeitung ein=stellen 3 ~ *sa décision* seine Entscheidung hinaus=schieben 4 ~ *une séance* seine Sitzung unterbrechen / auf=heben; *(jur)* ~ *un jugement* ein Urteil auf=heben

suspendu 1 *pont* ~ Hängebrücke *f* 2 *le temps semble* ~ die Zeit scheint stillzustehen 3 *une voiture bien* ~ ein gut gefederter Wagen → **suspendre**

suspens : *en* ~ in der Schwebe, offen, unentschieden *laisser une affaire en* ~ eine Angelegenheit offen=lassen

suspense [-pɛns] *m* Spannung *f un film à* ~ ein spannender / spannungsgeladener Film; *il y a du* ~ *!* das ist spannend!

suspension *f* 1 *(auto)* Federung *f* 2 ~ *de séance* Unterbrechung *f* / Aussetzung *f* einer Sitzung; *(gram) points de* ~ Auslassungspunkte *mpl* 3 Suspendierung *f* 4 Hängelampe *f* 5 *des particules en* ~ schwebende / schwimmende Teilchen

suspicieux, -euse argwöhnisch, mißtrauisch

suspicion *f* Argwohn *m avoir des* ~*s* Zweifel *mpl* haben

sustenter (se) sich ernähren / stärken

susurrer flüstern, wispern

suture *f* Naht *f deux points de* ~ zwei Stiche *mpl*

suturer (zusammen)=nähen

svelte schlank, rank

syllabe *f* Silbe *f*

sylviculture *f* Forstwirtschaft *f*

symbiose *f (bio)* Symbiose *f*; *(fig) être en* ~ *avec qqn/qch* in völliger Übereinstimmung *f* mit jm / etw sein

symbole *m* Symbol *n*

symbolique 1 *la pensée* ~ das bildhafte Denken; *l'écriture* ~ Bilderschrift *f* 2 symbolisch ♦ *f* Symbolik *f*

symboliser symbolisieren

symétrique symmetrisch

sympathie *f* 1 Sympathie *f* 2 *soyez as-*

sympathique

suré de ma ~ seien Sie meiner Anteilnahme *f* versichert
sympathique sympathisch
sympathisant *m* -**e** *f* SympathisantIn *m f*
symphonie *f* Sinfonie *f*, Symphonie *f*
symphonique : *orchestre ~* Sinfonieorchester *n*
symptôme *m* Symptom *n*
synagogue *f* Synagoge *f*
synchroniser synchronisieren; *(fig) ~ des efforts* Bemühungen aufeinander ab=stimmen
synchrotron *m* Teilchenbeschleuniger *m*
syncope *f* **1** Synkope *f avoir une ~* ohnmächtig/bewußtlos werden **2** *(mus)* Synkope *f*
syncopé synkopisch
syndic *m* Verwalter *m*
syndical, -aux gewerkschaftlich, Gewerkschafts-
syndicalisme *m* Gewerkschaftswesen *n*, Gewerkschaftsbewegung *f faire du ~* ein aktives Gewerkschaftsmitglied *n* sein
syndicaliste *m f* Gewerkschaft(l)erIn *m f*
syndicat *m* **1** Gewerkschaft *f* **2** *~ d'initiative* Fremdenverkehrsamt *f* **3** Verband *m*

un ~ de communes ein Zweckverband *m* der Gemeinden
syndiqué gewerkschaftlich organisiert ◆ *m* -**e** *f* Gewerkschaft(l)erIn *m f*
syndiquer (se) einer Gewerkschaft beitreten; sich gewerkschaftlich organisieren
synergie *f (fig)* Zusammenwirken *n*
synode *m* Synode *f*
synonyme synonym; *(fig) être ~ d'une démission* einem Rücktritt gleich=kommen, mit einem Rücktritt gleichbedeutend sein ◆ *m* Synonym *n*
synovie *f* : *épanchement de ~* Hydarthrose *f*
syntaxe *f* Syntax *f*
synthétique synthetisch, aus Kunststoff
synthétiser synthetisieren; in sich (**D**) begreifen, zusammen=fassen
synthétiseur *m (mus)* Synthesizer *m*
syphilitique syphillitisch
systématique systematisch; *(fam) c'est ~ !* das ist die Regel! *f*
systématiser systematisieren, in ein System ein=ordnen
système *m* System *n un ~ d'éclairage* Beleuchtungsanlage *f*; *(fam) employer le ~ D* sich (**D**) immer zu helfen wissen; *taper sur le ~* auf den Wecker *m*/die Nerven *mpl* fallen

T

tabac *m* **1** Tabak *m* **2** *(fam) faire un ~* Furore *f/n* machen; *passer qqn à ~* jn verprügeln, auf jn ein=dreschen
tabagie *f* verräucherte Bude *f*
tabasser *(fam)* verprügeln, zusammen=dreschen, verdreschen
tabernacle *m* Tabernakel *n/m*
table *f* **1** Tisch *m ~ basse* Couchtisch [kauʃ] *m*; *grande ~* Tafel *f*; *~ roulante* Teewagen *m*; *~ d'hôte* Stammtisch *m*; *mettre la ~* den Tisch decken; *(fig/fam) se mettre à ~* aus=packen; singen; *(rel) la sainte ~* Kommunionbank *f*; *(fig) les plaisirs de la ~* Tafelfreuden *fpl* **2** *~ des matières* Inhaltsverzeichnis *n*; *~ de multiplication* Einmaleins *n*; *(rel) les Tables de la Loi* die Tafeln mit den Geboten
tableau *m* -**x 1** Bild *m*, Gemälde *n*; *(fig) un ~ de la société* ein Bild/eine Schilderung *f* der Gesellschaft **2** Tafel *f*; Brett *n ~ d'affichage* Anschlagbrett *n*, *(fig/fam)* schwarzes Brett; *~ de bord* Armaturenbrett *n*; *(ens)* Tafel *f*; *(fig) miser sur deux ~x* es mit beiden Seiten *fpl* halten **3** Tabelle *f* **4** *~ de chasse* Strecke *f*; *(fig/fam)* Eroberungen *fpl*, Erfolge *mpl*

tablée *f* Tischgesellschaft *f*
tabler (sur) setzen (auf **A**), rechnen (mit)
tablette *f* **1** (Schreib)tafel *f*; *(fig) rayer qqn de ses ~s* jn ab=schreiben **2** *~ de chocolat* Schokoladentafel *f*
tableur *m* integrierter Tabellenrechner *m*
tablier *m* Schürze *f*; *(fig) rendre son ~* sein Amt *n* auf=geben
tabou tabu ◆ *m* Tabu *n*
tabouret *m* Hocker *m*, Schemel *m*
tache *f* Fleck *m*
tâche *f* Aufgabe *f*, Arbeit *f*, Tätigkeit *f*; *être payé à la ~* im Akkord(lohn) *m* arbeiten
tacher beflecken, Flecken hinterlassen, fleckig machen
tâcher : *~ de faire qch* sich bemühen, etw zu tun
tâcheron *m* Akkordarbeiter *m*; Tagelöhner *m*; Handlanger *m*
tacheté gesprenkelt; getüpfelt
tachycardie *f* Herzjagen *n*
tacite stillschweigend
taciturne schweigsam, verschlossen
tact *m* Takt *m avoir du ~* Takt besitzen, taktvoll sein

tactique taktisch ◆ *f* Taktik *f*
taffetas *m* Taft *m*
taie *f* Bezug *m*
taillader auf=schlitzen, ein=schneiden, zerschneiden *se ~ les veines* sich (**D**) die Pulsadern öffnen
taille *f* 1 (Körper)größe *f*, Gestalt *f*, Wuchs *m*, Figur *f quelle est votre ~ ?* wie groß sind Sie?; *(vêtements)* welche Größe haben Sie?; *(fig) être de ~ à affronter des difficultés* fähig/imstande/Manns genug sein, sich den Schwierigkeiten zu stellen; den Schwierigkeiten gewachsen sein 2 Taille [talja] *f ~ basse* tief angesetzte Taille 3 *~ de pierre* Behauen *n* von Steinen
taillé : *être bien ~* gut gebaut sein
taille-crayon *m* Bleistiftspitzer *m*
taille-douce *f* (Kupfer)stich *m*
tailler (an)=spitzen *~ un arbre* einen Baum stutzen/beschneiden; *(fig) ~ en pièces* zerschlagen ◆ *(fig) se ~ la part du lion* sich (**D**) den Löwenanteil nehmen ◆ *cristal taillé* geschliffenes Kristall
tailleur *m* 1 Kostüm *n*, Jackenkleid *n* 2 Schneider *m* 3 *~ de pierre* Steinmetz *m* 4 *en ~* im Schneidersitz *m*
taillis *m* Dickicht *n*, Unterholz *n*
tain *m* Spiegelbelag *m une glace sans ~* blinder Spiegel *m*
taire *~ qch* etw verschweigen/nicht sagen ◆ *se ~* schweigen, verstummen, still sein ◆ *faire ~ qqn* jn zum Schweigen bringen
talc *m* Körperpuder *m*
talent *m* Talent *n un artiste de ~* ein talentierter Künstler
talisman *m* Talisman *m*
talon *m* 1 Ferse *f*; *(fig) tourner les ~s* sich auf dem Absatz rum=drehen, sich aus dem Staub machen, Fersengeld geben 2 Absatz *m chaussures à ~s* Absatzschuhe *mpl* 3 *~ de jambon* hinteres Ende *n*/Endenstückchen *n* vom Schinken 4 *(cartes)* Talon *m*
talonner 1 *~ qqn* jm auf den Fersen sein/folgen 2 *~ un cheval* einem Pferd die Sporen geben; *(fig)* keine Ruhe lassen
talonnette *f* Ferseneinlage *f*
talquer ein=pudern
talus *m* Abhang *m*, Böschung *f*
tamaris [-ris] *m* Tamariske *f*
tambour *m* 1 Trommel *f* ; *(fig) sans ~ ni trompette* sang- und klanglos 2 *(tech)* Trommel *f*
tambourin *m* Tamburin *n*
tambouriner : *(fig) ~ à la porte* an die Tür trommeln
tamis *m* Sieb *n passer au ~* durch=sieben, durch=seihen
tamiser 1 durch=sieben 2 *~ la lumière* das Licht dämpfen

tampon *m* 1 Stempel *m apposer un ~* stempeln 2 *~ à récurer* Scheuerschwamm *m* 3 *un ~ d'ouate* Wattebausch *m*, Wattetupfer *m*; *~ hygiénique* Tampon *m* 4 *~ encreur* Stempelkissen *n* 5 *vernis au ~* Siegellack *m* 6 *(train)* Puffer *m*
tamponner 1 (ab)=stempeln 2 *~ une blessure* eine Wunde ab=tupfen ◆ *se ~* zusammen=stoßen, aufeinander=prallen ◆ *(fam) s'en ~* darauf pfeifen
tanche *f* Schleie *f*
tandis que 1 *tandis qu'il pleuvait* während/solange es regnete 2 *il travaille lui, ~ les autres...* er arbeitet, während/wohingegen die anderen...
tangent : *être ~* berühren ; *(fig/fam)* knapp sein
tangente *f* 1 *la ~ à un cercle* die Kreistangente *f* 2 *(fam) prendre la ~* sich aus dem Staub machen
tangible : *(fig) un résultat ~* ein greifbares Ergebnis ; *un signe ~* ein spürbares Zeichen
tanguer schwanken
tanière *f* Höhle *f*; *(fig)* Schlupfloch *n*, Schlupfwinkel *m*
tanin *m (vin)* Gerbstoff *m*
tank *m* Panzer *m*
tanner 1 gerben 2 *(fam) ~ qqn* jn bearbeiten
tannerie *f* Gerberei *f*
tant 1 *je t'aime ~* ich liebe dich so (sehr); *il a ~ d'argent que...* er hat so viel Geld, daß... 2 *il n'a pas ~ d'argent que toi* er hat nicht soviel Geld wie du 3 *gagner ~ par mois* soundso viel im Monat verdienen 4 *~ mieux* um so/desto besser ; *~ pis* um so/desto schlimmer ; schade ; *dépenser ~ et plus* mengenweise/haufenweise Geld aus=geben ; *un ~ soit peu gentil* ein ganz kleines bißchen nett ; *~ s'en faut* bei weitem nicht ; *~ bien que mal* mehr schlecht als recht, recht und schlecht, *(fam)* so lala 5 *si ~ est qu'il vienne* falls/sofern/wenn er überhaupt kommt ◆ 1 *~ que* so lange 2 *~ qu'à partir* wenn wir schon gehen müssen
tante *f* 1 Tante *f* 2 *(fam)* Tunte *f*
tantième *m (comm)* Gewinnanteil *m*
tantôt 1 *~ l'un, ~ l'autre* bald/*(fam)* mal der eine, bald/*(fam)* mal der andere 2 heute nachmittag
taon [tã] *m* Bremse *f*
tapage *m* Lärm *m*, Krach *m*, Radau *m*; *(fig) faire beaucoup de ~ autour de qch* viel Wirbel *m* um etw machen
tapageur, -euse : *un luxe ~* ein übertriebener Luxus
tape *f* Klaps *m*
tape-à-l'œil protzig ◆ *m c'est du ~* das ist auffälliges/grelles Zeug *n*
taper 1 schlagen 2 *~ une lettre* einen

tapette

Brief tippen 3 *(fam)* ~ *qqn* jn an=pumpen/um Geld an=hauen ◆ **1** *la porte tape* die Tür schlägt zu **2** ~ *à la machine* auf der Maschine schreiben **3** ~ *sur l'épaule de qqn* jm auf die Schulter klopfen; *(fam)* ~ *sur les nerfs* jm auf die Nerven gehen/fallen **4** ~ *dans ses mains* in die Hände klatschen **5** *(fam) le soleil tape dur* die Sonne knallt ◆ *(fam) se* ~ *contre qch* sich an etw (D) rammeln ◆ *(fam) s'en* ~ darauf pfeifen, sich nicht darum scheren

tapette *f* **1** Mausefalle *f*; Fliegenklatsche *f* **2** *(fam)* Tunte *f*

tapir (se) sich zusammen=kauern; sich verkriechen

tapis *m* **1** Teppich *m* ~ *de bain* Badevorleger *m*; *(sp)* ~ *de sol* Matte *f*; *(boxe) envoyer qqn au* ~ jn auf die Bretter *npl*/zu Boden schicken **2** *(fig) revenir sur le* ~ wieder zur Sprache kommen; *mettre une question sur le* ~ eine Frage aufs Tapet bringen **3** ~ *roulant* Rolltreppe *f*; Förderband *n*

tapis-brosse *m* Abtreter *m*

tapisser tapezieren; *(fig)* bedecken

tapisserie *f* **1** Teppichweberei *f* **2** Wandbehang *m*; *(fig) faire* ~ Mauerblümchen *n* sein

tapissier *m* Polsterer *m*

tapoter tätscheln, leicht klopfen

taquet *m* Keil *m*

taquin schelmisch, schalkhaft

taquiner necken, hänseln, *(fam)* frozeln, foppen

taquinerie *f* Neckerei *f*, Hänselei *f*

tarabiscoté geziert; verdreht; überladen

tarabuster 1 ~ *qqn pour qu'il fasse qch* jn drängen/jn dazu dringen, etw zu tun **2** *cette idée me tarabuste* der Gedanke läßt mir keine Ruhe

taratata! na na!

tard spät *au plus* ~ spätestens; *pas plus* ~ *qu'hier* (gerade) gestern erst; *il se fait* ~ es wird spät ◆ *se marier sur le* ~ im vorgerückten Alter *n* heiraten

tarder : *il tarde à venir* er läßt auf sich warten; *sans* ~ unverzüglich, ohne zu zögern/warten; *je ne vais pas* ~ *à partir* ich werde bald gehen ◆ *il me tarde de le revoir* ich sehne mich danach, ihn wiederzusehen

tardif, -ive 1 spät (eintretend) *un fruit* ~ eine spät reifende Frucht; *vendange tardive* Spätlese *f* **2** *à une heure tardive* zu später/vorgerückter Stunde **3** *des regrets un peu* ~*s* eine etwas zu spät kommende Reue

tare *f* **1** Eigengewicht *n* **2** ~ *congénitale* erbliche Belastung *f*

tarentule *f* Tarantel *f*

targette *f* Schieberiegel *m*

targuer (se) : *se* ~ *d'être honnête* damit prahlen/sich damit brüsten, ehrlich/ehrenhaft zu sein

tarif *m* **1** *consulter son* ~ in seiner Preisliste *f* nach=sehen **2** Tarif *n*, Satz *m*, Gebühr *f*, Preis *m à* ~ *réduit* preisgesenkt

tarifaire : *des dispositions* ~*s* Tarifabstimmungen *fpl*

tarifer den Preis/Tarif fest=setzen

tarir aus=trocknen ◆ *(se)* ~ versiegen; *(fig)* sich erschöpfen ◆ *(fig) ne pas* ~ *d'éloges sur qqn* jn über den grünen Klee loben

tarot *m* Tarock *n/m*

tarse *m* Fußwurzel *f*

tarte *f* **1** Torte *f*, Kuchen *m* ~ *aux pommes* Apfelkuchen *m*; *(fam) c'est pas de la* ~ *!* das hat es in sich! **2** *(fam) filer une* ~ *à qqn* jm eine scheuern ◆ *(fam) être* ~ dümmlich/treudoof sein

tartelette *f* Törtchen *n*

tartempion *m (fam)* Dingsbums *m n'importe quel* ~ jeder X-Beliebige

tartine *f* Schnitte *f*, *(fam)* Stulle *f une* ~ *de beurre* ein Butterbrot *n*; *(fig/fam) écrire des* ~*s* endlose Riemen *m* schreiben

tartiner (be)streichen

tartre *m* Zahnstein *m*; Kesselstein *m*

tas *m* Haufen *m*; *(fig/fam) apprendre sur le* ~ von der Pike *f* auf lernen

tasse *f* Tasse *f*; *(fig) boire la* ~ Wasser *n* schlucken; *ce n'est pas ma* ~ *de thé* das ist nicht mein Bier *n*

tasseau *m* -**x** Leiste *f*

tassement *m* **1** ~ *de vertèbres* Zusammensinken *n* der Wirbel **2** ~ *des cours* Kursrückgang *m*

tasser 1 zusammen=pferchen **2** ~ *de la terre* den Boden fest=stampfen/fest=treten ◆ *se* ~ sich senken, sich setzen; *(fig) se* ~ *avec l'âge* mit zunehmendem Alter zusammen=schrumpfen; *(fam)* sich setzen

tâter ab=tasten, befühlen, an=fühlen; *(fig/fam)* ~ *le terrain* vor=fühlen, das Terrain sondieren ◆ ~ *de tous les métiers* alle Berufe (aus)=probieren ◆ *se* ~ mit sich (D) (selbst) zu Rate gehen

tatillon, -ne pedantisch, übertrieben gewissenhaft, peinlich genau

tâtonnement *m (fig)* tastende Versuche *mpl procéder par* ~ sich vor(wärts)=tasten

tâtonner herum=tasten; *(fig)* sich vor=tasten

tâtons (à) ~ (umher)tastend; (umher)tappend; *marcher à* ~ umher=tappen

tatouage *m* Tätowierung *f*

tatouer tätowieren

taudis *m* Elendsquartier *n*

taule *f* : *(fam) faire de la* ~ im Knast *m* sitzen

taupe *f* Maulwurf *m*

taupinière *f* Maulwurfshügel *m*

taureau *m* -**x** Stier *m*; *(fig) prendre le* ~

par les cornes den Stier bei den Hörnern packen

tauromachie *f* Stierkampf *m*

taux *m* 1 Satz *m*, Quote *f* ~ *de change* Wechselkurs *m*; ~ *d'intérêts* Zinssatz *m* 2 Gehalt *m* ~ *de cholestérol* Cholesteringehalt *m*

taxe *f* Steuer *f*, Gebühr *f*, Abgabe *f* ~ *sur la valeur ajoutée (T.V.A.)* Mehrwertsteuer (MwSt/MWSt) *f*; *toutes ~s comprises (T.T.C.)* einschließlich Mehrwertsteuer

taxer 1 taxieren 2 ~ *qqn de négligence* jn als nachlässig bezeichnen

taxi *m* Taxi *n*

taxiphone *m* Münzfernsprecher *m*

te/toi : *je t'emmène?* soll ich dich mit=nehmen?; *je te le dis* ich sage es dir; *à toi* du bist dran

technicien [tɛk-] *m* **-ne** *f* TechnikerIn *m f*

technicité [tɛk-] *f* Fachlichkeit *f d'une haute* ~ von hoher Fachspezifik *f*

technico-commercial [tɛk-] *m* (kaufmännisch-technische/r) VertreterIn *m f*

technique [tɛk-] fachlich *enseignement* ~ Fachschulwesen *n*; Fachschulunterricht *m*; *incident* ~ technische Störung ◆ *f* Technik *f*

technocrate [tɛk-] *m f (péj)* TechnokratIn *m f*

technologique technologisch, technisch

technopole [tɛk-] *f* Technologiepark *m*

teck *m* Teakholz *n*

tectonique tektonisch

tee-shirt [tiʃɛrt] *m* T-Shirt *n*

téflon *m* Teflon *n*

teigne *f (méd)* Grind *m*; *(fig/fam)* Giftzwerg *m*, Giftnudel *f*

teindre färben

teint *m* 1 Teint *m*, Gesichtsfarbe *f* 2 *tissu grand* ~ farbechtes Gewebe

teinte *f* Färbung *f*, Farbton *m*

teinter (se) (sich) färben, (sich) tönen ◆ *(fig) une remarque teintée d'ironie* eine ironisch angehauchte/eingefärbte Bemerkung

teinture *f* 1 Färben *n*; Farbe *f*, Färbung *f* 2 ~ *d'iode* Jodtinktur *f*

teinturerie *f* Reinigung *f*

tel, -le 1 *de* ~*les paroles* solche Worte; ~*le est la loi* so ist das Gesetz; *il n'y a rien de* ~ *dans l'original* so etw/dergleichen steht nicht im Original 2 ~ *un père* wie ein Vater; *des couleurs* ~*les que le rouge et le bleu* (solche) Farben wie Rot und Blau; ~ *que tu es* so wie du eben bist; *laisser tout* ~ *quel* alles so lassen wie es ist 3 *j'avais une* ~*le peur que...* ich hatte (eine) solche Angst, daß... 4 *à* ~*le heure* um soundso viel Uhr ◆ ~*le personne dira cela*, ~*le autre le contraire* dieser sagt das und jener das Gegenteil

télé *f* : *(fam) regarder la* ~ in die Röhre gucken → **télévision**

télécabine *f* Gondel *f*

télécarte *f* Telefonkarte *f*

télécommande *f* Fernsteuerung *f*, Fernbedienung *f*

télécommander fern=steuern

télécommunication *f* 1 Fernmeldetechnik *f* 2 *les* ~*s* das Fernmeldewesen *n*

téléconférence *f* Telefonkonferenz *f*; Konferenzschaltung *f*

télécopie *f* Funkbild *n*; Telefaxkopie *f*

télédiffuser über/durch das Fernsehen übertragen

télé-enseignement *m* Fernunterricht *m*

téléfilm *m* Fernsehfilm *m*

télégramme *m* Telegramm *n*

télégraphier telegraphieren, telegraphisch mit=teilen

télégraphique : *(fig) style* ~ Telegrammstil *m*

téléguider fern-lenken

télématique *f* Telematik *f*, Datenfernverarbeitung *f*

téléobjectif *m* Teleobjektiv *n*

télépathie *f* Telepathie *f*

téléphérique *m* Drahtseilbahn *f*

téléphone *m* Telefon *n numéro de* ~ Rufnummer *f*, Telefonnummer *f*; *passer un coup de* ~ an=rufen; *(fig/fam)* ~ *arabe* Buschfunk *m*

téléphoner : ~ *à qqn* jn an=rufen, mit jm telefonieren

téléphonique telefonisch, Telefon- *appel* ~ (Telefon)anruf *m cabine* ~ Telefonzelle *f*

télescoper hinein=fahren, zusammen=stoßen (mit) ◆ *se* ~ zusammen=stoßen; *(fig)* sich vermischen/überlagern

télescopique teleskopisch, Teleskop-

téléscripteur *m* Fernschreiber *m*

téléski *m* Skilift *m*

téléspectateur *m* **-trice** *f* FernsehzuschauerIn *m f*

télétel *m* Bildschirmtext (Btx) *m*

téléviseur *m* Fernsehgerät *n*, *(fam)* Fernseher *m*

télévision *f* Fernsehen *n regarder la* ~ fern=sehen, Fernsehen gucken

tellement so (sehr/viel), dermaßen, derartig

tellurique Erd- *secousse* ~ Erdstoß *m*

téméraire kühn, verwegen, waghalsig; *(fig) un jugement* ~ ein vermessenes Urteil

témérité *f* Kühnheit *f*, Verwegenheit *f*, Waghalsigkeit *f*

témoignage *m* 1 Zeichen *n*, Beweis *m*, Zeugnis *n en* ~ *de ma bonne foi* als/zum

témoigner

Zeichen meines guten Willens **2** (Zeugen)aussage *f*
témoigner : *~ sa confiance à qqn* jm sein Vertrauen beweisen ◆ *~ contre qqn* gegen jn aus=sagen; *(fig) ce geste témoigne en sa faveur* diese Geste spricht für ihn ◆ **1** *~ d'une grande imagination* von lebhafter Phantasie zeugen **2** *je peux en ~* ich kann es/das bezeugen
témoin *m* **1** Zeuge *m* *un ~ gênant* ein lästiger Zeuge; *(jur) ~ à charge* Belastungszeuge *m*; *(mariage)* Trauzeuge *m*; *(fig) je vous prends à ~* Sie sind mein Zeuge, ich berufe mich auf Sie **2** *(sp)* Stab *m* **3** *un groupe ~* Testgruppe *f*; *(tech)* Merkzeichen *n*
tempe *f* Schläfe *n*
tempérament *m* **1** Temperament *n* *avoir du ~* temperamentvoll sein **2** *vente à ~* Teilzahlungskauf *m*, Ratenkauf *m*
tempérant maßvoll
température *f* Temperatur *f* *prendre sa ~* Temperatur messen
tempéré gemäßigt
tempérer mäßigen; mildern ~ *son enthousiasme* seine Begeisterung bremsen/zügeln
tempête *f* Sturm *m*
tempêter toben, wüten, rasen, wettern
temple *m* Tempel *m*
templier *m* Tempelritter *m*, Templer *m*
temporaire zeitlich begrenzt, vorübergehend, vorläufig *travail ~* zeitlich befristete Arbeit
temporel, -le vergänglich, zeitlich, irdisch *pouvoir ~* weltliche Macht
temporiser Zeit gewinnen; einen günstigen Zeitpunkt ab=warten
temps *m* **1** Zeit *f* *en un rien de ~* *(fig/fam)* im Nu; *le ~ de fermer la porte et j'arrive* ich mache nur noch die Tür zu und bin schon da; *perdre son ~* seine Zeit vergeuden/*(fam)* verplempern **2** *d'antenne* Sendezeit *f*; *travail à ~ partiel* Teilzeitarbeit *f*; *(sp) faire un bon ~* eine gute Zeit haben/laufen; *(mus) à quatre ~* im Viervierteltakt *m*; *(fig) avoir fait son ~* aus=gedient haben; *n'avoir qu'un ~* nicht lange dauern **3** *dans le ~* früher, seinerzeit; *ces derniers ~* in letzter Zeit; *de mon ~* zu meiner Zeit; *de tout ~* zu allen Zeiten, schon immer, seit jeher; *être de son ~* mit der/seiner Zeit gehen **4** *à ~* zur rechten Zeit; rechtzeitig; pünktlich; *de ~ en ~* von Zeit zu Zeit, ab und zu, dann und wann; *en même ~* zur gleichen Zeit, gleichzeitig; *entre-~* in der Zwischenzeit, inzwischen **5** *(gram)* Zeit *f* **6** Wetter *n* *gros ~* stürmisches Wetter
tenable : *la situation n'est plus ~ !* die Situation ist nicht mehr haltbar !
tenace : *une odeur ~* ein lang anhaltender Geruch; *une tache ~* ein hartnäckiger Fleck; *(fig) des idées ~s* zählebige Ideen; *volonté ~* ein zäher/beharrlicher/ausdauernder Wille
ténacité *f* Beharrlichkeit *f*; Hartnäckigkeit *f*; Ausdauer *f*
tenailles *fpl* Beißzange *f*, Kneifzange *f*
tenailler quälen, peinigen
tenancier, -ère *m* InhaberIn *m f*, BesitzerIn *m f*
tenant : *séance ~e* auf der Stelle, sofort
tenant *m* **1** *le ~ du titre* der Titelinhaber *m* **2** *les ~s d'une doctrine* die Anhänger *mpl* einer Lehre **3** *d'un seul ~* zusammenhängend
tendance *f* **1** Tendenz *f*, Trend *m* *la ~ est à la baisse* die Tendenz ist rückläufig **2** Tendenz *f*, Neigung *f* *avoir ~ à tout oublier* dazu neigen, alles zu vergessen **3** *politique* politische Richtung *f*/Tendenz *f*
tendancieux, -euse tendenziös
tendeur *m* Spanner *m*, Spannvorrichtung *f*
tendinite *f* Sehnenentzündung *f*
tendon *m* Sehne *f*
tendre 1 zart, weich *ne pas être ~ pour/avec qqn* streng mit jm um=gehen; *(fig) ~ âge* zartes Alter **2** *(viande) ~* zart
tendre 1 *~ qch à qqn* jm etw (hin)=reichen **2** *~ un arc* einen Bogen spannen; *~ un filet* ein Netz aus=legen/spannen **3** *~ un piège* eine Falle stellen ◆ **1** (an)=streben *~ à la perfection* nach Vollkommenheit streben **2** *ce qui tendrait à prouver* was ein Beweis sein/zum Beweis dienen könnte; *(math) ~ vers zéro* gegen Null streben
tendresse *f* Zärtlichkeit *f*
tendu *(fig)* (an)gespannt → **tendre**
ténèbres *fpl* Finsternis *f*, Dunkelheit *f*, Dunkel *n*
ténébreux, -euse dunkel, finster, düster; *(fig)* undurchsichtig, unverständlich
teneur *f* **1** *la ~ d'une lettre* der Wortlaut *m*/Inhalt *m* eines Briefes **2** Gehalt *m* *~ en alcool* Alkoholgehalt *m*
ténia *m* Bandwurm *m*
tenir 1 halten *~ par la main* an der Hand halten/führen **2** *la police le tient* die Polizei hat ihn (erwischt); *(fig) il me tient* er hat mich in der Hand **3** *~ une information de qqn* eine Information von jm bekommen haben **4** *~ la caisse* an der Kasse sitzen; *bien ~ sa maison* sein Haus in Ordnung halten; *~ un restaurant* ein Restaurant führen **5** *~ un plat au chaud* ein Gericht warm=halten **6** *~ de la place* Platz ein=nehmen **7** *~ des propos douteux* anzügliche Reden führen **8** *~ une promesse* ein Versprechen halten **9** *~ une décision pour une erreur* eine Entscheidung für einen Irrtum halten; *tiens-le-toi pour dit !*

merk dir das ! **10 ~ sa droite** sich rechts halten ; **~ la route** eine gute Straßenlage haben ◆ **1** *(mus)* **~ une note** eine Note halten **2** *(fam)* **qu'est-ce qu'il tient !** der ist ja stockbesoffen ! ◆ **1 ~ à qqn/ qch** viel von jm/etw **(D)** halten, viel Wert auf jn/etw **(A)** legen ; *(fig)* **je n'y tiens pas** mir liegt nichts daran **2 à quoi cela tient-il ?** woran liegt es ? ; **s'il ne tenait qu'à moi** wenn es nach mir ginge/nur von mir abhinge **3 il tient de son père** er ähnelt/ gleicht seinem Vater ◆ **1 tiens !** da !, da, nimm ! ; sieh mal einer an ! ; ach so ! **2 ne pas ~ debout** nicht stehen=bleiben ; *(fig)* vorn(e) und hinten nicht stimmen, weder Hand noch Fuß haben **3 ~ dans une valise** in einen Koffer (hinein)=gehen ◆ **1 se ~ à la rampe** sich am Geländer fest=halten **2 se ~ droit** sich gerade halten **3 se ~ tranquille** sich ruhig verhalten, ruhig bleiben, still sein ; **ne pas savoir se ~** sich nicht benehmen können **4 la réunion se tient dans la grande salle** die Versammlung findet im großen Saal statt **5 tenons-nous-en là !** (be)lassen wir es dabei ! ◆ **1 cela ne tient qu'à toi** das hängt nur von dir ab **2 qu'à cela ne tienne !** daran soll es nicht liegen !, darauf soll es nicht an=kommen !

tennis *m* Tennis *n*
ténor *m* Tenor *m* ; *(fig/fam)* **un ~ de la politique** ein führender politischer Kopf *m*
tension *f* **1** Spannung *f* **2** *(méd)* Blutdruck *m* **prendre la ~ à qqn** jm den Blutdruck messen **3** *(tech)* Spannkraft *f*, Straffheit *f*
tentaculaire : *(fig)* **une ville ~** eine Stadt, die sich nach allen Richtungen ausbreitet
tentacule *m* Tentakel *m/n*
tentation *f* Versuchung *f*
tentative *f* Versuch *m*
tente *f* Zelt *n*
tenter **1 cela me tente** das reizt/lockt mich **2 ~ une expérience** einen Versuch wagen ; **~ de résister** versuchen, zu widerstehen
tenture *f* Stofftapete *f* ; Wandbehang *m*
tenu : **une maison bien ~e** ein gepflegtes/ordentliches Haus → **tenir**
ténu fein, dünn
tenue *f* **1** Kleidung *f* **~ de soirée** Abendkleidung *f* ; **en petite ~** leicht bekleidet ; **qu'est-ce que c'est que cette ~ ?** *(fam)* was ist denn das für ein Aufzug ? **2 un peu de ~ !** benehmen Sie sich/benimm dich mal ein bißchen ! **3 veiller à la bonne ~ d'un établissement** dafür sorgen, daß ein Geschäft gut und ordentlich geführt wird **4 ~ de route** Straßenlage *f* **5 un discours d'une bonne ~** eine niveauvolle Rede
térébenthine *f* Terpentin *n*

tergiversation *f* Ausflucht *f* **après bien des ~s** nach langen Ausflüchten
tergiverser Ausflüchte machen, einer Entscheidung aus=weichen
terme *m* **1** Ende *n*, Abschluß *m*, Ablauf *m* **au ~ de** nach Ablauf *m* **(G)**, am Ende **(G)** ; **mettre un ~ à** ein Ende machen/ bereiten **(D)** ; **naître avant ~** eine Frühgeburt sein **2** Frist *f*, Termin *m* ; Verfall *m* ; **à ~ échu** nach Ablauf der Frist ; bei(m) Verfall ; *(fig)* **à ~** langfristig, auf lange Sicht *f* ; **régler son ~** seine Miete *f* bezahlen **3** Ausdruck *m*, Wort *n* ; **en d'autres ~s** mit anderen Worten ; *(math)* Glied *n* ; *(jur)* **aux ~s du contrat** laut Vertragstext *m*, nach Wortlaut *m* des Vertrages **4 être en bons ~s avec qqn** mit jm auf gutem Fuß *m* stehen, sich mit jm gut verstehen/ vertragen
terminaison *f* Endung *f*
terminal, -aux *(méd)* **en phase ~e** in der Endphase *f* ◆ *m (info)* Terminal *n* ◆ **-e** *f* Abiturklasse *f*
terminer beenden **j'ai terminé de parler** ich bin fertig mit Reden, ich habe zu Ende geredet ◆ **se ~** enden, auf=hören ; **se ~ en drame** mit einem Drama enden ; **se ~ par « er »** auf « er » enden ; **cela va mal se ~** das wird schlecht aus=gehen, das wir ein ein schlechtes/böses Ende nehmen ◆ *(fam)* **c'est terminé** es ist fertig/zu Ende ; **avec lui, c'est terminé !** mit ihm ist es aus !
terminus [-nys] *m* Endbahnhof *m*, Endstation *f*
ternaire ternär, drei- **nombre ~** dreistellige Zahl
terne matt, glanzlos ; farblos
ternir (ein)=trüben, matt machen ; *(fig)* trüben ◆ **se ~** stumpf/matt werden ; *(fig)* sinken
terrain *m* **1** Grund *m*, Boden *m*, Gelände *n* **voiture tout ~** Geländewagen *m* **2** Gelände, Grundstück *n* **3 ~ d'aviation** Flugplatz *m* **4 un ~ d'entente** eine Verständigungsbasis *f* ; **apprendre sur le ~** in der Praxis *f* lernen ; **céder du ~** an Boden verlieren, zurück=fallen ; **sur ce ~ je vous suis** auf diesem Gebiet *n*/da kann ich Ihnen folgen ; *(mil)* **sur le ~** im Feld *n* **5** *(méd)* **un ~ allergique** Nährboden *m* für Allergien
terrasse *f* **1** Terrasse *f* **2 cultures en ~s** Terrassenanbau *m*
terrassement *m* : **travaux de ~** Erdarbeiten *fpl*
terre *f* **1** Welt *f*, Erde *f* **2 tremblement de ~** Erdbeben *n* ; **mettre en ~** *(plante)* ein=pflanzen ; *(personne)* begraben ; **tomber par ~** hinunter=fallen ; hin=fallen ; auf den Boden *m* fallen ; *(fig)* **avoir les pieds sur ~** mit beiden Beinen im Leben *n* stehen ; *(élec)* **prise de ~** Erdung *f*, Erdstecker *m* **3** Boden *m*, Erde *f*, Erdreich *n* de

terre à terre

la bonne ~ guter Boden; *un chemin de ~* ein ungepflasterter Weg; *un pot en ~* ein Tontopf *m*; *(fig) le retour à la ~* Rückkehr aufs Land *n* **4** *avoir des ~s* Boden/Land *n*/Ländereien *fpl* haben **5** *~ natale* Heimat *f*; *la Terre promise* das gelobte Land **6** *~!* Land (in Sicht)!; *~ ferme* Festland *n*; *à l'intérieur des ~s* im Landesinneren *n*

terre à terre prosaisch, platt

terreau *m* -x Blumenerde *f*

terre-neuve *m* Neufundländer *m*

terre-plein *m* Erdaufschüttung *f*

terrer (se) sich verkriechen/verbergen

terrestre **1** irdisch, weltlich *globe ~* Erdball *m*; *vie ~* das Erdenleben *n* **2** *les transports ~s* der Transport zu Lande/auf dem Landweg

terreur *f* **1** Entsetzen *n*, Schrecken *n*, Grauen *n faire régner la ~* Terror *n* aus=üben **2** *~s nocturnes* nächtliche Schreckgespenster *npl*

terreux, -euse **1** mit Erde beschmutzt **2** *un goût ~* erdiger Geschmack **3** *un visage ~* ein aschfahles Gesicht

terrible **1** schrecklich, furchtbar, entsetzlich **2** *un enfant ~* ein gräßliches/unerträgliches Kind; *(fam) tu es quand même ~!* du bist wirklich unmöglich! **3** *(fam) le film n'est pas ~* der Film reißt einen nicht gerade vom Hocker/haut einen nicht gerade um

terrien *m* -ne *f* ErdbewohnerIn *m f*

terrier *m* **1** Bau *m* **2** *(chien)* Terrier *m*

terrifiant erschreckend, grauenerregend, grauenhaft

terrifier Grauen erregen (bei), Entsetzen ein=jagen (D)

terril *m* (Abraum)halde *f*

terrine *f* **1** Terrine *f*, (tiefe) Schüssel *f* **2** *~ de lapin* Hasenpastete *f*

territoire *m* **1** (Hoheits)gebiet *n*, Territorium *n*; *~ d'outre-mer (T.O.M.)* überseeische Gebiete *npl* **2** *marquer son ~* sein Revier (kenn)zeichnen

territorial, -aux *eaux ~es* Hoheitsgewässer *npl*

terroir *m*: *produits du ~* landwirtschaftliche Produkte

terroriser terrorisieren

terroriste: *un attentat ~* Terroranschlag *m* ◆ *m f* TerroristIn *m f*

tertiaire **1** *le secteur ~* Dienstleistungen *fpl* **2** *ère ~* Tertiär *n*

tes → *ton*

tesson *m* Scherbe *f*

test [test] *m* Test *m*; *~ de niveau* Einstufungstest *m*

testament *m* Testament *n*

testamentaire: *dispositions ~s* testamentarische Verfügungen

tester prüfen, testen

testicule *m* Hoden *m*

tétaniser erstarren lassen

tétanos *m* Wundstarrkrampf *m*, Tetanus *m*

têtard *m* Kaulquappe *f*

tête *f* **1** Kopf *m*; *~ nue* ohne Kopfbedeckung *f*; *de la ~ aux pieds* von Kopf bis Fuß; *dîner en ~ à ~* intimes Essen; *mal de ~* Kopfschmerzen *mpl*; *(sp) gagner d'une courte ~* mit einer knappen (Nasen)länge *f* gewinnen; *(fig) à ~ reposée* in aller Ruhe *f*, wohlüberlegt; *une femme de ~* eine zielbewußte/zielstrebige Frau; *avoir toute sa ~* geistig noch ganz beweglich/auf der Höhe *f* sein; *ne rien avoir dans la ~* nichts in der Birne *f*/im Kopf haben; *ne plus avoir en ~* sich nicht mehr erinnern können; *garder la ~ froide* Ruhe bewahren; *(fig/fam) avoir la grosse ~* sich (D) viel/was ein=bilden; *en avoir par-dessus la ~* die Nase gestrichen voll haben **2** *avoir une bonne ~* lieb/gutmütig aus=sehen; *faire la ~* schmollen, *(fam)* sauer sein; *tu en fais une ~!* na, du ziehst ja ein Gesicht *n*! **3** *jurer qch sur la ~ de sa mère* bei(m Kopf) seiner Mutter schwören; *sa ~ est mise à prix* auf seinen Kopf ist eine (Kopf)prämie ausgesetzt **4** *sur un coup de ~* unüberlegt; *tenir ~ à qqn* jm stand=halten/gewachsen sein **5** *une ~ couronnée* ein gekröntes Haupt *n*; *100 F par ~* 100 Francs pro Kopf/Nase *f*; *une ~ de bétail* ein Stück *n* Vieh; *(fam) ~ de Turc* Prügelknabe *m* **6** *à la ~ du parti* an der Spitze *f* der Partei; *en ~ du train* an der Spitze des Zuges; *en ~ de phrase* am Satzanfang *m*; *(mil) une ~ de pont* Brückenkopf *m*; Vorposten *m*; *(pol) ~ de liste* Spitzenkandidat *m* **7** *~ d'épingle* Nadelkopf *m*; *missile à ~ chercheuse* Rakete mit Zielsuchkopf *m*, Zielsuchrakete *f*

tête-à-queue *m*: *faire un ~* sich um die eigene Achse *f* drehen

tête-bêche entgegengesetzt

tête-de-nègre dunkelbraun, tiefbraun ◆ *m* Negerkuß *m*

tétée *f* Stillen *n*

téter saugen

tétine *f* **1** Sauger *m*; *(fam)* Schnuller *m* **2** Euter *n*, Zitze *f*

tétras *m* Auerhahn *m*

têtu eigensinnig, starrköpfig

teuf-teuf! töff, töff!

teutonique teutonisch

texte *m* **1** Text *m*; *~ de loi* Wortlaut *m* des Gesetzes; Gesetzestext *m* **2** *cahier de ~s* Aufgabenheft *n*

textile Textil- *industrie ~* Textilindustrie *f* ◆ *m* **1** Textilie *f* **2** Textilindustrie *f*

textuellement wortwörtlich

texture *f* Textur *f*; Struktur *f*

T.G.V. *m* → **train à grande vitesse**
thé *m* Tee *m*
théâtral, -aux 1 *des études* ~*es* Schauspielstudium *n* **2** *un geste* ~ eine theatralische Geste
théâtre *m* **1** Theater *m pièce de* ~ (Theater)stück *n* **2** *(mil) le* ~ *d'opérations* der Kriegsschauplatz *m*
théière *f* Teekanne *f*
théine *f* T(h)ein *m*
thématique thematisch ♦ *f* Thematik *f*
thème *m* **1** Thema *n* **2** ~ *astral* Geburtshoroskop *n* **3** ~ *allemand* Übersetzung *f* ins Deutsche; *(fig) fort en* ~ Belesene/r; Musterschüler *m*
théologien *m* **-ne** *f* Theologe *m*, Theologin *f*
théorème *m* Theorem *n*
théoricien *m* **-ne** *f* TheoretikerIn *m f*
théorie *f* Theorie *f*; *(fig) en* ~ theoretisch
thérapeute *m f* TherapeutIn *m f*
thérapeutique therapeutisch
thermal, -aux thermal, Thermal- *station* ~*e* Kurort *m*
thermalisme *m* Bäderwesen *n*
thermes *mpl* Kuranstalt *f*; Kurhaus *n*; *(hist)* Thermen *fpl*
thermicien *m* Wärmetechniker *m*
thermique Wärme-, thermisch *centrale* ~ Wärmekraftwerk *n*; *sensibilité* ~ Temperaturempfinden *n*
thermomètre *m* Thermometer *n*
thermonucléaire thermonuklear
thermorégulation *f* automatische Temperaturregelung *f*; *(bio)* Wärmeregulierung *f*
thermos *m f* Thermosflasche *f*
thermostat *m* Thermostat *m*
thésauriser horten
thèse *f* These *f*; *(université)* Doktorarbeit *f*, Dissertation *f*
thon *m* Thunfisch *m*
thorax *m* Brustkorb *m*
thym *m* Thymian *m*
thyroïde *f* Schilddrüse *f*
tibia *m* Schienbein *n*
tic *m* Tick *m*, Schrulle *f*
ticket *m* Fahrschein *m*, Fahrkarte *f*; Eintrittskarte *f* ~ *de caisse* Kassenzettel *m* ~ *de bus* Busfahrschein *m*; *(fam) avoir un* ~ eine Eroberung *f* gemacht haben
tic-tac! ticktack! ♦ *m* Ticken *n*
tiède lau(warm); *(fig) une approbation* ~ eine laue Zustimmung
tien, -ne : *c'est le* ~/*la tienne* das ist deiner/deine/deins; das gehört dir; *(fam) à la* ~*ne!* auf dein Wohl! ♦ **1** *il faut y mettre du* ~ du mußt auch etw/deinen Teil dazu bei=tragen/dazu tun **2** *pense aux* ~*s* denk an deine Familie/deine Angehörigen **3** *tu as encore fait des* ~*nes!* du hast es mal wieder zu bunt getrieben!

tierce : *une* ~ *personne* ein Dritter ♦ *f (mus)* Terz *f*; *(cartes)* Sequenz *f* mit drei Karten
tiercé *m* Dreierwette *f*
tiers *m* **1** Drittel *n*; *(impôts) le* ~ *provisionnel* Vorauszahlung des Steuerdrittels *n*; *(fam) il se moque du* ~ *comme du quart* ihm ist alles schnurz(egal)/piepe(gal) **2** Dritte/r *s'adresser à un* ~ sich an einen Außenstehenden wenden; *(jur) assurance au* ~ Mitfahrerversicherung *f*
tiers-monde *m* Dritte Welt *f*
tige *f* **1** Stiel *m*, Stengel *m* **2** *(tech)* ~ *d'une pompe* Pumpenschwengel *m*
tigre *m* **-sse** *f* TigerIn *m f*; *(fig) c'est une vraie* ~*sse* sie ist die reinste Raubkatze *f*
tigré getigert; geflammt
tilleul *m* **1** Lindenbaum *m*, Linde *f* **2** *boire un* ~ einen Lindenblütentee *m* trinken
tilt *m* : *(fam) ça a fait* ~ der Groschen ist gefallen
timbale *f* **1** (Trink)becher *m* **2** ~ *de macaroni* Makkaroniauflauf *m* **3** *(mus)* (Kessel)pauke *f*
timbre *m* **1** Briefmarke *f* ~ *fiscal* Gebührenmarke *f*, Steuermarke *f* **2** Timbre *n* Klangfarbe *f*
timbré 1 *(fam)* bekloppt, beknackt, übergeschnappt **2** *papier* ~ Stempelpapier *n*
timbrer frankieren
timide schüchtern, zaghaft; befangen
timidité *f* Schüchternheit *f*
timonier *m (mar)* Steuermann *m*
timoré ängstlich, zaghaft, verschüchtert
tinctorial, -aux Farb-, Färbe-
tintamarre *m* Getöse *n*, Krach *m*
tinter läuten, klingeln; *(cloche)* bimmeln; *(verres)* klingen, klirren
tip(p)er (ein)=tippen
tique *f* Zecke *f*
tir *m* Schießen *n*; Schuß *m*
tirade *f (th)* längere Textstelle *f*; *(fig) faire à qqn toute une* ~ *sur qch* jm einen ganzen Vortrag *m* über etw (**A**) halten
tirage *m* **1** (Ab)druck *m* ~ *limité* begrenzte Auflage *f*; *(photo)* Abzug *m* **2** *il n'y a pas assez de* ~ der Ofen/Kamin zieht schlecht; *(fam) il y a du* ~ es gibt Spannungen *fpl* **3** ~ *au sort* Auslosen *n*
tiraillement *m* **1** *il y a des* ~*s* es gibt Reibereien *fpl* **2** *sentir des* ~*s dans le ventre* ziehende Schmerzen *mpl*/Ziehen *n* im Bauch fühlen
tirailler : ~ *son pull* an seinem Pulli herum=zerren ♦ *se sentir tiraillé* sich hin- und hergerissen fühlen
tirant *m* : *(mar)* ~ *d'eau* Tiefgang *m*
tire *f* **1** *vol à la* ~ Taschendiebstahl *m* **2** *(fam)* Schlitten *m*
tiré 1 *avoir les traits* ~*s* angegriffen aus=sehen **2** *être* ~ *à quatre épingles (fig/*

tiré *fam)* geschniegelt und gebügelt / wie aus dem Ei gepellt sein **3** *(fam) être ~ par les cheveux* an den Haaren herbeigezogen sein

tiré *m : ~ à part* Sonderdruck *m*

tire-au-flanc *m (fam)* Drückeberger *m*, Faulenzer *m*

tire-bouchon *m* Korkenzieher *m*; *(fig) une queue en ~* ein Ringelschwänzchen *n*; *rouler qch en ~* etw zusammen=knautschen

tire-d'aile : *voler à ~* schnell wie ein Pfeil fliegen

tirelire *f* Sparbüchse *f*

tirer 1 ziehen *~ les cheveux à qqn* jn an den Haaren ziehen **2** *~ une voiture* ein Auto ab=schleppen; *(fig) ~ qqn d'affaire* jm heraus=helfen / *(fam)* aus der Patsche helfen **3** *~ qqn du lit* jn aus dem Bett zerren / holen; jn aus dem Schlaf reißen; *~ du vin* Wein ab=zapfen **4** *~ la porte* die Tür schließen / *(fam)* zu=machen; *~ le verrou* den Riegel vor=schieben **5** *(fam) avoir six mois à ~* sechs Monate aus=halten müssen; *(prison)* sechs Monate abzusitzen haben; *(mil)* sechs Monate runterzureißen haben **6** *~ le numéro gagnant* die Gewinnummer ziehen; *~ les lots au sort* die Gewinne verlosen; *(fig) ~ les cartes* (die) Karten legen **7** *~ profit de qch* aus etw Nutzen / Vorteil ziehen; *de ces olives on tire de l'huile* aus diesen Oliven gewinnt man Öl; *(fig) on ne peut rien en ~* dabei kommt nichts raus; bei dem ist nichts zu holen **8** *~ les conséquences de qch* die Konsequenzen aus etw ziehen **9** *~ son origine de* seine Herkunft ab=leiten / her=leiten von **10** *~ un feu d'artifice* ein Feuerwerk ab=brennen; *~ un coup de feu* einen Schuß ab=geben, schießen **11** *~ un lièvre* einen Hasen ab=balgen **12** *~ un chèque* einen Scheck aus=stellen **13** *~ un trait* einen Strich ziehen **14** *~ un plan* einen Plan aus=drucken ◆ **1** *la cheminée tire bien* der Kamin zieht gut **2** *~ sur le rouge* ins Rötliche gehen **3** *~ à sa fin* auf sein Ende zu=gehen **4** *schießen ~ sur qqn* auf jn schießen ◆ **1** *se ~ d'affaire* davon=kommen **2** *(fam) se ~* verschwinden, verduften

tiret *m* Gedankenstrich *m*

tireur *m* **-euse** *f* **1** Schütze *m*, Schützin *f ~ d'élite* Scharfschütze *m* **2** *(comm)* Aussteller *m*

tiroir *m* Schublade *f*, Schubfach *n*; *(fig) une histoire à ~s* eine verschachtelte Geschichte

tiroir-caisse *m* Registrierkasse *f*

tisane *f* Kräutertee *m*

tison *m* glimmendes Holzstück *n*

tissage *m* Weben *n*; Weberei *f*

tisser weben

tisserand *m* **-e** *f* WeberIn *m f*

tissu *m* **1** Stoff *m*, Gewebe *n* **2** Gefüge *n*, Netz *n* **le ~ urbain** das Stadtgefüge *n*; *le ~ social* das soziale Netz **3** *un ~ de mensonges* ein Lügengespinst *n* **4** *(bio)* Gewebe

tissu-éponge *m* Frottee *m/n*

titan *m : (fig) travail de ~* Riesenarbeit *f*, gigantische Arbeit

titi *m : ~ parisien* Pariser Straßenjunge *m*

titre *m* **1** Titel *m*, Überschrift *f* *les gros ~s* die Schlagzeilen *fpl* **2** (Amts)bezeichnung *f*, Titel, (Ehren)name *m en ~* amtierend; *(sp)* Titel *m* **3** *à juste ~* mit vollem Recht *n*, zu Recht; *à ~ amical* aus Freundschaft *f*; *au même ~* ebenso, genauso wie; *à plus d'un ~* aus mehreren Gründen *mpl*; *à ~ de compensation* zum Ausgleich *m*; *(jur) à ~ onéreux* gegen Entgelt *n* / Vergütung *f*; *à ~ gratuit* kostenlos, unentgeltich, umsonst **4** *~ de propriété* Eigentumsurkunde *f*; *~ de transport* Fahrausweis *m*; *(bourse)* Wertpapier *n* **5** *(métal / chim)* Gehalt *m*

titrer : *~ 15°* 15 Volumprozent enthalten; ◆ *(fam) ~ sur un événement* über ein Ereignis Schlagzeilen bringen

tituber schwanken, taumeln

titulaire festangestellt, ins Beamtenverhältnis übernommen ◆ *m f* InhaberIn *m f*

titulariser fest an=stellen; ins Beamtenverhältnis übernehmen

toboggan *m* **1** Rutschbahn *f*, Rutsche *f*; Schlitten *m faire du ~* rodeln **2** *(tech)* Überführung *f*

toc *m (fam)* Talmi *n*

tocade *f* Marotte *f*, Vernarrtheit *f*, *(fam)* Fimmel *m*

tocard *m (fam)* schlechtes Pferd *n*; *(fig)* Flasche *f*, Nichtskönner *m*

tocsin *m : sonner le ~* Sturm *m* läuten

toge *f* Toga *f*

tohu-bohu *m* Tohuwabohu *n*

toi : *~, tu vas là-bas !* du gehst dorthin ! → **tu**

toile *f* **1** Leinen *n*, Leinwand *f* **2** Gemälde *n* **3** *~ de fond* Hintergrund *m* **4** *~ d'araignée* Spinnengewebe *n*

toilettage *(chien)* Scheren *n*

toilette *f* **1** Waschen *n serviette de ~* Handtuch *n*; *trousse de ~* Waschbeutel *m*, Necessaire *n*; *faire sa ~ (personne)* sich waschen; *(animal)* sich putzen **2** Toilette *f*, Aufmachung *f*; *bien porter la ~* in eleganter Kleidung *f* / großer Aufmachung gut aus=sehen **3** *les ~s* die Toiletten *fpl*

toise *f* Meßstab *m*

toison *f* **1** Schur *f*, Rohwolle *f*, Vlies *n* **2** dichte Behaarung *f*, *(fig)* Wolle *f*

toit *m* Dach *n*; *(fig) accueillir qqn sous son ~* jn bei sich (D) auf=nehmen

toiture *f* Dach *n*, Bedachung *f*

tôle *f* Blech *n*

tolérance *f* **1** Toleranz *f* **2** ~ *à un médicament* Verträglichkeit *f* eines Medikaments **3** *(tech)* Toleranz *marge de* ~ Toleranzbereich *m* **4** *maison de* ~ Freudenhaus *n*

tolérant tolerant

tolérer tolerieren

tollé *m* : *un* ~ *général* ein allgemeines Protestgeschrei *n*

tomate *f* **1** Tomate *f* **2** Aperitif *m* aus Anis mit Grenadine

tombal : *pierre* ~*e* Grabstein *m*

tombeau *m* -**x** Grab *n*, Grabstätte *f*, Grabmal *n*; *(fig) rouler à* ~ *ouvert* in halsbrecherischer Geschwindigkeit rasen

tombée *f* : *à la* ~ *de la nuit* mit/bei Einbruch *m* der Nacht

tomber <être> **1** (hin)=fallen; *(fig)* ~ *de fatigue* vor Müdigkeit um=fallen; ~ *de haut* aus allen Wolken fallen; *les bras m'en tombent (fam)* da bleibt mir die Spucke weg; *le gouvernement est tombé* die Regierung ist gestürzt **2** ~ *dans un ravin* in eine Schlucht stürzen; *(av)* ab=stürzen **3** ~ *jusqu'aux épaules* bis zu den Schultern reichen/hängen; ~ *sur les yeux* in die Augen hängen **4** ~ *un lundi* auf (einen) Montag fallen; ~ *à plat* nicht an=kommen; unter=gehen; *tu tombes bien* du kommst gerade recht **5** *la nouvelle vient de* ~ die Nachricht ist gerade gekommen; *(fig) ne pas* ~ *dans l'oreille d'un sourd* nicht auf taube Ohren stoßen **6** ~ *sous la main* (zufällig) in die Hände geraten; ~ *sur qqn* auf jn treffen/stoßen, jm zufällig begegnen **7** *(fig)* ~ *dans l'oubli* ins Vergessen/in Vergessenheit geraten **8** *sa colère est tombée* seine Wut hat nachgelassen/ist verraucht; *sa température est tombée* die Temperatur ist gefallen/gesunken **9** ~ *dans une embuscade* in einen Hinterhalt geraten ◆ *(fam)* — *la veste de* Jacke ab=legen ◆ *(fam) qu'est-ce qu'il tombe!* es gießt/schüttet! ◆ *laisser* ~ *qqn* jn im Stich lassen; *laisser* ~ *qch* etw fallen lassen; etw sein lassen ◆ *faire* ~ *qqn/qch* jn/etw um=rennen/um=stoßen/um=werfen

tombereau *m* -**x** Kippkarren *m*

tombeur *m (fam > non fam)* Frauenheld *m*

tombola *f* Tombola *f*

tome *m* Band *m*; Teil *n*

tommette *f* Terrakottafliese *f*

ton/ta/tes dein, deine

ton *m* **1** Ton *m changer de* ~ einen anderen Ton an=schlagen; *(fig) répéter sur tous les* ~ in allen Tonlagen wiederholen **2** *être de bon* ~ zum guten Ton/sich gehören **3** *(mus)* Ton **4** *dans les tons pastels* in Pastelltönen *mpl*

tonalité *f* **1** Tonalität *f*, Tonart *f* **2** *(tél)* Wählton *m*, Amtszeichen *n*

tondeuse *f* Schermaschine *f* ~ *à gazon* Rasenmäher *m*

tondre *(animaux)* scheren; *(gazon)* mähen

tonifier stärken, kräftigen, beleben ~ *sa peau* die Haut beleben

tonique 1 *(personne)* belebend **2** *un spectacle* ~ ein aufbauendes Schauspiel **3** *accent* ~ Ton *m* ◆ *m* Gesichtswasser *n* ◆ *f* Grundton *m*

tonitruant donnernd *une voix* ~*e* eine Donnerstimme

tonnage *m* Tonnage *f*

tonne *f* Tonne *f*; *(fam) j'en ai des* ~*s* ich habe Massen *fpl* davon

tonneau *m* -**x 1** Faß *n*; *(fam) du même* ~ vom gleichen Schlag *m*/Genre *n* **2** *faire un* ~ sich überschlagen

tonnelle *f* (Garten)laube *f*

tonner donnern

tonnerre *m* Donner *m*; *(fig) un* ~ *d'applaudissements* ein Beifallssturm *m*; *avec un bruit de* ~ mit Donnergetöse *n*/einem Riesenkrach *m*

tonsure *f* Tonsur *f*

tonte *f* Schur *f*

tonus [-nys] *m* **1** *le* ~ *musculaire* (Muskel)tonus *m* **2** *avoir du* ~ Energie *f*/Spannkraft *f* haben

top [tɔp] *m* **1** *au troisième* ~, *il sera 18 h* beim dritten Ton *m* des Zeitzeichens *n* ist es 18 Uhr **2** ~ *niveau* Topniveau *n*; ~ *secret* streng geheim

topaze *f* Topas *m*

toper : *topons là!* abgemacht!

topographique topographisch

toponymie *f* Ortsnamenkunde *f*

toque *f* Mütze *f*

toqué *(fam)* beknackt, bekloppt

torche *f* **1** Fackel *f* **2** ~ *électrique* Stablampe *f*

torchis *m* : *mur en* ~ Strohlehmmauer *f*

torchon *m* Wischtuch *n*; Geschirrtuch *n*; *(fig) le* ~ *brûle* zwischen den beiden kracht's; *(fig/fam) ce devoir est un vrai* ~ diese Hausaufgabe ist die reinste Schmiererei *f*; *ce journal est un vrai* ~; diese Zeitung ist ein übles Schmierblatt *n*; *(loc) il ne faut pas mélanger les* ~*s avec les serviettes* man darf nicht alles in einen Topf werfen

tordre 1 (ver)drehen, um=drehen; *(fig)* ~ *le cou à qqn* jm den Hals um=drehen **2** ~ *du linge* Wäsche aus=wringen; ~ *une barre de fer* einen Eisenstab verbiegen ◆ *se* ~ *le pied* sich (**D**) den Fuß vertreten ◆ *se* ~ *de douleur* sich vor Schmerz biegen/krümmen; *se* ~ *de rire* sich krumm lachen/scheckig lachen

toréador *m* Torero *m*

tornade *f* Tornado *m*; *(fig) c'est une vraie* ~ das ist der einste Wirbelsturm *m*

torpeur *f* Benommenheit *f*; Regungslosigkeit *f*, Erstarrung *f*
torpille *f* 1 Torpedo *m* 2 *(poisson)* Zitterrochen *m*
torpiller torpedieren; *(fig) ~ un projet* ein Projekt sabotieren
torréfier rösten
torrent *m* Sturzbach *m*; *(fig) un ~ de boue* ein Schlammstrom; *un ~ d'injures* eine Flut von Schimpfworten; *il pleut à ~s* es gießt in Strömen *mpl*
torrentiel, -le : *des pluies ~les* strömender Regen
torride heiß, glühend
torsade *f* Kordel *f*
torse *m* Oberkörper *m*
torsion *f* Verdrehung *f*, Torsion *f*
tort *m* 1 *avoir ~* Unrecht *n* haben 2 *avoir des ~s envers qqn* jm ein Unrecht angetan haben, an jm unrecht gehandelt haben 3 *faire du ~ à qqn* jm Schaden *m* zufügen 4 *à ~* zu Unrecht; *à ~ et à travers* drauf los, unüberlegt
torticolis *m* steifer Hals *m*
tortiller zusammen=drehen, winden ◆ *(fam) il n'y a pas à ~* da hilft alles nichts ◆ *se ~ sur sa chaise* sich auf seinem Stuhl winden
tortionnaire *m f* Folterknecht *m*, PeinigerIn *m f*
tortue *f* Schildkröte *f*; *(fig) avancer comme une ~* im Schneckentempo voran=kommen
tortueux, -euse gewunden, verschlungen; *(fig)* verdreht
torture *f* Folter(ung) *f*
torturer foltern; *(fig)* quälen, auf die Folter spannen ◆ *se ~ l'esprit* sich (D) das Hirn zermartern
tôt 1 früh *au plus ~* frühestens; *(fig) ~ ou tard* früher oder später 2 bald *le plus ~ possible* möglichst bald
total, -aux *m* 1 *la somme ~e* der Gesamtbetrag *m*, die Gesamtsumme *f* 2 völlig, vollkommen, total, absolut *une confiance ~e* absolutes Vertrauen ◆ *m* (Gesamt)summe *f*, (Gesamt)betrag *m au ~* insgesamt; *(fig)* alles in allem
totaliser : *~ 70 points* 70 Punkte erreichen/erzielen
totalitaire totalitär
totalité *f* Gesamtheit *f*, Totalität *f*
touchant rührend, (herz)ergreifend
touche *f* 1 *une ~ de rouge* ein roter Pinselstrich *m*/Farbtupfer *m*; *(fig) une ~ de gaieté* eine heitere Note *f* 2 *(escrime)* Treffer *m* 3 *(pêche)* Anbeißen *n faire une ~* einen Fisch gefangen haben; *(fig/fam)* eine Eroberung *f* machen 4 *(sp) ligne de ~* Seitenlinie *f*; *(fig) être mis sur la ~* ausgebotet/kaltgestellt werden 5 *(fam)*

682

avoir une drôle de ~ komisch/lächerlich aus=sehen 6 *(clavier)* Taste *f*
toucher 1 berühren, an=fassen; *(fig) sa naïveté me touche* seine Naivität rührt mich; *(tél) où peut-on vous ~?* wo kann man Sie telefonisch erreichen? 2 *~ le sol* auf=setzen; *(av)* landen 3 *~ qqn en plein front* jn mitten in die Stirn treffen 4 *~ un salaire* ein Gehalt beziehen 5 *ces mesures touchent beaucoup de gens* diese Maßnahmen betreffen viele Leute 6 *~ un mot de qch à qqn* jm etw kurz mit=teilen, jn über etw (A) informieren ◆ 1 *ne pas ~!* nicht berühren!; *(fig) ~ à la politique* ein politisches Problem berühren; *avoir un peu touché à la cuisine* einige Erfahrungen im Kochen haben 2 an=greifen, an=rühren, an=tasten; *~ à son capital* sein Kapital an=rühren/an=greifen; *il n'a pas touché à son repas* er hat keinen Bissen angerührt 3 *~ à son terme* zu Ende gehen ◆ *nos deux maisons se touchent* unsere beiden Häuser grenzen/stoßen aneinander
toucher *m* 1 Tastsinn *m* 2 *au ~* beim Anfühlen *n*/Berühren *n*; *(méd) ~ vaginal* Abtasten *n* der Vagina
touche-touche : *à ~* dicht beieinander
touffe *f* Büschel *m*
touffu dicht; *(fig) un texte ~* ein gedrängter/komprimierter Text
touiller um=rühren
toujours 1 immer, stets *depuis ~* seit eh und je; *pour ~* für immer/ewig 2 *il l'aime ~* er liebt sie immer noch/noch immer
toupet *m* 1 *(fam) avoir du ~* frech/unverschämt sein 2 Toupet *n*
toupie *f* 1 Kreisel *m* 2 *(tech)* Fräsmaschine *f*; Dorn *m*
tour *m* 1 Umfang *m ~ de tête* Kopfumfang *m* 2 (Rund)gang *m faire le ~ du lac* um den See herum=gehen; *faire le ~ du monde* eine Weltreise *f* machen; *(sp) faire trois tours de piste* drei Runden laufen/drehen; *(fig) faire le ~ d'une question* eine Frage durch=sprechen; *faire un ~ de table* sich nacheinander zu etw äußern 3 Spaziergang *m faire un ~ en ville* einen Rundgang *m* durch die Stadt/einen Stadtbummel *m* machen 4 *faire un ~ de manège* eine Runde Karussell fahren 5 *faire des ~s et des détours* einen Riesenumweg *m* machen; *(fam) faire le ~* außen herum=gehen 6 *fermer à double ~* zweimal ab=schließen, den Schlüssel zweimal (he)rum=drehen; *(tech) x ~s à la minute* x Umdrehungen *fpl* pro Minute 7 *un ~ de cartes* ein Kartenkunststück *n*; *(fig) un ~ de force* eine Heldentat *f* 8 *jouer un ~ à qqn* jm einen Streich *m* spielen : *cela vous jouera des ~s* das kann/wird schlimm/schlecht (für Sie) aus=gehen/enden; *(fig) avoir plus d'un ~ dans son*

sac mit allen Wassern gewaschen sein **9 ~ d'esprit** Denkart *f*, Denkweise *f*; **donner un ~ amical à la conversation** einer Unterhaltung einen freundschaftlichen Ton *m*/eine freundschaftliche Wendung *f* geben; **prendre un mauvais ~** sich zum Schlechten wenden/schlecht entwickeln **10 ~ à ~** abwechselnd; **chacun à son ~** der Reihe *f* nach; **c'est mon ~!** jetzt bin ich dran!/an der Reihe! **11 ~ de chant** Konzert *n* **12 ~ de scrutin** Wahlgang *m* **13** *(tech)* Töpferscheibe *f*

tour *f* Turm *m*

tourbe *f* Torf *m*

tourbière *f* Torfgrube *f*

tourbillon *m* **1** (Luft)wirbel *m* **souffler en ~** wirbeln **2 soulever un ~ de sable** den Sand auf=wirbeln **3** *(rivière)* Strudel *m* **4** *(fig)* **le ~ de la vie** die Hektik *f* des Lebens

tourbillonner (umher)=wirbeln, (herum)=wirbeln

tourelle *f* Türmchen *n*; *(mil)* Drehturm *m*; Maschinengewehrkanzel *f*

tourisme *m* **1** Tourismus *m* **office de ~** Verkehrsamt *n*; **faire du ~** zum Vergnügen *n* reisen **2 avion de ~** Privatflugzeug *n*; **voiture de ~** Personenwagen *m*

touriste *m f* TouristIn *f*

touristique touristisch, Touristen-, Reise- **guide ~** Reiseführer *m*; **menu ~** Touristenmenü *n*; **une région ~** eine vielbesuchte/touristische Gegend

tourment *m* Qual *f*, Pein *f*

tourmente *f* Sturm *m*, Unwetter *n*; *(fig)* Wirren *fpl*, Unruhen *fpl*

tourmenter quälen ◆ **se ~** sich (D) Sorgen/Gedanken machen, sich grämen

tournant 1 pont ~ schwenkbare Brücke **2 grève ~e** Streik mit wechselnden Schwerpunkten ◆ *m* Kurve *f*; *(fig)* Wendepunkt *m*, Wende *f*; *(fig/fam)* **je l'attends au ~** den krieg'/erwisch' ich schon noch (und dann kann er was erleben)

tournebroche *m* Drehspieß *m*

tourne-disque *m* Plattenspieler *m*

tournedos *m* Lendenschnitte *f*

tournée *f* **1** Runde *f*, Tour *f* **faire la ~ de ses clients** alle seine Kunden auf=suchen; *(spectacle)* Tournee *f*; **être en ~** gastieren; auf Tournee sein **2 c'est ma ~!** die Runde bezahle ich!

tournemain: **en un ~** im Handumdrehen/Nu

tourner 1 ab=biegen **~ à gauche** nach links ab=biegen; **la route tourne beaucoup** die Straße hat viele Kurven **2** kreisen, sich drehen; *(fig)* **~ en rond** sich im Kreis drehen; **l'heure tourne** die Zeit vergeht **3 le moteur tourne** der Motor läuft; *(fig/fam)* **il y a quelque chose qui ne tourne pas rond** irgendwas stimmt hier nicht; es hapert **4 la tête me tourne** mir ist schwind(e)lig; *(fam)* **~ de l'œil** *(non fam)* ohnmächtig werden **5 ~ à la pluie** sich zu Regen entwickeln, zu Regen werden; **les choses ne pouvaient ~ autrement** die Dinge konnten nicht anders verlaufen/sich nicht anders entwickeln; **il est en train de mal ~** er gerät auf die schiefe Bahn **6 le lait a tourné** die Milch ist geronnen/sauer geworden ◆ **1** (um)=drehen; *(fig)* **~ son regard vers qqn** seinen Blick jm zu=wenden **2 ~ la page** eine Seite um=blättern; *(fig)* das Blatt ab=schließen **3 ~ le dos à qqn** jm den Rücken zu=drehen; *(fig)* sich von jm ab=wenden **4 ~ la difficulté** Schwierigkeiten vermeiden/um=gehen/aus dem Weg gehen **5 ~ un film** einen Film drehen **6 ~ qch/qqn en ridicule** jn ins Lächerliche ziehen, etw/jn lächerlich machen **7** *(tech)* drehen; *(bois)* drechseln ◆ **se ~** sich um=drehen/um=wenden; *(fig)* **se ~ vers l'avenir** sich der Zukunft zu=wenden, in die Zukunft blicken ◆ **1 faire ~ une entreprise** einen Betrieb in Gang halten **2 faire ~ les tables** Tische rücken ◆ **laisser ~ son moteur** seinen Motor laufen lassen

tournesol *m* Sonnenblume *f*

tourneur *m* Dreher *m*

tournevis [-vis] *m* Schraubenzieher *m*

tourniquet *m* Drehtür *f*; *(jardin)* Rasensprenger *m*; *(magasin)* Drehständer *m*

tournoi *m* **1** *(sp)* Wettkampf *f* **2** *(hist)* Turnier *n*, Kampfspiel *n*

tournoyer kreisen; sich im Kreis drehen

tournure *f* **1 prendre ~** sich ab=zeichnen, feste Formen *fpl*/Gestalt *f* an=nehmen; **prendre une bonne ~** eine gute Wendung *f* nehmen, sich gut entwickeln **2 une ~ d'esprit** Geisteshaltung *f*, Denkart *f* **3** (Rede)wendung *f*

tour-opérateur *m* Reiseorganisator *m*

tourteau *m* **-x** Taschenkrebs *m*

tourtereaux *mpl* *(fig)* Turteltauben *fpl*

tourterelle *f* Turteltaube *f*

tous/toutes 1 ~ les enfants alle Kinder **2 ~ les jours** jeden Tag **3 toutes sortes de** alle möglichen ◆ alle

Toussaint *f*: **à la ~** zu Allerheiligen *n*

tousser husten

toussoter hüsteln

tout 1 jeder, jede, jedes **en ~e occasion** bei jeder Gelegenheit **2 ~ le monde** alle Leute, jeder(mann) **3 pour ~e possibilité** als einzige Möglichkeit ◆ **1 ~ bleu** ganz/völlig blau; **pendant ~ l'hiver** den ganzen Winter (lang/über), während des ganzen Winters **2 le ~ premier** der Allererste **3 j'ai ~ mon temps** ich habe unbegrenzt/viel Zeit; **tu y as ~ intérêt** das liegt in deinem ureigensten Interesse **4 ~ gentil qu'il soit** so nett er auch ist ◆ **1 c'est ~ autre chose** das ist etw ganz anderes **2 ~**

tout

de même trotzdem, (den)noch, immerhin **3** ~ *en marchant* beim Gehen, während des Gehens ◆ **1** alles *ce sera* ~ *pour aujourd'hui* das wär's (für heute) **2** *après* ~ im Grunde, alles in allem; *avant* ~ vor allem; *un point, c'est* ~ (und damit) Punktum!/basta! **3** *en* ~ insgesamt **4** *il est mignon comme* ~ er ist sowas von hübsch **5** ~ *ce qu'il y de plus beau* das Schönste, was es gibt

tout *m* **1** Ganze/s; *(fig) risquer le* ~ *pour le* ~ alles aufs Spiel *n*/auf eine Karte *f* setzen **2** *le* ~ *est d'y arriver* die Hauptsache *f*/das entscheidende/wichtigste/am wichtigsten ist, daß es gelingt; *ce n'est pas le* ~ das ist noch nicht alles **3** *du* ~ *au* ~ völlig; *pas du* ~ überhaupt/durchaus nicht, keineswegs; *rien du* ~ überhaupt nichts

tout-à-l'égout *m* (Abwässer)kanalisation *f*

toutefois jedoch, indessen, gleichwohl

toutou *m (fam)* Wauwau *m*

tout-puissant allmächtig

toux *f* Husten *m*

toxicomane *m f* (Drogen)süchtige/r, (Rauschgift)süchtige/r

toxicomanie *f* Drogensucht *f*, Rauschgiftsucht *f*

toxine *f* Toxin *n*

toxique giftig, Gift-

trac *m (fam)* Bammel *m, (fig)* kalte Füße *mpl*

tracas *m* Ärger *m*, Scherereien *fpl*

tracasser (se) (sich) beunruhigen, sich **(D)** Sorgen machen

tracasserie *f* Schikane *f*

trace *f* Spur *f*; Fährte *f*; *(fig) marcher sur les* ~*s de qqn* auf js Spuren wandeln; in js Fußstapfen *mpl* treten

tracé *m* : *le* ~ *de la route* der Verlauf *m* der Straße

tracer 1 zeichnen; *(traits)* ziehen **2** *(fig)* vorzeichnen

trachée *f* Luftröhre *f*

trachéite [-keit] *f* Luftröhrenentzündung *f*

trachome [-kom] *m* Trachom *n*

tract *m* Flugblatt *n*

tractation *f* (Geheim)verhandlung *f*

tracter schleppen, ziehen

tracteur *m* Traktor *m*; Zugmaschine *f*

traction *f* **1** ~ *arrière* Hinterradantrieb *m* **2** *(sp) faire des* ~*s* Klimmzüge *mpl* machen

tradition *f* **1** Tradition *f* **2** Brauch *m*, Sitte *f*, Überlieferung *f les* ~*s populaires* Volksbräuche *mpl*

tradionaliste traditionsbewußt

traditionnel, -le traditionell; herkömmlich

traducteur *m* **-trice** *f* ÜbersetzerIn *m f*

traduction *f* Übersetzung *f*

traduire 1 übersetzen; *(fig)* ~ *une émotion* ein Gefühl aus=drücken/zum Ausdruck bringen, einem Gefühl Ausdruck verleihen **2** ~ *en justice* vor Gericht stellen ◆ *se* ~ *par des frais supplémentaires* sich in zusätzlichen Kosten äußern

trafic *m* **1** Verkehr *m* **2** Schmuggel *m faire du* ~ schmuggeln

trafiquant *m* **-e** *f* SchmugglerIn *m f*

trafiquer *qu'est-ce que tu trafiques?* was treibst du (denn) da? ◆ *du vin trafiqué* gepan(t)schter Wein

tragédie *f* Tragödie *f*

tragédien *m* **-ne** *f* Tragöde *m*, Tragödin *f*

tragi-comique tragikomisch

tragique tragisch

trahir verraten; *(fig) ses forces l'ont trahi sein* Kräfte haben ihn im Stich gelassen ◆ *se* ~ sich verraten; sich zeigen

trahison *f* Verrat *m*; *(jur) haute* ~ Hochverrat *m*

train *m* **1** Zug *m*; ~ *à grande vitesse (T.G.V)* Hochgeschwindigkeitszug (ICE) *m*; ~ *de marchandises* Güterzug *m*; ~ *de voyageurs* Reisezug *m*; *par le* ~ mit dem Zug **2** *un* ~ *de mesures* eine Reihe *f* von Maßnahmen **3** *à fond de* ~ im Eiltempo *n*, blitzschnell; *mener le* ~ das Tempo *n* bestimmen **4** ~ *de vie* Lebensstandard *m*; *mener grand* ~ aufwendig leben **5** *être en* ~ *de manger* (gerade) beim Essen sein, gerade essen **6** *(auto)* ~ *avant* Vorderachse *f*; *(animal)* ~ *de derrière* Hinterteil *n*; *(fam) se manier le* ~ sich ran=halten/tummeln

traîne *f* **1** Schleppe *f* **2** *(fam) être à la* ~ hinterher=trödeln

traîneau *m* **-x** Schlitten *m*

traînée *f* **1** Spur *f*, Fahne *f une* ~ *de fumée* Rauchfahne *f*; *une* ~ *de sang* eine Blutspur *f* **2** *(fam)* Nutte *f*

traîner 1 *sa robe traîne par terre* ihr Kleid schleift auf dem Boden **2** *ses affaires traînent partout* sein Zeug liegt überall rum; *(fig) des histoires qui traînent partout* Geschichten, die aller Munde sind **3** ~ *dans les bars* in Bars rum=hängen **4** ~ *en chemin* trödeln, bummeln; *les choses traînent* die Angelegenheiten ziehen sich in die Länge ◆ **1** ~ *un blessé* einen Verwundeten mit sich schleppen; *(fig)* ~ *qqn dans la boue* jn durch den Dreck ziehen **2** ~ *les pieds* mit den Füßen schlürfen **3** ~ *sa valise* seinen Koffer schleppen **4** ~ *un rhume* einen Schnupfen nicht los=werden ◆ *se* ~ sich dahin=schleppen ◆ *faire* ~ *une affaire* eine Angelegenheit in die Länge ziehen

train-train *m (fam)* (Alltags)trott *m*

traire melken

trait *m* **1** Strich *m* ~ *d'union* Bindestrich *m*; *(fig) tirer un* ~ *sur qch* einen

Schlußstrich *m* unter etw (A) ziehen **2** Gesichtszüge *mpl avoir les ~s tirés* angegriffen aus=sehen; *se ressembler ~ pour ~ sich* (D) vollkommen ähnlich sehen **3** Merkmal *n*, Zug *m*; *un ~ de caractère* Charakterzug *m*; *un ~ de notre époque* ein Merkmal unserer Epoche **4** *un ~ d'esprit* eine geistreiche Bemerkung *f*; *un ~ de génie* eine geniale Idee *f*, ein Geistesblitz *m* **5** *avoir ~ à* sich beziehen auf (A) **6** *boire à longs ~s* in langen Zügen *mpl* trinken; *dormir d'un ~* durch=schlafen **7** *partir comme un ~* wie ein Pfeil *m* davon=schießen **8** *bête de ~* Zugtier *n*

traitant 1 *un shampooing ~* Pflegeshampoo *n* **2** *mon médecin ~* mein behandelnder/der mich behandelnde Arzt

traite *f* **1** (*comm*) Wechsel *m* **2** *d'une seule ~* in einem Zug *m* **3** *~ des Blanches* Mädchenhandel *m* **4** (*agri*) Melken *n*

traité *m* **1** Vertrag *m*, Abkommen *n* **2** Abhandlung *f*

traitement *m* **1** Behandlung *f mauvais ~s* Mißhandlung *f*; (*méd*) *être en ~* behandelt werden, in Behandlung sein; (*info*) *~ de texte* Textverarbeitung *f* **2** *toucher son ~* sein Gehalt *n* beziehen

traiter 1 behandeln **2** *~ du bois* Holz bearbeiten/verarbeiten **3** *~ une affaire* über ein Geschäft verhandeln **4** *~ qqn d'imbécile* jn einen Dummkopf nennen ♦ *~ avec qqn* mit jm verhandeln

traiteur *m* Lieferant *m* von Fertigmenüs, Delikatessenhändler *m*

traître *m* **-sse** *f* VerräterIn *m f*

traîtrise *f* Verrat *m*

trajectoire *f* (Flug)bahn *f*, (Wurf)bahn *f*

trajet *m* Strecke *f*, Weg *m*; Fahrt *f*, Reise *f*

tralala! trallala! ♦ *m* (*fam*) *en grand ~* mit großem Pomp *m*; *faire tout un ~ de qch* ein Riesenbrimborium *n*/Riesentamtam *n* machen

trame *f* (*tissu*) Schuß *m*; (*fig*) *la ~ d'un récit* der Faden *m* einer Erzählung

tramer (*fig*) an=zetteln, aus=hecken

tramontane *f* Nordwind *m*

trampoline *f* Trampolin *n*

tramway [tramwɛ] *m* Straßenbahn *f*

tranchant 1 scharf (geschliffen) **2** *un ton ~* ein scharfer/schneidender Ton ♦ *m* Schneide *f*; (*fig*) *c'est à double ~* das ist ein zweischneidiges Schwert *n*

tranche *f* **1** Scheibe *f*, Schnitte *f*; Stück *n* **2** Teil *m*, Abschnitt *m la première ~ d'une subvention* der erste Teil einer Subvention; *~ d'imposition* Steuerklasse *f*; (*fig*) *une ~ de vie* ein Lebensabschnitt *m* **3** (*livre*) Rand *m*

tranchée *f* Graben *m*

trancher 1 *il faut ~* wir müssen uns (jetzt) entscheiden **2** *le rouge tranche sur le bleu* Rot sticht von Blau ab ♦ **1** *~ du pain* Brot schneiden **2** durch=schneiden *~ la tête à qqn* jm den Kopf ab=schlagen, jn köpfen **3** *~ une question* eine Frage entscheiden

tranquille 1 ruhig, still *un coin ~* ein stiller Winkel **2** *avoir la conscience ~* ein ruhiges Gewissen haben; *laisse-moi ~!* laß mich in Ruhe!; *soyez ~, je le ferai* seien Sie (ganz) unbesorgt, ich mache das

tranquillisant *m* Beruhigungsmittel *n*

tranquilliser beruhigen

tranquillité *f* Ruhe *f*, Stille *f ~ d'esprit* Seelenfrieden *m*; *en toute ~* in (aller) Ruhe, ungestört

transaction *f* Geschäft *n*, Transaktion *f*

transat [träzat] *m* Liegestuhl *m*

transatlantique transatlantisch, Übersee- *course ~* Transatlantikregatta *f* ♦ *m* Ozeandampfer *m*

transbahuter (*fam*) schleppen

transborder um=laden

transcendant transzendent, übersinnlich; (*fig/fam*) *le film n'est pas ~* der Film ist nicht gerade eine Offenbarung

transcender transzendieren

transcription *f* Abschrift *f*, Übertragung *f ~ phonétique* Lautschrift *f*, phonetische Umschreibung *f*

transcrire übertragen, ab=schreiben *~ pour le piano* für Klavier bearbeiten

transe *f* Trance *f*

transept [-sept] *m* Querschiff *n*

transférer verlegen *~ un prisonnier* einen Gefangenen überstellen; *~ des titres de propriété à une autre personne* Besitz auf eine andere Person übertragen/überschreiben; *~ les cendres de qqn* js Asche überführen

transfert *m* **1** Verlegung *f*; Übertragung *f*, Umbuchung *f*, Transfer *m*; *~ de technologies* Technologietransfer *m*; *~ de fonds* Transfer/Transferierung *f* von Geldmitteln **2** (*psy*) Übertragung *f*

transfigurer total verwandeln

transformable : *une banquette ~* eine Bettcouch *f*

transformateur *m* Transformator *m*

transformation *f* **1** Umwandlung *f* **2** *les industries de ~* die weiterverarbeitende Industrie **3** Veränderung *f faire des ~s dans une maison* ein Haus um=bauen, in einem Haus Veränderungen vor=nehmen

transformer : *~ en* verwandeln/um=wandeln in (A); (*sp*) *~ un essai* einen Versuch in einen Treffer verwandeln

transfrontalier, -ière grenzüberschreitend

transfuge *m f* ÜberläuferIn *m f*

transfusé *m* **-e** *f* Person *f*, der Blut übertragen wurde

transfusion *f* (Blut)transfusion *f*

transgresser

transgresser übertreten, zuwiderhandeln (D)
transgression f Übertretung f, Überschreitung f, Zuwiderhandlung f
transhumance f Almauftrieb m
transi starr, steif
transiger einen Kompromiß schließen *ne pas ~ sur qch* auf etw (A) beharren
transistor m 1 Transistorgerät n 2 Transistor m
transit [-zit] m 1 Transit m 2 *camp de ~* Durchgangslager n 3 *~ intestinal* Verdauung f
transiter : *~ par la France* durch Frankreich durch=fahren
transitif transitiv
transition f Übergang m
transitoire vorläufig, Übergangs-
translucide durchscheinend; lichtdurchlässig
transmettre 1 *~ un message* eine Nachricht übermitteln 2 *~ un nom* einen Namen weiter=geben; *~ un héritage* als Erbe hinterlassen, *(fam)* etw vererben 3 *~ un mouvement* eine Bewegung übertragen 4 *~ une maladie* eine Krankheit übertragen ◆ *se ~ par le sang* durch das Blut übertragen werden
transmission f 1 Übermittlung f; *(mil) les ~s* Fernmeldetruppen fpl 2 Weitergabe f 3 Übertragung f; *(auto) ~ automatique* Turbokupplung f; *(fig) ~ de pensée* Gedankenübertragung f
transmutation f Umwandlung f, Verwandlung f
transparaître durch=scheinen; *(fig)* durch=blicken lassen *rien ne transparaît de son chagrin* man merkt nichts von seinem Schmerz
transparent transparent, durchsichtig; lichtdurchlässig ◆ m Folie f
transpercer durch(=)bohren, durch(=)stechen; *(fig) la pluie a transpercé la bâche* der Regen hat die Plane völlig durchnäßt
transpiration f 1 Schwitzen n 2 Schweiß m
transpirer 1 schwitzen 2 *rien n'a transpiré de l'affaire* von der Geschichte ist nichts durchgesickert/ruchbar geworden
transplant m Transplantat n
transplantation f *(méd)* Transplantation f
transplanter 1 um=pflanzen, versetzen; *(fig) ~ une population* eine Bevölkerung um=siedeln/verpflanzen 2 *(méd)* transplantieren
transport m 1 Transport m, Beförderung f *~s en commun* öffentliche Verkehrsmittel npl; *entreprise de ~* Verkehrsbetrieb m; Spedition f 2 *les ~s de l'amour* Anwandlungen fpl von Liebe, *(iro)* plötzlicher Ausbruch m von Liebe
transportable transportfähig
transporter transportieren, befördern ◆ *se ~ sur les lieux* sich an Ort und Stelle begeben
transporteur m Spediteur m
transposer um=stellen; *(mus)* transponieren, um=setzen
transsexuel m **-le** f Transsexuelle/r
transvaser um=füllen, um=gießen
transversal, -aux querliegend, querverlaufend, Quer- *une rue ~e* eine Querstraße f; *une route ~e* eine Seitenstraße f
trapèze m Trapez n
trapéziste m f TrapezkünstlerIn m f
trapézoïdal, -aux trapezförmig
trappe f Fallgrube f; Falltür f
trappeur m Trapper m
trapu untersetzt, gedrungen, stämmig
traquenard m Falle f
traquer treiben, hetzen, umstellen; *(fig) ~ un criminel* einen Verbrecher jagen/in die Enge treiben; *~ une star* einen Star belagern/verfolgen
traumatisant traumatisch
traumatiser *(fig)* schocken
traumatisme m : *~ crânien* Schädelverletzung f; *(fig)* Trauma n
travail, -aux 1 Arbeit f *~ manuel* Handarbeit f; *inspection du ~* Gewerbeaufsicht f: *poste de ~* Arbeitsplatz m 2 Verarbeitung f, Bearbeitung f 3 *(méd) salle de ~* Kreißsaal m 4 *travaux publics* öffentliche Arbeiten pl/Bauten pl, Bauarbeiten der öffentlichen Hand; *conducteur de travaux* Bauleiter m 5 *travaux pratiques* praktische Übungen fpl; *publier ses travaux* seine Arbeit(en) veröffentlichen 6 *travaux forcés* Zwangsarbeit f 7 *(phys)* Arbeit
travailler 1 arbeiten *~ sur un projet* an einem Projekt arbeiten, ein Projekt aus=arbeiten 2 *le bois travaille* das Holz arbeitet; das Holz wirft sich ◆ 1 *~ le cuir* Leder verarbeiten; *~ la terre* den Boden bestellen 2 *~ son anglais* Englisch üben 3 *cette histoire me travaille* diese Geschichte läßt mich nicht in Ruhe/geht mir im Kopf rum ◆ *faire ~ son argent* sein Geld arbeiten lassen
travailleur, -euse arbeitsam ◆ m f ArbeiterIn m f
travailliste : *parti ~* Labour Party f
travée f Feld n
travers m 1 Fehler m, Schwäche f 2 *couper par le ~* schräg durch=gehen ◆ 1 *à ~ champs* querfeldein, über die Felder 2 *~ (A) à la vitre* durch das Fenster; *(fig) au ~ de/à ~ cette comparaison* durch diesen Vergleich; *passer au ~* davon=kommen 3 *marcher de ~* (hin- und her)=torkeln; *mettre son chapeau de ~* seinen Hut verkehrt (he)rum auf=setzen;

(fig) avaler de ~ etw in die falsche Kehle bekommen; *comprendre tout de ~* alles falsch verstehen; *regarder qqn de ~* jn schief an=sehen **4** *il y a un arbre en ~ de la route* ein Baum liegt quer auf der Straße; *(fig) se mettre en ~ de la route de qqn* sich jm in den Weg stellen

traverse *f* **1** Querbalken *m*; *(voie ferrée)* Schwelle *f* **2** *chemin de ~* Seitenweg *m*

traversée *f* Durchfahrt *f* la ~ *d'une agglomération* Durchfahrt durch ein Wohngebiet; *(mar)* Überfahrt *f*; *(fig) la ~ du désert* Durststrecke *f*

traverser 1 ~ *un pont* eine Brücke überqueren, über eine Brücke gehen/fahren; ~ *la rue* über die Straße gehen; ~ *une région agréable* durch eine schöne Gegend fahren, eine schöne Gegend durchqueren **2** ~ *une forêt* durch einen Wald gehen; *l'eau traverse le calcaire* das Wasser dringt durch den Kalk durch; *(fig) une idée me traverse l'esprit* ein Gedanke geht mir durch den Kopf; ~ *une période difficile* eine schwierige Zeit durch=machen

traversin *m* Nackenkissen *n*

travesti *m* Transvestit *m spectacle de ~s* Travestie *f*

travestir : ~ *la vérité* die Wahrheit entstellen/*(fig/fam)* verdrehen ♦ *se ~* sich verkleiden ♦ *bal travesti* Maskenball *m*

trayeuse *f* Melkmaschine *f*

trébuchant : *en monnaie sonnante et ~e* in klingender Münze

trébucher (sur) stolpern/straucheln (über **A**)

trèfle *m* **1** Klee *m*; ~ *à quatre feuilles* vierblättriges Kleeblatt **2** *jouer* ~ Kreuz *n* spielen

tréfonds *m* : *jusqu'aux ~ de son être* bis in sein tiefstes Inneres *n*

treille *f* Weinspalier *n*

treillis *m* **1** Drillich *m*; *(mil)* Kombination *f* **2** ~ *métallique* Maschendraht *m*

treize dreizehn

tremble *m* Espe *f*

tremblement *m* **1** ~ *de terre* Erdbeben *n* **2** Zittern *n*, Beben *n avec un ~ dans la voix* mit zitternder/bebender Stimme **3** *(fam) et tout le ~* und alles übrige

trembler zittern; schlottern; *(verre)* klirren; *(sol)* beben; *(lumière)* flackern; ~ *comme une feuille* wie Espenlaub zittern; *(fig) j'en tremble* mir ist schon davor bange

trémousser (se) zappeln, sich wiegen

trempe *f* **1** *avoir de la ~* ein ganzer Kerl *m* sein **2** *(fam) se prendre une ~* eine ordentliche Tracht *f*/Senge *f* ab=bekommen

tremper 1 *le linge trempe* die Wäsche weicht **2** ~ *dans une sale affaire* in eine üble Geschichte verwickelt sein ♦ ein=tauchen, ein=tunken ♦ **1** *être trempé* völlig durchnäßt sein **2** *acier trempé* gehärteter Stahl

tremplin *m* Sprungbrett *n*

trentaine *f* **1** *une ~ de personnes* an die/ungefähr dreißig Personen **2** *avoir la ~* in den Dreißigern *mpl* sein

trente dreißig

trépaner trepanieren

trépas *m* : *passer de vie à ~* aus dem Leben scheiden

trépasser verscheiden, (da)hin=scheiden

trépidant 1 *une musique ~e* schnelle/ rhythmische/ *(fam)* fetzige Musik **2** fieberhaft, hektisch *une vie ~e* ein hektisches Leben

trépidation *f* Vibrieren *n*

trépigner trampeln

très sehr; äußerst, überaus

trésor *m* **1** Schatz *m* **2** *le Trésor public* öffentliche Finanzen *fpl*, Staatskasse *f*

trésorerie *f* **1** Finanzamt *n* **2** *(comm)* Barmittel *pl avoir des difficultés de ~* nicht über genügend (flüssiges) Kapital *n* verfügen

trésorier *f* **-ère** *f* KassiererIn *m f*, Tresorier *m*

tressaillir zusammen=zucken, erschauern

tressauter zusammen=fahren, auf=fahren

tresse *f* Tresse *f*, Litze *f*; *(cheveux)* Zopf *m*

tresser flechten

tréteau *m* **-x** Bock *m*

treuil *m* Winde *f*

trêve *f* **1** Rast *f sans ~* rastlos, ohne Rast, pausenlos, ständig **2** Waffenruhe *f*, Waffenstillstand *m* **3** ~ *de plaisanteries !* Scherz beiseite !

tri *m* (Aus)sortieren *n* ~ *postal* Sortieren *n* der Post; *faire un ~* eine Auswahl *f* treffen

triage : *gare de ~* Rangierbahnhof *m*

triangle *m* **1** Dreieck *n* **2** *(mus)* Triangel *f*

triangulaire dreieckig, Dreieck(s)-

triathlon *m* Dreikampf *m*; *(ski)* Triathlon *n*

tribal *m* **-aux** Stammes-

tribord *m* Steuerbord *n*

tribu *f* (Volks)stamm *m*; *(fig)* Sippe *f* Sippschaft *f*

tribulations *fpl* Mißgeschicke *npl*

tribun *m (fig)* Volkstribun *m*

tribunal *m* **-aux** Gericht *n*; Gerichtsgebäude *n* ~ *pour enfants* Jugendgericht *n*; *(fig) le ~ de l'histoire* der Richterspruch *m* der Geschichte

tribune *f* Tribüne *f*; *(fig)* Forum *n offrir une ~ à qqn* jm eine Plattform *f* bieten

tribut *m* Tribut *n*

tributaire : *être ~ de qqn/qch* auf jn/ etw angewiesen sein, von jm/etw ab=hängen

triche

triche f : *(fam) c'est de la ~!* das ist Schiebung f!
tricher betrügen, falsch=spielen, *(fam)* mogeln, beschummeln
tricheur m **-euse** f BetrügerIn m f; FalschspielerIn m f, *(fam)* SchummlerIn m f
trichloréthylène m Trichloräthylen n
tricolore 1 dreifarbig 2 *le drapeau ~* Trikolore f
tricot m 1 *faire du ~* stricken 2 *mettre un ~* ein Trikot n an=ziehen 3 *une robe en ~* ein Strickkleid n
tricoter stricken
tricycle m Dreirad n
trident m Dreizack m
tridimensionnel, -le dreidimensional
triennal, -aux dreijährlich, Dreijahres-
trier sortieren, sichten; aus=lesen; aus=suchen
trieuse f Sortiermaschine f
trigone m Dreieck n
trilingue dreisprachig
trille m Triller m
trimestre m Quartal n, Vierteljahr n
trimestriel, -le vierteljährlich, Quartals-
trimoteur dreimotorig
tringle f Stange f
Trinité f Dreifaltigkeit f
trinquer 1 *~ à la santé de qqn* auf js Gesundheit an=stoßen 2 *(fam) ce sont les enfants qui trinquent* die Kinder müssen das (alles) aus=baden
trio m Trio n
triomphal, -aux triumphierend; triumphal
triomphalisme m übertriebene Siegessicherheit f
triomphant : *avoir un air ~* eine Siegermiene auf=setzen, triumphierend um sich blicken
triomphe m 1 Sieg m 2 *faire un ~* mit Begeisterung begrüßen/auf=nehmen
triompher (de) siegen/triumphieren (über A), besiegen, bezwingen
tripartite Dreier-, Dreimächte-, Dreiparteien-
tripes fpl Eingeweide npl; *(fig/fam) ne rien avoir dans les ~* keinen Mumm m haben; *chanter avec ses ~s* mit Herz und Seele singen
triphasé Dreiphasen-
triple dreifach, Drei-; *(fam) ~ idiot !* Erztrottel m!, Oberknaller m! ◆ *m le ~ de cinq* das Dreifache n von fünf; *je l'ai payé le ~* ich habe dreimal soviel bezahlt
triplé m Dreierwette f
tripler verdreifachen
triplés mpl Drillinge mpl
triplex m 1 Wohnung f, die sich über drei Etagen erstreckt 2 Verbundsicherheitsglas n

tripoter *(fam)* 1 *~ qch* etw befummeln, an etw (D) herum=fummeln 2 *~ qqn* jn befummeln/betatschen
triptyque m Triptychon n
trique f Knüppel m
trisomie f : *~ 21* Mongolismus m
trisomique mongoloid
triste 1 traurig 2 *une ~ époque* eine düstere/trostlose Zeit f, *un ~ personnage* eine erbärmliche/miese Person 3 *avoir ~ mine* niedergedrückt/schlecht aus=sehen
tristesse f Traurigkeit f
triton m Molch m
triturer zusammen=knüllen; *(fig) ~ un texte* einen Text auseinander=nehmen ◆ *(fam) se ~ la cervelle* sich (D) das Hirn zermartern
trivial, -aux trivial
troc m Tauschhandel m, Tausch m, Tauschgeschäft n
troène m Liguster m
trognon m Kerngehäuse n *~ de pomme (fam)* Apfelgriebs m
trois drei
trois-étoiles : *hôtel ~* Dreisternehotel n
trois-huit mpl : *faire les ~* Schicht f arbeiten
troisième dritt- ◆ f *(ens)* vierte Klasse f des Gymnasiums
troisièmement drittens
trois-mâts m Dreimaster m
trolleybus [trolɛbys] m Oberleitungsbus m, *(fam)* Obus m
trombe f : *~ d'eau* Wolkenbruch m; *(fig) arriver en ~* angesaust kommen
trombone m 1 *(mus)* Posaune f 2 Büroklammer f
trompe f 1 Rüssel m 2 *(mus)* Horn m 3 *(méd)* Eileiter m
tromper 1 *~ qqn* jn betrügen; jn täuschen 2 *~ la vigilance des gardiens* der Wachsamkeit (D) der Wächter entgehen, die Wächter überlisten 3 *~ la faim* das Hungergefühl betäuben ◆ *se ~* sich irren; *se ~ dans ses calculs* sich verrechnen; *se ~ de chambre* sich im Zimmer irren
tromperie f Täuschung f, Betrug m
trompette f Trompete f; *(fig) nez en ~* Himmelfahrtsnase f ◆ m Hornist m
trompettiste m Trompeter m
trompeur, -euse täuschend, betrügerisch *les apparences sont trompeuses* der Schein trügt
tronc m 1 (Baum)stamm m 2 *(corps)* Rumpf m 3 *(église)* Opferstock m 4 *le ~ d'un cône* Kegelstumpf m
tronçon m (Strecken)abschnitt m, Teilstrecke f
tronçonner schneiden, zerteilen
tronçonneuse f Kettensäge f
trône m Thron m

trôner *(personne)* thronen; *(objet)* prangen

tronquer verstümmeln, verkürzen

trop : ~ *cher* zu teuer; ~ *de travail* zuviel Arbeit; *sans* ~ *de peine* ohne allzuviel Mühe; ~ *manger* zu viel essen; *je n'aime pas* ~ *cela* ich mag das nicht so sehr; *je ne sais pas* ~ ich weiß nicht so recht; *je ne le sais que* ~ ich weiß es nur zu gut; *une personne de* ~/*en* ~ eine Person zu viel

trophée *m* Trophäe *f*

tropical, -aux tropisch *régions* ~*es* Tropengebiet *n*, Tropen *pl*

tropique *m* Wendekreis *m*; *(fig) sous les* ~*s* in den Tropen *pl*

trop-plein *m* 1 *évacuer le* ~ die überschüssige Flüssigkeit aus=gießen; *(fig) libérer son* ~ *d'énergie* seine überschäumende Kraft los=werden 2 Überlauf *m*

troquer (ein)=tauschen

troquet *m (fam)* Kneipe *f*

trot *m* Trab *m*; Traben *n au* ~ ! im Trab !

trotter 1 traben, Trab reiten 2 *(fam)* laufen; *(fig) une idée me trotte dans la tête* eine Idee geht mir im Kopf (he)rum

trotteur *m* Traber *m*

trottiner trippeln; trappeln

trottinette *f* Roller *m*

trottoir *m* Bürgersteig *m*, Gehweg *m*, Trottoir *n*; *(fam) faire le* ~ auf den Strich *m* gehen

trou *m* 1 Loch *n*; *(fig/fam) ne pas avoir les yeux en face des* ~*s* Tomaten auf den Augen haben 2 *un* ~ *dans les comptes* ein Fehlbetrag *m* (bei der Abrechnung); *un* ~ *de mémoire* eine Gedächtnislücke *f texte à* ~*s* Lückentext *m* 3 *(fam) un* ~ *perdu* ein gottverlassenes Kaff *n*/Nest *n*; *être au* ~ im Knast *m*/Loch sitzen

troublant 1 *une coïncidence* ~*e* eine merkwürdige Übereinstimmung 2 *une femme* ~*e* eine betörende/verführerische Frau

trouble trüb(e); *(fig)* dunkel, unklar ◆ *voir* ~ verschwommen sehen

trouble *m* 1 Störung *f*; Beschwerden *fpl* 2 Verwirrung *f*, Unruhe *f*, Durcheinander *n semer le* ~ *dans les esprits* die Leute durcheinander=bringen/verwirren 3 Unruhe *f fauteur de* ~*s* Unruhestifter *m*

trouble-fête *m* Spielverderber|in *m*/*f*

troubler 1 ~ *qqn* jn verwirren/durcheinander=bringen 2 ~ *l'ordre public* die öffentliche Ordnung stören 3 ~ *la raison* die Vernunft trüben 4 ~ *l'eau* Wasser trüben ◆ 1 *se* ~ unsicher/verlegen werden, in Verwirrung geraten 2 *ma vue se trouble* ich sehe alles verschwommen/verschleiert

trouée *f (forêt)* Schneise *f*

trouer durchlöchern

trouillard *m* -**e** *f (fam)* Angsthase *m*, Jammerlappen *m*, Memme *f*

trouille *f (fam)* Bammel *m*

troupe *f* Gruppe *f*, Schar *f*, Schwarm *m*; *(mil)* Truppe *f homme de* ~ Soldat *m*; *(th)* Truppe *f*, Ensemble *n*

troupeau *m* -**x** Herde *f*

trousse *f* 1 Federtasche *f*, (Füller)etui *n* ~ *de couture* Nähzeug *n* 2 *être aux* ~*s de qqn* jm auf den Fersen *fpl* sein/hinterher sein

trousseau *m* -**x** 1 Ausstattung *f*; Aussteuer *f* 2 ~ *de clés* Schlüsselbund *m*/*n*

trouvaille *f* glücklicher Fund *m*; treffende Formulierung *f*, Geistesblitz *m*

trouvé 1 *bureau des objets* ~*s* Fundbüro *n* 2 *enfant* ~ Findelkind *n* 3 *une formule bien* ~*e* eine treffende Formulierung; *le moyen est tout* ~ die Lösung bietet sich von selbst an

trouver 1 finden 2 ~ *un nouveau vaccin* einen neuen Impfstoff finden/entdecken; *j'ai trouvé!* ich hab's! 3 ~ *du plaisir à faire qch* Freude daran haben,/dabei empfinden, etw zu tun 4 ~ *qqn au lit* jn im Bett vor=finden 5 ~ *l'idée bonne* die Idee gut finden/für gut halten; *(fig) il trouve le temps long* ihm wird die Zeit lang 6 ~ *à redire* etw beanstanden/an einer Sache auszusetzen haben 7 *on trouve ce mot partout* man stößt überall auf dieses Wort ◆ 1 *se* ~ sich befinden; *il se trouve actuellement à Paris* er ist zur Zeit in Paris; *le livre se trouve sur l'étagère* das Buch steht/liegt im Regal 2 *se* ~ *mal* ohnmächtig werden, in Ohnmacht fallen; *se* ~ *dans l'impossibilité de* außerstande sein, zu ◆ *aller* ~ *qqn* zu jm gehen, sich zu jm begeben ◆ *(fam) il va venir, si ça se trouve* es kann sein, daß er kommt

truand *m* Gangster *m*

trublion *m* Störenfried *m*

truc *m (fam)* 1 Dings(da) *m*, Dingsbums *n*, Zeug *n* 2 Kniff *m* les ~*s du métier* die Kniffe eines Handwerks; *avoir un* ~ den Dreh *m*/Trick *m* heraus=haben 3 *c'est Truc qui me l'a dit* der Dingsda *m*/Dingsbums *m* hat es mir gesagt

trucage/truquage *m* Trick *m*

truchement *m* : *par le* ~ *de* durch die Vermittlung *f* von

truculent urwüchsig

truelle *f* (Maurer)kelle *f*

truffe *f* Trüffel *f*

truffé 1 mit Trüffeln gefüllt 2 ~ *de fautes* mit Fehlern gespickt

truie *f* (Zucht)sau *f*

truite *f* Forelle *f* ~ *au bleu* Forelle blau

truquer : ~ *des cartes (fam)* Karten zinken ◆ *élections truquées* manipulierte Wahlen

tsar *m* -**ine** *f* Zar|in *m*/*f*

T.T.C. = toutes taxes comprises MwSt/MwSt inbegriffen

tu/toi du

tuba m Tuba f

tube m 1 Tube f 2 *un ~ de cachets* ein Tablettenröhrchen n; *un ~ de rouge à lèvres* ein Lippenstift m 3 Röhre f *un ~ à essai* ein Reagenzglas n; *le ~ du néon* Neonröhre f 4 *~ digestif* Verdauungskanal m, Verdauungstrakt m

tubercule m 1 *(méd)* Tuberkel m 2 Knolle f

tuberculose f Tuberkulose f

tubulaire röhrenförmig, Röhren- *échafaudage ~* Stahlrohrgerüst n

tue-mouches *papier ~* Fliegenfänger m

tuer töten, um=bringen *~ d'un coup de couteau* erstechen; *(chasse) ~ un lièvre* einen Hasen erlegen; *(fig) ~ le temps* die Zeit tot=schlagen; *la route tue x personnes par an* die Straße fordert x Menschenleben pro Jahr; *(fig/fam) il me tue avec ses questions* er bringt mich mit seinen Fragen (noch) um ◆ *se ~* sich um=bringen; *(fig) se ~ au travail* sich tot=arbeiten

tuerie f Gemetzel n

tue-tête (à) *~* aus Leibeskräften/vollem Hals

tueur m *-euse* f MörderIn m f

tuile f 1 (Dach)ziegel m 2 *(fam) quelle ~ !* so was Dummes n !, so ein Pech n ! 3 Mandelplätzchen n

tuilerie f Ziegel(brenner)ei f

tulipe f Tulpe f

tulle m Tüll m

tuméfié verschwollen

tumeur f Geschwulst f, Tumor m

tumulte m Tumult m, Getöse n

tumultueux, -euse stürmisch *des débats ~* heftige Diskussionen

tumulus [-lys] m Hügelgrab n

tunique f Tunika f

tunnel Tunnel m; *(fig) apercevoir le bout du ~* das Schlimste n hinter sich (D)/ überstanden haben

turban m Turban m

turbine f Turbine f

turbot m Steinbutt m

turbulences *fpl (météo)* Turbulenzen fpl

turfiste m f RennplatzbesucherIn m f, LiebhaberIn m f von Pferderennen

turpitude f Schändlichkeit f; Schandtat f

turquoise f türkis ◆ f Türkis m

tutélaire : *autorité ~* Vormund m

tutelle f 1 Vormundschaft f; *(fig) tenir sous sa ~* bevormunden 2 *autorité de ~* Aufsichtsbehörde f

tuteur m (Stutz)stange f

tuteur m *-trice* f Vormund m

tutoyer duzen

tutu m Balettröckchen n

tuyau m *-x* 1 Rohr n, Röhre f 2 Schlauch m *~ d'arrosage* Gartenschlauch m 3 *(fam) filer un ~ à qqn* jm einen heißen Tip m/ einen Wink m geben

T.V.A. f MwSt/MwSt f → taxe sur la valeur ajoutée

tympan m 1 Trommelfell n 2 *(archi)* Tympanon n

type m 1 Typ m, Typus m *le ~ même de l'intellectuel* die Inkarnation f eines Intellektuellen 2 *du même ~* (von) gleicher Art f; gleichen Typs; *(fam) ce n'est pas mon ~* das ist nicht meine Kragenweite f/mein Typ m 3 *(fam) un drôle de ~* ein ulkiger/komischer Typ

typé typisch; ausgeprägt

typhoïde f Typhus m

typhon m Taifun m

typique typisch *~ de* charakteristisch/ typisch (für)

typographe m f TypographIn m f

typographie f Druck m, Typographie f

tyran m Tyrann m; *(fig) un ~ domestique* ein Haustyrann m

tyrannie f Tyrannei f

tyrannique tyrannisch

tyranniser tyrannisieren

tyrolien, -ne : *chapeau ~* Tirolerhut m

tzigane : *musique ~* Zigeunermusik f ◆ m f ZigeunerIn m f, Angehörige/r der Sinti und Roma

U

U.F.R. f = unité de formation et de recherche Fakultät f

ulcère m Geschwür n *~ à l'estomac* Magengeschwür n

ulcéré *(fig)* zutiefst verärgert, *(fam)* stinksauer

ultérieur später- *repousser qch à une date ~e* etw auf ein späteres Datum verschieben

ultime : allerletzt-

ultracourt : *onde ~e* Ultrakurzwelle (UKW) f ; *(fam) un délai ~* ein irre/ wahnsinnig kurzer Termin

ultramoderne hochmodern, *(fam)* supermodern

ultrason *m* Ultraschall *m*
ultraviolets (U.V.) *mpl* UV-Strahlen *mpl*
un 1 eins; *vingt et un* einundzwanzig; *il est ~e heure* es ist ein Uhr/eins; *(fig) ne faire qu'~ avec qqn* mit jm ein Herz und eine Seele sein; *(fam) ne faire ni ~e ni deux* keine langen Mätzchen machen ◆ ein, eine ◆ einer, eine, eins; *~ à ~* einer nach dem anderen; *~ par ~* einzeln; *pas ~* keiner, nicht einer; *l'~ des plus intéressants* einer der interessantesten **2** *l'~* der eine; *l'~ et l'autre* beide; *ils s'accusent l'~ l'autre* sie beschuldigen sich gegenseitig
unanime einstimmig, einhellig, einmütig
unanimité *f* Einstimmigkeit *f*, Einmütigkeit *f*; *à l'~* einstimmig
une *f* : *(fam) faire la ~ des journaux* Schlagzeilen *fpl* machen
uni 1 *un couple ~* ein einträchtiges Paar **2** *un tissu ~* ein einfarbiger Stoff
unicellulaire einzellig
unification *f* (Ver)einigung *f*
unifier (ver)einigen; vereinheitlichen
uniforme gleichförmig; gleichmäßig; einheitlich; *un paysage ~* eine eintönige Landschaft; *(fig) un ton ~* ein gleichbleibender Ton ◆ *m* Uniform *f*
uniformiser vereinheitlichen, uniformisieren
uniformité *f* Einheitlichkeit *f*; Gleichförmigkeit *f*; Gleichmäßigkeit *f*
unijambiste einbeinig; beinamputiert
unilatéral, -aux 1 *stationnement ~* einseitiges Parken **2** *une décision ~e* eine einseitig getroffene Entscheidung
union *f* **1** Union *f*, Bund *m*, Zusammenschluß *m*, Verband *m*; *~ monétaire* Währungsunion *f* **2** *~ libre* wilde Ehe *f* **3** Einigkeit *f*; *(prov) l'~ fait la force* Einigkeit *f* macht stark
unique 1 einzigartig, einmalig **2** *l'~ raison* der einzige/alleinige Grund; *la seule et ~ fois* das einzigste Mal
unir 1 verei(nig)en, zusammenfügen **2** verbinden; *(fig) ~ ses efforts* sich gemeinsam bemühen ◆ **1** *s'~* sich zusammen=schließen, sich zusammen=tun; *s'~ pour le meilleur et pour le pire* sich für gute und für schlechte Zeiten zusammen=schließen/vereinigen **2** *s'~ harmonieusement* gut (miteinander) harmonieren
unisson *m* : *à l'~* einstimmig
unitaire 1 *prix ~* Einheitspreis *m* **2** *une organisation ~* eine unitarische Organisation
unité *f* **1** Einheit *f*; *une ~ de vues* Einstimmigkeit *f* der Ansichten; *(mil)* Einheit *f*, Truppenteil *m* **2** *~ de mesure* Maßeinheit *f*; *(université) ~ de valeur (U.V.)* Schein *m*

univers *m* **1** Weltall *n*, Universum *n* **2** *l'~ de l'enfant* die Welt *f* des Kindes
universalité *f* Universalität *f*, Allseitigkeit *f*, Vielseitigkeit *f*
universel, -le 1 *gravitation ~le* allgemeine Gravitation **2** *l'histoire ~le* Weltgeschichte *f*; *avoir une valeur ~le* allgemeingültig sein **3** *un esprit ~* ein universaler Geist; *un remède ~* ein Allheilmittel *n* **4** *(jur) légataire ~* Alleinerbe *m*, Universalerbe *m*
universitaire : *études ~s* Universitätsstudium *n*, Hochschulstudium *n* ◆ *m f* HochschullehrerIn *m f*; Universitätsangehörige *f*
université *f* **1** Universität *f* **2** *~ d'été* Sommerakademie *f*
univoque eindeutig
untel/unetelle : *~ fera ceci ~ fera cela* der eine wird das machen, der andere das; *Monsieur ~* Herr Soundso/Sowieso
uranium *m* Uran *n*
urbain städtisch, Stadt-; *transports ~s* städtische Verkehrsmittel *npl*
urbanisation *f* Verstädterung *f*
urbanisme *m* Städteplanung *f*, Städtebau *m*, Urbanismus *m*; Stadtplanung *f*
urbaniste *m f* StädteplanerIn *m f*
urée *f* Harnstoff *m*
urémie *f* Harnvergiftung *f*
urgence *f* **1** Dringlichkeit *f*; *il y a ~* es ist dringend **2** Notfall *m*; *service des ~s* Unfallstation *f* **3** *état d'~* Notstand *m*; Ausnahmezustand *m*
urgent dringend, eilig
urinaire Harnröhren-
urine *f* Urin *m*, Harn *m*
uriner urinieren, Wasser lassen
urinoir *m* Bedürfnisanstalt *f*
urique : *acide ~* Harnsäure *f*
urne *f* **1** Wahlurne *f* **2** *~ funéraire* (Grab)urne *f*
urologue *m f* Urologe *m*, Urologin *f*
urticaire *m* Nesselfieber *n*
us [ys] *mpl* : *les ~ et coutumes* die Sitten *fpl* und Gebräuche
usage *m* **1** Gebrauch *m*, Benutzung *f*, Anwendung *f*; *l'~ de la parole* das Sprachvermögen *n*, die Sprache *f*; *faire ~ de* benutzen, an=wenden; *faire de l'~* strapazierfähig sein, lange halten; *à ~ interne* zur inneren Anwendung; *des locaux à ~ professionnel* Arbeitsräume *mpl*; *d'~ courant* gebräuchlich; *être hors d'~* nicht mehr zu gebrauchen sein; *servir à divers ~s* verschiedenen/mehreren Zwecken dienen; *(jur) ~ de faux* Gebrauch von falschen (Be)urkund(ung)en **2** *être contraire aux ~s* nicht üblich/unüblich sein
usagé gebraucht, getragen
usager *m* BenutzerIn *m f*
usant *(fig)* aufreibend, ätzend

usé 1 *des chaussures ~es* abgenutzte/ durchgelaufene Schuhe; *(fig) eaux ~es* Abwässer *npl* 2 *un homme ~* ein verlebter/verbrauchter Mann

user benutzen, verwenden *~ d'un droit* ein Recht aus=üben, von einem Recht Gebrauch machen; *~ de la force* Gewalt an=wenden; *~ et abuser de la patience de qqn* js Geduld über alle Maßen strapazieren ◆ 1 *~ ses vêtements* seine Kleidung ab=nutzen; *(fig) ~ sa santé* seine Gesundheit zugrunde richten; *la vie l'a usé* das Leben hat ihn verbraucht 2 *~ de l'électricité* Strom verbrauchen ◆ *s'~* sich ab=nutzen; *(fig)* zu Ende gehen, ab=stumpfen

usinage *m* Verarbeitung *f*; Berarbeitung *f*

usité, -e *une forme ~e* eine übliche/gebräuchliche Form

ustensile *m* Utensil *n*, Gerät *n*

usuel, -le gebräuchlich, üblich

usufruit *m* Nutzungsrecht *n*

usure *f* 1 Abnutzung *f*; *(fig)* Abstumpfen *n guerre d'~* Zermürbungskrieg *m* 2 Wucher *m*

usurier *m* Wucherer *m*

usurpateur *m* **-trice** *f* UsurpatorIn *m f*

usurper usurpieren, sich (D) etw widerrechtlich an=eignen

ut [yt] *m* C *n*

utérus [-rys] *m* Gebärmutter *f*, Uterus *m*

utile 1 nützlich, hilfreich *en temps ~* zur rechten/gegebenen Zeit; *il est ~ de confirmer* es ist ratsam/angebracht, zu bestätigen; *il n'est pas ~ de discuter davantage* es lohnt sich nicht, weiter darüber zu reden; *puis-je vous être ~ à quelque chose?* kann ich Ihnen irgendwie helfen?/behilflich sein? 2 Nutz- *charge ~* Nutzlast *f*

utilisable brauchbar, benutzbar

utilisateur *m* **-trice** *f* BenutzerIn *m f*; VerbraucherIn *m f*

utilisation *f* Benutzung *f conseils d'~* Gebrauchshinweis *m*, Benutzerhinweis *m*

utiliser (ge)brauchen, (be)nutzen, an=wenden

utilitaire Nutz-, Gebrauchs- *véhicule ~* Nutzfahrzeug *n*; *purement ~* ausschließlich zweckbetont

utilité *f* Brauchbarkeit *f*, Nützlichkeit *f n'être d'aucune ~* absolut nutzlos/unbrauchbar sein

utopique utopisch

U.V. *m* → **ultraviolets**

U.V. *f* = **unité de valeur**

V

va : *ça va s'arranger, ~!* das wird schon wieder werden! → **aller**

vacance *f* : *la ~ du pouvoir* Machtvakuum *n*

vacances *fpl* Ferien *pl*, Urlaub *m ~ scolaires* Schulferien *pl*; *être en ~s* Urlaub haben; *partir en ~s* in Urlaub fahren

vacancier, -ère *m f* UrlauberIn *m f*

vacant : *un appartement ~* eine leerstehende Wohnung; *un poste ~* eine unbesetzte/freie/vakante Arbeitsstelle

vacarme *m* Krach *m*, Heidenlärm *m*, Höllenlärm *m*

vacataire : *personnel ~* Aushilfspersonal *n*

vacation *f* Vertretung *f*

vaccin [vaksɛ̃] *m* Impfstoff *m*

vacciner [-ksi-] impfen ◆ *(fig/fam) être vacciné* geheilt sein; aufgeklärt sein

vache *f* 1 Kuh *f* 2 *~ à eau* Wassersack *m* 3 *(fam) la ~!* Mensch!, Donnerwetter! ◆ *être ~ avec qqn* gemein zu jm sein

vaciller 1 schwanken, wanken 2 *la flamme vacille* die Flamme flackert

vadrouiller (herum)=bummeln, herumstromern

va-et-vient *m* 1 Kommen und Gehen *n* 2 *(élec)* Wechselschalter *m*

vagabond : *une vie ~e* ein unstetes Leben, ein Wanderleben *n*; *(fig) des pensées ~es* umherschweifende Gedanken ◆ *m* **-e** *f* VagabundIn *f*, LandstreicherIn *m f*

vagabondage *m* Landstreicherei *f*

vagabonder : *~ à travers le monde* durch die Welt ziehen, sich in der Welt herum=treiben; *(fig) mon esprit vagabonde* meine Gedanken schweifen umher

vagin *m* Vagina *f*

vagissement *m* Quäken *n*

vague 1 undeutlich, unklar, verschwommen; vage *une ~ connaissance* eine flüchtige Bekanntschaft; *(fig)* nebelhaft 2 *terrain ~* unbebautes Gelände ◆ *m rester dans le ~* im Ungewissen *n* bleiben

vague *f* 1 Welle *f*, Woge *f*; *(fig) faire des ~s* Wellen schlagen 2 *une ~ de protestations* eine Flut *f* von Protesten, eine Protestwelle *f* 3 *une ~ de chaleur* eine Hitzewelle *f*

vaillance *f* Tapferkeit *f*

vaillant tapfer; *(fig) être encore ~* noch

sehr aufgeweckt / *(fam)* sehr gut beisammen sein

vain 1 unnütz, vergeblich; nichtig *en ~* umsonst, vergeblich **2** *une ~e promesse* eine leere Versprechung

vaincre besiegen, siegen (über A); *(fig) ~ un obstacle* eine Schwierigkeit meistern; *~ sa peur* seine Angst überwinden

vainqueur *m* SiegerIn *m f*

vaisseau *m* **-x 1** Schiff *n capitaine de ~* Kapitän zur See (z.S.) *f* **2** *~ spatial* Raumschiff *n* **3** *~ sanguin* Blutgefäß *n*

vaisselier *m* Geschirrschrank *m*

vaisselle *f* **1** Geschirr *n* **2** *faire la ~* ab=waschen, (das) Geschirr spülen

val *m* Tal *n*; *(fig) par monts et par vaux* über Berg und Tal

valable 1 gültig **2** *une raison ~* ein triftiger Grund **3** *un travail très ~* eine recht beachtliche / ordentliche Arbeit **4** *un interlocuteur ~* ein ernstzunehmender Gesprächspartner

valence *f (chim)* Wertigkeit *f*; *(gram)* Valenz *f*

valériane *f* Baldrian *m*

valet *m* **1** Diener *m*; Knecht *m*; *(fig) être le ~ de qqn* js Lakai *m* sein; *(cartes)* Bube *m* **2** *~ de nuit* Kleiderständer *m*

valeur *f* **1** Wert *m ~ vénale* Handelswert *m*, Marktwert *m*; *(fig) un homme de ~* ein wertvoller Mensch; *mettre qqn en ~* jn heraus=stellen; jn vorteilhaft betonen; *mettre en ~ qch* etw zur Geltung bringen **2** *~s morales* moralische Werte / Wertvorstellungen *fpl* **3** *(bourse) ~ mobilière* Wertpapiere *npl* **4** *la ~ numérique* der Rechenwert *m*; *(fig) ajouter la ~ d'une tasse de farine* etwa eine Tasse Mehl hinzu=fügen **5** Gültigkeit *f avoir ~ de* gelten / dienen als

valeureux, -euse tapfer, kühn

valide 1 *un homme ~* ein gesunder Mann; *(mil)* wehrdiensttauglich **2** *un passeport ~* ein gültiger Paß

valider rechtsgültig machen, für rechtswirksam erklären; *(info)* frei=geben

validité *f* (Rechts)gültigkeit *f*

valise *f* **1** Koffer *m faire sa ~* seinen Koffer packen; *(fig) la ~ diplomatique* diplomatischer Kurier *f* **2** *(fam) avoir des ~s sous les yeux* Säcke *mpl* unter den Augen haben

vallée *f* Tal *n*

vallon *m* Talmulde *f*

vallonné hügelig, gewellt

valoir 1 *~ 100 F* 100 Francs wert sein; 100 F kosten; *~ cher* teuer sein **2** *à ~ sur la prochaine commande* auf die nächste Bestellung anzurechnen; *vaille que vaille* so oder wo **3** *cela vaut pour tout le monde* das gilt für alle / jeden ◆ **1** *ne rien ~* nichts wert sein / taugen; *(fig)* untauglich sein; *(fam) ça ne vaut pas / ne pas ~ un rond* das ist keine müde Mark / keinen Heller wert **2** *~ une récompense* eine Belohnung ein=bringen; eine Belohnung wert sein; *(fig) cela ne lui vaut rien* das schadet ihm nur **3** sich lohnen *cela vaut le déplacement* es lohnt sich, hinzugehen **4** *cette solution en vaut bien une autre* diese Lösung ist so gut wie jede andere ◆ *il vaut mieux partir* es ist besser, zu gehen ◆ *faire ~* geltend machen, vor=bringen; betonen ◆ *les deux se valent* die beiden sind einander gleich / sind das gleiche wert; die beiden sind gleich gut / schlecht

valorisant aufwertend

valoriser 1 im Wert steigern / erhöhen **2** *~ qqn aux yeux des autres* jn in den Augen der anderen auf=werten ◆ *se ~* sich zur Geltung bringen / ins rechte Licht rücken

valse *f* Walzer *m*; *(fig/fam) la ~ des étiquettes* die ständigen Preisveränderungen *fpl*

valser Walzer tanzen; *(fig/fam)* hin=fliegen, auf die Gusche fliegen

valve *f* Klappe *f*; *(méd)* Herzklappe *f*

vampire *m* Vampir *m*

van *m* Transportwagen *m* für Pferde

vandale *m* Vandale *m*

vanille *f* Vanille [-nilja] *f*

vanité *f* **1** Einbildung *f*; Selbstgefälligkeit *f*; Eitelkeit *f tirer ~ de* sich etw ein=bilden (auf A) **2** *la ~ de ses efforts* die Nutzlosigkeit *f* / Nichtigkeit *f* seiner Bemühungen

vaniteux, -euse eingebildet; selbstgefällig; eitel

vanity-case [-kez] *m* Kosmetikkoffer *m*

vanne *f* **1** Ventil *n* **2** *(fam)* Witz *m*

vanné *(fam)* erschlagen, fertig

vannerie *f* Korbmacherei *f*

vantail *m* **-aux** (Fenster)flügel *m*

vantard prahlerisch, großspurig

vantardise *f* Angabe *f*; Angeberei *f*, Prahlerei *f*

vanter an=preisen, heraus=streichen, überschwenglich loben ◆ *se ~ de qch* sich einer **(G)** Sache rühmen, sich mit etw hervor=tun

va-nu-pieds *m (fam)* BettlerIn *m f*

vapeur *f* Dampf *m cuire à la ~* dämpfen; *(fig) renverser la ~* das Steuer *n* herum=reißen

vaporeux, -euse duftig

vaporisateur *m* Zerstäuber *m*

vaporiser zerstäuben

vaquer : *~ à ses occupations* seiner Beschäftigung / seinen Geschäften nach=gehen

varech [varεk] *m* Tang *m*

vareuse *f* Jacke *f*, Joppe *f*

variable wechselhaft, wechselnd; verän-

variante

derlich, veränderbar *temps* ~ veränderliches Wetter ♦ *f* veränderliche Größe *f*
variante *f* Variante *f*
variateur *m* Dimmer *m*
variation *f* Wechsel *m*, Veränderung *f*; Schwankung *f*; *(mus)* Variation *f*
varice *f* Krampfader *f*
varicelle *f* Windpocken *pl*
varié 1 vielfältig, mannigfaltig; reichhaltig **2** *un travail* ~ eine abwechslungsreiche Arbeit
varier wechseln, verschieden sein, sich verändern ♦ abwechslungsreich gestalten, variieren
variole *f* Pocken *pl*
vasculaire Gefäß- *troubles* ~s Gefäßleiden *n*
vase *m* Vase *f*
vase *f* Schlick *m*; Schlamm *m*
vaseux, -euse schlammig, schlickig; *(fig/fam) une affaire vaseuse* eine verworrene Angelegenheit; *une blague vaseuse* ein schlüpfriger Witz
vasistas [vazistas] *m* Oberlicht(fenster) *n*
vasque *f* Brunnen-/Waschbecken *n*
vassal *m* **-aux** Vasall *m*
vaste weit(läufig), ausgedehnt, geräumig; *(fig) de* ~s *connaissances* umfangreiche Kenntnisse
vau-l'eau (à) : *(fig) s'en aller à* ~ dahinschwinden, zunichte werden
vaurien *m* **-ne** *f* Taugenichts *m*, Tunichtgut *m*
vautour *m* Geier *m*
vautrer se : *se* ~ *dans la boue* sich im Dreck wälzen, sich suhlen; *se* ~ *dans un fauteuil* sich in einen Sessel hin=lümmeln/fläzen
va-vite : *à la* ~ hastig; überstürzt; flüchtig
veau *m* **-x** Kalb *n*
vecteur *m* **1** *(math)* Vektor *m* **2** *un* ~ *de l'information* ein Nachrichtenträger *m*
vécu : *une histoire* ~*e* eine wahre Geschichte → **vivre** ♦ *m* Erlebtes *n*, Erlebnis *n*
vedettariat *m* Startum *n*
vedette *f* **1** Star *m*; *(fig) mettre en* ~ heraus=stellen, heraus=streichen; in großer Aufmachung bringen; *tenir la* ~ im Mittelpunkt *m* des Interesses / im Blickpunkt *m* der Öffentlichkeit stehen **2** *(mar)* Schnellboot *n*
végétal, -aux pflanzlich *graisse* ~*e* Pflanzenfett *n*; *règne* ~ Pflanzenreich *n* ♦ *m* Pflanze *f*, Gewächs *n*
végétarien *m* **-ne** *f* VegetarierIn *m f*
végétation *f* Vegetation *f*; *pl (méd)* Polypen *mpl*
végéter *(fig)* dahin=vegetieren, kümmerlich dahin=leben

véhémence *f* Heftigkeit *f*, Vehemenz *f*; Ungestüm *n*
véhément heftig, vehement, ungestüm; hitzig
véhicule *m* Fahrzeug *n* ~ *à moteur* Kraftfahrzeug *n*
véhiculer : ~ *qqn* jn befördern/transportieren; *(fig)* ~ *des idées* Ideen vermitteln
veille *f* **1** *la* ~ am Vorabend *m*; *la* ~ *de Noël* der/am Heiligabend *m*; *(fig) être à la* ~ *de partir* kurz vor dem Aufbruch sein/der Abreise stehen **2** *être en état de* ~ wach/in wachem Zustand *m* sein; *entre* ~ *et sommeil* im Halbschlaf *m* **3** *être de* ~ Nachtwache *f* halten/haben
veillée *f* **1** *à la* ~ in den Abendstunden *fpl* **2** *faire une* ~*e* einen gemütlichen Abend verbringen
veiller : ~ *tard* lange auf=bleiben ♦ **1** ~ *sur qqn* für jn sorgen, jn behüten **2** ~ *à* achten auf (A), sorgen (für) ♦ ~ *un malade* bei einem Kranken wachen
veilleur *m* **-euse** *f* : ~ *de nuit* Nachtwächter *m* ; *(hôpital)* ~ Nachtwache *f*
veilleuse *f* **1** Nachtlicht *n*; Notbeleuchtung *f* **2** *(tech)* Dauerflamme *f*; *(fig) mettre en* ~ (zunächst) ruhen lassen, *(fam)* auf Eis legen
veinard *m* **-e** *f* Glückspilz *m*
veine *f* **1** *(méd)* Ader *f*, Vene *f*; *(fig) se saigner aux quatre* ~s *pour qqn* für jn bluten **2** *(fam) avoir de la* ~ Schwein *n*/Dusel *m* haben **3** *une* ~ *de charbon* (Kohle)flöz *n*; *les* ~s *du marbre* die Adern *fpl*/Maserungen *fpl* des Marmors **4** *la* ~ *poétique* poetische/dichterische Ader *f*; *être en* ~ inspiriert sein
veineux, -euse *(méd)* venös, Venen-, Ader-
velcro *m* Klettverschluß *m*
vêler kalben
véliplanchiste *m f* WindsurferIn *m f*
velléitaire willensschwach, unentschlossen
velléité *f* : *avoir des* ~s einen schwachen Versuch unternehmen
vélo *m (fam)* Rad *n faire du* ~ rad=fahren
vélocité *f* Schnelligkeit *f*, Geschwindigkeit *f*
vélodrome *m* Radrennbahn *f*
vélomoteur *m* Moped *n*, Mofa
velours *m* Velours *m*, Samt *m*; *(fig/fam) jouer sur du* ~ nichts riskieren
velouté : *(fig) une peau* ~*e* eine samtweiche Haut ; *un yaourt* ~ ein milder Joghurt
velu stark behaart, haarig
venaison *f* Wildbret *n*
vénal, -aux 1 käuflich *valeur* ~*e* Verkaufswert *m*, Marktwert *m* **2** *(personne)* bestechlich, käuflich

vendable verkäuflich
vendange f Weinlese f
vendanger Weinlese halten
vendangeur m **-euse** f WeinleserIn m f
vendeur m **-euse** f VerkäuferIn m f
vendre verkaufen; *(fig/fam)* ~ *qqn* jn verpfeifen
vendredi m Freitag m; *(rel)* **Vendredi Saint** Karfreitag m
vendu, -e f : *(fig/fam) c'est un ~!* der ist bestochen/gekauft! → **vendre**
venelle f Gäßchen n
vénéneux, -euse giftig, Gift-
vénérable (alt)ehrwürdig, verehrungswürdig
vénération f Verehrung f
vénérer verehren
vénérien, -ne Geschlechts- *maladie ~ne* Geschlechtskrankheit f
vengeance f Rache f, Vergeltung f *tirer ~ de qch* sich für etw rächen
venger (se) (de) (sich) rächen
vengeur, -eresse : *un regard ~* ein böser/haßerfüllter Blick
véniel, -le nachsehbar, verzeihlich; *(rel) péché ~* läßliche Sünde
venimeux, -euse giftig; *(fig) des propos ~* bissige/giftige Bemerkungen
venin m Gift n
venir <être> 1 kommen ~ *à la rencontre de qqn* auf jn zu=gehen; *(fig)* ~ *à l'esprit* in den Sinn kommen; *il me vient une idée* da fällt mir etw ein; *dans les jours qui viennent* in den nächsten Tagen; *les générations à* ~ die zukünftigen Generationen; *(fig/fam) je te vois* ~! ich habe dich schon durchschaut!, Nachtigall, ich hör dir trapsen! 2 ~ *de Paris* aus Paris kommen/stammen; *le meuble lui vient de sa mère* das Möbelstück hat er von seiner Mutter (geerbt)/stammt von seiner Mutter 3 liegen (an D) *cela vient de ce que* das liegt daran,/kommt daher, daß 4 *en* ~ *aux faits* zur Sache kommen; *en* ~ *aux mains* handgreiflich werden; *j'en viens à me demander* das bringt mich dazu, mich zu fragen; manchmal frage ich mich; *où veut-il en* ~? worauf will er hinaus? 5 ~ *voir qqn* jn besuchen (kommen) *il vient me chercher* er holt mich ab 6 *je viens de le faire* ich habe es gerade gemacht 7 *s'il vient à passer* wenn/falls er durchkommt ◆ *faire* ~ *qqn* jn (her)=kommen/rufen lassen; *faire* ~ *des livres* Bücher bestellen ◆ *laisse* ~! warte ab!, laß alles auf dich zu=kommen!
vénitien, -ne venezianisch *blond ~* rötliches Blond
vent m 1 Wind m *en plein ~* völlig ungeschützt, in freier Luft f; *il y a du ~* es ist windig; *(mar)* ~ *arrière* Rückenwind m; *(fig) des idées dans le ~* Flausen pl;

avoir le ~ en poupe eine Glückssträhne f haben; *(péj) c'est du ~!* das ist leeres Gerede! n; *(loc) contre ~s et marées* allen Hindernissen npl zum Trotz 2 *avoir ~ de qch (fig)* von etw Wind bekommen 3 *instrument à ~* Blasinstrument n
vente f Verkauf m ~ *par correspondance* Versandhandel m; *service des ~s* Verkaufsabteilung f; *mettre en ~* verkaufen, an=bieten
venteux, -euse windig
ventilateur m Ventilator m
ventilation f 1 Ventilation f, Belüften n 2 *(comm)* ~ *de frais* Kostenverteilung f
ventiler 1 belüften 2 *(comm)* verteilen, auf=schlüsseln
ventouse f Saugnapf m, Sauger m *faire ~* sich fest=saugen; *(bio)* Sauger
ventral, -aux Bauch- *poche ~e* Beutel m
ventre m Bauch m *prendre du ~* (einen) Bauch bekommen; *rentrer son ~* seinen Bauch ein=ziehen; *(fig) courir ~ à terre* dahin=sausen, dahin=rasen; *(fig/fam) ne rien avoir dans le ~* ein Schlappschwanz m sein
ventricule m Ventrikel m
ventrière f Bauchgurt m
ventriloque m BauchrednerIn m f
ventripotent schmerbäuchig
venu : *être mal* ~ *(de)* keinerlei Ursache/Grund haben (zu), nicht berechtigt sein, (zu) ◆ m **-e** f 1 *le premier* ~ der/die erste beste/erstbeste 2 *un nouveau* ~ ein Neuankömmling m, ein neu Hinzugekommene/r
venue f Ankunft f, Kommen n
Vénus f Venus f
vêpres fpl Vespergottesdienst m
ver [ver] m Wurm m, Made f, Raupe f ~ *de terre* Regenwurm m; *(méd)* ~ *solitaire* Bandwurm m
véracité f Wahrheit f; Richtigkeit f
véranda f Veranda f
verbal, -aux 1 mündlich, verbal 2 *(gram) forme ~e* Verbform f
verbaliser in Worte fassen, in Worten aus=drücken ◆ *(police)* ein Strafmandat erteilen/bekommen
verbe m 1 *(gram)* Verb n 2 Wort n *la magie du* ~ die Macht f des Wortes; *avoir le* ~ *haut* laut sprechen
verbeux, -euse *(péj)* langatmig, weitschweifig
verbiage m *(péj)* Phrasendrescherei f, Phrasengedresh n, Geschwätz n
verdâtre grünlich
verdict [-dikt] m Urteil n, Urteils(spruch) m, Verdikt n *rendre un ~* ein Urteil/einen Urteilsspruch fällen
verdoyant grünend, (satt)grün
verdure f Grüne/s

véreux, -euse wurmig, wurmstichig; *(fig) un avocat ~* ein unlauterer/zweifelhafter Verteidiger; Winkeladvokat *m*
verge *f (méd)* männliches Glied *n*
verger *m* Obstgarten *m*
vergeture *f* (Schwangerschafts)streifen *mpl*
verglacé vereist
verglas *m* Glatteis *n*
vergogne *f* : *sans ~* unverschämt, schamlos
véridique wahrheitsgemäß, wahrheitsgetreu
vérifiable nachprüfbar, überprüfbar
vérification *f* Nachprüfung *f*, Überprüfung *f*
vérifier nach=prüfen, (über)prüfen; kontrollieren; nach=sehen ◆ *se ~* sich bestätigen
vérin *m* Winde *f*; Wagenheber *m*
véritable 1 echt; wahr(haft) 2 *sa ~ adresse* seine tatsächliche/wirkliche Adresse 3 *c'est un ~ désastre* das ist eine richtige/regelrechte Katastrophe
véritablement wirklich, tatsächlich
vérité *f* Wahrheit *f* à la ~ allerdings, zwar; *(fig) un film d'une grande ~* ein Film von großer Wahrhaftigkeit *f*/Realitätsnähe *f*, ein glaubhafter Film; *(fam) dire à qqn ses quatre ~s* jm gründlich/gehörig die Meinung sagen/geigen
vermeil, -le (leuchtend)rot *carte ~le* Seniorenpaß *m*
vermicelle *m* Fadennudel *f*
vermifuge *m* Wurmvertilgungsmittel *n*
vermillon zinnoberrot
vermine *f* Ungeziefer *n*; *(fig)* Abschaum *m*, Pack *n*
vermoulu wurmstichig
vernal, -aux : *(astro) point ~* Frühlingspunkt *m*
vernir lackieren
verre *m* 1 Glas *n* 2 *~ à pied* Stielglas *n*; *(fam) prendre un ~* einen trinken 3 *~s de contact* Kontaktlinsen *fpl*, Haftschalen *fpl*; *~ de lampe* Lampenzylinder *m*; *~ de lunettes* Brillenglas *n*
verrier *m* Glasbläser *m*
verrière *f* Glasdach *n*
verroterie *f* Glas(perlen)schmuck *m*
verrou *m* Schloß *n*; *(fig) être sous les ~s* hinter Schloß und Riegel sitzen
verrouiller verriegeln; *(fig) ~ un quartier* ein Viertel ab=riegeln
verrue *f* Warze *f*
vers 1 *~ midi* gegen Mittag; *~ quarante ans* um (die)/an die vierzig Jahre 2 *se diriger ~ qqn* auf jn zu=gehen; *se tourner ~ qqn* sich zu jm um=drehen; *(fig) aller ~ une solution* eine Lösung an=streben; sich der Lösung nähern 3 *s'arrêter ~ Nantes* in der Gegend von Nantes halt=machen
vers *m* Vers *m*
versant *m* (Ab)hang *m le ~ nord* der Nordhang *m*
versatile unbeständig, schwankend, wankelmütig
verse (à) : *pleuvoir à ~* in Strömen gießen
versé : *~ dans les arts* kunstbewandert
Verseau *m* Wassermann *m*
versement *m* (Ein)zahlung *f*
verser 1 ein=gießen, (hin)ein=füllen 2 *~ des larmes* Tränen vergießen 3 zahlen *~ un acompte* eine Anzahlung machen 4 *~ une pièce à un dossier* ein Schriftstück zu den Akten nehmen ◆ 1 *~ dans le fossé* in den Graben kippen 2 *~ dans la littérature* sich der Literatur zu=wenden
verset *m* Vers *m*
verseur : *bec ~* Schnauze *f*, Tülle *f*
version *f* 1 Fassung *f sa ~ des faits* seine Sicht *f* der Ereignisse; *(cin) ~ originale (V.O.)* Originalfassung *f* 2 Übersetzung *f* in die Muttersprache
verso *m* Rückseite *f au ~* auf der Rückseite, umseitig
vert 1 grün *plante ~e* Grünpflanze *f* ; *(pol) l'Europe ~e* Europäische Agrargemeinschaft *f* 2 *du bois ~* frisches Holz; *légumes ~s* frisches Gemüse; *(fig) la langue ~e* Argot *n*/*m*; *être encore ~* noch rüstig sein 3 *(tél) numéro ~* Service 130 *m* ◆ *m* Grün *n passer au ~* auf Grün um=schalten; bei Grün fahren; *(fig/fam) se mettre au ~* ins Grüne/aufs Land fahren; *(pol) les ~s* die Grünen *pl*
vert-de-gris *m* Grünspan *m*
vertébral, -aux : *colonne ~e* Wirbelsäule *f*
vertèbre *f* Wirbel *m*
vertébré *m* Wirbeltier *n*
vertement schroff
vertical, -aux 1 *une ligne ~e* eine senkrechte Linie 2 *le mur n'est pas très ~* die Mauer ist nicht lotrecht ◆ *-e f* Senkrechte *f*, Vertikale *f*
vertige *m* 1 Schwindel *m j'ai le ~* mir ist schwindlig 2 *j'ai des ~s* Schwindelanfälle *mpl* haben
vertigineux, -euse schwindelerregend
vertu *f* 1 Tugend *f* ; *(fig) la ~ d'une femme* die Keuschheit *f* einer Frau 2 *les ~s d'un remède* die Wirksamkeit *f* eines Heilmittels 3 *en ~ de la loi* kraft Gesetzes
vertueux, -euse tugendhaft; sittsam, keusch
verve *f* Schwung *m*, Witz *m*
verveine *f* Eisenkraut *n*
vespasienne *f* Bedüfnisanstalt *f*, Pissoir *n*

vesse-de-loup f Bovist m
vessie f (Harn)blase f
vestale f Vestalin f
veste f Jackett n, Sakko n, Jacke f; (fig/fam) **retourner sa ~** seine Fahne nach dem Wind hängen/drehen, um=schwenken; (fam) **prendre une ~** eine Pleite erleben
vestiaire m Gaderobe f; (sp) Umkleideraum m
vestibule m Vorraum m; Vestibül n, Vorhalle f
vestige m Überreste mpl, Spuren fpl; (fig) **les ~s d'un repas** die Reste mpl einer Mahlzeit
vestimentaire (Be)kleidungs-, Kleider-; **des frais ~s** Kosten für Kleidung
veston m Jacke f, Jackett n ~ **croisé** Doppelreiher m
vêtement m Kleidungsstück n, (Be)kleidung f, Kleider npl
vétéran m Veteran m; (fig) alter Hase m
vétérinaire Tierarzt m, Veterinär m
vétille f Lappalie f, Belanglosigkeit f
vêtir (se) (sich) an=ziehen/(an)=kleiden
vétiver [-vɛr] m Bartgras n
veto [veto] m : **droit de ~** Einspruchsrecht n; **mettre/opposer son ~ à une loi** gegen ein Gesetz Einspruch m erheben
vétuste baufällig; überaltet
veuf m **veuve** f verwitwet ◆ m f Witwer m, Witwe f
veule schlapp; weichlich
vexation f Beleidigung f; Schikane f **subir des ~s** schikaniert werden
vexatoire schikanös
vexer (se) (sich) ärgern, (fig/fam) ein=schnappen
via über (A)
viabiliser erschließen
viabilité f 1 Erschließung f 2 ~ **d'un fœtus** die Lebensfähigkeit f eines Fötus; (fig) ~ **d'un projet** die Realisierbarkeit f/Durchführbarkeit f eines Planes
viable lebensfähig; existenzfähig
viaduc m Viadukt n
viager, -ère (rente) auf Lebenszeit, lebenslänglich ◆ m **vendre en ~** auf Leibrentenbasis f verkaufen
viande f Fleisch n
vibrant : (fig) **un discours ~** eine zündende/aufrüttelnde/mitreißende Rede
vibration f 1 Schwingung f, Vibration f; Erschütterung f 2 (phys) Schwingung f 2 **les ~s d'une voix** das Vibrieren n/Zittern n einer Stimme
vibrer vibrieren, schwingen; (fig) ~ **d'émotion** vor Erregung zittern ◆ (fig) **faire ~ les cœurs** die Herzen höher schlagen lassen
vicaire m (Pfarr)vikar m
vice m 1 Untugend f, Fehler m; (prov) **l'oisiveté est la mère de tous les ~s** Faulheit ist die Mutter allen Übels n 2 ~ **de construction** Konstruktionsfehler m; (jur) ~ **de forme** Formfehler m
vice-président m **-e** f stellvertretender Vorsitzende/r; VizepräsidentIn m f
vice versa : **et ~** und umgekehrt
vicié : **air ~** schlechte/verbrauchte Luft
vicieux, -euse lasterhaft, verderbt, schlecht; tückisch
vicinal m **-aux** : **chemin ~** Verbindungsweg m
vicissitude f : **les ~s de la vie** die Wechselfälle mpl/das Auf und Ab n des Lebens
victime f 1 Opfer n **l'accident n'a pas fait de ~** der Unfall hat keine Menschenleben npl gefordert 2 **être ~ d'une agression** überfallen werden; (fig) **être ~ de la calomnie** einer Verleumdung zum Opfer fallen; (jur) Opfer
victoire f Sieg m; (fig) **crier ~ trop tôt** sich seines Sieges zu sicher sein
victorieux, -euse siegreich; (fig) **un air ~** Siegermiene f
victuailles fpl Lebensmittel npl
vidange f Entleeren n; Ablassen n; (auto) **faire la ~** Öl wechseln
vidanger entleeren
vide 1 leer; (fig) ~ **de sens** unsinnig, ohne jeden Sin, inhaltslos ◆ m Leere f; (phys) luftleerer Raum m, Vakuum n; **des promesses dans le ~** leere Versprechungen; **regarder dans le ~** ein Loch in die Luft starren; **parler dans le ~** ins Blaue n hinein=reden; **faire le ~ autour de soi** sich ab=kapseln 2 Öffnung f, Lücke f; (tech) ~ **sanitaire** Vakuum n; (fig) ~ **juridique** Gesetzeslücke f 3 **partir à ~** leer ab=fahren; (fig) **avoir un passage à ~** ab=schalten
vidéo Video-
vidéodisque m Bildplatte f
vide-ordures m Müllschlucker m
vider 1 entleeren, leer machen; aus=schütten, aus=kippen; aus=räumen 2 ~ **l'eau** Wasser aus=schöpfen; Wasser ab=lassen; ~ **les ordures** Müll weg=räumen 3 ~ **un poisson** einen Fisch aus=nehmen 4 ~ **une querelle** Unstimmigkeiten aus=räumen 5 (fam) ~ **qqn** jn raus=schmeißen ◆ (fam) **je suis vidé!** ich bin völlig fertig/erledigt/total kaputt!
videur m Rausschmeißer m
vie f 1 Leben n **avoir la ~ dure** nicht totzukriegen sein; (fig) sich hartnäckig halten, zählebig/langlebig sein; **être en ~** leben; (fig) **être plein de ~** vor Leben sprühen; (loc) **à ~** auf Lebenszeit, lebenslänglich 2 ~ **affective** Gefühlsleben n; **gagner sa ~** seinen Lebensunterhalt m verdienen
vieil → **vieux**

vieillard m Greis m, Alte/r
vieillerie f Plunder m, Trödel(kram) m, altes Zeug n
vieillesse f Greisenalter n, hohes (Lebens)alter n *assurance ~* Rentenversicherung f
vieillir älter werden, alt werden, altern ◆ alt machen ◆ *se ~* sich älter machen/für älter aus=geben
vieillissement m 1 *le ~ de la population* die Überalterung f der Bevölkerung 2 *des signes de ~* Zeichen des Alterns n
vieillot, -otte altmodisch; ältlich
vielle f Drehleier f
viennoiserie f Gebäck n
vierge 1 jungfräulich, unberührt; rein 2 *page ~* ein unbeschriebenes Blatt ◆ f Jungfrau f; *(rel) la Vierge Marie* die heilige Jungfrau Maria
vieux/vieil/vieille alt *plus ~* älter; *faire ~* alt aus=sehen; *se faire ~* alt werden; *(fig) être vieille France* antiquiert sein; *être ~ jeu* altmodisch sein ◆ m f Alte/r; *(fam) mon ~* mein Lieber m, alter Freund m/Junge m; *eh bien, mon ~ !* sieh mal (einer) an !, na so was !; *un ~ de la vieille* ein alter Hase m
vif/vive 1 *rouge ~* leuchtendes/grelles Rot 2 lebhaft, rege *un esprit ~* ein reger Verstand 3 *de vive voix* direkt, persönlich; *être brûlé ~* (bei) lebendig(em Leib) verbrannt werden 4 frisch, kräftig, scharf, stark *un air ~* frische Luft m; *un froid ~* eine scharfe/empfindliche Kälte 5 heftig, lebhaft, scharf, hitzig *une vive discussion* eine lebhafte/hitzige Diskussion ; *à mon ~ regret* zu meinem großen/größten Bedauern 6 *une arête vive* eine scharfe Kante ◆ m 1 *sur le ~* direkt, hautnah 2 *entrer dans le ~ du sujet* zum Kern m der Sache kommen ; *piquer qqn au ~* jn ins Mark n treffen 3 *une blessure à ~* eine offene Wunde ; *(fig) une sensibilité à ~* eine (über)große Sensibilität
vigie f Ausguck m
vigilance f Wachsamkeit f
vigilant wachsam
vigile m Ordner m
vigne f Weinrebe f; Weinberg m
vigneron m -ne f WinzerIn m f
vignette f Etikett n; Steuermarke f, Gebührenmarke f; Vignette f; *(auto)* Kfz-Steuerplakette f; *(pharmacie)* Aufkleber m für die Rückerstattung durch die Krankenversicherung
vignoble m Weinberg m
vigoureux, -euse 1 kräftig, robust, widerstandsfähig 2 *un coup ~* ein heftiger Schlag ; *(fig) des mesures vigoureuses* energische Maßnahmen
vigueur f 1 (Lebens)kraft f, Robustheit f, Stärke f *(fig)* Heftigkeit f 2 *la loi en ~* das geltende Recht/Gesetz
viking [vikiŋ] m Wikinger m
vil ruchlos, schändlich
vilain 1 (erz)häßlich 2 böse, ungezogen, schlimm 3 *une ~e blessure* eine schlimme/böse Verletzung 4 schlecht ; *quel ~ temps !* *(fam)* so ein scheußliches Wetter ! ◆ n m -e *foh, le ~ !* so ein böser Junge m
vilebrequin m *(auto)* Kurbelwelle f
vilipender verunglimpfen
villa f Villa f
village m Dorf n
villageois m -eoise f DorfbewohnerIn m f
ville f Stadt f *la vieille ~* die Altstadt f; *habiter en ~* in der Stadt wohnen
villégiature f *lieu de ~* Ferienort m *partir en ~* in die Sommerfrische f fahren
vin m 1 Wein m *~ cuit* Dessertwein m; *(fig) mettre de l'eau dans son ~* sanfter Saiten auf=ziehen 2 *~ d'honneur* Stehempfang m 3 *(méd) tache de ~* rotes Muttermal n
vinaigre m Essig m
vindicatif, -ive heftig, rachsüchtig
vingt zwanzig
vingtaine f etwa/ungefähr/an die zwanzig
vinicole Wein-
vinification f Weinbereitung f, Verarbeitung f des Weins
vinylique Vinyl-
viol m Vergewaltigung f; *(fig) le ~ des consciences* Gewissenszwang m
violation f 1 *~ d'une règle* Verletzung f einer Regel 2 *~ de domicile* Hausfriedensbruch m; *~ de lieux sacrés* Schändung f eines geweihten Ortes
viole f Viola f *~ de gambe* Gambe f
violence f 1 Gewalt f, Zwang m; Gewalttat f; *(fig) ~ morale* moralischer Druck m/Zwang; *se faire ~* sich (D) Gewalt an=tun 2 Heftigkeit f, Toben n, Wüten n *~ verbale* heftige/brutale Worte
violent 1 *(personne)* gewalttätig 2 gewaltig, stark, heftig *un vent ~* stürmischer/heftiger Wind 3 *mort ~e* gewaltsamer Tod
violenter Gewalt an=tun (D), zwingen
violer 1 *~ qqn* jn vergewaltigen 2 *~ la loi* das Gesetz brechen/verletzen 3 *~ un lieu sacré* einen geheiligten Ort schänden
violet, -te veilchenblau
violette f Veilchen n
violeur m Vergewaltiger m
violon m 1 Geige f, Violine f *premier ~* erste(r) GeigerIn m f 2 *(fam)* Arrestzelle f 3 *~ d'Ingres* Steckenpferd n
violoncelle m Cello n [ʧɛlo] n

violoniste *m f* ViolonistIn *m f*, GeigerIn *m f*
vipère *f* Viper *f*; *(fig)* **avoir une langue de ~** die reinste Giftschlange *f*/Giftnudel *f* sein
virage *m* 1 Kurve *f*, (Straßen)biegung *f*, Krümmung *f*; *(fig)* Wendepunkt *m*, Wende *f* 2 *(chim)* Umschlagen *n*
viral, -aux Virus-, viral *hépatite ~e* infektiöse Gelbsucht
virée *f (fam)* Spritztour *f*, Spritzfahrt *f*, Abstecher *m*
virement *m (banque)* Überweisung *f*
virer 1 überweisen 2 *(fam)* **~ qqn** jn raus=schmeißen, feuern ◆ 1 sich drehen **~ à gauche** nach links ab=biegen; *(fig)* nach links um=schwenken, sich links orientieren; *(mar)* wenden 2 **~ au rouge** in Rot um=schlagen; rot werden 3 *(méd)* positiv werden
virevolter sich drehen/wenden
virginité *f* Jungfräulichkeit *f*; Unberührtheit *f*
virgule *f* Komma *n*
viril männlich
virilité *f* 1 Männlichkeit *f* 2 Potenz *f*
virtuel, -le virtuell, theoretisch möglich
virtuose *m f (mus)* Virtuose *m*, Virtuosin *f*
virtuosité *f* Virtuosität *f*, Meisterschaft *f*
virulence *f* Heftigkeit *f*, Schärfe *f*; *(méd)* Virulenz *f*
virulent 1 heftig, scharf, bissig 2 **un poison ~** ein schnell wirkendes/starkes Gift
virus [-rys] *m* Virus *m*
vis [vis] *f* 1 Schraube *f* **~ sans fin** Schneckengewinde *n*; *(fig/fam)* **serrer la ~ à qqn** jn kurz=halten, bei jm die Zügel an=ziehen 2 **escalier à ~** Wendeltreppe *f*
visa *m* Visum *n*
visage *m* Gesicht *n* **faire bon ~ à qqn** jn freundlich empfangen
visagiste *m f* KosmetikerIn *m f*
vis-à-vis : **~ de lui** ihm gegenüber ◆ *m* **des fenêtres en ~** einander gegenüberliegende Fenster; **ne pas avoir de ~** kein Gegenüber *n* haben
viscéral, -aux : *(fig)* **une haine ~e** abgrundtiefer Haß
viscère *m* Eingeweide *pl*
viscosité *f* Zähflüssigkeit *f*
visée *f* 1 **ligne de ~** Ziellinie *f* 2 Absicht *f*; **avoir des ~s sur un poste** es auf einen Posten abgesehen haben
viser zielen; *(fig)* **~ haut** hoch hinaus=wollen, hochfliegende Pläne haben; **~ juste** richtig treffen ◆ **~ une cible** ein Ziel an=visieren; *(fig)* **~ un poste** einen Posten an=visieren/im Auge haben; **~ qqn** auf jn gerichtet sein ◆ **~ à** darauf zielen, wollen
viseur *m (photo)* Sucher *m*

visibilité *f* : **un carrefour sans ~** eine unübersichtliche Kreuzung; **avoir une bonne ~** gute Sicht *f* haben
visible sichtbar, erkennbar; *(fig)* **avec un plaisir ~** mit sichtlichem Vergnügen; **il est ~ que** es ist offensichtlich, daß
visière *f* Schirm *m*
vision *f* 1 Sehen *n*, Sehvermögen *n* 2 **avoir une autre ~ des choses** eine andere Sicht auf die Dinge/ein anderes Bild *n* von den Dingen haben 3 **avoir des ~s** Visionen *fpl*/Gesichte *npl* haben
visionnaire visionär
visionner (einen Film) an=sehen
visite *f* 1 Besuch *m* **rendre ~ à qqn** jn besuchen 2 Besichtigung *f* **~ guidée** Führung *f* 3 **passer une ~ médicale** ärztlich untersucht werden
visiter besichtigen
visiteur *m* **-euse** *f* BesucherIn *m f*; Gast *m*
vison *m* Nerz *m*
visqueux, -euse zähflüssig; klebrig; *(péj)* **un personnage ~** eine schmierige/schleimige Person
visser (an)=schrauben, zu=schrauben, fest=schrauben; *(fig/fam)* **~ qqn** jn kurz=halten; bei jm die Zügel an=ziehen
visualiser sichtbar machen
visuel, -le visuell, Gesichts-
vital, -aux Lebens- **force ~e** Lebenskraft *f* 2 **un organe ~** lebenswichtiges Organ; *(fig)* **une question ~e** eine grundlegende Frage
vitalité *f* Vitalität *f*, Lebenskraft *f*
vitamine *f* Vitamin *n*
vitaminé mit Vitaminen angereichert, vitami(ni)siert
vite schnell **au plus ~** schleunigst, schnellstens; **faire ~** sich beeilen; *(fig)* **y aller un peu ~** überstürzt/vorschnell handeln
vitesse *f* 1 Geschwindigkeit *f*, Schnelligkeit *f* **à toute ~** mit großer Geschwindigkeit; in aller Eile *f*; **course de ~** Kurzstreckenlauf *m* ; *(fig)* **être en perte de ~** an Bedeutung *f*/Einfluß *m*/Boden *m* verlieren 2 Gang *m* **changer de ~** schalten, einen anderen Gang ein=legen; *(fam)* **en quatrième ~** im Eiltempo *n*
viticole Wein(bau)-
viticulteur *m* **-trice** *f* WinzerIn *m f*
vitrage *m* Verglasung *f*; (Glas)fenster *n*
vitrail *m* **-aux** Kirchenfenster *n*; Butzenscheiben *fpl*
vitre *f* (Glas)scheibe *f*, (Glas)fenster *n*
vitré verglast
vitreux, -euse : **avoir l'œil ~** glasige Augen haben
vitrier *m* Glaser *m*
vitrifier versiegeln
vitrine *f* 1 Schaufenster *n*, Auslage *f*; *(fig)*

vitupérations

la ~ d'un pays das Aushängeschild n eines Landes **2** Vitrine f, Glasschrank m
vitupérations fpl heftige Vorwürfe mpl
vivace lebenskräftig; zäh; ausdauernd; widerstandsfähig *une plante ~* eine Dauerpflanze f; *(fig) une haine ~* unauslöschlicher Haß
vivacité f **1** Lebhaftigkeit f, Lebendigkeit f *~ d'esprit* geistige Regsamkeit f; rasche Auffassungsgabe f **2** *la ~ des couleurs* die Leuchtkraft der Farben **3** *avec ~* heftig
vivant 1 *les êtres ~s* die Lebewesen npl **2** *un enfant très ~* ein sehr lebendiges Kind; *(fig)* lebensvoll ◆ m **1** *un bon ~* ein Genießer m **2** *de son ~* zu seinen Lebzeiten pl **3** *les ~s et les morts* die Lebenden m fpl und die Toten
vivats mpl Hochrufe mpl
vive *la mariée!* es lebe die Braut! ein Hoch auf die Braut!
vivement 1 *regretter ~ qch* etw innig/lebhaft bedauern **2** *répondre un peu ~* etwas heftig/scharf antworten ◆ *~ ce soir!* wenn es doch schon Abend wäre!
vivier m Fischteich m; *(fig)* Ansammlung f
vivifiant : *un air ~* belebende Luft
vivipare lebendgebärend
vivisection f Vivisektion f
vivoter *(fam/fig)* sich mühsam über Wasser halten
vivre leben; *(fig) facile à ~* unkompliziert; *apprendre à ~ à qqn* jm zeigen, wo es langgeht; *je ne vis plus* ich bin halbtot vor Angst ◆ *~ qch* etw erleben; *~ sa vie* sein Leben leben
vivres mpl Lebensmittel npl
vlan! bums!, päng!
V.O. → **version originale**
vocabulaire m **1** Wortschatz m **2** *apprendre le ~* Vokabeln fpl lernen
vocal, -aux 1 *les cordes ~es* Stimmbänder npl **2** *musique ~e* Vokalmusik f
vocalise f Stimmübung f
vocation f Berufung f, Bestimmung f
vociférations fpl Gebrüll n, Gezeter n
vociférer brüllen
vœu m -x **1** Wunsch m **2** *faire ~ de chasteté* ein Keuschheitsgelübde n ab=legen; *faire ~ de ne plus recommencer* geloben, nicht mehr damit anzufangen **3** *tous mes ~x de bonheur* meine allerherzlichsten Glückwünsche mpl; *présenter ses ~x* gratulieren (D)
vogue f : *en ~* beliebt, in Mode f
voguer segeln; rudern; fahren; *(fig) vogue la galère!* komme, was da wolle
voici 1 das/hier ist *~ comment* so **2** *nous ~ arrivés* da sind wir nun; *et ~ que* und da
voie f **1** (Bahn)gleis n, (Verkehrs)weg m, Straße f *~ ferrée* Schienen fpl; *~ navi-* gable Wasserstraße f; *~ publique* öffentlicher Weg; *(fig) être sur la bonne ~* auf dem richtigen Weg sein; *mettre qqn sur la ~* jm auf die Sprünge mpl helfen; *être en ~ de réussir* es bald erreicht/geschafft haben; *(méd) les ~s respiratoires* die Atemwege mpl **2** *(route)* Spur f *à quatre ~s* vierspurig **3** *par ~ buccale* durch den Mund; *(fig) par la ~ hiérarchique* auf dem Dienstweg m/Instanzenweg m **4** *(jur) ~ de fait* Tatbestand m **5** *(mar) ~ d'eau* Leck n **6** *par ~ de conséquence* folglich
voilà 1 da ist *en ~ une drôle d'histoire!* das ist aber eine komische Geschichte!; *(loc) avoir de l'argent en veux-tu, en ~* (Geld) wie Heu in rauhen Mengen haben **2** *~! ~!* da bin ich!; *et ~!* das war's! **3** *nous ~ arrivés* da sind wir **4** *~ que* und da **5** *~ trois jours qu'il n'a pas mangé* er hat schon drei Tage nichts gegessen; *il est venu ~ trois jours* er ist vor drei Tagen gekommen
voilage m Store m
voile 1 m Schleier m; *(rel) prendre le ~* Nonne werden **2** *(méd) le ~ du palais* Gaumensegel n **3** *(photo)* Schleier ◆ f Segel n; *faire ~ sur un port* nach einem/in einen Hafen segeln; *faire de la ~* segeln; *(fig/fam) mettre les ~s* ab=hauen, verduften; *être à ~ et à vapeur (non fam)* bisexuell sein
voilé 1 *une femme ~e* eine verschleierte Frau **2** *une photo ~e* ein überbelichtetes/verschwommenes Foto **3** *en termes ~s* in verschwommenen/verhüllten Worten; *(fam)* durch die Blume
voiler 1 *(roue)* verbiegen **2** *(fig) se ~ la face* nicht hin=sehen wollen
voilier m Segelschiff n
voilure f Segelfläche f; Tragfläche f
voir 1 sehen *je vais ~ si elle est là* ich sehe mal nach, ob sie da ist; *(fig) j'en ai vu d'autres!* ich habe schon Schlimmeres erlebt!; *vous n'avez encore rien vu* das ist noch gar nichts; *on aura tout vu!* das ist doch die Höhe!; *(loc) ~ le jour* zur Welt kommen; auf=kommen, sich bilden, erscheinen **2** *aller ~ qqn* jn besuchen; *passer ~ qqn* bei jm vorbei=gehen **3** *~ du pays* viel von der Welt sehen, weit in der Welt herum=kommen **4** *~ venir* ab=warten; *on verra bien!* wir werden schon (weiter)=sehen!, das wird schon werden!; *je vois bien que tu n'écoutes pas* ich sehe/merke doch, daß du mir nicht zuhörst; *les hommes, vois-tu* die Menschen, weißt du; *mais voyons* aber/na hör mal; *(fam) essaie, pour ~* versuch's doch mal! **5** *c'est une manière de ~* so kann man das auch sehen/betrachten; *je ne vois pas de quoi vous parlez* ich verstehe nicht, wovon Sie reden; *si vous n'y voyez pas d'inconvénient* wenn Sie nichts dagegen

haben 6 *cela n'a rien à* ~ das gehört nicht hierher/hat (gar) nichts damit zu tun 7 *il faudrait* ~ *à* wir müssen versuchen/zu=sehen, zu ♦ *faire* ~ *qch à qqn* jm etw zeigen; *(fig) en faire* ~ *à qqn* jm das Leben sauer machen; *(fam) qu'il aille se faire* ~ *!* er soll sich zum Teufel scheren! ♦ *ne pas laisser* ~ *qch* sich (D) etw nicht an=merken lassen ♦ 1 *se* ~ *à 8 h* sich um 8 Uhr treffen 2 *ils ne peuvent pas se* ~ sie können sich nicht aus=stehen/riechen

voirie *f* Straßenmeisterei *f*
voisin 1 *dans la maison* ~*e* im Nebenhaus *n* Nachbarhaus *n* 2 *son idée est* ~*e de la mienne* seine Idee ist meiner ähnlich ♦ *m* -*e f* NachbarIn *m f*
voisinage *m* Nachbarschaft *f dans le* ~ (ganz) in der Nähe *f*
voiture *f* Wagen *m*
voiture-balai *f (sport)* Streckensicherungsfahrzeug *n*
voix *f* Stimme *f donner de la* ~ keifen, zetern; Krach *m* machen; *rester sans* ~ sprachlos sein; ~ *consultative* beratende Stimme
vol *m* 1 Diebstahl *m*, Raub *m*; *(fig) c'est du* ~ *!* so zieht man den Leuten das Geld aus der Tasche! 2 Flug *m*; *(fig/fam) faire un* ~ *plané* der Länge nach hin=fallen; *(loc) de haut* ~ großen Stils *m*
volage flatterhaft
volaille *f* Geflügel *n*
volant 1 *poisson* ~ fliegender Fisch; *(fig) le personnel* ~ Flugpersonal *n* 2 *une feuille* ~*e* ein loses Blatt ♦ *m* 1 Lenkrad *n*, Steuer *n* 2 *(jeu)* Federball *m*; Federballspiel *n* 3 *une robe à* ~*s* ein Kleid mit Volants *mpl*/Falbeln *fpl* 4 *un* ~ *de sécurité* Sicherheitsspielraum *m*, Sicherheitsspanne *f*
volatil flüchtig
volatile *m* Geflügel *n*
volatiliser 1 verschwinden lassen 2 *(chim)* verflüchtigen, verdunsten lassen ♦ *(fig/fam) se* ~ sich in Luft auf=lösen; sich verdünnisieren
vol-au-vent *m* Blätterteigpastete *f*
volcan *m* Vulkan *m*
volcanique : *éruption* ~ Vulkanausbruch *m*; *roche* ~ Felsen vulkanischen Ursprungs
volée *f* 1 *sonner à toute* ~ ein (feierliches) Geläut(e) an=stimmen 2 *(fam) flanquer une* ~ eine Tracht Prügel *pl* geben 3 *une* ~ *d'oiseaux* ein Vogelschwarm *m* 4 *(escalier)* Lauf *m*
voler fliegen; *(fig)* ~ *au secours de qqn* jm zu Hilfe eilen; *(fig/fam) ça ne vole pas haut* das ist nicht gerade der große Stil ♦ stehlen; *(fig/fam) tu ne l'as pas volé !* das geschieht dir ganz recht!

volet *m* 1 Fensterladen *m* 2 Seite *f*, Teil *m* 3 *trié sur le* ~ sorgfältig ausgewählt
voleter (herum)=flattern
voleur *m* -*euse f* DiebIn *m f*
volley *m* Volleyball *m*
volontaire 1 willensstark 2 freiwillig *un acte* ~ eine vorsätzliche Handlung ♦ *m f on demande des* ~*s !* Freiwillige *m fpl* vor!
volontairement 1 freiwillig 2 absichtlich, mit Absicht
volontariste voluntaristisch
volonté *f* 1 *avoir de la* ~ willensstark sein, einen starken Willen *m* haben 2 Wille *m*, Wunsch *m les dernières* ~*s* der letzte Wille; *contre ma* ~ gegen meinen Willen; *avoir la* ~ *de faire qch* etw tun wollen; *mettre de la mauvaise* ~ *à faire qch* etw widerwillig tun; *(loc) à* ~ nach Belieben *n*; *(fam) faire les quatre* ~*s de qqn* js Launen *fpl* nach=geben
volontiers gern, mit Vergnügen
volt (V) *m* Volt (V) *n*
voltage *m* Voltzahl *f*
volte-face *f* : *faire* ~ eine Kehrtwendung *f* machen; *(fig)* um=schwenken
voltige *f* (Luft)akrobatik *f*; *(fig) c'est de la haute* ~ das ist ein gewagtes/riskantes Unternehmen *n*
voltiger hin- und her=fliegen, umher=flattern
volubile redselig
volubilis [-lis] *m* Winde *f*
volume *m* 1 Volumen *n*, Rauminhalt *m* 2 *(son)* Stärke *f baisser le* ~ den Ton leiser stellen 3 Band *m en trois* ~*s* in drei Bänden, dreibändig
volumineux, -euse voluminös; umfangreich; dick
volupté *f* (Wol)lust *f*; Wonne *f*; Hochgenuß *m*
voluptueux, -euse sinnlich
volute *f* Spirale *f* ~ *de fumée (fam)* Rauchkringel *mpl*
vomir brechen; *(fig) c'est à* ~ das/es ist zum Kotzen ♦ ~ *son déjeuner* sein Essen aus=brechen
vomitif *m* Brechmittel *n*
vorace gefräßig
vos → **votre**
votant, -e : *le pourcentage de* ~*s* der Anteil der Wähler *mfpl*
vote *m* Wahl *f*, Abstimmung *f*; *(loi)* Verabschiedung *f* ~ *à main levée* Abstimmung *f* durch Handzeichen; *droit de* ~ Wahlrecht *n*
voter wählen, ab=stimmen ~ *pour qqn* jn wählen, für jn stimmen ♦ ~ *une loi* ein Gesetz verabschieden
votre 1 euer, eure 2 Ihr, Ihre
vôtre : *le/la* ~ der/die/das Eure/Ihre
vouer 1 ~ *une haine féroce à qqn* jn

vouloir

abgrundtief hassen; ~ *une amitié à qqn* jm Freundschaft geloben 2 ~ *tout son temps à qch* seine ganze Zeit einer Sache widmen 3 *(rel)* an=empfehlen ◆ 1 *(fig) ne plus savoir à quel saint se* ~ nicht mehr ein noch aus wissen ◆ *un projet voué à l'échec* ein aussichtsloses/zum Scheitern verurteiltes Vorhaben

vouloir 1 wollen *je veux bien* gern(e); meinetwegen, ich habe nichts dagegen; *je voudrais* ich möchte/hätte gern; *je veux des excuses* ich verlange, daß man sich (bei mir) entschuldigt 2 wünschen ~ *du bien à qqn* jm Gutes wünschen/wollen 3 *je veux dire que* ich meine,/will sagen, daß; *qu'est-ce que cela veut dire?* was soll das heißen/bedeuten ? ◆ 1 *ne pas* ~ *de qqn/qch* jn/etw nicht (haben) wollen; von jm/etw nichts wissen wollen 2 *en* ~ *à qqn de qch* auf jn böse sein, jm etw übel=nehmen

voulu : *au moment* ~ im geeigneten Augenblick → **vouloir**

vous 1 ihr 2 Sie

voûte f Gewölbe n; *(méd)* ~ *plantaire* Fußgewölbe n

voûter (se) sich krümmen, krumm werden ◆ *avoir le dos voûté* einen krummen/gebeugten Rücken haben

vouvoyer siezen

voyage m 1 Reise f *partir en* ~ verreisen, ab=reisen, auf Reisen gehen 2 *en plusieurs* ~s in mehreren Transporten m 3 *les gens du* ~ fahrendes Volk n

voyager reisen

voyageur m **-euse** f 1 Reisende/r 2 ~ *de commerce* (Handlungs)reisender m, Handelsvertreter m

voyagiste m Reiseveranstalter m

voyant : *une couleur* ~*e* eine auffällige Farbe ◆ m -e f 1 HellseherIn m f, WahrsagerIn m f 2 Sehende/r ◆ m *un* ~ *lumineux* ein Leuchtzeichen n

voyelle f Vokal m

voyou m Gauner m, Ganove m, Strolch m

vrac m : *en* ~ lose, offen, unverpackt

vrai 1 wahr 2 richtig, wirklich; *(matière)* echt 3 sa ~*e place* sein eigentlicher Platz ◆ m Wahre/s, Wahrheit f *à* ~ *dire* eigentlich, ehrlich/offen gesagt; *être dans le* ~ das Richtige n treffen; *(fam) pour de* ~ im Ernst m

vraiment wirklich

vraisemblable wahrscheinlich

vraisemblance f Wahrscheinlichkeit f *selon toute* ~ aller Wahrscheinlichkeit nach; vermutlich

vrille f *(tech)* (Nagel)bohrer m

vrombir summen; surren; dröhnen

vroum! wumm!, bumms!

V.R.P. m = **voyageur représentant placier** Handelsvertreter m

vu : *être bien* ~ *par qqn* bei jm gut angeschrieben/beliebt/gern gesehen sein → **voir** ◆ ~ *les événements* angesichts/in Anbetracht m der Ereignisse ; ~ *que* in Anbetracht dessen,/mit Rücksicht darauf, daß; da ◆ m 1 *au* ~ *de* vor den Augen npl von; angesichts **(G)** 2 *c'est du déjà* ~ das ist kein neues Thema; das hatten wir doch schon mal

vue f 1 Sehkraft f, Sehvermögen n 2 Anblick m *à la* ~ *de* beim Anblick; *connaître qqn de* ~ jn vom Sehen kennen; *mettre bien en* ~ gut sichtbar machen; *(fig) à première* ~ auf den ersten Blick; beim ersten Anblick; *à* ~ *de nez* über den Daumen gepeilt; *à* ~ *d'œil* zusehends; *(fig) en mettre plein la* ~ imponieren, Eindruck m machen 3 (Aus)blick m, (Aus)sicht f *à perte de* ~ so weit das Auge reicht, weit und breit; *avoir* ~ *sur la mer* auf das Meer gehen 4 *une* ~ *de l'esprit* Denkart f; *échange de* ~s Meinungsaustausch m 5 *en* ~ *de* um... zu; *avoir des* ~s *sur qqn/qch* es auf jn/etw abgesehen haben 6 *une personne en* ~ eine sehr bekannte Person

vulcaniser vulkanisieren

vulcanologue m f Vulkanologe m, Vulkanologin f

vulgaire 1 vulgär, ordinär, gewöhnlich 2 *le nom* ~ *d'une plante* der gemeine übliche Name einer Pflanze

vulgarisation f : *revue de* ~ populärwissenschaftliche Zeitschrift

vulgariser allgemeinverständlich machen, popularisieren

vulgarité f Vulgarität f

vulnérable *(fig)* verletzlich, verwundbar, zartbesaitet

vulve f Scham f

W

wagon m (Eisenbahn)wagen m, Waggon m

wagon-lit m Schlafwagen m

wagonnet m Lore f

wagon-restaurant m Speisewagen m

warning m Warnblinkanlage f

warrant *m* Lagerschein *m*
waters [watεr] *mpl* Toilette *f*, Klo(sett) *n*
watt *(W)* [wat] *m* Watt (W) *n*

W.C. *mpl* = **water-closet** WC *n*
week-end *m* Wochenende *n*
white-spirit [wajtspirit] *m* Brennspiritus *m*

X

xénophobe ausländerfeindlich, fremdenfeindlich
xénophobie *f* Ausländerfeindlichkeit *f*, Fremdenfeindlichkeit *f*
xylophone *m* Xylophon *n*

Y

y 1 *j'~ vais* ich gehe (dort)hin **2** *il ~ a* es gibt, es ist/sind; vor (**D**) **3** *ne vous ~ fiez pas* trauen Sie der Sache nicht; verlassen Sie sich nicht darauf
yacht [jɔt] *m* Jacht *f*, Yacht *f*
yaourt *m* Joghurt *m*/*n*, Yoghurt *m*/*n*
yeux → œil
yodler jodeln
yoga *m* Joga *n*/*m*, Yoga *n*/*m*
youyou *m* **1** Dingi *n* **2** Schrei *f*

Z

zappage *m* Channel zapping
zapper zappen
zèbre *m* Zebra *n*; *(fam) un drôle de ~* ein komischer Kerl
zébrer mit Streifen versehen, streifen
zèle *m* Eifer *m*, Fleiß *m* ; *(fam) faire du ~* übereifrig sein
zélé eifrig, fleißig
zénith *m* Zenith *m*, Höhepunkt *m*
zéro *m* null ◆ *mettre un compteur à ~* das Zählwerk auf Null *f* stellen
zeste [zɛst] *m* Schale *f*; *(fig)* Hauch *m*
zézayer [zezeje] lispeln
zibeline *f* Zobel *m*
zigoto *m* : *(fam) un drôle de ~* ein komischer Kauz; *faire le ~* herum=albern, den Hanswurst spielen
zigzag *m* Zickzack *m faire des ~s* im Zickzack gehen, torkeln, taumeln; *(chemin)* im Zickzack verlaufen, sich schlängeln
zinc [zɛ̃g] *m* **1** Zink *n* **2** Theke *f*
zingueur *m* Klempner *m*
zinnia *m* Zinnie *f*

zizanie *f* Zwietracht *f*, Uneinigkeit *f*
zizi *m (fam)* Puller *m*, Zipfel *m*
zodiac *m* Schlauchboot *n*
zodiacal : *signe ~* Tierkreiszeichen *n*
zodiaque *m* Tierkreis *m*
zona *m* Gürtelrose *f*
zonard *m* **-e** *f (fam)* Halbstarker *m*
zone *f* Zone *f*, Gebiet *n* ~ *interdite* Sperrgebiet *n*, Sperrbezirk *m*; *(fig) de seconde ~* zweitrangig; *(fam) c'est la ~ !* das ist ja das Letzte ! das ist ja der reinste Slum [slam] ! *m*
zoner *(fam)* rum=hängen™, durch die Gegend streunen, Penner sein
zoologique zoologisch *jardin ~* zoologischer Garten, Tierpark *m*
zou ! hopp !
zozo *m (fam)* Dussel *m*
zozoter *(fam > non fam)* lispeln
Z.U.P. [zyp] *f* = **zone à urbaniser par priorité** Zone *f* vorrangiger städtebaulicher Erschließung; *(fam)* (Gegend mit) Wohnsilos *npl*/*mpl*
zut ! [zyt] verflixt (noch mal) ! verdammt !

ANNEXES

Verbes forts et irréguliers /
Starke und unregelmäßige Verben

Cette liste indique les verbes de base auxquels peuvent s'ajouter des particules.

Quand la **particule** est **séparable** (notée par =), le participe se construit de la manière suivante :
an=fangen : verbe de base **fangen** → **gefangen**
→ participe **angefangen**

Certaines **particules** sont toujours **inséparables.** Ce sont : be-, emp-, ent-, ge-, miß, ver-, zer.

Le participe se construit de la manière suivante :
verschneiden : verbe de base **schneiden** → **geschnitten**
→ participe **verschnitten** (c'est-à-dire sans « ge »).

D'autres, enfin, sont **soit séparables soit inséparables.** Reportez-vous suivant le cas aux paragraphes ci-dessus pour former les participes :
Exemples : **über=gehen** → **übergegangen**
übergehen → **übergangen**

Infinitif	3ᵉ pers. indic. présent	prétérit	participe
backen	bäckt	buk/backte	gebacken
befehlen	befiehlt	befahl	befohlen
beginnen	beginnt	begann	begonnen
beißen	beißt	biß	gebissen
bergen	birgt	barg	geborgen
bersten	birst	barst	geborsten
bewegen*	bewegt	bewog	bewogen
biegen	biegt	bog	gebogen
bieten	bietet	bot	geboten
binden	bindet	band	gebunden
bitten	bittet	bat	gebeten
blasen	bläst	blies	geblasen
bleiben	bleibt	blieb	geblieben (ist)
braten	brät	briet	gebraten
brennen	brennt	brannte	gebrannt
bringen	bringt	brachte	gebracht
denken	denkt	dachte	gedacht
dreschen	drischt	drosch	gedroschen
dringen	dringt	drang	gedrungen (ist/hat)
dürfen	darf	durfte	gedurft
empfehlen	empfiehlt	empfahl	empfohlen
erlöschen	erlischt	erlosch	erloschen (ist)
erschrecken*	erschrickt	erschrak	erschrocken (ist)
erwägen	erwägt	erwog	erwogen
essen	ißt	aß	gegessen
fahren	fährt	fuhr	gefahren (ist)

Verbes forts et irréguliers

fallen	fällt	fiel	gefallen (ist)
fangen	fängt	fing	gefangen
fechten	ficht	focht	gefochten
finden	findet	fand	gefunden
flechten	flicht	flocht	geflochten
fliegen	fliegt	flog	geflogen (ist)
fliehen	flieht	floh	geflohen (ist)
fließen	fließt	floß	geflossen (ist)
fressen	frißt	fraß	gefressen
frieren	friert	fror	gefroren
gären	gärt	gor/gärte	gegoren/gegärt (ist/hat)
gebären	gebärt	gebar	geboren
geben	gibt	gab	gegeben
gedeihen	gedeiht	gedieh	gediehen (ist)
gehen	geht	ging	gegangen (ist)
gelingen	gelingt	gelang	gelungen (ist)
gelten	gilt	galt	gegolten
genesen	genest	genas	genesen (ist)
genießen	genießt	genoß	genossen
geschehen	geschieht	geschah	geschehen (ist)
gewinnen	gewinnt	gewann	gewonnen
gießen	gießt	goß	gegossen
gleichen	gleicht	glich	geglichen
gleiten	gleitet	glitt	geglitten (ist)
glimmen	glimmt	glomm/glimmte	geglommen/geglimmt
graben	gräbt	grub	gegraben
greifen	greift	griff	gegriffen
haben	hat	hatte	gehabt
halten	hält	hielt	gehalten
hängen	hängt	hing	gehangen
hauen	haut	hieb/haute	gehauen
heben	hebt	hob	gehoben
heißen	heißt	hieß	geheißen
helfen	hilft	half	geholfen
kennen	kennt	kannte	gekannt
klingen	klingt	klang	geklungen
kneifen	kneift	kniff	gekniffen
kommen	kommt	kam	gekommen (ist)
können	kann	konnte	gekonnt
kriechen	kriecht	kroch	gekrochen (ist)
laden	lädt	lud	geladen
lassen	läßt	ließ	gelassen
laufen	läuft	lief	gelaufen (ist)
leiden	leidet	litt	gelitten
leihen	leiht	lieh	geliehen
lesen	liest	las	gelesen
liegen	liegt	lag	gelegen
lügen	lügt	log	gelogen
meiden	meidet	mied	gemieden
melken	melkt	molk/melkte	gemolken/gemelkt
messen	mißt	maß	gemessen
mißlingen	mißlingt	mißlang	mißlungen (ist)
mögen	mag	mochte	gemocht
müssen	muß	mußte	gemußt
nehmen	nimmt	nahm	genommen
nennen	nennt	nannte	genannt
pfeifen	pfeift	pfiff	gepfiffen
preisen	preist	pries	gepriesen
quellen	quillt	quoll	gequollen (ist)
raten	rät	riet	geraten
reiben	reibt	rieb	gerieben

Annexes

reißen	reißt	riß	gerissen (hat/ist)
reiten	reitet	ritt	geritten (hat/ist)
rennen	rennt	rannte	gerannt (ist)
riechen	riecht	roch	gerochen
ringen	ringt	rang	gerungen
rinnen	rinnt	rann	geronnen (ist)
rufen	ruft	rief	gerufen
saufen	säuft	soff	gesoffen
saugen	saugt	sog	gesogen
schaffen*	schafft	schuf/schaffte	geschaffen/geschafft
schallen	schallt	scholl/schallte	geschollen
scheiden	scheidet	schied	geschieden (hat/ist)
scheinen	scheint	schien	geschienen
scheißen	scheißt	schiß	geschissen
schelten	schilt	schalt	gescholten
scheren	schert	schor	geschoren
schieben	schiebt	schob	geschoben
schießen	schießt	schoß	geschossen
schinden	schindet	schund	geschunden
schlafen	schläft	schlief	geschlafen
schlagen	schlägt	schlug	geschlagen
schleichen	schleicht	schlich	geschlichen (ist)
schleifen	schleift	schliff	geschliffen
schließen	schließt	schloß	geschlossen
schlingen	schlingt	schlang	geschlungen
schmeißen	schmeißt	schmiß	geschmissen
schmelzen	schmilzt	schmolz	geschmolzen (ist/hat)
schnauben	schnaubt	schnob/schnaubte	geschnaubt/geschnoben
schneiden	schneidet	schnitt	geschnitten
schrecken*	schrickt	schrak/schreckte	geschreckt (ist)
schreiben	schreibt	schrieb	geschrieben
schreien	schreit	schrie	geschrien
schreiten	schreitet	schritt	geschritten (ist)
schweigen	schweigt	schwieg	geschwiegen
schwellen	schwillt	schwoll	geschwollen (ist)
schwimmen	schwimmt	schwamm	geschwommen (ist/hat)
schwinden	schwindet	schwand	geschwunden (ist)
schwingen	schwingt	schwang	geschwungen
sehen	sieht	sah	gesehen
sein	ist	war	gewesen (ist)
senden	sendet	sandte	gesandt
sieden	siedet	sott/siedete	gesotten/gesiedet
singen	singt	sang	gesungen
sinken	sinkt	sank	gesunken (ist)
sinnen	sinnt	sann	gesonnen
sitzen	sitzt	saß	gesessen
sollen	soll	sollte	gesollt
spalten	spaltet	spaltete	gespalten/gespaltet
speien	speit	spie	gespien
spinnen*	spinnt	spann	gesponnen
sprechen	spricht	sprach	gesprochen
sprießen	sprießt	sproß	gesprossen (ist)
springen	springt	sprang	gesprungen (ist)
stechen	sticht	stach	gestochen
stehen	steht	stand	gestanden
stehlen	stiehlt	stahl	gestohlen
steigen	steigt	stieg	gestiegen (ist)
sterben	stirbt	starb	gestorben
stinken	stinkt	stank	gestunken
stoßen	stößt	stieß	gestoßen

Verbes forts et irréguliers

streichen	streicht	strich	gestrichen
streiten	streitet	stritt	gestritten
tragen	trägt	trug	getragen
treffen	trifft	traf	getroffen
treiben	treibt	trieb	getrieben
treten	tritt	trat	getreten (ist)
triefen	trieft	troff/triefte	getroffen/getrieft
trinken	trinkt	trank	getrunken
trügen	trügt	trog	getrogen
tun	tut	tat	getan
verderben	verdirbt	verdarb	verdorben (hat/ist)
vergessen	vergißt	vergaß	vergessen
verlöschen*	verlöscht	verlosch/verlöschte	verloschen/verlöscht (ist)
verschleißen	verschleißt	verschliß/verschleißte	verschlissen/verschleißt
verzeihen	verzeiht	verzieh	verziehen
wachsen	wächst	wuchs	gewachsen (ist)
waschen	wäscht	wusch	gewaschen
weben	webt	wob/webte	gewoben/gewebt
weichen	weicht	wich	gewichen (ist)
weisen	weist	wies	gewiesen
wenden	wendet	wandte	gewandt
werben	wirbt	warb	geworben
werden	wird	wurde	geworden (ist)
werfen	wirft	warf	geworfen
wiegen	wiegt	wog	gewogen
winden	windet	wand	gewunden
wissen	weiß	wußte	gewußt
wollen	will	wollte	gewollt
wringen	wringt	wrang	gewrungen
ziehen	zieht	zog	gezogen
zwingen	zwingt	zwang	gezwungen

* Ces verbes existent aussi avec des formes régulières. Ils ont alors un autre sens.

Monnaies et plaques d'immatriculation / Währungen und Kfz-Kennzeichen

Land	Währung	PKW-Kennzeichen
Afghanistan	der Afghani = 100 Puls	AFG
Ägypten	das ägyptische Pfund (LE) = 100 Piaster	ET
Albanien	der Lek = 100 Quindarka	AL
Algerien	der Dinar (DA) = 100 Centimes	DZ
Argentinien	der Peso = 100 Centavos	RA
Äthiopien	der Birr = 100 Cents	ETH
Australien	der australische Dollar = 100 Cents	AUS
Bangladesch	der Taka = 100 Poisha	BD
Belgien	der belgische Franc = 100 Centimes	B
Bolivien	der Boliviano (BS) = 100 Centavos	BOL
Brasilien	der Cruzeiro real = 100 Centavos	BR
Bulgarien	der Lew = 100 Stotinki	BG
Chile	der Peso = 100 Centavos	RCH
China	der Yuan (RMB) = 10 Jiao	TJ
Dänemark	die Krone = 100 Öre	DK
Deutschland	die Mark (DM) = 100 Pfennig	D
Estland	die Krone (ekr) = 100 Senti	EST
Finnland	die Finnmark (FMk) = 100 Penniä	FIN
Frankreich	der Franc (FF) = 100 Centimes	F

Annexes

Griechenland	die Drachme (Dr)	GR
Großbritannien	das Pfund Sterling = 100 Pence	GB
Indien	die Rupie = 100 Paise	IND
Indonesien	die Rupiah (Rp) = 100 Sen	RI
Irak	der Dinar = 1 000 Fils	IRQ
Iran	der Rial (RI) = 100 Dinar	IR
Irland	das irische Pfund = 100 Pence	IRL
Island	die Krone (ikr) = 100 Aurar	IS
Israel	der Schekel = 100 Agorot	IL
Italien	die Lira	I
Japan	der Yen = 100 Sen	J
Kanada	der kanadische Dollar = 100 Cents	CDN
Kenia	der Shiling = 100 Cents	EAK
Kolumbien	der Peso = 100 Centavos	CO
Kongo	der CFA-Franc	RCB
Korea (Süd)	der Won = 100 Chon	ROK
Kuba	der Peso = 100 Centavos	C
Kuwait	der Dinar = 10 Dirham	KWT
Luxemburg	der luxemburgische Franc = 100 Centimes	L
Malaysia	der Ringgit = 100 Sen	MAL
Marokko	der Dirham = 100 Centimes	MA
Mexiko	der Peso = 100 Centavos	MEX
die Niederlande	der Gulden = 100 Cent	NL
Norwegen	die Krone = 100 Öre	N
Österreich	der Schilling = 100 Groschen	A
Portugal	der Escudo = 100 Centavos	P
Rumänien	der Lei = 100 Bani	RO
Rußland	der Rubel = 100 Kopeken	SU
Schweden	die Krone = 100 Öre	S
die Schweiz	der Franken = 100 Rappen	CH
Spanien	die Peseta = 100 Centavos	E
Südafrika	der Rand = 100 Cents	ZA
die Tschechie	die tschechische Krone = 100 Haleru	CZ
die Türkei	die Lira = 100 Kurus	TR
Ungarn	der Forint = 100 Filler	H
die USA	der Dollar = 100 Cents	USA
Zaïre	der Zaïre = 100 Makuta	ZRE

Noms de pays / Ländernamen

pays* Land	habitants Einwohner	adjectif Adjektiv	langue** Sprache	capitale Hauptstadt
Afghanistan m Afghanistan	Afghan, -e Afghane m -n -n Afghanin f -nen	afghan, -e afghanisch	dari, pachto Dari, Paschtu	Kaboul Kabul
Afrique du Sud f Südafrika	Sud-Africain -e SüdafrikanerIn mf	sud-africain, -e südafrikanisch	afrikaans, anglais Afrikaans, Englisch	Pretoria Pretoria
Albanie f Albanien	Albanais, -e AlbanerIn mf	albanais, -e Albanisch	albanais Albanisch	Tirana Tirana
Algérie f Algerien	Algérien, -ne AlgerierIn mf	algérien, -ne algerisch	arabe Arabisch	Alger Algier
Allemagne f Deutschland	Allemand, -e Deutsche/r	allemand, -e deutsch	allemand Deutsch	Berlin Berlin
Arabie Saoudite f Saudi-Arabien	Saoudien, -ne Saudi(araberIn) mf	saoudien, -ne saudiarabisch	arabe Arabisch	Riyad Rijad
Argentine f Argentinien	Argentin, -e ArgentinierIn mf	argentin, -e argentinisch	espagnol Spanisch	Buenos Aires Buenos Aires
Arménie f Armenien	Arménien, -ne ArmenierIn mf	arménien, -ne armenisch	arménien, russe Armenisch, Russisch	Erevan Jerewan
Australie f Australien	Australien, -ne AustralierIn mf	australien, -ne australisch	anglais Englisch	Canberra Canberra
Autriche f Österreich	Autrichien, -ne ÖsterreicherIn mf	autrichien, -ne österreichisch	allemand Deutsch	Vienne Wien
Belgique f Belgien	Belge BelgierIn mf	belge belgisch	flamand, français Flämisch, Französisch	Bruxelles Brüssel
Bolivie f Bolivien	Bolivien, -ne BolivianerIn mf	bolivien, -ne bolivianisch	espagnol Spanisch	La Paz La Paz
Bosnie- Herzégovine f Bosnien- Herzegowina	Bosniaque BosnierIn mf	bosniaque bosnisch	serbo-croate Serbokroatisch	Sarajevo Sarajevo
Brésil m Brasilien	Brésilien, -ne BrasilianerIn mf	brésilien, -ne brasilianisch	portugais Portugiesisch	Brasilia Brasilia
Bulgarie f Bulgarien	Bulgare Bulgare m -n -n Bulgarin f -nen	bulgare bulgarisch	bulgare Bulgarisch	Sofia Sofia
Canada m Kanada	Canadien, -ne KanadierIn mf	canadien, -ne kanadisch	anglais, français Englisch, Französisch	Ottawa Ottawa

Annexes

*pays** Land	*habitants* Einwohner	*adjectif* Adjektiv	*langue*** Sprache	*capitale* Haupstadt
Cameroun m Kamerun	*Camerounais, -e* KamerunerIn mf	*camerounais, -e* kamerunisch	*français* Französisch	*Yaoundé* Jaunde
Chili m Chile	*Chilien, -ne* Chilene m -n -n Chilenin f -nen	*chilien, -ne* chilenisch	*espagnol* Spanisch	*Santiago* Santiago
Chine f China	*Chinois, -e* Chinese m -n -n Chinesin f -nen	*chinois, -e* chinesisch	*chinois* Chinesisch	*Pékin* Peking
Chypre Zypern	*Chypriote* ZypriotIn mf	*chypriote* zypr(iot)isch	*grec, turc* Griechisch, Türkisch	*Nicosie* Nikosia
Colombie f Kolumbien	*Colombien, -ne* KolumbianerIn mf	*colombien, -ne* kolumbianisch	*espagnol* Spanisch	*Bogotá* Bogota
Congo m Kongo	*Congolais, -e* Kongolese m -n-n Kongolesin f -nen	*congolais, -e* kongolesisch	*français* Französisch	*Brazzaville* Brazzaville

Corée f
 	
Korea
	Coréen, -ne
	
	KoreanerIn mf
		coréen, -ne
		
		koreanisch
			coréen
			
			Koreanisch
				N :
				  Pyongyang
				  Pjönjang
				S :
				  Séoul
				  Seoul

République de Côte d'Ivoire (die) Elfenbein- küste	*Ivoirien, -ne* EinwohnerIn mf der Elfenbein- küste	*ivoirien, -ne*	*français* Französisch	*Yamoussou- kro* Yamoussou- kro
Croatie f Kroatien	*Croate* Kroate m -n -n Kroatin f -nen	*croate* kroatisch	*croate* Kroatisch	*Zagreb* Zagreb
Cuba Kuba	*Cubain, -e* KubanerIn mf	*cubain, -e* kubanisch	*espagnol* Spanisch	*La Havane* Havanna
Danemark m Dänemark	*Danois, -e* Däne m -n -n Dänin f -nen	*danois, -e* dänisch	*danois* Dänisch	*Copenhague* Kopenhagen
Égypte f Ägypten	*Égyptien, -ne* ÄgypterIn mf	*égyptien, -ne* ägyptisch	*arabe* Arabisch	*Le Caire* Kairo
Espagne f Spanien	*Espagnol* SpanierIn mf	*espagnol* spanisch	*espagnol* Spanisch	*Madrid* Madrid
Estonie f Estland	*Estonien, -ne* Este m -n -n Estin f -nen	*estonien, -ne* estnisch	*estonien* Estnisch	*Tallin* Tallin
États-Unis mpl die Vereinigten Staaten von Amerika	*Américain, -e* AmerikanerIn mf	*américain, -e* amerikanisch	*anglais* Englisch	*Washington* Washington

Noms de pays

pays* / Land	habitants / Einwohner	adjectif / Adjektiv	langue** / Sprache	capitale / Hauptstadt
Éthiopie f / Äthiopien	Éthiopien, -ne / ÄthiopierIn mf	éthiopien, -ne / äthiopisch	amharique / Amhara	Addis-Abeba / Addis Abeba
Finlande f / Finnland	Finlandais, -e / Finne m -n -n / Finnin f -nen	finlandais, -e / finnisch	finnois / Finnisch	Helsinki / Helsinki
France f / Frankreich	Français, -e / Franzose m -n -n / Französin f -nen	français, -e / französisch	français / Französisch	Paris / Paris
Gabon m / Gabun	Gabonais, -e / GabunerIn mf	gabonais, -e / gabunisch	français / Französisch	Libreville / Libreville
Grèce f / Griechenland	Grec, -que / Grieche m -n -n / Griechin f -nen	grec, -que / griechisch	grec / Griechisch	Athènes / Athen
Guinée f / Guinea	Guinéen, -ne / GuineerIn mf	guinéen, -ne / guineisch	français / Französisch	Conakry / Conakry
Haïti / Haiti	Haïtien, -ne / HaitianerIn mf	haïtien, -ne / haitianisch	créole / Kreolisch	Port-au-Prince / Port-au-Prince
Hongrie f / Ungarn	Hongrois, -e / UngarIn mf	hongrois, -e / ungarisch	hongrois / Ungarisch	Budapest / Budapest
Inde f / Indien	Indien, -ne / InderIn mf	indien, -ne / indisch	hindi, anglais / Hindi, Englisch	New Delhi / New Delhi
Indonésie f / Indonesien	Indonésien, -ne / IndonesierIn mf	indonésien, -ne / indonesisch	indonésien / Indonesich	Djakarta / Jakarta
Irak m / (der) Irak	Irakien, -ne / IrakerIn mf	irakien, -ne / irakisch	arabe / Arabisch	Bagdad / Bagdad
Iran m / (der) Iran	Iranien, -ne / IranerIn mf	iranien, -ne / iranisch	persan / Persisch	Téhéran / Teheran
Irlande f / Irland	Irlandais, -e / Ire m -n -n / Irin f -nen	irlandais, -e / irisch	irlandais, anglais / Irisch, Englisch	Dublin / Dublin
Islande f / Island	Islandais, -e / IsländerIn mf	islandais, -e / isländisch	islandais / Isländisch	Reykjavik / Reykjavik
Israël m / Israel	Israélien, -ne / Israeli mf	israélien / israelisch	hébreu / Hebräisch	Jérusalem / Jerusalem
Italie f / Italien	Italien, -ne / ItalienerIn mf	italien / italienisch	italien / Italienisch	Rome / Rom
Japon m / Japan	Japonais, -e / JapanerIn mf	japonais / japanisch	japonais / Japanisch	Tokyo / Tokio
Jordanie f / Jordanien	Jordanien, -ne / JordanierIn mf	jordanien, -ne / jordanisch	arabe / Arabisch	Amman / Amman
Koweït m / (der) Kuwait	Koweïti/ Koweïtien, -ne / KuwaiterIn mf	koweïti/ koweïtien, -ne / kuwaitisch	arabe / Arabisch	Koweït / Kuwait

Annexes

pays* Land	habitants Einwohner	adjectif Adjektiv	langue** Sprache	capitale Hauptstadt
Liban m Libanon	*Libanais, -e* Libanese *m* -n -n Libanesin *f* -nen	*libanais, -e* libanesisch	*arabe* Arabisch	*Beyrouth* Beirut
Libye f Libyen	*Libyen, -ne* LibyerIn *mf*	*libyen, -ne* libysch	*arabe* Arabisch	*Tripoli* Tripolis
Lit(h)uanie f Litauen	*Lit(h)uanien, -ne* LitauerIn *mf*	*lit(h)uanien, -ne* litauisch	*lit(h)uanien* Litauisch	*Vilnius* Wilna
(Grand-Duché de) Luxembourg m (Großherzogtum) Luxemburg	*Luxembourgeois, -e* LuxemburgerIn *mf*	*luxembourgeois, -e* luxemburgisch	*français, allemand* Französisch, Deutsch	*Luxembourg* Luxemburg
Madagascar Madagaskar	*Malgache* Madagasse *m* -n -n Madagassin *f* -nen	*malgache* madagassisch	*malgache, français* Malagassi, Französisch	*Tananarive* Antananarivo
Malaisie f Malaysia	*Malais, -e* MalaysierIn *mf*	*malais, -e* malaysisch	*malais* Malaiisch	*Kuala Lumpur* Kuala Lumpur
Mali m Mali	*Malien, -ne* MalierIn *mf*	*malien, -ne* malisch	*français* Französisch	*Bamako* Bamako
Malte Malta	*Maltais, -e* MalteserIn *mf*	*maltais, -e* maltesisch	*maltais, anglais* Maltesisch, Englisch	*La Valette* Valletta
Maroc m Marokko	*Marocain, -e* MarokkanerIn *mf*	*marocain, -e* marokkanisch	*arabe* Arabisch	*Rabat* Rabat
Mauritanie f Mauretanien	*Mauritanien, -ne* MauretanierIn *mf*	*mauritanien, -ne* mauretanisch	*arabe, français* Arabisch, Französisch	*Nouakchott* Nouakchott
Mexique m Mexiko	*Mexicain, -e* MexikanerIn *mf*	*mexicain, -e* mexikanisch	*espagnol* Spanisch	*Mexico* Mexiko
(Principauté de) Monaco (Fürstentum von) Monaco	*Monégasque* Monegasse *m* -n -n Monegassin *f* -nen	*monégasque* monegassisch	*français* Französisch	*Monaco* Monaco
(République populaire de) Mongolie f (die) Mongolei	*Mongol, -e* Mongole *m* -n -n Mongolin *f* -nen	*mongol, -e* mongolisch	*mongol* Mongolisch	*Oulan-Bator* Ulan-Bator
Népal m Nepal	*Népalais, -e* Nepalese *m* -n -n Nepalesin *f* -nen	*népalais, -e* nepalesisch	*népalais* Nepali	*Katmandou* Katmandu

Noms de pays

pays* / Land	habitants / Einwohner	adjectif / Adjektiv	langue** / Sprache	capitale / Hauptstadt
Nicaragua m Nicaragua	*Nicaraguayen, -ne* NicaraguanerIn *mf*	*nicaraguayen, -ne* nicaraguanisch	*espagnol* Spanisch	*Managua* Managua
Niger m Niger	*Nigérien, -ne* NigerierIn *mf*	*nigérien, -ne* nigerisch	*français* Französisch	*Niamey* Niamey
Nigeria m Nigeria	*Nigérian, -e* NigerianerIn *mf*	*nigérian, -e* nigerianisch	*anglais* Englisch	*Abuja* Lagos
Norvège f Norwegen	*Norvégien, -ne* NorwegerIn *mf*	*norvégien, -ne* norwegisch	*norvégien* Norwegisch	*Oslo* Oslo
Nouvelle-Zélande f Neuseeland	*Néo-Zélandais, -e* NeuseeländerIn *mf*	*néo-zélandais, -e* neuseeländisch	*anglais* Englisch	*Wellington* Wellington
Ouganda m Uganda	*Ougandais, -e* UganderIn *mf*	*ougandais, -e* ugandisch	*anglais, swahili* Englisch, Swahili	*Kampala* Kampala
Pakistan m Pakistan	*Pakistanais, -e* PakistanerIn *mf* Pakistani *mf*	*pakistanais, -e* pakistanisch	*urdu, anglais* Urdu, Englisch	*Islamabad* Islamabad
Paraguay m Paraguay	*Paraguayen, -ne* ParaguayerIn *mf*	*paraguayen, -ne* paraguayisch	*espagnol, guarani* Spanisch, Guarani	*Asunción* Asunción
Pays-Bas mpl (die) Niederlande	*Hollandais, -e* HolländerIn *mf*	*hollandais, -e* holländisch	*néerlandais* Niederländisch	*Amsterdam* Amsterdam
Pérou m Peru	*Péruvien, -ne* PeruanerIn *mf*	*péruvien, -ne* peruanisch	*espagnol, quechua* Spanisch, Quechua	*Lima* Lima
Philippines fpl (die) Philippinen	*Philippin, -e* PhilippinerIn *mf*	*philippin, -e* philippinisch	*philipino* Filipino	*Manille* Manila
Pologne f Polen	*Polonais, -e* Pole *m* -n -n Polin *f* -nen	*polonais, -e* polnisch	*polonais* Polnisch	*Varsovie* Warschau
Portugal m Portugal	*Portugais, -e* Portugiese *m* -n -n Portugiesin *f* -nen	*portugais, -e* portugiesisch	*portugais* Portugiesisch	*Lisbonne* Lissabon
Roumanie f Rumänien	*Roumain, -e* Rumäne *m* -n -n Rumänin *f* -nen	*roumain, -e* rumänisch	*roumain* Rumänisch	*Bucarest* Bukarest
Royaume-Uni m Großbriannien	*Habitant, -e du R.-U.* Brite *m* -n -n Britin *f* -nen	*anglais, -e* britisch	*anglais* Englisch	*Londres* London

Annexes

pays* / Land	habitants / Einwohner	adjectif / Adjektiv	langue** / Sprache	capitale / Hauptstadt
Russie f / Rußland	*Russe* / Russe *m* -n -n / Russin *f* -nen	*russe* / russisch	*russe* / Russisch	*Moscou* / Moskau
Sénégal m / Senegal	*Sénégalais, -e* / Senegalese *m* -n -n / Senegalesin *f* -nen	*sénégalais* / senegalesisch	*français* / Französisch	*Dakar* / Dakar
Slovaquie f / (die) Slowakei	*Slovaque* / Slowake *m* -n -n / Slowakin *f* -nen	*slovaque* / slowakisch	*slovaque* / Slowakisch	*Bratislava* / Bratislava
Slovénie f / Slowenien	*Slovène* / Slowene *m* -n -n / Slowenin *f* -nen	*slovène* / slowenisch	*slovène* / Slowenisch	*Ljubljana* / Ljubljana
Somalie f / Somalia	*Somali, -e/ Somalien, -ne* / SomalierIn *mf*	*somalien, -ne* / somalisch	*somali* / Somali	*Mogadiscio* / Mogadischu
Soudan m / Sudan	*Soudanais, -e* / Sudanese *m* -n -n / Sudanesin *f* -nen	*soudanais, -e* / sudan(es)isch	*arabe* / Arabisch	*Khartoum* / Khartum
Sri Lanka / Sri Lanka	*Cinghalais, -e* / Ceylonese *m* -n -n / Ceylonesin *f* -nen	*cinghalais, -e* / ceylonesisch	*cinghalais* / Singhalesisch	*Colombo* / Colombo
Suède f / Schweden	*Suédois, -e* / Schwede *m* -n -n / Schwedin *f* -nen	*suédois, -e* / schwedisch	*suédois* / Schwedisch	*Stockholm* / Stockholm
Suisse f / (die) Schweiz	*Suisse, -sse* / SchweizerIn *mf*	*suisse* / schweizerisch	*allemand, français, italien, rheto-roman* / Deutsch, Französisch, Italienisch, Rätoromanisch	*Berne* / Bern
Syrie f / Syrien	*Syrien, -ne* / Syr(i)erIn *mf*	*syrien, -ne* / syrisch	*arabe* / Arabisch	*Damas* / Damaskus
Tchad m / Tschad	*Tchadien, -ne* / TschaderIn *mf*	*tchadien, -ne* / tschadisch	*arabe, français* / Arabisch, Französisch	*N'djamena* / N'djamena
Tchéquie f / Tschechien	*Tchèque* / Tscheche *m* -n -n / Tschechin *f* -nen	*tchèque* / tschechisch	*tchèque* / Tschechisch	*Prague* / Prag
Tunisie f / Tunesien	*Tunisien, -ne* / TunesierIn *mf*	*tunisien, -ne* / tunesisch	*arabe* / Arabisch	*Tunis* / Tunis
Turquie f / (die) Türkei	*Turc, Turque* / Türke *m* -n -n / Türkin *f* -nen	*turc, turque* / türkisch	*turc* / Türkisch	*Ankara* / Ankara

pays* Land	habitants Einwohner	adjectif Adjektiv	langue** Sprache	capitale Hauptstadt
Ukraine f (die) Ukraine	*Ukrainien, -ne* UkrainerIn *mf*	*ukrainien, -ne* ukrainisch	*ukrainien* Ukrainisch	*Kiev* Kiew
Uruguay m Uruguay	*Uruguayen, -ne* UruguayerIn *mf*	*uruguayen, -ne* uruguayisch	*espagnol* Spanisch	*Montevideo* Montevideo
Venezuela m Venezuela	*Vénézuélien, -ne* VenezolanerIn *mf*	*vénézuélien, -ne* venezolanisch	*espagnol* Spanisch	*Caracas* Caracas
Vietnam m Vietnam	*Vietnamien, -ne* Vietnamese *m* -n -n Vietnamesin *f* -nen	*vietnamien, -ne* vietnamesisch	*vietnamien* Vietnamesisch	*Hanoi* Hanoi

* En allemand, les noms de pays sont la plupart du temps neutres et s'emploient sans article. Les exceptions sont indiquées dans la liste.

** En français, toujours masculin.
En allemand, toujours neutre.

NOMS GÉOGRAPHIQUES / GEOGRAPHISCHE NAMEN

Açores *fpl* die Azoren *pl*
Afrique *f* Afrika
Aix-la-Chapelle Aachen
Alpes *fpl* Alpen *pl*
Alsace *f* Elsaß *n*
Amérique *f* Amerika
Antarctique *m* Antarktis *f*
Anvers Antwerpen
Arabie *f* Arabien
Asie *f* Asien
Atlantique *m* Atlantik *m*
Bade (pays de) Baden
Bâle Basel
Balkans *mpl* Balkan *m*
Baltique *f* Ostsee *f*
Basque (le pays) Baskenland *n*
Basse-Saxe *f* Niedersachsen
Bavière *f* Bayern
Bohême *f* Böhmen
Bourgogne *f* Burgund *n*
Brême Bremen
Bruges Brügge
Brunswick Braunschweig
Canaries *fpl* die Kanarien *pl*, die Kanarischen Inseln *pl*
Cap (Le) Kapstadt
Cap Vert (îles du) die Kapverdischen Inseln *pl*
Caraïbes *fpl* die Karibik *f*

Carinthie *f* Kärnten
Caucase *m* Kaukasus *m*
Coblence Koblenz
Cologne Köln
Constance (lac de) Bodensee *m*
Cornouaille *f* Cornwall
Corse *f* Korsika
Cracovie Krakau
Crète *f* Kreta
Crimée *f* Krim *f*
Danube *m* Donau *f*
Dresde Dresden
Dunkerque Dünkirchen
Écosse *f* Schottland
Elbe (île d') Elba
Europe *m* Europa
Extrême-Orient *m* der Ferne Osten *m*
Flandres *fpl* Flandern
Florence Florenz
Forêt-Noire *f* Schwarzwald *m*
Francfort Frankfurt
Franconie *f* Franken
Fribourg Freiburg
Frisonnes (îles) *fpl* die friesischen Inseln *fpl*
Galles (pays de) Wales
Gand Gent
Gange *m* Ganges *m*

Gascogne (golfe de) die Biskaya, *f* Golf *m* von Biskaya
Gaule *f* Gallien
Gênes Genua
Genève Genf
Grande-Bretagne *f* Großbritannien
Hambourg Hamburg
Hanovre Hannover
Haye (La) Den Haag
Hesse *f* Hessen
Laponie *f* Lappland
Léman (lac) *m* Genfer See *m*
Liège Lüttich
Lorraine *f* Lothringen *n*
Lucerne Luzern
Lusace *f* Lausitz *f*
Malte Malta
Manche *f* Ärmelkanal *m*
Maurice (île) *f* Mauritius
Mayence Mainz
Mecque (La) Mekka
Méditerranée *f* Mittelmeer *n*
Meuse *f* Maas *f*
Milan Mailand
Moselle *f* Mosel *f*
Munich München
Naples Neapel
Nice Nizza
Nuremberg Nürnberg
Pacifique *m* Pazifik *m*, der Stille Ozean *m*

Palatinat *m* Pfalz *f*
Palestine *f* Palästina
Perse *f* Persien
Poméranie *f* Pommern
Prusse *f* Preussen
Pyrénées *fpl* Pyrenäen *pl*
Quatre-Cantons (las des) Vierwaldstätter See *m*
Ratisbonne Regensburg
Rhénanie *f* Rheinland *m*
Rhin *m* Rhein *n*
Sardaigne *f* Sardinien
Sarre *f* Saarland *n* ; *(fleuve)* Saar *f*
Savoie *f* Savoyen
Saxe *f* Sachsen
Scandinavie *f* Skandinavien
Serbie *f* Serbien
Sibérie *f* Sibirien
Sicile *f* Sizilien
Silésie *f* Schlesien
Spire Speyer
Strasbourg Straßburg
Tamise *f* Themse *f*
Terre-Neuve Neufundland
Trèves Trier
Tyrol *m* Tirol
Vaud (canton de) *m* Waadt
Venise Venedig
Vistule *f* Weichsel *f*
Vosges *pl* Vogesen *pl*
Westphalie *f* Westfalen

N.B. : Tous les noms allemands sans indication de genre sont neutres. Ils s'emploient sans article, sauf s'ils sont précédés d'un adjectif.

Achevé d'imprimer en juillet 2011 en France sur Presse Offset par
Maury-Imprimeur - 45330 Malesherbes
N° d'imprimeur : 166487
Dépôt légal 1re publication : juin 1998
Édition 11 - juillet 2011
LIBRAIRIE GÉNÉRALE FRANÇAISE - 31, rue de Fleurus - 75278 Paris Cedex 06

30/8525/5